南京大学人文基金、南京大学历史学院优势学科基金、
南京大学文科"双一流"建设"百层次"科研项目联合出版资助

中文医史研究学术成果索引

20 世纪初至 2019 年

闵凡祥　编纂

INDEX OF RESEARCHES ON THE
HISTORY OF MEDICINE IN CHINESE
（1900S~2019）

人民出版社

责任编辑:杨美艳

图书在版编目(CIP)数据

中文医史研究学术成果索引/闵凡祥 编纂. —北京:人民出版社,2020.12
ISBN 978 - 7 - 01 - 023027 - 6

Ⅰ.①中…　Ⅱ.①闵…　Ⅲ.①中文-医学史-索引-世界　Ⅳ.①Z89;R - 091

中国版本图书馆 CIP 数据核字(2020)第 272701 号

中文医史研究学术成果索引

ZHONGWEN YISHI YANJIU XUESHU CHENGGUO SUOYIN

闵凡祥　编纂

人民出版社 出版发行
(100706　北京市东城区隆福寺街 99 号)

南京爱德印刷有限公司印刷　新华书店经销

2020 年 12 月第 1 版　2020 年 12 月北京第 1 次印刷
开本:787 毫米×1092 毫米 1/16　印张:142
字数:3900 千字

ISBN 978 - 7 - 01 - 023027 - 6　定价:698.00 元

邮购地址 100706　北京市东城区隆福寺街 99 号
人民东方图书销售中心　电话 (010)65250042　65289539

序　一

　　《中文医史研究学术成果索引》的出版旨在为研究者提供一部了解医学史研究领域已有学术成果的工具书,以便他们在较短时间内便捷地掌握所需资料信息。编纂者力图汇集有关中文世界医学史百余年研究的整体情况,尽可能地覆盖已有的研究成果。

　　在相当长的时间里,医学史是一个非常局限的领域,主要是医生们为了辨析病因、应对诊疗,了解前人的经验与教训,通过阅读过去的名医名著激励自己成长而编写的书,是医生们为医生所写的关于医生的故事。1912 年,美国医史学家加里森(Fielding H. Garrison, 1870—1935)编纂了一本简要的医学史文献目录索引。1929 年,约翰—霍普金斯医学史研究所所长韦尔奇(William H. Welch)聘请加里森担任 Welch 医学图书馆馆员,继续修订完善医学史文献目录索引的工作,直至他过世,索引的编纂尚未完成。1938 年,英国伦敦大学学院图书馆的莫顿(Leslie T.Morton, 1907—2004)接手继续编纂工作,并于 1943 年出版《医学文献:阐释医学史文本的目录清单》,后来通称为"加里森—莫顿医史文献目录索引",该书后来多次再版,是西方医学史研究的必备参考文献。

　　我国医史学者也非常重视医史文献资料的收集、整理与检索。早在上世纪 50 年代初,我国第一代医学史研究者就开始编纂医学史论文索引。1955 年王吉民编纂的《中文医史论文索引》第一集出版,此后连续编纂出版到 1964 年的第十集,后来因众所周知的原因而中断。1978 年,中国中医研究院中国医史文献研究所鉴于研究工作的需要,编纂了《医学史论文资料索引(第一辑:1903—1978)》,1989 年编纂了《医学史文献论文资料索引(第二辑:1979—1986)》,2008 年又编纂了《1900~1949 年间医学史文献论文索引》等,成为了解中文世界有关医学史研究的门径。

　　进入 21 世纪后,人们收集文献资料的信息大多都依靠网络搜索引擎,利用关键词或主题词,点击回车便非常容易地搜索到丰富的文献资料信息,那么是否还有必要编纂目录索引呢,从我个人的经验来看,专业性的文献目录索引编纂依然具有重要的学术价值。首先,利用公共性的搜索引擎,虽然使用便捷,但往往因主题词存在一定模糊性,导致搜索结果内容过于庞杂,甚至夹杂不少误导信息,效果并不理想;其次,依靠主题词搜索,往往只是局限在搜索者假设的目标范围,而可能遗漏许多相关的信息,而翻阅文献目录索引,则可能在不经意中发现新的线索;再次,专业人员编纂的目录索引,已经进行了一定程度的取舍和加工,在目前专门的学术专题搜索引擎尚不完善的情况下,纸本的目录索引对于该领域的研究者来说,更为简单快捷。

因此,《中文医史研究学术成果索引》的编纂出版具有重要的学术价值。南京大学的闵凡祥先生,花费了大量精力,一人独立编纂完成了这部重要的参考文献,值得敬佩。虽然,本书主题为"医史",但编纂者收录的内容除医学的"内史"和"外史"相关研究论著和研究资料外,还综合汇集了社会学、政治学、文学、人类学、经济学、法学、民族学、民俗学等相关人文社会科学领域的相关成果信息。编纂者认为这些学科的相关成果,对医史研究的拓展和创新是具有参考价值的。此外,该索引的另一特点是收录的文献资料范围广:囊括了学术论文、学位论文、著作、医药卫生志书以及国家社科基金项目与教育部人文社会科学研究项目及部分省市社科基金项目立项课题等,时间上截至 2019 年,有利于研究者了解该领域研究的最新动态和趋势。有理由相信,《中文医史研究学术成果索引》的出版将对推动我国医学史和相关学术领域的研究具有重要的学术价值。

是为序。

北京大学博雅特聘教授

2020 年 3 月 28 日

序　二

历史研究从来就是众志成城的工作,个别的史家即便焚膏油以继晷地工作,也只是以生命之有涯追知识的无涯。于是,索引、检索这类的参考工具书,遂成为每个史学工作者不容轻忽的探路烛火。但在现实的学术氛围中,编写目录索引却经常是吃力不讨好的工作。常见的场景是旁人感激的眼光、佩服的掌声纷至沓来,却无法具体地反映在编纂者实质的利益上。所幸史学界不乏有这股傻劲的工作伙伴,南京大学的闵凡祥教授就是这么一位让我钦佩的史学同好。历经多年的收集与孜孜不倦的编辑,终于在2020年让这本《中文医史研究学术成果索引》问世。本书的出版不仅为医史工作者增柴添火,更让初入医学史研究的新秀后进,得以拥有按图索骥的指引。

医学史曾经是近代医学教育中之独立学科,亦是培育优秀医师的必读科目。20世纪80年代以后,由于西方开始重视医师之全人教育,提倡医学人文核心课程后,医学史再度崛起成为医学人文教育的重中之重。相较于医学史于医学人文教育之复兴,人文学者也在本世纪初对医学史投以相当之关注,进而扩大了医学史研究的广度与深度,终于达致内外史兼修的境界。北京大学医史名家张大庆教授曾如此说明医学史的研究领域:"医学史研究领域十分广阔,不仅囊括了医学的各门学科,而且还涉及丰富多彩的人类卫生保健活动。人们可以通过追溯医学模式的演进,来看人类生命观、死亡观、健康观和疾病观的变迁。"他又从晚近医学史研究的选题趋势中,发现20世纪60年代以后,生命与健康问题以及人们对医学伦理、法律问题的普遍关怀,让医学史家重新审视医学技术与医疗保健的变化。医学史研究呈现出多元化的发展态势,于是有了新社会史研究视角与医学社会文化建构论的出现。当前医史研究的现况已不再限于一人或一家之言,而是众声喧哗、百家争鸣,好不热闹。

我曾在《由庶而嫡:廿一世纪华人医学史的重现与再释》文末说道,医学史学科建置由庶而嫡的步伐仍在迈进当中。过程中的一个关键,也怕是最后一里路的努力,就是让学界认识到医学史应当拥有其专业领域与定位。综观医学史发展之现况与前景,同好除了研究论著发表之外,如何让研究者在众多的专论中为自己的研究定位、与相关同行形成对话,甚至是为后学者提供重要参考书目,都是形成医学史专业不容轻忽的基础工作。

于是,一本数据齐全且具有学术份量的目录索引,必然是奠定医史学科建置的关键基石。闵凡祥教授编纂的《中文医史研究学术成果索引》,是近年来堪称最完备的中文医史研究参考书目,全书搜罗范围涵盖海内外中文写作之各类医史专论。尤其值得称道的是,闵教授以极为宽广的角度定义医史的范畴,举凡与医学或治疗有关的历史研究,作者切入的角度无论是医学内史还是外史,无论是医学人类学、医学社会学,还是医学文化研究等,皆可于其中寻得入手门径。多亏这本《中文医史研究学术成果索引》问世,医史研究同好终于能在浩瀚的文献"三千弱水"中,舀取最适合自己研究旨趣的"一瓢"。佛家常有作功德的说法,闵凡祥教授编纂此索引,就是为当前医学史研究社群作无量功德!

刘士永

上海交通大学特聘教授

美国宾州匹兹堡大学旅次

2020/3/17

序　三

著名历史学家邓广铭先生有关"年代、地理、职官、目录"为治史的"四把钥匙"的说法,广受学界推崇。这样的认识渊源有自,中国很早就十分注重目录书的编纂,清代的王鸣盛更将其提升至"学"的高度,称:"目录之学,学中第一要紧事,必从此问途,方能得其门而入。""凡读书最切要者,目录之学。目录明,方可读书;不明,终是乱读。"目录之学在学术研究中的重要性显而易见,特别是在传统时期,要想在浩如烟海的书籍中获取自己所需的内容,缺乏目录检索之书,显然就无从措手。不过近年来,随着近代学术理念的演变和电子信息技术的发展,人们开始越来越多关注学术认知和问题意识,而较少致力于目录检索书籍的编纂,很多人自然地认为,现代信息技术带来的强大检索能力,已经可以让诸多的此类书籍束之高阁。这样的认识,无疑有其道理,仅仅就检索而言,传统的引得类工具书确实已失去了用武之地。但我们必须看到,目录之学的功用,不只是检索,更重要的还在于从编纂者的角度梳理学术史、提点入门门径。就此而言,目录之学的研究和探讨,目录著述的编纂,至今仍值得学人大力关注和投入。

疾病医疗社会史研究,虽然在国际学术界,自上个世纪六七十年代兴起以来,经过几十年的发展,早已成为一个重要而颇为成熟的研究领域。但在国内史学界,无疑仍然是个正待兴起的新兴研究领域。只要简要回顾一下晚近中国史学的发展情况,便不难发现,这一研究较早于20世纪80年代开始在台湾出现,很快得到了长足的发展,到上世纪末本世纪初,也日渐受到大陆史学界的关注,并日渐兴起。较早的研究主要集中在中国史研究领域,而从本世纪初以来,大陆世界史学界也开始兴起这方面的研究,并呈现出快速增长的趋势,似乎颇有超过中国史之势。这一研究的日趋兴起,无疑对推动中国史学的不断向纵深发展和中外史学的交流互动大有助益,但在兴起的过程中,似乎也存在"新瓶装旧酒"、研究模式单一、问题意识薄弱、史料不够丰富和对海外成熟的理念和方法缺乏必要的了解和借鉴等问题。这些问题,若不能得到很好的关注和解决,势必会对其后续的发展产生影响。当然,任何研究都会存在这样那样的问题,不过对于一项新兴的研究来说,随着由"新"所带来的红利日渐消散,若不能持续发力,解决好一些关键问题,或许就可能对其前途和未来产生关键的影响。如果其能够得到持续的推动和发展,就完全有可能成功地汇入主流史学之中,而若就此因为"新异"不再而渐趋衰退,那显然就可能像潮流中的绚烂泡沫,昙花一现,而难以真正扎根于中国史学这片园地。

就此而言,对于医疗社会文化史研究来说,当下或许正是一个关键性的时期,若能顺势而为,利用近一二十年形成的有利态势,持续发力,及时发现问题,加强学科建设,不断在引入新理念、实践新方法、探究新问题和展现新气象等方面扮演起先行者的角色、担负起更大的责任,就完全有可能促使这一研究真正成为中国主流史学的重要组成部分。而要实现这一目标,根本上有赖于不断有年轻学人加入到这一研究队伍中来,并不断涌现出真正有新意和分量的研究成果。对此,我整体上持乐观的心态,这是因为这一研究本身具有重要的学术价值和现实意义,有利于我们生发新的理念,拓展新的研究领域。特别是,作为一项探究疾病医疗这一直接关乎人的生命与健康主题的研究,无疑有助于我们更好地将具象的"人"引回到历史学的大厦中,让医疗史研究真正凸显以人为本的"生命史学"意象,构筑以人为本,立足生命,聚焦健康,将个人角色、具象生命以及历史的多元和复杂放入历史学大厦"生命史学"体系。这样就能促使我们在历史中发现"人",并通过对生命的关注更好地彰显历史的意义。诸如此类,这一研究所展现出来的议题性和开掘度,无疑将有助于对青年学人产生比较强的吸引力。近些年,笔者在日常的教学活动中,对于这一点深有感触,针对历史上的疾病医疗问题,总是不断有学者,尤其是青年学者来信、来电或当面跟我探讨相关问题,并提出一些颇为有趣的问题。不过与此同时,我也日渐感到,目前该研究在学科的基础建设上的薄弱,似乎也多少制约这一研究更好更快的发展。这主要体现在以下两个方面:一是相关史料建设还刚刚起步,目前虽然历史上医学典籍的汇编,数量已经相当庞大,但基本是从医学角度出发编纂的,从社会文化史的角度编纂的资料集,还刚刚开始。就中国医疗史研究而言,这方面资料相对零散,搜寻不易,史料建设的滞后,无疑会对年轻人介入这一研究领域,造成不利影响。二是缺乏比较系统的具有学术梳理性的目录索引著作。对于历史研究来说,我总觉得史料学和学术史是两个不可或缺的抓手,要做好学术史回顾,缺乏系统全面的目录检索论著,显然不利于学术积累还比较薄弱的年轻人做好这一工作,甚至让其产生畏难情绪。

就此而论,闵凡祥博士积数年之功,费心尽力编纂《中文医史研究学术成果索引》,实在是件嘉惠学林、功德无量之事。凡祥博士是当下国内医疗社会文化史研究领域最为活跃的学者之一,一直在为推动国内史学界的疾病医疗史研究发力。作为欧洲近现代史的研究者,他并没有将自己的视野局限在世界史的范围内,不仅主动跟中国史和医学史的研究者交流,而且还努力拓展自己的研究范畴,对中国近现代乃至明清的疾病医疗问题展开探讨。这样的胸襟和努力,无疑促使他拥有了比常人更开阔的学术视野,更丰富的学术信息，乃至更丰沛的学术人脉。以此为基础，他利用各种平台和机会尽力倡导医疗社会文化史研究的理念和方法，一方面尽力向国内学界引介欧美最新的研究动态，另一方面也努力在国际学术舞台上积极向国际同行推介国内的研究。近年来，国内学术界医疗社会文化史研究，特别是世界史学界的相关研究的不断兴起，我想是跟凡祥博士的积极努力分不开的。对此，我一直深为感动和欣喜，这次读到这部煌煌巨篇，更为他的学者情怀和学术热情，感到由衷的敬佩。故谨此略陈数言，以志祝贺和感佩之情。

2020 年 7 月 10 日于津门寓所

编纂说明

编纂本书的目的,一方面是给予研究者所需资料方面的引导,帮助他们在较短的时间内掌握相关资料的目录信息;另一方面是为读者呈现中国医史研究的百年发展整体状况,帮助研究者获得较好的研究背景和开阔的眼界。下面就内容构成和编纂方式做一说明。

一、内容构成

本索引是一部在医史研究进入"医疗社会—文化史"研究范式时代有关中文医史研究的综合性工具书,同时也是一次对中国医史研究状况的全面普查。内容除医学的"内史"和"外史"论著和资料外,还汇集了社会学、政治学、文学、人类学、经济学、法学、民族学、传播学、民俗学等人文社会科学领域的相关成果信息。编纂者认为这些学科的相关成果,对医史研究的拓展和创新具有积极的支持价值。本索引的主体主要由四大部分构成:

(1)论文索引。收录自20世纪初至2019年刊载于定期发行的中文期刊杂志、学术辑刊与论文集的论文,发表于中文报纸的学术论文,以及历年博士与硕士研究生学位论文。

(2)著作/译著索引。收录20世纪初到2019年的著作和中文译著。

(3)医药卫生志书索引。收录新中国成立后新修方志中医药卫生类志书。

(4)国家社科基金项目、教育部人文社会科学研究项目及部分省(市)社科基金项目索引。收录三类基金设立之始至2019年立项资助的各类课题项目。

二、编纂方式

(1)"论文索引"以作者姓名作为词条,按其姓氏拼音首字母排序,首字母相同者,按其第二个字母排序,依次类推。姓氏拼音字母完全相同者,则按其姓名中第二个字的拼音排序,姓名中第二个字的拼音也完全相同者,则按其第三个字拼音排序,依次类推。同姓同名者或者姓名拼音完全相同者,则按其供职单位的首字母排序。无供职单位者,排序在前。作者有多篇论文的,按发表时间由近及远排序,包含作者参与的非独著论文。作者名下有合著论文的,作者名字用"~"表示,非独著的著作/译著的处理方法与此相同。

(2)"著作/译著索引"按作者姓氏拼音第一个字母排序,每位作者多部著作按出版时间由远及近排序。

(3)"医药卫生志书索引"中,"全国综合医疗卫生史志"和"军队医疗卫生史志"予以单列,并按主题分类排列。"各省(区、市)医疗卫生史志"按省份排列,省份下再按主题分类。

(4)"国家社科基金项目、教育部人文社会科学研究项目、部分省(市)社科基金项目索引"中,国家社科基金项目中的"冷门'绝学'和国别史等研究专项"与"历年重大项目"单列,并按立项时间由近及远排列;重点项目、一般项目、青年项目、西部项目、后期资助项目等,先按学科分类,每一学科内按立项时间由近及远排列。教育部人文社会科学研究项目中的"重大攻关项目""重点研究基地重大(重点)项目/博士点基金项目""专项任务项目"单列,并按立项时间由近及远排列;规划项目、青年项目、西部项目及边疆地区项目等,先按学科分类,每一学科内按立项时间由近及远排列。"部分省(市)社科基金项目"因数据分散,检索难度较大,仅列出编纂者所能检索到的部分项目信息。

(5)四部分内容有不同检索方式:"论文索引"前面,列出所有论文作者姓名,可按作者姓名检索;"著作/译著索引"前面,列出 26 个英文字母,可按作者姓氏拼音首字母检索;其他两部分前面分别设有详细目录,可按类别、学科或者地区检索。

三、条目信息

(1)"论文索引",包含期刊论文作者姓名及其成果发表时所供职单位、论文题目、刊载信息。对博士和硕士学位论文,列论文题目、毕业院校、论文完成年份。

(2)"著作/译著索引",包含作者姓名、著作名称、译者姓名、出版信息。并对部分非医史著作所涉医史内容作简单提示。

(3)"医药卫生志书索引",包含志书作者(编者)姓名、志书书名和出版信息等。出版信息方面,正式出版者列明出版信息;未公开出版者,只标明刊行时间。少数志书因信息不全,只列书名。

4."国家社科基金项目、教育部人文社会科学研究项目及部分省(市)社科基金项目索引",包含项目主持人姓名、项目名称,并括注立项编号、项目类别及主持人所在单位。

本索引的编纂,得到国家社科基金重大项目"英国经济社会史文献学专题研究"(17ZDA225)和一般项目"欧美医疗社会史研究"(17BSS043)、南京大学双一流建设第二批百层次项目"'一带一路'沿线国家与地区医疗社会文化史研究"的资助,是这三个项目的阶段性成果。在出版方面,南京大学历史学院和社会科学处给予慷慨资助。特此致谢!

  为保证选录标准的一致性和索引内容的完备,本索引的编纂工作由本人一人独立完成。虽然在收集资料和编纂过程中,编者始终保持谨慎和敬重之心,力求尽可能全面地检索到相关研究成果,奈何文献数量庞大,时间跨度长,加之编者能力有限,见闻不广,本索引必有检索遗漏和编纂错误之处,敬请读者见谅和指正!

闵凡祥

2020 年 2 月 29 日

第一部分

论文索引

论文作者表

姓名	页码	姓名	页码	姓名	页码
常海燕	140	陈崇五	145	陈广恩	153
常佳怡	140	陈楚洁	145	陈广坤	153
常建华	140	陈纯	146	陈光磊	153
常久	140	陈春兰	146	陈广涛	153
常丽梅	141	陈春圃	146	陈光田	153
常凌	141	陈春燕	146	陈广秀	154
常淼	141	陈聪富	146	陈光裕	154
常敏毅	141	陈翠珍	146	陈桂蓉	154
常青	141	陈存仁	146	陈国晨	154
常小婉	141	陈达理	147	陈国代	154
常鑫	141	陈大年	147	陈国平	154
常学辉	141	陈大舜	147	陈国钦	154
常亚利	141	陈代斌	148	陈国清	154
常豫红	141	陈丹	149	陈国权	155
常兆旸	141	陈道瑾	149	陈国信	155
常子奎	141	陈德春	149	陈海燕	155
巢利民	141	陈德富	149	陈汉平	155
钞蕊	142	陈德华	150	陈汉雄	155
晁胜杰	142	陈登武	150	陈浩	155
车红梅	142	陈迪宇	150	陈浩	156
车离	142	陈定闳	150	陈昊	156
车辚	142	陈定华	150	陈昊	156
车玮	142	陈东方	150	陈浩望	157
车武	142	陈东枢	150	陈好远	157
陈邦贤	143	陈二员	150	陈和勇	157
陈宝强	144	陈发钦	150	陈虹	157
陈碧兰	144	陈芳芳	150	陈虹	157
陈璧羡	144	陈方之	150	陈弘杰	157
陈缤	144	陈飞	150	陈红梅	157
陈兵	144	陈峰	151	陈鸿能	158
陈炳宇	144	陈峰	151	陈华	158
陈伯华	144	陈凤芝	151	陈华	158
陈彩凤	145	陈钢	152	陈怀宇	158
陈才俊	145	陈岗	152	陈欢	158
陈长柏	145	陈高华	152	陈欢欢	158
陈畅宏	145	陈根旺	153	陈挥	158
陈昌雄	145	陈功	153	陈徽	159
陈超	145	陈公明	153	陈惠华	159
陈超常	145	陈公素	153	陈惠美	159

陈启文	175	陈松友	184	陈我隆	189
陈强庆	175	陈素娥	184	陈无咎	189
陈陗	175	陈素玲	184	陈曦	189
陈俏俏	176	陈素美	184	陈曦	189
陈庆	176	陈苏生	184	陈希鑠	190
陈青萍	176	谌苏维	184	陈锡文	190
陈清森	176	陈太新	185	陈霞	190
陈琼璘	176	陈韬	185	陈夏茹	190
陈秋霖	176	陈涛	185	陈宪镕	190
陈秋霞	176	陈天放	185	陈贤义	190
陈全柏	176	陈天红	185	陈香	190
陈任	176	陈甜甜	185	陈湘萍	190
陈仁寿	176	陈天祥	185	陈乡钱	190
陈仁泽	179	陈婷	185	陈湘泉	190
陈日华	179	陈婷	186	陈晓	190
陈蓉蓉	179	陈婷婷	186	陈晓	191
陈瑞莹	179	陈廷武	186	陈小赤	191
陈瑞芸	179	陈徒手	186	陈晓迪	191
陈润花	179	陈万成	186	陈晓辉	191
陈森	180	陈万里	187	陈晓捷	191
陈哨军	180	陈宛蓉	187	陈小卡	191
陈少明	180	陈婉燕	187	陈晓兰	192
陈胜崑	180	陈薇	187	陈晓林	192
陈升之	183	陈炜	187	陈小平	192
陈适	183	陈伟	187	陈小申	193
陈世辉	183	陈巍	187	陈晓松	193
陈时伟	183	陈伟超	187	陈晓霞	193
陈士玉	183	陈维嘉	187	陈小燕	193
陈守鹏	183	陈魏俊	187	陈晓阳	193
陈守真	183	陈蔚琳	187	陈昕	193
陈述	183	陈伟明	187	陈新	193
陈澍	183	陈维养	188	陈欣钢	193
陈姝	183	陈伟智	188	陈新锦	194
陈舒筠	184	陈雯	188	陈新谦	194
陈树森	184	陈文博	188	陈欣然	195
陈顺胜	184	陈文二	188	陈歆怡	195
陈四清	184	陈文联	188	陈心颖	195
陈思言	184	陈文松	189	陈星	195
陈松	184	陈文贤	189	陈幸	196

郭秀玲	401	海巴子	408	韩晓	413
郭秀梅	401	海琛德	408	韩晓雯	413
郭秀英	402	海珂	409	韩轩	413
郭秀芝	402	海霞	409	韩雪	413
郭轩彤	402	海有霞	409	韩雪	413
郭雪	402	韩阿伦	409	韩艳芳	413
郭雅静	402	韩斐	409	韩延华	413
郭雅倩	402	韩刚	409	韩艳丽	413
郭妍	402	韩纲	409	韩毅	413
郭延飞	402	韩国正	409	韩依薇	415
郭艳花	402	韩洪洪	409	韩寅	415
郭彦麟	402	韩辉	409	韩迎迎	415
郭燕霞	402	韩吉绍	409	韩宇霞	415
郭颖	403	韩健平	410	韩玉瑜	415
郭颖瑄	403	韩晋	410	韩园园	415
郭影影	403	寒菊	410	韩赟	415
郭永松	403	韩俊	410	韩振廷	415
郭玉晶	405	韩俊红	410	韩志浩	415
郭宇宽	405	韩康信	410	郝葆华	415
郭玉娜	405	韩立新	411	郝秉健	416
郭元元	405	韩冷	411	郝长燊	416
郭玥	405	韩梦梦	411	郝恩恩	416
郭蕴深	406	韩明道	411	郝刚	416
郭照江	406	韩鹏	411	郝虹琳	416
郭振宏	407	韩平	411	郝华	416
郭振球	407	韩琦	411	郝怀斌	416
郭正典	407	韩启德	411	郝慧芳	416
郭志南	407	韩晴	412	郝近代	416
郭志强	407	韩清波	412	郝君富	416
郭栉懿	407	韩荣升	412	郝黎	416
郭忠	407	韩爽	412	郝丽莉	416
郭子光	407	韩爽	412	郝丽丽	416
郭子英	408	韩素杰	412	郝丽平	417
		韩涛	412	郝丽燕	417
H		韩维斌	412	郝敏	417
哈恩忠	408	韩文信	412	郝平	417
哈鸿潜	408	韩希明	413	郝勤	417
哈里·梅默尔-弗代	408	韩翔	413	郝清华	417
哈斯朝鲁	408	韩潇	413	浩然	417

康艳萍	569	孔祥序	572	赖郁雯	577
康彦同	569	孔晓明	572	赖泽君	577
康艺	569	孔岩	572	赖志杰	577
康益龙	569	寇红江	572	赖筑玫	577
可贺贺	569	寇惠	572	蘭安生	577
柯卉	569	寇明先	572	兰殿君	577
可佳	569	寇晓忧	572	兰凤利	578
柯静芬	569	寇晓洁	572	兰福森	578
克拉克	569	寇毅	572	兰教材	578
柯礼业	569	Krauss	572	兰杰	578
柯联才	569	蒯强	572	兰礼吉	579
柯仑	570	匡成	572	蓝日勇	579
柯倩婷	570	旷惠桃	572	蓝寿梅	579
克士	570	匡调元	573	篮醒生	579
柯小菁	570	旷文楠	573	兰毅辉	579
柯雪帆	570	匡远深	573	兰迎春	579
肯特尔·西福克斯	570	邝兆江	573	兰咏梅	580
K.L.	570	**L**		郎成刚	580
孔炳耀	570			郎杰燕	580
孔潮丽	570	赖晨	573	郎威	581
孔丹妹	570	赖栋梁	573	郎需才	581
孔德超	570	赖斗岩	573	劳永生	581
孔繁煜	570	赖海清	574	乐海霞	581
孔国富	570	赖洪燕	574	乐凌	581
孔慧红	570	赖见祯	574	乐松生	581
孔健民	570	赖晶玲	574	类承法	581
孔婧	571	赖镭成	574	雷跟平	581
孔静	571	赖立里	574	雷洪市	581
孔箐苓	571	赖良蒲	574	雷锦程	581
孔泾源	571	赖明生	574	雷璟	582
孔利君	571	来明月	575	雷亮中	582
孔令青	571	赖文	575	雷鹏	582
孔宁	571	赖文	575	雷秋瑾	582
孔庆泰	571	赖文君	576	雷瑞鹏	582
孔润常	571	赖先荣	576	雷森	583
孔淑真	571	赖晓琴	576	雷祥麟	583
孔嗣伯	571	赖学华	577	雷晓华	583
孔伟	571	来雅庭	577	雷晓康	583
孔文丽	571	赖郁君	577	雷耀先	583

雷志华	583	李程	587	李丹	596
冷报浪	583	李程	587	李丹	596
冷和平	583	李成华	587	李丹丹	596
李爱花	583	李成建	587	李丹阳	596
李安山	584	李成卫	587	李道筠	596
李安域	584	李成文	587	李德成	596
李白克	584	李崇高	588	李德诚	596
黎保荣	584	李崇忠	589	李德芬	596
李蓓	584	李锄	589	李德锋	596
李蓓英	584	李传斌	589	李德福	597
李彬	584	李淳	590	李德全	597
李彬	584	李纯芳	590	李德杏	597
李彬	584	李春芳	590	李迪	597
李斌	584	李春华	590	李鼎	598
李斌	584	李春梅	590	李鼎兰	598
李斌	584	李春梅	590	李东朗	599
李彬原	584	李春明	590	李东丽	599
李炳芳	584	李春生	591	李董男	599
李炳海	585	李春霞	591	李东阳	600
李秉奎	585	李春霞	591	李渡华	600
李秉龙	585	李春兴	591	李多美	600
李秉忠	585	李春艳	591	李娥	600
李博	585	李春雨	591	李恩昌	600
李博	585	李春雨	591	李恩妊	600
李伯聪	585	李春雨	592	李发耀	600
黎伯概	585	李从	592	李芳	600
李博灵	585	李从	592	李飞	601
李博群	585	李从娜	593	李飞	601
李伯毅	585	李翠翠	593	李飞龙	601
李灿	586	李翠娟	593	李峰	601
李灿	586	李存	595	李凤兰	601
李灿雄	586	李存灵	595	李福	601
李常宝	586	李达	595	李富汉	601
李长健	586	李大鹏	595	李赋京	602
李昌平	586	李大平	595	黎淦兰	602
李超	586	李大伟	595	李付平	602
李陈晨	586	李达祥	595	李福威	602
李辰生	586	李大卓	595	李刚	603
李晨阳	586	李丹	596	李革痴	603

黎新宇	678	李杨伟	683	李永萍	690
李杏果	678	黎瑶	683	李永谦	690
李兴民	678	李瑶	683	李永涛	690
李修来	678	李耀南	683	李永祥	690
李旭	678	李耀曦	683	李永义	690
李续建	678	李毅	683	李永友	690
李旭仁	678	李仪	683	李幼昌	691
李璇	678	李一白	683	李友松	691
李选任	678	李一冰	683	李瑜	691
李炫知	678	李翊菲	683	李玉偿	691
李雪娇	679	李奕祺	684	李豫川	691
李学麟	679	李宜桥	684	李玉芳	691
李雪梅	679	李益三	684	李宇辉	691
李雪琴	679	李毅盛	684	李御娇	691
李学勤	679	李奕洙	684	李玉堃	691
李学文	679	李音	684	李玉昆	691
李亚航	679	李茵	684	李玉兰	692
李雅梅	679	李银才	684	李玉林	692
李亚明	679	李银华	685	李玉清	692
李雅清	680	李寅生	685	李玉荣	693
李岩	680	李银涛	686	李玉尚	693
李艳	680	李颖	686	李玉珍	694
李妍	680	李莹	686	李宇宙	694
李艳	680	李颖	686	李媛	694
李艳	680	李瑛	686	李媛	695
李燕	680	李颖	686	李媛	695
李彦	680	李颖	686	李元吉	695
李艳	681	李鹰	686	李媛蔚	695
李延斌	681	李颖	686	李媛媛	695
李彦昌	681	李迎春	686	李媛媛	695
李彦超	681	李应存	686	李媛媛	695
李艳红	681	李勇	687	李悦	695
李艳菊	681	李永安	687	李岳峰	695
李燕凌	681	李永斌	688	李岳峰	695
李艳梅	682	李永宸	688	李约瑟	695
李艳秋	682	李永春	690	李月宜	696
李艳茹	682	李永红	690	李月莹	696
李妍嫣	682	李勇军	690	黎云	696
李杨	683	李永明	690	李云	696

刘双琴	795	刘文庆	799	刘欣路	805
刘双清	795	柳文仪	799	刘新民	805
刘双双	795	刘锡琎	799	刘欣欣	805
刘顺安	795	刘希林	799	刘辛悦	806
刘思明	795	刘喜平	799	刘星	806
刘泗桥	795	刘喜松	800	刘兴方	806
刘思媛	795	刘希洋	800	刘星堦	806
刘素莉	795	刘夏曦	800	刘幸宇	806
刘涛	795	刘先河	800	刘兴柱	806
刘涛	795	刘仙菊	800	刘秀峰	806
刘天骥	795	刘湘吉	801	刘旭宁	806
刘天君	796	刘向明	801	刘玄	806
刘庭	796	刘晓	801	刘炫麟	806
刘婷	796	刘小斌	801	刘学华	807
刘庭华	796	刘小兵	803	刘学礼	807
刘婷婷	796	刘笑春	803	刘雪芹	808
刘同奎	796	刘晓东	803	刘雪松	808
刘婉婷	796	刘晓芳	803	刘雪松	808
刘晚霞	796	刘晓凤	803	刘雪怡	809
刘旺生	796	刘晓慧	803	刘学泽	809
刘薇	796	刘晓莉	804	刘巽明	809
刘蔚	797	刘小利	804	刘雅	809
刘伟	797	刘晓林	804	刘亚东	809
刘巍	797	刘晓梅	804	刘雅芳	809
刘卫东	797	刘晓梅	804	刘雅婧	810
刘炜嘉	797	刘晓梅	804	刘雅静	810
刘卫鹏	797	刘小朦	804	刘亚娜	811
刘蔚同	797	刘晓敏	805	刘亚男	811
刘伟伟	797	刘小敏	805	刘亚楠	811
刘玮玮	797	刘晓牧	805	刘亚平	811
刘卫英	798	刘晓瑞	805	刘岩	812
刘文	798	刘孝圣	805	刘燕	812
刘文刚	798	刘晓文	805	刘岩	812
刘文浩	798	刘晓晓	805	刘琰	812
刘文华	798	刘小幸	805	刘艳	812
刘文娟	798	刘筱玥	805	刘彦臣	812
刘文利	798	刘欣	805	刘彦臣	812
刘文菉	799	刘馨柏	805	刘艳虹	812
刘文明	799	刘馨珺	805	刘艳红	812

刘艳骄	812	刘永兵	818	刘云	823
刘燕君	813	刘永纯	818	刘芸	823
刘燕萍	813	刘永楸	818	刘芸菲	823
刘燕琪	814	刘永明	818	刘运好	823
刘艳霞	814	刘勇攀	818	刘云鹏	823
刘艳星	814	刘永启	818	刘云嵘	823
刘洋	814	刘有安	818	刘运兴	823
刘洋	814	刘有钟	819	刘再朋	823
刘杨	814	刘誉	819	刘泽生	823
刘扬	814	刘钰	819	刘寨华	824
刘阳	814	刘郁	819	刘章才	825
刘洋	814	柳雨	819	刘钊	825
刘耀	815	刘雨辰	819	刘兆春	825
刘耀崇	815	刘玉芬	819	刘朝贵	825
刘瑶瑶	815	刘语高	819	刘朝晖	825
刘义	815	刘玉红	819	刘招静	825
柳毅	815	刘玉红	819	刘喆	825
刘懿	815	柳宇红	819	刘哲峰	825
刘怡	815	刘玉环	819	刘振兴	826
刘毅	815	刘雨嘉	819	刘正	826
刘贻德	816	刘玉健	820	刘正刚	826
刘易飞	816	刘雨君	820	刘正强	826
刘一鹤	816	刘玉龙	820	刘政兴	826
刘轶强	816	刘郁卿	820	刘正元	826
刘贻仁	816	刘宇晟	820	刘铮云	826
刘茵	816	刘玉玮	820	刘治国	826
刘影	816	刘玉贤	820	刘志梅	827
刘颖	816	刘玉印	821	刘志梅	827
刘颖	817	刘玉英	821	刘志琴	827
刘莹	817	柳玉芝	821	刘志庆	827
刘瑛	817	刘元	821	刘志群	827
刘英华	817	刘媛	821	刘志新	827
刘英杰	817	刘媛岑	821	刘志晏	827
刘迎丽	817	刘圆芳	821	刘志扬	827
刘迎胜	817	刘远立	821	刘志英	828
刘颖涛	817	刘远明	822	刘忠德	828
刘莹莹	818	刘媛媛	822	刘仲冬	828
刘勇	818	刘悦	822	刘钟劼	828
刘勇	818	刘岳超	823	刘忠恕	828

鲁轶	845	罗光强	854	罗艳秋	857
陆亦朗	845	骆和生	854	罗尧岳	858
卢宜宜	845	罗辉	854	罗夷	858
卢银兰	845	罗慧	854	罗伊·波特	858
卢永屹	845	罗辉	854	罗毅文	858
卢永毅	845	罗惠兰	854	罗英	858
鲁於	845	罗会林	854	罗颖凤	858
陆于宏	845	罗惠馨	854	罗钰坊	859
鲁玉辉	845	洛嘉	854	罗毓琪	859
陆原	845	罗嘉纯	854	罗元恺	859
陆渊雷	846	罗建忠	854	罗元文	859
卢月荷	846	罗婕	854	罗跃红	859
路运珍	846	罗凯	854	罗运胜	860
陆肇基	846	罗磊	855	罗哲文	860
鲁兆麟	846	罗丽达	855	罗振宇	860
陆臻杰	848	骆林娜	855	罗正月	860
陆贞雄	848	罗曼	855	罗志平	860
卢征	848	罗启盛	855	罗志田	860
鲁之俊	848	罗倩	855	罗宗志	860
鲁子惠	848	骆庆	855	罗祖颐	860
卢子杰	848	罗任鎗	855	吕炳奎	860
卢宗林	848	罗荣翘	855	吕慈	860
卢祖洵	848	骆瑞鹤	856	吕丹丹	860
栾玉新	851	洛桑扎西	856	吕凤书	860
罗爱民	851	罗时铭	856	吕富渊	860
罗安明	851	罗仕尚	856	吕国喜	861
罗宝鑫	851	罗树人	856	吕桂霞	861
罗宝珍	851	罗四维	856	吕红安	861
骆兵	852	罗颂平	856	吕红菊	861
罗秉芬	852	罗田	856	吕建辉	861
罗布顿珠	852	罗彤华	856	吕建林	861
骆楚明	852	罗婉娴	857	吕金娥	861
罗聪	853	罗文华	857	吕金山	861
罗达尚	853	罗文香	857	吕金伟	861
罗尔纲	853	骆向兵	857	吕景山	862
罗飞霞	853	罗小林	857	吕军伟	862
罗福颐	853	罗燮元	857	吕莉莉	862
罗芙芸	853	骆新泉	857	吕美颐	862
罗根海	853	罗艳华	857	吕萌	862

马维骐	877	满洪杰	883	梅莉	891
马文	878	满雪	884	梅丽萍	891
马文礼	878	莽萍	884	梅梦英	891
马希权	878	毛晨	884	梅琼林	891
马祥	878	毛翠英	884	梅全喜	891
马晓	878	毛达	884	梅人朗	893
马晓芳	878	毛德华	885	梅舒	894
马晓峰	878	毛德西	885	梅爽	894
马晓军	878	毛富荣	885	梅雪芹	894
马小兰	879	毛光骅	885	门美佳	894
马晓亮	879	毛光远	885	孟凡红	894
马小龙	879	冒海燕	885	孟繁洁	894
马小麒	879	毛慧敏	886	孟凡艳	894
马晓微	879	茅济棠	886	孟凡治	894
马新平	879	毛剑峰	886	孟和乌力吉	895
马学博	879	茆静	886	孟慧英	895
马艳春	880	毛开颜	886	孟进	895
马燕冬	880	毛利霞	886	孟开	895
马彦韬	881	毛良	887	孟坤	895
马洋洋	881	毛圣昌	887	孟令法	895
马一平	881	毛守白	887	蒙木荣	895
马义泽	881	毛姝静	887	孟乃昌	895
马泳	881	茆巍	887	孟彭兴	895
马永福	882	毛相麟	887	孟谦	895
马誉澂	882	茅晓	887	孟庆杰	895
马媛	882	毛晓钰	888	孟庆云	895
马远淑	882	毛燮均	888	孟莛	897
马跃	882	毛亚斌	889	孟薇	897
马芸	882	毛永娟	889	孟伟	897
马云超	882	毛泽东	889	孟文科	897
马云伟	882	毛正中	889	孟祥丽	897
马哲河	882	毛宗福	889	孟晓旭	898
马真	882	梅尔文·C.戈德斯坦	890	孟小燕	898
马振江	882	梅国强	890	孟秀红	898
马振山	883	梅花	890	孟亚会	898
马振友	883	梅焕慈	890	孟亚肖	898
麻致远	883	梅晋良	890	梦隐	898
马忠庚	883	梅炯	890	孟永亮	898
麦雅谷	883	梅凯	891	孟月莉	899

牛海燕	914	潘洪峰	922	庞境怡	928
牛家藩	914	潘华	922	庞京周	928
牛家瑜	914	潘华信	922	庞军	928
牛建昭	914	潘吉星	922	庞朴	928
牛静云	914	潘劲夫	922	庞启雨	928
牛敬忠	914	潘景业	922	庞万勇	928
牛良臣	914	潘景芝	922	庞晓丛	928
牛敏国	914	潘玲	922	庞新华	929
牛锐	915	潘明娟	923	庞旭	929
牛善利	915	潘女士	923	庞宇舟	929
牛淑平	915	潘秋平	923	逄增玉	929
牛亚华	916	潘让	923	逄振镐	929
牛月娇	917	潘荣华	923	庞志宇	929
牛占和	917	潘氏茶榻	924	庞中彦	929
农汉才	917	潘淑华	924	庞中英	929
		潘树林	924	裴安迪	929
O		潘绥铭	924	裴丹青	930
欧金涛	917	潘天舒	925	裴德恺	930
欧利	918	潘天欣	925	裴芳利	930
欧梅	918	潘文奎	925	佩华	930
欧阳八四	918	潘文献	925	裴卉	930
欧阳兵	918	潘新丽	925	裴鉴	930
欧阳海燕	918	潘兴虞	926	裴凌鹏	930
欧阳建军	918	潘秀和	926	裴慎	930
欧阳洁	918	潘亚玲	926	裴世东	930
欧阳竞	918	潘毅	926	裴亚星	930
欧阳錡	919	潘毅	927	裴莹	930
欧阳天赋	919	潘毅	927	彭炳金	930
欧阳泽祥	919	潘远根	927	彭博	931
欧怡涵	919	潘月丽	927	彭昌柳	931
区永欣	919	潘兆鹏	927	彭超	931
		潘振泰	927	彭汉忠	931
P		潘志华	927	彭华胜	931
Paige R.Sipes-Metzler	919	潘志丽	927	彭达池	932
潘大为	919	潘志平	928	彭丹凤	932
潘迪	919	逄冰	928	彭冬青	932
潘芳	920	庞春坤	928	彭光仁	932
潘桂娟	920	庞厚芝	928	彭贵珍	932
潘晗苑	922	庞慧敏	928	彭海涛	933

彭海雄	933	彭文博	938		
彭浩晟	933	彭希哲	938	**Q**	
彭红	933	彭先导	938	汽巴季刊	945
彭红卫	933	彭现美	939	祁宝玉	945
彭华	933	彭翔	940	齐丹	946
彭化银	933	彭晓鹤	941	齐德学	946
彭慧慧	933	彭鑫	941	祁凡	946
彭吉	933	彭兴	941	起凡	946
彭吉蒂	933	彭秀良	941	琪格其图	946
彭家璋	933	彭旭明	941	祁宏	946
彭坚	933	彭学敏	941	齐霁	946
彭靖	934	彭妍	941	齐君	946
彭静山	934	彭延辉	941	祁俊林	946
彭均胜	934	彭扬帆	941	祁梁	946
彭琨	934	彭杨莉	941	齐林华	946
彭兰	934	彭尧	941	奇玲	946
彭黎明	934	彭益军	942	其美才宗	947
彭理云	934	彭迎春	942	戚铭远	947
彭亮	934	彭媛媛	942	齐南	947
彭凌燕	935	彭泽益	942	齐冉	947
彭曼	935	彭增福	942	齐睿娟	947
彭平一	935	Peter Baldry	942	亓曙冬	947
彭庆峰	935	Peter Garnsey	942	祈天培	947
彭庆鸿	935	皮春花	942	祈晓庆	948
彭清华	935	皮国立	942	齐晓霞	948
彭庆星	935	皮袭休	944	齐晓钰	948
彭榕华	936	朴昌根	944	齐欣	948
彭善民	936	朴辰东	944	戚学文	948
彭闪闪	937	朴恩希	944	祈燕然	948
彭少辉	937	朴元林	944	齐忆虹	948
彭胜权	937	平出由子	944	齐银辉	948
彭树森	937	平海兵	944	齐云	948
彭树滋	937	平新乔	944	綦中明	948
彭涛	937	浦江	944	钱保杭	948
彭天忠	937	浦清江	944	钱超尘	949
彭卫	937	蒲日材	945	钱崇澍	952
彭卫东	937	蒲小兰	945	浅川	952
彭卫华	938	蒲昭和	945	钱高丽	952
彭伟军	938	濮正琪	945	钱光胜	952

钱浩	952	秦斌祥	957	清野谦次	966
钱会南	952	覃冰心	957	裘壁安	967
钱剑夫	953	秦伯未	957	邱丙亮	967
钱健民	953	秦大平	958	邱德亮	967
钱杰	953	钦丹萍	958	邱德文	967
钱今阳	953	秦德平	958	邱登茂	967
钱俊英	953	秦凤	959	邱方元	967
钱鹏翔	954	秦广忱	959	邱广军	967
钱霜	954	秦国攀	959	邱国珍	967
钱寿初	954	秦红	959	邱浩	967
钱守云	954	秦红旭	959	邱鸿钟	967
钱婷婷	954	秦华	959	邱科	969
钱婉约	954	覃俊翔	959	邱功	969
钱小慧	954	秦利平	959	邱立	970
钱鑫	954	秦立新	959	邱立崇	970
钱信忠	954	秦亮	959	邱丽芳	970
钱兴利	955	秦美娇	959	仇立慧	970
钱钰	955	秦美婷	959	邱丽娟	970
钱育寿	955	秦明芳	960	邱立新	970
钱远铭	955	勤农	960	邱茂泉	971
钱韵旭	955	秦倩	960	邱明义	971
钱泽南	955	秦荣	960	裘沛然	971
钱宗懋	955	秦绍华	960	邱倩如	971
钱枞洋	955	秦文敏	960	邱仁宗	971
强榆林	955	秦鑫	960	邱瑞瑾	977
乔飞	955	覃旭芳	961	邱少平	977
乔富渠	955	秦妍	961	邱仕君	977
乔海法	955	覃毅	961	裘诗煌	977
乔洪华	956	秦莹莹	961	邱诗越	977
乔冀民	956	秦湧	961	裘锡圭	978
乔娉	956	秦永杰	961	邱小东	978
乔树民	956	秦玉龙	961	裘晓强	978
乔文彪	956	秦竹	963	邱银燕	978
乔文娟	957	庆慧	964	邱云飞	978
乔益洁	957	青宁生	964	邱泽奇	978
乔依玛	957	青萍	966	裘争平	978
秦阿娜	957	庆其	966	邱志诚	978
秦爱民	957	清瘤	966	邱志华	979
覃宝霖	957	卿思敏	966	邱治民	979

沈沁	1016	沈玉洁	1025	石慧敏	1029
沈钦荣	1016	沈召春	1025	史纪	1029
沈庆法	1017	沈朝华	1025	史继刚	1030
沈秋欢	1017	沈峥	1025	时际虞	1030
沈荣林	1018	沈志忠	1025	石嘉	1030
申瑞华	1018	沈仲圭	1025	石建华	1030
沈瑞林	1018	沈仲理	1025	师建梅	1030
申润喜	1018	盛成桂	1026	施今墨	1030
沈释芳	1018	盛岱仁	1026	施京	1030
申世芳	1018	盛国荣	1026	史经霞	1030
沈寿	1018	盛海英	1026	史军	1030
沈寿文	1018	盛会莲	1026	史俊男	1030
申曙光	1018	胜惠民	1026	石俊仕	1030
沈澍农	1020	盛九畴	1026	石开玉	1031
申思	1022	生物系理论学习小组	1026	施扣柱	1031
沈思钰	1022	盛燮荪	1026	施宽德	1031
沈颂金	1022	盛亦如	1027	史兰华	1031
神田健次	1023	盛增秀	1027	时乐平	1031
沈王桢	1023	盛展能	1027	石磊	1031
申伟	1023	史安俐	1028	石琳	1031
沈渭滨	1023	石碧霞	1028	史林峰	1031
沈伟东	1023	史波	1028	施林林	1031
申玮红	1023	施才	1028	史泠歌	1032
沈香波	1023	史常永	1028	史密尔诺夫	1032
沈晓静	1023	石琛	1028	释妙空	1032
沈晓明	1023	石玪	1028	史敏	1032
沈辛成	1023	史传道	1028	史民	1032
沈杏培	1023	史春林	1028	施雾	1032
沈星怡	1024	士丹	1029	施杞	1032
沈秀丹	1024	施道声	1029	施启生	1032
沈艳	1024	施德芬	1029	石倩玮	1032
沈燕	1024	史国华	1029	石晴	1032
沈燕清	1024	石国景	1029	石秋灵	1032
沈燕燕	1024	石国宁	1029	石全福	1033
沈阳市局	1024	施国善	1029	石人炳	1033
神盈盈	1024	史赫男	1029	史如松	1033
申咏秋	1024	石宏亮	1029	施如怡	1033
沈有禄	1024	施鸿生	1029	施睿谊	1033
沈宇斌	1025	史华	1029	施若霖	1033

施士德	1033	施政	1038	宋爱伦	1042
矢数道明	1033	史正刚	1038	宋斌文	1042
施思明	1033	石正邦	1039	宋宝琦	1042
石涛	1034	石志权	1039	宋长燕	1042
史旺成	1034	施志远	1039	宋诚挚	1042
侍伟	1034	施仲安	1039	宋承玉	1042
施卫星	1034	史子峰	1039	宋翠琏	1043
施文尧	1034	寿梅隆	1039	松村高夫	1043
史习	1034	寿松亭	1039	宋大平	1043
史向前	1034	守中清	1039	宋大仁	1043
施小墨	1034	舒海涛	1040	宋抵	1045
师小茜	1034	舒会文	1040	宋丰军	1045
石筱山	1034	舒佳英	1040	宋广玲	1045
施晓亚	1034	舒丽萍	1040	宋和	1045
史晓云	1034	舒琳	1040	宋弘	1045
史欣德	1035	束世澂	1040	宋华	1045
施秀娟	1035	舒莹	1040	宋华琳	1045
石雪婷	1035	舒运国	1040	宋华相	1046
石亚兵	1035	帅葆镕	1040	宋辉	1046
施亚利	1035	帅英才	1040	宋吉楠	1046
史焱	1035	双安安	1041	宋佳	1047
史业骞	1035	双金	1041	宋剑君	1047
矢野荣二	1035	水谷尚子	1041	宋建平	1047
施易	1036	司呈泉	1041	宋建乔	1048
施义慧	1036	Sidaphone Saisamone	1041	宋杰	1048
施亦农	1036	司菲	1041	宋金文	1048
时逸人	1036	司富春	1041	宋锦秀	1048
石义英	1036	斯格里	1041	宋经中	1048
石勇	1036	司丽静	1041	宋鞠舫	1048
石拥军	1036	思琪	1041	宋娟	1048
史永丽	1036	斯钦	1041	宋珏岚	1048
石雨	1036	斯琴其木格	1041	宋军	1049
石悦	1037	司婷	1042	宋俊生	1049
史悦	1037	司徒铃	1042	宋濬哲	1049
石月清	1037	斯徒展	1042	宋科	1049
石陨	1037	斯瓦沃米尔·沃蒂什	1042	宋来祥	1049
师昀煜	1037	司亚军	1042	宋力	1049
释昭慧	1038	斯亚研	1042	宋丽华	1049
时振声	1038	姒元翼	1042	宋黎明	1049

孙丹阳	1066	孙菊	1073	孙树建	1080
孙德利	1067	孙娟	1073	孙淑云	1080
孙德祥	1067	孙娟娟	1073	孙思明	1082
孙东波	1067	孙娟娟	1074	孙松辉	1082
孙东悦	1067	孙克基	1074	孙泰雁	1082
孙东洲	1067	孙逯方	1074	孙天胜	1082
孙凡	1067	孙蕾	1074	孙铁楠	1083
孙繁祜	1067	孙丽	1074	孙桐	1083
孙方成	1067	孙立峰	1074	孙宛宜	1083
孙非	1067	孙黎明	1074	孙望权	1083
孙菲	1067	孙丽娜	1074	孙伟恩	1083
孙凤英	1068	孙立亭	1074	孙雯波	1083
孙溥泉	1068	孙立文	1074	孙文钟	1083
孙关龙	1068	孙利祥	1074	孙希磊	1084
孙广仁	1069	孙丽蕴	1075	孙娴	1084
孙光荣	1070	孙凌晨	1075	孙晓东	1084
孙桂娟	1071	孙灵芝	1075	孙晓莉	1084
孙桂毓	1071	孙隆椿	1076	孙晓生	1084
孙海芳	1071	孙孟章	1076	孙小添	1085
孙海舒	1071	孙旻亨	1076	孙晓筠	1085
孙海媛	1071	孙铭	1076	孙晓云	1085
孙红昺	1071	孙明德	1076	孙孝忠	1085
孙洪波	1071	孙沐寒	1076	孙秀芳	1086
孙洪军	1071	孙慕义	1076	孙秀华	1086
孙洪生	1071	孙宁霞	1078	孙修真	1086
孙华彬	1072	孙培东	1078	孙旭海	1086
孙会	1072	孙平	1078	孙旭培	1086
孙辉	1072	孙琦	1078	孙学明	1086
孙慧娟	1072	孙其斌	1078	孙亚山	1086
孙惠玲	1072	孙启明	1079	孙燕	1086
孙慧明	1072	孙巧思	1079	孙岩	1086
孙基然	1072	孙清伟	1079	孙艳魁	1086
孙家山	1072	孙权	1079	孙彦彦	1087
孙捷	1073	孙瑞宗	1079	孙易娜	1087
孙杰娜	1073	孙赛	1080	孙一楠	1087
孙洁茹	1073	孙善根	1080	孙亦平	1087
孙金菊	1073	孙绍廉	1080	孙益鑫	1087
孙婧	1073	孙世扬	1080	孙仪之	1087
孙晶	1073	孙树菡	1080	孙莹	1087

孙颖	1087	谭家健	1091	唐国平	1097
孙迎庆	1087	覃江	1091	汤光	1097
孙迎智	1087	谭洁	1091	唐翰存	1097
孙永彪	1087	谭启文	1091	唐汉钧	1097
孙永显	1087	谭奇纹	1091	唐寒松	1097
孙永祚	1087	谭倩婷	1092	唐豪	1098
孙雨萌	1087	谭勤余	1092	唐何芳	1098
孙语圣	1088	陶权	1092	唐红梅	1098
孙玉英	1088	谭溶	1092	唐华彭	1098
孙元化	1088	谭荣佳	1092	唐慧萍	1098
孙源梅	1088	谈荣梅	1092	唐慧鑫	1098
孙约翰	1088	谭睿	1092	汤嘉	1098
孙占学	1088	谭树林	1092	唐建军	1098
孙兆林	1088	谭素娟	1092	唐婕妤	1098
孙振领	1088	谈太阶	1092	唐晶晶	1098
孙振民	1088	谭天	1093	唐静雯	1098
孙正祥	1088	谈文琼	1093	唐军	1098
孙正一	1089	谭骧	1093	唐魁玉	1098
孙志芳	1089	谭晓东	1093	唐兰	1099
孙志鹏	1089	谭晓蕾	1093	唐莉	1099
孙仲	1089	谭晓燕	1093	汤黎	1099
孙忠年	1089	谭晓媛	1093	唐力行	1099
孙中堂	1089	谭秀荣	1094	唐理蒙	1099
孙琢	1089	谭学林	1094	汤蠡舟	1099
孙作乾	1089	谭雪玲	1094	唐玲玲	1099
索菲·罗兰	1089	谭燕保	1094	唐禄俊	1099
		谭瑛	1095	唐美花	1099
T		谈玉林	1095	汤明珠	1099
		谈宇文	1095	汤慕殷	1099
邰东梅	1089	谭源生	1095	唐娜	1099
邰丽媛	1090	谭肇毅	1095	汤佩青	1099
谭爱娟	1090	谭治	1095	唐鹏琪	1099
谭备战	1090	谭卓垣	1095	汤茜	1100
谭琛铧	1090	谭子经	1095	唐钱华	1100
谭春雨	1090	唐柏芬	1095	唐秋雅	1100
谭德福	1091	汤蓓	1095	唐仁	1100
谭凤林	1091	汤春红	1096	唐仁康	1100
谭刚	1091	唐代兴	1096	唐世超	1100
谭光辉	1091	唐富满	1097	唐仕勇	1100
谭国俊	1091				

唐思义	1100	陶广正	1106	田可新	1120
唐廷猷	1100	陶海燕	1106	田里	1120
唐伟华	1101	陶虹娟	1106	田丽娟	1120
唐伟胜	1101	陶惠宁	1106	田孟	1121
唐闻佳	1101	陶久胜	1106	田明孝	1121
唐文娟	1101	陶立群	1106	田牧野	1121
唐文佩	1102	陶礼雍	1107	田崎哲郎	1121
汤文巍	1102	陶善敏	1107	田阡	1121
唐文元	1102	陶诗秀	1107	田青	1121
唐锡磷	1102	陶艳兰	1107	田庆丰	1121
唐锡祺	1102	陶御风	1107	田瑞雪	1121
唐溪源	1102	陶渊骏	1107	田若虹	1121
汤先萍	1102	陶元珍	1107	田澍	1122
唐小兵	1102	藤本治	1107	田树仁	1122
唐晓娟	1103	滕芳美	1107	田思胜	1122
汤晓莉	1103	腾磊	1107	田素梅	1123
汤晓莉	1103	滕绍箴	1108	田涛	1123
汤晓龙	1103	藤田梨那	1108	田甜	1123
唐晓伟	1103	滕晓东	1108	田甜	1123
唐晓霞	1103	腾杨	1108	田文敬	1123
汤兴华	1103	腾朝宇	1108	田喜娥	1123
唐璇	1103	田安宁	1108	田小明	1123
唐颜	1104	田成庆	1108	田小仟	1124
汤艳梅	1104	田传胜	1108	田晓晴	1124
汤雁如	1104	田代华	1108	田晓旭	1124
唐咏	1104	田多英范	1109	田欣	1124
汤用彤	1104	田丰	1109	田旭升	1124
汤玉林	1104	田峰	1109	田雪飞	1124
唐玉虬	1104	田峰	1109	田彦梅	1124
唐元	1104	田刚	1109	田艳霞	1124
唐云	1104	田华咏	1109	田阳	1125
唐朝丽	1104	田建辉	1110	田毅	1125
唐志炯	1104	田进文	1110	田毅鹏	1125
唐倬	1105	田静	1111	田永衍	1125
陶燨孙	1105	田静	1111	田玉	1126
陶传祥	1105	田静	1111	田圆	1126
陶春军	1105	田军	1111	田远帆	1126
陶飞亚	1105	田侃	1111	田志娟	1127
陶功定	1105	田可文	1120	田中智子	1127

汪春春	1146	王东坡	1151	王广军	1156
王春林	1146	王东胜	1151	王广坤	1156
王春霞	1146	汪东涛	1151	王光伟	1156
王春艳	1146	王恩厚	1151	王广义	1156
王聪	1146	王恩胜	1152	王光玉	1156
王丛霞	1146	王二杰	1152	汪桂清	1156
王翠	1146	王发渭	1152	王桂生	1157
王翠芳	1146	王范之	1152	汪国华	1157
王翠丽	1146	王芳	1152	王国民	1157
王存同	1146	王芳	1152	王国平	1157
王大妹	1147	王芳	1152	王国平	1157
王大鹏	1147	王芳	1152	王国清	1157
王大为	1147	王芳芳	1152	王国为	1158
王大伟	1147	王菲	1152	王国钰	1158
王丹	1147	王菲	1152	王海波	1158
王丹	1147	王飞	1152	王海莲	1158
汪丹	1147	王飞	1153	王海鹏	1158
王丹	1148	王斐	1153	王海玉	1158
王道还	1148	王飞雪	1153	王汉苗	1159
王道瑞	1148	王锋	1153	王皓	1159
王道瑞	1148	汪锋	1153	王浩	1159
王道远	1148	王峰	1153	王浩君	1159
王德	1148	王凤兰	1153	汪浩权	1159
王德隽	1148	王凤雷	1154	王浩中	1159
王德群	1148	王凤梅	1154	王贺佳	1159
王德彦	1149	王凤梅	1154	王鹤亭	1159
王登正	1150	王凤岐	1155	王珩	1159
王棣	1150	王凤翔	1155	汪宏	1159
王迪	1150	王凤秀	1155	王宏	1159
王迪	1150	王福岗	1155	王洪彬	1159
汪殿华	1150	王福生	1155	王宏斌	1160
王定华	1150	王刚	1155	王宏彬	1160
王东	1150	王高朋	1155	王洪车	1160
王栋	1150	王格格	1155	王洪琛	1160
王东	1151	王耕兴	1155	王宏川	1160
王东	1151	王古岩	1155	王洪春	1160
王东海	1151	王冠群	1155	汪洪亮	1160
王东梅	1151	王冠中	1155	王红松	1160
王冬梅	1151	王光辉	1156	汪洪武	1161

王红霞	1161	王剑锋	1170	王京涛	1175
王鸿勇	1161	王建华	1170	王晶莹	1175
王红珠	1162	王建华	1170	汪炯	1175
王虎华	1162	王建康	1170	王九林	1175
汪沪双	1162	王建磊	1171	王九龙	1175
王化平	1162	王剑立	1171	王菊	1175
汪黄瑛	1162	王剑利	1171	王菊满	1175
王卉	1162	王建民	1171	王俊	1175
王辉	1162	汪建荣	1171	王军	1176
王晖	1162	王建新	1171	王俊	1176
王卉	1162	王建新	1172	王君	1176
汪慧	1162	王江	1172	王俊华	1176
王慧芳	1162	王江鹤	1172	王俊娜	1177
王慧杰	1163	王江然	1172	王俊中	1177
王惠玲	1163	王洁	1172	王凯	1177
王慧敏	1163	王杰	1172	王凯	1177
王辉云	1163	王玠	1172	王开弘	1177
王纪潮	1163	王洁宁	1172	王开义	1177
王吉德	1163	王婕琼	1172	王侃	1177
王继广	1163	王进	1172	王柯厶	1177
王基录	1163	王津	1173	王克平	1177
王吉民	1163	王瑾	1173	王琨	1177
王继平	1165	王金安	1173	王坤丽	1177
王冀青	1165	汪金峰	1173	王腊梅	1178
王家骜	1165	王锦鸿	1173	王岚	1178
王嘉斌	1165	王金花	1173	王烂辉	1178
王家封	1165	王津慧	1173	王磊	1178
王家葵	1165	王晋林	1173	王蕾	1178
王嘉乐	1166	王金龙	1173	王立	1178
王嘉欣	1166	王金龙	1173	王丽	1178
王键	1166	王金香	1173	王立	1179
王剑	1168	王静	1174	王莉	1179
王健	1168	王静	1174	王莉	1179
王剑	1168	王婧	1174	王丽	1180
汪剑	1168	王静	1174	王丽	1180
王健	1170	王京芳	1174	王丽	1180
王建超	1170	王敬兰	1174	王丽	1180
王建聪	1170	王景权	1174	王利豪	1180
王建芬	1170	王敬群	1175	王丽慧	1180

王丽君	1180	王眉	1185	王宁	1194
王利军	1181	王梅	1185	王宁军	1194
王丽梅	1181	王梅	1186	王诺	1194
王立民	1181	王美美	1186	王湃	1194
王力宁	1181	王萌	1186	王培典	1194
王立鹏	1181	王梦琪	1186	王培荣	1194
王利群	1181	王梦怡	1186	王佩儒	1195
王礼贤	1181	王咪咪	1186	王沛珊	1195
王丽宇	1181	王米渠	1186	王佩真	1195
王立桩	1181	王勉	1188	王鹏	1195
王立子	1182	王淼	1188	王平	1195
王连忠	1182	王淼	1188	王平	1195
汪良寄	1182	王淼	1189	王平	1195
王琳	1182	王苗苗	1189	王萍	1195
王琳	1182	王敏	1189	王平	1195
王霖	1183	王敏	1189	王平鲁	1196
王凛然	1183	王敏	1189	王琦	1196
王林生	1183	王明	1189	王琦	1196
王林云	1184	王明	1189	王琪	1197
王泠	1184	王明	1189	王琦	1197
王玲	1184	王铭	1190	王琦	1197
王玲	1184	王铭	1190	王起槐	1197
王玲宁	1184	汪明德	1190	王启辉	1197
王凌霞	1184	王明辉	1190	王其林	1197
王柳青	1184	王明军	1191	王启鹏	1198
王龙	1184	王明林	1191	汪企张	1198
王龙	1184	王铭农	1191	王茜	1198
王陇德	1184	王明强	1191	王钱国忠	1198
王龙友	1185	王明旭	1192	汪俏	1198
王璐	1185	王铭珍	1193	王勤	1198
王路	1185	王明忠	1193	王青	1198
王璐航	1185	王娜娜	1193	王晴	1198
王璐璐	1185	王乃更	1193	王庆安	1198
王鲁宁	1185	王楠	1193	王晴锋	1198
王鲁茜	1185	汪楠	1193	王庆国	1199
王禄生	1185	王能河	1193	王庆其	1202
王珞	1185	王妮	1193	王庆菽	1204
王茂华	1185	王念兹	1194	王青松	1204
王茂森	1185	王宁	1194	王庆宪	1204

王琼	1204	王书博	1209	王威	1214
王琼	1205	王姝琛	1209	王巍	1214
王秋菊	1205	王淑纯	1210	王炜	1214
王全意	1205	王书法	1210	王玮	1214
王日根	1205	王书芳	1210	王伟	1214
王荣华	1205	王树芬	1210	王卫	1214
王如	1205	王淑玲	1210	王伟	1214
王瑞	1205	王淑民	1210	王卫	1214
王瑞来	1205	王帅	1210	王伟	1215
王润华	1205	王帅	1210	汪炜	1215
王闰吉	1205	王水香	1210	王伟	1215
汪若秋	1205	王思璀	1211	王薇	1215
王若俨	1205	王思萌	1211	王为	1215
王三虎	1205	王思明	1211	汪维藩	1215
王三虎	1206	王思亓	1211	王为刚	1215
王森波	1206	王思齐	1211	王薇佳	1215
王森林	1206	王泗通	1211	王伟凯	1215
汪珊	1206	汪宋宝	1211	王维民	1215
王珊	1206	王苏萍	1211	王危危	1215
王珊珊	1206	王台	1211	汪维真	1215
王绍光	1206	王涛	1211	王维治	1215
王少丽	1207	王韬	1211	王文昌	1216
王少阳	1207	王涛锴	1212	王文铎	1216
王绍印	1207	王体	1212	王文基	1216
王申	1207	汪惕予	1212	王文娟	1216
汪慎之	1207	王恬	1212	王文娟	1216
王胜	1207	王天丹	1212	王文娟	1216
汪圣铎	1208	王天霞	1212	王文利	1216
王盛吉	1208	王天益	1212	王文涛	1216
王胜军	1208	王天怡	1212	王文文	1217
王盛泽	1208	王铁策	1213	王文元	1217
汪时东	1208	王廷富	1213	王文远	1217
王士福	1208	王亭亭	1213	汪五清	1217
王世恭	1208	王彤	1213	王希浩	1217
王世民	1208	王婉丽	1213	王希娟	1217
王使臻	1209	汪伟	1213	王希亮	1217
王实之	1209	王巍	1213	王习明	1217
汪守龙	1209	王伟	1214	王羲明	1217
王树彬	1209	王玮	1214	王汐牟	1217

王艳丽	1236	王勇	1244	王玉柱	1251
王炎龙	1236	王勇	1244	王媛	1251
王彦敏	1236	王勇	1244	王媛	1251
汪燕平	1236	王勇	1245	王姮	1251
王燕萍	1237	王永笛	1245	汪元元	1251
王延庆	1237	王永飞	1245	王元周	1251
王衍生	1237	王永刚	1245	王岳	1252
王延中	1237	王永科	1245	王越	1254
汪洋	1238	王永宽	1245	王岳宝	1254
王扬宗	1238	王永莉	1245	王月清	1254
王尧	1238	王永奇	1246	王月昀	1254
汪瑶	1238	王永谦	1246	王蕴	1254
王瑶华	1238	王永生	1246	王云	1254
王耀庭	1238	王勇勇	1246	王云峰	1254
王耀忠	1238	王永渝	1246	王云路	1254
王叶英	1238	王永源	1246	王筠默	1254
王奕	1238	王佑军	1246	王云鹏	1255
王一丹	1238	王友平	1246	王云屏	1255
王一帆	1239	王有琪	1246	王泽鸿	1255
王一方	1239	王有生	1246	王泽仪	1255
王轶佳	1242	王钰	1246	王增浦	1255
王毅杰	1242	王宇	1246	王曾瑜	1255
王一杰	1242	王宇	1247	王占仁	1256
王宜静	1242	王羽	1247	王章伟	1256
王义明	1242	王玉德	1247	王钊	1256
王义权	1242	王玉凤	1247	王兆	1256
王一仁	1242	王育林	1247	王肇磊	1256
王艺潼	1242	王玉林	1249	王朝宏	1256
王贻之	1242	王雨濛	1249	王振	1256
王逸舟	1242	王裕明	1249	王珍娥	1256
王银	1242	王宇琦	1249	王振国	1256
王银泉	1242	王玉芹	1249	王贞虎	1260
王莹	1243	王玉琴	1250	王珍仁	1260
王应	1243	王玉润	1250	王振瑞	1260
王颖	1243	王雨田	1250	王振宜	1260
王应睐	1243	王予霞	1250	王振忠	1261
王瀛培	1243	王玉辛	1250	王征	1261
王颖晓	1243	王玉兴	1250	王政	1261
王樱樱	1244	王育学	1251	王稚菴	1261

吴俊	1294	乌日图	1299	吴筱枫	1304
吴俊莹	1294	吴蓉	1300	吴晓琳	1304
吴开杰	1294	吴瑞甫	1300	吴晓玲	1304
吴康健	1294	吴瑞华	1300	吴小明	1304
吴考盘	1295	吴瑞康	1300	吴小明	1305
吴坤	1295	吴润秋	1300	吴晓倩	1305
乌兰塔娜	1295	武绍坤	1300	吴效群	1305
吴莉	1295	吴绍熙	1300	武小涛	1306
吴利华	1295	吴少祯	1301	邬晓薇	1306
吴丽娟	1295	吴慎	1301	吴潇湘	1306
吴立坤	1295	吴生元	1301	吴小燕	1306
吴丽娜	1295	伍世安	1301	吴小英	1306
伍连德	1295	五十岚靖彦	1301	吴小勇	1306
吴曼衡	1296	吴枢	1301	武晓媛	1306
邬美娣	1296	吴颂皋	1301	吴鑫	1306
吴梦	1296	伍添就	1301	吴欣桦	1306
吴孟青	1296	吴天威	1301	吴新明	1306
吴孟霞	1296	吴桐	1301	吴新仁	1307
吴弥漫	1296	吴童	1301	吴星	1307
吴苗	1297	吴彤	1302	吴行敏	1307
吴沐基	1297	吴伟娜	1302	吴雪	1307
吴宁	1297	吴文军	1302	吴学聪	1307
吴佩林	1297	吴文君	1302	吴雪菲	1307
武培培	1297	吴文清	1302	吴娅娜	1307
吴佩蓉	1297	巫文生	1303	吴雅琴	1307
吴朋飞	1297	吴文星	1303	武彦	1307
吴鹏伟	1297	吴文忠	1303	仵燕	1308
吴平	1297	吴系科	1303	吴妍静	1308
吴琦	1297	吴锡民	1303	吴瑶	1308
吴琦	1297	吴瑕	1303	吴仪	1308
武启峰	1298	吴襄	1303	吴一凡	1308
吴琪琼	1298	邬翔	1303	吴易叡	1308
吴强	1298	武香江	1303	武逸天	1308
吴庆晏	1298	吴向军	1303	邬移生	1308
伍秋鹏	1298	武香兰	1303	吴义雄	1308
吴秋儒	1298	吴晓东	1304	吴以义	1308
乌仁其其格	1299	邬晓东	1304	武应臣	1308
乌仁图雅	1299	武晓冬	1304	伍勇富	1308
乌日罕	1299	吴晓峰	1304	吴永贵	1308

项隆舟	1324	肖建珍	1331	萧易忻	1339
相鲁闽	1325	肖进	1331	肖莹	1339
向楠	1326	肖康伯	1331	肖永坚	1339
项南月	1326	肖林榕	1331	肖永芝	1339
项宁	1326	肖柳珍	1332	萧友信	1340
项祺	1327	肖梅华	1332	肖雨	1341
向倩芸	1327	肖梦	1333	肖玉秋	1341
向群	1327	萧敏材	1333	肖元	1341
向荣	1327	肖屏	1333	肖元春	1341
向玮	1327	肖庆华	1333	肖远琴	1341
项薇	1327	肖群益	1333	萧运春	1341
向文斌	1327	肖群忠	1333	小曾户洋	1341
乡下佬	1327	肖荣	1333	肖诏玮	1341
项政	1327	萧轼之	1333	肖子曾	1341
向志	1327	萧淑轩	1334	谢安	1341
相自成	1327	肖水源	1334	谢邦永	1342
肖艾芹	1328	肖嵩	1335	谢宝忠	1342
肖爱树	1328	肖天辉	1335	谢本书	1342
肖安淼	1328	萧天水	1335	谢必震	1342
小滨正子	1328	肖婷婷	1335	谢斌	1342
小仓重成	1328	肖同庆	1335	谢波	1342
肖昌云	1328	肖巍	1335	解博文	1342
肖承惊	1328	肖卫国	1336	谢成范	1342
小池俊治	1328	肖温温	1336	谢春艳	1343
肖丹	1328	萧熙/萧叔轩	1336	谢德秋	1343
肖德发	1328	肖相如	1336	谢恩增	1343
肖登科	1328	肖肖	1337	谢芳	1343
萧璠	1328	肖晓红	1337	解菲	1343
萧放	1329	肖小惠	1337	谢刚	1344
萧峰	1329	肖新云	1337	谢高潮	1344
肖凤彬	1329	肖雄	1337	谢功肃	1344
肖(萧)国钢	1329	萧旭	1338	谢广磊	1344
肖国士	1329	肖玄郁	1338	谢光宇	1344
肖红松	1329	肖衍初	1338	谢海洲	1344
肖红艳	1330	肖艳芳	1338	谢晗	1345
肖华锋	1330	萧扬	1338	谢红莉	1345
萧惠英	1330	肖毅	1338	谢华	1346
肖家翔	1330	肖毅	1338	谢惠蓉	1346
肖建文	1331	肖伊绯	1338	谢建明	1346

徐春波	1364	徐国恒	1369	徐进	1375
许春芳	1364	许国敏	1369	徐金亮	1375
徐春富	1364	徐国仟	1369	徐锦中	1375
许春慧	1364	徐国荣	1369	徐景藩	1375
徐春捷	1364	徐海波	1369	许敬生	1375
徐春娟	1364	徐海燕	1369	徐敬文	1380
许春淑	1366	徐好民	1369	徐俊	1380
徐春为	1366	徐浩一	1369	徐珺	1380
许春燕	1366	徐鹤	1369	许俊才	1380
许慈文	1366	徐衡之	1369	徐衍	1380
徐翠玲	1366	徐红	1369	徐凯希	1380
徐达瑶	1366	徐红	1370	许凯翔	1380
徐丹生	1366	许宏彬	1370	许珂	1380
徐道稳	1366	许红霞	1370	许可	1380
许德	1366	许华	1370	徐科	1380
许德坤	1366	许华尧	1370	徐科青	1380
徐德亮	1366	徐缓	1370	许鲲	1380
许德龙	1366	徐辉光	1371	徐力恒	1380
许德雅	1366	徐慧君	1371	徐立军	1380
许典雅	1366	徐晖明	1371	徐丽君	1381
徐丁丁	1367	徐辉琪	1371	徐丽敏	1381
许冬妮	1367	徐慧湘	1371	许立人	1381
许二平	1367	徐慧颖	1371	徐琳	1381
许霏	1367	徐吉	1371	徐龙根	1381
许飞琼	1367	徐寄鹤	1371	徐璐	1381
徐峰	1367	徐寄鸥	1371	徐璐	1381
徐峰	1367	徐家淳	1371	徐璐	1381
徐峰	1368	许家松	1371	徐满成	1381
许凤梅	1368	徐佳彤	1371	徐梅	1381
徐丰铭	1368	徐佳星	1371	许美华	1381
许峰源	1368	徐鉴	1372	徐美苓	1381
徐复霖	1368	徐健国	1372	许敏玲	1382
许伏新	1368	徐剑秋	1372	许铭	1382
徐敢利	1368	徐建伟	1372	许明辉	1382
徐刚	1368	徐建云	1372	徐名山	1382
徐纲	1368	徐江雁	1373	徐木林	1382
许广平	1368	徐杰	1375	徐宁	1382
许光岐	1368	徐杰	1375	徐平	1382
徐光星	1368	徐杰	1375	徐平	1382

徐平章	1382	许涛	1386	徐彦敏	1392
顼祺	1383	徐韬园	1387	许彦增	1392
徐齐	1383	徐天民	1387	徐扬	1392
许起山	1383	徐彤武	1387	徐仪明	1392
徐其一	1383	许愧棱	1387	徐义强	1393
徐其章	1383	徐旺生	1387	须义贞	1393
徐倩	1383	许伟	1387	徐胤聪	1393
徐前进	1383	许维安	1387	徐瑛	1393
徐强	1383	徐卫东	1387	徐瀛芳	1393
徐强	1383	徐威廉	1387	徐勇	1393
徐勤	1383	徐文	1387	徐永昌	1393
徐清照	1383	徐文芳	1388	徐永红	1393
旭仁其其格	1384	许文刚	1388	徐永禄	1393
徐仁铣	1384	徐雯洁	1388	徐雍智	1394
徐荣庆	1384	徐文梅	1388	徐友南	1394
徐荣斋	1384	许文茜	1388	徐有威	1394
徐如恩	1384	许文颖	1388	许又新	1394
许锐恒	1384	徐锡藩	1388	许有志	1394
徐睿瑶	1384	许锡庆	1388	徐玉锦	1394
许若潇	1385	许霞	1389	许玉娟	1395
许三春	1385	徐湘亭	1389	许圆圆	1395
许尚文	1385	徐晓慧	1389	徐元贞	1395
许少健	1385	徐晓婷	1389	许云庵	1395
徐少锦	1385	徐晓君	1389	徐兆红	1395
徐少明	1385	徐晓军	1389	徐兆祺	1395
徐绍全	1385	许小丽	1390	徐喆	1395
徐慎庠	1385	徐小言	1390	徐桢	1395
许仕海	1386	许笑盈	1390	徐祯芩	1395
许世融	1386	许霄羽	1390	许振国	1395
徐树楠	1386	胥筱云	1390	徐正东	1395
许淑雯	1386	徐昕	1390	许正林	1395
徐淑贤	1386	许新民	1391	徐正蓉	1396
徐朔方	1386	许兴国	1391	许芷菲	1396
徐松如	1386	徐栩	1391	胥志刚	1396
徐颂周	1386	许雪姬	1391	徐志杰	1396
徐苏恩	1386	许亚洲	1391	许志泉	1396
徐素娟	1386	徐雅妮	1391	徐志祥	1396
许檀	1386	许岩	1391	徐忠明	1396
徐焘	1386	徐燕琳	1391	徐竹	1396

许主加	1396	薛媛	1402	阎立强	1408
许妆庄	1396	薛媛元	1402	闫力伟	1409
徐子杭	1396	薛政文	1402	严利依	1409
徐宗良	1396	薛志刚	1402	鄢良	1409
许宗友	1396	薛紫怡	1402	燕良轼	1409
徐陬	1397	荀兰兰	1402	延琳	1409
宣金堂	1397	荀铁军	1402	严菱舟	1409
玄振玉	1397	寻知元	1402	颜隆	1409
薛崇成	1397			晏马成	1410
薛墩富	1397	**Y**		严枚	1410
薛芳芸	1397	亚瑟·麦基弗	1402	闫敏敏	1410
薛凤奎	1398	《亚太传统医药》	1403	严娜	1410
薛公忱	1398	岩本笃志	1403	岩崎	1410
薛公善	1399	严道南	1403	严奇岩	1410
薛光生	1399	闫杜海	1403	宴庆德	1410
薛欢欢	1399	严帆	1403	颜青山	1410
薛建国	1399	闫冠韫	1403	燕茹	1410
薛军民	1399	闫广臣	1403	严如惠	1410
薛克翘	1399	阎桂银	1403	颜瑞腾	1410
薛丽蓉	1399	燕国材	1403	阎瑞雪	1411
薛盟	1399	严国政	1404	严善馀/余	1411
薛凝嵩	1399	颜红	1404	雁声	1411
薛暖珠	1399	严辉	1404	阎石	1411
薛攀皋	1400	闫慧	1404	阎世德	1411
薛倩	1400	严季澜	1404	严世芸	1411
薛庆煜	1400	阎佳畅	1406	阎廷禄	1413
薛瑞泽	1400	严家新	1406	严魏	1413
薛松	1400	严家炎	1406	阎文仲	1413
薛涛	1400	烟建华	1406	晏向阳	1413
薛铁军	1400	严健民	1407	严晓	1413
薛文礼	1400	严建蔚	1408	颜小华	1413
薛文轩	1400	颜江瑛	1408	闫晓君	1413
薛晓芃	1400	鄢洁	1408	严小青	1414
薛新东	1401	闫敬来	1408	阎小燕	1414
薛阳	1401	严镜清	1408	燕晓英	1414
薛益明	1401	严娟	1408	闫晓宇	1414
薛一涛	1401	严峻竣	1408	闫旭	1414
薛银萍	1401	颜克海	1408	严序之	1414
薛雨芳	1401	严立	1408	严暄暄	1414

闫妍	1416	杨存	1420	杨豪	1428
严一萍	1416	杨存钟	1420	杨浩观	1428
颜宜葳	1416	杨达夫	1420	杨鸿	1428
颜阆	1416	杨大俊	1420	杨宏道	1429
闫永增	1416	杨大业	1421	杨红梅	1429
闫育敏	1417	杨德林	1421	杨鸿台	1429
颜赟	1417	杨德森	1421	杨红星	1429
严运楼	1417	杨德志	1421	杨红燕	1430
严泽	1417	杨佃会	1421	杨洪永	1431
颜智	1417	杨丁	1421	杨宏宇	1431
严忠良	1417	杨东方	1421	杨华	1431
阎中兴	1417	杨东儒	1423	杨华祥	1431
晏子厚	1417	杨二兰	1423	杨环	1431
严祖庇	1418	杨发祥	1423	杨焕文	1431
杨安时	1418	杨发源	1423	杨辉	1431
杨柏林	1418	杨帆	1423	杨慧	1431
杨宝林	1418	杨芳	1423	杨辉	1431
杨必安	1418	杨昉	1425	杨慧清	1431
杨斌	1418	杨芳	1426	杨慧琼	1432
杨彬彬	1418	杨芳	1426	杨继红	1432
杨波	1418	杨峰	1426	杨济时	1432
杨长年	1419	杨奉琨	1427	杨佳	1433
杨昌文	1419	杨扶国	1427	杨家茂	1433
杨长云	1419	杨付明	1427	杨俭	1433
杨超	1419	杨富学	1427	杨建敏	1434
杨晨雪	1419	杨钢	1427	杨剑仙	1434
杨程	1419	杨高凡	1427	杨建章	1434
杨程程	1419	杨葛亮	1427	杨洁	1434
杨成洲	1419	杨功焕	1427	杨杰	1434
杨崇华	1419	杨光	1427	杨洁	1434
杨崇仁	1419	杨光	1427	杨洁德	1434
杨崇瑞	1419	杨广亮	1428	杨瑾	1434
杨春波	1419	杨桂林	1428	杨金花	1434
阳春林	1420	杨桂元	1428	杨金客	1434
杨春梅	1420	杨瑰珍	1428	杨金萍	1434
杨从彪	1420	杨果	1428	杨金生	1436
杨翠华	1420	杨国亮	1428	杨金武	1437
杨翠平	1420	杨汉麟	1428	杨金香	1437
杨翠迎	1420	杨寒松	1428	杨镜	1437

杨静	1437	杨麟	1443	杨熔	1449
杨婧	1437	杨林生	1444	杨蓉	1449
杨静	1437	杨玲	1444	杨荣斌	1450
杨婧	1437	杨柳青	1444	杨如侯	1450
杨静	1437	杨璐	1444	杨锐	1450
杨景锋	1437	杨璐	1444	杨睿	1450
杨景红	1438	杨璐玮	1444	杨瑞	1450
杨晶鑫	1438	杨麦青	1444	杨瑞松	1450
杨敬宇	1438	杨梅	1444	杨森	1450
杨久谊	1438	杨梅	1445	杨善发	1450
杨久云	1439	杨猛	1446	杨珊珊	1452
杨钧	1439	杨梦琪	1446	杨善尧	1452
杨君	1439	杨敏华	1446	杨上池	1452
杨钧	1439	杨螟	1446	杨韶明	1453
杨匀保	1439	杨明	1446	杨生勇	1453
杨军辉	1439	杨铭鼎	1446	杨士保	1453
杨俊杰	1439	杨明新	1446	杨世民	1453
杨军凯	1439	杨明哲	1446	杨石乔	1454
杨克勤	1439	杨木	1446	杨仕哲	1454
杨克卫	1439	杨木锐	1446	杨寿元	1455
杨兰	1440	杨乃济	1446	杨叔澄	1455
杨乐	1440	杨妮楠	1447	杨淑芳	1455
杨蕾	1440	杨念群	1447	杨舒杰	1455
杨丽	1440	杨沛群	1447	杨树英	1455
杨丽	1440	杨鹏	1447	杨淑媛	1455
杨莉	1440	杨鹏程	1447	杨帅	1455
杨立彬	1441	杨萍	1448	杨颂平	1455
杨理合	1441	杨萍芳	1448	杨天虎	1455
杨立红	1442	杨璞	1448	杨天乐	1456
杨丽花	1442	杨杞	1448	杨天仁	1456
杨利民	1442	杨启秋	1448	杨天荣	1456
杨丽娜	1442	杨绮婷	1448	杨廷栋	1456
杨丽萍	1443	杨倩	1448	杨团	1456
杨李琼	1443	杨巧芳	1448	杨万柱	1456
杨立群	1443	杨钦河	1448	杨威	1457
杨丽天晴	1443	杨青	1449	杨薇	1457
杨丽英	1443	杨秋莉	1449	杨崴	1457
杨廉德	1443	杨萩雯	1449	杨威	1457
杨琳	1443	杨权生	1449	杨维	1459

姚昌炳	1474	姚泽麟	1480	叶舒宪	1487
姚澄	1474	姚正曙	1481	叶颂熙	1488
姚崇新	1474	姚志坚	1481	叶显纯	1488
姚纯发	1474	叶爱娇	1481	叶险峰	1488
姚春鹏	1474	叶春雨	1481	叶笑	1488
姚大怀	1475	叶冬青	1481	叶晓锋	1488
姚大勇	1475	叶发正	1482	叶晓青	1488
姚帆	1475	叶芳圃	1482	叶欣	1488
姚芳莲	1475	叶福林	1482	叶新苗	1488
姚霏	1475	叶干运	1482	叶心铭	1489
姚海燕	1476	叶恭绍	1483	叶续源	1489
姚海英	1476	叶佳威	1483	叶艳灵	1489
姚和清	1476	叶剑辉	1483	叶衍庆	1489
姚荷生	1476	叶进	1483	耶叶夫斯卡亚	1489
姚佳音	1476	《冶金防痨》杂志编辑部	1484	叶荫聪	1489
姚建红	1477	叶劲秋	1484	叶永文	1489
姚洁敏	1477	叶橘泉	1484	叶又新	1490
姚洁琼	1477	叶俊	1484	叶煜培	1490
姚警钟	1477	叶俊	1485	叶振森	1490
姚力	1477	叶君健	1485	叶执中	1491
姚立军	1478	叶科	1485	叶子辉	1491
姚莉莎	1478	叶兰兰	1485	叶宗宝	1491
姚琳	1478	叶乐乐	1485	易蓓	1491
姚逦舜	1478	叶磊	1485	易不扬	1491
姚斯晋	1478	叶林	1485	衣翠翠	1491
姚廷周	1478	叶龙吉	1485	一帆	1491
姚同伟	1478	叶龙彦	1485	仪福霞	1491
姚伟	1478	叶茂	1486	奕恭	1491
姚伟钧	1478	叶敏瑞	1486	伊广谦	1492
姚雯	1479	叶明花	1486	伊河山·伊明	1492
姚欣	1479	叶明柱	1486	衣华强	1492
姚星亮	1479	叶农	1486	易见龙	1492
药学系中草药教研组	1480	叶浓新	1487	易杰	1492
姚艳丽	1480	叶谦	1487	医界春秋社	1492
姚英	1480	叶千运	1487	依乐娜	1492
姚永政	1480	叶青	1487	易利华	1493
姚有涛	1480	叶清	1487	易利平	1493
姚宇	1480	叶庆莲	1487	佚名	1493
姚远	1480	叶少武	1487	以仁	1493

喻国华	1511	禹权恒	1515	俞欣玮	1520
余国俊	1511	俞荣根	1515	余新忠	1520
喻国明	1512	宇汝松	1515	娱轩	1522
于红	1512	于瑞麒	1515	于翾	1522
余厚洪	1512	余珊珊	1515	余璇	1522
禹佳	1512	俞尚德	1516	余学玲	1522
俞江婷	1512	虞尚仁	1516	俞雪如	1522
余杰	1512	俞慎初	1516	余迅翎	1523
于杰	1512	玉时阶	1516	喻燕姣	1523
虞洁文	1512	余仕麟	1516	余焱明	1523
余洁英	1512	俞世伟	1516	余泱川	1523
于静	1512	于双成	1516	于业礼	1523
于竞进	1512	于双平	1516	俞宜年	1524
余菁菁	1513	余双旗	1517	余依婷	1524
俞景茂	1513	虞舜	1517	余瀛鳌	1524
于景枚	1513	禹思宏	1518	余永	1526
于孔宝	1513	于天池	1518	于永敏	1526
于坤	1513	于天一	1518	于涌泉	1526
于兰	1513	余玮	1518	余永燕	1526
于兰馥	1514	郁苇	1518	余瑜	1527
于雷	1514	俞卫	1519	余园园	1527
于丽玲	1514	于卫东	1519	于越	1527
于丽珊	1514	于维萍	1519	俞月芳	1527
俞莲实	1514	于文	1519	喻月慧	1527
余粮才	1514	于文忠	1519	余运西	1527
于玲	1514	余无言	1519	余云岫	1527
于玲玲	1514	虞锡桂	1519	于兆杰	1528
雨龙	1514	俞贤在	1519	余兆晟	1528
于露婧	1514	俞香顺	1519	于震	1528
于梦羽	1514	于潇	1519	余正行	1528
于森	1514	于潇	1519	于真健	1528
余旻璟	1515	于小波	1519	余植	1528
俞明	1515	余潇枫	1519	俞志高	1528
于乃义	1515	虞孝国	1520	余仲达	1528
虞农	1515	虞孝贞	1520	俞中元	1528
于鹏杰	1515	余欣	1520	于宙	1528
余启应	1515	禹新初	1520	余自汉	1528
于倩	1515	于新春	1520	余祖兰	1529
俞乔	1515	余新恩	1520	袁本立	1529

袁冰	1529	袁伟平	1534	曾芳	1539
袁博	1529	袁熹	1534	曾凤	1539
袁灿兴	1529	袁曦	1534	曾高峰	1541
袁长庚	1529	袁延胜	1534	曾光	1541
袁长津	1530	袁宜勤	1534	曾国经	1541
袁成毅	1530	苑勇业	1535	曾国书	1541
袁大彬	1530	原玉薇	1535	曾海枝	1541
袁冬梅	1530	袁媛	1535	曾红	1541
袁冬生	1530	袁远航	1535	曾家琳	1541
袁桂清	1530	袁贞	1535	曾龄仪	1541
原海兵	1530	袁钟	1535	曾梦	1541
袁鸿昌	1530	袁焯	1536	曾南山	1541
袁鸿寿	1530	袁梓玥	1536	曾庆捷	1541
苑红霞	1530	岳长红	1536	曾庆枝	1541
袁华	1530	岳丹	1536	曾瑞声	1542
袁华杰	1530	岳冬辉	1536	曾石英	1542
袁洁	1531	约韩·哈里·华纳	1537	曾舒玗	1542
袁金凤	1531	岳家明	1537	曾祥法	1542
袁竞	1531	岳金莲	1537	曾祥龙	1542
袁久林	1531	岳精柱	1537	曾祥生	1542
袁君	1531	岳来发	1537	曾晓光	1542
袁立道	1531	岳岭	1537	曾宣静	1542
原丽华	1532	岳美中	1537	曾雪兰	1542
袁立人	1532	岳谦厚	1538	曾毅	1542
袁璐	1532	岳少坤	1538	曾一林	1542
袁闽燕	1532	岳颂东	1538	曾毅凌	1543
袁明	1532	岳新欣	1538	曾莹莹	1543
苑沛青	1532	岳旭东	1538	曾应召	1543
原璞	1532	运怀英	1538	曾勇	1543
袁仁智	1532	云忠祥	1538	曾镛霏	1543
袁琦	1533			曾友长	1543
袁茜	1533	**Z**		曾玉书	1543
袁善敏	1533	臧笑薇	1539	曾昭抢	1543
袁善征	1533	臧颖洁	1539	曾昭耆	1543
袁淑范	1533	臧紫一	1539	查灿长	1543
苑书耸	1533	曾承志	1539	查达	1543
袁思芳	1533	曾楚华	1539	翟斌庆	1543
原所贤	1533	曾达	1539	翟曹敏	1543
袁卫玲	1534	曾繁花	1539	翟磊	1544

翟立鹏	1544	张本一	1554	张翠	1560
翟亮	1544	章碧明	1554	张翠娥	1560
翟绍果	1544	张碧清	1554	张存钧	1560
翟书涛	1545	张必忠	1554	张存悌	1560
翟淑婷	1545	张斌	1554	张大魁	1561
翟双庆	1545	张彬	1555	张大鹏	1561
翟文浩	1547	张冰	1555	张大萍	1561
翟晓敏	1548	张冰浣	1555	张大庆	1562
翟昕	1548	张冰清	1555	张大伟	1566
翟旭丹	1548	张炳生	1555	张大有	1566
翟延璠	1548	张博	1555	张大钊	1566
詹丹	1548	张伯奇	1555	张丹	1566
詹国彬	1548	张彩霞	1555	张丹	1566
战佳阳	1548	张灿玾	1556	张丹红	1566
詹敏	1548	张查理	1556	张丹英	1567
詹穆彦	1549	张长江	1556	章道宁	1567
詹勤鑫	1549	张长民	1556	张德贵	1567
詹庆华	1549	张潮	1557	张德元	1567
詹绍琛	1549	张超	1557	张登本	1567
詹世明	1549	张晨	1557	张登文	1569
战涛	1549	张陈呈	1557	张迪蛟	1569
詹祥	1549	张程	1557	张迪诺	1569
詹雅筑	1549	张承道	1557	张殿璞	1570
詹苡萱	1549	张承宗	1558	张定华	1570
詹鄞鑫	1549	张弛	1558	张冬红	1570
张爱诚	1550	张弛	1558	张冬雪	1570
张爱华	1550	张弛	1558	张东钰	1570
张爱娟	1550	张崇泉	1558	张尔新	1570
张艾媚	1550	张崇旺	1558	张法波	1570
张爱民	1550	张传龙	1558	张丰聪	1570
张安富	1550	张创献	1558	张凤梅	1571
张安平	1550	张春	1558	张福慧	1571
张昂霄	1550	张纯芳	1558	张福利	1571
张宝昌	1550	张春海	1558	张纲	1571
张葆青	1550	张春梅	1558	张功耀	1571
张宝文	1551	张春艳	1558	张固也	1571
张蓓	1551	章次公	1558	张光霁	1571
张北川	1551	张聪	1559	张广森	1572
张北野	1554	张从辛	1560	张光炎	1572

张桂赫	1573	张红伟	1578	张建兰	1586
张国栋	1573	张红霞	1578	张建梅	1586
张国华	1573	张红霞	1578	张建青	1586
张国琨	1573	张洪义	1578	张建侠	1586
张国泰	1573	张鸿铸	1578	张建荣	1587
张国威	1573	张厚宝	1578	张建生	1587
张国霞	1573	张厚绍	1578	张建伟	1587
张国玉	1573	张厚墉	1578	张建伟	1587
张海滨	1574	张华	1578	张建霞	1587
张海波	1574	张华	1578	张舰元	1587
张海峰	1574	张华敏	1579	张剑源	1587
张海丽	1574	张欢	1581	张杰	1588
张海梅	1574	张慧	1581	张洁	1588
张海鹏	1574	张慧芳	1581	张洁	1588
张海鹏	1574	张会丽	1581	张洁	1588
张海荣	1575	张慧卿	1581	张洁	1588
张海燕	1575	张慧如	1581	张捷	1588
张海燕	1575	张慧蕊	1581	张杰	1588
张海英	1575	张惠鲜	1581	张洁	1588
张海柱	1575	张继	1582	张进	1588
张晗	1576	张纪梅	1582	张金国	1588
张寒冰	1576	张继有	1582	张进清	1588
章瀚予	1576	张嘉凤	1582	张金婷	1588
张浩	1576	张家骏	1583	张锦文	1588
张浩	1576	张加昇	1583	张金兴	1588
张镐圣	1576	张家玮	1583	张锦英	1589
张翮	1576	张建	1583	张金哲	1589
张和声	1576	章健	1583	张金钟	1590
张横柳	1576	张箭	1584	张金中	1590
张弘	1577	张建斌	1584	张静	1590
张红	1577	张建斌	1585	张静	1590
张洪彬	1577	张建东	1585	张静	1590
张鸿彩	1577	张剑峰	1586	张靖	1590
张红红	1577	张建福	1586	张璟	1590
章红梅	1577	张剑光	1586	张晶	1590
张宏如	1577	张建华	1586	张静	1591
张洪善	1577	张建华	1586	张净	1591
张鸿生	1577	章建华	1586	张静	1591
张鸿石	1577	张建军	1586	章静	1591

张静骢	1591	张蕾	1596	张琳	1602
张菁芳	1591	张蕾	1596	张林	1602
张晶晶	1591	张磊	1597	章林	1602
张敬敬	1591	张雷平	1597	张林虎	1602
张京平	1591	张莉	1597	张琳叶	1602
张净秋	1592	张莉	1597	张琳颖	1602
张镜人	1592	张鹏	1597	张玲	1602
张靖森	1592	张丽	1597	张玲	1603
张竞舜	1592	张力	1597	张玲	1604
张婧雅	1592	张莉芳	1597	张玲	1604
张竟云	1592	张丽芬	1597	张玲	1604
张九龄	1592	张立富	1597	张灵敏	1604
章巨膺	1592	张礼纲	1597	张岭泉	1604
张娟	1592	张丽红	1597	张玲荣	1604
张君	1592	章丽华	1598	张凌云	1604
张君豪	1592	张立剑	1598	张璐	1604
张均克	1592	张丽娟	1598	张璐砾	1604
张俊龙	1593	张丽君	1598	张路路	1605
张俊义	1593	张丽君	1598	张录强	1605
张俊友	1593	张利克	1599	张满	1605
张俊智	1593	张丽丽	1599	张茅	1605
张开发	1594	张利利	1599	章茂森	1605
张凯涵	1594	张丽梅	1599	章梅芳	1605
张恺新	1594	张俐敏	1599	张眉芳	1606
张克尘	1594	张丽萍	1600	张美娟	1606
张轲风	1594	章丽平	1600	张美兰	1606
张珂珂	1594	张立平	1600	张美莉	1606
张克伟	1594	张立兴	1600	张美莹	1606
张可欣	1594	张丽亚	1600	张蒙	1606
张奎力	1594	张立园	1600	张梦痕	1606
张昆	1595	张连举	1600	张梦娇	1606
张兰	1595	张连红	1600	张梦杰	1606
张岚	1595	张亮	1600	张盟强	1606
张岚	1595	张良	1600	张孟仁	1607
张兰兰	1595	张良宝	1600	张孟园	1607
张磊	1595	张良吉	1600	张敏	1607
张雷	1595	张亮亮	1600	张敏	1607
张雷	1596	张林	1600	张敏琪	1607
张蕾	1596	张琳	1602	张敏智	1607

张斯靓	1636	张伟娜	1644	张晓丽	1650
章斯睿	1636	张伟男	1644	张晓利	1651
张思玮	1636	张卫霞	1644	张小龙	1651
张素玲	1636	张雯	1644	张晓楼	1651
张孙彪	1636	张文	1645	张晓彭	1651
张太教	1637	张文	1645	张晓琴	1651
张泰山	1637	张文	1645	张笑天	1651
章太炎	1637	张文安	1645	张晓霞	1651
张堂会	1637	章文春	1645	张效霞	1651
张涛	1637	张文光	1647	张晓霞	1653
张涛	1637	张文华	1647	张晓艳	1653
张涛	1637	张文娇	1647	张小燕	1653
张涛	1637	张文彭	1647	张歆	1653
张涛	1638	张文涛	1647	张欣	1653
张涛	1638	张文义	1647	张昕	1653
张天婵	1638	张文智	1647	张鑫	1653
张田芳	1638	张雯执	1647	张鑫	1653
张天民	1638	张武韬	1647	张鑫	1653
张田生	1638	张晳	1647	张新军	1653
张天舒	1638	张锡钧	1647	张新凯	1654
张天锁	1638	张锡君	1648	张欣蕊	1654
张天佐	1638	张希昆	1648	张新瑞	1654
张铁楠	1639	张西平	1648	张新义	1654
张铁山	1639	张锡元	1648	张新宇	1654
张亭立	1639	张霞	1648	张欣悦	1654
张婷婷	1639	章霞	1648	张馨月	1654
张同君	1639	张弦	1648	张心悦	1654
张同远	1639	张弦	1648	张星	1654
张婉	1640	张显成	1648	张星	1654
张万杰	1640	张先清	1649	张星	1654
张旺清	1640	张向华	1649	张星平	1654
张维	1640	张晓	1649	张兴荣	1655
张薇	1640	张笑川	1649	张秀	1655
张玮	1640	张晓春	1649	张秀传	1655
张炜	1640	张晓东	1649	张修爵	1655
张卫	1640	张孝芳	1649	张秀军	1655
张维波	1642	张晓飞	1649	张秀民	1656
张慰丰	1642	张晓风	1649	张修燕	1656
张莘航	1643	张晓红	1649	张旭辉	1656

张绪山	1656	张彦收	1664	张咏梅	1669
张暄	1656	张燕源	1664	张永树	1669
张璇	1656	张衍箴	1664	张永平	1669
张萱	1656	张阳	1664	张永文	1669
张轩辞	1656	张养志	1664	张有春	1669
张雪丹	1657	张遥	1664	张有和	1670
张雪迪	1657	张耀德	1664	张又良	1670
张薛光	1657	张业亮	1665	张友尚	1670
张雪华	1657	张业敏	1665	张瑜	1670
张雪亮	1658	张艺	1665	张钰	1670
张雪梅	1658	张颐昌	1665	张宇	1671
张雪梅	1658	张一弛	1665	张瑜	1671
张学谦	1659	张一聪	1665	张雨	1671
张雪洋	1659	张一帆	1665	张宇	1671
张学毅	1659	张依华	1665	张煜	1671
张珣	1659	张宜缪	1665	张瑜	1671
张亚斌	1659	张义龙	1665	张羽	1671
张亚杰	1660	张一鸣	1665	张玉才	1671
张娅静	1660	张一群	1665	张昱辰	1672
张亚琼	1660	章以同	1666	张钰晨	1672
张焱	1660	张毅之	1666	张宇航	1672
张燕	1660	张殷铭	1666	张玉辉	1672
张雁	1660	张莹	1666	张妤婕	1673
张焱	1660	张英	1666	张玉金	1673
张燕	1661	张颖	1666	张宇静	1673
张艳娥	1661	张颖超	1666	张玉莲	1673
张延昌	1661	张颖禾	1667	张宇羚	1673
张彦飞	1662	张英涛	1667	张玉龙	1673
张艳红	1662	张瀛颖	1667	张玉龙	1673
张燕洁	1662	张雍	1667	张玉敏	1673
张艳丽	1662	张勇	1667	张宇宁	1673
张艳丽	1662	张勇	1667	张宇鹏	1673
张艳玲	1662	张勇	1667	张羽平	1675
张彦灵	1662	张勇	1667	张玉平	1675
张艳梅	1662	张勇安	1667	张玉萍	1675
张彦敏	1663	张勇超	1668	张玉琴	1675
张燕妮	1663	张永刚	1669	张玉清	1675
张艳萍	1663	张永刚	1669	张玉绒	1675
张艳荣	1663	张永良	1669	张玉祥	1676

张雨新	1676	张振平	1683	张自力	1691
张玉雪	1676	张振伟	1683	张子龙	1691
张圆	1676	张珍玉	1683	张紫薇	1691
章原	1676	张震宇	1683	张子游	1692
张圆圆	1677	张正	1683	张总	1692
张园园	1677	张证乔	1683	张宗栋	1692
张圆圆	1677	张正霞	1683	张宗明	1692
章媛媛	1677	张志斌	1683	赵艾东	1695
张渊钊	1677	张之沧	1686	赵百岁	1695
张月	1677	张志枫	1686	赵宝林	1695
张悦	1677	张志光	1686	赵斌	1696
张岳	1677	张知寒	1686	赵斌	1696
张越公	1677	张智宏	1686	赵博	1697
张云	1677	张志将	1686	赵伯阳	1698
张云	1678	张之杰	1687	赵岑梅	1698
张云	1678	张志民	1687	赵长衍	1698
张云荣	1678	张志荣	1687	赵超	1698
张云瑞	1678	张志永	1687	赵超	1698
张云筝	1678	张志勇	1687	赵晨玲	1698
张载福	1678	张志元	1687	赵程博文	1698
张再良	1678	张志远	1687	赵春妮	1698
张再林	1680	张志云	1688	赵德余	1698
张在新	1680	张忠	1688	赵尔康	1699
张赞臣	1680	张仲葛	1688	赵芳杜	1699
张泽	1680	张中和	1688	赵芳军	1699
张增国	1681	张中华	1688	赵福昌	1699
张增国	1681	张忠礼	1688	赵福琳	1699
章增加	1681	张仲檠	1688	赵富伟	1699
张增敏	1681	张仲民	1689	赵刚	1699
张战卫	1682	张忠文	1689	赵国华	1699
张照	1682	张忠祥	1689	赵国仁	1699
张朝觐	1682	张中俞	1689	赵海滨	1699
张照青	1682	张仲源	1689	赵海波	1700
张朝卿	1682	张忠智	1689	赵海林	1700
张兆云	1682	张卓娅	1689	赵含森	1700
张哲嘉	1682	张子川	1689	赵恒	1700
张振	1682	张子高	1689	赵红	1700
张振标	1682	张自宽	1689	赵红兵	1700
张振辉	1683	张梓立	1691	赵洪钧	1700

赵新宇	1720	赵燏黄	1726	甄志亚	1737
赵秀荣	1721	赵宇明	1726	甄仲	1737
赵旭东	1721	赵玉青	1726	郑邦柱	1737
赵璇	1721	赵雨婷	1727	郑保章	1737
赵璇	1721	赵元	1727	郑炳林	1737
赵勋皋	1721	赵越	1727	郑炳生	1737
赵雅度	1721	赵月芳	1727	郑博文	1737
赵艳	1721	赵云芳	1727	郑池慧	1738
赵燕	1723	赵云燕	1727	郑翀霄	1738
赵彦	1723	赵增凯	1727	郑春素	1738
赵砚洪	1723	赵振国	1727	郑大华	1738
赵延坤	1723	赵振军	1727	郑大喜	1738
赵延垒	1723	赵争	1728	郑丹丹	1738
赵彦龙	1723	赵正山	1728	郑东升	1738
赵延庆	1724	赵正韬	1728	郑凡	1738
赵艳平	1724	赵正孝	1728	郑丰杰	1738
赵岩泉	1724	赵志国	1728	郑富豪	1739
赵言山	1724	招知生	1728	郑福生	1739
赵阳	1724	赵忠敏	1728	郑功成	1739
赵毅	1724	赵中亭	1728	郑观州	1739
赵以成	1724	赵中振	1728	郑光路	1739
赵奕钧	1724	赵卓然	1729	郑贵良	1739
赵意空	1724	赵子琴	1729	郑国庆	1739
赵益业	1724	赵梓行	1729	郑洪	1740
赵义造	1725	赵子云	1729	郑红斌	1743
赵颖	1725	赵宗诚	1729	郑红娥	1744
赵莹	1725	赵宗辽	1729	郑红飞	1744
赵瑛璞	1725	赵宗普	1729	郑红红	1744
赵英日	1725	赵宗群	1729	郑虎	1744
赵莹莹	1725	赵宗阳	1729	郑怀林	1745
赵永龄	1725	浙江省档案馆	1730	郑惠	1745
赵永生	1725	甄橙	1730	郑杰文	1745
赵永生	1725	振嘉	1733	郑进	1745
赵永耀	1725	甄尽忠	1734	郑金林	1747
赵永智	1725	甄蕾	1734	郑金生	1747
赵有臣	1725	真柳诚	1734	郑俊一	1749
赵友琴	1726	甄崴	1734	郑兰英	1749
赵羽	1726	甄雪燕	1734	郑乐明	1749
赵瑜	1726	甄艳	1736	郑蕾	1749

钟远	1759	周鸿承	1765	周梁羊子	1771
钟肇鹏	1759	周红黎	1765	周凌敏	1771
周霭祥	1759	周鸿艳	1766	周柳亭	1771
周桉	1760	周侯于	1766	周路红	1771
周本加	1760	周华	1766	周路南	1772
周彬	1760	周会会	1766	周洛	1772
周波	1760	周济	1766	周茂生	1772
周波	1760	周计春	1766	周梦白	1772
周波	1760	周佳泉	1767	周梦林	1772
周步高	1760	周佳荣	1767	周梦圣	1772
周彩霞	1761	周加艳	1767	周媚	1772
周程	1761	周坚	1767	周冕	1772
周诚浒	1761	周剑	1767	周敏	1772
周春雷	1761	周健娜	1767	周敏	1772
周春燕	1761	周建再	1767	周敏锐	1773
周聪和	1761	周杰	1768	周明道	1773
周丛笑	1761	周杰	1768	周明忻	1773
周大成	1761	周捷	1768	周铭心	1773
周大铎	1762	周杰明	1768	周沫	1774
周大鸣	1762	周劼人	1768	周楠	1774
周德浩	1762	周劲松	1768	周楠本	1774
周德生	1762	周金泰	1768	周年	1775
周典恩	1762	周静	1768	周宁	1775
周东壁	1762	周娟	1768	周珮琪	1775
周东浩	1762	周军	1768	周鹏飞	1775
周东华	1763	周俊兵	1769	周萍	1775
周发勤	1763	周俊利	1769	周萍	1775
周璠	1763	周俊强	1769	周琦	1775
周方	1763	周浪	1769	周启明	1775
周逢儒	1763	周莉	1769	周启荣	1775
周谷	1763	周利	1769	周岐隐	1775
周国长	1763	周丽姐	1770	周强	1775
周国琪	1764	周立民	1770	周勤	1775
周海金	1765	周利霞	1770	周清	1775
周瀚光	1765	周立新	1770	周晴	1775
周航	1765	周丽艳	1771	周庆焕	1776
周浩礼	1765	周丽昀	1771	周琼	1776
周衡	1765	周礼智	1771	周秋光	1776
周鸿	1765	周亮	1771	周全德	1776

周冉	1776	周星宇	1781	周月玲	1789
周荣	1776	周雪梅	1781	周镇	1789
周蓉	1776	周亚东	1781	周震	1789
周镕清	1777	周亚琦	1782	周政	1789
周睿	1777	周亚威	1782	周正庆	1789
周睿	1777	周燕	1782	周志彬	1789
周莎	1777	周雁翎	1782	周智勇	1789
周少波	1777	周燕萍	1783	周志远	1789
周慎	1777	周燕群	1783	周中	1789
周圣堃	1778	周岩厦	1783	周忠彦	1789
周世观	1778	周莺	1783	周中元	1789
周时厚	1778	周瑶	1783	周自强	1789
周世明	1778	周宜	1783	周宗岐	1789
周士琦	1778	周奕	1783	周宗琦	1790
周世荣	1778	周怡	1783	周祖亮	1790
周施廷	1778	周毅	1784	周左锋	1790
周寿祺	1778	周一辰	1784	朱敖荣	1791
周舒娟	1778	周益成	1784	朱北辰	1792
周松青	1778	周贻(一)谋	1784	朱壁光	1792
洲塔	1778	周益新	1786	朱斌	1792
周婷	1778	周英	1787	朱滨生	1792
周婷玉	1778	周莹	1787	朱伯涛	1792
周伟	1779	周莺	1787	朱长刚	1792
周玮	1779	周郢	1787	朱长庚	1793
周伟伟	1779	周莹	1787	祝长坦	1793
周文俊	1779	周勇	1787	朱潮	1793
周霞	1779	周永生	1787	朱晨曦	1793
周霞	1779	周渝	1787	朱承刚	1793
周向明	1779	周宇平	1787	朱承山	1793
周晓杰	1779	周裕清	1787	朱承宰	1793
周小军	1779	周玉文	1788	朱崇科	1793
周筱齐	1779	周禹锡	1788	朱楚帆	1794
周潇湘	1779	周玉祥	1788	祝春霞	1794
周欣	1779	周苑	1788	朱翠萍	1794
周鑫	1779	周元春	1788	朱大渭	1794
周新顺	1780	周芸	1788	朱聃	1794
周欣怡	1780	周云	1788	朱丹烨	1794
周行	1780	周云逸	1788	朱德兰	1794
周兴兰	1780	周岳君	1788	朱德明	1794

朱德湘	1796	竹剑平	1800	竹内治一	1809
朱德新	1796	朱建平	1801	朱鹏举	1810
朱定华	1796	朱江	1803	朱萍	1810
朱凡	1796	祝江斌	1803	朱萍	1810
诸方受	1796	祝江波	1804	祝平一	1810
朱芳武	1797	朱娇	1804	朱清禄	1811
朱绯	1797	朱杰	1804	朱清如	1811
朱飞	1797	祝金豹	1804	朱遒欣	1811
朱锋	1797	朱金甫	1804	朱仁康	1811
朱凤林	1797	祝蓋梅	1805	朱任之	1811
朱凤祥	1797	朱锦善	1805	朱若林	1812
朱广仁	1797	朱晶	1805	朱绍祖	1812
朱广荣	1797	朱静龄	1805	朱晟	1812
朱光喜	1797	朱九田	1805	朱胜君	1812
朱国宝	1797	朱久育	1805	朱生全	1812
诸国本	1798	朱俊楠	1805	朱师晦	1812
朱国豪	1798	朱俊生	1805	朱诗卉	1812
朱国祥	1798	朱孔阳	1806	朱师墨	1812
朱汉民	1798	朱力	1806	祝世讷	1812
朱杭溢	1798	朱立	1806	祝寿康	1813
朱何佳	1798	朱立东	1806	朱寿民	1813
朱恒鹏	1798	朱丽娟	1806	朱寿朋	1813
朱虹	1799	朱力平	1806	朱素颖	1813
朱虹	1799	朱莉娅·弗雷扎马罗·		朱堂	1813
朱鸿铭	1799	卡波契	1806	朱提斯·阿尔索普	1813
朱红英	1799	朱立智	1806	朱田密	1813
朱鸿召	1799	朱良春	1806	朱伟常	1813
朱浒	1799	朱琳佳	1807	朱薇君	1814
朱华兴	1799	朱玲	1807	朱洧仪	1814
祝华轶	1800	朱玲	1807	祝维章	1814
朱慧	1800	朱凌飞	1808	朱维铮	1814
朱慧	1800	朱凌凌	1808	朱文奇	1814
朱慧颖	1800	朱麓蓉	1809	朱文旭	1814
朱继光	1800	朱梅	1809	朱希涛	1814
朱既明	1800	朱梅光	1809	朱现平	1814
朱佳	1800	朱敏为	1809	朱宪彝	1815
朱加叶	1800	朱明	1809	朱向东	1815
朱建华	1800	朱慕濂	1809	朱向珺	1815
朱建明	1800	朱慕松	1809	朱祥麟	1815

朱孝慈	1816	祝枕江	1820	宗汾	1824
朱晓光	1816	祝真旭	1820	总后勤部卫生部	1825
祝晓静	1816	朱真一	1820	宗喀·漾正冈布	1825
朱小南	1816	朱智刚	1820	宗瑞麟	1825
诸晓英	1816	朱中德	1820	宗政	1825
朱新光	1816	朱中翰	1820	邹彬	1825
朱新豪	1816	朱中书	1820	邹长青	1825
朱兴仁	1816	朱仲玉	1820	邹成效	1826
朱秀	1816	朱子会	1820	邹大海	1826
朱秀锋	1816	朱自满	1821	邹丹丹	1826
朱亚杰	1816	朱子青	1821	邹贺龄	1826
朱亚萍	1817	朱子清	1821	邹火英	1826
祝亚平	1817	颛慧玲	1821	邹交平	1826
朱颜	1817	庄爱文	1821	邹介正	1826
祝燕	1817	庄长仲	1821	邹珺	1827
朱艳	1817	庄诚	1821	邹来勇	1827
朱彦柔	1818	庄春贤	1821	邹强	1828
朱烨	1818	庄辉	1822	邹荣	1828
朱怡华	1818	庄孔韶	1822	邹荣炉	1828
诸毅晖	1818	庄乾竹	1822	邹若思	1828
朱音	1818	庄秋菊	1822	邹善样	1828
朱胤慈	1818	庄胜全	1822	邹身城	1828
朱英	1818	庄时俊	1822	邹世洁	1828
祝勇	1819	庄文元	1822	邹寿长	1828
朱勇	1819	庄小霞	1822	邹万成	1828
朱佑武	1819	庄亚雄	1823	邹薇	1829
朱玉	1819	庄永志	1823	邹武捷	1829
朱宇航	1819	庄园	1823	邹翔	1829
朱钰玲	1819	庄兆群	1823	邹小凤	1829
祝玉隆	1819	卓彩琴	1823	邹学喜	1829
朱媛媛	1819	卓春萍	1824	邹勇	1829
朱越利	1819	卓大宏	1824	邹云翔	1830
朱月琴	1819	灼华	1824	邹蕴章	1830
朱韵	1819	卓廉士	1824	邹赜韬	1830
朱云翔	1820	卓鹏伟	1824	邹振环	1830
朱赞美	1820	卓群	1824	邹忠民	1830
朱桢	1820	卓吾	1824	祖金林	1830
祝振纲	1820	子君	1824	祖述宪	1830
朱振欢	1820	子莲鹰	1824	左汉宾	1831

左家文	1831	左鹏	1831	左玉河	1832
左黎黎	1831	左学金	1831	左媛媛	1832
左连村	1831	左银凤	1832	左耘	1832

论 文 名 录

A

阿部安成

~撰,孙茜译:《预防传染病话语——转折期的日本近代国家与卫生》,黄东兰主编《身体·心性·权力》(杭州:浙江人民出版社 2005 年)。

阿布都卡地尔·阿布都瓦依提(新疆维吾尔医学专科学校)

~吐尔洪·艾买尔:《维吾尔医药学专著〈阿日普验方〉》,《中华医史杂志》2008 年第 4 期。

阿不来提江·库尔班(新疆尉犁县畜牧局)

~赛福丁·艾则孜等:《新疆维吾尔传统兽医学》,《中国兽医杂志》2013 年第 2 期。

阿尔诺德·福尔斯莱斯(成都中医药大学)

《经方之传承脉络:仲景方探源》,成都中医药大学博士学位论文 2006 年。

A.Freytag

《原始民族之大小外科手术》,《拜耳医疗新报》1943 年第 15 期。

阿加特·拉特雷-加陀·劳森

~黄觉:《非洲的妇女与艾滋病:艾滋病的社会文化因素》,《国际社会科学杂志(中文版)》2000 年第 3 期。

阿兰达

《印度的古代医学》,《佛教文化》2005 年第 5 期。

阿瑞祖(北京中医药大学)

~李彭涛等:《中医学和伊朗医学对藏医学形成和完善的影响》,《中国民族医药杂志》2010 年第 5 期。

阿塔雅·布瑞纳-伊丹(特拉维夫大学)

~撰,田海华、黄薇译:《再论希伯来圣经与早期犹太教中的生育问题》,《医疗社会史研究》2018 年第 2 期。

阿土

《土家族的传统医药》,《贵州民族研究》2006 年第 1 期。

《彝族的传统医药》,《贵州民族研究》2006 年第 1 期。

《水族的传统医药》,《贵州民族研究》2006 年第 1 期。

《布依族的传统医药》,《贵州民族研究》2006 年第 1 期。

《侗族的传统医药》,《贵州民族研究》2006 年第 1 期。

《仡佬族的传统医药》,《贵州民族研究》2006 年第 1 期。

《苗族的传统医药》,《贵州民族研究》2006年第1期。

阿旺次仁(西藏社会科学院)

《初探藏医药学的童年》,《西藏研究》2004年第1期。

阿子阿越(西昌市彝族医药研究所/凉山彝族自治州民族研究所)

邱尔作……吴常作~:《彝医毕摩"斯色毕"医病仪式中"日补"与"斯色"病的相关性分析》,《中国民族医药杂志》2016年第12期。

赖先荣……俞佳~:《彝族〈医算书〉文献价值与医学价值初探》,《环球中医药》2014年第7期。

刘圆~刘超等:《凉山彝族医药的调查报告》,《时珍国医国药》2006年第8期。

《古代彝医史料琐谈》,《中华医史杂志》1994年第4期。

艾尔曼(普林斯顿大学)

~黄振萍:《日本是第二个罗马(小中华)吗?——18世纪德川日本"颂华者"和"贬华者"的问题:以中医和汉方为主》,《中华文史论丛》2008年第2期。

艾贵金(武汉大学)

《从汉语史的角度论证〈素问〉成书年代的下限》,武汉大学硕士学位论文2004年。

艾哈德·S.戈斯腾博格(四川大学)

~撰,黄威译:《萨满主义:〈旧约〉中的医疗》,《医疗社会史研究》2018年第2期。

埃胡德·本兹维(加拿大阿尔伯塔大学)

~撰,孙蓉译:《古代医学及世界建构:波斯晚期/希腊化早期犹太地区知识分子的视野》,《医疗社会史研究》2018年第2期。

艾健(云南中医学院)

刘宝林~庞益富:《佤医疾病观浅探》,《中国民族民间医药》2009年第19期。

~庞益富等:《自然环境因素对佤族医药的影响》,《中国民族民间医药》2009年第7期。

艾明江(上海大学)

《中华医学会与近代西医群体研究(1915—1945)——以〈中华医学杂志〉为中心的考察》,上海大学硕士学位论文2007年。

艾萍(华东师范大学)

《20世纪30年代广西医疗卫生事业述论》,《中华医史杂志》2006年第4期。

艾青华(景德镇市中医医院/中国中医科学院)

樊波……袁国娜~:《浅析四川省中医药立法的沿革》,《中国卫生法制》2017年第3期。

樊波、袁国铭~陈新利:《〈四川省中医药条例〉修订简况》,《医学与法学》2016年第5期。

~王凤兰等:《从中医古籍体例沿革角度看学术发展》,《中华中医药杂志》2012年第4期。

~顾漫等:《〈汉书·艺文志·方技略〉著录体例与中医文献的流变》,《中医文献杂志》2012年第2期。

~柳长华等:《中医古籍体例研究概述》,《中医文献杂志》2011年第5期。

李董男~:《〈金匮要略〉"调和"思想及在肝病证治上的运用》,《医学与哲学》2009年第5期。

李董男~王建:《〈医学衷中参西录〉胆脾兼顾治黄疸》,《江西中医学院学报》2008年第5期。

~李董男等:《试论〈本草备要〉的文献学价值》,《中医文献杂志》2008年第3期。

艾儒棣(成都中医药大学)

~陶春蓉等:《明清时期中医外科的特点》,《四川中医》2008年第6期。

爱睿思(上海大学)

～撰,陈璐译:《内分泌干扰物——国际组织日渐关注的健康问题》,《医疗社会史研究》2016 年第 1 期。

艾莎·A.博登海默(拉德福大学)

～撰,郝静萍译:《阿巴拉契亚中部黑肺病重现:矿工的沉默和有毒职业暴露》,《医疗社会史研究》2019 年第 1 期。

艾沙·纳思尔(新疆维吾尔自治区人民医院)

～乌丽亚提:《医学与哲学思维》,《新疆中医药》1999 年第 3 期。

《〈福乐智慧〉与维吾尔医药学》,《中国民族医药杂志》1999 年第 2 期。

《伊本·森纳与他的〈医典〉》,《新疆中医药》1996 年第 4 期。

艾素珍(中国科学院)

《中国古代的计量解剖学(日)》,《寻根》1995 年第 4 期。

《论〈本草集注〉中的矿物学知识及其在中国矿物学史上的地位》,《自然科学史研究》1994 年第 3 期。

艾媞捷(美国康奈尔大学)

～王元崇:《亦儒亦医的张杲》,《中国社会历史评论》2013 年 00 期。

艾妍(长春中医药大学)

《对〈金匮要略〉中血液运行障碍病证的研究》,长春中医药大学硕士学位论文 2016 年。

～刘宏岩:《〈金匮要略〉"瘀血"探识》,《长春中医药大学学报》2016 年第 3 期。

艾莹(山东中医药大学)

《古代针灸歌赋的文献研究》,山东中医药大学硕士学位论文 2011 年。

艾智科(重庆中国三峡博物馆/四川大学)

《新中国成立初期的城市清洁卫生运动研究》,《中共党史研究》2012 年第 9 期。

《新中国成立初期的防疫网络与社会动员——以 1949 年北京市应对察北鼠疫为例》,《党史研究与教学》2011 年第 3 期。

《1950—1951 年上海的天花流行与应对策略》,《社会科学研究》2010 年 4 期。

《晚清的中西医汇通思想及其走向》,《历史档案》2010 年第 2 期。

《新中国成立初期的城市公共卫生研究(1949—1957)——以环境卫生与疾疫防治为中心》,四川大学博士学位论文 2010 年。

艾自胜(上海基础医学院)

《新加坡医疗保险模式的发展与剖析》,《上海铁道大学学报》1998 年第 9 期。

Alexandros Tilikidis

～冯国爱等:《古希腊医学与传统中医学之比较研究》,《天津中医药》2006 年第 4 期。

A.Martin

《德国温泉疗养院之历史》,《拜耳医疗新报》1943 年第 2 期。

安伯英(复旦大学)

～任文峰:《日本学术界关于二战时期日军毒气研制和使用情况研究动态综述》,《军事历史研究》2008 年第 2 期。

安春平(黑龙江中医药大学)

～程伟:《宋代政府禁巫兴医的意义》,《中医药信息》2004 年第 3 期。

～车离等:《古代中医学传承方式的变迁》,《中医药学报》2004 年第 3 期。

《文本开放时代的医学嬗变——宋代医学与社会研究》,黑龙江中医药大学博士学位论文 2004 年。

《宋代的医生——一个社会学研究的尝试》,黑龙江中医药大学硕士学位论文 2001 年。

安都立(首都医科大学附属北京中医医院)

～杨颐等:《韩国〈承政院日记〉一书里的传统医学》,《中医文献杂志》2014 年第 1 期/《中医药文化》2013 年第 5 期。

安尔建(青海省藏医院)

《藏医尿诊》,《中国藏学》1999 年第 2 期。

《浅谈藏医与中医的关系》,《中国民族医药杂志》1998 年第 3 期。

安干青

《古方权量考辨》,《北平医药月刊》1935 年第 2 期。

安广青(上海中医药大学)

～王庆青:《〈内经〉中庸思想发微》,《中医药文化》2010 年第 5 期。

安贵臣(台州师专)

～杜才平:《1911 年国际防疫会议背景分析》,《台州师专学报》2000 年第 4 期。

安贺军(中国人民解放军第 306 医院/南京中医药大学)

～李洁:《汉以前皮肤病学的发展》,《浙江中医学院学报》2005 年第 2 期。

《孙思邈中医美容外治法概述》,《中国医药学报》2003 年第 10 期。

《孙思邈对中医皮肤病学的贡献》,《浙江中医学院学报》2003 年第 5 期。

《孙思邈对麻风病的临床实践》,《中医文献杂志》2003 年第 3 期。

《〈千金方〉美容药物分析》,《甘肃中医》2003 年第 2 期。

《孙思邈对外科灸法的贡献》,《上海针灸杂志》2003 年第 2 期。

薛益明～:《汉以前中医皮肤病学发展概况》,《中医研究》2002 年第 6 期。

安家琪(兰州大学)

《唐代〈风疾〉考论》,《唐史论丛》第 19 辑(2014.12)。

安井广迪(天津中医学院   日本 TCM 研究所)

～王玉兴等:《日本医学大事年表》,《天津中医学院学报》1993 年第 4 期。

～王玉兴等:《日本汉方各家学说的变迁》,《天津中医学院学报》1992 年第 1 期。

安炯律(南京中医药大学)

《韩国针灸发展概况及研究现状》,南京中医药大学硕士学位论文 2015 年。

安克强(法国里昂东亚学院)

《1949 年前中国的医学、性病与卖淫》,余新忠主编《医疗、社会与文化读本》(北京:北京大学出版社 2013 年)。

安娜-埃曼努埃拉·比尔恩(加拿大多伦多大学)

～撰,张琨译:《乌拉圭国际儿童保护学会与儿童健康权益保护(1920—1940)》,《医疗社会史研究》2017 年第 2 期。

安娜·安杰利尼（洛桑大学）

～撰,林艳译:《第二圣殿时期的疾病、魔鬼附身与治疗》,《医疗社会史研究》2018 年第 2 期。

安娜·斯科特

～莫尼卡·罗斯科等:《亚洲防治艾滋病的社群行动寻踪》,《国际社会科学杂志(中文版)》2000 年第 3 期。

Anne Hudson Jones

《医学与文学的传统及创新》,《医学与哲学》2000 年第 5 期。

安妮·罗伯茨

～瞿昭旂:《英格兰的鼠疫》,《文化译丛》1982 年第 2 期。

安勤之

《论中药作为保健食品:以四物汤的生命史为例探讨药品与食品范畴的革命》,《科技医疗与社会》第 11 期(2010.10)。

安沙沙（华东师范大学）

《唐写本〈新修本草〉词汇释证》,华东师范大学硕士学位论文 2011 年。

安双宏（浙江师范大学）

～黄姗姗:《印度初等教育中的"免费午餐计划"评析》,《教育探索》2011 年第 5 期。

安素红（邢台医学高等专科学校）

《从〈医林改错〉和〈血证论〉看血瘀证的诊断》,《河南中医》2013 年第 12 期。

～王丹红:《〈医林改错〉现代研究近况》,《河南中医》2012 年第 12 期。

王平～方朝义:《陈实功〈外科正宗〉急症手术疗法探析》,《中国中医急症》2009 年第 10 期。

安惟

《从"争议不断"到"众望所归"——试管婴儿技术的坎坷之路》,《生命世界》2010 年第 11 期。

安文

《"实与名副　财以道生"——597 年老字号药店永安堂的故事》,《首都医药》2013 年第 11 期。

安文军（中国农业大学）

《病、爱、生计及其他——〈孤独者〉与〈伤逝〉的并置阅读》,《中国现代文学研究丛刊》2008 年第 6 期。

安永娜（上海大学）

《疯癫与性别——以苏格兰加特奈沃皇家疯人院的女性患者为中心(1889—1913)》,上海大学硕士学位论文 2019 年。

安正发（宁夏师范学院/西北师范大学）

《论皇甫谧的医学思想》,《辽宁中医药大学学报》2009 年第 8 期。

《皇甫谧研究》,西北师范大学硕士学位论文 2008 年。

敖莉娜（首都医科大学）

～崔锡章:《试析〈本草纲目〉重言的特点》,《中医药文化》2007 年第 4 期。

～崔锡章:《〈本草纲目〉文献研究评述》,《北京中医》2007 年第 2 期。

《〈本草纲目〉重言研究》,首都医科大学硕士学位论文 2007 年。

奥林热

《你们知道中国人是怎样把脉的吗？——17 至 20 世纪中国医学在法国的传入》,《法国汉学》第 6

辑(2002.4)。

敖双红(中南大学)

～吴师法等:《少数民族山区医疗保障制度的实证研究——以新型农村合作医疗制度为视角》,《中南民族大学学报(人文社会科学版)》2008 年第 3 期。

Arthur Kleiman(空军后勤学院)

～若水:《医学人类学——一门新兴的社会医学学科》,《医学与哲学》1995 年第 5 期。

B

巴巴拉·塔却曼

～汤政美:《"世界末日"——黑死病》,《松辽学刊(社会科学版)》1984 年第 4 期。

巴尔苏克夫

《苏联保健事业四十年》,《健康报》1957 年 10 月 18、22 日。

巴·吉格木德(内蒙古医学院)

包哈申～宝音图:《古代北方游牧民族熨灸疗法考》,《世界科学技术·中医药现代化》2009 年第 1 期。

《蒙医药学史概述——四个发展阶段》,《中国民族医药杂志》2007 年第 1 期。

～色·娜仁等:《〈医经八支〉的初步研究》,《中华医史杂志》1996 年第 1 期。

崔东祥、阿迪雅～:《浅谈三根学说在蒙医学中的重要意义》,《中国民族医药杂志》1995 年第 2 期。

《蒙医史初探——古、近代蒙医史三个发展阶段》,《中华医史杂志》1988 年第 4 期。

《蒙医学古典著作考略》,《中国医药学报》1988 年第 1 期。

巴莫阿依(中央民族大学)

《凉山彝族的疾病信仰与仪式医疗》,《宗教学研究》2003 年第 1、2 期。

巴仁德

《中国护士事业之概况》,《护士季刊》1920 年第 2 期。

巴音木仁(内蒙古农业大学/内蒙古农牧学院)

～王亮等:《元素论为指导的蒙古兽医药理论》,《中国兽医杂志》2011 年第 1 期。

巴音吉日嘎拉、包金山～:《金朝时期的兽医药》,《中国兽医杂志》2007 年第 1 期。

～巴音吉日嘎拉:《蒙古兽医学天文五元学说辨析》,《中国兽医杂志》2006 年第 11 期。

～姜治有等:《蒙古兽医学的基本特色》,《中兽医医药杂志》1996 年第 6 期。

～姜治有等:《蒙古兽医学特征及内容简介》,《中兽医学杂志》1996 年第 1 期。

～姜治有:《蒙古兽医学史略》,《中兽医医药杂志》1995 年第 6 期;1996 年第 1 期。

《蒙古兽医起源初探》,《中兽医医药杂志》1994 年第 5 期。

～姜治有等:《蒙古兽医学》,《兽医导刊》1993 年第 4 期。

《〈蒙古兽医研究〉蒙古兽医起源初探》,《兽医导刊》1992 年第 2 期。

巴音其其格(新疆师范大学)

《吐鲁番出土医方文书探略》,新疆师范大学硕士学位论文 2015 年。

白宝珍

～译:《近代英国医药卫生发展概略》,《助产学报》1948 年第 2 期。

白斌(中央财经大学)

《传统医药在现行法秩序中的困境及其突围——以"假药"的合宪性解释为例证》,《华东政法大学学报》2016 年第 1 期。

白常乐(解放军 305 医院)

《儿童疫苗及免疫接种的全球计划》,《预防医学情报杂志》1998 年第 2 期。

《1958—1978 年的人间鼠疫——发病率下降了但还有迫切任务》,《地方病译丛》1982 年第 1 期。

《关于〈黑死病的地理起源问题〉一文的评论》,《地方病译丛》1979 年第 4 期。

白纯(东台市人民医院)

《〈四部医典〉中的针灸学内容》,《中华医史杂志》2002 年第 2 期。

《〈四部医典〉中的针灸学》,《中医文献杂志》2002 年第 1 期。

《〈千金要方〉中的妇人针灸方》,《中医药研究》2001 年第 6 期。

《〈备急千金要方〉中的妇人针灸方》,《内经中医药大学学报(社会科学版)》2001 年第 4 期。

戴惠～:《子午流注与中国古代哲学》,《中华医史杂志》2000 年第 4 期。

《〈肘后备急方〉对针灸学的贡献》,《中华医史杂志》1995 年第 3 期。

白春晓(浙江大学/复旦大学)

《苦难与真相:修昔底德"雅典瘟疫叙事"的修辞技艺》,《历史研究》2012 年第 4 期。

《苦难与伟大:修昔底德视野中的人类处境》,复旦大学博士学位论文 2010 年。

白鸽(南京中医药大学)

《张仲景"小便异常"方药应用规律研究》,南京中医药大学硕士学位论文 2015 年。

拜根兴(陕西师范大学)

《唐代道教徒养生饮食述论》,《陕西师范大学学报(哲学社会科学版)》1998 年第 4 期。

白贵均(中国卫生部)

《略谈我国卫生检疫事业的发展》,《国境卫生检疫》1983 年 S1 期。

白国志

～王砺锋:《功勋永存的红四方面军总医院》,《健康报》2011 年 8 月 19 日 006 版。

白鹤(延安大学)

《全面抗战时期陕甘宁边区农民卫生宣传工作研究》,延安大学硕士学位论文 2019 年。

白恒慧(呼和浩特市中蒙医院)

《浅探古代中外医学交流情况》,《中国民族医药杂志》2012 年第 9 期。

白华(中国中医科学院)

《中国馆藏和刻中医古籍的考察与研究》,中国中医科学院硕士学位论文 2006 年。

白继忠

《我党延安时期关于节育问题的讨论》,《西北人口》1985 年第 1 期。

白佳丽(兰州大学)

《〈南方周末〉精神病问题报道研究(2007—2015)》,兰州大学硕士学位论文 2016 年。

柏家文(四川大学)

《二十世纪三四十年代四川瘟疫研究》,四川大学硕士学位论文 2006 年。

白剑峰

《病历，有了人的故事》，《人民日报》2013 年 9 月 6 日 019 版。

白建平（广州中医药大学）

《〈黄帝内经〉藏象学说渊源考证》，广州中医药大学硕士学位论文 2001 年。

白金艳（河北大学）

《清末直隶西医教育研究》，河北大学硕士学位论文 2010 年。

白久宁（西北师范大学）

《桑榆非晚——医学人类学视角下癌症病人的疾痛叙事》，西北师范大学硕士学位论文 2016 年。

白丽群（黑龙江省社会科学院）

《1910—1911 年东北大鼠疫与哈尔滨公共卫生体系的建立》，黑龙江省社会科学院硕士学位论文 2015 年。

白路

《贴上道德标签的疾病史》，《社会观察》2004 年第 12 期。

白璐璐（安徽大学）

《〈淮南子〉养生思想研究》，安徽大学硕士学位论文 2014 年。

白鲁诺

《麦斯麦与〈动物磁性论〉——18 世纪末由此引起的科学、医学与政治争议》，《法国汉学》第 18 辑（2019）。

白茅

《试论藏医学中的预防医学思想》，《中华医史杂志》1994 年第 1 期。

白梅（中国社会科学院）

～陈一筠：《艾滋病肆虐——是关注社会健康，还是只谈疾病医治》，《社会学研究》1993 年第 1 期。

白敏（新疆财经大学）

《〈人民日报〉艾滋病报道话语变迁分析》，新疆财经大学硕士学位论文 2018 年。

白若琬（山东大学）

《我国制药企业技术创新模式研究》，山东大学硕士学位论文 2006 年。

白尚冰（内蒙古大学）

《中医学基础理论形成过程的思想探源》，内蒙古大学硕士学位论文 2006 年。

白爽（南京师范大学/南京大学/苏州大学）

《1948 年英国医院国有化改革的影响及启示》，《历史教学（下半月刊）》2019 年第 12 期。

《聚焦欧美疾病史研究的社会价值》，《中国社会科学报》2019 年 11 月 25 日 007 版。

《知识即权力？——英国医生的话语建构与发展趋势（1800—1948）》，《史学月刊》2017 年第 6 期。

《英国志愿医院现代转型的历史考察（1900—1948）》，《医学与哲学（A）》2016 年第 7 期。

《公共舆论、医学利益集团与 1948 年英国医院国有化改革》，《郑州大学学报（哲学社会科学版）》2016 年第 4 期。

《英国工党医院国有化改革研究（1948—1974）》，南京大学博士学位论文 2015 年。

刘成～：《安奈林·比万与英国医院国有化改革》，《历史教学（下半月刊）》2015 年第 9 期。

马丁·戈尔斯基撰，～闵凡祥译：《英美医疗卫生服务制度改革比较研究（1900—1950）》，《英国研究》2014 年 00 期。

《英国医院国有化改革成因分析》,《历史教学(下半月刊)》2014 年第 10 期。

～刘成:《20 世纪英国医院的改革历程》,《光明日报》2014 年 6 月 5 日 16 版。

《二战时期英国紧急医院服务的问题初探》,《南京医科大学学报(社会科学版)》2013 年第 6 期。

《评析 1965 年美国的"双 M"医疗保险计划》,苏州大学硕士学位论文 2012 年。

白维仁(兰州医学院)

《艾滋病对社会经济发展的影响》,《兰州大学学报》1996 年第 3 期。

《世界艾滋病流行现状及其对社会的影响》,《医学与社会》1996 年第 1 期。

《艾滋病对妇女的影响》,《中国社会医学》1995 年第 5 期。

～王镜等:《艾滋病对伦理道德的影响》,《兰州医学院学报》1995 年第 4 期。

白奚(首都师范大学)

白延辉～:《黄老道家顺任自然的生命修养论》,《齐鲁学刊》2015 年第 4 期。

《中国古代阴阳与五行说的合流——〈管子〉阴阳五行思想新探》,《中国社会科学》1997 年第 5 期。

白新欢(华南理工大学)

《哲学的思想治疗功能与机制》,《华侨大学学报(哲学社会科学版)》2018 年第 1 期。

《手机依赖症的哲学诊断》,《南方论坛》2016 年第 12 期。

～陈源波:《从妇女的唠叨看妇女问题与人类文明》,《理论界》2014 年第 7 期。

《从神经病看尼采哲学》,《华南理工大学学报(社会科学版)》2009 年第 1 期。

白雅诗(澳门大学/德国康士坦茨大学)

～曹普:《医生、理发手术匠与保教权在华利益——耶稣会士卢依道与高竹在清朝的宫廷》,《清史研究》2017 年第 3 期。

～董建中:《康熙宫廷耶稣会士医学:皇帝的网络与赞助》,《清史研究》2014 年第 1 期。

白艳晖(东华大学)

《中国现代医学史研究述评(1980—2010)——以〈中华医史杂志〉为中心》,东华大学硕士学位论文 2016 年。

～袁媛:《改革开放以来中国传统医学史研究述评——以〈中华医史杂志〉(1980—2010)为中心》,《科学与管理》2016 年第 1 期。

白杨华(北京中医药大学)

《天台宗佛医文献整理与研究》,北京中医药大学硕士学位论文 2018 年。

白一淼(河南大学)

蔡建东～汪基德:《治"弱"救国迎难而上——我国早期卫生电化教育拾遗》,《电化教育研究》2010 年第 5 期。

《我国早期医学电化教育史研究》,河南大学硕士学位论文 2009 年。

白永波

《雷公炮炙论著作年代的考证》,《北京中医学院学报》1960 年第 2 期。

白永华(攀枝花市疾病预防控制中心)

～夏云等:《1950—2014 年攀枝花市麻风病流行病学分析》,《职业与健康》2015 年第 17 期。

张晴晴、唐作红～孙涌:《2011—2015 年攀枝花市艾滋病疫情及流行趋势分析》,《预防医学情报杂志》2017 年第 9 期。

～刘寿宇等:《1950—2014 年攀枝花市疟疾防治成效分析》,《职业与健康》2015 年第 5 期。

　　～唐作红等:《1994—2014 年攀枝花市艾滋病流行病学分析》,《职业与健康》2015 年第 4 期。

白玉(天津师范大学)

　　《早期教会在华女子医院研究(1875—1900)》,天津师范大学硕士学位论文 2016 年。

班光国(河北医科大学)

　　《辨证论治源流之研究》,河北医科大学硕士学位论文 2006 年。

坂井建雄(日本顺天堂大学)

　　～解泽春:《关于鲁迅在仙台上的解剖学史课》,《鲁迅研究月刊》2010 年第 4 期。

　　～解泽春:《从鲁迅医学笔记看医学专业学生鲁迅》,《鲁迅研究月刊》2007 年第 11 期。

　　～解泽春:《鲁迅学过的解剖学——从医学史的观点来看》,《鲁迅研究月刊》2006 年第 9 期。

班秀文(广西中医学院)

　　黄俊卿～韦贵康等:《隋唐时期创伤骨科的主要成就》,《广西中医药》1991 年第 4 期。

　　黄俊卿～韦贵康等:《古代中医骨伤科手术疗法及其兴衰原因》,《广西中医药》1991 年第 3 期。

　　章增加～李旭蕃等:《试论肾主纳气——兼与〈肾主纳气辨析〉商榷》,《广西中医药》1991 年第 1 期。

　　班兆根、班兆槟～:《李时珍的治学思想及其对祖国医药学的贡献》,《广西中医药》1991 年第 1 期。

　　王永宏～:《〈金匮〉从肝论治妇科病八法》,《广西中医药》1988 年第 6 期。

　　钟以林～黄瑾明:《九针从南方来的实物例证——广西武鸣出土青铜针灸针初探》,《广西中医药》1987 年第 3 期。

　　《略论张景岳的学术思想及辨证论治的特点》,《广西中医药》1983 年第 2 期。

　　《〈金匮要略〉论瘀初探》,《广西中医药》1982 年第 1 期。

鲍丹琼(陕西师范大学)

　　《唐代的道医与道教医学》,陕西师范大学硕士学位论文 2015 年。

包哈申(内蒙古医科大学/内蒙古民族大学/内蒙古医学院)

　　韩九林～:《〈哲对宁诺尔〉方剂数目统计研究》,《中国民族医药杂志》2016 年第 5 期。

　　娜荷雅～:《蒙医传统五疗法简述》,《中国民族民间医药》2013 年第 2 期。

　　《占布拉道尔吉与〈蒙药正典〉草本类药物的研究》,《中医文献杂志》2010 年第 1 期。

　　《论占布拉道尔吉对蒙医药学发展的贡献》,《中华医史杂志》2010 年第 1 期。

　　～巴·吉格木德等:《古代北方游牧民族熨灸疗法考》,《世界科学技术(中医现代化)》2009 年第 1 期。

　　李林、娜仁朝克图～:《古籍文献藏文版〈札记精粹〉翻译中药名的考证》,《中国民族医药杂志》2008 年第 9 期。

　　～斯琴其木格:《〈四部医典〉蒙古译文版的考证研究》,《世界科学技术·中医药现代化》2008 年第 1 期。

　　《〈蒙医金匮〉方剂数目的统计研究》,《中国民族医药杂志》2007 年第 1 期。

鲍海勇(山东大学)

　　《清乾隆、道光两朝贸易禁运述论——以丝斤、大黄、茶叶为中心》,《新疆大学学报(哲学·人文社会科学版)》2017 年第 2 期。

包红梅(内蒙古大学)

　　～刘兵:《蒙医视野中的"毒":兼论民族医学的发展问题》,《广西民族大学学报(哲学社会科学版)》2017 年第 5 期。

《医学中的身体之多元性:以蒙医身体观为例》,《自然辩证法研究》2015 年第 10 期。

《论地方性知识的公众理解——以蒙古族公众对"希拉"的认识为例》,《内蒙古社会科学(汉文版)》2015 年第 4 期。

《蒙古族公众的医疗选择:对不同医学的不同认知》,《科学与社会》2013 年第 4 期。

～刘兵:《蒙古医学科普图书调查研究》,《自然辩证法通讯》2011 年第 6 期。

～刘兵:《蒙古族公众理解中的"赫依"——一项有关蒙医的公众理解科学定性研究》,《广西民族大学学报(哲学社会科学版)》2011 年第 4 期。

包呼格(内蒙古兴安盟科右前旗满族屯乡卫生院)

～苏朝鲁门等:《简述〈四部医典〉对医生职业素质与修养的要求》,《中国民族医药杂志》2015 年第 6 期。

包建强(兰州城市学院)

杨玲～:《理身如理国:历代赋中的"言医"叙写》,《名作欣赏》2014 年第 8 期。

～杨玲:《明清传奇中古代中医的文化转向》,《甘肃联合大学学报(社会科学版)》2012 年第 6 期。

鲍鉴清

《我国新医之解剖学史》,《自然科学季刊》1931 年第 7 期。

《清代之御药房》,《民国医学杂志》1930 年第 8 期。

鲍健欣(上海中医药大学)

《浅析上海地方志中的药物记述——以明清至民国时期〈上海县志〉为例》,《中国中医药图书情报杂志》2019 年第 6 期。

～袁久林:《民国时期上海县志中的医者形象》,《中医药文化》2019 年第 4 期。

《医事活动与医技传承:以民国时期上海方志医学人物记述为中心》,《上海地方志》2019 年第 3 期。

《〈慎柔五书〉中的痛症误案及其救治》,《中国中医基础医学杂志》2018 年第 12 期。

杨文喆、张再良～:《〈备急千金要方〉中的〈金匮要略〉》,《中华中医药杂志》2017 年第 8 期。

～胡菲:《医史学家陈邦贤的儿科建树》,《中医药文化》2017 年第 2 期。

～袁久林等:《浅析清代医家对噎膈的认识》,《上海中医药大学学报》2017 年第 1 期。

杨志华……袁久林～:《从民国期刊看恽铁樵儿科诊治特色》,《中医学报》2016 年第 11 期。

《民国女医创办的中医期刊〈中国女医〉》,《中华医史杂志》2016 年第 2 期。

～叶进:《略论明代中医医案的成就及影响》,《中医杂志》2014 年第 22 期。

邱若虹、熊俊～袁久林等:《医林轨范　医潮一柱——陈曾源及其主编的〈国医正言〉》,《中医药文化》2014 年第 6 期。

～袁久林等:《秦伯未膏方调治特色》,《中医文献杂志》2013 年第 2 期。

邱若虹～熊俊等:《陈莲舫〈女科秘诀大全〉及其经带胎产辨治特色》,《上海中医药大学学报》2010 年第 3 期。

《刍议"丁"与"疔"》,《广州中医药大学学报》2010 年第 1 期。

袁久林、邱若虹～:《冯兆张治学思想探析》,《江苏中医药》2008 年第 11 期。

～张玉萍等:《〈太平圣惠方〉妇科同证异病的组方特色》,《山东中医杂志》2007 年第 7 期。

邱若虹……汤晓龙～:《〈脉经〉中妇产科学术特点》,《上海中医药大学学报》2007 年第 5 期。

～张玉萍：《对〈内经〉中"足生大丁"的注释及研究概况》，《中医文献杂志》2006 年第 4 期。

～张玉萍：《辨"丁"》，《中医药文化》2006 年第 4 期。

包金荣(内蒙古医学院)

～阿古拉：《探究蒙医疗术铜人》，《上海针灸杂志》2012 年第 5 期。

～阿古拉：《蒙医疗术铜人来历初考》，《中国民族医药杂志》2011 年第 12 期。

～苏和：《关于〈哲对盘德宁布〉研究》，《中国民族医药杂志》2011 年第 2 期。

《文献方法研究蒙医治疗脑震荡和藏医治疗脑震荡的区别》，《中国民族医药杂志》2010 年第 7 期。

鲍静静(广东商学院)

《近代中国的盲人特殊教育——以广州明心瞽目院为例》，《广西社会科学》2007 年第 5 期。

包坤明

《贺诚与红军卫生学校》，《党史文汇》2002 年第 8 期。

包来发(上海中医药大学)

汤晓龙～：《徐灵胎与〈洄溪医案〉》，《上海中医药杂志》2007 年第 3、4 期。

～汤晓龙等：《元代以前中医学对心律失常脉象的认识初探》，《上海中医药大学学报》2005 年第 1 期。

《髋骨名称考》，《浙江中医杂志》2004 年第 2 期。

《痧症简史》，《上海中医药大学学报》2003 年第 1 期。

《痧症释义》，《上海中医药杂志》2002 年第 12 期。

《药粥疗法简史》，《中医文献杂志》2002 年第 3 期。

《八段锦简史》，《中医文献杂志》2001 年第 2 期。

包丽红(内蒙古民族大学)

～萨其拉：《蒙古族草原文化与疾病防治》，《中国民族医药杂志》2015 年第 12 期。

《浅谈蒙医中的预防医学》，《中国民族医药杂志》2012 年第 12 期。

包利民(浙江大学/杭州大学)

《试论塞涅卡"治疗哲学"的多重维度》，《求是学刊》2015 年第 6 期。

～吴广瑞：《柏拉图与"快乐论者"：盟友还是敌手？——哲学治疗的"加法"与"减法"》，《浙江学刊》2011 年第 4 期。

《政治伦理中的治疗型智慧——一个比较研究》，《浙江学刊》2001 年第 3 期。

～徐建芬：《西方哲学中的治疗型智慧》，《中国社会科学》1997 年第 2 期。

暴连英(大连市中医医院)

原所贤～苏昌明：《曹寅〈楝亭书目·医部〉简考》，《中医文献杂志》2013 年第 1 期。

～原所贤：《〈随园诗话〉中的清代医药学信史择释》，《中医文献杂志》2009 年第 6 期。

原所贤～王荣欣：《周密笔记杂著中的性科学史料考释》，《中国性科学》2009 年第 7 期。

～原所贤：《周密笔记杂著中的医药学史料择述》，《中医文献杂志》2008 年第 2 期。

原所贤～：《西学东渐的历史明证——〈红楼梦〉中的西洋药考释》，《河南教育学院学报(哲学社会科学版)》2007 年第 2 期。

～原所贤：《〈红楼梦〉中的性科学微观》，《中国性科学》2006 年第 9 期。

～原所贤：《〈冷庐医话〉中的慎药说探析》，《中国中医基础医学杂志》2005 年第 6 期。

～原所贤:《〈不居集〉中的酒伤说浅识》,《中医药学刊》2004 年第 12 期。

原所贤～:《〈本草纲目拾遗〉中的红学信史考释》,《浙江中医杂志》2004 年第 4 期。

～原所贤:《〈阅微草堂笔记〉中的性科学史料拾遗》,《中国性科学》2004 年第 3 期。

原所贤～:《苏轼笔记杂著中的医药学史料探析》,《中医文献杂志》2004 年第 2 期。

～原所贤:《明清中医典籍中的烟害史料考释》,《中医文献杂志》2004 年第 1 期。

原所贤～:《影响中医可持续发展的思考》,《医学与哲学》2002 年第 6 期。

史艳伶、原所贤～:《中医情志相胜疗法的心身思考》,《医学与哲学》2001 年第 6 期。

原所贤～:《〈黄帝内经〉与中医文化》,《医学与哲学》1993 年第 8 期。

～原所贤:《宋代笔记杂著中的医家传略》,《医古文知识》1992 年第 3 期。

鲍良红(南京中医药大学)

《民国中医药期刊的办刊特色及启示》,《中国科技期刊研究》2016 年第 12 期。

～邰浩清:《民国中医药期刊应时性专辑策划范例探析》,《南京医科大学学报(社会科学版)》2016 年第 6 期。

《从〈苏州国医杂志〉看民国江苏中医药期刊的办刊特色》,《江苏中医药》2014 年第 11 期。

～邰浩清:《简析古代医籍中禁针慎针腧穴的形态学依据》,《上海中医药杂志》2006 年第 10 期。

宝龙(内蒙古民族大学/内蒙古蒙医学院)

哈布拉～:《浅谈〈四部医典〉中类比法的应用》,《世界最新医学信息文摘》2015 年第 94 期。

王晓华～:《蒙医学与中医学对病因认识的异同》,《中医药学报》2013 年第 5 期。

～王晓华:《蒙医学对病因的认识特点探析》,《中国中医基础医学杂志》2012 年第 12 期。

斯琴～:《蒙医学三根学说与古希腊医学四体液学说的异同》,《中国民族医药杂志》2011 年第 1 期。

《古代蒙医药学交流史初》,《中国民族医药杂志》2010 年第 7 期。

《蒙医学传统思想观念的表现形式及特点》,《中国中医基础医学杂志》2009 年第 4 期。

《蒙医与中医脉诊技术比较研究》,《辽宁中医杂志》2008 年第 10 期。

《蒙医学的实用思想初探》,《中华中医药学刊》2008 年第 9 期。

《蒙医学与中医学对脏腑认识的异同》,《中医药学报》2008 年第 3 期。

《传统医学理论对诊断技术的约定——蒙医学与中医学中尿诊和舌诊的比较研究》,《中国民族医药杂志》2008 年第 6 期。

王晓华～代籽:《蒙医舌诊的源流与发展》,《中国民族民间医药》2008 年第 1 期。

姚哈斯～:《试述蒙医针灸与中医针灸的相似性及差异性》,《中国民族医药杂志》2007 年第 5 期。

《〈四部医典〉医学教育思想初探》,《中国民族民间医药杂志》2004 年第 3 期。

～王晓华:《〈四部医典〉中的优生学思想》,《中国民族医药杂志》2003 年第 4 期。

《蒙医学和中医学比较研究引论》,《内蒙古民族大学学报(自然科学版)》2003 年第 5 期。

～满都拉:《怎样认识蒙医学的整体观思想》,《中国民族医药杂志》2002 年第 4 期。

～孟和:《〈四部医典〉中的房事养生观》,《中国民族医药杂志》1998 年 S1 期。

满都拉～富玉兰:《蒙医外科病程"三期"理论探析》,《中国民族医药杂志》1998 年 S1 期。

《"蒙医"考》,《中国民族医药杂志》1998 年第 1 期。

～杨阿民等:《蒙医方剂学经典著作〈方海〉》,《中国民族民间医药杂志》1996 年第 6 期。

～龚金山:《"蒙古灸"考》,《中国民族医药杂志》1996 年第 3 期。

包路芳（北京市社会科学院）

《蒙古族的死亡观与临终关怀》，《社会科学》2007 年第 9 期。

保罗（西藏自治区社会科学院）

～项智多杰：《藏医学的起源及其相关问题研究》，《西藏研究》2017 年第 3 期。

项智多杰～：《从古藏语"吉""敏吉"看藏医学的起源》，《西藏大学学报（社会科学版）》2017 年第 3 期。

包七十三（内蒙古锡林郭勒盟蒙医研究所）

高·达布海～：《试论蒙医传统职业道德与现实意义》，《中国民族医药杂志》1997 年 S1 期。

《试论〈四部医典〉的养生论及其中的空、中庸二观》，《中国民族医药杂志》1996 年 S1 期。

保守魁（青海大学医学院）

《浅谈东垣"阴火"病机与"风药"运用》，《青海医学院学报》2007 年第 1 期。

包树芳（扬州大学）

《民国时期节育思潮初探》，扬州大学硕士学位论文 2004 年。

包婷（浙江大学）

《李约瑟与席文的中医观及其对比》，浙江大学硕士学位论文 2008 年。

鲍晓东（浙江中医药大学/浙江中医学院）

徐亚兰～：《论徐灵胎〈治病必分经络脏腑〉思想及其在〈洄溪医案〉中的运用》，《山西中医学院学报》2015 年第 1 期。

《〈女科万金方〉版本源流及作者医学思想窥奥》，《中医文献杂志》2015 年第 1 期。

《扬凤庭〈弄丸心法〉及其医学思想》，《中医文献杂志》2014 年第 3 期。

周清善～：《黄元御〈四圣心源〉〈中气〉探微》，《江西中医药大学学报》2014 年第 2 期。

胡滨～：《工欲善其事必先利其器——谈中医药古籍藏书目录的编制》，《图书馆研究与工作》2010 年第 4 期。

连胜利～：《建国以来有关〈黄帝内经〉与帕金森病的关联性研究的文献综述》，《江西中医学院学报》2010 年第 1 期。

佟晓洁～：《墨家思想与中医学的关联性》，《江西中医学院学报》2008 年第 4 期。

景红军～：《老子的无神论及其对中医学的影响》，《江西中医学院学报》2007 年第 4 期。

《试论〈尚书·洪范〉与医学发展的关联》，《江西中医学院学报》2007 年第 3 期。

景红军～：《道家思想与中医学关联性研究综述》，《中医药文化》2006 年第 6 期。

《试评高世栻校勘〈素问〉之短长》，《中医文献杂志》2006 年第 2 期。

竹剑平……胡滨～：《"钱塘医派"对〈伤寒论〉研究的贡献》，《浙江中医学院学报》2004 年第 4 期。

～金莉莉：《试论张志聪〈集注〉中拾漏补阙的显著特色》，《浙江中医学院学报》2004 年第 4 期。

竹剑平……胡滨～朱德明：《钱塘医派述要》，《中华医史杂志》2004 年第 2 期。

《试论〈管子〉的哲学思想对祖国医学的影响》，《中华医史杂志》2004 年第 2 期。

～王晓玮：《试论张志聪注释〈内经〉的特色与风格》，《中国中医基础医学杂志》2003 年第 12 期。

～郑东升：《试论张志聪注释〈内经〉的训诂成就》，《中国中医基础医学杂志》2003 年第 8 期。

～张承烈等：《试论"钱塘医派"的治学态度与方法》，《浙江中医学院学报》2003 年第 5 期。

《试论巫文化中"巫医一体"的盛衰》，《江西中医学院学报》2003 年第 4 期。

《试论张志聪注释〈内经〉四季摄生法的瑕瑜得失》，《浙江中医学院学报》2003 年第 1 期。

《探析孔子儒家思想中的摄生观》,《中华医史杂志》2003 年第 1 期。

《〈素问病机气宜保命集〉的作者辨析》,《浙江中医学院学报》1991 年第 5 期。

《从〈太素〉反切看杨上善的生活年代》,《浙江中医学院学报》1991 年第 1 期。

~赵辉贤:《根据〈太素〉反切推论杨上善为南人》,《医古文知识》1990 年第 3 期。

包晓峰(中共浙江省委党史研究室)

《日军在义乌实施细菌战的罪行研究》,《浙江社会科学》2015 年第 9 期。

《抗战期间日军在浙江细菌战罪行综述》,《浙江档案》2015 年第 9 期。

《日军对浙江实施细菌战的罪行综述》,《党史研究和教学》2005 年第 4 期。

鲍燕(山东中医药大学)

《宋以前中医皮肤病史研究》,山东中医药大学博士学位论文 2013 年。

《〈五十二病方〉记载皮肤病史料特点探析》,《中国中医基础医学杂志》2013 年第 4 期。

~李俊德:《中医皮肤病专科史研究现状》,《世界西医结合杂志》2013 年第 3 期。

李绍林~:《医籍序文:中医药文化研究新视野》,《中国中医药报》2013 年 1 月 9 日 008 版。

~胡彩萍:《马来西亚中医药发展概况》,《世界中西医结合杂志》2012 年第 12 期。

~李绍林、郭文芳:《澳大利亚中医药立法的思考》,《世界中西医结合杂志》2012 年第 8 期。

李绍林~:《中医针灸在加拿大的立法之路》,《世界中西医结合杂志》2012 年第 6 期。

侯建春~:《中医药在南非》,《世界中西医结合杂志》2012 年第 3 期。

侯建春~:《英国中医药发展概况》,《世界中西医结合杂志》2012 年第 11 期。

~李俊德等:《顾金寿生平著述考》,《世界中西医结合杂志》2011 年第 2 期。

《〈吴门治验录〉的文献研究》,山东中医药大学硕士学位论文 2008 年。

~刘更生:《〈诊余集〉学术特点初探》,《陕西中医学院学报》2007 年第 5 期。

鲍艳举(中国中医科学院广安门医院)

刘瑞~花宝金:《〈黄帝内经〉中气机升降理论思想的探讨》,《世界中医药》2014 年第 3 期。

刘瑞~花宝金:《"金元四家"对气机升降理论的认识》,《辽宁中医杂志》2014 年第 2 期。

~花宝金:《〈伤寒论〉表里同病诊治规律初探》,《中国中医急症》2013 年第 10 期。

~孙婷婷等:《从〈伤寒论〉三阴三阳位序看六经实质及经方发展史》,《中华中医药杂志》2011 年第 9 期。

~李丛煌等:《日本古方派之吉益东洞》,《中医药文化》2010 年第 1 期。

包寅德

《苏北宝应等七个县的麻风情况调查报告》,《中华皮肤科杂志》1958 年第 5 期。

宝音图(内蒙古民族大学／内蒙古医学院)

杨青海~:《古代蒙古地区疫病史考》,《内蒙古民族大学学报(自然科学版)》2016 年第 2 期。

~韩巴根那等:《蒙中伤科学文化的相关性研究》,《中国民族医药杂志》2015 年第 12 期。

包哈申、巴·吉格木德~:《古代北方游牧民族熨灸疗法考》,《世界科学技术·中医药现代化》2009 年第 1 期。

~呼格吉乐巴图等:《"霍尔蒙古灸"考》,《中华医史杂志》2006 年第 2 期。

~安宫布等:《著名蒙医药学家伊希巴拉珠尔及其学术成果述评——纪念著名五明学家伊希巴拉珠尔诞辰 300 周年》,《内蒙古民族大学学报(自然科学版)》2004 年第 5 期。

～布日额等:《著名蒙药学家占布拉道尔吉生平新考》,《中华医史杂志》2004 年第 3 期。

～陈良等:《著名蒙医药学家龙日格丹达尔生平考》,《中华医史杂志》2003 年第 1 期。

～布日额、赵百岁:《蒙药占巴的本草考证》,《中国民族民间医药杂志》2002 年第 6 期。

赵百岁～王杰:《蒙药学专著〈白晶鉴〉简探》,《中国民族医药杂志》2001 年第 2 期。

～赵百岁等:《蒙药利得日的本草考证》,《中药材》2001 年第 1 期。

安官布～:《蒙医外科史》,《中国民族民间医药杂志》2000 年第 3 期。

《关于五行说产生与戎狄族五色思想问题的探讨》,《中国民族医药杂志》1998 年 S1 期。

李忠堂～:《中蒙医脉学异同之探讨》,《中国民族民间医药杂志》1995 年第 3 期。

包羽（内蒙古农业大学）

～伊乐泰:《达斡尔族历史上的萨满教疾病观》,《中国民族医药杂志》2019 年第 3 期。

～伊乐泰:《鄂温克族医药思想观念初探》,《中国民族医药杂志》2013 年第 2 期。

刘荣臻～伊乐泰:《鄂温克疾病痊愈禁忌的文化阐释》,《中国民族医药杂志》2013 年第 1 期。

刘荣臻～伊乐泰:《鄂温克族养生保健禁忌的文化内涵》,《中国民族医药杂志》2012 年第 12 期。

刘荣臻～伊乐泰:《鄂温克族婚育禁忌的文化内涵》,《中国民族医药杂志》2012 年第 10 期。

伊乐泰～:《鄂温克民族医药的特征》,《中国民族医药杂志》2012 年第 10 期。

刘荣臻～伊乐泰:《鄂温克族萨满教的疾病观》,《中医学报》2011 年第 11 期。

～刘荣臻等:《鄂温克族在历史上所享有的医疗服务》,《前沿》2011 年第 9 期。

～伊乐泰等:《鄂温克民族医用植物药材调查报告》,《中国民族医药杂志》2010 年第 3 期。

～伊乐泰等:《鄂温克传统医药初探》,《中国民族医药杂志》2009 年第 4 期。

鲍占清（青海省中医院）

～郭海德:《华佗麻沸散及其演变》,《张家口医学院学报》1995 年第 4 期。

B.B.巴林

～撰,明逸译:《血液循环学说的奠基者——为威廉·哈维逝世 300 周年纪念而作》,《生物学通报》1958 年第 7 期。

北京皮肤性病研究所

《我国皮肤性病方面文献目录》,《中华皮肤科杂志》1958 年第 2 期。

北京协和医院内分泌科

《贡献卓著 后辈楷模——深切缅怀史轶蘩院士》,《中华骨质疏松和骨矿盐疾病杂志》2013 年第 1 期。

《中国实用内科杂志》编辑部～:《大爱无疆 厚德载物——记我国著名内分泌学专家史轶蘩院士》,《中国实用内科杂志》2011 年第 8 期。

北京永安堂连锁公司

《589 年坦荡无悔 589 载服务真诚——北京名老字号永安堂药店纪实》,《中国医药指南》2005 年第 1 期。

贝孟雅

《中华护士会历史的回顾》,《中华护士季报》1927 年第 3 期。

本·柯蒂斯（英国胡弗汉顿大学）

～撰,郝静萍译:《不只是工会？——南威尔士地区全国煤矿工人工会和南威尔士煤矿的因工致残

（1947—1994）》,《医疗社会史研究》2019 年第 1 期。

毕波(中国人民大学)

《栗特人与晋唐时期陆上丝绸之路香药贸易》,《台湾东亚文明研究》第 10 卷第 2 期（2013.12）。

毕春富(中国第二历史档案馆)

《侵华日军武汉会战期间化学战实施概况》,《民国档案》1991 年第 4 期。

彼得·J.霍特兹

～张逸波:《疫苗外交》,《国外社会科学文摘》2001 年第 12 期。

毕华德

李涛～:《中国眼科学史大纲》,《中华眼科杂志》1956 年第 5 期。

《我国青光眼历史考》,《中华医史杂志》1955 年第 4 期。

《我国西医眼科之起源及现状》,《中华医学杂志》1930 年第 5 期。

毕焕洲(大连大学附属中山医院/黑龙江中医药大学)

《"圣人无父":中国式生殖崇拜探源》,《中国性科学》2009 年第 7 期。

《中国性医学史纲》,黑龙江中医药大学博士学位论文 2005 年。

毕立雄(云南中医学院)

～秦琼等:《余道善——清末云南名医》,《实用中医内科杂志》2014 年第 9 期。

秦琼、李艳红～:《清末民国云南名医余道善著作〈仲景大全书〉评析》,《长春中医药大学学报》2014 年第 2 期。

～李艳红:《清末民初云南名医余道善著作〈医学通灵〉评析》,《云南中医学院学报》2014 年第 1 期。

《清末民国云南名医余道善学术思想研究》,云南中医学院硕士学位论文 2013 年。

毕路琦(华中科技大学)

《优酷网热门视频中艾滋病议题的传播研究》,华中科技大学硕士学位论文 2019 年。

毕天云(云南师范大学/中国社会科学院)

《云南省医疗保障制度建设的回顾与展望》,《学术探索》2016 年第 12 期。

《新型农村合作医疗制度中农民参与的组织模式探析》,《贵州社会科学》2008 年第 12 期。

《新型农村合作医疗制度中农民的参与范围——基于政策过程的视角》,《郑州航空工业管理学院学报》2008 年第 3 期。

《论构建新型农村合作医疗制度农民参与机制的理论基础——跨学科的视角》,《学习与实践》2008 年第 3 期。

《农民在新型农村合作医疗制度中的地位与角色——社会政策的视角》,《云南师范大学学报（哲学社会科学版)》2008 年第 2 期。

～李国琼:《论新型农村合作医疗制度中农民参与的维度》,《铜仁学院学报》2008 年第 1 期。

《论新型农村合作医疗制度中农民参与的维度》,《学习与实践》2007 年第 8 期。

《论新型农村合作医疗制度中农民参与机制的基本框架——社会政策的视角》,《公共管理高层论坛》2007 年第 1 期。

毕文卿(广州中医药大学)

～庄礼兴:《岭南针灸医家及其学术贡献研究述略》,《中国针灸》2014 年第 6 期。

毕小丽(广州中医药大学)

《建国初期的中医进修(1949—1955)》,广州中医药大学硕士学位论文 2006 年。

～李剑:《建国初期中医进修的历史成因及其影响》,《中华医史杂志》2006 年第 1 期。

毕晓莹(北京大学)

《从潞河医院看教会医院与近代地方社会》,《史学月刊》2012 年第 11 期。

《福音与医疗:从山西仁术医院看教会医院与地方社会》,《南都学坛》2012 年第 6 期。

毕中周(华东政法大学)

《论国际法对化学武器的规制》,华东政法大学硕士学位论文 2015 年。

卞凤奎

《李氏家族医疗对泸州地区的贡献》,《台北文献》直字 139 期(2002.3)

边海云(暨南大学)

《轴心时代中西医学比较研究》,暨南大学硕士学位论文 2007 年。

卞浩宇(苏州大学)

《基督教新教早期在华"医药传教"剖析》,《历史教学(高校版)》2008 年第 4 期。

边和(美国普林斯顿大学)

《谁主药室:中国古代医药分业历程的再探讨》,余新忠主编《新史学》第九卷:医疗史的新探索(2017)。

《西方医疗史研究的药物转向》,《历史研究》2015 年第 2 期。

边林(河北医科大学)

～柳云:《中国医生职业声誉的历史回望与现实反思》,《医学与哲学》2019 年第 17 期。

刘云章……戴晓晖～:《患者何为:在"医患命运共同体"构建过程中》,《中国医学伦理学》2019 年第 9 期。

范瑞平……张颖～王庆节等:《伦理原则主义:不同的观点》,《中国医学伦理学》2019 年第 5 期。

《中国医学伦理学 30 年发展反思》,《中国医学伦理学》2018 年第 12 期。

刘云章……赵金萍～:《试论"医患共识"的内容与障碍》,《中国医学伦理学》2018 年第 1 期。

张聪～:《生态健康与人类健康——基于人与自然关系史的哲学思考》,《医学与哲学(A)》2015 年第 9 期。

《医学伦理学与传统文化》,《医学与哲学(A)》2013 年第 11 期。

《人文走进医学究竟路有多长?——医学伦理与医学关系视角的讨论》,《医学与哲学(A)》2013 年第 9 期。

方新文～:《医学的"死亡"背景与现代医学对死亡的遗忘》,《医学与哲学(A)》2013 年第 5 期。

～方新文:《让医学回归生活世界——对现实医患冲突的分析与思考》,《医学与哲学(A)》2013 年第 1、2 期。

戴晓晖～王洪奇:《美国急诊医师的道德规范》,《医学与哲学(A)》2012 年第 7、8 期。

《从历史到逻辑不断走向统一的中国医学伦理学》,《中国医学伦理学》2012 年第 2 期。

《儒家思想与当代生命伦理现实间穿越历史的时代性对话——范瑞平〈当代儒家生命伦理学〉一书评介》,《医学与哲学(人文社会医学版)》2011 年第 6 期。

～方新文:《对话:医学人文教育通往医学的起点、桥梁与路径》,《医学与哲学(人文社会医学版)》2010 年第 12 期。

《医学伦理学:形而上学承诺与从现实问题出发——从中国医学伦理学30年的历史进路谈其未来发展》,《医学与哲学(人文社会医学版)》2010年第10期。

《论近代中西方医学道德观念向理论形态的转化》,《理论界》2006年S1期。

《论现代医学视野中的伦理与现代伦理视野中的医学》,《医学与哲学》2002年第2期。

卞雅莉(南京中医药大学)

范崇峰～:《"气功"名考》,《中华中医药杂志》2017年第8期。

《〈女科济阴要语万金方〉版本及学术特点研究》,《南京中医药大学学报(社会科学版)》2015年第4期。

蒋辰雪～范欣生:《"藻戟遂芫俱战草"配伍禁忌理论的沿革及现代认识》,《中华医史杂志》2015年第3期。

《明清医案中肺系疾病方药的配伍规律研究》,《江西中医药》2015年第3期。

杨环、范欣生～李芸等:《中药"十八反"歌诀源流》,《中华医史杂志》2013年第2期。

杨环、范欣生～李芸等:《古今治疗中风病"十八反"反药同方配伍研究》,《世界科学技术·中医药现代化》2013年第1期。

别伦施捷音

《维生素学说的奠基者——尼·依·鲁宁》,《药学通报》1955年第10期。

邴守兰(上海中医药大学)

《陆氏针灸论治痛症学术经验浅析——以〈陆瘦燕朱汝功针灸医案〉为例》,《中国中医急症》2017年第1期。

熊俊～冯兴志:《略论〈千金方〉灸药治泄痢》,《中医文献杂志》2016年第2期。

刘慧荣……吴璐一～:《近代上海针灸学术发展管窥》,《世界中医结合杂志》2014年第11期。

～任宏丽等:《近代上海针灸发展的时代背景及特点述要》,《上海针灸杂志》2014年第10期。

李明、尚力～:《上海新中国医学院教学思想探析》,《中华医史杂志》2014年第6期。

～纪军等:《方慎盦及其学术思想考略》,《中医文献杂志》2014年第6期。

张馥晴～纪军:《上海图书馆馆藏针灸医籍书目现况梳理》,《中医文献杂志》2014年第5期。

李明、杨奕望～:《〈性学觕述〉对"脑主神明说"形成的影响》,《中国中医基础医学杂志》2012年第12期。

《浅论〈千金方〉针、灸、药并重思想》,《河南中医》2012年第6期。

任宏丽、段逸山～:《民国期刊〈神州国医学报〉的办刊特色及社会影响》,《中医药文化》2012年第4期。

～任宏丽:《近代针灸发展的历史特点》,《中医文献杂志》2012年第2期。

～段逸山:《〈中医世界〉特点述评》,《时珍国医国药》2011年第10期。

～段逸山等:《近代中医期刊特点及研究意义》,《中华中医药杂志》2011年第5期。

～段逸山:《〈复兴中医〉特点评述》,《江西中医药》2011年第2期。

～段逸山:《〈中医世界〉所载温病特点浅议》,《国医论坛》2011年第2期。

～段逸山:《民国中医之喉舌——〈医界春秋〉》,《中医药文化》2010年第6期。

B.Noyer

《十九世纪法人之医学贡献》,《震旦医刊》1941年第3期。

博·阿古拉(内蒙古蒙医学院)

～萨仁图雅:《蒙古族原始萨满医术考》,《中华医史杂志》1999年第1期。

～萨仁图雅:《论蒙古族原始萨满医术》,《中国民族医药杂志》1998年S1期。

金玉～满都拉等:《蒙医"震脑术"的研究——脑术治疗脑震荡100例疗效观察》,《中国民族医药杂志》1995年第1期。

波、池、焙

《江苏历代医林人物志》,《江苏中医》1957年第3—6期。

波多野澄雄(日本国立公文书馆亚洲历史资料中心)

～孙凤龙:《〈陆军军医学校防疫研究报告〉的历史意义——〈金子顺一论文集〉揭示的"保号作战"真相》,《武陵学刊》2017年第1期。

伯力士

《主要传染病流行中国历史》,《东北防疫处报告》1937年第7期。

伯纳德·托曼(法国巴黎东方语言文化学院)

～撰,郝静萍译:《20世纪30年代以来日本采矿社区的尘肺病》,《医疗社会史研究》2019年第1期。

薄树人(中国科学院)

《关于〈大元本草〉的史料》,《中国科技史料》1995年第1期。

薄先锋

～董践真:《回来吧! 农村合作医疗》,《中国改革》1993年第2期。

柏秀英(迪庆藏族自治州藏医院)

～姚晓武:《社会历史文化因素对迪庆藏医药的影响》,《中国民族民间医药》2013年第10期。

卜菲菲(安徽中医药大学)

郜晓芹～常先甫:《新安医家汪昂医著的编写特点及其对中医学普及的贡献》,《合肥工业大学学报(社会科学版)》2019年第6期。

杨硕鹏～周亚东:《论中医药健康养生文化的哲学基础和当代价值》,《陕西中医药大学学报》2019年第4期。

～杨硕鹏等:《新安医家儒医文化现象研究》,《陕西中医药大学学报》2019年第1期。

～杨硕鹏等:《试析程朱理学对新安医学发展的影响》,《中医药临床杂志》2015年第7期。

～王健等:《先秦"和"文化对〈黄帝内经〉诊疗思想的影响》,《安徽中医药大学学报》2014年第4期。

步平(黑龙江省社会科学院)

吉见义明～:《日本军队的毒气战与美国——美国国家档案馆资料调查》,《抗日战争研究》2004年第1期。

《日本在中国的化学战及战后遗弃化学武器问题》,《民国档案》2003年第4期。

《关于追究日本生化战战争责任的思考》,《常德师范学院学报(社会科学版)》2003年第1期。

《残暴罪行不容掩盖——揭露侵华日军在中国的毒气实验》,《北方文物》2001年第3期。

《关于第二次世界大战期间日本在中国的化学战问题》,《黑龙江社会科学》1999年第4期。

布日额(内蒙古民族大学/内蒙古医学院)

《蒙药拳参的本草考证》,《世界最新医学信息文摘》2017年第20期。

《蒙药乌达巴拉的本草考证》,《中药材》2015 年第 12 期。

好斯巴特～:《对哲里木蒙古族传统整骨术历史变迁的研究》,《中国医药科学》2012 年第 23 期。

《蒙古族传统药的分类与命名系统的初步研究》,《中国中药杂志》2011 年第 1 期。

～巴根那:《蒙药材黄柏的本草考证》,《中药材》2007 年第 8 期。

《蒙药材姜黄本草考证》,《中药材》2007 年第 2 期。

吴秋实～:《蒙药旺拉嘎的品种调查和本草考证》,《中国民族民间医药杂志》2005 年第 2 期。

～其其格玛等:《蒙药邦孜道的本草考证》,《中药材》2004 年第 12 期。

《蒙药材栀子的本草考证》,《中药材》2004 年第 9 期。

《栀子炮制的历史沿革和现状研究》,《中国民族民间医药杂志》2004 年第 3 期。

《蒙药材阿布嘎的本草考证》,《中药材》2004 年第 2 期。

《蒙药材阿布嘎的民族植物学研究》,《内蒙古民族大学学报(自然科学版)》2004 年第 1 期。

《哲里木蒙古族民间野生食疗植物》,《中国民族民间医药杂志》2002 年第 5 期。

《蒙药达克沙的本草考证》,《中药材》2000 年第 11 期。

《论〈无误蒙药鉴〉在蒙药学史上的作用》,《中国中药杂志》2000 年第 6 期。

～洁比斯嘎拉图等:《蒙药材亚吉麻的本草考证》,《中药材》1999 年第 11 期。

～张金泉:《蒙药材阿给的本草考证》,《中国民族民间医药杂志》1998 年第 6 期。

《蒙药材古古勒本草考证》,《中药材》1997 年第 9 期。

步瑞兰(山东中医药大学)

耿尊恩～:《滑涩药物理论的形成与应用》,《西部中医药》2017 年第 8 期。

耿尊恩、刘雪怡～:《阿胶药用理论的形成与演变》,《山东中医药大学学报》2016 年第 6 期。

《水文化与肾脏之象》,《山东中医药大学学报》2016 年第 2 期。

《桑文化与桑的药用》,《山东中医杂志》2015 年第 6 期。

《滑药理论探析》,《中医学报》2015 年第 5 期。

《风文化与中药理论》,《中华中医药杂志》2015 年第 2 期。

～向楠:《半夏药用理论的形成与演变》,《时珍国医国药》2015 年第 1 期。

《肝脏之象探析》,《陕西中医学院学报》2015 年第 1 期。

《阳明厥阴命名浅探》,《现代中医药》2015 年第 1 期。

《因形得名本草的药用理论》,《中医临床研究》2014 年第 21 期。

《中药理论本后的隐性知识》,《中医临床研究》2014 年第 15 期。

《阳雀文化与中医》,《世界中西医结合杂志》2014 年第 2 期。

《〈集古良方〉作者版本考》,《中医文献杂志》2013 年第 6 期。

《取象比类在中医教学中的应用》,《中医药管理杂志》2012 年第 1 期。

《〈黄帝内经〉之终始》,《中医药文化》2009 年第 5 期。

～王振国:《水本思想对〈黄帝内经〉理论构建之影响》,《医学与哲学(人文社会医学版)》2008 年第 10 期。

《理学太极思想对明代医理之影响》,《中医药文化》2008 年第 4 期。

～刘鹏:《中医命门穴说象数易学渊源初探》,《江西中医学院学报》2007 年第 6 期。

～刘鹏:《〈太一生水〉对〈黄帝内经〉相关理论构建的影响》,《江西中医学院学报》2007 年第 5 期。

苟洪静、刘鹏～:《从〈医门棒喝〉看宋明理学对章楠的影响》,《辽宁中医药大学学报》2006 年第

6 期。

《简论儒之门户分于宋与医之门户分于金元——简论理学对中医学之影响》,《医学与哲学(人文社会医学版)》2006 年第 2 期。

补蔚萍(第四军医大学)

《陕西地区出土 2200 年前人口腔疾病的流行病学研究》,第四军医大学硕士学位论文 2012 年。

孟勇……孟蕾~朱文晶等:《陕西长安区出土 1000 年前古人牙齿的磨耗状况分析》,《实用口腔医学杂志》2012 年第 3 期。

朱文晶……陈靓~:《西安市临潼区出土 2200 年前人颅颌面骨形态的研究》,《实用空腔医学杂志》2012 年第 2 期。

卜永坚(香港中文大学)

《手淫:大成问题?不成问题?——评〈手淫:一个大恐慌的历史〉及〈孤独的性:手淫的文化史〉两书》,《新史学》第 15 卷第 3 期(2004.9)。

C

蔡宝祥(南京农业大学)

《忆罗清生老师与〈畜牧与兽医〉杂志的一些往事》,《畜牧与兽医》2015 年第 1 期。

《罗清生教授的生平》,《畜牧与兽医》2004 年第 10 期。

《我国家畜传染病防制和研究的发展历程》,《畜牧与兽医》1996 年第 6 期。

《我国禽病防制和研究的发展历程》,《禽业科技》1996 年第 5 期。

蔡滨(苏州大学)

王俊华~:《推进全民医保从形式普惠走向实质公平——国外医保模式的启示》,《苏州大学学报(哲学社会科学版)》2017 年第 5 期。

~马伟玲等:《制度变迁视角下推进农村居民基本医疗保险制度改革研究》,《社会保障研究》2017 年第 4 期。

马伟玲~王俊华:《我国实现人人享有基本医疗保险的制度缺陷分析与制度调整思路》,《中国初级卫生保健》2013 年第 7 期。

《新型农村合作医疗向社会基本医疗保险制度过渡路径研究》,苏州大学博士学位论文 2013 年。

~徐敏薇等:《博弈论视角下公立医院回归公益性改革研究》,《医学与哲学(A)》2013 年第 2 期。

郑海萍~王俊华等:《制度变迁视角下公立医院补偿机制的思考》,《江苏卫生事业管理》2013 年第 1 期。

黄辉、柏雪~黄岩等:《公共管理视域下多元主体参与食品安全监管的路径研究》,《中国初级卫生保健》2012 年第 7 期。

马伟玲~柏雪等:《食品企业社会责任联盟:解决食品安全问题的第三条路径》,《中国初级卫生保健》2012 年第 7 期。

黄岩~种波等:《我国食品安全监管格局的历史沿革与现状分析》,《中国初级卫生保健》2012 年第 6 期。

~朱成明等:《浅析新型农村合作医疗制度公共产品特征》,《中国卫生事业管理》2012 年第 3 期。

张莹、柏雪～王俊华：《公平视域下医疗救助与基本医疗保险制度衔接研究》，《中国卫生事业管理》2011 年第 11 期。

～张莹等：《正义原则视域下我国的新型农村合作医疗制度》，《医学与哲学（人文社会医学版）》2011 年第 11 期。

柏雪～王俊华：《神木县"全民免费医疗"制度供给与实践分析》，《中国初级卫生保健》2011 年第 10 期。

～柏雪等：《博弈论视角下的新型农村合作医疗制度》，《中国初级卫生保健》2011 年第 9 期。

～张莹等：《新农合视角下完善基层医疗卫生服务体系中的政府责任》，《卫生软科学》2011 年第 8 期。

～柏雪等：《新型农村合作医疗制度的变迁与发展》，《中国初级卫生保健》2011 年第 8 期。

蔡冰（辽宁省档案馆）

《辽北人民第一次战胜鼠疫》，《兰台世界》1999 年第 4 期。

蔡伯里

《内经非轩歧所著考》，《医林一谔》1931 年第 9 期。

蔡崇榜（四川联合大学）

《宋代医疗浅说》，《四川大学学报（哲学社会科学版）》1998 年第 4 期。

蔡垂岳（暨南大学）

《明代中朝医药交流研究》，暨南大学硕士学位论文 2013 年。

～周畅：《高丽人参入华史初探》，《兰台世界》2011 年第 25 期。

蔡定芳（上海医科大学/复旦大学/南京中医学院/浙江中医学院）

《恽铁樵中西医汇通流派代表人物萃谈——沈自尹》，《上海中医杂志》2019 年第 9、10 期。

《病证辨治创建中国中西结合临床医学体系》，《中国中西医结合杂志》2019 年第 9 期。

《恽铁樵中西医汇通流派代表人物萃谈——姜春华》，《上海中医药杂志》2019 年第 7、8 期。

《恽铁樵中西医汇通流派代表人物萃谈——陆渊雷》，《上海中医药杂志》2019 年第 5、6 期。

王文健～：《沉痛悼念沈自尹院士》，《中国中西医结合杂志》2019 年第 4 期。

《恽铁樵中西医汇通流派代表人物萃谈——恽铁樵》，《上海中医药杂志》2019 年第 3、4 期。

程记伟～白宇：《〈医林改错〉功过论》，《环球中医药》2016 年第 2 期。

程记伟、白宇～：《〈黄帝内经〉养生方法的整体观探析》，《时珍国医国药》2015 年第 11 期。

张琦祺、高俊鹏～：《卒中后抑郁的药物治疗——过去、现在与未来》，《复旦学报（医学版）》2011 年第 2 期。

李文伟～：《头痛疾病的分类史》，《中华医史杂志》2005 年第 4 期。

《寻堕绪之茫茫　独旁搜而远绍——略论晋唐医家在温病学上的贡献》，《上海中医药杂志》1988 年第 12 期。

～马健等：《醒神志之昏乱　挽狂澜于既倒——吴鞠通救治温病神昏的学术经验探要》，《实用中医内科杂志》1987 年第 1 期。

《论温病学的四次突变》，《上海中医药杂志》1986 年第 7 期。

《高士宗〈医学真传〉探要》，《中医杂志》1986 年第 2 期。

《病情万变务求其是——略论〈内经〉的察情立则说》，《上海中医药杂志》1985 年第 2 期。

～林光等：《其入愈深　其见愈奇——读吴越人〈续广笔记〉有感》，《上海中医药杂志》1984 年第

6 期。

~徐荣斋:《善治者因其势而利导之——略论〈内经〉因势立则说》,《上海中医药杂志》1983 年第 8 期。

《柯韵伯学术思想管窥》,《浙江中医学院学报》1983 年第 1 期。

~徐荣斋:《略谈〈素问·热论〉治则对后世的影响和启示》,《山东中医杂志》1982 年第 3 期。

蔡恩颐

《民元前后之中国医药期刊考》,《中华医史杂志》1953 年第 3 期。

蔡富莲(西南民族大学/西南民族学院/凉山教育学院)

《凉山彝族护身符〈斯土色土〉的文化解读》,《贵州民族研究》2018 年第 3 期。

《彝文文献中的彝族传统医药理论探讨——以"风邪染疾"理论为例》,《北方民族大学学报(哲学社会科学版)》2017 年第 5 期。

《彝族毕摩文献中的生命孕育观研究》,《云南师范大学学报(哲学社会科学版)》2016 年第 3 期。

《凉山彝族毕摩文献〈奴图〉与彝族对麻风病的认识》,《宗教学研究》2015 年第 3 期。

《凉山彝族毕摩文献〈疟责哈姆尼〉与彝族对瘟疫的认识》,《宗教学研究》2014 年第 2 期。

《凉山彝族的招魂仪式及灵魂崇拜》,《宗教学研究》2003 年第 1 期。

《论凉山彝族的魂鬼崇拜观念》,《西南民族学院学报(哲学社会科学版)》2000 年 S3 期。

《凉山彝族求子习俗盛行的根源》,《西南民族学院学报(哲学社会科学版)》1999 年第 4 期。

《凉山彝族的求子仪式》,《民间文学论坛》1998 年第 3 期。

蔡高强(湘潭大学)

~刘玉冰:《论我国航天员的健康权保护》,《广州大学学报(社会科学版)》2014 年第 3 期。

《论乌干达防治艾滋病社区支持模式的社会法律制度》,《河北法学》2008 年第 5 期。

~徐徐:《论艾滋病防治中的国际合作——以中国防治艾滋病为例的分析》,《湘潭大学学报(哲学社会科学版)》2007 年第 4 期。

~徐徐:《论艾滋病病人的人权保护》,《中国艾滋病性病》2007 年第 3 期。

~贺鉴:《论非洲艾滋病人的人权保护》,《西亚非洲》2005 年第 2 期。

《艾滋病人的国际人权保护》,《求索》2005 年第 1 期。

蔡谷无(陕西省中医进修学校)

《读了〈对"诊法的起始及其演变"之商榷〉一文以后》,《上海中医药杂志》1958 年第 1 期。

蔡海榕(杭州师范大学/杭州师范学院/杭州医学高等专科学校)

刘玲~:《略论〈孟子〉中的生死观》,《学理论》2011 年第 7 期。

《专业主义和当代医学的宗教化》,《科学技术与辩证法》2002 年第 3 期。

~徐小明等:《医学将成为一种新宗教吗——美国社会学家博格斯对当代医学模式的批判》,《医学与哲学》2001 年第 9 期。

蔡华珠(福建中医药大学)

~黄信超等:《〈痘疹活幼心法〉学术思想及其若干问题考》,《山西中医学院学报》2014 年第 6 期。

~黄信超等:《〈痘疹活幼心法〉版本初考》,《福建中医药大学学报》2014 年第 6 期。

张洁~:《〈补要袖珍小儿方论〉的学术思想》,《福建中医药大学学报》2014 年第 1 期。

蔡惠颜(广州中医药大学)

《中医中药在美国的现状与发展情景》,《新中医》2002 年第 4 期。

蔡建伟（南京中医药大学）

《〈外台秘要〉药浴疗法探析》，《中医外治杂志》2000 年第 1 期。

蔡捷恩（福建中医学院）

《宋朝禁巫兴医述略》，《医古文知识》1997 年第 3 期。

《中草药传英述略》，《福建中医学院学报》1996 年第 1 期。

《中草药传法述略》，《福建中医学院学报》1995 年第 1 期。

《中草药传欧述略》，《中国科技史料》1994 年第 2 期。

《针灸疗法在英国》，《针灸临床杂志》1993 年第 5 期。

《中医药学及传统医学在德国》，《山东中医学院学报》1993 年第 5 期。

《中医药学在越南》，《北京中医》1993 年第 1、2 期。

《传统医学在印度尼西亚》，《中国中西医结合杂志》1992 年第 8 期。

《欧洲药用植物运用简史》，《中国药学杂志》1992 年第 8 期。

《中医药学在马来西亚》，《福建中医药》1992 年第 4 期。

《中医药学（传统医学）在缅甸》，《福建中医药》1992 年第 3 期。

《传统医学在泰国》，《中国中西医结合杂志》1992 年第 2 期。

《清代福建医家林祖成及其〈会编纪略〉——兼答孔庆洛先生》，《福建中医药》1991 年第 4 期。

《传统医学在欧洲》，《中华医史杂志》1991 年第 4 期。

《略论李时珍的实践精神》，《中国药学杂志》1991 年第 1 期。

《近代医家李钟钰传略》，《江苏中医》1990 年第 9 期。

《中医药在新加坡》，《医学与哲学》1990 年第 9 期。

《〈闽台医林人物志〉补遗》，《福建中医药》1989 年第 6 期；1990 年第 2 期。

《宋代福建医家杨士瀛》，《福建中医药》1988 年第 5 期。

《医学史研究必须为现实服务》，《福建中医药》1986 年第 6 期。

《从中医学发展史的特点谈中医教育》，《福建中医药》1985 年第 3 期。

蔡进

《医道与艺术》，《中国医院院长》2008 年第 6 期。

《自然之子与自然之敌——关于中医未来走向的思索之二》，《读书》2008 年第 4 期。

《医道与医术——关于中医未来走向的思索之一》，《读书》2008 年第 1 期。

蔡景峰（中国中医研究院/中国中医科学院）

《〈藏族医学史〉评介》，《中国藏学》2010 年第 4 期。

甄艳～：《藏医药概论》，《西藏研究》2002 年第 2 期。

～洪武娌：《从〈藏医灸疗方〉对藏医与中医火灸疗法的比较研究》，《西藏研究》2000 年第 1 期。

《我国民族医史学研究工作的开拓者——洪武娌》，《中国民族医学杂志》1999 年第 2 期。

《中医文献学研究的典范——读〈黄帝内经〉研究大成》，《中医文献杂志》1999 年第 2 期。

《民族医学古文献概述》，《中国民族医药杂志》1998 年第 4 期。

《正确理解"民族医学"的涵义》，《中华医史杂志》1998 年第 3 期。

《从〈佛说养生经〉看藏医的养生学》，《中国藏学》1997 年第 4 期。

《努力提高民族医药史的研究水平》，《中华医史杂志》1997 年第 2 期。

～洪武娌：《中国少数民族医史研究 60 年》，《中华医史杂志》1996 年第 4 期。

《略谈中国古代医学思想的特点》,《医学与哲学》1992年第9期。

《论苏颂德医学思想和方法的特点》,《自然科学史研究》1992年第4期。

《承先启后的〈图经本草〉》,《吉林中医药》1991年第3期。

《〈北方少数民族医学史〉序》,《牡丹江医学院学报》1991年第1期。

～胡乃长:《〈图经本草〉的科学成就及其辑复》,《中医杂志》1990年第4期。

《简介宋代重要本草学著作〈图经本草〉辑校本》,《中国药学杂志》1988年第12期。

《中国医学妇产科学奠基者陈自明》,《自然科学史研究》1987年第2期。

《唐以前的中印医学交流》,《中国科技史料》1986年第6期。

《再论民族医学史的研究》,《中国医药学报》1986年第1期。

《论民族医学史的研究》,《民族研究》1985年第5期。

《中国医学史家陈邦贤》,《中国科技史料》1983年第2期。

《藏医学和藏医学史——评甲白衮桑的〈西藏医学〉》,《西藏研究》1982年第3期。

洪武娌～聂剑初:《DNA简史》,《生物学通报》1981年第6期;1982年第1期。

～胡乃长:《葛洪医学思想研究》,《医学与哲学》1981年第2期。

《一步珍贵的彝医古代著作》,《浙江中医杂志》1980年第9期。

《中医麻醉术简史》,《辽宁中医杂志》1980年第4期。

～赵璞珊:《藏医彩色挂图的初步介绍》,《江苏中医杂志》1980年第3期。

《早期藏医学史初探——兼评西藏医学外来说》,《中华医史杂志》1980年第1期。

《〈肘后备急方〉的科学成就》,《新医学杂志》1979年第1期。

赵璞珊～:《藏族医学的源流与特点》,《新医药学杂志》1978年第7期。

《试论李时珍及其在科学上的成就》,《科学史集刊》1964年第7期。

《对整理中国疾病史的几点意见》,《中医杂志》1964年第6期。

《陈自明和〈妇人大全良方〉》,《健康报》1964年2月29日。

《方以智在医学上的成就》,《江苏中医》1963年第7期。

《"六不治"是扁鹊的主张》,《中医研究通讯》1963年第7期。

《温病学家吴有性》,《健康报》1963年6月12日。

《痢疾史述要》,《中医杂志》1963年第5期。

《麻疹史述要》,《中医杂志》1963年第3期。

《晋代医学家葛洪》,《健康报》1962年1月6日。

《最早的医学校和药典》,《北京日报》1961年7月20日。

蔡林波（山东大学）

～王维敏:《试论唐代道教外丹术的世俗化流变》,《西南民族学院学报（哲学社会科学版）》2003年第2期。

蔡龙（湖南师范大学）

《巩固和发展新型农村合作医疗制度研究》,湖南师范大学硕士学位论文2009年。

蔡孟儒（台湾中兴大学）

《节气·食治与医疗——唐代食疗风气的传承与发展》,中兴大学硕士学位论文2007年。

蔡年生（中国医学科学院）

《国内不合理应用抗生素情况与分析》,《临床药物治疗杂志》2003年第2期。

～曲凤宏:《我国新药筛选研究的回顾与展望》,《中国新药杂志》2001 年第 1 期。

李焕娄～:《从抗生素到微生物药物》,《中国抗生素杂志》1993 年第 2 期。

《我国抗生素事业的奠基人之一——张为申教授》,《中国药学杂志》1986 年第 6 期。

蔡琪(湖南师范大学)

《"非典"流言的传播学透视》,《国际新闻界》2003 年第 5 期。

蔡乾坤(郑州大学)

《〈五十二病方〉中的理性医学》,郑州大学硕士学位论文 2016 年。

蔡青(东北师范大学)

《后殖民语境下美国华裔女性文学中的疾病书写分析》,东北师范大学博士学位论文 2010 年。

蔡青(贵州省民政厅)

《香港东华三院社会工作和慈善工作的启示》,《社会福利》2012 年第 5 期。

蔡仁华(中国卫生部)

《医疗保险制度比较》,《国际医药卫生导报》1997 年第 8 期。

《国际医疗保险制度模式比较研究》,《中国医院管理》1997 年第 1、2 期。

《新加坡医疗保障制度述评》,《卫生经济研究》1994 年第 10 期。

《我国医疗保险制度改革的若干理论与政策》,《中国卫生经济》1995 年第 4 期。

蔡适季

《温病之史的发展及其理论之体系》,《医药研究月刊》1947 年第 2—3 期。

蔡守秋(武汉大学)

《简评动物权利之争》,《中州学刊》2006 年第 6 期。

《论动物福利法的基本理念》,《山东科技大学学报(社会科学版)》2006 年第 1 期。

蔡松穆(北京中医药大学)

～廖培辰:《关于魏晋南北朝时期的五石散》,《北京中医药》2008 年第 4 期。

蔡素云(辽宁大学)

《明清小说中的医家形象研究》,辽宁大学硕士学位论文 2015 年。

蔡素贞

《鼠疫与台湾中西医学的消长》,《台北文献》直字第 164 期(2008.6)

蔡天新(中共莆田市委党校)

《中国农村合作医疗制度沿革》,《中华医史杂志》2009 年第 6 期。

《建国以来我国农村合作医疗制度的改革与发展》,《延边大学学报(社会科学版)》2009 年第 5 期。

《新中国成立以来我国农村合作医疗制度的发展历程》,《党的文献》2009 年第 3 期。

《建国以来我国农村合作医疗制度探索与改革的历史考察》,《社会科学管理与评论》2009 年第 3 期。

蔡天翼(重庆大学)

《身体与灵魂的和谐——希波克拉底医学哲学思想初探》,重庆大学硕士学位论文 2019 年。

才项仁增(甘肃省碌曲县藏医院)

《历代经典巨著对藏医药学兴起和发展的影响》,《甘肃中医》2009 年第 7 期。

蔡孝恒(华中科技大学/同济医科大学)

《习近平全面深化医药卫生体制改革思想初探》,《中共云南省委党校学报》2016 年第 3 期。

《习近平农村卫生思想初探》,《湖北民族学院学报(哲学社会科学版)》2015年第5期。

《简述弗朗西斯·培根的医德思想》,《湖北民族学院学报(哲学社会科学版)》2014年第6期。

《胡锦涛同志食品安全思想初探》,《毛泽东思想研究》2012年第1期。

～颜巧元:《新型农村合作医疗制度中政府责任问题研究综述》,《医学与社会》2010年第9期。

～张亮:《胡锦涛同志农村居民医疗保障思想探讨》,《毛泽东思想研究》2010年第3期。

颜巧元、张亮～刘义兰:《基于汶川震灾中中医救治的知识管理思考》,《中国社会医学杂志》2009年第5期。

～张亮:《中国特色社会主义卫生事业的特征探讨》,《湖北民族学院学报(哲学社会科学版)》2009年第2期。

《中国特色社会主义卫生思想研究——兼论中国共产党四代领导核心发展卫生事业的思想》,华中科技大学博士学位论文2009年。

《遵守医学科技伦理道德促进医学科技发展——学习江泽民关于医学科技伦理的重要论述》,《湖北民族学院学报(哲学社会科学版)》2008年第2期。

～张亮:《论中国化马克思主义卫生理论的具体表现》,《医学与社会》2008年第2期。

～张亮:《走中国特色社会主义卫生事业发展之路——学习胡锦涛总书记关于卫生工作的重要论述》,《学术论坛》2007年第11期。

～邹从清:《简论做好农民工医疗卫生工作的伦理意义》,《中国医学伦理学》2005年第3期。

～卢祖洵等:《中医药事业管理创新引入社会资本理论探讨》,《南京中医药大学学报(社会科学版)》2004年第2期。

《江泽民关于卫生预防的思想探讨》,《南京中医药大学学报(社会科学版)》2003年第3期。

《关于我国卫生领域对外开放理论与实践的几点思考》,《南京医科大学学报(社会科学版)》2003年第2期。

～邹从清:《简论进一步加强农村卫生工作的伦理意义》,《中国医学伦理学》2003年第1期。

～杨德华:《简论江泽民关于培养卫生人才的思想》,《南京中医药大学学报(社会科学版)》2001年第3期。

～程欣华:《张孝骞医德思想及其启示》,《中国医学伦理学》2001年第2期。

周浩礼～:《21世纪医疗保障制度改革的几种趋势》,《医学与社会》2000年第6期。

兰华～杨德华:《江泽民论发展民族地区医药卫生事业》,《湖南医科大学学报(社会科学版)》2000年第3期。

～杨德华:《简论江泽民发展中医药的思想》,《南京中医药大学学报(社会科学版)》2000年第3期。

《对亲子鉴定的伦理思考》,《中国医学伦理学》1999年第6期。

《列宁卫生思想述要》,《湖南医科大学学报(社会科学版)》1999年第3期。

～丁名宝:《邓小平卫生思想探讨》,《南京中医药大学学报(社会科学版)》1999年第1期。

～丁名宝:《学习江泽民关于农村卫生工作论述全面促进农村卫生事业的发展》,《中国农村卫生事业管理》1999年第1期。

～丁名宝:《学习周恩来关于农村卫生工作的论述〈促进农村卫生事业的发展〉》,《中国农村卫生事业管理》1998年第1期。

～丁名宝：《学习邓小平关于民族卫生的论述促进民族地区卫生事业的发展》，《中国农村卫生事业管理》1996年第6期。

蔡旭（安徽中医学院）

《〈黄帝内经〉标本治则释析——兼论"急则治标缓则治本"不妥》，《中国中医基础医学杂志》1998年第10期。

《河图洛书与中医脏象》，《安徽中医学院学报》1997年第1期。

《浅谈〈内经〉的论治思想》，《中医函授通讯》1990年第3期。

《对吴昆改〈素问·生气通天论〉中一经文的看法》，《安徽中医学院学报》1987年第3期。

《试论〈伤寒论〉中脉诊的运用》，《安徽中医学院学报》1982年第2期。

蔡妍妍（北京师范大学）

《19世纪英国隔离医院发展初探》，北京师范大学硕士学位论文2017年。

蔡耀庚（安徽省中医文献所）

《新安医家对中医理论的继承与创新》，《医学与哲学》1994年第4期。

蔡祎（广东外语外贸大学）

～秦海涛：《创伤叙事、疾病叙事之比较研究》，《湖北师范大学学报（哲学社会科学版）》2017年第6期。

蔡一（上海师范大学）

高红霞～：《近代上海同乡团体医院述略》，《史林》2015年第2期。

《近代上海同乡团体所属医院研究（1891—1956）》，上海师范大学硕士学位论文2014年。

蔡永敏（南阳理工学院河南中医学院/河南省中医药研究院）

白红霞……臧文华～：《阴阳概念源流梳》，《中华中医药杂志》2019年第9期。

白红霞、卞华～：《"六气"概念源流梳理》，《中医杂志》2019年第7期。

臧文华、白红霞～：《"引经"术语源流考》，《中华中医药杂志》2018年第1期。

何娟、刘文礼～徐江雁：《"本草"的含义及英译规范》，《中国中医基础医学杂志》2018年第1期。

～王梦婷：《"瘴气"名称考证及规范》，《中华中医药杂志》2017年第10期。

臧文华～：《术语"归经"源流考》，《中华中医药杂志》2017年第9期。

白红霞、臧文华～：《五行概念源流梳理》，《中华中医药杂志》2017年第8期。

何娟、徐江雁～刘文礼等：《妊娠药忌与妊娠禁忌考辨》，《中华中医药杂志》2017年第4期。

李琳珂～：《"君火"内涵考释》，《中国中医基础医学杂志》2016年第11期。

李琳珂～郭凤鹏：《中医火理论研究（一）》，《中华中医药杂志》2016年第11期。

～郭文静：《姜黄原植物的考证》，《中草药》2016年第1期。

郭文静～：《中药配伍术语的源流考释》，《中医学报》2015年第10期。

田宗德：《论郑钦安与吴鞠通益阴思想的异同》，《中医研究》2015年第6期。

姜枫、张荣欣～：《〈伤寒六经辨证治法〉版本考》，《中医研究》2015年第4期。

～郭文静等：《片姜黄和片子姜黄名称及来源考辨》，《中国中药杂志》2015年第3期。

～郭凤鹏：《术语炮制源流考释》，《世界科学技术·中医药现代化》2014年第11期。

胡研萍～：《〈瘟疫发源〉考证》，《中医学报》2014年第6期。

张荣欣、姜枫～：《〈伤寒六经辨证治法〉述要》，《广州中医药大学学报》2014年第3期。

张胜忠、胡久略~:《吴仪洛与〈伤寒分经〉》,《浙江中医药大学学报》2013 年第 8 期。

王琳~:《宋代政府对医学书籍的保护和利用》,《中华中医药杂志》2012 年第 7 期。

~孙大鹏:《中医古籍知识分类体系研究》,《中国中医基础医学杂志》2010 年第 8 期。

焦红军~彭秀丽等:《千金子药名沿革考辨》,《辽宁中医杂志》2009 年第 12 期。

张大明~庞景三等:《仲景文化价值论》,《中医药文化》2008 年第 2 期。

张翠英~:《清代医家袁句的生平事迹及学术思想》,《河南中医》2007 年第 6 期。

田文敬~邱彤等:《眩晕的文献源流考释研究》,《河南中医学院学报》2005 年第 4 期。

~邱彤等:《天麻药名沿革考》,《中国中药杂志》2002 年第 10 期。

韩伟锋~:《张景岳养生学术思想探析》,《吉林中医药》2001 年第 4 期。

~李玉华:《宋代文化与中医古籍整理研究》,《中华医史杂志》1999 年第 4 期。

《论"养生当论食补"》,《光明中医》1999 年第 2 期。

蔡州~戚世娟:《刘禹锡〈传信方〉探析》,《中医研究》1998 年第 5 期。

~崔晓飞等:《〈滇南本草〉研究述要》,《中国民族医药杂志》1997 年 S1 期。

《〈怪疾奇方〉作者小考》,《中华医史杂志》1994 年第 2 期。

《张从正学术思想研究近况》,《河南中医》1994 年第 1 期。

蔡友兰(台湾台北医学大学)

《十九世纪末西方医疗体系传入台湾遭遇之抵抗与冲突——从马雅各教案事件谈起》,台北医学大学硕士学位论文 2001 年。

蔡郁俐(台湾高雄大学)

《从胭脂水粉到医学美容:女性脸部管理论述与实践变迁,1950s—2009》,高雄医学大学硕士学位论文 2009 年。

蔡郁苹

《梅毒·妓女·山归来——十七—十八世纪东亚贸易文化交流之一环》,《成大历史学报》第 44 期(2013.6)。

蔡月亮(兰州大学)

《报纸媒体艾滋病报道研究——以框架建构理论的观点》,兰州大学硕士学位论文 2007 年。

蔡政纯

~释慧开:《明代医籍中的女性诊疗问题》,《生死学研究》第 3 期(2006.1)。

蔡之幸(上海中医药大学附属岳阳中西医结合医院)

~张振贤:《音乐疗法治疗情志疾病的历史与现状》,《中医药文化》2013 年第 3 期。

蔡姿仪(台湾国立中央大学)

《战后台湾疟疾防治之研究(1945—1965)》,国立中央大学硕士学位论文 2007 年。

苍铭(中央民族大学)

《清前期烟瘴对广西土司区汉官选派的影响》,《中国边疆史地研究》2015 年第 3 期。

《烟瘴对唐天宝战争的影响》,《中国边疆民族研究》2010 年 00 期。

《烟瘴对乾隆时期西南边防政策的影响》,《中央民族大学学报(哲学社会科学版)》2009 年第 1 期。

《疟疾对西南边疆民族构成和分布的影响》,《中央民族大学学报》2004 年第 2 期。

曹艾达(华东师范大学)

《上海公共租界肉类供应卫生管理》,华东师范大学硕士学位论文 2013 年。

曹炳章

《哈士蟆考》,《华西医药杂志》1948 年第 1、3 期。

《历代伤寒书目考》,《国医文献》1936 年第 1 期。

~董志仁:《历代医学书目考》,《中国出版月刊》1934 年第 4 期。

《中国历代伤寒书沿革略史》,《中国出版月刊》1934 年第 4 期。

《中华本草历代变迁史》,《中国出版月刊》1934 年第 4 期/《国医公报》1935 年第 2—6 期。

《中华药学源流考》,《绍兴医药学报》1917 年第 1 期。

曹础基(华南师范大学)

《心病良药——〈庄子〉的一种解读》,《华南师范大学学报(社会科学版)》2006 年第 1 期。

曹春荣

《中央苏区防疫卫生运动的文化意义》,《苏区研究》2018 年第 6 期。

曹春婷(上海师范大学)

《1930—1940 年代上海药材业及其群体研究》,上海师范大学硕士学位论文 2011 年。

曹翠峰(首都医科大学附属北京世纪坛医院)

~闻卓:《北京世纪坛医院简史》,《中华医史杂志》2016 年第 1 期。

曹大臣(南京大学)

《日本侵华毒化机构——华中宏济善堂》,《抗日战争研究》2004 年第 1 期。

《日本侵华时期在华南的毒化活动(1937—1945)》,《民国档案》2002 年第 1 期。

曹丹(华中科技大学)

《中西视野下医患关系伦理研究》,华中科技大学硕士学位论文 2014 年。

曹殿明(江苏省中医院)

《从〈周易〉卦爻阴阳理论与中医阴阳理论之源流探析易医同源》,《江苏中医药》2014 年第 5 期。

《和谐医院构建和中国传统文化》,《中国医疗前沿》2008 年第 21 期。

《美国公共卫生政策与人口健康状况》,《国外医学(卫生经济分册)》2008 年第 4 期。

曹东义(河北省中医药科学院/河北省中医药研究所)

《新中国中医药曲折发展史:回眸 70 年,展望新时代》,《疑难病杂志》2019 年第 8 期。

张相鹏……张永明~:《基于河图洛书的中医内外相关学说探讨》,《河北中医药学报》2018 年第 4 期。

~张相鹏……王红霞:《仰观医圣张仲景成长之路——华佗对张仲景的启示》,《中医药通报》2017 年第 5 期。

《中医百年坎坷之思》,《中医药通报》2016 年第 2 期。

《坚持中医病名,中医才能"卓然而立"》,《中医药通报》2015 年第 2 期。

《横空出世〈辅行诀〉,质疑声中四十年》,《陕西中医学院学报》2014 年第 5 期。

《中医 60 年沧桑巨变》,《前进论坛》2009 年第 9 期。

~王生茂等:《〈素问〉〈灵枢〉热病成就分析》,《湖北民族学院学报(医学版)》2008 年第 4 期。

《中医原始创新与"李约瑟难题"》,《中医药文化》2007 年第 6 期。

《中医与巫术》,《前进论坛》2006 年第 9 期。

《驳〈告别中医中药〉》,《医学与哲学(人文社会医学版)》2006 年第 6 期。

《冲出西医病名围城中医才能卓然自立》,《湖北民族学院学报(医学版)》2006 年第 1 期。

～郭双庚等:《扁鹊诊赵简子考——扁鹊诊赵简子二千五百年纪念》,《河北中医药学报》2003 年第 3 期。

《华佗"六部三法"伤寒学说的历史意义》,《中华医史杂志》2002 年第 3 期。

～王文智等:《重塑扁鹊在中国医学史上的形象——扁鹊秦越人生平事迹研究体会》,《河北中医药学报》1997 年第 1 期。

～郭双庚等:《扁鹊墓庙研究》,《中华医史杂志》1995 年第 2 期。

～郭双庚等:《扁鹊生活年代考》,《天津中医学院学报》1995 年第 1 期。

～郭双庚等:《扁鹊著作考》,《中医杂志》1994 年第 8 期。

～高洁明等:《就扁鹊里籍再答温先生》,《河北中医学院学报》1994 年第 4 期。

《"扁鹊见秦武王"质疑》,《中医药学报》1993 年第 6 期。

～高濯风:《扁鹊秦越人里籍求真(兼答温如杰先生质疑)》,《河北中医》1993 年第 1 期。

《医易汇通大家赵献可》,《国医论坛》1992 年第 3 期。

《论张仲景、王叔和与〈伤寒例〉》,《中华医史杂志》1991 年第 3 期。

曹方政(吉林大学)

《医疗保险制度的中日比较研究》,吉林大学硕士学位论文 2017 年。

曹峰祥(中国中医科学院)

《明末清初中医接受西方医学研究》,中国中医科学院硕士学位论文 2007 年。

～万芳:《明末清初西方医学知识传入对中医学的影响》,《北京中医药大学学报》2007 年第 5 期。

曹富平(华中师范大学)

《职业化背景下医务社工实务模式拓展》,华中师范大学硕士学位论文 2012 年。

曹桂岑(河南省文物考古研究所)

《轩辕丘及其周围的岐黄遗迹》,《中华医史杂志》2011 年第 3 期。

曹贵珠(南京中医药大学南京中医学院)

《浅谈〈伤寒论〉中"和"的意义》,《南京中医药大学学报》1995 年第 2 期。

～戴长林:《张仲景对康复医学的贡献》,《江苏中医》1994 年第 4 期。

《〈伤寒论〉中"反"字之管见》,《国医论坛》1993 年第 2 期。

《恒动观是〈伤寒论〉理论的基本思想》,《江苏中医》1992 年第 1 期。

《〈伤寒论〉阳明下法刍议》,《安徽中医学院学报》1988 年第 3 期。

《浅谈〈伤寒论〉的和法及其应用》,《江苏中医杂志》1985 年第 3 期。

《浅谈〈伤寒论〉结胸证》,《南京中医学院学报》1982 年第 4 期。

曹汉礼(新疆地方病防治研究所)

～楚定成等:《1991—1998 年新疆鼠疫流行趋势及其防治对策》,《地方病通报》1999 年第 2 期。

曹瀚文(广州中医药大学)

《国外传统医学的发展以及对中医学国际化影响的研究》,广州中医药大学博士学位论文 2017 年。

曹恒海(盐城师范学院)

《导引术启发林格创立瑞典医疗体操的可信性》,《体育成人教育学刊》2008 年第 1 期。

曹洪欣(黑龙江中医学院)

《钱乙目诊初探》,《中医药学报》1985 年第 6 期。

曹厚德

～陈星荣等:《我国放射学发展简史》,《中国医疗器械杂志》1995 年第 6 期。

曹欢荣(九江学院/浙江大学)

吴欲波～:《爱比克泰德论治疗对象与哲学治疗》,《湖北社会科学》2010 年第 5 期。

《伊壁鸠鲁派灵魂治疗的"药"和"药引"——〈奥依诺安达的第欧根尼铭文〉译注评》,浙江大学博士学位论文 2008 年。

曹卉(华南理工大学)

《基于公共治理视角解决广州医患矛盾的对策研究》,华南理工大学硕士学位论文 2016 年。

曹晖(暨南大学/国家中药现代化工程技术研究中心/中国中医研究院)

孟江、张英～王孝涛:《岭南中药炮制特色探析》,《中国实验方剂学杂志》2019 年第 18 期。

吴孟华……马志国～刘冠萍:《三七炮制的历史沿革考证》,《中国中药杂志》2018 年第 24 期。

周娜娜……何颖:《乌梢蛇和蕲蛇的本草考证》,《中药材》2018 年第 9 期。

孙洁……李志武～乐智勇等:《广地龙古今入药品种对比研究》,《中药材》2018 年第 6 期。

邓秋婷……张英～:《鱼鳔的本草考证》,《中药材》2018 年第 3 期。

吴孟华、赵中振～:《唐宋外来药物的输入与中药化》,《中国中药杂志》2016 年第 21 期。

赵斌……王琼～:《鱼鳔胶滑石粉烫制工艺研究》,《亚太传统医药》2016 年第 15 期。

赵斌……王琼～:《鱼鳔胶古今炮制规范初探》,《亚太传统医药》2016 年第 1 期。

刘玉萍～:《关于法国所藏 2 部本草彩绘图谱的初步考察》,《中华医史杂志》2013 年第 5 期。

蒋以号、刘伟～于留荣:《山药炮制历史沿革研究》,《中国中医药信息杂志》2011 年第 9 期。

张利民～马双成:《从医学的发展历程探讨中医药理论发展之路》,《中国药事》2009 年第 8 期。

刘玉萍～:《关于法国所藏两部明代本草彩绘图谱的考察(简报)》,《北方药学》2009 年第 3 期。

～刘玉萍:《〈本草品汇精要〉版本考察补遗》,《中华医史杂志》2006 年第 4 期。

《明代"本草工程"猜想(摘要)》,《现代中药研究与实践》2005 年 Z1 期。

《李绳其先生行略——一个中国药学会创始会员的日本留学生活标本》,《中药材》2003 年 Z1 期。

《中国药学会创始会员生平史料考略》,《中国药学杂志》2003 年第 2 期。

《中国药学会创始人及首任会长——王焕文先生生平简略》,《中国药学杂志》2002 年第 5 期。

～王春燕等:《毒性中药天雄炮制历史沿革研究》,《中国中药杂志》1998 年第 6 期。

～王孝涛等:《中国传统制药技术的科学内涵》,《时珍国药研究》1998 年第 3 期。

《喜读〈中国近代药学史〉》,《中国药学杂志》1993 年第 9 期。

～谢宗万等:《本草品汇精要内容特色考察》,《基层中药杂志》1993 年第 4 期。

《中国药学会史上几个问题的考订》,《中国药学杂志》1993 年第 3 期。

《关于中国药学会成立年份的初步考察》,《中国药学杂志》1991 年第 1 期。

～谢宗万等:《清抄彩绘〈本草品汇精要〉残卷考察》,《江西中医学院学报》1991 年第 1 期。

《〈本草品汇精要〉草部三种新增药物的考证》,《江西中医药》1991 年第 2 期。

～谢宗万等:《〈本草品汇精要〉草部七种药物的考证》,《江西中医学院学报》1989 年第 2 期。

～谢宗万等:《明抄彩绘〈本草图谱〉考察》,《中药通报》1988 年第 5 期。

～谢宗万等:《〈本草品汇精要〉研究概述》,《中医药学报》1988 年第 3 期。

曹慧中(南京大学)

《成为母亲:城市女性孕期身体解析》,《妇女研究论丛》2014 年第 1 期。

曹继军

～颜维琦等：《探索人文与医学交叉培养之路》，《光明日报》2016 年 7 月 14 日 005 版。

曹佳（陆军军医大学）

《中国军队军事预防医学发展 70 年》，《中华疾病控制杂志》2019 年第 8 期。

曹金国（苏州大学）

《江浙战争与中国红十字会的人道救援》，苏州大学硕士学位论文 2008 年。

曹晶晶（吉林大学）

《1910—1911 年的东北鼠疫及其控制》，吉林大学硕士学位论文 2005 年。

《1910 年东北鼠疫的发生及蔓延》，《东北史地》2007 年第 1 期。

曹景南（中国社会科学院）

《晚清民国堕胎罪立法的发展》，中国社会科学院研究生院硕士学位论文 2012 年。

曹炯

～王玉贵：《中越关系正常化后一次成功的"医疗外交"》，《党史纵览》2005 年第 3 期。

曹俊山（上海市医疗保险局）

～孙国桢：《国际医疗保障制度全民覆盖情况的比较研究》，《中国卫生资源》2007 年第 6 期。

～吴沛新：《美国联邦政府医疗照顾制度改革》，《中国卫生资源》2005 年第 3 期。

曹丽娟（中国中医研究院）

彭华胜……王亚君～程京等：《最早的中药辅料炮制品：西汉海昏侯墓出土的木质漆盒内样品鉴定与分析》，《科学通报》2019 年第 9 期。

袁媛……王焕然～王意乐等：《中药灵芝使用的起源考古学》，《科学通报》2018 年第 13 期。

王焕然……徐长青～王意乐等：《海昏侯汉墓"医工五禁汤"命名考辨》，《中华医史杂志》2017 年第 3 期。

王体～：《略论道教内丹养生学中的"识神"》，《中国医学创新》2016 年第 21 期。

～袁冰：《民国三部中医法规研究》，《亚太传统医学》2015 年第 11 期。

赵艳……袁冰～方晓阳：《基于考古发掘报告的中医药起源相关文献研究》，《中医杂志》2014 年第 16 期。

～王体：《中国中医科学院防控 SARS 十周年纪念》，《亚太传统医药》2014 年第 1 期。

《抉择一九〇二——北京霍乱中的清廷应对》，《紫禁城》2013 年第 7 期。

～朱建平等：《我国早期对灵芝功用的研究》，《亚太传统医药》2013 年第 5 期。

袁冰、杨卫华～：《宋代名医陈言宗谱及籍贯考略》，《中医文献杂志》2013 年第 1 期。

～袁冰：《明代医家王纶与节斋化痰丸》，《亚太传统医药》2012 年第 12 期。

《1902 年北京霍乱的中医应对》，《亚太传统医药》2011 年第 11 期。

《曹炳章与〈中国医学大成〉》，《亚太传统医药》2010 年第 11 期。

《清末北京公共卫生事业的初建》，《北京中医药》2010 年第 10 期。

～马健：《清末民初北京内外城官医院》，《北京中医药》2010 年第 6 期。

《民国中医改革巨擘裘吉生》，《亚太传统医药》2010 年第 1 期。

《清末北京首家官立医院》，《医学与哲学（人文社会医学版）》2007 年第 10 期。

梁峻～：《清末太医院之整顿》，《北京中医》2007 年第 9 期。

梁峻～:《清末医院概况》,《北京中医》2007年第8期。

～胡丹:《清末新政时期京师官医局研究》,《亚太传统医药》2007年第5期。

《民国中医科学化的典范——苏州国医医院》,《亚太传统医药》2007年第1期。

《民国时期中医医院类型研究》,《中华医史杂志》2006年第1期。

《苏州国医医院探索之路研究》,《中华医史杂志》2005年第1期。

《试论清末卫生行政机构》,《中华医史杂志》2001年第2期。

《胎毒与中医天花病因》,《医学与哲学》1995年第7期。

《〈医藏书目〉的佛教色彩》,《中医文献杂志》1995年第3期。

《人体解剖在近代中国的实施》,《中华医史杂志》1994年第3期/《中国科技史料》1994年第3期。

曹丽莉(河北师范大学)

～张梦月等:《民国时期助产士的专业化发展及其原因》,《晋中学院学报》2014年第4期。

曹立前(山东师范大学)

尹吉东～:《新常态下医养结合养老模式发展探究》,《枣庄学院学报》2015年第4期。

《罕见病:走出被遗忘的角落》,《中国社会保障》2014年第10期。

～王瑾琪:《建立和完善我国罕见病医疗保障体系的思考》,《人力资源管理》2013年第11期。

～郭大松:《近代山东启喑教育述论》,《山东师大学报(社会科学版)》1996年第4期。

郭大松～:《传教士与近代中国启喑教育》,《近代史研究》1994年第6期。

～郭大松:《传教士与烟台启喑学校》,《烟台大学学报(哲学社会科学版)》1992年第2期。

曹璐(西南交通大学)

刘林沙～:《抗战时期〈新新新闻〉报医药广告管窥》,《青年记者》2017年第2期。

《〈新新新闻〉报纸医药广告研究(1937—1945)》,西南交通大学硕士学位论文2016年。

曹美莹(杭州市第四人民医院)

《〈三指禅〉中的脉学特点》,《中华医史杂志》2001年第4期。

～王东浙:《略论"医者,意也"》,《广明中医》2001年第4期。

《汪昂与〈医方集解〉》,《中华医史杂志》2000年第3期。

曹敏(外交学院)

《全球公共卫生治理中的非政府组织——以盖茨基金会为例》,外交学院硕士学位论文2013年。

曹鸣

《淋病史话》,《国医导报》1941年第5期。

《梅毒史话》,《国医导报》1941年第2期。

曹娜(广州中医药大学)

《中医养生思想古今文献整理研究》,广州中医药大学硕士学位论文2005年。

曹普(中共中央党校)

《新中国农村合作医疗的初创》,《百年潮》2012年第11期。

《1978—2002:关于农村合作医疗存废的争论与实证性研究的兴起》,《中共云南省委党校学报》2010年第1期。

《人民公社时期的农村合作医疗制度》,《中共中央到校学报》2009年第6期。

《人民公社时期中国农村合作医疗制度的历史演变(1958—1984)》,《中共石家庄市委党校学报》2009年第5期。

《20世纪90年代两次"重建"农村合作医疗的尝试与效果》,《党史研究与教学》2009年第4期。

《论毛泽东对新中国医疗卫生事业的重大贡献》,《中共云南省委党校学报》2007年第1期。

《1949—1989:中国农村合作医疗制度的演变与评析》,《中共云南省委党校学报》2006年第5期。

《改革开放前中国农村合作医疗制度》,《中共党史资料》2006年第3期。

曹然(伦敦大学国王学院)

《"清洁"与"卫生":中国近现代健康观念转变》,《海南广播电视大学学报》2010年第4期。

曹茹(南京医科大学)

~王锦帆:《中国医患关系社会心态演变的文献研究》,《医学与哲学(A)》2016年第1期。

曹瑞臣(北京师范大学)

《马铃薯饥荒灾难对爱尔兰的影响——作物改变历史的一个范例》,《中南大学学报(社会科学版)》2012年第6期。

曹珊珊(厦门大学)

《台湾报纸医药广告研究》,厦门大学硕士学位论文2007年。

曹生龙(西北民族大学)

《藏医药在西北地区发展现状调查研究》,西北民族大学硕士学位论文2008年。

曹树基(上海交通大学/复旦大学)

刘思媛~:《明清时期天花病例的流行特征——以墓志铭文献为中心的考察》,《河南大学学报(社会科学版)》2015年第4期。

《战后之疫:1944—1947年滇西鼠疫研究》,《近代史研究》2012年第2期。

《国家与地方的公共卫生——以1918年山西肺鼠疫流行为中心》,《中国社会科学》2006年第1期。

《1959—1961年中国的人口死亡及其成因》,《中国人口科学》2005年第1期。

《1894年鼠疫大流行中的广州、香港和上海》,《上海交通大学学报(哲学社会科学版)》2005年第4期。

《1958—1962年四川省人口死亡研究》,《中国人口科学》2004年第1期。

李玉尚~:《清代云南昆明的鼠疫流行》,《中华医史杂志》2003年第2期。

《光绪年间云南鼠疫的流行模式——以市镇和村庄为基础的研究》,载中山大学历史人类学研究所、香港科技大学人文学部:《历史人类学学刊》(第1辑)(香港:香港中文大学出版社2003)。

李玉尚~:《咸同年间的鼠疫流行与云南人口的死亡》,《清史研究》2001年第2期。

~李玉尚:《鼠疫流行对近代中国社会的影响》,复旦大学历史地理研究中心主编《自然灾害与中国社会历史结构》(上海:复旦大学出版社2001年)。

《鼠疫流行与华北社会的变迁(1580—1644)》,《历史研究》1997年第1期。

《地理环境与宋元时代的传染病》,《历史地理》第12辑(1995)。

曹顺明(上海市宝山区中医医院)

《古方"遇仙丹"集解》,《中医文献杂志》1999年第4期。

《〈伤寒来苏集〉书名探》,《医古文知识》1993年第2期。

曹硕彦(安徽中医药大学)

《中医病因病机理论形成及影响因素研究》,安徽中医药大学硕士学位论文2015年。

曹婉莉(西华师范大学)

《从独立到融入:英国志愿医院的发展历程评述》,《国外医学(卫生经济分册)》2016年第1期。

曹玮（复旦大学）

《天水伏羲庙灸百病习俗调查》,《民俗研究》2006 年第 3 期。

曹闻（湖北省疾病预防控制中心）

～周晓蓉等:《〈国际卫生条例(2005)〉简介与应对原则》,《公共卫生与预防医学》2007 年第 4 期。

曹樨良（成都中医学院附属医院）

《从解放三十年看中医眼科的发展》,《成都中医学院学报》1982 年第 2 期。

曹小云（滁州学院/安徽师范大学）

《〈元亨疗马集〉释词》,《淮北煤炭师范学院学报(哲学社会科学版)》2007 年第 5 期。

《论〈司牧安骥集〉中的名词后缀——"家"》,《沈阳师范大学学报(社会科学版)》2007 年第 1 期。

《〈洗冤集录〉词语札记》,《安徽师范大学学报(人文社会科学版)》2006 年第 4 期。

曹兴闽

《忆在中央苏区医校的学习生活》,《福建党史通讯》1985 年第 11 期。

曹秀丽（华中师范大学）

《民国时期河南省疫灾时空分布及其社会影响研究》,华中师范大学硕士学位论文 2013 年。

曹秀伟（山东大学）

《佛教医学说略》,《河南中医学院学报》2006 年第 1 期。

《汉传佛教生活中的医学》,山东大学硕士学位论文 2006 年。

曹雪（山东师范大学）

《魏晋南北朝养生文化研究》,山东师范大学硕士学位论文 2015 年。

曹雪峰（山西大学）

《太行、太岳革命根据地医疗卫生探析》,山西大学硕士学位论文 2010 年。

曹琰（湖南科技大学）

《论李贺的病变与文变》,《科技信息》2009 年第 29 期。

曹彦（武汉大学）

《佛教的业报与疾病观》,《湖北社会科学》2015 年第 3 期。

曹艳辉（北京中医药大学）

《古代中医外科食疗方剂的研究》,北京中医药大学硕士学位论文 2014 年。

～周俭:《〈急救广生集〉食物外治在外科的应用》,《辽宁中医杂志》2014 年第 3 期。

曹宜（南京中医药大学）

《文化整体视角下的南宋本草"易简"风格的成因研究》,《中医文献杂志》2010 年第 5 期。

《略论民俗研究对民族医药发展的影响》,《中国民族医药杂志》2008 年第 7 期。

曹瑛（辽宁中医药大学）

《论〈太平御览〉医药资料内容与特点》,《辽宁中医药大学学报》2017 年第 12 期。

《从孙辑本〈神农本草经〉看〈太平御览〉对辑佚的重要价值》,《中医文献杂志》2016 年第 1 期。

吕凌～鞠宝兆:《蜀中名医刘仕廉生平考略》,《中国中医基础医学杂志》2016 年第 1 期。

《类编型古医籍的他校方法探讨——以〈杏苑生春〉为例》,《中医文献杂志》2015 年第 3 期。

吕凌、王雅丽～:《〈医学集成〉版本研究》,《中医文献杂志》2015 年第 1 期。

郑蓉～王梅:《俞弁生平事迹考》,《国医论坛》2013 年第 5 期。

王宏印～:《余景和〈外证医案汇编〉初探》,《辽宁中医药大学学报》2012 年第 12 期。

可佳～：《东北名医高愈明对民国时期中医教育的贡献》，《辽宁中医药大学学报》2011年第6期。

～谷建军：《儒家孝悌之道对传统生命价值观的影响》，《医学与哲学（人文社会医学版）》2010年第8期。

《清末辽宁籍医家徐延祚及其医学贡献》，《中医文献杂志》2010年第3期。

王蕊芳～于恒：《中国传统节日民俗的中医药文化内涵》，《中国民间疗法》2009年第12期。

王蕊芳、于恒～：《论中国民俗文化的中医预防思想》，《辽宁中医药大学学报》2009年第9期。

王蕊芳、于恒～：《清代—民国时期东北民俗的中医养生观探析》，《环球中医药》2009年第3期。

王蕊芳～：《陆羽茶文化中养生方法探析》，《中国民间疗法》2008年第8期。

《试论曹庭栋的老年养生思想》，《中国民间疗法》2008年第4期。

《论古代中医类书的特点和价值》，《辽宁中医药大学学报》2008年第4期。

《从〈四库全书总目·子部·医家类〉看清代学者的治学态度》，《江西中医学院学报》2007年第6期。

何敏～：《从〈周礼〉看中国古代的医事制度》，《辽宁中医药大学学报》2006年第5期。

何敏～：《儒家饮食观与中医》，《辽宁中医学院学报》2000年第4期。

曹颖甫

《论吴鞠通温病条辨》，《中医杂志》1923年第7期。

曹育（中国科学院）

《中国现代生理学奠基人林可胜博士》，《中国科技史料》1998年第1期。

《最早在国内从事生物化学研究的女学者——吴严彩韵》，《中国科技史料》1995年第4期。

《杰出的生物化学家吴宪博士》，《中国科技史料》1993年第4期。

《我国最早的一部近代生理学译著——〈身理启蒙〉》，《中国科技史料》1992年第3期。

《奥托·H.瓦伯——杰出的生物化学家》，《生物学通报》1988年第10期。

《民国时期的中国生理学会》，《中国科技史料》1988年第4期。

《孟德尔遗传学是怎样传入我国的》，《中国科技史料》1988年第1期。

曹玉玺（中国疾病预防控制中心）

～郭卫东等：《1950—2007年内蒙古自治区流行性乙型脑炎流行病学特征分析》，《疾病监测》2010年第2期。

曹元成（淄博市中医院）

～马英玲：《蒲松龄笔下的中医论述》，《东方养生》1997年第9期。

《蒲松龄的中医药论述》，《中国民间疗法》1994年第4期。

《蒲松龄笔下的按摩术》，《按摩与引导》1990年第2期。

《蒲松龄与〈疾病篇〉》，《中医函授通讯》1988年第3期。

《蒲松龄编撰的中药书籍》，《中药材》1987年第5期。

曹元宇

《中国金丹术西传问题》，《南京第一医学院学报》1959年第12期。

《中国古代金丹家的设备和方法》，《科学》第17卷第1期。

《葛洪以前之金丹史略》，《学艺杂志》1935年第2期。

曹媛媛（福建师范大学）

《福建历史上首位女西医许金訇研究》，福建师范大学硕士学位论文2014年。

曹韵午

　　《历代针灸治验之考证》,《国医公报》1936 年第 8 期。

曹振华(河北师范大学)

　　《莫里哀喜剧中的医生形象研究》,河北师范大学硕士学位论文 2015 年。

曹之(武汉大学)

　　《宋代医书之编刊及其背景考略》,《图书与情报》2009 年第 1 期。

　　《宋代医书的刻印》,《山东图书馆季刊》1988 年第 4 期。

曹志安(南京中医药大学)

　　《〈内经〉养生学说之研究》,南京中医药大学博士学位论文 2005 年。

曹志平(湘潭职业技术学院)

　　《明代父子御医龚信与龚廷贤的医学伦理思想》,《职大学报》2011 年第 2 期。

　　《秦汉三国时期的医学道德形象》,《职大学报》2010 年第 2 期。

曹志伟(苏州大学)

　　～徐国源:《从创伤叙事到程式沟通——兼论医疗纪录片的叙事方法》,《电视研究》2018 年第 11 期。

策·财吉拉胡(内蒙古民族大学中国中医科学院/日本东京大学/日本东京外国语大学/中国中医研究院)

　　《内蒙古科尔沁地区萨满教巫病治疗的医学人类学分析》,《西南民族大学学报(人文社科版)》2019 年第 7 期。

　　《19 世纪以来中医药在日本的传播发展》,《国际中医中药杂志》2015 年第 7 期。

　　《论 20 世纪内蒙古传统蒙医学的发展》,《中华医史杂志》2007 年第 2 期。

　　《论蒙古传统医学的安代疗法》,《中华医史杂志》2005 年第 2 期。

　　《宗教信仰对蒙古医学的影响》,《中华医史杂志》1999 年第 4 期。

　　《论早期的蒙古医药》,《中国民族医药杂志》1998 年第 2 期。

　　《蒙藏两民族文化交流中的藏医古文献》,《中国藏学》1997 年第 4 期。

　　《浅述蒙医浸泡疗法之发展》,《中华医史杂志》1995 年第 1 期。

　　《中国蒙古族传统医学史研究概述》,《黑龙江民族丛刊》1994 年第 3 期。

柴卉(南京中医药大学)

　　《〈伤寒论〉方剂的英译研究》,南京中医药大学硕士学位论文 2010 年。

　　～吴承艳:《浅谈〈伤寒论〉方名翻译》,《光明中医》2010 年第 4 期。

　　～吴承艳:《在文化全球化背景下如何理解中医文化》,《辽宁中医药大学学报》2009 年第 6 期。

柴建军(中国医学科学院)

　　～马中文等:《协和老式建筑群的发展历程》,《协和医学杂志》2013 年第 4 期。

柴可夫(浙江中医药大学/浙江中医学院)

　　林敏～:《闽南脾胃饮食养生方法探析》,《中华中医药杂志》2019 年第 4 期。

　　王磊～:《唐以前医籍中有关消渴病饮食服药宜忌探析》,《上海中医药杂志》2019 年第 3 期。

　　张国利、蒋剑锋～:《〈黄帝内经〉文树德英译本评析》,《中医药管理杂志》2018 年第 13 期。

　　林敏～:《由叶天士"阴虚论"观其三消辨治心法》,《浙江中医药大学学报》2018 年第 10 期。

　　林树元……曹灵勇～:《经方医学理论源流发展述略》,《中华中医药杂志》2017 年第 11 期。

李秀月、代民涛~:《〈金匮要略〉同病异治和异病同治运用析述》,《中华中医药杂志》2017年第10期。

王东军、崔钟寅~:《以〈金匮要略〉妇人三篇为例探讨中医经典教学中隐性知识的传承》,《中医药管理杂志》2017年第16期。

张国利~:《译者主体视角下〈伤寒论〉英译本研究》,《浙江中医杂志》2017年第8期。

王磊、王东军~:《〈近效极要方〉治消渴病方剖析》,《浙江中医杂志》2017年第8期。

王磊~:《基于"因人制宜"学说的中医"发物"观》,《中华中医药杂志》2017年第2期。

王东军……顾超~:《东垣"风药"钩玄》,《中华中医药杂志》2016年第8期。

俞屹婷……顾超~朴美燕:《浅论李东垣对风药升散之性的认识》,《浙江中医杂志》2016年第7期。

王东军……田雪瑞~:《黄元御治疗消渴病的理论探析》,《浙江中医杂志》2016年第4期。

王东军……孙曼之~:《渭南名医孙曼之运用风药经验举隅》,《陕西中医药大学学报》2016年第1期。

代民涛~:《张锡纯用药特点刍议》,《内蒙古中医药》2014年第23期。

代民涛~李秀月:《〈金匮要略〉虚劳病八方探随》,《中医学院》2014年第2期。

代民涛~李秀月:《〈金匮要略〉桂枝汤类方治虚劳刍议》,《内蒙古中医药》2013年第23期。

代民涛~李秀月:《河南特色食材养生与食材文化漫谈》,《河南中医》2013年第8期。

庄爱文、庄家骊~:《〈本草纲目〉治痰用药规律发微》,《中华中医药杂志》2013年第8期。

~代民涛等:《浙江食材养生与食材文化漫谈》,《中华中医药学刊》2012年第6期。

沈立炜~:《〈伤寒杂病论〉脾胃病相关论述及临床意义》,《浙江中医杂志》2012年第2期。

~代民涛等:《古代食材专著专篇阐微》,《光明中医》2011年第11期。

~谷英敏等:《中国食材分类方法浅析》,《中华中医药杂志》2011年第10期。

~李秀月等:《糖尿病食疗溯源及食材运用举隅》,《中国民间疗法》2011年第9期。

谷英敏~马纲等:《历史上有代表性的食疗典籍初探》,《中华中医药杂志》2011年第4期。

代民涛~李秀月:《〈辅行诀〉和〈伤寒杂病论〉"方同名异"及其原因解玄》,《中医学报》2011年第3期。

谷英敏~马纲:《食材内涵古今辨析》,《浙江中医药大学学报》2010年第3期。

《〈金匮要略〉辨证原则与辨证方法研究》,《浙江中医学院学报》2001年第1期。

《〈金匮要略〉用药规律探讨》,《光明中医》2000年第5期。

《〈金匮要略〉汤液溶媒的选择运用探析》,《中医函授通讯》2000年第5期。

《〈金匮要略〉汤液溶媒的选择、运用及意义》,《长春中医学院学报》2000年第3期。

~钱俊文:《〈金匮要略〉食疗法探讨》,《长春中医学院学报》2000年第1期。

~钱俊文:《〈金匮要略〉调护脾胃法探析》,《中国中医基础医学杂志》1999年第7期。

《〈金匮要略〉论痹病的病因病机探析》,《中医函授通讯》1999年第2期。

《从〈金匮要略〉探讨痹证的证治》,《中国中医药信息杂志》1998年第12期。

~仇世美:《仲景外治法探讨》,《中医外治杂志》1995年第3期。

《〈金匮〉湿病的特点及治法》,《中医函授通讯》1990年第2期。

《从〈金匮·杂疗方〉看仲景对急救医学的贡献》,《国医论坛》1988年第4期。

柴润芳（天津市第三中心医院）

~卢建政:《孙思邈对糖尿病研究的贡献》,《河北中医》2001年第12期。

柴山周乃（天津中医药大学）、

　　～张伯礼：《论日本汉方医学的衰退及复兴》,《天津中医药》2009 年第 5 期。

柴晓阁（山东中医药大学）

　　《民国中医期刊〈新中医刊〉研究》,山东中医药大学硕士学位论文 2015 年。

柴玉花

　　《古代天然食物保健源流》,《药膳食疗》2005 年第 2 期。

　　《茶、药茶在我国起源与发展的探讨》,《药膳食疗》2003 年第 6 期。

柴渝民

　　《卓尔不凡的医学家伍连德博士》,《民国春秋》1994 年第 1 期。

柴中元（上虞县中医院/上虞医药卫生科技情报站/上虞市卫生局）

　　沈钦荣～孟永久等：《近代越医医籍特色之成因分析》,《中华中医药学刊》2011 年第 4 期。

　　《〈素问〉"术数"之我见》,《河南中医》1995 年第 1 期。

　　《〈温病条辨〉寻源评断》,《杏苑中医文献杂志》1994 年第 1 期。

　　《〈吕氏春秋〉中的先秦诸子养生观——兼与"中医养生观与诸子思想关系之比较"一文商榷》,《中医研究》1994 年第 1 期。

　　《鞠通论诸温之大纲之五失》,《四川中医》1989 年第 1 期。

　　《论〈太原傅氏男科〉的学术特色》,《新疆中医药》1988 年第 2 期。

　　《评张景岳对眼病的诊治见解》,《山东中医杂志》1984 年第 4 期。

　　《从〈伤寒质难〉看祝味菊对仲景学说的独特见解》,《四川中医》1983 年第 5 期。

唱春莲（北京图书馆）

　　《窥见徽州文化的一个窗口——谈明清时期徽州医籍的特点》,《法国汉学》第十三辑（2010.4）。

常聪聪（河北大学）

　　《宋思明医务社会工作思想研究》,河北大学硕士学位论文 2017 年。

常存库（黑龙江中医药大学/黑龙江中医学院）

　　郭妍～姚梦杰：《中医药期刊发展历程探析》,《吉林中医药》2018 年第 10 期。

　　王磊～高驰：《臌胀病名源流考辨》,《中华中医药杂志》2018 年第 3 期。

　　付明明～王磊：《中西医差异的地域因素、宗教因素和哲学因素简析》,《中医药信息》2016 年第 3 期。

　　付明明～：《中医文献英译史研究》,《中医药学报》2016 年第 2 期。

　　吕美丽～：《中药名牌的历史、科技与文化战略之一：充分利用中药的历史和社会资源》,《中医药学报》2016 年第 1 期。

　　高凤清、周苏娅～：《中国古代思想家养生思想评述》,《中医药信息》2014 年第 4 期。

　　霍丽丽～：《神仙迷雾中的科学颗粒——中国传统炼丹术面面观》,《医学与哲学（A）》2014 年第 1 期。

　　宋耀新～李忠原：《近现代中西医教育中几个重点问题的比较研究——对教育思想、教育形式、教育内容、内外环境限制等问题的思考》,《黑龙江高教研究》2013 年第 8 期。

　　宋耀新、李忠原～：《近现代中西医教育课程内容和教育形式的演变》,《医学与哲学（A）》2013 年第 7 期。

　　弓箭、肖锋刚～：《中西医结合研究存在的主要问题》,《医学与哲学（A）》2013 年第 4 期。

肖锋刚、弓箭～:《中西医学科学成就内在结构相异性探讨》,《医学与哲学（A）》2013 年第 4 期。

弓箭、肖锋刚～:《中西医汇通及其中体西用论的失误》,《中医药学报》2013 年第 2 期。

肖锋刚、弓箭～:《中西医结合两法并用的状态及意义》,《中医药信息》2013 年第 2 期。

宋耀新～:《我国近代西医学教育的发展研究》,《中国医药指南》2012 年第 18 期。

王思璀～:《〈小儿药证直诀〉肝肾学术思想浅析》,《中医药学报》2012 年第 6 期。

姜德友、王磊～:《龙江医派史略》,《中华中医药学刊》2012 年第 5 期。

聂宏、杨天仁～:《中国古代官办医学教育的多维分析》,《湖北中医药大学学报》2012 年第 2 期。

《知识·文化·科学·真理·中医——兼答张姝艳博士生》,《医学与哲学（人文社会医学版）》2009 年第 8 期。

《中医文化:它的思想、理论和技术》,《中医药学报》2009 年第 4 期。

杨云松～:《从实践和认识角度看中西医结合必然性》,《中医药学报》2009 年第 3 期。

～王新智等:《中医学认识规律研究论纲——破译中医特殊性的认识论原因》,《医学与哲学（人文社会医学版）》2008 年第 12 期。

王凌霞～:《从事实认识和价值认识关系看中医》,《中医药学报》2008 年第 5 期。

刘春华～:《中药产业的经济学限制》,《中医药信息》2008 年第 5 期。

王磊～:《博物学能给中医带来什么》,《医学与哲学（人文社会医学版）》2008 年第 4 期。

陈岩波、程伟～:《影响中医书籍演变的若干主要因素研究》,《中医药信息》2008 年第 3 期。

王文刚～:《医学视角下的鸦片问题》,《中国社会医学杂志》2008 年第 1 期。

～王芝兰等:《同化与顺应:中西医认识建构论纲——兼论中医学认识建构特点》,《中国中医基础医学杂志》2008 年第 1 期。

《中西医关系的科学与文化分析纲要》,《中国中医基础医学杂志》2007 年第 10 期。

～李宝琴等:《比照西医:中医特殊认识的实践要素论纲》,《中医药信息》2007 年第 6 期。

～郭宏伟等:《中西医客观对象与认识对象论纲——兼论中医认识对象的特殊性》,《中医药学报》2007 年第 5 期。

《中医科学性论析》,《医学与哲学（人文社会医学版）》2007 年第 4 期。

裴丽～:《中医古籍信息特征的学术探源与哲学思考》,《医学与哲学（人文社会医学版）》2007 年第 3 期。

杨宏宇～:《中国古代药事管理撮要》,《中医药学报》2006 年第 5 期。

张玉清、杨金长～:《中西医的不可通约性与可统一性》,《中医药学报》2006 年第 3 期。

裴丽～:《中医古籍书名的信息障碍及文化分析》,《中医药学报》2006 年第 3 期。

薛文礼～:《中医疗效的确定性与不确定性的比较思考》,《医学与哲学》2005 年第 10 期。

张瑞生～:《蛇行在神秘与科学之间的服食炼丹》,《医学与哲学》2005 年第 8 期。

王宇恒～黄寅焱:《针灸疗法禁忌症的历史探究》,《针灸临床杂志》2005 年第 7 期。

裴丽～:《中医古籍文献资源的信息构建》,《中医药学报》2005 年第 6 期。

陈岩波、程伟～:《中国古代医学书籍特点之研究》,《中医药学报》2005 年第 3 期。

《无作聪明乱旧章——人为创新中医理论的意义何在》,《中医药学报》2005 年第 2 期。

薛文礼～:《中医走向的哲学思考》,《中医药学报》2005 年第 1 期。

张玉清～:《从东西方科学的融合看中西医结合》,《医学与哲学》2004 年第 7 期。

王磊～:《中医病因学之"不内外因"的学术命运》,《中医药学报》2004年第6期。

～张凤山:《中西医结合的目标、指向与途径》,《中医药信息》2004年第5期。

张岚～:《也论中医整体观的特色与优势——与韩成民先生商榷》,《医学与哲学》2004年第4期。

孙春梅～:《医理决定论还是语言决定论》,《医学与哲学》2002年第11期。

王宜静、张福利～解颖:《自然哲学医学模式与中国传统医德规范》,《医学与哲学》2002年第8期。

张纪梅、许树村～:《佛教——一种特殊方式的心理治疗》,《医学与哲学》2002年第7期。

刘锐、朱文锋～:《中国传统自然观对中医诊法的规定和模塑作用》,《医学与哲学》2002年第1期。

～张天奉等:《中医药学观念系统研究纲要》,《医学与哲学》2001年第12期。

宋诚挚～周鸿艳:《中医学学术流派与中医学学术范式》,《医学与哲学》2001年第6期。

～张玉清等:《"制造名医"杂感》,《医学与哲学》1997年第3期。

～张玉清等:《再论中西医思维的直观与抽象及其他——答张挥、董万金的商榷》,《医学与哲学》1997年第1期。

～张玉清:《警惕伪科学对中医药学的侵蚀》,《医学与哲学》1996年第9期。

～于丽:《科学文化与人文文化——研究中医必须考虑的问题》,《医学与哲学》1996年第1期。

～门九章等:《直观与抽象——中医体系建构中的思维因素及中西医的差别》,《医学与哲学》1995年第5期。

车离～:《传统文化对中医教育思想的约定和规范——中医教育思想史研究综合报告》,《中医教育》1995年第2期。

王芝兰～:《术重实用与学贵达道——中医体系建构中务实与务虚的价值观念》,《医学与哲学》1993年第11期。

《追求神韵与崇尚空灵——中医学术体系建构中的审美因素》,《医学与哲学》1993年第7期。

～尹平善:《善:不仅规范了目的,也规范了手段——中医学术体系建构中的道德因素》,《医学与哲学》1993年第4期。

《中医学术体系的超自然建构》,《医学与哲学》1992年第12期。

《中医:民族主体的选择与创造——中医认识论研究导引》,《医学与哲学》1992年第6期。

《中医外科的内科化及其历史文化原因》,《大自然探索》1992年第4期。

～黄铁军:《文化:是民族的和历史的——再谈中西医结合的文化屏障兼答欧正武、龙淑萍同志》,《医学与哲学》1991年第12期。

～王晓梅:《文化屏障——中西医的技术差异和文化差异》,《医学与哲学》1990年第8期。

《理学的思想争鸣与中医学派的形成发展》,《中医药学报》1990年第5期。

《选择的压力——中医的发明发现为什么没有发扬光大》,《医学与哲学》1989年第9期。

《中医和西医:两种不同的进化系——中西医进化道路分析》,《医学与哲学》1989年第5期。

范景田～:《宋明理学对中医基本理论的影响》,《中医药学报》1989年第4期。

《中医体系早期方向的选择——起点上的文化进化分析》,《医学与哲学》1988年第11期。

《抓住了现象混淆了对象——关于中医认识论中的艺术性》,《医学与哲学》1988年第9期。

《中医体系为什么不接受他们的成就——吴有性与王清任的历史命运》,《医学与哲学》1988年第8期。

《浅谈中医方剂名称的文化背景》,《重庆中医药杂志》1988年第1期。

《中医科学性与民族性散论》,《医学与哲学》1987年第11期。

车离~:《传统文化、科学技术与中医学》,《医学与哲学》1987年第3期。

《独从妙理运清思——张锡纯对类比法的应用》,《重庆中医药杂志》1987年第2期。

《理学认识论对中医治学精神和方法的影响》,《贵阳中医学院学报》1987年第2期。

~吴凤珍:《气质分类的中西比较》,《医学与哲学》1986年第7期。

《中医学的重要方法——体验》,《医学与哲学》1986年第5期。

《〈不失人情论〉小考》,《中医药学报》1986年第2期。

《丹溪景岳,两端一源——滋阴与温补学说的历史原因和哲学依据》,《中医药研究杂志》1986年第2期。

《丹溪确是养阴家——与吴伯平同志商榷》,《上海中医药杂志》1985年第10期。

《理学对丹溪学说的影响》,《医学与哲学》1985年第1期。

许立人~:《医学的发展与社会科学》,《医院管理》1984年第7期。

《赵献可的哲学思想与其医学理论体系——中国古代医学与哲学探讨》,《中医药学报》1984年第5期。

《中医学优生思想概观》,《中医药学报》1983年第6期。

畅达(山西运城中医院/山西运城地区卫校)

《从〈金匮〉汤证辨析看仲景临床思维》,《山西中医》2010年第6期。

《从永乐宫医笺看中医学与道教文化的相互影响》,《山西中医》2001年第6期。

《〈伤寒论〉中枳实名物考》,《中国中药杂志》1989年第7期。

~郭广义:《〈伤寒论〉药物中非衡器计量的初探》,《中成药研究》1985年第8期。

《〈伤寒论〉研究方法的过去、现在和将来》,《中医药研究杂志》1985年第2期。

常海燕(广东医学院)

《"全人"医学模式下医学院校健康社会学通识课的设置》,《教育教学论坛》2015年第9期。

《医务社会工作的文化转向》,《社会工作》2013年第2期。

常佳怡(黑龙江中医药大学)

~候晓宇等:《张仲景用"酒"探析》,《江苏中医药》2017年第5期。

《伪满时期滨江省龙江医派学术思想研究》,黑龙江中医药大学博士学位论文2013年。

姜德友~孙许涛:《龙江医派奠基人高仲山》,《中医药文化》2013年第5期。

~周雪明等:《龙江医派奠基人高仲山学术思想撷萃》,《中医药信息》2013年第5期。

常建华(南开大学)

《面对瘟疫:清代江南社会的回应——评〈清代江南的瘟疫与社会〉》,《中国减灾》2009年第7期。

常久(北京中医药大学)

马玉玲……曹征~:《四物汤临床应用文献小考》,《江西中医药》2018年第5期。

《〈云笈七签〉道家养生思想与方法的研究》,北京中医药大学博士学位论文2017年。

~蒋力生:《浅析〈云笈七签〉与中医养生》,《世界中医药》2017年第7期。

~蒋力生:《试论道家养生方法对不孕不育女性的心理调适》,《中国性科学》2017年第6期。

刘微英~吕艳等:《封髓丹方义主治演变与古今中医学派发展》,《吉林中医药》2016年第9期。

~晁均毅等:《清代社会因素对妇产科学的影响研究》,《中国性科学》2014年第8期。

~袁卫玲等:《浅析明代社会因素对中医妇产科学发展的影响》,《中国性科学》2014年第7期。

常丽梅（西南大学）

《简帛祝由方研究综论》，西南大学硕士学位论文 2017 年。

常凌（首都师范大学）

《自恋时代：大众文化中的疾病隐喻研究》，首都师范大学博士学位论文 2009 年。

常淼（西北大学）

《〈淮南子〉养生思想研究》，西北大学硕士学位论文 2015 年。

常敏毅（宁波海曙中心医院）

《论北宋时代祖国医药学的成就》，《福建中医药》1988 年第 2 期。

常青

《龙门药方洞的初创和续凿年代》，《敦煌研究》1989 年第 1 期。

常小婉（中南大学）

《我国平面媒体糖尿病报道内容分析——健康传播学的视角》，中南大学硕士学位论文 2009 年。

常鑫（黑龙江中医药大学）

《各种辨证方法的历史、理论和实践意义》，黑龙江中医药大学硕士学位论文 2008 年。

～徐崇：《从哲学角度评价中医学的阴阳五行学说》，《光明中医》2007 年第 11 期。

常学辉（河南中医学院）

～位磊：《丝绸之路与中医药学》，《中医药管理杂志》2015 年第 20 期。

常亚利（福建中医药大学）

《清末福建医家郑奋扬疫病文献研究》，福建中医药大学硕士学位论文 2010 年。

常豫红（泸州市疾病预防控制中心）

徐剑、郑海三～：《1993—2013 年泸州市狂犬病流行特征及防控对策》，《预防医学情报杂志》2014 年第 9 期。

～陈航：《泸州市 1993—2010 年流行性乙型脑炎流行状况及防治效果分析》，《现代预防医学》2012 年第 7 期。

～陈航：《泸州市 1955—2009 年麻风病流行状况及防治效果分析》，《现代预防医学》2012 年第 3 期。

常兆旸（山东大学）

《〈备急千金要方〉养生思想研究》，山东大学硕士学位论文 2007 年。

常子奎（中国协和医科大学）

～管健：《社会学视角下的医患关系》，《中华医院管理杂志》2002 年第 9 期。

巢利民（上海市医药卫生学会/上海县卫生局）

《上海县基层卫生保健情况分析》，《中国初级卫生保健》1987 年第 6 期。

《上海县合作医疗经费分析》，《卫生经济》1985 年第 6 期。

《关于马桥大队卫生室药品管理和使用情况的调查》，《中国农村医学》1984 年第 2 期。

顾杏元……叶喜福～：《农村经济发展水平与合作医疗费用关系的探讨——上海县的典型调查》，《卫生经济》1983 年第 6 期。

《上海县赤脚医生工作质量调查》，《农村卫生事业管理研究》1983 年第 3 期。

龚幼龙～：《上海县的赤脚医生》，《上海第一医学院学报》1982 年 S1 期。

龚幼龙～：《上海县赤脚医生调查》，《农村卫生事业管理研究》1981 年第 1 期。

钞蕊(延安大学)

《抗战时期陕甘宁边区的乡村卫生研究》,延安大学硕士学位论文2012年。

晁胜杰(南京师范大学)

《当下与永生:先秦儒道养生研究》,南京师范大学博士学位论文2012年。

车红梅(牡丹江师范学院)

《中国现代文学的"疾病情节"——以鲁迅、巴金、曹禺的创作为例》,《文艺争鸣》2005年第1期。

车离(黑龙江总医药大学/黑龙江中医学院)

胡妮娜、程伟~:《中国古代医患关系模式初探》,《中国医学伦理学》2008年第3期。

安春平~程伟:《古代中医学传承方式的变迁》,《中医药学报》2004年第3期。

《关于中医文化学研究问题》,《中国中医基础医学杂志》1998年第2期。

《推动法国两次针灸浪潮的历史人物》,《中华医史杂志》1995年第2期。

~常存库:《传统文化对中医教育思想的约定和规范——中医教育思想史研究综合报告》,《中医教育》1995年第2期。

张福利~:《古典二元论与心身分立——兼论中医形神观的历史局限》,《医学与哲学》1992年第2期。

张福利~:《服石·长生·元气说·医家论》,《医学与哲学》1991年第4期。

吴童~:《儒学·阴阳五行·中医学理论》,《医学与哲学》1990年第11期。

图娅~:《"道器观"、"意象论"与中医学理论的超形态特质》,《医学与哲学》1990年第1期。

~常存库:《传统文化、科学技术与中医学》,《医学与哲学》1987年第3期。

~何爱华:《唐宋政治与医学的发展》,《医学与哲学》1982年第4期。

《再谈〈黄帝内经〉与中医学的哲学问题》,《中医药学报》1982年第1期。

《道家思想与中医学》,《中医药学报》1980年Z1期。

《儒医辩》,《新医药学杂志》1978年第7期。

《略论〈内经〉的哲学基础——阴阳五行学说的合理内容及局限》,《中医药学报》1978年第2、3期。

《中国医学史上第三次发展高潮(主要在明与清前期)》,《中医药学报》1978年第1期。

《中国医学分科大发展——中国医学史上第二次发展高潮(主要在唐宋时期)》,《中医药学报》1977年第4期。

《关于〈内经〉的整体观》,《中医药学报》1977年第2期。

《儒法斗争在医学史上的作用》,《新中医》1974年第5期。

车辚(云南农业大学)

石晴~:《20世纪40年代云南常见地方病防治探析——以鼠疫、霍乱、血吸虫病为例》,《昆明学院学报》2017年第2期。

~石晴:《川陕苏区的医疗卫生工作》,《楚雄师范学院学报》2017年第1期。

《教会铁路公路与近代云南西医的发展》,《曲靖师范学院学报》2013年第1期。

车玮(南京中医药大学)

《清末江苏中医学校教育概况及其评述》,《南京中医药大学学报(社会科学版)》2007年第4期。

~吴云波:《〈阴证略例〉的学术价值》,《南京中医药大学学报(社会科学版)》2000年第6期。

车武(中央民族大学)

《许浚〈东医宝鉴〉的理论价值及其影响研究》,中央民族大学硕士学位论文2011年。

王珺～张婉等：《萨满文化在蒙古族医学传承中的作用》，《时珍国医国药》2009 年第 10 期。

王珺～庞宗然等：《哈尼族传统医学初探》，《中国民族民间医药》2008 年第 11 期。

陈邦贤

《中医书异名同录要》，《中医研究通讯》1963 年第 6 期。

《中国古代医学上的成就》，《历史教学》1962 年第 7 期。

《中医学派的发展和百家争鸣》，《光明日报》1961 年 3 月 11 日。

《我国伟大的医药学家——李时珍》，《健康报》1958 年 5 月 10 日。

《历代对于伤寒学研究的概述》，《科学史集刊》1958 年第 1 期。

《江南何氏二十八代世医访问记》，《上海中医药杂志》1957 年第 12 期。

《神农本草经中关于疾病的史料》，《医学史与保健组织》1957 年第 4 期。

《北史医学史料汇辑》，《医学史与保健组织》1957 年第 1、2 期。

《三国志医学史料汇辑》，《新中医药》1956 年第 3 期。

《赵学敏及他的著作〈本草纲目拾遗〉》，《药学通报》1955 年第 9 期。

《医史研究随笔》，《中医杂志》1955 年第 6 期。

《祖国伟大的医学家——张仲景》，《中医杂志》1955 年第 4 期。

《南史医学史料汇辑》，《中华医史杂志》1955 年第 4 期。

《史记医学史料汇辑》，《中华医史杂志》1955 年第 3 期。

《后汉书医学史料汇辑》，《中华医史杂志》1955 年第 3 期。

《汉书医学史料汇辑》，《中华医史杂志》1955 年第 2 期。

《后汉名医——张仲景》，《健康报》1954 年 11 月 23 日。

《从医学史中认识祖国医家的伟大》，《中级医刊》1954 年第 10 期。

《几种传染病的史料特辑》，《中华医学杂志》1953 年第 4 期。

《巴甫洛夫年谱》，《医史杂志》1952 年第 3 期。

《美国侵略者细菌战史料》，《医史杂志》1952 年第 2 期。

《四史中医师职业考》，《医史杂志》1948 年第 3、4 期。

《素问阴阳学与中国医学》，《医史杂志》1947 年第 2 期。

《中国教育委员会史略》，《医史及医德》1946 年第 6 期。

《中国的医学》，《华西医药杂志》1946 年第 1 期。

《医学史的意义和价值》，《中西医学报》1945 年第 5、6 期。

《中国上古药学的起源和演变》，《中华医学杂志》1943 年第 6 期。

《清代三百年医学学术之鸟瞰》，《中华医学杂志》1941 年第 11 期。

《中国医学之起源及其发达之状况》，《东方杂志》1937 年第 7 期。

《西洋医学传入中国的经过》，《出版周刊》1937 年第 3 期。

～陈定闳：《夏令卫生风俗之研究》，《医事公论》1936 年第 19、20 期。

《疟疾史》，《医事公论》1936 年第 2 期。

《鸦片史略》，《中西医学报》1930 年第 10 期。

《中外医事年表补遗》，《中西医学报》1929 年第 6 期。

《医史丛话》，《中西医学报》1929 年第 3 期。

《中外医事年表》，《中西医学报》1927 年第 3 期。

《中国历代淋病的流行和梅毒侵入中国的考证》,《中西医学报》1927 年第 2 期。

《中国脚气病流行史》,《中西医学报》1927 年第 1 期。

《医学史分类之研究》,《中华医学杂志》1927 年第 1 期。

《中国医学史》,《中西医学报》第 5 卷第 1—4 期(1914 年 8—11 月);第 5 卷第 7—12 期(1915 年 2—7 月);第 6 卷第 1—2 期(1915 年 8—9 月)。

《刘元素》,《中西医学报》1910 年第 6 期。

《记石室秘录》,《中西医学报》1910 年第 6 期。

陈宝强(暨南大学)

《宋朝香药贸易中的乳香》,暨南大学硕士学位论文 2000 年。

陈碧兰(广西百色市隆林各族自治县皮肤病防治站)

～李廷军等:《1956—2014 年隆林各族自治县麻风病流行状况调查》,《右江医学》2016 年第 1 期。

～李廷军等:《2000—2014 年隆林各族自治县新发麻风病例流行病学分析》,《应用预防医学》2016 年第 1 期。

陈璧羡(辽阳市佟二堡医院)

《五运六气与甲子纪元、干支纪年、气候多太极周期和民病——兼就"几大误区"一文与张年顺同志商榷》,《中华中医药杂志》2006 年第 2 期。

《对〈近 1200 年疫病流行与干支纪年的相关性研究〉的再研究》,《中国医药学报》2004 年第 11 期。

陈缤(辽宁中医药大学)

～贾天柱:《明清时期关于中药炮制工艺理论的争鸣》,《中华医史杂志》2015 年第 2 期。

～王丽娜等:《单炒的历史沿革研究》,《中成药》2014 年第 6 期。

～王丽娜等:《中药饮片的历史沿革研究》,《中医杂志》2013 年第 8 期。

陈兵

《佛教与医学》,《法音》1991 年第 6 期。

陈炳宇(河北大学)

《基于框架分析的"医生"媒介形象研究——以新浪网新闻频道为例》,河北大学硕士学位论文 2017 年。

陈伯华(海军医学研究所)

卢姗姗……李旭霞～李檬:《美国海军医疗卫生人才教育培养模式及启示》,《继续教育》2017 年第 10 期。

卢姗姗……栾洁～吕传禄等:《2016 西太平洋海军论坛医学研讨会综述》,《人民军医》2016 年第 11 期。

卢姗姗、汪洁滢～:《挪威皇家海军军事行动中的心理保障》,《人民军医》2016 年第 8 期。

卢姗姗～李旭霞等:《国外海军两栖舰艇医疗设施简介》,《人民军医》2016 年第 2 期。

卢姗姗、李旭霞～王敏:《海军医学研究系列讲座(83)国外海军潜艇长远航营养保障实践》,《人民军医》2015 年第 11 期。

卢姗姗～王敏:《法国海军核潜艇医疗保障情况简介》,《人民军医》2015 年第 9 期。

卢珊珊、王敏～:《澳大利亚皇家海军心理卫生保障概况》,《人民军医》2015 年第 7 期。

卢姗姗～胡辉春等:《美国海军营养保障实践》,《海军医学杂志》2015 年第 4 期。

李旭霞、王松俊～卢姗姗:《美海军潜艇医学研究概况》,《人民军医》2015 年第 3 期。

卢姗姗、王敏～:《美海军卫勤保障特点分析》,《人民军医》2014 年第 11 期。

～卢姗姗等:《国外海军医学研究机构概况》,《人民军医》2014 第 9、10 期。

～王敏等:《美海军卫勤力量构成情况简介》,《人民军医》2014 年第 8 期。

李旭霞……卢姗姗～:《海军医学研究系列讲座(67)美国海军航空医学研究进展》,《人民军医》2014 年第 7 期。

卢姗姗～王敏:《海军医学研究系列讲座(65)美海军以患者为中心的家庭式医疗保障模式》,《人民军医》2014 年第 5 期。

卢姗姗～李旭霞:《英国皇家海军心理卫生保障》,《海军医学杂志》2013 年第 6 期。

～卢姗姗等:《美国海军心理健康保障体系简介》,《人民军医》2013 年第 5 期。

陶永华～巴剑波等:《英国皇家海军女兵上舰医学保障》,《人民军医》2011 年第 12 期。

陶永华～巴剑波等:《美海军女性舰员卫勤保障特点分析》,《人民军医》2011 年第 11 期。

巴剑波～蔡久波等:《美海军流行病学研究的组织机构与任务方向》,《海军医学杂志》2008 年第 2 期。

连平、宁义～栾颖等:《伤票的历史变革与发展趋势》,《解放军医院管理杂志》2007 年第 10 期。

～龚国川:《美国国防部远程医学发展概况》,《解放军医院管理杂志》2001 年第 5 期。

～龚国川:《美海军海上远程医学概况》,《海军医学杂志》2001 年第 4 期。

朱世华～:《"库尔斯克"号沉没的启示》,《海军医学杂志》2000 年第 4 期。

～龚国川:《美海军国外医学研究机构概况》,《海军医学杂志》2000 年第 3 期。

陈彩凤(广州中医药大学/广东省中医院)

《浅探"大气论"源流与临床应用》,《中医杂志》2011 年第 8 期。

～李云英:《〈类证治裁〉喉症辨治特点浅析》,《上海中医药杂志》2009(9、10)

～李云英:《浅析〈内经〉聋脏腑循经辨治及临床运用》,《河北中医》2008 年第 12 期。

陈才俊(暨南大学)

《香港西医书院的创办及其历史意义》,《高等教育研究》2005 年第 8 期。

陈长柏

《中国医药古今几个时期》,《医药研究月刊》1948 年第 1 期。

陈畅宏(暨南大学)

《日本针灸发展史探源》,暨南大学硕士学位论文 2006 年。

陈昌雄(中国药学会医药政策研究中心)

～魏亮瑜:《英国医疗卫生法律制度概论》,《中国卫生法制》2011 年第 6 期。

陈超(南京大学)

《工业化时期英国城市的公共卫生问题》,《绵阳师范学院学报》2007 年第 6 期。

陈超常

《华南人体寄生虫之大概》,《中华医学杂志》1940 年第 8 期。

陈崇五

《疟疾古今中外病原考》,《国医导报》1940 年第 1 期。

陈楚洁(南京大学)

《作为文化与认同建构的健康传播——以 CCTV 国际频道〈中华医药〉栏目为例》,《东南传播》2009

年第 5 期。

陈纯(苏州大学)

《试析奥巴马新医改的争论》,苏州大学硕士学位论文 2015 年。

陈春兰(清华大学)

《中国农村合作医疗制度研究》,清华大学硕士学位论文 2006 年。

陈春圃(浙江省中医学会)

《浙江中医主要学术流派》,《中华医史杂志》1999 年第 4 期。

《浙江医家对温病学的研究》,《浙江中医学院学报》1998 年第 4 期。

《浙江医家对仲景学说的研究》,《浙江中医学院学报》1998 年第 3 期。

《浙江医家对〈内经〉的研究》,《浙江中医学院学报》1998 年第 2 期。

陈春燕(楚雄师范高等专科学校)

～王敏:《略论彝族医药古籍中的传统文化意蕴》,《楚雄师专学报》2000 年第 1 期。

陈聪富

《医疗事故民事责任之过失判定》,《政大法学评论》第 127 期(2012.6)。

《美国医疗过失举证责任之研究》,《政大法学评论》第 98 期(2007.8)。

陈翠珍(河北科技师范学院)

《我国鼠疫研究概况》,《河北科技师范学院学报》2012 年第 3 期。

陈存仁

《中国医学文化流传海外——在法国(图片)》,《中医杂志》1959 年第 11 期。

《中国医药文化流传海外——在日本(图片)》,《中医杂志》1959 年第 10 期。

《中国医药文化流传海外——在朝鲜(图片)》,《中医杂志》1959 年第 9 期。

《中国医药文化流传海外——在越南民主共和国(图片)》,《中医杂志》1959 年第 8 期。

《中国医学传入越南史事和越南医学著作》,《医学史与保健组织》1957 年第 3 期。

《德文法文金针疗法书刊简介》,《上海中医药杂志》1957 年第 8 期。

《张仲景先生史事考证及年表》,《存仁医学丛刊》第 2 卷第 6 期(1955.9)。

《中国针灸沿革史表》,《存仁医学丛刊》第 2 卷第 5、6 期(1955.5、9)。

～王春秋:《针灸疗法古今索引图鉴》,《存仁医学丛刊》第 2 卷第 5 期(1955.5)。

《日本文部省审定针灸空穴的经过》,《存仁医学丛刊》第 2 卷第 5 期(1955.5)。

《各国研究针灸"国际编号"考定记》,《存仁医学丛刊》第 2 卷第 5 期(1955.5)。

《欧洲研究经穴"国际编号"介绍》,《中华医史杂志》1955 年第 2 期。

《宋天圣所铸铜人传入日本之考察》,《存仁医学丛刊》第 2 卷第 4 期(1955.1)。

《德国医学界研究中医中药及针灸状况》,《存仁医学丛刊》第 2 第 4 期(1955.1)。

《古今经穴精简统计及六十主要穴孔考定表》,《存仁医学丛刊》第 2 卷第 4 期(1955.1)。

《李时珍先生逝世 360 周年纪念》,《存仁医学丛刊》第 2 卷第 1 期(1954.6)。

《美国有一家珍藏中医书籍的图书馆》,《存仁医学丛刊》第 2 第 3 期(1954.10)。

《中国心理病疗法史》,《存仁医学丛刊》第 2 卷第 3 期(1954.10)。

《中国医学史纲要表》,《存仁医学丛刊》第 2 卷第 3 期(1954.10)。

《中国医学书源流表》,《存仁医学丛刊》第 2 卷第 3 期(1954.10)。

《古今病名统一对照表》,《存仁医学丛刊》第 1 卷第 6 期(1954.2);第 2 卷第 2 期(1954.8)。

《日本所藏铜人的考察》,《中华医史杂志》1954 年第 4 期。

《三一七国医节之由来》,《中国新医药》1954 年第 3 期。

《德国人研究中国医药考》,《中国新医药》1954 年第 1 期。

《章太炎先生医事言行》,《存仁医学丛刊》第 2 卷(1953.6)。

《李时珍先生的本草纲目传到了日本以后》,《中华医史杂志》1953 年第 4 期。

《谢利恒先生传记》,《存仁医学丛刊》第 1 卷(1953.1)。

《述"三一七"之经过》,《华西医药杂志》1947 年第 11 期。

《国医节史略》,《吴兴医药月刊》1947 年第 11 期。

《古今药学参考书目》,《现代国医》1931 年第 5 期。

《叶天士为甥成美缘》,《健康报》1927 年 12 月 17 日。

陈达理(第一军医大学/湖南中医学院)

《宋金医家在诊治痘疹病方面的成就》,《中医药学报》1984 年第 6 期。

《古代中医儿科发展进程的三个阶段》,《湖南中医学院学报》1998 年第 4 期。

陈大年。

《中国妇产科医学发展简史》,《中华妇产科杂志》1956 年第 4 期。

《中医对月经的来源及其病变的原因和治疗》,《新中医药》1955 年第 1 期。

陈大舜(湖南中医药大学/湖南中医学院)

胡方林～:《古代文献治疗瘿病方剂的用药规律》,《中医药学刊》2006 年第 7 期。

《吴有性治疫经验谈》,《湖南中医学院学报》2002 年第 4 期。

邓奕晖～喻嵘:《景岳真阴论面面观》,《中医药学报》2000 年第 5 期。

～喻嵘等:《明清医家对张景岳阴阳互济法及其左、右归方的探析》,《中国中医基础医学杂志》2000 年第 3 期。

蒋文明～:《叶天士凉血散血法治疗内伤血证的基本方剂结构》,《中医杂志》2000 年第 3 期。

喻嵘、吴勇军～:《隋唐医家对消渴病的论治探析》,《辽宁中医杂志》1997 年第 10 期。

周德生～:《张景岳尊水重阴学术思想探析》,《湖南中医学院学报》1997 年第 2 期。

周德生～:《孙一奎命门学说新探》,《湖南中医学院学报》1995 年第 4 期。

罗和平～帅学忠:《浅论张从正的刺血学说》,《浙江中医学院学报》1992 年第 5 期。

欧阳建军～:《从〈本草纲目〉分类法看李时珍的创造性想象》,《湖南中医学院学报》1992 年第 4 期。

～黄政德:《试论〈褚氏遗书〉的学术成就》,《广西中医药》1992 年第 3 期。

陈大舜～:《论医学流派与医学》,《湖南中医学院学报》1990 年第 3 期。

刘志龙～:《叶天士治肝特色浅探》,《湖南中医学院学报》1990 年第 3 期。

陈大舜～:《〈周易〉与中医的预防思想》,《湖南中医学院学报》1989 年第 4 期。

《简论〈华氏中藏经〉对脏腑辨证理论的贡献》,《辽宁中医杂志》1987 年第 12 期。

《全元起〈内经训解〉初探》,《辽宁中医杂志》1986 年第 12 期。

《简论医学流派的形成》,《辽宁中医杂志》1986 年第 8 期。

《消法在〈伤寒论〉中的运用》,《贵阳中医学院学报》1986 年第 1 期。

《温病学家王士雄学术思想述评》,《湖南中医学院学报》1985 年第 3 期。

《略谈中医学术理论的发展问题》,《辽宁中医杂志》1985 年第 3、4 期。

《从〈瘟疫明辨〉探讨戴天章学术思想》,《湖南中医学院学报》1984 年 Z1 期。

《陈念祖治伤寒之学初探》,《河南中医》1984 年第 1 期。

《略论〈太素〉的学术价值》,《辽宁中医杂志》1982 年第 11 期。

《成无己治伤寒之学初探》,《河南中医》1982 年第 3 期。

《张仲景对祖国医学的巨大贡献》,《河南中医》1981 年第 1 期。

陈代斌(重庆三峡医药高等专科学校/重庆市万县中医药学校)

苏绪林~李勇华等:《中医药古籍呈现的地方文化特色研究——以三峡清代医著〈云峰医案〉为例》,《中国民族民间医药》2019 年第 7 期。

《抗战时期万县出版的〈起华医药杂志〉史实述要》,《中医药文化》2018 年第 6 期。

张建忠、黄玉静~:《20 世纪 50 年代万县地区献方运动述要》,《中医药文化》2017 年第 3 期。

《漫漫行医路 悠悠三峡情——钟益生先生从医治学之路》,《中医药文化》2012 年第 4 期。

《承家学代有创新 遵祖训仁心活人——名医郑惠伯治学五字经》,《中医药文化》2012 年第 3 期。

《一生德高望重 一世三峡美名——探寻名医龚去非先生的治学之路》,《中医药文化》2011 年第 6 期。

~李德桃:《秉家学才贯二酉 未酬志含冤九泉——名医李重人医文探幽》,《中医药文化》2011 年第 2 期。

~姚乃万:《夔州多名医 泰斗寓黛溪——名医冉雪峰家世及名号史实考略》,《中医药文化》2011 年第 1 期。

苏绪林~余甘霖:《三峡地区明清中医人物与学术特点简论》,《中国中医药现代远程教育》2010 年第 16 期。

王家陟、余甘霖~苏绪林:《刍议区域中医药文化对中医药人才培养的作用》,《国医论坛》2010 年第 6 期。

《术传十余代 名播巴蜀楚——桑氏正骨术之传承述要》,《中医药文化》2010 年第 4 期。

~罗红柳等:《仁心寿世 为善最乐——清代三峡名医王文选学术传承述要》,《中医药文化》2009 年第 6 期。

张建忠、余甘霖~:《"湖广填四川"对三峡地区中医药文化发展的贡献》,《科学咨询(决策管理)》2008 年第 9 期。

《〈太平圣惠方〉儿科学思想探要》,《光明中医》2004 年第 2 期。

《明代医家聂尚恒麻疹"四忌"浅识》,《中医药学刊》2003 年第 9 期。

《王纶按四时论治咳嗽思想评述》,《浙江中医杂志》2003 年第 5 期。

《〈永乐大典〉儿科学知识辑要》,《湖北中医学院学报》2002 年第 1 期。

《〈黄帝内经〉儿科学思想探要》,《湖北中医杂志》2001 年第 6 期。

《浅述江笔花对惊风的认识》,《湖北中医杂志》1999 年第 7 期。

《〈保婴撮要〉学术梗概》,《山西中医》1988 年第 1 期。

《肥儿丸菖蒲丸消乳丸出处考》,《湖北中医杂志》1987 年第 3 期。

《安神镇惊丸出自何处》,《中医杂志》1986 年第 6 期。

《小儿脏腑娇嫩考证》,《山东中医学院学报》1986 年第 3 期。

《宣毒发表汤、掩脐法出处考略》,《安徽中医学院学报》1985 年第 4 期。

《蓝叶散出处小考》,《山东中医学院学报》1985 年第 1 期。

《几个儿科常用方剂的出处考源》,《浙江中医学院学报》1984 年第 2 期。

陈丹(复旦大学)

《与疾病的隐喻抗争:网络社群媒介"肝胆相照"论坛的健康传播实践研究》,复旦大学硕士学位论文 2010 年。

《中国媒介的大众健康传播——1994—2001 年〈人民日报〉"世界艾滋病日"报道分析》,《新闻大学》2002 年第 3 期。

陈道瑾(南京中医药大学/南京中医学院)

《古来对麻风病的认识和研究》,《江苏中医》1996 年第 1 期。

《刍议明清时期三吴医学发展的社会因素》,《南京中医学院学报》1993 年第 3 期。

《概述我国古代对传染病病原的认识》,《江苏中医》1993 年第 2 期。

《晚清镇江名医蒋宝素》,《南京中医学院学报》1992 年第 4 期。

《宋元时期按摩术拾零》,《南京中医学院学报》1991 年第 4 期。

《宋元医学东渐纪略》,《山东中医学院学报》1991 年 1 期。

《谈谈中医临证医学的形成问题》,《江苏中医》1990 年第 3 期。

《江苏历代本草掠影》,《南京中医学院学报》1990 年第 2 期。

《藏医史概述》,《江苏中医杂志》1987 年第 10 期。

《中医护理史纲要》,《南京中医学院学报》1987 年第 1 期。

《试述近百年来针灸学的逆境图存》,《南京中医学院学报》1986 年第 4 期。

《试述明清时期针灸学的兴衰》,《南京中医学院学报》1985 年第 4 期。

《试述宋元时期针灸学的全面发展》,《南京中医学院学报》1985 年第 2 期。

《试述针灸学专科化的实现》,《南京中医学院学报》1985 年第 1 期。

《试述针灸学理论基础的初步奠定》,《南京中医学院学学报》1984 年第 4 期。

《试述金属医针的出现》,《南京中医学院学报》1984 年第 3 期。

《试述针灸的起源》,《南京中医学院学报》1984 年第 2 期。

《江苏医人之历史概况》,《江苏中医杂志》1984 年第 1 期。

《最早输入日本医学的丁福保先生》,《南京中医学院学报》1983 年第 3 期。

《近代蜚声医坛的谢利恒先生》,《南京中医学院学报》1983 年第 2 期。

《热心公益的近代医家夏应堂》,《南京中医学院学报》1983 年第 1 期。

《振兴针道的承淡安先生》,《南京中医学院学报》1982 年第 4 期。

孟澍江～:《樊川王氏》,《南京中医学院学报》1982 年第 3 期。

《略谈孟河四名医》,《江苏中医杂志》1981 年第 1 期。

陈德春(浙江省平阳县水头镇陈德春诊所)

《呵护中医话立夫》,《中医药文化》2014 年第 5 期。

《〈吕览〉中的养生观》,《中医药文化》2010 年第 5 期。

《试论苏轼词的养生内涵》,《中医药文化》2008 年第 5 期。

《梁启超早逝的医学与哲学思考》,《中医药文化》2007 年第 4 期。

陈德富

《傅维康先生与"高等学校博物馆专业委员会"的创立》,《中医药文化》2011 年第 4 期。

陈德华(江苏省中西医结合学会)

《辛勤耕耘　丰硕成果——纪念毛泽东关于西医学习中医指示45周年》,《南京中医药大学学报(社会科学版)》2003年第3期。

~吕慰秋:《中医药在美、英、法、日、澳的研究传播》,《山东中医杂志》1993年第2期。

陈登武(国立台湾师范大学)

《从〈天圣—医疾令〉看唐宋医疗照护与医事法规——以"巡患制度"为中心》,《唐研究》第14卷(2008)

《皇权、医疗资源、医事法规——从〈天圣—医疾令〉看唐宋文武职事官的医疗照护》,台湾师范大学历史系主编《新史料、新观点、新视角:〈天圣令〉论集》(上)(台湾:元照出版有限公司2011年)。

陈迪宇(华东师范大学)

《中国历史上的围城战与肿病的暴发》,《医古文知识》2004年第2期。

陈定闳(重庆师范大学)

《陈邦贤先生年谱》,《中华医史杂志》2015年第2期。

陈邦贤~:《夏令卫生风俗之研究》,《医事公论》第19—20期(1936.7)。

《医药风俗与中国医药事业的建设》,《医事公论》第6期(1936.1)。

《岁时风俗中的医药习俗》,《医事公论》第2—3期(1935.11)。

《医药风俗调查刍议》,《医事公论》第23期(1935.9)。

陈定华(上海市浦东新区公利医院)

《中药药引学说源流初探》,《安徽中医学院学报》1997年第2期。

陈东方

《国际红十字会开启医学人道救援的历史》,《医药世界》2008年第3期。

陈东枢(人民卫生出版社)

朱杰~:《义利之辨　医德之思——审视明代医家万全》,《辽宁中医杂志》2007年第12期。

《淳于意与诊籍》,《中医药学报》2006年第2期。

陈二员(广州中医药大学)

《广州中医药大学外事及港澳台事务资料研究》,广州中医药大学硕士学位论文2009年。

《中医在美国的发展历程与现状》,《中国中医药信息杂志》2008年第7期。

《中医在日本的兴衰与现状》,《新中医》2008年第2期。

陈发钦(广西壮族自治区卫生厅)

《法国卫生危机处理和急诊急救系统分析》,《中国急救复苏与灾害医学杂志》2007年第5期。

陈芳芳(福建师范大学)

《政治视野下20世纪50年代爱国卫生运动研究——以福州地区为例》,福建师范大学硕士学位论文2011年。

陈方之

《中国猩红热简史》,《中华医史杂志》1957年第2期。

《中医学总评》,《华西医药杂志》1947年第1期。

《近代卫生学历史变迁谈》,《医药评论》1930年第34期。

陈飞(广西医科大学)

杨丽萍~:《农民工医疗救助制度存在问题及对策研究》,《卫生经济研究》2018年第3期。

《论当代医学异化与医学人化》,《医学与哲学(人文社会医学版)》2009 年第 5 期。

《耻感:一条重要的医学伦理底线》,《中国医学伦理学》2009 年第 1 期。

《从权利意识的视角看实践患者知情同意的文化障碍》,《医学与哲学(人文社会医学版)》2008 年第 9 期。

《萨顿的新人文主义及其意义》,《医学与哲学(人文社会医学版)》2008 年第 7 期。

《医药德性的扭曲与回归》,《医学与社会》2006 年第 3 期。

《如何应对患者知情不同意带来的伦理困惑》,《中国医学伦理学》2006 年第 1 期。

《试论权利意识视野中患者知情同意的伦理意义》,《医学与社会》2005 年第 10 期。

《论儒家"慎独"思想的医学伦理价值》,《中国医学伦理学》2005 年第 6 期。

陈峰(嘉兴市第一医院)

～陈路阳:《古代嘉兴地区中医药学术特色探析》,《浙江中医杂志》2019 年第 11 期。

胡天烨、胡汉通～盛燮荪:《浙派中医特色灸法述要》,《浙江中医杂志》2019 年第 2 期。

姚婷～:《杨继洲〈经络迎随设为问答〉阴阳学说运用初探》,《浙江中医杂志》2018 年第 10 期。

袁莹～:《试论〈针灸大成·治症总要〉用穴处方配伍特点》,《浙江中医杂志》2018 年第 5 期。

王道均～周斯琪:《〈针灸大成〉灸法临床经验探讨》,《浙江中医杂志》2018 年第 1 期。

戴晴～朱勇等:《浙江古代医家针灸临床学术思想初探》,《浙江中医药大学学报》2017 年第 8 期。

邓山～江彬等:《〈针灸大成·治症总要〉病症分析》,《山西中医学院学报》2016 年第 5 期。

戴晴、盛燮荪～:《〈金针赋〉飞经走气针法解析》,《浙江中医杂志》2016 年第 1 期。

张爱军～盛燮荪:《〈儒门事亲〉刺络放血法及其临床运用》,《浙江中医杂志》2013 年第 12 期。

《浙北地区针灸世医凌严施盛四家学术思想探源》,《中国针灸》2013 年第 12 期。

《俞震〈古今医案按〉针灸疗法特色初探》,《浙江中医药大学学报》2013 年第 1 期。

金肖青、盛燮荪～:《试从〈内经〉取穴的六种基本方法谈针灸处方》,《浙江中医药大学学报》2009 年第 6 期。

～俞中元等:《试论〈内经〉腧穴配伍理论对针灸处方学的贡献》,《浙江中医药大学学报》2008 年第 5 期。

《试论〈内经〉对穴性的认识》,《浙江中医杂志》2003 年第 8 期。

《〈内经〉论头脑》,《甘肃中医学院学报》1998 年第 1 期。

《王国瑞〈玉龙经〉与"穴法相应"》,《甘肃中医学院学报》1994 年第 1 期。

～盛燮荪:《谈〈针灸聚英〉腧穴编例特点》,《浙江中医学院学报》1993 年第 4 期。

盛燮荪～朱勇:《略论李梴"上补下泻"针刺法》,《中医杂志》1989 年第 4 期。

陈峰(浙江大学)

《推进中药产业成为我国战略产业的研究》,浙江大学硕士学位论文 2002 年。

陈凤芝(长春中医药大学/长春中医学院)

阎琪……张海洋～:《〈伤寒论〉版本研究概述》,《长春中医药大学学报》2015 年第 3 期。

《吴鞠通"治病法论"学术思想探析》,《辽宁中医杂志》2012 年第 3 期。

《满族医药文化中治疗妇儿科等疾病的常用单方与复方》,《吉林中医药》2012 年第 1 期。

《满族医药文化中治疗内科疾病的常用单方与复方》,《辽宁中医杂志》2011 年第 4 期。

《陈修园与〈南雅堂医案〉校注拾萃》,《吉林中医药》2011 年第 2 期。

～崔勿骄等:《"关东之宝"人参与满族民间常用药物》,《吉林中医药》2009 年第 10 期。

～苏颖:《戴天章〈广瘟疫论〉治疗瘟疫方剂与药物的统计分析》,《长春中医药大学学报》2006 年第 3 期。

赵玉芝、崔为～陈亚文等:《日本江户医家解经一则——对〈金匮要略〉中"虚虚实实"的认识》,《长春中医学院学报》1998 年第 2 期。

～赵玉芝等:《〈本草图经〉中张仲景方管窥》,《吉林中医药》1991 年第 4 期。

陈钢(成都中医药大学)

杨芳艳～柏琳娜等:《〈黄帝内经〉"肝生血"机制探析》,《中华中医药杂志》2017 年第 10 期。

杨芳艳～吕计宝:《从〈黄帝内经〉看瓜石汤治疗月经病》,《四川中医》2015 年第 12 期。

杨芳艳～:《从〈黄帝内经〉谈鼻症诊治思路》,《上海中医药大学学报》2015 年第 1 期。

雷鸣……王全林～王飞:《从〈内经〉看肝与卫气的关系》,《辽宁中医药大学学报》2013 年第 5 期。

刘锋～:《论〈黄帝内经〉之"虚邪"》,《时珍国医国药》2013 年第 1 期。

刘迈兰～梁繁荣:《〈黄帝内经〉"气至"的阐释对现今针灸临床的启示》,《成都中医药大学学报》2012 年第 1 期。

崔笛～:《〈黄帝内经〉"盐胜血"浅析》,《中医杂志》2011 年第 4 期。

唐朋利～崔笛:《"肝者,罢极之本"初探》,《黑龙江中医药》2010 年第 1 期。

胡心伟～:《基于〈内经〉之理探讨关于"女子不月"的病机及治法》,《四川中医》2009 年第 4 期。

朱蔓佳～:《"左血右气"观探析》,《国医论坛》2009 年第 2 期。

周宜～张新渝等:《〈黄帝内经〉中的中药毒性理论》,《四川中医》2009 年第 3 期。

周宜～夏丽娜等:《从〈内经〉"有故无殒"思想看中药毒性研究》,《中国中医基础医学杂志》2007 年第 5 期。

《论〈黄帝内经〉之"治道"》,《中国医药学报》2002 年第 9 期。

《论〈黄帝内经〉之"诊道"》,《成都中医药大学学报》2001 年第 2 期。

《仁和寺本〈黄帝内经太素〉异体字研读意义》,《山东中医药大学学报》1998 年第 5 期。

《再论〈太素〉撰注者杨上善为唐人》,《中华医史杂志》1998 年第 4 期。

《萧延平校注整理〈黄帝内经太素〉的功绩》,《中医文献杂志》1998 年第 3 期。

～薛红等:《〈灵枢〉骨度研究——古今人体体表测量值比较》,《成都中医药大学学报》1998 年第 2 期。

《〈太素〉撰注者杨上善为唐人》,《中医杂志》1997 年第 3 期。

《李斯炽教授〈素问玄机原病式探讨〉的学术特色》,《甘肃中医学院学报》1997 年第 1 期。

《仁和寺本〈黄帝内经太素〉的文献价值》,《成都中医药大学学报》1996 年第 1 期。

《〈太素〉保存古本〈内经〉的学术价值》,《成都中医药大学学报》1995 年第 2 期。

陈岗(四川文理学院)

～张皓:《民国时期四川家畜疫政浅论》,《古今农业》2017 年第 2 期。

《民国时期四川家畜保育所概述》,《农业考古》2012 年第 3 期。

《清末民国的四川畜牧教育》,《宜宾学院学报》2009 年第 11 期。

陈高华(中国社会科学院)

《元代的医疗习俗》,《浙江学刊》2001 年第 4 期。

《元代的巫觋与巫术》,《浙江社会科学》2000 年第 2 期。

陈根旺（安徽省半汤干部疗养院）

～苏永生等:《中西医发展的文化起源和思维方式背景比较》,《现代中西医结合杂志》2006 年第 4 期。

陈功（南京师范大学）

～白莉:《近代中医危机不断之社会文化解读》,《南京中医药大学学报(社会科学版)》2010 年第 4 期。

陈公明

《古医学术的贡献》,《星群医药月刊》1950 年第 8 期。

陈公素

《我国中古医学(金元四大家)与日本医学之影响》,《北平医刊》1935 年第 1 期。

陈广恩（暨南大学）

《西夏医药学成就初探》,《宁夏社会科学》2003 年第 6 期。

陈广坤（中国中医科学院/北京中医药大学）

陈雪梅……佟琳～张华敏:《基于中医古籍妇人经期养生思想探析》,《中国中医基础医学杂志》2019 年第 5 期。

陈雪梅、佟琳～张华敏等:《中医妇科古籍中妇人产后调养概要》,《安徽中医药大学学报》2019 年第 2 期。

杨阳……王静～:《基于妇科生殖疾病古方探讨肾主生殖理论》,《世界科学技术·中医药现代化》2019 年第 2 期。

～李园白等:《抗流感病毒的古方用药规律分析》,《时珍国医国药》2017 年第 1 期。

～杨阳等:《〈伤寒论〉类方归类特点研究》,《吉林中医药》2015 年第 9 期。

李园白……李萌～王静等:《方剂剂量与君臣佐使关系初探》,《中草药》2015 年第 13 期。

～钱会南等:《"肝脾同治"为〈金匮要略〉治疗杂病理论的核心》,《中医学报》2015 年第 2 期。

钱会南、钱泽南～翟双庆:《〈黄帝内经太素〉之理论框架探析》,《世界中医药》2014 年第 11 期。

《〈黄帝内经太素〉针灸学术思想的研究》,北京中医药大学硕士学位论文 2014 年。

吴昊天～张保春:《运气学说对不同时期医家学术思想的影响》,《山东中医药大学学报》2014 年第 4 期。

陈光磊（菏泽学院）

《论中国价值观的心理健康作用》,《广西教育学院学报》2015 年第 5 期。

《论中国传统心理治疗的基本原则》,《湖北社会科学》2005 年第 4 期。

《中国心之文化及其心理健康功能》,《新疆社会科学》2005 年第 2 期。

《论中国文化中的心理健康标准》,《青海社会科学》2005 年第 1 期。

黄济民～:《中国心理文化的心理健康功能》,《教育评论》2005 年第 1 期。

《论中国传统心理文化对心理咨询与治疗的影响》,《教育探索》2005 年第 1 期。

《论中国传统心理文化对心理健康的影响》,《菏泽师范专科学校学报》2004 年第 3 期。

陈广涛（天津中医药大学）

～王学岭:《脉诊古代文献的研究现状》,《天津中医药大学学报》2007 年第 4 期。

陈光田（集美大学）

《论长沙马王堆汉墓出土医学资料的分类与价值》,《河南师范大学学报(哲学社会科学版)》2012

年第 3 期。

陈广秀(福建中医药大学)

《俞慎初民国时期医事活动研究》,福建中医药大学硕士学位论文 2014 年。

《1988—2012 年研究俞慎初教授文献概述》,《中医文献杂志》2014 年第 1 期。

陈光裕(南京中医学院)

~詹臻:《〈诸病源候论〉水毒候流行病学释义》,《南京中医学院学报》1987 年第 3 期。

~查传龙:《〈诸病源候论〉九虫候浅释》,《南京中医学院学报》1987 年第 1 期。

陈桂蓉(昆明理工大学)

《艾滋病病毒感染者和病人的道德权利及道德义务探究》,昆明理工大学硕士学位论文 2007 年。

陈国晨(中央民族大学/安徽大学)

《身体的医学化:中西医学的身体观》,《山西中医学院学报》2016 年第 1 期。

《社会文化对中西医学的影响》,《辽宁医学院学报(社会科学版)》2015 年第 2 期。

《中西医学的医学人类学解读》,《南京中医药大学学报(社会科学版)》2014 年第 1 期。

《"脉诊"和"解剖"——中西方医学文化比较研究》,安徽大学硕士学位论文 2013 年。

《医学人类学视角下的中西医学——以脉诊和解剖为例》,《牡丹江大学学报》2013 年第 3 期。

《各美其美,美人之美——对电影〈刮痧〉的跨文化比较分析》,《安庆师范学院学报(社会科学版)》2012 年第 6 期。

陈国代(武夷学院/南平师范高等专科学校)

《脉病不相应非药可为也——谈蔡元定的医学贡献》,《中华中医药学刊》2008 年第 8 期。

《晦翁之疑 濒湖之证——论朱熹治学思想对李时珍的影响》,《中医药学刊》2006 年第 2 期。

《从引据书目看朱子对李时珍的影响》,《中医药学刊》2006 年第 1 期。

《朱熹与中医古籍》,《中医药学刊》2005 年第 9 期。

《南宋大儒朱熹与医药姻缘考》,《中医药学刊》2004 年第 2 期。

《中医古籍中的版画》,《医古文知识》2004 年第 2 期。

《从〈鼠死行〉看鼠疫的危害》,《中医文献杂志》2004 年第 1 期。

《建本图书与医学传播》,《中医文献杂志》2003 年第 2 期。

《熊宗立刊刻医书概述》,《中华医史杂志》2003 年第 1 期。

《宋慈的法医学贡献》,《南平师专学报》2002 年第 4 期。

《〈红楼梦〉中谈脉象》,《南平师专学报》2002 年第 2 期。

《红楼梦里杏花开——谈〈红楼梦〉中的药物知识》,《医古文知识》2001 年第 3 期。

《瑰宝中的明珠——唐诗中的中医学知识》,《医古文知识》2000 年第 1 期。

陈国平(上海中医药大学)

《谈越南古传医学的历史与现状》,《上海中医药大学 上海市中医药研究院学报》1998 年第 2 期。

陈国钦(华南师范大学)

《夏葛医科大学与中国近代西医教育的发端》,《教育评论》2002 年第 6 期。

陈国清(黑龙江密山裴德医院)

《〈灵枢〉篇章次序初探》,《上海中医药杂志》1998 年第 5 期。

~韩玉琴:《张家山汉简〈脉书〉与五行学说》,《上海中医药杂志》1997 年第 2 期。

~韩玉琴:《五行学说与早期中医学》,《自然科学史研究》1995 年第 1 期。

～韩玉琴:《魄门辨析》,《医古文知识》1993 年第 3 期。

《从帛医书与〈灵枢〉的比较看经脉循行的发展》,《中国医药学报》1989 年第 6 期。

《〈足臂十一脉灸经〉浅探》,《中华医史杂志》1987 年第 4 期。

《清代名医陈修园》,《医学史与保健组织》1957 年第 1 期。

陈国权(湖北中医学院)

《〈金匮要略〉"特区"病证初探》,《中医药通报》2010 年第 1 期。

李雪松～:《〈金匮要略〉中"心水"的证治规律研究》,《浙江中医药大学学报》2010 年第 2 期。

《论〈金匮〉中风病之辨治》,《中医药通报》2006 年第 5 期。

郭玮～:《刍议仲景所论之谷疸病》,《国医论坛》2006 年第 1 期。

～朱琥:《〈金匮要略〉肝虚传脾论》,《中医药通报》2005 年第 3 期。

赵霞、肖鸣欣～:《〈伤寒杂病论〉鼻咽病病机证治探要》,《中国老年保健医学》2005 年第 1 期。

～袁思芳:《〈金匮要略〉学科的奠基人——记全国著名中医药学家李今庸教授》,《湖北中医学院学报》2005 年第 1 期。

《〈金匮要略〉治黄疸九法探要》,《中医函授通讯》2000 年第 5 期。

《〈金匮要略〉肝病实肺论》,《中国中医药信息杂志》1999 年第 8 期。

～陈国瑞:《〈金匮〉骨关节病证研究》,《中国中医骨伤科》1999 年第 2 期。

《〈金匮要略〉肾病实脾论》,《吉林中医药》1996 年第 2 期。

《浅议〈金匮要略〉治杂病以祛邪为主论》,《中医函授通讯》1995 年第 3 期。

《论〈金匮要略〉的自然整体观》,《中医函授通讯》1995 年第 1 期。

《〈金匮〉治久病三法》,《湖南中医学院学报》1994 年第 1 期。

《论〈金匮〉病在中上焦可下之》,《河南中医》1994 年第 1 期。

《对陈修园〈女科要旨〉注重脾胃的探讨》,《福建中医药》1985 年第 3 期。

陈国信(贵阳中医学院)

《〈金匮要略〉目诊探》,《贵阳中医学院学报》1997 年第 3 期。

～颜碧珍:《〈金匮要略〉治妇科腹痛十法》,《贵州中医学院学报》1996 年第 2 期。

～徐灿英:《试论〈金匮要略〉对中医药学的贡献》,《贵阳中医学院学报》1995 年第 3 期。

《从〈金匮要略〉看张仲景对正气的重视》,《贵阳中医学院学报》1984 年第 3 期。

陈海燕(上海中医药大学)

《汉方医学在日本的发展》,《重庆科技学院学报(社会科学版)》2014 年第 6 期。

陈汉平(上海中医药大学)

～黄雅戈:《香港针灸业的过去和现在》,《上海中医药杂志》1997 年第 6 期。

陈汉雄(浦江县中医院)

《〈戴原礼医论〉文献引证的探讨》,《中华医史杂志》2003 年第 1 期。

～朱祖光等:《〈推求师意〉考析》,《浙江中医杂志》1999 年第 4 期。

～宣建大等:《〈金匮钩玄〉考析》,《浙江中医杂志》1999 年第 3 期。

《对"儒医"对浅见》,《浙江中医药》1979 年第 4 期。

陈浩(北京四环科宝制药有限公司)

～张哲等:《印度医疗卫生体系浅析及对我国的启示》,《首都医药》2013 年第 24 期。

陈浩(江西师范大学)

《二十世纪五六十年代江西血防人员群体研究》,江西师范大学硕士学位论文2014年。

～巫娜:《浅析建国初期江西省血吸虫病重疫区成因》,《石家庄职业技术学院学报》2014年第4期。

陈昊(山东大学)

《嵇康的养生论思想及其美学意义》,山东大学硕士学位论文2013年。

陈昊(中国人民大学/北京大学)

《抄撰中的医书——敦煌医学文书P.3287所见中古医学书籍的再生产与医经权威的重构》,《故宫学术季刊》第36卷第4期(2019.12)。

《唐初医经〈黄帝内经太素〉的历史语境》,《四川大学学报(社会科学版)》2018年第1期。

《文本展演与日常实践之间的性别与身体——中古中国与中世纪欧洲的女性身体与医疗照顾的性别角色》,余新忠主编《新史学》第九卷:医疗史的新探索(2017)。

《书评:廖育群〈医者意也——认识中医〉》,《唐宋历史评论》第1辑(2015)。

《触觉与视觉之间的传统与现代性?——中国历史、社会和日常生活中的身体感》,《人文杂志》2015年第9期。

《家国之间——南北朝末期至唐初医术世家的身份嬗变及其与国家医学机构之互动》,《汉学研究》第32卷第1期(2014)。

《石之低语——墓志所见晚唐洛阳豫西的饥馑、疾疫与伤痛叙述》,《唐研究》第19卷(2013)。

《中古中国的占卜与妊娠女体》,蒲慕州主编《礼法与信仰——中国古代女性研究考论》(香港:商务印书馆2013年)。

《在写本与印本之间的方书——宋代《千金方》的书籍史》,《中医药杂志》2013年S1期。

《书写的权力与生活的世界——唐代士人笔下医者之诸面相》,《中国社会历史评论》2013年00期。

《被遮蔽的"再造"——晚唐至北宋初医学群体的嬗变和医官身份的重构》,《中华文史论丛》第4辑(2013)。

《书评:李建民〈发现古脉——中国古典医学与数术身体观〉》,《中国学术》第29辑(2011)。

《隋唐长安的医疗与社会空间》,《光明日报》2009年4月21日史学版。

《对宋代医学变化与整合的省思》,《国际汉学研究通讯》创刊号(2009)。

《书评:范家伟著〈大医精诚〉》,《唐研究》第14卷(2008)。

《书评:林富士著〈中国中古时期的宗教与医疗〉》,《唐研究》第14卷(2008)。

荣新江～:《疾病史与世界历史的书写——〈剑桥世界人类疾病史〉中译本评介》,《自然科学史研究》2008年第3期。

《晚唐翰林医官家族的社会生活与知识传递——兼谈墓志对翰林世医的书写》,《中华文史论丛》2008年第3期。

《墓志所见南北朝医术世家的身份认同与宗教信仰》,《文史》2008年第2期。

《仪式、身体、罪谪——汉唐间天师道的上章仪式与疾病》,《天问》(丁亥卷)2008年。

《书评:*Medicine for Women in Imperial China*, edited by Angela Ki Che Leung》,《唐研究》第13卷(2007)。

《汉唐间墓葬文书中的注病书写》,《唐研究》第12卷(2006)。

《书评:《陈明著〈殊方异药〉》,《唐研究》第12卷(2006)。

《书评:*Medieval Chinese Medicine: The Dunhuang Medical Manuscripts*, edited by Vivienne Lo and Christopher Cullen》,《唐研究》第 12 卷(2006)。

陈浩望

《汪精卫废止中医的闹剧和国人的抗争》,《文史春秋》2001 年第 6 期。

陈好远(湖北中医药大学)

～王朝阳等:《历代房中著作对中医男科学贡献简述》,《中医文献杂志》2018 年第 2 期。

《中国古代男科学术成就撷要》,湖北中医药大学博士学位论文 2016 年。

～王朝阳等:《〈王旭高医案〉男科疾病辨治特色分析》,《湖北中医杂志》2015 年第 10 期。

王福燕、周安方～王朝阳:《〈内经〉过用致病的发病观及其指导意义》,《时珍国医国药》2014 年第 2 期。

陈和勇(四川省社会科学院)

《毛泽东卫生防预思想及其当代意义》,四川省社会科学院硕士学位论文 2009 年。

陈虹(广州中医药大学)

～魏永明:《略论晋代岭南名医葛洪养生之道》,《时珍国医国药》2015 年第 3 期。

魏永明～:《岭南名医葛洪生卒年考辨》,《国医论坛》2013 年第 6 期。

陈凯佳～刘小斌等:《支气管哮喘学术源流探讨》,《辽宁中医药大学学报》2011 年第 11 期。

～路艳等:《岭南中医药文化调研报告》,《湖北中医学院学报》2010 年第 4 期。

～刘小斌:《〈肘后备急方〉有关隔物灸文献资料整理》,《国医论坛》2010 年第 2 期。

～刘小斌:《〈诸病源候论〉中有关岭南医药文献资料的整理》,《吉林中医药》2010 年第 2 期。

～刘小斌:《岭南医学史著名人物葛洪生平考》,《国医论坛》2010 年第 1 期。

～刘小斌:《〈新修本草〉中有关岭南医药文献资料的整理》,《广州中医药大学学报》2009 年第 6 期。

《晋唐时期岭南医家医著及医药文献整理研究》,广州中医药大学博士学位论文 2008 年。

刘小斌～:《岭南近代著名医家何竹林正骨医粹》,《中华中医药学刊》2008 年第 1 期。

《〈内经〉中"阴阳"辨析》,《国际医药卫生导报》2005 年第 11 期。

陈虹(武警总医院)

～臧运金等:《肝移植发展简史》,《中华医史杂志》2006 年第 4 期。

～蒲朝煜:《铋在医学上的应用简史》,《中华医史杂志》1995 年第 2 期。

陈弘杰(台湾国立中央大学)

《日治时期台湾学童沙眼防治之研究——以体检制度、卫生用水及医疗资源为分析场域》,台湾国立中央大学硕士学位论文 2015 年。

陈红梅(天津中医药大学)

乔玉蓉～:《日本江户时代汉籍〈素问〉版本调查》,《中华医史杂志》2019 年第 4 期。

叶丽娥～:《中医药老字号名称的文化意蕴探讨》,《中医药管理杂志》2018 年第 18 期。

～石青青等:《宋朝与高丽间的医药文化交流及影响》,《中华医史杂志》2017 年第 2 期。

海霞～:《〈山海经〉中涉医神兽的探究》,《中华医史杂志》2016 年第 4 期。

《〈山海经〉涉药内容分类思想与编纂体例探讨》,《中医文献杂志》2016 年第 3 期。

杨松～:《〈医学三字经〉的科普内涵研究》,《科普研究》2016 年第 1 期。

万里……曹佳～:《撒尔嗬与梯玛文化的关系探究》,《中国民族民间医药》2014 年第 22 期。

刚会娇……邢永革～：《土家医医风医德形成原因探析》，《中国民族民间医药》2014年第21期。

林宏乐……熊智江～邢永革：《土家医气血理论浅析》，《中国民族民间医药》2014年第20期。

郝玉琳……刘德红～邢永革：《鄂西土家族涉医谚语的医药文化探究》，《中国民族民间医药》2014年第19期。

刘德红……万里～邢永革：《湖北巴东土家族口述医药文献调查分析》，《中国民族民间医药》2014年第18期。

《〈五十二病方〉成书年代讨论的焦点及启示》，《成都中医药大学学报》2014年第4期。

《帛书〈五十二病方〉卷首目录探讨》，《时珍国医国药》2012年第2期。

《帛书〈五十二病方〉成书年代新探》，《图书馆工作与研究》2011年第10期。

～张颖等：《浅谈中医文献研究中目录学知识的利用——以魏晋以前脉学文献研究为例》，《中医文献杂志》2011年第2期。

《二重证据法与早期脉学文献研究》，《时珍国医国药》2010年第2期。

《〈五十二病方〉编写体例探讨》，《天津中医药大学学报》2010年第1期。

《马王堆医书抄录年代研究概况》，《中医文献杂志》2009年第6期。

《〈宋略〉成书年代考》，《天津中医药大学学报》2007年第4期。

《李时珍革新本草文献编撰体例浅析》，《天津中医药》2006年第6期。

《论赵继宗的〈儒医精要〉》，《浙江中医杂志》2006年第6期。

陈鸿能（中国医史文献研究所）

《新加坡中医医学发展的比较研究——从开阜1819到建国1965》，中国医史文献研究所博士学位论文1996年。

《中国与亚细安区域的医药交流》，《中华医史杂志》1996年第1期。

陈华（中山大学）

《〈蒙古族萨满医疗的医学人类学阐释〉评介》，《人类学学报》2010年第4期。

《人类学与医疗保健》，《广西民族大学学报（哲学社会科学版）》2009年第1期。

《适应性与健康》，《医学与社会》2007年第9期。

《医学人类学理论与学派》，《医学与社会》2007年第2期。

《法医人类学研究进展》，《解剖学研究》2002年第4期。

《方兴未艾的医学人类学研究》，《中山大学学报（哲学社会科学版）》1988年第2期。

陈华

《海上懒翁——十八世纪越南的医学大师》，《健康报》1963年11月30日。

陈怀宇

《评介陈明〈殊方异药——出土文书与西域医学〉》，《新史学》第17卷第3期（2006.9）。

陈欢（广西师范大学）

《论艾滋病人的生育权》，广西师范大学硕士学位论文2014年。

陈欢欢（南京中医药大学）

《河北省城乡医院对口支援工作实施效果评》，南京中医药大学硕士学位论文2018年。

陈挥（上海大学）

～魏洲阳：《倪葆春：中国近代医学教育的先驱》，《上海交通大学学报（医学版）》2010年第11期。

～陈杰：《科学与真理的阶梯——震旦大学医学院》，《上海交通大学学报（医学版）》2010年第

7 期。

～魏洲阳:《医学界的"光与真理"——圣约翰大学医学院》,《上海交通大学学报(医学版)》2010 年第 4 期。

陈徽(同济大学)

《什么是中医的科学性?——从阴阳五行论的解释框架说起》,《同济大学学报(社会科学版)》2009 年第 1 期。

陈惠华(广州中医药大学)

《岭南中医妇科医家诊治卵巢早衰病证文献资料及学术经验整理研究》,广州中医药大学博士学位论文 2017 年。

陈惠美(北京中医药大学)

《张仲景养生思想及养生方法研究》,北京中医药大学博士学位论文 2002 年。

陈慧敏

《台湾日治及光复时期病历数位典藏作业及初步成效》,《医务管理期刊》第 14 卷第 2 期(2013.6)。

陈慧珍(云南大学)

《1934—1949 年云南新生活运动研究》,云南大学硕士学位论文 2014 年。

陈吉德(南京师范大学)

《文革电影的疾病隐喻》,《学海》2013 年第 6 期。

陈继华(福建中医药大学)

《明代福建医家熊宗立医籍编刻及学术思想研究》,福建中医药大学硕士学位论文 2012 年。

陈冀慧(广州中医药大学)

《广东合作医疗制度和中医药及其从业者历史作用的研究》,广州中医药大学硕士学位论文 2008 年。

陈继民(福州市医学科学研究所)

《麻沸散与中药麻醉》,《福建中医药》1991 年第 1 期。

陈继明

《中医对神经衰弱的认识和治疗》,《浙江中医杂志》1958 年第 6 期。

陈吉全(广州中医药大学)

《〈黄帝内经〉五行学说源流及应用的研究》,广州中医药大学博士学位论文 2011 年。

～黎敬波:《论〈内经〉应用五行学说的变化》,《山东中医杂志》2011 年第 5 期。

～黎敬波:《五行与五脏配属史的再研究》,《光明中医》2010 年第 11 期。

陈吉棠(浙江省绍兴三院)

《绍兴市麻风基本消灭后防治工作》,《浙江预防医学》1998 年第 11 期。

～诸仁才:《当前麻风防治人员的思想状况》,《中国麻风杂志》1998 年第 2 期。

～沈树宪:《绍兴县麻风防治策略回顾》,《上海预防医学杂志》1996 年第 2 期。

～李牧:《古代对麻风病传染性认识年代的探讨》,《浙江中医学院学报》1995 年第 5 期。

～李牧:《治麻风用药的变迁简史》,《中国麻风杂志》1995 年第 4 期。

陈继祥(亳州职业技术学院)

～张一春:《"互联网+"视阈下中医药文化传播路径研究》,《北京印刷学院学报》2019 年第 3 期。

陈家光

～方续东：《"荣字第 1644 部队"：侵华日军的又一细菌战部队》，《环球军事》2007 年第 19 期。

陈佳骏（上海社会科学院）

《实践共同体视角下的中国参与全球卫生治理研究》，上海社会科学院硕士学位论文 2017 年。

《应对埃博拉与中国医疗援助模式的转型》，《国际关系研究》2015 年第 4 期。

陈佳乐（杭州师范大学）

《广济医院与近代杭州公共卫生事业》，杭州师范大学硕士学位论文 2014 年。

陈佳丽（华中科技大学）

《传播与流变：媒介视野下西方卫生知识在近代中国的流通（1840—1937）》，华中科技大学博士学位论文 2018 年。

陈嘉礼（香港浸会大学）

《有虫还是无虫？——中国上古医疗史中的"蛊"》，《人文中国学报》第 21 期（2015.11）。

陈家萱（台湾高雄大学）

《不再"傻傻的"孕妇：战后以来台湾产前检查医疗化的发展与影响》，高雄医学大学硕士学位论文 2007 年。

陈健（绍兴文理学院）

《中国古代病案的由来考证与历史发展》，《绍兴文理学院学报（自然科学版）》2002 年第 4 期。

《中国古代病案考》，《浙江档案》2002 年第 11 期。

陈健（新疆大学）

《民国时期新疆疫病流行与新疆社会》，新疆大学硕士学位论文 2005 年。

陈坚波（金华职业技术学院）

～陈国中等：《浙中地区畲族民族医药研究》，《浙江中西医结合杂志》2005 年第 10 期。

陈建华（四川大学）

《民国时期四川特殊教育研究》，四川大学硕士学位论文 2006 年。

陈建军（中国社会科学院）

《中世纪英国对麻风病人的救治》，《经济社会史评论》2014 年 00 期。

陈建明（四川大学）

《四川省泸州市基督教会社会服务调研报告——以医疗卫生服务为中心》，《宗教学研究》2011 年第 4 期。

《近代基督教在华医疗事业》，《宗教学研究》2000 年第 2 期。

陈建平（上海市卫生局）

《英国医院私人筹资计划解析》，《中国卫生资源》2002 年第 5 期。

陈建仁（福建师范大学）

《医易会通之阴阳理论研究》，福建师范大学博士学位论文 2014 年。

陈涧昱（上海中医药大学）

～叶进：《魏晋南北朝医学研究纵览》，《辽宁中医药大学学报》2013 年第 10 期。

陈江莉（贵阳中医学院）

～陈瑶：《略论太平惠民局的成立对宋代医药发展的影响》，《中医临床研究》2012 年第 19 期。

陈捷（日本国文学资料馆）

《黄遵宪与日本汉方医学保存运动》，《中国典籍与文化》2009 年第 2 期。

陈杰（山东师范大学）

《50 年代济南市爱国卫生运动述论》，《山东省农业管理干部学院学报》2011 年第 5 期。

陈金凤（江西师范大学）

《净明道对道医文化的传承与发展》，《中国道教》2018 年第 2 期。

～王芙蓉：《两晋疫病及相关问题研究》，《许昌学院学报》2005 年第 3 期。

陈金葵（东北财经大学）

《日本医疗保险制度对我国的启示》，东北财经大学硕士学位论文 2018 年。

陈金龙（华东师范大学）

《乌干达艾滋病防治运动研究（1982—2011）》，华东师范大学硕士学位论文 2012 年。

陈金龙（浙江海洋大学）

《关于进一步改进援外医疗队工作的几点意见》，《历史教学问题》2018 年第 2 期。

陈金镁

《白求恩大夫在冀中前线》，《南方日报》1964 年 6 月 21 日。

《跟随白求恩大夫两月》，《羊城晚报》1964 年 6 月 17 日。

陈金荣（曲靖市妇幼医院）

《中医男科理论的继承与创新》，《中国性科学》2008 年第 10 期。

陈金生

《日治时代台湾医疗制度的回顾——以台湾乙种医师制度为主》，《台湾史料研究》第 8 号（1996）；第 9 号（1997）。

陈锦文（南京中医药大学）

《中医学在新加坡的历史现状研究及其前景展望》，南京中医药大学博士学位论文 2011 年。

陈金兴（台湾长荣大学）

《谢纬与台湾医疗宣教》，长荣大学硕士学位论文 2008 年。

陈静（川北医学院/华中师范大学）

～杨兰等：《患者社会经济地位对医患沟通行为的影响研究》，《医学与哲学（A）》2018 年第 3 期。

～陈文娅：《回族居民的疾病观念与就医行为研究——以云南省大理州巍山县马米厂为例》，《中国民族民间医药》2017 年第 18 期。

《艾滋病人的自我认同转变——以鄂西北 HL 村艾滋病人为例》，《中国社会医学杂志》2014 年第 5 期。

～徐晓军：《艾滋病患者的自我身份认同研究——以鄂西北的艾滋病患者为例》，《医学与哲学（A）》2013 年第 12 期。

《艾滋病患者的自我身份认同研究》，华中师范大学硕士学位论文 2013 年。

陈靖（美国加州针灸中医师公会）

《中医针灸在美国加州的发展概况》，《亚太传统医药》2005 年第 3 期。

陈静（天津师范大学）

《清末民国时期警察与城市卫生现代化研究》，《兰台世界》2011 年第 25 期。

陈靖华(湖南省社会科学院)

《略论唐宋时期佛教的医疗救济慈善机构"悲田养病坊"》,《湖南科技学院学报》2012 年第 1 期。

陈静梅(中山大学)

《医学史中的性别政治——读费侠莉〈繁盛之阴:中国医学史中的性(960—1665)〉》,《妇女研究论丛》2007 年第 5 期。

陈镜颖(四川大学)

《四川药材贸易研究——以 1891 年至 1949 年为主的考察》,四川大学硕士学位论文 2007 年。

陈矩弘(杭州电子科技大学)

《晚清〈利济学堂报〉办刊特色及科技传播贡献》,《杭州电子科技大学学报(社会科学版)》2017 年第 5 期。

陈居伟(山东中医药大学)

《身体之门——以"门"命名的腧穴研究》,山东中医药大学硕士学位论文 2014 年。

～郭玉晶等:《姜国伊〈本经经释〉及其学术思想探析》,《世界中西医结合杂志》2013 年第 9 期。

《〈葛洪肘后备急方〉对针灸学的贡献》,《山东中医药大学学报》2009 年第 6 期。

陈军

《返博为约的〈增补本草备要〉》,《中华医史杂志》1996 年第 1 期。

陈君恺

《日治时期台人"习医偏执"所反映的社会意义及其影响》,《文化实践与社会变迁》创刊号(2010.6)。

《北宋前期的医政(969—1044)》,《辅仁历史学报》第 8 期(1996.12)。

《光复之疫:台湾光复初期卫生与文化问题的钜视性观察》,《思与言》第 31 卷第 3 期(1993)。

陈俊孙(屏南县中医院)

丁春～陈章举:《宋代福建中医药人才成长的社会因素分析》,《福建中医学院学报》2005 年第 3 期。

《再论〈轩岐救正论〉的成书年代》,《中医文献杂志》2001 年第 1 期。

《萧京生平考略》,《中医文献杂志》1999 年第 1 期。

《叶天士理郁法的探讨》,《光明中医》1997 年第 3 期。

《俞慎初教授医史学术思想管窥》,《福建中医药》1996 年第 6 期。

《杏林奇葩金针度人——谈〈俞慎初论医集〉札记》,《光明中医》1995 年第 4 期。

《〈小品方〉的妇科学术成就》,《天津中医学院学报》1991 年第 2 期。

陈凯佳(广州中医药大学)

梁翘楚～:《广州抗击非典史的认识与思考》,《中医文献杂志》2019 年第 5 期。

《从〈救护学讲义〉看管炎威中医急救教育思想》,《中医教育》2019 年第 3 期。

胡劲红～黄子天:《〈救护学讲义〉救治衄血特色探析》,《中医文献杂志》2019 年第 1 期。

罗惠馨～黄子天:《广州近现代(1840—1949 年)中医期刊研究概况》,《中医药导报》2018 年第 14 期。

～陈晓燕等:《岭南骨科名医陈渭良伤科学术特色探讨》,《中医药导报》2018 年第 2 期。

钟成～:《管炎威〈救护学讲义〉"引药"特色探析》,《中华中医药杂志》2017 年第 11 期。

方灿锋～刘小斌:《从〈外科讲义〉谈过劳对外科病的影响》,《中医研究》2017 年第 4 期。

黄枫～董航:《岭南骨伤名家蔡荣〈按摩疗法〉对中医正骨手法发展的贡献》,《新中医》2016 年第

12 期。

林雁～:《岭南外科名家管需民〈花柳科讲义〉花柳病探析》,《中医研究》2016 年第 10 期。

～刘小斌:《岭南骨伤科名家管炎威〈伤科学讲义〉述要》,《广州中医药大学学报》2016 年第 5 期。

～夏蔼:《管氏〈伤科学讲义〉中药炮制理论研究》,《中医文献杂志》2016 年第 3 期。

麦观艳～:《阴阳易源流探讨》,《中医研究》2015 年第 8 期。

～庞震苗等:《中国古代社会办中医的历史回溯》,《中医文献杂志》2015 年第 6 期。

刘薇～:《岭南伤寒派医家方恩泽医案浅析》,《中医文献杂志》2015 年第 6 期。

～林莹娟等:《岭南梁氏骨伤学术流派传承及其学术贡献》,《广州中医药大学学报》2015 年第 5 期。

～刘小斌:《岭南李氏骨伤学术流派传承脉络及主要学术成就》,《广州中医药大学学报》2014 年第 1 期。

～陈敏冲:《古代文献中消渴病中医用药的聚类及因子分析》,《时珍国医国药》2013 年第 12 期。

～林铎:《基于文献研究的消渴病证治规律探讨》,《中医文献杂志》2013 年第 5 期。

～刘小斌:《邓铁涛学术思想的传承与发展》,《广州中医药大学学报》2013 年第 2 期。

～邓铁涛:《国医大师邓铁涛中医教育思想研究》,《中华中医药学刊》2012 年第 8 期。

余洁英……余泱川～:《1949 年前岭南伤寒发展脉络探讨》,《中医文献杂志》2012 年第 4 期。

～刘小斌:《如何在中国医学史教学中体现岭南医学特色》,《中医教育》2012 年第 3 期。

陈凯佳～刘小斌等:《支气管哮喘学术源流探讨》,《辽宁中医药大学学报》2011 年第 11 期。

杨秋晔、余洁英～刘成丽:《诊断名家梁玉瑜临证思想探析》,《中华中医药学刊》2011 年第 1 期。

余洁英、杨秋晔～:《岭南名医梁玉瑜舌诊学术经验》,《中华中医药学刊》2010 年第 9 期。

～李禾等:《岭南医家医案整理研究方法探析》,《中医药信息》2010 年第 1 期。

《邓铁涛五脏相关理论研究的方法和思路探讨》,《中医研究》2006 年第 4 期。

～肖莹:《近现代名老中医治疗"闭经"用药规律初探》,《中医药学刊》2005 年第 10 期。

《从吴有性的〈温疫论〉看非典》,《中医文献杂志》2004 年第 4 期。

陈凯鹏(宝鸡文理学院/河南大学)

《论近代早期英国防疫对策特点》,《医学与哲学(A)》2017 年第 11 期。

《文艺复兴时期西欧医生职业形象谈略》,《医学与哲学(A)》2015 年第 3 期。

《中世纪西欧医院的形成及其特点》,《辽宁医学院学报(社会科学版)》2011 年第 3 期。

《近代早期西欧的瘟疫与穷人——兼论近代转型时期西欧社会群际心理与行为变化》,《南都学坛》2010 年第 5 期。

《近代早期鼠疫在英国消退原因探析》,《医学与哲学(人文社会医学版)》2010 年第 4 期。

《十六、十七世纪中英两国防疫对策比较》,《商丘师范学院学报》2010 年第 2 期。

～王俊周:《近代早期英国政府的"防疫"对策》,《宝鸡文理学院学报(社会科学版)》2007 年第 5 期。

《十四世纪欧洲"黑死病"流行原因探析及教训》,《牡丹江大学学报》2005 年第 8 期。

陈侃理(北京大学)

《北大秦简中的方术书》,《文物》2012 年第 6 期。

陈康颐(上海医科大学)

《忆恩师林几教授》,《法医学杂志》1998 年第 1 期。

《悼念我敬爱的老师——林几教授》,《中国法医学杂志》1991 年第 4 期。

《为法医学名词正名》,《法医学杂志》1986 年第 4 期。

《我国现代法医学奠基人——林几教授》,《法医学杂志》1986 年第 2 期。

《中国古代的法医学检验》,《法医学杂志》1985 年第 1 期。

《中国法医学史》,《医史杂志》1952 年第 1 期。

～陈谦骎等:《林几教授生平》,《南医通讯》1951 年第 4 期。

陈可冀(中国中医研究院西苑医院/中国科学院)

《在毛泽东同志关于西医学习中医批示六十周年大会上的致辞》,《中国中西医结合杂志》2018 年第 11 期。

《茶文化及其保健医疗》,《中国中西医结合杂志》2017 年第 11 期。

李良松～:《〈四库全书〉中的延年益寿文献探论》,《天津中医药》2017 年第 8 期。

《中医有国籍文明无疆界——谈当代中西医学人文情怀与科学精神的认同》,《中国中西医结合杂志》2017 年第 6 期。

《我国中西医结合 60 年回想》,《中国中西医结合杂志》2017 年第 2 期。

《中国传统医学切入国际视野——八十六年流光印迹》,《中国医学人文》2016 年第 12 期。

《我的中西医结合六十年》,《中国中西医结合杂志》2016 年第 7 期。

《历史责任与时代重托——中西医结合临床医学 60 年回顾与展望》,《中西医结合杂志》2015 年第 11 期。

张京春……谢元华～:《基于原始医药档案的清宫医派研究》,《中医杂志》2014 年第 21 期。

张京春～刘玥:《基于关联规则的清宫胸痹医案用药规律研究》,《中医杂志》2013 年第 9 期。

～赵福海等:《西方人眼中的补充与替代医学——〈Braunward 心脏病学〉第九版的一些新变化》,《中西医结合心脑血管杂志》2013 年第 7 期。

谢文光～:《中医学"毒"的含义及其演变》,《中华医史杂志》2008 年第 3 期。

陈维养～:《井冈山——中西医结合事业的发源地》,《中华医史杂志》2008 年第 1 期。

王振瑞、李经纬～:《20 世纪中国中西医结合研究的史学考察》,《中国中西医结合杂志》2005 年第 11 期。

宋军～:《访问美国补充替代医学国家中心》,《中国中西医结合杂志》2005 年第 1 期。

～宋军:《访问美国补充、替代医学国家中心》,《中国处方药》2004 年第 12 期。

～陈士魁:《党和国家的中西医结合方针的确立和沿革》,《科技和产业》2002 年第 5 期。

～王一方:《五四以来传统中医的命运与选择(对话)》,《医学与哲学》1999 年第 9 期。

张文高、田思胜～:《清宫外治医方及应用特色》,《中医杂志》1997 年第 4 期。

～李春生等:《清宫名方御制平安丹溯源》,《中成药》1996 年第 2 期。

～陈士奎:《毛泽东与中西医结合》,《中国中西医结合杂志》1993 年第 12 期。

《清代宫廷某些治法的研讨》,《中医杂志》1989 年第 11 期。

～李春生:《中国老年医学史略》,《老年学杂志》1988 年第 3 期。

周文泉～:《中国老年养生保健学的起源、形成与发展(一)》,《中西医结合杂志》1988 年第 2 期。

《清代内廷中人参的广泛应用》,《国医论坛》1986 年第 1 期。

《清太医院医学教育与中西医交流》,《中西医结合杂志》1984 年第 4 期。

～李春生：《我国早期老年病学专著〈养老奉亲书〉》，《中医杂志》1982 年第 10 期。

～周文泉等：《太医难当——从清代皇帝有关医药的朱批(喻)看御医》，《故宫博物院院刊》1982 年第 3 期。

～陈维养：《试谈〈太平惠民和剂局方〉的成就》，《上海中医药杂志》1963 年第 5 期。

～陈维养：《朝鲜〈东医寿世补元〉与〈东医四象新编〉中的体质概念及其与我国医学的关系》，《科学史集刊》1963 年第 5 期。

《祖国医学关于饮食治疗的应用》，《上海中医药杂志》1958 年第 4 期。

～陈维养：《关于敦煌石室旧藏伤寒论辨脉法残卷》，《人民保健》1959 年第 5 期。

大塚敬节撰～译：《张仲景遗文》，《医学史与保健组织》1958 年第 1 期。

陈维养～译：《作为内科医生的阿维森纳》，《医学史与保健组织》1957 年第 2 期。

《祖国医学应用胎盘与初生脐带之简考》，《上海中医药杂志》1957 年第 10 期。

陈匡时（浙江省磐安县人民医院）

《对于〈内经·灵枢〉骨度、肠度的验证分析》，《江西中医药》2004 年第 9 期。

陈来（甘肃省中等医药卫生学校）

《浅谈藏医〈四部医典〉对解剖学的贡献》，《上海中医药杂志》1987 年第 10 期。

陈乐平（上海公共行政与人力资源研究所）

《儒道医，中国传统文化的基础构架——对中医学在中国传统文化建构中的作用和地位的哲学思考》，《上海社会科学院学术季刊》1996 年第 3 期。

《关于医学人类学与构建中国医学文化学的一些思考》，《社会科学》1993 年第 11 期。

陈乐元

《对抗臭气：以 18 世纪法国皇家医学会全国卫生普查为中心(1776—1794)》，《思与言：人文与社会科学杂志》第 52 卷第 2 期(2014.6)。

《单身：十九世纪法国社会的"麻风病"》，《思与言：人文与社会科学杂志》第 50 卷第 2 期(2012.6)。

《解剖与刑罚——探究十六至十八世纪法国解剖教学与解剖人体的关系》，《新史学》第 22 卷第 1 期(2011.3)。

陈磊

《郭宝成：任何一个县都能搞全民免费医疗》，《乡镇论坛》2010 年第 33 期。

陈雷（北京社会管理职业学院）

《德国养老长期照护政策：目标、资金及给付服务内涵》，《中国民政》2016 年第 17 期。

陈蕾（江西中医药大学）

～申寻兵：《〈内经〉心理养生论述的量化分析》，《中医临床研究》2017 年第 7 期。

陈雷（辽宁中医学院）

《"心主神"与"脑主神"辨析》，《中医药学刊》2003 年第 11 期。

～刘照峰等：《〈内经〉养生理论及其现实意义探析》，《浙江中医杂志》2003 年第 10 期。

《李中梓〈医宗必读〉"三因制宜"辨证观探析》，《中医药学刊》2002 年第 6 期。

陈李（广州中医药大学）

《岭南伤寒医家苏世屏中医教育事略及教材与医案研究》，广州中医药大学硕士学位论文 2017 年。

～郑洪：《元大德〈南海志〉残本的中医药文化元素考察》，《南京中医药大学学报(社会科学版)》2017 年第 1 期。

陈力(湖南中医学院)

~黄新建:《从〈万物〉和〈五十二病方〉看春秋战国时期药物学发展状况》,《湖南中医学院学报》1997年第2期。

~周一谋等:《对阜阳汉简〈万物〉所载药物与疾病的整理》,《湖南中医学院学报》1991年第2期。

陈利(辽东学院)

《从抗美援朝档案看安东人民粉碎美军细菌战》,《兰台世界》2008年第5期。

陈丽(首都师范大学)

《唐宋时期瘟疫发生的规律及特点》,《首都师范大学学报(社会科学版)》2009年第6期。

陈莉(中国青年政治学院)

《中国大陆医务社会工作发展策略研究》,中国青年政治学院硕士学位论文2012年。

陈丽斌(福建中医药大学)

辛旭~纪立金:《〈丹溪心法〉之保和丸刍议》,《中华中医药杂志》2019年第1期。

《陈文治〈广嗣全诀〉的学术思想》,《福建中医药大学学报》2013年第5期。

《〈内经〉中脾与胃的关系》,《福建中医药大学学报》2013年第3期。

陈力航(台湾国立政治大学)

《日治时期在中国的台湾医师(1895—1945)》,台湾国立政治大学硕士学位论文2011年。

陈立华(四川师范大学)

《另类生命的关注——民国四川畜禽防疫探析》,四川师范大学硕士学位论文2009年。

陈力君(苏州大学)

《新时期文学的疯癫主题研究》,《苏州大学学报》2006年第4期。

陈黎黎(四川外国语大学/北京师范大学)

《评鲍勃·H.莱因哈特〈世间再无天花:美国与"冷战"时期天花的根除〉》,《全球史评论》2018年第1期。

《1900—1969年间美国的尘肺病治理历程及其启示》,《路东大学学报(哲学社会科学版)》2014年第4期。

《1980年代以来美国史学界尘肺病史研究述评》,《史学月刊》2011年第6期。

《弗里德里克·霍夫曼与20世纪初年美国工业粉尘污染的调查》,《科技风》2011年第4期。

陈利琳(云南中医学院)

《从〈格致余论〉看朱丹溪的养生思想》,《云南中医学院学报》1995年第2期。

陈丽楠(华南农业大学)

~刘玲娣:《民国时期广东的天花流行与防治》,《中华医史杂志》2014年第4期。

陈丽平(成都中医药大学)

《〈证治准绳·目〉版本源流述略》,《中华医史杂志》2014年第6期。

~王天芳等:《〈伤寒论〉〈金匮要略〉"缓脉"及兼脉辨解》,《北京中医药大学学报》2014年第1期。

王丽、王静~谢怡敏:《中医妇科学中古代性教育知识的内容与特点》,《时珍国医国药》2012年第1期。

~宋兴:《李中梓甘缓治泻法的理论依据和适应病症》,《成都中医药大学学报》2012年第1期。

欧阳利民、李吉燕~:《郑寿全学术思想源流研究》,《成都中医药大学学报》2011年第2期。

~李嘉陵:《李中梓升提治泻法的理论依据和适应病症》,《成都中医药大学学报》2011年第2期。

欧阳利民～李吉燕：《〈素问·六元正纪大论〉"资化源"刍议》，《成都中医药大学学报》2010 年第 1 期。

王丽～：《〈寓意草〉中"乃+称谓词"用法辨析》，《国医论坛》2008 年第 2 期。

～宋兴：《李中梓淡渗治泻法的理论依据和运用要点》，《河南中医》2006 年第 12 期。

～宋兴：《"天癸"本质及其作用探讨》，《河南中医》2003 年第 6 期。

陈丽琴（苏州大学）

《论艾滋病人的法律保护》，苏州大学硕士学位论文 2002 年。

陈立勤（中央美术学院）

《黑死病前后的圣塞巴斯蒂安题材图像研究》，中央美术学院硕士学位论文 2013 年。

陈丽云（上海中医药大学）

王丽丽～：《从中华医学会医史博物馆到上海中医药博物馆：写在王吉民诞辰 130 周年》，《中华医史杂志》2019 年第 6 期。

朱思行、徐燕～严世芸：《〈诸病源候论〉中解散病解救方法疏述》，《中医文献杂志》2019 年第 3 期。

徐双、严世芸：《药王孙思邈形象的历史建构》，《中医药文化》2019 年第 2 期。

徐双、严世芸～：《〈虎钤经〉涉医内容初探》，《南京中医药大学学报（社会科学版）》2019 年第 1 期。

王成硕、穆丽君～：《基于六经气化的〈伤寒杂病论〉"客气"新探》，《伤寒中医药大学学报》2019 年第 1 期。

丁雪华～：《从〈申报〉视角看民国时期的医疗环境》，《中国中医基础医学杂志》2018 年第 7 期。

徐双、严世芸～：《医道与医术的再探讨——以〈史记·扁鹊仓公列传〉为中心》，《中医药文化》2018 年第 3 期。

杨婷～：《中西医结合教育的历史回顾与思考》，《中医药管理杂志》2017 年第 16 期。

胡蓉、孙增坤～：《秦伯未对中医方药学贡献初探》，《中医文献杂志》2017 年第 5 期。

宋神祕、严世芸～：《〈黄帝虾蟆经〉及针灸选择术研究》，《中医文献杂志》2017 年第 4 期。

宋欣阳～严世芸：《论三才、中和与中医学》，《中国中医药信息杂志》2017 年第 8 期。

宋欣阳～严世芸：《论阴阳、中和与中医学的关系》，《中华中医药杂志》2017 年第 6 期。

宋欣阳～严世芸：《由"中和"反思中医"平衡论"》，《中医杂志》2016 年第 23 期。

宋欣阳～严世芸：《论五行、中和与中医学》，《时珍国医国药》2016 年第 12 期。

赵非一～燕海霞：《秦伯未临诊运用膏滋方组方特色探析》，《中国中医基础医学杂志》2016 年第 5 期。

严娜～：《近代中医院发展的先驱：广益中医院》，《中医药文化》2016 年第 4 期。

严娜～：《"卫生"与"公共卫生"考》，《中华医史杂志》2016 年第 2 期。

胡蓉、孙增坤～：《"废止旧医案"背景下秦伯未之中医观》，《南京中医药大学学报（社会科学版）》2016 年第 1 期。

陈慧娟～严世芸：《略论"中和"思想对中医治疗观的影响》，《中医杂志》2015 年第 23 期。

高洁～：《近代中国教会医院发展概述》，《中医文献杂志》2015 年第 1 期。

宋欣阳～严世芸：《关于中医药文化教育的思考》，《中医杂志》2014 年第 9 期。

杨艳卓～胡蓉：《民国医家秦伯未学术思想研究进展》，《国际中医中药杂志》2014 年第 7 期。

～姚艳丽：《近代上海中医医院发展概况》，《中医文献杂志》2014 年第 6 期。

李明、尚力～：《秦伯未及其"中国医学院"教育思想初探》，《中国中医药信息杂志》2014 年第 4 期。

杨奕望～胡蓉：《浅析日记史料与中医学术研究》，《北京中医药大学学报》2013 年第 8 期。

胡蓉～严世芸：《从魏晋南北朝时期的美学思想论医学美容》，《国际中医中药杂志》2013 年第 4 期。

杨奕望……胡蓉～：《晚明时代"脑主记忆"说的源流与传播》，《中国中医急症》2013 年第 4 期。

杨奕望、吴鸿洲～：《蔡鸿仪与〈蔡同德堂丸散膏丹全录〉》，《时珍国医国药》2013 年第 1 期。

姚艳丽～：《近代上海中医医疗机构发展概述》，《中华中医药学刊》2012 年第 7 期。

杨奕望～吴鸿洲：《揆度求奇恒 黄溪无止境——黄山名士陈无咎医学思想撷析》，《浙江中医药大学学报》2012 年第 2 期。

胡蓉～朱伟常：《历代医林人物的诗词贡献》，《中华医史杂志》2012 年第 2 期。

杨奕望、吴鸿洲～：《明代瘟疫的产生、爆发与诊治思路》，《中国中医急症》2012 年第 1 期。

～严世芸：《"和"的追求：传统哲学视域中的中医学理》，《华东师范大学学报（哲学社会科学版）》2011 年第 2 期。

秦静静～：《中医"和"思维与"和"方法探讨》，《中华中医药学刊》2011 年第 1 期。

～严世芸：《"和"在中国养生观中的体现》，《中华医史杂志》2010 年第 5 期。

～张菁航：《全国医史文献学科建设发展创新研讨会纪要》，《中华医史杂志》2010 年第 3 期。

～吴鸿洲等：《金元四大家对耳鼻咽喉科的贡献》，《上海中医药大学学报》2009 年第 5 期。

～吴鸿洲：《试述〈松峰说疫〉诊治疫病特色》，《时珍国医国药》2008 年第 11 期。

严世芸～：《严苍山学术经验简介》，《中医文献杂志》2008 年第 6 期。

～吴鸿洲等：《谈中医药博物馆与医史教学》，《中医文献杂志》2008 年第 5 期。

《首届全国中医医史文献学科建设研讨会纪要》，《中华医史杂志》2008 年第 1 期。

～吴鸿洲：《中医脾胃藏象理论发展历史初探》，《四川中医》2008 年第 1 期。

～吴鸿洲：《张景岳对中医耳鼻喉科的贡献》，《上海中医药大学学报》2006 年第 4 期。

《近年来藏象学说研究进展概述》，《中医药学刊》2005 年第 8 期。

《〈妇人大全良方〉妇科疾病诊治特色》，《上海中医药大学学报》2005 年第 3 期。

萧惠英～：《王吉民、伍连德的〈中国医史〉》，《医古文知识》2005 年第 3 期。

《试论中医医史课对素质教育的意义》，《上海中医药大学学报》2003 年第 4 期。

《上海伤科八大家传承兴衰剖判》，《上海中医药大学学报》2003 年第 1 期。

《宋金元时期中医护理发展与特色》，《上海中医药杂志》2000 年第 6 期。

《古代中医外治法在耳鼻喉科中的应用》，《医古文知识》1997 年第 2 期。

陈靓（北京中医药大学）

任北大～吴昊天等：《张元素对五脏苦欲补泻理论的发挥》，《陕西中医药大学学报》2017 年第 1 期。

～陈东梅等：《张元素"养正积自除"的内涵及其临床应用》，《环球中医药》2016 年第 4 期。

庄嘉欣～张保春：《黄元御止血思路分析》，《云南中医学院学报》2015 年第 4 期。

《张元素脏腑标本用药学术思想研究》，北京中医药大学硕士学位论文 2016 年。

～张保春：《费伯雄治疗劳伤经验探要》，《陕西中医》2015 年第 6 期。

陈亮（中国海洋大学）

《二十世纪三十年代青岛霍乱流行与公共卫生建设》，中国海洋大学硕士学位论文 2008 年。

陈林（武汉科技大学）

《英国国民健康服务体系研究》，武汉科技大学硕士学位论文 2008 年。

陈玲(杭州电子科技大学)

～王妍红:《新中国成立后浙江省血吸虫病防治工作档案选介》,《医疗社会史研究》2017 年第 2 期。

陈榴

《古代的"疫"与"驱疫"》,《寻根》2003 年第 3 期。

陈龙(苏州大学)

《我国媒体艾滋病报道中的话语修辞变迁》,《山西大学学报(哲学社会科学版)》2010 年第 2 期。

陈龙梅(天津中医药大学)

～张颖:《论〈儒林外史〉中的医药思想》,《西部中医药》2017 年第 6 期。

～邢永革等:《〈艺文类聚〉涉医内容研究》,《环球中医药》2016 年第 3 期。

～张颖:《明清目录书中医籍著录初探》,《中医文献杂志》2015 年第 3 期。

陈鲁文(中国银行浙江省分行)

《"抗癌"隐喻下的女性乳腺癌患者日常生活研究》,《中国研究》2010 年 Z1 期。

陈曼莉(湖北中医药大学/华中科技大学/湖北中医学院)

赵斌～:《美国 Medicare 和 Medicaid 对长期护理服务的付费方式及对我国的启示》,《中国卫生政策研究》2018 年第 8 期。

赵斌～易磊:《美国社会医疗保障制度对医院公益性服务供给的激励机制述评——以医疗照顾(Medicare)计划为例》,《中国医疗保险》2018 年第 7 期。

赵斌～刘芳:《美国非联邦公立医院政策性亏损补偿方式及启示》,《中华医院管理杂志》2017 年第 8 期。

赵斌～:《社会长期护理保险制度:国际经验和中国模式》,《四川理工学院学报(社会科学版)》2017 年第 5 期。

～李捷理等:《以社区为基础应对环境变化的策略分析——以南加利福尼亚州环境公正联盟的社区活动为例》,《现代医药卫生》2016 年第 15 期。

～苏波等:《美国责任医疗组织的制度设计与启示》,《中国卫生经济》2015 年第 3 期。

罗飞……刘红玉～:《我国中医院中医服务提供内生动力研究——以宁夏回族自治区为例》,《中国医院管理》2014 年第 11 期。

～刘智勇等:《法国公立医院治理结构演变及特点》,《中华医院管理杂志》2013 年第 1 期。

～项莉等:《法国医院管理政府机构的职能分工定位及分析》,《中华医院管理杂志》2012 年第 4 期。

～余海洋等:《中西部地区基层中医药服务量调查及增量的对策分析》,《中国卫生经济》2011 年第 9 期。

杨存、郑晓瑛～:《意大利医疗保障体系建设及启示》,《中国卫生经济》2011 年第 5 期。

《新医改背景下我国基层中医药发展策略研究》,华中科技大学博士学位论文 2011 年。

～廖惠萍等:《中西部基层中医药人员现状调查及对策分析》,《中国卫生经济》2011 年第 3 期。

～孙菊等:《汶川地震灾后医疗救助制度实施评价与建议》,《中国卫生经济》2011 年第 1 期。

～熊巨洋等:《我国三城市高血压患者疾病经济负担分析》,《中华医院管理杂志》2010 年第 9 期。

王峥……李君～邹婧睿等:《雅安市雨城区地震灾后紧急医疗救助的实施》,《中华医院管理杂志》2010 年第 9 期。

邹开军～:《湖北新型农村合作医疗现行模式探析》,《中国农村卫生事业管理》2010 年第 4 期。

鲲鹏、陈塌吹～姚岚:《"汶川地震"灾后医疗救助(治)服务包设计实证研究》,《中国卫生经济》2010 年第 1 期。

邹开军～邹玄:《湖北新型农村合作医疗现行模式探析》,《卫生经济研究》2009 年第 11 期。

龚勋……易春黎等:《四川省雅安市雨城区地震灾后居民医疗服务需求与利用分析》,《中国卫生政策研究》2009 年第 5 期。

三木滚……姚岚～:《四川省地震灾后医疗救助现状、问题与建议》,《中国卫生政策研究》2009 年第 5 期。

冯显威～:《论发展多种形式的我国农村医疗保障制度》,《中国卫生经济》2005 年第 11 期。

冯显威～:《现代公共卫生的概念特征及发展方向研究》,《医学与哲学》2005 年第 8 期。

陈玢芬(南京中医药大学)

《疫病之中医预防研究》,南京中医药大学博士学位论文 2011 年。

陈美玲(台湾世新大学)

《清人笔记故事中的医者》,《中国文化大学中文学报》第 29 期(2014.10)。

《李瑞全〈儒家生命伦理学〉》,《哲学与文化》第 30 卷第 5 期(2003.5)。

陈玢蓉(台湾高雄大学)

《从照顾对偶关系探讨癌症患者疾病经验:以造口患者为例》,高雄医学大学硕士学位论文 2008 年。

陈美霞

《原住民健康问题的形成——建构新批判论述》,《台湾社会研究季刊》第 97 期(2014.12)。

《世界及台湾原住民族健康问题——历史及政治经济学的视野》,《台湾社会研究季刊》第 97 期(2014.12)。

《研究与实践——福利/公卫/医疗作为反抗资本主义制度的场域》,《台湾社会研究季刊》第 94 期(2014.3)。

《资本主义养成的如何批判/改造资本主义?——兼论公共卫生批判知识分子的形成》,《台湾社会研究季刊》第 87 期(2012.6)。

《台湾公共卫生体系市场化与医疗化的历史发展分析》,《台湾社会研究季刊》第 81 期(2011.3)。

《从公共卫生看全球暖化问题》,《医疗品质杂志》第 3 卷第 4 期(2009)。

《病毒无祖国——新流感与跨域治理》,《台湾民主季刊》第 6 卷第 2 期(2009)。

尤素芬～:《企业内安全卫生保护之劳工参与机制探析》,《台湾公共卫生杂志》第 26 卷第 5 期(2007)。

《南台湾的公共卫生问题:与北台湾的比较分析》,《台湾公共卫生杂志》第 24 卷第 6 期(2005.12)。

谢文祉～:《医药分业政策推行对药师专业的影响》,《台湾公共卫生杂志》第 20 卷第 5 期(2001)。

《全球化与公共卫生界的自省》,《中华公共卫生杂志》第 19 卷第 1 期(2000.2)。

陈梦赉(浙江省医史学会/台州卫校)

《印度古代医学与我国交流情况》,《中医药研究》1989 年第 3 期。

～陈时风:《周岐隐生平及其对医学贡献》,《浙江中医学院学报》1988 年第 5 期。

《道家思想与中国医学》,《中医药研究》1988 年第 3 期。

～陈时风:《喻嘉言之生平与著述》,《江西中医药》1988 年第 3 期。

《儒家学说与中国医学》,《中共医药研究》1987 年第 4 期。

《王孟英传略及其著作》,《浙江中医学院学报》1983 年第 2 期。

《从"经络学说"谈〈内经〉学术发展过程》,《浙江中医学院学报》1981 年第 4 期。

《台州医学流派简介》,《浙江中医学院学报》1980 年第 5 期。

《滑寿对祖国医学的贡献》,《浙江中医杂志》1963 年第 2 期。

陈民(中国社会科学院)

《抗日战争中救死扶伤的华侨生理学家林可胜》,《抗日战争研究》1992 年第 2 期。

陈敏(福建省福清市江镜镇卫生院)

《〈本草纲目〉下窍给药法简介》,《中医外治杂志》1999 年第 3 期。

《〈本草纲目〉内病外治法给药途径简介》,《中医外治杂志》1995 年第 4 期。

《〈野叟曝言〉与中医药》,《医古文知识》1995 年第 2 期。

《〈本草纲目〉足心给药法简介》,《中医外治杂志》1995 年第 1 期。

《〈医古文〉成语典故札记》,《医古文知识》1994 年第 3 期。

《〈镜花缘〉与中医药》,《医古文知识》1993 年第 3 期。

《〈本草纲目〉鼻腔给药法简介》,《医古文知识》1993 年第 2 期。

《〈本草纲目〉外治法简介》,《医古文知识》1992 年第 4 期。

《〈伤寒论〉服药用语小析》,《医古文知识》1991 年第 4 期。

《脏腑别名说略》,《医古文知识》1989 年第 4 期。

《〈金匮〉服药术语浅释》,《内蒙古中医药》1989 年第 3 期。

《古典医籍中的"门"》,《中医函授通讯》1989 年第 3 期。

《〈伤寒论〉时间用语浅释》,《中医函授通讯》1989 年第 1 期。

～罗兴文等:《中药谜语》,《中医函授通讯》1986 年第 6 期。

陈敏郎

《医疗体制与医院组织的"相互再生产"——以基督宗教医院组织行动特质的变与不变为例》,《人文及社会科学集刊》第 17 卷第 3 期(2005.9)。

陈敏利(武汉大学)

《媒介艾滋病议题建构的实证研究——议程设置理论的视角》,武汉大学博士学位论文 2012 年。

夏琼～:《艾滋病媒体报道内容分析——基于湖北省 2008 年艾滋病媒体报道环境监测》,《新闻与传播评论》2009 年 00 期。

陈明(北京大学)

《从旅行史料看中国历代行者对印度文化的认知》,《中国高校社会科学》2018 年第 3 期。

《汉译佛经中的天竺药名札记》,《中医药文化》2018 年第 1、2、3、4、5、6 期;2019 年第 2、3 期。

《〈西药大成〉所见中国药物的书写及其认知》,《华东师范大学学报(哲学社会科学版)》2017 年第 4 期。

《中古时期西域医学文化的多元性:基于出土文献的综合考察》,《医疗社会史研究》2016 年第 2 期。

《译释与传抄:丝路汉文密教文献中的外来药物书写》,《世界宗教研究》2016 年第 1 期。

《耆婆的形象演变及其在敦煌吐鲁番地区的影响》,国家图书馆善本特藏部编《文津学志》第一辑(北京:北京图书馆出版社 2013)。

《方家、炼丹与西土药——中古道教医学与外来文化初探》,《史林》2013 年第 2 期。

《"施者得福"——中古世俗社会对佛教僧团的医药供养》,《世界宗教研究》2013 年第 2 期。

《书写与属性——再论大谷文书中的医学残片》，《西域研究》2013 年第 2 期。

《"蕰伏灵善"——丝路出土残片的药名溯源》，《敦煌学辑刊》2012 年第 4 期。

《"法出波斯"："三勒浆"源流考》，《历史研究》2012 年第 1 期。

《作为眼药的乌贼鱼骨与东西方药物知识的流动——从"沙摩路多"的词源谈起》，《西域研究》2009 年第 1 期。

《汉唐时期于阗的对外医药交流》，《历史研究》2008 年第 4 期。

《〈海药本草〉的外来药物及其中外文化背景》，《国学研究》第 21 卷（2008）。

《"商胡辄自夸"：中古胡商的药材贸易与作伪》，《历史研究》2007 年第 4 期。

《汉译密教文献中的生命吠陀成分辨析——以童子方和眼药方为例》，《古今论衡》第 14 期（2006）。

《医学：从敦煌到中亚——中国医学史研究在法国的新进展》，《法国汉学》第 9 期（中华书局 2004.12）。

《"十月成胎"与"七日一变"——印度胎象学说的分类及其对中医的影响》，《国学研究》第 13 卷（北京大学出版社 2004 年）。

《吐鲁番汉文医学文书中的外来因素》，《新史学》第 14 期第 4 卷（2003.12）。

《〈阿育吠陀——印度的传统医学〉评介》，《自然科学史研究》2003 年第 3 期。

《〈千金方〉中的"耆婆医药方"》，《北京理工大学学报（哲学社会科学版）》2003 年第 2 期。

《"八术"与"三俱"：敦煌吐鲁番文书中的印度"生命吠陀"医学理论》，《自然科学史研究》2003 年第 1 期。

《沙门黄散：唐代佛教医事与社会生活》，载荣新江主编《唐代宗教信仰与社会》（上海：上海辞书出版社 2003 年）。

《俄藏敦煌文书中的一组吐鲁番医学残卷》，《敦煌研究》2002 年第 3 期。

《〈医心方〉中耆婆医药方来源考——兼与敦煌〈耆婆书〉之比较》，《文史》2002 年第 2 期。

《印度古代医典中的耆婆方》，《中华医史杂志》2001 年第 4 期。

《古代西域的两部印度梵文医典》，《自然科学史研究》2001 年第 4 期。

《敦煌出土的梵文于阗文双语医典〈耆婆书〉》，《中国科技史料》2001 年第 1 期。

《佛教医学的起源与发展——评〈古代印度的苦行和医疗：佛教僧团中的医药〉》，《中国图书评论》2000 年第 11 期。

《古印度佛教医学教育略论》，《法音》2000 年第 4 期。

《印度梵文医典〈药理精华〉及其敦煌于阗文写本》，《敦煌研究》2000 年第 3 期。

《一件新发现的佉卢文药方考释》，《西域研究》2000 年第 1 期。

《印度佛教医学概说》，《宗教学研究》2000 年第 1 期。

《〈医理精华〉是一部重要的印度梵文医典》，《五台山研究》1999 年第 4 期。

《印度古代医药福利事业考》，《东南亚研究》1998 年第 2 期。

《"脑主神明"辨析》，《河南中医》1993 年第 1 期。

陈明华（安徽蚌埠医学院）

～郝云玲等：《中西方医学伦理学教育比较研究及其启示》，《中国高等医学教育》2009 年第 8 期。

《孙思邈医学伦理思想体系探析》，《合肥工业大学学报（社会科学版）》2009 年第 4 期。

《论儒家思想对中国传统医学伦理的影响》，《探索与证明》2008 年第 6 期。

《试论儒家思想对中国传统医学伦理思想的影响》，《医学与哲学（人文社会医学版）》2008 年第

4 期。

《论中国传统医学伦理思想的现代价值》,《中国医学伦理学》2007 年第 5 期。

《论孙思邈健康伦理思想》,《中国医学伦理学》2005 年第 3 期。

《孙思邈中医美学思想初探》,《医学与哲学》2005 年第 3 期。

《孙思邈精诚合一的医德观及其现实意义》,《现代中西医结合杂志》2003 年第 4 期。

《试论儒佛道思想对孙思邈医学伦理思想的影响》,《中国医学伦理学》2002 年第 6 期。

陈明齐

《中国百年来新医学之进展及其近状》,《新中华》1934 年第 9 期。

陈明霞（陕西中医学院）

杨文潮、冷伟～:《〈太平惠民和剂局方〉便秘证治特色探微》,《陕西中医学院学报》2015 年第 4 期。

～冷伟:《龚廷贤便秘诊治思想浅析》,《陕西中医学院学报》2013 年第 4 期。

～冷伟:《〈济阴纲目〉、〈济阳纲目〉外治法探析》,《现代中医药》2013 年第 2 期。

～冷伟:《浅析〈济阳纲目〉养生保健思想》,《陕西中医学院学报》2013 年第 2 期。

～王瑞丽等:《浅析经方在中医辨体论治中的优势》,《陕西中医学院学报》2011 年第 2 期。

冷伟～:《从中西饮食差异谈中西医学之不同》,《中国中医基础医学杂志》2010 年第 11 期。

陈默（中国藏学研究中心）

《西藏农牧区公共医疗卫生服务水平研究》,《中国藏学》2014 年第 2 期。

《西藏农区基本医疗保障与医疗服务水平现状研究——以日喀则地区南木林县艾玛乡为例》,《中国藏学》2012 年第 4 期。

陈南君（台湾清华大学）

《问诊内外:近代上海女中医(1925—1949)》,台湾清华大学硕士学位论文 2019 年。

陈南艳（四川外国语学院）

《美国全民医疗保险》,四川外国语学院硕士学位论文 2011 年。

陈念乔

《针灸铜人考》,《医药新闻》第 156 期(1930.6)。

陈宁（中国人民大学）

《马王堆帛书〈五十二病方〉祝由语"喷"义及其宗教文化意蕴》,《信阳师范学院学报(哲学社会科学版)》2018 年第 4 期。

陈宁姗（国家卫生和计划生育委员会/中国卫生部/潍坊医学院）

～田晓晓等:《古巴医疗卫生体制及对我国的启示》,《中国卫生政策研究》2015 年第 9 期。

《国际卫生改革与发展对中国医改的启示》,《中国卫生产业》2010 年第 10 期。

《瑞典卫生保健体制评述》,《国外医学(卫生经济分册)》2004 年第 3 期。

匡绍华～:《泰国健康保险制度改革及其对我国的启示》,《中国卫生经济》2003 年第 9 期。

～李建:《各国政府卫生投入及其对中国的启示》,《卫生经济研究》2003 年第 7 期。

《马来西亚私立医院发展带来的政策矛盾》,《国外医学(卫生经济分册)》1999 年第 1 期。

陈农（上海中医学院）

《脏腑名称训释》,《医古文知识》1996 年第 2 期。

《〈马王堆帛医书〉的胎产生育观》,《上海中医药杂志》1993 年第 8 期。

陈诺(安徽大学)

~陈夏蕊:《试论"八毛门"事件中微博与报纸的互动》,《新闻世界》2012 年第 6 期。

陈沛沛(上海市中医文献馆/湖北中医学院)

季伟苹、卓鹏伟~:《上海市中医文献馆六十年文献研究回眸》,《中医文献杂志》2016 年第 4 期。

张晶滢~:《失眠病证古代文献探微》,《上海中医药杂志》2012 年第 6 期。

《道家饮食文化与中医食养》,《中共中医药现代远程教育》2011 年第 2 期。

~杨枝青等:《"和而不同"与"海派中医"》,《中医药文化》2010 年第 1 期。

孙玲~:《古代食疗文献检索技能解析》,《湖北中医学院学报》2009 年第 3 期。

孙玲~:《典籍的生产方式对中医食疗文献发展的影响》,《光明中医》2009 年第 2 期。

杨枝青~:《近代上海中医防治疫病的"海派"特色》,《中医药文化》2008 年第 5 期。

~季伟萍:《"海派中医"特征及上海中药老字号》,《中医药文化》2007 年第 6 期。

季伟苹~:《论"海派中医"》,《上海中医药杂志》2007 年第 5 期。

~孙玲:《中国典籍制作材料的发展与早期中医食疗文献的研究》,《中国中医基础医学杂志》2005 年第 9 期。

~项平:《佛教膳食观对中医食疗学的影响》,《湖北中医学院学报》2005 年第 1 期。

~项平:《儒家饮食观与中医养生》,《南京中医药大学学报(社会科学版)》2005 年第 1 期。

~项平:《道家饮食养生观对中医食疗学的影响》,《湖北中医学院学报》2004 年第 4 期。

陈培元(北京医科大学)

《新加坡政府医疗保健政策白皮书介绍》,《国外医学(医院管理分册)》1995 年第 3 期。

《美国的蓝十字与蓝盾医疗保险》,《国外医学(医院管理分册)》1987 年第 1 期。

《美国医疗服务质量的评鉴机构》,《中国医院管理》1986 年第 7 期。

陈鹏

《七三一部队与大连卫生研究所》,《大连近代史研究》第 12 卷(2015)。

陈璞

《药学会之重庆时代》,《中国药学杂志》1948 年第 1 期。

《日本药局方沿革略史》,《医药评论》1929 年第 18 期。

陈琦(北京大学)

~张大庆:《新世纪医学人文学科建设:现实与挑战》,《医学与哲学 A》2017 年第 4 期。

《伯驾首例乙醚麻醉术之疑》,《中华医史杂志》2017 年第 1 期。

~黎润红:《剑桥大学生物医学科研管理探讨》,《中华医学科研管理杂志》2017 年第 1 期。

《近代西医技术的传入》,《中国社会科学报》2016 年 8 月 23 日 006 版。

~张大庆:《存医验药:传统医学的现代价值——兼论屠呦呦因青蒿素获诺贝尔奖》,《自然辩证法通讯》2016 年第 1 期。

张季蕾~:《近代中西医论争的文化思考》,《中国医学人文评论》2016 年 00 期。

《中国医学、法医学与解剖学关系之探析》,《医学与哲学 A》2015 年第 12 期。

《一个中国人与世界卫生组织的创建》,《健康报》2011 年 10 月 14 日 006 版;《中国医学人文评论》2010 年 00 期。

樊春良、张新庆~:《关于我国生命科学技术伦理治理机制的探讨》,《中国软科学》2008 年第 8 期。

张新庆、樊春良～:《对人类胚胎干细胞来源的伦理审视》,《中国医学伦理学》2007 年第 6 期。

《北京大学张大庆教授报告会纪要》,《中华医史杂志》2007 年第 1 期。

《王吉民、伍连德的〈中国医史〉及其中译本》,《医学与哲学(人文社会医学版)》2006 年第 1 期。

～张大庆:《探析美国国家生命伦理学委员会——历史沿革及启示》,《医学与哲学》2005 年第 2 期。

陈麒方

～孙茂峰:《吉益南涯气血水辩证介绍暨其思想初探》,《中医药研究论丛》2015 年第 1 期。

陈奇君(上海卫生检疫所)

《中国卫生检疫事业》,《中国公共卫生学报》1990 年第 6 期。

陈启亮(贵阳中医学院)

王雪雁……龙奉玺～冉光辉等:《土家族抑制肺癌药物规律文献研究》,《中华中医药杂志》2018 年第 10 期。

王雪雁……龙奉玺～冉光辉等:《土家族抑制肝癌药物规律文献研究》,《中华中医药杂志》2018 年第 2 期。

冉光辉……杨柱～:《土家族文化与医药体系构建研究》,《亚太传统医药》2017 年第 8 期。

冉光辉……龙奉玺～王雪雁等:《土家族医学基础理论体系初探》,《中国民族民间医药》2017 年第 3 期。

～唐东昕等:《土家族抗癌药物的收集整理》,《中医学报》2016 年第 5 期。

～唐东昕等:《土家族三元学说与中医学三焦学说之异同》,《中国民族医药杂志》2016 年第 3 期。

～唐东昕等:《土家族医学理论发展史初探》,《湖南中医杂志》2015 年第 12 期。

陈启荣(米易县疾病预防控制中心)

～张惟等:《1959—2013 年米易县麻风病发现与治疗情况分析》,《预防医学情报杂志》2017 年第 6 期。

～张惟:《1999—2015 年米易县艾滋病报告疫情特征分析》,《微量元素与健康研究》2017 年第 3 期。

陈绮雯(台湾高雄大学)

《艾滋病感染者之疾病叙说》,高雄医学大学硕士学位论文 2009 年。

陈启文(台湾中兴大学)

《医方所见唐代妇女的生育与疗养》,中兴大学硕士学位论文 2012 年。

陈强庆(孝感市社会福利和医疗康复中心)

《医患关系中信息不对称与传媒作为分析》,《中国民康医学》2010 年第 3 期。

陈陗(南京中医药大学)

～刘洪:《明清时期民间医学教育探讨》,《江西中医药》2016 年第 3 期。

～沈澍农:《〈察病指南〉与〈人元脉影归指图说〉怪脉图对比研究》,《中国中医基础医学杂志》2014 年第 6 期。

～沈澍农:《中国藏吐鲁番中医药文书研究》,《西部中医药》2014 年第 6 期。

《吐鲁番出土中医药文书研究》,南京中医药大学硕士学位论文 2014 年。

～沈澍农:《敦煌医药文献 P.2882 补校与评议》,《南京中医药大学学报(社会科学版)》2013 年第 3 期。

陈俏俏(广东外语外贸大学)

《疾病的隐喻——论漱石文学中的“狂气”》,广东外语外贸大学硕士学位论文2016年。

陈庆(南京中医药大学)

《仿制药及其药品专利法律问题研究》,南京中医药大学硕士学位论文2009年。

陈青萍(陕西师范大学)

《〈福乐智慧〉反映的膳食养生方法及其意义》,《西域研究》2008年第3期。

《维吾尔古籍〈福乐智慧〉关于心身关系的论述》,《中华医史杂志》2008年第2期。

《论维吾尔古籍〈福乐智慧〉的性健康思想》,《西北大学学报(哲学社会科学版)》2007年第4期。

《透视维吾尔古籍〈福乐智慧〉自然和谐互益的健康思想》,《文博》2007年第2期。

《〈福乐智慧〉健康史料探索》,陕西师范大学博士学位论文2007年。

陈清森(中华医学会中华医学信息导报社)

《中华医学会80年发展历程》,《中华医史杂志》1995年第1期。

陈琼璘(南京大学)

《养生:一种迈向自我建构和责任伦理的身体实践》,南京大学硕士学位论文2015年。

陈秋霖(北京大学)

李玲～江宇:《中国医改:社会发展的转折》,《开放时代》2012年第9期。

李玲、江宇～:《改革开放背景下的我国医改30年》,《中国卫生经济》2008年第2期。

《农村合作医疗为何推行困难?——需求角度的一种解释》,《社会科学战线》2003年第4期。

陈秋霞(福建中医药大学)

～罗宝珍:《〈金匮玉函要略方〉中肾气丸命名的演变研究》,《西部中医药》2018年第3期。

～罗宝珍:《〈千金方〉伤寒方剂命名特征研究》,《山东中医药大学学报》2018年第1期。

～罗宝珍:《〈黄帝内经〉治未病思想对魏晋南北朝时期妇科疾病论治的影响》,《中医药通报》2017年第5期。

～罗宝珍:《论老子“道”学观对中医学的影响》,《中医文献杂志》2017年第4期。

陈全柏(华南师范大学)

《当代香港慈善组织的社会整合功能研究:以香港东华三院为例》,华南师范大学硕士学位论文2011年。

陈任

《五轮八廓学说的历史考》,《武汉医学院学报》1958年第1期。

《目经大成考》,《武汉医学院学报》1957年第4期。

《关于祖国眼科历史研究的方法论及分期问题》,《武汉医学院学报》1957年第2期。

陈仁寿(南京中医药大学/南京中医学院)

张云、李文林～:《民国江浙沪中医药期刊药学文献价值研究》,《医学与哲学》2019年第17期。

周轶群、鲁晏武～:《曹存心治疗咳嗽之学术思想探析》,《中国中医基础医学杂志》2019年第12期。

薛昊、吉冬～:《晕动病的中医病证考略》,《中华中医药杂志》2019年第6期。

李加慧～任丽顺等:《孟河医派费氏医家论治便秘经验浅谈》,《中华中医药杂志》2019年第4期。

薛昊～:《“雷头风”病证考略》,《中华中医药杂志》2018年第11期。

孙锦程～任丽顺等:《“泄泻”病名源流考》,《江苏中医药》2018年第7期。

刘稚鲲、王若尧～:《古今肺系疫病方配伍特点对比研究》,《中医药信息》2018年第4期。

薛昊、张建斌~:《雷火神针之"源"与"流"》,《中国针灸》2018 年第 4 期。

《"苏派中医"的历史渊源、特色与成就》,《南京中医药大学学报(社会科学版)》2018 年第 2 期。

衣兰杰~:《基于江苏古代针灸文献的医家医籍时代及地域分布研究》,《江苏科技信息》2017 年第 35 期。

鲁晏武~孟庆海等:《张简斋临证用药特色》,《中华中医药杂志》2017 年第 10 期。

施铮~:《清末道医方内散人考》,《中国中医基础医学杂志》2017 年第 6 期。

薛昊~:《清初常州府〈重修医学祀典记〉碑考》,《中医文献杂志》2017 年第 5 期。

《中医药文献研究面临的机遇、挑战与对策》,《湖南中医杂志》2017 年第 5 期。

孙锦程~:《金元四大家治咳思想浅析》,《时珍国医国药》2017 年第 4 期。

薛昊~:《明〈重修常州府医学碑记〉考》,《中医药文化》2017 年第 2 期。

严姝霞~徐桂华:《药食两用物品毒性的中医古籍文献研究》,《陕西中医》2017 年第 1 期。

陈旭~戴慎:《叶天士〈临证指南医案〉夜补脾胃法探微》,《中医杂志》2017 年第 1 期。

咸政宇~鲁晏武等:《张简斋〈风胜湿〉理论应用探析》,《中医杂志》2017 年第 1 期。

张云、李文林~:《民国中医期刊〈现代国医〉的价值研究》,《中国中医基础医学杂志》2016 年第 11 期。

蒋峰~:《浅谈〈内经〉中的升降理论》,《四川中医》2006 年第 11 期。

《〈本草纲目〉水的类别与效用考证》,《时珍国医国药》2016 年第 10 期。

陈旭~戴慎:《叶天士〈临证指南医案〉朝补奇脉探微》,《时珍国医国药》2016 年第 9 期。

《中医流派研究中存在的问题与思考》,《南京中医药大学学报(社会科学版)》2016 年第 4 期。

严姝霞、徐桂华~:《中医护理技术古籍文献整理与数据库建设》,《河南中医》2016 年第 4 期。

鲁晏武~:《张简斋治疗"下虚受风"八法》,《中医杂志》2016 年第 2 期。

严姝霞……葛永盛~徐桂华:《痔病熏洗护理技术的中医古籍文献研究》,《护理学报》2016 年第 2 期。

江晶晶~:《瘰疬辨治溯源》,《吉林中医药》2015 年第 12 期。

周轶群、陈超~薛博瑜:《孟河医派鼓胀用药规律新探》,《江苏中医药》2015 年第 11 期。

鲁晏武、程旺~:《叶天士治郁气味配伍八法》,《时珍国医国药》2015 年第 9 期。

赵君谊~:《论〈金匮要略〉妙用黄芪益气及对后世的影响》,《新中医》2015 年第 3 期。

程旺、周轶群~:《狭义口疮的中医辨治溯源》,《长春中医药大学学报》2014 年第 6 期。

《论唐代孙思邈的养生观及现实意义》,《中医药文化》2013 年第 5 期。

《民国中西药学汇通代表作〈汉药新觉〉考略》,《中华医史杂志》2013 年第 5 期。

苏文文~:《〈药鉴〉述评》,《四川中医》2013 年第 1 期。

周轶群~:《反胃辨治溯源》,《江苏中医药》2012 年第 9 期。

~刘一鹤:《江苏中医外科学术发展述略》,《中华中医药杂志》2012 年第 6 期。

《〈证类本草〉转引〈肘后方〉文献考略》,《中医文献杂志》2012 年第 1 期。

李永亮~:《叶天士治疗泄泻学术思想探析》,《上海综中医药杂志》2011 年第 10 期。

黄亚俊~:《张璐与〈本经逢原〉述评》,《四川中医》2011 年第 9 期。

刘一鹤~黄亚俊:《论秦汉至南北朝江苏中医外科发展》,《辽宁中医药大学学报》2011 年第 6 期。

沈劼~晏婷婷:《明代江苏妇科医籍考评》,《中医文献杂志》2011 年第 5 期。

张工彧、虞舜～:《〈饮膳正要〉中养生康复思想述要》,《南京中医药大学学报（社会科学版）》2011 年第 3 期。

刘一鹤～:《紫珠的古今效用杂谈》,《吉林中医药》2011 年第 2 期。

～黄亚俊:《浅谈疫病文献对现代中医传染病防治的启示》,《中医药信息》2011 年第 1 期。

黄亚俊～:《试论吴门医派学术传承和创新》,《辽宁中医药大学学报》2010 年第 12 期。

杨亚龙～陶西凯:《论中医疫病民间预防》,《辽宁中医药大学学报》2010 年第 6 期。

李文林……程茜～:《基于关联规则分析明清古籍中疫病文献的药—症关系》,《时珍国医国药》2010 年第 4 期。

《江苏中医流派的特点及研究现状》,《中医文献杂志》2010 年第 3 期。

《〈龙砂八家医案〉评析》,《上海中医药大学学报》2010 年第 2 期。

～曹宜:《民间医药长期存在的因素及评价依据探析》,《中国中医药信息杂志》2010 年第 2 期。

《文献研究对现代中医药发展的作用及影响》,《北京中医药大学学报》2010 年第 1 期。

陶西凯～杨亚龙:《痄腮的源流与证治》,《中医药信息》2010 年第 1 期。

陶西凯～杨亚龙:《论"十剂"的源流与内涵》,《辽宁中医药大学学报》2009 年第 10 期。

杨亚龙～陶西凯:《童便的民间药用初探》,《辽宁中医杂志》2009 年第 9 期。

李永亮～:《〈临证指南医案〉胃痛证治分型探析》,《北京中医药》2009 年第 8 期。

《江苏历代本草文献源流考略》,《上海中医药大学学报》2009 年第 6 期。

《从〈串雅〉看民间医药的学术和应用特点》,《中医药信息》2009 年第 5 期。

《〈千金要方〉温疫防治用药与方法探析》,《中医文献杂志》2009 年第 5 期。

《江苏主要中医流派分类与特点》,《中医药文化》2009 年第 4 期。

彭丽坤～李文林等:《明清中医疫病发病、症状及用药的因子分析研究》,《中医药信息》2009 年第 4 期。

彭丽坤～:《〈温病条辨〉用药特色探讨》,《吉林中医药》2009 年第 4 期。

曹宜、张启春～:《民间医药研究的思路和方法探讨》,《辽宁中医杂志》2009 年第 3 期。

王耀帅……张建斌～:《针药并用的古代认识与方法探析》,《中国针灸》2009 年第 3 期。

彭丽坤～:《中医水肿辨治探源》,《吉林中医药》2009 年第 2 期。

～吉文辉:《浅谈江苏省中医文化历史、现状及保护》,《南京中医药大学学报（社会科学版）》2009 年第 1 期。

《民间医药的内涵实质及研究意义》,《医学与哲学（人文社会医学版）》2008 年第 10 期。

《当归补血汤纵考》,《中国中医基础医学杂志》2008 年第 7 期。

《民俗中的保健方法与治未病思想》,《中医药文化》2008 年第 4 期。

《论食疗本草发展源流》,《南京中医药大学学报（社会科学版）》2008 年第 3 期。

《中医医史文献学科存在的主要问题及对策》,《上海中医药大学学报》2008 年第 3 期。

《本草学研究现状与未来发展建议》,《中国中医药信息杂志》2008 年第 1 期。

《〈医心方〉食养、食疗与食禁探略》,《中医药文化》2007 年第 5 期。

邵俊丽～:《〈本草纲目〉美容药物探析》,《中国美容医学》2007 年第 3 期。

《论中医的"和谐"观》,《南京中医药大学学报（社会科学版）》2007 年第 2 期。

《中国少数民族药物的研究现状和前景》,《南京中医药大学学报（社会科学版）》2006 年第 2 期。

《论〈中华本草〉的学术研究及价值》,《南京中医药大学学报(社会科学版)》2005 年第 3 期。

《关于中西医结合之"三思"》,《医学与哲学》2004 年第 7 期。

《〈医心方〉治消渴病方药析义》,《辽宁中医杂志》2003 年第 8 期。

《浅议〈本草汇言〉的学术成就与不足》,《南京中医药大学学报(社会科学版)》2003 年第 3 期。

《唐代中医性药的研究与发展》,《中医文献杂志》2003 年第 2 期。

《浅析〈本草纲目〉蛇的药用》,《南京中医药大学学报(自然科学版)》2000 年第 5 期。

《简述我国官修本草的特点及学术价值》,《南京中医药大学学报(社会科学版)》2000 年第 2 期。

《本草文献研究的思路和方法刍议》,《中国中药杂志》1997 年第 6 期。

《论〈医心方〉对传统药学史的贡献》,《中国药学杂志》1996 年第 8 期。

《中医性药探略》,《陕西中医》1991 年第 12 期。

《男性不育临床方药研究述评》,《江苏中医》1991 年第 11 期。

《古代大黄的几种特殊应用》,《国医论坛》1990 年第 3 期。

陈仁泽(北京中医药大学)

《张仲景外治法的文献及理论研究》,北京中医药大学博士学位论文 2010 年。

《〈金匮要略〉外治内容与〈理瀹骈文〉三焦分治法的联系》,《吉林中医药》2009 年第 5 期。

～郭铭隆等:《从〈内经〉顺时施针探讨外治部位的变化》,《北京中医药》2009 年第 2 期。

～郭铭隆等:《从〈伤寒论〉针灸部分谈仲景外治思想》,《吉林中医药》2009 年第 1 期。

陈日华(南京大学)

《19 世纪英国城镇卫生改革》,《史学理论研究》2009 年第 4 期。

陈蓉蓉(浙江省中医院)

魏睦森～:《阴阳五行学说探源求本》,《中国中医基础医学杂志》2001 年第 4 期。

《〈景岳全书〉初刊年份刍言》,《中华医史杂志》1999 年第 2 期。

～魏睦森:《陈司成生年初考》,《中华医史杂志》1997 年第 3 期。

魏睦森～:《〈霉疮秘录〉评介》,《中医杂志》1991 年第 9 期。

陈瑞莹(上海中医药大学)

～徐平:《宋代以前针灸图像考》,《中医文献杂志》2009 年第 5 期。

陈瑞芸

～林崇能等:《医疗消费文化的历史脉络与文化价值——以广播卖药节目为例》,《休闲保健期刊》第 13 期(2015.6)。

～冯国豪:《理解、赋权与弥补鸿沟:于健康传播研究连接"科学理论"及"常民理论"》,《休闲保健期刊》第 8 期(2012.12)。

～冯国豪:《"空中药房"场域隐藏的权力关系与利益》,《人文与社会学报》第 2 卷第 10 期(2012.6)。

～冯国豪:《风险传播与管理理论与实务落差——以健康食品新闻报道为例》,《兴国学报》第 9 期(2008.1)。

徐美苓～张皓杰等:《爱滋新闻阅读与对感染者与病患的态度:以针对年轻族群的讯息设计实验为例》,《新闻学研究》第 87 期(2006.4)。

陈润花(北京中医药大学东方医院)

～张海鹏:《陈士铎"补火生土"论剖析》,《中国中医基础医学杂志》2014 年第 12 期。

~张海鹏:《黄元御药性理论述要》,《中华中医药学刊》2011 年第 4 期。

《〈本草衍义〉中的脏腑用药》,《中华医史杂志》2010 年第 3 期。

张海鹏~:《论健康认知的相对性》,《中华医史杂志》2010 年第 1 期。

张海鹏~:《中医学术史研究中"过度诠释"的原因》,《中华医史杂志》2009 年第 6 期。

~张海鹏:《陈士铎辨治泄泻特点分析》,《北京中医药》2009 年第 5 期。

张海鹏~:《"风秘"出处考》,《中华医史杂志》2009 年第 4 期。

张海鹏~严季澜:《〈兰室秘藏〉便秘证治浅述》,《光明中医》2008 年第 4 期。

陈森

《长征途中学军医》,《健康报》1957 年 4 月 6 日。

陈哨军(新疆自治区第一济困医院)

~王秀丽:《脑性瘫痪认识历史追溯》,《中华医史杂志》2008 年第 3 期。

陈少明(上海浦东新区浦南医院)

《中国传统医学肛肠技术对世界医学的贡献》,《中华医药学会会议(中华中医药学会肛肠分会换届会议暨 2011 年学术交流大会)论文集》,2011 年 10 月。

《〈五十二病方〉中的肛肠疾病释疑与学术探讨》,《上海中医药杂志》2009 年第 6 期。

陈胜崑

《王清任与〈医林改错〉》,《当代医学》第 157 期(1986.11)。

《中国疾病的历史与地理(完)台湾的鼠疫与疟疾》,《当代医学》第 119 期(1983.9)。

《中国疾病的历史与地理(二十四)赤壁之战与传染病》,《当代医学》第 111 期(1983.1)。

《中国疾病的历史与地理(二十三)中国历代对蛊、蛊、臭虫的认识及防治方法》,《当代医学》第 105 期(1982.7)。

《中国疾病的历史与地理(二十二)中国历代对蚊子的认识及防蚊灭蚊工作》,《当代医学》第 101 期(1982.3)。

《中国疾病的历史与地理(二十一)中国传统医学对贫血的认识》,《当代医学》第 99 期(1982.1)。

《中国疾病的历史与地理(二十)〈中国东北地方的克山病(下)〉》,《当代医学》第 95 期(1981.9)。

《中国疾病的历史与地理(十九)中国东北地方的克山病(上)》,《当代医学》第 93 期(1981.7)。

《中国疾病的历史与地理(十八)中国的黑热病》,《当代医学》第 92 期(1981.6)。

《中国疾病的历史与地理(十七)传统中国的环境卫生观》,《当代医学》第 90 期(1981.4)。

《中国疾病的历史与地理(十六)中国的痢疾》,《当代医学》第 89 期(1981.3)。

《中国疾病的历史与地理(十五)中国历代对疥疮的认识及其疗法》,《当代医学》第 87 期(1981.1)。

《中国疾病的历史与地理(十四)从地方志看中国历代的疫疬》,《当代医学》第 86 期(1980.12)。

《中国疾病的历史与地理(十三)中国历代对糖尿病的认识》,《当代医学》第 85 期(1980.11)。

《中国疾病的历史与地理(十二)中国历代对"瘿"的认识》,《当代医学》第 84 期(1980.10)。

《中国疾病的历史与地理(十一)中国的日本血吸虫》,《当代医学》第 83 期(1980.9)。

《中国疾病的历史与地理(十)〈传统医学"崩漏"的研究〉》,《当代医学》第 82 期(1980.8)。

《中国疾病的历史与地理(九)中国消化器疾病之历史》,《当代医学》第 81 期(1980.7)。

《中国疾病的历史与地理(八)中国人常患的营养不足病的历史考察》,《当代医学》第 80 期(1980.6)。

《中国疾病的历史与地理(七)梅毒的起源及传来中国的经过》,《当代医学》第 78 期(1980.4)。

《中国疾病的历史与地理(六)中国的天花》,《当代医学》第 77 期(1980.3)。

《中国疾病的历史与地理（五）中国的猩红热》,《当代医学》第 76 期（1980.2）。

《弓形菌流行性霍乱传入中国的经过》,《当代医学》第 75 期（1980.1）。

《中国疾病的历史与地理（三）近代中国北方的鼠疫》,《当代医学》第 74 期（1979.12）。

《中国疾病的历史与地理（二）近代中国南方的鼠疫》,《当代医学》第 73 期（1979.11）。

《中国疾病的历史与地理（一）中国历史—地理病理学总论》,《当代医学》第 72 期（1979.10）。

《中国历代医学的发明（终）从传统医学的诊断说到医学之革命》,《当代医学》第 71 期（1979.9）。

《中国历代医学的发明（二十六）传统医学的"胡方"研究》,《当代医学》第 69 期（1979.7）。

《中国历代医学的发明（二十五）"灸法"今昔的价值》,《当代医学》第 68 期（1979.6）。

《中国历代医学的发明（二十四）中国卫生行政的沿革》,《当代医学》第 65 期（1979.3）。

《中国历代医学的发明（二十三）张仲景的〈伤寒论〉》,《当代医学》第 64 期（1979.2）。

《中国历代医学的发明（二十二）中国免疫思想史》,《当代医学》第 63 期（1979.1）。

《中国历代医学的发明（二十一）中国传统医学输入日本的经过》,《当代医学》第 62 期（1978.12）。

《中国历代医学的发明（二十）宋室南迁与风土病》,《当代医学》第 61 期（1978.11）。

《中国历代医学的发明（十九）中国古代的医学伦理》,《当代医学》第 60 期（1978.10）。

《中国历代医学的发明（十八）中国传统的外科学》,《当代医学》第 59 期（1978.9）。

《中国历代医学的发明（十七）中国本草学的发展》,《当代医学》第 58 期（1978.8）。

《中国历代医学的发明（十六）中国古代的卫生保健》,《当代医学》第 57 期（1978.7）。

《中国历代医学的发明（十五）中国阿拉伯医学交通史》,《当代医学》第 55 期（1978.5）。

《中国历代医学的发明（十四）宋代的医学》,《当代医学》第 54 期（1978.4）。

《中国历代医学的发明（十三）中国传统法医学的奠基者——宋慈》,《当代医学》第 52 期（1978.2）。

《中国历代医学的发明（十二）中国医学分派的开始》,《当代医学》第 51 期（1978.1）。

《从两位解剖学家比较中日近代解剖学的发展》,《科学月刊》（1979.5）。

《中国历代医学的发明（十一）隋唐时代的医学》,《当代医学》第 50 期（1977.12）。

《中国历代医学的发明（十）中国脚气病之历史研究》,《当代医学》第 49 期（1977.11）。

《中国历代医学的发明（九）针灸发达史》,《当代医学》第 48 期（1977.10）。

《中国历代医学的发明（八）中国历代对结核病之知识》,《当代医学》第 47 期（1977.9）。

《中国历代医学的发明（七）印度医学对中国的影响》,《当代医学》第 46 期（1977.8）。

《中国历代医学的发明（六）中国脉学的特色及现代批判》,《当代医学》第 44 期（1977.6）。

《中国历代医学的发明（五）道家、链丹术与医学的发展》,《当代医学》第 43 期（1977.5）。

《中国历代医学的发明（四）阴阳五行与中国医学》,《当代医学》第 42 期（1977.4）。

《中国历代医学的发明（三）实证医学的兴起》,《当代医学》第 41 期（1977.3）。

《中国历代医学的发明（二）早期中国的杰出医学家》,《当代医学》第 40 期（1977.2）。

《中国历代医学的发明（一）中国医学的起源》,《当代医学》第 38 期（1976.12）。

《中国西化医学史之（十七）（全文完）日本统治下的台湾医学》,《当代医学》第 37 期（1976.11）。

《中国西化医学史之（十六）马偕博士与早期台湾医学》,《当代医学》第 36 期（1976.10）。

《中国西化医学史之（十五）中国医学史及旧药的研究情形》,《当代医学》第 35 期（1976.8）。

《中国西化医学史之（十四）中国新医学教育及公共卫生史》,《当代医学》第 32 期（1976.6）。

《中国西化医学史（十三）中华医学董事会与北京协和医学院》,《当代医学》第 31 期（1976.5）。

《中国西化医学史之（十二）余岩与中西医学论战》,《当代医学》第 29 期（1976.3）。

《中国西化医学史之(十一)中国第一个"医学的乌托邦"——高桥卫生实验区》,《当代医学》第 28 期(1976.2)。

《中国西化医学史(十)民国大医生——伍连德(下)》,《当代医学》第 27 期(1976.1)。

《中国西化医学史(九)民国大医生——伍连德(中)》,《当代医学》第 26 期(1975.12)。

《中国西化医学史之(八)民国大医生——伍连德(上)》,《当代医学》第 25 期(1975.11)。

《中国西化医学史(七)高似兰与高氏医学辞汇》,《当代医学》第 23 期(1975.9)。

《史怀哲精神在中国》,《当代医学》第 23 期(1975.9)。

《中国西化医学史(六)江南制造局与近代医学》,《当代医学》第 22 期(1975.8)。

《中国西化医学史之(五)丁福保与丁氏医学丛书》,《当代医学》第 21 期(1975.7)。

《中国西化医学史之(四)第一位医科留学生黄绰卿传》,《当代医学》第 20 期(1975.6)。

《中国西化医学史(三)合信医师与中文西医着作》,《当代医学》第 19 期(1975.5)。

《中国西化医学史(二)中国近代第一位传教士医师——伯嘉》,《当代医学》第 18 期(1975.4)。

《本草纲目评介》,《健康世界》第 132 期(1986.12)。

《李时珍的习医心路》,《健康世界》第 132 期(1986.12)。

《传统中国医学对人体结构、生理的认识》,《健康世界》第 127 期(1986.7)。

《中国本草概说》,《健康世界》第 108 期(1984.12)。

《实证医家——张仲景》,《健康世界》第 103 期(1984.7)。

《伍连德与东北防疫大会》,《健康世界》第 99 期(1984.3)。

《宝隆与同济大学医学院》,《健康世界》第 98 期(1984.2)。

《殷人防疫图》,《健康世界》第 97 期(1984.1)。

《中国传统药物的辨认》,《健康世界》第 95 期(1983.11)。

《马偕博士在台湾》,《健康世界》第 94 期(1983.10)。

《基督教与近代中国新式医学》,《健康世界》第 93 期(1983.9)。

《台湾医学先辈——高木友枝先生》,《健康世界》第 92 期(1983.8)。

《李时珍与本草纲目》,《健康世界》第 91 期(1983.7)。

《〈饮膳正要〉与古代的营养观念》,《健康世界》第 90 期(1983.6)。

《嘉约翰与中国精神医学》,《健康世界》第 89 期(1983.5)。

《中国古代的炼丹炉》,《健康世界》第 88 期(1983.4)。

《贾宝玉与凤姐的班疹伤寒》,《健康世界》第 87 期(1983.3)。

《中国早期军医史》,《健康世界》第 86 期(1983.2)。

《郑观应的医学观》,《健康世界》第 85 期(1983.1)。

《中国早期的护士》,《健康世界》第 84 期(1982.12)。

《清代妇女象牙模型》,《健康世界》第 82 期(1982.10)。

《中华医学会的历史》,《健康世界》第 81 期(1982.9)。

《孙思邈的养生思想》,《健康世界》第 80 期(1982.8)。

《吴又可与〈瘟疫论〉》,《健康世界》第 79 期(1982.7)。

《由〈征蛮医志〉看早期台湾的疾病》,《健康世界》第 77 期(1982.5)。

《医林改错》,《健康世界》第 75 期(1982.3)。

《研究台湾医学史的意义》,《健康世界》第 74 期(1982.2)。

《明代西洋传来的医学书——〈人身说概〉》,《健康世界》第 73 期(1982.1)。

《从林黛玉的梦谈起》,《健康世界》第 24 期(1977.12)。

《屈原的忧郁症》,《健康世界》第 21 期(1977.9)。

《台湾医学谚语》,《健康世界》第 12 期(1976.12)。

《医学新知》,《健康世界》第 9 期(1976.9)。

《林黛玉的肺结核》,《健康世界》第 3 期(1976.3)。

《从李白与鲁智深谈酒瘾》,《健康世界》第 1 期(1976.1)。

陈升之

《略论中国医学之变迁》,《医药研究月刊》1948 年第 4 期。

陈适(中国医学科学院北京协和医院)

～赵维纲等:《国际肠抑胃素和肠促胰素研究的先驱:北平协和医学院林可胜教授》,《协和医学杂志》2017 年第 1 期。

陈世辉

《殷人疾病补考》,《中华文史丛》第四辑(1963.10)。

陈时伟(国立新加坡大学)

《朝鲜战争时期围绕细菌战问题的三场国际政治动员——基于中英两国档案的解读》,《历史研究》2006 年第 6 期。

陈士玉(辽宁中医药大学)

朱鹏举～谷峰:《古医家论治牙痛理论源流及思路初探》,《环球中医药》2017 年第 4 期。

谷峰、朱鹏举～鞠宝兆:《〈医书汇参辑成〉版本流传及其学术特色》,《河南中医》2016 年第 11 期。

谷峰、朱鹏举～:《清代名医蔡宗玉生平考略》,《中医文献杂志》2015 年第 3 期。

樊旭……苏妆～朱鹏举等:《〈黄帝内经〉中的择食之辨》,《中国中医基础医学杂志》2012 年第 7 期。

～王彩霞:《〈黄帝内经〉偏枯考释》,《辽宁中医药大学学报》2012 年第 5 期。

～谢鑫:《〈内经〉厥病考释》,《中华中医药学刊》2012 年第 4 期。

《〈黄帝内经〉神经、精神疾病研究》,辽宁中医药大学博士学位论文 2012 年。

～王彩霞:《〈内经〉"厥"及相关病名探析》,《辽宁中医杂志》2011 年第 8 期。

朱鹏举～:《顾本〈黄帝内经·素问〉王冰注语"瘦于玄府中"考误》,《光明中医》2009 年第 10 期。

陈守鹏(南京中医药大学)

《〈医籍考〉的目录学成就》,《江苏图书馆学报》1999 年第 6 期。

陈守真

《改造旧社会的医家》,《绍兴医药学报》1921 年第 9 期。

陈述

《十一十二世纪我国北方草原上的民族医学——有关辽代医药的二三事》,《民族研究》1980 年第 4 期。

陈澍(华中科技大学同济医学院附属协和医院)

～陈英礼等:《陈滋传略》,《中华医史杂志》2019 年第 3 期。

陈姝(青岛大学)

《晚清上海的医药文化与社会生活——以 1901—1910 年〈申报〉广告为中心的研究》,青岛大学硕士学位论文 2013 年。

陈舒筠(上海中医药大学)

《古代天文与中医学》,《医古文知识》2005 年第 1 期。

陈树森(上海市徐汇医院)

～王翘楚:《谈谈祖国医学文献中类似血吸虫病的记载》,《上海中医药杂志》1956 年第 9 期。

陈顺胜

《日据前的西方医疗及其对台湾医学之影响》,《科技博物》第 6 卷第 4 期(2002.7)。

陈四清(河南中医学院)

～刘旺根等:《从中医文献看古代的解剖学》,《河南中医学院学报》2004 年第 5 期。

陈思言(南开大学)

余新忠～:《医学与社会文化之间——百年来清代医疗史研究述评》,《华中师范大学学报(人文社会科学版)》2017 年第 3 期。

《性别、医疗与消费文化——明清时期梳篦的文化史》,《中华医史杂志》2014 年第 5 期。

陈松(黑龙江大学)

《明代惠民药局研究》,黑龙江大学硕士学位论文 2013 年。

陈松友(吉林大学)

～宋岩峰:《新中国成立初期东北地区的鼠疫流行及其防控》,《东北师大学报(哲学社会科学版)》2015 年第 2 期。

～巩瑞波:《新中国成立初期东北地区的疫病防治》,《社会科学战线》2014 年第 9 期。

～杜君:《抗战时期陕甘宁边区的疫病防治工作》,《中共党史研究》2011 年第 6 期。

～刘辉:《20 世纪 30 年代苏区的疫病流行及其防治》,《甘肃社会科学》2010 年第 1 期。

～刘辉:《土地革命战争时期中央苏区的卫生防疫》,《社会科学战线》2009 年第 8 期。

陈素娥(北京中医药大学)

《〈伤寒杂病论〉与〈脾胃论〉脾胃生理证治观的相关性研究》,北京中医药大学硕士学位论文 2002 年。

陈素玲(广州中医药大学)

《中医与佛教调心方法研究》,广州中医药大学博士学位论文 2014 年。

陈素美(河南中医学院)

谢忠礼、张广华～翟振兴等:《〈伤寒溯源集〉若干问题探讨》,《中医学报》2014 年第 4 期。

《从文献角度探讨张子和非河间学人和无神论》,《中国中医药现代远程教育》2008 年第 5 期。

～于峥等:《21 世纪张子和学术研究新进展》,《中国中医基础医学杂志》2007 年第 9 期。

陈苏生

《祖国医学的成长与发展》,《大众医学》1956 年第 11 期。

《祖国医学在妇科调经方面的治疗方法》,《中华妇产科杂志》1956 年第 4 期。

《评章次公"中国医学史略"》,《新中医药》1951 年第 8 期。

谌苏维(陕西师范大学)

～苏仲乐:《14 至 18 世纪欧洲黑死病时期的文学禳灾》,《齐齐哈尔大学学报(哲学社会科学版)》2019 年第 2 期。

《"戏剧化"的疾病与"病态化"的戏剧》,陕西师范大学硕士学位论文 2019 年。

陈太新（安康地区卫生局）

《法国的医疗体系及医疗保险制度》，《中国卫生质量管理》1998 年第 6 期。

陈韬

《近五十年来几位不平凡军医先进（刘锐恒、张建、林可胜、卢致德、周美玉、陈立楷）》，《传记文学》
第 40 卷第 2 期（1982）。

陈涛（三峡大学医学院）

～邓李蓉等：《湖北地区五运六气与气象的关系研究》，《时珍国医国药》2011 年第 10 期。

～邓李蓉等：《湖北地区气象变化与部分传染病发病规律研究——运气理论视角下的思考》，《医学
与哲学（人文社会医学版）》2010 年第 5 期。

左帮平～杨会军等：《五运六气与疫病关系的现代研究综述》，《辽宁中医药大学学报》2009 年第
5 期。

陈天放

《世界牙科医学简史与我国牙医发展之近况》，《上海市齿科从业员进修班开学典礼特刊》1950 年
5 月。

陈天红（广州中医药大学）

～黄子天等：《黄炜元〈辩疫真机〉治鼠疫方药探析》，《辽宁中医杂志》2018 年第 11 期。

～吴培灵等：《肖晓亭〈疯门全书〉与麻风病的因机论治》，《中医文献杂志》2018 年第 5 期。

陈甜甜（新疆财经大学）

《多元文化视阈下新疆三乡镇健康信息传播研究》，新疆财经大学硕士学位论文 2015 年。

陈天祥（绍兴市第七人民医院/浙江中医学院/绍兴市中医院/绍兴地区中医学会）

《祝味菊先生与他的〈伤寒质难〉》，《中医文献杂志》2002 年第 2 期。

《再论张景岳对绍兴伤寒学派的贡献》，《中医文献杂志》2001 年第 3 期。

《论张景岳对绍兴伤寒学派的贡献》，《中医文献杂志》1999 年第 2 期。

～沈万生：《戴思恭与〈金匮钩玄〉》，《中医杂志》1989 年第 6 期。

～沈钦荣：《张景岳制方用药特色研讨》，《中医临床与保健》1989 年第 4 期。

～董汉良：《何廉臣论治血证经验简介》，《浙江中医学院学报》1984 年第 6 期。

《清代名医赵晴初及其医学成就》，《中华医史杂志》1983 年第 4 期。

《俞根初与〈通俗伤寒论〉》，《中医杂志》1983 年第 1 期。

～葛绥：《赵晴初先生与〈存存斋教子学医法〉》，《浙江中医学院学报》1982 年第 6 期。

董汉良～柴中元等：《从杨则民谈〈傅青主女科〉作者之真伪小考生化汤》，《江西中医药》1982 年第
3 期。

～柴中元：《"绍派伤寒"学术思想略窥——兼谈俞根初、何廉臣的学术见解》，《浙江中医学院学
报》1982 年第 2 期。

～董汉良等：《丹溪学说新探》，《山东中医学院学报》1982 年第 1 期。

董汉良～柴中元：《近代中医史略及其名医简介》，《湖北中医杂志》1981 年第 5 期。

董汉良～柴中元：《杨则民先生研究〈内经〉学术思想简介》，《浙江中医学院学报》1981 年第 4 期。

陈婷（东北师范大学）

～王旭：《孟宪彝与 1910—1911 年长春鼠疫防治》，《东北史地》2008 年第 6 期。

陈婷(首都医科大学/中国中医科学院)

李博群~:《民国〈北京医药月刊〉学术特色探究》,《环球中医药》2018年第2期。

~任宁宁等:《民国北京中医药期刊特色探析》,《中国中医药图书情报杂志》2018年第1期。

任宁宁~:《民国时期中医药文献的整理与研究》,《中国中医药图书情报杂志》2017年第4期。

李博群~:《民国时期中医药期刊及其文献特色探析》,《中国中医药图书情报杂志》2016年第3期。

~胡成湘:《民国时期〈北平医药月刊〉研究》,《中国中医药图书情报杂志》2015年第4期。

~胡成湘:《民国北京中医药期刊〈通俗医事月刊〉研究》,《中华医史杂志》2015年第3期。

王雨桐、张哲滔~:《〈脉经〉与〈金匮要略方论〉对比研究》,《北京中医药》2013年第12期。

《〈脉经〉在校勘〈素问〉中的作用举隅》,《中医文献杂志》2013年第6期。

《〈脉经〉所引存世医籍考》,《时珍国医国药》2012年第10期。

~胡成湘:《〈脉经〉与〈难经〉共有条文的比较研究》,《中医文献杂志》2012年第3期。

《〈脉经〉注文探析》,《中医文献杂志》2011年第3期。

崔锡章~张宝文:《论古医籍叠音词义的特点及影响》,《北京中医药大学学报》2010年第8期。

《〈脉经〉所引医家考证》,《天津中医药》2010年第6期。

《宋·林亿校注〈脉经〉文献学方法研究》,《中医文献杂志》2010年第3期。

崔锡章~:《宋代方药著作语言特点及研究意义》,《北京中医药》2010年第3期。

《〈脉经〉一书性质的再认识》,《中医文献杂志》2009年第4期。

《王叔和〈脉经〉文献研究》,中国中医科学院博士学位论文2009年。

《王叔和〈脉经〉文献研究探析》,《北京中医药》2009年第3期。

《中医图书分类演变研究》,《中国中医基础医学杂志》2008年第8期。

《探析〈汉书·艺文志〉序及〈方技略〉》,《中医文献杂志》2008年第4期。

~段延萍:《探析〈难经〉理论渊源》,《中国中医基础医学杂志》2007年第1期。

~李淑杰:《析滑寿注释〈难经〉的特色》,《天津中医药》2006年第6期。

《〈难经本义〉版本研究》,《北京中医》2005年第5期。

《滑寿生平与著述考略》,《北京中医》2004年第4期。

《〈灵枢经〉语法探析》,《北京中医》2003年第2期。

《难经图释考》,《北京中医》2002年第1期。

陈婷婷(天津大学)

《陕西省汉阴县新型农村合作医疗制度实际运行状况及问题研究》,天津大学硕士学位论文2011年。

陈廷武(湖南中医学院)

《〈诸病源候论〉伤科诊治特色浅探》,《河南中医学院学报》1989年第3期。

陈徒手

《悼念毛泽东,三千人集体昏厥》,《文史博览》2014年第9期。

陈万成(香港大学)

《〈全体新论〉的撰译与早期版本》,《中国典籍与文化论丛》第13辑(2011)。

《〈全体新论〉插图来源的再考察——兼说晚清医疗教育的一段中印因缘》,《自然科学史研究》2011年第3期。

陈万里

《元代医政》,《医药学》1927 年第 7 期。

陈宛蓉(南京大学)

《论废除〈传染病法〉运动中的宗教色彩影响》,南京大学硕士学位论文 2019 年。

陈婉燕(河北师范大学)

李晓晨～:《近代西方传教士在河北地区的医疗卫生活动》,《河北学刊》2012 年第 5 期。

《近代直隶(河北)天主教会医疗卫生事业研究》,河北师范大学硕士学位论文 2011 年。

陈薇

《医学:科学乎? 人文乎》,《中华读书报》2007 年 5 月 9 日 013 版。

陈炜(广州中医药大学)

《葛洪养生思想及其流变研究》,广州中医药大学博士学位论文 2016 年。

陈伟(国家发展和改革委员会)

～徐兰飞:《英国医疗服务监管体系简介》,《卫生经济研究》2006 年第 1 期。

陈魏(绍兴文理学院)

潘威～汪寅等:《自闭症碎镜理论之迷思:缘起、问题与前景》,《心理科学进展》2016 年第 6 期。

卓学仁～:《无人信高洁 谁为表予心——"失落"的中国现代心理学家章颐年》,《心理技术与应用》2015 年第 4 期。

王蕴瑾～:《破的由来事 先锋孰敢争——中国心理卫生运动的领路人吴南轩》,《心理技术与应用》2015 年第 1 期。

周心心～:《修身不言命,谋道不择时——记中国近现代心理学家刘廷芳》,《心理技术与应用》2014 年第 12 期。

《张肖松在现代心理学史上的地位》,《海峡教育研究》2014 年第 4 期。

严慧中～周先庚:《才华横溢的中国现代心理技术学先驱》,《心理技术与应用》2014 年第 3 期。

陈伟超(香港中文大学)

《慈善广告中的助人故事:东华三院、香港公益金、香港乐施会慈善文本研究》,香港中文大学硕士学位论文 2008 年。

陈维嘉(清华大学)

《把人民健康放在优先发展战略地位——习近平以人民为中心的卫生健康观探析》,《经济社会体制比较》2018 年第 4 期。

～李浩:《当代资本主义国家医疗保障制度的两重性论析》,《国外理论动态》2017 年第 11 期。

陈魏俊(四川大学)

《张家山汉简〈脉书〉考释四则》,《中山大学学报(社会科学版)》2013 年第 1 期。

陈蔚琳(华东师范大学)

《晚清上海租界公共卫生管理探析(1854—1910)》,华东师范大学硕士学位论文 2005 年。

陈伟明(暨南大学)

何峻……韩彬～:《本草医籍视野下的华南地区茶论》,《中华中医药杂志》2017 年第 9 期。

孙智雯～:《香港华商慈善组织的形成及其功能与空间扩展(1840—1940)——以东华三院为例》,《安徽师范大学学报(人文社会科学版)》2017 年第 1 期。

～侯波:《20 世纪以前的南洋华侨在中外饮食文化交流中的作用》,《东南亚研究》2006 年第 1 期。

~戴云:《元代食品贮存加工的技术与特色》,《华南理工大学学报(社会科学版)》2001年第3期。

~戴云:《唐宋时期的食糖及其生产制作工艺》,《中国科技史料》1991年第3期。

陈维养

~陈可冀:《略谈对医史人物的评价问题》,《中医杂志》1962年第11期。

《从医学史角度试论〈山海经〉》,《中华医学杂志》1962年第7期。

《中华医学会北京分会年会医史学会讨论中国医学史分期问题》,《医学史与保健组织》1958年第2期。

~译:《西半球内科学75年来的进展(1878—1953)》,《医学史与保健组织》1957年第3期。

~译:《妊娠毒血症简史》,《医学史与保健组织》1957年第3期。

~陈可冀译:《作为内科医生的阿维森纳》,《医学史与保健组织》1957年第2期。

~陈可冀:《阿维森纳像》,《医学史与保健组织》1957年第2期。

陈伟智

《传染病与吴沙"开兰"——一个问题的提出》,《宜兰文献杂志》第3期(1993.3)。

陈雯(四川师范大学)

《唐代求医行为研究》,四川师范大学硕士学位论文2009年。

陈文博(英国赫尔大学)

《公共服务质量改进机制建设的英国经验——基于医疗卫生领域的分析》,《东南学术》2012年第1期。

陈文二(广西民族大学)

《越南河内市公立医院医学人才流动问题及对策研究》,广西民族大学硕士学位论文2015年。

陈文联(中南大学/湖南师范大学)

~张梦:《来华传教士与近代中国的反缠足运动》,《云梦学刊》2014年第2期。

~吴彬彬:《论戊戌维新时期的不缠足会》,《徐州工程学院学报(社会科学版)》2012年第3期。

~吴彬彬:《论20世纪初年不缠足思潮》,《衡阳师范学院学报》2012年第1期。

~杨华:《〈湘报〉与戊戌时期湖南不缠足运动》,《船山学刊》2010年第4期。

《"五四"时期性爱思潮述略》,《武汉理工大学学报(社会科学版)》2009年第5期。

~杨华:《来华传教士对近代中国妇女问题的关注》,《衡阳师范学院学报》2008年第4期。

《关于〈新青年〉对妇女问题探索的历史考察》,《安徽史学》2007年第6期。

~杨秋华:《近代中国"性教育"思想的演变历程及其特色》,《南通大学学报(社会科学版)》2007年第6期。

~刘伟:《民国初期上海娼妓的治理与启迪》,《衡阳师范学院学报》2007年第5期。

《近代中国"生育节制"思潮的历史考察》,《中南大学学报(社会科学版)》2007年第2期。

~黄娟:《论张敬生的生育思想》,《湖南城市学院学报》2005年第6期。

《从"生育节制"看五四时期的妇女解放》,《南华大学学报(社会科学版)》2005年第3期。

《近代中国废娼思想的历史考察》,《中南大学学报(社会科学版)》2004年第5期。

《论中国二十年代的性教育思想》,《长沙电力学院学报(社会科学版)》2004年第2期。

《论五四时期先进知识分子的生育节制思想》,《华中科技大学学报(社会科学版)》2003年第1期。

《论近代中国的戒缠足思潮》,《南昌大学学报(人文社会科学版)》2001年第2期。

陈文松（江汉大学）

～陈维青：《中医护理溯源与应用》，《辽宁中医药大学学报》2007 年第 3 期。

～呼素华：《〈兰室秘藏〉临床治疗精要》，《新中医》2007 年第 1 期。

《悟〈金匮要略〉治痰八法》，《湖北中医杂志》2006 年第 9 期。

～呼素华：《李杲〈脾胃论〉辨证精要》，《中国临床医生》2006 年第 9 期。

陈文贤（四川大学华西第二医院）

～李宁秀等：《中国历史上的农村济贫与医疗救助》，《中华医史杂志》2009 年第 6 期。

～李宁秀等：《中国历史上的农村贫困医疗救助》，《医学与哲学（人文社会医学版）》2008 年第 12 期。

～张琼等：《论病人权利及其分解》，《中国医学伦理学》2006 年第 5 期。

～高谨等：《从一个英国医院集团的运营现状看医院集团的发展趋势》，《中华医院管理杂志》2002 年第 9 期。

～高谨等：《英国一个典型医院集团化发展的分析》，《卫生软科学》2002 年第 1 期。

陈我隆（绍兴市卫生防疫站）

王力建、奚美蕉～：《1991 年秘鲁霍乱传入途径探讨》，《上海预防医学杂志》1994 年第 9 期。

《霍乱病源体的发现史》，《中华医史杂志》1984 年第 2 期。

陈无咎

《中国医学史》，《广东医药杂志》1926 年第 4 期。

陈曦（西华大学）

《毛泽东农村医疗卫生思想及其当代意义》，西华大学硕士学位论文 2015 年。

陈曦（中国中医科学院）

《中医"气化"概念诠释》，《世界中医药》2014 年第 11 期。

《从〈内经〉气化理论解析中药气味学说》，《中国中医基础医学杂志》2014 年第 10 期。

《中医原创思维的界定及其结构要素》，《广州中医药大学学报》2013 年第 1 期。

《论李东垣对气化理论的理解、发挥与运用》，《中国中医基础医学杂志》2012 年第 7 期。

《范在文及其〈卫生要诀〉学术思想研究》，《辽宁中医杂志》2012 年第 5 期。

《论刘完素对气化理论的认识与发挥》，《中国中医基础医学杂志》2012 年第 4 期。

《喻昌对痰饮证的辨治》，《安徽中医学院学报》2012 年第 4 期。

《论〈黄帝内经〉气化理论的思维特点》，《中国中医基础医学杂志》2012 年第 3 期。

潘桂娟～：《〈黄帝内经〉之"神"的考察》，《中国中医基础医学杂志》2011 年第 1 期。

《论中医气化生命观》，《中国中医基础医学杂志》2010 年第 11 期。

王筠、陈彦静～张治国等：《浅析原创思维对中医健康认知形成的影响》，《黑龙江中医药》2010 年第 6 期。

《论"治未病"的核心观念》，《中华中医药杂志》2009 年第 6 期。

《从先秦道家"心学"看〈内经〉"心主神明"》，《中华中医基础医学杂志》2009 年第 1 期。

《重评徐灵胎、缪希雍的运气观》，《中国中医基础医学杂志》2008 年第 7 期。

《论运气理论对寸口脉诊"六部"形成的影响》，《中国中医基础医学杂志》2008 年第 5 期。

～潘桂娟：《论中医学的整体观》，《辽宁中医杂志》2008 年第 4 期。

～潘桂娟：《"火郁发之"探微》，《中国中医基础医学杂志》2008 年第 2 期。

《〈黄帝内经〉气化理论研究》,中国中医科学院博士学位论文2009年。

陈希鑠

～译:《奥地利医学史家M.那贝尔格》,《医学史与保健组织》1957年第4期。

陈锡文(国务院发展研究中心)

《中国农村经济体制变革和农村卫生事业的发展》,《中国卫生经济》2001年第1期。

陈霞(复旦大学)

《区域公共产品与东亚卫生合作(2002—2009)》,复旦大学博士学位论文2010年。

陈夏茹(山东师范大学)

《新世纪中国对非医疗援助研究》,山东师范大学硕士学位论文2018年。

陈宪镕

《中国加入红十字会之原考》,《中西医学报》1913年第7期。

陈贤义(复旦大学)

《中国血吸虫病控制策略的演变和管理变革的研究》,复旦大学博士学位论文2005年。

陈香

《民国中学教科书中的青春期性教育》,《中华读书报》2013年9月25日014版。

陈湘萍(中国中医研究院)

《〈本草图经〉中有关医药交流的史料》,《中国科技史料》1994年第3期。

《〈辅行诀脏腑用药法要〉中的急救医学》,《上海中医药杂志》1992年第1期。

《帛书〈五十二病方〉对食疗学的贡献》,《四川中医》1991年第5期。

《敦煌残卷〈新修本草〉的文献学考察》,《上海中医药杂志》1988年第2期。

《〈五十二病方〉研究概况》,《中医杂志》1987年第5期。

《〈五十二病方〉中病因举例》,《中医药学报》1986年第6期。

陈乡钱(福建中医药大学)

～肖林榕:《福建客家中草药文化》,《福建中医药》2015年第3期。

《福建客家医药研究》,福建中医药大学硕士学位论文2015年。

～肖林榕等:《〈医鼎阶〉作者及学术特点》,《中华医史杂志》2014年第3期。

陈湘泉(上海市防痨协会)

《回忆上海防痨协会》,《结核病健康教育》1997年第1期。

《中国"防痨章"简介》,《结核病健康教育》1997年第2期。

《对中国防痨协会的回忆》,《结核病健康教育》1994年第1期。

陈晓(上海中医药大学)

王尔亮～:《中国文化"走出去"视域下中医药典籍在海外的译介研究》,《中国出版史研究》2019年第3期。

张序文～:《"心荡"考释》,《中医文献杂志》2019年第3期。

张序文～:《〈素问·阴阳别论〉之"风厥"考辨》,《中国中医基础医学杂志》2018年第12期。

金钰、胥孜杭～:《半夏秫米汤历代方证演变》,《北京中医药大学学报》2018年第9期。

金道鹏、赵吉忠～:《雀啄脉历史沿革及主证浅析》,《中华中医药杂志》2018年第6期。

王尔亮～:《20世纪中期以来〈黄帝内经素问〉英译本研究史述》,《燕山大学学报(哲学社会科学版)》2017年第6期。

王尔亮～:《美国学者 Ilza Veith 对中医典籍的研究及其贡献》,《中国中西医结合杂志》2017 年第 3 期。

《从 446 篇研究生论文选题看〈内经〉学术发展现状与趋势》,《中医教育》2016 年第 5 期。

张毅～:《近代中医院校教育〈黄帝内经〉教材编写体例之考察》,《中医教育》2016 年第 2 期。

金道鹏、王倩蕾～:《〈足臂十一脉灸经〉之"参春脉"浅析》,《中医药文化》2014 年第 5 期。

王倩蕾～:《试论〈内经〉关于心痛病证的辨治》,《中国中医基础医学杂志》2014 年第 6 期。

王倩蕾～:《试论〈内经〉关于小便异常的辨治》,《上海中医药大学学报》2013 年第 1 期。

李长琳～:《中医"出入"观的文化探源》,《国医论坛》2011 年第 1 期。

朱鹏翀～:《近十年〈黄帝内经〉文献研究概况及展望》,《中医文献杂志》2008 年第 5 期。

～王庆其:《论〈儒门事亲〉"汗、吐、下"三法中的辨证论治思想》,《上海中医药大学学报》2007 年第 1 期。

《秦汉时期中医学术分合及其文化背景》,《医古文知识》2005 年第 2 期。

周国琪～李海峰:《〈内经〉厥证名与现代病证名的比较》,《中国中医基础医学杂志》2003 年第 11 期。

周国琪、张再良～:《〈内经〉七篇大论对疾病的认识》,《上海中医药大学学报》2003 年第 1 期。

～金硪:《〈内经〉对语言功能障碍及其康复的认识》,《吉林中医药》2001 年第 3 期。

《试论"取类比象"及其局限性》,《上海中医药大学学报》2000 年第 1 期。

陈晓(延边大学)

《"五四"时期乡土小说中的"疯人"意象探讨——以〈狂人日记〉、〈精神病〉和〈新坟〉为例》,《安徽文学(下半月)》2013 年第 6 期。

陈小赤(山东大学)

《陕南中草药的历史文化价值研究》,山东大学硕士学位论文 2009 年。

陈晓迪(中国中医科学院)

《中医古籍数字化点校的优越性》,《世界中西医结合杂志》2015 年第 7 期。

《以"小学"校读古医籍之用例》,《天津中医药大学学报》2015 年第 3 期。

《食疗类本草古籍的历史考察》,中国中医科学院硕士学位论文 2008 年。

《〈周礼〉饮食寒温理论初探》,《中华医史杂志》2007 年第 4 期。

陈晓辉(湖北警官学院)

《法家"检验三录"的当代侦查价值述评》,《兰台世界》2016 年第 8 期。

陈晓捷(铜川市考古研究所)

《从"处士"到"药王"——历代对孙思邈的尊称考述》,《唐都学刊》2016 年第 4 期。

～任筱虎:《药王孙思邈家世源流再考》,《咸阳师范学院学报》2014 年第 3 期。

陈小卡(中山大学医学部/中山医科大学)

～李丽英:《关于博济医校是中国近代第一家西医校的考辨》,《医学与哲学(A)》2017 年第 12 期。

《美国传教士老谭约瑟在中国的行医经历》,《文史天地》2013 年第 11 期。

《嘉惠霖与他在中国的医学事业》,《岭南文史》2013 年第 2 期。

《近代中国西医教育的奠基人 行医传教者——嘉约翰的中国生涯》,《神州民俗(学术版)》2013 年第 1 期。

《中国本土培养的第一位西医医生——关韬》,《神州民俗(学术版)》2012 年第 4 期。

~朱明范等:《国外医学教育思想与中山大学医学教育模式的变迁》,《医学与哲学(人文社会医学版)》2011 年第 2 期。

《一个传教士、医生、外交家的在华历程》,《粤海风》2007 年第 2 期。

《西医对中国知识界的启蒙》,《粤海风》2001 年第 2 期。

《中国近代医学在广东地区发端的历史原因》,《岭南文史》1997 年第 1 期。

陈晓兰(上海大学)

《现代中国"疯狂"观念的衍变——中国现当代文学中的狂人与疯子》,《上海文学》2005 年第 12 期。

陈晓林(广西中医学院)

~彭君梅等:《〈岭表录异〉医药内容及价值探析》,《中医药文化》2012 年第 3 期。

~戴铭等:《李文宪及其〈针灸精粹〉》,《中国针灸》2011 年第 2 期。

~李美仙:《〈本草纲目·原序〉修辞方法分析》,《时珍国医国药》2011 年第 1 期。

《浅谈〈颜氏家训〉的医学思想》,《中医药文化》2009 年第 2 期。

陈小平(湖南中医药大学)

孙相如、何清湖~严暄暄:《先秦两汉时期阴阳学说的形成发展及其对藏象理论的影响》,《中华中医药杂志》2017 年第 8 期。

严暄暄~朱民等:《"一带一路"背景下中医药跨文化传播的问题和对策——以英国为例》,《世界科学技术·中医药现代化》2017 年第 6 期。

~冯雅婷等:《"一带一路"战略视域中的中医文化智库研究》,《世界科学技术·中医药现代化》2017 年第 6 期。

严暄暄~朱民等:《"一带一路"背景下开展海外中医相关社科研究的几点思考》,《世界科学技术·中医药现代化》2017 年第 6 期。

魏一苇……严暄暄~:《从编码解码角度探讨"一带一路"视域下中医养生国际化传播》,《世界科学技术·中医药现代化》2017 年第 6 期。

张艳婉~龙斌等:《"一带一路"战略下动物药材保护和利用的伦理思考》,《世界科学技术·中医药现代化》2017 年第 6 期。

冯雅婷~严暄暄:《近年来"一带一路"战略与中医药国际化发展相关文献述评》,《世界科学技术·中医药现代化》2017 年第 6 期。

~江娜等:《中医药文化软实力特质分析》,《湖南中医药大学学报》2017 年第 4 期。

孙相如、何清湖~严暄暄:《先秦、两汉时期象数思维的文化渊源及其对藏象理论的影响》,《中医杂志》2016 年第 23 期。

孙相如、何清湖~严暄暄:《先秦两汉时期"官制文化"的渊源及其对藏象理论形成所带来的影响》,《中华中医药杂志》2016 年第 5 期。

~王歆妍等:《马王堆医书的生态思想及当代价值研究》,《湖南中医药大学学报》2016 年第 2 期。

何清湖、孙相如~严暄暄:《先秦两汉时期五行学说对中医藏象理论形成的影响》,《中医杂志》2015 年第 23 期。

何清湖、孙相如~严暄暄:《"气一元论"学说对藏象理论形成的影响》,《中医杂志》2015 年第 17 期。

孙相如、何清湖~严暄暄:《解析张仲景的藏象观特点及其文化思想背景》,《中华中医药杂志》2015年第5期。

陈洪、何清湖~:《论马王堆养生文化的价值取向》,《中华中医药杂志》2014年第12期。

陈洪、何清湖~:《论马王堆养生文化的历史地位》,《中华中医药杂志》2014年第11期。

陈洪、何清湖~:《论马王堆养生文化的产生背景》,《中华中医药杂志》2014年第10期。

~孙相如等:《从"心主神明"内涵阐释的视角谈如何正确认识中医学的基础理论》,《中医药导报》2014年第8期。

~孙相如等:《中国传统文化思想对中医藏象理论的影响》,《中医药文化》2014年第5期。

~孙相如等:《中医养生文化产业发展的瓶颈及对策研究》,《湖南中医药大学学报》2014年第4期。

朱红英、向陈~:《试论湖湘中医药文化的科学普及》,《中医药导报》2013年第12期。

魏一苇、何清湖~:《试论中医文化传播的困境与出路》,《湖南中医药大学学报》2013年第3期。

严暄暄~何清湖:《"他者"眼中的"他者"——浅谈运用文化人类学研究中医》,《湖南中医药大学学报》2013年第2期。

~何清湖:《基于民生视角的中医药文化研究——以马王堆养生文化为例》,《湖南师范大学社会科学学报》2013年第2期。

《地域中医药文化创意产业发展研究》,湖南中医药大学博士学位论文2013年。

唐乾利~覃文玺等:《中国传统儒家文化对中医诊疗观形成与发展的影响》,《学术论坛》2011年第10期。

陈小申(中国传媒大学)

《食品卫生事件媒体报道的是非之辨》,《青年记者》2008年第4期。

陈晓松(成都市中西医结合医院)

《古代心肺复苏术应用发展史略》,《中华医史杂志》1997年第1期。

陈晓霞(北京师范大学)

《试析埃德温·查德威克1832—1848年英国公共卫生运动的影响》,北京师范大学硕士学位论文2003年。

陈小燕(陕西中医学院)

~严惠芳:《浅谈〈脉经〉对中医诊断学的重要贡献》,《河北中医》2006年第5期。

陈晓阳(西华师范大学)

~王小丁:《湘雅医学院近代医学教育的评价和影响》,《文史博览(理论)》2013年第10期。

陈昕(广西大学)

《泰国"30铢医疗计划"对完善中国社会医疗保障体系的启示》,《中国—东盟研究》2017年第4期。

陈新(西安建筑科技大学)

《19世纪末叶至20世纪中叶西安教会学校与医院建筑研究》,西安建筑科技大学硕士学位论文2003年。

陈欣钢(中国传媒大学/复旦大学)

《身份、关系、角色:医疗改革媒介话语中的医患建构》,《现代传播(中国传媒大学学报)》2015年第5期。

《医疗改革报道的新闻采编框架——基于框架理论的研究》,《编辑学刊》2015年第4期。

《我国医疗改革的媒介话语生产——对中央电视台新医改报道的个案研究》,复旦大学博士学位论文2012年。

《社会改革报道的路径选择——以〈北京儿童医院蹲点日记〉为例》，《电视研究》2012年第3期。

陈新锦（福建师范大学）

林晓萍～：《美国联邦禁毒执法机构的演变及其影响力探析——从"联邦麻醉品局"到"联邦缉毒署"》，《福建警察学院学报》2013年第2期。

《早期美国毒品控制模式研究》，福建师范大学博士学位论文2011年。

～林晓萍：《美国早期禁毒立法中联邦权力问题评析》，《历史教学（下半月刊）》2011年第2期。

～林晓萍：《美国麻醉品刑事化过程中的种族歧视问题探究》，《福建师范大学学报（哲学社会科学版）》2011年第2期。

～林晓萍：《理想与现实的交织——美国毒品外交的兴起及其外延与内涵评析》，《福建警察学院学报》2011年第2期。

附：林晓萍：《流行文化视野下的福建省青少年吸毒行为与预防对策》，《福建警察学院学报》2011年第6期。

《"毒品战争"及其问题评析》，《福建警察学院学报》2010年第2期。

陈新谦（中国药学会）

《解放后尚在经营的明代中药老字号举要》，《中国药学杂志》1999年第9期。

肖永芝～：《药学史研究进展》，彭司勋主编《1997年中国药学年鉴》。

～张天禄：《庆祝中国药学会成立90周年》，《中国药学杂志》1997年第10期。

～宋之琪：《〈万国药方〉——十九世纪末叶问世的一部重要西药著作》，《中国药学杂志》1997年第5期。

《中药老字号成功经验试析》，《中国中药杂志》1996年第6期。

《清代的中药店老字号》，《中华医史杂志》1996年第4期。

《清代四大药店》，《中国中药杂志》1996年第1期。

《建国初期的一本药学期刊——〈药学学习〉》，《中国药学杂志》1993年第12期。

《〈本草纲目〉对动植物补益药的收载及其中20种药的现代研究》，《中国药学杂志》1993年第9期。

《19世纪80年代我国最著名的一部西药书——〈西药大成〉》，《中国药学杂志》1992年第11期。

《两宋金元药学大事记》，《中国药学杂志》1990年第5期。

《两晋以前药学大事记》，《中国药学杂志》1989年第8期。

《我国近代药学史给人的启示》，《中华医史杂志》1989年第2期。

《药史学会成立五年》，《中国药学杂志》1988年第8期。

《一本最早介绍西方药学的著作——〈内科新说〉下卷》，《中国药学杂志》1988年第3期。

《中国近代药学书刊的出版工作》，《中国科技史料》1988年第1期。

《中国药学会八十年纪要（1907—1986）》，《中国药学杂志》1987年第11期。

《中药界在旧中国受到的迫害及其抗争》，《中国药学杂志》1987年第8期。

《鸦片战争以前的药店和药市》，《中国药学杂志》1987年第3期。

《中国近代药学大事年表（1840—1949）》，《中国科技史料》1987年第2期。

～郑金生：《药学史研究》，彭司勋主编《中国药学年鉴 1986》。

项隆周～：《上海西药商业的发展过程及特点》，《中国药学杂志》1986年第8期。

《阿片史略》,《中华医史杂志》1986 年第 4 期。

《中国近代对中药的科学研究》,《中药材》1986 年第 3、4、5、6 期。

张天禄～:《解放前中国药学会的分会》,《中国药学杂志》1986 年第 3 期。

《简记解放前上海及内地的制药业》,《中国药学杂志》1986 年第 3 期。

《我国现代抗肿瘤药发展简史》,《中国科技史料》1986 年第 2 期。

《中国近代药学大事记》,《中国药学杂志》1985 年第 12 期。

《太平天国药史拾零》,《中国药学杂志》1985 年第 10 期。

李维祯……宋之琪～:《药学院系亟应开设药学史课程》,《中国药学杂志》1985 年第 8 期。

《我国近现代药学史文献概述》,《中国药学杂志》1985 年第 7 期。

《山楂药用简史》,《中国科技史料》1985 年第 4 期。

《记解放前的药科"改院"斗争》,《中国药学杂志》1984 年第 11 期。

《建国以来的中国药学会(1949—1983)》,《中国药学杂志》1984 年第 5 期。

《新中国成立以前的中国药学会》,《中国药学杂志》1984 年第 4 期。

《中国药学会简史》,《中国科技史料》1984 年第 3 期。

张天禄～:《〈本草纲目〉与现代药学研究》,《中国药学杂志》1983 年第 10 期。

《从〈本草纲目〉到现代中药学》,《中药通报》1983 年第 6 期。

《我国药学期刊简史》,《中国药学杂志》1982 年第 10 期。

《〈本草纲目〉及其后续性著作》,《中国药学杂志》1982 年第 9 期。

《药王孙思邈》,《中药通报》1982 年第 6 期。

姚应鹤～:《1978 年国内新药述评》,《中国药学杂志》1979 年第 6 期。

孟目的……郑启栋～蔡善英等:《北京市药学工作者积极参加社会主义大跃进的决心书》,《中药通报》1958 年第 4 期。

刘维勤……沈家祥～:《十年来我国药物化学研究的成就》,《中国药学杂志》1959 年第 9 期。

吕耀宗～:《国产盘尼西林——北平天坛中央防疫处盘尼西林部介绍》,《科学大众》1948 年第 3 期。

《土壤怎样影响我们的健康》,《科学大众》1948 年第 4 期。

陈欣然(北京中医药大学)

《中医脉诊起源及〈脉经〉以前各脉诊法本义研究》,北京中医药大学博士学位论文 2017 年。

～王芳:《〈黄帝内经〉"脉象主病"诊治体系文献探析》,《环球中医药》2017 年第 4 期。

～王天芳:《中医脉诊起源——"脉"的医学知识衍生与脉诊学源流考》,《北京中医药大学学报》2016 年第 10 期。

陈歆怡(台湾清华大学)

《监狱或家? 台湾麻风病患者的隔离生涯与自我重建》,台湾清华大学硕士学位论文 2006 年。

陈心颖(中共福建省委党校)

《香港医疗保障制度的变革及其对内地的启示》,《中共福建省委党校学报》2014 年第 6 期。

《我国医疗保障制度改革取向刍议——基于公共产品的视角》,《中共福建省委党校学报》2008 年第 11 期。

陈星(成都中医药大学)

～马程功等:《中医学文献分类源流考》,《河北中医》2018 年第 1 期。

～马程功等:《老官山汉墓医简时间医学思想初探》,《中医药文化》2018 年第 1 期。

～王一童等：《老官山汉墓医简石法探析》，《中医药文化》2017 年第 3 期。

陈幸（广西师范大学）

《国民政府抗日防化体系建设研究（1927—1945）》，广西师范大学硕士学位论文 2013 年。

陈星（河北大学）

《体制建构与理念传播：中华护理学会研究（1909—1949）》，河北大学硕士学位论文 2014 年。

《读〈近代科学社团与中国的公共卫生事业〉》，《中华医史杂志》2014 年第 4 期。

《中国医学史研究宏观概述与展望》，《黑河学刊》2013 年第 9 期。

《民国时期的艾酉学会》，《中国科技史杂志》2013 年第 1 期。

《政治大背景下的医疗空间再塑造——读杨念群〈再造“病人”〉》，《黑河学院学报》2012 年第 3 期。

陈星（马振友皮肤病研究所）

～赵波等：《中国近代西医学及皮肤花柳病学开拓者嘉约翰及其专著》，《中国皮肤性病学杂志》2014 年第 4 期。

陈幸一

《林可胜先生热爱国防医学院》，《源远季刊》第 37 期（2011）。

《珍惜生命的人：敬悼林可胜博士》，《源远季刊》第 37 期（2011）。

陈醒哲（辽河石油报社）

《司督阁与东北现代医学》，《辽宁医学院学报（社会科学版）》2009 年第 4 期。

陈兴忠

《东来医院创办之缘起》，《中西医学报》1912 年第 4 期。

陈秀春（沧州市中心医院）

《沧州市中心医院百年溯源》，《中华医史杂志》2014 年第 5 期。

陈秀芬（安徽中医药大学）

～彭华胜：《〈本草图经〉药材产地与道地产地分布研究》，《中华医史杂志》2018 年第 3 期。

陈秀芬（台湾国立政治大学）

《从人到物——〈本草纲目.人部〉的人体论述与人药制作》，《中央研究院历史语言研究所集刊》第 88 期第 3 分（2017）。

《食物、妖术与蛊毒——宋元明“挑生”形象的流变》，《汉学研究》第 34 卷第 3 期（2016.9）。

《“情志过极，非药可愈”——试论金元明清的“以情胜情”疗法》，《新史学》第 25 卷第 1 期（2014. 3）。

《在梦寐之间：中国古典医学对于“梦与鬼交”与女性情欲的构想》，《中央研究院历史语言研究所集刊》第 81 卷第 4 分（2010）。

《医疗史研究在台湾（1990—2010）——兼论其与“新史学”的关系》，《汉学研究通讯》第 29 卷第 3 期（2010.8）。

《当病人见到鬼：试论明清医者对于“邪祟”的态度》，《国立政治大学历史学报》第 30 期（2008）。

《中国医学史中的“疯”与“癫”：一种或多种疾病的类型？》，《中医儿科医学杂志》第 5 卷第 1 期（2003）。

陈秀凤

《法国社会对查理六世疯狂病的反应及其引发的政治危机》，《新史学》第 22 卷第 2 期（2011.6）。

陈秀真

《评李尚仁,〈帝国的医师——万巴德与英国热带医学的创建〉》,《新史学》第 24 卷第 2 期(2013.6)。

陈旭(南开大学/西南大学)

《明代民众面对瘟疫的心态》,《中华医史杂志》2013 年第 2 期。

《明代医生群体在瘟疫之际的社会救助活动》,《中华医史杂志》2012 年第 2 期。

《明代瘟疫与明代社会》,西南大学硕士学位论文 2009 年。

陈旭兰(上海大学)

《美国与全球精神药物管制体系的建立——以联合国〈1971 年精神药物公约〉的批准为中心》,《世界历史》2011 年第 2 期。

《20 世纪前期世界精神药物泛滥情况初探》,《东方企业文化》2010 年第 6 期。

陈煦元

《沙石菴先生传》,《江苏中医》1957 年第 12 期。

陈雪(云南民族大学)

《多元交织理论框架下的女性移民健康研究——以大湄公河次区域跨国流动妇女为例》,《云南社会科学》2017 年第 1 期。

陈学成

《众志成城抗顽疟——解放初期思茅和西双版纳军民抗疟见闻》,《今日民族》2003 年第 7 期。

陈雪功(安徽中医药大学/安徽中医学院)

张红梅……陆翔～吴凡等:《郑梅涧〈篁余医语〉及其对脉诊的新见解》,《中华医史杂志》2016 年第 2 期。

管仕伟～董昌武等:《从历史文化背景探讨方证内涵演变》,《中医杂志》2013 年第 8 期。

管仕伟～董昌武等:《先秦两汉时期对"方"与"证"的认识》,《辽宁中医药大学学报》2013 年第 4 期。

周雪梅～董昌武:《论方证辨证的形成源流和运用特点》,《北京中医药大学学报》2013 年第 3 期。

周雪梅～:《新安医家余国珮对燥、湿二气的认识》,《北京中医药大学学报》2011 年第 3 期。

张红梅～:《〈医宗必读〉辨证施治思想浅探》,《中医杂志》2009 年第 11 期。

张红梅～:《〈望诊遵经〉释疑》,《时珍国医国药》2009 年第 8 期。

《张仲景〈伤寒论〉诊断思维浅析》,《医学与哲学》1987 年第 8 期。

陈雪林(井陉县医院)

～王根民:《王清任〈医林改错〉气虚血瘀理论刍议》,《中国中医急症》2010 年第 4 期。

陈雪秋(中国中医科学院)

～王凤兰等:《〈小儿药证直诀〉五脏辨证及制剂特色分析》,《国际中医中药杂志》2017 年第 7 期。

～王凤兰等:《脏腑辨证源流初探》,《国际中医中药杂志》2017 年第 4 期。

张明明、王凤兰～寇鲁辉:《浅析"竹林寺女科"论治罕见月经病》,《环球中医药》2016 年第 10 期。

张明明、王凤兰～孙亮:《〈竹林寺女科证治〉月经病之周期异常初探》,《中国中医药图书情报杂志》2016 年第 4 期。

～王凤兰等:《〈历代中药炮制资料辑要〉中有关石燕的炮制方法分析》,《国际中医药杂志》2016 年第 5 期。

《俞根初〈通俗伤寒论〉传本研究》,《中华医史杂志》2008年第1期。

陈学诗

~沈琼:《现代的肿瘤起源学说》,《中华病理学杂志》1955年第3期。

陈雅芩(台湾国立暨南国际大学)

《日治时期台湾公医制度的在地化》,国立暨南国际大学硕士学位论文2009年。

陈雅雪(昆明理工大学)

《中国艾滋病问题的社会建构过程研究》,昆明理工大学硕士学位论文2007年。

陈雁(复旦大学/北京理工大学/北京师范大学)

《民国时期的医患纠纷与解决途径:1934年南京中央医院被控案为中心》,《贵州大学学报(社会科学版)》2014年第5期。

《民国时期北京西医从业人员的管理》,《辽宁医学院学报(社会科学版)》2013年第3期。

《西方医学对近代中国医疗卫生事业的影响》,《医学与社会》2012年第11期。

《西方医学在近代中国之医事变革》,《医学与社会》2011年第6期。

《西方医学在近代中国传播的社会效应》,《辽宁医学院学报(社会科学版)》2011年第3期。

《清末民初传教士"医学传播"的方式与影响》,《唐山师范学院学报》2009年第1期。

~张在兴:《西医教育在近代中国的确立》,《西北医学教育》2008年第1期。

《传教士与近代中国的西医教育》,《重庆教育学院学报》2008年第1期。

《近代中国西医教育的几种发展模式》,《唐山师范学院学报》2008年第3期。

《医学教育在近代中国的初况》,《广西社会科学》2008年第4期。

~朱汉国:《探析西医教育在近代中国的初成》,《高等教育研究(成都)》2007年第4期。

《20世纪初中国对疾病的应对——略论1910—1911年的东北鼠疫》,《档案与史料》2003年第4期。

陈炎冰

《祖国医学对矿泉的认识》,《广东中医》1957年第1期。

陈岩波(黑龙江中医药大学/黑龙江中医学院)

~方芳:《日本针灸的发展及特点研究》,《针灸临床杂志》2019年第5期。

《中外阅读疗法的起源与发展史略》,《中国中医药图书情报杂志》2017年第5期。

《针灸在俄罗斯研究文献溯源》,《针灸临床杂志》2017年第1期。

~翟煜:《中国古代养生思想发展概况及评价》,《黑龙江科技信息》2012年第18期。

《中国古代养生思想演变的基本规律研究》,《黑龙江科技信息》2012年第16期。

~程伟等:《影响中医书籍演变的若干主要因素研究》,《中医药信息》2008年第3期。

~程伟等:《中国古代医学书籍特点之研究》,《中医药学报》2005年第3期。

《中国古代医学书籍发展史研究》,黑龙江中医药大学博士学位论文2005年。

《信息对医学发展的影响给我们的启示》,《医学信息》2004年第6期。

~常存库:《中国古代医书目录发展过程及文化分析》,《医学与哲学》1998年第3期。

《针灸学传入苏联的简史及其发展现状》,《针灸学报》1991年第3期。

陈衍芬

《广东光华医学院沿革史》,《广东光华医学院概况》(1935.6)。

陈艳烽(宁波大学)

《中国现代文学中肺结核的浪漫隐喻与消解》,宁波大学硕士论文2009年。

陈燕萍（杭州职业技术学院）

《宋代的医事组织与疾疫防治的法律措施》,《浙江档案》2007 年第 6 期。

《宋代公共卫生治理的法律措施述略》,《沧桑》2007 年第 4 期。

陈艳阳（河南中医学院）

许敬生、李成文～李具双等:《宋元医药文化中心南移的研究》,《江西中医学院学报》2003 年第 2、3、4 期。

～李具双:《论宋元之后江浙医学的兴盛及其原因》,《江苏中医药》2003 年第 1 期。

《宋元时期医学队伍的组成特色》,《浙江中医杂志》2003 年第 1 期。

许敬生～:《论北宋政府的医药政策对中医药发展的影响》,《江西中医学院学报》2003 年第 1 期。

陈扬荣（福建中医学院）

《〈广瘟疫论〉学术思想之探析》,《中华医史杂志》2003 年第 1 期。

陈枝伯～:《戴天章与〈广瘟疫论〉》,《福建中医学院学报》2000 年第 1 期。

《吴有性与〈温疫论〉》,《中华医史杂志》1994 年第 4 期。

《杨栗山与〈伤寒温疫条辨〉》,《福建中医药》1988 年第 3 期。

陈瑶（中国医学科学院）

代涛～韦潇:《医疗卫生服务体系整合:国际视角与中国实践》,《中国卫生政策研究》2012 年第 9 期。

～韦潇等:《国外医疗卫生及其框架内的农村医疗卫生制度研究》,《中国卫生政策研究》2012 年第 8 期。

～谢宇等:《俄罗斯公立医院改革的主要做法与特点》,《中国卫生政策研究》2012 年第 8 期。

代涛～马晓静:《新加坡公立医院改革的主要做法与启示》,《中国卫生政策研究》2012 年第 8 期。

～韦潇等:《南非公立医院改革的主要做法与特点》,《中国卫生政策研究》2012 年第 8 期。

马晓静、朱晓丽～:《以色列公立医院改革的主要做法与特点》,《中国卫生政策研究》2012 年第 8 期。

陈耀真

《欧阳修的眼病考》,《医学史与保健组织》1957 年第 4 期。

《我国青光眼病的史料》,《中华眼科杂志》1955 年第 4 期。

《诗人白乐天的眼疾考》,《中华医史杂志》1955 年第 3 期。

陈叶盛（中国人民大学）

《英国医疗保障制度现状、问题及改革》,《兰州学刊》2006 年第 1 期。

陈义（福建师范大学）

《民国时期福建霍乱研究》,福建师范大学硕士学位论文 2009 年。

～陈永正:《嘉道之际福建霍乱的传入及其流行》,《福建医科大学学报(社会科学版)》2008 年第 4 期。

陈熠（上海中医文献馆）

《民国杰出医家——祝味菊》,《中医文献杂志》2015 年第 3 期。

杨枝青～:《祝味菊迁沪时间考》,《中医文献杂志》2014 年第 6 期。

《温病学之门径——评〈温病正宗〉》,《中医文献杂志》2002 年第 3 期。

《中国药酒的起源和发展》,《江西中医药》1994 年第 2 期。

《论"唯气以成形"对喻嘉言的学术影响》,《陕西中医学院学报》1982年第2期。

陈宜君(台湾师范大学)

《制作健康儿童——日治时期台湾学校卫生事业之发展》,台湾师范大学硕士学位论文2013年。

陈怡伶(台湾国立台湾大学)

《颉颃、协力与协商——日治初期汉医传统性、近代性、合法性的生成与交混》,国立台湾大学硕士学位论文2013年。

陈一鸣(苏州市广济医院)

《清代养济院、普济堂、疯人院的发展与演变》,《临床精神医学杂志》2018年第1期。

《"黄帝内经"与精神医学》,《临床精神医学杂志》2017年第1期。

《探究中国精神医学两千年》,《精神医学杂志》2015年第6期。

《他在讲台上辞世——怀念精神医学前辈娄焕明教授》,《精神医学杂志》2015年第4期。

《一件珍贵的影视资料——北京安定医院早期实录》,《临床精神医学杂志》2015年第1期。

《从养济院、普济堂到精神病院——中国精神医学千年发展史》,《精神医学杂志》2014年第3期。

《解读〈精神卫生法〉》,《精神医学杂志》2013年第3期。

《忆我的精神医学启蒙课》,《精神医学杂志》2012年第2期。

《再续情缘——惠更生医生与苏州精神病院》,《临床精神医学杂志》2011年第6期。

《难忘的"7人进修班"》,《临床精神医学杂志》2011年第3期。

《温丽友女士关心祖国精神康复事业》,《精神医学杂志》2011年第3期。

《精神医学早期的故事》,《精神医学杂志》2011年第1期。

《东北地区精神卫生的早期发展》,《临床精神医学杂志》2010年第6期。

《上海精神卫生早期的探究——缅怀先辈陆伯鸿、粟宗华、夏镇夷的光辉业绩》,《上海精神医学》2010年第5期。

《岁月有痕 情谊无价——梦回南京脑科医院》,《精神医学杂志》2010年第5期。

《凌敏猷与湖南精神医学的早期发展》,《临床精神医学杂志》2010年第3期。

《北京现代精神医学早期的追索——先辈伍兹、雷曼、魏毓麟、许英魁的光辉历程》,《临床精神医学杂志》2010年第2期。

《缅怀精神医学的先行者程玉麐先生》,《临床精神医学杂志》2010年第1期。

《事业传各地,桃李满天下——循迹王慰曾院长》,《临床精神医学杂志》2009年第6期。

《不能忘记的开拓者——记嘉约翰医生与广州惠爱医癫院》,《临床精神医学杂志》2009年第5期。

《我国精神专科医院发展和改革中的若干问题》,《临床精神医学杂志》2009年第1期。

《苏州精神病院创建史》,《临床精神医学杂志》1996年第5期。

陈依妮(成都中医药大学)

《历代难经注释本的比较及针灸理论的发展》,成都中医药大学硕士学位论文2016年。

陈旖旎(中国中医科学院)

《澳大利亚中医药学历教育发展现状及分析》,中国中医科学院硕士学位论文2017年。

陈义平(南京大学)

～甘慧媚:《中国青少年性教育研究进展:1995—2005》,《青年探索》2007年第2期。

陈亦人(南京中医药大学/南京中医学院)

《〈伤寒论〉疑难病辨治方法探讨》,《江苏中医》1997年第5期。

《论〈伤寒论〉的特色与优势》,《国医论坛》1996 年第 1 期。

《〈伤寒论〉与"坏病"》,《中国医药学报》1993 年第 5 期。

吴洁～:《略论〈伤寒论〉治法中的邪正观》,《山东中医杂志》1992 年第 3 期。

《〈伤寒论〉名实考》,《南京中医学院学报》1991 年第 2 期。

《〈伤寒论〉非外感专著》,《国医论坛》1991 年第 2 期。

郭海英～:《试论〈伤寒论〉治法中的宣通思想》,《浙江中医学院学报》1990 年第 1 期。

《阳明病篇首条刍议》,《国医论坛》1987 年第 4 期。

《〈伤寒论〉存废之我见》,《南京中医学院学报》1987 年第 3 期。

《略论"六经钤百病"》,《山东中医学院学报》1986 年第 4 期。

《孙思邈与〈伤寒论〉》,《新中医》1982 年第 10 期。

陈贻庭(福建中医学院)

《从〈镜花缘〉看李汝珍的医药养生观》,《中华医史杂志》2005 年第 3 期。

《清代闽北儿科名医邓旒和〈保赤指南车〉》,《福建中医学院学报》2004 年第 4 期。

《药名文学的源流、传承原因及评价》,《南京中医药大学学报(社会科学版)》2003 年第 3 期。

《试论古代的涉医熟语》,《福建中医学院学报》2003 年第 2 期。

《咏药诗的源流和价值》,《南京中医药大学学报(社会科学版)》2002 年第 3 期。

《试论古代的涉医文学》,《南京中医药大学学报(社会科学版)》2001 年第 3 期。

《古籍中表示疾病意义的词语》,《福建中医学院学报》1997 年第 4 期。

《古籍中表示"病愈"意义的词》,《福建中医学院学报》1994 年第 4 期。

陈义文

～李士珍:《祖国医学论乳腺肿瘤》,《中华外科杂志》1956 年第 8 期。

《祖国医学对肿瘤学的贡献》,《中华医史杂志》1955 年第 4 期。

《我国血库事业的简史》,《中华医学杂志》1949 年第 11、12 期。

陈瑛

《越南民主共和国东医的发展》,《光明日报》1963 年 8 月 4 日。

《中国药学会简史》,《北华药讯》1951 年第 3 期。

陈瑛(宁波大学)

～邹赜韬:《清本劝善书〈拯婴图编〉解读》,《宁波大学学报(人文科学版)》2018 年第 4 期。

陈莹(山东师范大学)

《健康传播视角下网络媒体医患关系报道研究——以新浪网相关报道为例》,山东师范大学硕士学位论文 2016 年。

陈盈华(台湾台北医学大学)

《台湾社会与疾病史中的 SARS 经验》,台北医学大学硕士学位论文 2007 年。

陈迎辉(大连民族学院)

《药、酒与魏晋士人的身体观》,《大连民族学院学报》2008 年第 4 期。

陈颖健(上海政法学院)

《我国突发公共卫生事件应急管理模式变革——〈美国州卫生应急授权示范法〉的借鉴与启示》,《中国卫生政策研究》2013 年第 2 期。

《公共卫生问题的全球治理机制研究》,《国际问题研究》2009 年第 5 期。

《联合国专门机构职能扩张的法律问题研究——以世界卫生组织为例》，《外交评论（外交学院学报）》2008 年第 2 期。

陈莹陵（台湾中国医药大学）

《中国医学与日本汉方医学合方思维之比较研究》，中国医药大学硕士学位论文 2008 年。

陈颖霞（暨南大学）

《元朝中国与东南亚的药物交流与贸易》，暨南大学硕士学位论文 2006 年。

陈勇（成都中医药大学）

蒋森、张廷模～杨敏等：《从中药学教材沿革看中药理论框架发展概况》，《环球中医药》2016 年第 3 期。

杨敏～沈涛等：《对中药功效术语历史沿革及概念诠释的研究》，《四川中医》2015 年第 8 期。

～孙晓波等：《论〈本草求真〉对中药功效理论的贡献》，《四川中医》2005 年第 6 期。

～蒋麟等：《试论〈药品化义〉对中药功效理论的贡献》，《四川中医》2005 年第 5 期。

～郭平：《试论汪昂对方药功效理论的贡献》，《中医研究》2004 年第 2 期。

陈勇（南京大学）

《道德模式的转变与中医男科的诞生》，陈仁寿主编《卷耳药香浅尝》（北京：中国医药科技出版社 2019 年）。

《近视为疾？——20 世纪有关近视的中西医认知与国家话语》，《文化研究》2017 年第 4 期。

《中医科学化的困境——以风行一时对"柳枝接骨术"为例》，《南京大学学报（哲学·人文科学·社会科学）》2017 年第 5 期。

《从民间传说到医学神话："大跃进"期间对柳枝接骨的宣传（1958—1960）》，南京大学博士学位论文 2016 年。

《中医是"革命医学"吗?》，《医学争鸣》2016 年第 1 期。

陈勇（武汉大学）

《西方医疗社会史的由来与前沿问题刍议》，《经济社会史评论》2015 年第 3 期。

《从病人话语到医生话语——英国近代医患关系的历史考察》，《史学集刊》2010 年第 6 期。

陈勇（芜湖市地方病防治站）

～王强等：《芜湖市 1957—2011 年麻风病流行状况剖析》，《安徽预防医学杂志》2013 年第 4 期。

陈永灿（浙江省立同德医院/浙江省中医药研究院）

《览百年〈内经〉 集研究大成——读〈黄帝内经百年研究大成〉》，《浙江中医杂志》2019 年第 2 期。

张瑜、杨益萍～：《〈邵氏医案〉从血辨治痛经浅析》，《浙江中医药大学学报》2019 年第 1 期。

许琳、白钰～：《张宗良便血便秘证治经验浅析》，《浙江中医杂志》2018 年第 12 期。

杨益萍……王恒苍～：《周兰若泄泻痢疾证治经验浅探》，《浙江中医药大学学报》2018 年第 12 期。

马凤岐、白钰～陈勇毅：《叶熙春胃病证治经验举要》，《江苏中医药》2018 年第 12 期。

《〈阮氏医案〉脾胃病临证经验探述》，《中华中医药杂志》2018 年第 11 期。

王英～高晶晶等：《中医医案的文化特征探讨》，《浙江中医杂志》2018 年第 10 期。

王恒苍、白钰～：《范文虎脾胃病证治经验举要》，《浙江中医药大学学报》2018 年第 10 期。

王恒苍、白钰～杨益萍：《范文虎治疗胃痛泻痢遣方用药经验》，《新中医》2018 年第 10 期。

《阮怀清噫嗳反胃治法经验举要》，《浙江中医药大学学报》2018 年第 6 期。

～马凤岐等：《守正出新的浙江伤寒学派》，《浙江中医杂志》2018 年第 5 期。

《〈证治要义〉与"辨证论治"》,《中华中医药杂志》2015 年第 12 期。

～白钰:《清代医家汪赤厓经方辨治疑难重症医案举隅》,《中国中医急症》2015 年第 7 期。

《〈本草纲目〉强记益智药方汇述特色探讨》,《中华中医药学刊》2008 年第 10 期。

《陈言审因用方治疗健忘的学术特色》,《浙江中医杂志》2008 年第 8 期。

白钰、王恒苍～:《陈无咎衷中参西诊治脾胃病特色探析》,《浙江中医药大学学报》2018 年第 4 期。

～马凤岐:《曹炳章秋瘟学术经验探析》,《中医杂志》2018 年第 3 期。

白钰、马凤岐～:《曹炳章暑病学术经验探要》,《中国中医急症》2017 年第 12 期。

王恒苍、白钰～杨益萍:《实从湿辨 虚分阴阳——薛雪论治泄泻经验浅析》,《江苏中医药》2017 年第 12 期。

马凤岐……白钰～:《近代名医裘吉生脾胃病临证经验初探》,《浙江中医药大学学报》2017 年第 8 期。

《葛洪及其〈肘后备急方〉》,《浙江中医杂志》2016 年第 12 期。

白钰～:《〈张聿青医案〉胃脘痛遣方用药经验撷拾》,《浙江中医药大学学报》2016 年第 12 期。

曾国良～:《陈修园经方辨治胃脘痛医案选析》,《江苏中医药》2016 年第 11 期。

《读〈内经〉说健忘札记四则》,《浙江中医药大学学报》2016 年第 7 期。

王恒苍～:《中医斋名文化内涵探析》,《湖北中医药大学学报》2013 年第 3 期。

《我读"呕家有痈脓,不可治呕,脓尽自愈"》,《浙江中医杂志》2012 年第 12 期。

《张景岳对中医学术的继承和创新》,《中华中医药杂志》2011 年第 2 期。

《中医治未病的本义是未病先防》,《中医药临床杂志》2010 年第 12 期。

白钰～:《金元医家论治健忘特色撷菁》,《湖北中医杂志》2009 年第 12 期。

《明摄生治未病论》,《浙江中医杂志》2007 年第 12 期。

《略述严用和研制益智方的贡献》,《中医研究》2005 年第 1 期。

《陈士铎健忘呆病证治方药探析》,《中医药临床杂志》2004 年第 5 期。

《古代针灸益智临床经验节要》,《中共针灸》1997 年第 5 期。

《中国古代益智针灸发展史略》,《中华医史杂志》1997 年第 1 期。

～楼羽刚:《浅析张锡纯脑病论治特色》,《江苏中医》1988 年第 4 期。

～楼羽刚:《浅析张锡纯治疗脑病经验》,《天津中医》1988 年第 3 期。

《浅谈吴师机的养生导引术》,《按摩与导引》1988 年第 2 期。

陈泳超(南京师范大学)

《徐灵胎与〈洄溪道情〉》,《苏州大学学报》1998 年第 1 期。

陈永娟(广西民族大学)

《布努瑶治病行为的人类学考察——以广西大化瑶族自治县龙眼村为例》,广西民族大学硕士学位论文 2012 年。

陈永生(苏州大学医院)

张丹红、张苏萌～:《中国近代学校健康教育的启始》,《中国健康教育》1998 年第 10 期。

～张苏萌:《晚清西医学文献翻译的特点及出版机构》,《中华医史杂志》1997 年第 2 期。

《中美两国学校健康教育之比较》,《中国健康教育》1995 年第 1、2 期。

《清末民初我国学校性教育述略》,《中华医史杂志》1993 年第 1 期。

陈永威(河南大学)

《现代科学视域下的中国传统医学》,河南大学学位论文 2014 年。

陈勇毅(浙江省中医药研究院)

《略论陈直老年养生学术特点》,《浙江中医药杂志》1997 年第 9 期。

盛增秀~:《〈伤寒温疫条辨〉探要》,《辽宁中医杂志》1986 年第 5 期。

陈永正(四川大学)

~李珊珊等:《中国医改的几个理论问题》,《财经科学》2018 年第 1 期。

~黄滢:《我国专利药独家药价格谈判机制的战略问题》,《现代经济探讨》2017 年第 6 期。

《西方发达国家公共教育和公共医疗卫生财力投入模式与借鉴》,《社会科学文摘》2017 年第 5 期。

~董忻璐:《西方发达国家公共服务财力投入模式与借鉴(下)——公共文化和社会保障方面》,《行政论坛》2017 年第 2 期。

《西方发达国家公共服务财力投入模式与借鉴(上)——公共教育和公共医疗卫生方面》,《行政论坛》2017 年第 1 期。

陈永治(桐乡市洲泉中心医院/桐乡县义马卫生院/桐乡县大麻卫生院)

《〈金匮要略〉的小剂量方药》,《陕西中医》1987 年第 6 期。

《〈伤寒论〉汤剂有剩余药量析》,《安徽中医学院学报》1987 年第 1 期。

~金守强:《〈温疫论〉下后调治法探讨》,《湖南中医学院学报》1986 年第 1 期。

沈仲圭~:《〈伤寒论〉火逆证的研讨》,《安徽中医学院学报》1985 年第 2 期。

《整理古医籍的楷模——评任应秋点校〈医学启源〉》,《上海中医药杂志》1985 年第 1 期。

金守强~:《〈程松崖眼科方〉撮要》,《安徽中医学院学报》1984 年第 3 期。

《传抄本〈张仲景五脏论〉及其与国外藏本的比较》,《江苏医药(中医分册)》1979 年第 2 期。

陈瑜(河南中医药大学/河南中医学院)

《大云书库旧藏医籍考》,《中国中医药图书情报杂志》2017 年第 3 期。

《姚文栋在日搜访古医籍纪事》,《中医文献杂志》2017 年第 3 期。

《中医古籍"劳心致病"病机治法举要》,《中医药信息》2013 年第 5 期。

《清代〈内经〉名物考据成就说略》,《中医文献杂志》2007 年第 1 期。

《〈普济本事方〉灸法探略》,《安徽中医学院学报》2005 年第 6 期。

梁润英、吕海江~张瑞彤:《眼科名家张望之》,《河南中医学院学报》2005 年第 6 期。

《〈医心方〉内病外治特色浅析》,《中医外治杂志》2005 年第 5 期。

《试论清代的朴学与〈内经〉研究》,《南京中医药大学学报(社会科学版)》2005 年第 4 期。

~许敬生:《简论清代五位著名医家在〈内经〉训诂方面的成就》,《江西中医学院学报》2005 年第 4 期。

《〈鹖冠子·世贤〉医学内容初探》,《医古文知识》2005 年第 2 期。

陈宇虹(广西中医药大学)

《民国时期广西针派整理研究》,广西中医药大学硕士学位论文 2018 年。

陈宇谨(中国中医科学院)

《唐容川医学思想与诊疗特点研究》,中国中医科学院博士学位论文 2011 年。

~潘桂娟:《唐容川血证治疗与病后防复首重气机观点探讨》,《中国中医基础医学杂志》2011 年第 3 期。

～潘桂娟:《〈黄帝内经〉"出血"涵义初探》,《中国中医基础医学杂志》2010 年第 11 期。

《论唐容川〈本草问答〉之"药味"理论》,《中国中医基础医学杂志》2008 年第 4 期。

陈昱良(中国中医科学院)

～苏庆民:《〈黄帝内经〉"开阖枢"理论与干支合局的关系》,《中华中医药杂志》2018 年第 7 期。

～王永炎:《徐大椿的大医之路》,《中华中医药杂志》2016 年第 5 期。

《任应秋先生启蒙教育经历与成才启示》,《中医教育》2015 年第 6 期。

《孙思邈〈大医习业〉之"内经"小考》,《中华医史杂志》2015 年第 3 期。

陈玉女(台湾成功大学)

《明代堕胎、产亡、溺婴的社会因应——从四幅佛教堕胎产亡水陆画谈起》,《成大历史学报》第 31 期(2006.12)。

陈玉鹏(福建中医药大学)

～严世芸等:《民国时期福建医家旅沪经历对闽医学的影响》,《中医药文化》2014 年第 1 期。

蔡华珠……刘启鸿～:《〈痘疹活幼心法〉版本初考》,《福建中医药大学学报》2014 年第 6 期。

～严世芸:《〈活幼口议〉版本、作者考与学术思想评析》,《江苏中医药》2013 年第 11 期。

《民国时期旅沪的福建医家浅析》,《江西中医学院学报》2013 年第 5 期。

～张孙彪:《近代福建两部鼠疫专著》,《中医文献杂志》2012 年第 4 期。

张孙彪、林楠～:《中国古代医患关系中的信任问题——以"就医方"为考察对象》,《医学与哲学(人文社会医学版)》2010 年第 6 期。

陈玉平(贵州民族大学)

《12 岁:一个重要的生命节点——论贵州德江土家族儿童"过关"傩仪》,《贵州民族大学学报(哲学社会科学版)》2015 年第 1 期。

陈玉申(南京大学)

《〈利济学堂报〉考辨——兼论中国校报的起源》,《新闻界》2007 年第 5 期。

陈玉珍(西北民族大学)

《试述藏医学的形成及其典籍》,《德州学院学报》2011 年 S1 期。

陈玉琢(北京中医学院)

《〈苏沈良方〉考》,《江苏中医杂志》1987 年第 6 期。

陈垣(陈援菴)

《古弗先生》,《中西医学报》1912 年第 5 期。

《中国解剖学史料》,《光华医事卫生杂志》1910 年第 4 期。

《肺痨病传染之古说》,《医学卫生报》1909 年第 8 期。

《牛痘入中国考略》,《医学卫生报》1909 年第 6—7 期。

《洗冤录略史》,《医学卫生报》1909 年第 6—7 期。

《黄宽(绰卿)先生小传》,《医学卫生报》1908 年第 5 期。

陈媛(重庆医科大学)

《从基督福音到公共卫生——近代重庆公共卫生事业发展概况研究》,重庆医科大学硕士学位论文 2006 年。

《近代重庆宽仁、仁济教会医院》,《中华医史杂志》2006 年第 1 期。

陈圆(武汉大学)

～陈欣天:《奥巴马和麦凯恩的医疗保险政策博弈——浅析美国医疗保险体制及其改革走向》,《法制与社会》2009 年第 19 期。

陈元朋(台湾东华大学)

《中药材牛黄的生产历史及其本草药图所涉及的知识结构》,《故宫学术季刊》第 36 卷第 4 期(2019.12)。

《"生不可得见"的"有形之物"——中药材龙骨的认知变迁与使用历史》,《中央研究院历史语言研究所集刊》第 88 本 3 分(2017.9)。

《宋代儒医》,生命医疗史研究室编《中国史新论:医疗史分册》(台北:中央研究院 2015 年)。

《〈本草经集注〉所载"陶注"中的知识类型、药产分布与北方药物的输入》,《中国社会历史评论》2011 年 00 期。

《清末民初的上海西餐馆——以"区分"、"认同"、"空间"及"失礼"为主的初步讨论》,《东华人文学报》第 15 期(2009.7)。

《举箸常如服药　——本草史与饮食史视野下的"药食如一"变迁史》,台湾大学博士学位论文 2005 年。

《身体与花纹——唐宋时期的文身风尚初探》,《新史学》第 11 卷第 1 期(2000.3)。

《唐宋食疗概念与行为之传——以衍〈千金·食治〉为核心的观察》,《中央研究院历史语言研究所集刊》第 69 本 4 分(1998.12)。

《严世芸主编〈宋代医家学术思想研究〉》,《新史学》第 6 卷第 2 期(1995.6)。

《宋代的儒医——兼评 Robert P.Hymes 有关宋元医者地位的的论点》,《新史学》第 6 卷第 1 期(1995.3)。

陈圆人

《略谈祖国医学对矿泉疗养的贡献》,《广东中医》1958 年第 1 期。

《祖国古代的按摩与矿泉浴疗》,《中医杂志》1957 年第 8 期。

《祖国古代的矿泉医疗经验》,《大众医学》第 99 期)(1957.3)。

陈源圆(暨南大学)

《中国消费者赴韩整形纠纷的法律救济》,暨南大学硕士学位论文 2016 年。

陈远忠

～杨延康:《悲悯的歌——中国麻风群落的考察》,《文史月刊》2012 年第 3 期。

陈允吉(复旦大学)

《李贺:诗歌天才与病态畸零儿的结合》,《复旦学报(社会科学版)》1988 年第 6 期。

陈运飘(中山大学)

《文化人类学与医药研究》,《思想战线》1993 年第 6 期。

陈韵如

《评范家伟〈大医精诚——唐代国家、信仰与医学〉》,《新史学》第 20 卷第 2 期(2009.6)。

陈在余(中国药科大学)

《我国医疗联合体建设对分级诊疗效果的影响》,《南京医科大学学报(社会科学版)》2019 年第 2 期。

贾慧萍……Peter Coyte～:《医保全民覆盖背景下居民医疗费用的影响因素分析——基于 2005—

2014 年省际面板数据分》,《湖南农业大学学报(社会科学版)》2019 年第 2 期。

贾慧萍、杜瑶～:《分级诊疗背景下上海市医疗机构卫生资源配置与利用现状分析》,《中国公共卫生管理》2019 年第 1 期。

杜瑶～王敏:《香港澳门药品注册管理的比较研究》,《中国药事》2018 年第 9 期。

周德权……胡景明～:《分级诊疗制度下患者首诊意向及影响因素分析——基于江苏省综合性医院的调查》,《现代商贸工业》2018 年第 28 期。

～李薇等:《新农合对农村老年人医疗服务利用的影响——基于高龄、低龄老人分析》,《中国卫生政策研究》2018 年第 7 期。

杜瑶、贾慧萍～:《我国分级诊疗制度的现状与对策分析》,《中国药物经济学》2018 年第 6 期。

～王海旭等:《农户因病致贫的动态变化及其影响因素分析》,《湖南农业大学学报(社会科学版)》2017 年第 6 期。

王海旭、贾慧萍～:《我国医疗联合体发展的问题及对策分析——基于分工协作的角度》,《卫生经济研究》2017 年第 12 期。

～李薇等:《农村老年人灾难性医疗支出影响因素分析》,《华南农业大学学报(社会科学版)》2017 年第 1 期。

～江玉等:《新农合对农村居民灾难性医疗支出的影响——基于全民覆盖背景分析》,《财经科学》2016 年第 12 期。

《中国农村居民医疗筹资的不平等性分析》,《南京农业大学学报(社会科学版)》2013 年第 4 期。

贺晓娟～马爱霞:《我国农民因病致贫人口学特征分析》,《现代商贸工业》2013 年第 9 期。

田雅晨～马爱霞:《我国胰岛素市场状况浅析》,《北方药学》2013 年第 5 期。

贺晓娟～马爱霞:《我国农村居民因病致贫不平等性分析》,《现代商贸工业》2013 年第 8 期。

田雅晨～马爱霞:《我国糖尿病用药市场产业环境分析》,《现代商贸工业》2013 年第 8 期。

陈海燕～马爱霞:《新医改环境下医药企业的发展研究》,《北方药学》2013 年第 4 期。

田雅晨～马爱霞:《我国口服降糖西药市场状况分析》,《现代商贸工业》2013 年第 2 期。

李亚楠～马爱霞:《我国农民医疗服务利用理论研究》,《学理论》2012 年第 19 期。

席保玲～马爱霞:《中国农村医疗筹资公平研究文献综述》,《中国卫生产业》2012 年第 18 期。

李亚楠～马爱霞:《新型农村合作医疗制度对农民就医决策的影响——基于"中国健康与营养调查"数据的双重差分估计》,《宁夏农林科技》2012 年第 11 期。

《新型农村合作医疗与费用控制:基于医疗供给方的角度分析》,《经济问题》2012 年第 10 期。

贺晓娟～马爱霞:《新型农村合作医疗缓解因病致贫的效果分析》,《安徽农业大学学报(社会科学版)》2012 年第 5 期。

席保玲～马爱霞:《中国省际农村医疗筹资公平的变动研究》,《农村经济与科技》2012 年第 5 期。

李亚楠～马爱霞:《新型农村合作医疗制度对农民就医流向的影响——基于〈中国健康与营养调查〉数据的双重差分估计》,《湖南农业大学学报(社会科学版)》2012 年第 3 期。

《中国农村合作医疗制度历史回顾与比较》,《农业经济》2012 年第 2 期。

《农村医疗保障制度最优补偿研究》,《世界经济文汇》2012 年第 1 期。

席保玲～马爱霞:《农村医疗保障制度最优补偿研究》,《中国药物经济学》2011 年第 5 期。

～王洪亮:《农村居民收入及收入差距对农民健康的影响——基于地区比较的角度分析》,《南开经济研究》2010 年第 5 期。

《中国农村留守儿童营养与健康状况分析》，《中国人口科学》2009 年第 5 期。

《农村居民医疗支出差异及影响因素分析》，《经济问题》2007 年第 6 期。

～蒯旭光：《农村新型合作医疗与农民的医疗保障》，《中国人口科学》2007 年第 3 期。

《新型农村合作医疗需求不足的经济学分析》，《中国卫生经济》2007 年第 3 期。

陈泽霖（上海医科大学/上海第一医学院）

《中医在日本》，《自然杂志》1987 年第 5 期。

《张仲景对舌诊的贡献》，《安徽中医学院学报》1982 年第 3 期。

《舌诊史概述》，《中华医史杂志》1982 年第 1 期。

《舌体应脏腑考》，《新中医》1981 年第 9 期。

～陈梅芳：《舌诊研究之近展》，《中医杂志》1963 年第 3 期。

《古今舌诊之研究（文献综述）》，《上海中医药杂志》1963 年第 2 期。

～陈梅芳：《试从〈内经〉有关记载中探讨"神"的概念》，《上海中医药杂志》1962 年第 3 期。

陈泽林（天津中医药大学/天津中医学院）

《中国罐疗法溯源——〈五十二病方〉角法研究》，《天津中医药》2013 年第 2 期。

冯鹏～郭义：《放血疗法起源刍议》，《吉林中医药》2010 年第 6 期。

～郭义等：《中日两国针灸教育历史比较分析》，《国外医学（中医中药分册）》2005 年第 3 期。

陈增力（滨州市人民医院）

《从英国人对中医药的认识探讨中医药在英国的应用和发展》，《中国中西医结合杂志》2017 年第 11 期。

～吴俊宏：《针灸在英国的现状和发展》，《中国针灸》2009 年第 7 期。

陈增岳（肇庆学院）

《隋唐医用古籍若干词语考释》，《古籍整理研究学刊》2005 年第 2 期。

《隋唐医用古籍若干新词新义考析》，《肇庆学院学报》2004 年第 6 期。

《敦煌古医籍校读札记》，《敦煌研究》2004 年第 2 期。

《〈河间医集〉校勘拾遗》，《古籍整理研究学刊》2003 年第 2 期。

陈战（山东中医药大学）

《〈黄帝内经素问〉隐喻研究》，山东中医药大学博士学位论文 2015 年。

～刘桂荣：《〈黄帝内经〉隐喻研究》，《西部中医药》2015 年第 1 期。

陈章义（广州市医药工业研究所）

《希腊—阿拉伯治疗麻风的药物》，《国外药学（植物药分册）》1981 年第 6 期。

陈照

《古代对传染性肝炎的认识及其治疗方法》，《浙江中医杂志》1960 年第 4 期。

陈昭斌（深圳市南山区卫生防疫站）

《论将"定县模式"命名为"陈氏模式"的必要性及意义》，《现代预防医学》2004 年第 5 期。

《论〈定县模式〉中陈志潜教授的主要思想》，《现代预防医学》2004 年第 5 期。

《卫生防疫站的地位浅析》，《现代预防新医学》1999 年第 4 期。

陈昭宏（台湾国立政治大学）

《日治时期台湾皇汉医道复活运动》，台湾国立政治大学硕士学位论文 2015 年。

陈兆肆（南开大学）

《借医布道：走在医疗与传教之间——从〈奉天三十年〉一书看晚清东北地区传教》，《社会科学战线》2010 年第 7 期。

陈兆秀（淮阴市医学会）

《毛泽东中西医结合思想的历史考察》，《毛泽东思想论坛》1996 年第 4 期。

陈珍棣（苏州大学）

《柏乐文与博习医院》，《苏州杂志》2004 年第 2 期。

陈振宇（陕西师范大学）

《民初内务部研究——以卫生事业为中心》，陕西师范大学硕士学位论文 2011 年。

陈拯民（萧山市中医院）

《萧山竹林寺女科僧医的渊源》，《中华医史杂志》1998 年第 1 期。

《萧山竹林寺女科史略及其医疗特色》，《上海中医药杂志》1997 年第 7 期。

陈正言

《我是当年的赤脚医生》，《文史博览》2014 年第 4 期。

陈姃湲

《放眼帝国、伺机而动：在朝鲜学医的台湾人》，《台湾史研究》第 19 卷第 1 期（2012）。

陈直

《张仲景事迹新考》，《史学月刊》1964 年第 11 期。

《玺印木简中发现的古代医学史料》，《科学史集刊》1958 年第 1 期。

陈之长

《抗战时期中大畜牧兽医系在四川办学情况》，《四川草原》1984 年第 2 期。

陈志豪（山东中医药大学）

《伤寒论经方在马来西亚的运用研究》，山东中医药大学硕士学位论文 2015 年。

陈志宏（中央民族大学）

《中国农村医疗保障分析》，中央民族大学博士学位论文 2012 年。

陈志强（湖南省湘潭医院）

～肖晖：《中医心理疗法——祝由初探》，《医学与哲学》1987 年第 1 期。

陈志强（南开大学）

～武鹏：《现代拜占廷史学家的"失忆"现象——以"查士丁尼瘟疫"研究为例》，《历史研究》2010 年第 3 期。

《地中海世界首次鼠疫研究》，《历史研究》2008 年第 1 期。

《"查士丁尼瘟疫"影响初探》，《世界历史》2008 年第 2 期。

《"查士丁尼瘟疫"考辨》，《世界历史》2006 年第 1 期。

《研究视角与史料——"查士丁尼瘟疫"研究》，《史学集刊》2006 年第 1 期。

陈致远（湖南文理学院）

《近代东北鼠疫与日军的鼠疫细菌战活动》，《武陵学刊》2019 年第 3 期。

《侵华日军 1942 年绥西鼠疫细菌战》，《武陵学刊》2018 年第 2 期。

《论侵华日军的细菌武器及武器水平》，《求索》2017 年第 10 期。

《侵华日军 100 部队研究》，《军事历史研究》2017 年第 2 期。

《常德细菌战若干问题新探》，《武陵学刊》2017 年第 1 期。

柳毅～：《侵华日军"农安细菌战"研究》，《抗战史料研究》2017 年第 1 期。

《从中、俄、美、日史料看"常德细菌战"》，《湖南社会科学》2016 年第 1 期。

《侵华日军在中国南方实施的细菌战》，《军事历史研究》2015 年第 1 期。

《1943 年日军鲁西细菌战及其死亡人数》，《抗战史料研究》2014 年 1 期。

～朱清如：《南京"荣"1644 部队几个问题研究》，《南通大学学报（社会科学版）》2013 年第 1 期。

《朝鲜细菌战：美日细菌战技术和力量的合流》，《武陵学刊》2013 年第 1 期。

～朱清如：《1942 年石井四郎被"撤职"原因新探——日军细菌战战略的调整变动》，《民国档案》2012 年第 1 期。

～朱清如：《石井四郎因实验细菌战伤及自己人被撤职》，《文史参考》2012 年第 9 期。

～朱清如：《六十年来国内外日本细菌战史研究述评》，《抗日战争研究》2011 年第 2 期。

《731 部队的创建时间和历史名称考》，《武陵学刊》2010 年第 2 期。

《1939 年 731 部队"诺门罕细菌战"》，《武陵学刊》2010 年第 5 期。

～朱清如：《历史档案记录的常德石公桥和镇德桥的鼠疫之研究》，《抗日战争研究》2009 年第 1 期。

《日军常德细菌战致死城区居民人数的研究》，《民国档案》2006 年第 2 期。

～柳毅：《常德城区细菌战受害者口述历史调查 12 例》，《湖南文理学院学报（社会科学版）》2006 年第 2 期。

～柳毅：《1942 年常德石公桥和镇德桥鼠疫之研究》，《湖南文理学院学报（社会科学版）》2005 年第 4 期。

柳毅～：《关于常德细菌战研究的几个问题》，《常德师范学院学报（社会科学版）》2003 年第 3 期。

～柳毅：《1941 年日军常德细菌战造成城区居民死亡人数的研究》，《湖南文理学院学报（社会科学版）》2004 年第 4 期。

《一部向世界揭露二战日军细菌战罪行的新著——〈细菌战大屠杀〉评介》，《常德师范学院学报（社会科学版）》2002 年第 1 期。

陈志忠（台湾私立东海大学）

《清代台湾中医的发展》，台湾私立东海大学硕士学位论文 1998 年。

陈重臣

《东南医学校史略》，《东南医刊》1934 年第 2 期。

陈重方（台湾清华大学）

《清代检验知识的常规与实践》，《清史研究》2018 年第 3 期。

《〈洗冤录〉在清代的流传、阅读与应用》，《法制史研究》2014 年第 25 期。

陈仲庚（北京大学）

王米渠……付兴国～：《中医心理学说初探》，《成都中医学院学报》1980 年第 3 期。

《变态心理学历史发展的四次变更》，《心理科学通讯》1983 年第 5 期。

《〈左传〉中的病理心理学思想》，《心理学报》1963 年第 2 期。

陈忠海

《古代的防疫与疫苗》，《中国发展观察》2019 年第 9 期。

陈中坚

《述几种西药之始祖》，《中医世界》1931 年第 12 期。

陈重仁

《开膛手杰克的魅惑：道德惩戒、理性规训与医疗想像》,《文化研究》(台湾)第 6 期(2008.6)。

陈钟舜

《祖国医学中有关"癫痫"的论述》,《中医杂志》1956 年第 6 期。

陈竺(中国卫生部)

～张茅：《为了人人健康——全面实施〈卫生事业发展"十二五"规划〉》,《求是》2013 年第 4 期。

《中国卫生外交》,《中国卫生人才》2012 年第 7 期。

《中国医改：成绩及展望》,《中国科技投资》2012 年第 22 期。

～张茅：《取消"以药补医"机制　深化公立医院改革》,《求是》2012 年第 9 期。

～沈骥等：《特大地震应急医学救援：来自汶川的经验》,《中国循证医学杂志》2012 年第 4 期。

《温故而知新——汶川地震医疗救援的教训与思考》,《中国循证医学杂志》2009 年第 11 期。

《在纪念毛泽东同志关于西医学习中医重要批示发表 50 周年大会上的讲话》,《中国中西医结合杂志》2009 年第 1 期。

《打破中西医的壁垒》,《中医药导报》2008 年第 7 期/《环球中医药》2008 年第 4 期。

《建设全民皆享的医疗卫生体系》,《中国发展观察》2008 年第 4 期。

～高强：《走中国特色卫生改革发展道路使人人享有基本医疗卫生服务》,《求是》2008 年第 1 期。

陈竹同

《汉魏南北朝外来的医术与药物的考证》,《暨南学报》第 1 卷第 1 期(1936)

陈竹友(福建中医学院/福建医科大学)

《"医者意也"议》,《中医药文化》2014 年第 1 期。

黄春丽～：《成无己训释〈伤寒论〉的特色》,《福建中医药》2000 年第 1 期。

《李时珍训反义词》,《医古文知识》1999 年第 4 期。

高洁～：《林亿校勘〈素问〉的特点及学术价值》,《福建中医药》1999 年第 3 期。

陈云～：《〈注解伤寒论〉与桂林本校读异文浅析》,《福建中医学院学报》1993 年第 1 期。

《从〈灵素集注节要〉说异文》,《福建中医学院学报》1992 年第 4 期。

《古医书中的"弗"和"勿"》,《广西中医药》1991 年第 2 期。

《清代杰出的中医训诂学家——陈修园》,《医古文知识》1989 年第 1 期。

王旋～：《浅谈〈伤寒论〉的模糊语言》,《医古文知识》1984 年第 4 期。

《林则徐与祖国医药学》,《福建中医药》1984 年第 3 期。

《古医籍内型辨识》,《贵阳中医学院学报》1984 年第 1 期。

《古医书复杂谓语略说》,《福建中医药》1983 年第 6 期。

《〈伤寒真方歌括〉琐论》,《黑龙江中医药》1982 年第 3 期。

《古医书中的连续问》,《福建中医药》1982 年第 1 期。

《"医人皆相嫉害"辨》,《黑龙江中医药》1981 年第 2 期。

《漫谈古代针灸学派的形成和发展》,《河南中医学院学报》1978 年第 2 期。

陈子晨(南开大学)

《传统中医文化视角下的心理疾病"躯体化"现象》,《中医药文化》2019 年第 3 期。

～张慧娟等：《抑郁症起源的三类理论视角》,《心理科学进展》2018 年第 6 期。

《被医学分割的身体："躯体化"概念的问题与启示》,《文化研究》2017 年第 4 期。

～汪新建:《躯体化的心身交互机制及其中的文化因素》,《心理科学进展》2015 年第 5 期。

汪新建～:《"医学无法解释症状"的界定:躯体化诊断的本土视角》,《南京师范大学学报(社会科学版)》2014 年第 2 期。

《躯体化现象在中西文化下的解释模式差异》,南开大学博士学位论文 2014 年。

陈子俊(邻水县人民医院)

《浅谈李杲学术思想》,《云南中医杂志》1989 年第 3 期。

陈秭林(甘肃中医学院/河北中医药大学)

《柯韵伯学术思想及源流研究》,河北中医药大学博士学位论文 2015 年。

～段晓等:《柯韵伯〈伤寒论〉六经方药证三级分类系统》,《河北中医药大学学报》2015 年第 2 期。

～朱立鸣:《金元医家关于吐血的辨治特色》,《陕西中医学院学报》2012 年第 1 期。

～朱立鸣:《〈医学从众录〉火论与五脏结合辨治血证》,《山东中医药大学学报》2012 年第 2 期。

承邦彦(武进县漕桥中心医院)

《民国针灸名医黄石屏》,《针灸临床杂志》1994 年第 6 期。

《承淡安与梅兰芳》,《针灸临床杂志》1993 年 Z1 期。

《民国针灸名医承淡安》,《针灸学报》1992 年第 5 期。

程宝绰

《我国古代关于人体解剖生理学的成就》,《生物学通报》1956 年第 12 期。

程宝书(黑龙江中医学院)

～王铁策:《丹溪著作真伪考》,《中医药学报》1986 年第 6 期。

《浅谈王好古对中医学的贡献》,《杏林学刊》1985 年第 2 期。

《〈素问病机气宜保命集〉著者之考辨》,《中医药学报》1984 年第 4 期。

《〈丹溪手镜〉并非丹溪亲撰》,《中医杂志》1983 年第 7 期。

《张元素学术思想初探》,《吉林中医药》1983 年第 3 期。

程彩萍(南开大学)

《明代中后期宫廷医官生存状态探微》,《历史档案》2018 年第 3 期。

成昌慧(山东大学)

《新型农村合作医疗制度需方公平性研究》,山东大学博士学位论文 2008 年。

程诚(华中师范大学)

《清代安徽省疫灾地理规律与环境机理研究》,华中师范大学硕士学位论文 2014 年。

程诚(南京师范大学)

《英国高科技医疗产品路演及国际高科技医疗创新与投资项目口译报告》,南京师范大学硕士学位论文 2018 年。

程大力(华南师范大学/成都体育学院)

《一个与中医理论有关的武术问题》,《搏击(武术科学)》2010 年第 6 期。

～王庆余:《论传统医学与武术的双向渗透》,《成都体育学院学报》1990 年第 3 期。

成桂仁

《苏联斯达维罗保里边区的药剂事业(1918—1953)》,《医学史与保健组织》1957 年第 4 期。

《莫斯科药房史(1917 以前)》,《医学史与保健组织》1957 年第 3 期。

《医院药房的一些历史状况》,《医学史与保健组织》1957 年第 1 期。

程桂婷（东华理工大学/南京大学/苏州大学）

《当疾病遇上文艺》,《创作评谭》2018 年第 1 期。

《长期低热对鲁迅个性心理及文学选择的影响》,《鲁迅研究月刊》2014 年第 11 期。

《疾病与疗救:鲁迅小说中的矛盾内涵》,《鲁迅研究月刊》2013 年第 5 期。

《抑郁症与孙犁晚年文风的转变》,《华东理工大学学报(社会科学版)》2013 年第 4 期。

《论疾病对鲁迅两期散文创作的影响》,《鲁迅研究月刊》2012 年第 8 期。

《疾病体验与文学思潮》,《华东理工大学学报(社会科学版)》2012 年第 4 期。

《疾病体验与文学创作的发生》,《山西师大学报(社会科学版)》2012 年第 4 期。

《〈野草〉:鲁迅在大病之中对生与死的思考》,《鲁迅研究月刊》2011 年第 8 期。

～李斌:《"书衣"上的宣泄与治疗——论孙犁的抑郁症与"文革"后期的创作》,《扬子江评论》2010 年第 5 期。

《惊弓之鸟的春天——论孙犁的抑郁症与一九六二年的创作》,《当代作者评论》2010 年第 5 期。

《论疾病对史铁生创作的影响——以〈我的遥远的清平湾〉为例》,《当代文坛》2010 年第 5 期。

《当也论孙犁的病》,《文艺争鸣》2009 年第 6 期。

《论现代小说中肺病的隐喻》,苏州大学学位论文 2007 年。

《噬血的狂欢——试论现代小说中肺病意象的隐喻意义》,《海南师范学院学报(社会科学版)》2007 年第 1 期。

《无边黑暗中的灵魂呻吟——论巴金小说中的肺病意象》,《常熟理工学院学报》2007 年第 1 期。

程国斌（东南大学）

《乡关何处? ——中国传统文化中死亡、灵魂与遗体处置的观念》,《文化研究》2018 年第 4 期。

《中国传统社会中的医患信任模式》,《东南大学学报(哲学社会科学版)》2017 年第 1 期。

汤姆·汤姆林森～:《对致死性传染病患者的医疗照护:责任就够了吗?》,《社会科学战线》2016 年第 9 期。

《当代中国生命伦理学研究路径反思》,《天津社会科学》2015 年第 3 期。

《随缘构境:中国医疗伦理生活的空间构型》,《伦理学研究》2015 年第 2 期。

《试论医儒关系的道德论证模式》,《中国医学伦理学》2012 年第 1 期。

程汉桥（中国中医科学院西苑医院/中国中医研究院西苑医院）

《温病与伤寒的学术之争》,《中国中医药现代远程教育》2011 年第 11 期。

《有关中医学若干问题的理论研究》,《中国医药学报》2004 年第 12 期。

《论宋金元时期伤寒学的形成与发展》,《中国中医基础医学杂志》2004 年第 11 期。

～魏子孝:《消渴病历代中医文献理论研究》,《山东中医杂志》2001 年第 12 期。

《〈内经〉中有关消渴病的认识探析》,《山东中医杂志》2000 年第 3 期。

程慧娟（安徽中医药大学）

～章健:《〈医宗金鉴〉人痘术探析》,《中国民间疗法》2013 年第 9 期。

程锦（开明出版社/中国社会科学院）

《同昌公主医案小考》,《文史杂志》2017 年第 2 期。

《唐代医疗制度研究》,中国社会科学院研究生院硕士学位论文 2008 年。

《唐代医官选任制度探微——以唐〈医疾令〉为基础》,《唐研究》第 14 卷(2008)。

《唐代的女医教育》,《文史知识》2007 年第 3 期。

《唐代女医选取之制考释》,《中国社会科学院院报》2006 年 11 月 9 日 003 版。

《唐代女医制度考释——以唐〈医疾令〉"女医"条为中心》,《唐研究》第 12 卷(2006)。

程恺礼

《霍乱在中国(1820—1930)传染病国际化的一面》,刘翠溶、尹懋可主编《积渐所至:中国环境史论文集》(台北:台湾中央研究院经济研究所 1995 年)。

程莉(华中科技大学)

《我国卫生报道的现存问题及对策分析》,华中科技大学硕士学位论文 2007 年。

成莉(中国中医科学院)

~国华等:《湖北麻城"药王"王叔和初探》,《中国中医基础医学杂志》2017 年第 7 期。

~甄艳等:《两面针药用部位的古代文献研究》,《中医文献杂志》2015 年第 6 期。

《〈雷公炮炙论〉张骥辑本研究》,《中华医史杂志》2010 年第 3 期。

《宋以前中药炮制文献研究》,中国中医科学院硕士学位论文 2010 年。

程立新(内蒙古医学院)

~额尔德木图等:《透视蒙医药:以古籍抒写历史——解读内蒙古蒙医药博物馆〈馆藏古籍文献图解〉》,《内蒙古医学院学报》2012 年第 3 期。

~额尔德木图:《蒙医药古籍文献的学术实用价值及其整合意义》,《内蒙古医学院学报》2009 年第 6 期。

成令方

~陈师迪:《性别创新的医学研究:以中风研究为例》,《台湾医学》第 20 卷第 3 期(2016.5)。

王紫菡~:《同志友善医疗》,《台湾医学》第 16 卷第 3 期(2012.5)。

《性、威尔刚与男子气概》,《台湾医学》第 15 卷第 3 期(2011.5)。

《为什么医疗需要有性别观点?》,《台湾医学》第 14 卷第 5 期(2010.9)。

~傅大为:《初论台湾泌尿科的男性身体观》,《台湾社会研究季刊》第 53 期(2004.3)。

《性别、医师专业和个人选择:台湾与中国女医师的教育与职业选择,1930—1950》,《女学学志:妇女与性别研究》第 14 期(2002.11)。

成凌志(湘潭市疾病预防控制中心/湘潭市卫生防疫站)

~王继杰:《波罗的海三国卫生政策的变化》,《国外医学(卫生经济分册)》2009 年第 3 期。

~王继杰:《欧盟东扩对医生人力和医疗保健系统的影响》,《国外医学(卫生经济分册)》2004 年第 4 期。

《越南初级卫生保健评介》,《中国初级卫生保健》1994 年第 2 期。

《缅甸初级卫生保健的发展》,《中国初级卫生保健》1991 年第 1 期。

《美国医生的流向》,《中国初级卫生保健》1990 年第 6 期。

《孟加拉国的初级卫生保健》,《中国初级卫生保健》1989 年第 8 期。

《美国的健康维持组织》,《中国卫生经济》1989 年第 3 期。

程龙(北京中医药大学)

《开拓与传通——中医学的中东之旅》,北京中医药大学博士学位论文 2007 年。

程龙(南京大学)

《〈大公报〉1902 年瘟疫报道研究分析》,《东南传播》2008 年第 1 期。

程民生（河南大学）

《宋代医生的文化水平和数量》,《河北学刊》2018 年第 3 期。

《宋代的罂粟》,《国际社会科学杂志(中文版)》2016 年第 3 期。

《宋代御药院探秘》,《文史哲》2014 年第 6 期。

程明倩（重庆工商大学）

《癌症患者的医务社会工作服务策略探究》,重庆工商大学硕士学位论文 2016 年。

程铭钊（米杜萨斯大学）

～沈惠军:《中医药在英国盛行》,《中国社区医师》2012 年第 41 期。

～沈惠军:《英国中医立法的 10 年历程回顾》,《环球中医药》2010 年第 3 期。

程娜（辽宁大学）

《营卫理论研究》,辽宁大学硕士学位论文 2014 年。

程磐基（上海中医药大学）

王尔亮～:《〈伤寒活人指掌图〉学术思想探析》,《上海中医药杂志》2014 年第 11 期。

《韩祗和佚文佚书探讨》,《上海中医药杂志》2014 年第 9 期。

倪文婷～:《宋元时期药物剂量探讨》,《上海中医药大学学报》2014 年第 1 期。

刘婷～:《张璐〈伤寒绪论〉外感热病学术特点浅析》,《四川中医》2013 年第 5 期。

韩冰～:《李中梓外感热病学术思想探讨》,《上海中医药大学学报》2012 年第 5 期。

～叶进:《东汉衡器量值刍议——东汉经方药物剂量再探讨》,《上海中医药杂志》2012 年第 7 期。

～叶进:《〈本草经集注〉药物剂量探讨》,《中医杂志》2012 年第 9 期。

韩冰～:《袁班〈证治心传〉外感热病学术思想探讨》,《四川中医》2012 年第 4 期。

王尔亮～:《王履外感热病学术思想初探》,《上海中医药杂志》2010 年第 12 期。

《淳化本〈伤寒论〉学术思想初探》,《上海中医药杂志》2010 年第 11 期。

《〈伊尹汤液经〉学术思想初探》,《上海中医药杂志》2009 年第 12 期。

《〈伤寒微旨论〉佚文两篇探讨》,《中医药文化》2008 年第 3 期。

《〈伤寒微旨论〉探微》,《上海中医药杂志》2007 年第 10 期。

赵孟春、张再良～:《浅析〈千金要方〉外感热病学术特色》,《中医文献杂志》2007 年第 2 期。

《〈伤寒论·伤寒例〉学术思想探讨》,《上海中医药大学学报》2006 年第 2 期。

郑彩霞～:《〈小品方〉外感热病学术思想探讨》,《中医文献杂志》2005 年第 1 期。

《宋元明清药物剂量的考证与研究》,《上海中医药杂志》2004 年第 7 期。

～张再良等:《〈诸病源候论〉外感热病析》,《中医文献杂志》2002 年第 4 期。

张再良～:《谈仲景的辨病与辨证》,《上海中医药大学学报》2002 年第 3 期。

《魏晋前医术之大汇——寻本溯源读〈脉经〉》,《医古文知识》2002 年第 2 期。

《南北朝前外感热病学理论和治法概论》,《上海中医药大学学报》2001 年第 3 期。

吴鸿洲～:《古今中医教育模式的比较研究》,《上海中医药杂志》2000 年第 12 期。

吴鸿洲～:《中医教育发展历史与特色》,《南京中医药大学学报(社会科学版)》2000 年第 4 期。

《汉唐药物剂量的考证与研究》,《上海中医药杂志》2000 年第 3 期。

《中国古代量药器探讨》,《中华医史杂志》2000 年第 2 期。

～吴鸿洲:《中国古代医学教育模式探讨》,《中医教育》2000 年第 2 期。

《〈伤寒论〉汤方辨证源流研究与思考》，《上海中医药大学学报》1999 年第 4 期。

《关于"钱匕"的探讨》，《上海中医药杂志》1998 年第 9 期。

～柯雪帆：《吴鞠通与〈伤寒论〉》，《中国医药学报》1994 年第 1 期。

《对吴鞠通应用〈伤寒论〉方的探讨》，《辽宁中医杂志》1991 年第 11 期。

李其忠～：《〈伤寒论〉〈金匮要略〉中迭音词探析》，《上海中医药杂志》1988 年第 5 期。

柯雪帆……张玉萍～：《〈伤寒论〉和〈金匮要略〉中的药物剂量问题》，《上海中医药杂志》1983 年第 12 期。

《从逻辑学角度对〈伤寒论〉"六经病"的探讨》，《辽宁中医杂志》1983 年第 6 期。

李其忠～：《〈伤寒论〉六经与〈灵枢·经脉〉并非一脉相承》，《中医杂志》1981 年第 11 期。

程鹏飞（云南中医学院）

朱耀～王寅：《中医药文化普及与构建和谐社区的相关性研究》，《中国民族民间医药》2015 年第 10 期。

《纳西东巴医药文化社会功能的研究》，云南中医学院硕士学位论文 2014 年。

《基于文化多样性下的傣医药文化社会功能的研究——以西双版纳州为例》，《中国民族医药杂志》2012 年第 11 期。

程茜（南京中医药大学）

～瞿融：《清代御医曹沧洲治咳医案用药规律探析》，《南京中医药大学学报》2018 年第 6 期。

《明、清两代和民国时期江苏医家治咳医案的研究现状》，《江苏中医药》2016 年第 8 期。

《邵杏泉〈邵氏方案〉治咳医案用药特点浅析》，《中医文献杂志》2016 年第 4 期。

～衣兰杰：《中医古籍书名辨识》，《中国中医药图书情报杂志》2016 年第 4 期。

《小柴胡汤治疗失眠症的古今文献对比研究》，《中医文献杂志》2015 年第 6 期。

《〈药性主治分类主治〉的学术传承》，《南京中医药大学学报（社会科学版）》2014 年第 2 期。

《〈药性主治·分类主治〉的版本考订与学术特色》，《中医文献杂志》2013 年第 6 期。

《略述古代医家对失眠病因的认识》，《光明中医》2008 年第 11 期。

《失眠伴随症状的古代文献整理》，《辽宁中医药大学学报》2007 年第 6 期。

《古代失眠方的病机分类》，《河北中医》2006 年第 12 期。

程荣（安徽大学）

《谈卢照邻病中创作》，安徽大学硕士学位论文 2006 年。

程如海（湖北省中医药研究院）

周长胜～李雪芹：《王清任脑髓说探讨》，《云南中医学院学报》2001 年第 2 期。

～李敢：《张仲景病、证、症三位一体的治疗思想探讨》，《四川中医》1999 年第 2 期。

《〈素问〉"七节之傍，中有小心"之我见》，《四川中医》1998 年第 2 期。

《〈金匮要略〉"视人之目裹上微拥如蚕新卧起状"之我见》，《四川中医》1997 年第 5 期。

《略论张锡纯心脑共主神明说》，《北京中医药大学学报》1996 年第 6 期。

～徐木林：《〈内经〉中风病因病机探讨》，《四川中医》1996 年第 7 期。

《略论张锡纯注释〈伤寒论〉的特点》，《北京中医药大学学报》1996 年第 3 期。

～华红：《〈金匮要略〉"夫风之为病当半身不遂或但臂不遂者此为痹"之我见》，《四川中医》1996 年第 4 期。

《祝味菊〈伤寒质难〉学术思想探讨》，《四川中医》1995 年第 6 期。

《略论张景岳对仲景诈病的发挥》,《吉林中医药》1993 年第 5 期。

~马卫华:《评小儿"无七情六欲之伤"》,《吉林中医药》1993 年第 3 期。

《〈伤寒论〉阳明寒证探讨》,《辽宁中医杂志》1992 年第 5 期。

《中国医学行为治疗初探》,《辽宁中医杂志》1991 年第 10 期。

《阳明"无所复传"刍议》,《黑龙江中医药》1990 年第 2 期。

程绍典

《对"祖国医学对于麻症的贡献"一文的商榷》,《中华儿科杂志》1957 年第 1 期。

《四百年医学大事记》,《医联医刊》1951 年第 12 期。

承生

《花柳病流入中国之历史》,《健康报》1927 年 5 月 7 日。

程伟(黑龙江中医药大学/黑龙江中医学院)

于天一、刘雅芳~:《秦汉时期中医学理论的解剖基础再解读》,《中医药信息》2016 年第 3 期。

宋芳艳~:《〈医学源流论〉中的医患伦理思想探析》,《中国医学伦理学》2016 年第 1 期。

宋芳艳~刘雅芳:《岐伯人物考辨》,《医学与哲学(A)》2015 年第 7 期。

田旭升~:《从忧郁症到抑郁症:社会文化视角下的疾病映像》,《医学与哲学(A)》2014 年第 2 期。

~李兰等:《〈内经〉体质养生理论与四象医学体质养生理论比较初探》,《中医药信息》2013 年第 3 期。

孙灵芝~:《可视的叙事:身体技术的图像证词》,《医学与哲学(A)》2012 年第 7 期。

刘雅芳~:《与抑郁症相关的若干病证医籍考略》,《中国中医基础医学杂志》2012 年第 5 期。

刘雅芳~:《精神分裂症相关病证的中医古籍考略》,《中医药信息》2012 年第 4 期。

孙灵芝~:《略论中医养生古籍著作中的身体相关图像》,《中医文献杂志》2012 年第 2、3 期。

于海峰、黄嘉财~:《麻黄药性史浅议》,《医学信息(上旬刊)》2011 年第 9 期。

姜连堃、孙灵芝~:《从话语权的争夺透视近代中西医之争》,《西部中医药》2011 年第 7 期。

周沫~:《不该被历史遗忘的医界斗士——伍连德》,《湖南中医》2011 年第 7 期。

陈逸明、姜连堃~:《文化认同视野下的中医废存之争》,《医学与哲学(人文社会医学版)》2011 年第 7 期。

刘雅芳~高宏伟:《古代特殊文化对士人心理健康的影响》,《中医药文化》2011 年第 4 期。

《吉益东洞的意义——读〈吉益东洞——日本古方派的岱宗与魔鬼〉》,《中国科技史杂志》2010 年第 3 期。

《三十而立,走向成熟——一本杂志倡导着与医学有关的另一种生活》,《医学与哲学(人文社会医学版)》2010 年第 2 期。

李靖~:《精神分析运动的百年流变:内部整合与外部整合》,《中国医药指南》2009 年第 10 期。

刘雅芳~:《中国古代对痴呆的认识》,《中华中医药学刊》2009 年第 7 期。

周鸿艳~:《先秦时期中医学教育与传承方式浅析》,《中医药学报》2009 年第 6 期。

刘雅芳~:《简论中国哲学对中医精神医学的影响》,《四川中医》2009 年第 5 期。

《身体化的表达与诠释——中国古代精神疾患之历史文化考察》,黑龙江中医药大学博士学位论文 2009 年。

《医学教育的基点:关爱生命 以人为本》,《医学与哲学(人文社会医学版)》2008 年第 7 期。

刘雅芳～:《论中国古代中医学与法医学之隔阂与关联》,《中医药信息》2008年第5期。

～刘雅芳:《中国古代"心""脑"认识再评价》,《中华中医药学刊》2008年第4期。

陈岩波～常存库:《影响中医书籍演变的若干主要因素研究》,《中医药信息》2008年第3期。

胡妮娜～车离:《中国古代医患关系模式初探》,《中国医学伦理学》2008年第3期。

田旭升～:《中国古代抑郁症文献举隅》,《中国中医基础医学杂志》2007年第11期。

杨丽英～:《解剖在中国古代法医学和骨伤临床中的不同境遇——中医学史上的一个特殊问题》,《中医药学报》2007年第8期。

田旭升～:《抑郁症的隐喻》,《医学与哲学(人文社会医学版)》2007年第7期。

刘雅芳～:《中医精神医学面面观》,《中医药学报》2007年第5期。

刘雅芳～:《生存·发展·创新——对20世纪中医学发展道路的反思》,《医学与哲学(人文社会医学版)》2007年第6期。

《中医学能得到学理上的合法性辩护吗?——重估中国传统医学的科学价值》,《医学与哲学(人文社会医学版)》2007年第4期。

《从求证到解析——中国传统医学现代转型的现实与可能》,《科学文化评论》2007年第2期。

刘雅芳～:《面对〈告别中医药〉》,《医学与哲学(人文社会医学版)》2007年第1期。

田旭升～:《医学社会学视野下的抑郁症变奏》,《医学与哲学(人文社会医学版)》2006年第7期。

～刘雅芳等:《医疗改革:效率与公平能否对等》,《医学与哲学(人文社会医学版)》2006年第1期。

刘雅芳～高宏伟:《虚假医药广告问题与对策》,《医学与哲学》2005年第9期。

陈岩波～常存库:《中国古代医学书籍特点之研究》,《中医药学报》2005年第3期。

安春平、车离:《古代中医学传承方式的变迁》,《中医药学报》2004年第3期。

安春平～:《宋代政府禁巫兴医的意义》,《中医药信息》2004年第3期。

《〈黄帝内经〉中的心身关系问题》,《医学与哲学》1994年第1期。

《经验·理论·中医学的科学性》,《医学与哲学》1987年第11期。

《超常稳定——中医理论发展特点的思考》,《医学与哲学》1987年第9期。

《略论章太炎的医学思想》,《中医药学报》1984年第3期。

程蔚堂

《中国医学史略》,《中国医药研究月报》1937年第9期。

程文文(重庆师范大学/西南大学)

《出土医书时间副词研究》,《重庆师范大学学报(社会科学版)》2019年第1期。

《先秦两汉范围副词研究——以出土医书为中心的考察》,《重庆工商大学学报(社会科学版)》2018年第2期。

《出土医籍文献量词研究》,《长江示范学院学报》2018年第1期。

～明茂修:《简帛医籍文献句式研究》,《贵州工程应用技术学院学报》2018年第1期。

《先秦两汉医籍否定副词"毋""勿"研究》,《古汉语研究》2018年第1期。

《先秦两汉顺承连词研究——以出土医书为中心的考察》,《黄河科技大学学报》2018年第1期。

《先秦两汉情态副词研究——以出土医书为中心的考察》,《重庆师范大学学报(社会科学版)》2017年第6期。

～张海艳:《从汉语虚词角度考察马王堆医书的成书时代》,《同仁学院学报》2017年第5期。

《先秦两汉介词研究——以出土医书为中心的考察》,《宁夏大学学报(人文社会科学版)》2017年第5期。

《先秦两汉助词探微——以出土医书为中心的考察》,《牡丹江示范学院学报(哲学社会科学版)》2017年第4期。

《从文献学角度考张家山汉墓医书成书年代》,《中医药文化》2017年第4期。

～明茂修:《"皆"的语法功能探究——以出土医书和传世医书为中心的考察》,《贵州工程技术应用学院学报》2017年第4期。

《先秦两汉频度副词研究——以出土医书为中心的考察》,《宜宾学院学报》2017年第5期。

《简帛医书虚词研究》,西南大学博士学位论文2016年。

张显成～:《从副词发展史角度考马王堆医书成书时代》,《文献》2016年第2期。

《简帛医籍时间系统探究》,《毕节学院学报》2014年第10期。

《简帛医籍程度副词研究》,《开封教育学院学报》2014年第8期。

《出土医籍文献否定词研究》,《宁夏大学学报(人文社会科学版)》2014年第5期。

程霞(加拿大中医科学院)

《针灸与中医在加拿大的立法、教育和行医概况》,《天津中医药》2013年第9期。

成先聪(四川大学)

～陈廷湘:《基督教在西南少数民族地区的传播——以医疗卫生事业为例》,《宗教学研究》2001年第4期。

程先宽(北京中医药大学)

～范吉平:《古方医药之量变》,《中医杂志》2011年第5期。

～韩振蕴等:《中药超大剂量应用历史及现状》,《上海中医药杂志》2007年第12期。

～韩振蕴等:《〈伤寒杂病论〉剂量溯源、传承及展望》,《中华中医药杂志》2006年第3期。

呈显扬(辽宁大学)

《中日医疗保险制度的经济效应比较研究》,辽宁大学硕士学位论文2016年。

程校花(安徽师范大学)

《论杜甫的疾病诗及其文学史意义》,《太原大学学报》2010年第4期。

程新(安徽中医药大学)

～邓勇等:《程应旄生平与〈伤寒论后条辨〉学术价值》,《中医文献杂志》2016年第4期。

邓勇～黄辉:《论〈本草纲目〉与〈本草备要〉版本体例之异同》,《中国中医药图书情报杂志》2016年第4期。

～邓勇等:《〈伤寒论后条辨〉的版本》,《中华医史杂志》2016年第1期。

《〈本草备要〉学术价值与版本探析》,《大学图书情报学刊》2015年第5期。

《余霖籍贯考》,《中华医史杂志》2014年第4期。

程雅君(四川大学/中国社会科学院)

～赵怡然:《〈吕祖医道还元〉生命哲学思想考论》,《世界宗教研究》2018年第3期。

～赵怡然:《中医经络学说的哲学渊源》,《哲学研究》2017年第9期。

～赵怡然:《〈脉经〉的玄学渊源》,《哲学研究》2016年第10期。

程雅群～:《论中医原创思维中的理性主义》,《中华文化论坛》2016年第3期。

～程雅群:《〈本草纲目〉药理学的哲学渊源》,《哲学研究》2015年第9期。

~程雅群:《中医原创思维的哲学意蕴》,《哲学研究》2014 年第 1 期。

《论道家道教健康模式》,《四川大学学报(哲学社会科学版)》2013 年第 4 期。

《寒食散的"医道"思想刍议》,《宗教学研究》2012 年第 4 期。

《返本开新:重戡中医哲学——以朱丹溪、余云岫为例》,《四川大学学报(哲学社会科学版)》2011 年第 5 期。

《道教医学的三境九重——〈吕祖医道还元〉探微》,《世界宗教研究》2010 年第 6 期。

《援"理"入医,医"理"圆融——以朱熹等中医哲学思想为例》,《四川大学学报(哲学社会科学版)》2010 年第 4 期。

《从"三教合一"到"三流合一"——中医哲学发展史观》,《云南社会科学》2010 年第 1 期。

《中医整体观的三重内涵》,《哲学研究》2009 年第 8 期。

《阴阳辩证法与中医哲学刍议》,《西南民族大学学报(人文社科版)》2009 年第 5 期。

《先秦儒家哲学对中医学思维方式的影响》,《哲学动态》2009 年第 4 期。

《纯正道医、高尚先生——金代医家刘完素道医思想辨析》,《宗教学研究》2009 年第 4 期。

《中医哲学的唯物自然观刍议——五行学说与中医学的结合》,《天府新论》2009 年第 4 期。

《我国传统医学中的象数思维与象数科学——以中医"藏象"、"五行"和藏医"树喻"、"三因"为例》,《西藏研究》2009 年第 3 期。

《医易相通的三重内涵》,《云南社会科学》2009 年第 3 期。

《中国哲学的萌芽与中医学的起源》,《江西社会科学》2009 年第 3 期。

《先秦道家哲学对中医学思维方式的影响》,《河北学刊》2009 年第 2 期。

《"易含三义"与中医哲学》,《四川大学学报(哲学社会科学版)》2009 年第 1 期。

《医道相通的三重内涵》,《宗教学研究》2009 年第 2 期。

《道医和术医》,《哲学研究》2008 年第 5 期。

《先秦两汉道家哲学对中医学生命观的影响》,《宗教学研究》2008 年第 4 期。

程雅群~:《道教医学与中医学关系刍议》,《四川大学学报(哲学社会科学版)》2008 年第 2 期。

《援儒革道,叶落归根——金代医家张从正道医思想辨析》,《世界宗教研究》2007 年第 3 期。

《道教禁戒中的养生智慧——以行为医学析之》,《西南民族大学学报(人文社科版)》2005 年第 4 期。

~张钦:《道教养生与生态智慧》,《四川大学学报(哲学社会科学版)》2005 年第 3 期。

~程雅群:《道教音乐养生的机理研究》,《宗教学研究》2005 年第 2 期。

《藏医兼容并包佛道思想刍论——以"树喻"、"德"、"性"养生为例》,《西藏研究》2005 年第 2 期。

~程雅群:《道解孙思邈〈大医精诚〉——从医之德术体法观道》,《宗教学研究》2004 年第 4 期。

程亚丽(山东师范大学)

《从晚清到五四:女性身体的现代想象、建构与叙事》,山东师范大学博士学位论文 2007 年。

程雅群(西昌学院/四川大学)

程雅君~:《〈本草纲目〉药理学的哲学渊源》,《哲学研究》2015 年第 9 期。

《中国传统生育文化的道教情怀——以〈妇人大全良方〉为例》,《中华文化论坛》2015 年第 4 期。

《李时珍〈本草纲目〉与道教神仙方术》,《宗教学研究》2015 年第 4 期。

程雅君~:《中医原创思维的哲学意蕴》,《哲学研究》2014 年第 1 期。

《道教符号学与中医象数观——以道教"符箓"、"奇门遁甲",中医"藏象"、"五行"为例》,《西南民族大学学报(人文社科版)》2010年第9期。

《医儒相通的三重内涵》,《四川大学学报(哲学社会科学版)》2010年第1期。

《先秦哲学对中医学的影响刍议》,《新余高专学报》2009年第2期。

《论佛教对中藏医的不同影响》,《西藏民族学院学报(哲学社会科学版)》2008年第5期。

《论儒家伦理思想对中医医德的影响》,《新余高专学报》2008年第5期。

《中藏医的象数思维》,《西昌学院学报(社会科学版)》2008年第4期。

～程雅君:《道教医学与中医学关系刍议》,《四川大学学报(哲学社会科学版)》2008年第2期。

～马克布:《彝族医药的起源——从医药文化(神话)的角度探讨》,《南昌学院学报(社会科学版)》2008年第1期。

程雅君～:《道教音乐养生的机理研究》,《宗教学研究》2005年第2期。

程雅君～:《道解孙思邈〈大医精诚〉——从医之德术体法观道》,《宗教学研究》2004年第4期。

程彦杰(中国中医研究院望京医院)

～黄铁银等:《五运六气产生与适合的疆域问题》,《北京中医药大学学报》2000年第1期。

程艳敏(山东省医药卫生科技信息研究所)

～刘岩等:《我国医疗不良事件报告系统研究与应用现状述评》,《中国医院管理》2012年第10期。

～刘岩:《加拿大不良事件报告与学习系统及其对我国医疗安全监管的借鉴》,《卫生软科学》2011年第8期。

～刘岩等:《英国医疗不良事件报告系统及其对我国的启示》,《卫生软科学》2010年第1期。

刘岩、岳冬丽～崔晓等:《重大医疗过失行为和医疗事故上报的现状、问题与对策》,《卫生软科学》2009年第6期。

成永亮(晋中师范高等专科学校/晋中学院)

《抗战初期太岳抗日根据地医疗卫生防疫状况分析》,《吕梁教育学院学报》2019年第1期。

《战争与毒患——以太行抗日根据地禁毒斗争为个案》,《安顺学院学报》2016年第3期。

《太岳根据地医疗卫生防疫体系的初创》,《山西档案》2012年第2期。

《战时中共改造乡间医生的尝试——以太岳根据地为分析个案》,《山西广播电视大学学报》2010年第3期。

程瑜(中山大学)

～胡新宇等:《医务社会工作的研究及启示——从美、日、英及中国香港的经验谈起》,《医学与哲学》2019年第14期。

陈艺、胡新宇～:《社会整合视角下医院公益性》,《解放军医院管理杂志》2019年第11期。

～龚霓等:《人类学在护理中的应用与思考》,《中华护理杂志》2019年第8期。

～陈思然:《共疫与熔补:以"人"为中心的慢性病社区照护理念探析》,《广西民族大学学报(哲学社会科学版)》2019年第6期。

《医学人文就是医疗中的"智慧"》,《中国医学人文》2018年第11期。

～蒋丹彤:《智慧医疗与医学人文关系探析》,《中国卫生人才》2018年第10期。

～胡新宇:《整合的医学人类学及其中国实践》,《中国医学伦理学》2018年第8期。

聂精宝～邹翔等:《中国患医不信任的恶性循环:医务人员的观点、制度性利益冲突以及通过医疗专业精神构建信任》,《东南大学学报(哲学社会科学版)》2018年第4期。

周程……陆扬～王一方等:《医学人文教育思辨》,《中国医学伦理学》2018年第4期。

～林晓岚:《丧亲之痛的社会意涵:对医学化的人类学反思》,《医学与哲学(A)》2017年第10期。

～谢操:《从道德体验到关怀照料:医学人文的理论与实践路径》,《中国医学伦理学》2017年第6期。

周殷华～:《国际干细胞医疗市场治理与医生的职业价值观》,《广西民族大学学报(哲学社会科学版)》2017年第1期。

涂炯……凯博文～:《人类学、医学与中国社会发展:访凯博文教授》,《思想战线》2016年第5期。

涂炯～:《食管癌患者的疾病解释:理解、合理化与意义追求》,《思想战线》2016年第3期。

《谁更有效?——深圳性工作者艾滋病社会网络干预研究》,《中南民族大学学报(人文社会科学版)》2015年第3期。

～邹翔:《关系就医:诊疗的本土化实践》,《思想战线》2015年第2期。

～黄韵诗:《被遮蔽的妇科病:广西柳州侗寨妇女的就医选择》,《民族研究》2014年第6期。

～韩丽:《两岸医患关系及调解制度的比较研究》,《当代社科视野》2014年第5期。

《真实的"穿越":外来工精神健康的个案研究》,《广西民族大学学报(哲学社会科学版)》2014年第4期。

《乡土医学的人类学分析:以水族民族医学为例》,《广西民族学院学报(哲学社会科学版)》2006年第3期。

程裕初

《中国医学的源流》,《星群医药月刊》1951年第12期。

程郁华(浙江师范大学)

～李学昌:《左撇子不是天生的:西方身体建构理论脉络钩沉》,《甘肃社会科学》2013年第4期。

《发现身体:西方理论影响下的中国身体史研究》,《历史教学问题》2013年第3期。

程运文(黄山市新安医学研究所)

《叶天士用调经五法辨治不孕症浅析》,《贵阳中医学院学报》1993年第4期。

《〈金匮钩玄〉妇科病治痰三法初探》,《浙江中医学院学报》1990年第5期。

《〈傅青主女科〉月经病治肝特色》,《山西中医》1990年第3期。

《〈医学心悟〉治痰十九法简析》,《中医临床与保健》1990年第2期。

《施今墨治痹六法初探》,《黑龙江中医药》1989年第6期。

《〈丹溪手镜〉治痰八法》,《浙江中医学院学报》1989年第5期。

《浅谈叶天士从痰论治胃脘痛七法》,《江苏中医》1989年第3期。

《吴迈〈方症会要〉治火特色浅析》,《北京中医》1989年第2期。

～来雅庭:《〈血证论〉从肺补血初探》,《四川中医》1989年第2期。

程之范(北京医科大学/北京大学)

～甄橙:《西医院校怎样讲授医学史》,《中华医史杂志》2013年第3期。

《我与医史60年》,《中华医史杂志》2007年第3期。

《北医所存〈人身图说〉和〈泰西人身说概〉的来源》,《中华医史杂志》2006年第3期。

甄橙～:《由SARS流行回顾20世纪50年代北京传染病防治》,《中华医史杂志》2003年第3期。

《两位医学家的自传》,《中华医史杂志》2002年第2期。

张大庆～彭瑞聪:《20世纪医学:回顾与思考》,《医学与哲学》2001年第6期。

《21 世纪应该关注中西医学史的比较研究》,《中华医史杂志》2001 年第 2 期。

甄橙～:《与新中国一起诞生的医学杂志——〈新医学报〉》,《中华医史杂志》2000 年第 1 期。

～张大庆:《加强医学史教育宣传辩证唯物主义》,《中华医史杂志》1999 年第 4 期。

～张大庆:《医学史与医学院校的素质教育》,《医学教育》1999 年第 4 期。

《医生为什么要有医学史知识》,《中华医史杂志》1999 年第 1 期。

《20 世纪后半期的医学》,《中华医史杂志》1997 年第 1 期。

～张大庆:《我国的世界医学史研究》,《中华医史杂志》1996 年第 4 期。

《19 世纪后半期的医学》,《中华医史杂志》1995 年第 3 期。

《回忆李约瑟博士》,《中华医史杂志》1995 年第 3 期。

《19 世纪前半期的医学》,《中华医史杂志》1995 年第 2 期。

《18 世纪的医学》,《中华医史杂志》1995 年第 1 期。

《西方 17 世纪的医学》,《中华医史杂志》1994 年第 4 期。

《文艺复兴时期的医学》,《中华医史杂志》1994 年第 3 期。

《中世纪的医学》,《中华医史杂志》1994 年第 2 期。

《西方古代医学》,《中华医史杂志》1994 年第 1 期。

《医学史研究现状与医学发展方向》,《医学与哲学》1989 年第 4 期。

《回顾 50 年来我国的世界医学史》,《中华医史杂志》1987 年第 3 期。

《莫干尼——病理解剖学创始人》,《健康报》1962 年 8 月 29 日。

《我国梅毒病之历史》,《中华皮肤科杂志》1959 年第 1 期。

《威廉哈维逝世三百周年》,《医学史与保健组织》1957 年第 4 期。

《俞云岫对待中医学术的错误思想》,《新华半月刊》第 93 期(1956.10)。

《文艺复兴时期的医学及其在苏联的研究》,《中华医史杂志》1955 年第 2 期。

《医学史课程在我国医学教育中的任务和一些有关的问题》,《中华医史杂志》1955 年第 2 期。

《我国皮肤性病科的历史》,《中华医史杂志》1955 年第 1 期。

《陶弘景"诸病通用药"文献学的考察》,《中华医史杂志》1954 年第 4 期。

《作为配方原则的"君臣佐使"》,《中华医史杂志》1954 年第 3 期。

《几种内分泌腺疾病的历史》,《中华医史杂志》1954 年第 1 期。

《关节炎的历史》,《中华医史杂志》1953 年第 4 期。

《癫痫的历史》,《中华医史杂志》1953 年第 4 期。

《肺炎的历史》,《中华医史杂志》1953 年第 3 期。

《关于肾脏炎的历史》,《中华医史杂志》1953 年第 2 期。

《印度古代医学简介》,《中华医史杂志》1953 年第 1 期。

程志立(中国中医科学院/北京中医药大学)

～顾漫等:《"神仙"与"长生不死"的医道新诠》,《中华中医药杂志》2017 年第 3 期。

～顾漫等:《孙思邈与炼丹术和丹药服食养生及思考》,《中华中医药杂志》2016 年第 3 期。

～王凤兰等:《中药炮制技术流变及标准制定的思考》,《中华中医药杂志》2016 年第 2 期。

～周彭等:《〈本草纲目〉对水的认识与应用》,《中华中医药杂志》2015 年第 4 期。

～柳惠武等:《从长生到乐生的嬗变——服食养生源流述要》,《中华中医药杂志》2013 年第 12 期。

～柳惠武等:《服丹养生之流变——"丹""药"融一》,《中华中医药杂志》2013 年第 1 期。

～宋歌等:《〈泰定养生主论〉养生思想发凡》,《中国中医基础医学杂志》2012 年第 11 期。

～何振中等:《〈内经图〉及其养生意蕴和价值》,《中华中医药杂志》2012 年第 4 期。

～柳长华:《神仙家与中医养生关系及流变》,《中华中医药杂志》2011 年第 11 期。

～潘秋平等:《北京庙会民俗养生初探》,《中医药文化》2010 年第 2 期。

～张其成:《禅宗牧牛图对现代心理治疗技术的启示》,《医学与哲学(人文社会医学版)》2010 年第 3 期。

～潘秋平等:《〈神农本草经〉养生方药构成及思考》,《北京中医药大学学报》2009 年第 12 期。

程志源(武义县第一人民医院/武义县中医院)

～吴苏柳:《〈女科百效全书〉学术思想探析》,《浙江中医药大学学报》2013 年第 11 期。

吴苏柳～:《〈女科百效全书〉优生优育学术思想浅析》,《浙江中医杂志》2013 年第 10 期。

～吴苏柳:《龚居中和他的〈女科百效全书〉》,《浙江中医杂志》2012 年第 11 期。

《陈复正〈幼幼集成〉生育保健医学理论探微》,《中华中医药学刊》2008 年第 6 期。

《从〈解儿难〉看吴瑭的学术思想》,《江苏中医》1998 年第 3 期。

程中和

《医宗四大家之正讹》,《医药研究月刊》1948 年第 1 期。

程壮(清华大学)

《我国综合性医院门诊部建筑设计研究》,清华大学硕士学位论文 2004 年。

迟阿鲁(济南市槐荫区疾病预防控制中心)

《雄性激素认识简史》,《中华医史杂志》2010 年第 6 期。

池百中

《祖国医学对治疗象皮病的认识》,《中医杂志》1959 年第 3 期。

迟芬芳(北京中医药大学)

《宋代医官管理制度研究》,北京中医药大学博士学位论文 2018 年。

～梁永宣:《宋代医官选任制度探析》,《中医药文化》2018 年第 2 期。

～梁永宣:《宋代"太医学三舍法"教育制度探析》,《世界中西医结合杂志》2018 年第 1 期。

《宋代驻泊医官制度探析》,《中华医史杂志》2017 年第 6 期。

李哲、罗卫芳～:《中医药保健服务业发展政策研究》,《中国中医药信息杂志》2016 年第 7 期。

迟海波(东北师范大学)

《美国在朝鲜战争中从事细菌战的有关问题研究》,东北师范大学硕士学位论文 2000 年。

池孟轩(北京中医药大学)

《陈修园对仲景学术思想继承与发展研究》,北京中医药大学博士学位论文 2015 年。

～王新佩:《陈修园〈女科要旨·调经篇〉学术思想探析》,《吉林中医药》2014 年第 5 期。

～王新佩:《陈修园女科用药"四害"》,《吉林中医药》2015 年第 3 期。

池清华

～池方:《倡议八月四日为牙医节的缘起》,《牙科学报》1948 年第 8 期。

池晓玲(广东省中医院)

李泽鹏～周晓玲等:《基于古籍整理的脂肪肝历代方药证治分析》,《中华中医药杂志》2016 年第 10 期。

萧焕明、罗国亮～:《古代不同时期黄疸证治规律探析》,《中医杂志》2012 年第 23 期。

～谢玉宝等:《臌胀中医外治法源流探析》,《中医外治杂志》2009 年第 6 期。

～蔡高术等:《古代不同历史时期对臌胀证治及用药规律探析》,《世界中医药》2009 年第 2 期。

～萧焕明等:《臌胀古代外治疗法特点探析》,《中西医结合肝病杂志》2008 年第 4 期。

李叶、陈培琼～:《古今纵论肝病中医外治》,《中医外治杂志》2005 年第 2 期。

池秀梅(福建师范大学)

《民国时期福建灾荒救济研究》,福建师范大学硕士学位论文 2005 年。

赤羽活也(天津中医学院)

《中日灸疗比较研究》,天津中医学院硕士学位论文 2005 年。

迟云飞(首都师范大学)

《1910 年鼠疫杂谈》,《首都师范大学学报(社会科学版)》2003 年 S1 期。

池泽实芳

～景慧:《关于鲁迅的仙台之行》,《鲁迅研究月刊》2010 年第 11 期。

池子华(苏州大学)

《从合办到自立:中国红十字会的上海转型》,《上海师范大学学报(哲学社会科学版)》2019 年第 2 期。

沈璐～:《汤蠡舟:为医疗救护事业奋斗》,《中国红十字报》2019 年 1 月 29 日 003 版。

～阎智海:《全面抗战时期国际红十字组织对华人道援助论述》,《史学月刊》2016 年第 1 期。

～崔龙健:《抗战时期红十字会战事救护研究述评》,《民国档案》2014 年第 2 期。

～郭进萍:《中国红十字会救治 1918 年浙江时疫述论——以〈申报〉为考察中心》,《南京农业大学学报(社会科学版)》2012 年第 2 期。

代华～:《日本关东大地震与中国红十字会的人道救援》,《福建论坛(人文社会科学版)》2012 年第 1 期。

戴斌武～:《中国红十字会救护总队抗战救护述论——以武汉广州会战时期为中心》,《深圳大学学报(人文社会科学版)》2010 年第 5 期。

吴佩华～:《从战地救护到社会服务——简论抗战后期中国红十字会的"复员"构想》,《民国档案》2009 年第 1 期。

《中国红十字会"护国战争"救护述论》,《合肥学院学报(社会科学版)》2007 年第 2 期。

《上海万国红十字会救济日俄战灾述论》,《清史研究》2005 年第 2 期。

《国际援华医疗队抗战救护纪实》,《钟山风雨》2005 年第 2 期。

《"军阀时期"中国红十字会的兵灾救护》,《上海师范大学学报(哲学社会科学版)》2004 年第 6 期。

《中国红十字会救护总队抗战救护的几个断面》,《苏州大学学报》2004 年第 4 期。

《辛亥革命中留日医学生的救护行动》,《徐州师范大学学报》2004 年第 2 期。

《中国红十字会救护总队部的"林可胜时期"》,《南通工学院学报(社会科学版)》2004 年第 2、3 期。

《中国红十字会辛亥战时救护行动》,《民国档案》2004 年第 1 期。

《抗战初期中国红十字会的战事救护》,《江海学刊》2003 年第 4 期。

《1937 年中国红十字会淞沪抗战救护简论》,《徐州师范大学学报》2003 年第 4 期。

崇为伟(南京中医药大学)

《赤脚医生与中医药研究(1965—1985)》,南京中医药大学硕士学位论文 2019 年。

~王进等:《葛洪形神思想新诠》,《上海中医药杂志》2018 年第 5 期。

~刘振等:《整合医学模式的哲学审视》,《医学争鸣》2018 年第 4 期。

~张洪雷等:《海派中医药文化软实力建设刍议》,《时珍国医国药》2017 年第 7 期。

~文庠:《国际化视域下东南亚中医药教育概述》,《亚太传统医药》2017 年第 2 期。

仇俊超(上海大学/南京师范大学)

~曹辛华:《清末民国医药报刊诗词考论》,《山西大学学报(哲学社会科学版)》2019 年第 2 期。

~曹辛华:《论民国〈广济医刊〉所载小说的特点及意义》,《现代中文学刊》2017 年第 6 期。

仇云红(山西师范大学)

《毛泽东医疗卫生思想对当代新型农村医疗卫生事业的启示》,《新西部(下旬·理论版)》2011 年第 3 期。

仇振武(南京大学)

《1853—1854 年英国霍乱与水源治理》,南京大学硕士学位论文 2019 年。

储恩涛(华中师范大学)

《近代早期英国城镇污染与治理》,华中师范大学硕士学位论文 2018 年。

储方受

《关于柳枝接骨的文献综述》,《江苏中医》1961 年第 8 期。

鉏桂祥(上海中医药大学)

~俞雪如:《〈康治本伤寒论〉与〈康平本伤寒论〉》,《浙江中医学院学报》1997 年第 2 期。

储继军(湖北中医药大学)

《新安医学妇科学术源流及特点探析》,《中医药导报》2015 年第 18 期。

褚谨翔

~陈永治:《大麻金子久先生学术经验简介》,《浙江中医杂志》1964 年第 5 期。

《清末名医大麻金子久先生》,《浙江中医杂志》1959 年第 6 期。

褚亮(复旦大学)

《当代四大医疗保障模式改革之比较及对我国医改的启示》,《世界经济情况》2009 年第 6 期。

梁鸿~:《试论政府在医疗卫生市场中的作用》,《复旦学报(社会科学版)》2005 年第 6 期。

褚培培(东北师范大学)

《我国新型农村合作医疗制度研究》,东北师范大学硕士学位论文 2007 年。

储鹏飞(安徽大学)

《我国新闻网站"被精神病"事件报道研究——以人民网、健康报网、法制网、南方网为例(2010 年 4 月 1 日—2011 年 8 月 31 日)》,安徽大学硕士学位论文 2013 年。

初庆东(华中师范大学)

《"微观史"视角下医疗社会史研究的新尝试——评〈拉夫尔·泰勒的夏天〉》,《医疗社会史研究》2016 年第 1 期。

楚廷勇(东北财经大学)

《中国医疗保障制度发展研究——基于国际比较的视角》,东北财经大学博士学位论文 2012 年。

褚文樾

~穗轮:《敢想、敢说、敢做的江西名医俞嘉言》,《江西中医药》1958 年第 6 期。

褚玄仁（常熟市中医院）

～张耀宗：《缪仲淳的生年和葬地》，《南京中医药大学学报（社会科学版）》2010 年第 2 期。

《王旭高生平学术简介》，《江苏中医》1997 年第 1 期。

《扁鹊舌诊考》，《甘肃中医》1995 年第 1 期。

～戴祖铭：《医林羽翼——〈常熟医学会月刊〉简介》，《南京中医学院学报》1991 年第 3 期。

～戴祖铭：《王珏生平及其痰证学说》，《中医杂志》1990 年第 5 期。

～黄永昌：《缪仲淳对伤寒学说的贡献》，《江苏中医杂志》1984 年第 5 期。

《张仲景论治脾胃理法简探》，《江苏中医杂志》1982 年第 6 期。

《缪仲淳学术经验简介》，《中医杂志》1980 年第 2 期。

《〈内经〉舌诊的初步探讨和临床体会》，《中医杂志》1963 年第 11 期。

《清代江苏名医曹仁伯先生传》，《江苏中医》1963 年第 3 期。

《明代医家缪仲醇先生年表》，《江苏中医》1962 年第 8 期。

《清末江苏名医——金兰升先生》，《江苏中医》1959 年第 11 期。

褚亦农（南京政治学院）

《毛泽东抗灾防疫思想研究》，《临沂师范学院学报》2003 年第 5 期。

褚裕义（湖南中医学院）

《试论〈瘟疫论〉的下法特点》，《湖南中医学院学报》1992 年第 3 期。

储振华（江苏职工医科大学/江苏省医学情报研究所）

《如何从经济学角度看待日本的医疗》，《国外医学（卫生经济分册）》2005 年第 1 期。

《美国的非营利性医院》，《卫生经济研究》2001 年第 7 期。

《意大利政府对医院管理的职能》，《卫生经济研究》2001 年第 4 期。

《美国非营利性医院与营利性医院比较研究》，《国外医学（卫生经济分册）》2001 年第 3 期。

～李国鸿：《国外政府管医院系列介绍（之八）澳大利亚政府对医院管理的职能》，《卫生经济研究》2001 年第 2 期。

《国外政府管医院系列介绍（之七）爱尔兰政府对医院管理的职能》，《卫生经济研究》2000 年第 11 期。

《国外政府管医院系列介绍（之六）瑞典政府对医院管理的职能》，《卫生经济研究》2000 年第 9 期。

～陈文临：《加拿大政府对医院管理的职能》，《卫生经济研究》2000 年第 7 期。

李国鸿～：《法国政府对医院管理的职能》，《卫生经济研究》2000 年第 5 期。

陈文临～：《国外政府管医院系列介绍（之一）日本政府对医院管理的职能》，《卫生经济研究》1999 年第 9 期。

《介绍就医与非介绍就医患者对医疗资源消耗比较》，《国外医学（卫生经济分册）》1999 年第 1 期。

《日本居民的就医行为调查》，《国外医学（卫生经济分册）》1998 年第 3 期。

～陈文临：《国外医疗保险费率研究》，《国外医学（卫生经济分册）》1997 年第 3 期。

～李国鸿：《国外医疗保险费用控制研究》，《国外医学（卫生经济分册）》1997 年第 2 期。

《美国卫生政策发展》，《国外医学（卫生经济分册）》1996 年第 3 期。

《加拿大的医疗制度和医疗现状》，《国外医学（卫生经济分册）》1995 年第 4 期。

《临终期医疗的经济学和伦理学探讨》，《国外医学（卫生经济分册）》1995 年第 3 期。

《俄罗斯医疗制度改革动态》，《卫生经济研究》1995 年第 3 期。

《新加坡医疗制度的改革与实施》,《国外医学(卫生经济分册)》1994 年第 4 期。

《国外农村医疗保险制度实施政策》,《国外医学(卫生经济分册)》1994 年第 3 期。

梁智～:《以色列美国卫生保健服务比较研究》,《国外医学(卫生经济分册)》1992 年第 2 期。

～高大林等:《各国医务人员工资比较》,《国外医学(卫生经济分册)》1991 年第 4 期。

《日本医院业务的对外承包管理》,《国外医学(卫生经济分册)》1991 年第 2 期。

《欧美及日本等平均住院日比较》,《国外医学(卫生经济分册)》1991 年第 1 期。

长谷川和夫～:《日本痴呆老人的医疗政策》,《国外医学(卫生经济分册)》1988 年第 2 期。

冈光序治～:《日本医疗保险制度的现状和改革》,《国外医学(卫生经济分册)》1988 年第 1 期。

《联邦德国的医疗保险制度》,《中国卫生经济》1987 年第 3 期。

《拉丁美洲国家的人口和环境卫生问题》,《国外医学(社会医学分册)》1987 年第 3 期。

《苏联和东欧社会主义国家卫生保健制度的差异》,《国外医学(医院管理分册)》1987 年第 1 期。

《苏联的医疗制度简介》,《中国卫生经济》1986 年第 5 期。

《欧洲部分国家的医院概况》,《中国医院管理》1985 年第 10 期。

《日本医疗机构的体制改革》,《中国医院管理》1985 年第 9 期。

《日本的医疗保险制度》,《卫生经济》1985 年第 10 期。

《英国免费医疗制度评述》,《卫生经济》1985 年第 3 期。

初卓(辽宁省委党史研究室)

《毛泽东与中国医科大学》,《兰台世界》2003 年第 11 期。

川原秀城(日本东京大学)

《朝鲜李济马的四象医学》,《中华医史杂志》2011 年第 2 期。

次且久美

～索穷:《"托在掌心上的透明余甘子"——〈四部医典曼唐〉介绍》,《中国西藏(中文版)》2009 年第 3 期。

丛爱玲(青岛医学院附属医院)

～台芳玲等:《医学史文献在我国期刊中的分布初步调查》,《中华医史杂志》2002 年第 2 期。

丛春雨(兰州市菁华苑名老中医诊疗中心/甘肃省科学技术协会/甘肃中医学院)

《敦煌文献〈辅行诀脏腑用药法要〉创制经方 12 首》,《敦煌研究》2004 年第 2 期。

《论〈辅行诀脏腑用药法要〉五首救诸劳损病方的现实意义》,《中医文献杂志》2003 年第 4 期。

《敦煌遗书〈辅行诀脏腑用药法要〉五脏病症治疗方药解析》,《敦煌研究》2002 年第 3 期。

《试论七损八益》,《中医文献杂志》2001 年第 4 期。

《论醋在敦煌遗书、马王堆竹简古医方中的临床应用》,《敦煌研究》2001 年第 2 期。

《敦煌遗书〈辅行诀脏腑用药法要〉五首救急方析义》,《中医文献杂志》2000 年第 4 期。

《论敦煌遗书古医方在外治法的应用》,《上海中医药杂志》1999 年第 1 期。

《敦煌壁画"形象医学"的历史贡献》,《中医文献杂志》1998 年第 4 期;1999 年第 1 期。

《"八法"与敦煌遗书古医方》,《上海中医药杂志》1997 年第 6 期。

《谈敦煌古医籍的学术成就和文献价值》,《中医文献杂志》1997 年第 4 期。

《敦煌遗书中妇产科古医方的学术特点》,《中国医药学报》1996 年第 3 期。

《论敦煌针灸文献的学术价值》,《上海中医药杂志》1993 年第 10 期。

《敦煌中医药学的内涵及其学术价值》,《中国中西医结合杂志》1992 年第 11 期。

《论敦煌石窟艺术〈经变画〉中的情志因素与形象医学》,《甘肃中医学院学报》1990年第4期。

《试述柴胡在〈傅青主女科〉中的应用》,《甘肃中医学院学报》1987年第3期。

从恩霖(中国伊斯兰教经学院)

《〈古兰经〉中的养生保健启示》,《中国宗教》2015年第7期。

《伊斯兰教"杜阿"与心理治疗——从马坚先生译"祝由"一词谈起》,《中国穆斯林》2010年5期。

《当代伊斯兰法学者对人工受精育儿的看法》,《中国穆斯林》2001年第4期。

《国外伊斯兰学者对医学变性手术的看法》,《中国穆斯林》1996年第1期。

从飞(临安市人民医院中医科)

《历代消渴病的食治方》,《中华医史杂志》2014年第6期。

聪慧

《璀璨夺目的国宝——宋天圣铜人》,《中国科技史料》1985年第1期。

丛文丽(松原市中心医院)

～高福顺:《辽朝医学教育述论》,《中国煤炭工业医学杂志》2010年第12期。

～高福顺:《辽朝医学教育在契丹社会发展原因的探讨》,《中国煤炭工业医学杂志》2010年第11期。

丛亚丽(北京大学/北京医科大学/中国人民大学)

陈化、葛行路～:《涉及人的健康相关研究国际伦理准则》,《医学与哲学》2019年第18期。

范瑞平……孙慕义～刘俊荣等:《伦理原则主义:不同的观点》,《中国医学伦理学》2019年第5期。

黄媛媛～:《从人格同一性思考老年痴呆症预嘱中的伦理困境》,《医学与哲学》2019年第5期。

李晓洁～:《从"谷歌流感趋势"预测谈健康医疗大数据伦理》,《医学与哲学》2019年第4期。

《基因编辑婴儿事件制度层面的反思》,《医学与哲学》2019年第2期。

张海洪～:《世界卫生组织〈公共卫生监测伦理指南〉要点及启示》,《医学与哲学(A)》2018年第11期。

魏依依～:《对丹尼尔斯健康特殊道德地位论证的再考察——基于从内在价值进路》,《医学与哲学(A)》2018年第10期。

王帅～:《从人工流产角度看胎儿在当代中国的道德地位》,《医学与哲学(A)》2018年第8期。

魏依依～:《论精准医学发展中的卫生公平公正问题》,《中华医学杂志》2018年第18期。

《医学伦理学回顾与展望》,《中医医学伦理学》2018年第4期。

《〈日内瓦宣言〉纵横谈》,《医学与哲学(A)》2018年第4期。

张海洪～:《美国联邦受试者保护通则最新修订述评》,《医学与哲学》2017年第11期。

魏依依～:《当代美国医疗行业对医师职业精神的维护及其问题》,《医学与哲学(A)》2017年第8期。

～胡林英等:《人群流行病学研究的伦理审查》,《医学与哲学(A)》2017年第7期。

《医患关系再思考》,《中国医学伦理学》2017年第6期。

高峰……魏智民～:《"共同决策"模式初探——以恶性肿瘤治疗为例》,《医学与哲学(B)》2017年第4期。

黄媛媛～:《抗生素滥用的全球卫生伦理反思》,《中国医学伦理学》2017年第4期。

黄媛媛～:《对家属参与恶性肿瘤治疗决策合理性的伦理反思》,《中国医学伦理学》2017年第3期。

黄媛媛、魏智民～：《恶性肿瘤最佳治疗决策的实证调查与伦理探讨》，《医学与哲学（B）》2017 年第 3 期。

范瑞平、倪培民～李瑞全等：《"建构中国生命伦理学"十人笔谈》，《中国医学伦理学》2017 年第 1 期。

刘辉～：《临床医学大数据的伦理问题初探》，《医学与哲学（A）》2016 年第 10 期。

～杨柳等：《医师职业精神与医院文化》，《中华医院管理杂志》2016 年第 10 期。

赵励彦～沈如群：《生物样本库研究的知情同意》，《医学与哲学（A）》2016 年第 3 期。

《公共卫生伦理核心价值探讨》，《医学与哲学（A）》2015 年第 10 期。

～唐健：《医学人文教育如何走向"靶向治疗"——记医学伦理学、医患沟通和医师职业教育研讨会》，《医学与哲学（A）》2015 年第 5 期。

《缺席的送别，如水的怀念——追忆彭瑞聪书记》，《中国医学伦理学》2015 年第 3 期。

唐健～：《GSK 事件全景审视》，《中国医院院长》2014 年第 22 期。

唐健～：《医疗场所暴力：国际共识、研究进展与治理策略》，《中华医学杂志》2014 年第 18 期。

张海洪～沈如群：《伦理委员会持续审查制度建设探讨》，《医学与哲学（A）》2014 年第 7 期。

唐健～：《从重建信任与秩序开始——第八届中美医师职业精神研讨会侧记》，《医学与哲学（A）》2013 年第 12 期。

《以药养医该彻底结束了》，《医学与哲学（A）》2013 年第 12 期。

《医师职业精神研究及其对我国的启示》，《中华医学杂志》2013 年第 10 期。

沈如群，John·M·Falletta～张海洪：《美国受试者保护体系及其启示——以杜克大学为例》，《中华医学科研管理杂志》2013 年第 1 期。

尹秀云～：《第 11 届世界生命伦理学大会综述》，《医学与哲学（A）》2012 年第 9 期。

《浅谈生物医学科研诚信及其教育》，《科学与社会》2012 年第 4 期。

《全面统筹 科学发展——完善神木医改的几点建议》，《中国医学伦理学》2011 年第 3 期。

《医学伦理学田园漫步十五载心路历程》，《医学与哲学（人文社会医学版）》2010 年第 11 期。

《临床研究受试者的保护中美比较刍议——从伦理审查委员会的视角》，《北京中医药大学学报（医学版）》2010 年第 6 期。

Herbert Gottweis，姚振军～：《生物库管理：如何避免失败》，《医学与哲学（人文社会医学版）》2009 年第 10 期。

《北京大学医学部中美医师职业精神研究中心背景与工作目标》，《医学与哲学（人文社会医学版）》2009 年第 1 期。

《从体外受精—胚胎移植技术看有关胚胎的伦理问题（二）》，《中国生育健康杂志》2008 年第 5 期。

《如何从医学伦理学角度看胚胎和人兽胚胎（一）》，《中国生育健康杂志》2008 年第 5 期。

胡林英～：《医学专业精神的初步研究》，《医学与哲学（人文社会医学版）》2007 年第 3 期。

《生物医学科研伦理可持续发展之研究》，《中国医学伦理学》2005 年第 5 期。

谢广宽～：《文化差异、相对主义与生命伦理》，《中国医学伦理学》2005 年第 1 期。

《需要改变的是谁——就"权利让渡"与雷锦程先生商榷》，《医学与哲学》2003 年第 8 期。

《案例分析：家属可否献血救人——北京大学医学部 97—2 班和 97—4 班学生的课堂讨论》，《医学与哲学》2001 年第 6 期。

《器官移植的伦理问题》，《哲学动态》2000 年第 8 期。

《医学伦理学 1998 年综述》,《医学与哲学》1999 年第 3 期。

《危重病人的权利》,《医学与哲学》1999 年第 2 期。

《医学伦理学'97 综述》,《医学与哲学》1998 年第 3 期。

《医学伦理学概念之探究》,《医学与哲学》1997 年第 12 期。

《安乐死道德与法律关系浅探》,《中国医学伦理学》1997 年第 2 期。

《当今医学伦理学窥视》,《中国医学伦理学》1994 年第 5 期。

《魏斯曼对遗传学的贡献及其哲学意义》,《科学技术与辩证法》1993 年第 4 期。

崔波(郑州大学)

～李爱峰:《试论〈周易〉阴阳学说对中医学的影响》,《郑州大学学报(哲学社会科学版)》1999 年第 2 期。

崔财周(河南大学)

《英国 1956 年〈清洁空气法案〉研究》,河南大学硕士学位论文 2018 年。

崔璀(河南省医药学校)

～范振远:《中国药茶的起源、现代应用及发展》,《亚太传统医药》2011 年第 7 期。

崔毅忱

《新中国防痨组织机构》,《中华医学杂志》1955 年第 8 期。

崔海英(延边朝医医院)

《〈东医寿世保元四象草本卷〉与〈东医寿世保元〉内容比较》,《中华医史杂志》2013 年第 4 期。

崔红(东北大学)

《病人自主决定与医疗行善》,《东北大学学报(社会科学版)》1999 年第 3 期。

崔华峰(山东中医药大学)

～吴富东:《浅议〈灵枢·经脉〉对〈帛书〉十一脉经络理论的发展》,《山东中医药大学学报》2006 年第 3 期。

崔继涛(滕州市中心人民医院)

《清创术的发展简史》,《中华医史杂志》2006 年第 3 期。

崔佳明(甘肃政府学院)

《宋代法医制度研究》,甘肃政府学院硕士学位论文 2017 年。

崔佳琪(湖南师范大学)

《湖南中小学卫生健康教育研究(1927—1937)》,湖南师范大学硕士学位论文 2016 年。

崔家田(北京师范大学/洛阳师范学院)

《近代河南红十字组织部分创建记述献疑》,《浙江档案》2016 年第 3 期。

《北洋时期中原地区红十字组织的社会救助》,《华北水利水电大学学报(社会科学版)》2016 年第 3 期。

《全面抗战时期中原地区红十字组织的社会救助——以会刊为中心》,《理论月刊》2016 年第 1 期。

《全面抗战时期中原地区红十字组织的医卫实践:以红会会刊为中心》,《宁夏社会科学》2015 年第 4 期。

《北洋时期中原地区红十字组织战事救护与调停探析》,《延安大学学报(社会科学版)》2015 年第 2 期。

《民国前期中原地区红十字组织的医卫实践——以〈中国红十字会月刊〉为中心》,《甘肃社会科学》2014 年第 6 期。

崔箭（北京东医堂药店）

《许浚〈东医宝鉴〉学术思想研究》，《南京中医药大学学报》1999 年第 6 期。

崔箭（中央民族大学）

李志勇、李彦文～：《中国少数民族传统医药发展简史》，《医学与哲学（人文社会医学版）》2011 年第 7 期。

钟伯雄……庞宗然～：《外治膏药的历史沿革》，《长春中医药大学学报》2011 年第 1 期。

王珺……关欣～：《萨满文化在蒙古族医学传承中的作用》，《时珍国医国药》2009 年第 10 期。

王珺……庞宗然～：《哈尼族传统医学初探》，《中国民族民间医药》2008 年第 11 期。

陈浩林～：《试论苗族医学的生态智慧》，《中国民族民间医药杂志》2005 年第 5 期。

崔建华（吉林大学中日联谊医院）

～孟晓萍：《希波克拉底誓言与孔子思想——对当前医学生德育教育的一些思考》，《中国中医药现代远程教育》2008 年第 12 期。

崔节荣（河南大学）

《宋美龄与抗战期间的伤兵救助》，《史学月刊》2008 年第 6 期。

《试述毛泽东重视体育运动的原因》，《韶关学院学报》2008 年第 5 期。

崔金哲（延边大学）

《延边地区朝医药产业化战略研究》，延边大学硕士学位论文 2012 年。

崔京艳（中国中医科学院）

《清朝传统医学教育研究》，中国中医科学院博士学位论文 2007 年。

～刘振海等：《探析清朝时期中国和西方医学教育的差距及原因》，《中医研究》2011 年第 8 期。

崔军锋（河北大学/福建师范大学/中山大学）

～郭蒙蒙：《明清之际西洋药物入华之途径》，《医疗社会史研究》2019 年第 2 期。

～曹海燕：《西医东渐视角下的近代中医妇产科与妇女医疗问题》，《中医药文化》2019 年第 3 期。

叶丹丹～：《近代民族主义浪潮中的教会在华医疗事业——以 20 世纪 20 年代广州博济医院为例》，《复旦国际关系评论》2018 年第 2 期。

～武小力：《民国时期定县、邹平卫生试验区比较研究》，《中国社会历史评论》2017 年 00 期。

～叶丹丹：《民国早期广州博济医院的专业化发展（1914—1926）》，《学术研究》2017 年第 6 期。

《中国博医会与近代东亚西医学的一体化发展（1886—1932）——基于〈博医会报〉相关报道的分析》，《华中师范大学学报（人文社会科学版）》2017 年第 3 期。

叶丹丹～：《政权更迭年代的广州博济医院》，《唐山师范学院学报》2017 年第 3 期。

～张建新：《香囊的社会文化史——基于"礼制"与"民俗"视角的考察》，《中医药文化》2016 年第 6 期。

《传教士与近代中国妇产科学》，《中国社会科学报》2016 年 6 月 21 日 05 版。

《金韵梅与甲午中日战争红十字会救援辨——兼谈近代中国人名的英文回译问题》，《社会科学》2014 年第 10 期。

《中国博医会与中国现代医学的发展》，中山大学博士学位论文 2013 年。

《中国博医会与中国地方疾病研究（1886—1911）——以〈中国疾病〉一书为中心的考察》，《自然辩证法通讯》2010 年第 5 期。

《民国时期福州基督教慈善事业研究(1912—1949)》,福建师范大学硕士学位论文 2006 年。

崔灵平(兰州大学)

《药品专利保护与社会公共利益问题研究》,兰州大学硕士学位论文 2014 年。

崔璐(广州中医药大学)

《近代广州医药老字号调查研究》,《中医药文化》2019 年第 5 期。

崔敏(东北师范大学)

《试论疫病对欧洲中世纪社会进程的影响》,东北师范大学硕士学位论文 2002 年。

崔明昆(云南师范大学)

～王俊:《云南勐腊县纳卡村老年慢性疾病的医学人类学研究》,《云南师范大学学报(哲学社会科学版)》2009 年第 3 期。

崔秋丽(河南大学)

《我国报纸突发公共卫生事件报道特点研究》,河南大学硕士学位论文 2009 年。

崔荣艳(东北师范大学)

《文学治疗研究述评》,华东师范大学硕士学位论文 2015 年。

崔淑原(成都中医药大学)

《明清推拿文献点穴手法的演变及分类研究》,成都中医药大学硕士学位论文 2011 年。

～和中浚等:《孙思邈〈备急千金药方〉的版本考查》,《中国民族民间医药》2010 年第 24 期。

崔松男(延边州民族医药研究所)

崔正植……金权铉～金福男等:《中国朝医学概述》,《中国民族医药杂志》2011 年第 2 期。

崔正植……宋享根～金福男等:《论朝医整体观》,《中国民族医药杂志》2011 年第 1 期。

《中医药学对朝鲜民族四象医学的影响》,《中国民族医药杂志》1997 年第 2 期。

《朝鲜族四象医学基础理论概述》,《中国民族医药杂志》1996 年第 3、4 期。

崔泰筵(浙江大学)

《韩国医疗旅游汉语教材调查研究》,浙江大学硕士学位论文 2019 年。

崔为(长春中医药大学)

邱冬梅～王健等:《从〈清宫医案研究〉谈康熙朝满族宫廷医药特色》,《中华中医药杂志》2019 年第 9 期。

～邱冬梅:《满族说部中的医类女神研究》,《中医药文化》2019 年第 4 期。

邰丽媛～:《中医方剂十六味流气饮源流考》,《长春中医药大学学报》2019 年第 1 期。

丁芬芬～:《吉林旧志涉药文献的挖掘与研究》,《中国社区医师》2018 年第 15 期。

邱冬梅～:《入关后的满族医药特色分析》,《长春中医药大学学报》2018 年第 5 期。

鞠芳凝～:《〈本草纲目〉谷部释名项声训研究》,《吉林中医药》2016 年第 11 期。

宋哲明、王姝琛～:《晚清至民国吉林省中医内科、妇科、儿科妙手雅称之典型调查》,《世界中西医结合杂志》2015 年第 12 期。

史双文～:《晚清至民国时期吉林省中药店老字号调查与研究》,《世界中西医结合杂志》2015 年第 8 期。

朱柱泉～:《〈杂病广要〉丹波元坚按语初探》,《中国社区医师》2015 年第 26 期。

～王姝琛:《晚清民国时期吉林省中医的特点》,《长春中医药大学学报》2015 年第 6 期。

王姝琛～宋哲明:《清末民国时期吉林省中医地域分布情况及主要贡献的调查与研究》,《长春中医药大学学报》2015 年第 6 期。

魏晓光、吴兴全~:《〈脉药联珠药性食物考〉学术探微》,《时珍国医国药》2015 年第 4 期。

陈稳根~:《韵文歌括与中医》,《南京中医药大学学报(社会科学版)》2013 年第 4 期。

陈稳根~:《翁藻与〈医钞类编〉》,《长春中医药大学学报》2013 年第 4 期。

陈稳根、林双竹~:《浅谈〈医钞类编〉医学价值》,《江西中医学院学报》2013 年第 2 期。

王姝琛~:《陈修园〈家藏心典〉脉诊理论探析》,《吉林中医药》2012 年第 12 期。

王金先、张慧~:《〈黄帝内经〉与中国古代哲学》,《长春中医药大学学报》2011 年第 4 期。

王姝琛~:《陈修园论治瘟疫经验》,《吉林中医药》2009 年第 11 期。

《陈修园其人其事索隐》,《北京中医药》2009 年第 10 期。

《陈修园辨治产后病探析》,《上海中医药杂志》2009 年第 7 期。

~苏颖:《陈修园著作真伪辨疑》,《辽宁中医杂志》2007 年第 12 期。

《一代儒医陈修园》,《中国社区医师(综合版)》2007 年第 12 期。

《捐众贤之砂砾,掇群才之翠羽——读王焘〈外台秘要〉》,《世界中西医结合杂志》2007 年第 10 期。

~王姝琛:《森立之〈本草经考注〉、〈枳园丛考〉联绵词研究》,《世界中西医结合杂志》2007 年第 6 期。

~王姝琛:《黑城出土的〈伤寒论〉抄页》,《长春中医药大学学报》2007 年第 3 期。

王姝琛~:《陈修园〈家藏心典〉汇纂者之研究》,《中国社区医师(综合版)》2007 年第 11 期。

《陈存仁〈津津有味谭〉中"糖尿病中医疗法"》,《中国社区医师(综合版)》2007 年第 11 期。

王姝琛~:《陈修园〈家藏心典〉八味地黄丸运用举隅》,《世界中西医结合杂志》2007 年第 5 期。

《〈伤寒医约录〉钩沉》,《世界中西医结合杂志》2007 年第 3 期。

王姝琛~:《陈修园〈家藏心典〉探赜》,《长春中医药大学学报》2007 年第 2 期。

~王姝琛:《姚僧垣与〈集验方〉》,《长春中医药大学学报》2006 年第 3 期。

王姝琛~:《〈联绵字谱〉及其对中医古籍训诂的启示》,《长春中医学院学报》2004 年第 3 期。

《富士山麓的一束樱花——森立之的〈枳园丛考〉和〈枳园丛考续录〉》,《医古文知识》2004 年第 2 期。

~王姝琛等:《一个鲜为人知的〈素问〉版本——〈二十二子〉本〈素问〉评价》,《长春中医学院学报》2003 年第 1 期。

~王姝琛:《〈赠贾思诚序〉注解商榷五则》,《长春中医学院学报》2002 年第 4 期。

王姝琛~:《〈明处士江民莹墓志铭〉札记四则》,《长春中医学院学报》2002 年第 4 期。

~崔为:《日本江户医家考〈平脉辨证〉》,《长春中医学院学报》2000 年第 4 期。

~王中喜等:《"藏谋"讹为"葳谋"考辨》,《长春中医学院学报》2000 年第 4 期。

郭秀梅~冈田研吉等:《中药量词从"物"到"味"的演变》,《医古文知识》2000 年第 2 期。

郭秀梅~冈田研吉等:《"瘨""淋"音义考》,《医古文知识》2000 年第 1 期。

赵玉芝~陈凤芝等:《日本江户医家解经一则——对〈金匮要略〉中"虚虚实实"的认识》,《长春中医学院学报》1998 年第 2 期。

崔维志(山东省临沂市政协)

~唐秀娥:《抗日战争时期山东第一大惨案——鲁西北细菌战》,《世纪桥》2000 年第 6 期。

崔文龙(中国人民抗日战争纪念馆/中国海洋大学)

《同济医工学堂与德国对华文化政策》,《史林》2014 年第 3 期。

《德国在胶澳租界地建设规划中的卫生措施及对中国人的歧视》，《德国研究》2008 年第 1 期。

崔文琦（山东大学）

《中国医务传道会研究(1838—1886)》，山东大学硕士学位论文 2019 年。

崔勿娇（长春中医药大学/长春中医学院）

陈凤芝～卞艳君：《"关东之宝"人参与满族民间常用药物》，《吉林中医药》2009 年第 10 期。

《试论〈内经〉中少俞的医学成就》，《辽宁中医杂志》2007 年第 7 期。

《满族医药及其特点浅析》，《中国社区医师(综合版)》2007 年第 6 期。

～王姝琛：《满族传统疗法撷萃》，《世界中西医结合杂志》2007 年第 1 期。

《从〈周易〉与〈内经〉看养生学思想渊源》，《内蒙古中医药》2002 年第 6 期。

张立侠～：《中医四诊体现"部分和整体"的唯物辩证观》，《长春中医学院学报》1996 年第 4 期。

崔锡章（首都医科大学/北京联合大学/北京中医学院）

～陈婷：《宋代方药著作语言特点及研究意义》，《北京中医药》2010 年第 3 期。

敖莉娜～：《〈本草纲目〉文献研究述评》，《北京中医》2007 年第 2 期。

～张宝文：《汉代医籍症状表述语言特色研究》，《医古文知识》2005 年第 1 期。

《论〈脉经〉症状表述的语言特色》，《北京中医药大学学报》2005 年第 4 期。

戴梅～：《试论杨上善的脏腑观》，《医古文知识》2004 年第 4 期。

～张宝文：《试析民国时期的社会历史文化对北京"四大名医"的学术影响》，《北京中医》2003 年第 5 期。

《〈脉经〉引用古佚医书考》，《中国中医基础医学杂志》1999 年第 7 期。

《〈脉经〉版本流传考略》，《北京中医》1999 年第 6 期。

《林亿校注〈脉经〉删方考》，《北京中医药大学学报》1999 年第 3 期。

《论林亿校注〈脉经〉的贡献》，《医古文知识》1997 年第 4 期。

《〈伤寒论〉名称流变考》，《北京中医》1994 年第 5 期。

《试析林亿校勘〈素问〉的历史条件及方法》，《北京中医》1986 年第 1 期。

崔晓春（南京中医药大学）

《〈伤寒杂病论〉针灸思想探究》，南京中医药大学硕士学位论文 2018 年。

崔晓飞（河南省中医药研究院）

《天仙子药名考释》，《光明中医》2003 年第 5 期。

《〈饮膳正要〉学术思想浅谈》，《国医论坛》2002 年第 5 期。

蔡永敏～刘永业：《〈滇南本草〉研究述要》，《中国民族医药杂志》1997 年 S1 期。

崔小琴（外交学院）

《中国对非医疗外交成效及问题反思》，外交学院硕士学位论文 2011 年。

崔小希（成都中医药大学）

《〈伤寒论〉脉理研究》，成都中医药大学硕士学位论文 2016 年。

崔晓燕（南京大学）

《〈17 世纪英国伦敦的助产士〉评介》，《世界历史》2006 年第 1 期。

崔秀汉（延边医学院）

《朝鲜医史人物史料初探》，《延边医学院学报》1995 年第 1 期。

《〈太医院先生案〉考》，《延边医学院学报》1994 年第 2 期。

《朝鲜针灸史料探讨》,《延边医学院学报》1994 年第 1 期。

《〈疮疹集〉与任元浚》,《延边医学院学报》1993 年第 1 期。

《许浚生平史料考》,《延边医学院学报》1992 年第 4 期。

《中朝两国医学的形成与医药交流》,《延边医学院学报》1992 年第 2 期。

《朝鲜腊药考》,《延边医学院学报》1992 年第 1 期。

《〈东医宝鉴〉版本考》,《延边医学院学报》1991 年第 3 期。

《〈东医宝鉴〉引书考》,《延边医学院学报》1991 年第 1 期。

《〈乡药集成〉及其引书考》,《延边医学院学报》1988 年第 4 期。

《朝鲜医书〈医方类聚〉考》,《延边医学院学报》1985 年第 3 期。

《朝鲜医书考》,《延边医学院学报》1985 年第 3 期。

崔玹硕(复旦大学)

《在华韩国医疗机构对中韩观光医疗的影响研究》,复旦大学硕士学位论文 2010 年。

崔学森(北京大学)

《宣统年间京师临时防疫局章程研究》,《北京社会科学》2013 年第 3 期。

崔艳

《阑尾炎麦氏点及其发现者》,《中华医史杂志》2006 年第 2 期。

崔艳红(广东外语外贸大学)

《港英政府应对公共危机管理的现代化开端——以 19 世纪末 20 世纪初香港鼠疫为研究对象》,《战略决策研究》2012 年第 6 期。

《19 世纪末 20 世纪初香港鼠疫与港英政府的应对措施》,《历史教学(下半月刊)》2010 年第 6 期。

《查士丁尼大瘟疫述论》,《史学集刊》2003 年第 3 期。

崔艳明(河北医科大学)

~张玉梅:《邓小平的医疗卫生思想》,《党史博采·理论》2006 年第 2 期。

李中东~:《土地革命战争时期毛泽东医疗卫生思想初探》,《河北经贸大学学报(综合版)》2003 年第 1 期。

崔一冰(上海大学/河南大学)

《20 世纪英国癌症三级预防研究》,上海大学博士学位论文 2019 年。

~张勇安:《"大英帝国癌症运动"与英国大众防癌教育的兴起(1923—1953)》,《求是学刊》2017 年第 5 期。

《近代英国天花病预防的演进》,河南大学硕士学位论文 2014 年。

崔义田(中国卫生部)

《我国第一个五年计划期间的人民卫生事业》,《中华医史杂志》1957 年第 4 期。

《抗生素在我国医疗保健事业中的地位》,《科学通讯》1956 年第 1 期。

崔赢午(吉林大学)

《汉代宫廷医疗问题考述》,吉林大学硕士学位论文 2009 年。

《魏晋南北朝时期太医制度简述》,《长春教育学院学报》2009 年第 1 期。

~冯浩等:《两汉太医研究》,《中共郑州市委党校学报》2008 年第 2 期。

崔永霞(辽宁中医药大学)

~王彩霞:《从〈脾胃论〉的学术思想看李东垣论治脾胃病的理法方药特点》,《实用中医内科杂志》

2012 年第 1 期。

崔云(浙江中医药大学附属宁波中医院)

郑军状~:《叶天士医案男科杂病证治特色述要》,《中国中医基础医学杂志》2016 年第 11 期。

张宇静~:《〈褚氏遗书〉男子求嗣养生观浅识》,《浙江中医杂志》2014 年第 11 期。

《傅山男科学术思想探析》,《光明中医》2008 年第 10 期。

~郑军状:《〈外科正宗〉学术成就说略》,《中华中医药杂志》2008 年第 3 期。

《〈千金要方〉养性成就说略》,《辽宁中医学院学报》2005 年第 5 期。

崔张新(河北北方学院附属第一医院)

~尚金星等:《益母草文献考证》,《现代中西医结合杂志》2010 年第 5 期。

崔正森(山西省社会科学院)

《名扬中外的五台山佛教僧医——释妙空》,《五台山研究》2000 年第 1 期。

崔忠亮(解放军 65133 部队/第二军医大学)

~张浩等:《论国际医疗援助伦理监督》,《医学与社会》2009 年第 8 期。

~杨放等:《国际医疗援助的伦理思考》,《中国医学伦理学》2009 年第 1 期。

措如·次朗

~次仁青措:《藏医学关于人体、疾病与治疗三者辩证关系的理论》,《中国藏学》1989 年第 4 期。

C.W.Hufland

~撰,李瑞礼译:《医诫十二章》,《镜湖医药》1948 年第 2 期。

D

大公

《西医在中国的沿革》,《广西卫生旬刊》1935 年第 1、4 期。

达里尔·爱尔兰

《宗教还是世俗:中国传教医学的多元结构》,《医疗社会史研究》2019 年第 2 期。

达林·伦茨

《"你们敢花 100 万建立传教阵地吗?"——马克·邦廷和印度加尔各答的五旬节派差会的实用主义精神》,《医疗社会史研究》2019 年第 2 期。

达美君(上海中医药大学)

~张宁:《〈黄帝内经〉成书年代述考》,《上海中医药杂志》1994 年第 7 期;1995 年第 11 期;1996 年第 1 期。

笪梦雅(安徽大学)

《宋代精神病人研究》,安徽大学硕士学位论文 2018 年。

大泉

~译:《体液循环的研究史略》,《中华医史杂志》1955 年第 2 期。

达娃(西藏自治区藏医药研究院)

《简述藏药学的理论与传承过程》,《中国民族医药杂志》2011 年第 7 期。

《简述藏医药文化中的"甘露加持法"》,《中华医史杂志》2011 年第 6 期。

大卫·阿诺

《医学与殖民主义》,《当代》第 170 期(2001.10)。

大卫·M.兰普顿(美国尼克松中心中国问题研究部)

~张志辉:《"大跃进"时期的医疗政策》,《科学文化评论》2006 年第 1 期。

大塚恭男(日本东洋医学会)

~张主恩:《汉方医学在日本的历史与现状》,《上海中医药杂志》1990 年第 3 期。

大塚敬节

~撰,金真如译:《中华民国国医学界管见》,《明日医药》1937 年第 1 期。

~撰,王可法译:《周代的医学制度》,《中医科学》1936 年第 4 期。

戴斌武(苏州大学)

《红十字会救护总队与战时三合一政策》,《贵州社会科学》2011 年第 2 期。

~池子华:《抗战初期中国红十字会战地救护工作述论》,《历史教学(下半月刊)》2010 年第 9 期。

~池子华:《中国红十字会救护总队抗战救护述论——以武汉广州会战时期为中心》,《深圳大学学报(人文社会科学版)》2010 年第 5 期。

戴策安

《中国牙医教育之过去现在及将来》,《广州市牙医公会月刊》1947 年第 7 期。

《牙医发展史》,《牙医学报》1947 年第 1 期。

戴定黄(台湾大学)

《治理"近视王国":从学校监管医疗到家庭健康促进》,台湾大学硕士学位论文 2017 年。

戴恩来(甘肃中医学院)

《〈金匮要略〉中的结缔组织病》,《甘肃中医学院学报》2015 年第 3 期。

《浅谈中医药文化的内涵》,《甘肃中医学院学报》2014 年第 6 期。

~金华等:《皇甫宏著 承先启后——晋朝高秀皇甫谧及其〈针灸甲乙经〉》,《中国现代中药》2013 年第 5 期。

~金华等:《汉代医简 辨证先声——武威汉代医简及其价值》,《中国现代中药》2013 年第 4 期。

《浅谈吴鞠通"格物辨本草"》,《甘肃中医学院学报》1988 年第 3 期。

戴蕃瑨(西南师范学院)

《再论〈经史备急证类本草〉》,《西南师范大学学报(自然科学版)》1987 年第 1 期。

戴红

《从赤脚医生到党派中央领导人——全国政协副主席、九三学社中央主席韩启德心路历程》,《中国统一战线》2013 年第 8 期。

代宏刚(西北师范大学)

《20 世纪 50 年代甘肃省爱国卫生运动初探》,西北师范大学硕士学位论文 2011 年。

《浅析 1958 年兰州市除"七害"讲卫生运动》,《长治学院学报》2010 年第 3 期。

戴剑华(石家庄市中医院)

~石英杰等:《痹病相关病名及病因病机学说的演变》,《中华医史杂志》2009 年第 4 期。

戴俭宇(辽宁中医药大学)

《〈名医类案〉〈续名医类案〉从肾论治医案系统研究》,辽宁中医药大学博士学位论文 2012 年。

戴洁琛（广州中医药大学）

《岭南名医甄梦初学术思想与临床经验研究》，广州中医药大学硕士学位论文 2008 年。

戴立春（中国药科大学）

《中国第一所独立高等药科学校——国立药学专科学校》，《中国药学杂志》1990 年第 12 期。

戴丽艳（黑龙江省档案局）

～赵晶莹：《东北鼠疫中的黑龙江疫情》，《黑龙江档案》2017 年第 5 期。

戴廉

《"在历史的过山车上"中华医学会：1949 年以降》，《中国医院院长》2010 年 Z1 期。

代玲（云南大学）

《政府健康传播的研究思考》，云南大学硕士学位论文 2012 年。

戴铭（广西中医药大学/广西中医学院）

马丽～：《覃保霖学术思想初探》，《中华中医药杂志》2017 年第 9 期。

莫清莲～：《浅析覃保霖〈陶针疗法〉》，《广西中医药》2017 年第 5 期。

刘秋霞～夏琰等：《论越南古医籍〈新镌海上医宗心领全帙〉的学术价值与特色》，《广西中医药》2016 年第 6 期。

马丽～：《浅析壮医药学派的学术特色》，《中华中医药杂志》2016 年第 12 期。

马丽～：《浅析壮医药学派的形成与发展》，《中华中医药杂志》2016 年第 11 期。

艾军～：《小儿温病学术渊源与创新思路》，《中华中医药杂志》2016 年第 4 期。

陈晓林、梁艳红～林怡：《澄江针灸学派门人李文宪著述考略》，《江苏中医药》2016 年第 1 期。

夏琰、陈群～：《浅析罗哲初〈针灸发微〉与〈针灸节要发微〉》，《时珍国医国药》2015 年第 3 期。

林怡～：《八桂医学之中医学术流派述略》，《中医文献杂志》2015 年第 1 期。

陈晓林～梁艳红等：《李文宪针灸学术思想探析》，《中国中医基础医学杂志》2014 年第 8 期。

马丽～陈绩锐：《壮医药学派研究概述》，《中华中医药杂志》2014 年第 8 期。

莫清莲、林怡～：《壮医病因学说初探》，《中国中医药大学学报》2014 年第 3 期。

张璐砾～刘玉筠：《广西宾阳炮龙节的医学文化内涵》，《广西中医药大学学报》2014 年第 1 期。

刘桂荣、李成文～：《中医学术流派概说》，《中医药学报》2013 年第 6 期。

清莲～林怡等：《壮医学派探析》，《中国中医基础医学杂志》2013 年第 5 期。

林怡……莫清莲～：《八桂针灸流派刍议》，《中国中医基础医学杂志》2012 年第 11 期。

员晓云～刘玉筠等：《张仲景护理学术思想研究概述》，《辽宁中医药大学学报》2012 年第 7 期。

刘秋霞～：《古代中越传统医药交流的主要特点浅析》，《中医药通报》2012 年第 1 期。

刘秋霞～：《宋金元时期中国与越南的医药交流》，《中华医史杂志》2012 年第 1 期。

～林怡等：《杨继洲针灸学术思想述要》，《中华中医药杂志》2011 年第 10 期。

林怡……彭君梅～：《〈儿科推拿辑要〉学术思想初探》，《中国中医基础医学杂志》2011 年第 5 期。

夏琰～艾军：《新加坡建国前与中国的传统医药交流》，《中医药通报》2011 年第 4 期。

彭君梅、林怡～：《钟远洋〈伤寒括要〉的学术思想及价值》，《时珍国医国药》2011 年第 3 期。

陈晓林～梁艳红：《李文宪及其〈针灸精粹〉》，《中国针灸》2011 年第 2 期。

～夏琰等：《唐宋元明时期中国与印度尼西亚的传统医药交流》，《中医学报》2011 年第 2 期。

林怡……彭君梅～：《浅析清代名医韦进德的养生观》，《中医文献杂志》2011 年第 1 期。

林怡、彭君梅～肖宁：《韦进德及其〈医学指南〉》，《中国中医基础医学杂志》2011 年第 1 期。

周祖亮～：《壮语医学词汇初探》，《广西中医学院学报》2010 年第 2 期。

林怡～彭君梅等：《银针飞渡 妙手仁心——记广西近代针灸学家罗兆琚医师》，《中国针灸》2010 年第 6 期。

～黄政德：《广西地方医学史研究概况》，《广西中医药》2010 年第 2 期。

林怡～彭君梅：《近代针灸学家罗兆琚生平著述考略》，《中国针灸》2010 年第 3 期。

莫清莲～农敏坚：《壮族民歌中的保健医事记载》，《中国民族民间医药》2009 年第 23 期。

赖洪燕～：《广西近代中医针灸医籍考》，《广西中医药》2009 年第 5 期。

夏琰～：《浅析〈初刻拍案惊奇〉里的中医药》，《江西中医学院学报》2009 年第 3 期。

周祖亮～：《民国时期广西兴业县卫生史考察》，《广西中医药》2009 年第 2 期。

刘秋霞～：《明清时期的中越传统医药交流》，《广西中医药》2008 年第 5 期。

张璐砾～：《论广西新桂系时期的公办中医教育》，《中华医史杂志》2007 年第 3 期。

罗婕～：《广西近代中医团体略考》，《广西中医药》2006 年第 4 期。

林怡～：《罗兆琚〈新著中国针灸外科治疗学〉学术思想探讨》，《中国针灸》2005 年第 7 期。

《张从正论补思想探讨》，《四川中医》2002 年第 7 期。

《罗兆琚及其针灸著作》，《广西中医药》2002 年第 4 期。

《杨上善对中医学术理论的重要贡献》，《中医药通报》2002 年第 3 期。

《杨上善〈太素〉门——关阖枢理论初探》，《辽宁中医学院学报》1999 年第 4 期。

《略论杨上善脏腑学术思想》，《辽宁中医杂志》1995 年第 10 期。

《杨上善养生观探讨》，《广西中医药》1995 年第 4 期。

《杨上善针灸学术思想研究》，《中国针灸》1995 年第 2 期。

《杨上善分类研究〈内经〉方法探讨》，《广西中医药》1990 年第 6 期。

戴庆康（东南大学）

《论作为人权的医疗卫生服务保障权》，《中国卫生法制》2013 年第 6 期。

～李波：《精神障碍患者非自愿住院医疗法律规制之原则》，《医学与哲学（A）》2013 年第 4 期。

～葛菊莲：《精神障碍患者保安性非自愿住院的主体与标准问题研究》，《南京医科大学学报（社会科学版）》2013 年第 3 期。

《医疗界与法律界的关系问题——中国医疗秩序重构中的重要课题》，《医学与哲学（人文社会医学版）》2007 年第 4 期。

《医疗权的伦理辩护》，《河北法学》2007 年第 1 期。

《死亡标准与器官移植时的伦理痛苦与法律的无奈》，《医学与哲学（人文社会医学版）》2006 年第 7 期。

《精神疾病诊断：科学的判断？伦理的判断？》，《医学与哲学》2005 年第 7 期。

《精神疾病、行为控制及其伦理冲突》，《医学与哲学》2004 年第 7 期。

《有关精神病治疗与病人权利保护的若干问题》，《医学与社会》2004 年第 1 期。

《我所了解的英国医学伦理学教育》，《医学与哲学》2003 年第 12 期。

《英国精神卫生法修订评介》，《医学与哲学》2003 年第 3 期/《法律与医学杂志》2002 年第 3 期。

《英国医生互助性责任保险述评》，《南京医科大学学报（社会科学版）》2003 年第 1 期。

《浅析知情同意权在我国立法中的不足》，《医学与哲学》2002 年第 7 期。

《病人及病人家属放弃治疗的法律问题》，《医学与哲学》2002 年第 3 期。

《医生主动放弃治疗的法律问题》，《医学与哲学》2000 年第 6 期。

戴荣婷（宁夏大学）

《二十世纪五六十年代苏北黑热病防治研究》，《淮阴师范学院教育科学论坛》2015 年 Z2 期。

戴瑞鸿

～译:《苏维埃时代的外科学》，《中华医史杂志》1954 年第 1 期。

戴韶华（浙江警官职业学院）

《爱国卫生运动中小营巷的变迁———一项政治社会学的解读》，《法制与社会》2010 年第 16 期。

代生（烟台大学）

《出土文献与彭祖养生学术研究》，《中医药文化》2007 年第 5 期。

戴思博

《从秦代至唐代的中医经典理论(公元前 221 年至公元 906)》，《法国汉学》第 6 辑(2002.4)。

代涛（中国医学科学院）

杨顺心、黄菊～:《英国全科医生制度发展经验与启示》，《中国社会医学杂志》2016 年第 3 期。

张静～黄菊:《古巴全科医生制度的经验与启示》，《中国全科医学》2015 年第 31 期。

～黄菊等:《国际全科医生制度发展历程:影响因素分析及政策启示》，《中国卫生政策研究》2015 年第 2 期。

马晓静～杨顺心等:《全科医生执业及服务方式的国际经验与启示》，《中国卫生政策研究》2015 年第 2 期。

～陈瑶等:《医疗卫生服务体系整合:国际视角与中国实践》，《中国卫生政策研究》2012 年第 9 期。

～陈瑶等:《新加坡公立医院改革的主要做法与启示》，《中国卫生政策研究》2012 年第 8 期。

《公立医院改革的国际趋势与思考》，《中国卫生政策研究》2012 年第 8 期。

《跨学科卫生政策研究的方法学与实践探索》，《中国卫生政策研究》2012 年第 5 期。

胡红濮～高星:《加拿大卫生决策支持系统的发展与启示》，《中国循证医学杂志》2012 年第 5 期。

陈荃～李新伟:《英国卫生决策支持系统的发展与启示》，《中国循证医学杂志》2012 年第 4 期。

～胡红濮等:《澳大利亚卫生决策支持系统的发展与启示》，《中国循证医学杂志》2012 年第 4 期。

《卫生决策支持系统发展的国际经验》，《中国循证医学杂志》2012 年第 3 期。

李新伟～胡红濮:《美国卫生决策支持系统建设与应用》，《中国循证医学杂志》2012 年第 3 期。

《公立医院发展改革的国际经验与启示》，《中国医院》2011 年第 7 期。

～韦潇等:《世界卫生组织的政策类型及其特点》，《中国卫生政策研究》2010 年第 4 期。

～代涛等:《世界卫生组织的管理体制机制及其影响》，《中国卫生政策研究》2010 年第 4 期。

韦潇～郭岩等:《不同时期世界卫生组织主要政策及其变化趋势研究》，《中国卫生政策研究》2009 年第 12 期。

～尤川梅等:《部分国家政府举办公立医院的经验与启示》，《中国卫生政策研究》2009 年第 8 期。

～田晓晓等:《我国政府举办公立医院的理论依据与职责研究》，《中国卫生政策研究》2009 年第 8 期。

朱坤～韦潇等:《加拿大健康战略及其启示》，《医学与哲学(人文社会医学版)》2008 年第 11 期。

～吴富起等:《美国健康战略及启示》，《医学与哲学(人文社会医学版)》2008 年第 11 期。

王小万～朱坤:《"健康国家"战略发展的过程与国际经验》,《医学与哲学(人文社会医学版)》2008年第 11 期。

～朱坤等:《美国、英国和加拿大健康战略的比较分析》,《医学与哲学(人文社会医学版)》2008 年第 11 期。

刘晓曦、王小万～朱坤:《欧洲妇女健康战略行动计划及启示》,《医学与哲学(人文社会医学版)》2008 年第 11 期。

朱坤～张黎黎等:《英国健康战略的特点及启示》,《医学与哲学(人文社会医学版)》2008 年第 11 期。

～何平等:《我国卫生服务资源的互动与整合》,《卫生经济研究》2008 年第 8 期。

～田玲等:《改革开放 30 年我国医药卫生技术发展的成就与挑战》,《中国卫生政策研究》2008 年第 2 期。

戴天爵

《从〈儒门事亲〉试谈张子和的医学思想与医疗方法》,《江苏中医》1962 年第 7 期。

戴天木(湖北中医学院)

～柳芳:《〈金匮要略〉中的〈难经〉学术思想浅析》,《光明中医》2005 年第 1 期。

《〈金匮要略〉中的〈内经〉学术思想述要》,《光明中医》2004 年第 1 期。

《从〈金匮要略〉方看张仲景治未病的预防思想》,《光明中医》2003 年第 4 期。

戴天右(上海第一医学院)

～顾学箕等:《颜福庆的预防医学教育思想》,《上海预防医学杂志》2002 年第 12 期。

～颜志渊:《医学教育家颜福庆》,《中国科技史料》1984 年第 1 期。

戴伟(黑龙江省档案局)

《黑龙江省档案馆馆藏侵华日军"特殊输送"人员名录》,《黑龙江档案》2017 年第 1 期。

《侵华日军关东宪兵队"特殊输送"档案》,《黑龙江档案》2016 年第 2 期。

戴卫东(浙江财经大学/安徽师范大学)

《抓好两个阶段三个关键建立长护保险》,《中国医疗保险》2016 年第 3 期。

《长期护理保险:中国养老保障的理性选择》,《人口学刊》2016 年第 2 期。

《欧亚七国长期护理保险制度分析》,《武汉科技大学学报(社会科学版)》2016 年第 1 期。

《日本、韩国长期护理教育培训体系比较及思考》,《老龄科学研究》2015 年第 10 期。

《中国长期护理制度建构的十大议题》,《中国软科学》2015 年第 1 期。

《"社会性住院"现象及其干预路径:一个文献分析》,《安徽师范大学学报(人文社会科学版)》2015 年第 1 期。

～李裕吉等:《日本残疾人长期护理服务体系研究》,《残疾人研究》2014 年第 3 期。

《长期护理保险势在必行》,《中国社会保障》2014 年第 4 期。

《印度私营医疗卫生服务体系的公平与效率》,《人口与经济》2012 年第 4 期。

《"金砖四国"医疗卫生体制改革比较及思考》,《华中科技大学学报(社会科学版)》2011 年第 2 期。

《我国医疗卫生制度的未来走向》,《中国卫生经济》2008 年第 6 期。

戴文娟(成都中医药大学)

《历代医家解释〈黄帝内经〉的比较研究》,成都中医药大学硕士学位论文 2007 年。

戴五宏（厦门大学）

《佯黎的民间信仰与仪式治疗实践》,《农业考古》2013 年第 6 期。

戴吾三（清华大学）

《避孕药之父:卡尔·杰拉西》,《自然杂志》2015 年第 2 期。

《1897 年苏州博习医院引入简易 X 光机》,《中国科技史料》2002 年第 3 期。

戴小兵（湖南科技大学）

杨鹏程～:《1956—1965 年湖南洞庭湖地区灭螺工作研究》,《武陵学刊》2013 年第 3 期。

《1949—1965 年湖南洞庭湖区血吸虫病防治对策的历史学研究》,湖南科技大学硕士学位论文 2010 年。

《1950—1955 年湖南洞庭湖区血吸虫病防治历史研究》,《湘潭师范学院学报（社会科学版）》2009 年第 3 期。

戴小寒（国防科学技术出版社）

《新型农村合作医疗制度研究》,国防科学技术大学硕士学位论文 2005 年。

戴小军（扬州大学医学院）

～朱慧:《试论扁鹊"六不治"的道德思想及现实意义》,《中国医学伦理学》1999 年第 8 期。

戴晓琳（宁夏大学）

《近代医疗卫生事业在河湟地区的产生及影响》,《黑河学刊》2009 年第 9 期。

戴逸（中国人民大学）

《光绪之死》,《清史研究》2008 年第 4 期。

戴一峰（厦门大学）

《饮食文化与海外市场:清代中国与南洋的海参贸易》,《中国经济史研究》2003 年第 1 期。

《18—19 世纪中国与东南亚的海参贸易》,《中国社会经济史研究》1998 年第 4 期。

戴应新（中国社会科学院/陕西历史博物馆）

《祖国医药学史的重要文献——〈吐鲁番出土文书〉学习札记》,《文博》1984 年第 2 期。

《解放后考古发现的医药资料考述》,《考古》1983 年第 2 期。

《尊法反儒的伟大医学家——孙思邈》,《陕西新医药》1974 年第 6 期。

戴玉华（中国医学科学院）

《美国家庭医师概况》,《中华全科医师杂志》2003 年第 5 期。

～乌正赍:《全科医学和社区卫生服务在我国发展的历史、现状和展望》,《中国医学科学院学报》2000 年第 2 期。

戴元光（上海大学）

～韩瑞霞:《我国当前医患关系的现状、问题及原因——基于健康传播视角的实证分析》,《新闻记者》2012 年第 4 期。

戴月笙（福州茶厂保健所）

《试谈陈修园在妇科方面的成就》,《福建中医药》1985 年第 6 期。

戴云（暨南大学）

陈伟明～:《元代食品贮存加工的技术与特色》,《华南理工大学学报（社会科学版）》2001 年第 3 期。

《唐宋饮食文化要籍考述》,《农业考古》1994 年第 1 期。

陈伟明～:《唐宋时期的食糖及其生产制作工艺》,《中国科技史料》1991年第3期。

戴志澄(中华预防医学会)

《中国卫生防疫体系及预防为主方针实施50周年——纪念全国卫生防疫体系建立50周年》,《中国公共卫生》2003年第10期。

《中国卫生防疫体系五十年回顾——纪念卫生防疫体系建立50周年》,《中国预防医学杂志》2003年第4期。

《我国实施"预防为主"方针的历史经验》,《中国预防医学杂志》2003年第4期。

《五十年来卫生防疫体系建设、发展的基本经验》,《中国预防医学杂志》2003年第4期。

牟瑾、毛正中～:《饮酒与健康:一个全球关注的公共卫生课题》,《中国公共卫生管理》1999年第6期。

代志明(郑州轻工业学院/中南财经政法大学/武汉大学)

李全利～:《社会质量视角下的办医主体多元化研究》,《长春大学学报》2015年第5期。

《中国医改的政治成本测算及其分担问题研究》,《现代经济探讨》2015年第3期。

《"三明医改"模式可以复制吗?——兼与钟东波先生商榷》,《郑州轻工业学院学报(社会科学版)》2015年第2期。

李全利～:《我国公立医院的内部治理机制改革研究——基于变革型领导理论的视角》,《郑州轻工业学院学报(社会科学版)》2014年第5期。

《中国公立医院改革的时间成本问题研究——基于后发劣势理论的视角》,《云南社会科学》2014年第5期。

《中国公立医院的改制成本测算及其分担优化研究——以公立医院的冗员安置为例》,《现代经济探讨》2014年第7期。

《双中心治理:化解我国医患紧张关系的新路径——基于路西法效应的视角》,《郑州轻工业学院学报(社会科学版)》2014年第2期。

《中国公立医院的改革成本测算研究——以取消"药品加成"改革为例》,《现代经济探讨》2013年第5期。

《中国的公共医疗支出增长与居民"受益幻觉"困境——基于"粘蝇纸效应"的诠释》,《云南社会科学》2013年第2期。

《公立医院改革:洛阳模式的经验与反思》,《中国医院管理》2012年第7期。

《河南省国家基本药物制度实施的现状与问题分析》,《卫生经济研究》2011年第6期。

《韩国医药分离改革的经验及其对我国的启示》,《郑州轻工业学院学报(社会科学版)》2011年第3期。

《新型农村合作医疗基金分配的公平性实证研究:以河南省长葛市为例》,《中国卫生经济》2010年第7期。

《缴费年限累积制是化解城镇居民医保推广难的新方案——以奥尔森的"集体行动的逻辑"为视角》,《现代经济探讨》2010年第5期。

《河南省新农合制度存在的问题与对策研究》,《卫生经济研究》2010年第5期。

《传统合作医疗制度瓦解原因的再思考——基于"退出—呼吁"理论的视角》,《云南社会科学》2010年第1期。

《以"退出—呼吁"理论解读我国传统合作医疗制度瓦解的原因》,《郑州轻工业学院学报(社会《科学版)》2009 年第 5 期。

《新农合"制度外农民群体"的医疗保障问题研究》,《云南社会科学》2009 年第 5 期。

《中国农村健康投入的有效性:理论与实证》,《云南社会科学》2008 年第 5 期。

《"新医改热"中的若干"冷思考"》,《卫生经济研究》2008 年第 2 期。

《缴费年限累积制:"新农合"筹资机制改革的新思路——基于集团理论的视角》,《云南社会科学》2007 年第 4 期。

《新型农村合作医疗补偿机制歧视问题研究——以收入差异为视角》,《中国软科学》2007 年第 2 期。

～周浩杰:《试论社会医疗保险中的道德风险及防范》,《卫生经济研究》2005 年第 5 期。

《国外农村医疗保障制度的解读与借鉴》,《经济纵横》2005 年第 2 期。

戴翥(云南中医药大学/云南中医学院)

闻馨……吴凯～:《"飞龙脉法"创始人里昂·汉默及其学术思想》,《中医药文化》2019 年第 2 期。

秦雨东～贺霆等:《初探费利克思·曼恩与"西医针灸"的发源》,《中医药导报》2018 年第 2 期。

吴凯、张蕊子～贺霆:《"西方中医"之鉴》,《中医药文化》2018 年第 2 期。

王宪东、秦雨东～:《云南少数民族医药文献的整理与保护》,《中国民族民间医药》2016 年第 16 期。

张蕊子、贺霆～吴凯:《重拾法国回归〈滇南草本〉之序言》,《中医药文化》2016 年第 5 期。

赖张凤～谭勇等:《海外回归中医古籍〈针灸大成〉流传及版本研究》,《世界中西医结合杂志》2015 年第 11 期。

赖张凤～贺霆等:《中医在法国传播的图文资料研究及档案库建设》,《中华医学图书情报杂志》2015 年第 9 期。

李清林、张雪冰～:《云南省少数民族医药文献联合目录的编制》,《中华医学图书情报杂志》2015 年第 4 期。

周红黎～何婧琳等:《〈四部医典〉与〈嘎牙山哈雅〉对人体胚胎的认识比较》,《中国民族民间医药》2015 年第 1 期。

《第二届中医西传暨人类学西方社会论坛举行》,《中医药文化》2014 年第 4 期。

～贺霆等:《中医在法国传播脉络初步研究总结》,《中国中医药信息杂志》2013 年第 10 期。

吴永贵～熊磊:《英美中医教育的现状及思考》,《云南中医学院学报》2013 年第 1 期。

《试论傣医药文献的文献目录学研究》,《中国民族医药杂志》2012 年第 11 期。

《叶天士〈临证指南医案〉外感温热类温病养阴学术思想及用药规律研究》,云南中医学院硕士学位论文 2012 年。

～周红黎等:《云南少数民族医药口述文献研究探讨》,《云南中医学院学报》2012 年第 5 期。

～陈普等:《傣族文化滋养下的傣医医德》,《中国民族医药杂志》2010 年第 10 期。

周红黎、陈普～韩艳丽:《傣医学的自然观探讨》,《中国民族医药杂志》2010 年第 10 期。

吴永贵～罗艳秋:《中医辨证论治的哲学基础》,《云南中医学院学报》2010 年第 3 期。

《傣医药文献整理研究综述及思考》,《中国民族医药杂志》2009 年第 10 期。

熊洪艳……徐薇～李启勇:《抑郁症古方配伍浅析》,《云南中医药杂志》2009 年第 3 期。

宋波、武煜明～:《头、躯干部古代解剖学名词今释》,《云南中医学院学报》2006 年第 3 期。

～戴莹:《朝医"四象医学"渊源初探》,《中国民族民间医药杂志》2002 年第 3 期。

戴自英

～徐肇玥：《1947 年至 1957 年间应用于临床上的抗生素》，《中华医学杂志》1958 年第 1 期。

戴祖铭（常熟市中医院）

～余信：《晚清名医余听鸿的世系及生平》，《浙江中医杂志》2003 年第 8 期。

～余信：《余含与〈保赤存真〉》，《浙江中医杂志》2001 年第 9 期。

～余信：《汪莲石及其〈伤寒论汇注精华〉》，《浙江中医杂志》2001 年第 4 期。

《〈爱庐医案〉自序及产后佚案的发现》，《浙江中医杂志》1999 年第 1 期。

～朱炜成：《喻昌〈会讲温证语录〉题辞的发现》，《浙江中医杂志》1997 年第 4 期。

余信～：《汪莲石评〈诊余集〉》，《安徽中医临床杂志》1997 年第 3 期。

《沈时誉学术思想举要》，《上海中医药杂志》1997 年第 2 期。

～余信：《余景和年表》，《中华医史杂志》1997 年第 1 期。

《翁同和与孟河名医》，《浙江中医杂志》1996 年第 8 期。

《柳宝詒与翁同和》，《光明中医》1995 年第 2 期。

《徐悫銈与〈外科选要〉》，《中医杂志》1992 年第 10 期。

《翁同和为〈囊秘喉书〉题签》，《江苏中医》1992 年第 9 期。

《〈柳选四家医案〉及翁同和未刊序》，《江苏中医》1991 年第 8 期。

褚玄仁～：《"医林羽翼"——〈常熟医学会月刊〉简介》，《南京中医学院学报》1991 年第 3 期。

～梅获孙：《虞山墩头丘陈氏外科与抄本〈陈憩亭医案〉》，《江苏中医》1990 年第 9 期。

褚玄仁～：《王珪生平及其痰证学说》，《中医杂志》1990 年第 5 期。

～张国庆等：《何其伟〈医学妙谛〉简介》，《中医杂志》1983 年第 7 期。

附：

余信：《吴越文化与常熟中医的发展》，《中医药文化》2010 年第 4 期。

余信：《常熟中医非物质文化遗产存要》，《中医药文化》2008 年第 1 期。

丹妮（内蒙古大学）

《医疗纠纷事件中媒体报道的问题及改进策略研究——以"缝肛门"等医疗事件的报道为例》，内蒙古大学硕士学位论文 2014 年。

丹尼尔·特拉巴尔斯基（德国波鸿矿业博物馆）

～撰，郝静萍译：《从易患病矿工到风险计算：1945 年以来西德煤矿开采中矽肺病成因和预防观念转变研究》，《医疗社会史研究》2019 年第 1 期。

丹曲（甘肃省藏学研究所）

《藏族古代医学教育初探》，《中国藏学》1995 年第 4 期。

《拉卜楞寺医药学院概述》，《中国藏学》1990 年第 4 期。

《简述藏医学名著〈四部医典〉及其影响》，《中央民族学院学报》1987 年第 6 期。

当安

《回眸：建国初上海的卫生防疫工作》，《上海人大月刊》2006 年第 9 期。

党会先（遵义师范学院）

《论〈夷坚志〉中的道教养生术》，《黑龙江史志》2009 年第 23 期。

党静萍（西安交通大学）

张持晨……张亚玮～李恩昌等：《中国医学伦理学发展的学科图谱和作者群——〈中国医学伦理

学〉文献计量研究》,《中国医学伦理学》2018 年第 3 期。

陈其明、毛瑛～杨昌国等:《陕西省神木县卫生服务供给分析》,《中共卫生政策研究》2010 年第 9 期。

～杨昌国等:《陕西省神木县"全民免费医疗"满意度调查分析》,《中国卫生政策研究》2010 年第 9 期。

毛瑛、杨昌国～陈其明等:《陕西省神木县"全民免费医疗"医改运行机制评价》,《中国卫生政策研究》2010 年第 9 期。

王美娟、毛瑛～陈其明等:《陕西省神木县城乡居民医疗服务需要与需求分析》,《中国卫生政策研究》2010 年第 9 期。

张婷婷、毛瑛～杨昌国等:《陕西省神木县"全民免费医疗"的背景与实施方案》,《中国卫生政策研究》2010 年第 8 期。

毛瑛、陈其明～杨昌国等:《陕西省神木县"全民免费医疗"的机遇与挑战》,《中国卫生政策研究》2010 年第 8 期。

～张美等:《陕西省神木县"全民免费医疗"媒体报道及影响分析》,《中共卫生政策研究》2010 年第 8 期。

杨昌国、毛瑛～陈其明等:《陕西省神木县卫生机构收支现状分析》,《中国卫生政策研究》2010 年第 8 期。

张仁吉、毛瑛～陈其明等:《陕西省神木县卫生资源现状分析》,《中国卫生政策研究》2010 年第 8 期。

党新玲(兰州医学院第一附属医院)

《五代敦煌粟特人医家史再盈》,《甘肃中医学院学报》1994 年第 3 期。

《唐代敦煌医王翟法荣》,《甘肃中医学院学报》1993 年第 3 期。

《唐敦煌药王索崇恩》,《甘肃中医学院学报》1993 年第 1 期。

党志政(中国中医科学院)

《〈东医宝鉴〉引录中医文献研究》,中共中医科学院硕士学位论文 2015 年。

德尔其力卓玛(西北民族大学)

《托忒蒙古文医学文献〈甘露精义后续脉诊部〉研究》,西北民族大学硕士学位论文 2016 年。

德吉卓玛(中央民族大学)

《论第司·桑结嘉措与藏医学》,中央民族大学硕士学位论文 2016 年。

得荣·泽仁邓珠(四川甘孜州档案局)

《浅谈藏医养生学》,《亚太传统医药》2006 年第 2 期。

《藏医药的起源与远古医药学》,《亚太传统医药》2005 年第 4 期。

邓霭静(广州中医药大学)

《中医诊治带下病学术源流探讨及文献整理研究》,广州中医药大学学位论文 2014 年。

～刘小斌:《〈岭南卫生方〉对岭南瘴病学术的影响》,《广州中医药大学学报》2013 年第 6 期。

邓宝辉

《唐代的医学》,《食货》复刊第 8、9 期(1977)。

邓翀(广州中医药大学)

邓志勇～:《从〈内经〉十二官谈中医重脾胃思想》,《内蒙古中医药》2016 年第 1 期。

《〈子和医集〉评介》,《新中医》1997年第8期。

邓红(北京师范大学)

～郑立柱:《抗战时期晋察冀边区的疫病及其防治》,《河北大学学报(哲学社会科学版)》2004年第4期。

邓红(南开大学)

～王丽娟:《新中国成立初期政府主导下妇幼保健事业的起步与发展——基于天津的考察》,《河北学刊》2015年第2期。

邓宏涛(中央民族大学)

《新型农村牧区合作医疗运行研究》,中央民族大学硕士学位论文2009年。

邓宏勇(上海中医药大学)

～许吉等:《新安地域文化对〈神灸经纶〉成书的影响》,《中医文献杂志》2015年第2期。

～许吉:《〈神灸经纶〉及其成书背景浅析》,《中医药文化》2015年第2期。

～许吉等:《〈神灸经纶〉灸法内容及特色浅析》,《上海针灸杂志》2014年第8期。

许吉、施毅～袁敏等:《基于〈民国时期期刊全文数据库(1911—1949)〉的汗法计量研究》,《中国中医药图书情报杂志》2014年第1期。

～许吉等:《〈神灸经纶〉作者及版本小考》,《中医文献杂志》2013年第5期。

张洋……袁敏～:《民国时期中医药期刊的时代特征述略》,《中医药文化》2013年第2期。

～许吉:《传统灸法养生杂谈》,《中医药文化》2012年第3期。

邓慧芳(北京中医药大学)

《基于源流梳理及名词考据的仲景微汗法应用阐释与实证研究》,北京中医药大学博士学位论文2018年。

～陈子杰等:《〈黄帝内经〉尺肤诊理论的内涵》,《中国中医基础医学杂志》2018年第3期。

曾百慧、李耘州～于瀚等:《〈金匮要略〉痰饮水气病诊治探讨》,《四川航医》2018年第3期。

～陈子杰等:《〈黄帝内经〉面部分候脏腑理论的演变》,《中华中医药杂志》2018年第3期。

～陈子杰等:《叶天士对〈黄帝内经〉奇经八脉理论的继承与发展》,《中华中医药学刊》2015年第11期。

《〈内经〉面色诊、舌诊、脉诊、尺肤诊理论的演变及其规律研究》,北京中医药大学硕士学位论文2015年。

～翟双庆:《〈黄帝内经〉中的方剂阴阳分类法》,《辽宁中医杂志》2015年第3期。

陈子杰～翟双庆:《石寿棠〈医原〉学术思想溯源》,《中国中医药现代远程教育》2014年第10期。

～白俊杰等:《叶天士对刘完素学术思想的继承与发展》,《吉林中医药》2013年第10期。

邓慧清(亳县卫生进修学校)

《华佗"麻沸散"及其演变》,《安徽中医学院学报》1984年第3期。

邓基伟(郑州大学)

《我国化妆品监管和美国化妆品监管的比较研究》,郑州大学硕士学位论文2014年。

邓杰(四川文理学院/四川大学)

《基督教与川康民族地区公共卫生事业——以边疆服务运动(1939—1955)为例》,《社会科学研究》2012年第5期。

《基督教在川康民族地区的医疗传教活动(1939—1949)》,《宗教学研究》2012年第2期。

《基督教与川康民族地区西医业的兴起》,《福建师范大学学报(哲学社会科学版)》2011年第6期。

《基督教与川康民族地区的禁毒努力(1939—1949)》,《世界宗教研究》2011年第1期。

《抗日战争与边疆服务运动——中华基督教会全国总会边疆服务的缘起》,《史学月刊》2010年第10期。

《基督教与川康边疆建设——以边疆服务运动为中心的考察》,《民族学刊》2010年第2期。

～刘力:《基督教与民国时期四川羌区的社会研究》,《西南民族大学学报(人文社科版)》2010年第1期。

《基督教与川康民族地区疾病研究——以边疆服务部所作医疗卫生研究为例》,《四川大学学报(哲学社会科学版)》2009年第6期。

《李安宅与边疆服务运动》,《四川文理学院学报》2009年第6期。

《基督教与四川羌寨早期社会改良》,《西南民族大学学报(人文社科版)》2009年第6期。

《外籍传教士与中国的边疆服务运动》,《宗教学研究》2009年第3期。

～刘长江:《〈边疆服务〉与服务边疆——基督教边疆服务运动的历史记录》,《重庆师范大学学报(哲学社会科学版)》2007年第1期。

《基督教与川康民族地区近代医疗事业:边疆服务中的医疗卫生事业研究(1939—1955)》,四川大学博士学位论文2007年。

邓靖

《"纪念抗日烽火中的中国红十字会救护总队暨林可胜教授学术座谈会"举行——回顾历史缅怀先进见证今日启迪未来》,《台声》2016年第1期。

邓婧溪(湖南中医药大学)

～何清湖等:《从马王堆汉墓出土香物探讨楚地香文化及其医学运用》,《湖南中医药大学学报》2016年第6期。

～何清湖等:《马王堆医学传播方式的思考》,《中医药导报》2016年第6期。

《基于博物馆展厅传播的马王堆医学内容研究》,湖南中医药大学硕士学位论文2016年。

邓钧豪(台湾大学)

《强制社区治疗制度之社会治理机能》,台湾大学硕士学位论文2011年。

邓来送(时珍国医国药杂志社/黄石市二医院)

《论佛教医药对中医药的影响》,《五台山研究》2005年第1期。

《浅谈心理养生》,《五台山研究》2004年第3期。

邓翠娥～陈国唤等:《重视心身疾病统治》,《五台山研究》2003年第3期。

～邓莉:《从现代医学论佛教的医疗功能》,《五台山研究》2003年第3期。

～邓莉:《佛教与中医心理学》,《五台山研究》2002年第4期。

《略论佛对心理疾病的认识》,《五台山研究》2002年第2期。

～邓莉:《论衣冠疗法》,《中医外治杂志》1995年第6期。

～邓莉:《李时珍对医学的贡献》,《山西中医》1994年第4期。

《万密斋养生四要及延寿诸方》,《上海中医药杂志》1987年第10期。

邓磊(濮阳市肿瘤医院)

《〈伤寒论〉外治法述要》,《光明中医》2004年第5期。

～李伟锋:《〈伤寒论〉自愈机理的探讨》,《四川中医》2004年第2期。

邓绍根(福建中医学院/福建师范大学)

王苹～:《〈点石斋画报〉记载的中国近代剖腹产手术》,《中华医史杂志》2004 年第 2 期。

《中国第一台 X 光诊断机的引进》,《中华医史杂志》2002 年第 2 期。

王民～:《〈万国公报〉与 X 射线知识的传播》,《中国科技史料》2001 年第 3 期。

邓寿明(中共四川省委)

《保障红军健康的"瑞金司令"——长征路上的卫生部长贺诚》,《四川党的建设(城市版)》2005 年第 11 期。

邓树平(黑龙江流域博物馆)

《辽金时期医疗器械的发现与研究》,《社会科学战线》2013 年第 4 期。

邓松年。

《北满防疫经过之概略》,《中华医学杂志》1922 年第 1 期。

邓铁涛(广东省中医院/广州中医药大学/广州医学院)

陈凯佳～:《国医大师邓铁涛中医教育思想研究》,《中华中医药学刊》2012 年第 8 期。

～郑洪:《中医五脏相关学说研究——从五行到五脏相关》,《中国工程科学》2008 年第 2 期。

《中西医结合的方向》,《世界中西医结合杂志》2006 年第 1 期。

杨悦娅～:《谈古医籍整理工作》,《中医文献杂志》2006 年第 1 期。

《正确认识中医》,《湖北民族学院学报(医学版)》2005 年第 4 期。

《中医与未来医学》,《中医药通报》2005 年第 2 期。

《辨证论治是中医学的精髓》,《中医药通报》2005 年第 1 期。

杨利～罗日永:《柯琴治〈伤寒论〉之创见》,《浙江中医杂志》2000 年第 4 期。

《漫谈中医近代史》,《新中医》2000 年第 4 期。

《人类不能没有中医》,《新中医》2000 年第 2 期。

《岭南医学》,《新中医》1999 年第 8 期。

《李东垣的科研成果、方法与启示》,《新中医》1999 年第 6 期。

《对抗生素对思考》,《新中医》1999 年第 1 期。

《试论吴鞠通病原说的科学性》,《中国中医基础医学杂志》1998 年第 5 期。

～赖畴:《张子和著作考》,《新中医》1994 年第 5 期。

～赖畴:《张子和医著内容形成及〈儒门事亲〉版本源流的探讨》,《广州中医学院学报》1993 年第 4 期。

～邱鸿钟:《中医五行学说的哲学、改造与未来》,《中医研究》1990 年第 1 期。

《对近代中国医学史研究的几点意见》,《中华医史杂志》1992 年第 2 期。

李剑～:《民国时期四个医史学会的比较》,《广州中医学院学报》1989 年第 2 期。

邱仕君～:《岭南儿科名医程康圃学术简介》,《新中医》1988 年第 8 期。

《略论五脏相关取代五行学说》,《广州中医学院学报》1988 年第 2 期。

《试论中医学之发展》,《中医药学报》1984 年第 6 期。

《试论陈修园》,《新中医》1979 年第 2 期。

《清代王清任在临床医学上的贡献》,《中医杂志》1958 年第 7 期。

《温病学说的发生与成长》,《中医杂志》1955 年第 5 期。

徐丽莉~孙晓燕：《近代中医药期刊〈国医正言〉关于中药煎服法的研究》,《医学信息》2014 年第31 期。

～熊俊等：《民国名医包识生论精神魂魄》,《中国中医药现代远程教育》2014 年第 18 期。

～熊俊等：《医林轨范 医潮一柱——陈曾源及其主编的〈国医正言〉》,《中医药文化》2014 年第6 期。

孙晓燕、徐丽莉～：《〈本草纲目〉中外来药物的研究》,《医学信息》2014 年第 6 期。

石德响～：《民国名中医包识生学术思想探析》,《中华中医药学刊》2013 年第 8 期。

鲍健欣、袁久林～熊俊：《秦伯未膏方调治特色》,《中医文献杂志》2013 年第 2 期。

李永健～：《〈疡疡经验全书〉考略》,《中医文献杂志》2012 年第 1 期。

李永健～：《〈外科精要〉学术特点》,《河北中医》2012 年第 1 期。

～李永健：《〈小品方〉妇产科学术成就》,《中华中医药学刊》2010 年第 3 期。

袁久林、汤晓龙～：《冯兆张用药特色探析》,《时珍国医国药》2009 年第 4 期。

～李永健：《〈小品方〉治胎漏、胎动不安方浅析》,《新中医》2008 年第 11 期。

袁久林～鲍健欣：《冯兆张治学思想探析》,《江苏中医药》2008 年第 11 期。

袁久林～汤晓龙：《中医古方文献研究的思考》,《山东中医杂志》2007 年第 12 期。

～吕春华等：《〈脉经〉中妇产科学术特点》,《上海中医药大学学报》2007 年第 5 期。

～袁久林等：《温阳法治疗肿瘤文献研究》,《山东中医杂志》2007 年第 2 期。

～何新慧：《"肺朝百脉"文理医理考》,《湖北中医杂志》2006 年第 4 期。

～何新慧等：《〈内经〉中肺系统相关病症的整理与研究》,《中医药通报》2005 年第 6 期。

～段逸山：《古代医书训诂术语的类分与规范》,《医古文知识》2000 年第 3 期。

狄颖（中国中医科学院）

《民国时期中医医案的演变与研究》,中国中医科学院硕士学位论文 2017 年。

刁承湘（复旦大学）

《试论颜福庆医学教育思想及其现实意义》,《复旦教育论坛》2008 年第 1 期。

刁统美（滕州市中心人民医院）

何荣杰～杜丹：《中药制炭的历史与炭药止血机制的探讨》,《中华医史杂志》2017 年第 2 期。

～马莉：《大黄的炮制演变及现代研究》,《中华医史杂志》2015 年第 6 期。

何荣杰～：《苦杏仁古代炮制方法及其现代研究》,《中华医史杂志》2012 年第 1 期。

何荣杰～：《半夏炮制方法及其现代研究》,《中华医史杂志》2009 年第 6 期。

～马莉：《人与动物体液在中药炮制中的应用》,《中华医史杂志》2008 年第 3 期。

丁纯（复旦大学）

《德国医疗保障制度：现状、问题与改革》,《欧洲研究》2007 年第 6 期。

～郭欣：《欧盟卫生领域合作与"开放性协作机制"》,《南开学报》2006 年第 6 期。

《美国医疗保障制度现状、问题与改革》,《财经论丛(浙江财经学院学报)》2006 年第 5 期。

《当代四大医疗保障制度模式典型国家绩效实证比较》,《世界经济文汇》2005 年 Z1 期。

～柳岳强：《英国医疗保障体制改革》,《世界经济情况》2001 年第 2 期。

丁春（福建中医药大学/福建中医学院）

《论建阳书坊的医书出版价值及存在的问题》,《福建中医药大学学报》2013 年第 5 期。

孙孝忠～:《中医古籍的俗字研究》,《福建中医学院学报》2009 年第 1 期。

～王尊旺:《近代中国女西医先驱许金訇述论》,《福建中医学院学报》2007 年第 3 期。

王尊旺～:《论近代福建社会西医观的历史变迁》,《福建中医学院学报》2007 年第 1 期。

～陈俊孙等:《宋代福建中医药人才成长的社会因素分析》,《福建中医学院学报》2005 年第 3 期。

《宋代闽版医书的出版特点及影响》,《福建中医学院学报》2004 年第 3 期。

《论宋代福建中医药发展的特色》,《福建中医学院学报》2002 年第 1 期。

《福建古代儒医转换问题的研究》,《福建中医学院学报》2001 年第 1 期。

丁福保

《医师之十德》,《中西医学报》1915 年第 2 期。

《病理学大家威氏 Virchow 别传》,《中西医学报》1913 年第 12 期。

《西洋医学史绪言》,《中西医学报》1913 年第 1 期。

《述欧洲帝王之病尸解剖》,《中西医学报》1910 年第 6 期。

丁光迪（南京中医学院）

薛益明～:《试论陆懋修对伤寒学的贡献》,《中医药学报》1991 年第 6 期。

《金元医学之崛起》,《中医函授通讯》1991 年第 5 期。

薛益明～:《丹溪学说在明代前期的发展》,《南京中医学院学报》1991 年第 1 期。

《王好古的学术成就》,《南京中医学院学报》1987 年第 2 期。

《探讨王履的学术思想及其成就》,《中医杂志》1986 年第 3 期。

《探讨孙思邈的中风论》,《新中医》1986 年第 2 期。

《读破大论 开拓新路——试论刘河间发展仲景伤寒学说〉》,《上海中医药杂志》1985 年第 9 期。

《张元素学术成就的探讨》,《南京中医学院学报》1985 年第 2 期。

《孙思邈对伤寒学的贡献》,《贵阳中医学院学报》1985 年第 2 期。

《探讨滑寿的学术思想》,《浙江中医学院学报》1984 年第 6 期。

《从金元医学成就看中医的成材之道》,《湖北中医杂志》1984 年第 3 期。

《成无已与〈注解伤寒论〉》,《天津中医学院学报》1983 年 Z1 期。

《金元诸大家的学说渊源》,《安徽中医学院学报》1983 年第 2 期。

《略论〈脾胃论〉的成就》,《新中医》1982 年第 9 期。

《李东垣活血化淤法初探》,《辽宁中医杂志》1982 年第 9 期。

《略论伤寒学说的渊源与发展》,《南京中医学院学报》1982 年第 4 期;1983 年第 1 期。

《金元医家论命门》,《安徽中医学院学报》1982 年第 4 期。

《金元医学家论"升降"》,《江西中医药》1982 年第 4 期。

《剖析李东垣的"阴火"论——兼论甘温除大热》,《南京中医学院学报》1982 年第 2 期。

《李东垣的相火论》,《辽宁中医杂志》1981 年第 11 期。

《〈兰室秘藏〉是东垣学说之集大成》,《福建中医药》1981 年第 1、2 期。

丁红昌（中国中医科学院）

《宋代以前"痹"病名实研究》,中国中医科学院硕士学位论文 2015 年。

丁宏武（江西师范大学）

《晋唐以来葛洪研究史述略》,《宁夏师范学院学报》2013 年第 2 期。

《〈道藏〉洞神部所收一篇葛洪佚文及其文献价值》,《宗教学研究》2012 年第 1 期。

《〈汉武帝内传〉非葛洪之作补证——兼论逯钦立辑录五首葛洪佚诗的真伪》,《文史哲》2011 年第 4 期。

《葛洪年表》,《宗教学研究》2011 年第 1 期。

～李杰:《试论道教学者葛洪的史学成就》,《宁夏师范学院学报》2009 年第 2 期。

《〈抱朴子外篇〉的赋体特征》,《西北成人教育学报》2008 年第 4 期。

《葛洪的汉学倾向——兼论葛洪与魏晋玄学的关》,《宗教学研究》2008 年第 2 期。

《关爱生命 挑战极限——葛洪笃信金丹追求长生原因新探》,《宁夏师范学院学报》2008 年第 2 期。

《葛洪在文献整理方面的贡献》,《古籍整理研究学刊》2008 年第 2 期。

梁上燕～:《静为逸民之宗,动为元凯之表——葛洪人生理想管窥》,《甘肃理论学刊》2007 年第 5 期。

《〈抱朴子外篇〉的骈化倾向》,《宁夏师范学院学报》2007 年第 4 期。

《葛洪卒年考》,《宗教学研究》2007 年第 2 期。

《葛洪及〈抱朴子外篇〉考论》,西北师范大学博士学位论文 2006 年。

《〈西京杂记〉非葛洪伪托考辨》,《图书馆战争》2005 年第 11 期。

《〈抱朴子外篇〉所载东晋初年〈庚寅诏书〉考》,《西北师大学报(社会科学版)》2005 年第 5 期。

《葛洪扶南之行补证》,《宗教学研究》2005 年第 4 期。

《〈抱朴子外篇〉的成书及思想倾向》,《甘肃社会科学》2004 年第 2 期。

《葛洪及其〈抱朴子外篇〉简论》,西北师范大学硕士学位论文 2003 年。

丁慧(山东大学)

《欧阳修养生思想探析》,山东大学硕士学位论文 2014 年。

丁济民

《铜人始末》,《中华医学杂志》1945 年 5、6 期。

《药学起源》,《广华医药杂志》1936 年第 2 期。

丁嘉烁(中央民族大学)

《唐代僧人的医疗活动——以唐太宗时期长安僧人为例》,《中华医史杂志》2017 年第 3 期。

丁建定(华中科技大学)

～陈静:《中美儿童公共医疗保险体系比较研究》,《社会保障研究(北京)》2016 年第 1 期。

于大川～:《社会医疗保险对老年人健康的影响——基于倾向得分匹配方法的反事实评估》,《华中科技大学学报(社会科学版)》2016 年第 2 期。

《医生在英国健康保障制度体系建立中的影响》,《学海》2014 年第 1 期。

《英国健康保障制度建立的历史经验》,《群言》2009 年第 6 期。

丁见民(南开大学)

《外来传染病与美国历史早期印第安人人口的削减》,《世界历史》2018 年第 1 期。

《白人到来前北美印第安人社会的疾病生态及其意义》,《安徽史学》2017 年第 6 期。

《西班牙殖民活动与外来传染病入侵西属北美》,《南开学报(哲学社会科学版)》2017 年第 6 期。

高欢～:《外来传染性疾病与美国早期土著民族社会文化的变动》,《历史教学(下半月刊)》2016 年第 9 期。

《外来传染性疾病与北美早起族群关系的变动》,《贵州社会科学》2015 年第 11 期。

《外来传染性疾病与美国早期印第安人——美国学界研究的回顾与反思》,《史学月刊》2015 年第

9 期。

《北美早期印第安人社会对外来传染病的反应和调适》,《世界历史》2015 年第 4 期。

丁鉴塘

《清代王清任对于解剖学的贡献》,《中华医史杂志》1955 年第 4 期。

丁洁韵(上海中医药大学)

《从〈天盛律令〉看西夏与宋医政制度之异同》,《中医药文化》2018 年第 2 期。

~徐贻钰:《清代名医庄一夔生平补遗与考证》,《中医文献杂志》2016 年第 2 期。

丁媛~张如青:《唐以前祝由术在医疗中的应用》,《中华医史杂志》2015 年第 3 期。

荆丽娟~:《慈禧内服膏方释析》,《中医药文化》2015 年第 2 期。

荆丽娟~:《〈清宫医案〉慈禧用药研究》,《中医药文化》2014 年第 5 期。

荆丽娟~黄晓华等:《从膏方医案中看清代至民国时期膏方发展的特点》,《中医文献杂志》2014 年第 1 期。

~金芷君:《中国古代香熏活动的缘起与发展》,《中华医史杂志》2010 年第 3 期。

《中国传统香熏方药及作用考》,《中医文献杂志》2010 年第 2 期。

丁锦希(中国药科大学/南京农业大学)

~张晓明:《我国推行专利链接制度对仿制药企业的影响——基于专利侵权损害赔偿视角》,《现代商贸工业》2018 年第 2 期。

~李鹏辉等:《美国新药特殊审评模式的联合使用研究——基于奥希替尼研发上市历程的实证分析》,《中国新药杂志》2018 年第 1 期。

姚雪芳~任宏业:《美国生物制品数据保护制度的立法演变与成因分析》,《中国药房》2017 年第 10 期。

姚雪芳~李鹏辉:《基于美国与日本生物制品数据保护期限设置方法对比分析研究》,《中国药学杂志》2017 年第 10 期。

~钭江苑等:《英国创新药品价格协议研究》,《卫生经济研究》2017 年第 5 期。

~李苏菊等:《美国快速通道与突破性疗法模式的比较研究与借鉴》,《上海医药》2017 年第 5 期。

~黄泽华等:《价格披露制度在澳大利亚仿制药定价中的应用与评价》,《中国卫生经济》2017 年第 3 期。

~李鹏辉等:《中美专利药加快审评模式比较研究——基于创新药物条件审批制度的实证分析》,《中国新药杂志》2016 年第 24 期。

姚雪芳~李鹏辉等:《国外新药特殊审评模式比较与借鉴》,《中国药学杂志》2016 年第 19 期。

~姚雪芳等:《中国药品专利强制许可政策定位研究——基于全球药品专利强制许可实施案例的定量分析》,《中国新药杂志》2016 年第 18 期。

~任宏业等:《日本临床急需儿童药品政策法规及启示研究》,《现代商贸工业》2016 年第 13 期。

~黄泽华等:《澳大利亚专利药价格谈判制度实证研究与启示》,《中国卫生经济》2016 年第 12 期。

~李梦琦等:《专利药平行进口价格控制效应研究——基于意大利达夫隆案例的实证分析》,《卫生经济研究》2016 年第 10 期。

~傅凌宇等:《美国专利非显而易见性 Graham-TSM 判定标准及其对我国的启示——基于"Pfizer vs. Apotex 案"的实证分析》,《上海医药》2015 年第 13 期。

～徐卓环等:《美国儿童用药数据保护制度安全监控效应研究》,《中国药学杂志》2015年第12期。

～钭江苑等:《日本药品数据保护制度安全监控效应——基于舍曲林上市后风险管理实证分析》,《中国新药与临床杂志》2015年第8期。

～肖慧强等:《美国公共医保仿制药替代制度评价研究——基于Medicaid计划的实证分析》,《西北人口》2015年第5期。

～刘阳阳等:《药品数据保护制度对药品可及性负效应研究——基于美国拉莫三嗪案例的实证分析》,《中国药科大学学报》2015年第4期。

～傅凌宇等:《中美西布曲明上市后风险管理比较研究及其启示》,《中国新药杂志》2015年第4期。

～丁志琛等:《数据保护制度对创新药品可获得性正向效应研究——基于左乙拉西坦中美上市准入比较分析》,《上海医药》2014年第17期。

～詹来明:《美国专利重复授权审查标准研究及对我国的启示》,《上海医药》2014年第11期。

～刘阳阳等:《中美仿制药上市准入制度比较研究》,《中国医药工业杂志》2014年第2期。

～刘维婧等:《我国罕用药可及性现状及其市场准入制度分析》,《中国药科大学学报》2014年第1期。

丁志琛、韦冠～:《日本罕用药制度及其对中国的启示——基于对日本罕用药可及性的评价》,《中国药科大学学报》2014年第1期。

～王颖玮等:《日本创新药物定价及对药品可及性的影响》,《中国高新技术企业》2013年第10期。

～陆慧等:《美国加州药品电子监管制度研究》,《中国药房》2012年第41期。

～白庚亮等:《美国首仿药数据保护制度及其对我国药品可及性的启示》,《中国药学杂志》2012年第24期。

～李媛等:《中日创新药物监测期制度的比较研究》,《中国新药杂志》2012年第16期。

～王颖玮等:《药品试验数据保护制度中的新化学实体界定问题研究——基于美国Actavis公司诉FDA Vyvanse案的实证分析》,《中国新药与临床杂志》2012年第11期。

～李晓婷等:《新型农村合作医疗制度对农户医疗负担的影响——基于江苏、安徽、陕西的调研数据》,《农业经济问题》2012年第11期。

～季娜等:《我国罕见病用药市场保障政策研究》,《中国医药工业杂志》2012年第11期。

～马依林:《论美国创新药物风险投资政策及对我国的启示》,《上海医药》2012年第11期。

～邓媚等:《美国儿科用药数据保护制度及其对儿童用药安全的影响分析》,《中国药学杂志》2012年第10期。

～李晓婷:《晶型药物专利保护策略研究——基于阿德福韦酯晶型专利无效宣告案的实证分析》,《中国发明与专利》2012年第8期。

～陆慧等:《欧盟药品电子监管制度及其启示》,《中国医药工业杂志》2012年第8期。

～季娜等:《我国生物医药创新投入及其政策成因分析——基于中美欧创新投入现状的实证评价》,《科学管理研究》2012年第4期。

～赵悦等:《德国创新药物定价制度研究及其启示》,《价格理论与实践》2012年第4期。

～王颖玮等:《日本创新药物再评价机制研究——基于"依那西普"的实证研究》,《中国药物评价》2012年第2期。

～李媛等:《国家基本药物制度框架下药品电子监管政策研究》,《中国药房》2011年第48期。

~邓媚等:《欧美罕用药数据保护制度及其对我国的启示》,《中国药学杂志》2011年第24期。

~马依林:《中美创新药物风险投资机制比较分析》,《中国新药杂志》2011年第23期。

~耿露等:《创新药物研发激励政策的量化分析》,《科技进步与对策》2011年第19期。

~孙晓东等:《中美罕见病药物可及性评价及其法律保障制度研究》,《中国药学杂志》2011年第14期。

~罗茜玮等:《日本药品数据保护制度评价及对我国的启示——基于对日本创新药物再审查政策绩效的实证研究》,《上海医药》2011年第12期。

~孟立立等:《日本创新药物研发激励政策及对我国的启示——基于依达拉奉研发的实证分析》,《中国新药与临床杂志》2011年第11期。

~孙晓东:《制度战略理论框架下的技术创新政策作用机制研究——基于对江苏省生物医药高新企业的实证分析》,《软科学》2011年第11期。

~季娜:《中美罕用药特殊注册审评制度的比较研究》,《中国医药工业杂志》2011年第11期。

~李晓婷等:《新医改政策框架下药物报销目录一体化运作研究——基于对〈新农合〉药物报销目录的实证分析》,《中国药事》2011年第10期。

~何梦云:《创新型国家战略背景下的中药专利策略研究——由银杏叶中药组合物专利无效案引发的思考》,《中国发明与专利》2011年第10期。

~郭璇:《仿制药注册的专利问题研究——基于美国LILLY与TEVA制药公司药品专利侵权纠纷案的实证分析》,《中国发明与专利》2011年第10期。

~郭璇等:《美国捐献原则及其对我国的启示——基于"Pfizer"v.s."Ranbaxy and Teva"生物医药专利侵权诉讼案的实证分析》,《知识产权》2011年第10期。

《农户需求视角下的新型农村合作医疗制度研究》,南京农业大学博士学位论文2011年。

~邵美令等:《中美公共医疗保险制度的比较研究——以美国Medicaid计划和我国新农合制度为实证研究对象》,《西北人口》2011年第6期。

~郭璇等:《中美药品上市审批过程中的专利链接问题研究》,《中国卫生法制》2011年第5期。

耿露~邵蓉等:《我国创新药物专利司法保护的量化分析——基于药品专利案件裁判文书的实证研究》,《中国卫生法制》2011年第3期。

~顾艳等:《中日知识产权融资制度的比较分析——基于创新药物专利质押融资现状的案例研究》,《现代日本经济》2011年第3期。

耿露~邵蓉:《美国生物药品专利书面说明要求的启示——探讨药品专利和技术秘密保护间的有效平衡》,《上海医药》2011年第4期。

杨军歌~邵蓉:《创新药物研发投入激励法律制度实施效果的国际比较分析》,《中国医药导报》2011年第4期。

杨军歌~邵蓉:《生物医药技术创新激励政策的国际比较研究》,《中国医药导报》2011年第3期。

《药品专利不侵权诉讼受理问题研究——质疑法释【2009】21号第18条》,《河北法学》2011年第3期。

耿露~邵蓉等:《我国药品专利司法保护制度立法与实践的宏观评析》,《中国卫生法制》2011年第2期。

~顾海等:《新医改政策框架下医疗费支付方式评价分析——基于对江苏省新农合付费方式的实

证研究》,《云南社会科学》2011 年第 1 期。

姚雪芳～邵蓉等:《中外创新药物研发能力比较分析——基于医药技术创新评价体系的实证研究》,《中国新药杂志》2010 年第 24 期。

姚雪芳～邵蓉等:《中药复方专利审批政策的量化分析》,《中国药学杂志》2010 年第 6 期。

～李晓婷:《对"闵行模式"药品招标采购的思考》,《上海医药》2010 年第 8 期。

～罗茜玮:《日本创新药物定价机制评价及对我国的启示》,《价格理论与实践》2010 年第 5 期。

刘潇～邵蓉:《食品药品执法行刑联动机制影响因素量化分析——以上海市为实证研究对象》,《中国卫生法制》2010 年第 3 期。

～杨军歌:《欧盟中药注册准入制度障碍研究——基于我国中药出口欧盟现状的分析》,《国际商务(对外经济贸易大学学报)》2010 年第 2 期。

刘潇～邵蓉等:《修订药品管理法,强化药品执法行刑联动机制——中美药品行刑联动机制比较研究》,《中国卫生法制》2009 年第 5 期。

～赵敏:《中美创新药物研发监管激励政策的比较研究》,《中国新药杂志》2009 年第 5 期。

～姚雪芳:《论等同原则在中药复方专利侵权认定中的适用——从"养血清脑颗粒"专利纠纷案谈起》,《中国中药杂志》2009 年第 5 期。

～姚雪芳:《"完全排除"还是"弹性排除"——从一则药品专利侵权案谈禁止反悔原则的法律适用》,《电子知识产权》2009 年第 4 期。

姚雪芳～:《公共卫生安全应急事件中的药害补偿机制研究》,《上海医药》2009 年第 3 期。

刘潇～邵蓉:《公共卫生应急事件中的行刑联动机制研究——从食品药品监督执法的角度探析》,《中国卫生法制》2009 年第 3 期。

～刘潇:《中美假劣药品监管制度比较分析》,《中国新药杂志》2009 年第 1 期。

～韩蓓蓓:《中美药品专利链接制度比较研究》,《中国医药工业杂志》2008 年第 12 期。

～刘潇:《基层医疗机构假药劣药销售监管制度的法律剖析》,《中国卫生法制》2008 年第 6 期。

《浅析新药研发注册过程中的专利侵权问题——从三共制药诉北京万生药业专利侵权案谈起》,《中国新药杂志》2006 年第 18 期。

《TRIPS 协议框下的药品平行进口问题——兼评我国现行药品平行进口制度》,《上海医药》2006 年第 9 期。

《美国药品专利期延长制度浅析——Hatch-Waxman 法案对我国医药工业的启示》,《中国医药工业杂志》2006 年第 9 期。

《浅析 TRIPS 协议框架下的新药研发立项过程中的专利问题》,《中国医药工业杂志》2006 年第 7 期。

《从"鱼腥草"事件谈我国药品不良反应的赔偿机制》,《江苏药学与临床研究》2006 年第 6 期。

《我国医药知识产权教育浅析》,《药学教育》2006 年第 5 期。

邵蓉～梁毅:《我国假劣药法律界定之思考》,《中国药业》1996 年第 8 期。

丁景豫

《中医眼科简史》,《江苏中医》1958 年第 1 期。

丁珏

《方以智——中西医学汇通思想的启蒙者》,《中华医史杂志》1994 年第 2 期。

丁坤(北京中医药大学)

《恽铁樵对〈伤寒论〉学术思想的继承与创新》,北京中医药大学硕士学位论文 2017 年。

丁崑健

《日治时期台湾医生的困境》,《环球科技人文学刊》第 10 期(2009.10)。

《日治时期汉医政策初探——医生资格检定考试》,《生活科学学报》第 13 期(2009.12)。

丁蕾(国际日本文化研究中心)

《日本近代医疗团体同仁会》,《中华医史杂志》2004 年第 2 期。

丁莉芳

~杨东铭:《试述桑格夫人的生育节制主义及对中国的影响》,《广西教育学院学报》1999 年第 2 期。

丁立维(北京中医药大学)

《日本医籍引〈医学纲目〉内容初步研究》,《浙江中医杂志》2019 年第 10 期。

~江凌圳:《〈医学纲目〉征引文献考论》,《中华医史杂志》2019 年第 2 期。

~齐磊等:《四象元素在清代医籍中的表达与内涵》,《中医杂志》2018 年第 10 期。

~张其成:《基于文献探讨传统医学的两种时间观》,《中医药杂志》2018 年第 8 期。

~张其成:《传统医学的两种时间观》,《中国中医药报》2018 年 7 月 27 日 004 版。

《清代早中期医易思想研究》,北京中医药大学硕士学位论文 2018 年。

~张其成:《清代医家从业原因考察》,《中医杂志》2018 年第 5 期。

~张其成:《明清时期医学领域"潜阳"名词溯源》,《长春中医药大学学报》2018 年第 2 期。

~张其成:《〈汉书·艺文志·方技略〉中的传统生命理念》,《中医杂志》2018 年第 2 期。

~刘珊等:《〈医门棒喝(初集)〉医易思想探讨》,《安徽中医药大学学报》2017 年第 6 期。

丁玲辉(西藏民族学院/西藏大学)

《略论吐蕃时期汉藏体育与医学文化交流》,《中国藏学》2007 年第 4 期。

《略谈西藏传统养生体育文化的起源与发展》,《西藏民族学院学报(哲学社会科学版)》2005 年第 6 期。

《略谈藏医的心理与养生健身》,《西藏民族学院学报(哲学社会科学版)》2002 年第 1 期。

《略谈藏医学的饮食养生》,《西藏大学学报(汉文版)》2001 年第 4 期。

《略谈西藏传统养生体育的特点与健身意义》,《西藏大学学报(汉文版)》2001 年第 1 期。

《西藏传统养生体育的特点》,《天津体育学院学报》2000 年第 3 期。

《藏医体质学与养生健身初探》,《中国藏学》2000 年第 3 期。

《高原气候环境对人体健康的影响与养生健身》,《西藏民族学院学报(哲学社会科学版)》2000 年第 2 期。

《西藏养生体育起源与发展初探》,《西北民族学院学报(哲学社会科学版.汉文)》1999 年第 2 期。

~扎西卓玛:《西藏的古代健身体育》,《中国藏学》1998 年第 4 期。

~杨海航:《藏医传统养生学的特征》,《青海民族学院学报》1998 年第 1 期。

《藏医人体解剖学的科学思想试析》,《中国藏学》1997 年第 4 期。

~杨海航:《藏族传统养生学的特征》,《西藏大学学报(汉文版)》1997 年第 2 期。

~李志鹏:《藏医诊断方法及治疗特点概述》,《中国民族医药杂志》1997 年第 1 期。

~李志鹏:《藏医基础理论概述》,《中国民族医药杂志》1996 年第 4 期。

~李志鹏:《藏医简史及发展现状》,《中国民族医药杂志》1996 年第 3 期。

《藏医学哲学的过去、现在和未来》,《医学与哲学》1996 年第 3 期。

《西藏民间养生疗法史举要》,《中国民间疗法》1995 年第 5 期。

《藏医医疗保健浅析》,《中国民族民间医药杂志》1994 年第 4 期。

丁美艳（辽宁大学）

《宣统年间东北鼠疫灾难应对之防疫法规研究》,辽宁大学硕士学位论文 2007 年。

丁铭（福建中医学院）

《中国佛家骨伤渊源考论》,《中国中医骨伤科》1995 年第 5 期。

《中国佛家骨伤科流派剖析》,《中国中医骨伤科》1994 年第 5 期。

～王和鸣:《〈武威汉代医学简读〉骨伤方药探析》,《中国中医骨伤科》1994 年第 2 期。

～洪咏钟:《论佛教医学与中医学》,《福建中医药》1994 年第 2 期。

丁名宝（同济医科大学）

蔡孝恒～:《邓小平卫生思想探讨》,《南京中医药大学学报（社会科学版）》1999 年第 1 期。

蔡孝恒～:《学习周恩来关于农村卫生工作的论述促进农村卫生事业的发展》,《中国农村卫生事业管理》1998 年第 1 期。

《继承和发展毛泽东卫生思想探索改善我国农村卫生的新道路》,《中国农村卫生事业管理》1994 年第 4 期。

《论毛泽东的医疗卫生思想》,《山东医科大学学报（社会科学版）》1993 年第 1 期。

丁明德

《洛阳龙门药方洞的石刻药方》,《河南文博通讯》1979 年第 2 期。

丁磐石（中国社会科学院）

《名医辈出的燕京大学医预系》,《书屋》2012 年第 4 期。

丁琪（内蒙古大学）

《中国现代文学中的"疾病意象"探析》,《文艺理论与批评》2005 年第 5 期。

丁倩逸（苏州大学）

《"牛奶进校园计划"与英国校餐制度的发展（20 世纪 20—40 年代）》,苏州大学硕士学位论文 2016 年。

丁青艾（中华医学会航海分会）

《我国航海医学现状与展望》,《中华医学信息导报》2004 年第 15、16 期。

丁芮（天津社会科学院）

《北洋政府时期北京警察对传染病的管控》,《公安学研究》2019 年第 3 期。

《近代城市饮食卫生管理考察——以北洋政府时期的北京为例》,《城市史研究》2016 年第 2 期。

《京师内、外城官医院的医疗救济研究》,《北京社会科学》2014 年第 2 期。

《近代北京的免费医疗》,《北京档案》2013 年第 12 期。

《北洋政府时期城市饮食卫生的日常管理——以北京为例的考察》,《民国研究》2013 年第 2 期。

《民初北京警察与居民饮水》,《北京档案》2012 年第 10 期。

《清末民初北京汽水卫生管理》,《兰台世界》2012 年第 7 期。

《民国初期北京饮食卫生管理初探》,《兰州学刊》2012 年第 3 期。

丁善庆

～译:《苏联皮肤病性病学历史》,《中华医史杂志》1955 年第 1 期。

丁少群(集美大学)

～尹中立:《农村医疗保障:新型农村合作医疗该向何处去》,《中国卫生经济》2005年第3期。

丁声玲(山东省立第二医院)

《读祖国近世产科专著〈达生篇〉后的体会》,《山东医刊》1957年第4期。

丁松宁(南京市疾病预防控制中心)

～李晨等:《南京市2005—2015年学校肺结核流行特征与时间趋势分析》,《中华疾病控制杂志》2017年第3期。

～李晨等:《南京市1949—2012年麻风病流行特征及时间趋势分析》,《中国卫生统计》2015年第3期。

丁望南(宁夏西吉县畜牧局)

～周生俊等:《民国时期宁夏兽医工作史略》,《中国兽医杂志》1994年第10期。

《对〈中国古兽医历史一瞥〉太仆寺释语的商榷》,《中国兽医药杂志》1993年第2期。

丁伟康(广州中医药大学)

《错简派对建国前岭南伤寒学派的影响》,广州中医药大学硕士学位论文2016年。

丁文惠(台湾成功大学)

《台湾日治时期疟疾防治研究》,成功大学硕士学位论文2007年。

丁文平(上海中医药大学)

～钱海等:《〈证类本草〉中滁州中药的品种鉴定和考证》,《上海中医药杂志》1995年第6期。

丁晓杰(内蒙古师范大学)

《日本在伪蒙疆政权时期的家畜防疫政策论析——以蒙疆家畜防疫处的活动为中心》,《中国农业大学学报(社会科学版)》2007年第4期。

丁晓军(兰州交通大学)

《安乐死适用条件刍议》,《医学与社会》2008年第9期。

《也谈安乐死的合法化》,《兰州交通大学学报》2006年第2期。

《安乐死与临终关怀刍议》,《甘肃政法成人教育学院学报》2005年第4期。

《荷兰安乐死合法化的启示》,《兰州交通大学学报》2005年第2期。

丁晓强(中共上海市委党校浙江大学/浙江省社会科学院)

～何必会:《侵华日军浙赣细菌战中的炭疽攻击》,《湖南文理学院学报(社会科学版)》2004年第1期。

《揭开日军细菌战的重重黑幕——读哈里斯著〈死亡工厂〉》,《抗日战争研究》2001年第3期。

《"细菌战"在浙江(一)——日军细菌战研讨会扫描》,《观察与思考》1999年第4期。(附:陈史英、庄启俭:《丽水"瘟疫"揭秘——"细菌战"在浙江(二)》,《观察与思考》1999年第6期;张世欣:《凶残、欺瞒、冷漠——细菌战在浙江(三)》,《观察与思考》1999年第7期。)

《关于日军细菌战的调查与研究》,《浙江学刊》1997年第4期。

丁烨(安徽大学)

《〈洗冤集录〉中宋代司法检验技艺研究》,安徽大学硕士学位论文2014年。

丁毅(北京中医药大学)

《经方50味常用药物在宋朝用量研究》,北京中医药大学博士学位论文2012年。

～傅延龄:《〈普济本事方〉常用药物用量特点分析》,《中医杂志》2012年第10期。

～傅延龄:《浅析〈太平惠民和剂局方〉对〈伤寒论〉方的剂量处理》,《中国中医基础医学杂志》2012年第 8 期。

丁一谔(上海中医药大学附属龙华医院)

《丁甘仁与上海中医专门学校》,《中华医史杂志》2016 年第 6 期。

李夏亭～:《孟河医派的主要学术思想和特色探析》,《中国中医药现代远程教育》2007 年第 9 期。

丁贻庄(四川大学)

《试论葛洪的医学成就及其医学思想》,《宗教学研究》1984 年 00 期。

定宜庄(中国社会科学院)

《从户口册与家谱的比较看清代辽东移民的身体素质》,《中国人口科学》2001 年第 5 期。

丁永铸

《世医朱玉峰先生家传》,《中西医学报》1911 年第 16 期。

丁雨(国家体育总局/廊坊市卫生学校)

～张俊川等:《汉前中国古代解剖学对于肺脏之认识》,《时珍国医国药》2009 年第 1 期。

《汉前解剖成就及对中医学理论形成影响研究概况》,《卫生职业教育》2006 年第 3 期。

丁媛(上海中医药大学)

～张如青:《简帛医方中疗效预判研究》,《中医文献杂志》2019 年第 5 期。

《出土文献与传世典籍涉医内容中的"建除"术及其应用》,《古籍整理研究学刊》2018 年第 5 期。

～张如青:《以出土式盘式图校订〈黄帝内经〉两例》,《中医文献杂志》2018 年第 4 期。

程一凡～茅婧玮:《敦煌卷子 P.2856〈发病书〉中的病症研究》,《中医文献杂志》2017 年第 4 期。

～张如青:《古籍中的预断胎儿性别方法举隅》,《医疗社会史研究》2016 年第 2 期。

～张如青:《汉唐时期产前焦虑症的原因及调节方法》,《中华医史杂志》2016 年第 5 期。

～丁洁韵等:《唐以前祝由术在医疗中的应用》,《中华医史杂志》2015 年第 3 期。

朱音、黄瑛～:《〈澄心斋医案辑录〉初探》,《中医药文化》2015 年第 1 期。

～张如青:《论出土简帛文献中的病因思想》,《中华医史杂志》2014 年第 2 期。

张本瑞～张如青:《〈五十二病方〉中的急症救治方法举例》,《中国中医急症》2013 年第 9 期。

肖红艳、严季澜～:《上海图书馆藏明嘉靖吕颙刊本〈葛仙翁肘后备急方〉初考》,《中医文献杂志》2012 年第 2 期。

汤晓龙……刘景云～:《俄藏黑水城西夏文医药文献"治偏头疾方"破释探析》,《河南中医》2011 年第 12 期。

～张如青:《从出土文献看中国早期的祝由疗法》,《中国药文化》2011 年第 5 期。

～张如青:《张家界古人堤出土医方木牍治赤穀方考释》,《中华医史杂志》2011 年第 4 期。

～张如青:《百年来出土简帛涉医文献概述》,《上海中医药大学学报》2009 年第 2 期。

丁泽丽(郑州轻工业学院/苏州大学/信阳师范学院)

《公共性的建构:基于近代中国红十字会疫病防治的考察》,《安徽师范大学学报(人文社会科学版)》2018 年第 5 期。

《论近代中国红十字会公共卫生事业的演进》,《山西师范大学学报(社会科学版)》2018 年第 2 期。

《近代中国红十字会公共卫生事业研究——以上海为中心》,苏州大学博士学位论文 2017 年。

《近 20 年来近代中国红十字公共卫生事业研究述评》,《信阳师范学院学报(哲学社会科学版)》

2017 年第 6 期。

～池子华:《绥远抗战与中国红十字会的人道救助》,《河北大学学报(哲学社会科学版)》2016 年第 2 期。

～池子华:《"一·二八"事变与中国红十字会的沪战救护》,《民国研究》2015 年第 1 期。

池子华～:《中国红十字会华北救护委员会与抗战救护》,《河北学刊》2014 年第 6 期。

～叶宗宝:《鄂豫皖根据地疾病流行及其应对》,《经济研究导刊》2011 年第 27 期。

丁彰炫(北京中医药大学)

《韩国韩医学教育概述》,《上海中医药杂志》2001 年第 7 期。

《中国古代哲学和〈黄帝内经〉的人体生命构成论》,《北京中医药大学学报》2001 年第 1 期。

丁兆平(山东中医药大学)

～王振国:《3 部汉译俄文文献记载的中俄药材贸易》,《中华医史杂志》2014 年第 1 期。

～王振国等:《〈药镜〉暨〈医药镜〉初刻版本考——基于对〈药镜〉序、跋、凡例的解读》,《山东中医药大学学报》2013 年第 6 期。

～吴维群:《都梁丸演变的考证——论说都梁丸、川芎白芷药对、参附都梁丸三方》,《中国药品标准》2008 年第 1 期。

《俞曲园从〈废医论〉到〈医药说〉》,《中医药文化》2007 年第 2 期。

董百惠(北京中医药大学)

《印度阿育吠陀药物与中药药物警戒比较研究》,北京中医药大学硕士学位论文 2015 年。

董柏青(广西壮族自治区疾病预防控制中心)

～陈娜英等:《霍乱流行及防治史研究概况》,《广西预防医学》2005 年第 2 期。

唐振柱～唐志敬:《清代广西疫病流行病学初步考证分析》,《实用预防医学》2004 年第 4 期。

董博(华中科技大学)

《〈南方周末〉在雾霾类公共政策中的媒介角色研究》,华中科技大学硕士学位论文 2018 年。

董传岭(菏泽学院)

《晚清山东的疫灾及其防治》,《前沿》2007 年第 4 期。

董春林(成都师范学院)

～赵双叶:《"香药之路"的文化路径——宋代与东南亚交流路线再探讨》,《成都师范学院学报》2015 年第 2 期。

董丛林(河北师范大学)

《吴汝纶医药观的文化表现及成因简论》,《安徽史学》2005 年第 4 期。

董德懋

《祖国医学对麻疹的认识和治疗》,《中华医学杂志》1956 年第 2 期。

东改措(青海大学)

～贡却坚赞:《基于〈四部医典〉探讨藏医饮食禁忌及合理饮食疗法》,《亚太传统医药》2017 年第 3 期。

董耿(浙江省药品食品监督管理局)

～唐霖:《美国有关药品法律的历史》,《中国药业》2001 年第 11 期。

董根明(安庆师范学院)

《抗战时期中国红十字会组织的整建与救护工作述评》,《抗日战争研究》2011 年第 3 期。

董国强（南京大学）

方媛～:《赤脚医生史研究的创新之作——读〈赤脚医生与现代医学在中国〉札记》,《中共党史研究》2017 年第 2 期。

《1950 至 1980 年中国的麻风病防治运动——以江苏省为重点的考察》,《南京社会科学》2014 年第 11 期。

张满～:《一九六五年至一九六七年我国乡村医药卫生人员培养工作述论》,《中共党史研究》2014 年第 3 期。

～邵京等:《新中国成立以来麻风病防控与救治工作的历史回顾》,《中共党史研究》2013 年第 9 期。

董汉良（绍兴市中医院/新昌县中医院/新昌县澄潭区医院）

《从清宫恭亲王的病危档案看清代护理水平》,《新中医》1992 年第 9 期。

《略述徐春甫"养子十法"》,《陕西中医》1987 年第 12 期。

《略论绮石的脾胃学说——探讨〈理虚元鉴〉的学术思想》,《陕西中医学院学报》1986 年第 3 期。

《张景岳〈质疑录〉学术思想评述》,《浙江中医学院学报》1986 年第 1 期。

《各家对王清任学说的影响》,《河北中医》1985 年第 2 期。

《王清任对脏腑学说的研究》,《陕西中医》1984 年第 5 期。

《张景岳治痰学术思想一二》,《江苏中医杂志》1984 年第 1 期。

《〈付青主女科〉中关于〈荆芥〉的运用》,《湖南中医学院学报》1983 年第 4 期。

《试论王清任的医德医风》,《陕西中医学院学报》1983 年第 3 期。

～陈天祥等:《从杨则民谈〈傅青主女科〉作者之真伪小考生化汤》,《江西中医药》1982 年第 3 期。

～陈天祥等:《近代中医史略及其名医简介》,《湖北中医杂志》1981 年第 5 期。

《"痰瘀同源"初探》,《浙江中医学院学报》1980 年第 6 期。

董虹廷（渤海大学）

《庚辛鼠疫与东北社会传统习俗改良》,《西安文理学院学报（社会科学版）》2019 年第 2 期。

董华农

《中国上古医药发生史初步试探》,《华西医药杂志》1947 年第 1 期。

《中国古代心理卫生学》,《华西医药杂志》1948 年第 11、12 期。

《中国古代脉学的新认识》,《医药研究月刊》第 2 卷第 5、6 期(1948.6);第 3 卷第 1、2 期(1948.8)。

董惠文（台湾南华大学）

《行政监控与医疗规训:谈日治初期传染病之防治》,台湾南华大学硕士学位论文 2003 年。

董竟成

《在祖国医学的眼科文献中有关沙眼的记载》,《中医杂志》1955 年第 10、11 期。

董开广（华中师范大学）

《近代汉口公共卫生的官民互动(1900—1930)》,华中师范大学硕士学位论文 2018 年。

董科（浙江工商大学）

《琉球医学史初探》,《福建江夏学院学报》2017 年第 4 期。

《近代以前琉球地区的天花疫情及防治》,《三明学院学报》2016 年第 3 期。

《近代以前日本麻风病观述论》,《史林》2014 年第 6 期。

～王亦铮:《16 至 19 世纪琉球地区梅毒流行初步研究》,《海交史研究》2014 年第 1 期。

《8 至 9 世纪日本疫病救济事业初步研究:以实物救济为中心》,《史林》2011 年第 3 期。

董克伟(辽宁中医学院)

～佟方伟等:《景仰山先生"花柳病论"探析》,《吉林中医药》1997 年第 3 期。

董丽(沈阳药科大学)

殷莹～:《发展中国家药品专利保护与公共健康的冲突及平衡》,《中国药业》2015 年第 4 期。

～曹婷:《美国药品专利风险对我国制药企业的启示》,《中国药业》2014 年第 4 期。

高洁～宋宗华:《技术性贸易壁垒对中药产业的影响及其对策研究》,《中国中药杂志》2013 年第 3 期。

杨莉、李野～:《美国药品专利保护研究及启示》,《中国新药杂志》2006 年第 17 期。

杨悦～:《美国 FDA 处理药品注册专利链接问题的研究》,《中国医药导刊》2006 年第 5 期。

～杨悦:《美国药品专利期延长与市场独占期规定研究》,《中国医药导刊》2006 年第 5 期。

杨悦、尹戎:《美国 FDA 药品不良反应监测体系简介》,《中国工业医学杂志》2003 年第 5 期。

董立淳(南开大学)

《中国农村合作医疗制度演化机制研究》,南开大学博士学位论文 2009 年。

《基于博弈论视角的新型农村合作医疗中供给诱导需求和供需合谋问题探析》,《经济经纬》2009 年第 2 期。

《新型农村合作医疗制度研究综述》,《中州学刊》2008 年第 6 期。

杜丽君(宁波市江东区白鹤街道社区卫生服务中心)

《英国国民医疗保健体制下全科医疗模式探析与启示》,《中国农村卫生事业管理》2014 年第 10 期。

董丽云(集美大学)

《健康焦虑的社会话语建构——基于医学广告的文本情感极性分析》,《安徽师范大学学报(人文社会科学版)》2017 年第 4 期。

董琳

《孙念怙——中国产前诊断的先行者》,《中国卫生人才》2018 年第 8 期。

董琳(南开大学)

《"文弱"的身体——从体质风俗看明清医学的诊治之道》,南开大学博士论文 2014 年。

《释"明医"》,《史学集刊》2014 年第 5 期。

《清代慎用大黄的文化史探析》,《南京中医药大学学报(社会科学版)》2011 年第 3 期。

《"药气蒸为瘴":大黄隐喻与清代士人的边地观》,余新忠主编《新史学》第九卷:医疗史的新探索(2017)。

董伦铨(台湾大学)

《医学典范转移导致医疗社群改变认知之探讨:以幽门螺旋杆菌成功发现对医学影响为例》,台湾大学博士学位论文 2010 年。

董美阶(宜昌市卫生防疫站)

～徐钟麟等:《长江三峡工程坝区气象条件与常见传染病流行相关性研究》,《湖北预防医学杂志》2001 年第 1 期。

董梅娜(苏州大学)

《英国校餐制度的起源——论 1906 年〈教育(供餐)法〉》,苏州大学硕士学位论文 2015 年。

董明(阜阳师范学院)

《唐宋时期皖江地区的药材业》,《巢湖学院学报》2015 年第 4 期。

董诺(厦门大学附属厦门眼科中心)

～李程等:《中外医学对翼状胬肉的认识和治疗简史》,《中华医史杂志》2013 年第 5 期。

东平

～王凡:《中共领袖与延安中央医院往事》,《党史博览》2007 年第 6 期。

董强(上海海关学院/苏州大学)

《传染病的全球化与海关检疫:1894 年东亚腺鼠疫的流行及海关应对》,《海关与经贸研究》2019 年第 1 期。

～王卫平:《传染病与近代中国社会研究——饭岛涉的〈传染病的中国史:公众卫生与东亚〉评介》,《国外社会科学》2011 年第 3 期。

董桥生(北京大学)

《读文树德〈什么是医学:东西方的治疗之道〉》,《中国科技史杂志》2011 年第 1 期。

《一本权威性的医学史著作——〈剑桥世界人类疾病史〉中文版首发座谈会会议纪要》,《医学与哲学(人文社会医学版)》2008 年第 6 期。

董勤勤(华中师范大学)

《民国时期湘鄂赣皖地区疫灾流行与公共卫生意识的变迁研究》,华中师范大学硕士学位论文 2015 年。

东人达(重庆三峡学院/重庆师范高等专科学校/河北大学)

《西南少数民族传统医药的防病机理与实践》,《时珍国医国药》2009 年第 11 期。

《古代彝族医史论要》,《中华医史杂志》1998 年第 2 期。

《"巫医结合"的进步与反动——我国早期医学史及其与哲学的关系》,《中华医史杂志》1981 年第 3 期。

《扁鹊考异》,《河北中医》1981 年第 3 期。

董荣鑫(苏州大学)

《富兰克林·罗斯福时期美国建立全民健康保险的三次尝试》,苏州大学硕士学位论文 2017 年。

董蕊(黑龙江中医药大学附属第一医院)

张春兰～侯丽辉等:《清代不孕症诊疗特色的挖掘》,《四川中医》2012 年第 12 期。

～祁冰等:《〈达生篇〉主要学术思想及临床思考》,《辽宁中医杂志》2011 年第 8 期。

～侯丽辉等:《清代治疗不孕症 45 首方剂用药分析》,《中国中医基础医学杂志》2012 年第 6 期。

《清代不孕症文献整理及诊疗特色研究》,黑龙江中医药大学硕士学位论文 2011 年。

董尚朴(河北中医学院/北京中医药大学/河北医科大学)

刘晓……于文涛～:《沉脉在张锡纯病案中的运用》,《中国中医药现代远程教育》2019 年第 12 期。

李付平……李会敏～:《探讨张介宾对脾胃学说的继承与发展》,《中国中医基础医学杂志》2019 年第 11 期。

范忠星～周计春:《张元素"自为家法"思想探析》,《中华中医药杂志》2019 年第 10 期。

王静宇……高悦～杨阳:《国医大师李士懋先生"火郁发之"常用药对探析》,《时珍国医国药》2019 年第 4 期。

周雨慧……郭金栋～高维娟等:《河间学派之玄府探微》,《环球中医药》2019 年第 4 期。

张弘、周计春～:《李杲对眼病病因病机的认识》,《中国中医药现代远程教育》2019 年第 4 期。

杨旭杰、裴晓华～:《京津冀中药企业构建专利联盟之路径分析》,《中国中医药信息杂志》2019 年第 3 期。

靳贺超……涅金涛~于文涛等:《张锡纯诊识数脉探析》,《中华中医药杂志》2019 年第 3 期。

杨旭杰、裴晓华~:《京津冀中药企业构建专利联盟重要性解析》,《中国中医药信息杂志》2019 年第 2 期。

鲁琴、武密山~邓国兴等:《河间学派刘完素学术思想及遣方用药规律》,《世界最新医学信息文摘》2019 年第 2 期。

周雨慧……武密山~郭金栋等:《从方剂配伍理论看河间学派传承脉》,《河北中医》2018 年第 12 期。

白建英……张秀芬~吴中秋等:《探讨〈脾胃论〉中李东垣的"脾胃观"》,《中华中医药杂志》2018 年第 4 期。

李付平~张秀芬等:《张元素〈医学启源〉的脾胃观探讨》,《上海中医药杂志》2017 年第 12 期。

张暖~:《清代名医喻昌的佛学机缘与造就》,《中华医史杂志》2017 年第 2 期。

刘淑彦~潘永梅:《〈黄帝内经〉齿病理论探讨》,《中国中医基础医学杂志》2016 年第 5 期。

李付平~李会敏等:《罗天益针灸学术思想探讨》,《时珍国医国药》2013 年第 8 期。

张轶晖~:《易水学派罗天益遣药制方的创新》,《亚太传统医药》2011 年第 3 期。

贾云芳~侯仙明:《从〈此事难知〉看王好古对易水学派思想的继承》,《河北中医药学报》2011 年第 2 期。

张轶晖~:《易水开山张元素的脏腑辨证》,《赤峰学院学报(自然科学版)》2011 年第 1 期。

张轶晖~:《王好古遣药制方的创新》,《中国民族民间医药》2010 年第 4 期。

刘淑彦~郝蕾等:《〈圣济总录〉对〈内经〉病证的补充与发挥》,《时珍国医国药》2009 年第 8 期。

张艳红~:《金元时期对痢疾认识的探讨》,《时珍国医国药》2009 年第 2 期。

丁雨、张俊川~:《汉前中国古代解剖学对于肺脏之认识》,《时珍国医国药》2009 年第 1 期。

刘淑彦、张拴成~:《〈黄帝内经〉睡眠理论探讨》,《时珍国医国药》2008 年第 12 期。

《李杲脾胃论病机论点对〈内经〉理论的继承与发挥》,《时珍国医国药》2007 年第 4 期。

《金元医家〈内经〉散论辑与学术价值研究》,北京中医药大学博士学位论文 2006 年。

张暖~:《赵文炳与〈针灸大成〉及〈铜人明堂之图〉》,《山东中医杂志》2004 年第 7 期。

~张暖等:《先秦形式逻辑对〈内经〉对影响》,《中医药学刊》2003 年第 3 期。

李会敏~赵士斌:《窦默相关著作内容与版本考》,《河北中医》2002 年第 6 期。

李会敏~邓国兴:《窦默医著内容与版本考》,《河北中医》2002 年第 5 期。

~李会敏:《〈指微赋〉作者籍贯考》,《北京中医药大学学报》2002 年第 3 期。

~李慧敏:《张从正生平考略》,《天津中医学院学报》1997 年第 1 期。

《〈儒门事亲〉眼科成就述评》,《中国中医眼科杂志》1994 年第 2 期。

《客观评价〈周易〉对中医学形成的影响——兼答明鸣同志》,《福建中医药》1991 年第 6 期。

《〈五十二病方〉成书时地考》,《中医药学报》1989 年第 5 期。

《也谈中医五行说起源——兼与曾棠堆同志商榷》,《福建中医药》1989 年第 1 期。

董少新(复旦大学/中山大学)

《论邱熺与牛痘在华之传播》,《广东社会科学》2007 年第 1 期。

《从艾儒略〈性学觕述〉看明末清初西医入华与影响模式》,《自然科学史研究》2007 年第 1 期。

《19世纪前期西医在广州口岸的传播》,《海交史研究》2002年第2期。

董时恒（成都体育学院）

《我国古代养生术鸟瞰》,《成都体育学院学报》1979年第3期。

董世松（浙江财经大学）

《我国医疗卫生体制的潜规则研究》,浙江财经大学硕士学位论文2014年。

董思思（厦门大学）

《从赤脚医生到仪式专家:传统知识在乡村社会中的延续———一项阅读史的研究》,《开放时代》2019年第6期。

董溯战（南京大学）

《德国、法国工伤保险法律制度的比较研究》,《宁夏社会科学》2004年第5期。

董维（黑龙江中医药大学）

《中国古代卫生防疫思想变迁的研究》,黑龙江中医药大学硕士学位论文2015年。

～郭宏伟:《中国古代社会防疫措施探析》,《内蒙古中医药》2014年第28期。

董为奋（苏州大学）

～朱承思:《世界历史上最早的医学文献》,《世界历史》1988年第3期。

董维武（国家安全生产监督管理总局信息研究院）

《英国采煤业职业健康与安全立法综述》,《中国煤炭》2009年第2期。

董文勇（中国社会科学院）

《论我国医保服务管理参与权的二元社会化配置——以制度效能为视角的分析》,《河北法学》2017年第10期。

《卫生人力资源失当配置的福利危机及其法制因应》,《中南大学学报(社会科学版)》2016年第1期。

《论基础性卫生立法的定位:价值、体系及原则》,《河北法学》2015年第2期。

《我国医疗责任保险法律制度构建的问题与方案》,《河北法学》2014年第6期。

《论我国紧急医疗卫生救援立法——5·12地震的启示》,《中国医院管理》2008年第9期。

《抗震救灾与医疗卫生救援若干法律问题》,《环球法律评论》2008年第4期。

《我国卫生法治三十年之检视:1978—2008》,《中国医院管理》2008年第1期。

《德国社会医疗保险用药费用控制制度及其对中国的启示》,《环球法律评论》2006年第2期。

董相（大理大学）

《大理白族"医药神"信仰研究》,大理大学硕士学位论文2017年。

《大理白族"药师信仰"》,《民族论坛》2015年第11期。

董向勇（郑州大学）

《〈洗冤录〉勘验检查制度研究》,郑州大学硕士学位论文2015年。

《〈洗冤集录〉中勘验检查人员的责任刍议》,《信阳农业高等专科学校学报》2014年第2期。

董晓娜（北京中医药大学）

《五行"木家族"及历节病案例的隐喻认知解读》,北京中医药大学硕士学位论文2016年。

董晓培（厦门大学）

《美国纯净食品药物的联邦立法之路(1906—1962)》,厦门大学硕士学位论文2009年。

董晓艳(安徽师范大学)

～黄华平:《10 余年来中国血吸虫病防治史研究回顾与反思》,《中华医史杂志》2018 年第 6 期。

董修元(山东大学)

《迈蒙尼德医学著作和思想述评》,《医疗社会史研究》2018 年第 2 期。

董亚倩(重庆工商大学)

《药品专利保护与公共健康权的冲突与平衡》,重庆工商大学硕士学位论文 2016 年。

董屹(首都医科大学)

张溪婷……刘扬～周慧姊:《北京市 H 区村卫生室服务能力现状调查——以医方为视角》,《中国医学伦理学》2016 年第 5 期。

周慧姊、王晓燕～高清等:《基于因子分析的北京市某县村卫生室发展模式研究》,《医学与社会》2016 年第 3 期。

周新歌……申昆玲～马晓等:《基于北京市农村居民视角的城乡医患信任现状研究》,《医学与社会》2015 年第 7 期。

杨佳……刘扬～周慧姊等:《关于农村居民对城乡医患信任本质的比较研究——基于北京市 H 县的实地观察》,《中国医学伦理学》2015 年第 6 期。

～吕兆丰:《乡村医患信任中的政策裂痕与弥合——以北京市 H 区为例》,《北京社会科学》2015 年第 5 期。

～吕兆丰:《政策环境对赤脚医生到乡村医生转变的作用研究——基于北京市怀柔区的调研》,《中国医学伦理学》2015 年第 4 期。

马晓、王晓燕～周慧姊等:《北京市 H 区基层卫生服务内容变化对村落医患信任的影响》,《医学与社会》2015 年第 4 期。

杨佳……刘扬～周慧姊等:《关于农村居民对乡村医生和城市医生信任机制的比较研究——基于北京市 H 区的实地观察研究》,《中国医学伦理学》2015 年第 3 期。

周慧姊、王晓燕～王玉等:《村民自治环境中村级医患信任现状及成因分析——基于北京市 H 县的实地观察研究》,《中国医学伦理学》2015 年第 3 期。

周慧姊……杨佳～王玉等:《村民自治环境下村级医患信任的影响因素及对策研究》,《中国药物与临床》2015 年第 3 期。

～彭迎春等:《乡村两级医疗卫生服务供给现状及其对医患信任的影响研究》,《中国全科医学》2014 年第 31 期。

～彭迎春等:《乡村两级医疗机构医患信任的影响因素分析及对策探讨》,《中国全科医学》2014 年第 31 期。

～吕兆丰等:《村落人际关系与"差序格局"中的医患信任——基于北京市 H 区的实地研究》,《中国医学伦理学》2014 年第 1 期。

董伊莎(浙江工商大学)

《论日本疫病观念与疫神信仰的形成与发展——以平安时代前、中期御灵会为中心》,浙江工商大学硕士学位论文 2015 年。

董颖敏(南京中医药大学)

《清代吴门医派不寐医案的经验及特色研究》,南京中医药大学硕士学位论文 2018 年。

董宇博(哈尔滨商业大学)

《荷兰医疗保险体系对我国医疗保险发展的借鉴》,哈尔滨商业大学硕士学位论文 2017 年。

董玉鹏(山东大学)

《日军遗留化学武器损害赔偿主体问题研究》,山东大学硕士学位论文 2005 年。

董昱佑(中国中医科学院)

《浅议〈皇汉医学〉》,《中华医史杂志》2007 年第 4 期。

《经方大家曹颖甫生平及学术思想浅探》,中国中医科学院硕士学位论文 2007 年。

董泽宏(北京首都国际机场医院)

《论张仲景与张元素学术思想的内在联系》,《北京中医药大学学报》1995 年第 1 期。

董泽宏(中国中医研究院)

《民国时期的北平中医药发展史研究(1912—1949)》,中国中医研究院/中国中医科学院博士学位
论文 2005 年。

《民国时期北京中医在西医医院的从业状况和作用》,《北京中医》2005 年第 2 期。

《民国时期的北京中医医疗机构》,《北京中医》2005 年第 1 期。

《〈国医求是〉述评》,《北京中医》2004 年第 6 期。

《〈北京医药月刊〉述评》,《北京中医》2004 年第 2、3 期。

《北京中医学社对北京中医发展的影响》,《中华医史杂志》2004 年第 2 期。

《民国时期北京中医医疗研究概况》,《北京中医》2004 年第 1 期。

《北洋政府时期北京中医界反对废止中医药的斗争》,第 17 次全国医学史学术会议会议论文
(2003)。

董臻(中国中医科学院)

《腊茶的古代中医药文献研究》,中国中医科学院硕士学位论文 2019 年。

～刘剑锋:《〈圣济总录〉中腊茶的应用》,《中华医史杂志》2019 年第 1 期。

董正华(陕西中医学院)

韩志毅～:《〈伤寒杂病论〉脉诊探析》,《四川中医》2012 年第 5 期。

～韩志毅等:《浅谈汪昂研究〈黄帝内经〉的成就》,《河南中医》2012 年第 5 期。

～韩志毅等:《浅析汪昂对〈内经〉的研究方法》,《陕西中医学院学报》2012 年第 2 期。

赵钰蓉～张文军等:《〈医方集解〉对仲景学术的贡献》,《陕西中医学院学报》2012 年第 1 期。

《〈金匮要略〉临床治疗学成就》,《陕西中医学院学报》2011 年第 4 期。

赵雪莲～:《〈伤寒论〉小便不利的治法探析》,《陕西中医学院学报》2010 年第 1 期。

陈静～:《〈伤寒论〉用药特色探析》,《陕西中医学院学报》2009 年第 6 期。

马拯华～:《〈伤寒论〉食欲的辨证》,《光明中医》2007 年第 5 期。

张迎～:《〈金匮要略〉水气病治法特点探析》,《国医论坛》2006 年第 1 期。

《辨病与辨证相结合是〈伤寒论〉的基本诊断模式》,《陕西中医学院学报》2005 年第 6 期。

～杨轶:《〈伤寒论〉特殊辨证思维方法探析》,《陕西中医》2005 年第 6 期。

张楠～:《试论〈伤寒论〉中的常变观》,《国医论坛》2005 年第 5 期。

《试论〈伤寒明理论〉的学术成就》,《陕西中医学院学报》2002 年第 3 期。

《庞安时〈伤寒总病论〉对温病学的贡献》,《陕西中医函授》1997 年第 1 期。

《〈伤寒论〉去滓再煎法浅析》,《陕西中医函授》1995 年第 2 期。

《〈伤寒论〉治病求本观初探》,《陕西中医学院学报》1994 年第 2 期。

《〈伤寒论〉脉阴阳含义浅析》,《医古文知识》1993 年第 3 期。

～魏淳:《〈诸病源候论〉对中医眼科学的贡献》,《中国中医眼科杂志》1992 年第 3 期。

《〈伤寒论〉三百九十七法探》,《陕西中医学院学报》1992 年第 2 期。

《试论〈伤寒例〉的学术价值》,《陕西中医》1992 年第 1 期。

董志仁

《浙江朱丹溪事迹》,《浙江中医杂志》1957 年第 1 期。

《晚明杭州医人张卿子事迹》,《浙江中医杂志》1956 年第 12 期。

曹炳章～:《历代医学书目考》,《中国出版月刊》1934 年第 4 期。

董众鸣(太原重机学院)

～董安生:《佛、儒、道三教对中国传统养生思想的影响》,《山西师大体育学院学报》1996 年第 2 期。

斗嘎(青海省藏医药研究所/青海藏医院)

《宇妥藏医〈四续〉与天竺医著〈四续〉辨析》,《青海民族大学学报(社会科学版)》2013 年第 3 期。

《安多藏医药的起源与发展》,《青海民族学院学报》2008 年第 2 期。

《藏医药的自然属性刍议》,《青海民族学院学报》2004 年第 2 期。

《藏医学的起源与苯医》,《青海民族学院学报》2003 年第 2 期。

《藏医阴阳学说研究》,《青海民族学院学报》2002 年第 3 期。

《论佛教对藏医学的影响》,《青海民族学院学报》2001 年第 2 期。

《藏药特点试析》,《青海民族学院学报》2000 年第 2 期。

《安多藏医起源及〈四部医典〉在安多的传播》,《青海民族研究》1999 年第 1 期。

《藏医药研究发展对策探讨》,《青海民族学院学报》1997 年第 2 期。

窦红阳(安徽医科大学)

～刘燕:《宋代医药卫生法制中的人文关怀思想》,《南京医科大学学报(社会科学版)》2017 年第 4 期。

豆娜(兰州大学)

《突发公共卫生事件应对法律制度研究——以非典、甲型 H1N1 流感的全球蔓延为例》,兰州大学硕士学位论文 2010 年。

窦艳(山东师范大学)

《传教士与明清之际的中西医交流》,山东师范大学硕士学位论文 2009 年。

～孙合花:《明清之际西洋医学的传入》,《山东省农业管理干部学院学报》2008 年第 5 期。

窦应泰

《解放前吉林的四次鼠疫大流行》,《文史精华》2003 年第 7 期。

窦昱(山西医科大学)

～郑建中等:《山西省援非医疗工作历史回顾及对策研究》,《中国药物与临床》2015 年第 8 期。

窦志芳(山东中医药大学)

～郭蕾等:《不同历史时期中风病用药规律浅析》,《直接中西医结合杂志》2007 年第 5 期。

～郭蕾等:《中医对中风病证认识和治疗的演变》,《中华医史杂志》2007 年第 4 期。

～郭蕾等:《唐宋以前中风病证治规律研究》,《中西医结合心脑血管病杂志》2006 年第 4 期。

杜百廉（郑州大学/河南医学院）

杜磊……王又林～:《河南孟津妯娌遗址墓葬人骨病所见》,《解剖学杂志》2006 年第 1 期。

范章宪、杜百廉～李逊霞等:《对河南荥阳青台遗址人骨骨病的研究》,《河南医学研究》2001 年第 3 期。

李寄云……李逊霞～张松林等:《对郑州市洼刘遗址人骨骨病的观测》,《河南医学研究》2000 年第 2 期。

～范天生:《下王岗原始社会遗址人骨的研究》,《河南中医学院学报》1979 年第 1 期。

～张奇等:《对内经灵枢骨度篇的研讨（300 例常人体表测量与骨度篇所述的比较）》,《河南医学院学报》1963 年第 1 期。

渡边晴夫（日本国学院大学）

～刘静:《"文革"前的孙犁——疾病的恢复与十年的创作空白》,《泰安教育学院学报岱宗学刊》2001 年第 3 期。

渡边幸三

～撰,储天任译:《中央亚细亚出土的本草集注残简文献学的研究》,《上海中医药杂志》1957 年第 11 期。

杜丛娜（闽南师范大学）

《海外回归明代医书词语研究》,闽南师范大学硕士学位论文 2018 年。

杜敦科（遵义医科大学/遵义医学院/西北大学）

《民国期刊的科普实践及社会影响——以〈麻风季刊〉为例》,《东南传播》2018 年第 8 期。

《民国期刊与传染病知识普及研究》,《科普研究》2018 年第 3 期。

《全面评价余云岫》,《医学与哲学（A）》2016 年第 8 期。

《〈麻疯季刊〉的办刊宗旨与编辑特色》,《中国科技期刊研究》2013 年第 3 期。

杜锋（西南大学/首都师范大学）

～张显成:《考古发现与〈针灸避忌太一之图〉考源》,《中华中医药杂志》2018 年第 12 期。

～张显成:《张家山汉简〈脉书〉"气勳则憂"之"气勳"考》,《中国针灸》2017 年第 6 期。

《新材料与新观点:出土涉医文献研究综论——第二届全国出土涉医文献研讨会纪要》,《中医药文化》2017 年第 6 期。

～张显成:《张家山汉简〈脉书〉"气勳则憂"之"憂"试考》,《古籍整理研究学刊》2017 年第 5 期。

《清华简〈赤鸠之集汤之屋〉与巫医交合》,《兰台世界》2014 年第 6 期。

《本草文献中所见茱萸名实考》,《内蒙古中医药》2014 年第 5 期。

《西汉竹书〈反淫〉与〈灵枢·本神〉》,《中医杂志》2014 年第 4 期。

《北京大学藏西汉竹书〈反淫〉与〈黄帝内经〉的魂魄观》,《中华医史杂志》2013 年第 5 期。

杜凤娟（山东中医药大学）

《试论巫、方士、道家与中医的关系——以〈黄帝内经〉成书前为主要考察范围》,山东中医药大学硕士学位论文 2012 年。

杜广中（山东大学齐鲁医院）

原晓冬……尹建伟～:《〈小儿推拿广意〉考略》,《四川中医》2018 年第 2 期。

孔熠……李剑荣～:《猪又启岩〈孔穴学〉对民国时期针灸学发展的影响》,《针灸临床杂志》2016 年第 6 期。

李剑荣、黄龙祥～岗卫娟：《尧天民〈中国针灸医学〉考略》，《中国针灸》2015 年第 6 期。

梁琪……李铁～：《〈内经〉论"道"》，《中医文献杂志》2015 年第 2 期。

～卜彦青：《〈内经〉论"痛"》，《中国中医基础医学杂志》2013 年第 10 期。

卜凡廷、卜彦青～：《〈黄帝内经〉"脑"字的统计分析研究》，《中华中医药杂志》2013 年第 8 期。

～卜彦青等：《〈黄帝内经〉腧穴分类考》，《中国中医基础医学杂志》2011 年第 6 期。

～卜彦青等：《〈黄帝内经〉"络"字的统计分析研究》，《中医杂志》2011 年第 3 期。

卜彦青～王华：《〈黄帝内经〉腧穴应用分析》，《中华中医药杂志》2010 年第 7 期。

杜家骥（南开大学）

《明清医疗中女性诊病的男女之防问题——兼析"悬丝诊脉"之说》，《历史档案》2018 年第 1 期。

《清代宫廷医疗制度及其特点》，《明清论丛》2016 年第 1 期。

《从清宫医案看天花的防治——种痘与治痘》，《中国社会历史评论》2007 年 00 期。

《清初天花对行政的影响及清王朝的相应措施》，《求是学刊》2004 年第 6 期。

《清代天花病之流传、防治及其对皇族人口之影响初探》，载李中清、郭松义主编《清代皇族人口行为和社会环境》（北京：北京大学出版社 1994 年）。

杜佳洁（国立台湾大学）

《西医与汉药——台湾第一位医学博士杜聪明（1893—1986）》，国立台湾大学硕士学位论文 2002 年。

杜佳山

《万国防疫会记》，《东方杂志》1911 年第 3 期。

附：不署名：《万国鼠疫研究会始末记》，《中西医学报》1911 年第 13—15、17 期；1912 年第 20—23 期。

杜佳雨（北京林业大学）

《关于日本森林康养发展及其影响因素的研究》，北京林业大学硕士学位论文 2019 年。

杜建杰（上海中医药大学）

～施毅：《从〈医界春秋〉看民国时期中医发展的时代特征》，《光明中医》2009 年第 10 期。

杜江（贵阳中医学院）

《苗医和中医的针疗在方法及其理论的差异》，《中国民族医药杂志》2012 年第 7 期。

～杨惠杰等：《苗医"克毒疗法"概说》，《中国民族医药杂志》2009 年第 7 期。

～胡成刚等：《苗医"三界"学说探析》，《中国民族医药杂志》2009 年第 3 期。

～朱国豪：《土家医的生理歌诀浅说》，《中国民族医药杂志》2007 年第 2 期。

《苗医"四大筋脉"学说的探讨》，《中华中医药杂志》2006 年第 10 期。

孙济平～：《几种具有苗医特色的"望诊"方法》，《中国民族医药杂志》2005 年第 1 期。

杜洁芳

《老官山医书确属"扁鹊学派"》，《中国文化报》2014 年 1 月 23 日 007 版。

杜菁（北京中医药大学）

《宋代医疗福利制度研究》，北京中医药大学博士学位论文 2016 年。

～梁永宣等：《探析宋代药局的急救及惠民作用》，《中国中医基础医学杂志》2016 年第 4 期。

～梁永宣等：《浅析宋代法律对弱势群体的医疗保障》，《世界中西医结合杂志》2016 年第 3 期。

《宋代已有关于"医政"的记载》，《中华医史杂志》2016 年第 4 期。

《宋代军队的医疗卫生制度》,《中华医史杂志》2016 年第 3 期。

～梁永宣等:《探析宋代漏泽园的防疫作用》,《中国中医基础医学杂志》2015 年第 9 期。

杜靖(青岛大学)

《1895—1950 年间的中国体质人类学研究与教学活动述略》,《人类学学报》2008 年第 2 期。

杜靖(中央民族大学)

《避难"非典"十四日——一位人类学博士生在其故乡的文化遭遇》,《民族艺术》2003 年第 3 期。

杜鹃(北京市委党校)

～魏怡真等:《新中国成立初期消灭性病运动中的疗法之争》,《中华医史杂志》2018 年第 2 期。

杜鹃(成都中医药大学)

～张艺等:《摩梭人传统医药知识研究》,《成都中医药大学学报》2006 年第 3 期。

杜鹃(东南大学)

～阳建强:《欧洲城市规划与公共健康互动的发展演变分析》,《现代城市研究》2006 年第 8 期。

杜俊英(天津市河东区广宁医院)

《〈内经〉痹证证型论》,《时珍国医国药》1999 年第 6 期。

杜凯雯(河南大学)

《新浪网抑郁症报道的新闻话语研究》,河南大学硕士学位论文 2019 年。

杜乐勋(哈尔滨医科大学)

～赵郁馨等:《建国 60 年政府卫生投入和卫生总费用核算的回顾与展望》,《中国卫生政策研究》2009 年第 10 期。

《医疗服务体制改革失误原因探讨》,《当代医学》2005 年第 12 期。

《美国国家安全网公立医院的职能和制度》,《中国卫生经济》2004 年第 4 期。

～高广颖等:《美国国家安全网制度与职能》,《中国卫生产业》2004 年第 3 期。

《美国公立医院设置对我国公立医院产权制度改革的启示》,《中国医院管理》2004 年第 2 期。

方豪……万泉～:《卫生筹资公平性研究——家庭灾难性卫生支出分析》,《中国卫生经济》2003 年第 6 期。

《"非典"疫病经济损失、经济负担和健康投资的经济效益》,《中国卫生经济》2003 年第 5 期。

徐连英……贺志忠～:《国际社会卫生扶贫的经验借鉴》,《中国初级卫生保健》2003 年第 4 期。

《中国台湾地区医疗卫生的过去与现状(三)——保健工作》,《中国医院管理》1994 年第 7 期。

《中国台湾地区医疗卫生的过去和现状(二)——医疗网的建设》,《中古医院管理》1994 年第 6 期。

《中国台湾地区医疗卫生的过去和现状(一)》,《中国医院管理》1994 年第 5 期。

《西方卫生经济学漫谈(三)》,《中国卫生经济》1988 年第 4 期。

《西方卫生经济学漫谈(二)G·缪尔达尔(Myrdal,Gunnar)——研究卫生经济重要意义最早的经济学家之一》,《中国卫生经济》1988 年第 3 期。

《西方卫生经济学漫谈(一)》,《中国卫生经济》1988 年第 2 期。

杜磊(河南工业大学校医院)

～臧卫东等:《河南孟津妯娌遗址墓葬人骨病所见》,《解剖学杂志》2006 年第 1 期。

杜丽红(中山大学/中国社会科学院/中山大学)

《近代中国地方卫生行政的诞生:以营口为中心的考察》,《近代史研究》2019 年第 4 期。

《1930 年代的北平城市污物管理改革》,《近代史研究》2005 年第 5 期。

《南京国民政府时期城市公共事务管理初探——对北平环境卫生管理的实证研究》，《城市史研究》2005 年 00 期。

《世界现代公共卫生史的兴起与近代中国相关问题的研究》，《河南大学学报（社会科学版）》2017 年第 6 期。

《南京国民政府时期城市公共事务管理初探——对北平环境卫生管理的实证研究》，《城市史研究》2015 年 00 期。

《近代中国国家与民间组织的互动——以北京公共卫生制度建构过程为中心的讨论》，《清华大学学报（哲学社会科学版）》2015 年第 1 期。

《海港检疫全球化对华影响之研究——以 1894 年香港鼠疫为例》，《全球史评论》2015 年第 1 期。

《制度扩散与在地化：兰安生（John B.Grant）在北京的公共卫生试验，1921—1925》，《中央研究院近代史研究所集刊》第 86 期（2014.12）。

《近代北京公共卫生制度变迁过程探析（1905—1937）》，《社会学研究》2014 年第 6 期。

《近代北京疫病防治机制的演变》，《史学月刊》2014 年第 3 期。

《论近代北京公立医疗机构的演变》，《北京社会科学》2014 年第 2 期。

《清末东北鼠疫防控与交通遮断》，《历史研究》2014 年第 2 期。

《论近代北京公立医疗机构的演变》，《北京社会科学》2014 年第 2 期。

～朱宇晶：《选择性治理：民初北京妓女检治制度之剖析》，《史林》2014 年第 1 期。

《民初北京食品卫生管理探析——兼论中国式"依法行政"》，《南京大学学报（哲学·人文科学·社会科学版）》2013 年第 5 期。

《清季哈尔滨防疫领导权争执之背景》，《中央研究院近代史研究所集刊》第 78 期（2012.12）。

《知识、权力与日常生活——近代北京饮水卫生制度与观念嬗变》，《华中师范大学学报（人文社会科学版）》2010 年第 4 期。

《西方身体史研究述评》，《史学理论研究》2009 年第 3 期。

《清末东北官聘西医及其薪津状况考析》，《中国经济史研究》2018 年第 4 期。

杜立麒（台湾国立政治大学）

《世界卫生组织之研究》，国立政治大学硕士学位论文 2005 年。

杜丽燕（北京市社会科学院）

《希波克拉底精神与西方人文医学理念》，《自然辩证法通讯》2006 年第 6 期。

杜立英（辽宁中医药大学）

《基于认知科学对中医学古代与现代教育的比较研究》，辽宁中医药大学硕士学位论文 2008 年。

杜璞（福建中医学院）

《浅谈〈医宗金鉴〉的中医学贡献》，《福建中医药》2009 年第 3 期。

杜生昌（天祝藏族自治县卫生局）

《藏医药学的整体观念——〈四部医典〉学习体会》，《甘肃中医》1994 年第 3 期。

杜石然（中国科学院）

《历史上的中药在国外》，《自然科学史研究》1990 年第 1 期。

杜同仿（广州中医药大学/广州中医学院）

袁利梅～：《叶天士治疗中风用药规律探析》，《时珍国医国药》2009 年第 3 期。

《论张从正对吐法的贡献》，《广州中医学院学报》1993 年第 3 期。

《〈脉经〉杨守敬刻本述评》,《广州中医学院学报》1991 年 Z1 期。

《医籍讹误通例简释》,《新中医》1990 年第 1 期。

《略论考订古医籍的依据》,《广州中医学院学报》1989 年第 1 期。

《谈校勘在医籍整理中的作用》,《广州中医学院学报》1988 年第 3 期。

《中医古籍校勘史简述》,《中华医史杂志》1988 年第 3 期。

杜文玉(陕西师范大学)

王颜～:《唐高宗刺颅出血与中外医学交流新论》,《江汉论坛》2016 年第 11 期。

亓艳敏～:《论唐宋时期的生育神信仰及其特点》,《宁夏社会科学》2009 年第 2 期。

《论唐宋监狱中的医疗系统——兼论病囚院的设置》,《江汉论坛》2007 年第 5 期。

杜宪兵(天津师范大学/北京师范大学)

《"医""史"互动视角下西方医史研究的回顾与展望》,《齐鲁学刊》2018 年第 5 期。

《霍乱时期英属印度的医学对话》,《齐鲁学刊》2015 年第 1 期。

《小蚊子与大历史——读〈蚊子帝国:大加勒比地区的生态与战争(1620—1914 年)〉》,《全球史评论》2013 年 00 期。

《因信成疫:19 世纪的印度朝圣与霍乱流行》,《齐鲁学刊》2013 年第 1 期。

《方兴未艾的殖民医学史研究》,《光明日报》2012 年 2 月 23 日第 11 版。

杜晓阳(西安医学院)

《中医药学与医学地理学》,《中华医史杂志》1985 年第 3 期。

杜昕(上海外国语大学)

《〈人民日报〉、〈纽约时报〉艾滋病报道比较研究》,上海外国语大学硕士学位论文 2006 年。

杜恂诚(上海财经大学)

《近代中国的商业性社会保障——以华安合群保寿公司为中心的考察》,《历史研究》2004 年第 5 期。

杜仪方(复旦大学/浙江工业大学)

《日本预防接种行政与国家责任之变迁》,《行政法学研究》2014 年第 3 期。

《日本预防接种事件中的因果关系——以判决为中心的考察》,《华东政法大学学报》2014 年第 1 期。

《论合规药品致害之国家责任——基于合规药品致害的民事和行政救济的局限之展开》,《政治与法律》2013 年第 7 期。

《建立综合性食品安全法律责任体系——关于〈食品安全法〉法律责任修订的若干意见》,《宏观质量研究》2013 年第 2 期。

《职业病赔偿模型及其对职业病预防的影响》,《现代营销(学苑版)》2012 年第 3 期。

～俞锋:《美国食品安全监管体系研究》,《现代营销(学苑版)》2012 年第 2 期。

《"恶魔抽签"的赔偿与补偿——日本预防接种损害中的国家责任》,《法学家》2011 年第 1 期。

《风险领域中的国家责任——以日本预防接种事件为例证》,《行政法论丛》2011 年 00 期。

杜尹心(云南中医学院)

《黎有卓〈海上医宗心领·运气秘典〉的梳理研究》,云南中医学院硕士学位论文 2014 年。

杜颖(黑龙江省社会科学院)

《日本当代医学界反省战争责任的认识及其实践活动》,《黑龙江社会科学》2007 年第 6 期。

《日本医学界对战争责任的反省》，《日本研究》2007 年第 4 期。

杜营(华中师范大学)

《〈幽暗之地〉的疯癫形象和疯癫叙事》，华中师范大学硕士学位论文 2016 年。

杜勇(巢湖市第二人民医院/庐江县乐桥医院)

《吴开与〈吴内翰备急方〉》，《中医文献杂志》2004 年第 2 期。

《书林陈氏〈经验方〉作者考》，《中医文献杂志》2004 年第 1 期。

《〈鸡峰普济方〉作者考》，《中华医史杂志》2003 年第 3 期。

《〈永乐大典〉引用元代医籍考》，《中华医史杂志》2003 年第 1 期。

《〈新安医籍考〉考订》，《安徽中医学院学报》2002 年第 6 期。

《〈烟霞圣效方〉及〈医林方〉作者考》，《河南中医》2001 年第 2 期。

《明清时期中国人对吸烟与健康关系的认识》，《中华医史杂志》2000 年第 3 期。

《曹翕医著考》，《中华医史杂志》1999 年第 3 期。

《〈武威汉代医简〉42、43 简考释》，《甘肃中医》1998 年第 5 期。

《〈中国医籍通考〉著录医籍佚名作者考》，《中医文献杂志》1998 年第 4 期。

《许昌名医王实生平考略》，《河南中医》1998 年第 2 期。

《〈武威汉代医简〉考释》，《甘肃中医》1998 年第 1 期。

《〈袖中备急要方〉等三部医著作者考》，《陕西中医》1998 年第 1 期。

《〈新安名医考〉歙县籍医家补遗》，《安徽中医学院学报》1997 年第 6 期。

《〈张家山汉简·脉书〉古病名释义》，《湖北中医杂志》1997 年第 5 期。

《张苗医事钩沉》，《中医文献杂志》1997 年第 2 期。

《〈孙尚药方〉作者考》，《河南中医》1997 年第 2 期。

《〈新安名医考〉〈王国瑞〉条考辨》，《安徽中医学院学报》1996 年第 5 期。

《"山海经"古病名新考》，《医古文知识》1996 年第 4 期。

《〈药方洞石刻药方考〉校补》，《中医文献杂志》1996 年第 1 期。

《中国古代导尿术应用史略》，《中华医史杂志》1995 年第 1 期。

杜玉亭(云南省社会科学院)

《论基诺族生育禁忌》，《思想战线》1994 年第 1 期。

杜正乾(西北师范大学)

《唐病坊表徵》，《敦煌研究》2001 年第 1 期。

杜正胜(台湾中央研究院)

《另类医疗史研究 20 年：史家与医家对话的台湾经验》，《古今论衡》第 25 期(2013.11)。

《医疗社会文化史外一章——金仕起〈中国古代的医学、医史与政治〉序》，《古今论衡》第 21 期(2010.12)。

《医疗、社会与文化——另类医疗史的思考》，《新史学》第 8 卷第 4 期(1997.12)。

《"疾病、医疗和文化研讨小组"的缘起与立意》，杜正胜著《古典与现实之间》(台北：三民书局 1996 年)。

《从眉寿到长生——中国古代生命观念的转变》，《中央研究院历史语言研究所集刊》第 66 本第 2 分(1995.6)。

《作为社会史的医疗史——并介绍"疾病、医疗与文化"研讨小组的成果》，《新史学》第 6 卷第 1 期

（1995.3）。

《从医疗史看道家对日本古代文化的影响》,《中国历史博物馆馆刊》1993 年第 2 期。

《形体、精气与魂魄——中国传统对〈人〉认识的形成》,《新史学》第 2 卷第 3 期（1991.9）。

杜志章（华中科技大学）

《论近代教会医药事业对中国医学早期现代化的影响》,《江汉论坛》2011 年第 12 期。

《论晚清民国时期"卫生"涵义的演变》,《史学月刊》2008 年第 10 期。

《近代基督教在华医药事业迅速发展原因之分析》,《江汉论坛》2008 年第 8 期。

～尚先梅:《评关于"后生物医学模式"的争鸣》,《中国社会医学杂志》2006 年第 4 期。

《关于医学社会史的理论思考》,《史学月刊》2006 年第 2 期。

《论医学史课程在高等医学教育中的功能》,《医学与社会》2003 年第 6 期。

胡继春～:《论医学人文学学科建设的必要性》,《医学与社会》2002 年第 5 期。

《卫生文化的时空差异》,《医学与社会》2001 年第 5 期。

《卫生文化与社会的互动关系》,《南京中医药大学学报（社会科学版）》2000 年第 4 期。

杜治政（医学与哲学杂志社/大连医科大学）

《人文医学教学中若干问题的再认识》,《医学与哲学》2019 年第 7 期。

《论医学干预与人体自然力的平衡》,《医学与哲学》2019 年第 4 期。

《论医疗卫生保健服务体系的合理结构——兼评医疗联合体》,《医学与哲学（A）》2018 年第 9 期。

《斯人已逝,风范犹存——忆恩格尔哈特教授》,《医学与哲学（A）》2018 年第 9 期。

《梳理·整合·开拓·坚守——医学伦理学的回顾与思考》,《中国医学伦理学》2018 年第 4 期。

《共同决策:弥合分歧,营建医患同心的医疗》,《医学与哲学（A）》2018 年第 4 期。

《临床判断:基于病人的真实世界》,《医学与哲学（A）》2017 年第 8 期。

《人文医学学科建设之我见》,《医学与哲学（A）》2017 年第 4 期。

《走出医学伦理困境:要规则,也要德性》,《中国医学伦理学》2016 年第 6 期。

《论医学科学的现代性构建——也谈医学与科学》,《医学与哲学》2016 年第 6 期。

《美德:医学伦理学的重要基础》,《医学与哲学（A）》2015 年第 9 期。

《医学生的培养目标与人文医学教学》,《医学与哲学（A）》2015 年第 6 期。

《医学哲学的领路人——怀念彭瑞骢教授》,《医学与哲学（A）》2015 年第 2 期。

《护理伦理学的新发展》,《中国医学伦理学》2014 年第 5 期。

《困惑与忧思:医学的边界在何处》,《医学与哲学（A）》2014 年第 8 期。

《论医学专家的技术观》,《中华医学教育探索杂志》2014 年第 7 期。

《当代医学技术演进若干问题的探讨》,《医学与哲学》2014 年第 3 期。

《关于生态医学:是补充,不是取代》,《医学与哲学（A）》2014 年第 2 期。

《医学人文与医疗实践结合:人性化的医疗》,《医学与哲学（A）》2013 年第 8 期。

邹明明……赵明杰～:《临床医师医学人文认知情况的问卷分析——大连医科大学、哈尔滨医科大学、南京医科大学、河北医科大学、重庆医科大学联合调查之一》,《医学与哲学》2013 年第 8 期。

李枞……杨阳～:《临床医师医学人文认知情况的问卷分析——大连医科大学、哈尔滨医科大学、南京医科大学、河北医科大学、重庆医科大学联合调查之一》,《医学与哲学（A）》2013 年第 8 期。

《医学的转型与医学整合》,《医学与哲学（A）》2013 年第 3 期。

《摸着石头过河的医学》,《医学与哲学（A）》2012 年第 11 期。

《论医学浮躁:抹不去的伤痕》,《医学与哲学(A)》2012 年第 5 期。

《境遇伦理学与生命伦理决策》,《医学与哲学(A)》2012 年第 1 期。

《大型公立医院改革之我见》,《医学与哲学(人文社会医学版)》2011 年第 10 期。

《医师的权威与病人自主——三论医师专业精神》,《医学与哲学(人文社会医学版)》2011 年第 6 期。

姜兰姝~赵明杰等:《知情不同意社会心理因素分析——全国 10 城市 4000 名住院患者问卷调查研究报告之九》,《医学与哲学(人文社会医学版)》2011 年第 5 期。

王德顺~赵明杰等:《知情同意若干问题的病人观点研究——全国 10 城市 4000 名住院患者问卷调查研究之八》,《医学与哲学(人文社会医学版)》2011 年第 5 期。

孔祥金~赵明杰等:《红包与医患诚信——全国 10 城市 4000 名住院患者问卷调查研究之七》,《医学与哲学(人文社会医学版)》2011 年第 5 期。

高峰~赵明杰等:《患者心目中的理想医生——全国 10 城市 4000 名住院患者问卷调查研究报告之六》,《医学与哲学(人文社会医学版)》2011 年第 4 期。

姜兰姝~赵明杰等:《尊重自主权:如何面对患者的知情不同意——全国 10 城市 4000 名住院患者问卷调查研究报告之五》,《医学与哲学(人文社会医学版)》2011 年第 4 期。

赵明杰~孔祥金等:《不同地区、不同人群患者视角医师专业精神的社会学研究——全国 10 城市 4000 名住院患者问卷调查研究报告之四》,《医学与哲学(人文社会医学版)》2011 年第 4 期。

《技术、资本的主体化与医学》,《中国医学伦理学》2011 年第 3 期。

杨阳~赵明杰等:《患者视角:医生应该告知医疗差错吗?——全国 10 城市 4000 名住院患者问卷调查研究报告之三》,《医学与哲学(人文社会医学版)》2011 年第 3 期。

孔祥金~赵明杰等:《医学专业精神的核心:医师职业责任感——全国 10 城市 4000 名住院患者问卷调查研究报告之二》,《医学与哲学(人文社会医学版)》2011 年第 3 期。

~赵明杰等:《中国医师专业精神的病人一般观点——全国 10 城市 4000 名住院患者问卷调查研究报告之一》,《医学与哲学(人文社会医学版)》2011 年第 3 期。

~赵明杰:《倾听来自患者的声音——一组关于"患者视角医师专业精神问卷调查的研究报告"的说明》,《医学与哲学(人文社会医学版)》2011 年第 3 期。

《论医学技术的主体化》,《医学与哲学(人文社会医学版)》2011 年第 1 期。

《医学伦理学魂归何处?——医学伦理学 30 年的回顾与思考之二》,《医学与哲学(人文社会医学版)》2010 年第 11 期。

《将病人利益置于首位的原则不能变——医学伦理学 30 年的回顾与思考之一》,《医学与哲学(人文社会医学版)》2010 年第 10 期。

《生物—心理—社会医学模式的实践与医学整合》,《医学与哲学(人文社会医学版)》2009 年第 9 期。

~赵明杰:《医学人文与临床医学结合的若干构想——广州医学专业与医学人文结合研讨会的倾听与思考》,《医学与哲学(人文社会医学版)》2009 年第 6 期。

《关于医学整合的几点认识》,《医学与哲学(人文社会医学版)》2009 年第 4 期。

《医学整合:推进医疗公正的新探索》,《中国医学伦理学》2009 年第 1 期。

《当代医学人文理念与实践论纲》,《医学与哲学(人文社会医学版)》2009 年第 1 期。

《论新的医学人文观》,《医学与哲学(人文社会医学版)》2008 年第 7 期。

《论现代临床医学发展的人文走向》,《医学与哲学(人文社会医学版)》2008 年第 6 期。

《关于医学是什么的再思考》,《自然辩证法研究》2008 年第 6 期。

《文化多元与全球化境遇中的生命伦理学》,《科学文化评论》2008 年第 4 期。

《资本逻辑与生命伦理学》,《中国医学伦理学》2008 年第 1 期。

《医学伦理学不可忽视的课题:利益伦理》,《医学与哲学(人文社会医学版)》2007 年第 9 期。

《医学专业面临的危机:利益冲突——再论医学专业精神》,《医学与哲学(人文社会医学版)》2007 年第 7 期。

《关于医学专业精神的几个问题》,《医学与哲学(人文社会医学版)》2007 年第 3 期。

《论当代医学发展的若干新态势》,《医学教育探索》2006 年第 7 期。

《关于医学人文教学几个问题的认识》,《医学与哲学(人文社会医学版)》2006 年第 5 期。

《以理性的思维看待中医》,《医学与哲学(人文社会医学版)》2006 年第 4 期。

《约束大医院无限扩张的冲动——建立和谐医患关系的重中之重》,《医学与哲学》2005 年第 13 期。

《过度医疗、适度医疗与诊疗最优化》,《医学与哲学》2005 年第 7 期。

《医学创新之大忌:急功近利》,《医学与哲学》2005 年第 1 期。

《医学人性的复归:微创医学与全人医疗》,《医学与哲学》2004 年第 11 期。

《美容医学:小心市场诱惑的陷阱——关于美容医学健康发展的几个问题》,《医学与哲学》2004 年第 7 期。

《SARS 防治中的伦理学断想》,《中国医学伦理学》2003 年第 5 期。

《以人为本:人的关怀与人的权利——关于医疗保健服务中如何实践以人为本》,《医学与哲学》2003 年第 12 期。

《医学伦理的多元、通约及其他——〈医学伦理学〉序》,《医学与哲学》2003 年第 11 期。

《我们为什么能战胜"非典"》,《医学与哲学》2003 年第 5 期。

《医患关系面临的课题:利益的冲突》,《医学与哲学》2002 年第 11 期。

《守住医学的疆界——关于医学中的科学主义与金钱至上主义》,《医学与哲学》2002 年第 9 期。

《交流　诠释　求同尊异——关于生命伦理学的跨文化研究》,《医学与哲学》2002 年第 6 期。

《关于医学美学美容学中的伦理学问题》,《中国美容医学》2002 年第 5 期。

《关于两起恶性医患纠纷事件的思考》,《中国医学伦理学》2002 年第 1 期。

《生物医学人体受试者研究未来面临的挑战》,《医学与哲学》2001 年第 12 期。

《科学的划界与医学——一论在医学中坚持科学精神》,《医学与哲学》2001 年第 8 期。

《卫生立法——一个基本的着眼点》,《医学与哲学》2001 年第 4 期。

《如何理解作为一门科学的医学——关于医学中的非科学与伪科学》,《医学与哲学》2000 年第 7 期。

《医学伦理学的重要课题:卫生经济伦理学——评〈后现代卫生经济伦理学〉》,《医学与哲学》2000 年第 5 期。

《再论医学模式转变的紧迫性》,《中华医学杂志》2000 年第 3 期。

《理智而现实的选择——面临新世纪的卫生保健服务》,《医学与哲学》2000 年第 1 期。

《21 世纪医学发展的若干问题》,《中华医学杂志》1999 年第 1 期。

《医学伦理学应当有一个转变》,《中国医学伦理学》1998 年第 5 期。

《论当代的医学目的与医学保健服务》,《医学与社会》1996 年第 2 期。

《医学伦理学面临的选择:人道主义与功利主义》,《自然辩证法研究》1993 年第 3 期。

《一种新的医学伦理观点:人道功利主义——在日本医学哲学伦理学第十一次会议上的特别讲演》,《中国医学伦理学》1993 年第 2 期。

《护理学的性质、对象、内容和任务》,《中国实用护理杂志》1989 年第 2、3、4 期。

《关于理论医学、整体医学及其它》,《中国社会医学》1989 年第 2 期。

《医疗质量与医学道德》,《中级医刊》1985 年第 5 期。

《论医生的权利、义务与责任》,《煤矿医学》1983 年第 1 期。

杜卓逸(山西师范大学)

《革命与身体——论蒋光慈小说中的身体叙事》,山西师范大学硕士学位论文 2010 年。

段冲(东北财经大学)

《美国医疗照顾制度研究》,东北财经大学硕士学位论文 2010 年。

段创新(河南大学)

《1950—1958 年开封市传染病流行与防治研究》,河南大学硕士学位论文 2010 年。

段光辉(天津中医学院)

《越南传统医学历史、现状及中医药的比较研究》,天津中医学院博士学位论文 2004 年。

段惠青(中原工学院)

《宋朝医疗救济初探》,《中州学刊》2005 年第 3 期。

段洁梅(甘肃农业大学)

《瓜州县农村移民社区参保民众医疗保险满意度研究》,甘肃农业大学硕士学位论文 2016 年。

段鸣鸣(江西中医药大学)

《论中医香疗文化》,《亚太传统医药》2019 年第 8 期。

~程绍民等:《论正史医家传记中神异叙事的价值与意义》,《医学争鸣》2019 年第 3 期。

《正史医家传记中师承神异叙事的文化释读——以〈史记·扁鹊传〉和〈后汉书·费长房传〉为例》,《中医药文化》2018 年第 4 期。

~张泽兵:《虚构抑或真实——如何认识正史医家传记中的神异叙事》,《中医药文化》2017 年第 6 期。

孙悦……傅建萍~龚勇军等:《旴江医学文化蠡测》,《江西中医药大学学报》2014 年第 5 期。

~龚勇军:《试论陶渊明诗文中的道家养生观》,《江西中医药大学学报》2014 年第 5 期。

~熊德梁:《试论陶渊明的自然养生哲学》,《长江大学学报(社科版)》2014 年第 4 期。

端木洪

《白喉流行过几次》,《新民晚报》1958 年 1 月 18 日。

《欧阳修生什么病死的》,《新民晚报》1958 年 1 月 4 日。

《我国第一个吃奎宁的是谁》,《新民报晚刊》1957 年 4 月 13 日。

端木宏谨(中国防痨协会/中国疾病预防控制中心)

《在防痨事业中熠熠生辉——在中国防痨协会第十次全国会员代表大会上的工作报告》,《中国防痨杂志》2011 年第 1 期。

《在防痨事业中熠熠生辉——中国防痨协会成立 75 周年志念》,《中国防痨杂志》2008 年第 5 期。

《缅怀先驱开创未来——纪念裴祖源教授诞辰百年》,《中华结核和呼吸杂志》2004 年第 12 期。

段乃粲（山东师范大学）

《明清太医院医官培养制度研究》，山东师范大学硕士学位论文 2017 年。

段琦

《大山深处有大爱——修女服务甘孜麻风病人的历史与现状》，《中国天主教》2013 年第 6 期。

段青（对外经济贸易大学）

《艾滋病与国际安全》，《国外理论动态》2009 年第 12 期。

～陈玉洁：《传染病对传统国际安全范式的挑战》，《中国图书评论》2009 年第 8 期。

段荣书（北京电力医院）

《试论罗天益在理论上的建树》，《新疆中医药》1990 年第 3 期。

段润章（黑龙江中医药大学）

《温病学派兴起历程的再解读》，黑龙江中医药大学硕士学位论文 2013 年。

段小红（中山大学）

《浅议伯驾与西医在华的传播》，《中山大学研究生学刊（社会科学版）》1999 年第 4 期。

段晓华（北京中医药大学）

～曾凤：《〈千金要方〉宋校本与新雕本相应篇目附列内容差异考证》，《广州中医药大学学报》2019 年第 12 期。

熊益亮……唐禄俊～张其成：《医乃仁术思想构建当代医学职业核心素养教育的探讨》，《中国中医药现代远程教育》2019 年第 11 期。

刘珊～唐禄俊等：《杨继洲学术思想来源探究》，《中医杂志》2019 年第 10 期。

刘珊～于红等：《"两创"方针指导下的中医药文化品牌建设——以"六养衢江"为例》，《中医药文化》2018 年第 3 期。

刘珊、朱佳杰～唐禄俊等：《〈道藏〉药枕方举隅》，《安徽中医药大学学报》2018 年第 2 期。

熊益亮～张其成：《中医药文化人才培养的问题与路径探讨》，《中医药文化》2018 年第 1 期。

王林云～刘珊等：《浅论曾懿〈古欢室医书三种〉》，《中医文献杂志》2017 年第 3 期。

吕晓雪～：《〈说文解字〉"虫部""蚰部""蟲部"药名考证》，《中医文献杂志》2017 年第 2 期。

唐禄俊……王鸿弘～张其成：《〈道藏·太平部〉本草文献整理》，《世界中医药》2016 年第 7 期。

秦晓慧……王林云～：《古代中医"脑"范畴自宋代以来的流变研究》，《中医文献杂志》2016 年第 4 期。

牛一焯……王林云～：《唐以前中医"脑"范畴流变研究》，《中医文献杂志》2016 年第 3 期。

张宁怡……刘珊～：《近代以来中医"脑"范畴流变研究》，《中医文献杂志》2016 年第 1 期。

张青颖、沈艺～刘珊等：《〈道藏·洞玄部〉中医药文献特点初探》，《中医文献杂志》2015 年第 4 期。

王林云……刘理想～刘珊：《早期中医医疗器具探源》，《中医文献杂志》2015 年第 4 期。

刘珊……王娟娟：《〈道藏〉中医药文献研究考略》，《中医文献杂志》2015 年第 1 期。

王凤香～：《从心理和文化的视角探秘后医学时代健康心理》，《中医药文化》2014 年第 5 期。

潘秋平、张晓利～：《〈黄帝内经〉与〈淮南子〉养生思想比较》，《广州中医药大学学报》2014 年第 2 期。

～翟文浩等：《〈说文解字〉"疾""病"及其相关语词考》，《吉林中医药》2014 年第 2 期。

～畅洪昇等：《章太炎对中医学术发展的评价》，《北京中医药大学学报》2014 年第 1 期。

～曾凤：《〈新雕孙真人千金方〉俗字特点初探》，《北京中医药大学学报》2013 年第 9 期。

《国学大师章太炎的医学情怀》，《中医药文化》2012 年第 1 期。

畅洪昇～梁吉春等：《中医郁证学说源流探析》，《北京中医药大学学报》2011 年第 10 期。

《章太炎在近代中医史上的地位及成就》，《中华医史杂志》2006 年第 1 期。

程志立、潘秋平～张其成：《北京庙会民俗养生初探》，《中医药文化》2010 年第 2 期。

潘秋平～梁吉春：《〈黄帝内经〉藏象学说渊源考证》，《北京中医药大学学报》2010 年第 2 期。

～畅洪昇：《章太炎医学思想渊源探析》，《吉林中医药》2009 年第 6 期。

～梁吉春等：《章太炎的〈伤寒论〉研究思想及其特色》，《北京中医药大学学报》2009 年第 2 期。

～畅洪昇：《章太炎医学研究历程简析》，《江西中医学院学报》2008 年第 6 期。

～畅洪昇：《国学大师章太炎医学思想研究的回顾与展望》，《江西中医学院学报》2008 年第 5 期。

～畅洪昇：《从〈医术平议〉看章太炎医学研究思想》，《中国中医药现代远程教育》2006 年第 3 期。

～钱超尘等：《章太炎中医考据学思想论略》，《中国中医基础医学杂志》2006 年第 2 期。

《章太炎医学思想研究》，北京中医药大学博士学位论文 2006 年。

段晓颉（山东大学）

《网络媒介精神疾病患者的媒介形象研究》，山东大学硕士学位论文 2018 年。

段延萍（首都医科大学／北京联合大学）

王佳佳……冯建春～赵文景：《〈黄帝内经〉脉诊刍议》，《北京中医药》2018 年第 3 期。

梁烨、周杰～郭肖瑶等：《从针刺角度论〈内经〉营卫学说与失眠的关系》，《继续医学教育》2015 年第 7 期。

周杰～：《〈难经〉论伤寒病的特点及对后世的影响》，《时珍国医国药》2009 年第 7 期。

范晔～周杰等：《从〈内〉〈难〉经入手看"治未病"思想的源流及价值》，《陕西中医》2009 年第 2 期。

周杰～：《〈难经〉论积聚病的特点及对后世的影响》，《中国中医基础医学杂志》2008 年第 10 期。

陈婷～：《探析〈难经〉理论渊源》，《中国中医基础医学杂志》2007 年第 1 期。

～周杰等：《〈内经〉、〈难经〉寸口脉诊法机理探析》，《陕西中医》2006 年第 11 期。

～周杰等：《论〈内经〉内外环境统一性的美容思想》，《中国中医基础医学杂志》2006 年第 9 期。

周杰～陆琦：《〈内经〉中的人体审美观》，《北京中医》2006 年第 3 期。

周杰～：《对〈素问·阴阳应象大论〉中阴阳寒热病机的认识》，《河南中医药学刊》2000 年第 2 期。

～周杰：《略论〈内经〉中的医学道德观》，《陕西中医学院学报》1999 年第 3 期。

周杰～：《初析〈灵枢·本神〉中的"神"》，《光明中医》1998 年第 5 期。

《〈内经〉针刺浅深探析》，《北京中医》1998 年第 2 期。

段逸山（上海中医药大学／上海中医学院）

任宏丽、刘庆宇～：《〈聊斋志异〉中医文化研究》，《文化学刊》2019 年第 7 期。

孙文杰……任宏丽～：《大黄"安和五脏"之考析》，《上海中医药大学学报》2019 年第 6 期。

《章次公先生佚事二三》，《中医药文化》2019 年第 5 期。

李海英、朱凌凌～：《解读"天癸"——生命周期与术数文化》，《古籍整理研究学刊》2019 年第 5 期。

王毅敏……孙文杰～：《近代期刊〈国药新声〉医药广告研究》，《浙江中医杂志》2019 年第 5 期。

《基于传抄者的主观意图：中医古籍稿抄本成因考论》，《中医药文化》2019 年第 4 期。

王毅敏、任宏丽～刘庆宇：《时逸人与〈时氏内经学〉钩玄》，《中医文献杂志》2019 年第 3 期。

赵丹～王兴伊:《试析老官山汉墓〈刺数〉"经脉穴"与〈黄帝内经〉腧穴的对应关系》,《中国中医基础医学杂志》2019 年第 2 期。

《〈蠢子医〉作者龙之章生卒年考》,《中医文献杂志》2019 年第 1 期。

朱凌凌～陈慧娟等:《转胞名实考》,《中医杂志》2018 年第 14 期。

朱凌凌～高晞等:《带下病名源流考》,《中国中医基础医学杂志》2018 年第 11 期。

《上海图书馆藏卧云山房本〈医方抄〉述考》,《图书馆杂志》2018 年第 10 期。

朱凌凌～高驰等:《肺痨病名源流考》,《中华中医药杂志》2018 年第 7 期。

黄晓华～:《20 世纪 80 年代以来中医古籍版本研究梳理与思考》,《中医药文化》2018 年第 6 期。

《〈伤寒直指〉同名异书考》,《中医药文化》2018 年第 3 期。

《王僧孺"佣书"出身》,《中医药文化》2018 年第 2 期。

《董娴～高驰:《释"郁"》,《中华中医药杂志》2018 年第 2 期。

《"武陵顾从德"族望家世考》,《中国典籍与文化》2018 年第 2 期。

《梓余杂感——写在〈上海地区馆藏未刊中医钞本提要〉出版之际》,《中医药文化》2018 年第 1 期。

董娴～:《民国山西〈医学杂志〉研究文献综述》,《中医文献杂志》2017 年第 6 期。

董娴～:《民国上海中医学会钩沉》,《中医药文化》2017 年第 6 期。

段英帅～:《对席文〈科学史方法论讲演录〉一书的评析及思考——以人类社会学和文化学医史观为主视角》,《中医药文化》2017 年第 4 期。

熊俊～:《明代医家赵良仁〈金匮方论衍义〉研究》,《南京中医药大学学报(社会科学版)》2017 年第 2 期。

于业礼～:《敦煌两件〈本草经集注·序录〉相关文书互勘举隅》,《中医文献杂志》2017 年第 2 期。

于业礼、熊俊～:《〈古本难经阐注〉之"古本"系宋元时期吴澄校定本考》,《浙江中医药大学学报》2016 年第 11 期。

沈思佳……张怡洁～莫黎:《近代针灸治疗肺结核选穴特点及诊疗规律研究》,《浙江中医杂志》2016 年第 7 期。

蒯仂……任宏丽～:《清抄本〈罗太无先生口授三法〉与朱丹溪存世著作内容比对及学术价值钩玄》,《中医文献杂志》2016 年第 4 期。

彭榕华、陈升惠～:《任应秋先生治学经历与学术思想述略》,《中医药文化》2016 年第 3 期。

熊俊～:《〈金匮要略〉杂疗方"须得流去"辨析》,《中医药文化》2016 年第 3 期。

《民国(1911—1949)中医期刊有关中医废存之争的启示》,《中国科技期刊研究》2014 年第 12 期。

邸若虹……袁久林～:《医林轨范医潮一柱——陈曾源及其主编的〈国医正言〉》,《中医药文化》2014 年第 6 期。

王兴伊～:《从医古文统编教材看近 60 年医古文学科发展》,《中医教育》2014 年第 6 期。

李海英～:《中医学身体观研究述评》,《中华医史杂志》2014 年第 5 期。

任宏丽～刘庆宇等:《秦伯未先生〈医事导游〉治学方法及学术特色研究》,《中医文献杂志》2014 年第 4 期。

任宏丽～宋海坡:《评近代医家汪企张及其代表作〈二十年来中国医事刍议〉》,《中医药文化》2014 年第 4 期。

宋海坡、任宏丽～:《基于民国中医药期刊的近代中医药品牌形成探讨》,《浙江中医杂志》2014 年第 7 期。

李海英～:《"天癸"的提出源于传统水本思想》,《广西师范大学学报（社会科学版）》2014 年第 2 期。

任宏丽、宋海坡～:《近代中西医汇通视野下的本草学发展新特点——以民国期刊〈国药新声〉为例》,《中国中医基础医学杂志》2013 年第 6 期。

熊俊～:《民国期刊〈中国医药月刊〉述要》,《中医药文化》2013 年第 5 期。

宋海坡、任宏丽～:《近代灸法的学术继承与发展——以民国期刊〈针灸杂志〉为例》,《中华中医药学刊》2013 年第 3 期。

《既映当世 又裨来兹——近代中医药期刊学术价值论,兼评沈伟东新著》,《中医药文化》2013 年第 1 期。

任宏丽～杨奕望:《民国时期中医药诉讼鉴定案 1 例》,《浙江中医杂志》2013 年第 1 期。

宋海坡、任宏丽～:《近代中医妇科常见病治验方初探——以民国中医药期刊为例》,《江西中医药》2013 年第 1 期。

任宏丽～:《民国期刊〈中国医学月刊〉研究》,《辽宁中医药大学学报》2012 年第 12 期。

任宏丽～刘庆宇:《近代中西医论争乱局下的〈伤寒〉经典诠释——以〈神州国医学报〉为例》,《中医文献杂志》2012 年第 6 期。

彭榕华～:《〈苏州国医杂志〉述评》,《中医文献杂志》2012 年第 6 期。

肖梅华～:《民国期刊〈现代医药月刊〉述要》,《中医药文化》2012 年第 6 期。

袁颖……何世民～:《从〈国药新声〉杂志看民国时期中药研究状况》,《中医药文化》2012 年第 5 期。

任宏丽～郏守兰:《民国期刊〈神州国医学报〉的办刊特色及社会影响》,《中医药文化》2012 年第 4 期。

李海英～:《民国名医朱小南与〈新中医刊〉》,《中华中医药杂志》2012 年第 4 期。

贾智玲～:《从〈医界春秋〉和〈复兴中医〉看民国时期中医教育》,《中医药文化》2012 年第 3 期。

郏守兰～:《〈中医世界〉特点评述》,《时珍国医国药》2011 年第 10 期。

李海英～:《从盲目养生热谈中医药文化传播的迫切性》,《中医药文化》2011 年第 5 期。

贾智玲～:《民国期刊〈自强医学月刊〉研究》,《中医药文化》2011 年第 5 期。

郏守兰～任宏丽等:《近代中医期刊特点及研究意义》,《中华中医药杂志》2011 年第 5 期。

郏守兰～:《〈中医世界〉所载温病特点浅议》,《国医论坛》2011 年第 2 期。

郏守兰～:《〈复兴中医〉特点评述》,《江西中医药》2011 年第 2 期。

《近代中医药期刊蕴含巨大价值》,《中国中医药报》2010 年 8 月 12 日 003 版。

郏守兰～:《民国中医之喉舌——〈医界春秋〉》,《中医药文化》2010 年第 6 期。

《中医专科书目鸟瞰——兼评〈中国中医古籍总目〉》,《辞书研究》2010 年第 3 期。

任宏丽～沈伟东:《民国期刊〈现代中医〉研究》,《中国中医药现代远程教育》2010 年第 3 期。

～邹西礼:《明抄北宋小字本〈金匮要略方〉研究》,《中医文献杂志》2010 年第 2 期。

《"治未病"第本旨及其文化内涵》,《中医药文化》2010 年第 1 期。

《正史记载的刮骨疗毒》,《中医药文化》2009 年第 4 期。

任宏丽～:《抄本〈女科济阴要语万金方〉研究——兼论与〈坤元是保〉的关系》,《中医文献杂志》

2009 年第 2 期。

任宏丽～：《"郑氏女科"论治妇科病特色举要》，《上海中医药杂志》2008 年第 10 期。

周波～：《〈大众医学月刊〉所载男性病述评》，《江西中医药》2008 年第 7 期。

《中医药文献研究的一项重要而紧迫的课题——兼论中医药抄本的学术价值》，《古今论衡》第 17 期（2007.12）．

任宏丽、张如青～：《〈罗太无先生口授三法〉成书及主要内容——评罗知悌对金元医学发展的贡献》，《上海中医药杂志》2007 年第 10 期。

《月经名称述考》，《中医药文化》2007 年第 6 期。

《"客窗偶谈"提要》，《中医药文化》2007 年第 3 期。

《〈幼科医验〉提要》，《中医药文化》2006 年第 5 期。

《〈素问〉〈太素〉正文对照考正》，《中医文献杂志》2005 年第 3、4 期。

《引用文字　形式多样——古医书引经举要》，《医古文知识》2005 年第 2 期。

《古籍通检史略》，《医古文知识》2005 年第 1 期。

杨奕望～吴鸿洲：《〈黄帝内经太素〉成书年代考评》，《医古文知识》2004 年第 2 期。

黄宗瀚～：《〈释名疏证补〉医籍引文之对象与作用》，《医古文知识》2004 年第 2 期。

童舜华、童瑶～：《张仲景病证结合论治思想探析》，《江西中医药》2003 年第 8 期。

童舜华、童瑶～：《张锡纯病证结合论治思想探析》，《辽宁中医学院学报》2003 年第 3 期。

童舜华、童瑶～：《〈黄帝内经〉病证结合论治思想的萌芽》，《辽宁中医学院学报》2003 年第 1 期。

《〈素问〉版本流传考证》，《上海中医药大学学报》2000 年第 4 期。

《论〈素问〉全元起本的学术价值》，《中医文献杂志》2000 年第 3 期。

《王冰所见〈素问〉之"世本"》，《上海中医药大学学报》2000 年第 1 期。

《〈素问〉全元起本所含通行本内容类考》，《上海中医药杂志》1998 年第 10 期。

《〈素问〉全元起本篇序之判定原则——兼抉丹波元简诸氏所列篇序》，《中国医药学报》1997 年第 3 期。

《〈素问〉全元起本篇数考辨》，《中华医史杂志》1997 年第 2 期。

《〈素问〉全元起本具体内容的安置准则》，《中医文献杂志》1996 年第 3 期。

《〈素问〉王冰注引用书目条数考》，《上海中医药杂志》1991 年第 11 期。

《〈素问〉王冰注引文的作用及所释对象》，《医古文知识》1991 年第 2 期。

段祯（甘肃中医药大学／甘肃中医学院）

～王亚丽：《〈武威医简〉68、86 甲乙及唐以前麻风病用药特点讨论》，《中国中医基础医学杂志》2016 年第 12 期。

～王亚丽等：《〈武威汉代医简〉21—25 简补正及其文化探源》，《西部中医药》2016 年第 9 期。

～王亚丽：《〈武威汉代医简〉"芎䓖"臆说》，《中国中医基础医学杂志》2013 年第 9 期。

～王亚丽：《〈武威汉代医简〉组方用药特点探析》，《中医杂志》2012 年第 2 期。

《〈武威汉代医简〉"大黄丹"考证》，《中医研究》2010 年第 11 期。

《〈武威汉代医简〉方剂剂型及制用法述略》，《甘肃中医学院学报》2010 年第 6 期。

～方欣：《"不出千里，决者至众，不可曲止也"略谈》，《甘肃中医》2010 年第 4 期。

《〈武威汉代医简〉"行解"义证》，《中医文献杂志》2010 年第 2 期。

《〈武威汉代医简〉"和""合和"正义——并就有关句读与张延昌先生商榷》，《甘肃中医学院学报》

2010 年第 1 期。

《简帛医书"冶"字考》,《甘肃中医学院学报》2009 年第 6 期。

《刍论〈武威汉代医简〉中量词的用法》,《甘肃中医学院学报》2009 年第 4 期。

《浅谈〈武威汉代医简〉中的量词及其分布特征》,《甘肃中医学院学报》2009 年第 2 期。

端智(青海大学/青海省藏医院/兰州大学)

《青海省藏传佛教寺院内设藏医医疗机构状况调查——以支扎寺、千卜录寺等为例》,《青海师范大学学报(哲学社会科学版)》2016 年第 1 期。

《"曼巴扎仓"与藏医学的发展》,《中华医史杂志》2014 年第 5 期。

《18 世纪著名藏医藏曼·益西桑布医学活动述略》,《青海民族研究》2013 年第 3 期。

《藏医文化的现代解读》,《青海师范大学学报(哲学社会科学版)》2013 年第 2 期。

Frances Garrett～彭毛卓玛:《藏文文献中的胚胎学及其象征——叙事性的认识论与自我认知的修辞学》,《青藏高原论坛》2013 年第 2 期。

《安多曼巴扎仓研究——以贡本、拉卜楞寺为中心》,兰州大学博士学位论文 2013 年。

《从东方到西方——一个布里亚特藏医世家的医学传播史》,《青海民族研究》2012 年第 2 期。

《迦布日医学利众院与藏医学的发展》,《中国民族医药杂志》2011 年第 7 期。

《不丹传统医学的历史与现状》,《中央民族大学学报(哲学社会科学版)》2011 年第 4 期。

～宗喀·漾正冈布:《贡本(塔尔寺)曼巴扎仓》,《西北师大学报(社会科学版)》2011 年第 4 期。

宗喀·漾正冈布～:《拉卜楞地区的传统医药》,《西北民族大学学报(哲学社会科学版)》2011 年第 3 期。

克里斯托夫·贝克威斯～:《公元七八世纪希腊医学传入吐蕃考》,《西北民族大学学报(哲学社会科学版)》2011 年第 3 期。

娜塔利亚·波索克耶娃～:《俄罗斯布里亚特地区藏传佛教寺院的曼巴扎仓》,《中国民族医药杂志》2009 年第 4 期。

《第七届国际亚洲传统医学大会综述》,《中国藏学》2009 年第 4 期。

土登次仁～彭毛卓玛:《药王山医学利众院简史》,《中国藏学》2008 年第 4 期。

段忠玉(云南中医药大学/云南中医院/云南大学)

～陈普等:《西双版纳跨境民族医疗资源现状调查与思考——以磨憨口岸为例》,《中国民族民间医药》2019 年第 12 期。

～李建斌等:《傣医文化变迁研究——以云南省孟连县为例》,《亚太传统医药》2019 年第 8 期。

《傣族传统口功治疗存续的文化动因分析》,《医学与哲学(A)》2017 年第 11 期。

《傣族疾病认知及治疗行为探析——以西双版纳傣泐为例》,《医学与哲学(A)》2017 年第 9 期。

～陈芳等:《试论运用医学人类学理论与方法研究民族医学的必要性》,《中国民族民间医药》2017 年第 6 期。

～陈清华等:《金沙江傣族传统医药现状及原因分析——以永兴傣族乡为例》,《中国民族民间医药》2017 年第 1 期。

《傣族传统口功治疗的医学人类学研究》,云南大学博士学位论文 2016 年。

～陈普:《傣族传统口功治疗的功能分析》,《中国民族民间医药》2016 年第 12 期。

～陈普:《生态文化视角下西双版纳农场开发对傣药资源的影响》,《中国民族民间医药》2016 年第 11 期。

~陈普：《浅议傣族传统医药的传承与惠益分享》，《中国民族民间医药》2016 年第 10 期。

~陈普：《文化背景下傣族医药文化遗产的可持续保护利用》，《中国民族民间医药》2016 年第 9 期。

~郑进：《傣族传统医药研究的回顾和反思》，《医学与社会》2016 年第 8 期。

~郑进：《傣族口功摩雅与医患关系的医学人类学分析》，《医学与哲学（A）》2016 年第 8 期。

《西双版纳傣族传统医疗存在形式的医学人类学分析》，《云南民族大学学报（哲学社会科学版）》2016 年第 3 期。

~张超：《傣医药文化传承与保护研究》，《医学与社会》2016 年第 3 期。

~郑进：《傣医传统口功吹气疗法的医学人类学解读》，《云南民族大学学报（哲学社会科学版）》2015 年第 1 期。

~李东红：《多元医疗模式共存的医学人类学分析——以西双版纳傣族村寨为例》，《学术探索》2014 年第 9 期。

多杰仁青（西藏藏医学院附属医院）

~才让南加：《〈四部医典〉的哲学渊源》，《中国民族医药杂志》2017 年第 12 期。

多丽梅（故宫博物院）

《俄罗斯藏中国宫廷文物——艾尔米塔什博物馆馆藏"正统铜人"研究》，《明清论丛》2017 年第 1 期。

多米尼克·默德斯

《帝国边缘的医学传教》，《医疗社会史研究》2019 年第 2 期。

E

E.Hesse

《看护发达史》，《拜耳医疗新报》1944 年第 1 期。

额贺淑郎

《医疗化与生物医疗化理论的发展》，《国外社会科学》2007 年第 1 期。

鄂兰秀（内蒙古医科大学/内蒙古医学院）

~任海燕：《蒙医护理与西医护理医学护理理念的分析与研究》，《内蒙古医科大学学报》2015 年 S2 期。

~兰杰等：《瑞应寺曼巴扎仓医明学对促进蒙医药学发展作用探析》，《内蒙古医科大学学报》2013 年第 4 期。

~额尔德木图等：《〈饮膳正要〉蒙医学理念探析》，《内蒙古医学院学报》2012 年第 4 期。

《从文献记载奥特其佛与安代舞的传说中探讨蒙医学的渊源》，《中国民族医药杂志》2007 年第 12 期。

《世界最早的最完整的法医学专著——宋慈的〈洗冤集录〉对法医学的成就》，《内蒙古电大学刊》2007 年第 8 期。

《〈四部医典〉与蒙医药学发展的渊源关系》，《中国民族医药杂志》2007 年第 5 期。

兰杰、赵和平~：《中国古代中医文献分类发展概况》，《内蒙古电大学刊》2006 年第 6 期。

尔古果果(西南民族大学)

《凉山彝族毕摩仪式中的心理治疗因素与功能的研究》,西南民族大学硕士学位论文 2011 年。

~欧阳利等:《浅论彝族毕摩仪式的现代心理治疗价值》,《商业文化(学术版)》2010 年第 8 期。

E.W.C.Thomas

~撰,杨献基译:《英国预防医学及公共卫生之演进》,《西南医学杂志》1948 年第 1、2 期。

F

樊波(煤炭工业总医院/中国中医科学院)

~陈新利等:《浅析四川省中医药立法的沿革》,《中国卫生法制》2017 年第 3 期。

~袁国铭等:《〈四川省中医药条例〉修订简况》,《医学与法学》2016 年第 5 期。

袁国铭……张乐~:《论我国中央卫生行政机构的变迁》,《医学与社会》2014 年第 6 期。

~袁国铭:《中国中央卫生行政机构发展简史》,《中国医学图书情报杂志》2014 年第 3 期。

《民国卫生法制研究》,中国中医科学院博士学位论文 2012 年。

~梁峻等:《民国时期以来机构管理法律制度研究》,《价值工程》2011 年第 19 期。

~梁峻等:《民国时期医师、医士制度研究》,《中医杂志》2011 年第 10 期。

~梁峻等:《南京国民政府时期中医药立法研究》,《中医学报》2011 年第 5 期。

~梁峻等:《浅析中华民国中央卫生行政机构之嬗递》,《北京中医药》2011 年第 2 期。

~梁峻:《浅析中华民国卫生法制之得失》,《中国卫生法制》2011 年第 1 期。

范伯群(复旦大学)

《从鲁迅的弃医从文谈到恽铁樵的弃文从医——恽铁樵论》,《复旦学报(社会科学版)》2005 年第 1 期。

范长风(华东师范大学)

《医患之间的共情与病痛叙事——青海莫多寺曼巴扎仓的医学民族志研究》,《医学与哲学》2019 年第 5 期。

《安多藏区曼巴扎仓的医学民族志》,《民俗研究》2019 年第 1 期。

《青藏地区冬虫夏草的经济形态和文化变迁》,《民俗研究》2016 年第 1 期。

《冬虫夏草产地的政治和文化传导——阿尼玛卿山虫草社会的经济人类学研究》,《西藏研究》2015 年第 2 期。

范崇峰(南京中医药大学/华南师范大学/南京师范大学)

~卜雅莉:《中医"病"概念起源与发生》,《医学与哲学》2019 年第 5 期。

《养生术语名实源流考》,《南京中医药大学学报(社会科学版)》2019 年第 1 期。

《从〈黄帝内经素问〉看阴阳五行实质》,《中医学报》2018 年第 12 期。

卜雅莉~:《"食疗"名考》,《中国中医基础医学杂志》2018 年第 7 期。

~卜雅莉:《"健康"名义考》,《中医药文化》2018 年第 6 期。

衣兰杰~张工彧:《明清江苏主要针灸医籍及学术特点研究》,《江苏中医药》2017 年第 12 期。

《"医者意也"考》,《中国中医基础医学杂志》2017 年第 11 期。

~卜雅莉:《"气功"名考》,《中华中医药杂志》2017 年第 8 期。

李崇超～:《〈山居四要〉版本及学术思想研究》,《江西中医药》2015 年第 7 期。

《从〈素问〉"气"的使用看其本质》,《中医文献杂志》2015 年第 6 期。

《敦煌医药卷子年代考订问题探讨》,《中华医史杂志》2015 年第 5 期。

～周俊:《扁鹊取意"病却"考》,《医学与哲学(A)》2014 年第 11 期。

《艾灸量词"罚"》,《中国针灸》2014 年第 8 期。

《〈修龄要指〉作者、版本及内容考》,《中医药文化》2014 年第 4 期。

《万全〈养生四要〉评介》,《中医药文化》2013 年第 6 期。

《敦煌医方量词两则》,《中国语文》2009 年第 5 期。

《敦煌医卷词语零诂》,《语文知识》2009 年第 3 期。

《敦煌医药卷子 S.1467 校补》,《燕山大学学报》2009 年第 1 期。

《敦煌医药卷子 P.2882V 校补》,《中华医史杂志》2007 年第 1 期。

《敦煌医药卷子 P.3930 校补》,《中医文献杂志》2007 年第 1 期。

饭岛涉(日本青山学院大学/横滨国立大学)

～撰,何雪倩译:《"医疗社会史"之视角——以 20 世纪的东亚和中国为中心》,《医疗社会史研究》2017 年第 1 期。

～徐慧:《"传染病的中国史"诸问题探讨》,《历史研究》2015 年第 2 期。

《中国海关与国际化之脉络——以检疫制度为中心》,余新忠等主编《医疗、社会与文化读本》(北京:北京大学出版社 2013 年)。

～张英波:《作为历史进程指标的传染病》,《中国社会历史评论》2007 年 00 期。

《霍乱流行与东亚的防疫体制》,《上海和横滨》联合编辑委员会、上海档案馆编《上海和横滨:近代亚洲两个开放城市》(上海:华东师范大学出版社 1997 年)

范春燕(成都中医药大学)

《〈证类本草〉征引医方考》,成都中医药大学硕士学位论文 2010 年。

～王东等:《〈大观本草〉尚志钧点校本补校》,《中药与临床》2010 年第 1 期。

～王家葵等:《〈斗门方〉初考》,《中医文献杂志》2010 年第 1 期。

何霖、王家葵～:《大戟、京大戟的本草考证》,《中药材》2009 年第 5 期。

樊冬实(哈尔滨师范大学)

《民国时期哈尔滨霍乱研究(1919—1932)》,哈尔滨师范大学硕士学位论文 2015 年。

范光辉(湖南师范大学)

《孙思邈道教医学研究》,湖南师范大学硕士学位论文 2017 年。

范国栋

《被遗忘的年代——谈美援对台湾医疗产业的影响》,《台湾医界》第 47 卷第 9 期(2004.9)

范国平(复旦大学)

《艰难卓绝的生命救护——美国学者约翰·瓦特眼中的中央红军长征医疗》,《军事历史研究》2016 年第 3 期。

范寒英(广东外语外贸大学)

《中、美、俄、澳四国医疗保险制度比较研究》,《对外贸易》2016 年第 1 期。

《基于区域比较维度的我国公共卫生支出的公平性研究》,广东外语外贸大学硕士学位论文 2016 年。

范虹（长江师范学院/西南大学）

《〈你好，疯子〉中的疯子形象分析》，《三峡大学学报（人文社会科学版）》2017 年 S1 期。

～罗婧婷：《中国电影中"疯子形象"的隐喻意义》，《电影文学》2017 年第 21 期。

《新时期中国电影里的"疯子形象"研究》，西南大学硕士学位论文 2015 年。

樊宏（南京医科大学）

黄东亮、卢建华～王建明：《民营医院医生防御性医疗行为实证分析与比较》，《卫生软科学》2016 年第 2 期。

～尤华等：《南京市社区卫生服务利用者总体满意度及其影响因素分析》，《中国全科医学》2014 年第 22 期。

马妍～吉华萍等：《后医改时代我国过度医疗行为的多维度审视》，《卫生软科学》2014 年第 3 期。

～周颖等：《患者过度医疗相关知识认知度调查》，《中国社会医学杂志》2014 年第 2 期。

～周颖等：《医生过度医疗相关知识认知度调查》，《中国社会医学杂志》2014 年第 1 期。

～王乾元等：《南京市城郊居民社区卫生服务的利用类型对比及影响因素调查分析》，《中国全科医学》2013 年第 42 期。

～邬银燕等：《"后医改时代"南京市居民对社区卫生服务中心的利用现状及影响因素分析》，《中国卫生事业管理》2013 年第 12 期。

～汪文新等：《法国卫生体制改革概况》，《中国社会医学杂志》2008 年第 6 期。

范家伟（香港城市大学/香港中文大学）

《医者葛应雷与元代医学发展——以葛应雷墓志铭为中心》，《新史学》第 28 卷第 4 期（2017.12）。

《元代三皇庙与宋金元医学发展》，《汉学研究》第 34 卷第 3 期（2016.9）。

《汉唐时期疟疾与疟鬼》，林富士主编《疾病的历史》（台北：联经 2011 年）。

《北宋馆阁官、儒臣与校正医书局》，《汉学研究》第 29 卷第 3 期（2011.9）。

《魏晋南北朝隋唐医者与医学》，《古今论衡》第 21 期（2010.12）。

《宋代医学发展的外缘因素——评郭志松〈中医药的演变：宋代（960—1200）〉》，《中国科技史杂志》2010 年第 3 期。

《张仲景〈五藏论〉研究》，《中国文化研究所学报》第 45 期（2005）。

《唐宋时代眼内障与金针拨障术》，《汉学研究》第 22 卷第 2 期（2004）。

《论陈寅恪先生与中医学》，《中国中医基础医学杂志》2003 年第 1 期。

《汉唐时期道教与疟鬼说》，《华林》第 2 卷（中华书局，2002）。

《从医书看唐代的行旅与疾病》，《唐研究》第 7 卷（2001）。

《地理环境与疾病——论古代医学对岭南地区疾病的解释》，《中国历史地理论丛》2000 年第 1 期。

《六朝时期人口迁移与岭南地区瘴气病》，《汉学研究》第 16 卷第 1 期（1998）。

《晋隋佛教疾疫观》，《佛学研究》1997 年 00 期。

《后汉至唐代疾疫流行及其影响——以人口移动为中心的考察》，香港中文大学博士学位论文 1997 年。

《从脚气病论魏晋南北朝时期印度医学之传入》，《中华医史杂志》1995 年第 4 期。

《东晋至宋代脚气病之探讨》，《新史学》第 6 卷第 1 期（1995.3）。

范敬（河南中医学院/北京中医药大学）

《京城名老中医萧龙友养生思想浅析》，《兰台世界》2016 年第 8 期。

《"张一帖"家族医学特点》,《中医研究》2015 年第 1 期。

许静……乔飞～:《河南省村卫生室中医服务调查分析》,《中华全科医学》2012 年第 9 期。

《新密的上古医药文化史迹》,《中华医史杂志》2011 年第 3 期。

《浅议清宫中药代茶饮》,《中医研究》2009 年第 6 期。

《简论佛教禅定及戒律对中医养生学的影响》,《河南中医学院学报》2006 年第 2 期。

《佛教文化对中医基础理论的影响》,《河南中医学院学报》2005 年第 4 期。

范骏（高野山大学）

《〈吃茶养生记〉中的养生思想研究》,《中医文献杂志》2019 年第 5 期。

范俊辉（广州中医药大学）

《团结中西医》方针的历史形成过程试析》,广州中医药大学硕士学位论文 2014 年。

范磊（山东中医药大学）

～欧阳兵:《试析〈太平惠民和剂局方〉盛行的原因及其影响》,《甘肃中医》2009 年第 1 期。

～张成博:《先秦稷下学宫黄老思想与中医理论形成的相关性探讨》,《医学与哲学（人文社会医学版）》2006 年第 5 期。

范李娜（北京中医药大学）

《近代中医药期刊西医译词研究》,北京中医药大学硕士学位论文 2015 年。

樊立侠

《我国伟大的科学家——李时珍》,《科学大众》第 6 卷（1953）

樊琳

《"大公济世"的上海公济医院》,《检察风云》2015 年第 11 期。

樊梦怡（西南大学）

《江户时期西洋医学在日本的传播研究（1603—1853）》,西南大学硕士学位论文 2017 年。

～吴建华:《浅析江户时期西方医学在日本的传播》,《北华大学学报（社会科学版）》2016 年第 5 期。

范宁（北京中医药大学）

《古代食疗专篇专著中含药情况的研究》,北京中医药大学硕士学位论文 2016 年。

～奚茜等:《宋代含药食方临床应用情况的分析与探讨》,《环球中医药》2016 年第 4 期。

～张聪等:《古今药膳名称考》,《北京中医药大学学报》2016 年第 3 期。

范培玉（泰安市爱卫会）

《新时期爱国卫生工作的实践与思考》,《中国卫生事业管理》2003 年第 2 期。

樊普（南阳师范学院）

《从居延汉简看汉代西北屯戍的医疗制度》,《和田师范专科学校学报》2011 年第 4 期。

范庆峰（天津中医药大学）

《1928—1929 年绥远鼠疫流行的经济影响》,《经济研究导刊》2019 年第 30 期。

范日新

《卫生学史分期问题的商榷》,《医学史与保健组织》1957 年第 2 期。

樊榕（山东大学）

《北阡遗址大汶口文化时期居民健康状况试析——以人骨生物考古学为视角》,山东大学硕士学位论文 2013 年。

樊如森(复旦大学)

~姬天舒:《近代北方药品供销体系的构建》,《中国历史地理论丛》2003 年第 2 期。

范蕊(山东大学)

《十九世纪欧洲浪漫主义诗歌与肺病的互动关联》,《安徽大学学报》2015 年第 4 期。

~仵从巨:《西方小说中的瘟疫题材》,《北京航空航天大学学报(社会科学版)》2014 年第 4 期。

范瑞平(中国社会科学院/香港城市大学)

王明旭~:《器官捐献与分配:为中国的家庭优先原则辩护》,《中国医学伦理学》2017 年 10 期。

《中医:在现代科学与传统文化之间》,《中国医学伦理学》2013 年第 5 期。

何立仁~:《现代社会中的传统医学》,《中国民族医药杂志》2005 年第 1 期。

《疾病概念:是价值中立的还是负载价值的?》,《自然辩证法通讯》1990 年第 6 期。

B.Ingemar,B.Lindahl~:《北欧的医学哲学》,《医学与哲学》1985 年第 10 期。

范瑞婷

《脊髓灰质炎疫苗的研究——顾方舟访谈》,《中华医史杂志》2018 年第 5 期。

范士宏

《南湖之滨百年老店——嘉兴兰台药局》,《中成药研究》1987 年第 4 期。

范硕(中共中央党校)

《基于中美对比的食品安全管制研究》,中共中央党校博士学位论文 2013 年。

范铁权(河北大学)

~陈星:《中华护理学会的知识传播与卫生实践(1909 年~1949 年)》,《医学与哲学(A)》2018 年第 12 期。

~单伟彦:《南京国民政府时期河北省的"卫生实验"——以定县、清河为中心的考察》,《民国研究》2018 年第 1 期。

~叶丹丹:《中华民国医药学会述论》,《医学与哲学(A)》2015 年第 8 期。

~民国时期公共卫生建设中的社团与国家》,《光明日报》2013 年 12 月 28 日 005 版。

~陈星:《民国时期的艾酉学会》,《中国科技史杂志》2013 年第 1 期。

~秦国攀:《壬申医学社与〈壬申医学〉研究》,《医学与哲学(人文社会医学版)》2010 年第 8 期。

范庭卫(苏州大学)

《试论蔡焕年的心理学翻译与贡献》,《苏州科技学院学报(社会科学版)》2016 年第 2 期。

《丁瓒与抗战时期的心理健康教育》,《海峡教育研究》2014 年第 1 期。

《从收容到科学治疗:魏毓麟与北平精神病疗养院的创建》,《中华医史杂志》2013 年第 6 期。

肖郎~:《民国时期心理卫生的理念和思想对教育学术的影响》,《社会科学战线》2010 年第 11 期。

~黄剑:《丁瓒与心理分析的应用》,《中华医史杂志》2010 年第 5 期。

《论杨贤江青年健康指导的理论与实践》,《中国健康教育》1999 年第 3、4 期。

《黄翼与中国儿童心理辅导的开拓》,《心里学报》2009 年第 2 期。

范为宇(中国中医科学院/中国中医研究院)

《对美国部分机构馆藏中医古籍的调查》,《国际中医中药杂志》2011 年第 1 期。

谢琪~赵英凯等:《传统医学在各国家(地区)立法现状与分析》,《中国中医药信息杂志》2007 年第 4 期。

张咏梅~李春梅等:《美国国家卫生研究院(NIH)国家补充与替代医学中心(NCCAM)发展战略计

划(2005—2009)》,《亚太传统医药》2006 年第 5 期。

《印度的阿育吠陀医学》,《国外医学(中医中药分册)》1995 年第 1 期。

范闻(青海师范大学)

《清代司法检验制度研究》,青海师范大学硕士学位论文 2015 年。

范文昌(广东食品药品职业学院)

～任冬梅等:《〈肘后备急方〉中"药食同源"与药膳食疗之探讨》,《亚太传统医药》2016 年第 12 期。

～贺晓立等:《药膳发展史考证》,《海峡药学》2015 年第 2 期。

樊文海(北京师范大学)

《我国近代解剖学、生理学和医学部分成就年表(1900—1989 年)》,《生物学通报》1991 年第 7、8 期。

《免疫学之父——兰德斯泰纳》,《生物学通报》1987 年第 8 期。

范文丽(香港中文大学)

《佛教为"自度度人"而养生》,《中国宗教》2015 年第 4 期。

范文韬(安徽医科大学)

《抗战时期中国共产党卫生宣传与教育研究》,安徽医科大学硕士学位论文 2013 年。

樊玺(天津中医药大学)

～年莉:《晋唐温病预防方药特点考略》,《实用中医内科杂志》2008 年第 4 期。

《中医美容方药发展史》,《吉林中医药》2008 年第 1 期。

范喜军(河北省第七人民医院/河北省一零五医院)

～范晓亮:《〈医林改错〉学术思想探析》,《中华中医药学刊》2007 年第 2 期。

《清代医家王清任学术思想探析》,《中医药学刊》2005 年第 7 期。

范香立(甘肃民族师范学院)

《汉代河西戍边军队的医疗卫生问题浅析》,《黑龙江史志》2009 年第 24 期。

范晓艳(广州中医药大学)

赖文～李永宸:《民国中医期刊的史学与文献价值——广州现存广东期刊调查》,《中医文献杂志》2007 年第 2 期。

赖文～李永宸:《民国期间广东〈杏林医学月报〉核心作者简介》,《中医文献杂志》2005 年第 3 期。

赖文～:《民国时期广东中医药期刊的初步调查》,《广州中医药大学学报》2004 年第 5 期。

《读〈石山医案〉治吐血案有感》,《甘肃中医》2002 年第 5 期。

《中医古文献研究的价值》,《甘肃中医学院学报》2002 年第 2 期。

《简析清代〈鼠疫汇编〉的理法方药》,《河南中医》2002 年第 1 期。

《论伤寒学与温病学之关系》,《陕西中医函授》2001 年第 1 期。

范昕(黑龙江中医药大学)

～赵桂新:《宋代校正医书局的产生、成就及其影响》,《中医药学报》1999 年第 2 期。

范新俊(敦煌市中医院)

《敦煌"变文"中的药名诗》,《医古文知识》2004 年第 3 期。

～陈蓉:《古今敦煌医学文献论著目录》,《上海中医药杂志》1995 年第 5 期。

《敦煌卷子对隋唐传染病的认识与防治》,《上海中医药杂志》1993 年第 6 期。

《敦煌壁画中的医学史料》,《上海中医药杂志》1991 年第 11 期。

《敦煌遗书〈食疗本草〉残卷初探》,《甘肃中医》1991 年第 3 期。

《从敦煌遗物看汉代医药文化之西传》,《上海中医药杂志》1991 年第 1 期。

《敦煌医简医方用药小议》,《甘肃中医学院学报》1990 年第 4 期。

范新六(北京中医药大学)

～赵唯贤:《〈疡科心得集〉〈外科三焦辨证〉学术思想探讨》,《四川中医》2008 年第 12 期。

范行准(又名核堂、范天磐,中国人民解放军医学科学院)

《两汉三国南北朝隋唐药方简录》,《中华文史论丛》第 6 辑(1965)。

《张仲景〈伤寒杂病论〉的成书探讨》,《科学史集刊》1962 年第 4 期。

《李珣及其〈海药本草〉的研究》,《广东中医》1958 年第 7 期。

《答何爱华先生的商榷》,《上海中医药杂志》1958 年第 1 期。

《"黄帝众难经注""玉匮针经"作者吕广的年代问题》,《上海中医药杂志》1957 年第 10 期。

《中国古代军事医学史的初步研究》,《人民军医》1957 年第 3、4、5、7、8、9、10 期。

《朝鲜的古典医学》,《上海中医药杂志》1956 年第 10 期。

《诊法的起始及其演变》,《上海中医药杂志》1956 年第 4、5、6、7 期。

《中医对结核病的认识和治疗》,《上海中医药杂志》1955 年第 12 期。

《有关日本住血吸虫病的中医文献的初步探讨》,《中华医学杂志》1954 年第 11 期。

《中国医学在世界上的影响》,《科学画报》1954 年第 11 期。

《我国十六世纪伟大的药物学家李时珍》,《科学画报》1953 年第 5 期。

《论中国的医学》,《医务生活》1952 年第 12 期。

《中国与亚拉伯医学的交流史实》,《医史杂志》1952 年第 2 期。

《释医》,《医史杂志》1951 年第 3 期。

《中国预防医学思想史》,《医史杂志》1951 年年第 2—4 期;1952 年第 3 期;1953 年第 1 期。

《五运六气说的来源》,《医史杂志》1951 年第 1 期。

《医史学上的方法论》,《中华医学杂志》1949 年第 11、12 期。

《论"中国医学史纲要"》,《华西医药杂志》1948 年第 11、12 期。

《人身说概底本之发见》,《医史杂志》1948 年第 3、4 期。

《名医传的探索及其流变》,《医史杂志》1948 年第 1、2 期。

《中华医学史》,《医史杂志》1947 年 1、2 期,1948 年第 3、4 期。

《十年来本会(医史学会)图书馆的概况》,《医史杂志》1947 年第 1 期。

《明季西来的医学》,《中华医学杂志》1943 年第 6 期。

《唐李摩诃所献之青峨丸方》,《医文》1943 年第 5 期。

《钱牧斋与喻嘉言》,《医文》1943 年第 5 期。

《两宋官药局》,《医文》1943 年第 1—4 期。

《栖芬室善本医书叙录》,《中华医学杂志》1941 年第 11 期。

《医学史纲评》,《新医药刊》1940 年第 96 期。

《吕晚村在清代医学之影响》,《中华医学杂志》1939 年第 11 期。

《敦煌石室六朝写本本草集注考》,《中西医药》1937 年第 3 卷汇编。

《"汉魏南北朝外来的医术与药物的考证"商榷》,《中西医药》1937 年第 2 卷汇编。

《古代中西医药之关系》,《中西医药》1936 年第 1 卷汇编;1937 年第 2 卷汇编。

《胡方考》,《中华医学杂志》1936 年第 12 期。

《有毒药物之认识与利用》,《中西医药》1936 年第 9 期。

《与余云岫先生论医史学书(附复书)》,《中西医药》1936 年第 9 期。

《"解剖"与"解部"》,《中西医药杂志》1936 年第 4 期。

《中国经络学之剖视》,《中西医学》1935 年第 1、3 期。

《解剖与解部》,《中西医药》1935 年第 4 期。

《素问巢氏病原》,《中西医药》1935 年第 2 期。

Charlston 撰,～译:《世界药学史》,《新药导报》1935 年第 2 期;1936 年第 5 期。

《中国古代外族医家考》,《社会医药》1935 年第 8 期。

《外药输入史的观察》,《医药导报》1935 年第 1 期。

《汉唐以来外药输入的史料》,《新医药刊》1934 年第 17—20 期。

《中国古代的迷信的药物》,《新医药刊》1933 年第 12、13 期;1934 年第 14 期。

《中国医学变迁史》,《国医评论》1933 年第 1 期。

《中央国医馆过去之无能及今后之展望》,《国医评论》1933 年第 1 期。

樊旭(辽宁中医药大学)

乌峰～:《两晋南北朝至隋唐时期推拿养生保健相关文献述略》,《按摩与康复医学》2016 年第 9 期。

～王明伟等:《〈养性延命录〉之学术思想研究》,《中华中医药学刊》2015 年第 4 期。

《隋唐医学分科解析》,《时珍国医国药》2014 年第 12 期。

《〈黄帝内经〉之膳食结构模式初探》,《时珍国医国药》2014 年第 10 期。

～战佳阳等:《〈黄帝内经〉中的择食之辨》,《中国中医基础医学杂志》2012 年第 7 期。

樊学庆(广州中医药大学)

《新中国成立后周恩来对团结中西医工作的思考与实践》,《党的文献》2013 年第 5 期。

范雅君(南京大学)

《滋补与健康:〈申报〉补药广告的社会文化史研究(1873—1945)》,南京大学硕士学位论文 2012 年。

范雅婷(复旦大学)

《北欧国家医疗保障制度及其改革研究》,复旦大学硕士学位论文 2008 年。

范亚云(华东师范大学)

《上海に生きた日本人看護婦女と關係醫療機關——1894 年から1945 年まで》,华东师范大学硕士论文 2013 年。

樊艳芳(安徽大学)

《唐代医生研究》,安徽大学硕士学位论文 2012 年。

范衍宏(河南师范大学)

《集体化时期的半农半医研究》,河南师范大学硕士学位论文 2015 年。

范延妮(山东中医药大学)

《中医方剂文化负载词英译对比研究——以〈伤寒论〉为例》,《西部中医药》2019 年第 11 期。

《伦敦会传教士伊博恩在华中医药研究活动特征及影响》,《中医药导报》2019 年第 9 期。

《17—20 世纪英国来华传教士中医传播活动特征及影响》,《中医药导报》2018 年第 20 期。

《近代传教士中医译介活动及其影响研究》,山东中医药大学博士学位论文 2015 年。第 6 期。

《中医德国传播考略》,《山东中医药大学学报》2014年第5期。

~田思胜:《语言国情学视角下的〈伤寒论〉文化负载词英译探析》,《中华中医药杂志》2014年第5期。

《中医治则术语的英译对比研究》,《齐鲁师范学院学报》2014年第1期。

樊艳平(太原理工大学)

《生物医学工程发展史与方法论研究》,太原理工大学博士学位论文2015年。

范燕秋(国立台湾师范大学/国立政治大学/国立台湾师范大学)

《战后台湾医师赴日本无医村行医资料调查》,《师大台湾史学报》第12卷(2019)。

《美援、农复会与1950年代台湾的饮食营养措施——以美援相关档案为中心》,《国史馆馆刊》第55卷(2018)。

《在帝国医学与殖民医学的夹缝之中——日治时代台湾人脚气病问题》,《台湾史研究》第25卷第4期(2018.12)。

《1960年代乐生院医疗实验事件、创伤与病患抗争史》,《师大台湾史学报》第8卷(2015)。

《乐生疗养院与台湾近代癞病医学研究:医学研究与政策之间》,《台湾史研究》第21卷第1期(2014.3)。

《从机构隔离至在地门诊治疗——以澎湖地区癞病防治为例(1930—1990)》,《师大台湾史学报》第6期(2013.12)。

《台湾近代汉生病政策变迁——结构镶嵌与创造转化之考察》,范燕秋主编《多元镶嵌与创造转化:台湾公共卫生百年史》(台北:远流2011年)。

《台湾的美援医疗、防癞政策变动与患者人权问题,1945至1960年代》,《台湾史研究》第16卷第4期(2009.12)。

《癞病疗养所与患者身分的建构:日治时代台湾的癞病社会史》,《台湾史研究》第15卷第4期(2008.12)。

《"卫生"看得见:1910年代台湾的卫生展览会》,《科技医疗与社会》第7期(2008.10)。

《从〈灌园先生日记〉考察林献堂的身体卫生观及其实践》,王美雪编《日记与台湾史研究:林献堂先生逝世50周年纪念论文集》(下)(台北:中央研究院台湾史研究所2008年)。

《帝国政治与医学:日本战时总动员下的台北帝国大学医学部》,《师大台湾史学报》第1期(2007.12)。

《热带风土驯化、日本帝国医学与殖民地人种论》,《台湾社会研究季刊》第57期(2005.3)。

《日本帝国发展下殖民地台湾的人种卫生》,国立政治大学博士学位论文2001年。

《疾病、边缘族群与文明号的身体——以1895—1945年宜兰泰雅族为例》,《台湾史研究》第5卷第1期(1999.11)。

《新医学在台湾的实践(1898—1906)——从后藤新平〈国家卫生原理〉谈起》,《新史学》第9卷第3期(1998.9)。

《疾病、边缘族群与文明化的身体——以1895—1945宜兰泰雅族为例》,《台湾史研究》第5卷第1期(1998.6)。

《医学与殖民扩张——以日治时期台湾疟疾研究为例》,《新史学》第7卷第3期(1996.9)。

~林正芳:《宜兰地区以来卫生史料及其研究初探》,《宜兰文献杂志》第22卷(1996)。

《治时期宜兰地区政治运动领导者——陈金波医师》,《宜兰文献杂志》第16卷(1995)。

《日治前期台湾公共卫生之形成(1895—1920)——一种制度面的观察》,《思与言》第 33 卷第 2 期(1995)。

《鼠疫与台湾之公共卫生(1896—1917)》,《国立中央图书馆台湾分馆馆刊》第 1 卷第 3 期(1995.3)。

《日据前期台湾之公共卫生——以防疫为中心之研究(1895—1920)》,国立台湾师范大学硕士学位论文 1994 年。

《日治时期台湾总督府医院初探》,《宜兰文献杂志》第 7 卷(1994)。

范燕燕(浙江师范大学)

《"正常"分娩:剖腹产场域中的身体、权力与医疗化》,浙江师范大学硕士学位论文 2014 年。

～林晓珊:《"正常"分娩:剖腹产场域中的身体、权力与医疗化》,《青年研究》2014 年第 3 期。

樊一(成都市王建墓文物管理所)

《〈海药本草〉与〈南海药谱〉之异同》,《新中医》1985 年第 3 期。

《〈海药本草〉成书年代及作者之疑》,《中医杂志》1983 年第 9 期。

范逸品(中国中医科学院/北京中医药大学/上海中医药大学)

～刘寨华等:《大肠湿热证理论源流考》,《中华中医药杂志》2019 年第 7 期。

～张华敏等:《膀胱湿热证理论源流考》,《中国中医基础医学杂志》2019 年第 3 期。

～刘寨华等:《脾胃湿热证理论源流考》,《中华中医药杂志》2017 年第 11 期。

～杨秋莉等:《儒家"仁学"思想对于当代人心理调适的价值》,《现代中医临床》2017 年第 2 期。

张志斌……李强～郑文杰:《〈本草纲目〉引用书名核准之研究报告》,《北京中医药大学学报》2016 年第 10 期。

～杜渐等:《中西医学叙事理论的差异性浅析》,《现代中医临床》2015 年第 4 期。

～张志斌等:《中国传统哲学之心象理论在中医学的应用》,《北京中医药大学学报》2014 年第 11 期;2015 年第 1、2、4 期。

张志斌……大猛～郑文杰:《关于核准〈本草纲目〉引用医药书目的研究》,《北京中医药大学学报》2014 年第 10 期。

～王永炎等:《"原象"在中医学的应用初探》,《上海中医药大学学报》2014 年第 5 期。

～王永炎等:《心象与中国文化及中医学关系的初步思考》,《上海中医药杂志》2014 年第 4 期。

张志斌……申晓伟～于大猛:《关于中医病证名词研究的思考》,《中国中医基础医学杂志》2014 年第 1 期。

～于峥等:《宋元明清时期大气学说的发展探析》,《中国中医基础医学杂志》2012 年第 6 期。

～刘鲲鹏等:《寒疫论治》,《中国中医基础医学杂志》2012 年第 4 期。

～李海英等:《运转大气三法初探》,《上海中医药大学学报》2012 年第 2 期。

～李冬梅:《"疫"及"寒疫"的学术内涵》,《上海中医药杂志》2012 年第 2 期。

《寒疫理论研究》,中国中医科学院博士学位论文 2012 年。

～曹洪欣:《大气学说的形成与发展》,《中国中医基础医学杂志》2010 年第 11 期。

穆敬平～吴焕淦等:《〈黄帝明堂灸经〉的灸疗特色》,《上海中医药大学学报》2009 年第 2 期。

《〈黄帝内经素问集注〉援引〈金匮要略〉条文辑录》,《医古文知识》2005 年第 4 期。

范瑛(中国中医科学院广安门医院)

～宋坪等:《中医美白祛斑、散结除疤外用古方溯源(三)——明清时期选方用药特点》,《中国中西医结合皮肤性病学杂志》2013 年第 3 期。

～宋坪等：《中医美白祛斑、散结除疤外用古方溯源（二）——宋金元时期选方用药特点》，《中国中西医结合皮肤性病学杂志》2012 年第 6 期。

～宋坪：《中医美白祛斑、散结除疤外用古方溯源（一）——宋金元时期选方用药特点》，《中国中西医结合皮肤性病学杂志》2012 年第 5 期。

樊永贞（内蒙古察右后旗卫生防疫站）

～瞿俊民：《1949—1992 年中国人间鼠疫流行病学特点》，《地方病通报》1997 年第 1 期。

～赵卉东：《内蒙古近四十年人间鼠疫病例分析》，《地方病通报》1995 年第 4 期。

樊友平（吉林省东方医院/长春中医学院）

杜艳芳～：《从〈黄帝内经〉理论看中医男科学的形成》，《湖北中医杂志》2010 年第 1 期。

～龙政荣等：《近年整理出版的男科学传统文献述评》，《中国性科学》2008 年第 9 期。

～车文博：《西方性心理治疗的理论与发展》，《中国性科学》2004 年第 4 期。

《中国本土化性心理学的理论建构》，《医学与哲学》1997 年第 9 期。

朱恒才～：《对五不女—五不男的再发掘》，《现代中西医结合杂志》1994 年第 2 期。

～曲秀华等：《人类生殖与太极阴阳》，《国医论坛》1990 年第 6 期。

～杨宗孟：《中医孕育思想史略》，《国医论坛》1988 年第 4 期。

樊裕（郑州大学）

《我国疫苗接种致害国家责任问题研究》，《公民与法》2016 年第 11 期。

樊玉琦

～平兆愈等：《解放前山西的中医事业》，《中华医史杂志》1987 年第 4 期。

范毓周（南京大学）

《〈殷人疾病补考〉辨证》，《东南文化》1998 年第 3 期。

范玥辰（上海社会科学院）

《抑郁症话语的媒介呈现及框架变迁——以〈人民日报〉为例（1979—2017）》，上海社会科学院硕士学位 2018 年。

范云（烟台大学）

《论药品专利强制许可制度下的利益冲突与平衡》，烟台大学硕士学位论文 2012 年。

范正（国家医药管理局上海医药工业研究院）

～严真：《〈药学生活〉期刊简史》，《中国药学杂志》1996 年第 12 期。

范子烨（陕西师范大学）

《嵇康锻铁与服散养生》，《陕西师大学报（哲学社会科学版）》1994 年第 3 期。

方崇亮（大连医科大学附属二院）

～刘丕岩等：《西方医院发展简史》，《中华医史杂志》2002 年第 2 期。

方春阳（浙江省中医药研究院）

《李东垣年谱约编》，《浙江中医杂志》2004 年第 6、8 期。

《徐灵胎的药性论》，《浙江中医杂志》1998 年第 10 期。

《何廉臣对叶天士学说的阐发》，《浙江中医学院学报》1985 年第 6 期。

《真德秀与〈卫生歌〉》，《福建中医药》1984 年第 6 期。

～周朝进：《莫枚士〈研经言〉之探讨》，《新中医》1983 年第 10 期。

　　～李官火：《李时珍临床经验探析》，《中医杂志》1983 年第 9 期。

　　《赵开美对祖国医学的贡献》，《上海中医药杂志》1983 年第 7 期。

　　～徐树民：《评我国古代营养学专著——忽思慧〈饮膳正要〉》，《中医杂志》1982 年第 12 期。

　　《赵晴初学术思想述略》，《浙江中医学院学报》1982 年第 6 期。

　　《李用粹学术思想初探》，《中医杂志》1980 年第 12 期。

　　《林珮琴与〈类证治裁〉》，《江苏中医杂志》1980 年第 5 期。

方大定（首都医科大学附属复兴医院皮肤性病科/北京市复兴医院）

　　《赵炳南顽湿学说的探讨与思考》，《北京中医药》2019 年第 8 期。

　　《从"风湿疡"看赵炳南学术思想特色和创新见解》，《中国中西医结合皮肤性病学杂志》2010 年第 5 期。

　　《赵炳南学术思想特色与风范》，《北京中医药》2009 年第 7 期。

　　《中国古代麻风史研究述评》，《中国麻风杂志》1988 年第 1 期。

房定亚（北京西苑医院）

　　～耿引循等：《从〈外台秘要〉看印度医学对我国医学的影响》，《南亚研究》1984 年第 2 期。

方东行（上海中医药大学）

　　～何立群等：《历代医家对中医肾和肾病的认识》，《中国中医基础医学杂志》2010 年第 10 期。

　　～何立群等：《〈古今医统大全〉肾病诊治学术思想浅析》，《上海中医药大学学报》2010 年第 5 期。

　　《"文革"时期上海"6·26"新针疗门诊部纪事》，《中医药文化》2010 年第 2 期。

　　～何立群等：《张锡纯学术特色的研究与思考》，《上海中医药大学学报》2009 年第 2 期。

　　～施杞等：《中医骨伤科学说学派的研讨》，《中国中医基础医学杂志》2007 年第 10 期。

　　～徐敏等：《中医学说学派的研究与探讨》，《江西中医药》2006 年第 10 期。

　　～刘立公等：《张仲景学说研究进展》，《中国中医基础医学杂志》2005 年第 10 期。

　　刘立公、顾杰～：《消渴的古代针灸治疗特点分析》，《中医文献杂志》2004 年第 2 期。

　　刘立公、顾杰～：《瘤核赘疣的古代针灸治疗特点分析》，《中西医结合学报》2003 年第 4 期。

　　《中医各家学说的研究与探讨》，《中医文献杂志》2002 年第 4 期。

　　《中医各家学说的研究与思路探讨》，《中国中医基础医学杂志》2000 年第 4 期。

方芳（黑龙江中医药大学）

　　《奇恒之腑的历史文献及理论文化研究》，黑龙江中医药大学硕士学位论文 2008 年。

方凤真（山东中医药大学）

　　《佛医对人体身心灵疾病的防治研究及现代意义》，山东中医药大学博士学位论文 2016 年。

　　《佛教的医学观》，山东中医药大学硕士学位论文 2010 年。

方国清（浙江工业大学）

　　《中国传统武术养生内涵解析》，《中华武术（研究）》2017 年第 2 期。

方海兴（陕西师范大学）

　　《刘少奇关于发展中医药的思想和实践》，《党的文献》2011 年第 6 期。

方和谦

　　～译：《日本在针灸医学科学研究上的成就》，《中医杂志》1957 年第 6 期。

方慧（首都医科大学）

　　～李雪等：《秦汉至民国时期部分医家籍贯分布探析》，《中华医史杂志》2017 年第 4 期。

方建新(浙江大学)

《宋人生育观念与生育情况析论》,《浙江学刊》2001年第4期。

方静(北京中医药大学)

《宋代方药临床用量下降的原因探讨》,北京中医药大学博士学位论文2013年。

~傅延龄:《汉代、唐代、宋代煮散剂比较》,《中医学报》2013年第4期。

方靖(广州大学)

《中国近代第一所女子医学院——夏葛医学院》,《广州大学学报(社会科学版)》2002年第3期。

房静(中国疾病预防控制中心)

~刘振才等:《1991—2000年中国鼠疫概况及疫情分析》,《中国地方病防治杂志》2002年第5期。

方静文(中国人民大学)

《体验与存在——一个村落长期慢性病人的病痛叙述》,《广西民族大学学报(哲学社会科学版)》2011年第4期。

方菊影

《谈谈铁肺的历史》,《新医导报》1937年第4期。

方俊(上海社会科学院)

《药品专利国际保护冲突法律问题研究》,上海社会科学院硕士学位论文2007年。

方克美

《关于中医对溃疡病问题的探讨》,《江苏中医》1964年第4期。

方堃(重庆大学)

《民间公益组织在艾滋干预中的微博传播机制研究》,重庆大学硕士学位论文2016年。

房丽(安徽医科大学)

《深圳市宝安区工厂流动人口艾滋病知识、态度、行为现状及影响因素分析》,安徽医科大学硕士学位论文2015年。

房莉杰(中国社会科学院/中国卫生部/清华大学/中国人民大学/北京市社会科学院)

《中国新医改十年:从社会维度加以观察》,《文化纵横》2018年第5期。

《中国卫生政策的议程设置——以合作医疗制度为例》,《社会发展研究》2017年第3期。

《以"三医联动"突破"十三五"医改瓶颈》,《中国发展观察》2017年Z2期。

《以医疗卫生数据审视新医改成效以医疗卫生数据审视新医改成效》,《中国医院院长》2016年第5期。

《2015新医改:有创新 有推进》,《中国医院院长》2016年第5期。

《新医改需重开"处方"克服困境》,《中国医院院长》2016年第5期。

《理解"新医改"的困境:"十二五"医改回顾》,《国家行政学院学报》2016年第2期。

《在深水区"踩稳石头"——医改十年的回顾与展望》,《中国发展观察》2015年第11期。

《医改,在深水区前行》,《群言》2015年第8期。

《从社会治理角度干预医患冲突》,《决策探索(下半月)》2014年第8期;《中国社会科学报》2014年8月8日A08版。

《搭建以人的需求为核心的医疗体系》,《中国社会科学报》2013年3月22日A08版。

~梁小云等:《乡村社会转型时期的医患信任——以我国中部地区两村为例》,《社会学研究》2013年第2期。

《从"疾病治疗"到"健康维持"——老龄化社会健康服务模式的整体转型》,《社会工作》2012年第3期/《中国社会科学报》2011年12月13日014版。

《计划与市场:夹缝中的公立医院薪酬现状及制度环境》,《中国卫生政策研究》2011年第12期。

《制度信任的形成过程——以新型农村合作医疗制度为例》,《社会学研究》2009年第2期。

～Gerald Bloom:《效益、合法性与农村乡镇卫生院绩效——制度变迁中的两所乡镇卫生院之个案研究》,《调研世界》2007年第11期。

《我国城乡贫困人口医疗保障研究》,《人口学刊》2007年第2期。

《农村流动人口医疗保障制度的现状与建议》,《中国卫生经济》2006年第12期。

《医疗救助　构筑农村流动人口医疗保障安全网》,《社会福利》2006年第9期。

《农村流动人口医疗保障研究综述》,《甘肃理论学刊》2006年第5期。

《我国农村贫困人口的医疗保障研究》,《中国卫生经济》2006年第1期。

《我国城市贫困人口的医疗保障研究》,《中国卫生经济》2005年第12期。

方利山(黄山学院)

《王乐匋在新安医学与浙江越医交流中的贡献》,《安徽中医学院学报》2010年第6期。

《新安儒医济世救民举隅》,《中国中医基础医学杂志》2004年第3期。

方力行(上海中医药大学)

谭春雨……黄瑛～张宁:《朱丹溪肝病相关病症医论验案思想探微》,《中华中医药学刊》2011年第10期。

《近代上海中医医师执业制度简介》,《中医药文化》2009年第5期。

～谭春雨:《〈内经〉五运六气学说中五行理论的运用——兼析2007年运气特点及对脏腑的影响》,《中国中医基础医学杂志》2007年第5期。

谭春雨～陶御风:《五行名义的四时象理内涵探考》,《中华中医药学刊》2007年第3期。

～谭春雨:《历代五行学说中土与长夏相配及五行顺序的探讨》,《河南中医》2006年第12期。

谭春雨～陶御风:《五行与四时的文化相关性探考》,《辽宁中医杂志》2006年第12期。

～张文彤:《古人用槟榔治疗心痛病经验研究》,《浙江中医杂志》2004年第4期。

《古代中医对眩晕病证的机理探析》,《中医文献杂志》2002年第4期。

《古代中医对痢疾病证的研究》,《长春中医学院学报》1999年第2期。

方凌生

《欧洲战争中大发横财的牙医》,《跨世纪(时文博览)》2008年第12期。

方满锦(香港中文大学/广州中医药大学)

《析论〈黄帝内经〉的天人合一》,《忻州师范学院学报》2017年第1期。

《论〈周易〉及〈黄帝内经〉的中和思想》,《徐州工程学院学报(社会科学版)》2016年第3期。

《〈管子〉与中和思想》,《忻州师范学院学报》2015年第6期。

《元好问〈论诗三十首〉的师承探析》,《忻州师范学院学报》2011年第1期。

《〈黄帝内经〉中和思想研究》,广州大学博士学位论文2009年。

《近二十年研究〈黄帝内经〉与先秦诸子学说关系之文献述评》,《北京化工大学学报(社会科学版)》2009年第4期。

房明东(成都中医药大学)

陈炜～常克:《〈活幼心书〉治疗小儿外感病学术思想浅探》,《四川中医》2015年第4期。

《书法与中医学的渊源及发展相似性比较研究》,成都中医药大学硕士学位论文 2011 年。

刘灿梅~:《金元四大家论咳嗽》,《安徽中医学院学报》2011 年第 1 期。

《传统孝文化与中医药学之关系杂谈》,《江西中医学院学报》2010 年第 2 期。

方鹏骞(华中科技大学/同济医科大学)

~陈婷:《以药补医历史、现状及后以药补医时代的政府责任》,《中国医院管理》2012 年第 6 期。

姚瑶、李璐~:《美国医疗卫生人员联邦工资制的借鉴和思考——从美国经验看我国医疗机构绩效工资制》,《中国医院管理》2010 年第 10 期。

董四平、安艳芳~:《论医患关系恶化的哲学根源:医学的异化》,《医学与哲学(人文社会科学版)》2009 年第 5 期。

陈洁~:《美国医院慈善融资现状及对我国的启示》,《中国卫生政策研究》2008 年第 3 期。

~张莉:《医疗卫生改革的价值取向与战略选择》,《中国卫生事业管理》2008 年第 12 期。

张莉~:《新公共管理视野下卫生领域政事分开的理论与实践探讨》,《中国医院管理》2008 年第 12 期。

~张莉:《国外医疗保障制度对完善中国医疗保障体系的启示》,《医学与社会》2008 年第 11 期。

南京辉、贺晓琪~:《如何解决发展中国家初级卫生保健管理问题》,《国外医学(社会医学分册)》2003 年第 1 期。

《竞争中脱颖而出的美国健康维持组织》,《国外医学(社会医学分册)》1988 年第 1 期。

《卫生保健的决策与加拿大、美国的保健制度——记加拿大 J.Hoey 副教授来我校进行学术访问》,《国外医学(社会医学分册)》1987 年第 3 期。

方琦(屯溪市中医院)

《论形成中西医两大医疗体系的历史渊源》,《中医临床与保健》1989 年第 3 期。

方秋梅(江汉大学)

《黎元洪与辛亥首义伤亡军士的抚恤问题研究》,《湖北大学学报(哲学社会科学版)》2015 年第 2 期。

《自来水与清末民初汉口的城市生活》,《武汉大学学报(人文科学版)》2009 年第 2 期。

房珊杉(中国卫生部)

~孙纽云等:《德国医疗保障体系改革及启示》,《中国卫生政策研究》2013 年第 1 期。

~孙纽云:《台湾地区健保制度及重大伤病费用减免规定的启示》,《国外医学(卫生经济分册)》2013 年第 1 期。

孙冬悦、孙纽云~董丹丹等:《大病医疗保障制度的国际经验及启示》,《中国卫生政策研究》2013 年第 1 期。

方慎盒

《金针大师黄石屏先生小传》,《新中医药》1950 年第 5 期。

方石珊

《日本医学发达史》,《民国医学杂志》1928 年第 9 期。

《中国卫生行政沿革》,《中华医学杂志》1928 年第 5 期。

《奈丁格尔佛罗伦斯女士》,《中华护士季报》1928 年第 4 期。

方双虎(南京师范大学)

~王蕾:《兰恩存在精神病学的心理治疗观》,《医学与哲学(人文社会医学版)》2007 年第 3 期。

方素梅（中国社会科学院）

《民主改革以来藏北牧区医疗卫生事业的发展——以阿里地区改则县为例》，《西藏民族大学学报（哲学社会科学版）》2019 年第 2 期。

《西藏农村妇女的生殖健康与公共卫生服务》，《西藏民族大学学报（哲学社会科学版）》2018 年第 3 期。

《西藏农村的医疗卫生服务能力建设——以昌都市卡若区为例》，《西藏民族大学学报（哲学社会科学版）》2018 年第 5 期。

《新中国初期民族卫生工作的方针与措施——以全国民族卫生会议为中心的考察》，《青海民族研究》2016 年第 4 期。

《疾疫的救治、防控与乡村社会的变迁——青海省黄南藏族自治州牧区个案研究》，《民族研究》2008 年第 5 期。

方伟（辽宁美术出版社）

《人类历史的悲壮乐章——评〈人类瘟疫的历史与文化〉》，《社会科学辑刊》2003 年第 5 期。

方维规（北京师范大学）

《"病是精神"或"精神是病"——托马斯·曼论艺术与疾病和死亡的关系》，《北京大学学报（哲学社会科学版）》2015 年第 2 期。

方文才（成都军区民族民间医药研究所）

～关祥祖等:《简论彝族医药》，《西南国防医药》1994 年第 4 期。

方文辉

《徐灵胎先生传译释》，《新中医》1987 年第 5 期。

方向红（中山大学）

《〈黄帝内经〉中"神"概念的现象学意义》，《宗教与哲学》2015 年 00 期。

方向明（安徽中医学院）

胡容峰……黄学武～李泽庚:《安徽省民间医药调查工作回顾与展望》，《中国民族民间医药》2013 年第 12 期。

～李泽庚等:《安徽省民间医药学术特点探讨》，《中国民族民间医药》2013 年第 6 期。

胡谦～:《黄元御六气治方思想探析》，《山西中医学院学报》2012 年第 3 期。

董小波～李燕红:《浅述朱丹溪对痰证的论治经验》，《河南中医》2011 年第 1 期。

陆翔、章健～许霞等:《新安医家创方研究思路与策略》，《中医药临床杂志》2010 年第 4 期。

孙铮～:《〈伤寒论〉中兼治脾胃病方药规律分析》，《吉林中医药》2010 年第 3 期。

苑立博～窦晶晶等:《〈景岳全书〉胃脘痛用药规律研究》，《安徽中医学院学报》2009 年第 2 期。

《新安医家对方剂学的贡献》，《中医文献杂志》2008 年第 4 期。

岳国荣～刘东坡:《严用和论治痰饮学术思想初探》，《安徽中医学院学报》2008 年第 4 期。

～周美启:《"君臣佐使"的再思考》，《中国中医基础医学杂志》2008 年第 4 期。

《〈古今医统大全〉养生学术思想浅析》，《中医文献杂志》2007 年第 4 期。

《〈医学心悟〉学术思想探讨》，《中医文献杂志》2007 年第 2 期。

韩兆忠、王丽娜:《浅议景岳"非风"学说》，《江苏中医药》2007 年第 4 期。

王丽娜、韩兆忠～:《〈景岳全书〉三消干渴用药规律分析》，《安徽中医学院学报》2007 年第 2 期。

《〈脾胃论〉学术特点探讨》，《安徽中医学院学报》2007 年第 1 期。

《〈医方考〉方剂学术思想探讨》,《安徽中医学院学报》2005 年第 6 期。

方潇（苏州大学）

《医人医国：医学对唐代司法的影响》,《中外法学》2009 年第 2 期。

方小平（南洋理工大学）

～王雨濛:《赤脚医生、乡村医疗制度化与三级医疗体系"哑铃型结构"的演化》,《中国社会历史评论》2013 年 00 期。

《赤脚医生与合作医疗制度——浙江省富阳县个案研究》,《二十一世纪》2003 年第 10 期。

方晓燕（南京大学）

《近代上海中医医疗市场探微——基于中医群体从业映像的考察(1872—1929)》,南京大学硕士学位论文 2013 年。

《近代名人割肉疗亲》,《文史天地》2012 年第 12 期。

《陈立夫与中医学》,《文史天地》2011 年第 9 期。

方晓阳（中国科学技术大学）

李董男～:《明清黄疸外感内伤理论建立与发展研究》,《广西民族大学学报(自然科学版)》2007 年第 2 期。

康辉、柯资能～:《孙思邈〈备急千金要方〉中熏烟防疫刍议》,《时珍国医国药》2006 年第 11 期。

马树田～:《灸法衰落原因的探讨与思考》,《医学与哲学(人文社会医学版)》2006 年第 9 期。

李董男～:《黄疸外治法的中医史研究》,《广州中医药大学学报》2006 年第 4 期。

康辉、柯资能～:《中国古代辟疫思想的当代启示》,《医学与哲学(人文社会医学版)》2006 年第 4 期。

李董男～:《西方医学对中医黄疸理论的影响》,《医学与哲学(人文社会医学版)》2006 年第 3 期。

李董男～盛伟:《宋元时期黄疸湿热(寒)论的建立与传承》,《南京中医药大学学报(社会科学版)》2006 年第 1 期。

～李董男:《张介宾对阴阳黄理论的贡献》,《中国科技史杂志》2005 年第 4 期。

肖家军～:《汉代、清代、当代中药剂量变化浅谈》,《中国药师》2005 年第 1 期。

肖家军～:《〈伤寒杂病论〉剂量的传承与思考》,《医学与哲学》2004 年第 2 期。

～盛伟:《细胞凋亡的概念来源及其研究进展》,《生命的化学》2003 年第 2 期。

～付邦红:《〈食疗本草〉中食物禁忌之分类研究》,《时珍国医国药》2001 年第 9 期。

《蒙汉医学的结晶〈饮膳正要〉及其食疗学价值》,《中国民族民间医药杂志》1997 年第 2 期。

方欣（福建师范大学）

《基本医疗卫生供给模式转变中的政府责任研究》,福建师范大学硕士学位论文 2010 年。

方旭红（华侨大学）

《论 1926 年吴门大疫与苏州的疫病防治》,《苏州大学学报》2006 年第 6 期。

方燕（四川师范大学）

《宋代女性祟病的民间疗法——以〈夷坚志〉为中心》,《宗教学研究》2008 年第 4 期。

《宋代保育巫法述略》,《四川教育学院学报》2008 年第 6 期。

《从催生巫术看宋代妇女的生育》,《甘肃社会科学》2008 年第 2 期。

《巫术析论：以宋代女性生育、疾病为中心的考察》,《四川师范大学学报(社会科学版)》2008 年第 1 期。

《宋代女性割股疗亲问题试析》,《求索》2007 年第 11 期。

《宋代女性的拒巫活动》,《河北大学学报(哲学社会科学版)》2007 年第 3 期。

《宋代生育巫术的社会和文化语境》,《四川师范大学学报(社会科学版)》2007 年第 3 期。

方英(辽宁省档案馆)

《日军"七三一"部队与鼠疫大爆发》,《兰台世界》2005 年第 4 期。

方盈盈(平阳县中医院)

～袁拯忠:《〈脾胃论〉遣药特点探析》,《浙江中医药大学学报》2013 年第 9 期。

方勇(吉林师范大学)

～张越:《读金关汉简医类简札记五则》,《鲁东大学学报(哲学社会科学版)》2017 年第 1 期。

～胡润怡:《读秦医方简札记二则》,《长春师范大学学报》2015 年第 7 期。

～侯娜:《读周家台秦简"医方"简札记(二则)》,《鲁东大学学报(哲学社会科学版)》2015 年第 3 期。

方幼盒

《统论针灸学术兴衰的前因后果》,《新华医药》1950 年第 3 期。

《谈近代针科所用之针与岐黄灸针》,《新华医药》1950 年第 1、2 期。

房照增(煤炭信息院能源安全研究所)

《英国职业安全与健康三十年》,《中国煤炭》2005 年第 7 期。

《英国的职业安全与健康》,《现代职业安全》2004 年第 4、5 期。

方肇勤(上海中医药大学)

杨雯～卢涛等:《〈灵枢〉"肾胀"探析》,《中华中医药杂志》2019 年第 9 期。

颜彦～杨雯:《〈黄帝内经〉心理论的建构研》,《西部中医药》2019 年第 8 期。

杨雯～颜彦:《〈难经〉有关肝理论的探究》,《中国中医基础医学杂志》2019 年第 2 期。

杨雯～卢涛等:《〈诸病源候论〉有关肾理论的探》,《中国医药导报》2018 年第 36 期。

～杨雯等:《〈诸病源候论〉有关脾理论的研究》,《中华中医药杂志》2018 年第 6 期。

屠燕捷～杨爱东:《基于叶天士行医时期苏州温病的卫气营血辨证理论疾病基础探析》,《中华中医药杂志》2018 年第 1 期。

～杨雯等:《〈黄帝内经〉有关脾理论的研究》,《中国中医基础医学杂志》2017 年第 7 期。

～杨雯等:《唐宋明清 5 部官修典籍有关脾理论的论述概要》,《陕西中医药大学学报》2017 年第 6 期。

屠燕捷～郭永洁等:《叶天士温病学术理论形成因素探析》,《中国中医基础医学杂志》2016 年第 5 期。

屠燕捷～郭永洁等:《叶天士生平及其温病学术理论研究 30 年回溯》,《浙江中医药大学学报》2014 年第 3 期。

屠燕捷～郭永洁等:《中国历史上疫病高发期疫病回顾》,《传染病信息》2014 年第 1 期。

《〈太平圣惠方〉有关辨证论治的特点和贡献》,《河南中医》2006 年第 6 期。

方志强

《炼狱与新生——卡莱尔的病(1814—1823)与雷丝路事件》,《新史学》第 17 卷第 3 期(2006.9)。

《论卡莱尔雷丝路事件的年代——迷思与事实》,《新史学》第 15 卷第 4 期(2004.12)。

方祝元（南京中医药大学附属医院）

《林珮琴内科学术思想初探》，《江苏中医药》2008 年第 1 期。

方祖祥（复旦大学）

《心电图技术发展的历史回顾》，《上海生物医学工程》1995 年第 4 期。

蒋大宗……王保华～郑尔信等：《心电技术一百年——笔谈会》，《上海生物医学工程》1995 年第 4 期。

F.布莱特－埃斯塔波勒

《19—20 世纪的来华法国医生：南方开放港口、租界和租借地的拒绝或依从》，孙立新等编《殖民主义与中国近代社会国际学术会议论文集》（北京：北京人民出版社 2009 年）。

费国斌（镇江市老存仁堂药店）

《〈黄帝内经太素〉论天人合一与人体内环境》，《中医文献杂志》2002 年第 3 期。

费立鹏（北京回龙观医院）

《中国的精神卫生问题——21 世纪的挑战和选择》，《中国神经精神疾病杂志》2004 年第 1 期。

菲利普·米特拉尼

～马文：《关于萨满教的精神病学探讨评述》，《第欧根尼》1993 年第 2 期。

费琳（南京中医药大学）

《民国时期针灸特色诊法初探》，南京中医药大学硕士学位论文 2018 年。

费明燕（南京大学）

《1848—1849 英国霍乱及其治理》，南京大学硕士学位论文 2008 年。

费赞臣

《费绳甫先生的医学理论和治疗经验》，《上海中医药杂志》1962 年第 4 期。

费朝晖（国家财政部社保司）

刘远立～：《论卫生保健的公平与效率》，《医学与社会》1998 年第 3 期。

《法国社会医疗保险制度的借鉴》，《中国卫生经济》1997 年第 7 期。

～马进：《论卫生费用控制策略》，《中国卫生经济》1996 年第 11 期。

《避免"美国式陷阱"——美国卫生体制高投入低产出之谜及其启示》，《中国卫生经济》1996 年第 5 期。

费振钟

《让疾病和苦难化为人间喜乐——读〈弟弟最后的日子〉》，《文学报》2013 年 10 月 24 日书评版。

《读圣散子方》，《书城》2009 年第 5 期。

《药石时代的文学身体》，《上海文学》2008 年第 10 期。

《牵机药与"医学政治"》，《书城》2008 年第 3 期。

《雅病》，《领导文萃》2007 年第 3 期。

《女性身体与女医权力》，《书城》2007 年第 10 期。

《江南女科及薛己在明清的文化潜影》，《书屋》2007 年第 7 期。

《1641 年的瘟疫》，《苏州杂志》2006 年第 3 期。

《读〈黄帝内经〉札记》，《中国中医药报》2004 年 11 月 29 日。

《奇方琐谈》，《中国中医药报》2004 年 7 月 19 日。

《老处方》，《中国中医药报》2004 年 5 月 10 日。

《药器小识》,《中国中医药报》2004 年 3 月 1 日。

《脚气病说》,《中国中医药报》2004 年 1 月 19 日。

《孔子为什么不敢吃药?》,《中国中医药报》2003 年 8 月 11 日。

《纷纭乱世说名医》,《首都医药》2003 年第 5 期。

《谈"吃什么补什么"》,《中国中医药报》2003 年 2 月 10 日。

冯宝美(福州市卫生局)

《论农村合作医疗制度问题(兼与姜庆易同志商榷)》,《中国卫生事业管理》1987 年第 5 期。

冯兵(四川大学)

《隋唐五代时期城市供水系统初探》,《贵州社会科学》2016 年第 5 期。

冯彩章(中国人民解放军后勤指挥学院)

~李葆定:《红医将领叶青山同志的二三事》,《党史博采》2001 年第 5 期。

《红医将军》,《党史博览》2000 年第 7 期。

《毛泽东为贺诚平反》,《党史博采》1999 年第 4 期。

《宁死不屈的白医战士——记崔健吾烈士》,《党史博采》1998 年第 9 期。

《中国预防医学的前驱金宝善》,《医院管理》1984 年第 11 期。

《贺诚同志同东北解放战争的卫生工作》,《医院管理》1984 年第 8、9 期。

《毛泽东的保健医生傅连暲将军》,《党史博采》1999 年第 12 期。

冯崇廉(广州市第二人民医院)

《王孟英养阴保津学说探讨》,《中医文献杂志》2001 年第 1 期;《中华医史杂志》2002 年第 1 期。

冯传汉(北京大学人民医院)

《中国骨科发展简史》,《中国矫形外科杂志》2014 年第 18—21 期。

《医生、医术与人文理念的有益探索》,《中国矫形外科杂志》2007 年第 21 期。

《中国骨科的过去与现在——在第四届华裔骨科学术大会上的卓越成就特别演讲》,《中华创伤骨科杂志》2004 年第 10 期。

~虞大年:《中国近代骨科学的历史背景和发展》,《中华医史杂志》1992 年第 4 期。

《纪念北京医科大学学报创刊三十周年》,《北京医科大学学报》1989 年第 1 期。

冯春(湖北中医学院)

《医籍文献中的楚地"巫觋"方术研究》,《江汉论坛》2009 年第 12 期。

~刘学罡:《探析中医医德文化研究中的若干问题》,《湖北中医学院学报》2008 年第 3 期。

《两岸传统医药文化交流的背景及对策》,《中医药文化》2007 年第 10 期。

《对湖北传统医药文化资源的认识及发展研究》,《湖北社会科学》2007 年第 9 期。

《"仁爱"思想与传统医德文化的价值取向》,《法制与社会》2007 年第 7 期。

《传统医药产业的传播问题探析》,《科技创业月刊》2007 年第 7 期。

《对传统中医文化现状的认识及其发展建议》,《学习与实践》2007 年第 5 期。

《唐宋诗词的传统医药文化元素浅析》,《文学教育(上)》2007 年第 5 期。

《汉魏六朝的"服食"养生》,《中医药文化》2007 年第 4 期。

《传统药食文化的误区及现代启示意义》,《武汉商业服务学院学报》2007 年第 2 期。

《简帛医籍文献的学术价值》,《湖北中医学院学报》2007 年第 2 期。

《"大医"考释》,《湖北中医学院学报》1999 年第 2 期。

冯尔康(南开大学)

《中医药界历史人物传记资料的来源与搜集》,《中国史研究》2009 年第 4 期。

《晚清学者吴汝纶的西医观——兼论文化反思的方法论》,《天津社会科学》2007 年第 3 期。

《皇家的生育及生育观念散论》,《中国社会历史评论》2002 年 00 期。

冯海波(湖南中医药大学)

~孙绍裘等:《〈医宗金鉴〉伤科学术思想刍议》,《湖南中医杂志》2014 年第 3 期。

冯汉镛(四川省文史研究馆/四川大学/成都市中医药研究所)

《蜡壳丸药是古代广州的发明》,《文史杂志》2005 年第 6 期。

《唐五代的回族医人发微》,《中华医史杂志》1998 年第 2 期。

《却病延年在节令风俗上的表现》,《文史杂志》1993 年第 6 期。

~杨国才:《中缅医药文化交流》,《中医药学报》1992 年第 6 期。

《孝道对唐宋时期医学的影响》,《文史杂志》1992 年第 3 期。

《浅说孔子在医学上的见解》,《文史杂志》1991 年第 2 期。

~杨国才:《中医对大气污染的认识》,《中医药学报》1990 年第 1 期。

《中医对硒中毒和大骨节病的认识》,《中医药学报》1988 年第 3 期。

《中医对氟中毒的认识》,《中医药学报》1987 年第 6 期。

《从两部〈千金〉看医书中的史料》,《文献》1987 年第 1 期。

《中医对地质学的认识》,《医学与哲学》1986 年第 12 期。

《〈家藏经验方〉作者陈晔考》,《附件论坛(文史哲版)》1986 年第 3 期。

《中医药理的动物实验及其发展》,《医学与哲学》1986 年第 2 期。

《王继先在医药学上的成就》,《中医药学报》1985 年第 5 期。

《孙思邈龙宫方新解》,《中医药信息》1985 年第 4 期。

《支法存生平及其佚方与成就》,《中华医史杂志》1981 年第 4 期。

《中药史上的动物实验》,《中药材》1985 年第 2 期。

《瘴气的文献研究》,《中华医史杂志》1981 年第 1 期。

《蒜的文献研究》,《辽宁中医杂志》1960 年第 6 期。

《莱菔的文献研究》,《哈尔滨中医》1960 年第 5 期。

《从古籍文献中探索白茅根的疗效》,《浙江中医杂志》1960 年第 2 期。

《艾的文献研究》,《哈尔滨中医》1959 年第 12 期。

《从古籍文献中探索葱的疗效》,《浙江中医杂志》1959 年第 7 期。

《露蜂房考》,《浙江中医杂志》1959 年第 6 期。

《"活人书"作者朱弘的事迹》,《浙江中医杂志》1959 年第 4 期。

《杨介的医学成就》,《人民保健》1959 年第 1 期。

《中朝两国医学交流概述》,《中医杂志》1958 年第 12 期。

《祖国医人对疥疮对认识与治疗》,《江苏中医》1958 年第 10 期。

《宋代在杭州的和剂局与和剂局方》,《浙江中医杂志》1958 年第 10 期。

《中越两国医药文化的交流》,《中医杂志》1958 年第 8 期。

《彰明附子记作者杨天惠考》,《中医杂志》1958 年第 7 期。

《祖国中古时代的医院——安济坊》,《医学史与保健组织》1958 年第 2 期。

《从〈海药本草〉论唐五代时期成都的两条国际交往路线》,《江海学刊》1957 年第 5 期。

《介绍祖国医书上的避孕方》,《上海中医药杂志》1957 年第 3 期。

《唐代的一些外科记载》,《医学史与保健组织》1957 年第 3 期。

《〈海药本草〉作者李珣考》,《医学史与保健组织》1957 年第 2 期。

冯禾昌(上海市闸北区虬江街道医院)

叶明柱~:《再谈阿是穴的命名》,《天津中医药大学学报》2014 年第 1 期。

叶明柱~:《"巨刺"命名再释》,《上海针灸杂志》2013 年第 3 期。

叶明柱~:《华佗夹脊穴源流考略》,《上海针灸杂志》2009 年第 8 期。

~叶明柱:《"巨刺"释》,《上海针灸杂志》2006 年第 4 期。

叶明柱~:《阿是穴命名辨》,《上海针灸杂志》2005 年第 4 期。

叶明柱~:《捻转针法起源考》,《中国针灸杂志》2005 年第 4 期。

《从〈太平圣惠方·针经〉看唐代针灸医学》,《中华医史杂志》1997 年第 3 期。

《中枢穴考证之文献析——并答胡明灿同志》,《江西中医药》1986 年第 1 期。

《以古代人体部位名称命名的穴名初探》,《中国针灸》1985 年第 3 期。

《略谈〈内经〉的定穴、取穴法》,《云南中医学院学报》1984 年第 4 期。

《略谈〈内经〉中的针刺注意事项》,《中医杂志》1983 年第 3 期。

冯恒孝(铜陵市人民医院)

《论中医与文化背景的分离与求合——对近百年中医发展的一些思考》,《医学与哲学》1987 年第 12 期。

冯洪钱(温岭市伯乐中兽医研究所/温岭市科学技术局/温岭市科学技术委员会)

~李群:《唐·韩鄂编撰〈四时纂要〉兽医方考注》,《中兽医医药杂志》2011 年第 2 期。

《唐·王焘〈外台秘要〉兽医方考注》,《中兽医医药杂志》2010 年第 1 期。

《〈相牛图〉附医牛治疗良方考注》,《中兽医学杂志》2009 年第 4 期。

《人畜共患绦虫病古今考》,《中兽医学杂志》2005 年第 2 期。

~冯兰兰:《人兽共患炭疽病古今考》,《中兽医学杂志》2004 年第 1 期。

《〈史记〉中的千里马原是有病的汗血马考注》,《农业考古》2003 年第 1 期。

《试论中兽医用药十大关系》,《中兽医学杂志》2002 年第 3 期。

《清〈本草纲目拾遗〉兽医方考注》,《中国农史》2001 年第 1 期。

《〈本草纲目〉兽医方考注》,《农业考古》2000 年第 3 期;2002 年第 1、3 期。

《我国古代的畜禽饲料添加剂考注》,《农业考古》2000 年第 1 期。

《魏〈神农本草经〉兽医方考注》,《中兽医学杂志》1999 年第 3 期。

《〈元亨疗马集〉疑难矿物药考注》,《中兽医学杂志》1999 年第 3 期。

《〈齐民要术〉兽医方考注》,《古今农业》1998 年第 4 期。

《汉〈说文解字〉畜病记载考注》,《农业考古》1998 年第 3 期。

《清〈医牛宝书〉土草药考注》,《中兽医学杂志》1996 年第 3 期。

《相牛医药方考注》,《农业考古》1992 年第 3 期;1993 年第 1 期。

《中国古兽医历史一瞥》,《中国兽医医药杂志》1991 年第 5 期。

《华佗兽医科秘传考注》,《农业考古》1988 年第 2 期;1989 年第 1 期。

《〈牛经备要医方〉疑难土草药考注》,《中兽医医药杂志》1984 年第 4 期。

杨宏道～:《古医牛书〈抱犊集〉和〈养耕集〉中有关疑难土草药考证》,《中国农史》1983年第1期。

邹介正～苏根元:《〈元亨疗马集〉疑难土草药考注》,《兽医科技杂志》1982年第2期。

邹介正～:《〈司牧安骥集〉疑难药考注》,《中国农史》1982年第2期。

《从孙悟空被封弼马温考起》,《农业考古》1982年第1期。

《古兽医方动物药考注》,《中兽医科技资料》1979年第2期。

冯宏维(武汉大学)

《心理疾病观的跨文化研究》,武汉大学博士学位论文2013年。

丰华琴(南京晓庄学院)

《"持续"还是"转变"——20世纪末英国国民健康服务改革论析》,《英国研究》2011年00期。

冯骥强(河北大学)

《浅析宋代流尸疫病与治理》,《文物鉴定与鉴赏》2019年第14期。

冯佳伟(太原理工大学)

《解放战争时期太行革命根据地疾病预防与治疗状况研究》,太原理工大学硕士学位论文2019年。

冯洁菡(武汉大学)

～周漾:《"一带一路"中非传统医药合作与国际知识产权制度的变革》,《武大国际法评论》2019年第5期。

～李蔚然:《印度仿制药品过境运输争端案评析——以理事会1383/2003条例与TRIPS协议为视角》,《法学杂志》2011年第2期。

《TRIPS协议下对药品试验数据的保护及限制——以国际法和比较法为视角》,《武大国际法评论》2010年第1期。

《药品专利强制许可:〈多哈健康宣言〉之后的发展》,《武汉大学学报(哲学社会科学版)》2008年第5期。

《公共健康危机、药品的可及性及其平行进口》,《法律适用》2004年第12期。

《全球公共健康危机、知识产权国际保护与WTO多哈宣言》,《法学评论》2003年第2期。

封进(复旦大学)

余央央～:《我国老年健康的动态变化及对健康老龄化的含义》,《世界经济文汇》2017年第3期。

《夯筑可持续发展的中国医保体系》,《中国经济报告》2016年第11期。

～黄靖凯:《我国大病医疗保险报销规则研究》,《中国卫生政策研究》2016年第2期。

～顾楚雨:《中国医疗机构中人力资本回报的相对水平》,《劳动经济研究》2015年第5期。

～余央央等:《医疗需求与中国医疗费用增长——基于城乡老年医疗支出差异的视角》,《中国社会科学》2015年第3期。

《如何突破大病医保的困境?》,《社会观察》2015年第2期。

～刘芳:《新农合对改善医疗服务利用不平等的影响——基于2004年和2006年的调查数据》,《中国卫生政策研究》2012年第3期。

《医保改革更要关注低收入群体》,《中国人力资源社会保障》2011年第4期。

～刘芳等:《新型农村合作医疗对县村两级医疗价格的影响》,《经济研究》2010年第11期。

～张涛:《医疗服务体系中多元所有制模式比较及中国的选择》,《江海学刊》2009年第9期。

～余央央:《医疗领域所有制和市场竞争效果的研究评述》,《中国卫生政策研究》2009年第9期。

～李珍珍:《中国农村医疗保障制度的补偿模式研究》,《经济研究》2009年第4期。

叶春辉～王晓润:《收入、受教育水平和医疗消费:基于农户微观数据的分析》,《中国农村经济》2008 年第 8 期。

～余央央:《医疗卫生体制改革中的政府责任》,《中国改革》2008 年第 3 期。

～余央央:《医疗卫生体制改革:市场化、激励机制与政府的作用》,《世界经济文汇》2008 年第 1 期。

李珍珍～:《教育对健康的影响——基于上海家庭调查数据的研究》,《中国劳动经济学》2006 年第 4 期。

～宋铮:《中国农村医疗保障制度:一项基于异质性个体决策行为的理论研究》,《经济学(季刊)》2007 年第 3 期。

～余央央:《中国农村的收入差距与健康》,《经济研究》2007 年第 1 期。

余央央～:《收入差距宇健康关系的研究评述》,《经济学动态》2006 年第 7 期。

冯金忠(北京师范大学)

《唐代病坊刍议》,《西域研究》2004 年第 3 期。

冯静静(渤海大学)

《新中国成立初期登封疫病的流行与防治(1949—1959 年)》,《福建江夏学院学报》2019 年第 4 期。

冯静莹(湖南师范大学)

《药品专利保护与公共健康权的冲突与协调》,湖南师范大学硕士学位论文 2013 年。

冯岚(华中科技大学)

《泰国中医专业现行汉语教材研究》,华中科技大学硕士学位论文 2011 年。

冯磊(重庆医科大学)

～李仪:《法律制度变革对医疗诉讼各方行动逻辑的建构及反思——基于 D 市 6 家三甲医院 404 例诉讼案例的实证考察》,《中国卫生政策研究》2018 年第 3 期。

《知识图景 vs.生活世界:关系空间内的医患沟通及其启示》,《医学与哲学(A)》2018 年第 2 期。

李仪～:《医疗专业利益自给与扩张中的国家角色——从魏则西事件切入》,《中国卫生事业管理》2018 年第 1 期。

《拒绝的自由?——医疗暴力背景下的医师拒诊权研究》,《医学与哲学(A)》2017 年第 11 期。

李仪～:《社交媒体环境下医患话语权的博弈及医方媒介策略——从"北医三院产妇事件"的网络信息传播切入》,《中国医院管理》2017 年第 7 期。

《公立医院"取消编制"的政策建构:渊源、经验与展望》,《中国卫生政策研究》2017 年第 1 期。

张锐～:《间断均衡理论视阈下的医疗暴力治理政策变迁审视》,《中国卫生政策研究》2017 年第 1 期。

谭创、胡颖～:《暴力阴影下医患关系断裂的风险及其弥合——基于重庆医科大学附属儿童医院伤医事件之网络评论的分析》,《医学与哲学(A)》2017 年第 1 期。

李仪～:《论我国医患信任结构的异化及其重建路径》,《医学与哲学(A)》2016 年第 8 期。

高雪……钟晓妮～:《重庆市卫生资源配置对医患关系的影响分析》,《重庆医学》2016 年第 7 期。

胡颖～谭创:《医疗责任保险亟待处理的五大关系及解决路径研究》,《医学与哲学(A)》2016 年第 3 期。

胡颖～谭创:《论迈向以需求为导向的医疗责任保险发展之路》,《中国卫生事业管理》2015 年第 11 期。

~侯珊芳:《医疗暴力防控的国际经验及其借鉴》,《医学与哲学(A)》2015 年第 7 期。

《关于构建"综合型"卫生法研究体系的设想》,《中国卫生事业管理》2015 年第 6 期。

《医疗纠纷人民调解制度的创新与发展》,《经济研究导刊》2015 年第 13 期。

郑小克、蒋祎~:《人性化管理对提高医院工作人员预防感染意识的效果分析》,《中华医院感染学杂志》2014 年第 18 期。

侯珊芳~:《论利益集团对奥巴马医改的影响及其借鉴意义》,《中国卫生事业管理》2014 年第 6 期。

《未成年人参与保健食品试食试验的立法探索——以"黄金大米"事件为例》,《中国卫生政策研究》2014 年第 5 期。

~刘会娜:《对我国卫生法学知识生产的一个片段式反思——以知识生产者为视角》,《医学与法学》2012 年第 2 期。

《羼弱的抽象公平观——医疗侵权诉讼举证责任分配的深层解读》,《医学与法学》2012 年第 1 期。

《医疗过错诉讼争点整理程序初探》,《经济研究导刊》2010 年第 31 期。

《医事程序法构建的实践和价值基础》,《经济研究导刊》2010 年第 4 期。

冯骊(华中师范大学)

~上官绪智:《汉代军队医疗保障制度初探》,《河南大学学报(社会科学版)》2006 年第 3 期。

《葛洪〈肘后备急方〉的药方定量分析》,《新乡医学院学报》2006 年第 2 期。

冯立军(厦门大学)

《清代中国与东南亚的鱼翅贸易》,《厦门大学学报(哲学社会科学版)》2017 年第 2 期。

《论 18—19 世纪东南亚海参燕窝贸易中的华商》,《厦门大学学报(哲学社会科学版)》2015 年第 4 期。

《略论明清时期中国与东南亚的燕窝贸易》,《中国经济史研究》2015 年第 2 期。

《认知、市场与贸易——明清时期中国与东南亚的海参贸易》,《厦门大学学报(哲学社会科学版)》2012 年第 6 期。

~夏福顺:《略述清代以前中国与柬埔寨的香药贸易》,《南洋问题研究》2011 年第 2 期。

《略述清代中国与印尼的中医药交流》,《南洋问题研究》2010 年第 1 期。

《浅谈明清时期中国与琉球中医药交流》,《历史档案》2007 年第 1 期。

《古代东南亚各民族医药卫生习俗述略》,《世界民族》2004 年第 6 期。

《清代以前中泰中医药交流》,《南洋问题研究》2004 年第 4 期。

《近代以来华侨华人与中医药在新马的传播发展》,《华侨华人历史研究》2004 年第 4 期。

《古代欧洲人对中医药的认识》,《史学集刊》2003 年第 4 期。

《古代华侨华人与中医药在东南亚的传播》,《华侨华人历史研究》2003 年第 1 期。

《古代中国与东南亚中医药交流》,《南洋问题研究》2002 年第 3 期。

《古代中越中医药交流初探》,《海交史研究》2002 年第 1 期。

冯丽梅(山西中医药大学/山西中医学院/北京中医药大学)

马艳苗……周然~:《祝由医学心理学探微》,《中华中医药杂志》2017 年第 10 期。

王娜娜~:《论民国时期临汾地区传统药铺发展特点》,《山西中医学院学报》2017 年第 2 期。

~王娜娜:《民国年间山西的中药业发展概况——以〈晋商史料全览〉为主线》,《山西中医学院学报》2017 年第 1 期。

~王景霞:《明清苏徽杭三大医派异同之概说》,《医学与哲学(A)》2016 年第 3 期。

冯巍（武汉理工大学）

《英国转基因食品的公共政策研究》，武汉理工大学硕士学位论文 2008 年。

冯文林（南方医科大学/广州中医药大学）

～贺松其等：《〈黄帝内经〉中几个常见针灸相关问题的探讨》，《时珍国医国药》2017 年第 9 期。

《浅谈〈黄帝内经〉中的风俗》，《浙江中医药大学学报》2017 年第 5 期。

《情景语境下的〈黄帝内经〉成书研究》，《中国中医基础医学杂志》2016 年第 8 期。

《多重视角下的〈黄帝内经〉英译研究》，《中国中医基础医学杂志》2016 年第 7 期。

～伍海涛：《象征人类学视域下的〈黄帝内经〉研究》，《辽宁中医杂志》2016 年第 7 期。

～伍海涛：《〈黄帝内经〉肠痹和大肠胀浅论》，《中医杂志》2016 年第 7 期。

～伍海涛：《试论〈内经〉中的心身医学》，《辽宁中医杂志》2015 年第 4 期。

～伍海涛：《文化人类学视域下的〈内经〉研究》，《医学与哲学（A）》2014 年第 11 期。

～伍海涛等：《〈内经〉哲学视阈下的中医人才的素质培养》，《浙江中医药大学学报》2013 年第 7 期。

～刘丽敏等：《浅谈〈针灸医籍选读·内经〉中的几个问题》，《浙江中医药大学学报》2013 年第 3 期。

～邱宇星等：《浅谈〈素问·宝命全形论〉中"治神"对医德的启示》，《中国中医基础医学杂志》2013 年第 2 期。

邱宇星～陈俊琦：《五论"病机十九条"》，《中国中医基础医学杂志》2013 年第 1 期。

《试论六版教材〈内经选读〉中的几个问题》，《南京中医药大学学报（社会科学版）》2010 年第 1 期。

《浅谈〈素问·调经论〉中"血并"与"气并"之虚实》，《中医杂志》2008 年第 1 期。

《〈内经〉治则治法学说的渊源与形成研究》，广州中医药大学博士学位论文 2007 年。

《〈史记·扁鹊仓公列传〉的治疗学思想》，《医学与哲学（人文社会医学版）》2007 年第 6 期。

～伍海涛：《〈吕氏春秋〉的中医治疗学思想探析》，《医学与哲学（人文社会医学版）》2006 年第 7 期。

～伍海涛：《谈〈内经〉因势利导治则的思想渊源》，《辽宁中医杂志》2006 年第 6 期。

～吴弥漫：《〈内经〉"治未病"治则的思想探源》，《中国中医基础医学杂志》2006 年第 2 期。

～伍海涛：《浅谈〈内经〉尚阳思想的渊源》，《中医药文化》2006 年第 1 期。

冯翔（中国科学院）

《关于宋代至明代南方的瘴病及其历史的研究》，《广西民族大学学报（自然科学版）》2007 年第 2 期。

《宋代政府的疫病应对与医学》，中国科学院自然科学史研究所硕士学位论文 2006 年。

冯小红（苏州大学）

《整形美容价值及其伦理困境的研究》，苏州大学硕士学位论文 2008 年。

冯晓燕（安徽中医学院）

《徐春甫〈螽斯广育〉论治不育症思想浅析》，《安徽中医学院学报》1990 年第 1 期。

冯新送（广州中医药大学第一附属医院）

《张子和学术思想探讨》，《安徽中医临床杂志》2000 年第 1 期。

冯秀秀（淮北师范大学）

《赤脚医生制度研究》，淮北师范大学硕士学位论文 2016 年。

冯萱（首都医科大学）

《〈大家起来做防疫的卫生运动〉公共卫生分析》，《继续医学教育》2018年第4期。

《浅议苏区卫生防疫工作中的群众路线》，《继续医学教育》2017年第2期。

《抗日根据地群众性卫生防疫工作刍议》，《继续医学教育》2017年第1期。

《二十世纪三十年代赣南闽西地区公共卫生实践的初步探索》，《继续医学教育》2016年第2期。

《我国医疗卫生工作"预防为主"思想的源起》，《继续医学教育》2014年第8期。

～陈志宏等：《我国预防医学教育的早期经验》，《继续医学教育》2014年第1期。

《我军抗日战争至抗美援朝战争时期卫生工作——齐同春同志访谈录》，《医学与哲学（A）》2013年第6期。

《红军医疗卫生机构设置初探》，《首都医科大学学报（社会科学版）》2012年Z期。

～田刚：《苏区精神与苏区卫生工作》，《首都医科大学学报（社会科学版）》2011年Z期。

冯娅（南京大学）

《论查德威克的公共卫生改革思想》，南京大学2013年硕士学位论文

冯琰（兰州大学）

《关于"药品专利与公共健康"的案例分析》，兰州大学硕士学位论文2010年。

冯毅翀（广州中医药大学）

《现代医学模式与医院组织变革研究》，广州中医药大学硕士学位论文2007年。

封一平（中国中医科学院望京医院）

～孟竞璧：《中国古人关于经络认识的发展》，《中华医史杂志》2009年第6期。

封禹（江苏省医学情报研究所）

～夏宗明：《中等收入国家医疗保障制度医疗待遇和期限比较及借鉴》，《国际医药卫生导报》2001年第4期。

～李筱蕾：《国外政府管医院系列介绍（之四）英国政府对医院管理的职能》，《卫生经济研究》2000年第3期。

李筱蕾～：《美国政府对医院的管理职能》，《卫生经济研究》2000年第1期。

～李筱蕾：《国外政府管医院系列介绍（之二）德国政府对医院管理的职能》，《卫生经济研究》1999年第11期。

《美国医疗制度改革方案述评》，《国外医学（卫生经济分册）》1994年第2期。

冯玉竑（大连理工大学）

《我国中成药工业发展战略研究》，大连理工大学硕士学位论文2001年。

冯玉荣（华中师范大学）

《清代地域医学知识的书写——以钱塘王琦〈医林指月〉为中心的讨论》，《中医药文化》2019年第5期。

《上医医国：一位晚明医家日常生活中的医疗与政治》，《华中师范大学学报》2018年第3期。

《儒道医风：明清医者画像中的理想形象》，《华中师范大学学报（人文社会科学版）》2016年第3期。

《医学的正典化与大众化：明清之际的儒医与"医宗"》，《学术月刊》2015年第4期。

《医与士之间：明末清初上海李延昰的边缘人生》，《复旦学报（社会科学版）》2014年第5期。

《医籍、医名与医理：明末李中梓的儒医形象及知识传承》，《华中师范大学学报（人文社会科学

版）》2014 年第 4 期。

冯跃（成都中医药大学）

～杨洁等：《桥弓穴源流简考》，《吉林中医药》2010 年第 6 期。

丰云舒（中国中医科学院）

《金元时期方剂剂型的历史研究》，中国中医科学院硕士学位论文 2015 年。

冯泽君

《伍连德——中国历史上走近"诺奖"的科学家》，《文史春秋》2013 年第 6 期。

冯泽永（重庆医科大学）

成秋娴～冯婧等：《中国台湾地区长期照护制度特征分析及启示》，《中国老年学杂志》2018 年第 11 期。

冯婧～：《医学界对规范自媒体的诉求——基于"小苏打"饿死"癌细胞"事件的思考》，《医学与哲学（A）》2017 年第 7 期。

黄艳～胡敏等：《乡村医生的现状、收入及影响因素分析——以重庆市渝北区为例》，《现代医药卫生》2017 年第 4 期。

成秋娴～冯婧等：《医患关系面临的自媒体伦理失范及建议》，《医学争鸣》2016 年第 6 期。

成秋娴～：《从"李芊事件"看医生在非执业地点救治患者时的道德冲突》，《医学争鸣》2016 年第 5 期。

成秋娴～：《美国 PACE 及其对我国社区医养结合的启示》，《医学与哲学（A）》2015 年第 9 期。

刘瀚洋、穆云庆～：《美国管理型医疗对我国社区健康管理的启示》，《医学与哲学（A）》2015 年第 9 期。

刘瀚洋～洪玥铃：《从走廊医生事件剖析当代医生的角色冲突问题》，《医学争鸣》2015 年第 2 期。

滕亚～张英辉等：《应当重视医生"公共人"的角色定位》，《医学与哲学（B）》2014 年第 10 期。

刘瀚洋～：《从医生视角剖析多点执业业内遇冷的原因》，《医学与哲学（A）》2014 年第 5 期。

洪玥铃～：《从"黄金大米"事件看儿童人权的维护》，《重庆医学》2013 年第 26 期。

《人类胚胎的道德地位》，《医学与哲学（A）》2013 年第 11 期。

张磊～：《从"黄金大米"事件看科学家的责任与良心》，《医学与哲学（A）》2013 年第 11 期。

王夏梦～：《从"黄金大米"事件看过度保健》，《医学与哲学（A）》2013 年第 9 期。

滕亚～：《受试者权利保护中的程序公正——对"黄金大米"事件的反思》，《医学与哲学（A）》2013 年第 9 期。

张磊～：《从过度医疗看公立医院补偿机制的改革》，《中国卫生经济》2013 年第 8 期。

王夏梦～：《从产品的性质看社区医疗机构的补偿机制》，《重庆医学》2013 年第 10 期。

林小慧～：《对桑植医改的思考》，《中国卫生事业管理》2013 年第 1 期。

《医学社会科学及人文学科研究方法的整合与选择》，《医学与哲学（A）》2012 年第 10 期。

朱颖懿～：《试管婴儿技术相关主体的权利冲突及解决对策》，《中国卫生事业管理》2012 年第 4 期。

冯娟～：《"医跑跑"事件折射出医学职业精神的制度性缺失》，《医学与哲学（A）》2012 年第 4 期。

刘佳～：《基本药物制度对首诊制度的影响及对策研究》，《医学与哲学》2012 年第 2 期。

杨丹～：《胚胎研究及其伦理问题》，《安徽农业科学》2011 年第 36 期。

杨丹～符美玲：《中医药在公共卫生中的作用思考》，《医学与哲学（人文社会医学版）》2011 年第

12 期。

陈少春~杨丹等:《胎儿伦理中的人权问题探讨》,《医学与哲学(人文社会医学版)》2011 年第 12 期。

刘佳~:《医保制度对双诊制的影响及改革思路》,《中国卫生事业管理》2011 年第 11 期。

符美玲~杨丹:《中医在健康管理中的作用——从"张悟本"现象谈起》,《医学与哲学(人文社会医学版)》2011 年第 11 期。

符美玲~孙墨龙:《人体胚胎试验的伦理问题》,《医学与哲学(人文社会医学版)》2011 年第 7 期。

杨轶君~张培林等:《人类胚胎干细胞研究伦理问题的思考》,《医学与哲学(人文社会医学版)》2011 年第 7 期。

陈少春~朱颖懿等:《代孕中的公正》,《中国卫生事业管理》2011 年第 3 期。

符美玲~陈少春:《发达国家健康管理经验对我们的启示》,《中国卫生事业管理》2011 年第 3 期。

苏巧莲~张培林:《性别选择的伦理学思考》,《医学与哲学(人文社会医学版)》2011 年第 3 期。

唐秋姗~苏巧莲等:《精子捐赠伦理学问题的思考》,《中国卫生事业管理》2011 年第 2 期。

雷明明~唐秋姗:《关于辅助生殖技术的伦理学反思》,《医学与哲学(人文社会医学版)》2010 年第 11 期。

孙墨龙~符美玲等:《关于建立卵子库的伦理学思考》,《医学与哲学(人文社会医学版)》2010 年第 10 期。

周乐明~:《关于卵子捐赠助孕的伦理学思考》,《医学与哲学(人文社会医学版)》2010 年第 10 期。

王丹若~:《美国管理型医疗对我国社区健康教育的启示》,《现代预防医学》2009 年第 24 期。

杨小丽~张亮:《浅议医疗卫生保障中政府的主导作用》,《中国卫生事业管理》2009 年第 12 期。

陆昌敏~冯光谓等:《新加坡医疗保障体系的特点及对我国的启示》,《医学与哲学(人文社会医学版)》2007 年第 12 期。

刘波~:《医疗慈善捐赠的失范与规范》,《卫生经济研究》2007 年第 11 期。

杨坤蓉~曲谦:《从"胡为民现象"看我国医疗领域的社会失范》,《医学与哲学(人文社会医学版)》2006 年第 2 期。

任丑~:《对我国器官移植问题的理性思考》,《中国医学伦理学》2002 年第 3 期。

《德与法的协同作用及其对医德建设的启示》,《中国医学伦理学》2001 年第 3 期。

《病人自主权及其保障条件》,《医学与哲学》1999 年第 2 期。

《中西文化与中西医学》,《医学与社会》1997 年第 4 期。

《论医学的应当》,《医学与哲学》1996 年第 3 期。

《变性手术道德三思》,《医学与哲学》1995 年第 6 期。

《优生的道德思考》,《医学与哲学》1986 年第 10 期。

冯兆棣(解放军石家庄医学高等专科学校)

~冯同强等:《医患关系的文化背景》,《中华医院管理杂志》1995 年第 11 期。

冯兆平(复旦大学)

《神农氏献身医药之死因及葬地谈》,《中医药文化》2006 年第 5 期。

《〈周礼〉与〈黄帝内经〉对比研究》,《医古文知识》2003 年第 4 期。

《先秦儒家与中国古代医学的养生思想》,《上海师范大学学报(哲学社会科学版)》1983 年第 3 期。

冯智明（广西师范大学）

《身体认知与疾病：红瑶民俗医疗观念及其实践》，《广西民族研究》2014 年第 6 期。

冯志平（河北省职工医学院）

《保定医学堂的初创》，《中华医史杂志》1995 年第 2 期。

冯志阳（上海社会科学院）

《媒体、瘟疫与清末的健康卫生观念——以〈大公报〉对 1902 年瘟疫的报道为中心》，《史林》2006 年第 6 期。

冯珠娣（北京大学/美国芝加哥大学/美国北卡大学）

赖立里～《中国传统医学的人类学研究——人类学学者访谈录之七十二》，《广西民族大学学报（哲学社会科学版）》2014 年第 6 期。

赖立里～《知识与灵验：民族医药发展中的现代理性与卡里斯马探讨》，《思想战线》2014 年第 2 期。

赖立里～《规范知识与再造知识——以壮族医药的发掘整理为例》，《开放时代》2013 年第 1 期。

～汪民安：《日常生活、身体、政治》，《社会学研究》2004 年第 1 期。

～艾理克等：《文化人类学研究与中医》，《北京中医药大学学报》2001 年第 6 期。

F.L.

《中古时代之瑞士医院》，《汽巴季刊》1935 年第 2 期。

附：不署名：《欧战著名之古代医院》，《汽巴季刊》1935 年第 2 期。

《欧战医院发达史》，《汽巴季刊》1935 年第 2 期。

付艾妮（江汉大学）

《宋代中医古籍整理研究的特点》，《中华医学图书情报杂志》2013 年第 1 期。

～朱书秀：《对王焘"重灸轻针"思想之历史成因的再认识》，《山东中医药大学学报》2010 年第 2 期。

～朱书秀：《针刺之要重在调神——对〈内经〉中"上守神"涵义的理解》，《中医药临床杂志》2009 年第 5 期。

～陈荣政：《从古典医籍看古代医德观》，《中国医学伦理学》2001 年第 5 期。

《博采众方，普济众生——〈串雅〉论略》，《武汉职工医学院学报》1996 年第 3 期。

傅碧池（北京外国语大学）

《企业并购后大客户管理战略研究——以德国 S 医药公司为例》，北京外国语大学硕士学位论文 2019 年。

付滨（天津中医药大学第二附属医院）

傅一鸣～《发现〈女科百效全书〉新残本摭谈》，《中医文献杂志》2018 年第 1 期。

～杨美娟等：《明代医家"薛立斋"之名考实》，《中医文献杂志》2015 年第 2 期。

梁丙楠～张童燕：《"百合病"探源》，《河南中医》2014 年第 4 期。

李飞～：《尪字病名源流考》，《安徽中医学院学报》2013 年第 4 期。

张童燕：《论张仲景"疮家"不可发汗》，《江苏中医药》2010 年第 4 期。

～孟琳等：《从疾病演变史探"伤寒"原义》，《河南中医》2007 年第 5 期。

～王宝娟等：《"阴阳毒"考略》，《天津中医药》2007 年第 2 期。

～王宝娟等：《"历节"新探》，《天津中医药》2006 年第 3 期。

付成双(南开大学)

《瘟疫来自旧世界的殖民"帮凶"》,《中国社会科学报》2013年9月25日A05版。

《美国进步主义时期的城市环境改造运动》,《世界近代史研究》第六辑(2009)。

富川佐太郎

～原晋林:《灭菌与消毒的发展历史》,《消毒与灭菌》1984年第1期。

伏创宇(中国青年政治学院)

《强制预防接种补偿责任的性质与构成》,《中国法学》2017年第4期。

付春凤(黑龙江中医药大学)

《精神疾病的药物治疗史》,黑龙江中医药大学硕士学位论文2014年。

傅大为

《战后台湾妇产科的手术技艺与性别政治》,《女学学志:妇女与性别研究》第14期(2002.11)。

付德明(山西医科大学)

胡玉婉～:《19世纪美国霍乱流行与防治理念的转变》,《医学与哲学》2019年第18期。

胡玉婉～:《美国公共卫生的缔造者:莱缪尔·沙特克》,《中华疾病控制杂志》2019年第4期。

胡玉婉～:《论"双向"共情对构建和谐医患关系的作用》,《中国卫生产业》2018年第30期。

赵晶～:《假说在血液循环理论形成和发展中的作用》,《中华医史杂志》2018年第1期。

《山西省医学会医史学分会第一届二次学术年会纪要》,《中华医史杂志》2016年第5期。

～王洪奇等:《新形势下医学高等院校西医通史教学改革初探》,《中华医史杂志》2015年第2期。

～王洪奇等:《19世纪对心力衰竭发病机制认识和研究的历史回顾》,《中华医史杂志》2013年第3期。

～王洪奇等:《心脏移植术的历史回顾》,《中华医史杂志》2012年第2期。

～王洪奇:《从库恩历史主义看心力衰竭发病机制的研究历程》,《医学与哲学(临床决策论坛版)》2011年第11期。

～郑建中等:《医学史教育及其在我国的发展》,《山西医科大学学报(基础医学教育版)》2009年第3期。

～郑建中等:《心肺复苏术的历史回顾》,《中华医史杂志》2009年第1期。

付冬博(湘潭大学)

《论〈SPS协定〉在日本海关检疫中的适用》,湘潭大学硕士学位论文2018年。

付东升(辽宁中医药大学)

～鞠诣然:《〈内经〉肾藏象理论发生的解剖基础概述》,《吉林中医药》2007年第3期。

傅芳(中国中医药出版社/中国中医研究院)

李经纬～:《白求恩精神光辉千秋》,《中国卫生质量管理》1996年第6期。

《中国古代医学史研究60年》,《中华医史杂志》1996年第3期。

《中国传统医学在美国》,《中医杂志》1990年第11期。

《考古发掘中出土的医学文物》,《中国科技史料》1990年第4期。

李经纬～:《〈四部医典〉之创伤外科成就》,《中华医史杂志》1986年第2期。

李经纬～:《隋唐时期中外医药之交流》,《中华医史杂志》1985年第4期。

《半个世纪来对唐代名医孙思邈的研究》,《中华医史杂志》1983年第1期。

付粉鸽（西北大学）

《基于人文关怀的〈庄子〉"病"观念之形而上考察》，《安徽师范大学学报（人文社会科学版）》2017年第1期。

《合乎自然而内心宁静：斯多葛学派的哲学治疗智慧》，《西北工业大学学报（哲学社会科学版）》2017年第1期。

《由摄生到卫生之经——论老庄的养生思想》，《西北大学学报（哲学社会科学版）》2011年第2期。

傅桂梅（河南省医学会）

《古代中医受孕日期学说管窥》，《中华医史杂志》1998年第4期。

～石鹤峰：《古代中医生育学说管窥》，《中医研究》1998年第2期。

付国英（学苑出版社）

《对〈神农本草经〉及历代本草的思考——〈本草经典论著十人书〉序》，《西部中医药》2011年第12期。

傅海燕（辽宁中医药大学）

陈子殊睿～：《从〈竹林女科证治〉看胎动不安中医诊疗理论框架》，《中共中医基础医学杂志》2019年第9期。

胡秋实～：《〈古今医鉴〉勘误十二则》，《长春中医药大学学报》2019年第2期。

胡秋实、闫海军～：《〈中国医学书目〉载明版〈摄生众妙方〉考辨》，《辽宁中医杂志》2019年第2期。

马丹～：《〈女科经纶〉月经不调诊疗理论框架探析》，《江苏中医药》2019年第1期。

胡秋实～：《〈医学汇函〉对〈古今医鉴〉勘误举隅》，《辽宁中医药大学学报》2019年第1期。

马丹～：《〈王叔和脉诀图要俗解大全〉勘误举隅》，《中医文献杂志》2018年第6期。

胡秋实～：《〈儒门事亲〉汗吐下理论特色研究》，《中国中医基础医学杂志》2017年第10期。

闫海军～：《基于文献分析的当代中医学术流派研究》，《辽宁中医杂志》2017年第4期。

李文璐～：《〈保婴撮要〉小儿发热诊治框架探析》，《吉林中医药》2017年第3期。

季顺欣、王传明～：《〈医学入门·本草分类〉中"治寒门""治疮门"勘误》，《中国中医基础医学杂志》2016年第6期。

史焱、李君～：《〈医学汇函〉引用〈古今医鉴〉版本考》，《中国中医基础医学杂志》2016年第5期。

朱鹏举～赵明山：《清末民初医家徐延祚其人其书考》，《浙江中医杂志》2016年第3期。

～李君等：《〈医学汇函〉考略》，《南京中医药大学学报（社会科学版）》2016年第2期。

季顺欣～：《〈正体类要·正体主治大法〉的骨科内伤病诊疗理论研究》，《中国中医骨伤科杂志》2016年第2期。

朱鹏举～赵明山：《〈医粹精言〉文献学初考》，《中国中医基础医学杂志》2016年第2期。

季顺欣～：《〈医学入门〉讹字勘误举隅》，《山东中医药大学学报》2016年第1期。

李硕～鞠宝兆：《〈黄帝内经〉针灸相关七词首见词义辨析》，《中国针灸》2015年第10期。

顾宇～：《从萧埙〈女科经纶〉看闭经的因机证治理论框架》，《辽宁中医药大学学报》2015年第7期。

史焱～：《明本〈医学汇函〉对〈古今医鉴〉的纠误举隅》，《山东中医药大学学报》2015年第6期。

史焱～：《〈古今医鉴〉勘误举隅》，《长春中医药大学学报》2015年第5期。

季顺欣、王传明～：《〈医学入门·本草分类〉勘误——以明本〈医学汇函〉校注〈治湿门〉〈治燥门〉》,《长春中医药大学学报》2015 年第 4 期。

史焱～:《宋之前小儿惊风病名演变研究》,《中医文献杂志》2015 年第 4 期。

季顺欣～:《〈医学入门·本草分类〉中〈治风门〉〈治热门〉勘误》,《南京中医药大学学报(社会科学版)》2015 年第 3 期。

～李君:《今本〈黄帝内经〉成编于东汉的一条佐证》,《中华中医药学刊》2014 年第 1 期。

～马丽佳:《〈黄帝内经〉"咽"类术语的辨析及其意义》,《辽宁中医杂志》2013 年第 9 期。

李硕、鞠宝兆～:《〈黄帝内经〉木火土金水首见词义辨析》,《辽宁中医药大学学报》2013 年第 7 期。

～马丽佳:《〈黄帝内经〉"咽"类术语的辨析及其意义》,《中医文献杂志》2013 年第 3 期。

～潘桂娟:《〈黄帝内经〉眼部形态结构术语研究》,《中华中医药杂志》2012 年第 8 期。

～潘桂娟:《〈黄帝内经〉鼻部形态结构术语研究》,《中医杂志》2012 年第 4 期。

～潘桂娟:《〈黄帝内经〉耳部形态结构术语研究》,《中医杂志》2012 年第 4 期。

《〈黄帝内经〉"鬲"、"膈"考源》,《中医文献杂志》2011 年第 6 期。

林大勇～曲道炜:《赵刻本〈仲景全书·伤寒类证〉研究》,《辽宁中医药大学学报》2011 年第 6 期。

林大勇、王树鹏～:《3 种不同版本的翻刻宋版〈伤寒论〉比较研究》,《吉林中医药》2011 年第 2 期。

于恒～:《中医药古籍中"死"的讳饰探新》,《甘肃中医》2008 年第 10 期。

钱超尘～:《中国医科大学图书馆馆藏〈仲景全书〉版本考证》,《世界中西医结合杂志》2008 年第 3 期。

《中国医科大学馆藏明刻〈仲景全书〉近代流传考》,《中华医史杂志》2008 年第 2 期。

～于恒:《〈内经〉之"水"释义》,《江西中医学院学报》2008 年第 1 期。

～邰东梅:《〈黄帝内经〉"喝""瘕""疳"考辨》,《中医药学刊》2004 年第 4 期。

～邰东梅:《略论〈内经〉的解剖学成就》,《江西中医学院学报》2004 年第 2 期。

～尚冰:《略论医籍词义的确定方法》,《辽宁中医学院学报》2004 年第 2 期。

～王屏:《〈黄帝内经〉"癖"、"癣"、"瘕"考源》,《江西中医学院学报》2004 年第 1 期。

～王屏:《〈内经〉癫痫狂考辨》,《辽宁中医杂志》2003 年第 12 期。

《〈内经〉俞、输、腧探源》,《中国中医基础医学杂志》2003 年第 12 期。

～于恒:《〈内经词典〉"立"、"当"、"制"义项考辨》,《江西中医学院学报》2003 年第 4 期。

《〈黄帝内经〉"疾"与"病"的辨析及其意义》,《医古文知识》2003 年第 4 期。

～战佳阳:《〈黄帝内经〉词义研究述评——兼论〈内经〉词义的引申及义项排列规律》,《中医药学刊》2003 年第 11 期。

傅怀锋

《清末上海公共租界的鼠疫风潮》,《二十一世纪》2003 年第 6 期。

傅建忠(福建中医药大学)

《书坊刻书与中医药文化传播》,《湖北中医药大学学报》2015 年第 6 期。

《陈日华生平及其医书考》,《湖北中医药大学学报》2015 年第 1 期。

罗宝珍～:《明代养生著作〈尊生要旨〉考略》,《中国中医基础医学杂志》2014 年第 8 期。

～罗宝珍:《〈广嗣须知〉的编撰与版本》,《中华医史杂志》2014 年第 3 期。

《名医吴瑞甫与近代新加坡中医事业》,《中医文献杂志》2014 年第 2 期。

《熊宗立生平事迹考》,《中华医史杂志》2011 年第 1 期。

《社会分层与城乡医疗救助制度的思考》，《医学与哲学（人文社会医学版）》2010年第2期。

《近年台湾中医教育的新变与趋势》，《中医药管理杂志》2009年第8期。

《方导生平及其〈方氏家藏集要方〉考》，《中华医史杂志》2009年第6期。

傅杰青（江西省肿瘤医院/江西省新医学研究所/江西医药杂志社）

熊耀斌……资晓飞～：《致命病毒的揭秘之旅——2008年诺贝尔医学奖剖析》，《中国医学伦理学》2010年第2期。

熊耀斌……洪道显～：《"三腿一平台"组成的"基因打靶"——评介2007年度诺贝尔医学奖》，《医学与哲学（人文社会医学版）》2008年第5期。

《科技史上罕见的巧合——用生牛肝治愈恶性贫血而获诺贝尔奖的故事》，《自然杂志》2004年第2期。

～禹宽平：《2003年诺贝尔医学奖给科学界的多重启示》，《医学与哲学》2004年第1、3期。

《特定历史条件下的机遇因素——1934年生理学或医学诺贝尔奖获奖项目的思索》，《医学与哲学》1987年第12期。

《回顾、探索与启示——苏联科学家为什么没有获得生理学或医学诺贝尔奖？》，《医学与哲学》1986年第1、2期。

《近百年来医学科学方法的演变——对八十年生理学或医学诺贝尔奖授奖史的考察》，《医学与哲学》1983年第7期。

《胰岛素的发现与道德评价的争议》，《自然辩证法通讯》1983年第3期。

《巧妙的联想 严密的逻辑——记1919年医学诺贝尔奖获得者波尔迪》，《医学与哲学》1983年第4期。

《八十年来医学诺贝尔奖简介（一）》，《中级医刊》1983年第1期。

《有效治疗传染病的先声——诺贝尔生理学或医学首次奖》，《医学与哲学》1983年第1期。

《经典遗传学中的奇葩——1933年生理学或医学诺贝尔奖》，《医学与哲学》1982年第11期。

《汤飞凡和弗莱明》，《医学与哲学》1982年第5期。

《消灭天花——全人类联合行动的创举》，《自然辩证法通讯》1981年第4期。

《东方乎，西方乎？关于黑死病的地理起源问题》，《地方病译丛》1979年第4期。

符杰祥（上海交通大学/复旦大学）

《鲁迅文学的起源与文学鲁迅的发生——对"弃医从文"内部原理的再认知》，《文学评论》2010年第2期。

《鲁迅的"病"与"死"》，《粤海风》2003年第1期。

傅景华（中国中医科学院/中国中医研究院）

《时空之道与五运六气》，《中国中医基础医学杂志》2008年第12期。

《瑶医药理论等特色与优势》，《中国民族医药杂志》2007年第12期。

《中医是人类认识史上的奇迹》，《中医药文化》2007年第4期。

～傅妤娟：《〈黄帝内经〉关于心神的认识》，《亚太传统医药》2006年第7期。

《中华医道对人类文明新思维的指示性价值》，《太原师范学院学报（社会科学版）》2006年第1期。

～徐岩春：《东方文化与中医学的理论真谛》，《上海中医药大学学报》1999年第1期。

《东西合璧的回回医学》，《中国民族医药杂志》1997年第4期。

～傅景春：《物理学之道与中医现代化》，《中国中医药信息杂志》1995年第10期。

～王庆福：《回回医学中的过程论思想》，《中国民族医药杂志》1995 年第 1 期。

～傅景春：《中医过程论导论》，《中国医药学报》1995 年第 3 期。

《现代自然科学的哥们与中国医药学的魅力》，《中国中药信息杂志》1994 年第 1 期。

～徐岩春：《东方文化与中医学的理论真谛》，《传统文化与现代化》1993 年第 6 期。

《关于中医学的理论易辙与信念危机——兼答〈中医学及东方文化应是开放体系〉》，《中国医药学报》1988 年第 1 期。

《中医养生文献概述》，《河北中医》1986 年第 6 期。

～傅景春：《校诂〈黄帝内经〉的诸家著述》，《江苏中医杂志》1985 年第 12 期。

傅立勤～：《中医学体系的结构特点》，《医学与哲学》1985 年第 1 期。

～傅景春：《〈黄帝内经〉的三大注本体系》，《湖北中医杂志》1983 年第 5 期。

傅菊辉（湘潭大学）

～刘安平：《中亚毒品贸易及其对我国的影响》，《贵州师范大学学报（社会科学版）》2006 年第 6 期。

～刘安平：《毒品问题与中亚安全》，《贵州警官职业学院学报（公安法治研究）》2006 年第 4 期。

傅君亮

《浙江广济医学各科专门学校五十周年大事记》，《广济医刊》1931 年第 7 期。

符开春（怀化民族中医院）

《汉文化·中医学与土家族医药》，《湖南中医药导报》2002 年第 5 期。

傅乐仁

《中国麻疯之调查》，《麻疯季刊》1929 年第 1 期。

傅磊（大连理工大学）

《我国健康传播的媒介效应研究》，大连理工大学硕士学位论文 2007 年。

付雷（中国科学技术大学）

～翁屹：《中国古代蛔虫名称源流初探》，《中华医史杂志》2008 年第 1 期。

翁屹～：《中医"九虫"探源》，《山东中医药大学学报》2008 年第 1 期。

付丽红（西北师范大学）

《"医"字形体演变与巫、医社会职能的分化》，《现代语文：语言研究版》2015 年第 11 期。

傅连暲

《中央红色医务学校的诞生》，《健康报》1957 年 3 月 12 日。

傅琳（天津大学）

《信息化背景下医院建筑空间的组织形式研究》，天津大学硕士学位论文 2018 年。

付璐（中国中医科学院/北京中医药大学）

～肖永芝：《论神田玄泉〈本草图翼〉对〈本草纲目〉分类法的继承和创新》，《中医药导报》2019 年第 16 期。

～肖永芝：《浅谈〈中华帝国全志〉对〈本草纲目〉的翻译与传播》，《中医杂志》2019 年第 15 期。

～肖永芝：《波兰传教士卜弥格药学著作初探》，《中华医史杂志》2018 年第 3 期。

《〈太平惠民和剂局方〉接受史研究》，北京中医药大学硕士学位论文 2017 年。

靳宇智、于越～马燕冬：《番泻叶在我国用药史初探——兼谈近代外来药本土化现象》，《中国中药杂志》2016 年第 12 期。

～李思等:《以清代医籍为例探讨中医古籍分词规范标准》,《中华中医药杂志》2018年第10期。

～林燕等:《〈太平惠民和剂局方〉香药考》,《中华中医药杂志》2016年第10期。

范李娜～马燕冬:《从清末〈医学报〉看西医传入对中医学术的影响》,《中医药文化》2015年第3期。

福录

《保证人民健康　服务解放战争——东北解放区医疗卫生保健事业的建立与发展》,《党史纵横》1996年第12期。

付明明(黑龙江中医药大学)

～袁福等:《中医英译历史文化传承问题研究》,《吉林广播电视大学学报》2018年第2期。

《中医英译史梳理与存在问题研究》,黑龙江中医药大学博士学位论文2016年。

～常存库:《中西医差异的地域因素、宗教因素和哲学因素简析》,《中医药信息》2016年第3期。

～常存库:《中医文献英译史研究》,《中医药学报》2016年第2期。

付楠(江西师范大学)

《抗战时期江西地区的荣军管理研究》,江西师范大学硕士学位论文2015年。

付强(西藏民族学院)

《古代藏医与西医解剖伦理的比较研究》,《西藏民族学院学报(社会科学版)》1998年Z1期。

符清烨(湖南师范大学)

《湖南援非医疗研究(1973—2013)》,湖南师范大学硕士学位论文2013年。

伏荣红(南京中医药大学)

《明清种子方剂用药规律探析》,《南京中医药大学学报》2013年第2期。

《基于文献的明清医家不孕症证治规律研究》,南京中医药大学博士学位论文2012年。

符若男(陕西师范大学)

《危机与应对——黑死病期间的英国教会研究》,陕西师范大学硕士论文2016年。

福沙伯

《同济德文医工专门学校史》,《同济大学25周年纪念刊》(1932年)。

富士川游

《医术之史的考察》,《东方医学杂志》1934年第7期。

《日本医学之变迁与中国医学及西洋医学》,《现代国医》1931年第2期。

《日本医学之变迁与洋医之滥觞》,《同仁会医学杂志》1930年第11期。

～撰,克成译:《内科史》,《生活月刊》1930年第1—6期。

～撰,耿汉梦译:《日本医事年表》,《医学报》1907年第62—64期。

傅诗济(广州中医药大学)

《中国文化的结构特征与中医理论模式》,《医学与哲学》1999年第8期。

付书文(中国中医科学院)

《民国中医药期刊的文献计量分析》,中国中医科学院硕士学位论文2015年。

～牛亚华:《〈三三医报〉研究》,《中国中医药图书情报杂志》2014年第5期。

付爽(周口师范学院/暨南大学)

《晋唐汉佛教医学研究述评》,《河南中医》2017年第1期。

《魏晋南北朝隋唐时期佛教医僧研究概述》,《亚太传统医药》2015年第24期。

《略论佛医与中医的医学之道》,《兰台世界》2011 年第 29 期。

～勾利军:《略论唐代佛教对鳏寡孤独三疾人群的救助》,《河南师范大学学报(哲学社会科学版)》2011 年第 6 期。

《唐代救助鳏寡孤独三疾人群研究》,暨南大学硕士学位论文 2008 年。

富童(中国政法大学)

《近代中国堕胎罪法律移植失败原因探讨》,《黑龙江省政法管理干部学院学报》2015 年第 5 期。

傅维康(上海中医药大学)

《从屠呦呦获诺贝尔奖谈〈肘后备急方〉》,《中医药文化》2015 年第 6 期。

《我国医学史研究的开拓者和耕耘者——王吉民》,《东莞日报》2013 年 10 月 17 日 A08 版。

《难忘四十年前的一段写稿经历——撰写〈从针刺治病到针刺麻醉〉的前前后后》,《中华医药文化》2013 年第 4 期。

《帕金森病古已有之》,《中医药文化》2013 年第 3 期。

《中国古代的"口香糖"》,《中华医史杂志》2013 年第 1 期。

《尼科尔的百年荣耀》,《健康报》2009 年 12 月 4 日 003 版。

《橘子史话》,《上海中医药杂志》2008 年第 11 期。

《试验医学奠基者——伯尔纳》,《上海中医药杂志》2008 年第 10 期。

《中国近代杰出的医学家——伍连德博士》,《上海中医药杂志》2008 年第 9 期。

《吴其浚和〈植物名实图考〉》,《上海中医药杂志》2008 年第 8 期。

《王吉民和中国首家医史博物馆的创办》,《上海中医药杂志》2008 年第 7 期。

《何廉臣生平述略》,《上海中医药杂志》2008 年第 6 期。

《王肯堂医事五则》,《上海中医药杂志》2008 年第 5 期。

《最早发现的维他命及其定名》,《上海中医药杂志》2008 年第 4 期。

《王吉民与中国首家医史博物馆的创办》,《中华医史杂志》2008 年第 4 期。

《维他命 C 史话》,《上海中医药杂志》2008 年第 3 期。

《百日咳史话》,《上海中医药杂志》2008 年第 2 期。

《从苏辙〈服茯苓赋〉说起》,《上海中医药杂志》2008 年第 1 期。

《"洗耳"最初非为"恭听"》,《中医药文化》2006 年第 2 期。

《鲁迅和中医》,《中医药文化》2006 年第 1 期。

《古代"千里健步散"》,《上海中医药杂志》2006 年第 1 期。

《范仲淹和医学》,《上海中医药杂志》2005 年第 12 期。

《中国茶叶之早期外传》,《上海中医药杂志》2005 年第 10 期。

《赵学敏"拾"〈本草纲目〉之"遗"》,《上海中医药杂志》2005 年第 5 期。

《洗手史话》,《医古文知识》2005 年第 4 期。

《略说"九"》,《医古文知识》2005 年第 3 期。

《"鸡黍约"等三则》,《医古文知识》2005 年第 2 期。

《马援"薏苡之谤"和薏苡仁》,《医古文知识》2005 年第 1 期。

《现存最早命名〈推拿〉专书——〈小儿推拿秘旨〉刊行四百周年》,《上海中医药杂志》2004 年第 6 期。

《〈达生编〉与中医产科》,《医古文知识》2004 年第 4 期。

《陈嘉谟和〈本草蒙筌〉》,《医古文知识》2004 年第 3 期。

《黄檗、芸香草和中国古代文化》,《医古文知识》2004 年第 2 期。

《"过海大师"与中医药传日——鉴真东渡日本 1250 周年》,《上海中医药杂志》2003 年第 11 期。

《古代中医病案格式史略》,《医古文知识》2003 年第 4 期。

《西瓜话古》,《医古文知识》2003 年第 3 期。

《"辩证施治"术语的最早见载》,《医古文知识》2003 年第 2 期。

《古人论小儿养育》,《医古文知识》2003 年第 1 期。

《吴又可对传染病之卓见——〈瘟疫论〉成书 360 周年》,《上海中医药杂志》2002 年第 11 期。

《康熙赞赏葡萄酒》,《医古文知识》2002 年第 3 期。

《康为由曾倡"安乐死"》,《医古文知识》2002 年第 2 期。

《中国古代名医和皇帝对话》,《医古文知识》2001 年第 3 期。

《杨继洲与针灸要籍——〈针灸大成〉刊行四百周年》,《上海中医药杂志》2001 年第 2 期。

《中国古人之睡诀》,《医古文知识》2001 年第 2 期。

《元老医术——按摩》,《医古文知识》2001 年第 1 期。

《世界药学史上之创举——唐代药物大普查和〈新修本草〉》,《医古文知识》2000 年第 4 期。

《"三保太监下西洋"的保健医生配备略述》,《医古文知识》2000 年第 2 期。

《中医诊治胆石症之古验案》,《医古文知识》1999 年第 4 期。

《现存最早中医护理学专书——〈侍疾要语〉》,《中华医史杂志》1999 年第 3 期。

《马可·波罗的中医中药见闻》,《医古文知识》1999 年第 3 期。

《最早的医学分科和医疗考核制度》,《医古文知识》1999 年第 2 期。

《古人散步》,《医古文知识》1999 年第 1 期。

《〈本草纲目〉外传史略——纪念李时珍诞生 480 周年》,《医古文知识》1998 年第 3 期。

《中国古代的口香糖》,《医古文知识》1998 年第 2 期。

《从孔夫子"不撤姜食"谈起》,《医古文知识》1998 年第 1 期。

《中医护理学历史概述》,《医古文知识》1997 年第 4 期。

《〈医宗金鉴〉之编撰与清廷颁奖》,《医古文知识》1997 年第 3 期。

《药物蒸汽熏蒸法》,《医古文知识》1997 年第 2 期。

《我国古人论护牙》,《医古文知识》1997 年第 1 期。

《60 年来的中国医学史博物馆》,《中华医史杂志》1996 年第 4 期。

《古代医家论烟害》,《医古文知识》1996 年第 4 期。

《中国古代的人工呼吸术》,《医古文知识》1996 年第 3 期。

《积微之所生也——两千年前中医的脓肿观》,《医古文知识》1996 年第 3 期。

《唐代的金针拔障术》,《医古文知识》1996 年第 2 期。

《巧施术通谷道先天无谷道之开通术》,《医古文知识》1996 年第 1 期。

《医学史上最早的老年医学专篇——孙思邈的〈养老大例〉与〈养老食疗〉》,《医古文知识》1995 年第 4 期。

《古人论旅行卫生》,《医古文知识》1995 年第 3 期。

《孙思邈"常习不唾地"考》,《医古文知识》1995 年第 2 期。

《"癌"、"瘤"二字的由来》,《医古文知识》1995 年第 1 期。

《傅连暲和卫生预防》,《中华医史杂志》1994 年第 4 期。

《近代中西医汇通之佼佼者吴瑞甫》,《中医杂志》1991 年第 1 期。

《论魏晋南北朝时期的医学成就》,《上海中医药杂志》1990(10、12)

~赵友琴:《纪念上海中医学院医史博物馆成立五十周年(1938—1988)》,《上海中医药杂志》1989 年第 4 期。

《我国第一座医史博物馆》,《中国科技史料》1989 年第 2 期。

《医药学史上的划时代巨著〈本草纲目〉——纪念伟大的医学家李时珍诞生 470 周年》,《上海中医药杂志》1988 年第 10 期。

《古代中医妇产科发展史略》,《上海中医药杂志》1987 年第 6 期。

王丹~:《"夏月伏阴""冬月伏阳"探析》,《上海中医药杂志》1987 年第 6 期。

《郑和下"西洋"之医药卫生》,《中国科技史料》1986 年第 6 期。

《宋代的"卖药所"和"医药和剂局"》,《中国科技史料》1986 年第 4 期。

《最早的中医杂志——〈吴医汇讲〉》,《新中医》1985 年第 7 期。

《三百年前的明堂图》,《上海中医药杂志》1985 年第 6 期。

《汉代的井》,《上海中医药杂志》1985 年第 5 期。

《针灸疗法的古石刻》,《上海中医药杂志》1985 年第 1 期。

《中医外科史话》,《中国科技史料》1983 年第 1 期。

《康熙提倡推广的是种人痘不是牛痘——对〈康熙的医学与养生之道〉一文的一点更正》,《故宫博物院院刊》1982 年第 2 期。

《医德高尚 医药兼精——杰出的医学家孙思邈诞生 1400 周年》,《上海中医药杂志》1981 年第 5 期。

《针灸发展史》,《中国科技史料》1981 年第 3 期。

《我国古代对人体的认识》,《新中医》1978 年第 6 期。

《我国古代的下水道》,《上海中医药杂志》1978 年第 1 期。

《中医学史话》,《科学普及》1976 年第 11 期。

《北里柴三郎——破伤风抗毒素的发明者》,《健康报》1964 年 7 月 11 日。

《阿维森纳和〈医典〉》,《健康报》1964 年 5 月 20 日。

《盖仑》,《健康报》1964 年 5 月 9 日。

《卡介苗的发明者——卡默特和介兰》,《健康报》1963 年 11 月 6 日。

《祖国医学诊断法的奠基者——扁鹊》,《新民晚报》1963 年 6 月 3 日。

《十六世纪外科医学革新者巴累》,《健康报》1963 年 4 月 24 日。

《海港检疫》,《健康报》1963 年 4 月 3 日。

《输血的故事》,《羊城晚报》1963 年 1 月 18 日。

《贝灵——白喉抗毒素的发明者》,《健康报》1963 年 1 月 9 日。

《心脏导管术的发明者——福斯曼》,《健康报》1962 年 12 月 22 日。

《针灸疗法流传国外史话》,《西藏日报》1962 年 12 月 1 日。

《扁鹊》,《西藏日报》1962 年 10 月 20 日。

《塞麦尔维斯——征服产褥热的先驱者》,《健康报》1962 年 6 月 30 日。

《种痘史话》,《人民日报》1962 年 4 月 8 日。

《牛痘接种术的发明者——真纳》,《健康报》1962 年 4 月 4 日。

《孙思邈》,《西藏日报》1962 年 4 月 3 日。

《外科防腐法第创立者——里斯忒》,《健康报》1962 年 2 月 10 日。

《孙思邈和〈千金方〉》,《人民日报》1961 年 8 月 13 日。

《微生物学的奠基者——郭霍》,《健康报》1961 年 10 月 28 日。

《我国现代心脏外科发展简史》,《人民保健》1960 年第 7 期。

付先军(山东中医药大学/中国海洋大学)

～张丰聪等:《海洋中药材本草考证思路与方法探讨》,《中华中医药杂志》2017 年第 9 期。

战璇～:《古代医家应用海洋中药海螵蛸临床用药经验模式分析》,《中国实验方剂学杂志》2016 年第 19 期。

～潘春良等:《基于文献文本挖掘的海洋中药药性分布规律研究》,《中华中医药杂志》2016 年第 1 期。

～管华诗等:《海洋中药发展源流初探》,《中华医史杂志》2009 年第 3 期。

傅筱瑾(复旦大学)

《农民工医疗保障制度研究初探》,复旦大学硕士学位论文 2008 年。

付小军(上海师范大学)

《日本遗弃在华化学武器问题研究》,上海师范大学硕士学位论文 2010 年。

傅晓敏(杭州师范大学)

《构建和谐医患关系与医学教育的思考——以哈医大"弑医案"为视角》,《医学争鸣》2013 年第 5 期。

付晓男(吉林大学)

《论中西医学的范式差异及中医现代化》,吉林大学博士学位论文 2009 年。

付笑萍(河南中医学院)

《"饲鹤山人"与"饮鹤山人"——清代医家尤怡自号之辨析》,《中医文献杂志》2012 年第 6 期。

《浅论岐黄"天人相应"思想的当代意义》,《中医学报》2011 年第 4 期。

张瑞、李雪梅～:《浅谈〈金匮要略心典〉的学术思想》,《中华中医药学刊》2010 年第 10 期。

《司马承祯〈坐忘论〉的养生观》,《中国道教》2006 年第 2 期。

《从"功遂身退"论老子的养生思想》,《中医药临床杂志》2005 年第 6 期。

《〈黄庭经〉医学思想略析》,《南京中医药大学学报(社会科学版)》2005 年第 2 期。

《孟诜与〈食疗本草〉》,《河南中医学院学报》2004 年第 1 期。

《〈论语〉与养生学》,《河南中医》1996 年第 3 期。

《论儒学对传统医学的影响》,《中州学刊》1994 年第 6 期。

傅晓晴(福建中医学院)

《试论老子〈道德经〉对〈内经〉养生学的影响》,《河北中医药学报》2001 年第 2 期。

富晓星(中国人民大学)

～Eric P.F.Chow 等:《男男性服务群体的性、性网络、艾滋风险——以东北地区为例》,《人口研究》2012 年第 4 期。

《疾病、文化抑或其他?——同性恋研究的人类学视角》,《社会科学》2012 年第 2 期。

～明中强等:《中国近年来参加世界艾滋病大会情况分析及相关建议》,《中国艾滋病性病》2009 年第 5 期。

《建筑业农民工群体艾滋病预防干预策略的人类学观察——以北京市为例》,《中央民族大学学报(哲学社会科学版)》2009 年第 1 期。

～张有春:《人类学视野中的临终关怀》,《社会科学》2007 年第 9 期。

《女性商业性性服务者的组织特征、流动规律及艾滋病防治对策研究——以四川省 Y 县为例》,《人口研究》2006 年第 6 期。

付新伟(南阳医学高等专科学校/云南中医学院)

《〈金匮要略〉治疗观思想探讨》,《中医临床研究》2017 年第 32 期。

《庞景三临证恒动观思想探讨》,《中华中医药杂志》2017 年第 9 期。

《〈金匮要略〉辨治心悸方证探析》,《中医研究》2016 年第 5 期。

～刘洪波:《〈伤寒论〉方后注加减用药情况探析》,《国医论坛》2015 年第 6 期。

《〈金匮要略〉恒动观思想探讨》,《南京中国医药大学学报》2015 年第 5 期。

～韩华刚:《〈金匮要略〉治疗抑郁症效方述略》,《国医论坛》2014 年第 6 期。

～胥筱云:《试论〈内经〉对目诊的贡献》,《云南中医中药杂志》2010 年第 6 期。

付兴(天津中医药大学)

～付义:《浅谈〈金匮要略〉中肺痈初期证治》,《中华中医药杂志》2019 年第 6 期。

～付义:《从〈黄帝内经〉解剖管窥早期中医理论推演》,《环球中医药》2019 年第 5 期。

傅兴华(中南大学)

齐瑛～肖水源:《中国援外医疗人员生活事件的研究进展》,《中国医史杂志》2012 年第 10 期。

《湘雅医院住院病人医患关系研究》,中南大学硕士学位论文 2012 年。

～肖水源等:《我国医患关系研究现状》,《中国社会医学杂志》2010 年第 4 期。

傅延龄(北京中医药大学/北京中医学院)

马浔、倪胜楼～:《论〈伤寒杂病论〉中贝母为百合科贝母》,《中医杂志》2017 年第 22 期。

～宋文杰:《〈伤寒论〉中所用葱的品种及药用部位》,《中医杂志》2017 年第 12 期。

～宋文杰等:《张仲景方药服量控制方法》,《北京中医药》2017 年第 6 期。

王超……张林～:《关于仲景脉学的几点问题商榷》,《环球中医药》2017 年第 1 期。

胡秀莲～:《陆渊雷治血证之特色探析》,《浙江中医药大学学报》2016 年第 6 期。

胡秀莲～:《陆渊雷对仲景运用附子药法的学术见解》,《浙江中医药大学学报》2016 年第 4 期。

～王倩等:《宋代临床方药用量下降原因分析》,《中医杂志》2015 年第 15 期。

张林、王海洋～:《历代当归临床用量评述》,《中华中医药杂志》2015 年第 9 期。

张林、杨映映～:《汉代以来白术临床用量分析》,《中医杂志》2015 年第 7 期。

张林、林轶群～:《历代黄芪临床用量分析》,《中医杂志》2015 年第 6 期。

王倩、张林～:《防己历代临床用量轨迹研究》,《世界中医药》2015 年第 4 期。

～宋佳等:《宋政府推广普及煮散剂的原因》,《中国中医基础医学杂志》2015 年第 1 期。

～张林等:《生地黄历代临床用量分析》,《中医杂志》2014 年第 23 期。

张林、张梦琪～:《秦皮历代临床用量分析》,《中医杂志》2014 年第 22 期。

～张林等:《葛根历代临床用量分析》,《中医杂志》2014 年第 20 期。

～张林等:《桂枝历代临床用量分析》,《中医杂志》2014 年第 14 期。

陈传蓉……倪胜楼～：《黄柏历代临床用量分析》，《中医杂志》2014 年第 13 期。

丁毅～：《宋代散剂盛行原因分析》，《中医杂志》2014 年第 11 期。

田智慧……田恩惠～：《〈东医寿世保元〉方药用量初步研究》，《中医杂志》2014 年第 11 期。

宋佳……丁毅～：《知母历代临床用量评述》，《上海中医药杂志》2014 年第 10 期。

～宋佳等：《论与经方药物计量相关的几种古秤》，《中国中医基础医学杂志》2014 年第 5 期。

宋佳～丁毅：《汉唐时期〈大汤剂〉在宋代的传承及应用》，《中医杂志》2014 年第 4 期。

～杨琳：《论秦汉时期多用丸散剂型的原因》，《中华中医药杂志》2014 年第 3 期。

～张林：《历代麻黄临床用量评述》，《世界中医药》2014 年第 1 期。

杨琳～倪胜楼等：《〈外台秘要〉汤剂全方量的研究》，《北京中医药大学学报》2013 年第 11 期。

宋佳、谭曦然～：《宋代至清代经方本原剂量研究概述》，《中医杂志》2013 年第 21 期。

孙晓峰、于文明～杨琳：《〈小品方〉汤剂中常用药物剂量研究》，《中医杂志》2013 年第 15 期。

～张林等：《两千年来常用中药临床用量流域研究》，《北京中医药大学学报》2013 年第 9 期。

冯青……黄一册～：《我国经方常用药物在日本汉方医学中的用量探析》，《中草药》2013 年第 9 期。

～宋佳等：《再论〈神农秤〉》，《北京中医药大学学报》2013 年第 8 期。

～宋佳等：《论张仲景对方药的计量只能用东汉官制》，《北京中医药大学学报》2013 年第 6 期。

～宋佳等：《经方本原剂量问题源流》，《北京中医药大学学报》2013 年第 5 期。

宋佳、赵艳～：《明代中医学发展的社会文化背景概述》，《安徽中医学院学报》2013 年第 5 期。

樊讯等周祯祥～：《基于民国中医名家临床用药的滑石剂量研究》，《亚太传统医药》2013 年第 4 期。

方静～：《汉代、唐代、宋代煮散剂比较》，《中医学报》2013 年第 4 期。

何丽清～：《〈伤寒论〉与〈金匮要略〉中非标准度量衡计量单位的考察》，《中医杂志》2013 年第 6 期。

樊讯……周祯祥～：《基于民国中医名家临床用药的半夏剂量研究》，《中华中医药学刊》2013 年第 1 期。

徐静、张慧～：《〈伤寒论〉〈金匮要略〉药物煎煮法中"沸"字探析》，《中医杂志》2012 年第 19 期。

宋佳～：《从明代医家临床用药剂量谈经方剂量变化趋势》，《中医杂志》2012 年第 18 期。

樊讯……周祯祥～：《基于民国中医名家临床用药的杏仁剂量研究》，《湖北中医杂志》2012 年第 9 期。

宋佳～：《论汤剂服法的演变》，《上海中医药杂志》2012 年第 9 期。

丁毅～：《浅析〈太平惠民和剂局方〉对〈伤寒论〉方的剂量处理》，《中国中医基础医学杂志》2012 年第 8 期。

蒋跃文……周祯祥～：《基于清代中医名家临床用药的附子剂量研究》，《时珍国医国药》2012 年第 8 期。

～冯青等：《论秦汉文献对燥气致病论述甚少的原因》，《环球中医药》2012 年第 7 期。

宋延强～：《从金元四大家临床看方药用量的变化》，《环球中医药》2012 年第 6 期。

宋佳～：《李时珍"古一两今用一钱"剖析》，《环球中医药》2012 年第 6 期。

宋佳～：《临床用药剂量差异的文化心理探讨》，《中医文献杂志》2012 年第 5 期。

杨琳～张林：《细辛在〈外台秘要〉汤剂中的用量研究》，《中华中医药杂志》2012 年第 4 期。

杨琳～：《〈外台秘要〉煮散方初探》，《中医杂志》2012 年第 3 期。

姬航宇……常柏～仝小林：《〈伤寒论〉及〈金匮要略〉用量策略的文本挖掘研究》，《中华中医药杂志》2012 年第 1 期。

何丽清～：《〈伤寒论〉与〈金匮要略〉常用药物剂量比较与分析》，《中医杂志》2011 年第 22 期。

宋佳～：《宋代散剂盛行之追本溯源》，《中医杂志》2011 年第 21 期。

何丽清～：《〈伤寒论〉与〈金匮要略〉方药标准度量衡单位考察》，《中医杂志》2011 年第 17 期。

何丽清～：《〈伤寒论〉方药计量中重量单位的考察》，《上海中医药杂志》2011 年第 9 期。

～徐静等：《缘何医圣是张仲景》，《吉林中医药》2011 年第 8 期。

宋延强～：《李东垣方药用量初步研究》，《中医杂志》2011 年第 7 期。

宋佳～：《李东垣黄连用量规律探讨》，《中国中医基础医学杂志》2011 年第 5 期。

宋佳～：《〈石山医案〉常用药物的筛选及其剂量特点探讨》，《天津中医药》2011 年第 4 期。

宋佳～：《〈石山医案〉用药特色探讨》，《山东中医药大学学报》2011 年第 3 期。

宋佳～：《〈石山医案〉枳实、陈皮辨》，《安徽中医学院学报》2010 年第 6 期。

～刘小河等：《从〈难经〉的记载推算〈伤寒论〉"两"的量值》，《中医杂志》2010 年第 6 期。

宋佳～：《李杲运用黄连之规律浅探》，《中医研究》2010 年第 2 期。

何丽清～：《对〈伤寒论〉霍乱篇 388 条发热等症状病机的探讨》，《中华中医药学刊》2008 年第 8 期。

彭鑫～：《仲景著作中"膀胱"一词名实析辨》，《吉林中医药》2007 年第 4 期。

～丁晓刚等：《论〈伤寒论〉方族及其研究》，《北京中医药大学学报》2007 年第 2 期。

～李恩娃：《〈伤寒论〉医论三则》，《北京中医药大学学报》2005 年第 1 期。

～陈非等：《〈伤寒论〉方的煮药时间》，《北京中医药大学学报》1998 年第 6 期。

～陈非：《论脏腑实质的演变》，《医学与哲学》1998 年第 1 期。

～陈非：《关于〈伤寒论〉若干字词的再解释》，《北京中医药大学学报》1997 年第 4 期。

《〈伤寒论〉的魅力》，《国医论坛》1996 年第 4 期。

《如何认识仲景书中的舌苔》，《浙江中医学院学报》1988 年第 1 期。

《中国古代解剖学衰落之原因给人的启示》，《医学与哲学》1987 年第 12 期。

《古代中国对脑与精神关系的认识》，《中医药学报》1987 年第 5 期。

傅益东（南京大学／四川师范大学）

《19 世纪英国疯人院研究》，南京大学博士学位论文 2019 年。

《论 19 世纪英国乡村医院的兴起》，《史学月刊》2019 年第 6 期。

《浅析 18—19 世纪英国医疗行业的发展》，四川师范大学硕士论文 2015 年。

《论英国近代医疗行业的发展》，《赤峰学院学报（自然科学版）》2014 年第 16 期。

《中世纪英国医院浅探》，《黑龙江史志》2014 年第 15 期。

《近代西医在中国的传播及影响》，《才智》2014 年第 22 期。

《浅析影响 19 世纪英国医疗行业专业化的因素》，《黑龙江史志》2014 年 13 期。

《英国〈1858 年医疗法案〉评析》，《才智》2014 年第 19 期。

傅以君（江西师范大学）

《日本细菌战对中国环境的污染和破坏》，《江西社会科学》2003 年第 5 期。

付用现（南京师范大学）

《新时期以来残疾叙事小说中的情爱叙事解析》，《中国文学研究》2016 年第 1 期。

《中国当代小说残疾叙事的主题研究》，南京师范大学博士学位论文 2015 年。

傅佑宝（齐河县中医院）

～邢艳艳：《汪机扶危救急的学术特色》，《中国中医急症》2000 年第 3 期。

《汪石山对温病学的贡献》，《安徽中医学院学报》1999 年第 6 期。

符友丰（首都医科大学附属北京中医医院/北京市中医研究所）

《病史见证中医——从复杂适应系统看中医学的本质特征》，《首都师范大学学报（社会科学版）》2008 年 S1 期。

《鼠疫病史研究的方法论省思》，《中国工程科学》2007 年第 9 期。

《光照世界史坛的中医起源之谜》，《中国工程科学》2006 年第 9 期。

《脚气本义与腺鼠疫史话》，《南京中医药大学学报（社会科学版）》2006 年第 1 期。

《医学起源的新探索——严健民先生〈论原始中医学〉读后》，《医古文知识》2004 年第 3 期。

《曹操兵败赤壁原因何在》，《医古文知识》2004 年第 1 期。

《香港以往疫情》，《医古文知识》2003 年第 4 期。

《"醫"字补释——兼论砭石与痈疡的砭刺治疗》，《医古文知识》2003 年第 3 期。

《晚清首部鼠疫专著作者书名考略》，《医古文知识》2003 年第 2 期。

《从鼠疫流行看汉简〈脉书〉》，《医学与哲学》2002 年第 12 期。

《从鼠疫流行看〈素问·热论〉奥蕴》，《河南中医》2001 年第 1 期。

《师道南和他的绝唱诗〈鼠死行〉》，《医古文知识》2001 年第 1 期。

《试从鼠疫流行看灸刺与经络起源》，《河南中医》1999 年第 4 期。

《"醫"字新释——兼考医、巫先后》，《医古文知识》1997 年第 2 期。

《简帛医书〈脉动法〉新探》，《中国中医基础医学杂志》1996 年第 4 期。

《金元鼠疫史与李杲所论病证》，《中医杂志》1996 年第 4 期。

《刘河间、张洁古生年考》，《中医文献杂志》1995 年第 2 期。

《李杲脾胃学说形成与发展动因探讨》，《河南中医》1995 年第 2 期。

《试论〈内经〉中的者也呼应句式》，《医古文知识》1993 年第 1 期。

《中国传统医学中的〈心身医学〉观念》，《重庆中医药杂志》1987 年第 4 期。

《"伤寒"名义考》，《黑龙江中医药》1987 年第 2 期。

《经络起源与灸刺》，《中医杂志》1986 年第 11 期。

《寒温论争史考》，《河南中医》1986 年第 5 期。

付玉娟（长春中医药大学）

《孙思邈养发箴言析要》，《中医药文化》2013 年第 1 期。

《张锡纯妙解生药》，《长春中医药大学学报》2012 年第 5 期。

傅再希（江西中医学院）

《〈素问病机气宜保命集〉的作者问题》，《江西中医药》1981 年第 1 期。

《应该认清冀中传染病是外洋传入的》，《江西中医药》1959 年第 10、11 期。

《再论日本血吸虫病不是古代的蛊》，《江西中医药》1958 年第 5 期。

《论日本血吸虫病不是古代的蛊——答复李仁众先生》，《江西中医药》1957 年第 10 期。

《李时珍以后杰出的本草家——赵学敏》，《江西中医药》1955 年第 3、4、5 期。

《关于"恙虫病"和"肉毒素"中医书籍的记载》，《江西中医药》1953 年第 1 期。

付中学（河南中医学院）

～李俊德：《〈素问考注〉研究综述》，《世界中西医结合杂志》2007 年第 5 期。

～李俊德：《中日学者对〈黄帝内经素问〉研究小结与比较》，《世界中西医结合杂志》2007 年第
4 期。

～李俊德：《日本汉方医学考据学派渊源》，《世界中西医结合杂志》2006 年第 3 期。

G

尕藏陈来（甘肃中医学院）

《藏医三因学初探》，《西藏研究》1995 年第 1 期。

《吐蕃时期的藏医学发展简论》，《甘肃中医学院学报》1990 年第 3 期。

李啸红、姬可平～：《藏医学中关于解剖生理与优生遗传的理论与实践》，《优生与遗传》1990 年第
3 期。

盖德菲

《西方世界中性别、身体与医疗的争论》，《法国汉学》第 18 辑（2019）。

盖建民（厦门大学/福建师范大学/四川大学）

《陶弘景〈养性延命录〉医学养生思想探微》，《江西中医学院学报》2003 年第 2 期。

《道教与传统医学融通关系论析》，《哲学研究》2002 年第 4 期。

《道教与中国传统医学》，《中国宗教》2002 年第 3 期。

《闵一得与道教"医世"思想》，《世界宗教研究》2002 年第 1 期。

《道教"尚医"考析》，《中国哲学史》2001 年第 4 期。

《明清道教医学论析》，《宗教学研究》2000 年第 1 期。

《道教符咒治病术的理性批判》，《世界宗教研究》1999 年第 4 期。

～刘贤昌：《魏晋南北朝的道教医家及其医学创获》，《中国道教》1999 年第 3 期。

～詹石窗：《道教医学模式及其现代意义》，《厦门大学学报（哲学社会科学版）》1999 年第 1 期。

《唐代女道医胡愔及其道教医学思想》，《中国道教》1999 年第 1 期。

《从敦煌遗书看佛教医学思想及其影响——兼评李约瑟的佛教科学观》，《佛学研究》1999 年 00 期。

《宋元道教医学考论》，《宗教学研究》1998 年第 4 期。

卿希泰～：《道教生育观考论》，《中国哲学史》1998 年第 2 期。

《道教医家杨上善、王冰考论》，《宗教学研究》1997 年第 3 期。

盖沂昆（云南警官学院/云南大学）

《大湄公河次区域"金三角"合成毒品危害及对策》，《云南警官学院学报》2015 年第 3 期。

《欧盟禁毒政策及其制定———一个共同治理跨国毒品问题的政策框架》，《欧洲研究》2006 年第
4 期。

干旦峰（上海中医药大学）

王兴伊～：《清代医家罗浩及著述考》，《中医文献杂志》2013 年第 4 期。

张志枫……曹健美～：《中国传统医德思想及其教育实施之思考》，《中医药文化》2006 年第 3 期。

《浅述〈肘后备急方〉及其外科学成就》，《医古文知识》2004 年第 1 期。

甘海根（江西师范大学）

《明代北京的瘟疫与政府应对》，《城市与减灾》2011 年第 4 期。

甘苓（遵义医学院）

《中西方医学誓言叙论》，遵义医学院硕士学位论文 2014 年。

甘慧（温州大学）

《民国时期上海卫生运动大会研究（1928—1937）》，温州大学硕士学位论文 2015 年。

甘泽

《古代上海的医学家》，《新民晚报》1958 年 12 月 10 日。

干祖望（江苏省中医院）

《中医传统医德体系初探》，《湖南中医药导报》2001 年第 6 期。

《第一个议论中西医学的是谁?》，《江苏中医》2000 年第 11 期。

《江苏是中医外科的发祥地》，《江苏中医》2000 年第 4 期。

《仲景之学至唐而一变》，《江苏中医》1999 年第 10 期。

《江苏是中医喉科的发祥地》，《江苏中医》1999 年第 2 期。

《孙思邈生年考》，《南京中医药大学学报（社会科学版）》1999 年第 1 期。

《〈内经〉里有两套"天人合一"观》，《江苏中医》1997 年第 9 期。

《一百年前中医论过敏性鼻炎》，《江苏中医》1997 年第 6 期。

《李鸿章最先提出中西医要结合》，《江苏中医》1997 年第 3 期。

《儒医傅青主，千古一英豪》，《江苏中医》1997 年第 1 期。

《被麻风拖走生命的卢照邻》，《江苏中医》1996 年第 9 期。

《中西医结合史》，《中国医药学报》1996 年第 5 期。

《不谈"脉"的古医籍》，《江苏中医》1996 年第 5 期。

《四大家与金元四大家》，《医古文知识》1996 年第 2 期。

《典型的儒医王肯堂》，《江苏中医》1996 年第 1 期。

《王清任与〈医林改错〉》，《江苏中医》1995 年第 7 期。

《话说〈神农本草经〉》，《光明中医》1995 年第 5 期。

《古代中药的假冒伪劣》，《江苏中医》1993 年第 10 期。

《古医籍作者之谜》，《江苏中医》1993 年第 8 期。

《医籍考》，《江苏中医》1993 年第 7 期。

《〈白喉忌表抉微〉作者》，《江苏中医》1993 年第 3 期。

《孔子与医学》，《孔子研究》1986 年第 4 期。

～江静波:《早期的外科学专著——鬼遗方》，《上海中医药杂志》1958 年第 5 期。

《中医外科病名简介》，《广东中医》1958 年第 4 期。

《祁广生与医宗金鉴外科心法》，《中医杂志》1957 年第 12 期。

《谈中医外科伪书之一——疮疡经验全书》，《上海中医药杂志》1957 年第 7 期。

《评介外科正宗》，《江西中医药》1957 年第 3 期。

《耳鼻咽喉疾病与中西医学名词对照刍议》，《中华耳鼻咽喉科杂志》1957 年第 2 期。

《祖国古代的急救学》，《江西中医药》1956 年第 32 期。

《祖国医学关于解剖方面的记述》，《上海中医药杂志》1956 年第 10 期。

《中医耳鼻咽喉科学》,《新中医药》1956 年第 3—7、9 期。

《中医对破伤风的认识和处置》,《上海中医药杂志》1955 年第 12 期。

《白喉及它的一切在我国的发展史》,《新中医药》1954 年第 11 期。

《中医外科史》,《上海中医药杂志》1955 年第 9 期。

《在中医文献中发现的"耳源性脑膜炎"》,《新中医药》1955 年第 7 期。

《窦汉卿考》,《新中医药》1955 年第 6 期。

《中医在耳鼻咽喉科方面的成就》,《新中医药》1955 年第 4 期。

冈本天晴

～樱庭和典:《医疗与中国佛教》,《医学与哲学》1994 年第 2 期。

岗·更登西热(北京宗喀藏医门诊)

《藏医药史概论》,《中国民族医药杂志》2006 年第 3 期。

冈崎由美

《四川药市与唐宋文学》,《中国文学研究》第 11 辑(2008)。

岗卫娟(中国中医科学院)

～赵京生等:《国家标准〈<针灸技术操作规范>制修订技术导则〉的研制》,《中国针灸》2016 年第 9 期。

～武晓冬等:《20 世纪针灸治疗病症分类方法及病症名称的演变》,《针刺研究》2016 年第 6 期。

李剑荣……杜广中～:《尧天民〈中国针灸医学〉考略》,《中国针灸》2015 年第 6 期。

《从医案辨析王执中针灸诊疗思想》,《中国中医基础医学杂志》2013 年第 11 期。

王莹莹……王宏才～王昕:《程莘农学术思想和成才之路探源》,《北京中医药》2013 年第 8 期。

《民国时期中国针灸医籍数量考》,《中华医史杂志》2013 年第 5 期。

《民国时期针灸医籍研究现状》,《南京中医药大学学报(社会科学版)》2013 年第 3 期。

《从医案看赵辑庵针灸学术思想》,《上海针灸杂志》2012 年第 9 期。

《李经纬学术背景探究》,《中医教育》2012 年第 4 期。

《李经纬先生对医史文献人才培养的贡献》,《中华医史杂志》2012 年第 1 期。

张立剑、李素云～徐青燕等:《论魏晋隋唐时期针灸学的显著发展》,《上海针灸杂志》2011 年第 9 期。

张立剑……李素云～徐文斌等:《针灸出土文物概说》,《上海针灸杂志》2011 年第 5 期。

朱兵……吴中朝～:《"中医针灸"申报人类非物质文化遗产代表作名录文本解析》,《中国针灸》2011 年第 3 期。

《针灸古代医案概况及其研究现状》,《中国中医基础医学杂志》2010 年第 8 期。

《从〈扁鹊心书〉医案看窦材针灸诊疗思想》,《上海针灸杂志》2010 年第 4 期。

李素云、张立剑～徐文斌等:《影响针灸学术传承的关键因素分析》,《针刺研究》2010 年第 3 期。

～黄龙祥:《现行〈玉龙歌〉中关元穴之误辨析》,《针刺研究》2009 年第 1 期。

～黄龙祥等:《"电针"发展历程的回眸及临床实用手册——〈电针:实用手册和研究汇编〉评介》,《针刺研究》2008 年第 1 期。

～黄龙祥:《〈窦太师针经〉考略》,《针刺研究》2007 年第 3 期。

～武晓冬等:《古代针灸官方教育发展概况(1840 年以前)》,《中国中医基础医学杂志》2007 年第 3 期。

高尔鑫（安徽中医学院）

《论医学模式与人类健康观》,《安徽中医学院学报》1998 年第 6 期。

《人类寿命观念的探讨》,《安徽医药》1997 年第 2 期。

高凡夫（上海师范大学）

～赵德芹:《日本天皇裕仁与细菌战》,《湖南文理学院学报（社会科学版）》2005 年第 2 期。

高方英（苏州大学）

《美国医疗体制改革历程探析》,《世界历史》2014 年第 4 期。

《美国奥巴马和克林顿医改成败之因探析》,《苏州大学学报（哲学社会科学版）》2013 年第 4 期。

王建超～:《美国医疗保健领域种族不公现象的幕后推手——经济自由主义和市场化》,《苏州科技学院学报（社会科学版）》2013 年第 3 期。

《社会价值冲突:以美国医改为视角》,《国外社会科学》2012 年第 4 期。

《欧美三大医疗保险模式特点的历史考察》,《贵州社会科学》2010 年第 10 期。

《欧美三大医疗保险模式的历史成因》,《史林》2010 年第 6 期。

《美国医疗保健服务体系的形成、发展与改革》,《史学集刊》2010 年第 6 期。

《美国医疗保险体系初探》,《苏州大学学报（哲学社会科学版）》2007 年第 5 期。

《美国医疗保险体系的特点及对中国的启示》,《江海学刊》2006 年第 4 期。

高飞（复旦大学）

《"帝国医疗"的"飞地":1942 年上海华界霍乱流行与汪伪市府的应对》,《日本侵华南京大屠杀研究》2019 年第 3 期。

郜峰（安徽大学）

《英国国民健康服务体系的建立》,安徽大学硕士学位论文 2012 年。

高涵柏（对外经济贸易大学）

《全球治理视角下的中国对非医疗援助》,《市场周刊（理论研究）》2015 年第 1 期。

高昊（郑州大学）

《〈山海经·中山经〉疾病记载研究》,郑州大学硕士学位论文 2015 年。

高和荣（厦门大学/集美大学/吉林大学）

～季晓静:《台湾民营医疗机构的发展经验及其借鉴》,《台湾研究辑刊》2016 年第 2 期。

《台湾社区首诊双向转诊制度的运作及其借鉴》,《厦门大学学报（哲学社会科学版）》2015 年第 5 期。

《中国基本医疗保障制度普遍整合——基于厦门对经验分析》,《哈尔滨工业大学学报（社会科学版）》2014 年第 2 期。

《台湾身心障碍福利政策的变迁及启示》,《台湾研究》2012 年第 1 期。

徐义海～:《新型农村合作医疗筹资机制研究——以青岛市为例》,《卫生经济研究》2011 年第 12 期。

《论新型农村合作医疗制度的整合》,《福建江夏学院学报》2011 年第 3 期。

王英豪～周琪:《论新兴农村合作医疗制度的城乡统筹——以杭州为例》,《西北人口》2010 年第 6 期。

《新型农村合作医疗制度的可持续性研究——基于部分经济发达城市的经验》,《北京师范大学学报（社会科学版）》2009 年第 1 期。

《农村合作医疗可持续发展问题研究——以厦门经济特区为例》,《中国福建省委党校学报》2007年第 2 期。

《论中国医疗保障制度的缺陷及其治理》,《中共福建省委党校学报》2007 年第 1 期。

《风险社会下中国农村合作医疗制度的重建》,吉林大学博士学位论文 2004 年。

高红艳(玉林师范学院/上海大学)

李杰～:《医疗资源的分配正义:谁之正义? 如何分配?》,《医学与哲学(A)》2015 年第 11 期。

《中国传统生育文化依然有其存在的合理性》,《玉林师范学院学报》2005 年第 2 期。

高胡

～沈石磊等:《福建省鼠疫扑灭记》,《福建党史月刊》2007 年第 9 期。

高惠娟(河南公安高等专科学校)

《宋代法医学著作中的物证技术》,《河南司法警官职业学院学报》2007 年第 1 期。

《〈红楼梦〉中的疾病主题》,《南都学坛》2006 年第 6 期。

高家琪

《对经方和时方的起源和流传的不同看法》,《天津医药杂志》1961 年第 6 期。

高嘉琪(台湾中兴大学)

《生育、养育、教育——唐代育儿文化研究》,中兴大学硕士学位论文 2008 年。

高建红(复旦大学)

《12—16 世纪西欧的医生》,复旦大学博士学位论文 2011 年。

《浅析西欧黑死病期间的"投毒说"》,《历史教学(高校版)》2009 年第 4 期。

《福柯与〈临床医学的诞生〉》,《医学与哲学(人文社会医学版)》2008 年第 10 期。

高洁(安徽大学)

《1644—1949 年安徽中药材地理初探》,安徽大学硕士学位论文 2014 年。

高洁(南京大学)

《论医疗保障制度的趋同——基于俄罗斯免费医疗体制改革和奥巴马医改》,《社会福利(理论版)》2015 年第 8 期。

高洁(宁夏人民出版社)

～陈丽云:《近代中国教会医院发展概述》,《中医文献杂志》2015 年第 1 期。

《徐衡之与上海国医学院》,《中医教育》2003 年第 5 期。

高金波(华中科技大学附属协和医院)

～史雯嘉:《乳腺癌外科手术发展史》,《中华医史杂志》2004 年第 3 期。

高镜朗

《祖国医学文献整理法的商榷》,《中华儿科杂志》1957 年第 5 期。

《祖国医学对于麻症的贡献》,《中华儿科杂志》1956 年第 4 期。

高凯(郑州大学/复旦大学)

《从人口性比例和疾病状况看西域在汉晋时期佛教东渐中的作用》,《史林》2008 年第 6 期。

《地理环境与中国古代社会变迁三论》,复旦大学博士学位论文 2006 年。

《从吴简蠡测孙吴初期临湘侯国的疾病人口问题》,《史学月刊》2005 年第 12 期。

高凯敏(中国中医科学院)

《中西医结合皮肤病学简史》,中国中医科学院硕士学位论文 2014 年。

高恺谦

《评皮国立,〈"气"与"细菌"的近代中国医疗史——外感热病的知识转型与日常生活〉》,《新史学》第 24 卷第 4 期(2013.12)。

高磊(日照市中医医院)

巩克波～武志华等:《张锡纯论治中风学术思想探讨》,《中国中医药现代远程教育》2017 年第 9 期。

～郑胜等:《从津血同源探讨〈金匮要略〉血水同治思路》,《吉林中医药》2009 年第 9 期。

高连克(中国社会科学院/集美大学)

《美国医疗保障制度的变迁及启示》,《人口学刊》2007 年第 2 期。

《德国医疗保障制度变迁及其启示》,《社会科学辑刊》2005 年第 6 期。

～杨淑琴:《英国医疗保障制度变迁及其启示》,《北方论丛》2005 年第 4 期。

高靓(天津中医药大学)

～郭义等:《浅探兽医穴位发展史》,《辽宁中医药大学学报》2009 年第 4 期。

高玲(西北师范大学)

《二十世纪中国作家书写视阈下的疯女形象》,西北师范大学硕士学位论文 2008 年。

高龙彬(北京师范大学)

《侵华日军 731 部队与常德鼠疫及战争遗产研究》,《廊坊师范学院学报(社会科学版)》2015 年第 4 期。

《伍连德与东三省防疫处的创立和演进》,《南方论丛》2014 年第 6 期。

高麦爱(淮阴师范学院)

《煤矿工人尘肺病与英国福利国家政策》,《南京大学学报(哲学·人文科学·社会科学版)》2011 年第 6 期。

高茂兴(华中师范大学)

《传统药市的现代转型——明清至今的江西樟树药市研究》,华中师范大学硕士学位论文 2008 年。

高美梅(南京理工大学)

《中国中药产业国际化问题探讨》,南京理工大学硕士学位论文 2005 年。

高梦鲤(咸阳市第二人民医院)

～李临生:《医食同源辨析》,《中医药研究》1996 年第 6 期。

高明非(南开大学)

《俄罗斯医疗保健制度改革》,《世界经济与政治》1997 年第 5 期。

高铭功

《黑龙江省药材史料汇辑》,《哈尔滨中医》1962 年第 7、8 期。

高明慧(中国中医科学院)

《〈中外卫生要旨〉养生思想和特点研究》,中国中医科学院硕士学位论文 2011 年。

《从〈中外卫生要旨〉看郑观应的养生方法》,《中华医史杂志》2011 年第 2 期。

高明明(安徽中医学院)

《中国古代消毒与防疫方法简述》,《安徽中医学院学报》1995 年第 3 期。

《明清中医临产护理探析》,《安徽中医临床杂志》1995 年第 1 期。

～刘惠玲:《〈名医类案〉辨证论治思维特征及其失误原因》,《医学与哲学》1995 年第 1 期。

～童光东:《汪机治疗梅毒病的成就》,《上海中医药杂志》1991 年第 2 期。

～童光东:《再论〈医学的起源〉》,《医学与哲学》1987 年第 4 期。

高培蕾(中国青年政治学院)

《〈中国青年报〉医疗报道话语研究(2005—2015)》,中国青年政治学院硕士学位论文 2016 年。

高培新(解放军第 222 医院)

～付杰:《医学模式转变与中医学方法论》,《医学与哲学》1992 年第 2 期。

高鹏(哥伦比亚特区大学)

《百年前天津各界致美国慈善家的〈捐建中国医院请愿书〉》,《中华医史杂志》2019 年第 3 期。

高鹏程(南京大学/南通大学)

《慈善组织与医疗卫生——民国红卍字会的医疗卫生活动述评》,《医疗社会史研究》2019 年第 2 期。

《民国医疗社会工作述评与当代启示》,《社会工作》2012 年第 4 期。

《论抗战复原时期我国红十字会对沙眼的防治》,《历史教学(下半月刊)》2011 年第 4 期。

高钦颖(延安大学)

《陕甘宁边区中西医团结合作史话》,《中西医结合杂志》1984 年第 7 期。

高庆田(浙江农业大学)

～顾亦民等:《中兽医外科(介绍从明〈元亨疗马集〉到清"人书"的中兽医外科手术及外科药物)》,《农业考古》1993 年第 3 期。

金重治、杨宏道～:《兽医谚语集注》,《农业考古》1987 年第 2 期;1988 年第 1、2 期。

高秋萍

《中国卫生防疫事业的开创者——金宝善》,《民国春秋》1994 年第 5 期。

高日阳(广州中医药大学)

欧阳天赋～:《陈士铎〈石室秘录〉情志病方药分析》,《亚太传统医药》2019 年第 5 期。

欧阳天赋～:《古代文献中岭南灸法及其发展源流》,《中医文献杂志》2019 年第 1 期。

唐斐斐～:《〈肘后备急方〉溻法的运用探讨》,《中医文献杂志》2018 年第 4 期。

唐斐斐～吕东勇:《从〈辨证录〉方药探究陈士铎治疗便秘的学术特色》,《国医论坛》2017 年第 4 期。

～罗新燕:《岭南医籍目录编纂考证的探讨》,《中医文献杂志》2014 年第 1 期。

《孙思邈"治未病"思想探析》,《中医研究》2011 年第 3 期。

《岭南中医药地域文化特色的探讨》,《中国中医基础医学杂志》2008 年第 7 期。

《中医药膳理论及其进展研究》,广州中医药大学博士学位论文 2007 年。

《中医药文化特色的探讨》,《中医药临床杂志》2006 年第 3 期。

《浅析〈千金方〉养生保健观》,《河南中医》2004 年第 6 期。

黎汉津～邓翀等:《岭南中医药临床文献特点与作用的探讨》,《广州中医药大学学报》2002 年第 2 期。

高森时雄

《满蒙地方病》,《东方医学杂志》1937 年第 12 期。

高少才(陕西省中医药研究院)

任娟莉～:《〈御药院方〉美容方药探析》,《陕西中医》2010 年第 12 期。

《魏伯阳的养生术研究》,《光明中医》2010 年第 1、2 期。

～王志勇:《〈周易参同契〉简析》,《陕西中医》2009 年第 4 期。

《子午流注与时间医学的比较研究》,《中国中医药现代远程教育》2008 年第 11 期。

《论医史文献的内在关系及其学术价值》,《中国中医药现代远程教育》2008 年第 9 期。

《疾病史研究述略》,《光明中医》2008 年第 4 期。

高施(福建中医药大学)

《建本医书刊刻及其影响研究》,福建中医药大学硕士学位论文 2014 年。

～林丹红:《地方志中历代福建医家之医案医事分布评析》,《福建中医药大学学报》2013 年第 6 期。

～林丹红:《建本医书刻印及其影响》,《福建中医药大学学报》2013 年第 4 期。

高士华(日本东北文化学园大学)

《日军山西毒气战研究的新进展——评粟屋宪太郎的〈中国山西省的日军毒气战〉》,《抗日战争研究》2004 年第 2 期。

高诗宇(广州中医药大学附属宝安中医院)

～李维军等:《〈幼幼集成〉之全身灯火灸探析》,《云南中医中药杂志》2018 年第 8 期。

高世瑜(《历史研究》编辑部)

《缠足再议》,《史学月刊》1999 年第 2 期。

高树慧(山东中医药大学)

《茶叶药用的文献研究》,山东中医药大学硕士学位论文 2015 年。

高淑瑜(天津外国语学院)

《美国医疗保障制度——问题与出路探析》,天津外国语学院硕士学位论文 2009 年。

高淑媛

《汉方改良到专业制药——近代台湾制药史》,高淑媛著《台湾近代化学工业史(1860—1950)技术与经验的社会累积》(台北:台湾化学工程学会 2012 年)。

高树中(山东中医药大学/山东中医学院)

李姝婧、孙铭声～马玉侠:《基于古代文献对痛经外治法的用药规律研究》,《吉林中医药》2018 年第 4 期。

丁蕾、马玉侠～衣华强:《〈急救广生集〉中鼻疗法统计分析》,《中医外治杂志》2014 年第 5 期。

于保罗……马玉侠～:《蒸脐法的古代临床应用》,《中国针灸》2014 年第 9 期。

杨星月……田思胜～:《按摩脐部法的古代临床应用》,《中国针灸》2014 年第 7 期。

姜硕……刘更生～:《浅析〈伤寒论〉之针药结合思想》,《辽宁中医杂志》2009 年第 10 期。

姜硕……刘更生～:《〈扁鹊心书〉治疗"邪祟"刍议》,《江西中医学院学报》2009 年第 3 期。

狄忠……马玉侠～王秀英:《〈理瀹骈文〉脐疗法浅析》,《河南中医》2009 年第 3 期。

杜冬青～:《浅论〈难经〉论"冲脉并足阳明之经"》,《江西中医药》2008 年第 6 期。

韩兴军～:《〈难经〉"原气"论浅析》,《现代中医药》2008 年第 3 期。

～王英:《中医鼻疗法史略》,《中医文献杂志》1998 年第 2 期。

～许法同:《中医熏洗疗法史略》,《中医外治杂志》1997 年第 6 期。

～王英:《中医足心疗法史略》,《中医外治杂志》1997 年第 5 期。

～王秀英:《论孙思邈对灸法的贡献》,《山东中医杂志》1991 年第 2 期。

高斯

《蛇医季德胜》,《新华日报》1957 年 2 月 15 日。

高思潜

《论研究中国医学史之必要》，《绍兴医药学报》1923 年第 1 期。

《巫》，《三三医报》1921 年第 21 期。

《致张汝伟君商榷医史》，《绍兴医药学报》1921 年第 12 期。

《疾病之古今观》，《绍兴医药学报》1921 年第 4 期。

高泰嵩（黑龙江中医药大学）

《中西方司法精神病学史学分析》，黑龙江中医药大学硕士学位论文 2015 年。

高铁军（北京师范大学）

《近几年国内中世纪黑死病问题研究综述》，《世纪桥》2007 年第 6 期。

高铁瑛（邯郸市第三医院）

～游荣芝：《毛泽东对社会主义医德建设的贡献》，《河北工程大学学报（社会科学版）》2009 年第 1 期。

高炜（兰州大学）

《现代西医与传统中医医学模式之比较研究》，兰州大学硕士学位论文 2009 年。

高伟（兰州大学）

《宋代医官制度之管窥》，《兰州大学学报》2006 年第 4 期。

《先秦两汉医官制度综述》，《兰州大学学报》2005 年第 1 期。

《金元明三史〈方技传〉校订》，《古籍整理研究学刊》2000 年第 3 期。

《元朝君主对医家的网罗及其影响》，《兰州大学学报》1999 年第 4 期。

《元代医家入仕现象初探》，《兰州大学学报》1994 年第 4 期。

《元代医事年表》，《中华医史杂志》1994 年第 3 期。

《元代太医院及医官制度》，《兰州大学学报》1994 年第 1 期。

《〈大元本草〉与〈承天仁惠局药方〉》，《甘肃中医学院学报》1993 年第 4 期。

《金元医家考》，《甘肃中医学院学报》1993 年第 2 期。

高维祺

《内经作于阴阳家之考证》，《中医季刊》1933 年第 4 期。

《说巫》，《三三医报》1929 年第 27 期。

《中国五行学说之起源》，《三三医报》1924 年第 32 期。

高晞（复旦大学/上海医科大学）

施康妮～著，孙洁译：《导言：医疗传教士与西医入华》，《医疗社会史研究》2019 年第 2 期。

《当梅威令遇到李鸿章：西医将行于中国？——由晚清三场医学考试引发的讨论与思考》，《医疗社会史研究》2019 年第 2 期。

《解剖剧场：观察身体的科学、艺术与秩序》，《世界科学》2019 年第 9 期。

《新术还是旧技：十九世纪前欧洲知识界的中医认知》，《光明日报》2019 年 1 月 16 日。

朱凌凌、段逸山～袁开惠：《带下病名源流考》，《中国中医基础医学杂志》2018 年第 11 期。

《16—17 世纪欧洲科学家视野下的中国医学》，《复旦国际关系评论》2018 年第 2 期。

《未竟之业：〈博医会报〉中文版的梦想与现实——清末民初传教士西医知识中文传播的探索与局限》，《四川大学学报（哲学社会科学版）》2018 年第 1 期。

《慈善的话语权：中国红十字会总医院与哈佛医学校及罗氏驻华医社关系探析》，《澳门理工学报》

2017 年第 3 期。

《仁济医馆的医患关系》,《文汇报》2017 年 6 月 16 日第 W07 版。

《地理大发现后的"中医西传"》,《文汇报》2015 年 9 月 11 日第 W10 版。

《十五世纪以来中医在西方的传播与研究》,《中医药文化》2015 年第 6 期。

《评〈战时拯救——中国医学改革和现代卫生保障体系的建立(1928—1945)〉》,《中华医史杂志》2015 年第 1 期。

孙行之:《高晞:文明何以抵抗疾病?》,《第一财经日报》2014 年 12 月 31 日第 T48 版。

《卫生之道与卫生政治化——20 世纪中国西医体系的确立与演变(1900—1949)》,《史林》2014 年第 5 期。

《十九世纪上半叶上海的卫生:观念与生活》,《上海档案史料》第 18 辑(上海:上海三联书店 2014)。

《德贞:东西方医学文化的交流使者》,《自然辩证法通讯》2011 年第 4 期。

《美国驻朝鲜公使安连笔下 19 世纪朝鲜的生态环境与医药卫生——以〈海关医学报告〉为中心》,《韩国研究论丛》2011 年第 1 期。

龚丹韵、姜庆五～:《"躲疫苗"折射怎样的社会心理》,《解放日报》2009 年 11 月 7 日第 6 版。

《德贞与中国医学早期现代化》,复旦大学博士学位论文 2008 年。

《"解剖学"中文译名的由来与确定——以德贞〈全体通考〉为中心》,《历史研究》2008 年第 6 期。

《颜福庆与中国医学现代化》,《文汇报·学林》,2007 年 10 月 28 日。

《颜福庆与中国现代医学》,《文汇报》2007 年 9 月 23 日第 008 版。

《正其义不谋其利,明其道不计其功——一生为了中国医学现代化的颜福庆先生》,《文汇报》2005 年 9 月 6 日第 011 版。

《颜福庆的理想:一生为了中国医学现代化》,《文汇报·学林》2005 年 9 月 2 日。

《流行病与文明相伴而行?》,《新华文摘》2003 年第 9 期。

《传教与行医:不同道不相为谋》,《自然辩证法通讯》1996 年第 4 期。

《德贞的西医学译著》,《中华医史杂志》1995 年第 4 期。

《晚清政府对西医学的认知过程》,《自然辩证法通讯》1994 年 5 期。

《希腊的哲人医生》,《医学与哲学》1992 年第 10 期。

《古希腊第一位哲人医生:阿尔克迈翁——兼论古希腊早期哲学与医学的联系》,《医学与哲学》1991 年第 10 期。

《京师同文馆的医学讲座》,《中国科技史料》1990 年第 4 期。

《再近代中国的医学传教》,《上海医科大学学报》1989 年第 10 期。

高喜顺(渤海大学)

《日本关东军七三一部队人体实验问题考察研究》,渤海大学硕士学位论文 2012 年。

高希言(河南中医药大学/河南中医学院/上海中医学院)

刘东明～:《朱丹溪的针灸临床特色》,《中国针灸》2019 年第 10 期。

张雪琳、王孟雨～:《阿是穴的古往今来》,《中华中医药杂志》2018 年第 7 期。

～王孟雨等:《对"头不可多灸"的认识》,《中国针灸》2017 年第 12 期。

陈岩～宫玉梅:《古代急症灸法特点探析》,《辽宁中医杂志》2017 年第 11 期。

宋青坡、王鑫～潘富伟:《孙思邈养生思想探讨》,《中医学报》2016 年第 10 期。

奥晓静、黄娟～:《谈何若愚对针灸学的贡献》,《中医学报》2013 年第 12 期。

～王鑫等:《王国瑞针灸学术思想探讨》,《中国针灸》2013 年第 12 期。

～徐瑾等:《中原针灸对我国医学的贡献》,《中医学报》2012 年第 8 期。

王琳、陈岩～:《古代灸法操作技术的探讨》,《中国针灸》2012 年第 7 期。

～徐瑾:《天圣铜人对后世针灸模型制作的影响》,《中医学报》2011 年第 1 期。

～孙婵娟等:《浅论窦汉卿的针灸学术思想》,《中国针灸》2010 年第 11 期。

《论杨继洲对针灸学的贡献》,《中医杂志》2007 年第 7 期。

～马巧琳:《论杨继洲对灸法的贡献》,《中国针灸》2006 年第 6 期。

《论针灸学术的继承与发展》,《河南中医学院学报》2004 年第 6 期。

《论唐代针灸医学的学术成就》,《河南中医学院学报》2003 年第 6 期。

～程延安等:《对奇经八脉理论的再认识》,《中国医药学报》2002 年第 2 期。

徐江雁～:《论〈针方六集〉的学术价值》,《中国医药学报》2001 年第 2 期。

～王玉中:《对督脉循行的文献研究》,《河南中医药学刊》2000 年第 1 期。

～张淑君:《从火与石探讨中医外治的起源》,《中医外治杂志》1997 年第 5 期。

马刘钧～:《古代施灸材料初探》,《针刺研究》1997 年第 3 期。

裴晓华～:《奇经八脉命名初探》,《中医研究》1997 年第 1 期。

《奇经八脉理论体系的完善与发展——评〈奇经八脉考〉的学术价值》,《针灸临床杂志》1995 年 Z1 期。

史广宇～:《略论吴昆与〈针方六集〉》,《针灸临床杂志》1993 年第 5 期。

《夫妻配穴法的起源与应用》,《针灸学报》1991 年第 3 期。

孙学忠、孙曙霞～:《人体经穴的数目演变》,《中医函授通讯》1990 年第 2 期。

～邵经明:《略论孙思邈对灸法的贡献》,《中医杂志》1989 年第 7 期。

～邵经明:《古代针下热感手法的文献探讨》,《针灸学报》1989 年第 2 期。

高显(陕西师范大学)

《中古时期荒年灾民生活相关问题研究》,陕西师范大学硕士论文 2016 年。

高翔(广东外语外贸大学)

《跨文化视角下的中医药在当代意大利》,《中医药文化》2015 年第 4 期。

高翔(华侨大学)

《乙肝病毒携带者健康歧视的法律规制研究》,华侨大学硕士学位论文 2007 年。

高祥(西华师范大学)

《魏晋南北朝僧人医疗保健研究》,西华师范大学硕士学位论文 2019 年。

高翔宇(湖南师范大学)

～钟声:《人道主义的赞歌——南京大屠杀期间的中国红十字会南京分会的人道救援》,《渤海大学学报(哲学社会科学版)》2011 年第 4 期。

高晓山(中国中医研究院)

《〈千金翼方〉作者质疑》,《中华医史杂志》2007 年第 2 期。

《"人参"名称试诠释》,《中医文献杂志》2000 年第 1 期。

陈馥馨～:《古代中医药文献中的黄连单方及黄连法》,《中成药》1997 年第 9 期。

　～沈联德:《古代人参基源再认识》,《中成药》1997 年第 5、6 期。

　《〈本草纲目〉与〈大明一统志〉》,《中医文献杂志》1995 年第 2 期。

　《"四大怀药"考按》,《河南中医》1994 年第 3 期。

　刘源～:《明清以降 129 家医案中十八反的临床应用》,《中医杂志》1989 年第 9 期。

　林娜～:《建国以来药性理论研究概述》,《中成药研究》1987 年第 3 期。

　《〈绍兴校定经史证类备急本草〉评价》,《中医杂志》1985 年第 5 期。

　《〈丹房镜源〉考按》,《广东中医》1962 年第 12 期。

　《小儿指纹诊法起源略考》,《上海中医药杂志》1962 年 12 月

　《关于天花最早记载文献的商榷》,《广东中医》1962 年第 5 期。

高小威(湖北总医药大学/鄂州市中心医院)

　《庞安时〈伤寒总病论〉学术思想研究》,湖北中医药大学博士学位论文 2016 年。

　～赵映前:《庞安时〈伤寒总病论〉桂枝石膏汤考》,《时珍国医国药》2014 年第 12 期。

　《张仲景水蛭用法刍议》,《中医学报》2014 年第 10 期。

　～朱庆伟:《清代名医王九峰名、字及门人考》,《中医药文化》2014 年第 2 期。

　～朱庆伟:《清代名医王九峰卒年考》,《世界中西医结合杂志》2013 年第 7 期。

高晓燕(黑龙江社会科学院)

　《日本否认化学战及遗弃化武责任问题剖析》,《社会科学战线》2013 年第 12 期。

　《从国际禁止化学武器公约谈日本的化学战责任》,《学习与探索》2012 年第 2 期。

　《日军对东北抗日武装使用毒气考》,《世纪桥》2008 年第 11 期。

　《论日军习志野学校及在中国东北的毒气试验》,《黑龙江社会科学》2007 年第 5 期。

　《二战期间日本对苏联的化学战准备》,《西伯利亚研究》2005 年第 5 期。

　《日军遗弃化学武器综考——兼评"515"判决书》,《抗日战争研究》2003 年第 2 期。

　《日军在山西的毒气战》,《文史月刊》2002 年第 5 期。

　《日本是如何掩盖化学战罪行的》,《抗日战争研究》1998 年第 2 期。

　《难以抚平的历史创伤——从佳木斯日本遗留毒弹伤害事件谈起》,《黑龙江社会科学》1995 年第
　4 期。

高欣(南京大学)

　《美国与全球艾滋病治理》,南京大学博士学位论文 2013 年。

高新强(第二军医大学)

　《医疗纠纷成因分析与干预研究》,第二军医大学硕士学位论文 2006 年。

高新颜(北京中医药大学)

　包祖晓～田青等:《〈局方〉逍遥散方证特征分析》,《中成药》2010 年第 6 期。

　包祖晓……田青～陈宝君等:《古代中医认识抑郁症的历史沿革》,《中医药学报》2010 年第 3 期。

　～张冰等:《〈证类本草〉〈诸病通用药〉来源及药性特征》,《中医研究》2008 年第 5 期。

高新宇(安徽财经大学)

　《农村合作医疗 70 年:回顾、问题与展望——基于社会变迁视角》,《福建论坛(人文社会科学版)》
　2019 年第 8 期。

　～王洪春:《"最后一公里"视角下农民异地就医非医疗费用研究》,《江苏大学学报(社会科学版)》
　2018 年第 5 期。

丁夏夏、董黎明～：《福利经济学视阈下我国新型农村合作医疗制度持续改进研究》,《湖北函授大学学报》2012 年第 4 期。

～张国海等：《对新型农村合作医疗制度运行的反思》,《湖北函授大学学报》2011 年第 6 期。

高兴（山东中医药大学）

《〈内经〉阴阳学说的意与象》,山东中医药大学硕士学位论文 2007 年。

高兴祖（南京大学）

《二战中日本军部进行化学战的罪责》,《南京邮电学院学报（社会科学版）》2001 年第 1 期。

～朱成山：《侵华日军 1644 细菌战部队活人实验受害者遗骸的考证》,《南京社会科学》2000 年第 2 期。

《论日本军部进行细菌战的罪责》,《南京大学学报（哲学.人文科学.社会科学版）》,1999 年第 1 期。

高修安（佛山市妇儿医院）

《陈复正学术思想研究》,《世界中西医结合杂志》2007 年第 6 期。

《程康圃儿科学术思想探微》,《佛山科学技术学院学报（自然科学版）》2007 年第 6 期。

《程康圃小儿燥火思想在儿科临床中的应用》,《中医儿科杂志》2005 年第 2 期。

高旭东（山东大学）

《鲁迅：在医生与患者之间》,《山东大学学报（哲学社会科学版）》1999 年第 1 期。

高亚菲（西安医科大学）

～杨晓峰等：《试论〈千金〉肉极》,《陕西中医》1998 年第 6 期。

～李信民：《孙思邈对中医治痢理论与方法的贡献》,《中华医史杂志》1997 年第 2 期。

～陈松盛等：《孙思邈对老年病学的贡献》,《陕西中医》1995 年第 9 期。

高亚飞（中国政法大学）

《论生物制药知识产权保护与公共健康的冲突与协调》,中国政法大学硕士学位论文 2011 年。

高雅培（中国中医科学院西苑医院）

～高金柱等：《中医药在美国的发展现状》,《世界中医药》2013 年第 8 期。

高燕（广州中医药大学）

《女性房事养生的古代文献整理研究》,广州中医药大学硕士学位论文 2007 年。

高燕（河南中医学院/北京中医药大学）

司富春、宋雪杰～：《华夏历史文明对中医理论框架形成的作用》,《中医研究》2015 年第 6 期。

司富春、宋雪杰～徐向宇：《论中原中医药文化的特征及时代意义》,《中医研究》2012 年第 8 期。

《宋代经济繁荣对中医药学发展的影响》,《中国中医药现代远程教育》2009 年第 8 期。

朱明～：《明清时期中西外科学发展的比较研究》,《北京中医药大学学报》2008 年第 11 期。

《明代中医外科学与欧洲文艺复兴时期外科学的比较研究》,北京中医药大学硕士学位论文 2007 年。

高宴梓（中国中医科学院）

《小儿变蒸古籍文献研究》,中国中医科学院硕士学位论文 2014 年。

高阳（陕西师范大学）

《托勒密星宿医学思想研究——以〈占星四书〉为中心》,《自然辩证法研究》2017 年第 6 期。

《黑死病的医学社会史研究——〈与黑死病同在〉评介》,《医疗社会史研究》2016 年第 1 期。

《托勒密星宿医学思想研究》,陕西师范大学硕士学位论文 2016 年。

高也陶(澳门医学专业诊疗中心/澳门协和医学诊疗中心/南京医科大学/澳门科技大学/恒发(中国)医疗有限公司/第二军医大学)

潘亚敏、陈涛~吴丽莉:《上古玉龟版与〈九宫八风〉:再探〈黄帝内经〉源头》,《医学与哲学(A)》2017年第7期。

吴丽莉、潘亚敏~:《上古名医僦贷季和俞跗与〈黄帝内经〉思想源头》,《医学与哲学(A)》2016年第12期。

《本末出候/望诊:〈黄帝内经〉理论和技术的现代研究》,《医学与哲学(A)》2016年第5期。

《导言:过度医疗的过度与适宜技术的适用》,《医学与哲学(B)》2012年第12期。

《脊骨非圆骨:〈黄帝内经〉关键之误》,《江西中医学院学报》2010年第5期。

《中医解剖学对藏象说之商榷》,《江西中医学院学报》2009年第4期。

《马王堆出土医书与〈黄帝内经〉成书上限》,《江西中医学院学报》2009年第3期。

《〈黄帝内经〉的成书年代新议》,《江西中医学院学报》2009年第2期。

《〈黄帝内经〉二十五音和经络调理的再思考》,《医学与哲学(人文社会医学版)》2008年第5期。

《医本仁术 命大于天——反思一尸两命案》,《医学与哲学(人文社会医学版)》2008年第2期。

~李捷玮等:《五脏相音——〈黄帝内经〉失传2000多年的理论和技术的现代研究》,《医学与哲学(人文社会医学版)》2006年第9期。

~潘慧巍等:《论〈黄帝内经〉脏腑的实体解剖观》,《中西医结合学报》2006年第4期。

汪东丽……潘慧巍~:《〈黄帝内经〉五脏相音理论与女性年龄关系的研究》,《中西医结合学报》2006年第1期。

~施鹏等:《〈黄帝内经〉阴阳二十五人分型的数学建模》,《医学与哲学》2004年第12期。

《美国政府减少医疗差错新对策》,《国际医药卫生》2002年第17期。

吕略钧~:《美国医疗差错的概念、定义和特征》,《国际医药卫生导报》2002年第11期。

《美国普及病人安全知识的分析与思考》,《中国医院》2002年第11期。

~吕略钧:《医患关系的法学概念》,《医学与哲学》2002年第11期。

~吴丽莉:《人类基因测序:民间挑战政府》,《医学与哲学》2002年第9期。

吴孟超:《临床医学与人文素质》,《医学与哲学》2002年第9期。

《从美国的措施看政府干预医疗差错与纠纷》,《中华医院管理杂志》2002年第8期。

《2002年:中国医疗纠纷处理的重大转折》,《医学与哲学》2002年第7期。

吕略钧~:《国外处理医疗差错的经验》,《解放军医院管理杂志》2002年第6期。

~吕略钧:《医疗差错认定与Res Ipsa Loquitur》,《法律与医学杂志》2002年第3期。

《美国民事侵权法的基本概念与中美两国医疗差错处理的比较与思考》,《医学与哲学》2002年第1期。

《医学与宗教》,《医学与哲学》2000年第7期。

李健……冯常炜~唐芙爱等:《幽门螺旋杆菌发现简史》,《中华医史杂志》1999年第4期。

《中国古代医学考试管窥》,《中华医史杂志》1991年第1期。

《略论医学教育改革的演进》,《医学教育》1990年第7期。

《中国心身医学向何处去》,《医学与哲学》1988年第1期。

高一飞(南方医科大学)

《论人口流动与艾滋病传播的关系》,《学术探索》2014年第6期。

《人口流动与艾滋病传播》,《人口与计划生育》2014 年第 4 期。

《疾病污名与身份污名的交互——以艾滋病污名为例》,《云南民族大学学报(哲学社会科学版)》2014 年第 4 期。

《医学人类学视角下的艾滋病预防"知—信—行"模型探讨——以农民工为例》,《三峡论坛(三峡文学.理论版)》2014 年第 4 期。

《"脚踏实地"的医学人文学研究》,《医学与哲学(A)》2012 年第 9 期。

高一簧

《十年来中国之卫生》,《湘雅》1925 年第 2 期。

高益民(首都医科大学/北京市中医管理局)

《北京中医百年发展》,《中国中医药报》2016 年 6 月 17 日 008 版。

《燕京医学体系三大流派》,《中国中医药报》2013 年 11 月 21 日 004 版。

《施今墨先生"医戒十二条"评介》,《北京中医药》2010 年第 3 期。

《著名医家施今墨先生教育思想的初步研究》,《中医药管理杂志》2004 年第 6 期。

~张世芳等:《医德教育与"医戒十二条"——民国时期华北国医学院的医德教育》,《中医教育》1992 年第 6 期。

《施今墨先生教育思想初探》,《中医教育》1992 年第 5 期。

~张松柏等:《民国时期北平国医学院评介》,《北京中医》1992 年第 1 期。

~张松柏等:《民国时期北京地区中医高等教育史研究——华北国医学院评介》,《中华医史杂志》1986 年第 4 期。

高颖(四川大学)

《〈四部医典〉中的心理治疗思想》,《中国藏学》2007 年第 2 期。

《意象疗法与止观——管窥西方心理治疗与佛教修心之异同》,《路东大学学报(哲学社会科学版)》2006 年第 4 期。

李明~李敏:《西医——中医挥之不去的他者》,《医学与哲学(人文社会医学版)》2006 年第 4 期。

高英东(中国社会科学院)

《美国的毒品合法化之争》,《世界知识》2006 年第 15 期。

《美国文化与毒品泛滥》,《青年探索》1999 年第 4 期。

《美国毒品问题初探》,《美国研究》1998 年第 4 期。

高勇(内蒙古大学)

《清朝天花的防治和影响》,内蒙古大学硕士学位论文 2005 年。

《天花与皇太极对明战争》,《内蒙古社会科学(汉文版)》2003 年 S1 期。

~乌云毕力格:《清代天花的预防治疗及其社会影响》,《内蒙古大学学报(人文社会科学版)》2003 年第 4 期。

高永平(中国人民大学)

《现代性的另一面:从躯体化到心理化——克雷曼的医学人类学研究》,《国外社会科学》2005 年第 3 期。

高浴

~译:《Defoe 氏所著伦敦大鼠疫的历史》,《生活条件与健康》1958 年第 3 期。

H.Descomps 撰,~译:《文艺复兴时代工矿职业病医学》,《医学与保健组织》1957 年第 1 期。

高宇（广州中医药大学）

《基于数据挖掘的古今医案常见妇科疾病研究》，广州中医药大学博士学位论文 2012 年。

高雨（南京中医药大学）

～周卫等：《民国时期江苏药学团体述略》，《中国中医药图书馆情报杂志》2019 年第 5 期。

～邵怡等：《民国时期苏州国医学校图书馆之考论》，《中华医学图书情报杂志》2018 年第 8 期。

邵怡～房玉玲：《论民国时期江苏地区中医学会的学术价值》，《中国中医药图书情报杂志》2016 年第 5 期。

～韩静：《唐代文学与中医药文化的传播》，《南京中医药大学学报（社会科学版）》2016 年第 3 期。

《强行健〈伤寒直指〉版本考略》，《中医文献杂志》2014 年第 12 期。

～姚惠萍：《江苏省中医药古籍调查与整理》，《中华医学图书情报杂志》2014 年第 10 期。

《明清时期江南书坊的兴盛与医学传播》，《中华医学图书情报杂志》2012 年第 10 期。

《诗人殁后新吟少 世味尝来古道稀——论魏之琇与〈续名医类案〉》，《南京中医药大学学报（社会科学版）》2012 年第 3 期。

《〈伤寒五法〉版本考略》，《中医文献杂志》2011 年第 6 期。

《论〈摄生要义〉的作者问题及其养生理念》，《江西中医学院学报》2010 年第 2 期。

尹标～：《通儒治经之法用以治医经——清代大儒焦循的治医理念》，《南京中医药大学学报（社会科学版）》2008 年第 4 期。

高喻宏（中南大学）

《湖南省 2001 年—2006 年尘肺流行特征的分析》，中南大学硕士学位论文 2007 年。

高玉宽（开封教育学院）

《中世纪欧洲鼠疫及其对当时社会经济的影响》，《开封大学学报》2003 年第 2 期。

高毓秋（上海中医药大学/上海中医学院）

～孙文钟：《战国楚简〈性情论〉医学内容探讨》，《中华医史杂志》2004 年第 4 期。

《上治治心 中治治形——明代御医顾定芳在心理治疗方面的成就》，《医学与哲学》2004 年第 1 期。

《近代南通唐闸镇中医药业调查》，《医古文知识》2003 年第 3 期。

《丁福保年表》，《中华医史杂志》2003 年第 3 期。

《明代御医顾定芳对中医文献学的贡献》，《医古文知识》2002 年第 1 期。

《明代御医顾定芳及其随葬品》，《中华医史杂志》2001 年第 2 期。

《"千金方"医药用具考》，《医古文知识》2000 年第 3 期。

《〈本草纲目〉东渡记》，《医古文知识》1999 年第 4 期。

《医者贵在格物致知——试析〈本草纲目〉的儒学倾向》，《医古文知识》1999 年第 1 期。

～肖惠英：《唐太医署方位考》，《医古文知识》1998 年第 2 期。

《试论医学考古学》，《医古文知识》1997 年第 3 期。

《葫芦与医文化》，《上海中医药杂志》1997 年第 3、4 期。

《唐代瓷脉枕》，《上海中医药大学 上海市中医药研究院学报》1996 年第 1 期。

《古代气功文物钩沉》，《医古文知识》1996 年第 1 期。

《从〈熏笼图〉看烟熏疗法》，《上海中医药杂志》1992 年第 5 期。

～真柳诚：《丁福保与中日传统医学交流》，《中华医史杂志》1992 年第 3 期。

《针灸铜人》，《上海中医药杂志》1979 年第 3 期。

高媛(陕西师范大学)

《从疾病主题到人文主义救赎——以郁达夫小说创作为例》,陕西师范大学硕士学位论文2015年。

高元武(丽水学院/南京师范大学)

《从出土居延汉简看汉代戍边吏卒医疗保障制度》,《广东第二师范学院学报》2011年第6期。

《影响汉代守边戍卒健康因素的相关研究》,南京师范大学硕士学位论文2011年。

高越(复旦大学)

《我国报纸乳腺癌报道内容评估》,复旦大学硕士学位论文2008年。

高云(河北大学)

《中国防痨协会研究(1933—1950)》,河北大学硕士学位论文2013年。

高云飞(辽宁大学)

《近代东北基督教教会医院研究》,辽宁大学硕士学位论文2012年。

高泽洪(安徽中医药大学)

~黄辉:《咸同兵燹时期新安医事活动剪影》,《中医文献杂志》2019年第6期。

管鹏飞~高泽洪等:《四位新安医家惊风创见探析》,《中医药临床杂志》2019年第5期。

胡明……王念~:《试述新安医家郁证新说》,《中医药临床杂志》2019年第1期。

高占华(中国中医科学院)

《〈神农本草经〉病因特点的研究》,中国中医科学院硕士学位论文2012年。

《〈神农本草经〉病因特点研究》,《中国中医基础医学杂志》2012年第3期。

高振铎

《述占那氏发明种牛痘原委说》,《沈阳医学杂志》1925年第6—8期。

高志芳(山东中医药大学)

《〈内经〉刺血法研究》,山东中医药大学硕士学位论文2011年。

高中华(中共中央党校)

《明清防疫专家》,《中国减灾》2011年第21期。

《清代如何防疫》,《防灾博览》2010年第1期。

高中祖(云南中医学院)

朱书克……杜伊心~:《先秦时期孕育思想形成的研究》,《江西中医药》2014年第5期。

朱书克……韩文舫~:《浅议黄帝内经天人合一的养生思想》,《中国中医药现代远程教育》2014年第5期。

单厚昌~:《中医阴阳五行学说受哲学气论影响而形成》,《现代中西医结合杂志》2005年第8期。

《儒与医之缘者——董仲舒和他的〈春秋繁露〉》,《中国民族民间医药杂志》2005年第4、5、6期;2006年第1期。

单厚昌~:《古代哲学气论对中医天人相应学说的影响》,《中国民族民间医药杂志》2005年第2期。

《"三气"学说——〈内经〉对人体构成因素的认识》,《云南中医学院学报》1989年第3期。

G.布罗姆(英国萨塞克斯大学)

~汤胜蓝:《中国政府在农村合作医疗保健制度中的角色与作用》,《中国卫生经济》2002年第3期。

G.D.Gray

~撰,T.C.L译:《欧战时在法兰西之华工医院》,《齐鲁医刊》1922年第4期。

葛宝田

《祖国医学对疟疾的认识与治疗》,《山东医刊》1963 年第 1 期。

葛承雍（西北大学）

《唐代景教传教士入华的生存方式与流产文明》,《唐研究》第 10 卷（2004）。

《唐代乞丐与病坊探讨》,《人文杂志》1992 年第 6 期。

葛戴云卿（南开大学）

《俄国第一位女医生苏斯洛娃》,《俄语学习》2018 年第 1 期。

格根通力嘎（内蒙古民族大学）

《〈四部医典〉蒙译版本的比较研究》,内蒙古民族大学硕士学位论文 2013 年。

葛恒云（安徽财经大学）

《美国的医疗服务体制及其对我国社区医疗工作的启示》,《中国卫生事业管理》2007 年第 5 期。

《"三医"问题解读》,《中国卫生事业管理》2006 年第 12 期。

《新型农村合作医疗可持续发展问题研究》,《中国卫生经济》2006 年第 12 期。

《西方发达国家医疗体制的建构及其启示》,《中国卫生事业管理》2006 年第 8 期。

葛洪九

《我对五行学说的看法》,《福建中医药》1963 年第 1 期。

葛继华（安徽省血吸虫病防治研究所）

～张世清等:《1998 年特大洪水对安徽省血吸虫病流行的影响》,《热带病与寄生虫学》2004 年第 3 期。

～何家昶:《社会经济因素与人群血吸虫感染的关系》,《热带病与寄生虫学》2001 年第 1 期。

葛蔓（中国劳动部）

《德国工伤保险制度的特点及成功之处》,《中国劳动》1998 年第 3 期。

葛启东

《爱克斯光线的发明史》,《医学周刊集》1931 年第 6 期。

格桑赤来（甘肃中医学院）

《藏医三因学初探》,《西藏研究》1993 年第 4 期。

葛少勇（陕西玻璃纤维总厂职工医院）

《浅析〈医林改错〉对半身不遂的认识》,《现代中医药》2009 年第 3 期。

《浅析〈医学衷中参西录〉对桂枝的认识》,《河北中医》2005 年第 11 期。

《浅析〈红炉点雪〉对痰火证的论治》,《中医杂志》2005 年第 4 期。

葛涛（山东工商学院）

《中国古代传统医药广告形式探源》,《扬州职业大学学报》2011 年第 3 期。

葛喜平（黑龙江中医药大学）

《中国传统女性性心理研究》,黑龙江中医药大学博士学位论文 2011 年。

葛晓舒（湖南中医药大学）

～严暄暄等:《湘西民族医药人类学的研究进展》,《中国民族民间医药》2015 年第 5 期。

～曾晓进等:《湘西少数民族巫医文化源流与形态的现代审视》,《中国民族民间医药》2015 年第 4 期。

～严暄暄等:《湘西民族医药文化的特色与传承保护策略》,《中国民族民间医药》2015 年第 1 期。

～刘锐:《简论明医秦昌遇学术渊源、内科临证特色与后世影响》,《中国医药指南》2011年第35期。

～张璐砾等:《明医秦昌遇脾胃病治疗特色》,《中外医疗》2011年第33期。

～彭坚:《古代医家对疲劳症的辨证与论治》,《湖南中医药大学学报》2009年第1期。

葛秀梅(中国中医研究院)

～胡欣:《辨证论治发展史略》,《中华医史杂志》2004年第3期。

葛燕萍(广州中医药大学)

《民国时期中医教育思想的嬗变》,广州中医药大学硕士学位论文2010年。

《广东近、现代中医教育思想内在连续性探析》,《光明中医》2010年第6期。

葛召坤(山东大学)

《炼丹术非金石药物研究》,山东大学硕士学位论文2013年。

葛志毅(大连大学)

《中国古代医药及导引养生诸术考论》,《古代文明》2015年第3期。

葛子长

《中国第一个"女赤脚医生"的曲折人生》,《贵州文史天地》2001年第2期。

根桑(中央民族大学)

《论唐卡艺术在藏医药学中的应用》,中央民族大学硕士学位论文2009年。

耿婵(东华大学)

《近代中国的医学史研究》,东华大学硕士学位论文2015年。

～袁媛:《中国近代医学史研究的先驱》,《黑龙江史志》2014年第23期。

耿飞(南京中医药大学)

～张树剑:《民国期刊〈中国针灸学〉钩沉》,《中国针灸》2019年第6期。

《民国期刊〈中国针灸学〉研究》,南京中医药大学硕士学位论文2019年。

耿弘(南京航空航天大学)

王烁～:《网络分析视角下我国食品安全监管体制研究》,《食品工业科技》2016年第22期。

宋强～:《整体性治理——中国食品安全监管体制的新走向》,《贵州社会科学》2012年第9期。

宋强～:《关于构建中国大食品安全监管体制的探讨》,《求实》2012年第8期。

张璇～:《南京市食品安全监管中公民参与问题的实证分析》,《价格月刊》2010年第5期。

～童星:《从单一主体到多元参与——当前我国食品安全管制模式及其转型》,《湖南师范大学社会科学学报》2009年第3期。

《大学生医保与谁同行》,《中国社会保障》2007年第11期。

耿华(中国中医科学院)

牛亚华～:《中华医学会中国医学史博物馆创设史料选》,《中华医史杂志》2018年第6期。

《民国时期中医药著作中广告图的种类和特点》,《中华医史杂志》2018年第5期。

胡晓峰～:《近五年葛洪相关研究综述》,《中医文献杂志》2018年第2期。

耿华昌(江苏大学)

《医患关系的法律调整——以构建和谐医患关系为中心的研究》,江苏大学硕士学位论文2008年。

～顾胤杰等:《论我国卫生法律体系的构建》,《现代医药卫生》2007年第24期。

《现代医患关系构建的法律思考》,《江苏卫生事业管理》2006年第5期。

耿鉴庭（中国中医研究院／中国中医科学院西苑医院）

～刘慕伦：《善本医书〈广益本章大成〉经眼录》，《云南中医杂志》1993 年第 5 期。

《中国与菲律宾医药关系史上的一段史实》，《中西医结合杂志》1989 年第 4 期。

《从〈医经余论〉谈到〈杏林余兴〉》，《福建中医药》1989 年第 4 期。

～戚燕如：《著名医史学家陈邦贤先生》，《国医论坛》1987 年第 3、4 期；1989 年第 4 期。

《太平天国陈憩亭医案题记》，《中医杂志》1980 年第 11 期。

～耿引循：《新疆吐鲁番唐墓出土的药方及药丸》，《江苏医药（中医分册）》1979 年第 4 期。

《从安阳殷墓出土的梅核谈起》，《浙江中医学院学报》1978 年第 2 期。

～耿引循：《苏州发现的太平天国药方》，《江苏医药（中医分册）》1978 年第 1 期。

《文化大革命期间苏州发现的太平天国医史文物》，《新中医》1975 年第 5 期。

《王安石、沈括的两个单方》，《赤脚医生杂志》1975 年第 5 期。

《中国医学发展简史》，《陕西新医学》1974 年第 2、3 期。

《西安南郊唐代窖藏里的医药文物》，《文物》1972 年第 6 期。

《无产阶级文化大革命期间出土的西汉医工盆》，《新医药学杂志》1972 年第 2 期。

《明宋东渡传播中国文化的方技家——陈元赟》，《浙江中医杂志》1965 年第 12 期。

《奎宁传入我国的医药史料》，《江苏中医》1964 年第 7 期。

《唐代赴日本传播中国文化及医药学的高僧——鉴真》，《健康报》1963 年 9 月 18 日。

《唐代赴日本传授中国医药的鉴真和尚》，《中华医学杂志》1963 年第 9 期。

《鉴真与〈鉴上人秘方〉》，《中医杂志》1963 年第 6 期。

《鉴真到日本传授中国医药的始末》，《江苏中医》1963 年第 5 期。

《从文献里探索中药的变通使用》，《中医研究通讯》1963 年第 3 期。

《鉴真和尚医药事迹钩沉》，《福建中医药》1963 年第 3 期。

《医史劄记——有关王冰二三事》，《中医杂志》1962 年第 8 期。

《张子和"三法"》，《健康报》1962 年 8 月 1 日。

《中国医学里的藏医和蒙医》，《中华医学杂志》1962 年第 4 期。

《〈本草纲目〉的学术价值和伟大贡献》，《健康报》1958 年 5 月 10 日。

《从古代记载的结婚年龄看我国传统思想上是不主张早婚的》，《中医杂志》1958 年第 3 期。

《杜甫的药学知识》，《医学史与保健组织》1958 年第 3 期。

《夏春农和吴尚先》，《医学史和保健组织》1958 年第 3 期。

《中外医药交流的一些史实》，《中医杂志》1958 年第 3 期。

《傅青主先生医学著作考证》，《上海中医药杂志》1958 年第 2、3 期。

《从几位太平天国的医家事迹看医务工作者应如何的参加革命》，《医学史与保健组织》1958 年第 2 期。

《苏中两国医药文化的密切关系和交流史实》，《新中医药》1958 年第 1 期。

《中国古典医学里"预防""养生"和有关"疗养"的资料》，《中级医刊》1957 年第 10、11 期。

《中国饮食治疗简史》，《中医杂志》1957 年第 8 期。

《从针灸的起源谈到十二经脉和奇经八脉》，《新中医药》1957 年第 7 期。

《祖国医学内科发展简史》，《浙江中医杂志》1957 年第 5 期。

《汉简里的医药疾病资料》，《江西中医药》1957 年第 4 期。

《广陵的华佗遗迹(附华佗五禽戏姿势图)》,《中医杂志》1956 年第 3 期。

《医药金石过眼录》,《江西中医药》1955 年第 12 期;1956 年第 12 期。

《记南京中医药展览会的中药部分》,《新中医药》1955 年第 9 期。

《介绍南京中医药展览会》,《新中医药》1955 年第 8 期。

《太平天国时期的医药史料》,《中华医史杂志》1955 年第 3 期。

《我国医书中关于高血压症病名演变和发病原因的探索》,《中华医史杂志》1955 年第 1 期。

《明版济阴纲目》,《中华医史杂志》1954 年第 4 期。

《太平天国医林人物传》,《中华医史杂志》1954 年第 3 期。

《爱国医家傅青主的医学著作真伪问题》,《中华医史杂志》1953 年第 2 期。

《元稹的咏病诗》,《医史杂志》1948 年第 3、4 期。

《鉴真和尚》,《华西医药杂志》1947 年第 1 期。

《吾国古代维他命疗法》,《国药新声》1943 年第 54—56 期。

《吾国古代维他命疗法之线索》,《中国医药月刊》1943 年第 3—6 期。

《今古庐医话》,《中国医药月刊》第 2 卷第 3、5 期(1941.9、11);第 2 卷第 8 期(1942.2)。

《疟疾诗话》,《中国医药月刊》1942 年第 1 期。

《鉴真和尚考》,《中华医学杂志》1941 年第 12 期。

耿金(复旦大学)

《湖田、水患与疾病:15—20 世纪浙东河谷平原开发与水环境变迁——以诸暨地区为中心》,《云南社会科学》2017 年第 3 期。

耿黎敏(苏州大学)

《医疗纪实节目的话语建构——以〈急诊室故事〉和〈人间世〉为例》,苏州大学硕士学位论文 2017 年。

耿琳琳(南京大学)

《斯多亚学派灵魂治疗思想探析》,南京大学硕士学位论文 2015 年。

耿晓娟(天津中医学院)

《中国传统医学模式考察》,天津中医学院硕士学位论文 2004 年。

耿学英(中国中医科学院/北京总医药大学)

《清代医学大家王孟英论暑特点探析》,《中医研究》2011 年第 9 期。

《〈内经〉对暑邪致病的认识》,《吉林中医药》2011 年第 9 期。

《吴鞠通论治湿热病特点探析》,《中华中医药学刊》2009 年第 2 期。

耿雅丽(中央民族大学)

《生育中的清与真——化隆地区回族生育文化研究》,中央民族大学硕士学位论文 2010 年。

耿义勤(山东中医学院)

～孙西庆:《祖国医学的辨病思想》,《山东中医学院学报》1988 年第 2 期。

耿映曦(华东政法大学)

《论与 TRIPS 适应的药品专利保护与我国国内的公共健康问题》,华东政法大学硕士学位论文 2012 年。

耿珍(郑州大学)

《中华医学会专科分会中河南委员的现状分析》,郑州大学硕士学位论文 2013 年。

G.L.恩格尔

～黎风:《需要新的医学模型:对生物医学的挑战》,《医学与哲学》1980 年第 3 期。

G.L.Moore

～撰,孙衍庆摘译:《以尸血输血的现状》,《国外医学动态》1963 年第 2 期。

宫爱玲(山东科技大学/山东师范大学)

《20 世纪疾病叙事小说风格研究》,《戏剧之家》2014 年第 15 期。

《从"人血馒头"到"红处方"——论 20 世纪小说中的药物意象》,《安徽文学(下半月)》2014 年第 10 期。

《论疾病叙事小说的文体形态》,《文学教育(上)》2014 年第 8 期。

《论当代疾病叙事小说中的母爱主题》,《安徽文学(下半月)》2014 年第 8 期。

《论新时期文学中的疯癫形象》,《石河子大学学报(哲学社会科学版)》2010 年第 6 期。

《"病"眼看世界——论"病人"叙述视角的文学价值》,《中国石油大学学报(社会科学版)》2009 年第 5 期。

～臧守营:《现代性质疑:中国现代文学中的医生形象》,《重庆三峡学院学报》2009 年第 5 期。

《现代性认同危机与 20 世纪中国文学中的病人形象》,《社会科学家》2008 年第 11 期。

《论现代中国文学中的疾病与爱情》,《名作欣赏》2008 年第 22 期。

《境界线美学——现代中国文学中精神病书写的美学特征探析》,《重庆三峡学院学报》2008 年第 5 期。

《疾病的阻隔与爱情化石的生成——论张爱玲小说疾病书写的美学意蕴》,《中国石油大学学报(社会科学版)》2008 年第 3 期。

《非常时期的非常叙事——对非典叙事的一种解读》,《广东教育学院学报》2008 年第 2 期。

《现代中国文学疾病叙事研究》,山东师范大学博士学位论文 2007 年。

《病痛的抒写与病房的隐喻——论新时期文学的"病房写作"现象》,《沈阳工程学院学报(社会科学版)》2007 年第 1 期。

《现代性的开端——〈故事新编〉新论》,《湖北大学学报(哲学社会科学版)》2007 年第 1 期。

《悲壮的西西弗之路——评毕淑敏〈红处方〉》,《山东理工大学学报(社会科学版)》2006 年第 6 期。

《病痛的抒写与病房的隐喻——论新时期文学"病房写作"现象》,《山东科技大学学报(社会科学版)》2006 年第 4 期。

龚纯(第四军医大学)

任雨笙、顾建河～:《明代医家刘纯生平初探》,《中华医史杂志》2000 年第 3 期。

《略谈〈卫生宝鉴〉中罗天益随军治案》,《中华医史杂志》2000 年第 1 期。

《中国古代的军队给水卫生》,《中华医史杂志》1997 年第 4 期。

《中国军事医学史研究 60 年》,《中华医史杂志》1996 年第 3 期。

《毒物在我国古代军事上的应用》,《中华医史杂志》1995 年第 4 期。

《宋代的军事医学》,《中华医史杂志》1994 年第 4 期。

《中华民国的卫生组织(1912—1949)》,《中华医史杂志》1989 年第 2 期。

《世界最早的医书校正机构与刻本医书——宋校正医书局与宋刻医书》,《第四军医大学学报》1987 年第 3 期。

《孙思邈在药物学上的成就和特点》,《陕西中医》1987 年第 3 期。

《中国古代军医院的设立》,《中华医史杂志》1985 年第 2 期。

《第二次国内革命战争时期的红军卫生工作》,《中华医史杂志》1984 年第 4 期。

《我国近百年来的医学教育》,《中华医史杂志》1982 年第 4 期。

《南宋的医学教育》,《中华医史杂志》1981 年第 3 期。

《隋唐的医学教育与卫生组织》,《人民保健》1960 年第 5 期。

《清代的医事制度史料》,《人民保健》1960 年第 2 期。

《明代的卫生组织与医学教育》,《人民保健》1959 年第 1 期。

《明代的军医制度》,《医学史与保健组织》1958 年第 2 期。

《宋金元的卫生组织》,《医学史与保健组织》1957 年第 2 期。

《的卫生组织和医学教育》,《中华医史杂志》1955 年第 4 期。

《王安石变法与北宋的医学教育》,《中华医史杂志》1955 年第 3 期。

《我国伟大的外科学家华佗》,《中华医史杂志》1955 年第 1 期。

《东汉末年的外科医家华佗》,《健康报》1954 年 12 月 7 日。

任育南~译:《人类社会中医学活动的起源》,《中华医史杂志》1954 年第 4 期。

~马堪温:《民间医生刘完素》,《中华医史杂志》1954 年第 3 期。

龚方(中央民族大学)

《"健康"的地方性表述——以青海省一个回族村落为例》,《中国穆斯林》2010 年第 4 期。

龚海洋(首都医科大学附属北京天坛医院)

~骆斌:《浅谈〈黄帝内经〉对肥胖的认识》,《北京中医药大学学报》2006 年第 3 期。

~张惠敏等:《古代医家对肥胖的认识》,《北京中医》2004 年第 6 期。

宫宏宇(新西兰国立尤坦理工学院 福建师范大学)

《晚清海关洋员与国际博览会上的中国音乐——以 1884 年伦敦国际卫生博览会为例》,《中央音乐学院学报》2015 年第 2 期。

《艾约瑟与晚清中国盲人音乐教育》,《音乐研究》2012 年第 2 期。

《基督教传教士与晚清中国的盲人音乐教育——以安格妮丝·郭士立、穆瑞为例》,《中央音乐学院学报》2012 年第 1 期。

龚济达(中央民族大学)

《云南省德宏州景颇族医药传统知识传承与发展现状研究》,中央民族大学硕士学位论文 2012 年。

弓箭(黑龙江中医药大学)

《中西医汇通、中医科学化、中西医结合的历史研究》,黑龙江中医药大学博士论文 2013 年。

~肖锋刚等:《中西医汇通及其中体西用论的失误》,《中医药学报》2013 年第 2 期。

~肖锋刚等:《中西医结合研究存在的主要问题》,《医学与哲学(A)》2013 年第 4 期。

肖锋刚~常存库:《中西医学科学成就内在结构相异性探讨》,《医学与哲学(A)》2013 年第 4 期。

肖锋刚~常存库:《中西医结合两法并用的状态及意义》,《中医药信息》2013 年第 2 期。

宫靖(哈尔滨师范大学)

《医学技术与医疗制度的哲学思考》,哈尔滨师范大学硕士学位论文 2013 年。

龚静源(武汉理工大学)

《中西医方法论比较研究——兼论中医的科学性》,武汉理工大学硕士学位论文 2003 年。

龚俊文（陕西师范大学）

《二十世纪以来福建灾害史研究述评》，《防灾科技学院学报》2017 年第 3 期。

巩镭（郑州大学）

《汉末三国时期疾病研究》，郑州大学硕士学位论文 2011 年。

巩丽（山东中医药大学）

～刘家义：《〈理虚元鉴〉中的预防思想》，《辽宁中医药大学学报》2012 年第 12 期。

龚莲英（华中师范大学）

《民国时期疫灾影响下的公共卫生意识变迁研究》，华中师范大学硕士学位论文 2012 年。

龚鹏（上海中医药大学附属曙光医院）

江岩、朱抗美～姜水印：《从古代医籍与名医医案处方管窥膏方的历史变迁》，《中国中医基础医学杂志》2019 年第 5 期。

～何裕民等：《论新时期中医学发展中的继承、扬弃与吸收》，《医学与哲学》2019 年第 3 期。

～朱抗美等：《海派膏方兴盛成因与思考》，《中医药导报》2016 年第 20 期。

黄兰英～刘玉良等：《〈伤寒杂病论〉心身疾病诊疗方法浅析》，《浙江中医药大学学报》2014 年第 2 期。

～何裕民：《"标本相得"理论探微——兼谈〈黄帝内经〉对医患沟通的理解》，《河南中医》2012 年第 7 期。

～江岩：《仁者与智者，谁活得更长？——儒家长寿观探微》，《中国民族民间医药》2011 年第 14 期。

～江岩：《冲突与融合——辨病与辨证之比较》，《中医药文化》2011 年第 4 期。

《从话语权的角度论中西医之争》，《中医药文化》2008 年第 5 期。

宫崎教四郎（日本千叶县历史教育者协议会）

～赵忠侠：《日军侵略中国及毒气战》，《博物馆研究》2006 年第 1 期。

龚千锋（江西中医药大学/江西中医学院）

周建芽～：《"樟帮"中医药文化的精神特质及发展展望》，《江西中医药大学学报》2017 年第 4 期。

钟凌云……周翔～杨明：《炮制技术流派——樟树帮药文化探究》，《中国实验方剂学杂志》2017 年第 2 期。

杨明……刘荣华～：《中药传统炮制技术传承与创新》，《中国中药杂志》2016 年第 3 期。

彭璐～李小宁等：《百药煎炮制历史沿革及现代研究》，《江西中医药大学学报》2016 年第 2 期。

颜冬梅……张金莲～：《江西传统炮制技术的研究进展》，《中药材》2016 年第 2 期。

钟凌云～杨明：《建昌帮炮制技术传承与发展初探》，《江西中医药》2015 年第 9 期。

马晓崴～：《马钱子的炮制沿革、药理作用及安全性的研究进展》，《江西中医药》2013 年第 3 期。

蒋以号……张庆华～：《枳壳炮制历史沿革研究》，《中华中医药杂志》2011 年第 2 期。

钟凌云～祝婧：《麻黄炮制历史沿革分析》，《中成药》2008 年第 12 期。

～祝婧等：《樟树药帮的历史与特色》，《江西中医学院学报》2007 年第 4 期。

蔡瑞利、刘高胜～：《地黄炮制的历史沿革及现代研究》，《江西中医学院学报》2006 年第 3 期。

宫庆东（山东中医药大学）

～张沁园等：《大黄黄连泻心汤历史源流及古今应用》，《山东中医药大学学报》2014 年第 1 期。

巩瑞波（吉林大学）

《伪满时期日本殖民侵略与中国东北中医药事业》，《北华大学学报（社会科学版）》2015 年第 3 期。

《日本侵略中国东北的卫生殖民机构略考》,《日本侵华史研究》2014 年第 4 期。

《新中国成立初期东北农村卫生工作研究》,吉林大学硕士学位论文 2013 年。

李雪~:《社会治理视角下新农村卫生工作的困境及出路——基于吉林省的实证分析》,《青岛农业大学学报(社会科学版)》2012 年第 3 期。

赵航~:《十六大以来东北地区农村卫生立法问题研究》,《长春工业大学学报(社会科学版)》2012 年第 4 期。

龚瑞怡(上海健康医学院)

~俞凯君等:《民国时期(1912—1949)医学期刊计量分析研究》,《上海高校图书情报工作研究》2017 年第 4 期。

龚胜生(华中师范大学)

~李孜沫等:《中国历史时期兵疫灾害的时空变迁研究》,《灾害学》2019 年第 1 期。

~李孜沫:《清代山西地区疫灾时空分布研究》,《干旱区资源与环境》2017 年第 6 期。

王晓伟~:《清代江南地区疫灾地理研究》,《中国历史地理论丛》2015 年第 3 期。

~王晓伟等:《元朝疫灾地理研究》,《中国历史地理论丛》2015 年第 2 期。

~龚冲亚等:《南宋时期疫灾地理研究》,《中国历史地理论丛》2015 年第 1 期。

~王晓伟等:《明代江南地区的疫灾地理》,《地理研究》2014 年第 8 期。

~张涛:《中国"癌症村"时空分布变迁研究》,《中国人口、资源与环境》2013 年第 9 期。

~罗碧波:《〈山海经〉的医学地理学价值》,《华中师范大学学报(自然科学版)》2012 年第 3 期。

~刘卉:《北宋时期疫灾地理研究》,《中国历史地理论丛》2011 年第 4 期。

~刘杨等:《先秦两汉时期疫灾地理研究》,《中国历史地理论丛》2010 年第 3 期。

~叶护平:《魏晋南北朝时期疫灾时空分布规律研究》,《中国历史地理论丛》2007 年第 3 期。

《20 世纪国外历史瘟疫灾害研究概述》,《史念海教授纪念文集》(西安:三秦出版社 2006 年)

《隋唐五代时期疫灾地理研究》,《暨南史学》2004 年 00 期。

《中国疫灾的时空分布变迁规律》,《地理学报》2003 年第 6 期。

《湖北瘟疫灾害的时空分布规律:770BC—AD1911》,《华中师范大学学报(自然科学版)》2003 年第 3 期。

《2000 年来中国地甲病的地理分布变迁》,《地理学报》1999 年第 4 期。

《历史医学地理学刍议》,《中国历史地理论丛》1998 年第 4 期。

蒋玲~:《近代长江流域血吸虫病的流行变迁及规律》,《中华医史杂志》1998 年第 2 期。

《中国古代长寿点区的地理分布及其环境背景的初步研究》,《中国历史地理论丛》1997 年第 3 期。

蒋玲、石云~:《长江流域近代鼠疫分布及流行特征的研究》,《地方病通报》1997 年第 3 期。

梅莉、晏昌贵~:《明清时期中国瘴病分布与变迁》,《中国历史地理论丛》1997 年第 2 期。

《中国先秦两汉时期疟疾地理研究》,《华中师范大学学报(自然科学版)》1996 年第 4 期。

《中国先秦两汉时期的医学地理学思想》,《中国历史地理论丛》1995 年第 3 期。

《中国古代房室养生术——来自自然的启迪》,《自然杂志》1993 年第 6 期。

《2000 年来中国瘴病分布变迁的初步研究》,《地理学报》1993 年第 4 期。

龚士明(南京市红十字医院)

《马王堆〈五十二病方〉中的酒略考》,《医古文知识》1991 年第 2 期。

贡树铭（上海工具中等专科学校/上海工具厂有限公司）

《〈太平广记〉医药情节撷析》，《中医药文化》2013年第4期。

《〈诗经〉中的采药章句撷释（再续）》，《中医药文化》2012年第5期。

《〈三国演义〉华佗医事评析》，《中医药文化》2012年第3期。

《〈红楼梦〉中的饮食养生》，《中医药文化》2012年第1期。

《孟子的养生观》，《中医药文化》2010年第5期。

《只将食粥致神仙》，《中医药文化》2010年第1期。

《〈镜花缘〉中的养生观》，《中医药文化》2009年第2期。

《不觅仙方觅睡方》，《中医药文化》2008年第4期。

《〈西游记〉中的养生术》，《决策与信息》2008年第3期。

《〈世说新语〉医药情节评述》，《中医药文化》2006年第4期。

《冯梦龙《三言》医药情节撷析》，《医古文知识》2005年第4期。

《能治怪病的"雷丸"》，《医古文知识》2005年第2期。

《金圣叹的"不亦快哉"——金氏最快乐设想亦即最佳养生心态》，《医古文知识》2004年第1期。

《〈聊斋志异〉中的情志调节》，《医古文知识》2003年第3期。

《〈红楼梦〉医道浅析》，《医古文知识》2003年第2期。

《〈水浒传〉中的茶及保健饮料》，《医古文知识》2002年第4期。

《中药名趣谈》，《医古文知识》2002年第3期。

《中国古代美容撷谈》，《医古文知识》2001年第4期。

《〈诗经〉中的采药章句撷释》，《医古文知识》2001年第2、3、5期。

《节令风俗中的中医药保健》，《医古文知识》2001年第1期。

《悟空亦有回春术——〈西游记〉医药点滴》，《医古文知识》2000年第4期。

《药食同源的枸杞和山药》，《医古文知识》2000年第3期。

《〈三国演义〉与中医学》，《医古文知识》2000年第2期。

《从古籍内撷析中药文化》，《医古文知识》1999年第1期。

龚腾飞（哈尔滨师范大学）

《中世纪后期英国疫病探究》，哈尔滨师范大学硕士学位论文2013年。

《黑死病对英国农业的影响》，《学理论》2012年第24期。

龚甜甜（西南大学）

《信阳地区城市医疗行业改造前的"宋胜元事件"研究（1952—1953）》，西南大学硕士学位论文2018年。

龚维义（安徽中医学院）

《孙思邈抗衰老医学思想初探》，《安徽中医临床杂志》1996年第4期。

《孙思邈对饮食卫生学贡献之初探》，《安徽中医学院学报》1983年第3期。

宫文婧（哈尔滨市社会科学院）

《民间藏日本细菌战史料的挖掘与利用》，《佳木斯大学社会科学学报》2017年第5期。

《论七三一旧址保护及学术研究问题》，《学理论》2016年第10期。

《关于七三一旧址申报世界遗产问题研究——以旧址保护及学术研究工作为例》，《学理论》2016年第8期。

《从日美苏三国档案看日本细菌战战术问题》,《武陵学刊》2016 年第 5 期。

《对一份新发现日本细菌战档案的解读》,《佳木斯大学社会科学学报》2016 年第 4 期。

《切实做好侵华日军七三一罪证遗址保护利用工作》,《奋斗》2015 年第 4 期。

《七三一部队对细菌战剂的研究、实验与选择——基于美国解密档案的调查》,《北方文物》2014 年第 3 期。

杨彦君～:《731 部队研制的细菌炸弹类型初探——基于美国解密日本细菌战档案的解读》,《北方文物》2013 年第 1 期。

《关于美国藏日本细菌战档案初步调查与研究——日军对细菌战攻击方式的研究及应用》,《学理论》2011 年第 30 期。

龚文君(中国人民大学)

《医疗纠纷行政调解:意义、问题及完善》,《云南行政学院学报》2015 年第 2 期。

《英国 NHS 制度的理念嬗变及对我国新医改的启示》,《当代经济管理》2012 年第 9 期。

《从制度扩面到质量提升:我国医疗保障制度的改革走向——基于社会质量理论的视角》,《兰州学刊》2012 年第 7 期。

～周健宇:《德国"混合型"医疗保障模式的理念、实践与启示》,《理论界》2012 年第 4 期。

龚向光(中国卫生部/复旦大学医学院/中国疾病预防控制中心/上海医科大学)

《世界医改启示录(十)马来西亚:法律规范医疗市场化改革》,《中国医院院长》2011 年第 21 期。

《马来西亚卫生体系改革及对我国的启示》,《中国卫生政策研究》2011 年第 7 期。

《蒙古国医疗卫生体制改革》,《卫生经济研究》2007 年第 9 期。

翟慎永～刘伟等:《农村疾病预防控制体系改革与思考》,《预防医学论坛》2006 年第 5 期。

胡善联……张崖冰～:《药品分类补偿的他国及地区经验》,《中国药房》2005 年第 5 期。

胡善联～:《香港特别行政区医院体制改革》,《国际医药卫生导报》2004 年 Z1 期。

～胡善联:《非处方药品报销管理的国际经验借鉴》,《中国药房》2004 年第 4 期。

～王园:《英国国家卫生服务体系中的内部市场》,《中国卫生产业》2003 年第 12 期。

《论政府在公共卫生领域的职能》,《中国卫生经济》2003 年第 11 期。

《中国公共卫生的制度分析》,《中国卫生经济》2003 年第 11 期。

《从公共卫生内涵看我国公共卫生走向》,《卫生经济研究》2003 年第 9 期。

胡善联……张崖冰～:《药品分类补偿的经验借鉴》,《卫生经济研究》2003 年第 6 期。

胡善联～:《中国急性心肌梗塞的疾病经济负担》,《中国卫生经济》2003 年第 5 期。

～胡善联:《澳大利亚经验对我国药品价格管制的启示》,《中国卫生经济》2002 年第 11 期。

～胡善联:《德国医院体制改革》,《卫生经济研究》2002 年第 7 期。

胡善联～:《台湾地区医院体制改革》,《卫生经济研究》2002 年第 5 期。

～胡善联:《英国医院体制改革》,《卫生经济研究》2002 年第 3 期。

胡善联～:《香港特别行政区医院体制改革》,《卫生经济研究》2002 年第 1 期。

胡善联～:《新加坡医院体制改革》,《卫生经济研究》2001 年第 11 期。

～胡善联等:《贫困地区农民对合作医疗的意愿支付》,《中国初级卫生保健》1998 年第 8 期。

龚向前(北京理工大学/清华大学/武汉大学)

《传染病控制与当代国际法变革的新趋势——以〈国际卫生条例〉(2005)为例》,《法学评论》2011 年第 1 期。

《病毒共享的国际法思考》,《政法论丛》2010 年第 5 期。

《生物安全保障的法律问题研究》,《武汉大学学报(哲学社会科学版)》2009 年第 3 期。

《众善之首:健康权析论》,《医学与哲学(人文社会医学版)》2009 年第 3 期。

《送走瘟神之道——传染病控制与人权保障》,《比较法研究》2007 年第 6 期。

《人权保障与我国传染病控制法律体系的完善》,《中国卫生事业管理》2006 年第 9 期。

《论〈国际卫生条例〉在中国的适用》,《河北法学》2006 年第 4 期。

《传染病全球化与全球卫生治理》,《国际观察》2006 年第 3 期。

《试析国际法上的"软法"——以世界卫生组织"软法"为例》,《社会科学家》2006 年第 2 期。

《传染病控制之国际法问题研究》,武汉大学博士学位论文 2005 年。

龚小雪(四川大学)

《清代城市公共卫生管理研究》,四川大学硕士学位论文 2006 年。

龚醒斋

《中国按摩术在医学史上之地位》,《国医公报》1936 年第 6、7 期。

巩艳(白求恩医科大学)

~陈建平:《诺贝尔医学奖获得者成功的道德因素》,《中国医学伦理学》1999 年第 5 期。

《1947 年辽吉地区鼠疫流行情况以及防疫工作成就》,《中国科技史杂志》1996 年第 4 期。

龚怡(北京首都医科大学)

《牙齿及口腔颌面部解剖学的演进》,《中华医史杂志》2009 年第 6 期。

《牙齿充填材料的改进》,《中华医史杂志》2008 年第 4 期。

~李金陆等:《新石器时期人类牙齿解剖学观察分析及与现代人类比较研究》,《北京口腔医学》2006 年第 4 期。

~李金陆等:《新石器时期人类牙齿疾病的观察分析》,《北京口腔医学》2006 年第 3 期。

~李金陆等:《新石器时期人类牙齿磨耗与饮食习惯》,《北京口腔医学》2005 年第 3 期。

~杨圣辉:《古人类牙齿生理解剖及口腔疾病》,《中华医史杂志》2005 年第 2 期。

~杨圣辉等:《新石器时期人类与现代人类第三磨牙牙体测量及阻生情况的比较研究》,《北京口腔医学》2004 年第 2 期。

~杨圣辉:《中国口腔医学发展史的教学特色》,《北京口腔医学》2003 年第 2 期。

官宜灵(郧阳医学院)

~马菊华:《对社会转型期医疗行为失序现象的分析》,《中国社会医学杂志》2009 年第 6 期。

龚钰清(湖北中医药大学)

~盛国光:《论〈黄帝内经〉之养生观》,《贵阳中医学院学报》2013 年第 2 期。

龚元之(北京大学)

《当前祝由医疗研究之疑难与新方向》,《书目季刊》第 44 卷第 3 期(2010.12)。

官月欣(西藏民族大学)

《葛洪养生思想研究》,西藏民族大学硕士学位论文 2016 年。

官正(中共深圳市委党校/中共中央党校)

《建国前中国共产党对中医政策的探索与意义》,《佳木斯教育学院学报》2012 年第 8 期。

《新中国中医方针政策的历史考察》,中共中央党校博士学位论文 2011 年。

《试论新中国农村合作医疗制度的初步发展》,《理论界》2010 年第 9 期。

《农村合作医疗制度的历史实践及思考》,中共中央党校硕士学位论文 2007 年。

苟国立(西南大学)

《从〈说文解字〉看汉代医学之概况》,《中医药文化》2009 年第 3 期。

苟兴朝(四川大学)

《抗战时期的"虽残不废"运动》,《文史杂志》2007 年第 5 期。

《抗战时期成都的"伤兵之友"运动》,《文史杂志》2006 年第 3 期。

《抗战时期海外的"伤兵之友"运动》,《西南交通大学学报(社会科学版)》2006 年第 2 期。

《抗战时期的"伤兵之友"运动》,四川大学硕士学位论文 2006 年。

古兵那·尼卡(黑龙江大学)

《俄罗斯医疗服务业发展研究》,黑龙江大学硕士学位论文 2015 年。

谷操(南京大学)

~闵凡祥:《拜占庭医学发展特征初探》,《苏州科技学院学报(社会科学版)》2016 年第 5 期。

《驱逐与救助:中世纪西欧的麻风病》,南京大学硕士学位论文 2016 年。

谷峰(辽宁中医药大学)

《〈黄帝内经〉治疗学理论对临床的几点启示》,《中医学报》2019 年第 11 期。

《汗证辨治六法及验案举隅》,《国际中医药杂志》2019 年第 8 期。

《清代医家顾世澄生平及〈疡医大全〉探微》,《安徽中医药大学学报》2019 年第 5 期。

朱鹏举、陈士玉~:《古医家论治牙痛理论源流及思路初探》,《黄秋中医药》2017 年第 4 期。

~朱鹏举等:《〈医书汇参辑成〉版本流传及其学术特色》,《河南中医》2016 年第 11 期。

金福鑫~:《〈黄帝内经〉眼病述要》,《中国中医基础医学杂志》2016 年第 6 期。

刘明欣、王荣~:《〈外科正宗〉对痔的诊疗特色探析》,《时珍国医国药》2016 年第 1 期。

金福鑫~:《〈黄帝内经〉眼病病因浅析》,《内蒙古中医药》2015 年第 8 期。

~石岩:《古今中医外科框架演变分析》,《世界中西医结合杂志》2015 年第 4 期。

樊旭、王明伟~廖威:《〈养性延命录〉之学术思想研究》,《中华中医药学刊》2015 年第 4 期。

~朱鹏举等:《清代名医蔡宗玉生平考略》,《中医文献杂志》2015 年第 3 期。

回世洋、张炎~:《消渴目病病因病机文献溯源》,《辽宁中医药大学学报》2014 年第 12 期。

樊旭~:《隋唐医学分科解析》,《时珍国医国药》2014 年第 2 期。

颜辉~:《华佗"头痛身热"医案析疑》,《辽宁中医药大学学报》2013 年第 3 期。

陈凤春~:《金元四大家辨治水液病变探析》,《长春中医药大学学报》2013 年第 3 期。

陈凤春~:《从〈黄帝内经〉看中医对酒的认识》,《中医药导报》2013 年第 2 期。

《中医"头痛"病名考辨》,《吉林中医药》2012 年第 9 期。

吕爱平~张冰冰等:《肾藏精的中国古代哲学基础》,《中华中医药学刊》2012 年第 5 期。

陈凤春~:《明清温病学派重视津液思想概述》,《中国中医药现代远程教育》2012 年第 1 期。

《中医学"津液"概念探析》,《中国中医基础医学杂志》2010 年第 6 期。

~潘桂娟:《古今〈内经〉理论体系研究之评价》,《中华中医药学刊》2009 年第 8 期。

《〈黄帝内经〉医学心理学思想的理论价值》,《河南中医》2007 年第 6 期。

《〈内经〉形成丰厚社会医学思想的原因探析》,《中医研究》2007 年第 5 期。

《〈皇帝内经〉对社会心理疾病的认识》,《中医药临床杂志》2007 年第 3 期。

《中国古代医生面面观》,《中医药文化》2007 年第 3 期。

谷凤娟(辽宁大学)

《辽东民间儿童收惊习俗研究》,辽宁大学硕士学位论文 2012 年。

顾广梅(山东师范大学)

《女性疾病与隐喻——以中国现代女性文学中的三部短篇小说为例》,《广西社会科学》2006 年第 9 期。

顾海(南京大学)

景抗震～:《家庭债务对老年家庭医疗保健消费的影响》,《河海大学学报(哲学社会科学版)》2019 年第 5 期/《社会科学文摘》2019 年第 11 期。

～刘曦言:《多元主体视角下远程医疗协同监管体系构建》,《卫生经济研究》2019 年第 11 期。

～华慧慧等:《CAS 理论视角下政府主导的远程医疗救助体系运行机制研究》,《中国卫生经济》2019 年第 11 期。

～吴迪等:《以医疗机构为主导的远程诊断与护理体系研究——基于复杂适应系统理论》,《卫生经济研究》2019 年第 10 期。

～吴迪等:《我国远程诊断体系构建研究》,《医学与社会》2019 年第 9 期。

～吴迪等:《我国区域远程会诊服务平台构建研究》,《中国卫生政策研究》2019 年第 7 期。

～刘曦言:《互联网医疗信息外溢对健康人力资本的传导机制——基于劳动力微观数据的中介效应研究》,《河北经贸大学学报》2019 年第 6 期。

景抗震～:《中国基本医疗保险对患者医疗支出负担的影响机理研究——来自省级层面 2003—2014 年面板数据的证据》,《学海》2019 年第 5 期。

崔楠～赵俊等:《CAS 理论视角下我国远程医疗服务运行机制研究》,《中国卫生事业管理》2019 年第 5 期。

～崔楠等:《基于复杂适应系统理论视角下我国远程医疗特征研究》,《中国卫生政策研究》2019 年第 3 期。

曹红梅、胡红岩～张燕如等:《结构—过程—结果视角下的远程医疗服务质量评价》,《卫生经济研究》2019 年第 3 期。

《统筹城乡医保制度、与收入相关的医疗服务利用和健康不平等》,《社会科学辑刊》2019 年第 2 期。

尤华～宋宝香等:《基于健康信念模式产妇分娩方式的影响因素》,《中国心理卫生杂志》2019 年第 2 期。

～许新鹏等:《城乡居民大病保险制度实施现状、问题及运行效果分析》,《中国卫生经济》2019 年第 1 期。

～崔楠等:《我国远程医疗实施的影响因素分析——基于 CAS 理论》,《卫生经济研究》2018 年第 11 期。

崔楠～景抗震:《新医改背景下远程医疗发展的 SWOT 分析》,《卫生经济研究》2018 年第 5 期。

《医保整合要实现更高层次的公平》,《中国医疗保险》2018 年第 2 期。

丁一磊、杨妮超～:《中国农村居民大病保险保障水平影响因素实证研究》,《现代京剧探讨》2017 年第 10 期。

丁一磊、杨妮超～:《中国农村居民重大疾病保障制度评价指标体系构建及运行效果分析——以东中西部 101 个医保统筹地区为例》,《南京农业大学学报(社会科学版)》2017 年第 6 期。

马超~宋泽:《补偿原则下的城乡医疗服务利用机会不平等》,《经济学(季刊)》2017 年第 4 期。

马超~孙徐辉:《医保统筹模式对城乡居民医疗服务利用和健康实质公平的影响——基于机会平等理论的分析》,《公共管理学报》2017 年第 12 期。

马超~孙徐辉:《城乡医保统筹有助于农业流动人口心理层面的社会融入吗?》,《中国农村观察》2017 年第 2 期。

尤华、赵广川~:《中国农村居民医疗卫生负担差距研究》,《现代经济探讨》2016 年第 12 期。

~孙军:《统筹城乡医保制度绩效研究》,《东岳论丛》2016 年第 10 期。

赵广川~:《医疗保险与医疗服务利用不平等分解》,《浙江社会科学》2016 年第 5 期。

赵广川~郭俊峰:《社会经济地位变迁与医疗服务利用不平等:《2000—2011》,《公共管理学报》2016 年第 2 期。

马超、赵广川~:《城乡医保一体化制度对农村居民就医行为的影响》,《统计研究》2016 年第 4 期。

《城乡整合宜分两阶段推进》,《中国医疗保险》2016 年第 4 期。

马超、宋泽~:《医保统筹对医疗服务公平利用的政策效果研究》,《中国人口科学》2016 年第 1 期。

卫陈~:《基于解释结构模型的儿童用药有效供给制约因素分析》,《中国全科医学》2015 年第 31 期。

《典型国家和地区罕见病治疗药物医疗保障制度的经验借鉴——兼论我国建立罕见病治疗药物医疗保障制度的必要性》,《价格理论与实践》2015 年第 6 期。

~罗新录:《患者选择公立或民营医院就诊的影响因素分析——以中老年患者为例》,《中国卫生政策研究》2015 年第 5 期。

~马超等:《医疗领域的城乡差距与城乡不公正——以门诊患者为例》,《南京农业大学学报(社会科学版)》2015 年第 4 期。

赵广川、马超~孙徐辉:《"环境"还是"努力"?——医疗服务利用不平等的夏普里值分解》,《经济学报》2015 年第 3 期。

马超~孙徐辉:《参合更高档次的医疗保险能促进健康吗?——来自城乡医保统筹自然实验的证据》,《公共管理学报》2015 年第 2 期。

马超~韩建宇:《我国健康服务利用的机会不平等研究——基于 CHNS2009 数据的实证分析》,《公共管理学报》2014 年第 2 期。

《中国统筹城乡医疗保障制度模式与路径选择》,《学海》2014 年第 1 期。

孙嘉尉~:《国外大病保障模式分析及启示》,《兰州学刊》2014 年第 1 期。

张希兰~徐彪:《医疗服务价格调整的经济效应及政策启示》,《统计与决策》2013 年第 20 期。

~马超等:《医保统筹地区城乡医疗服务利用差异的因素分解》,《统计与信息论坛》2013 年第 6 期。

孙嘉尉~:《国外基本医疗保险体系中的商业参与——兼论公共物品供给》,《社会保障研究》2013 年第 4 期。

李佳佳~徐凌忠:《统筹城乡医疗保障制度的资源分配效应研究》,《中国卫生经济》2013 年第 4 期。

李佳佳~徐凌忠:《统筹城乡医疗保障制度的福利分配效应——来自江苏省的实地调查数据》,《经济与管理研究》2013 年第 3 期。

~张希兰等:《城乡医疗保障制度的受益归属及政策含义》,《南京农业大学学报(社会科学版)》

2013年第1期。

马超～李佳佳:《我国医疗保健的城乡分割问题研究——来自反事实分析的证据》,《经济学家》2012年第12期。

丁锦希、李晓婷～:《新型农村合作医疗制度对农户医疗负担的影响——基于江苏、安徽、陕西的调研数据》,《农业经济问题》2012年第11期。

《大病医保,太仓提供了什么经验?》,《社会观察》2012年第11期。

徐彪～:《"公立医院收入结构调整"能缓解看病贵吗?——基于预算平衡下的医疗费用控制》,《经济与管理研究》2012年第9期。

张磊～王江曼:《完善我国过专利期原研药定价机制思考》,《价格理论与实践》2012年第4期。

～李佳佳等:《我国城乡居民的医疗需求差异研究——基于Oaxaca-Blinder方法的回归分解》,《学海》2012年第3期。

～李佳佳:《机会不平等对城乡居民医疗需求的影响研究》,《江苏社会科学》2012年第2期。

～李佳佳:《城乡医疗保障制度的统筹模式分析——基于福利效应视角》,《南京农业大学学报(社会科学版)》2012年第1期。

丁锦希……孙晓东～:《创新药物研发激励政策的量化分析》,《科技进步与对策》2011年第19期。

《参合农户医疗服务需求影响因素分析——基于江苏海门、安徽金寨、陕西户县的调研》,《南京社会科学》2011年第10期。

《国外药品采购谈判实践及启示》,《中国医疗保险》2011年第9期。

丁锦希、邵美令～:《中美公共医疗保险制度的比较研究——以美国Medicaid计划和我国新农合制度为实证研究对象》,《西北人口》2011年第6期。

～王川:《新型农村合作医疗制度补偿标准的区域差异化研究——基于江苏省海门市、安徽省金寨县、陕西省户县三地》,《学海》2011年第2期。

～胡大洋等:《新医改对我国医疗保障制度发展的影响》,《中国卫生政策研究》2011年第1期。

丁锦希～耿露等:《新医改政策框架下医疗费支付方式评价分析——基于对江苏省新农合付费方式的实证研究》,《云南社会科学》2011年第1期。

～王江曼:《农民视角下的新型农村合作医疗制度实践效果分析——以海门、金寨两地为例》,《中国卫生政策研究》2010年第11期。

～李佳佳:《城镇居民医疗保险的二次补偿机制研究——以江苏省为例》,《南京社会科学》2010年第9期。

《根据农民工群体变化设计医保关系转接政策》,《中国医疗保险》2010年第7期。

～王伟等:《农村居民医疗消费行为的变化及对策研究——以海门市为例》,《卫生软科学》2010年第6期。

～胡大洋等:《城乡医保统筹的制度性思考——基于江苏9地的实证依据》,《中国医疗保险》2010年第3期。

景鑫亮～:《浅析江苏省医疗保障体系中的大病保障问题》,《上海医药》2009年第9期。

～李佳佳:《江苏省城镇居民医疗保险受益公平性研究——基于收入差异视角》,《学海》2009年第6期。

～胡大洋等:《江苏省构建城乡医保统筹制度研究》,《江苏社会科学》2009年第6期。

~王维:《江苏省城镇居民医疗保险的筹资公平性研究——基于 1500 份调查问卷的实证分析》,《江苏行政学院学报》2009 年第 6 期。

~李佳佳:《国外医疗服务体系对我国医疗卫生体制改革的启示与借鉴》,《世界经济与政治论坛》2009 年第 5 期。

~王江曼:《江苏省城镇居民医疗保险问题及对策》,《中国卫生政策研究》2009 年第 5 期。

~李磊等:《医疗保险视角下我国慢性粒细胞白血病治疗方案评价探析》,《中国药物经济学》2009 年第 3 期。

~杨心婷:《我国城市社区健康教育现状分析与对策研究》,《卫生软科学》2009 年第 2 期。

《我国医药企业 R&D 能力与企业可持续发展关系研究》,《现代管理科学》2008 年第 5 期。

《我国医疗顾客满意度指数模型构建》,《现代经济探讨》2008 年第 4 期。

《城镇居民医疗顾客满意度指数的实证研究》,《南京社会科学》2008 年第 3 期。

吴艳~:《完善新型农村合作医疗管理运行机制的探讨》,《中国农村卫生事业管理》2007 年第 11 期。

~邱童:《对过期药品加强监管和组织回收有重要意义》,《中国药业》2007 年第 10 期。

~卫陈:《中国医药制造业的区位分析》,《南京社会科学》2007 年第 9 期。

~鲁翔等:《英国医保模式对我国医保制度的启示与借鉴》,《世界经济与政治论坛》2007 年第 5 期。

刘勇~:《关于新药风险投资的发展策略研究》,《现代经济探讨》2002 年第 8 期。

顾行洋(浙江工业大学)

《健康传播活动中我国媒体的新定位——以甲型 H1N1 流感事件为例》,《新闻爱好者》2009 年第 21 期。

谷浩荣(北京中医药大学)

《基于概念隐喻的中医藏象学说研究》,北京中医药大学博士学位论文 2014 年。

顾华

《璀灿夺目的医学界双星——许天禄和许汉光夫妇》,《岭南文史》1998 年第 2 期。

顾加栋(南京医科大学/南京大学/南京医科大学)

殷璐……高熹~:《三甲医院医疗纠纷发生现状及影响因素分析——基于医、患、家属三方视角》,《卫生经济研究》2019 年第 12 期。

马文文~:《基于认知调查的医疗知情同意制度民意基础研究》,《南京医科大学学报(社会科学版)》2019 年第 3 期。

吴艳~:《100 例儿童医疗损害案例中医方过错分析》,《江苏卫生事业管理》2019 年第 2 期。

~邓健雅:《药品损害诉讼侵权事实证明的几个问题》,《南京医科大学学报(社会科学版)》2019 年第 1 期。

吴单~:《医疗损害鉴定制度优化的实证研究——以 2016 年 N 市及 H 市两级法院审判数据为基础》,《中国卫生事业管理》2018 年第 2 期。

周贝贝~:《医疗广告政府监管职责的大众认知及诉求研究》,《国外医学卫生经济分册》2017 年第 2 期。

《医疗领域聚众扰乱社会秩序罪适用的几个问题》,《中国卫生事业管理》2016 年第 5 期。

周贝贝~:《医疗纠纷人民调解制度发展与创新》,《南京医科大学学报(社会科学版)》2016 年第

1 期。

《医学研究受试者权利及其保护的基本问题》,《医学与哲学(A)》2015 年第 5 期。

邱茜茜~:《媒体传播与医患纠纷:应有作用、不良现象与良性互动》,《国外医学(卫生经济分册)》2014 年第 4 期。

姜柏生~:《人体试验受试者人格权保护研究》,《中国卫生事业管理》2013 年第 12 期。

~雷海:《医政管理语境中"非法行医"之内涵及应然性分析——以 1978 年以来国家卫生部相关文件为基础》,《南京医科大学学报(社会科学版)》2013 年第 5 期。

王峰~:《人权与传染病患者权益保护》,《赤峰学院学报(汉文哲学社会科学版)》2012 年第 12 期。

~周祥龙:《佛教医学思想简论》,《南京中医药大学学报(社会科学版)》2010 年第 1 期。

~周祥龙:《略论佛教医学的思想源流及其中国化》,《医学与哲学(人文社会医学版)》2010 年第 6 期。

《医乃仁术:〈儒家伦理与医学职业道德建设〉》,《中国医学伦理学》2008 年第 6 期。

《试论非法行医罪的主观方面》,《法律与医学杂志》2004 年第 3 期。

谷加恩(淄博职业学院/广西师范大学)

《新型农村合作医疗:既要帮"治"也要助"防"》,《卫生经济研究》2007 年第 10 期。

《人民公社时期农村合作医疗事业成功的原因分析》,《武汉职业技术学院学报》2006 年第 1 期。

顾佳佳(南海区狮山镇罗村第一初级中学)

~吴树文:《从兴起到复员:近代广州助产学校的演变》,《岭南文史》2015 年第 2 期。

谷建军(辽宁中医药大学)

吴瑾怡~:《从"水土合德"论郑钦安先后天一元论思想》,《江西中医药》2019 年第 7 期。

王位~:《〈外台秘要〉肾病分类及其病因病机》,《河南中医》2019 年第 5 期。

《论宋徽宗〈圣济经〉坎离致用,啬精守神的心肾观》,《中华中医药杂志》2018 年第 11 期。

《论宋徽宗〈圣济经〉儒道兼融的气本体论医学思想》,《中华中医药杂志》2018 年第 10 期。

《论宋徽宗〈圣济经〉〈圣济总录〉之言道与载具》,《中华中医药杂志》2018 年第 9 期。

~李成文:《从整理国故论当代中医古籍整理方法的深化》,《北京中医药大学学报》2018 年第 6 期。

冯亚慧~:《明代缪希雍脾阴学说内涵探析》,《江西中医药》2017 年第 12 期。

~王育林:《论经学对〈黄帝内经〉学术发展的影响》,《中医文献杂志》2016 年第 5 期。

《清代名儒景日昣及其〈嵩厓尊生书〉》,《中医文献杂志》2015 年第 1 期。

谢扬~:《辽河流域近代医学流派述略》,《辽宁中医药大学学报》2013 年第 6 期。

《辽宁医学名家庆云阁伤寒学术思想述略》,《中医文献杂志》2013 年第 3 期。

~庄乾竹:《宋代经学学风对宋金元时期伤寒学术研究的影响》,《世界中西医结合杂志》2012 年第 10 期。

《论〈四库全书总目〉视角中的金元医学流派》,《北京中医药大学学报》2012 年第 6 期。

~赵艳:《扶阳学派对肾命学说的发展》,《江西中医药》2011 年第 12 期。

~李然等:《〈备急千金要方〉脏腑证与情志异常的关系》,《中医药信息》2011 年第 5 期。

~庄乾竹:《中医脏腑辨证的形成与发展源流》,《世界中西医结合杂志》2011 年第 5 期。

~赵艳:《试论金元医学的文化多样性》,《江苏中医药》2011 年第 4 期。

~赵艳:《〈卫生宝鉴〉误治案评析》,《陕西中医学院学报》2011 年第 3 期。

第一部分 论文索引 G 371

~李海波:《〈备急千金要方〉肝脏辨证引发的思考》,《中国民间疗法》2011 年第 3 期。

《〈备急千金要方〉脏腑辨证与八纲辨证的关系》,《世界中西医结合杂志》2010 年第 11 期。

曹瑛~:《儒家孝悌之道对传统生命价值观的影响》,《医学与哲学(人文社会医学版)》2010 年第 8 期。

顾剑徵(宁波市档案局)

《昔日宁波教会医院》,《浙江档案》2009 年第 3 期。

顾金祥(上海卫生检疫局)

吕祥宝~:《中国国境卫生检疫 120 年》,《中国国境卫生检疫杂志》1993 年第 5 期。

《我国海港检疫史略》,《国境卫生检疫》1983 年 S1 期。

顾科文

《关于中医伤科"接骨方药"的文献整理》,《上海中医药杂志》1963 年第 8 期。

顾奎兴(江苏省肿瘤防治研究所)

《江苏历代医家、医籍及其地域分布研究》,《南京中医药大学学报》1999 年第 4 期。

顾漫(中国中医科学院/复旦大学)

~周琦等:《天回医简〈经脉〉残篇与〈灵枢·经脉〉的渊源》,《中国针灸》2019 年第 10 期。

罗琼~:《经方"火剂"新证——以天回汉墓出土医简为证》,《中国中医基础医学杂志》2019 年第 9 期。

申玮红、周琦~:《〈黄帝内经〉"劫刺"与〈太素〉"却刺"之辨》,《中国针灸》2019 年第 2 期。

周勇杰、翁晓芳~:《张骥生平考》,《中华医史杂志》2019 年第 2 期。

罗琼~柳长华:《天回医简〈治六十病和齐汤法〉释名考证》,《中国中药杂志》2018 年第 19 期。

~柳长华:《天回汉墓医简中〈通天〉的涵义》,《中医杂志》2018 年第 13 期。

~周琦等:《天回汉墓医简中的刺法》,《中国针灸》2018 年第 10 期。

周勇杰、宋白杨~:《利用出土文献研究〈黄帝内经〉综述》,《中医文献杂志》2018 年第 6 期。

柳长华~周琦等:《四川成都天回汉墓医简的命名与学术源流考》,《文物》2017 年第 12 期。

金陵……柳长华~周琦等:《四川成都天回汉墓医简整理简报》,《文物》2017 年第 12 期。

程志立~周彭等:《"神仙"与"长生不死"的医道新诠》,《中华中医药杂志》2017 年第 3 期。

程志立~国华等:《孙思邈与炼丹术和丹药服食养生及思考》,《中华中医药杂志》2016 年第 3 期。

程志立……秦培洁~程志强:《中药炮制技术流变及标准制定的思考》,《中华中医药杂志》2016 年第 2 期。

罗琼~:《神农与伊尹》,《中国医学人文》2015 年第 4 期。

宋白杨~:《神医扁鹊》,《中国医学人文》2015 年第 1 期。

罗琼……成莉~:《〈神农本草经〉在我国药物规范历史中的地位探讨》,《北京中医药》2015 年第 1 期。

王体……程至立~曹丽娟等:《〈内经图〉之"姹女"在内丹养生中的功用》,《中国医学创新》2014 年第 36 期。

王凤兰、冀翠敏~宋歌等:《传统医药非物质文化遗产大事记》,《江西中医学院学报》2012 年第 4 期。

艾青华~柳长华:《〈汉书·艺文志·方技略〉著录体例与中医文献的流变》,《中医文献杂志》2012

年第 2 期。

~柳长华等:《汉代经方的源流及与医经的融合》,《中医杂志》2011 年第 8 期。

艾青华、柳长华~:《中医古籍体例研究概述》,《中医文献杂志》2011 年第 5 期。

罗琼~柳长华等:《"大病之主"源流考究》,《北京中医药》2011 年第 2 期。

《中医古籍体例中体现的学术思想》,《中医文献杂志》2011 年第 1 期。

罗琼、柳长华~:《汉代"经方"的著录与"本草"关系考》,《中华医史杂志》2010 年第 6 期。

王凤兰、罗琼~:《北京地区中医非物质文化遗产代表性传承人现状调查》,《中国中医药信息杂志》2009 年第 3 期。

《〈温病条辨〉汗下禁忌溯源与评价》,《中国中医基础医学杂志》2007 年第 4 期。

尚勇~:《中医虚、劳、损、伤概念的分合衍变》,《江西中医药》2007 年第 4 期。

《陈自明〈外科精要〉版本考略》,《中华医史杂志》2007 年第 1 期。

《中医古籍整理与学术传承》,中国中医科学院博士学位论文 2007 年。

顾鸣盛

《医学流派略论》,《医学报》1910 年第 1 期。

顾牛范(宣城地区精神病院)

~江三多等:《畲族文化和精神疾患》,《上海精神医学》1983 年第 1 期。

谷骞(武汉大学)

《论预防接种损害的国家赔偿责任——从〈疫苗管理法〉第九十六条》,《贵州社会科学》2019 年第 8 期。

顾汝骏

《我国解剖学与生理学概说》,《中医世界》1937 年第 5 期。

谷胜东(中国中医研究院)

《金元时期食疗养生方剂特色》,《中华医史杂志》2005 年第 3 期。

《金元时期社会因素对方剂学发展的影响》,《中华医史杂志》2003 年第 3 期。

《口疳专著〈走马急疳真方〉》,《中华医史杂志》2002 年第 3 期。

谷硕(辽宁大学)

《〈大公报〉的禁烟禁毒宣传研究(1916—1925)》,辽宁大学硕士学位论文 2013 年。

顾思臻(上海中医药大学附属曙光医院)

~窦丹波:《李东垣药证(症)初探》,《上海中医药杂志》2017 年第 10 期。

~窦丹波:《〈内外伤辨惑论〉论治汴京大疫发微》,《浙江中医药大学学报》2016 年第 6 期。

~窦丹波:《析李东垣"阴火"理论形成的历史背景》,《中医药文化》2015 年第 3 期。

~窦丹波:《浅论〈金匮要略〉对于肺系疾病的论治》,《河北中医》2014 年第 9 期。

~窦丹波:《仲景治利浅析》,《四川中医》2014 年第 3 期。

谷素云(北京中医药大学)

《道地药材形成和变迁因素的文献研究》,北京中医药大学硕士学位论文 2007 年。

顾惕生

《伤寒论考》,《中医新生命》1935 年第 10 期。

顾维方(上海交通大学)

~李玉尚:《疾病生态史视角下的徽州历史新探——以渔梁坝与歙县血吸虫病为例》,《苏州大学学报(哲学社会科学版)》2017年第6期。

～李玉尚:《太平天国战争后浙江省开化县的血吸虫病与移民》,《中国历史地理论丛》2017年第3期。

《江西省余江县水利事业发展与血吸虫病流行关系研究》,上海交通大学硕士学位论文2012年。

李玉尚～:《都天与木莲:清代云南鼠疫流行与社会秩序重建》,《社会科学研究》2012年第1期。

顾武军(南京中医药大学/南京中医学院)

《〈伤寒论〉治脾法》,《南京中医药大学学报》2011年第5期。

《吴鞠通对〈伤寒论〉的继承与发展》,《南京中医药大学学报》2009年第2期。

《〈伤寒论〉治肺法》,《南京中医药大学学报》2008年第3期。

裘惠萍～:《〈伤寒论〉肝胆病治法浅述》,《南京中医药大学学报》2007年第2期。

《〈伤寒论〉脏腑辨证探微》,《南京中医药大学学报》2006年第4期。

王缨、朱建军～:《〈伤寒论〉下法应用探析》,《辽宁中医药大学学报》2006年第4期。

武建设、连建伟～:《调理肝脾法在〈伤寒论〉中的应用》,《中医药学刊》2005年第11期。

《〈伤寒论〉霍乱病篇评述》,《南京中医药大学学报》2005年第4期。

刘敏……吴承峰～:《大黄在〈伤寒论〉中的应用探微》,《中国中医急症》2005年第4期。

《〈伤寒论〉少阴病篇评述》,《南京中医药大学学报》2004年第5期、2005年第1期。

《〈伤寒论〉太阴病篇评述》,《南京中医药大学学报》2004年第3期。

黄金玲～:《张仲景运用〈内经〉因势利导治疗法则探要》,《安徽中医学院学报》2004年第2期。

《〈伤寒论〉少阳病篇评述》,《南京中医药大学学报》2002年第6期、2003年第1期。

《〈伤寒论〉阳明病篇有关问题评述》,《南京中医药大学学报(自然科学版)》2002年第2期。

《〈伤寒论〉太阳病篇若干问题评述》,《南京中医药大学学报(自然科学版)》2001年第1、2、3期。

《〈伤寒论〉方临床运用刍议》,《南京中医药大学学报》1999年第6期。

《〈伤寒论〉治未病思想浅析》,《南京中医药大学学报》1997年第1期。

《〈伤寒论〉方证辨证探析》,《南京中医药大学学报》1995年第2期。

《张锡纯对〈伤寒论〉的研究》,《南京中医学院学报》1991年第1期。

《〈伤塞论〉治肺法及其意义》,《南京中医学院学报》1983年第4期。

《吴考槃谈〈伤寒论〉》,《湖北中医杂志》1982年第2期。

谷晓阳(首都医科大学/北京大学)

～甄橙:《从〈胰岛素〉岛〈胰岛萌〉——中国胰岛素生产溯源》,张大庆等主编《全球视野下的医学文化史》(北京:中国协和医科大学出版社2019年)。

金乐帆～:《外科医生李斯顿:300%死亡率的背后》,《中国医学人文》2019年第11期。

《良师高徒:魏吉与青年诸福棠之交往》,《协和医学杂志》2019年第6期。

《中华医史学会早期的西医会员及其医学史工作》,《中华医史杂志》2019年第6期。

《内外融通,雅俗兼得——评〈近代西医技术的引入和传播〉》,《中华医史杂志》2019年第5期。

～甄橙等:《真假糖尿病:从胡适的糖尿病说起》,《中华糖尿病杂志》2019年第5期。

《北京协和医院社会服务部:民国时期医学与社会剪影》,《协和医学杂志》2019年第3期。

～李乃适:《王叔咸在协和:中国早期糖尿病临床研究》,《中华糖尿病杂志》2019年第1、2期。

～甄橙:《是化合物还是药物——结晶胰岛素与胰岛素历史渊源初探》,《自然辩证法通讯》2017年第1期。

～甄橙、纪立农：《走出孤岛：医患共同对抗糖尿病社会成见》，《中国糖尿病杂志》2016年第3期。

～甄橙：《从多尿到糖尿：糖尿病命名的历史》，《生物学通报》2015年第12期。

～甄橙：《甜蜜与苦涩——写给关注糖尿病的人》，《中国卫生人才》2015年第4期。

～甄橙：《医学名词音与意的社会文化阐释——以Insulin译名演变为例》，《中国科技翻译》2015年第3期。

～甄橙：《产科医生塞麦尔维斯的故事》，《中国卫生人才》2015年第2期。

～甄橙：《凝视生命之爱——叩诊与听诊》，《中国卫生人才》2014年第12期。

～甄橙：《协和医院医务社会工作的当代启示》，《中国医院管理》2014年第12期。

～甄橙：《神奇的1543》，《中国卫生人才》2014年第10期。

～甄橙：《芝麻开门：阿拉伯医学》，《中国卫生人才》2014年第8期。

～甄橙：《寻找希波克拉底》，《中国卫生人才》2014年第5期。

Ida Pruitt～：《北平协和医院社会服务部1927—1929年度报告》，《社会福利（理论版）》2014年第5期。

～甄橙：《〈北平协和医院社会服务部年度报告：1927—1929〉解读》，《中华医史杂志》2014年第2期。

《蛇杖传奇》，《中国卫生人才》2014年第1期。

顾昕（浙江大学/北京大学/北京师范大学）

《财政改革与浙江省县域医共体的推进》，《中国医院院长》2019年第17期。

《公共财政与卫生筹资转型的浙江实践（下）——浙江省医疗卫生供给侧的结构与绩效》，《中国医院院长》2019年第14期。

《公共财政与卫生筹资转型的浙江实践（中）——浙江省社会医疗保险的筹资水平和保障水平》，《中国医院院长》2019年第13期。

《公共财政转型与医疗卫生健康事业的发展：全国视野与浙江实践 公共财政与卫生筹资转型的浙江实践（上）》，《中国医院院长》2019年第12期。

《"健康中国"战略中基本卫生保健的治理创新》，《中国社会科学》2019年第12期。

《全社会对于医疗卫生事业的投入：中国卫生总费用分析》，《中国医院院长》2019年第9期。

《中国新医改中公共财政转型的战略意义》，《中国医院院长》2019年第8期。

《新中国70年医疗政策的大转型：走向行政、市场与社群治理的互补嵌入性》，《学系与探索》2019年第7期。

～宁晶：《药占比管制方式及其学术争议》，《中国卫生经济》2019年第5期。

宁晶～：《降低药占比能否遏制医疗费用的上涨之势：基于我国省级面板数据的实证分析》，《中国卫生经济》2019年第5期。

《中国医保支付改革的探索与反思：以按疾病诊断组（DRGs）支付为案例》，《社会保障评论》2019年第3期。

白晨～：《高龄化、健康不平等与社会养老保障绩效研究——基于长期多维健康贫困指数的度量与分解》，《社会保障研究》2019年第2期。

《公共财政转型与政府医疗投入机制的改革》，《社会科学研究》2019年第2期。

《中国新医改的新时代与国家医疗保障局面临的新挑战》，《学海》2019年第1期。

《财政制度改革与浙江省县域医共体的推进》，《治理研究》2019年第1期。

~郭科:《从按项目付费到按价值付费:美国老人医疗保险支付制度改革》,《东岳论丛》2018 年第 10 期。

谢予昭~:《中老年人群在社会医疗保险中的逆向选择行为及其影响因素》,《保险研究》2018 年第 7 期。

《专栏导语:医疗卫生健康治理现代化的挑战与解决路径》,《公共行政评论》2018 年第 6 期。

宁晶~:《供方竞争的强化能否抑制中国医疗费用的上涨?——基于省级面板数据的实证分析》,《公共行政评论》2018 年第 6 期。

《新时代新医改公共治理的范式转型——从政府与市场的二元对立到政府—市场—社会的互动协同》,《武汉科技大学学报(社会科学版)》2018 年第 6 期。

宁晶~:《供给侧制度竞争能否抑制医疗费用上涨?》,《财经问题研究》2018 年第 6 期。

~宁晶:《政府治理改革下的行政成本上涨研究——基于鲍莫尔成本病理论的分析》,《国家行政学院学报》2018 年第 5 期。

~陈斯惟:《民营医院在中国医疗供给侧的市场份额》,《新疆师范大学学报(哲学社会科学版)》2018 年第 4 期。

《公立医院的治理模式:一个分析性的概念框架》,《中国医院院长》2018 年第 3 期。

《从管办分开到大部制:医疗供给侧改革的组织保障》,《治理研究》2018 年第 2 期。

白晨~:《社会医疗保险与健康老龄化——新型农村合作医疗制度"营养绩效"分析》,《社会保障评论》2018 年第 2 期。

《社会医疗保险和全民公费医疗:医疗保障制度的国际比较》,《行政管理改革》2017 年第 12 期。

《公立医院的治理模式:一个分析性的概念框架》,《东岳论丛》2017 年第 10 期。

《走向全民覆盖——金砖五国健保筹资体系的制度与治理变革》,《天津行政学院学报》2017 年第 6 期。

《推开民营医院发展的"玻璃门":清除公立医院的体制性障碍》,《中国医院院长》2017 年第 10 期。

《公立医院去行政化:医保支付改革的制度基础》,《中国医院院长》2017 年第 9 期/《中国医疗保险》2017 年第 3 期。

《医改裂变,医保支付改革是制度性促因》,《中国社会保障》2017 年第 6 期。

《走向协同治理:公立医院治理变革中的国家、市场与社会》,《苏州大学学报(哲学社会科学版)》2017 年第 5 期。

《论公立医院去行政化:治理模式创新与中国医疗供给侧改革》,《武汉科技大学学报(社会科学版)》2017 年第 5 期。

郭科~:《过度医疗的解决之道:管制价格、强化竞争还是改革付费?》,《广东社会科学》2017 年第 5 期。

《中国新医改的政治经济学》,《广东社会科学》2017 年第 5 期。

《公立医院改革:改革政府而非限制医院和药企》,《中国医院院长》2017 年第 5 期。

《反腐大潮中的医生:如何获得阳光收入》,《中国医院院长》2017 年第 4 期。

《推进公立医院治理创新清除民营医院发展的体制性障碍》,《行政管理改革》2017 年第 4 期。

《走向准全民公费医疗:中国基本医疗保障体系的组织和制度创新》,《社会科学文摘》2017 年第 3 期。

《全民医保《鱼和熊掌兼得之道》,《中国卫生》2017 年第 2 期。

《医疗反腐大潮中的公立医院:院长的困境》,《中国医院院长》2017 年 Z1 期。

《中国医疗保障体系的碎片化及其治理之道》,《学海》2017 年第 1 期。

《医生收入颇丰,百姓看病不贵,何以兼得?》,《中国医院院长》2016 年第 24 期。

《突破去行政化的吊诡——剖析三明模式的可复制性和可持续性》,《中国医院院长》2016 年第 22 期。

《医院救亡图存:以 COO 模式突围》,《中国医院院长》2016 年第 21 期。

《医改绕口令:再行政化的去行政化 PK 去行政化的去行政化》,《中国医院院长》2016 年第 20 期。

《看清医改最要紧的两个路标》,《中国卫生》2016 年第 11 期。

郭科～《政府管制与医生兼差的激励机制:多任务委托代理模型的视角》,《中国卫生经济》2016 年第 9 期。

～郭科:《收入分成制度与医生兼差的激励机制:多任务委托代理理论的视角》,《中国卫生经济》2016 年第 9 期。

郭科～:《医师双点/多点执业的激励和外部性国际前沿研究》,《卫生经济研究》2016 年第 9 期。

郭科～:《价格管制与公立医院的"以药养医"》,《天津行政学院学报》2016 年第 4 期。

《"准全民公费医疗"可行吗》,《中国卫生》2016 年第 7 期。

《从"魏则西事件"看如何监管医疗服务》,《中国社会保障》2016 年第 6 期。

《重订社会契约,构建准全民公费医疗制度》,《中国经济报告》2016 年第 5 期。

郭科～:《医师双点/多点执业的政府管制:国际经验比较与理论探索》,《医学与哲学(A)》2016 年第 9 期。

白晨～:《中国城镇医疗救助的目标定位与覆盖水平》,《学习与实践》2015 年第 11 期。

郭科～:《公立医院管理中的激励机制:多任务委托代理理论的视角》,《经济学动态》2015 年第 10 期。

白晨～:《中国农村医疗救助的目标定位与覆盖率研究》,《中国行政管理》2015 年第 9 期。

《"重庆医改"夭折后的冷反思》,《中国医院院长》2015 年第 8 期。

《药价改革何以艰难》,《中国医院院长》2015 年第 7 期。

郭凤林～:《激励结构与整合医疗的制度性条件:兼论中国医联体建设中的政策思维模式》,《广东行政学院学报》2015 年第 5 期。

～白晨:《中国医疗救助筹资的不公平性——基于财政纵向失衡的分析》,《国家行政学院学报》2015 年第 2 期。

《剖析药品公共定价制度》,《中国医院院长》2015 年第 6 期。

《从价格管制到政府购买》,《中国医院院长》2015 年第 5 期。

《新医改破冰:价格体制改革》,《中国医院院长》2015 年第 4 期。

《医保将成为药品市场的主要买家》,《中国卫生》2015 年第 3 期。

白晨～:《实现横向公平:中国城镇医疗救助给付水平不平等性》,《学海》2015 年第 2 期。

《价格体制改革:中国新医改的破败之举》,《理论学习》2015 年第 1 期。

《价格改革是医改破冰之举》,《中国卫生》2015 年第 1 期。

白晨～:《中国农村医疗救助给付水平横向公平问题研究》,《河南社会科学》2015 年第 1 期。

～余晖:《走向去行政化:公立医院改革的突破之路——国家级公立医院改革试点城市调研报告》,《中国财政》2014 年第 24 期。

～白晨:《中国医疗救助筹资水平的横向公平性研究》,《财政研究》2014 年第 12 期。

袁国栋～:《政府对医疗服务价格的管制:美国经验对我国医改的启示》,《中国卫生经济》2014 年第 12 期。

《为什么"改革的鲇鱼"不生猛?》,《中国卫生》2014 年第 11 期。

《中国公共卫生的治理变革:国家—市场—社会的再平衡》,《广东社会科学》2014 年第 6 期。

～袁国栋:《从价格管制改革到支付制度改革——美国的经验及其对中国医改的启示》,《国家行政学院学报》2014 年第 4 期。

《公立医院难去行政化》,《中国医院院长》2014 年 Z1 期。

《公立医院改革"向何处去"?》,《博鳌观察》2013 年第 3 期。

《全民医疗保险与公立医院中的政府投入:德国经验的启示》,《东岳论丛》2013 年第 2 期。

《全民皆保时代:医保角色谋变》,《中国社会保障》2012 年第 9 期。

《走向全民健康保险:论中国医疗保障制度的转型》,《中国行政管理》2012 年第 8 期。

《医保付费改革的认识误区二:医药费用总额控制到底该控制什么?》,《中国医疗保险》2012 年第 7 期。

《医保付费改革是医改核心》,《传承》2012 年第 7 期。

《新医改三周年(六)人力资源危机将大爆发》,《中国医院院长》2012 年第 5 期。

《走向公共契约模式——中国新医改中的医保付费改革》,《经济社会体制比较》2012 年第 4 期。

《新医改三周年(五)政府巨额投入,基层依然堪忧》,《中国医院院长》2012 年第 4 期。

《新医改三周年(四)中国医疗服务的"伪市场化"》,《中国医院院长》2012 年第 3 期。

《医改三年:医保改革突飞猛进 医院改革前景不明》,《中国社会保障》2012 年第 1 期。

朱恒鹏～余晖:《神木模式的可复制性:财政体制与医药费用水平的制约——神木模式系列研究报告之四》,《中国市场》2011 年第 37 期。

朱恒鹏～余晖:《"神木模式"的可持续性发展:"全民免费医疗"制度下的医药费用控制——神木模式系列研究报告之三》,《中国市场》2011 年第 33 期。

～朱恒鹏等:《"神木模式"的三大核心:走向全民医疗保险、医保购买医药服务、医疗服务市场化——神木模式系列研究报告之二》,《中国市场》2011 年第 29 期。

～朱恒鹏等:《"全民免费医疗"是中国全民医保的发展方向吗? ——神木模式系列研究报告之一》,《中国市场》2011 年第 24 期。

《新医改三周年(三)医保付费改革变形记》,《中国医院院长》2011 年第 24 期。

《新医改三周年(二)呼吁行政调价是缘木求鱼》,《中国医院院长》2011 年第 23 期。

《新医改三周年(一)流行学术偏向令公立医院身陷泥潭》,《中国医院院长》2011 年第 22 期。

《不平衡:三年医改政策执行的特征》,《中国医疗保险》2011 年第 12 期。

《美国全民医保何以"好事多磨"》,《人才资源开发》2011 年第 11 期。

《全民健康保险与公立医院的公益性:加拿大经验对中国新医改的启示》,《中国行政管理》2011 年第 11 期。

《世界医改启示录(二)英国医改:走向内部市场制》,《中国医院院长》2011 年第 11 期。

《全民免费医疗的市场化之路:英国经验对中国医改的启示》,《东岳论丛》2011 年第 10 期。

《公立医院补偿的关键是医保付费改革》,《中国医疗保险》2011 年第 9 期。

《中国医疗领域中的人力资源危机》,《国家行政学院学报》2011 年第 6 期。

《价格管制失灵与公立医院的药价虚高》,《中共浙江省委党校学报》2011年第6期。

《全民医保制度建设之难题》,《中国医院院长》2011年第6期。

《如何实现医疗事业的公益性:五大具体目标和五大政策组合》,《中国卫生资源》2011年第5期。

《关于遏制医疗机构"过度医疗"的思考》,《工会博览》2011年第5期。

《拆掉民营医院的"玻璃门"》,《中国卫生人才》2011年第4期。

《行政型市场化与中国公立医院的改革》,《公共行政评论》2011年第3期。

《全民免费医疗还是全民医疗保险——基于健康权保障的制度安排》,《学习与探索》2011年第2期。

《英国新医改 改机制成重点》,《中国卫生人才》2011年第3期。

《英国新医改:走向市场化》,《中国药店》2011年第3期。

《镇江:艰难的集团化之路》,《中国医院院长》2011年Z1期。

《马鞍山:走向去行政化》,《中国医院院长》2011年Z1期。

《谜般的药品集中招标"让利"》,《中国医院院长》2011年第1期。

朱恒鹏～余晖:《公立医院改革不以政府补偿为前提——高州市人民医院改革与发展透视(下)》,《中国医疗保险》2010年第11期。

朱恒鹏～余晖:《去行政化是公立医院改革的精髓——高州市人民医院改革与发展透视(上)》,《中国医疗保险》2010年第10期。

《公立医院药价虚高冲击医疗保险体系》,《中国医疗保险》2010年第9期。

《奥巴马闯关美国医改》,《中国医院院长》2010年第7期。

《公立医院改革本质在于政府改革》,《中国医疗保险》2010年第3期。

《公共财政转型与政府卫生筹资责任的回归》,《中国社会科学》2010年第2期。

《湛江模式启示录》,《中国医院院长》2010年第2期。

《"高州模式"的普遍意义》,《中国卫生产业》2010年第1期。

《走向普遍覆盖:全民医疗保险面临的挑战》,《东岳论丛》2010年第1期。

《走向有管理的竞争:医保经办服务全球性改革对中国的启示》,《学习与探索》2010年第1期。

《医保付费模式改革是新医改的核心》,《中国医疗保险》2009年第11期。

《中国基本药物制度的治理变革》,《中国行政管理》2009年第11期。

《"全民免费医疗"还是"全民医疗保险"》,《中国社会保障》2009年第8期。

《全民医保与基本药物的供应保障体系》,《河南社会科学》2009年第6期。

《商业健康保险在全民医保中的定位》,《经济社会体制比较》2009年第6期。

《中国商业健康保险的现状与发展战略》,《保险研究》2009年第1期。

《新医改能使老百姓少掏多少钱》,《中国医疗保险》2009年第5期。

余晖～:《公立医疗机构的结构重组与法人化治理》,《中国药物经济学》2009年第3期。

《当代中国农村医疗体制的变革与发展趋向》,《河北学刊》2009年第3期。

《新医改的新思路:公立医疗机构补偿政策》,《中国财政》2009年第9期。

《政府转型与中国医疗服务体系的改革取向》,《学海》2009年第2期。

《基本医疗保障体系与基本药物制度的关系》,《中国医疗保险》2009年第2期。

《医保与基本药物制度关系几何》,《中国社会保障》2009年第1期。

《新医改成功的组织保障:从管办分离到大部制》,《中国医院院长》2008年第22期。

《公立医院走向法人化》,《中国医院院长》2008 年第 21 期。

《门诊结算也关乎医药分家》,《中国社会保障》2008 年第 11 期。

《全民医保是医改的突破口》,《中国卫生产业》2008 年第 10 期。

《全民医保的路径思考》,《中国劳动保障》2008 年第 8 期。

~余晖等:《基本药物供给保障的制度建设——国际经验的启示》,《国家行政学院学报》2008 年第 6 期。

《推进全民医保:扩面与付费两手抓》,《中国医疗保险》2008 年第 2 期。

《中国城市妇幼保健服务的普遍提供——社会保险制还是事业单位制?》,《公共行政评论》2008 年第 1 期。

《"收支两条线":公立医疗机构的行政化之路》,《中国卫生经济》2008 年第 1 期。

《谁来终结"以药养医"》,《中国社会保障》2007 年第 11 期。

《国民医保与社区卫生服务:美满婚姻如何圆》,《中国社会保障》2007 年第 9 期。

《国民医保才是新医改突破口》,《中国社会保障》2007 年第 7 期。

《医保付费改革的误区之一:竭力寻找医药费用的"合理"水平》,《中国医疗保险》2012 年第 3 期。

《政府购买服务与社区卫生服务机构的发展》,《河北学刊》2012 年第 2 期。

~潘捷:《公立医院中的政府投入政策:美国经验对中国医改的启示》,《学习与探索》2012 年第 2 期。

《建立新机制:去行政化雨县医院的改革》,《学海》2012 年第 1 期。

《公共财政转型与政府卫生筹资责任的回归》《中国社会科学》2010 年第 2 期。

《通向全民医保的渐进主义之路——论三层次公立医疗保险体系的构建》,《东岳论丛》2008 年第 1 期。

罗敏、高梦滔~:《农村三级医疗服务体系在"新农合"中的角色——以云南省玉龙县为例》,《云南社会科学》2008 年第 1 期。

高梦滔~:《城市医疗救助筹资与给付水平的地区不平等性》,《南京大学学报(哲学.人文科学.社会科学版)》2007 年第 3 期。

~范酉庆等:《中国城乡社会救助的横向公平性》,《东岳论丛》2007 年第 1 期。

《全民医保的制度选择至关重要》,《中国社会保障》2007 年第 1 期。

《公立医院法人治理模式变革》,《中国医院院长》2006 年第 20、21 期。

《城市医疗救助体系建设的战略选择——从救济型向发展型模式过渡》,《学习与实践》2006 年第 8 期。

方黎明~:《突破自愿性的困局:新型农村合作医疗中参合的激励机制与可持续性发展》,《中国农村观察》2006 年第 4 期。

《让贫困人群看得起门诊 医疗救助与社区卫生服务的协同发展》,《中国医疗前沿》2006 年第 4 期。

~高梦滔等:《医疗救助体系与公立医疗机构的社会公益性》,《江苏社会科学》2006 年第 3 期。

~高梦滔等:《让公共服务惠及穷人:中国城市医疗救助体系的建设》,《中国行政管理》2006 年第 3 期。

《鱼与熊掌不可兼得?——医疗服务的市场化与社会公益性》,《公共管理高层论坛》2006 年第 2 期。

~方黎明:《公共财政体系与农村新型合作医疗筹资水平研究——促进公共服务横向均等化的制

度思考》,《财政研究》2006 年第 1 期。

《全球性公立医院的法人治理模式变革——探寻国家监管与市场效率之间的平衡》,《经济社会体制比较》2006 年第 1 期。

《走向有管理的市场化:中国医疗体制改革的战略性选择》,《经济社会体制比较》2005 年第 6 期。

《全球性医疗体制改革的大趋势》,《中国社会科学》2005 年第 6 期。

～方黎明:《自愿性与强制性之间——中国农村合作医疗的制度嵌入性与可持续性发展分析》,《社会学研究》2004 年第 5 期。

顾杏元(上海医科大学)

～龚幼龙:《社会医学学会发展史简介》,《中国社会医学杂志》2008 年第 3 期。

～冯学山等:《40 年来我国人民健康水平的变化》,《中国卫生统计》1992 年第 4 期。

《我国社会医学的回顾与展望》,《中国社会医学》1992 年第 2 期。

《三十五年来我国人民健康水平的变动》,《中国卫生统计》1984 年第 2 期。

《基督教会医院与帝国主义侵略》,《中华医史杂志》1960 年第 1 期。

《上海市联合诊所的调查研究》,《医学史与保健组织》1958 年第 3 期。

谷雪峰(黑龙江中医药大学/齐齐哈尔医学院)

《职业精神视域下中国传统医德规范研究》,黑龙江中医药大学博士学位论文 2015 年。

～佟子林:《试论中医的养生防病观》,《中国药物经济学》2013 年第 2 期。

王宏光～:《新型农村合作医疗制度探析》,《理论观察》2012 年第 6 期。

顾学箕

《牛痘接种的发明者爱迪华琴纳》,《科学世界》1935 年第 2 期。

谷雪梅(宁波大学)

《近代宁波仁泽医院》,《中华医史杂志》2009 年第 3 期。

顾学裘

《中国本草学史略》,《科学世界》1936 年第 9、10 期。

《汉药之民间治疗法》,《新医药刊》1935 年第 26 期。

顾亚丽(赤峰市博物馆)

～刘怀军:《辽代医药学发展浅析》,《内蒙古文物考古》2005 年第 1 期。

顾雅文(台湾中央研究院)

《1930—1960 年金鸡纳与奎宁在台生命史——时空特征与意义转换》,《新史学》第 27 卷第 3 期(2016.9)。

《日治时期台湾的金鸡纳栽培与奎宁制药》,《台湾史研究》第 18 卷第 3 期(2011.9)。

《日治时期台湾疟疾防遏政策——"对人法"?"对蚊法"?》,《台湾史研究》第 11 卷第 2 期(2004.12)。

谷延方(哈尔滨师范大学)

《黑死病与英国农村劳动力转移》,《北方论丛》2005 年第 3 期。

顾亦斌(南京中医药大学)

《金陵医派在民国医史上的作用和地位的研究》,南京中医药大学硕士学位论文 2015 年。

～鲁晏武等:《张简斋杂病治疗中顾护脾胃特色浅析》,《江苏中医药》2015 年第 6 期。

～徐建云:《近现代中医对消渴病的病因病机的认识》,《四川中医》2014 年第 8 期。

顾一平

《民国时期扬州医学报刊琐谈》,《中华医史杂志》2014年第4期。

顾泳

~梁建刚等:《嬗变,赤脚医生47年路——聚焦上海农村合作医疗》,《解放日报》2005年12月26日005版。

谷永清(山东财经大学/南京大学/山东师范大学)

《从近代疫控环境建设看可持续发展的进路》,《南阳理工学院学报》2012年第5期。

~张海林:《试论清末"新政"中的卫生防疫事业——以北洋地区为例》,《理论学刊》2011年第6期。

《中国近代防疫述论》,山东师范大学硕士学位论文2005年。

顾育豹

《人类抗击天花瘟疫的历史》,《档案时空》2006年第1期。

顾玥(香港大学中文学院)

《明清笔记小说与医案中稳婆形象刍议》,《中医药文化》2019年第1期。

顾月明(清华大学)

《身体与自然:西方古代医学理论对建筑环境观念的影响》,《建筑与文化》2017年第3期。

《身体感、卫生和建筑——西方18世纪"清洁"和"肮脏"观念的转变对居住空间的影响》,《建筑师》2016年第5期。

顾云湘(上海中医药大学)

《宋明时期中医学对儒学发展的影响》,《中医药管理杂志》2019年第22期。

~亓曙冬等:《美国医学伦理学课程教育及启示——以匹兹堡大学为例》,《中国医学伦理学》2018年第1期。

《浅析儒家思想对传统老年医学之影响》,《中医教育》2015年第1期。

《浅析儒家争鸣学风对古代医家思想之影响》,《南京中医药大学学报(社会科学版)》2014年第3期。

《宋明理学对后世中医学发展的渗透与影响》,《中医教育》2013年第4期。

~李文彦:《浅谈儒学思想历史沿革对中医学发展的多重影响》,《中医药文化》2013年第3期。

谷韫玉

《痘症之历史》,《中国卫生杂志》1929—30年二年全集。

古正涛(广州军区广州总医院)

~沈鹰:《中药经皮给药史略》,《中华中医药学刊》2008年第8期。

~沈鹰:《论〈百病生于气也〉》,《天津中医药》2008年第5期。

顾植山(安徽中医药大学/国家中医药管理局/安徽中医学院)

吴同玉……陶国冰~杨雪梅:《从"六经病欲解时"浅谈中医辨证的时空性》,《中华中医药杂志》2019年第4期。

陶国冰~陆曙等:《龙砂医家黄堂五运六气学术经验初探》,《中国中医基础医学杂志》2019年第3期。

陈冰俊~陶国冰等:《〈黄帝内经〉"合折则气无所止息而痿疾起矣"阐微》,《中国中医基础医学杂志》2019年第1期。

陶国冰～陆曙等:《龙砂医家方仁渊五运六气理论运用管窥》,《中华中医药杂志》2018 年第 7 期。

陶国冰～陆曙等:《龙砂医家王旭高五运六气学术经验探赜》,《中华中医药杂志》2018 年第 1 期。

陶国冰～陆曙等:《基于〈医学求是〉研究探讨吴达五运六气学术思想》,《中国中医基础医学杂志》2017 年第 7 期。

《五运六气与炎黄文明》,《中国中医药报》2017 年 7 月 26 日 008 版。

《上古文化漫议》,《中医药文化》2017 年第 6 期。

～陶国水等:《龙砂医学流派概要》,《江苏中医药》2016 年第 10 期。

陆睿沁、陈冰俊～陶国水等:《龙砂医家缪问注解〈三因司天方〉探析》,《中医药文化》2016 年第 6 期。

《中华文明与〈黄帝内经〉》,《中医药文化》2016 年第 3 期。

柳成刚～:《六气本标中气学说对〈伤寒论〉重新进行病证分类及六经致病特点的思考》,《中医药信息》2016 年第 3 期。

《中华文明与中医文化》,《中国中医药报》2016 年 1 月 15 日 008 版。

陆睿沁……陆阶阳～:《龙砂医学流派名医十家简介》,《中医药文化》2014 年第 6 期。

《端午节与古代卫生防疫节》,《中医药文化》2014 年第 2 期。

～吴厚新:《江南杏林一奇葩——龙砂医学概说》,《中医药文化》2012 年第 4 期。

文理、刘巍～陶先刚等:《近十年中医的阴阳五行研究发展概况及评论》,《中华中医药杂志》2009 年第 11 期。

文理～陶先刚:《从五行学说的生长化收藏看中医的和谐发展》,《中华中医药杂志》2009 年第 7 期。

《膏滋方理论考源》,《中医药文化》2009 年第 6 期。

《历代医家对疫病病因的认识》,《浙江中医药大学学报》2009 年第 5 期。

《"三虚"致疫——中医学对疫病病因的认识》,《中国中医基础医学杂志》2009 年第 5 期。

《从阴阳五行与五运六气的关系谈五运六气在中医理论中的地位》,《中国中医基础医学杂志》2006 年第 6 期。

《重评〈黄帝内经素问遗篇〉》,《中医杂志》2004 年第 11 期。

～张玉萍:《从 SARS 看〈素问遗篇〉对疫病发生规律的认识》,《中医文献杂志》2004 年第 1 期。

～陆翔:《易学对中医学思想的影响》,《中华医史杂志》2001 年第 3 期。

《汪机学术思想及临床思维探析》,《中医文献杂志》2001 年第 2 期。

《中医学的起源与〈医源于易〉论》,《国医论坛》1992 年第 2 期。

《易学模式对〈内经〉理论体系形成的影响》,《南京中医学院学报》1991 年第 4 期。

《六经探源》,《安徽中医学院学报》1991 年第 3 期。

～李荣:《近代医学史上的"中医科学化"运动》,《南京中医学院学报》1989 年第 2 期。

《〈伤寒卒病论〉书名辨》,《中国医药学报》1986 年 1 期。

《也谈中医各家学说的研究范畴及流派问题》,《中医杂志》1982 年第 3 期。

关博(国家发展和改革委员会)

《俄罗斯医疗保障制度改革的经验与启示》,《沈阳大学学报(社会科学版)》2015 年第 1 期。

关峰(长安大学)

《启蒙与现代的焦虑——以中医存废之争中的周作人为例》,《山西师大学报(社会科学版)》2005 年第 1 期。

《周作人与中医存废之争》,《三峡大学学报(人文社会科学版)》2015 年第 1 期。

关红霞(成都市第一人民医院)

～许军:《中国古代食疗养生观及其现实意义浅析》,《新疆中医药》2010 年第 6 期。

关怀(首都医科大学)

～王地等:《古代中药炮制学史分期考》,《北京中医药》2009 年第 8 期。

～龚慕辛等:《论中药原料药的古今应用与发展》,《北京中医》2005 年第 4 期。

～张建军等:《中药饮片切制兴起于明代考证》,《中国医药学报》2004 年第 3 期。

贯剑(上海交通大学/上海中医药大学)

《略论王冰养生观及其现实意义》,《南京中医药大学学报(社会科学版)》2005 年第 1 期。

《略论王冰对中医病因学的阐发》,《上海中医药大学学报》2003 年第 1 期。

管骏捷(华东师范大学)

《马王堆古医书病名、药名例释》,华东师范大学硕士学位论文 2011 年。

管林

《郑观应的道教思想及其养生之道》,《岭南文史》2002 年第 4 期。

管琳玉(中国中医科学院)

《越南医籍〈新镌海上医宗心领全帙〉的研究》,中国中医科学院硕士学位论文 2018 年。

关前(湖北中医学院)

～马骏:《论中国当代医学史研究的思路与方法》,《哲学与医学》1992 年第 12 期。

～刘建凡:《应重视对当代中国医学史的研究》,《医学与哲学》1991 年第 9 期。

《徘徊与反思——现代中医学研究评述》,《医学与哲学》1989 年第 9 期。

关任民

《猩红热在吾国之考察》,《中西医学报》1930 年第 7 期。

管仕伟(安徽中医学院/南京中医药大学)

～陈雪功等:《从历史文化背景探讨方证内涵演变》,《中医杂志》2013 年第 8 期。

～陈雪功等:《先秦两汉时期对"方"与"证"的认识》,《辽宁中医药大学学报》2013 年第 4 期。

《叶橘泉学术思想研究》,《辽宁中医药大学学报》2011 年第 6 期。

《叶橘泉学术思想研究》,南京中医药大学博士学位论文 2009 年。

管书合(吉林大学)

《伍连德 1910—1911 年在东北防疫中任职"全权总医官"考》,《史学集刊》2018 年第 6 期。

～杨翠红:《防疫还是排华?——1911 年俄国远东地区大规模驱逐华侨事件研究》,《华侨华人历史研究》2011 年第 3 期。

《清末营口地区鼠疫流行与辽宁近代防疫之滥觞》,《兰台世界》2009 年第 10 期。

《1910—1911 年东三省鼠疫之疫源问题》,《历史档案》2009 年第 3 期。

关树权(澳门中医学会)

《澳门中医药的过去、现在与将来》,《中国中医药信息杂志》1997 年第 7 期。

关威(广东惠州学院/广东韩山师范学院)

《五四时代节育和优生思想的传播》,《近代中国》2014 年 00 期。

《"五四"运动前后优生学在中国的传播》,《温州大学学报(社会科学版)》2013 年第 3 期。

《新文化运动与中国的性科学研究》,《晋阳学刊》2007 年第 1 期。

《五四时期的性教育思想》，《山西师大学报（社会科学版）》2005 年第 2 期。

《新文化运动与科学生育观的传播》，《人口与经济》2003 年第 4 期。

《五四时期国人生育观念的嬗变》，《妇女研究论丛》2003 年第 2 期。

关文明（华南师范大学）

～向勤：《广东近代体育的兴起》，《华南师范大学学报（社会科学版）》1987 年第 1 期。

关晓光（黑龙江中医药大学／黑龙江中医学院）

张鹏程～吴海燕等：《基于布迪厄社会实践理论的我国医务社会工作实践逻辑的构建》，《中国医药导报》2019 年第 26 期。

刘博～：《悖论与张力：医务社会工作介入老年临终关怀服务的伦理再思考》，《医学与哲学》2019 年第 8 期。

王丹～仉雪平：《我国卫生服务情况研究分析》，《中医药导报》2018 年第 11 期。

～黄琦等：《中医脉诊与世界其他民族有关脉诊认识的差异》，《中医药管理杂志》2018 年第 1 期。

～王丹等：《〈黄帝内经〉音乐治疗和音乐养生思想初探》，《中医药管理杂志》2017 年第 13 期。

常凤姣、卢舒奕～：《中国与俄罗斯医疗卫生状况的比较分析》，《中国社会医学杂志》2017 年第 2 期。

～常凤姣等：《从〈黄帝内经〉前后非医书有关扁鹊记载看中医脉诊的形成》，《中医药管理杂志》2016 年第 16 期。

卢舒奕、常凤姣～：《巫术疗法、医学经验：脉诊起源的实践基础》，《中医药信息》2015 年第 5 期。

卢舒奕、王丹～：《太极思想对中医心理学影响初探》，《中医药管理杂志》2015 年第 12 期。

～季铁鑫等：《〈脉经〉脉诊探微》，《中医药信息》2014 年第 6 期。

～季铁鑫等：《〈黄帝内经〉关于心理过程的认识》，《中医药学报》2013 年第 6 期。

张宇、仉雪平～栾广君：《〈难经〉脉诊探析》，《中医药信息》2013 年第 6 期。

～隋小平等：《马王堆医书脉证关系研究》，《中医药学报》2013 年第 4 期。

～胡苏佳等：《中医古代医案中蕴含的逻辑推理方法》，《中国中医药现代远程教育》2011 年第 9 期。

～郭杨志等：《从阴阳说、五行说和元气论看中医的科学性》，《中医药学报》2011 年第 4 期。

～胡苏佳等：《中医古代医案中蕴含的逻辑推理方法》，《中国中医药现代远程教育》2011 年第 9 期。

～刘利等：《中医心理疗法与催眠术治疗神经症比较研究》，《黑龙江科技信息》2007 年第 7 期。

刘利～：《〈十药神书〉对肺结核病治疗的现代价值》，《中医药学报》2007 年第 3 期。

～夏铂：《从〈内经〉、〈难经〉、〈伤寒论〉和〈脉经〉看"独取寸口"脉法的形成与发展》，《中医药学报》2005 年第 6 期。

～仉雪平：《〈内经〉脉诊法简析》，《中医药学刊》2003 年第 4 期。

《略析中医"独取寸口"脉法形成的原因》，《中医药学报》2002 年第 3 期。

～苏春梅等：《秦汉时期非医学典籍关于脉诊的记述》，《中医药学报》2002 年第 1 期。

《脉诊：格式化、神秘化、客观化——脉诊演进中若干重大问题的文化解析》，《医学与哲学》2001 年第 5 期。

～陈静等：《略析脉诊体系确立的文化根源》，《中医药学报》2001 年第 6 期。

～车离：《脉诊：一种特殊的文化现象——中医脉诊文化研究引论》，《医学与哲学》1996 年第 5 期。

～黄寅焱等：《阴阳学说与〈内经〉脉诊体系结构的确立》，《中医函授通讯》1996 年第 4 期。

～王铁策:《赵继宗〈儒医精要〉及其亡佚的主要原因》,《中医文献杂志》1996年第 1 期。

～白善吉:《马王堆医书脉诊水平初探》,《江苏中医》1995年第 12 期。

《经络之源起》,《针灸学报》1992年第 5 期。

侣雪平～:《阴阳学说与经脉体系的形成——兼释〈内经〉"手厥阴脉"缺足》,《陕西中医函授》1991年第 2 期。

《从分化状态看中西医结合的方向》,《医学与哲学》1990年第 9 期。

《腧穴定位、命名的外在原因》,《中国针灸》1990年第 6 期。

《也从认识论看经、穴的起源——兼与华启天同志商榷》,《医学与哲学》1990年第 4 期。

《中医分化不完善的文化进化分析》,《医学与哲学》1989年第 6 期。

关新军(浙江中医药大学附属湖州中医院/浙江省湖州市中医院)

王娅玲～:《承淡安〈伤寒论新注〉针灸学术思想管窥》,《上海针灸杂志》2016年第 9 期。

～王娅玲:《〈本草害利〉的药物"害利"理论及其价值浅析》,《中华中医药杂志》2015年第 9 期。

～陈晓冰:《〈本草害利〉药物〈害利〉观探析》,《浙江中医杂志》2014年第 10 期。

王娅玲～:《承淡安灸法学思想探析》,《上海针灸杂志》2013年第 12 期。

～王娅玲:《僧医逸胗学术思想和临证特色》,《浙江中医杂志》2010年第 4 期。

～王娅玲:《乌镇医派》,《中医药文化》2010年第 3 期。

王娅玲～:《论〈伤寒论〉的灸法》,《江西中医学院学报》2008年第 5 期。

～王娅玲:《祝味菊重阳学术思想探源》,《江西中医药》2007年第 7 期。

～王娅玲:《祝味菊〈伤寒质难〉学术思想之探讨》,《江苏中医药》2007年第 1 期。

关兴

《聋人对我国早期聋教育的贡献》,《中国残疾人》2002年第 12 期。

官旭华(湖北省疾病预防控制中心)

郑立国～黄淑琼等:《湖北省 2008—2014 年突发公共卫生事件特征分析》,《中国公共卫生》2016年第 4 期。

郑立国、唐之一～徐军强等:《建设湖北省突发急性传染病防控国家卫生应急队伍的探索》,《公共卫生与预防医学》2015年第 6 期。

～刘力等:《湖北省 1951—2006 年流行性乙型脑炎流行特征分析》,《中国热带医学》2009年第 4 期。

关雪玲(故宫博物院)

《清宫中的西洋医生》,《紫禁城》2019年第 11 期。

《慈禧太后入招医生的退食生活》,《吉林师范大学学报(人文社会科学版)》2018年第 2 期。

《清宫中的药用菊花》,《紫禁城》2016年第 9 期。

《清宫药酒撷拾》,《紫禁城》2016年第 2 期。

《清宫巴尔撒木香研究——兼论避风巴尔撒木香》,《明清论丛》2016年第 1 期。

《清代宫廷医学研究综述(2003～2012 年)》,《故宫学刊》2014年第 2 期。

《紫禁城中的杏林光华——清宫医学文物漫笔》,《紫禁城》2013年第 7 期。

《关于清宫锭子药的几个问题》,《故宫博物院院刊》2008年第 6 期。

《清宫医药来源考索》,《哈尔滨工业大学学报(社会科学版)》2007年第 4 期。

《康熙朝宫廷中的西洋医事活动》,《故宫博物院院刊》2004年第 1 期。

《清宫里的膏药》,《紫禁城》2004 年第 3 期。

管燕(无锡市第二人民医院)

《现代医学模式下叙事医学的价值》,《医学与哲学(A)》2012 年第 6 期。

管毅(成都中医药大学)

《古籍补虚温阳化瘀治疗妇科不孕症的研究》,成都中医药大学硕士学位论文 2014 年。

官莹(西南政法大学)

《论药品专利保护与公共健康的协调》,西南政法大学硕士学位论文 2007 年。

管志利(苏州大学)

《管村的医疗场域和惯习》,苏州大学硕士学位论文 2009 年。

广东省卫生厅慢性病防治处

《广东麻风防治十年历程,1951—1662》,《皮肤性病防治通讯》1963 年第 2 期。

广海

《流行性感冒之历史的研究》,《东方杂志》1919 年第 9 期。

广濑薰雄(复旦大学)

《敦煌汉简中所见韩安国受赐医药方的故事》,《中医药文化》2018 年第 1 期。

广西社会科学院东南亚研究所课题组

《抗"非":防治、开放与合作——东南亚"非典"疫情及其应对》,《东南亚纵横》2003 年第 6 期。

光雅芹(山西大学)

《科学社会学视野中的傅山——对傅山女科的重新思考》,山西大学硕士学位论文 2010 年。

桂奋权(南京大学)

《18—19 世纪英国志愿医院兴起初探》,《史学月刊》2008 年第 5 期。

《寻求衡平精微之道——1948—1970 年的英国国家卫生服务》,南京大学博士学位论文 2008 年。

桂欣(西南财经大学)

《英美医疗保障制度的比较与借鉴》,西南财经大学硕士学位论文 2011 年。

《英国政府在医疗卫生领域 PPP 投融资模式的操作及启示》,《知识经济》2010 年第 3 期。

郭霭春(天津中医学院)

《读〈金匮〉札记》,《天津中医学院学报》1993 年第 4 期。

《〈黄帝内经〉的形成》,《天津中医学院学报》1993 年第 3 期。

高文涛~《〈黄帝内经素问〉著作时代考》,《天津中医》1990 年第 5 期。

吴少祯~《论两晋南北朝时期我国的小儿医学》,《浙江中医学院学报》1990 年第 3 期。

高文涛~《历代校勘注释〈黄帝内经素问〉概述》,《天津中医学院学报》1990 年第 1 期。

吴少祯~《论隋唐时期我国的小儿医学》,《中医药信息》1989 年第 6 期。

高文柱~《〈素问〉校读随笔》,《天津中医》1989 年第 5 期。

孙中堂~《〈中藏经〉的学术思想及其对临床辨证治法方面的贡献》,《天津中医学院学报》1988 年第 4 期。

吴少祯~《〈圣济总录·小儿门〉学术初探》,《天津中医学院学报》1987 年第 4 期。

《读〈素问〉随笔》,《中医药研究》1987 年第 1、2、3、4、5、6 期;1988 年第 1、3、4、6 期;1989 年第 1 期。

~高文柱:《〈伤寒论〉六经刍议》,《河北中医》1985 年第 3 期。

周立群~《秦越人、扁鹊与〈难经〉》,《天津中医学院学报》1984 年第 3 期。

~高文柱:《王冰整理次注〈素问〉概述》,《吉林中医药》1984 年第 1 期。

李志庸~:《略述〈黄帝内经〉在气功学发展史上的贡献》,《天津中医学院学报》1983 年第 4 期。

高文柱~:《〈小品方〉辑校与研究》,《天津中医学院学报》1983 年第 2 期。

~高文柱:《地方志与医学文献整理》,《中医杂志》1983 年第 1 期。

高文柱~:《〈小品方〉辑校与研究》,《天津中医学院学报》1983 年第 1 期。

~李紫溪:《从江苏地方志里看明清时代江苏医学的传授和发展》,《天津中医学院学报》1983 年第 1 期。

《中国医史年表初稿》,《哈尔滨中医》1962 年第 7、8、9 期;1963 年第 1、2、3、4、5、6 期;1964 年第 2、3、4、5、6 期。

郭秉宽

《祖国医学在眼科方面的成就》,《上海第一医学院学报》1956 年第 1 期。

~译:《维他命发现之历史及其功用》,《国闻周报》1930 年第 25 期。

郭宝贤(北京市盲人学校)

《〈红楼梦〉人物生病考》,《医古文知识》1989 年第 2 期。

郭彩霞(广州中医药大学)

《20 世纪 50 年代联合诊所始末——以广东省为例》,广州中医药大学硕士学位论文 2011 年。

郭昌远(福建师范大学)

《明代太医院研究》,福建师范大学硕士学位论文 2014 年。

郭超人

《古老的西藏医学——访日喀则的一所藏医院》,《健康报》1957 年 12 月 29 日。

郭成圩

~译:《威廉哈维——实验医学之父》,《医学史与保健组织》1957 年第 4 期。

郭重威(孟河历史文化研究会)

~郭雨雅:《孟河医派及孟河医派文化》,《中医药文化》2013 年第 6 期。

郭淳(云南师范大学)

《〈儒门事亲〉词汇研究》,云南师范大学硕士学位论文 2018 年。

国春兰

~译:《苏联神经病学 40 年》,《中华神经精神科杂志》1958 年第 5 期。

郭殿彬(上海中医药大学)

潘海强~杨涛等:《论孙思邈的饮食养生观》,《吉林中医药》2010 年第 3 期。

~吴鸿洲:《儒医发展之历史沿革与贡献》,《长春中医药大学学报》2010 年第 1 期/《江西中医学院学报》2010 年第 2 期。

~潘海强等:《宋以前儒医发展之历史沿革》,《中医药文化》2010 年第 2 期。

~吴鸿洲:《〈饮膳正要〉养生食药特色探析》,《江西中医学院学报》2010 年第 1 期。

郭东白(福建省福州市马尾区出入境检验检疫局/福州动植物检疫局)

《〈串雅兽医方〉外治法浅探》,《福建畜牧兽医》2002 年第 4 期。

《〈大武经〉针药并用特点初探》,《福建畜牧兽医》2000 年第 5 期。

《〈活兽慈舟〉外治法初探》,《中兽医学杂志》1999 年第 1 期。

《〈元亨疗马牛驼经全集〉外治法初探》,《福建畜牧兽医》1998 年第 1 期。

《金元医家对〈元亨疗马牛驼经全集〉论治火证的学术影响》,《福建畜牧兽医》1997年第6期。

郭东旭(河北大学)

～马永娟:《宋朝民众争讼中自残现象浅析》,《河北大学成人教育学院学报》2004年第3期。

～杨高凡:《宋代残疾人法初探》,《史学月刊》2003年第8期。

郭芳芳(河海大学)

《传染病跨界传播的国际法律控制》,河海大学硕士学位论文2006年。

郭方玲(山东体育学院)

《西方传教士与近代中国的特殊教育》,《兰台世界》2016年第8期。

郭锋(广西师范大学)

《南京国民政府初期的医疗卫生事业》,广西师范大学硕士学位论文2010年。

郭风云(河南大学)

《1865—1932年纽约市公共卫生管理与监督体系研究》,河南大学硕士论文2016年。

郭凤芝(浙江师范大学)

《高唐县村落"先生"收惊习俗个案调查与研究》,浙江师范大学硕士学位论文2012年。

郭戈(中国社会科学院)

《愉悦与病痛——女性身体话语的两种路径》,《贵州社会科学》2016年第5期。

郭耕

《从历史角度审视禽流感》,《中州今古》2004年第9期。

郭光武

《医圣张仲景与中国固有的医学》,《民国医学杂志》1927年第11期。

郭海(淮安吴鞠通中医研究院)

～王殿虎等:《南京地区地方志记载药物、机构及防疫述要》,《河南中医》2016年第1期。

～王殿虎等:《南京地区地方志古代名医传承述要》,《辽宁中医杂志》2015年第7期。

王兆军、王殿虎……王晓妍～:《南京地区地方志中记载的医家著作及医论分类述要》,《辽宁中医杂志》2015年第5期。

～王殿虎等:《南京地区地方志名医传承考录》,《江苏中医药》2015年第1期。

王兆军……丁勇～王修锋等:《江苏省中医药发展之特色》,《中医文献杂志》2012年第6期。

郭海峰(浙江中医药大学)

～徐小玉:《〈万氏妇人科〉调经阐微》,《中医药导报》2007年第4期。

《论〈医方集解〉的编写特点》,《中医研究》2007年第3期。

郭洪花(安徽师范大学)

～付伟:《杭州护生对高等护理教育现状看法的调查》,《护理研究》2011年第6期。

～付伟:《爱丁堡大学的护理教育发展现状》,《健康研究》2011年第1期。

陈改婷～:《人性化服务在分娩过程中的作用探讨》,《人性化服务在分娩过程中的作用探讨》2009年第8期。

～付伟:《我国护理研究现存问题分析》,《护理学报》2009年第8期。

～付伟:《1949—2008年中国助产政策演变过程及其影响因素分析》,《健康研究》2009年第4期。

郭洪涛(滨州地区中医院/山东中医学院)

～崔立新:《40年代末渤海军区的医学教育概略》,《中华医史杂志》1997年第4期。

《梁漱溟创办山东邹平县乡村卫生事业概述》,《中华医史杂志》1995 年第 1 期。

《喻嘉言"三纲鼎立"说浅识》,《山东中医学院学报》1983 年第 2 期。

郭华(北京中医药大学)

蔡鸿泰、姜元安～:《小议〈金匮要略·水气病篇〉"先治新病,病当在后"》,《环球中医药》2017 年第 12 期。

费玉雯～:《重梳〈伤寒论〉174 条到 177 条的关系》,《环球中医药》2017 年第 11 期。

胡佳奇……姚子昂～:《通过〈宋太医局诸科程文格〉探讨宋代官办医学考核特点》,《中医教育》2017 年第 5 期。

娄亮、费玉雯～:《从痞满看〈伤寒杂病论〉对〈内经〉的继承与发展》,《环球中医》2017 年第 9 期。

李文元～:《〈伤寒论〉对〈黄帝内经〉理论体系的继承与创新》,《辽宁中医杂志》2015 年第 8 期。

董兴鲁……王亮～:《从妇科病论治谈吴鞠通对仲景学术的继承与发展》,《吉林中医药》2012 年第 5 期。

童浩……李经纬～:《〈吴鞠通医案〉对〈伤寒论〉的继承与发展》,《吉林中医药》2012 年第 3 期。

《朱肱〈活人书〉治疗伤寒学术特点探析》,《北京中医药大学学报》2010 年第 1 期。

刘穗宁、烟建华～张军领:《论〈黄帝内经〉生态医学思想》,《中华中医药学刊》2008 年第 5 期。

《从〈医学南针〉看陆士谔治〈伤寒论〉方法》,《北京中医药大学学报》2005 年第 3 期。

～烟建华:《试论〈周易〉思维方式与〈内经〉藏象学说的形成》,《中国医药学报》2003 年第 6 期。

～苏晶:《阴阳者天地之大理也——〈管子〉的阴阳思想对〈内经〉阴阳理论的影响》,《中国中医基础医学杂志》2000 年第 4 期。

郭华(四川农业大学)

～蒋远胜:《中国基本医疗保障的公平性:一个分析框架》,《天府新论》2014 年第 1 期。

国华(中国中医科学院)

成莉～张雪亮:《湖北麻城"药王"王叔和初探》,《中国中医基础医学杂志》2017 年第 7 期。

朱俊楠、张雪亮～:《中药代茶饮历史回顾》,《中华医史杂志》2017 年第 1 期。

程志立、顾漫～程志强:《孙思邈与炼丹术和丹药服食养生及思考》,《中华中医药杂志》2016 年第 3 期。

许春蕾～张雪亮:《张锡纯的哲学观与静坐养生法》,《中医文献杂志》2016 年第 1 期。

成莉……陈敏～黄璐琦:《两面针药用部位的古代文献研究》,《中医文献杂志》2015 年第 6 期。

《中医对胎病的认识和分类探讨》,《时珍国医国药》2011 年第 7 期。

～张雪亮:《试论〈金匮要略〉对〈内经〉"治未病"思想的发展》,《中国中医基础医学杂志》2008 年第 3 期。

《中医养胎防病的理论与方法研究》,中国中医科学院硕士学位论文 2008 年。

郭欢(华中师范大学)

《清代两广疫灾地理规律及其环境机理研究》,华中师范大学硕士学位论文 2013 年。

郭慧(上海中医药大学附属曙光临床医学院)

～姚成增:《〈周易〉卦象对中医方剂命名及遣方用药的影响举隅》,《中医药文化》2015 年第 5 期。

郭辉(天津博物馆)

《马根济与近代天津西式医疗机构的建设》,《中国国家博物馆馆刊》2018 年第 7 期。

郭慧(宜春市妇幼保健院)

《宋代药政革新的社会影响研究》,《江西中医药大学学报》2016 年第 5 期。

郭慧(郑州大学)

《新农合制度运行中的政府责任研究》,郑州大学硕士学位论文 2014 年。

郭济隆(福建省卫生厅/仙游县卫生局)

《回忆我所参加的太岳区医药卫生座谈会》,《文史月刊》2003 年第 10 期。

《晋冀鲁豫边区太岳第四专区中西医学研究会》,《山西文史资料》1998 年第 2 期。

《为革命献身的郭洪安医生》,《山西文史资料》1997 年第 2 期。

～傅子厚:《举办中药炮制学习班的情况介绍》,《福建中医药》1963 年第 5 期。

《本省采风献方运动深入城乡采集锦方六十余万》,《福建中医药》1958 年第 9 期。

《访山区老革命中医师王陶生老先生》,《中医杂志》1958 年第 8 期。

～刘友樑:《福建省中西医药卫生人员学习推广针灸疗法成绩很大》,《中医杂志》1957 年第 6 期。

《全省人民又一件大喜事 福建省创办中医学院》,《福建中医药》1958 年第 6 期。

《响应学校办工厂号召,福建中医学院创办针灸器材厂》,《福建中医药》1958 年第 6 期。

～阮梅荪:《省举办中医痔瘘疗法学习班》,《福建中医药》1958 年第 5 期。

郭继宁(唐山师范学院)

《"疾病"与"治疗"——对清末新小说中一对隐喻的考察》,《华南师范大学学报(哲学社会科学学版)》2013 年第 4 期。

郭继强(浙江大学)

《医疗服务的性质与医疗体制改革》,《中国社会医学》1994 年第 4 期。

郭继志(潍坊医学院/昌潍医学院)

《论医患冲突与和谐医患关系的重建》,《中国医学伦理学》2006 年第 3 期。

张玉启～王伟:《医疗卫生领域信息不对称的伦理问题及对策》,《中国医学伦理学》2005 年第 5 期。

《人工授精面临的社会问题及其控制》,《医学与哲学》1990 年第 4 期。

《"病人角色"的社会学分析——兼与张忠元同志商榷》,《医学与哲学》1989 年第 1 期。

《名医角色的形成及其社会作用》,《医学与哲学》1988 年第 2 期。

《宗教对医学的影响初探》,《昌潍医学院学报》1987 年第 2 期。

郭家宏(北京师范大学)

～许若潇:《19 世纪英国"友谊会"医疗救助体系探析》,《学术研究》2018 年第 12 期。

～徐佳星:《旧济贫法体制下英国贫民医疗救济探析》,《学术研究》2017 年第 4 期。

《欧盟食品安全政策述评》,《欧洲研究》2004 年第 2 期。

郭剑波(浙江师范大学)

《论近代"西医东渐"的途径与反响》,《贵州社会科学》2015 年第 8 期。

郭剑鸣(浙江财经学院)

《试析晚清灾疫防治中以绅士为中介的政治整合模式》,《政治学研究》2008 年第 3 期。

郭建鹏(长春师范大学)

《日本、俄国与庚辛鼠疫》,长春师范大学硕士学位论文 2012 年。

郭解宁(甘肃中医学院)

～陶文若等:《藏医学发展简史及其理论体系》,《中国民族民间医药杂志》1995 年第 3 期。

郭洁颖（广州中医药大学）

《〈黄帝内经〉与〈阿育吠陀〉养生观的对照研究》，广州中医药大学硕士学位论文 2017 年。

郭瑨（中国中医科学院望京医院）

～赵勇等：《技术哲学视域下的中国古代骨折小夹板固定术》，《中国中医基础医学杂志》2017 年第7 期。

～赵勇：《吴又可发现疠气病因的推理过程展示》，《北京中医药大学学报》2017 年第 6 期。

～贾春华等：《基于隐喻结构理论的中医水代谢分析》，《世界中医药》2016 年第 11 期。

郭晋斌（长治市中医研究所附属医院）

～杨路庭等：《罗天益防治中风的学术思想渊源与探讨》，《山西中医》2016 年第 10 期。

郭晋峰（太原理工大学）

《山西近代基督教教会医院建筑研究》，太原理工大学硕士学位论文 2007 年。

郭金华（北京大学）

《与疾病相关的污名——以中国的精神疾病和艾滋病污名为例》，《学术月刊》2015 年第 7 期。

郭净

《藏传佛教寺院羌姆与驱邪仪式》，《民族艺术研究》1994 年第 5 期。

郭静（内蒙古医科大学）

～赵翠萍：《〈史记·扁鹊列传〉中扁鹊"大医"形象的文学呈现》，《名作欣赏》2017 年第 2 期。

《中国古代医家生命范式及其当代价值》，《前沿》2016 年第 11 期。

郭京湖（四川大学）

《论抗战时期成都的防疫行政与地方实践》，《抗日战争研究》2011 年第 2 期。

郭晶磊（上海中医药大学）

～杨永清：《从中国古代大小衡制透视中医古方药物衡值的演变》，《科学技术哲学研究》2019 年第 4 期。

施雪斐……删伢～：《〈圣济总录〉中淋证证治拾萃》，《中医文献杂志》2018 年第 3 期。

～文小平：《简帛医书方药的研究进展》，《中医药文化》2018 年第 2 期。

朱靓贤、刘胜～陈德兴等：《乳岩病名释义考》，《上海中医药大学学报》2016 年第 6 期。

潘芬妮～：《从〈饮膳正要〉看元代民族融合的饮食文化特色——基于脾胃养治药膳的梳理分析》，《中医药文化》2016 年第 4 期。

孟萌～文小平：《乳腺癌病名与病机文献考》，《四川中医》2015 年第 7 期。

《从经典方剂的古代演化论方剂学的现代研究》，《上海中医药杂志》2009 年第 9 期。

郭镜智（泉州市中医院/泉州市医学科学研究所）

《关于宋代泉州的"善举"机构》，《中华医史杂志》2001 年第 3 期。

《闽台通商与医药贸易》，《福建中医药》1991 年第 6 期。

～王人镇：《肖京与〈轩岐救正论〉》，《福建中医药》1986 年第 5 期。

～张志豪：《五运六气与福建异常气候》，《福建中医药》1982 年第 2 期。

郭俊佳（厦门大学）

《孙思邈针灸学术思想和临床应用研究》，厦门大学硕士学位论文 2017 年。

郭君双（山东中医学院）

《辛勤的耕耘者——记马继兴先生在针灸学领域中的贡献》，《中国针灸》2006 年第 10 期。

王小丽～:《对〈喉症全科紫珍集〉的作者、版本流传方面的一些探讨》,《江西中医学院学报》2004
年第 6 期。

赵艳～:《南宋医家陈文中儿科特色》,《中医文献杂志》2001 年第 4 期。

《吴昆生平著作考》,《中医文献杂志》1999 年第 4 期。

王熠～:《〈本草衍义〉版本源流初探》,《中医文献杂志》1998 年第 2 期。

《略论中医古籍版本的属性和功用》,《中医文献杂志》1995 年第 3 期。

《郑氏〈咽喉总论〉述评》,《山东中医学院学报》1993 年第 5 期。

《孙思邈医学社会学思想析略》,《山东中医学院学报》1991 年第 2 期。

～黄汉儒等:《宋代儿科巨著〈幼幼新书〉》,《新中医》1983 年第 9 期。

郭珂（郑州大学）

～张功员:《元代疫灾述论》,《医学与哲学（人文社会医学版）》2008 年第 1 期。

郭岚（湖北中医药大学）

程静～:《李时珍〈本草纲目〉痰邪致病理论探析》,《时珍国医国药》2018 年第 7 期。

石和元、王平～孔明望等:《〈养生四要〉对湖北地域性养生文化研究的启示》,《时珍国医国药》2016
年第 4 期。

～王平:《中华传统养生九大学术流派探析》,《中国中医基础医学杂志》2013 年第 6 期。

～王平:《浅析〈黄帝内经〉长寿三要素》,《湖北中医杂志》2013 年第 5 期。

～王平:《〈黄帝内经〉长寿理论与方法探析》,《中华中医药杂志》2011 年第 6 期。

《〈内经〉长寿理论与培元固本治法延缓衰老作用的研究》,湖北中医药大学博士学位论文 2013 年。

郭莉娟（台湾成功大学）

《古代希腊医生——以〈希波克拉底斯全集〉所做之历史重建》,台湾成功大学博士学位论文
2011 年。

郭黎明（苏州大学）

《从二元分割到一体化:中国医疗保障制度改革的路径依赖分析》,苏州大学硕士学位论文
2009 年。

郭莉萍（北京大学）

李芳～Ulla Cornor 等:《倾听患者的声音:中国 2 型糖尿病患者疾病管理访谈分析》,《中国医学伦理
学》2019 年第 12 期。

《什么是叙事医学》,《浙江大学学报（医学版）》2019 年第 5 期。

《电影〈杀生〉与中国医学人文教育》,《中国医学人文》2019 年第 5 期。

～王一方:《叙事医学在我国的在地化发展》,《中国医学伦理学》2019 年第 2 期。

王一方～:《我国广义叙事医学发展的文献研究》,《中国医学伦理学》2019 年第 2 期。

Rita Charon～王玥等:《叙事医学:尊重疾病有关的故事》,《中国医学伦理学》2019 年第 2 期。

黄蓉……陈琦～:《生命、衰老与死亡问题的叙述与探讨——第二届北大医学人文国际会议综述》,
《中国医学伦理学》2019 年第 2 期。

《临床工作中的叙事伦理》,《医学与哲学（A）》2018 年第 5 期。

《叙事医学及其在临床医学的实践》,《中华骨与关节外科杂志》2017 年第 6 期。

《美国医药助华会（1937—1949）的援华工作》,《中国科技史杂志》2016 年第 1 期。

～魏继红等:《医学人文与共情》,《中国医学人文》2015 年第 10 期。

《叙事医学：医学人文的新形式》，《光明日报》2013 年 12 月 10 日 012 版。

《从"文学与医学"到"叙事医学"》，《科学文化评论》2013 年第 3 期。

李晏锋～：《医学人文教育与转化医学》，《中国高等医学教育》2011 年第 1 期。

～张大庆：《中国医学人文学研究生教育初探》，《医学与哲学（人文社会医学版）》2009 年第 1 期。

William H.Schneider～：《医学人文学的历史与现状》，《医学与哲学（人文社会医学版）》2009 年第 1 期。

《〈癌症病房〉与疾病隐喻》，《医学与哲学（人文社会医学版）》2008 年第 12 期。

Mark Siegler～：《美国与知情同意有关的一些问题》，《医学与哲学》2001 年第 12 期。

郭立珍（长江师范学院）

《近代上海公共租界食品安全管理及成效探析（1870—1937）——以牛乳品为中心》，《上海师范大学学报（哲学社会科学版）》2018 年第 6 期。

郭琳（内蒙古大学）

《20 世纪初呼伦贝尔地区鼠疫问题研究》，内蒙古大学硕士学位论文 2019 年。

郭凌宇（山西大学）

《论传统武术与中医文化的同源性、交融性、影响性》，《武术科学（搏击·学术版）》2004 年第 1 期。

郭茂全（兰州大学）

《鲁迅医学知识与文学创作之关系探微》，《甘肃教育学院学报（社会科学版）》2004 年第 1 期。

郭聂涛（贵阳中医学院）

《〈伤寒论〉禁法初探》，《贵阳中医学院学报》1992 年第 4 期。

《〈内经〉社会医学探讨》，《中医药学报》1990 年第 5 期。

郭培清（中国海洋大学）

～闫鑫淇：《制度互动视角下北极次区域治理机制有效性探析——以北极地区传染病治理为例》，《中国海洋大学学报（社会科学版）》2015 年第 5 期。

郭鹏（石家庄陆军指挥学院）

《透析美军战时医疗救护体系》，《甘肃科技》2004 年第 8 期。

郭琪（山西大学）

《〈人民日报〉乙肝报道的议题建构》，山西大学硕士学位论文 2013 年。

郭强（广州中医药大学）

～李计筹：《广州博济医院的经费来源研究（1858 年～1926 年）》，《医学与哲学（A）》2018 年第 10 期。

～李计筹：《美国约老会在广东的医疗慈善活动》，《南京中医药大学学报（社会科学版）》2018 年第 4 期。

～李计筹：《近代来粤医学传教士对结石病的研究——以广州博济医院为中心》，《南京中医药大学学报（社会科学版）》2017 年第 2 期。

李计筹～：《近代来华医学传教士对〈达生编〉的翻译传播及对中国产科的评价》，《广州中医药大学学报》2016 年第 6 期。

～李计筹：《合信与近代中国西医教育》，《医学与哲学（A）》2015 年第 9 期。

《耶稣会士与新教传教士对中医之评介与影响》，《中国中医药现代远程教育》2015 年第 9 期。

李计筹～：《任赞与〈保赤新编〉》，《中医文献杂志》2015 年第 4 期。

李计筹~：《博济医院与广州公共卫生事业》，《中华医史杂志》2015 年第 4 期。

~李计筹：《〈印中搜闻〉视域中的中国医学》，《广州中医药大学学报》2015 年第 4 期。

《〈喉舌备要〉版本、学术源流及学术特点探析》，《南京中医药大学学报（社会科学版）》2014 年第 2 期。

~李计筹：《近代广东教会医院的创办及时空分布》，《宗教学研究》2014 年第 2 期。

《〈咽喉脉证通论〉的成书、版本及学术特色研究》，《中国中医基础医学杂志》2013 年第 4 期。

《两本珍贵的岭南中医眼科专著——〈黄乔岳眼科全集〉、〈救目慈航〉初探》，《中医研究》2013 年第 2 期。

李计筹~：《近代广州公共卫生发展困局初探》，《广州广播电视大学学报》2013 年第 2 期。

《民国时期广东中医药学校的三种〈喉科讲义〉》，《中医文献杂志》2013 年第 1 期。

李计筹~：《近代两广总督与广州的公共卫生事业》，《南京中医药大学学报（社会科学版）》2012 年第 9 期。

《1949 年以前岭南中医喉科眼科文献整理研究》，广州中医药大学博士学位论文 2012 年。

《岭南现存清代中医眼科专著述论》，《广州中医药大学学报》2012 年第 5 期。

《岭南现存中医喉科专著述论》，《中医研究》2012 年第 2 期。

李计筹~：《〈喉证指南〉作者辨及其他》，《中医文献杂志》2011 年第 3 期。

~李计筹：《鼻咽癌疾病史的研究》，《江苏中医药》2008 年第 11 期。

~李计筹：《建国前岭南中医喉科文献整理初探》，《中医文献杂志》2008 年第 2 期。

《建国前岭南中医喉科文献的整理研究》，广州中医药大学硕士学位论文 2005 年。

郭巧德（天津中医学院）

《晋隋唐时期外感病的研究》，天津中医学院硕士学位论文 2005 年。

郭巧巧（广州中医药大学）

《1956—1966 年中医带徒弟运动研究》，广州中医药大学学位论文 2012 年。

~李剑：《1963 年广东省中医学徒出师考试始末》，《光明中医》2012 年第 8 期。

郭泉清

《有爱国主义及正义感的明代妇科名医傅青主》，《上海中医药杂志》1955 年第 9 期。

郭蓉娟（北京中医药大学东直门医院）

《类中风概念演变史》，《中华医史杂志》1999 年第 4 期。

郭瑞华（山东中医药大学/山东中医学院）

李明~：《论中医类书〈医部全录〉》，《长春中医药大学》2015 年第 2 期。

李明~：《简议〈本草纲目〉的文献学价值》，《长春中医药大学学报》2015 年第 2 期。

蔡晓彤~：《探析〈妇人规〉妊娠病论治特色》，《中国中医基础医学杂志》2015 年第 3 期。

蔡晓彤~：《〈景岳全书·妇人规〉中因阵方组方治则特点分析》，《山东中医杂志》2015 年第 1 期。

蔡晓彤~：《〈景岳全书·妇人规〉产后类论治思想浅析》，《山东中医药大学学报》2014 年第 4 期。

蔡晓彤~：《〈妇人规〉痛经论治思想及方药探析》，《中医药学报》2014 年第 4 期。

李明、王全利~：《〈仁术便览〉版本考略》，《山东中医药大学学报》2014 年第 1 期。

王全利~：《邹澍本草著述戊午日升山房本年代考》，《中医文献杂志》2013 年第 6 期。

崔利锐~王全利：《〈仁术便览〉作者考》，《世界中西医结合杂志》2013 年第 6 期。

张丰聪~王振国:《〈圣济总录〉药引使用规律探析》,《世界中西医结合杂志》2011 年第 12 期。

李传行、宋洪伟~:《古代人参贮存初探》,《四川中医》2011 年第 12 期。

王全利~:《〈妇科玉尺〉治疗不孕不育学术思想初探》,《江西中医学院学报》2009 年第 5 期。

《〈幼科发挥〉的学术特色》,《山东中医药大学学报》1997 年第 2 期。

~庞英图:《试析孙思邈医德思想之精粹》,《吉林中医药》1996 年第 5 期。

《刘完素妇科学术思想特色》,《吉林中医药》1995 年第 1 期。

《简议〈本草纲目〉的文献学价值》,《山东中医学院学报》1993 年第 5 期。

郭珊珊(对外经济贸易大学)

《中医药产业国际化战略研究》,《对外经济贸易大学硕士学位论文 2007 年。

郭少妮(云南大学)

《西双版纳基诺社会的疾病分类体系与"梦医生"神谕治疗》,云南大学硕士学位论文 2012 年。

郭世民(云南省中医中药究研所)

梁志庆……和丽生~倪凯等:《纳西东巴医药中的"药引子"管窥》,《云南中医中药杂志》2019 年第 12 期。

金锦~梁志庆:《论德昂族医药文化的历史沿革与发展》,《中国民族医药杂志》2019 年第 3 期。

~倪凯等:《傣医诊疗疾病方法探析》,《中国民族医药杂志》2018 年第 11 期。

沈宇明~余永琼等:《普米族医药调查及发展初探》,《耘中医中药杂志》2018 年第 11 期。

金锦~夏亮等:《布朗族医药历史沿革、现状与展望》,《云南中医中药杂志》2018 年第 5 期。

金锦、倪凯~高敏等:《傣族医药的食疗保健方法与技术的现状探析》,《云南中医中药杂志》2018 年第 3 期。

金锦~:《云南省 5 个特有民族医药的保护和调查研究初探》,《云南中医中药杂志》2016 年第 12 期。

刘因华~俞永琼等:《云南省怒族医药的研究现状与发展前景》,《云南中医药杂志》2014 年第 12 期。

~和丽生等:《云南少小民族医药调查研究思路初探》,《中国民族医药杂志》2014 年第 7 期。

曹玺~马克坚等:《阿昌族医与中医面部色诊的比较研究》,《云南中医中药杂志》2014 年第 7 期。

赵景云……左飚~左志龙等:《云南人口较少民族药物资源现状、存在问题及其建议》,《中国民族医药杂志》2012 年第 5 期。

杨玉琪……郭宇惠~金锦等:《云南少数民族医药发掘整理研究概述》,《中国民族医药杂志》2012 年第 3 期。

赵景云……方路~:《云南人口较少民族医药后发优势分析——以云南省阿昌族为例》,《中国民族医药杂志》2011 年第 12 期。

~汤晓云等:《怒族民间医药现状调查》,《云南中医中药杂志》2011 年第 5 期。

陆宇惠……方路~:《云南省云龙县阿昌族民间医药现状调查》,《云南中医中药杂志》2010 年第 11 期。

刘因华、赵远~:《浅谈我国民族医药的发展现状与前景》,《中国民族医药杂志》2007 年第 6 期。

杨绍春……方路~:《对〈灵枢〉中脏腑联系的体会》,《云南中医中药杂志》2003 年第 5 期。

郭世清

《〈易〉解〈血证〉之研究》,《人文社会与医疗学刊》第 3 期(2016.5)。

《张建(1902—1996)安忍宽顺的抗战军医教育家》,《人文社会与医疗学刊》第 2 期(2015.5)。

《关公"刮骨疗毒"之人文医学观》,《人文社会与医疗学刊》第 1 期(2014.4)。

郭世余(天津中医学院)

《对扁鹊里籍的点滴吾见》,《天津中医学院学报》1994 年第 1 期。

《介绍清代范培兰先生所传"太乙神针"》,《天津中医》1991 年第 6 期。

《杨上善刺法探讨》,《天津中医》1987 年第 4 期。

《试论王冰刺法的特点》,《天津中医学院学报》1984 年第 4 期;1985 年第 4 期。

《试论〈千金方〉〈千金翼方〉之针灸特点》,《天津中医学院学报》1984 年第 1 期。

郭受天

《论国医解剖学失传之原因》,《中华医药》1937 年第 2 期。

《论吾国鸦片药用之起始》,《新医药刊》1936 年第 38 期。

《论我国古医学之精粹与现代新学理之会通》,《南京国医杂志》1931 年第 2 期。

郭树芹(兰州大学/四川大学)

《性格塑造与健康人生——从医学角度透视项羽与苏武之"仁"》,《人力资源管理》2013 年第 12 期。

《魏晋南北朝文人杏林情怀论说》,《北方论丛》2011 年第 5 期。

《从道德看古代人文教育的医学意义》,《中国医学伦理学》2008 年第 6 期。

《唐代药名诗撷趣》,《中医药文化》2008 年第 4 期。

《从桃李看"药食同源"的文化意义》,《光明中医》2008 年第 6 期。

《唐代涉医文学研究》,四川大学博士学位论文 2005 年。

《唐代涉医文学的繁荣及其原因探析》,《江汉论坛》2005 年第 1 期。

《〈庐山远公话〉中的医学思想探析》,《佛学研究》2004 年 00 期。

郭淑睿(潍坊医学院)

～吴淑芝等:《汇流成川 融文博医——〈内经〉理论体系与古天文、气象知识关系初探》,《医古文知识》1999 年第 1 期。

郭树森(江西省社会科学院)

《中国道教医学论略》,《开放时代》1996 年第 6 期。

郭淑云(长春师范学院/吉林省民族研究所)

《国外萨满生理和心理问题研究述评》,《民族研究》2007 年第 4 期。

《萨满领神仪式与青春期危机》,《宗教学研究》2006 年第 4 期。

《充满神秘色彩的北方民族原始医药学——萨满医药与疗术》,《西北民族研究》1998 年第 2 期。

郭舜平

《西方医学之父——希波革拉第》,《科学与中国》1934 年第 6 期。

郭松义(中国社会科学院)

《清代男女生育行为的考察》,《中国史研究》2006 年第 2 期。

《清宣统年间北京城内人口灭亡情况的分析》,《中国人口科学》2002 年第 3 期。

郭素芳(中国疾病预防控制中心)

赵凤敏、王临虹～吴久玲等:《育龄男女非婚性行为及避孕套使用情况调查》,《中国公共卫生》2006 年第 11 期。

赵凤敏～王临虹等：《中国农村已婚妇女社会性别意识、家庭事务决策及孕产期保健状况调查》，《中华流行病学杂志》2006 年第 9 期。

～赵凤敏等：《我国育龄人群避孕套使用情况及其影响因素》，《中国公共卫生》2006 年第 1 期。

赵更力……王临虹～薛玲：《部分农村中学生生殖健康状况及相关知识、态度/观念、行为和保健需求现况研究》，《中国妇幼保健》2005 年第 17 期。

赵凤敏～李伯华等：《不同地区育龄男女生殖健康知识知晓情况调查》，《中国公共卫生》2005 年第 8 期。

王临虹～赵凤敏等：《中国育龄妇女住院分娩率及其影响因素分析》，《中华围产医学杂志》2005 年第 6 期。

～赵凤敏等：《1971 年至 2003 年我国剖宫产率变化趋势及社会人口学影响因素的研究》，《中华围产医学杂志》2005 年第 3 期。

赵凤敏～李伯华等：《中国不同地区 1971—2003 年孕产期保健服务状况调查》，《中华流行病学杂志》2005 年第 3 期。

薛玲～王临虹等：《中国部分农村地区中学生对性行为的态度及其相关教育需求的定性研究》，《中国妇幼保健》2004 年第 14 期。

薛玲～崔颖等：《影响孕产妇住院分娩的因素分析》，《中国妇幼保健》2004 年第 13 期。

吴久玲～严仁英等：《北方城市人工流产妇女家庭暴力相关因素分析》，《中国公共卫生》2004 年第 12 期。

薛玲～王临虹等：《我国青少年生殖健康现状》，《中国妇幼保健》2004 年第 10 期。

～王临虹等：《妊娠期丈夫对妻子的家庭暴力与不良妊娠结局》，《中华围产医学杂志》2004 年第 5 期。

王临虹～张小松：《孕产妇死亡率下降趋势及其相关因素分析》，《中华围产医学杂志》2004 年第 1 期。

～吴久玲等：《中国北方城市妇女妊娠前、妊娠期及产后家庭暴力的调查》，《中华流行病学杂志》2004 年第 1 期。

郭太品（云南中医学院/成都中医药大学）

亿荣……金煜昊～：《〈千金翼方〉针灸疾病谱浅析》，《中医研究》2018 年第 12 期。

杨叶娇、郁先桃～：《回族饮食文化中的健康养生观》，《西部中医药》2018 年第 8 期。

黄昆……杨增荣～：《〈千金翼方〉经穴使用规律分析》，《中国中医基础医学杂志》2018 年第 7 期。

黄昆……徐金龙～：《〈千金翼方〉中药症治疾病谱浅析》，《中医药学报》2018 年第 4 期。

～刘自力：《古代刺络理论的历史演变》，《中国中医基础医学杂志》2017 年第 8 期。

～任玉兰等：《中国古代针法特色历史演变》，《中华中医药杂志》2015 年第 7 期。

～任玉兰等：《古代冶炼工艺技术与毫针的形质及手法演变》，《中医杂志》2014 年第 19 期。

～施静等：《〈黄帝内经〉对"心痛"的认识及针灸治疗探讨》，《中华中医药杂志》2014 年第 1 期。

～梁繁荣等：《〈内经〉中"得气"操作及整体观因素论析》，《时珍国医国药》2013 年第 11 期。

～梁繁荣等：《〈黄帝内经〉四时与五脏关系及在针灸中的运用》，《中医杂志》2013 年第 5 期。

郭桃美（广州中医学院）

《余云岫主废中医史实》，《新中医》1991 年第 8 期。

《徐灵胎学术思想初探》,《新中医》1990 年第 6 期。

郭天玲(北京市中医管理局)

《北京中医学会史略》,《北京中医》2004 年第 5 期。

郭天玲(上海中医药博物馆/上海中医药大学)

～箫惠英:《傅维康先生的医学史情结》,《中医药文化》2011 年第 6 期。

《七十多年前〈中医条例〉出台前后》,《中医文献杂志》2007 年第 4 期。

《顾辑本〈神农本草经〉探析》,《中医文献杂志》1997 年第 1 期。

郭天祥(湛江师范学院)

赖琼～:《历史的经验与三峡库区的鼠疫危机》,《唐都学刊》2010 年第 5 期。

～孙碧霞:《近代雷州半岛鼠疫疫源新论》,《湛江师范学院学报》2009 年第 2 期。

国万春(河北医科大学)

～李庆升等:《浅探〈金匮要略〉中之肺胀》,《国医论坛》2000 年第 2 期。

～王黛等:《〈明堂孔穴〉沿革》,《河北中医药学报》2000 年第 2 期。

～张瑛:《元明时期针灸处方理论成熟浅析》,《山西中医》1991 年第 5 期。

《〈针灸玉龙经〉处方浅析》,《新疆中医药》1991 年第 2 期。

《金元时期针灸配穴理论形成浅析》,《山西中医》1991 年第 1 期。

国王(云南师范大学)

《印度医疗旅游发展与挑战研究》,云南师范大学硕士学位论文 2018 年。

郭巍(复旦大学)

《中国与国联在医疗卫生方面的合作与互动(1920—1939)》,复旦大学硕士学位论文 2008 年。

郭薇(天津师范大学)

《中世纪英格兰城市生活环境考察》,天津师范大学硕士学位论文 2013 年。

郭玮(中州大学)

《中国早期对疾病的认识与治疗》,《青海民族大学学报(教育科学版)》2010 年第 5 期。

郭卫东(北京大学)

《华洋转型中的样板——民国年间江苏特殊教育研究》,《民国研究》2014 年第 1 期。

《西洋参:中美早期贸易中的重要货品》,《广东社会科学》2013 年第 2 期。

《基督教会与福建近代特殊教育事业研究》,《福建论坛(人文社会科学版)》2011 年第 12 期。

《基督教会与近代上海的特殊教育》,《社会科学》2011 年第 5 期。

《应对鼠疫:1894—1895 年的港澳》,《历史档案》2011 年第 4 期。

《论中国近代特殊教育的发端》,《教育学报》2007 年第 3 期。

《基督教新教传教士与中国盲文体系的演进》,《近代史研究》2006 年第 2 期。

《北京瞽叟通文馆与中国盲文体系的初建》,《北京社会科学》2005 年第 3 期。

《基督新教与中国近代的特殊教育》,《社会科学研究》2001 年第 4 期。

郭伟东(河南省洛阳正骨医院)

《中医骨伤科用药剂型的历史演变》,《中医正骨》1999 年第 4 期。

郭玮婕(贵州财经大学)

《医患关系的博弈分析》,贵州财经大学硕士学位论文 2013 年。

郭伟琪(广州中医学院)

~熊曼琪:《〈伤寒论〉方证病机之研究》,《新中医》1986年第8期。

~熊曼琪:《"三纲鼎立"学说初探》,《广西中医药》1986年第5期。

郭玟岑(广州中医药大学)

《日本医家矢数道明伤寒学术经验研究》,广州中医药大学硕士学位论文2015年。

郭文华(台湾国立阳明大学)

《看见殖民社会:从汉生病看边缘治理的算计》,陈姃湲主编《日本殖民统治下的底层社会:台湾与朝鲜》(台北:中央研究院2018年)。

《如何看待美援下的卫生? 一个历史书写的反省与展望》,《台湾史研究》第17卷第1期(2010.3)。

《寻索躲在标准论述后的台湾防疟奇迹》,《科学发展》第422期(2008)。

《归档台湾医疗:初探医师书写的历史与社会学》,《台湾社会研究季刊》第54期(2004.6)。

《美援下的卫生政策——一九六0年代台湾家庭计画的探讨》,《台湾社会研究季刊》第32期(1998.12)。

《台湾医疗史研究的回顾:以学术脉络为中心的探讨》,《台湾史料研究》1996年第8期。

《"女性—医疗"的政治形象与历史建构——以〈二十年来的台湾妇女〉为例》,《妇女与两性研究通讯》第36期(1995.10)。

~叶琳:《医学与人文历史的交会——访庄永明谈台湾医学史》,《医望杂志》第8期(1995)。

郭文佳(商丘师范学院)

《宋代地方医疗机构与疾疫救治》,《求索》2008年第8期。

郭文良(上海中医药大学)

《从〈申报〉广告探究清末中医制药业的不足》,《中医药文化》2015年第3期。

郭文深(渤海大学)

《论近代辽宁基督教医疗活动的影响》,《关东学刊》2016年第10期。

《论近代基督教在辽宁的医疗活动》,《渤海大学学报(哲学社会科学版)》2016年第6期。

郭文逸

《欧人研究中国医学之针灸法》,《杏林医学月报》1933年第49期。

郭霞(山东中医学院附属医院)

~宁远红:《〈内经〉论目诊》,《四川中医》1995年第4期。

~宁远红:《〈内经〉论眼之生理》,《四川中医》1994年第4期。

郭翔如(北京中医药大学)

《汪逢春学术思想与临床经验研究》,北京中医药大学硕士学位论文2005年。

郭象升

《张仲景姓名事迹考》,《山西医学杂志》1926年第29、30期。

郭祥筠(广州中医药大学)

《台湾中药制剂的沿革及对中医处方的影响(1945—2004)》,广州中医药大学硕士学位论文2005年。

郭晓(天津对外经济贸易职业学院)

~郁洋:《日本汉方药的发展及对我国中药产业的启示》,《亚太传统医药》2007年第9期。

郭小聪（广东革命历史博物馆）

《西式医疗及其教育对广州地区的影响——以广州博济医院为例》，《丝绸之路》2017 年第 4 期。

郭潇聪（山东中医药大学）

《清及清以前针灸治疗面痛的选穴配伍应用研究》，山东中医药大学硕士学位论文 2018 年。

郭小沙（中共中央对外联络部西欧局）

《德国医疗卫生体制改革及欧美医疗保障体制比较——对中国建立全面医疗保障体制的借鉴意义》，《德国研究》2007 年第 3 期。

《彼得·弗里德里希——社会保险改革中的立法与利益平衡：2007 年德国医疗卫生改革》，《社会保障研究（北京）》2007 年第 1 期。

郭晓艳（四川省社会科学院）

《中国农村居民医疗状况变迁研究——从宏观到微观的视角》，四川省社会科学院硕士学位论文 2009 年。

郭晓珍（第一军医大学）

《我国中药标准化发展战略研究》，第一军医大学硕士学位论文 2005 年。

郭星华（中国人民大学）

～肖翔尹：《社会支持与男性不育》，《人口研究》2018 年第 3 期。

～才凤伟：《新生代农民工的社会交往与精神健康——基于北京和珠三角地区调查数据的实证分析》，《甘肃社会科学》2012 年第 4 期。

郭秀玲

《纳粹种族卫生概念的视觉化——常民肖像为例》，《台湾师大历史学报》第 55 期（2016.6）。

《卫生论述与柏林现代都市计画》，《新史学》第 24 卷第 2 期（2013.6）。

郭秀梅（日本顺天堂大学/日本医科大学）

小曽戸洋～：《日本汉方医学形成之轨迹》，《中国科技史杂志》2012 年第 1 期。

远藤次郎～：《〈启迪集〉与日本医学之自立》，《中国科技史杂志》2012 年第 1 期。

真柳诚～：《中日韩越古医籍数据的比较研究》，《中国科技史杂志》2010 年第 3 期。

《漫漫医学路，笔耕 50 年——纪念冈西为人博士诞生 110 周年》，《中华医史杂志》2009 年第 6 期。

《关于〈宋以前伤寒论考〉》，《世界中西医结合杂志》2008 年第 1 期。

《关于日本汉方医学著作稿本的整理》，《新世纪图书馆》2005 年第 1 期。

～冈田研吉等：《〈千金方〉唐宋流传拾零》，《医古文知识》2004 年第 3 期。

《江户考证医学初考——森立之的生平和着作》，《新史学》第 14 卷第 4 期（2003.12）。

～冈田研吉等：《良相良医方寸间——高若讷医事述要与〈伤寒类要〉》，《医古文知识》2003 年第 1 期。

平根弘治～：《〈素问考〉之研究》，《医古文知识》2000 年第 4 期。

～崔为等：《中药量词从〈物〉到"味"的演变》，《医古文知识》2000 年第 2 期。

～冈田研吉等：《〈本草途径〉引仲景方论考异》，《国医论坛》2000 年第 1 期。

～崔为等：《"癃""淋"音义考》，《医古文知识》2000 年第 1 期。

～冈田研吉等：《清代医师旅日史钩沉》，《中华医史杂志》1999 年第 2 期。

～冈田研吉等：《青山遮不住东流传岐黄——清代医师旅日史钩沉》，《医古文知识》1998 年第 4 期。

～小曽戸洋等：《〈万安方〉引中国医书管窥》，《中医药杂志》第 9 卷第 3 期（1998.9）

~冈田研吉:《〈伤寒论〉中的方言俗语》,《医古文知识》1998 年第 1 期。

冈田研吉~:《张仲景生活的时间与空间》,《国医论坛》1997 年第 1 期。

~冈田研吉:《"钱匕"当为"钱上"辨》,《医古文知识》1996 年第 1 期。

冈田研吉~:《高继冲本〈伤寒论〉与〈永类钤方·伤寒〉》,《吉林中医药》1995 年第 1 期。

冈田研吉~:《森立之稿本伤寒三书揭载》,《国医论坛》1994 年第 5 期。

郭秀英

《英国初级保健护理变革》,《国外医学.护理学分册》2004 年第 7 期。

郭秀芝

~阎红等:《朱德与中国医科大学》,《健康报》2011 年 6 月 24 日 006 版。

郭轩彤(湖北中医药大学)

《洪子云学术思想及临床经验研究》,湖北中医药大学硕士学位论文 2018 年。

郭雪(牡丹江师范学院)

《中国道教与印度瑜伽养生的比较研究》,牡丹江师范学院硕士学位论文 2011 年。

郭雅静(郑州大学)

《近代知识转型视野中的〈中西医学报〉(1910—1930)》,郑州大学硕士学位论文 2019 年。

郭雅倩(郑州大学)

《性别视角下的二战后英国公共卫生研究——以国家医疗服务体系(NHS)为中心》,郑州大学硕士学位论文 2019 年。

郭妍(黑龙江中医药大学)

《论民国时期中医药期刊的时代特征与历史价值》,《黑龙江史志》2015 年第 5 期。

郭延飞(福建医学院)

~林建银:《两具宋代古尸寄生虫学观察》,《福建医学院学报》1988 年第 3 期。

郭艳花(山西大学)

《碰撞与融合——明清基督教对中国医疗文化的影响研究》,山西大学硕士学位论文 2011 年。

郭彦麟(北京中医药大学)

王泷~孙钰等:《薛己运用六味地黄丸规律新探》,《中医学报》2019 年第 2 期。

~陈东梅等:《浅议王好古论治"寒邪犯本"》,《中医学报》2018 年第 8 期。

《基于易水学派的王好古学术思想研究》,北京中医药大学硕士学位论文 2018 年。

王泷~孙钰等:《薛己对易水学派的贡献》,《中国中医基础医学杂志》2018 年第 3 期。

~陈东梅等:《王好古"寒中证"治法探要》,《中国中医基础医学杂志》2018 年第 2 期。

~王泷等:《易水学派医家运用六味地黄丸经验》,《长春中医药大学学报》2018 年第 1 期。

~任北大等:《易水学派运用黄芪经验探要》,《长春中医药大学学报》2017 年第 6 期。

~任北大等:《儒学嬗变对金元后中医理论发展的影响》,《中医药文化》2017 年第 3 期。

任北大……王泷~孙钰等:《皮肌炎用药规律文献研究》,《中医杂志》2017 年第 9 期。

陈靓……王泷~张保春:《张元素"养正积自除"的内涵及其临床应用》,《环球中医药》2016 年第 4 期。

郭燕霞(南开大学)

《医疗实践中的专门知识与公众选择研究——以山西省太原市儿童疫苗接种为例》,南开大学博士学位论文 2013 年。

～赵万里:《建构主义视角下的医学知识问题研究——国外医学知识社会学研究评析》,《自然辩证法研究》2012年第10期。

郭颖(上海中医药大学)

《〈诸病源候论〉词语时代特色浅析》,《中医药文化》2008年第5期。

郭颖瑄(台湾国立政治大学)

《明末清初的医病关系初探:以〈醒世姻缘传〉为中心》,《暨南史学》第15期(2012.7)。

郭影影(河北大学)

《宋代后妃生育问题研究》,河北大学硕士学位论文2018年。

郭永松(浙江医科大学/浙江医学高等专科学校/浙江大学)

关婷、王衫～郝徐杰等:《医务社会工作在构建新时期精神文明建设中的作用》,《中国高等医学教育》2010年第10期。

《关于开展医务社会工作的经济学思考》,《医学与社会》2010年第6期。

《不同国家医患纠纷处理方式研究》,《中国医院管理》2010年第5期。

～周庆环:《我国医患纠纷处理的几种尝试及思考》,《中国医院管理》2010年第5期。

～周庆环等:《社会工作理念与医患冲突调解机制的建立》,《中国医院管理》2010年第5期。

《中西方社会工作伦理价值体系的差别与医务社会工作》,《中国医学伦理学》2010年第2期。

《我国医院试行医务社会工作的初步研究》,《中国医院》2009年第7期。

《医院建立医务社会工作制度的可行性研究》,《医学与社会》2009年第6期。

《医务社会工作职能及其在我国的发展》,《医学与哲学(人文社会医学版)》2009年第6期。

《医务社会工作处理医患纠纷的机制研究》,《医学与哲学(人文社会医学版)》2009年第6期。

《医学整合与医务社会工作在社区的发展》,《医学与哲学(人文社会医学版)》2009年第5期。

张良吉、何晓凯～李秀央等:《医患冲突调解中的社会工作机制与职能研究》,《医学与社会》2009年第3期。

～张良吉等:《医务社会工作调解医患纠纷的途径与方法》,《中国医院管理》2009年第3期。

张良吉～李平等:《医务社会工作改善医患关系的机制研究》,《中国医院管理》2009年第3期。

～吴水珍:《在中国发展医务社会工作的可能性研究》,《中国卫生事业管理》2009年第2期。

～吴水珍等:《医患纠纷处理方式比较研究》,《卫生经济研究》2009年第2期。

～吴水珍:《我国医务社会工作现状研究》,《医学与社会》2009年第2期。

～吴水珍等:《美国及中国港台地区的医务社会工作状况及启示》,《中国医院管理》2009年第2期。

戴羽～张良吉等:《医务社会工作机构与岗位设置研究》,《中国医院管理》2009年第2期。

李平～吴水珍等:《开展医务社会工作的相关政策与制度研究》,《中国医院管理》2009年第2期。

～吴水珍等:《开展医务社会工作的相关条件研究》,《中国医院管理》2009年第2期。

～吴水珍等:《医务社会工作价值与医患纠纷的调解》,《中国卫生事业管理》2009年第1期。

李平～吴水珍等:《医务社会工作的功能定位及其在医患冲突中的作用》,《卫生经济研究》2009年第1期。

《卫生服务公平性:理念、制度和实践——读〈关于深化医药卫生体制改革的意见(征求意见稿)〉有感》,《医学与哲学(人文社会医学版)》2008年第12期。

～吴水珍等:《国内外医患关系现状的比较与分析》,《医学与社会》2008年第11期。

～张良吉等:《国内外医患关系现状的成因比较》,《医学与社会》2008 年第 11 期。

～李平:《21 世纪医疗保障制度改革与发展趋势管窥》,《医学与哲学(人文社会医学版)》2007 年第 12 期。

《国内外医疗保障制度的比较研究》,《医学与哲学(人文社会医学版)》2007 年第 8 期。

《抑郁症的流行病学研究与预防——读〈中国人群死亡及其危险因素流行水平、趋势和分布〉有感》,《医学与哲学(人文社会医学版)》2007 年第 6 期。

《关于"医学教育是精英教育"的辨析》,《中国高等医学教育》2006 年第 12 期。

～张良吉:《医学人文教育:问题、挑战与对策》,《医学与哲学(人文社会医学版)》2006 年第 12 期。

～华淑芳等:《对医学道德价值的重新界定》,《医学与哲学(人文社会医学版)》2006 年第 6 期。

吴联群～林慧佳等:《〈医疗事故处理条例〉对医疗行为影响的初步研究》,《中国卫生事业管理》2005 年第 8 期。

～李秀央等:《工作中付出—获得不平衡与健康的相关性研究》,《中华劳动卫生职业病杂志》2005 年第 8 期。

～杨清:《医学与人文社会科学融通的实践理性与理性实践》,《医学与哲学》2005 年第 8 期。

～丁朝黎等:《医疗风险责任与医方告之义务》,《医学与社会》2005 年第 3 期。

潘新花、柴伊玲～杨云贵等:《农村预防保健服务模式研究概述》,《中国农村卫生事业管理》2005 年第 2 期。

～王家兰等:《德国高等教育和高等医学教育对我们的启示》,《中国高等医学教育》2005 年第 1 期。

潘新花～柴伊玲等:《不同类型农村预防保健服务模式的比较研究》,《中国卫生事业管理》2004 年第 10 期。

～李佳等:《关于医疗侵权诉讼中医方举证能力的初步探讨》,《医学与哲学》2004 年第 10 期。

《论病人权利让渡与医生告知义务》,《中国医院管理》2004 年第 10 期。

～徐凌霄:《社会医疗保险中需方制约机制的研究》,《中国卫生事业管理》2004 年第 9 期。

张良吉～:《政府职能在合作医疗中的体现形式探讨》,《中国农村卫生事业管理》2004 年第 7 期。

～赵栋:《卫生服务公平性——政府职能与作用研究》,《医学与哲学》2004 年第 6 期。

～马伟宁:《论医疗保险中的道德风险及对策》,《中国医学伦理学》2004 年第 2 期。

应绍斌～:《关于医疗侵权诉讼中证据问题的初步研究》,《医学与社会》2003 年第 6 期。

～郭常平等:《论我国卫生资源短缺的现状与对策》,《中国卫生事业管理》2003 年第 10 期。

～华淑芳:《医疗风险、责任与对策》,《医学与哲学》2003 年第 4 期。

《医疗侵权诉讼中居正责任分配的公平性研究》,《中华医院管理杂志》2003 年第 2 期。

～杜幸之:《论卫生资源配置的市场机制与对策——兼谈卫生服务的公平与效率》,《中国卫生经济》2002 年第 8 期。

～张新跃:《卫生服务公平性:伦理的困惑与思考》,《中国医学伦理学》2002 年第 3 期。

《关于卫生保健公平性的理性思考与实践原则》,《中国卫生事业管理》2002 年第 3 期。

《卫生服务公平性:现实的困惑与理性思考》,《医学与社会》2002 年第 2 期。

～李平:《论医患关系的法律属性与法律应用》,《医学教育探索》2002 年第 1 期。

张斌～张国芳:《维护共同利益:医学道德存在的现实基础》,《医学与哲学》2001 年第 8 期。

《基因的研究与应用——医学与社会伦理共同关注的新热点》,《医学与社会》2001 年第 1 期。

~何德梁:《面对临床无效治疗:思考与抉择》,《医学与哲学》2000 年第 2 期。

~王似菊:《关于实现健康权利的社会、心理思考》,《卫生经济研究》2000 年第 8 期。

《对医学技术与医学道德相互冲突的理性思考》,《中国医学伦理学》2000 年第 4 期。

~俞扬海:《论病人的医疗保障权》,《医学与哲学》2000 年第 3 期。

《医学社会学的研究对象、内容和基本观点》,《医学与社会》2000 年第 2 期。

《论卫生保健的社会公平性》,《中国卫生事业管理》2000 年第 1 期。

《家庭生活周期、生活事件与保健对策》,《医学与社会》1999 年第 6 期。

《应当如何面对医学技术的发展——与医学道德对话》,《医学与哲学》1999 年第 4 期。

《建立以家庭为功能单位的社区保健模式初探》,《卫生经济研究》1999 年第 3 期。

《试论过度医疗服务及其管理对象》,《中国卫生质量管理》1999 年第 1 期。

《从一个案例引发的医学伦理学思考》,《医学与哲学》1998 年第 12 期。

《对性病病人有条件保密的伦理学探索》,《医学与哲学》1998 年第 9 期。

~胡斯隆等:《论医学目的调整与医疗保险改革思路的更新》,《卫生经济研究》1998 年第 9 期。

《论以家庭为功能单位的自我保健模式》,《卫生软科学》1998 年第 6 期。

~罗萍等:《生活事件、家庭与人的健康》,《医学与社会》1998 年第 6 期。

《关于过度医疗服务等伦理学审视》,《中国医学伦理学》1998 年第 4 期。

~胡斯隆等:《论医学目的的层次性与吗啡的使用》,《医学与哲学》1998 年第 4 期。

罗萍~:《关于医疗保健制度改革的伦理学思考》,《中国卫生质量管理》1998 年第 1 期。

《医疗保健制度改革的社会心理及有关问题研究》,《中国卫生事业管理》1997 年第 1 期。

《试论人文教育在医学教育中的地位和作用》,《医学与哲学》1996 年第 6 期。

~张新跃:《论健康道德与医学目的》,《卫生软科学》1996 年第 2 期。

郭玉晶(山东中医药大学)

《古代治咳方的组方用药研究》,山东中医药大学博士学位论文 2013 年。

陈居伟~刘更生:《姜国伊〈本经经释〉及其学术思想探析》,《世界中西医结合杂志》2013 年第 9 期。

~陈居伟等:《浅谈〈素问·咳论〉》,《四川中医》2013 年第 5 期。

~陈居伟等:《〈奇效良方〉骨之〈势〉浅解》,《世界中西医结合杂志》2012 年第 12 期。

郭宇宽(清华大学)

《反思中国公共卫生体制——专访中国人民大学法律社会学研究所所长李楯》,《南风窗》2005 年第 5 期。

郭玉娜(北京中医药大学)

《张子和对仲景汗吐下三法学术思想的继承与发展》,北京中医药大学硕士学位论文 2014 年。

郭元元(山东大学)

《日本介护保险制度研究及其对中国的启示》,山东大学硕士学位论文 2018 年。

郭玥(中国疾病预防控制中心)

《我国健康传播现状分析》,《中国健康教育》2007 年第 2 期。

~王红漫:《以艾滋病为例论健康传播运动中的政府定位》,《中国社区医师(综合版)》2005 年第 21 期。

《我国重大疾病预防控制核心信息健康传播特性探讨》,《中国健康教育》2008 年第 5 期。

《社区医生防治人禽流感的健康教育策略》,《中国社区医师》2005年第24期。

《健康教育在卫生政策与信息传播系统中的作用》,《中国基层医药》2004年第6期。

《SARS引发的对新闻宣传的思考》,《中国基层医药》2003年第7期。

郭蕴深(黑龙江省社会科学院)

《哈尔滨1910—1911年的大鼠疫》,《黑龙江史志》1996年第5期。

郭照江(空军军医大学/第四军医大学)

《耕耘好我们的风水宝地——加强对传统文化中生命伦理智慧的发掘与提炼》,《中国医学伦理学》2018年第8期。

~梁红娟等:《神木"医改"启示录》,《中国医学伦理学》2011年第3期。

黄建……傅智勇~:《一个值得关注的问题:医生疲劳与患者安全》,《中国医学伦理学》2008年第6期。

《医学伦理学研究中值得重视的几个问题——祝贺〈中国医学伦理学〉创刊20周年》,《中国医学伦理学》2008年第6期。

《哈维启示录——纪念哈维发现血液循环390周年》,《医学与哲学(人文社会医学版)》2006年第6期。

王琪……陈金武~:《隐形矫治器是否是传统矫治器的终结》,《医学与哲学(临床决策论坛版)》2006年第3期。

《对希波克拉底警句的深层解读——审美修养是从医之必需》,《医学与哲学》2004年第7期。

段晓宏~:《论土地革命战争时期我军医德初步框架的创立》,《中国医学伦理学》2002年第2期。

马晓~:《现代医疗保健制度背景下的中英医患关系比较》,《中国医学伦理学》2002年第2期。

土丽艳~:《知情同意原则与文化背景——中美生命伦理学比较研究之一》,《中国医学伦理学》2001年第5期。

汤金洲~王山青:《灾害医学救治中的人际关系》,《医学与社会》2001年第5期。

杨连君……王文亮~:《广泛开展尸检工作的社会学思考》,《医学与社会》2001年第3期。

马晓~:《关于我国老龄化进程中医疗保健的伦理思考》,《中国医学伦理学》2001年第3期。

汤金洲~:《灾害医学紧急救治中的伦理冲突》,《中国医学伦理学》2001年第2期。

《铲除医学领域的伪科学》,《医学与哲学》2000年第7期。

汤金洲~:《灾难医学救治的伦理学初探》,《中国医学伦理学》2000年第3期。

《试论社区卫生服务的伦理学探析》,《医学与哲学》2000年第2期。

赵茜、徐志凯~:《单克隆抗体的治病与〈致病〈,《医学与哲学》1999年第9期。

惠光艳、林珠~:《热门课题的冷思考——浅谈远程医疗会诊中的问题与对策》,《医学与社会》1999年第6期。

马长永~:《社会心理因素与不良医德医风》,《中国医学伦理学》1999年第4期。

《从规范伦理学到境遇伦理学——中美医学伦理学比较研究之一》,《中国医学伦理学》1999年第2期。

吴友农、高平~:《影响牙体病求医行为的社会心理因素》,《医学与社会》1997年第4期。

《对"克隆绵羊"的伦理思考》,《中国医学伦理学》1997年第3期。

《学习白求恩 从医为人民——全国第三届白求恩精神研讨会侧记》,《中国医学伦理学》1997年第1期。

《医学庸俗化现象试析》，《医学与哲学》1995 年第 9 期。

《中国儒家文化与医德传统》，《中国医学伦理学》1994 年第 1 期。

～郭建生：《体育医疗的治疗观及其哲学意义》，《医学与哲学》1984 年第 4 期。

《从恩格斯的生命定义到现代生命科学》，《西安交通大学学报（医学版）》1984 年第 2 期。

郭振宏（中共山东省委党校）

《国外农村医疗保障主要模式及其对我国建立农村医疗保障制度的启发》，《管理观察》2009 年第 11 期。

郭振球（湖南中医学院）

《李时珍〈本草纲目〉与微观药证学的发展》，《河南中医学院学报》2004 年第 2 期。

《博极医文 于斯为盛 峥嵘岁月 世纪之光——医史文献研究的回顾与展望》，《中医药学刊》2003 年第 10 期。

《医林哲匠艺苑鸿儒——李时珍证治学思想举隅》，《山西中医》1994 年第 2 期。

《〈中藏经〉论疾诊病的思维方法》，《山西中医》1991 年第 4 期。

张文安～：《〈中藏经〉治疗体系初探》，《国医论坛》1989 年第 2 期。

《论中医诊断学的发展》，《安徽中医学院学报》1988 年第 3 期。

吴正治～：《略论〈中藏经〉的学术特点及成就》，《浙江中医学院学报》1988 年第 1 期。

《武之望〈济阳纲目〉的学术思想》，《陕西中医》1986 年第 12 期。

《雷丰〈时病论〉的学术成就》，《福建中医药》1983 年第 1 期。

《〈杂病源流犀烛〉的学术成就》，《吉林中医药》1981 年第 4 期。

《伤寒及副伤寒在祖国古典医学文献中的初步探讨》，《新中医药》1957 年第 8 期。

《血吸虫病在祖国古典医学文献中的初步探讨》，《新中医药》1956 年第 4 期。

《杆菌痢疾与阿米巴痢疾在祖国古典医学文献中的初步探讨》，《新中医药》1955 年第 12 期。

《关于流行性乙型脑炎在古典医学文献中的初步探讨》，《新中医药》1955 年第 9 期。

郭正典

《佛教人类胚胎学》，《佛学与科学》第 6 卷第 1 期（2005.1）。

郭志南（厦门市疾病预防控制中心）

～苏成豪等：《厦门市鼠疫流行史及其防治策略》，《中华卫生杀虫药械》2005 年第 2 期。

郭志强（东莞理工学院）

～秦国柱：《多渠道解决我国 NGO 的资金瓶颈问题：来自香港东华三院的启示》，《东莞理工学院学报》2008 年第 6 期。

郭栉懿（中国卫生部）

～郭开瑜：《农村三级医学保健网的先驱——陈志潜教授》，《现代预防医学》2004 年第 5 期。

郭忠（赣州卫生学校）

～廖禹东：《赣南苏区农村医学人才培养模式的探索与实践》，《职业》2014 年第 2 期。

郭子光（成都中医学院）

《养生学的中西比观》，《中医文献杂志》1995 年第 2 期。

《中国古代的康复医学》，《上海中医药杂志》1988 年第 4 期。

《我对深入研究仲景学说的看法》，《国医论坛》1988 年第 1 期。

《略论中医学术发展之历史经验与继续发展之途径》，《新中医》1987 年第 9 期。

～段光周:《不废〈伤寒〉万古传——关于〈伤寒论〉注家之研究》,《上海中医药杂志》1983 年第 5 期。

郭子英

《巢氏诸病源候总论中有关皮肤病的记载》,《中华皮肤科杂志》1956 年第 3 期。

H

哈恩忠(中国第一历史档案馆)

《雍正朝箭毒及解毒药方史料》,《历史档案》2007 年第 1 期。

《雍正初年广西查禁箭毒述略》,《历史档案》2004 年第 3 期。

《清末陆军部兴办军医学堂》,《历史档案》1999 年第 1 期。

《清末军医何守仁考察美欧中医史料》,《历史档案》1999 年第 1 期。

《清末金韵梅任教北洋女医学堂史料》,《历史档案》1999 年第 4 期。

哈鸿潜([台湾]中国医药学院)

《20 世纪 70 年代台湾的针灸研究》,《中华医史杂志》2007 年第 3 期。

～高田:《台湾大学医学院百年史》,《中华医史杂志》2002 年第 3 期。

高田～:《近现代台湾的医学院校》,《中华医史杂志》2002 年第 1 期。

高田～:《台湾解剖祭考》,《中华医史杂志》1999 年第 3 期。

高田～:《台湾的现代医药卫生》,《中华医史杂志》1998 年第 2、3 期。

高田～:《明清时期的台湾医学》,《中华医史杂志》1997 年第 2 期。

～高田:《日本据台时期之台湾医学》,《中华医史杂志》1995 年第 4 期;1996 年第 1 期。

高田～:《台湾早期之教会医学》,《中华医史杂志》1995 年第 2 期。

～高田:《荷兰据台时期之医学》,《中华医史杂志》1994 年第 3 期。

～高田:《台湾原住民之医药考察》,《中华医史杂志》1994 年第 1 期。

哈里·梅默尔-弗代

～张大川:《科特迪瓦:非洲医疗模式的一个例子》,《国际社会科学杂志(中文版)》2000 年第 3 期。

哈斯朝鲁(内蒙古民族大学)

《清代蒙古族地区寺庙曼巴扎仓》,《内蒙古民族大学学报(自然科学版)》2009 年第 4 期。

～苏亚拉图:《忽思慧〈饮膳正要·饮酒避忌〉现代读》,《内蒙古民族大学学报(社会科学版)》2006 年第 5 期。

《忽思慧〈饮膳正要〉养生论》,《内蒙古民族大学学报(自然科学版)》2003 年第 1 期。

海巴子

《华人之灾:百年前"鼠疫"编织的美国式谎言》,《档案春秋》2010 年第 6 期。

海琛德

《麻疯杆菌发现家:《韩生医师》,《医史杂志》1952 年第 1 期。

～撰,桑亚振译:《苏格兰麻疯王布路斯轶事》,《晨光季刊》1940 年第 1 期。

《麻疯稗史》,《中华护士报》1939 年第 2 期。

《但弥尔神父传记》,《麻疯季刊》1937 年第 1 期。

《中国麻疯史》,《麻疯季刊》1936 年第 4 期。

～撰,余炯焕译:《麻疯立法之历史观》,《麻疯季刊》1932 年第 4 期。

海珂(上海师范大学)

《近代上海法租界医疗机构研究——以广慈医院为中心的考察》,《都市文化研究》2014 年第 2 期。

赵之凡、赵乃凡～:《医者本色:"东方一只眼"——忆我们的父亲赵东生》,《史林》2013 年 S1 期。

海霞(中国民族大学/天津中医药大学)

～陈红梅:《"一带一路"视域下中医药典籍与中医药文化传播》,《国际中医中药》2019 年第 7 期。

陈红梅……石青青～:《宋朝与高丽间的医药文化交流及影响》,《中华医史杂志》2017 年第 2 期。

～陈红梅:《〈山海经〉中涉医神兽的探究》,《中华医史杂志》2016 年第 4 期。

海有霞(天津中医药大学)

～邢永革:《宋代方书序跋内容探析》,《河南中医》2017 年第 7 期。

韩阿伦(北京中医药大学)

《〈针灸大成〉与〈东医宝鉴〉针灸部分内涵比较研究》,北京中医药大学硕士学位论文 2018 年。

～侯中伟:《针灸医家杨继洲与许浚成才规律比较研究》,《中华中医药杂志》2018 年第 6 期。

韩斐(河南农业大学)

《河南省病死猪无害化处理现状调查研究》,河南农业大学硕士学位论文 2016 年。

韩刚(北京中医药大学)

彭坚～:《关于整理中医传染病学文献的思考》,《中华医史杂志》2000 年第 2 期。

《谈中国古代名医的素质》,《中华医史杂志》1999 年第 3 期。

奇玲～:《民族医药高等教育的发展》,《中医教育》1998 年第 3 期。

《近代中医骨伤科发展述略》,《中国科技史料》1996 年第 3 期。

韩纲(复旦大学)

《传播学者的缺席:中国大陆健康传播研究十二年——一种历史视角》,《新闻与传播研究》2004 年第 1 期。

韩国正(中国中医科学院)

《深师、梅师及其著作考》,《中国医药导报》2012 年第 8 期。

《中日医学文献中的〈僧深方〉研究》,中国中医科学院硕士学位论文 2012 年。

韩洪洪(中共中央文献研究室)

《毛泽东:把中医提到对全世界有贡献的高度》,《中国中医药报》2014 年 11 月 19 日 003 版。

韩辉(山东中医药大学)

《〈诸病源候论〉伤科学术思想研究》,山东中医药大学硕士学位论文 2010 年。

韩吉绍(山东大学)

《道教炼丹术传入印度考论》,《宗教学研究》2015 年第 3 期。

《〈黄帝九鼎神丹经〉源流辨正》,《宗教学研究》2014 年第 4 期。

《早期丹法传授仪及其黄金崇拜》,《宗教学研究》2013 年第 1 期。

《印度长年方在唐代的传播和影响》,《自然科学史研究》2012 年第 2 期。

～张鲁君:《炉甘石与脱体牙》,《南京中医药大学学报(社会科学版)》2011 年第 2 期。

《医药化学家孙思邈》,《南京中医药大学学报(社会科学版)》2011 年第 2 期。

《论〈黄帝九鼎神丹经诀〉》,《宗教学研究》2009 年第 3 期。

《论西汉的炼丹术》,《自然科学史研究》2009 年第 3 期。

《炼丹术与〈本草经集注〉中的矿物知识》,《南京中医药大学学报(社会科学版)》2009 年第 1 期。

《炼丹术与宋代医用丹方》,《自然科学史研究》2008 年第 3 期。

《〈道藏〉中的两种磨镜药研究》,《自然科学史研究》2005 年第 2 期。

韩健平(中国科学院大学/中国科学院)

《〈洗冤集录〉"监当官"考》,《自然科学史研究》2019 年第 2 期。

《清代验尸制度改革——〈尸格〉对致命伤的标注》,《中国科技史杂志》2017 年第 4 期。

《画蛇添足:清代检骨图中的骈枝骨骼》,《科学文化评论》2011 年第 6 期。

《"激动人心"的综合——评〈认识方式:一种新的科学、技术和医学史〉》,《科学文化评论》2008 年第 6 期。

《传说的神医:扁鹊》,《科学文化评论》2007 年第 5 期。

《经脉学说的早期历史:气、阴阳与数字》,《自然科学史研究》2004 年第 4 期。

《出土古脉书与三部九候说》,《中华医史杂志》1997 年第 1 期。

韩晋(东北师范大学)

《任锡庚与〈太医院志〉》,东北师范大学硕士学位论文 2016 年。

寒菊

《清代北京地区瘟疫流行情况》,《中国档案报》2003 年 5 月 19 日。

韩俊(国务院发展研究中心)

~罗丹:《中国农村医疗卫生状况报告》,《中国发展观察》2005 年第 1 期。

韩俊红(中央民族大学/清华大学)

《澳大利亚原住民健康问题研究:社会事实与政策困局》,《思想战线》2017 年第 3 期。

《中美医学化个案比较研究——以网络成瘾和多动症为例》,《思想战线》2016 年第 1 期。

《被动医学化及其超越:青少年网瘾医学化问题再研究》,《社会科学》2014 年第 12 期。

《从越轨行为到医学问题:多动症问题与医学化研究》,《广西民族大学学报(哲学社会科学版)》2012 年第 2 期。

《网络成瘾何以医学化——基于家长作用的视角》,《社会科学》2012 年第 2 期。

《21 世纪与医学化社会的来临——解读彼得·康拉德〈社会的医学化〉》,《社会学研究》2011 年第 3 期。

韩康信(中国社会科学院/中国科学院)

《金坛三星村新石器时代人骨研究》,《东南文化》2003 年第 9 期。

~赵凌霞:《湖北巨猿牙齿化石龋病观察》,《人类学学报》2002 年第 3 期。

尚虹~王守功:《山东鲁中南地区周—汉代人骨研究》,《人类学学报》2002 年第 1 期。

《青海循化阿哈特拉山古墓地人骨研究》,《考古学报》2000 年第 3 期。

~陈星灿:《考古发现的中国古代开颅术证据》,《考古》1999 年第 7 期。

《香港东湾仔北遗址新石器时代人骨》,《第四纪研究》1999 年第 2 期。

~中桥晓博:《中国和日本古代仪式拔牙的比较研究》,《考古学报》1998 年第 3 期。

~松下孝幸:《山东临淄周—汉代人骨体质特征研究及与西日本弥生时代人骨比较概报》,《考古》1997 年第 4 期。

《山东临淄周—汉代人骨眶上孔和舌下神经管二分的观察与日本人起源问题》,《考古》1997 年第

4 期。

《新疆孔雀河古墓沟墓地人骨研究》,《考古学报》1986 年第 3 期。

～潘其风:《广东佛山河宕新石器时代晚期墓葬人骨》,《人类学学报》1982 年第 1 期。

潘其风～:《东汉北方草原游牧民族人骨的研究》,《考古学报》1982 年第 1 期。

～潘其风:《我国拔牙风俗的源流及其意义》,《考古》1981 年第 1 期。

～潘其风:《陕县庙底沟二期文化墓葬人骨的研究》,《考古学报》1979 年第 2 期。

～张振标等:《闽侯昙石山遗址的人骨》,《考古学报》1976 年第 1 期。

～沈阳郑家洼子的两具青铜时代人骨》,《考古学报》1975 年第 1 期。

～陆庆伍等:《江苏邳县大墩子新石器时代人骨的研究》,《考古学报》1974 年第 2 期。

韩立新(清华大学)

《论辛格理论的优生主义危险——从"辛格事件"所想到的》,《求索》2003 年第 5 期。

韩冷(广东省社科院)

《京派小说的疾病隐喻》,《重庆三峡学院学报》2009 年第 4 期。

《海派作家笔下的肺结核病人》,《广东社会科学》2007 年第 1 期。

《意识形态话语与医学话语的同构——鲁迅小说研究》,《济源职业技术学院学报》2006 年第 4 期。

《论鲁迅小说的疾病隐喻》,《连云港职业技术学院学报(综合版)》2006 年第 3 期。

韩梦梦(河南师范大学)

《文艺学中的疯癫形象——〈疯癫与文明〉读书笔记》,《长江学刊》2018 年第 11 期。

韩明道(上海工具厂医务室)

《孙中山病危时的一张药方》,《上海中医药杂志》1981 年第 10 期。

韩鹏(黑龙江中医药大学)

《循证探源——中医学与循证医学关系的历史透视与哲学分析》,黑龙江大学中医药大学硕士学位论文 2004 年。

韩平(湖南科技大学)

～陈兰英:《论中央苏区医疗卫生工作的人本取向》,《学理论》2010 年第 5 期。

韩琦(甘肃中医药大学)

～王凯莉等:《中国敦煌医学与印度医学的医学背景探析》,《甘肃中医药大学学报》2016 年第 4 期。

韩启德(北京大学/九三学社/中国人民代表大会常务委员会)

《加强医学人文需要学术支撑》,《中国医学伦理学》2019 年第 7 期。

《用行动阐释医学人文精神》,《中国医学人文》2019 年第 6 期。

《书中每位医生的共同之处是用心行医》,《健康报》2019 年 5 月 31 日 005 版。

《死亡的哲学洞悉》,《中华读书报》2019 年 5 月 15 日 013 版。

《行胜于言》,《叙事医学》2019 年第 4 期。

《出生、衰老与死亡的叙事及其意义——在北京大学医学人文国际会议开幕式上的讲话》,《中国医学伦理学》2019 年第 2 期。

唐金陵～:《对现代医学的几点反思》,《医学与哲学》2019 年第 1 期。

《医学的温度》,《中国医学伦理学》/《中国医学人文》2018 年第 11 期。

《精准医学时代的生命伦理学》,《中国医学伦理学》2018 年第 9 期。

《叙事医学让医学人文走向临床》,《中国医学人文》2018 年第 9 期。

《审视医学技术的发展方向》,《健康报》2018 年 6 月 19 日 002 版。

《医生既要治病》,也要医心》,《新湘评论》2017 年第 24 期。

《医学的使命与困惑》,《中国医学人文》2017 年第 9 期/《中华骨与关节外科杂志》2017 年第 6 期。

《医学是什么?》,《民主与科学》2017 年第 4 期。

《现代医学和中医药应该和而不同》,《民主与科学》2016 年第 1 期。

《疾病危险因素控制、筛查与过度医疗》,《民主与科学》2015 年第 1 期。

《着眼基本医疗 促进全民健康》,《医学与哲学(人文社会医学版)》2009 年第 8 期。

《健康中国 2020:基于中国国情的卫生经济学战略思考》,《中国卫生经济》2009 年第 4 期。

《医学史对我们的拷问》,《健康报》2009 年 7 月 31 日 003 期。

《序〈中国医史〉再版》,《民主与科学》2009 年第 4 期。

《庆祝〈北京大学学报(医学版)〉创刊 50 周年》,《北京大学学报(医学版)》2009 年 2009 年第 3 期。

《在北京大学医学部 95 周年庆典大会上的致辞 引领医学回归人文 北医承担社会责任》,《中国生育健康杂志》2007 年第 6 期。

《现代医学的发展历史》,《科技日报》2003 年 9 月 26 日;10 月 31 日;11 月 21 日。

《现代医学的昨天 今天 明天》,《科学新闻》2002 年第 3 期。

韩晴(南京师范大学)

《美国学校午餐计划对我国实施学校供餐的启示》,《中国城市经济》2010 年第 5 期。

韩清波(浙江大学)

《传教医生雒魏林在华活动研究》,浙江大学硕士学位论文 2008 年。

韩荣升

《儒家是阻碍祖国医学发展的罪魁》,《西安日报》1974 年 10 月 30 日。

韩爽(黑龙江大学)

～刘芃:《俄罗斯的社会医疗保障体系对中国的借鉴分析》,《经营管理者》2015 年第 10 期。

韩爽(辽宁大学)

《动物防疫制度变迁研究——以辽阳市为例》,辽宁大学硕士学位论文 2012 年。

韩素杰(中国中医科学院)

《基于民国时期诊法著作的中医诊断学术研究》,中国中医科学院硕士学位论文 2015 年。

《基于地方志文献的禹州药市研究》,《中医文献杂志》2015 年第 6 期。

《新中国中医药事业的里程碑——记中医研究院成立大会》,《中华医史杂志》2015 年第 6 期。

～胡晓峰:《基于中国方志库的药王庙研究》,《中医文献杂志》2015 年第 2 期。

～胡晓峰:《从〈脉学丛书〉看民国时期脉学复古运动》,《中华医史杂志》2015 年第 1 期。

～胡晓峰:《从民国时期舌诊著作看中医舌诊学术的发展》,《中医杂志》2014 年第 20 期。

韩涛(中国中医科学院望京医院)

～展嘉文等:《腰椎退行性病变中医历史溯源与传承发展》,《辽宁中医药大学学报》2019 年第 9 期。

王尚全……刘欣荣～:《清宫正骨流派学术思想初探》,《中国中医骨伤科杂志》2017 年第 9 期。

韩维斌(甘肃中医学院)

～周语平:《对〈金匮要略〉脏腑经络辨证法的认识》,《甘肃中医》2008 年第 4 期。

韩文信

《明代薛立斋著"口齿类要"中的齿痛》,《上海中医药杂志》1958 年第 6 期。

韩希明（南京审计学院）

～周宁人：《论纪昀〈阅微草堂笔记〉的医学哲学思想》,《医学与哲学（人文社会医学版）》2011 年第 11 期。

《试论古代市井题材小说的疾病观》,《南京医科大学学报（社会科学版）》2006 年第 2 期。

《试析〈阅微草堂笔记〉关于亚健康状态的描述及调适对策》,《南京中医药大学学报（社会科学版）》2004 年第 4 期。

《试析〈阅微草堂笔记〉中的医药文化内容》,《南京中医药大学学报（社会科学版）》2003 年第 1 期。

《蒲松龄的医学思想初论》,《南京社会科学》2002 年第 8 期。

韩翔（上海师范大学）

～孙翀：《从〈疯癫与文明〉解读西方文明框架下的疯癫》,《内蒙古民族大学学报》2012 年第 1 期。

韩潇（安徽大学）

《网络知识平台对精神疾病患者的社会支持研究》,安徽大学硕士学位论文 2019 年。

韩晓（侵华日军 731 部队罪证陈列馆）

《关于侵华日军细菌战罪行的研究》,《常德师范学院学报（社会科学版）》2003 年第 3 期。

韩晓雯

《汉代医生的书房——成都老官山汉墓医简探秘》,《中国医学人文》2017 年第 12 期。

～于红等：《从官医提举司看元代医政管理模式》,《中华医史杂志》2015 年第 4 期。

韩轩（天津医科大学）

《论古希腊医学哲学及其当代价值》,天津医科大学硕士学位论文 2018 年。

韩雪（黑龙江省社会科学院）

《论日军 731 部队的细菌战实验》,黑龙江省社会科学院硕士学位论文 2012 年。

韩雪（暨南大学）

《从疫情防治看山西农村的自治建设》,《山西财经大学学报》2006 年 S2 期。

韩艳芳（山西师范大学）

《太行根据地公共卫生事业研究（1941—1949）》,山西师范大学硕士学位论文 2018 年。

韩延华（黑龙江中医药大学）

～吴聪聪等：《〈傅青主女科〉对中医妇科临床的贡献》,《四川中医》2011 年第 7 期。

～刘淑君等：《当代中医妇科名家学术思想源流探究》,《中华中医药杂志》2008 年第 3 期。

韩艳丽（云南中医学院）

～罗艳秋等：《云南彝族医药活态传承机制创新研究》,《云南中医中药杂志》2019 年 1 期。

～罗眼球等：《云南彝族医药活态传承现状调查》,《云南中医中药杂志》2018 年第 9 期。

周红黎、陈清华～陈普：《傣医经筋学说初探》,《中国民族民间医药》2017 年第 14 期。

～罗艳秋：《玉溪地区彝族医药发展源流》,《云南中医中药杂志》2017 年第 5 期。

～郑文等：《非物质文化遗产视野下彝族医药研究综述》,《云南中医中药杂志》2017 年第 3 期。

～赵淑媛等：《彝族医药传承模式的现代变迁》,《云南中医中药杂志》2017 年第 1 期。

周红黎……戴翥～：《傣医学的自然观探讨》,《中国民族医药杂志》2010 年第 10 期。

韩毅（中国科学院）

《〈太平惠民和剂局方〉中方剂注释初探》,《中国中药杂志》2018 年第 6 期。

《论宋代医书的知识来源与流传影响——以〈增广太平惠民和剂局方〉三部附录为中心的考察》,

《中原文化研究》2018 年第 5 期。

《〈简要济众方〉的编撰、内容及传播》,《中华医史杂志》2018 年第 4 期。

《自然科学史研究所的医学史研究(1957—2016)》,《科学新闻》2017 年第 11 期。

～于博雅:《南宋许叔微医案与临床疾病诊疗初探》,《河北大学学报(哲学社会科学版)》2017 年第 6 期。

《宋代地方官吏应对瘟疫的措施及其对医学发展的影响》,《中原文化研究》2017 年第 2 期。

《〈神医普救方〉的编撰、内容及其传播》,《中国中医基础医学杂志》2017 年第 1 期。

～梁佳媛:《〈艺文类聚〉中"药香草部"的主要内容、文献来源与传播情况》,《中医文献杂志》2016 年第 5、6 期。

～李伟霞:《宋代对补骨脂的认识及其临床应用》,《河北大学学报(哲学社会科学版)》2015 年第 3 期。

《〈庆历善救方〉的编撰、内容及传播》,《中华医史杂志》2015 年第 1 期。

《历史学视野下的气象资料整理与综合性研究——程民生〈北宋开封气象编年史〉读后》,《中国科技史杂志》2014 年第 2 期。

《将政府、医家和民间的力量紧密结合起来——宋代政府应对疫病的历史借鉴》,《人民论坛》2013 年第 13 期。

《宋代政府应对疫病的态度与措施》,《文史知识》2013 年第 7 期。

《汉唐时期牛疫的流行与防治》,《中华医史杂志》2013 年第 2 期。

《北宋政府对巫医的控制与改造》,《中国科技史杂志》2011 年 Z1 期。

《汉唐时期对马喉痹病的防治》,《中兽医医药杂志》2011 年第 6 期。

《宋代牛疫的流行与防治》,《中华医史杂志》2011 年第 4 期。

《〈太平圣惠方〉与宋代社会》,《中华医史杂志》2010 年第 4 期。

《国家、医学与社会:〈太平圣惠方〉在宋代的应用与传播》,《宋史研究论丛》第 11 辑(2010)。

《南宋时期马疫的流行及政府的防治措施》,《国际社会科学杂志(中文版)》2009 年第 3 期。

《"仁政之务"与"医书辅世":北宋政府对前代医学文献的校正与刊行》,《宋史研究论丛》第 10 辑(2009)。

《疫病流行的地理分布对宋代社会的影响》,载朱瑞熙等主编:《宋史研究论文集》第 12 辑(2008)。

《淳化三年开封大疫与北宋政府的应对》,《中华医史杂志》2008 年第 2 期。

～许瑞源:《宋代政府对军队中疫病的应对》,《军事历史》2008 年第 1 期。

《宋代医学诏令及其对宋代医学的影响》,《中医文献杂志》2008 年第 1、2 期。

《国家与医学:宋代政府对新本草、新方书、新针灸著作的编撰及其对宋代医学的影响》,《中华文明的历史与未来国际学术研讨会论文集》2008 年。

《政府治理与医学发展:宋代医学诏令及相关问题研究(博士后项目)》,《广西民族大学学报(自然科学版)》2007 年第 3 期。

《宋代的牲畜疫病及政府的应对——以宋代政府诏令为中心的讨论》,《中国科技史杂志》2007 年第 2 期。

《疫病流行的时空分布与宋代社会的变迁》,《科学研究月刊》2006 年第 10 期。

《唐宋时期阿拉伯农作物和药材品种在中国的传播》,《古今农业》2005 年第 4 期。

韩依薇

《病态的身体——林华的医学绘画》,《新史学(第一卷)感觉·图像·叙事》(北京:中华书局2007)。

韩寅(安徽医科大学)

~陈发俊:《由"中医存废之争"看科学争论的社会意义》,《医学与哲学》2012年第2期。

韩迎迎(西北大学)

《宋代药材产地、市场及相关问题研究》,西北大学硕士学位论文2011年。

韩宇霞(广州中医药大学)

~刘小斌:《岭南医家刘渊〈医学纂要〉妇产科学术特点》,《新中医》2015年第10期。

《广东近代中医学校教育史研究》,广州中医药大学博士学位论文2009年。

韩玉瑜(中共中央党校)

《1949—1976年山西省稷山县农村合作医疗制度研究》,中共中央党校硕士学位论文2011年。

韩园园(云南大学)

《文化变迁下的傣医研究——以勐海县曼扫村傣医生为例》,云南大学硕士学位论文2014年。

韩赟(天津商业大学)

《抗战时期国际医疗援华研究》,天津商业大学硕士学位论文2017年。

韩振廷(北京国医药研究院)

《传统中医学中的"脑主神明"论》,《中华医史杂志》2012年第4期。

《对"〈灵枢〉,〈素问〉并非〈黄帝内经〉——兼论〈灵枢〉,〈素问〉成书於东汉"一文质疑》,〈中华医史杂志〉1993年第2期。

韩志浩(中国海洋大学)

《烟台地区的环境与疾病(1820—1912)》,中国海洋大学硕士学位论文2009年。

李玉尚~:《霍乱与商业社会中的人口死亡——以1919年的黄县为例》,《中国历史地理论丛》2009年第4期。

郝葆华(西北大学/陕西中医学院)

~张寒:《明代〈御制本草品汇精要〉的学术价值》,《西北大学学报(自然科学版)》2005年第4期。

~张喜德:《论早期中医学对"脑"及"脑主神志"的认识——对"心主神志"观念的重新探讨》,《中华中医药杂志》2005年第3、4期。

~徐花荣:《从近期的学术研究再认识史前砭石疗法》,《南京中医药大学学报(社会科学版)》2005年第2期。

~郭小青:《中医理论中节气及其古今时值的变化》,《中国中医基础医学杂志》2002年第9期。

郝葆华:《中医理论里"长夏"、"五季"的纷乱及原因》,《中国医药学报》2002年第9期。

~康兴军等:《论"神农尝百草,一日而遇七十毒"内涵》,《中华医史杂志》2002年第4期。

~康兴军:《我国古代早期针刺器具探源》,《陕西中医学院学报》2002年第3期。

~董海莉:《从古文化角度看"六腑"的含义》,《医古文知识》2001年第3期。

~董海莉:《"五脏"的文化蕴义探讨》,《南京中医药大学学报(社会科学版)》2001年第2期。

~乔文彪等:《先秦社会时空方位观对中医理论的影响》,《中华医史杂志》2000年第4期。

~王益平:《对脏腑"五"、"六"之数的探讨和思考》,《陕西中医学院学报》2000年第3期。

《西汉太初历制定中的年干支变化与中医运气学说》,《山西中医学院学报》1999年第3期。

《〈黄帝内经〉中"十二辰"的含义及时值》，《陕西中医学院学报》1998 年第 4 期。

王东红～:《子午流注形成年代探讨》，《针刺研究》1998 年第 3 期。

《中国传统医学中时间医学时值基准分析》，《四川生理科学杂志》1989 年第 3 期。

～杨万章:《中医药物候学思想概念及渊源——中医药物候学思想研究》，《陕西中医学院学报》1989 年第 2 期。

～王谨:《〈内经〉七篇大论成书年代新论》，《中华医史杂志》1984 年第 1 期。

郝秉健（中央财经大学）

《清代精神病人管制措施考述》，《清史研究》2002 年第 2 期。

郝长燚（南开大学）

《不断被记忆的李时珍——李时珍形象演变与社会文化变迁》，南开大学硕士论文 2011 年。

郝恩恩（中国中医研究院）

～刘世恩:《张仲景纪念与研究年表》，《中华医史杂志》2007 年第 2 期。

《19 世纪德国医学家对世界医学的贡献》，《医学与哲学》1995 年第 5 期。

《19 世纪德国医学教育的改革》，《中华医史杂志》1995 年第 4 期。

《伍连德的医学贡献》，《中国民政医学杂志》1994 年第 4 期。

《新安医家对温病学的影响与贡献》，《安徽中医学院学报》1991 年第 4 期。

郝刚（卫生检疫总所）

《中国卫生检疫法制史略（1873—1949）》，《中国国境卫生检疫杂志》1993 年第 6 期。

郝虹琳（广州大学）

《我国医院建筑的演进历程与发展动态研究》，广州大学硕士学位论文 2009 年。

郝华（华中师范大学）

《湖北省农村合作医疗制度的历史考察》，华中师范大学硕士学位论文 2007 年。

郝怀斌（宝鸡市中医药学校）

～刘少明:《〈外台秘要〉医学价值的再认识》，《中华医史杂志》1998 年第 4 期。

郝慧芳（华东师范大学）

《张家山汉代医简古〈脉书〉中的异体字考》，《山西中医学院学报》2008 年第 6 期。

郝近代（中国药学会药学史专业委员会）

《中国药学会百年史概述 1907—2007》，《2008 中国药学会学术年会暨第八届中国药师周报告集》（2008 年 10 月 1 日）。

郝君富（对外经济贸易大学）

～李心愉:《德国长期护理保险:制度设计、经济影响与启示》，《人口学刊》2014 年第 2 期。

郝黎（厦门大学）

《寒食散再考》，《文史知识》2002 年第 1 期。

郝丽莉（黑龙江中医药大学）

～苏晶等:《论中医模式与中医疾病观》，《中医药学报》1998 年第 6 期。

《论张锡纯学术思想与"十全育真汤"的衍用》，《中医药学报》1998 年第 5 期。

郝丽丽（山东工商学院）

《民国时期公共防疫体制述略》，《河南商业高等专科学校学报》2013 年第 1 期。

郝丽平(东华理工大学)

～黄振林:《论严歌苓的抑郁症与文学创作》,《华文文学》2015 年第 6 期。

郝丽燕(济南大学)

～杨士林:《德国社会护理保险制度的困境与未来发展方向》,《德国研究》2015 年第 2 期。

郝敏(华中科技大学同济医学院附属同济医院)

～王璞等:《德国医院管理体制对我国医院管理的启示》,《解放军医院管理杂志》2011 年第 8 期。

～王世军等:《德国"医管之道"及中国启示》,《中国社会保障》2010 年第 8 期。

～王璞等:《德国医疗体制的几点感悟》,《医学与哲学(人文社会医学版)》2009 年第 10 期。

～郝敏等:《医院危机事件中的媒体沟通探讨》,《医学与社会》2009 年第 8 期。

余雪梅、乐虹～李诗杨等:《国内外突发公共卫生事件应急管理体系比较研究》,《医学与社会》2007 年第 7 期。

乐虹～余雪梅:《我国妇女保健学与优生优育学的研究进展》,《中国妇幼保健》2007 年第 1 期。

郝平(山西大学)

《太行太岳革命根据地的医疗卫生建设与改造》,《福建论坛(人文社会科学版)》2016 年第 9 期。

～王燕萍:《山西革命根据地接生方法的改进》,《中华医史杂志》2011 年第 4 期。

郝勤(成都体育学院)

《中国导引术与近代西方体操的比较研究》,《体育文史》1990 年第 5 期。

《试论中国传统养生思想中的动静观》,《体育文史》1990 年第 2 期。

《道教与中国传统养生文化》,《中国道教》1989 年第 2 期。

《早期道教养生简论》,《中国道教》1987 年第 3 期。

《道教养生源流简论》,《成都体院学报》1987 年第 1、2 期;1988 年第 1 期。

《养生与彭祖》,《文史杂志》1986 年第 4 期。

《张陵与养生》,《宗教学研究》1986 年 00 期。

郝清华

《肝豆状核变性研究简史》,《中华医史杂志》2007 年第 2 期。

《世界第一部解剖学专著及其作者》,《中华医史杂志》2005 年第 3 期。

杨苗～:《美洲大陆第一所医校及其创立者》,《中华医史杂志》2005 年第 2 期。

《美国现代控制人口生育运动的先驱》,《中华医史杂志》2003 年第 3 期。

《脑血管瘤现代外科的奠基者》,《中华医史杂志》2002 年第 2 期。

《避孕环的由来》,《中华医史杂志》2002 年第 1 期。

《汤氏病毒及其发现者》,《中华医史杂志》2001 年第 2 期。

《第一个接种狂犬疫苗的人》,《中华医史杂志》2000 年第 4 期。

《叩诊法的诞生》,《中华医史杂志》2000 年第 3 期。

浩然

《中日医学之相互影响》,《中国医药月刊》1940 年第 5 期。

郝树豪(陕西师范大学)

《论希波克拉底的健康观念》,陕西师范大学硕士学位论文 2017 年。

《历史视域下的〈希波克拉底誓言〉》,《陇东学院学报》2016 年第 6 期。

郝万鹏（乌鲁木齐温泉康复医院）

～王小军等：《中国温泉浴疗简史》，《中华医史杂志》2011 年第 4 期。

郝万山（北京中医药大学）

武冰～：《〈伤寒论〉六经辨证体系与〈黄帝内经〉五脏阴阳理论的关系》，《北京中医药大学学报》2007 年第 12 期。

《汉代度量衡制和经方药量的换算》，《中国中医药现代远程教育》2005 年第 3 期。

郝望月（山西财经大学）

《奥巴马政府医疗保险制度改革述评及对我国的启示》，山西财经大学硕士学位论文 2012 年。

郝希群（华东师范大学）

《医患纠纷事件的媒体话语建构——以"八毛门"的网络新闻为例》，华东师范大学硕士学位论文 2013 年。

郝先中（皖西学院/华东师范大学）

《近代中国女西医群体的产生及职业形象塑造》，《自然辩证法通讯》2018 年第 7 期。

《同道之间：民国时期西医本土化进程中的派系纷争》，《皖西学院学报》2015 年第 6 期。

～朱德佩：《清末民初中国民众西医观念的演变与发展》，《史学月刊》2010 年第 8 期。

《兼容与并行：清末民初中国医界之二元格局》，《河南师范大学学报（哲学社会科学版）》2009 年第 2 期。

《20 世纪初中西医学术地位的演变》，《自然辩证法》2008 年第 5 期。

《国民政府内部围绕中医存废的派系纷争》，《中华医史杂志》2008 年第 3 期。

《传统与现代性：近代中西医论争的文化表征》，《皖西学院学报》2008 年第 1 期。

《民初西医学术权威在中国的渗透与凸显》，《医学与哲学》2007 年第 11 期。

《30 年代上海医界团体精神之建立》，《中医文献杂志》2007 年第 3 期。

《民国时期围绕中医存废问题的论战》，《中华医史杂志》2007 年第 1 期。

《骂中医："五四"激进主义者的一种时尚》，《中国社会导刊》2006 年第 21 期。

《中医缘何废而不止——近代"废止中医案"破产根源之分析》，《自然辩证法通讯》2006 年第 5 期。

《1929 年上海医界围绕中医存废问题的论战》，《中医文献杂志》2006 年第 4 期。

《孙中山病逝前的一场中西医之争》，《南京中医药大学学报（社会科学版）》2006 年第 1 期。

《近代中医废存之争研究》，华东师范大学博士学位论文 2005 年。

《日本废除汉医对中国近代医学的影响》，《皖西学院学报》2005 年第 6 期。

《晚清中国对西洋医学的社会认同》，《学术月刊》2005 年第 5 期。

《民国时期争取中医教育合法化运动始末》，《中华医史杂志》2005 年第 4 期。

《西医东渐与中国近代医疗卫生事业的肇始》，《华东师范大学学报（哲学社会科学版）》2005 年第 1 期。

《清代中医界对西洋医学的认知与回应》，《南京中医药大学学报（社会科学版）》2005 年第 1 期。

《废止中医派的领袖——余云岫其人其事》，《自然辩证法通讯》2004 年第 6 期。

《传教士与中国的放足运动》，《河南师范大学学报（哲学社会科学版）》2004 年第 3 期。

《俞樾"废医论"及其思想根源分析》，《中华医史杂志》2004 年第 3 期。

《俞樾"废医存药"论及其历史影响》，《中医文献杂志》2004 年第 3 期。

郝晓赛（北京建筑大学/清华大学）

《英国当代医院建筑：在经验主义哲学中的演进》，《中国医院建筑与装备》2019 年第 11 期。

《从社会角度考量医疗建筑》，《中国医院建筑与装备》2019 年第 11 期。

张伟锋～刘小佑等：《论城市意象五要素在医院建筑寻路设计中的应用——以城市大型综合医院为例》，《中国医院建筑与装备》2019 年第 2 期。

潘奕～刘小佑等：《浅析医院建筑的时间性设计》，《中国医院建筑与装备》2019 年第 2 期。

刘小佑～张伟锋等：《基于安防管理的综合医院交通系统研究——以北京大学肿瘤医院为例》，《中国医院建筑与装备》2018 年第 12 期。

张泽华～：《基于环境行为学探讨医院改造项目——以北京市属医院门急诊楼为例》，《中国医院建筑与装备》2018 年第 1 期。

王婉璐～：《北京市市属医院门诊楼的发展研究》，《中国医院建筑与装备》2017 年第 12 期。

程萌～：《浅析现代城市大中型医院门诊楼建筑设计的流行态与困境——以北京市为例》，《建筑与文化》2017 年第 9 期。

《医学社会学视野下的中国医院建筑研究》，清华大学博士学位论文 2012 年。

～秦佑国：《中国早期医院的建筑风格形式：1835—1928》，《建筑学报》2014 年第 11 期。

《荷兰医疗建筑观察与解读》，《建筑学报》2012 年第 2 期。

《构建建筑与社会需求的桥梁——英国现代医院建筑设计研究回顾》，《世界建筑》2012 年第 1、2 期。

郝欣

～曾江：《拓展中国近代防疫体制研究——为当代疫情防控提供历史借鉴》，《中国社会科学报》2014 年 10 月 10 日 A02 版。

郝印卿（山西中医学院/湖北中医学院/山西省中医学校）

《彰古今医录幽藏　垂杏苑后学津逮——评〈历代史志书目著录医籍汇考〉》，《山西中医》1996 年第 2 期。

《山西近代的几所中医院校》，《中医教育》1993 年第 6 期。

《河间学术思想管窥》，《安徽中医学院学报》1983 年第 2 期。

《王埁及其〈醉花窗医案〉》，《湖北中医杂志》1982 年第 6 期。

郝智通（北京工业大学）

《中西医学认知方法的比较研究》，北京工业大学硕士学位论文 2014 年。

何爱华（黑龙江省中医学院）

《中国医学奠基者齐国医家秦越人》，《管子学刊》1992 年第 3 期。

《关于秦越人（扁鹊）诊赵简子故事之浅见》，《中医药学报》1992 年第 3 期。

《秦越人里籍与齐派医学考》，《管子学刊》1991 年第 3 期。

《秦越人为〈扁鹊传〉传主的事实不能否定》，《中医药学报》1990 年第 6 期。

《张仲景撰著〈伤寒杂病论〉考辨——兼与杨维益等商榷》，《国医论坛》1990 年第 4 期。

《齐派医学简论》，《管子学刊》1990 年第 1 期。

《张仲景著〈金匮要略〉考辨——兼与印会河商榷》，《中医药学报》1989 年第 5 期。

《华佗姓名与医术来自印度吗？——与何新同志商榷》，《世界历史》1988 年第 4 期。

《淳于意生平事迹辨证》，《文献》1988 年第 2 期。

《秦越人(扁鹊)卒年再考证(为举行秦越人逝世二千三百周年纪念刍议)》,《中医药学报》1988 年第 2 期。

《秦越人(扁鹊)和微循环》,《中医药信息》1987 年第 6 期。

《略谈孙思邈与服辟谷》,《山西中医学院学报》1987 年第 2 期。

《略论避讳字与中医理论的科学性——再论避讳字的校勘》,《中医药学报》1986 年第 5 期。

《略谈我对〈难经〉的认识》,《陕西中医》1986 年第 3 期。

《秦越人(扁鹊)事迹辨证》,《中医药学报》1986 年第 1 期。

《关于古代度量衡在人体解剖学上的应用——兼与张瑞麟商榷》,《解剖学通报》1983 年第 3 期。

《评中医各家学说》,《中医药学报》1982 年第 4 期。

车离~:《唐宋政治与医学的发展》,《医学与哲学》1982 年第 4 期。

《略谈医家与服石的兴衰》,《中医药学报》1980 年第 3 期。

《试论淳于意(仓公)在脉学上的成就》,《中医药学报》1980 年 Z1 期。

《从伤寒论尚有 32 条论文在金匮要略中残存来谈伤寒论的编次和内容的删削问题》,《中医争鸣》1960 年第 12 期。

《驳关于经络学说起源于印度的说法》,《人民保健》1960 年第 6 期。

《关于〈难经〉的几个问题》,《人民保健》1960 年第 3 期。

《对中国医学分期的见解》,《浙江中医杂志》1958 年第 10 期。

《秦越人(扁鹊)生卒及行医路径考》,《新中医药》1958 年第 8 期。

《关于"中国医学史"的几个问题》,《浙江中医杂志》1958 年第 6 期。

《我对难经著作年代问题的商榷》,《上海中医药杂志》1958 年第 4 期。

《对"对灵枢经骨度有关表面解剖学记载的考证"一文的商榷》,《浙江中医杂志》1958 年第 2 期。

《评龙伯坚的"黄帝内经的著作时代"》,《医学史与保健组织》1958 年第 1 期。

《对"诊法的起始及其演变"之商榷》,《上海中医药杂志》1957 年第 7 期。

何北明(首都师范大学)

《民国时期北京地区水、旱、传染病等灾害灾荒研究》,首都师范大学博士学位论文 2013 年。

何斌(北京军事医学科学院)

《我国疟疾流行简史(1949 年前)》,《中华医史杂志》1988 年第 1 期。

何丙郁(剑桥大学李约瑟研究所)

《〈鼠疫斗士——伍连德自述〉中文全译本序言》,《中国科技史杂志》2011 年第 1 期。

何长清

《苏联近四十年来防治结核病的伟大成就》,《中级医刊》1957 年第 11 期。

何成刚(成都市新都区第二中医医院)

《论〈医经秘旨〉的学术要旨》,《四川中医》2004 年第 11 期。

何成森(安徽医科大学)

孙江洁~张利萍:《医生信任患者的相关因素》,《中国心理卫生杂志》2018 年第 5 期。

~解方舟等:《礼乐文化在和谐医患关系构建中的作用探析》,《中国医学伦理学》2017 年第 7 期。

《医患关系的演变对当今医疗卫生事业改革发展的启示》,《江淮论坛》2015 年第 2 期。

~周和岭等:《关于森田疗法的理论与实践探索——冈本常男对于森田疗法的贡献》,《安徽农业大学学报(社会科学版)》2005 年第 4 期。

～周和岭等:《森田的治疗原则与老庄的辩证思维》,《医学与哲学》2002 年第 5 期。

～樊嘉禄等:《对"道家认知疗法"的商榷》,《医学与哲学》2001 年第 8 期。

何崇（南京中医药大学）

《日本针灸医学的回顾与评价》,《南京中医药大学学报(社会科学版)》2000 年第 3 期。

何春水（北京中国中医研究院）

《〈东医宝鉴〉男科思想初探》,《吉林中医药》1990 年第 5 期。

何翠媛（九江学院）

～陈世旭等:《传统医学美德对缓解医患冲突的价值与作用》,《医学与哲学(A)》2015 年第 6 期。

何冬英（中国传媒大学）

《新媒体时代新闻专业主义的坚守——由两则医患新闻报道引发的思考》,《新闻世界》2013 年第 5 期。

何帆（中国社会科学院）

《传染病的全球化与防治传染病的国际合作》,《学术月刊》2004 年第 3 期。

何芳（长沙市中心医院）

《有关肺结核中医古籍文献的初探》,《中华中医药学刊》2011 年第 1 期。

《清末学堂中的卫生规训》,《基础教育》2009 年第 11 期。

何凤生（中国疾病预防控制中心/中国医学科学院）

梁友信～:《世界卫生组织的职业卫生策略》,《中华劳动卫生职业病杂志》2002 年第 3 期。

《美国、日本职业卫生研究与健康监护考察简况》,《职业医学》1986 年第 2 期。

《英国、瑞典、芬兰三国职业病预防与科研考察见闻》,《中华劳动卫生职业杂志》1983 年第 1 期。

和付强（郑州大学）

《元代疫病史初步研究》,郑州大学硕士学位论文 2006 年。

和赣红（南昌大学第一附属医院）

《从〈周礼〉看上古医学档案的管理制度》,《兰台世界》2012 年第 35 期。

何高民（山西省中医研究所）

《〈傅青主女科〉是托名傅氏的〈伪书〉吗?》,《陕西中医》1983 年第 5 期。

《〈本草〉起源——兼评〈神农本草经〉是总结汉代医学成就》,《河北中医》1982 年第 3 期。

《历代笔记文献中有关医药记载等初步丛集》,《中医杂志》1955 年第 5 期。

何冠辉（中央民族大学）

《大秦景教在中国的传播与中西方医药交流》,中央民族大学硕士学位论文 2006 年。

何国钧

《著名肺科学家钱慕韩》,《结核病健康教育》1996 年第 2 期。

何国忠（毕节学院）

～马敬东等:《外交政策与卫生外交》,《医学与社会》2010 年第 10 期。

和红（华侨大学）

《建构失能老年人长期照护体系》,《中国社会科学报》2016 年 7 月 20 日 006 版。

《德国社会长期护理保险制度改革及其启示:基于福利治理视角》,《德国研究》2016 年第 3 期。

国外社会长期照护保险制度建设经验与启示——基于韩国、日本和德国的比较研究》,《国外社会科学》2016 年第 2 期。

何红一（中南民族大学）

　　～王平：《美国馆藏瑶族经书〈麻风秘语〉及其文化价值》，《中南民族大学学报（人文社会科学版）》2016 年第 6 期。

何慧玲（中国中医科学院）

　　肖永芝～：《〈医心方〉引录〈葛氏方〉探析》，《中国医药导报》2017 年第 28 期。

　　李君、张丽君～肖永芝：《古代艾灸治疗乳房肿瘤文献初探》，《中医文献杂志》2017 年第 6 期。

　　管琳玉、肖永芝～：《〈万安方〉儿科文献溯源及其应用价值探讨》，《中国医药导报》2016 年第 10 期。

　　《救荒类本草文献在中日两国的传承》，中国中医科学院硕士学位论文 2014 年。

　　～肖永芝等：《〈本草纲目〉影响下的〈本草图谱〉》，《中医文献杂志》2013 年第 6 期。

　　肖永芝～张丽君：《〈本草品汇精要〉卷二——区分正本、副本两大传本系统的关键》，《时珍国医国药》2012 年第 12 期。

贺佳苹（东北师范大学）

　　《古希腊希波克拉底体液论初探》，东北师范大学硕士学位论文 2016 年。

何佳馨（上海财经大学／中国社会科学院／复旦大学）

　　《美国医疗援助保险的制度设计及其借鉴》，《比较法研究》2013 年第 1 期。

　　《关于完善城镇居民基本医疗保险法制的若干思考》，《法治研究》2012 年第 6 期。

　　《美国医疗保险制度改革的历史考察与理论检省》，《法制与社会发展》2012 年第 4 期。

　　《公私联动多元并举的医疗保险法律改革论——以美国的经验为视角》，《中外法学》2012 年第 3 期。

　　《"新农合"的实施、问题及其制度完善》，《河南财经政法大学学报》2012 年第 3 期。

　　《完善我国商业健康保险法制的若干思考》，《法学杂志》2012 年第 3 期。

　　《美国医疗保险照顾计划及其对我国的启示》，《现代法学》2011 年第 6 期。

　　《健康保险法研究——以中美健康保险立法分析为中心》，复旦大学博士学位论文 2011 年。

　　《法、美健康保险法之模式及中国的借鉴》，《政治与法律》2009 年第 12 期。

何健东（广州中医药大学）

　　《谈"张仲景见王粲"故事之真伪》，《河南中医》2008 年第 2 期。

贺建国（吉林省卫生厅）

　　～张忠胜等：《吉林省防治鼠疫 60 年回顾》，《中国地方病杂志》2009 年第 6 期。

　　～石宝岘等：《东北防治鼠疫 50 年回顾》，《中国地方病学杂志》1999 年第 1 期。

何江丽（上海理工大学／南开大学／华东理工大学）

　　《卫生与近代城市商业空间的建设——以北京东安市场和屠宰场为例》，《医疗社会史研究》2017 年第 1 期。

　　《再造"国民之母"——近代北京生育卫生研究》，《历史教学（下半月刊）》2014 年第 8 期。

　　《论清末民初北京对待妓女身体的舆论话语与政府作为》，《北京社会科学》2014 年第 2 期。

　　《1900—1937 年北京城市"卫生化"研究——从空间、时间到市民》，南开大学博士学位论文 2012 年。

　　《近代北京生活服务类营业场所的卫生管理研究》，《中国城市经济》2012 年第 2 期。

　　《民国前期北京的公共空间与公共卫生》，《中国国家博物馆馆刊》2011 年第 11 期。

何婧琳（中国中医科学院）

《〈素问〉"运气七篇"源流的研究》，中国中医科学院硕士学位论文 2009 年。

《〈黄帝内经〉形体学说刍议》，《中华医史杂志》2009 年第 3 期。

和经纬（厦门大学）

《中国农村医疗卫生服务供给的政治与社会可持续性》，厦门大学硕士学位论文 2007 年。

何娟（山东中医药大学）

《中医药西传研究——以明末清初西方医学在华传播模式为视角》，山东中医药大学博士学位论文 2018 年。

何骏德

《中国历代医政概况》，《华西医药杂志》1946 年第 6 期。

何君华（运城市万荣县解店一中）

《浅析明清时期的鲍店药材市场》，《才智》2017 年第 5 期。

何君明（贵州省档案局）

～杨学锋：《历史的惨痛不应忘记——记清朝末年我国东北地区爆发的一次大规模流行性瘟疫》，《贵州档案》2003 年第 5 期。

赫克托·阿瓦洛斯（爱荷华州立大学）

～撰，汤恺杰译：《古代近东的健康医疗：以黎凡特地区为中心》，《医疗社会史研究》2018 年第 2 期。

何兰萍（上海中医药大学）

《海派名医陈存仁与"八.一三"淞沪抗战》，《中医文献杂志》2017 年第 1 期。

《抗日战争时期的医学教育专刊〈医育〉研究》，《中华医史杂志》2017 年第 1 期。

～王磊：《鸦片战争前在华洋行与西医入华》，《中华医史杂志》2016 年第 6 期。

～胡晓燕：《早期中国教会医院医疗风险控制述论》，《南京中医药大学学报（社会科学版）》2016 年第 2 期。

《〈医育〉与抗战时期的医学教育》，《中医教育》2016 年第 1 期。

～胡晓燕：《1820—1860 年中国教会医院对医疗风险的控制》，《中华医史杂志》2016 年第 1 期。

～胡晓燕：《早期中国教会医院的病患选择与风险规避》，《南京中医药大学学报（社会科学版）》2015 年第 4 期。

《1820—1860 年中国教会医院医患关系初探》，《中华医史杂志》2015 年第 2 期。

～亓曙冬：《社会转型视野下的清末中医界变革》，《中华医学教育杂志》2014 年第 6 期。

《从〈琉球百问〉考察中国对琉球医学人才的培养》，《中华医史杂志》2014 年第 5 期。

《清代中国培养琉球医学人才的个案研究——以〈琉球百问〉为中心的考察》，《中医教育》2014 年第 3 期。

～刘岸冰等：《民国时期上海民间社团与传染病防治》，《中医药文化》2014 年第 2 期。

《从〈琉球百问〉看清代中医在琉球的传播》，《南京中医药大学学报（社会科学版）》2014 年第 2 期。

刘岸冰～：《近代上海海港检疫的历史考察》，《南京中医药大学学报（社会科学版）》2014 年第 1 期。

《中华医学会：近代医学伦理学的倡导者与实践者》，《中国医学伦理学》2013 年第 5 期。

～吴京：《近代中国医院兴起的社会影响刍议》，《南京中医药大学学报（社会科学版）》2012 年第 3 期。

贺乐天(吉林大学)

～朱泓等:《新疆罗布泊小河墓地居民的口腔健康与饮食》,《人类学学报》2014 年第 4 期。

何磊(浙江大学)

《塞涅卡的治疗哲学》,浙江大学硕士学位论文 2009 年。

何丽(南京中医药大学)

《澄江针灸学派在泉州地区的传承发展》,南京中医药大学硕士学位论文 2019 年。

何丽春(广州中医药大学)

《〈读过伤寒论〉版本源流梳理》,《中医药文化》2008 年第 2 期。

《陈伯坛注解〈伤寒论〉之方法特点初探》,《广州中医药大学学报》2008 年第 2 期。

《略论陈伯坛〈读过伤寒论〉的研究价值与现状》,《新中医》2008 年第 2 期。

《陈伯坛〈读过伤寒论〉的点校和学术思想研究》,广州中医药大学博士学位论文 2007 年。

李永宸～赖文:《陈伯坛〈读过伤寒论·读法〉抉微——"伤寒论"不能读作"寒伤论"》,《广州中医药大学学报》2006 年第 1 期。

～李永宸等:《当代岭南医学研究述要》,《中医文献杂志》2003 年第 4 期。

～李永宸等:《岭南医学当代研究重点概况》,《新中医》2002 年第 12 期。

《道家思想对王冰的影响》,《新中医》1996 年第 11 期。

何丽敏(西南大学)

《马王堆史书、医书通假字研究》,西南大学硕士学位论文 2007 年。

何玲(上海交通大学)

《西医传入中国:结核病案例研究(1900—1967)》,上海交通大学博士学位论文 2011 年。

《卡介苗传入中国研究》,《自然辩证法通讯》2010 年第 2 期。

《人工气胸术发展简史》,《中华医史杂志》2010 年第 2 期。

何伶俐(南开大学)

《神经衰弱和抑郁症概念发展中的文化分歧》,南开大学博士学位论文 2013 年。

汪新建～:《精神疾病诊断标准中的神经衰弱与躯体化的跨文化分歧》,《南京师大学报(社会科学版)》2011 年第 5 期。

和柳(中国人民大学)

《历史、文化与行动中的医学多元——对一个纳西族村落疾病与治疗的人类学考察》,《广西民族大学学报(哲学社会科学版)》2011 年第 4 期。

张有春～和文臻:《艾滋病健康教育材料的文化适宜性——以柳州市的评估为例》,《广西民族大学学报(哲学社会科学版)》2013 年第 2 期。

和六花(云南大学)

《论少数民族古籍中的疾病书写及疾病观——以云南民族古籍为例的探讨》,《贵州民族研究》2017 年第 3 期。

《疾病认知与应对:云南传统农耕社会的血吸虫病流行研究》,《昆明学院学报》2015 年第 5 期。

何满红(山西大学)

群众运动下的地方病医治——以 1950 至 1970 年代陕西省大骨节病的医治为中心》,山西大学硕士学位论文 2007 年。

何茂活（河西学院）

《武威医简同源词例解——兼以〈五十二病方〉为证》,《甘肃中医学院学报》2012 年第 1 期。

《武威医简用字与今习用字偏旁歧异类析》,《甘肃中医学院学报》2010 年第 5 期。

《〈中国简牍集成·武威医药简〉标注本指疵》,《中医文献杂志》2010 年第 4 期。

《武威医简语言文字学价值述要》,《河西学院学报》2010 年第 3 期。

《从〈武威汉代医简〉说"转注"与"假借"——武威医简用字"六书"分析之二》,《河西学院学报》2009 年第 1 期。

～程建功:《〈武威汉代医简〉用字的构形模式分析——武威医简用字"六书"分析之一》,《广州大学学报(社会科学版)》2007 年第 5 期。

《武威汉代医简异体字补议》,《甘肃广播电视大学学报》2007 年第 1 期。

《〈武威汉代医简〉"父且"考辨》,《中医文献杂志》2004 年第 4 期。

～谢继忠:《〈武威汉代医简〉"父且"考辨》,《中医文献杂志》2004 年第 4 期。

～谢继忠:《武威汉代医简中的通假字和讹误字》,《甘肃联合大学学报(社会科学版)》2004 年第 3 期。

～程建功:《武威汉代医简中的古今字和异体字》,《河西学院学报》2003 年第 6 期。

何美英（暨南大学）

《二十世纪之初旧金山唐人街"鼠疫事件"与华侨权益》,暨南大学硕士学位论文 2012 年。

高伟浓～:《旧金山唐人街鼠疫事件及其种族歧视性质》,《兰台世界》2011 年第 22 期。

何敏（南京中医药大学）

～曹瑛:《从〈周礼〉看中国古代的医事制度》,《辽宁中医药大学学报》2006 年第 5 期。

《略论儒医对军旅疾伤的救治》,《南京中医药大学学报(社会科学版)》2001 年第 3 期。

～曹瑛:《儒家饮食观与中医》,《辽宁中医学院学报》2000 年第 4 期。

何穆

《郭霍的生平和他在医学上的贡献》,《健康报》1960 年 5 月 28 日。

何佩仪（广州中医药大学）

《华山正骨学术流派传承脉络及重要学术成果的研究》,广州中医药大学硕士学位论文 2015 年。

何佩瑜

《中国医学源流与改进谈》,《香港国医杂志》1930 年第 1 期。

何平（南京师范大学）

《后窑医案调查——以范小青〈赤脚医生万泉和〉为对象》,《当代作家评论》2010 年第 6 期。

何平（四川大学）

《欧洲历史上的大规模传染病》,《文史月刊》2003 年第 11 期。

何其灵（上海中医药大学）

～朱邦贤:《中医学的文化事业考察——近十余年中医文化研究回顾》,《医古文知识》2001 年第 1、2 期。

《对中医文化研究现状的思考》,《医学与哲学》2001 年第 6 期。

何钦（大同市第四人民医院）

《略论〈金匮〉对疾病的防治原则》,《北京中医》1994 年第 4 期。

何庆(四川大学华西医院)

～万智:《20世纪70年代台湾的针灸研究》,《中华医史杂志》2007年第3期。

何清湖(湖南中医药大学)

葛晓舒、魏一苇～:《马王堆医书46年来研究成果与进一步发掘思路》,《湖南中医药大学学报》2019年第11期。

陈元～朱珊莹:《中医养生观之维和》,《中华中医药杂志》2019年第10期。

陈元、易法银～丁颖:《中医治疗观之调其不和》,《中华中医药杂志》2019年第10期。

陈元～张国松等:《中医学的疾病观——不和》,《中华中医药杂志》2019年第8期。

陈元～朱珊莹等:《和——中医学的健康观》,《中华中医药杂志》2019年第7期。

刘扬、陈元～:《以"和"文化诠释中医生理观》,《中华中医药杂志》2019年第4期。

彭亮……张伟～:《岳阳张氏骨伤流派正骨技术体系及其特点分析》,《中医药导报》2018年第20期。

陈元～易法银:《论"和"之源考》,《中医药导报》2018年第17期。

李波男～周兴:《马王堆医书对当代男科疾病临床治疗及调护的影响》,《中医杂志》2018年第16期。

陈元～易法银:《从"和"的视角探究中医学的思维方式》,《中华中医药杂志》2018年第11期。

魏一苇……周兴～:《古汉养生精的养生文化思想探析》,《湖南中医药大学学报》2018年第10期。

刘密……杜天信～等:《平乐正骨辨证论治学术渊源探析》,《中医药导报》2018年第8期。

彭亮……司马雄翼～:《岳阳张氏正骨流派"君臣佐使"正骨手法简析》,《中医药导报》2018年第8期。

陈元～易法银等:《中医学"和"的价值》,《中医杂志》2018年第8期。

魏一苇、严暄暄～:《中医文化传播的现代语境(五):"他者"之音——海外"本土中医"》,《世界科学技术·中医药现代化》2018年第1期。

胡以仁……严暄暄～:《中医文化传播的现代语境(四):跨文化传播与全球化》,《世界科学技术·中医药现代化》2018年第1期。

严璐……严暄暄～:《中医文化传播的现代语境(三):新媒体》,《世界科学技术·中医药现代化》2018年第1期。

盛洁……严暄暄～:《中医文化传播的现代语境(二):传统与现代,科学与人文》,《世界科学技术·中医药现代化》2018年第1期。

丁颖……严暄暄～:《中医文化传播的现代语境(一):语境与传播》,《世界科学技术·中医药现代化》2018年第1期。

韩忠、宾东华～:《试析张景岳男科学术思想》,《中医药导报》2017年第15期。

彭亮……司马雄翼～:《岳阳张氏正骨流派治筋理念及其技术体系简析》,《湖南中医药大学学报》2017年第10期。

孙相如～陈小平等:《先秦两汉时期阴阳学说的形成发展及其对藏象理论的影响》,《中华中医药杂志》2017年第8期。

曹森～:《浅析张仲景对睡眠障碍的认识》,《中医药导报》2017年第7期。

刘蔚～:《李聪甫医学伦理思想研究》,《湖南中医药大学学报》2017年第6期。

彭亮……张伟～:《简析〈正体类要〉对湖湘张氏正骨学术思想的影响》,《湖南中医药大学学报》2017 年第 6 期。

严暄暄……盛洁～:《"一带一路"背景下中医药跨文化传播的问题和对策——以英国为例》,《世界科学技术·中医药现代化》2017 年第 6 期。

胡以仁……丁颖～:《"一带一路"战略下基于海外中医药中心的中医传播与发展》,《世界科学技术·中医药现代化》2017 年第 6 期。

严暄暄……魏一苇～:《"一带一路"背景下开展海外中医相关社科研究的几点思考》,《世界科学技术·中医药现代化》2017 年第 6 期。

魏一苇～严暄暄等:《从编码解码角度探讨"一带一路"视域下中医养生国际化传播》,《世界科学技术·中医药现代化》2017 年第 6 期。

王辉～唐婧等:《"一带一路"背景下中医药国际化整合营销策略研究——基于伯克认同理论》,《世界科学技术·中医药现代化》2017 年第 6 期。

韩忠、宾东华～:《〈景岳全书〉论治男科相关疾病思想探析》,《湖南中医杂志》2017 年第 5 期。

彭亮……张伟～:《湖湘岳阳张氏正骨流派源流及学术思想简析》,《湖南中医药大学学报》2017 年第 5 期。

孙相如～陈小平等:《先秦、两汉时期象数思维的文化渊源及其对藏象理论的影响》,《中医杂志》2016 年第 23 期。

胡以仁……陈元～:《中医药在马来西亚的发展状况及建议》,《中医药导报》2016 年第 19 期。

孙相如～陈小平等:《以中医药文化研究促进中医药发展模式变革》,《中华中医药杂志》2016 年第 12 期。

彭亮……张伟～:《管窥〈外科正宗〉对湖湘张氏正骨流派的影响》,《湖南中医药大学学报》2016 年第 11 期。

彭亮……张伟～:《〈医宗金鉴〉对张氏正骨流派学术思想的影响》,《湖南中医药大学学报》2016 年第 9 期。

～孙相如等:《"中医+"思维的提出及其现实意义探讨》,《中华中医药杂志》2016 年第 7 期。

邓婧溪～刘朝圣:《从马王堆汉墓出土香物探讨楚地香文化及其医学运用》,《湖南中医药大学学报》2016 年第 6 期。

邓婧溪～刘朝圣:《马王堆医学传播方式的思考》,《中医药导报》2016 年第 6 期。

孙相如～陈小平等:《先秦两汉时期"官制文化"的渊源及其对藏象理论形成所带来的影响》,《中华中医药杂志》2016 年第 5 期。

肖碧跃、郭艳幸～等:《平乐正骨筋骨并重理论探讨》,《湖南中医药大学学报》2016 年第 3 期。

肖碧跃、郭艳幸～等:《"和合"哲学思想对平乐正骨理论的影响》,《中华中医药杂志》2016 年第 3 期。

肖碧跃、郭艳幸～等:《儒家、释家、道家对平乐正骨的影响》,《中华中医药杂志》2016 年第 2 期。

肖碧跃、郭艳幸～等:《平乐正骨手法源流浅述》,《湖南中医药大学学报》2016 年第 1 期。

肖碧跃、郭艳幸～等:《"仁"学思想对平乐正骨的影响》,《中华中医药杂志》2016 年第 1 期。

～孙相如等:《先秦两汉时期五行学说对中医藏象理论形成的影响》,《中医杂志》2015 年第 23 期。

严暄暄……胡以仁～:《"他者"在"他者"的社会——英国移民中医》,《中医药导报》2015 年第

19 期。

～孙相如等:《"气一元论"学说对藏象理论形成的影响》,《中医杂志》2015 年第 17 期。

肖碧跃、郭艳幸～等:《平乐正骨气血理论学术源流浅述》,《湖南中医药大学学报》2015 年第 11 期。

肖碧跃、郭艳幸～等:《整体哲学思维对平乐正骨的影响》,《中华中医药杂志》2015 年第 11 期。

刘蔚～:《简析孙思邈医学伦理思想》,《湖南中医药大学学报》2015 年第 10 期。

刘蔚～:《简析张仲景医学伦理思想》,《湖南中医药大学学报》2015 年第 8 期。

肖碧跃、郭艳幸～等:《中原地域优势对平乐正骨的影响》,《湖南中医药大学学报》2015 年第 7 期。

严暄暄……魏一苇～:《中英两国中医形态的比较人类学研究》,《湖南中医药大学学报》2015 年第 6 期。

孙相如～陈小平等:《解析张仲景的藏象观特点及其文化思想背景》,《中华中医药杂志》2015 年第 5 期。

陈小平、孙相如～:《中医药文化研究的实践价值探析》,《中医药文化》2015 年第 5 期。

刘蔚～:《炎帝神农氏医学实践与伦理思想研究》,《湖南中医药大学学报》2015 年第 4 期。

肖碧跃、郭艳幸～等:《气一元论哲学思想对平乐正骨理论的影响》,《中医正骨》2015 年第 2 期。

陈洪～陈小平:《论马王堆养生文化的价值取向》,《中华中医药杂志》2014 年第 12 期。

陈洪～陈小平:《论马王堆养生文化的历史地位》,《中华中医药杂志》2014 年第 11 期。

陈洪～陈小平:《论马王堆养生文化的产生背景》,《中华中医药杂志》2014 年第 10 期。

魏一苇～刘禹希:《马王堆养生理论研究的现状与展望》,《湖南中医药大学学报》2014 年第 9 期。

杨硕～:《中医学的经验医学属性初探》,《湖南中医杂志》2014 年第 7 期。

陈小平、孙相如～:《中国传统文化思想对中医藏象理论的影响》,《中医药文化》2014 年第 5 期。

孙相如～:《探讨关于中医藏象理论文化基础的研究意义》,《中华中医药杂志》2014 年第 5 期。

孙相如～:《中医学藏象理论历史演化》,《中华中医药杂志》2014 年第 2 期。

黄巍～姚勤:《论马王堆医书中的饮食养生理念与方法》,《湖南中医杂志》2013 年第 7 期。

魏一苇～陈小平:《试论中医文化传播的困境与出路》,《湖南中医药大学学报》2013 年第 3 期。

陈小平～:《基于民生视角的中医药文化研究——以马王堆养生文化为例》,《湖南师范大学社会科学学报》2013 年第 2 期。

严暄暄、陈小平～:《"他者"眼中的"他者"——浅谈运用文化人类学研究中医》,《湖南中医药大学学报》2013 年第 2 期。

孙贵香、郭艳幸～等:《平乐正骨气血共调平衡论——平乐正骨理论体系之平衡理论研究》,《中医正骨》2012 年第 9、10、11、12 期;2013 年第 1、2、3、4、5、6 期。

～周兴:《从中西医学的异同探讨中医证候基因组学》,《湖南中医药大学学报》2012 年第 3 期。

贺慧娥～:《古代医案整理方法初探》,《湖南中医药大学学报》2012 年第 3 期。

唐乾利……覃文玺～:《中国传统儒家文化对中医诊疗观形成与发展的影响》,《学术论坛》2011 年第 10 期。

万胜～:《湖湘中医文献的特点、作用及研究内容》,《中医药导报》2010 年第 11 期。

～万胜:《三论湖湘中医文化——打造现代湖湘名医》,《湖南中医药大学学报》2010 年第 9 期。

～周兴:《论中医"治未病"的源流》,《中国中医药现代远程教育》2009 年第 12 期。

～周兴:《论中医"治未病"的原则》,《中国中医药现代远程教育》2009 年第 12 期。

《再论湘湘中医文化》，《湖南中医药大学学报》2009 年第 5 期。

～周兴：《马王堆古医书养生思想浅谈》，《中医药文化》2009 年第 5 期。

《探索湘医源流，发展现代湘湘中医文化》，《湖南中医药大学学报》2007 年第 5 期。

何清平（广西中医学院）

～王红玉：《从减外欲与守内心谈〈道德经〉的养生》，《时珍国医国药》2009 年第 10 期。

毛曦晔～：《〈内经〉对人体生命过程的认识及意义》，《甘肃中医》2009 年第 6 期。

王红玉～李志庸等：《试论〈黄帝内经〉中的内证性》，《山东中医杂志》2008 年第 11 期。

～黄颖硕：《祝由述要》，《河北中医》2007 年第 9 期。

蓝丽霞～：《〈千金翼方·禁经〉的心理疗法探析》，《时珍国医国药》2006 年第 9 期。

～蓝丽霞：《孙思邈的心理健康观》，《湖北中医杂志》2006 年第 1 期。

《〈内经〉的冬季养生调摄观》，《山东中医杂志》2005 年第 3 期。

《〈内经〉冬不按跷理论的养生学意义》，《陕西中医》2004 年第 10 期。

何权瀛（北京大学人民医院）

《从进化心理学的角度认识妊娠疾病的利与弊》，《医学与哲学》2016 年第 24 期。

《从大夫到国父——纪念孙中山先生诞辰 150 周年》，《中国医学人文》2016 年第 12 期。

《我与全科医学的缘分以及我对全科医生的认识》，《中华全科医师杂志》2016 年第 7 期。

《权利会使人肥胖》，《中华健康管理学杂志》2015 年第 6 期。

《鲁迅死亡原因之考证》，《中华医史杂志》2015 年第 5 期。

《一本值得阅读和珍藏的好书——〈回首九十年〉》，《临床肺科杂志》2014 年第 6 期。

《"Cancer"一词的由来》，《中华结核和呼吸杂志》2014 年第 5 期。

《史上最牛的戒烟将军》，《中华结核和呼吸杂志》2013 年第 11 期。

《金鸡纳霜名称的由来》，《中华结核和呼吸杂志》2013 年第 6 期。

《现代医学与构建人口均衡型社会》，《医学与哲学》2013 年第 5 期。

《烟草历史之一瞥》，《中华结核和呼吸杂志》2013 年第 3 期。

《鲁迅到底死于什么病》，《中华结核和呼吸杂志》2012 年第 11 期。

《从唯物辩证法的角度看循证医学的发生、发展和应用》，《医学与哲学》2012 年第 11 期。

《你了解世界上第一张 X 线照片吗》，《中华结核和呼吸杂志》2012 年第 7 期。

《席梦思的由来》，《中华结核和呼吸杂志》2012 年第 6 期。

《中国古代医学史上第一位以身殉职的医生》，《中华结核和呼吸杂志》2012 年第 5 期。

《您了解世界上第一例艾滋病病例的报道过程吗》，《中华结核和呼吸杂志》2012 年第 2 期。

《成语"吴牛喘月"的含义及其对医生的启示》，《中华结核和呼吸杂志》2012 年第 1 期。

《科赫是如何确定结核病是由结核分枝杆菌引起的?》，《中华结核和呼吸杂志》2011 年第 11 期。

《毛主席是我国医学知情同意的践行者》，《中华结核和呼吸杂志》2011 年第 8 期。

《你知道亚历山大·弗莱明教授与温斯顿·丘吉尔首相之间有什么关系吗?》，《中华结核和呼吸杂志》2011 年第 6 期。

《试论社会人群中医学信息的不对称性》，《医学与哲学》2004 年第 10 期。

《从 SARS 暴发流行及其防治工作中引发的几点思靠》，《中华医学杂志》2003 年第 12 期。

《全面理解以病人为中心》，《医院管理论坛》2003 年第 4 期。

《全面正确理解和实行以病人为中心的思想》，《医学与哲学》2002 年第 12 期。

《谈医生和患者对疾病认识上的某些差距》,《中华医院管理杂志》2002年第11期。

《现代医学的有限与无奈》,《医学与哲学》2002年第1期。

《社会心理因素在哮喘发病与防治中的作用》,《中华结核和呼吸杂志》2001年第9期。

何任(浙江中医药大学/浙江中医学院)

《中医的中华传统文化底蕴之积淀》,《浙江中医药大学学报》2011年第2期。

《建校五十年述怀》,《浙江中医药大学学报》2009年第5期。

《60多年前诊治传染病、急症等医事回忆》,《浙江中医杂志》2006年第10期。

《忆上海新中国医学院并怀诸师(节录)》,《医古文知识》2003年第4期。

《解放初期杭州市中医师协会之回顾》,《中医文献杂志》2003年第2期。

《歇浦涛边记读书——回忆在上海新中国医学院的求学生活》,《医古文知识》2003年第2期。

《中医与古诗词漫谈》,《医古文知识》2003年第1期。

《江南中医学家学术成就及其盛衰渊源考》,《中医药学刊》2003年第1期。

《王孟英的医学成就》,《浙江中医学院学报》2002年第6期。

《徐灵胎及其医学著作》,《浙江中医学院学报》2002年第4期。

《〈傅青主女科〉成就说略》,《浙江中医学院学报》2002年第3期。

《〈赤水玄珠〉述评》,《浙江中医学院学报》2002年第2期。

《宋代伟大的科学家——沈括》,《浙江中医学院学报》2002年第1期。

《试论陆九芝的温病学术思想》,《浙江中医学院学报》2001年第5期。

《半个世纪前的全国性中医考试》,《浙江中医学院学报》2001年第3期。

《应发掘探索唐代的两部医方巨著——谈〈千金方〉与〈外台秘要〉》,《浙江中医学院学报》2000年第5期。

《解放前的中医学术团体》,《浙江中医学院学报》1999年第2期。

《江南中医学家的成就及其盛衰之探索》,《浙江中医学院学报》1993年第1、2期。

《略论〈金匮〉之古今及注本》,《中国医药学报》1991年第5期。

《〈金匮〉的沿波讨源》,《中医药学报》1984年第5期。

何善蒙(浙江大学)

《浅析〈黄帝内经〉的情感理论》,《中医药文化》2006年第5期。

《中国传统情感心理学思想撷论》,《社会心理学刊》2005年Z1期。

何珊珊(辽宁大学)

《欧洲中世纪大学医学院的设置与发展》,辽宁大学硕士学位论文2015年。

何绍奇(中国中医研究院)

《发皇古义融会新知——章次公学术经验管窥》,《上海中医药杂志》1999年第4期。

《论辨证论治体系的形成和发展》,《北京中医药大学学报》1984年第6期。

《〈赤水玄珠全集〉初探》,《中医杂志》1983年第4期。

朱良春~:《论〈千金方〉的学术成就》,《江苏中医杂志》1983年第3期。

《〈灵兰秘典〉新解》,《成都中医学院学报》1980年第2期。

贺圣达(上海大学)

《从文化角度审视儒医的价值观》,《医古文知识》2000年第2期。

贺圣达（云南省社会科学院）

　　～李晨阳:《非典型肺炎对东盟的影响》,《学术探索》2003 年第 10 期。

贺圣迪（上海大学）

　　《班固对医学文化的贡献》,《中医药文化》2006 年第 3 期。

　　《论儒医的形成与特征》,《上饶师专学报》1999 年第 5 期。

　　《司马迁的医学文化思想》,《医古文知识》1999 年第 2 期。

何胜男（苏州大学）

　　《论性犯罪中的生物性治疗——以韩国"化学阉割"法案为视域展开》,苏州大学硕士学位论文 2014 年。

何世长

　　《朝鲜战场反细菌战亲历记》,《江淮文史》2010 年第 4 期。

贺诗淇（黑龙江大学）

　　《美国医疗保障制度改革研究》,黑龙江大学硕士学位论文 2015 年。

何时希（中国中医研究院）

　　《冶仲景天士于一炉的程门雪》,《中医杂志》1987 年第 7 期。

　　《程门雪》,《中国医药学报》1987 年第 1 期。

　　《林则徐禁烟与名医何书田的关系》,《福建论坛(文史哲版)》1984 年第 3 期。

　　《清代名医何书田年谱(182—1833)》,《山东中医学院学报》1984 年第 3 期。

　　《学贯古今 艺擅众妙——忆当代名医程门雪》,《山东中医学院学报》1983 年第 3 期。

　　胡建华～程焕章:《程门雪院长学术渊源与成就》,《中医杂志》1977 年第 10 期。

　　《文学古籍中治疗麻风病药物的研究》,《广东中医》1957 年第 2 期。

何颂跃（北京法源司法科学证据鉴定中心/最高人民法院）

　　《我国医疗纠纷技术鉴定制度发展和新挑战》,《中国司法鉴定》2018 年第 5 期。

　　张傑……程子惠～:《从"医疗事故"鉴定向"医疗过错"鉴定的演变》,《中国司法鉴定》2012 年第 6 期。

　　《医疗纠纷民事案件处理的发展——从"事故论"向"侵权论"的转变》,《证据科学》2012 年第 3 期。

　　《司法鉴定的历史演变:从神权走向民权》,《中国司法鉴定》2006 年第 5 期。

　　《脑死亡在日本的研究现状和法医学对策》,《法律与医学杂志》1997 年第 3 期。

　　《日本的法医学鉴定体制》,《法律与医学杂志》1997 年第 1 期。

　　《民国时期我国的法医学》,《中华医史杂志》1990 年第 3 期。

何薤全

　　～李武:《鹦鹉洲上的一颗明珠——武汉市健民制药厂的发展简史》,《中成药研究》1983 年第 10 期。

贺霆（云南中医药大学/云南中医学院）

　　闻馨～吴凯等:《"飞龙脉法"创始人里昂・汉默及其学术思想》,《中医药文化》2019 年第 2 期。

　　秦雨冬、戴翥～吴永贵:《初探费利克斯・曼恩与"西医针灸"的发源》,《中医药导报》2018 年第 20 期。（**附**:吴凯:《中医在欧美的创新》,《中医药文化》2018 年第 5 期。）

　　吴凯……戴翥～:《"西方中医"之鉴》,《中医药文化》2018 年第 2 期。

　　张蕊子～戴翥等:《重拾法国回归〈滇南草本〉之序言》,《中医药文化》2016 年第 5 期。

祁天培……吴凯~:《西方中医凸显中华文化普世性——兼谈社科研究对中医院校的重要性》,《云南中医学院学报》2015年第6期。

赖张凤……谭勇~:《海外回归中医古籍〈针灸大成〉流传及版本研究》,《世界中西医结合杂志》2015年第11期。

赖张凤、戴翥~谭勇:《中医在法国传播的图文资料研究及档案库建设》,《中华医学图书情报杂志》2015年第9期。

江南……王宪东~陈林兴:《中医药在澳大利亚的传播和发展》,《中国民族民间医药》2015年第4期。

陈林兴……张强~:《中医药在澳大利亚和美国的现状及比较》,《云南中医学院学报》2015年第1期。

陈林兴、吴凯~:《人类学视野下的中医西传——兼谈国内中医药走向世界战略研究》,《云南中医学院学报》2014年第1期。

戴翥~吴永贵等:《中医在法国传播脉络初步研究总结》,《中国中医药信息杂志》2013年第10期。

夏有兵~:《澄江针灸学派在香港的繁衍与传播》,《中国针灸》2013年第10期。

《中医西传的源头——法国针灸之父苏里耶》,《云南中医学院学报》2013年第2期。

《我国人类学民族学博物馆的视野亟需扩展——云南省中医药暨少数民族医药博物馆中医西传分馆的启示》,《民族论坛》2012年第4期。

《从人类学角度看中医"科学化"》,《中国社会科学版》2011年10月18日008版。

何廷艳(兰州大学)

《公元10—17世纪初藏医学发展研究》,兰州大学硕士学位论文2013年。

何同彬(南京大学)

《疯癫的隐喻与梦魇——〈狂人日记〉重读》,《文艺争鸣》2007年第9期。

何炜(杭州市医学情报中心)

~戚英:《中国公共卫生危机研究》,《国际医药卫生导报》2004年第7期。

何伟(黑龙江中医药大学)

《治疗癃闭方剂源流及用药规律研究》,黑龙江中医药大学硕士学位论文2005年。

贺卫国(衡阳市第三人民医院)

《谈谈〈素问〉和〈灵枢〉的成书》,《国医论坛》2006年第1期。

何维中(陕西中医学院)

《祖国医学在卫生防疫方面的贡献》,《陕西中医学院学报》1980年第4期。

何潇(复旦大学)

~何雪松:《苦痛的身体:一位青年女性打工者的疾病叙事》,《当代青年研究》2011年第6期。

何晓辉(抚州中医学校)

~傅淑清:《"盱江医学"形成因素的探讨》,《中华医史杂志》1998年第2期。

何小莲(同济大学)

《略论近代上海西医的社会地位》,《社会科学》2009年第8期。

~张晔:《籍医传教与文化适应——兼论医学传教士之文化地位》,《西北大学学报(哲学社会科学版)》2008年第5期。

《冲突与合作:1927—1930年上海公共卫生》,《史林》2007年第3期。

《传教士与中国近代公共卫生》,《大连大学学报》2006 年第 5 期。

《晚清西医在中国》,《南方周末》2004 年 3 月 18 日。

《略论晚清西医的文化穿透力》,《社会科学》2003 年第 3 期。

《晚清新教"医学传教"的空间透析》,《中国历史地理论丛》2003 年第 2 期。

《论中国公共卫生事业近代化之滥觞》,《学术月刊》2003 年第 2 期。

《来华新教传教士的早期医学活动》,《档案与史学》2003 年第 1 期。

《西医东传:晚清医疗制度变革的人文意义》,《史林》2002 年第 4 期。

何晓明(昆明市经开人民医院)

《医学史视野下的中医》,《中国医学创新》2010 年第 1 期。

何校生(杭州市红十字会)

《林可胜与抗战时期中国红十字会救护总队》,《百年潮》2017 年第 6 期。

何昕(东南大学)

《疾病叙事的生命伦理研究》,东南大学博士学位论文 2015 年。

《论庄子生命伦理与现代临终关怀》,《云南社会科学》2015 年第 2 期。

《论食品伦理的基本原则》,《华中科技大学学报(社会科学版)》2015 年第 2 期。

《医患关系视角下的传统医德伦理认同研究》,《中州学刊》2014 年第 4 期。

何新慧(上海中医药大学)

李顺达~:《浅析〈黄帝内经〉对〈伤寒论〉六经分证及治法的影响》,《中华中医药杂志》2019 年第 8 期。

王泳涛~:《蓄血病证源流》,《中华中医药杂志》2017 年第 12 期。

《〈伤寒论〉虚寒下利方学用心悟》,《环球中医药》2017 年第 5 期。

陈晓晖、孔祥亮~:《江南何氏世医脾胃理论述要》,《上海中医杂志》2016 年第 11 期。

徐满成~:《张仲景针灸禁忌探析》,《中医杂志》2016 年第 11 期。

徐满成~:《张仲景针灸治疗特色及学术思想探析》,《上海针灸杂志》2016 年第 8 期。

袁敏~:《江南何氏世医家族历史流传脉络与起源谱系探析》,《中医药文化》2015 年第 1 期。

徐立思、陈晓晖~:《〈伤暑论〉学术思想探析》,《上海中医药杂志》2013 年第 11 期。

徐立思、孔祥亮~:《〈伤寒论〉疾病自愈机制与临床征兆》,《上海中医药大学学报》2012 年第 6 期。

冯兴志~:《黄元御妇科心法探析》,《四处中医》2011 年第 8 期。

《仲景辩证论证体系探析》,《上海中医药杂志》2012 年第 9 期。

周毅萍~:《从〈续名医类案〉看古代医家的时间医学观》,《江苏中医药》2008 年第 10 期。

杨允、杨大鹏~:《历史不孕医案经验集锦》,《辽宁中医药大学学报》2008 年第 8 期。

~吴中平等:《清代温病医家外感咳喘证治规律探析》,《上海中医药大学学报》2008 年第 6 期。

柯雪帆~:《仲景医德研究和学习》,《天津中医药大学学报》2008 年第 3 期。

张苇航~:《试论〈伤寒论〉对〈神农本草经〉药物学的继承和发展》,《时珍国医国药》2006 年第 7 期。

张苇航~:《哲学之"和"与中医之"和"》,《医古文知识》2005 年第 4 期。

《我国历史上罕见的医学世家——上海何氏学术经验举隅》,《上海中医药大学学报》1999 年第 1 期。

《自南宋至今的第 28 代世医何时希医疗经验举要》,《上海中医药杂志》1995 年第 10 期。

何鑫渠(杭州胡庆余堂药业有限公司/胡庆余堂驻上海办事处)

～王建华:《胡庆余堂中药博物馆国药文化史料》,《中华医史杂志》2000 年第 4 期。

《走进胡庆余堂——杭州胡庆余堂简史》,《中医文献杂志》1999 年第 4 期。

何秀丽(黑龙江中医药大学)

《〈黄帝内经〉"脾不主时"学说的理论内涵》,《中医药学报》2011 年第 3 期。

贺秀明(厦门大学)

《刘禹锡白居易晚年老病、奉佛诗之同异》,《福建论坛(人文社会科学版)》2006 年第 6 期。

何秀珍(山东大学)

《疯癫与权力:赛普蒂默斯疯癫之福柯式解读》,山东大学硕士学位论文 2010 年。

何绪良(沈阳市中医药学校)

《葛洪〈抱朴子内篇〉房中养生观》,《光明中医》2007 年第 5 期。

《〈黄帝内经〉脉诊方法》,《光明中医》2006 年第 12 期。

《〈黄帝内经〉饮食养生观》,《中国中医药现代远程教育》2006 年第 12 期。

～武君颖:《浅析〈王氏医案〉中白虎汤运用的经验》,《辽宁中医学院学报》2006 年第 3 期。

贺学林(上海中医药大学)

～李剑平:《清代医家柯琴学术思想揽要》,《中医药学刊》2001 年第 1 期。

贺绚素(南京医科大学/南京医学院)

《中西传统自然观对中西医学理论体系的影响》,《医学与哲学》1994 年第 9 期。

《东西方宗教对东西方医学发展的影响》,《医学与哲学》1992 年第 6 期。

何循真(南通市卫生局/解放军南通军分区卫生科)

《解读徐渭、凡高与石鲁——论精神失常对画家创作之影响》,《美术研究》2002 年第 2 期。

《论文学艺术与卫生》,《医学与哲学》1988 年第 5 期。

《古代名医成才之路初探》,《医学与哲学》1982 年第 6 期。

贺亚丽(湘潭大学)

《毛泽东健康思想及其当代价值》,湘潭大学硕士学位论文 2017 年。

何燕(南开大学)

《华北乡村医疗卫生事业的起步——以河北省昌黎县为例(1949—1968)》,《河北广播电视大学学报》2012 年第 6 期。

《乡村传统合作医疗制度及其现代启示——以河北省侯家营为例》,《廊坊师范学院学报(社会科学版)》2009 年第 6 期。

《集体化时代乡村医疗卫生事业探析——以河北省昌黎县侯家营村为例》,《中国农业大学学报(社会科学版)》2009 年第 4 期。

何洋(江西师范大学)

《灵神之舞——新时期小说之疯傻现象研究》,江西师范大学硕士学位论文 2011 年。

何杨(中央财经大学)

～明帮胜等:《德国长期照护保险基金管理经验及启示》,《中国医疗保险》2016 年第 3 期。

～明帮胜等:《美国长期照护保险制度研究及对中国的启示》,《中国医疗保险》2015 年第 1 期。

何毅勋(中国医学科学院)

《关于血吸虫病病原的史料》,《国外医学(寄生虫病分册)》1979 年第 1 期。

何益忠（华东政法学院）

《晚清自治中的城市民众——以上海城市卫生为中心的考察》,《华东政法学院学报》2005 年第 3 期。

和颖（昆明理工大学）

～李例芬:《纳西族的驱瘟疫鬼仪式调查》,《民族艺术研究》2008 年第 3 期。

～李例芬:《纳西族驱瘟疫鬼仪式分析》,《宗教学研究》2008 年第 2 期。

何永华（辽宁大学医院）

《鉴真对日本医学的贡献刍议》,《日本研究》1988 年第 2 期。

何永明（南京中医药大学）

《人参在〈伤寒杂病论〉中的运用规律》,《甘肃中医学院学报》2008 年第 6 期。

～高原:《李东垣论治心下痞之学术思想》,《中国中医基础医学杂志》2001 年第 7 期。

《人参本草史考源》,《中成药》2001 年第 5 期。

《经方家曹颖甫研究现状评述》,《中医文献杂志》2001 年第 3 期。

何玉德

《再谈王清任是中国近代"脑髓说"的真正创立者——兼评方以智对"脑髓"的认识》,《复旦学报（社会科学版）》1992 年第 4 期。

何玉东（武汉大学）

魏华林～:《中国长期护理保险市场潜力研究》,《保险研究》2012 年第 7 期。

《中国长期护理保险供给问题研究》,武汉大学博士学位论文 2012 年。

～孙湜溪:《美国长期护理保障制度改革及其对我国的启示》,《保险研究》2011 年第 10 期。

何裕民（上海中医药大学/上海中医学院）

《癌症患者的人性化呵护及其全程管理》,《医学与哲学》2019 年第 24 期。

《跳出科学人文之争　追求医学"合力"》,《中国医学人文》2019 年第 10 期。

《癌症应对中人为干预及自身修复的辩证关系》,《医学与哲学》2019 年第 4 期。

《迎接中医药新时代,大力发掘和弘扬中医药真正优势》,《医学与哲学》2019 年第 3 期。

龚鹏～窦丹波:《论新时期中医学发展中的继承、扬弃与吸收》,《医学与哲学》2019 年第 3 期。

《慢性病:需要新的理论解释模型》,《医学与哲学（B）》2018 年第 10 期。

《"自然合理"视域下生命伦理"有利"原则之再审议》,《中国医学人文》2018 年第 8 期。

《生命伦理"有利"原则之重新检讨》,《中国医学人文》2018 年第 7 期。

《叙事医学"要旨"之追问:努力"复原真相"?》,《医学与哲学（A）》2018 年第 5 期。

《现代医学治理需要中国智慧》,《医学争鸣》2018 年第 4 期。

李亚天～:《浅谈〈伤寒论〉中以人为本治疗思想之体现》,《中华中医药杂志》2018 年第 4 期。

《中医学的自信从何而来?》,《医学与哲学（A）》2018 年第 3 期。

《心身缠绕论:生命现象亟需新的视域》,《医学与哲学（B）》2017 年第 7 期。

《从"人文引领健康"到健康人文学——"大/小传统"视域下的健康人文学之建构》,《医学与哲学（A）》2017 年第 6 期。

李亚天～:《中西医核心价值观差异学术思想研究》,《南京中医药大学学报（社会科学版）》2017 年第 3 期。

《医学哲学:应向生命哲学及生活哲学适度延伸》,《医学与哲学（A）》2016 年第 11 期。

~龚鹏等:《让生命康宁:中医核心价值体系及其现代意义初探》,《医学与哲学(A)》2016 年第 3 期。

《医患双方"集体无意识"现象的剖析及破解对策——从追求"最优解",到争取"满意解"》,《医学与哲学(A)》2016 年第 1 期。

梁治学……李其忠~:《"衰老"词源学探析》,《中国老年学杂志》2015 年第 22 期。

蒙玲莲、孙增坤~:《躯体化和心身观:基于医学哲学的审视》,《医学与哲学(A)》2015 年第 12 期。

宋婷……倪红梅~:《健康的词源学考释》,《中华中医药学刊》2014 年第 6 期。

王宁、倪红梅~沈红艺:《中西方心身关系认识的历史追寻》,《中华中医药学刊》2012 年第 12 期。

龚鹏~:《"标本相得"理论探微——兼谈〈黄帝内经〉对医患沟通的理解》,《河南中医》2012 年第 7 期。

朱秋媛~倪红梅等:《试论儒家、道家"王道"思想对中医学的影响》,《贵阳中医学院学报》2012 年第 6 期。

王立国~倪红梅:《"抑郁"的词源学考释》,《江西中医学院学报》2011 年第 1 期。

《重要的是"土壤",而不是"雨水"——关于整合思维与象思维》,《医学与哲学(人文社会医学版)》2010 年第 12 期。

《中医的世界里没有战争》,《社会观察》2010 年第 11 期。

王立国~倪红梅:《"抑郁"医学含义历史变迁》,《辽宁中医药大学学报》2010 年第 8 期。

《关于"好"的医学之思考》,《医学与哲学(人文社会医学版)》2010 年第 7 期。

梁治学……崔安平~:《"疾病"词源学探析》,《中医药文化》2010 年第 6 期。

崔利宏……倪红梅~:《"治未病"渊流述略及与亚健康关系探讨》,《中医研究》2010 年第 5 期。

《大灾后的沉思:医学为何》,《医学与哲学(人文社会医学版)》2008 年第 7 期。

《论现代中医营养学的诞生与学习意义》,《扬州大学烹饪学报》2007 年第 4 期。

《医学是"人"学》,《生命世界》2006 年第 7 期。

《跳出中西医之争看医学——论医学之"道"的不足与互补》,《医学与哲学(人文社会医学版)》2006 年第 4 期。

《呼唤人性的医学——对医学人性化和人文化回归的企盼》,《医学与哲学》2002 年第 9 期。

《"神医"现象的剖析》,《医学与哲学》1999 年第 9 期。

《中医文化学研究断想》,《中国中医基础医学杂志》1997 年第 5 期。

《用文化阐释医学,从医学理解文化——读〈医学与人类文化〉有感》,《医学与哲学》1995 年第 12 期。

《东方酿生"气功"的人文因素比较分析》,《医学与哲学》1995 年第 7 期。

《中国医学的发展与中国文化的重建(引论)》,《医学与哲学》1995 年第 1 期。

《关于中医与巫文化关系的断想——〈走出巫术丛林的中医〉写后随笔》,《医学与哲学》1994 年第 9 期。

《"数"的破译与中医理论解析》,《医学与哲学》1993 年第 8 期。

《王履的读书方法》,《陕西中医学院学报》1987 年第 2 期。

《病愈概念初探》,《医学与哲学》1984 年第 2 期。

~张晔:《试论中医史上著名医学家成功的主观因素》,《医学与哲学》1982 年第 11 期。

《浅谈张景岳与"移植法"》,《医学与哲学》1982 年第 3 期。

何宇平

《中国国境卫生检疫法规演变史》,载顾金祥主编《纪念上海卫生检疫 120 周年论文选编》(上海:百家出版社 1993)。

贺予新(郑州大学)

《西汉时期的疾疫之灾》,《商丘职业技术学院学报》2005 年第 3 期。

何玉叶(南通大学)

~闻素琴:《构建和谐医患关系的几点思考》,《学理论》2015 年第 7 期。

~张廷栖:《张謇与南通大学前身之一的南通医学专门学校》,《南通大学学报(教育科学版)》2005 年第 2 期。

何跃忠(军事医学科学院附属医院)

~丁日高:《日本遗弃在华化学武器造成人员伤害的有关问题(2)——联合国《禁止化学武器公约》与日本遗弃在华化学武器的处理》,《中国危重病急救医学》2005 年第 9 期。

~丁日高:《日本遗弃在华化学武器造成人员伤害的有关问题(1)——化学武器与日本遗弃在华化学武器情况介绍》,《中国危重病急救医学》2005 年第 8 期。

何云鹤

《祖国医学有关高血压症的理论体系和治疗原则》,《新中医药》1958 年第 1 期。

《祖国医学在虐病治疗上的成就和展望》,《福建中医杂志》1957 年第 4 期。

《中医学简史》,《中医杂志》1957 年第 2 期。

《治疗血吸虫病的中医文献研究》,《上海中医药杂志》1956 年第 2、3 期。

何则阴(四川大学)

《汉传佛教的女性健康观》,《贵州社会科学》2006 年第 2 期。

何湛华(广州中医药大学)

《香港温病特色及近现代温病学在香港的发展》,广州中医药大学博士学位论文 2014 年。

何兆雄(广西社会科学院)

《台湾名医杜聪明》,《中华医史杂志》1999 年第 3 期。

《台湾科学泰斗——杜聪明》,《文史春秋》1998 年第 4 期。

何振中(中国中医科学院)

《道教服食名方二仙膏传承及其应用》,《中华文化论坛》2019 年第 5 期。

《金幢教〈传道图〉及其内炼思想略解》,《宗教学研究》2018 年第 4 期。

《新安医家汪启贤养生思想初探》,《安徽中医药大学学报》2018 年第 3 期。

《明彩绘本〈炼丹图〉及其净明丹法》,《中国道教》2018 年第 1 期。

《〈内经图〉对传统医学文化的传承》,《中国医学人文》2016 年第 2 期。

~王体:《〈内经图〉图式源流初考》,《山东中医药大学学报》2015 年第 5 期。

王凤兰~:《传统医药非物质文化遗产保护的核心理念》,《南京中医药大学学报(社会科学版)》2015 年第 1 期。

~宋歌等:《藏药〈佐塔〉制作技艺渊源考》,《中医药文化》2015 年第 1 期。

王体~程至立等:《〈内经图〉之"姹女"在内丹养生中的功用》,《中国医学创新》2014 年第 36 期。

程志立~刘理想:《中医养生丹术非物质文化遗产保护的意义》,《中华中医药杂志》2012 年第 8 期。

程志立~柳长华:《〈内经图〉及其养生意蕴和价值》,《中华中医药杂志》2012 年第 4 期。

～柳长华：《命门之"火"考原》，《北京中医药大学学报》2011 年第 10 期。

《〈颅囟经〉之小儿"纯阳"考源》，《山东中医药大学学报》2011 年第 6 期。

～柳长华：《清初医家祝登元三则静功验案试析》，《浙江中医药大学学报》2011 年第 6 期。

盖建民～：《王屋山高道司马承祯道教医学思想及其影响》，《济源职业技术学院学报》2011 年 3、4 期。

《〈华佗玄门脉诀内照图〉"玄门"思想考释》，《江西中医学院学报》2011 年第 2 期。

《"肝生于左，肺藏于右"之道家内炼阐解》，《南京中医药大学学报（社会科学版）》2011 年第 1 期。

何志国（绵阳市博物馆）

梁繁荣……和中浚～：《西汉人体漆雕经脉研究》，《上海中医药杂志》1998 年第 5 期。

～谢克庆等：《绵阳人体经脉漆雕年代考》，《成都中医药大学学报》1997 年第 1 期。

～谢克庆等：《人体经脉漆雕年代及相关问题考察》，《四川文物》1997 年第 1 期。

附：不署名：《秦汉的医药卫生文物》，《中医杂志》1958 年第 9 期。

《春秋战国时代的祖国医学》，《中医杂志》1958 年第 8 期。

《三代医学文物——殷周时代的医学文物》，《中医杂志》1958 年第 7 期。

《中世纪晚期的尸体解剖图》，《历史教学》1958 年第 5 期。

《宋代李唐灸艾图》，《历史教学》1958 年第 4 期。

何志姝（安徽大学）

《媒体责任与社会理性——对"八毛门"事件的反思》，《新闻世界》2012 年第 5 期。

和中浚（成都中医药大学/绵阳市博物馆/成都中医学院）

～王丽：《百年来中医临床发展特点与启示》，《中医药文化》2019 年第 5 期。

《首部系统总结发展玄府学说的创新之作——〈玄府学说〉评述》，《中国中医基础医学杂志》2019 年第 3 期。

～王缙：《百年来中医理论发展特点和启示》，《中医药文化》2019 年第 1 期。

袁开惠～杨华森等：《老官山汉墓医简〈六十病方〉病名释难》，《古籍整理研究学刊》2018 年第 4 期。

袁开惠～：《张家山汉墓〈脉书·病候〉的病症总数考论》，《中医文献杂志》2018 年第 3 期。

《诗情、画意、墨韵中的医学史——评〈中华医药史话〉》，《中医药文化》2018 年第 3 期。

～杨华森等：《论老官山汉墓医简〈六十病方〉的"鼠"与"风偏清"》，《中医药文化》2017 年第 6 期。

任玉兰……杨明晓～：《成都老官山汉墓出土医简〈十二脉〉〈别脉〉内容与价值初探》，《中华医史杂志》2017 年第 1 期。

汪剑、罗思航～：《〈目经大成〉眼科外用方药组成配伍特点与制法剂型探讨》，《中国民族民间医药》2016 年第 22 期。

～王丽：《廖平〈隋本黄帝内经明堂〉评述》，《中医文献杂志》2016 年第 6 期。

汪剑～：《邓学礼〈目科正宗〉与黄庭镜〈目经大成〉的学术渊源探讨》，《中国中医眼科杂志》2016 年第 4 期。

汪剑～：《清代眼科名家黄庭镜师承与江夏旧家、培风山人诸问题考》，《中华医史杂志》2016 年第 3 期。

刘兴隆……周兴兰～：《成都老官山汉墓出土医简〈六十病方〉方剂剂型考辨》，《中医药文化》2016

年第 1 期。

～王缙:《一部地域与时代特色浓郁的医学史著作——评〈岭南医学史〉》,《中华医史杂志》2016 年第 1 期。

～赵怀舟等:《老官山汉墓医简〈六十病方〉排序研究》,《中医文献杂志》2015 年第 4、5 期。

～李继明等:《老官山汉墓〈六十病方〉与马王堆〈五十二病方〉比较研究》,《中华医药文化》2015 年第 4 期。

江花……王明杰～刘荣林:《(秘传)〈眼科纂要〉学术源流研究》,《中医文献杂志》2015 年第 4 期。

赵怀舟～李继明等:《〈六十病方〉地名略考》,《中医药文化》2015 年第 4 期。

～赵怀舟等:《老官山汉墓医简〈六十病方〉体例初考》,《中医文献杂志》2015 年第 3 期。

～王丽:《民国时期中医外科、皮肤科发展概况》,《中华医史杂志》2015 年第 3 期。

郭太品……孙瑞瑞～曾芳等:《古代冶炼工艺技术与毫针的形质及手法演变》,《中医杂志》2014 年第 19 期。

《古代医家热衷外病内治诸因素研究》,《中华中医药学刊》2013 年第 11 期。

～章红梅:《〈眼科集成〉学术思想和特色研究》,《中医文献杂志》2013 年第 6 期。

《无私助人显高风　提携后学见真情——记傅维康教授二三事》,《中医药文化》2013 年第 6 期。

～汪剑:《白居易医药养生诗之我见》,《中医药文化》2013 年第 4 期。

～汪剑:《民国年间中医眼科学术发展历史研究》,《中国中医眼科杂志》2013 年第 4 期。

柳亚平、汪剑～:《〈脏腑图说症治要言合璧〉版本考证》,《中华中医药学刊》2013 年第 4 期。

王缙～:《〈外科百效全书〉存世版本的现状考察和研究》,《中华中医药学刊》2013 年第 3 期。

周兴兰～:《隋以前痈疽病证发展的研究概述》,《广西中医药大学学报》2013 年第 2 期。

汪剑～:《眼科名著〈目经大成〉版本调查及整理概况》,《中华中医药学刊》2013 年第 2 期。

梁海涛～:《中医形神观的概念及应用研究现状》,《广西中医药大学学报》2013 年第 2 期。

《道教文化对中医外科学的影响》,《中医药文化》2012 年第 6 期。

杨鸿～:《〈眼科龙木论〉"七十二证"的由来和影响》,《中医文献杂志》2012 年第 5 期。

周兴兰～:《〈诸病源候论〉中医外科病症特点研究》,《四川中医》2012 年第 5 期。

江花……王明杰～:《(秘传)〈眼科纂要〉的版本源流考证研究》,《中医文献杂志》2012 年第 4 期。

汪剑～:《道教上清派炼养术与中医命门学说流变的关系》,《南京中医药大学学报(社会科学版)》2012 年第 4 期。

～杨鸿:《〈眼科启明〉与〈银海精微〉的源流关系及其学术特色》,《中医眼耳鼻喉杂志》2012 年第 3 期。

汪剑～:《明末清初上海医家李延昰及〈脉诀汇辨〉考》,《中医药文化》2012 年第 3 期。

～周兴兰:《〈外科证治全生集〉与〈洞天奥旨〉学术思想的比较研究》,《中华中医药学刊》2012 年第 3 期。

汪剑～柳亚平:《〈目经大成〉"眼科十二病因"探讨》,《中国中医眼科杂志》2012 年第 2 期。

《中医外科"正宗派"学术源流论》,《中国中医基础医学杂志》2012 年第 2 期。

王缙～:《〈外科百效全书〉存世版本的系统初探》,《成都中医药大学学报》2012 年第 1 期。

～任玉兰等:《魏晋痈疽和明代梅毒发生与流行的社会因素研究》,《云南中医学院学报》2012 年第 1 期。

王缙～:《〈卫济宝书〉的方药特色》,《中医杂志》2011 年第 13 期。

～江玉:《〈外科精义〉的学术地位、成就和价值》,《中国中医基础医学杂志》2011 年第 8 期。

王缙～:《〈刘涓子鬼遗方〉的痈疽分类法及其特点》,《中华中医药学刊》2011 年第 7 期。

江玉～肖力强:《外科丹药的使用概况及价值探究》,《时珍国医国药》2011 年第 7 期。

江玉～:《明清医家应用外科丹药概述》,《时珍国医国药》2011 年第 6 期。

汪剑、柳亚平～:《郑钦安血证辨治心法探讨》,《四川中医》2011 年第 6 期。

王丽～:《〈太平御览·疾病部〉外科资料的内容和特点》,《辽宁中医药大学学报》2011 年第 4 期。

汪剑、柳亚平～:《郑钦安〈万病一气说〉学术思想探讨》,《上海中医药大学学报》2011 年第 4 期。

～周兴兰:《〈千金方〉外科病证的分类及病名研究》,《辽宁中医杂志》2011 年第 3 期。

汪剑、张晓琳～:《上清派炼养术的藏象学说内涵探讨》,《中医学报》2011 年第 3 期。

江玉～:《中国古代麻醉术发明史》,《医学与哲学(人文社会医学版)》2011 年第 2 期。

江玉～:《古代外科清创医疗的发明创造价值》,《中华中医药杂志》2011 年第 2 期。

《〈医理折衷目科〉的学术价值及特点》,《中医眼耳鼻喉杂志》2011 年第 2 期。

～王缙:《早期外科专著关于痈疽的学术成就和价值》,《中华中医药杂志》2011 年第 1 期。

崔淑原～王缙:《孙思邈〈备急千金要方〉的版本考查》,《中国民族民间医药》2010 年第 24 期。

江玉～:《中医外科辨脓法的形成与发展》,《江苏中医药》2010 年第 11 期。

汪剑～靳霞:《〈目经大成〉眼科温补思想探讨》,《中国中医眼科杂志》2010 年第 5 期。

～罗再琼:《孔子修身养德与中医养生》,《中医药文化》2010 年第 4 期。

江玉～:《中国古代外科切开引流术的发明创造价值探究》,《南京中医药大学学报(社会科学版)》2010 年第 4 期。

王缙～马成杰:《浅探刘完素"主火论"的学术背景》,《江西中医学院学报》2010 年第 3 期。

《中医高校博物馆及中医药博物馆建设的喜与忧》,《成都中医药大学学报(教育科学版)》2010 年第 1 期。

～周兴兰:《评〈中医方剂学发展史〉》,《中华医史杂志》2010 年第 1 期。

《明清时期辨证重于用药思想和辨证纲领的形成》,《江西中医学院学报》2009 年第 6 期。

～汪剑:《从〈内经〉与道家"静以养神"的关系看中医养生特色》,《中华中医药学刊》2009 年第 6 期。

江玉～周兴兰等:《薛立斋外科学术成就与特色》,《四川中医》2009 年第 4 期。

陈健彬、梁繁荣～江泳:《中国古代针灸推拿的代表器具》,《成都中医药大学学报》2009 年第 1 期。

陈健彬～江泳:《古代五官科的重要发明创造及代表器具》,《中医文献杂志》2009 年第 1 期。

～江玉:《〈眼科金镜〉的学术源流、成就和特色》,《中国中医眼科杂志》2009 年第 1 期。

杨鸿～:《浅议龙树与中医眼科早期文献托名关系》,《中国中医眼科杂志》2009 年第 1 期。

杨鸿～:《眼科文献中"龙树"与"龙木"关系考》,《江西中医学院学报》2009 年第 1 期。

陈建杉、梁繁荣～江泳:《中国古代针灸推拿的代表器具》,《成都中医药大学学报》2009 年第 1 期。

～周兴兰:《明清医家对中医四诊全面发展的贡献》,《江西中医学院学报》2008 年第 5 期。

袁艳丽～:《浅论清代喉科兴盛的原因及特点》,《中医药文化》2008 年第 5 期。

陈健彬～江泳:《中国古代外科医疗技术的重要发明创造及代表器具》,《中医药文化》2008 年第 5 期。

曾芳、梁繁荣～刘迈兰:《古代中医针具的发明与改进》,《中华医史杂志》008 年第 4 期。

张双红～:《医著中纲目分类法的由来及其特点和影响》,《江西中医学院学报》2008 年第 1 期。

汪剑～:《〈原机启微〉病因病机学说阐微》,《中华中医药学刊》2007 年第 12 期。

汪剑～:《从〈审视瑶函〉内治八法看眼科方剂的配伍特点》,《山东中医杂志》2007 年第 11 期。

汪剑～:《〈银海精微〉丹溪学术思想探骊》,《浙江中医杂志》2007 年第 9 期。

汪剑～:《董仲舒儒学对〈内经〉的影响》,《医学与哲学》2007 年第 7 期。

汪剑～:《郑钦安真阳学说与潜阳归肾法理论探讨》,《四川中医》2007 年第 6 期。

王清华～:《〈秘传眼科龙木论〉与〈明目至宝〉七十二证的关系》,《甘肃中医》2007 年第 6 期。

汪剑～:《从〈审视瑶函〉治法方剂看金元医家对眼科的影响》,《中国中医眼科杂志》2007 年第 5 期。

汪剑～:《四川"火神派"概况及其学术思想特色探讨》,《四川中医》2007 年第 4 期。

袁艳丽～:《金元医家学术流派产生的社会文化因素》,《南京中医药大学学报(社会科学版)》2007 年第 3 期。

汪剑～:《元代南北文化交流对丹溪医学的影响》,《南京中医药大学学报(社会科学版)》2007 年第 3 期。

汪剑～:《清代名医郑钦安眼科辨治心法探析》,《江西中医学院学报》2007 年第 2 期。

汪剑～:《董仲舒儒学对〈内经〉的影响》,《医学与哲学(人文社会医学版)》2007 年第 4 期。

杨鸿～:《〈普济方〉中眼科方剂考》,《湖北中医杂志》2007 年第 1 期。

《从几种眼科文献提要看学术源流研究的重要性》,《辽宁中医杂志》2006 年第 9 期。

杨鸿～:《论〈龙树眼论〉和印度医学的关系》,《湖南中医杂志》2006 年第 6 期。

汪剑～:《周敦颐〈太极图说〉对中医学学术思想发展的影响》,《难尽给中医药大学学报(社会科学版)》2006 年第 4 期。

《〈眼科良方〉的成书年代及内容特色》,《南京中医药大学学报(社会科学版)》2006 年第 4 期。

范玉兰～:《〈银海精微〉与东垣学说的关系》,《浙江中医杂志》2006 年第 3 期。

王清华～:《〈目经大成〉中诗歌体裁的运用》,《中医药文化》2006 年第 1 期。

《〈中国医籍大辞典〉中眼科文献的漏误》,《中医杂志》2005 年第 11 期。

《〈联目〉眼科文献勘误》,《中医文献杂志》2005 年第 1 期。

易守菊～:《解注文之"注"与注病——从解注文看古代传染病》,《四川文物》2001 年第 3 期。

易守菊～:《金元医学发展的政治嬗变因素》,《中医文献杂志》2001 年第 1 期。

《评邓铁涛主编的〈中医近代史〉》,《中华医史杂志》2000 年第 4 期。

～易守菊:《医史教材应有述有论》,《成都中医药大学学报(教育科学版)》2000 年第 2 期。

《医学考古与医文物研究》,《医古文知识》1999 年第 4 期。

《明清外科刀具的命名、功能及分类》,《中华医史杂志》1999 年第 1 期。

《药用杵臼考——兼谈药用杵臼与乳钵的关系》,《四川文物》1998 年第 6 期。

《略论古代熬药温药器》,《四川文物》1998 年第 3 期。

《〈外科心法真验指掌·刀针图式〉评述》,《成都中医药大学学报》1998 年第 2 期。

《卫生类陶瓷器举要》,《中华医史杂志》1998 年第 1 期。

何志国……梁繁荣～:《人体经脉漆雕年代及相关问题考察》,《四川文物》1997 年第 1 期。

《晚清四川普及类医著的产生和影响》,《中华医史杂志》1994 年第 1 期。

～王明杰:《试论〈银海精微〉的学术成就》,《中医药学报》1988 年第 2 期。

《试论〈眼科龙木论〉的学术成就》,《陕西中医》1986 年第 4 期。

何子强(中国中医研究院)

《试析壮医饮食疗法的营养观》,《中国民族民间医药杂志》1996 年第 4 期。

～唐代昌:《〈本草纲目〉对岭南地区民族医药的贡献》,《河南中医药学刊》1995 年第 5 期。

～唐丽蓉:《壮医药文献拾萃》,《中医文献杂志》1995 年第 3 期。

～黄汉儒等:《壮医的历史沿革、现状与发展对策》,《中国民族民间医药杂志》1994 年第 1 期。

何宗禹(湖南医学院)

《传统医学文献中有关经络实质性结构问题的管见》,《中国针灸》1986 年第 1 期。

《中国针灸传布国外进程中在译名与定义上所反映的问题》,《中国针灸》1984 年第 4 期。

《马王堆医书中有关经络问题的研究》,《中国针灸》1982 年第 5 期。

《马王堆医书考证译释问题探讨》,《中华医史杂志》1981 年第 2 期。

《马王堆古医书中经络针灸研究资料探讨》,《中华医史杂志》1980 年第 2 期。

《关于经络研究的若干问题》,《新医药学杂志》1979 年第 2 期。

何祚成

《长沙马王堆一号汉墓出土的药物》,《新医药学杂志》1973 年第 2 期。

黑春潮(河北工程学院)

～淮丁华等:《对〈黄帝内经〉中养生理论的认识》,《光明中医》2006 年第 7 期。

黑佳杰(山西师范大学)

《建国初期山西爱国卫生运动研究(1952—1959)》,山西师范大学 2017 年。

黑镇江

《溯古探源话食养》,《中国保健营养》2001 年第 11 期。

衡光培(成都中医药大学)

《叶天士络病学说初探》,《成都中医药大学学报》1995 年第 3 期。

亨利·E.西吉里斯特

～钟雪娟:《文学、艺术与医学》,《海南师院学报》1993 年第 2、3 期。

亨利·塞瑞斯

～乌力吉图:《蒙古的医疗和占卜用的银杯》,《民族译丛》1984 年第 1 期。

洪必良(歙县中医院)

《〈伤寒论〉反证法的应用及其对后世的影响》,《湖北中医杂志》2002 年第 11 期。

《探病法述要》,《湖北中医杂志》1999 年第 2 期。

《王仲奇论治脑病的学术思想探讨》,《浙江中医杂志》1995 年第 3 期。

《中医学之梦幻认识史考略》,《中华医史杂志》1994 年第 4 期。

～曹恩溥:《叶天士通阳法则探析》,《江苏中医》1993 年第 5 期。

《〈伤寒论〉错简重订派补识》,《安徽中医学院学报》1992 年第 2 期。

《浅探王燕昌防治老年病的学术思想》,《江苏中医》1991 年第 4 期。

《郑重光〈素圃医案〉特色简介》,《安徽中医学院学报》1990 年第 3 期。

《试论〈老子〉哲学观对〈素问〉的影响》,《安徽中医学院学报》1989 年第 4 期。

《许豫和儿科学术思想窥略》,《安徽中医学院学报》1987 年第 4 期。

《余午亭学术思想初析》,《安徽中医学院学报》1986 年第 2 期。

洪丹（南京大学）

《试论国际组织决议的法律效力问题——以世界卫生组织与我国迎战 SARS 危机为视角》,《前沿》2006 年第 9 期。

洪芳度（歙县卫生局）

《郑梅涧父子及其著作考略——兼谈养阴清肺汤的创制者》,《中医杂志》1980 年第 2 期。

洪贯之

《研究中国医籍之途径》,《新中医药》1954 年第 10 期。

《张仲景的著述年代和现存伤寒论的编次问题》,《新中医药》1954 年第 8 期。

《唐显庆所修本草药品存目的考察》,《中华医史杂志》1954 年第 4 期。

《中国古代本草著述史略》,《医史杂志》1948 年第 1、2 期。

《张仲景郡望生卒的推测》,《中西医药》1935 年第 3 期。

洪光祥（上海市药材公司）

～吴学成:《建国前的上海中药零售行业》,《中国药学杂志》1986 年第 3 期。

洪建德

《森鸥外与脚气病》,《台湾医界》第 53 卷第 6 期（2010）。

洪剑霞（中国医学论坛报社）

《德国医疗的现状》,《国外医学（医院管理分册）》1999 年第 4 期。

洪兰（中国中医科学院广安门医院）

刁倩～吕学玉等:《〈黄帝内经〉在心理健康管理方面的有效因素分析》,《中医药导报》2012 年第 1 期。

～冯兴华等:《浅论〈上古天真论〉对心理健康的认识》,《北京中医药》2011 年第 11 期。

洪玲艳（武汉大学）

《欧洲流行病入侵与北美印第安人社会变迁》,《史学月刊》2015 年第 3 期。

洪流

《从〈聊斋志异〉看蒲松龄的养生观》,《蒲松龄研究》1998 年第 2 期。

《浅谈蒲松龄医药卫生著述的思想倾向》,《医学与哲学》1987 年第 8 期。

洪梅（北京中医药大学）

～陈家旭:《伊本·西那〈医典〉中的脉学源流》,《北京中医药大学学报》2008 年第 1 期。

～陈家旭:《阿维森纳〈医典〉中脉诊与中医脉诊关系的澄清》,《中华医史杂志》2005 年第 3 期。

《中医脉诊与阿拉伯医学〈医典〉中脉诊的对比研究》,北京中医药大学硕士学位论文 2005 年。

洪丕谟（华东政法学院）

《唐朝法医检验》,《中国司法鉴定》2001 年第 1 期。

《中医与传统文化三题》,《医古文知识》1997 年第 1 期。

《法律文化与中医检验的结合——唐朝法医检验初探》,《上海中医药杂志》1997 年第 1 期。

《医药和诗词联姻的历史轨迹》,《医古文知识》1995 年第 3 期。

《历史上医僧行医生涯散录》,《法音》1993 年第 11 期。

洪琴仙(金华职业技术学院)

《长歌欲自慰 情心眷弥重——戴良与医家关系考述》,《宁波大学学报(人文科学版)》2010 年第 2 期。

鸿仁

《余听鸿先生传略》,《江苏中医》1958 年第 2 期。

Hong Seong Yeoul(中国科学院大学)

《〈泰西人身说概〉的知识来源》,中国科学院大学博士学位论文 2013 年。

洪维(厦门大学)

《健康就业歧视及其法律完善研究》,厦门大学硕士学位论文 2007 年。

洪卫中(许昌学院)

《江南驱吓民俗与道教因素及其作用的中医学解释》,《中医药文化》2016 年第 4 期。

洪文旭(陕西省中医药研究院)

《清代医家张锡驹〈胃气论〉的学术评析》,《中医文献杂志》2012 年第 3 期。

《赵石麟〈医学史志谈论〉评介》,《中华医史杂志》2006 年第 3 期。

《中医妇科学发展简史》,《陕西中医函授》1987 年第 3 期。

～苏礼:《淳于意〈诊籍〉试析》,《内蒙古中医药》1987 年第 3 期。

洪武娌(中国中医研究院)

蔡景峰～:《从〈藏医灸疗方〉对藏医与中医火灸疗法的比较研究》,《西藏研究》2000 年第 1 期。

蔡景峰～:《中国少数民族医史研究 60 年》,《中华医史杂志》1996 年第 4 期。

～蔡景峰:《古代藏医文献对食道及胃疾病的认识》,《北京中医药大学学报》1995 年第 5 期。

《藏医"树喻"曼汤研究》,《自然科学史研究》1995 年第 3 期。

《藏医妊娠生理及胚胎学初探》,《中华医史杂志》1994 年第 3 期。

～蔡景峰:《国外研究西藏医学概况评述》,《西藏研究》1990 年第 1 期。

～蔡景峰:《现存最早的灸法专著——〈敦煌古藏医灸法残卷〉》,《西藏研究》1983 年第 3 期。

《历代妇产科成就概述》,《江西中医药》1982 年第 4 期。

～蔡景峰等:《DNA 简史》,《生物学通报》1981 年第 6 期;1982 年第 1 期。

洪性烈(中国科学院大学)

《西方文艺复兴时期解剖学的两重性——以维萨留斯为中心》,《科学文化评论》2014 年第 1 期。

《〈泰西人身说概〉底本问题初探》,《中国科技史杂志》2013 年第 2 期。

洪学根

《许濬和他的著作〈东医宝鉴〉》,《新朝鲜》第 139 期(1961.2)。

洪一江(四川大学)

～曾诚:《弗莱克斯纳报告及其对美国医学教育的影响》,《医学与哲学(人文社会医学版)》2008 年第 2 期。

洪逸萍(浙江中医药大学附属第一医院)

《浅析〈傅青主女科〉水火既济之治法》,《中医文献杂志》2019 年第 4 期。

洪钰彬(台湾国立台湾师范大学)

《台湾草药师及其文化传承》,国立台湾师范大学硕士学位论文 2009 年。

洪泽（淮安市第一人民医院）

《仁慈医院和西医传入淮安》，《中华医史杂志》2010 年第 6 期。

洪钟贤（福建师范大学）

《魏晋南北朝服散之风研究》，福建师范大学硕士学位论文 2017 年。

侯宝璋

《中国解剖史》，《中华医史杂志》1957 年第 1 期。

《中国牙医学史之检讨》，《学思》第 2 卷第 3 期。

《欧斯勒传略》，《齐鲁医刊》1926 年第 2 期。

后德俊（湖北省文物考古研究所）

～史珞琳：《湖北荆门包山二号楚墓墓主死因初探》，《中华医史杂志》1994 年第 3 期。

侯凤隆

《祖国古代耳鼻咽喉科学史的概略》，《哈医大学报》1955 年第 7 期。

侯冠辉（陕西中医药大学/中央民族大学）

～侯荔桉：《丝路上的文化交流——粟特人与来华中医留学生》，《陕西教育（高教）》2018 年第 6 期。

～侯荔桉：《丝路景教与中医药学文化交流》，《陕西中医药大学学报》2018 年第 3 期。

丁辉～张琳叶：《〈千金方〉成书的时代背景》，《陕西中医药大学学报》2018 年第 2 期。

《大秦景教在中国的传播与中西方医药交流》，中央民族大学硕士学位论文 2006 年。

侯广辉（广东外语外贸大学）

《信任危机与治理模式：近代中医发展缓慢的原因分析》，《时代金融》2007 年第 4 期。

侯海洋（首都师范大学）

《中古时期药用盐的输入与传播》，《西域研究》2012 年第 2 期。

《唐五代医疗社会史若干问题研究》，首都师范大学硕士学位论文 2011 年。

侯佳伟（中央财经大学）

张银锋～：《中国人口实际与理想的生育年龄：1994—2012》，《人口与发展》2016 年第 2 期。

黄四林～等：《中国农民工心理健康水平变迁的横断历史研究：1995—2011》，《心理学报》2015 年第 4 期。

～黄四林等：《中国人口生育意愿变迁：1980—2011》，《中国社会科学》2014 年第 4 期。

侯建春（河南中医学院）

～鲍燕：《英国中医药发展概况》，《世界中西医结合杂志》2011 年第 9 期。

～孙华好等：《淳化本〈伤寒论〉版本源流考》，《世界中西医结合杂志》2010 年第 5 期。

～李俊德：《淳化本〈伤寒论〉研究概况》，《世界中西医结合杂志》2010 年第 1 期。

侯江红（河南中医药大学）

《万全"育婴四法"论》，《辽宁中医杂志》2017 年第 9 期。

李二勤～：《刍议〈活幼口议〉慈母慈父之道》，《中国中医药现代远程教育》2017 年第 14 期。

郭晓迪～：《刍议〈婴童百问〉小儿养生观》，《中国民族民间医药》2017 年第 13 期。

王永燕～：《万全治小儿脾胃病家传秘方探析》，《国医论坛》2017 年第 2 期。

肖海飞～：《〈活幼心书〉中幼儿养育观初探》，《中医药通报》2016 年第 4 期。

武明云～：《论〈幼科发挥〉中"治未病"思想》，《中医药通报》2016 年第 2 期。

～武明云:《〈幼科释谜〉小儿"养护"思想探讨》,《中医药通报》2016 年第 1 期。

侯杰(南开大学)

～王晓蕾:《"医人"与"医国":孙中山改变了中国》,《中国图书评论》2011 年第 4 期。

～姜海龙:《身体史研究刍议》,《文史哲》2005 年第 2 期。

侯侃(吉林大学)

《山西榆次高校园区先秦墓葬人骨研究》,吉林大学博士学位论文 2017 年。

～王明辉等:《赤峰兴隆沟遗址人类椎骨疾病的生物考古学研究》,《人类学学报》2017 年第 1 期。

《山西榆次高校新校区明清墓葬人骨研究》,吉林大学硕士学位论文 2013 年。

侯荔桉(宁夏医科大学)

侯冠辉～:《丝路上的文化交流——粟特人与来华中医留学生》,《陕西教育(高教)》2018 年第 6 期。

侯冠辉～:《丝路景教与中医药学文化交流》,《陕西中医药大学学报》2018 年第 3 期。

～孟辉等:《中国回医药四液学说的源流探析》,《现代中医药》2018 年第 3 期。

侯立平(西南财经大学)

《英国医疗保险体制改革》,《中国改革》2006 年第 8 期。

《美国医疗保险体制在 21 世纪的嬗变》,《上海保险》2006 年第 6 期。

《英国医疗保险体制改革评析》,《经济界》2006 年第 4 期。

《英国医疗保险体制改革评析》,《江西财经大学学报》2006 年第 4 期。

《试论德国的医疗保险体制改革》,《西北人口》2006 年第 2 期。

侯力琪(中国社会科学院)

～温静:《〈十日谈〉与〈水浒传〉的瘟疫叙事之比较》,《南方论丛》2015 年第 2 期。

侯林毅(首都医科大学附属北京儿童医院)

～杨永弘等:《浅谈新安医学对痘疹防治的贡献》,《安徽中医学院学报》2004 年第 2 期。

侯庆斌(上海大学)

《城市史视野下近代中国的死亡、死者和尸体管理——简评安克强〈镰刀与城市:上海的死亡社会史研究〉》,《医疗社会史研究》2017 年第 2 期。

侯如晋(苏州大学)

《广州万国红十字会服务团研究(1938—1941)》,苏州大学硕士学位论文 2018 年。

侯如艳(中国中医科学院)

《"木雕三皇及孙思邈像"与医祀三皇制度》,《中华医史杂志》2018 年第 1 期。

万涛～:《底野迦考》,《中医文献杂志》2017 年第 5 期。

《〈马可波罗行纪〉中的医药卫生见闻》,《中华医史杂志》2016 年第 4 期。

《风行元代的清凉饮品——舍利别》,《中医药文化》2016 年第 1 期。

《〈老乞大〉、〈朴通事〉中的元代医药卫生风俗》,《中医文献杂志》2015 年第 4 期。

～张雪亮等:《中国医史博物馆馆藏文物述要》,《中华医史杂志》2014 年第 4 期。

李楠……侯酉娟～:《陈存仁〈中国药学大辞典〉学术评析》,《中国中医基础医学杂志》2014 年第 3 期。

李楠、万芳～侯酉娟:《刘民叔〈神农古本草经〉探析》,《中国中医基础医学杂志》2013 年第 4 期。

～万芳等:《中西结合,文医融会——走近中医临床文献大家余瀛鳌》,《中医文献杂志》2012 年第

3 期。

～万芳:《余瀛鳌先生的书评》,《中华医史杂志》2012 年第 3 期。

《〈内经〉中的草木鸟兽》,《中国中医药报》2011 年 3 月 10 日 004 版。

侯如意(山东大学)

《日本医疗 ADR 制度探究》,山东大学硕士学位论文 2017 年。

侯淑芬(中国海洋大学)

《论艾滋病防治领域的国际法新问题》,中国海洋大学硕士学位论文 2008 年。

侯威(黑龙江大学)

《福柯疯癫理论的文化哲学审视》,黑龙江大学硕士学位论文 2018 年。

侯希民

《医师须知之法令集注》,《医事丛刊》1930 年第 4 期。

侯祥川

《我国古书论脚气病》,《中华医史杂志》1954 年第 1 期。

《中国古代医学与近世营养科学》,《中华医学杂志》1937 年第 5 期。

《中国食疗之古书》,《中华医学杂志》1936 年第 11 期。

侯旭东(清华大学)

《长沙走马楼吴简〈肿足〉别解》,《吴简研究》第 2 辑(北京:崇文书局 2006 年)。

侯养彪(渭南职业技术学院)

～林寓淞等:《〈金匮要略〉病名特点及其规范》,《中医学报》2016 年第 3 期。

冯兴志……李浩～:《张锡纯药食护胃气思想探析》,《中医药导报》2016 年第 3 期。

侯毅(中国社会科学院)

《英国牛痘接种术传入中国的桥梁——斯当东与〈英咭唎国新出种痘奇书〉》,《中国社会科学院研究生院学报》2009 年第 3 期。

侯怡芬(浙江师范大学)

《疾病的隐喻:解读麦克尤恩〈爱无可忍〉中的被爱妄想症》,浙江师范大学硕士学位论文 2012 年。

侯咏(黑龙江出入境检验检疫局)

《二十四年筑就三千公里中俄卫生安全屏障——浅谈中俄两国卫生检疫的合作与发展》,《口岸卫生控制》2013 年第 5 期。

侯永乐(河北大学)

《抗战时期晋察冀边区医疗卫生事业研究》,河北大学硕士学位论文 2011 年。

侯酉娟(中国中医科学院)

～王亚楠等:《〈本草纲目〉引用华佗出处存疑文献考证》,《中华医史杂志》2019 年第 3 期。

《基于〈本草纲目〉引文的溯源与分析研究》,中国中医科学院博士学位论文 2019 年。

郑金生……王惟刚～李强:《〈本草纲目〉引文溯源的研究》,《中医杂志》2018 年第 11 期。

刘思鸿～李莎莎等:《痛泻要方方义及应用古今演变分析》,《河北中医》2018 年第 9 期。

～万芳:《唐代亡佚医书〈传信方〉佚文考证》,《中国中医药图书情报杂志》2018 年第 6 期。

～牛亚华等:《明清中医古籍的药堂药目考》,《时珍国医国药》2017 年第 11 期。

郎朗、张华敏～:《刍议〈罗遗编〉一书学术特色》,《时珍国医国药》2016 年第 2 期。

～郎朗等:《〈灵烂社稿〉学术特色刍议》,《中国中医基础医学杂志》2016 年第 1 期。

万芳～钟赣生：《民国时期中医文献特点探究》，《中华中医药杂志》2015 年第 6 期。

万芳～王鼎：《关于民国中医医籍研究的思考》，《中国中医药图书情报杂志》2014 年第 1 期。

李楠……侯如艳～：《刘民叔〈神农古本草经〉探析》，《总过中医基础医学杂志》2013 年第 4 期。

～牛亚华等：《〈普济方〉止痛方药研究》，《中国中医基础医学杂志》2012 年第 7 期。

～万芳：《唐代药市考察》，《时珍国医国药》2010 年第 12 期。

～万芳：《营口中药材集散之兴衰始末》，《中药材》2010 年第 5 期。

侯圆圆（辽宁中医药大学）

～景浩：《德国医疗保障制度的现状和特点》，《辽宁中医药大学学报》2011 年第 12 期。

侯召棠（中国中医研究院）

《试论日本汉方医家矢数道明的学术渊源及主要学术贡献》，《中医杂志》1993 年第 7 期。

桑滨生～：《日本关于瘀血成因的论述》，《北京中医》1988 年第 5 期。

《世界性中医热与祖国医学的发展》，《北京中医》1986 年第 2 期。

《百年来日本汉方医学的沉浮》，《北京中医》1986 年第 1、3 期。

侯中伟（北京中医药大学）

《张仲景针灸学术思想文献研究》，北京中医药大学博士学位论文 2007 年。

～谷世喆等：《张仲景与道家渊源考略》，《吉林中医药》2007 年第 4 期。

胡阿祥（南京大学）

～胡海桐：《韩愈"足弱不能步"与"退之服硫黄"考辨》，《中华文史论丛》2010 年第 2 期。

胡安定

《中国卫生哲学理论的质疑》，《东南医刊》1932 年第 1 期。

《中国历代医学考试制度之一斑》，《医药评论》1932 年第 74 期。

胡鞍钢（清华大学/中国科学院）

～鄢一龙：《建设全民健康型社会》，《当代贵州》2017 年第 17 期。

《卫生与发展：中国基本卫生国情与医疗卫生产业发展》，《国情报告》（第二卷）1999 年（上）。

～胡琳琳：《从 SARS 危机看我国健康与发展》，《中国卫生经济》2003 年第 12 期。

《再论如何正确认识 SARS 危机》，《清华大学学报（哲学社会科学版）》2003 年第 4 期。

《人类与病毒共存和斗争的历史：我国人民卫生健康基本状况》，《卫生经济研究》2003 年第 6 期。

《SARS 是一场什么危机》，《瞭望新闻周刊》2003 年第 19 期。

～胡琳琳：《促进城乡卫生公平发展》，《瞭望新闻周刊》2003 年第 23 期。

《正确认识 SARS 危机》，《民主与科学》2003 年第 3 期。

《SARS 危机对我国经济发展的影响分析》，《管理评论》2003 年第 4 期。

～胡琳琳：《中国宏观经济与卫生健康》，《改革》2003 年第 2 期。

胡琳琳～：《从不公平到更加公平的卫生发展：中国城乡疾病模式差距分析与建议》，《管理世界》2003 年第 1 期。

《中国卫生改革的战略选择：投资于人民健康》，《卫生经济研究》2000 年第 10 期。

孟庆国～：《消除健康贫困应成为农村卫生改革与发展的优先战略》，《中国卫生资源》2000 年第 6 期。

《卫生与发展：中国基本卫生国情与医疗卫生产业发展》，《卫生经济研究》1999 年第 10 期。

胡安徽（贵州师范大学/西南大学）

高晓超～:《民国时期贵州传染病初探》,《中华医史杂志》2019 年第 2 期。

～周景春:《红军医疗救护研究述略》,《中华医史杂志》2019 年第 1 期。

《槐花入药的本草考证》,《中成药》2018 年第 11 期。

《长征时期民间对红军的医疗救护》,《军事历史研究》2018 年第 3 期。

《红军在遵义地区的医疗救护述略》,中共遵义市委党史研究室编《长征与遵义:纪念长征胜利 80 周年论文集》(北京:中共党史出版社 2017 年)。

《光绪〈黔江县志〉的药学价值》,《中成药》2017 年第 10 期。

《中国古代朱砂开采技术探析》,《中州大学学报》2017 年第 6 期。

《朱砂对古代贵州经济社会的影响》,《经济社会史评论》2017 年第 4 期。

《从文史资料看贵州特色植物药材资源》,《中国野生植物资源》2017 年第 4 期。

彭榕华、吴菲菲～:《抗战时期福建地区日军细菌战研究》,《医学与哲学(A)》2017 年第 4 期。

《〈农学录〉治疗牛胃肠疾病医方解析》,《黑龙江畜牧兽医》2016 年第 12 期。

彭榕华、吴菲菲～:《赤脚医生对福建农村医疗的贡献》,《医学与哲学》2016 年第 9 期。

《医患关系该如何处理?》,《中国医学人文》2016 年第 8 期。

《〈农学录〉治疗牛胃肠疾病医方解析》,《黑龙江畜牧兽医(下半月)》2016 年第 6 期。

《〈农学录〉与牛消化系统疾病的医治》,《甘肃畜牧兽医》2016 年第 6 期。

彭榕华、吴菲菲～:《赤脚医生对福建农村医疗的贡献》,《医学与哲学(A)》2016 年第 5 期。

《地方志视域下的盘江瘴气及其治理》,《凯里学院学报》2016 年第 5 期。

《历史时期贵州吴茱萸产地分布初探》,《中国野生植物资源》2016 年第 4 期。

《〈吴普本草〉的植物形态价值》,《陕西中医药大学学报》2016 年第 3 期。

《〈板桥杂录〉民间验方探析》,《医疗社会史研究》2016 年第 2 期。

《〈云南医刊〉与抗战时期云南医疗卫生建设》,《南京中医药大学学报(社会科学版)》2016 年第 2 期。

《唐至清代渝鄂湘黔界邻地区厚朴和杜仲产地的分布变迁》,《中国野生植物资源》2016 年第 1 期。

～万四妹:《〈新安名族志〉的医学文化史价值》,《中华医史杂志》2016 年第 1 期。

《孙思邈民本思想的时代价值》,《同仁学院学报》2016 年第 1 期。

《紫参治疗牛马疾病的本草考证》,《家畜生态学报》2015 年第 3 期。

《"兵部行〈市办药料星赴督师军前〉稿"的药学价值》,《中成药》2014 年第 7 期。

《明代药材造假原因刍议》,《中华医史杂志》2014 年第 3 期。

《20 世纪以来朱砂史研究述略》,《湖北中医药大学学报》2013 年第 5 期。

陈清莲～:《〈兵部行《市办药料星赴督师军前》稿〉辑注》,《中国科技史杂志》2013 年第 3 期。

吴建勤～:《唐至清代政府药材需求初探》,《农业考古》2013 年第 3 期。

《从本草著作看黄连产地的分布变迁》,《中国中药杂志》2011 年第 17 期。

～卢华语:《历史时期武陵山区丹砂产地分布及其变迁》,《中国历史地理论丛》2011 年第 4 期。

《历史时期武陵山区药材产地分布变迁研究(618—1840)》,西南大学博士学位论文 2011 年。

华语～:《唐宋时期渝鄂湘黔界邻地区药材生产及其影响》,《社会科学战线》2010 年第 7 期。

《明代药材造假考略》,《南京中医药大学学报(社会科学版)》2010 年第 3 期。

胡百涛（兰州大学）

《中医学思维方式的发生》，兰州大学硕士学位论文 2007 年。

胡必莲（陕西安康地区卫校）

《〈金匮要略〉中的预防思想》，《陕西中医学院学报》1995 年第 3 期。

胡滨（浙江中医药大学/浙江中医学院）

朱杭溢～傅晓骏：《禁咒术在江南地区的演变——以浙江〈婺州医学〉为例》，《中医药文化》2017 年第 1 期。

～潘向虹等：《浙江中医世家的前世今生》，《中医药文化》2014 年第 2 期。

～江梅等：《近代以前浙江中医诊治技术的创新》，《浙江中医药大学学报》2014 年第 1 期。

～杨炯生：《王琦与钱塘医派》，《中医药文化》2013 年第 5 期。

～王蕾等：《浙江的中医药博物馆现象》，《中医药文化》2013 年第 1 期。

《陈汉章先生和他的〈本草纲目补正〉》，《中医文献杂志》2012 年第 6 期。

～王蕾：《目录学在中医药古籍校勘中的作用》，《浙江中医杂志》2012 年第 7 期。

～朱航溢：《以浙江为例论中医药文化遗址保护和利用》，《中医药文化》2011 年第 5 期。

～鲍晓东：《工欲善其事 必先利其器——谈中医药古籍藏书目录的编制》，《图书馆研究与工作》2010 年第 4 期。

朱德明～竹建平：《南宋时期浙江医药发展的成因》，《浙江中医学院学报》2005 年第 3 期。

～杨炯声等：《浙江中医医史文献研究探讨》，《浙江中医学院学报》2005 年第 2 期。

～陈芳：《古代浙江医家的"继续教育"》，《中国中医药现代远程教育》2004 年第 8 期。

《中医学术流派散论》，《中医文献杂志》2004 年第 4 期。

竹剑平、张承烈～鲍晓东：《"钱塘医派"对〈伤寒论〉研究的贡献》，《浙江中医学院学报》2004 年第 4 期。

竹剑平、张承烈～鲍晓东等：《钱塘医派述要》，《中华医史杂志》2004 年第 2 期。

～王树芬等：《日本珍稀本〈金匮要略方论〉研究著作评述》，《浙江中医学院学报》2004 年第 1 期。

鲍晓东、张承烈～：《试论"钱塘医派"的治学态度与方法》，《浙江中医学院学报》2003 年第 5 期。

王光利～竹剑平：《浙江中医儿科考述》，《中华医史杂志》2003 年第 3 期。

～吕志连等：《浙江中医药古籍资源调查与分析》，《中国中医药信息杂志》2003 年第 2 期。

～严康维等：《清代〈金匮要略方论〉稀见注本选介》，《浙江中医学院学报》2003 年第 1 期。

《明清时期中医药文献述评》，《中华医史杂志》1999 年第 3 期。

《1950—1990 年浙江中医药事业发展历程概述》，《浙江中医学院学报》1999 年第 3 期。

《清末民国时期的浙江中医界》，《中华医史杂志》1997 年第 4 期。

《浙江中医药发展史研究述要》，《浙江中医学院学报》1997 年第 1 期。

～竹剑平：《浙江中医教育简史》，《中医教育》1987 年第 6 期。

李铁君～：《宋本〈伤寒论〉、〈金匮玉函经〉和成注本〈伤寒论〉》，《浙江中医学院学报》1982 年第 2 期。

胡兵

《清江熊家骥"痢疾论"》，《江西中医药》1958 年第 7 期。

胡丙杰（中山医科大学/广州医科大学）

～翟恒利等：《改革开放 40 年我国法医学发展的成就与展望》，《中国法医学杂志》2019 年第 1 期。

～黄瑞亭:《民国时期我国法医学教育的建立与发展》,《中国继续医学教育》2018 年第 24 期。

黄文辉～:《美国地方政府的卫生管理机构及其职能》,《国际医药卫生导报》2005 年第 17 期。

黄文辉～:《美国卫生保健体系概况及基本特征》,《国际医药卫生导报》2005 年第 15 期。

《美国公共卫生应急机制及其启示》,《国际医药卫生导报》2005 年第 1 期。

李阁～:《美国的管理型保健与卫生成本控制》,《国际医药卫生导报》2005 年第 1 期。

《美国州政府的卫生管理机构及其职能》,《国际医药卫生导报》2004 年第 19 期。

《美国义务卫生机构简析》,《国际医药卫生导报》2004 年第 17 期。

《美国联邦政府的卫生管理机构及其职能》,《医院管理论坛》2004 年第 9 期。

李阁～:《美国卫生保健领域的公共融资》,《广州医药》2004 年第 4 期。

黄瑞亭～王江峰等:《近十年来我国现代法医昆虫学研究进展》,《中国司法鉴定》2002 年第 1 期。

黄瑞亭～陈玉川:《宋慈〈洗冤集录〉与法医昆虫学》,《法律与医学杂志》2000 年第 1 期。

～黄瑞亭等:《法医昆虫学的发展与主要成就》,《法医学杂志》1998 年第 2 期。

《英国与法医学有关的三种职业》,《法律与医学杂志》1997 年第 1 期。

户部健(日本庆应义塾大学)

《北洋新政时期天津中医界的改革活动与地域社会》,《中国社会历史评论》2007 年第 0 期。

胡长鸿

《张仲景在药剂学上的贡献》,《中药通报》1958 年第 1 期。

《从本草纲目看我国古代在药剂学上的成就》,《中药通报》1956 年第 3—6 期;1957 年第 1、2 期。

胡常萍(复旦大学)

《十九世纪中后期英国城市改造的启示——以公共卫生体系建立为中心的考察》,《上海城市管理职业技术学院学报》,2008 年第 5 期。

胡昌之

《苏联妇产科医生的培育简史》,《中华妇产科杂志》1958 年第 4 期。

～译:《四十年来苏联妇产科学的发展》,《中华妇产科杂志》1958 年第 3 期。

胡成(南京大学)

《"在地化"与"本土化"——顾临、胡适与北京协和的医学精英教育(1921—1937)》,《汉学研究》第 37 卷第 2 期(2019.6)。

《近代在华教会医院的收费及其慈善理念》,《中央研究院历史语言研究所集刊》第 87 本第 4 分(2016.12)。

《西洋医生与华人医药——以在华基督教医疗传教士为中心(1825—1916)》,《中央研究院历史语言研究所集刊》第 83 本第 3 分(2012.9)。

《晚清"西医东渐"与华人当地社会的推动》,《史林》2012 年第 4 期。

《近代检疫过程中"进步"与"落后"的反思——以 1910—1911 年冬春之际的东三省肺鼠疫为中心》,《开放时代》2011 年第 10 期。

《中日对抗与公共卫生事业领导权的较量——对"南满洲"铁路、港口中心城市的观察(1901—1911)》,《近代史研究》2011 年第 1 期。

《上海禁娼与在华西人的道德焦虑——以上海进德会为中心的观察(1918—1924)》,《新史学》第 22 卷第 1 期(2011.3)。

《何以心系中国——基督教医疗传教士与地方社会(1835—1911)》,《近代史研究》2010 年第 4 期。

《疾病史医疗史研究漫议》，《中国社会科学院报》2009 年 1 月 22 日 010 版。

《东北地区肺鼠疫蔓延期间的主权之争（1910.11—1911.4）》，《中国社会历史评论》第 9 辑（2008）。

《检疫、种族与租界政治——1910 年上海鼠疫病例发现后的华洋冲突》，《历史教学（高校版）》2008 年第 1 期。

《"不卫生"的华人形象：中外之间的不同讲述——以上海公共卫生为中心的观察（1860—1911）》，《中央研究院近代史研究所集刊》第 56 期（2007.6）。

《检疫、种族与租界政治——1910 年上海鼠疫病例发现后的华洋冲突》，《近代史研究》2007 年第 4 期。

《现代性经济扩张与烈性传染病的跨区域流行——上海、东北爆发的鼠疫、霍乱为中心的观察（1902—1932）》，《中央研究院近代史研究所集刊》第 51 期（2006.3）。

《东华故事与香港历史的书写》，《读书》2003 年第 6 期。

胡重庆

～潘越梅等：《百年院史话今昔（上海市第一人民医院）》，《健康报》1963 年 8 月 31 日。

胡传揆

《北京协和医学校的创办概况》，《中国科技史料》1983 年第 3 期。

《梅毒的传播及其在中国的消灭》，《中国科技史料》1980 年第 2 期。

～叶干运等：《我国对梅毒的控制和消灭》，《科学通报》1965 年第 6 期。

胡春雨（山东中医药大学）

《〈局方发挥〉体质辩证特色》，《安徽中医学院学报》2002 年第 3 期。

～赵允南等：《明赵府居敬堂本〈灵枢经〉校刻特点》，《中医文献杂志》2001 年第 2 期。

胡道静（上海人民出版社）

《〈苏沈内翰良方〉楚蜀判——分析本书每个方、论所属的作者："沈方"抑为"苏方"》，《社会科学战线》1980 年第 3 期。

胡蝶（华中师范大学）

《清代云南省疫灾地理规律与环境机理研究》，华中师范大学硕士学位论文 2014 年。

胡冬裴（上海中医药大学）

～顾云之等：《〈医心方〉肾藏精理论辨治不孕不育病证特色研究》，《实用妇科内分泌电子杂志》2019 年第 30 期。

刘立公、黄琴峰～：《对针灸治疗狂、癫两证文献的比较研究》，《中医文献杂志》2017 年第 1 期。

～李小茜等：《〈脏腑性鉴〉校勘整理》，《中华中医药学刊》2013 年第 5 期。

周伟民～：《中医学对越南传统医学的影响——兼论越南传统医学的医家医著现状》，《中医药文化》2013 年第 2 期。

张育菁～李小茜：《魏晋南北朝中医五官科病证辨治特点研究》，《中华中医药学刊》2013 年第 1 期。

陈婉～：《藏象学说思想对陶弘景养生观的影响》，《中华中医药学刊》2012 年第 9 期。

刘立公～：《〈内经〉刺血特点的探讨》，《上海针灸杂志》2012 年第 2 期。

刘立公～：《古代文献中各类病证的常用经穴探讨》，《针灸临床杂志》2011 年第 10 期。

～李小茜：《魏晋南北朝的中医养生实践》，《时珍国医国药》2011 年第 4 期。

～李小茜：《魏晋南北朝时期美容医学特色研究》，《中华中医药学刊》2010 年第 11 期。

《医方百卷 管窥外治——〈范汪方〉外治方蠡测》，《甘肃中医》2010 年第 9 期。

李小茜～:《魏晋南北朝时期中医妇产科特色研究》,《四川中医》2010 年第 4 期。

～李小茜:《魏晋南北朝种启示中医外治法特点研究》,《北京中医药》2010 年第 2 期。

《魏晋南北朝中医儿科外治特色研究》,《甘肃中医》2009 年第 9 期。

～朱凌凌:《试论时气病与伤寒、温病、疫病的关系》,《上海中医药大学学报》2009 年第 3 期。

《〈深师方〉学术特点初窥》,《山东中医杂志》2008 年第 5 期。

《天行时气　五经钩玄——陶弘景〈辅行诀脏腑用药法要〉启玄》,《山东中医药大学学报》2008 年第 4 期。

《〈胡洽方〉及其学术思想探析》,《浙江中医杂志》2008 年第 4 期。

《梁简文帝〈如意方〉美容琐谈》,《中医药文化》2008 年第 1 期。

《独抒妙理 博采众方——谢士泰〈删繁方〉方论钩沉》,《上海中医药大学学报》2007 年第 6 期。

《衣食足而咳血止》,《中医药文化》2006 年第 3 期。

《中医心藏象理论及辨证论治发展历史勾勒》,《山东中医药大学学报》2006 年第 3 期。

《试论中医膏方之源流》,《上海中医药大学学报》2003 年第 4 期。

《先秦文化对中医藏象学说的渗透和影响——心的认识源流析》,《医学与哲学》2002 年第 8 期。

胡方林（湖南中医药大学）

戴子凌……赵群菊～:《马王堆医书方剂用方特色及其价值研究》,《中医药学报》2019 年第 6 期。

杨艳红……吴若霞～:《论〈脾胃论〉中"风能胜湿"与"淡渗利湿"之运用》,《中国中医药现代远程教育》2018 年第 20 期。

夏洽思……邱林～:《马王堆医书的药物学研究概况》,《湖南中医杂志》2016 年第 3 期。

夏洽思……邱林～:《马王堆医书的方剂学整理研究》,《湖南中医杂志》2016 年第 2 期。

刘仙菊～向陈:《〈脉诀刊误〉的版本及学术特点》,《中华医史杂志》2014 年第 5 期。

《张从正汗、吐、下三法临床运用验案分析》,《中医药信息》2014 年第 5 期。

刘仙菊～李成文:《湖湘名医陈德懋注解〈伤寒论〉学术特色探析》,《中医药学报》2010 年第 3 期。

～陈大舜:《古代文献治疗瘿病方剂的用药规律》,《中医药学刊》2006 年第 7 期。

吴爱华、易法银～:《藏象学说百年发展概述》,《湖南中医学院学报》2005 年第 3 期。

易法银～:《王旭高肝病论治特色》,《上海中医药杂志》2003 年第 2 期。

～刘仙菊等:《戴思恭学术思想及其对丹溪学说发挥考释》,《中医药学刊》2002 年第 11 期。

～刘仙菊:《清代名医王旭高肝病辨证特点》,《湖南中医药导报》2002 年第 9 期。

～易法银:《清代名医王旭高论六淫致肝病机理及其证治》,《中医药学刊》2002 年第 7 期。

《王旭高论情志致肝病探析》,《国医论坛》2002 年第 3 期。

《王旭高肝病论治溯源》,《江苏中医》2001 年第 8 期。

胡凤（安徽省社会科学院）

～常松:《民国时期我国健康教育传播模式研究》,《中国健康教育》2011 年第 3 期。

胡凤梅（陕西师范大学）

《汉唐时期民间医人若干问题研究》,陕西师范大学硕士论文 2014 年。

胡凤媛（宁夏医学院）

《〈内经〉"数"的含义辨析》,《陕西中医》2008 年第 3 期。

《王冰〈素问注〉养生思想探析》,《安徽中医学院学报》1998 年第 1 期。

～朱玉栋等:《〈内经〉"能"字探析》,《国医论坛》1997 年第 6 期。

《略论〈内经〉"谨和五味"养生观》,《国医论坛》2007 年第 1 期。

胡菲(上海市嘉定区菊园新区社区卫生服务中心/上海中医药大学)

～张玉萍:《民国医家尤学周儿科经验探析》,《上海中医药杂志》2014 年第 9 期。

《民国时期上海中医药期刊所载儿科病相关文献研究》,上海中医药大学硕士学位论文 2012 年。

～张玉萍:《民国期刊中有关麻疹病的治疗概况》,《中医文献杂志》2011 年第 3 期。

胡佛

《脏器疗法之医学史》,《卫生杂志》1933 年第 14 期。

胡孚琛(中国社会科学院)

《道教医药学述要》,《中国中医基础医学杂志》1995 年第 4 期。

《葛洪的哲学思想概说——〈抱朴子内篇〉中的道教哲学研究之一》,《孔子研究》1988 年第 4 期。

胡桂香(华东师范大学/湖南女子职业大学/湖南女子学院)

《中国的计划生育政策与农村妇女》,华东师范大学博士学位 2014 年。

《〈湖南妇女报〉节育思想管窥(1956—1958 年)》,《山东女子学院学报》2012 年第 4 期。

《1950 年代的新法接生与农村妇女生育记忆》,《山西师大学报(社会科学版)》2010 年第 3 期。

《20 世纪 70 年代以来中国计划生育与农村妇女研究述评》,《湖南农业大学学报(社会科学版)》2009 年第 4 期。

《女性主义视野中的妇科、性别与身体——关于〈繁盛之阴:中国医学史中的性(960—1665 年)〉》,《山西师大学报(社会科学版)》2008 年第 6 期。

胡国常(安徽省半汤康复医院)

《张锡纯脉诊经验浅谈》,《新中医》1992 年第 5 期。

胡国强(湖北省卫生职工医学院)

朱建新～:《当今世界自杀特点分析》,《国外医学(社会医学分册)》1995 年第 3 期。

～朱建新:《认识肝炎病毒的历史》,《中华医史杂志》1994 年第 4 期。

胡国庆(上海第二医科大学)

《口腔病中医治疗术渊源》,《上海中医药杂志》1991 年第 3 期。

胡海天

《历代有关妇产科文献资料初步探索》,《浙江中医杂志》1959 年第 3 期。

胡红(黔东南州民族医药研究所)

《苗族熏蒸疗法》,《贵州医药》1988 年第 4 期。

胡红梅(华中师范大学)

《民国公共卫生体系及其与疫灾的互动》,华中师范大学硕士学位论文 2012 年。

胡宏伟(华北电力大学/武汉大学/武汉科技大学)

栾文敬……王恩见～:《府际合作治理视域下医养结合部门协同研究》,《西北大学学报(哲学社会科学版)》2018 年第 3 期。

～王静茹等:《卫生资源与国民健康:卫生资源投入增加会恶化国民健康吗》,《社会保障研究》2016 年第 1 期。

～李佳怿等:《日本长期护理保险制度:背景、框架、评价与启示》,《人口与社会》2016 年第 1 期。

～李佳怿等:《美国长期护理保险体系:发端、架构、问题与启示》,《西北大学学报(哲学社会科学版)》2015 年第 5 期。

～栾文敬等:《医疗保险、卫生服务利用与过度医疗需求——医疗保险对老年人卫生服务利用的影响》,《陕西财经大学学报》2015 年第 5 期。

《城居保与家庭医疗消费支出负担:政策效应评估——基于工具变量方法与稳健性检验》,《学海》2013 年第 6 期。

～曲艳华等:《医疗保险对家庭医疗消费水平影响的效应分析——兼论医疗保险与贫困的联合影响》,《西北大学学报(哲学社会科学版)》2013 年第 4 期。

～汤爱学等:《美、德、日三国长期护理保险制度发展评析与启示》,《广西经济管理干部学院学报》2013 年第 2 期。

～高敏等:《过度医疗行为研究述评》,《社会保障研究》2013 年第 1 期。

～刘国恩:《城镇居民医疗保险对国民健康的影响效应与机制》,《南方经济》2012 年第 10 期。

栾文敬、童玉林～:《我国儿童医疗救助政策回顾与评析》,《中国卫生经济》2012 年第 9 期。

《城镇居民医疗保险对卫生服务利用的影响——政策效应与稳健性检验》,《中南财经政法大学学报》2012 年第 5 期。

～张冰华:《京津冀经济圈农民工医疗与健康状况评估体系研究》,《广西经济管理干部学院学报》2012 年第 4 期。

～张小燕:《医疗保险体系隐性负债:概念、规模、因素与化解方式——一个基于国内外研究的述评》,《广西经济管理干部学院学报》2012 年第 3 期。

～张小燕等:《社会医疗保险对老年人卫生服务利用的影响——基于倾向得分匹配的反事实估计》,《中国人口科学》2012 年第 2 期。

～栾文敬等:《挤入还是挤出:社会保障对子女经济供养老人的影响——关于医疗保障与家庭经济供养行为》,《人口研究》2012 年第 2 期。

《教育水平、医疗保险与健康风险——为什么医改的目标应是健康保障》,《山西财经大学学报》2011 年第 8 期。

～串红丽等:《我国老年人心理抑郁感及其影响因素研究》,《燕山大学学报(哲学社会科学版)》2012 年第 1 期。

～张小燕等:《老年人医疗保健支出水平及其影响因素分析——慢性病高发背景下的老年人医疗保健制度改革》,《人口与经济》2012 年第 1 期。

～串红丽等:《我国老年人心理症状及其影响因素研究》,《西南大学学报(社会科学版)》2011 年第 6 期。

～王金鹏等:《新生代农民工心理问题与求助行为研究》,《西北人口》2011 年第 5 期。

～李玉娇等:《健康状况、社会保障与居家养老精神慰藉需求关系的实证研究》,《西华大学学报(哲学社会科学版)》2011 年第 4 期。

～曹杨等:《心理压力、城市适应、倾诉渠道与性别差异——女性并不比男性新生代农民工心理问题更严重》,《青年研究》2011 年第 3 期。

～李杨等:《城乡差异、富裕程度、制度公平与老年人卫生服务利用——基于老年人住院服务利用的比较分析》,《广西经济管理干部学院学报》2011 年第 3 期。

李冰水～:《教育与医疗保险对老年人健康状况的影响》,《南方人口》2010 年第 6 期。

于晓薇～吴振华等:《我国城市居民健康状况及影响因素研究》,《中国人口·资源与环境》2010 年第 2 期。

石静～:《经济增长、医疗保健体系与国民健康——基于 1991—2006 年中国数据的分析》,《西北人口》2010 年第 1 期。

阿布都外力·依米提～:《新疆自治区农村医疗救助制度运行分析》,《社会保障研究》2010 年第 1 期。

～石静:《农村家庭健康的影响因素与全面促进——基于线性与 U 型关系检验的综合考察》,《山西财经大学学报》2009 年第 12 期。

～吴振华:《健康、家庭与期望医疗保险筹资模式——农民期望保险分担比例决定因素研究》,《学习与实践》2009 年第 4 期。

杨红燕～:《政府财政与全民医保:基于国际比较的中国考察》,《中央财经大学学报》2008 年第 10 期。

邓大松～:《我国医疗保障制度现存问题与改革思路——医疗保障制度改革的一个建议方案》,《西北大学学报(哲学社会科学版)》2008 年第 4 期。

～邓大松:《垄断均衡与破除:我国县乡医疗市场现状分析对策研究》,《人口与发展》2008 年第 3 期。

～邓大松:《起源、构架与影响:新历史学派与中国医疗保障改革》,《中共宁波市委党校学报》2008 年第 2 期。

～邓大松:《新历史学派对我国医疗改革设想的启示》,《天水行政学院学报》2008 年第 1 期。

～邓大松:《德国医疗保障对我国医疗保障改革的启示》,《长春市委党校学报》2008 年第 1 期。

～邓大松:《新历史学派、德国实践与我国医疗改革——兼论我国医疗保障改革设想》,《陕西行政学院学报》2007 年第 4 期。

～安月兴:《我国农村合作医疗制度存续博弈分析——基于政府与农户的二维博弈视角》,《广西经济管理干部学院学报》2007 年第 1 期。

～安月兴:《我国农村合作医疗制度构建的博弈研究》,《中共长春市委党校学报》2006 年第 6 期。

～梅建明:《监管博弈与我国农村合作医疗存续研究》,《信阳师范学院学报(哲学社会科学版)》2006 年第 6 期。

郭席四～唐莉:《我国农村合作医疗模式的历史演变、评析及启示》,《中共四川省委党校学报》2006 年第 1 期。

陈伟诚～:《我国农村合作医疗制度变迁与评析》,《山东农业大学学报(社会科学版)》2006 年第 1 期。

《中国农村合作医疗政策取向的历史回顾与评析》,《广西经济管理干部学院学报》2006 年第 1 期。

～郭席四:《农村合作医疗模式历史变迁评析及前瞻》,《中共青岛市委党校.青岛行政学院学报》2005 年第 5 期。

胡厚宣(中国社会科学院)

《论殷人治疗疾病之方法》,《中原文物》1984 年第 4 期。

《殷人疾病考》,《医思》1943 年第 3、4 期。

胡怀琛

《眼镜在中国》,《逸经文史半月刊》1936 年第 9 期。

胡乒湘（中国社会科学院）

《〈淮南子〉的人体观和养生思想》,《孔子研究》1992 年第 2 期。

胡剑北（皖南医学院）

王秀～:《中医古代人体解剖对中医学术形成与发展影响》,《辽宁中医药大学学报》2016 年第 1 期。

胡军平～:《中医脏腑学说与形体医理》,《吉林中医药》2009 年第 1 期。

戴广丽～:《古代人体生殖性器官形体研究及对中医临床的影响》,《陕西中医学院学报》2009 年第 3 期。

《中医心脏形体及其医理研究》,《中医文献杂志》2008 年第 6 期。

韩婷、赵飞～:《古代脉(血管)实体研究及对中医临床的影响》,《中医药学报》2008 年第 3 期。

《中医胃腑实体研究》,《成都中医药大学学报》2007 年第 2 期。

《古代小肠实体研究及对中医临床的影响》,《中国中医基础医学杂志》2007 年第 5 期。

《古代大肠实体研究及对中医临床的影响》,《北京中医药大学学报》2006 年第 4 期。

《膀胱实体的古代研究及其对治法的影响》,《北京中医药大学学报》2003 年第 3 期。

《也论"细辛不过钱"——兼与田元生商榷》,《中国医药学报》1994 年第 3 期。

《中医时辰医学与现代时间医学研究的联系与区别》,《四川生理科学杂志》1989 年第 3 期/《医学与哲学》1989 年第 4 期。

李济仁～:《〈医宗粹言〉作者考》,《安徽中医学院学报》1989 年第 2 期。

《马王堆医书中时间医学思想探讨》,《山西中医》1989 年第 2 期。

《子午流注学说研究思路与方法》,《中国医药学报》1988 年第 4 期。

李济仁～孙世法等:《新安医学概况》,《皖南医学院学报》1988 年第 3 期。

《〈校注妇人良方〉的因时诊治经验探讨》,《山西中医》1987 年第 6 期。

李济仁、童小林～:《吴昆和〈素问吴注〉》,《安徽中医学院学报》1987 年第 3 期。

～李济仁等:《良工施治当重择时——略论〈内经〉择时施治说及其临床意义》,《山西中医》1987 年第 2 期。

～李济仁等:《论〈内经〉时间治疗学及其临床意义》,《皖南医学院学报》1986 年第 1 期。

～李济仁等:《〈内经〉法时而治思想探讨》,《陕西中医》1985 年第 10 期。

～李济仁等:《〈内经〉针刺治法的因时制宜思想》,《云南中医杂志》1985 年第 4 期。

胡介堂（南京医科大学）

《日军"鼠疫战"始末》,《南京医科大学学报(社会科学版)》2001 年第 4 期。

《日军南京"荣"字 1644 部队细菌战始末》,《南京医科大学学报(社会科学版)》2002 年第 2 期。

《粉碎美军"细菌战"始末》,《南京医科大学学报(社会科学版)》2001 年第 1 期。

胡锦华（上海市卫生教育馆）

《介绍两种卅年代的健康教育杂志》,《中国健康教育》1990 年第 2 期。

呼巾杰（河北大学）

《英国国民卫生服务体系研究》,河北大学硕士学位论文 2008 年。

胡净

《从中医发展史看祖国医学伟大的成就》,《哈尔滨中医》1963 年第 5 期。

胡经航（广州中医药大学）

《岭南医家潘名熊〈叶案括要〉整理及相关研究》,广州中医药大学硕士学位论文 2006 年。

李禾、刘小斌～:《近十年中医古代医案整理研究述要》,《新中医》2005 年第 10 期。

～李建梅等:《香港中医药文献初探》,《医古文知识》2005 年第 3 期。

胡娟（西南大学）

《汉简帛医书五种字词集释》,西南大学博士学位论文 2016 年。

钟如雄～:《〈五十二病方〉释文字词勘误》,《西南民族大学学报（人文社科版）》2015 年第 11 期。

胡俊飞（长江师范学院/华中师范大学）

～李游:《疯癫叙事:20 世纪中国文学历史意识的标本》,《吉首大学学报（社会科学版）》2012 年第 2 期。

《置疑与重建——20 世纪 90 年代长篇小说疯癫叙事的历史意识》,《吉首大学学报（社会科学版）》2009 年第 3 期。

《新历史之后:20 世纪 90 年代以来长篇小说疯癫叙事的历史意识》,《福建论坛（社科教育版）》2008 年第 12 期。

《驳杂与悖离:中西"疯癫"文化义涵的衍变》,《长江师范学院学报》2008 年第 6 期。

《莎士比亚四大悲剧中的"疯癫形象"探析》,《四川戏剧》2008 年第 6 期。

《20 世纪 90 年代长篇小说"疯癫叙事"的叙述特征》,《理论与创作》2008 年第 5 期。

《中国 20 世纪 90 年代长篇小说疯癫叙事历史意识探讨》,华中师范大学硕士学位论文 2007 年。

胡俊玉（河北大学）

《清末民国保定医疗慈善事业研究——以〈救济院档案〉为中心》,河北大学硕士学位论文 2018 年。

胡凯（西北师范大学）

《唐五代宋初敦煌医疗文化研究》,西北师范大学硕士学位论文 2008 年。

胡克夫（河北省社会科学院）

《理性生存价值:近代卫生防疫法移植的历史路径》,《河北学刊》2006 年第 1 期。

《新中国社会主义卫生事业和防疫体系的创立与发展》,《当代中国史研究》2003 年第 5 期。

胡克强（云南省财经学校）

～陈明:《浅析〈金匮要略〉的辨证特点》,《中医研究》2002 年第 2 期。

胡克森（邵阳学院）

《从"五行"学说到邹衍"五德终始"理论的中间环节》,《北京行政学院学报》2010 年第 1 期。

胡可涛（中国矿业大学）

《葛洪养生思想撮述》,《商丘师范学院学报》2015 年第 10 期。

《道医相融:道家药食养生文化浅议》,《中国道教》2013 年第 5 期。

胡孔发（池州学院）

《论新四军与根据地的医疗卫生事业》,《池州学院学报》2017 年第 5 期。

胡坤（哈尔滨医科大学）

～李志平等:《伍连德与早期中俄陆路口岸出入境动物检疫》,《医学与哲学（A）》2013 年第 9 期。

～李志平:《民国政府设立的第一个出入境动物检疫机构:黑河道立兽疫检验所》,《中国科技史杂志》2013 年第 1 期。

胡坤（西南政法大学）

《宋代法医学研究》,西南政法大学硕士学位论文 2010 年。

胡兰生

《中华民国红十字会历史与工作概述》，《红十字月刊》1947 年第 18 期。

胡莲翠（安徽医科大学）

《突发公共卫生事件中应急科普作用研究》，安徽医科大学硕士学位论文 2016 年。

～张晓丽：《〈泰西人身说概〉与合信〈全体新论〉对西医解剖学在华传播研究》，《辽宁医学院学报（社会科学版）》2015 年第 4 期。

～张晓丽：《我国突发公共卫生事件中受害者的赔偿策略研究——以食品安全事件为例》，《南京医科大学学报（社会科学版）》2014 年第 3 期。

胡梁雁（云南大学）

《云南彝族医药古籍档案开发利用研究》，云南大学硕士学位论文 2017 年。

胡玲（浙江省卫生厅）

《英国全民医疗服务体系的改革及启示》，《卫生经济研究》2011 年第 3 期。

胡觅（华中师范大学）

《疾病状态与社会生活中的〈半融入〉——以鄂西北 XY 市 HL 村为例》，华中师范大学硕士学位论文 2013 年。

徐晓军～：《疾病状态与社会生活的"半融入"——乡村艾滋病人互动关系结构的演变逻辑》，《中国民族大学学报（人文社会科学版）》2013 年第 3 期。

胡民（北京市昌平区医院）

《18 世纪法国主要外科学家》，《中华医史杂志》2000 年第 3 期。

胡敏（华中师范大学）

《中西人体美观念及其表现形式比较研究》，华中师范大学博士学位论文 2006 年。

胡明红（侵华日军第七三一部队罪证陈列馆）

《浅谈博物馆多媒体技术的应用——以侵华日军第七三一部队罪证陈列馆新馆为例》，《文物鉴定与鉴赏》2018 年第 8 期。

《浅谈抗战类纪念馆的展览策划及设计布展——以侵华日军第七三一部队罪证陈列馆为例》，《文物鉴定与鉴赏》2017 年第 5 期。

《浅谈七三一新馆建设与旧址保护》，《中国领导科学》2016 年 S1 期。

胡明曌

《从新出孙行墓志探析药王生卒年》，《出土文献研究》第 10 辑（2011）。

胡楠（华中师范大学）

《〈第六病室〉的疾病书写研究》，华中师范大学硕士学位论文 2015 年。

胡妮娜（黑龙江中医药大学）

～程伟等：《中国古代医患关系模式初探》，《中国医学伦理学》2008 年第 3 期。

《中国古代医患关系初探》，黑龙江中医药大学硕士学位论文 2005 年。

户佩圆（河南大学）

《试论美国黑肺病运动（1968—1978）》，河南大学硕士学位论文 2013 年。

胡起望（中央民族学院）

《瑶医简述》，《中央民族学院学报》1983 年第 1 期。

胡奇志(贵阳中医学院)

《贵州苗、布依、侗、彝、水民族医药的比较研究》,《中国民族医药杂志》2012 年第 8 期。

《贵州毛南族卫生事业及民族医药调查》,《中国民族医药杂志》2012 年第 7 期。

胡倩(华中师范大学)

《价值管理与健康管理的失衡与再平衡——湖北 XY 市乡村艾滋病人的身体管理实践》,湖中师范大学硕士学位论文 2014 年。

胡晴(上海交通大学)

《云南血吸虫病的流行史——以洱源县、巍山县为例的考察》,上海交通大学硕士学位论文2014 年。

胡泉林(上海铁路局中心医院)

《行医须识气《治法方有据——〈慎斋遗书〉探微》,《上海中医药杂志》1992 年第 6 期。

《药误永鉴 免蹈覆辙——罗天益学术思想探析》,《上海中医药杂志》1986 年第 12 期。

胡蓉(上海中医药大学)

杨奕望~李明:《清帝康熙与传统医药》,《中医杂志》2017 年第 16 期。

~孙增坤等:《秦伯未对中医方药的贡献初探》,《中医文献杂志》2017 年第 5 期。

~严世芸:《论诸子兵法思想与中医治疗时机》,《中医文献杂志》2017 年第 5 期。

~孙增坤等:《"废止旧医案"背景下秦伯未之中医观》,《南京中医药大学学报(社会科学版)》2016年第 1 期。

~陈丽云等:《魏晋南北朝时期内科杂病治法探要》,《上海中医药杂志》2014 年第 8 期。

杨艳卓、陈丽云~:《民国医学家秦伯未学术思想研究进展》,《国际中医药杂志》2014 年第 7 期。

~杨艳卓等:《从〈中医世界〉〈中医指导录〉看近代中医药的海外影响》,《中医药文化》2014 年第6 期。

肖梅华、陈丽云~:《从秦伯未中医科普读物观其健康教育思想》,《中医药文化》2014 年第 2 期。

杨奕望、陈丽云~:《浅析日记史料与中医学术研究》,《北京市中医药大学学报》2013 年第 8 期。

~陈丽云:《从魏晋南北朝时期的美学思想论医学美容》,《国际中医中药杂志》2013 年第 4 期。

杨奕望、李明~陈丽云:《晚明时代"脑主记忆"说的源流与传播》,《中国中医急症》2013 年第 4 期。

~陈丽云等:《历代医林人物的诗词贡献》,《中华医史杂志》2012 年第 2 期。

~朱伟常:《亦医亦文刘草窗》,《中医药文化》2011 年第 5 期。

~严世芸:《魏晋南北朝时期的医疗创新》,《上海中医药大学学报》2011 年第 1 期。

~张如青等:《论魏晋南北朝医家医著特点》,《上海中医药大学学报》2007 年第 3 期。

霍莉莉……朱胜国~:《小儿反复呼吸道感染的古代文献研究》,《江西中医学院学报》2006 年第5 期。

张如青~:《禁宫内外,名医的智慧在闪光——读〈纪恩录〉有感兼评马培之医案》,《中医药文化》2006 年第 1、2 期。

~张如青等:《读〈纪恩录〉、〈北行日记〉有感三题》,《中医文献杂志》2006 年第 1 期。

胡荣(厦门大学)

~肖和真:《中国城市老年人健康影响因素分析》,《贵州师范大学学报(社会科学版)》2016 年第5 期。

～陈斯诗:《影响农民工精神健康的社会因素分析》,《社会》2012 年第 6 期。

胡汝为(中山大学)

～辛子艺:《食品安全行政过程的监管模式研究》,《卫生软科学》2014 年第 11 期。

《卫生行业的政府管制——以奶粉与刺五加事件为楔子》,《公法研究》2009 年 00 期。

～刘恒:《行政伦理视角下的食品安全管制问题初探》,《社会科学家》2008 年第 8 期。

胡润之

《医林述古》,《现代中医》1934 年第 6 期。

胡善联(复旦大学/上海医科大学/上海市卫生发展研究中心)

杨燕……康琦～:《以青岛市戈谢病患者为例研究罕见病药物保障多方支付的可行性》,《中国药房》2019 年第 19 期。

《开创药品公正定价的新模式》,《中国医疗保险》2019 年第 10 期。

《罕见病药物政策和药物经济学研究的特征》,《国际药学研究杂志》2019 年第 9 期。

《2019 年版世界卫生组织基本药物目录的创新及特点》,《卫生经济研究》2019 年第 9 期。

《新医改十年的回顾与展望——战略、政府、市场、激励》,《卫生软科学》2019 年第 8 期。

～何江江等:《我国采用伊伐布雷定治疗心力衰竭对医保基金的预算影响分析》,《中国药房》2019 年第 8 期。

《购买有价值的医疗卫生服务》,《卫生经济研究》2019 年第 2 期。

何江江……谢春艳～:《上海市家庭医生"1+1+1"医疗机构组合签约机制的设计思路与实施障碍因素分析》,《中国卫生政策研究》2018 年第 12 期。

《对中国仿制药品政策的思考》,《中国药物经济学》2018 年第 11 期。

《医疗卫生领域财政事权和支出责任划分研究——基于卫生经济学理论》,《卫生经济研究》2018 年第 10 期。

唐密……杜丽侠～何江江:《中国大陆与其他国家(地区)药物经济学评价指南的比较研究》,《中国药物经济学》2018 年第 9 期。

《美国药品价格改革政策的新动向》,《卫生软科学》2018 年第 7 期。

《国内外罕见病的保障政策研究》,《卫生经济研究》2018 年第 5 期。

～杨燕等:《罕见病孤儿药遴选标准的多维决策分析》,《中国卫生经济》2018 年第 3 期。

何江江……金春林～:《欧盟医院技术评估项目对中国的启示》,《中国卫生资源》2018 年第 2 期。

《健康融入所有政策是建设"健康上海 2030"的政策保障》,《上海预防医学》2018 年第 1 期。

《论论中国卫生与健康的价值观》,《卫生软科学》2018 年第 1 期。

《特朗普新医改前景不乐观》,《中国卫生》2017 年第 6 期。

《论美国特朗普新医改计划的前景》,《卫生经济研究》2017 年第 3 期。

《中国医改的焦点、难点和痛点》,《卫生经济研究》2015 年第 12 期。

谢春艳、何江江～:《英国初级卫生保健质量与结果框架解析》,《中国医院管理》2015 年第 7 期。

谢春艳、何江江～:《英国卫生服务支付制度经验与启示》,《中国卫生经济》2015 年第 1 期。

谢春艳、何江江～:《英国整合性保健发展经验:以牛津郡为例》,《中国卫生政策研究》2014 年第 9 期。

《美国卫生费用的研究和启示》,《卫生经济研究》2013 年第 8 期。

谢春艳、何江江～:《以社区为导向的初级卫生保健:比利时社区卫生服务案例分析及启示》,《中国卫生政策研究》2013 年第 5 期。

谢春艳～何江江等:《整合保健:英国经验对我国社区卫生服务改革的启示》,《中国卫生政策研究》2012 年第 9 期。

《我国基本药物制度改革的进展与挑战》,《中国卫生政策研究》2012 年第 7 期。

何江江……夏苏建:《欧盟罕见病保障体系及启示》,《中国卫生政策研究》2012 年第 7 期。

谢春艳～何江江等:《社会资本理论视角下的家庭医生制度探讨》,《中国卫生政策研究》2012 年第 5 期。

《变革中的中国卫生筹资》,《卫生经济研究》2011 年第 2 期。

何江江～张崖冰等:《医疗保险全民覆盖背景下的卫生服务体系适应性研究:国际经验综述》,《中国卫生经济》2010 年第 10 期。

张进～:《新加坡卫生服务体系建设对我国的启示》,《卫生经济研究》2010 年第 6 期。

高军、杨洪伟～:《美国卫生组织体系 20 年的变革和经验》,《中国循证医学杂志》2010 年第 5 期。

《美国奥巴马政府医疗改革的特点及其措施》,《卫生经济研究》2009 年第 7 期。

《美国医疗卫生改革之路——从美国下届总统竞选看有关卫生改革问题的争议》,《卫生经济研究》2008 年第 3 期。

刘宝……张苹～:《从公共财政角度看公共卫生与医疗的伙伴关系》,《中国卫生资源》2007 年第 4 期。

～左延莉:《中国农村新型合作医疗制度的建立:成绩和挑战》,《卫生经济研究》2007 年第 1 期。

《国外卫生政策和系统研究进展及启示》,《卫生经济研究》2006 年第 6 期。

蒋虹丽……应晓华～:《澳大利亚和英国药物经济学研究的经验借鉴》,《中国处方药》2006 年第 4 期。

《亚太地区卫生保健筹资的策略》,《中国卫生资源》2006 年第 4 期。

《上海市"看病难、看病贵"成因和对策研究》,《卫生经济研究》2006 年第 2 期。

贝文、李力达～:《国外及港台地区专科医师制度的实践与分析》,《中国卫生资源》2005 年第 6 期。

《中国何时走向全民健康保险——兼论世界卫生组织卫生筹资改革的策略》,《中国卫生经济》2005 年第 6 期。

刘宝～蒋烽:《城乡居民健康差距与卫生总费用分析》,《中华医院管理杂志》2005 年第 6 期。

刘宝～蒋烽:《中国卫生总费用的地区差距和城乡差距分析》,《中华医院管理杂志》2005 年第 6 期。

刘宝、蒋烽～:《人群健康的城乡差距》,《中国卫生资源》2005 年第 5 期。

《疾病负担的研究》,《卫生经济研究》2005 年第 5、6 期。

龚向光～:《卫生资源配置的公平性分析》,《中华医院管理杂志》2005 年第 2 期。

《中国卫生改革的形势:问题和挑战》,《卫生经济研究》2004 年第 12 期。

杨莉～:《药物经济学在亚太地区的发展与应用》,《中国药房》2004 年第 4 期。

龚向光～:《非处方药报销管理的国际经验借鉴》,《中国药房》2004 年第 4 期。

秦江梅～郭淑霞等:《1980—2000 年新疆卫生资源发展状况分析》,《中国卫生经济》2004 年第 3 期。

～龚向光:《香港特别行政区医院体制改革》,《国际医药卫生导报》2004 年 Z1 期。

《政府干预和市场机制在降低中国药品价格中的作用》,《上海医药》2003 年第 12 期。

刘远立……陈迎春~:《中国农村贫困地区合作医疗运行的主要影响因素分析》,《国际医药卫生导报》2003 年 Z2 期。

《中国农村合作医疗模式概览》,《中国初级卫生保健》2003 年第 9 期。

《"后 SARS 时代"建立农村健康保障制度的再思考》,《中国初级卫生保健》2003 年第 7 期。

傅华……陈平~钱序等:《现代公共卫生的内涵及应对突发事件的策略》,《中国卫生资源》2003 年第 5 期。

傅华~叶细标等:《以生态学的观点建设现代公共卫生体系》,《中国卫生资源》2003 年第 5 期。

《SARS 流行对我国卫生改革政策的启示》,《中国卫生资源》2003 年第 4 期。

江芹~:《关于建立农村健康保障制度的构想》,《卫生经济研究》2003 年第 3 期。

杨莉~:《英国〈药物经济学评价指南〉简介》,《卫生经济研究》2003 年第 2 期。

江芹~:《公共卫生领域中的伦理学》,《中国医学伦理学》2003 年第 1 期。

龚向光~:《澳大利亚经验对我国药品价格管制的启示》,《中国卫生经济》2002 年第 11 期。

侯建林……雷海潮~等:《德国医院管理及对我国卫生改革的启示》,《中华医院管理杂志》2002 年第 9 期。

刘宝~:《社会经济变革背景下的健康不平等研究》,《中国卫生经济》2002 年第 9 期。

龚向光~:《德国医院体制改革》,《卫生经济研究》2002 年第 7 期。

张仁伟~:《90 年代我国若干卫生经济指标的动态分析》,《中华医院管理杂志》2002 年第 7 期。

刘宝~:《美国 Medicaid 公私政策合作及其启示》,《国外医学(卫生经济分册)》2002 年第 6 期。

~龚向光:《台湾地区医院体制改革》,《卫生经济研究》2002 年第 5 期。

刘远立、饶克勤~:《因病致贫与农村健康保障》,《中国卫生经济》2002 年第 5 期。

刘远立、饶克勤~:《中国农村健康保障制度的现状分析》,《中国卫生经济》2002 年第 4 期。

龚向光~:《英国医院体制改革》,《卫生经济研究》2002 年第 3 期。

侯建林……雷海潮~王吉善等:《德国公立医院近期改革动态及对我国的启示》,《中国医院》2002 年第 3 期。

~刘金峰等:《英国非营利性私人医疗保险制度》,《国外医学(卫生经济分册)》2002 年第 1 期。

~龚向光:《香港特别行政区医院体制改革》,《卫生经济研究》2002 年第 1 期。

《中国农村贫困地区合作医疗实施中政府失灵和市场失灵的表现》,《中国卫生经济》2002 年第 1 期。

~龚向光:《新加坡医院体制改革》,《卫生经济研究》2001 年第 11 期。

《韩国实行医药分业政策的教训》,《卫生经济研究》2001 年第 7 期。

于广军、郑树忠~:《发达国家对药品市场的干预》,《中国卫生资源》2001 年第 5 期。

张崖冰~刑根生:《1994—1999 年上海市抗生素用量分析》,《中国临床药学杂志》2001 年第 2 期。

张崖冰~刑根生:《1994—1999 年上海市抗高血压药物、抗糖尿病药物、抗精神失常药物和抗生素的费用和用量分析》,《上海医药》2001 年第 2 期。

张仁伟~:《国际药品价格比较研究》,《中国卫生经济》2001 年第 2 期。

《医药如何"分离"——韩国全民医疗保险改革新进展》,《卫生经济研究》2000 年第 9 期。

《评价卫生系统绩效的新框架——介绍 2000 年世界卫生报告》,《卫生经济比较》2000 年第 7 期。

《美国处方药费保险改革的启示》,《中国卫生经济》2000 年第 2 期。

《美国老年医疗保险处方药补偿改革的新动向》,《中国卫生经济》1999年第9期。

李刚……雷海潮~:《英国卫生资源配置思想与我国卫生资源配置模式的改革》,《中国卫生资源》1999年第4期。

陈文~程晓明:《发达国家药品价格管制政策的比较研究》,《中国卫生经济》1997年第10期。

陈文~:《英国药品价格管制政策》,《卫生经济研究》1997年第7期。

《国际医疗保险经验的借鉴》,《中国卫生经济》1997年第4期。

~易云霓:《中国、越南卫生改革比较》,《卫生经济研究》1997年第1期。

~易云霓:《革新过程中的越南卫生部门》,《卫生经济研究》1996年第11期。

任苒~:《英国卫生资源分配的方法与依据》,《国外医学(卫生经济分册)》1993年第3期。

金春林~:《发达国家卫生保健资金筹集体制简介》,《国外医学(卫生经济分册)》1992年第3期。

《美国健康维持组织的发展及其近况》,《中国卫生事业管理》1990年第1期。

《国外几种主要传染病的疫情及研究动态(1986—1987、1987—1988、1988—1989、1989—1990、1990—1991、1991—1992、1992—1993、1993—1994、1994—1995年)》,《国外医学(流行病学传染病学分册)》1988年第1期;1989年第1期;1990年第1期;1991年第1期;1992年第1期;1993年第1期;1994年第1期;1995年第1期;1996年第1期。

~叶克龙:《国外几种主要传染病的疫情及研究动态(1985—1986年)》,《国外医学(流行病学传染病学分册)》1987年第1期。

《美国健康保险制度的现状》,《中国卫生事业管理》1986年第3期。

《国外几种主要传染病的疫情及研究动态(1980—1981、1981—1982、1982—1983、1983—1984、1984—1985年)》,《国外医学(流行病学传染病学分册)》1982年第1期;1983年第1期;1984年第1期;1985年第1期;1986年第1期。

《国外几种主要传染病的疫情疫情概况(1977—1978年)(综述)》,《国外医学(流行病学传染病学分册)》1979年第1期。

《国外几种主要传染病的疫情概况(1976—1977年)(综述)》,《国外医学参考资料(流行病学传染病学分册)》1978年第1期。

《国外几种主要传染病的疫情概况(综述)》,《国外医学参考资料(流行病学传染病学分册)》1977年第1期。

胡尚仁

《非黄帝发明针灸的考证》,《国医公报》1936年第6期。

胡世林(中国中医研究院)

~许有玲:《纪念青蒿素30周年》,《世界科学技术》2005年第2期。

《扎伊尔传统医药概况》,《中国中药杂志》1997年第1期。

《纪念金陵版〈本草纲目〉400年》,《中国中药杂志》1997年第1期。

《道地药材与方志和贡品》,《中国药学杂志》1996年第8期。

~唐晓军等:《试论汉化佛教对中医药学术的影响》,《中国中医药信息杂志》1996年第4、5期。

《古代人参名实续考》,《中国医药学报》1995年第5期。

《古代本草学的质量意识初探》,《中国药学杂志》1988年第3期。

《古代人参名实考》,《中国医药学报》1987年第4期。

《气味论》,《山东中医学院学报》1986年第2期。

《外国的民族药》,《山东中医学院学报》1984 年第 3 期。

《国外传统医学(药物)概况》,《山东中医学院学报》1980 年第 1 期。

《李时珍和他的〈本草纲目〉》,《科学通报》1975 年第 2 期。

胡诗文(南京大学)

《不治之症:肺结核观念在中国(1927—1937)》,南京大学硕士论文 2013 年。

扈书霞(安徽医科大学)

《中国近代合作运动与农村合作医疗制度的起源研究》,安徽医科大学硕士学位论文 2008 年。

~杨善发:《论"合作运动"中伦理精神对我国新型农村合作医疗制度建设的意义》,《中国医学伦理学》2008 年第 2 期。

彭松~丁宏:《关于社区卫生服务中的及格伦理问题》,《中国医学伦理学》2007 年第 6 期。

《关于新型农村合作医疗的几个伦理问题的分析》,《中国医学伦理学》2007 年第 2 期。

胡树毅(吉林大学)

《中国现当代小说病态人物叙事研究》,吉林大学博士学位论文 2010 年。

胡爽(复旦大学)

《英国宠物动物福利制度研究》,复旦大学硕士学位论文 2013 年。

胡水印(江西省医学会)

《江西近代教会医院概述》,《中华医史杂志》2003 年第 2 期。

胡水玉(湖南师范大学)

《近代香港东华医院内地慈善活动研究(1870—1949)》,湖南师范大学硕士学位论文 2017 年。

胡苏佳(黑龙江中医药大学)

《古代中医医案的历史文化分析》,黑龙江中医药大学硕士学位论文 2009 年。

胡苏云(上海社会科学院)

《长期护理保险制度试点实践——上海案例分析》,《华东理工大学学报(社会科学版)》2018 年第 4 期。

《医养结合应不拘一格》,《中国卫生》2017 年第 6 期。

《荷兰长期护理保险制度的特点和改革》,《西南交通大学学报(社会科学版)》2017 年第 5 期。

《长期照护保险和医疗保险的关系及演变:荷兰的经验和启示》,《公共治理评论》2017 年第 1 期。

《布隆博格公共卫生学院:公共卫生领域的顶级智库》,《光明日报》2016 年 2 月 17 日 016 版。

《英国:免费医疗制度走向何方?》,《中国卫生》2015 年第 3 期。

《美国就医记》,《中国卫生》2014 年第 10 期。

《就医秩序何以形成?》,《中国社会保障》2014 年第 9 期。

《新医改进程中的医药企业:挑战和机遇》,《上海医药》2008 年第 8 期。

~滕文:《印度医疗制度及其对中国的启示》,《社会科学》2007 年第 11 期。

蔡江南~黄丞等:《社会市场合作模式:中国医疗卫生体制改革的新思路》,《世界经济文汇》2007 年第 1 期。

《中国农村人口医疗保障:穷人医疗干预视角的分析》,《中国人口科学》2006 年第 3 期。

《健康与发展:中国医疗卫生制度的理论分析》,《社会科学》2005 年第 6 期。

《各国政府对医疗市场调控的主要方法》,《中国卫生资源》2003 年第 5 期。

左学金~:《城镇医疗保险制度改革:政府与市场的作用》,《中国社会科学》2001 年第 5 期。

《中国城镇医疗保障制度改革中的问题与解决路径》，《中国人口科学》2001 年第 4 期。

《医疗服务和保险中公共机制和市场机制的作用》，《人口经济》2000 年第 6 期。

《医疗机构研究——营利性与非营利性》，《中国卫生经济》2000 年第 9 期。

《医疗保险中的道德风险分析》，《中国卫生资源》2000 年第 3 期。

～刘忆民：《美国管理医疗模式的特色和利弊》，《中国卫生资源》1999 年第 4 期。

《加拿大医疗保险体制的历史沿革及现状》，《中国卫生资源》1998 年第 3 期。

《美国医疗保险制度的改革及其启示》，《人口学刊》1997 年第 3 期。

《美国医疗保险改革尝试的失败及教训》，《上海保险》1997 年第 1 期。

胡天海

《略谈中医的妇产科》，《妇婴卫生》第 117 期（1955.6）。

胡天喜（鄂州市中医医院）

～李响玲：《〈仙授理伤续断秘方〉对骨伤科临床的指导意义》，《中国中医药现代远程教育》2011 年第 11 期。

胡天烨（嘉兴市第一医院/浙江中医药大学）

～胡汉通等：《浙派中医特色灸法述要》，《浙江中医杂志》2019 年第 2 期。

《浙江近代灸法学术流派整理与研究》，浙江中医药大学硕士学位论文 2017 年。

～马睿杰等：《浙北灸法流派严、施、高三家学术源流及传承》，《中医杂志》2017 年第 4 期。

～马睿杰等：《盛氏"上补下泻"针法学术思想探析》，《浙江中医药大学学报》2017 年第 2 期。

胡卫国（湖南中医学院）

《从医学人类学和科学社会学角度探讨压痛诊断方法》，湖南中医学院博士学位论文 2002 年。

胡位钧（复旦大学）

《权力的谱系——从"麻风病模式"到"鼠疫模式"》，《读书》2009 年第 10 期。

胡卫清（山东大学）

《取舍之间：英国长老会在华慈善救济事业研究（1856—1949）》，《近代史研究》2014 年第 1 期。

《基督教与中国地方社会——以近代潮汕教会医院为个案的考察》，《文史哲》2010 年第 5 期。

胡尉新

《明朝和跳蚤》，《国学》2011 年第 8 期。

胡文宏

～编译：《假牙简史》，《人民日报》1960 年 1 月 14 日。

胡梧挺（黑龙江省社会科学院/南开大学）

《"南海之昆布"：唐代东亚昆布的产地、传播及应用》，《中国历史地理论丛》2019 年第 3 期。

《含生草考：唐代阿拉伯药物的东传与渤海国的中继作用》，《元史及民族与边疆研究集刊》2018 年第 2 期。

《唐代东亚麝香的产地及其流向——以渤海国与东亚麝香交流为中心》，《唐史论丛》2018 年第 2 期。

《渤海国"道地药材"与东亚医药交流——以渤海人参为中心》，《北方文物》2018 年第 1 期。

《金疮与酪：后唐庄宗李存勖之死的医疗史考察》，《黑龙江社会科学》2016 年第 6 期。

《渤海国"道地药材"考辨——以〈渤海国志长编·食货考〉药类为中心》，《高句丽与东北民族研究》2016 年 00 期。

《"含生草"与"靺鞨":渤海国相关史料的讨论》,《哈尔滨学院学报》2015 年第 2 期。

《鬼神、疾病与环境:唐代厕神传说的另类解读》,《社会科学家》2010 年第 7 期。

《鬼神与生死:中古鬼神之病及相关问题研究》,南开大学博士学位论文 2010 年。

胡西美(徐州市疾病预防控制中心)

《温病学派学术源流探析》,《吉林中医药》2010 年第 12 期。

胡显宜(成都振华中医药研究所)

～汪世平:《〈内经〉开阖枢考辨》,《四川中医》2002 年第 8 期。

～汪世平:《试论〈内经〉开阖枢学说的临床价值》,《四川中医》2002 年第 6 期。

胡小川(同济医科大学)

《从赤脚医生产生、发展的历史看乡村医生培训》,《西北医学教育》1997 年第 4 期。

胡晓丁(江苏人民政府外事办公室)

《日本发现"731 部队"的新史料》,《世界历史》1994 年第 2 期。

胡晓峰(中国中医科学院/中国中医研究院)

耿华～:《民国时期中医药著作中广告图的种类和特点》,《中华医史杂志》2018 年第 5 期。

～耿华:《近五年葛洪相关研究综述》,《中医文献杂志》2018 年第 2 期。

孙巧思～:《〈神农本草经〉中的延年药浅析》,《中华医史杂志》2017 年第 2 期。

～李爱军:《中国中医科学院大事记》,《中华医史杂志》2015 年第 6 期。

孙巧思～:《全国首届西医离职学习中医研究班》,《中华医史杂志》2015 年第 6 期。

韩素杰～:《基于中国方志库的药王庙研究》,《中医文献杂志》2015 年第 2 期。

韩素杰～:《从〈脉学丛书〉看民国时期脉学复古运动》,《中华医史杂志》2015 年第 1 期。

韩素杰～:《从民国时期舌诊著作看中医舌诊学术的发展》,《中医杂志》2014 年第 20 期。

付美洪～:《〈群芳谱〉与〈本草纲目〉渊源初探》,《中医文献杂志》2014 年第 2 期。

孙清伟～:《试述中医本草古籍图像种类》,《中医文献杂志》2014 年第 2 期。

～徐齐等:《文物流通市场医药文物考察初报》,《中华医史杂志》2013 年第 3 期。

～孙清伟:《试论中医古籍图像与学术传承的关系》,《中医文献杂志》2013 年第 2 期。

熊晓滨～:《中医外科古籍中的本草图》,《时珍国医国药》2012 年第 8 期。

《一部展示宫廷医药文化的佳作——〈御医纪事与传世妙方〉评介》,《中医药文化》2012 年第 6 期。

～张丽君:《略论中医古籍图像的特点与价值》,《中医文献杂志》2012 年第 3 期。

杨亦周～:《〈伤科汇纂〉的手法复位图谱与歌诀》,《中华医史杂志》2012 年第 2 期。

～李洪晓:《〈外科心法要诀〉中的图像研究》,《中华医史杂志》2011 年第 4 期。

～李洪晓:《从民国期刊文献看当时中医诊法的特点》,《中华医史杂志》2009 年第 4 期。

《〈九江地区草医草药汇编〉述要》,《北方药学》2009 年第 3 期。

《文革时期中草药著作概述》,《中国中药杂志》2008 年第 24 期。

《民国时期"废止中医案"回顾与反思》,《亚太传统医药》2006 年第 11 期。

《民国时期"中医科学化"论争之回顾与思考》,《亚太传统医药》2005 年第 4 期。

《中医外科伤科发展纲要》,《亚太传统医药》2005 年第 1 期。

黄斌～:《〈本草纲目〉"蒺藜"名实考辨》,《中药材》2003 年第 Z1 期。

《民国中医药救亡斗争史略》,中国中医研究院博士学位论文 1990 年。

《试论〈伤寒杂病论〉的药学成就》,《中国药学杂志》1988 年第 3 期。

扈小健(甘肃省中医院/长春中医药大学)

吕有强~唐鹏:《武威汉代医简"骆苏"考辨》,《西部中医药》2015 年第 10 期。

吕有强、袁仁智~:《〈武威汉代医简〉之"东海白水侯所奏方"溯源考》,《西部中医药》2014 年第 5 期。

袁仁智……吕有强~:《俄藏黑水城敕赐紫苑丸方考释》,《西部中医药》2014 年第 1 期。

潘文……吕有强~:《日本天理大学藏吐鲁番牛医方考释》,《中国中医基础医学杂志》2013 年第 2 期。

~许晓敏:《中日传统医学教育机构特点浅析》,《西部中医药》2013 年第 2 期。

袁仁智……吕有强~:《吐鲁番出土药价残片探微》,《西部中医药》2012 年第 10 期。

《中国明清时期与日本江户时期传统医学教育的比较研究》,长春中医药大学硕士学位论文 2011 年。

胡晓玲(武汉大学)

~舒开智:《试论鲁迅小说中疾病意象的隐喻涵义》,《黄冈师范学院学报》2014 年第 5 期。

胡晓艺(南京理工大学)

《从"东亚病夫"到健康中国:在历史之维中讲深新时代》,《南宁师范大学学报(哲学社会科学版)》2019 年第 5 期。

胡晓云(湖北省疾病预防控制中心)

甘甜……夏庆华~:《中美两国控烟政策实施及效果比较》,《公共卫生与预防医学》2012 年第 1 期。

徐夏娟~:《公共卫生舆情监测与风险研究综述》,《公共卫生与预防医学》2011 年第 5 期。

张岚、戴馨~:《儿童伤害的类型、危险因素及预防措施》,《公共卫生与预防医学》2011 年第 1 期。

徐鸣、彭飞~:《艾滋病病人自我感知的艾滋病歧视调查》,《医学与社会》2009 年第 5 期。

~李汉帆:《突发公共卫生事件与健康信息传播》,《中国健康教育》2003 年第 3 期。

胡秀莲(北京中医药大学)

《陆渊雷学术思想与药物用量经验研究》,北京中医药大学博士学位论文 2016 年。

~傅延龄:《陆渊雷治血证之特色探析》,《浙江中医药大学学报》2016 年第 6 期。

~傅延龄:《陆渊雷对仲景运用附子药法的学术见解》,《浙江中医药大学学报》2016 年第 4 期。

胡宣明

~译:《因苏林的简史》,《中华医史杂志》1954 年第 1 期。

《曼松的"蚊—疟学说"》,《医史杂志》1953 年第 4 期。

《细菌学及原虫学的鼻祖安多尼.李欧范贺克》,《中华医史杂志》1953 年第 2 期。

《中东医圣阿维森纳》,《医史杂志》1952 年第 2 期。

《中华卫生教育会史略》,《中华医学杂志》1949 年 Z2 期。

胡雅洁(西华师范大学)

《1980 年以来国内宋元明清疫病史研究综述》,《黑龙江史志》2013 年第 21 期。

胡亚敏(华中师范大学)

~黎杨全:《黑死病与欧洲人文精神的复苏》,《湘潭大学学报(哲学社会科学版)》2010 年第 3 期。

胡燕(天津中医药大学)

《早期中国护理教育之历史回顾及双向思考》,《中华护理教育》2013 年第 1 期。

胡艳敏(中国中医科学院)

李海玉～:《刘完素诊治中风病的特点》,《中国中医基础医学杂志》2017年第4期。

《中印传统医学现代发展对比研究》,中国中医科学院博士学位论文2014年。

李海玉～:《刘完素从湿热论治霍乱之特点》,《中国中医药图书情报杂志》2014年第2期。

《阿拉伯草药医学发展概况及研究进展》,《国际中医中药杂志》2007年第5期。

谢琪……徐俊～何巍:《传统医学在各国家(地区)立法现状与分析》,《中国中医药信息杂志》2007年第4期。

胡燕青(中南大学湘雅医院)

～曹治涵等:《免疫学发展史略述》,《湖南医科大学学报(社会科学版)》2001年第4期。

胡瑶迪(安徽大学)

《"我们"与"他们":中美艾滋病报道中的身份建构以〈南方周末〉与〈纽约时报〉为例》,安徽大学硕士学位论文2010年。

胡宜(华中师范大学)

《疾病、政治与国家建设》,华中师范大学博士学位论文2007年。

胡一峰(清华大学)

《医学与国家——丙寅医学社之新医学运动研究》,清华大学硕士学位论文2005年。

～尹嫒萍:《建设"新医"的努力——〈医学周刊集〉与丙寅医学社研究》,《中国科技史杂志》2005年第2期。

胡忆红(湖南科技大学)

《新中国成立前湘西土家族苗族自治州的疫灾流行与防治研究》,高建国、赵晓华主编《灾害史研究的理论与方法》(北京:中国政法大学出版社2015年)。

胡颖廉(中共中央党校/国家行政学院)

《食安监管70年向治理现代化迈进》,《中国食品报》2019年9月30日005版。

《新时代国家食品安全战略:起点、构想和任务》,《学术研究》2019年第4期。

《媒体要正确理解当下食品药品安全问题》,《中国食品药品监管》2019年第3期。

《建立现代疫苗安全体系 保障和促进公众健康》,《中国医药报》2018年11月14日001版。

《改革开放40年中国食品安全监管体制和机构演进》,《中国食品药品监管》2018年第10期。

鲍静、解亚红～刘杰:《平衡监管和市场:疫苗安全的挑战和对策》,《中国行政管理》2018年第10期。

《全方位提升我国药品监管能力》,《中国党政干部论坛》2018年第8期。

《中国食品安全监管体制演进》,《第一财经日报》2018年8月14日A11版。

《剩余监管权的逻辑和困境——基于食品安全监管体制的分析》,《江海学刊》2018年第2期。

《平衡监管和产业:"十三五"药品安全治理的理念和路径》,《行政管理改革》2017年第8期。

～慕玲:《超越监管看安全:国家药品安全治理体系构建》,《中国行政管理》2017年第6期。

《行政吸纳市场:我国药品安全与公共卫生的治理困境——以非法疫苗案为例》,《广东社会科学》2017年第5期。

《破解中药质量安全问题的对策》,《社会治理》2017年第4期。

《"十三五"规划:国家食品安全战略重磅开篇》,《中国食品药品监管》2017年第3期。

《综合执法体制和提升食药监管能力的困境》,《国家行政学院学报》2017年第2期。

《国家食品安全战略基本框架》，《中国软科学》2016 年第 9 期。

《产业安全和质量安全：中国药品监管体制改革的逻辑》，《社会科学战线》2016 年第 7 期。

《推进食品安全治理体系现代化》，《行政管理改革》2016 年第 6 期。

《食品安全理念与实践演进的中国策》，《改革》2016 年第 5 期。

《从战略高度推进食品安全监管体制改革——〈2016 年食品安全重点工作安排〉深度解读之二》，《中国食品药品监管》2016 年第 5 期。

《多方协同筑牢疫苗安全的根基》，《中国党政干部论坛》2016 年第 4 期。

《统一市场监管与食品安全保障——基于"协调力—专业化"框架的分类研究》，《华中师范大学学报（人文社会科学版）》2016 年第 2 期。

《社会治理视角下的我国食品安全》，《社会治理》2016 年第 2 期。

《发达国家网售药品监管模式对比》，《医药经济报》2015 年 5 月 13 日 002 版。

《重构互联网药品经营监管制度》，《医药经济报》2015 年 4 月 27 日 002 版。

《"十三五"期间的食品安全监管体系催生：解剖四类区域》，《改革》2015 年第 3 期。

《食品安全治理的三个战略视角》，《中国政党干部论坛》2015 年第 1 期。

《医药监管体系正走向现代化》，《中国药店》2014 年第 21 期。

《认知引导和危害防范：突发食品安全事件风险沟通研究》，《中国应急管理》2014 年第 12 期。

《从福利到民生谈新中国药品安全管理体制变迁》，《中国药事》2014 年第 9 期。

《国外食品安全治理如何倡导尚德守法》，《经济日报》2014 年 6 月 12 日 013 版。

《食药监管：不可忽视的三个命题》，《中国医药报》2014 年 4 月 15 日 004 版。

《食品安全当"社会共治"》，《西部大开发》2014 年第 4 期。

《食品安全当"社会共治"》，《人民日报》2014 年 3 月 19 日 005 版。

《重构我国互联网药品经营监管制度——经验、挑战和对策》，《行政法学研究》2014 年第 3 期。

《构建中国药品安全风险治理体系》，《北京科技大学学报（社会科学版）》2014 年第 3 期。

《我国疫苗供应和监管体系现状及完善对策》，《中国药物评价》2014 年第 3 期。

《国家、市场和社会关系视角下的食品药品监管》，《行政管理改革》2014 年第 3 期。

～徐嘉瑶：《解读展望食品药品大部制》，《中国医院院长》2013 年第 12 期。

《监管和市场：我国药品安全的现状、挑战及对策》，《中国卫生政策研究》2013 年第 7 期。

《地方食品监管体制改革前瞻》，《中国党政干部论坛》2013 年第 7 期。

《转型期我国药品监管的理论框架和经验观察》，《经济研究参考》2012 年第 31 期。

《大国药品安全需良性宽容》，《医药经济报》2012 年 12 月 24 日 F02 版。

《监管部门嵌入医药产业尚浅》，《中国医院院长》2013 年第 9 期。

《用社会管理破解"毒胶囊"》，《传承》2012 年第 9 期。

薛澜～：《"三重失灵"：监管政治学视阈中的"铬超标胶囊"》，《行政管理改革》2012 年第 9 期。

《外企冲击下的药品产业安全》，《中国党政干部论坛》2012 年第 5 期。

《禀赋和网络：基于自主性分析框架的中国药品监管绩效影响因素研究》，《公共行政评论》2012 年第 3 期。

《中国应急管理组织体系比较研究——以突发公共卫生事件为例》，《北京科技大学学报（社会科学版）》2012 年第 2 期。

《完善我国药品监管的顶层设计》，《中国党政干部论坛》2012 年第 2 期。

《健全食品安全监管的财力保障机制》，《中国财政》2011 年第 13 期。

《社会监管理论视野下的我国食品安全》，《中国工商管理研究》2011 年第 11 期。

《食品安全监管的框架分析与细节观察》，《改革》2011 年第 10 期。

《如何构建食品药品安全教育体系用社会管理理念统筹食品安全工作》，《中国食品药品监管》2011 年第 10 期。

《政府监管视野下的食品安全》，《行政管理改革》2011 年第 9 期。

《中国新药审批影响因素实证研究：机构自主性理论的视角》，《经济社会体制比较》2011 年第 3 期。

《监管型国家的中国路径：药监领域的成就与挑战》，《公共行政评论》2011 年第 2 期。

《我国药品安全监管：制度变迁和现实挑战（1949—2005）》，《中国卫生政策研究》2009 年第 6 期。

～傅凯思：《从政治科学、商业利益和公共政策视角研究国外药品安全监管》，《中国药事》2008 年第 12 期。

《沿海十省（市）药品监管机构能力之比较研究》，《公共管理学报》2007 年第 1 期。

《百年 FDA：监管机构与监管职能》，《中国食品药品监管》2006 年第 9 期。

《管制与市场：中国医疗卫生体制改革困境的实证分析及应对策略》，《经济体制改革》2006 年第 6 期。

胡勇（西北大学/南京大学/浙江大学）

《民国时期的公共卫生护士制度及其实践》，《东方论坛》2018 年第 1 期。

《抗战时期西北大后方卫生建设略论——以甘肃省为例》，《豳风论丛》2015 年 00 期。

《民国时期医生之甄训与评核》，《浙江学刊》2008 年第 5 期。

《民国时期上海霍乱频发的原因探略》，《气象与减灾研究》2007 年第 2 期。

《传染病与近代上海社会（1910—1949）——以和平时期的鼠疫、霍乱和麻风病为例》，浙江大学博士学位论文 2005 年。

《清末瘟疫与民众心态》，《史学月刊》2003 年第 10 期。

胡永军（天津中医药大学）

～孟静岩：《〈黄帝内经〉脾胃理论析要》，《中华中医药学刊》2007 年第 4 期。

胡用霖

《祖国医学在眼科上的贡献》，《中华眼科杂志》1959 年第 2 期。

《角膜移植术之历史回顾》，《中华眼科杂志》1956 年第 1 期。

胡永信（洛阳市第二中心医院）

《〈内经〉"治未病"说探源》，《医古文知识》2002 年第 4 期。

胡佑飞（湖北民族学院）

《论中国新时期小说的疯癫形象》，湖北民族学院硕士学位论文 2015 年。

胡友梅

《五行学说在医学上未甚适用的意见》，《福建中医药》1963 年第 1 期。

《前人用针灸治疗外科疾患汇集》，《新中医药》1957 年第 6 期。

《前人用针灸治疗五官疾患汇集》，《新中医药》1957 年第 4 期。

《前人用针灸治疗妇科疾患汇集》，《新中医药》1957 年第 3 期。

胡玉（河北大学）

胡坤～：《宋代医药人才的培养和选拔》，《安徽师范大学学报（人文社会科学版）》2008 年第 3 期。

《宋代应对疾疫医疗措施初探》,《乐山师范学院学报》2006 年第 11 期。

《宋代医政研究》,河北大学硕士学位论文 2005 年。

胡玉坤(北京大学/全国妇联妇女研究所)

温煦……程文楚~王振杰等:《我国老年人躯体健康状况与老年虐待的关系研究》,《中华疾病控制杂志》2017 年第 6 期。

黄庆波~陈功:《代际支持对老年人健康的影响——基于社会交换理论的视角》,《人口与发展》2017 年第 1 期。

《全球化"悖论"与中国人口健康》,《中国经济报告》2016 年第 6 期。

《庞大群体的生殖健康危机——中国人工流产低龄化问题透视》,《社会科学论坛》2015 年第 11 期。

《全球化时代的大众健康及其政策启示》,《社会科学论坛(学术评论卷)》2009 年第 8 期。

《疾病负担、结构性挑战与政策抉择——全球化图景下中国农村妇女的健康问题》,《人口与发展》2008 年第 2 期。

《社会性别与艾滋病问题研究——全球化视域下的中国个案》,《社会科学论坛(学术评论卷)》2007 年第 5 期。

《社会性别化的风险、经历与反应——对美国妇女与艾滋病的探讨》,《人口与经济》2001 年第 4 期。

萧扬、姜秀花~:《经济体制转型对国有企业职工健康的影响》,《妇女研究论丛》1997 年第 3 期。

《行动/干预研究的新尝试——妇女生育健康后续课题开题》,《妇女研究论丛》1996 年第 1 期。

《改善妇女的生育健康》,《妇女研究论丛》1995 年第 1 期。

胡郁坤(湖南省中医药研究院)

《土家族养生习俗的考察与思考》,《湖南中医杂志》1996 年 S1 期。

胡雨濛(浙江理工大学/浙江大学)

~韦路:《"艾滋病"的媒体话语表征与变迁——基于〈人民日报〉艾滋病报道的话语分析》,《兰州大学学报(社会科学版)》2019 年第 3 期。

《艾滋病的双重污名:工具与符号——基于一个艾滋病论坛的网络民族志研究》,《医学争鸣》2018 年第 3 期。

《网络健康信息的"使用"与"恐慌"——基于疑病者疾病叙事的文本分析》,《当代青年研究》2018 年第 1 期。

《新媒体话语赋权下的边缘抗争——基于一个艾滋病论坛的话语分析》,《浙江传媒学院学报》2016 年第 6 期。

《"艾滋病"隐喻:入侵与污染——基于一个艾滋病论坛的网络民族志研究》,《浙江传媒学院学报》2016 年第 3 期。

《转基因食品安全的传播学研究综述》,《现代视听》2015 年第 5 期。

胡玉婉(山西医科大学)

《莱缪尔·沙特克与 19 世纪中期美国公共卫生改革研究》,山西医科大学硕士学位论文 2019 年。

~付德明:《19 世纪美国霍乱流行与防治理念的转变》,《医学与哲学》2019 年第 18 期。

~付德明:《美国公共卫生的缔造者:莱缪尔·沙特克》,《中华疾病控制杂志》2019 年第 4 期。

~付德明:《论"双向"共情对构建和谐医患关系的作用》,《中国卫生产业》2018 年第 30 期。

胡悦(第四军医大学)

《革命战争年代我军开发利用卫生资源情况研究》,第四军医大学硕士学位论文 2014 年。

胡樾（余杭县卫生局）

《国医革新导师章太炎》,《中华医史杂志》1995 年第 4 期。

胡悦晗（杭州师范大学）

～韩平阳:《新中国成立初期城市医疗事故纠纷的因应机制》,《医疗社会史研究》2017 年第 2 期。

胡云生（郑州大学）

～张玮:《唐代外来药物的输入》,《周口师专学报》1996 年 S1 期。

胡泽华（苏州大学）

《中日同形西洋医学用语考察》,苏州大学硕士学位论文 2012 年。

胡展榕（台湾中国医药大学）

《杜聪明之中西医结合思维研究》,中国医药大学硕士学位论文 2012 年。

胡兆铭（上海市健康教育所）

王忠壮～:《抗生素的使用现状与应对策略》,《健康教育与健康促进》2013 年第 2 期。

～张璇:《我国突发公共卫生事件的健康传播学研究现状》,《健康教育与健康促进》2011 年第 1 期。

胡哲（内蒙古师范大学）

《清康熙时期中央对瘟疫的防预与救治——以北部地区的瘟疫防治为例》,《呼伦贝尔学院学报》2015 年第 3 期。

胡真（湖北中医学院）

《荆楚风光 钟灵毓秀——探寻湖北中医药文化遗迹》,《中医健康养生》2018 年第 10 期。

～王华:《中医药文化的内涵与外延》,《中医杂志》2013 年第 3 期。

《神农氏的尊生护生实践及其文化价值探讨》,《医学与社会》2011 年第 5 期。

《先秦思想与中医养生理论相关性研究》,湖北中医学院博士学位论文 2008 年。

～邱幸凡:《〈周易〉哲学思想与中医养生理论》,《湖北中医杂志》2008 年第 10 期。

～邱幸凡:《孔子的尊生养生实践及对中医养生理论的启示》,《湖北中医学院学报》2008 年第 3 期。

胡振栋（长阳县卫生局/宜昌市作家协会）

～胡志尧:《"中国农村合作医疗之父"覃祥官的晚年生活》,《党史文汇》2009 年第 1 期。

《"中国农村合作医疗之父"覃祥官》,《档案时空》2008 年第 1 期。

《合作医疗红遍全国、走向世界背后的"无名英雄"》,《中国·城乡桥》2007 年第 4 期。

《中国"赤脚医生"之父》,《西部大开发》2006 年第 11 期。

《"中国合作医疗之父"覃祥官》,《新天地》2006 年第 10 期。

《覃祥官:中国合作医疗的领路人》,《东北之窗》2006 年第 2 期。

～覃世清:《"中国合作医疗之父"的昨天与今天》,《党史纵览》2005 年第 1 期。

～覃世清:《"中国合作医疗之父"覃祥官的传奇人生》,《钟山风雨》2004 年第 2 期。

～覃世清:《"中国合作医疗之父"近况追踪》,《文史天地》2004 年第 6 期。

～覃世清:《"中国合作医疗之父"覃祥官的传奇人生》,《西部人》2003 年第 8 期。

～陈素芳:《"农村合作医疗"第一人》,《首都医药》2003 年第 3 期。

～覃世清:《为了亿万农民的健康——农村合作医疗的创始人覃祥官沉浮录》,《人权》2003 年第 1 期。

《农村合作医疗创始人覃祥官》,《炎黄春秋》2001 年第 3 期。

《"中国合作医疗之父"覃祥官》,《海内与海外》2000 年第 7 期。

《中国"合作医疗之父"》,《民族团结》2000年第3期。

《中国合作医疗之父覃祥官的曲折人生——从农民到副厅长继而辞官还乡》,《楚天主人》1999年第12期。

胡正旗(川北医学院)

《黄宗羲医事考述》,《中医文献杂志》2019年第2期。

《章太炎"医学第一"之我见》,《中医药文化》2019年第1期。

胡志方(湖南人文科技学院)

《试论非政府组织在非洲医疗卫生领域的作用与影响》,《西亚非洲》2009年第10期。

胡芷妡

《单身非边缘——试析三十份中古晚期伦敦未婚女性遗嘱》,《新史学》第26卷第4期(2015.12)。

胡忠良(中国第一历史档案馆)

《康熙皇帝与天花》,《北京档案》2003年第6期。

《乾隆十五子种痘》,《紫禁城》1993年第6期。

胡钟烨(西南政法大学)

《新中国初期卫生防疫立法研究(1949年—1965)》,西南政法大学硕士学位论文2013年。

华碧春(福建中医药大学/福建省中医学院)

~耿学斯等:《1950—1990年福建省中草药文献举要》,《福建中医药大学学报》2010年第5期。

《俞慎初的中药学成就与学术思想探讨》,《中华医史杂志》2003年第1期。

《〈本草害利〉的"药害"理论探讨》,《福建中医学院学报》2002年第4期。

~杜建:《闽籍华侨与东南亚中药业》,《中华医史杂志》2000年第4期。

~胡励军等:《胡文虎与虎标万金油》,《福建中医学院学报》1995年第1期。

~俞慎初:《试探温病学说地域性和实用性形成的历史原因》,《陕西中医》1989年第4期。

华春勇(西北大学)

《宋代太医局医学教育诸问题初探》,西北大学硕士学位论文2006年。

华得凤(重庆师范大学)

《中医救济医院研究(1937—1942)》,重庆师范大学硕士学位论文2019年。

华国凡

~金观涛:《中医:科学史上的一个奇迹》,《自然辩证法通讯》1979年第2期。

花海兵(江阴市中医院)

~龚伟等:《柳宝诒〈惜余医案〉诊治特色浅析》,《中医药导报》2019年第11期。

翟金海、陈兰~:《张元素谴药制方论形成的理论渊源》,《长春中医药大学学报》2017年第2期。

~刘崇敏等:《民国江阴籍医家群体研究》,《中医药文化》2013年第4期。

~龚伟等:《江阴近代中医流派述略》,《江苏中医药》2011年第8期。

~陈正平等:《〈朱少鸿医案〉点校整理及学术思想探究》,《中国中医基础医学杂志》2011年第2期。

顾培洁~:《江苏江阴中医外科名家及学术思想介绍》,《江苏中医药》2011年第1期。

~陈正平等:《〈朱少鸿医案〉学术思想管窥》,《江苏中医药》2010年第11期。

华浩明(南京中医药大学/南京中医学院)

王羽超~:《浅析张仲景对甘草的运用》,《河南中医》2007年第11期。

《膏方历史源流及现代进展概要》，《江苏中医药》2006 年第 11 期。

《藿胆丸方源考》，《中成药》1999 年第 9 期。

《罗美籍贯考》，《中华医史杂志》1999 年第 4 期。

《张仲景对酒的运用及其致病性的认识》，《国医论坛》1999 年第 3 期。

《论方剂学的发展史及其四个时期》，《中国中医基础医学杂志》1998 年第 3 期。

《膏方的历史源流初探》，《南京中医药大学学报》1997 年第 4 期。

《中医外治方剂发展简史》，《中医外治杂志》1996 年第 1 期。

《〈肘后备急方〉的方数统计与认识》，《中国医药学报》1993 年第 4 期。

《略论近百年来中日两国中医学的兴衰》，《医学与哲学》1990 年第 5 期。

《中医学思维方式的缺陷及其出路》，《医学与哲学》1986 年第 12 期。

《类比法与中医学》，《医学与哲学》1986 年第 8 期。

华桦（四川省中医药科学院）

～杨宝寿等：《我国南派藏医药的形成与发展概述》，《中华民族医药杂志》2010 年第 5 期。

化娟（北方工业大学）

《基于美国国民健康政策的公共健康伦理研究》，北方工业大学硕士学位论文 2017 年。

华强

《中医中药在加拿大开始合法化》，《中国中医药信息杂志》2000 年第 10 期。

华伟（第二军医大学）

《孙中山与中国近代医学》，《医学与哲学（A）》2012 年第 4 期。

《"保盟"对抗战敌后战场医疗工作的贡献》，《军事历史研究》2009 年第 4 期。

华颖（德国慕尼黑大学/中国人民大学）

《德国医疗保险自治管理模式研究》，《社会保障评论》2017 年第 1 期。

《德国长期护理保险最新改革动态及启示》，《中国医疗保险》2016 年第 7 期。

《英国全民医疗服务（NHS）的组织管理体制探析——兼论对中国的启示》，《中国医疗保险》2014 年第 3 期。

《德国法定医疗保险谈判机制的特征》，《中国医疗保险》2013 年第 8 期。

《德国法定医疗保险谈判机制探析》，《中国医疗保险》2013 年第 6 期。

《德国法定医保谈判机制：横向的共同自治管理》，《中国医药报》2013 年 10 月 21 日 006 版。

桦桢（西北民族大学）

《〈三国演义〉中的疾病与天道》，《商洛学院学报》2007 年第 2 期。

华祝考（浙江中医学院）

《曹炳章生平与〈中国医学大成〉》，《南京中医学院学报》1991 年第 3 期。

《读唐大烈〈读书十则〉》，《浙江中医学院学报》1991 年第 2 期。

《略论李时珍的治学精神》，《浙江中医学院学报》1990 年第 5 期。

《〈吴医汇讲〉编辑特色》，《山东中医学院学报》1990 年第 5 期。

《裘吉生的中医编辑工作经验研究》，《中医药学报》1988 年第 3 期。

《赵学敏对发展民间医药的贡献》，《浙江中医学院学报》1980 年第 3 期。

郇建立（北京科技大学/清华大学）

《大众流行病学与公共健康教育——于娟"癌症日记"的启示》，《广西民族大学学报（哲学社会科学版)》2017年第5期。

《慢性病的社区干预:芬兰北卡项目的经验与启示》,《中国卫生政策研究》2016年第7期。

《大众流行病学与乳腺癌的起源——基于娟"癌症日记"的分析》,《思想战线》2015年第5期。

～田阳:《剖腹产滥用的发生机制:从市场化改革到生育医学化——基于河北省S县P医院的调查与分析》,《社会科学》2014年第12期。

《中国乡村慢性病的社会根源——基于冀南沙村的田野考察》,《北方民族大学学报(哲学社会科学版)》2014年第6期。

《乡村慢性病人的生存策略——基于冀南沙村的田野考察》,《思想战线》2014年第3期。

～李文静:《村民视角下的新型农村合作医疗政策实施效果评估——基于晋西南M村的问卷调查和个案访谈》,《北京科技大学学报(社会科学版)》2013年第1期。

《病人照料与乡村孝道——基于冀南沙村的田野考察》,《广西民族大学学报(哲学社会科学版)》2013年第1期。

《乡村慢性病人的生活世界——基于冀南沙村中风病人的田野考察》,《广西民族大学学报(哲学社会科学版)》2012年第2期。

～王博勋:《农民工医疗保障的困境与出路——基于北京市海淀区三个工地的实地考察》,《社会工作(学术版)》2011年第8期。

景军～:《中国艾滋病研究中的民族与性别问题》,《广西民族大学学报(哲学社会科学版)》2010年第6期。

～孙静:《产后抑郁症患者的社会支持研究——基于内蒙古D县X医院妇产科患者的个案访谈》,《妇女研究论丛》2010年第1期。

《中国艾滋病的社会科学研究20年》,《社会科学》2009年第11期。

《慢性病与人生进程的破坏——评迈克尔·伯里的一个核心概念》,《社会学研究》2009年第5期。

～梅雪峰:《乳腺癌患者的心理体验与社会支持——以北京肿瘤医院的乳腺癌患者为个案》,《石家庄铁道学院学报(社会科学版)》2007年第2期。

宦小娴(南京大学)

《战争与医疗:日本在华同仁会研究(1937—1945)》,南京大学硕士学位论文2015年。

黄爱国(南京中医药大学)

～沈永健等:《儒道文化与心理疏导疗法》,《医学与哲学(人文社会医学版)》2009年第8期。

～杜文东:《论先秦时期医学心理学思想》,《中华医史杂志》2006年第2期。

黄爱军(安徽财经大学)

《新四军医疗卫生工作研究》,《安徽广播电视大学学报》2006年第4期。

黄爱珠(中国科学院)

胡永畅……罗登～:《全合成胰岛素和丙氨酸转移核糖核酸的决策和组织》,《生命科学》2015年第6期;《自然辩证法通讯》1983年第4期。

《纪念沈昭文教授百年诞辰》,《生命的化学》2006年第3期。

《人工合成核酸上马前后纪实》,《生命的化学(中国生物化学会通讯)》1982年第2期。

黄安(山西中医学院)

《中国古代名医从医源流考》,《山西中医学院学报》2002年第3期。

黄碧玉（福建中医学院）

《评述〈医宗金鉴·刺灸心法要诀〉主要特色》,《光明中医》2004 年第 5 期。

林宏～:《试论魏晋南北朝时期灸法的发展》,《福建中医药》1988 年第 2 期。

《略论〈内经〉刺血疗法》,《福建中医药》1987 年第 5 期。

黄斌（北京中医药大学/中国中医研究院）

陈怡瑾……姜晓媛～:《〈医门法律〉之论关格》,《中国中医药现代远程教育》2017 年第 2 期。

～张银柱等:《从〈四圣心源〉解读黄元御的用药思路》,《北京中医药大学学报》2014 年第 9 期。

～张银柱:《关于唐代已佚方书〈近效方〉的考察》,《中华医史杂志》2013 年第 4 期。

《杜文燮〈药鉴〉浅识》,《中华医史杂志》2009 年第 2 期。

《〈广济方〉"慈孤草"考证》,《中医药文化》2006 年第 6 期。

《李时珍见过番红花吗?》,《现代中药研究与实践》2005 年 Z1 期。

惠萍～:《〈本草纲目〉土茯苓刍议》,《新中医》2005 年第 7 期。

《〈本草纲目〉药物分类方法》,《中国中医药现代远程教育》2005 年第 4 期。

～张瑞贤:《〈本草纲目〉中的动物粪便药》,《中药材》2003 年 Z1 期。

～胡晓峰:《〈本草纲目〉"蒺藜"名实考辨》,《中药材》2003 年 Z1 期。

《〈本草纲目〉中的药理实验举隅》,《中药材》2003 年 Z1 期。

卢慕舜～:《〈本草纲目〉"海芋"释名考》,《中药材》2003 年 Z1 期。

《隋唐药学成就在〈外台秘要〉中的反映》,《中国药学杂志》1988 年第 8 期。

黄岑汉（广西中医学院）

刘燕平～:《试论秦汉晋唐时期中医美容的萌发及兴盛》,《辽宁中医药大学学报》2009 年第 3 期。

《试论禀赋与七情对人类寿夭的影响》,《江西中医药》2006 年第 2 期。

《从古代脉法探讨经络与脉诊的关系》,《中华中医药杂志》2005 年第 10 期。

～刘燕平:《罗哲初〈脉纬〉评介》,《广西中医药》1990 年第 3 期。

黄超（上海师范大学）

《克洛德·贝尔纳实验医学思想研究》,上海师范大学硕士学位论文 2013 年。

黄椿（贵州民族学院）

《布依族宗教中的预防医学思想》,《中华文化论坛》2009 年第 3 期。

黄春春（广州中医药大学）

《日本的医疗民主运动》,《医学与哲学（人文社会医学版）》2011 年第 4 期。

～陈昭辉:《论医学伦理委员会的意义和发展》,《中国医学伦理学》2005 年第 2 期。

《日本人怎样看病——日本支持病人自我决定的若干做法》,《国际医药卫生导报》2002 年第 13 期。

黄春春（南京大学）

《生命诞生的转型——关于"剖腹产"的社会人类学研究》,南京大学硕士学位论文 2012 年。

黄春莲（湖南师范大学）

《南京国民政府妇女卫生政策研究(1927—1937)》,湖南师范大学硕士学位论文 2017 年。

黄存瑞（中山大学）

杨秀群～:《英国国家卫生服务制度分权管理》,《国外医学（卫生经济分册）》2007 年第 4 期。

～叶文彬等:《英国社区卫生服务制度及启示》,《国外医学（卫生经济分册）》2004 年第 4 期。

黄德娟

《浅谈显微镜的发展史及其在生物学中的用途》,《赤峰教育学院学报》2000 年第 2 期。

黄德明(武汉大学)

～朱路:《论国际法对化学武器的规制》,《法学评论》2009 年第 4 期。

黄冬玲(广西中医学院)

《壮族地区瘴气流行考证》,《中国民族医药杂志》1999 年第 2 期。

～钟以林:《广西自然地理与壮族医药》,《广西中医药》1988 年第 5 期。

黄冬英(华中师范大学)

《近代武汉环境卫生管理研究(1900—1938)》,华中师范大学硕士学位论文 2009 年。

黄东源(宁波市中医医院)

～钟一棠:《试论王肯堂对精神疾病诊治的贡献》,《中医药学刊》2006 年第 6 期。

黄敦勉(厦门大学)

《我国大型中成药企业的发展战略探讨》,厦门大学硕士学位论文 2002 年。

黄敦为(台湾国立政治大学)

《徘徊于营利与慈善之间——论惠民药局的兴起与没落(1072—1644)》,台湾国立政治大学硕士学位论文 2011 年。

黄蓉华(右江民族医学院)

王华生、尧国靖～:《"斯诺命题"与医学人文教育的发展》,《卫生职业教育》2012 年第 23 期。

王华生～:《生死伦理的本土化诠释》,《湖南工业大学学报(社会科学版)》2011 年第 2 期。

《中国传统医学中的医学伦理观》,《时珍国医国药》2009 年第 1 期。

《儒学对中医伦理学的影响与渗透》,《中国医学伦理学》2007 年第 3 期。

～樊民胜:《疾病歧视的思考》,《医学与社会》2007 年第 1 期。

袁其微、农乐颂～:《道路交通伤害与公共健康的伦理研究》,《基层医学论坛》2007 年第 1 期。

黄恩瑞(山东大学)

《面对中国市场的韩国医疗观光产业分析》,山东大学硕士学位论文 2012 年。

黄方(福建医科大学附属第二医院)

《近代福建泉州惠世医院》,《中华医史杂志》2018 年第 4 期。

黄飞(国家老年医学中心/北京医院)

《论〈伤寒论〉之六经源宗〈黄帝内经〉〈难经〉》,《世界中西医结合杂志》2019 年第 2 期。

～闫晓光:《〈伤寒论〉六经本质要素十论》,《陕西中医》2018 年第 12 期。

～李文瑞:《魏晋至隋唐时期的"消渴"病辨析》,《中华医史杂志》2018 年第 4 期。

～闫晓光等:《〈伤寒论〉主要版本简略》,《世界中西医结合杂志》2014 年第 12 期。

黄丰

～邓艳琴:《全球化及动物贸易对传染病生态学的影响》,《中国人兽共患病学报》2008 年第 2 期。

黄枫(广州中医药大学第一附属医院)

～陈凯佳等:《岭南骨伤名家蔡荣〈按摩疗法〉对中医正骨手法发展的贡献》,《新中医》2016 年第 12 期。

徐险峰～郑晓辉:《岭南骨伤科应用岭南藤类中药材举隅》,《河南中医》2014 年第 7 期。

～李禾:《〈伤科汇纂〉对〈动静结合〉理论的贡献》,《中国骨伤》2005 年第 12 期。

　　～李禾:《〈伤科汇纂〉外伤内治用药特点》,《南京中医药大学学报》2005 年第 5 期。

　　李禾、刘小斌～:《从蒋希曾〈经验医案〉看岭南三急症的辨证用药特点》,《广州中医药大学学报》2003 年第 3 期。

　　李禾～:《从〈正体类要〉看薛己的治伤用药特点》,《广州中医药大学学报》1996 年 Z1 期。

黄凤(四川大学)

　　《人体隐喻的认知研究》,四川大学硕士学位论文 2006 年。

黄锋(中山大学)

　　《民族医疗中的"神药两解"现象解析——以粤北一个"排瑶"村庄为例》,《广东技术示范学院学报》2014 年第 10 期。

黄淦波(广州中医药大学)

　　《民国以前岭南痹病证治文献疏理》,广州中医药大学博士学位论文 2016 年。

　　～欧晓波等:《论何梦瑶〈神效脚气方〉》,《新中医》2016 年第 2 期。

黄福开(北京藏医院/中国民族医药学会)

　　冯岭～:《从民族文化保护和发展角度看民族医药古籍整理》,《中国民族医药杂志》2009 年第 8 期。

　　《藏医尿诊学研究刍议》,《中国藏学》2007 年第 3 期。

　　～刘英华:《藏药浴"五味甘露方"源流考》,《中国藏学》2002 年第 4 期。

　　《论藏药浴的学术内涵及其发展》,《中国藏学》2002 年第 2 期。

　　《藏医药产业化与西部大开发》,《中国藏学》2000 年第 2 期。

　　《蒙藏医脉诊与中医脉诊之异同试析》,《中国藏学》1999 年第 2 期。

　　《藏医治疗疾病的基本原则和方法论述》,《首都医药》1997 年第 8 期。

　　《藏医与中医的脉诊差异》,《首都医药》1997 年第 6 期。

黄恭康

　　《祖国医学在伤科方面的科学成就》,《安医学报》1962 年第 1 期。

黄光英(华中科技大学同济医学院)

　　～龚菂:《李时珍医药文化——中华传统文化的继承和发扬》,《中西医结合研究》2009 年第 2 期。

黄桂莹

　　《行善於乐——十八世纪中叶伦敦扶幼院的艺文形象与英国慈善文化》,《新史学》第 28 卷第 1 期(2017.3)

黄国荣(徐州市中医院)

　　《李约瑟的"世界科学兴起规律"及其对中西医学的启示》,《南京中医药大学学报》1995 年第 3 期。

　　《中西医病理思想的比较研究》,《南京中医学院学报》1994 年第 2 期。

黄国武(四川大学)

　　～吴迪:《英美德家庭医生相关制度比较》,《中国社会保障》2017 年第 9 期。

　　《美国医保制度演进中大病风险化解机制研究》,《社会保障研究》2015 年第 2 期。

黄海(福建中医学院)

　　《张仲景治疗精神疾病探析》,《中国医药学报》2003 年第 9 期。

　　《〈伤寒论〉养阴保津法则初探》,《中国医药学报》2003 年第 3 期。

　　《〈医宗金鉴〉中的伤寒内容特色》,《中华医史杂志》2003 年第 1 期。

　　《〈伤寒论〉温法的用药特点》,《中国医药学报》2003 年第 1 期。

《吴鞠通〈温病条辨〉对〈伤寒论〉的继承与发展》,《中华医史杂志》2002 年第 1 期。

黄海红(上海交通大学附属胸科医院)

~郑宁:《英国家庭医生制度对我国分级诊疗模式的启示》,《解放军医院管理杂志》2016 年第 3 期。

黄浩炜(广州中医药大学)

《中医学与古代兵法》,《中医药文化》2008 年第 5 期。

黄河清(浙江省绍兴市广电中心)

《"神经"考源》,《科技术语研究》2003 年第 2 期。

《"癌"字探源》,《科技术语研究》2002 年第 1 期。

黄衡禄

《中国化学家对于药物化学的贡献——第二部分:合成药物》,《化学世界》1957 第 2、3、4 期。

黄虹(四川大学/重庆师范大学)

《抗战时期重庆的公共卫生法规研究》,《江西社会科学》2011 年第 3 期。

《论抗战时期重庆的卫生教育》,《求索》2011 年第 1 期。

《试论"重庆大轰炸"中的卫生应急机制》,《重庆师范大学学报(哲学社会科学版)》2008 年第 1 期。

《抗战时期重庆的防空卫生》,《时代文学(理论学术版)》2007 年第 6 期。

黄宏(浙江中医药大学)

~沈敏鹤等:《"病由心生"疾病观探讨》,《浙江中医药大学学报》2017 年第 4 期。

黄鸿茗(台湾成功大学)

《全球化时代禽流感的政治经济学分析——越南、泰国与印尼的个案研究》,成功大学政治经济研究所博士学位论文 2014 年。

《台湾地区医院的消逝对社区医疗安全网络的影响》,《台湾社区工作与社区研究学刊》第 3 卷第 1 期(2013.4)。

黄红霞(复旦大学)

《威廉·麦克尼尔史学思想研究》,复旦大学博士学位论文 2012 年。

《论威廉·H.麦克尼尔科学化世界历史观的形成——从〈瘟疫与人〉中的生物学角度》,《武汉大学学报(人文科学版)》2013 年第 4 期。

黄华平(皖南医学院)

~高璇:《1937—1949 年铁路卫生事业的劫难与重建》,《中华医史杂志》2016 年第 6 期。

~宋默涵:《1932 年霍乱流行与铁路当局的防控》,《中华医史杂志》2016 年第 1 期。

《20 世纪 30 年代中国铁路卫生运动述评》,《中华医史杂志》2015 年第 1 期。

《1912 年至 1937 年中国铁路医疗服务体系述论》,《中州学刊》2014 年第 10 期。

《国民政府铁道部时期的铁路禁烟禁毒初探》,《中国矿业大学学报(社会科学版)》2014 年第 2 期。

《清末中国铁路卫生事业的萌发及其动因》,《中华医史杂志》2014 年第 2 期。

《略论近代平汉铁路医疗事业的建立与发展(1908—1937)》,《井冈山大学学报(社会科学版)》2014 年第 1 期。

《南京国民政府时期铁路卫生保健事业探析》,《江西社会科学》2013 年第 8 期。

《黄子方与 20 世纪 30 年代京沪沪杭甬铁路职工卫生事业》,《中华医史杂志》2013 年第 6 期。

《近代中国铁路卫生防疫与铁路卫生建制化》,《温州大学学报(社会科学版)》2012 年第 4 期。

《1900—1937 年中国铁路卫生建制化述论》,《江西社会科学》2011 年第 11 期。

　　～赵伟：《1910—1937 年的中国铁路卫生防疫》，《中华医史杂志》2010 年第 5 期。

黄黄（江西省卫生学校）

　　《中药煮散的历史沿革及现代研究》，《中国药学杂志》1989 年第 2 期。

黄煌（南京中医药大学/南京中医学院）

　　何永明、徐敏～：《经方家曹颖甫生平医事》，《中医药文化》2017 年第 5 期。

　　田明敏～：《〈伤寒论〉厥阴病篇探析》，《南京中医药大学学报》2016 年第 4 期。

　　李刚……陈书屏～：《〈汤液经法〉图略解》，《中国中医基础医学杂志》2015 年第 9 期。

　　任灵贤～：《经方起源考》，《南京中医药大学学报》2011 年第 1 期。

　　柴程芝、刘志刚～余伯阳：《〈伤寒杂病论〉人参药证研究》，《辽宁中医杂志》2009 年第 10 期。

　　《经方医学的源流与现状分析》，《上海中医药杂志》2009 年第 1 期。

　　《王孟英医案选读——清代名医医案选读之四》，《江苏中医药》2005 年第 11 期。

　　《徐灵胎医案选读——清代名医医案选读之三》，《江苏中医药》2005 年第 8 期。

　　《叶天士医案选读——清代名医医案选读之二》，《江苏中医药》2005 年第 5 期。

　　《尤在泾医案选读——清代名医医案选读之一》，《江苏中医药》2005 年第 2 期。

　　柴程芝～：《张仲景学术思想中所蕴含的循证医学》，《河南中医》2005 年第 1 期。

　　《我国民间医学的特色与发展趋向》，《湖南中医药导报》2000 年第 9 期。

　　《推广应用经方　振兴中医学术——近代经方家曹颖甫学术思想述评》，《山西中医》1998 年第 3 期。

　　《论〈伤寒论〉类方研究的学术意义》，《南京中医药大学学报》1995 年第 2 期。

　　《对〈伤寒论〉学术价值再认识的一部力作——清代伤寒家程应旄〈伤寒论后条辨〉述评》，《国医论坛》1994 年第 3 期。

　　《关于〈伤寒论类方〉与〈类聚方〉的思考》，《医学与哲学》1994 年第 3 期。

　　《〈伤寒论〉研究的拓荒者——介绍明代著名伤寒家方有执》，《江西中医药》1990 年第 4 期。

　　《仲景心法的开掘者——介绍清代伤寒家吕震名》，《浙江中医学院学报》1989 年第 6 期。

　　《〈伤寒论〉研究史上的三次高潮》，《中医杂志》1989 年第 11 期。

　　《阎德润与〈伤寒论评释〉》，《中医药信息》1989 年第 4 期。

　　《徐灵胎对治疗急症的认识与实践》，《江苏中医》1988 年第 4 期。

　　～陈子德：《近百年来中医学的发展理论》，《医学与哲学》1987 年第 12 期。

　　《有求实之心　具救弊之意——介绍清代伤寒家舒诏》，《上海中医药杂志》1987 年第 10 期。

　　《明代名医缪希雍的学说与经验简介》，《新中医》1987 年第 6 期。

　　《朱丹溪"养阴派"责疑》，《重庆中医药杂志》1987 年第 1 期。

　　《费伯雄生卒年考小补》，《上海中医药杂志》1986 年第 10 期。

　　《马培之学术思想和经验简介》，《新中医》1984 年第 4 期。

　　《针砭时弊　发皇古义——徐灵胎医学思想剖析》，《上海中医药杂志》1984 年第 4 期。

　　《历代研究外感病的流派》，《南京中医学院学报》1984 年第 2 期。

　　《明清中医外科流派琐谈》，《辽宁中医杂志》1983 年第 5 期。

　　《金元四大家学说在日本》，《上海中医杂志》1983 年第 5 期。

　　《孟河名医学术特点简介》，《江苏中医杂志》1983 年第 4 期。

　　《叶天士医案及其研究概况》，《中医杂志》1983 年第 2 期。

　　《清代尊经学派对仲景学说的研究》，《南京中医学院学报》1982 年第 4 期。

黄辉(安徽中医药大学/中医药临床杂志社)

付书璠……李慧~张佩文:《基于〈伤寒论〉太阳病探讨张仲景顾护脾胃学术思想》,《世界最新医学信息文摘》2019 年第 63 期。

孙宇洁……付书璠~:《浅析〈医学心悟〉程国彭辨治虚劳特色》,《世界最新医学信息文摘》2019 年第 61 期。

周桥~郭锦晨等:《基于〈王仲奇医案〉浅析王仲奇辨治郁证用药经验特色》,《中国民族民间医药》2019 年第 16 期。

李佩佩、王键~胡建鹏等:《从〈临证指南医案〉论叶天士辨治胃阳思想及特色》,《中医杂志》2019 年第 14 期。

周桥、郭锦晨~李家劼:《基于〈时病论〉论雷丰对"冬伤于寒,春必病温"理论的阐释》,《中医研究》2019 年第 12 期。

高兵、程悦~郭锦晨等:《叶天士〈临证指南医案〉治疗喘证经验撷萃》,《中国中医基础医学杂志》2019 年第 10 期。

高兵~郭锦晨等:《新安医家王仲奇临证应用膏方特色浅析》,《中华中医药杂志》2019 年第 9 期。

王雪娇、黄蓉~:《张杲〈医说〉养生与疾病防治特色思想浅探》,《中国民族民间医药》2019 年第 8 期。

方舟~:《从补营气即补阴到补营阴即补气——明代新安医家汪机〈营卫论〉的启示》,《陕西中医药大学学报》2019 年第 6 期。

张红梅……陈雪功~吴凡等:《浅析〈温病条辨〉凭脉辨证化裁四经方》,《中医药信息》2019 年第 6 期。

赵令富,、宋金香~:《明代新安医家汪机、罗周彦"固本培元"学术思想比较分析》,《甘肃中医药大学学报》2019 年第 5 期。

王雪娇……唐金星~:《五位新安医家养生思想研究》,《中医药临床杂志》2019 年第 5 期。

管鹏飞~高泽洪等:《四位新安医家惊风创见探析》,《中医药临床杂志》2019 年第 5 期。

王雪娇、唐金星~:《新安医籍〈医宗金鉴〉辨治脱疽概述》,《中医药临床杂志》2019 年第 4 期。

侯阿美……张佩文~:《从〈医理〉小议余国珮"燥湿为纲"学术思想》,《现代中医药》2019 年第 3 期。

朱梦~郭锦晨等:《新安地区道地药材保护开发的探索与思考——以歙县为例》,《现代中医药》2019 年第 3 期。

高兵……郭锦晨~齐卓操:《新安王氏内科王仲奇与王任之论治胃脘痛用药特色分析》,《北京中医药大学学报》2019 年第 3 期。

程悦……郭锦晨~齐卓操等:《〈程正通医案〉煎服法特色探析》,《陕西中医药大学学报》2019 年第 1 期。

姜东海~王君敏:《尚礼崇文——新安医学家门化传承的文化内核》,《中医药文化》2018 年第 6 期。

李梦琪、牛淑平~赵晨玲:《汪机 45 首膏丸方配伍规律探析》,《陕西中医药大学学报》2018 年第 5 期。

高兵……程悦~张佩文等:《王任之治疗胃脘痛的处方用药规律及聚类关联规则分析》,《世界中西医结合杂志》2018 年第 5 期。

李梦琪～牛淑平等:《新安医家汪机〈石山医案〉中丸剂临床应用特点探析》,《甘肃中医药大学学报》2018 年第 4 期。

高兵……孙晖晖～程悦等:《基于数据挖掘的〈王仲奇医案〉中月经不调处方用药规律分析》,《甘肃中医药大学学报》2018 年第 2 期。

王玉凤、张亚辉～赵军:《汪机儿科学术特点浅析》,《江西中医药大学学报》2017 年第 4 期。

～王健:《天人合一思想的本体意义及其比较学研究》,《南京中医药大学学报(社会科学版)》2016 年第 4 期。

邓勇、程新～:《论〈本草纲目〉与〈本草备要〉版本体例之异同》,《中国中医药图书情报杂志》2016 年第 4 期。

～万四妹等:《新安医家徐春甫生平事迹考辨》,《安徽中医药大学学报》2016 年第 1 期。

王键～:《中医药传承的战略思考》,《中医药临床杂志》2013 年第 1、2 期。

《徐春甫肺病学术思想初探》,《中医药临床杂志》2012 年第 4 期。

《新安医学家徐春圃》,《中医药临床杂志》2011 年第 7、8、9 期。

王键～:《中医学与中华传统文化》,《中医药临床杂志》2011 年第 1、2、3 期。

《新安医药学家汪昂》,《中医药临床杂志》2010 年第 10 期;2011 年第 1、2 期。

《〈本草备要〉医论药话评析》,《中医杂志》2010 年第 6 期。

《〈本草蒙筌〉医论药话评析》,《中医杂志》2010 年第 1 期。

王键、郜峦～:《新安医学的形成因素和学术价值》,《中医文献杂志》2009 年第 3 期。

王键、郜峦～:《新安医学的成就与特色》,《安徽中医学院学报》2009 年第 1 期。

《〈本草蒙筌·序〉述评》,《安徽中医学院学报》2008 年第 6 期。

黄晖(温州大学)

《疯癫的沉默与理性的独白——解读福柯的〈疯癫与文明〉》,《法国研究》2010 年第 1 期。

《疯癫与理性的对话》,《理论界》2006 年第 5 期。

黄晖盛(成都中医药大学)

《天人合一观对中医文化的影响研究》,成都中医药大学硕士学位论文 2018 年。

黄惠运(井冈山大学)

《中央苏区时期的卫生防疫工作》,《中国井冈山干部学院学报》2012 年第 2 期。

黄纪林(南京机械高等专科学校)

～朱凯兵:《论经济全球化进程中的国家卫生安全》,《南京政治学院学报》1999 年第 6 期。

黄吉棠(广州中医学院)

《张景岳的医学哲学思想》,《新中医》1990 年第 7 期。

《明清之际的哲学思想对中医学的影响》,《新中医》1989 年第 6 期。

《论宋明理学促进中医学的发展》,《新中医》1988 年第 2 期。

《〈内经〉哲学探源》,《新中医》1981 年第 11、12 期。

黄加佳

《东北特大鼠疫之谜》,《文史博览》2010 年第 2 期。

黄家淑(华东师范大学)

《社会建构论视角下的疾病与治疗——以 M 医疗器械公司体验活动为例》,华东师范大学硕士学位论文 2011 年。

黄健(上海中医药大学出版社/中国中医科学院/中国中医研究院)

《中医气功:历史悠久 源远流长》,《中国中医药报》2017年4月7日007版。

《刘贵珍气功学术思想探析》,《中国中医药报》2016年8月31日004版。

《〈读医抄本拾遗〉的出版经过与学术价值》,《中医文献杂志》2015年第5期。

《气功与传统文化》,《中国中医药报》2012年12月6、7、10日004版。

《战国时气功已成中医治疗手段》,《中国中医药报》2012年7月4日004版。

～王兴伊:《百年气功发展的回眸与思考》,《中华医史杂志》2012年第4期。

《养生类图书:痼疾分析与对策探索》,《现代出版》2011年第2期。

《导引治未病的历史、现状与展望》,《北京中医药大学学报》2009年第9期。

～刘天君:《〈诸病源候论〉对古代气功学的贡献》,《陕西中医》2009年第6期。

～郭丽娃:《孙思邈中医心身医学思想探微》,《中华中医药杂志》2007年第4期。

～郭丽娃:《张景岳中医精神病学思想初探》,《中华医史杂志》1996年第4期。

《朱丹溪与我国古代的精神病学》,《浙江中医杂志》1995年第8期。

《〈千金方〉对精神病学的贡献》,《陕西中医》1995年第7期。

《〈诸病源候论〉对中国古代精神病学发展的贡献》,《中华医史杂志》1994年第4期。

《经验、理性、科学实验与医学的发现发明》,《医学与哲学》1993年第5期。

～郭丽娃:《食俗对我国古代医药学发展的影响》,《中医临床与保健》1993年第1期。

～郭丽娃:《古代自然疗法的发展与东西方传统文化》,《医学与哲学》1992年第1期。

黄建波(浙江中医药大学/浙江中医学院)

谢黎～:《〈临证指南医案〉中医将息法初探》,《辽宁中医药大学学报》2009年第6期。

《人与自然统一观下中医病因分层次理论探讨》,《中华中医药杂志》2007年第7期。

～周凯:《仲景微汗法及对后世医家的影响》,《浙江中医药大学学报》2007年第4期。

冉冉～励韶珺等:《古医籍中关于黧黑斑的病机与治法概述》,《甘肃中医学院学报》2006年第6期。

《〈儒门事亲〉心理疗法研究》,《辽宁中医杂志》2005年第8期。

黄剑波(中国人民大学)

西佩·休斯、罗克著,罗文宏～张有春译:《心性的身体:医学人类学未来的研究引论》,《思想战线》2010年第6期。

～孙晓舒:《基督教与现代临终关怀的理念与实践》,《社会科学》2007年第9期。

～孙晓舒:《信仰、生死及死亡之后——基督教与现代临终关怀的理念与实践》,《社会观察》2007年第9期。

史蒂文·罗宾斯、刘琪～:《从"权利"到"仪式":南非的艾滋病行动主义》,《广西民族研究》2007年第4期。

黄建军(北京中医药大学)

杨清华～:《鼻衄的古文献研究》,《中医药信息》2005年第1期。

《明清时期灸法的发展与应用》,《北京中医药大学学报》1995年第6期。

黄健美(复旦大学)

《上海士绅李书平研究》,复旦大学博士学位论文2011年。

黄杰诚(香港蔡燕蓉中医诊所)

～蔡燕蓉:《香港清末鼠疫流行中医辨治分析》,《山东中医药大学学报》2006年第3期。

黄瑾明（广西中医学院）

　　林华胜～黄贵华等：《壮医针灸理论之三道两路学说》，《国医论坛》2014年第4期。

　　黄贵华、冯纬纭～李婕：《论壮医针灸学理论的核心——壮医气血均衡学说》，《广西中医学院学报》2011年第4期。

　　黄汉儒～：《壮医发展史概述》，《中国医药学报》1987年第6期。

　　钟以林、班秀文～：《九针从南方来的实物例证——广西武鸣出土青铜针灸针初探》，《广西中医药》1987年第3期。

　　～黄汉儒：《广西现代中医学校教育》，《中华医史杂志》1985年第4期。

　　《有文字记载的祖国医学史考略》，《广西中医药》1979年第4期。

黄锦秋（黑龙江省文化厅）

　　《林黛玉病态人格及其文化意蕴》，《哈尔滨工业大学学报（社会科学版）》2001年第4期。

黄晶（中国中医科学院）

　　《清代江浙刻印医书研究》，中国中医科学院硕士学位论文2008年。

　　～万芳：《黄丕烈刊刻中医古籍考》，《北京中医药大学学报》2008年第4期。

黄敬亨（复旦大学）

　　～邢育健：《民国时期健康教育的理念与实践》，《中国健康教育》2009年第2期。

　　高惠琦、乔磊～：《世界卫生组织人人享有卫生保健战略的由来和发展》，《中国初级卫生保健》2004年第8期。

黄瀞仪（台湾台北教育大学）

　　《论医疗说明义务——以契约责任与侵权责任之区别实益为中心》，台湾大学硕士学位论文2009年。

黄敬愚（中山大学/四川大学）

　　《汉代医、巫、仙之关系考》，《中医药文化》2006年第4期。

　　《从"养生论"看嵇康对社会人生的关怀》，《天府新论》2001年第2期。

黄菊盛（南通医学院）

　　《张謇与私立南通医学专门学校》，《档案与建设》2003年第3期。

　　张卫斌～蔡燕：《南通第一例人体解剖》，《上海档案》1998年第4期。

黄菊馨（南京中医药大学）

　　《道教养生思想与方法及其对现代社会的价值研究》，南京中医药大学博士学位论文2010年。

黄娟（华中师范大学）

　　～刘翔：《论雅礼协会及其近代在湘教育事业》，《湖南农业大学学报（社会科学版）》2008年第4期。

　　～刘翔：《20世纪40年代的"生育节制"思潮及其历史地位》，《衡阳师范学院学报》2007年第4期。

黄俊卿（河南中医学院）

　　《论〈仙授理伤续断秘方〉的骨伤科成就》，《中医文献杂志》2005年第2期。

　　《论〈诸病源候论〉的痹病理论体系》，《河南中医学院学刊》1997年第6期。

黄凯（北京建筑大学）

　　《北京协和医学院老建筑群研究》，北京建筑大学硕士学位论文2016年。

黄凯文(广州中医药大学)

刘芳～曾展鹏:《广东现存1949年前中医医籍之初步调查》,《中医文献杂志》2019年第2期。

刘芳～:《民国岭南医家谭次仲与近代广东中医教育》,《中医文献杂志》2018年第1期。

《〈二十四史〉针灸医案浅析》,《中国针灸》2012年第3期。

《〈二十四史〉针灸教育史料研究》,《中医文献杂志》2011年第1期。

《〈二十四史〉刺法灸法史料研究》,《中医文献杂志》2009年第3期。

《正史目录中的针灸书目史料研究》,《中华医学图书情报杂志》2009年第3期。

～柴铁劬:《近五年来针灸医学史研究概述》,《中医文献杂志》2008年第2期。

《二十四史针灸史料的研究》,广州中医药大学硕士学位论文2008年。

刘芳～:《试析民国时期岭南医学文献的特点》,《中医文献杂志》2006年第3期。

黄颗程(西芷自治区卫生厅)

《略述藏医〈四部医典〉的医德思想》,《中国医学伦理学》1991年第4期。

黄可泰(宁波市医学科学研究所)

～吴元章:《侵华日军在宁波施行细菌战的罪行》,《中华医史杂志》1997年第3期。

黄克武

《从申报的医药广告看民初上海的医疗文化与社会生活,1912—1926》,《中央研究院近代史研究所集刊》第17期下册(1988.12)。

黄匡时(中国人口与发展研究中心)

《健康预期寿命指标中的健康概念及其测量研究》,《中国卫生政策研究》2018年第8期。

黄兰兰(中山大学)

《唐代秦鸣鹤为景医考》,《中山大学学报(社会科学版)》2002年第5期。

黄兰孙

《李时珍对近代药学的重大影响及其治学精神》,《药学通报》1955年第8期。

《本多生酸之发明小史》,《医药学》1947年第2期。

黄磊(东北师范大学)

《新浪微博中健康类辟谣信息的实证研究》,东北师范大学硕士学位论文2017年。

黄丽(西南大学)

《中国卫生教育社研究(1935—1948)》,西南大学硕士学位论文2015年。

《中国卫生教育社述论(1935—1948)》,《医学与哲学(A)》2015年第4期。

黄礼群(安徽大学)

《1927—1937年安庆公共卫生研究》,安徽大学硕士学位论文2013年。

～朱正业:《预防时疫指向下的丧葬改良——以1928年安庆为例》,《安庆师范学院学报(社会科学版)》2012年第4期。

黄利兴(江西中医药大学)

～刘英锋等:《盱江脉学的成就与特色》,《江西中医药大学学报》2015年第3期。

黄良俊(安徽师范大学)

《近40年中国疾病医疗史研究现状述论》,《宁德师范学院学报(哲学社会科学版)》2019年第3期。

黄林蒙（福建师范大学）

《陆游疾病诗论析》,《安庆师范学院学报（社会科学版）》2015 年第 1 期。

黄凌萃

《杭州麻疯院小史》,《麻疯季刊》1927 年第 2 期。

黄龙祥（中国中医科学院/中国中医研究院）

李宝金～:《窦汉卿针灸理论与儒家理学关系初探》,《中国针灸》2018 年第 2 期。

《老官山汉墓出土针方简解读》,《中华医史杂志》2018 年第 2 期。

《老官山出土汉简脉书简解读》,《中国针灸》2018 年第 1 期。

《同仁堂乐氏家族的针灸缘》,《中华医史杂志》2017 年第 6 期。

《老官山出土西汉针灸木人考》,《中华医史杂志》2017 年第 3 期。

张树剑～赵京生等:《对针灸"辨证论治"的回顾与省思》,《中国科技史杂志》2016 年第 1 期。

李剑荣～杜广中等:《尧天民〈中国针灸医学〉考略》,《中国针灸》2015 年第 6 期。

《经脉学说与扁鹊脉法的血缘》,《中国针灸》2015 年第 5 期。

《扁鹊医学特征》,《中国中医基础医学杂志》2015 年第 2 期。

《扁鹊医籍辨伪与拼接》,《中华医史杂志》2015 年第 1 期。

～黄幼民:《中国当代针灸经外奇穴文献研究辨误》,《中国针灸》2013 年第 6 期。

王莹莹～杨金生:《历代瘰之病名及其内涵研究》,《中国中医基础医学杂志》2012 年第 5 期。

黄幼民～:《〈重编医经小学〉名实考》,《中华医史杂志》2012 年第 5 期。

《从针麻的兴衰看文化的力量》,《中医药文化》2011 年第 5 期。

黄幼民～:《"孔最治痔"的讹传及其对当代针灸学的影响》,《针刺研究》2011 年第 5 期。

《针灸图像与针灸史料解读》,王淑民等主编《形象中医——中医历史图像研究》（北京:人民卫生出版社 2010 年）。

王勇～:《承淡安〈中国针灸治疗学〉版本及引用文献考》,《中国中医基础医学杂志》2009 年第 5 期。

黄幼民～:《〈窦太师针经〉版本及传本研究》,《上海针灸杂志》2009 年第 4 期。

《同一世界不同视界——中西医学的文化基因》,《中医药文化》2009 年第 4 期。

黄幼民～:《〈窦太师针经〉传本及构成考》,《中华医史杂志》2009 年第 1 期。

《针刺麻醉 50 年——超越麻醉与手术》,《针刺研究》2008 年第 6 期。

《〈针灸甲乙经〉的读法》,《中医药文化》2008 年第 6 期。

王勇～:《承淡安著述钩玄》,《针刺研究》2008 年第 5 期。

《〈针灸甲乙经〉的章法》,《中医药文化》2008 年第 5 期。

《读〈雪苔针论〉》,《针刺研究》2008 年第 4 期。

《走出中医看中医》,《科技导报》2007 年第 10 期。

岗卫娟～:《〈窦太师针经〉考略》,《针刺研究》2007 年第 3 期。

《走出中医看中医》,《科学文化评论》2007 年第 2 期。

李素云～:《〈黄帝明堂经〉腧穴主治理解方法探析》,《中国针灸》2006 年第 11 期。

武晓冬～:《针灸歌赋腧穴主治研究》,《中国针灸》2006 年第 5 期。

～徐文斌等:《圣·彼得堡国立艾尔米塔什博物馆藏针灸铜人研究》,《中华医史杂志》2005 年第 2 期。

《东京国立博物馆针灸铜人研究的突破与反思》,《自然科学史研究》2005 年第 1 期。

武晓冬~:《古代针灸文献中有关症候群鉴别方法的探讨》,《针刺研究》2005 年第 1 期。

~徐文斌等:《明正统仿宋针灸铜人鉴定与仿制》,《中国针灸》2004 年第 5 期。

《从"厥阴脉"概念的形成过程看经络学说的意义与价值》,《针刺研究》2003 年第 4 期。

《经络学说的理论结构与科学内涵》,《中医杂志》2002 年第 10 期。

《任脉、冲脉概念的形成与演变》,《中国针灸》2002 年第 8 期。

艾红兰~:《三阴交主治演变考》,《上海针灸杂志》2002 年第 4 期。

《经络循行线是如何确定的》,《中国中医基础医学杂志》2001 年第 9 期。

《腧穴主治的演变》,《中国针灸》2001 年第 3 期。

黄幼民~:《宋代校正医书局改编〈千金要方〉的新证据》,《中华医史杂志》2001 年第 2 期。

《试论非实践因素对经穴主治演变的影响》,《中国中医基础医学杂志》2000 年第 11 期。

《腧穴主治的形成》,《中国针灸》2000 年第 11 期。

《〈琼瑶神书〉考略》,《中华医史杂志》1999 年第 1 期。

《〈针灸大全〉考略》,《中国针灸》1998 年第 12 期。

《〈勉学堂针灸集成〉版本源流考》,《中国针灸》1998 年第 11 期。

《腧穴概念的演变》,《针刺研究》1998 年第 3 期。

《试论宋代校正医书局私改医书之弊》,《中国中医基础医学杂志》1997 年第 4 期。

《论〈素问〉遗篇"刺法论"的针法学术价值》,《针灸临床杂志》1996 年第 4 期。

《补泻刺法的形成与演变》,《针灸临床杂志》1995 年 Z1 期。

《寒热刺法的形成与演变》,《针灸临床杂志》1995 年第 10 期。

《灸法源流考》,《针灸临床杂志》1995 年第 9 期。

《腧穴归经源流初探》,《针灸临床杂志》1994 年第 5 期。

《经脉病候考源》,《中华医史杂志》1994 年第 4 期。

《经络学说的演变》,《中国针灸》1994 年第 3 期。

《从〈五十二病方〉"灸其泰阴、泰阳"谈起——十二"经脉穴"源流考》,《中医杂志》1994 年第 3 期。

《针灸治疗原则的形成及其内涵的演变》,《针灸临床杂志》1994 年第 1 期。

《经络学说的由来》,《中国针灸》1993 年第 5 期。

《〈铜人腧穴针灸图经〉的错误及其对后世针灸学的影响》,《中国针灸》1989 年第 4 期。

《针灸古籍中腧穴主治错误举例》,《北京中医》1989 年第 1 期。

~王德深:《〈黄帝明堂经〉与〈黄帝内经〉》,《中国针灸》1987 年第 6 期。

《〈黄帝内经明堂〉佚文考略》,《中国医药学报》1987 年第 5 期。

《〈西方子明堂灸经〉的来龙去脉》,《上海针灸杂志》1986 年第 3 期。

黄璐琦(中国中医科学院/中国中医研究院)

荣念赫……张华敏~:《不忘本来、吸收外来、面向未来——试论中医药走向世界》,《科学通报》2019 年第 26 期。

张宵潇……杨洪军~:《中医药标准化体系建设现状、问题与对策探讨》,《中国中药杂志》2019 年第 21 期。

白云俊……袁媛~:《药用大麻起源及其早期传播》,《中草药》2019 年第 20 期。

王永炎~:《立足高远,建设中国中医药循证医学中心》,《中国循证医学杂志》2019 年第 10 期。

《中医药迎来前所未有的发展机遇》,《中国卫生人才》2019 年第 10 期。

《在中国中医药循证医学中心成立仪式上的讲话》,《中国中西医结合杂志》2019 年第 4 期。

~《本草学研究的二重证据——从本草文献考证到本草考古》,《科学通报》2018 年第 13 期。

查良平……于大庆~:《明代薪篁的来源及工艺的考古研究》,《科学通报》2018 年第 13 期。

袁媛……韩东~:《中药灵芝使用的起源考古学》,《科学通报》2018 年第 13 期。

赵雅秋、段金廒~:《"太岁"古今之考辨》,《科学通报》2018 年第 13 期。

彭华胜、袁媛~:《本草考古:本草学与考古学的交叉新领域》,《科学通报》2018 年第 13 期。

张小波、吕冬梅~李梦等:《基于"一带一路"的外来中药资源开发探讨》,《中国中医药杂志》2018 年第 7 期。

蒋超~袁媛等:《〈中国药典〉动物药材基原物种中文名和拉丁学名引证规范》,《中国科学:生命科学》2018 年第 7 期。

杨洪军~:《经典名方的研发——中医药传承发展的突破口之一》,《中国现代中药》2018 年第 7 期。

王烨燃……马晓晶~:《浅析中医药文化的核心内涵》,《中医杂志》2017 年第 12 期。

方文韬……彭华胜~:《干姜、生姜、炮姜分化的历史沿革与变迁》,《中国中药杂志》2017 年第 9 期。

段海燕……彭华胜~:《中国历代本草学家的地理分布:兼论徽沪杭苏 4 个本草学家分布中心产生的原因》,《中国中药杂志》2017 年第 9 期。

詹志来……杨光~:《中药材品质评价与规格等级的历史沿革》,《中国现代中药》2017 年第 6 期。

王烨燃……王意乐~:《海昏侯汉墓"医工五禁汤"命名考辨》,《中华医史杂志》2017 年第 3 期。

詹志来……郭兰萍~:《基于历代本草产地变迁的药材道地性探讨——以黄芪、丹参为例》,《中国中药杂志》2016 年第 17 期。

白吉庆、林青青~:《"丝路中药"初探》,《中国现代中药》2016 年第 6 期。

单峰~郭娟等:《药食同源的历史和发展概况》,《生命科学》2015 年第 8 期。

彭华胜、郝近大~:《中国边疆省份道地药材分布与地缘政治格局关系》,《中国中药杂志》2013 年第 17 期。

王祝举……何子清~:《当归炮制历史沿革研究》,《中国实验方剂学杂志》2010 年第 3 期。

~邹建华等:《印度尼西亚传统医药概况》,《中国中医药信息杂志》2005 年第 4 期。

陈惠清、张瑞贤~王敏:《藏药蕨麻的文献考察》,《中国中药杂志》2000 年第 5 期。

~张瑞贤等:《我国生药学的历史回顾》,《中国中药杂志》2000 年第 4 期。

黄璐霞(渤海大学)

《艾滋病日纸媒体新闻报道比较研究——以〈湖南日报〉、〈三湘都市报〉、〈健康时报〉为例》,渤海大学硕士学位论文 2014 年。

《"我们"与"他们":艾滋病感染者的身份建构——以〈南方周末〉艾滋病报道为例》,《青年记者》2010 年第 20 期。

黄茂(四川大学)

~增瑞炎:《论抗战时期医学高校的迁川》,《抗日战争研究》2005 年第 1 期。

《抗战时期的医学高校迁川问题研究》,四川大学硕士学位论文 2002 年。

《抗战时期四川高等药学教育述论》,《文史杂志》2002 年第 3 期。

黄美霞

~译:《苏联保健事业 40 年来在血液保存方面的成就》,《俄文译丛(医学文献)》1958 年第 5 期。

黄孟君（湖南中医药大学第一附属医院/湖南中医学院）

郭小洪～:《张锡纯论治"胃气不降"探微》,《中医药导报》2015 年第 22 期。

《汪昂在方剂学方面的成就》,《中国医药学报》2003 年第 12 期。

黄淼（中国人民大学）

《全球治理中的国际组织——以世界卫生组织对抗 SARS 为案例》,《教学与研究》2003 年第 9 期。

黄妙玲（北京中医大学）

《〈外台秘要〉中医外治文献整理研究》,北京中医药大学硕士学位论文 2003 年。

黄民杰（福建省疾病预防控制中心/福建省健康教育所）

《〈医宗金鉴〉对普及对中医药知识的贡献》,《福建中医学院学报》2006 年第 3 期。

《试论中国古代文学家的健康传播方式》,《福建中医药》2000 年第 4 期。

黄敏秋

《医家三圣图考略》,《吴兴医药月刊》1947 年第 11 期。

黄鸣驹

《印度药学史》,《医药学》1926 年第 11 期。

黄明玉（青海大学）

～贾勉等:《藏医解剖学的起源》,《解剖学杂志》2006 年第 3 期。

黄培玉（台湾国立阳明大学）

《世界卫生组织之研究:国际政治纠葛下我国与世界卫生组织关系之演变》,国立阳明大学硕士学位论文 1996 年。

黄谦

《医圣张仲景传》,《国医公报》1935 年第 2 期。

黄强（华中科技大学）

《论我国医疗保险制度深层次改革的对策——兼议德国医疗保险制度改革经验的借鉴》,《医学与社会》2005 年第 12 期。

黄乔生（北京鲁迅博物馆）

《"鲁迅与仙台"研究述略》,《北京科技大学学报（社会科学版）》2006 年第 1 期。

黄青（武汉大学）

《南宋民众瘟疫神灵观初探》,《珞珈史苑》2015 年 00 期。

黄晴（中央民族大学）

蓝洋～:《广西金秀盘瑶巫医的文化变迁——功能界定、机制分析与政策导向》,《湖北民族学院学报（哲学社会科学版）》2016 年第 5 期。

《盘瑶巫医的文化变迁》,中央民族大学硕士学位论文 2015 年。

黄清华（同济大学/中国综合开发研究院/首都医科大学）

《健康权三维理论与中国卫生体系良法善治——兼论〈基本医疗卫生与健康促进法（草案）二审稿〉修改》,《中国发展》2019 年第 5 期。

《论新医改与中国卫生健康体系法治化——兼论〈卫生健康基本法草案〉修改》,《法治社会》2019 年第 5 期。

《基本医疗卫生立法忌思想僵化——评"卫生立法需直面五个矛盾"》,《医学与哲学（A）》2017 年第 3 期。

《生物样本所有权及相关法律争议的处理与启示——以美国司法实践为例》,《医学与哲学(A)》2017 年第 2 期。

《从经济学视角谈高新科技在卫生与健康事业中的作用》,《科技导报》2016 年第 24 期。

《健康权再认识——论健康权的民事、社会和政治权利属性》,《社会科学论坛》2016 年第 1 期。

《以人为本的英国国家卫生服务》,《中国保险报》2014 年 8 月 28 日;9 月 4 日;9 月 11 日 006 版。

《英国国家卫生服务改革与启示》,《中国医疗保险》2013 年第 10 期。

《医改梦想:以较低支出实现民众医疗普遍保障——英国的法治化实践与启示》,《中国医疗保险》2013 年第 9 期。

《论建立统一的健康保险法律制度》,《中国医疗保险》2013 年第 3 期。

《论基本医疗卫生服务法律制度建设》,《医院院长论坛—首都医科大学学报(社会科学版)》2013 年第 2 期。

《英国卫生体系基本法研究》,《法治研究》2012 年第 8 期。

《论建立基本医疗卫生服务损害救济制度——中国医疗过失责任法发展方向之预测》,《医院院长论坛》2012 年第 6 期。

《中国病人安全立法问题研究》,《北京社会科学》2012 年第 5 期。

《干细胞政策:英国和日本的举国体制与启示》,《科技导报》2012 年第 27 期。

黄庆林(广东工业大学/北京师范大学)

《国民政府时期的疫疠卫生保障体系论略》,《北华大学学报(社会科学版)》2009 年第 2 期。

《国民政府时期的公医制度》,《南都学刊》2005 年第 1 期。

黄琼(云南大学)

《昆明环境卫生管理研究(1930—1949)》,云南大学硕士学位论文 2016 年。

黄荣(华东师范大学)

～王飞:《邓小平医疗卫生思想的逻辑演进》,《南通大学学报(社会科学版)》2016 年第 11 期。

黄柔翡(台湾大学)

《台湾预防接种体制之变迁——以水痘、肺炎链球菌疫苗观之》,台湾大学硕士学位论文 2014 年。

黄如意(潍坊医学院)

～胡善菊:《我国长期护理保险制度试行的典型比较与思考》,《中国卫生事业管理》2019 年第 8 期。

《基于公共政策视角的医疗救助存在问题与对策探讨》,《劳动保障世界》2018 年第 33 期。

《互联网+医养结合养老模式构建与探讨》,《劳动保障世界》2018 年第 8 期。

～胡善菊:《基于钻石模型的医养护一体化健康养老模式探讨》,《卫生软科学》2016 年第 8 期。

～胡善菊:《山东省医养结合模式发展的 SWOT 分析》,《中国卫生事业管理》2016 年第 2 期。

～程乐森:《利益相关者视角下的新型医患关系构建》,《中国医学伦理学》2015 年第 6 期。

《媒体医疗纠纷报道中的道德失范》,《青年记者》2015 年第 6 期。

～胡善菊:《医疗市场的"萨伊定律"——供给诱导需求》,《卫生软科学》2008 年第 3 期。

～胡善菊:《供给诱导需求下的医疗费用增长问题分析》,《中国医疗前沿》2008 年第 4 期。

胡善菊～刘晓红:《营利性医疗机构税收歧视问题分析》,《中国医疗前沿》2008 年第 4 期。

胡善菊、李万才～:《从税法基本原则来看对营利性医疗机构的税收歧视问题》,《中国卫生事业管理》2007 年第 7 期。

黄瑞(山西中医学院)

～姚博等:《浅论〈金匮要略〉发病因素中的不和谐观》,《山西中医学院学报》2013年第5期。

黄瑞亭(福建省高级人民法院)

胡丙杰、翟恒利～赵丽娜:《改革开放40年我国法医学发展的成就与展望》,《中国法医学杂志》2019年第1期。

《宋慈与林几学术思想的比较研究——以司法鉴定文化为视角》,《中国司法鉴定》2019年第1期。

胡丙杰～:《民国时期我国法医学教育的建立与发展》,《中国继续医学教育》2018年第24期。

《宋慈祖籍考》,《中国司法鉴定》2018年第4期。

《林几学术思想及其当代价值——纪念林几诞辰120周年》,《中国法医学杂志》2017年第6期。

《1936年以前林几论文著作的综览》,《中国司法鉴定》2017年第6期。

《宋慈〈洗冤集录〉产生的历史文化条件——纪念宋慈诞辰830周年》,《中国法医学杂志》2016年第4期。

《林几教授在日本侵华时期坚持法医学教育》,《中国法医学杂志》2015年第6期。

《〈法医月刊〉办刊特色与历史作用》,《中国法医学杂志》2015年第5期。

《罗文干与中国早期的法医研究所》,《中国法医学杂志》2015年第3期。

《民国刘廉彬自缢案与现代法医制度》,《中国审判》2014年第7期。

《林几教授与他的〈实验法医学〉——缅怀中国现代法医学奠基人林几教授》,《中国司法鉴定》2014年第4期。

《我国古代法医语言的现代借鉴价值》,《中国司法鉴定》2013年第5期。

～周安居:《我国仵作职业研究》,《中国法医学杂志》2012年第5、6期。

《法庭科学的真谛——重温林几教授〈二十年来法医学之进步〉》,《证据科学》2012年第4期。

邹熠～张声:《法医昆虫毒理学在药(毒)物检测中的应用与发展》,《中国法医学杂志》2011年第6期。

《我国现代法医学人物志》,《中国法医学杂志》2011年第6期。

《我国早期现代法医学人物志》,《中国法医学杂志》2011年第5期。

《我国近代法医学人物志》,《中国法医学杂志》2011年第4期。

～陈新山:《对〈洗冤集录〉中特殊方式窒息死亡论述的探讨》,《中国法医学杂志》2010年第6期。

陈新山～:《〈洗冤集录〉的现代价值》,《中国法医学杂志》2009年第5期。

《百年之功——纪念林几教授诞辰110周年》,《中国法医学杂志》2007年第2期。

～陈新山:《百年中国法医学》,《中国法医学杂志》2005年第5期。

《〈洗冤集录〉与宋慈的法律学术思想》,《法律与医学杂志》2004年第2期。

～胡丙杰等:《近十年来我国现代法医昆虫学研究进展》,《中国司法鉴定》2002年第1期。

胡丙杰～陈玉川等:《法医昆虫学的发展与主要成就》,《法医学杂志》1998年第2期。

《〈拟议创立中央大学医学院法医学科教室意见书〉与林几教授的法医学教育思想——纪念林几教授诞辰100周年》,《法医学杂志》1998年第1期。

《早期中外医药学专家对我国现代法医学的贡献》,《法医学杂志》1997年第3期。

《我国法医胎盘学研究进展》,《法律与医学杂志》1996年第2期。

《中国现代法医学发展史述评》,《福建法学》1994年第2期。

《法医昆虫学研究进展》,《法律与医学杂志》1994年第1期。

《留有清气满乾坤——纪念中国现代法医学奠基人林几教授逝世 40 周年》,《中国法医学杂志》1991 年第 4 期。

黄瑞珍(福建师范大学)

《香料与明代社会生活》,福建师范大学硕士学位论文 2012 年。

黄伞(北京市结核病防治所)

《中国防痨协会简史》,《中国科技史料》1985 年第 4 期。

～徐延博等:《结核菌的发现者郭霍生平》,《中国防痨通讯》1982 年第 1 期。

《从感性认识上升到理性认识　参加全国结核病流调统计分析研究会并访汪士同志》,《中国防痨通讯》1980 年第 2 期。

《终身献给防痨事业　访全国劳动模范吴霁棠》,《中国防痨通讯》1980 年第 1 期。

《北京市的劝止随地吐痰运动》,《防痨通讯》1957 年第 6 期。

黄胜白

《李时珍和他的"本草纲目"》,《中药通报》1957 年第 6 期。

《二千年前中国的人体解剖学》,《中医杂志》1955 年第 4 期。

《预防医学在苏联》,《医药学》1950 年第 3 期。

《预防医学在瑞典》,《医药学》1950 年第 3 期。

《近五十年之产科》,《医药学》1936 年第 4 期。

《考痘》,《同德医学》第 4 卷第 3 期(1922.8)。

《药始于毒药》,《同德医学》第 4 卷第 3 期(1922.8)。

《肛门坐药与水治法考古》,《同德医学》第 3 卷第 4 期(1922.3)。

《破伤风考》,《同德医学》第 3 卷第 3 期(1922.2)。

《霍乱的定名》,《同德医学》第 1 卷第 5 期(1921.1)。

黄世福(江苏省徐州市中医院)

《从龟山汉墓厕所设置,看古人对卫生保健的重视》,《南京中医药大学学报(社会科学版)》2001 年第 4 期。

《清代爱国医家曹仁伯对禁食鸦片的贡献》,《南京中医药大学学报(社会科学版)》2001 年第 3 期。

～蔡国弘:《谈〈世医得效方〉的灸疗特色》,《江苏中医杂志》1987 年第 4 期。

黄世明(邛崃市第三人民医院)

～黄砚永:《黄竹斋〈伤寒论集注〉评述》,《河南中医》2004 年第 7 期。

黄砚永～:《唐宗海〈六经方证中西通解〉评述》,《四川中医》1990 年第 9 期。

黄砚永～:《郑钦安〈医理真传〉评述》,《四川中医》1989 年第 12 期。

《〈内经〉生命衰老学说探讨》,《浙江中医学院学报》1989 年第 6 期。

《郑钦安〈医法园通〉探要》,《四川中医》1988 年第 5 期。

《郑钦安学术思想初探》,《四川中医》1984 年第 5 期。

《郑钦安〈伤寒恒论〉的学术探讨》,《国医论坛》1988 年第 4 期。

黄淑仁

《中医眼科史纲》,《安医学报》1963 年第 6 期。

黄舜

《〈父亲的病〉与鲁迅的中医观》,《许昌学院学报》1985 年第 2 期。

黄顺基(中国人民大学哲学院)

《中医学是否是科学——诘难何祚麻院士"中医不科学"之说》,《辽东学院学报(社会科学版)》2008 年第 2 期。

《从现代科学技术看中医存废之争》,《辽东学院学报(社会科学版)》2007 年第 3 期。

黄松如

~译:《匈牙利的医学发展及其现状》,《医学史与保健组织》1958 年第 1 期。

黄素庵

《中医学术之源流及其盛衰谈》,《广济医刊》1935 年第 9 期。

《中医学术源流及其盛衰之检讨》,《光华医药杂志》1935 年第 1 期。

黄素封

《中国炼丹术考证》,《中华医学杂志》1945 年第 1、2 期。

《中国炼丹术传入西洋考》,《五洲》1936 年第 2 期。

黄素英(上海市中医文献馆/江西中医学院)

张利~:《海派中医蔡氏妇科流派调经的历代学术经验与特色探析》,《中医文献杂志》2017 年第 4 期。

张利~:《蔡氏妇科流派治疗崩漏历代学术特色探析》,《浙江中医药大学学报》2015 年第 7 期。

张亚楠~胡国华:《海派中医妇科流派简介》,《中医文献杂志》2011 年第 4 期。

《伍连德与中国医学史》,《中医文献杂志》1995 年第 4 期。

《龚廷贤学术成就简述》,《江西中医药》1993 年第 1 期。

《医史研究中的两个问题》,《医学与哲学》1992 年第 12 期。

~刘晓庄:《明代医学发展得失谈》,《中华医史杂志》1992 年第 4 期。

刘晓庄~:《中医古籍书名诠释举隅》,《江西中医学院学报》1991 年第 1、2 期。

~刘晓庄:《"盱江医学"形成因素初探》,《江西中医学院学报》1989 年第 2 期。

《建国后中药学发展概况》,《江西中医学院学报》1988 年第 1 期。

黄涛(厦门大学)

《纽约市贫民区的治理》,厦门大学硕士学位论文 2009 年。

黄涛(中国中医科学院/中国中医研究院)

蒙秀东……陈泽林~:《"走罐"源流考》,《亚太传统医药》2019 年第 2 期。

《针灸铜人的源流考证》,《中国针灸》2018 年第 8 期。

《针麻兴衰的启示与展望》,《医学与哲学》2018 年第 5 期。

《"同身寸"术语考证》,《中国针灸》2018 年第 2 期。

《世界上第一例针刺麻醉手术》,《中华医史杂志》2018 年第 2 期。

林驰、郑美凤~罗菊芬:《"循经感传"的源流考证》,《中华总医药杂志》2017 年第 12 期。

《"干针疗法"名词的古今中外考》,《中华中医药杂志》2017 年第 11 期。

~吴墨政:《关于光明穴治疗眼疾的古代记载和现代研究》,《中华医史杂志》2016 年第 3 期。

《〈黄帝内经〉"针害"说浅议》,《中医杂志》2015 年第 10 期。

黄鑫~:《"御生堂"中医药博物馆藏民国妇科药品包装盒》,《中华医史杂志》2013 年第 1 期。

黄鑫~黄华等:《近代中医方剂学科的创建历程》,《天津中医药大学学报》2009 年第 1 期。

徐一慧、张维波~韩彬等:《汉末思想嬗变对〈伤寒杂病论〉的影响》,《医学与哲学》2008 年第

11 期。

黄鑫、黄华～:《论西学东渐对近代中医方剂学的影响》,《中国中医基础医学杂志》2008 年第 8 期。

～孔健等:《有关得气的误解:从历史回顾到实验研究》,《中国针灸》2008 年第 2 期。

～黄鑫等:《近代中医药治疗鸦片成瘾述评》,《辽宁中医杂志》2008 年第 1 期。

黄鑫～黄华:《经世致用:仍主宰着近代中医方书的发展》,《医学与哲学》2007 年第 23 期。

～黄鑫:《古代不同时期大肠病症取穴规律研究》,《针灸临床杂志》2007 年第 11 期。

《古代文化因素对针灸选穴的影响》,《中华医史杂志》2005 年第 4 期。

～箱岛大昭等:《解读日本历史上的"国民三里灸运动"》,《中国针灸》2004 年第 10 期。

黄鑫～:《〈同仁堂药目〉和清末药肆的官司》,《中华医史杂志》2004 年第 3 期。

《不同时期针灸方选穴规律浅析》,《针灸临床杂志》2004 年第 2 期。

耿建领～杨建宇等:《张子和心系疾病学术经验略要》,《光明中医》2003 年第 6 期。

箱岛大昭～:《明治以来日本灸法的发展历史与现状》,《内蒙古中医药》2003 年第 5 期。

《张子和针灸选穴窥探》,《内蒙古中医药》2003 年第 5 期。

《金元时期医学繁荣的思考》,《南京中医药大学学报(社会科学版)》2003 年第 4 期。

黄桃园(广州中医药大学)

《清代医家高秉钧〈疡科心得集〉学术思想研究》,广州中医药大学硕士学位论文 2009 年。

黄腾辉(甘肃省中医学校)

《阴阳合德蠡斯广育——〈古今医统大全·螽斯广育〉蠡测》,《甘肃中医》1993 年第 5 期。

《两张汉简医方的启示》,《上海中医药杂志》1988 年第 4 期。

黄田镔(福建中医药大学/福建中医学院)

《陈修园脾胃学术思想研究》,福建中医药大学硕士学位论文 2010 年。

～黄晓明:《〈医学启源〉学术成就析要》,《福建中医学院学报》2009 年第 1 期。

黄挺(韩山师范学院)

～林晓照:《西医、防疫、卫生与 1898 年潮嘉鼠疫》,《华南师范大学学报(社会科学版)》2018 年第 1 期。

黄婷(南京师范大学)

《〈草木春秋演义〉研究》,南京师范大学硕士学位论文 2016 年。

黄伟(辽宁中医药大学)

《刺络放血疗法的源流与发展》,《中国民间疗法》2008 年第 9 期。

黄威(温州医学院)

张秀华～王爱华:《医患关系属性思辨》,《中国医刊》2002 年第 12 期。

《恶意诊疗的识别与法律适用》,《中国卫生高事业管理》2002 年第 8 期。

《一起"过当诊疗"引起的思考》,《中国医学伦理学》2002 年第 4 期。

《医疗损害民事责任性质之我见》,《攀枝花大学学报》2002 年第 3 期。

《医患关系的法律和伦理调整辨析》,《南京医科大学学报(社会科学版)》2002 年第 2 期。

黄渭铭(厦门大学)

《道教养生方法之一:注重精神修养》,《体育科学研究》1998 年第 4 期。

《论道教、儒家、释家的养生思想》,《体育科学研究》1998 年第 1 期。

《中国传统养生中静神养生的渊源和方法》,《体育科学研究》1997 年第 3 期。

《论中国传统养生之道》,《体育科学研究》1997 年第 2 期。

《试论我国传统养生文化的发展历程与理论原则》,《厦门大学学报(哲学社会科学版)》1994 年第 4 期。

《论我国传统养生文化》,《武汉体育学院学报》1993 年第 2 期。

《三论我国道教养生思想》,《哈尔滨体育学院学报》1993 年第 1 期。

《论道教养生思想的特点和主要内容》,《体育科学》1992 年第 1 期。

《再论我国道教的养生思想》,《哈尔滨体育学院学报》1991 年第 3 期。

《我国道教的养生思想简论》,《哈尔滨体育学院学报》1991 年第 1 期。

《论中国传统养生之道》,《哈尔滨体育学院学报》1990 年第 2 期。

《略论我国传统养生术》,《体育文史》1989 年第 1 期。

《长骨刺的体育疗法》,《体育与科学》1986 年第 4 期。

《我国医疗体育源远流长》,《福建体育科技》1983 年第 3 期。

黄维三([台湾]中国医药学院)

《1948 年特考中医师考试之追忆》,《中华医史杂志》1998 年第 4 期。

黄文东

《丁氏学术流派的形成和发展》,《上海中医药杂志》1962 年第 1 期。

黄文宏(台湾辅仁大学)

《从神医耆婆之医疗事迹论其医疗方法及对佛教影响》,台湾辅仁大学硕士学位论文 2003 年。

黄文杰(广州医科大学)

~肖瑶等:《论民国时期广州地区促进西医传播的代表人物》,《现代医院》2019 年第 2 期。

吴开~肖瑶:《〈广州大典〉之〈引痘略〉的特点及影响研究》,《中国卫生产业》2018 年第 35 期。

~韩丹:《广州市预立医疗指示公众意愿调查与思考》,《中国医学伦理学》2018 年第 7 期。

黄文瑾

《"协和"新貌——武汉医学院第一附属医院的今昔》,《湖北日报》1962 年 9 月 29 日。

黄文强(成都中医药大学)

~彭宁静等:《肝玄府学说理论初探》,《中医杂志》2012 年第 11 期。

黄文树

《梁启超的医疗观》,《正修通识教育学报》第 13 期(2016.6)

黄文森(广西大学)

《风险沟通中网络媒体报道的可信度构建——以人民网 H7N9 禽流感报道为例》,《新媒体与社会》2014 年第 1 期。

黄熙(合肥工业大学)

尚长风~:《试述唐山大地震后公共卫生应急管理》,《福建党史月刊》2013 年第 20 期。

~黄孝周:《程朱理学与新安医学之探讨》,《安徽中医学院学报》2004 年第 4 期。

黄希尧(温州大学)

~李先军:《美国中小学免费午餐制度述评及其启示》,《比较教育研究》2012 年第 8 期。

黄仙红(浙江大学)

《缅甸佤邦特区卫生发展路径研究》,浙江大学博士学位论文 2009 年。

黄羡明（上海市针灸经络研究所/上海中医学院）

《针灸医术向美国传播的回忆——纪念尼克松总统访华 35 周年》，《上海针灸杂志》2006 年第 5 期。

周庆辉～吴绍德：《〈扁鹊心书〉考辨》，《中国针灸》1991 年第 6 期。

郑蕙田～：《杨继洲医案浅析》，《上海针灸杂志》1983 年第 4 期。

《黄鸿舫先生的针灸学术经验》，《上海中医药杂志》1962 年第 6 期。

陆瘦燕～：《针灸医学的发展道路——访问江苏省中医学校观感》，《江苏中医》1958 年第 4 期。

黄贤强（新加坡国立大学）

《时空、史料与史观——伍连德传的比较研究》，《现代传记研究》2014 年第 1 期。

陈雪薇～：《清末民初的政治官员及知识群体——以伍连德的记忆与自传书写为中心的考察》，《民国研究》2014 年第 1 期。

《马来亚华人社会改革者与中国医学先驱——伍连德博士的祖国认同》，张启雄编《时代变局与海外华人的族国认同》（台北：海外华人研究学会 2005）。

黄祥深（兰州大学）

《杨增新创立新疆医学、政治、维文研究所考述》，《昌吉学院学报》2014 年第 2 期。

黄祥续（广西卫生厅）

《嵇含〈南方草木状〉对岭南药用植物的论述》，《广西中医药》1989 年第 5 期。

《桂林古本〈伤寒杂病论〉的来源及其主要特点》，《中医杂志》1985 年第 11 期。

黄祥云（浙江省台州地区行署办公室）

《牛胰岛素事件及其科学社会学研究》，《生命科学》2015 年第 6 期；《自然辩证法通讯》1992 年第 1 期。

黄晓翠（陕西师范大学）

《论中世纪晚期英格兰瘟疫及其对人口之影响（1350—1510）》，陕西师范大学硕士论文 2014 年。

黄小峰（西南政法大学）

《建立医疗合同二元归责体系》，西南政府大学硕士学位论文 2006 年。

《浅析药物纠纷》，《重庆石油高等专科学校学报》2003 年第 4 期。

黄小峰（中央美术学院）

《货卖天灵：宋画中的头骨与医药》，《美术观察》2019 年第 10 期。

《繁花、婴戏与骷髅：寻觅宋画中的端午扇》，《中国书画》2018 年第 5 期。

《药草、高士与仙境：李唐〈采薇图〉新解》，《文艺研究》2012 年第 10 期。

《看画治病：传宋人〈观画图〉研究》，《美苑》2012 年第 4 期。

黄晓华（湖北大学）

《疾病的意义生成与价值转换——论革命恋爱题材小说中的疾病书写》，《江汉大学学报（人文科学版）》2009 年第 1 期。

《医学与政治的双重变奏——论解放区文学的疾病书写》，《中国文学研究》2008 年第 3 期。

《中国现代癫狂叙事的修辞策略与认同困境》，《文学评论》2011 年第 6 期。

黄晓华（上海中医药大学）

～李海英：《〈中医药文化〉第六届学术工作坊"中医药文化国际传播研究"会议纪要》，《中医药文化》2019 年第 3 期。

～李海英：《〈中医药文化〉第四届学术工作坊"明清以来医疗社会文化史研究"会议纪要》，《中医药文化》2019 年第 1 期。

～段逸山:《20 世纪 80 年代以来中医古籍版本研究梳理与思考》,《中医药文化》2018 年第 6 期。

～朱继峰等:《本草文献编撰源流梳理》,《中医文献杂志》2016 年第 5 期。

荆丽娟、丁洁韵～苏姗等:《从膏方医案中看清代至民国时期膏方发展的特点》,《中医文献杂志》2014 年第 1 期。

～朱继峰:《古医籍丛书子目书籍单行情况研究》,《中医文献杂志》2013 年第 6 期。

《试论序跋在中医古籍丛书研究中的价值》,《中医药文化》2012 年第 6 期。

《中医古病名同病异名考辨举隅》,《中华中医药学刊》2010 年第 11 期。

孙文钟、肖梅华～张丛等:《〈申报〉中关于晚清上海地区疫病防治状况资料汇编》,《中医文献杂志》2009 年第 3 期。

肖梅华～张丛等:《晚清上海地区疫病防治状况》,《中西医结合学报》2008 年第 8 期。

黄小娇(眉山职业技术学院)

《美国实验动物医学发展简史以及对中国实验动物医学发展的思考》,《当代畜牧》2015 年第 29 期。

黄晓兰(福建师范大学)

《现代教育体制下的名中医培养模式研究》,福建师范大学硕士学位论文 2012 年。

黄小琼(南宁职业技术学院)

《论中越深厚的中医药情结》,《今日南国(中旬刊)》2010 年第 9 期。

黄晓雯(广州中医药大学)

《岭南古籍皮肤病外治法的研究》,广州中医药大学硕士学位论文 2014 年。

黄晓燕(南开大学)

～张乐:《印度公共卫生医疗体系》,《南亚研究季刊》2006 年第 4 期。

黄小勇(第三军医大学)

～吴廷睿等:《我国青光眼诊疗发展史》,《中华医史杂志》1999 年第 4 期。

黄孝周(歙县人民医院/歙县中医院/黄山市新安医学研究中心/安徽中医学院)

黄熙～:《程朱理学与新安医学之探讨》,《安徽中医学院学报》2004 年第 4 期。

黄兆强～:《皖歙著名医家及其对祖国医学之贡献》,《中医文献杂志》2003 年第 4 期、2004 年第 1 期。

黄兆强、刘家华～:《章炳麟和祖国医学》,《中华医史杂志》1999 年第 2 期。

黄兆强、刘家华～:《章炳麟医学见解略评》,《浙江中医杂志》1999 年第 1 期。

黄兆强、刘家华～:《〈中医大辞典・医史文献分册〉新安医家医、著条目补正》,《中医文献杂志》1998 年第 4 期。

～刘玉:《吴谦与〈医宗金鉴・妇科心法要诀〉》,《安徽中医临床杂志》1996 年第 3 期。

《新安妇科学术成就评析》,《安徽中医学院学报》1995 年第 1 期。

黄兆强、刘家华～:《新安医家的一次讲学实录——评介〈论医汇粹〉》,《安徽中医学院学报》1992 年第 2 期。

黄兆强、刘家华～:《章炳麟中西医学汇通思想述评》,《福建中医药》1991 年第 5 期。

黄兆强、刘家华～:《〈华佗神方〉与仲景方探析》,《国医论坛》1990 年第 3 期。

黄兆强、刘家华～:《〈虚劳论〉与〈虚劳心传〉》,《江苏中医》1989 年第 10 期。

黄兆强、刘家华～:《何嗣宗医学经验举要——〈何嗣宗医案〉会诊十五案析》,《江苏中医》1988 年
第 6 期。

黄兆强、刘家华～:《章炳麟和〈伤寒论〉》,《浙江中医学院学报》1988 年第 2 期。

黄兆强、刘家华～:《章炳麟对仲景学说的研究》,《国医论坛》1988 年第 2 期。

黄兆强、刘家华～:《章炳麟先生的医学思想》,《中医杂志》1986 年第 6 期。

黄兆强、刘家华～:《杰出的新安医家——程衍道》,《安徽中医学院学报》1984 年第 4 期。

黄兆强、刘家华～:《程芝田和〈医法心传〉》,《安徽中医学院学报》1983 年第 3 期。

黄兆强、刘家华～:《章炳麟医学思想述评》,《江苏中医杂志》1983 年第 6 期。

黄鑫(中国中医科学院/中国中医学院)

～黄涛等:《近代中医方剂学科的创建历程》,《天津中医药大学学报》2009 年第 1 期。

黄涛、孔健～徐一慧:《有关得气的误解:从历史回顾到实验研究》,《中国针灸》2008 年第 2 期。

黄涛～徐一慧:《近代中医药治疗鸦片成瘾述评》,《辽宁中医杂志》2008 年第 1 期。

《近代方剂学成就与特点研究(1840—1949)》,中国中医研究院硕士学位论文 2005 年。

黄涛、箱岛大昭～:《解读日本历史上的"国民三里灸运动"》,《中国针灸》2004 年第 10 期。

～黄涛:《〈同仁堂药目〉和清末药肆的官司》,《中华医史杂志》2004 年第 3 期。

黄欣怡(台湾中山大学)

《在现代医学脉络下中医发展之研究——以〈台湾医界〉(1958—2012)为例》,台湾中山医学大学硕
士学位论文 2013 年。

黄旭(兰州大学)

《清代太医院制度探究》,兰州大学硕士学位论文 2009 年。

黄旭生(南京大学)

《侵华日军细菌战受难者"烂脚老人"的社会工作介入策略研究——以浙江省衢州市为例》,南京大
学硕士学位论文 2018 年。

黄雪莲(浙江中医药大学)

陈银、应艳新～叶新苗:《"提壶揭盖"法源流及其应用论析》,《浙江中西医结合杂志》2019 年第
7 期。

吴丛姿～:《中医祝由疗法源流考》,《浙江中医药大学学报》2019 年第 4 期。

邵婧怡～:《"引火归原"源流考》,《天津中医药大学学报》2019 年第 1 期。

～叶新苗:《清代名医赵晴初诊疗特点浅述》,《中国中医急症》2014 年第 5 期。

《绍派医家赵晴初〈存存斋医稿〉等的整理研究》,浙江中医药大学博士学位论文 2013 年。

～叶新苗:《浅述清代名医赵晴初生平与学术传承》,《浙江中医药大学学报》2013 年第 5 期。

～叶新苗:《玉真散的源流及其应用论析》,《中华中医药杂志》2013 年第 4 期。

黄雅(安徽医科大学)

～杨善发:《马克思主义视域下医疗危机与绿色远程医学发展》,《中国农村卫生事业管理》2018 年
第 1 期。

《基于文献计量学的中国绿色医院研究状况分析》,安徽医科大学硕士学位论文 2014 年。

～杨善发:《古巴发展绿色医学化解美国封锁的经验与启示》,《合肥工业大学学报(社会科学版)》
2014 年第 4 期。

杨善发、朱敏～:《坚持走中国特色医药卫生体制改革道路》,《中国农村卫生事业管理》2013年第10期。

黄亚俊（南京中医药大学）

《吴门医家学术流派研究》,南京中医药大学硕士学位论文2012年。

～陈仁寿:《试论吴门医派学术传承和创新》,《辽宁中医药大学学报》2010年第12期。

陈仁寿～:《浅谈疫病文献对现代中医传染病防治的启示》,《中医药信息》2011年第1期。

～陈仁寿:《张璐与〈本经逢原〉述评》,《四川中医》2011年第9期。

刘一鹤、陈仁寿～:《论秦汉至南北朝江苏中医外科发展》,《辽宁中医药大学学报》2011年第6期。

黄亚倩（重庆工商大学）

《药品专利保护与公共健康权的冲突与平衡》,重庆工商大学硕士学位论文2016年。

黄亚新（南京医科大学第一附属医院）

～丁强等:《支援圭亚那医疗工作的实践与体会》,《江苏卫生事业管理》2011年第1期。

黄艳（山东大学）

《试析民国时期两次中西医论争》,山东大学硕士学位论文2011年。

黄雁鸿（澳门理工学院）

～Denise:《澳门的"祛病"文化：庙宇崇拜与民间信仰》,《中国文化研究》2018年第4期。

《19世纪末档案文献对香港鼠疫的记载》,《历史档案》2018年第1期。

黄仰模（广州中医药大学/广州中医学院）

～田黎:《〈金匮要略〉治未病思想探析》,《中华中医药学刊》2008年第11期。

陈志勇～李健明:《简论〈金匮要略〉与风湿病源流》,《中国中医药现代远程教育》2008年第2期。

黄奕蕾……刘小斌～:《广东近代名医陈伯坛生平及著作考》,《中医药学刊》2006年第7期。

～郭世光等:《从〈读过金匮卷十九〉看陈伯坛的学术思想》,《广州中医药大学学报》1999年第4期。

《〈金匮要略〉心身疾病探讨》,《新中医》1993年第2期。

《金匮研究近况简述》,《广州中医学院学报》1986年Z1期。

黄耀民（台湾高雄大学）

《当国家政策遇上卫生套、节育套与保险套：性别观点的分析》,高雄医学大学硕士学位论文

黄义恩

～译:《伟大的十月社会主义革命以后实验外科学40年的成就》,《俄文译丛（医学文献）》1958年第5期。

黄义军（中央民族大学）

～秦彧:《中国古代牙刷的起源与传播——不同文明互动的一个范例》,《中国社会历史评论》2014年00期。

黄奕蕾（广州中医药大学）

～林海星等:《从岭南金匮要略的发展看岭南中医药文化底蕴》,《卫生职业教育》2013年第5期。

～彭文杰等:《广东近代名医陈伯坛生平及著作考》,《中医药学刊》2006年第7期。

《从〈读过金匮卷十九〉研究岭南名医陈伯坛学术思想》,广州中医药大学硕士学位论文2007年。

黄荫清（保定市第一中心医院眼科）

《眼镜历史的考证》,《中华医史杂志》2000年第2期。

黄颖(福建中医药大学/福建中医学院)

周丛笑～:《天花传统预防措施之探讨》,《福建中医药》2017 年第 2 期。

《〈台湾民报〉与日据时期台湾医疗史研究》,《江西中医药大学学报》2017 年第 1 期。

《天花病名演变探析》,《浙江中医药大学学报》2016 年第 6 期。

《古代天花病因观的演变》,《山东中医药大学学报》2015 年第 4 期。

《〈幼科指归〉学术思想探析》,《中国中医基础医学杂志》2014 年第 7 期。

《〈保赤指南车〉论治痘疹》,《中医文献杂志》2011 年第 6 期。

《抗战时期台湾义勇队在大陆的医疗活动》,《医学与哲学(人文社会医学版)》2010 年第 8 期。

华碧春、耿学斯～张瑞贤等:《1950—1990 年福建省中草药文献举要》,《福建中医药大学学报》2010 年第 5 期。

《福建寺庙药签形成原因探析》,《福建中医学院学报》2010 年第 2 期。

～林端宜:《闽台寺庙药签研究概况》,《光明中医》2009 年第 1 期。

苏文军～:《论近代来华西方人的中医观》,《福建中医学院学报》2007 年第 5 期。

《民国时期福建中医药界人士对中医药事业的贡献》,《中医文献杂志》2007 年第 2 期。

《民国时期福建中医药社团概述》,《福建中医学院学报》2006 年第 3 期。

《清代以降福建中医儿科三世家》,《福建中医学院学报》2006 年第 1 期。

林端宜～:《台湾医疗卫生改革新进展》,《中国医院》2004 年第 4 期。

黄莹(昆明医学院)

《乡村医生的演变与基层农村医疗卫生服务的研究》,昆明医学院硕士学位论文 2003 年。

黄瑛(上海中医药大学)

康欣欣～:《穷圣经之余绪,溃圣教之藩篱——余含棻〈保赤存真〉评述》,《中医文献杂志》2017 年第 2 期。

吴敬颖～:《医文俱佳的近代方书——郭柏良〈三一七复兴医方〉稿本钩沉》,《中医药文化》2016 年第 4 期。

《从近代中医教育看中西汇通思想——以近代上海地区中医学校为例》,《中医教育》2016 年第 1 期。

～吴敬颖:《〈永嘉先生伤寒论讲义〉浅析》,《中医教育》2015 年第 3 期。

朱音～丁媛:《〈澄心斋医案辑录〉初探》,《中医药文化》2015 年第 1 期。

《清代范在文〈医经津渡〉考述》,《中医药文化》2015 年第 1 期。

侯波、谭春雨～:《清代名医论治脾虚臌胀》,《上海中医药大学学报》2012 年第 1 期。

梁慧凤～:《江阴籍旅沪医家对近代上海中医教育的贡献》,《中医药文化》2011 年第 6 期。

《近代上海著名中医实业家李平书》,《中医药文化》2011 年第 5 期。

谭春雨……朱音～方力行等:《朱丹溪肝病相关病症医论验案思想探微》,《中华中医药学刊》2011 年第 10 期。

张宁～:《与近代中医和中医教育相关的重大事件》,《中医文献杂志》2010 年第 4 期。

杨文劼～李洁:《民国时期上海地区中医 4 校教材梳理》,《中医教育》2009 年第 6 期。

杨文劼～李洁:《近代中医学校教育兴起的原因及背景》,《中华医史杂志》2009 年第 5 期。

～张宁:《民国"医界二张"对近代中医教育的贡献》,《中医文献杂志》2009 年第 2 期。

《浅议〈外科正宗〉对消渴脱疽的论治》,《新中医》2005 年第 12 期。

黄瑛(武汉精神卫生中心)

～周新芳等:《不同年代首次住院患者抗精神病药物使用演变》,《医药导报》2002 年第 10 期。

黄迎春(暨南大学)

《岭南灸法古籍〈采艾编〉学术思想整理研究》,暨南大学硕士学位论文 2011 年。

～何扬子:《〈采艾编〉灸法治疗疮疡探微》,《江苏中医药》2011 年第 6 期。

～周睿等:《〈采艾编〉与〈采艾编翼〉作者及两书相关性探讨》,《江苏中医药》2011 年第 3 期。

黄英华(北京中医药大学)

～梁永宣:《中国对〈东医宝鉴〉对认识和研究》,《中医文献杂志》2014 年第 5 期。

《〈医心方〉收载〈产经〉研究》,北京中医药大学硕士学位论文 2012 年。

黄英杰(北京中医药大学)

《〈伤寒论〉用药剂量及其相关问题的研究》,北京中医药大学博士学位论文 2007 年。

黄盈盈(中国人民大学)

鲍雨～:《从偏差到"体现":对"残障"意义的社会学理解》,《北京社会科学》2015 年第 5 期。

《"结构—关系—主体"框架下的艾滋病预防——扩展"疾病"的社会学想象》,《云南师范大学学报(哲学社会科学版)》2015 年第 2 期。

《性/别框架下的"性与生殖健康"》,《探索与争鸣》2014 年第 9 期。

鲍雨～:《经历乳腺癌:疾病与性别情境中的身体认同》,《妇女研究龙从》2014 年第 2 期。

～鲍雨:《经历乳腺癌:从"疾病"到"残缺"的女性身体》,《社会》2013 年第 2 期。

潘绥铭～李楯:《中国艾滋病"问题"解析》,《中国社会科学》2006 年第 1 期。

《他山之石:外国"青少年生殖健康教育"综述》,《当代青年研究》2002 年第 1 期。

黄泳(南方医科大学/第一军医大学)

曲姗姗～:《针灸医家曾天治及其〈科学针灸治疗学〉》,《中国针灸》2012 年第 9 期。

宋远斌……莫春～:《中医与西医的比较与联系》,《中医药管理杂志》2011 年第 1 期。

～符仲华:《广东针灸学家曾天治学术思想简介》,《深圳中西医结合杂志》1998 年第 1 期。

黄勇(四川大学)

《汉末魏晋时期的瘟疫与道教》,《求索》2004 年第 2 期。

黄永昌(中华预防医学会)

《澄衷医院:创业维艰》,《结核病健康教育》1997 年第 2 期。

黄永秋(广州中医药大学)

～李剑:《新中国成立初期苏联对我国高等医学教育的影响》,《中国高等医学教育》2007 年第 9 期。

《建国初期西医学习中医运动的研究(1955—1959)》,广州中医药大学硕士学位论文 2006 年。

～李剑:《贺诚与新中国"预防为主"卫生工作方针的创立》,《南京中医药大学学报(社会科学版)》2005 年第 4 期。

～李剑等:《中国传统医学之人文精神考察》,《中医药学刊》2005 年第 2 期。

黄宇(四川省中药研究所)

～蒋舜媛:《南派藏医药发展探讨》,《中国民族民间医药杂志》2005 年第 1 期。

黄钰(延安大学)

《延安精神与陕甘宁边区医药卫生事业发展》,延安大学硕士学位论文 2011 年。

黄宇（遵义医学院）

～龙艺：《转型时期医疗机构人文环境构建重点问题探讨》,《医学与社会》2006 年第 10 期。

～秦国宾：《变迁与整合：医患关系的社会学视角分析》,《中国医学伦理学》2006 年第 5 期。

～王胜：《医患互动——医患关系发展的必然趋势》,《中国医学伦理学》2001 年第 1 期。

～王胜：《医疗纠纷诉讼的法律适用之浅见》,《医学与社会》2000 年第 6 期。

黄玉环（贵阳中医学院）

《中国古代法医学发展史及相关文献研究》,贵阳中医学院硕士学位论文 2007 年。

～吴志刚：《〈洗冤集录〉版本考》,《贵阳中医学院学报》2005 年第 2 期。

黄禹康

《红军长征途中的救护站》,《中国医药指南》2006 年第 9 期。

黄玉珊（暨南大学）

《民国时期广州食品卫生监管初探》,暨南大学硕士学位论文 2012 年。

《简述抗战前广州市卫生警察制度》,《中国城市经济》2011 年第 15 期。

黄羽舒（广西医科大学）

《英国公立医院公私合营模式研究》,广西医科大学硕士学位论文《2016 年。

黄于婷（福建中医药大学）

～杨岚菲等：《经筋溯源考证》,《亚太传统医药》2018 年第 9 期。

黄育万

《浅谈针刺"疾徐补泻"与"捻转补泻"法》,《上海中医药杂志》1963 年第 12 期。

黄玉燕（中国中医科学院）

汤尔群、张立平～郑齐等：《俞根初经验方对仲景方的继承和发挥》,《中医药学报》2019 年第 4 期。

张立平、汤尔群～：《浅论俞根初和解法》,《中华中医药杂志》2019 年第 4 期。

～汤尔群等：《病机辨识理论源流考》,《中医杂志》2019 年第 4 期。

张立平～汤尔群：《浅析张志聪本草药性论》,《中华中医药杂志》2018 年第 7 期。

～汤尔群等：《"火郁发之"治疫治法举隅》,《中华中医药杂志》2018 年第 4 期。

郑齐～杜松：《试论〈明医指掌〉对中医诊疗理论的整合》,《中国中医基础医学杂志》2018 年第 1 期。

～汤尔群：《〈内经〉运气学说中的象数思维》,《北京中医药大学学报》2016 年第 6 期。

～汤尔群：《浅论中医疫病的三焦传变》,《时珍国医国药》2016 年第 6 期。

汤尔群、张立平～：《病机概念演化与中医原创思维》,《时珍国医国药》2015 年第 12 期。

《浅论中医疫病的表里传变（之二）——表里分传》,《时珍国医国药》2014 年第 3 期。

《浅论中医疫病的表里传变（之一）——由表入里》,《时珍国医国药》2014 年第 2 期。

《中医疫病传变规律探讨》,《中医杂志》2014 年第 2 期。

《赵学敏生平及年表》,《中国中医基础医学杂志》2013 年第 9 期。

《赵学敏亡佚著作考》,《中国中医基础医学杂志》2013 年第 6 期。

《中医疫病发病理论源流》,《时珍国医国药》2013 年第 5 期。

《〈老老余编〉中的敬老思想》,《吉林中医药》2013 年第 3 期。

汤尔群～：《〈黄帝内经〉五味初探》,《中国中医基础医学杂志》2013 年第 2 期。

《〈素问遗篇〉疫病发病理论的探讨》,《北京中医药大学学报》2013 年第 1 期。

～汤尔群等：《〈黄帝内经〉"苦味"探析》，《辽宁中医杂志》2012年第7期。

～陈子杰等：《〈黄帝内经〉判断预后时间尺度的研究》，《中华中医药学刊》2012年第6期。

《〈仲景伤寒补亡论〉的疫病发病理论探讨》，《中国中医基础医学杂志》2012年第5期。

～陈子杰等：《〈名医类案〉、〈续名医类案〉判断死亡时间方法探析》，《辽宁中医药大学学报》2012年第5期。

～陈子杰等：《〈黄帝内经〉以阴阳五行理论推断预后时间的应用范围》，《辽宁中医杂志》2012年第4期。

汤尔群～：《〈黄帝内经〉用药法则探讨》，《辽宁中医药大学学报》2012年第4期。

汤尔群～桑希生：《〈黄帝内经〉组方理论探讨》，《安徽中医学院学报》2012年第1期。

～汤尔群：《从〈类修要诀〉谈胡文焕的养生思想》，《吉林中医药》2012年第1期。

周虎～：《从运气两纪差异探讨南北政划分方法》，《现代中西医结合杂志》2011年第12期。

汤尔群～：《〈调燮类编〉养生学术思想研究》，《吉林中医药》2011年第11期。

汤尔群～：《〈黄帝内经〉药性理论浅析》，《江西中医学院学报》2011年第6期。

《〈黄帝内经〉预测死亡时间的理论研究》，北京中医药大学博士学位论文2010年。

～翟双庆：《淳于意决死生方法探析》，《吉林中医药》2009年第11期。

～翟双庆：《五运六气时间周期析微——论〈素问·天元纪大论〉的一纪与一周》，《中医研究》2009年第1期。

黄悦（北京语言大学）

《狂人疯癫世界与常人文明世界——从〈狂人日记〉看中国现代性的"逼入历史"的命题》，《文史哲》2005年第6期。

黄运（英国斯克莱德大学/上海大学）

弗吉尼亚·贝里奇撰，～译：《瘾品的新认知、新政策与新行动——历时性与共时性分析》，《医疗社会史研究》2018年第1期。

《从城外之药到国之顽疾：英国大麻消费和管制的政治学——读〈大麻国家：英国的大麻管制和消费，1928—2008〉》，《医疗社会史研究》2017年第1期。

张勇安～：《食盐与健康的政治学：英国低盐饮食政策形成史论》，《史学月刊》2016年第6期。

詹姆斯·H.密尔斯撰，～译：《作为行动者的国际卫生组织——大麻与〈1961年麻醉品单一公约〉》，《医疗社会史研究》2016年第1期。

黄云忠（柳州市博物馆）

《武鸣马头先秦古墓出土铜针初考》，《广西民族研究》1986年第2期。

黄泽豪（福建中医药大学）

林仲彬～：《宋元时期泉州港在中医药文化对外交流中的作用》，《中国现代中药》2020年第2期。

苏晴～：《从〈闽产录异〉看清代福建中药材生产概况》，《中药材》2019年第2期。

郑丽香……蔡慧卿～：《三种闽产中药的道地沿革考》，《中医药导报》2017年第18期。

沈贤娟～：《民间药公石松的文献考证》，《中药材》2015年第3期。

黄增章（广东省社会科学院/中山大学）

《中国流行病学的开拓者——伍连德》，《广东史志》2000年第4期。

《我国热带病学巨星——钟惠澜》，《广东史志》1998年第1期。

黄兆强（马鞍山钢铁总公司医院）

　　～黄孝周:《皖歙著名医家及其对祖国医学之贡献》,《中医文献杂志》2003 年第 4 期;2004 年第 1 期。

　　～刘家华等:《章炳麟和祖国医学》,《中华医史杂志》1999 年第 2 期。

　　～刘家华等:《章炳麟医学见解略评》,《浙江中医杂志》1999 年第 1 期。

　　～刘家华等:《竹林寺女科著作三种考异》,《杏苑中医文献杂志》1994 年第 2 期。

　　～刘家华等:《章炳麟中西医学汇通思想述评》,《福建中医药》1991 年第 5 期。

　　～刘家华等:《章炳麟对仲景学说的研究》,《国医论坛》1988 年第 2 期。

　　～刘家华等:《章炳麟和〈伤寒论〉》,《浙江中医学院学报》1987 年第 4 期。

　　～刘家华等:《章炳麟先生的医学思想》,《中医杂志》1986 年第 6 期。

　　～刘家华等:《章炳麟医学思想述评》,《江苏中医杂志》1983 年第 6 期。

　　～刘家华等:《程芝田和〈医法心传〉》,《安徽中医学院学报》1983 年第 3 期。

黄兆胜（广州中医药大学）

　　《〈本草纲目〉对祖国医药学的贡献》,《时珍国医国药》1997 年第 1 期。

黄镇国（台湾辅仁大学）

　　《宗教医疗术仪初探——以〈千金翼方—禁经〉之禁术为例》,辅仁大学硕士学位论文 2000 年。

黄震云（徐州师范学院）

　　《辽代医学》,《中华医史杂志》1995 年第 3 期。

黄政德（湖南中医药大学/湖南中医学院）

　　黄琼、霍铁文～吴若霞等:《张仲景与叶天士治胃病理法方药异同初探》,《中国中医药现代远程教育》2019 年第 1 期。

　　晋溶辰、彭丽丽～:《明清情志病医案特点及历史背景考究》,《中医杂志》2018 年第 21 期。

　　许盈、谢雪娇～:《中国古代医学的劝学思想略论》,《中医药导报》2015 年第 9 期。

　　许盈～:《明清时期医学入门教育初探》,《中医教育》2015 年第 5 期。

　　潘晓彦～邱华丽:《〈黄帝内经〉时间医学理论探讨》,《湖南中医杂志》2013 年第 5 期。

　　戴铭～:《广西地方医学史研究概况》,《广西中医药》2010 年第 2 期。

　　《论医学流派对医学的影响》,《中国医药学报》1999 年第 5 期。

　　《张景岳养阴学术思想探析》,《中国医药学报》1999 年第 1 期。

　　陈大舜～:《论医学流派与医学》,《湖南中医学院学报》1990 年第 3 期。

　　陈大舜～:《〈周易〉与中医的预防思想》,《湖南中医学院学报》1989 年第 4 期。

　　《"阳常有余,阴常不足"质疑》,《湖南中医学院学报》1989 年第 1 期。

　　《河间学派形成原因探讨》,《湖南中医学院学报》1988 年第 1 期。

　　《张景岳对温病诊断学的贡献》,《江苏中医》1988 年第 1 期。

　　《张景岳对温病病因及其发病学对贡献》,《内蒙古中医药》1987 年第 3 期。

黄志杰（台湾大学）

　　《两岸疾病防控体制系之比较探讨——以 SARS 疫灾前后之变革为例》,台湾大学硕士学位论文 2013 年。

黄智敏（广州中医药大学）

　　《〈儒门事亲〉情志病方药疗法研究及其在香港都市情志病中的应用初探》,广州中医药大学博士学位论文 2009 年。

黄芝蓉(湖南中医学院)

~侯国洪:《文仕通医现象析因》,《中华医史杂志》2002 年第 1 期。

~黄爱群:《浅谈酒与医疗保健的渊源关系》,《江西中医学院学报》2001 年第 1 期。

《试论沈括对中药理论的贡献》,《中医文献杂志》2000 年第 4 期。

黄竹斋

《孙真人思邈传》,《光华医药杂志》1937 年第 9、11 期。

黄梓健(广西中医药大学)

《壮医针灸流派的整理与研究》,广西中医药大学硕士学位论文 2018 年。

黄子天(广州中医药大学)

《葛洪〈肘后备急方〉温病学术思想整理研究》,《中医文献杂志》2017 年第 3 期。

~刘小斌:《岭南医家辨治岭南温病》,《中国中医基础医学杂志》2016 年第 5 期。

~刘小斌:《岭南医家对叶天士温病学术的传承》,《中国中医基础医学杂志》2016 年第 2 期。

《国医大师邓铁涛学术经验传承研究》,广州中医药大学博士学位论文 2016 年。

~刘小斌:《岭南温病学术源流》,《中华中医药杂志》2015 年第 5 期。

~李禾等:《从清代岭南医案看病者与医疗相关的活动》,《中华医史杂志》2015 年第 2 期。

~刘小斌:《何梦瑶温病学术思想研究》,《中国中医基础医学杂志》2014 年第 11 期。

~刘小斌:《何梦瑶〈伤寒论近言〉对〈伤寒论〉的传承与研究》,《广州中医药大学学报》2013 年第 6 期。

~刘小斌:《近代七部防治鼠疫专著传承关系的研究》,《中医文献杂志》2013 年第 5 期。

~李禾:《清末民国初期揭阳女医家孙西台及其〈昼星楼医案〉》,《广州中医药大学学报》2013 年第 1 期。

~刘小斌:《〈临证指南医案〉七情郁证医案的方药分析》,《中医文献杂志》2012 年第 3 期。

~李禾:《民国广东医家卢觉非》,《中医文献杂志》2012 年第 1 期。

黄作友(江苏职工医科大学/江苏省医学情报研究所)

夏宗明~:《东西方"健康保障哲学"比较与中国全民医疗保障体制》,《国际医药卫生导报》2003 年第 7 期。

~范桂高:《医疗照顾方案种族和收入对死亡率与医疗服务利用的影响》,《国外医学(卫生经济分册)》1998 年第 1 期。

黄作阵(北京中医药大学)

杨必安……闫敏敏~:《五运六气与主要医学流派学术思想的关联性研究》,《中华中医药杂志》2019 年第 12 期。

姚鑫、杨必安~:《〈医学衷中参西录〉煎药方法"煮数沸"浅探》,《中华中医药杂志》2019 年第 10 期。

姚鑫、刘振国~:《〈灵枢·终始〉针刺补泻取穴考》,《北京中医药大学学报》2019 年第 9 期。

孙震宇~:《〈伤寒论集注〉训诂特点研究》,《中医文献杂志》2019 年第 4 期。

闫敏敏~:《沈彤〈释骨〉考略》,《北京中医药大学学报》2019 年第 2 期。

杨必安、穆岑岑~曹丽娟:《"一带一路"战略背景下孔子学院的中医药文化传播策略研究》,《世界中西医结合杂志》2018 年第 11 期。

闫敏敏～:《〈古代疾病名候疏义〉训诂研究》,《浙江中医杂志》2018 年第 8 期。

罗彤～:《姚绍虞〈素问经注节解〉医经校勘探微》,《中医文献杂志》2018 年第 4 期。

钱月、范东东～:《魏荔彤〈伤寒论本义〉训诂特点初探》,《中医文献杂志》2018 年第 1 期。

郑慧杰～:《郑文焯〈医故〉与章炳麟〈医故〉眉批七则〉》,《中华医史杂志》2017 年第 5 期。

杨舒佳～:《苹、萍、荓、蘋、薲考证及辨析》,《中医药文化》2017 年第 5 期。

胡頔～:《〈金匮要略正义〉考述》,《中医文献杂志》2017 年第 3 期。

肖毅～:《〈证治心传〉伪书考》,《北京中医药大学学报》2017 年第 2 期。

肖毅～:《温病学形成发展与乾嘉学术思想演进关系的研究》,《北京中医药大学学报》2016 年第 12 期。

杨必安、王兆～:《黄元御"土枢四象,一气周流"理论的针灸应用探索》,《世界中医药》2016 年第 5 期。

肖毅～:《考据学方法在温病学形成和发展中的作用》,《中华医史杂志》2016 年第 4 期。

陈媛～:《〈本经疏证〉训诂特点初探》,《中医药文化》2016 年第 2 期。

杨必安～:《黄元御学术思想探源》,《世界中医药》2015 年第 11 期。

杨必安、王兆～:《黄元御对诸家医学流派的批判与影响研究》,《世界中医药》2015 年第 6 期。

李晓宇～:《〈普济方〉灸法内容初探》,《江苏中医药》2015 年第 2 期。

王兆、王宗欣～:《清末御医力钧〈难经〉文献整理初探》,《中医药文化》2014 年第 5 期。

武亮周～:《缪希雍关门弟子马兆圣考》,《浙江中医药大学学报》2014 年第 4 期。

张戬、杨东方～:《中医古籍文体形式研究的几点思考》,《长春中医药大学学报》2013 年第 6 期。

～张戬等:《〈内经素问校证〉整理研究》,《北京中医药大学学报》2013 年第 6 期。

杨东方……周明鉴～:《〈田晋藩医书七种〉作者田晋蕃小考》,《浙江中医药大学学报》2013 年第 4 期。

杨东方～周明鉴等:《〈四库全书·医家类〉各代医籍分布情况及其成因》,《辽宁中医药大学学报》2012 年第 2 期。

～涂凌志:《钱超尘在中医古籍训诂学方面的贡献》,《贵阳中医学院学报》2012 年第 1 期。

《〈老老恒言〉养生思想对现代养生学的启示》,《浙江中医药大学学报》2012 年第 1 期。

肖红艳～严季澜等:《医古文教学中从词汇时代性考察版本年代的探讨——以陶弘景〈补阙肘后百一方序〉为例》,《中国中医药现代远程教育》2012 年第 1 期。

～李京忠:《〈老老恒言〉(白话注释本)注释今译存在的问题》,《北京中医药大学学报》2011 年第 12 期。

《〈金匮要略集注〉所据底本、流传情况及训诂内容与特点探讨》,《北京中医药大学学报》2011 年第 8 期。

《〈伤寒明理论〉的训诂特点及成就》,《北京中医药大学学报》2009 年第 8 期。

《刘衡如〈灵枢经〉校注的成就》,《中医药文化》2008 年第 1 期。

《马继兴〈马王堆古医书考释〉的训诂特点及成就》,《北京中医药大学学报》2006 年第 3 期。

《李今庸〈古医学研究〉的训诂成就》,《湖北中医学院学报》2006 年第 2 期。

《近 30 年中医训诂成就研究》,北京中医药大学博士学位论文 2006 年。

《郭霭春〈黄帝内经素问校注语译〉的训诂成就》，《北京中医药大学学报》2005年第6期。

《从〈淮南子〉、〈内经〉"行、明"二字与阳耕押韵看〈内经〉成书时代》，《北京中医药大学学报》2004年第4期。

《清儒的学术精神与实质——兼论中医文献研究》，《南京中医药大学学报（社会科学版）》2002年第3期。

《明·陈第语音时空观在〈内经〉语言研究中的作用和意义》，《北京总医院大学学报》2001年第6期。

《从声韵看〈中藏经〉之成书时代》，《南京中医药大学学报（社会科学版）》2000年第2期。

《试述〈千金翼方〉的几个文献学问题》，《北京中医药大学学报》1995年第2期。

惠宏（宁夏医科大学/宁夏医学院）

鄢梁裕～：《〈天工开物〉与〈本草纲目〉中几种染色药材的对比研究》，《中医药文化》2019年第5期。

《西夏〈天盛律令〉之中药名"蔓荆子"考释》，《宁夏社会科学》2017年第4期。

《黑水城出土医方〈神仙方论〉的错乱及再校录》，《时珍国医国药》2012年第6期。

～段玉泉：《黑水城出土西夏文医方芍药柏皮丸考释》，《敦煌研究》2012年第2期。

夏慧茹～：《〈说文解字〉"疒"部字选释》，《浙江中医杂志》2011年第9期。

夏慧茹～：《〈尔雅·释草〉所载药用植物浅析》，《国医论坛》2011年第1期。

《俄藏脉法文献〈平脉略例〉残卷考释》，《时珍国医国药》2007年第10期。

《英藏斯.碎.181脉法残片考——兼推黑城文献之下限》，《时珍国医国药》2006年第10期。

《俄藏黑水城汉文医药文献概要》，《国医论坛》2005年第1期。

惠科（四川外国语大学）

《权力与日常生活：晚清重庆的种痘防疫与环境卫生活动探赜》，《中医药文化》2019第4期。

《疾病与社会：清季重庆城的霍乱应对——基于巴县档案为中心的考察》，《西华师范大学学报（哲学社会科学版）》2019年第3期。

惠磊（陕西中医学院）

《孙思邈药王文化考》，陕西中医学院硕士学位论文2012年。

霍斌（中国人民大学/陕西师范大学）

《恐惧与话语权——唐代"蛊毒"研究的新视角》，《云南社会科学》2014年第4期。

《"毒"与中古社会》，陕西师范大学硕士论文2012年。

霍景慧（西北农林科技大学）

《杨陵区新型农村合作医疗制度运行研究》，西北农林科技大学硕士学位论文2016年。

霍丽丽（黑龙江中医药大学）

～洪丹丹等：《〈三元延寿参赞书〉"三元"健康养生思想探颐》，《世界最新医学信息文摘》2019年第26期。

王小路～刘凌宇等：《〈三元延寿参赞书〉中"以德养生"思想初探》，《法制博览》2018年第6期。

～朱肖菊：《国外城乡医疗保障统筹发展模式对我国的启示》，《边疆经济与文化》2015年第6期。

王晓杰～宁南：《城乡医疗保障一体化构建路径探讨》，《学理论》2015年第16期。

～常存库：《神仙迷雾中的科学颗粒——中国传统炼丹术面面观》，《医学与哲学（A）》2014年第11期。

《医药神话的文化价值初探》，《边疆经济与文化》2014年第4期。

《中西医药神话比较研究》,黑龙江中医药大学博士学位论文 2014 年。

霍青

《贺诚同志小传》,《中国科技史料》1980 年第 3 期。

霍然

《脾脏简考》,《医界春秋》1935(104)

霍儒学

～译:《关于沙皇俄国动员居民参加医疗设施的工作的问题》,《中华医史杂志》1953 年第 4 期。

霍婷婷(苏州大学)

《南京国民政府时期浙江省救济院研究》,苏州大学硕士学位论文 2014 年。

霍巍(四川大学)

《关于宋、元、明墓葬中尸体防腐的几个问题》,《四川大学学报(哲学社会科学版)》1987 年第 4 期。

霍炫吉(南京大学)

《大跃进之后的计划生育(1962—1966)》,南京大学硕士学位论文 2015 年。

H.W.Haggard

～撰,匡达人译:《医学与文化——医学简史》,《中华健康杂志》1942 年第 2、3 期。

I

I.Fraser

～撰,钱肇鄂摘译:《外科学的演变》,《国外医学动态》1963 年第 8 期。

И.Г.Руфанов

～子君:《输血的历史》,《中华医史杂志》1954 年第 4 期。

J

J.C.考德威尔(澳大利亚国立大学)

《亚洲的 HIV/AIDS 水平将达到撒哈拉以南非洲的水平吗?》,《国外社会科学》2007 年第 1 期。

J.Gerlitt

《检疫法之演进》,《汽巴季刊》1937 年第 10 期。

缉庵

《医学上的"白香山"——陈修园和他的医学著作》,《福建日报》1962 年 3 月 25 日。

吉聪(长春中医药大学)

《清·杨世诰手钞本〈医心方〉探讨》,《中医药文化》2008 年第 5 期。

纪迪(苏州碑刻博物馆)

《乾隆年间社会救济事业初探——〈乾隆江南苏州府元和县瘟疫碑〉研究》,《苏州文博论丛》2013 年 00 期。

计光辅

《曹操与气功养生术》,《中医药文化》2010 年第 2 期。

《古老的香薰疗法》,《中医药文化》2008 年第 6 期。

《中国古代名人养生十诀》,《世界中医药》2007 年第 5 期。

《唐代的医药机构与医科大学》,《中医药文化》2007 年第 4 期。

《蒲松龄与其制作的"菊桑茶"》,《中医药文化》2007 年第 3 期。

《〈清明上河图〉中的诊所和药铺》,《亚太传统医药》2006 年第 12 期。

《陈嘉庚的养生之道》,《亚太传统医药》2006 年第 4 期。

《从〈清明上河图〉看宋代中医药的发展》,《亚太传统医药》2006 年第 4 期。

吉华平(南京医学院)

《生活质量与经济、社会制度的关系》,《医学与哲学》1994 年第 7 期。

《识别躯体化现象》,《医学与哲学》1992 年第 12 期。

~赵弋:《越南战争对美国士兵精神健康的影响》,《国外医学(社会医学分册)》1992 年第 2 期。

《紧张生活事件与免疫功能的改变》,《医学与哲学》1991 年第 8 期。

~王惠娟:《移居、文化变异与精神健康》,《国外医学(社会医学分册)》1990 年第 4 期。

纪华强(复旦大学)

~刘楠:《中英健康教育研究比较分析:以〈中国健康教育〉与〈Health Education〉为样本式》,《新闻大学》2008 年第 3 期。

姬克(闽南师范大学)

《疯癫与失控的人物群像》,闽南师范大学硕士学位论文 2018 年。

姬凌辉(浙江大学/复旦大学/华中师范大学)

《医疗、法律与地方社会:民国时期"刘梁医讼案"再探》,《中央研究院近代史研究所集刊》第 104 期(2019.6)

《晚清"采西学"中的"显微镜知识"与本土回应》,《自然辩证法通讯》2018 年第 3 期。

《亦学亦官:近代微生物学家陈宗贤史实考论》,《上海档案史料研究》第 22 辑(上海:上海三联书店 2017 年)。

《中国古代因虫致病说述论》,《中医药文化》2016 年第 4 期。

《1919 年上海南市垃圾清理与民初卫生防疫观念述论》,《上海档案史料研究》第 21 辑(上海三联书店 2016 年)。

《清末民初细菌学的引介与公共卫生防疫机制的构建》,华中师范大学硕士学位论文 2015 年。

《流感与霍乱:民初上海传染病防治初探(1918—1919)》,《商丘师范学院学报》2014 年第 7 期。

《近十年来中国近代细菌学说史研究的回顾与思考》,《长江师范学院学报》2014 年第 4 期。

纪明

《中国医籍中关于重性精神病的记载》,《中华神经精神科杂志》1955 年第 1 期。

季明稳(西北大学)

《唐代社会医疗若干问题研究》,西北大学硕士学位论文 2011 年。

纪楠(聊城大学)

~张晓飞:《媒体在医患关系报道中的误区及对策》,《青年记者》2015 年第 2 期。

姬庆红（兰州大学）

《古罗马帝国中后期的瘟疫与基督教的兴起》，《北京理工大学学报（社会科学版）》2012 年第 6 期。

季清华（汪清县东光镇卫生院）

～何乃举等：《关于甲骨文中医脑文化名字的考释》，《中医临床研究》2012 年第 24 期。

何乃举～何乃文等：《阅甲骨文形象信息·读〈灵兰秘典论〉天真》，《长春中医药大学学报》2010 年第 4 期。

何乃举～何乃文等：《中医古代细胞生物素质的探讨》，《中国中医药现代远程教育》2009 年第 1 期。

何乃举～何乃文等：《甲骨文里读中医》，《光明中医》2008 年第 7 期。

吉荣荣（安徽医科大学）

～雷二庆等：《美国生物盾牌计划的完善进程及实施效果》，《军事医学》2013 年第 3 期。

季珊珊（南京大学）

《维多利亚时期英国动物活体解剖争议研究》，南京大学硕士学位论文 2019 年。

《欧洲最早的医学院——萨莱诺医学院的兴衰》，《中华读书报》2017 年 5 月 17 日 018 版。

季顺欣（黑龙江中医药大学/辽宁中医药大学）

～冯晓玲：《朱丹溪妇科临证探析》，《中国中医基础医学杂志》2019 年第 12 期。

～王传明等：《〈医学入门·本草分类〉中"治寒门""治疮门"勘误》，《中国中医基础医学杂志》2016 年第 6 期。

《基于古代文献的中医骨伤诊疗理论研究》，辽宁中医药大学博士学位论文 2016 年。

～傅海燕：《〈正体类要·正体主治大法〉的骨科内伤病诊疗理论研究》，《中国中医骨伤科杂志》2016 年第 2 期。

～傅海燕：《〈医学入门〉讹字勘误举隅》，《山东中医药大学学报》2016 年第 1 期。

～王传明等：《〈医学入门·本草分类〉勘误——以明本〈医学汇函〉校注〈治湿门〉〈治燥门〉》，《长春中医药大学学报》2015 年第 4 期。

～傅海燕：《〈医学入门·本草分类〉中〈治风门〉〈治热门〉勘误》，《南京中医药大学学报（社会科学版）》2015 年第 3 期。

基思·格尔达特（英国胡弗汉顿大学）

～撰，郝静萍译：《英国煤炭业的粉尘、柴油和伤残——以采煤工作面的观察为中心（1985—1992）》，《医疗社会史研究》2019 年第 1 期。

季伟苹（上海市中医文献馆/上海市卫生局）

陈燕～：《浅谈古代医家对口疮的认识与治疗》，《中国民间疗法》2017 年第 11 期。

～卓鹏伟等：《上海市中医文献馆六十年文献研究回眸》，《中医文献杂志》2016 年第 4 期。

《近代中西医汇通及其对当代中医学发展的影响》，《上海中医药杂志》2014 年第 11 期。

《论〈三体〉战略发挥中医治未病优势》，《上海中医药杂志》2007 年第 10 期。

陈沛沛～：《"海派中医"特征及上海中药老字号》，《中医药文化》2007 年第 6 期。

～陈沛沛：《论"海派中医"》，《上海中医药杂志》2007 年第 5 期。

纪维周

《李时珍在南京》，《新华日报》1957 年 7 月 18 日。

季羡林（北京大学）

《印度眼科医术传入中国考》，《国学研究》第 2 卷（1994）。

纪晓婷(河南大学)

《民国时期开封城市的公共卫生事业》,河南大学硕士学位论文 2017 年。

纪焱(哈尔滨医科大学)

~李志平:《西医在哈尔滨地区的传播》,《医学与哲学》2018 年第 15 期。

~李志平:《近代黑龙江地区的防疫医院》,《中华医史杂志》2017 年第 5 期。

~李志平:《哈尔滨市第一医院简史(1913—2013)》,《中华医史杂志》2017 年第 2 期。

~李志平:《哈尔滨早期的西医医院(1900—1932)》,《中华医史杂志》2016 年第 4 期。

~李志平:《哈尔滨早期医疗卫生史概述》,《中华医史杂志》2016 年第 2 期。

杨微~:《美国国立卫生研究院的创建与发展》,《中华医史杂志》2015 年第 2 期。

~马学博等:《流逝的辉煌——滨江医院百年回顾》,《中华医史杂志》2015 年第 1 期。

杨威~李志平:《雷士德对民国时期西医机构的贡献》,《中华医史杂志》2014 年第 3 期。

~马文超:《伪满时期哈尔滨卫生保健组织》,《黑龙江史志》2010 年第 22 期。

~李志平:《角膜移植术的演进》,《中华医史杂志》2008 年第 4 期。

《移植术演进的史学研究》,哈尔滨医科大学博士学位论文 2007 年。

吉阳(张家口市卫校)

~宋秀珍:《"归经"理论渊源初探》,《吉林中医药》1999 年第 1 期。

纪意纯(广州中医药大学)

《晚清民国时期医家医案胃脘痛用药规律的研究》,广州中医药大学硕士学位论文 2014 年。

季怡雯

《新加坡同济医院——从"五帮共治"到"去帮化"运作》,《华侨华人文献学刊》2017 年第 1 期。

季寅

《女医志》,《中医世界》1929 年第 4 期。

吉喆(陕西师范大学)

《土耳其与美国外交关系中的毒品问题研究(1965—1975)》,陕西师范大学硕士学位论文 2018 年。

纪征瀚(北京中医药大学/中国中医科学院/中国中医研究院)

~严季澜等:《明代痧病外治法的发展》,《中华中医药杂志》2015 年第 2 期。

《近 20 年来中国大陆刮痧热初探》,《中国科技史杂志》2014 年第 4 期。

~王淑斌等:《一源三歧的"云林歌括"》,《浙江中医药大学学报》2014 年第 9 期。

陈子杰、王淑斌~翟双庆:《〈内经〉学术研究方法述评》,《中华中医药学刊》2014 年第 8 期。

~严季澜等:《针灸中的"神"禁忌》,《中国针灸》2014 年第 7 期。

~王淑斌等:《明代本草歌赋的特点》,《北京中医药》2014 年第 6 期。

~祖娜:《试论本草歌赋的价值》,《湖南中医药大学学报》2014 年第 6 期。

~祖娜:《山西省中医改进研究会办学始末》,《中华医史杂志》2013 年第 4 期。

~王永炎等:《中医神志学说的构建》,《北京中医药大学学报》2013 年第 1 期。

~祖娜:《"开风路针"小考》,《中国针灸》2012 年第 6 期。

《清代痧症医籍系统考》,《中医文献杂志》2009 年第 4 期。

~郑金生:《试论中国古代的"痧"》,《上海中医药大学学报》2008 年第 6 期。

《古代"痧"及治法考》,中国中医科学院博士学位论文 2008 年。

《〈痧症全书〉及其主要传本》,《中华医史杂志》2008 年第 3 期。

《〈宋以前医籍考〉的编纂与传承》,《中华医史杂志》2007 年第 4 期。

《〈内经〉中的梦饮食与现代医学病态梦现象的比较》,《中国临床康复》2005 年第 48 期。

《古本草歌赋的文献研究》,中国中医研究院硕士学位论文 2005 年。

冀中

《忆柯棣华大夫》,《健康报》1958 年 1 月 31 日。

贾波（成都中医药大学）

吴昊……叶俏波~彭波:《"白汤"实物考辨与方剂学意义探析》,《世界科学技术·中医药现代化》2019 年第 12 期。

陈旭~:《〈四圣心源〉对仲景"苓桂"配伍的继承与发微》,《中华中医药杂志》2019 年第 12 期。

王一童~李继明等:《桂芍楮实汤配伍原理及源流初探》,《现代中医药》2019 年第 4 期。

陈旭~:《叶天士虫药搜络"飞者升,地行者降"治法探析》,《中医杂志》2019 年第 1 期。

王一童、李继明~:《老官山医简〈六十病方〉治消渴诸方组方用药特点探》,《中华中医药杂志》2018 年第 5 期。

贾志超……刘兴隆~:《叶天士〈临证指南医案〉"上下交损,当治其中"理论探源与发微》,《四川中医》2018 年第 2 期。

贾志超、赵建军~沈涛:《"组方"概念考求》,《湖南中医杂志》2017 年第 6 期。

王一童、李继明~:《〈敝昔诊法〉的诊断理论探析》,《中华中医药杂志》2017 年第 5 期。

文跃强~沈涛等:《方剂记载形式及其功效表述的历史沿革》,《光明中医》2016 年第 8 期。

于海艳……由凤鸣~:《〈太平惠民和剂局方〉治诸风的用药特点》,《广州中医药大学学报》2014 年第 1 期。

黎豫川……张明飞~:《对中医火神派理论基础的探究》,《中药与临床》2013 年第 4 期。

于海艳~沈涛等:《〈太平惠民和剂局方〉治伤寒及中暑的用药特点研究》,《成都中医药大学学报》2012 年第 4 期。

~马维骐等:《藏医发展史小考》,《四川中医》2010 年第 6 期。

李晨光、彭霞~:《〈外台秘要〉中的佛学思想》,《辽宁中医药大学学报》2009 年第 7 期。

贾成祥（河南中医药大学/河南中医学院）

《中医藏象学说的文化根源》,《中医学报》2019 年第 3 期。

王文蔚、王用书~王文虎:《〈伤寒论〉三阴三阳的本质》,《中华中医药杂志》2018 年第 6 期。

王文蔚~王用书:《论"新病入络"与"久病入络"》,《中华中医药杂志》2018 年第 3 期。

王文蔚、王用书~:《万全的小儿养护思想》,《中国中医药现代远程教育》2017 年第 23 期。

王文蔚、王用书~:《浅析久病入络》,《中国中医药现代远程教育》2017 年第 17 期。

王文蔚……王用书~:《"肾为先天之本"的文化渊源》,《中医学报》2017 年第 3 期。

《佛学因果论与中医治未病》,《中医学报》2015 年第 9 期。

~王应:《论中原中医药文化的特色与地位》,《中医药管理杂志》2015 年第 5 期。

王应~:《从脏时相配矛盾看〈黄帝内经〉的成书年代》,《中医学报》2015 年第 4 期。

孙海媛~:《唐代"文士知医"的社会根源》,《中医学报》2015 年第 2 期。

《中医文化的核心价值及其渊源》,《南京中医药大学学报（社会科学版）》2013 年第 4 期。

《儒家的价值取向与中医的重用轻体》,《中医学报》2013年第4期。

~杨英豪等:《〈黄帝内经〉脏时相配的矛盾及其根源》,《中国中医基础医学杂志》2011年第7期。

~贾秋英:《论岐黄文化的根源与根本》,《中医学报》2011年第6期。

《汉代儒学与中医理论的互动共建》,《医学与哲学(人文社会医学版)》2009年第12期。

《"脾胃为后天之本"的文化渊源》,《中国中医基础医学杂志》2008年第10期。

《论沈括医学理论中的近代科学思想》,《山东中医药大学学报》2008年第2期。

《中医脉诊起源的假说与推阐》,《四川中医》2007年第4期。

《从道家思想看春夏养阳,秋冬养阴》,《中医研究》2007年第3期。

《中医"阳主阴从"的文化基因探源》,《中国中医基础医学杂志》2007年第2期。

《志于理学而成大医的朱丹——〈丹溪翁传〉注释辩难》,《中医药文化》2006年第6期。

~周利等:《节欲养生的乐理求证——与〈秦医缓和〉注释商榷》,《河南中医学院学报》2004年第5期。

《儒学与中医的思维模式和表述方法》,《河南中医》2001年第2期。

贾春华(北京中医药大学/承德医学院/安徽中医学院)

刘宁~:《妇人脏躁的概念隐喻建构》,《中医杂志》2019年第24期。

张宇~:《论道符在古代中医史中的起源与发展》,《中医杂志》2019年第23期。

刘庆华~:《金匮要略赤丸方考》,《世界科学技术·中医药现代化》2019年第12期。

《一气能变谓之精》,《北京中医药大学学报》2019年第10期。

温世伟~:《中医象隐喻的"二柄多边"表达》,《中医杂志》2019年第8期。

肖卓然~:《关于〈金匮要略〉阴阳毒与升麻鳖甲汤的几个问题》,《世界中医药》2019年第7期。

温世伟~:《象隐喻视域下五行学说和西方四元素说的比较》,《中医杂志》2019年第7期。

温世伟~:《象隐喻视域下的中医肝藏象的认知符号学解释》,《北京中医药大学学报》2019年第4期。

温世伟~:《基于象隐喻的五行学说及其在中医理论体系中的建构作用》,《中医杂志》2019年第3期。

马思思~郭瑨:《基于"一个方剂是一个邦国"的方剂君臣佐使隐喻分析》,《北京中医药大学学报》2019年第2期。

刘庆华~:《"以形为治"源流及其药用体系的初步构建》,《中医杂志》2019年第2期。

温世伟~:《中医学理论的"象—概念隐喻"二重性》,《中医杂志》2019年第1期。

张蓓~李鹏英:《基于〈伤寒杂病论〉文献挖掘的中药生熟异用规律》,《世界科学技术·中医药现代化》2019年第1期。

温世伟~:《中医理论的"象隐喻"》,《中医杂志》2018年第24期。

戴明~:《"瘰疬"病因病机与治法的隐喻分析》,《中医杂志》2018年第23期。

吴彤~:《中药特色量效关系钩沉》,《北京中医药大学学报》2018年第11期。

高黎~马淬兰:《中医经典的2种诠释——以桂枝汤为例》,《世界中医药》2018年第8期。

高黎、张蓓~:《基于古代医案文献挖掘的调补宗气用药规律》,《中医药学报》2018年第5期。

张恒~:《火法源流论》,《世界中医药》2018年第3期。

高黎~:《基于〈中华医典·医案〉文献挖掘的调和营卫用药规律研究》,《福建中医药》2018年第

2期。

朱丽颖～:《基于逻辑回归的"但见一证便是"探讨》,《中华中医药杂志》2017年第11期。

《取象比类语境下的中医学》,《世界科学技术——中医药现代化》2017年第9期。

黄慧雯～:《基于词频分析法的〈黄帝内经〉五藏核心观的建构》,《世界科学技术·中医药现代化》2017年第9期。

吴彤～:《"痛风病"中医病因病机的隐喻分析》,《世界科学技术·中医药现代化》2017年第9期。

刘宁～:《〈金匮要略〉水湿痰饮病的认知原型研究》,《世界科学技术·中医药现代化》2017年第9期。

马淬兰～:《基于隐喻认知的中医五行学说研究述评》,《世界科学技术·中医药现代化》2017年第9期。

张恒～:《基于隐喻认知的中医火疗法作用机制研究》,《世界科学技术·中医药现代化》2017年第9期。

刘宁、郭瑨～:《张仲景膈气虚之正名》,《北京中医药大学学报》2017年第8期。

邱春华～:《五行学说的发生认识论解释》,《世界中医药》2017年第3期。

李春雨、黄慧雯～:《概念隐喻视阈下的中医之"神"》,《辽宁中医杂志》2017年第2期。

谢菁、王鼎～彭进等:《从认知体验哲学探讨中医概念隐喻的建构》,《时珍国医国药》2017年第2期。

谢菁、王鼎～彭进等:《从认知体验哲学探讨中医概念隐喻的建构》,《时珍国医国药》2017年第2期。

杨晓媛～:《中医学"通""和""平"的字源学研究》,《北京中医药大学学报》2016年第5期。

庄享静、郭瑨～:《跨学科视角下浅谈金匮要略的中医语言》,《中医教育》2016年第3期。

杨晓媛～:《"寒"、"热"在温度感觉与中医学之间的概念隐喻》,《世界科学技术·中医药现代化》2015年第12期。

方信盛～:《由〈易经〉切入〈黄帝内经〉探讨与中医理论思维之相关性》,《世界中医药》2015年第5期。

陈晨～:《伦理视域下的五行生克观》,《中华中医药学刊》2015年第1期。

庄享静～:《一个以"木"为始源域的中医概念隐喻认知系统》,《世界中医药》2014年第11期。

陈晨、郭瑨～:《五行——从人伦到人体》,《世界中医药》2014年第11期。

朱丽颖～:《基于认知心理学的中医辨证研究》,《世界中医药》2014年第11期。

权五赫～:《一个以"金"为始源域的中医概念隐喻认知系统》,《世界中医药》2014年第11期。

《基于隐喻认知的中医语言研究纲领》,《北京中医药大学学报》2014年第5期。

林佑益、谢菁～:《基于隐喻结构映射模型的中医"五脏生克关系"概念隐喻研究》,《中医药学报》2014年第2期。

林佑益、谢菁～:《基于隐喻特征赋予模型的中医"五行—五脏"配属研究》,《中医药学报》2014年第1期。

刘惠金～:《一个以"火"为始源域的中医概念隐喻认知系统》,《中华中医药杂志》2013年第11期。

朴恩希、谢菁～:《从认知语言学角度初探中医五色理论》,《中华中医药杂志》2013年第9期。

《具身心智视域下的中医五行概念隐喻的认知心理语言逻辑研究方案》,《世界中医药》2013年第

1 期。

～谷浩荣等:《中医语言的吁请——认知语言学视域下的中医病因病机语言隐喻特征分析》,《中华中医药学刊》2012 年第 8 期。

郭瑨～:《从认知科学的角度研究中医的意义》,《中华中医药学刊》2012 年第 6 期。

谷浩荣～谢菁:《基于概念隐喻理论的中医藏象学说考察》,《世界科学技术·中医药现代化》2012 年第 5 期。

马子密～:《取象比类——中国式隐喻认知模式》,《世界科学技术·中医药现代化》2012 年第 5 期。

杨晓媛～:《基于隐喻认知的中医脾胃治则研究》,《世界科学技术·中医药现代化》2012 年第 5 期。

郭瑨～:《"观其脉证,知犯何逆,随证治之"进程中的信念修正》,《世界科学技术·中医药现代化》2012 年第 5 期。

刘惠金～:《从隐喻认知角度探究中医之"火"的概念内涵》,《世界科学技术·中医药现代化》2012 年第 5 期。

谢菁、谷浩荣～:《从认知语言学角度探讨中医六淫概念隐喻——以湿邪概念为例》,《中医药学报》2012 年第 3 期。

《一个以水为始源域的中医概念隐喻认知系统》,《北京中医药大学学报》2012 年第 3 期。

谢菁～:《从认知角度看综艺语言的容器隐喻》,《中医药学报》2012 年第 2 期。

谢菁～:《中医病因病机语言中的战争隐喻》,《中医药学报》2011 年第 6 期。

谢菁～:《〈金匮要略〉妇人产后腹痛的腹证探讨》,《中华中医药学刊》2011 年第 6 期。

谢菁、朴恩希～:《从认知心理学角度探析中医辨证过程》,《世界科学技术·中医药现代化》2011 年第 5 期。

谢菁～:《〈黄帝内经〉隐喻语言的类型与功能》,《中医药学报》2011 年第 1 期。

《一种以身体经验感知为基础形成的理论——以"六淫"中的风为例分析中医病因的隐喻特征》,《世界科学技术·中医药现代化》2011 年第 1 期。

《中医理论思辨录》,《北京中医药大学学报》2010 年第 7 期。

林卓逸～:《女子感情脆弱的刻板印象对中医理论的影响——由"女人嗜欲多于丈夫"谈起》,《辽宁中医杂志》2010 年第 4 期。

林卓逸～:《美女形象的社会期待与中医理论体系的拓展》,《辽宁中医杂志》2010 年第 2 期。

苏愉仁～:《〈金匮要略〉中的假言命题与假言推理》,《辽宁中医杂志》2009 年第 12 期。

林卓逸～:《性别医学的概念试探——兼论中医性别意识事例》,《吉林中医药》2009 年第 10 期。

林卓逸～:《音乐治疗的再思考》,《吉林中医药》2009 年第 9 期。

林卓逸～:《〈黄帝内经〉的性别意识试探》,《云南中医学院学报》2009 年第 5 期。

《有关〈金匮要略〉同病异治的诠释与成真条件》,《辽宁中医杂志》2009 年第 3 期。

刘立杰～:《〈伤寒六书〉杀车槌法中张仲景治疗思想初探》,《山西中医》2009 年第 2 期。

《中医学:一种基于隐喻认知的语言》,《亚太传统医药》2009 年第 1 期。

《认知科学背景下的中医病因病机的概念隐喻研究》,《中国医药导刊》2008 年第 8 期。

林卓逸～:《析乾嘉考据学对医史研究的影响》,《云南中医学院学报》2008 年第 6 期。

～王永炎等:《论〈伤寒论〉"观其脉证,知犯何逆,随证治之"》,《北京中医药大学学报》2008 年第 7 期。

～王永炎等:《三阴三阳源流》,《中国民族民间医药》2008 年第 4 期。

《病证关系论》,《亚太传统医药》2008 年第 3 期。

～王海林等:《补益法发展史略》,《承德医学院学报》1997 年第 1 期。

《日本汉医古方派医学思想的哲学观》,《医学与哲学》1995 年第 10 期。

～王海林:《〈伤寒论〉研究的反思》,《中国中医基础医学杂志》1995 年第 4 期。

～刘渡舟等:《永富独啸庵学术思想的研究》,《中医药研究》1994 年第 6 期。

《古方派对中国近代〈伤寒论〉研究的影响》,《北京中医药大学学报》1994 年第 4 期。

《日本国古方派医学观的变迁》,《北京中医药大学学报》1994 年第 2 期。

《浅谈〈伤寒例〉对"伤寒"病因发病学的羽翼》,《中医药学报》1988 年第 4 期。

～周夕林:《〈金匮要略〉营养学思想探析》,《安徽中医学院学报》1988 年第 3 期。

贾德道

《试论中国医学史的分期问题》,《中华医史杂志》1980 年第 1 期。

贾恩志(南京医科大学)

《从国内外疾病负担比较看我国疾病流行新趋势》,《国外医学(卫生经济分册)》1999 年第 1 期。

贾福华

《医史博物馆简介》,《上海中医药杂志》1978 年复刊号。

《上海"近代中医学术流派报告会"的内容续报》,《中医杂志》1962 年第 9 期。

《上海"近代中医学术流派报告会"的内容简介》,《中医杂志》1962 年第 4 期。

《论祖国医学史中学术流派的发展和争端》,《上海中医药杂志》1962 年第 1 期。

《上海中医学院医史博物馆》,《文物》1961 年第 10 期。

《祖国医学历史上的学术争鸣》,《文汇报》1961 年 5 月 16 日。

贾鸽(天津城建大学/天津城市建设学院/南开大学/河北大学)

～安宝:《从日常生活的角度窥探民国时期沐浴卫生与厕所卫生》,《天津社会保险》2019 年 2 期。

《新中国成立前后天津的妇幼保健事业研究》,《兰台世界》2015 年第 22 期。

《民国时期城市卫生方式的变迁——以饮水卫生为中心的考察》,《人民论坛》2015 年第 21 期。

《交流与融合:建国初期天津中西医结合问题研究》,《世纪桥》2015 年第 10 期。

《新中国成立初期天津公共卫生事业研究》,《文化学刊》2015 年第 10 期。

《技术、权力和知识:近代至建国初期天津饮水卫生研究》,《贵阳学院学报(社会科学版)》2015 年第 5 期。

《建国初期天津红十字会防疫活动述论》,《兰台世界》2015 年第 1 期。

《建国初期天津爱国卫生运动考察(1949—1959)》,《兰台世界》2013 年第 4 期。

～马学梅:《论民国初期的卫生防疫事业——以天津为例》,《南京中医药大学学报(社会科学版)》2013 年第 1 期。

《建国初期天津疫病流行的因素探析》,《赤峰学院学报(汉文哲学社会科学版)》2012 年第 12 期。

《从自然环境因素探讨瘟疫发生的原因——以 1946—1948 年河北瘟疫为中心》,《聊城大学学报(社会科学版)》2010 年第 3 期。

《1946—1948 年河北疫病防治措施》,《中华医史杂志》2010 年第 3 期。

《1946—1948 年河北疫情概况及致疫因素探析》,《南京中医药大学学报(社会科学版)》2009 年第 4 期。

~潘崇:《1946—1948 年河北瘟疫的社会影响和发生原因》,《山西财经大学学报》2009 年 S2 期。

《1946—1948 年河北的疫情及其防治》,河北大学硕士学位论文 2008 年。

贾海生(浙江大学)

《祷疾仪式的主要仪节》,《北方论丛》2006 年第 4 期。

贾海燕(湖北省社会科学院)

《略论战国至汉代医学中的科技应用成效——以楚地出土资料为主要对象》,《湖北社会科学》2015年第 4 期。

刘玉堂~:《马王堆帛书〈五十二病方〉与楚人“四方”观念》,《中国文化研究》2011 年第 3 期。

《〈五十二病方〉中的巫术与民俗》,《中华医史杂志》2010 年第 2 期。

刘玉堂~:《马王堆帛书〈五十二病方·祛疣〉所涉之巫术与民俗》,《中南民族大学学报(人文社会科学版)》2009 年第 1 期。

《先秦楚地养生文化的特色及影响》,《郧阳师范高等专科学校学报》2008 年第 5 期。

《“太一生水”的养生学阐释——兼论该篇存在的天人观》,《江汉论坛》2007 年第 11 期。

《论孔子健身养生思想》,《军事体育进修学院学报》2005 年第 4 期。

~张兆虎:《刍议先秦楚地导引养生》,《湖北中医学院学报》2005 年第 1 期。

贾鹤鹏(美国康奈尔大学/俄亥俄州州立大学/中国科学院)

~苗伟山:《科学传播、风险传播与健康传播的理论溯源及其对中国传播学研究的启示》,《国际新闻界》2017 年第 2 期。

~范敬群:《知识与价值的博弈——公众质疑转基因的社会学与心理学因素分析》,《自然辩证法通讯》2016 年第 2 期。

王大鹏、钟琦~:《科学传播:从科普到公众参与科学——由崔永元卢大儒转基因辩论引发的思考》,《新闻记者》2015 年第 6 期。

范敬群~:《极化与固化:转基因“科普”的困境分析与路径选择》,《中国生物工程杂志》2015 年第6 期。

~范敬群等:《风险传播中知识、信任与价值的互动——以转基因争议为例》,《当代传播》2015 年第 3 期。

~范敬群:《转基因何以持续争议——对相关科学传播研究的系统综述》,《科普研究》2015 年第1 期。

苗伟山~:《社交媒体中转基因食品的媒介框架研究——基于美国 YouTube 视频网站的案例分析》,《科普研究》2014 年第 5 期。

范敬群~艾熠等:《转基因争议中媒体报道因素的影响评析——对 SSCI 数据库 21 年相关研究文献的系统分析》,《西南大学学报(社会科学版)》2014 年第 4 期。

范敬群~张峰等:《争议科学话题在社交媒体的传播形态研究——以“黄金大米事件”的新浪微博为例》,《新闻与传播研究》2013 年第 11 期。

范敬群~彭光芒:《转基因传播障碍中的文化因素辨析》,《中国生物工程杂志》2013 年第 6 期。

范敬群~:《从法国转基因“致癌”实验看对待争议研究的态度与逻辑》,《生命科学》2013 年第6 期。

《“茶水发炎”重演的媒体专业主义悲哀》,《青年记者》2012 年第 25 期。

赵金……曹林~庄永志:《“茶水发炎”为何重演》,《青年记者》2012 年第 25 期。

《"黄金大米"事件与信任危机》,《科学新闻》2012 年第 10 期。

～谭一泓等:《转基因:从传播到决策》,《生命科学》2011 年第 2 期。

《转基因辩论期待更好传播》,《资源与人居环境》2010 年第 15 期。

贾洪波(中国人民大学)

《欧盟跨国医疗保障政策协作机制分析》,《价格月报》2009 年第 5 期。

《欧盟国家医疗保障制度比较分析》,《中共中央党校学报》2008 年第 3 期。

贾红玲(山东中医药大学第二附属医院/山东中医药大学)

鞠静、张永臣～:《肩井穴孕妇禁针源流考》,《中华中医药杂志》2019 年第 10 期。

孟丹、张永臣～:《龚廷贤外治导法及其现代应用探析》,《山东中医药大学学报》2019 年第 1 期。

孟丹、张永臣～:《王惟一针灸学术特色及其学术成就探析》,《中国针灸》2018 年第 10 期。

王皓然～张永臣:《历史上的齐鲁针灸探析》,《中国针灸》2018 年第 8 期。

王浩然、付晓燕～张永臣:《钱雷〈人镜经·附录〉针灸学术思想探析》,《山东中医药大学学报》2018 年第 5 期。

孟丹、张永臣～:《龚廷贤〈寿世保元〉五官疾病辨治特色探微》,《山东中医药大学学报》2018 年第 4 期。

孟丹、张永臣～:《龚廷贤〈寿世保元〉官窍外治法探析》,《四川中医》2018 年第 4 期。

王皓然～张永臣:《张从正〈儒门事亲〉针灸学术特点探析》,《长春中医药大学学报》2018 年第 2 期。

孟丹、张永臣～:《〈万病回春〉和〈寿世保元〉外治法应用特色探析》,《天津中医药》2017 年第 12 期。

孟丹、张永臣～:《汪机及其〈针灸问对〉学术思想探析》,《天津中医药》2017 年第 11 期。

王黎明～:《〈世医得效方〉灸法学术思想浅析》,《针灸临床杂志》2017 年第 9 期。

田梦、娄天伟～张永臣:《明清两代医家诊治中风先兆经验探析》,《西部中医药》2017 年第 8 期。

朱永政、张洪星～张永臣:《〈针灸资生经〉眼科病治疗规律浅析》,《针灸临床杂志》2017 年第 7 期。

田梦、娄天伟～张永臣:《浅论〈世医得效方〉中灸法的应用》,《河南中医》2017 年第 7 期。

郝志～张学成等:《齐鲁医家翟良及〈经络汇编释义〉学术特点探析》,《山东中医药大学学报》2017 年第 6 期。

郝志～张学成、张永臣:《明代医家龚廷贤药物外治法探析》,《山东中医药大学学报》2017 年第 4 期。

张永臣～张学成:《金元医家张从正刺血疗法探析》,《山东中医药大学学报》2017 年第 1 期。

朱永政、张洪芳～张永臣:《古代捻转补泻的源流及发展》,《中医学报》2017 年第 1 期。

王爱芸、王爱菊～张永臣:《吴崑针灸学术特点浅析》,《针灸临床杂志》2016 年第 11 期。

王浩然～张永臣:《齐鲁医家李时珍〈奇经八脉考〉针灸学术思想探析》,《辽宁中医药大学学报》2016 年第 10 期。

王聪……张永臣～:《〈黄帝内经〉药熨法荟萃》,《山东中医杂志》2016 年第 8 期。

王浩然……沈庆思～张永臣:《〈针灸甲乙经〉针灸禁忌浅析》,《针灸临床杂志》2016 年第 7 期。

张永臣～张学成:《朱震亨及其针灸学术成就探析》,《山东中医药大学学报》2016 年第 6 期。

王浩然……沈庆思～张永臣:《齐鲁医家杨继洲〈针灸大成〉学术思想浅析》,《辽宁中医杂志》2016

年第6期。

张永臣~张学成：《滑寿针灸学术成就简析》，《山东中医药大学学报》2016年第5期。

张永臣~张学成：《窦汉卿及其〈通玄指要赋〉学术特点探析》，《山东中医药大学学报》2016年第4期。

张永臣~韩涛、汤继芹：《金元医家李东垣及其"东垣针法"》，《山东中医药大学学报》2016年第3期。

王浩然~张永臣：《〈黄帝内经〉针灸系统疗法》，《吉林中医药》2016年第3期。

张永臣~韩涛等：《葛洪〈肘后备急方〉对针灸学的贡献》，《山东中医药大学学报》2016年第1期。

王浩然~张永臣：《晋代医家皇甫谧〈针灸甲乙经〉学术思想浅析》，《针灸临床杂志》2016年第1期。

王浩然~张永臣：《齐鲁医家葛洪与〈肘后备急方〉针灸学术思想浅析》，《针灸临床杂志》2015年第12期。

毛改~张永臣：《太渊穴古代临床应用分析》，《中国针灸》2015年第10期。

张永臣~韩涛等：《王叔和及〈脉经〉针灸学术思想探析》，《山东中医药大学学报》2015年第6期。

张永臣~韩涛等：《淳于意及诊籍针灸学术思想探析》，《山东中医药大学学报》2015年第5期。

张永臣~韩涛：《扁鹊〈难经〉针灸学术思想探析》，《山东中医药大学学报》2015年第4期。

孔冬冬、张永臣~：《内关穴古代文献考究》，《山东中医杂志》2015年第3期。

~张兴镇等：《清代以前对合谷穴应用的文献研究》，《河南中医》2015年第2期。

申伟……张永臣~：《足临泣主治病证及刺灸特点古代文献分析》，《针灸临床杂志》2015年第1期。

申伟……张永臣~：《浅析〈针灸大成〉中足临泣穴的临床应用》，《湖南中医杂志》2015年第1期。

张永臣、申伟~韩涛：《略论唐代医家孙思邈对灸法的贡献》，《中医药临床杂志》2015年第1期。

~张学伟等：《〈针灸逢源〉中风灸法浅析》，《中国中医药现代远程教育》2014年第5期。

张永臣~：《滑伯仁与〈十四经发挥〉》，《中国中医药现代远程教育》2014年第4期。

张学伟~：《浅析〈内经〉论治腰痛》，《辽宁中医杂志》2014年第3期。

张学伟~：《〈针灸逢源〉灸法探析》，《针灸临床杂志》2014年第2期。

黄宗雄……张帅~：《昆仑穴古代临床应用分析》，《针灸临床杂志》2013年第10期。

王文琴、张永臣~：《太冲穴古代文献应用分析》，《针灸临床杂志》2013年第7期。

卢承顶、张永臣~：《三阴交穴主治及配伍规律古代文献分析》，《山东中医药大学学报》2013年第5期。

《中医脐疗的文献研究》，山东中医药大学博士学位论文2010年。

张永臣~王秀英：《脐疗法的渊源与发展》，《中华中医药学刊》2009年第9期。

佳宏伟（厦门大学）

《20世纪30年代城市居民的疾病与死亡——以南京、北平、广州为中心》，《安徽史学》2016年第3期。

《清末云南商埠的气候环境、疾病与医疗卫生——基于〈海关医报〉的分析》，《暨南学报（哲学社会科学版）》2015年第6期。

《雍正朝官员患病类型及其死亡率——基于吏科题本的量化分析》，《厦门大学学报（哲学社会科学版）》2010年第2期。

贾鸿源（复旦大学）

《信仰与空间的互动——〈夷坚志〉行瘟故事探析》,《地方文化研究》2015 年第 6 期。

贾会欣（暨南大学）

～陈利国:《〈黄帝内经〉的时空病理观》,《辽宁中医杂志》2007 年第 11 期。

贾建宇（中国财政科学研究院）

～李林:《农村居民医疗保健和个人用品消费价格与其他商品消费价格间的传导机制研究》,《经济研究参考》2017 年第 41 期。

《农村医疗保险制度变迁的国际比较研究》,《农村金融研究》2017 年第 6 期。

《我国农村药品零售价格波动及其因素的研究》,《价格理论与实践》2017 年第 3 期。

贾金成（暨南大学）

《唐代家庭医事研究》,暨南大学硕士学位论文 2010 年。

勾利军～:《略论唐代的佛教医籍及其特点》,《河南师范大学学报(哲学社会科学版)》2010 年第 2 期。

贾静涛（中国医科大学）

《古代日耳曼和阿拉伯律法与唐律中法医学内容的比较》,《中华医史杂志》1997 年第 2 期。

《中国法医学史研究 60 年》,《中华医史杂志》1996 年第 4 期。

《现代法医学先驱奥尔菲拉及其主要著作》,《中国法医学杂志》1995 年第 4 期。

《小亚细亚古国法律与法医学》,《中华医史杂志》1995 年第 4 期。

《十九世纪临床法医学的主要成就》,《法医学杂志》1995 年第 3 期;1996 年第 1 期。

《我国法医体制改革的展望》,《法律与医学杂志》1994 年第 2 期。

《古代法律与法医学》,《中国法医学杂志》1994 年第 1 期。

《法医学的萌芽》,《中华医史杂志》1994 年第 1 期。

《对日本法医学界四部新著的评介》,《法医学杂志》1989 年第 3 期。

《中国法医学简史》,《中国法医学杂志》1988 年第 3 期。

《宋慈及其伟大贡献——纪念宋慈诞辰 800 周年》,《中国法医学杂志》1987 年第 2 期。

《辛亥革命以后的中国法医学》,《中华医史杂志》1986 年第 4 期。

《〈洗冤集录〉美译本评介》,《中华医史杂志》1984 年第 2 期。

《中国古代法医检验的分工》,《中华医史杂志》1982 年第 1 期。

《中国古代的检验制度》,《法学研究》1980 年第 6 期。

～张慰丰:《云梦秦简与医学、法医学》,《中华医史杂志》1980 年第 1 期。

贾隽（第四军医大学）

《中国传统医学道德的核心思想的现实意义研究》,第四军医大学硕士学位论文 2010 年。

～张京平:《浅谈仁术思想的医学伦理意义》,《中国医学伦理学》2009 年第 5 期。

贾蓝羽（天津中医药大学）

～李桂平等:《杜元灏学术思想初探》,《中华中医药杂志》2017 年第 4 期。

贾利涛（晋中学院/复旦大学）

《神话与医经合力建构的"神农"——以"尝百草"与〈本草经〉为例》,《中医文献杂志》2017 年第 6 期。

《20 世纪中叶以来古代名医传说研究述评》,《中医药文化》2017 年第 3 期。

《从"神农尝百草"看本草起源的神话建构》,《中医药文化》2017年第2期。

《古籍载张仲景事迹与〈张仲景传〉的辑成》,《唐都学刊》2016年第2期。

《扁鹊的神话人物属性初探》,《新余学院学报》2016年第2期。

《名医的封号与尊称刍论》,《新余学院学报》2014年第4期。

贾敏如(晋中学院/成都中医药大学/成都中医学院)

孙铭~王张等:《〈印度阿育吠陀药典〉所载169味单味药的介绍》,《中国药房》2019年第15期。

曾商禹……汞保东知~张艺等:《基于数据挖掘的"藏彝走廊"藏、彝医用药规律对比研究》,《中药材》2019年第5期。

杨文娟、聂佳~张艺:《一带一路视野下传统医药的互联共存——以印度阿育吠陀医药、中医药和藏医药为例》,《辽宁中医杂志》2017年第9期。

~王甜甜等:《我国使用进口传统药物(药材)的历史(春秋至明清)和品种概况》,《中国中药杂志》2017年第9期。

~李心怡等:《近代中国各民族使用进口传统药物(药材)的品种分析及建议》,《华西药学杂志》2019年第4期。

李宁~张艺:《国际权威药物巨著〈马丁代尔药物大典(第35版)〉中收载的传统药物品种简介》,《成都中医药大学学报》2017年第4期。

~卢晓琳等:《初论我国少数民族使用矿物药的品种概况》,《中国中药杂志》2015年第23期。

~王张等:《〈印度阿育吠陀药典〉所载药物与中国相应传统药物的比较》,《中国民族医药杂志》2011年第5、6期;2012年第1、5期。

李振国~:《〈本草衍义〉对中药鉴定的贡献》,《中药材》1990年第4期。

贾茗萱(上海外国语大学附属外国语学校)

~贾杨:《"京都达仁堂救苦还魂丹"银药瓶探析》,《中医文献杂志》2019年第4期。

嘉日姆几(云南大学)

《试析凉山彝族传统临终关怀行为实践》,《社会科学》2007年第9期。

《凉山彝族传统临终关怀》,《社会观察》2007年第9期。

贾树杰(解放军第252医院)

~宋鑫:《余霖学术思想浅析》,《现代中西医结合杂志》2010年第28期。

~宋鑫:《吴有性学术思想浅析》,《现代中西医结合杂志》2010年第26期。

《吴鞠通学术思想浅析》,《河北中医》2001年第4期。

贾伟(定西师范高等专科学校)

《"病之花":略谈西方文学中"疾病"的文化内涵》,《甘肃高师学报》2008年第3期。

贾文成(山东中医学院)

~张同振:《〈伤寒论〉和〈金匮要略〉用药剂量初考》,《辽宁中医杂志》1985年第4期。

贾潇(广西师范大学)

《桂林浸信会医院研究(1916—1951)》,广西师范大学硕士学位论文2017年。

贾晓燕(徐州师范大学)

《民国乡村建设运动之卫生事业》,《时代人物》2008年第5期。

贾新燕(长春中医药大学)

~姜银平等:《外来医药文化对孙思邈医学思想影响的研究》,《黑龙江中医药》2010年第2期。

贾新燕（广州中医药大学）

《略述岭南针灸发展史》，《上海针灸杂志》2015 年第 1 期。

～易玮：《中医诊疗思维的发掘、继承与发展》，《亚太传统医药》2014 年第 7 期。

～易玮：《岭南医学对针灸学的贡献》，《长春中医药大学学报》2014 年第 2 期。

贾秀慧（新疆社会科学院）

《晚清民国时期新疆的公共卫生建设探析》，《伊犁师范学院学报（社会科学版）》2011 年第 1 期。

《试析新疆民国时期疫病的流行与防治》，《昌吉学院学报》2010 年第 2 期。

加羊加措（甘肃中医药大学）

《藏医古典书籍〈甘露精华简要续〉与〈四部医典〉的基础理论比较研究》，甘肃中医药大学硕士学位论文 2016 年。

贾以仁（北京针灸骨伤学院）

《〈神农本草经〉成书年代考》，《北京针灸骨伤学院学报》1994 年第 2 期。

《论〈神农本草经〉的成书年代》，《中医药学报》1989 年第 6 期。

《杨上善注〈黄帝内经太素〉考》，《贵阳中医学院学报》1983 年第 4 期。

《日本汉方医药始祖——鉴真》，《赤脚医生杂志》1979 年第 1 期。

贾云芳（河北医科大学）

《王好古"此事难知"学术思想以及与李东垣学术渊源关系的研究》，河北医科大学硕士学位论文 2010 年。

贾章旺

《毛泽东领导下的新中国医疗卫生事业》，《文史精华》2013 年第 4 期。

贾智玲（上海中医药大学/河北医科大学）

～段逸山：《从〈医界春秋〉和〈复兴中医〉看民国时期中医教育》，《中医药文化》2012 年第 3 期。

～段逸山：《民国期刊〈自强医学月刊〉研究》，《中医药文化》2011 年第 5 期。

《〈名医类案〉〈续名医类案〉宋金元时期医案的脉学研究》，河北医科大学硕士学位论文 2009 年。

贾治中（山西中医学院/全国医古文研究会）

～杨燕飞：《中医改进研究会 1924 年防治临县疫症记始末》，《山西中医学院学报》2003 年第 4 期。

杨燕飞～：《清代药性梆子戏〈群英会〉校注》，《山西中医学院学报》2000 年第 1 期。

杨燕飞～：《古典科普文学创作的巅峰——清代药性剧三论》，《中华戏曲》1998 年 00 期。

～杨燕飞：《略论清代的药性剧——兼谈〈草木传〉的作者问题》，《中华戏曲》1996 年第 1 期。

～杨燕飞：《〈〈草木传〉作者考辨〉质疑》，《中医文献杂志》1995 年第 3 期。

简炯仁

《"台湾是瘴疠之地"——一个汉人的观点》，《台湾风物》第 46 卷第 4 期（1996.2）。

简柳军（法国巴黎中医武术学院）

《中医药在法国的现状与展望》，《新中医》2008 年第 12 期。

建平

《义净前往南海诸国和印度的事迹及贡献》，《历史教学》1962 年第 3 期。

简天天（重庆师范大学）

《英属北美殖民地天花传播及其防治研究》，重庆师范大学硕士学位论文 2019 年。

简伟研(北京大学)

《医疗费用支付制度选择的研究》,北京大学博士学位论文2007年。

鉴远

《我国第一个神经外科机构》,《人民日报》1956年5月7日。

蒋爱花(清华大学)

《唐人寿命水平及死亡原因试探——以墓志资料为中心》,《中国史研究》2006年第4期。

姜爱华(中央财经大学)

~王妍婷:《政府在医疗服务中的责任——古巴的经验和启示》,《全球化》2013年第9期。

姜爱林(哈尔滨商业大学)

《从拒绝到关注:18年来的中国艾滋病立法》,《法制与经济》2006年第4期。

江爱霞(南昌大学)

《〈中国青年报〉医患关系报道研究》,南昌大学硕士学位论文2014年。

姜柏生(南京医科大学)

赵欣悦~:《基于患者感受视角的医学人文关怀现状调查与影响因素分析》,《中国医学伦理学》2019年第12期。

岳远雷~:《新时代健康中国战略法治建构研究——基于医疗卫生法治化的思索》,《中国卫生事业管理》2019年第12期。

曹凯~:《肿瘤患者医疗纠纷的特征、成因与对策》,《南京医科大学学报(社会科学版)》2019年第4期。

赵欣悦~:《长春长生疫苗事件中存在的监管问题及建议措施》,《南京医科大学学报(社会科学版)》2019年第2期。

姜姗、周宁~:《晚期肿瘤患者安宁疗护实践中的认识误区、伦理困境及对策探讨》,《南京医科大学学报(社会科学版)》2019年第2期。

陆麒~:《区域伦理委员会的定位、职能与发展》,《医学与哲学(A)》2018年第12期。

金心蕊~:《院前公众紧急救助免责问题的立法进展与完善研究》,《医学与哲学(A)》2018年第6期。

陆麒~:《谈〈涉及人的生物医学研究伦理审查办法〉的修订对我国伦理审查工作的影响》,《医学与哲学(A)》2017年第11期。

刘虹~:《什么是医院管理的精髓——医院人文管理的本质、特征、途径和价值》,《医学与哲学(A)》2017年第9期。

曾日红~:《医学与法学的类比及启示——科际整合在医学生法学教育中的运用》,《医学与哲学(A)》2017年第6期。

成琳、单清~:《某三甲医院单病种患者医疗费用结构变动度分析》,《南京医科大学学报(社会科学版)》2017年第5期。

牛奔~:《服刑精神分裂症患者社会功能与社会支持现状分析》,《江苏卫生事业管理》2017年第4期。

柳沁怡~:《临床试验中知情同意书的简化问题研究》,《医学与哲学(A)》2017年第3期。

任元鹏、金心蕊~:《医学人体试验之利益诱惑分析》,《中国医学伦理学》2017年第2期。

金心蕊、任元鹏~:《全面二孩政策下儿科医疗服务困境分析及改善措施初探》,《江苏卫生事业管理》2016 年第 6 期。

任元鹏、杨鸣～:《互利与平衡:实验动物的伦理、福利与法律》,《中国医学伦理学》2016 年第 6 期。

林振平……刘虹～:《南京地区医疗责任保险的实践与探索》,《医学与哲学(A)》2016 年第 3 期。

《医学临床试验法律关系之内容要素探析》,《医学与哲学(A)》2015 年第 12 期。

杨莉、顾加栋～:《2011—2013 年某省医患纠纷状况分析及对策研究》,《南京医科大学学报(社会科学版)》2015 年第 5 期。

王辉～:《南京市三甲医院伦理委员会跟踪审查制度执行情况调查分析》,《南京医科大学学报(社会科学版)》2015 年第 4 期。

张正元～周光荣:《论损伤控制理念在外科手术中的应用价值》,《南京医科大学学报(社会科学版)》2015 年第 3 期。

林振平、李悦晖～:《南京市医疗责任保险发展状况探析》,《卫生经济研究》2014 年第 12 期。

顾加栋～:《医疗损害鉴定制度重构的若干问题》,《中国卫生事业管理》2014 年第 10 期。

～陈洁:《医学人文精神培育路径的质性研究》,《医学与哲学(A)》2014 年第 7 期。

～邓逸飞:《人体生物医学研究中受试者权益保护对策》,《医学与哲学(A)》2014 年第 2 期。

～顾加栋:《人体试验受试者人格权保护研究》,《中国卫生事业管理》2013 年第 12 期。

彭加茂、金跃明～:《224 起医疗过失行为的原因分析及其防范措施》,《临床误诊误治》2013 年第 10 期。

～郑逸飞:《人体生物医学研究知情同意书质量分析——以南京部分三级甲等医院为例》,《医学与哲学(A)》2013 年第 9 期。

施姣姣～杨芳:《论人工生殖纠纷的类型、特征及处理原则》,《南京医科大学学报(社会科学版)》2013 年第 6 期。

《应对医患纠纷的思考》,《南京医科大学学报(社会科学版)》2013 年第 6 期。

芮蓉～:《我国部分地区居民对艾滋病知晓情况及影响因素的调查》,《南京医科大学学报(社会科学版)》2013 年第 5 期。

～任元鹏:《人体组织和器官的法律属性新探》,《医学与哲学(A)》2012 年第 6 期。

彭加茂～:《医疗损害鉴定的实践体会与思考》,《江苏卫生事业管理》2012 年第 5 期。

姜立学～:《建立统一的医疗纠纷医学鉴定制度的探讨》,《江苏卫生事业管理》2012 年第 5 期。

～刘虹:《医学技术应用的价值思考与规制研究》,《医学与哲学(人文社会医学版)》2011 年第 11 期。

顾加栋～:《食品安全监管渎职入罪的几个问题》,《中国卫生事业管理》2011 年第 8 期。

李悦晖～:《南京市医患纠纷人民调解机制研究》,《医学与哲学(人文社会医学版)》2011 年第 7 期。

许小玲～:《患者知情同意权主体的演变探析》,《江苏卫生事业管理》2011 年第 6 期。

郑逸飞～张馥敏等:《论药物临床试验中知情同意权的内涵及保护》,《中国卫生事业管理》2011 年第 4 期。

任元鹏:《浅谈高新生命技术对财产权的影响及法律调整》,《科技与法律》2011 年第 2 期。

任元鹏～:《论非歧视原则是艾滋病法的首要原则》,《医学与社会》2011 年第 2 期。

李悦晖～:《医疗责任保险发展阻滞的原因及对策分析》,《南京医科大学学报(社会科学版)》2011 年第 1 期。

任元鹏~:《我国医疗损害诉讼中的举证责任分配》,《辽宁医学院学报(社会科学版)》2011 年第 1 期。

李悦晖~:《关于推行农村医疗责任保险的若干思考》,《中国卫生事业管理》2010 年第 12 期。

《〈侵权责任法〉中医疗损害责任制度之评析》,《中国卫生事业管理》2010 年第 8 期。

顾加栋~:《论药物临床试验受试者的权益保护》,《中国卫生质量管理》2010 年第 2 期。

~任元鹏:《卫生法学论文状况研究报告——〈医学与哲学〉对卫生法学学科发展的独特贡献》,《医学与哲学(人文社会医学版)》2010 年第 1 期。

滕雅婷~:《关于医疗损害赔偿中精神损害赔偿的研究——试论日本民法与美国医疗损害赔偿制度的借鉴意义》,《中国卫生事业管理》2009 年第 9 期。

陈明~:《从医务人员的认识谈病案质量缺陷的原因及对策》,《中国病案》2009 年第 9 期。

~刘虹等:《高新生命技术背景下民法问题的法哲学审视》,《医学与哲学(人文社会医学版)》2009 年第 9 期。

顾加栋~:《惩罚性赔偿与食品消费安全制度构建》,《中国卫生质量管理》2008 年第 6 期。

~刘虹:《论医学思维和法律思维的差异》,《医学与哲学(人文社会医学版)》2008 年第 1 期。

朱彬~:《无过错输血感染法律责任的承担》,《医学与哲学(人文社会医学版)》2007 年第 6 期。

黄颖~:《患者隐私权的研究现状与保护进展》,《医学与哲学(人文社会医学版)》2007 年第 4 期。

祝彬~:《患者知情同意权代理行使的规制——"丈夫拒签字致妻儿死亡事件"法律视角的审视》,《南京医科大学学报(社会科学版)》2007 年第 4 期。

顾加栋~:《非法行医罪客观方面若干问题探讨》,《南京医科大学学报(社会科学版)》2007 年第 1 期。

杨芳~:《死后人工生殖的民法问题研究——兼谈台湾地区人工生殖立法新趋向》,《河北法学》2006 年第 11 期。

顾加栋~:《药物不良反应事件民事赔偿问题研究》,《中国医院管理》2006 年第 11 期。

祝彬~:《日本安乐死立法之考察与研究》,《医学与哲学(人文社会医学版)》2006 年第 10 期。

杨芳~:《辅助生育权:基于夫妻身份的考量》,《医学与哲学(人文社会医学版)》2006 年第 7 期。

潘荣华~:《台湾人工生殖技术管制之回顾与前瞻》,《医学与哲学(人文社会医学版)》2006 年第 7 期。

杨芳~:《辅助生育权:基于夫妻身份的考量》,《医学与哲学(人文社会医学版)》2006 年第 7 期。

荣良忠~:《安乐死立法比较兼立法原则理论初探》,《医学与哲学(人文社会医学版)》2006 年第 5 期。

顾加栋~:《论患者隐私权的限制》,《南京医科大学学报(社会科学版)》2006 年第 4 期。

《医药商业贿赂犯罪的法律特征、表现方式与处罚建议》,《南京医科大学学报(社会科学版)》2006 年第 4 期。

《人类基因组研究的法律控制》,《科技进步与对策》2006 年第 3 期。

李勇~:《法律的道德审视:当代中国卫生法伦理学研究的使命》,《医学与哲学》2005 年第 15 期。

《人工生殖技术伦理的多学科渊源及启示》,《医学与哲学》2005 年第 13 期。

边永前~:《医疗事故技术鉴定中相关问题的探讨》,《南京医科大学学报(社会科学版)》2005 年第 4 期。

顾加栋～:《转基因食品安全性评价制度研究》,《南京医科大学学报(社会科学版)》2005 年第 4 期。

《论我国公共卫生法律体系的构建》,《医学与社会》2005 年第 2 期。

《医疗损害限额赔偿制度合理性问题研究》,《中国卫生法制》2005 年第 1 期。

《论〈医疗事故处理条例〉中的协商解决制度》,《中国卫生事业管理》2004 年第 11 期。

《论人工生殖子女的法律地位》,《法律与医学杂志》2004 年第 4 期。

杨芳～潘荣华:《胎儿人身利益保护的法理思考——兼论胎儿在我国未来民法典中的民事主体地位》,《法律与医学杂志》2004 年第 3 期。

《试论医疗侵权民事责任的归责原则》,《中国卫生事业管理》2003 年第 8 期。

《医师执业中的权利与义务》,《南京医科大学学报(社会科学版)》2003 年第 2 期。

杨芳～:《试论医学技术进步对民法制度的冲击》,《南京医科大学学报(社会科学版)》2003 年第 2 期。

黄晓光～:《从卫生经济学和卫生法学的角度看医生兼职》,《南京医科大学学报(社会科学版)》2003 年第 1 期。

《一起精神病人住院期间致人伤残案的民事责任分析》,《法律与医学杂志》2002 年第 3 期。

《〈医疗事故处理条例〉与〈医疗事故处理办法〉比较分析》,《南京医科大学学报(社会科学版)》2002 年第 2 期。

《医患关系:一种民事法律关系》,《中国卫生事业管理》2002 年第 2 期。

《卫生法的历史发展与社会作用》,《南京医科大学学报(社会科学版)》2001 年第 3 期。

《两种医学模式的方法论问题评价》,《医学与哲学》2000 年第 8 期。

《也谈医疗事故处理法律制度》,《中国卫生事业管理》2000 年第 7 期。

《医疗行为与消费行为之比较分析》,《卫生软科学》2000 年第 3 期。

《医疗事故与法律责任》,《南京医科大学学报(社会科学版)》2000 年第 1 期。

《我国医师队伍建设的重要法律保障》,《中国卫生事业管理》1998 年第 10 期。

《我国现行医疗事故处理法律制度评析》,《江苏社会科学》1998 年第 6 期。

蒋蓓妮(华东政法大学)

《秦汉医事法律制度述论》,华东政法大学硕士学位论文 2009 年。

蒋秉乾

《中国外科医学史观》,《吴兴医学月刊》1947 年第 9 期。

姜炳旭(山东艺术学院)

《艺术心理治疗中的治疗关系研究》,山东艺术学院硕士学位论文 2019 年。

姜彩燕(西北大学)

《从鲁迅到贾平凹——中国现当代文学疾病叙事的历史变迁》,《西北大学学报(社会科学版)》2018 年第 6 期。

《〈古炉〉中的疾病叙事与伦理诉求》,《西北大学学报(社会科学版)》2013 年第 1 期。

《疾病的隐喻与中国现代文学》,《西北工业大学学报(哲学社会科学版)》2007 年第 4 期。

江澄(中国医学科学院)

《救死扶伤于乌蒙山间的伟大女性——英国格兰丁医生》,《中国麻风皮肤病杂志》2003 年第 6 期。

《中国麻风防治 50 年回顾》,《中国麻烦皮肤病杂志》1999 年第 3 期。

《麻风防治是跨世纪的事业——兼论麻风的公共卫生问题及其防治目标》，《中国麻风杂志》1996 年第 1 期。

～陈祥生等：《麻风畸残者的社会歧视与重返社会的影响因素研究》，《中国社会医学》1993 年第 5 期。

～陈祥生等：《麻风畸残的社会医学研究——畸残患者的需求》，《中国麻风杂志》1993 年第 1 期。

～陈祥生等：《麻风畸残的社会医学研究——麻风病人对畸残的心态调查》，《中国麻风杂志》1992 年第 4 期。

《麻风病人创办的杂志——〈晨光季刊〉》，《中国麻风杂志》1992 年第 1 期。

陈祥生……叶干运～严良斌等：《麻风畸残的社会医学研究——畸残病人的婚姻状况调查》，《中国麻风杂志》1991 年第 4 期。

《爱的天使特里萨修女》，《中国麻风杂志》1991 年第 3 期。

《国际麻风节的倡导者——佛勒豪》，《中国麻风杂志》1991 年第 1 期。

叶干运～：《麻风病社会医学及其研究进展》，《中国社会医学》1989 年第 1 期。

周达生……唐萌～舒会文等：《麻风病人的自杀行为——社会医学研究》，《中国麻风杂志》1987 年第 4 期。

～舒会文等：《麻风病对婚姻、家庭的影响》，《中国麻风杂志》1986 年第 1 期。

江春

《中药的历史地理关系》，《新民晚报》1959 年 5 月 5 日。

姜春华

《对脉学上若干意见的探讨》，《上海中医药杂志》1964 年第 4、5、6、7、8、9、10、11、12 期。

《对徐灵胎学术思想的评价》，《上海中医药杂志》1964 年第 3 期。

《明代命门学说与宋儒太极图说》，《上海中医药杂志》1962 年第 12 期。

《张仲景著作略考》，《上海中医药杂志》1962 年第 7 期。

《祖国医学对血吸虫病的认识及其防治方法》，《大众医学》1956 年第 10 期。

《中医学上的脏腑》，《中医杂志》1956 年第 2 期。

《中医学上的阴阳》，《江西中医药》1955 年第 22 期。

《中医重要典籍的介绍》，《江西中医药》1955 年第 19、20 期。

《在中医文献中发现的出血性紫斑病》，《上海中医药杂志》1955 年第 6 期。

《要发扬祖国医学必须肃清魏尔啸的思想》，《新中医药》1955 年第 1 期。

《祖国医学对急性传染病病原的认识》，《新中医药》1955 年第 1 期。

《伤寒论非王叔和所编次商榷》，《新中医药》1954 年第 10 期。

《伤寒论六经概说》，《北京中医》1954 年第 7 期。

《流行性脑脊髓膜炎考》，《华西医药杂志》1947 年第 1 期。

蒋春林

～王友同等：《三十五年来我国的生化制药》，《生化药物杂志》1986 年第 1 期。

江聪颖（河南中医药大学）

～张巢真：《郑和下西洋与中医药文化传播》，《中医药文化》2019 年第 2 期。

江翠峰（南京师范大学）

《电视广告中"健康"的符号化及其消费研究》，南京师范大学硕士学位论文 2011 年。

蒋丹萍（暨南大学）

《试析黑死病前后英格兰农村妇女的生活》，暨南大学硕士学位论文 2013 年。

姜德锋（黑龙江大学）

《医患关系报道不应止于客观性原则——对"3·23"杀医案后新闻伦理反思的反思》，《新闻传播》
2012 年第 12 期。

姜德友（黑龙江中医药大学）

～王陆等：《子痛源流考》，《辽宁中医药大学学报》2019 年第 12 期。

～陈天玺等：《水痘源流考》，《中国中医急症》2019 年第 10 期。

～高阳等：《难产源流考》，《辽宁中医药大学学报》2019 年第 10 期。

～和鹏飞：《囊痈源流考》，《中国中医急症》2019 年第 8 期。

～和鹏飞：《肉瘤源流考》，《安徽中医药大学学报》2019 年第 5 期。

～苏明：《呕吐源流考》，《中国中医急症》2019 年第 4 期。

～周岚等：《口疮源流考》，《安徽中医药大学学报》2019 年第 2 期。

李富震……韩洁茹～：《论〈金匮要略〉的治则思维及其杂病治疗实践》，《中医杂志》2018 年第
15 期。

～任鹏鹏等：《痉病源流考》，《中国中医急症》2018 年第 11 期。

～高欣元：《肺痨病源流考》，《河南中医》2018 年第 8 期。

～孟璐等：《厥证源流考》，《中国中医急症》2018 年第 7、8 期。

～王金贺：《春温源流考》，《世界中西医结合杂志》2018 年第 6 期。

～姜亚楠：《多寐源流考》，《世界中西医结合杂志》2018 年第 4 期。

～张宇等：《痴呆病源流考》，《安徽中医药大学学报》2018 年第 2 期。

周雪明～：《龙江医派奠基人高仲山养生保健食疗为重学术思想探微》，《辽宁中医杂志》2018 年第
1 期。

许晓楠、郭加利～：《伏暑病因及辨治源流考》，《山东中医药大学学报》2018 年第 1 期。

～吴佳姝：《龙江医派中西医结合学术思想特色浅议》，《中国中医基础医学杂志》2017 年第 12 期。

～陈俣萌：《狐惑源流考》，《中国中医急症》2017 年第 9 期。

～吴佳姝：《湿温病源流考》，《中国中医急症》2017 年第 8 期。

～李皓月：《胃脘痛源流考》，《河南中医》2017 年第 8 期。

常佳怡……黄欢～：《张仲景用"酒"探析》，《江苏中医药》2017 年第 5 期。

～阎闯等：《肺痈证治源流考》，《中国中医急症》2016 年第 3 期。

王磊、唐仁康～：《龙江医学流派形成与黑龙江地域气候环境相关性探析》，《辽宁中医药大学学报》
2015 年第 11 期。

阎闯～李辉：《〈外证医案汇编〉学术经验探讨》，《江苏中医药》2015 年第 10 期。

～杜文章：《遗精源流考》，《天津中医药大学学报》2015 年第 5 期。

～李文昊：《颤证源流考》，《安徽中医药大学学报》2015 年第 5 期。

～韩宁：《健忘源流考》，《黑龙江中医》2015 年第 3 期。

王兵……王非～：《骨痿探源》，《长春中医药大学学报》2015 年第 2 期。

～庞作为：《内伤发热源流考》，《天津中医药大学学报》2015 年第 2 期。

～裴思颖：《喘证源流考》，《中华中医药学刊》2015 年第 2 期。

～姜培培：《肺痿源流考》，《浙江中医药大学学报》2015 年第 1 期。

李超然、刘德柱～：《癃闭源流考》，《江苏中医药》2014 年第 8 期。

～曲婉莹：《淋证源流考》，《安徽中医药大学学报》2014 年第 6 期。

～采江英等：《痛经源流考》，《河南中医》2014 年第 6 期。

～杨帆：《湿疹病名、证治源流考》，《山东中医药大学学报》2014 年第 5 期。

～苏超：《胁痛源流考》，《南京中医药大学学报（社会科学版）》2014 年第 4 期。

～陈建荣：《泄泻食疗源流考》，《山东中医药大学学报》2014 年第 1 期。

李富震……韩璐～：《龙江医家学术特色浅述》，《中医杂志》2013 年第 19 期。

～郎笑飞：《痹证食疗源流考》，《辽宁中医杂志》2013 年第 12 期。

～李斗：《便秘食疗源流考》，《江苏中医药》2013 年第 6 期。

黄鹏展～迟晓玲：《刍议祖国医学对中风病的认识》，《中外医疗》2013 年第 6 期。

～常佳怡等：《龙江医派奠基人高仲山》，《中医药文化》2013 年第 5 期。

～孟秀华：《〈外科理例〉学术特点研究》，《中医药信息》2013 年第 5 期。

常佳怡、周雪明～：《龙江医派奠基人高仲山学术思想撷萃》，《中医药信息》2013 年第 5 期。

～徐昊：《胸痹食疗源流考》，《贵阳中医学院学报》2013 年第 1 期。

～王磊等：《龙江医派史略》，《中华中医药学刊》2012 年第 5 期。

～王得力：《胃脘痛源流考》，《山东中医药大学学报》2012 年第 3 期。

～张淼：《便秘源流考》，《江苏中医药》2011 年第 9 期。

冷德生～李富震：《〈外科真诠〉学术特点试析》，《中医药学报》2011 年第 5 期。

～张雪：《消渴食疗源流考》，《安徽中医学院学报》2011 年第 5 期。

～朱紫薇：《眩晕病食疗源流考》，《河南中医》2011 年第 7 期。

～王俊霞：《不寐源流考》，《中医药学报》2011 年第 4 期。

～郭加利：《咳嗽病源流考》，《中华中医药学刊》2011 年第 3 期。

李富震：《〈千金要方〉当代研究考略》，《辽宁中医药大学学报》2010 年第 12 期。

～刘菲：《中风病食疗源流考》，《中华中医药学刊》2010 年第 11 期。

～周雪明：《眩晕病源流考》，《天津中医药》2010 年第 6 期。

～刘超：《喘证食疗源流考》，《安徽中医学院学报》2010 年第 6 期。

～王兵等：《水气病源流考》，《中华中医药学刊》2009 年第 12 期。

～彭芃等：《哮病源流考》，《中华中医药学刊》2009 年第 9 期。

～王书惠：《头痛源流考》，《中华中医药学刊》2009 年第 8 期。

～江正龙：《癥积源流考》，《天津中医药》2009 年第 6 期。

～张海丽：《鼓胀源流考》，《安徽中医学院学报》2009 年第 6 期。

～张志刚等：《汗证源流考》，《长春中医药大学学报》2009 年第 5 期。

～陈强：《痰饮病源流考》，《浙江中医药大学学报》2009 年第 2 期。

～张琳：《泄泻源流考》，《中医药信息》2009 年第 2 期。

～韩洁茹：《黄疸病源流考》，《中华中医药学刊》2009 年第 1 期。

～宁式颖：《癫狂病源流考》，《中华中医药学刊》2008 年第 12 期。

～王冬等:《湿痹源流考》,《江苏中医药》2008 年第 10 期。

～韩洁茹:《黄疸病源流考》,《中医药通报》2008 年第 5 期。

～罗正凯:《血证源流考》,《安徽中医学院学报》2008 年第 5 期。

～周雪明:《虚劳病源流考》,《四川中医》2007 年第 12 期。

～林静:《消渴病源流考》,《辽宁中医杂志》2007 年第 10 期。

～周妍:《肺胀源流考》,《中华中医药学刊》2007 年第 8 期。

～孙洋:《心悸源流探析》,《天津中医药》2007 年第 6 期。

柳成刚～:《〈金匮要略〉痰饮与气机的关系及证治探讨》,《中医药信息》2007 年第 6 期。

～王先松:《历节病源流考》,《贵阳中医学院学报》2007 年第 5 期。

～邱海丽:《胸痹心痛源流考》,《山东中医药大学学报》2007 年第 4 期。

白玉宾～:《〈金匮要略〉水液代谢疾病探讨》,《中医药学刊》2006 年第 11 期。

白玉宾～:《〈金匮〉脾阴初探》,《中医药学报》2006 年第 4 期。

～陈永坤:《百合病源流考》,《河南中医》2006 年第 2 期。

蒋恩宏(黑龙江中医药大学)

《基于〈中医方剂大辞典〉探讨明清时期癃闭治疗的用药规律研究》,黑龙江总医药大学硕士学位论文 2016 年。

蒋凡(复旦大学)

《药·养生·济世——读陆游〈剑南诗稿〉札记》,《中国韵文学刊》2008 年第 3 期。

《开拓医古文的视野》,《医古文知识》1989 年第 4 期。

蒋芳莉(太原市传染病医院)

～贾静鹏等:《叶天士与血瘀学说的发展》,《山西医药杂志》2005 年第 1 期。

～贾静鹏等:《王清任〈医林改错〉与血瘀学说的发展》,《山西医药杂志》2004 年第 9 期。

～贾静鹏等:《〈血证论〉与血瘀学说的发展》,《山西医药杂志》2004 年第 8 期。

～贾静鹏等:《张锡纯〈医学衷中参西录〉运用活血化瘀法初探》,《山西中医》2004 年第 2 期。

《叶天士"病久入络"初探》,《国际医药卫生导报》2000 年第 7 期。

姜锋(南京大学)

《布莱尔政府的国民卫生服务体系(NHS)改革》,南京大学硕士论文 2012 年。

姜羔(华东交通大学)

李曦～:《"以人为本"视阈下的新型农村合作医疗制度改革——以江西省宜春市奉新县赤田镇为例》,《农业考古》2009 年第 6 期。

～杨海芳:《社会公正下的农村合作医疗改革》,《华东交通大学学报》2007 年第 6 期。

蒋功成(淮阴师范学院/上海交通大学)

～江晓原:《优生与爱情:诗歌、肺结核与优生学在中国的传播》,《自然辩证法通讯》2013 年第 3 期。

《既非鲜花,也非毒果——论优生学在近代中国传播与发展的特殊性》,《自然辩证法研究》2010 年第 10 期。

～宗红:《中国古代优生文化辨析》,《中华医史杂志》2010 年第 5 期。

《章炳麟与西方遗传学说在近代中国的传播》,《自然辩证法研究》2009 年第 8 期。

《优生学的传播与中国近代的婚育观念》,上海交通大学博士学位论文 2009 年。

《新旧优生学的区别及其社会建构》,《淮阴师范学院学报(哲学社会科学版)》2008年第2期。

《伪科学,坏科学?——优生学所受到的批判及其分析》,《科学技术与辩证法》2007年第5期。

《潘光旦先生优生学研究述评》,《自然辩证法通讯》2007年第2期。

《优生学与中国近代精英主义婚姻伦理观——从〈善恶家族〉一书翻译之婚姻故事说起》,《中国科技史杂志》2007年第1期。

《潘光旦先生对生育节制等问题的看法》,《中国优生与遗传杂志》2006年第12期。

《系统生物医学与中医现代化》,《医学与哲学(人文社会医学版)》2006年第12期。

《当代进化生物学研究的三种进路及其传统》,《医学与哲学(人文社会医学版)》2006年第4期。

《生命伦理学与科学实验之间的一种折衷主义选择——3R理论在动物实验应用中的启示》,《科学技术与辩证法》2006年第3期。

蒋光裕

《独特的疗法——记割治疗法研究组向老中医张少堂学医的经过》,《文汇报》1961年11月3日。

附:不署名:《重视发掘中医独特的医疗技术,上海组织中西医学习研究割治推拿等疗法》,《健康报》1961年10月18日。

蒋桂红(遵义医学院)

～郭棲庆:《疯癫·女性意识·社会批判——〈夜色温柔〉中尼科尔的疯癫研究》,《外语研究》2016年第6期。

郭棲庆～:《弗·司各特·菲茨杰拉德小说中的疾病叙事研究——以〈夜色温柔〉为例》,《外国语文》2016年第5期。

《菲茨杰拉德短篇小说中的神经衰弱书写》,《长春师范大学学报》2016年第11期。

江国青(外交学院)

《〈禁止化学武器公约〉的核查机制》,《外交学院学报》2003年第2期。

蒋国雄(湖北中医学院)

《试论中华武术与祖国医学的理论渊源》,《湖北体育学院学报》2005年第3期。

《太极拳的保健作用与机理探讨》,《湖北体育科技》2003年第1期。

蒋国彦

《中国古代对于糖尿病的记载及治疗糖尿病的重要药品》,《中华医学杂志》1953年第12期。

江海鸣

《医学发展简史初稿》,《东南医刊》复刊号(1950.12)。

姜赫俊(中国中医科学院)

《〈东医宝鉴〉方剂引文与主要中医原著比较研究》,中国中医科学院博士学位论文2009年。

～朱建平:《〈东医宝鉴〉与〈万病回春〉方剂内容的初步比较分析》,《中华医史杂志》2009年第3期。

《〈东医宝鉴〉方剂引文与〈千金方〉原文比较分析》,《安徽中医学院学报》2009年第2期。

姜宏(吉林大学)

《艾滋病病毒感染者和艾滋病患者媒介形象研究——基于〈人民日报〉〈中国时报〉的比较研究》,吉林大学硕士学位论文2014年。

蒋宏(上海交通大学)

～徐剑:《非典事件传播场的结构分析》,《上海交通大学学报(哲学社会科学版)》2004年第3期。

姜洪波（黑龙江省民族研究所）

《赫哲巫医分离、分立过程探析》,《黑龙江民族丛刊》1992年第2期。

蒋宏岩（锦州市中心血站）

～蒋宇彤等:《〈黄帝内经〉与上古中医学的存在》,《中医学报》2018年第6期。

～蒋术一等:《古黄国与〈黄帝内经〉发祥地》,《中医学报》2018年第4期。

蒋华杰（北京大学）

《中国援非医疗队历史的再考察(1963—1983)——兼议国际援助的效果与可持续性问题》,《外交评论(外交学院学报)》2015年第4期。

《冷战时期中国对非洲国家的援助研究(1960—1978)》,华东师范大学博士学位论文2014年。

姜慧（内蒙古大学）

《1942年河套地区鼠疫研究》,内蒙古大学硕士学位论文2012年。

姜辉（陕西中医药大学/陕西中医学院）

～徐桁:《唐代昝殷及其〈食医心鉴〉小考》,《中国中医基础医学杂志》2019年第7期。

～徐桁:《唐代食疗方书〈食医心鉴〉特色评析》,《中医药文化》2019年第5期。

《唐代沿丝绸之路药材贸易情况研究的方向和意义》,《信息部(理论版)》2016年第20期。

《"药王"韦慈藏身份考辨》,《新西部(理论版)》2014年第4期。

《"药王"孙思邈生年小考》,《华夏文化》2014年第4期。

《〈千金翼方·序〉"玄牡"释》,《文学教育(上)》2012年第7期。

《苏轼的养生哲学与实践》,《中医药文化》2011年第6期。

《先秦及秦汉时期医官称谓考》,《中华文化论坛》2011年第2期。

蒋建国（暨南大学）

《符号、身体与治疗性消费文化——以近代广州报刊医药、保健品广告为例》,《甘肃社会科学》2007年第6期。

姜建国（山东中医学院）

《〈医宗金鉴·订正伤寒论注〉学术思想述评》,《国医论坛》1987年第3期。

《黄元御治伤寒学思想述评》,《国医论坛》1986年第4期。

廖家兴～沈敏南等:《喻嘉言学术思想探讨(来稿摘登)》,《江西中医药》1981年第3期。

蒋建国（浙江人民卫生实验院）

《唐宋至元初浙江传染病大流行的初步考证》,《浙江医学》1984年第5期。

蒋建云（成都中医药大学附属医院）

～王东海:《〈内经〉咳嗽病因病机探讨》,《四川中医》2002年第12期。

江洁（安徽医科大学）

《安徽省农村地区健康传播机制优化及传播策略研究》,安徽医科大学硕士学位论文2012年。

江静波

《章虚谷和〈医门棒喝〉》,《浙江中医杂志》1964年第1期。(附:冯汉龙:《对〈章虚谷和《医门棒喝》〉一文的几点商榷》,《浙江中医杂志》1964年第5期。)

《江苏大港沙派外科简介》,《江苏中医》1963年第4期。

《李东垣先生的学说及其著作》,《广东中医》1963年第2期。

《江苏女中医——马玉书》,《新华日报》1961年8月20日。

《近代有关小儿推拿疗法的文献》，《辽宁医学杂志》1960 年第 9 期。

《清代有关小儿推拿疗法的文献》，《辽宁医学杂志》1960 年第 2 期。

《明代有关小儿推拿疗法的文献》，《辽宁医学杂志》1959 年第 5 期。

《最早的一部产科学专著——经效产宝》，《浙江中医杂志》1959 年第 1 期。

《由"学徒"出身的李炳医师》，《江苏中医》1958 年第 5 期。

《江西名医龚云林先生及其著作"小儿推拿方脉全书"》，《江西中医药》1958 年第 5 期。

干祖望～:《早期的外科学专著——鬼遗方》，《上海中医药杂志》1958 年第 5 期。

《祖国医学对四害的认识及其除灭方法》，《新中医药》1958 年第 4 期。

《明朝的针灸科医师——祁嗣篆》，《江苏中医》1958 年第 4 期。

《张子和先生的学说及其著作》，《上海中医药杂志》1958 年第 1 期。

《一位被人遗忘的进步中医——朱沛文》，《广东中医》1958 年第 1 期。

《中医界最早的杂志——吴医汇讲》，《江苏中医》1957 年第 4 期。

《明代万密斋先生对小儿痉挛症的认识》，《广东中医》1957 年第 4 期。

《晋代大医学家葛洪》，《新华日报》1957 年 5 月 24 日。

《读〈卫生家宝产科备要〉书后》，《福建中医药杂志》1957 年第 4 期。

《朝鲜医学和我国医学的关系》，《江苏中医》1957 年第 3 期。

《祖国医学的体育疗法》，《浙江中医杂志》1957 年第 2 期。

《医心方的编著体例是不是摹仿的外台秘要》，《上海中医药杂志》1957 年第 2 期。

《从千金要方来看唐代的针灸疗法》，《江苏中医》1956 年第 10 期。

《在中医书里记载的粪瘘和尿瘘症》，《新中医药》1955 年第 12 期。

《从发明听诊器的赖奈克 Laennec 说起》，《华西医药杂志》1947 年第 11、12 期。

姜静娴（山东中医学院）

～盛增秀:《略论晋唐时期的方剂学》，《陕西中医》1995 年第 10 期。

《谈张仲景对方剂学的贡献》，《湖南中医学院学报》1994 年第 4 期。

盛增秀～:《略论宋元时期的方剂学》，《陕西中医》1988 年第 8 期。

《〈内经〉对方剂学基础理论的影响》，《山东中医学院学报》1986 年第 4 期。

江克明（上海市中医文献馆/上海中医学院）

《朱丹溪滋阴降火法探析》，《中医文献杂志》2003 年第 4 期。

《肾阴肾阳学说的形成与运用》，《中医文献杂志》2001 年第 1 期。

《抗衰老方剂发展简史》，《安徽中医学院学报》1991 年第 11 期。

《谈汪昂的方剂归经学说》，《安徽中医学院学报》1989 年第 2 期。

《张仲景对大黄的应用》，《国医论坛》1989 年第 2 期。

《〈祖剂〉的学术特点》，《江苏中医杂志》1982 年第 3 期。

《吴鞠通对炙甘草汤的发展》，《中医杂志》1982 年第 2 期。

《谈喻嘉言"逆流挽舟"治痢法》，《中医杂志》1981 年第 8 期。

江鲲池（安徽省老新闻工作者协会）

《曾希圣:开拓安徽卫生事业的领路人》，《江淮文史》2000 年第 3 期。

江劳

～之光译:《公共卫生工程之沿革》，《中华医史杂志》1954 年第 3 期。

江莉（四川大学）

《从〈华西教会新闻〉看近代四川基督教医疗事业》，四川大学硕士学位论文 2005 年。

姜立刚（吉林大学）

～王伟：《金砖国家医疗卫生体制对中国医改的启示》，《当代经济研究》2014 年第 3 期。

江立华（华中师范大学）

～肖慧敏：《心理健康与精准扶贫：激发脱贫内生动力的新途径》，《湖北民族学院学报（哲学社会科学版）》2018 年第 5 期。

～袁校卫：《从身体到心理：慢性病对农村患者生命进程的破坏》，《湖南社会科学》2015 年第 3 期。

姜立杰（东北师范大学）

《美国工业城市环境污染及其治理对历史考察（19 世纪 70 年代—20 世纪 40 年代）》，东北师范大学博士论文 2002 年。

姜丽娜（内蒙古大学）

《呼和浩特航空口岸突发公共卫生事件应急管理研究》，内蒙古大学硕士学位论文 2017 年。

蒋力生（江西中医药大学/江西中医学院）

李丽……张煜～陶晓华：《汉代简帛医籍男科阴囊疾病考证》，《中医药导报》2019 年第 32 期。

李丽、翟昌明～：《张家山汉简〈脉书〉病症名考证 2 则》，《中医药导报》2019 年第 17 期/《中医学报》2019 年第 7 期。

康艺～；《〈养生类纂〉居处环境与养生探讨》，《江西中医药》2019 年第 6 期。

谢双峰～蒋维晏等：《中医古代孕前保健思想浅探》，《中华中医药杂志》2019 年第 5 期。

～叶明花：《中医"治未病"的文化意蕴探论》，《中华中医药杂志》2018 年第 12 期。

赖扬峰、章德林～熊延熙等：《江西中医药大学学报》2018 年第 6 期。

闫文士～叶明花：《个体化治未病思想研究》，《中国中医基础医学杂志》2018 年第 7 期。

马玉玲～叶明花等：《四物汤临床应用文献小考》，《江西中医药》2018 年第 5 期。

倪敏钰～：《从〈达生篇〉谈如何预防难产》，《江西中医药》2018 年第 5 期。

倪敏钰～：《旴江医著〈寿世传真〉养生思想探析》，《江西中医药》2018 年第 4 期。

倪敏钰～：《〈寿世青编〉五脏调养防病研究》，《陕西中医药大学学报》2018 年第 3 期。

常久～：《浅析〈云笈七签〉与中医养生》，《世界中医药》2017 年第 7 期。

常久～：《试论道家养生方法对不孕不育女性的心理调适》，《中国性科学》2017 年第 6 期。

赖扬峰、章德林～：《〈妇人大全良方〉胎教观点的科学性探析》，《江西中医药》2017 年第 6 期。

叶明花～：《道家养生智慧阐论》，《中国宗教》2017 年第 1 期。

叶明花～：《王冰次注〈素问〉小考》，《中医文献杂志》2016 年第 6 期。

叶明花～：《朱权以道养生思想简论》，《中国道教》2015 年第 2 期。

叶明花～：《〈玉函经〉撰注考》，《江西中医药》2014 年第 12 期。

王凯勋～：《浅探〈黄帝内经〉夏季养生之道》，《江西中医药》2014 年第 11 期。

叶明花～：《〈呼吸静功妙诀〉：敦煌文书中的呼吸静功文献》，《中国道教》2013 年第 6 期。

龙奉玺、唐东昕～：《〈喻昌医学三书〉主要特点之探讨》，《辽宁中医药大学学报》2012 年第 12 期。

叶明花～：《朱权〈庚辛玉册〉考辨》，《中国道教》2011 年第 2 期。

《〈全国中草药汇编〉编纂始末》，《江西中医学院学报》2011 年第 1 期。

张瑞贤、刘更生～张卫等:《"文革"中的中草药的继承与发展》,《江西中医学院学报》2011 年第 1 期。

《中医饮食养生要略》,《江西中医学院学报》2010 年第 6 期。

叶明花～:《朱权〈救命索〉内丹思想初探》,《中国道教》2010 年第 4 期。

龙奉玺～:《关于〈喻昌医学三书〉之研究》,《江西中医学院学报》2010 年第 4 期。

叶明花～:《朱权中和养生观阐论》,《中国中医基础医学杂志》2009 年第 7 期。

叶明花～:《宁王朱权著作分类述录》,《江西中医学院学报》2009 年第 6 期。

叶明花～:《宁王朱权著述考》,《江西中医学院学报》2009 年第 5 期。

叶明花～:《朱权神隐养生观阐论》,《上海中医药杂志》2009 年第 4 期。

叶明花～:《朱权医药养生著作考述》,《江西中医学院学报》2009 年第 1 期。

《论儒家的生命观及其养生学意义》,《上海中医药杂志》2008 年第 12 期。

《论儒家养生的特点》,《新中医》2008 年第 12 期。

《论中医养生文化价值研究的意义》,《江西中医学院学报》2008 年第 5 期。

龙奉玺～:《清初名医喻嘉言学术思想研究概况》,《江西中医学院学报》2008 年第 2 期。

《"生生之谓易"的养生学意义阐论》,《江西中医学院学报》2008 年第 2 期。

《论道教养生的指导思想和原则》,《江西中医学院学报》2007 年第 6 期。

《中医学文化根源论要》,《江西中医学院学报》2007 年第 5 期。

《中医的文化渊源及影响》,《江西中医学院学报》2007 年第 3 期。

芦琴、张瑞贤～:《明清时期影响剂量的相关因素》,《江西中医学院学报》2007 年第 3 期。

黄利兴……张光荣～:《当代百名名老中医成才之路调查》,《江西中医学院学报》2007 年第 2 期。

《略论〈脉经〉的学术成就与版本系统》,《江西中医药》2007 年第 1 期。

李丛～:《〈千金方〉禁咒内容探析》,《江西中医学院学报》2006 年第 5 期。

《〈千金方〉食疗研究》,《江西中医学院学报》2005 年第 5、6 期。

《试论道教医学的形成基础》,《江西中医学院学报》2005 年第 1 期。

《净土宗与道教清净修持的养生学意义评析》,《江西中医学院学报》2004 年第 6 期。

章德林～:《〈千金方〉精神养生方法探析》,《江西中医学院学报》2004 年第 5 期。

《历代道教服食方著录书目汇辑》,《江西中医学院学报》2004 年第 4、5 期。

《〈鬼谷子〉养生智慧阐要》,《江西中医学院学报》2004 年第 3 期。

《孙思邈〈千金方〉房中养生研究》,《江西中医学院学报》2004 年第 2 期。

《道教服食方的传承演变》,《江西中医学院学报》2004 年第 1 期。

《道教服食方的类型和特点》,《江西中医学院学报》2003 年第 4 期。

～章德林:《孙思邈精神养神思想论析》,《江西中医学院学报》2003 年第 3 期。

《道教养生内容述要》,《江西中医学院学报》2003 年第 1 期。

～刘春媛:《诊法源流简论》,《江西中医学院学报》1999 年第 1、2、3、4 期。

《关于中医古籍文献整理研究的思考与对策》,《江西中医学院学报》1997 年第 4 期。

《论道教服食方的价值和影响》,《江西社会科学》1996 年第 12 期。

《"医"字考辨》,《江西中医学院学报》1996 年第 1 期。

《〈华佗神医秘传〉的学术思想及评价》,《天津中医学院学报》1992 年第 2 期。

《〈周易〉"卦时"学说是六经辨证的理论渊源》,《江西中医药》1991 年第 4 期。

《"思伤脾"考识》,《云南中医学院学报》1990年第4期。

姜连堃(黑龙江中医药大学)

陈逸明~程伟:《文化认同视野下的中医存废之争》,《医学与哲学(人文社会医学版)》2011年第7期。

~孙灵芝等:《从话语权的争夺透视近代中西医之争》,《西部中医药》2011年第7期。

《洋金花药用简史及现代认知》,黑龙江中医药大学硕士学位论文2011年。

蒋林(遵义医学院)

《云南省普洱市中小学教师慢性病就医行为研究》,遵义医学院硕士学位论文2017年。

蒋麟由

~周岐隐:《敢想敢做的薄贴专家吴尚先》,《浙江中医杂志》1958年第8期。

江陵张家山汉简整理小组

《江陵张家山汉简〈脉书〉释文》,《文物》1989年第7期。

江凌圳(浙江省中医药研究院)

吴侃妮~:《新安医家对丹溪学说的传承和发展》,《中医文献杂志》2019年第6期。

~裘石亮等:《〈医灯续焰〉内容特点与作者考证》,《浙江中医药大学学报》2018年第4期。

~盛增秀等:《"丹溪学派"医学文化内涵探析》,《中医药文化》2017年第5期。

《〈医林纂要探源〉版本考证》,《浙江中医杂志》2016年第1期。

王甜~:《汪绂〈医林纂要探源〉的整理研究》,《浙江中医药大学学报》2015年第8期。

柴可群~陈嘉斌:《〈扁鹊心书〉版本考证》,《浙江中医杂志》2015年第6期。

《〈彤园妇科〉学术经验探讨》,《浙江中医杂志》2013年第6期。

《〈彤园妇科〉版本考》,《中医文献杂志》2012年第6期。

王英~盛增秀:《略论张锡纯的治学精神》,《浙江中医杂志》2004年第4期。

蒋露(武汉科技大学)

《澳大利亚医疗保障制度解析》,武汉科技大学硕士学位论文2009年。

江略(浙江水利水电学院)

《清人笔记中的医事资料及其价值》,《史志学刊》2019年第5期。

蒋珞琦(湖南中医药大学)

~黄碧群等:《〈东医宝鉴〉之灸法探析》,《中医药导报》2016年第11期。

蒋敏(邵阳医学高等专科学校)

《"医文互通"现象的一朵奇葩——从〈药〉谈鲁迅学医对小说的创作的影响》,《文史博览(理论)》2008年第9期。

蒋明佳(北京中医药大学)

《人民网英文版中医药对外报道状况及语言分析》,北京中医药大学硕士学位论文2014年。

姜明煤(黑龙江省中医研究院/黑龙江中医学院)

《"中体西用"与中西医汇通思潮》,《医学与哲学》1989年第6期。

袁钟~:《"猜测—反驳"方法在中西医结合研究中的重要意义》,《医学与哲学》1988年第5期。

《〈伤寒杂病论〉的形成及其主要成就》,《中医药学报》1981年第2期。

蒋明明(广西师范大学)

《明代湖南疫灾防治研究》,广西师范大学硕士学位论文2015年。

江南(云南中医学院)

《英国天干地支针灸学术思想源流研究》,云南中医学院硕士学位论文 2017 年。

汪剑~:《彭子益医学圆运动学说与气机升降学术源流探讨》,《中医学报》2016 年第 12 期。

朱佳玲、周浩~王超:《〈金匮要略〉方剂命名规律》,《河南中医》2016 年第 8 期。

~祁天培等:《英国天干地支针灸》,《世界中西医结合杂志》2016 年第 6 期。

~张强等:《中医药在澳大利亚的传播和发展》,《中国民族民间医药》2015 年第 4 期。

~张强等:《中医药在英国的传播与发展现状》,《中国民族民间医药》2015 年第 1 期。

陈林兴~张强等:《中医药在澳大利亚和美国的现状及比较》,《云南中医学院学报》2015 年第 1 期。

江楠楠(辽宁大学)

~郑利岩:《美国针灸立法管理概要》,《中国中医药信息杂志》2003 年 S1 期。

蒋其学

《对明代针灸学家杨继洲医案的初步探讨》,《哈尔滨中医》1962 年第 1 期。

姜启舟(中国人民大学)

《试析乔叟视阈中的医德困境》,《科学经济社会》2015 年第 4 期。

姜潜庵

~王鹏飞:《祖国儿科医学著作考》,《中华儿科杂志》1956 年第 2 期。

姜青松(四川中医药高等专科学校/成都中医药大学)

~韩彦君等:《"药茶同源"的哲学内涵及其对中医学的影响》,《医学争鸣》2019 年第 4 期。

唐旭、韩彦君~:《"仁者寿"思想对中医养生理论的影响》,《中国中医基础医学杂志》2019 年第 4 期。

~韩彦君等:《二十四节气与中医学》,《中华中医药杂志》2019 年第 4 期。

~韩彦君等:《有关中医"治未病"顺利开展的哲学及现实思考》,《医学争鸣》2019 年第 3 期。

~罗才贵:《中医"治未病"与现代预防医学的区别》,《医学争鸣》2019 年第 1 期。

~罗才贵:《也谈"肝者,罢极之本"》,《浙江中医杂志》2017 年第 10 期。

~王庆其:《从天地人"三才"角度看中医学精气神学说》,《中医杂志》2017 年第 8 期。

窦温暖~:《孔子"仁者寿"思想的现代意义》,《文教资料》2017 年第 2 期。

~王庆其:《从"三才"角度看〈黄帝内经〉的病因学说》,《中国中医基础医学杂志》2016 年第 6 期。

~王庆其:《三才思想在中医整体观念的渗透》,《南京中医药大学学报(社会科学版)》2016 年第 1 期。

~王庆其:《论三才思想在〈黄帝内经〉藏象学说中的体现》,《中国中医基础医学杂志》2015 年第 9 期。

~王庆其:《三才思想与〈黄帝内经〉的三因制宜》,《中华中医药学刊》2015 年第 9 期。

~王庆其:《略论三才思想在〈黄帝内经〉养生学说中的体现》,《中华中医药杂志》2015 年第 9 期。

~王庆其:《浅谈三才思想在针灸学中的体现》,《中国针灸》2014 年第 7 期。

姜姗(北京大学/中国中医科学院)

~赵京生:《"阿是"本义与"阿是穴"由来》,张大庆等主编《全球视野下的医学文化史》(北京:中国协和医科大学出版社 2019 年)。

~张大庆:《针灸人文研究路径与当代著述概况初探》,《中医杂志》2019 年第 24 期。

～张树剑等:《针灸器具沿革及其动因分析与思考》,《科技导报》2019 年第 15 期。

～张大庆:《宽文针灸铜人里的中西方医学印迹》,《中国针灸》2019 年第 10 期。

～赵京生:《针灸顺势思想与"气"》,《中医杂志》2018 年第 24 期。

～张立剑等:《针灸医院发展特点与启示例说》,《中国针灸》2018 年第 7 期。

苏静静～:《国际医学史学会第九届学术会议综述》,《中国科技史杂志》2017 年第 4 期。

～李素云等:《〈灵枢〉十二"邪"思想探微》,《中国中医基础医学杂志》2017 年第 3 期。

～赵京生:《气贯针脉:〈黄帝内经〉针刺诊治"气"思想钩沉》,《针刺研究》2017 年第 1 期。

～赵京生:《语言学视域下的阿是穴释义》,《中国针灸》2017 年第 1 期。

～赵京生:《国外两部中医专著"气"论对比与启示》,《中国中医基础医学杂志》2016 年第 6 期。

～赵京生:《从"针解"以"气"释文到古人"气"观》,《中国针灸》2016 年第 4 期。

～赵京生:《从〈灵枢·行针〉谈观念之气与现象之气》,《中国中医基础医学杂志》2016 年第 2 期。

《"阿是"本义与"阿是穴"由来》,《中国针灸》2016 年第 2 期。

～赵京生:《从模型理论视角看针灸之气》,《南京中医药大学学报(社会科学版)》2016 年第 1 期。

～孙海舒等:《〈新刻幼科百效全书〉及其小儿杂症推拿治疗》,《广州中医药大学学报》2015 年第 6 期。

江山(天津中医学院)

～罗根海:《由〈经方实验录〉看儒医曹颖甫的仁心仁术》,《江苏中医药》2006 年第 5 期。

《国内近五年来"儒"与"医"联系的研究综述》,《南京中医药大学学报(社会科学版)》2005 年第 2 期。

姜珊(泰山医学院)

～安康等:《由两篇经典伦理学文献探究中外医德观的异同》,《中国医学人文》2019 年第 1 期。

江上峰

～译:《小儿保育沿革》,《中华医史杂志》1954 年第 4 期。

《中央卫生研究院中医研究所介绍》,《中华医史杂志》1953 年第 1 期。

蒋尚武(山东大学)

《济南刘家庄遗址商周时期居民人口与疾病状况研究》,山东大学硕士学位论文 2016 年。

姜绍华(山东潍坊市政协)

《名医黄元御与〈黄氏医书十一种〉》,《中国中医药现代远程教育》2009 年第 3 期。

姜生(四川大学/山东大学)

《汉墓的神药与尸解成仙信仰》,《四川大学学报(哲学社会科学版)》2015 年第 2 期。

《道教与中国古代的寄生虫学》,《四川大学学报(哲学社会科学版)》2010 年第 4 期。

《1522 年中国种痘的最早记载及传说考论》,《自然科学史研究》2008 年第 1 期。

《20 年前出土的肾脏解剖图锌质印版访查记》,《中华医史杂志》2007 年第 2 期。

～李文书:《崇信盲人现象的文化解释》,《山东大学学报(哲学社会科学版)》2004 年第 5 期。

《道德与寿老——论道教生命伦理的道德决定论特征》,《学术月刊》1997 年第 2 期。

江圣庭

～王一清:《任步清先生事略》,《江苏中医》1958 年第 2 期。

姜守诚(中国社会科学院/北京师范大学/台湾成功大学/中国社会科学院)

《宋元道教神霄派遣瘟送船仪研究——以〈神霄遣瘟送船仪〉为中心》,《宗教学研究》2015 年第

1 期。

《宋元道书所见瘟疫醮考源》,《东方论坛》2013 年第 1 期。

杨宇洋~:《汉代论著中所见气候与人体健康之关系》,《中国中医基础医学杂志》2012 年第 9 期。

杨宇洋~:《试论〈太平经〉对疾病的理解及其态度》,《中国中医基础医学杂志》2012 年第 6 期。

《生生之谓易——试论〈周易〉的养生哲学》,《湖南科技学院学报》2008 年第 6 期。

《〈太平经〉的虫病理论初探》,《辽宁医学院学报(社会科学版)》2008 年第 4 期。

《〈庄子〉养生观探析》,《周口师范学院学报》2007 年第 6 期。

《〈太平经〉中的针灸与经脉学说》,《辽宁医学院学博啊(社会科学版)》2007 年第 1 期。

《〈太平经〉中的音乐治疗观念浅探》,《中国道教》2006 年第 2 期。

《韵律与生命——〈太平经〉中的音乐治疗观念》,《锦州医学院学报(社会科学版)》2006 年第 1 期。

《〈太平经〉中的"天医神药"观念》,《锦州医学院学报(社会科学版)》2005 年第 3 期。

《"返朴归真"——解读〈道德经〉的养生学》,《锦州医学院学报(社会科学版)》2004 年第 1 期。

《〈吕氏春秋〉的养生观探析》,《锦州医学院学报(社会科学版)》2003 年第 1 期。

姜思羽(大连理工大学)

《健康类电视栏目的健康传播研究》,大连理工大学硕士学位论文 2013 年。

江甦生

《勤洗澡是我国古来传统的优良卫生习惯》,《江苏中医》1958 年第 6 期。

姜天哀

《余云岫中国淋病第一例之商榷》,《中医新生命》1936 年第 24 期。

蒋天平(南华大学/华中师范大学)

《殖民医学视角下〈梦想之城〉中的外科医生》,《外国文学研究》2019 年第 6 期。

王亭亭~:《〈中午酒〉中的优生学、私刑和本土主义》,《广东外语外贸大学学报》2019 年第 5 期。

~谭洁等:《〈种族主义者〉中颅相学的反写》,《西安外国语大学学报》2019 年第 4 期。

~胡启海:《〈天使在美国〉中病毒学、人权、新帝国主义》,《当代外国文学》2019 年第 3 期。

瞿亚妮~:《〈永别了,武器〉中军事医学与帝国意识》,《怀化学院学报》2018 年第 6 期。

~李赛星:《〈钟形罩〉中的医学与冷战政治》,《南华大学学报(社会科学版)》2018 年第 5 期。

~夏爽姗:《〈岛〉中的麻风病与社会乌托邦》,《西南石油大学学报(社会科学版)》2018 年第 1 期。

王晶莹~:《从艾滋病隐喻到帝国的崩塌——库什纳的〈天使在美国〉解读》,《佳木斯大学社会科学学报》2015 年第 2 期。

~王亭亭:《帝国优生学与〈三个女人〉中的殖民主义思想》,《外国文学研究》2015 年第 1 期。

王亭亭~:《吸血鬼、霍乱与帝国顽疾——医学社会学视角看〈德库拉〉的疾病建构》,《太原理工大学学报(社会科学版)》2014 年第 3 期。

《〈阿罗史密斯〉中的殖民医学与帝国意识》,《外国文学评论》2014 年第 1 期。

~胡朝霞:《现代疯癫的演化:问题与反思——以 20 世纪中期美国小说为例》,《外语教学》2013 年第 3 期。

《现代性下疯癫的悲剧美学》,《求索》2013 年第 2 期。

《疯癫:文化的反叛和文化的拯救——20 世纪中期美国小说中的青年形象》,《西南石油大学学报(社会科学版)》2012 年第 5 期。

《战争与疯狂:美国二战小说中"疯狂"策略运用》,《衡阳师范学院学报》2012 年第 4 期。

欧红燕～:《上世纪中期美国小说偏执狂叙事研究》,《文学教育（下）》2012 年第 4 期。

《西方文学中的疯癫现象研究综述》,《河南科技大学学报（社会科学版）》2012 年第 3 期。

《异化中的"屈从性崇拜"——析二十世纪中期美国小说中被异化的疯癫》,《南华大学学报（社会科学版）》2012 年第 1 期。

《国家权力下的疯癫:对三部美国小说的解读》,《世界文学评论》2012 年第 1 期。

《种族和性别权力下的疯子——美国三部小说中女性的疯狂》,《天津外国语大学学报》2011 年第 2 期。

～欧红燕:《反战:冯尼古特两部小说中的疯癫叙事》,《南华大学学报（社会科学版）》2011 年第 2 期。

《美国小说中的疯狂形象书写》,《绵阳师范学院学报》2009 年第 3 期。

《疯狂:逮住香蕉鱼的童性——J.D.塞林格笔下的疯子》,《南华大学学报（社会科学版）》2008 年第 4 期。

蒋铁初（浙江财经学院）

《中国古代精神病人犯罪法探析》,《北方论丛》2005 年第 2 期。

蒋廷玉（新华日报社）

《和谐医患关系中的媒体作为》,《中国记者》2006 年第 12 期。

江万里（南京大学）

《先秦道家的养生治国论》,南京大学硕士学位论文 2013 年。

姜维茂

～温明春等:《试论抗日战争时期国际医药卫生界友人的医德风范》,《山东医科大学学报（社会科学版）》1992 年第 3 期。

江文娟（陕西师范大学）

《20 世纪英国煤工尘肺研究》,陕西师范大学硕士学位论文 2011 年。

江文君（上海社会科学院）

《职业与公共参与:民国时期的上海医师公会》,《史林》2012 年第 3 期。

蒋文明（湖南中医学院）

《论明清时期温疫病的治疗特色》,《辽宁中医杂志》1995 年第 5 期。

蒋文跃（北京大学医学部/北京中医药大学）

～李志新等:《从成人疾病胎源说看中医药优生学的现代价值与发展前景》,《江苏中医药》2009 年第 3 期。

《中医优生思想研究》,北京中医药大学硕士学位论文 2007 年。

～韩巍等:《成人疾病胎源说的证据及机制》,《北京大学学报（医学版）》2007 年第 1 期。

～鲁兆麟:《被忽视的中西医汇通大家祝味菊》,《中西医结合学报》2006 年第 3 期。

《从中医药优生论重大慢性疾病的预防》,《中华中医药杂志》2005 年第 6 期。

《预防性药物时代的到来——中医药走向世界的最佳契机》,《中国中西医结合杂志》2004 年第 5 期。

姜小华（南京中医药大学）

《古代中医官方教育的史学研究》,南京中医药大学硕士学位论文 2007 年。

《从现代心理学角度看古代中医情志疗法案例 5 则》,《江苏中医药》2007 年第 3 期。

蒋晓丽(四川大学)

《2008 年中西媒体对中国健康报道分析——以恐惧诉求为视角》,《西南民族大学学报(人文社会科学版)》2009 年第 7 期。

蒋小平(湘潭大学)

《药品广告对健康消费神话的建构》,湘潭大学硕士学位论文 2010 年。

蒋小荣(中南民族大学)

《〈红楼梦〉中医词汇英译研究》,中南民族大学硕士学位论文 2015 年。

江晓英(首都医科大学附属复兴医院)

《毛泽东关于振兴祖国中医药学的思想及实践》,《中华医史杂志》2003 年第 4 期。

江晓原(上海交通大学/中国科学院上海天文台)

《中医不必自证是"科学"——换一种思路看中国古代的技术成就》,《北京日报》2017 年 9 月 18 日016 版。

~刘兵:《蒙医文化研究:本土原创的科学人类学工作》,《中华读书报》2016 年 2 月 23 日 016 版。

~刘兵:《儿童人体医学实验:美国社会的黑暗一页》,《中华读书报》2015 年 10 月 28 日 016 版。

~刘兵:《一个美国医生的人文情怀》,《中国图书评论》2012 年第 8 期。

《那部传说中的千年秘籍〈医心方〉》,《博览群书》2011 年第 2 期。

《毒品大麻的前世今生》,《跨世纪(时文博览)》2011 年第 2 期。

~刘兵:《勾勒姆:一种对科学、技术和医学的温和看法》,《中国图书评论》2010 年第 6 期。

~刘兵:《医学史:不是科学是文化——近年其中医学史著作述评》,《中国图书评论》2010 年第 2 期。

~刘兵:《一个医学"叛徒"的人文思考》,《中国图书评论》2009 年第 6 期。

《对待中医需要新思路》,《解放日报》2009 年 4 月 25 日 005 版。

~王一方:《对话:医学人文中的普世关怀与公共理性》,《医学与哲学》2001 年第 8 期。

王一方~:《蓝色神话——关于伟哥的对谈》,《书屋》2000 年第 8 期。

《中国性史研究十年——误区与前景》,《书城》1995 年第 5 期。

《李约瑟与性史研究》,《性学》1995 年第 4 期。

《高罗佩〈秘戏图考〉与〈房内考〉之得失及有关问题》,《中国文化》1995 年第 1 期。

《高罗佩和他的性学著作》,《书城》1994 年第 10 期。

江雪华(华南师范大学)

~申荷永:《"祝由"的文化与心理分析内涵》,《社会心理科学》2006 年第 2 期。

姜雪婷(安阳师范学院)

《西汉"六禽戏"的源起及其创编的中医文化机理》,《兰台世界》2016 年第 2 期。

姜璇(山东中医药大学)

《吉益东洞药证方证辨证体系研究》,山东中医药大学博士学位论文 2019 年。

~司国民:《晋唐方书兴盛的时代背景探析》,《山东中医药大学学报》2019 年第 4 期。

~袁红霞等:《合方应用中的中医哲学思维阐释》,《中国中医基础医学杂志》2016 年第 1 期。

~袁红霞等:《合方应用理法与中医哲学思维》,《上海中医药杂志》2015 年第 10 期。

姜亚菁(华中师范大学)

《新时期小说"疯癫叙事"研究》,华中师范大学硕士学位论文 2010 年。

姜艳（山东中医药大学）

《民国中医期刊〈国医正言〉研究》，山东中医药大学硕士学位论文 2014 年。

～王振国：《民国时期中医期刊〈国医正言〉评述》，《世界中西医结合杂志》2013 年第 9 期。

蒋野萍（上海市卫生教育馆）

《旧中国〈学校卫生概要〉和〈健康教育〉两书介绍》，《中国健康教育》1990 年第 2 期。

蒋亦凡

M.SMITH～：《奎宁治疟疾的欧西历史》，《上海中医药杂志》1955 年第 8 期。

《检温计发展之简史》，《上海中医药杂志》1955 年第 6 期。

江一平（常熟市中医院）

李烨～：《毛晋与缪仲醇〈神农本草经疏〉》，《南京中医药大学学报（社会科学版）》2001 年第 4 期。

～吴恺：《姑苏版刻古医籍〈外科选要〉及编撰者略考》，《南京中医药大学学报（社会科学版）》2001 年第 2 期。

～贺志炎：《荣椿年生卒正误与医论补遗》，《南京中医药大学学报（社会科学版）》2001 年第 2 期。

《晚清名医余听鸿生平简略》，《南京中医药大学学报》1999 年第 3 期。

《晚清吴中名医杨渊》，《中医文献杂志》1994 年第 4 期。

《集古今名医确论 阐外证必本于内——清外科名医顾世澄》，《光明中医》1994 年第 1 期。

～姜达歧等：《常熟名医邵聿修医案选析》，《南京中医学院学报》1992 年第 1 期。

张国庆～：《〈疫痧草〉论治试析》，《天津中医学院学报》1991 年第 3 期。

～张国庆：《晚清江南名医柳宝诒生卒年考及其墨迹》，《上海中医药杂志》1990 年第 5 期。

周锡龙：《缪希雍〈炮炙大法〉初探》，《中药通报》1988 年第 4 期。

壮健～：《拯危定倾显功力——缪希雍急症验案偶谈》，《上海中医药杂志》1987 年第 5 期。

壮健～：《〈神农本草经疏〉及其学术成就简介》，《北京中医》1987 年第 2 期。

盛燮荪、崔增骅～：《略论〈针灸集成〉的学术成就》，《北京中医》1986 年第 5 期。

戴祖铭、张国庆～：《何其伟〈医学妙谛〉简介》，《中医杂志》1983 年第 7 期。

盛燮荪、凌熙之～：《〈循经考穴编〉针刺法初探》，《中医杂志》1964 年第 7 期。

《王执中的针灸资生经》，《中医杂志》1958 年第 5 期。

姜异新（北京鲁迅博物馆）

《不是医生，是"病痛"——由〈远火〉再谈鲁迅的"弃医从文"》，《鲁迅研究月刊》2007 年第 1 期。

江阴县文化馆

《江苏省江阴县出土一件医疗器具"疝气托"》，《文物》1979 年第 4 期。

《江阴县出土的明代医疗器具》，《文物》1977 年第 2 期。

蒋莹（北京林业大学）

《医疗园林的起源与发展》，北京林业大学博士学位论文 2010 年。

《西方医疗性园林的两个实例》，《中国园林》2009 年第 8 期。

姜英辉（郑州大学）

《秦汉时期的巫祝研究》，郑州大学硕士学位论文 2009 年。

《秦汉时期的"行道病"现象探析》，《湖北广播电视大学学报》2008 年第 11 期。

孙文祝～：《〈淮南子〉中所见秦汉时人疾病观》，《新学术》2008 年第 6 期。

江泳(成都中医药大学)

王昶鸿~:《浅谈〈金匮要略〉中疾病的症状鉴别》,《湖南中医杂志》2019 年第 3 期。

毕国伟、赵恒宇~:《张仲景诊断思路新解》,《成都中医药大学学报》2018 年第 3 期。

毕国伟、卢政男~:《浅谈张仲景"辨病"思想》,《成都中医药大学学报》2016 年第 1 期。

李倩~潘桂娟:《陈伯坛学术思想浅析》,《山东中医杂志》2015 年第 5 期。

郑秀丽~:《略论包识生对〈伤寒论〉的学术贡献》,《中国中医基础医学杂志》2014 年第 8 期。

《论戴天章〈广瘟疫论〉中辨治之要》,《中国中医基础医学杂志》2012 年第 1 期。

《中医疫病概念考》,《中国中医基础医学杂志》2011 年第 10 期。

陈建杉~:《浅话余霖治疫思想》,《成都中医药大学学报》2011 年第 2 期。

江瑞云~陈建杉:《论〈小儿药证直诀〉中医时间医学思想》,《四川中医》2010 年第 6 期。

毕国伟~陈建杉:《再论李东垣脾胃学说》,《成都中医药大学学报》2010 年第 4 期。

毕国伟~卢正男:《李杲脾胃学说中"擅攻"及"擅补"之精要》,《成都中医药大学学报》2010 年第 1 期。

~江瑞云等:《探析〈伤寒杂病论〉对复杂病机证候的治疗原则》,《四川中医》2009 年第 7 期。

陈健彬……和中浚~:《中国古代针灸推拿的代表器具》,《成都中医药大学学报》2009 年第 1 期。

陈健彬、和中浚~:《古代五官科的重要发明创造及代表器具》,《中医文献杂志》2009 年第 1 期。

陈建杉……和中浚~:《中国古代针灸推拿的代表器具》,《成都中医药大学学报》2009 年第 1 期。

陈建杉~:《论四川温热药学派及其学术思想》,《四川中医》2008 年第 10 期。

~陈建杉:《论张仲景瘀血学说》,《山东中医杂志》2008 年第 7 期。

陈健彬~江泳:《中国古代外科医疗技术的重要发明创造及代表器具》,《中医药文化》2008 年第 5 期。

陈建杉~:《白芍、赤芍源流考》,《四川中医》2006 年第 12 期。

~陈建杉:《〈金匮要略〉肾气丸新解》,《四川中医》2006 年第 1 期。

陈建杉~:《〈伤寒杂病论〉"卒病痼疾说"发挥》,《光明中医》2002 年第 1 期。

陈建杉~:《〈金匮要略〉"十七句"非"中工谬误也"》,《国医论坛》1999 年第 2 期。

蒋永光(成都中医药大学/成都中医学院)

《中医药国际发展的几个问题——瑞士行医见闻与分析》,《中医杂志》2012 年第 9 期。

《方证相对——日本汉方医学的思维方式》,《四川中医》1990 年第 5 期。

《吉益东洞及其万病一毒说》,《山东中医学院学报》1989 年第 2 期。

《〈伤寒论〉自愈原理初探》,《中医药学报》1986 年第 5 期。

姜永平(山东中医学院)

《清代伤寒书目著录评析》,《中医文献杂志》1996 年第 2 期。

江泳欣(华南师范大学)

《浅论 14 世纪黑死病对英国资产阶级革命的影响》,《学理论》2010 年第 17 期。

蒋永兆(江宁县卫生局)

卞仕云~:《江宁县加快发展合作医疗的实践》,《中国农村卫生事业管理》1995 年第 5 期。

《江宁农村干部群众对办合作医疗意向的调查报告》,《中国农村卫生事业管理》1991 年第 1 期。

姜又春(怀化学院)

《梅山宗教的医疗民俗》,《民族论坛》2012 年第 4 期。

江玉（泸州医学院/成都中医药大学）

闫颖……唐瑛～:《〈外科明隐集〉论治疗毒》,《河南中医》2016 年第 9 期。

杨珊～王倩等:《试述孙思邈应用风药的学术经验》,《中医杂志》2015 年第 10 期。

～谭群英等:《中医养生思想与中国传统文化的融合研究》,《医学与哲学（A）》2015 年第 5 期。

～王明杰等:《〈外科明隐集〉学术价值及特色研究》,《南京中医药大学学报（社会科学版）》2012 年第 4 期。

和中浚～:《〈外科精义〉的学术地位、成就和价值》,《中国中医基础医学杂志》2011 年第 8 期。

《古代中医外科外治方法发明创造价值的研究》,成都中医药大学博士学位论文 2011 年。

～和中浚:《明清医家应用外科丹药概述》,《时珍国医国药》2011 年第 6 期。

～和中浚:《中国古代麻醉术发明史》,《医学与哲学（人文社会医学版）》2011 年第 2 期。

～和中浚:《古代外科清创医疗的发明创造价值》,《中华中医药杂志》2011 年第 2 期。

～和中浚:《中医外科辨脓法的形成与发展》,《江苏中医药》2010 年第 11 期。

～和中浚:《中国古代外科切开引流术的发明创造价值探究》,《南京中医药大学学报（社会科学版）》2010 年第 4 期。

～和中浚等:《薛立斋外科学术成就与特色》,《四川中医》2009 年第 4 期。

和中浚～:《〈眼科金镜〉的学术源流、成就和特色》,《中国中医眼科杂志》2009 年第 1 期。

～王明杰:《叶天士络病学说与刘河间玄府理论》,《四川中医》2008 年第 6 期。

江渝（中共四川省委党校）

《农村新型合作医疗模式发展问题的探析》,《中共四川省委党校学报》2004 年第 2 期。

蒋育红（北京协和医学院）

《20 世纪上半叶跨国医学机构在中国——以协和为例》,《复旦国际关系评论》2019 年第 1 期。

《近代不凡的英国医学传教士科龄》,《中华医史杂志》2018 年第 1 期。

《全球卫生与医学卫生国际合作》,《现代预防医学》2012 年第 11 期。

《美国中华医学基金会的成立及对中国的早期资助》,《中华医史杂志》2011 年第 2 期。

《20 世纪 20—30 年代北京协和医学院的管理机制》,《中华医史杂志》2011 年第 1 期。

～张霞:《1917 年协和医学院奠基及开工典礼》,《中华医史杂志》2010 年第 6 期。

江与良（开县人民医院）

《叶天士奇经辨证用药规律初探》,《四川中医》1995 年第 5 期。

《张景岳辨治特点举要》,《四川中医》1995 年第 3 期。

蒋玉肃（新华社新闻研究所）

～庞晓华:《新媒体环境下医患关系报道中的媒体失范与校正——以"手术室自拍"事件报道为例》,《中国记者》2015 年第 2 期。

姜育仁

《关于血吸虫病症候在祖国医学中的治疗概念》,《中医杂志》1956 年第 2 期。

江玉荣（合肥学院）

《我国医疗责任保险化解医疗职业风险的价值刍议》,《理论建设》2011 年第 1 期。

《我国药品专利强制许可制度的实践与思考》,《合肥学院学报（社会科学版）》2008 年第 3 期。

《对知识产权国际保护的反思——从公共健康角度》,《安徽大学学报（哲学社会科学版）》2007 年第 6 期。

蒋月(厦门大学)

～林志强:《健康权观源流考》,《学术论坛》2007 年第 4 期。

蒋展(浙江大学)

《中西话语权势关系下的理论自信——从批判话语角度看中医存废之争》,《沈阳大学学报(社会科学版)》2016 年第 2 期。

蒋浙安(安徽大学)

《查德威克与近代英国公共卫生立法及改革》,《安徽大学学报》2005 年第 3 期。

姜振勋

《吾国医学之变迁》,《新医与社会丛刊》第 1 卷(1928)

《针科的考据》,《诊疗医报》1932 年第 1 期。

姜志平(山东中医药大学)

《论医史教育在高素质人才培养中的作用——医史教育现状与思考》,《中医教育》2005 年第 6 期。

《山东发现 5000 年前的开颅术头骨》,《中华医史杂志》2003 年第 1 期。

《近代山东几种传染病的相关史料》,《中华医史杂志》2002 年第 2 期。

姜智文(北京中医药大学)

《〈伤寒论〉在台湾的发展史研究》,北京中医药大学硕士学位论文 2004 年。

姜锺赫

《鼠疫与香港殖民医学下的华人女性病患(1841—1900)》,《近代中国妇女史研究》第 26 期(2015.12)。

姜中龙(河北大学)

《〈太平惠民和剂局方〉相关问题研究》,河北大学硕士学位论文 2015 年。

蒋竹山(台湾东华大学)

《文化转向与全球视野:近代台湾医疗史研究的再思考》,《汉学研究通讯》第 36 卷第 4 期(2017.11)。

《"全球转向":全球视野下的医疗史研究初探》,《人文杂志》2013 年第 10 期。

《晚明江南祁彪佳族的日常生活史:以医病关系为例的探讨》,林富士主编《疾病的历史》(台北:联经 2011 年)。

《清代的人参书写与分类方式的转向——从博物学到商品指南》,《华中师范大学学报(人文社会科学版)》2008 年第 2 期。

《非参不治,服必万全——清代江南的人参药用与补药文化初探》,《中国社会历史评论》第 8 辑(2006)。

《晚明江南祁彪佳家族的日常生活史——以医病关系为例的探讨》,《都市文化研究》2006 年 00 期。

Angela Ki Che Leung 撰,～译:《明清中国的医学入门与普及化》,《法国汉学》第 8 辑(2004)。

《余新忠,〈清代江南的瘟疫与社会——一项医疗社会史等研究〉》,《新史学》第 14 卷第 4 期(2003.12)。

《性、虫与过癞——明清中国有关麻风病的社会想象》,中国日常生活的论述与实践国际学术研讨会论文(美国哥伦比亚大学 2002)。

Angela Ki Che Leung 撰,～译:《前近代中国的女性医疗从业者》,《法国汉学》第 5 辑(2002)。

David Arnold 撰,～译:《医学与殖民主义》,《当代》2001 年第 10 期。

费侠莉～:《再现与感知——身体史研究的两种取向》,《新史学》第 10 卷第 4 期(1999.12)。

《女体与战争——明清厌炮之术"阴门阵"再探》,《新史学》第 10 卷第 3 期(1999.9)。

《从产婆到男性助产士:评介三本近代欧洲助产士与妇科医学的专著》,《近代中国妇女史研究》第 7 期(1999.8)。

《Carol Benedict,Bubonic Plague in Nineteenth-Century China》,《新史学》第 9 卷第 3 期(1998.9)。

《明清华南地区有关麻风病的民间疗法》,《大陆杂志》第 90 卷第 4 期(1995.4)。

姜子华(东北师范大学)

　　～刘雨:《女性自我、身体疾病及其文化内涵——论丁玲与萧红女性小说的表现差异》,《东疆学刊》 2009 年第 1 期。

江子卿

　　《古今医学源流论》,《绍兴医药学报》1920 年第 11 期。

姜佐景

　　《江阴曹颖甫先生小传》,《光华医药杂志》1936 年第 9 期。

焦存超(上海交通大学)

　　《晚清至民国时期中国城市粪秽处理研究》,上海交通大学博士学位论文 2016 年。

焦峰(首都医科大学)

　　～王晓燕等:《赤脚医生制度对当前农村基本医疗卫生工作坚持公益性的启示》,《中国全科医学》 2010 年第 25 期。

焦久存(河北医科大学)

　　《〈证治准绳女科〉的文献研究》,河北医科大学硕士学位论文 2002 年。

焦培民(郑州大学)

　　《汉代医疗保障制度初探》,《宝鸡文理学院学报(社会科学版)》2010 年第 2 期。

　　田艳霞～:《中国古代堕胎考略》,《医学与哲学(人文社会医学版)》2007 年第 3 期。

焦启明(漯河市爱卫会办公室)

　　《从抗击"非典"看爱国卫生运动在突发性公共卫生事业中的作用》,《中国自然医学杂志》2005 年第 1 期。

焦锐(苏州大学)

　　《美国〈医疗照顾〉计划的确立和改革》,苏州大学硕士学位论文 2016 年。

焦润明(辽宁大学)

　　《清末中国大规模防疫法规建设之滥觞》,《晋阳学刊》2019 年第 1 期。

　　《清末吉林防疫总局的组建与防疫法规之制定与实施》,《辽宁大学学报(哲学社会科学版)》2015 年第 2 期。

　　～焦婕:《清末奉天万国鼠疫研究会考论》,《辽宁大学学报(哲学社会科学版)》2011 年第 4 期。

　　～李涛:《论 1926 年营口霍乱的有效应对及其借鉴》,《东北史地》2007 年第 1 期。

　　《1910—1911 年的东北大鼠疫及朝野应对措施》,《近代史研究》2006 年第 3 期。

焦欣(延安大学)

　　《孤独的救赎——〈药〉与〈许三观卖血记〉中的"血"意象之比较》,《安康学院学报》2009 年第 2 期。

焦艳玲(天津医科大学)

　　《血液致害侵权责任的再思考——以〈侵权责任法〉第 59 条为中心》,《河北法学》2019 年第 6 期。

《论食品药品侵权诉讼中因果关系举证责任的缓和》，《武汉理工大学学报（社会科学版）》2018 年第 4 期。

牛荣荣～：《论基因检测中的不知情权》，《医学与哲学（A）》2018 年第 9 期。

《互联网医院法律地位与法律关系探讨——以"宁波云医院"为视角》，《中国卫生政策研究》2017 年第 10 期。

《环境公害诉讼不确定因果关系之解决——以疫学方法为视角》，《河北法学》2017 年第 11 期。

～焦彦洪：《论美国药品缺陷责任对我国的启示》，《中国药房》2013 年第 37 期。

～焦彦洪：《中美疫苗异常反应救济制度的比较与启示》，《现代预防医学》2012 年第 14 期。

《论药品责任的发展风险抗辩》，《中国药房》2011 年第 25 期。

田野～：《论药品流通后之安全观察义务——行政监管与侵权责任的交错》，《西北工业大学学报（社会科学版）》2011 年第 2 期。

《预防接种纠纷的类型与责任承担》，《医学与哲学（人文社会医学版）》2011 年第 6 期。

《药品不良反应案件法律适用的困境与出路》，《法律适用》2011 年第 5 期。

《预防接种异常反应补偿制度研究》，《河北法学》2011 年第 5 期。

《侵权责任法"医疗损害责任"的若干问题》，《中国卫生事业管理》2011 年第 4 期。

～司艳丽：《药品不良反应案件中的因果关系证明》，《人民司法》2011 年第 7 期。

《生物科技研究中人体组织提供者补偿模式研究》，《法律科学（西北政法大学学报）》2011 年第 1 期。

《骨髓捐献志愿者拒捐致害责任的法律思考》，《医学与哲学（人文社会医学版）》2009 年第 5 期。

《民间调解在解决医疗纠纷中的作用探讨》，《新医学》2009 年第 4 期。

《论医疗机构的强制缔约义务》，《医学与哲学（人文社会医学版）》2009 年第 2 期。

《造血干细胞捐献若干问题的法律思考》，《江苏警官学院学报》2009 年第 1 期。

《我国保健品市场虚假宣传之成因分析及名人代言的法律规制》，《医学与哲学（人文社会医学版）》2008 年第 3 期。

张玉旺～：《关于异质人工授精子女法律地位的思考》，《医学与哲学（人文社会医学版）》2007 年第 10 期。

《"不当出生"案件的法律思考》，《医学与哲学（人文社会医学版）》2007 年第 2 期。

田野～：《完善我国药品不良反应救济机制的法律思考》，《法律与医学杂志》2006 年第 1 期。

～田野：《预防接种异常反应法律救济制度探析》，《中国医学伦理学》2005 年第 6 期。

～田野：《论我国药品不良反应救济制度的构建》，《医学与哲学》2005 年第 6 期。

焦阳（浙江中医药大学）

～凌天：《近代浙江中医教育史略》，《浙江中医药大学学报》2018 年第 9 期。

焦振廉（陕西省中医药研究院）

许建秦～郭娇：《〈儒门事亲〉所论湿热源流简析》，《中医文献杂志》2019 年第 4 期。

呼兴华、丁辉～李玲：《"春夏养阳，秋冬养阴"理论历史源流和发展》，《现代中医药》2019 年第 4 期。

刘军锋、丁明政～：《〈备急千金要方〉药品加工"熬法"述论》，《现代中医药》2019 年第 3 期。

胡玲～张琳叶：《周学海及〈脉义简摩〉述略》，《中医文献杂志》2019 年第 2 期。

呼兴华、丁辉～：《〈冯氏锦囊秘录〉湿证文献考察及学术思想探析》，《中医文献杂志》2019 年第

1 期。

《关于"湿热证"的历代研究》,《陕西中医药大学学报》2018 年第 5 期。

赵仁龙～:《〈两都医案〉学术考略》,《陕西中医》2017 年第 12 期。

张琳叶～:《清末医家田宗汉及其〈医寄伏阴论〉述略》,《陕西中医》2016 年第 8 期。

《〈心太平轩医案〉成书与版本考略》,《中医文献杂志》2016 年第 6 期。

《清代医家徐锦生平与学术传承谱系》,《中华医史杂志》2016 年第 4 期。

《行医与持心——谈孙思邈之"医人文化"》,《中医药文化》2016 年第 4 期。

《清初上海名医沈璠及其医案考略》,《中医药通报》2016 年第 3 期。

《朱丹溪滋阴学说内涵及相关因素探讨》,《陕西中医药大学学报》2016 年第 3 期。

范筱合～:《明初医家刘纯及其〈杂病治例〉述要》,《陕西中医》2016 年第 1 期。

朱媛媛～:《浅议理学对中医命门说的影响》,《中国民族民间医药》2016 年第 1 期。

禹思宏～:《歌诀体医书〈退思集类方歌注〉体裁初探》,《中医药文化》2015 年第 5 期。

《论传录形式与中医古典文献的流传》,《陕西中医学院学报》2015 年第 5 期。

～禹思宏:《导引养生专书〈卫生要术〉考略》,《山西中医学院学报》2015 年第 4 期。

赵仁龙、任杰～:《〈芷园臆草存案〉学术特色及考释举例》,《中医文献杂志》2015 年第 3 期。

《中医古典文献的发生原因及模式探讨》,《辽宁中医药大学学报》2014 年第 11 期。

张琳叶～:《林开燧及〈林氏活人录汇编〉述略》,《陕西中医》2014 年第 10 期。

路波～董璐:《〈旧德堂医案〉述要》,《光明中医》2014 年第 6 期。

《论中医古典文献产生的基本原因》,《陕西中医》2014 年第 6 期。

《论魏晋南北朝医学及医学文献学的成就——中医文献学史论(三)》,《陕西中医学院学报》2014 年第 5 期。

《论西汉医书及社会思想变迁对其影响》,《陕西中医学院学报》2014 年第 4 期。

《王玺及〈医林类证集要〉述要》,《山东中医药大学学报》2014 年第 3 期。

《论出土秦汉医书与早期文献整理——中医文献学史论·先秦两汉(一)》,《陕西中医学院学报》2014 年第 2 期。

张琳叶～:《林开燧及〈林氏活人录汇编〉述略》,《陕西中医》2014 年第 10 期。

～孙力:《王式钰及〈东皋草堂医案〉述略》,《中医文献杂志》2014 年第 2 期。

《论中医旧典之阙疑与新文献的发生》,《山西中医学院学报》2014 年第 1 期。

薛墩富～:《近代以来中医及未来的方向》,《内蒙古中医药》2013 年第 32 期。

赵琳～:《陈廷儒及其〈诊余举隅录〉述略》,《陕西中医》2013 年第 10 期。

《试论孙思邈的人文思想基础》,《中医药通报》2013 年第 6 期。

胡玲～:《〈黄帝内经〉注本源流略述》,《陕西中医》2013 年第 5 期。

于辉瑶～:《〈燥气总论〉成书与学术特色述略》,《中医文献杂志》2013 年第 4 期。

辛智科～:《清代医家徐守愚及其〈医案梦记〉述略》,《陕西中医学院学报》2013 年第 4 期。

～武文筠等:《中医古籍中的药名俗写及整理思路》,《江西中医药》2012 年第 9 期。

《宋校〈备急千金要方〉他校探析》,《陕西中医》2012 年第 7 期。

《孤本医籍〈敬修堂医源经旨〉他校举要》,《陕西中医学院学报》2012 年第 6 期。

《〈敬修堂医源经旨〉述略》,《山西中医学院学报》2012 年第 5 期。

《关于〈名医类案〉若干问题的讨论》,《中医文献杂志》2012 年第 3 期。

《清代医家李炳及〈李翁医记〉述略》,《陕西中医学院学报》2012 年第 2 期。

《中医古籍文献的存佚、形式及其文化内涵》,《中医药通报》2012 年第 1 期。

《孙思邈何以被尊为"药王"》,《中医药文化》2011 年第 6 期。

《试论朱丹溪对滋阴学说的贡献》,《山西中医学院学报》2010 年第 4 期。

武燕洁～:《试述经学思维对中医的影响》,《山西中医学院学报》2010 年第 2 期。

《略论中医古典医案的格式》,《陕西中医》2009 年第 10 期。

《试论河间学派发生及其嬗变的相关因素》,《江西中医学院学报》2009 年第 6 期。

谢晓丽、张琳叶～徐伟等:《朱丹溪医案的文献调查与讨论》,《中医文献杂志》2009 年第 6 期。

～武燕洁:《略论金元四大家学术的学派特点与发生依据》,《山西中医学院学报》2009 年第 5 期。

《〈备急千金要方〉的时代坐标》,《陕西中医学院学报》2009 年第 5 期。

《〈备急千金要方〉语言风格刍议》,《中医文献杂志》2009 年第 5 期。

～武燕洁:《略论金元四大家学术的学派特点与发生依据》,《山西中医学院学报》2009 年第 5 期。

胡玲、武文筠～:《清代医家王孟英生平及医学贡献》,《山西中医学院学报》2009 年第 4 期。

《清代医家俞震生平及其学术观点述略》,《山西中医学院学报》2009 年第 3 期。

《朱丹溪及其学术的理学渊源》,《江西中医学院学报》2009 年第 3 期。

《关于中医学形成若干问题的讨论》,《中医药通报》2009 年第 3 期。

胡玲、郭卫红～:《〈三家医案合刻〉述要》,《福建中医药》2009 年第 2 期。

谢晓丽、张琳叶～袁若华:《〈备急千金要方〉药方分类析要》,《陕西中医》2009 年第 2 期。

《江瓘生平事迹评述》,《安徽中医学院学报》2009 年第 1 期。

《试论〈寓意草〉与中医临证议病的传统》,《山西中医学院学报》2008 年第 5 期。

《中医与文化泛论》,《中医药文化》2008 年第 4 期。

《阴阳五行学说对中医学术形成的关键意义》,《中医药通报》2008 年第 2 期。

《中医病机概念的缘起及其性质》,《河南中医学院学报》2008 年第 2 期。

谢晓丽～:《〈寓意草〉成书及流传情况述略》,《陕西中医》2008 年第 2 期。

《中医病机概念的缘起及其利弊》,《河南中医学院学报》2008 年第 2 期。

《古典文献学与中医学术研究》,《江西中医学院学报》2008 年第 1 期。

《人文医家孙思邈》,《中医药文化》2008 年第 1 期。

～赵琳等:《〈儒门事亲〉版本源流述略》,《陕西中医学院学报》2008 年第 1 期。

《古典文献学与中医学术研究》,《江西中医学院学报》2008 年第 1 期。

《人文医家孙思邈》,《中医药文化》2008 年第 1 期。

张琳叶～:《试论〈寓意草〉的学术特点》,《江西中医学院学报》2007 年第 6 期。

《关于中医文献研究的思考》,《陕西中医》2007 年第 6 期。

《中医文献与中医学术进步的关系》,《中医药文化》2007 年第 5 期。

《中医病因学说的发展历程及其局限性》,《山东中医药大学学报》2007 年第 5 期。

《传统"王道"思想对中医治法的影响》,《江西中医药》2007 年第 5 期。

《试论中医文献研究的性质与范畴》,《山西中医学院学报》2007 年第 4 期。

张琳叶、徐伟～:《〈洄溪医案〉述要》,《福建中医药》2007 年第 2 期。

《"正气存内"衍说》,《江西中医学院学报》2007 年第 2 期。

《试论中医学术流派的阶段性及其嬗变》,《山西中医学院学报》2007 年第 1 期。

《谈〈本草述〉的本草学史地位及其得失》,《福建中医药》2006 年第 6 期。

《西汉的时代环境与医学的"结集"》,《中医药文化》2006 年第 6 期。

《义训与〈本草述校注〉释例》,《陕西中医学院学报》2006 年第 6 期。

《试论孙思邈的医学思想》,《江西中医药学院学报》2006 年第 4 期。

《刍议中医的生命学说》,《山西中医学院学报》2006 年第 3 期。

《试论中医文献的基本性质》,《中医文献杂志》2006 年第 2 期。

《初唐至盛唐的医学及其时代环境论》,《陕西中医学院学报》2006 年第 1 期。

《综合类本草的源流及其得失略论》,《陕西中医》2005 年第 11 期。

《谈谈中国医学的分期》,《江西中医学院学报》2005 年第 5 期。

《民国时期中医药著作概述》,《山西中医学院学报》2005 年第 3 期。

《老子的思想与中医之"道"及养生理念异同辨》,《江西中医学院学报》2005 年第 3 期。

《试论中医文献的结构》,《上海中医药大学学报》2005 年第 2 期。

《中医药文献研究方法三论》,《陕西中医学院学报》2004 年第 2 期。

《中医药古籍的文字现象及整理方法》,《福建中医药》2004 年第 1 期。

《刘若金及〈本草述〉述略》,《福建中医药》2003 年第 3 期。

~白涓涓等:《〈黄帝内经素问〉自然观与子学自然观的比较》,《陕西中医》2001 年第 7 期。

《孙星衍及其辑本〈神农本草经〉——清辑〈神农本草经〉以孙星衍本为优》,《陕西中医》1999 年第 1 期。

杰弗里·梅耶斯

~顾闻:《疾病与艺术》,《艺术理论研究》1995 年第 6 期。

杰西卡·皮尔森-帕特尔(俄克拉荷马大学)

~撰,张珊珊译:《法国殖民主义与反对世界卫生组织非洲区域办事处的斗争》,《医疗社会史研究》2016 年第 1 期。

介永强(陕西师范大学)

《唐代服食风气述论》,《陕西师范大学学报(哲学社会科学版)》1999 年第 4 期。

金爱秀(南阳师范学院)

《论两汉疫病的预防》,《兰台世界》2013 年第 9 期。

《两汉服食考论》,《兰台世界》2013 年第 3 期。

金宝善

《三十年来中国公共卫生之回顾与前瞻》,《中华医学杂志》1946 年第 1 期。

《民国以来卫生事业发展简史》,《医史杂志》1948 年第 1、2 期。

~许世瑾:《我国战时卫生设施之概况》,《中华医学杂志》1941 年第 3 期。

~许世瑾:《各省市现有公共卫生设施之概况》,《中华医学杂志》1937 年第 11 期。

《远东热带医学会的意义》,《医药评论》1934 年第 10 期。

《国际联盟会之保健机关及其事业》,《中华医学杂志》1929 年第 1 期。

金宝相(南京铁道医学院)

~南方:《越南初级保健与市场经济》,《国外医学(卫生经济分册)》2000 年第 1 期。

~夏南:《中东欧经济转向时期的居民健康状况分析》,《国外医学(卫生经济分册)》1999 年第

4 期。

～夏南：《瑞典保健制度改革的争论》，《国外医学（卫生经济分册）》1999 年第 2、4 期。

《巴西卫生政策实行地方分权》，《国外医学（卫生经济分册）》1998 年第 3 期。

《伊朗医疗服务提供和可得性评价》，《国外医学（卫生经济分册）》1998 年第 1 期。

《坦桑尼亚农村地区医院服务费支付意向研究》，《国外医学（卫生经济分册）》1997 年第 4 期。

《对英国医疗服务准市场发展的思考》，《国外医学（卫生经济分册）》1997 年第 3 期。

《英国国家卫生服务的改革》，《国外医学（卫生经济分册）》1995 年第 2、3 期。

《英美对初级卫生保健的管理》，《国外医学（卫生经济分册）》1994 年第 1 期。

劲草

《华北国医论战述纪》，《明日医药》1935 年第 1—2 期。

金成民（哈尔滨市社会科学院/解放军 731 部队）

～康峰：《世界各国调查研究日军细菌战状况》，《学理论》2008 年第 14 期。

王一汀～沈宝吉：《日本法西斯的暴行不容抹杀——记罪恶的 731 细菌部队》，《世纪桥》2000 年第 2 期。

金春林（上海市卫生局）

～桂一川等：《日本的医疗制度与价格管理》，《中国卫生资源》2004 年第 5 期。

《从日本老年医疗保健制度看建立老人看护制度的必要性》，《中国卫生经济》2001 年第 1 期。

《美国卫生服务改革的进展》，《中国卫生资源》2001 年第 1 期。

《日本医疗保险改革进展》，《中国卫生资源》1999 年第 1 期。

金大勋（中国预防医学科学院）

《回忆抗战时期的中央卫生实验院》，《营养学报》2006 年第 2 期。

金达洙（南京中医药大学）

《针灸在美国的历史现状研究及其前景展望》，南京中医药大学博士学位论文 2011 年。

金丹（湖北大学）

《日本影响下晚清卫生防疫体系的创建》，湖北大学硕士学位论文 2016 年。

金道鹏（上海中医药大学）

～赵吉忠等：《雀啄脉历史沿革及主证浅析》，《中华中医药杂志》2018 年第 6 期。

～王倩蕾等：《〈足臂十一脉灸经〉之"参春脉"浅析》，《中医药文化》2014 年第 5 期。

金栋（河间市人民医院）

《"祟脉"小识》，《中医文献杂志》2014 年第 6 期。

《"太素"解惑》，《中医文献杂志》2014 年第 2 期。

～金雪宁：《感冒病名小考》，《中医文献杂志》2013 年第 4 期。

～金雪宁等：《偏沮小考》，《中医文献杂志》2013 年第 4 期。

《腜退小考》，《中医文献杂志》2012 年第 2 期。

王真～黄素娟：《半身不遂是否有疼痛症状——"偏枯痛"者辨析》，《江苏中医药》2011 年第 9 期。

《唐·王冰为何道号"启玄子"》，《中医文献杂志》2011 年第 4 期。

尹静～：《〈内经〉消渴病病因病机探讨》，《中国中医药现代远程教育》2010 年第 5 期。

《"撞客"考识》，《甘肃中医》2010 年第 3 期。

《"怒则气逆伤脑"病机探讨》，《甘肃中医》2010 年第 2 期。

《〈素问〉"染易"之"易"字辨析》,《中医文献杂志》2010 年第 1 期。

《景岳代脉辨析》,《甘肃中医》2009 年第 12 期。

《〈内经〉中风病病症名探讨》,《世界中西医结合杂志》2009 年第 10 期。

《〈内经〉中风病病因病机探讨》,《世界中西医结合杂志》2009 年第 7 期。

《"石药发瘨"考辨——兼"多喜曰瘨"辨疑》,《中医文献杂志》2009 年第 5 期。

《古病名"痱病"探源》,《世界中西医结合杂志》2009 年第 5 期。

《〈素问〉"筋脉横解,肠澼为痔"辨析》,《四川中医》2009 年第 5 期。

《"卒中"病名考》,《世界中西医结合杂志》2009 年第 3 期。

～尹继增:《〈内经〉"癫疾"病考略》,《河北中医学院学报》1994 年第 3 期。

《〈金匮要略〉邪在络在经、入腑入脏辨析》,《国医论坛》1994 年第 1 期。

靳冬(天津中医药大学)

～于铁成:《战国至清代河北医学的发展概况》,《中国民族民间医药》2010 年第 16 期。

～于铁成:《河北医学史撮要及特点》,《中医研究》2010 年第 2 期。

《河北医学史上的名家》,《中国中医药报》2009 年 12 月 4 日 008 版。

金东明(黑龙江中医学院/长春中医学院)

《吴又可学术思想的形成、贡献及启示》,《四川中医》1986 年第 7 期。

《〈伤寒论〉中的康复医学初探》,《中医药信息》1986 年第 5 期。

金东英(哈尔滨医科大学)

～马学博:《历史学家莫里斯关于伍连德的通信、书评与讣告》,《中华医史杂志》2019 年第 6 期。

～马学博:《东三省防疫处的筹建及其经费预算》,《中华医史杂志》2016 年第 6 期。

～马学博:《滨江医学专门学校首任教务长林家瑞》,《中华医史杂志》2014 年第 5 期。

～马学博:《李约瑟与伍连德的诚挚友谊》,《中华医史杂志》2013 年第 6 期。

～李志平:《近代黑龙江西医医院的出现》,《中华医史杂志》2013 年第 5 期。

～李志平:《重组 DNA 技术先驱——保罗·伯格》,《中华医史杂志》2012 年第 4 期。

～李志平:《人为因素与哈尔滨第三次鼠疫大流行》,《中华医史杂志》2011 年第 2 期。

《克隆技术的发展及其伦理学争论》,《中华医史杂志》2006 年第 2 期。

马学博～:《东三省防疫事务总管理处的设立日期》,《中华医史杂志》2006 年第 2 期。

《世界各国对克隆技术的态度引发的思考》,《医学与哲学》2005 年第 11 期。

《克隆概念的演变》,《中华医史杂志》2005 年第 2 期。

《关于克隆技术的伦理学新思考》,《南京医科大学学报(社会科学版)》2005 年第 1 期。

靳峰(宁夏疾病预防控制中心)

宋玲、……刘吉祥～:《宁夏 1994—2017 年 HIV 感染者生存时间及影响因素》,《中国艾滋病性病》2019 年第 9 期。

宋玲……陈晓颖～:《宁夏 1994—2014 年艾滋病疫情流行特征分析》,《宁夏医学杂志》2016 年第 3 期。

～宋晓佳等:《2004—2010 年宁夏人间布鲁氏菌病病例流行病学特征分析》,《宁夏医学杂志》2013 年第 1 期。

～李丽等:《1991—2007 年饮水型地方性氟中毒国家级盐池县监测点监测结果分析》,《宁夏医科大学学报》2009 年第 4 期。

～张银豪等：《宁夏 1958—2006 年流行性乙型脑炎流行病学分析》，《宁夏医学院学报》2008 年第 2 期。

靳福全

《祖国医学遗产内有关神经论思想的初步探讨》，《中医杂志》1955 年第 9 期。

金干（浙江医科大学）

《西方医学教育的传入发展及历史经验》，《中国高等医学教育》1992 年第 6 期；1993 年第 1 期。

金光亮（北京中医药大学/湖北中医学院）

《"阳病治阴，阴病治阳"释义及其思想原理》，《上海中医药杂志》2018 年第 9 期。

～郭霞珍：《浅论〈黄帝内经〉"四时五藏阴阳"理论与五脏调控系统》，《世界中医药》2018 年第 5 期。

《"肾苦燥，急食辛以润之"释义》，《上海中医药杂志》2018 年第 2 期。

《从兵法奇正看中医治法思想与分类》，《上海中医药杂志》2017 年第 11 期。

郭霞珍、苏晶～刘晓燕：《〈内经〉"五脏应时"说的科学内涵初探》，《中国科学：生命科学》2016 年第 8 期。

张慧～：《〈临证指南医案〉论治情志相关病症的学术思想探析》，《北京中医》2007 年第 11 期。

《情志源流与概念探讨》，《北京中医药大学学报》2007 年第 8 期。

《〈内经〉未病概念与"治未病"理论探讨》，《北京中医药大学学报》2006 年第 12 期。

《中医西医化的现象原因与对策》，《中国医药学报》2000 年第 6 期。

《五脏内涵演变与新识》，《医学与哲学》1998 年第 9 期。

《情感障碍与季节》，《医学研究通讯》1998 年第 7 期。

～郭霞珍等：《从抑郁症看情志活动的季节性》，《中医杂志》1997 年第 7 期。

万小刚～：《〈温病条辨〉温药运用规律浅析》，《江苏中医》1990 年第 6 期。

～万小刚：《仲景运用甘药规律初探》，《辽宁中医杂志》1989 年第 9 期。

《〈金匮〉汗法运用浅析》，《国医论坛》1990 年第 4 期。

靳光乾（山东省中医药研究院/山东省中医药研究所）

周成明……梁晓荣～迟全勃等：《李时珍〈本草纲目〉以来传统中药栽培技术的形成和发展》，《亚太传统医药》2006 年第 9 期。

～钮中华等：《阿胶的历史研究》，《中国中药杂志》2001 年第 7 期。

靳国龙（西北大学）

《宋代医书编刻研究》，西北大学硕士学位论文 2016 年。

金韩泉（山东中医药大学）

《针灸保健的古今文献研究》，山东中医药大学硕士学位论文 2010 年。

晋继勇（上海外国语大学/郑州大学/浙江大学/复旦大学）

～贺楷：《金砖国家参与全球卫生治理的动因、路径与挑战》，《国际观察》2019 年第 4 期。

《国家安全与霸权护持：美国军事部门的全球卫生参与》，《外交评论》2019 年第 2 期。

《世界卫生组织改革评析》，《外交评论（外交学院学报）》2013 年第 1 期。

《美国卫生外交：一种历史与现实的考察》，《太平洋学报》2012 年第 5 期。

《世界贸易组织与全球公共卫生治理——以 TRIPS 协定为例》，《浙江大学学报（人文社会科学版）》2011 年第 3 期。

《美国全球卫生治理的战略、实质及问题》,《美国研究》2011 年第 1 期。

《基于规范和身份的威胁健康——以俄罗斯的艾滋病问题为例》,《国际展望》2010 年第 5 期。

《全球公共卫生治理中的国际人权机制分析——以〈经济、社会和文化权利国际公约〉为例》,《浙江大学学报(人文社会科学版)》2010 年第 4 期。

《〈生物武器公约〉的问题、困境与对策思考》,《国际论坛》2010 年第 2 期。

丹尼斯·奥尔特曼～崔顺姬:《艾滋病、全球化和人的安全》,《世界经济与政治》2010 年第 1 期。

《全球公共卫生治理中的国际机制分析》,复旦大学博士论文 2009 年。

《全球公共卫生问题安全化的路径分析》,《武汉大学学报(哲学社会科学版)》2009 年第 2 期。

《试析联合国专门机构的政治化——以世界卫生组织为例》,《国际论坛》2009 年第 1 期。

《公共卫生安全:一种全球公共产品的框架分析》,《医学与社会》2008 年第 9 期。

《浅析公共卫生外交》,《外交评论(外交学院学报)》2008 年第 4 期。

～郑军超:《和谐社会建构总的"人的安全"与国家安全的关系》,《中国石油大学学报(社会科学版)》2008 年第 4 期。

《全球公共卫生问题安全化——以世界卫生组织规范变迁为例》,《国际论坛》2008 年第 2 期。

《试析和谐社会建设中"人的安全"与国家安全之关系》,《四川行政学院学报》2008 年第 1 期。

金津日出美

《"东亚医学"的相关问题——"提携、合作"的医学》,北京大学日本研究中心编《日本学》第 18 辑(北京:世界知识出版社 2013 年)。

金昆年

《最早的医学教育》,《解放日报》1962 年 12 月 5 日。

金理(复旦大学)

《反躬自省的"医生"与拒绝被动的"病人"——从这个角度讨论文学中的医疗与卫生话语》,《南方文坛》2010 年第 3 期。

金丽(福建中医药大学/福建中医学院/北京中医药大学/河北医科大学)

～郑洪:《吴瑞甫〈卫生学讲义〉科学与人文健康理念评析》,《江西中医药大学学报》2019 年第 5 期。

吴菲菲、彭榕华～:《〈延寿第一绅言〉论房中养生与优生》,《中医文献杂志》2018 年第 2 期。

～蔡鸿新:《吴瑞甫〈伤科要诀〉闽派伤科学术特色评析》,《中国中医基础医学杂志》2018 年第 1 期。

王尊旺～:《晚清御医力钧中西医汇通成就评析》,《广州中医药大学学报》2017 年第 6 期。

～郑洪:《陆子贤"斑为阳明热毒,疹为太阴风热"评析》,《中国中医基础医学杂志》2017 年第 4 期。

《吴瑞甫中西医汇通成就评析》,《中医杂志》2016 年第 8 期。

《中医学教育不可或缺文史哲底蕴之思考》,《光明中医》2015 年第 4 期。

～郑洪:《中医地域医学视野下的岭南与闽南医学》,《广州中医药大学学报》2015 年第 3 期。

《畲族医学疾病辨治特色与状态医学》,《新中医》2014 年第 9 期。

《鸦片社会医药文化内涵史学与哲学反思》,《医学与哲学(A)》2014 年第 3 期。

《中医方剂角药与阴阳学说》,《中医杂志》2013 年第 8 期。

《"阴阳和"中医文化之魂探析》,《中国中医基础医学杂志》2013 年第 5 期。

《"美善尚柔"中医文化品格探赜——科技文化史与系统科学启示》,《北京中医药大学学报》2013

年第 2 期。

《象思维方法对中医理论与实践发展的意义》，《中医杂志》2013 年第 1 期。

《循证医学视野下吉益东洞"方证相对"与中医现代化》，《中医杂志》2012 年第 21 期。

《王好古〈阴证略例〉版本考证与学术评析》，《光明中医》2012 年第 3 期。

《唐宗海一脉相承"阳化气，阴成形"重视气化意义辨析》，《光明中医》2011 年第 4 期。

《福建医家苏颂〈本草图经〉学术成就探颐》，《江西中医学院学报》2009 年第 3 期。

《福建医家宋慈与〈洗冤集录〉》，《江西中医学院学报》2009 年第 2 期。

《考证名物与中医古籍阅读》，《江西中医学院学报》2008 年第 6 期。

《先秦诸子与〈黄帝内经〉"神气"术语的研究》，北京中医药大学博士学位论文 2006 年。

～张其成：《试论"祝由"之历史地位及现实意义》，《中华中医药杂志》2006 年第 6 期。

～张其成：《试论中医心理疗法与现代医学心理疗法的相通性》，《中华中医药杂志》2006 年第 4 期。

《许叔微〈伤寒九十论〉对〈伤寒论〉的阐幽发微及评说》，《福建中医学院学报》2006 年第 1 期。

《〈伤寒九十论〉辨治伤寒理法探析》，《陕西中医学院学报》2005 年第 3 期。

《何廉臣"温病治法不如伤寒"说辨析》，《中国医药学报》2004 年第 4 期。

《费伯雄〈医醇賸义〉慎用"升柴知柏"探析》，《吉林中医药》2003 年第 8 期。

《中国古代医学心理思想之研究》，河北医科大学硕士学位论文 2003 年。

《朱丹溪探吐法治疗小便不通探析》，《天津中医学院学报》2001 年第 4 期。

《阳有余阴不足论与阳不足阴无余论探微》，《天津中医学院学报》2001 年第 1 期。

《〈理瀹骈文〉应用膏药的理法》，《福建中医学院学报》2001 年第 1 期。

《〈金匮要略〉"阳微阴弦"义理发微》，《吉林中医药》2001 年第 1 期。

金丽花（广西医科大学）

《缅甸女生性健康相关知信行及其影响因素的研究》，广西医科大学硕士学位论文 2017 年。

金茂岳（北京师范大学）

～朱桂同：《金茂岳先生访谈录》，《回族研究》2007 年第 2 期。

附：金星：《怀念我的父亲金茂岳大夫》，《党史博览》2018 年第 10 期。

冉思尧：《延安忆往：萧军和金茂岳的一场纷争》，《档案春秋》2013 年第 8 期。

金坡：《红都名医金茂岳》，《文史精华》2008 年第 8 期。

金坡：《金茂岳：为江青接生的红都名医》，《文史博览》2008 年第 7 期。

金南一（韩国庆熙大学）

～李春梅：《韩国医著〈东医宝鉴〉的朝日版本》，《中华医史杂志》2011 年第 2 期。

金鹏

《中国古代药物学家李时珍和他的煌煌著作》，《新民晚报》1954 年 2 月 28 日。

金日红（温州地区医药科学研究所）

《利济医学堂始末及教学概况》，《中华医史杂志》1982 年第 2 期。

《〈古本康平伤寒论〉初探》，《浙江中医学院学报》1980 年第 4 期。

金荣星（北京中医药大学）

《中医男科常见病食疗文献的研究》，北京中医药大学硕士学位论文 2013 年。

靳瑞

《秦汉时期针刺补泻初探》，《广东中医》1963 年第 3 期。

金仕起

《中国传统医籍中的乳痈、性别与经验》,《政治大学历史学报》第 47 期(2017.5)。

《晋平公病案钩沉》,《政治大学历史学报》第 31 期(2009.5)。

《〈汉书·艺文志〉的方技史图像——从其学术立场与现实义涵的考察出发》,《国立政治大学历史学报》第 22 期(2004.11)。

《李零着〈中国方术考〉》,《新史学》第 7 卷第 3 期(1996.9)。

《古代医者的角色——兼论其身份与地位》,《新史学》第 6 卷第 1 期(1995.3)。

靳士英(南方医科大学/广州中医药大学/广州第一军医大学/广州军区中医学校/广州医学高等专科学校)

～刘淑婷:《追思国医大师邓铁涛治学二三事》,《中华医史杂志》2019 年第 2 期。

《〈金瓶梅〉中的明末医药文化》,《中国中医药报》2016 年 1 月 20 日 008 版。

～靳朴等:《屠呦呦得诺贝尔生理学奖的后效应》,《现代医院》2015 年第 12 期。

《清代看病等级森严》,《中国中医药报》2015 年 11 月 23 日 008 版。

～靳朴等:《赏〈二王全帖〉探索"二王"疾患与治方》,《中国中医药报》2015 年 10 月 29 日 008 版。

～靳朴等:《〈清明上河图〉中的药铺与卖药人 看名画品中医〈清明上河图〉——药铺与卖药人》,《中医临床研究》2015 年第 3 期。

～靳朴等:《〈清明上河图〉中的药铺与卖药人》,《中医临床研究》2014 年第 36 期。

～靳朴等:《抗疟药青蒿素类的研发与屠呦呦获拉斯克奖的启示》,《现代医院》2012 年第 3 期。

～靳朴等:《〈南方草木状〉作者、版本与学术贡献的研究》,《广州中医药大学学报》2011 年第 3 期。

～刘淑婷:《李国桥教授纵谈青蒿素与灭源灭疟法》,《现代医院》2010 年第 5 期。

～靳朴:《唐代几部有关岭南医药专著的考察》,《中华医史杂志》2008 年第 2 期。

～靳朴:《岭南医药启示录》,《现代医药》2007 年第 1—12 期;2008 年第 1—3 期;2009 年第 1—12 期;2010 年第 1—12 期;2011 年第 1—2 期。

《〈岭南瘟疫史〉评介》,《中华医史杂志》2006 年第 1 期。

《中医学在日本的兴起和发展》,《中国中医药报》2005 年 12 月 8 日 003 版。

～靳朴:《〈清明上河图〉与北宋医药文化》,《中华医史杂志》2003 年第 4 期。

～靳朴:《海外两具古铜人的考证》,《中华医史杂志》2002 年第 1 期。

《对两种医史中译本中若干中国医史问题的商榷》,《中华医史杂志》2001 年第 1 期。

《韩国昌德宫所藏古铜人》,《中国科技史料》2000 年第 3 期。

～靳朴:《明代六部综合性医书的传日及其影响》,《中华医史杂志》1999 年第 3 期。

～靳朴:《〈五十二病方〉"疕"病考》,《中华医史杂志》1997 年第 3 期。

《疾病史研究 60 年》,《中华医史杂志》1996 年第 3 期。

～靳朴:《〈存真图〉与〈存真环中图〉考》,《自然科学史研究》1996 年第 3 期。

《朱肱〈内外二景图〉考》,《中国科技史料》1995 年第 4 期。

《舌脉诊法考》,《中华医史杂志》1995 年第 4 期。

《中医药在火器伤救治中的应用》,《解放军广州医高专学报》1995 年第 1 期。

《韩国昌德宫针灸铜人考》,《广州中医学院学报》1994 年第 3 期。

《五脏图考》,《中华医史杂志》1994 年第 2 期。

《日本反废止汉方医与中国反废止中医之斗争及其比较》,《中华医史杂志》1993 年第 1 期。

《近代中日两国的中医学交流》,《中华医史杂志》1992 年第 2 期。

《日本汉方医医德考》,《中国医学伦理学》1991 年第 6 期。

《我国古代明堂图的优良传统》,《广州中医学院学报》1991 年第 1 期。

《红军重视中医中药和中西医两法治疗》,《中西医结合杂志》1989 年第 11 期。

《中医心理治疗的方法》,《新中医》1988 年第 7 期。

《我国传统医德教育的方法》,《医学与哲学》1986 年第 11 期。

《论我国医疗事故处理的特点》,《医学与哲学》1985 年第 1 期。

《李朱医学的传日及其影响》,《中华医史杂志》1983 年第 2 期。

《中医中药在战伤治疗中的应用》,《人民军医》1982 年第 12 期。

《医德、事故和法的干预　日本从法的角度对医疗事故的一些看法》,《医学与哲学》1981 年第 4 期。

《日本汉方医与中医的异同》,《新中医》1979 年第 6 期。

金寿福(复旦大学)

《古埃及木乃伊何以成为欧洲人的药材》,《文汇报(文汇学人·学林)》2018 年 3 月 23 日 W13 版。

《征服死亡的尝试——论古代埃及人制作木乃伊的动机和目的》,《社会科学战线》2002 年第 4 期。

金寿山

《关于〈素问病机气宜保命集〉的作者问题》,《上海中医药杂志》1963 年第 8 期。

《试论"易州张氏学"》,《中医杂志》1963 年第 6 期。

《河间学说探讨》,《上海中医药杂志》1963 年第 4 期。

《我国最早的医学杂志——吴医汇讲》,《中医杂志》1958 年第 1 期。

江晓楼～:《祖国医学文献对于血吸虫病认识之一例》,《上海中医药杂志》1956 年第 3 期。

金松华(青岛大学)

《应对传染病的国际防控机制研究》,青岛大学硕士学位论文 2011 年。

金素安(上海中医药大学)

袁颖、郭忻～何世民等:《从〈国药新声〉杂志看民国时期中药研究状况》,《中医药文化》2012 年第 5 期。

～郭忻:《外来药物传入史略——宋金元至明清时期》,《中医药文化》2011 年第 2 期。

～郭忻:《外来药物传入史略——先秦至隋唐五代时期》,《中医药文化》2011 年第 1 期。

金涛

《林可胜:伟大爱国者和杰出科学家》,《民主与科学》2015 年第 1 期。

近藤昭二(日本朝日电视台/黑龙江省社会科学院)

～罗建忠:《美苏日三国对"731 部队"的研究状况》,《武陵学刊》2010 年第 5 期。

《日本国家意志对细菌战的隐匿》,《历史教学(高校版)》2008 年第 1 期。

～王希亮:《日本国家意志对细菌战的隐匿》,《湖南文理学院学报(社会科学版)》2007 年第 4 期。

金童

《〈内经〉人称代词研究》,《医古文知识》1993 年第 2 期。

靳万莹(南京大学)

《建国后江苏麻风救治的历史考察》,南京大学硕士学位论文 2012 年。

靳薇(中央党校)

《社会性别视角与艾滋病防治》,《科学社会主义》2007 年第 1 期。

《针对受艾滋病影响儿童的社会救助》,《社会福利》2005 年第 10 期。

《党政领导干部对艾滋病歧视的调查结果分析》,《中国艾滋病性病》2005 年第 2 期。

《人类学关注艾滋病》,《广西民族学院学报(哲学社会科学版)》2005 年第 2 期。

《领导干部看艾滋病——知识、观念及决策行为》,《广西民族学院学报(哲学社会科学版)》2005 年第 2 期。

《领导干部防艾意识的调研报告》,《学海》2003 年第 5 期。

金维藩

《祖国医学有关免疫学的思想》,《江苏中医》1959 年第 7 期。

《祖国医学中关于流行病病原学说的探讨》,《江苏中医》1959 年第 3 期。

金霞(青岛大学)

《北洋政府时期青岛卫生防疫体系研究(1922—1929)》,《中华医史杂志》2017 年第 2 期。

《德占时期青岛的卫生防疫体系》,《中华医史杂志》2012 年第 4 期。

《疾疫与汉唐元日民俗——以屠苏酒为中心的历史考察》,《民俗研究》2010 年第 4 期。

金香兰(中国中医科学院/中国中医研究院)

苏登高~:《补肾法的源流探讨》,《中国中医基础医学杂志》2019 年第 3 期。

赵凯维、张玉辉~刘理想:《试论道士群体在"援道入医"过程中的作用——兼论医籍中道教神秘主义现象》,《医学与哲学(A)》2018 年第 8 期。

张玉娜~:《孙思邈养老思想探析》,《中国中医基础医学杂志》2016 年第 12 期。

张玉辉、杜松~:《陶弘景养生学术思想探析》,《中国中医基础医学杂志》2015 年第 1 期。

~于峥:《刑金之"火"考》,《中国中医基础医学杂志》2012 年第 7 期。

张玉辉~杜松等:《李鹏飞之"三元"养生学术思想研究》,《中国中医基础医学杂志》2011 年第 8 期。

刘理想~王左原等:《〈遵生八笺〉中怡情养生实践方式初探》,《江西中医学院学报》2010 年第 1 期。

《〈黄帝内经〉养生理论》,《中国中医基础医学杂志》2012 年第 5 期。

~王左原:《试论张元素对五运六气的继承与发展》,《中国中医基础医学杂志》2009 年第 8 期。

王左原~刘理想等:《论晋代葛洪的防病养生思想》,《中国中医基础医学杂志》2009 年第 7 期。

张玉辉~:《孙思邈养生方法浅析》,《中国中医基础医学杂志》2009 年第 6 期。

李志更~:《李东垣法时用药经验浅探》,《中医杂志》2009 年第 5 期。

王左原~:《造化枢纽释运气——论王履的五运六气学术思想》,《中国中医基础医学杂志》2009 年第 2 期。

李志更、王欣麒~王左原:《〈内经〉中因时制宜理论构架探讨》,《四川中医》2009 年第 2 期。

李志更~:《金元四大家的"三因制宜"思想举隅》,《北京中医药》2009 年第 1 期。

~王左原等:《〈伤寒论〉保"阳"医学思想浅探》,《中国中医基础医学杂志》2009 年第 1 期。

李志更、王欣麒~王左原:《"因时制宜"思想的核心价值浅述》,《北京中医药》2008 年第 11 期。

《"治病必求于本"探微》,《中国中医基础医学杂志》2008 年第 1 期。

《用〈周易〉"贵生忧死"思想解读中医治疗理论》,《世界科学技术·中医药现代化》2007 年第 6 期。

《〈内经〉的人生论治理论》,《中国中医基础医学杂志》2007 年第 11 期。

《中医脑髓学说源流考》,《中国医药学报》1997 年第 5 期。

《论中医胎教》,《辽宁中医杂志》1993 年第 1 期。

《谈〈内经〉论神明》,《国医论坛》1992 年第 6 期。

荆小俦

《长寿医人刘占奎及其医学的贡献》,《江西中医药》1957 年第 9 期。

金晓东(温州医科大学)

～孙丹:《近代温州中西医学发展比较》,《温州医科大学学报》2014 年第 11 期。

金晓冬(温州医学院)

～谢红莉:《温州白累德医院的创建与发展》,《中华医史杂志》2009 年第 4 期。

金小泱(广州中医药大学)

《当代岭南医学流派与名家学术传承研究》,广州中医药大学博士学位论文 2010 年。

郑身宏、龚慧涵～:《中医学术流派刍谈》,《江苏中医药》2010 年第 6 期。

李赛美、郑身宏～:《试论伤寒学术流派的形成及发展》,《北京中医药大学学报》2010 年第 5 期。

～郑身宏等:《当代岭南中医传承模式浅析》,《中医药通报》2010 年第 3 期。

金世明～:《溯文化源头悟中医真谛》,《中医药文化》2008 年第 4 期。

金鑫(辽宁中医药大学)

《〈黄帝内经〉脾藏象系统及其疾病名义考辨》,辽宁中医药大学硕士学位论文 2017 年。

金鑫(内蒙古大学)

《康熙时期黑龙江驻防八旗官医制度小考》,《历史档案》2013 年第 4 期。

金新林(上海师范大学)

《侵华日军细菌战中国受害者诉讼研究》,上海师范大学硕士学位论文 2010 年。

靳秀梅(兰州大学)

《宋元明清药肆初探》,兰州大学硕士学位论文 2007 年。

金学英(甘南州藏医药研究所)

《谈〈四部医典〉对人体胚胎学的论述》,《中国民族医药杂志》1997 年 S1 期。

金勇(广西中医药大学)

《罗哲初学术思想整理研究》,广西中医药大学硕士学位论文 2016 年。

靳永震(湖南商学院)

《论甲午战争时期的红十字会医院》,《湖南第一师范学报》2006 年第 2 期。

金钰(上海中医药大学)

～胥孜杭等:《半夏秫米汤历代方证演变》,《北京中医药大学学报》2018 年第 9 期。

～邹纯朴:《仁心妙手岐黄路——国医大师裘沛然的从医之路》,《中医药文化》2018 年第 2 期。

～王灿等:《〈黄帝内经〉中数字"三"的文化内涵钩玄》,《中国中医基础医学杂志》2013 年第 1 期。

金钰锁(湖中师范大学)

《清儒医张璐研究》,华中师范大学硕士学位论文 2014 年。

靳宇曦(哈尔滨工程大学)

《新双轨制下医患关系的异化研究》,哈尔滨工程大学硕士学位论文 2017 年。

靳宇智(北京市回民医院/北京中医药大学)

《从波斯古籍〈四类英才〉看 12 世纪阿拉伯—伊斯兰医学》,《中华医史杂志》2019 年第 1 期。

～于越等:《番泻叶在我国用药史初探——兼谈近代"外来药本土化"现象》,《中国中药杂志》2016

年第 12 期。

《基于近现代中医基础理论类教材的五脏学说建构史研究》，北京中医药大学硕士学位论文
2014 年。

～马燕冬：《从中医基础理论类教材看"肝主疏泄"的建构》，《中华医史杂志》2014 年第 1 期。

金媛媛（安徽大学）

《建国初期的爱国卫生运动（1949—1959）》，安徽大学硕士学位论文 2010 年。

金钊（成都中医药大学）

《李杲〈脾胃论〉结合时令用药心法研究》，成都中医药大学博士学位论文 2009 年。

金志甲（陕西中医学院）

杨晓航……辛宝～张登本等：《〈外台秘要方〉美容方药学术特色经纬》，《中医药学刊》2004 年第
10 期。

～刘爱华：《宗教与健康及医学问题初探》，《陕西中医学院学报》1995 年第 4 期。

《社会医学研究的对象与任务》，《陕西中医学院学报》1990 年第 2 期。

金芷君（上海中医药大学/上海中医学院）

《〈道藏〉医籍分类研究实例举隅》，《中国社会科学报》2016 年 11 月 22 日 007 版。

王琼～：《民国时期的海派传奇名医——陈存仁》，《中医药文化》2015 年第 1 期。

王琼～：《中日医学交流及近代日本对中国医学发展的影响》，《国医论坛》2014 年第 4 期。

《中医药与"灵宝"之渊缘》，《宗教学研究》2014 年第 3 期。

《药王孙思邈医学思想和道德理念的现实意义》，《中国道教》2014 年第 2 期。

王琼～：《新中国成立后中医古籍出版工作的回顾与展望》，《世界中医药》2013 年第 9 期。

王琼～：《文与医：上海中医专门学校初期国文教育之启示》，《中医药文化》2013 年第 6 期。

王琼～：《〈上海中医专门学校名学生医论〉选萃》，《中医文献杂志》2013 年第 5 期。

《〈孟子〉的养性之道》，《大众医学》2011 年第 9 期。

《〈论语〉中的养生保健观》，《大众医学》2011 年第 6 期。

《广州三元宫鲍姑殿》，《中医药文化》2011 年第 2 期。

丁洁韵～：《中国古代香熏活动的缘起与发展》，《中华医史杂志》2010 年第 3 期。

丁洁韵～：《中国传统香熏方药及作用考》，《中医文献杂志》2010 年第 2 期。

《论〈丹溪手镜〉的辨证论治特色》，《四川中医》2008 年第 12 期。

～张再良：《〈千金要方〉内科脏腑病证辨治特点》，《上海中医药大学学报》2008 年第 4 期。

《〈金匮要略〉中"桂枝—白芍"药对之探讨》，《国医论坛》2008 年第 4 期。

《香熏器皿的历史沿革及风格特点》，《文博》2008 年第 4 期。

《金文述略》，《中医药文化》2008 年第 3 期。

《甲骨文考略》，《中医药文化》2007 年第 2 期。

《〈本草纲目〉与〈本草纲目拾遗〉的学术传承性》，《亚太传统医药》2006 年第 9 期。

《文房四宝之四——砚》，《中医药文化》2006 年第 6 期。

《文房四宝之三——纸》，《中医药文化》2006 年第 5 期。

《文房四宝之二——墨》，《中医药文化》2006 年第 4 期。

《文房四宝之一——笔》，《中医药文化》2006 年第 3 期。

《香熏史考》，《医古文知识》2005 年第 4 期。

《嘉业堂藏书楼记》,《医古文知识》2005年第2期。

《论〈医原〉的辨证论治特色》,《四川中医》2004年第7期。

~楼绍来:《环肥燕瘦各千秋——记针灸学家陆瘦燕及其夫人》,《医古文知识》2004年第2期。

《〈本草纲目〉的珠联之作——〈本草纲目拾遗〉》,《医古文知识》2003年第3期。

《中国古代修炼术述略》,《中医文献杂志》2002年第4期。

《〈(镌补)雷公炮制药性解〉校勘后记》,《医古文知识》2001年第1期。

《析〈金匮要略〉中"风"、"寒"、"气"三字》,《中医文献杂志》1996年第3期。

《人患才少君患多神方妙法起沉疴——清代名医何鸿舫医事述略》,《上海中医药杂志》1994年第1期。

《治时证攻补立断调杂病罩思深虑——金百川医案医论拾遗》,《上海中医药杂志》1992年第12期。

《以症分类不囿六经——何世仁〈伤寒辨类〉学术思想梗概》,《上海中医药杂志》1992年第7期。

《阴虚为本肾为根 抱薪救火须戒之——何炫虚劳学说探赜》,《上海中医药杂志》1992年第1期。

《湿温疹良方拟 经带胎产理法备——薛文元学术经验蠡测》,《上海中医药杂志》1991年第9期。

《消翳除障 亮瞳明眸——眼科姚和清诊治特色掬萃》,《上海中医药杂志》1991年第1期。

《读史有怀经世略 检方常著活人书——何书田医绩行谊撷芳》,《上海中医药杂志》1990年第10期。

《理论、临床、科研悉具建树——针坛巨擘陆瘦燕》,《上海中医药杂志》1990年第3期。

《释"中"字》,《医古文知识》1990年第1期。

《博采众方、责求实效的章次公》,《上海中医药杂志》1989年第10期。

《善养胃阴 擅疗奇证——"近代一大宗"费绳甫》,《上海中医药杂志》1989年第5期。

金钟范(上海财经大学)

《韩国医疗保障制度演进》,《中国医院院长》2014年第11期。

《韩国国民健康保险》,《中国医院院长》2014年第11期。

张广~:《卫生检疫壁垒对我国农产品出口的影响——基于扩展的引力模型的实证分析》,《财经研究》2012年第11期。

金重治(中国动植物检疫总所)

《怀念杨宏道同志》,《农业考古》1996年第1期。

高庆田、顾亦民~:《中兽医外科(介绍从明〈元亨疗马集〉到清"人书"的中兽医外科手术及外科药物)》,《农业考古》1993年第3期。

《中国兽医寄生虫病防治史话》,《农业考古》1992年第1期。

《在全国中兽医管理培训班上的讲话(摘录)》,《中兽医学杂志》1990年第2期。

《马年话马——马与中兽医及其他》,《农业考古》1989年第2期。

《谈中国兽医针灸的应用》,《农业考古》1989年第1期。

《〈元亨疗马集疗牛集〉出版的时代背景——为〈元亨疗马牛集〉出版380周年而作》,《农业考古》1988年第1期。

~杨宏道等:《兽医谚语集注》,《农业考古》1987年第2期;1988年第1、2期。

《中兽医治未病法初探》,《农业考古》1985年第1、2期;1986年第1、2期。

金周映(北京中医药大学)

《〈东医宝鉴〉引文与〈伤寒论·辨太阳病脉证并治〉原文的比较》,北京中医药大学硕士学位论文

2012 年。

金子直

《中华全国医师之调查》,《同仁会医学杂志》1930 年第 1 期。

金宗郁(北京中医药大学)

《〈东医宝鉴〉针灸学术思想研究》,北京中医药大学硕士学位论文 2017 年。

静波

《介绍清代潘会沂的一本中医书——便农药方》,《江苏中医》1960 年第 10 期。

《最早使用药物熏蒸疗法治疗疾病的许胤宗》,《江苏中医》1960 年第 9 期。

荆楚(北京科技大学)

《五石、五石散与中国士大夫的生活》,《金属世界》2002 年第 1、2 期。

井村哮全

《中国疫疠考》,《现代医学》1943 年第 12 期。

《地方志所载之中国疫疠略考》,《新医药》1937 年第 4 期。

静观

《北京专门以上学校新调查》,《东方杂志》1919 年第 9 期。

景浩(辽宁中医药大学)

《从〈内经〉正反逆从看〈伤寒论〉》,《中医药学刊》2006 年第 11 期。

《〈黄帝内经〉与儒家“致中和”思想》,《中医药学刊》2006 年第 3 期。

《〈内经〉特殊治疗思想探析》,《辽宁中医杂志》2006 年第 3 期。

《张仲景运用〈内经〉因势利导治则探析》,《辽宁中医学院学报》2006 年第 2 期。

荆蕙兰(大连理工大学)

～林木:《解放战争时期东北解放区的卫生防疫工作探析》,《江西社会科学》2017 年第 4 期。

景军(清华大学)

刘培～:《医患沟通在言语康复患儿家长医患信任中的作用》,《现代交际》2019 年第 16 期。

《当代中国医学人类学评述》,《医学与哲学》2019 年第 15 期。

赖云～艾林芳等:《我国职业病患者社会救助体系初探》,《中华劳动卫生职业病杂志》2019 年第 12 期。

高良敏……徐俊芳～张磊等:《坦桑尼亚艾滋病流行新态势及跨学科关注的必要性探讨》,《中华流行病学杂志》2019 年第 11 期。

《现代预防医学在乡土中国的实践源头和本土化过程:定县实验》,《西南民族大学学报(人文社科版)》2018 年第 7 期。

～高良敏:《同性恋防艾组织城乡一体化的作用及其意义——以云南省玉溪市为例》,《青海民族研究》2018 年第 1 期。

齐腾飞～:《中国 1996—2015 年城市院前急救反应时间分析》,《中国公共卫生》2017 年第 10 期。

任杰慧～:《太极资本:中医在泰国立法的启示》,《北方民族大学学报(哲学社会科学版)》2017 年第 6 期。

～齐腾飞等:《民族医学面临的挑战和机遇》,《广西民族大学学报(哲学社会科学版)》2017 年第 3 期。

～崔佳:《走出国门的中医:以针灸在美国近十年发展趋势为例》,《北方民族大学学报(哲学社会科学版)》2016 年第 4 期。

～黄鹏程:《医患关系对抗农村抗生素滥用的作用:以五个乡村诊所为例》,《贵州民族大学学报(哲学社会科学版)》2016 年第 3 期。

《揭开秘方之秘》,《清华大学学报(哲学社会科学版)》2016 年第 3 期。

高良敏～程峰:《从援助到共融:从抗击埃博拉看中国参与全球健康治理的变迁》,《中国卫生政策研究》2016 年第 1 期。

～张玉萍:《诉求与反省:北京地区流动儿童眼中的健康问题》,《广西民族大学学报(哲学社会科学版)》2015 年第 5 期。

《特大型城市的健康风险:负面情绪与精神疾患》,《探索与争鸣》2015 年第 3 期。

～余成普:《遭遇公田悲剧的生命赠予——对血荒的新分析》,《探索与争鸣》2014 年第 8 期。

张晓虎、Eric.P.F.Chow～:《建构主义视角下艾滋病(AIDS)的概念界定》,《自然辩证法通讯》2014 年第 6 期。

～薛伟玲:《医学人类学与四种社会理论之互动》,《思想战线》2014 年第 2 期。

～张晓虎等:《生物权力法则:长卡司机被纳入艾滋病检测的过程与原因》,《社会科学》2012 年第 10 期。

《穿越成年礼的中国医学人类学》,《广西民族大学学报(哲学社会科学版)》2012 年第 2 期。

余成普～:《血荒背后:公共物品的滥用及其社会后果》,《思想战线》2011 年第 5 期。

～罗锦文:《京沪青年女性在民国时期的自杀问题》,《青年研究》2011 年第 4 期。

～张杰等:《中国城市老人自杀问题分析》,《人口研究》2011 年第 3 期。

～郇建立:《中国艾滋病研究中的民族与性别问题》,《广西民族大学学报(哲学社会科学版)》2010 年第 6 期。

《钱默斯预言:人血买卖与艾滋病的孪生关系》,《开放时代》2006 年第 6 期。

《泰坦尼克定律:中国艾滋病风险分析》,《社会学研究》2006 年第 5 期。

《艾滋病谣言的社会渊源:道德恐慌与信任危机》,《社会科学》2006 年第 8 期。

《艾滋病与乡土中国》,《市场与人口分析》2005 年第 2 期。

荆丽娟(上海中医药大学)

～梁尚华:《中医视野下的古代面相观》,《中医药文化》2016 年第 6 期。

～丁洁韵:《慈禧内服膏方释析》,《中医药文化》2015 年第 2 期。

苏珊～:《〈丛桂草堂医草〉临证膏剂评议》,《中医文献杂志》2015 年第 1 期。

～丁洁韵:《〈清宫医案〉慈禧用药研究》,《中医药文化》2014 年第 5 期。

～丁洁韵等:《从膏方医案中看清代至民国时期膏方发展的特点》,《中医文献杂志》2014 年第 1 期。

《〈素问六气玄珠密语〉版本流传情况及与王冰〈玄珠〉真伪辨疑》,《中华中医药学刊》2010 年第 10 期。

～黄晓华等:《中医病案的特点及当代病案整理现状》,《中国病案》2008 年第 3 期。

荆丽娜(绥化学院)

《伦理视域下残疾人新闻报道分析——以〈新京报〉为例》,《青年记者》2013 年第 33 期。

经美英(上海外国语学院)

《孔子的养生之道》,《医古文知识》1992 年第 3 期。

《苏轼的医学贡献》，《医古文知识》1991 年第 3 期。

《中药在白居易诗中的妙用》，《医古文知识》1990 年第 3 期。

经盛鸿（南京师范大学）

《南京大屠杀前后的金陵大学（鼓楼）医院》，《民国档案》2010 年第 2 期。

《论侵华日军对南京的毒品毒化政策》，《求是学刊》2006 年第 5 期。

景蜀慧（中山大学）

～肖荣：《中古服散的成因及传承：从皇甫谧到孙思邈》，《唐研究》第 13 卷（2007）。

《"风痹"与"风疾"——汉晋时期医家对"诸风"的认识及相关的自然气候因素探析》，《中山大学学报（社会科学版）》2005 年第 4 期。

景威栋（西北师范大学）

～李丽等：《新媒体时代我国南北藏医药文化的融合发展研究》，《药学研究》2018 年第 3 期。

～李丽等：《"一带一路"战略背景下新媒体助推藏医药文化传播的机遇和挑战》，《中国民族医药杂志》2017 年第 2 期。

京翔

《中国新医眼科之起源》，《家庭治疗杂志》1943 年第 6 期。

静修

《介绍痘疹专家董汲及陈文中》，《福建中医药》1959 年第 11 期。

《宋代名医钱乙与陈自明》，《福建中医药》1959 年第 10 期。

《虚心向群众学习青草药的清代名医赵学敏》，《福建中医药》1959 年第 8 期。

《叶天士与吴鞠通在温病学上的成就》，《福建中医药》1959 年第 7 期。

《明代肺痨专家葛可久和他的"十药神书"》，《福建中医药》1959 年第 6 期。

《六世纪伟大的病理学家——巢元方和他的"诸病源候论"》，《福建中医药》1959 年第 4 期。

靖永莲（山东省章丘市中医医院）

～靖永珍等：《〈黄帝内经〉中骨科学思想与创新》，《中国民间疗法》2012 年第 1 期。

井运梅（福建中医药大学/福建中医学院）

肖林榕～刘献祥：《力钧——亦官亦医，倡导中西医汇通第一人》，《福建中医药》2017 年第 3 期。

肖林榕～：《力钧医案研究》，《福建中医学院学报》2010 年第 3 期。

《力钧医事及学术思想研究》，福建中医药大学硕士学位论文 2010 年。

《1997—2008 年明清时期福建医家研究述要》，《福建中医学院学报》2008 年第 5 期。

酒井由夫

《以麻药为中心之中国及英国》，《东亚医报》1937 年第 1 期。

J.P.Maxwell

《中国南部妇科产科二十年来之经验》，《齐鲁医刊》1922 年第 2—3 期。

鞠宝兆（辽宁中医药大学）

段阿里～：《基于〈黄帝内经〉中"天人合一"思想探讨四时养生》，《辽宁中医杂志》2019 年第 11 期。

段阿里～王宏利等：《基于〈黄帝内经〉时脏相关理论的脏腑发病规律探讨》，《中华中医药杂志》2019 年第 10 期。

王一品～李硕等：《〈黄帝内经〉熨法的源流研究》，《中国中医基础医学杂志》2019 年第 8 期。

佘燕达～徐兴稳：《从李时珍学术思想论中医药整体性》，《中华中医药杂志》2019 年第 7 期。

高平～:《〈黄帝内经〉与〈伤寒论〉"和法"探讨》,《实用中医内科杂志》2019 年第 5 期。

孟晓媛～刘继东等:《基于〈黄帝内经〉五态人体质心理理论的测量心理学研究》,《长春中医药大学学报》2019 年第 5 期。

唐哲～:《从"道器一体"视域浅析〈黄帝内经〉气学理论的方法论意义》,《辽宁中医药大学学报》2019 年第 5 期。

赵浩斌～:《浅析〈黄帝内经〉崇阳及扶阳观》,《中医学报》2018 年第 12 期。

尚冰～刘自力等:《中医文化核心价值观如何引导中医跨文化传播初探》,《中国中医基础医学杂志》2018 年第 6 期。

佘燕达～:《基于知识发现的〈黄帝内经〉肝藏象研究初探》,《中华中医药杂志》2018 年第 5 期。

刘舒～:《〈黄帝内经〉带下病探微》,《实用中医内科杂志》2018 年第 5 期。

刘舒～:《"月事"与"不月"探微》,《实用中医内科杂志》2018 年第 4 期。

刘建彬～:《〈黄帝内经〉针灸辨治胁痛辑要》,《实用中医内科杂志》2018 年第 2 期。

佘燕达～:《论张锡纯对〈黄帝内经〉心病理论的继承和发展》,《北京中医药》2017 年第 11 期。

路漫漫～:《〈黄帝内经〉五形人体质类型探析》,《中华中医药杂志》2017 年第 9 期。

赵令竹～:《肺消源流考略》,《中国中医基础医学杂志》2017 年第 7 期。

刘晓明～:《浅解〈黄帝内经〉的补泻》,《辽宁中医杂志》2017 年第 6 期。

刘晓明～:《中医温法的〈黄帝内经〉溯源》,《辽宁中医杂志》2017 年第 4 期。

谷峰……陈士玉～:《〈医书汇参辑成〉版本流传及其学术特色》,《河南中医》2016 年第 11 期。

陈硕～:《"和"文化理念与〈黄帝内经〉》,《实用中医内科杂志》2016 年第 6 期。

王丹～:《〈内经〉"口"部病证浅析》,《山西中医》2016 年第 3 期。

朱鹏举～:《〈黄帝内经〉三阴三阳关阖枢说新论》,《北京中医药大学学报》2016 年第 3 期。

吕凌、曹瑛～:《蜀中名医刘仕廉生平考略》,《中国中医基础医学杂志》2016 年第 1 期。

隋月皎～:《〈黄帝内经〉四时养生理论探析》,《中国中医药现代远程教育》2015 年第 16 期。

李硕、傅海燕～:《〈黄帝内经〉针灸相关七词首见词义辨析》,《中国针灸》2015 年第 10 期。

李鸿雁～:《〈黄帝内经〉忧志理论源流》,《辽宁中医药大学学报》2015 年第 10 期。

肖璇思～:《兵家思想对中医治疗观念的影响》,《辽宁中医药大学学报》2015 年第 9 期。

李硕～:《〈黄帝内经〉有关疾病的六个首见词义辨析》,《辽宁中医杂志》2015 年第 7 期。

赵令竹～:《"人之伤于寒也,则为病热"浅议》,《中医药信息》2015 年第 6 期。

郑佐桓～:《〈黄帝内经〉五种肺部疾病的病名由来及发病机制》,《中华中医药杂志》2014 年第 9 期。

崔廷宝～:《〈黄帝内经〉情志调治机理探讨》,《辽宁中医大学学报》2014 年第 7 期。

尹萌～:《〈黄帝内经〉肾与九窍(官窍)相关》,《实用中医内科杂志》2014 年第 4 期。

郑佐桓～:《〈黄帝内经〉治疗原则研究》,《辽宁中医药大学学报》2014 年第 1 期。

张丽艳、梁茂新～:《论中医"治未病"的文化内涵》,《吉林中医药》2013 年第 9 期。

李硕～傅海燕:《〈黄帝内经〉木火土金水首见词义辨析》,《辽宁中医药大学学报》2013 年第 7 期。

王宏利～:《中西医逻辑差异历史溯源》,《内蒙古中医药》2012 年第 6 期。

郑海英～:《哮喘病的名义源流》,《辽宁中医药大学学报》2011 年第 7 期。

王国英～:《〈内经〉脏腑概念形成的发生学研究》,《辽宁中医药大学学报》2009 年第 7 期。

《中医药理论的文化基因概要》,《环球中医药》2008 年第 4 期。

～周新灵等:《〈内经〉有关心藏象理论发生的文字文化基础》,《中华中医药学刊》2007 年第 12 期。

～陈庚:《〈内经〉有关神经肌肉疾病名义辨析》,《长春中医药大学学报》2007 年第 6 期。

鞠诣然～:《〈内经〉肾藏象理论发生的语义基础》,《辽宁中医药大学学报》2007 年第 4 期。

鞠诣然～:《先秦哲学的精气观念与〈内经〉肾藏象理论的发生》,《长春中医药大学学报》2007 年第 3 期。

鞠诣然～:《〈黄帝内经〉肾藏象理论的归纳与整理》,《中国医学文摘(内科学)》2006 年第 6 期。

谷峰～:《〈内经〉对"五神"的认识》,《中国中医基础医学杂志》2006 年第 10 期。

居飞(同济大学)

《贪食症视角下的"现代性"》,《中国社会科学报》2015 年 4 月 27 日 B01 版。

句华(北京大学)

《英国 NHS 内部市场的实践及其启示》,《中共福建省委党校学报》2005 年第 7 期。

巨澜

～佳玉:《我国古代的法医检验》,《政法论坛》1985 年第 6 期。

鞠蕾(西南政法大学)

《南京国民政府卫生防疫立法研究》,西南政法大学硕士学位论文 2012 年。

琚妍(中央民族大学)

～王敖等:《〈证类本草〉女青的本草考证》,《中药与临床》2011 年第 6 期。

君实

～译:《劳动者疾病保险制度》,《东方杂志》1919 年第 3、5、6 期。

《洛克弗劳基金财团在华之医学事业》,《东方杂志》1918 年第 1 期。

K

卡塔里(中南大学)

《中国、美国和印度卫生系统的比较研究》,中南大学硕士学位论文 2011 年。

看本加(西北民族大学)

～林开强:《信仰、符号与疾病治疗——丝路文化视野中的藏族护身符》,《西南民族大学学报(人文社科版)》2017 年第 11 期。

阚道远(中共国家税务总局党校)

～杨建平:《疫病防治视野下的中国政治变迁》,《贵州社会主义学院学报》2009 年第 3 期。

阚方旭(淄博市中医院)

～刘献琳:《论〈金匮〉胸痹》,《山东中医学院学报》1991 年第 1 期。

阚慧娟(上海外国语大学)

《日本医疗 ADR 机制对解决医疗纠纷的作用探析》,上海外国语大学硕士学位论文 2017 年。

看召本(慈成嘉措)(中国藏学研究中心/甘肃省民族研究所)

《试谈〈四部医典〉80 幅彩色唐卡的由来及内容》,《世界最新医学信息文摘》2019 年第 41 期。

《藏族传统配饰天珠的药用价值略考》,《中国藏学》2017 年第 4 期。

《透视藏医珍宝类药品中的"佐太"》,《中国中药杂志》2013年第10期。

《从藏医的日常饮食起居谈藏医药保健的养生疗效》,《中国民族民间医药》2013年第3期。

《从拉卜楞寺医学院的发展浅析藏医学的传承模式》,《亚太传统医药》2011年第2期。

《〈四部医典〉简介》,《西北民族学院学报(自然科学版)》1999年第4期。

康白

《论我国古代在沙虱热方面的成就》,《中华医学杂志》1956年第11期。

康波(成都中医药大学)

《从〈脾胃论〉研究李东垣对〈内经〉"脾胃观"的继承与发展》,成都中医药大学硕士学位论文2015年。

~周宜:《〈内经〉中"肾气盛衰"与"治未病"理论的关系分析》,《湖南中医杂志》2015年第2期。

~周宜:《"衰其大半而止"发微》,《湖南中医杂志》2015年第1期。

康达

《国外媒体公共卫生事件报道的方法》,《中国记者》2003年第6期。

康狄

《美国专家眼中的中央红军长征医疗》,《坦克装甲车辆·新军事》2016年第9期。

康怀佳(华中师范大学)

《民国时期苏沪地区的疫灾:分布、因子、应对与影响》,华中师范大学硕士学位论文2019年。

康建祥(山东中医药大学)

《孙思邈养生思想初探》,山东中医药大学硕士学位论文2012年。

康克

《教学在战火中——回忆白求恩卫生学校生活片段》,《健康报》1961年12月13日。

康良石(厦门市中医院)

~廖碧黔等:《神州留桔井 海外树杏林——纪念近代名中医吴瑞甫先生》,《福建中医药》1984年第5期。

亢淼(北京中医药大学)

《〈医心方〉所引〈集验方〉的整理研究》,北京中医药大学硕士学位论文2012年。

康模生(中共长汀县委党史研究室)

《红色医生傅连暲在长征中》,《福建党史月刊》2016年第10期。

《从基督徒到红色医生的傅连暲》,《百年潮》2014年第12期。

《红色医生傅连暲》,《福建党史月刊》1988年第3、4期。

《苏区第一个模范——傅连暲传略》,《党史资料与研究》1986年第5期。

康欣欣(上海中医药大学)

《以葛洪为例看西方研究中国医学史的视角——基于李约瑟的研究》,《中华医史杂志》2018年第4期。

~黄瑛:《穷圣经之余绪,溃圣教之藩篱——余含棻〈保赤存真〉评述》,《中医文献杂志》2017年第2期。

《〈中国科学技术史·医学卷〉评述》,《中华医史杂志》2016年第2期。

《李约瑟眼中的传统中国医学:〈中国科学技术史·医学卷〉述评》,《传统中国研究集刊》2016年第1期。

康兴军（陕西中医学院）

李颖峰、王妮～:《〈医略十三篇〉的伏邪观》,《陕西中医学院学报》2012 年第 3 期。

李颖峰～:《"内经图"与天人相应实践》,《中医药文化》2006 年第 5 期。

《景教与中国医药学》,《医古文知识》2005 年第 3 期。

王妮、刘燕～:《〈内经〉针刺治神理论初探》,《陕西中医学院学报》2004 年第 2 期。

郝葆华～郭小青:《论"神农尝百草,一日而遇七十毒"内涵》,《中华医史杂志》2002 年第 4 期。

郝葆华～:《我国古代早期针刺器具探源》,《陕西中医学院学报》2002 年第 3 期。

《海峡两岸中华医药文化研讨会纪要》,《中华医史杂志》1997 年第 1 期。

康艳萍（新疆大学）

《建国后乌鲁木齐的公共卫生建设》,新疆大学硕士学位论文 2014 年。

康彦同（许昌县人民医院/黑龙江中医药大学）

～孙丽英等:《浅谈隋唐五代以前方剂学的发展特点》,《中医药信息》2009 年第 1 期。

～马艳春等:《浅谈近代以后方剂学的发展特点》,《中医药学报》2008 年第 4 期。

《方剂学发展史研究》,黑龙江中医药大学硕士学位论文 2008 年。

康艺（江西中医药大学）

《周守忠〈养生类纂〉及其养生思想研究》,江西中医药大学硕士学位论文 2019 年。

康益龙（北京大学人民医院）

～王衫:《医患关系的博弈分析》,《医学与哲学(人文社会医学版)》2006 年第 9 期。

可贺贺（辽宁中医药大学）

《〈洗冤集录〉的法医学价值研究》,辽宁中医药大学硕士学位论文 2014 年。

～赵鸿君:《基于对〈洗冤集录〉价值研究谈其对现代法医学的影响》,《辽宁中医药大学学报》2013 年第 7 期。

柯卉

《中韩医学交流史上的〈东医宝鉴〉》,《韩国研究论丛》2000 年 00 期。

可佳（辽宁中医药大学）

《俞弁〈续医说〉整理研究》,辽宁中医药大学硕士学位论文 2012 年。

～曹瑛:《东北名医高愈明对民国时期中医教育的贡献》,《辽宁中医药大学学报》2011 年第 6 期。

柯静芬（台湾国立政治大学）

《清末民初的生育论述——以中医妇产科知识为中心的探讨》,台湾国立政治大学硕士学位论文 2000 年。

克拉克

《中华护士会第一次全国大会纪事》,《中华护士季报》1925 年第 1 期。

柯礼业（南京中医药大学）

～韩树堂:《黄疸的中医证治沿革》,《中医学报》2010 年第 2 期。

柯联才（厦门市医药研究所）

《吴瑞甫〈伤寒纲要〉摘按》,《福建中医药》1986 年第 4 期。

《评吴瑞甫的〈伤寒纲要〉》,《福建中医药》1985 年第 6 期。

《略论吴瑞甫先生对新加坡中医事业的贡献》,《新中医》1985 年第 4 期。

柯仑

《牛痘发明史》,《医药卫生》1947 年第 9 期。

柯倩婷(中山大学)

《身体与性别研究:从波伏娃与巴特勒对身体的论述谈起》,《妇女研究论丛》2010 年第 1 期。

克士

~译:《金鸡纳霜的罗曼史》,《自然界》第 7 卷第 1 期。

柯小菁(台湾清华大学)

《塑造新母亲:近代中国育儿知识的建构(1903—1937)》,台湾清华大学硕士学位论文 2007 年。

柯雪帆(上海中医药大学)

吴中平、张瑾~:《〈伤寒论〉中几个被忽略曲解的问题》,《中医杂志》2009 年第 9 期。

~何新慧:《仲景医德研究和学习》,《天津中医药大学学报》2008 年第 3 期。

《〈伤寒论〉研究札记》,《绩效医学教育》2007 年第 19 期。

《略述中医与日本汉方医对中医药认识的异同》,《天津中医药》2005 年第 4、5、6 期。

《〈伤寒论〉研究札记》,《中医药学刊》2002 年第 4 期。

《〈伤寒杂病论〉对秦汉医药学的继承与发展》,《中华医史杂志》2000 年第 1 期。

肯特尔·西福克斯(圣母大学)

~撰,王嘉译:《以色列的第一位医生,还是世界的第一位医生?——〈禧年书〉与〈亚萨书〉中的挪亚形象》,《医疗社会史研究》2018 年第 2 期。

K.L.

《南丁格尔女士史略》,《镜湖医药》1949 年第 4 期。

《镜湖高级护士助产职业学校简史》,《镜湖医药》1949 年第 4 期。

孔炳耀(第一军医大学珠江医院)

《岭南湿邪致病特点及其论治》,《新中医》1998 年第 5 期。

孔潮丽(南京大学)

《1588—1589 年瘟疫流行与徽州社会》,《安徽史学》2002 年第 4 期。

孔丹妹(美国加州大学洛杉矶分校医学院)

~Ka Kit Hui 等:《中医药在美国的发展进程》,《亚太传统医药》2005 年第 3 期。

孔德超(西南大学)

~刘媛岑:《睡虎地秦简〈日书〉和纳西族东巴教之驱鬼灵物比较研究》,《兰台世界》2016 年第 21 期。

《秦简〈日书〉和纳西族东巴教中的驱鬼术比较研究》,《民间文化论坛》2016 年第 5 期。

孔繁煜

《中国古代公医制度》,《华西医药杂志》1947 年第 6、7 期。

孔国富(南京第四机床厂医院)

《朱丹溪〈格致余论〉的学术思想》,《江苏中医》1990 年第 5 期。

孔慧红(陕西师范大学)

《〈五十二病方〉与巫术文化》,陕西师范大学硕士学位论文 2006 年。

孔健民

《扁鹊年代考证》,《成都中医学院学报》1959 年第 9 期。

孔婧（陕西师范大学）

《电话（中国）保健品广告的健康观导向研究》，陕西师范大学硕士学位论文 2014 年。

孔静（西华师范大学）

《〈瘟疫与人〉与威廉·麦克尼尔的全球史观》，《沧桑》2010 年第 8 期。

孔箐苓（北京外国语大学）

《中国对非洲卫生援助再思考：趋势、成效与限制因素》，北京外国语大学硕士学位论文 2016 年。

孔泾源（国家发展和改革委员会）

《医疗消费特性与医疗保障制度改革》，《中国社会保险》1997 年第 7 期。

《美国的医疗保险制度》，《中国社会保险》1997 年第 5 期。

孔利君（安徽大学）

《宋代的尚巫与禁巫研究》，安徽大学硕士学位论文 2010 年。

孔令青（中国中医科学院）

《清代〈武强县新志〉"附急救方"评介》，《中华医史杂志》2014 年第 1 期。

～梁峻：《道光元年直隶省采用中医疗法治疗疫病经验》，《中国中医基础医学杂志》2013 年第 2 期。

《道光元年直隶省采用中医疗法治疗疫病经验》，《中国中医基础医学杂志》2012 年第 8 期。

孔宁（东北大学）

《中医药与日本的历史往事》，《科技信息》2014 年第 13 期。

孔庆泰（中国第二历史档案馆）

《张人杰关于孙中山病情的记述》，《历史档案》1985 年第 1 期。

孔润常

《元代饮食文化的代表作——〈饮膳正要〉》，《药膳食疗研究》2000 年。

孔淑真（西安医科大学/西安医学院）

《宋代妇产科学》，《中华医史杂志》1994 年第 3 期。

《〈本草纲目〉对现代药物学的贡献》，《西安交通大学学报（医学版）》1991 年第 1 期。

～张文：《〈周易〉对中医学发展的影响》，《中国社会医学》1987 年第 4 期。

《陕甘宁边区的妇婴卫生事业（1937—1949）》，《中华医史杂志》1986 年第 2 期。

《孙思邈在营养学上的卓越成就》，《西安交通大学学报（医学版）》1982 年第 1 期。

《中国妇产科学发展史（清代以前）》，《西安交通大学学报（医学版）》1981 年 S1 期。

《妇产科家陈自明》，《中华医史杂志》1955 年第 3 期。

孔嗣伯

《孔伯华先生学术经验简介》，《中医杂志》1962 年第 7、8 期。

孔伟（宁波大学）

《二十世纪三十年代前期宁波公共卫生建设初探》，宁波大学硕士学位学论文 2009 年。

《试探 20 世纪 30 年代前期的宁波饮食卫生管理》，《沧桑》2008 年第 6 期。

《试论〈时事公报〉与近代宁波地区民众卫生观念的演进——以 1932 年的"虎疫"报道为例》，《宁波教育学院学报》2008 年第 2 期。

孔文丽（山东大学）

《撒馍馍：一种民间育儿祛病习俗的研究——以曲阜市陵南村为个案》，山东大学硕士学位论文 2017 年。

孔祥序(成都中医学院)

《中医史学家孔健民》,《四川中医》1992 年第 2 期。

《两汉至宋元蜀医对医学发展的贡献》,《成都中医学院学报》1991 年第 3 期。

《新中国中医药事业发展大事年表(1949—1986)》,《四川中医》1987 年第 10 期。

《中西医汇通派的历史贡献》,《福建中医药》1987 年第 4 期。

《〈中国医学简史〉评介》,《福建中医药》1985 年第 4 期。

《从孙思邈医德思想看传统医德的继承》,《医学与哲学》1982 年第 9 期。

孔晓明(贵阳市医学会)

《祝由辨》,《中国中医基础医学杂志》2005 年第 8 期。

孔岩

《战争、传染病和气候变化导致印度河文明消亡》,《中国气象报》2014 年 3 月 10 日 003 版。

寇红江(中国人民大学)

《中世纪西欧的医疗变迁:体制与实践考察》,中国人民大学硕士学位论文 2003 年。

寇惠(福建师范大学)

《后冷战时代美国与哥伦比亚禁毒合作与分歧探析》,福建师范大学硕士学位论文 2012 年。

寇明先(北京协和医学院)

～姜亚芳:《疫苗史上的重大事故及其启示》,《中华医史杂志》2008 年第 1 期。

寇晓忱(辽宁中医药大学)

《从整体史观剖析〈黄帝内经〉脾藏象理论的形成》,辽宁中医药大学硕士学位论文 2015 年。

～刘悦等:《从脾虚论治冠心病中医文献评析》,《辽宁中医药大学学报》2015 年第 3 期。

寇晓洁(南京航空航天大学)

《健康类电视节目传播策略研究》,南京航空航天大学硕士学位论文 2014 年。

寇毅(北京大学基础医学院)

《略述疫苗三次革命》,《中华医史杂志》2006 年第 2 期。

Krauss

《战创治法之变迁》,《拜耳医疗新报》1944 年第 2 期。

蒯强(中国驻法国大使馆科技处/上海第二医科大学)

《法国针灸教学、研究及医疗现状》,《复旦教育论坛》2006 年第 4 期。

《法国巴斯德研究所的医学教育培训》,《复旦教育论坛》2005 年第 3 期。

《法国医学院校人文社会科学课程及其特色》,《复旦教育论坛》2004 年第 1 期。

《法国医学院医学伦理学教育》,《医学与哲学》2001 年第 2 期。

匡成(杭州师范大学)

《日伪在杭州沦陷区的医疗卫生管控研究》,杭州师范大学硕士学位论文 2019 年。

旷惠桃(湖南中医药大学/湖南中医学院)

潘远根～:《中医学是生命科学的前沿学科——论〈告别中医中药〉是对中华民族的犯罪》,《中医药导报》2007 年第 1 期。

《张仲景在优生学方面的成就》,《陕西中医》1987 年第 11 期。

《马王堆帛书〈胎产书〉对优生学的贡献》,《湖南中医学院学报》1987 年第 3 期。

《略论心理因素致病的特性》,《湖南中医杂志》1986 年第 6 期。

~潘远根:《略谈仲景观察服药反应的意义》,《陕西中医》1984 年第 2 期。

~潘远根:《略谈〈金匮要略〉中的急救法》,《陕西中医学院学报》1982 年第 2 期。

匡调元(上海中医药大学)

《〈黄帝内经〉的"神本论"研究》,《中华中医药学刊》2016 年第 11 期。

《论传统中国医学之特色》,《浙江中医学院学报》2002 年第 3 期。

《天人合一论与体质病理学》,《医古文知识》2000 年第 4 期。

《食理深奥源流长 中华饮食文化略探——体质食疗学原理》,《医古文知识》1994 年第 1 期。

旷文楠(成都体育学院)

《道家保健体育的历史新使命》,《成都体育学院学报》1997 年第 1 期。

《医以道行 道队医显——道教医家之源流与特色》,《中华文化论坛》1994 年第 2 期。

《巴蜀道家养生史略》,《成都体育学院学报》1992 年第 2、3 期。

《葛洪的养生思想及养生术》,《体育文史》1988 年第 6 期。

《从〈绿野仙踪〉谈道教内丹养生》,《体育文史》1988 年第 1 期。

《庄子养生思想的非体育本质——答熊晓正同志》,《成都体育学院学报》1984 年第 1 期。

《从〈养生主〉看庄子的养生思想——与郑振坤同志商榷》,《体育文史》1983 年第 1 期。

《就历史研究的态度问题答郑振坤同志》,《成都体院学报》1983 年第 1 期。

《庄子养生思想辨》,《成都体院学报》1981 年第 2 期。

匡远深(北京天坛医院)

《意大利的医疗健康服务网络》,《中华医院管理杂志》1999 年第 11 期。

邝兆江(加拿大列城大学)

《马尚德——谭嗣同熟识的英国传教医师》,《历史研究》1992 年第 2 期。

L

赖晨(福建师范大学)

《甲午战争期间救护中国伤员的洋医生》,《湖北档案》2012 年第 4 期。

赖栋梁

《辟神农尝草之说》,《中国医学院院刊》1929 年第 2 期。

赖斗岩

~朱席儒译:《印度的医史和卡尔提阿及波斯的医史》,《医史杂志》1952 年第 1 期。

~朱席儒译:《医学的鼻祖希波克拉提斯及其医理》,《中华医学杂志》1939 年第 11 期。

~叶兴杰译:《近代欧洲国家对于花柳病的控制方法》,《中华医学杂志》1939 年第 6 期。

~朱席儒译:《希波克拉提斯的誓言》,《中华医学杂志》1939 年第 4 期。

~朱席儒译:《古代西洋哲学家之医学观》,《中华医学杂志》1939 年第 3 期。

~朱席儒译:《古代埃及医史》,《上海医学院季刊》1937 年第 2 期。

~朱席儒译:《西洋医学演进史概论》,《上海医学院季刊》1937 年第 1 期。

朱席儒~:《吾国新医人才分布之概观》,《中华医学杂志》1935 年第 2 期。

《关于中国结核病之几个统计》,《中华医学杂志》1934 年第 7 期。

赖海清(南京大学)

《浅探18至19世纪英国的志愿医院》,南京大学硕士学位论文2012年。

赖洪燕(广西中医药大学/广西中医学院)

刘秋霞……夏琰~曹云:《论越南古医籍〈新镌海上医宗心领全帙〉的学术价值与特色》,《广西中医药》2016年第6期。

~戴铭:《广西近代中医针灸医籍考》,《广西中医药》2009年第5期。

《广西近代中医针灸发展研究》,广西中医药大学硕士学位论文2009年。

赖见祯(台湾暨南大学)

《后殖民语境下的生育——法国殖民时期越南的生育现代化》,暨南大学硕士学位论文2011年。

赖晶玲(赣南师范大学)

《日本近代特殊教育发展研究(1878—1945)》,赣南师范大学硕士学位论文2018年。

赖镭成(福建中医学院)

~王和鸣等:《佛家伤科流派》,《中国中医骨伤科杂志》2006年第5期。

《伤科易理文献研究》,《江西中医学院学报》2006年第4期。

~王和鸣:《佛门伤科诊治特色》,《福建中医学院学报》2005年第5期。

~王和鸣:《佛家伤科基础理论研探》,《中国骨伤》1999年第6期。

~叶海涛:《肩关节脱位手法整复的源流》,《福建中医学院学报》1993年第1期。

赖立里(北京大学/美国芝加哥大学)

《大自然的馈赠:味之道与民族医药》,《中山大学学报(社会科学版)》2018年第6期。

《其命维新——建国初期北京中医进修学校的中医科学化》,《齐鲁学刊》2018年第5期。

《生殖焦虑与实践理性:试管婴儿技术的人类学观察》,《西南民族大学学报(人文社科版)》2017年第9期。

《当代中医的历史生成与科学化焦虑》,《文化纵横》2017年第1期。

《多点、合作研究:西南少数民族医药调查的启示》,《广西民族大学学报(社会科学版)》2014年第6期。

~冯珠娣:《中国传统医学的人类学研究——人类学学者访谈录之七十二》,《广西民族大学学报(哲学社会科学版)》2014年第6期。

~冯珠娣:《知识与灵验:民族医药发展中的现代理性与卡里斯马探讨》,《思想战线》2014年第2期。

~冯珠娣:《规范知识与再造知识——以壮族医药的发掘整理为例》,《开放时代》2013年第1期。

冯珠娣、艾理克~:《文化人类学研究与中医》,《北京中医药大学学报》2001年第6期。

赖良蒲

《中国医学史》,《中医周刊》1954年第17—20期。

《中国医学源流概论》,《湖南医专期刊》1935年第1期。

赖明生(南京中医药大学)

~朱平:《杨栗山治疫思想探析》,《中医杂志》2013年第4期。

李玲玲~:《吴鞠通五承气方对仲景承气类方的继承与发展》,《中国中医急症》2010年第10期。

~周晓平:《浅述我国古代防治疫病的思想》,《现代中医药》2009年第4期。

~杨进:《浅议疫病流行对社会的影响》,《江西中医药》2009年第1期。

《温病学说形成原因探析》,《江苏中医药》2007 年第 1 期。

来明月(西双版纳州疾病预防控制中心)

～王江宁等:《西双版纳州 2010—2015 年梅毒流行特征分析》,《皮肤病与性病》2016 年第 6 期。

～郭丽珠等:《勐腊县 1956—2015 年麻风流行特征与防治效果分析》,《皮肤病与性病》2016 年第 6 期。

～王宇等:《西双版纳州 2011—2015 年淋病流行特征分析》,《皮肤病与性病》2016 年第 5 期。

范建华、李园园～弥鹏飞等:《西双版纳州边境传染病输入的防控机制研究》,《医学与社会》2014 年第 6 期。

～郭丽珠:《云南景洪市 1956—2005 年麻风病流行状况分析》,《中国热带医学》2008 年第 8 期。

《西双版纳州传染病流行现状及防治对策》,《卫生软科学》2008 年第 6 期。

赖文(广东省人民医院)

～孙传伟等:《广东省人民医院烧伤外科发展历程回顾与展望》,《中华烧伤杂志》2018 年第 12 期。

赖文(广州中医药大学)

卢银兰～:《〈全国中医图书联合目录〉之清代粤版医书补遗》,《广州中医药大学学报》2008 年第 4 期。

李永宸～:《吴有性医案是瘟疫理论的具体表达》,《中国中医急症》2008 年第 3 期。

卢银兰～:《〈全国中医图书联合目录〉之粤版医籍辨正》,《中医文献杂志》2008 年第 1 期。

李永宸～:《岭南医家罗芝园活用三焦辨证辨治鼠疫》,《中华中医药杂志》2007 年第 9 期。

《广州中医药大学医古文教研室十年建设回顾(1996—2006 年)》,《中医教育》2007 年第 5 期。

～李永宸:《清末广东善堂的医疗救济活动》,《中华医史杂志》2007 年第 3 期。

～范晓艳等:《民国中医期刊的史学与文献价值——广州现存广东期刊调查》,《中医文献杂志》2007 年第 2、3 期。

李永宸～:《岭南医家对鼠疫的辩证》,《中国中医基础医学杂志》2007 年第 2 期。

李永宸～:《岭南医家活用王清任解毒活血汤治疗鼠疫》,《中华中医药杂志》2006 年第 7 期。

李永宸～:《清末岭南医家治疗鼠疫的单方验方和外治法介绍》,《中医文献杂志》2006 年第 4 期。

～张涛:《清代四川两次霍乱严重流行》,《中华医史杂志》2006 年第 1 期。

～李永宸:《清代岭南地区烈性传染病防治专著》,《中医文献杂志》2006 年第 1 期。

～李永宸:《清末岭南医家对中医急症给药法的贡献》,《中国中医急症》2005 年第 5 期。

李永宸～:《岭南医家对鼠疫病因病机的认识》,《中国中医基础医学杂志》2005 年第 5 期。

～范晓艳等:《民国期间广东〈杏林医学月报〉核心作者简介》,《中医文献杂志》2005 年第 3 期。

《古代"瘟""疫""瘴"未必都是爆发流行的传染病》,《中华医史杂志》2005 年第 3 期。

李永宸～:《岭南医家对流行性霍乱病因病机和辨治的认识》,《广州中医药大学学报》2005 年第 1 期。

李永宸～:《1894 年香港鼠疫考》,《中华中医药杂志》2005 年第 1 期。

～李永宸:《粮食、习俗、卫生与十九世纪的岭南瘟疫》,《中国中医基础医学杂志》2004 年第 10 期。

～范晓艳:《民国时期广东中医药期刊的初步调查》,《广州中医药大学学报》2004 年第 5 期。

李永宸～:《19 世纪后半叶广州鼠疫传入路线的探讨》,《中华医史杂志》2003 年第 4 期。

刘丹～:《陈应期医案选析》,《广州中医药大学学报》2003 年第 4 期。

李禾、刘小斌~贺小英:《1949 年以前岭南医家医案整理研究方法探讨》,《中医文献杂志》2002 年第 4 期。

~李永宸等:《近 50 年的中国古代疫情研究》,《中华医史杂志》2002 年第 2 期。

《应重视古疫情研究》,《中国中医基础医学杂志》2002 年第 1 期。

卢银兰~:《近 20 年来音乐疗法的研究概况》,《上海中医药杂志》2002 年第 1 期。

~李永宸:《古代疫情资料整理方法初探》,《中华医史杂志》2001 年第 1 期。

李永宸~:《霍乱在岭南的流行及其与旱灾的关系(1820—1911 年)》,《中国中医基础医学杂志》2000 年第 3 期。

《从扁鹊入虢之诊谈中医时间医学》,《医古文知识》2000 年第 2 期。

李永宸~:《广东人间鼠疫流行与地震的关系(1867—1911)》,《中华医史杂志》2000 年第 1 期。

李永宸~:《岭南地区 1911 年以前瘟疫流行的特点》,《广州中医药大学学报》1999 年第 4 期。

~李永宸:《1894 年广州鼠疫考》,《中华医史杂志》1999 年第 4 期。

李禾~:《罗芝园〈鼠疫汇编〉在岭南鼠疫病史之地位及价值》,《中华医史杂志》1999 年第 2 期。

~李永宸:《东汉末建安大疫考——兼论仲景〈伤寒论〉是世界上第一部流行性感冒研究专著》,《上海中医药杂志》1998 年第 8 期。

~李禾等:《广东湛江地区古代疫情资料分析研究》,《中国中医基础医学杂志》1998 年第 5 期。

《〈刘涓子治痈疽神仙遗论〉质疑》,《医古文知识》1997 年第 1、2 期。

《医经"左""右"考》,《医古文知识》1996 年第 3 期。

赖文君(广东技术师范学院)

《中国古代女医贡献略论》,《西部皮革》2018 年第 10 期。

赖先荣(成都中医药大学)

俞佳、张艺~孙家宜:《羌族释比图经〈刷勒日〉的特点初探》,《中国民族民间医药》2017 年第 3 期。

俞佳、张丹~张艺:《四川省民族医药古籍文献的相关研究》,《中国民族医药》2017 年第 1 期。

王静……俞佳~更藏加等:《医学人类学视野下的藏羌彝走廊民族医药文化特色初探》,《中华中医药杂志》2017 年第 1 期。

~周邦华等:《康巴文化背景下藏医药的传承与保护》,《西南民族大学学报(自然科学版)》2016 年第 5 期。

张丹~张艺:《"藏彝走廊"民族医药保护与传承现状及对策研究》,《中国民族大学学报(人文社会科学版)》2016 年第 4 期。

杨文娟……俞佳~张丹等:《南派藏医药的主要学术特色探析》,《时珍国医国药》2016 年第 7 期。

王天虹……降拥四郎~张艺等:《医学人类学视野下的藏医药浴疗法研究初探》,《世界科学技术·中医药现代化》2016 年第 2 期。

王静……更藏加~杨文娟等:《藏医真布病与中医痹症的对比探讨》,《世界科学技术·中医药现代化》2015 年第 10 期。

~张丹等:《彝族〈医算书〉文献价值与医学价值初探》,《环球中医药》2014 年第 7 期。

赖晓琴(成都中医药大学)

杨晨鑫~刘锋:《"肝生于左,肺藏于右,心部于表,肾治于里"解析》,《中华中医药杂志》2019 年第 8 期。

《〈黄帝内经〉康复思想研究》，成都中医药大学硕士学位论文 2019 年。

～杨晨鑫等：《〈黄帝内经〉康复思想及临床应用探析》，《国医论坛》2018 年第 5 期。

～刘锋：《从〈黄帝内经〉"七损八益"谈养生》，《江苏中医药》2018 年第 5 期。

～刘锋：《〈黄帝内经〉"气增而久，夭之由也"浅析》，《江西中医药》2018 年第 1 期。

赖学华（湖南师范大学）

《南京国民政府时期"特别市"卫生局长群体研究（1928—1937）》，湖南师范大学硕士学位论文 2016 年。

来雅庭（黄山市中医医院/屯溪市中医院）

～胡为俭：《新安龙川胡氏医学世家传承研究》，《中医药临床杂志》2014 年第 1 期。

《两本〈新安医籍考〉未载新安眼科医籍凭介》，《安徽中医学院学报》2009 年第 5 期。

《新安医家史料遗误指归》，《中医文献杂志》2007 年第 1 期。

《〈删补名医方论〉蓝本与作者考源》，《吉林中医药》1992 年第 1 期。

《李杲"饮食劳倦伤论"学术思想探析》，《安徽中医学院学报》1991 年第 4 期。

《〈校注妇人良方〉并不迥同〈妇人良方〉》，《中医药学报》1991 年第 4 期。

《试述〈眼科阐微〉的学术特色》，《安徽中医学院学报》1990 年第 2 期。

《东垣眼科名方归正》，《福建中医药》1990 年第 3 期。

《知柏地黄丸溯源考》，《中医药信息》1990 年第 1 期。

程运文～：《〈血证论〉从肺补血初探》，《四川中医》1989 年第 2 期。

～赵经梅：《倪维德及其〈原机启微〉》，《浙江中医学院学报》1989 年第 1 期。

《〈灵枢·大惑论〉眼论析疑》，《吉林中医药》1987 年第 5 期。

《〈临证指南医案〉眼病辨治浅析》，《安徽中医学院学报》1987 年第 4 期。

赖郁君（台湾国立中兴大学）

《日治时期的台湾汉医药》，国立中兴大学博士学位论文 2013 年。

赖郁雯（台湾中央大学）

《日治时期台湾之卫生研究——以台湾总督府中央研究所卫生部为例》，中央大学硕士学位论文 1998 年。

赖泽君（台湾大学）

《全球视野看麻风隔离制度与台湾乐生院运动——战后 62 年乐生院人权侵害调查与近年立法及保存运动抗争纪实》，台湾大学硕士学位论文 2007 年。

赖志杰（南开大学）

《浦爱德与北平协和医院社会服务部的医务社会工作——兼谈中国医务社会工作的发端与早期发展》，《华东理工大学学报（社会科学版）》2013 年第 6 期。

赖筑玫（台湾大学）

～林仁寿等：《兽医针灸的全球化运动》，《四川畜牧兽医》2002 年第 7 期。

蘭安生

《节制生育与中国》，《中华医学杂志》1936 年第 5 期。

兰殿君

《民国名人对中医的怠慢与偏见》，《文史杂志》2012 年第 3 期。

兰凤利(上海中医药大学)

～Friedrich G.Wallner:《取象比类——中医学隐喻形成的过程与方法》,《自然辩证法通讯》2014年第2期。

梁杏～:《中医脉学在西方的译介与传播——以英文译介为中心》,《中华医史杂志》2013年第5期。

～梁国庆等:《中医学中"脉"与"经络"概念的源流与翻译》,《中国科技术语》2011年第1期。

～梁国庆等:《论〈黄帝内经〉对〈说文解字〉的影响》,《中国科技术语》2011年第1期。

《建构实在论及其对中医学研究的启示》,《医学与哲学(人文社会医学版)》2010年第8期。

《中医名词术语英译标准的哲学思考》,《医学与哲学(人文社会医学版)》2010年第7期。

～梁国庆等:《中医学中"脏腑"的源流与翻译》,《中国科技术语》2010年第5期。

《中医学疾病的概念——"病"、"症"、"证"的内涵与翻译》,《中国中西医结合杂志》2010年第4期。

《中医学疾病名称的命名与翻译方法》,《中国中西医结合杂志》2009年第10期。

《中医英译的历史回顾》,《中华医史杂志》2008年第1期。

《论中西医学语言文化差异与中医英译》,《中国中西医结合杂志》2007年第4期。

《中医古典文献中"阴阳"的源流与翻译》,《中国翻译》2007年第4期。

《论〈黄帝内经〉对〈说文解字〉的影响》,《中华医史杂志》2006年第4期。

《评魏逎杰的〈实用英文中医辞典〉》,《中国中西医结合杂志》2006年第2期。

《论译者主体性对〈黄帝内经素问〉英译的影响》,《中华医史杂志》2005年第2期。

《〈黄帝内经素问〉英译事业的描写性研究》,《中国中西医结合杂志》2004年第10期;2005年第2期。

《〈黄帝内经素问〉翻译实例分析》,《中国翻译》2004年第4期。

《〈黄帝内经素问〉的译介及在西方的传播》,《中华医史杂志》2004年第3期。

《论〈黄帝内经素问〉篇名的英译——兼评两个英译本的英译篇名》,《中国中西医结合杂志》2004年第3期。

《〈黄帝内经素问〉书名英译探讨》,《中国中西医结合杂志》2004年第2期。

《借鉴国外翻译经验和理念,促进国内中医英译事业发展——从几个中医术语的英译想起的》,《中国中西医结合杂志》2003年第8期。

《论中医文化内涵对中医英译的影响——中医药古籍善本书目译余谈》,《中国翻译》2003年第4期。

《中医药古籍善本书目译余谈——浅谈副标题的使用》,《上海科技翻译》2003年第2期。

兰福森(福建省光泽县第一中学)

～兰玺彬:《发生在民国初期的中医保卫战》,《炎黄纵横》2008年第3期。

兰教材(岭南师范学院/北京大学)

《从买主负责到卖主负责:英国1868年制药法的由来及意义》,《陕西理工大学学报(社会科学版)》2018年第3期。

《19世纪初英国食品药品掺假泛滥的历史原因》,《哈尔滨师范大学社会科学学报》2018年第3期。

《简析19世纪上半叶英国报刊对本国食品药品掺假的认识》,《暨南史学》第14辑(2017)

《美国1906年纯净食品药品法之由来》,《史学月刊》2011年第2期。

兰杰(内蒙古医科大学/内蒙古医学院)

鄂兰秀～:《〈千金方〉对中医护理学历史价值的研究与分析》,《疾病检测与控制》2018年第6期。

　　～钱占红:《唐代孙思邈的〈千金方〉形成历史条件及历史价值的探讨》,《内蒙古医科大学学报》2018 年第 2 期。

　　～姬光:《中国医药学古籍中杂记体文献的探讨》,《内蒙古医科大学学报》2015 年 S2 期。

　　～吴晓忠:《中国医学古籍中论辩体文献述评》,《内蒙古医科大学学报》2014 年 S2 期。

　　鄂兰秀～额尔德木图等:《瑞应寺曼巴扎仓医明学对促进蒙医药学发展作用探析》,《内蒙古医科大学学报》2013 年第 4 期。

　　《〈大藏经〉医学理论及其与蒙医学渊源关系的述评》,《内蒙古医学院学报》2012 年第 6 期。

　　～赵和平等:《中国古代中医文献分类发展概况》,《内蒙古电大学刊》2006 年第 6 期。

兰礼吉(四川大学/华西医科大学)

　　李琰、李幼平～喻佳洁:《循证医学的证据特征及其伦理学分析》,《医学与哲学(A)》2014 年第 12 期。

　　张洪松～:《医疗差错的归因与治理:一个组织伦理的视角》,《道德与文明》2014 年第 4 期。

　　李琰、李幼平～喻佳洁:《循证医学的认识论探究》,《医学与哲学(A)》2014 年第 4 期。

　　张洪松～:《医学人体实验中的知情同意研究》,《东方法学》2013 年第 2 期。

　　符定莹～:《印度、巴西和墨西哥的医疗保障制度及其对我国的启示》,《医学与哲学(人文社会医学版)》2011 年第 10 期。

　　～李琰:《医疗安全:观念更新与措施的革命》,《医学与哲学(临床决策论坛版)》2006 年第 6 期。

　　李琰～:《论药物治疗安全:药疗错误的科学定位与安保革新》,《医学与哲学(临床决策论坛版)》2006 年第 6 期。

　　《从典型案例解析医患权利之争与维权》,《中国循证医学杂志》2005 年第 2 期。

　　《试论医学伦理委员会及其对患者与受试者权益的保护》,《国际医药卫生导报》2004 年第 15 期。

　　《试用医学伦理新视野与实践去化解医学道德新难题》,《国际医药卫生导报》2004 年第 13 期。

　　《心、脑科学与医学人道主义价值观》,《医学与哲学》2004 年第 8 期。

　　～李琰:《论医源性损伤的基本法律问题——对平抑医疗纠纷之对策的探析》,《中国医学伦理学》2004 年第 3、6 期。

　　《〈医疗事故处理条例〉运行中的主要伦理、法律问题探新》,《四川医学》2004 年第 2、4 期。

　　《试析中、美等国医疗保障制度改革及特点》,《医学与哲学》2001 年第 3 期。

　　《饮酒与疾病及其面面观》,《医学与哲学》2000 年第 1 期。

蓝日勇

　　《罗泊湾汉墓医药文物补识》,《广西博物馆文集》2005 年 00 期。

蓝寿梅(甘肃省中医院)

　　《〈武威汉代医简〉的辩证论治》,《中华医史杂志》1997 年第 4 期。

篮醒生

　　《试述西医随传教士传入内蒙古地区之概况》,《中华医史杂志》1983 年第 3 期。

兰毅辉(华东交通大学)

　　《从〈本草纲目·释名〉看中国古代动植物命名的方法》,《自然科学史研究》1989 年第 2 期。

兰迎春(济宁医学院)

　　李珊珊～:《全媒体背景下的医患沟通模式研究》,《中国农村卫生事业管理》2016 年第 4 期。

　　王敏～赵敏:《患者预设性不信任与医患信任危机》,《医学与哲学(A)》2015 年第 3 期。

王敏～赵敏：《社会转型期重塑医务人员职业声望的对策研究》，《医学与哲学（A）》2014 年第 9 期。

王敏～葛洪刚等：《"先看病后付费"收费模式——医疗收费模式探索的新视角》，《中国农村卫生事业管理》2014 年第 1 期。

楚蓓、王伟～：《城乡居民就医行为多元影响因素分析》，《医学与哲学（A）》2013 年第 1 期。

葛洪刚～王敏等：《"先看病后付费"诊疗模式在构建和谐医患关系中的作用探析》，《中国农村卫生事业管理》2012 年第 10 期。

王敏～葛洪刚等：《"先看病后付费"诊疗模式：公立医院公益性本质的回归》，《中国农村卫生事业管理》2012 年第 10 期。

张德书……王敏～葛洪刚等：《"先看病后付费"诊疗模式研究——基于社会管理机制创新的视阈》，《中国农村卫生事业管理》2012 年第 10 期。

～王敏等：《发挥社会团体在医患纠纷调处中的作用——以济宁市医患维权协会为例》，《卫生经济研究》2009 年第 7 期。

～王德国等：《国内外医患纠纷调处模式比较研究》，《中国卫生质量管理》2009 年第 5 期。

葛洪刚～：《医疗机构诚信缺失的危害及原因探析》，《江苏卫生事业管理》2009 年第 3 期。

～王敏等：《第三方调处是化解医患纠纷的创新之举——以济宁市医患维权协会为例》，《中国医学伦理学》2009 年第 3 期。

葛洪刚～：《论医疗机构诚信缺失的原因及对策》，《中国医学伦理学》2009 年第 1 期。

～王敏等：《"医闹"问题研究综述》，《中国医学伦理学》2008 年第 6 期。

～王敏等：《医患关系法律属性新视角》，《卫生经济研究》2006 年第 5 期。

谢新清～：《国外医患制度的借鉴及启示》，《医学与社会》2005 年第 7 期。

《利益：审视医患关系的新视角》，《卫生经济研究》2005 年第 7 期。

～王敏等：《公共关系：现代医院管理的新领域》，《卫生经济研究》2004 年第 10 期。

谢新清～：《论卫生事业改革应遵循的原则及要处理的关系》，《中国卫生事业管理》2004 年第 10 期。

谢新清～：《医学教育人文精神缺失的弊端及对策》，《医学与哲学》2004 年第 5 期。

《我国卫生工作方针的历史沿革》，《卫生经济研究》1999 年第 11 期。

兰咏梅（西北民族大学）

《医学史架起医学与人文的桥梁》，《西北民族大学学报（自然科学版）》2011 年第 1 期。

郎成刚（朝阳市延昌寺文物管理所）

《辽宁朝阳北塔出土辽代中药材》，《北方文物》1995 年第 2 期。

郎杰燕（山西大学）

《中国农村医疗保险制度变迁研究——基于历史制度主义视角》，山西大学博士学位论文 2019 年。

～孙淑云：《中国基本医疗保险经办机构治理研究》，《云南社会科学》2019 年第 1 期。

孙淑云～：《中国城乡医保"碎片化"建制的路径依赖及其突破之道》，《中国行政管理》2018 年第 10 期。

《整体性治理视角下的城乡医保管理体制整合》，《中共福建省委党校学报》2017 年第 10 期。

孙淑云～：《中国合作医疗治理六十年变迁》，《甘肃社会科学》2017 年第 1 期。

《共享发展视域下基本医疗保险制度整合研究》，《山西农业大学学报（社会科学版）》2016 年第

11 期。

郎威(延边大学)

《朝鲜王朝医妓制度的研究》,延边大学硕士学位论文 2012 年。

郎需才(长春中医学院)

～郎兵:《李时珍未任太医院判考》,《中华医史杂志》1996 年第 1 期。

《也谈李时珍任院判之争》,《湖北中医杂志》1986 年第 2 期。

《扁鹊籍贯的探讨》,《天津中医学院学报》1985 年第 1 期。

《华佗果真是波斯人吗？——与日本松木明知先生商榷(摘要)》,《中医药信息》1985 年第 1 期。

《麻沸散之"麻沸"考释》,《中医杂志》1984 年第 6 期。

～曲志申:《〈五十二病方〉与疣的简便疗法》,《中医杂志》1983 年第 12 期。

《秦越人字扁鹊考》,《吉林中医药》1983 年第 5 期。

《李时珍做知县考》,《吉林中医药》1982 年第 2 期。

《考扁鹊的治疗方法及六不治》,《吉林中医药》1981 年第 3 期。

《对〈扁鹊小考〉的考证》,《江苏中医杂志》1981 年第 1 期。

《扁鹊活动年代及事迹考》,《中医杂志》1980 年第 4 期。

《扁鹊诊赵简子考——兼论扁鹊活动的时间》,《吉林中医药》1979 年 Z1 期。

《日本汉医学家丹波氏和多纪氏》,《吉林中医药》1979 年第 4 期。

《扁鹊望桓侯考——兼评〈中国医学史讲义〉关于扁鹊的望诊》,《黑龙江中医药》1965 年第 1 期。

《〈中国医学大辞典〉关于丹波氏的错误》,《江苏中医》1964 年第 11 期。

劳永生(广州中医药大学第一附属医院)

《浅谈骨伤科内治方药的发展史及临床应用》,《广州医药》2000 年第 4 期。

乐海霞(广东医学院)

～邓树勇等:《论医学史教育在医学生思想政治教育中的作用》,《广东医学院学报》2007 年第 1 期。

乐凌(上海社会科学院)

《孤岛时期上海中医研究》,上海社会科学院硕士学位论文 2013 年。

乐松生

《北京同仁堂的回顾与张望》,《光明日报》1961 年 7 月 17—19 日。

类承法(蒙阴县中医医院)

《〈脾胃论〉学术思想初探》,《光明中医》2008 年第 1 期。

雷跟平(陕西中医学院附属医院)

杨志宏、路亚娥～孙燕:《历代医家对消渴病病机的认识》,《陕西中医》2000 年第 1 期。

《中医医案源流考》,《陕西中医学院学报》1998 年第 2 期。

雷洪市

《从"达生篇"看中医在产科上的成就》,《妇婴卫生》第 121 期(1955.10)。

雷锦程(南昌大学/江西医学院)

《病人自主性与家庭本位主义之间的张力》,《医学与哲学(人文社会医学版)》2008 年第 3 期。

《医药回扣是最大的医患利益冲突》,《医学与哲学(人文社会医学版)》2006 年第 10 期。

《医生干涉权与家属干涉权的对抗》,《医院管理论坛》2004 年第 3 期。

～傅克刚:《论医生干涉权对抗家属干涉权的效力》,《医学与社会》2004 年第 1 期。

刘雪斌、饶江红~：《建立健全农村医疗保障制度的思考》，《求实》2003 年第 12 期。

雷璟（天津市卫生局党校）

《试论毛泽东卫生与医德思想的形成和发展》，《中国医学伦理学》2000 年第 6 期。

雷亮中（中国社会科学院/中国人民大学/中央民族大学）

《"麻风村"：社会歧视与文化认知》，《西南民族大学学报（人文社会科学版）》2014 年第 2 期。

~和文臻：《社区网络基础上的宗教力量参与艾滋病防治》，《中国预防医学杂志》2011 年第 1 期。

《歧视：文化视野中的麻风病》，《世界知识》2003 年第 13 期。

《不洁、歧视与村落：麻风和麻风村的故事》，中央民族大学硕士学位论文 2003 年。

雷鹏（山东师范大学）

《济南市毒品治理中的政府责任问题研究》，山东师范大学硕士学位论文 2017 年。

雷秋瑾（江西中医药大学）

《建国初期基层卫生防疫体系的构建及其启示——以江西省余江县血吸虫病防治为例》，江西中医药大学硕士学位论文 2019 年。

彭贵珍~：《葛洪江西行踪考》，《江西中医药大学学报》2019 年第 1 期。

雷瑞鹏（华中科技技术大学）

~邱仁宗：《子宫移植技术的伦理分析》，《中国医学伦理学》2019 年第 6 期。

邱仁宗、翟晓梅~：《可遗传基因组编辑引起的伦理和治理挑战》，《医学与哲学》2019 年第 2 期。

冀鹏~：《生命伦理学对生物医学的重要性——论"基因编辑婴儿"事件》，《科学》2019 年第 1 期。

~冯君妍等：《对优生学和优生实践的批判性分析》，《医学与哲学》2019 年第 1 期。

《"看病贵"背后用药之难的伦理反思》，《健康报》2018 年 9 月 16 日 005 版。

~邱仁宗：《国际医联体的概念和实践概述》，《医学与哲学（A）》2018 年第 9 期。

~邱仁宗：《人类头颅移植不可克服障碍：科学的、伦理学的和法律的层面》，《中国医学伦理学》2018 年第 5 期。

罗会宇~：《我们允许做什么？——人胚胎基因编辑之反思平衡》，《伦理学研究》2017 年第 2 期。

欧亚昆~：《伦理视域中合成生物学的利益与风险评价》，《伦理学研究》2016 年第 2 期。

《现代性、医学和身体》，《哲学研究》2015 年第 11 期。

钟林~方鹏：《关于我国器官移植资源微观分配的再思考》，《中国医学伦理学》2010 年第 1 期。

《儒家视野中的人与动物关系问题——以异种移植为例》，《华中科技大学学报（社会科学版）》2009 年第 6 期。

~易恒等：《第三届中法生命伦理学学术研讨会综述》，《中国医学伦理学》2009 年第 1 期。

《跨物种感染是伦理上无关的吗？》，《医学与哲学（人文社会医学版）》2006 年第 12 期。

《遗传密码概念发展的历史脉络》，《科学技术与辩证法》2006 年第 3 期。

《异种移植技术的伦理问题研究综述》，《哲学动态》2005 年第 10 期。

~殷正坤：《异种移植技术中的几个问题》，《科学学研究》2005 年第 4 期。

《关于克隆技术的伦理思考》，《华中科技大学学报（社会科学版）》2005 年第 3 期。

《异种移植：哲学反思与伦理问题》，华中科技大学博士学位论文 2005 年。

~殷正坤：《对"遗传密码"的哲学思考》，《自然辩证法通讯》2004 年第 6 期。

《脑死亡：概念和伦理学辩护》，《华中科技大学学报（社会科学版）》2004 年第 2 期。

~殷正坤：《异种移植的法律法规和政策研究》，《科技管理研究》2003 年第 5 期。

～殷正坤:《关于异种移植研究的争论》,《医学与哲学》2003 年第 1 期。

《价值多元化中的生命伦理学》,《华中科技大学学报(社会科学版)》2002 年第 4 期。

～殷正坤:《人类基因组计划带给不同文化传统的伦理挑战》,《医学与哲学》2002 年第 6 期。

雷森(荆州地区卫校)

～胡书仪:《湖北省江陵县马山砖厂一号战国楚墓古尸发现寄生虫卵》,《寄生虫学与京生虫病杂志》1984 年第 1 期。

雷祥麟(台湾中央研究院)

《以公共痰盂为傲? 香港、纽约与上海的反吐痰运动》,《中央研究院近代史研究所集刊》第 98 期(2017.12)。

《公共痰盂的诞生:香港的反吐痰争议与华人社群的回应》,《中央研究院近代史研究所集刊》第 96 期(2017.6)。

《习惯成四维:新生活运动与肺结核防治中的伦理、家庭与身体》,《中央研究院近代史研究所集刊》第 74 期(2011.12)。

《"东亚传统医疗、科学与现代社会"专辑导言》,《科技医疗与社会》第 11 期(2010.10)。

《杜聪明的汉医药研究之谜——兼论创造价值的整合医学研究》,《科技医疗与社会》第 11 期(2010.10)。

《你曾不劳而倦吗? 兼论积劳成疾的体验与疲劳量表》,《科际医疗与社会》第 5 期(2007.10)。

《卫生为何不是保卫生命——民国时期另类的卫生、自我与疾病》,《台湾社会研究集刊》第 54 期(2004.6)。

《负责任的医生与有信仰的病人——中西医论争与医病关系在民国时期的转变》,《新史学》第 14 卷第 1 期(2003.3)。

雷晓华(上杭县博物馆)

《毛泽东创办蛟洋红军医院》,《福建党史月刊》2013 年第 5 期。

雷晓康(西北大学)

～白丰硕:《我国公共卫生危机应急体系建设的回顾》,《延安大学学报(社会科学版)》2013 年第 6 期。

～王泠:《联合诊所:英国 NHS 服务模式的改革》,《中国卫生经济》2009 年第 7 期。

～关昕等:《英国 NHS 近年来改革的思路》,《国外医学(卫生经济分册)》2009 年第 2 期。

雷耀先(黑龙江省社会科学院)

《明代中朝医学交流管窥——以〈医学疑问〉与〈答朝鲜医问〉为例》,黑龙江省社会科学院硕士学位论文 2019 年。

雷志华(山西大学)

～高策:《毒药还是良药?——中国古代寒食散探析》,《自然辩证法研究》2012 年第 4 期。

冷报浪(南京中医药大学)

《〈金匮要略〉"胸痹"范畴的探讨》,《光明中医》2000 年第 5 期。

冷和平(井冈山大学)

《土地革命时期苏区的卫生防疫运动》,《兰台世界》2006 年第 3 期。

李爱花(山西大学)

《教会大学与近代中国医学体制化》,山西大学硕士学位论文 2012 年。

李安山(北京大学)

《非洲：无国界医生在行动》,《当代世界》2011 年第 1 期。

《中国援外医疗队的历史、规模及其影响》,《当代中国史研究》2009 年第 4 期/《外交评论(外交学院学报)》2009 年第 1 期。

李安域(青岛医学院/山东大学医学院)

《祖国医学对妊娠恶阻的认识及治疗方法》,《山东医刊》1957 年第 6 期。

《祖国医学关于妇产科方面的记载》,《上海中医药杂志》1957 年第 1 期。

李白克(福建省人民医院)

《祖国医学有关痔瘘的记载》,《福建中医药》1958 年第 3、4 期。

黎保荣(华侨大学)

《鲁迅小说中"病"的文化阐释》,《晋阳学刊》2004 年第 5 期。

李蓓(复旦大学)

《公共卫生危机报道的公益性与传媒责任》,《新闻记者》2007 年第 7 期。

李蓓英(西南师范大学)

《医患沟通的伦理清障》,西南师范大学硕士学位论文 2003 年。

～冯泽永:《论知情同意》,《医学与社会》2003 年第 1 期。

～冯泽永:《对"尊重自主权原则"的几点思考》,《中国医学伦理学》2002 年第 6 期。

李彬(华东师范大学)

《"壶仙翁"并非东汉名医》,《中华医史杂志》2017 年第 1 期。

李彬(清华大学)

《两种路线,两种结果——读刘娟博士〈疫病防治与健康传播:重庆的天花灭绝实践(1891—1952)〉》,《新闻与写作》2016 年第 2 期。

李彬(中山大学)

《舟山瘟疫与鸦片战争考实》,《历史教学问题》2019 年第 4 期。

李斌(济南大学)

《中国食疗发展史探讨》,《扬州大学烹饪学报》2000 年第 3 期。

李斌(辽宁大学)

《疫苗接种侵权问题研究》,辽宁大学硕士学位论文 2017 年。

李斌(苏州科技大学)

《身体的苏醒与疗治:早期城市现代性的另类显现——以 20 世纪 20—40 年代的苏州为例》,《苏州教育学院学报》2019 年第 3 期。

李彬原(华南科技大学)

《1966 年至 2006 年洞庭湖区血吸虫病流行趋势与湖区社会》,湖南科技大学硕士学位论文 2009 年。

杨鹏程～:《1966 年至 1978 年洞庭湖地区血吸虫病流行特点》,《云梦学刊》2009 年第 2 期。

李炳芳(贵州民族大学)

《黔西北白族"栽根"治疗仪式研究》,贵州民族大学硕士学位论文 2016 年。

《响水乡白族民间求子习俗》,《寻根》2014 年第 6 期。

李炳海（中国人民大学）

《〈山海经·五藏山经〉药用植物文化生成蠡测》,《中州学刊》2013 年第 10 期。

《身病而神清的孔门师徒——孔子、曾子患病时的理性精神和生命意识》,《孔子研究》2006 年第 2 期。

《疾病状态中的贵族形象——先秦两汉文学的一个透视点》,《江苏行政学院学报》2005 年第 6 期。

《从贫困非病到不以病为病——先秦道家文学中的疾病事象》,《中国文学研究》2005 年第 3 期。

李秉奎（北京大学）

《民国医界"国医科学化"论争》,《历史研究》2017 年第 2 期。

李秉龙（辽宁中医药大学）

《〈黄帝内经〉对〈东医宝鉴〉中针灸相关理论形成的影响》,辽宁中医药大学硕士学位论文 2019 年。

李秉忠（陕西师范大学）

《关于 1918—1919 年大流感的几个问题》,《史学月刊》2010 年第 6 期。

李博（黑龙江中医药大学）

《中国古代医药广告发展简史》,黑龙江中医药大学硕士学位论文 2016 年。

《〈希波克拉底誓言〉的医德内涵与现实意义之探讨》,《才智》2016 年第 4 期。

李博（西北农林科技大学）

《我国城镇医疗保险制度改革的研究》,西北农林科技大学硕士学位论文 2013 年。

李伯聪（中国科学院大学/中国科学院/中国科学技术大学）

《论东汉末年伤寒诊疗的两个学派》,《安徽中医药大学学报》2017 年第 1 期。

《从古代中医向现代中医的转变——制度方面的大转变与知识系统的小转变》,《山东科技大学学报（社会科学版）》2016 年第 6 期。

《科学社会学视野中的屠呦呦获诺奖》,《自然辩证法通讯》2016 年第 1 期。

《医学与哲学——双重的与交叉的中西会通与分判》,《中国气功科学》2000 年第 8 期。

《免疫系统和身体的"超我"》,《自然辩证法研究》1996 年第 6 期。

《关于扁鹊、扁鹊学派和中医史研究的几个问题》,《医学与哲学》1994 年第 3 期。

《〈伤寒杂病论〉成书后一千年的命运》,《自然辩证法通讯》1985 年第 3 期。

《对脏象学说的理解和展望》,《河南医药》1980 年第 2 期。

黎伯概

《中华医学盛衰历史评论》,《医学月刊》1931 年第 13 期。

《宋代铜人创造历史及针灸效用药论》,《医药月刊》1930 年第 4 期。

《历代脉学异同考略》,《医学月刊》1930 年第 10、11 期;1931 年第 12 期。

李博灵（香港中文大学）

～黄韵婷等:《〈辅行诀〉"汤液经法图"初识》,《中国中医基础医学杂志》2017 年第 6 期。

李博群（首都医科大学）

～陈婷:《民国〈北京医药月刊〉学术特色探究》,《环球中医药》2018 年第 2 期。

～陈婷:《民国时期中医药期刊及其文献特色探析》,《中国中医药图书情报杂志》2016 年第 3 期。

李伯毅（陕西省天主教爱国会）

《耶稣会士来华入陕和中西科学文化以及医药的交流》,《中国天主教》2005 年第 2 期。

李灿（成都中医药大学）

～米婧等：《唐代医家张文仲考论》,《中医药文化》2019 年第 2 期。

《〈容斋随笔〉医学史料研究》,《中国中医药现代远程教育》2017 年第 15 期。

李灿（南京大学）

《绝不归骨故山：近代上海关于火葬的争论及实施（1895—1949）》,南京大学硕士学位论文 2016 年。

李灿雄（南华大学）

《中美食品安全监管体制比较研究》,南华大学硕士学位论文 2010 年。

李常宝（山西师范大学）

《二十世纪二三十年代中国社会对疟疾的认知与政府防治》,《中国国家博物馆馆刊》2018 年第 1 期。

《抗战期间正面战场官兵伤残的国家应对——基于民国档案的研究》,《民国档案》2015 年第 4 期。

～张仰亮：《1936 年四川"毒针刺人"谣言管窥》,《山西师大学报（社会科学版）》2013 年第 4 期。

《抗战期间的国军伤兵群体考察——以军政部荣誉军人第十八临时教养院为中心》,《近代史研究》2012 年第 4 期。

李长健（华中农业大学）

王虎～：《利益矛盾论视野下食品安全治理的一种模式变迁》,《经济体制改革》2008 年第 5 期。

～张磊等：《农民健康权理论下我国农村合作医疗法律制度的构建——农民利益保障的本质考量》,《天津行政学院学报》2008 年第 5 期。

～张磊等：《农民健康权理论下我国农村合作医疗法律制度构建——以农民利益保障为研究视角》,《时代法学》2008 年第 4 期。

王虎～：《主流范式的危机：我国食品安全治理模式的反思与重整》,《华南农业大学学报（社会科学版）》2008 年第 4 期。

王虎～：《利益多元化语境下的食品安全规制研究——以利益博弈为视角》,《中国农业大学学报（社会科学版）》2008 年第 3 期。

李昌平（香港乐施会）

《有这样一个医疗合作社》,《中国改革》2006 年第 11 期。

《一个不为人知的医疗合作社》,《读书》2005 年第 9 期。

李超（陇东学院）

《历史学语境中的瘟疫》,《陇东学院学报（社会科学版）》2007 年第 2 期。

李陈晨（北京协和医学院）

～王芳等：《美国整合卫生保健主要做法及启示》,《中国卫生经济》2014 年第 8 期。

薛婉君、王芳～：《瑞典开展协同卫生服务的经验及启示》,《中国初级卫生保健》2014 年第 5 期。

李辰生

《张仲景遗著沿革的初步探讨》,《江西中医药》1955 年第 26 期。

～宋向元：《论张仲景史略及其遗著问题》,《江西中医药》1954 年第 13 期。

李晨阳（山西大学）

《上世纪五十年代山西省的新法接生与旧产婆改造》,《文史月刊》2016 年第 2 期。

《生育的现代性：1950 年代山西省的新法接生与产婆改造》,山西大学硕士学位论文 2016 年。

李程（广州中医药大学）

～范登脉等：《〈黄帝内经〉"心与脾胃相关"理论发微》，《广州中医药大学学报》2018 年第 5 期。

～黄子天等：《〈时疫核标蛇症治法〉学术特点探析》，《中医文献杂志》2018 年第 4 期。

～吴庆光等：《岭南本草学的形成和发展研究》，《黑龙江科技信息》2016 年第 3 期。

李程（郑州大学）

《中国艾滋病报道二十年》，郑州大学硕士学位论文 2009 年。

李成华（通化师范学院）

《中医病因学说及其发展》，《通化师范学院学报》2010 年第 8 期。

李成建（解放军第 401 医院）

～柯银花等：《我国医史学核心期刊初步调查》，《中华医史杂志》1992 年第 2 期。

李成卫（北京中医药大学/北京中医学院）

张凯文……王晓聪～：《试论小儿纯阳学说地位的演变》，《天津中医药大学学报》2019 年第 3 期。

张文超～：《基于"不确定性思维"下的〈金匮要略〉主证分层分析》，《天津中医药》2018 年第 11 期。

赵坤～王庆国：《基于〈黄帝内经〉形气观分析心与血脉的关系》，《中医杂志》2018 年第 5 期。

林展弘～：《〈金匮要略〉产后病的"治未病"诊治思维探析》，《现代中医临床》2018 年第 4 期。

王宪正～王庆国：《"典型—非典型—变化"模式下的〈金匮要略〉黄疸病诊治思路分析》，《吉林中医药》2018 年第 4 期。

朱文翔……王雪茜～程发峰等：《基于"治未病"理论的〈金匮要略〉湿病、痰饮病、水气病治则解析》，《北京中医药大学学报》2017 年第 7 期。

杜倩～王庆国：《先秦两汉时期寒热的含义》，《河南中医》2016 年第 3 期。

金珉串～王庆国：《〈千金要方〉不孕症治法探析》，《辽宁中医杂志》2016 年第 2 期。

李丹～王庆国：《秦汉时期中医血液辨析》，《中华中医药杂志》2016 年第 1 期。

王维广、王莉媛～王庆国：《陈士铎的肝脏象理论框架分析》，《世界中医药》2015 年第 11 期。

金珉串～王庆国：《〈黄帝内经太素〉肝脏象理论结构分析》，《世界中医药》2015 年第 11 期。

杜倩～王庆国：《〈新雕孙真人千金方〉肝脏理论结构与学术特点》，《世界中医药》2015 年第 11 期。

《宋金元伤寒学发表攻里治法形成、扩大与消解的历史考察》，《中国中医基础医学杂志》2012 年第 3 期。

连智华～丁继华：《中医伤骨科内治法理论渊源探讨》，《中国中医基础医学杂志》2006 年第 5 期。

～王庆国：《〈金匮要略〉学术研究史略》，《中国中医基础医学杂志》2005 年第 6 期。

《表里的界限——〈伤寒论〉表里概念的知识考古学研究》，北京中医药大学博士学位论文 2005 年。

李成文（河南中医药大学/湖南中医药大学/河南中医学院）

～申旭辉：《张锡纯应用经方配伍阿司匹林经验》，《辽宁中医药大学学报》2019 年第 7 期。

谷建军～：《从整理国故论当代中医古籍整理方法的深化》，《北京中医药大学学报》2018 年第 6 期。

李丽～郭凤鹏：《张锡纯应用石膏撷菁》，《中华中医药杂志》2017 年第 6 期。

～王刚：《〈医宗必读〉法象药理探讨》，《中华中医药杂志》2016 年第 11 期。

赵钊……卢享君～常小荣：《王执中灸法学术思想刍议》，《时珍国医国药》2016 年第 7 期。

～潘思安等：《〈黄帝内经·素问〉刺腰痛篇针灸学术思想探微》，《辽宁中医杂志》2015 年第 3 期。

～潘思安等：《〈铜人腧穴针灸图经〉针灸学术思想探析》，《中医药学报》2015 年第 1 期。

卢享君、潘思安~赵钊等:《〈素问·奇病论〉针灸学术思想探析》,《中国中医急症》2014 年第 9 期。

潘思安、卢享君~赵钊等:《汪机〈针灸问对〉学术思想探析》,《辽宁中医杂志》2014 年第 9 期。

潘思安、赵钊~卢享君等:《〈素问·离合真邪论篇第二十七〉学术思想探源》,《湖南中医杂志》2014 年第 8 期。

~潘思安等:《〈素问·刺志论〉篇针灸学术思想浅析》,《中国中医急症》2014 年第 8 期。

常小荣……卢享君~:《论〈针灸甲乙经〉特定穴的学术价值》,《湖南中医药大学学报》2014 年第 7 期。

潘思安、赵钊~卢享君等:《孙思邈〈千金要方〉针灸学术思想浅析》,《中医药学报》2014 年第 6 期。

卢享君、潘思安~赵钊等:《针灸治疗高脂血症的古代文献研究》,《中医药学报》2014 年第 5 期。

潘思安、赵钊~卢享君等:《〈席弘赋〉针灸学术思想探源》,《中医药学报》2014 年第 5 期。

卢享君、潘思安~赵钊等:《〈肘后备急方〉针灸学术思想探源》,《湖南中医杂志》2014 年第 4 期。

~潘思安等:《〈百症赋〉的针灸学术思想探源》,《湖南中医杂志》2014 年第 3 期。

刘桂荣~戴铭:《中医学术流派概说》,《中医药学报》2013 年第 6 期。

王琳~:《宋元绘画艺术对医学图谱的影响》,《中国中医基础医学杂志》2012 年第 2 期。

~马艳春等:《宋金元时期方剂学发展特点探讨》,《中华中医药杂志》2011 年第 3 期。

王琳~:《宋代香文化对中医学的影响》,《中华中医药杂志》2010 年第 11 期。

~司富春:《宋金元时期中医基础理论创新研究》,《中华中医药杂志》2010 年第 7 期。

叶险峰~张会芳:《宋金元时期轻灸重针转折因素浅析》,《中国针灸》2009 年第 9 期。

李成年~:《万全优生优育观探讨》,《中医药学报》2008 年第 6 期。

李成年~:《万全养生思想与方法探讨》,《中医药学报》2008 年第 5 期。

王琳~:《宋金元时期儿科学成就及对后世的影响》,《河南中医》2007 年第 8 期。

叶险峰~张会芳:《徐灵胎针灸思想探讨》,《中国中医基础医学杂志》2007 年第 7 期。

叶险峰~阎杜海:《宋代社会背景对针灸学的影响》,《中国针灸》2007 年第 1 期。

~卢旻等:《北宋政府中医政策对中医学发展的影响》,《背景中医药大学学报》2005 年第 6 期。

《金元四大家的脾胃观》,《河南中医》2004 年第 5 期。

~杨红亚:《张从正非药物疗法探讨》,《中国医药学报》2004 年第 11 期。

露红~:《论宋金元时期骨伤科学发展特点》,《中医正骨》2003 年第 10 期。

王琳~:《论秦汉时期中医学的发展特点》,《河南中医学院学报》2003 年第 6 期。

闫杜海~:《宋金元时期针灸学的发展》,《河南中医学院学报》2003 年第 5 期。

董凌燕~王琳:《论宋金元时期中医内科学发展特点》,《河南中医学院学报》2003 年第 5 期。

~鲁兆麟:《"金元五大家"说》,《北京中医药大学学报》2003 年第 4 期。

《宋金元时期中医学发展特点及其对后世的影响》,《中国医药学报》2003 年第 3 期。

许敬生~陈艳阳等:《宋元医药文化中心南移的研究》,《江西中医学院学报》2003 年第 2、3、4 期。

~倪世美:《论宋金元时期基础理论发展特点及对后世的影响》,《浙江中医学院学报》2003 年第 2 期。

李崇高(兰州医学院)

~李啸红、姬可平:《〈周易〉经传中有关人类生殖与婚育的论述》,《中国优生与遗传杂志》2003 年 S2 期。

《对我国医学遗传教学的历史回顾与展望》,《中国优生与遗传杂志》1999 年第 2 期。

《殷契甲骨文中有关生殖生育与先天疾病的文字记载》,《中国优生与遗传杂志》1999 年第 1 期。

《我国古代医学中有关人类遗传学的问题——试论〈黄帝内经〉中人类体型和行为的遗传学分类》,《优生与遗传》1983 年 00 期。

《优生学的历史回顾与展望》,《优生与遗传》1982 年 00 期。

李崇忠（云南大学）

～李静:《刘禹锡与"传信方"历史探源》,《中医文献杂志》2002 年第 2 期。

李锄（南京中医药大学/南京中医学院）

《医经校诂拾零》,《中医文献杂志》2001 年第 1 期。

《凌煦之遗稿〈针灸经穴真传〉按语选录》,《中医文献杂志》1995 年第 1 期。

《凌云生卒年考略》,《杏苑中医文献杂志》1992 年第 2 期。

《针灸流派议》,《南京中医学院学报》1992 年第 3 期。

《古医籍"渶"、"泣"考误》,《南京中医学院学报》1988 年第 3 期。

《〈难经〉"喘息"析疑》,《上海中医药杂志》1987 年第 11 期。

《敬答刘衡如老先生》,《上海中医药杂志》1985 年第 4 期。

《砭石起源于日本,还是中国?》,《上海中医药杂志》1983 年第 2 期。

《〈灵枢·骨度〉初探一二》,《江苏中医药杂志》1982 年第 1、2 期。

《"是动、所生病"新解》,《上海中医药杂志》1981 年第 5 期。

《"开、阖、枢"与"关、阖、枢"辨》,《上海中医药杂志》1980 年第 3 期。

李传斌（湖南师范大学/苏州大学）

《从国际性到地方性:中华医学传教会演变探析(1838—1886)》,《医疗社会史研究》2019 年第 2 期。

《清末新政时期的医疗卫生政策》,《晋阳学刊》2019 年第 3 期。

《中医与民国时期的乡村卫生建设(1927—1937)》,《中国文化研究》2018 年第 2 期。

《南京国民政府时期乡村卫生建设的路径选择(1927—1937)》,《求索》2017 年第 11 期。

～牛桂晓:《博习医院与近代苏南社会》,《东吴学术》2017 年第 4 期。

《大学·乡村·卫生:1927—1937 年间中国大学的乡村卫生建设》,《晋阳学刊》2016 年第 4 期。

《战争、医院与外交:全面抗战之初的教会医院(1937—1938)》,《抗日战争研究》2016 年第 1 期。

《晚清教会医院慈善医疗演变述论》,《安徽史学》2015 年第 6 期。

《教会·乡村·医疗:南京国民政府时期的基督教乡村卫生建设》,《晋阳学刊》2015 年第 3 期。

《南京国民政府乡村卫生建设研究(1927—1937)》,《民国研究》2015 年第 1 期。

《清末杭州广济医院租地案研究》,《史林》2014 年第 1 期。

《医学传教士与近代中国禁烟》,《中国社会经济史研究》2010 年第 2 期。

《北洋政府对待教会医疗事业的态度和政策》,《山东大学学报(哲学社会科学版)》2009 年第 5 期。

《教会医疗事业与近代湖南初探》,王继平主编《曾国藩研究》第二辑(2007)。

《教会医疗事业与基督教在近代中国的传播》,《自然辩证法通讯》2007 年第 5 期。

《教会医院与晚清教案》,《南都学坛》2007 年第 5 期。

《教会医院与近代中国的慈善救济事业》,《中国社会经济史研究》2006 年第 4 期。

《20 世纪基督教在华医疗事业研究综述》,《南都学坛》2006 年第 4 期。

《医学传教士与近代中国西医翻译名词的确定和统一》,《中国文化研究》2005 年第 4 期。

《医学传教与近代中国外交》，《南都学坛》2005 年第 4 期。

《近代来华新教医学传教士的西医译著》，《中华文化论坛》2005 年第 1 期。

《医学传教士与非医学科学文化的传播》，《湖南城市学院学报》2004 年第 4 期。

《教会医疗事业在近代中国产生、发展的原因探析》，《泰山学院学报》2004 年第 2 期。

《抗战前南京国民政府对教会医疗事业的态度和政策》，《江苏社会科学》《2003 年第 3 期。

《中华博医会初期的教会医疗事业》，《南都学坛》2003 年第 1 期。

《晚清政府对待教会医疗事业的态度和政策》，《史学月刊》2002 年第 10 期。

～王国平：《近代苏州的教会医疗事业》，《苏州大学学报》《2002 年第 2 期。

《基督教在华医疗事业与近代中国社会（1835—1937）》，苏州大学博士论文 2001 年。

《李鸿章与近代西医》，《安徽史学》2001 年第 3 期。

李淳

《国内最早研究钉螺的人——访钉螺专家李赋京教授》，《健康报》1957 年 4 月 9 日。

李纯芳（华北煤炭医学院）

《王清任与〈医林改错〉》，《内蒙古中医药》2005 年第 3 期。

李春芳（潍坊医学院）

～任金静等：《医改对参保职工卫生服务公平性影响作用分析》，《卫生经济研究》2001 年第 12 期。

王鸿勇……李伟～任金静等：《医疗保健制度对卫生服务需求行为影响的分析》，《卫生经济研究》2001 年第 10 期。

～王鸿勇等：《公费医疗人群医改前后卫生服务需求比较》，《卫生经济研究》2001 年第 9 期。

尹爱田～王绪建等：《据管理方意向分析医改对职工卫生服务需求行为的影响》，《卫生经济研究》2001 年第 8 期。

任金静……李伟～尹爱田：《参保职工收入水平对医疗费用影响的分析》，《卫生经济研究》2001 年第 1 期。

李春华（哈尔滨市地方志办公室）

郑云波～：《伍连德家事》，《黑龙江史志》2010 年第 10 期。

《记黑龙江省一次特大鼠疫》，《黑龙江史志》2003 年第 4 期。

李春梅（华中师范大学）

《艾滋病病人歧视环境的主观建构研究——以鄂东 QQ 镇乡村艾滋病病人为例》，华中师范大学硕士学位论文 2009 年。

《从虚拟到现实：艾滋病人歧视环境的演变逻辑》，《青年研究》2008 年第 6 期。

李春梅（中国中医科学院）

《〈燕行录全集〉中的医学史料研究》，中国中医科学院硕士学位论文 2011 年。

《"燕行录"之〈昭显沈阳日记〉医学资料分析》，《中国医药导报》2011 年第 13 期。

肖永芝～黄齐霞：《朝鲜药学古籍〈本草精华〉解要》，《时珍国医国药》2011 年第 4 期。

李春明（山东医科大学）

《论病人的"选医权"》，《医学与哲学》2001 年第 3 期。

《安乐死立法的法律价值分析》，《医学与哲学》2000 年第 4 期。

《医患关系：一种综合性法律关系》，《中国卫生法制》1999 年第 3 期。

李春生（中国中医研究院）

《中国宫廷医学史略》,《中华医史杂志》2010 年第 5 期。

～李洁等:《中国宫廷美容发展简史》,《中华医史杂志》2001 年第 3 期。

～杨卫彬:《澳门医学简史》,《中华医史杂志》1998 年第 1 期。

陈可冀～张国玺:《清宫名方御制平安丹溯源》,《中成药》1996 年第 2 期。

～王小沙:《清宫后妃用银安胎》,《中医杂志》1996 年第 3 期。

《澳门医疗卫生现状与中医中药》,《中国中西医结合杂志》1995 年第 4 期。

《仲景医学与食疗食养》,《中医研究》1991 年第 2 期。

陈可冀～:《中国老年医学史略》,《老年学杂志》1988 年第 3 期。

陈可冀～:《清代宫廷常用调护方法》,《上海中医药杂志》1988 年第 1 期。

《中国传统延缓衰老药物的现代研究概况》,《中医杂志》1988 年第 1 期。

李春霞（河南大学）

《论近代中国生育节制思想》,河南大学硕士学位论文 2008 年。

《中国传统生育观念的形成及原因》,《华北水利水电学院学报(社科版)》2008 年第 3 期。

李春霞（佳木斯大学）

《论〈红楼梦〉的"疾病"叙写》,《齐齐哈尔大学学报(哲学社会科学版)》2013 年第 1 期。

《论〈红楼梦〉中疾病描写的作用》,《学术交流》2011 年第 5 期。

李春兴（台湾养生保健协会/台湾中西整合医学会）

《保生大帝吴夲生平及民间纪念考察》,《中华医史杂志》2011 年第 4 期。

《灸法之考察》,《世界中医药》2007 年第 5 期。

《灸法重要性之考察》,《亚太传统医药》2005 年第 2 期。

《台湾中医药史略(一)——台湾民俗医药与巫医时期》,《中华医史杂志》1997 年第 4 期。

李经纬～:《台湾中医药史略(二)——台湾中医药发展与内陆交流》,《中华医史杂志》1997 年第 1 期。

李春艳（宝鸡文理学院）

《马王堆汉墓出土帛书〈胎产书〉对〈周易〉优生理论的运用》,《山西档案》2016 年第 1 期。

李春雨（长治医学院附属和平医院）

～韩超等:《加速康复外科(ERAS)理念的由来及发展》,《中华医史杂志》2017 年第 2 期。

～贾晋太等:《机器人手术发展历史回顾》,《中华医史杂志》2010 年第 4 期。

李慧慧～徐彩红:《整体护理概念的提出及发展》,《中华医史杂志》2010 年第 1 期。

～贾晋太:《喉罩发展史料》,《中华医史杂志》2010 年第 1 期。

～郭斌、贾晋太:《麻醉一词的来历及含义演变》,《中华医史杂志》2009 年第 5 期。

～贾晋太:《对多器官功能障碍综合征的认识与命名》,《中华医史杂志》2009 年第 1 期。

～贾晋太:《气管切开技术微创化发展历程》,《中华医史杂志》2005 年第 2 期。

～贾晋太:《循证医学实践中的哲学原理》,《医学与哲学》2003 年第 4 期。

李春雨（承德医学院附属肛肠医院）

～朱延红:《刘完素"火热论"的形成对中医学发展的影响》,《中国中医基础医学杂志》1997 年第 6 期。

李春雨(辽宁中医药大学)

《古代中医正骨推拿文献理论体系框架结构研究》,辽宁中医药大学硕士学位论文 2016 年。

李丛(北京中医药大学)

张雯~:《龚廷贤月经病运用四物汤学术思想探析》,《江西中医药》2019 年第 7 期。

万晓文……朱卫丰~:《中医药食疗产品定义、范畴在我国适用的探讨》,《江西中医药大学学报》2019 年第 3 期。

朱卫丰……管咏梅:《葛根的鲜用、生用、熟用考证》,《中国中药杂志》2019 年第 2 期。

赖微微~:《旴江医籍〈证治要义〉妇产科食疗特色》,《江西中医药》2018 年第 10 期。

~罗侨:《旴江医家龚廷贤崩漏证治特色探析》,《中华中医药杂志》2018 年第 9 期。

~罗侨等:《旴江名医龚居中的道医风范》,《环球中医药》2018 年第 8 期。

《古代禁咒治病术的文献研究》,北京中医药大学博士学位论文 2008 年。

~陈嘉:《中西传统医德观的对比分析》,《中国医学伦理学》2008 年第 2 期。

《〈五十二病方〉禁咒内容研究》,《江西中医学院学报》2008 年第 2 期。

《古今医患关系的社会学对比分析》,《中国医学伦理学》2007 年第 5 期。

李丛(江西中医药大学/江西中医学院)

冯倩倩~罗侨等:《李铎〈医案偶存〉儿科学术思想探析》,《江西中医药》2018 年第 3 期。

罗倩~冯倩倩:《旴江医家陈自明崩漏证治思想探析》,《江西中医药》2018 年第 1 期。

~冯倩倩:《旴江医家谢映庐急难病症医案撷要》,《中华中医药杂志》2017 年第 11 期。

冯倩倩~于学芬等:《旴江医家李铎〈医案偶存〉调经特色探微》,《江西中医药》2017 年第 10 期。

林怡冰、李心愿~林惠兰等:《旴江医家危亦林〈世医得效方〉骨折内治法探析》,《江西中医药》2017 年第 9 期。

罗侨~冯倩倩:《旴江医籍〈万病回春〉中风急症诊疗思想探析》,《江西中医药》2017 年第 7 期。

~朱卫丰等:《中医"养胃"词义考辨》,《江西中医药》2017 年第 5 期。

~何晓晖等:《旴江医学的文化基石》,《江西中医药》2017 年第 1 期。

冯倩倩~:《谈旴江医家学术思想的关联性——以谢星焕、李铎、喻嘉言为例》,《江西中医药》2016 年第 11 期。

~冯倩倩等:《〈医案偶存〉学术特点管窥》,《中医研究》2016 年第 7 期。

~潘鑫:《〈世医得效方〉针灸学术思想探微》,《时珍国医国药》2016 年第 6 期。

冯倩倩~:《旴江医家龚廷贤名方现代研究概述》,《江西中医药》2016 年第 6 期。

《一代名儒陆九渊的医学情怀》,《中医药文化》2016 年第 3 期。

~狄碧云:《仙道观对龚廷贤医学思想的影响》,《中国中医基础医学杂志》2016 年第 5 期。

潘鑫~冯倩倩:《〈席弘赋〉针灸学术思想探微》,《江西中医药》2016 年第 4 期。

~冯倩倩等:《〈医案偶存〉作者与成书考略》,《中医文献杂志》2016 年第 2 期。

潘鑫~冯倩倩:《〈医学入门〉针灸学术思想探微》,《江西中医药》2016 年第 2 期。

潘鑫~冯倩倩:《旴江医籍〈外科精要〉的灸治特点》,《江西中医药》2016 年第 1 期。

《旴江喉科学术特点及成因分析》,《中医文献杂志》2015 年第 6 期。

何晓晖~徐春娟等:《旴江名医成才规律探讨》,《江西中医药大学学报》2015 年第 5、6 期。

《旴江流域戏曲文化及对喉科发展的影响》,《江西中医药大学学报》2015 年第 5 期。

何晓晖～徐春娟等：《盱江名医成才规律探讨》，《江西中医药大学学报》2015 年第 4 期。

何晓晖、谢强～徐春娟：《盱江医家医学教育思想探析》，《江西中医药大学学报》2015 年第 1、2 期。

～潘鑫：《盱江儒医龚廷贤艾灸思想撷要》，《江西中医药大学学报》2015 年第 1 期。

《从〈夷坚志〉看宋代盱江医家为医处世之道》，《医学与哲学（A）》2014 年第 10 期。

《盱江古县金溪医学文化遗址探寻》，《江西中医药大学学报》2014 年第 4 期。

杜河洪～：《儒医龚廷贤内科诊疗思想现代研究进展》，《江西中医学院学报》2013 年第 5 期。

杜河洪～：《盱江医家龚廷贤陈自明月经病证治异同辨析》，《江西中医药》2012 年第 10 期。

《盱江医家龚廷贤调神养生思想》，《江西中医药》2011 年第 11 期。

《盱江医家陈自明学术特色探析》，《江苏中医药》2007 年第 8 期。

《古今医患关系的社会学对比分析》，《中国医学伦理学》2007 年第 5 期。

《〈察病指南〉主要学术特色及贡献》，《江西中医药》2007 年第 4 期。

《〈史载之方〉学术思想初探》，《中医文献杂志》2002 年第 2 期。

李从娜（华中师范大学）

《1950 年代湖北妇女健康事业探析》，华中师范大学硕士学位论文 2007 年。

李翠翠（曲阜师范大学）

《马王堆帛书〈脉法〉研究》，曲阜师范大学硕士学位论文 2013 年。

李翠娟（陕西中医药大学／陕西中医学院）

张登本、孙理军～：《论〈黄帝内经〉理论建构的哲学基础》，《中医药文化》2018 年第 6 期。

张登本、孙理军～：《〈黄帝内经〉与中国传统文化的再思考》，《中医药文化》2018 年第 5 期。

张登本、孙理军～：《中医药学称为"岐黄医学"的由来》，《中医药通报》2018 年第 5 期。

～巩振东等：《论〈内经〉情志理论及其临床应用》，《中国中医药信息杂志》2018 年第 2 期。

烟建华～：《论〈内经〉五脏概念的形成》，《陕西中医药大学学报》2017 年第 4 期。

姜莉云……时岢～张登本：《〈黄帝内经〉脾胃理论的源流及其意义》，《中华中医药杂志》2017 年第 4 期。

张登本、陈震霖～：《运气理论中干支应用的背景及其意义》，《陕西中医药大学学报》2017 年第 3 期。

张登本、陈震霖～：《运气理论中干支应用的背景及意义》，《中国中医药报》2016 年 11 月 18 日 004 版。

张登本～姜莉芸：《河图"洛书"对〈黄帝内经〉脾胃理论建构的影响及其意义》，《中医药文化》2016 年第 1 期。

张登本～辛宝：《论〈黄帝内经〉的健康饮食观》，《中国中医药报》2015 年 10 月 23 日 004 版。

张登本～：《探究历代中医名家成才因素》，《中国中医药报》2015 年 7 月 29 日 004 版。

张登本、孙理军～：《〈黄帝内经〉是"打开中华文明宝库的钥匙"的起点和关键》，《中医药文化》2015 年第 6 期。

张登本、孙理军～：《〈内经〉九法建构生命科学知识体系思维范式》，《中国中医药报》2015 年 5 月 11 日 004 版。

张登本、孙理军～：《溯本求源读〈内经〉》，《山西中医学院学报》2015 年第 5 期。

张登本、孙理军～：《论"九法"是〈黄帝内经〉建构生命科学知识体系的思维范式——溯本求源读

〈内经〉》,《陕西中医学院学报》2015 年第 5 期。

张登本、孙理军~:《河图"洛书"与〈内经〉》,《中国中医药报》2015 年 2 月 18 日 004 版。

张登本、孙理军~:《十月太阳历是理解〈内经〉的重要门径》,《中国中医药报》2015 年 2 月 13 日 004 版。

~孙理军等:《〈内经〉对体质与情志关系的研究探讨》,《陕西中医学院学报》2014 年第 5 期。

王琳~:《〈三因极一病证方论〉论治泄泻病经验探析》,《河北中医》2014 年第 3 期。

《许叔微临证灸法运用探析》,《中国针灸》2014 年第 2 期。

《许叔微〈普济本事方〉论治头痛经验探析》,《时珍国医国药》2013 年第 12 期。

~禄颖:《许叔微论治积聚经验探析》,《现代中医药》2013 年第 6 期。

巩振东~:《许叔微论治中风经验探析》,《陕西中医学院学报》2013 年第 6 期。

齐达春~:《许叔微〈普济本事方〉论治头晕探析》,《中国中医急症》2013 年第 6 期。

《许叔微论治情志病经验探析》,《中国中医药信息杂志》2013 年第 4 期。

乔文彪、邢玉瑞~:《中医理论发生学研究述评》,《陕西中医学院学报》2013 年第 1 期。

~邢玉瑞:《许叔微临证思维方法研究》,《中医杂志》2012 年第 24 期。

~巩振东:《许叔微论治消渴病经验及理论探析》,《辽宁中医药大学学报》2012 年第 12 期。

禄颖、吴莹~:《〈伤寒论〉睡眠障碍病证特点的探讨》,《中国医药指南》2012 年第 9 期。

~禄颖:《许叔微论治泄泻经验探析》,《河北中医》2012 年第 8 期。

《许叔微扶正祛邪思想研究》,《现代中医药》2012 年第 6 期。

《许叔微〈普济本事方〉论治呕吐经验探析》,《陕西中医学院学报》2012 年第 5 期。

《论类比方法在〈内经〉中的运用》,《时珍国医国药》2011 年第 10 期。

苗彦霞~乔文彪等:《古今糖尿病用药规律研究》,《现代中医药》2011 年第 6 期。

~邢玉瑞等:《谈〈内经〉对泄泻病的认识》,《现代中医药》2011 年第 6 期。

《原生态酒疗法对〈内经〉理论体系建构的影响》,《陕西中医学院学报》2011 年第 2 期。

苗彦霞~巩振东:《〈二续名医类案〉治疗消渴用药规律研究》,《辽宁中医杂志》2010 年第 9 期。

~禄颖:《〈黄帝内经〉心理疗法初探》,《现代中医药》2010 年第 6 期。

~张登本等:《谈原生态情志疗法对〈内经〉理论体系建构的影响》,《光明中医》2010 年第 4 期。

~张登本等:《论〈内经〉的文献研究方法》,《时珍国医国药》2009 年第 7 期。

孙超越……孙理军~:《论〈黄帝内经〉和合养生观》,《现代中医药》2009 年第 6 期。

~张登本等:《谈原生态外治疗法对〈内经〉理论体系建构的影响》,《现代中医药》2009 年第 6 期。

~张登本等:《谈原生态药物治疗学对〈内经〉理论体系建构的影响》,《时珍国医国药》2009 年第 6 期。

~巩振东:《论〈内经〉对中医证理论形成的影响》,《时珍国医国药》2009 年第 5 期。

~孙理军:《论〈诸病源候论〉对中医体质理论的贡献》,《陕西中医学院学报》2009 年第 2 期。

~齐达春:《〈难经〉取象类比思维的运用及其意义》,《陕西中医学院学报》2008 年第 6 期。

张登本、孙理军~:《〈黄帝内经〉以实践为基础构建其医学理论》,《中国民间疗法》2008 年第 5、6 期。

~烟建华等:《论传统文化对中医证理论形成的影响》,《中国中医基础医学杂志》2007 年第 5 期。

~巩振东:《中西医研究方法差异的发生及其意义》,《陕西中医学院学报》2007 年第 4 期。

～巩振东:《从象思维谈中医证本质的研究》,《江苏中医药》2007 年第 4 期。

张登本……张景明～乔文彪等:《论中西医学的差异与中医学的发展》,《浙江中医药大学学报》2007 年第 2 期。

张登本、孙理军～:《论五行理论在〈黄帝内经〉建构中的作用及其意义》,《河南中医学院学报》2007 年第 1 期。

张登本、孙理军～:《〈黄帝内经〉六淫理论的发生及其意义》,《中医药学刊》2006 年第 11 期。

～烟建华:《论中医"证"的特征》,《河南中医》2006 年第 11 期。

张登本、孙理军～:《〈黄帝内经〉"数"及"数学"知识及其意义》,《中医药学刊》2006 年第 10 期。

阴小爱～:《试论解剖学在肺理论建构中的意义》,《中医药学刊》2006 年第 9 期。

张登本、孙理军～:《〈黄帝内经〉以实践为基础构建其医学理论》,《中医药学刊》2006 年第 8 期。

张登本、孙理军～:《论阴阳理论在〈黄帝内经〉建构中的作用及其意义》,《河南中医》2006 年第 7 期。

张登本、孙理军～:《精气学说在〈黄帝内经〉理论建构中的作用及其意义》,《中医药学刊》2006 年第 5 期。

巩振东～:《论〈内经〉时脏一体观》,《陕西中医学院学报》2006 年第 4 期。

李存(南阳理工学院)

《疯癫:异化的宣泄——论张洁小说中的"疯女人"形象》,《中华女子学院山东分院学报》2008 年第 4 期。

《试论铁凝〈玫瑰门〉中的"疯女人"形象》,《中华女子学院山东分院学报》2007 年第 3 期。

《论须一瓜小说的"疯狂"人形象》,《当代文坛》2006 年第 2 期。

李存灵(浙江大学)

《抗战时期浙江的"鼠疫"防疫战》,《浙江档案》2003 年第 5 期。

李达(成都中医药大学)

～邓中甲等:《〈证类本草〉中柴胡的本草学考证》,《陕西中医学院学报》2012 年第 1 期。

李大鹏(云南中医学院)

《清代医家郑钦安对吴佩衡扶阳学术思想影响的研究》,云南中医学院硕士学位论文 2018 年。

曾斌、刘国伟～张希等:《仲景妇人病用酒浅论》,《中国民族民间医药》2016 年第 15 期。

李大平(广东医学院)

《医患关系的利益冲突与平衡》,《医学与哲学》2005 年第 4 期。

《医师注意义务产生的渊源——医师的注意义务系列研究(2)》,《法律与医学杂志》2005 年第 1 期。

《医师注意义务的概念及其与医疗过失行为的关系——医师的注意义务系列研究(1)》,《法律与医学杂志》2004 年第 4 期。

李大伟(安徽中医学院)

《〈内经〉"生病起于过用"发病观的探讨》,《光明中医》2008 年第 2 期。

李达祥

《中国第一部法医学——"洗冤录"内容简介》,《中医杂志》1955 年第 5 期。

李大卓(高邮市中医院)

王桂军～:《浅述〈内经〉的情志论》,《内蒙古中医药》2012 年第 11 期。

《〈武威汉简〉用药特点探析》,《光明中医》2008 年第 11 期。

李丹(黑龙江中医药大学)

《我国北方少数民族萨满教的医学文化研究》,黑龙江中医药大学博士学位论文 2015 年。

李丹(四川大学)

《"SARS"危机中的谣言与恐慌》,四川大学硕士学位论文 2004 年。

李丹(中山大学)

~刘明玉:《近代在华西式医院探微:广州眼科医局研究(1835 年—1855 年)》,《医学与哲学(B)》2017 年第 11 期。

《清末东三省鼠疫危机与清政府的外交应对》,《黑龙江史志》2013 年第 21 期。

李丹丹(苏州大学)

《试析美国〈州儿童医疗保险计划〉》,苏州大学硕士学位论文 2017 年。

《美国〈州儿童医疗保险计划〉源起》,《国外医学卫生经济分册》2016 年第 4 期。

李丹阳(北京大学)

《美国联邦政府食品药物管制公共政策研究》,北京大学硕士学位论文 2004 年。

张国庆~:《美国联邦政府食品药物管制的公共政策分析》,《中山大学学报(社会科学版)》2003 年第 6 期。

李道筠(中南民族大学)

《少数民族地区农村公共卫生体系的建立和完善——基于广西三江侗族自治县的调查和思考》,《社会科学家》2007 年第 4 期。

李德成(江西师范大学/浙江大学)

《毛泽东与集体化时期农村合作医疗制度的发展》,《江西师范大学学报(哲学社会科学版)》2013 年第 2 期。

《新中国前 30 年农村基层卫生人员培养模式探究》,《当代中国史研究》2010 年第 2 期。

~金绪忠:《新中国成立初期的农村联合诊所》,《中华医史杂志》2009 年第 6 期。

《赤脚医生研究述评》,《中国初级卫生保健》2007 年第 1 期。

《合作医疗与赤脚医生研究(1955—1983)》,浙江大学博士学位论文 2007 年。

《中国农村传统合作医疗制度研究综述》,《华东理工大学学报(社会科学版)》2007 年第 1 期。

《赤脚医生研究述评》,《中国初级卫生保健》2007 年第 1 期。

李德诚(香港中文大学)

~胜利等:《对广东患者抑郁体验的定性研究——医学人类学对精神病学视角的丰富》,《上海精神医学》2007 年第 2 期。

仇剑崟……谢斌~罗来敏等:《产后抑郁的有关心理、社会和生物学因素研究》,《中国神经精神疾病杂志》2001 年第 1 期。

梁志明、钟维寿~:《"心身医学"(Psychosomatics)中文翻译名称商榷》,《临床精神医学杂志》1997 年第 1 期。

李德芬(安徽大学)

《嵇康养生思想研究》,安徽大学硕士学位论文 2007 年。

李德锋(兰州大学)

《中国古代医学教育体制研究》,兰州大学硕士学位论文 2006 年。

～乔龙续:《从"独善其身"到"则为良医"——试析晚明士向医的心理归依》,《中医文献杂志》2005
年第 4 期。

李德福(济南市历城区畜牧局)

《〈活兽慈舟〉初探》,《中兽医医药杂志》1998 年第 1 期。

李德全

《十年来的卫生工作》,《中医杂志》1959 年第 11 期。

《三年来中国人民的卫生事业》,《新华月报》1952 年第 10 期。

《为进一步提高人民健康水平而奋斗》,《人民日报》1951 年 10 月 31 日。

李德杏(天津中医药大学)

宋梧桐～乔晨曦等:《先秦至东汉中医心身医学古籍数据库建设及文献计量分析》,《中医药导报》
2019 年第 2 期。

宋梧桐～:《先秦至东汉时期中医情志医学理论溯源》,《中医学报》2019 年第 1 期。

庄淑涵、曹姗～赵紫薇等:《古代中医学"疾""病"源流考》,《中国中医基础医学杂志》2018 年第
12 期。

顾天娇……王泓午～:《陶渊明自然养生思想解析》,《湖南中医杂志》2018 年第 8 期。

杨一涵……王泓午～:《王弼养生思想解析》,《湖南中医杂志》2018 年第 7 期。

孙远……王泓午～:《皇甫谧不仕缘由考》,《中国中医药现代远程教育》2018 年第 3 期。

苗蓓亮～:《苏轼的医药人生》,《中国中医药现代远程教育》2017 年第 3 期。

《道教医学养生思维模式研究》,《湖南中医杂志》2014 年第 12 期。

王蕾～周波等:《儒家之"仁"对道德健康内涵的影响》,《中国中医药现代远程教育》2014 年第
17 期。

～李晓康等:《中医健康观的早期文化构建》,《湖南中医杂志》2014 年第 4 期。

《道教医学辟谷养生术浅析》,《中华中医药杂志》2012 年第 5 期。

～于铁成:《历代道医对"六字气诀"养生功法的贡献》,《时珍国医国药》2011 年第 12 期。

～王蕾等:《道教医学〈以德养生〉思想浅议》,《湖南中医杂志》2011 年第 5 期。

～于铁成:《陶弘景对道教养生学的贡献及其健康观解析》,《湖南中医杂志》2010 年第 4 期。

周波……孟繁洁～:《历代医家运用导引吐纳治疗头痛的经验》,《中国当代医药》2009 年第 23 期。

《宋元时期中外医药交流的方式及特点研究》,《山东中医药大学学报》2009 年第 5 期。

杨雪梅～:《吐纳气功功法源流考》,《江西中医学院学报》2009 年第 3 期。

《〈养生类要〉养生学术思想研究》,《山东中医药大学学报》2009 年第 2 期。

～孙中堂:《〈寿亲养老新书〉养生学术思想述评》,《甘肃中医》2008 年第 12 期。

～孙中堂:《浅析隋唐时期中外医药交流的若干实现途径》,《江西中医学院学报》2008 年第 4 期。

杨雪梅～王玉兴等:《秦汉时期易学与脏腑辨证》,《江西中医学院学报》2007 年第 5 期。

杨雪梅～王玉兴:《金元时期脏腑辨证学说发展特点研究》,《天津中医药大学学报》2006 年第 2 期。

李迪(内蒙古师范大学)

～徐义保:《第一本中译 X 射线著作——〈通物电光〉》,《科学技术与辩证法》2002 年第 3 期。

《科学史翻译及中国化学史医学史农学史研究》,《内蒙古师大学报(自然科学汉文版)》1993 年
S1 期。

李鼎（上海中医药大学/上海中医学院/上海中医研究所文献资料研究室）

《王履〈小易赋〉原文评析》,《中医药文化》2013 年第 4、6 期;2014 年第 1、4 期。

肖元春～:《〈针灸集书〉文献研究》,《上海中医药大学学报》2013 年第 4 期。

《奇经八脉与养生之道——气功学理溯源》,《中医药文化》2012 年第 5、6 期。

《经络探踪六十年——与刘澄中先生关于经脉现象研究的讨论》,《中医药文化》2012 年第 2 期。

《〈易经〉的经传与三才之道——英译本〈易经〉后记》,《中医药文化》2012 年第 1 期。

《循经考穴五十年——〈经穴针灸研究论丛〉序》,《中医药文化》2011 年第 6 期。

《锦堂春慢——与傅维康先生同访国医大师朱良春先生》,《中医药文化》2011 年第 5 期。

《〈经脉学说起源——演绎三千五百年探讨〉序》,《中医药文化》2011 年第 1 期。

《经络腧穴理论的形成与发展》,《上海中医药大学学报》2011 年第 1 期。

《思求经旨,演其所知——〈伤寒六经证治与经络〉序》,《中医药文化》2010 年第 6 期。

《陶弘景东游"南霍"行踪考实——兼记与沈约的交往》,《中医药文化》2008 年第 3 期。

《针道金陵五十年——记 1957 年南京〈针灸学〉出书前后》,《中医药文化》2007 年第 6 期。

《〈针灸学释难·原序〉解说》,《中医药文化》2007 年第 1 期。

肖元春～:《〈黄帝内经〉艾灸疗法探析》,《上海中医药大学学报》2006 年第 2 期。

《刘民叔先生〈汤液经〉跋》,《医古文知识》2005 年第 4 期。

《杨绍伊先生〈考次汤液经序〉》,《医古文知识》2005 年第 1、2、3 期。

《海运仓前路 驰驱五十年——祝贺中国针灸博物馆建馆五十年》,《医古文知识》2004 年第 2 期。

《国学大师与中医学——从章次公先生一篇手札谈起》,《医古文知识》2003 年第 4 期。

《从〈十四经发挥〉到〈十四经合参〉》,《医古文知识》2001 年第 3 期。

《〈灵枢〉是"经",〈素问〉是"论"》,《上海中医药大学学报》1999 年第 1 期。

李照国～:《试论孙思邈的针灸学术思想》,《陕西中医学院学报》1999 年第 1 期。

《宋代解剖〈存真图〉的来龙去脉》,《上海中医药杂志》1998 年第 9 期。

《〈脉书〉臂五脉与手六经及其经穴主治关系的分析》,《上海中医药大学 上海市中医药研究院学院》1996 年 Z1 期。

《此诀出自梓桑君——席弘学派及其针法》,《上海中医药杂志》1993 年第 2 期。

应跃明～:《〈标幽赋〉学术思想溯源》,《中国针灸》1992 年第 1 期。

应跃明～:《〈琼瑶发明神书〉考略》,《上海针灸杂志》1990 年第 4 期。

～朱棣华:《对一些针灸经络文献的理解》,《中医杂志》1989 年第 8 期。

吴继东～:《〈西方子明堂灸经〉成书年代及作者考》,《中国针灸》1986 年第 3 期。

李磊～:《试析汪机的针灸学术思想》,《中国针灸》1986 年第 1 期。

《明代针灸家凌汉章著述略考》,《上海针灸杂志》1982 年第 4 期。

《从马王堆汉墓医书看早期的经络学说》,《浙江中医学院学报》1978 年第 2 期。

《考察本草的著述修订和改移》,《中华医史杂志》1955 年第 2 期。

李鼎兰（北京中医研究院/中国医史文献研究所）

《关于藏族养生习俗的考察与思考》,《中国民族医药杂志》1995 年第 1 期。

《古代藏医学"沉浮现象"启示录》,《西藏民族学院学报(社会科学版)》1993 年第 4 期。

《米庞嘉措及其〈人体所需八方〉》,《内蒙古中医药》1989 年第 4 期。

《西藏近代医学教育刍议》,《西藏研究》1989 年第 2 期。

《藏医一代宗师——宇妥·元丹贡布》,《西北民族大学学报(哲学社会科学版)》1986年第2期。

李东朗(中共中央党校)

《简论裕仁天皇在日本化学毒气战中的责任》,《民国档案》2009年第1期。

~李瑷:《裕仁天皇和日军罪恶的化学战》,《党史研究与教学》2007年第2期。

李东丽(中南民族大学)

《法律文化视野下的宋慈〈洗冤集录〉》,中南民族大学硕士学位论文2013年。

李董男(安徽中医药大学/安徽中医学院/中国中医科学院/中国科学技术大学)

洪婧~姜瀚~:《王孟英辨治血证特色探微》,《中国中医基础医学杂志》2018年第9期。

《雷丰外感热病变证、兼夹证、危重证学术思想探讨》,《甘肃中医药大学学报》2018年第2期。

洪靖……刘怡婧~:《"胃强脾弱"考证》,《甘肃中医药大学学报》2018年第1期。

《雷丰〈时病论〉外感伏气病和新感病治法》,《长春中医药大学学报》2018年第1期。

《雷丰〈时病论〉外感湿病诊治思路探析》,《辽宁中医药大学学报》2017年第11期。

《雷丰辨误救治时病思路探析》,《山西中医学院学报》2017年第6期。

《雷丰〈时病论〉辨体论治外感热病思路探析》,《甘肃中医药大学学报》2017年第6期。

洪靖……陈利利~:《新安医家徐春甫养生原则刍议》,《江西中医药大学学报》2017年第5期。

《〈时病论〉伤寒温病瘟疫辨治思路探讨》,《湖北中医药大学学报》2017年第4期。

《明清医家疫病邪气传变规律学术观点辨析》,《湖北民族学院学报(医学版)》2017年第3期。

《明代温疫学者外感热病证治学术特色探析》,《湖北民族元学报(医学版)》2017年第2期。

张佳乐~方明:《唐宗海〈血证论〉便血证治探微》,《甘肃中医药大学学报》2016年第3期。

张阳~:《试述王清任〈医林改错〉中风诊治特色》,《甘肃中医药大学学报》2016年第3期。

《〈时病论〉知时论证辨证思路》,《长春中医药大学学报》2016年第2期。

《〈时病论〉外感时病病因发病认识初探》,《浙江中医药大学学报》2016年第2期。

张阳……丁涛~王鹏:《论明代温补学派中风诊疗思路》,《山东中医药大学学报》2016年第1期。

《中国传统养生方法浅析》,《江西中医药大学学报》2015年第5期。

《晋隋唐时期中医疫病相关概念辨析》,《时珍国医国药》2014年第2期。

张宏宇~:《先秦两汉时期热病、伤寒和温病概念辨析》,《时珍国医国药》2013年第5期。

《试论中国传统养生的原则和目标》,《北京中医药大学学报》2013年第4期。

《中国传统情志养生道法》,《中医杂志》2013年第4期。

~潘桂娟:《晋隋唐时期疫病病因病机探讨》,《中医杂志》2013年第3期。

张宏宇~:《先秦两汉时期疫病治则治法浅析》,《浙江中医药大学学报》2013年第2期。

《金元时期疫病证治初探》,《湖北中医药大学学报》2012年第1期。

《晋唐时期疫病病证认识浅析》,《湖南中医药大学学报》2012年第1期。

《晋唐时期疫病治法探析》,《中医学报》2011年第12期。

《宋代疫病病因病机认识浅探》,《中医学报》2011年第12期。

《郭雍疫病学术思想浅析》,《中国中医基础医学杂志》2011年第6期。

《中医饮食养生理法探讨》,《长春中医药大学学报》2011年第5期。

《张锡纯外感内伤论黄疸》,《时珍国医国药》2009年第11期。

艾青华~徐麟:《试论〈本草备要〉的文献学价值》,《中医文献杂志》2008年第3期。

~王建:《喻昌〈医门法律〉对黄疸证治的贡献》,《江西中医学院学报》2007年第5期。

～方晓阳:《明清黄疸外感内伤理论建立与发展研究》,《广西民族大学学报(自然科学版)》2007 年
第 2 期。

～方晓阳:《黄疸外治法的中医史研究》,《广州中医药大学学报》2006 年第 4 期。

～方晓阳等:《中医黄疸禁忌史料》,《中华医史杂志》2006 年第 3 期。

《宋代以来中医黄疸证治史研究》,中国科学技术大学博士学位论文 2006 年。

～方晓阳等:《宋元时期黄疸湿热(寒)论的建立与传承》,《南京中医药大学学报(社会科学版)》
2006 年第 1 期。

方晓阳～:《张介宾对阴阳黄理论的贡献》,《中古科技史杂志》2005 年第 4 期。

李东阳(河南中医学院)

《社会政治因素对宋金元时期中医学创新的影响》,《河南中医学院学报》2008 年第 5 期。

李渡华(河北医科大学)

周计春～张弘等:《从历史角度谈中医〈扶阳学派〉的复兴》,《医学与哲学》2009 年第 7 期。

～于丽等:《〈医学衷中参西录〉版本述略》,《中华医史杂志》2008 年第 1 期。

～李庆升等:《浅谈东垣脾胃学说对养生保健的意义》,《陕西中医》2003 年第 1 期。

李多美(青海省藏医院)

《评〈四部医典〉译注本》,《西藏研究》1989 年第 3 期。

李娥(福建师范大学)

《中国现代小说中疾病的隐喻》,福建师范大学硕士学位论文 2008 年。

李恩昌(西安交通大学/中国社会医学杂志社)

辛智科～:《追仰高风励来者——深切怀念著名医史学家赵石麟》,《中国医学伦理学》2012 年第
5 期。

杨建兵～:《医学伦理学发展溯源——写在新中国医学伦理研究 30 周年前夕之一》,《中国医学伦
理学》2008 年第 6 期。

孙溥泉～孙健慧:《清代名医的医德》,《中国医学伦理学》2008 年第 6 期;2009 年第 1 期。

～张登科:《政治的医学功能》,《医学与社会》2004 年第 5 期。

～卢希谦:《从科学史的角度看发展中医的基本方法——兼论近代中医发展缓慢的原因》,《医学与
哲学》1987 年第 2 期。

任延荣～梁兴邦:《试论生态环境决策与人类健康——决策与人类健康之一》,《中国社会医学》
1989 年第 1 期。

《人与自然、社会的自组织全息律》,《医学与哲学》1988 年第 4 期。

《社会医学三探》,《医学与哲学》1986 年第 9 期。

李恩姃(北京中医药大学)

《〈伤寒论〉在韩国的学术发展史研究》,北京中医药大学硕士学位论文 2005 年。

傅延龄～:《〈伤寒论〉医论三则》,《北京中医药大学学报》2005 年第 1 期。

李发耀(贵州省社会科学院)

《图云关救护总队始末》,《贵阳文史》2004 年第 5 期。

《国际援华医疗队在贵州》,《贵州文史丛刊》1999 年第 1 期。

李芳(首都医科大学)

～李义庭等:《医学、医学教育的本质与医学人文精神的培养》,《医学与哲学(人文社会医学版)》

2009 年第 10 期。

《浅析医患矛盾的形成与消解——女性主义视角》,《医学与哲学》2001 年第 8 期。

《从关怀伦理的视角探讨医者与临终者的关系》,《中国医学伦理学》2001 年第 5 期。

李飞(广东省社会科学院)

《龙涎香与葡人居澳之关系考略》,《海交史研究》2007 年第 2 期。

李飞(曲阜师范大学)

《疾疫与春秋时期的政治和社会》,曲阜师范大学硕士学位论文 2018 年。

李飞龙(贵州财经大学/贵州财经学院/河北大学)

《卫生与政治:1950 年代前期西南土改卫生工作队研究》,《现代哲学》2018 年第 2 期。

《集体化时期农村地区人口身体素质分析(1956—1983)》,《西华大学学报(哲学社会科学版)》2012 年第 3 期。

~王小莉:《危机与应对——以 1949 年察北鼠疫的防疫为例》,《平原大学学报》2005 年第 5 期。

温金童~:《抗战时期陕甘宁边区的卫生防疫》,《抗日战争研究》2005 年第 3 期。

李峰(山西中医学院)

《山西古代疫情研究》,山西中医学院硕士学位论文 2016 年。

李凤兰(华中师范大学)

《中国公众的心理疾病观:内容、结构及测量》,华中师范大学博士学位论文 2015 年。

李福(大连民族学院)

~崔亚虹:《中国古代文学中的抗灾意识》,《大连民族学院学报》2013 年第 6 期。

~崔亚虹:《田祖有神,秉畀炎火——〈诗经〉中的灾荒描写与抗灾精神》,《辽宁行政学院学报》2010 年第 1 期。

崔亚虹~:《达斡尔族的萨满教信仰与神话传说》,《大连民族学院学报》2007 年第 6 期。

李富汉(新野县中医院/信阳市中医院)

李良辰~:《唐容川论治呕血心法探要》,《中国中医急症》2005 年第 3 期。

李良辰~:《张锡纯论治出血性中风心法》,《河南中医》2005 年第 2 期。

吴会德~:《浅谈〈周易〉的哲学思想在中医形成和发展中的历史地位》,《河南中医》2003 年第 12 期。

《对仲景运用栝蒌组方的探讨》,《国医论坛》2003 年第 5 期。

《〈金匮·中风〉病因初探》,《河南中医》2003 年第 5 期。

~邹武:《王意庵与〈意庵医案〉》,《中华医史杂志》1998 年第 1 期。

~高家亮:《张锡纯用石膏心法辑要》,《中医函授通讯》1996 年第 5 期。

~朱俊宽等:《张仲景运用龙骨牡蛎心法及对后世的影响》,《国医论坛》1996 年第 2 期。

~吴慧德:《略论〈四明心法〉〈四明医案〉的学术思想》,《国医论坛》1995 年第 3 期。

~归永亮:《陈复正〈幼幼集成〉学术思想探要》,《河南中医》1994 年第 5 期。

~杜少鹏:《〈金匮要略〉"三十六病"考》,《国医论坛》1994 年第 4 期。

~李瑞:《〈伤寒论〉"清"字浅释》,《国医论坛》1994 年第 3 期。

《〈伤寒论〉厥阴病探要》,《河南中医》1994 年第 1 期。

《张锡纯用石膏心法探要》,《四川中医》1993 年第 6 期。

~田国珍:《"狼牙"、"狼毒"考辨》,《国医论坛》1993 年第 5 期。

《〈伤寒论〉"清便"小议》，《国医论坛》1993 年第 3 期。

～杨殿选：《孙思邈治学态度及医德述略》，《中医函授通讯》1992 年第 2 期。

～孙建军：《〈素问〉"必齐"考》，《中医杂志》1992 年第 1 期。

～杨殿选：《"卫出于下焦"刍议》，《国医论坛》1992 年第 1 期。

～刘忠权：《〈金匮要略〉甘温除热刍议》，《中医函授通讯》1991 年第 5 期。

～张曼林：《〈伤寒杂病论会通〉述评》，《国医论坛》1991 年第 4 期。

～邢丰国等：《〈素问〉"水郁折之"辨析》，《国医论坛》1991 年第 3 期。

《〈素问〉"七损八益"探析》，《河南中医》1991 年第 3 期。

～邢丰国等：《试论〈医学正传〉的学术思想及成就》，《江苏中医》1991 年第 3 期。

～汤宝玉：《论仲景运用峻下及对后世的影响》，《国医论坛》1991 年第 2 期。

《张锡纯引火归原八法举要》，《江苏中医》1990 年第 8 期。

《张锡纯用龙牡经验述要》，《江西中医药》1990 年第 1 期。

《王銮〈幼科类萃〉述评》，《江苏中医》1989 年第 12 期。

～李学舜：《万全〈幼科发挥〉脾胃观初探》，《河南中医》1983 年第 6 期。

李赋京（同济大学）

《解剖生理学史》，《科学》1986 年第 5 期。

《中国解剖学源流论》，《光华医药杂志》1936 年第 10 期。

《西洋解剖学源流论》，《光华医药杂志》1936 年第 11、12 期；1937 年第 4 期。

《病理学的进化史》，《医药评论》1929 年第 6 期。

黎淦兰（广东省泗安医院）

《浅谈麻风病的伦理问题》，《国际医药卫生导报》2005 年第 21 期。

《探讨麻风院、村的历史及出路》，《国际医药卫生导报》2004 年第 9 期。

李付平（河北中医学院/河北医科大学）

～张秀芬等：《探讨张介宾对脾胃学说的继承与发展》，《中国中医基础医学杂志》2019 年第 11 期。

～康立英等：《基于数据挖掘分析〈脾胃论〉用药组方规律》，《广州中医药大学学报》2019 年第 2 期。

白建英……邓国兴～：《探讨〈脾胃论〉中李东垣的"脾胃观"》，《中华中医药杂志》2018 年第 4 期。

康立英……杨江霞～：《〈宣明论方〉方药用量研究》，《广州中医药大学学报》2018 年第 2 期。

～董尚朴等：《张元素〈医学启源〉的脾胃观探讨》，《上海中医药杂志》2017 年第 12 期。

～张秀芬等：《〈黄帝内经〉蕴含的中医护理理论探讨》，《河北中医药学报》2017 年第 2 期。

《〈卫生宝鉴〉中罗天益的"脾胃观"探讨》，《时珍国医国药》2013 年第 11 期。

《浅析罗天益"因时制宜"的学术思想》，《时珍国医国药》2013 年第 9 期。

～董尚朴等：《罗天益针灸学术思想探讨》，《时珍国医国药》2013 年第 8 期。

《河北原始时期的生活与医学起源》，《科技资讯》2010 年第 26 期。

《河北医学家族与著述》，《科技创新导报》2010 年第 26 期。

《河北早期医药卫生实践考述》，《中国医药指南》2010 年第 19 期。

李福威（北京中医药大学）

《祝味菊对〈伤寒论〉学术思想的继承与发展》，北京中医药大学硕士学位论文 2016 年。

李刚（第四军医大学）

张思佳、吴清华～：《美国海军牙医部队历史、现状和发展》，《海军医学杂志》2014 年第 4 期。

赵广文、王军～：《近 30 年我国残疾人口腔疾病调查及卫生服务研究状况》，《中国初级卫生保健》2012 年第 1 期。

《古代美洲土著印第安人的牙齿装饰概述》，《中国美容医学》2011 年第 3 期。

《欧洲"牙痛之神"圣·阿波罗昵阿的故事》，《中国实用口腔科杂志》2010 年第 8 期。

《〈外台秘要〉中关于牙结石的记载》，《中国实用口腔科杂志》2010 年第 7 期。

《〈养生论〉关于氟斑牙的记载》，《中国实用口腔科杂志》2010 年第 4 期。

《我国古代牙刷的发明和发展》，《空腔护理用品工业》2010 年第 3 期。

《世界上最古老口香糖》，《中国实用口腔科杂志》2010 年第 2 期。

袁璐～于洁等：《我国近代牙医学期刊的建立与发展》，《第四军医大学学报》2009 年第 24 期。

《〈史记〉记载龋齿医案》，《中国实用口腔科杂志》2009 年第 12 期。

《〈口齿类要〉对口齿科的记载》，《中国实用口腔科杂志》2009 年第 11 期。

《〈晋书〉中关于唇裂修补手术的记载》，《中国实用口腔科杂志》2009 年第 10 期。

《〈本草纲目〉对口齿科的记载》，《中国实用口腔科杂志》2009 年第 9 期。

《我国古代对牙齿萌出和口齿形态生理的记录》，《中国实用口腔科杂志》2009 年第 8 期。

《古代玛雅遗址的种植牙》，《中国实用口腔科杂志》2009 年第 7 期。

《古代罗马人牙科发展的历史记录》，《中国实用口腔科杂志》2009 年第 6 期。

《我国出版的口腔医学史相关图书》，《中国实用口腔科杂志》2009 年第 5 期。

《我国古代药物牙粉洁牙的发明和发展》，《牙膏工业》2009 年第 4 期。

《牙科手术椅在近代牙医史上的变革》，《中国使用口腔杂志》2009 年第 4 期。

《牙钻在牙科史上的变革和发展》，《中国实用口腔科杂志》2009 年第 2 期。

《口腔医学史研究的内容和方法》，《中国实用口腔科杂志》2009 年第 1 期。

《我国古代关于漱口和漱口剂的记录》，《牙膏工业》2008 年第 4 期。

～张正雅：《荷兰医疗保险和口腔卫生服务》，《上海保险》2007 年第 12 期。

《日本医疗保险和牙科保险制度》，《上海保险》2007 年第 10 期。

《美国牙科保险制度和口腔卫生服务》，《上海保险》2005 年第 10 期。

《中国口腔保健用品的古代史》，《牙膏工业》2004 年第 1 期。

《论口腔医疗服务在我国的发展与未来》，《中国卫生事业管理》1994 年第 5 期。

《我国口腔预防保健工作的回顾》，《牙体牙髓牙周病学杂志》1994 年第 1 期。

《论牙医学在我国的地位和未来》，《牙体牙髓牙周病学杂志》1993 年第 4 期。

《中国古代在龋病防治方面的伟大贡献》，《牙体牙髓牙周病学杂志》1991 年第 2 期。

李革痴

《内经著作时代考略》，《北平医药月刊》1935 年第 1 期。

李古松（盐城市中医医院）

《浅析明清三大外科学派之特色》，《天津中医药》2003 年第 6 期。

《徐灵胎外科学术思想探要》，《中医文献杂志》2001 年第 4 期。

《张山雷〈疡科纲要〉探赜》，《福建中医药》1991 年第 2 期。

李观荣(华西医科大学附属第一医院)

~易群等:《从双包山与马王堆相关背景探讨经脉漆雕年代》,《中华医史杂志》2001 年第 2 期。

李广诚

《扑灭中国北方之瘟疫》,《东方杂志》1911 年第 8 期。

李光军(咸阳市博物馆)

《汉代"医官"考》,《陕西中医学院学报》1983 年第 4 期。

李光秀(河北省人民医院)

《论张元素用药制方特点》,《现代中西医结合杂志》2001 年第 15 期。

《王好古学术思想研究》,《首都医药》2001 年第 7 期。

李贵生(河西学院)

《从武威汉代医简看〈说文解字〉的编撰动因及其价值》,《甘肃中医学院学报》2010 年第 6 期。

厉国刚(华东师范大学)

《中国当代广告"健康"话语变迁研究(1979—2014)》,华东师范大学博士学位论文 2016 年。

李果刚(上海中医药大学)

~张妍妍等:《求良法而治今病——古代医家辨治疫病霍乱刍议》,《上海中医药杂志》2010 年第 1 期。

~员凤英等:《重古法而不拘古方——古代医家辨治疫病大头瘟刍议》,《上海中医药杂志》2008 年第 11 期。

~茅晓等:《当代著名医家对叶天士络病学说的继承和发展》,《辽宁中医学院学报》2006 年第 3 期。

~王惠芳等:《直面新世纪的疫疠——"非典"带来的思考》,《辽宁中医学院学报》2004 年第 3 期。

《陆以湉其人与〈冷庐医话〉的诊法学特色》,《医古文知识》2003 年第 2 期。

李国光(武汉医学院)

《社会科学研究在病因探讨和疾病控制方面的应用》,《国外医学(社会医学分册)》1985 年第 1 期。

李国鸿(江苏建康职业学院/江苏职工医科大学/南京医科大学第一附属医院/江苏省医学情报研究所)

《美国医疗制度与改革评析》,《国外医学(卫生经济分册)》2012 年第 1 期。

《西方福利国家医疗保险改革举步维艰》,《国外医学(卫生经济分册)》2011 年第 1 期。

范桂高~:《中亚两国初级医疗保健资源使用的性别差异》,《国外医学(卫生经济分册)》2008 年第 1 期。

《加拿大医疗服务体系研究与启示》,《国外医学(卫生经济分册)》2008 年第 1 期。

李玲、李向云~:《美国无健康保险人数增长的原因与对策》,《国外医学(卫生经济分册)》2007 年第 3 期。

《法国医疗保险制度的改革评析》,《国外医学(卫生经济分册)》2007 年第 3 期。

王庆安、易立峰~:《美国 20 世纪 60 年代医疗制度改革及困境》,《国外医学(卫生经济分册)》2006 年第 4 期。

《中东欧医院的改革》,《国外医学(卫生经济分册)》2006 年第 3 期。

《瑞典医疗服务体系研究》,《国外医学(卫生经济分册)》2006 年第 2 期。

徐芬~:《国外医疗服务体系研究》,《国外医学(卫生经济分册)》2005 年第 3、4 期。

郑文贵、李向云~:《哥伦比亚公平筹资、自费支付和卫生改革的作用》,《国外医学(卫生经济分册)》2005 年第 2 期。

《加拿大医疗保险改革研究》,《国外医学(卫生经济分册)》2005 年第 2 期。

范桂高～:《伊斯坦布尔以社团为基础进行产前教育》,《国外医学(卫生经济分册)》2005 年第 2 期。

胡善菊～:《洛杉矶与纽约卫生保健人力的比较分析》,《国外医学(卫生经济分册)》2005 年第 2 期。

范桂高～:《西班牙用 DRG 来权衡 Medicare 的经验》,《国外医学(卫生经济分册)》2005 年第 1 期。

《加拿大医疗保险模式及其发展评析》,《国外医学(卫生经济分册)》2005 年第 1 期。

范桂高～:《1975—1996 年加拿大医疗保健开支采用公私混合制的决定因素》,《国外医学(卫生经济分册)》2004 年第 3 期。

姚载善、马进～:《美国低收入家庭母亲的医疗保障状况分析》,《国外医学(卫生经济分册)》2004 年第 3 期。

茹万成～:《欧洲各国医疗保健经济评估对决策影响的研究》,《国外医学(卫生经济分册)》2004 年第 2 期。

金安娜～:《澳大利亚卫生服务与管理研究》,《国外医学(卫生经济分册)》2004 年第 2 期。

金安娜～:《韩国医疗保险的主要类型及资金筹措与使用》,《国外医学(卫生经济分册)》2003 年第 3 期。

《韩国医疗保险制度的建立及影响因素的分析》,《国外医学(卫生经济分册)》2003 年第 2 期。

董卿君～:《保加利亚医疗保健财政改革》,《国外医学(卫生经济分册)》2002 年第 4 期。

～董卿君:《法国医疗保险体制改革研究》,《国外医学(卫生经济分册)》2002 年第 3 期。

～吴松林:《瑞典医疗保险体制改革概述》,《国外医学(卫生经济分册)》2001 年第 3 期。

储振华～:《国外政府管医院系列介绍(之八)澳大利亚政府对医院的管理职能》,《卫生经济研究》2001 年第 2 期。

吴松林～:《当前我国政府规制卫生的主要内容》,《中国卫生经济》2000 年第 10 期。

～储振华:《法国政府对医院的管理职能》,《卫生经济研究》2000 年第 5 期。

范桂高～:《全球根治某些传染病的回顾及根治灰髓炎的费用》,《国外医学(卫生经济分册)》2000 年第 2 期。

范桂高～:《巴尔的摩市区居民收入社会阶层级别与私营医疗保险覆盖之间的调查》,《国外医学(卫生经济分册)》2000 年第 1 期。

范文胜～:《政府间卫生资源转移和分配的原则》,《国外医学(卫生经济分册)》2000 年第 1 期。

吴松林～:《政府规制卫生的基本问题探讨》,《中国卫生经济》1999 年第 11 期。

范桂高～:《芬兰不同阶层老年男女的健康与功能》,《国外医学(卫生经济分册)》1999 年第 4 期。

《法国医疗保险制度改革与实施》,《国外医学(卫生经济分册)》1999 年第 3 期。

～范桂高:《法国卫生保健与改革》,《国外医学(卫生经济分册)》1998 年第 1 期。

～徐凌中:《西欧国家的卫生保健系统改革》,《中国医院管理》1997 年第 9 期。

储振华～:《国外医疗保险费用控制研究》,《国外医学(卫生经济分册)》1997 年第 2 期。

～王晋臣:《韩国全民健康计划概述》,《国外医学(卫生经济分册)》1996 年第 4 期。

～朱雪奇:《韩国医疗保险模式的发展与剖析》,《国外医学(卫生经济分册)》1996 年第 1 期。

谷新平～:《法国治疗艾滋病的经济管理》,《国外医学(卫生经济分册)》1996 年第 1 期。

朱雪奇～:《加拿大新布伦斯维克省区域卫生发展概况》,《国外医学(卫生经济分册)》1996 年第 1 期。

范桂高～:《荷兰卫生保健与发展》,《国外医学(卫生经济分册)》1996 年第 1 期。

《法国疾病社会保险考察印象》,《中国医院管理》1995 年第 4 期。

《希腊医疗保险制度的改革与评价》,《中国医院管理》1995 年第 4 期。

《芬兰卫生保健政策评价》,《国外医学(卫生经济分册)》1995 年第 1 期。

《荷兰卫生政策及其改革》,《中国医院管理》1994 年第 11 期。

《英国卫生政策与卫生改革评价》,《中国卫生经济》1994 年第 7 期。

《国外老人医疗保健》,《中国医院管理》1993 年第 11、12 期。

《国外健康保险制度评价》,《中国医院管理》1992 年第 10 期。

《国外健康保险的主要模式》,《中国医院管理》1992 年第 8 期。

《国外健康保险的兴起》,《中国医院管理》1992 年第 7 期。

《法国医疗事业的发展及医疗政策新动向》,《中国卫生经济》1992 年第 6 期。

～郝寿昌:《欧洲共同体国家卫生状况》,《国外医学(卫生经济分册)》1992 年第 4 期。

《阿尔及利亚卫生状况评价》,《国外医学(卫生经济分册)》1992 年第 1 期。

～郝寿昌等:《国外卫生经济与管理(十)——马里卫生经济与管理》,《国外医学(卫生经济分册)》1990 年第 2 期。

《欧洲人口老年化对卫生费用增长的影响》,《国外医学(卫生经济分册)》1990 年第 1 期。

《法国医疗技术评价制度的改革》,《中国医院管理》1989 年第 5 期。

《"瑞典病"与西方福利国家医疗保健制度的弊端》,《中国卫生经济》1989 年第 4 期。

～郝寿昌等:《国外卫生经济与管理(七)——北欧国家卫生经济与管理》,《国外医学(卫生经济分册)》1989 年第 3 期。

郝寿昌～高大林:《国外卫生经济与管理(六)——加拿大卫生经济与管理》,《国外医学(卫生经济分册)》1989 年第 2 期。

《医院医疗新技术的推广评价》,《国外医学(卫生经济分册)》1988 年第 2 期。

～郝寿昌等:《国外卫生经济与管理(四)——联邦德国卫生经济与管理》,《国外医学(卫生经济分册)》1988 年第 4 期。

郝寿昌～高大林:《国外卫生经济与管理(三)——苏联卫生经济与管理》,《国外医学(卫生经济分册)》1988 年第 3 期。

～郝寿昌等:《国外卫生经济与管理(二)——美国卫生经济与管理》,《国外医学(卫生经济分册)》1988 年第 2 期。

～郝寿昌等:《国外卫生经济与管理(一)——法国卫生经济与管理》,《国外医学(卫生经济分册)》1988 年第 1 期。

《1986 年度法国疾病社会保险费用支出》,《国外医学(卫生经济分册)》1988 年第 1 期。

《发达诸国医疗费用危机与医疗政策》,《中国卫生经济》1988 年第 1 期。

《法国医学院校中卫生经济学课程的设置》,《中国卫生经济》1987 年第 6 期。

《试论我国医疗保健制度的改革》,《中国医院管理》1987 年第 5 期。

《法国医疗保险制度评述》,《中国卫生经济》1987 年第 2 期。

《法国 1970—1980 年医疗药品费用的评价》,《国外医学(卫生经济分册)》1987 年第 2 期。

《法国卫生状况与医疗费用的增长》,《国外医学(卫生经济分册)》1987 年第 1 期。

《法国卫生事业管理概况》,《国外医学(卫生经济分册)》1986 年第 4 期。

《法国卫生费用的增长与《总预算法《的产生》,《中国卫生经济》1986 年第 4 期。

《爱尔兰共和国卫生事业管理概况》,《国外医学(医院管理分册)》1986 年第 3 期。

《联邦德国的卫生经费及与邻国比较》,《国外医学(医院管理分册)》1986 年第 3 期。

Godard J.～:《法国家庭病床的概况与未来》,《国外医学(卫生经济分册)》1986 年第 2 期。

《美国 S.E.Berki 教授谈美国卫生经济学》,《国外医学(卫生经济分册)》1986 年第 2 期。

Badinand P.～:《1970—1980 年法国公立医院经济概况》,《国外医学(卫生经济分册)》1985 年第 4 期。

李国华(郑州铁路教育学院)

《曹操兵败赤壁的主要原因不是血吸虫病》,《郑州铁路教育学院学报》1999 年第 2 期。

李国菁(湖南中医学院)

《曾世荣著作考及其学术思想研究》,湖南中医学院硕士学位论文 2003 年。

～潘远根:《〈活幼口议〉作者考》,《中医文献杂志》2003 年第 3 期。

李国平(黑龙江省中医研究院)

～高中范:《脏腑辨证源流探赜》,《中医药学报》1998 年第 2 期。

～刘香云、张淑贤:《试论吴鞠通对下法的贡献》,《中医药学报》1993 年第 6 期。

～郑加利:《李东垣"阴火"论浅析》,《黑龙江中医药》1993 年第 2 期。

《论朱震亨对中医妇科学的贡献》,《黑龙江中医药》1991 年第 3 期。

《"魄门亦为五脏使"刍议》,《陕西中医》1991 年第 3 期。

《试论张仲景对中医治则的贡献》,《黑龙江中医药》1988 年第 6 期。

李国强(华中科技大学)

《完善澳门公共医疗保障制度的研究》,华中科技大学硕士学位论文 2009 年。

李国祥(中国中医科学院)

～刘洋:《〈灵枢·禁服〉"人迎""寸口"位置初探》,《中国中医基础医学杂志》2016 年第 3 期。

李国钰(山西中医学院)

～马文辉:《丹波父子对〈伤寒论〉"表、里、半表半里"定位的文献研究》,《中国中医药现代远程教育》2015 年第 7 期。

《丹波元简、丹波元坚与刘绍武〈伤寒论〉三部定位的对比及原因分析》,山西中医学院硕士学位论文 2015 年。

李国忠

《关于〈内经〉与〈神农本草经〉的成书先后问题——与朱敬修同志商榷》,《广东医学(祖国医学版)》1964 年第 11 期。

李海

《试论东汉末年及三国时期的瘟疫流行》,《陕西中医函授》1986 年第 1 期。

李海峰(青岛大学医学院)

～袁锦楣:《吉兰巴雷综合征的历史和今天》,《中华医史杂志》2006 年第 1 期。

李海峰(上海中医药大学)

陈杰～:《论〈内经〉心气虚实》,《上海中医药杂志》2019 年第 7 期。

《疟疾再释》,《中医药文化》2019 年第 6 期。

《叶天士治疗不饥症用药经验浅析》,《时珍国医国药》2018 年第 5 期。

～张如青:《老官山汉简〈经脉书〉初探》,《中医文献杂志》2016 年第 6 期。

赵心华～鲍计章等:《〈黄帝内经〉与〈希波克拉底文集〉哲学思想比对研究》,《中国中医基础医学杂志》2016 年第 10 期。

～陈正等:《"和于术数"与〈黄帝内经〉养生的三个层面》,《中国中医基础医学杂志》2016 年第 9 期。

～张如青等:《出土文献与〈内经〉的经脉异名分析》,《上海针灸杂志》2015 年第 11 期。

谷莹～:《〈黄帝内经〉与〈希波克拉底文集〉关于疮疡认识的比较研究》,《中医文献杂志》2015 年第 5 期。

陈杰～:《近百年来对〈内经〉治则的研究》,《吉林中医药》2015 年第 4 期。

～丁媛等:《〈黄帝内经〉"八风"与术数之学》,《中国中医基础医学杂志》2015 年第 3 期。

～陈正:《从体质论分析上古东西方医学的异同及其成因》,《中华中医药杂志》2015 年第 2 期。

～陈正:《从文论医评〈内经〉》,《中医文献杂志》2014 年第 6 期。

～陈正等:《国家、社会与文化对医学理论形成的影响》,《中国中医基础医学杂志》2014 年第 3 期。

～陈正等:《〈内经〉多维度多层面立体化体质论的建构分析》,《江苏中医药》2013 年第 12 期。

～陈正等:《〈内经〉多层次的体质辨别系统》,《中国中医基础医学杂志》2013 年第 7 期。

邹纯朴、薛辉～:《周学海〈内经评文素问〉的评注特色》,《中医药文化》2013 年第 4 期。

～陈正等:《成无己对〈内经〉肾脏辨证的发展》,《中国中医基础医学杂志》2012 年第 10 期。

陆松廷～:《中国导引养生文化的"养治一体"特色》,《中医药文化》2012 年第 5 期。

周国琪～赵心华等:《浅析陆懋修对〈内经〉运气病证研究的贡献》,《中国中医基础医学杂志》2012 年第 6 期。

～陈正等:《朱丹溪吐法探要》,《中国中医基础医学杂志》2011 年第 8 期。

赵心华、王庆其～:《河洛理数与〈黄帝内经〉》,《南京中医药大学学报（社会科学版）》2011 年第 4 期。

陈正、谭翔文～:《试论朱丹溪辨证论治之脾胃观》,《上海中医药杂志》2010 年第 12 期。

～陈正等:《从痹病辨证看宋金元时期辨证学说的发展》,《上海中医药大学学报》2010 年第 6 期。

～陈正等:《论〈格致余论〉的辨治特色》,《中医文献杂志》2010 年第 2 期。

周国琪～:《试论〈素问玄机原病式〉的辨证特点及贡献》,《中国中医基础医学杂志》2009 年第 11 期。

～周国琪:《从五脏痹看宋代辨证方法的继承与发展》,《中国中医基础医学杂志》2009 年第 1 期。

周国琪～王丽慧等:《凌耀星对〈内经〉〈难经〉研究的贡献》,《上海中医药大学学报》2008 年第 5 期。

《论〈颅囟经〉的辨治特色》,《中医文献杂志》2008 年第 4 期。

～候玥:《〈内经〉与现代对痹证含义的比较》,《吉林中医药》2004 年第 5 期。

～曹凌坤:《〈内经〉与现代对〈疟〉认识的比较》,《上海中医药大学学报》2004 年第 1 期。

周国琪、陈晓～:《〈内经〉厥证名与现代病证名的比较》,《中国中医基础医学杂志》2003 年第 11 期。

《从马王堆医帛书到〈灵枢·经脉〉看经络学说的起源和发展》,《中医文献杂志》2002年第4期。

李海红(河南师范大学)

《毛泽东之赤脚医生的理论与实践探究》,《西北大学学报(自然科学版)2013年第3期。

《赤脚医生产生的背景分析》,《兰台世界》2011年第26期。

李海玲(武汉大学)

《试论苏童小说中的疾病叙事》,武汉大学硕士学位论文2017年。

李海燕(湖北医科大学)

《论医德传播与民族文化差异》,《中国医学伦理学》1996年第6期。

李海燕(山西师范大学)

《"十七年"时期〈中国妇女〉女性生育健康的宣传研究》,山西师范大学硕士学位论文2018年。

李海燕(西南民族大学)

《话语实践与权力运作对孕产行为的规训》,西南民族大学硕士学位论文2017年。

李海洋(云南中医学院)

～王志红:《命门与生殖相关的古代文献源流考》,《云南中医学院学报》2011年第3期。

李海英(上海中医药大学)

～王尔亮等:《海外中医药人文领域学术期刊发展现状研究——基于Web of ScenceTM平台的SSCI和A&HCI数据库》,《出版广角》2019年第24期。

章林～梁尚华:《改革开放以来的高等医学院校医德教育研究述评》,《中医药管理杂志》2019年第12期。

～朱凌凌等:《解读"天癸"——生命周期与术数文化》,《古籍整理研究学刊》2019年第5期。

黄晓华～:《〈中医药文化〉第四届学术工作坊"明清以来医疗社会文化史研究"会议纪要》,《中医药文化》2019年第1期。

何艺韵、宋欣阳～郑林赟等:《"一带一路"视域下中医药海外中心发展策略》,《中医杂志》2018年第12期。

～梁尚华等:《中医药养生文化产业创新发展的多维度思考》,《世界科学技术·中医药现代化》2018年第10期。

唐天瀛、宋欣阳～:《国际学术平台背景下中医药学术发展特点研究》,《中华中医药杂志》2018年第6期。

杨弘光……宋欣阳～王硕:《论势在必行的中医药供给侧改革》,《中医药导报》2018年第4期。

施雪裴……宋欣阳～王硕:《中医药在海外的多媒体传播策略》,《中医药导报》2017年第18期。

卞跃峰……施建蓉～:《中医药在国际外交中的价值存在与发展展望》,《中医药导报》2017年第15期。

杨渝、王尔亮～:《美国整骨医学与中医的共性及对中医海外发展的启示》,《中华中医药杂志》2017年第11期。

杨渝、王尔亮～:《美国整骨医学与中医的共性及对中医海外发展的启示》,《中华中医药杂志》2017年第11期。

王磊～:《"一带一路"视域下的中医外交》,《中医药文化》2017年第5期。

～段逸山:《中医学身体观研究述评》,《中华医史杂志》2014年第5期。

～段逸山:《"天癸"的提出源于传统水本思想》,《广西师范大学学报(社会科学版)》2014年第

2 期。

《基于"天癸"论中医学女性身体观》,上海中医药大学博士学位论文 2013 年。

～段逸山:《民国名医朱小南与〈新中医刊〉》,《中华中医药杂志》2012 年第 4 期。

～段逸山:《从盲目养生热谈中医药文化传播的迫切性》,《中医药文化》2011 年第 5 期。

《从文化认同看中医发展》,《中医药文化》2010 年第 2 期。

张其成、刘理想～:《近十年来中医药文化发展回顾》,《中医药文化》2009 年第 1 期。

《"发属心"之新解》,《上海中医药杂志》2007 年第 3 期。

《明明白白的死与稀里糊涂的活——何裕民教授谈中西医之争的科学哲学背景》,《中医药文化》2007 年第 3 期。

《脱发证治的文献研究》,上海中医药大学硕士学位论文 2006 年。

～张玉萍:《〈素问〉之"足"字考》,《中医文献杂志》2005 年第 3 期。

李海玉(中国中医科学院)

～胡艳敏:《刘完素诊治中风病的特点》,《中国中医基础医学杂志》2017 年第 4 期。

刘理想～:《论生生之道在中医学中之体现》,《中国中医基础医学杂志》2015 年第 11 期。

～王洪霞:《论刘完素"伤寒即热病"说》,《中华中医药杂志》2015 年第 7 期。

～刘理想等:《中西医学的研究对象与医学范式》,《世界中西医结合杂志》2015 年第 3 期。

～刘理想等:《基于先秦汉代文献探讨人的生命特征》,《中国中医基础医学杂志》2014 年第 8 期。

卢红蓉、苏静～:《〈黄帝内经〉疾病发生模式探讨》,《中华中医药杂志》2011 年第 7 期。

《〈黄帝内经〉的疾病解释模式》,《中医药导报》2009 年第 1 期。

～潘桂娟:《中医学"火"的理论溯源》,《辽宁中医杂志》2009 年第 1 期。

《〈黄帝内经〉之"火"辨析》,《中华中医药杂志》2007 年第 5 期。

李汉帆(湖北省卫生防疫站)

《英国公共卫生和卫生规划》,《中国公共卫生管理》1993 年第 2 期。

黎汉津(广州中医药大学)

～高日阳等:《岭南中医药临床文献特点与作用的探讨》,《广州中医药大学学报》2002 年第 2 期。

邓小英～:《〈本草纲目〉养生延寿方药初探》,《江苏中医》2000 年第 6 期。

《〈幼幼集成〉评介》,《中医文献杂志》1995 年第 4 期。

李汉三

《阴阳五行对于两汉医学的影响》,《大陆杂志》第三十卷第 1、2 期(1963)。

李航(台湾大学)

《现代公共卫生的面貌——一则现代社会的系谱考察》,台湾大学硕士学位论文 2005 年。

李皓(东北师范大学)

《庚辛鼠疫与清末东北社会变迁》,东北师范大学硕士学位论文 2006 年。

《清末庚戌、辛亥年间的东北鼠疫》,《东北史地》2006 年第 2 期。

李浩(江西师范大学)

杨欣～:《傅兰雅——致力于中国近代科学启蒙的传教士》,《南方文物》2006 年第 3 期。

肖俊～:《近代九江基督教的发展及其对教育医疗事业的影响》,《南方文物》2005 年第 4 期。

廖悦清～:《事业之光大,声名之崇高——记美国医药传教士嘉约翰》,《南方文物》2005 年第 3 期。

《从"福音的婢女"到政治的婢女——美国早期来华传教医生伯驾评介》,《江西社会科学》2003 年第 7 期。

李浩（南京师范大学）

《疾病与先唐文学创作之关系》,《广东技术师范学院学报》2014 年第 5 期。

《六朝士人服散中毒之缘由》,《中医药文化》2014 年第 2 期。

《疾病与先唐文学三题》,南京师范大学硕士学位论文 2014 年。

《"石发"与文学创作之关系——以皇甫谧、王羲之父子为例》,《太原大学学报》2013 年第 4 期。

黎浩（全国高等中医教育研究中心/北京中医学院/中国中医研究院）

《试论〈饮膳正要〉的食疗学成就》,《北京中医药大学学报》1995 年第 5 期。

～刘振民:《四十九年前全国中医师考试始末及思考》,《中医教育》1995 年第 2 期。

《试论近现代日本汉方医学教育的发展》,《中医教育》1994 年第 3 期。

《对〈饮膳正要〉作者的考证》,《国医论坛》1989 年第 6 期。

《对〈饮膳正要〉所引部分药物产地的考证》,《内蒙古中医药》1989 年第 3 期。

《古代医学家成才趣谈》,《中医函授通讯》1989 年第 1 期。

《"艾"与"艾灸"的历史沿革》,《国医论坛》1989 年第 1 期。

《从"八木取火"到艾灸》,《陕西中医学院学报》1989 年第 1 期。

《日本的汉方药研究特点》,《中医药学报》1988 年第 5 期。

《从〈四部医典〉看藏医灸法的特色》,《内蒙古中医药》1988 年第 2 期。

《日本腹诊发展漫谈》,《国医论坛》1988 年第 3 期。

《日本学者对中医学的思考》,《日本医学介绍》1988 年第 6 期。

《中医古籍书名趣说》,《中医函授通讯》1988 年第 3 期。

《从〈饮膳正要〉看元代少数民族的药学成就》,《内蒙古中医药》1987 年第 3 期。

李浩楠（赤峰学院/河北大学）

《辽代宫廷医事活动研究》,《衡水学院学报》2016 年第 6 期。

《史籍与考古所见辽代药物考》,《唐山师范学院学报》2015 年第 5 期。

《〈东垣老人传〉考释》,《北方文物》2012 年第 3 期。

李皓平

《关于"肺痨"证治的几家学说之研究》,《广东医学（祖国医学版）》1963 年第 3 期。

李禾（广州中医药大学）

黄子天～:《清末民国初期揭阳女医家孙西台及其〈昼星楼医案〉》,《广州中医药大学学报》2013 年第 1 期。

黄子天～:《民国广东医家卢觉非》,《中医文献杂志》2012 年第 1 期。

罗倩～:《元代名医项昕生平及学术成就述略》,《中医文献杂志》2011 年第 4 期。

黄迎春、周睿～何扬子:《〈采艾编〉与〈采艾编翼〉作者及两书相关性探讨》,《江苏中医药》2011 年第 3 期。

周睿～何扬子:《〈采艾编〉与〈采艾编翼〉作者版本考据》,《广州中医药大学学报》2010 年第 3 期。

周睿～:《穿山甲治疗不孕源流考》,《云南中医学院学报》2010 年第 1 期。

李群～:《清代广东中医医家研究》,《江西中医学院学报》2008 年第 1 期。

李群～:《清代岭南医家研究概述》,《江西中医学院学报》2007 年第 1 期。

《1949 年以前岭南医家医案的收集整理及姜桂附应用状况的相关研究》,广州中医药大学博士学位论文 2007 年。

～李建梅：《晚清鼠疫专著书名人名及版本相关问题辨疑》，《中医文献杂志》2005 年第 4 期。

～刘小斌等：《近十年中医古代医案整理研究述要》，《新中医》2005 年第 10 期。

～李建梅：《试论黎佩兰〈时症良方释疑〉的学术成就及其意义》，《江西中医学院学报》2005 年第 2 期。

～李建梅：《论黎佩兰〈时症良方释疑〉的学术成就及其意义》，《中华医史杂志》2005 年第 2 期。

～刘小斌等：《从蒋希曾〈经验医案〉看岭南三急症的辨证用药特点》，《广州中医药大学学报》2003 年第 3 期。

～刘小斌等：《1949 年以前岭南医家医案整理研究方法探讨》，《中医文献杂志》2002 年第 4 期。

～赖文：《罗芝园〈鼠疫汇编〉在岭南鼠疫病史之地位及价值》，《中华医史杂志》1999 年第 2 期。

～李禾等：《广东湛江地区古代疫情资料分析研究》，《中国中医基础医学杂志》1998 年第 5 期。

李荷（中国人民大学）

《灾难中的转变：黑死病对欧洲文化的影响》，《中国人民大学学报》2004 年第 1 期。

李和森（山东大学）

《中国农村医疗保障制度研究》，山东大学博士学位论文 2005 年。

《农村医疗保障"灯塔"特性与公共选择》，《财政研究》2005 年第 3 期。

《政府介入农村医疗保障的必然性》，《东岳论丛》2004 年第 6 期。

李鸿（上海交通大学）

《英国国民医疗服务体系行政治理研究：制度史的视角》，上海交通大学博士学位论文 2014 年。

《政策形成过程中的公众参与：以中国医疗政策改革为例》，《华东政法大学学报》2014 年第 3 期。

～宋华琳：《中国药品监管收费制度及其改革》，《宏观质量研究》2013 年第 2 期。

李恒俊（南京理工大学）

《百年前，中医这样应对细菌学的挑战》，《光明日报》2019 年 11 月 4 日 015 版。

《透视身体：X 光与清末民初的中西医论争及身体感知》，《文化研究》2018 年第 4 期。

《医学观念与种族偏见：19 世纪来华西医对中国肺痨问题的调查研究（1858—1895）》，《史林》2018 年第 3 期。

《社会团体与近代中国的结核防治（1910—1937）》，《民国研究》2017 年第 2 期。

《听诊器与西医医疗技术在近代中国的传播和接受（1844—1910）》，《自然辩证法通讯》2016 年第 4 期。

《从听诊器看近代西医在中国的传播》，《中国社会科学报》2017 年 3 月 7 日 005 版。

李虹（北京中医药大学）

《中医的科学性与中医存废之争》，《中医药管理杂志》2011 年第 12 期。

《中医学发展的困境、反思与对策》，《医学与哲学（人文社会医学版）》2011 年第 11 期。

《生物医学研究中的动物福利立法问题探讨》，《医学与社会》2011 年第 10 期。

李红（兰州大学）

《中国古代僧医综述》，兰州大学硕士学位论文 2008 年。

李泓（中共北京市委党校）

《少子高龄化压力下日本医疗保障政策的沿革》，中共北京市委党校硕士学位论文 2010 年。

李鸿达

《〈黄帝内经太素〉撰注考略》,《江苏中医》1963年第8期。

李宏丹（辽宁大学）

《民国初期东北城市环境卫生治理研究》,辽宁大学硕士学位论文2015年。

李鸿娥（天津医学高等专科学校）

《医学院校学籍档案资源的开发与利用》,《继续医学教育》2013年第7期。

～王艳冬等:《记中国第一所公立护士学校——北洋女医学堂》,《卫生职业教育》2010年第14期。

李洪河（河南师范大学）

《中共抗日根据地的医疗卫生展览会》,《军事历史研究》2018年第3期。

～蔡红霞:《往者可鉴:中共领导卫生防疫事业的基本经验》,《行政科学论坛》2016年第6期。

～李乾坤:《抗战时期国际社会对华医疗援助探析》,《中州学刊》2015年第10期。

～李乾坤:《新中国成立初期李德全的医疗卫生思想和实践探析》,《中国浦东干部学院学报》2015年第3期。

《新中国成立前后中国共产党领导的卫生宣传与教育研究》,《河南师范大学学报（哲学社会科学版）》2015年第2期。

《新中国成立初期的旧产婆改造》,《中共党史研究》2014年第6期。

《新中国成立初期疾疫卫生史研究述评》,《中国浦东干部学院学报》2014年第2期。

～宋冰杰:《面对疾疫:晋察冀抗日根据地的组织与动员》,《河北师范大学学报（哲学社会科学版）》2013年第6期。

《20世纪50年代国家对血吸虫病的防治》,《当代中国史研究》2012年第4期。

《评焦润明著〈清末东北三省鼠疫灾难及防疫措施研究〉》,《大连大学学报》2012年第4期。

～程舒伟:《抗战时期华北根据地的卫生防疫工作述论》,《史学集刊》2012年第3期。

《周恩来与新中国的卫生防疫事业》,《党的文献》2012年第1期。

《新中国成立初期东北地区的鼠疫应对机制》,《辽宁大学学报（哲学社会科学版）》2011年第4期。

《新中国成立初期"中医科学化"的历史考察》,《当代中国史研究》2011年第4期。

《新编地方卫生史志中的疫情资料及其价值》,《中国地方志》2011年第3期。

《毛泽东与新中国的卫生防疫事业》,《党的文献》2011年第2期。

《反细菌战调查与建国初期爱国卫生运动的肇始》,《河北师范大学学报（哲学社会科学版）》2010年第3期。

《毛泽东的公共卫生思想与实践探析》,《中国浦东干部学院学报》2010年第2期。

《1946年东北地区霍乱流行概略》,《兰台世界》2009年第11期。

《建国初期疫病流布背景下的社会应对》,《辽宁大学学报（哲学社会科学版）》2009年第2期。

《建国初期的城市公共卫生治理述论》,《当代中国史研究》2009年第1期。

《1947年东北地区鼠疫流行概述》,《兰台世界》2008年第17期。

《毛泽东关于发展中医药的思想和实践》,《党的文献》2008年第5期。

《建国初期突发事件的应对机制——以1949年察北专区鼠疫防控为例》,《当代中国史研究》2008年第3期。

《建国初期的城市公共卫生治理述论》,《辽宁大学学报（哲学社会科学版）》2008年第2期。

《建国初期的鼠疫流行及其时空分布探析》,《河南广播电视大学学报》2008年第1期。

《建国初期东北地区的卫生防疫事业述论》,《辽宁大学学报(哲学社会科学版)》2007 年第 5 期。

《东北解放区的鼠疫流行及救治》,《中共党史研究》2007 年第 3 期。

《建国初期的鼠疫流行及其防控》,《求索》2007 年第 2 期。

《建国初期的卫生防疫事业探论》,《党的文献》2006 年第 4 期。

李宏红(中国中医科学院)

《清朝蒙医医事制度研究》,中国中医科学院硕士学位论文 2006 年。

李红娟(山西医科大学)

《抑郁障碍患者心理治疗感受的质性研究》,山西医科大学硕士学位论文 2010 年。

李鸿逵

《〈黄帝内经太素〉撰注考略》,《江苏中医》1963 年第 8 期。

李洪茹(安徽财经大学)

《民国公共卫生研究——以〈申报〉为中心(1927—1937)》,安徽财经大学硕士学位论文 2016 年。

李洪涛(安徽中医学院)

章健~:《〈太平惠民和剂局方〉方剂特点分析》,《中国医药学报》2002 年第 4 期。

章健~:《〈太平惠民和剂局方〉成书考略》,《中医文献杂志》2001 年第 4 期。

《王士雄温病学术观点探析》,《安徽中医学院学报》2001 年第 1 期。

易玮、王乐陶~:《〈医述〉的版本考辨及引文统计分析》,《安徽中医学院学报》1997 年第 5 期。

《吴又可温病传染观探析》,《安徽中医学院学报》1997 年第 1 期。

沈晓明、王乐匐~:《〈神灸经纶〉学术特点浅析》,《安徽中医学院学报》1996 年第 3 期。

《试论孙思邈对外感病学的贡献》,《安徽中医学院学报》1996 年第 1 期。

《叶天士外感疾病观初探》,《安徽中医学院学报》1991 年第 4 期。

~刘培雷:《浅论新安医学及其发展兴盛的历史动因》,《安徽中医学院学报》1989 年第 1 期。

李红涛(天津医科大学总医院)

~张金钟等:《医学发展中的整体观念与学科综合》,《医学与哲学(人文社会医学版)》2009 年第 4 期。

李红香(南京中医药大学)

《基于中医文献的中风病研究》,南京中医药大学博士学位论文 2011 年。

~戴慎:《中风病名探源》,《辽宁中医药大学学报》2011 年第 4 期。

~戴慎:《中风先兆证相关名称及防治的文献探源》,《吉林中医药》2011 年第 2 期。

~戴慎:《逍遥散之溯源》,《吉林中医药》2010 年第 6 期。

李洪晓(中国中医科学院)

《清代〈广嗣秘书〉与〈产科〉"十月受胎图"研究》,《中医文献杂志》2011 年第 6 期。

李红珠(中国中医研究院)

《阿拉伯国家香药输入中国的简史》,《中国民族医药杂志》1999 年 S1 期。

李瑚

《略论李时珍的时代背景》,《药学通报》1955 年第 8 期。

李华(吉林大学)

~俞卫:《政府卫生支出对中国农村居民健康的影响》,《中国社会科学》2013 年第 10 期。

~张志元等:《完善我国农村医疗救助制度的思考》,《人口学刊》2009 年第 1 期。

～张志元:《建立农民工医疗保障制度的对策思考》,《学术交流》2009 年第 1 期。

《公立医院市场导向及其绩效关系的实证研究》,吉林大学博士学位论文 2009 年。

～李佳:《我国城乡医疗保险制度创新的路径选择》,《学术交流》2008 年第 4 期。

《医疗保障制度的国际经验及启示》,《经济纵横》2007 年第 9 期。

《农村合作医疗制度的经济学分析》,吉林大学博士学位论文 2006 年。

《我国农村合作医疗变迁的制度分析》,《长白学刊》2006 年第 3 期。

《我国农村合作医疗变迁的制度环境分析》,《学习与探索》2005 年第 6 期。

《新型农村合作医疗制度的制约因素与发展对策》,《求是》2005 年第 1 期。

～徐充等:《我国农村公共卫生服务制度变迁的路径选择》,《中国卫生经济》2004 年第 7 期。

～王宛言:《构建农村健康保障制度的财政政策选择》,《财政研究》2004 年第 7 期。

李华安(泰山医学院)

《中国医学源流导论》,《泰山医学院学报》1991 年第 4 期;1992 年第 1 期。

《中医起源多元论》,《山东中医学院学报》1991 年第 5 期。

李化成(陕西师范大学/中国人民大学/曲阜师范大学)

《医学社会史研究中的医学因素》,《光明日报》2017 年 7 月 31 日第 14 版。

《19 世纪英国霍乱防治的经验与启示》,《光明日报》2015 年 3 月 28 日第 11 版。

《医学社会史的名实与研究取向》,《历史研究》2014 年第 6 期。

《黑死病期间西欧的鞭笞者运动(1348—1349)》,《历史研究》2013 年第 1 期。

《瘟疫何以肆虐——一项医疗环境史的研究》,《中国历史地理论丛》2012 年第 3 期。

《黑死病期间英国的社会救助与整治》,《经济社会史评论》2011 年 00 期。

《论 14 世纪英国的聚落环境与黑死病传播》,《世界历史》2011 年第 4 期。

《质疑专家与医学进步:医疗社会学视角的审视》,《中国社会科学报》2010 年 10 月 28 日。

《全球史视野中的环境与瘟疫》,《中国社会科学报》2009 年第 7 期。

《全球史视野中的黑死病——从麦克尼尔的假说论起》,《全球史评论》2008 年 00 期。

《黑死病期间的英国教会》,《安徽史学》2008 年第 1 期。

《瘟疫背后的思想史——兼窥中西"天(神)谴论"之不同》,《人文杂志》2007 年第 6 期。

《黑死病期间的英国社会初揭》,《中国社会科学》2007 年第 3 期。

《瘟疫源自中国? ——14 世纪黑死病发源地问题研究述评》,《中国历史地理论丛》2007 年第 3 期。

《论黑死病对英国人口之影响》,《史学月刊》2006 年第 9 期。

《英国黑死病研究》,中国人民大学博士学位论文 2006 年。

《西方医学社会史发展述论》,《四川大学学报》2006 年第 3 期。

《试论黑死病爆发的偶然性》,《东北师范大学学报》2006 年第 1 期。

《简述西方公共健康史》,《中华医史杂志》2005 年第 4 期。

《气候、瘟疫与人口——对中古后期英国人口运动的一个考察》,《齐鲁学刊》2005 年第 3 期。

《黑死病与英国人口研究》,曲阜师范大学硕士学位论文 2003 年。

李华明(广州中医药大学)

《民国时期广州中医(执业)考试研究》,广州中医药大学硕士学位论文 2011 年。

郑洪～:《民国广州中医执业考试的实施及其影响》,《中华医史杂志》2011 年第 5 期。

李珂～郑洪:《王羲之书法名帖〈治头眩方〉与晋唐时期中医药》,《广州中医药大学学报》2011 年第

4 期。

郑洪～:《中医地域医学研究刍议》,《江西中医药学院学报》2011 年第 2 期。

李怀芝(山东中医药大学)

～杨金萍:《古代蛇纹饰的生命文化意蕴》,《医学与哲学(A)》2017 年第 7 期。

～王振国等:《〈圣济总录〉"虚劳门"医论考》,《山东中医药大学学报》2017 年第 4 期。

《〈黄帝内经〉〈针灸甲乙经〉异文例释》,《四川中医》2008 年第 7 期。

《〈灵枢〉〈太素〉异文例释》,《陕西中医》2008 年第 7 期。

李玉清～成建军:《〈难经本义〉卷首牒文的发现及其他》,《医学与哲学(人文社会医学版)》2008 年第 6 期。

《〈素问〉〈灵枢〉〈太素〉〈甲乙经〉异文例释》,《山东中医药大学学报》2008 年第 3 期。

《〈素问〉〈灵枢〉〈太素〉〈甲乙经〉异文同义举隅》,《山东中医药大学学报》2008 年第 2 期。

《〈金匮要略心典〉注释特色探析》,《江西中医学院学报》2008 年第 1 期。

《对习读〈内经〉易生歧义之文字研究》,山东中医药大学博士学位论文 2006 年。

田代华～:《汪昂医学学术思想研究》,《中医药学刊》2005 年第 7 期。

田代华～:《汪昂与〈医方集解〉》,《山东中医药大学学报》2005 年第 3 期。

《对胡澍、俞樾校诂〈素问〉的研究》,山东中医药大学硕士学位论文 2002 年。

李欢(故宫博物院)

《清宫旧藏满文〈西洋药书〉》,《紫禁城》1999 年第 4 期。

李欢玉(湖南环境生物职业技术学院)

～雷磊:《浅析〈胎产书〉的胎孕胎育理论》,《湖南中医药大学学报》2013 年第 5 期。

《湖湘医学妇科学术源流研究及临证经验整理》,湖南中医药大学硕士学位论文 2011 年。

李辉(长春师范学院)

《4—6 世纪我国北方疫灾发生规律的基本特点》,《沈阳农业大学学报(社会科学版)》2005 年第 4 期。

李卉(上海新外建工程设计与顾问有限公司/合肥工业大学)

徐震～:《医教融通:以芜湖近代弋矶山医院建筑为例》,《华中建筑》2019 年第 6 期。

《安徽省近代教会医院建筑研究(1876—1949)》,合肥工业大学硕士学位论文 2017 年。

李慧(苏州大学)

《中国红十字会参与疫疠防治的历史考察——以 1912—1937 年华东地区为中心》,苏州大学硕士学位论文 2011 年。

李会敏(河北医科大学/河北大学)

李付平、董尚朴～白建英:《罗天益针灸学术思想探讨》,《时珍国医国药》2013 年第 8 期。

《汉前医籍亡失原因探讨》,《河北中医药学报》2011 年第 2 期。

《汉前医籍亡佚状况探讨》,《河北中医》2010 年第 12 期。

《中医古籍亡佚原因的探究》,河北大学硕士学位论文 2010 年。

～董尚朴:《〈采艾编〉与〈采艾编翼〉作者考辨》,《中华医史杂志》2009 年第 6 期。

《论中医图书馆古籍的开发》,《图书馆理论与实践》2005 年第 1 期。

董尚朴、张暖～:《先秦形式逻辑对〈内经〉的影响》,《中医药学刊》2003 年第 3 期。

～董尚朴等:《窦默相关著作内容与版本考》,《河北中医》2002 年第 6 期。

～董尚朴等:《窦默医著内容与版本考》,《河北中医》2002 年第 5 期。

～董尚朴:《"开鬼门洁净府"不是发汗利小便》,《山东中医杂志》2002 年第 5 期。

董尚朴～:《〈指微赋〉作者籍贯考》,《北京中医药大学学报》2002 年第 3 期。

赵士斌～:《刘完素与其医著考》,《河北中医药学报》2002 年第 2 期。

董尚朴～:《辨章学术 考镜源流——略述郭霭春先生学术贡献》,《天津中医学院学报》2002 年第 1 期。

李慧婷(河南理工大学)

《日本近现代灾害应对管理体系变迁研究》,河南理工大学硕士学位论文 2017 年。

李慧欣(上海商学院)

《美国商业长期护理保险的发展及其启示》,《金融理论与实践》2014 年第 4 期。

李冀

《红色医生——李贡》,《爱国卫生》1960 年第 2 期。

李冀(黑龙江中医药大学)

高长玉～姜志梅:《中医古籍对五软论述探要》,《长春中医药大学学报》2017 年第 4 期。

王呈祥……胡妮娜～:《"配伍"古今浅谈》,《中医药信息》2017 年第 3 期。

马少丹、杨桢～:《〈医学衷中参西录〉中龙骨牡蛎配伍运用浅析》,《光明中医》2016 年第 13 期。

陈宝忠……燕飞如～:《从〈辨证录〉探析心肾不交证的治疗用药特点》,《江西中医药》2016 年第 9 期。

方芳～高彦宇等:《〈医门法律〉遣药组方特点之性味谈》,《中华中医药杂志》2016 年第 2 期。

～高彦宇等:《喻昌"一法三则"组方探析》,《中华中医药杂志》2015 年第 8 期。

～隋姝婷等:《酒剂的起源发展与现代临床应用》,《中医药信息》2015 年第 5 期。

李雨庭、李在斯～王晶霞:《WHO 与世中联的中医名词术语翻译之己见》,《中国中医药现代远程教育》2015 年第 5 期。

范蕊……段富津～:《浅谈陈修园治痰饮病七法》,《中医药信息》2015 年第 2 期。

～黄艳霞等:《解析茶在古方剂中之配伍意义》,《中医药学报》2014 年第 4 期。

方芳……顾媛媛～:《喻昌学术思想初探》,《中医药信息》2013 年第 5 期。

殷越……徐慧馨～王皓宇:《钱乙及〈小儿药证直诀〉学术成就述评》,《中医药信息》2013 年第 2 期。

王烨燃～:《〈汤液经法〉药性组方法则浅析》,《中医药学报》2012 年第 5 期。

张绍峰……张冉～:《〈中藏经〉内伤疾病填精法与消癥散结法探讨》,《中医药信息》2012 年第 5 期。

王烨燃……王艳丽～:《先秦时期方剂组方法则浅析》,《中医药信息》2012 年第 4 期。

～田雷:《〈祖剂〉与〈伤寒论类方〉比较》,《中医药学报》2012 年第 3 期。

高长玉、杜鹃～:《黄元御中气升降理论探析》,《中医学报》2011 年第 10 期。

～李胜志:《二元一体阴阳互用〉质朴而深刻的教育理念》,《辽宁中医药大学学报》2011 年第 8 期。

高长玉～:《四神丸方源溯源》,《中医药学报》2011 年第 4 期。

高长玉……王秀珍～:《"阴阳者,天地之道也"辨析》,《江苏中医药》2011 年第 4 期。

～王烨燃:《王清任活血化瘀法用药特点探析》,《辽宁中医杂志》2008 年第 6 期。

～王烨然:《〈医林改错〉活血化瘀法 14 则组方特点研究》,《中华中医药学刊》2008 年第 5 期。

～张绍峰:《〈中藏经〉中"桂"的考证》,《中医药信息》2008 年第 2 期。

李晓琳～:《〈遵生八笺·四时调摄笺〉概述》,《中医药信息》2007 年第 6 期。

～于海:《张锡纯"大气说"浅析》,《中医药信息》2007 年第 5 期。

～毕君辉:《张仲景药物配伍规律浅析》,《中医药学刊》2006 年第 1 期。

～孙琳林等:《浅谈李东垣对枳术丸的运用》,《福建中医药》2005 年第 6 期。

高长玉～:《〈内经〉的方剂学理论成就》,《中医药信息》2005 年第 3 期。

～于洋:《仲景温阳化饮法配伍探析》,《中医药信息》2004 年第 3 期。

王春丽……范小兵～段富津:《头风、头痛的方剂学探源》,《中医药信息》2003 年第 3 期。

～韩向东:《"其盛,可待衰而已"辨析》,《中医药学报》2000 年第 6 期。

郭文峰～:《张景岳运用熟地配伍举隅》,《中医药信息》1999 年第 4 期。

王春丽……邹艳红～程丽敏等:《仲景学说中的时间医学观探》,《中医药信息》1997 年第 2 期。

李霁(湖南师范大学)

《诚信与中国患医关系的重塑》,湖南师范大学博士学位论文 2004 年。

《人类医学模式递嬗的伦理意蕴》,湖南师范大学硕士学位论文 2001 年。

～张怀承:《生物心理社会医学模式存在合理性的伦理学分析》,《医学与哲学》2000 年第 4 期。

李霁(中南大学湘雅二医院)

～张怀承:《患者权利运动的伦理审视》,《中国医学伦理学》2007 年第 12 期。

聂精保……陈学谦～:《侵华日军的人体实验及其对当代医学伦理的挑战》,《医学与哲学》2005 年第 6 期。

～张怀承:《医学模式的演进与患医关系的变更》,《中国医学伦理学》2004 年第 2 期。

～王周:《患者隐私:不容侵犯的私人化领地》,《中国新医药杂志》2003 年第 9 期。

～张怀承:《选择的困惑与困惑的选择——医学道德冲突初论》,《医学与哲学》2000 年第 12 期。

李继昌(中华书局)

《列宁格勒藏〈孙真人千金方〉残卷考索》,《敦煌学辑刊》1988 年 Z1 期。

李计筹(广州中医药大学)

郭强～:《美国约老会在广东的医疗慈善活动》,《南京中医药大学学报(社会科学版)》2018 年第 4 期。

郭强～:《广州博济医院的经费来源研究(1858 年～1926 年)》,《医学与哲学(A)》2018 年第 10 期。

郭强～:《近代来粤医学传教士对结石病的研究——以广州博济医院为中心》,《南京中医药大学学报(社会科学版)》2017 年第 2 期。

～郭强:《近代来华医学传教士对〈达生编〉的翻译传播及对中国产科的评价》,《广州中医药大学学报》2016 年第 6 期。

郭强～:《合信与近代中国西医教育》,《医学与哲学(A)》2015 年第 9 期。

～郭强:《博济医院与广州公共卫生事业》,《中华医史杂志》2015 年第 4 期。

《广州博济医学堂与近代中国西医教育》,《西北医学教育》2015 年第 4 期。

～郭强:《任赞与〈保赤新编〉》,《中医文献杂志》2015 年第 4 期。

郭强～:《〈印中搜闻〉视域中的中国医学》,《广州中医药大学学报》2015 年第 4 期。

《民国时期广州的种痘事业》,《南京中医药大学学报(社会科学版)》2014 年第 2 期。

郭强～:《近代广东教会医院的创办及时空分布》,《宗教学研究》2014 年第 2 期。

～郭强:《近代广州公共卫生发展困局初探》,《广州广播电视大学学报》2013 年第 2 期。

～郭强:《近代两广总督与广州的公共卫生事业》,《南京中医药大学学报(社会科学版)》2012 年第 3 期。

～郭强:《〈喉证指南〉作者辨及其他》,《中医文献杂志》2011 年第 3 期。

郭强～:《鼻咽癌疾病史的研究》,《江苏中医药》2008 年第 11 期。

郭强～:《建国前岭南中医喉科文献整理初探》,《中医文献杂志》2008 年第 2 期。

李几昊(厦门大学/上海中医药大学)

《疾病与战争》,《中国医学人文》2019 年第 11 期。

～洪静等:《中医方剂中的儒家文化内涵刍议——以"四君子汤"为例》,《中医文献杂志》2019 年第 5 期。

刘根辉、孔谦～:《〈伤寒论〉"弥更益"表"程度"义补正》,《语言研究》2019 年第 1 期。

～温昊天等:《〈太平御览·饮食部〉食疗内容初探》,《中医药文化》2018 年第 6 期。

～温昊天:《〈伤寒论〉第 316 条"少阴病真武汤证"考释》,《中医文献杂志》2018 年第 1 期。

李继明(成都中医药大学/四川中医学院)

王一童、贾波～刘兴隆等:《桂芍楮实汤配伍原理及源流初探》,《现代中医药》2019 年第 4 期。

陈星、马程功～:《〈黄帝内经〉中时间医学思想浅谈》,《湖南中医杂志》2018 年第 6 期。

王一童～贾波:《老官山医简〈六十病方〉治消渴诸方组方用药特点探析》,《中华中医药杂志》2018 年第 5 期。

叶莹……任玉兰～:《老官山汉墓医简〈诸病一〉论"风"的内容与特点》,《中华医史杂志》2018 年第 3 期。

陈星……王一童～:《老官山汉墓医简时间医学思想初探》,《中医药文化》2018 年第 1 期。

陈星、马程功～:《中医学文献分类源流考》,《河北中医》2018 年第 1 期。

王一童～贾波:《〈敝昔诊法〉的诊断理论探析》,《中华中医药杂志》2017 年第 5 期。

叶莹……任玉兰～:《成都老官山汉墓出土医简〈诸病(一)〉的内容与价值初探》,《中华医史杂志》2017 年第 3 期。

陈星、王一童～:《老官山汉墓医简石法探析》,《中医药文化》2017 年第 3 期。

杨华森……谭红兵～:《老官山竹简〈医马书〉浅识》,《中医文献杂志》2017 年第 1 期。

刘小梅～:《老官山汉墓医简中脉诊理论学术思想初探》,《中医药文化》2017 年第 1 期。

任玉兰、梁繁荣～陈芷涵等:《成都老官山汉墓出土医简〈十二脉〉〈别脉〉内容与价值初探》,《中华医史杂志》2017 年第 1 期。

刘小梅～:《老官山汉墓医简中的色诊内容初探》,《中医药文化》2016 年第 6 期。

任玉兰、梁繁荣～陈芷涵等:《成都老官山汉墓出土医简〈刺数〉内容与价值初探》,《中华医史杂志》2016 年第 6 期。

～任玉兰等:《老官山汉墓医简的种类和定名问题探讨》,《中华医史杂志》2016 年第 5 期。

王一童、王丽～:《成都老官山汉墓出土医简标识符号析义》,《中医药文化》2016 年第 1 期。

赵怀舟、和中浚～周兴兰等:《成都老官山汉墓〈六十病方〉和〈武威汉代医简〉的比较研究》,《中医药文化》2015 年第 5 期。

和中浚～赵怀舟等：《老官山汉墓〈六十病方〉与马王堆〈五十二病方〉比较研究》，《中华医药文化》2015 年第 4 期。

赵怀舟、和中浚～王一童等：《〈六十病方〉地名略考》，《中医药文化》2015 年第 4 期。

王一童～：《〈临证指南医案〉肠痹浅析》，《成都中医药大学学报》2015 年第 2 期。

张建伟～：《〈论语〉中的中医养生思想》，《成都中医药大学学报》2009 年第 4 期。

《论"证"的主观性与客观性》，《成都中医药大学学报》2006 年第 3 期。

《论中医外感致病因素》，《成都中医药大学学报》2004 年第 2 期。

《中医古典目录学史提纲》，《中医文献杂志》1999 年第 4 期；2000 年第 1 期。

《喉科专书考评》，《成都中医药大学学报》1999 年第 4 期。

《元代医家吕复及其在中医目录学上的贡献》，《成都中医药大学学报》1998 年第 1 期。

廖正烈～：《李克光学术思想述略》，《四川中医》1997 年第 9 期。

黄英志～：《〈幼科铁镜〉的治学思想与学术特色》，《中医药学报》1996 年第 4 期。

黄英志～：《〈幼科铁镜〉天保采薇汤析微》，《成都中医药大学学报》1996 年第 2 期。

《李斯炽学术思想抉要》，《四川中医》1992 年第 9 期。

李纪平（黑龙江中医药大学）

刘雅芳～：《中西医结合治疗精神疾病初期进展》，《科技创新与应用》2012 年第 17 期。

常存库、王芝兰～：《同化与顺应：中西医认识建构论纲——兼论中医学认识建构特点》，《中国中医基础医学杂志》2008 年第 1 期。

《精神医学领域中西医结合研究的发展历程》，黑龙江中医药大学硕士学位论文 2007 年。

～程伟等：《20 世纪 50 年代精神医学的中西医结合研究》，《中华医史杂志》2007 年第 4 期。

李际强（广东省中医院/广州中医药大学第二附属医院）

杨荣源、刘云涛～：《肺系疫病历代文献的内容分析及理论探讨》，《四川中医》2015 年第 7 期。

～罗翌：《何梦瑶治疗瘟疫病学术思想探讨》，《中医文献杂志》2009 年第 2 期。

～李振洁等：《试述〈金匮要略〉中治肺止咳方法的特点》，《辽宁中医药大学学报》2007 年第 4 期。

李济仁（皖南医学院）

～朱长刚等：《浅谈古代卫生保健》，《中医临床与保健》1989 年第 2 期。

～胡剑北：《〈医宗粹言〉作者考》，《安徽中医学院学报》1989 年第 2 期。

～朱长刚等：《〈内经〉养生学说与心理卫生浅论》，《皖南医学院学报》1989 年第 1 期。

～胡剑北等：《新安医学概况》，《皖南医学院学报》1988 年第 3 期。

～童小林等：《吴昆和〈素问吴注〉》，《安徽中医学院学报》1987 年第 3 期。

胡剑北～秦德平：《良工施治当重择时——略论〈内经〉择时施治说及其临床意义》，《山西中医》1987 年第 2 期。

～夏黎明：《孙思邈食疗探赜》，《江苏中医杂志》1986 年第 12 期。

符磊～秦德平：《洪缉庵及其〈虚损启微〉》，《陕西中医》1986 年第 6 期。

～孙世发：《〈慎斋遗书〉窥探》，《江苏中医杂志》1986 年第 1 期。

胡剑北～秦德平：《〈内经〉法时而治思想探讨》，《陕西中医》1985 年第 10 期。

～仝小林：《略述景岳理虚解表之特色》，《安徽中医学院学报》1984 年第 3 期。

程宜福～秦德平:《〈内经〉发病学初探》,《皖南医学》1981 年第 15 期。

李季孝

《黑热病的病史及其病原体》,《陕卫半月刊》1947 年 10 月 16 日号。

李继业(苏州大学)

～王卫平:《民国时期城市卫生行政中的社会参与——以 1912—1937 年的苏州卫生委员会为中心》,《学习与探索》2013 年第 3 期。

李寄云(郑州大学/河南医科大学)

范章宪、杜百廉～李逊霞等:《对河南荥阳青台遗址人骨骨病的研究》,《河南医学研究》2001 年第 3 期。

～王勇奎等:《对郑州市洼刘遗址人骨骨病的观测》,《河南医学院》2000 年第 2 期。

李佳策

《上海租界的医疗卫生统计》,《上海统计》2003 年第 10 期。

李家浩(北京大学/河北大学)

～杨泽生:《北京大学藏汉代医简简介》,《文物》2011 年第 6 期。

《马王堆汉墓帛书祝由方中的"由"》,《河北大学学报(哲学社会科学版)》2005 年第 1 期。

李佳卉(台湾师范大学)

《日治时期台湾"污物"处理之研究》,台湾师范大学硕士学位论文 2011 年。

李佳静(台湾大学)

《生物医学人体研究之告知后同意——以未成年人、精神疾患者及原住民族为中心》,台湾大学硕士学位论文 2013 年。

李嘉荣(番禺市人民医院)

《中医针灸在美国》,《广州医药》1998 年第 2 期。

李佳晔(兰州大学)

《二十世纪三四十年代甘肃省卫生处研究》,兰州大学硕士学位论文 2016 年。

李家振(济南市社会科学研究所)

《扁鹊对中国医学的贡献》,《管子学刊》1990 年第 1 期。

李健

～兰莹:《新加坡医疗保障制度起源》,《中国医院院长》2013 年第 17 期。

李剑(广州中医药大学)

《医药院校开设中医课程的历史考察——以〈健康报〉为中心》,《中医文献杂志》2019 年第 5、6 期。

《建国初中医政策的转折点:中南区第一次中医代表会议》,《中医文献杂志》2018 年第 4 期。

《从中医进修到中医温课》,《中华医史杂志》2018 年第 3 期。

《建国初期枯痔疗法的传布与枯痔散的流变》,《中国科技史杂志》2018 年第 2 期。

《农村产院与新法接生》,《南京中医药大学学报(社会科学版)》2018 年第 2 期。

《20 世纪 50 年代的"药荒"与延续 20 年的"小秋收"》,《中华医史杂志》2017 年第 5 期。

《中药材短缺及其经营管理权的变更(1949—1957)》,《中国科技史杂志》2017 年第 3 期。

《1966—1976 年中国子宫脱垂、尿瘘治疗概况》,《中华医史杂志》2017 年第 2 期。

《离合之间:新中国第一次流脑疫情与中西医防治》,《南京中医药大学学报(社会科学版)》2017 年第 1 期。

刘迪成～：《新中国成立初期的种痘运动》，《当代中国史研究》2016年第6期。

《新中国第1次子宫脱垂普查普治（1959—1966）》，《中华医史杂志》2016年第5期。

《献方与采风》，《中国科技史杂志》2015年第4期。

《团结中西医方针的演变和确立》，《中华医史杂志》2014年第6期。

郭巧巧～：《1963年广东省中医学徒出师考试始末》，《中华医史杂志》2012年第2期/《光明中医》2012年第8期。

郭彩霞～：《20世纪50年代广州联合诊所附设药房、药柜概况》，《中华医史杂志》2011年第1期。

黄永秋～：《新中国成立初期苏联对我国高等医学教育的影响》，《中国高等医学教育》2007年第9期。

毕小丽～：《建国初期中医进修的历史成因及其影响》，《中华医史杂志》2006年第1期。

黄永秋～：《贺诚与新中国"预防为主"卫生工作方针的创立》，《南京中医药大学学报（社会科学版）》2005年第4期。

黄永秋～邱鸿钟：《中国传统医学之人文精神考释》，《中医药学刊》2005年第2期。

王中越～：《中西医结合是个复杂艰巨的发展过程》，《广州中医药大学学报》2004年第1期。

张瑞贤～王家葵：《广州中医药大学藏龙门方拓本研究》，《山东中医药大学学报》1998年第4期。

詹姆斯·汉金森～邱鸿钟：《技艺与经验：希腊哲学和医学的地位》，《医学与哲学》1998年第3期。

邱鸿钟～王一方：《病患意义的追寻——评〈病患的意义〉》，《医学与哲学》1997年第4期。

《亨利·西格里斯与中国医学界的联系及其影响》，《中华医史杂志》1994年第1期。

Roderick E.Mc Grew～：《医学史发展两百年史》，《医学与哲学》1993年第12期。

《全国医药团体总联合会的创立、活动及其历史地位》，《中国科技史料》1993年第3期。

《亨利·西格里斯对医学社会学的贡献》，《中国社会医学》1993年第2期。

《中央国医馆的成立及其历史作用》，《广州中医学院学报》1992年第2期。

《民国时期的医史学术团体》，《中华中医史杂志》1992年第2期。

《亨利·西格里斯：卓越的医史学家和医学社会学家》，《自然辩证法通讯》1992年第1期。

～邓铁涛：《民国时期四个医史学会的比较》，《广州中医学院学报》1989年第2期。

《近代中国医学史研究的回顾与探索》，广州中药学院硕士学位论文1989年。

李健（河南医科大学第一附属医院）

～吴丽莉等：《幽门螺旋杆菌发现简史》，《中华医史杂志》1999年第4期。

李建（美国北爱荷华大学）

《当代医学人类学理论：持续、变革与发展》，《湖南学院学报》2007年第6期。

《粪便处理和农业利用与血吸虫病在长江流域的流行：1905—1949》，《长沙电力学院学报（自然科学版）》2006年第4期。

李健（辽宁大学）

《日本排放核废液入海的国家责任研究》，辽宁大学硕士学位论文2017年。

李健（中国中医科学院）

～张卫等：《〈证类本草〉版本系统划分依据探讨——兼论〈绍兴本草〉与〈新编类要图注本草〉版本系统的归属》，《中华医史杂志》2012年第4期。

～张卫等：《〈大全本草〉版本研究》，《中华医史杂志》2009年第4期。

《清以前〈证类本草〉的版本研究》，中国中医科学院硕士学位论文2009年。

李健兵(陕西财经职业技术学院)

《汉代健身图谱〈导引图〉探源》,《兰台世界》2011 年第 23 期。

李建东(浙江日报社)

《〈饮膳正要〉学术价值刍议》,《中国民族医药杂志》1997 年 S1 期。

《〈幼幼集成〉按摩法刍议》,《按摩与导引》1995 年第 3 期。

《"阳有余阴不足"论与"阳非有余真阴不足"论之异同》,《江苏中医》1992 年第 6 期。

李建国(广州中医药大学)

原彰~陈冲:《日本介护保险对我国长期护理保险的启示》,《卫生软科学》2019 年第 10 期。

~陈彩萍:《我国全民医保对农村居民的收入效应分析》,《卫生经济研究》2017 年第 1 期。

《中英两国对中医药研发创新认识差异的访谈分析》,《上海医药》2014 年第 15 期。

~王洪琦:《〈内经〉与〈周易〉阴阳五行观之比较》,《贵阳中医学院学报》2009 年第 5 期。

《〈周易〉与〈黄帝内经〉学术思想的比较研究》,广州中医药大学博士学位论文 2009 年。

~王洪琦:《浅论〈内经〉〈神不使〉》,《福建中医药》2002 年第 2 期。

《试析孙思邈养性之道》,《陕西中医学院学报》2001 年第 6 期。

李建华(晋中市第一人民医院)

~邢宏萍等:《清末民初山西省主要教会医院简介》,《中华医史杂志》2004 年第 2 期。

李鉴慧(台湾天主教辅仁大学)

《由"棕狗传奇"论二十世纪初英国反动物实验运动策略之激进化》,《新史学》第 23 卷第 2 期(2012.6)。

《An Unnatural Alliance? Political Radicalism and the Animal Defence Movement in Late Victorian and Edwardian Britain》,《欧美研究》第 42 卷第 1 期(2012.3)。

《挪用自然史:英国十九世纪动物保护运动与大众自然史文化》,《成大历史学报》第 38 期(2010.6)。

《十九世纪英国动物保护运动与基督教传统》,《新史学》第 20 卷第 1 期(2009.3)。

李建军(北京卫戌区军事志领导小组办公室)

~纪红建:《揭开侵华日军 1855 细菌战部队之谜》,《军事历史》2004 年第 4 期。

李建梅(广州中医药大学)

李禾~:《清末医家罗芝园〈鼠疫汇编〉版本源流考》,《中医药文化》2007 年第 1 期。

李禾~:《晚清鼠疫专著书名人名及版本相关问题辨疑》,《中医文献杂志》2005 年第 4 期。

李禾~:《论黎佩兰〈时症良方释疑〉的学术成就及其意义》,《中华医史杂志》2005 年第 2 期。

《岭南医家罗芝园〈鼠疫汇编〉整理及相关研究》,广州中医药大学硕士学位论文 2005 年。

《从〈时病论〉看雷少逸辨治疟疾特点》,《江苏中医药》2004 年第 1 期。

《〈鼠疫汇编〉辨治鼠疫的思路与方法》,《广西中医药》2003 年第 4 期。

李建民(台湾中央研究院)

《丝路上的牛黄药物交流史》,《中医药文化》2018 年第 1 期。

《"羊矢"之谜与中医肌肉的身体观》,《中医药文化》2016 年第 3 期。

《作为方法的中医出土文物》,《医疗社会史研究》2016 年第 2 期。

《被忽视的中医手术史》,《南京中医药大学学报(社会科学版)》2016 年第 1 期。

《比较医学史的再思考》,《历史研究》2015 年第 2 期。

《"医古文"与医学史》，《中医药文化》2014 年第 3 期。

《胡美医生与疼痛中的"中国身体"》，《校园》第 56 卷第 1 期（2014.2）。

《"阴门阵"新论——明清身体的文化小史》，《东华人文学报》第 21 期（2012.7）。

《一百年的忧郁》，《校园》第 53 卷第 4 期（2011.8）。

郑金生～：《现代中国医学史研究的源流》，《大陆杂志》第 95 卷第 6 期（1997.12）。

《中国医学的"一种文化"——史料、方法与视野》，《古今论衡》第 18 期（2008.10）。

《女医杀人——西汉许平君皇后谋杀案新考证》，《古今论衡》第 17 期（2007.12）。

《失窃的技术——〈三国志〉华佗故事新考》，《古今论衡》第 15 期（2006.10）。

《日记中的医疗史——以史语所所藏王摇〈日记〉为中心》，《古今论衡》第 13 期（2005.10）。

《督脉与中国早期养生实践——奇经八脉的新厌旧之二》，《中央研究院历史语言研究所集刊》第 76 本第 2 分（2005.6）。

《艾灸的诞生》，黄应贵主编《物与物质文化》（台北：中央研究院民族学研究所 2004 年）。

《中国医学史研究的新视野》，《新史学》第 15 卷第 3 期（2004.9）。

《〈本草纲目·火部〉考释》，《中央研究院历史语言研究所集刊》第 73 本第 3 分（2002.9）。

《禹凿山川知脉络》，《古今论衡》第 7 期（2002.2）。

《汉代〈移病〉研究》，《新史学》第 12 期第 4 卷（2001.12）。

《〈汉书·江充传〉"桐木人"小考》，《中国科技史料》2001 年第 4 期。

《范行准，〈中国预防医学思想史〉》，《新史学》第 11 卷第 2 期（2000.6）。

《王莽与王孙庆——记公元一世纪的人体剖剥实验》，《新史学》第 10 卷第 4 期（1999.12）。

《山田庆儿，〈中国医学の思想の风土〉》，《新史学》第 10 卷第 1 期（1999.3）。

《明堂与阴阳——以〈五十二病方〉"灸其泰阴泰阳"为例》，《中央研究院历史语言研究所集刊》第 70 本第 1 分（1999.3）。

《一个新领域的摸索：记史语所"生命医疗史研究室"的缘起》，《古今论衡》第 1 期（1998.10）。

《汉魏"暴室"考略》，《中华医史杂志》1998 年第 2 期。

《赵洪钧著〈内经时代〉》，《新史学》第 8 卷第 4 期（1997.12）。

《中国古代"禁方"考论》，《中央研究院历史语言研究所集刊》第 68 本第 1 分（1997.3）。

《"妇人媚道"考——传统家庭的冲突与化解方术》，《新史学》第 7 卷第 4 期（1996.12）。

《山田庆儿着〈古代东亚哲学与科技文化〉》，《新史学》第 7 卷第 1 期（1996.3）。

《廖育群着〈岐黄医道〉》，《新史学》第 6 卷第 1 期（1995.3）。

《石田秀实着〈气：流れる身体〉》，《新史学》第 5 卷第 3 期（1994.9）。

《祟病与"场所"：传统医学对祟病的一种解释》，《汉学研究》第 12 卷第 1 期（1994）。

《马王堆汉墓帛书"禹藏埋胞图"笺证》，《中央研究院历史语言研究所集刊》第 65 本第 4 分（1994 月 12 月）。

《石田秀实着〈气：流れる身体〉》，《新史学》第 5 卷第 3 期（1994.9）。

《传统医疗史研究的若干省思——〈陈胜崑医师全集〉读后》，《新史学》第 3 卷第 3 期（1992.9）。

《曹元宇辑注〈本草经〉》，《新史学》第 3 卷第 1 期（1992.3）。

李剑荣（山东中医药大学）

孔熠……徐泽～杜广中：《猪又启岩〈孔穴学〉对民国时期针灸学发展的影响》，《针灸临床杂志》2016 年第 6 期。

～黄龙祥等：《尧天民〈中国针灸医学〉考略》，《中国针灸》2015 年第 6 期。

《民国时期针灸医籍书目考》，山东中医药大学硕士学位论文 2015 年。

李建武（南开大学）

《明代前期"九边"医疗状况初探》，《中华医史杂志》2014 年第 1 期。

李健祥（台湾中国医药大学）

《儒医平议》，《中华医史杂志》2009 年第 5 期。

李建彦（长春中医药大学）

《经络气血相关的文献研究》，长春中医药大学硕士学位论文 2012 年。

李剑颖（漯河市第二人民医院）

～杨建宇：《谈药王孙思邈对中医药学的贡献》，《中国中医药现代远程教育》2011 年第 19 期。

李江（宁波大学医学院附属医院）

陈芙庭～：《1949 年以来手术签字制度的变迁》，《中华医史杂志》2012 年第 1 期。

《60 年来中国颅骨修补材料的应用》，《中华医史杂志》2011 年第 4 期。

～徐将荣：《手术同意书的法律地位及实践的若干思考》，《中华医院管理杂志》2009 年第 4 期。

李江全（南京中医药大学）

《明代医家万全预养、胎教及婴幼儿保健学术思想探析》，《甘肃中医》2003 年第 11 期。

李娇（南京大学）

《英格兰乔治·伽尼医学思想研究》，南京大学硕士学位论文 2018 年。

李娇娇（南京大学）

《"文革"前江苏省的计划生育工作》，南京大学硕士学位论文 2011 年。

《"文革"前江苏省的计划生育工作》，《江苏大学学报（社会科学版）》2010 年第 5 期。

《抗战期间贵州现代医疗卫生事业的发展》，《徐州师范大学学报（哲学社会科学版）》2009 年第 5 期。

李娇娇（遵义医学院）

～谭秀荣：《〈贵州卫生〉与地方现代卫生事业发展》，《锦州医科大学学报（社会科学版）》2017 年第 2 期。

～徐勇：《抗战时期内迁贵州医疗机构、院校与贵州的公共卫生事业发展》，《医学与哲学（A）》2014 年第 11 期。

谭秀荣、姚远～：《〈药学季刊〉的创刊及其科学史价值》，《编辑学报》2014 年第 3 期。

李洁（安阳师范学院）

《新时期戏剧中疯癫形象的审美意蕴》，《四川戏剧》2014 年第 9 期。

李杰（兰州大学）

《对少数民族地区医疗状况的分析——以甘南州为例》，《甘肃农业》2007 年第 8 期。

李杰（青海医学院）

《中西医对七情致病认识的比较分析》，《云南中医药杂志》1995 年第 6 期。

李晋（中国人民大学）

《"向死而在"——佛教、医学与临终关怀》，《社会观察》2007 年第 9 期。

《佛教、医学与临终关怀实践——基于人类学的研究》，《社会科学》2007 年第 9 期。

李金慧(首都师范大学)

《20 世纪 90 年代以来美国健康促进政策分析》,首都师范大学硕士学位论文 2004 年。

李金菊(中国中医科学院)

《汉传佛教养生的历史研究》,中国中医科学院博士学位论文 2007 年。

《佛教养生特点初探》,《中华医史杂志》2007 年第 2 期。

李金莲(楚雄师范学院)

《论巫蛊信仰对西南民族地区女性的影响及其司法干预——基于人身伤害案例(1950—2002)的分析》,《湖南警察学院学报》2019 年第 3 期。

《论明清小说中的月经隐语及其女性叙事》,《楚雄师范学院学报》2018 年第 4 期。

《作为典故的"程姬之疾"及其他》,《文史天地》2014 年第 8 期。

《民国时期西南地区的麻风病》,《文史天地》2013 年第 10 期。

~朱和双:《月经人类学:聚焦女性被遮蔽的生活方式》,《世界民族》2012 年第 3 期。

~朱和双:《洁净与危险:人类学对月经研究的理论与实践》,《广西民族大学学报(哲学社会科学版)》2012 年第 2 期。

~朱和双:《中国现代民俗学者的月经禁忌研究》,《西北民族研究》2012 年第 1 期。

~朱和双:《试论〈语丝〉时期江绍原的〈天癸观〉研究》,《贵州文史丛刊》2011 年第 3 期。

朱和双~:《阿昌族民间的生育习俗及其文化变迁》,《楚雄师范学院学报》2008 年第 5 期。

《阿昌族民间的月经禁忌与信仰习俗》,《宗教学研究》2008 年第 4 期。

《中国民间的月经隐语与文化变迁》,《云南民族大学学报(哲学社会科学版)》2008 年第 3 期。

《阿昌族妇女的经期护理方式及其现代变迁》,《怀化学院学报》2007 年第 7 期。

~朱和双:《女性割礼:妇女人权与文化民族主义的悖论》,《思想战线》2007 年第 1 期。

《中国传统婚俗中的月经禁忌与民间信仰》,《楚雄师范学院学报》2006 年第 7 期。

《女性、污秽与象征:宗教人类学视野中的月经禁忌》,《宗教学研究》2006 年第 3 期。

~朱和双:《论中国少数民族的月经禁忌与女性民俗》,《楚雄师范学院学报》2005 年第 5 期。

朱和双~:《财神就是瘟神:当代泰国性旅游业的发展与艾滋病的蔓延》,《红河学院学报》2005 年第 1 期。

《恐惧与象征:云南少数民族的蛇禁忌与蛇巫术》,《红河学院学报》2004 年第 5 期。

朱和双~:《云南少数民族对月经的认知与妇女经期护理》,《民族研究》2004 年第 3 期。

李金龙(新加坡中医学院)

《新加坡针灸事业的发展》,《中国针灸》1986 年第 5 期。

李金湜(北京大学)

~张大庆:《中国近代生理学学术谱系研究初探——以北京协和医学院生理学系为例》,《医学与哲学(A)》2013 年第 5 期。

《中国近代生理学学术谱系》,《中华医史杂志》2013 年第 2 期。

李金田(甘肃中医药大学、甘肃中医学院)

胡蓉、梁建庆~李娟等:《从"三才"思想探讨敦煌医学中的灸法》,《西部中医药》2019 年第 6 期。

张越美、张毅~李娟等:《基于"太阳中暍"谈张仲景治暑之法》,《中华中医药杂志》2019 年第 6 期。

杜雪洋、梁建庆~李娟等:《论三才思想在敦煌医学五脏论中的体现》,《西部中医药》2019 年第 4 期。

刘涛、王中华～赖乾:《浅析张仲景五脏元真通畅思想》,《中医学报》2019 年第 4 期。

孙雪……王功臣～安耀荣等:《"三才"一体医学模式在敦煌医学文献中的体现》,《甘肃中医药大学学报》2019 年第 3 期。

曾启宇、张毅～李娟等:《论仲景用"和法"治水饮》,《中医药导报》2018 年第 17 期。

张越美、张毅～李娟等:《论仲景"通腑安脏"思想》,《中医研究》2018 年第 11 期。

胡蓉、田永衍～赵小强等:《中医之"表"新论》,《北京中医药大学学报》2018 年第 10 期。

曾启宇、梁建庆～李娟:《论三才思想在敦煌医学脉诊法中的体现》,《中华中医药杂志》2018 年第 8 期。

郭宏明……李娟～史光伟等:《心脏神经官能症在〈伤寒杂病论〉中治疗探析》,《中医研究》2018 年第 7 期。

陈继尧～:《从"有故无殒,亦无殒也"看〈金匮要略〉妊娠病用药》,《临床医药文献电子杂志》2018 年第 54 期。

胡蓉、梁建庆～李娟等:《论"三才"思想在敦煌医学文献中的体现》,《甘肃中医药大学学报》2018 年第 3 期。

刘涛、王中华～张毅等:《〈伤寒论〉中虚实与八纲辨证中虚实的差异浅析》,《新中医》2018 年第 3 期。

张越美、张毅～李娟等:《论仲景趺阳脉》,《中医研究》2017 年第 12 期。

刘涛……李娟～余森豪等:《结合〈伤寒论〉探讨"通阳不在温而在利小便"》,《中国中医药信息杂志》2017 年第 9 期。

王萌、张毅～:《从〈神农本草经〉论茯苓在经方中的应用》,《中国中医基础医学杂志》2017 年第 8 期。

张朝宁～:《张仲景保胃气学术思想及其在肺胀病中的应用辨析》,《中国中医基础医学杂志》2017 年第 3 期。

张毅、王萌～:《论甘草在〈伤寒杂病论〉中的应用》,《中医研究》2017 年第 3 期。

曾启宇、张毅～李娟等:《论张仲景攻邪法治痰饮》,《中医研究》2017 年第 2 期。

张朝宁～:《〈伤寒论〉"不存在症"的临床意义探析》,《中国中医基础医学杂志》2017 年第 1 期。

刘涛……李娟～赖乾等:《〈伤寒杂病论〉药物煎服方法及药后调摄浅析》,《中医杂志》2016 年第 24 期。

王萌……李娟～:《"诸寒收引,皆属于肾"在〈伤寒杂病论〉中的应用浅析》,《新中医》2016 年第 11 期。

赖乾～袁振洁等:《〈金匮要略〉所载方药对肺间质纤维化治疗理论分析》,《亚太传统医药》2016 年第 12 期。

张毅……李娟～:《从〈脉经〉论大柴胡汤证治》,《中医研究》2016 年 5 起。

王萌……李娟～:《论〈伤寒论〉三阴病之由阴转阳》,《中医研究》2016 年第 2 期。

黄晓芬、李娟～段小红等:《论〈伤寒论〉保胃气思想》,《陕西中医药大学学报》2016 年第 1 期。

史正刚～刘喜平等:《敦煌医学及其文化内涵探析》,《甘肃中医学院学报》2014 年第 5 期。

戴恩来……朱向东～:《皇甫宏著 承先启后——晋朝高秀皇甫谧及其〈针灸甲乙经〉》,《中国现代中药》2013 年第 5 期。

戴恩来……朱向东～:《汉代医简 辨证先声——武威汉代医简及其价值》,《中国现代中药》2013 年第 4 期。

～金华等:《岐黄问答 千载流芳——岐伯与岐黄文化的历史功绩》,《中国现代中药》2013 年第 3 期。

～朱向东……金华:《敦煌医学 宝藏奇葩——敦煌医学的学术和研究价值探析》,《中国现代中药》2013 年第 2 期。

张维亮～付爱华:《宋以前〈伤寒论〉流传概况》,《中华中医药学刊》2012 年第 4 期。

梁永林、刘稼～李应存:《敦煌遗书〈辅行诀五脏用药法要〉中的五脏互藏五味》,《时珍国医国药》2012 年第 2 期。

梁永林～刘稼、李应存:《敦煌遗书〈辅行诀〉大补泻汤数术思想研究》,《中华中医药杂志》2012 年第 2 期。

刘稼、梁永林～李应存:《敦煌遗书〈辅行诀〉小补泻汤数术思想研究》,《中国中医基础医学杂志》2011 年第 6 期。

武鹏～:《试论〈伤寒论〉中的〈天人相应〉观》,《河南中医》2011 年第 5 期。

李应存～史正刚:《俄罗斯藏黑水城医药文献〈神仙方论〉录释》,《甘肃中医》2008 年第 9 期。

李应存～史正刚:《俄罗斯藏敦煌文献 Дх18165R、Дх18165V 佛儒道相关医书录释》,《甘肃中医》2008 年第 4 期。

李应存～史正刚:《俄藏敦煌文献 Дх00924 录校》,《甘肃中医》2006 年第 5 期。

李应存～史正刚:《俄藏敦煌文献 Дх02822"蒙学字书"中之医药知识》,《甘肃中医学院学报》2006 年第 4 期。

李应存～史正刚:《俄罗斯藏敦煌医药文献的学术价值初探》,《中医药通报》2006 年第 3 期。

李应存～史正刚:《俄藏敦煌文献中新发现 Дх01325V〈张仲景五脏论〉录校》,《甘肃中医》2006 年第 3 期。

李应存～史正刚:《俄藏敦煌文献 Дх08644"〈脉经〉节选本"录校》,《甘肃中医》2006 年第 1 期。

李应存～史正刚:《俄藏敦煌文献 Дх17453〈黄帝内经·素问〉"刺疟篇"、"气厥论篇"录校》,《甘肃中医》2005 年第 11 期。

李应存～史正刚:《俄藏敦煌文献 Дх00613"〈黄帝内经〉、〈难经〉摘录注本"录校》,《甘肃中医》2005 年第 3 期。

《〈伤寒论〉98 条辨析质疑——兼与〈伤寒论选读〉编著者商榷》,《甘肃中医学院学报》1999 年第 3 期。

《从〈伤寒论〉第 6 条看张仲景对温病学的贡献》,《国医论坛》1998 年第 4 期。

《〈伤寒论〉131 条"病发于阳""病发于阴"辨》,《国医论坛》1996 年第 6 期。

《〈伤寒论〉汗法浅析》,《甘肃中医学院学报》1995 年第 4 期。

《试评柯琴对〈伤寒论〉的整理编次》,《国医论坛》1993 年第 6 期。

《关于敦煌写本张仲景〈五脏论〉的作者与成书年代》,《甘肃中医学院学报》1993 年第 2 期。

《敦煌写本张仲景〈五脏论〉本草学内容特色简述》,《甘肃中医学院学报》1992 年第 2 期。

～李娟:《近年〈伤寒论〉体质学说研究述评》,《甘肃中医学院学报》1991 年第 3 期。

李锦熙(四川大学)

《论道教与中医学的同源与渗透》,四川大学硕士学位论文 2004 年。

李进欣（渤海大学）

《金代医者研究》，渤海大学硕士学位论文 2018 年。

《金代医者的社会地位探析》，《内蒙古民族大学学报（社会科学版）》2017 年第 3 期。

《金代医者及其类型》，《辽宁工程技术大学学报（社会科学版）》2016 年第 5 期。

《〈辽史〉所记"善医"官员及其仕进》，《辽宁工程技术大学学报（社会科学版）》2016 年第 4 期。

李今庸（北京中医药大学/湖北中医药大学/湖北中医学院）

《对〈灵枢〉中〈经水〉〈邪客〉两篇的看法》，《中医药通报》2018 年第 6 期。

《〈黄帝内经〉"水为阴气伤于味"之我见》，《中医药通报》2018 年第 5 期。

《谈〈黄帝内经〉中的"五味所入"》，《中医药通报》2018 年第 2 期。

《藏象学说及其产生的客观基础》，《中医药通报》2018 年第 1 期。

《谈〈黄帝内经〉中的"目诊"》，《中医药通报》2017 年第 6 期。

《"治未病"考》，《中医文献杂志》2016 年第 5 期。

《仲景书析疑四则》，《中医药通报》2015 年第 3 期。

《读〈柯氏伤寒论注疏正〉后的几点意见》，《中医药通报》2015 年第 2 期。

《读〈黄帝内经太素新校正〉——与钱超尘先生商榷》，《中医药通报》2014 年第 5 期。

《"尻"、"屍"义考》，《天津中医药》2014 年第 3 期。

《备急千金要方校释〉读后的几点商榷》，《中医药通报》2014 年第 1、2 期。

《读〈神农本草〉札记》，《中医药通报》2013 年第 6 期。

《〈黄帝三部针灸甲乙经新校〉的三点商榷》，《中医药通报》2013 年第 4 期。

《〈史记〉仓公火齐汤考》，《中医文献杂志》2012 年第 2 期。

《"宛""冤"有别"蛊""瘕"相通——与赵鸿君、郑洪新先生商榷》，《中华医史杂志》2011 年第 5 期。

《考"宛"》，《天津中医药大学学报》2011 年第 3 期。

《读〈伤寒论〉札记二则》，《中医文献杂志》2009 年第 6 期。

《读〈黄帝内经〉札记》，《中医药通报》2009 年第 5—6 期；2010 年第 1—6 期；2011 年第 1—6 期；2012 年第 5 期。

《正确和完整解读〈甲乙经〉的学术思想——〈甲乙经〉析疑五则》，《中医药通报》2009 年第 3 期。

《〈甲乙经〉析疑五则》，《天津中医药》2009 年第 3 期。

《正确解读〈黄帝内经〉的学术内容》，《中医药通报》2009 年第 1 期。

《就"脑主神明"与王新陆先生商榷》，《天津中医药》2008 年第 5 期。

《〈神农本草经〉药名新诂二则》，《中医文献杂志》2008 年第 4 期。

《〈黄帝内经〉在东方医学科学中的重要地位——为纪念天津中医药大学建校 50 周年而作》，《天津中医药大学学报》2008 年第 3 期。

《用唯物史观正确认识医学科学发展史》，《中医药通报》2007 年第 6 期。

《何祚庥叫嚷"取消中医"的用心何在》，《中医药通报》2007 年第 2 期。

《〈黄帝内经〉中"小心"及其临床意义》，《中医药通报》2007 年第 1 期。

《民族中医药文化不容诬蔑》，《中医药通报》2006 年第 6 期。

《确保民族中医药文化的安全》，《浙江中医药大学学报》2006 年第 2 期。

《再论我国中西医结合的成败》，《中医药通报》2006 年第 2 期。

《略论中医学史和发展前景》，《中医药通报》2005 年第 6 期。

《中医药文化的七十五年》，《中医药学刊》2004 年第 12 期。

《临床疗效是中医药学的生命》，《中国中医药现代远程教育》2004 年第 7 期。

《试论我国"天人合一"思想的产生及中医药文化的思想特征》，《湖北中医杂志》2004 年第 3 期。

《试从文化的角度探讨中医药学的发展方向》，《中医药学刊》2004 年第 2 期。

《从实践的观点看我国中西医结合的成败》，《湖北中医杂志》2003 年第 5 期。

《"按摩"古史考》，《医古文知识》2003 年第 4 期。

《关于中西医结合与中医药现代化的思考》，《中国中医药信息杂志》2003 年第 2 期。

《灵魂不能丢优势要发扬——论中医学辩证论治体系》，《中国中医药现代远程教育》2003 年第 2 期。

《振聋发聩医门棒喝——评〈中医复兴论〉一书》，《湖北中医杂志》2003 年第 2 期。

《从文化角度论中医药学的发展方向》，《中国中医药现代远程教育》2003 年第 1 期。

《论中医药学理论体系的构成和意义》，《中医药学刊》2003 年第 1 期。

《中医药学发展必须解决的几个问题》，《中医药通报》2002 年第 5 期。

《中医药学是中华民族的瑰宝》，《中医药学刊》2002 年第 5 期。

《论我国古代的优生优育》，《中医药通报》2002 年第 3 期。

《三国时代的〈神农本草经〉——〈神农本草经〉成书年代考》，《上海中医药大学学报》2001 年第 2 期。

《灵魂不能丢优势要发扬——论中医学辨证论治体系》，《上海中医药杂志》2000 年第 12 期。

《我国古代对"脑"对认识》，《湖北中医学院学报》1999 年第 1 期。

《略论〈黄帝内经〉中血气流行及放血治病》，《江苏中医》1996 年第 7 期。

《论〈黄帝内经〉的营卫理论》，《中医药研究》1991 年第 5 期。

祝跃平～张六通：《试论杨上善著〈太素〉的学术成就》，《浙江中医学院学报》1989 年第 2 期。

《中医古代病证名词考》，《湖北中医杂志》1984 年第 2 期。

《论〈金匮要略〉一书的形成》，《湖北中医杂志》1983 年第 4 期。

《试论〈黄帝素问直解〉》，《湖北中医杂志》1982 年第 5 期。

《〈素问〉"女子七七"、"男子八八"解》，《湖北中医杂志》1982 年第 1 期。

《从我国古代对妊娠正常胎位的认识谈祖国医学的护养胎孕》，《湖北中医杂志》1981 年第 5 期。

《论中国医学中古代运气学说》，《湖北中医杂志》1979 年 S2 期。

《〈难经〉成书年代考》，《河南中医学院学报》1979 年第 4 期。

《祖国医学理论体系形成的探讨》，《湖北中医杂志》1979 年第 1 期。

《略论宋以后祖国医学的发展及对所谓"儒医"一词的剖析》，《河南中医学院学报》1976 年第 3 期。

《从〈内经〉看秦国的法家路线对古代医学发展的促进作用》，《新医药通讯》1975 年第 1 期。

李近远（西北师范大学）

《中医学基础理论形成过程的历史研究》，西北师范大学硕士学位论文 2011 年。

《先秦两汉养生术的成就》，《甘肃中医学院学报》2000 年 S1 期。

李劲竹（北京劳动保障职业学院）

《近代以来国人健康、卫生与保健观念的变化——以〈申报〉（1927—1936）所见医药广告为例》，《中国医学人文》2017 年第 12 期。

李静（复旦大学）

《瑞典医疗保障制度研究》,复旦大学硕士学位论文 2010 年。

李静（复旦大学）

《残疾人新闻报道分析》,复旦大学硕士学位论文 2011 年。

李静（复旦大学）

《医学、现代国家与传媒——论〈人民日报〉对农村医疗卫生问题的传媒再现(1949—1989)》,复旦大学博士学位论文 2009 年。

李静（复旦大学）

《民族—国家的建构与动员——对〈人民日报〉医疗队下乡报道的分析(1949—1965)》,《新闻大学》2009 年第 2 期。

李静（山东大学）

《疾病的隐喻与疗救——巴金四十年代小说创作的一种解读》,山东大学硕士学位论文 2005 年。

李静（山东中医药大学）

《当代齐鲁小儿推拿学术流派研究》,山东中医药大学博士学位论文 2012 年。

李智～:《古代膏摩的临床应用》,《中国中医骨伤科杂志》2011 年第 6 期。

李智～:《古代膏摩发展简史》,《山东中医药大学学报》2011 年第 2 期。

李晶（西南大学/厦门大学）

《拯救城市的未来:进步运动时期纽约市儿童卫生改革》,《医疗社会史研究》2018 年第 1 期。

《进步运动时代美国城市公共卫生改革研究——从纽约市街道卫生治理的视角观察》,《求是学刊》2016 年第 1 期。

《"新史学"视域下的美国公共卫生史研究述评》,《史学月刊》2015 年第 1 期。

《城市化下的"卫生"困境与突破——试论 19 世纪后半期美国城市公共卫生改革》,《安徽史学》2015 年第 3 期。

李婧（中国传媒大学）

《论口述历史研究中个人生命史样本采集的史学价值》,《内蒙古财经大学学报》2013 年第 3 期。

李景勃（贵州省经济管理学院）

《对我国城市医疗保障制度改革的思考》,《贵州工业大学学报(社会科学版)》1999 年第 3 期。

李景荣（陕西省中医药研究院）

《〈永乐大典〉现存妇科文献价值探讨》,《陕西中医》1987 年第 11 期。

《试论〈济阴纲目〉对整理研究妇产科学的贡献》,《国医论坛》1986 年第 4 期。

《白云阁藏本〈伤寒杂病论〉述评》,《陕西中医》1982 年第 3 期。

李靖唐（台湾中兴大学）

《埔里爱兰长老教会的设立与发展》,中兴大学硕士学位论文 2011 年。

李经纬（中国中医科学院/中国中医研究院）

《李经纬 90 华诞暨医学史研究 60 周年访谈》,《中华医史杂志》2018 年第 3 期。

《不能忘却的记忆——喜读〈朱琏与针灸〉一书》,《中国针灸》2016 年第 8 期。

《国民政府卫生部会议通过余云岫提案》,《中国中医药报》2016 年 4 月 14 日 008 版。

《医和、医缓与扁鹊》,《中国中医药报》2016 年 2 月 1 日。

《划时代进步——医学战胜巫术》,《中国中医药报》2016 年 1 月 22 日 008 版。

《毛泽东为中医题词的诞生》,《中医药文化》2015 年第 3 期。

《忆友人李永年先生》,《中华医史杂志》2015 年第 3 期。

《悼念陈海峰同志》,《中华医史杂志》2013 年第 4 期。

《台湾首位中医教授林昭庚的学术研究》,《中华医史杂志》2011 年第 1 期。

《傅维康教授八十华诞纪念》,《中华医史杂志》2010 年第 6 期。

徐江雁、梁峻~:《清朝紫禁城外御药房署所名称与居址初考》,《中华中医药杂志》2008 年第 7 期。

《继承开拓创新——八十自述》,《中华医史杂志》2008 年第 3 期。

~林昭庚:《春秋战国时期初具体系的医学理论》,《医疗保健器具》2007 年第 12 期。

王振瑞~:《两种错误的中国医学史观——评"中医超科学论"和"中医伪科学论"》,《北京中医》2007 年第 6 期/《中华医史杂志》2007 年第 1 期。

王振瑞~:《论医学体系的多元性评〈中医超科学论"和"中医伪科学论〉》,《中华实用中西医杂志》2007 年第 5 期。

《学会复会与杂志复刊之回忆》,《中华医史杂志》2007 年第 3 期。

《医史宝鉴——纪念〈中华医史杂志〉创刊 60 周年感奋》,《中华医史杂志》2007 年第 3 期。

王振瑞~陈可冀:《20 世纪中国中西医结合研究的史学考察》,《中国中西医结合杂志》2005 年第 11 期。

杨金生~:《〈五十二病方〉医疗器物与技术之研究》,《中华医史杂志》2005 年第 1 期。

张志斌~:《由 SARS 引起关于疫病预防与治疗的思考》,《中华医史杂志》2003 年第 4 期。

《欣读〈台湾解剖学百年史〉》,《中华医史杂志》2003 年第 4 期。

《以史为鉴,直面 SARS》,《中华医史杂志》2003 年第 3 期。

梁峻~:《评〈中华医学文物图集〉》,《中华医史杂志》2002 年第 3 期。

《读〈江苏省志·卫生志〉》,《中华医史杂志》2002 年第 2 期。

《评地域医学著作〈岭南中医〉》,《中华医史杂志》2002 年第 1 期。

《加强医药卫生文物收藏保护迫在眉睫》,《中华医史杂志》2001 年第 3 期。

~张志斌:《开拓中医学思想史研究领域》,《中华医史杂志》2001 年第 1 期。

《百年医学回眸与展望》,《中华医史杂志》2000 年第 1 期。

《覃勤关于中医争取发展权斗争史实之撷要》,《中华医史杂志》1999 年第 1 期。

《21 世纪的中国医史学研究展望》,《中华医史杂志》1999 年第 1 期。

~李春兴:《台湾中医药史略(二)——台湾中医药发展与内陆交流》,《中华医史杂志》1997 年第 4 期。(附:李春兴:《台湾中医药史略(一)——台湾民俗医药与巫医时期》,《中华医史杂志》1997 年第 1 期。)

~张志斌:《中国医学史研究 60 年》,《中华医史杂志》1996 年第 3 期。

~郑怀林:《中国与东南亚医药交流史略》,《中医杂志》1991 年第 4 期。

《〈诸病源候论〉的病因学研究》,《中华医史杂志》1991 年第 3 期。

《源远流长的中医药优秀文化》,《新疆中医药》1992 年第 4 期。

~胡乃长:《〈经方小品〉研究》,《自然科学史研究》1989 年第 2 期。

《中国传统医学防治腰背痛的历史》,《中国中医骨伤科杂志》1989 年第 1 期。

《北宋皇帝与医学》,《中国科技史料》1989 年第 3 期。

《中国少数民族传统医学》,《科学》1989 年第 3 期。

张瑞贤～:《试论北宋政府与医学的关系(摘要)》,《中华医史杂志》1988 年第 4 期。

《中国革命战争时期中医工作史略》,《中医杂志》1986 年第 8 期。

《关于评价医家学术思想的几个问题》,《中医杂志》1982 年第 10 期。

《孙思邈的养生学思想和贡献》,《中华医史杂志》1981 年第 4 期。

《〈诸病源候论〉在医学科技上的贡献》,《新医药学杂志》1978 年第 8 期。

《中国古代外科学术思想史略》,《中医杂志》1964 年第 4 期。

《记载天花最早文献的辩证》,《广东医学(祖国医学版)》1964 年第 2 期。

《疟疾史述要》,《中医杂志》1963 年第 8 期。

《脾胃论学者李东垣》,《健康报》1962 年 6 月 13 日。

郎需才～:《朱丹溪》,《健康报》1962 年 5 月 2 日。

朱颜、高辉远～:《关于中医文献整理及理论研究的讨论》,《中医杂志》1962 年第 4 期。

《孙思邈在医学发展上的伟大贡献》,《中医杂志》1962 年第 2 期。

《针灸发展简史》,《中医杂志》1959 年第 7 期。

李景先(山东潍坊医学院)

～李大启:《恶性肿瘤化学治疗发展简史》,《中华医史杂志》1997 年第 2 期。

李炳镇(天津中医药大学)

～田明秀等:《浅谈韩国针灸发展史》,《上海针灸杂志》2013 年第 5 期。

～赵建国:《中国和韩国针灸简史对照》,《天津中医药》2010 年第 5 期。

李具双(河南中医学院)

刘景超～:《王好古〈此事难知〉成书年代考证》,《中医文献杂志》2012 年第 3 期。

梁润英……赵文峰～张方毅:《金元以前中风外治方药规律的文献研究》,《中华中医药杂志》2009 年第 10 期。

梁润英……赵文峰～张方毅:《明清时期中风病外治方药规律的文献研究》,《中国中医基础医学杂志》2008 年第 10 期。

《试论宋金元时期的药用衡制》,《中华中医药杂志》2008 年第 6 期。

《〈辅行诀脏腑用药法要〉中〈汤液经法〉图试读》,《中国中医基础医学杂志》2008 年第 5 期。

《唐以前的膏方文献及其特点》,《中医文献杂志》2008 年第 1 期。

《〈小儿药证直诀〉方剂量的讹误与宋元时期药用衡制》,《江西中医学院学报》2005 年第 6 期。

～付笑平:《李时珍药用衡量析疑》,《中医文献杂志》2004 年第 3 期。

《汉唐时期药用衡制及量值考》,《北京中医药大学学报》2004 年第 2 期。

许敬生……陈艳阳～梁润英:《宋元医药文化中心南移的研究》,《江西中医学院学报》2003 年第 2、3、4 期。

《褚澄及其生育观》,《河南中医》2003 年第 5 期。

陈艳阳～:《论宋元之后江浙医学的兴盛及原因》,《江苏中医药》2003 年第 1 期。

《"膏药"考》,《中医文献杂志》2002 年第 2 期。

《〈素问〉"去宛陈莝"解》,《中医文献杂志》2002 年第 1 期。

《〈武威汉代医简〉的用字特点》,《中医文献杂志》2001 年第 2 期。

李娟(山东师范大学)

《健康传播视角下网络新闻媒体空气污染报道研究》,山东师范大学硕士学位论文 2014 年。

李娟(上海师范大学)

《20 世纪 50 年代上海爱国卫生运动研究》,上海师范大学硕士学位论文 2014 年。

李娟(西北大学)

《陕西赤脚医生与乡村医疗研究(1965—1985)》,西北大学硕士学位论文 2016 年。

李娟(新疆大学)

《健康传播视角下〈人民日报〉控烟议题建构》,新疆大学硕士学位论文 2015 年。

李娟(中国中医科学院)

《费伯雄学术思想研究》,中国中医科学院硕士学位论文 2010 年。

李娟娟(西北农林科技大学)

《新型农村合作医疗参与主体行为研究》,西北农林科技大学博士学位论文 2010 年。

～王征兵:《新型农村合作医疗中参与主体的博弈分析》,《电子科技大学学报(社科版)》2010 年第 2 期。

《陕西新型农村合作医疗制度的实证分析》,《电子科技大学学报(社科版)》2009 年第 6 期。

～王征兵:《陕西农户健康投资意愿影响因素分析》,《大连理工大学学报(社会科学版)》2009 年第 4 期。

李珏(复旦大学)

《浅探中医针灸在美国的发展》,《天津科技》2009 年第 2 期。

《中医药国际化:问题和思考》,复旦大学硕士学位论文 2009 年。

李俊

《内蒙人民保健事业发展史》,《医学史与保健组织》1958 年第 1 期。

李君(中国中医科学院)

《古代灸治瘰瘤文献探析》,《中医文献杂志》2018 年第 3 期。

～张丽君等:《古代艾灸治疗乳房肿瘤文献初探》,《中医文献杂志》2017 年第 6 期。

史焱～傅海燕:《〈医学汇函〉引用〈古今医鉴〉版本考》,《中国中医基础医学杂志》2016 年第 5 期。

～肖永芝:《日本古医籍〈万安方〉之灸疟法》,《中医文献杂志》2015 年第 3 期。

傅海燕～:《今本〈黄帝内经〉成编于东汉的一条佐证》,《中华中医药学刊》2014 年第 1 期。

何慧玲、肖永芝～:《〈本草纲目〉影响下的〈本草图谱〉》,《中医文献杂志》2013 年第 6 期。

《林珮琴年谱长编》,《中医文献杂志》2013 年第 1 期。

～刘强等:《古代中医评价疗效的患者报告》,《中国中医基础医学杂志》2012 年第 8 期。

《陈伯坛年谱长编》,《中医文献杂志》2012 年第 5 期。

《清末儒医林珮琴生平著作考》,《中医文献杂志》2011 年第 5 期。

～刘保延:《古代中医临床疗效评价方法研究》,《中国中医基础医学杂志》2011 年第 4 期。

《近代岭南名医陈伯坛传略》,《中医文献杂志》2011 年第 3 期。

张丽君～丁侃:《曹颖甫生平简介及年表——曹颖甫传记资料调研收获之一》,《中国医药导报》2011 年第 1 期。

肖永芝～张丽君等:《岭南名医陈伯坛调研新收获》,《中国医药导报》2010 年第 36 期。

张丽君～:《何梦瑶瘟疫治疗的特色》,《中国医药导报》2010 年第 33 期。

《古代中医疗效评价的文献研究》,中国中医科学院博士学位论文 2009 年。

李军昌（第四军医大学西京医院）

《源于实证发于思辨——论王清任调气活血组方思想的形成与特征》,《医学争鸣》2011 年第 2 期。

李俊德（中华中医药学会）

梁子钰～龙子弋:《基于关键词的易水学派研究文献分析》,《中医杂志》2016 年第 13 期。

徐睿瑶～:《宋代文人的四般闲事对现代养生的指导意义》,《世界中西医结合杂志》2016 年第 4 期。

徐睿瑶、李宏远～:《针灸在日本的发展概况》,《世界中西医结合杂志》2016 年第 3 期。

梁子钰、龙子弋:《近 35 年易水学派研究的文献计量学分析》,《中华中医药杂志》2016 年第 2 期。

徐睿瑶～:《宋代中朝两国中医药交流情况》,《世界中西医结合杂志》2015 年第 9 期。

梁子钰～龙子弋:《浅析易水学派学术源流及治疗脾胃病的学术思想特点》,《世界中西医结合杂志》2015 年第 8 期。

徐睿瑶～:《日本书道与中医养生的关系初探》,《世界中西医结合杂志》2015 年第 7 期。

徐睿瑶～:《日本香道与中医学的关系初探》,《世界中西医结合杂志》2015 年第 6 期。

徐睿瑶～:《日本茶道与中医学的关系研究》,《世界中西医结合杂志》2015 年第 5 期。

徐睿瑶～:《〈山家清供〉中的中医食疗养生思想初探》,《世界中西医结合杂志》2015 年第 5 期。

徐睿瑶～:《日本新年的药膳粥——七草粥》,《世界中西医结合杂志》2015 年第 4 期。

徐睿瑶、梁子钰～:《日本的新年药膳酒——屠苏酒》,《世界中西医结合杂志》2015 年第 3 期。

徐睿瑶、梁子钰～:《中医药膳食疗在日本的发展概况》,《世界中西医结合杂志》2014 年第 12 期。

李绍林～:《〈本草纲目〉"释名"研究综述》,《世界中西医结合杂志》2013 年第 12 期。

鲍燕～:《中医皮肤病专科史研究现状》,《世界中西医结合杂志》2013 年第 3 期。

郭文芳～:《关于〈汉方诊疗三十年〉医案的思考》,《世界中西医结合杂志》2012 年第 10 期。

李绍林～:《谈〈药征〉的学术价值》,《世界中西医结合杂志》2012 年第 9 期。

鲍燕～刘更生:《顾金寿生平著述考》,《世界中西医结合杂志》2011 年第 2 期。

付中学～:《〈经籍访古志〉初探》,《世界中西医结合杂志》2010 年第 7 期。

侯建春、孙华妤～:《近 35 年易水学派研究的文献计量学分析》,《世界中西医结合杂志》2010 年第 5 期。

侯建春、孙华妤～:《淳化本〈伤寒论〉版本源流考》,《世界中西医结合杂志》2010 年第 5 期。

侯建春～:《淳化本〈伤寒论〉研究概况》,《世界中西医结合杂志》2010 年第 1 期。

付中学～:《赵开美本〈伤寒论〉所附牒文考》,《世界中西医结合杂志》2009 年第 5 期。

《山田业广〈千金要方读书记〉初探》,《中华医史杂志》2008 年第 3 期。

《跻寿馆事述考》,《世界中西医结合杂志》2008 年第 3 期。

《幕末汉方医学巨擘之山田业广》,《中医文献杂志》2008 年第 3 期。

付中学～:《〈素问考注〉研究综述》,《世界中西医结合杂志》2007 年第 5 期。

付中学～:《中日学者对〈黄帝内经素问〉研究小结与比较》,《世界中西医结合杂志》2007 年第 4 期。

《中医"治未病"的科学内涵和精髓》,《世界中西医结合杂志》2007 年第 3 期。

付中学～:《日本汉方医学考据学派渊源》,《世界中西医结合杂志》2006 年第 3 期。

李俊杰（昆明医学院）

严朝芳～邓睿等:《社会流行病学方法学研究进展》,《卫生软科学》2009 年第 4 期。

邓睿~严朝芳等:《社会流行病学的基本理论框架介绍》,《卫生软科学》2009 年第 4 期。

张开宁、史文雅~:《云南省与艾滋病相关的歧视现象分析》,《中国健康教育》2005 年第 10 期。

~马承鹏等:《以治理的视角看农村合作医疗制度》,《中国卫生事业管理》2005 年第 6 期。

李俊林(甘南藏族自治州藏医药研究院附属藏医院)

《简述甘肃甘南藏医药学发展史》,《光明中医》2011 年第 7 期。

李军胜(兰州大学)

《明清温病学派研究》,兰州大学硕士学位论文 2007 年。

李君扬(复旦大学)

《荷兰的医疗保险体制及其改革研究(初探)》,复旦大学硕士学位论文 2009 年。

李俊哲(广州中医药大学)

《从张元素学术角度浅析〈内经〉五脏五味补泻理论》,《中医研究》2004 年第 6 期。

李凯(河北医科大学)

《王好古〈医垒元戎〉学术思想研究》,河北医科大学硕士学位论文 2005 年。

李开乐(大连市中医院)

《中医情志病与中国心身医学》,《医学与哲学》1994 年第 9 期。

李科(北京大学)

《〈诗经〉与本草名物研究关系略论》,《医疗社会史研究》2016 年第 2 期。

李珂(广州中医药大学)

~郑洪等:《广州中医药大学博物馆医史馆基本陈列释义》,《广州中医药大学学报》2012 年第 3 期。

~郑洪等:《殷商甲骨卜辞记载疾病治法考述》,《上海中医药杂志》2011 年第 8 期。

~李华明等:《王羲之书法名帖〈治头眩方〉与晋唐时期中医药》,《广州中医药大学学报》2011 年第 4 期。

~张玉珍:《近代中医妇科学学术流派简析》,《中医药学刊》2003 年第 7 期。

李克琛(解放军成都军区联勤部军事医学科学研究所/解放军成都军区后勤部军马防治检验所)

《兽医杂谈》,《中兽医药杂志》1983 年第 1—4 期;1984 年第 3 期;1985 年第 3 期;1986 年第 1、2、5 期;1987 年第 2 期;1988 年第 2、4 期。

《中兽医运气学说简述》,《四川畜牧兽医》1981 年第 1 期。

《〈活兽慈舟〉治瘟疫证法的探讨》,《四川畜牧兽医》1981 年第 1 期。

《〈活兽慈舟〉马病药方应用活血药之初探》,《四川畜牧兽医》1979 年第 3 期。

《"八证""八纲"之我见》,《四川畜牧兽医》1979 年第 3 期。

李克蕙

《我国固有之防疫方法》,《中医新生命》1936 年第 19 期。

栗克清(河北省第六人民医院)

严保平、李建峰~张勇等:《城市与农村普通人群精神卫生知识知晓率及对精神疾病的态度》,《现代预防医学》2014 年第 9 期。

~孙秀丽等:《中国精神卫生服务及其政策:对 1949—2009 年的回顾与未来 10 年的展望》,《中国心理卫生杂志》2012 年第 5 期。

《中国精神卫生工作回顾与展望》,《医学研究与教育》2012 年第 2 期。

李可歆（北京协和医学院）

　　～梁晓春：《〈千金要方〉中的大医精诚》，《北京中医药》2017 年第 2 期。

李克云（安徽大学）

　　《公共健康视野下的药品专利保护研究》，安徽大学硕士学位论文 2011 年。

李匡悌

　　《论龟山遗址出土穿孔人齿的意义》，《中央研究院历史语言研究所集刊》第 72 本第 3 分（2001.9）。

李昆（山东中医药大学）

　　～腾晓东：《宋代产科学的成就与特色》，《山东中医药大学学报》2004 年第 5 期。

　　《宋代三焦辨证学说的研究——兼论三焦辨证发展史》，山东中医药大学硕士学位论文 2004 年。

　　～王霞：《朱端章及其卫生家宝系列方书略考》，《中华医史杂志》2004 年第 3 期。

李鲲（中国中医科学院）

　　～张家玮等：《〈目经大成〉举要》，《中国中医基础医学杂志》2011 年第 8 期。

　　～李哲等：《〈内经〉"陷脉"本义解》，《世界中西医结合杂志》2011 年第 1 期。

　　～李哲等：《王清任针刺学术思想初探》，《中国中医基础医学杂志》2011 年第 1 期。

李坤怡（云南省卫生防疫站）

　　《美国的公共卫生管理简介》，《中国公共卫生管理》2000 年第 2 期。

李拉（南京师范大学/南京特殊教育师范学院）

　　《对新中国特殊师范教育制度建设的考察》，南京师范大学博士学位论文 2015 年。

　　《近代中国特殊师范教育的滥觞》，《现代教育论丛》2015 年第 3 期。

　　《从体系之外到体系之内：我国特殊教育的百年嬗变》，《教育学术月刊》2014 年第 7 期。

　　《世界范围内残疾儿童教育安置形式的变迁与趋向》，《现代教育管理》2013 年第 9 期。

李兰（山东中医药大学）

　　《张仲景儿科著作简考》，《河南中医》2015 年第 8 期。

　　～张效霞：《〈针灸甲乙经〉为中国现存最早类书初探》，《中国中医药图书情报杂志》2015 年第 3 期。

　　《近代中医期刊广告研究》，山东中医药大学硕士学位论文 2015 年。

黎乐（华东师范大学）

　　《日据初期台湾的鼠疫与卫生防疫事务——以总督府公文档案为中心的考察》，华东师范大学硕士学位论文 2011 年。

李雷

　　《纳兰性德与寒疾》，《文学遗产》2002 年第 6 期。

李磊（长春中医药大学）

　　～祝志岳等：《伪满时期中医学术状况研究：基于〈哈尔滨汉医学研究会月刊〉分析》，《吉林中医药》2017 年第 7 期。

　　张昊～：《民国及伪满时期吉林中医教育机构研究》，《吉林中医药》2017 年第 5 期。

　　李想～：《张继有医事经历与学术思想述略》，《吉林中医药》2016 年第 9 期。

　　～班秀丽等：《伪满时期卫生防疫研究》，《医学与哲学（A）》2016 年第 3 期。

　　温红娟～陆林飞等：《满洲中央汉医会》，《中华医史杂志》2016 年第 2 期。

　　李婷婷～：《九针的现代研究概述》，《中国社区医师》2015 年第 28 期。

～张琼帅等:《清末民初吉林官医院的创建及其影响》,《中医药文化》2015 年第 3 期。

～赵艳平:《伪满时期中医的生存状况与抗争》,《中华医史杂志》2013 年第 6 期。

～张琼帅等:《伪满中医考试制度及实施研究》,《医学与哲学(A)》2013 年第 4 期。

《伪满时期〈医林〉杂志研究》,《医学与哲学(A)》2012 年第 7 期。

～苏顿:《论〈黄帝内经〉身体观的现实困境》,《中国中医基础医学杂志》2011 年第 11 期。

《论〈黄帝内经〉身体观特征及渊源》,《医学与哲学(人文社会医学版)》2011 年第 4 期。

《论〈黄帝内经〉身体观范式》,《医学与哲学(人文社会医学版)》2010 年第 12 期。

《〈黄帝内经〉的身体观研究》,长春中医药大学硕士学位论文 2010 年。

李雷(山东大学)

《南阳市艾滋病母婴传播的现况调查及危险因素分析》,山东大学硕士学位论文 2005 年。

李丽(北京中医药大学)

《〈马王堆汉墓帛书(四)〉医学词汇研究》,北京中医药大学硕士学位论文 2016 年。

～王育林:《〈足臂十一脉灸经〉"牧牧"考》,《吉林中医药》2016 年第 4 期。

李莉(东北师范大学)

《尼克松政府禁止土耳其毒品输入美国的政策浅析(1969—1972)》,东北师范大学硕士学位论文 2008 年。

李莉(福建省党史方志办公室)

《试析中央苏区医疗卫生工作的人民性》,《福建史志》2019 年第 6 期。

李荔(桂林医学院)

黄善……任源～:《桂林市不同文化程度人群对食品卫生安全认识的调查》,《华夏医学》2012 年第 5 期。

《人类学视域下居民卫生健康行为及教育的研究》,《医学与哲学(A)》2012 年第 4 期。

李丽(河北医科大学)

～杜惠兰:《刘完素妇科学术思想初探》,《中国中医基础医学杂志》2017 年第 10 期。

黎立(山东中医药大学)

《当代中医骨伤科流派研究》,山东中医药大学博士学位论文 2009 年。

赵颖～王振国:《朱仁康学术思想初探》,《辽宁中医药大学学报》2009 年第 11 期。

～薛远亮:《当代中医骨伤科主要流派手法概述》,《山东中医药大学学报》2009 年第 5 期。

李丽(燕山大学)

张鸿石～:《非政府组织在全球公共卫生治理中的地位和作用》,《当代世界》2011 年第 4 期。

《略论公共卫生问题的全球治理》,燕山大学硕士学位论文 2010 年。

李莉(中国人民大学)

《农村医疗保障财政责任的制度变迁》,《软科学》2007 年第 1 期。

李丽娟(军事医学科学院情报研究所)

～邢克飞等:《美军新版〈战术战伤救治指南〉简介》,《解放军医院管理杂志》2018 年第 2 期。

～刁天喜:《美军战时卫生防疫的做法与启示》,《解放军医院管理杂志》2014 年第 12 期。

～刁天喜:《美军前沿外科手术队的发展与启示》,《军事医学》2014 年第 7 期。

刁天喜、李鹏～周巍等:《美军核医学应急救援力量建设特点分析》,《军事医学》2013 年第 11 期。

～赵志芳等:《美军 2001—2011 年伊拉克和阿富汗战争医疗后送情况分析》,《解放军预防医学杂志》2013 年第 6 期。

　　～刁天喜：《美军伊拉克和阿富汗战争战伤救治新理念》，《军事医学》2013 年第 6 期。

　　～刁天喜：《美军联合作战血液保障体制与方式探讨》，《解放军医院管理杂志》2012 年第 11 期。

　　～吴曙霞等：《美军战伤救治院前急救新理念》，《解放军医院管理杂志》2012 年第 9 期。

　　～刁天喜：《美军联合战场创伤系统的发展及应用》，《军事医学》2012 年第 9 期。

　　～刁天喜等：《美军参与灾害救援行动的卫勤组织指挥及对我军的启示》，《武警医学》2010 年第 8 期。

李立军（中共浙江省委党史研究室）

　　《群策群力战"瘟神"——1949—1978 年的浙江血防工作》，《医疗社会史研究》2017 年第 2 期。

李丽娜（福建中医学院）

　　《民国时期福建对外医药交流初探》，福建中医学院硕士学位论文 2000 年。

　　《庄绰〈鸡肋篇〉对中医文献的贡献》，《国医论坛》2000 年第 1 期。

李立新（南京师范大学）

　　《疫病与两宋东南社会》，南京师范大学硕士学位论文 2007 年。

李立志（浙江大学）

　　《建国初期危机事件的应对机制——以抗美援朝期间的反对美军发动细菌战为例》，《中共党史研究》2005 年第 2 期。

李莲花（日本东京大学）

　　《医疗保障制度发展的"东亚道路"：中日韩全民医保政策比较》，《河南师范大学学报（哲学社会科学版）》2010 年第 1 期。

　　《后发地区的医疗保障：韩国与台湾地区的全民医保经验》，《学习与实践》2008 年第 10 期。

　　《韩国与台湾地区医疗保险政策的历史比较：后发地区的工业化、民主化与社会政策》，《社会保障研究（北京）》2007 年第 2 期。

李良（南京师范大学）

　　《医学体验与中国文学现代叙事》，《甘肃社会科学》2008 年第 2 期。

李良松（北京中医药大学/福建港台医药文化研究所/松溪卫生学校/松溪县卫生局）

　　梁玲君～：《耆婆及其医学思想探析》，《医学与哲学》2019 年第 23 期。

　　梁玲君～：《佛医药物疗法探论》，《医学与哲学》2019 年第 15 期。

　　张诗晗～：《陈修园〈神农本草经读〉训诂特点》，《河南中医》2019 年第 7 期。

　　何广益～梁壮等：《论中医心质学的形成与发展》，《中华中医药杂志》2019 年第 2 期。

　　《论儒家思想对中医药学发展之影响》，《中国文化研究》2018 年第 2 期。

　　梁壮、何广益～：《窦桂芳与活济堂的医籍出版活动评述》，《长春中医药大学学报》2018 年第 2 期。

　　～林昭庚：《佛藏针灸史料探论》，《中国针灸》2017 年第 12 期。

　　马友诚……张诗晗～：《武英殿刊刻书略探》，《世界中西医结合杂志》2017 年第 10 期。

　　～陈可冀：《〈四库全书〉中延年益寿文献探论》，《天津中医药》2017 年第 8 期。

　　何广益、张诗晗～：《〈本草纲目〉明清版本述要》，《天津中医药》2017 年第 7 期。

　　何广益……张诗晗～：《李东垣〈兰室秘藏〉妇科学术思想与用方用药探析》，《长春中医药大学学报》2017 年第 6 期。

　　白杨华～：《〈南海寄归内法传〉养生思想研究》，《中医文献杂志》2017 年第 5 期。

梁玲君～:《孙思邈之佛医思想探讨》,《河南中医》2017 年第 5 期。

《楚辞余韵溯医踪——屈原诗赋与医药养生》,《中医健康养生》2017 年第 5 期。

张波～周华:《〈小儿药证直诀〉版本考略》,《中医文献杂志》2017 年第 4 期。

梁玲君～:《佛医在治疗眼科疾病方面的成就》,《西部中医药》2017 年第 2 期。

《佛医食疗养生文献论要》,《五台山研究》2017 年第 1 期。

《略论〈百喻经〉中医药案例之哲理》,《中医健康养生》2016 年第 9 期。

《胸次岂无医国策,囊中幸有活人方——诗人陆游的养生经》,《中医健康养生》2016 年第 9 期。

周华～:《〈少林寺伤科秘方〉及其方药特点分析》,《河南中医》2016 年第 3 期。（**附**:《周华:《少林医药发展史研究》,北京中医药大学硕士学位论文 2016)

周华～周华:《少林伤科学术成就在当代骨伤流派中的体现》,《湖南中医杂志》2015 年第 10 期。

周华～张波:《少林寺医药发展的特点》,《中医文献杂志》2015 年第 6 期。

梁玲君～:《试论隋唐时期佛学对医药发展的影响》,《中医文献杂志》2016 年第 4 期。

《佛经针灸文献探讨》,《上海针灸杂志》2016 年第 4 期。

《〈千金翼方〉中的佛教医药谈论》,《亚太传统医药》2016 年第 3 期。

梁玲君～:《试论汉魏六朝时期佛教医学成就》,《中医文献杂志》2016 年第 1 期。

《论中医与藏医在文化要素上的交集》,《世界中西医结合杂志》2016 年第 1 期。

《一宿六根净顿悟成菩提(一)——〈禅宗永嘉集〉与〈永嘉证道歌〉中的养生思想》,《亚太传统医药》2016 年第 1 期。

张钰欣……吕卓霖～:《从〈铜人簿〉探究佛医疗伤用药特点》,《中国民族民间医药》2015 年第 23 期。

周华～张波:《浅述中医伤科及少林伤科派的形成与发展》,《湖南中医杂志》2015 年第 9 期。

《中医与佛教医药互为影响和包容》,《中国中医药报》2013 年 9 月 18 日 003 版。

《房山石经医药养生文献述要》,《中医文献杂志》2013 年第 4 期。

《从〈四库全书〉看中医典籍文化的传承与发展》,《中医研究》2013 年第 1 期。

～陈可冀:《殷商甲骨病案探释》,《中医药导报》2012 年第 11 期。

《甲骨文中的骨伤医学探论》,《中医正骨》2012 年第 3 期。

《〈四库全书〉中的岐伯文献通考》,《中医研究》2011 年第 3 期。

《药师佛信仰对我国医药文化的影响》,《中医药文化》2010 年第 5 期。

《〈古兰经〉中的医学史观概论》,《中国穆斯林》2010 年第 4 期。

刘怡～:《〈大藏经〉中的医药学》,《天津中医学院学报》2000 年第 1 期。

《略论孙思邈的知识结构和学术研究方法》,《医古文知识》1997 年第 4 期。

《略论孙思邈的知识结构和思想方法》,《医学与哲学》1997 年第 2 期。

《略论中国古代对传染病人的安置及传染病院》,《中华医史杂志》1997 年第 1 期。

《古陶文中的医学内容简介》,《医古文知识》1993 年第 2 期。

《甲骨文中的医学史料简述》,《医古文知识》1992 年第 3 期。

《〈内经〉中的目录学内容探析》,《中医研究》1991 年第 3 期。

《〈道藏〉与医药学》,《医古文知识》1991 年第 3 期。

《殷仲春与〈医藏目录〉述要》,《医古文知识》1989 年第 1 期。

《屈原对药物学的认识》,《医古文知识》1985 年第 3 期。

《略论庄子对祖国医学发展的贡献》,《福建中医药》1985 年第 2 期。

李林（内蒙古医学院）

《王士雄食疗观探讨》,《内蒙古中医药》2008 年第 23 期。

～娜仁朝可图等:《古籍文献藏文版〈札记精粹〉翻译中药名的考证》,《中国民族医药杂志》2008 年第 9 期。

《王清任解剖学对中医的影响》,《光明中医》2007 年第 2 期。

《疫气学说发展滞后的原因及对传染病病因学说的影响》,《内蒙古中医药》2006 年第 5 期。

～张明锐:《金元时期医学的特色》,《内蒙古中医药》2005 年第 6 期。

《〈秘传证治要诀及类方〉的考证》,《内蒙古中医药》2002 年第 6 期。

张友和、杨文喜～:《医学流派在祖国医学发展中的作用》,《内蒙古中医药》1998 年 S1 期。

李林（中国中医研究院）

《北宋官刻雕板医书浅谈》,《中华医史杂志》1997 年第 3 期。

《中国药酒溯源三议》,《中医文献杂志》1996 年第 4 期。

《朱仁康学术经验初探》,《中医杂志》1981 年第 10 期。

李琳（中国中医研究院）

《庞安时针刺治疗难产案考辨》,《中华医史杂志》1998 年第 3 期。

李林瀚（复旦大学）

～杨东见等:《中国血吸虫病防治策略的演变》,《上海预防医学》2019 年第 9 期。

杨东见～程婉婷等:《中医对血吸虫病的认识》,《中国血吸虫病防治杂志》2019 年第 2 期。

李琳荣（山西中医学院）

《浅析龚廷贤〈万病回春〉辨证论治的特点》,《山西中医学院学报》2005 年第 2 期。

李林中（南通出入境检验检疫局）

～吴尔翔等:《中英两国船舶卫生检疫法律的比较》,《中国国境卫生检疫杂志》2017 年第 4 期。

李伶

《中国"预防为主"卫生工作方针诞生记——访博士将军涂通今》,《党史博览》2003 年第 1 期。

李玲（北京大学）

《医学与健康》,《中国医学人文》2018 年第 10 期。

《分级诊疗的基本理论及国际经验》,《卫生经济研究》2018 年第 1 期。

～傅虹桥等:《从国家治理视角看实施健康中国战略》,《中国卫生经济》2018 年第 1 期。

《什么样的改革能让医院不再逐利》,《人民论坛》2017 年第 26 期。

《健康中国和中国道路》,《中国医院院长》2017 年第 8 期。

《全民健康保障研究》,《社会保障评论》2017 年第 1 期。

～江宇:《推进健康中国需要一场根本变革》,《经济导刊》2016 年第 10 期。

《医疗卫生改革的问题与出路:毛泽东"六二六指示"的崭新探索》,《现代哲学》2015 年第 5 期。

～江宇:《毛泽东医疗卫生思想和实践及其现实意义》,《现代哲学》2015 年第 5 期。

肖祥敏～:《毛泽东卫生思想及其当代价值》,《南华大学学报（社会科学版）》2015 年第 2 期。

《中国新医改现状、问题与地方实践研究》,《中国市场》2014 年第 32 期。

《医改和国家治理现代化》,《中国机构改革与管理》2014 年第 12 期。

《新医改做了什么？没做什么?》,《卫生经济研究》2014 年第 10 期。

~江宇:《如何解决暴力伤医问题》,《决策探索(下半月)》2014 年第 6 期/《求是》2014 年第 9 期。

《公立医院改革的难点在哪儿》,《中国医疗保险》2014 年第 8 期。

~李影等:《我国医疗卫生改革中道德风险的探索及其影响》,《中国卫生经济》2014 年第 1 期。

《中国医改和中国道路》,《群言》2013 年第 2 期。

《基层医改:制度创新的社会实践》,《宏观经济管理》2013 年第 1 期。

《NHS 对中国的启示》,《中国医药科学》2012 年第 17 期。

~徐扬等:《整合医疗:中国医改的战略选择》,《中国卫生政策研究》2012 年第 9 期。

~陈秋霖等:《中国医改:社会发展的转折》,《开放时代》2012 年第 9 期。

《NHS 为何能登上奥运会?》,《中国医院院长》2012 年第 16 期。

《英国奥运为何"炫耀"全民医保》,《商周刊》2012 年第 16 期。

《三年医改的重要突破》,《群言》2012 年第 6 期。

~陈秋霖:《理性评估中国医改三年成效》,《卫生经济研究》2012 年第 5 期。

《基本药物制度动了谁的奶酪——关于基本药物制度的几个观点》,《中国卫生经济》2012 年第 1 期。

徐唯~李文咏等:《我国现有精神卫生体制的历史沿革》,《中国市场》2011 年第 24 期。

崔玄~陈秋霖:《老龄化对医疗卫生体系的挑战》,《中国市场》2011 年第 16 期。

《美国医改对我国医改的启示》,《中国卫生政策研究》2010 年第 5 期。

~江宇等:《改革开放背景下的我国医改 30 年》,《中国卫生经济》2008 年第 2 期。

李玲(西北大学)

《宋代军事医疗问题研究》,西北大学硕士学位论文 2014 年。

李玲孺(北京中医药大学)

《喻嘉言对〈伤寒论〉学术思想之继承与发展》,北京中医药大学硕士学位论文 2009 年。

李柳骥(北京中医药大学)

~赵艳:《阳痿病古代医案用药分析》,《中医学报》2019 年第 9 期。

~赵艳:《中医古籍中干燥综合征相类病症探析》,《中医药导报》2019 年第 6 期。

周家颂、严季澜~:《从疳证论治浅析陈士铎的儿科学术思想》,《环球中医药》2019 年第 6 期。

~赵艳:《遗精病古代医案用药研究》,《贵阳中医学院学报》2019 年第 5 期。

李阳~严季澜:《〈名医类案〉及〈续名医类案〉中遗精治法探要》,《四川中医》2019 年第 5 期。

周琦~严季澜:《试论唐宗海对汗血的论治》,《中医药导报》2019 年第 3 期。

丁洋……余芳~:《口腔干燥综合征中医古代文献述要》,《吉林中医药》2018 年第 5 期。

李景~严季澜:《〈医碥〉论治发热探析》,《中医文献杂志》2018 年第 1 期。

于冰冰、严季澜~:《黄元御论治鼓胀》,《中医药导报》2017 年第 13 期。

丁洋……孟梦~:《口腔干燥综合征中医名称辨析》,《中国中医基础医学杂志》2017 年第 6 期。

石雨~:《〈酉阳杂俎〉医药文化内容初探》,《中医药文化》2017 年第 5 期。

雍妙俊、严季澜~:《从古代文献中的癃闭脉诊论癃闭五脏辨证》,《环球中医药》2016 年第 2 期。

刘璐、严季澜~:《浅议〈黄帝内经〉中"筋痹"的因机证治》,《中医学报》2015 年第 10 期。

刘璐、严季澜~:《张元素、陈士铎对药物升降浮沉理论认识的比较》,《河南中医》2015 年第 9 期。

刘颖涛、严季澜~:《〈诸病源候论〉论淋特色与思考》,《中华医史杂志》2015 年第 4 期。

刘璐、严季澜～：《浅谈陈士铎著作中的气机升降理论》，《陕西中医》2015 年第 2 期。

赵健、严季澜～：《任应秋教授中医医史文献学成就述要》，《北京中医药大学学报》2014 年第 2 期。

黄作阵……杨东方～祝世峰等：《〈内经素问校证〉整理研究》，《北京中医药大学学报》2013 年第 6 期。

陈薇竹、严季澜～：《叶天士治痹初析》，《中医文献杂志》2013 年第 5 期。

赵健、严季澜～：《运用中医医史文献学研究方法探讨方剂学发展史》，《北京中医药大学学报》2013 年第 2 期。

～张戬等：《〈伤寒论句解〉作者及成书年代考》，《中华医史杂志》2013 年第 1 期。

郭培杰、严季澜～：《论〈金匮要略〉"补气者加半夏"》，《吉林中医药》2013 年第 1 期。

～肖红艳等：《〈淑景堂药性赋〉与〈珍珠囊药性赋〉比较研究》，《吉林中医药》2012 年第 12 期。

张芳芳、严季澜～：《〈病机纂要〉作者考》，《中医学报》2012 年第 12 期。

～侯中伟等：《〈备急千金要方〉闭经方剂探析》，《安徽中医学院学报》2012 年第 4 期。

侯中伟～张聪等：《王肯堂〈女科证治准绳〉单穴治疗闭经特色探析》，《国际中医中药杂志》2012 年第 4 期。

王桂玲～郭静：《〈医学入门〉点评》，《北京中医药》2012 年第 4 期。

吴云海、赵艳～：《古医籍对疟腮病原学的认识》，《贵阳中医学院学报》2012 年第 1 期。

～严季澜：《阳痿证治观点的发展与思考》，《国际中医中药杂志》2011 年第 10 期。

～严季澜：《阳痿病因病机述略》，《吉林中医药》2011 年第 9 期。

～严季澜：《阳痿病名源流与定义探讨》，《北京中医药》2011 年第 8 期。

～张聪等：《月经不调类疾病病名及病因病机源流的述要》，《贵阳中医学院学报》2011 年第 5 期。

～侯中伟等：《古医籍中对痛经的认识及证治》，《安徽中医学院学报》2011 年第 5 期。

赵艳～：《基于古今文献的疟腮病方药规律分析》，《陕西中医学院学报》2011 年第 3 期。

杨东方～：《劳树棠与〈四库全书总目·医家类〉》，《北京中医药大学学报》2011 年第 3 期。

～严季澜：《我国古代治疗心绞痛小方用药规律探讨》，《中国中医基础医学杂志》2009 年第 7 期。

～严季澜：《胸痹心痛古代医案初探》，《安徽中医学院学报》2009 年第 4 期。

～严季澜：《热证心痛理论的源流发展及其意义评述》，《中华中医药学刊》2009 年第 3 期。

万霞……艾艳珂～：《中医文化人类学》，《中西医结合学报》2008 年第 7 期。

～严季澜：《冠心病心绞痛中医相关病名考辨》，《北京中医药大学学报（中医临床版）》2007 年第 2 期。

～严季澜：《厥心痛古今文献述要》，《吉林中医药》2006 年第 11 期。

李刘坤（北京中医药大学）

《论吴鞠通温病下法运用原则与策略》，《北京中医药大学学报》2009 年第 1 期。

～凌泽奎：《从〈吴鞠通医案〉看温病初起恶寒的实际治疗》，《新疆中医药》2006 年第 5 期。

《温病名家吴鞠通生平著述考》，《中华医史杂志》2001 年第 2 期。

《〈温病条辨〉著成年代考》，《中华医史杂志》1999 年第 1 期。

《吴鞠通内伤杂病辨治特色》，《北京中医药大学学报》1997 年第 6 期。

李留文（郑州航空工业管理学院）

《洪山信仰与明清时期中原药材市场的变迁》，《安徽史学》2017 年第 5 期。

李珑(安徽中医学院)

～杜娟:《从"形神合一"谈构建中医心身医学的意义》,《安徽中医学院学报》2001 年第 6 期。

《中医法学思想探源》,《安徽中医学院学报》1995 年第 3 期。

李龙(成都博物馆)

《医疗社会史视角下的禁烟运动——以民国四川戒烟药品管理工作为例》,《医疗社会史研究》2019 年第 2 期。

《疾病与时尚的观念交织——医疗社会史视角下的民国成都娼妓及其日常生活》,《南京医科大学学报(社会科学版)》2018 年第 6 期。

李璐璐(四川外语学院)

《我国突发公共卫生事件健康传播策略研究》,四川外语学院硕士学位论文 2011 年。

李伦(湖南师范大学)

凌昀～:《新型医患关系下医疗父爱模式的合理性》,《怀化学院学报》2017 年第 8 期。

凌昀～:《尤纳斯责任伦理视角下的医患关系探析》,《湖州师范学院学报》2017 年第 2 期。

郭蓉～:《佩莱格里诺医学伦理学思想研究及评析》,《湖南师范大学社会科学学报》2016 年第 2 期。

周奕～:《中国传统医疗父爱主义及其当代价值》,《道德与文明》2016 年第 1 期。

～何瑛:《二战期间侵华日军人体实验的伦理审视》,《伦理学研究》2015 年第 5 期。

周奕～:《中国传统医患诚信模式及其当代价值》,《湖南大学学报(社会科学版)》2014 年第 5 期。

～郭蓉:《医患协商模式及其论证》,《湖南师范大学社会科学学报》2014 年第 5 期。

～喻文德:《论公共健康的社会正义问题》,《湖南大学学报(社会科学版)》2010 年第 3 期。

喻文德～:《国外的公共健康伦理研究》,《河北学刊》2010 年第 1 期。

《器官移植:从技术理性到生命伦理》,《中南林业科技大学学报(社会科学版)》2009 年第 1 期。

喻文德～:《当代中国公共健康伦理研究》,《预防医学论坛》2008 年第 11 期。

～罗光强等:《纳粹人体实验数据应用的伦理审视》,《广西社会科学》2008 年第 7 期。

～罗光强:《试析德国纳粹人体实验的道德逻辑》,《伦理学研究》2006 年第 3 期。

金红～刘铭等:《尊重人体尸体:人体解剖教学的伦理原则》,《医学与哲学(人文社会医学版)》2006 年第 3 期。

聂精保、土屋贵志～陈学谦等:《侵华日军的人体实验及其对当代医学伦理的挑战》,《医学与哲学》2005 年第 6 期。

李曼曼(安徽师范大学)

《唐五代瘟疫与社会研究》,安徽师范大学硕士学位论文 2006 年。

李梣

《道藏所收早期道书的疾疫观——以〈女青鬼律〉及〈洞渊神咒经〉系为主》,《中央研究院中国文哲研究集刊》第 3 期(1993)

李梅(广州中医药大学)

《民国广东中医人名录编纂及相关研究》,广州中医药大学硕士学位论文 2007 年。

李玫(哈尔滨医科大学)

《〈鼠疫博物馆〉的警示——1910 年—1911 年伍连德博士扑灭哈尔滨瘟疫纪实》,《黑龙江史志》1998 年第 6 期。

李玫姬（广西中医药大学/广西中医学院）

《"一带一路"战略背景下中医药文化国际传播的机遇、挑战与对策》,《学术论坛》2016 年第 4 期。

《论孙思邈的医学核心价值观》,《传承》2014 年第 1 期。

《文化自觉与中医文化的现代发展》,《广西中医药大学学报》2013 年第 4 期。

《社会主义核心价值观与当代中医文化核心价值观关系辨析》,《广西社会科学》2013 年第 11 期。

《论文化自觉语境下中医文化的现代发展》,《时珍国医国药》2013 年第 11 期。

《论中医文化核心价值观与社会主义核心价值观的内在统一性》,《广西中医药大学学报》2013 年第 3 期。

《文化自觉:中医文化现代发展的重要方法论》,《现代阅读(教育版)》2013 年第 10 期。

《浅论中医药产业现代化进程中的环境保护问题》,《医学与社会》2009 年第 11 期。

《论文化全球化背景下中医文化的现代发展》,《医学与社会》2007 年第 4 期。

《论突发公共卫生事件期间的政府凝聚力》,《医学与社会》2004 年第 5 期。

李美娘（山东大学）

《中国游客赴韩国医疗旅游消费行为的实证研究——以整形美容旅游为中心》,山东大学硕士学位论文 2013 年。

李梅浠（北京中医药大学）

《文艺复兴时期欧洲与中国本草学思想比较研究》,北京中医药大学硕士学位论文 2008 年。

～张冰:《中国与欧洲药物学奠基时间的学术思想比较研究》,《中华中医药学刊》2008 年第 5 期。

李梦斌（河北大学）

《宋代保育医学研究》,河北大学硕士学位论文 2018 年。

李梦秋（安徽大学）

《地方报纸基本医疗保障改革报道研究》,安徽大学硕士学位论文 2010 年。

《合肥主流报纸关于手足口病新闻报道的主题词分析》,《新闻世界》2009 年第 9 期。

李敏（北京语言大学）

《试论女性文学中的"疯女"书写》,北京语言大学硕士学位论文 2009 年。

李敏（甘肃中医学院）

《浅谈中医学思想对藏医学的影响》,《中医学报》2012 年第 5 期。

李敏（湖南师范大学）

《医务社会工作介入骨科病友俱乐部的研究》,湖南师范大学硕士学位论文 2017 年。

李民（华南师范大学）

《本世纪之前中医药在俄罗斯传播的特点》,《中医药文化》2019 年第 1 期。

《俄罗斯圣彼得堡大学东方系中医汉籍藏书》,《国际汉学》2016 年第 1 期。

李敏（陕西中医学院）

苗彦霞……吕娟～:《孙思邈诊治带下病思想研究》,《中医杂志》2012 年第 16 期。

《〈千金要方〉灸法浅析》,《实用中医药杂志》2009 年第 10 期。

～郝葆华等:《论早期中医中的"时称"问题》,《陕西中医函授》1996 年第 4 期。

李敏（西安外国语大学）

《〈狂人日记〉里多维的"医生"形象》,《长春工程学院学报(社会科学版)》2011 年第 1 期。

李敏(中国中医科学院/北京中医药大学)

~邱润苓等:《中国中医科学院图书馆馆藏民国时期医药期刊概况》,《中国中医药图书情报杂志》2019 年第 6 期。

~田芮凡等:《中华医史学会早期会员中的医史学家与中医师》,《中华医史杂志》2019 年第 6 期。

~邱润苓等:《民国中医药文献数字资源服务平台图片库功能概述》,《中国中医药图书情报杂志》2019 年第 5 期。

~曲聪聪等:《〈本草纲目〉中有毒中药的药物警戒思想:金石部》,《医药导报》2019 年第 1 期。

《18 世纪日朝笔谈的医学史料研究》,北京中医药大学博士学位论文 2017 年。

~梁永宣:《日本〈和韩医话〉所载笔谈医学史料之所见》,《中华中医药杂志》2016 年第 5 期。

~梁永宣:《〈东医宝鉴〉引用的仲景文献分析与研究》,《中医药文化》2016 年第 2 期。

~黄英华等:《18 世纪日朝外交中朝鲜通信使的药物馈赠考述》,《中医药文化》2016 年第 1 期。

~梁永宣:《18 世纪日朝医家关于朝鲜人参的探讨》,《中华医史杂志》2015 年第 4 期。

~梁永宣:《日本〈两东笔语〉所载笔谈医学史料研究——以药物、诊疗为核心》,《中医药文化》2015 年第 1 期。

李敏忠(台湾成功大学)

《女日治初期殖民现代性研究——以〈台湾日日新报〉汉文报卫生论述(1898—1906)为主》,台湾成功大学硕士学位论文 2004 年。

李鸣(北京大学法学院)

《SARS 与国际法》,《法制与社会发展》2003 年第 6 期。

李明(北京中医药大学)

《仲景论著中的心胃相关思想研究》,北京中医药大学博士学位论文 2014 年。

~丁艳亭等:《仲景心胃相关思想探讨》,《河南中医》2013 年第 8 期。

《"医者意也"的心理学研究》,北京中医药大学博士学位论文 2007 年。

《全人心理学——中医心理学发展的新机遇》,《鲁东大学学报(哲学社会科学版)》2007 年第 1 期。

《后现代叙事心理治疗探幽》,《医学与哲学(人文社会医学版)》2006 年第 8 期。

~高颖等:《西医——中医挥之不去的他者》,《医学与哲学(人文社会医学版)》2006 年第 4 期。

李明(赣南医学院)

~曾新华:《苏区卫生资源的医德教育价值及其实现途径》,《赣南医学院学报》2013 年第 5 期。

戴莉萍~:《冲突与合作:中央苏区医学变革与医社关系之变奏》,《赣南医学院学报》2012 年第 5 期。

丁仁祥~:《东固、赣西南苏区的红色卫生事业》,《赣南医学院学报》2010 年第 5 期。

~戴莉萍:《传统与革命:中央苏区医学格局的转型》,《赣南医学院学报》2011 年第 5 期。

李明(山东中医药大学)

~王庆领等:《山东中医药大学临床教学基地建设历史沿革——向学校建校 60 周年献礼》,《中国中医药现代远程教育》2019 年第 6 期。

~鲍霞:《〈本草纂要〉版本调研及学术特色探究》,《山东中医药大学学报》2015 年第 4 期。

~郭瑞华:《论中医类书〈医部全录〉》,《长春中医药大学学报》2015 年第 2 期。

~王全利等:《〈仁术便览〉版本考略》,《山东中医药大学学报》2014 年第 1 期。

～郭瑞华等:《〈仁术便览〉学术特色探析》,《辽宁中医杂志》2014 年第 1 期。

朱毓梅～:《〈神农本草经〉与宋本〈伤寒论〉"枳实"考异》,《时珍国医国药》2013 年第 2 期。

朱毓梅～:《利用〈中国丛书综录〉查寻中医药古籍》,《长春中医药大学学报》2012 年第 6 期。

李明(上海市浦东新区卫生和计划生育委员会)

～张韬等:《基本医疗服务与基本公共卫生服务的统筹管理探索——英国国家医疗服务体系改革的启示与思考》,《中国全科医学》2014 年第 19 期。

李明(中国中医科学院)

《汉至金元时期方书中止痛方剂的研究》,中国中医科学院硕士学位论文 2012 年。

李明慧(荷兰格罗宁根大学/陕西师范大学)

《民国陕西省妇婴卫生建设刍议》,《医疗社会史研究》2017 年第 1 期。

《近代陕西中西医交流与社会变迁》,陕西师范大学硕士学位论文 2016 年。

李明洁(华东师范大学)

《突发公共卫生事件网络谣言的治理研究——以 H7N9 禽流感事件为例》,华东师范大学硕士学位论文 2018 年。

李明明(贵州师范大学)

《上海〈民国日报〉禁烟禁毒问题研究(1927—1932)》,贵州师范大学硕士学位论文 2019 年。

李明轩(山东中医药大学)

孙辉、田思胜～王明亮:《齐鲁医家臧应詹生平事迹考略》,《西部中医药》2017 年第 3 期。

《柯琴及其学术思想研究》,山东中医药大学硕士学位论文 2016 年。

李明勇(南京中医药大学)

《"因人、因时、因地"用药——论中药在泰国的运用规律》,南京中医药大学硕士学位论文 2011 年。

李明志(北京林业大学)

～袁嘉祖:《近 600 年来我国的旱灾与瘟疫》,《北京林业大学学报(社会科学版)》2003 年第 3 期。

李墨荫

《介绍祖国医学治麻疹的专著"麻科活人书"》,《中医杂志》1956 年第 1 期。

李牧(浙江武康疗养院)

《麻风第一方考》,《中华医史杂志》1995 年第 2 期。

《云梦秦简麻风律考》,《浙江中医学院学报》1980 年第 3 期。

笠木茂伸

～王玉兰:《荷兰医疗的保险制度及其改革》,《国外医学(卫生经济分册)》1992 年第 3 期。

李木子(广西民族大学)

《公共外交视角下的中马中医药交流》,广西民族大学硕士学位论文 2015 年。

李娜(北京联合大学)

～解建红:《中世纪后期英国黑死病爆发原因新议——环境史视野下的中世纪后期英国黑死病》,《学海》2008 年第 1 期。

李娜(北京中医药大学)

《消渴郁证的中医文献研究》,《天津中医药》2015 年第 6 期。

李娜(河南大学)

《基督教会医疗事业与近代河南社会》,河南大学硕士学位论文 2009 年。

李娜（华东政法大学）

《药品专利国际保护与公共健康权的冲突及协调研究——以 TRIPS 协议为视角》，华东政法大学硕士学位论文 2008 年。

李娜（吉林省社会科学院）

《后藤新平与东北殖民卫生统制体系》，《外国问题研究》2015 年第 1 期。

李娜（山东中医药大学）

~张建伟：《〈傅青主女科〉理气药配伍应用浅析》，《湖南中医杂志》2019 年第 2 期。

~田原等：《明末清初中西医汇通思想的萌芽》，《医学与哲学（A）》2017 年第 7 期。

《恽铁樵中西医汇通思想研究》，山东中医药大学博士学位论文 2016 年。

~刘桂荣：《〈黄帝内经〉的现代护理学思想》，《辽宁中医杂志》2015 年第 1 期。

李娜（云南民族大学）

《〈全宋文〉墓志所见南宋特定人群平均死亡年龄研究》，云南民族大学硕士学位论文 2018 年。

李乃奇（南方医科大学/广州中医药大学）

黄伟萍~：《岭南针灸名家梁慕周及其针灸学讲义钩玄》，《上海针灸杂志》2015 年第 12 期。

杨克卫、王朝辉~李芃柳：《〈中国中医古籍总目〉未载民国针灸文献管窥》，《中华医史杂志》2015 年第 6 期。

《岭南针灸学术源流探讨与近代学术流派整理研究》，广州中医药大学博士学位论文 2015 年。

黄伟萍~刘芳：《岭南医家陈主平及其针灸著作述略》，《广州中医药大学学报》2015 年第 4 期。

黄伟萍~：《民国针灸家陈景文〈实用针灸学〉学术思想初探》，《中国针灸》2015 年第 3 期。

~刘小斌：《民国针灸医家徐益年及其〈实用针灸学〉》，《中国针灸》2014 年第 9 期。

~黄伟萍、刘芳：《澄江针灸学派传人曾天治生平著述考略》，《中国针灸》2014 年第 8 期。

~刘小斌：《岭南针灸医家曾天治〈科学针灸治疗学〉述要》，《广州中医药大学学报》2014 年第 1 期。

~刘小斌：《近代广东针灸名家周仲房》，《中华医史杂志》2013 年第 6 期。

李乃适（北京协和医院）

谷晓阳~：《王叔咸在协和：中国早期糖尿病临床研究》，《中华糖尿病杂志》2019 年第 1、2 期。

Jan van Gijn，Joost P.Gijselhart~：《斯乃博和"床边医学"》，《中国医学人文》2018 年第 3 期。

《协和第一位女性内科总住院医师：郁采蘩》，《中国医学人文》2017 年第 2 期。

《一世悬壶内分泌 经年铸剑垂体瘤》，《中国医学人文》2016 年第 2 期。

《忆恩师史轶蘩教授》，《中国医学人文》2016 年第 2 期。

《糖尿病诊治的过去、现在和将来：从个体化治疗到精准医学》，《中国医药报》2015 年 12 月 2 日 006 版。

袁涛~邢小平：《创造新辉煌勇攀新高峰：记北京协和医院内分泌科》，《协和医学杂志》2015 年第 5 期。

马彦茹~：《连体人背后的医道人心》，《中国医学人文》2015 年第 4 期。

Jan van Gijn，Joost P.Gijselhart~：《伊萨多·斯乃博（1889—1973）和〈床边医学〉》，《协和医学杂志》2013 年第 3 期。

《刘士豪——中国转化医学的先行者》，《中国科学：生命科学》2012 年第 9 期。

《北京协和医院 1923 年第 1 例使用胰岛素治疗的糖尿病病历》，《中华糖尿病杂志》2012 年第 1 期。

《协和第 1 位女性内科总住院医师郁采蘩教授与痛风研究》，《协和医学杂志》2011 年第 4 期。

《北京协和医院举办〈刘士豪画传〉首发式暨刘士豪教授诞辰 110 周年纪念大会 纪念中国转化医学的先行者、内分泌学奠基人刘士豪教授》，《协和医学杂志》2011 年第 1 期。

《刘士豪：世界内分泌史上的中国骄子》，《健康报》2010 年 12 月 24 日 006 版。

张大明～：《刘士豪教授与我国第 1 例胰岛素瘤研究报告》，《协和医学杂志》2010 年第 2 期。

《马士敦与北京协和医学院妇产科的早期骨软化症研究》，《中华骨质疏松和骨矿盐疾病杂志》2009 年第 1 期。

《刘士豪、朱宪彝与第一个由中国人命名的疾病——肾性骨营养不良》，《中华骨质疏松和骨矿盐疾病杂志》2008 年第 1 期。

李南（东北师范大学）

《日本介护保险制度建设的启示》，东北师范大学硕士学位论文 2015 年。

李楠（中国中医科学院）

～高飞：《〈伤寒论〉"但见一证便是"内涵解读》，《中国中药杂志》2018 年第 12 期。

～农汉才等：《秦伯未研究〈黄帝内经〉的方法与特色》，《中国中医基础医学杂志》2018 年第 4 期。

～曾凤：《从宋校〈千金要方〉管窥宋代中医学术思想之演变》，《北京中医药大学学报》2017 年第 11 期。

～曾凤：《宋校〈千金要方〉增补方剂考证》，《北京中医药大学学报》2017 年第 10 期。

～曾凤：《宋校〈金匮要略方论〉附方考证》，《广州中医药大学学报》2017 年第 5 期。

～曾凤：《宋校〈千金要方〉〈千金翼方〉相应方剂考证》，《中国中医基础医学杂志》2016 年第 10 期。

～曾凤、张婧：《宋校〈千金要方〉〈千金翼方〉注文考证》，《北京中医药大学学报》2016 年第 3 期。

～孟凡红等：《从民国时期中药教材探讨中药教育的发展》，《北京中医药》2015 年第 6 期。

～万芳：《民国时期中药实验研究的借鉴意义》，《中华医史杂志》2015 年第 3 期。

《民国时期（1912—1949）中药文献及其学术考察与研究》，中国中医科学院博士学位论文 2014 年。

～万芳：《民国时期中药辞典的编纂及其对中药学发展的影响》，《北京中医药大学学报》2013 年第 9 期。

～万芳等：《刘民叔〈神农古本草经〉探析》，《中国中医基础医学杂志》2013 年第 4 期。

～高飞等：《辨证入细的思考》，《北京中医药大学学报》2013 年第 2 期。

～高飞等：《浅谈〈伤寒论〉中的中药炮制方法》，《北京中医药大学学报》2013 年第 1 期。

～万芳等：《金世元医药圆融学术特色研究》，《北京中医药》2012 年第 7 期。

李宁（云南中医学院）

《天台智顗的止观医学思想研究》，《医学与哲学（A）》2015 年第 10 期。

～王寅等：《〈伤寒杂病论〉中"粉"之实质探讨》，《中医药导报》2015 年第 9 期。

～王寅等：《窦材的扶阳学术思想探讨》，《中医药导报》2015 年第 7 期。

《〈金匮要略〉阴阳毒病证浅识》，《亚太传统医药》2015 年第 3 期。

《从中医流派发展探讨火神派与扶阳学说》，《湖南中医杂志》2014 年第 12 期。

《〈金匮要略〉水液代谢障碍类疾病证治规律探讨》，《环球中医药》2014 年第 10 期。

～王寅：《浅谈张仲景对金石药物的应用》，《中国中医药现代远程教育》2014 年第 9 期。

～王寅等：《医史视角下的金石养生文化述略》，《南京中医药大学学报（社会科学版）》2014 年第

3 期。

李宁（中国农业大学）

《中国农村医疗卫生保障制度研究》，中国农业大学博士学位论文 2005 年。

李沛澄

《在第二次国内革命战争时期红军卫生学校的简要历史资料》，《人民军医》1958 年第 8 期。

李培德

《日本仁丹在华的市场策略及其与中国人丹的竞争》，《近代史研究所集刊》第 89 期（2015.9）。

《香港鼠疫之日本发现》，《历史海流》1998 年第 3 期。

李培京（中国疾病预防控制中心）

《伍连德防治东北鼠疫的贡献及其轶事》，《中华医史杂志》2007 年第 3 期。

李沛容（四川大学）

徐君～:《医学人类学视野下的民族地区医疗体系——四川省凉山州木里藏族自治县的案例》，《西南民族大学学报(人文社科版)》2008 年第 4 期。

《医疗的现代性:藏族择医之嬗变——以木里藏族自治县桃巴乡为例》，《藏学学刊》2008 年 00 期。

李鹏

《对〈军队医疗事业的奠基人贺诚〉的补正》，《炎黄春秋》2007 年第 9 期。

李朋飞（华侨大学）

《新加坡同济医院研究》，华侨大学硕士学位论文 2013 年。

李鹏涛（南京大学）

《疾病改变历史——〈世界瘟疫史〉评介》，《中国减灾》2009 年第 4 期。

《〈世界瘟疫史:疫病流行、应对措施及其对人类社会的影响〉评介》，《世界历史》2006 年第 3 期。

李鹏勇（广西师范大学）

《中越关系正常化以来桂越边境药材贸易发展研究》，广西师范大学硕士学位论文 2012 年。

李平（哈尔滨市侵华日军第 731 部队陈列馆）

《侵华日军在中国东北施放毒气的罪证》，《世纪桥》2003 年第 1 期。

《日军 731 部队与哈尔滨原平房地区的鼠疫》，《黑龙江社会科学》1997 年第 2 期。

李平（徐州医学院）

《唐代医家王焘考》，《中华医史杂志》1997 年第 3 期。

李平（云南中医学院）

李梦华～张建英等:《清代云南医学堂中医教学观初探》，《光明中医》2013 年第 3 期。

《探讨〈内经〉对人类体质的归纳分类》，《中国民族民间医药》2012 年第 8 期。

《〈伤寒论后条辨〉重视体质因素与发病关系的观点》，《中医学报》2012 年第 5 期。

～楚更五:《清代云南医学堂中医学课程体系教学内容的研究》，《云南中医学院学报》2011 年第 2 期。

～楚更五等:《清末民国云南名医余道善及〈仲景大全书〉》，《云南中医学院学报》2010 年第 5 期。

楚更五～张建英等:《〈医学正旨择要〉考》，《云南中医学院学报》2010 年第 2 期。

～楚更五等:《云南清代中医药学家教育家陈子贞考》，《云南中医学院学报》2010 年第 1 期。

楚更五～:《〈医门擎要〉主要学术观点的研究》，《云南中医学院学报》2006 年第 4 期。

楚更五～:《〈医门擎要〉主要内容的统计分析》，《云南中医学院学报》2006 年第 3 期。

李暌（东北财经大学）

刘晓梅~:《德国长期照护保险供给体系对我国的启示》,《学习与探索》2017 年第 12 期。

刘晓梅~:《美国长期照护服务体系对我国的启示》,《长春大学学报》2017 年第 11 期。

《美日德长期照护服务体系对我国的启示及对策》,东北财经大学硕士学位论文 2017 年。

李其山（海林市档案局）

《日本侵略者设在海林地区的细菌部队》,《黑龙江档案》1998 年第 5 期。

李启咏（菏泽市食品药品监督管理局）

《"中医巫术论"谬在何处》,《中华医史杂志》2007 年第 1 期。

李其忠（上海中医药大学/上海中医学院）

赵指南、原淳淳~:《中华传统文化视野下的太极哲理研究》,《中医药文化》2019 年第 4 期。

唐健嫩~:《丁甘仁湿温医案中药对运用及辨治特色初探》,《上海中医药杂志》2018 年第 10 期。

于凌、王颖晓~:《丁甘仁外科医案内治用药特色初探》,《中华中医药杂志》2018 年第 8 期。

阮明玉~:《越南古医籍〈医宗心领〉的相关研究》,《中医文献杂志》2018 年第 6 期。

唐健嫩~:《丁甘仁医案研究进展》,《中医文献杂志》2018 年第 6 期。

赵指南、张挺~:《阴阳学说视域下的五禽戏养生原理探析》,《中医药文化》2018 年第 4 期。

杨艳卓~:《丁甘仁辨治产后病脉案举隅》,《中医临床研究》2017 年第 17 期。

于凌、王颖晓~:《丁甘仁外科医案辨证规律初探》,《南京中医药大学学报》2017 年第 4 期。

《中国传统文化下的养生内涵》,《健康教育与健康促进》2017 年第 3 期。

谢朝丹、何世民~:《中医意象思维探源》,《上海中医药大学学报》2016 年第 3 期。

谢朝丹、何世民~:《传统文化视域下的意象思维概念辨析》,《中医药文化》2016 年第 1 期。

王颖晓~:《中医五神应五脏的发生学思考》,《中国中医基础医学杂志》2014 年第 11 期。

王颖晓~:《中医论心生理特性的发生学探析》,《辽宁中医杂志》2014 年第 9 期。

王颖晓~:《中医肺之生理特性的发生学思考》,《时珍国医国药》2014 年第 6 期。

《近代沪上中医办学史的启示》,《上海中医药大学学报》2014 年第 4 期。

谢朝丹~:《试论魏晋玄学对中医学的影响》,《中医药文化》2013 年第 4 期。

闫玉华~:《论张景岳阴阳、形神、两天共养说》,《中医文献杂志》2013 年第 3 期。

余韵诗~:《丁氏门人 声振杏林——追忆民国时期名医朱振声》,《中医药文化》2013 年第 3 期。

《关于膏方的人文思考》,《中医药文化》2011 年第 6 期。

黄兰英~:《审证求因 哲学思维剖析》,《中医药文化》2011 年第 5 期。

赵指南~:《太极拳的中医养生原理探索》,《中医药文化》2011 年第 4 期。

王颖晓~:《肝藏"形质之象"的发生学思考》,《中华中医药学刊》2010 年第 12 期。

黄兰英~:《宋金元伤寒学中审证求因理论的发展》,《浙江中医药大学学报》2010 年第 5 期。

~樊尊峰:《老庄无为论及其对中医养生观的影响》,《上海中医药大学学报》2010 年第 2 期。

樊尊峰~:《道家"无为论"与中医和谐养生观》,《河南中医》2009 年第 3 期。

樊尊峰~:《当于快意处发猛省——小议〈老老恒言〉养生观》,《辽宁中医药大学学报》2009 年第 3 期。

唐健嫩~:《脏腑相合理论的发生学初探》,《上海中医药大学学报》2008 年第 6 期。

王颖晓~:《藏象之发生学研究》,《上海中医药大学学报》2008 年第 5 期。

张挺～:《"同气相求"的理论内涵及其对中医学的影响》,《上海中医药大学学报》2008 年第 2 期。

王颖晓～:《藏象学说形成研究述要》,《辽宁中医杂志》2007 年第 12 期。

王颖晓～:《肺主皮毛理论的发生学思考》,《四川中医》2007 年第 3 期。

王颖晓～:《取象思维对藏象学说建构的作用》,《辽宁中医杂志》2007 年第 1 期。

于凌～:《从〈续名医类案〉看古代医案的临床价值》,《上海中医药杂志》2006 年第 10 期。

王颖晓～:《取象思维与藏象学说的建构》,《江苏中医药》2006 年第 10 期。

张挺～陈慧娟等:《"心"的中西医学比较研究》,《上海中医药大学学报》2002 年第 2 期。

～李孝刚等:《中医古今病、证命名源流辨析》,《上海中医药大学学报》2001 年第 1 期。

童瑶～陈慧娟等:《中医脏腑解剖学属性探讨》,《北京中医药大学学报》2000 年第 6 期。

张挺～:《"心主神明"考辨》,《中国中医基础医学杂志》1999 年第 11 期。

《关于三焦生理的文献研究》,《上海中医药杂志》1992 年第 10 期。

～程磬基:《〈伤寒论〉〈金匮要略〉中迭音词探析》,《上海中医药杂志》1988 年第 5 期。

～程磬基:《〈伤寒论〉六经与〈灵枢·经脉〉并非一脉相承》,《中医杂志》1981 年第 11 期。

李茜(北京工商大学)

《健康传播视阈下我国医疗剧内容研究》,北京工商大学硕士学位论文 2017 年。

李倩(北京中医药大学)

《〈医方类聚〉所引中国古代医籍研究》,北京中医药大学硕士学位论文 2006 年。

李倩(山东师范大学)

《〈全体新论〉医学术语研究》,山东师范大学硕士学位论文 2018 年。

李乾坤(东北师范大学/河南师范大学)

《长征前革命根据地的医疗卫生事业》,《军事历史研究》2018 年第 3 期。

《一场无声的革命——红军时期革命根据地的医疗卫生工作述论》,《医疗社会史研究》2017 年第 2 期。

《匠心独运成奇果,小人参藏大乾坤——评蒋竹山〈人参帝国——清代人参的生产、消费与医疗〉》,《中医文献杂志》2015 年第 5 期。

李洪河～:《新中国成立初期李德全的医疗卫生思想和实践探析》,《中国浦东干部学院学报》2015 年第 3 期。

李洪河～:《抗战时期国际社会对华医疗援助探析》,《中州学刊》2015 年第 10 期。

李倩倩(河北大学)

《民国时期中华卫生教育会研究(1916—1930)》,河北大学硕士学位论文 2014 年。

《胡宣明与民国时期的中华卫生教育会》,《黑河学刊》2014 年第 3 期。

李强(南开大学)

～韩威:《不同医学模式下医生角色之比较》,《中国医学伦理学》2002 年第 5 期。

李强(日本大阪物疗学园)

～串崎正辉:《近 40 年日本针灸学术界国家级科研课题立项分析》,《中国针灸》2013 年第 2 期。

《明代隆庆五年废止太医院按摩科的原因探析》,《中华医史杂志》2012 年第 1 期。

《古代楚地风俗和信仰构筑了小儿推拿的基石》,《湖北中医杂志》2011 年第 10 期。

《三种日本江户时代正骨专著及其学术要点》,《中国骨伤》2011 年第 9 期。

《"凤汉学说"沉浮的启示》,《中国针灸》2011 年第 3 期。

《〈厘正按摩要术〉及其腹诊论述之考辨》,《中医文献杂志》2011 年第 2 期。

《日本柔道正骨整复术的鼻祖——明代诗人学者·少林寺僧陈元赟》,《中国中医骨伤科杂志》2011年第 1 期。

《试论日本腹诊是〈厘正按摩要术·按胸腹〉的学术渊源》,《中华中医药杂志》2010 年第 10 期。

《〈正骨范〉乎?〈正骨范〉乎?》,《中医文献杂志》2010 年第 6 期。

《〈正骨范(中国接骨图说)〉的学术渊源及其对日本柔道整复界的影响》,《中医正骨》2010 年第6 期。

《〈世医得效方〉对古代日本接骨术的影响》,《中国中医骨伤科杂志》2010 年第 4 期。

《中日两国古代按摩博士官位考》,《中医文献杂志》2010 年第 1、2 期。

《关于历史争议人物余云岫的史料补充——兼述民国和日伪时期上海自然科学研究所》,《中医文献杂志》2009 年第 3 期。

《日本按摩笛——从日本狂诗〈独宿先斗町〉谈起》,《中医文献杂志》2008 年第 5 期。

~赵毅:《日本现存中日按摩古籍网络调查的初步结果》,《中医文献杂志》2006 年第 1 期。

《三种日本古代按摩名著述要》,《中医文献杂志》2005 年第 2 期。

《日本小儿针疗法简介》,《上海中医药杂志》1994 年第 12 期。

《略论古代中医按摩教育》,《中医教育》1987 年第 2 期。

李强(山东省阳谷县古井阿胶厂)

~张贵阳:《阳谷县古井阿胶厂发展史》,《中成药》1995 年第 11 期。

《阿胶源产地考》,《中成药》1994 年第 7 期。

李强(思茅地区卫生防疫站)

《90 年代云南滇西南地区鼠疫动态及影响》,《中国地方病学杂志》2001 年第 3 期。

李强国(陕西师范大学)

《1793 年费城黄热病大瘟疫研究》,陕西师范大学硕士学位论文 2017 年。

李巧丽(华中师范大学)

《论 1901—1911 年的中国疫情》,华中师范大学硕士学位论文 2012 年。

李秦(河南大学)

《马铃薯的"慷慨"与"诅咒"——环境史学视角下的爱尔兰大饥荒研究》,河南大学硕士学位论文2017 年。

李琴(暨南大学)

《晚清澳门公共卫生管理研究》,暨南大学硕士论文 2012 年。

李勤璞(鲁迅美术学院/大连艺术研究所/浙江师范大学)

《印度七日住胎论及其在汉医的一个表现》,《中研院历史语言研究所集刊》第 77 本第 3、4 分(2006.9、12)。

《中医:问题在哪里》,《文化学刊》2006 年第 2 期。

《关于〈灵枢经〉的受孕机制论——从马王堆帛书到杨上善》,《文化学刊》2006 年第 1 期。

《〈耆婆五藏论〉研究——音中医学关系的一个考场》,《文史》第 45 辑(1998)。

《〈耆婆五藏论〉妊娠学说的源流》,《中华医史杂志》1997 年第 3 期。

《藏医妊娠学说的来源》,《中华医史杂志》1995 年第 4 期。

李庆(南京大学)

《16—17世纪梅毒良药土茯苓在海外的流播》,《世界历史》2019年第4期。

李清(上海中医药大学)

~闫晓天:《略论〈梦溪笔谈〉的医药学成就》,《河南中医学院学报》2009年第3期。

~梅晓萍等:《魏晋南北朝僧医的医学成就》,《辽宁中医药大学学报》2009年第2期。

~闫晓天等:《络病学说探析》,《河南中医》2008年第11期。

~潘桂娟:《王珪痰证诊疗之研讨》,《江西中医学院学报》2007年第2期。

李青凌(第三军医大学)

《建国以来我国中医人才培养模式研究》,第三军医大学硕士学位论文2011年。

李庆坪

《内经中关于尿的记载》,《浙江中医杂志》1958年第5期。

《我国历代关于白喉的说原、辨证及论治》,《浙江中医杂志》1958年第1期。

《我国白喉考略》,《医学史与保健组织》1957年第2期/《中华医史杂志》1957年第2期。

《外台秘要中的黄疸》,《伤寒中医药杂志》1955年第10期。

李青山(中国农业大学)

《中国近代(1840—1949)兽医高等教育溯源及发展》,中国农业大学博士学位论文2015年。

李秋贵(北京医院)

黄飞、闫小光~李文瑞等:《〈伤寒论〉主要版本简略》,《世界中西医结合杂志》2014年第12期。

石杨、常婧舒~:《浅述〈伤寒论〉治脾胃八法》,《北京中医药》2014年第6期。

~李文瑞:《〈伤寒杂病论〉的辨证方法研究》,《中国中医药学报》2001年第4期。

李全利(南开大学/广西民族大学)

《农村合作医疗制度建设历程及发展方向》,《中国国情国力》2018年第9期。

《新农合制度构建及费用治理创新研究》,《学习与实践》2018年第3期。

《新农合定点医院医疗费用控制政策研究——兼论德国、英国、美国、新加坡的医疗费用控制经验》,《桂海论丛》2017年第3期/《青海社会科学》2018年第1期。

《那坡县新农合定点医院医疗费用控制研究》,广西民族大学硕士学位论文2016年。

~周永胜:《美国管理式医疗保障对新农合制度的启示》,《经济研究导刊》2015年第18期。

~代志明:《新农合缴费的道德风险系数测量研究——基于全国2004—2013年的数据分析》,《鸡西大学学报》2015年第6期。

~代志明:《社会质量视角下的办医主体多元化研究》,《长春大学学报》2015年第5期。

《新农合筹资标准与医疗费用之关系的实证研究——基于2004—2013年国家统计数据》,《郑州轻工业学院学报(社会科学版)》2015年第4期。

《社会质量视角下的公共卫生同城化研究——基于广西西江经济带的数据分析》,《长江师范学院学报》2015年第4期。

《农村社区医疗保障体系建设研究——基于社会融入视角》,《山西农业大学学报(社会科学版)》2015年第3期。

~包学雄等:《残疾人社会医疗保险非标准化研究》,《内蒙古农业大学学报(社会科学版)》2015年第2期。

~代志明:《我国公立医院的内部治理机制改革研究——基于变革型领导理论的视角》,《郑州轻工业学院学报(社会科学版)》2014 年第 5 期。

《公务员医疗保障资源供给研究综述》,《学理论》2014 年第 19 期。

李全平(山西大学)

《殖民与医学的"共谋":殖民医疗史的认识视野》,《文史月刊》2019 年第 12 期。

《被细菌"感染"后的中医抗争史》,《文史月刊》2019 年第 11 期。

《医疗卫生与乡村社会——以集体化时代米山乡为例》,山西大学硕士学位论文 2010 年。

《浅谈集体化时代农村医疗卫生社会史研究》,《中共山西省委党校学报》2009 年第 4 期。

李全清(浙江省萧山医院)

～姚振生等:《〈救荒本草·草部〉中九种植物考证》,《山东中医药大学学报》2011 年第 1 期。

～姚振声:《〈救荒本草〉中的菊科植物考证》,《江西中医药》2010 年第 1 期。

李全权(重庆师范大学)

《抗战期间重庆城市公共卫生建设》,重庆师范大学硕士学位论文 2014 年。

李群(广州中医药大学)

～李禾:《清代广东中医医家研究》,《江西中医学院学报》2008 年第 1 期。

～李禾:《清代岭南医家研究概述》,《江西中医学院学报》2007 年第 1 期。

《清代广东中医人名录编纂及相关研究》,广州中医药大学硕士学位论文 2007 年。

李群(南京农业大学)

顾胜楠……沈冰儿～:《勤朴立身 大道至简——记我国著名兽医药理及毒理学家包鸿俊教授》,《畜牧与兽医》2019 年第 4 期。

金家霖……韩晓芬～:《巾帼女杰,世之圭表——记我国著名兽医学家陈万芳教授》,《畜牧与兽医》2019 年第 3 期。

章乔……黄凡～:《学问哺中华学子 精神驻科研事业——记我国著名兽医生物制品专家张振兴教授》,《畜牧与兽医》2019 年第 2 期。

王瑜……马凤进～:《处时艰而勤勉向上 苦科研而广著名篇——记中国著名兽医学家杜念兴教授》,《畜牧与兽医》2018 年第 4 期。

文秀兰、高俊～:《为学要如金字塔——访我国著名兽医寄生虫学家南京农业大学动物医学院汪志楷教授》,《畜牧与兽医》2018 年第 1 期。

文秀兰、高俊～:《牧医少年报国志 鲐背老人忆当年——记南京农业大学动物医学院离休教授蔡宝祥、韩正康、祝寿康的三人行》,《畜牧与兽医》2017 年第 11 期。

梁冉～:《罗清生"三重视"兽医教育思想研究》,《安徽农业科学》2017 年第 7 期。

葛雯～:《从〈元亨疗马集〉、〈活兽慈舟〉看明清兽医学发展特点》,《古今农业》2017 年第 3 期。

孙建、丁晓蕾～:《中日韩艾草利用比较研究》,《中国农史》2015 年第 5 期。

王成……关铜～陈书芳等:《中兽药发展的研究》,《中国动物保健》2014 年第 2 期。

刘大荣、王成～:《四川大学农学院时期的畜牧兽医组系发展》,《畜禽业》2012 年第 6 期。

朱芹、王成～邓华学等:《中兽医学发展史》,《中兽医医药杂志》2012 年第 2 期。

唐素君、王成～:《世界兽医史学研究概况》,《中兽医医药杂志》2011 年第 5 期。

王成～:《著名中兽医史学家邹介正研究员主要简历及著述》,《农业考古》2011 年第 4 期。

冯洪钱～:《唐·韩鄂编撰〈四时纂要〉兽医方考注》,《中兽医医药杂志》2011 年第 2 期。

王成～许剑琴等:《中兽医学东传(日本、韩国)初探》,《古今农业》2007 年第 3 期。

李任先(广州中医药大学/广州中医学院)

麦沛民～:《柯韵伯〈伤寒论翼·制方大法〉学术思想简介》,《广州中医药大学学报》2000 年第 1 期。

～马定科:《继往开来 为中医药学增添光彩——庆祝广州中医药大学成立 40 周年》,《新中医》1996 年第 10 期。

～刘小斌:《近代中医史述评(1840—1949)》,《中华医史杂志》1992 年第 1 期/《广州中医学院学报》1991 年 Z1 期。

李仁众(上海市黄浦区浦东中心医院)

《论大头瘟即腺鼠疫》,《山东中医学院学报》1988 年第 2 期。

《我国第一个认识猩红热的学者是叶天士》,《山东中医学院学报》1986 年第 3 期。

《〈疫疹草〉评介》,《安徽中医学院学报》1986 年第 1 期。

《张仲景并未做过长沙太守》,《山东中医学院学报》1985 年第 4 期。

《论〈内经〉中的天体观及其主导思想》,《安徽中医学院学报》1984 年第 2 期。

《宋代科学家沈括在祖国医药方面的成就》,《黑龙江中医药》1983 年第 4 期。

《血丝虫病在祖国医学中的记载》,《浙江中医杂志》1958 年第 5 期。

《读"论日本血吸虫病不是古代的蛊"后再与傅再希先生商榷书》,《江西中医药》1958 年第 1 期。

《读"进一步探索血吸虫病的来源"与傅再希同志商榷书》,《江西中医药》1957 年第 7 期。

《有关血吸虫病文献的初步搜集》,《上海中医药杂志》1956 年第 2 期。

李戎(成都中医药大学/成都中医学院)

～赵勇等:《日文文献中日本汉方医界与中国医籍文献对肺痿(肺纤维化)一病的认识之比较研究》,《四川中医》2016 年第 10 期。

许凤秋……刘涛～:《浅析李杲〈脾胃论〉》,《黑龙江中医药》2013 年第 6 期。

～肖小花等:《古代医家论肺痿之病名、病机及证候》,《上海中医药杂志》2011 年第 11 期。

任玉兰～:《〈遵生八笺·饮馔服食笺〉探微》,《医古文知识》2003 年第 4 期。

《中国古代的医政相通及其文化心理》,《社会科学研究》2002 年第 6 期/《医古文知识》2003 年第 1 期。

《简析〈针灸甲乙经〉中的禁(慎)针禁(慎)灸腧穴》,《中国针灸》2001 年第 11 期。

《居延汉简医、药、伤、病简文整理研究报告》,《医古文知识》2001 年第 4 期。

《砭石、九针说源》,《医古文知识》2001 年第 2 期。

《战国玉杖首〈行气铭〉集考及其铭文新释》,《医古文知识》2001 年第 1 期。

《中国古代针灸推拿(按摩)养生保健学术理论及方法学体系研究——兼论针灸按摩养生保健的现代科学作用机理》,成都中医药大学博士学位论文 2001 年。

《东方自然养生法与西方体育强身法的文化形态比较》,《医古文知识》2000 年第 3 期。

《李东垣针灸理法举要》,《上海中医药杂志》2000 年第 3 期。

《略谈守精养生》,《医古文知识》1998 年第 1 期。

《明代文学家高濂的医学思想》,《医古文知识》1997 年第 2 期。

《张景岳学说学术争鸣述要》,《福建中医药》1990 年第 3 期。

《略论张景岳学术思想的突出成就》,《中医药研究》1987 年第 5、6 期。

里蓉（辽宁省档案馆）

《张学良在北平协和医院》,《中国档案》1995 年第 3 期。

李蓉（浙江师范大学）

《性别视角下的疾病隐喻》,《南开学报（哲学社会科学版）》2007 年第 6 期。

李荣华（西北农林科技大学）

《汉唐时期南方风土病研究评述》,《中国史研究动态》2014 年第 2 期。

李瑞娥

《屏东乡间的医疗发展——助产士与药房老板娘口述医疗事迹》,《屏东文献》第 15 期（2011.12）。

李瑞桐（辽宁大学）

《英国医疗保障制度框架研究》,《经济研究导刊》2015 年第 21 期。

李瑞雪（黑龙江中医药大学）

《徐渭精神医学传记》,黑龙江中医药大学硕士学位论文 2014 年。

李瑞艳（西安建筑科技大学）

《新型农村合作医疗存在的问题与对策研究》,西安建筑科技大学硕士学位论文 2013 年。

李瑞玉

～张昌颖：《黄帝内经所载的祖国古代完全膳食》,《营养学报》1956 年第 1 期。

李瑞玉（北京医科大学）

～黄金芳等：《下王岗新石器时代人类的牙病》,《人类学学报》1991 年第 3 期。

李润虎（北京师范大学）

《近代医学革命研究》,北京师范大学博士学位论文 2018 年。

《西方近代早期的医学革命初探——评〈17 世纪的医学革命〉》,《科学文化评论》2016 年第 4 期。

李赛（云南大学）

《云南生物医药行业对东南亚直接投资问题研究》,云南大学硕士学位论文 2017 年。

李赛美（广州中医药大学）

刘闯……王保华～：《论〈金匮要略〉木防己汤应作术防己汤》,《亚太传统医药》2019 年第 8 期。

王丽琴～：《基于六经探析〈伤寒论〉之发热》,《江苏中医药》2018 年第 11 期。

张楠～：《〈伤寒论〉养阴法探析》,《辽宁中医杂志》2017 年第 8 期。

张楠～：《〈伤寒论〉温阳法探析》,《辽宁中医杂志》2017 年第 3 期。

陈敏～：《浅述易学思想对〈伤寒论〉的影响》,《中医杂志》2013 年第 2 期。

～郑身宏等：《试论伤寒学术流派的形成及发展》,《北京中医药大学学报》2010 年第 5 期。

金小洣、郑身宏～：《当代岭南中医传承模式浅析》,《中医药通报》2010 年第 3 期。

《从〈脾胃论〉看东垣对仲景学说的继承与发展》,《广州中医药大学学报》2007 年第 1 期。

～林培政：《岭南温病学研究概况及发展趋势》,《广州中医药大学学报》2005 年第 4 期。

储全根～莫伟：《〈景岳全书·伤寒典〉对〈伤寒论〉的补充》,《安徽中医学院学报》2003 年第 6 期。

《从历史、文化、源本角度还原〈伤寒论〉真谛——评〈伤寒论疑难解读〉》,《山东中医药杂志》2001 年第 1 期。

《从〈伤寒论〉看张仲景的创造性思维》,《新中医》2000 年第 1 期。

～徐鸣：《从〈伤寒论〉太阳病篇看仲景杂病辨证思维模式》,《国医论坛》1999 年第 6 期。

～徐鸣：《试论〈伤寒论〉对急症学的贡献》,《国医论坛》1998 年第 6 期。

～徐明:《〈伤寒论〉急症学理论研究述略》,《国医论坛》1998 年第 1 期。

李赛星(衡阳技师学院/南华大学)

蒋天平～:《〈钟形罩〉中的医学与冷战政治》,《南华大学学报(社会科学版)》2018 年第 5 期。

《医学想象对帝国的逆写——以〈钟形罩〉为例》,南华大学硕士学位论文 2015 年。

李三秀(中国财政科学研究院)

《瑞典医疗保障制度体系及其经验借鉴》,《财政科学》2017 年第 11 期。

《日本医疗保障制度体系及其经验借鉴》,《财政科学》2017 年第 6 期。

李思佳(黑龙江中医药大学)

《清代中医妇科典籍整理及痛经病诊疗特色的临床研究》,黑龙江中医药大学硕士学位论文 2013 年。

～满玉晶等:《〈傅青主女科〉痛经的证治规律探析》,《中国中医药现代远程教育》2012 年第 15 期。

李莎(南华大学)

《精神疾病对帝国的解构——以〈钟形罩〉和〈飞越疯人院〉为例》,南华大学硕士学位论文 2017 年。

李莎(郑州大学)

《倡导医学人文精神引领全球医史研究——记美国约翰·霍普金斯大学医学史研究所》,《中华医史杂志》2015 年第 3 期。

《元代民间对病患者的救助活动》,《兰台世界》2014 年第 33 期。

《唐宋元时期官办医疗救助机构的发展与变革》,《兰台世界》2014 年第 18 期。

《元代官方对患病者的救疗与优免措施》,《兰州教育学院学报》2014 年第 7 期。

《试析〈元史〉中的元代个人寿命》,《湖北第二师范学院学报》2012 年第 10 期。

《元代官方医疗保障制度的构建和发展》,《郑州航空工业管理学院学报(社会科学版)》2010 年第 4 期。

《元朝法律中的民间婚姻生育制度》,《殷都学刊》2008 年第 2 期。

李莎莎(中国中医科学院)

《经方苓桂术甘汤古代文献研究》,《中华医史杂志》2018 年第 1 期。

李珊(遵义中医学校)

～卢玉:《刍议吴澄〈不居集〉理脾阴法》,《现代中医药》2005 年第 4 期。

～卢玉:《略论张子和的创新精神》,《内蒙古中医药》2002 年第 5 期。

～卢玉:《日本针灸家泽田健学术思想探要》,《中医药学刊》2001 年第 5 期。

～卢玉:《〈潜斋医话〉中刺血疗法探析》,《中医外治杂志》2000 年第 4 期。

李珊珊(首都医科大学)

～何晶等:《中医解剖学研究的历史沿革》,《北京中医》2007 年第 10 期。

李尚仁(台湾中央研究院)

《科学、技术与医院的历史大图像——论皮克史东的"致知之道"》,《新史学》第 30 卷第 2 期(2019.6)。

《气候、节制与健康:韩雅各论欧洲人在上海的卫生之道》,《成大历史学报》第 55 卷(2018)。

《晚清来华的西医》,台湾中央研究院生命医疗史研究室编《中国史新论:医疗史分册》(台北:中央研究院 2015 年)。

《十九世纪中国通商港埠的卫生状况:海关医官的观点》,祝平一主编《健康与社会:华人卫生新史》

（台北：联经出版社事业股份公司 2013 年）。

《从历史与社会科学观点反思器官移植：回应〈大体器官募集制度的伦理学与政治哲学：辩护"认定同意制"〉》，《科技医疗与社会》第 16 期（2013.4）。

《英法联军之役中的英国军事医疗》，《中央研究院历史语言研究所集刊》第 82 本第 3 分（2011.9）。

《展示、说服与谣言：十九世纪传教医疗在中国》，林富士主编《宗教与医疗》（台北：联经出版社事业股份公司 2011 年）。

《十九世纪后期英国医学界对中国癞疯病情的调查研究》，林富士主编《疾病的历史》（台北：联经2011 年）。

《驱魔传教——倪维思论中国人被鬼附身的现象》，林富士主编《中国史新论：宗教史分册》（台北：联经 2010 年）。

《展示、说服与谣言：十九世纪传教医疗在中国》，《科技、医疗与社会》2009 年第 8 期。

《腐物与肮脏感：十九世纪西方人对中国环境的体验》，余舜德主编《体物入微：物与身体感的研究》（新竹：国立清华大学出版社 2008 年）。

《女人与虫——两性分工、种族概念与万巴德的丝虫研究》，李贞德主编《性别、身体与医疗》（台北：联经出版社事业股份公司 2008 年）。

《看见寄生虫——万巴德丝虫研究中的科学实作》，《中央研究院历史语言研究所集刊》第 78 本第 2分（2007.6）。

《万巴德、罗斯与十九世纪末英国热带医学研究的物质文化》，《新史学》第 17 卷第 4 分（2006.12）。

《健康的道德经济——德贞论中国人的生活习惯和卫生》，《中央研究院历史语言研究所集刊》第 76本第 3 分（2005.9）；李尚仁主编《帝国与现代医学》（台北：联经 2008 年）。

《如何书写被排除者的历史——金士伯格论傅柯的疯狂史研究》，《科技、医疗与社会》第 3 卷（2005）。

《Nayan Shah, Contagious Divides：Epidemics and Race in San Francisco's Chinatown》，《新史学》第 16卷第 2 期（2005.6）。

《医学、帝国主义与现代性：专题导言》，《台湾社会研究季刊》第 54 期（2004.6）。

《评介〈医学、种族思想与国族认同〉》，《台湾社会研究季刊》第 54 期（2004.6）。

《十九世纪后期英国医学界对中国麻风病病情的调查研究》，《中央研究院历史语言研究所集刊》第72 本第 3 分（2003.9）。

《从病人的故事到个案病历——西洋医学在十八世纪中到十九世纪末的转折》，《古今论衡》第 5 期（2000.12）。

《英国国家医疗服务制度下的医病关系：社会史史学回顾》，《医学教育》第 4 卷第 2 期（2000.6）。

《David Arnold，"Colonizing the Body：State Medicine and Epedemic Disease in Nineteenth-Century India"》，《新史学》第 10 卷第 4 期（1999.12）。

《Christopher Hamlin，Public Health and Social Justice in the Age of Chadwick：Britain，1800—1854》，《新史学》第 9 卷第 4 期（1998.12）。

《傅柯的医学考古学与医学史：评〈临床医学的诞生〉中译本》，《台湾社会研究季刊》第 28 期（1997.12）。

李梢（北京中医药大学）

《新安名医"张一帖"源流考》，《中华医史杂志》2000 年第 4 期。

李少华

～译:《产科技术演变史》,《东华月刊》1948 年第 7 期。

李少华(北京中医药大学)

《阿拉伯香药的输入史及其对中医药的影响》,北京中医药大学硕士学位论文 2005 年。

《阿拉伯香药在中医外科临床中的应用》,《辽宁中医杂志》2005 年第 4 期。

李绍华(锦州市教育局)

《关于〈鲁迅日记〉中的病历记载》,《鲁迅研究月刊》1993 年第 8 期。

《坚韧地反抗和呐喊着前进的侧影——对〈鲁迅日记〉病历记载的研究》,《锦州师院学报(哲学社会科学版)》1984 年第 4 期。

李绍林(陕西中医药大学/山东中医药大学)

张晋冀～邢玉瑞:《基于象思维的"肝主疏泄"理论探赜》,《辽宁中医药大学学报》2019 年第 9 期。

～梁飞:《〈本草纲目〉"释名"象思维探析》,《世界中西医结合杂志》2018 年第 3 期。

秦松林～:《张景岳从阴阳辨治咳嗽思想探微》,《中国中医药现代远程教育》2017 年第 6 期。

杨金萍……卢星～金秀梅:《李恒〈袖珍方〉明刊本流布情况考》,《中华医史杂志》2015 年第 2 期。

《〈本草纲目〉"释名"研究》,山东中医药大学博士学位论文 2014 年。

董利利～王春峰等:《张山雷〈本草正义〉之学术思想述要》,《世界中西医结合杂志》2014 年第 6 期。

杨金萍、金秀梅～卢星等:《明周王府〈袖珍方〉撰著过程及撰著人考》,《南京中医药大学学报(社会科学版)》2014 年第 3 期。

～李俊德:《〈本草纲目〉"释名"研究综述》,《世界中西医结合杂志》2013 年第 12 期。

～李俊德:《谈〈药征〉的学术价值》,《世界中西医结合杂志》2012 年第 9 期。

董利利……刘更生～:《当代妇科名老中医学术思想的共性特征》,《江苏中医药》2011 年第 8 期。

《"食晦"、"食亦"考》,《中医杂志》2011 年第 5 期。

《当代名老中医活血化瘀学派研究》,山东中医药大学硕士学位论文 2011 年。

～刘更生:《〈神农本草经〉功效术语浅析》,《江苏中医药》2010 年第 6 期。

李韶文(山东大学)

《论中国公共卫生突发事件应急管理的建设及对老挝的启示》,山东大学硕士学位论文 2009 年。

李韶尧

《〈黄帝内经〉气化宇宙观的"全息"思维》,《哲学与文化》第 34 卷第 10 期(2007.10)。

李慎明(中国社会科学院)

《青蒿素发明是毛泽东关于中医药思想与屠呦呦及其大团队实践的结果——兼谈振兴中医药伟大事业的相关建议》,《中国中医药报》2016 年 3 月 11 日 003 版。

李胜明(湖南省血吸虫病防治研究所/湖南省岳阳市血防办)

胡本骄、谢红玲～赵正元等:《长江流域血吸虫病防治举措与成效》,《中国血吸虫病防治杂志》2018 年第 5 期。

～李之阳等:《中国血吸虫病防治机构的演进及评价》,《中国血吸虫病防治杂志》2018 年第 3 期。

胡本骄……赵正元～夏蒙等:《2004—2011 年湖南省血吸虫病流行程度时空特征研究》,《热带病与寄生虫学》2017 年第 1 期。

刘孟利……任光辉～:《2004—2015 年湖南汉寿县垸内钉螺控制措施及效果分析》,《热带病与寄生虫学》2016 年第 2 期。

～赵正元等:《2004—2013 年湖南省晚期血吸虫病治疗救助效果评价》,《中国血吸虫病防治杂志》2014 年第 4 期。

～任光辉等:《洞庭湖生态经济区建设对血吸虫病流行的影响及对策》,《热带病与寄生虫学》2014 年第 1 期。

《我国血吸虫病防治法制建设的现实状况与突出问题分析及对策》,《中国卫生法制》2006 年第 1 期。

李盛青(广州中医药大学)

～冼建春等:《〈岭南卫生方〉治瘴疟的学术观点探讨》,《广州中医药大学学报》2000 年第 4 期。

李胜伟(郑州航空工业管理学院)

《唐代疫病流行与政府应对措施浅论》,《河南师范大学学报(哲学社会科学版)》2013 年第 1 期。

李胜岳

《世界第二战争中日本政府对于台湾之医药管理实施概要》,《台湾省文献委员会专刊》创刊号(1949)。

李时华(湘潭大学)

周佳、刘啸宇～:《"护工荒":医养结合养老服务供给的一个主要瓶颈》,《中国集体经济》2017 年第 15 期。

《日本长期护理保险:运行机制、社会影响与启示》,《中国集体经济》2015 年第 18 期。

《日本长期照护保险制度的特征与启示》,《中国医疗保险》2015 年第 8 期。

李士娟(故宫博物院)

《清宫遗存明代医籍考——以故宫图书馆藏明代医籍为中心》,《故宫学刊》2016 年第 1 期。

《中医古籍东传对朝(韩)医学理论的影响》,《中国中医基础医学杂志》2015 年第 6 期。

《故宫旧藏清代医籍考》,《明清论丛》2015 年第 1 期。

《清宫遗存孤本医籍考》,《中国中医基础医学杂志》2012 年第 12 期。

李石良(中日友好医院)

《中国针灸在瑞士的发展概况》,《中国针灸》2004 年第 4 期。

黎士曼

《阿拉伯的医药和科学》,《医史杂志》1952 年第 2 期。

李世敏(深圳职业技术学院)

《美国食品安全教育体系及其特点》,《中国食物与营养》2006 年第 11 期。

《美国零售食品安全监督管理及启示》,《中国食品卫生杂志》2006 年第 4 期。

《美国食品召回制度及其特点》,《深圳职业技术学院学报》2006 年第 3 期。

黎氏全(大连理工大学)

《越南政府突发公共卫生事件舆论引导策略研究》,大连理工大学硕士学位论文 2014 年。

李世武(云南大学)

《清代彝族〈百乐书〉中的巫医图像与祭司图像研究》,《百色学院学报》2018 年第 4 期。

《论宗教仪式中艺术的心理治疗功能——以彝族为例》,《西南边疆民族研究》2018 年第 3 期。

《云南彝族宗教艺术治疗的经典案例及一般原理》,《河南教育学院学报(哲学社会科学版)》2017 年第 6 期。

《丁兰刻木:宗教艺术治疗的传统实践》,《民族艺术》2017 年第 4 期。

《萨满教"艺术治疗"第艺术治疗学研究述评》,《世界民族》2016 年第 1 期。

《巫医的艺术疗法:幻觉问题》,《广西民族研究》2015 年第 5 期。

~张冰焱:《巫术焦虑与艺术治疗的历史范型、分期及当代应对》,《学术探索》2015 年第 5 期。

《焦虑与轴诗治疗——以一位彝族巫医的〈治送甲马神咒〉为例》,《民族文学研究》2015 年第 4 期。

《巫者的艺术疗法:移情》,《齐鲁艺苑》2015 年第 4 期。

《艺术治疗师与巫者:朝向艺术治疗的跨文化对话》,《河南教育学院学报(哲学社会科学版)》2015 年第 4 期。

《神话、仪式的互动与巫医疗法的文化逻辑——以彝族巫医 PWZ 为例》,《云南师范大学学报(哲学社会科学版)》2015 年第 3 期。

《战争焦虑与巫者的兵学艺术治疗——以云南为例》,《青海民族大学学报(社会科学版)》2015 年第 2 期。

《巫术仪式与阈限焦虑——以疾病和死亡为例》,《广西民族师范学院学报》2015 年第 1 期。

《萨满教医疗文化与现代医学的比较研究》,《广西民族大学学报(哲学社会科学版)》2014 年第 6 期。

《萨满教音乐的医疗民族音乐学研究述评》,《民族艺术》2014 年第 4 期。

约瑟夫·莫雷诺~:《民族音乐治疗:一条跨学科研究音乐与治疗的路径》,《民族艺术》2014 年第 2 期。

《巫术焦虑的个体性与整体性》,《民族艺术》2014 年第 1 期。

《巫术焦虑与艺术治疗:朝向少数民族艺术研究的新视域》,《民族艺术》2013 年第 2 期。

李寿生(广西壮族自治区卫生防疫站)

~杨光华等:《广西鼠疫的历史、现状及对策》,《地方病通报》1995 年第 4 期。

李树财(西南大学)

《中医科学性争论的科学逻辑研究》,西南大学博士学位论文 2015 年。

李书藏(中国青年政治学院)

《英国媒体如何应对公共卫生危机——析二〇〇一年口蹄疫报道》,《中国记者》2003 年第 6 期。

李姝淳(广东省中医院)

《隋唐以前民族迁徙对岭南医学文化发展的影响》,《中医文献杂志》2011 年第 6 期。

~刘小斌:《〈采艾编翼〉初考》,《广州中医药大学学报》2009 年第 4 期。

《潮州名医刘龙图二三事》,《中医药文化》2008 年第 4 期。

~刘小斌:《刘昉生平及著作考》,《中华医史杂志》2008 年第 4 期。

李树春(临沧师范高等专科学校)

《从醫字看酒在古代中医临床上的作用》,《中医药文化》2010 年第 4 期。

李淑芬(卫生部防疫司)

《匈牙利卫生防疫工作考察》,《中国公共卫生管理》1989 年第 4 期。

李叔飞(新加坡国立大学)

《海峡华人知识精英的民族主义观念——伍连德与林文庆的比较研究》,《华侨华人历史研究》2009 年第 4 期。

李淑慧（北京大学）

《宋代国家对医学文献的搜集与收藏》，《山东中医药大学学报》2010 年第 5 期。

《〈苏沈良方〉作者区分新考》，《中医文献杂志》2010 年第 3、4 期。

李淑萍（天津中医学院）

《两汉时期脏腑证候与脏腑辨证方法的研究》，天津中医学院博士学位论文 2004 年。

李树青

《两晋前后的一些优生经验》，《华年》1935 年第 33—35 期。

李书田（辽宁中医药大学/辽宁中医学院）

《马王堆古医书异文通用说略》，《国医论坛》2008 年第 2 期。

《从古书对内外的使用探讨〈内经〉之名义》，《中国中医基础医学杂志》2005 年第 9 期。

《〈黄帝内经〉中"百姓"含义考》，《中华医史杂志》2005 年第 3 期。

《"厉针砥石"考》，《中华医史杂志》2004 年第 4 期。

《〈五十二病方〉的文字通用及研究意义》，《四川中医》1992 年第 1 期。

《〈五十二病方〉成书年代考》，《中医函授通讯》1990 年第 6 期。

李淑云（长春中医药大学）

《〈傅青主女科〉调肝法方药研究》，长春中医药大学硕士学位论文 2009 年。

李舒中

《精神疾病"病识感"（insight）的社会分析：一个民族志的观察》，《考古人类学刊》第 73 期（2010.12）。

李双怡（浙江传媒学院）

《英国主流报刊关于中医的话语建构研究》，浙江传媒学院硕士学位论文 2016 年。

李双元（湖南师范大学）

～李欢：《公共健康危机所引起的药品可及性问题研究》，《中国法学》2004 年第 6 期。

李爽姿（中国中医科学院）

～王勤明：《在中国古代哲学元素影响下的中医医学模式》，《中国中医基础医学杂志》2011 年第 11 期。

～王勤明：《中医理论体系的构成要素初识》，《中国中医基础医学杂志》2010 年第 1 期。

李顺保（兰州石化总医院/兰州化学工业公司职工医院）

田凯文～柳直：《新编古今骨学名词对照表》，《西部中医药》2018 年第 6 期。

田凯文～柳直：《髑骱骨与髑骬骨及髑骬骨之略考》，《西部中医药》2016 年第 12 期。

柳直～田凯文：《〈灵枢经·骨度〉古今实测值对比研究》，《西部中医药》2016 年第 10 期。

～朱燕：《甘肃古代名医——崔嘉彦》，《西部中医药》2015 年第 1 期。

朱燕～：《方剂学简史及历代方论十大名著之刍议》，《西部中医药》2013 年第 11 期。

《五版教材〈医古文〉中几点讹误之刍议》，《兰化科技》1996 年 S2 期。

诸玄仁～：《王珪生平年表》，《江苏中医》1995 年第 1 期。

《古今骨学名词对照表》，《中国中医骨科伤科杂志》1990 年第 3 期。

《"敦煌医学"正名析》，《甘肃中医》1990 年第 2 期。

《中日两国中药剂量差异的原因》，《甘肃中医》1990 年第 1 期。

《六淫学说的气象学原理初步探讨》，《兰化科技》1985 年 S1 期。

李顺芬（昭通师范高等专科学校）

～陈玥等：《农村合作医疗制度的历史变迁及思考》，《昭通师范高等专科学校学报》2012 年第 2 期。

陈玥～王向红：《论政府在贫困地区新型农村合作医疗中的责任》，《昭通师范高等专科学校学报》2011 年第 6 期。

李硕（民革中央宣传部）

《首任卫生部长李德全与新中国卫生事业——从两项政协提案说起》，《团结》2009 年第 3 期。

李硕（陕西师范大学）

《唐代河南道土贡药材浅析》，《中医药文化》2017 年第 4 期。

李思乐（湖北中医药大学）

～顾赤等：《我国"中医外交"初探》，《时珍国医国药》2016 年第 5 期。

～刘娅：《中医翻译史研究现状与思考》，《山西中医学院学报》2016 年第 3 期。

《从电影〈刮痧〉看中医文化在美国的传播》，《名作欣赏》2015 年第 27 期。

《小议中医跨文化传播术语英译原则》，《湖北中医药大学学报》2013 年第 3 期。

李似珍（上海市科技史学会/华东师范大学）

《近代上海中西医论争的启示》，《中医药文化》2011 年第 4 期。

《从陈高由儒转医看宋代的儒医现象》，《医古文知识》2001 年第 4 期。

《中西医文化观结合的新起点——日本版〈脑内革命〉读后》，《学术月刊》1998 年第 3 期。

《〈管子〉的哲学与医学思想》，《自然辩证法通讯》1986 年第 1 期。

李松年

～汪绍训等：《祖国作者在放射学方面的贡献》，《中华放射学杂志》1955 年第 2 期。

李素芬（北京中医药大学）

《甘草的藏医药文献研究及其与中医药相关文献的比较》，北京中医药大学硕士学位论文 2008 年。

李素云（中国中医科学院）

《"督脉病症 治在骨上，甚者在脐下营"文献解读》，《中华医史杂志》2019 年第 2 期。

《取象比类在传统针刺补泻理法中的应用》，《中国针灸》2018 年第 9 期。

《虚实含义与针刺补泻理论内涵之演变》，《中国针灸》2018 年第 3 期。

～赵京生：《传统补泻刺法蕴含的思想观念探讨》，《中国针灸》2017 年第 11 期。

～赵京生：《〈内经〉针刺补泻两种候气进出针方法探讨》，《中国针灸》2017 年第 4 期。

《〈内经〉与〈难经〉针刺补泻理论之区别》，《针刺研究》2017 年第 1 期。

～赵京生：《民国针灸学讲义"重术"特点与原因探讨》，《中国针灸》2016 年第 11 期。

《民国〈针灸杂志〉"以西释中"理论现象探析》，《中国中医基础医学杂志》2015 年第 2 期。

～张立剑等：《朱琏西医背景下的针灸理法认识》，《中国针灸》2014 年第 11 期。

刘兵……张守信～：《朱琏对针灸国际交流的贡献》，《中国针灸》2014 年第 9 期。

《西医东传后的日本针灸学近代转型》，《中国针灸》2014 年第 4 期。

～黄龙祥：《揭秘历史，还原真相——读〈美国针灸热传奇〉》，《上海针灸》2012 年第 6 期。

夏有兵～张建斌：《"澄江针灸学派"形成背景与过程》，《中国针灸》2012 年第 3 期。

张立剑～岗卫娟等：《论魏晋隋唐时期针灸学的显著发展》，《上海针灸杂志》2011 年第 9 期。

《论王清任的经络实质研究及其影响》，《中国中医基础医学杂志》2011 年第 5 期。

张立剑、杨峰～岗卫娟等：《针灸出土文物概说》，《上海针灸杂志》2011 年第 5 期。

《近代针灸理论演变中的西医影响研究》,《辽宁中医杂志》2010 年第 6 期。

《明清西医东渐背景下经络理论的解读》,《中国针灸》2010 年第 6 期。

徐文斌～徐青燕等:《浅说针灸器具的发展演变》,《针刺研究》2010 年第 6 期。

～张立剑等:《影响针灸学术传承的关键因素分析》,《针刺研究》2010 年第 3 期。

张立剑～徐青燕等:《历代针灸学发展特点及成就概述》,《世界中医药》2010 年第 3 期。

《"经脉"与"脉"概念内涵辨析——从唐宗海用气化观点阐释"经脉"说起》,《辽宁中医杂志》2009
年第 7 期。

《明清西医东渐背景下经络理论的解读》,中国中医科学院博士学位论文 2009 年。

李素珍(武钢职工大学)

～何林潮:《法国现在的医疗费抑制政策》,《国外医学(卫生经济分册)》2000 年第 2 期。

～何林潮:《英国国家卫生服务制度九十年代改革回顾》,《国外医学(卫生经济分册)》2000 年第
1 期。

厉绥之

《卫生行政之史的回顾》,《社会卫生》1946 年第 4 期。

李涛(北京医学院/北京大学医学院/北平协和医学院)

～程之范等:《祖国神经病学简史》,《医学史与保健组织》1957 年第 4 期。

《明代医学的成就(1369—1644)》,《医学史与保健组织》1957 年第 1 期。

《从医学史上的百家争鸣谈起》,《健康报》1956 年 8 月 17 日。

《祖国医学的伟大成就》,《大众医学》1956 年第 6 期。

《中国儿科史大纲(自远古到鸦片战争以前的发展史)》,《中华儿科杂志》1956 年第 6 期。

～毕华德:《中国眼科学史大纲》,《中华眼科杂志》1956 年第 5 期。

《中国妇产科史大纲(自远古到鸦片战争以前的发展史)》,《中华妇产科杂志》1956 年第 1 期。

《中国医学史大纲》,《上海中医药杂志》1955 年第 12 期;1956 年第 1、7 期。

《中国口腔医学发展大纲》,《中华口腔科杂志》1955 年第 4 期。

《中国对于近代几种基础医学的贡献》,《中华医史杂志》1955 年第 2 期。

《李时珍和他的本草纲目》,《中医杂志》1955 年第 2 期。

《明代本草的成就》,《中华医史杂志》1955 年第 1 期。

《中国医学发展史》,《中级医刊》1954 年第 10 期。

《中国的第一步医书——内经素问简介》,《中华医史杂志》1954 年第 4 期。

《中国医学在人类保健史上的伟大贡献》,《健康报》1954 年 8 月 20 日。

《李时珍和本草纲目》,《中华医史杂志》1954 年第 3 期。

《中国医学发展史大纲》,《中华医学杂志》1954 年第 2 期。

《金元时代的医学》,《中华医史杂志》1954 年第 2 期。

《南宋的医学》,《中华医史杂志》1954 年第 1 期。

《北宋时代的医学》,《中华医史杂志》1953 年第 4 期。

《秦汉时代的医学成就》,《中华医史杂志》1953 年第 2 期。

《隋唐时代(589—907)我国医学的成就》,《中华医史杂志》1953 年第 1 期。

《阿维森纳的医典和他在世界医学上的影响》,《医史杂志》1952 年第 2 期。

《中国卫生的进展》,《中华新医学报》1951 年第 9 期。

～郑麟蕃:《中国的口齿科》,《中华新医学报》1950 年第 7 期。

《世界名医传:夫拉卡斯托罗(Girolamo Fracastoro)》,《医潮》1948 年第 10 期。

《世界名医传:达巴诺》,《医潮》1948 年第 8 期。

《世界名医传:君士坦丁和萨诺学派》,《医潮》1948 年第 6 期。

《世界名医传:累塞斯和阿维森纳》,《医潮》1948 年第 5 期。

《中国戏剧中的医生》,《医史杂志》1948 年第 3、4 期。

《世界名医传:格兰(Galen of Pergamum)》,《医潮》1948 年第 2 期。

《世界名医传之一:伊姆荷泰普(Imhotep)和埃斯叩雷彼(Aesculapius)》,《军医月刊》1947 年第 11 期。

《世界名医传:苏拉那斯(Soranus of Ephesus)》,《医潮》1947 年第 8 期。

《世界名医传:赫拉克来提(Heraclides of Tarentum)》,《医潮》1947 年第 7 期。

《世界名医传:黑罗非拉斯(Herophilus)和埃拉斯特拉塔斯(Erasistratus)》,《医潮》1947 年第 6 期。

《北平医药风俗今昔谈》,《中华医学杂志》1941 年第 12 期。

《药王庙与十大名医》,《中华医学杂志》1941 年第 12 期。

《中国的医学道德观》,《中华医学杂志》1941 年第 11 期。

《中国结核病史》,《中华医学杂志》1939 年第 12 期。

《中国的糖尿病考》,《中华医学杂志》1937 年第 8 期。

《中国人常患的几种营养不足病简考》,《中华医学杂志》1936 年第 11 期。

友松(李涛):《医学史一夕谈》,《大公报医药周刊》第 371 期(1936.11)。

暗然(李涛):《中国传染病略史》,《大公报医学周刊》1935 年 11 月 16 日。

《波斯古代医学》,《大公报医学周刊》1935 年 10 月 1 日。

《旧医的产妇科》,《大公报医学周刊》1935 年 9 月 3 日。

《中国眼科史》,《山西医学杂志》第 84 期(1935.8)。

《中国崩漏考》,《中华医学杂志》1934 年第 11 期。

《步达生教授事略》,《中华医学杂志》1934 年第 5 期。

《我国医学教育的概括》,《医学周刊集》1934 年第 4 期。

《我国疟疾考》,《中华医学杂志》1932 年第 3 期。

M.Ciuca 撰,～译:《国际联盟疟疾委员会之工作》,《中华医学杂志》1932 年第 3 期。

《中国医学之起源》,《医学周刊集》1932 年第 1 期。

《内经年代考》,《医学周刊集》1932 年第 1 期。

《印度的医学》,《医学周刊集》1932 年第 1 期。

《印度古代的医学》,《医学周刊集》1932 年第 1 期。

《埃及古代医学》,《医学周刊集》1932 年第 1 期。

《医学之进化》,《医学周刊集》1932 年第 1 期。

《周之医学》,《医学周刊集》1932 年第 1 期。

《素问之学说》,《医学周刊集》1931 年第 1 期。

李天莉(东南大学/南京铁道医学院)

《郑观应医学思想简析》,《南京中医药大学学报(社会科学版)》2006 年第 1 期。

《有关肥胖防治的道德化思考》,《中国医学伦理学》2003 年第 2 期。

《美国名医拉什及其医学思想》,《中华医史杂志》2003 年第 1 期。

《灾害事故医疗救助中的伦理关系》,《中国医学伦理学》2002 年第 6 期。

《灾害事故医疗救助中的若干问题》,《南京中医药大学学报(社会科学版)》2002 年第 4 期。

《中国现代灾害医疗救助法史略》,《中华医史杂志》2001 年第 1 期。

《医学模式发展的历史、现状与展望》,《南京中医药大学学报(社会科学版)》2000 年第 2 期。

《医学史教育在道德修养中的地位与作用》,《中国医学伦理学》2000 年第 4 期。

《急救医学中的时间伦理学》,《中国医学伦理学》1999 年第 4 期。

《中国人体解剖法史略》,《中华医史杂志》1997 年第 3 期。

《人痘接种在美国》,《中华医史杂志》1996 年第 4 期。

李铁华(上海中医药大学)

《民国上海中下层中医生存状态透析:以姚心源为例》,《中华医史杂志》2019 年第 2 期。

《陈其昌居士生平及其医事活动考述》,《中医药文化》2016 年第 4 期。

《民国时期都市佛教的医药慈善事业》,《中医药文化》2013 年第 2 期。

～王欢:《从身心观之异看佛教对中国传统医学的影响》,《医学与哲学(A)》2013 年第 1 期。

《峨眉山历代涉医佛教祖师考论》,《宗教学研究》2012 年第 3 期。

李铁松(西华师范大学)

～潘兴树等:《两宋时期瘟疫灾害时空分布规律初探》,《防灾科技学院学报》2010 年第 3 期。

李廷安

《上海市之公共卫生行政》,《医事丛刊》1934 年第 19 期。

李婷婷(曲阜师范大学)

《明清世情小说医者形象研究——以〈金瓶梅词话〉、〈醒世姻缘传〉、〈红楼梦〉为例》,曲阜师范大学硕士学位论文 2016 年。

李婷娴(华东师范大学)

《近代上海公共租界防疫工作考察——以 1908 年—1910 年鼠疫为中心》,华东师范大学硕士学位论文 2008 年。

李彤(广西民族医院)

～陈浪等:《瑶医"老班药"的历史沿革研究》,《中国民族医药杂志》2011 年第 4 期。

～陈浪:《瑶药传统理论初探》,《中国民族民间医药》2010 年第 19 期。

《瑶医医理简述》,《广西中医药》2003 年第 6 期。

李通瑞(国家动植物检疫局)

《我国进出境动物检疫简史》,《中国兽医杂志》1997 年第 6 期。

《英国"疯牛病"风波纪实》,《中国兽医杂志》1996 年第 11 期。

李婉(郑州大学)

《大众传媒在健康传播中的角色——兼析河南三家都市报的健康专版》,《新闻爱好者》2008 年第 1 期。

李万平(怀化市靖州县中医院)

《关于中医骨伤科发展史中的学说流派研究》,《湖北中医杂志》2009 年第 12 期。

李伟(安徽大学)

《〈大公报〉公共卫生报道研究(1902—1936)》,安徽大学硕士学位论文 2014 年。

李微（南京大学）

《试析抗战时期中国红十字会的救护活动》，《贵州师范大学学报（社会科学版）》2004 年第 4 期。

李威（中国人民大学）

《中世纪英国医疗研究》，中国人民大学博士学位论文 2009 年。

《中世纪英格兰的医生》，《广西社会科学》2008 年第 1 期。

《中世纪英格兰医院制度论略》，《北方论丛》2008 年第 2 期。

《论中世纪英国医疗的特点》，《兰州学刊》2007 年第 8 期。

李威成

《日占时期香港医疗卫生的管理模式：以〈香港日报〉为主要参考》，《台大文史哲学报》第 88 期（2017.11）。

李卫华（张家口医学院）

～马淑然：《论祝由》，《张家口医学院学报》1997 年第 3 期。

李卫华（中国动物卫生与流行病学中心）

汪文鑫……陈向武～：《〈动物检疫管理办法〉有关产地检疫问题分析》，《中国动物检疫》2019 年第 4 期。

王媛媛……万玉秀～姜雯等：《美国动物卫生保护制度框架浅析》，《中国动物检疫》2018 年第 12 期。

李昂～翟海华等：《引入政府兽医概念解决当前官方兽医认识分歧》，《中国动物检疫》2018 年第 7 期。

李昂、王媛媛～翟海华等：《OIE 和有关国家官方兽医制度分析》，《中国动物检疫》2018 年第 5 期。

王媛媛、郝峰强～：《美国临床兽医博士（DVM）与执业兽医和官方兽医的关系》，《中国动物检疫》2018 年第 4 期。

张绍军、陈向武～：《关于完善我国动物防疫法律体系的几点思考》，《中国动物检疫》2017 年第 7 期。

～李芳等：《〈执业兽医管理办法〉实施过程中的若干问题调查》，《中国动物检疫》2016 年第 6 期。

李昂、朱琳～翟海华等：《关于制订〈官方兽医管理办法〉的若干思考》，《中国动物检疫》2016 年第 3 期。

～姚强等：《关于推进我国官方兽医制度建设的几点思考》，《中国动物检疫》2015 年第 12 期。

～李鹏等：《日本动物防疫法律介绍及特点分析》，《中国动物检疫》2015 年第 8 期。

～刘俊辉等：《美国畜禽屠宰检疫制度介绍》，《中国动物检疫》2014 年第 8 期。

刘俊辉～郝峰强等：《欧盟屠宰检疫检验规则研究》，《中国动物检疫》2014 年第 8 期。

曹翠萍、蔡丽娟～吴晗：《执业兽医立法有关问题的思考》，《中国动物检疫》2014 年第 6 期。

～李芳：《加强乡镇畜牧兽医站建设的思考》，《中国动物检疫》2013 年第 11 期。

翁崇鹏～：《关于兽医社会化服务体系的探索》，《中国动物检疫》2013 年第 9 期。

～李芳等：《动物防疫标准体系现状分析》，《中国兽医杂志》2013 年第 4 期。

白雪峰、张杰～陈福加：《国外重大动物疫病补偿制度简介》，《中国动物检疫》2008 年第 9 期。

刘捍峰～王浩君等：《动物卫生监督管理标准化初探》，《畜牧与饲料科学》2007 年第 4 期。

王仁华～陈向前等：《刍议乡村兽医存在的问题及对策》，《中国动物检疫》2007 年第 4 期。

李维林(天津中医药大学)

～刘维:《再论仲景"存津液"思想》,《吉林中医药》2013 年第 6 期。

李为彭

《手太阴肺经鱼际穴之考证》,《中国针灸学》1946 年第 1 期。

李卫平(中国卫生部)

～石光等:《我国农村卫生保健的历史、现状与问题》,《管理世界》2003 年第 4 期。

李蔚普(江西医学院附属医院/江西省中医实验院)

《金元四大家的学说及其影响》,《江西中医药》1958 年第 9 期。

《江西历代著名医学家》,《江西中医》1957 年第 40 期。

《江西历史上的名医》,《江西日报》1957 年 1 月 9 日。

《我国古代血吸虫病流行问题的初步探讨》,《江西医学院学报》1957 年第 1 期。

《祖国医学文献中对于血吸虫病的证候和治疗的记载》,《中医杂志》1956 年第 2 期。

《类似血吸虫病的中医文献资料》,《江西中医药》1955 年第 25 期。

《青蒿的抗疟疗效》,《中医杂志》1954 年第 9 期。

李伟霞(中国科学院)

《中国古代瘟疫史研究新进展——〈宋代瘟疫的流行与防治〉评介》,《中国中医药图书情报杂志》2015 年第 6 期。

韩毅～:《宋代对补骨脂的认识及其临床应用》,《河北大学学报(哲学社会科学版)》2015 年第 3 期。

李维秀(海军青岛疗养院)

《〈黄帝内经素问〉"七损八益"之我见》,《中华医史杂志》1998 年第 3 期。

《康德的养生哲学》,《医学与哲学》1992 年第 8 期。

李维桢

《回忆八路军制药厂建立的前前后后》,《中国药学杂志》1984 年第 9 期。

李文斌(外交学院)

《冷战后美国与拉美的反毒合作》,外交学院硕士学位论文 2011 年。

李文波(中国预防医学科学院)

《关于元军围汴的疫史年代》,《中华医史杂志》2004 年第 3 期。

《关于我国古代疫史的讨论》,《中华流行病学杂志》1983 年第 5 期。

李文鸿(上海体育学院)

《中国古代养生的文化生产》,上海体育学院博士学位论文 2013 年。

～吕思泓:《从修一身到治天下:宋元明养生话语的儒学转向》,《东岳论丛》2013 年第 3 期。

～戴国斌等:《从祛病到象征:古代导引术的历史演进》,《山东体育科技》2013 年第 2 期。

～吕思泓:《晚明文人养生的身体再现与口语传承》,《山东社会科学》2012 年第 4 期。

李文华(山东中医药大学)

傅心昊～丛茜等:《山东省馆藏本草类古籍书目研究》,《中医药导报》2017 年第 2 期。

《议王好古论治阴证之特点》,《中国医药导报》2012 年第 26 期。

～江涛等:《议罗天益论治脾胃之特点》,《中国医药导报》2011 年第 9 期。

《乌头类常用中药配伍规律的文献研究》,山东中医药大学博士学位论文 2011 年。

《大肠癌防治方药的中医文献研究》,山东中医药大学硕士学位论文 2003 年。

李文辉(昆明医科大学第三附属医院)

~刘颖等:《西方医学简史回顾及其哲学思考》,《医学争鸣》2018 年第 3 期。

李文慧(兰州大学)

《英国医疗卫生体系中的国家干预(1890—1948)》,兰州大学硕士学位论文 2018 年。

《英国公共卫生运动初期医生群体的作用初探》,《天水师范学院学报》2018 年第 3 期。

栗文靖(北京协和医学院/中国医学科学院)

《美国、英国和德国医学信息学研究现状的对比分析》,北京协和医学院硕士学位论文 2011 年。

~张虎林等:《欧盟突发传染病应对框架及英法两国的应对体系研究》,《医学信息学杂志》2006 年第 3 期。

~许增禄等:《世界卫生组织传染病监控应对体系的评估》,《医学信息学杂志》2006 年第 2 期。

李海燕……任慧玲~:《中美突发传染病事件应急系统对比分析》,《中华医院管理杂志》2005 年第 5 期。

李文林(南京中医药大学)

张云~陈仁寿:《民国江浙沪中医药期刊药学文献价值研究》,《医学与哲学》2019 年第 17 期。

~张云等:《民国中医药期刊栏目内容整理与学术价值分析——以江苏地区馆藏为例》,《中医文献杂志》2019 年第 6 期。

范欣生……王崇骏~郭建明:《基于古今文献和临床分析的中药配伍禁忌研究》,《南京中医药大学学报》2019 年第 5 期。

刘洪~张洪雷等:《江苏中医药文化遗迹现状及保护措施探析》,《南京中医药大学学报(社会科学版)》2019 年第 4 期。

朱茂君、陈涤平~颜帅:《探析吴中名医张璐从五脏论治泄泻》,《中华中医药杂志》2019 年第 2 期。

吴凯文、陈涤平~颜帅:《历代吴门医派存世文献中诊治便秘方药特色分析及价值》,《中国中医基础医学杂志》2018 年第 4 期。

邵怡~姚惠萍等:《民国时期江苏地区中医学会的医派特征》,《中国中医药图书情报杂志》2017 年第 6 期。

丁亮、肖燕~陈涤平:《〈周易〉对中医学的影响》,《河南中医》2017 年第 2 期。

丁亮、肖燕~陈涤平:《缪希雍〈先醒斋医学广笔记〉治疗痢疾七法》,《中华中医药杂志》2017 年第 2 期。

张云~陈仁寿:《民国中医期刊〈现代国医〉的价值研究》,《中国中医基础医学杂志》2016 年第 11 期。

王亚丽~陈涤平:《中医文献中产后养生特色剖析》,《辽宁中医药大学学报》2015 年第 9 期。

曾莉~颜帅等:《孙思邈外科学术思想探析》,《中医学报》2014 年第 5 期。

张云、曾莉~:《民国时期医学期刊〈医潮〉的内容分析及史料价值》,《中华医学图书情报杂志》2014 年第 2 期。

杨斓、曾莉~张云等:《浅谈吴门温病学派对江苏地区其他医派的学术影响》,《中国中医药现代远程教育》2013 年第 23 期。

丁娟~陈涤平:《〈太平圣惠方〉中酒剂的应用与现代研究价值简析》,《辽宁中医药大学学报》2013

年第 10 期。

周卫～余芝等:《浅议〈脉经直指〉版本考订及学术特色》,《中国中医基础医学杂志》2013 年第 6 期。

刘洪、曾莉～:《略论〈脉镜须知〉学术特色及价值》,《中国中医基础医学杂志》2012 年第 4 期。

唐于平……宿树兰～范欣生:《中药十八反配伍禁忌的历史沿革与用药分析》,《世界科学技术·中医药现代化》2010 年第 4 期。

～屠强等:《基于关联规则分析明清古籍中疫病文献的药—症关系》,《时珍国医国药》2010 年第 4 期。

彭丽坤、陈仁寿～陆建峰等:《明清中医疫病发病、症状及用药的因子分析研究》,《中医药信息》2009 年第 4 期。

陈海东……徐建云～:《炼丹术的简史及其影响》,《辽宁中医药大学学报》2009 年第 2 期。

杨环、陈涤平～:《王宏翰中西医学汇通思想探析》,《国医论坛》2009 年第 1 期。

李文明(南开大学)

《试论日本的南蛮医学》,《日本研究论集》2007 年 00 期。

李文生

《龙门石窟药方洞考》,《中原文物》1981 年第 3 期。

李文硕(上海师范大学)

《医疗产业与城市复兴:美国工业城市匹兹堡的转型之路》,《求是学刊》2017 年第 6 期。

《进步运动时代美国的医保改革及其启示——以纽约州为中心的探讨》,《史林》2016 年第 6 期。

《20 世纪中期美国的政府雇员工会与城市治理——以纽约环境卫生危机为个案》,《华东师范大学学报(哲学社会科学版)》2016 年第 2 期。

李文涛(吉林大学)

《城市社区灾难医疗救援应对机制的研究》,吉林大学博士学位论文 2013 年。

李文涛(运城学院)

《东汉洛阳地区的疫病与信仰》,《咸阳师范学院学报》2012 年第 3 期。

李文伟(复旦大学中山医院)

项忆瑾～黄建华等:《脏腑概念从解剖学实体转化为"生理功能系统"的成因》,《世界科学技术·中医药现代化》2016 年第 6 期。

向延卫～黄建华等:《西医传入对中医脏腑学说演变的影响》,《中华医史杂志》2013 年第 6 期。

黄建华～卞琴等:《语言哲学揭示中医概念分析的逻辑框架:以对"肾精"的分析为例》,《中西医结合学报》2011 年第 9 期。

～蔡定芳:《头痛疾病的分类史》,《中华医史杂志》2005 年第 4 期。

李文巍(福建师范大学)

《晚清闽海关医员研究》,福建师范大学硕士学位论文 2014 年。

《晚清闽海关医员与福州教会医院》,《黑龙江史志》2013 年第 21 期。

李文旭

《〈走街会心录〉与清初闽台走街医学》,《中华医史杂志》1995 年第 1 期。

李文彦(上海中医药大学)

彭卫华～:《文化与文明:现代中医研究发展观的反思》,《中医药文化》2017 年第 3 期。

钟微～杨奕望:《道情与真情——清代名医徐灵胎〈洄溪道情〉述论》,《中医药文化》2016 年第 2 期。

～陆向荣等:《医者论儒〈别有洞天——细读及阐析谢观先生所撰〈儒学比例〉〉,《中医药文化》2015 年第 6 期。

彭卫华～谢朝月:《传统文化及中医中主体内向性思维的现代思考》,《南京中医药大学学报(社会科学版)》2015 年第 4 期。

～叶兴华:《德医双修 精诚济世——中国古代医家医德伦理思想分类举要》,《中医药文化》2012 年第 2 期。

《巫医现象的文化学反思》,《医古文知识》1999 年第 2 期。

《寻找传统文化哲学与传统生命科学的契合点——浅谈中国传统思想文化与中医学之间相关性研究的意义及设想》,《医学与哲学》1995 年第 3 期。

李文章(广安市疾病预防控制中心)

～廖培军等:《武胜县 1950—2007 年麻风病流行病学分析》,《中国麻风皮肤病杂志》2009 年第 7 期。

李武剑(十堰市疾病预防控制中心)

～李久春等:《十堰市 1949—2005 年麻风病流行病学分析》,《公共卫生与预防医学》2006 年第 4 期。

李曦(重庆大学)

《中国医院建筑住院部设计演进研究》,重庆大学硕士学位论文 2017 年。

李希贤

《我国古代医学之阴阳五行学说》,《新中医药》1957 年第 1 期。

《我国古代关于砷汞原矿质的应用》,《新中医药》1955 年第 7 期。

李锡卿

《痘症与牛痘史论》,《国医正言》1935 年第 11、12 期。

李熙元(北京中医药大学)

《〈清明上河图〉与宋代中医》,《中国自然医学杂志》2000 年第 1 期。

李霞(赣南医学院)

～钟志宏等:《红军长征医疗卫生工作的特点及启示》,《赣南医学院学报》2017 年第 5 期。

～钟继润:《红军长征前夕医疗卫生准备工作探析》,《赣南医学院学报》2016 年第 5 期。

～曾新华等:《论红军长征中伤病员的救治与安置工作》,《赣南医学院学报》2015 年第 5 期。

～钟继润等:《中央苏区卫生宣传队伍建设探析》,《赣南医学院学报》2014 年第 5 期。

～朱红英:《刍议中央苏区卫生宣传工作的形式及特点》,《赣南医学院学报》2011 年第 5 期。

～戴莉萍:《中央苏区医疗卫生宣传工作的历史价值探析》,《赣南医学院学报》2012 年第 5 期。

黎霞(华中师范大学)

《1892 年襄阳府瘟疫透视》,《江苏社会科学》2006 年第 3 期。

李夏菲(复旦大学)

《英国食品安全监管体系——从疯牛病事件出发》,复旦大学硕士学位论文 2012 年。

李夏亭(常州市第三人民医院)

～丁一谔:《孟河医派的主要学术思想和特色探析》,《中国中医药现代远程教育》2007 年第 9 期。

《浅析丁甘仁对近代中医药发展的学术影响——纪念丁甘仁先生逝世 80 周年》,《江苏中医药》2006 年第 6 期。

李夏香（湖南师范大学）

《福柯的规范思想研究》,湖南师范大学硕士学位论文 2017 年。

李献奇

～赵会军:《有关贾谊世系及洛阳饥疫的几方墓志》,《文博》1987 年第 5 期。

李想（长春中医药大学）

《伪满时期中医师群体与中医药社团研究》,长春中医药大学硕士学位论文 2017 年。

～李磊:《张继有医事经历与学术思想述略》,《吉林中医药》2016 年第 9 期。

李翔（武汉大学）

《都市类报纸抑郁症议题报道研究——以〈南方都市报〉为例》,武汉大学硕士学位论文 2017 年。

李向东（南阳师范学院）

～刘念:《新中国成立初期的疫情与疫病防控的政治化》,《南都学坛》2014 年第 1 期。

《建国初期政治隐喻下的血吸虫病防治——兼评〈疾病、社会与国家:20 世纪长江中游地区的血吸虫病灾害与应对〉》,《许昌学院学报》2012 年第 6 期。

李向晖（武警总医院）

～郑静晨等:《从三次国外救援行动看中国国际救援队紧急医疗救援事业的发展》,《中国急救医学》2005 年第 5 期。

～郑静晨等:《中国国际救援队在印尼海啸灾区中的医疗紧急救援工作》,《中国急救医学》2005 年第 4 期。

～程纪群等:《印尼海啸灾区救援中的卫生防疫工作》,《中国急救医学》2005 年第 4 期。

李祥麟

《医学士青木藤五郎小传》,《中西医学报》1911 年第 16 期。

《鼠疫之历史》,《中西医学报》1910 年第 8 期。

李向欣

《麻风往事——山东省海阳县麻风村速写》,《首都医药》2009 年第 19 期。

李相兴（贵州民族大学）

《滇西白族传统温泉治疗仪式与变迁》,《民族研究》2014 年第 5 期。

～谢菊:《白族民间"澡塘治疗"习俗中的四个仪式及其文化内涵解读》,《贵州民族大学学报（哲学社会科学版）》2014 年第 4 期。

何可群～:《特殊的补药——乌头、附子在白族民间的应用调查》,《中国民间疗法》2017 年第 4 期。

李向玉（澳门理工学院）

《澳门:曾经是西医传入内地的集散地》,《中国临床营养杂志》2004 年第 2 期。

李香玉（南京大学）

《论 1900—1918 年英国婴儿健康教育》,南京大学硕士学位论文 2019 年。

李晓东

～危兆盖等:《出土"医书"或为扁鹊失传经典》,《光明日报》2013 年 12 月 18 日 004 版。

李小芳（中国卫生部）

王晓玲、郑云雁～:《二恶英事件及其影响(综述)》,《中国食品卫生杂志》1999 年第 5 期。

～王晓玲:《中国食品卫生史料(1927—1949)》,《中华医史杂志》1997年第1期。

王晓玲～:《旧中国卫生法治思想考》,《中国卫生法制》1995年第3期。

王晓玲～:《旧中国食品卫生行政状况简介》,《中国卫生法制》1994年第5期。

～王晓玲:《1912—1927年间的中国食品卫生简介》,《中华医史杂志》1994年第3期。

李孝刚(上海中医药大学)

《叶天士络病新议》,《中国中医基础医学杂志》2002年第7期。

《医具哲之理,复为哲所用——从朱丹溪医学与方以智哲学谈起》,《上海中医药杂志》2002年第5期。

李其忠～胡冬裴等:《中医古今病、证命名源流辨析》,《上海中医药大学学报》2001年第1期。

《良方荟萃 其功至伟——宋代医家方书初探》,《上海中医药杂志》1995年第8期。

《一代僧医对中医学的贡献》,《医古文知识》1995年第3期。

李晓光(洛阳理工学院)

《1348年黑死病与欧洲文艺复兴》,《湖北第二师范学院学报》2014年第3期。

《黑死病与欧洲宗教改革》,《新余学院学报》2014年第1期。

《1348年黑死病的起源及传播》,《黑龙江史志》2010年第11期。

《黑死病与14—15世纪欧洲社会历史的变迁》,广西师范大学硕士学位论文2006年。

李晓宏

《红色卫生事业薪火相传》,《人民日报》2011年7月15日005版。

李晓红(广西中医学院)

～林存奇等:《〈黄帝内经〉养生思想探讨》,《时珍国医国药》2008年第6期。

～李邓辉:《浅论道家思想对中医学的影响》,《江西中医药》2008年第1期。

林存奇～臧知明等:《道教养生思想释要》,《辽宁中医药大学学报》2007年第6期。

李小红(浙江大学)

《巫觋与宋代社会》,浙江大学博士学位论文2004年。

《以医制巫——宋代地方官治巫刍议》,《科学与无神论》2004年第3期。

《计产育子:宋代南方家庭人口的自我调适》,《中国矿业大学学报(社会科学版)》2004年第2期。

《宋代民间"信巫不信医"现象探析》,《学术研究》2003年第7期。

《宋代"信巫不信医"问题探析》,《四川大学学报(哲学社会科学版)》2003年第6期。

《宋代的尚巫之风及其危害》,《史学月刊》2002年第10期。

李晓军(浙江大学附属口腔医院)

《清末中国近代口腔医学教育的发端》,《2016年全国口腔医学教育学术年会论文集》2016年10月。

～朱郎:《〈万物〉〈五十二病方〉及〈引书〉中的口腔医学史料》,《中华口腔医学杂志》2016年第8期。

～朱郎:《马王堆和张家山几种古脉书中的口腔疾患》,《中华医史杂志》2016年第2期。

～朱郎:《殷商甲骨文中的口腔医学史料》,《中华医史杂志》2015年第4期。

～朱晴:《中国古代菌斑控制措施及用具源流略考》,《中华中医药学刊》2008年第4期。

李晓林(吉林大学)

《我国医疗服务领域公平性分析》,吉林大学博士学位论文2006年。

纪玉山～:《我国医疗服务领域公平问题的经济学分析》,《工业技术经济》2006 年第 5 期。

李晓梅（兰州城市学院）

《元杂剧中医者形象之再讨论——试从元杂剧中医者形象看传统汉医学在元代的发展》,《甘肃高师学报》2010 年第 6 期。

～杨玲:《〈金瓶梅〉中医者形象透视》,《名作欣赏》2014 年第 9 期。

李晓梦（福建中医药大学）

《福建省医师多点执业法律规制研究》,福建中医药大学硕士学位论文 2017 年。

李晓敏（哈尔滨医科大学）

任瑛～徐维廉等:《克劳德·伯尔纳——实验生理学的奠基人》,《中华医史杂志》2001 年第 3 期。

任瑛～徐威廉:《克劳德·伯尔纳对分析与综合方法的贡献》,《医学与哲学》1985 年第 10 期。

《论比较法在医学史研究中的应用》,《医学与哲学》1987 年第 8 期。

黎小妮（江门市五邑中医院）

《〈眼科阐微〉对老年眼病辨治的学术贡献》,《中华医史杂志》2005 年第 3 期。

李晓农（北京大学）

～甄橙:《人工辅助生殖技术简史回顾》,《生物学通报》2017 年第 7 期。

《我国食品监管法律制度的历史演变和启示》,《中国卫生法制》2017 年第 2 期。

《辅助生殖技术与亲子认定规则的变化》,《中国卫生法制》2014 年第 1 期。

《异质授精涉及的若干法律问题》,《中国卫生法制》2012 年第 5 期。

《人工授精中的亲子关系问题研究》,《中国卫生法制》2012 年第 2 期。

《浅谈代孕行为和代孕协议》,《中国卫生法制》2011 年第 6 期。

～王岳:《管窥美国医疗纠纷的替代性纠纷解决机制》,《中国卫生法制》2008 年第 5 期。

《从"齐二药"事件谈我国药品监管法律制度的完善》,《中国卫生法制》2006 年第 5 期。

《我国的医疗保险制度亟待立法保障》,《中国卫生法制》2005 年第 3 期。

～刘群:《医疗侵权中的因果关系》,《医学与哲学》2004 年第 1 期。

李晓朋（西南大学）

《建国初期重庆地区突发性疫病的防治研究（1950—1953）》,西南大学硕士学位论文 2016 年。

李晓琴（东营职业学院）

《〈洗冤集录〉为什么产生在宋代》,《长沙铁道学院学报（社会科学版）》2008 年第 2 期。

李小青（上海市气功研究所）

～沈晓东等:《巫医三题》,《中医药文化》2018 年第 5 期。

～李洁等:《陆广莘的学术思想与中医气功》,《中医药文化》2017 年第 5 期。

沈晓东、许峰～:《〈诸病源候论〉养生导引法中常用的呼吸导引形式》,《中医药文化》2015 年第 3 期。

沈晓东、许峰～:《张锡纯的补助元气静坐法》,《中医文献杂志》2015 年第 1 期。

～许峰等:《历代有关医籍中导引内容之评析——兼再述导引之内涵与外延》,《中医文献杂志》2014 年第 5、6 期。

～许峰等:《试述张锡纯医学观之传统内练思想及其根基》,《中医文献杂志》2014 年第 1 期。

～王兴伊等:《试析〈诸病源候论〉"导引法"之类型——兼述"导引法"之内涵及外延》,《中医文献杂志》2012 年第 4 期。

《论中国传统养生法的"简易"特点》,《中医药文化》2012 年第 1 期。

《内丹术与〈黄帝内经〉》,《中医药文化》2011 年第 2 期。

～许峰等:《试论〈道德经〉哲理与〈黄帝内经〉防病治病观的传承关系》,《中医文献杂志》2010 年第 4 期。

～朱慧勤等:《试探内丹与房中术的关系》,《上海中医药大学学报》1999 年第 4 期。

李晓涛（北京师范大学）

《以"民族主义"阐释中医药——民国中医界的话语选择（1912—1937）》,《四川师范大学学报（社会科学版）》2012 年第 1 期。

《民国前期"废止中医"思潮研究（1929—1937）》,北京师范大学博士学位论文 2011 年。

《来自异域的不同声音——早期在华传教士对中医之评介》,《南京中医药大学学报（社会科学版）》2010 年第 2 期。

《明清时期在华传教士对中国传统医学之研究》,北京师范大学硕士学位论文 2007 年。

李孝悌（台湾中央研究院）

《十八世纪中国社会中的情欲与身体——礼教世界外的嘉年华会》,《中央研究院历史语言研究所集刊》第 72 本第 3 分（2001.9）。

《河北定县的乡村建设运动:四大教育（文艺、生计、公民、卫生）》,《中央研究院近代史研究所集刊》第 11 期（1982.7）。

李晓彤（曲阜师范大学）

《埃德加·爱伦·坡短篇小说中的疾病叙事》,曲阜师范大学硕士学位论文 2017 年。

李小秀（东北师范大学）

《公共外交视角下中国对非医疗援助研究》,东北师范大学硕士学位论文 2019 年。

李晓秀（华东师范大学）

《16—18 世纪中期伦敦食品供给状况探析》,华东师范大学硕士论文 2007 年。

李晓堰（云南大学/昆明医科大学/昆明医学院）

高丽萍～彭艳霞:《中华传统文化背景下的知情同意解困思考》,《中国医学伦理学》2018 年第 3 期。

《法律文化视角下的医疗纠纷》,《湖湘论坛》2016 年第 4 期。

～邓虹:《医疗纠纷诉讼中的专家辅助人》,《中国卫生法制》2016 年第 1 期。

张晓辉～:《论医疗纠纷中的权力博弈和过程控制》,《贵州社会科学》2015 年第 12 期。

～高丽萍:《从个案谈医疗纠纷发生的原因——基于场域视角》,《西北承认教育学院学报》2015 年第 4 期。

～高丽萍:《从一起个案谈医疗纠纷的发生原因和解决方式——基于场域和惯习的视角》,《天津中德职业技术学院学报》2015 年第 3 期。

～高丽萍:《析医务人员的注意义务》,《医学与法学》2015 年第 1 期。

～王海容:《医疗纠纷第三方调解机构的公信力之再探讨》,《医学与法学》2013 年第 5 期。

《过度诊疗责任构成及其归责原则》,《医学与法学》2012 年第 4 期。

张薇薇～邓虹:《专家证人证言相关性的探讨——以菲利普诉西克拉斯医疗中心案为例》,《中国司法鉴定》2011 年第 5 期。

《医疗纠纷现行解决途径面临的新挑战——基于侵权责任法生效后的视角》,《社科纵横（新理论版）》2010 年第 3 期。

《我国医疗损害责任中医务人员注意义务的标准》,《中国卫生法制》2010 年第 4 期。

邓虹～陈颖:《医疗意外适用"公平责任"的弊端及应对》,《昆明医学院学报》2007 年第 6 期。

李晓寅(浙江省中医药研究院)

庄爱文～李荣群等:《〈张氏医通〉郁证探析》,《浙江中医药大学学报》2017 年第 10 期。

庄爱文～王英等:《朱丹溪治未病学术特色》,《浙江中医药大学学报》2015 年第 12 期。

～庄爱文等:《丹溪医学在日本的发展》,《浙江中医药大学学报》2015 年第 9 期。

李歆(重庆理工大学)

～莫乔乔等:《医患预期效价差:一项理论的分析框架》,《医学与哲学(A)》2016 年第 8 期。

李昕(山东中医药大学)

《〈金匮要略论注〉的文献研究》,山东中医药大学博士学位论文 2009 年。

～龚谨:《〈金匮要略论注〉眉批剖析》,《河北中医》2009 年第 6 期。

龚谨～:《论少数民族医药文献收集整理的举措与目标》,《中国民族民间医药》2009 年第 1 期。

～龚谨:《〈医宗金鉴·订正仲景全书金匮要略注〉所引医家"赵良"考》,《中国医药指南》2008 年第 24 期。

李欣芬(国立台湾师范大学)

《基督教与台湾医疗卫生的现代化——以彰化基督教医院为中心之探讨(一八九六——一九三六)》,国立台湾师范大学硕士学位论文 1989 年。

李新华(中国驻美国纽约总领事馆)

《中医药在美国发展现状》,《亚太传统医药》2006 年第 5 期。

李新军(安徽中医药大学/安徽大学)

《〈申报〉视野下民国卫生防疫研究——以 1931 年水灾为例》,《衡阳师范学院学报》2014 年第 5 期。

《新安医家弃儒从医的原因探讨》,《郑州航空工业管理学院学报(社会科学版)》2013 年第 5 期。

《论南京国民政府时期工伤保险立法(1927—1937 年)》,《河北经贸大学学报(综合版)》2011 年第 3 期。

《论南京国民政府时期生育保险立法(1927—1937 年)》,《湖南工程学院学报(社会科学版)》2011 年第 2 期。

《论南京国民政府时期医疗保险立法(1927—1937)》,《上饶师范学院学报》2011 年第 2 期。

李新路(南京中医药大学)

《近代以来中医药师承教育的嬗变与发展研究》,南京中医药大学博士学位论文 2017 年。

《关于现代中医药师承教育机制建设的思考》,《时珍国医国药》2017 年第 3 期。

《当代中医学术传承的思路探讨》,《中华中医药杂志》2017 年第 3 期。

《近代中医学校教育课程设置与教材编撰述评》,《科教文汇(上旬刊)》2016 年第 12 期。

《近代江苏中医学校教育发展及特色探析》,《继续医学教育》2016 年第 11 期。

《近代中医教学模式转型的原因和特点探讨》,《中医文献杂志》2016 年第 6 期。

李欣蒙(南京师范大学)

《抑郁症的媒介话语与媒介形象研究》,南京师范大学硕士学位论文 2018 年。

李新平(南开大学)

《医疗保障制度的效率分析:OECD 国家的经验和启示》,南开大学博士学位论文 2013 年。

李新善（广州中医药大学）

《〈伤寒论〉渴的证治规律研究》，广州中医药大学硕士学位论文 2014 年。

黎新宇（中国协和医科大学）

～王全意等：《欧洲疾病预防控制中心工作模式》，《中国全科医学》2007 年第 1 期。

王全意、索罗丹～张北川：《男男性行为的历史文化背景及现状》，《公共卫生与预防医学》2006 年第 5 期。

～王全意等：《北京市气象因素与霍乱发病关系的生态学研究》，《中国自然医学杂志》2006 年第 3 期。

～彭晓旻等：《北京市 1988—1999 年斑疹伤寒流行病学分析》，《中华流行病学杂志》2001 年第 2 期。

李杏果（中国劳动关系学院）

《英国医疗卫生服务管办分离改革及启示》，《宏观经济管理》2011 年第 2 期。

李兴民（商洛地区卫校）

王明旭～：《中国古代的性教育》，《医学与社会》1997 年第 2 期。

～王明旭：《我国古代对性学的研究、普及和道德观》，《中国医学伦理学》1993 年第 4 期。

《同性恋在我国的历史和性病传播的关系》，《中国社会医学》1991 年第 5 期。

《试谈魏晋时代的腹部手术和未能发展的原因》，《医学与哲学》1984 年第 6 期。

《日人丹波氏兄弟与〈中国医籍考〉、〈杂病广要〉》，《福建中医药》1984 年第 5 期。

《晋唐医家对疾病个性研究的成就和意义》，《辽宁中医杂志》1983 年第 5 期。

《宋明时代〈伤寒论〉研究中所出现的逆流》，《医学与哲学》1983 年第 3 期。

《祖国医学心理治疗初探》，《上海中医药杂志》1982 年第 7 期。

《应该怎样评价王清任和他的〈医林改错〉》，《医学与哲学》1981 年第 4 期。

廖家兴……钟新渊～王鱼门等：《喻嘉言学术思想探讨（来稿摘登）》，《江西中医药》1981 年第 3 期。

《浅谈〈内经〉中防病保健抗衰老的唯物主义观》，《陕西中医》1980 年第 3 期。

李修来

《历代医政考略》，《吴兴医药月刊》1947 年第 14 期。

李旭（北京中医药大学）

《朱肱对〈伤寒论〉学术思想之继承与发展》，北京中医药大学硕士学位论文 2011 年。

李续建（解放军总医院）

～楼方定：《造血干细胞移植术发展史》，《中华医史杂志》2001 年第 2 期。

李旭仁（内蒙古民族大学附属医院）

～王晓华：《〈四部医典〉中的孕产期卫生保健》，《中国民族民间医药杂志》2004 年第 4 期。

李璇（黑龙江大学）

《融媒体时代健康传播的媒介呈现》，黑龙江大学硕士学位论文 2018 年。

李选任

《林可胜背弃国防医学院?》，《源远季刊》第 37 期（2011）。

李炫知（韩国启明大学校）

～孙伟等：《职业与职业理念——聚焦韩国韩医师》，《医学与哲学》2002 年第 6 期。

申舜植～:《韩国韩医学知识标准化的道路》,《中国中医基础医学杂志》2002 年第 4 期。

～金敬喆等:《关于韩医师资格考核制度的研究》,《中华医史杂志》2002 年第 2 期。

《韩国医疗政策与韩医学的地位》,《当代韩国》2002 年第 2 期/《中国医学药报》2002 年第 4 期。

李雪娇(云南大学)

《宋代药材经济研究》,云南大学硕士学位论文 2018 年。

李学麟(福建中医学院附属人民医院)

《发皇古义 融会新知——〈伤寒质难〉评析》,《光明中医》2009 年第 11 期。

杨鸿～:《〈伤寒论〉辨证论治思路琐谈》,《中华中医药杂志》2009 年第 9 期。

～杨鸿:《〈活幼心书〉学术思想初探》,《中华中医药杂志》2007 年第 5 期。

徐永红～:《万密斋调理脾胃思想浅探》,《吉林中医药》2004 年第 2 期。

《丁甘仁小儿温病急症治验浅探》,《福建中医学院学报》1998 年第 3 期。

李雪梅

～邓罡:《岭南黄仲贤〈鼠疫非疫六经条辨〉研究》,《中医文献杂志》2019 年第 6 期。

李雪琴(西北师范大学)

《民国时期甘肃传染病的流行与防治》,西北师范大学硕士学位论文 2013 年。

《民国时期甘肃传染病的防治措施》,《天水师范学院学报》2013 年第 1 期。

《民国时期甘肃传染病流行原因探析》,《陇东学院学报》2012 年第 2 期。

李学勤(中国社会科学院)

《〈素问〉七篇大论的文献学研究》,《燕京学报》新 2 期(1996)。

《〈马王堆汉墓医书校释〉序》,《四川大学学报(哲学社会科学版)》1990 年第 2 期。

李学文(阿坝州理县人民医院)

～张曦:《1950—2009 年理县麻风病流行病学分析》,《预防医学情报杂志》2012 年第 9 期。

李亚航(南京大学)

《疾病、贫困与公共医疗——纽肖尔姆与 20 世纪初英国公共医疗改革》,《英国研究》2016 年 00 期。

李雅梅(天津医学高等专科学校)

王艳冬～李冬宁等:《从第一所公立护士学校历史看护士服的变迁》,《中华护理教育》2011 年第 3 期。

～简雅娟等:《中国北洋女医学堂的创建与历史地位》,《中华护理教育》2011 年第 2 期。

～王艳冬等:《中国第一所公立护士学校开校校长——金韵梅》,《中华护理教育》2010 年第 11 期。

李亚明(中国社会科学院/首都医科大学/中国科学院)

《从儒家的视角看生殖干预与人的尊严》,《自然辩证法研究》2019 年第 4 期。

《情感的生物医学干预与道德增强》,《自然辩证法研究》2018 年第 8 期。

《西方解剖学对于中国近代社会风俗的影响(英文)》,《自然辩证法通讯》2017 年第 3 期。

《基督教会在华护理事业及其社会影响》,《中华医史杂志》2016 年第 6 期。

～李建会:《死亡的尊严:儒家和西方观点的比较》,《世界哲学》2016 年第 5 期。

《传教士的反鸦片活动与西方医学在中国的传播》,《自然辩证法研究》2015 年第 6 期。

《从医患关系模式的角度分析中国医疗领域中的"自主性原则"》,《中国医学伦理学》2014 年第 4 期。

《"生前预嘱"与死亡的尊严》,《哲学动态》2014 年第 4 期。

～王晓燕:《"新医改"背景下乡镇卫生院医患信任的特征和影响因素》,《中国医学伦理学》2014 年第 2 期。

《"天人合一"与中国古代的精神疾病观》,《医学与哲学(A)》2013 年第 9 期。

～吕兆丰等:《历史比照下农村卫生人力资源建设存在的问题》,《中国医学伦理学》2012 年第 6 期。

～吕兆丰等:《关于我国农村卫生人力资源现状成因的分析——基于北京周边某县实地观察的研究》,《中国医学伦理学》2012 年第 6 期。

～吕兆丰等:《在历史语境中探讨农村卫生人力资源培训的发展进路》,《中国医学伦理学》2012 年第 6 期。

～王晓燕等:《从医学史的角度探讨我国当前医患关系的现状》,《中国医学伦理学》2011 年第 5 期。

～王晓燕等:《通过史学分析为医院细节文化建设提出对策》,《中国医学伦理学》2011 年第 5 期。

～王晓燕:《历史语境中医院细节文化存在问题的分析》,《中国医学伦理学》2011 年第 5 期。

《宗教与精神病学:效用、方法和结论》,《医学与哲学(人文社会医学版)》2010 年第 12 期。

《20 世纪的西方反精神病学运动》,《自然科学史研究》2008 年第 4 期。

《克雷佩林与精神病人的时代形象》,《医学与哲学(人文社会医学版)》2008 年第 4 期。

《精神分析师的两难处境》,《医学与哲学(人文社会医学版)》2006 年第 10 期。

《无意识概念在精神医学中的演变》,《广西民族学院学报(自然科学版)》2006 年第 3 期。

《精神病药物的历史命运》,《科学文化评论》2006 年第 2 期。

《精神分析与西方的现代性——评〈灵魂的秘密——精神分析的社会和文化史〉》,《中国科技史杂志》2005 年第 3 期。

《19 世纪的德国精神病学》,《中华医史杂志》2005 年第 2 期。

李雅清(中国中医科学院)

～岳沛芬:《岳美中先生起草的一份中医工作建言》,《中华医史杂志》2015 年第 6 期。

李岩(北京中医药大学)

《施今墨生平传略》,《首都医药》2005 年第 7 期。

《北京四大名医研究》,北京中医药大学博士学位论文 2004 年。

李艳(辽宁大学)

《中国农村传统合作医疗制度浅论》,《中国商界(下半月)》2008 年第 10 期。

李妍(南京农业大学)

《国立中央大学畜牧兽医系史研究(1928—1949)》,南京农业大学硕士学位论文 2013 年。

李艳(陕西师范大学)

《艾滋病报道研究综述》,《新闻世界》2010 年第 11 期。

李艳(陕西中医学院)

～李毅:《初探〈难经〉对脉学的学术贡献》,《长春中医药大学学报》2006 年第 4 期。

李燕(苏州大学)

《童养媳出身的女医生——康爱德》,《中华医史杂志》2001 年第 4 期。

《中国第一位女西医——金雅妹》,《中华医史杂志》2001 年第 1 期。

李彦(天津中医药编辑部)

～李银平:《〈吴医汇讲〉编辑思想探究》,《编辑学报》2004 年第 2 期。

李艳(芜湖市戈矶山医院)

　　~李梢:《徽商与新安医学的文化成因初探》,《中医教育》1996 年第 2 期。

李延斌(济南市第五人民医院)

　　~徐兵:《关节镜的发展史及临床应用》,《医疗装备》2001 年第 9 期。

　　~张允兰等:《〈易经〉与中医学发展的相关性探讨》,《周易研究》1999 年第 3 期。

　　~张允兰等:《从中西文化比较看中医心身医学理论特色》,《上海中医药杂志》1998 年第 8 期。

　　张允兰~齐登伟:《中医学中的免疫思想与现代免疫》,《中医函授通讯》1998 年第 3 期。

李彦昌(北京大学)

　　《现代医疗空间的自主与北京中央医院的筹建》,《中国科技史杂志》2019 年第 4 期。

　　《抗生素研究与生产的"组织推动":全国抗生素研究工作委员会》,《当代中国史研究》2019 年第 2 期。

　　《中国科学院 1955 年抗生素学术会议的历史考察》,《当代中国史研究》2017 年第 4 期。

　　《由技术而观念:注射知识与实践在近代中国的传播》,《近代史研究》2017 年第 3 期。

　　《剂型、技术与观念——片剂技术在近代中国的传播》,《中国科技史杂志》2017 年第 2 期。

　　《西方制药之术与药物认知之途》,《医学与哲学(A)》2016 年第 2 期。

　　~张大庆:《华夷之辨与中西之别:中国近代早期药物称谓的分化与演变》,《中国科技史杂志》2015 年第 3 期。

　　~王玥:《试论禁毒法对艾滋病防治的积极作用》,《中国性科学》2009 年第 8 期。

李彦超(中国社会科学院)

　　《浅谈集体经济时期农村合作医疗的低成本运行》,《江苏卫生事业管理》2018 年第 3 期。

李艳红(新平县疾病预防控制中心)

　　~李绍生等:《新平县 1956—2012 年麻风流行与防治效果分析》,《皮肤病与性病》2014 年第 3 期。

李艳菊(北京市档案馆)

　　《北京郊区农村早期合作医疗制度的建立与发展》,《北京党史》2007 年第 6 期。

　　《新中国成立初期北京市公费医疗预防制度的建立与实施》,《北京党史》2007 年第 2 期。

李燕凌(湖南农业大学)

　　~刘超:《中国突发动物疫情公共卫生事件研究脉络与主题热点的可视化分析——基于 CNKI 文献检索》,《中国动物传染病学报》2019 年第 2 期。

　　~刘紫萱等:《政府干预 H7N9 亚型流感疫情的演化博弈研究》,《中国家禽》2018 年第 10 期。

　　金熙~:《动物疫情公共危机中地方政府与农户的决策行为博弈分析》,《家畜生态学报》2018 年第 3 期。

　　~王雯哲等:《重大疫情防控的政府干预行为与优化策略——基于博弈论视角和中国 2013 年 H7N9 防控实践》,《湖南农业大学学报(社会科学版)》2018 年第 2 期。

　　~丁莹:《网络舆情公共危机治理中社会信任修复研究——基于动物疫情危机演化博弈的实证分析》,《公共管理学报》2017 年第 4 期。

　　~苏青松等:《多方博弈视角下动物疫情公共危机的社会信任修复策略》,《管理评论》2016 年第 8 期。

　　~杨佩:《养殖户防疫行为影响因素研究进展》,《中国畜牧杂志》2015 年第 14 期。

　　王珺~:《动物疫情公共危机中社会群体演化博弈研究进展》,《安徽农业科学》2015 年第 12 期。

～王珺：《公共危机治理中的社会信任修复研究——以重大动物疫情公共卫生事件为例》，《管理世界》2015 年第 9 期。

～车卉：《农村突发性公共危机演化机理及演变时间节点研究——以重大动物疫情公共危机为例》，《农业经济问题》2015 年第 7 期。

～吴楠君：《突发性动物疫情公共卫生事件应急管理链节点研究》，《中国行政管理》2015 年第 7 期。

～柏花：《中国动物卫生法律文本之特征研究——基于计量分析方法的视角》，《湘潭大学学报（哲学社会科学版）》2015 年第 6 期。

～欧阳一帆：《我国动物疫病区域化管理现状研究》，《企业技术开发》2015 年第 5 期。

～车卉：《突发性动物疫情公共危机中地方政府决策行为分析》，《家畜生态学报》2014 年第 6 期。

～马允怡等：《重大动物疫病公共危机防控能力关键因素研究——基于 DEMATEL 方法》，《灾害学》2014 年第 4 期。

车卉～：《重大动物疫情中政府防控措施的绩效评估研究综述》，《安徽农业科学》2013 年第 26 期。

～车卉：《突发性动物疫情中政府强制免疫的绩效评价——基于 1167 个农户样本的分析》，《中国农村经济》2013 年第 12 期。

黎桦林～：《基层政府重大动物疫情应急准备能力的评估》，《四川畜牧兽医》2013 年第 11 期。

刘玮～：《县乡医疗新模式运用的现状及问题——基于"桑植模式"的调查研究》，《南方论刊》2012 年第 10 期。

李立清～：《新型农村合作医疗可持续发展研究综述》，《中国卫生事业管理》2012 年第 1 期。

李立清～：《经济欠发达地区中老年农民健康问题研究》，《统计与决策》2011 年第 6 期。

～李立清：《新型农村合作医疗制度再创新的基本原则探讨》，《中国卫生经济》2010 年第 12 期。

～李立清：《新型农村合作医疗制度改革的基本经验总评》，《中国农村卫生事业管理》2010 年第 11 期。

～李立清：《卫生公共产品资源配置公平性研究——以湖南省 14 个市（州）卫生资源配置为例》，《中央财经大学学报》2010 年第 10 期。

～李立清：《新型农村合作医疗卫生资源利用绩效研究——基于倾向得分匹配法（PSM）的实证分析》，《农业经济问题》2009 年第 10 期。

～李立清：《新型农村合作医疗农户参与行为分析——基于 Probit 模型的半参数估计》，《中国农村经济》2009 年第 9 期。

～唐玉凤等：《SARS 与农村公共危机防范》，《湖南农业大学学报（社会科学版）》2003 年第 4 期。

～周先进等：《透过 SARS 审视中国农村公共危机问题》，《农业经济》2003 年第 11 期。

李艳梅（山东省中医药研究院）

《〈圣济总录〉对针灸学的贡献》，《针刺研究》2004 年第 1 期。

李艳秋（新闻晨报）

《理念和传播差异剖析——以两起重大公共卫生事件为例》，《新闻前哨》2013 年第 9 期。

李艳茹（山东中医药大学）

～陆国辉等：《〈黄帝内经〉对药性理论形成的影响》，《山东中医药大学学报》2007 年第 5 期。

李妍嫣（中国人民大学）

～袁祥飞：《主要发达国家医疗卫生体制模式比较及启示——以英国、美国和德国为例》，《价格理论与实践》2009 年第 5 期。

李杨（辽宁中医学院）

～任艳玲:《下法源流考释》,《中医药学刊》2005 年第 5 期。

李杨伟（广州中医药大学）

《〈海药本草〉对岭南医药的贡献》,广州中医药大学硕士学位论文 2009 年。

～吴伟光:《〈海药本草〉对岭南医药的贡献》,《中医药通报》2009 年第 1 期。

黎瑶（西南政法大学）

《当前中国医患纠纷报道中媒体的倾向性研究》,西南政法大学硕士学位论文 2016 年。

李瑶（中国中医科学院）

《祛痰法的概念诠释与运用法则研究》,中国中医科学院博士学位论文 2014 年。

～潘桂娟:《祛痰法的概念诠释》,《世界中医药》2014 年第 11 期。

～潘桂娟:《喻昌痰病治则治法初探》,《中国中医基础医学杂志》2014 年第 5 期。

～潘桂娟:《"痰迷心窍"证的病机及治发探析》,《中国中医基础医学杂志》2013 年第 11 期。

《晋唐时期中医美容方剂的历史考察》,中国中医科学院硕士学位论文 2009 年。

《先秦时期中医美容概述》,《中华医史杂志》2009 年第 2 期。

李耀南

《云南瘴气(疟疾)流行简史》,《中华医史杂志》1954 年第 3 期。

李耀曦

《齐鲁大学麻风病疗养院旧影》,《春秋》2009 年第 6 期。

李毅（成都中医药大学）

～刘旭等:《初探〈脉经〉对中医学术的重要贡献》,《山西中医》2004 年第 5 期。

李仪（重庆医科大学）

～冯磊:《医疗专业利益自给与扩张中的国家角色——从魏则西事件切入》,《中国卫生事业管理》2018 年第 1 期。

～冯磊:《社交媒体环境下医患话语权的博弈及医方媒介策略——从"北医三院产妇事件"的网络信息传播切入》,《中国医院管理》2017 年第 7 期。

张力……成秋娴～蒋易芬:《英美按绩效付费对我国社区卫生服务机构绩效考核的启示》,《中国全科医学》2016 年第 25 期。

～冯磊:《论我国医患信任结构的异化及其重建路径》,《医学与哲学(A)》2016 年第 8 期。

李一白

《康熙与西方医药》,《中华医史杂志》1992 年第 2 期。

李一冰（河北大学）

《健康时报网抑郁症报道研究(2008—2018)》,河北大学硕士学位论文 2019 年。

李翊菲（广州中医药大学）

《基于社会建构论的中医西传路径研究——以中医养生学在英国的传播历史为例》,广州中医药大学博士学位论文 2016 年。

～孙晓生:《〈太平圣惠方〉"食治论"卷中医养生学思想解读》,《广州中医药大学学报》2014 年第 6 期。

李奕祺(福建中医药大学/山东中医药大学/福建中医学院)

蔡泳源~:《薛己〈内科摘要〉学术思想探析》,《福建中医药》2019 年第 6 期。

~王尊旺:《〈保婴撮要〉医案赏析》,《福建中医药》2016 年第 3 期。

郑清珍~:《论〈黄帝内经〉平人思想》,《辽宁中医药大学学报》2016 年第 3 期。

~王小红:《〈保婴撮要〉治疗特色探析》,《中国中医药现代远程教育》2015 年第 15 期。

~王尊旺:《〈保婴撮要〉版本源流考辨》,《中医文献杂志》2015 年第 5 期。

蔡静娴~:《〈内经〉论甘》,《福建中医药》2015 年第 3 期。

王尊旺~:《薛己〈保婴撮要〉的学术思想与儿科治疗特色》,《福建中医药大学学报》2014 年第 5 期。

《〈中藏经〉易学思想探微》,《福建中医药大学学报》2012 年第 4 期。

王小红~郭晓黎:《〈黄帝内经〉论闭经》,《光明中医》2011 年第 9 期。

~林立元:《浅析〈广瘟疫论〉的流传版本及其学术成就》,《山西中医学院学报》2011 年第 1 期。

《〈内经〉论辛》,《中医文献杂志》2010 年第 6 期。

《从易象论七损八益》,《中医药文化》2010 年第 6 期。

《肾主外的理论研究》,山东中医药大学博士学位论文 2002 年。

《〈内经〉临床治疗思想初探》,《现代中医药》2002 年第 6 期。

《〈内经〉论咸》,《中医文献杂志》2002 年第 2 期。

~郑家铿:《脏象学说应用〈易〉理举要》,《福建中医学院学报》1996 年第 3 期。

李宜桥(华中师范大学)

《鲁迅杂文与医学》,华中师范大学硕士学位论文 2015 年。

李益三

《祖国医学对于血吸虫病的认识及其治疗药物的探讨》,《浙江中医杂志》1958 年第 7 期。

《祖国医学外科学的成就》,《大众医学》1956 年第 6 期。

《祖国医家在疾病防治斗争中获得伟大成就》,《大众医学》1955 年第 9 期。

李毅盛(北京中医药大学)

~陈萌:《马来西亚中医源流》,《环球中医药》2020 年第 5 期。

李奕洙(哈尔滨工业大学)

《韩国医疗美容市场发展存在的问题研究》,哈尔滨工业大学硕士学位论文 2019 年。

李音(南京大学/华东师范大学)

《再造"病人"——19 世纪与 20 世纪之交中国文界"疾病隐喻"的发生》,《文艺争鸣》2012 年第 9 期。

《郁达夫、忧郁症与现代情感教育》,《中国现代文学研究丛刊》2012 年第 5 期。

《晚清至五四:文学中的疾病言说》,华东师范大学博士学位论文 2009 年。

李茵(中国中医科学院望京医院)

~刘艳娇:《中国古代中医药知识的传播途径浅析》,《中华医史杂志》2008 年第 3 期。

李银才(江西省寄生虫病防治研究所)

刘林林……付建华~:《基于供应链、价值链视角的药品和高值医用耗材采购机制改革探讨》,《中国卫生经济》2019 年第 10 期。

《台湾地区全民健保制度公平性及其评价》,《医学与哲学》2019 年第 16 期。

《麻风歧视:人民公社化运动中的麻风村涌现》,《医学与哲学》2019年第13期。

《台湾地区健保医药费用控制制度分析》,《卫生经济研究》2019年第4期。

蒋春灵、付建华～:《我国基层医疗机构服务能力弱化的体制探源》,《中国卫生经济》2018年第10期。

《竞争性市场与医疗体系供给侧结构性改革》,《中国卫生经济》2018年第8期。

～刘亦文:《余江血防模式分析:基于农村公共产品政府供给的视角》,《中国血吸虫病防治杂志》2018年第3期。

～张萍等:《医保基金支付风险与医疗卫生供给侧改革》,《中国卫生经济》2017年第1期。

《医疗医保联动改革与分级诊疗机制:来自台湾地区的启示》,《卫生经济研究》2016年第9期。

《价值链与分级诊疗形成机制改革》,《卫生经济研究》2016年第8期。

《农村合作医疗重建失败的成因分析——基于制度结构的视角》,《理论导刊》2015年第10期。

《制度结构视角下的分级诊疗形成机制改革》,《现代经济探讨》2015年第7期。

《转型时期医疗卫生制度供需非均衡与制度变迁》,《国外医学(卫生经济分册)》2015年第4期。

《略论传统农村合作医疗制度的具体运行机制》,《国外医学(卫生经济分册)》2015年第2期。

《管办不分:公立医院医生道德风险的本源》,《现代经济探讨》2014年第6期。

《论"医疗保健价格指数"与"看病贵"》,《卫生经济研究》2014年第6期。

蒋春灵、付建华～:《药价虚高的体制探源》,《中国卫生经济》2014年第4期。

《市场主体权力平等与药品公允价格形成机制》,《卫生经济研究》2014年第3期。

《略论医疗卫生规制制度变迁的成本收益约束》,《长春市委党校学报》2014年第2期。

～邱凌:《江西省基本医疗和公共卫生服务均等化的现状与实现途径》,《国外医学(卫生经济分册)》2014年第2期。

《略论医疗费用的预付制》,《国外医学(卫生经济分册)》2014年第1期。

《药价虚高、药品回扣与药品集中招标采购制度浅析》,《当代经济》2013年第23期。

《对计划经济时期我国农村合作医疗制度性质和作用的再认识》,《理论导刊》2013年第12期。

付建华……徐平～:《试论优化我国医疗资源配置:从门诊空间再布局入手规制》,《中国卫生经济》2013年第5期。

《转型时期医生的道德风险》,《国外医学(卫生经济分册)》2013年第1期。

《价值链与药品价格形成机制改革》,《现代经济探讨》2013年第2期。

～付建华:《医疗服务需求的影响因素分析》,《江西社会科学》2013年第1期。

《他国经验对构建我国医改新机制的启示》,《国外医学(卫生经济分册)》2012年第2期。

《论我国基本医疗和公共卫生服务均等化的对策》,《国外医学(卫生经济分册)》2012年第1期。

～熊年红:《我国居民医疗费用昂贵的原因分析》,《卫生经济研究》2009年第3期。

李银华（湖北中医学院）

～韩秀文等:《〈黄帝内经〉病因分类研究解析》,《中医药信息》2010年第1期。

李寅生（广西大学）

许山秀树～:《论中国古代诗人的南方意识——兼论"瘴"字的含义》,《钦州学院学报》2009年第5期。

埋田重夫～:《从视力障碍的角度释白居易诗歌中眼疾描写的含义》,《钦州师范高等专科学校学报》2001年第1期。

李银涛（河南行政学院/河南大学）

《清末东三省鼠疫流行和防治的思考》，《南阳师范学院学报（社会科学版）》2005 年第 11 期。

《清末宣统年间东三省鼠疫研究》，河南大学硕士学位论文 2004 年。

李颖

～杨一帆：《意大利的医疗卫生体系》，《医院院长论坛》2007 年第 4 期。

李莹（广州中医药大学）

王芳、庄礼兴～：《岭南针灸发展史概述》，《河南中医》2017 年第 11 期。

《岭南针灸医学发展源流及名家学术传承研究》，广州中医药大学博士学位论文 2015 年。

李颖（哈尔滨商业大学）

《和谐社会视域下的医患关系研究》，哈尔滨商业大学硕士学位论文 2015 年。

《当代社会医患关系现状》，《世纪桥》2015 年第 4 期。

《关于国内外医患关系研究现状的总结》，《世纪桥》2015 年第 2 期。

李瑛（湖北中医药大学）

～王剑：《李时珍骨伤科学术思想探讨》，《中医学报》2011 年第 2 期。

李颖（华东师范大学）

《1918 年大流感对美国的影响初探》，华东师范大学硕士学位论文 2011 年。

李颖（闽江学院）

《光复初期的台湾医疗卫生事业》，《福建中医药》2016 年第 5 期。

～王尊旺：《清代福建瘟疫述论》，《福建中医学院学报》2010 年第 3 期。

《明代福建瘟疫述论》，《闽江学院学报》2010 年第 3 期。

～王尊旺：《明代福建医疗制度述论》，《福建中医学院学报》2009 年第 3 期。

《基督教与近代中国的反缠足运动——以福建为中心》，《东方论坛（青岛大学学报）》2004 年第 4 期。

《伦敦会传教士马根济简论》，《中华医史杂志》2004 年第 4 期。

李鹰（山东师范大学）

《我国青少年性教育发展历程概述》，《山东师范大学学报（人文社会科学版）》2007 年第 3 期。

李颖（浙江大学）

《中医胎毒思想研究》，浙江大学硕士学位论文 2011 年。

李迎春（辽宁师范大学）

《明清小说中的医者形象研究》，辽宁师范大学硕士学位论文 2016 年。

李应存（甘肃中医药大学/甘肃中医学院/兰州大学/中国中医科学院）

张焱～张丽等：《中医典籍文献历史文化探源及其在海外的传播与译介》，《中医药文化》2019 年第 2 期。

葛政～万芳：《敦煌卷子张仲景〈五脏论〉中的药对解读》，《中华中医药杂志》2018 年第 5 期。

杨佳楠～李鑫浩等：《敦煌遗书妇科相关古医方研究概况》，《国医论坛》2018 年第 1 期。

赵琪、赵珺～王冠群：《以敦煌医学文献考察唐代敦煌的医学教育和医疗状况》，《中医药导报》2017 年第 8 期。

《〈周易阐真〉中河图与养生观念探析》，《西部中医药》2014 年第 2 期。

《东汉陇上著名道医封君达有关文献及里籍考》，《西部中医药》2014 年第 1 期。

～柳长华：《敦煌医方中的杏仁组方用治非肺系病证探析》，《西部中医药》2013 年第 11 期。

～王战磊等：《清代陇上著名道医刘一明传略及医书概要》，《西部中医药》2013 年第 5 期。

《东汉陇上著名道医封君达养生精华探析》，《西部中医药》2013 年第 4 期。

～柳长华：《敦煌医学卷子中与〈千金方〉有关的养生食疗内容释要》，《西部中医药》2013 年第 3 期。

～柳长华：《敦煌医学卷子中与〈千金方〉有关的妇产科内容释要》，《西部中医药》2013 年第 2 期。

李金田、朱向东～戴恩来等：《敦煌医学 宝藏奇葩——敦煌医学的学术和研究价值探析》，《中国现代中药》2013 年第 2 期。

～柳长华：《敦煌疗风虚瘦弱方的方源及临床治验举要》，《西部中医药》2013 年第 1 期。

～李金田等：《俄罗斯藏黑水城医药文献〈神仙方论〉录释》，《甘肃中医》2008 年第 9 期。

～史正刚：《从敦煌佛书中的医学内容谈佛教的世俗化》，《敦煌学辑刊》2007 年第 4 期。

～史正刚等：《敦煌佛书 P.3777〈五辛文书〉中之修身养生方录释》，《甘肃中医》2007 年第 7 期。

～史正刚：《敦煌医学卷子〈辅行诀脏腑用药法要〉概况与医方释要》，《中医药通报》2007 年第 3 期。

《敦煌写本医方中 20 种主要的外治法述要》，《湖北民族学院学报（医学版）》2007 年第 2 期。

～史正刚等：《印度〈佛说医喻经〉中的医学方法初探》，《甘肃中医》2006 年第 9 期。

～李金田等：《俄藏敦煌文献 Дx02822"蒙学字书"中之医药知识》，《甘肃中医学院学报》2006 年第 4 期。

～李金田等：《俄罗斯藏敦煌医药文献的学术价值初探》，《中医药通报》2006 年第 3 期。

杨富学～：《〈殊方异药——出土文书与西域医学〉述评》，《西域研究》2006 年第 2 期。

～史正刚等：《以佛书为主的敦煌遗书中的儿科医方概要》，《中医儿科杂志》2006 年第 1 期。

《浅谈敦煌医学卷子中的诃梨勒组方》，《中医药通报》2005 年第 3 期。

《清代甘肃名医刘一明》，《中医文献杂志》2004 年第 2 期。

《敦煌残卷妇科医方特色初探》，《上海中医药杂志》1998 年第 4 期。

《浅谈〈四部医典〉中藏医剂型的特色》，《中国民族民间医药杂志》1995 年第 3 期。

《〈四部医典〉中的藏医非药物疗法》，《中国民族民间医药杂志》1994 年第 4 期。

李勇（第三军医大学大坪医院）

肖南～张治纲等：《美国军队战伤救治发展及启示》，《创伤外科杂志》2014 年第 5 期。

～罗长坤等：《白求恩与八路军的野战外科》，《中华医史杂志》2013 年第 3 期。

～罗长坤等：《中俄野战外科学史的比较》，《中华医史杂志》2010 年第 2 期。

～罗长坤：《我军野战外科学的历史演进》，《解放军医院管理杂志》2009 年第 9 期。

～罗长坤等：《浅谈俄罗斯的军事医学教育》，《西北医学教育》2007 年第 6 期。

～姬军生：《审视新形势下的医患关系》，《重庆医学》2007 年第 1 期。

～陈俊国：《论医学的人文性与医学人文教育》，《现代医药卫生》2006 年第 11 期。

李永安（陕西中医学院）

《从西医中译看中医名词英译标准化》，《中国科技翻译》2002 年第 2 期。

薛俊梅～：《中医古典著作译名探讨》，《陕西中医学院学报》2000 年第 2 期。

《早期医学名词的统一与目前中医名词术语英译标准化》，《中国中西医结合杂志》1996 年第 1 期。

李永斌(首都师范大学)

《古希腊医神阿斯克勒庇俄斯崇拜探析》,《辽宁大学学报(哲学社会科学版)》2014 年第 6 期。

李永宸(广州中医药大学)

《李廷安卫生教育思想与实践》,《医学教育研究与实践》2019 年第 6 期。

《李廷安学校卫生思想》,《中国学校卫生》2019 年第 6 期。

《李廷安乡村卫生思想研究》,《南京医科大学学报(社会科学版)》2019 年第 5 期。

～李佳琪:《蔡元培涉医活动与医学教育思想研究》,《成都中医药大学学报(教育科学版)》2019 年第 3 期。

郑文洁、李佳琪～:《"献方运动"视阈下的广州中医学院教职工献方研究》,《中医文献杂志》2019 年第 2 期。

李佳琪～:《多角度视野下的〈古今医案平议〉辑录医案研究》,《中医文献杂志》2018 年第 5 期。

李佳琪～:《广州市立精神病院的战后重建与精神病人研究》,《南京中医药大学学报(社会科学版)》2018 年第 4 期。

李佳琪～:《"献方运动"视阈下中医期刊所载皮肤病献方》,《中华医史杂志》2018 年第 3 期。

《公共卫生先驱李廷安的中医情缘及其对岭南地区医学发展的贡献》,《广州中医药大学学报》2017 年第 6 期。

郑威～:《近代莫干山肺病疗养院研究》,《中华医史杂志》2017 年第 5 期。

《李廷安传染病防治实践与思想研究》,《南京中医药大学学报(社会科学版)》2017 年第 1 期。

《李廷安对军事医学的贡献(1932—1943)》,《中华医史杂志》2017 年第 1 期。

《李廷安劳工卫生思想的内容与实践》,《南京医科大学学报(社会科学版)》2016 年第 6 期。

《卫生事务所是公共卫生理论与近代中国国情相结合的产物》,《中华医史杂志》2016 年第 3 期。

《李廷安与上海市吴淞区卫生事务所》,《南京中医药大学学报(社会科学版)》2016 年第 2 期。

《民国时期放洋考察研究——以公共卫生专家李廷安为例》,《南京医科大学学报(社会科学版)》2016 年第 2 期。

～唐亚南:《夏葛医学院及其学生的地理分布》,《南京中医药大学学报(社会科学版)》2015 年第 1 期。

《近代社会历史背景视野下的民国广州医学院校教学日历解读》,《南京医科大学学报(社会科学版)》2014 年第 3 期。

《柔济端拿护士学校毕业生就业分析》,《中华医史杂志》2014 年第 3 期。

《柔济端拿护士学校及其学生的地理分布》,《南京中医药大学学报(社会科学版)》2014 年第 1 期。

《王士雄字号、别称、室名解读》,《中医药文化》2013 年第 2 期。

《近代两广浸会医院及其慈善活动》,《世界宗教文化》2012 年第 4 期。

～赖文:《吴有性医案是瘟疫理论的具体表达》,《中国中医急症》2008 年第 3 期。

～赖文:《岭南医家罗芝园活用三焦辨证辨治鼠疫》,《中华中医药杂志》2007 年第 9 期。

赖文～:《清末广东善堂的医疗救济活动》,《中华医史杂志》2007 年第 3 期。

赖文、樊晓艳～:《民国中医期刊的史学与文献价值——广州现存广东期刊调查》,《中医文献杂志》2007 年第 2、3 期。

～赖文:《岭南医家对鼠疫的辩证》,《中国中医基础医学杂志》2007 年第 2 期。

《李廷安传染病防治实践与思想研究》,《南京中医药大学学报(社会科学版)》2007 年第 1 期。

～彭胜权:《狂犬病的中医认识嬗变》,《中华医史杂志》2007 年第 1 期。

～彭胜权:《中医文献治疗狂犬病方法探析》,《中国中医急症》2006 年第 10 期。

～赖文:《岭南医家活用王清任解毒活血汤治疗鼠疫》,《中华中医药杂志》2006 年第 7 期。

～赖文:《清末岭南医家治疗鼠疫的单方验方和外治法介绍》,《中医文献杂志》2006 年第 4 期。

赖文～:《清代岭南地区烈性传染病防治专著》,《中医文献杂志》2006 年第 1 期。

～何丽春等:《陈伯坛〈读过伤寒论·读法〉抉微——"伤寒论"不能读作"寒伤论"》,《广州中医药大学学报》2006 年第 1 期。

～赖文:《岭南医家对鼠疫病因病机的认识》,《中国中医基础医学杂志》2005 年第 5 期。

赖文～:《清末岭南医家对中医急症给药法的贡献》,《中国中医急症》2005 年第 5 期。

赖文、范晓艳～:《民国期间广东〈杏林医学月报〉核心作者简介》,《中医文献杂志》2005 年第 3 期。

～赖文:《岭南医家对流行性霍乱病因病机和辩治的认识》,《广州中医药大学学报》2005 年第 1 期。

～赖文:《1894 年香港鼠疫考》,《中华中医药杂志》2005 年第 1 期。

～赖文:《针灸除疫,绩载史册——岭南医家针灸治疗鼠疫、霍乱的贡献》,《中国针灸》2004 年第 12 期。

赖文～:《粮食、习俗、卫生与十九世纪的岭南瘟疫》,《中国中医基础医学杂志》2004 年第 10 期。

～熊曼琪:《近 50 年来我国〈伤寒论〉研究论文的文献计量学分析》,《中医杂志》2003 年第 9 期。

《近 50 年〈伤寒论〉研究论文调查的两个比例关系》,《中国医药学报》2003 年第 4 期。

何丽春～夏若君:《当代岭南医学研究述要》,《中医文献杂志》2003 年第 4 期。

～赖文:《19 世纪后半叶广州鼠疫传入路线的探讨》,《中华医史杂志》2003 年第 4 期。

熊曼琪～:《近 50 年各省(市、区)〈伤寒论〉研究文献的分类普查》,《上海中医药大学学报》2003 年第 1 期。

何丽春～夏若君:《岭南医学当代研究重点概况》,《新中医》2002 年第 12 期。

《近 50 年〈伤寒论〉研究之研究》,广州中医药大学博士学位论文 2002 年。

熊曼琪～:《近 50 年〈伤寒论〉研究论文在我国 72 种中医药期刊中的分布》,《中华医史杂志》2002 年第 4 期。

赖文～张涛等:《近 50 年的中国古代疫情研究》,《中华医史杂志》2002 年第 2 期。

熊曼琪～:《中医误治救误及其教训——对〈中医杂志〉所刊误治救误文章的总结》,《中医杂志》2001 年第 3 期。

李赛美、黄仰模～:《第六届全国仲景学说学术研讨会述要》,《中国医药学报》2001 年第 2 期。

～熊曼琪:《〈中国中西医结合杂志〉创刊以来发表的〈伤寒论〉研究论文及其作者分析》,《中国中西医结合杂志》2001 年第 2 期。

赖文～:《古代疫情资料整理方法初探》,《中华医史杂志》2001 年第 1 期。

《柯韵伯临床经验简介》,《浙江中医杂志》2000 年第 8 期。

～赖文:《霍乱在岭南的流行及其与旱灾的关系(1820—1911 年)》,《中国中医基础医学杂志》2000 年第 3 期。

～赖文:《广东人间鼠疫流行与地震的关系(1867—1911 年)》,《中华医史杂志》2000 年第 1 期。

《岭南古代瘟疫病发生流行情况及相关因素》,广州中医药大学硕士学位论文 1999 年。

～赖文:《岭南地区 1911 年以前瘟疫流行的特点》,《广州中医药大学学报》1999 年第 4 期。

赖恩～:《1894 年广州鼠疫考》,《中华医史杂志》1999 年第 4 期。

～赖文:《岭南古代瘟疫流行的社会背景》,《南京中医药大学学报(社会科学版)》1999 年第 1 期。

赖文～:《东汉末建安大疫考——兼论仲景〈伤寒论〉是世界上第一部流行性感冒研究专著》,《上海中医药杂志》1998 年第 8 期。

李永春(中医研究院)

《艰难的岁月 难忘的历程——回忆鄂豫皖苏区红军医院第二分院》,《医院管理》1983 年第 1 期。

李永红(北京中医药大学)

《腹痛病证的古今文献研究与学术源流探讨》,北京中医药大学博士学位论文 2009 年。

白淑静～:《〈内经〉腹痛病证探讨》,《时珍国医国药》2008 年第 12 期。

袁博～:《头痛病名考》,《吉林中医药》2008 年第 9 期。

～严季澜:《腹痛病名考》,《吉林中医药》2008 年第 6 期。

～严季澜:《对〈腹痛宜和〉的认识》,《北京中医药》2008 年第 5 期。

《头痛病症的历代文献研究与学术源流探讨》,北京中医药大学硕士学位论文 2002 年。

李勇军(安徽财经大学)

檀娟～:《论体外受精胚胎的法律属性——从我国首例体外受精胚胎争议案谈起》,《太原理工大学学报(社会科学版)》2015 年第 4 期。

《医疗保障权在国外农村社会的实现及其借鉴价值》,《经济法论丛》2012 年第 1 期。

《新型农村合作医疗中公权与私权的冲突及其平衡——以大病患者的隐私权保护为中心》,《法商研究》2010 年第 2 期。

李永明(美国沃伦医院)

《针灸传入美国 30 年回顾》,《中国针灸》2004 年第 12 期。

李永萍(新疆大学)

《神经衰弱与五四时期的小说创作》,新疆大学硕士学位论文 2011 年。

李永谦(湖北中医学院)

《〈风劳臌膈论〉的学术价值探讨》,《湖北中医学院学报》2005 年第 2 期。

《文字书法对中医药传播的相关作用》,《中华医史杂志》2003 年第 3 期。

《论中医药文献传播载体的演变》,《湖北中医学院学报》2003 年第 2 期。

《试论古代中医药的发明与传播》,《湖北中医学院学报》2002 年第 2 期。

王国奇～:《庞安时的学术思想与现实意义》,《湖北中医学院学报》1999 年第 4 期。

《德高艺精 医林楷模——记荆楚名医蒋玉伯》,《湖北中医杂志》1996 年第 4 期。

李永涛(山东中医药大学)

《王好古〈伤寒论〉学术思想研究》,山东中医药大学硕士学位论文 2009 年。

李永祥(云南省社会科学院)

《彝族的疾病观念与传统疗法——对云南查莫村及其周边的个案研究》,《民族研究》2009 年第 4 期。

李永义(成都中医学院)

《关于〈黄帝内经〉若干解剖记载的研究》,《成都中医学院学报》1983 年第 8 期。

李永友(浙江财经大学)

《公共卫生支出增长的收入再分配效应》,《中国社会科学》2017 年第 5 期。

～郑春荣：《我国公共医疗服务受益归宿及其收入分配效应——基于入户调查数据的微观分析》，《经济研究》2016 年第 7 期。

李幼昌

～于乃义：《〈彝族医药书〉考评》，《中华医史杂志》1980 年第 2 期。

李友松（福建省寄生虫病研究所）

严延生～：《艰难创业 业绩辉煌——纪念于恩庶教授诞辰 100 周年》，《中国人兽共患病学报》2018 年第 4 期。

单小云、胡野～盛秀胜等：《华佗为何无奈小虫何——纪念毛主席〈送瘟神〉发表 50 周年》，《中国人兽共患病学报》2008 年第 12 期。

王钦忠～：《曹操头风病之考证》，《中医药通报》2008 年第 1 期。

王小阳～：《华佗为关羽刮骨疗毒之考证》，《中外医疗》2008 年第 1 期。

王钦忠～：《华佗给陈登驱出的是肝吸虫吗？》，《中国病原生物学杂志》2006 年第 6 期。

薛时齐、王钦忠～：《华佗治皮下虫 1 例》，《福建中医药》2006 年第 5 期。

～许龙善等：《大作百篇 弟子三千——概述陈心陶教授对并殖吸虫的研究以纪念他的百年诞辰》，《医学与哲学》2004 年第 3 期。

～高依国：《从华佗的错治谈绦虫的驱除》，《医学与哲学》1994 年第 12 期。

《拿破仑与鼠疫》，《医学与哲学》1994 年第 1 期。

《中国古尸寄生虫学研究之综述》，《人类学学报》1984 年第 4 期。

《曹操兵败赤壁与血吸虫病关系之探讨》，《中华医史杂志》1981 年第 2 期。

李瑜（东北师范大学）

《美国肯尼迪政府医疗改革失败的原因探析》，东北师范大学硕士学位论文 2017 年。

李玉偿（复旦大学）

《环境与人：江南传染病史研究（1820—1953）》，复旦大学博士学位论文 2004 年。

李豫川

《当代丹医家张觉人》，《世界宗教文化》2009 年第 1 期。

《丹波康赖与〈医心方〉》，《文史杂志》2003 年第 6 期。

李玉芳（宜宾学院）

～夏逢文等：《基督教与近代宜宾医疗事业》，《宜宾学院学报》2009 年第 10 期。

李宇辉（河南大学）

《中俄处罚人体器官移植犯罪法规比较与思考》，《医学与哲学（A）》2014 年第 9 期。

《中俄基本医疗保障制度比较研究》，《国外医学（卫生经济分册）》2012 年第 4 期。

《中俄两国学校卫生工作对比研究》，《中国学校卫生》2010 年第 1 期。

李御娇（华中师范大学）

《新时期以来文学疾病叙事研究的历史演进与型式生成》，《湖北民族学院学报（哲学社会科学版）》2018 年第 1 期。

李玉堃（哈尔滨医科大学）

《民国时期在哈尔滨设立的东三省防疫处》，《黑龙江档案》2000 年第 2 期。

李玉昆（泉州海外交通史博物馆）

《宋元时期泉州的香料贸易》，《海交史研究》1998 年第 1 期。

李玉兰(太原市中医研究所)

《明清儒学对医学的影响》,《山西中医学院学报》2004 年第 4 期。

李玉林(浙江省皮肤病防治研究所)

～姚建军等:《浙江省麻风防治 45 年的回顾》,《中国麻风杂志》1998 年第 3 期。

李玉清(山东中医药大学)

《张灿玾谈民国时期山东荣成乡村中医生存状况》,《中国中医基础医学杂志》2019 年第 6 期。

《宋至清代扁鹊地位的提升与转变》,《中华医史杂志》2019 年第 5 期。

《〈四库全书总目提要〉误麻知几为麻革考》,《山东中医药大学学报》2018 年第 6 期。

《壬辰之变对李东垣身份、地位及学术思想的影响》,《医学与哲学(A)》2017 年第 3 期。

曲姗姗～:《山田正珍与〈伤寒论集成〉》,《山东中医药大学学报》2017 年第 2 期。

《河间学说元代南传研究》,《中华医史杂志》2017 年第 2 期。

《金末元初儒士的从医特点》,《中华医史杂志》2016 年第 5 期。

张成博～:《张灿玾先生忆建国前后荣成乡村中医地位之变化》,《山东中医药大学学报》2015 年第 3 期。

《宋代民间蓄蛊与政府禁蛊治蛊举措》,《中华医史杂志》2014 年第 1 期。

《皇甫嵩〈本草发明〉学术特色研究》,《中国中医基础医学杂志》2013 年第 3 期。

《〈本草发明〉版本考》,《中华医史杂志》2013 年第 2 期。

《〈摄生总论〉与〈摄生众妙方〉关系考》,《中医文献杂志》2012 年第 5 期。

《蔡京之沉浮与国子监医学的三置三罢》,《中华医史杂志》2011 年第 2 期。

《〈麻疹全书〉著者及成书年代考》,《山东中医药大学学报》2010 年第 4 期。

～李淑梅:《谈滑寿〈诊家枢要〉对脉诊的贡献》,《中国中医基础医学杂志》2009 年第 9 期。

～张灿玾:《北宋官方校勘整理〈黄帝内经〉情况考》,《中华中医药杂志》2009 年第 9 期。

《〈无求子伤寒百问〉、蔡京与医官名称的更改》,《医学与哲学(人文社会医学版)》2009 年第 6 期。

《宋代崇宁兴医政策之研究》,《医学与哲学(人文社会医学版)》2009 年第 4 期。

《〈宋以前医籍考〉著录〈注解伤寒论〉版本讹误一则》,《中华医史杂志》2009 年第 2 期。

《宋代禁巫兴医原因之分析》,《医学与哲学(人文社会医学版)》2008 年第 12 期。

《浅田惟常与〈伤寒论识〉》,《医学与哲学(人文社会医学版)》2008 年第 10 期。

《谈儒道知识背景对滑寿医学成就的影响》,《中国中医基础医学杂志》2008 年第 6 期。

～李怀芝等:《〈难经本义〉卷首牒文的发现及其他》,《医学与哲学(人文社会医学版)》2008 年第 6 期。

《滑寿生平考》,《江西中医学院学报》2008 年第 4 期。

《〈难经本义〉首次刊刻过程考》,《中华医史杂志》2008 年第 2 期。

《从李济马的知识结构看儒家思想对〈东医寿世保元〉的影响》,《医学与哲学(人文社会医学版)》2007 年第 9 期。

《〈伤寒明理论〉与〈伤寒明理续论〉的比较研究》,《中国中医基础医学杂志》2007 年第 8 期。

《郭思与〈千金要方〉》,《江西中医学院学报》2007 年第 2 期。

《试论滑寿类编〈素问〉的成就及其对后世的影响》,《山东中医药大学学报》2007 年第 2 期。

《从〈本草纲目〉看药物炮制法改进的原因》,《光明中医》2007 年第 1 期。

《十四经模式的确立及其文化背景》,《医学与哲学(人文社会医学版)》2007 年第 1 期。

～张灿玾：《成无己生平考》，《内经中医药大学学报(社会科学版)》2005年第3期。

《试论宋儒治学方法对宋士大夫编撰医书的影响》，《中华医史杂志》2005年第3期。

～张灿玾：《略论〈注解伤寒论〉引书的文献学价值》，《江西中医学院学报》2005年第2期。

～齐冬梅等：《〈注解伤寒论〉首次刊刻过程考》，《山东中医药大学学报》2005年第2期。

《试论宋儒治学方法对宋代〈伤寒论〉文献研究的影响》，《广州中医药大学学报》2005年第1期。

臧守虎～：《道家复归婴儿的现代养生意义》，《江西中医学院学报》2004年第6期。

《从五脏五行配属关系的多样性看医学发展的轨迹》，《南京中医药大学学报(社会科学版)》2004年第4期。

～臧守虎：《中医医史外史研究的思考》，《中国中医药现代远程教育》2004年第10期。

～张灿玾：《成无己〈注解伤寒论〉府病说对后世影响简考》，《中医药学刊》2004年第8期。

《〈注解伤寒论〉书名考》，《江西中医学院学报》2004年第3期。

～张灿玾：《试论成注〈伤寒论〉版本对后世的影响》，《中医文献杂志》2004年第2期。

～张灿玾：《试析成无己阐释〈伤寒论〉的辨证思维方法》，《四川中医》2004年第5期。

～王振国：《宋士大夫私人编撰医书兴盛之探析》，《浙江中医学院学报》2004年第2期。

《试论药物归经学说对方剂学发展的影响》，《中国中医基础医学杂志》2003年第10期。

～卢秋霞等：《从〈千金宝要〉看宋代文人撰集医书的思路》，《国医论坛》2003年第6期。

～张灿玾：《〈注解伤寒论〉释误考》，《中医文献杂志》2003年第4期。

《论瘀血体质的状态及形成因素》，《江西中医药》2003年第4期。

《孙思邈小儿护养法的启示》，《中医研究》2003年第3期。

《万密斋小儿心理疗法浅析》，《国医论坛》2003年第2期。

～王中琳：《略论道教文化对〈备急千金要方〉的影响》，《山东中医药大学学报》2003年第2期。

《"哕"义衍变考》，《南京中医药大学学报(社会科学版)》2003年第2期。

《略论李时珍对归经学说的贡献》，《天津中医学院学报》2003年第1期。

《〈伤寒明理续论〉的特色及不足》，《国医论坛》2001年第5期。

～袁浩：《谈〈伤寒明理论〉的学术贡献及其对后世的影响》，《山东中医药大学学报》2001年第2期。

《李时珍〈本草纲目〉治疗学思想探析》，《四川中医》2000年第11期。

～程立新：《〈注解伤寒论〉的学术特色》，《山东中医药大学学报》1999年第6期。

《〈注解伤寒论〉所据祖本考》，《中华医史杂志》1999年第2期。

～张灿玾：《〈注解伤寒论〉引书简考》，《中医文献杂志》1999年第1期。

～张灿玾：《〈伤寒补亡论〉引〈伤寒论〉文所据祖本之探讨》，《中医文献杂志》1998年第3期。

《成无己生平及〈注解伤寒论〉撰注年代考》，《中华医史杂志》1997年第4期。

李玉荣(首都师范大学)

《中共第一代领导集体与中国卫生事业》，《首都师范大学学报(社会科学版)》2011年第5期。

《改革开放前新中国公共卫生事业的发展及其基本经验》，《理论学刊》2011年第3期。

《改革开放以来我国医疗卫生体制改革的回顾与反思》，《中国行政管理》2010年第12期。

《我国医疗卫生体制改革的主要问题及其对策》，《理论前沿》2008年第23期。

李玉尚(上海交通大学/中国海洋大学/复旦大学/上海交通大学)

《清代民国时期苏州城市的公共卫生——以环境卫生和防疫为中心》，《苏州大学学报(哲学社会科学版》2018 年第 5 期。

顾维方～:《疾病生态史视角下的徽州历史新探——以渔梁坝与歙县血吸虫病为例》,《苏州大学学报(哲学社会科学版)》2017 年第 6 期。

顾维方～:《太平天国战争后浙江省开化县的血吸虫病与移民》,《中国历史地理论丛》2017 年第 3 期。

《陕甘回民战争和捻军起义中的传染病类型考辨》,《昆明学院学报》2015 年第 2 期。

《手术与药物:清代后期云南鼠疫流行中的治疗》,《思想战线》2015 年第 2 期。

～杨雨茜:《番薯、玉米与清初以来四川的钩虫病》,《科学与管理》2013 年第 6 期。

～顾维方:《都天与木莲:清代云南鼠疫流行与社会秩序重建》,《社会科学研究》2012 年第 1 期。

《三江闸与 1537 年以来萧绍平原的姜片虫病》,《中国农史》2011 年第 4 期。

《感潮区变化与青浦沿湖地区的血吸虫病——以任屯为中心》,《南开学报(哲学社会科学版)》2011 年第 5 期。

《清末以来江南城市的生活用水与霍乱》,《社会科学》2010 年第 1 期。

～韩志浩:《霍乱与商业社会中的人口死亡——以 1919 年的黄县为例》,《中国历史地理论丛》2009 年第 4 期。

《地理环境与近代江南地区的传染病》,《社会科学研究》2005 年第 6 期。

《传染病对太平天国占据的影响》,《中央研究院近代史研究所集刊》第 45 期(2004)。

～曹树基:《清代云南昆明的鼠疫流行》,《中华医史杂志》2003 年第 2 期。

《和平时期的鼠疫流行与人口死亡——以近代广东、福建为例》,《史学月刊》2003 年第 9 期。

《东西方对于鼠疫的应对》,《社会科学报》2003 年 5 月 8 日第 2 版。

《近代民众和医生对鼠疫的观察与命名》,《中华医史杂志》2002 年第 3 期。

《近代中国的鼠疫应对机制——以云南、广东和福建为例》,《历史研究》2002 年第 1 期。

《民国时期西北地区人口的疾病与死亡——以新疆、甘肃和陕西为例》,《中国人口科学》2002 年第 1 期。

～曹树基:《咸同年间的鼠疫流行与云南人口的死亡》,《清史研究》2001 年第 2 期。

《霍乱流行在中国(1817—1821)》,《历史地理》第 17 辑(上海:上海人民出版社 2001)。

李玉珍

《佛教譬喻(Avadâna)文学中的男女美色与情欲——追求美丽的宗教意涵》,《新史学》第 10 卷第 4 期(1999.12)。

《William R.La Fleur,Liquid Life:Abortion and Buddhism in Japan》,《新史学》第 6 卷第 1 期(1995.3)。

李宇宙

《疾病的叙事与书写》,《中外文学》第 31 卷第 12 期(2003.5)

《"傅氏报告书"七十五年后:当代医学教育观》,《医学教育》第 1 卷第 1 期(1997.3)。

李媛(赣南医学院/赣南师范学院)

～刘善玖:《共产党执政视野下的中央苏区疫病防控工作》,《赣南医学院学报》2017 年第 5 期。

张莉芳～钟继润:《浅析中央苏区卫生法制建设的特点》,《赣南医学院学报》2015 年第 6 期。

～钟世华等:《试论中央苏区的中西医融合》,《赣南医学院学报》2014 年第 5 期。

～钟世华:《中央苏区红军卫生学校医学生的选拔与培养》,《赣南医学院学报》2013 年第 5 期。

张莉芳～:《苏区时期毛泽东医疗卫生思想浅析》,《赣南医学院学报》2012 年第 5 期。

～刘善玖:《论中央苏区时期医生的思想政治工作》,《萍乡高等专科学校学报》2012 年第 1 期。

陈安～:《从〈红色中华〉看中央苏区的卫生工作》,《赣南医学院学报》2011 年第 5 期。

《中央苏区医疗卫生队伍建设途径探析》,《党史文苑》2011 年第 4 期。

李媛(辽宁中医药大学)

～赵鸿君:《〈山海经〉外科病症名词研究》,《内蒙古中医药》2015 年第 2 期。

《〈山海经〉病症名词在先秦两汉医籍中的演变研究》,辽宁中医药大学硕士学位论文 2015 年。

李媛(山西大学)

《鼠疫流行与社会应对——1918 年晋北疫情初探》,《沧桑》2006 年第 5 期。

李元吉

《唐代针灸学的发展和成就》,《江苏中医》1963 年第 10 期。

《古代经络学说的探讨》,《江苏中医》1958 年第 4 期。

李媛蔚(吉林大学)

《传染病患者及病原携带者权利保护的研究》,吉林大学硕士学位论文 2013 年。

李媛媛(内蒙古大学)

《国内报纸抑郁症议题报道研究——以〈人民日报〉和〈南方都市报〉为例》,内蒙古大学硕士学位论文 2018 年。

李媛媛(武汉纺织大学)

《日本当代医疗剧的新写实美学研究——以〈Code Blue 急救直升机〉为核心》,武汉纺织大学硕士学位论文 2018 年。

李媛媛(中国中医科学院)

《〈素问·痿论〉补荥通俞针刺治疗痿病的理论研究》,中国中医科学院硕士学位论文 2011 年。

～刘洋:《〈素问·痿论〉补荥通俞针刺方法的古代文献研究》,《中国中医基础医学杂志》2011 年第 3 期。

刘洋、于峥～辛小玲:《〈黄帝内经〉喜志叙要》,《中国中医基础医学杂志》2010 年第 11 期。

《略解"石淋"》,《中华医史杂志》2010 年第 3 期。

《古代中医石淋病史研究》,中国中医科学院硕士学位论文 2010 年。

～张志斌:《谈古论"风"》,《中医药文化》2009 年第 2 期。

李悦(陕西师范大学)

《唐代酒疗研究》,陕西师范大学硕士论文 2010 年。

李岳峰(兰州大学)

～高新才:《中国卫生制度演进的新解析》,《中国卫生经济》2007 年第 8 期。

《中国卫生制度的结构与创新》,兰州大学博士学位论文 2007 年。

李岳峰(台湾长庚大学)

～张恒鸿:《台湾近 50 年中西医结合之发展》,《中华医史杂志》2013 年第 5 期。

《台湾近五十年中西医结合之发展:1958—2008》,长庚大学硕士学位论文 2011 年。

李约瑟

《〈三十六法〉——中国古代关于水溶液的一种早期炼丹文献》,《科学史集刊》1963 年第 5 期。

李月宜(郴州市疾病预防控制中心)

李幼丽、黄健～刘静:《2011—2016年郴州市艾滋病传播途径分析》,《社区医学杂志》2019年第11期。

李幼丽～刘静等:《郴州市2007—2015年艾滋病疫情分析》,《实用预防医学》2017年第5期。

～李幼丽等:《郴州市老年艾滋病感染流行病学调查分析》,《实用预防医学》2014年第4期。

《郴州市1954—2009年麻风疫情流行趋势分析》,《中国热带医学》2011年第1期。

李月莹(山西师范大学)

《艾滋病相关知识、态度与行为改变研究》,山西师范大学硕士学位论文2016年。

黎云(北京医科大学)

《早期中西解剖活动初探》,《中华医史杂志》1990年第3期。

《"中医现代化"不能发展中医》,《医学与哲学》1989年第5期。

李云(北京中医药大学)

《〈甲乙经〉明代传本勘误》,《中医文献杂志》2013年第1、2期。

《皇甫谧〈甲乙经〉释文考略》,《中医药文化》2013年第1、2期。

《〈甲乙经〉明代传本勘误》,《中医文献杂志》2013年第1期。

《产科名著〈达生编〉作者考》,《中医药文化》2009年第4期。

李在超(福建师范大学)

《论古代徽州地区的祷疾活动》,《上饶师范学院学报》2016年第5期。

李载荣(北京中医药大学)

《〈本草纲目〉版本流传研究》,北京中医药大学博士学位论文2004年。

李泽厚(中国社会科学院)

《阴阳五行:中国人的宇宙观》,《中国文化》2015年第1期。

李增瑞(东北师范大学)

《抗战时期国民政府对荣誉军人的优抚政策研究》,东北师范大学硕士学位论文2014年。

李占立(中国医科大学)

～赵群:《儒家礼文化视角下中国传统医务礼仪的基本特征》,《医学与社会》2016年第9期。

《从洪迈〈夷坚志〉看宋代医患关系》,《中国医学人文》2016年第7期。

～赵群:《从〈医门法律〉论喻昌重规范的医德思想》,《中国医学伦理学》2016年第4期。

～赵群:《医务礼仪的哲学探析——以朱熹礼学为例》,《中国医学伦理学》2016年第3期。

李招娣(陕西理工学院)

～向达:《儒道养生智慧初探》,《内蒙古农业大学学报(社会科学版)》2010年第6期。

李照国(上海师范大学/上海中医药大学)

《〈黄帝内经〉的修辞特点及其英译研究》,《中国翻译》2011年第5期。

《中医药学相关学科名称的翻译》,《中西医结合学报》2010年第12期。

《1995和1997中医国家标准的英语翻译问题探讨》,《中西医结合学报》2010年第11期。

《中医术语国际标准化的若干问题探讨:从WHO/ICD-11到ISO/TC249》,《中西医结合学报》2010年第10期。

《谈谈五行的英语翻译问题》,《中国科技术语》2009年第5期。

《〈黄帝内经〉英译得失谈》,《中国科技翻译》2009年第4期。

《论中医名词术语英译国际标准化的概念、原则与方法》,《中国翻译》2008 年第 4 期。

《译名探微篇第三——翻译名称的演变》,《中医药文化》2006 年第 5 期。

《译名探微篇第二——翻译活动的起源》,《中医药文化》2006 年第 4 期。

～李鼎:《略论灸术在西方的早期历史》,《中国针灸》1999 年第 8 期。

《中医英语——一门正在形成中的新学科》,《上海中医药大学学报》1999 年第 3 期。

《针刺术在西方早期的传播、研究与应用》,《上海针灸杂志》1999 年第 3 期。

～李鼎:《试论孙思邈的针灸学术思想》,《陕西中医学院学报》1999 年第 1 期。

《Nigel Wiseman 的中医翻译思想评介》,《中国科技翻译》1998 年第 2 期。

《几个医学概念的汉译英问题》,《中国科技翻译》1998 年第 1 期。

《世界卫生组织在针灸国际化进程中的作用》,《中国医药学报》1998 年第 1 期。

《中医对外翻译三百年析》,《上海科技翻译》1997 年第 4 期。

～李鼎:《试论李约瑟的中医翻译思想》,《上海科技翻译》1997 年第 2 期。

《中医术语英译的原则与方法》,《中国科技翻译》1996 年第 4 期。

李曌华(厦门大学/北京中医药大学)

～王育林:《余云岫〈古代疾病名候疏义〉的主要内容及性质》,《中医学报》2019 年第 1 期。

《佛教医学影响与"痰饮"词义、病位的转移》,《中华中医药杂志》2018 年第 2 期。

～王育林:《古医籍"洒洒"及相关词汇试析》,《吉林中医药》2017 年第 12 期。

～王育林:《"盲""矇""瞽""瞗""瞍""瞎"等疾病词考》,《长春中医药大学学报》2017 年第 5 期。

～王育林:《〈古代疾病名候疏义〉所释〈说文〉"齵""齞""齺""齬"等疾病词考释》,《吉林中医药》2016 年第 8 期。

～王育林:《〈古代疾病名候疏义〉所释〈说文〉"(轘)""瞥""眛""昧""眢"等疾病词考》,《长春中医药大学学报》2016 年第 6 期。

～王育林:《释"瘴""疽"》,《长春中医药大学学报》2016 年第 5 期。

～王育林:《〈古代疾病名候疏义〉所释〈尔雅〉"疵""瘥""痱"考》,《吉林中医药》2016 年第 3 期。

～王育林:《读〈古代疾病名候疏义〉兼考"癫""狂""痫"》,《中华医史杂志》2016 年第 1 期。

～王育林:《疾病词"皴""皰""疣""瘤"等考证》,《吉林中医药》2015 年第 7 期。

张秀平、王育林～:《"蚀肬"的本草名物简考》,《长春中医药大学学报》2015 年第 6 期。

～王育林:《疾病词"瘸""痱""膈""瘘"等考证》,《长春中医药大学学报》2015 年第 6 期。

张秀平、王育林～:《〈千金翼方〉本草异名考释举隅》,《中医药文化》2015 年第 3 期。

～王育林:《菴罗"紫(鉚)""阿魏"考释》,《中华医史杂志》2015 年第 1 期。

～王育林:《欬"瘷"及其相关病证名考辨》,《北京中医药大学学报》2012 年第 12 期。

王育林～:《"癰"及相关病名考辨》,《北京中医药大学学报》2012 年第 8 期。

～王育林等:《〈正续一切经音义〉中病症名称义疏举隅》,《北京中医药》2011 年第 5 期。

王育林～:《三种〈一切经音义〉内科病证名研究》,《中医文献杂志》2011 年第 4 期。

王育林～于雷:《论〈正续一切经音义〉病证名兼考"癫痫"痰饮》,《北京中医药大学学报》2011 年第 3 期。

王育林～路广林:《〈正续一切经音义〉病症名研究》,《中华医史杂志》2011 年第 1 期。

李兆健(上海中医药大学)

苏珊～:《清代民间儿科医书〈幼科推拿秘书〉探析》,《中医药文化》2016 年第 4 期。

郭显英～:《〈黄帝内经〉心身相关问题研究进展》,《上海中医药大学学报》2015 年第 6 期。

叶阳舸～:《〈大正藏〉阿含部佛教医学简述》,《上海中医药大学》2015 年第 1 期。

苏珊、段金伟～:《中国古代阅读疗法案例评析》,《中华中医药学刊》2013 年第 11 期。

苏珊～:《祝由术的心理学角度剖析》,《中华中医药学刊》2011 年第 8 期。

～仇剑崟等:《〈坛经〉与心理治疗浅谈》,《上海中医药大学学报》2010 年第 3 期。

《古代修身养性医案评析》,《上海中医药杂志》2008 年第 6 期。

苏珊～:《简述祝由术的历史沿革》,《中医药文化》2008 年第 4 期。

～陆新茹等:《致虚极,守静笃——〈庄子〉的健康心理学思想研究》,《上海中医药大学学报》2007 年第 4 期。

～陆新茹:《古代医案中的行为疗法探析》,《上海精神医学》2007 年第 2 期。

～王庆其:《古代中医心理治疗医案评析》,《中医文献杂志》2007 年第 1、2 期。

沈丽华～:《古代女性心理治疗医案浅析》,《上海中医药杂志》2007 年第 1 期。

《德则能润身——儒家养心学说中的健康心理学思想研究》,《中医文献杂志》2004 年第 3 期。

《古代情志相胜医案中的心理治疗方法初探》,《上海中医药大学学报》2004 年第 2 期。

洪嘉禾～:《佛学与中医学》,《上海中医药大学上海市中医药研究院学院》1996 年 Z1 期。

李朝霞(厦门大学)

《日据时期的台湾医师及医疗书写——从杨逵的〈无医村〉谈起》,《世界华文文学论坛》2018 年第 3 期。

李哲(北京中医药大学)

～杨艳婷等:《初探中医学对梦与疾病相关性的认识》,《光明中医》2015 年第 6 期。

～鲁兆麟:《论我国中医药法律层面专门立法——国外的经验与启示视角》,《中国自然医学杂志》2008 年第 1 期。

～鲁兆麟:《浅议我国现行中医药法制体系制度、现状和存在问题》,《中医药管理杂志》2007 年第 9 期。

～鲁兆麟:《中国现代中医药法规建设述略》,《中华医史杂志》2007 年第 4 期。

李震

《匈牙利的堕胎法》,《东欧》1995 年第 1 期。

李珍(温州市象数医药科学研究所/温州市医学情报研究所)

《南宋著名医家陈无择身世新考》,《中医药文化》2010 年第 5 期。

《吴山脚下"侣山堂"——寄情"钱塘医派"》,《中医药文化》2008 年第 3 期。

《陶弘景的温州遗踪》,《中医药文化》2008 年第 1 期。

李震(浙江师范大学)

《福柯谱系学视野中的身体问题》,《求是学刊》2005 年第 2 期。

李珍(中国人民大学)

～赵青:《德国社会医疗保险治理体制机制的经验与启示》,《德国研究》2015 年第 2 期。

～王平:《新型农村合作医疗的社会保险学分析》,《华中师范大学学报(人文社会科学版)》2010 年第 3 期。

～王平:《新型农村合作医疗的保障困境》,《南风窗》2008 年第 1 期。

李振彬

《"中国钟"的节律全息研究——对人体自然节律全息现象形成原理的研究设想》,《辽宁中医杂志》1989 年第 7 期。

《"中国生物钟"的节律全息研究——〈黄帝内经〉的近似节律全息现象和人体自然节律全息假说的提出》,《四川生理科学杂志》1989 年第 3 期。

《略述〈红炉点雪〉的时间医学思想》,《四川中医》1988 年第 10 期。

《"中国钟"的节律全息研究——〈内经〉的近似节律全息现象和人体自然节律全息假说的提出》,《辽宁中医杂志》1988 年第 8 期。

《〈伤寒论〉重言考析》,《国医论坛》1988 年第 3 期。

~王自强:《中医时间用药法探讨》,《山东中医学院学报》1988 年第 2 期。

《论〈内经〉的时间测病思想》,《辽宁中医杂志》1987 年第 10 期。

《对五运六气学说的认识》,《医学与哲学》1986 年第 8 期。

《〈金匮要略〉时间医学初探》,《辽宁中医杂志》1985 年第 6 期。

李贞德(台湾中央研究院)

《绝经的历史研究——从"更年期"一词谈起》,《新史学》第 29 卷第 4 期(2018.12)。

《女人要药考——当归的医疗文化史试探》,《中央研究院历史语言研究所集刊》第 88 本第 3 分(2017.9)。

《"疾病、医疗与文化"专辑导言》,《汉学研究》第 34 卷第 3 期(2016.9)。

《图像、物质文化与医疗史》,《中医药文化》2014 年第 3 期。

《2012 年台湾地区医疗史相关的学位论文信息》,《中国科技史杂志》2013 年第 4 期。

《2010—2011 年台湾地区医疗史相关学位论文信息》,《中国科技史杂志》2012 年第 3 期。

《宣教影片中的疾病、医疗与文化——以〈趁着白日:孙理莲的台湾〉为例》,《古今论衡》第 23 期(2011.12)。

《从师母到女宣——孙理莲在战后台湾的医疗传道经验》,《新史学》第 16 卷第 2 期(2005.6)。

《中国妇女史研究中的医疗照顾问题》,《四川大学学报(哲学社会科学版)》2005 年第 2 期。

《"笑疾考"——兼论中国中古医者对喜乐的态度》,《中央研究院历史语言研究所集刊》第 75 本第 1 分(2004.3);林富士主编《疾病的历史》(台北:联经 2011 年)。

《〈医心方〉论"妇女诸病所由"及其相关问题》,《清华学报》新第 34 卷第 2 期(2004)。

《唐代的性别与医疗》,邓小南主编《唐宋女性与社会》(上海:上海辞书出版社 2003 年)。

《汉唐之间医方中的忌见妇人与女体为药》,《新史学》第 13 卷第 4 期(2002.12)。

《汉唐之间家庭中的健康照顾与性别》,黄克武主编《性别与医疗——第三届国际汉学会议论文集·历史组》(台北:中央研究院近代史研究所 2002 年)。

《中国古代医疗史与性别——从汉唐之间的母职谈起》,《妇女与两性研究通讯》第 55 期(2000.6)。

《从医疗史到身体文化的研究——从"健与美的历史"研讨会谈起》,《新史学》第 10 卷第 4 期(1999.12)。

《汉唐之间的女性医疗照顾者》,《台大历史学报》第 23 期(1999.6)。

《汉魏六朝的乳母》,《中央研究院历史语言研究所集刊》第 70 本第 2 分(1999.6)。

《汉唐之间求子医方试探——兼论复刻滥觞与性别论述》,《中央研究院历史语言研究所集刊》第 68 本第 2 分(1997.6)。

《汉唐之间医书中的生产之道》,《中央研究院历史语言研究所集刊》第 67 本第 3 分(1996.9)。

李振宏(河南大学)

《汉代居延屯戍吏卒的医疗卫生状况》,《中原文物》1999 年第 4 期。

李振华(中国医科大学附属第一医院)

~孔垂泽等:《原发性醛固酮增多症诊疗简史》,《中华医史杂志》2004 年第 2 期。

李振鹏

《祖国医学有关避孕资料初探》,《江西医药》1964 年第 2 期。

附:王绪鳌:《对〈祖国医学有关避孕资料初探〉一文的补充》,《江西医药》1964 年第 9 期。

李诤(山东中医学院附属医院)

~曹桂兰:《从〈医心方〉看古代房中术》,《性学》1996 年第 3 期。

李正欢(成都中医药大学)

~张晓云:《〈外科正宗〉的论治特色》,《现代中医药》2018 年第 1 期。

李正中

《我国古代的饮食卫生》,《天津日报》1959 年 1 月 24 日。

李智(北京师范大学)

《湖北武当地区的"叫魂"习俗——一项医疗民俗的民族志研究》,北京师范大学硕士学位论文 2008 年。

李志(陕西师范大学)

《论英国煤炭局对煤工尘肺病的治理》,陕西师范大学硕士学位论文 2017 年。

李志诚(甘肃省疾病预防控制中心)

张宏茂……久仙加~边境:《浅述藏族医学对麻风的认识和防治》,《中国麻风皮肤病杂志》2018 年第 3 期。

张宏茂~冯淑梅等:《2000—2015 年甘肃省新发现麻风病流行病学分析》,《疾病预防控制通报》2016 年第 3 期。

~边境等:《甘肃省 1949—2012 年麻风流行病学特征与防治情况分析》,《中国皮肤性病学杂志》2016 年第 1 期。

张彦青、来晓强~:《甘肃省定西市 1949—2012 年麻风病流行病学分析》,《卫生职业教育》2015 年第 12 期。

崔登峰……冯淑梅~王芸等:《1949—2013 年甘肃省庆阳市麻风流行动态分析》,《中国皮肤性病学杂志》2015 年第 9 期。

~边境等:《甘肃省麻风病防治 60 年效果分析》,《疾病预防控制通报》2015 年第 6 期。

田倩……郭红~:《甘肃省陇南市麻风病防治效果分析》,《疾病预防控制通报》2015 年第 6 期。

~冯淑梅等:《甘肃 2005—2011 年实施麻风防治项目效果初步评价》,《中国麻风皮肤病杂志》2013 年第 9 期。

伏永鹏……白世科~:《甘肃平凉市麻风病 60 年流行病学研究》,《中国麻风皮肤病杂志》2009 年第 10 期。

马有成、马成明~:《甘肃省 1998—2007 年新发 98 例麻风病流行病学分析》,《中国自然医学杂志》2008 年第 3 期。

《情系陇原 志在千里——缅怀著名麻风病专家唐松柏主任医师》,《中国麻风皮肤病杂志》2007 年第 7 期。

《缅怀著名麻风病专家刘牧之教授》,《中国麻风皮肤病杂志》2005 年第 11 期。

李志道(天津中医学院)

《〈足臂十一脉灸经〉学术观点在内经中的体现》,《中医杂志》1982 年第 9 期。

李志刚(北京中医药大学/广西中医学院)

郑志杰～:《〈伤寒论〉脉诊探讨》,《吉林中医药》2008 年第 4 期。

《〈针灸大成〉对针法灸法学的贡献》,《针灸临床杂志》2005 年第 10 期。

《〈内经〉对消渴理论发展的贡献及指导意义》,《山西中医》2001 年第 4 期。

《〈诸病源候论〉腹诊探析》,《浙江中医杂志》1994 年第 9 期。

《〈难经〉脉诊探析》,《广西中医药》1994 年第 4 期。

李志民(歙县中医医院)

《法源东垣　治重脾胃——吴楚学术思想探微》,《安徽中医临床杂志》1998 年第 4 期。

《新安医学医案说略》,《安徽中医学院学报》1991 年第 1 期。

～鲍黎明:《试论〈墨经〉逻辑思维方法对〈内经〉的影响》,《安徽中医学院学报》1988 年第 2 期。

《〈医验录〉初探》,《安徽中医学院学报》1986 年第 1 期。

李志平(哈尔滨医科大学)

杨威～:《〈中华医学杂志〉毒气病特辑与雷氏德医学研究院》,《中华医史杂志》2019 年第 5 期。

杨雪静～:《美国现代护理教育的开端:新英格兰妇婴医院护士学校》,《中华医史杂志》2019 年第 2 期。

马逸林～:《让-马丁·夏科与肌萎缩侧索硬化症的发现和命名》,《中华医史杂志》2019 年第 1 期。

纪焱～:《西医在哈尔滨地区的传播》,《医学与哲学(A)》2018 年第 8 期。

张艳荣、杨微～:《攫取与交易:美军对日本 731 部队的调查》,《医学与哲学(A)》2017 年第 6 期。

王雪君～:《近代广东教会医院的历史示范作用》,《黑龙江档案》2017 年第 5 期。

薄翔文～:《从仙人掌到麦司卡林:致幻剂的发现史》,《中华医史杂志》2017 年第 4 期。

纪焱～:《哈尔滨早期的西医医院(1900—1932)》,《中华医史杂志》2016 年第 4 期。

纪焱～:《哈尔滨早期医疗卫生史概述》,《中华医史杂志》2016 年第 2 期。

张艳荣～:《远离历史视野的谢和平(R.H.P.Sia)》,《医学与哲学(A)》2016 年第 2 期。

陈雅霏～:《实践与启示:史怀泽的从医之路与生命伦理观》,《中华医史杂志》2016 年第 1 期。

纪焱、马学博～:《流逝的辉煌——滨江医院百年回顾》,《中华医史杂志》2015 年第 1 期。

杨威、张丽丽～:《全世界最早的病毒研究机构——弗里德里希·勒夫勒研究院》,《医学与哲学(A)》2014 年第 10 期。

刘凤玉～吴群红等:《我国社会医学与卫生事业管理学科发展的比较分析》,《医学与社会》2014 年第 6 期。

史继红～:《尤金·加菲尔德与 SCI 述论》,《医学与哲学(A)》2014 年第 6 期。

张丽丽～:《阿尔茨海默与阿尔茨海默病的发现》,《中华医史杂志》2014 年第 5 期。

杨威、纪焱～:《雷士德对民国时期西医机构的贡献》,《中华医史杂志》2014 年第 3 期。

胡珅～杨微:《伍连德与早期中俄陆路口岸出入境动物检疫》,《医学与哲学(A)》2013 年第 9 期。

金东英～:《近代黑龙江西医医院的出现》,《中华医史杂志》2013 年第 5 期。

胡坤~:《民国政府设立的第一个出入境动物检疫机构:黑河道立兽疫检验所》,《中国科技史杂志》2013 年第 1 期。

杨威、马学博~:《哈尔滨犹太医院的历史与成因》,《中国科技史杂志》2013 年第 1 期。

史继红~:《加菲尔德博士三次中国之行及 SCI 在中国的影响》,《图书情报工作》2012 年第 8 期。

杨微~:《走近诺贝尔奖八次的伦纳德·罗杰斯与霍乱治疗》,《医学与哲学(A)》2012 年第 6 期。

金东英~:《重组 DNA 技术先驱——保罗·伯格》,《中华医史杂志》2012 年第 4 期。

史继红~:《尤金·加菲尔德博士台湾之行及 SCI 在中国台湾》,《图书与情报》2012 年第 2 期。

杨威~:《巴斯德研究所:创建、发展及历史启示》,《自然辩证法通讯》2011 年第 4 期。

金东英~:《人为因素与哈尔滨第三次鼠疫大流行》,《中华医史杂志》2011 年第 2 期。

杨微~:《诺贝尔奖(1935)候选人伍连德及其学说》,《医学与哲学(人文社会医学版)》2010 年第 10 期。

周鸿艳~李和伟:《近代学制变迁对中医药高等教育的影响》,《黑龙江高教研究》2010 年第 7 期。

周鸿艳~李和伟:《近代中医教育的反废止努力——以课程教材建设为例》,《中医药信息》2010 年第 4 期。

东梅~:《西方细菌学在中国的传播:1894—1949》,《医学与哲学(人文社会医学版)》2010 年第 2 期。

金东英~:《美国鼠疫研究先驱凯尼恩博士》,《中华医史杂志》2010 年第 1 期。

杨威~:《政府与科学发展间的关系:巴斯德及巴斯德研究所的历史启示》,《医学与社会》2009 年第 12 期。

杨平~尹梅等:《从外科学发展史看外科医生理念的转变与技术进步的关系》,《中国实用外科杂志》2009 年第 12 期。

东梅、张艳荣~:《洛克菲勒基金会与医学教育》,《医学与哲学(人文社会医学版)》2009 年第 8 期。

张艳荣~:《理念先导的革命:美国 Flexner 医学教育改革分析》,《中华医史杂志》2009 年第 5 期。

尚欣妹~:《体外受精——胚胎移植技术的建立及其衍生技术的发展》,《中华医史杂志》2009 年第 2 期。

李峥~:《美国细菌学家梅耶博士》,《中华医史杂志》2009 年第 1 期。

杨威~:《巴斯德研究所面面观》,《医学与哲学(人文社会医学版)》2008 年第 4 期。

纪焱~:《角膜移植术的演进》,《中华医史杂志》2008 年第 4 期。

杨威~:《上海巴斯德研究所的研究工作》,《中华医史杂志》2008 年第 2 期。

张艳荣~:《北美第一所医学院费城医学院的创建》,《中华医史杂志》2007 年第 4 期。

《20 世纪下半叶中国医学发展史分期问题探讨》,《中华医史杂志》2005 年第 1 期。

~林兰意:《国际学术交流中的诡道:AIDS 病毒发现权之争》,《医学与哲学》2004 年第 1 期。

《近 10 年国外医学通史的研究与著述》,《中华医史杂志》2002 年第 3 期。

《欧洲大陆的现代瘟疫》,《中华医史杂志》2002 年第 2 期。

《历史上的炭疽热研究与细菌战》,《中华医史杂志》2002 年第 1 期。

《病毒的最初发现》,《中华医史杂志》2001 年第 4 期。

《埃博拉的发现与流行》,《中华医史杂志》2001 年第 3 期。

《脊髓灰质炎简史》,《中华医史杂志》2001 年第 2 期。

《体温计小史》,《中华医史杂志》2001 年第 2 期。

《古尔斯特兰德与裂隙灯》,《中华医史杂志》2001 年第 1 期。

《救护车与现代救护交通工具》,《中华医史杂志》2001 年第 1 期。

《世纪回眸:现代生物技术革命与医学科学》,《中华医史杂志》2000 年第 3 期。

～张福利等:《心电研究与现代心电图检测法建立的历史回顾》,《中华医史杂志》1999 年第 4 期。

徐维廉～:《〈本草纲目〉学术评价之比较研究》,《山东医科大学学报(社会科学版)》1989 年第 1 期。

李志生(北京大学)

《中国古代女性医护者的被边缘化》,《华南师范大学学报(社会科学版)》2012 年第 6 期。

黎志添

《天地水三官信仰与早期天师道治病解罪仪式》,《台湾宗教研究》第 2 卷第 1 期(2002)。

李知行(广州中医药大学)

王丹萍～李素荷:《针灸治疗胃脘痛取穴规律的古代文献研究》,《上海针灸杂志》2016 年第 4 期。

方雅靖～:《张锡纯治疗脑充血特色探析》,《中国民间疗法》2015 年第 6 期。

方雅靖～:《徐大椿学术思想探析》,《中国民族民间医药》2014 年第 17 期。

曾新意～邵瑛:《徐氏灵龟八法源流、理论与应用初探》,《中国民间疗法》2013 年第 7 期。

《浅述张锡纯应用三棱、莪术经验》,《广州中医药大学学报》2011 年第 5 期。

《张锡纯治疗痰饮特色初探》,《中国民族民间医药》2010 年第 16 期。

《浅谈张锡纯治吐血衄血特色》,《中国民族民间医药》2010 年第 12 期。

《唐容川治血证用药原则初探》,《湖北中医杂志》2010 年第 10 期。

《谈徐灵胎"用药如用兵论"兵法思想特色》,《吉林中医药》2010 年第 6 期。

《浅谈张锡纯"大气论"特色》,《中国民族民间医药》2010 年第 10 期。

《徐灵胎"元气存亡论"对中医临床的指导意义》,《内蒙古中医药》2010 年第 10 期。

李志庸(天津中医学院)

《中国优生学史略》,《天津中医学院学报》1989 年第 2、3 期。

李志毓(南开大学)

《现代政治史研究的新视野——关于〈再造"病人"〉》,《中国图书评论》2006 年第 12 期。

黎志钟(中国中医药学会)

《中医药走向世界的若干理论问题——接轨、改轨还是铺轨》,《中国医药学报》1997 年第 1、2 期。

《日本汉方医学衰落轨迹》,《中国医药学报》1995 年第 5 期。

李仲均(中国科学院)

《〈计然万物录〉矿物药疏证》,《河北地质学院学报》1990 年第 3 期。

《中国温泉开发利用史》,《中国科技史料》1982 年第 2 期。

李仲来

《中国 1901—2000 年人间鼠疫动态规律》,《中国地方病学杂志》2002 年第 4 期。

李中琳(郑州大学)

《中国医学伦理学的良心与旗帜——贺〈中国医学伦理学〉创刊 30 周年》,《中国医学伦理学》2018 年第 4 期。

～张强:《历史视野中医学伦理学研究述论——对〈中国医学伦理学〉杂志相关文章的分析》,《中国医学伦理学》2011 年第 2 期。

《写在〈医学与哲学〉办刊 30 周年之际》,《医学与哲学(人文社会医学版)》2010 年第 2 期。

～符奎:《1232 年金末汴京大疫探析》,《医学与哲学(人文社会医学版)》2008 年第 6 期。

黎忠民(蓬安县锦屏中心卫生院)

吕鹏～:《〈温病条辨〉四种特色治法析要》,《光明中医》2015 年第 12 期。

李秀安～:《〈温病条辨〉滋肾十二法析要》,《国医论坛》2013 年第 3 期。

姚杰良～李菊芳:《〈伤寒论〉量化煎服初探》,《辽宁中医药大学学报》2008 年第 1 期。

姚杰良～李菊芳:《张仲景量化煎服法探析》,《陕西中医》2008 年第 1 期。

《程门雪用药经验探析》,《湖北中医杂志》1994 年第 6 期。

李忠萍(安徽中医药大学/苏州大学/安徽中医学院)

《传统与现代之间:南京国民政府时期地方卫生防疫机制探察——以安徽为中心》,《安徽农业大学学报(社会科学版)》2019 年第 4 期。

《近代苏州公共卫生研究(1906—1949)》,苏州大学博士学位论文 2014 年。

《民国时期安徽卫生防疫事业的萌生与困顿》,《安徽史学》2014 年第 4 期。

《南京国民政府时期皖省当局开展的防疫活动述论》,《辽宁医学院学报(社会科学版)》2014 年第 1 期。

《民国时期安徽疫情简析》,《安庆师范学院学报(社会科学版)》,2013 年第 5 期。

《民国时期合肥城市公共卫生事业述论》,《安庆师范学院学报(社会科学版)》2011 年第 4 期。

《从近代牛乳广告看中国的现代性——以 1927—1937 年〈申报〉为中心的考察》,《安徽大学学报(哲学社会科学版)》2010 年第 3 期。

《"新史学"视野中的近代中国城市公共卫生研究述评》,《史林》2009 年第 3 期。

李重人

《中医方剂的发展及其在临床上的应用》,《江西中医药》1956 年第 30 期。

李忠伟(曲阜师范大学)

《建国初期毛泽东卫生防疫思想研究》,曲阜师范大学硕士学位论文 2018 年。

李筑宁(贵阳市档案局)

《可敬的"西班牙大夫"——记抗战时期的国际援华医疗队》,《党史纵横》1999 年第 9 期。

《图云关的"红会"支部——抗战时期我党在救护总队的工作》,《党史纵横》1997 年第 9 期。

～李丽:《战火中飘扬的中国"红十字"——林可胜与救护总队》,《党史纵横》1996 年第 9 期。

李卓倧(兰州大学)

《新闻框架视角下医患关系报道研究——以 2001—2016 年〈中国青年报〉为例》,兰州大学硕士学位论文 2017 年。

李自典(北京联合大学/首都师范大学/北京师范大学)

《警察与近代城市公共卫生管理——以北京为例》,《城市史研究》2017 年第 2 期。

《民国时期北平的防疫》,《团结报》2016 年 3 月 31 日 005 版。

《民国时期北京的疫病流行与防疫宣传》,《兰州学刊》2014 年第 7 期。

《民国时期北京的卫生防疫工作述论》,《民国研究》2013 年第 2 期。

《近年来关于爱国卫生运动研究综述》,《北京党史》2010 年第 3 期。

郑清坡～:《试论李大钊对民初自杀现象的研究》,《贵州社会科学》2005 年第 3 期。

李子麟

《丛方剂学谈到黄帝内经十二方》,《哈尔滨中医》1959 年第 8 期。

李紫琳(内蒙古师范大学)

《〈事林广记〉非汉源草本药物类名物词研究》,内蒙古师范大学硕士学位论文 2018 年。

李孜沫(南昌师范学院/华中师范大学)

～陈丹阳:《清代卫生防疫机制的引建》,《江西社会科学》2019 年第 10 期。

龚胜生～刘国旭等:《中国历史时期兵疫灾害的时空变迁研究》,《灾害学》2019 年第 1 期。

《清代疫灾流行的环境机理研究》,华中师范大学博士学位论文 2018 年。

龚胜生～:《清代山西地区疫灾时空分布研究》,《干旱区资源与环境》2017 年第 6 期。

王晓伟～:《中国瘟疫研究进展的文献计量分析》,《热带地理》2015 年第 2 期。

《清代山西省疫灾地理规律与环境机理研究》,华中师范大学硕士学位论文 2014 年。

李宗焜

《从甲骨文看商代的疾病与医疗》,《中央研究院历史语言所集刊》第 72 本第 2 分册(2001.6)。

李祖桓

《太乙神针的来源和运用》,《浙江中医杂志》1960 年第 5 期。

李祖蔚

《癫病沿革略说》,《新医药》1936 年第 9 期。

连斌(南京艺术学院)

《中国特殊音乐教育:历史与现状研究》,南京艺术学院博士学位论文 2010 年。

连东(河北师范大学)

《中国、印度与东南亚之间的鸦片"三角贸易"研究(1602—1917)》,河北师范大学硕士学位论文 2011 年。

连冬花(江南大学/南京大学)

《系统科学视域中的中医理论及其创新》,《系统科学学报》2009 年第 4 期。

《中医是科学:社会建构论的视角》,《学术论坛》2007 年第 4 期。

连方(山东中医药大学)

滕依丽～:《章次公妇科学术思想说略》,《山东中医药大学学报》2006 年第 1 期。

《不孕症中医文献的研究》,山东中医药大学博士学位论文 2002 年。

连宏坤

～连珊枝:《怀念父亲连瑞琦》,《中国药学教育杂志》1989 年第 2 期。

连劭名(北京教育学院)

《巫祝考》,《殷都学刊》2016 年第 4 期。

《江陵张家山汉简〈脉书〉初探》,《文物》1989 年第 7 期。

连心豪(厦门大学)

《近代海港检疫与东南亚华侨移民》,《海交史研究》1998 年第 2 期。

梁碧莹(中山大学)

《"医学传教"与近代广州西医业的兴起》,《中山大学学报(社会科学版)》1999 年第 5 期。

《嘉约翰与西医学在中国的传播》,《中山大学学报(社会科学版)》1996 年第 3 期。

梁秉中（香港中文大学）

《从中医存废的辩论看医疗界该如何取态》，《中国医学伦理学》2008年第6期。

梁辰（辽宁师范大学）

《安乐死伦理研究》，辽宁师范大学硕士学位论文2013年。

梁晨（中国社会科学院/北京大学）

《贫病循环：乡土社会伦理语境中的贫困再生产》，《人文杂志》2012年第6期。

杨善华～：《农民眼中疾病的分类及其"仪式性治疗"——以河北Y县NH村为例》，《社会科学》2009年第3期。

梁成秀（西藏民族学院）

《藏医学名著〈四部医典〉的编撰特点和编辑学意义略论》，《中央民族大学学报（哲学社会科学版）》2010年第2期。

《〈四部医典挂图〉编辑学价值浅析》，《西藏民族学院学报（哲学社会科学版）》2009年第6期。

梁帆（广西大学）

《都市类报纸艾滋病报道框架研究——以〈南国早报〉为例》，广西大学硕士学位论文2008年。

梁繁荣（成都中医药大学/成都中医学院）

李雨谿……任玉兰～：《基于古代文献的穴位痛敏现象与规律研究》，《时珍国医国药》2019年第9期。

沈陈……任玉兰～：《基于文献计量学的形敏古今对比研究》，《时珍国医国药》2019年第7期。

张迪……程施瑞～：《成都老官山汉墓出土髹漆经穴人像手太阳小肠经循行研究》，《中医杂志》2019年第8期。

张亚……李雨谿～：《基于古代文献回顾的穴位敏化现象和规律研究》，《辽宁中医杂志》2018年第8期。

邱科……黄柳杨～周兴兰：《成都老官山汉墓经穴髹漆人像手三阴经循行考证》，《中华中医药杂志》2018年第4期。

印帅……孙睿睿～：《成都老官山汉墓髹漆人像足太阳经脉循行浅析》，《辽宁中医杂志》2017年第6期。

陈骥～LI Wei-hong等：《中医药在澳大利亚的发展评述：回顾、现状与展望》，《中国中西医结合杂志》2017年第5期。

黄柳杨……周兴兰～：《从西汉出土经穴髹漆人像看足少阳经脉的循行演变》，《曾读中医药大学学报》2017年第1期。

邱科……江章华～：《从西汉出土经穴髹漆人像看手厥阴经脉的循行演变》，《中国中医基础医学杂志》2016年第10期。

郭太品……曾芳～：《中国古代针法特色历史演变》，《中华中医药杂志》2015年第7期。

～曾芳等：《成都老官山出土经穴髹漆人像初探》，《中国针灸》2015年第1期。

郭太品……曾芳～：《古代冶炼工艺技术与毫针的形质及手法演变》，《中医杂志》2014年第19期。

陈亮……任玉兰～：《爪切法演变溯源》，《中国针灸》2014年第10期。

张迪……李政杰～：《心脑相关理论的古代认识》，《时珍国医国药》2014年第9期。

唐乐微……任玉兰～：《针刺手法的发展演变规律及理论价值》，《中医杂志》2014年第9期。

刘沂濉、任玉兰～：《针刺营卫补泻考辨》，《针灸临床杂志》2014 年第 8 期。

李享……任玉兰～：《古代不同时期针灸治疗眩晕用穴特点的数据挖掘研究》，《中国针灸》2014 年第 5 期。

吴凤、兰蕾～：《〈黄帝内经〉体质学说与针灸临床关系初探》，《针灸临床杂志》2014 年第 3 期。

郭太品……杨洁～：《〈黄帝内经〉对"心痛"的认识及针灸治疗探讨》，《中华中医药杂志》2014 年第 1 期。

郭太品～任玉兰等：《〈内经〉中"得气"操作及整体观因素论析》，《时珍国医国药》2013 年第 11 期。

刘沂濉……孙睿睿～：《基于古代文献研究的营卫刺法特点分析》，《云南中医中药杂志》2013 年第 10 期。

孙洋……邹鹏～：《〈针灸逢源〉现存刻本考证》，《中国针灸》2013 年第 8 期。

孙睿睿、张丹华～曾芳：《古代针具研究现状国内文献计量学分析》，《辽宁中医药大学学报》2013 年第 8 期。

何冬凤……唐勇～：《古代不同时期针灸治疗胸痹用穴特点的数据挖掘研究》，《辽宁中医杂志》2013 年第 6 期。

李国臣～杨明晓：《中国古代针灸图谱创新精神下的演变》，《时珍国医国药》2013 年第 5 期。

郭太品～任玉兰等：《〈黄帝内经〉四时与五脏关系及在针灸中的运用》，《中医杂志》2013 年第 5 期。

寿依夏……唐勇～：《基于数据挖掘技术分析古代针灸治疗眩晕的经穴特点》，《成都中医药大学学报》2013 年第 2 期。

陈骥～任玉兰等：《"菀陈则除之"相关刺法及用穴的古今文献比较》，《辽宁中医杂志》2012 年第 3 期。

刘迈兰、陈钢～：《〈黄帝内经〉"气至"的阐释对现今针灸临床的启示》，《成都中医药大学学报》2012 年第 1 期。

杜怀斌～：《针灸信使——蒲湘澄》，《中国针灸》2011 年第 6 期。

～杨洁：《略论陆瘦燕针灸学术思想》，《上海针灸杂志》2010 年第 9 期。

刘迈兰……曾芳～：《针灸治疗胎位不正的古代文献分析》，《辽宁中医杂志》2010 年第 4 期。

刘迈兰……吴曦～：《不同朝代针灸治疗痞满处方规律的数据挖掘研究》，《山东中医药大学学报》2009 年第 6 期。

兰蕾……曾芳～：《针灸治疗不孕症的古代文献分析》，《辽宁中医杂志》2009 年第 1 期。

兰蕾……吴曦～：《针灸治疗尿潴留的古代文献研究》，《江苏中医药》2009 年第 9 期。

陈建杉～和中浚等：《中国古代针灸推拿的代表器具》，《成都中医药大学学报》2009 年第 1 期。

刘迈兰……唐勇～：《针灸治疗夜间遗尿症的古代经验与现代临床证据的对比分析》，《成都中医药大学学报》2009 年第 1 期。

李学智～吴曦等：《基于文献数据分析的古代针灸治疗周围性面瘫规律探讨》，《时珍国医国药》2008 年第 9 期。

李学智～吴曦：《对古代文献中"口眼斜"现代医学病名指归的辨》，《江苏中医药》2008 年第 8 期。

赵凌……彭静～：《有效整理古代针灸文献的研究方法与要求》，《成都中医药大学学报》2007 年第 4 期。

李洁～李瑛：《关于络脉文献研究的思考》，《中国针灸》2006年第12期。

李洁～夏晓红等：《浅析〈内经〉中的络脉治疗》，《中国针灸》2005年第12期。

～谢克庆等：《西汉人体漆雕经脉研究》，《上海中医药杂志》1998年第5期。

《蒲湘澄针灸学术思想探略》，《针灸临床杂志》1996年第9期。

～谢克庆等：《从西汉人体经脉漆雕看早期经络学说》，《中国针灸》1996年第4期。

谢克庆、和中俊～何志国：《"西汉人体经脉漆雕"的价值和意义》，《成都中医药大学学报》1996年第1期。

《古代针灸急救术及其临床应用》，《中国针灸》1990年第2期。

《从隋唐针灸教育看现代针灸人材的培养》，《针灸学报》1989年第1期。

梁飞（山东中医药大学/北京中医药大学）

～张卫等：《清代医家赵学敏的医药素材采集源头考》，《中医药文化》2016年第1期。

～张卫等：《清代医药学家赵学敏足迹探寻》，《西部中医药》2015年第9期。

李超霞～李健等：《李中梓的佛教因缘》，《中国中医基础医学杂志》2014年第2期。

～李健等：《道地药材产地变迁原因的探讨》，《中国中药杂志》2013年第10期。

～李健等：《"道地药材"浅述》，《中国中药杂志》2013年第9期。

～张瑞贤等：《谈"服食"养生术对中医学的影响》，《中国中医基础医学杂志》2013年第4期。

～李健等：《谈"道地药材"的形成原因》，《中国中药杂志》2013年第3期。

《道地药材考——以20种中药为例》，北京中医药大学博士学位论文2013年。

～蒋力生等：《〈千金翼方〉"杂疗"篇与〈新修本草〉对勘》，《中国中药杂志》2012年第20期。

～李健等：《晦明轩本〈重修政和经史证类备用本草〉的刻工》，《中华医史杂志》2012年第6期。

李健、张卫～袁利等：《〈证类本草〉版本系统划分依据探讨——兼论〈绍兴本草〉与〈新编类要图注本草〉版本系统的归属》，《中华医史杂志》2012年第4期。

张瑞贤……张卫～：《"文革"中的中草药的继承与发展》，《江西中医学院学报》2011年第1期。

《明清时期部分地区道地药材的方志文献研究》，山东中医药大学硕士学位论文2010年。

～刘更生：《历代灸治发背概要》，《中国针灸》2010年第1期。

梁丰

《中国古代的军医》，《解放军健康》2008年第4期。

梁庚尧（台湾大学）

《南宋城市的公共卫生问题》，《中央研究院历史语言研究所集刊》第70本第1分（1999.3）。

梁浩材（武汉医学院）

《对英国、瑞典社会医学教学的考察及体会》，《医学与哲学》1982年第10期。

《英国、瑞典的卫生防疫工作见闻》，《公共卫生与疾病控制杂志》1982年第10期。

《社会医学是现代医学发展的重要方向》，《医学与哲学》1981年第4期。

《英国的保健服务制》，《中华卫生杂志》1964年第1期。

《从理论上驳斥右派对"预防为主"方针的污篾》，《武汉医学院学报》1958年第3期。

梁宏玲（中央民族大学）

《针灸与想象的中国》，中央民族大学硕士学位论文2005年。

梁华龙（河南中医学院/北京中医学院）

赵钰、周启明～：《国内外传统医学的异同》，《河南中医》2012年第9期。

～田瑞曼:《〈伤寒论〉六经及六经辨证来源》,《河南中医学院学报》2003 年第 1 期。

《中医是如何被边缘化的》,《中国医药导报》2010 年第 1 期。

《中医学发展的"三大悖论"》,《河南中医》2001 年第 1 期。

《六经开、阖、枢学说的渊源及应用》,《河南中医》1998 年第 2 期。

《六经气化学说形成及评价》,《河南中医》1998 年第 1 期。

～郭芳:《中医药学的历史、现状与未来》,《河南中医药学刊》1997 年第 1、2 期。

～郭芳:《〈易经〉对三阴三阳理论形成的影响》,《国医论坛》1989 年第 3 期。

～陈玉琢等:《〈腹证奇览〉学术思想简介》,《江苏中医》1988 年第 6 期。

梁慧敏(牡丹江医学院)

～赵峰等:《医学史教学中的批判思维教育》,《中国高等医学教育》2010 年第 2 期。

梁佳媛(北京大学/中国科学院)

《近代首部生理学译著〈体用十章〉的特点与影响》,《中华医史杂志》2019 年第 5 期。

《我国首部近代生理学译著〈体用十章〉底本考》,《内蒙古师范大学学报(自然科学汉文版)》2018 年第 5 期。

韩毅～:《〈艺文类聚〉中〈药香草部〉的主要内容、文献来源与传播情况》,《中医文献杂志》2016 年第 5、6 期。

梁景和(首都师范大学/中国社会科学院)

《五四时期的"性教育"思潮》,《山西师大学报(社会科学版)》2000 年第 3 期。

《五四时期"生育节制"思潮述略》,《史学月刊》1996 年第 3 期。

梁景晖

《神农本草经年代的探讨》,《中华医史杂志》1957 年第 2 期。

梁峻(中国中医科学院/中国中医研究院)

孙灵芝～:《明清芳香药防治疫病的现代启示》,《中华中医药杂志》2015 年第 12 期。

孙灵芝～:《外来芳香本草与医学经典的调适——以明朝〈本草纲目〉芳草、香木类药物为例》,《西部中医药》2015 年第 3 期。

孙灵芝～:《论民族芳香药的研究》,《中国民族民间医药》2015 年第 4 期。

《梳理文化之脉 喜获健康之果——纪念中华医学会成立 100 周年》,《中华医学信息导报》2014 年第 20 期。

孙灵芝、王国为～:《卜弥格〈单味药〉的本草学思想研究》,《中国中医基础医学杂志》2014 年第 5 期。

孙灵芝、王国为～:《卜弥格与中国本草学西传》,《医学与哲学(A)》2014 年第 4 期。

孙灵芝、郑蓉～于秋红:《中医药学术流派研究现代进展对民族医药传承研究启迪》,《中央民族大学学报(自然科学版)》2014 年第 3 期。

～刘学春等:《论芳香医药的卫生作用》,《中国民族医药杂志》2013 年第 12 期。

单联喆～:《明清时期山西方志体现的地方医药成就》,《中医文献杂志》2013 年第 4 期。

单联喆～:《清代山西疫病流行时空规律研究》,《中国中医基础医学杂志》2013 年第 2 期。

单联喆～:《明清山西疫病流行相关因素》,《中华医史杂志》2013 年第 1 期。

张文彭……雷燕～:《藏医药学在俄罗斯的传播与巴德玛耶夫家族的贡献》,《国际中医中药杂志》

2012 年第 5 期。

崔伟、杜天信~高书图等:《洛阳平乐正骨治疗骨折的特色》,《中医研究》2012 年第 3 期。

~刘学春:《藏医药养生文化特点》,《中华医史杂志》2012 年第 3 期。

~梁峻等:《民国时期医疗机构管理法律制度研究》,《价值工程》2011 年第 19 期。

樊波~袁国铭:《民国时期医师、医士制度研究》,《中医杂志》2011 年第 10 期。

崔伟、杜天信~高书图等:《洛阳平乐正骨的传承》,《光明中医》2011 年第 7 期。

樊波~袁国铭:《南京国民政府时期中医药立法研究》,《中医学报》2011 年第 5 期。

崔伟、杜天信~高书图等:《洛阳平乐正骨流派的医德考略》,《广西中医学院学报》2011 年第 4 期。

~白建疆等:《简论"岐黄"文化》,《中华医史杂志》2011 年第 3 期。

樊波~袁国铭:《浅析中华民国中央卫生行政机构之嬗递》,《北京中医药》2011 年第 2 期。

樊波~:《浅析中华民国卫生法制之得失》,《中国卫生法制》2011 年第 1 期。

~庄乾竹等:《论中医的历史观察方法》,《中国中医药信息杂志》2010 年第 9 期。

张磊~:《清代北京慈善机构的医疗特点浅析》,《北京中医药》2010 年第 5 期。

~庄乾竹等:《论"三生万物"思想的哲学意义》,《世界中西医结合杂志》2010 年第 4 期。

张磊~:《清代京师普济堂考》,《中华医史杂志》2010 年第 3 期。

~张聪等:《藏象学说中"类推"方法研究》,《中国中医基础医学杂志》2010 年第 2 期。

~刘聪等:《略论人类健康观念的演变》,《中华医史杂志》2010 年第 1 期。

庄乾竹~:《民族医药与民俗医药之辨析》,《中国中医基础医学杂志》2009 年第 11 期。

~张志斌等:《医学史与医史学》,《中华医史杂志》2009 年第 2 期。

刘聪~闫晓宇:《清朝卫生法制特点浅析》,《中华医史杂志》2009 年第 1 期。

刘聪~闫晓宇:《历史上的中医标准化》,《中国中医药信息杂志》2008 年 S1 期。

徐江雁~李经纬:《清朝紫禁城外御药房署所名称与居址初考》,《中华中医药杂志》2008 年第 7 期。

刘聪~徐江雁:《略论唐宋官修医籍的标准地位》,《中华中医药杂志》2008 年第 5 期。

~郑蓉等:《民族医药若干问题思考》,《中国民族民间医药》2008 年第 3 期。

《光绪皇帝与御医》,《北京中医》2007 年第 11、12 期。

~曹丽娟:《清末太医院之整顿》,《北京中医》2007 年第 9 期。

刘哲峰~:《试析古代中医食忌的成因和内涵》,《中国中医基础医学杂志》2007 年第 8 期。

~曹丽娟:《清末医院概况》,《北京中医》2007 年第 8 期。

刘哲峰~:《中医食疗起源略考》,《北京中医》2007 年第 7 期。

梁淳威~曹利娟:《清末北京卫生法规和医学堂》,《北京中医》2007 年第 6 期。

梁淳威~曹利娟:《清末北京卫生管理概要》,《北京中医》2007 年第 5 期。

~梁淳威:《御药房考略》,《北京中医》2007 年第 4 期。

~郑蓉等:《中医学术研究方法之浅见》,《中医杂志》2007 年第 4 期。

《京都太医院考略》,《北京中医》2007 年第 3 期。

《清末北京中医发展概述》,《北京中医》2007 年第 2 期。

《中国古代抗疫启迪》,《首都医药》2003 年第 13 期。

《中国古代防疫资鉴——隋唐五代防疫概览》,《中国中医药现代远程教育》2003 年第 8 期。

《中国古代防疫资鉴——辽至明清防疫概览》,《中国中医药现代远程教育》2003 年第 5 期。

《中国古代防疫资鉴》,《中国中医药现代远程教育》2003 年第 4 期。

《清朝中医考试》,《中国中医药现代远程教育》2003 年第 3 期。

～李经纬:《评〈中华医学文物图集〉》,《中华医史杂志》2002 年第 3 期。

《医史前辈优良学风应予发扬》,《中华医史杂志》2002 年第 1 期。

甄橙、张大庆～:《程之范教授的学术思想与治学为人》,《中华医史杂志》2001 年第 4 期。

《20 世纪中华医学会医学史分会工作回顾》,《中华医史杂志》2001 年第 2 期。

《略论宋代的医药文献工作》,《北京中医药大学学报》1999 年第 1 期。

陈凤林、刘士英～杨津林等:《北京道济医院考略》,《中华医史杂志》1998 年第 3 期。

《中国古代正骨科发展概略》,《中国骨伤》1995 年第 5 期。

～梁平:《明代中医教育史论》,《中医教育》1996 年第 3 期。

《北宋中医政策对学科发展的影响》,《中医教育》1995 年第 5 期。

《两宋中医教育史论》,《中医教育》1995 年第 3 期。

《西晋创设"医署"考论》,《中华医史杂志》1995 年第 3 期。

～梁平:《金代医政概论》,《中国民族医药杂志》1995 年第 2 期。

《元代中医教育史论》,《中医教育》1995 年第 2 期。

《隋唐中医教育史论》,《中医教育》1994 年第 4 期。

《中国古代医政特点及其对当今医政之启示》,《中华医史杂志》1994 年第 1 期。

王玉川～:《〈素问遗篇〉成书年代考辨》,《北京中医药大学学报》1993 年第 2 期。

梁君林(苏州大学)

《西方健康社会学研究的发展》,《国外社会科学》2010 年第 6 期。

～郭志辉:《苏州残疾人社会保障状况和发展研究》,《西北人口》2009 年第 3 期。

《以人口健康观看我国健康保障制度改革》,《西北人口》2008 年第 5 期。

《人口健康:理念和方法》,《中国卫生事业管理》2008 年第 6 期。

《DALY 和 DALE:两种健康衡量指标内在关系探索》,《中国卫生事业管理》2006 年第 2 期。

《试论健康投资》,《中国卫生事业管理》2005 年第 7 期。

梁俊青

《李时珍的治学精神和他的本草纲目》,《大众医学》1955 年第 11 期。

《针灸疗法在国外的情况》,《上海中医药杂志》1955 年第 9 期。

《值得我们崇拜和学习的祖国医药界大师——华佗》,《大众医学》1955 年第 3 期。

梁俊雄(湛江师范学院)

～黄伟兰:《毛泽东健康思想及其现实意义》,《体育学刊》2001 年第 2 期。

梁坤莲(湖南师范大学)

《鼠疫与政府应对——以 1920—1921 年东北鼠疫为中心的考察》,《防灾科技学院学报》2019 年第 3 期。

《东北鼠疫与民众反应(1920—1921)》,《绥化学院学报》2019 年第 3 期。

梁昆生(云南中医学院)

杨卫东、刘力力～张晓琳等:《中国古代心理疗法的形成及其发展》,《山东中医杂志》2008 年第 1 期。

～吴冠儒等:《三百年前云南地方"医约"浅述》,《云南中医学院学报》2006 年第 6 期。

《南宋名医王克明史传考订》,《云南综艺学院学报》1989 年第 4 期。

《南宋名医王克明传略》,《江西中医学院学报》1989 年第 2 期。

《先秦养生思想与〈内经〉》,《云南中医学院学报》1988 年第 1 期。

梁栎天(四川大学)

《宋代士大夫与药香——黄庭坚〈荆州即事药名诗八首〉的写作背景考》,《北方文学》2017 年第 11 期。

梁璨尹(台湾师范大学)

《国家与检疫:日治时期台湾海港检疫之研究》,台湾师范大学硕士学位论文 2009 年。

《日治时期台湾公共卫生史研究回顾与展望》,《史耘》2005 年第 11 期。

梁丽哲(河北大学)

《建国初期河北传染病简况及特点》,《大众文艺》2010 年。

《河北传染病流行与政府应对(1949—1957)》,河北大学硕士学位论文 2010 年。

梁立智(首都医科大学)

《赤脚医生时期北京村落医患关系对当下农村医患关系的启示》,《中国医学伦理学》2012 年第 1 期。

～吕兆丰等:《赤脚医生时期北京村落维系医患关系的道德规范体系研究》,《中国医学伦理学》2012 年第 1 期。

～吕兆丰等:《赤脚医生时期北京村落医患关系内容及特点调查研究》,《中国医学伦理学》2012 年第 1 期。

李亚明、王晓燕～关丽征等:《从医学史的角度探讨我国当前医患关系的现状》,《中国医学伦理学》2011 年第 5 期。

李亚明、王晓燕～关丽征等:《历史语境中医院细节文化存在问题的分析》,《中国医学伦理学》2011 年第 5 期。

李亚明、王晓燕～关丽征等:《通过史学分析为医院细节文化建设提出对策》,《中国医学伦理学》2011 年第 5 期。

梁玲君(北京中医药大学)

《汉魏六朝佛医学文献研究》,北京中医药大学硕士学位论文 2017 年。

～李良松:《孙思邈之佛医思想探讨》,《河南中医》2017 年第 5 期。

～李良松:《佛医在治疗眼科疾病方面的成就》,《西部中医药》2017 年第 2 期。

～李良松:《试论隋唐时期佛学对医药发展的影响》,《中医文献杂志》2016 年第 4 期。

～李良松:《浅谈阿是穴与"反阿是穴"》,《河南中医》2016 年第 8 期。

张波……周华～白杨华:《〈少林寺伤科秘方〉中膏药方的用药探析》,《中医文献杂志》2016 年第 2 期。

～李良松:《试论汉魏六朝时期佛教医学成就》,《中医文献杂志》2016 年第 1 期。

梁茂新(辽宁中医药大学/辽宁省中医研究院/辽宁中医学院)

《论中医阴阳学说的历史局限性》,《科学文化评价》2013 年第 2 期。

王瑾～:《早期本草学"诸病通用药"对中药归经确定的影响》,《中医杂志》2012 年第 8 期。

刘艳芬～:《古代病证首选和常用药对综合分析方法研究》,《世界科学技术·中医药现代化》2012 年第 3 期。

王瑾～:《论〈素问〉病机十九条对中药归经学说的奠基作用》,《世界科学技术·中医药现代化》2012年第2期。

刘立萍、李然～任艳玲:《〈普济方〉对〈伤寒杂病论〉核心药物及药对配伍的应用》,《中药与临床》2012年第1期。

范颖～马骥:《〈药对〉药物君臣佐使考略》,《中华中医药杂志》2011年第8期。

郑曙琴～:《建国初期中医理论核心概念研究的得失》,《中华中医药杂志》2011年第1期。

郑曙琴～高天舒:《黄芪潜在功用的文献考察与逻辑分析》,《中国中医基础医学杂志》2010年第6期。

郑曙琴～高天舒:《古代消渴相关病名异同性考察分析》,《中华中医药杂志》2009年第8期。

～郑曙琴:《〈素问〉病机十九条探赜》,《中华中医药杂志》2010年第6期。

席智杰……王拥军～施杞:《明代以前腰痛用药规律探讨》,《辽宁中医杂志》2010年第5期。

席智杰……王拥军～施杞:《明代以前颈肩臂用药规律探讨》,《辽宁中医杂志》2010年第4期。

安然～:《白术失传和潜在功能的文献考察》,《中华中医药杂志》2010年第1期。

郑曙琴～:《明代以前消渴病证治规律研究》,《中华中医药杂志》2009年第12期。

～范颖:《宋代以前〈本草经集注〉七情内容的传变》,《中华中医药杂志》2008年第10期。

梁倩倩～王拥军等:《古今中医药治疗腰椎间盘突出症的比较研究》,《中国中医骨伤科杂志》2007年第2期。

《传统与现代:嬗变中的中医脏腑辨证体系》,《科学文化评论》2004年第6期。

《宋以前〈本经〉药物四性认识的演变》,《中国药学杂志》1993年第8期。

乔世举～:《刍议〈局方发挥〉对〈太平惠民和剂局方〉之评判》,《中医研究》1992年第2期。

《〈本草纲目〉对清代本草学的影响》,《时珍国药研究》1992年第1期。

乔世举、尤荣辑～:《〈太平惠民和剂局方〉在方剂学发展史中的地位》,《中医研究》1991年第3期。

～王普民等:《诸病通用药的导源和沿革》,《中医药研究》1990年第3期。

～李东安等:《古代解剖学:藏象学说创生的基石》,《医学与哲学》1989年第11期。

～王普民等:《〈本经〉诸病通用药对仲景学说的影响》,《中医研究》1989年第2期。

李东安、王普民～:《试论汉以后方剂繁衍》,《中成药》1989年第6期。

寿亚荷～:《〈神农本草经〉分类法探讨》,《医学与哲学》1988年第12期。

《从〈五十二病方〉看先秦时期的药学成就》,《中医研究》1988年第4期。

～李东安等:《试论中国药学史分期》,《中国医药学报》1988年第4期。

《妊娠禁忌药源流考》,《中成药研究》1988年第4期。

《妊娠禁忌药源流》,《中医药学报》1988年第2期。

《再论诸病通用药渊源》,《中医药信息》1987年第6期。

～朱俊奎等:《论古代医家的成才年龄》,《医学与哲学》1987年第3期。

《历代引录〈本草经集注〉正误》,《中医药学报》1986年第3期。

《"诸病通用药"溯源与〈本经〉辑佚》,《中医药学报》1985年第5期。

《关于〈本经〉配伍宜忌内容的研讨》,《中成药研究》1984年第3期。

《中药十八反原始——兼与凌一揆等同志商榷》,《上海中医药杂志》1983年第1期。

尤荣辑～:《我国最早的药物配伍宜忌专著——雷公〈药对〉》,《辽宁中医杂志》1982年第12期。

梁旻(苏州大学)

《人道的力量:中国红十字会救援江浙战争研究》,苏州大学博士学位论文 2015 年。

梁乃津

《对祖国医学理论体系核心问题的看法》,《广东中医》1963 年第 4 期。

附:不署名:《什么是祖国医学理论的核心——祖国医学理论核心问题座谈纪要》,《广东中医》1963 年第 1、2 期。

梁培基

《花柳病之起源》,《医学卫生报》1909 年第 8 期。

梁琪(中国科学院)

～莫扬:《中国报纸健康传播特点研究——对 6 家主流报纸健康新闻的内容监测分析》,《医学信息学杂志》2007 年第 6 期。

梁启超

《我的病与协和医院》,《广济医刊》1926 年第 8 期。

《阴阳五行说之来历》,《东方杂志》1923 年第 10 期。

梁其姿(香港中文大学)

《晚清社会中的医学发展》,《中国史新论:医疗史分册》(台北:中央研究院 2015 年)。

《麻风,不仅仅是一种疾病》,《中华读书报》2013 年 4 月 24 日第 10 版。

《近代中国医院的诞生》,祝平一主编《健康与社会:华人卫生新史》(台北:联经 2013 年)。

《评 Catherine Despeux, ed., Médicine, religion et société dansla Chine médiévale: Etude de manuscrits chinois deDunhuang et de Turfan(中国中古时期的医药、宗教与社会:敦煌吐鲁番汉文文献研究)》,《汉学研究》第 30 卷第 2 期(2012.6)。

《为中国医疗史研究请命》,《中华读书报》2011 年 7 月 20 日第 13 版。

《中国麻风病概念演变的历史》,林富士主编《疾病的历史》(台北:联经 2011 年)。

《从癞病史看中国史的特色》,李建民主编《从医疗看中国史》(台北:联经 2008 年)。

《医疗史与中国"现代性"问题》,《中国社会历史评论》2007 年 00 期。

《前近代中国的女性医疗从业者》,李贞德、梁其姿主编《妇女与社会》(北京:中国大百科全书出版社 2005 年)。

《疾病与方土之关系——元至清间医界的看法》,《第三届国际汉学会议论文集》(台北:中央研究院历史语言所 2002)。

《麻风隔离与近代中国》,《历史研究》2003 年第 5 期。

《明清中国的医学入门与普及化》,《法国汉学》第八辑(2003.12)。

～撰,蒋竹山译:《明代社会中的医药》,《法国汉学》第六辑(2002.4)。

《疾病与方土之关系:元至清间医界的看法》,黄克武主编《性别与医疗》(台北:中央研究院欧美研究所 2002 年)。

《宋元明的地方医疗资源初探》,《中国社会历史评论》2001 年 00 期。

《中国麻风病概念演变的历史》,《中央研究院历史语言研究所集刊》第 70 本第 2 分(1999.6)。

《明清预防天花措施之演变》,陶希圣九秩荣庆祝寿论文集编辑委员会编《国史释考——陶希圣九秩荣庆祝寿论文集》(台北:食货出版社 1987 年)。

梁冉（南京农业大学）

　　～李群：《罗清生"三重视"兽医教育思想研究》，《安徽农业科学》2017 年第 7 期。

　　《罗清生与中国现代兽医学发展研究》，南京农业大学硕士学位论文 2017 年。

梁嵘（北京中医药大学）

　　《〈敖氏伤寒金镜录〉的作者及版本流传》，《中华医史杂志》2017 年第 2 期。

　　姚叙莹～李丹溪等：《清以前医籍对先天体质构成要素的研究》，《世界科学技术·中医药现代化》2014 年第 6 期。

　　姚叙莹～李丹溪等：《清以前以"禀"为词素的先天体质术语研究》，《世界科学技术·中医药现代化》2014 年第 5 期。

　　张前进～姚叙莹等：《清代伤寒医案 267 人次的舌象分析》，《世界科学技术·中医药现代化》2012 年第 6 期。

　　《对中医古医籍所体现的诊法二元结构的思考》，《世界科学技术·中医药现代化》2012 年第 6 期。

　　钱峻～：《〈一得集〉外感病舌案初探》，《时珍国医国药》2010 年第 11 期。

　　～王召平等：《中医教育古今参证》，《北京观察》2010 年第 1 期。

　　陈松鹤～王召平：《清末以前舌色分类与现代舌色分类的比较》，《江苏中医药》2009 年第 7 期。

　　陈松鹤～王召平：《清末前诊舌色的含义及其概念的演变》，《辽宁中医杂志》2008 年第 12 期。

　　～王盛花等：《清代舌诊医案外感病与内伤病的舌象特征研究》，《江西中医学院学报》2008 年第 2 期。

　　罗大中～：《〈温疫论〉与〈瘟疫明辨〉的舌诊研究》，《辽宁中医杂志》2008 年第 3 期。

　　～李燕等：《清代温病医案 488 例的舌象分析》，《中华医史杂志》2006 年第 3 期。

　　《舌诊的历史沿革》，《江西中医学院学报》2006 年第 3 期。

　　《日本汉方医学兴衰的历史启示》，《国际中医中药杂志》2006 年第 2 期。

　　《日本江户时代汉方舌诊专著的研究》，《中华医史杂志》2005 年第 3 期。

　　《明末清初时期的舌诊研究特征分析》，《江西中医学院学报》2005 年第 3 期。

　　《1949 年以前中医舌诊学术发展历程的探究》，《自然科学史研究》2004 年第 3 期。

　　《中日传统医学中舌诊图的特征及其医学观的探讨》，《自然科学史杂研究》2003 年第 2 期。

　　《〈敖氏伤寒金镜录〉在日本流传情况的若干调查》，《中华医史杂志》2003 年第 1 期。

　　～王兆平：《〈敖氏伤寒金镜录〉学术渊源探讨》，《中华医史杂志》2002 年第 3 期。

　　《论日本汉医古方派创始人后藤艮山的学术思想》，《自然科学史研究》1997 年第 3 期。

　　《从东洋医学的生命观看针灸医学的特征》，《国外医学（中医中药分册）》1996 年第 6 期。

　　《吴又可、戴天章"蓄血"论及其对后世的启示》，《上海中医药杂志》1989 年第 10 期。

　　《戴天章对温病腹诊的研究及贡献》，《云南中医杂志》1988 年第 5 期。

　　《WHO 传统医学中心在日本成立》，《中医药信息》1987 年第 1 期。

梁融雪（北京体育大学）

　　《对道家与道教养生思想的讨论及其对当代养生的启示》，北京体育大学硕士学位论文 2012 年。

梁润英（河南中医大学/河南中医学院）

　　魏顺～：《以〈天地六位藏象之图〉分析李东垣升降理论》，《中华中医药杂志》2019 年第 11 期。

　　～姚振发：《张仲景与薛生白对湿邪为病认识异同的探讨》，《中国中医药现代远程教育》2019 年第 2 期。

～谷丰娇:《〈养性延命录〉中摄生思想浅谈》,《光明中医》2017年第9期。

～马小艳:《金元四大家养生思想研究概况》,《中国中医药现代远程教育》2017年第4期。

～娄梦等:《〈养老奉亲书〉食疗方的特点及运用》,《中国中医药现代远程教育》2014年第19期。

～熊玉鑫等:《洗法在古代中风病康复中的应用》,《新中医》2010年第5期。

～张方毅等:《中风病古代膏摩方用药特点探悉》,《新中医》2010年第2期。

～黄金娜等:《中风病外治方法的古代文献研究》,《中国中医基础医学杂志》2009年第11期。

～黄金娜等:《金元以前中风外治方药规律的文献研究》,《中华中医药杂志》2009年第10期。

～黄金娜等:《明清时期中风病外治方药规律的文献研究》,《中国中医基础医学杂志》2008年第10期。

《〈千金翼方〉辟谷养生方药探析》,《中医文献杂志》2008年第4期。

～黄金娜:《〈理瀹骈文〉中风外治康复方药规律探析》,《中国实验方剂学杂志》2007年第2期。

～吕海江等:《眼科名家张望之》,《湖南中医学院学报》2005年第6期。

～郑琼华等:《儿科大家郑颉云》,《河南中医学院学报》2005年第2期。

《〈世医得效方〉中骨折的康复特色》,《中医研究》2005年第2期。

许敬生……李具双～:《宋元医药文化中心南移的研究》,《江西中医学院学报》2003年第2、3、4期。

张鸣钟～杨英豪:《清代医家杨栗山正误》,《河南中医》2001年第3期。

～宋建平等:《王肯堂〈证治准绳〉对呼吸困难的论治》,《中医文献杂志》2001年第2期。

～王国富:《河南省近代医学教育发展概略及启发》,《中华医史杂志》1999年第1期。

梁珊

《伦敦会来华传教士伊博恩与他的中医研究》,杨雄威主编《中国基督教青年学者论坛》(上海:上海大学出版社2014年)。

梁少甫

《对于伤寒温病之辨惑及金元四大家著作的看法》,《上海中医药杂志》1957年第4期。

梁少媚(西南政法大学)

～杨雪:《古代道教对瘟疫的认识和治疗方法》,《亚太传统医药》2014年第5期。

梁淑贞(西北师范大学)

《唐至清代黑河流域中药材资源分布与变迁研究》,《河西学院学报》2015年第4期。

《唐至清代河西走廊中药材资源的分布与利用研究》,西北师范大学博士学位论文2015年。

梁颂娩(广州中医药大学)

《痛经历代文献及方药证治规律研究》,广州中医药大学博士学位论文2012年。

《原发性痛经的中医证治文献研究》,广州中医药大学硕士学位论文2009年。

梁松涛(河北大学)

孙飞鹏～:《Дx19078西夏文针灸文献残片及相关问题考》,《西夏研究》2019年第4期。

《黑水城出土6539号西夏文〈明堂灸经〉考释》,《敦煌学辑刊》2019年第3期。

《黑水城出土西夏文四则治风癞疮医方考述》,《山西中医学院学报》2019年第1期。

《黑水城出土西夏文古佚方"顺气化痰丸"考释》,《河南中医》2018年第6期。

《黑水城出土4则西夏文治热病医方考述》,《河北中医》2018年第6期。

《黑水城出土西夏文三则治疮医方考述》,《陕西中医药大学学报》2018年第5期。

《黑水城出土西夏文治妇人乳病医方 2 则考述》，《江西中医药大学学报》2018 年第 4 期。

《黑水城出土两则西夏文治妇科病方考述》，《山西中医学院学报》2018 年第 2 期。

《黑水城出土二则西夏文治杂病医方考》，《浙江中医药大学学报》2018 年第 2 期。

《黑水城出土二则西夏文治脾胃医方考述》，《甘肃中医药大学学报》2018 年第 1 期。

《黑水城出土西夏文三则治恶疮医方考述》，《长春中医药大学学报》2018 年第 1 期。

《黑水城出土二则西夏文妇人产后医方考述》，《湖南中医药大学学报》2018 年第 1 期。

《黑水城出土西夏文"车前子丸"考述》，《中华医史杂志》2017 年第 6 期。

《黑水城出土西夏文 3 则治妇科病方考释》，《中华医史杂志》2017 年第 5 期。

《黑水城出土西夏文古佚医方"半夏茯苓汤"考述》，《南京中医药大学学报（社会科学版）》2017 年第 4 期。

《黑水城出土西夏文〈明堂灸经〉残叶考》，《文献》2017 年第 3 期。

《出土西夏文涉医文献研究状况及前景》，《中华医史杂志》2016 年第 6 期。

《黑水城出土西夏文医方水胀食鸣丸考》，《陕西中医学院学报》2014 年第 6 期。

《黑水城出土西夏文古佚医方"豆冰丹"考》，《贵阳中医学院学报》2014 年第 2 期。

《黑水城出土西夏文古佚医方"鹿角霜丸"考》，《中医文献杂志》2013 年第 5 期。

《黑水城出土西夏文古医方"茯苓散"考》，《山西中医学院学报》2013 年第 5 期。

《黑水城出土医药文献存现及研究概况》，《中华医史杂志》2013 年第 3 期。

《黑水城出土西夏文医药文献底本来源及特点》，《南京中医药大学学报（社会科学版）》2013 年第 3 期。

《黑水城出土 4979 号一则西夏文医方考释兼论西夏文医药文献的价值》，《辽宁中医药大学学报》2012 年第 8 期。

《黑水城出土西夏文古医方"人参半夏散"考述》，《时珍国医国药》2012 年第 7 期。

《黑水城出土西夏文三则治疗肠风泻血方考述》，《河南中医》2012 年第 6 期。

《黑水城出土西夏文古佚医方"草薢丸"考》，《山东中医药大学学报》2012 年第 6 期。

《黑水城出土西夏文古方"黄耆丸"考述》，《贵阳中医学院学报》2012 年第 5 期。

《黑水城出土西夏文"三仙丹"方考述》，《中华医史杂志》2012 年第 5 期。

《黑水城出土一则西夏文"治口疮"古方考证》，《贵阳中医学院学报》2012 年第 4 期。

《黑水城出土西夏文五则治疗眼疾古方考》，《山西中医学院学报》2012 年第 4 期。

《黑水城出土二则齿科病方考述》，《中医药文化》2012 年第 4 期。

～李冰：《西夏文医药文献叙录》，《兰台世界》2012 年第 4 期。

《黑水城出土 3 则偏头痛西夏文古医方考释》，《河北中医》2012 年第 3 期。

《黑水城出土西夏文文献古方还阳丹考述》，《南京中医药大学学报（社会科学版）》2012 年第 2 期。

《黑水城出土西夏文医药文献非计量单位的考察》，《中国民族医药杂志》2012 年第 2 期。

《黑水城出土 4384(9—8)与 4894 号缀合西夏文医方考释》，《宁夏社会科学》2012 年第 2 期。

《黑水城出土西夏文古医方"天雄散"考述》，《云南中医学院学报》2012 年第 2 期。

《俄藏黑水城文献 4384 西夏文古医方考》，《中医文献杂志》2012 年第 1 期。

《黑水城出土医药文献所反映的西夏医学特色》，《宋史研究论丛》2012 年第 1 期。

《俄藏黑水城医药文献 4894 号所载五补丸方考释》，《宁夏师范学院学报》2012 年第 1 期。

《俄藏黑水城出土西夏文"五倍丸方"考释》，《西夏研究》2012 年第 1 期。

《俄藏黑水城文献 4384 西夏文古医方考》，《中医文献杂志》2012 年第 1 期。

《黑水城出土西夏文医药文献价值刍议》，《保定学院学报》2011 年第 6 期。

《俄藏黑水城文献 911 号西夏文医书第 14—1 页药方考释》，《敦煌学辑刊》2011 年第 4 期。

《俄藏 Инв.No.911 号医书第 14—2 页药方考释——兼论西夏文医药文献的来源及特点》，《西夏学》2011 年第 2 期。

郭伏良～：《从〈说文解字〉"疒"部字看古代中医学的成就》，《汉字文化》2004 年第 1 期。

梁媞如（太原市中医研究所）

《傅山的道家思想和〈傅氏女科〉》，《山西中医》1988 年第 2 期。

梁廷信（辽阳市中草药科技开发研究所）

《满族常用药简介》，《中国民族医药杂志》2000 年第 1 期。

梁万山（广州中医药大学）

～郑洪：《〈蠱子医〉病因学说与养生启示初探》，《中国中医基础医学杂志》2018 年第 2 期。

～郑洪：《浅述岭南医家苏世屏〈伤寒论原文真义〉学术思想》，《环球中医药》2017 年第 11 期。

《岭南医家苏世屏〈伤寒论原文真义〉学术思想研究》，广州中医药大学硕士学位论文 2017 年。

梁文（湖南师范大学）

《"健康"的衍进——以〈大众医学〉和〈时尚健康〉为例透视中国大陆健康杂志》，湖南师范大学硕士学位论文 2008 年。

梁文春（广西师范大学）

《从身体的角度看费侠莉的〈繁盛之阴：中国医学史中的性（960—1665）〉》，广西师范大学硕士学位论文 2013 年。

梁文杰（广西医科大学）

王云屏～杨洪伟等：《中国卫生发展援助的理念与实践》，《中国卫生政策研究》2015 年第 5 期。

曹桂……金楠～：《金砖国家卫生发展援助分析》，《中国卫生政策研究》2015 年第 5 期。

《广西援非医疗队现状及发展策略研究》，广西医科大学硕士学位论文 2015 年。

徐明江、张新花～：《中国与东盟国家医疗保障体系比较研究》，《医学与哲学（A）》2013 年第 12 期。

梁希鸿

～李方华：《晋城医学馆》，《山西文史资料》1994 年第 5 期。

梁晓东（山东中医药大学）

～石作荣等：《近代中医教育发展的脉络和特点考略》，《山东中医药大学学报》2017 年第 1 期。

梁兴邦（西安医科大学）

～梁宏铎：《免疫机制认识的深化与肾脏移植历史》，《中华医史杂志》1994 年第 4 期。

梁燕（复旦大学上海医学院）

《加拿大医学教育中的全球卫生：当前的实践和机遇》，《复旦教育论坛》2008 年第 5 期。

《1995—2005 年利物浦大学医学史课程的发展》，《复旦教育论坛》2007 年第 2 期。

Angel Centeno～：《阿根廷医学教育的培养方案和历史背景》，《复旦教育论坛》2007 年第 4 期。

梁烨（广西民族大学）

《中越传统药物名称对比研究》，广西民族大学硕士学位论文 2012 年。

梁一圭

《孔子之卫生》，《卫生报卫生运动特刊》1928 年 4 月 28 日。

梁迎春（湖南师范大学）

《疯癫与隐喻——论鲁迅小说中的疯癫意象》，《中国文学研究》2007 年第 1 期。

梁永宣（北京中医药大学）

孟永亮～师建平：《北宋校正医书局校勘〈千金要方〉考释》，《中医杂志》2019 年第 16 期。

～尤立平：《日本汉方颗粒剂的开发和应用历程》，《中华医史杂志》2019 年第 4 期。

田芮凡～：《〈医心方〉所引〈葛氏方〉成书年代考论》，《北京中医药大学学报》2018 年第 12 期。

～尤立平：《日本汉方颗粒剂演进之概览》，《中国中医药报》2018 年 6 月 28 日 006 版。

孟永亮～师建平：《北宋校正医书局对〈外台秘要方〉校勘考释》，《中华中医药杂志》2018 年第 6 期。

孟永亮、师建平：《北宋校正医书局所校医籍署名考释》，《中医文献杂志》2018 年第 5 期。

孟永亮～师建平：《北宋校正医书局编校〈嘉祐本草〉考释》，《中华中医药杂志》2018 年第 4 期。

迟芬芳：《宋代医官选任制度探析》，《中医药文化》2018 年第 2 期。

迟芬芳～：《宋代"太医学三舍法"教育制度探析》，《世界中西医结合杂志》2018 年第 1 期。

甄雪燕～：《一代"药仙"李时珍》，《中国卫生人才》2017 年第 2 期。

甄雪燕～：《明代医学宗师——王肯堂》，《中国卫生人才》2016 年第 12 期。

甄雪燕～：《新安医学"温补派"创始人——汪机》，《中国卫生人才》2016 年第 10 期。

师建平～孟永亮：《北宋校正医书局对〈黄帝内经素问〉校勘考释（二）》，《中华中医药杂志》2016 年第 10 期。

甄雪燕～：《流失海外的宫廷彩绘药图》，《中国卫生人才》2016 年第 8 期。

孟永亮～师建平：《北宋校正医书局对〈黄帝内经素问〉校勘考释（一）》，《中华中医药杂志》2016 年第 7 期。

甄雪燕～：《日本的国宝级中医古籍》，《中国卫生人才》2016 年第 6 期。

李敏～：《日本〈和韩医话〉所载笔谈医学史料之所见》，《中华中医药杂志》2016 年第 5 期。

杜菁～孟永亮：《探析宋代药局的急救及惠民作用》，《中国中医基础医学杂志》2016 年第 4 期。

甄雪燕～：《儒、道、佛与中医学》，《中国卫生人才》2016 年第 4 期。

杜菁～孟永亮：《浅析宋代法律对弱势群体的医疗保障》，《世界中西医结合杂志》2016 年第 3 期。

甄雪燕～：《中国古代的"医院"》，《中国卫生人才》2016 年第 2 期。

鄢洁～：《〈游宦纪闻〉所载药物相关史料研究》，《世纪中西医结合杂志》2016 年第 2 期。

李敏～：《〈东医宝鉴〉引用的仲景文献分析与研究》，《中医药文化》2016 年第 2 期。

李敏、黄英华～：《18 世纪日朝外交中朝鲜通信使的药物馈赠考述》，《中医药文化》2016 年第 1 期。

甄雪燕～：《最早的病因学专著——〈诸病源候论〉》，《中国卫生人才》2015 年第 12 期。

甄雪燕～：《世界上最早的医书出版社——校正医书局》，《中国卫生人才》2015 年第 10 期。

杜菁～孟永亮：《探析宋代漏泽园的防疫作用》，《中国中医基础医学杂志》2015 年第 9 期。

甄雪燕～：《中医文献整理大师——王焘》，《中国卫生人才》2015 年第 8 期。

甄雪燕～：《人工免疫的先驱——人痘接种术》，《中国卫生人才》2015 年第 6 期。

孟永亮～：《北宋校正医书局对张仲景著作校勘考述》，《辽宁中医药大学学报》2015 年第 5 期。

甄雪燕～：《世界上最早的官方药局——熟药所》，《中国卫生人才》2015 年第 4 期。

李敏～：《18 世纪日朝医家关于朝鲜人参的探讨》，《中华医史杂志》2015 年第 4 期。

张慧蕊～：《宋以前有关"伤寒日期"理论的文献研究》，《世界中西医结合杂志》2015 年第 2 期。

甄雪燕～：《"悬吊复位法"的创立》，《中国卫生人才》2015 年第 2 期。

李敏～：《日本〈两东笔语〉所载笔谈医学史料研究——以药物、诊疗为核心》，《中医药文化》2015 年第 1 期。

甄雪燕～：《妇科的"大全良方"》，《中国卫生人才》2014 年第 12 期。

甄雪燕～：《外科"鬼遗方"》，《中国卫生人才》2014 年第 10 期。

张慧蕊～：《〈外台秘要方〉与〈太平圣惠方〉中伤寒理论文献的比较》，《中华医史杂志》2014 年第 5 期。

黄英华～：《中国对〈东医宝鉴〉的认识和研究》，《中医文献杂志》2014 年第 5 期。

孟永亮～：《北宋校正医书局编校医籍概述》，《中华医史杂志》2014 年第 4 期。

甄雪燕、王利敏～：《"山中宰相"陶弘景》，《中国卫生人才》2014 年第 4 期。

张慧蕊～：《〈太平圣惠方〉中的淳化本〈伤寒论〉》，《北京中医药大学学报》2014 年第 1 期。

甄雪燕、王利敏：《古代医生的习医之路》，《中国卫生人才》2013 年第 12 期。

孟永亮～：《北宋校正医书官孙奇、孙兆考述》，《辽宁中医药大学学报》2013 年第 11 期。

吴蓉～：《现存历代伤寒书目内容初探》，《世界中西医结合杂志》2013 年 10 期。

甄雪燕、王利敏～：《衣袖里的秘密——〈肘后救卒方〉》，《中国卫生人才》2013 年第 10 期。

甄雪燕、王利敏～：《舌诊开山之作〈敖氏伤寒金镜录〉》，《中国卫生人才》2013 年第 9 期。

甄雪燕、王利敏～：《华佗与麻沸散》，《中国卫生人才》2013 年第 8 期。

甄雪燕、王利敏～：《"医圣"张仲景》，《中国卫生人才》2013 年第 7 期。

孟永亮～：《北宋校正医书局林亿生平探析》，《北京中医药大学学报》2013 年第 6 期。

孟永亮～：《对〈苏魏公文集〉"医籍序"中书名及断句的商榷》，《中医文献杂志》2013 年第 5 期。

甄雪燕、王利敏～：《古代医药行业的招牌——阴阳鱼、葫芦与串铃》，《中国卫生人才》2013 年第 5 期。

许郁莓～：《和田启十郎及其〈医界之铁椎〉》，《中医药文化》2013 年第 5 期。

甄雪燕、王利敏～：《淳于意与最早的医案——"诊籍"》，《中国卫生人才》2013 年第 4 期。

孟永亮～：《提举校正医书三长官——韩琦、范镇、钱象先考释》，《中华医史杂志》2013 年第 4 期。

张弦～：《朝鲜"医方类聚"成书背景研究》，《吉林中医药》2013 年第 2 期。

《日本各地收藏中医古籍的图书馆——宫内廷书陵部；国立公文书馆内阁文库；静嘉堂文库；杏雨书屋；京都大学；东京大学；早稻田大学；蓬左文库》，《世界中西医结合杂志》2013 年第 1、3、5、7、11、12 期；2014 年第 1、4 期。

孟永亮～：《北宋校正医书局掌禹锡生平考述》，《中华医史杂志》2013 年第 1 期。

甄雪燕、王利敏～：《中医诊断学的鼻祖——扁鹊》，《中国卫生人才》2013 年第 1 期。

甄雪燕～：《马王堆汉墓中的医学资料》，《中国卫生人才》2012 年第 12 期。

甄雪燕～：《最早的医学文字档案——甲骨文》，《中国卫生人才》2012 年第 10 期。

甄雪燕～：《黄帝构建中医理论的始祖》，《中国卫生人才》2012 年第 9 期。

甄雪燕～：《神农探索中药宝藏的先驱》，《中国卫生人才》2012 年第 8 期。

张弦～：《朝鲜"医方类聚"参编人员研究》，《世界中西医结合杂志》2012 年第 7 期。

甄雪燕～：《伏羲制九针》，《中国卫生人才》2012 年第 7 期。

赵怀舟～:《重审"金匮要略·杂疗方"的篇章结构》,《中华医史杂志》2012 年第 3 期。

李浩～邱浩:《〈医心方〉编纂体例特色》,《世界中西医结合杂志》2011 年第 5 期。

李浩～邱浩:《半井家本〈医心方〉九死候异文成因浅析》,《中医文献杂志》2011 年第 3 期。

《〈金匮要略方〉最古本、最善本的发现与流传》,《中华医史杂志》2011 年第 3 期。

《日朝医学交流史的生动写照——〈韩客治验〉》,《中华医史杂志》2011 年第 2 期。

～郑金生等:《考古史上首次发现的宋代医学壁画》,《中华医史杂志》2011 年第 1 期。

李浩～邱浩:《半井家本〈医心方〉所引〈太素〉文初探》,《中华医史杂志》2011 年第 1 期。

《〈小品方〉残卷与张仲景〈金匮要略方〉》,《中国中医基础医学杂志》2010 年第 6 期。

～邱浩:《从目录学及宋臣校正医书史料探讨张仲景著作流传》,《中医药文化》2010 年第 4 期。

真柳诚～段逸山等:《〈金匮要略〉的成书与现存版本问题》,《中华医史杂志》2009 年第 6 期。

《葛洪〈肘后备急方〉与张仲景〈金匮要略方〉对比研究》,《中国中医基础医学杂志》2008 年第 6 期。

《敦煌残卷 S.079 碎片与仲景关系考》,《中医药文化》2008 年第 6 期。

《朝鲜〈医方类聚〉的版本流传》,《江西中医学院学报》2007 年第 5 期。

侯中伟、谷世喆～:《张仲景与道家渊源考略》,《吉林中医药》2007 年第 4 期。

《日本出土刻有"西州续命汤"的木简》,《中华医史杂志》2007 年第 4 期。

《〈金匮玉函经·证治总例〉当出自仲景》,《中医文献杂志》2007 年第 2 期。

《宋以前〈金匮要略方〉流传史研究》,北京中医药大学博士学位论文 2006 年。

《金匮、金匮录及仲景金匮录简考》,《中医药文化》2006 年第 2 期。

～王庆国:《〈本草图经〉所引张仲景医书佚文考》,《中华医史杂志》2006 年第 1 期。

《王洙发现〈金匮要略〉的若干佐证》,《北京中医药大学学报》2005 年第 5 期。

《日本〈桑韩笔语〉中的日朝医学交流背景与内容》,《医古文知识》2005 年第 4 期。

《王清任与〈医林改错〉》,《中国中医药现代远程教育》2005 年第 2 期。

《甲骨文与王懿荣》,《中国中医药现代远程教育》2004 年第 7 期。

《藏于日本的朝日医家笔谈》,《医古文知识》2004 年第 3 期;2005 年第 2 期。

《清末金德鉴与日本冈田篁所的学术交流》,《中华医史杂志》2004 年第 3 期。

钱超尘～:《〈伤寒论〉日本内阁本与中国北图本互勘研究》,《中华医史杂志》2004 年第 1 期。

车雄硕～:《韩医学史现代研究概况》,《中华医史杂志》2003 年第 4 期。

《日本〈沪吴日记〉所载清末中国中医史料研究》,《中国科技史料》2002 年第 2 期。

《〈医学疑问〉与〈答朝鲜医问〉比较研究》,《中国中医基础医学杂志》2001 年第 2 期。

《朝鲜〈医林撮要〉所载中朝医学交流史料研究》,《中华医史杂志》2001 年第 1 期。

《王应遴与〈答朝鲜医问〉》,《中华医史杂志》2000 年第 2 期。

《日本的汉方医学史研究》,《中华医史杂志》1998 年第 3 期。

《韩国的传统医学教育》,《中医教育》1997 年第 5 期。

梁雨晴(吉林大学)

《日本社会医疗保险制度研究》,吉林大学硕士学位论文 2010 年。

梁远东(山东大学)

《〈太平经〉神仙方技研究》,山东大学硕士学位论文 2016 年。

梁章池(中国麻风中心/广东省卫生厅)

《大枫子油何时始用于中国》,《中国麻风杂志》1988 年第 3 期。

～马雪芬:《古诗〈芣苢〉是否与麻风有关的论证》,《中国麻风杂志》1988年第2期。

～赵文明:《关于中国“疠人坊”起源的考证及其遗址现场的考察》,《中国麻风杂志》1985年00期。

《中国古代麻风史事考辨》,《皮肤性病防治通讯》1963年第1期。

梁智(江苏省卫生厅)

《加拿大卫生保健系统概述》,《国外医学(卫生经济分册)》2010年第3期。

《澳大利亚医疗制度与改革》,《国外医学(卫生经济分册)》2006年第3期。

～袁建平等:《澳大利亚卫生保健制度研究》,《国外医学(卫生经济分册)》2001年第2期。

梁志平(上海工程技术大学/复旦大学)

《浙商与沪商的竞争及合作:上海内地自来水公司回购案(1915—1917)》,《上海地方志》2019年第2期。

《隐藏的商斗:李平书首次经营上海内地自来水公司考辨(1903—1908)》,《地方文化研究》2018年第6期。

《民国时期湖州水质环境变迁与饮水改良》,《鄱阳湖学刊》2017年第4期。

《民国江南轻工业废水污染与社会应对》,《江苏师范大学学报(哲学社会科学版)》2017年第3期。

《饮水改良与江南血吸虫病等传染病防治关系分析(1952—1978)》,《鄱阳湖学刊》2013年第3期。

《西人对1842年至1870年上海地区饮用水水质的认知与应对》,《农业考古》2013年第1期。

《渐变下的调适:上海水质环境变迁与饮水改良简析(1842—1980)》,《兰州学刊》2011年第12期。

《太湖流域水质环境变迁与饮水改良:从改水运动入手的回溯式研究》,复旦大学博士学位论文2010年。

梁子钰(北京中医药大学)

《易水学派代表医家治疗脾胃病方药规律及学术思想嬗变研究》,北京中医药大学博士学位论文2016年。

～李俊德等:《基于关键词的易水学派研究文献分析》,《中医杂志》2016年第3期。

～龙子弋等:《近35年易水学派研究的文献计量学分析》,《中华中医药杂志》2016年第2期。

～李俊德等:《浅析易水学派学术源流及治疗脾胃病的学术思想特点》,《世界中西医结合杂志》2015年第8期。

徐睿瑶～李俊德:《日本的新年药膳酒——屠苏酒》,《世界中西医结合杂志》2015年第3期。

徐睿瑶～李俊德:《中医药膳食疗在日本的发展概况》,《世界中西医结合杂志》2014年第12期。

徐睿瑶～:《日本汉方药的发展概况》,《世界中西医结合杂志》2014年第7期。

廖春红(广州中医药大学)

《何克谏〈增补食物本草备考〉之研究》,广州中医药大学硕士学位论文2013年。

～郑洪:《何克谏〈增补食物本草备考〉的岭南食疗特色》,《广州中医药大学学报》2012年第4期。

廖大伟(东华大学)

～罗红:《从华界垃圾治理看上海城市的近代化(1927—1937)》,《史林》2010年第2期。

廖丹妮(西南政法大学)

～王锐等:《霍乱时期重庆媒体的健康传播策略》,《新闻研究导刊》2015年第8期。

廖果(中国中医科学院)

朱俊楠～:《论中医文物的文化内涵》,《国际中医中药杂志》2012年第11期。

《中医文物分类探析》,《中华医史杂志》2012年第6期。

张岳～:《从〈内经〉膏脂理论谈中医对肥胖的认识》,《国际中医中药杂志》2011年第8期。

《中国医药卫生文物述要》,《中华医史杂志》2009年第5期。

《20世纪的中外医学交流》,《亚太传统医药》2006年第2期。

～李经纬:《读〈职业化卫生管理队伍建设研究〉》,《中华医史杂志》2002年第4期。

《日本东京国立博物馆藏针灸铜人来历的新说》,《中华医史杂志》1989年第4期。

～李经纬:《元代中外医药交流初探(摘要)》,《中华医史杂志》1988年第4期。

廖汉祺(广州中医药大学)

《金元时期易水学派的脏腑病机理论研究》,广州中医药大学博士学位论文2013年。

廖吉娜(广州中医药大学)

《近代岭南名医卢朋著〈四圣心源提要〉研究》,广州中医药大学硕士学位论文2007年。

廖家兴

～姜建国等:《喻嘉言学术思想探讨(来稿摘登)》,《江西中医药》1981年第3期。

《东垣学说中的阴火与元气》,《江西医药》1964年第6期。

《学习王清任先生实事求是的治学态度和大胆创造的革命精神》,《福建中医药》1961年第1期。

《有关工矿职业病的文献三则》,《福建中医药》1959年第2期。

《介绍第一部白喉专书——时疫白喉捷要》,《江西中医药》1958年第2期。

廖建夏(广西民族大学)

《壮医与近代广西传染病的防治》,《广西民族大学学报(自然科学版)》2014年第3期。

《民国时期广西瑶族地区传染病流行的成因及其影响》,《广西民族大学学报(哲学社会科学版)》2010年第3期。

廖金英(兰州大学)

《〈人民日报〉、〈南方周末〉和〈羊城晚报〉关于乙肝报道的议题建构》,兰州大学硕士学位论文2006年。

辽宁省档案馆

《满铁"探视"孙中山病情史料一组》,《民国档案》1999年第3期。

廖淇晴(台湾中正大学/台湾南华大学)

《敦煌香药方与唐代香文化》,《敦煌学》第26期(2005.12)。

《唐五代文学香事书写研究》,台湾中正大学博士学位论文2014年。

廖芮茵

《谈杜甫的贫病与药饵养生》,《人文社会学报》第3期(2004.12)。

廖神慧(四川外国语大学)

《在科学与文化之间:我国健康类电视节目中的中医形象呈现研究》,四川外国语大学硕士学位论文2019年。

廖苏苏(中国医学科学院)

张庆宁～张孔来:《河北定县农村卫生实验区的创建始末及影响》,《中国医史杂志》2016年第4期。

《北平第一卫生事务所的历史贡献》,《中华医史杂志》2015年第5期。

～张庆宁等:《也谈"人群"是流行病学认识疾病现象的视角》,《中华流行病学杂志》2012年第10期。

廖文(华南理工大学)

《"井上睦雄证言"与侵华日军波字第 8604 部队的生化战罪恶》,《武陵学刊》2013 年第 3 期。

廖文慧(台湾高雄大学)

《同志友善医疗与精神科医护经验之初探》,高雄医学大学硕士学位论文 2014 年。

廖文科(中华人民共和国教育部)

马迎华~:《英国和荷兰预防性病艾滋病学校健康教育现状》,《中国学校卫生》2004 年第 1 期。

《日本学校卫生保健工作概况》,《中国学校卫生》2001 年第 2 期。

《日本学校营养午餐的沿革与现状》,《中国学校卫生》2001 年第 1 期。

廖温仁

《亚拉伯医学传入中国》,《医事杂志》1952 年第 3 期。

~撰,沈石顽译:《中国中世医学史》,《中华医药杂志》1934 年第 7、8、10 期。

《东洋脚气病理之历史的研究》,《同仁会医学杂志》1929 年第 1 期。

《脚气病疗法之历史的研究》,《同仁会医学杂志》1929 年第 1 期。

廖晓羽(福建中医药大学)

《陈修园医学教育思想研究》,福建中医药大学硕士学位论文 2012 年。

~林慧光:《清代医学教育形式举要》,《中医药文化》2011 年第 5 期。

廖旭(陕西中医学院)

《1944 年以前陕西方志医药文献研究》,陕西中医学院硕士学位论文 2013 年。

廖扬(四川师范大学)

《民国时期成都地区鼠疫防控研究(1912 年—1949 年)》,四川师范大学硕士学位论文 2017 年。

廖育群(中国科学院)

《说古及今 漫谈传统医学》,《科学文化评论》2018 年第 4 期。

《他从文献走来——读真柳诚〈黄帝医籍研究〉》,《中国科技史杂志》2015 年第 4 期。

《医史研究"三人行"——读梁其姿〈面对疾病〉与〈麻风〉》,《中国科技史杂志》2015 年第 3 期。

《读民族医学札记》,《中国科技史杂志》2013 年第 4 期。

《2012 年度国家社科基金重大项目中的两个中国传统医学研究项目》,《中国科技史杂志》2013 年第 1 期。

《一位小众学者的小众之作:"从希腊到长安"的医药文化研究》,《中国科技史杂志》2013 年第 1 期。

《关于日本汉方医学的"全豹之述"与"一斑之究"——读小曾户洋与远藤次郎大作之感》,《中国科技史杂志》2012 年第 1 期。

《关于中国古代的脚气病及其历史的研究》,林富士主编《疾病的历史》(台北:联经 2011 年)。

万辅彬~:《终偿之约——口述史会议中的"访谈"与"口述"——廖育群研究员访谈录》,《广西民族大学学报(自然科学版)》2011 年第 1 期。

《"杯吸"与"蛭吸"的中外比较研究》,《中国科技史杂志》2010 年第 3 期。

《不卑不亢读"洋书",平心静气论得失——有关〈繁盛之阴〉及所见评论的综合讨论》,《中国科技史杂志》2010 年第 2 期。

《关于"中医文化研究"的思考:名与实》,《环球中医药》2009 年第 2 期。

《中医:是"科学",还是"非物质文化遗产"?》,《环球中医药》2009 年第 1 期。

《汉方医学的落日余晖——江户考证派的学术与社会》,《九州学林》第 4 卷第 2 期(2006)。

《两汉医学史的重构(摘要)》,《中华医史杂志》2006 年第 3 期。

《科学对中医的影响》,《科学对社会的影响》2006 年第 2 期。

《〈吃茶养生记〉——一个宗教医学典型案例的解析》,《中国科技史杂志》2006 年第 1 期。

《两汉医学史的重构》,《科学文化评论》2005 年第 4 期。

《永富独啸庵与汉方中的吐法追求——医学文化研究之一案》,《中国科技史杂志》2005 年第 1 期。

《印度医学中的"味"(rasa)》,《中国科技史料》2002 年第 3 期。

《记载与诠释——日本脚气病史的再检讨》,《新史学》第 12 卷第 4 期(2001.12)。

《周潜川、廖厚泽与〈古脉法〉》,《中国科技史料》2001 年第 4 期。

《印度医学的"脉"与"穴"》,《中国科技史料》2001 年第 2 期。

《关于中国传统医学的一个传统观念——医者意也》,《大陆杂志》第 101 卷第 1 期(2000)/《法国汉学》第 5 辑(2000.11)。

《阿输吠陀中的"妙闻之论"——印度传统医学经典介绍》,《中国科技史料》2000 年第 4 期。

《关于中国古代的脚气病及其历史的研究》,《自然科学史研究》2000 年第 3 期。

《中国传统医学中的"传统"与"革命"》,《传统文化与现代化》1999 年第 1 期。

《古代印度眼科概要及其对中国影响之研究》,《自然科学史研究》1998 年第 1 期。

《中国古代科技传日史料——〈赍来书目〉所载相关著作》,《中国科技史料》1997 年第 4 期。

《印度医学经典〈罗迦集〉中的治疗方法》,《中华医史杂志》1997 年第 2 期。

《阴阳家、阴阳学说与中国传统医学》,《传统文化与现代化》1995 年第 5 期。

《宋慈与中国古代司法检验体系评说》,《自然科学史研究》1995 年第 4 期。

《印度古代药物分类法及其可能对中国医学产生的影响》,《自然辩证法通讯》1995 年第 2 期。

《东汉时期医学发展之研究》,《传统文化与现代化》1994 年第 3 期。

《〈素问〉"七篇大论"运气不同推算方式之分析》,《中华医史杂志》1994 年第 2 期。

《中国古代医学对呼吸、循环机理认识之误》,《自然辩证法通讯》1994 年第 1 期。

《中国古代呪禁疗法研究》,《自然科学史研究》1993 年第 4 期。

《道家思想与养生学的关系》,《传统文化与现代化》1993 年第 5 期。

《中国传统医学的运气学说》,《自然辩证法通讯》1993 年第 2 期。

《考订〈名医别录〉及其与陶弘景著述的关系》,《自然科学史研究》1992 年第 3 期。

《陶弘景本草著作中诸问题的考察》,《中华医史著作》1992 年第 2 期。

《秦汉之际针灸疗法理论的建立》,《自然科学史研究》1991 年第 3 期。

《汉代内服药的剂型演变与"汤液"研究》,《自然科学史研究》1990 年第 2 期。

《今本〈黄帝内经〉研究》,《自然科学史研究》1988 年第 4 期。

《金元四大医家——刘完素、张从正、李杲、朱震亨》,《科学学研究》1988 年第 2 期。

《古代解剖知识在中医理论建立中的地位与作用》,《自然科学史研究》1987 年第 3 期。

《〈易〉与中国医学并无直接联系》,《中医杂志》1987 年第 7 期。

《从逻辑推理谈医学起源的研究》,《医学与哲学》1986 年第 7 期。

《试论医学起源》,《大自然探索》1986 年第 4 期。

廖月香(广州中医药大学)

《〈临证指南医案〉桂枝运用的研究》,广州中医药大学博士学位论文 2012 年。

廖耘（台湾大学）

《封闭与开放式群众智慧比较：以传染病资讯市场为例》，台湾大学硕士学位论文 2012 年。

廖云（西南大学）

《秦汉简帛中所见疾病的预防与治疗研究》，西南大学硕士学位论文 2013 年。

廖肇亨（台湾中央研究院）

《从〈琉球百问〉看清代中叶琉球贵族的疾病与社会生活》，《浙江工商大学学报》2010 年第 6 期。

廖仲航

《医学源流考》，《奉天医学杂志》1926 年第 19 期。

列永娟（浙江师范大学）

《批判医学人类学视角下的"未富先胖"——基于日常生活的研究》，《山西青年》2017 年第 8 期。

林安红（福建农林大学）

《农村公共产品供给困境实例分析——以新型农村合作医疗为例》，《福建农林大学学报（哲学社会科学版）》2008 年第 6 期。

林宝成（甘肃省中医学校）

~张作君：《武威汉代医简牍简介》，《甘肃中医》1990 年第 2 期。

林伯均

《〈玄机秘要〉考》，《江苏中医》1964 年第 12 期。

《从"针灸集成"中的错误谈到"针灸经穴图考"》，《广东中医》1958 年第 6 期。

林伯欣

《日雕月琢、感而遂通——记台北市立中医院发展史》，《台湾中医医学杂志》第 13 卷第 1 期（2015.3）。

《"流动"的疾病观：从武威医简一则谈起》，《台湾中医医学杂志》第 12 卷第 2 期（2014.9）。

《筑梦与踏实——浅谈古典中医的经史观》，《台湾中医医学杂志》第 12 卷第 1 期（2014.3）。

《"解结"——以痛为核心探讨先秦两汉中医学之内涵》，中国医药大学博士学位论文 2008 年。

~李建民等：《从马王堆医书看先秦中医生理观》，《中华医史杂志》2008 年第 1 期。

《中医疾病史研究回顾》，《古今论衡》（台北）第 14 期（2006）。

《评范家伟：〈六朝隋唐医学之传承与整合〉》，《新史学》第 16 卷第 3 期（2005.9）。

赁常彬

《杜诗与治病》，《文史杂志》1992 年第 6 期。

林昌松（广州中医药大学）

刘小宝~：《张锡纯治疗痹病经验探析》，《江西中医药》2019 年第 10 期。

魏赈权……刘小宝~：《"胆主骨所生病"刍议》，《中华中医药杂志》2019 年第 5 期。

王强……韩隆胤~：《精神障碍视角下〈金匮要略〉中的躯体症状障碍研究》，《中华中医药杂志》2018 年第 8 期。

曹正同~段力：《〈医宗金鉴·杂病心法要诀〉痹病证治思想探微》，《中医药导报》2017 年第 17 期。

曹正同~段力：《桂枝芍药知母汤病机演变探微》，《亚太传统医药》2017 年第 5 期。

王强~：《论经方中的白术或为苍术》，《中华中医药杂志》2017 年第 5 期。

曹正同、李楠~姜玉宝：《从黄芩汤的演变看〈伤寒论〉的编写原则》，《河南中医》2016 年第 12 期。

张淑芬、贺娜娜~：《六经思想与养生》，《河南中医》2016 年第 10 期。

黄淦波、欧晓波～卢军:《论何梦瑶〈神效脚气方〉》,《新中医》2016年第2期。

欧晓波、黄淦波～:《〈金匮翼〉论痹思想探要》,《风湿病与关节炎》2016年第1期。

卢军、陈燕芬～李楠:《〈金匮要略〉妇人三十六病探析》,《辽宁中医药大学学报》2016年第1期。

徐强～陈纪藩等:《〈金匮要略〉泻心汤新解》,《河南中医》2012年第3期。

《〈金匮要略〉在杂病辨证中的特点》,《长春中医学院学报》2001年第1期。

《发汗解表法在〈金匮要略〉中的运用》,《浙江中医杂志》2000年第12期。

《〈金匮要略〉论治风湿病探析》,《广州中医药大学学报》2000年第1期。

林呈蓉

《国家卫生原理——台湾人医疗精英的思考源流》,《台湾史料研究》第25号(2005.7)。

林崇熙

《免洗餐具的诞生:医学知识在台湾的社会性格分析》,《台湾社会研究季刊》第32期(1998.12)。

《AIDS、省府虚级化、与B型肝炎疫苗——科学知识在台湾的一种社会建构历程》,《新史学》第8卷第1期(1997.3)。

林传胜(台湾国立台湾大学)

《台湾现代法制对伤科推拿传统的规范态度》,国立台湾大学硕士学位论文2013年。

林灯辉(外交学院)

《全球治理视角下的中国卫生外交探析——以埃博拉为例》,外交学院硕士学位论文2016年。

林恩燕(福建省中医药研究院)

～陈炬烽:《清代福州名医陈恭溥与〈伤寒论章句〉简介》,《中医文献杂志》2007年第1期。

～林炳辉等:《清代福州名医陈恭溥与〈伤寒论章句〉》,《福建中医药》2006年第4期。

～林炳辉:《林则徐与中医药学》,《中医文献杂志》2006年第3期。

～陈炬烽:《清代福州名医陈恭溥与〈伤寒论章句〉》,《中国民族民间医药杂志》2006年第2期。

～林炳辉:《抗日战争时期的印尼泗水华侨中医》,《中医文献杂志》2006年第1期。

《千古奇冤陈梦雷》,《医古文知识》1999年第3期。

～翁晓红:《畲族名医钟成瑞治疗喉科经验》,《中国民族医药杂志》1999年第1期。

《〈本草纲目〉琉璃条引文辨误》,《时珍国医国药》1998年第5期。

～朱廉溪等:《畲族医药治疗妇科病初探》,《中国民族民间医药》1996年第4期。

～林炳辉:《畲医治疗儿科疾病经验》,《中国民族医药杂志》1995年第2期。

林法财(广州中医药大学)

～贺娜娜等:《浅探〈黄帝内经〉中五行音乐疗法》,《中华中医药杂志》2015年第11期。

～黄德弘:《基于〈黄帝内经〉阴阳"五态人"之理论浅析因质施针》,《中华中医药杂志》2013年第5期。

～费飞:《论〈黄帝内经〉中"五态人"对针刺得气的影响》,《北京中医药大学学报》2013年第2期。

林飞(湖北中医药大学)

郭丽丽～王阶:《熊魁梧〈中医热病学〉评述》,《湖北中医药大学学报》2013年第6期。

《中医病因学思想探讨》,《湖北中医药大学学报》2012年第6期。

林富士(台湾中央研究院)

《槟榔与佛教——以汉文文献为主的探讨》,《中央研究院历史语言研究所集刊》第88本第3分(2017.9)

《中国的"巫医"传统》,生命医疗史研究室主编《中国史新论:医疗史分册》(台北:中央研究院 2015)。

《试论影响食品安全的文化因素:以嚼食槟榔为例》,《中国饮食文化》第 10 卷第 1 期(2014)。

《当代台湾本土宗教的文化史诠释:童乩仪式装扮的新探索》,江灿腾主编《当代台湾宗教研究精粹论集:诠释建构者群像》(台北:博扬文化 2014)。

《"旧俗"与"新风"——试论宋代巫觋信仰的特色》,《新史学》第 24 卷第 4 期(2013.12)。

《"祝由"医学与道教的关系——以〈圣济总录.符禁门〉为主的讨论》,康豹等主编《信仰、实践与文化调适》(台北:中央研究院 2013)。

《"祝由"释义:以〈黄帝内经・素问〉为核心文本的讨论》,《中央研究院历史语言研究所集刊》第 83 本第 4 分(2012.12)。

《疾病也有历史》,林富士主编《疾病的历史》(台北:联经 2011 年)。

《中国古代巫觋的社会形象与社会地位》,林富士主编《中国史新论:宗教史分册》(台北:中央研究院 2010 年)。

《人间之魅——汉唐之间"精魅"故事析论》,《中央研究院历史语言研究所集刊》第 78 本第 1 分(2007.3)。

《清代台湾的巫觋与巫俗——以〈台湾文献丛刊〉为主要材料的初步探讨》,《新史学》第 16 卷第 3 期(2005.9)。

《医者或病人?——童乩在台湾社会中的角色与形象》,《中央研究院历史语言研究所集刊》第 76 本第 3 分(2005.9)/林富士主编《宗教与医疗》(台北:联经 2011 年)。

《释"魅":以先秦至东汉时期的文献资料为主的考察》,蒲慕州主编《鬼魅神魔:中国通俗文化侧写》(台北:麦田 2005 年)。

《中国疾病史研究刍议》,《四川大学学报(哲学社会科学版)》2004 年第 1 期。

《瘟疫与政治——传统中国政府对于瘟疫的响应之道》,《书城》2003 年第 7 期。

《中国早期道士的"医者"形象:以〈神仙传〉为主的初步探讨》,《世界宗教学刊》第 2 卷(2003)。

《中国早期道士的医疗活动及其医术考释:以汉魏晋南北朝时期的"传记"资料为主的初步探讨》,《中央研究院历史语言研究所集刊》第 73 本第 1 分(2002.3)。

《疾病与"修道"——中国早期道士"修道"因缘考释之一》,《汉学研究》第 19 卷第 1 期(2001)。

《略论早期道教与房中术的关系》,《中央研究院历史语言研究所集刊》第 72 本第 2 分(2001.6)。

《"疾病的历史"研讨会纪要》,《中华医史杂志》2000 年第 4 期。

《头发、疾病与医疗——以中国汉唐之间的医学文献为主的初步探讨》,《中央研究院历史语言研究所集刊》第 71 本第 1 分(2000.3)。

《试论中国早期道教对医药的态度》,《台湾宗教研究》第 1 卷第 1 期(2000)。

《中国六朝时期的巫觋与医疗》,《中央研究院历史语言研究所集刊》第 70 本第 1 分(1999.3)。

《试论〈太平经〉的主旨与性质》,《中央研究院历史语言研究所集刊》第 69 本第 2 分(1998.6)。

《东汉晚期的疾疫与宗教》,《中央研究院历史语言研究所集刊》第 66 本第 3 分(1995.9)。

《试论〈太平经〉的疾病观念》,《中央研究院历史语言研究所集刊》第 62 本第 2 分(1993.6)。

《试论汉代的巫术医疗法及观念基础:汉代疾病研究之一》,《史原》第 16 卷(1987)。

《试释睡虎地秦简中的"疠"与"定杀"》,《史原》第 15 卷(1986)。

林庚庭（解放军第 117 医院）

～张俊杰：《〈金匮要略〉辨病与辨证相结合的诊治方法及其现实意义》，《浙江中医杂志》2004 年第 2 期。

林巩

《白求恩与"一个模范的伤兵医院"》，《福建党史月刊》2016 年第 10 期。

林功铮（上海中医文献研究所）

《论中国医学史研究范畴》，《医学与哲学》1995 年第 7 期。

《中国医学史发展源流》，《医学与哲学》1993 年第 3 期。

《中医病历的创始》，《福建中医药》1991 年第 1 期。

林海（福建中医学院）

《论医院管理的人文特征》，《医学与哲学（人文社会医学版）》2008 年第 9 期。

《毛泽东中医思想及其当代价值研究》，《医学与社会》2007 年第 1 期。

《三代领导人社会发展观视野下的中医发展战略》，《医学与社会》2006 年第 8 期。

林禾禧（泉州市人民医院）

《蔡宗玉的生平及其学术思想》，《福建中医药》1982 年第 3 期。

林华（北京行政学院）

《康熙皇帝与西医西药》，《新视野》1997 年第 5 期。

林华镇（北京中医药大学）

《程国彭的〈伤寒论〉学术思想研究特色》，北京中医药大学硕士学位论文 2011 年。

林欢（故宫博物院）

《药墨史话——从胡开文"八宝五胆药墨"谈起》，《中医药文化》2013 年第 1 期。

林慧光（福建中医药大学/福建中医学院）

郑夏楠、谢比其～：《张从正〈儒门事亲〉对小儿保健的指导》，《中医儿科杂志》2017 年第 6 期。

罗晓燕……杨伯凌～：《〈普济方·诸香〉芳香疗法探究》，《中医文献杂志》2017 年第 3 期。

周丛笑～：《浅析陈修园论治儿科特色》，《江西中医药大学学报》2017 年第 1 期。

郑可男……林栋～陈建仁：《援易解医论李东垣"阳升阴降"与朱丹溪"阴升阳降"》，《中国中医基础医学杂志》2016 年第 9 期。

陈玉鹏～：《〈养生类纂〉养生思想与特色探讨》，《江西中医药大学学报》2016 年第 5 期。

俞宜年～：《榕医锦翰 珍若拱璧——评〈壶天墨痕——近现代榕医锦翰〉》，《中医药文化》2014 年第 2 期。

杨笑～：《徐春甫的养生观》，《福建中医药大学学报》2014 年第 1 期。

张敬敬～：《〈神农本草经读〉力纠用药时弊探析》，《中医药学报》2013 年第 6 期。

林意涵～：《陈修园对张景岳的褒扬》，《福建中医药大学学报》2011 年第 5 期。

廖晓羽～：《清代医学教育形式举要》，《山西中医》2011 年第 6 期。

陈艺红～：《陈修园〈南雅堂医案〉的妇科治疗特点》，《福建中医学院学报》2010 年第 1 期。

俞宜年～：《〈方药求真〉评析》，《贵阳中医学院学报》2004 年第 4 期。

～芮立新：《〈温疫论〉"截断扭转"学术思想探析》，《中国医药学报》2003 年第 3 期。

《〈医学实在易〉评述》，《贵阳中医学院学报》2003 年第 2 期。

《〈医学实在易〉学术特点探析》，《福建中医学院学报》2003 年第 2 期。

《陈修园对〈伤寒论〉存津液的发挥》，《福建中医学院学报》2003年第1期。

～芮立新：《陈修园对脾胃学说的实践与发挥》，《中国医药学报》2002年第8期。

《陈修园论治骨伤病症经验举要》，《中医药学报》2002年第5期。

《〈女科准绳〉外治法探要》，《福建中医学院学报》2002年第4期。

《王肯堂对优生优育的贡献》，《福建中医学院学报》2002年第3期。

《试析陈修园"维护旧论"学术思想的多面性》，《中国医药学报》2001年第6期。

～林赛容：《陈修园对时方的实践与贡献》，《福建中医学院学报》2001年第2期。

《〈女科要旨〉外治法初探》，《中医外治杂志》2001年第1期。

《陈修园整理古医籍思路初探》，《中国医药学报》2000年第5期。

～阮少涵：《陈修园研究〈金匮要略〉的特点初探》，《福建中医学院学报》2000年第3期。

《试论陈念祖的医学教育思想》，《中医教育》2000年第2期。

《陈修园和〈南雅堂医书全集〉》，《福建中医学院学报》1998年第4期。

《唐宗海论治妇产科病证特点初探》，《福建中医学院学报》1997年第4期。

《熊宗立在妇产科学的成就初探》，《福建中医学院学报》1997年第1期。

林慧屏（台湾长荣大学）

《埔里基督教医院附设护士学校（1958—1970）之个案研究》，长荣大学硕士学位论文2009年。

林几

《法医学史略》，《北平医刊》1936年第8期。

林家瑞

《早期麻醉法之发明》，《中华医学杂志》1918年第1期。

吝建平（华中师范大学）

《光明前的"窄门"：近代基督新教在华盲人教育研究》，华中师范大学硕士学位论文2007年。

林晶（广东工业大学）

《国外立法对我国农村医疗保障制度的启示》，《华南理工大学学报》2011年第2期。

林靖（厦门大学）

《近代厦门的公共卫生——以卫生检疫、粪污处理及自来水事业为中心》，厦门大学硕士学位论文2007年。

林竞成

《中国公共卫生行政之症结》，《中华医学杂志》1936年第10期。

林菊英（中华护理学会）

《中国护理世代相传——"中华护理人的骄傲·传承与创新"护理学术交流会演讲》，《中华护理杂志》2004年第7期。

《〈中华护理杂志〉与护理学科共进》，《中华护理杂志》2004年第5期。

《我国护理在医疗卫生事业中的作用与地位》，《护理学杂志》2003年第1期。

《回顾与展望——祝贺〈中华护理杂志〉创刊40周年》，《中华护理杂志》1994年第5期。

《近三十年来护理学科的进展》，《中华护理杂志》1986年第5期。

《美国护理人才的培养》，《国外医学（医院管理分册）》1985年第1期。

林立盛（台湾中国医药大学）

《印度生命吠陀医学基础理论之转译与诠释——兼述与中医学理论相较之初探》，台湾中国医药大学中医学系硕士学位论文 2010 年。

陈荣洲～:《生命吠陀之原始经典〈妙闻集〉——关於泻下一法的运用概况》,《台湾中医医学杂志》第 9 卷第 4 期(2010.12)

林良才(广州中医药大学)

唐菀羚～梁红宇:《阴阳二十五人针刺理论探析》,《山东中医药大学学报》2019 年第 3 期。

《〈理瀹骈文〉外治法辨证规律探讨》,《辽宁中医学院学报》2006 年第 1 期。

《〈理瀹骈文〉对中医外治法发展的贡献之分析与研究》,《中医外治杂志》2005 年第 4 期。

林琳(辽宁大学)

《鲁迅与余华笔下癫狂形象塑造比较论》,辽宁大学硕士学位论文 2011 年。

林琳(辽宁中医学院)

《〈黄帝内经〉与〈淮南子〉比较研究》,辽宁中医学院博士学位论文 2003 年。

《中国古代官制文化对〈黄帝内经〉运气学说的影响》,《辽宁中医杂志》2002 年第 6 期。

～王敏等:《君臣佐使组方原则源流考》,《辽宁中医学院学报》2002 年第 4 期。

郑扬～张静:《心肺相关理论探讨》,《辽宁中医学院学报》2002 年第 2 期。

林六梅

《中医的眼科》,《中医杂志》1955 年第 1 期。

林鹭(首都经济贸易大学)

《我国突发疫病应急法律制度研究》,首都经济贸易大学硕士学位论文 2015 年。

林茂村

《林可胜、卢致德与蔡作雍三位院长对我毕生研究生涯之影响》,《源远季刊》第 24 期(2008)

林美云(华中师范大学)

《进口与自创——近代上海药业发展(1888—1937)》,华中师范大学硕士学位论文 2015 年。

林蜜(湖南大学)

《医患关系失谐及缓解对策研究》,湖南大学硕士学位论文 2009 年。

蔺敏(郑州大学)

《卜辞中的医学档案》,《档案管理》2008 年第 4 期。

林闽钢(南京大学)

～许金梁:《中国转型期食品安全问题的政府规制研究》,《中国行政管理》2008 年第 10 期。

《中国农村合作医疗的公共制度分析》,《江海学刊》2002 年第 3 期。

《苏南农村合作医疗制度发展面临的挑战和选择》,《中国农村观察》2001 年第 1 期。

林明如

《享誉京华的神医张栋梁》,《南京史志》1996 年第 2 期。

林名垚(福建中医药大学)

《朱子文化与闽北医学》,福建中医药大学硕士学位论文 2017 年。

～吴童:《朱子文化影响下的闽北医学建构与地域特色》,《福建中医药》2017 年第 1 期。

林牧(广西师范大学)

《明代太医院药材采购研究》,广西师范大学硕士学位论文 2017 年。

林楠(福建中医药大学/福建中医学院)

张孙彪、林姗～:《民国时期中医药讼案医疗鉴定探析》,《中华医史杂志》2015 年第 3 期。

张孙彪~:《1909 年郑豪参加国际消除麻风病会议考析》,《中华医史杂志》2015 年第 1 期。

林竹菊~:《清代台湾疫病流行原因探讨》,《西部中医药》2014 年第 2 期。

张孙彪~:《近代厦门国医专门学校》,《中华医史杂志》2013 年第 4 期。

~张孙彪等:《海外交通视野下的近代闽南区域疫病研究》,《中华医史杂志》2012 年第 5 期。

~张孙彪等:《清代福建南部瘟疫流行的社会影响》,《福建中医药大学学报》2012 年第 5 期。

张孙彪~:《近代中国医院社会工作的缩影——〈医院社会工作〉》,《中华医史杂志》2012 年第 4 期。

张孙彪~:《中国近代中医药讼案鉴定考述》,《医学与哲学》2012 年第 3 期。

张孙彪、陈玉鹏~:《近代福建"三山医学传习所"考略》,《中华医史杂志》2011 年第 6 期。

张孙彪~:《中国近代政府医药广告管理探析》,《中华医史杂志》2011 年第 2 期。

张孙彪~陈玉鹏:《中国古代医患关系中的信任问题——以"就医方"为考察对象》,《医学与哲学(人文社会医学版)》2010 年第 6 期。

张孙彪~:《"果报观"与中国传统医学伦理道德》,《医学与哲学(人文社会医学版)》2009 年第 9 期。

《中医药文化研究断想》,《中医药文化》2009 年第 4 期。

张孙彪~:《〈点石斋画报〉中的两幅尸体解剖图》,《中华医史杂志》2009 年第 2 期。

林雪娟~:《〈神验医宗舌镜〉述评》,《湖北中医杂志》2004 年第 3 期。

《〈千金要方〉异文对校与研究》,《中华医史杂志》2002 年第 2 期。

《古代福建岁时饮食养生与防病保健习俗》,《医古文知识》2002 年第 2 期。

《史学文献与中医诊疗方法》,《江西中医学院学报》2002 年第 1 期。

《痌、疽、痤、疡、疱——古代一组中医同义词辨析》,《吉林中医药》1987 年第 5 期。

林暖暖(复旦大学)

《美国无过错医疗责任改革:制度缘起与法理启示》,《中国社会科学》2010 年第 2 期。

《美国无过错医疗责任改革:制度缘起与法理启示》,复旦大学硕士学位论文 2010 年。

林嫔(广州中医药大学)

《广东省中成药制造企业国际化过程中的专利战略分析》,广州中医药大学硕士学位论文 2010 年。

林琦(广州中医药大学)

《清代广东刻印医书初步研究》,《中医文献杂志》2019 年第 5 期。

《〈鼠疫汇编〉三种版本介绍及其源流初探》,《文物鉴定与鉴赏》2018 年第 21 期。

《广东中医药博物馆馆藏民国教材的初步调查研究》,《中医文献杂志》2016 年第 3 期。

《关于中医食疗古籍文献整理研究的思考》,《中医文献杂志》2009 年第 5 期。

林起铨(安徽中医学院)

《试论李杲内伤学说》,《安徽中医学院学报》1983 年第 3 期。

林齐维(贵州省环保科研院)

~胡玉莲:《中国第一位药学博士——林修灏教授》,《贵阳文史》2008 年第 1 期。

林倩(湖北民族学院)

《"神药两解"的民族学研究——以湖北秭归地区"端公救蛇"为例》,湖北民族学院硕士学位论文 2016 年。

林乾良（浙江中医药大学/浙江甲骨文学会/浙江中医学院）

《六十年前喜读〈浙江中医杂志〉》，《浙江中医杂志》2016 年第 11 期。

《古代有关垃圾清理的最早记录》，《中医药文化》2016 年第 5 期。

《抗战时期的三张处方》，《中医药文化》2015 年第 5 期。

《民国名医五处方》，《中医药文化》2015 年第 2 期。

《印迷所刻中医印（上:医史一斑；下:理论片甲）》，《浙江中医杂志》2014 年第 11、12 期。

《一代儒宗张宗祥与中医》，《中医药文化》2014 年第 6 期。

董一帆～张光霁:《古代战争与中医学的关系初探》，《中医杂志》2014 年第 5 期。

《清代"仲景之后"印介绍》，《中医药文化》2014 年第 2 期。

《论甲骨文"疾"字》，《中医药文化》2014 年第 1 期。

《"西学中"五十五年感言》，《中医药文化》2012 年第 4 期。

《嘉善吴氏四传医方》，《中医药文化》2007 年第 6 期。

《海盐郭氏三传医方》，《中医药文化》2007 年第 4 期。

《赵晴初三代医方》，《中医药文化》2007 年第 3 期。

《清昆山名医潘道根方》，《中医药文化》2007 年第 2 期。

《近代名士张宗祥、马一浮的医方》，《中医药文化》2007 年第 1 期。

～管家齐:《杭州民国时期名医骆也梅》，《浙江中医学院学报》2005 年第 5 期。

《学术刊物推动了学术研究——读狄忍安、朱良春两公来函有感》，《医古文知识》2005 年第 3 期。

《名医刘民叔医案一则》，《医古文知识》2005 年第 2 期。

《八十年旧案求破——恽铁樵医案介绍》，《医古文知识》2005 年第 1 期。

顾剑萍～:《〈摄生众妙方〉与抗老防衰》，《浙江中医学院学报》1986 年第 2 期。

《论历代本草之分期》，《中国药学杂志》1985 年第 3 期。

忻家础～:《古本草中轻身药浅析》，《中药材》1985 年第 2 期。

～孙福顺:《〈伤寒论〉药物的统计》，《浙江中医学院学报》1980 年第 4 期。

夏廉博～:《祖国医学与医学气象学》，《上海中医药杂志》1980 年第 4 期。

《我国近代早期的中医学校》，《中华医史杂志》1980 年第 2 期。

《近代浙江的中医教育》，《中华医史杂志》1983 年第 4 期。

《河姆渡遗址的医药遗迹初探》，《中华医史杂志》1982 年第 4 期。

《我国古代医学对津液的认识》，《浙江中医杂志》1957 年第 7 期。

林沁臻（桂林医学院/广州中医药大学）

《"内经图"拓片研究》，《中医医药文化》2005 年第 3 期。

《广州中医药大学医史博物馆馆藏道家炼功图研究》，广州中医药大学硕士学位论文 2005 年。

林清华（福建师范大学）

《疾病的隐喻——蔡明亮电影研究》，福建师范大学硕士学位论文 2009 年。

林秋云（复旦大学）

《汉唐之间的胎教之道》，《华中师范大学研究生学报》2013 年第 3 期。

林日杜（福建师范大学）

《近代中国大黄贸易的基本态势——基于来华西人贸易报告的考察》，《福建师范大学学报（哲学社会科学版）》2017 年第 6 期。

《论明清时期来华传教士对大黄的认识——关于明清来华西人中药观的断面思考》,《海交史研究》2013 年第 1 期。

《明清时期来华俄人对大黄的认识》,《福建师范大学学报（哲学社会科学版）》2012 年第 6 期。

《明清时期来华耶稣会士对中国大黄的记述及其原因》,《福建师范大学学报（哲学社会科学版）》2011 年第 2 期。

《明清时期来华西人对中国大黄的记述》,《中华医史杂志》2010 年第 2 期。

《论清代大黄制夷观念发展强化的原因》,《福建师范大学学报（哲学社会科学版）》2006 年第 1 期。

《试述清代大黄制夷观念的发展演变》,《福建师范大学学报（哲学社会科学版）》2005 年第 5 期。

林榕（福州大学）

《中医的科学性问题研究》,福州大学硕士学位论文 2006 年。

林如意（华东师范大学）

《民国时期永嘉中医团体的形成与变迁（1912—1937）》,华东师范大学硕士学位论文 2017 年。

林塞·A.阿斯金（布里斯托大学）

~撰,庄奇译:《第二圣殿时期犹太人对医药的态度——来自便西拉、昆兰和经济贸易的证据》,《医疗社会史研究》2018 年第 2 期。

林珊（福建师范大学）

《后真相时代下的污名化建构——兼析〈我的凉山兄弟〉中艾滋病污名化过程》,《东南传播》2019 年第 8 期。

林少真（华侨大学）

《制度排斥与社会接纳:吸毒人员回归社会的困境与出路》,《贵州社会科学》2015 年第 5 期。

王嘉顺~:《社会排斥与另类的生活空间:青年吸毒行为的影响机制分析》,《东南学术》2014 年第 4 期。

《多元话语视角下的毒品成瘾问题分析》,《集美大学学报（哲学社会科学版）》2012 年第 4 期。

《相关与缺失:关于各毒品间关联性的政策思考》,《福建行政学院学报》2012 年第 1 期。

《论吸食新型毒品的管制》,《中国人民公安大学学报（社会科学版）》2011 年第 6 期。

《全球化背景下的毒品治理政策分析》,《赤峰学院学报（汉文哲学社会科学版）》2012 年第 4 期。

林声喜（意大利巴里中医针灸中心）

《中医针灸在美国第一个州立法经过》,《中国针灸》2001 年第 8 期。

林士民（中国海外交通史研究会）

《浙江宁波出土的唐宋医药用具》,《文物》1982 年第 8 期。

林诗泉（海南省人民医院/海南省卫生厅）

~林书勇:《琼崖革命根据地六连岭红军医院》,《中华医史杂志》2008 年第 2 期。

林书勇~:《海南省医学教育 50 年》,《中华医史杂志》2006 年第 3 期。

《海南第一所麻风院》,《中华医史杂志》1999 年第 3 期。

~林书勇:《海南省人民医院 110 年史记》,《中华医史杂志》1995 年第 4 期。

~林书勇:《海南中医药发展史料》,《中华医史杂志》1994 年第 2 期。

《海南岛西医之传入和发展》,《海南医学》1991 年第 3 期。

《海南岛北部地区鼠疫流行史料》,《中华医史杂志》1989 年第 2 期。

~杨才绩:《海南岛卫生简志（1840—1985）》,《海南卫生》1987 年第 2 期。

《海南岛近代医学教育发展概述》,《海南大学学报(自然科学版)》1987年第1期。

《海南岛抗疟史况》,《海南卫生》1986年第2期;1987年第1期。

《海南岛北部地区鼠疫发生流行史料》,《海口文史资料》第4辑(1986)

《海南岛近代医学发展简况》,《海南卫生》1984年第2期。

林筱海～:《海南岛医学史略》,《中华医史杂志》1988年第1期。

林诗雨(广州中医药大学第一附属医院)

～李晶晶等:《岭南火针源流与应用述略》,《针灸临床杂志》2017年第9期。

林思佳(东北师范大学)

《西方多维度身体观的流变与身体史的反思》,东北师范大学硕士学位论文2018年。

林思苹(台湾大学)

《强制治疗与监护处分——对精神障碍者之社会控制》,台湾大学硕士学位论文2009年。

林思桐(西安体育学院)

《唐代服食养生的勃兴及其影响》,《西安体育学院学报》1987年第1期。

林泰美(广西民族大学)

《泰国清迈府缅甸籍劳工医疗服务研究》,广西民族大学硕士学位论文2017年。

林汀水(厦门大学)

《明清福建的疫疠》,《中国社会经济时研究》2005年第1期。

林万莲(广东医学)

～唐丹:《浅述广东医学图书馆馆藏岭南医著的概况》,《时珍国医国药》2004年第2期。

林伟良(上海中医药大学)

《从鉴真医事活动探讨唐代佛医关系》,《医古文知识》1998年第2期。

～顾家政:《清宫医事琐记》,《医古文知识》1997年第2期。

林伟文(北京中医药大学)

《台湾鸾堂宗教医疗文化研究》,北京中医药大学博士学位论文2013年。

～张其成:《略论台湾汉人青草药民俗医疗与医药始源的关联》,《中国中医基础医学杂志》2011年第2期。

《邪崇病及其命名的心理初探》,《北京中医药》2010年第5期。

林伟文(广州中医药大学)

《台湾惊恐症及其求医行为的社会文化因素研究》,广州中医药大学硕士学位论文2006年。

林文雄(南京中医药大学)

《明代中医养生思想与方法研究》,南京中医药大学博士学位论文2010年。

林文源

《医疗化的实作本体论:台湾慢性肾病卫教实作的体制分析》,《台湾社会学刊》第57期(2015.9)。

《对称化医疗社会学:STS对健康、医疗与疾病研究的启发》,《科技医疗与社会》第19期(2014.10)。

《台湾透析医疗社会力的转变》,《台湾社会研究季刊》第81期(2011.3)。

《转变病患行动能力布置:以台湾透析病患团体行动为例》,《台湾社会学》第20期(2010.12)。

《腹膜透析隐形实作与轨迹》,《台湾社会学》第17期(2009.6)。

《漂移之作:由血液透析病患的存在与行动谈社会本体论》,《台湾社会学》第12期(2006.12)。

林贤聪

《中国古哲学医学之辨证》,《中医世界》1930 年第 8 期。

林宪鹏（辽宁大学）

《日本高龄者医疗保险制度：现状、困境、对策》,《日本研究》2005 年第 3 期。

林晓岚（福建中医药大学）

～林尔正：《福建方志中医药信息的组织与系统构建》,《福建中医药》2015 年第 5 期。

～林丹红：《地方志中宋代福建医家分布评价》,《福建中医药大学学报》2012 年第 2 期。

～林丹红：《基于地方志的医学文献整理与利用研究》,《福建中医药大学学报》2011 年第 4 期。

林晓珊（浙江师范大学）

范燕燕～:《"正常"分娩：剖腹产场域中的身体、权力与医疗化》,《青年研究》2014 年第 3 期。

《母职的想象：城市女性的产前检查、身体经验与主体性》,《社会》2011 年第 5 期。

《城市职业女性妊娠期的工作与生活：以身体经验为中心》,《中华女子学院学报》2011 年第 2 期。

《性别特质、身体实践与健康风险行为》,《妇女研究论丛》2011 年第 1 期。

林孝蓁（广州中医药大学）

《明清时期文学作品的中医学术思想研究》,广州中医药大学硕士学位论文 2010 年。

林馨（浙江中医药大学）

～朱君华：《康命吉〈济众新编〉版本研究及价值》,《浙江中医杂志》2013 年第 9 期。

林欣华（江西师范大学）

《明代疫灾研究》,江西师范大学硕士学位论文 2010 年。

林新真（福建省物价局）

《中德医疗保障制度对比分析及启示》,《价格理论与实践》2013 年第 3 期。

林星（福建省委党校）

《近代福建传染病的流行及其防治机制探析》,《中共福建省委党校学报》2003 年第 9 期。

林修灏

《中国药事之回溯与展望》,《中华药刊》1939 年第 2 期。

林艳辉（河北大学）

《宋诗中的养生观》,河北大学硕士学位论文 2012 年。

林阳（温江卫生学校）

～李宇：《论柯琴的学术成就》,《成都医药》2001 年第 4 期。

林耀庆（营口卫生检疫局）

《两个五十年,两种发展命运》,《中国国境卫生检疫杂志》1999 年第 6 期。

林颐

《15 篇医家传记串起的西方医学史》,《健康报》2017 年 6 月 23 日 008 版。

林毅（北京中医药大学）

林殷、郭华～邢若星：《命门用药之特点初探》,《北京中医药大学学报》2008 年第 3、4、5 期。

《〈中藏经〉脏腑辨证部分考》,《北京中医药大学学报》1999 年第 4 期。

《试论宋代理学对金元医家的影响》,《医学与哲学》1995 年第 3 期。

林怡冰（江西中医药大学）

～李心愿等：《盱江医家危亦林〈世医得效方〉骨折内治法探析》,《江西中医药》2017 年第 9 期。

林奕辰(复旦大学)

《医务社会工作在本土医院中的实务探索》,复旦大学硕士学位 2013 年。

林宜平(台湾阳明大学)

《对蚊子宣战:二次战后台湾根除疟疾科技与社会研究》,《台湾社会研究季刊》第 81 期(2011.3)。

《回顾社区健康介入计画:以预防心血管疾病为例》,《台湾公共卫生杂志》第 24 卷第 6 期(2005.12)。

~吕宗学:《谈社经因素在流行病学研究之角色》,《台湾公共卫生杂志》第 23 卷第 5 期(2004.10)。

~丁志音:《由全民健保西医门诊资料探讨台湾民众的感冒求医特性》,《台湾公共卫生杂志》第 22 卷第 3 期(2003.6)。

林亦岐

《长乐陈修园先生的事迹》,《新中医药》1956 年第 3 期。

林宜蓉(台湾师范大学)

《祟病之除魅指南——晚明医方典籍与医案实录之撷例略述》,《明史研究》2014 年 00 期。

林意唐(瑞士洛桑大学)

《外国卫生组织与民国黄金十年的公共卫生实验——定县乡村保健系统与中央卫生设施实验处的江宁实验县(1928—1937)》,《医疗社会史研究》2017 年第 1 期。

林殷(北京中医药大学)

阎美卉……廖艳~王一辰:《中医养生堂栏目健康传播的效果及问题》,《中国中医药现代远程教育》2019 年第 11 期。

王一辰~张聪等:《"忍三分寒"源流考辨及其现代保健意义》,《吉林中医药》2019 年第 5 期。

马芳芳、王一辰~廖艳等:《"灸疮"考辨》,《世界中医药》2019 年第 2 期。

高洁~:《〈老老恒言〉"粥谱说"的实用意义探析》,《中华中医药》2019 年第 3 期。

王一辰~张聪等:《"小儿纯阳说"考辨》,《北京中医药大学学报》2019 年第 1 期。

高洁~:《〈老老恒言〉中药粥的"养静"作用探析》,《中医药导报》2018 年第 24 期。

高洁~:《〈老老恒言〉药粥辅助治疗泄泻及调养作用探析》,《吉林中医药》2018 年第 3 期。

~奚茜:《古人怎么看辟谷?》,《中医健康养生》2017 年第 9 期。

马芳芳、潘诗霞~奚茜等:《"若要安,三里常不干"考辨》,《北京中医药大学学报》2017 年第 5 期。

奚茜、廖艳~张聪等:《"服药不饮茶"的文献考据》,《北京中医药大学学报》2016 年第 12 期。

范宁、奚茜~:《宋代含药食方临床应用情况的分析与探讨》,《环球中医药》2016 年第 4 期。

范宁、张聪~廖艳等:《古今药膳名称考》,《北京中医药大学学报》2016 年第 3 期。

范宁……李冰~:《唐代食疗方用药情况分析》,《北京中医药大学学报》2016 年第 2 期。

严泽、张聪~廖艳等:《古代医家论食物相反之辨析》,《中医杂志》2013 年第 24 期。

严泽、舒秀明~张玉苹等:《"食不欲杂"出处文献考》,《北京中医药大学学报》2013 年第 4 期。

崔莲、舒秀明~:《熊胆在明代以前的临床应用特点考探》,《中医药导报》2013 年第 2 期。

严泽、张聪~张煜等:《"食物相反"名实考》,《中医杂志》2012 年第 21 期。

严泽~:《"食物相克"的研究现状分析》,《中国中医基础医学杂志》2012 年第 8 期。

李柳骥……严季澜~:《古医籍中对痛经的认识及证治》,《安徽中医学院学报》2011 年第 5 期。

林殷、郭华~邢若星:《命门用药之特点初探》,《北京中医药大学学报》2008(3、4、5)

《〈难经〉与〈黄庭经〉"命门"说比较考略》,《北京中医药大学学报》2005年第1期。

《命门学说研究》,北京中医药大学博士学位论文2003年。

～鲁兆麟:《从〈黄帝内经太素〉论杨上善对命门学说的贡献》,《北京中医药大学学报》2003年第4期。

《"补火生土"考辨》,《北京中医药大学学报》2003年第3期。

《从儒医现象论儒家文化对中医人格素质的影响》,《医学与哲学》1996年第4期。

《程朱理学对中医学"节欲养生观"的影响》,《医学与哲学》1996年第1期。

林荧娇

《There is no tongue that moves —— Female Healers and the Therapeutic Female Tongue in The Winter's Tale》,《欧美研究》第47卷第1期(2017.3)。

林莺姣(福建省卫生防疫站)

～林仪清:《福州宋代古尸中发现的寄生虫卵》,《中国血吸虫病防治杂志》1990年第2期。

林应望

《从祖国医学史认识祖国医学的伟大》,《闽中医药》1960年第1期。

林雨

《易学与中国传统医学》,《周易研究》2004年第2期。

林宇梅(中国第二历史档案馆)

《伍连德科学防疫思想及其实践》,《民国档案》2004年第4期。

林昭辉

《对医学流派的形成与运气关系的看法》,《广东医学(祖国医学版)》1963年第3期。

林兆耆

～徐肇玥译:《近代消化系疾病之进展》,《中华医学杂志》1950年第9期。

林振邦(北京中医药大学)

《先秦两汉简帛医书的疾病观研究》,北京中医药大学博士学位论文2019年。

～张其成:《〈黄帝内经〉及涉医简帛中的"风"相关病名病因比较研究》,《中医药导报》2018年第12期。

～张其成:《〈黄帝内经〉及涉医简帛"异梦、疟、麻风"病因观念比较及其临床意义分析》,《辽宁中医药大学学报》2018年第7期。

王洪弘、王慧娟～熊益亮等:《〈伤寒论〉中大黄的应用规律研究》,《环球中医药》2018年第2期。

《〈伤寒论〉中大黄的应用规律研究》,北京中医药大学硕士学位论文2012年。

林振坤(广州市中医医院)

～宋文集:《清代吴中女医顾德华考略》,《中华医史杂志》2016年第5期。

～张朝曦等:《王孟英〈乘桴医影〉选评》,《中医文献杂志》2014年第6期。

～宋文集:《绍兴名医章柏年医疗经验举隅》,《光明中医》2013年第10期。

林中华(南昌大学)

《健康传播视野下医患沟通研究》,南昌大学硕士学位论文2013年。

～许亚荃:《美国健康传播研究专业化历程回顾》,《青年记者》2011年第23期。

林仲昆

《中国医学传入日本源流考》,《中国医学月刊》1929年第7期。

林竹菊（福建中医药大学）

《清代台湾疫病文献资料研究》，福建中医药大学硕士学位论文 2014 年。

～林楠：《清代台湾疫病流行原因探讨》，《西部中医药》2014 年第 2 期。

林宗辉（南京中医药大学）

《宋明理学中的养生思想研究》，南京中医药大学博士学位论文 2010 年。

林祖庚（江苏省中医研究所/南京中医学院）

赵定理～：《浅谈时空与中医的关系》，《河北中医》1986 年第 1 期。

《从华佗的麻沸散到目前的中药麻醉》，《南京中医学院学报》1983 年第 7 期。

凌昌

《中国医学历史》，《通学报》1906 年第 12 期。

凌嘉裕（广东外语外贸大学）

《关于日本医疗旅游的现状和课题》，广东外语外贸大学硕士学位论文 2019 年。

凌建侯（北京大学）

《从狂欢理论视角看疯癫形象》，《国外文学》2007 年第 3 期。

铃木则子

～撰，黄秀敏译：《镜中美女——从江户时代的化妆书看美容意识的变迁》，《新史学》第 11 卷第 2
期（2000.6）。

铃木哲造（台湾师范大学）

《日治时期台湾医疗法制之研究——以医师之培育与结构为中心》，国立台湾师范大学博士学位论
文 2014 年。

《日治初年台湾总督府卫生行政制度之形成》，《台湾师大台湾史学报》第 4 期（2011.9）。

《日治初年台湾卫生政策之展开——以"公医报告"之分析为中心》，《台湾师大历史学报》第 37 期
（2007.6）。

《评介范燕秋著〈疾病、医学与志民现代性——日治台湾医学史〉》，《台湾十大历史学报》第 36 期
（2006.12）。

凌沛学（山东省生物药物研究所）

张天民～：《生化制药工业现状及发展》，《中国商办工业》2002 年第 6 期。

～郭学平等：《中国生化原料药的现状和展望》，《中国生化药物杂志》2001 年第 5 期。

～荣晓花等：《中国生化制药的回顾与展望》，《中国医药工业杂志》2000 年第 2 期。

凌帅（安徽财经大学）

《基于信任机制的我国农村医患关系研究》，安徽财经大学硕士学位论文 2017 年。

凌霄（安徽师范大学）

《中国积极城市医疗救助研究》，安徽师范大学硕士学位论文 2012 年。

方青～：《城市医疗救助制度的发展路径——基于发展型社会政策的视角》，《中国卫生事业管理》
2011 年第 9 期。

《20 世纪 80 年代以来香港医疗保障制度探析及启示》，《牡丹江大学学报》2011 年第 6 期。

《台湾地区全民健康保险制度及其启示》，《邵阳学院学报（社会科学版）》2010 年第 6 期。

凌耀星（上海中医药大学/上海中医学院）

《中医藏象学说与控制论》，《上海中医药大学》2001 年第 4 期。

《记解放前的一次全国性中医考试》,《医古文知识》2001 年第 1 期。

《〈内经〉对脏腑辨证的启示》,《上海中医药杂志》1991 年第 6、8 期。

《中医美容探析》,《上海中医药杂志》1991 年第 5 期。

《譬喻与通感——〈内经〉的两种修辞手法》,《医古文知识》1991 年第 1 期。

《〈黄帝八十一难经〉的学术思想》,《上海中医药杂志》1990 年第 5 期。

《也谈〈内经〉血海有余与不足——与王心好同志商榷》,《上海中医药杂志》1988 年第 11 期。

《〈黄帝内经〉中的互文见义》,《天津中医学院学报》1986 年第 2、3 期。

《〈黄帝内经〉中的互文》,《医古文知识》1986 年第 1 期。

《十二经病候对辨证论治的启示》,《新中医》1984 年第 10 期。

《剖析〈黄帝内径〉的唯物论观点》,《医学与哲学》1982 年第 8 期。

《对〈内经〉阴阳学说的一些体会》,《云南中医杂志》1981 年第 1 期。

裘沛然、王玉润～严世芸:《祖国医学的继承、渗透和发展》,《新中医》1980 年第 4、5 期。

～刘善锁:《祖国医学对癌证的认识和治疗》,《吉林中医药》1980 年第 2 期。

《张景岳的八略与八阵》,《上海中医药杂志》1980 年第 1 期。

《略论张景岳的温补学说》,《上海中医药杂志》1962 年第 11 期。

《在社会主义新医学新卫生新教育的旗帜下下乡针灸速成教学的点滴体会》,《上海中医药杂志》1959 年第 3 期。

凌云鹏

《陈士铎外科学术思想探讨》,《中医杂志》1982 年第 5 期。

《略谈中医外科学派》,《江苏中医》1964 年第 5 期。

刘爱梅（陕西省卫生厅）

《白求恩医学技术哲学思想初探》,《中国卫生质量管理》1997 年第 4 期。

刘岸冰（上海交通大学/东华大学）

《近代公共卫生管理制度在上海的移植》,《南京中医药大学学报（社会科学版）》2015 年第 1 期。

何兰萍～彭卫华:《民国时期上海民间社团与传染病防治》,《中医药文化》2014 年第 2 期。

《民国时期上海民间社团的慈善防疫》,《都会遗踪》2014 年第 1 期。

～何兰萍:《近代上海海港检疫的历史考察》,《南京中医药大学学报（社会科学版）》2014 年第 1 期。

《近代上海城市环境卫生管理初探》,《史林》2006 年第 2 期。

马长林～:《民国时期上海传染病防治的社会环境》,《民国档案》2006 年第 1 期。

《民国时期上海传染病的流行与防治》,东华大学硕士学位论文 2006 年。

刘安荣（西南大学）

《中兽医病名研究》,西南大学硕士学位论文 2012 年。

刘佰汇（中国中医科学院）

《儿科脉络诊法的古代文献研究》,中国中医科学院硕士学位论文 2018 年。

～刘剑锋:《古代中医儿科诊法发展史述略》,《中华医史杂志》2017 年第 6 期。

刘柏君（贵州师范大学）

《比较视域下余华小说中的"疯""傻""狂"形象研究》,贵州师范大学硕士学位论文 2016 年。

刘宝玲（台湾清华大学）

《以虫为象——汉唐时期医籍中的虫》，台湾清华大学硕士学位论文 2004 年。

刘本善（郏县茨芭乡卫生院）

～薛宇宏等：《〈千金方〉对日本医学的影响》，《中医文献杂志》1995 年第 1 期。

刘本玺（云南省彝族医药研究所）

～裴盛基等：《三七利用与传播史话》，《中医药文化》2017 年第 2 期。

刘碧蓉（台湾国立台湾师范大学）

《日本殖民体制下星制药会社之政商关系》，国立台湾师范大学博士学位论文 2003 年。

刘斌（山东师范大学）

《近现代中医药历史命运初探》，山东师范大学硕士学位论文 2012 年。

刘兵（清华大学）

岳丽媛～：《关于中药"毒"性争论的科学传播及其问题》，《科普研究》2018 年第 5 期。

章梅芳～：《"坐月子"传统及现代意义——以北京某高校女教师群体为例》，《广西民族大学学报（哲学社会科学版）》2018 年第 2 期。

李慧敏～章梅芳：《壮族医学"三道两路"核心理论的建构》，《武汉大学学报（人文科学版）》2017 年第 6 期。

包红梅～：《蒙医视野中的"毒"：兼论民族医学的发展问题》，《广西民族大学学报（哲学社会科学版）》2017 年第 5 期。

王瑶华、章梅芳～：《身体规训与社会秩序——近代中国公共卫生和身体"革命"视野下的口腔与牙齿》，《上海交通大学学报（哲学社会科学版）》2016 年第 1 期。

图力古日～：《对马之汗液的认识与"身体"的多元性——比较研究蒙古传统马学与日本现代马学》，《科学技术哲学研究》2015 年第 2 期。

江晓原～：《一个美国医生的人文情怀》，《中国图书评论》2012 年第 8 期。

包红梅～：《蒙文医学科普图书调查研究》，《自然辩证法通讯》2011 年第 6 期。

包红梅～：《蒙古族公众理解中的"赫依"——一项有关蒙医的公众理解科学定性研究》，《广西民族大学学报（哲学社会科学版）》2011 年第 4 期。

包红梅～：《对内蒙古地区医院医学科普挂图的调查分析》，《科普研究》2010 年第 6 期。

江晓原～：《勾勒姆：一种对科学、技术和医学的温和看法》，《中国图书评论》2010 年第 4 期。

江晓原～：《医学史：不是科学是文化——近年七种医学史著作述评》，《中国图书评论》2010 年第 2 期。

章梅芳～卢卫红：《"坐月子"的性别文化研究》，《广西民族大学学报（哲学社会科学版）》2009 年第 6 期。

江晓原～：《一个医学"叛徒"的人文思考》，《中国图书评论》2009 年第 6 期。

《几个有关中医问题的非系统性思考》，《科学对社会的影响》2006 年第 2 期。

章梅芳～：《女性主义医学史研究的意义——对两个相关科学史研究案例的比较研究》，《中国科技史杂志》2005 年第 2 期。

《女性主义对现代医学的政治批判二题》，《医学与哲学》2001 年第 8 期。

刘炳涛（复旦大学）

《1932 年陕西省的霍乱疫情及其社会应对》，《中国历史地理论丛》2010 年第 3 期。

刘博（中央民族大学）

《新旧农村合作医疗中的政府、医疗提供方和农民》，中央民族大学硕士学位论文 2007 年。

刘伯阜（上海中医药大学）

《天道观与中医魂——从中国文化史角度探讨〈内经〉中的道与德》，《医古文知识》1994 年第 3 期。

刘伯涵

《李时珍太医院任职考》，《医学史与保健组织》1957 年第 4 期。

《关于李时珍生卒的探索》，《中华医史杂志》1955 年第 1 期。

刘伯宁（华北制药集团公司新药研发中心）

《诺贝尔奖与免疫学的百年渊源》，《自然杂志》2012 年第 3 期。

刘博文（南昌大学）

《恐惧诉求理论视角下的电视健康养生节目研究》，南昌大学硕士学位论文 2013 年。

刘博学（华中师范大学）

《医之病与医医之方：明清医家之自医》，华中师范大学硕士学位论文 2013 年。

刘步青

《中华民国药学会略史》，《中华药学杂志》1936 年第 1 期。

刘不朽（湖北省作家协会）

《神农氏在三峡之遗踪和三峡之中草药文化》，《中国三峡建设》2000 年第 10 期。

刘采菲（北京中医药大学）

《日本静嘉堂文库所藏宋版〈外台秘要方〉中的仲景文献整理研究》，北京中医药大学硕士学位论文 2007 年。

《〈临证指南医案〉中风论治探析》，《中医药学刊》2006 年第 8 期。

刘彩珍（宁波职业技术学院）

《医疗人类学视域下的童谣研究——兼论我国古代医事童谣的分类、题材及语言形式》，《当代文坛》2015 年第 2 期。

刘畅（吉林大学）

《中国城市女性孕期医疗化的社会建构研究》，吉林大学博士学位论文 2017 年。

《西方医患互动话语分析研究》，《黑龙江社会科学》2015 年第 6 期。

《日本食品安全规制研究》，吉林大学博士学位论文 2010 年。

柳长华（成都中医药大学/中国中医科学院/山东中医药大学）

顾漫、周琦～武家碧：《天回医简〈经脉〉残篇与〈灵枢·经脉〉的渊源》，《中国针灸》2019 年第 10 期。

罗琼、顾漫～：《天回医简〈治六十病和齐汤法〉释名考证》，《中国中药杂志》2018 年第 19 期。

顾漫～：《天回汉墓简中"通天"的涵义》，《中医杂志》2018 年第 13 期。

顾漫、周琦～：《天回汉墓医简中的刺法》，《中国针灸》2018 年第 10 期。

～顾漫等：《四川成都天回汉墓医简的命名与学术源流考》，《文物》2017 年第 12 期。

张晓轩……杨志敏～：《叶天士〈临证指南医案〉辨治咽痛经验探析》，《环球中医药》2017 年第 6 期。

国华～周琦等：《中医药文化核心价值凝练研究》，《中国中医基础医学杂志》2016 年第 11 期。

宋晓溪、周琦～：《推测〈针灸甲乙经〉的编撰思路和方法》，《环球中医药》2016 年第 9 期。

杨朝晖～宋歌:《从符号学角度看中医药机构标志的文化内涵》,《西部中医药》2015年第9期。

罗琼～成莉等:《〈神农本草经〉在我国药物规范历史中的地位探讨》,《北京中医药》2015年第1期。

何振中……王体～:《藏药"佐塔"制作技艺渊源考》,《中医药文化》2015年第1期。

宋白杨～:《〈经效产宝〉考证》,《中国中医药图书情报杂志》2014年第6期。

黄睿、潘艳丽～:《非洲推动传统医学发展的举措与进展》,《国际中医中药杂志》2014年第4期。

刘阳～:《秦汉时期巫医术的方术化改造》,《中华医史杂志》2014年第2期。

黄睿、潘艳丽～:《国外政府对本国传统医药普及方式的启示》,《国际中医中药杂志》2014年第1期。

程志立……周琦～:《从长生到乐生的嬗变——服食养生源流述要》,《中华中医药杂志》2013年第12期。

李应存～:《敦煌紫苏煎方源及相关医方探析》,《西部中医药》2013年第12期。

程志立……周琦～:《服丹养生之流变——"丹""药"融一》,《中华中医药杂志》2013年第11期。

李应存～:《敦煌医方中的杏仁组方用治非肺系病证探析》,《西部中医药》2013年第11期。

李应存～:《敦煌医方中杏仁组方用治肺系病证探析》,《西部中医药》2013年第10期。

《传统医药非物质文化遗产保护的几个问题》,《新疆维吾尔医学专科学校学报(维文版)》2013年第6期。

李应存～:《敦煌医学卷子中与〈千金方〉有关的养生食疗内容释要》,《西部中医药》2013年第3期。

Shelley Ochs～刘阳:《诊脉与经络病候及针灸治疗的关系》,《中华医史杂志》2013年第3期。

李应存～:《敦煌医学卷子中与〈千金方〉有关的妇产科内容释要》,《西部中医药》2013年第2期。

李应存～:《敦煌疗风虚瘦弱方的方源及临床治验举要》,《西部中医药》2013年第1期。

～田芙蓉:《国际社会传统医药非物质文化遗产保护现状与展望》,《新疆维吾尔医学专科学校学报(维文版)》2013年第1期。

程志立……刘理想～:《〈泰定养生主论〉养生思想发凡》,《中国中医基础医学杂志》2012年第11期。

程志立、何振中～:《〈内经图〉及其养生意蕴和价值》,《中华中医药杂志》2012年第4期。

艾青华、王凤兰～:《从中医古籍体例沿革角度看学术发展》,《中华中医药杂志》2012年第4期。

艾青华、顾漫～:《〈汉书·艺文志·方技略〉著录体例与中医文献的流变》,《中医文献杂志》2012年第2期。

程志立～:《神仙家与中医养生关系及流变》,《中华中医药杂志》2011年第11期。

何振中～:《命门之"火"考原》,《北京中医药大学学报》2011年第10期。

何振中～:《清初医家祝登元三则静功验案试析》,《浙江中医药大学学报》2011年第6期。

艾青华、顾漫:《中医古籍体例研究概述》,《中医文献杂志》2011年第5期。

顾漫～罗琼:《汉代经方的源流及与医经的融合》,《中医杂志》2011年第8期。

罗琼、顾漫～:《古求知:"大病之主"源流考究》,《北京中医药》2011年第2期。

～田芙蓉:《国际社会传统医药非物质文化遗产保护现状与展望》,《中华医史杂志》2011年第2期。

罗琼～顾漫:《汉代"经方"的著录与"本草"关系考》,《中华医史杂志》2010年第6期。

周琦～:《今古文经学对〈内经〉及其注疏的影响》,《中华医史杂志》2010 年第 2 期。

～丁侃:《试论陶弘景对保存〈神农本草经〉原貌的贡献》,《环球中医药》2009 年第 3 期。

《〈黄帝八十一难经〉的编纂》,《中国典籍与文化》2001 年第 3 期。

《〈汉书·艺文志〉医经著录研究》,《山东中医药大学学报》1999 年第 2 期。

刘长林(中国社会科学院)

《中医哲学的元创与特色》,《陕西中医学院学报》2015 年第 3 期。

《孙子兵学与中医"用药如用兵"》,《太原师范学院学报(社会科学版)》2012 年第 1 期。

《医易同原今说》,《河北学刊》2011 年第 3 期。

《中医"证""象"的现代哲学解读》,《太原师范学院学报(社会科学版)》2010 年第 5 期。

《关于中国象科学的思考——兼谈中医学的认识论实质》,《杭州师范大学学报(社会科学版)》2009 年第 2 期。

《"证"的哲学解读——宇宙观和生命观的突破》,《南京中医药大学学报(社会科学版)》2008 年第 1 期。

《中医药走出困境的关键和建议》,《浙江中医药大学学报》2007 年第 6 期。

《中医哲学的"元"创性》,《河北学刊》2007 年第 3 期。

《走出一元科学误区,正确认识中医》,《亚太传统医药》2006 年第 11 期。

《中医学——象科学的代表》,《中国中医基础医学杂志》2004 年第 3 期。

《试谈"气"与"象"范畴的深刻内涵与中医学发展的广阔前景》,《太原师范学院学报(社会科学版)》2003 年第 2 期。

《经络的时间本质——人身虚体系统试说》,《中国中医基础医学杂志》2000 年第 3 期。

《杨上善论人与天地相应》,《医古文知识》1999 年第 3 期;2000 年第 2 期。

《中医启示人类:重新审视科学》,《中国气功学》1999 年第 2 期。

《中医给科学观的启示》,《科技导报》1998 年第 12 期。

《〈管子〉四篇对气的研究》,《中国气功科学》1998 年第 2 期。

《〈周易〉生命伦理二要》,《中国哲学史》1997 年第 4 期。

《易学神形合一观与养生》,《北京中医药大学学报》1997 年第 3 期。

《论〈内经〉的唯物主义形神观》,《文史哲》1978 年第 3 期。

刘常胜(中国人民解放军第三〇三医院)

《孙思邈针灸学术思想浅析》,《中国民族民间医药》2016 年第 13 期。

刘昌玉(浙江师范大学)

《埃萨吉尔·金·阿普里与古代两河流域的医学传统》,《医疗社会史研究》2018 年第 2 期。

刘超祥(中央民族大学)

《土家族卫生保健习俗的医学人类学探析》,《黑龙江民族丛刊》2009 年第 5 期。

刘晨

《李时珍在科学上的贡献》,《新建设》1956 年第 91 期。

刘琛(北方交通大学)

《透视文化碰撞中的传播健康研究》,《国际新闻界》2004 年第 1 期。

刘承(陕西中医学院)

～张海燕等:《汉以来中医防治健忘的主要理论与经验》,《陕西中医学院学报》2004 年第 1 期。

刘承才（山东中医学院）

《先秦哲学气范畴和〈黄帝内经〉的气学理论》，《中国医药学报》1993 年第 1 期。

《〈内经〉的形神唯物观及其对医疗实践的意义》，《山东中医学院学报》1981 年第 3 期。

刘成纪（郑州大学）

《卢照邻的病变与文变》，《文学遗产》1994 年第 5 期。

刘成基（中国药科大学/南京药学院）

张清华～：《〈炮炙大法〉评述》，《中药材》1992 年第 3 期。

吴文～叶文才：《中药乌头的炮制历史沿革》，《中药材》1990 年第 7 期。

《中印历史上的医药关系》，《中医杂志》1958 年第 4 期。

刘成久（西南政法大学）

《民国时期医事纠纷的解决机制》，西南政法大学硕士学位论文 2015 年。

刘成丽（广州中医药大学）

莫竣麟……陈新昶～：《基于数据挖掘的〈济阴纲目〉方剂用药特点研究》，《中国民族民间医药》2018 年第 1 期。

谢平金……柴生颋～吴栩：《〈景岳全书〉痛风相关诊治研讨》，《中国中医基础医学杂志》2016 年第 10 期。

阮晓枫、陈思韵～：《广府文化影响下岭南罗氏妇科流派的传承与发展》，《广州中医药大学学报》2015 年第 5 期。

余洁英、刘小斌～余泱川等：《1949 年前岭南伤寒发展脉络探讨》，《中医文献杂志》2012 年第 4 期。

～杨智辉等：《近现代名中医医案的整理研究概况》，《国医论坛》2009 年第 3 期。

～杨智辉等：《李东垣妇科学术思想及用药规律浅探》，《广州中医药大学学报》2009 年第 3 期。

～杨智辉等：《试论岭南医学的地域性特色》，《湖北民族学院学报（医学版）》2009 年第 2 期。

《中医脾肾相关学说源流探讨》，《中医药信息》2003 年第 6 期。

刘澄中（大连医科大学/大连医学院）

《论老官山脉穴木人的白脉循行系统——兼评"经穴髹漆人像初探"》，《中国针灸》2018 年第 2 期。

《黄帝时代扁鹊即歧伯》，《中国中医药报》2014 年 2 月 13 日 003 版。

《老官山医书确属"扁鹊学派"》，《中国中医药报》2014 年 1 月 20 日 003 版。

《歧伯——"轩辕时期的扁鹊"占脉行医》，《中国中医药报》2009 年 4 月 9 日 004 版。

《"脉"、"经脉"与"经络"概念的演变》，《中国中医药报》2009 年 3 月 18 日 003 版。

《大陆经脉史学研究的新检讨——从经脉现象、出土脉书与经脉木人说起》，《新史学》第 11 卷第 2 期（2000.6）。

《"经脉论"与"血脉论"孰是孰非》，《中华医史杂志》2006 年第 4 期。

《季钟朴学术思想与中国的经络研究——"以辩证唯物论指导中西医结合"一文读后感》，《医学与哲学》1999 年第 6 期。

《经络现象研究的历史与前瞻——纪念第一届全国针灸针麻学术讨论会 20 周年》，《上海针灸杂志》1999 年第 5 期。

《再议中国经络现象研究的沉寂与出新》，《医学与哲学》1993 年第 11 期。

《关于经络学说的血脉论与感传论之争》，《医学与哲学》1989 年第 12 期。

《中国经络现象研究的历史》，《医学与哲学》1986 年第 10 期。

《〈红楼梦〉对庸医假药的批判》，《医学与哲学》1984 年第 9 期。

刘崇俊（北京大学）

～胡万亨：《科学话语的符号操控实践——以中国"挺转"科学家对转基因食品安全性的话语建构为例》，《自然辩证法研究》2016 年第 12 期。

《科学论争场中修辞资源调度的实践逻辑——基于"中医还能信任吗"争论的个案研究》，《自然辩证法通讯》2013 年第 5 期。

刘传霞（济南大学）

《20 世纪五六十年代生育卫生改革运动中的政治与性别——重读茹志鹃的〈静静的产院〉》，《当代作家评论》2019 年第 6 期。

《身体治理的政治隐喻——1950—1970 年代中国文学的疾病叙事》，《甘肃社会科学》2011 年第 5 期。

《自我主体的归来与流放——20 世纪 80 年代文学的疯癫话语谱系与文化隐喻》，《晋阳学刊》2011 年第 1 期。

石万鹏～：《中西方疯癫认知观与中国现代文学疯癫话语建构》，《济南职业学院学报》2010 年第 6 期。

刘春华（黑龙江中医药大学）

《中药老字号产业兴衰史论》，黑龙江中医药大学硕士学位论文 2008 年。

刘春华（山东师范大学）

《基督教新教传教士与近代山东西医科学（1860—1937）》，山东师范大学硕士学位论文 2004 年。

《山东近代西医教育》，《科学与管理》2004 年第 4 期。

刘春兰（山东中医药大学）

《〈伤寒杂病论〉小便不利源流考及其证治规律研究》，山东中医药大学博士学位论文 2013 年。

《〈伤寒杂病论〉中小便不利辨治规律和特点探析》，《云南中医学院学报》2013 年第 2 期。

～陶汉华：《〈伤寒杂病论〉活血化瘀方药组方机制及应用特点》，《山东中医药大学学报》2012 年第 4 期。

刘春燕（上海大学）

《烟草与 20 世纪全球公共卫生灾难——读〈烟草：科学、政策和公共卫生〉》，《医疗社会史研究》2019 年第 1 期。

《思辨与展望：新生代的医疗社会史研究》，《史林》2018 年第 2 期。

刘春雨（华北水利水电学院）

《东汉疫灾初探》，《华北水利水电学院学报（社科版）》2009 年第 4 期。

刘春语（西南大学）

《汉简帛医书十三种字词集释》，西南大学博士学位论文 2016 年。

～张显成：《释张家山汉简〈脉书〉的"戒""弱""闭""马蛕"》，《古籍整理研究学刊》2015 年第 2 期。

刘春援（江西中医药大学/江西中医学院）

《〈傅青主女科〉之脾胃理论及其临床意义》，《江西中医药》2017 年第 11 期。

～蒋维晏：《从〈素问·举痛论〉探析脉络血管疾病的发病机制》，《江西中医药》2014 年第 10 期。

张利、蒋维晏～：《论〈素问·移精变气论〉的临床指导意义》，《江西中医学院学报》2013 年第 5 期。

陈荣荣、陈志宏～:《论〈内经〉食养理论及其在不孕症中的应用》,《江西中医药》2013 年第 2 期。

李晓强～蔡绍乾:《黄元御〈四圣心源〉论治血证学说探析》,《湖北中医药大学学报》2012 年第 4 期。

吕方舟……陈荣荣～:《〈医醇賸义·劳伤〉调神理论思路及方药浅探》,《江西中医学院学报》2011 年第 5 期。

秦绪花～:《浅论〈内经〉五脏精神现象的物质基础》,《江西中医学院学报》2011 年第 2 期。

艾志福～:《〈内经〉清浊理论及其应用》,《中国中医基础医学杂志》2012 年第 1 期。

《〈灵枢·通天〉禀赋理论与身心疾病的相关研究》,《江西中医学院学报》2010 年第 6 期。

刘兴方、吕方舟～:《〈伤寒论〉太阳病误下变证的病机与治法探析》,《江西中医学院学报》2010 年第 1 期。

～薛小虎等:《〈内经〉论络病》,《江西中医学院学报》2010 年第 1 期。

～高丹等:《论〈素问·藏气法时论〉的膳食理论在养生防病中的意义》,《江西中医学院学报》2009 年第 5 期。

《论〈灵枢·本神〉之藏象精神现象的物质基础》,《江西中医学院学报》2009 年第 4 期。

《从〈伤寒论〉用桂枝看仲景的护阳养生思想》,《江西中医学院学报》2009 年第 1 期。

《〈素问·经络论〉之阴络阳络理论》,《江西中医学院学报》2008 年第 1 期。

《〈内经〉食养理论在老年养生防病中的作用》,《江西中医药》2007 年第 5 期。

《论〈金匮〉之奔豚气病即〈内经〉之心痹病》,《中医文献杂志》2005 年第 4 期。

《〈内经〉论"痹"》,《江西中医药》2005 年第 3 期。

～胡福泉:《论古代优生理论在儿科临床中的意义》,《江西中医药》2004 年第 11 期。

～徐辉:《中医养生理论溯源》,《江西中医学院学报》2004 年第 4 期。

王涛～:《张锡纯脾胃思想探析》,《江西中医药》2004 年第 2 期。

《一贯煎考源》,《江西中医药》2003 年第 1 期。

蒋力生～:《诊法源流简论》,《江西中医学院学报》1999 年第 1、2、3、4 期。

《浅谈〈伤寒论〉中的证、方、药特点》,《江西中医学院学报》1998 年第 2 期。

刘聪(中国中医科学院)

《清朝医药法制研究》,中国中医研究院博士学位论文 2008 年。

～梁峻等:《历史上的中医标准化》,《中国中医药信息杂志》2008 年 S1 期。

～梁峻等:《略论唐宋官修医籍的标准地位》,《中华中医药杂志》2008 年第 5 期。

《唐宋医药法制研究》,中国中医研究院硕士学位论文 2005 年。

柳翠(信阳职业技术学院)

～余洋:《日本长期护理保险制度研究综述》,《现代商贸工业》2016 年第 1 期。

刘翠溶

《尘肺在台湾和中国大陆发生的情况及其意涵》,《台湾史研究》第 17 卷第 4 期(2010.7)。

～刘士永:《台湾历史上的疾病与死亡》,《台湾史研究》第 4 卷第 2 期(1997.12)。

刘大培(皖南医学院弋矶山医院)

《尚志钧辑〈新修本草〉特色评述》,《中华医史杂志》1994 年第 3 期。

《对〈政和本草〉中"唐本余"的探讨》,《北京中医药大学学报》1994 年第 2 期。

～尚志钧：《〈证类本草〉药图的考察》，《浙江中医杂志》1994 年第 1 期。

～尚元藕、尚志钧：《四库全书〈证类本草〉版本的讨论》，《中国药学杂志》1993 年第 10 期。

刘晓龙～尚志钧：《白芍、赤芍的本草考证》，《中国药学杂志》1993 年第 10 期。

《〈神农本草经〉到〈证类本草〉的递嬗关系》，《皖南医学院学报》1993 年第 4 期。

《〈开宝本草〉的辑复及内容介绍》，《基层中药杂志》1993 年第 3 期。

尚志钧～：《陶隐居所云"十剂"辨疑》，《中国医药学报》1993 年第 2 期。

《辑复本〈名医别录〉评介》，《皖南医学院学报》1992 年第 2 期。

～尚元藕：《苏颂〈本草图经〉说明文的考察》，《基层中药杂志》1992 年第 1 期。

刘大松（上海市五十五中学）

《我国最早的中医杂志》，《中医药学报》1980 年 Z1 期。

刘带（武汉科技大学）

《关于中医存废之争的实质分析》，武汉科技大学硕士学位论文 2008 年。

刘黛军（清华大学）

《疫、人共防：1900 年美国海军医院管理总署与鼠疫管控》，《医疗社会史研究》2018 年第 1 期。

刘丹（沈阳师范大学）

《社会工程哲学视角下医疗改革回归公益性研究》，沈阳师范大学硕士学位论文 2011 年。

刘丹丹（遵义医学院）

《医学人类学视角下医学的起源》，遵义医学院硕士学位论文 2017 年。

～龙艺：《医学人类学视角下医学的起源和发展过程研究综述》，《中国医学伦理学》2017 年第 7 期。

刘丹雯（广州中医药大学）

《基于传统文献与数据挖掘的民国前岭南医案相关研究》，广州中医药大学学位论文 2009 年。

《略论历代医家治疗老年病的观点及优势》，《江西中医药》2009 年第 7 期。

刘道清（河南省中医药研究院）

刘霖～：《阴秉及其〈黄帝内经始生考〉》，《辽宁中医药大学学报》2009 年第 3 期。

《传说"传人"传播：平乐正骨的传承与现实》，《河南教育学院学报（哲学社会科学版）》2008 年第 1 期。

刘霖～：《刘鸿恩及其〈医门八法〉》，《四川中医》2006 年第 11 期。

《张从正著作考》，《中华医史杂志》1996 年第 3 期。

《苏东坡之死与张子和攻下》，《河南中医》1995 年第 4 期。

刘德纯（蚌埠医学院）

～张庆云：《我国医学考试的起源与发展》，《中华医学教育杂志》2006 年第 2 期。

刘德荣（福建中医药大学/福建中医学院）

彭榕华～：《朱梅南学术思想述略》，《南京中医药大学学报（社会科学版）》2014 年第 1 期。

温建恩～：《〈仁斋小儿方论〉的用药特点》，《福建中医药大学学报》2013 年第 3 期。

《许宏对伤寒学的贡献》，《福建中医学院学报》2009 年第 3 期。

《福建医学发展史略》，《福建中医药大学学报》2008 年第 5 期；2009 年第 5 期；2010 年第 1、2、3 期。

周易～：《清代福建医家编撰的部分医籍述评》，《福建中医学院学报》2008 年第 1 期。

赫建斌～曹雪艳：《黄庭镜〈目经大成〉的学术成就》，《福建中医学院学报》2008 年第 1 期。

《明代福建 5 部重要医著评介》，《福建中医学院学报》2007 年第 5 期。

《俞慎初教授的学术思想及临证经验》,《中华中医药杂志》2006 年第 5 期。

《民国以前福建医家研究伤寒学的成就述评》,《福建中医学院学报》2004 年第 2 期。

《吴本药签选方用药特点探析》,《福建中医学院学报》2003 年第 1 期。

《福州地区早期的中医杂志》,《中华医史杂志》2002 年第 4 期。

《陈修园〈医学从众录〉辨证用药经验初探》,《云南中医学院学报》2001 年第 1 期。

《近代福建的西医教育》,《中华医史杂志》2001 年第 1 期。

《陈修园论治消渴病经验初探》,《中国医药学报》2000 年第 6 期。

《陈修园〈医学从众录〉的学术成就探讨》,《中华医史杂志》2000 年第 3 期。

《福建近代名医李健颐医案选析》,《长春中医学院学报》2000 年第 2 期。

《民国时期福建的中医期刊》,《中医文献杂志》2000 年第 2 期。

～黄玉良:《杨士瀛〈仁斋直指方论〉的调治气血特点探析》,《中华医史杂志》2000 年第 1 期。

～黄玉良:《杨士瀛〈仁斋直指方论〉的学术成就》,《福建中医学院学报》1999 年第 4 期。

《王叔和〈脉经〉的针灸学成就初探》,《福建中医学院学报》1999 年第 3 期。

《30 年代福建中医杂志〈医铎〉评介》,《福建中医学院学报》1999 年第 1 期。

《陈修园论治泄泻经验初探》,《福建中医学院学报》1998 年第 4 期。

《俞慎初教授治疗胸痹心痛经验举隅》,《贵阳中医学院学报》1998 年第 4 期。

《俞慎初内科杂病从痰论治的经验》,《四川中医》1996 年第 6 期。

《陈修园〈医学从众录〉的外治法介绍》,《福建中医学院学报》1996 年第 4 期。

《俞慎初教授从瘀论治内科杂病经验举隅》,《贵阳中医学院学报》1996 年第 4 期。

～卞曦辰:《俞慎初教授治疗疑难杂症经验》,《贵阳中医学院学报》1995 年第 1 期。

～莫玉良:《近代福建的中医教育》,《中医教育》1995 年第 1 期。

《〈医学从众录〉论治内科杂病拾萃》,《福建中医药》1992 年第 3 期。

《近代西洋医学传入福建概述》,《中华医史杂志》1992 年第 1 期。

黄玉良～:《南宋至清代福建医家对中医儿科学的贡献》,《福建中医药》1990 年第 2 期。

黄玉良～:《福建近代研究伤寒学三医家》,《福建中医药》1989 年第 3 期。

《朱端章与〈卫生家宝产科备要〉》,《福建中医药》1987 年第 5 期。

《历代闽医对本草学的贡献》,《福建中医药》1987 年第 2 期。

刘登(西安建筑科技大学)

《中西医学哲学思想之比较研究》,西安建筑科技大学硕士学位论文 2013 年。

刘迪成(广州中医药大学)

～李剑:《新中国成立初期的种痘运动》,《当代中国史研究》2016 年第 6 期。

《建国初期种痘运动与中医业者参与研究(1949—1954)》,广州中医药大学硕士学位论文 2016 年。

刘冬(南京中医药大学)

《承淡安与朱琏针灸学术思想的比较研究》,南京中医药大学硕士学位论文 2017 年。

～夏有兵:《针灸医家承淡安与朱琏的比较研究》,《中医学报》2017 年第 4 期。

刘东(中国中医科学院)

《元朝北京地区民族医学史研究》,中国中医科学院硕士学位论文 2019 年。

刘冬丽(中国青年政治学院)

《从〈大公报〉(1930—1937)医药广告看民国社会健康议题设置》,《东南传播》2017 年第 7 期。

刘东祥（山东大学）

《〈黄帝内经〉道家哲学思想研究》，山东大学硕士学位论文2017年。

刘冬雪（上海师范大学）

《宋代海外贸易对中医药发展的影响——以香药方的研究为中心》，上海师范大学硕士学位论文2011年。

《唐宋时期甲香的分布及应用》，《内蒙古农业大学学报（社会科学版）》2011年第1期。

刘敦愿（山东大学）

《扁鹊名号问题浅议》，《山东中医学院学报》1989年第3期。

《汉画像石上的针灸图》，《文物》1972年第6期。

刘凡（兰州大学）

《甘南藏传佛教出家女性的健康保健与医疗实践——基于宁玛派曲宗觉姆寺的民族志研究》，兰州大学博士学位论文2018年。

《宁玛派尼姑日常生活、健康及医疗保障调查——以合作曲宗尼姑寺为例》，《青藏高原论坛》2016年第4期。

《企业退休职工的医疗选择与社区补救——基于兰州大型国企的田野调查》，《西北师范大学（社会科学版）》2016年第4期。

刘芳（北京大学）

《燕京大学：近代中国医学预科教育的典范》，《南京医科大学学报（社会科学版）》2016年第2期。

刘芳（广州中医药大学）

～罗雄：《王一仁之六经汇通析义》，《南京中医药大学学报（社会科学版）》2019年第4期。

～黄凯文等：《广东现存1949年前中医医籍之初步调查》，《中医文献杂志》2019年第2期。

罗雄～：《对〈仲景书本与〈内经〉无关〉之商榷》，《中医药通报》2019年第1期。

～黄凯文：《民国岭南医家谭次仲与近代广东中医教育》，《中医文献杂志》2018年第1期。

黄伟萍～：《民国针灸名家尧天民及其〈中国针灸医学〉钩玄》，《山西中医》2015年第6期。

黄伟萍、李乃奇～：《岭南医家陈主平及其针灸著作述略》，《广州中医药大学学报》2015年第4期。

～刘瑜：《近代广东地区中医药教材初步整理》，《中医文献杂志》2015年第2期。

李乃奇、黄伟萍～：《澄江针灸学派传人曾天治生平著述考略》，《中国针灸》2014年第8期。

《岭南针灸名医曾天治〈科学针灸治疗学〉学术探析》，《浙江中医药大学学报》2013年第10期。

《中医科学化之我见》，《浙江中医药大学学报》2012年第7期。

《民国时期岭南医籍的整理研究》，《中华医学图书情报杂志》2011年第8期。

《民国广东针灸医籍考》，《中医研究》2011年第6期。

《中医药未来发展之路的思考》，《中国高等医学教育》2010年第11期。

《陈仁山与〈药物出产辨〉》，《中医文献杂志》2010年第5期。

～黄凯文：《试析民国时期岭南医学文献的特点》，《中医文献杂志》2006年第3期。

《民国时期的岭南名医及其代表作》，《中医研究》2006年第2期。

《广州中医药大学图书馆馆藏民国时期岭南医学文献书目分析》，《中医文献杂志》2005年第4期。

《民国时期岭南医学文献在我国医学史的作用》，《中医文献杂志》2005年第1期。

《卢朋著及其医事活动》，《中医文献杂志》2004年第3期。

刘芳（湖南省中医药研究院附属医院）

～刘嵘燕等:《厚德尚学,医儒相济——湖南安化刘氏医学流派源流及特色》,《中医药文化》2018年第1期。

刘芳（曲靖师范学院）

～徐兴文:《试论人类精神疾病观的发展与演变》,《湖北科技学院学报》2014年第6期。

刘芳（中国人民大学）

吕兰婷～:《不同国家慢性病管理模式及中国"整合式"慢性病管理模式构建》,《中国公共卫生》2017年第11期。

～赵斌:《德国医保点数法的运行机制及启示》,《德国研究》2016年第4期。

刘芳池（西南科技大学）

《宋代官方对医学著述的推广普及——以〈太平圣惠方〉的颁行为例》,《宋代文化研究》2011年00期。

～何丽敏:《马王堆史书、医书所反映的上古韵部现象研究——以通假字为对象》,《铜陵学院学报》2010年第4期。

何丽敏～:《帛书〈五十二病方〉通假字语音关系研究》,《安徽文学(下半月)》2009年第6期。

刘菲雯（中山大学/武汉大学）

《异域新知的大众传播史:X光在近代中国》,《新闻与传播研究》2019年第9期。

《早期教会医院的日常运作与中西交往——以晚清汉口为中心》,《医疗社会史研究》2019年第2期。

《晚清湖北的西医先行者——施维善》,《中华医史杂志》2017年第4期。

刘粉（苏州大学）

《罗运炎思想研究(1949年以前)》,苏州大学硕士学位论文2012年。

刘奋荣（清华大学）

《中医诊疗过程的逻辑——一个信念修正理论的阐释》,《世界科学技术·中医药现代化》2011年第6期。

周琳琳、贾春华～:《一种基于认知心理逻辑的观其脉证,知犯何逆,随证治之研究方案》,《世界科学技术·中医药现代化》2011年第5期。

《从动态认知逻辑的观点看中医方证思想》,《重庆理工大学学报(社会科学版)》2010年第10期。

刘锋（成都中医药大学）

杨晨鑫、赖晓琴～:《"肝生于左,肺藏于右,心部于表,肾治于里"解析》,《中华中医药杂志》2019年第8期。

赖晓琴、杨晨鑫～:《论"中热胃缓则为唾"》,《国医论坛》2019年第1期。

赖晓琴、杨晨鑫～:《〈黄帝内经〉康复思想及临床应用探析》,《国医论坛》2018年第5期。

赖晓琴～:《从〈黄帝内经〉"七损八益"谈养生》,《江苏中医药》2018年第5期。

赖晓琴～:《〈黄帝内经〉"气增而久,夭之由也"浅析》,《江西中医药》2018年第1期。

～徐姗姗等:《基于古代医案对高血压用药规律的数据挖掘》,《云南中医药杂志》2016年第3期。

～徐姗姗等:《基于古代医案对高血压病位的数据挖掘》,《辽宁中医杂志》2015年第12期。

～徐姗姗等:《基于古代医案的数据挖掘对高血压病因的研究》,《国医论坛》2015年第6期。

徐姗姗……姜冬云～杨殿兴等:《川籍扶阳学派医家学术特点研究》,《四川中医》2015年第6期。

～周宜等:《论〈黄帝内经〉之"咸入肾"》,《辽宁中医杂志》2013 年第 10 期。

～陈钢:《论〈黄帝内经〉之"虚邪"》,《时珍国医国药》2013 年第 1 期。

～刘浩:《浅谈"脉症不应"与"独处藏奸"》,《实用中医药杂志》2013 年第 1 期。

～刘浩:《〈黄帝内经〉对"脉症不应"的认识》,《山东中医药大学学报》2012 年第 5 期。

～陈钢:《论〈黄帝内经〉之"故邪"》,《辽宁中医杂志》2012 年第 4 期。

～刘浩:《论〈黄帝内经〉之"正邪"》,《辽宁中医杂志》2011 年第 2 期。

～刘浩:《张仲景对"脉症不应"的认识》,《天津中医药大学学报》2010 年第 1 期。

刘秀～张新渝:《浅析〈内经〉对失眠的认识》,《河南中医》2009 年第 3 期。

刘甫白

《从卫生观点正确认识祖国医学在预防上的伟大成就》,《新中医药》1956 年第 6 期。

刘福春(第二军医大学长海医院)

～周家恩:《论明清时期老年医学的特点》,《上海中医药杂志》1987 年第 12 期。

《试论龚廷贤在老年医学方面的学术特点》,《上海中医药杂志》1985 年第 7 期。

刘纲(蕲春县李时珍医院)

《〈武威汉代医简〉大黄角考释》,《中药材》1986 年第 5 期。

刘更生(山东中医药大学)

焦健洋、孙竹青～:《程颐理气思想对中医学理论的影响——以〈圣济经〉、朱丹溪、黄元御为例》,《医学与哲学》2019 年第 10 期。

孙竹青～焦健洋:《〈医方小品〉有方名方剂来源考》,《天津中医药》2018 年第 8 期。

赵翔凤、相光鑫～:《〈万密斋医学全书〉附案考》,《山东中医药大学学报》2018 年第 3 期。

赵翔凤、相光鑫～:《万全学术思想研究进展》,《山东中医药大学学报》2018 年第 2 期。

《扁鹊为方者宗》,《中国医学人文》2018 年第 1 期。

祝远远……姚瑶～:《〈妇人规·癥瘕类〉辨治学术思想探讨及方药分析》,《四川中医》2017 年第 7 期。

祝远远、吴楠～:《历代医家注释"发表不远热,攻里不远寒"探析》,《时珍国医国药》2017 年第 5 期。

姚瑶～:《孙思邈在〈备急千金要方〉〈千金翼方〉中关于生平事迹的自述》,《中华医史杂志》2017 年第 5 期。

《近代中药学理论体系构建中存在的问题》,《湖南中医杂志》2017 年第 4 期。

满雪～:《海源阁藏医籍数目考》,《中华医史杂志》2015 年第 2 期。

满雪～:《曹炳章藏抄本〈本草乘雅半偈〉考略》,《江苏中医药》2015 年第 3 期。

满雪～:《海源阁医籍收藏源流及散佚简史》,《世界中西医结合杂志》2014 年第 12 期。

陈居伟、郭玉晶～:《姜国伊〈本经经释〉及其学术思想探析》,《世界中西医结合杂志》2013 年第 9 期。

王鹏……万四妹～王振国:《针刺麻醉文献研究的内容与方法》,《安徽中医学院学报》2013 年第 5 期。

毛逸裴～:《〈本草备要〉研究评述》,《安徽中医学院学报》2013 年第 3 期。

郭玉晶、陈居伟～:《〈奇效良方〉骨之"势"浅解》,《世界中西医结合杂志》2012 年第 12 期。

王鹏、王振国～郭瑞华等:《当代中医学术流派研究与传承发展》,《中医杂志》2013 年第 10 期。

董利利、宋咏梅～李绍林:《当代妇科名老中医学术思想的共性特征》,《江苏中医药》2011 年第 8 期。

宋咏梅、王振国～:《关于当代中医学术流派评价的几点认识》,《辽宁中医杂志》2011 年第 7 期。

鲍燕、李俊德:《顾金寿生平著述考》,《世界中西医结合杂志》2011 年第 2 期。

张瑞贤～蒋力生等:《"文革"中的中草药的继承与发展》,《江西中医学院学报》2011 年第 1 期。

宋咏梅～王振国:《当代名老中医学术传承现状分析》,《江苏中医药》2010 年第 10 期。

庞军、芦玥～唐宏亮等:《王孟英医案枢机思想探析》,《天津中医药》2010 年第 6 期。

梁飞～:《历代灸治发背概要》,《中国针灸》2010 年第 1 期。

姜硕、狄忠～高树中:《浅析〈伤寒论〉之针药结合思想》,《辽宁中医杂志》2009 年第 10 期。

姜硕、狄忠～高树中:《〈扁鹊心书〉治疗"邪祟"刍议》,《江西中医学院学报》2009 年第 3 期。

张蕾～:《喻昌〈寓意草〉对张仲景思想的运用》,《辽宁中医杂志》2007 年第 7 期。

鲍燕～:《〈诊余集〉学术特点初探》,《陕西中医学院学报》2007 年第 5 期。

杨金萍～王振国:《〈神农本草经〉的道家养生思想与汉画像石中的羽人仙药图》,《医学与哲学(人文社会医学版)》2006 年第 2 期。

蔚晓慧、于秀芬～赵玉英:《〈老老恒言〉饮食养生思想》,《吉林中医药》2006 年第 3 期。

臧守虎、王振国～张庆祥:《道家思想文化背景下〈内经〉的诠释——以〈素问·灵兰秘典论〉一段为例》,《山东中医药大学学报》2006 年第 2 期。

杨金萍～王振国:《从〈卫生家宝产科备要〉印鉴考察名家递藏》,《中华医史杂志》2006 年第 1 期。

张蕾～:《毒邪概念辨析》,《中国中医基础医学杂志》2003 年第 7 期。

《古籍书名误读举例》,《中医文献杂志》2003 年第 4 期。

《中医体征研究的文献基础》,《山东中医药大学学报》2002 年第 3 期。

李莹～李虹:《〈通志·艺文略〉对医籍著录的贡献》,《山东中医药大学学报》2001 年第 4 期。

～高墼:《〈得心集医案〉辨治急难证的思路与方法》,《山东中医药大学学报》2000 年第 3 期。

《从金元四家看中医病源理论研究的意义》,《中国中医基础医学杂志》1998 年第 7 期。

《格物知医简论》,《浙江中医学院学报》1996 年第 1 期。

刘功国(山东中医药大学)

《〈景岳全书〉心病学术思想研究》,山东中医药大学硕士学位论文 2010 年。

刘冠军(长春中医学院)

《略论〈难经〉对针灸医学的贡献》,《中医杂志》1983 年第 4 期。

《略谈〈内经〉的针灸选穴配方原则》,《江西中医药》1982 年第 4 期。

～严玉林:《王叔和〈脉经〉对针灸医学的贡献》,《吉林中医药》1981 年第 1 期。

《古代医学成就之一》,《哈尔滨中医》1961 年第 6 期。

刘光国(溧水县中医院)

《叶天士肺痹证治探析》,《中医研究》1997 年第 6 期。

刘光华(辽宁中医学院)

《〈黄帝内经〉病证源流及名实考》,辽宁中医学院博士学位论文 2005 年。

～赵明山:《〈黄帝内经〉养生思想探源》,《中医研究》2005 年第 4 期。

刘光明(上海中医药大学)

《唐代学校式医学教育及其对后世的影响》,《上海中医药大学学报》2002 年第 3 期。

刘广涛(上海师范大学)

《鲁迅的医者身份和文化品格——从另一种角度走近鲁迅》,《上海师范大学学报(哲学社会科学版)》2003 年第 2 期。

刘广洲

《祖国医学对于小米老鼠和扑杀狂犬的资料简介》,《中医杂志》1956 年第 6 期。

《祖国医学对蚊蝇和其他有害昆虫的认识及其扑灭方法》,《中医杂志》1956 年第 2、3、4 期。

《从对传染病媒介昆虫动物的认识及其消灭方法来看祖国医学的伟大》,《中级医刊》1956 年第 1、2 期。

《祖国医学对体外寄生虫的认识和处理》,《中医杂志》1956 年第 1 期。

《祖国医学在传染病学方面的一些贡献》,《中级医刊》1955 年第 8 期。

《祖国文化遗产中有关劳动卫生资料介绍》,《中医杂志》1955 年第 5 期。

《从史籍中看我们祖先在劳动卫生上的贡献》,《中级医刊》1955 年第 5 期。

《略述祖国医学在眼科学上的成就》,《中级医刊》1955 年第 3 期。

《祖国医学对解剖及生理学的认识》,《中医杂志》1955 年第 1、2、3 期。

刘桂海(南开大学历史学院)

《嘉靖朝医祀三皇制度考辨 2 则》,《中华医史杂志》2019 年第 2 期。

刘桂奇(暨南大学)

《中国近代卫生区制度的演进及其意义(1920—1949)》,《医学与哲学(A)》2017 年第 11 期。

《广州近代卫生防疫机制的形成》,《广东第二师范学院学报》2017 年第 4 期。

《近代广州的饮水卫生建设实践及其得失》,《广东第二师范学院学报》2015 年第 6 期。

《公共卫生视角下的民国广州社会福利救济》,《广州社会主义学院学报》2015 年第 1 期。

《民国时期广州城市卫生行政区划研究》,《中国历史地理论丛》2014 年第 4 期。

冷东~:《十三行与清代中后期广州现代医疗卫生体系的初建》,《西南大学学报(社会科学版)》2010 年第 5 期。

《近代广州医院时空分布研究》,《中国历史地理论丛》2010 年第 4 期。

《近代城市医院的空间布局及演化——以广州市为例》,《热带地理》2010 年第 3 期。

《近代广州公共卫生事业的发轫》,《历史教学(高校)版》2010 年第 1 期。

《民国时期广州社会的医疗救济》,《中山大学学报(社会科学版)》2009 年第 4 期。

刘果(北京中医药大学)

许艺川~:《由〈外台秘要方〉"令发黑方"论曹丕的身体素质》,《中华医史杂志》2017 年第 6 期。

刘柳青~:《从〈未刻本叶氏医案〉浅谈叶天士治咳经验》,《环球中医药》2016 年第 2 期。

《温病大师叶天士医案四则》,《北京中医》2007 年第 6 期。

《再论四逆散方证》,《北京中医》2007 年第 6 期。

~宋乃光:《苏东坡与圣散子方》,《北京中医》2006 年第 5 期。

刘国强(广州大学)

《试析近代广州教会医院的特点》,《广州大学学报(社会科学版)》2003 年第 3 期。

刘国庆

《侵华日军细菌部队在衢罪行录——写在纪念抗战胜利五十周年之际》,《浙江档案》1995 年第 9 期。

刘国伟(山东中医药大学)

～张晶等:《推动中医在英国跨文化传播的几点设想》,《中医临床研究》2015 年第 24 期。

～李琳:《中医在五个典型历史时期的海外传播概述》,《中医临床研究》2015 年第 3 期。

～左宁:《中医海外传播史特点分析》,《中医临床研究》2014 年第 15 期。

卢甜～刘巨海:《中医跨文化传播现状》,《世界中西医结合杂志》2014 年第 10 期。

张秀荣、季旭明～:《中医与中医文化的动态特征》,《西部中医药》2014 年第 10 期。

《中医跨文化传播的源文化要素分析》,《中医临床研究》2014 年第 9 期。

《中医在主要英语国家的跨文化传播研究》,山东中医药大学博士学位论文 2013 年。

《问道〈黄帝内经〉探寻中医生命观及其思维规律》,《辽宁中医药大学学报》2012 年第 9 期。

《通过简单数字了解中医学与中医系统论》,《中医研究》2011 年第 5 期。

《浅析中医跨文化传播》,《中华中医药杂志》2011 年第 5 期。

刘海(成都中医药大学)

《〈备急总效方〉与〈证类本草〉所引医方的初步比较研究》,成都中医药大学硕士学位论文 2014 年。

～蒋淼等:《〈证类本草〉征引〈千金要方〉简析》,《中药与临床》2013 年第 6 期。

刘海波

～高畅:《我国古代女医师》,《中华医史杂志》1982 年第 4 期。

刘海龙(中国人民大学)

《从广州肺炎事件看流言的传播与控制》,《国际新闻界》2003 年第 2 期。

刘海涛(复旦大学)

《医患关系中无效信息传播的法律责任分析》,《新闻传播》2019 年第 8 期。

《美国远程医疗过失注意标准:挑战、实践与启示》,《中国卫生法制》2019 年第 2 期。

～王颖等:《"一带一路"沿线区域及国家传染病疾病负担分》,《医学与社会》2019 年第 1 期。

～王颖等:《"一带一路"沿线区域及国家传染病死亡现状分析》,《医学与社会》2019 年第 1 期。

蒋曼、李程跃～李振红等:《中东欧地区传染病发病趋势分析》,《医学与社会》2019 年第 1 期。

刘海岩(天津社会科学院)

《20 世纪前期天津水供给与城市生活的变迁》,《近代史研究》2008 年第 1 期。

《清末民初天津水供给系统的形成及其影响》,《历史档案》2006 年第 3 期。

刘汉卿(南京师范大学)

～翟洪峰:《心系群众疾苦,呵护人民健康——彭真与北京市的医疗卫生事业》,《北京党史》2012 年第 6 期。

刘汉英(大庆市第一医院)

～崔志伟等:《日本的医疗制度及其改革》,《国外医学(卫生经济分册)》2000 年第 2 期。

刘浩(川北医学院)

～李燕:《李东垣脾胃论学术思想的阐发》,《陕西中医》2014 年第 5 期。

刘浩凯(兰州大学)

《〈聊斋志异〉与佛经比较研究——以疾病观为例》,兰州大学硕士学位论文 2017 年。

《〈搜神记〉中异常身体书写的两种类型》，《佳木斯职业学院学报》2017年第1期。

刘赫铮（北京大学）

～甄橙：《从谈癌色变到从容面对》，《中国卫生人才》2017年第10期。

《〈呦呦有蒿〉：以事实厘清中国科学史上的经典案例》，《今日科苑》2016年第2期。

～甄橙：《霍奇斯和中国早期放射学》，《中国科技史杂志》2014年第2期。

《癌症：从不可战胜到应对有方》，《医药与保健》2013年第2期。

《程之范教授90华诞暨北医医史学科成立65周年庆祝会纪要》，《中华医史杂志》2011年第6期。

刘衡如

刘山永～：《谈〈灵枢·骨度〉中的度量问题》，《中国医药学报》1988年第2期。

《关于〈唐本草〉编撰人答读者》，《中医杂志》1987年第10期。

《就〈灵枢·骨度〉背骨段校勘问题与李锄先生商讨》，《上海中医药杂志》1985年第4期。（**附**：李锄：《敬答刘衡如老先生》，《上海中医药杂志》1985年第4期。）

《中国医药和阴阳五行的起源》，《中医杂志》1956年第2期。

刘红

《宋代防疫史：既是科技史，也是社会史》，《中华读书报》2015年11月25日024版。

刘虹（福州市环境卫生管理处）

～李展：《和谐中见危机：〈健康报〉建构的医患关系》，《东南传播》2015年第7期。

刘虹（江苏职工医科大学）

～金安娜：《1942年美国的"非典"和1952年北京的"非典"》，《中华医史杂志》2003年第3期。

刘虹（南京医科大学）

《守卫身体——论医学干预的限度》，《医学与哲学》2019年第22期。

仲璟怡～：《医学伦理学的新视角：身体伦理学》，《医学与哲学》2019年第22期。

《人文医学引论》，《医学与哲学》2019年第7期。

《论身体哲学思想对医学发展的历史价值》，《医学与哲学（A）》2018年第11期。

《论医学的精确与模糊》，《医学与哲学（A）》2018年第7期。

～姜柏生：《什么是医院管理的精髓——医院人文管理的本质、特征、途径和价值》，《医学与哲学（A）》2017年第9期。

《论患者感受》，《医学与哲学（A）》2017年第8期。

姜海婷～：《基于符号权力理论的医疗话语权研究》，《医学与哲学（A）》2016年第11期。

陈永祥～：《基于理论的医疗告知研究》，《中国医院管理》2016年第11期。

《医学哲学：从意识哲学走向身体哲学》，《医学与哲学（A）》2016年第9期。

《重读盖仑——盖仑医学思想述评》，《医学与哲学（A）》2016年第4期。

《诺贝尔生理学或医学奖研究的巅峰之作——〈诺贝尔生理学或医学奖获得者成功之路〉述评》，《医学与哲学（A）》2016年第2期。

姜海婷～：《基于哈贝马斯交往行为理论的医患沟通行为研究》，《南京医科大学学报（社会科学版）》2015年第5期。

沈超～：《关于医学人文精神多元形态研究的综述》，《国外医学（卫生经济分册）》2015年第2期。

《盛名之下的阿维森纳及其〈医典〉》，《医学与哲学（A）》2013年第3期。

《中国医学人文运动矢志不移的追求：铸就好医学》，《医学与哲学（A）》2012年第11期。

《中国医学哲学 30 年》,《医学与哲学(人文社会医学版)》2010 年第 2 期。

陶乃煌、张慰丰～:《三十年回顾——医学人文学科的复兴》,《医学与哲学(人文社会医学版)》2009 年第 11 期。

《医学史学科建设的里程碑——评张大庆教授主译的〈剑桥世界人类疾病史〉》,《医学与哲学(人文社会医学版)》2008 年第 9 期。

《论希波克拉底的医学哲学思想》,《医学与哲学》2004 年第 12 期。

刘弘(山东中医药大学)

《〈伤寒论识〉文献研究》,山东中医药大学硕士学位论文 2015 年。

《儒道养生思想对〈老老恒言〉的影响》,《山东中医药大学学报》2014 年第 6 期。

刘虹(云南医学院)

～穆丽华等:《孤本〈性原广嗣〉与西学之影响》,《中国中医药图书情报杂志》2015 年第 5 期。

罗艳秋、徐士奎～:《少数民族医药古籍文献的界定及其特点研究》,《云南中医学院学报》2013 年第 5 期。

～陈柏君等:《云南少数民族医药文字文献述略》,《云南中医学院学报》2013 年第 3 期。

《散议中药药名的文化内涵》,《云南中医学院学报》2012 年第 2 期。

《〈方脉权衡〉特点及价值》,《中医药文化》2011 年第 6 期。

贾克琳～:《王宏翰及其〈性原广嗣〉》,《中医文献杂志》2006 年第 3 期。

刘红红(武汉工业学院)

～赵莹:《中国传统药膳的发展初探》,《武汉工业学院学报》2003 年第 2 期。

刘洪娇(辽宁中医药大学)

～梁勇满等:《〈本草纲目〉成书特点探析》,《亚太传统医药》2017 年第 23 期。

刘宏生(陇南师范高等专科学校)

～罗刚:《中华武术与中国传统医学的同源性》,《科技信息》2012 年第 22 期。

刘洪涛

《从赵宋宗室家族病释"烛影斧声"之谜》,《南开学报(哲学社会科学版)》1989 年第 6 期。

刘宏涛(兰州大学/北京大学)

～蒋睿:《性别与身份:中国大陆妇产科医患冲突的一个分析维度》,《思想战线》2017 年第 3 期。

《仪式治疗新解:海南美孚黎的疾病观念和仪式治疗的文化逻辑》,《民族研究》2013 年第 1 期。

刘红星(诸城市精神卫生中心)

～丁树栋:《先秦名家对养生保健学的贡献》,《中国民间疗法》2014 年第 7 期。

刘宏岩(长春中医药大学/长春中医学院)

李艳杰……张冬吉～:《〈金匮要略广注〉版本研究》,《长春中医药大学学报》2017 年第 4 期。

闫晓博～:《对〈金匮〉"咳嗽上气病证"的思考》,《中西医结合心血管病电子杂志》2016 年第 36 期。

李艳杰～:《浅析〈金匮要略广注〉成书背景》,《中医药文化》2016 年第 5 期。

艾妍～:《〈金匮要略〉"瘀血"探识》,《长春中医药大学学报》2016 年第 3 期。

刘雅楠～:《〈金匮要略〉水液代谢异常疾病研究》,《长春中医药大学学报》2016 年第 3 期。

姜多～:《〈金匮要略〉妇人病三篇研究现状》,《长春中医药大学学报》2016 年第 3 期。

孟凡范～:《〈金匮要略〉虚劳病研究现状》,《长春中医药大学学报》2015 年第 4 期。

李艳杰～：《李彣〈金匮要略广注〉研究》，《吉林中医药》2013 年第 12 期。

张茂云～：《张仲景"人体自和"观探析》，《安徽中医学院学报》2013 年第 2 期。

苏颖～：《苏颂〈本草图经〉之特色探析》，《中国中医基础医学杂志》2012 年第 7 期。

《论〈金匮要略〉疾病观》，《吉林中医药》2011 年第 7 期。

冯长卓～：《张仲景"治未病"学术思想研究》，《吉林中医药》2009 年第 8 期。

《浅论〈金匮要略〉》，《吉林中医药》2005 年第 11 期。

《"风中于前，寒中于暮"新解》，《吉林中医药》2004 年第 4 期。

刘洪岩（山东中医药大学）

～孟宪亮：《〈脾胃论〉风药应用探析》，《山东中医杂志》2007 年第 6 期。

刘红炎（山西师范大学）

《清末霍乱诊治中的中西医——以〈大公报〉为中心的考察》，《运城学院学报》2007 年第 4 期。

刘弘毅（天津中医药大学）

～臧力学：《明代医家陆养愚辨治疑难病经验初探》，《中医杂志》2011 年第 15 期。

刘弘毅（云南省中医院）

《中西医"脾、胰"翻译源流考》，《环球中医药》2015 年第 12 期。

刘华宝（四川攀枝花学院）

～包晓红：《彝族医学理论与中医学相关理论的关系探讨》，《中华中医药杂志》2006 年第 4 期。

刘华骅（江苏省海安怀仁中医诊所）

《家藏"时珍采药图"钩沉》，《中医药文化》2015 年第 4 期。

刘华伟（甘肃中医学院）

《试论呋陀医学及中医对藏医针灸体系的影响》，《医学与哲学（人文社会医学版）》2010 年第 11 期。

刘辉（广西师范大学）

《两宋地方官药局研究》，广西师范大学硕士学位论文 2019 年。

刘辉（南京中医学院）

张雪华～：《振兴中国针灸的先驱——承淡安》，《国医论坛》1989 年第 4 期。

《清代名医陈秉钧传略》，《中医药学报》1989 年第 4 期。

《〈瘟疫论〉祛邪思想刍议》，《内蒙古中医药》1988 年第 1 期。

《"儒医"考》，《江苏中医杂志》1985 年第 1 期。

刘慧娟（中共北京市委党史研究室）

《中共的中医政策在新中国的贯彻——以北京市为例》，《北京党史》2007 年第 1 期。

刘慧荣（上海市针灸经络研究所）

高崚……吴璐一～：《汪机对针灸学术的贡献》，《中华中医药杂志》2019 年第 8 期。

方臻臻……丁邦友～马晓等：《古代文献中胃肠道疾病相关性腹痛的灸法经脉腧穴应用规律》，《世界科学技术·中医药现代化》2018 年第 5 期。

李晗……东红升～李璟：《雀啄灸的源流与展望》，《世界中医药》2016 年第 12 期。

～纪军等：《近代上海针灸学术发展管窥》，《世界中西医结合杂志》2014 年第 11 期。

刘惠新（浙江警官职业学院）

《民国医院社会工作的伦理定位及践行》，《广东工业大学学报（社会科学版）》2013 年第 3 期。

《近代上海会馆公所慈善医疗事业的发展——以四明医院为例》,《新乡学院学报(社会科学版)》2009 年第 4 期。

刘晖桢(中国中医研究院/甘肃中医学院)

《近代抗击传染病的北京中医》,《中华医史杂志》2003 年第 3 期。

赵立岩～:《西医东传与中医骨度藏象学的发展》,《中国中医基础医学杂志》2001 年第 9 期。

《近代中医儿科生理病理学说的进步》,《中华医史杂志》2000 年第 4 期。

耿引循～刘慕伦:《耿鉴庭先生生平》,《中华医史杂志》2000 年第 1 期。

《近代著名中医妇产科医家与著作》,《中华医史杂志》1998 年第 4 期。

赵立岩～:《论近代寒温融合流派的产生与发展》,《中医杂志》1997 年第 2 期。

《近代中风病史略》,《甘肃中医》1995 年第 6 期。

《行医起废 传道解惑——清代赴日医家周南及其域外诊治实录》,《中医杂志》1991 年第 6 期。

张绍重～:《敦煌石室医药文献类萃》,《甘肃中医学院学报》1984 年 00 期。

刘继刚(郑州大学)

《论东汉时期的疾疫》,《医学与哲学(人文社会医学版)》2007 年第 10 期。

《试论先秦时期的疾疫》,《医学与哲学(人文社会医学版)》2007 年第 3 期。

《年中度岁与晚清避疫》,《医学与哲学(人文社会医学版)》2007 年第 1 期。

刘纪荣(中国社会科学院/南开大学)

《再论民国时期农村合作医疗制度的萌芽诞生及其演进——兼与李华等学界同仁商榷》,《浙江社会科学》2008 年第 7 期。

《试论民国时期农村合作医疗实验》,《聊城大学学报(社会科学版)》2005 年第 2 期。

～王先明:《二十世纪前期农村合作医疗制度的历史变迁》,《浙江社会科学》2005 年第 2 期。

刘吉善(十堰市中医医院)

《中医学是中国文明起源之母》,《湖北中医药大学学报》2012 年第 2 期。

《论中医学理论体系形成与楚文化圈的关系》,《湖北中医杂志》2003 年第 8 期。

《文化仲景与伤寒正名——突破仲景学说研究的狭隘性》,《河南中医》2001 年第 2 期。

刘霁堂(广州中医药大学)

～李旺倬:《基于青蒿精神的援非抗疟广东方案》,《探求》2019 年第 6 期。

李燕君～:《秉承 523 精神倾力打造我国青蒿抗疟科技高地——广州中医药大学抗疟团队成长之路》,《中国中医药现代远程教育》2018 年第 19 期。

～李燕君:《523 精神与青蒿素发明》,《中国中医药现代远程教育》2018 年第 4 期。

～凌子平:《青蒿素发明的历史追踪及启示》,《新中医》2018 年第 3 期。

～曹思标:《近代西方生命起源学说的演进及启示》,《探索》2017 年第 2 期。

～冯承飞:《钱学森中医现代化思想探究》,《科技管理研究》2015 年第 22 期。

刘春兰～张欣:《浅述精神异常与相关的社会文化》,《中国中医药现代远程教育》2008 年第 11 期。

《明清(1368—1840)医学道德发展史研究》,广州中医药大学博士学位论文 2005 年。

刘继同(北京大学)

《从"医患关系"到"医人关系":中国社会结构历史性转型》,《中国社会科学报》2019 年 8 月 14 日 005 版。

王丹～:《中国参与湄公河地区全球卫生合作的基本类型及特点》,《太平洋学报》2019 年第 4 期。

《中国社会医疗保险制度 40 年的历史经验、结构困境与改革方向》,《人文杂志》2019 年第 3 期。

《"中国社区福利体系与社区精神健康社会工作实务体系建设"研究专题》,《浙江工商大学学报》2019 年第 1、2 期。

刘晓东、徐楠～王梅:《我国慢性病防控政策研究述评》,《医学与社会》2018 年第 6 期。

刘晓东～:《国家卫生计生委部本级部门预算、决算差异性的卫生财政学分析》,《中国卫生经济》2018 年第 6 期。

～吴明:《中国医疗卫生财政制度政策法规框架的范围、层次、类型与特征》,《学习与实践》2017 年第 6 期。

～吴明:《"健康中国"国家发展战略与卫生财政学研究议题》,《湖南财经经济学院学报》2017 年第 5 期。

《中国精神健康社会工作时代来临与实务性研究议题》,《浙江工商大学学报》2017 年第 4 期。

《"中国精神健康和精神健康社会工作"研究专题》,《浙江工商大学学报》2017 年第 4 期。

《中国医务社会工作十年发展成就、主要挑战与制度建设路径》,《社会政策研究》2017 年第 3 期。

徐明明～:《北京河南和陕西三地公共卫生支出公平性研究》,《中国卫生经济》2016 年第 7、8 期。

《中国医改困境的理论反思与现代卫生财政制度建设的基本路径》,《学习与实践》2016 年第 7 期。

《中国健康社会工作实务体系范围与现代医生人文关怀型社会工作角色》,《人文杂志》2016 年第 4 期。

～袁敏:《中国大陆临终关怀服务体系的历史、现状与前瞻》,《社会工作》2016 年第 2 期。

徐明明～:《中国卫生财政研究 60 年文献述评》,《中国卫生经济》2015 年第 4 期。

徐明明～:《中国医疗保险支付体系研究综述》,《卫生经济研究》2014 年第 12 期。

《中国本土医务社会工作实务的历史智慧与当代意涵》,《社会福利(理论版)》2014 年第 9 期。

《中国医务与精神健康社会工作实务范围和专业共同体行动议程》,《社会福利(理论版)》2014 年第 8 期。

Ida Pruit……甄橙～:《北平协和医院社会服务部 1927—1929 年度报告》,《社会福利(理论版)》2014 年第 5 期。

《民族问题,还是社会问题:民国时期北京卫生福利发展状况与制度特征》,《社会福利(理论版)》2013 年第 10 期。

《改革开放 30 年以来中国医务社会工作的历史回顾、现状与前瞻》,《社会工作》2012 年第 1、2、3、4、5、7 期。

～左芙蓉:《中国卫生政策法规老师、类型、特征与卫生治理模式战略转型》,《东岳论丛》2011 年第 10 期。

～刘双林:《中国医药卫生体制改革蓝图与卫生财政学学科体系建设》,《医学与社会》2011 年第 8 期。

《中国卫生保健财政体制 60 年发展过程与结构特征》,《医学与社会》2011 年第 8 期。

《中国特色卫生财政制度框架与国家健康照顾责任主体》,《医学与社会》2011 年第 8 期。

～张东奇:《中国医改实践的生命伦理学困境与中国结构主义伦理学视角》,《福建论坛(人文社会科学版)》2011 年第 7 期。

～左芙蓉:《西方病残预防制度发展规律对中国"积极性"残障福利政策的涵义》,《学习与实践》2011 年第 7 期。

～左芙蓉：《中国残障福利政策模式的战略转型与"积极性"残障福利政策框架》，《人文杂志》2011年第 3 期。

张凯～：《我国城市社区卫生服务体制困境与全科医师收入现状实证研究》，《中国全科医学》2010年第 34 期。

《我国医疗质量研究 30 年的历史回顾与基本特征》，《中国医院管理》2010 年第 12 期。

《论医药卫生体制改革质量》，《卫生经济研究》2010 年第 11 期。

～詹思延：《中国药物财政制度建设与国家基本药物制度建设》，《卫生经济研究》2010 年第 8 期。

《"卫生财政学"与"卫生经济学"的本质区别》，《卫生经济研究》2010 年第 8 期。

《"中国特色"卫生财政制度框架建设与医院筹资模式战略转型》，《卫生经济研究》2010 年第 8 期。

《"中国特色"卫生财政制度框架建设与医药卫生体制改革的本质》，《卫生经济研究》2010 年第 8 期。

缪建春～：《我国公立医院卫生财政补偿政策变迁及医院成本核算的战略意义》，《中国医院管理》2010 年第 8 期。

～严俊等：《中国精神卫生社会工作实务模式的类型选择与发展战略》，《卫生经济研究》2010 年第 7 期。

～严俊等：《中国医学人文内涵结构与医务社会工作制度建设》，《医学与社会》2010 年第 7 期。

～孔灵芝等：《中国特色医务社会工作实务模式建构的战略重点与发展策略》，《医学与社会》2010 年第 6 期。

～严俊等：《中国医药卫生体制改革蓝图与医务社会工作的战略地位》，《医学与社会》2010 年第 5 期。

《中国孤儿、受艾滋病影响儿童和脆弱儿童生存与服务状况研究》，《青少年犯罪问题》2010 年第 4、5 期。

尚鹏辉～刘佳等：《从风险社会理论视角反思药品安全问题》，《中国药物警戒》2010 年第 4 期。

成毅娟～：《美国全球卫生财政政策给我国的启示》，《东南大学学报（医学版）》2010 年第 4 期。

～严俊等：《生物医学模式的战略升级与精神健康社会工作的战略地位》，《福建论坛（人文社会科学版）》2010 年第 3 期。

～孔灵芝等：《心理学与社会工作的本质区别及其对构建中国精神健康社会工作实务模式的启示》，《社会科学研究》2010 年第 3 期。

《我国医疗质量研究 30 年的历史回顾与基本特征》，《中国医院管理》2010 年第 2 期。

～严俊等：《医院社会工作者的战略地位和卫生经济学贡献》，《卫生经济研究》2010 年第 1 期。

吴莎～包家明等：《杭州市临终关怀护士职业倦怠与压力源的现状调查》，《护理研究》2009 年第 29 期。

～严俊等：《中国医学人文、医学职业精神的主要研究议题与制度化决定因素》，《中国卫生政策研究》2009 年第 10 期。

尚鹏辉、刘佳～江滨等：《利用定性访谈的方法探讨我国药品安全的涵义》，《中国药物警戒》2009 年第 9 期。

尚鹏辉……黎学海～江滨等：《我国药品安全定义和范畴的系统综述和定性访谈》，《中国卫生政策研究》2009 年第 6 期。

〜孔灵芝等：《中国精神心理健康服务范围与佛教慈善政策框架研究》，《福建论坛（人文社会科学版）》2009 年第 5 期。

刘佳……吕晓珍〜江滨等：《利用系统综述方法阐述药品安全定义的内涵》，《中国药物警戒》2009 年第 5 期。

《中国卫生总费用研究 30 年：历程与特点》，《卫生经济研究》2009 年第 3 期。

《中国特色全民医疗保障制度框架特征与政策要点》，《南开学报（哲学社会科学版）》2009 年第 2 期。

《中国重大灾害事故、突发事件医疗救援体系与精神卫生社会工作》，《社会科学研究》2009 年第 1 期。

〜严俊等：《中国医疗救助政策框架分析与医务社会工作实务战略重点》，《社会保障研究》2009 年第 1 期。

《中国医学社会学研究 30 年：回顾与反思》，《学习与实践》2008 年第 11、12 期。

《中国公共财政的范围类型与健康照顾服务均等化的挑战》，《学习与实践》2008 年第 5 期。

《国内外医院社会工作的研究进展与发展趋势》，《中国医院》2008 年第 5 期。

《公立医院管办分离的性质、含义、形式与基本类型》，《中国医院管理》2008 年第 4 期。

《政府监管公立医院的含义、主体、范围与基本形式》，《中国医院管理》2008 年第 4 期。

《政府举办公立医院的含义、主体、范围与基本形式》，《中国医院管理》2008 年第 4 期。

《我国医疗卫生体制改革背景与公立医院管办分离改革议题》，《中国医院管理》2008 年第 3 期。

《公立医院管理体制改革目标与管办分离目的及本质》，《中国医院管理》2008 年第 3 期。

《公立医院管办分离文献回顾系统综述与理论框架》，《中国医院管理》2008 年第 3 期。

《中国医药卫生体制改革困境与"医疗财政学"问题》，《湖南社会科学》2008 年第 4 期/《中共宁波市委党校学报》2008 年第 4 期。

《中国城市社区健康服务政策现状与核心争论议题》，《甘肃理论学刊》2008 年第 4 期。

《卫生财政学概念的涵义、范围领域、基本特征与地位作用》，《中国卫生经济》2008 年第 1、2、3 期。

《公立医院管办分离改革应遵循的基本原则》，《中国医院管理》2008 年第 3 期。

《中国医药卫生体制改革与中国卫生政策研究类型》，《中国卫生政策研究》2008 年第 2 期。

《中国医学社会学研究 30 年：回顾与反思》，《学习与实践》2008 年第 1、2 期。

〜张大庆等：《卫生基础设施体系建设研究》，《卫生经济研究》2008 年第 1 期。

《美国医院社会工作的历史发展过程与历史经验》，《中国医院管理》2007 年第 11 期。

《艾滋病致孤儿童福利制度建设政策建议》，《社会福利》2007 年第 9 期。

〜郭岩：《卫生事业公益性与福利性定性的本质区别是什么》，《中国医院管理》2007 年第 8 期。

赖立波……方源〜：《社区卫生人员对社区卫生机构相关属性的认知研究》，《卫生经济研究》2007 年第 7 期。

《中、日、韩健康照顾与社会福利制度结构性特征的比较研究》，《学习与实践》2007 年第 6 期。

〜郭岩：《我们到底需要什么样的卫生政策？》，《中国卫生经济》2007 年第 6 期。

《世界各国卫生行政管理体制特征与组建"卫生福利部"的建议》，《东岳论丛》2007 年第 4 期。

〜郭岩等：《什么是"好"的卫生政策》，《中国医院管理》2007 年第 4 期。

〜郭岩：《从公共卫生到大众健康：中国公共卫生政策的范式转变与政策挑战》，《湖南社会科学》2007 年第 2 期。

《统筹城乡卫生事业发展与全民医疗保险制度建设的核心理论政策议题》,《人文杂志》2007年第2期。

～郭岩:《整合儿童健康与儿童福利:重构中国现代儿童福利政策框架》,《学习与实践》2007年第2期。

《从"个人不幸"到"社区照顾"——中国残疾人福利典范的战略转变》,《唯实》2007年第1期。

～马谢民等:《医院管理"管"什么》,《中国医院管理》2007年第1期。

～郭岩:《"健康需要满足"是评估医疗服务质量的惟一标准》,《中国卫生经济》2007年第1期。

《医院管理的层次结构与医务社会工作的角色》,《卫生经济研究》2006年第12期。

《儿童健康照顾与国家福利责任　重构中国现代儿童福利政策框架》,《中国青年研究》2006年第12期。

《中国医药卫生体制改革的实践困境与医学社会学的专业贡献》,《学习与实践》2006年第9期。

《卫生政策的"国策"地位与卫生政治学的战略思考》,《中国卫生经济》2006年第9期。

～吴明:《卫生政策的"国策"地位与卫生政治学的独特视角》,《中国医院管理》2006年第9期。

《关于组建"卫生福利部"的建议》,《中国行政管理》2006年第8期。

《构建全民医疗保险制度须社会共识》,《中国医疗前沿》2006年第6期。

《卫生改革与发展及其制度框架设计应注意的十大战略关系》,《卫生经济研究》2006年第6期。

～吴明:《卫生改革的宏观政策目标与对卫生改革动力结构分析》,《中国医院管理》2006年第6期。

《中国宏观卫生政策研究状况与卫生政策的"国策"地位》,《甘肃理论学刊》2006年第5期。

《社会问题或民族问题:民国时期北京医药卫生事业发展状况与制度特征》,《北京科技大学学报(社会科学版)》2006年第4期。

～陈育德:《"一个制度、多种标准"与全民性基本医疗保险制度框架》,《人文杂志》2006年第3期。

《卫生改革的价值基础与价值目标的宏观战略思考》,《卫生经济研究》2006年第3期。

左芙蓉～:《国家与儿童:民国时期儿童福利政策与服务时间历史研究》,《青少年犯罪问题》2006年第3期。

《社会医学学科体系框架与战略性研究领域》,《中国社会医学杂志》2006年第2期。

《世界卫生保健体制的基本类型与中国卫生体制改革的宏观思路》,《中共长春市委党校学报》2006年第2期。

《卫生资源的四次分配机制与分配性公平卫生改革模式的战略思考》,《中国卫生经济》2006年第2期。

《推进医疗卫生体制改革的思考》,《红旗文摘》2006年第2期。

《对组建"卫生福利部"的构想》,《卫生经济研究》2006年第1期。

《转型期中国医务社会工作服务范围与优先介入领域研究》,《北京科技大学学报(社会科学版)》2006年第1期。

《构建和谐的医患关系:医务社会工作的专业使命》,《中国医院》2005年第11期。

《卫生改革"困境成因"的系统结构分析与宏观战略思考》,《中国卫生经济》2005年第11期。

《勇于探索　大胆实践——河南省艾滋病致孤儿童救助政策的理论创新》,《社会福利》2005年第10期。

《欧美的准市场理论与中国卫生改革战略的调整》,《中国初级卫生保健》2005年第10期。

《个人疾病痛苦与公共政策议题:重塑公共卫生政策角色》,《卫生经济研究》2005年第10期。

金生国……吴凡～梁万年等:《中英城市社区卫生服务与贫困救助高峰论坛——社区卫生服务与城市贫困居民健康保障机制项目试点方案研讨会》,《中国全科医学》2005年第7期。

《健康照顾与国家责任:公共卫生研究典范转变与重构公共卫生政策框架》,《人文杂志》2005年第6期。

《警惕卫生改革中的"逻辑陷阱"》,《卫生经济研究》2005年第6期。

《医务社会工作及其使命》,《医院管理论坛》2005年第6期。

《生态运动与绿色主义福利思想:生态健康科学与新型公共卫生框架》,《北京科技大学学报(社会科学版)》2005年第3期。

《健康需要的基本特点与医疗卫生政策涵义》,《中国卫生事业管理》2005年第2期。

《英国医疗卫生改革运动的历史经验与核心争论》,《人文杂志》2005年第2期。

《健康社会化与社会健康化:大卫生与新公共卫生政策时代的来临》,《学术论坛》2005年第1期。

《普及性原则的基本涵义与公平性卫生政策模式》,《卫生经济研究》2004年第11期。

《关注现代公共卫生的政策框架》,《医学与哲学》2004年第9期。

《社会建构理论及其对卫生改革的启示》,《中国医院管理》2004年第9期。

刘激扬(中南大学)

《公共卫生事业管理的伦理分析》,中南大学硕士学位论文2004年。

刘继增(河南省郏县苏轼研究学会)

《苏轼究竟死于何病》,《乐山师范学院学报》2007年第6期。

刘佳(湖南中医药高等专科学校/暨南大学医学院)

《李渔健康观初探》,《中国社会历史评论》2012年00期。

《外部因素对宋金元时代中西医学影响比较》,《安徽中医学院学报》2009年第6期。

《宋金元时代的中西医学比较研究》,《山东中医药大学学报》2009年第4期。

《阿拉伯医学对宋金元时代中西医学的影响比较》,《江西中医学院学报》2008年第6期。

《中医与西医——女性模式与男性模式的碰撞》,《时珍国医国药》2007年第4期。

《宋金元时代的中西医学比较研究》,暨南大学硕士学位论文2007年。

刘家峰(华中师范大学)

《福音、医学与政治:近代中国的麻风救治》,《中山大学学报(社会科学版)》2008年第4期。

刘佳明(黑龙江中医药大学)

《论文化势差下的宋代中外医药学交流》,《学理论》2011年第4期。

刘家瑛(中国中医科学院/中国中医研究院)

杨德利～亢力……:《谈拓展中医药古籍图像的深度研究》,《世界中医药》2012年第3期。

～杨德利:《浅析中印传统医学的交互影响》,《世界中医药》2008年第4期。

杨德利～亢力:《中医中药在印尼的发展浅述》,《世界中医药》2007年第3期。

杨德利～:《中医药在巴林》,《中医杂志》2006年第11期。

《菲律宾的中医中药》,《国外医学(中医中药分册)》2003年第3期。

《杨德利:《印度尼西亚的中医中药》,《国外医学(中医中药分册)》2001年第4期。

杨德利～:《中国针灸在丹麦》,《中国中医药信息杂志》2000年第6期。

杨德利～:《中国针灸在德国》,《中国中医药信息杂志》1998年第3期。

杨德利～:《中国针灸在阿联酋》,《中国中医药信息杂志》1995年第5期。

杨德利～王雪苔：《苏联针灸医学概况》，《中医杂志》1992 年第 2 期。

刘嘉玥（华南理工大学）

《论〈国际卫生条例（2005）〉下的传染病防控国际卫生合作机制》，湖南理工大学硕士学位论文 2016 年。

刘舰

《农村地区的健康传播策略初探——以黄浦江浮猪事件为例》，《新闻世界》2013 年第 7 期。

刘健（暨南大学医学院）

《中西哲学比较及其对中西医学的影响》，《河南中医药导报》1999 年第 8 期。

刘建春（哈尔滨医科大学）

～郝晓宁等：《英国国家卫生服务绩效管理体系对我国的借鉴意义和启示》，《中国全科医学》2013 年第 29 期。

刘剑梅（美国马里兰大学）

《书写疾病和历史》，《渤海大学学报（哲学社会科学版）》2008 年第 5 期。

刘建民（山西大学）

《马王堆汉墓医书〈养生方〉缀合五则》，《江汉考古》2018 年第 3 期。

《帛书〈阴阳十一脉灸经〉与汉简〈脉书〉对读札记二则》，《中国文字研究》2018 年第 1 期。

《马王堆帛书〈养生方〉残字考释五则》，《医疗社会史研究》2016 年第 2 期。

《马王堆帛书〈五十二病方〉字词考释三则》，《文史》2016 年第 1 期。

《马王堆医书"疾二"及一处残字的考释》，《语言研究集刊》2016 年第 1 期。

《马王堆古医书残字考释札记》，《中国文字学报》2016 年 00 期。

刘建新（山西中医学院）

《张元素药物气味厚薄理论浅析》，《山西中医》1993 年第 1 期。

刘娇（复旦大学）

《汉简病名"支满"补证——兼说〈韩诗外传〉"十二发"》，《医疗社会史研究》2016 年第 2 期。

《从相关出土文献看〈黄帝内经·灵枢·经脉篇〉的成篇情况》，《古籍研究》2008 年第 1 期。

刘杰（湘潭大学）

《毛泽东的医药卫生思想及其现实意义》，《商丘职业技术学院学报》2007 年第 1 期。

刘洁（信阳师范学院）

《民国时期乡村卫生建设研究（1927—1937）》，信阳师范学院硕士学位论文 2019 年。

刘瑾（河北大学附属医院）

～覃亮：《民国时期针灸医家的学术思想研究的概况和展望》，《医学研究与教育》2012 年第 4 期。

刘金丰

《子宫输卵管造影术简史》，《中华医史杂志》1996 年第 1 期。

刘金峰（中国卫生部）

～侯建林等：《英国医院管理及对我国卫生改革的启示》，《中国卫生事业管理》2002 年第 10 期。

侯建林～雷海潮等：《德国医院管理及对我国卫生改革的启示》，《中华医院管理杂志》2002 年第 9 期。

胡善联～王吉善等：《英国非营利性私人医疗保险制度》，《国外医学（卫生经济分册）》2002 年第 1 期。

侯建林~雷海潮等:《德国公立医院近期改革动态及对我国的启示》,《中国医院》2002 年第 3 期。

侯建林……董竹敏~钟东波等:《美国营利性和非营利性医院的比较研究及对我国卫生改革的启示(之一)》,《中国卫生经济》2001 年第 6 期。

  附:雷海潮等:《美国营利性和非营利性医院的比较研究及对我国卫生改革的启示(之二)》,《中国卫生经济》2001 年第 6 期。

刘金华(华中科技大学)

《周家台秦简医方试析》,《甘肃中医》2007 年第 6 期。

刘劲松(抚顺市顺城区卫生监督所)

《毛泽东主席与新中国的卫生防疫事业》,《兰台世界》2015 年第 24 期。

刘静(北京针灸骨伤学院附属医院)

《建国以来我国卫生科技成就综述》,《中医药管理杂志》1994 年第 5 期。

刘静(陕西师范大学)

~殷淑燕:《中国历史时期重大疫灾时空分布规律及其与气候变化关系》,《自然灾害学报》2016 年第 1 期。

刘晶晶(福建中医药大学)

《毛泽东中医思想渊源探微》,《赤峰学院学报(汉文哲学社会科学版)》2014 年第 2 期。

刘京军(山东大学)

《战争·灾荒·瘟疫——抗战时期馆陶历史之管窥》,山东大学硕士学位论文 2007 年。

刘经训(安徽省泗县中医医院)

《张锡纯学术经验初探》,《安徽中医临床杂志》1999 年第 5 期。

刘婧瑶(长春中医药大学)

《〈黄帝虾蟆经〉的文献研究》,长春中医药大学硕士学位论文 2016 年。

刘景源(北京中医药大学)

《〈温病条辨〉评介——吴鞠通学术思想探讨》,《中国中医药现代远程教育》2005 年第 7、8 期。

《明清时期中医疫病学与温病学的形成与发展》,《中国中医药现代远程教育》2004 年第 1、2 期。

《中医疫病学与温病学的历史沿革——先秦至隋唐时期》,《中国中医药现代远程教育》2003 年第 7 期。

《中医疫病学与温病学的历史沿革——宋金元时期》,《中国中医药现代远程教育》2003 年第 8 期。

《温病学的形成与发展及文献版本源流》,《中医教育》2002 年第 6 期;2003 年第 1、2、3 期。

刘静致(江西师范大学)

《论我国堕胎权的法律保障与限制》,江西师范大学硕士学位论文 2015 年。

刘九生(陕西师范大学)

《张角符水咒说疗病考》,《新疆大学学报(哲学社会科学版)》1987 年第 1 期。

刘聚源(北京协和医学院)

《2010 年中国乡村医生现状调查》,北京协和医学院硕士学位论文 2011 年。

刘娟(清华大学)

《从〈大公报·医学周刊〉看民国时期现代卫生观念的传播》,《新闻与传播研究》2014 年第 5 期。

刘娟(山东中医药大学)

《〈内外验方秘传〉刻本考》,《中华医史杂志》2015 年第 1 期。

刘娟（陕西师范大学）

《中世纪西欧社会的健康观念探究》，陕西师范大学硕士学位论文 2019 年。

刘俊凤（陕西师范大学/咸阳师范学院）

《民国时期陕西创建公共卫生体系活动探析》，《咸阳师范学院学报》2008 年第 5 期。

《近代公共卫生体系的建立与社会生活变迁——以民国时期陕西防疫处的活动为考察中心》，《社会科学评论》2008 年第 3 期。

刘军民（中国财政部）

《新医改以来我国卫生筹资的进展、问题与面临的挑战》，《卫生经济研究》2013 年第 11 期。

《公立医院无序扩张的冷思考》，《卫生经济研究》2012 年第 2 期。

《解决看病难、看病贵的政府投入对策研究》，《地方财政研究》2008 年第 3 期。

～张维：《健全我国公立医院财政补偿机制的基本思路——兼议公立医院实行收支两条线管理的可行性》，《卫生经济研究》2007 年第 2 期。

《农村医疗保障制度重构的基本思路》，《中国财政》2006 年第 9 期。

《推进我国农村医疗保障制度重构的基本思路》，《地方财政研究》2006 年第 7 期。

《新型农村合作医疗存在的制度缺陷及面临的挑战》，《财政研究》2006 年第 2 期。

《农村合作医疗存在的制度缺陷》，《华中师范大学学报（人文社会科学版）》2006 年第 2 期。

《过度市场化与分权化——中国医疗卫生改革的双重误区》，《卫生经济研究》2005 年第 12 期。

《转轨过程中政府卫生投入与体制改革的评价及建议》，《当代财经》2005 年第 12 期。

《公共财政下政府卫生支出及管理机制研究》，《经济研究参考》2005 年 94 期。

刘俊荣（广州医科大学/广州医学院）

程倩倩、刘远明～陈爱云：《知情同意权与紧急救治权冲突的公众认知及态度研究》，《医学与哲学》2019 年第 20 期。

赵羚谷……王颖～王涛：《我国临床实践中的医患共同决策流程设计和挑战》，《医学与哲学》2019 年第 18 期。

周泽纯、罗桢妮～：《公共政策视域下日本介护保险制度对我国的启示》，《护理研究》2019 年第 12 期。

李际强……陈剑坤～：《基于中医特色的医养结合养老健康模式探析》，《现代医院》2019 年第 9 期。

龙杰～：《基于患者视角的医疗决策模式及其影响因素研究》，《医学与哲学》2019 年第 9 期。

《身体理论语境下当代生命伦理关涉的基本问题》，《医学与哲学》2019 年第 9 期。

吴开～：《医疗机构防范医患冲突的差异性分析》，《中国医学伦理学》2019 年第 4 期。

谢汉春～《不同类别医疗机构从业人员对处理医患冲突方式的认知与评价研究》，《医学与哲学（A）》2018 年第 11 期。

赵羚谷……许卫卫～：《国内外医患共同决策研究及应用进展之比较》，《医学与哲学（A）》2018 年第 10 期。

～吴开等：《医疗决策模式与决策主体的选择倾向研究》，《医学与哲学（A）》2018 年第 10 期。

李强～：《甲状腺癌再手术医患共同决策的临床模式探讨》，《医学与哲学（A）》2018 年第 10 期。

～赵嘉林等：《医疗机构从业人员对医患冲突处理方式评价研究》，《中国医院管理》2018 年第 7 期。

钟鸣威～：《医疗机构从业人员对医务社会工作的感受性评价及分析》，《社会工作与管理》2018 年第 5 期。

《基于身体理论的当代生命技术伦理研究现状之审视》,《中国医学伦理学》2018 年第 4 期。

陈旻～叶丽频:《效用原则在临床决策中的批判性应用》,《医学与哲学(A)》2018 年第 4 期。

《尊严死亡如何可能?——评王云岭〈现代医学与尊严死亡〉》,《中国医学伦理学》2018 年第 3 期。

林渺泉～:《医师职业倦怠与其医患关系的相关性研究》,《广州医科大学学报》2018 年第 2 期。

伍世骏～:《广州市三甲医院与社区卫生服务中心患者满意度比较研究》,《中国医院》2017 年第 11 期。

张其连～:《艾滋病防治中的利益冲突及其伦理决策》,《中国医学伦理学》2017 年第 10 期。

林晓欣……赵嘉林～:《国外医疗纠纷第三方调解模式对我国医疗纠纷人民调解的启示》,《中国医学伦理学》2017 年第 10 期。

陈化～:《从知情同意到共同决策:临床决策伦理的范式转移——从 Montgomery 案例切入》,《医学与哲学(A)》2017 年第 10 期。

《基于责任伦理的医疗决策主体之审视》,《医学与哲学(A)》2017 年第 10 期。

～李櫹:《关于医学与人文整合的再思考》,《中国医学伦理学》2017 年第 9 期。

～冯婧韵等:《我国医学人文学科建设的现状调查及建议》,《医学与哲学(A)》2017 年第 4 期。

邓栩明～:《为无偿性代孕的立法辩护》,《法制博览》2016 年第 13 期。

伍世骏……林晓欣～:《论医方"知情同意权"》,《解放军医院管理杂志》2016 年第 4 期。

邱胜～:《广州市某医院肿瘤患者的就医选择影响因素与心理分析》,《医学与社会》2016 年第 3 期。

冯珊珊:《矛盾论视角下医患关系紧张的成因及对策探析》,《医学与哲学(A)》2016 年第 3 期。

邱胜～伍世骏:《美国家庭医生服务的历史演变及启示》,《中国全科医学》2015 年第 22 期。

沈乐君～:《放弃治疗知情同意书及授权委托书使用现状调查——以广州地区医疗机构为例》,《医学与哲学(A)》2015 年第 11 期。

《自我、身体及其技术异化与认同》,《东南大学学报(哲学社会科学版)》2015 年第 5 期。

徐学虎……赖永洪～陈伟民等:《医患关系、组织承诺对医院核心人才离职意愿的影响:广东地区三甲医院的实证研究》,《中国医院》2014 年第 9 期。

沈乐君～廖辉池:《"三亲婴儿"培育技术的伦理辩护及反思》,《医学与哲学(A)》2014 年第 5 期。

伍碧、包品红～:《家庭社会学特征对住院患者影响的研究》,《医学与哲学(A)》2013 年第 10 期。

鲁旭～:《基因研究中的知情同意之惑》,《医学与哲学》2013 年第 8 期。

刘欣怡～黄海:《卫生经济学视野中的医患合谋》,《医学与哲学(A)》2013 年第 8 期。

～肖玲:《精神障碍患者非自愿住院医疗的伦理审视——兼评中国〈精神卫生法(草案)〉中的非自愿住院医疗制度》,《武汉科技大学学报(社会科学版)》2012 年第 6 期。

刘欣怡～:《医患诚信危机的伦理思考》,《医学与社会》2012 年第 12 期。

毕肖红～:《伦理困境下卫生行政选择的价值取向之研究》,《中国卫生事业管理》2012 年第 9 期。

伍碧～:《我国乡镇卫生院医疗资源配置现状分析》,《中国卫生资源》2012 年第 4 期。

毕肖红～:《伦理困境下医疗行为选择的社会认同之研究》,《医学与哲学(A)》2012 年第 7 期。

～杨品娥:《肾移植受者社会支持及影响因素分析》,《医学与哲学(人文社会医学版)》2011 年第 3 期。

《放弃治疗的伦理关涉》,《伦理学研究》2011 年第 1 期。

《关于医学科学与医学人文整合的哲学反思》,《学理论》2010 年第 33 期。

刘品娥~:《服刑人员捐献器官的伦理和法律问题解析》,《医学与社会》2010 年第 7 期。

毕肖红~:《伦理困境下医务人员医疗行为选择的调查》,《医学与社会》2010 年第 3 期。

《我国〈人体器官移植条例〉评析》,《医学与社会(人文社会医学版)》2008 年第 8 期。

~王君德:《从手术签字审视医疗活动中道德与法律之冲突》,《医学与哲学(人文社会医学版)》2008 年第 5 期。

~李国建:《家庭干预对医患关系的影响及评价》,《中国医学伦理学》2006 年第 3 期。

《医患沟通中的"告知"》,《中国卫生事业管理》2005 年第 7 期。

《关于知情同意的伦理和法律意义之辨析》,《医学与哲学》2005 年第 9 期。

《防御性医疗的成因及其对医患关系的影响》,《中华医院管理杂志》2003 年第 8 期。

《知情同意与医生的责任及权利》,《中国医院管理》2003 年第 6 期。

《医疗事故新解》,《中国医学伦理学》2002 年第 4 期。

~翁宗奕:《人的生命之界定及其意义》,《医学与社会》2002 年第 3 期。

《人体实验的首要原则及其与集体主义精神的冲突和诠释》,《医学与社会》2002 年第 1 期。

《也论"以德治医"》,《中国医学伦理学》2001 年第 5 期。

刘军田(山东省药品审评认证中心)

~邵成雷等:《藏医药三大学说》,《中国民族民间医药》2014 年第 8 期。

刘俊希(台湾交通大学)

《壮阳先生在台湾的故事:壮阳语艺的文化分析》,台湾交通大学硕士学位论文 2009 年。

刘康德(复旦大学)

彭卫华~:《基于传统生命哲学的中医生命教育探析》,《中国医学伦理学》2017 年第 2 期。

《何晏的玄学与医学》,《甘肃社会科学》1993 年第 5 期。

《魏晋名士服药释》,《复旦学报(社会科学版)》1989 年第 6 期。

刘康乐(重庆西南大学)

~韩琳:《道教房中术与性科学》,《中国性科学》2006 年第 9 期。

刘康迈(中国疾病预防控制中心)

徐鹏……曾刚~吕繁:《农村户籍艾滋病病人的患病、就诊和住院情况分析》,《中国卫生经济》2012 年第 3 期。

徐鹏~曾刚等:《我国取消外籍艾滋病病毒感染者和艾滋病病人入境限制的影响分析》,《中国卫生政策研究》2011 年第 5 期。

徐鹏~吴尊友等:《日本艾滋病疫情处于低流行状态的原因分析和思考》,《中国卫生政策研究》2011 年第 1 期。

何景琳~余冬保:《浅议全球艾滋病防治策略的转变》,《中国艾滋病性病》2008 年第 1 期。

王桂英~吕繁等:《〈艾滋病防治条例〉实施以来媒体及社会反应的调查分析》,《口岸卫生控制》2007 年第 3 期。

袁建华、常春~许文青等:《艾滋病对中国儿童影响的研究》,《中国艾滋病性病》2006 年第 6 期。

~袁建华:《艾滋病的流行及对我国社会、经济的影响》,《学海》2003 年第 5 期。

王凌云~闪雷华:《艾滋病流行对宏观和微观社会经济的影响》,《中国艾滋病性病》2002 年第 6 期。

刘科辰(南京中医药大学)

《民国时期汉译日本针灸医籍与其影响》,南京中医药大学硕士学位论文 2017 年。

刘克春(上海工程技术大学)

《多纪(丹波)氏历世医著考》,《医古文知识》1998 年第 3 期。

刘克军(中国卫生部)

《我国三类主要慢性疾病的直接经济负担》,《卫生经济研究》2007 年第 1 期。

《论美国医疗保障制度及其对中国的启示》,《中国卫生资源》2006 年第 2 期。

~游茂:《日本互助保险制度对我国新型农村合作医疗的启示》,《卫生软科学》2005 年第 5 期。

~王梅:《我国慢性病直接经济负担研究》,《中国卫生经济》2005 年第 10 期。

《山西平遥县合作医疗兴衰始末》,《卫生经济研究》2002 年第 8 期。

~范文胜:《对两县 90 年代合作医疗兴衰的分析》,《中国卫生经济》2002 年第 6 期。

~王梅:《瑞典高血压治疗的费效分析》,《中国医药导刊》2002 年第 1 期。

宋文质……王禄生~王健:《乡镇企业职工医疗保障现状的研究》,《中华劳动卫生职业病杂志》2001 年第 5 期。

云妙英……王禄生~王健:《1900 个乡镇企业有无医疗保障及其影响因素的分析》,《中国卫生经济》2000 年第 2 期。

宋文质……王禄生~王健:《1085 个乡镇企业医疗保障形式及其影响因素的分析》,《中国工业医学杂志》2000 年第 1 期。

宋文质……王禄生~王健:《1900 个乡镇工业的工伤职业病医疗保障现状分析》,《中国安全科学学报》1999 年第 6 期。

刘克申(上海对外贸易学院/上海中医药大学)

《东瀛医史著千秋——富士川游与日本医学史研究》,《中医药文化》2007 年第 4 期。

《儒医一本化启迪——曲直濑道三与〈启迪集〉》,《医古文知识》2005 年第 1 期。

《吃茶养生溯医源——荣西与〈吃茶养生记〉》,《医古文知识》2003 年第 4 期。

《颐享天年训养生——贝原益轩与〈养生训〉》,《医古文知识》2000 年第 1 期。

《日本江户时代的传统医学教育》,《医古文知识》1999 年第 2 期。

《日本汉医世家丹波(多纪)氏家世考》,《医古文知识》1999 年第 1 期。

《论日本江户时代的本草学》,《医古文知识》1998 年第 2 期。

《多纪(丹波)氏及跻寿馆的校刻事业》,《医古文知识》1998 年第 1 期。

左合昌美~:《江户末期考证学派的〈素问〉研究》,《医古文知识》1993 年第 2 期。

刘兰花(河南大学)

《明代官员习医探研究》,河南大学硕士学位论文 2019 年。

刘兰林(安徽中医药大学/安徽中医学院/南京中医药大学)

聂多锐~郭锦晨等:《201 例新安王氏内科脾胃病医案组方用药规律及数据挖掘研究》,《西南医科大学学报》2017 年第 5 期。

聂多锐~郭锦晨等:《基于〈王仲奇医案〉探析王仲奇"运脾"辨治胀满特色》,《甘肃中医药大学学报》2017 年第 4 期。

章洁~时潇等:《基于新安医家医案著作的温病学研究概况》,《安徽中医药大学学报》2017 年第 4 期。

周超~郭锦晨等:《汪机〈石山医案〉温补培元学术思想及用药规律探析》,《甘肃中医药大学学报》2017 年第 3 期。

冯烨～罗梦曦等:《新安医家吴楚〈吴氏医验录〉补中益气法辨治特色》,《长春中医药大学学报》2017 年第 1 期。

刘子号～时潇等:《叶天士〈临证指南医案〉崩漏证治探析》,《陕西中医药大学学报》2016 年第 6 期。

时潇～马占山等:《叶天士〈临证指南医案〉上焦痹证诊治特色》,《长春中医药大学学报》2016 年第 5 期。

杨勤军～周超:《余国珮〈医理〉"燥湿为纲"诊治特色初探》,《陕西中医药大学学报》2016 年第 5 期。

时潇～章洁等:《〈吴鞠通医方精要〉之银翘散方临床治疗肺系疾病浅探》,《山西中医学院学报》2016 年第 5 期。

时潇～张永根等:《近三十年温病治毒法探讨》,《陕西中医学院学报》2016 年第 2 期。

郭锦晨……汪瑶～:《从〈孙文垣医案〉探析孙一奎临证杂病辨治特色》,《甘肃中医学院学报》2015 年第 2 期。

陈庆伟～张永跟等:《新安医案研究概述》,《安徽中医药大学学报》2015 年第 2 期。

王文静……高婷～:《〈孙文垣医案〉妇科诊治特色探微》,《中医药学报》2014 年第 5 期。

郑李锐、陈庆伟～马占山:《叶天士生平事迹与主要医著研究》,《中医药临床杂志》2014 年第 2 期。

刘敏、余海林～:《清代新安医家汪廷元临症经验初探》,《中医药临床杂志》2011 年第 1 期。

王婕琼～李泽庚等:《古代中医药有关疫病的预防措施》,《中国中医药信息杂志》2011 年第 1 期。

王婕琼～李泽庚等:《疫病源流考析》,《中国中医急症》2010 年第 9 期。

侯浩彬～:《叶天士〈外感温热篇〉治未病思想》,《江西中医药》2007 年第 11 期。

～王灿晖等:《中医外感热病辨证方法古今主要文献研究》,《中医文献杂志》2004 年第 1 期。

《疠气学说创立基础及发展迟滞的原因》,《安徽中医学院学报》2003 年第 2 期。

～黄安宁:《近百年中医妇科主要文献评述》,《中医文献杂志》2001 年第 4 期。

《试论清代两位寒温融会医家的外感病观》,《中国中医基础医学杂志》2000 年第 11 期。

～黄金玲等:《〈时病论〉外感病观初探》,《中国医药学报》2000 年第 5 期。

《陈平伯风温治疗学思想浅探》,《湖南中医》1997 年第 6 期。

《〈伤寒论〉痛证辨治特点探讨》,《安徽中医学院学报》1996 年第 2 期。

《〈外感温病篇〉风温病机辨治浅析》,《安南中医学院学报》1989 年第 4 期。

刘兰秋(首都医科大学)

《韩国医疗纠纷调解立法及对我国的启示》,《证据科学》2014 年第 4 期。

《赤脚医生覃祥官》,《中华中医史杂志》2010 年第 6 期。

《新西兰医疗伤害无过失补偿制度简介》,《中国全科医学》2009 年第 21 期。

《德国医疗纠纷诉讼外处理程序研究》,《医学与哲学(人文社会医学版)》2009 年第 12 期。

～张建等:《医患关系紧张的法律成因与对策》,《中华医院管理杂志》2009 年第 9 期。

《从法学的角度谈医院对和谐医患关系的构建》,《医院院长论坛》2008 年第 5 期。

～王亚东等:《从日本的救急救命士制度看我国医疗救护员制度的完善》,《中国全科医学》2007 年第 23 期。

刘磊(南京大学)

～黄卉:《尼克松政府对生化武器的政策与〈禁止生物武器公约〉》,《史学月刊》2014 年第 4 期。

刘雷(中国政法大学)

《药品专利保护的特殊性研究》,中国政法大学硕士学位论文 2007 年。

刘利(黑龙江中医药大学)

《著名中成药的历史文化研究》,黑龙江中医药大学硕士学位论文 2008 年。

刘莉(华中师范大学)

《汉代戍卒医疗卫生状况及原因探析》,华中师范大学硕士学位论文 2007 年。

刘丽(齐齐哈尔医学院)

《中医医患会话对医患关系的影响研究》,《齐齐哈尔医学院学报》2014 年第 24 期。

刘黎(曲靖师范学院)

刘苏荣～:《人口较少民族聚居地区城乡医疗救助现状调查》,《红河学院学报》2016 年第 4 期。

《黑死病前后英国农民阶层新探》,《重庆交通大学学报(社会科学版)》2015 年第 5 期。

《民众、黑死病与中世纪英国社会转型初探——兼论传统与转型的辩证观》,《许昌学院学报》2015 年第 3 期。

《论微观视野下中世纪英国黑死病对民生的影响》,《牡丹江师范学院学报(哲学社会科学版)》2014 年第 3 期。

《中世纪英国教会对黑死病的反应及应对措施》,《红河学院学报》2014 年第 1 期。

《中世纪英国政府对黑死病的反应及应对措施》,《大理学院学报》2013 年第 1 期。

《黑死病与中世纪英国经济转型探析》,《长春大学学报》2013 年第 1 期。

刘立公(上海市针灸经络研究所)

～黄琴峰等:《对针灸治疗狂、癫两证文献的比较研究》,《中医文献杂志》2017 年第 1 期。

《"鸡血疗法"的教训——王翘楚教授访谈录之二》,《中医文献杂志》2015 年第 2 期。

郏守兰……张馥晴～李明:《方慎盦及其学术思想考略》,《中医文献杂志》2014 年第 6 期。

郏守兰……张馥晴～丰晓溟:《近代上海针灸发展的时代背景及特点述要》,《上海针灸杂志》2014 年第 10 期。

纪军、夏勇～:《黄氏针灸流派的学术特色》,《中国针灸》2012 年第 9 期。

～胡冬裴:《〈内经〉刺血特点的探讨》,《上海针灸杂志》2012 年第 2 期。

～胡冬裴:《古代文献中各类病证的常用经穴探讨》,《针灸临床杂志》2011 年第 10 期。

～黄琴峰等:《针灸治疗咽喉炎的古今对照研究》,《中医文献杂志》2011 年第 4 期。

刘婕～顾杰等:《牙痛的古代艾灸治疗特点分析》,《上海针灸杂志》2010 年第 10 期。

～黄琴峰等:《痔疮的古代艾灸治疗特点分析》,《上海针灸杂志》2010 年第 5 期。

～顾杰等:《古代文献中督脉及其腧穴主治的统计报告》,《针灸临床杂志》2010 年第 5 期。

～顾杰等:《古代文献中任脉及其腧穴主治的统计报告》,《针灸临床杂志》2010 年第 4 期。

黄琴峰～顾杰:《针灸治疗耳聋的古今对照研究》,《中国中西医结合耳鼻咽喉科杂志》2010 年第 3 期。

～施征等:《疟证的古代艾灸治疗特点分析》,《上海针灸杂志》2010 年第 3 期。

～顾杰:《论张从正的刺血疗法》,《中医外治杂志》2009 年第 6 期。

～顾杰等:《针灸治疗青盲的古今对照研究》,《中国中医眼科杂志》2009 年第 6 期。

～顾杰等:《中国古代刺血考》,《上海针灸杂志》2008 年第 10、11 期。

～顾杰等:《古代文献中心包经及其腧穴主治的统计报告》,《上海针灸杂志》2005年第5期。

～顾杰等:《时病瘟疫的古代针灸治疗特点分析》,《上海针灸杂志》2004年第3期。

《"黑药膏"的启示——王翘楚教授访谈录》,《中医文献杂志》2003年第4期。

刘丽光(四平市中心医院)

《近5年剖宫产率上升的多因素分析》,《中国实用医药》2010年第29期。

刘丽杭(中南大学/湖南医科大学)

～岳鑫:《地方政府政策如何促进医疗联合体建设——基于扎根理论的政策文本研究》,《中国卫生政策研究》2019年第9期。

王梓懿～:《家庭医生签约服务:治理困境与机制构建》,《中国卫生政策研究》2019年第6期。

～陶飞旸:《药品零加成背景下县级公立医院绩效改革困境》,《中国医院管理》2019年第5期。

朱丽～彭子璇:《健康老龄化视域下医养结合的认知、探索与融合路径》,《人口与社会》2019年第4期。

朱丽～:《分级诊疗体系建设动力机制与路径选择》,《广西民族大学学报(哲学社会科学版)》2019年第3期。

～王梓懿:《湖南省不同性质社区卫生服务机构现状分析》,《卫生经济研究》2019年第3期。

王小万～:《论"互联网+"技术与现代医疗卫生服务》,《人民论坛·学术前沿》2017年第24期。

王小万、陈丽萍～:《英国国民卫生服务制度(NHS)的结构性改革与治理模式》,《中国卫生政策研究》2017年第11期。

王小万、许敏～:《卫生部门治理的基本逻辑架构与要》,《中国卫生经济》2017年第8期。

～丁亚奇等:《公私伙伴关系促进医疗服务供给侧改革的国际经验及其启示》,《中国卫生政策研究》2016年第10期。

《国际社会健康治理的理念与实践》,《中国卫生政策研究》2015年第8期。

何玮～:《公立医院自主权改革之路径》,《学术界》2015年第8期。

《卫生部门治理:战略与机制》,《中国卫生政策研究》2014年第11期。

陈小玲～:《2009—2010年某县参合农民因疾病和死亡外因住院原因分析》,《中国循证医学杂志》2012年第9期。

～高思静等:《探索与反思:乡镇卫生院产权制度改革研究十年回展》,《卫生经济研究》2012年第4期。

《卫生服务购买:国际经验与中国实践》,《中南大学学报(社会科学版)》2012年第2期。

《价值取向与政治博弈:美国医改政策回眸》,《中国卫生政策研究》2010年第8期。

《公立医院改革:寻求政府与市场之和谐平衡》,《江西社会科学》2009年第5期。

《奥巴马政府的医改政策及评价》,《中国卫生政策研究》2009年第5期。

王青～:《英国全科医师支付方式的改革与发展趋势》,《中国卫生经济》2008年第12期。

《非正式支付,"红包"与治理——基于国际医疗服务领域的实证分析》,《医学与哲学(人文社会医学版)》2008年第10期。

王小万、李蕾～:《卫生服务购买的基本理论与模式》,《中国卫生经济》2006年第6期。

～党勇:《病人安全的理念与措施》,《中国医院管理》2005年第12期。

～王小万:《卫生改革的价值取向与政策目标》,《中国卫生经济》2005年第11期。

～王小万：《经济学视野下的健康与卫生政策研究》，《中国卫生经济》2005 年第 9 期。

～王小万：《从深层次研究和认识卫生改革的方向与目标》，《医学与哲学》2005 年第 9 期。

～曹伟庆：《英国政府规制及卫生改革的特点与经验》，《中国卫生经济》2005 年第 1 期。

～王新良：《健康公平——概念、影响因素与政策》，《医学与哲学》2004 年第 6 期。

～唐景霞：《社会经济地位对居民健康公平的影响》，《中国卫生经济》2004 年第 6 期。

～李慧平：《医疗废物对健康对危害及规制原则》，《中国医院管理》2004 年第 3 期。

～王小万：《从发展的角度深刻认识疾病对社会经济发展的影响》，《中国初级卫生保健》2003 年第 7 期。

《疾病对社会经济发展的影响》，《医学与哲学》2003 年第 6 期。

～李建华：《论健康对社会经济发展的促进作用》，《医学与哲学》2003 年第 3 期。

王小万～：《世界贸易组织与国际卫生保健服务》，《国外医学（社会医学分册）》2003 年第 1 期。

王小万～：《国际卫生保健筹资模式的特点与评价》，《医学与哲学》2000 年第 8 期。

王小万～：《美国医疗保险发展的特点与医疗保健服务方式的变革（一）》，《国际医药卫生导报》2000 年第 6 期。

～王湘波：《中国医疗保障制度改革历程的启示》，《湖南医科大学学报（社会科学版）》2000 年第 4 期。

《中国医疗保障制度发展的历史回顾》，《湖南医科大学学报（社会科学版）》1999 年第 1 期。

《周恩来与人民的卫生事业——纪念周恩来诞辰一百周年》，《国际医药卫生导报》1998 年第 6 期。

王小万～：《区域卫生规划与区域卫生政策》，《中国卫生经济》1997 年第 5 期。

胡凯～：《略论毛泽东的卫生思想的形成和发展》，《毛泽东思想论坛》1996 年第 2 期。

王小万～：《国际卫生保健制度发展趋势与基本理论模式的评述》，《国外医学（社会医学分册）》1995 年第 2 期。

王小万～：《发达国家卫生保健制度管理模式的比较研究》，《卫生经济研究》1995 年第 5 期。

王小万～：《发达国家卫生保健制度发展状况的比较研究》，《中国卫生经济》1994 年第 1 期。

胡凯～：《毛泽东卫生思想研究展望》，《医学与哲学》1993 年第 12 期。

～王小万：《美国妇幼卫生改革方向》，《中国卫生事业管理》1993 年第 1 期。

刘力红（广西中医药大学/广西中医学院）

赵江滨、唐迪佑～：《略论"阴阳自和"》，《中华中医药杂志》2016 年第 6 期。

《中医——尚礼的医学》，《中医药文化》2014 年第 3 期。

罗远势～：《〈伤寒论〉临证次第思想浅析》，《中国民族民间医药》2013 年第 3 期。

《历经百年的钦安卢氏医学》，《中国中医药报》2013 年 12 月 16 日 008 版。

翁剑斌、陈鹏～：《小议〈黄帝内经〉中对于生命的认识》，《陕西中医》2012 年第 5 期。

陈喜健～：《〈内经〉"清静观"对朱丹溪的影响》，《西部中医药》2012 年第 2 期。

张达贵～：《〈伤寒杂病论〉针（灸）药结合思想的探讨》，《江西中医学院学报》2011 年第 5 期。

马昆～：《郑钦安生平考证》，《江西中医学院学报》2010 年第 2 期。

李庆华～：《论王凤仪"性理疗病"之"五毒"与君相二火的关系》，《甘肃中医》2010 年第 4 期。

周磊、彭玉兰～：《浅述郑钦安对阴阳学说的应用》，《广西中医药》2009 年第 4 期。

牟典淑～：《郑钦安阴阳辨证特点概述》，《中国中医药现代远程教育》2009 年第 4 期。

唐迪佑～：《略论郑钦安之六经定法贯解》，《中国中医药现代远程教育》2009 年第 1 期。

陈正溪～：《传统药性理论的哲学基础及思维方式》，《光明中医》2008 年第 1 期。

李康铭～：《郑钦安之先后天阴阳观》，《中医药通报》2008 年第 3 期。

《〈伤寒论〉说什么》，《广西中医学院学报》1999 年第 1、2 期。

《略论"伤寒"之意义》，《广西中医药》1997 年第 5 期。

～赵琳：《天人相应》的藏象学基础》，《中国中医基础医学杂志》1996 年第 5 期。

《从"否""泰"二卦的体位性用看〈伤寒论〉痞证的治疗》，《广西中医药》1995 年第 5 期。

刘丽娟（贵州师范大学）

《弗吉尼亚·伍尔夫小说中的疾病书写》，贵州师范大学硕士学识学位论文 2017 年。

刘莉莉（湖南师范大学）

《南京国民政府时期的女性行医政策研究（1927—1937）》，湖南师范大学硕士学位论文 2014 年。

刘利民（防灾科技学院/防灾科技学院/华中师范大学）

《南京国民政府收回海港检疫权活动探论》，《武陵学刊》2014 年第 6 期。

田一颖～兰俊丽：《湖北中医与民国时期中西医之争》，《兰台世界》2012 年第 31 期。

～李君：《辛亥革命后近代武汉卫生事业的发展》，《兰台世界》2012 年第 31 期。

～田一颖等：《土地革命时期湖北苏区防疫减灾事业述论》，《防灾科技学院学报》2008 年第 4 期。

《论南京国民政府时期的中医自救运动》，华中师范大学硕士学位论文 2007 年。

刘黎明（四川大学）

《〈夷坚志〉"黄谷蛊毒"研究》，《四川大学学报（哲学社会科学版）》2003 年第 1 期。

刘丽平（川北医学院）

《建国初四川地区妇幼卫生事业概述（1949—1955）》，重庆交通大学学报（社会科学版）2016 年第 2 期。

～张玲：《建国初期四川省妇幼卫生事业研究（1949—1955）》，《兰台世界》2015 年第 34 期。

刘丽伟（黑龙江大学）

《台湾医务行政管理体制及其发展简史》，《中华医史杂志》2005 年第 1 期。

《台湾地区市民健康保险体系研究》，《哈尔滨学院学报（社会科学版）》2003 年第 9 期。

刘丽仙（湖南中医学院）

《长沙马王堆三号汉墓出土药物鉴定研究》，《考古》1989 年第 9 期。

《长沙马王堆三号汉墓出土的药物》，《中国医药学报》1987 年第 2 期。

刘理想（中国中医科学院/北京中医药大学/福建中医学院）

赵凯维……徐雯洁～：《中国医药导报》2018 年第 21 期。

赵凯维……金香兰～：《试论道士群体在"援道入医"过程中的作用——兼论医籍中道教神秘主义现象》，《医学与哲学（A）》2018 年第 8 期。

张治国、李景远～：《龚廷贤"王道"医学思想探析》，《中医学报》2017 年第 11 期。

《执迷解剖成妙方——王清任与血府逐瘀汤的故事》，《中医健康养生》2017 年第 4 期。

张治国、李景远～：《试论中医养生学"求本"观之体现》，《中医药导报》2016 年第 20 期。

张玉辉、于峥～杜松：《〈泰定养生主论〉养生学术思想探析》，《中国中医基础医学杂志》2016 年第 7 期。

～李海玉：《论生生之道在中医学中之体现》，《中国中医基础医学杂志》2015 年第 11 期。

《东垣老人的济世良方》,《中医健康养生》2015 年第 10 期。

《钱乙与六味地黄丸的故事》,《中医健康养生》2015 年第 6 期。

王林云、吴金鹏~段晓华等:《早期中医医疗器具探源》,《中医文献杂志》2015 年第 4 期。

李海玉~陆广莘:《中西医学的研究对象与医学范式》,《世界中西医结合杂志》2015 年第 3 期。

潘秋平~:《〈黄帝内经〉医患关系模式及其意义探讨》,《中国中医基础医学杂志》2015 年第 2 期。

李海玉~陆广莘:《基于先秦汉代文献探讨人的生命特征》,《中国中医基础医学杂志》2014 年第 8 期。

《我是谁?——关于中医"身世"问题及其评判的点滴思考》,《中国中医药现代远程教育》2011 年第 8 期。

王愿~:《试论〈易筋经〉对中医学的理论贡献》,《中国中医基础医学杂志》2010 年第 2 期。

王左原、金香兰~张玉辉:《论晋代葛洪的防病养生思想》,《中国中医基础医学杂志》2009 年第 7 期。

《略论中医文化与中医医学科学的关系》,《医学与哲学(人文社会医学版)》2009 年第 4 期。

张其成~李海英:《近十年来中医药文化发展回顾》,《中医药文化》2009 年第 1 期。

李志更、潘桂娟~:《〈医贯〉中的五行学说思想》,《中华中医药学刊》2008 年第 8 期。

李志更、潘桂娟~:《〈内经〉因人制宜思想探究》,《辽宁中医杂志》2008 年第 7 期。

《文是基础医是楼——读〈张其成讲读〈周易〉——易学与中医〉有感》,《中医药文化》2008 年第 1 期。

《近现代中医发展中的进化论思想研究》,《北京中医药大学》博士学位论文 2007 年。

《试论进化论思想对近代中西医论争的影响》,《医学与哲学(人文社会医学版)》2007 年第 3 期。

~张其成:《从"五老上书"论坚持中医教育的主体性》,《中医教育》2006 年第 6 期。

《试论宋代医学价值的提升及其对防治疫病的影响》,《南京中医药大学学报(社会科学版)》2006 年第 2 期。

《我国古代医生社会地位变化及对医学发展的影响》,福建中医学院硕士学位论文 2004 年。

袁卫玲~:《试论明代封建礼教思想对妇产科学的影响》,《南京中医药大学学报(社会科学版)》2004 年第 2 期。

李凌空~:《试论清末民初留学运动对中医发展的影响》,《南京中医药大学学报(社会科学版)》2004 年第 2 期。

~史占江:《从华佗之死谈学术独立》,《医学与哲学》2004 年第 1 期。

《我国古代医生社会地位变化及对医学发展的影响》,《中华医史杂志》2003 年第 2 期。

《试论科学精神不足历史原因对中医学的影响》,《医学与哲学》2002 年第 10 期。

刘立勋(吉林大学)

《武威汉代医简文字编及集释》,吉林大学硕士学位论文 2012 年。

柳立言

《从立法的角度重新考察宋代曾否禁巫》,《中央研究院历史语言研究所集刊》第 86 本第 2 分(2015. 6)。

刘联(赣南医学院)

~蓝云:《国内外叙事医学研究综述》,《锦州医科大学学报(社会科学版)》2017 年第 1 期。

刘亮（南京工业大学/南京大学）

《从平民住所制度看民国青岛对乡村移民的公共卫生治理（1929—1937）》,《城市史研究》2018 年第 1 期。

《论近代国人对德租胶澳公共卫生神话的建构》,《历史教学问题》2017 年第 4 期。

《青岛城市公共卫生建设研究》,南京大学博士学位论文 2015 年。

刘琳（北京中医药大学）

《五禽戏术式及功效的历史渊源》,北京中医药大学硕士学位论文 2012 年。

刘林（湖南科技大学）

《转型期我国药品安全监管的伦理研究》,湖南科技大学硕士学位论文 2013 年。

刘林健（华东理工大学）

《制度嵌入性视角下农村合作医疗兴衰的分析——基于山西昔阳的实证研究》,华东理工大学硕士学位论文 2013 年。

刘琳琳（北京大学）

《日本古代国家疫病祭祀中的鬼神观念》,《世界历史》2010 年第 2 期。

刘林沙（西南交通大学）

~曹璐:《抗战时期〈新新新闻〉报医药广告管窥》,《青年记者》2017 年第 2 期。

~陈丽思:《中外艾滋病公益广告特点的对比研究》,《北方文学（下半月）》2011 年第 1 期。

刘伶俐（第三军医大学）

《不同医学模式下的医患关系分析》,《医学与哲学（人文社会医学版）》2010 年第 1 期。

刘灵熙（厦门大学）

《节制生育运动在美国的兴起》,厦门大学硕士学位论文 2014 年。

刘柳（广州中医药大学）

《清代中期至民国前期寒温融合派代表医家的辨证特点》,广州中医药大学硕士学位论文 2011 年。

《寒温融合派医家学术思想的研究现状》,《长春中医药大学学报》2011 年第 2 期。

刘禄山（江西省博物馆）

~钟继润:《论中央苏区的红色卫生文化》,《赣南医学院学报》2012 年第 5 期。

~张莉芳:《论中央苏区卫生事业的发展形态》,《赣南医学院学报》2011 年第 5 期。

~梁君思:《中央苏区卫生防疫运动及其道德效应泛论》,《赣南医学院学报》2010 年第 5 期。

刘鲁亚

《旧中国的制药工业》,《历史档案》1995 年第 2 期。

《解放区第一个公营制药厂的创立与发展》,《人文杂志》1984 年第 2 期。

刘路遥（北京中医药大学）

《〈黄帝内经〉中基于"形体辨证"的对症针法的文献研究》,北京中医药大学硕士学位论文 2012 年。

刘美君（首都师范大学）

《转变了的灾难:黑死病社会文化影响初探》,《首都师范大学学报（社会科学版）》2010 年 S1 期。

刘美楠（黑龙江中医药大学）

《清代治疗虚劳方药特点研究》,黑龙江中医药大学硕士学位论文 2013 年。

~张洪昌:《清代治疗虚劳方剂用药特点研究》,《中医药信息》2014 年第 2 期。

刘美文(河北中医学院)

～赵健等:《从张锡纯对黄芪的运用看其用药治病特点》,《云南中医学院学报》1996 年第 1 期。

～许白华:《王清任学术思想的形成与发展》,《河北中医学院学报》1994 年第 1 期。

《〈内经〉"后沃沫"治验》,《中医杂志》1992 年第 3 期。

刘美杏(广西师范大学)

《徘徊与前行——梧州思达医院研究(1865—1949)》,广西师范大学硕士学位论文 2018 年。

刘梦(中国妇女管理干部学院)

《法国妇女争取堕胎权的斗争》,《中国妇女管理干部学院学报》1992 年第 3 期。

刘梦宇(吉林大学)

《东亚公共卫生安全合作机制建设研究》,吉林大学硕士学位论文 2016 年。

刘密(湖南中医药大学)

～舒文娜等:《平乐正骨辨证论治学术渊源探析》,《中医药导报》2018 年第 8 期。

钟峰、娄必丹～石文英:《湖湘五经配伍针推学派学术思想及临床特色刍议》,《四川中医》2018 年第 5 期。

杨青、郭俊佳～常小荣:《南非中医、针灸立法管理现况》,《中医药导报》2017 年第 10 期。

肖碧跃……孙贵香～:《"和合"哲学思想对平乐正骨理论的影响》,《中华中医药杂志》2016 年第 3 期。

肖碧跃……孙贵香～:《儒家、释家、道家对平乐正骨的影响》,《中华中医药杂志》2016 年第 2 期。

肖碧跃……孙贵香～张云飞:《平乐正骨手法源流浅述》,《湖南中医药大学学报》2016 年第 1 期。

肖碧跃……孙贵香～张云飞:《"仁"学思想对平乐正骨的影响》,《中华中医药杂志》2016 年第 1 期。

肖碧跃……孙贵香～张云飞:《平乐正骨气血理论学术源流浅述》,《中华中医药杂志》2015 年第 11 期。

肖碧跃……孙贵香～张云飞:《气一元论哲学思想对平乐正骨理论的影响》,《中华中医药杂志》2015 年第 2 期。

张佳丽～娄必丹等:《〈灵枢·寒热病第二十一〉学术思想刍议》,《湖南中医杂志》2014 年第 8 期。

谢慎……胡薇～常小荣:《〈素问·刺热篇第三十二〉学术思想探源》,《湖南中医杂志》2014 年第 7 期。

石佳、常小荣～葛君芸等:《〈灵枢·热病第二十三〉学术思想探源》,《山东中医药大学学报》2014 年第 5 期。

娄必丹……黄洁～常小荣:《〈灵枢·邪客第七十一篇〉学术思想探源》,《中医药学报》2014 年第 4 期。

陈选～张佳丽等:《〈黄帝内经·灵枢〉九针十二原之小针之要学术思想探源》,《中医药学报》2014 年第 4 期。

张国山～章海凤等:《〈黄帝内经〉与针灸理论》,《实用中医内科杂志》2014 年第 4 期。

何亚敏～常小荣:《〈黄帝内经〉论灸法》,《中华中医药杂志》2014 年第 4 期。

刘未艾……章海凤～张国山等:《〈灵枢经·九针十二原第一〉学术思想探源》,《中医药学报》2014 年第 3 期。

石佳……常小荣～葛君芸等:《〈素问·水热穴论〉学术思想探源》,《山东中医药大学学报》2014 年第 3 期。

黄洁……娄必丹～常小荣:《〈灵枢官能第七十三〉学术思想刍议》,《中医药学报》2014 年第 2 期。

张国山～章海凤等:《〈卫生宝鉴〉论灸法》,《中华中医药杂志》2014 年第 2 期。

何亚敏～李铁浪等:《〈素问·刺禁论〉学术思想探源》,《山东中医药大学学报》2014 年第 2 期。

章海凤……常小荣～张国山等:《〈黄帝内经·灵枢终始第九〉针灸学术思想探源》,《中医药学报》2014 年第 1 期。

李赛～刘金芝等:《〈丹溪心法〉论灸法》,《国医论坛》2014 年第 1 期。

王德军、艾坤～张泓等:《〈黄帝内经·灵枢〉热病篇学术思想探源》,《辽宁中医杂志》2014 年第 1 期。

艾坤、王德军～张泓等:《〈针灸资生经〉灸法学术思想初探》,《辽宁中医杂志》2014 年第 1 期。

刘未艾、常小荣～:《〈备急灸法〉学术思想刍议》,《中华中医药杂志》2014 年第 1 期。

刘未艾……常小荣～:《〈外台秘要〉论灸法》,《湖南中医杂志》2013 年第 12 期。

陈选～张佳丽等:《〈灵枢〉寿夭刚柔篇针灸学术思想探源》,《山东中医杂志》2013 年第 11 期。

张国山～章海凤等:《〈灵枢·邪气脏腑病形〉篇中针灸学术思想刍议》,《辽宁中医杂志》2013 年第 10 期。

彭亮～杨舟等:《〈黄帝内经·素问·八正神明论篇〉中医学术思想刍议》,《辽宁中医杂志》2013 年第 10 期。

阳晶晶～李铁浪等:《〈黄帝内经·灵枢〉五乱篇第三十四学术思想探源》,《时珍国医国药》2013 年第 10 期。

葛君芸～常小荣等:《葛洪〈肘后备急方〉针灸学术思想刍议》,《山东中医杂志》2013 年第 10 期。

陈选～刘金芝等:《〈太平圣惠方〉论灸法》,《光明中医》2013 年第 7 期。

任珍、刘未艾～张国山等:《黄帝内经〈灵枢·四时气篇第十九〉学术思想探源》,《中医药学报》2013 年第 5 期。

何亚敏～李铁浪等:《〈西方子明堂灸经〉灸法学术特点浅析》,《中医药学报》2013 年第 5 期。

刘昭～黄洁等:《〈黄帝内经素问·骨空论篇〉针灸学术思想刍议》,《中医药学报》2013 年第 4 期。

谢文娟～李金香等:《〈扁鹊心书〉灸法的运用特点》,《国医论坛》2013 年第 4 期。

刘昭～黄洁等:《〈针灸问对〉论灸法》,《国医论坛》2013 年第 4 期。

张佳丽～刘金芝等:《〈世医得效方〉灸法浅议》,《福建中医药》2013 年第 3 期。

张国山～章海凤等:《〈备急千金要方〉论灸法》,《国医论坛》2013 年第 3 期。

何亚敏～李金香等:《〈红炉点雪〉论灸法》,《国医论坛》2013 年第 3 期。

葛君芸～常小荣等:《〈黄帝内经·素问〉针解篇第五十四学术思想探源》,《福建中医药》2013 年第 2 期。

阳晶晶～李金香等:《〈针灸甲乙经〉论灸法》,《国医论坛》2013 年第 2 期。

张佳丽～娄必丹等:《〈医学入门〉论灸法》,《国医论坛》2013 年第 2 期。

章海凤……常小荣～:《〈针灸聚英〉论灸法》,《国医论坛》2013 年第 1 期。

张国山～章海凤等:《〈针灸大成〉论灸法》,《国医论坛》2013 年第 1 期。

彭亮、常小荣～:《〈类经图翼〉中灸疗学术理论及特色刍议》,《北京中医药》2012 年第 12 期。

〜常小荣等:《解析〈肘后备急方〉灸法学术思想》,《北京中医药》2012年第11期。

文琼、杨舟〜彭亮等:《历代文献关于艾灸治疗外科实热阳证的论述》,《时珍国医国药》2012年第8期。

章海凤、常小荣〜:《〈黄帝明堂灸经〉论灸法》,《中医药学报》2012年第6期。

刘未艾……常小荣〜:《〈备急灸法〉论灸法》,《国医论坛》2012年第6期。

林海波〜刘金芝等:《对〈神灸经纶〉禁灸穴的归纳与认识》,《国医论坛》2012年第6期。

刘闽

《举世闻名的阿拉伯香料——香料贸易与伊斯兰教的东传》,《中国穆斯林》1998年第1期。

刘敏（安徽医科大学）

《建国后中国农业合作化运动与农村合作医疗制度发展间的关系研究》,安徽医科大学硕士学位论文2009年。

〜杨善发:《医药领域寻租行为对药价虚高的影响及对策》,《中国卫生经济》2009年第5期。

〜杨善发:《新型农村合作医疗制度立法问题与立法原则的伦理思考》,《中国医学伦理学》2008年第6期。

刘敏（大连理工大学）

《抑郁症议题的网络报道内容研究——以新浪网为例》,大连理工大学硕士学位论文2018年。

刘敏（陕西师范大学）

《隋唐生死观与疾病》,陕西师范大学硕士论文2015年。

刘敏镭（湖南大学）

《中英食品安全法律制度比较及其启示》,湖南大学硕士学位论文2013年。

刘民叔

《医巫说异》,《友生医刊（华美版）》1946年第10期。

刘铭（贵州省疾病预防控制中心）

蒋凤〜张丽等:《1951—2010年贵州省流行性脑脊髓膜炎流行趋势分析》,《应用预防医学》2012年第3期。

〜陶沁等:《贵州省1952—2007年流行性乙型脑炎流行情况分析》,《现代预防医学》2010年第2期。

刘明（吉林大学）

《中国居民医疗卫生消费研究》,吉林大学硕士学位论文2011年。

刘明海（复旦大学）

《"废止中医案"与上海中医界的图存抗争》,复旦大学硕士学位论文2011年。

刘明录（西南大学）

《品特戏剧中的疾病叙述研究》,西南大学博士学位论文2013年。

刘铭恕（郑州大学）

〜杨天宇:《扁鹊与印度古代名医耆婆》,《郑州大学学报（哲学社会科学版）》1996年第5期。

刘明月（河北大学）

《民国时期的中西医权势之争:中央国医馆研究》,河北大学硕士学位论文2017年。

柳谋雅（北京中医药大学）

《韩国针灸学家许任及其学术思想研究》,北京中医药大学硕士学位论文2019年。

刘牧之（齐齐哈尔医学院）

《麻风病在中国医学及历史上的记载》,《中华皮肤科杂志》1956 年第 1 期。

刘纳文（天津市第一中心医院）

张潞帆、崔艳兰～:《〈伤寒论〉痞证探析》,《天津中医药》2015 年第 7 期。

～肖照岑:《柳宝诒论治伏温特色探析》,《中医杂志》2010 年第 8 期。

～肖照岑:《柳宝诒治温特色钩玄》,《江苏中医药》2010 年第 4 期。

《〈时病论〉学术思想初探》,《河北中医》2008 年第 3 期。

《浅析〈伤寒论〉中的厥》,《河北中医》2003 年第 3 期。

《〈瘟疫论〉学术思想探讨》,《辽宁中医学院学报》2003 年第 2 期。

刘楠（燕山大学）

《新媒体时代公共卫生事件的危机公关》,《新闻战线》2016 年第 4 期。

刘能（北京大学）

《艾滋病、污名和社会歧视:中国乡村社区中两类人群的一个定量分析》,《社会学研究》2005 年第 6 期。

刘宁（北京联大中医药学院）

《试论吴有性〈温疫论〉在温病学中的贡献》,《编辑之友》1996 年第 1 期。

刘宁（湖南中医药大学）

《江氏正骨术传承与发展影响因素研究》,湖南中医药大学硕士学位论文 2016 年。

江林……江永革～:《江氏正骨术的源流与传承》,《中医药导报》2016 年第 6 期。

～江林等:《湖湘地域文化对江氏正骨术的影响》,《湖南中医杂志》2016 年第 3 期。

刘宁（首都医科大学）

～李文刚:《中国传统文化对养生思想的渗透与影响》,《中医文献杂志》2010 年第 2 期。

～李文刚:《从古代医学技术的发明看中医学的历史成就》,《时珍国医国药》2007 年第 9 期。

～李文刚:《孙思邈论养生》,《中医文献杂志》2006 年第 3 期。

～李文刚:《张锡纯的衷中参西思想指导用药与现实意义》,《中医药学报》2006 年第 3 期。

～李文刚:《张锡纯〈医学衷中参西录〉学术思想探微》,《新中医》2006 年第 4 期。

～李文刚:《论温疫学说的历史沿革与发展》,《北京中医》2005 年第 6 期。

～李文刚:《孙思邈学术思想对金元医家的影响》,《北京中医》2003 年第 3 期。

刘宁（四川大学）

《动物与国家:19 世纪英国动物保护立法及启示》,《昆明理工大学学报（社会科学版）》2013 年第 2 期。

刘佩弘（厦门市中医院/广西中医学院）

《李东垣医著考》,《中医药通报》2003 年第 2 期。

《罗天益编李杲医书探误》,《中医研究》1991 年第 2 期。

刘培龙（北京大学）

孙越千、谢铮～:《金砖国家:国际卫生发展援助的新兴力量?》,《中国卫生政策》2017 年第 2 期。

～王昱:《中国对外卫生援助决策和管理机制的演变》,《国际政治研究》2015 年第 2 期。

王云屏～杨洪伟等:《七个经合组织国家全球卫生战略比较研究》,《中国卫生政策研究》2014 年第 7 期。

杨昊旻～郭岩：《中国和印度对尼泊尔卫生发展援助模式的比较》，《总过卫生政策研究》2014 年第 7 期。

许静～郭岩：《全球卫生治理机制及中国参与的建设》，《中国卫生政策研究》2013 年第 11 期。

谢铮～郭岩：《全球制定卫生领域后千年发展目标的行动、进展及启示》，《北京大学学报（医学版）》2013 年第 3 期。

许可～：《从国际经验看卫生筹资和社会健康保障》，《中国卫生政策研究》2010 年第 12 期。

郭岩～许静：《全球卫生及其国家策略研究》，《北京大学学报（医学版）》2010 年第 3 期。

刘鹏（广州中医药大学/山东中医药大学）

《"扁鹊言医，为方者宗"——方技学视域下的诠释》，《中医杂志》2019 年第 19 期。

《五脏、六腑与十二经脉理论之间的矛盾与融汇》，《山东中医杂志》2019 年第 7 期。

《医疗社会文化史视野下中医医史教学的反思》，《医学争鸣》2019 年第 6 期。

张佳雯～：《丹溪与〈局方〉之争的明代书写：以儒士与医者为视角的考察》，《山东中医药大学学报》2019 年第 6 期。

《对中医学原创思维内涵的商榷》，《医学争鸣》2019 年第 3 期。

《中央国医馆及其整理的国医药学术标准大纲的历史回顾与评价》，《中医杂志》2019 年第 2 期。

《被隐晦的历史关联：房中与中医》，《南京中医药大学学报（社会科学版）》2019 年第 2 期。

《惧虚与滥补：从贾瑞与林黛玉之死说起》，《中医药文化》2019 年第 1 期。

《近代中医教材模式的构建与反思》，《中医杂志》2018 年第 13 期。

《中国古代本草传统的近现代嬗变》，《中华中医药杂志》2018 年第 12 期。

～余玲：《久寻那张近在咫尺的身份证》，《中国医学人文》2018 年第 5 期。

《中国古代本草的性与效》，《中医杂志》2017 年第 17 期。

王迪～张成博：《合信〈全体新论〉编纂特点及影响》，《山东中医药大学学报》2017 年第 5 期。

《中华医学会医史学分会第十五届一次学术年会会议纪要》，《中华医史杂志》2017 年第 5 期。

《〈黄帝内经〉中的身体与早期数术之学》，《中医药文化》2016 年第 1 期。

《对中药理论构建的思考》，《医学与哲学》2015 年第 13 期。

《浅析我国早期医学对生殖的论述》，《河南中医》2015 年第 7 期。

～张成博：《中药"毒"的内涵解析》，《中国中医基础医学杂志》2015 年第 7 期。

～王振国：《以身观身：对道教与中医学身体观的认识》，《中国道教》2015 年第 5 期。

王振国～：《道教对中医药的影响：从本草与服食养生说起》，《中国道教》2015 年第 4 期。

杨金萍～路明静等：《李恒〈袖珍方〉明刊本流布情况考》，《中华医史杂志》2015 年第 2 期。

《身体、医学与文化——对中医学身体观研究意义的探析》，《山东中医杂志》2014 年第 10 期。

《〈简易普济良方〉作者、内容及版本考释》，《世界中西医结合杂志》2014 年第 8 期。

《断层、设想与复原——对研究方技之学与中医学关联性的几点思考》，《上海中医药杂志》2014 年第 8 期。

《方技之学对名门学说形成的作用》，《江西中医药》2014 年第 4 期。

《古代中医学对身体的认知和厘分》，《中医药文化》2014 年第 4 期。

杨金萍……路明静～：《明周王府〈袖珍方〉撰著过程及撰著人考》，《内经中医药大学学报（社会科学版）》2014 年第 3 期。

《中医学身体观的内涵及特点》，《内经中医药大学学报（社会科学版）》2013 年第 4 期。

《〈续修四库全书〉所收〈吴鞠通先生医案〉的版本》,《中华医史杂志》2013 年第 2 期。

～张成博:《对有毒中药内涵的认识》,《中医杂志》2013 年第 2 期。

《扁鹊、扁鹊医派与扁鹊文化探析》,《山东中医杂志》2012 年第 10 期。

《对肾合膀胱理论构建的探讨》,《南京中医药大学学报(社会科学版)》2012 年第 2 期。

《中医学身体观的构建与演变》,山东中医药大学博士学位论文 2011 年。

～张成博:《"肝为刚脏"刍议》,《江苏中医药》2009 年第 7 期。

～张成博:《传统文化背景下医家思维方式的演变》,《医学与哲学(人文社会医学版)》2009 年第 6 期。

步瑞兰～:《中医命门学说象数易学渊源初探》,《江西中医学院学报》2007 年第 6 期。

步瑞兰～:《〈太一生水〉对〈黄帝内经〉相关理论构建的影响》,《江西中医学院学报》2007 年第 5 期。

窦光镇～:《〈黄帝内经〉脏腑学说与运动性疲劳》,《河北中医》2007 年第 3 期。

～张成博:《〈伤寒论〉第 279 条方中芍药解》,《山东中医药大学学报》2007 年第 1 期。

周士英、张海英～阎兆君:《〈太平惠民和剂局方〉泄泻治疗方药的统计研究》,《光明中医》2006 年第 10 期。

《黄老之学天道环周与〈黄帝内经〉营卫运行理论的建构》,《医学与哲学(人文社会医学版)》2006 年第 9 期。

《走出自设的神秘——文化与中医相关性研究的误区及对中医在当代发展的反思》,《中医研究》2006 年第 8 期。

苟洪静～步瑞兰:《从〈医门棒喝〉看宋明理学对章楠的影响》,《辽宁中医药大学学报》2006 年第 6 期。

《对〈黄帝内经〉阴阳体质学说人性论哲学基础的思考》,《辽宁中医药大学学报》2006 年第 6 期。

郭桂华～张成博:《中医古籍中"酒癖"的病因病机探讨》,《山西中医学院学报》2006 年第 4 期。

刘鹏(中国人民大学/香港中文大学)

～李嘉等:《综合吸纳专业:放管服背景下的食药安全监管体制改革逻辑》,《华南师范大学学报(社会科学版)》2018 年第 6 期。

《食品药品安全工作再定位的思考》,《社会治理》2017 年第 4 期。

～马亮等:《央地关系与政府机构改革——基于中国地级食品安全监管机构改革进度的实证研究》,《公共行政评论》2016 年第 5 期。

《中国转基因食品安全监管——基于监管成本—收益视角的分析》,《华中师范大学学报(人文社会科学版)》2016 年第 2 期。

《运动式监管与监管型国家建设:基于对食品安全专项整治行动的案例研究》,《中国行政管理》2015 年第 12 期。

～张苏剑:《中国食品安全监管体制的纵向权力配置研究》,《华中师范大学学报(人文社会科学版)》2015 年第 1 期。

～曹蕗蕗:《保障常用低价药品供应:基于治理工具角度的分析》,《中国卫生政策研究》2014 年第 11 期。

～刘志鹏:《食品生产加工安全监管如何亡羊补牢:基于对上海福喜事件的政策反思》,《当代经济管理》2014 年第 11 期。

～孙燕茹:《中国食品安全责任强制保险的制度分析与流程设计》,《武汉大学学报（哲学社会科学版）》2014 年第 4 期。

～刘思、佟锡尧:《科技创新、产业政策与食品安全:"地沟油"问题的治理之道》,《中国卫生政策研究》2014 年第 5 期。

～刘志鹏:《街头官僚政策变通执行的类型及其解释——基于对 H 县食品安全监管执法的案例研究》,《中国行政管理》2014 年第 5 期。

～彭向东:《风险社会背景下的预防接种不良反应补偿制度改革》,《中国药物评价》2014 年第 2 期。

《省级食品安全监管绩效评估及其指标体系构建——基于平衡计分卡的分析》,《华中师范大学学报（人文社会科学版）》2013 年第 4 期。

《风险程度与公众认知:食品安全风险沟通机制分类研究》,《国家行政学院学报》2013 年第 3 期。

《如何化解基本药物供应难题:基于公共治理理论的分析》,《中国卫生政策研究》2013 年第 3 期。

《食品安全城乡分治期待制度改革》,《中国食品报》2012 年 10 月 5,8 日 003 版。

《改革食品安全城乡分治 保障食品安全国民待遇》,《行政管理改革》2012 年第 9 期。

《政企事利益共同体:中国药品安全管理体制变迁的历史逻辑》,《武汉大学学报（哲学社会科学版）》2011 年第 2 期。

方芳～:《中国食品安全监管——基于体制变迁与绩效评估的实证研究》,《公共管理学报》2010 年第 2 期。

《国家基本药物政策:影响评估与执行力分析》,《中国处方药》2010 年第 2 期。

《公共健康、产业发展与国家战略——美国进步时代食品药品监管体制及其对中国的启示》,《中国软科学》2009 年第 8 期。

《成本、效率与收益:推动新药创制的政策创新》,《中国处方药》2009 年第 8 期。

《不妨试行"食监委托卫监"》,《中国医药报》2009 年 7 月 25 日 006 版。

《当代中国产品安全监管体制建设的约束因素——基于药品安全监管的案例分析》,《华中师范大学学报（人文社会科学版）》2009 年第 4 期。

《走向优质监管的有益探索——2008 年药品监管改革的若干观察》,《中国处方药》2009 年第 2 期。

《风险社会视野下的美国药品规管体制变迁:教训与启示》,《公共行政评论》2008 年第 4 期。

《走向优质监管的起步——2007 年我国药监改革实践的几点思考》,《中国处方药》2008 年第 1 期。

《混合型监管:当代中国药品安全监管机制分析》,《公共管理研究》2007 年 00 期。

《药品召回制度的监管政治学分析》,《中国处方药》2007 年第 11 期。

《混合型监管:政策工具视野下的中国药品安全监管》,《公共管理学报》2007 年第 1 期。

《合作医疗与政治合法性———项卫生政治学的实证研究》,《华中师范大学学报（人文社会科学版）》2006 年第 2 期。

刘鹏杰（河南师范大学）

《中国现代作家笔下的医生形象》,河南师范大学硕士学位论文 2014 年。

刘品明（第一军医大学珠江医院）

《中华医学会和博济医院的历史渊源》,《中华医史杂志》2015 年第 5 期。

《洗尽铅华始见真:回忆刘泽生教授》,《中华心血管病杂志》2014 年第 12 期。

刘平

《记白求恩在我国创建的一所卫生学校》,《健康报》1962 年 11 月 10 日。

刘萍(重庆医科大学)

《〈医学文化概论〉教材建设研究》,重庆医科大学硕士学位论文2012年。

刘平(江西省宜春市卫生局)

《国外近代医学法学发展概况及演变》,《中国卫生法制》1996年第3期。

《国外现代医学法学发展概况及演变》,《医学与哲学》1991年第2期。

《中国古代医学法学思想萌芽初探》,《医学与哲学》1990年第3期。

《医疗事故和纠纷中的医德问题》,《医学与哲学》1987年第12期。

《宜春地区四县118个村卫生组织的调查》,《农村卫生事业管理研究》1985年第3期。

刘平安(广西民族大学)

《疍民村庄公共卫生的人类学分析——以北海营盘镇黄稍村为例》,《广西民族大学学报(哲学社会科学版)》2007年第1期。

刘祺(南开大学)

《西方医学在近代中国(1840—1911)——医术、文化与制度的变迁》,南开大学博士学位论文2012年。

《清末天津卫生防疫制度探析》,《中国卫生法制》2011年第6期。

《马根济与西医在近代天津的传播(1879—1888)》,《历史教学(高校版)》2008年第7期。

刘琪(中国医科大学)

《我国突发公共卫生事件信息公开制度的研究》,中国医科大学硕士学位论文2008年。

刘绮莉(苏州大学)

《日本医疗保险制度的改革论争及评价——以20世纪60年代为中心》,《经济研究参考》2013年第59期。

刘奇志(湖北医药学院)

《〈红楼梦〉中疾病对于林黛玉和薛宝钗的意义之比较》,《红楼梦学刊》2013年第4期。

《浅析〈红楼梦〉中疾病的意义》,《十堰职业技术学院学报》2012年第6期。

刘倩(北京大学)

《身体的边界性与"去边界化"——基于医学人类学的研究和反思》,《医学与哲学(A)》2017年第11期。

刘倩(南京大学)

《仪式、鬼神、道德观:巫医话语权力的建构》,南京大学硕士学位论文2016年。

刘倩倩(中国国际扶贫中心)

～朱纪明等:《中国卫生软援助:实践、问题与对策——以对外卫生人力资源合作为例》,《中国卫生政策研究》2014年第3期。

刘强

《延安中央医院里的"洋大夫"》,《党史纵横》2007年第12期。

刘巧艳(湖北中医学院)

《抑郁症患者情感体验和心理干预的研究》,湖北中医学院硕士学位论文2009年。

刘琴琴(武汉科技大学)

《美国医疗保险与医疗救助研究》,武汉科技大学硕士学位论文2007年。

刘庆帮（南京中医药大学）

《关于李杲"详于治脾，略于治胃"提法之商榷》，《江西中医学院学报》2011 年第 4 期。

《攻邪、补益两大学派学术分歧的原因探讨》，《南京中医药大学学报》2009 年第 6 期。

《孙思邈论养生的基本原则》，《江西中医学院学报》2008 年第 6 期。

《〈内经〉阴阳气位观初探》，《南京中医药大学学报（社会科学版）》2003 年第 2 期。

刘庆平（广州中医药大学）

《我国民间中医生执业状态的制度伦理研究》，广州中医药大学硕士学位论文 2017 年。

刘庆宇（上海中医药大学）

任宏丽～段逸山：《〈聊斋志异〉中医文化研究》2019 年第 7 期。

王毅敏……段逸山～：《中医文献杂志》2019 年第 3 期。

朱凌凌～袁开惠：《本能　多元　发展：范行准的中国预防医学思想》，《中医文献杂志》2018 年第 2、3 期。

袁开惠～：《敦煌〈字宝〉"马嗓"义辨及其医学阐释》，《中医药文化》2018 年第 2 期。

任宏丽～孙文杰……：《略论传统医学文献对构建现代和谐医患关系的启示》，《浙江中医杂志》2017 年第 11 期。

张亭立～：《〈黄帝内经〉"必齐"论析》，《中国中医基础医学杂志》2017 年第 6 期。

张亭立～：《"瘕"在汉代医籍和史籍中的不同含义》，《中华医史杂志》2017 年第 2 期。

袁开惠、张亭立～：《〈素问·宝命全形论〉针刺词语考辨举隅》，《中医药文化》2016 年第 6 期。

任宏丽、段逸山～张煜乾：《秦伯未先生〈医事导游〉治学方法及学术特色研究》，《中医文献杂志》2014 年第 4 期。

《薛寿鱼"无一字及医"原因探析》，《中医药文化》2013 年第 5 期。

任宏丽、段逸山～：《近代中西医论争乱局下的〈伤寒〉经典诠释——以〈神州国医学报〉为例》，《中医文献杂志》2012 年第 6 期。

张亭立～：《〈黄帝内经素问〉顾从德本误字举隅》，《中医药文化》2012 年第 2 期。

孙文钟～：《中医经典同形词语说略》，《中华中医药学刊》2011 年第 7 期。

～曲如意：《"疟"之含义考辨》，《中医药文化》2010 年第 6 期。

曲如意～孙文钟：《宋代史料笔记中医药学资料的特点及价值》，《上海中医药大学学报》2010 年第 5 期。

～赵鸿君：《"婴儿索痉"再考辨》，《上海中医药杂志》2009 年第 2 期。

赵鸿君～：《略论秦汉子书中的养生与治疗思想》，《中医药文化》2008 年第 3 期。

～王兴伊：《西域方药"民族瑰宝"》，《上海中医药大学学报》2004 年第 2 期。

《张仲景〈伤寒论·自序〉辨疑》，《医古文知识》2000 年第 3 期。

柳秋荣（九江市史志办公室）

《侵华日军在中国实施的最大规模毒气战》，《百年潮》2015 年第 9 期。

刘秋艳（云南财经大学/福建医科大学）

《我国农村合作医疗的回顾与新型农村合作医疗的现状及对策》，《云南财经大学学报（社会科学版）》2009 年第 6 期。

《新型农村合作医疗对卫生服务可及性影响研究》，福建医科大学博士学位论文 2009 年。

刘蓉（湖北民族大学）

《〈医宗金鉴·妇科心法要诀〉治疗月经病学术思想及遣方用药特色研究》，湖北民族大学硕士学位论文 2019 年。

刘荣（中共云南寻甸县委员会）

～吕伟等：《瑞典的医疗卫生保险服务探析》，《云南行政学院学报》2011 年第 1 期。

刘荣伦（广州市卫生局）

《清民时期外国医生对广州医药卫生的影响》，《广东史志》1996 年第 3 期。

刘榕榕（广西师范大学／南开大学）

《地中海首次鼠疫与拜占庭帝国医疗事业的嬗变》，《医疗社会史研究》2018 年第 1 期。

～董晓佳：《试论"查士丁尼瘟疫"对拜占廷帝国人口的影响》，《广西师范大学学报（哲学社会科学版）》2013 年第 2 期。

～董晓佳：《浅议"查士丁尼瘟疫"复发的特征及其影响》，《世界历史》2012 年第 2 期。

《瘟疫作为西罗马帝国衰亡之原因探析》，《中国城市经济》2011 年第 6 期。

《试析伯罗奔尼撒战争中的瘟疫问题》，《廊坊师范学院学报（社会科学版）》2010 年第 6 期。

刘荣臻（内蒙古医科大学／内蒙古医学院）

《达斡尔族在历史上所享有的藏（蒙）医药和西医药医疗服务述略》，《中国民族医药杂志》2019 年第 11 期。

～哈斯木其尔：《达斡尔族历史上的药用知识再探》，《中国民族医药杂志》2018 年第 12 期。

《达斡尔族先民对人参、鹿茸和矿泉的认识及药物利用》，《中国民族医药杂志》2018 年第 11 期。

～包羽等：《鄂温克疾病痊愈禁忌的文化阐释》，《中国民族医药杂志》2013 年第 1 期。

～包羽等：《鄂温克族养生保健禁忌的文化内涵》，《中国民族医药杂志》2012 年第 12 期。

伊乐泰……娜仁其其格～包羽：《使鹿部鄂温克民族药用动植物调查报告》，《中国民族医药杂志》2012 年第 12 期。

～包羽等：《鄂温克族婚育禁忌的文化内涵》，《中国民族医药杂志》2012 年第 10 期。

～包羽等：《鄂温克族萨满教的疾病观》，《中医学报》2011 年第 11 期。

包羽～伊乐泰等：《鄂温克族在历史上所享有的医疗服务》，《前沿》2011 年第 9 期。

伊乐泰……孟和吉日嘎拉～：《鄂温克民族药用及疗术用动物药、昆虫类药材、矿物质药材调查报告》，《中国民族医药杂志》2011 年第 1 期。

包羽……孟和吉日嘎拉～：《鄂温克民族医用植物药材调查报告》，《中国民族医药杂志》2010 年第 3 期。

伊乐泰……孟和吉日嘎拉～：《鄂温克民族药用乳制品调查报告》，《中国民族医药杂志》2010 年第 1 期。

包羽、伊乐泰～：《鄂温克传统医药初探》，《中国民族医药杂志》2009 年第 4 期。

刘汝佳（哈尔滨市社会科学院）

《二战后美军对七三一部队成员龟井贯一郎的调查》，《学理论》2016 年第 9 期。

《二战时期海军生物战的研究状况述评——对美国保存档案的初步解读》，《学理论》2016 年第 7 期。

《关于〈汤普森报告书〉的初步解读——基于美国解密日本细菌战档案的调查》，《北方文物》2012 年第 4 期。

《关于抗战时期湖南省常德市鼠疫问题的探讨》,《黑龙江教育学院学报》2011 年第 9 期。

《日本在中国进行细菌战的态度》,《黑龙江教育学院学报》2010 年第 3 期。

《日本细菌战刍议》,《学理论》2009 年第 24 期。

刘锐(西南交通大学)

《我国中成药行业中小企业生存战略研究》,西南交通大学硕士学位论文 2004 年。

刘锐(中国科学技术大学)

《生物进化论发展史概述》,《生物学教学》2017 年第 2 期。

《线粒体的发现和起源假说》,《生物学教学》2016 年第 11 期。

《糖酵解过程的发现史》,《医学与哲学(B)》2015 年第 9 期。

陈牧～翁屹:《三羧酸循环的发现与启示》,《医学与哲学(A)》2012 年第 1 期。

翁屹～:《RNA 酶的发现与启示》,《医学与哲学(人文社会医学版)》2010 年第 1 期。

～翁屹:《从羊瘙痒症到疯牛病——朊病毒发现史》,《中华医史杂志》2009 年第 3 期。

刘瑞华

《中国耳鼻咽喉科的回顾与前瞻》,《中华耳鼻咽喉科杂志》1954 年第 1 期。

刘瑞爽(北京大学)

赵励彦～:《生物样本库研究泛化知情同意模板的探讨》,《中国医学伦理学》2019 年第 5 期。

《基因编辑婴儿事件相关法律问题探析》,《医学与哲学》2019 年第 2 期。

《安全接种到尊严接种》,《保健医学研究与实践》2018 年第 6 期。

《取消强制婚检是对我国婚检制度的误读》,《中国卫生法制》2018 年第 6 期。

《论生物样本的人格权局部共有及区分所有权》,《医学与哲学(A)》2017 年第 2 期。

《论病历的区分所有权——兼议病历的人格权、财产权双重属性》,《中国卫生法制》2016 年第 6 期。

《精神障碍患者的非自愿收治标准与密尔伤害原则》,《中国心理卫生杂志》2016 年第 2 期。

《浅议冷冻胚胎权属纠纷与公民自由》,《中国卫生法制》2015 年第 5 期。

《从患者基本权利保障角度看杀医案件的成因》,《中华医学杂志》2014 年第 18 期。

《精神障碍患者非自愿收治程序设计的若干法律问题研究》,《中国卫生法制》2014 年第 2、3 期。

《浅议《侵权责任法》生效后如何履行预防接种告知义务》,《中国卫生法制》2013 年第 2 期。

《从一起案例看人身损害案件中医院的安全保障义务》,《中国卫生法制》2011 年第 3 期。

《脑死亡立法的若干法律问题探讨》,《医学与哲学(人文社会医学版)》2008 年第 1 期。

李晓农～李晓霞等:《完善我国的转基因生物安全法规体系》,《中国卫生法制》2005 年第 5 期。

《对一起涉嫌医疗事故罪案例的分析》,《中国卫生法制》2005 年第 2 期。

《护士执业权及其法律保护初探》,《中国护理管理》2004 年第 3 期。

刘瑞英(浙江大学)

《江浙沪晚报的健康传播比较研究——以〈扬子晚报〉、〈新民晚报〉、〈钱江晚报〉为例》,浙江大学硕士学位论文 2011 年。

刘润兰(山西中医药大学/山西中医学院)

～石玉生:《文人政治生态系统中的殉政者——对宋代儒医高若讷的再评议》,《世界中西医结合杂志》2017 年第 12 期。

徐达瑶、薛芳芸～李峰等:《浅谈傅山情志养生法》,《世界中西医结合杂志》2017 年第 1 期。

～张维骏、陶功定:《从控制论看〈内经〉中的亢害承制调控机制》,《世界中西医结合杂志》2014 年第 1 期。

～陶功定:《"亢害承制"调控机制的源流及其发展演变》,《中国中医基础医学杂志》2014 年第 7 期。

罗海瑛……郝娟～史丽娟:《嘉庆十六年刻本〈傅青主先生产科全集〉释疑》,《中医文献杂志》2014 年第 3 期。

《〈本草纲目〉在海外的传播与影响》,《世界中西医结合杂志》2014 年第 1 期。

《多学科视野下的亢害承制调控机制研究》,山西中医学院硕士学位论文 2013 年。

～陶功定:《从控制论看〈内经〉五行生克制化与反馈调节》,《世界中西医结合杂志》2013 年第 5 期。

周蓉……杨继红～朱建华:《略论傅山的才学及从医缘由》,《山西中医》2013 年第 5 期。

周蓉……薛芳芸～:《试论傅山医学论著中的道家思想》,《山西中医》2013 年第 4 期。

～张维骏等:《"亢害承制"机制的古今研究状况分析》,《世界中西医结合杂志》2012 年第 12 期。

张维骏、刘喜明～路志正:《路志正"调升降"学术思想探源》,《中医杂志》2012 年第 22 期。

周蓉、杨继红～薛芳芸等:《医古文中病愈意义词语探析》,《山西中医》2012 年第 9 期。

陶功定……王平～:《从〈黄帝内经〉生态医学思想浅论生态病因学》,《世界中西医结合杂志》2011 年第 8 期。

周路红～:《古医籍书名与古代医学家的人文精神考》,《世界中西医结合杂志》2007 年第 2 期。

冯前进～:《从"六淫致病论"到生态病因学》,《山西中医学院学报》2007 年第 1 期。

～穆俊霞:《心悸理论源流探析》,《山西中医学院学报》2004 年第 4 期。

《秦汉时期中医实践医学的发展》,《山西中医学院学报》2004 年第 2 期。

《〈内经〉"是动病""所生病"辨释》,《山西中医学院学报》2001 年第 3 期。

柳润涛(南京大学)

《约翰·西蒙与 19 世纪中后期的英国公共卫生改革》,南京大学硕士学位论文 2013 年。

柳森(中国国家图书馆)

《六世班禅与天花关系考略》,《西藏研究》2012 年第 6 期。

刘莎莎(南京大学)

《强大的海军与落后的军医——小议十八世纪英国海军外科医生的招募》,《中华读书报》2019 年 10 月 16 日 20 版。

《18 世纪末英国海军中存在的健康问题》,《中华读书报》2018 年 9 月 19 日 20 版。

刘善玖(赣南医学院)

刘薇、欧阳静～:《论中央苏区卫生系统反腐倡廉工作及其现实启示》,《赣南医学院学报》2019 年第 7 期。

孙欢欢～:《贺诚对苏区医疗卫生事业发展的历史贡献》,《赣南医学院学报》2017 年第 5 期。

李媛～:《共产党执政视野下的中央苏区疫病防控工作》,《赣南医学院学报》2017 年第 5 期。

～刘薇:《试论中央苏区时期的药品筹措》,《苏区研究》2016 年第 6 期。

～钟继润:《"一切为了伤病员"——论中央苏区医疗卫生服务的宗旨》,《赣南医学院学报》2016 年第 5 期。

刘薇～:《长征路上的医学教育述略》,《赣南医学院学报》2016 年第 5 期。

漆艳春、刘薇～:《长征途中红军卫生学校办学精神探析》,《赣南医学院学报》2016年第5期。

叶萍……毛磊炎～:《试论中央苏区毛泽东医学教育思想》,《赣南医学院学报》2015年第5期。

李明……曾新华～:《从〈寻乌调查〉看中央苏区医药文化的变革与传承》,《赣南医学院学报》2015年第5期。

刘薇、侯炳新～:《试论中央苏区的医疗保障体系》,《赣南医学院学报》2015年第5期。

钟继润、杨吉雯～:《浅论中央苏区医疗卫生系统廉政建设》,《赣南医学院学报》2014年第5期。

李媛、钟世华～:《试论中央苏区的中西医融合》,《赣南医学院学报》2014年第5期。

李霞、钟继润～:《中央苏区卫生宣传队伍建设探析》,《赣南医学院学报》2014年第5期。

黄瑞忠、杨吉雯～:《论中央苏区医学生的政治工作》,《赣南医学院学报》2014年第5期。

刘薇、黎小芳～:《论中央苏区的药材供应与管理工作》,《赣南医学院学报》2014年第5期。

徐发生、严由铭～:《中央苏区卫生工作贯彻群众路线述论》,《赣南医学院学报》2014年第5期。

张莉芳～:《中央苏区卫生法制建设的实践与成就》,《赣南医学院学报》2013年第5期。

～陈楠楠:《中央苏区四种常见病的防治工作》,《赣南医学院学报》2013年第5期。

～刘薇:《红一方面军创建红军总医院过程辨析》,《赣南医学院学报》2012年第5期。

李媛～:《论中央苏区时期医生的思想政治工作》,《萍乡高等专科学校学报》2012年第1期。

《再论中央苏区医疗卫生事业的发展概况》,《赣南医学院学报》2011年第5期。

朱红英～:《论中央苏区红军医院的思想政治工作》,《人民论坛》2010年第17期。

～钟继润:《浅论苏区红军伤病员的思想政治工作》,《赣南医学院学报》2010年第5期。

～刘薇:《试论苏区医疗卫生中的统一战线工作》,《赣南医学院学报》2010年第5期。

～黎明:《论中央苏区对敌军医务人员的争取与转化》,《赣南医学院学报》2010年第5期。

朱红英～吴红英:《试论中央苏区的卫生防疫管理》,《农业考古》2010年第3期。

钟继润～:《中央苏区医学科普工作初探》,《赣南医学院学报》2009年第5期。

～刘薇:《中央苏区时期医务学校创建探析》,《党史文苑》2008年第10期。

刘薇～:《中央苏区医学报刊图书出版探析》,《赣南医学院学报》2007年第5期。

～刘薇:《试论中央苏区医学道德的基本精神》,《中国医学伦理学》2007年第1期。

曾繁荣～段金福等:《论中央苏区医学道德的科学内涵》,《卫生职业教育》2006年第20期。

顾鑫伟～:《试论中央苏区医疗卫生管理体制建立与完善》,《赣南医学院学报》2006年第5期。

《中央苏区医疗卫生事业的开创和发展概况》,《赣南医学院学报》2005年第5期。

《试论中央苏区医疗卫生管理的特点及其历史价值》,《党史文苑》2004年第10期。

谢艳生～:《浅谈中国革命传统医德的特殊地位》,《赣南医学院学报》2002年第4期。

刘尚义（贵阳中医学院）

《中国炼丹术发展史略》,《贵阳中医学院学报》1986年第1、2、3期。

刘少航（中国人民大学/云南大学）

《在政府与教会之间:民国云南的麻风病防治》,《民国研究》2019年第1期。

《发展与正义:近代中国工业卫生与工人健康初探——来自民国社会调查的证据》,《文山学院学报》2017年第5期。

《20世纪40年代中外合作下的昆明麻风病防治》,《昆明学院学报》2015年第4期。

《〈麻疯季刊〉中反映的民国云南麻风病史料及其防治状况》,《保山学院学报》2014年第4期。

刘绍华（台湾中央研究院/美国哥伦比亚大学）

《中国医疗与卫生治理》，《当代中国研究通讯》第 25 期（2016.6）。

《帝国的医师：万巴德与英国热带医学的创建》，《华人应用人类学学刊》第 3 卷第 1 期（2014.6）

《书评：为呼吸而战：一个癌症村生与死的故事》，《汉学研究》第 32 卷第 2 期（2014.6）。

《中国麻风病治理的科学主义与政治仪式》，《文化纵横》2014 年第 2 期。

《中国麻风病治理的科学主义与政治仪式》，《台湾人类学刊》第 11 卷第 1 期（2013.7）。

《流动的成年礼：中国西南的毒品与爱滋病》，《科技医疗与社会》第 14 期（2012.4）。

《从珍品到毒品——鸦片类物质的道德经济学》，《中国饮食文化》第 6 卷第 1 期（2010.1）。

《医学人类学的中国想象》，《广西民族学院学报（哲学社会科学版）》2006 年第 3 期。

刘少霞（兰州大学）

《敦煌出土医书中有关女性问题初探》，《敦煌学辑刊》2005 年第 2 期。

刘胜利（四川省社会科学院/北京大学）

《〈黄帝内经〉身体观的现象学阐释》，《清华西方哲学研究》2016 年第 2 期。

《中医身体观现代阐释的困境与出路》，《深圳大学学报（人文社会科学版）》2014 年第 5 期。

《从对象身体到现象身体——〈知觉现象学〉的身体概念初探》，《哲学研究》2010 年第 5 期。

刘世彬（黔南民族师范学院）

《水族的习俗及其医药》，《黔南民族医专学报》2003 年第 1 期。

刘施昊（北京大学）

《中央苏区和长征时期贺诚卫生工作思想研究》，《北京大学学报：哲社版》2017 年第 6 期。

柳时祜（辽宁中医学院）

《韩国四象医学与辨证论治的比较研究》，辽宁中医学院硕士学位论文 2004 年。

刘士敬（北京解放军 302 医院）

～朱倩：《"相脉之道"考析》，《中华医史杂志》1997 年第 4 期。

刘时觉（温州医科大学/温州医学院/永嘉县人民医院/浙江中医学院）

～周坚：《〈陆筱泉医书〉小考》，《中华医史杂志》2019 年第 4 期。

～周坚：《〈医学求是〉小考》，《中华医史杂志》2019 年第 2 期。

～周坚：《〈神农本经会通〉作者的里籍》，《中华医史杂志》2018 年第 4 期。

～周坚：《〈医说钞方〉作者考》，《中华医史杂志》2018 年第 3 期。

《利济医派》，《中国中医药报》2017 年 10 月 13 日 004 版。

《"简验便廉"永嘉医派》，《中国中医药报》2017 年 9 月 20 日 004 版。

周坚、林士毅～：《〈医林口谱六治秘书〉学术特色探要》，《浙江中医药大学学报》2015 年第 3 期。

周坚、林士毅～：《〈医林口谱六治秘书〉药名及剂量隐语的破译》，《中华医史杂志》2014 年第 6 期。

林士毅、周坚～：《〈医林绳墨〉周京重订本与初刊本的差异》，《中华中医药学刊》2013 年第 9 期。

林士毅……周坚～：《〈坤元是保〉学术特点说略》，《中华中医药学刊》2013 年第 11 期。

林士毅、周坚～：《郑氏女科与〈坤元是保〉》，《浙江中医杂志》2013 年第 2 期。

周坚、林士毅～：《〈医林绳墨〉学术思想探讨》，《浙江中医药大学学报》2012 年第 8 期。

林士毅、周坚～：《〈医林绳墨〉版本源流考》，《浙江中医药大学学报》2012 年第 6 期。

～陈克正等：《近代温州医学代表人物和维新思潮》，《中华医史杂志》2006 年第 2 期。

～薛轶燕：《〈丹溪医按〉的流传和考证》，《中华医史杂志》2005 年第 2 期。

《金代医籍年表》,《中医药学报》2004年第6期。

~陈克正:《徐润之和他的〈松龄医铎〉》,《中华医史杂志》2003年第3期。

~朱国庆等:《晚清的利济医院和利济医学堂》,《医古文知识》2003年第3期。

《元代医籍年表》,《中华医史杂志》2003年第1期。

《北宋医籍年表》,《医古文知识》2002年第4期。

~陈克平等:《〈续易简方脉论〉和〈王氏易简方〉续考》,《中华医史杂志》2000年第4期。

~陈克平等:《辟方剂研究蹊径 开永嘉医派先河——陈无择学术思想及其在温州地区医事活动评述》,《医古文知识》2000年第3期。

《朱丹溪弟子续考》,《医古文知识》2000年第2期。

《明清时代对丹溪学说的评价》,《医古文知识》1999年第4期。

《丹溪学派活动大事年表》,《医古文知识》1999年第2期。

~陈克平等:《孙衣言、孙诒让与“永嘉医派”》,《浙江中医杂志》1998年第12期。

《理论思维:致知、推陈、创新——丹溪与河间、易水学派的比较研究之三》,《医古文知识》1998年第4期。

~刘尚平:《时代背景:天时、地利、人和——丹溪与河间、易水学派的比较研究之二》,《医古文知识》1998年第3期。

《丹溪医案考》,《上海中医药杂志》1998年第3期。

~刘尚平:《学派特点:阵营、素质、地位——丹溪与河间、易水、学派比较研究之一》,《医古文知识》1998年第2期。

《丹溪九族师友考》,《中华医史杂志》1998年第2期。

《援儒入医 相得益彰——朱丹溪医学哲学思想评述》,《医古文知识》1998年第1期。

《〈易简方〉系列著作考》,《中华医史杂志》1997年第3期。

《〈丹溪心法〉及朱氏相关著作考》,《中华医史杂志》1995年第2期。

《丹溪治郁心法谈略》,《江西中医药》1988年第4期。

《项彦章生平和学术思想探略》,《中医药学报》1988年第2期。

《试论新安医学的社会经济文化背景》,《中医药信息》1987年第6期。

《释医字》,《四川中医》1987年第3期。

《〈孙子兵法〉和中医临床决策》,《中医药学报》1987年第1期。

《陈无择的里籍和医事活动》,《中医药信息》1986年第6期。

《老子哲学对〈内经〉的积极影响——兼评郭兵权、许孔璋同志的两篇文章》,《医学与哲学》1984年第11期。

《病愈的概念与判断》,《医学与哲学》1984年第10期。

~陆芷青:《“医之门户分于金元”的重要标志》,《浙江中医学院学报》1982年第3期。

刘世珣(台湾政治大学)

《论〈尼山萨满传〉中的清代巫觋治病及其他》,《吉林师范大学学报(人文社会科学版)》2014年第4期。

《底野迦的再现:康熙年间宫廷西药德里鸦噶初探》,《清史研究》2014年第3期。

《清代宫廷御药房研究》,《东吴历史学报》第33期(2010.6)。

刘士永（上海交通大学/台湾中央研究院）

～张仲民等：《医疗社会史研究：新议题、新路径和新方法》，《医疗社会史研究》2018 年第 1 期。

《一九三０——九七０年代间从社会参与买入临床的台湾医界菁英》，黄煌雄主编《三代台湾人：百年追求的现实与理想》（新北市：远足文化 2017 年）。

《日本殖民医学的特征与展开》，刘士永、王文基编《东亚医疗史——殖民、性别与现代性》（台北：联经出版事业股份有限公司 2017 年）。

《由庶而嫡：廿一世纪华人医学史的重现与再释》，刘士永、皮国立编《卫生史新视野：华人社会的身体、疾病与历史论述》（台北：华艺学术出版社 2016 年）。

《近代台湾助产制度与〈陈何女士助产学笔记〉的研究价值》，刘士永编《陈何女士助产学笔记（中文解读版）》（台北：大众教育基金会、中央研究院台湾史研究所 2016 年）。

《战时中国的传道医疗：抗战时期美国医药援华局（ABMAC）试探》，黄文江、张云开、陈智衡编《变局下的西潮：基督教与中国的现代性》（香港：建道神学院 2015 年）。

《书评——Neither Donkey Nor Horse：Medicine in the Struggle over China's Modernity》，《汉学研究》第 33 卷第 3 期（2015.9）。

《日治时期台湾的疟疾学：以 1939 年影片「マラリア」（瘧疾）为例》，国立台湾图书馆编《近代东亚中的台湾》（台北：国立台湾图书馆 2013 年）。

《公共卫生（Public Health）：近代华人社会里的新与西方观念》，祝平一编《健康与社会：华人卫生新史》，（台北：联经出版社 2013 年）。

～祝平一：《导读》，祝平一编《健康与社会：华人卫生新史》（台北：联经出版社 2013 年）。

《日治时期台湾公共卫生的发展与研究特征》，祝平一编《健康与社会：华人卫生新史》（台北：联经出版社 2013 年）。

～张耀懋：《处方笺下的黑金》，《科学人杂志》第 132 期（2013）。

《战后台湾中西整合医学发展的蹒跚：以杜聪明与杨思标为例》，《中医药杂志》第 24 卷第 S1 期（2013.12）。

《延续或断裂？1940—50 年代台湾的公共卫生》，范燕秋编《多元镶嵌与创造转化：台湾公共卫生百年史》，（台北：远流出版社 2012 年）。

～郭世清：《林可胜（1897—1969）闇声晦影的中研院院士与国防医学院院长》，《台湾史研究》第 19 卷第 4 期（2012）。

《公共卫生与健康——从学习、融合到自主》，王泛森等编《中华民国发展史：社会发展（下）》（台北：联经 2011 年）。

《医学、商业和社会想像：日治台湾的汉药科学化与科学中药》，《科技、医疗与社会》第 11 期（2010.10）。

《战后台湾医疗与公卫体制的变迁》，《华中师范大学学报（人文社会科学版）》2010 年第 4 期。

《浅谈战后初期的台湾医学活动与资源整合》，《源远季刊》第 31 期（2009）

刘翠溶～顾雅文：《以寄生虫作为二十世纪台湾环境变迁的一项指标：初步探讨》，刘翠溶编《自然与人为互动：环境史研究的视角》（台北：联经出版事业公司 2008 年）。

《日治时期台湾医药关系管窥》，李建民编《从医疗看中国史》（台北：联经出版社 2008 年）。

《从血丝虫到疟原虫：从风土病类型转移看台湾西部平原之开发》，王利华编《中国历史上的环境变迁与社会》（北京：三联书店 2007 年）。

《生命统计与疾病史研究初探:以日据时期台湾为例》,《中国社会历史评论》2007 年 00 期。

《医疗、疾病与台湾社会的近代性格》,《历史月刊》第 201 期(2004.10)。

《横川吸虫症(Metagonimus yokogawai)与台湾的殖民医学》,《科学人杂志》2003 年第 7 期。

《杜聪明对台湾药物戒瘾治疗的贡献》,胡健国编《20 世纪台湾历史与人物》(台北:国史馆 2002年)。

《日治时期台湾地区的疾病结构演变》,《新史学》第 13 卷第 4 期(2002.12)/林富士主编《疾病的历史》(台北:联经 2011 年)。

《"清洁"、"卫生"与"保健"——日治时期台湾社会公共卫生观念之转变》,《台湾史研究》第 8 卷第 1 期(2001.10)。

《大卫阿诺与殖民医学》,《当代》第 170 期(2001.10)。

刘翠溶～:《台湾历史上的疾病与死亡》,《台湾史研究》第 4 卷第 2 期(1997.12)。

《一九三 0 年代以前日治时期台湾医学的特质》,《台湾史研究》第 4 卷第 1 期(1997.6)。

刘守金(安徽中医药大学/安徽中医学院)

鲁宏明～:《〈本草纲目拾遗〉蕨类植物名实考》,《安徽中医学院学报》2013 年第 3 期。

《〈证类本草〉中"舒州"药物品种考证》,《中药材》2008 年第 2 期。

《霍山石斛的本草考证》,《中药材》1996 年第 7 期。

《〈本草纲目拾遗〉山马兰名实考》,《安徽中医学院学报》1996 年第 2 期。

刘寿山

《神农本草经矿物药品简介》,《上海中医药杂志》1956 年第 9 期。

《略谈本草纲目中有关中药栽培的记载》,《药学通报》1955 年第 8 期。

刘姝(山东中医药大学)

《〈难经集注〉的文献研究》,山东中医药大学硕士学位论文 2006 年。

《〈难经集注〉的国内外研究概况》,《中医文献杂志》2006 年第 4 期。

《从〈本草纲目〉浅析中医与小学的关系》,《湖南中医学院学报》2006 年第 2 期。

《〈难经集注〉声训浅探》,《云南中医学院学报》2006 年第 1 期。

刘淑芬

《戒律与养生之间——唐宋寺院中的丸药、乳药和药酒》,《中央研究院历史语言研究所集刊》第 77本第 3 分(2006.9)。

《唐、宋时期僧人、国家与医疗的关系:从药方洞到惠民局》,载李建民主编《从医疗看中国史》(台北:联经 2008 年)。

刘书奎(黔东南州中医院)

《〈幼幼新书〉引用医学文献考》,《中华医史杂志》1998 年第 3 期。

《小儿疳证源流考》,《中华医史杂志》1997 年第 4 期。

刘书孟(东北师范大学)

《古代埃皮达鲁斯医疗旅行研究》,东北师范大学硕士学位论文 2018 年。

刘树农

《刘河间学说管窥》,《上海中医药杂志》1963 年第 2 期。

《漫谈祖国医学的学派》,《解放日报》1961 年 6 月 18 日。

刘淑婷（广州中医药大学）

《岭南伤寒派医家黎庇留及其著作的整理与相关研究》,广州中医药大学硕士学位论文 2008 年。

刘淑彦（河北医科大学）

《宋代医家〈内经〉散论辑录及学术价值研究》,河北医科大学硕士学位论文 2007 年。

刘淑珍（新疆医科大学）

～王纯等:《陈实功〈外科正宗〉之针法探析》,《中医文献杂志》2019 年第 5 期。

～武亦阁等:《浅析陈实功〈外科正宗〉皮肤病药物特色外治方法》,《中医文献杂志》2018 年第
5 期。

刘双琴（江西省社会科学院）

《中医妇科学的创始人——陈自明》,《文史知识》2009 年第 3 期。

刘双清（湖南科技大学）

《1966—1978 年湖南洞庭湖区血吸虫病防治对策研究》,湖南科技大学硕士学位论文 2009 年。

《1978 年以来洞庭湖区血吸虫病防治对策研究》,《衡水学院学报》2009 年第 1 期。

刘双双（南京大学）

《现代文明背景下英国动物保护探究——以 19 世纪伦敦动物学会为例》,南京大学硕士学位论文
2019 年。

刘顺安（开封市文物处）

《从〈清明上河图〉谈北宋东京的药铺》,《河南大学学报（社会科学版）》1993 年第 4 期。

刘思明（江西省中医院）

《略述中医外科手术》,《江西医药》1964 年第 10 期。

刘泗桥

《我国推拿之治术考》,《自强医学月刊》1929 年第 2 期。

刘思媛（上海交通大学）

～曹树基:《明清时期天花病例的流行特征——以墓志铭文献为中心的考察》,《河南大学学报（社
会科学版）》2015 年第 4 期。

《天花病名流变考》,《中华医史杂志》2015 年第 2 期。

刘素莉（山东大学）

《鸦片战争前中日翻译西方解剖学的文化意蕴比较研究》,山东大学硕士学位论文 2010 年。

刘涛（德国比勒费尔德大学）

《德国法定医疗保险制度改革及其启示》,《中国公共政策评论》2014 年 00 期。

刘涛（郑州大学）

《试释汉代的"罢癃"》,《邢台学院学报》2009 年第 1 期。

刘天骥（驻马店地区中医院）

《最早的几项中医护理法》,《中医文献杂志》2003 年第 2 期。

～张治华等:《〈本草纲目〉运用鲜草药特点》,《中医文献杂志》2002 年第 2 期。

刘青林、吴积华～:《浅析〈外科精要〉的学术贡献》,《中医文献杂志》2001 年第 4 期。

～李岩等:《试论〈淮南子〉医学内容》,《中医文献杂志》1999 年第 4 期。

《〈外科精义〉略识》,《陕西中医》1993 年第 12 期。

～张治华:《华佗对中医外治的学术贡献》,《中医外治杂志》1999 年第 1 期。

刘天君（北京中医药大学）

吴晓云～：《〈诸病源候论〉目病诸候篇研究概述》，《云南中医学院学报》2012年第3期。

黄健～：《〈诸病源候论〉对古代气功学的贡献》，《陕西中医》2009年第6期。

《实验科学与体验科学——中西医方法论比较》，《中国中医基础医学杂志》1996年第1期。

刘庭（金陵科技学院）

《改造与重构：战前国民政府的基层政权建设与社会治理——以禁烟为中心的历史考察》，《江苏社会科学》2015年第6期。

《禁烟视域下国民政府的财政考察（1927—1937）》，《长春工业大学学报（社会科学版）》2014年第5期。

朱庆葆～：《论中华国民拒毒会与国民政府之关系》，《江苏师范大学学报（哲学社会科学版）》2014年第4期。

《论抗战前国民政府的禁烟与外交》，《金陵科技学院学报（社会科学版）》2014年第3期。

刘婷（中医古籍出版社）

～杜杰慧：《古代综合性书目中的医籍归类和分类》，《中华医史杂志》2008年第4期。

刘庭华（中国军事科学院）

《侵华日军使用化学细菌武器述略》，《中共党史资料》2007年第3期。

《杀人工厂——日军在中国建立的细菌战部队》，《军事历史》2005年第5期。

刘婷婷（黑龙江中医药大学）

～金弘：《针灸在英国特定医疗体制下的发展现状及前景》，《针灸临床杂志》2013年第6期。

刘同奎（哈尔滨医科大学附属第一医院）

～汤洪延等：《美国医疗保障制度与卫生体制改革概述》，《国外医学（医院管理分册）》1998年第4期。

竭福～汤洪延：《日本的医疗服务支出与医院管理》，《国外医学（医院管理分册）》1998年第3期。

～韩芳芳：《加拿大卫生服务的改革计划》，《国外医学（医院管理分册）》1997年第2期。

《世界的变化与卫生方针》，《国外医学（医院管理分册）》1995年第4期。

《初级卫生保健与医院的发展、改革》，《国外医学（医院管理分册）》1994年第4期。

刘婉婷（中国中医科学院）

《古代治疗癫狂证的文献整理研究》，中国中医科学院硕士学位论文2008年。

～杨秋莉等：《〈金匮要略〉中精神疾患浅析》，《中医杂志》2008年第6期。

刘晚霞（成都中医药大学）

～孔競谊等：《浅析〈广瘟疫论〉中"治疫五法"》，《湖南中医杂志》2015年第2期。

刘旺生（西南大学）

《艾滋病患者/感染者媒介形象研究——以〈人民日报〉为例》，西南大学硕士学位论文2012年。

刘薇（北京中医药大学）

冷文杰……崔钰～：《美国国家针灸与东方医学资格审议委员会资格认证要求探析与思考》，《中国医药导报》2019年第2期。

冷文杰、刘薇等：《海外华人华侨中医师行医资格条件调查与探讨》，《中医药导报》2018年第19期。

冷文杰、刘薇等：《北京社会办中医机构国际医疗服务开展情况调查分析》，《国际中医中药杂志》2018年第11期。

～武锋等:《日本汉方教育现状及对中国中医教育的启示》,《环球中医药》2016 年第 12 期。

刘蔚(湖南中医药大学)

～何清湖:《李聪甫医学伦理思想研究》,《湖南中医药大学学报》2017 年第 6 期。

～何清湖:《简析孙思邈医学伦理思想》,《湖南中医药大学学报》2015 年第 10 期。

～何清湖:《简析张仲景医学伦理思想》,《湖南中医药大学学报》2015 年第 8 期。

～张丽芬:《医疗社会工作视野下的农村抗生素滥用研究》,《社会工作》2015 年第 5 期。

～何清湖:《炎帝神农氏医学实践与伦理思想研究》,《湖南中医药大学学报》2015 年第 4 期。

《〈内经〉"诊有三常"的道德考量》,《武汉理工大学学报(社会科学版)》2014 年第 5 期。

《简论马王堆医书〈十问〉"审夫阴阳"生命观及现世价值》,《湖南中医药大学学报》2014 年第 3 期。

《简论杜光庭〈道德真经广圣义〉之道德修养思想》,《当代教育论坛(综合研究)》2010 年第 9 期。

～宁华:《杜光庭的"体道修心"方法论及其现代价值》,《求索》2010 年第 7 期。

《关于农村医疗保险机构在"两型社会"建设背景下职能转变的思考》,《福建党史月刊》2010 年第 10 期。

《简论科学发展观指导下农村医疗救助工作的定位与完善》,《福建党史月刊》2009 年第 20 期。

刘伟(山东中医药大学)

《从"医乃仁术"角度探析中国传统护理理念》,《中国中医药现代远程教育》2011 年第 4 期。

～张成博:《宋金元时期中医饮食调护发展与特点探析》,《山东中医杂志》2010 年第 9 期。

刘巍(中国科学院)

《从〈中国科学技术史·医学卷〉看李约瑟与席文医学史观之差异》,《中华医史杂志》2006 年第 1 期。

《带上人类学的眼镜看医学史——从席文对中国古代医学史的研究谈开去》,《广西民族学院学报(自然科学版)》2005 年第 4 期。

刘卫东(南京大学)

《20 世纪 30 年代"中医科学化"思潮论析》,《齐鲁学刊》2008 年第 2 期。

刘炜嘉(西北师范大学)

《医院骑士团医疗慈善事业研究》,西北师范大学硕士学位论文 2019 年。

刘卫鹏(南京大学)

《汉代镇墓瓶所见"神药"考》,《宗教学研究》2009 年第 3 期。

刘蔚同

《六〇六,九一四之发明史》,《陕卫半月刊》1947 年 12 月 1 日。

刘伟伟(山东中医药大学)

《不孕症中医古代文献和近五年治疗研究概况》,山东中医药大学硕士学位论文 2012 年。

刘玮玮(天津医科大学)

王悦婷～:《王阳明哲学思想及其对现代医学的启示》,《医学与哲学》2019 年第 15 期。

刘丽～:《〈淮南子〉的气论及其医学养生思想》,《中华中医药杂志》2019 年第 6 期。

～贾洪波:《家长主义之于老年患者的道德正当性标准》,《齐鲁学刊》2018 年第 3 期。

～贾洪波:《老年人长期照料中的关怀与公正》,《伦理学研究》2018 年第 3 期。

～贾洪波:《我国医疗卫生领域中的老年歧视:孝文化变迁视角下的解读》,《内蒙古社会科学(汉文版)》2017 年第 3 期。

杨雅茜～:《制度伦理视野下孤残儿童医疗救助》,《中国卫生事业管理》2015 年第 4 期。

《美国老龄化社会卫生资源分配正义理论争鸣及启示》,《伦理学研究》2015 年第 2 期。

贾洪波～:《医疗服务价格管制:理论模型与我国的改革取向》,《中国卫生经济》2013 年第 7 期。

贾洪波～:《中国城镇人口基本医疗保险扩面分析》,《中国医学伦理学》2013 年第 2 期。

贾洪波～丁淑娟:《再论补充医疗保险制度的涵义和分类》,《中国卫生经济》2012 年第 11 期。

～贾洪波:《人口老龄化背景下老年健康支持体系》,《中国老年学杂志》2012 年第 16 期。

～贾洪波:《农村社区卫生服务可持续发展对策研究》,《中国初级卫生保健》2012 年第 6 期。

汤丽芳～:《道学生命伦理思想意蕴及其现代启示作用》,《理论月刊》2011 年第 12 期。

《儒家生命伦理观与道家生命伦理观之比较》,《长沙理工大学学报（社会科学版）》2011 年第 6 期。

～贾洪波:《农村社区卫生服务可持续发展对策研究》,《中国初级卫生保健》2011 年第 10 期。

贾洪波～:《限制性价格管制、经济福利和基本药物制度的帕累托改进》,《中国卫生经济》2011 年第 10 期。

～贾洪波:《基本医疗保险中异地就医管理研究》,《中国卫生经济》2011 年第 6 期。

贾洪波～:《我国基本医疗保险共保率分析》,《中国卫生经济》2009 年第 10 期。

汤丽芳～:《儒家生命伦理思想探析》,《文史博览（理论）》2009 年第 9 期。

～张广森:《论中国传统文化的生命伦理精神》,《医学与哲学（人文社会医学版）》2009 年第 9 期。

贾洪波～:《关于我国政府卫生投入改革的探讨——基于新医改背景下的研究》,《价格理论与实践》2009 年第 6 期。

贾洪波～:《中国基本医疗保险适度缴费率研究》,《价格月刊》2008 年第 9 期。

～贾洪波:《社区卫生服务存在的问题与完善对策》,《中国医学伦理学》2007 年第 6 期。

刘卫英（大连外国语大学/辽宁师范大学）

《清代瘟疫、夜游神民俗叙事的伦理意蕴》,《明清小说研究》2013 年第 4 期。

《金庸小说动物求医报恩母题的佛教文献溯源》,《海南师范学院学报（社会科学版）》2005 年第 3 期。

刘文

《中央医馆的始末》,《中华医史杂志》1982 年第 4 期。

刘文刚（四川大学）

《宋代的高等医学教育体系》,《文史杂志》2007 年第 1 期。

《苏轼的养生》,《宗教学研究》2002 年第 3 期。

刘文浩（东北师范大学）

《战后日本病弱教育义务制确立的历史演进研究（1945—1979）》,东北师范大学硕士学位论文 2018 年。

刘文华（安徽卫生职业技术学院）

《中国古代医籍编辑与流传的官方作为》,《中国出版》2011 年第 16 期。

刘文娟（哈尔滨师范大学）

《论唐人病中吟》,哈尔滨师范大学硕士学位论文 2012 年。

刘文利（北京师范大学）

～元英:《我国中小学性教育政策回顾（1984—2016）》,《教育与教学研究》2017 年第 7 期。

《中国青少年性教育的历史回顾和发展概述》,《中国青年研究》2008 年第 12 期。

《1988—2007 年：我国青少年性教育研究综述》,《中国青年研究》2008 年第 3 期。

《美国公立学校性教育政策》,《中国性科学》2008 年第 3 期。

《荷兰学校性教育模式及对我们的启示》,《生物学通报》2008 年第 1 期。

《美国家庭对青少年的性教育》,《中国性科学》2008 年第 1 期。

《美国社区对青少年性健康的支持》,《中国性科学》2007 年第 10 期。

《"双重荷兰人"——荷兰性健康教育》,《中国性科学》2007 年第 2 期。

《法国青少年性健康教育面面观》,《中国青年研究》2007 年第 1 期。

《我国中学性教育的历史和发展》,《生物学通报》1991 年第 5 期。

《国外中学性教育简介》,《生物学通报》1989 年第 12 期。

刘文菉（上海中医学院/上海市卫生局）

《简评〈医界春秋〉十一年》,《上海中医药杂志》1982 年第 3 期。

《我对 1958 年中医工作的展望》,《上海中医药杂志》1958 年第 1 期。

刘文明（首都师范大学）

《十九世纪上半叶霍乱流行的全球史审视》,《光明日报》2015 年 3 月 28 日第 11 版。

《全球史视域的 1918 年流感与尼日利亚木薯种植》,《华中师范大学学报（人文社会科学版）》2012 年第 3 期。

《全球史视野中的传染病研究——以麦克尼尔和克罗斯比的研究为例》,《上海师范大学学报（哲学社会科学版）》2011 年第 1 期。

《1918 年大流感的起源及其全球性传播》,《全球史评论》2011 年 00 期。

刘文庆（淄博市临淄区卫生局）

《齐医学派古代人物考略》,《管子学刊》1990 年第 3 期。

柳文仪

～臧郁文：《按摩疗法史略》,《健康报》1962 年 8 月 1 日。

刘锡琎（中国科学院）

《中国古代的免疫思想和人痘苗的发展》,《微生物学报》1978 年第 1 期。

刘希林（湖北民族学院）

《手术同意书之伦理探讨》,《中国医学伦理学》2005 年第 3 期。

《社会转型期医患关系与医德建设的思考》,《湖北民族学院学报（哲学社会科学版）》2002 年第 4 期。

刘喜平（甘肃中医药大学/甘肃中医学院）

谭霞～：《张锡纯运用"有故无殒"理论治疗妇科疾病的用药浅探》,《世界最新医学信息文摘》2019 年第 98 期。

陈程～：《敦煌遗书〈医理精华〉"五业治疗法"探析》,《光明中医》2019 年第 23 期。

谭霞～刘卫东：《张锡纯运用芡实经验探赜》,《中国民族民间医药》2019 年第 17 期。

吕洋超～李沛清：《浅析〈伤寒论〉桂枝用法变化》,《中国民族民间医药》2019 年第 5 期。

史正刚～辛宝等：《敦煌遗书中梵文香药的应用探析》,《中国民族民间医药》2015 年第 20 期。

史正刚～张炜等：《敦煌遗书膏摩古医方探析》,《中国民族民间医药》2015 年第 15 期。

～张倍吟等：《刘东汉救治急危重症验案举隅》,《中国中医药信息杂志》2014 年第 10 期。

王波、李丹琳～潘海邦：《敦煌遗书中用药护理探究》，《环球中医药》2014 年第 9 期。

史正刚、李金田～段永强等：《敦煌医学及其文化内涵探析》，《甘肃中医学院学报》2014 年第 5 期。

～李沛清等：《敦煌遗书〈亡名氏脉经〉佚方考》，《中国中医基础医学杂志》2012 年第 4 期。

～李沛清等：《敦煌遗书的中医食疗学思想探析》，《中国中医基础医学杂志》2011 年第 2 期。

～辛宝：《敦煌韦慈方抗氧化作用的实验研究》，《陕西中医学院学报》2004 年第 5 期。

《敦煌遗书中的中医方剂学成就》，《中国中医基础医学杂志》2004 年第 3 期。

《敦煌古医方的研究概况》，《中成药》2004 年第 1 期。

吴红彦～：《敦煌遗书中有关方剂学的文献研究》，《甘肃中医学院学报》2003 年第 2 期。

吴红彦～李沛清：《桂枝汤及其类方的源流衍化考》，《中成药》2002 年第 7 期。

《敦煌遗书中的粘膜给药医方初探》，《中成药》2000 年第 9 期。

《敦煌遗书中的挑擦法》，《甘肃中医》1997 年第 6 期。

刘喜松（北海市人民医院）

《北海普仁医院百年护士服饰的演变》，《中华医史杂志》2016 年第 1 期。

《西方护理学在近代北海的传播与影响》，《中华医史杂志》2014 年第 3 期。

《中国近代首家麻风院——北海普仁麻风院史实录考》，《中华医史杂志》2014 年第 1 期。

《北海普仁医院大事记》，《中华医史杂志》2013 年第 3 期。

刘希洋（中国海洋大学/南开大学）

《异授与托名：古代两种特殊的医学知识传承方式解析》，《中医药文化》2019 年第 4 期。

《医治身心：医学方书与晚明清代的劝善教化》，《郑州大学学报（哲学社会科学版）》2018 年第 2 期。

《病人·医学·省思·启示——基于明代名士黄承昊的医疗经历》，《医学与哲学（A）》2017 年第 11 期。

《明代医书的非商业性出版和传播探赜》，《中国出版史研究》2017 年第 2 期。

《明代士人家庭女性的医疗活动谈论》，《山西师大学报（社会科学版）》2016 年第 6 期。

《明清江南医生与地方慈善事业探论》，《中医药文化》2016 年第 2 期。

《明代士大夫日常生活中的自我救疗与养护探论》，《福建师范大学学报（哲学社会科学版）》2015 年第 6 期。

《劝善思想与清代方书的编撰、刊刻和传播》，《中华医史杂志》2015 年第 5 期。

《明代士大夫家庭的医护活动研究》，南开大学硕士学位论文 2015 年。

～余新忠：《新文化史视野下家族的病因认识、疾病应对与病患叙事——以福建螺江陈氏家族为例》，《安徽史学》2014 年第 3 期。

刘夏曦（成都中医药大学）

《〈内经〉"天一地一人"三才环境医学模式的研究》，成都中医药大学硕士学位论文 2013 年。

～唐诗：《浅谈〈内经〉中的三才环境医学观》，《实用中医药杂志》2012 年第 12 期。

刘先河（西藏昌都地区人民医院）

《藏医与中医对疾病的诊断方法浅析》，《西藏医药杂志》1992 年第 2 期。

《〈四部医典·眼疾治疗〉与中医眼科学的相互关系》，《西藏医药杂志》1991 年第 2 期。

刘仙菊（湖南中医药大学）

向陈～陈梦聃：《浅谈湖湘医籍的科学普及》，《河南图书馆学刊》2015 年第 4 期。

向陈～皮丕喆等:《论湖湘医籍及其研究现状》,《中国中医药图书情报杂志》2015年第2期。

～胡方林等:《〈脉诀刊误〉的版本及学术特点》,《中华医史杂志》2014年第5期。

～潘远根:《清代湖湘名医罗国纲辨治伤寒学术特色》,《湖南中医药大学学报》2011年第3期。

《湖湘仲景学说研究探略》,湖南中医药大学硕士学位论文2010年。

～胡方林等:《湖湘名医陈德懋注解〈伤寒论〉学术特色探析》,《中医药学报》2010年第3期。

～潘远根:《湖湘名医陶憺庵〈伤寒源流全集〉学术特色》,《国医论坛》2010年第3期。

～潘远根:《湖湘仲景学说研究概况》,《湖南中医杂志》2009年第6期。

胡方林～易法银:《戴思恭学术思想及其对丹溪学说发挥考释》,《中医药学刊》2002年第11期。

胡方林～:《清代名医王旭高肝病辨证特点》,《湖南中医药导报》2002年第9期。

刘湘吉(暨南大学)

《〈聊斋志异〉中的死而复生现象研究》,暨南大学硕士学位论文2013年。

刘向明(嘉应学院)

《张家山汉简所见汉初规范毒物管理的法律》,《自然科学史研究》2008年第3期。

《古代脯肉与张家山汉简〈二年律令〉有关毒脯肉的规定》,《中华医史杂志》2007年第4期。

刘晓(中国科学院大学)

《赵承嘏与北平研究院药物研究所》,《中国科学》2016年第7期。

刘小斌(广州中医药大学/广州中医学院)

陈坚雄、冼绍祥～黄可儿:《岭南医学与海上丝绸之路的历史回顾与思考》,《中医杂志》2019年第22期。

黄子天～:《国医大师邓铁涛医学人文思想研究》,《中国中医基础医学杂志》2019年第11期。

《对百年中医的宏大叙事与深入省思——〈百年中医史〉述评》,《中医文献杂志》2017年第4期。

陈俊榕～:《清代岭南医家谢完卿〈会经阐义〉学术思想述评》,《中国中医基础医学杂志》2017年第7期。

陈凯佳～:《岭南骨伤科名家管炎威〈伤科学讲义〉述要》,《广州中医药大学学报》2016年第5期。

黄子天～:《岭南医家辨治岭南温病》,《中国中医基础医学杂志》2016年第5期。

黄子天～:《岭南医家对叶天士温病学术的传承》,《中国中医基础医学杂志》2016年第2期。

余泱川～高媛:《基于谪琼文献的苏轼海南医学事迹考证》,《兰台世界》2015年第30期。

韩宇霞～:《岭南医家刘渊〈医学纂要〉妇产科学术特点》,《新中医》2015年第10期。

徐志伟、吴皓萌～:《岭南医学特色述要》,《中国中医基础医学杂志》2015年第9期。

徐志伟、吴皓萌～敖海清:《岭南医学流派的形成与特色》,《中华中医药杂志》2015年第7期。

吴静～:《伍连德博士与医学史巨著〈中国医史〉》,《中国中医药现代远程教育》2015年第6期。

陈凯佳……李主江～:《岭南梁氏骨伤学术流派传承及其学术贡献》,《广州中医药大学学报》2015年第5期。

黄子天～:《岭南温病学书源流》,《中华中医药杂志》2015年第5期。

黄子天、李禾～:《从清代岭南医案看病者与医疗相关的活动》,《中华医史杂志》2015年第2期。

黄子天～:《何梦瑶温病学术思想研究》,《中国中医基础医学杂志》2014年第11期。

刘乃奇～:《民国针灸医家徐益年及其〈实用针灸学〉》,《中国针灸》2014年第9期。

魏永明～:《葛洪〈肘后备急方〉诊治卒死类急症经验》,《中医文献杂志》2014年第6期。

吴静～:《岭南医家麦乃求〈伤寒法眼〉学术思想探讨》,《广州中医药大学学报》2014 年第 5 期。

薛暖珠～:《北宋王惟一〈新铸铜人腧穴针灸图经〉残石拓本考述》,《广州中医药大学学报》2014 年第 4 期。

陈凯佳～:《岭南李氏骨伤学术流派传承脉络及主要学术成就》,《广州中医药大学学报》2014 年第 1 期。

李乃奇～:《岭南针灸医家曾天治〈科学针灸治疗学〉述要》,《广州中医药大学学报》2014 年第 1 期。

黄子天～:《何梦瑶〈伤寒论近言〉对〈伤寒论〉的传承与研究》,《广州中医药大学学报》2013 年第 6 期。

李乃奇～:《近代广东针灸名家周仲房》,《中华医史杂志》2013 年第 6 期。

邓霭静～:《〈岭南卫生方〉对岭南瘴病学术的影响》,《广州中医药大学学报》2013 年第 6 期。

黄子天～:《近代七部防治鼠疫专著传承关系的研究》,《中医文献杂志》2013 年第 5 期。

陈凯佳～:《邓铁涛学术思想的传承与发展》,《广州中医药大学学报》2013 年第 2 期。

余泱川～:《黄炜元〈辩疫真机〉与鼠疫的因机论治》,《中华中医药杂志》2013 年第 1 期。

余洁英～刘成丽等:《1949 年前岭南伤寒发展脉络探讨》,《中医文献杂志》2012 年第 4 期。

余泱川～:《浅析喻昌"三论一法"中顾护脾胃的学术思想》,《江苏中医药》2012 年第 4 期。

黄子天～:《〈临证指南医案〉七情郁证医案的方药分析》,《中医文献杂志》2012 年第 3 期。

陈凯佳～:《如何在中国医学史教学中体现岭南医学特色》,《中医教育》2012 年第 3 期。

余泱川～:《中医古代文献关于眼睑下垂的认识源流》,《中华中医药杂志》2011 年第 5 期。

～余洁英:《近代广东名医黄省三〈流行性感冒实验新疗法〉》,《中华中医药学刊》2010 年第 9 期。

孔祥华～裴芳利等:《明清时期广东中药业历史初探》,《中医文献杂志》2010 年第 6 期。

～陈俊榕:《杨孚〈异物志〉与岭南药用动植物》,《广州中医药大学学报》2010 年第 4 期。

～余洁英:《传统教学理念的现代中医解读与实践》,《湖北民族学院学报（医学版）》2010 年第 4 期。

孔祥华～裴芳利:《岭南中草药文献著作简析》,《广州中医药大学学报》2010 年第 3 期。

陈虹～:《〈肘后备急方〉有关隔物灸文献资料整理》,《国医论坛》2010 年第 2 期。

陈虹～:《〈诸病源候论〉中有关岭南医药文献资料的整理》,《吉林中医药》2010 年第 2 期。

陈虹～:《岭南医学史著名人物葛洪生平考》,《国医论坛》2010 年第 1 期。

陈坚雄～夏静娴:《〈理虚元鉴〉五脏联系思想初探》,《辽宁中医杂志》2009 年第 10 期。

陈俊榕～:《拯救苍黎超十万 算来桃李足三千——记近代岭南名医梁翰芬》,《中医药导报》2009 年第 8 期。

陈少藩～:《岭南名医李藻云的生平及学术贡献》,《中国中医药现代远程教育》2009 年第 8 期。

陈虹～:《〈新修本草〉中有关岭南医药文献资料的整理》,《广州中医药大学学报》2009 年第 6 期。

余玲～:《岭南温病派名老中医简锡禧学术经验简介》,《国医论坛》2009 年第 5 期。

徐志伟～:《广州地区名医验方的收集与学术特点》,《广州中医药大学学报》2009 年第 5 期。

刘成丽、邱仕君～:《中医脾肾相关理论的内涵探讨》,《广州中医药大学学报》2009 年第 5 期。

《岭南医学史教研的几个问题》,《中华医史杂志》2009 年第 4 期。

李姝淳～:《〈采艾编翼〉初考》,《广州中医药大学学报》2009 年第 4 期。

李姝淳～:《刘昉生平及著作考》,《中华医史杂志》2008 年第 4 期。

～陈虹:《岭南近代著名医家何竹林正骨医粹》,《中华中医药学刊》2008 年第 1 期。

《〈何竹林正骨医粹〉评述》,《新中医》2006 年第 9 期。

《当代中医妇科学术名著——〈罗元恺妇科经验集〉读后》,《中医药学刊》2006 年第 8 期。

黄奕蕾、彭文杰～黄仰模:《广东近代名医陈伯坛生平及著作考》,《中医药学刊》2006 年第 7 期。

李禾～胡经航:《近十年中医古代医案整理研究述要》,《新中医》2005 年第 10 期。

李禾～黄枫:《从蒋希曾〈经验医案〉看岭南三急症的辨证用药特点》,《广州中医药大学学报》2003 年第 3 期。

王一帆～:《服食金丹的起源及其在魏晋和唐代的盛行》,《中医文献杂志》2003 年第 2 期。

李禾～赖文等:《1949 年以前岭南医家医案整理研究方法探讨》,《中医文献杂志》2002 年第 4 期。

《岭南名医陈任枚温病学术思想探讨》,《新中医》2001 年第 2 期。

郑洪……周敬平～:《中西医汇通派研究概述》,《中医文献杂志》1996 年第 4 期。

张渝生～:《〈正骨心法要旨〉学术成就探讨》,《广州中医学院学报》1995 年第 2 期。

李任先～:《近代中医史述评(1840—1949)》,《广州中医学院学报》1991 年 Z1 期。

～郭世松:《〈景岳全书〉对岭南医学之影响》,《新中医》1988 年第 2 期。

～杨权生:《广东草药学医家医著简介》,《新中医》1987 年第 10 期。

《何梦瑶生平及著作考》,《新中医》1987 年第 1 期。

～陈沛坚:《广东近代的西医教育》,《中华医史杂志》1986 年第 3 期。

～邓铁涛:《广东近代的中医教育(提要)》,《中华医史杂志》1982 年第 3 期。

刘小兵(南京中医药大学)

《论民国中医药文献的史料价值——以〈医界之警铎〉为分析个案》,《江西中医学院学报》2010 年第 5 期。

《著名中医学家时逸人著作钩沉》,《江西中医学院学报》2010 年第 2 期。

刘笑春(湖南医学院)

《龙伯坚及其对〈黄帝内经〉的研究》,《中国科技史料》1986 年第 4 期。

《湘雅医学院简史》,《中国科技史料》1985 年第 1 期。

刘晓东(东北师范大学)

《论明代士人的"异业治生"》,《史学月刊》2007 年第 8 期。

刘晓芳(安徽医科大学)

《恩格斯的社会医学思想与医学生思想政治教育》,《中国农村卫生事业管理》2014 年第 12 期。

《基于恩格斯社会医学思想的中国农民工健康事件案例研究》,安徽医科大学硕士学位论文 2013 年。

～杨善发:《恩格斯的社会医学思想及其当代价值》,《马克思主义研究》2013 年第 1 期。

～朱敏等:《恩格斯的社会医学思想及其对新医改的启示》,《医学与社会》2012 年第 10 期。

刘晓凤(湖北经济学院)

《医疗卫生支出与社会公平的动态相关性研究》,《湖北经济学院学报》2010 年第 1 期。

《卫生支出与政府职责研究——印度与俄罗斯的卫生支出启示》,《山东经济》2008 年第 5 期。

刘晓慧

《外来的和尚好念经——闲话清宫里的西洋医》,《首都医药》2010 年第 15 期。

刘晓莉（重庆医科大学）

《日本预防控制慢性病新型健康管理模式的研究及启示》，重庆医科大学硕士学位论文 2010 年。

～冯泽永等：《日本医疗保险制度改革及对我国的启示》，《医学与哲学（人文社会医学版）》2008 年第 11 期。

刘小利（华中科技大学）

《网络环境下患者健康信息查询行为研究》，华中科技大学硕士学位论文 2012 年。

刘晓林（衡阳师范高等专科学校）

《迁谪诗歌创作的医学心理分析》，《中国文学研究》1999 年第 2 期。

《〈金瓶梅〉：医人形象说讽刺》，《衡阳师专学报（社会科学）》1999 年第 1 期。

《疾病生死说瓶儿》，《衡阳师专学报（社会科学）》1998 年第 4 期。

《元代杂剧中的医生形象》，《零陵师专学报（社会科学版）》1997 年第 3 期。

《〈三国演义〉三医人》，《衡阳师专学报（社会科学）》1997 年第 2 期。

《〈聊斋志异〉中的医与药》，《衡阳师专学报（社会科学）》1996 年第 5 期。

《孽由自作：西门庆疾病生死释义》，《衡阳师专学报（社会科学）》1996 年第 4 期。

《〈冷香丸〉的象征意义与薛宝钗的形象》，《衡阳师专学报（社会科学版）》1995 年第 2 期。

刘晓梅（东北财经大学）

～李蹊：《德国长期照护保险供给体系对我国的启示》，《学习与探索》2017 年第 12 期。

～李蹊：《美国长期照护服务体系对我国的启示》，《长春大学学报》2017 年第 11 期。

～楚廷勇：《日本社会医疗保险全覆盖的经验——兼评我国的医改方案》，《探索与争鸣》2010 年第 7 期。

楚廷勇～：《医疗保障制度价值判断和政策取向——从患者与国民分立的角度分析医疗保险的公平性与效率性》，《吉林省经济管理干部学院学报》2010 年第 4 期。

刘晓梅（黑龙江中医药大学）

《传统儒家伦理文化对中医学模式建构的影响》，黑龙江中医药大学硕士学位论文 2009 年。

佟子林～翟世俊等：《传统儒家伦理文化对中医学模式建构影响研究综述》，《中医药学报》2009 年第 1 期。

刘晓梅（天津社会科学院）

～刘晓梅等：《帮伙、吸毒与青少年犯罪》，《江苏警官学院学报》2012 年第 1 期。

《青少年滥用新型毒品与吸食海洛因的比较研究——基于 T 市的实证调查》，《法治研究》2011 年第 12 期。

《我国毒品问题实证研究概览》，《河南警察学院学报》2011 年第 1 期。

《HIV+吸毒者的困境与出路——基于 T 市 7 个吸贩毒盗窃团伙的调查》，《青少年犯罪问题》2010 年第 5 期。

《论我国医疗纠纷解决机制的完善》，《天津行政学院学报》2010 年第 5 期。

《中国青少年"嗨 K"：时尚还是犯罪？》，《当代青年研究》2009 年第 9 期。

刘小朦（香港大学/南开大学）

《书籍刊刻与医学传承：李杲学说在元代及明初的流布》，《华中师范大学学报（人文社会科学版）》2018 年第 3 期。

《皇明异典：明中期传奉医官的身份、迁转与政治文化》，《历史研究》2017 年第 3 期。

《医与文,仕与隐——明初吴中医者之形象与社会网络》,《新史学》第 26 卷第 1 期(2015.3)。

《医、儒之间:明代前中期文人笔下的医学与医者》,南开大学硕士学位论文 2014 年。

《冲突与整合:晚清公共卫生的蹒跚起步——路彩霞著〈清末京津公共卫生机制演进研究(1900—1910)〉评介》,《中国社会历史评论》2012 年 00 期。

刘晓敏(河北农业大学)

《晏阳初"定县实验"中的参与式发展理念与方法研究》,河北农业大学硕士学位论文 2004 年。

刘小敏(江西中医学院)

~赵志冬等:《古典医籍论"肺"解剖生理考辨》,《中医药学刊》2004 年第 10 期。

~章正祥:《古代中医脏腑解剖学简考》,《中医药学刊》2003 年第 9 期。

刘晓牧

《"叙事医学"人性化》,《医药经济报》2014 年 5 月 26 日 004 版。

刘晓瑞(南通师范学院)

《孔子与中国古代养生文化》,《南通师范学院学报(哲学社会科学版)》2003 年第 1 期。

刘孝圣(台湾大学)

《医疗与身体——以先秦两汉出土文献为中心》,台湾大学硕士学位论文 2009 年。

刘晓文(河南中医药大学)

~张䶮真:《中医西传视域下看鉴真东渡对日本医学界的贡献》,《中医研究》2018 年第 4 期。

刘晓晓(北京外国语大学)

《对日本护理劳动者低薪金问题的考察——以护理报酬制度的探讨为中心》,北京外国语大学硕士学位论文 2018 年。

刘小幸

《医学人类学简介》,《世界民族》1997 年第 3 期。

刘筱玥(南京中医药大学)

~王旭东:《〈香奁润色〉评述》,《辽宁中医药大学学报》2012 年第 4 期。

~王旭东:《〈香奁润色〉美容方药探析》,《中国美容医学》2012 年第 2 期。

《〈香奁润色〉文献与学术价值研究》,南京中医药大学硕士学位论文 2012 年。

刘欣

《唐太医署——世界上最早的医科学校》,《中国医学人文》2016 年第 10 期。

刘馨柏

《西洋医学史略》,《新医药刊》1936 年第 48、49 期;1937 年第 51、52 期。

刘馨珺(台湾嘉义大学)

《鬼怪文化与性别:从宋代堕胎杀婴谈起》,《学术研究》2013 年第 3 期。

刘欣路(北京外国语大学)

《浅谈中国援也门医疗队与中也医疗卫生合作》,《吉林中医药》2009 年第 6 期。

《繁盛的阿拔斯王朝与辉煌的阿拉伯古代医学》,《长春中医药大学学报》2009 年第 3 期。

刘新民(中国医学科学院)

~邹健强等:《印度传统医学概述》,《世界科学技术》2005 年第 6 期。

刘欣欣(湖北中医药大学)

《庞安时温热病学术思想及证治规律研究》,湖北中医药大学硕士学位论文 2017 年。

刘辛悦（北京中医药大学）

～张戬：《药名诗史话》，《中医药文化》2018 年第 3 期。

刘星（山西中医学院）

张波～：《宋明时期的"天人合一"观》，《中华中医药杂志》2006 年第 12 期。

王欢～：《宋明时期"天人合一"观及中医学思辨方法探讨》，《山西中医学院学报》2006 年第 3 期。

王欢～：《殷周时期"天人合一"观的神学本源及中医学的理性思维》，《山西中医学院学报》2005 年第 4 期。

《近代山西"中西医汇通"医事述略》，《中华医史杂志》2002 年第 3 期。

《"天人合一"观本质的演变及对中医学的影响》，《中国医药学报》2002 年第 7 期。

～王欢：《中医刺血术发展史述略》，《山西中医学院学报》2001 年第 3 期。

～王欢：《清末民国时期晋医行医方式考略》，《山西中医学院学报》2000 年第 3 期。

刘兴方（中国中医科学院）

沈绍功……杨金生～：《沈氏女科传承脉络梳理及学术思想创新》，《中国中医基础医学杂志》2014 年第 2 期。

～吕方舟等：《〈妇科心得〉调经特色探析》，《世界中西医结合杂志》2012 年第 9 期。

崔叶敏、吕方舟～韩学杰：《〈伤寒论〉烦症病机及治法浅探》，《环球中医药》2012 年第 9 期。

刘星堦（上海医科大学）

《黄芪蜜炙方法的历史沿革及效用的探讨》，《中国中药杂志》1993 年第 2 期。

刘幸宇（日本神户学院大学）

《日本汉方医界的一代宗师汤本求真》，《中医药文化》2008 年第 6 期。

刘兴柱（山东医科大学）

王俊玲……徐凌中～黄思桂等：《山东省麻风村的历史及沿革》，《中国卫生事业管理》1997 年第 1 期。

《论疾病观》，《山东医科大学学报（社会科学版）》1991 年第 3 期。

刘秀峰（卫生部全国公费医疗事务管理中心）

～许志伟等：《多元化的美国医疗保险制度及其发展趋势》，《国外医学（医院管理分册）》1997 年第 1、2、3 期。

刘旭宁（山东大学）

《买方垄断、药品定价与我国制药产业研发投入》，山东大学博士学位论文 2012 年。

《我国居民医疗保健消费需求变动对制药产业发展的影响分析》，《中国卫生经济》2011 年第 4 期。

《转型时期我国城乡居民医疗保健消费需求的实证分析》，《产业经济评论》2010 年第 1 期。

刘玄（西南财经大学/香港中文大学）

《医学与商业：清末上海函授新医学讲习社研究》，《南京中医药大学学报（社会科学版）》2016 年第 3 期。

《从施今墨医案看"中医科学化"》，《中医药文化》2013 年第 3 期。

刘炫麟（中国政法大学/首都医科大学）

《民法典编纂与医疗合同典型化》，《法治研究》2019 年第 3 期。

《"基因编辑婴儿事件"的民法关切》，《中国卫生法制》2019 年第 3 期。

《〈医疗纠纷预防和处理条例〉立法争议问题研究》，《青海社会科学》2019 年第 2 期。

《论医疗美容纠纷的法律适用》,《法律适用(司法案例)》2018 年第 6 期。

《公民健康权利与义务立法研究——兼评〈基本医疗卫生与健康促进法(草案)〉第 2 章》,《法学杂志》2018 年第 5 期。

《论我国医疗损害鉴定的基本原则》,《证据科学》2018 年第 4 期。

曹欣昕～于鲁明:《远程医疗参与主体民事法律关系探讨》,《中国卫生法制》2018 年第 2 期。

～刘思伽:《远程医疗及其法律规制研究》,《中国医学伦理学》2017 年第 11 期。

《非亲属活体器官交叉移植的法律与伦理问题研究》,《中国医学伦理学》2017 年第 10 期。

《研究式学习理念下医学人文科研小组构建探索》,《医学与社会》2017 年第 7 期。

周志勇～:《儿童患者特殊权利保护研究》,《中国卫生法制》2017 年第 6 期。

《乡村医生医疗损害赔偿责任司法认定研究》,《法律适用(司法案例)》2017 年第 6 期。

《儿童跌伤与医疗机构的安全保障义务》,《伤害医学(电子版)》2017 年第 3 期。

《互联网医疗与我国医事立法的断裂与弥合》,《中国医院管理》2016 年第 9 期。

《乡村医生医疗损害赔偿责任的分解机制研究》,《中国卫生法制》2015 年第 5 期。

《乡村医生补助的现状、问题与对策研究》,《卫生软科学》2015 年第 3、4、5、6。

～鄢灵等:《农村卫生室均衡设置问题研究》,《中国初级卫生保健》2014 年第 11 期。

～徐张子航等:《农村卫生室性质界定问题研究》,《中国初级卫生保健》2014 年第 11 期。

～乔颖等:《农村卫生室举办主体问题研究》,《中国初级卫生保健》2014 年第 11 期。

～陈鹏等:《农村卫生室规范命名问题研究》,《中国初级卫生保健》2014 年第 11 期。

《"乡政村治"体制下农村卫生室综合改革研究》,《中华医院管理杂志》2014 年第 8 期。

《"乡政村治"体制对乡村医生数量和质量及分布的影响》,《中华医院管理杂志》2014 年第 8 期。

王玉、王晓燕～杨佳等:《从村卫生室的运行机制谈农村卫生政策的断裂与弥合》,《卫生软科学》2014 年第 2 期。

～毕晓林等:《北京市农村卫生室药品管理存在的问题与对策》,《医学与社会》2013 年第 11 期。

～吕怡青等:《论我国农村卫生室与个体诊所的区别》,《医学与社会》2013 年第 10 期。

《首都农村卫生室民事主体类型研究》,《中国卫生法制》2013 年第 6 期。

～刘晓霜等:《论首都农村卫生室乡村医生的前世——以政策与法律变迁为研究主线》,《中国医院管理》2013 年第 6 期。

～洪菡珑等:《论首都农村卫生室乡村医生的今生——以政策与法律变迁为研究主线》,《中国医院管理》2013 年第 6 期。

～王晓燕等:《论首都农村卫生室乡村医生的未来——以政策与法律变迁为研究主线》,《中国医院管理》2013 年第 6 期。

《论〈医疗事故处理条例〉与〈侵权责任法〉的冲突》,《中国卫生法制》2013 年第 4 期。

《论北京市乡村医生执业的资质、行为与风险》,《中国卫生法制》2013 年第 3 期。

～王晓燕等:《论首都农村卫生室乡村医生的执业资质》,《中国农村卫生事业管理》2013 年第 3 期。

～王晓燕:《卫生法学人才培养与司法部门需求的关系》,《医学与社会》2013 年第 3 期。

刘学华(南京中医药大学)

《方剂学发展溯源》,《湖南中医药导报》2002 年第 12 期。

刘学礼(复旦大学/上海医科大学)

《巴斯德研究所》,《科学》2016 年第 4 期。

Christopher Wanjek～:《糟糕的医学之根源——Bad Medicine 绪论》,《医学与哲学(人文社会医学版)》2011 年第 5 期。

《六朝时期中国医药学的新发展》,《广西民族大学学报(自然科学版)》2008 年第 3 期。

《循证医学的发展及其伦理思考》,《医学与社会》2005 年第 12 期。

《医学诊断技术的革命》,《自然杂志》2005 年第 4 期。

《试论临床诊断活动中的医学道德要求》,《卫生软科学》2005 年第 3 期。

《人工合成胰岛素的哲学思考》,《医学与社会》2003 年第 6 期。

《试论生育控制的伦理问题》,《北京理工大学学报(社会科学版)》2003 年第 4 期。

《人类基因组研究的伦理焦点》,《南京医科大学学报(社会科学版)》2003 年第 3 期。

《基因治疗的发展及其伦理分析》,《科技进步与对策》2003 年第 2 期。

《辅助生育技术的伦理聚焦》,《中国医学伦理学》2003 年第 1 期。

《试论医学科学技术哲学的内涵》,《医学与社会》2002 年第 5 期。

《医学哲学的历史发展》,《南京医科大学学报(社会科学版)》2002 年第 4 期。

《叩开现代免疫学大门——琴纳牛痘接种术的发明》,《生物学通报》2002 年第 11 期。

《中国近代生物学领袖》,《科学中国人》1993 年第 3 期。

《中国古代的免疫思想与人痘接种术》,《医学与哲学》1993 年第 11 期。

《种痘术及其中外交流》,《自然辩证法通讯》1993 年第 4 期。

《中国近代生物学学会组织的兴起》,《生物学通报》1992 年第 7 期。

《孟德尔学说的早期遭遇给我们的启示》,《医学与哲学》1992 年第 7 期。

《植物的类病毒》,《植物杂志》1992 年第 5 期。

《癌基因研究的历史与现状》,《生物学通报》1992 年第 4 期。

《我国最早的两所民办生物研究机构》,《生物学通报》1992 年第 1 期。

《DNA 结构发现的方法论分析》,《医学与哲学》1992 年第 1 期。

《病毒概念的起源及发展》,《自然杂志》1991 年第 9 期。

《浅论医学思想史的内涵及价值》,《医学与哲学》1991 年第 7 期。

《西方生物学的传入与中国近代生物学的萌芽》,《自然辩证法通讯》1991 年第 6 期。

《试论生物学方法及其历史发展》,《医学与哲学》1990 年第 12 期。

《核酶的发现及其意义》,《医学与哲学》1990 年第 7 期。

刘雪芹(上海地方志办公室/上海师范大学)

《一二八淞沪战争与瘟疫》,《上海党史与党建》2015 年第 5 期。

《近代上海的瘟疫和社会》,上海师范大学硕士学位论文 2005 年。

～曹礼龙:《瘟疫与风俗关系之初探》,《和田师范专科学校学报》2004 年第 2 期。

刘雪松

《毛泽东与新中国医疗卫生工作》,《党史博览》2016 年第 5 期。

刘雪松(青岛酒店管理学院/云南大学)

《清代云南鼠疫流行区域变迁的环境与民族因素初探》,《原生态民族文化学刊》2011 年第 4 期。

《清代云南鼠疫疫情史料辨析》,《西南古籍研究》2011 年 00 期。

《清代云南鼠疫的环境史研究》,云南大学硕士学位论文 2011 年。

刘雪怡（云南师范大学/四川大学）

《社会进步与社会矛盾：民国成都现代卫生管理中的官民冲突》，《成都大学学报（社会科学版）》2016年第3期。

《现代制度的东方传播模式——以清末四川现代医疗卫生体制的引进为例》，《西南民族大学学报（人文社科版）》2015年第9期。

《污染治理与权力转型：近代中国的城市环境问题及其治理》，《求索》2015年第6期。

《中央与地方的政治博弈——抗战时期四川医疗卫生系统的控制权之争》，《重庆师范大学学报（哲学社会科学版）》2015年第2期。

《非制度化社会实验：民国后期成都公共卫生管理的困境》，《社会科学家》2012年第2期。

刘学泽

陈海峰～译：《中苏医学交流简史》，《人民保健》1959年第11期。

～译：《1917年俄国进步医师为保护工人健康而斗争》，《医学史与保健组织》1958年第3期。

～译：《论国际保健史》，《医学史与保健组织》1958年第3期。

刘巽明（解放军海军医学研究所）

《回眸20世纪海军卫生装备发展》，《医疗卫生装备》2001年第6期。

《中国舰船上的外科手术》，《海军医学》1996年第4期。

鞠通远、王近中～罗修裕：《中国的航海医学》，《中华航海医学杂志》1994年第1期。

～沈俊良：《我国海军卫生船舶发展刍议》，《医疗卫生装备》1990年第1期。

《舰船间索道传送伤员的历史和现状》，《军队卫生装备》1986年第4期。

刘雅（陕西中医学院）

～陈震霖：《大长安医家武之望学术思想探析》，《湖南中医杂志》2014年第9期。

刘亚东（贵州师范大学）

《〈申报〉的禁烟禁毒宣传研究（1912—1918）》，贵州师范大学硕士学位论文2016年。

《清末江苏地区禁烟情形探析》，《商》2015年第30期。

刘雅芳（黑龙江中医药大学）

孙丽英、石雪华～田旭升等：《〈太平惠民和剂局方〉治诸风附脚气卷方药特点研究》，《中国医药导报》2019年第25期。

孙丽英、石雪华～田旭升等：《〈太平惠民和剂局方〉考论》，《辽宁中医药大学学报》2019年第4期。

～闫冠韫：《清代黑龙江地区中药产业发展考略》，《经济研究导刊》2018年第27期。

～回嘉莹等：《清代嫩江流域医学发展述略》，《医学与哲学（A）》2018年第5期。

回嘉莹……郭思嘉～：《宋元时期中日医学交流史》，《医学与哲学（A）》2018年第3期。

～回嘉莹等：《清代黑龙江医学发展简史》，《医学与哲学（A）》2018年第3期。

回嘉莹……郭思嘉～：《宋元时期中日医学交流史》，《医学与哲学（A）》2018年第3期。

～闫冠韫：《中国官修本草的历史考证》，《西部中医药》2018年第2期。

回嘉莹……王思瓓～：《六朝隋唐时期中日医学交流——读小曾户洋〈汉方的历史〉》，《医学与哲学（A）》2017年第11期。

于天一～程伟：《秦汉时期中医学理论的解剖基础再解读》，《中医药信息》2016年第3期。

宋芳艳、程伟～：《岐伯人物考辨》，《医学与哲学（A）》2015年第7期。

邬晓东、霍丽丽～:《高仲山先生求学事略补阙》,《中医药文化》2015年第6期。

～程伟:《与抑郁症相关的若干病证医籍考略》,《中国中医基础医学杂志》2012年第5期。

～程伟:《精神分裂症相关病证的中医古籍考略》,《中医药信息》2012年第4期。

～程伟等:《古代特殊文化对士人心理健康的影响》,《中医药文化》2011年第4期。

～程伟:《中国古代对痴呆的认识》,《中华中医药学刊》2009年第7期。

～程伟:《简论中国哲学对中医精神医学的影响》,《四川中医》2009年第5期。

《身体化的表达与诠释——中国古代精神疾患之历史文化考察》,黑龙江中医药大学博士学位论文2009年。

～程伟:《论中国古代中医学与法医学之隔阂与关联》,《中医药信息》2008年第5期。

程伟～:《中国古代"心""脑"认识再评价》,《中华中医药学刊》2008年第4期。

～程伟:《中医精神医学面面观》,《中医药学报》2007年第5期。

～程伟:《生存·发展·创新——对20世纪中医学发展道路的反思》,《医学与哲学(人文社会医学版)》2007年第6期。

～程伟:《面对"告别中医药"》,《医学与哲学(人文社会医学版)》2007年第1期。

程伟～田旭升:《医疗改革:效率与公平能否对等》,《医学与哲学(人文社会医学版)》2006年第1期。

～程伟等:《虚假医药广告问题与对策》,《医学与哲学》2005年第9期。

刘雅婧(华中师范大学)

《近代苏州娼妓问题初探(1921—1928)——以〈吴语〉的相关报道为中心》,《近代史学刊》第十一辑(2014)。

刘雅静(山东大学)

《新农合定点医疗机构的道德风险及其防范策略》,《中国农村卫生事业管理》2012年第8期。

张荣林～:《论新型农村合作医疗定点机构监管体系创新》,《山东大学学报(哲学社会科学版)》2012年第4期。

《新农合定点医疗机构的不端行为及其治理》,《湖南农业大学学报(社会科学版)》2012年第1期。

《农民主体作用的发挥与新型农村合作医疗制度的可持续发展》,《江西农业大学学报(社会科学版)》2011年第2期。

～张荣林:《我国农村合作医疗制度60年的变革及启示》,《山东大学学报(哲学社会科学版)》2010年第3期。

《当代中国新型农村合作医疗制度发展问题研究》,山东大学博士学位论文2009年。

《论新型农村合作医疗制度建设与完善中的政府职责》,《中国卫生资源》2008年第5期。

《强化政府职能与新型农村合作医疗的可持续发展》,《湖南农业大学学报(社会科学版)》2008年第3期。

《我国新型农村合作医疗筹资问题研究》,《中国发展》2007年第3期/《中国卫生事业管理》2007年第7期。

《对我国新型农村合作医疗筹资问题的几点探讨》,《华南农业大学学报(社会科学版)》2007年第3期。

《新型农村合作医疗筹资问题研究》,《湖南农业大学学报(社会科学版)》2007年第3期。

《山东省新型农村合作医疗试点情况调查与思考》,《东岳论丛》2005年第5期。

《山东省农村医疗保健制度的调查研究》,《中国卫生事业管理》2005 年第 5 期。

《新型农村合作医疗保障制度的政策建议》,《卫生经济研究》2005 年第 2 期。

～李秀英:《山东省农村医疗制度调查研究》,《中国卫生经济》2005 年第 2 期。

《我国农村合作医疗保障制度的历史思考及政策建议》,《社区医学杂志》2004 年第 6 期。

刘亚娜（首都师范大学）

《我国医养结合养老服务政策网络与耦合协同》,《中国行政管理》2018 年第 8 期。

《京津冀协同发展背景下养老模式整合与创新》,《中国行政管理》2017 年第 7 期。

《失能老年人家庭长期照护者照护困境及思考——基于一位女性家庭照护者生存状态的个案研究》,《社科纵横》2016 年第 11 期。

《中美老龄者家庭长期照护比较与启示——基于美国"国家家庭照护者支持计划"的考察》,《学习与实践》2016 年第 8 期。

～何达基:《美国长期照护服务与支持体系受益分析及对中国的启示——从美国医疗补助视角考察》,《理论月刊》2015 年第 12 期。

《试论看护保险体制之下的居家养老》,《中国市场》2008 年第 40 期。

刘亚男（河北经贸大学）

《国际法视野中的传染病防治与合作》,河北经贸大学硕士学位论文 2011 年。

《国际传染病的防治与合作》,《中国集体经济》2010 年第 36 期。

刘亚楠（内蒙古师范大学）

《民国时期哲里木盟鼠疫防治研究》,内蒙古师范大学硕士学位论文 2014 年。

刘亚平（中山大学）

谢康……肖静华～:《政府支持型自组织构建——基于深圳食品安全社会共治的案例研究》,《管理世界》2017 年第 8 期。

谢康……杨楠堃～:《社会震慑信号与价值重构——食品安全社会共治的制度分析》,《经济学动态》2015 年第 10 期。

～李欣颐:《基于风险的多层治理体系——以欧盟食品安全监管为例》,《中山大学学报（社会科学版）》2015 年第 4 期。

～杨美芬:《德国食品安全监管体制的建构及其启示》,《德国研究》2014 年第 1 期。

《英国现代监管国家的建构:以食品安全为例》,《华中师范大学学报（人文社会科学版）》2013 年第 4 期。

《我国食品安全监管的误区与突破》,《江苏行政学院学报》2013 年第 3 期。

《食品安全:从危机应对到风险规制》,《社会科学战线》2012 年第 2 期。

《中国食品安全的监管痼疾及其纠治——对毒奶粉卷土重来的剖析》,《经济社会体制比较》2011 年第 3 期。

《中国式"监管国家"的问题与反思:以食品安全为例》,《政治学研究》2011 年第 2 期。

～颜昌武:《从"变化"走向"进步":三聚氰胺事件的启示》,《武汉大学学报（哲学社会科学版）》2011 年第 2 期。

《中国食品监管体制:改革与挑战》,《华中师范大学学报（人文社会科学版）》2009 年第 4 期。

《以整合的思维应对全球食品战争:〈食品战争〉评述》,《公共行政评论》2008 年第 4 期。

《美国食品监管改革及其对中国的启示》,《中山大学学报（社会科学版）》2008 年第 4 期。

《美国进步时代的管制改革——以食品安全为例》,《公共行政评论》2008 年第 2 期。

刘岩

《白求恩在中国抗日前线的战斗踪迹》,《党史博览》2012 年第 1 期。

刘燕(北京大学)

《民国前期传染病的社会史研究:1912—1927》,北京大学硕士学位论文 2003 年。

刘岩(长春中医药大学)

～治丁铭:《东北地方志中中医药文献信息及其价值研究》,《开封教育学院学报》2018 年第 2 期。

刘琰(山东大学)

《瑞典精神健康服务体系探讨》,山东大学硕士学位论文 2012 年。

刘艳(陕西中医学院)

～李毅:《初探〈内经〉对脉学的学术贡献》,《吉林中医药》2007 年第 6 期。

刘彦臣(通化师范学院)

～刘贵富:《抢救满族医药文化遗产的意义》,《满族研究》2005 年第 1 期。

～刘贵富:《国际萨满医药文化研究》,《学术交流》2004 年第 12 期。

《满族医药文化遗产的抢救与开发》,《满族研究》2004 年第 2 期。

～刘贵富:《从疫病防治看满族的民族精神》,《满族研究》2003 年第 4 期。

刘彦臣(中国传媒大学)

《中医药如何影响世界?——"屠呦呦获诺奖与中医药发展专题研讨会"纪要》,《中医药文化》2017 年第 1 期。

《传播·汇聚·互联——"首届中国中医药新媒体传播峰会"主旨演讲综述》,《青年记者》2016 年第 17 期。

《重大新闻事件传播中的媒介融合——以中国中医药报"屠呦呦荣获 2015 年诺贝尔奖专题"为例》,《新闻战线》2016 年第 2 期。

《中医药文化国际传播的大局与大势——学习习近平主席关于中医的讲话》,《中医药文化》2015 年第 3 期。

《新世纪中医跨文化传播现状分析——基于中国知网(2000—2013)》,《中医药文化》2014 年第 6 期。

《评析近十年〈中国日报〉有关中医文化的国际传播》,《学术交流》2014 年第 10 期。

刘艳虹(北京师范大学)

～吴曼曼:《傅兰雅盲人教育思想初探》,《中国教师》2015 年第 6 期。

刘艳红(南开大学)

《"西""北"求子的文化解读》,《东疆学刊》2010 年第 2 期。

《敦煌文献 S.4433 中禁止孕妇面向"东""南"浇沐习俗探秘》,《清华民族学院学报》2009 年第 3 期。

刘艳骄(中国中医科学院广安门医院/中国中医研究院)

许彦臣、耿露源～李鹏:《河南省地方中药有关睡眠中药文献评述》,《世界睡眠医学杂志》2019 年第 9 期。

赵成思～:《北京地方中药有关睡眠中药文献辑述》,《世界睡眠医学杂志》2019 年第 7 期。

冯丽媛～王东岩等:《辽宁省地方中药中有关睡眠中药文献辑述》,《世界睡眠医学杂志》2019 年第 7 期。

~高和等:《阶梯递进与高原适应(习服)中的睡眠——从古代马帮和使者行走高原说起》,《世界睡眠医学杂志》2019 年第 5 期。

丰云舒~:《贵州地方中药有关睡眠药物文献辑述》,《世界睡眠医学杂志》2018 年第 11 期。

丰云舒~:《安徽地方中药中有关睡眠中药文献辑述》,《世界睡眠医学杂志》2018 年第 11 期。

赵成思、蔡霞~:《再谈〈伤寒杂病论〉中的多寐病》,《世界睡眠医学杂志》2018 年第 5 期。

鲍美如、郑宇然~:《四川地区有关睡眠药物的文献辑述》,《世界睡眠医学杂志》2018 年第 5 期。

杜辉……丰云舒~:《山东地方中药有关睡眠药物文献辑述》,《世界睡眠医学杂志》2018 年第 5 期。

赵成思、蔡霞~:《从名老中医成长经历看名医的知识谱系》,《中国中医基础医学杂志》2018 年第 4 期。

~邢亦夕:《藏医药中有关睡眠药物的文献辑述》,《世界睡眠医学杂志》2018 年第 1 期。

冯丽媛、王东岩~韩晓霞:《黑龙江地方中药有关睡眠重要文献辑述》,《世界睡眠医学杂志》2018 年第 1 期。

邢亦夕~:《云南地方中药有关睡眠药物文献辑述》,《世界睡眠医学杂志》2018 年第 1 期。

丰云舒~:《瑶族、傣族、苗族医药有关睡眠药物的文献辑述》,《世界睡眠医学杂志》2018 年第 1 期。

赵思成、蔡霞~:《维吾尔医药文献中有关睡眠药物辑述》,《世界睡眠医学杂志》2018 年第 1 期。

赵成思、蔡霞~:《具有除烦作用的中药本草文献辑录》,《世界睡眠医学杂志》2018 年第 1 期。

高宇~:《重庆地区有关睡眠药物的文献辑述》,《世界睡眠医学杂志》2018 年第 1 期。

蔡霞~:《回医药中有关睡眠药物的文献辑述》,《世界睡眠医学杂志》2018 年第 1 期。

李鹏~:《蒙医药中有关睡眠药物的文献辑述》,《世界睡眠医学杂志》2018 年第 1 期。

~腾晶等:《佛学经典著作及佛医著作中关于睡眠文献的介绍》,《世界睡眠医学杂志》2016 年第 1 期。

~孙书臣等:《中国睡眠医学的过去、现在与未来》,《世界睡眠医学杂志》2014 年第 1 期。

许彦臣~:《中医关于老年睡眠生理的认识》,《中国中医基础医学杂志》2012 年第 4 期。

~许彦臣:《中医学关于老年睡眠障碍的认识》,《中国中医基础医学杂志》2012 年第 3 期。

许彦臣~:《〈续名医类案〉中嗜睡医案评述》,《中国中医基础医学杂志》2012 年第 1 期。

周立美~:《中医学关于妇女睡眠及睡眠障碍的认识》,《中国中医基础医学杂志》2011 年第 10 期。

余永燕~:《医患纠纷成因及其解决对策初探》,《河北中医药学报》2005 年第 4 期。

《中医历代医家学术思想研究的思考》,《中医药学刊》2003 年第 2 期。

《〈诸病源候论〉对睡眠医学的贡献》,《中国中医基础医学杂志》2002 年第 1 期。

《鼻烟方考》,《中华医史杂志》2000 年第 3 期。

谢建军~王琦:《略论祖国传统性医学的养生观》,《山东中医学院学报》1991 年第 3 期。

刘燕君(中国中医科学院)

《〈颅囟经〉文献研究》,中国中医科学院硕士学位论文 2012 年。

~王凤兰:《〈颅囟经〉版本考》,《中医文献杂志》2012 年第 1 期。

刘燕萍(山西省人民医院)

《中国护理的世纪回眸(一;二;三:40 年代赴美进修的中国护士;四;五:中国红十字会与护理;六:新四军军医院的护理概况)》,《当代护士》2001 年第 5、6、7、8、9、10 期。

~王国强:《伊丽莎白·麦克奇尼》,《实用护理杂志》1999 年第 4 期。

～霍杰：《中国第一份护理刊物——〈中国护士四季报〉创办始末》，《当代护士》1998 年第 1 期。

～霍杰：《中华护理学会会所的变迁》，《当代护士》1997 年第 12 期。

～霍杰：《中华护理学会发展沿革》，《当代护士》1997 年第 10 期。

刘燕琪（台湾中兴大学）

《鼠疫肆虐下的金门：1945 年至 1992 年金门的公共卫生建置》，中兴大学硕士学位论文 2010 年。

刘艳霞（新疆医科大学）

《明清时期应用虫类药治疗痹病的方药规律研究》，新疆医科大学硕士学位论文 2011 年。

～安莉萍：《明清时期运用虫类药治疗痹病的用药规律探讨》，《现代中医药》2011 年第 2 期。

刘艳星（浙江大学）

《现代女性命运的疾病叙事主题——以庐隐、丁玲、萧红为个案》，浙江大学硕士学位论文 2007 年。

刘洋（大连理工大学）

《世界主要英文媒体对中医药报道的语料库调查》，大连理工大学硕士学位论文 2013 年。

刘洋（山西大学）

《近代中医体制化历程（1919—1937）——以中医改进研究会为中心》，山西大学博士学位论文 2017 年。

～张培富等：《近代医学制度变迁——以中西医社团为视角》，《自然科学史研究》2017 年第 3 期。

～张培富：《近代医学教育的"名"与"分"——简论山西医学院校的变迁》，《自然辩证法研究》2017 年第 3 期。

张培富～：《近代中医期刊"一稿多刊"现象研究》，《编辑学报》2017 年第 1 期。

～刘培富等：《近代首部官版验方汇编——〈审查征集验方〉》，《中华医史杂志》2017 年第 1 期。

～张培富：《阎锡山与中医》，《医学与哲学（A）》2016 年第 11 期。

～张培富：《近代中国第一个官办中医社团——中医改进研究会》，《中华医史杂志》2016 年第 4 期。

～武杰：《近代山西中医改进的系统实践》，《系统科学学报》2016 年第 3 期。

～张培富：《近代中医科学制度化之嚆矢——以中医改进研究会为例》，《科学技术哲学研究》2016 年第 3 期。

《疾病书写与疾病隐喻——以路翎、张爱玲、丁玲笔下的"病妇"为中心》，华东师范大学硕士学位论文 2013 年。

刘杨（陕西师范大学）

《新中国成立以来关中农村医疗保障制度变迁与启示——以三原县为例》，陕西师范大学硕士学位论文 2012 年。

刘扬（浙江中医药大学）

《马王堆汉墓帛书与仲景咽喉病辨治思想》，《长春中医药大学学报》2009 年第 3 期。

刘阳（中国中医科学院）

～柳长华：《秦汉时期巫医术的方术化改造》，《中华医史杂志》2014 年第 2 期。

刘洋（中国中医科学院）

～于峥等：《〈黄帝内经〉喜志叙要》，《中国中医基础医学杂志》2010 年第 11 期。

李籍康～：《意象思维与〈黄帝内经〉》，《中国中医基础医学杂志》2009 年第 12 期。

成振镛、李晓君～：《〈内经〉四时五脏脉研究》，《中国中医基础医学杂志》2008 年第 11 期。

《对先秦两汉文史文献中情、志、性观念的探讨》，《中国中医基础医学杂志》2008 年第 4 期。

《〈黄帝内经〉情志病因研究》,中国中医科学院博士学位论文 2008 年。

～潘桂娟:《情志成为中医学病因的理论依据与致病形式》,《中国中医基础医学杂志》2007 年第
12 期。

《中医学理论概说及其对生命科学发展的影响》,《世界科学技术·中医药现代化》2007 年第 6 期。

《清以前〈妇人良方〉版本考略》,《中华医史杂志》2004 年第 2 期。

刘耀（北京大学）

～王锦贵:《〈汉书·艺文志·方技略〉医籍书目文献探析》,《情报资料工作》2003 年第 2 期。

刘耀崇（肇庆医学高等专科学校/广州中医药大学）

《〈黄帝内经〉和〈针灸大成〉针灸时间禁忌评析》,《光明中医》2014 年第 12 期。

《〈伤寒论〉凭脉诊针灸施治特色琐谈》,《新中医》2014 年第 8 期。

《〈黄帝内经〉与〈针灸大成〉针灸禁忌研究》,广州中医药大学博士学位论文 2010 年。

《〈针灸大成〉艾灸禁忌浅析》,《江苏中医药》2010 年第 4 期。

～杨逸淦等:《浅谈〈灵枢〉恢刺法》,《新中医》2009 年第 6 期。

刘瑶瑶（广西民族大学）

～邓环:《广西壮族医药学与传统中医药学的异同》,《现代中医药》2019 年第 4 期。

～邓环:《从马王堆汉墓典籍看中医药的发展历史》,《陕西中医药大学学报》2018 年第 6 期。

刘义

～李殿柱译:《苏联对消灭传染病的成就》,《中华医学杂志》1957 年第 11 期。

～李殿柱译:《苏联四十年来小儿营养学的发展》,《中华医学杂志》1957 年第 11 期。

～李殿柱译:《苏联 40 年来临床血液学的成就及外科医生对改进输血方法对贡献》,《中华医学杂
志》1957 年第 11 期。

柳毅

～陈致远:《侵华日军"农安细菌战"研究》,《抗战史料研究》2017 年第 1 期。

～曹卫平:《侵华日军"波"字 8604 部队的几个问题》,《军事历史研究》2017 年第 2 期。

刘懿（三明市中医院）

～黄国先:《试论现代中医流派的划分及其影响》,《中医研究》1990 年第 2 期。

《巢元方对妇科学贡献初探》,《医古文知识》1990 年第 2 期。

《文以载道 医以文传——兼谈中医与文学之关系》,《福建中医药》1989 年第 3 期。

《扬士瀛与〈仁斋直指方〉》,《医古文知识》1989 年第 2 期。

黄国先～:《〈"阴阳二十五人"学说试探〉的商榷》,《福建中医药》1987 年第 6 期。

《〈肖山竹林寺妇科秘方〉安胎法初探》,《贵阳中医学院学报》1986 年第 1 期。

《孙思邈治学刍论》,《福建中医药》1985 年第 3 期。

刘怡（天津中医学院）

～李良松:《〈大藏经〉中的医药学》,《天津中医学院学报》2000 年第 1 期。

～韩冰:《中国佛教医学临床特点》,《天津中医》1993 年第 2 期。

～韩冰:《中国佛教医学的基本思想》,《天津中医学院学报》1992 年第 2 期。

刘毅（天津中医药大学）

～董利利:《〈备急千金要方〉对张仲景学术思想的传承探究》,《天津中医药大学学报》2014 年第
4 期。

董利利……张恒娟~:《张山雷〈本草正义〉之学术思想述要》,《世界中西医结合杂志》2014年第6期。

~曹亭等:《天津地区古医籍学科分布特色研究》,《图书馆工作与研究》2013年第7期。

~董利利等:《〈元敖氏捷径伤寒金镜录〉与〈彩图辨舌指南〉辨舌察脏腑比较研究》,《天津中医药大学学报》2013年第2期。

郝彧~李媛:《〈备急千金要方〉膏方制备工艺文献研究》,《山东中医药大学学报》2012年第2期。

思金华~:《古代医籍〈备急千金要方〉(江户版)命名方剂特点及其文献研究》,《图书馆工作与研究》2011年第8期。

~王蕾等:《古代医籍〈备急千金要方〉药方文献源研究》,《图书馆工作与研究》2011年第4期。

~郝彧等:《〈备急千金要方〉膏剂临床适应症与文献研究》,《天津中医药》2011年第3期。

~思金华:《〈备急千金要方〉中未命名经验方特点及其文献研究》,《天津中医药大学学报》2011年第1期。

谢敬~:《"津人之善医者蒋仪"真伪考——兼〈四库全书总目提要·子部·医家类存目〉析疑一则》,《南京中医药大学学报(社会科学版)》2009年第4期。

刘贻德

《精神病的回顾与前瞻》,《同济医学季刊》1952年第1期。

刘易飞

《卫生防痨标志的来历》,《羊城晚报》1963年10月16日。

刘一鹤(南京中医药大学)

《江苏中医外科文献及学术成就整理》,南京中医药大学硕士学位论文2013年。

陈仁寿~:《江苏中医外科学术发展述略》,《中华中医药杂志》2012年第6期。

~陈仁寿等:《论秦汉至南北朝江苏中医外科发展》,《辽宁中医药大学学报》2011年第6期。

彭丽坤……杨亚龙~:《明清中医疫病发病、症状及用药的因子分析研究》,《中医药信息》2009年第4期。

刘轶强(太原理工大学/山西大学)

《浅析太行根据地疫病与医疗卫生状况》,《山西高等学校社会科学学报》2010年5期。

《革命与医疗——太行根据地医疗卫生体系的初步建立》,《史林》2006年第3期。

刘贻仁

《中国历史最久之药号西鹤年堂访问记》,《光华医药杂志》1933年第2期。

刘茵(湖南师范大学)

《澎湃新闻医患关系报道中的医生形象研究》,湖南师范大学硕士学位论文2019年。

刘影(福建师范大学)

《福建:公共卫生与麻风病防治(1912—2010)》,福建师范大学博士学位论文2012年。

《建国前麻风病发展演变及其救治概述》,《黑河学院学报》2011年第5期。

《赤脚医生产生和存在的缘由及其启示》,《福建师范大学学报(哲学社会科学版)》2011年第5期。

《"文化大革命时期"福建赤脚医生研究》,福建师范大学硕士学位论文2007年。

刘颖(福建中医药大学)

《区域中医古籍整理的佳作——〈福建医籍考〉评述》,《福建中医药》2019年第3期。

刘颖（甘肃省中医学校）

《浅谈明代的医籍版刻》,《甘肃中医》2001 年第 4 期。

刘莹（广州中医药大学）

《近代广州中药制药业发展史说略》,《中医药文化》2019 年第 2 期。

刘瑛（华中科技大学）

《美国之健康传播研究》,《华中科技大学学报（社会科学版）》2011 年第 5 期。

～何爱珊:《QQ 群健康信息传播的劝服过程研究》,《新闻大学》2011 年第 3 期。

～孙阳:《弱势群体网络虚拟社区的社会支持研究——以乙肝论坛肝胆相照为例》,《新闻与传播研究》2011 年第 2 期。

《互联网改变健康行为的作用探讨》,《华中科技大学学报（社会科学版）》2008 年第 5 期。

刘英华（中国藏学研究中心北京藏医院）

～成莉等:《蚌巴奇本吐蕃医书所载于阗泻药方源流考》,《中医药文化》2019 年第 6 期。

～吉太才让等:《7 世纪入蕃汉医名实考》,《西藏研究》2019 年第 5 期。

～甄艳等:《敦煌古藏文医算卷"人神"喇（bla）禁忌研究》,《西北民族大学学报（哲学社会科学版）》2019 年第 5 期。

～甄艳等:《瓜州博物馆藏西夏遗址所出藏文医书残片新正》,《中华医史杂志》2018 年第 5 期。

～央嘎等:《法藏敦煌藏文兽医文书 P.t.1061 研究》,《中华医史杂志》2017 年第 4 期。

～农汉才:《蚌巴奇本吐蕃医书所载汉方考》,《中华医史杂志》2016 年第 6 期。

～甄艳:《敦煌藏医写卷译释（下）——方书内容研究》,《中华医史杂志》2016 年第 4 期。

甄艳～:《敦煌藏医写卷译释（上）——脉诊内容研究》,《中华医史杂志》2016 年第 3 期。

《〈时轮续〉四阶幻方实例研究》,《西藏研究》2015 年第 2 期。

《从敦煌藏文写本看藏医唇裂整复术》,《中国藏学》2014 年第 2 期。

～罗秉芬:《西藏山南当许镇蚌巴奇塔出土藏文医书浅析》,《中国藏学》2010 年第 4 期。

《敦煌本藏文穴位图研究》,《中国藏学》2007 年第 3 期。

罗秉芬～:《象雄语医学文献 I.O.755 试析》,《西藏研究》2006 年第 1 期。

黄福开～:《藏药浴"五味甘露方"源流考》,《中国藏学》2002 年第 4 期。

刘英杰（湖北中医药大学）

～黄玲玲:《近代湖北整理刊刻医书考述》,《中医文献杂志》2019 年第 3 期。

～李欣等:《从〈本草纲目〉管窥李时珍之医学精神》,《时珍国医国药》2018 年第 7 期。

～郭思琦等:《湖北省中医古籍资源调查》,《湖北中医药大学学报》2018 年第 5 期。

刘迎丽（陕西省西安市精神卫生中心）

～罗圆圆等:《跨文化接触早期援外医疗队员心理健康状况调查及其与应对方式关系探讨》,《精神医学杂志》2015 年第 3 期。

刘迎胜（南京大学）

《〈回回药方〉与中国穆斯林医药学》,《新疆社会科学》1990 年第 3 期。

刘颖涛（北京中医药大学）

《淋证的古代文献研究与学术源流探讨》,北京中医药大学硕士学位论文 2016 年。

～严季澜等:《〈诸病源候论〉论淋特色与思考》,《中华医史杂志》2015 年第 4 期。

刘莹莹(哈尔滨师范大学)

《七三一部队细菌战体系形成研究》,哈尔滨师范大学硕士学位论文 2017 年。

《南方军防疫给水部细菌战罪行初探》,《世纪桥》2016 年第 7 期。

《"特别移送"问题初探——以佳木斯地区"特别移送"对象为中心》,《兰台世界》2016 年第 4 期。

刘勇

《援助中国抗战的罗马尼亚医生》,《党史博览》2006 年第 5 期。

刘勇(中国医科大学)

～黄焱:《器官移植发展简史与现状》,《中华医史杂志》2001 年第 1 期。

刘永兵(新疆医科大学)

《健康素养对养老机构老年人自我护理能力、身心健康及社会状况影响的研究》,新疆医科大学博士学位论文 2013 年。

刘永纯

《中国"金针治疗法"在法国之概况》,《中华医学杂志》1949 年第 11、12 期。

《巴彬斯奇氏征候之史评》,《医史杂志》1948 年第 3、4 期。

《瘈狗病之史观及其诊治之方法的初步探讨》,《医史杂志》1947 年第 2 期。

《近世免疫学之第一页:科学防瘈发明史》,《中华医学杂志》1943 年第 6 期。

《巴斯德研究院与中药之关系》,《中华医学杂志》1942 年第 9 期。

刘永栋

《抗战八年追随林可胜先生的回忆》,《传记文学》第 16 卷第 1 期(1970)。

刘永明(兰州大学)

《〈辅行诀〉所载〈汤液经法〉考论——兼论早期道教文化对传统医学的影响》,《敦煌研究》2010 年第 3 期。

《从敦煌遗书看道教的医药学贡献——以〈辅行诀〉和〈本草经集注〉为核》,《中国道教》2009 年第 2 期。

《〈素问遗篇〉与道教医学》,《甘肃社会科学》2008 年第 2 期。

《敦煌道教的世俗化之路——敦煌〈发病书〉研究》,《敦煌学辑刊》2006 年第 1 期。

《道教医学的早期传承与理论创造——以〈老子中经〉、〈黄庭内景经〉、〈太清中黄真经〉为核心》,《兰州大学学报》2005 年第 5 期。

《〈黄庭内景经〉的脑学说和心脑关系》,《宗教学研究》2005 年第 1 期。

《医学的宗教化:道教存思修炼术的创造机理与渊源》,《兰州大学学报》2004 年第 5 期。

《试析道教身神说的医学内涵》,《西北民族大学学报(哲学社会科学版)》2004 年第 2 期。

刘勇攀(河南师范大学)

《农村合作医疗视角下河南省赤脚医生研究》,河南师范大学硕士学位论文 2012 年。

《赤脚医生存在和产生的政治因素分析——以河南为例》,《才智》2011 年第 4 期。

刘永启(昆明理工大学)

《中西医融合过程中中医学的合理性研究》,昆明理工大学硕士学位论文 2009 年。

刘有安(兰州大学)

《人类学视野下的汉族民间巫术研究——以宁夏南部汉族的"送病消灾"巫术为例》,《江南社会学院学报》2008 年第 4 期。

《〈重广补注黄帝内经素问〉所用底本考》,《中华医史杂志》2009 年第 5 期。

王素芳～刘伟:《浅谈考古资料在古医籍研究中的作用》,《中医文献杂志》2003 年第 2 期。

刘玉印(中国人民大学)

《世界卫生组织中的涉台问题》,《太平洋学报》2004 年第 9 期。

刘玉英(河北大学附属医院)

～靳全友:《中医药在法国发展概述》,《环球中医药》2009 年第 3 期。

柳玉芝(北京大学)

顾大男、曾毅～曾宪新:《中国老年人虚弱指数及其与痛苦死亡的关系研究》,《人口研究》2007 年第 5 期。

顾大男～:《我国机构养老老人与居家养老老人健康状况和死亡风险比较研究》,《人口研究》2006 年第 5 期。

曾毅～萧振禹等:《中国高龄老人的社会经济与健康状况》,《中国人口科学》2004 年 S1 期。

～张纯元:《高龄老人的经济和医疗保障现状、问题与对策思考》,《人口与经济》2003 年第 1 期。

邵秦、胡明霞～:《地方病·环境·人口素质扫描——以地方性甲状腺肿与克汀病为例》,《西北人口》1994 年第 4 期。

刘元(临桂县邦山卫生所)

《明代医学家王肯堂的生平和著作》,《中医杂志》1960 年第 1 期。

《我对唐代"道地药材"产地的几点商榷》,《上海中医药杂志》1958 年第 3 期。

《葛可久和"十药神书"》,《中医杂志》1956 年第 11 期。

《清代名医——徐大椿》,《中医杂志》1956 年第 1 期。

《女科产后编及傅青主男女科》,《中华医史杂志》1955 年第 1 期。

《具有民族气节的名医——傅青主》,《中医杂志》1955 年第 7 期。

刘媛(南京中医药大学)

《从〈名医类案〉看古代医家心身疾病诊疗模式》,南京中医药大学硕士学位论文 2011 年。

～杜文东:《从〈名医类案〉看古代病人心理特点》,《江苏中医药》2011 年第 2 期。

～杜文东:《〈名医类案〉中影响患者心理的因素》,《安徽中医学院学报》2011 年第 1 期。

刘媛岑(西南大学)

《〈张家山汉简〉医学文献用字研究》,西南大学硕士学位论文 2017 年。

刘圆芳(内蒙古大学)

《内蒙古医疗卫生基本公共服务均等化问题研究》,内蒙古大学硕士学位论文 2016 年。

刘远立(美国哈佛大学)

～崔佳:《新医改为何未能遏制医患冲突?》,《社会观察》2012 年第 5 期。

《全球医药卫生发展大趋势》,《中国卫生产业》2010 年第 7 期。

杨玲～:《美国医疗救助制度及其启示》,《武汉大学学报(哲学社会科学版)》2010 年第 5 期。

《借鉴北美经验:提高医疗保险覆盖,征收不良行为税》,《中国医疗前沿》2006 年第 6 期。

～萧庆伦等:《中国农村贫困地区合作医疗运行的主要影响因素分析》,《国际医药卫生导报》2003 年 Z2 期。

～饶克勤等:《因病致贫与农村健康保障》,《中国卫生经济》2002 年第 5 期。

～饶克勤等:《中国农村的"三个世界"与 3 种健康保障模式》,《中国卫生经济》2002 年第 4 期。

～饶克勒等：《中国农村健康保障问题不容忽视》，《中国卫生经济》2002 年第 4 期。

～任莘等：《中国农村贫困地区合作医疗运行的主要影响因素分析——10 个县干预试验结果》，《中国卫生经济》2002 年第 2 期。

饶克勤～：《经济转型与健康转变：中国和俄罗斯的比较》，《中国卫生经济》2001 年第 4、5 期。

～费朝晖：《论卫生保健的公平与效率》，《医学与社会》1998 年第 3 期。

刘远明（广州医科大学/广州医学院）

郑维江～：《嘉约翰与早期博医会》，《中华医史杂志》2016 年第 5 期。

《广州重建著名医学传教士嘉约翰墓地》，《中国科技史杂志》2015 年第 1 期。

《个体健康责任的伦理与逻辑》，《贵州社会科学》2015 年第 9 期。

～李宇辉：《"分拨英国庚款办理公共卫生促进会"的活动与影响》，《自然辩证法通讯》2015 年第 4 期。

《健康责任主体的推定与责任范围的划分》，《贵州社会科学》2013 年第 6 期。

《从博医会到中华医学会：西医社团本土化探微》，《中国科技史杂志》2013 年第 3 期。

《中华医学会与博医会的合作及合并》，《自然辩证法研究》2012 年第 2 期。

《中华医学会产生的社会时空背景》，《自然辩证法通讯》2012 年第 1 期。

《伍连德与中华医学会的创立》，《医学与哲学（人文社会医学版）》2011 年第 12 期。

《中国近代医学社团——博医会》，《中华医史杂志》2011 年第 4 期。

洪城……钟南山～：《听诊器的发明与发展》，《中华医史杂志》2010 年第 6 期。

《近代西医在中日两国传播之比较》，《中华医史杂志》2009 年第 3 期。

《中华医学会与民国时期的医疗卫生体制化》，《贵州社会科学》2007 年第 6 期。

《中世纪的修道院医学对近代西医体制化的影响》，《医学与哲学（人文社会医学版）》2007 年第 4 期。

《健康的内在价值与工具价值》，《医学与哲学（人文社会医学版）》2006 年第 9 期。

《健康与疾病的划界：困境与出路》，《医学与哲学（人文社会医学版）》2006 年第 5 期。

《19 世纪有关动物活体解剖的争论》，《中华医史杂志》2005 年第 1 期。

《贝尔纳的生命观对现代生理学的影响》，《中华医史杂志》2003 年第 1 期。

《健康价值与健康责任》，《贵州社会科学》2002 年第 4 期。

《理性地看待新闻媒体对医患关系的影响》，《医学与哲学》2002 年第 3 期。

王红玉～：《生物心理社会医学模式与全球哮喘防治策略》，《医学与社会》2002 年第 1 期。

《环境伦理学对医学伦理学的启示》，《中国医学伦理学》2001 年第 6 期。

王红玉～：《生物心理社会医学模式与全球哮喘防治策略》，《医学与社会》2002 年第 1 期。

《达尔文医学对医学技术决定论的挑战》，《贵州社会科学》2000 年第 5 期。

《医疗保障制度改革与个体的健康责任》，《医学与社会》1999 年第 3 期。

《论医疗风险》，《中国医学伦理学》1997 年第 4 期。

《选择在医患关系形成中的作用》，《中国医学伦理学》1996 年第 4 期。

刘媛媛（太原大学）

《面对疼痛的自己：女性文学视域下的女性与生育》，《妇女研究论丛》2011 年第 1 期。

刘悦（中国中医科学院）

《药性起源与"四气"药理说嬗变的医史学研究》，中国中医科学院博士学位论文 2011 年。

　～郑金生:《中药"四气"概念的起源与嬗变》,《世界中西医结合杂志》2011 年第 4 期。

　～郑金生:《〈绍兴本草〉对药性的校订》,《中华医史杂志》2011 年第 1 期。

《清代鸦片烟毒与中医戒烟研究的历史考察》,中国中医科学院硕士学位论文 2008 年。

《"李经纬先生学术思想研讨暨八十华诞庆典"纪要》,《中华医史杂志》2008 年第 3 期。

《〈救迷良方〉与戒除鸦片烟毒》,《中华医史杂志》2008 年第 2 期。

刘岳超(中央民族大学/郑州大学)

《试论元代江南地区的巫风与地方治理》,《农业考古》2019 年第 6 期。

《关于蒙古草原早期医病的若干考察——读域外史料札记》,《中国民族医药杂志》2019 年第 4 期。

《元代民间医疗"信巫不信医"现象探析》,《中医药文化》2019 年第 3 期。

《元代医户初探——兼谈医户与医学教育之关系》,《河北北方学院学报(社会科学版)》2019 年第 3 期。

《宋代笔记文献医药史料若干札记》,《南京中医药大学学报(社会科学版)》2019 年第 1 期。

《元代医者研究》,郑州大学硕士学位论文 2015 年。

《〈黄帝外经〉初探》,《郑州航空工业管理学院学报(社会科学版)》2013 年第 6 期。

刘云(黄石市中心医院)

　～刘邦强等:《〈本草纲目〉中梵语香药及其民间应用》,《时珍国医国药》2007 年第 3 期。

刘芸(天津商业大学)

《抗日战争时期日本毒化山西问题研究》,天津商业大学硕士学位论文 2018 年。

刘芸菲(苏州大学)

《论清末民初上海的食品安全政策》,《淮海工学院学报(人文社会科学版)》2013 年第 12 期。

刘运好(安徽师范大学)

　～李飞:《"巫医"非为贱业考释——〈论语〉"人而无恒,不可以作巫医"的文化阐释》,《孔子研究》2007 年第 1 期。

刘云鹏

《伍连德先生一百二十周年诞辰纪》,《中国地方病防治杂志》2000 年第 1 期。

刘云嵘(国家计划生育委员会)

《生殖健康概念的由来、发展及由此引发的思考与认识》,《中国计划生育穴杂志》1995 年第 3 期。

刘运兴

　～吴琦:《中国原始社会医史医德散论》,《山东医科大学学报(社会科学版)》1987 年 00 期。

刘再朋(江苏省中医院/南京中医学院附院/南京中医学院)

《试谈中医外科现状与现代化问题》,《江苏中医》1998 年第 5 期。

《江苏历代医家对中医外科学的贡献》,《江苏中医杂志》1985 年第 5 期。

《试探中医外科学派》,《江苏中医》1963 年第 1 期。

刘泽生(中山大学附属第二医院/中山医科大学孙逸仙纪念医院)

《首位留学美英的医生黄宽》,《中华医史杂志》2006 年第 3 期。

　～刘泽恩:《嘉惠霖和博济医院》,《中华医史杂志》2004 年第 1 期。

《徐定超与京师大学堂医学馆》,《中华医史杂志》2003 年第 1 期。

《哈巴在广州》,《广州史志》2002 年第 4 期。

《俞樾废止中医思想根源探索》,《中华医史杂志》2001 年第 3 期。

《中国近代第一位西医生——关韬》，《中华医史杂志》2000 年第 2 期。

《陈垣在广州——从医学向史学过渡》，《广东史志》2000 年第 1 期。

《晚清广州博济医院的杰出学生（1855—1900）》，《中华医史杂志》1999 年第 3 期。

《合信的〈全体新论〉与广东士林》，《广东史志》1999 年第 1 期。

《早期医史学者——尹端模》，《中华医史杂志》1998 年第 3 期。

刘寨华（中国中医科学院）

赵凯维……张玉辉～杜松：《古代小儿养护原则与方法探究》，《亚太传统医药》2019 年第 12 期。

杜松～于峥等：《"舌苔"源流考》，《中国中医基础医学杂志》2019 年第 11 期。

许继文、李金霞～张华敏：《气虚血瘀证源流考》，《中华中医药杂志》2019 年第 9 期。

申力～杜松等：《"胞宫虚寒证"名词源流考》，《江苏中医药》2019 年第 7 期。

范逸品～张华敏：《大肠湿热证理论源流考》，《中华中医药杂志》2019 年第 7 期。

陈雪梅～佟琳等：《基于中医古籍妇人经期养生思想探析》，《中国中医基础医学杂志》2019 年第 5 期。

陈雪梅……张华敏～：《中医妇科古籍中妇人产后调养概要》，《安徽中医药大学学报》2019 年第 2 期。

张华敏、杜松～：《"肝火犯肺证"证名源流考》，《中国中医基础医学杂志》2019 年第 2 期。

杜松～于峥等：《"舌色"源流考》，《中国中医基础医学杂志》2018 年第 9 期。

范逸品～张华敏：《脾胃湿热证理论源流考》，《中华中医药杂志》2017 年第 11 期。

李金霞～张华敏：《冲任不调证源流考》，《中华中医药杂志》2017 年第 7 期。

杜松、于峥～张华敏：《"问诊"源流考》，《中国中医基础医学杂志》2017 年第 6 期。

申力～张华敏：《小儿指纹名词源流考》，《中华中医药杂志》2017 年第 4 期。

张华敏～：《"闻诊"命名源流考》，《中医药学报》2017 年第 1 期。

杜松、于峥～张华敏：《"望诊"源流考》，《中国中医基础医学杂志》2017 年第 1 期。

刘先利～刘思鸿等：《邪伏膜原源流考》，《中国中医基础医学杂志》2016 年第 3 期。

～杜松等：《三焦辨证源流考》，《中国中医基础医学杂志》2014 年第 7 期。

杜松～佟琳等：《"望色"源流考》，《辽宁中医杂志》2014 年第 3 期。

杨威～于峥：《王冰次注〈素问〉学术思想探讨》，《河北中医药学报》2013 年第 3 期。

～于峥等：《吴正伦〈脉症治方〉学术思想探析》，《中国中医基础医学杂志》2013 年第 9 期。

范逸品、于峥～：《宋元明清时期大气学说的发展探析》，《中国中医基础医学杂志》2012 年第 6 期。

杨威、于峥～：《〈陈素庵妇科补解〉诊疗思想述要》，《中医杂志》2012 年第 11 期。

～于峥等：《〈幼幼集成〉学术思想研究》，《中国中医基础医学杂志》2012 年第 3 期。

赵凯维～：《〈黄帝内经〉之〈大气〉探析》，《中国中医基础医学杂志》2011 年第 12 期。

～于峥等：《论吴鞠通温病学术思想》，《中国中医基础医学杂志》2011 年第 1 期。

佟琳～唐丹丽等：《中医古籍"孤岛现象"及其对策》，《河北中医药学报》2010 年第 4 期。

～杨威等：《宋金元时期心藏象理论的传承与发展探析》，《河北中医药学报》2010 年第 4 期。

～唐丹丽等：《我国传统医药知识产权保护策略探讨》，《中国中医药信息杂志》2010 年第 11 期。

～唐丹丽等：《我国中医药知识产权保护的现状及意义》，《中国中医基础医学杂志》2010 年第 10 期。

～唐丹丽等：《明清时期心藏象理论的发挥与创新研究》，《现代中医药》2010 年第 6 期。

王燕平、张华敏～：《先秦至唐代心藏象理论发展探析》，《陕西中医学院学报》2010 年第 4 期。

杨威～于峥：《〈时疫温病气运徵验论〉之五运六气治疫经验述要》，《北京中医药》2010 年第 6 期。

于峥、杨威～：《张从正〈儒门事亲〉五运六气治法述要》，《中国中医基础医学杂志》2009 年第 12 期。

～张华敏等：《病毒性心肌炎古代文献理论梳理及中医药辨治研究》，《中国中医基础医学杂志》2009 年第 11 期。

杨威、端慧敏～：《〈四部丛刊〉非医学典籍中五运六气的语义语境研究》，《中国中医基础医学杂志》2009 年第 8 期。

杨威～于峥：《学术环境对隋唐时期中医创新的影响探析》，《中国中医基础医学杂志》2009 年第 1 期。

～袁立霞等：《孙思邈学术创新思想及其对医学的贡献》，《中国中医基础医学杂志》2008 年第 11 期。

～于峥：《古代哲学精气学说的发展及其在〈内经〉精气理论构建中的作用》，《中国中医基础医学杂志》2008 年第 2 期。

杨威……孙明杰～于峥：《〈素问〉运气七篇的概念体系特征分析》，《中国中医基础医学杂志》2008 年第 2 期。

杨威～孙明杰：《〈素问〉运气七篇之概念及其体系研究》，《中国中医基础医学杂志》2008 年第 1 期。

～张宇鹏等：《论〈内经〉中"精"字源流及其涵义》，《中国中医基础医学杂志》2007 年第 10 期。

刘章才（山东师范大学）

《18 世纪英国关于饮茶的争论》，《世界历史》2015 年第 1 期。

刘钊（吉林大学）

《马王堆帛书〈五十二病方〉中一个久被误释的药名》，《古籍整理研究学刊》1997 年第 3 期。

《关于马王堆和张家山出土医书中两个词语解释的辨正》，《古籍整理研究学刊》1994 年第 5 期。

刘兆春（中南大学）

《影响湖南省晚期血吸虫病防治的社会因素研究》，中南大学硕士学位论文 2003 年。

刘朝贵（广州中医药大学）

《海峡两岸〈黄帝内经〉养生思想研究》，广州中医药大学博士学位论文 2009 年。

刘朝晖（青岛教育学院）

《中国古代医学与儒家、道家思想》，《青岛教育学院学报》1999 年第 2 期。

刘招静（上海大学）

《另辟蹊径，以待来者——评麦克尔尼著〈瘟疫与人〉》，《医疗社会史研究》2018 年第 2 期。

刘喆（北京中医药大学）

《明清医家补阴剂用药规律研究》，北京中医药大学硕士学位论文 2006 年。

刘哲峰（中国中医科学院）

《古代中医食疗理法研究》，中国中医科学院博士学位论文 2007 年。

～梁峻：《试析古代中医食忌的成因和内涵》，《中国中医基础医学杂志》2007 年第 8 期。

～梁峻：《中医食疗起源考略》，《北京中医》2007 年第 7 期。

刘振兴

《法国修女与上海第一所聋校》,《中国残疾人》1995 年第 1 期。

《聋教先驱——蔡润祥先生》,《中国残疾人》2002 年第 2 期。

刘正(信阳师范学院)

《建国初期河南省爱国卫生运动研究》,信阳师范学院硕士学位论文 2015 年。

刘正刚(暨南大学)

曾繁花~:《晚清〈申报〉对产妇报道及其影响》,《医学与哲学(人文社会医学版)》2011 年第 1 期。

~曾繁花:《解放乳房的艰难:民国时期"天乳运动"探析》,《妇女研究论丛》2010 年第 5 期。

~曾繁花:《中西医救治吞服鸦片中毒的博弈及其社会影响——据 19 世纪 70 年代〈申报〉分析》,《南京中医药大学学报(社会科学版)》2010 年第 3 期。

~郭文宇:《明代地方医学的教育功能——以广东为例》,《南京中医药大学学报(社会科学版)》2009 年第 3 期。

~王强:《明代成人性药品探析》,《医学与哲学(人文社会医学版)》2006 年第 9 期。

魏珂~:《清代台湾疫灾及社会对策》,《中国地方志》2006 年第 5 期。

刘正强(中南财经政法大学)

《近三十年民国时期中医群体研究概述》,《财经政法资讯》2016 年第 2 期。

《湖北日伪鸦片毒化政策再析》,《湖北三峡职业技术学院学报》2016 年第 1 期。

《民国时期医师法律规范概述——近代医师规范研究之一》,《辽宁医学院学报(社会科学版)》2015 年第 4 期。

《民国时期医师道德改良思潮探析——以 20 世纪 30 年代为中心》,《南京中医药大学学报(社会科学版)》2015 年第 2 期。

~肖雨:《民国时期中西医论争述论》,《财经政法资讯》2015 年第 1 期。

《1938—1945 年日伪鸦片毒化政策探析——以湖北沦陷区为考察》,《财经政法资讯》2014 年第 5 期。

刘政兴

《法国传教士创办的上海第一所聋校》,《现代特殊教育》1994 年第 3 期。

刘正元(河南中医药大学)

张华锴、郭选贤~:《从药物质地、四气五味研究吴鞠通〈温病条辨〉上焦温病用药规律》,《河南中医》2017 年第 9 期。

《〈伤寒瘟疫条辨〉学术思想概要及治温十五方用药规律研究》,河南中医药大学硕士学位论文 2017 年。

刘铮云

《疾病、医疗与社会:史语所藏内阁大库档案相关史料介绍》,林富士主编《疾病的历史》(台北:联经 2011 年)。

《中央研究院历史语言研究所藏内阁大库档案中的疾病与医疗史料》,《古今论衡》第 4 期(2000.6)。

刘治国(大连海事大学)

《论药品专利国际保护与公共健康利益的平衡》,大连海事大学硕士学位论文 2006 年。

刘志梅（安徽医学高等专科学）

～刘刚：《出土秦汉医方的文献价值》，《包头医学院学报》2017 年第 11 期。

张雷～：《秦汉简牍药名释丛》，《通化师范学院学报》2017 年第 7 期。

～张雷：《出土秦汉医方文献研究综述》，《辽宁医学院学报（社会科学版）》2015 年第 2 期。

张雷～：《老官山汉墓医简选释》，《中医药临床杂志》2015 年第 3 期。

刘志梅（山东中医药大学）

肖长国～：《宋元以前肺痨文献考辨》，《山东中医药大学学报》2012 年第 4 期。

～肖长国：《明清以前肺痨病文献考辨》，《西部中医药》2012 年第 4 期。

～肖长国：《〈四圣心源〉"一气周流"理论探讨》，《山东中医杂志》2011 年第 6 期。

肖长国～：《冉雪峰辨证中风学术经验述要》，《中华中医药学刊》2008 年第 1 期/《中医药通报》2007 年第 3 期。

马冲～肖长国等：《冉雪峰温病学术思想管窥》，《中国中医急症》2006 年第 9 期。

《先秦儒家中和思想与中医基础理论形成的相关性研究》，山东中医药大学硕士学位论文 2006 年。

～肖长国等：《张仲景"阴阳自和"观对临床的指导意义》，《北京中医药大学学报（中医临床版）》2006 年第 1 期。

～赵益梅等：《刘完素〈伤寒直格〉学术思想探讨》，《山东中医药大学学报》2004 年第 5 期。

刘志琴（中国社会科学院）

《从药品、食品到毒品——鸦片的社会学研究》，《社会科学论坛》2010 年第 19 期。

《明代饮食思想与文化思潮》，《史学集刊》1999 年第 4 期。

《饮食与伦理——从吃饭解析中国传统文化模式》，《传统文化与现代化》1999 年第 1 期。

刘志庆

～尚海丽：《加拿大传教士在安阳四进四出及其影响》，《世界宗教研究》2000 年第 4 期。

～尚海丽：《加拿大传教士与安阳》，《殷都学刊》1999 年第 1 期。

刘志群（新乡市中医院）

～董德河：《试论〈周易〉对〈黄帝内经〉阴阳学说形成之影响》，《河南中医》2012 年第 7 期。

～刘洋等：《试论〈周易〉哲理对〈内经〉学术思想之影响》，《江苏中医药》2009 年第 3 期。

～邹世光等：《从"医不三世，不服其药"谈医易相通观》，《中医杂志》2008 年第 7 期。

刘志新（济宁骨伤医院）

～黄金刚等：《〈黄帝内经〉与脾胃学说》，《黑龙江中医药》2010 年第 4 期。

高振乾……黄金刚～：《李东垣脾胃内伤学术思想探讨》，《内蒙古中医药》2009 年第 24 期。

刘志晏（湖北省卫生职工医学院）

《人工心脏起搏技术探源》，《中华医史杂志》1994 年第 3 期。

刘志扬（中山大学）

《神圣与内在的洁净——以藏族农民为中心的洁净观念的文化诠释（英文）》，《中国藏学》（英文版）2013 年第 1 期。

《洁净与社会边界》，《广西民族大学学报（哲学社会科学版）》2012 年第 5 期。

《"神药两解"：白马藏族的民俗医疗观念与实践》，《西南民族大学学报（人文社科版）》2008 年第 10 期。

《从洁净到卫生：藏族农民洁净观念的嬗变》，《广西民族学院学报（哲学社会科学版）》2006 年第 4 期。

《西藏农民在就医行为选择上的文化观念》，《开放时代》2006 年第 4 期。

《神圣与内在：藏族农民洁净观念的文化诠释》，《广西民族学院学报（哲学社会科学版）》2006 年第 3 期。

刘志英（广州中医学院）

～许永周：《论〈脉经〉对妇科学的贡献》，《医古文知识》1992 年第 1 期。

～许永周：《何梦瑶的湿病论》，《新中医》1989 年第 11 期。

～许永周：《朱沛文及其学术思想》，《新中医》1988 年第 4 期。

～许永周：《简述赵献可对命门学说的贡献》，《吉林中医药》1986 年第 4 期。

～许永周：《〈邯郸遗稿〉初探》，《新中医》1982 年第 7 期。

刘忠德（辽宁中医学院）

～邓庆荣：《论〈理瀹骈文〉学术思想及成就》，《辽宁中医杂志》1984 年第 12 期。

刘仲冬

《医疗社会学、女性、历史研究》，《近代中国妇女史研究》第 3 期（1995）。

刘钟劬

《祖国医学对暑症的认识和治疗》，《新中医药》1958 年第 8 期。

刘忠恕（天津中医学院第一附属医院）

《丹药的过去、现在和将来》，《中国中西医结合外科杂志》1997 年第 3 期。

刘仲翔（人民出版社／新华文摘杂志社／中国人民大学）

《论农民生活的医学化》，《江海学刊》2010 年第 3 期。

《健康责任与健康公平》，《甘肃社会科学》2006 年第 4 期。

《20 世纪 30 年代定县的卫生保健运动》，《河北学刊》2006 年第 4 期。

《社会转型与农村医疗卫生》，《甘肃理论学刊》2006 年第 3 期。

《华北农村医疗卫生变迁——以定县为例的医学社会学研究》，中国人民大学博士学位论文 2005 年。

《农民求医行为的特点及其启示》，《卫生经济研究》2005 年第 3 期。

《农民的求医行为与农村医疗卫生》，《甘肃理论学刊》2005 年第 2 期。

《城市贫困人群医疗救助探析》，《社会工作》2004 年第 11 期。

《实施医疗救助 促进社会公平》，《社会福利》2003 年第 3 期。

刘子钰（鹿特丹伊拉斯姆斯大学）

《医疗卫生法立法模式研究——美国卫生法发展的启示》，《医学与哲学（A）》2017 年第 8 期。

刘宗璧（贵州师范大学）

《贵州东部侗族"巫医"及其文化内涵》，《民族论坛》1997 年第 3 期。

刘宗灵（复旦大学）

《身体史与近代中国研究——兼评黄金麟的身体史论著》，《史学月刊》2009 年第 3 期。

《重读近代中国：身体史的另类视角——评黄金麟〈历史、身体、国家：近代中国的身体形成，1895—1937 年〉》，《社会科学评论》2008 年第 1 期。

刘作圣（湖北省疾病预防控制中心）

～常登宇等:《湖北省麻风防治60年成果评价》,《中国麻风皮肤病杂志》2011年第7期。

刘佐田

～译:《莫斯科大学在祖国医学发展中的作用》,《医学史与保健组织》1957年第1期。

龙伯坚

《黄帝内经的著作时代》,《医学史与保健组织》1957年第2期。

龙德昭（云南中医学院）

～张晓琳:《吴佩衡对〈伤寒论〉的研究和学术思想的发展》,《云南中医学院学报》1995年第1期。

龙迪（成都中医药大学）

《张景岳论治咳嗽的学术思想与方药研究》,成都中医药大学硕士学位论文2017年。

刘嘉……王振兴～徐一冰等:《张仲景辨治慢性咳嗽诸法初探》,《中华中医药杂志》2017年第11期。

～刘嘉等:《〈医学三字经〉咳嗽证治法探析》,《亚太传统医药》2017年第5期。

龙奉玺（贵阳中医学院/北京中医药大学）

冉光辉……唐东昕～陈启亮等:《土家族医学基础理论体系初探》,《中国民族民间医药》2017年第3期。

杨兵、唐东昕～罗莉等:《膏方历史渊源及发展特色探析》,《亚太传统医药》2016年第8期。

陈启亮……冉光辉～:《土家族三元学龙奉玺:喻昌论治血证经验探讨》,《时珍国医国药》2014年第2期。

《喻昌论治小儿病学术思想探讨》,《湖南中医杂志》2013年第8期。

《基于〈喻嘉言医学三书〉探讨喻昌学术精神》,《医学与哲学（A）》2013年第2期。

～唐东昕:《基于喻昌"议病式"探讨早期中医医案内容》,《时珍国医国药》2013年第1期。

～唐东昕等:《〈喻昌医学三书〉主要特点之探讨》,《辽宁中医药大学学报》2012年第12期。

～唐东昕:《谈喻昌学术思想的形成背景》,《河南中医》2012年第12期。

～唐东昕:《喻昌学术思想的六个研究要点之探讨》,《时珍国医国药》2012年第11期。

～唐东昕:《喻昌论治疟证之探讨》,《贵阳中医学院学报》2012年第6期。

～唐东昕:《清初名医喻昌论治老年病经验探讨》,《吉林中医药》2012年第6期。

～唐东昕:《土家族医学三元学说及毒气致病理论探讨》,《江西中医学院学报》2012年第1期。

吴高鑫……梁忠培～:《基于古代文献整理的捏脊疗法作用机理探讨》,《贵阳中医学院学报》2011年第6期。

梁忠培、崔瑾～:《捏脊疗法古代运用探悉》,《光明中医》2011年第5期。

《从喻昌著作探讨汉化佛教医药对中医学的影响》,《贵阳中医学院学报》2010年第5期。

～蒋力生:《关于〈喻昌医学三书〉之研究》,《江西中医学院学报》2010年第4期。

《〈喻昌医学三书〉学术思想研究》,北京中医药大学博士学位论文2009年。

《试论清代医家注重脾肾相关理论》,《江西中医药》2007年第4期。

《试论明代医家注重脾肾相关理论》,《贵阳中医学院学报》2006年第6期。

龙恒（文山州皮肤病防治所）

～王娟等:《云南省文山州1994—2008年麻风流行病学分析》,《中国麻风皮肤病杂志》2011年第

2 期。

龙厚玲

《人类最早的试管婴儿》,《中华医史杂志》2002 年第 1 期。

龙江洪(贵州中医学院)

《对〈养性延命录〉中"养神"思想的探讨》,《长春教育学院学报》2015 年第 16 期。

《皇甫谧的玄学思想》,《医古文知识》2005 年第 2 期。

龙开义(中山大学)

《壮族的民间信仰与民俗医疗》,《青海民族研究》2007 年第 2 期。

龙堃(上海中医药大学)

~郑林赟:《"一带一路"战略下南亚地区中医药的传播与发展初探》,《中医药文化》2017 年第 1 期。

《传统医学在印度》,《中医药文化》2015 年第 6 期。

龙鳞(云南民族大学)

《傈僳族医药文化》,《中国民族民间医药》2010 年第 1 期。

《云南民族传统医药产业现状及发展对策》,《中国民族民间医药》2009 年第 13 期。

~张美丁:《纳西族的医药文化》,《中国民族医药杂志》2009 年第 11 期。

《佤族医药文化浅述》,《中国民族民间医药》2009 年第 1 期。

《佤族食疗》,《中国民族民间医药》2008 年第 11 期。

《医学人类学视野中的云南民族医药》,《云南民族大学学报(哲学社会科学版)》2008 年第 4 期。

《苗族医药简述》,《中国民族民间医药》2007 年第 6 期。

《云南沧源佤族的灵魂观与病患观探析》,《学术探索》2005 年第 5 期。

《佤族的药食同源文化》,《云南民族大学学报(哲学社会科学版)》2005 年第 5 期。

龙令杏(锦屏县疾病预防控制中心)

《1949—2013 年锦屏县麻风病流行病学特征分析》,《现代预防医学》2014 年第 23 期。

龙秋霞(广东省委党校/广东省妇女研究中心)

《妇女易感艾滋病的社会文化原因探析及对策建议——基于广东的调查》,《妇女研究论丛》2006 年第 1 期。

王英~:《艾滋病流行影响因素的社会性别分析》,《中国公共卫生》2004 年第 9 期。

朱嘉铭、郑立新~周菊等:《艾滋病防范意识和行为的性别差异》,《中国性科学》2004 年第 2 期。

《艾滋病传播对妇女健康的威胁不容忽视——基于广东的调查》,《妇女研究论丛》2003 年 S1 期。

《艾滋病传播与社会性别关系分析》,《学术研究》2003 年第 11 期。

龙伟(西南科技大学/四川大学)

《清代医疗纠纷的调解、审理及其特征》,《西华师范大学学报(哲学社会科学版)》2016 年第 6 期。

《西学语境下的〈洗冤录〉与民国司法检验》,《中华医史杂志》2014 年第 5 期。

《民国医学精英"再造病人"的思想脉络与医疗实践》,《社会科学战线》2013 年第 6 期。

《民国司法检验的制度转型及其司法实践》,《社会科学研究》2013 年第 4 期。

《堕胎非法:民国时期的堕胎罪及其司法实践》,《近代史研究》2012 年第 1 期。

《民国广告的自律与他律:以医药广告为中心的观察(1927—1949)》,《新闻与传播研究》2010 年第 5 期。

年第 4 期。

《同炼不同果 修为看自身——苏轼兄弟的气功养生》,《医古文知识》2002 年第 2 期。

施明捷～:《直面人生看中医——鲁迅的中医观探析》,《医古文知识》2001 年第 4 期。

《经世活人两相依——林则徐与何书田之谊》,《医古文知识》2001 年第 3 期。

～任天洛:《周恩来对中医事业的杰出贡献——纪念周恩来总理诞辰一百周年》,《上海中医药大学上海市中医药研究院学报》1998 年第 1、2 期。

《源远流长的中华医德史略》,《医古文知识》1998 年第 1 期。

～任天洛:《上海中医药大学与近代上海中医教育关系览析》,《中医教育》1997 年第 3 期。

李强～:《日本汉方医学复权运动史略》,《湖南中医学院学报》1992 年第 1 期。

娄天伟(山东中医药大学)

～田梦等:《从康复角度解读〈世医得效方〉》,《湖南中医杂志》2017 年第 7 期。

楼宇烈(北京大学)

《关于中医的"中"》,《中国医学人文》2018 年第 6 期。

《中医的人文内涵及其意义》,《中国文化研究》2018 年第 2 期。

《东方思维方式下的中医人文》,《中国医学人文》2017 年第 12 期。

《中医与中国文化》,《中医药文化》2014 年第 6 期。

禄保平(河南中医学院)

～范普雨等:《〈黄帝内经〉"食亦"命名考释》,《中医学报》2011 年第 5 期。

～张留巧:《许昌中医药文化中的"华佗"元素及其启示》,《中医药导报》2011 年第 2 期。

～巴明玉:《〈醉花窗医案〉咳喘诊治特点及其启示》,《辽宁中医杂志》2010 年第 5 期。

～韦大文等:《〈内经〉酒疗养生撮要》,《中医学报》2010 年第 2 期。

吕翠田～:《小议〈伤寒论〉中的和法》,《河南中医》2005 年第 8 期。

～张留巧:《〈黄帝内经〉"酒疗"思想述略》,《江苏中医药》2005 年第 4 期。

《〈素问·痹论〉探疑》,《中医药通报》2004 年第 5 期。

《〈黄帝内经〉"酒伤"理论析要》,《浙江中医杂志》2004 年第 4 期。

陆彼得

《四十年来苏联在血液代用品问题上的发展》,《俄文译丛(医学文献)》1958 年第 5 期。

路彩霞(湖北省社会科学院/南开大学)

《1927—1937 年间汉口卫生建设概述》,《长江文史论丛》2018 年 00 期。

《清代笔记小说中的医生形象与庸医问题探析》,《长江文史论丛》2017 年 00 期。

《武汉沦陷时期的卫生行政研究》,《城市史研究》2016 年第 1 期。

《辛亥前后汉口的公共卫生管理》,《城市史研究》2011 年 00 期。

《天津卫生局裁撤事件探析——清末中国卫生管理近代转型的个案考察》,《史林》2010 年第 3 期。

《近十余年大陆晚清民国医疗卫生史研究综述》,《中国经济与社会史评论》2011 年 00 期。

《年中度岁与晚清避疫——以光绪二十八年为主的考察》,《史林》2008 年第 5 期。

《清末京津庸医问题初探》,《中国社会历史评论》2007 年 00 期。

《饮食卫生与晚清防疫——以京津地区肉类饮食习俗为主的考察》,《民俗研究》2006 年第 4 期。

卢成仁(云南大学)

～徐慧娟:《文化背景与医疗行为:一个少数民族社区中的新型农村合作医疗》,《医学与哲学(人文社会医学版)》2008 年第 1 期。

卢传坚(广州中医药大学/广东省中医院/广州中医学院)

郭洁~刘奇:《岭南用药风格论》,《中国民族民间医药》2017 年第 8 期。

郭洁~刘奇:《补中益气汤用于岭南宜忌之辨》,《中国民族民间医药》2017 年第 7 期。

~谢秀丽:《医疗纠纷泛化原因多视角分析》,《医学与哲学(人文社会医学版)》2008 年第 10 期。

~谢秀丽:《我国医疗改革的现状分析》,《医学与哲学(人文社会医学版)》2007 年第 2 期。

《中西医结合教育的历史回顾和现状分析》,《中国高等医学教育》2001 年第 6 期。

《〈千金方〉版本源流疏理》,《广州中医药学院学报》1990 年第 3 期。

卢春玲(哈佛大学医学院)

《美国老年保健计划与改革》,《美国研究》2003 年第 1 期。

陆聪(中国中医科学院)

《美国针灸教育现状及特点研究》,中国中医科学院硕士学位论文 2013 年。

卢翠敏(天津中医学院)

《〈黄帝内经〉与医学气象学》,《天津中医学院学报》2002 年第 3 期。

《〈黄帝内经〉与医学地理学之关系溯源》,《中医药学刊》2001 年第 6 期。

陆大鸣

《试述杨继洲的针灸学术》,《浙江中医杂志》1958 年第 9 期。

《漆针疗法》,《浙江中医杂志》1958 年第 3 期。

鲁丹(哈尔滨市社会科学院)

莳昭三~:《从〈A 报告〉及〈G 报告〉看 731 部队人体实验》,《武陵学刊》2019 年第 6 期。

《日军七三一部队长北野政次医学论文整理与研究》,《日本侵华南京大屠杀研究》2019 年第 1 期。

陆丹林

《孙中山与医学》,《新民报晚刊》1956 年 11 月 9 日。

《总理在港习医校名考证》,《华中医药报》1946 年第 12、13 期。

鲁德馨

《新医学文献辑要史概要》,《中华医史杂志》1953 年第 1 期。

~张锡五:《新医来华后之医学文献》,《中华医学杂志》1936 年第 11 期。

《医学名词之改革纪略》,《齐鲁医刊》1921 年第 3 期。

陆德阳(上海交通大学)

《近代中国残疾人事业的当代启示》,《文化学刊》2014 年第 1 期。

~李耘:《近代中国残疾人事业的发展》,《残疾人研究》2014 年?

《传教士与近代中国残疾人教育事业》,《世界宗教研究》2013 年第 5 期。

《近代中国残疾人事业发展的三个阶段》,《探索与争鸣》2012 年第 8 期。

《残疾人与中国残疾人事业的发展》,《齐鲁学刊》2012 年第 6 期。

《残疾人与中国近代残疾人教育事业的发展》,《上海师范大学学报(哲学社会科学版)》2012 年第 5 期。

《中国残疾人事业的近代转型:1919—1949》,《历史教学问题》2012 年第 4 期。

《中国近代残疾人教育思想的产生及发展》,《华东师范大学学报(哲学社会科学版)》2012 年第 3 期。

《夏商周残疾人事业研究》,《上海交通大学学报(哲学社会科学版)》2008 年第 6 期。

《基督教与中国残疾人教育》,《天风》2002 年第 1 期。

芦笛(西北大学/伦敦大学)

《晚清期刊〈格致汇编〉中的国外真菌知识》,《中国真菌学杂志》2019 年第 4 期。

《巾帼不让须眉:晚清首位来华女医学传教士寇慕贞的北京和九江岁月》,《北京史学》2019 年第 2 期。

《1956 年中国自然科学史第一次科学讨论会医学史组报告情形稽考》,《自然辩证法研究》2018 年第 8 期。

《晚清报刊所载稀见食药用菌史料续录》,《食用菌》2018 年第 3 期。

《民国时期药商和普通药品管理法规的制定与推行》,《近代中国》2017 年 00 期。

《社会史视野下的晚清药物学术变迁中的日本因素》,《福建论坛(人文社会科学版)》2017 年第 11 期。

《以药救医与民国中医学术的药物转向——以陈存仁编纂的〈中国药学大辞典〉为中心的考察》,《烟台大学学报(哲学社会科学版)》2017 年第 6 期。

《晚清报刊所载稀见食药用菌史料再选录》,《食用菌》2017 年第 6 期;2018 年第 1 期。

《中国早期真菌译名的审查与真菌学界的反应》,《中国真菌学杂志》2017 年第 5 期。

《晚清报刊所载稀见食药用菌史料选录》,《食用菌》2017 年第 4、5 期。

《一份稀见面系统的民国中叶上海中药价格资料——1935 年〈实用药性字典〉所载药价探析》,《医疗社会史研究》2017 年第 1 期。

《中国近代医药史研究及相关问题评述》,《史林》2017 年第 1 期。

《民国药物学术历程再探——基于社会调查和统计的考察》,《暨南史学》2017 年第 1 期。

《国民政府的药物标准统一工作——以药典的筹备、编纂和推行为中心》,《福建师范大学学报(哲学社会科学版)》2017 年第 1 期。

《近代国产普通药物的国际和国内贸易》,《海关与经贸研究》2016 年第 6 期。

《近代首部中国药学通史〈中国药物学史纲〉探析》,《科学文化评论》2016 年第 4 期。

《关于西汉海昏侯墓出土虫草的思考》,《食用菌》2016 年第 3 期。

《晚清和民国时期真菌学书目汇录》,《菌物研究》2016 年第 1 期。

《道教文献中"芝"之涵义考论》,《宗教学研究》2015 年第 2 期。

《〈青藜徐照〉、唐方沂和夏草冬虫综考》,《上海高校图书情报工作研究》2015 年第 1 期。

《〈中国通邮地方物产志〉所记民国食药用菌资源和经济研究》,《古今农业》2015 年第 1 期。

《古代灵芝文化的形成、社会认同和影响——以正史资料为中心的考察》,《文化遗产》2014 年第 6 期。

《鄂伦春民族对食药用菌的认识和利用概述》,《食药用菌》2014 年第 6 期;2015 年第 1 期。

《近代地方志中的物产概念和文本信息组织——以上海官修方志为中心》,《地方文化研究》2014 年第 5 期。

《20 世纪初以前西方学者对中国冬虫夏草的记载和研究》,《菌物研究》2014 年第 4 期。

《对〈中国植物志〉关于汉墓出土花椒记叙的修正和补充》,《医学争鸣》2014 年第 4 期。

《唐、宋、元三朝方志所见大型真菌物产和资源》,《食用菌》2014 年第 3、4 期。

《1856 年拉丁本〈中国药物目录〉》,《中华医史杂志》2014 年第 3 期。

《古代汉藏文献所载冬虫夏草研究》，《西部学刊》2014 年第 2 期。

《古代彝族文化中的大型真菌》，《食用菌》2014 年第 2 期。

《基诺族、独龙族、怒族和普米族对食药用菌的认识和利用》，《原生态民族文化学刊》2014 年第 2 期。

《明人笔记所见食、药用菌史料》，《扬州大学烹饪学报》2014 年第 1 期。

《对晚清〈植物学〉一书中真菌学知识的考察》，《中国真菌学杂志》2013 年第 6 期。

《宋人笔记所见大型真菌史料》，《食用菌》2013 年第 6 期；2014 年第 1 期。

《古画新知：对"芝草"概念和"草从芝出"现象的古今考察》，《生物学通报》2013 年第 6 期。

《明代潘之恒〈广菌谱〉校正和研究》，《安徽文献研究集刊》2013 年第 1 期。

《中国古籍中所载治疗毒菌中毒之方法》，《食用菌》2013 年第 1 期。

《释唐代"芝田"》，《咸阳师范学院学报》2012 年第 6 期。

《清代台湾方志所载食用、药用真菌》，《扬州大学烹饪学院》2012 年第 1 期。

《〈回回药方〉所载大型真菌药文献研究》，《中华医史杂志》2012 年第 1 期。

《南宋学者陈仁玉生平及著作考》，《古今农业》2010 年第 2 期。

《天麻、赤箭、徐长卿、鬼督邮名实考》，《中医文献杂志》2009 年第 4 期。

卢凡（台湾清华大学）

《济世与营利的两难：人类乳突病毒疫苗的药物行销》，台湾清华大学硕士学位论文 2010 年。

陆干甫

《针灸治疗肺结核之研究（文献综述）》，《哈尔滨中医》1964 年第 4 期。

陆钢（中国农业大学）

《20 世纪中兽医理论学回顾》，《中兽医学杂志》2000 年第 4 期。

～林仁寿：《对〈司牧安骥集·六阴六阳之图〉之修正》，《中兽医医药杂志》2000 年第 1 期。

郭世宁～郭克峻等：《〈伯乐针经〉考》，《农业考古》1996 年第 3 期。

～于船：《论中兽医外科学的起源和发展》，《农业考古》1991 年第 1 期。

《〈元亨疗马集〉七十二症初探》，《中兽医医药杂志》1988 年第 6 期。

《〈痊骥通玄论〉中发病学观点的初探》，《上海畜牧兽医通讯》1987 年第 6 期。

《十二巧治的方技和源流初探》，《中兽医药杂志》1986 年第 1 期。

《在联合国大学分享传统技术会上我国代表提出兽医针灸技术报告》，《畜牧兽医学报》1981 年第 3 期。

陆广莘（中国中医科学院/中国中医研究院/北京医学院附属人民医院）

李海玉、刘理想～：《基于先秦汉代文献探讨人的生命特征》，《中国中医基础医学杂志》2014 年第 8 期。

《中医药的传统与出路》，《读书》2005 年第 9 期。

《务本论道——中西医学的不同理解和追求》，《医学与哲学》1997 年第 9 期。

《命门学说源流考》，《中国中医基础医学杂志》1997 年第 3 期。

《从医学的目的看科学的理论和中医学特色》，《中国中医基础医学杂志》1995 年第 4 期。

《医学的目的与对象问题》，《医学与哲学》1995 年第 1 期。

《中医基础理论问题》，《中国中医基础医学杂志》1995 年第 1 期。

《命门学说源流考》，《中医研究通讯》1963 年第 6 期。

《王履医学思想的成就及其对明、清医学的影响》，《中医杂志》1963 年第 5 期。

路浩丽（淮北师范大学）

《中国古代祷疾史》，淮北师范大学硕士学位论文 2015 年。

卢红蓉（中国中医科学院）

黄玉燕……郑齐～：《"火郁发之"治疫治法举隅》，《中华中医药杂志》2018 年第 4 期。

孟锋～王笑红：《刘完素脏腑六气病机探讨》，《中国中医基础医学杂志》2017 年第 3 期。

～于志静：《钱乙学术思想及对后世的影响》，《中国中医基础医学杂志》2014 年第 7 期。

杜松～张玉辉等：《钱乙儿科望诊理论探析》，《中国中医基础医学杂志》2013 年第 10 期。

《钱乙肾主虚，无实也观与六味地黄丸》，《中华中医药杂志》2012 年第 10 期。

《钱乙儿科常用诊法研究》，《辽宁中医杂志》2012 年第 8 期。

《〈黄帝内经〉脏腑病机特点研究》，《时珍国医国药》2012 年第 1 期。

～苏静等：《〈黄帝内经〉疾病发生模式探讨》，《中华中医药杂志》2011 年第 7 期。

《张元素脏腑病机特点研究》，《中华中医药杂志》2010 年第 8 期。

～李燕等：《钱乙〈小儿药证直诀〉脏腑病机的特点研究》，《时珍国医国药》2010 年第 7 期。

《〈内经〉病机理论特点研究》，《辽宁中医杂志》2010 年第 6 期。

～于智敏等：《病则形"气"神三者俱伤论》，《辽宁中医杂志》2010 年第 2 期。

～李海玉：《刘完素六气病机模式论》，《辽宁中医药大学学报》2009 年第 11 期。

《"病机归于五运六气"论》，《中国中医基础医学杂志》2009 年第 8 期。

《中国哲学与中医学虚、实理论》，《中华中医药杂志》2009 年第 5 期。

～李海玉等：《〈内经〉中病机内涵析义》，《世界科学技术·中医药现代化》2009 年第 1 期。

《〈黄帝内经〉中的虚实之辨》，《中国中医基础医学杂志》2008 年第 4 期。

《〈内经〉中"阴虚"内涵探析》，《世界科学技术·中医药现代化》2007 年第 6 期。

卢华语（西南大学）

《中国古代的药材造假贩假及社会应对》，《社会科学战线》2012 年第 9 期。

胡安徽～：《历史时期武陵山区丹砂产地分布及其变迁》，《中国历史地理论丛》2011 年第 4 期。

《唐宋时期武陵山区药材贸易初探》，《中国社会经济史研究》2012 年第 4 期。

～胡安徽：《唐宋时期渝鄂湘黔界邻地区药材生产及其影响》，《社会科学战线》2010 年第 7 期。

鲁慧（湖南师范大学）

《魏晋南北朝涉医文学研究》，湖南师范大学硕士学位论文 2014 年。

陆继娣（广州军区广州总医院）

～沈鹰：《熏蒸疗法的历史沿革》，《中医杂志》2006 年第 7 期。

陆吉康（中南财经政法大学/玉林师范学院/广西师范大学）

～段艳等：《清朝中后期社会吸食鸦片群体成因探（1780—1911 年）》，《福建论坛（人文社会科学版）》2010 年第 8 期。

《晚清时期中国吸食鸦片人口数量研究》，《历史教学问题》2014 年第 2 期。

～段艳：《晚清时期鸦片对贵州民族风俗影响研究》，《贵州民族研究》2014 年第 5 期。

～谢明俊：《近代社会国人吸食鸦片的性心理因素探析》，《玉林师范学院学报》2009 年第 1 期。

～谢明俊：《清末及民国时期鸦片贸易对广西政治的影响》，《玉林师范学院学报》2008 年第 4 期。

《近代鸦片泛滥对桂东南社会的影响——毒品系列论文之二》，《玉林师范学院学报》2006 年第

6 期。

《近代鸦片输入桂东南途径探析——毒品问题研究系列论文之一》,《玉林师范学院学报》2006 年第 4 期。

《近代广西鸦片问题研究》,广西师范大学硕士学位论文 2005 年。

～段艳:《试析烟赌对陆荣廷治桂的影响》,《南宁师范高等专科学校学报》2005 年第 1 期。

～段艳:《近代右江流域烟毒探析》,《南宁师范高等专科学校学报》2004 年第 3 期。

卢嘉琪

《清代医籍中所呈现的广嗣思想》,《兴达历史学报》第 21 期(2009.2)。

卢佳雯(华南理工大学)

《民国报纸健康传播研究(1927—1949)——以广州〈越华报〉为例》,华南理工大学硕士学位论文 2017 年。

卢健民(武汉市皮肤病防治所)

《圣经中有关麻风的记载择要及其探讨》,《中国麻风杂志》1992 年第 3 期。

《关于麻风分类问题的几点意见》,《中国麻风杂志》1991 年第 4 期。

《关于麻风患病率的计算和疗后监测问题的管见》,《中国麻风杂志》1991 年第 1 期。

《关于麻风临床治愈标准的几个问题》,《中国麻风杂志》1990 年第 3 期。

《麻风的监测和防治质量考核》,《中国麻风杂志》1987 年第 2 期。

《麻风恐怖观念的形成及其根源》,《中国麻风杂志》1986 年第 2 期。

《武汉市麻风防治的效果与经验》,《中国麻风杂志》1986 年第 2 期。

《麻风预防隔离措施的历史和现况》,《皮防战线》1981 年 Z1 期。

《武汉市防治麻风病的措施、效果及流行趋势的分析》,《皮防战线》1979 年第 2 期。

《武汉市防治麻风病的措施效果及流行趋势的分析》,《武汉新医药》1978 年第 5 期。

陈联芬～周森安:《界线类麻风 48 例报告》,《武汉新医药》1978 年第 5 期/《皮防战线》1978 年 Z1 期。

陆江(深圳市卫生局)

～邱玉莲等:《澳大利亚妇幼卫生现状与发展趋势——澳大利亚妇幼卫生考察报告》,《中国妇幼保健》2000 年第 7、8 期。

《社区健康服务在英法的兴起与发展——英法两国社区健康服务考察报告》,《中国健康教育》1999 年第 7 期。

卢洁(红河州皮肤病防治所)

～李娟:《红河州麻风病疫情分析(1930—2014 年)》,《中国社区医师》2016 年第 2 期。

卢景国(首都医科大学燕京医学院)

王志贤～:《医学人文教育的问题、根源及对策》,《卫生职业教育》2017 年第 14 期。

《社会医学化的中国视野与研究进路》,《前沿》2013 年第 4 期。

李德玲～:《我国医患信任关系研究述评》,《中国医学伦理学》2012 年第 1 期。

李德玲～:《从患者视角看预设性信任/不信任及其根源》,《中国医学伦理学》2011 年第 2 期。

～刘春梅:《毛泽东医德思想的伦理意蕴》,《中国医学伦理学》2011 年第 2 期。

～李德玲:《疾病的意义与意义关怀》,《医学与哲学(人文社会医学版)》2011 年第 2 期。

李德玲～:《医学生生命意象和座右铭之解读》,《卫生职业教育》2010 年第 24 期。

李德玲～：《从需求方特点看临终关怀与姑息护理的融合》，《护理研究》2010 年第 35 期。

李德玲～：《医患关系的关怀性及其对医学教育的启示》，《中国医学伦理学》2010 年第 3 期。

～张艳清：《社会医学化与医学生生命教育的情感基点》，《中国中医伦理学》2009 年第 3 期。

王增权～：《北京市农村地区医疗卫生队伍建设存在的问题与对策》，《中华医学教育杂志》2006 年第 4 期。

陆九芝

《张仲景传》，《国医文献》1936 年第 1 期。

卢菊昭（广州中医药大学）

《台湾中医师养成与中医师考试制度研究（1949—2001）》，广州中医药大学硕士学位论文 2005 年。

卢觉非

《扁鹊医术来自印度质疑》，《华西医药杂志》1947 年第 8 期。

陆军

《军政部拟安置伤残军人办法史料一组》，《民国档案》2009 年第 4 期。

陆科闵（黔东南苗族侗族自治州民族医药研究所）

《苗族医药理论体系概述》，《中国民族民间医药杂志》2000 年第 6 期。

陆可平（辽宁省档案局［馆］）

《难忘伍连德博士》，《兰台世界》2014 年 S4 期。

陆奎生

《中国医学史上之肺病治迹》，《国医导报》1941 年第 3 期。

卢磊（中共中央党校）

《公共外交视角下的中医药走向世界研究》，中共中央党校硕士学位论文 2017 年。

鲁丽娟（长春市中医院）

～穆春林等：《于细微处鉴版本——从〈古今医统大全〉初刻年代谈起》，《医古文知识》2000 年第 4 期。

鲁琳（上海中医药大学）

《器官感觉、身体感觉、情绪震颤与医生的认知——来自赫尔曼·施密茨现象学的启示》，《医学与哲学》2019 年第 9 期。

李久辉～胡晓燕等：《疾病病因学模式研究与〈道德创伤〉致病因素》，《中国医学伦理学》2018 年第 2 期。

～李久辉：《美国医学共情探究及对医学人文教育的启示》，《医学与哲学（A）》2017 年第 6 期。

～胡晓燕：《公共卫生伦理学的研究内容及伦理思考》，《中国医学伦理学》2016 年第 2 期。

樊民胜～：《器官移植手术中的医患利益冲突》，《医学与哲学（人文社会医学版）》2008 年第 8 期。

～樊民胜：《中国医师职业精神的传统文化探析》，《中国医学伦理学》2011 年第 2 期。

陆玲（南京大学）

《论莱辛小说中的疯狂》，南京大学硕士学位论文 2012 年。

陆曼炎

《中医的食治与食疗本草》，《新中医药》1956 年第 7 期。

《汉魏南北朝从国外传来的医药文化》，《新中医药》1955 年第 3 期。

陆敏珍(浙江大学)

《刑场画图:十一、十二世纪中国的人体解剖事件》,《历史研究》2013 年第 4 期。

陆明(上海市第一人民医院分院/上海市第四人民医院)

杨杏林～杨奕望:《近代上海中西医汇通若干历史人物与事件》,《中医药文化》2014 年第 5 期。

毕丽娟……杨奕望～:《近代上海中西医汇通运动的发展及其意义》,《中国中医药图书情报杂志》2014 年第 5 期。

～鲍国海:《上海近代西医药期刊概述》,《中华医史杂志》2014 年第 4 期。

～杨杏林:《上海近代中西医汇通医院概述》,《中华医史杂志》2013 年第 6 期。

杨杏林～陈沛沛等:《20 世纪前叶的上海中医药团体》,《中华医史杂志》2012 年第 2 期。

～苏丽娜等:《时代造就的中西医汇通大家——祝味菊》,《江西中医学院学报》2011 年第 5 期。

～方松春等:《论海派中医与海派中医学术流派》,《中医文献杂志》2010 年第 2 期。

杨杏林～:《民国时期上海主要中医药团体简介》,《中医文献杂志》2009 年第 5 期。

《上海近代中西医药交流简史》,《医古文知识》2005 年第 3 期。

～杨杏林:《李平书与上海近代中医》,《中医文献杂志》2004 年第 1 期。

《上海近代西医医院概述》,《中华医史杂志》1996 年第 1 期。

杨杏林～:《上海近代中医教育概述》,《中华医史杂志》1994 年第 4 期。

逯铭昕(山东师范大学/北京大学)

《〈伤寒心要〉成书与版本考论》,《中医文献杂志》2018 年第 3 期。

《〈伤寒直格〉版本述考》,《图书馆研究与工作》2018 年第 2 期。

《清代山东的乡村医生——以地方志为中心的考察》,《中国社会历史评论》2016 年第 1 期。

《许叔微伤寒著述成书考论》,《中华医史杂志》2015 年第 6 期。

《庞安时〈伤寒总病论〉书名考》,《中华医史杂志》2014 年第 3 期。

《从〈活人书〉版本看医书刊刻的几个特点》,《中国典籍与文化》2014 年第 1 期。

《王实〈伤寒证治〉考论》,《中医文献杂志》2013 年第 3 期。

《士人身份与宋代伤寒学的发展——以郭雍〈伤寒补亡论〉为中心》,《自然科学史研究》2013 年第 1 期。

《朱肱〈活人书〉对南宋伤寒学的影响》,《中华医史杂志》2012 年第 6 期。

《从〈伤寒百问〉到〈活人书〉看朱肱学术观点的变化》,《中华医史杂志》2011 年第 3 期。

《宋代官刻医书流向初考》,《中华医史杂志》2010 年第 5 期。

《〈通真子伤寒括要〉考略》,《中医文献杂志》2010 年第 5 期。

鲁明源(山东中医药大学)

李国祥～:《脉诊的演变》,《中国中医基础医学杂志》2019 年第 3 期。

《"三生万物"思想与〈黄帝内经〉理论体系的构建》,《中医杂志》2019 年第 2 期。

孙志其～:《基于气本体论的阴阳思源与正误》,《中华中医药杂志》2018 年第 9 期。

李国祥～:《〈黄帝内经〉中四时五行的起源与发展》,《中华中医药杂志》2017 年第 7 期。

鲍林杨～:《"外内合邪"发病理论的内涵解析》,《山东中医药大学学报》2017 年第 6 期。

郑涵～:《〈内经〉论汗》,《山东中医杂志》2017 年第 1 期。

《关于五行生克构式的现代争鸣》,《陕西中医学院学报》2015 年第 2 期。

《情志相关概念内涵探讨》,《山东中医杂志》2014 年第 11 期。

《〈难经〉诊察常脉的原则和方法探微》,《江苏中医药》2013 年第 6 期。

《虫证辨析》,《山东中医杂志》2013 年第 6 期。

全敏～:《〈黄帝内经〉阴阳变易思维探讨》,《山东中医药大学学报》2011 年第 6 期。

《〈内经〉重阳思想对抑郁症治疗的启示》,《江苏中医药》2011 年第 3 期。

《〈小儿药证直诀〉学术思想要旨》,《山东中医药大学学报》2009 年第 4 期。

《藏象学说概述》,《中国中西医结合影像学杂志》2009 年第 2 期。

《传统文化是中医学之命脉》,《山东中医药大学学报》2006 年第 4 期。

《〈内经〉厥证探讨》,《山东中医药大学学报》1998 年第 5 期。

陆铭泽

～郑志敏等:《屏东地区医疗机构的历史演变》,《屏东文献》第 15 期(2011.12)。

卢南乔

《从巫术中解放出来的我国古代医学奠基者——扁鹊》,《文史哲》1958 年第 10 期。

卢念萱(台湾高雄大学)

《乐普研究——台湾家庭计划下乐普相关论述与女性身体经验(1960s—1980s)》,高雄医学大学硕士学位论文 2011 年。

路鹏程(华中师范大学/苏州大学)

～卢家银:《地震灾区记者的心理创伤暴露与创伤后应激障碍研究》,《现代传播(中国传媒大学学报)》2014 年第 6 期。

～石永东:《记者职业与心理疾病——国外新闻记者职业性心理创伤研究的现状与展望》,《新闻记者》2013 年第 7 期。

《媒体自杀新闻的内容分析:一个精神健康传播的视角》,《新闻与传播研究》2005 年第 3 期。

卢朋著

《中国医学源流略述》,《杏林医学月报》1929 年第 6、7 期;1929 年第 9 期。

《中国医学源流续释》,《广东医药杂志》1927 年第 5 期。

《医学史》,《杏林丛录》1932 年 00 期。

鲁萍(江苏大学/苏州大学/北京大学/四川大学)

《1930 年代的中医管理权之争》,《澳门理工学报(人文社会科学版)》2018 年第 2 期。

《清末中国医界对西方医学的观察与仿行》,《社会科学研究》2012 年第 4 期。

《争议中的传统:变动世界里的中医》,北京大学历史学系博士学位论文 2009 年。

《晚清西医来华及中西医学体系的确立》,四川大学硕士学位论文 2003 年。

卢平(苏州大学医院)

《西医东渐后我国近代的女子医学教育》,《中华医史杂志》1999 年第 1 期。

卢萍(苏州大学医院)

《中国近代出版的西医护理书籍》,《中华医史杂志》2002 年第 1 期。

陆平(云南中医学院)

《浅谈〈四部医典〉的养生之道》,《中国民族民间医药杂志》1996 年第 1 期。

卢谦

《论日本解剖学之历史》,《中西医学报》1913 年第 5 期。

卢千超（南阳市疾病预防控制中心）

～陈广玉等：《南阳市 1954—2006 年流行性乙型脑炎流行病学分析》，《热带医学杂志》2007 年第 11 期。

陆如山（中国医学科学院／中国协和医科大学）

～王青：《禽流感威胁着全球的安全》，《医学情报工作》2006 年第 1 期。

《世界卫生组织与联合国千年发展目标》，《医学情报工作》2005 年第 6 期。

～蓝荫炯：《互联网上的病理学资源应用》，《中华病理学杂志》2004 年第 3 期。

胡世萍～：《二恶英与人类的健康》，《国外医学情报》1999 年第 8 期。

陈新华～：《厄尔尼诺与拉尼娜对健康的影响》，《国外医学（社会医学分册）》1999 年第 4 期。

《WHO 在 21 世纪的工作目标》，《国际医药卫生导报》1999 年第 3 期。

胡世平～：《世界卫生组织新的组织结构》，《国外医学情报》1999 年第 2 期。

卢润祥（上海辞书出版社）

《丁福保传略》，《晋阳学刊》1991 年第 5 期。

陆润之

《解剖尸体规则之批评（附"内政部"解剖尸体规则）》，《医事丛刊》1933 年第 15 期。

陆善仲

《祖国医学历史上关于诊断学的创始和发展及应用》，《新中医药》1956 年第 6 期。

《针灸的历史发展与新兴的展望》，《针灸医学》1953 年第 8 期。

鲁深

《陆游与医学》，《哈尔滨中医》1964 年第 6 期。

《药肆的起源与发展》，《江苏中医》1963 年第 5 期。

《我国古代女医师》，《哈尔滨中医》1963 年第 3 期。

路世才（河南中医学院）

～侯文学等：《对中医骨学文献的研究》，《河南中医学院学报》2004 年第 1、2、3、4、5、6 期。

陆士谔

《国医之历史》，《现代医药》1934 年第 6 期。

卢世秀（北京大学首钢医院）

《谈〈伤寒论〉内外相因疾病观》，《中医杂志》2007 年第 3 期。

陆瘦燕

～黄羡明：《针灸医学的发展道路——访问江苏省中医学校观感》，《江苏中医》1958 年第 4 期。

《中国针灸医术在解放军中的地位》，《新华医药》1950 年第 5 期。

卢淑樱（香港中文大学）

《科学、健康与母职：民国时期的儿童健康比赛（1919—1937）》，《华南师范大学学报（社会科学版）》2012 年第 5 期。

卢崧

《发明血液循环之哈回氏略史及其以前之脉管论》，《武昌博物杂志》第 4 卷第 3 期。

鲁涛（陕西师范大学）

《战国秦汉简帛文献所见医方研究》，陕西师范大学硕士学位论文 2016 年。

卢玮(华东政法大学/上海政法学院)

《美国食品安全法制与伦理耦合研究(1906—1938)》,华东政法大学博士学位论文 2014 年。

《食品安全法制与伦理耦合机制研究》,《山东社会科学》2013 年第 11 期。

陆伟芳(上海师范大学/扬州大学)

《19 世纪英国人对伦敦烟雾的认知与态度探析》,《世界历史》2016 年第 5 期。

《城市公共空间与大众健康——19 世纪英国城市公园发展的启示》,《扬州大学学报(人文社会科学版)》2003(04)

~余大庆:《19 世纪英国工业城市环境改造》,《扬州大学学报(人文社会科学版)》2001 年第 4 期。

陆文雪(上海社科院)

《上海工部局食品卫生管理研究(1898—1943)》,《史林》1999 年第 1 期。

《近代城市食品卫生管理的一个范例——上海工部局个案(1894—1943)》,张仲礼等主编《中国近代城市发展与社会经济》(上海:上海社会科学出版社 1999 年)。

陆溪(武汉大学历史学院)

杨果~:《弄璋弄瓦:宋人产育中的性别选择》,《宋史研究论丛》第 15 辑(2014)。

《宋代女性身体史的国内研究回顾》,《妇女研究论丛》2011 年第 4 期。

卢娴立

《新女性和现代医学:"德国性"在民国时期上海私立助产学校的魅力》,《医疗社会史研究》2019 年第 2 期。

陆翔(安徽中医药大学/安徽中医学院)

张若亭~:《〈医学入门万病衡要〉研究》,《这件中医药大学学报》2018 年第 9 期。

叶卫东~:《浅析陆懋修疫病观》,《江西中医药大学学报》2018 年第 5 期。

周雪梅~陈雪功:《中医望诊"相气"理论源流概述》,《中华医史杂志》2018 年第 3 期。

万四妹、王旭光~:《吴崑〈医方考〉对方剂学的贡献》,《安徽中医药大学学报》2018 年第 2 期。

万四妹、刘伯山~:《明清时期新安女医研究》,《中华医史杂志》2018 年第 1 期。

万四妹~王旭光:《〈医读〉的作者与版本源流》,《中华医史杂志》2017 年第 4 期。

万四妹、刘伯山~:《明清新安宫廷医官探析》,《中华医史杂志》2017 年第 1 期。

殷寻嫣~万四妹:《汪机〈伤寒选录〉版本及评按探析》,《安徽中医药大学学报》2017 年第 1 期。

尹寻嫣~:《叶天士妇科病学术思想探微》,《中医学报》2016 年第 12 期。

许霞~朱建平:《传统中药丸剂史述略》,《中华医史杂志》2016 年第 3 期。

殷寻嫣、万四妹~:《〈达生篇〉产育思想探微》,《甘肃中医药大学学报》2016 年第 3 期。

张红梅、郑日新~陈雪功等:《郑梅涧〈箑余医语〉及其对脉诊的新见解》,《中华医史杂志》2016 年第 2 期。

邹峦~王旭光:《吉益东洞〈药徵〉学术价值研究》,《中国中医基础医学杂志》2015 年第 3 期。

邹善祥~:《近 40 年中医伤科诊法研究进展》,《中医药临床杂志》2015 年第 3 期。

王旭光~:《〈素问吴注〉发微》,《安徽中医学院学报》2013 年第 6 期。

~王旭光等:《中国大陆馆藏〈药征〉刻本稽考》,《中华医史杂志》2013 年第 6 期。

王鹏~万四妹等:《针刺麻醉文献研究的内容与方法》,《安徽中医学院学报》2013 年第 5 期。

王旭光~:《吴崑著作版本考》,《中华医史杂志》2013 年第 2 期。

张若亭……张星星～:《新安医家戴葆元著作考》,《安徽中医学院学报》2012 年第 6 期。

～王旭光等:《〈本草纲目易知录〉考辨》,《中华医史杂志》2012 年第 2 期。

《恽铁樵温病观评析》,《中医杂志》2011 年第 11 期。

许仕海～:《江考卿与〈江氏伤科方书〉》,《中医药临床杂志》2011 年第 6 期。

～蔡玥:《承淡安生平事迹、著作及学术成就研究》,《中国针灸》2011 年第 5 期。

《时逸人伤寒温病观探析》,《中医杂志》2011 年第 4 期。

《"新感温病"首倡者考辨》,《中华医史杂志》2011 年第 3 期。

《汪机的"营卫虚实论"与"参芪双补说"》,《中华医史杂志》2011 年第 1 期。

～戴慎:《恽铁樵〈内经〉观初探》,《南京中医药大学学报(自然科学版)》2009 年第 2 期。

《民国时期江苏籍上海医家对中医学的贡献》,《中华医史杂志》2008 年第 2 期。

朱长刚～:《中医对亚健康状态影响因素的分析》,《中医临床杂志》2008 年第 2 期。

《民国时期江苏籍中医医家著作时代特征探析》,《江苏中医药》2008 年第 1 期。

～朱长刚:《民国时期江苏籍中医医家教育思想探析》,《安徽中医学院学报》2007 年第 6 期。

～戴慎:《民国时期江苏籍中医医家学术著作概述》,《中医文献杂志》2007 年第 4 期。

～戴慎:《民国时期江苏籍中医医家的历史地位及影响》,《南京中医药大学学报(社会科学版)》2007 年第 3 期。

潘志薇～:《对中西医结合的再思考》,《安徽中医临床杂志》2001 年第 5 期。

顾植山～:《易学对中医学思想的影响》,《中华医史杂志》2001 年第 3 期。

～武刚等:《王士雄〈霍乱论〉预防医学思想浅析》,《安徽中医学院学报》2001 年第 2 期。

～陆兵:《我国近代医学教育家汪自新传略》,《安徽中医学院学报》2000 年第 6 期。

～陆义芳:《安徽省近代几所教会医院概述》,《中华医史杂志》2000 年第 4 期。

～陆义芳:《人痘术发源地考》,《安徽中医学院学报》1999 年第 5 期。

卢祥之(科学出版社)

《佛教与中医体系形成的重要联系》,《河南中医》2003 年第 5 期。

卢晓光(河北电视大学)

～刘树胜:《论元杂剧中的饮食习俗》,《沧州师范专科学校学报》2000 年第 2 期。

卢鑫(北京大学)

《医学化研究的历史:路径、概念及其演变》,《中国科技史杂志》2019 年第 3 期。

路新国(扬州大学)

燕宪涛～:《〈神农本草经〉对中医饮食保健学的贡献》,《南京中医药大学学报(社会科学版)》2011 年第 4 期。

陈敏～闫婷婷等:《〈医学衷中参西录〉之山药应用探讨》,《中国中医基础医学杂志》2011 年第 2 期。

李璐～:《〈千金方〉治疗消渴特色》,《河南中医》2010 年第 11 期。

李丽艳～:《〈饮膳正要〉对中国传统营养学的贡献》,《中国中医基础医学杂志》2006 年第 5 期。

居玲玲～:《〈神农本草经〉对食养和食疗的贡献》,《中国中医基础医学杂志》2004 年第 7 期。

《论中国传统营养学——兼与西方近代营养学比较》,《扬州大学烹饪学报》2001 年第 4 期。

《〈黄帝内经〉与中国传统饮食营养学》,《南京中医药大学学报(社会科学版)》2001 年第 4 期。

陆秀兰（辽宁中医学院）

罗大中～:《叶天士临证择时服药辨析》,《辽宁中医杂志》2004 年第 6 期。

《以"象"之理探寻传统中药药理》,《中医文献杂志》2004 年第 2 期。

《易学之理与李杲的脾胃升降说及组方用药》,《陕西中医》2004 年第 4 期。

《张景岳肾命观中的阴阳互济法探析》,《辽宁中医杂志》2004 年第 4 期。

《以天人相应观探寻古人施法用药之法于自然》,《中国民间疗法》2004 年第 3 期。

《以"天人相应"观探寻施法用药"法于自然"之理》,《江西中医药》2004 年第 3 期。

《丹波康赖与〈医心方〉》,《长春中医学院学报》1994 年第 1 期。

《萧京的命门与元气学说》,《辽宁中医杂志》1990 年第 8 期。

陆秀清（南京医科大学）

《侵华日军实验和使用细菌武器的罪行》,《学习与探索》1997 年第 3 期。

陆雪秋（中国中医科学院）

～王凤兰等:《〈小儿药证直诀〉五脏辨证及制剂特色分析》,《国际中医中药杂志》2017 年第 7 期。

～王凤兰等:《脏腑辨证源流初探》,《国际中医中药杂志》2017 年第 4 期。

《中医古代传统制剂文献研究》,中国中医科学院博士学位论文 2017 年。

张明明、王凤兰～寇鲁辉:《浅析"竹林寺女科"论治罕见月经病》,《环球中医药》2016 年第 10 期。

～王凤兰等:《〈历代中药炮制资料辑要〉中有关石燕的炮制方法分析》,《国际中医中药杂志》2016 年第 5 期。

张明明、王凤兰～孙亮:《〈竹林寺女科证治〉月经病之周期异常初探》,《中国中医药图书情报杂志》2016 年第 4 期。

《何廉臣生平与学术思想研究》,中国中医科学院硕士学位论文 2008 年。

《俞根初〈通俗伤寒论〉传本研究》,《中华医史杂志》2008 年第 1 期。

卢亚（南京大学）

～胡翼青:《自媒体时代传统媒体如何进行舆论监督——以"八毛门"事件为例》,《新闻界》2012 年第 18 期。

陆燕（云南大学）

《疾病和彝族的傩艺术》,云南大学博士学位论文 2013 年。

卢彦冰（北京中医药大学）

《由药物因素引起的若干医疗纠纷研究》,北京中医药大学硕士学位论文 2019 年。

卢彦名（南京大学）

《疼痛的隐喻——17、18 世纪英国产科医学史的另一种叙事》,《理论界》2008 年第 5 期。

卢杨（苏州科技学院）

《试论罗马帝国时期的瘟疫对基督教发展的影响》,《黑龙江史志》2013 年第 15 期。

陆遥（西北大学）

《抗战时期陕甘宁边区的国际援助》,西北大学硕士学位论文 2014 年。

鲁义（国际关系学院）

《日本遗弃化学武器问题的现状与对策》,《日本学刊》2008 年第 3 期。

《日本遗弃化学武器销毁工作的进展与现状》,《国际关系学院学报》2005 年第 1 期。

鲁轶（武汉大学）

《改革开放以来中国农村基层医疗卫生工作的历史考察》，武汉大学博士学位论文 2012 年。

陆亦朗（上海三钢医院）

《敦煌古医籍中的脏腑辨证》，《中医文献杂志》1997 年第 4 期。

卢宜宜（英国救助儿童会）

《洛克菲勒基金会的中国项目（1913—1941）》，《中国科技史料》1998 年第 2 期。

卢银兰（广州中医药大学）

～郑洪：《郑全望与〈瘴疟指南〉》，《河南中医》2014 年第 3 期。

《明代名医龚居中养生方法探析》，《辽宁中医杂志》2014 年第 1 期。

《葛洪〈抱朴子·极言〉养生思想探微》，《广州中医药大学学报》2012 年第 1 期。

《天人合一与天人相应的探析》，《陕西中医》2010 年第 9 期。

《清代广东番禺人陈璞与中医》，《中国中医药现代远程教育》2008 年第 11 期。

～赖文：《〈全国中医图书联合目录〉之清代粤版医书补遗》，《广州中医药大学学报》2008 年第 4 期。

～赖文：《〈全国中医图书联合目录〉之粤版医籍辨正》，《中医文献杂志》2008 年第 1 期。

《清代粤地刻印医书动因初探》，《中医药文化》2008 年第 1 期。

《清代广东医书出版状况初探》，广州中医药大学硕士学位论文 2007 年。

《褚澄对中医妇科学的贡献》，《中国中医基础医学杂志》1999 年第 2 期。

《老庄的道与嵇康的养生观》，《长春中医学院学报》1998 年第 1 期。

卢永屹（上海市闵行区中心医院）

潘明～：《温中法在〈金匮要略〉中的运用》，《河南中医》2017 年第 9 期。

潘明、许闯～戚广崇：《〈辨证录〉从心论治男科病的用药规律研究》，《江西中医药》2017 年第 8 期。

～冯云海等：《〈金匮要略〉"因势利导"治则探析》，《上海中医药杂志》2015 年第 12 期。

潘明～计康等：《〈金匮要略〉"温里法"遣方制剂特色浅析》，《上海中医药杂志》2013 年第 11 期。

卢永毅（同济大学）

～陈艳：《虹桥疗养院作品解读：略论中国近代建筑中的功能主义》，《建筑师》2017 年第 5 期。

鲁於（上海财经大学／上海工程技术大学）

杨翠迎～：《"医疗嵌入型"医养结合服务的行为逻辑与实践经验——基于上海市六个区的调查分析》，《云南民族大学学报（哲学社会科学版）》2018 年第 6 期。

～杨翠迎：《我国长期护理保险制度构建研究回顾与评述》，《社会保障研究》2016 年第 4 期。

～吴忠：《家庭医生制度实施效应评估——基于上海市 8 区 21 街道的实地调研》，《科学决策》2015 年第 11 期。

《完善上海市医保总额预付制研究》，上海工程技术大学硕士学位论文 2016 年。

陆于宏（天津医科大学）

《剖宫产医患关系研究》，天津医科大学硕士学位论文 2005 年。

鲁玉辉（福建中医药大学）

《〈广温疫论〉版本源流考证及学术价值》，《福建中医药大学学报》2013 年第 6 期。

陆原（广州中医药大学）

～白东艳：《中西医解剖学发展之比较》，《医学与哲学》2001 年第 7 期。

陆渊雷

《古中医书之术语》,《医药卫生》1947 年第 7、8、10、12、13、18、19 期。

《拟国医药学术整理大纲》,《神州国医学报》第 1 卷第 1 期。

卢月荷(西安外国语大学)

《论玛格丽特·杜拉斯作品中的疯狂主题》,西安外国语大学硕士学位论文 2015 年。

路运珍

《香港最早的华人医院》,《中华医史杂志》2004 年第 1 期。

陆肇基(中国中医研究院)

《北京举行纪念伍连德博士诞辰 120 周年座谈会》,《中华医史杂志》1999 年第 3 期。

《〈中华医史杂志〉50 年历程》,《中华医史杂志》1996 年第 4 期。

《中国最早的官立西医学校》,《中国科技史料》1991 年第 4 期。

《从〈中华医史杂志〉看我国的医史研究》,《中华医史杂志》1987 年第 1 期。

《一代学者丁福保——纪念诞生 110 周年》,《中华医史杂志》1985 年第 2 期。

《沈括与〈苏沈良方〉》,《健康报》1964 年 7 月 29 日。

F.Boenheim 撰,～译:《从黄帝到哈维》,《医学史与保健组织》1957 年第 4 期。

～译:《输血的历史》,《中华医史杂志》1954 年第 4 期。

～译:《结核病年表》,《中华医史杂志》1954 年第 2 期。

鲁兆麟(北京中医药大学/北京中医学院)

张家玮～:《〈古今医案按〉学术特色探析》,《世界中医药》2014 年第 4 期。

向田和弘、本桥京子～:《试论伤寒论中的急救医学思想》,《中华中医药杂志》2010 年第 3 期。

本桥京子～:《初探日本江户时代的养生思想》,《中国中医基础医学杂志》2009 年第 7 期。

本桥京子、向田和弘～:《日本江户以前养生思想之发展》,《中国中医基础医学杂志》2009 年第 4 期。

贾春华、王永炎～:《论〈伤寒论〉"观其脉证,知犯何逆,随证治之"》,《北京中医药大学学报》2008 年第 7 期。

徐瑗～:《试论〈内经〉升降理论的科学和谐美》,《北京中医药大学学报》2008 年第 5 期。

贾春华……黄启福～:《三阴三阳源流》,《中国民族民间医药》2008 年第 4 期。

贾春华……黄启福～:《〈伤寒杂病论〉双结果条件句的分析》,《北京中医药大学学报》2008 年第 2 期。

李黎～:《〈东医宝鉴〉的形成与学术特征的探讨》,《中国自然医学杂志》2008 年第 1 期。

李哲～:《论我国中医药法律层面专门立法——国外的经验与启示视角》,《中国自然医学杂志》2008 年第 1 期。

李黎～:《四象医学的心之概念》,《中国中医基础医学杂志》2008 年第 1 期。

徐瑗～:《浅议科学美学在中医研究中的现实意义》,《北京中医药大学学报》2007 年第 12 期。

贾德贤～:《论〈内外伤辨惑论〉之脾胃思想》,《北京中医药大学学报》2007 年第 10 期。

李哲～:《浅议我国现行中医药法制体系制度、现状和存在问题》,《中医药管理杂志》2007 年第 9 期。

张敬文～:《〈伤寒论〉"阴阳自和"考辨》,《北京中医》2007 年第 7 期。

张敬文～:《孙思邈对道家内丹养生学发展的贡献》,《中华中医药学刊》2007 年第 6 期。

马燕冬～:《论"疏泄"概念的变迁》,《北京中医药大学学报》2007 年第 5 期。

张敬文～:《从现代系统理论探讨张仲景"阴阳自和"观》,《辽宁中医药大学学报》2007 年第 5 期。

游能鸿～:《论叶桂〈临证指南医案〉外感表证升降理论应用》,《北京中医药大学学报》2007 年第 5 期。

张敬文～:《道家养生对中医命门学说形成的影响》,《中华中医药大学学报》2007 年第 5 期。

张敬文～:《孙思邈对命门学说发展的贡献》,《四川中医》2007 年第 2 期。

林殷……嵇波～:《从生成哲学谈方证研究的方法学》,《北京中医药大学学报》2007 年第 2 期。

贾春华……黄启福～:《基于相干蕴涵原理的〈伤寒论〉条件句分析》,《江苏中医药》2007 年第 2 期。

贾春华……黄启福～:《关于〈伤寒论〉中的假言命题及其推理》,《北京中医药大学学报》2007 年第 1 期。

张敬文～:《从命门学说的发生学原理论〈内经〉〈难经〉命门的统一》,《北京中医》2007 年第 1 期。

张敬文～:《命门探源》,《辽宁中医杂志》2007 年第 1 期。

贾春华……黄启福～:《以方测证法不可行论》,《辽宁中医杂志》2006 年第 12 期。

贾春华……黄启福～:王庆国:《张仲景合方理论研究》,《北京中医药大学学报》2006 年第 10 期。

申咏秋～:《〈黄帝内经〉的医学人文精神探析》,《中国医学伦理学》2006 年第 6 期。

蒋文跃～:《被忽视的中西医汇通大家祝味菊》,《中西医结合学报》2006 年第 3 期。

张家玮～彭建中:《"肾为先天之本"质疑》,《北京中医药大学学报》2006 年第 3 期。

贾春华……黄启福～王庆国:《从逻辑的观点看——"以象为素,以素为候,以候为证"》,《北京中医药大学学报》2006 年第 1 期。

张家玮～:《金匮肾气丸方义探讨》,《北京中医药大学学报》2005 年第 6 期。

《王清任对中医气血辨证的贡献》,《北京中医药大学学报》2005 年第 5 期。

向田和弘～:《建立中国文化医药学》,《中国医药学报》2004 年第 7 期。

张家玮、王致谱～:《何廉臣生平及学术思想研究》,《北京中医药大学学报》2004 年第 6 期。

邱登茂～:《从台湾寺庙药签看民俗疗法与中医学的关系》,《北京中医药大学学报》2004 年第 4 期。

邱登茂～:《台湾本土药物的认识与使用和大陆传统医学的关系》,《光明中医》2004 年第 2 期。

李岩～:《浅谈孔伯华对湿热之邪致病的认识》,《北京中医药大学学报》2004 年第 2 期。

徐江雁、谢阳谷～:《20 世纪北京中医学术发展述略》,《中国医药学报》2004 年第 2 期。

李瑞～:《命门位置争鸣的思考》,《中国医药学报》2003 年第 11 期。

徐江雁、谢阳谷～:《浅析口述史与中医学术研究》,《北京中医药大学学报》2003 年第 6 期。

李岩～:《汪逢春治疗慢性病用药规律初探》,《北京中医药大学学报》2003 年第 6 期。

李瑞～:《试论"肾无实证"与肾命学说的理论渊源》,《中国中医基础医学杂志》2003 年第 5 期。

林殷～:《从〈黄帝内经太素〉论杨上善对命门学说的贡献》,《北京中医药大学学报》2003 年第 4 期。

李成文～:《"金元五大家"说》,《北京中医药大学学报》2003 年第 4 期。

徐江雁、谢阳谷～:《中医学术流派演绎》,《北京中医药大学学报》2003 年第 3 期。

李瑞～:《六味地黄丸方证及病因病机考释》,《中医药学刊》2003 年第 3 期。

尹英杰~:《略论"异病同治"》,《北京中医药大学学报》2003 年第 2 期。

张家玮~:《方剂学发展溯源》,《中国中医药信息杂志》2001 年第 3 期。

《古代医案对中医学发展的贡献》,《北京中医》1987 年第 1 期。

~钱超尘等:《任应秋先生传》,《国医论坛》1986 年第 3 期。

《谈谈中医与古代哲学》,《甘肃中医学院学报》1985 年第 1 期。

陆臻杰(宁波大学)

《〈质问本草〉——中琉医药交流的结晶》,《文史知识》2016 年第 7 期。

陆贞雄(中国南社研究中心)

《神医陆士谔》,《中医药文化》2012 年第 5 期。

卢征(西安外国语大学)

《论黑死病在意大利的传播及对意大利文学的影响》,《黑龙江科学》2016 年第 16 期。

鲁之俊(世界针联筹委会)

《从北京针灸学院的成立谈我国的针灸教育问题》,《中国针灸》1987 年第 4 期。

《悼念针灸学家朱琏同志》,《中医杂志》1979 年第 11 期。

鲁子惠(中国科学院上海生理研究所)

《汪敬熙先生传略》,《中国神经科学杂志》2001 年第 4 期。

《纪念神经组织学家郑国章教授》,《解剖学杂志》1987 年第 1 期。

《中国学者早期对于神经形态学的贡献》,《解剖学通报》1983 年第 1 期。

《中国学者早期对于神经形态学的贡献(1921—1961)(上、中)》,《解剖学通报》1982 年第 3、4 期。

《生理学家汪敬熙先生》,《生理科学进展》1981 年第 3 期。(**附**:许莹:《我国生理心理学的奠基人——汪敬熙》,《兰台世界》2014 年第 3 期;王吉鹏等:《鲁迅与汪敬熙》,《嘉兴学院学报》2007 年第 2 期)。

卢子杰(南京中医药大学附属医院)

《我国先秦时期中医外科的主要成就》,《南京中医药大学学报(社会科学版)》2000 年第 2 期。

卢宗林(洛阳市第一中医院/南京中医药大学)

《从岳甫嘉医案探讨酒与男性不育》,《中医文献杂志》2019 年第 1 期。

~杨雁鸿:《岳甫嘉男科种子方剂鹿角胶配伍研究》,《河南中医》2017 年第 11 期。

~杨雁鸿等:《从岳甫嘉医案管窥"心火妄动"与男性不育的关系》,《中国性科学》2016 年第 5 期。

《从岳甫嘉医案探讨"脾肾相关"与男性不育》,《新中医》2016 年第 5 期。

《从岳甫嘉医案探讨"心"与男性不育的关系》,《上海中医药杂志》2016 年第 4 期。

《岳甫嘉辨治男性不育症兼痛症验案探析》,《中医文献杂志》2015 年第 5 期。

《岳甫嘉辨治男性不育症兼滑精验案分析》,《上海中医药大学学报》2015 年第 2 期。

《明代岳甫嘉种子医案评析——从肺肾论种子之道》,《中医文献杂志》2014 年第 4 期。

《明代岳甫嘉种子医案评析——从心肾论种子之道》,《中医文献杂志》2014 年第 1 期。

《明代岳甫嘉种子医案评析——从脾肾论种子之道》,《中医文献杂志》2013 年第 5 期。

~薛建国:《岳甫嘉种子方用药规律探析》,《中医文献杂志》2008 年第 3 期。

薛建国~:《岳甫嘉论治男子不育的思路与特色》,《北京中医药大学学报》2007 年第 9 期。

卢祖洵(华中科技大学/武汉医学院)

余芳……李丽清~:《东中西部全科医生工作满意度现状及其影响因素分析》,《现代预防医学》

2019 年第 16 期。

蒋青青、陈帆~曹世义:《医联体对分级诊疗制度的影响:全科医生视角》,《医学与哲学》2019 年第 9 期。

孙婷……夏挺松~:《国外家庭医生服务模式对中国的启示》,《黑龙江医学》2015 年第 7 期。

张艳君……王晓嘉~:《我国恶性伤医事件的现状、原因及对策分析》,《中国社会医学杂志》2014 年第 6 期。

刘军安……孙奕~:《国家基本药物制度下的村卫生室处方费用及影响因素分析》,《中国卫生经济》2014 年第 12 期。

甄雪燕~:《民国时期传染病流行的社会因素分析》,《医学与社会》2011 年第 12 期。

夏挺松~彭绩:《国外医疗卫生体系模式对我国的启示》,《中国卫生事业管理》2011 年第 7 期。

覃正碧……李明~:《实施基本药物制度的热点问题分析》,《中国药房》2010 年第 32 期。

潘传德~:《〈侵权责任法〉视野下医疗检查侵权行为解读》,《医学与社会》2010 年第 6 期。

秦炜……李倩~:《新型农村合作医疗经办模式研究综述》,《中国社会医学杂志》2010 年第 2 期。

初笑宇……胡丹丹~:《俄罗斯卫生体制改革概况》,《中国社会医学杂志》2009 年第 4 期。

黄丽佳……胡丹丹~:《挪威卫生体制改革概况》,《中国社会医学杂志》2009 年第 3 期。

汪文新……柴云~:《乌克兰卫生体制改革概况》,《中国社会医学杂志》2009 年第 2 期。

许静……黄丽佳~:《前南斯拉夫马其顿共和国卫生系统改革概况》,《中国社会医学杂志》2009 年第 1 期。

刘军安~:《农民合作组织介入下的新型农村合作医疗发展机制探索》,《医学与哲学(人文社会医学版)》2008 年第 12 期。

刘军安~:《新型农村合作医疗村民自治机制探讨》,《卫生经济研究》2008 年第 11 期。

王羽~:《医学和人文学》,《中国医院管理》2008 年第 6 期。

李文婧~:《试论病人的社会角色》,《中国医院管理》2008 年第 6 期。

樊宏……徐汉成~:《法国卫生体制改革概况》,《中国社会医学杂志》2008 年第 6 期。

隋丹……韩鹏飞~:《荷兰卫生体制改革概况》,《中国社会医学杂志》2008 年第 6 期。

初笑宇……胡丹丹~:《匈牙利卫生体制改革概况》,《中国社会医学杂志》2008 年第 5 期。

韩鹏飞……胡丹丹~:《北爱尔兰卫生体制改革概况》,《中国社会医学杂志》2008 年第 5 期。

胡丹丹……韩鹏飞~:《亚美尼亚卫生体制改革概况》,《中国社会医学杂志》2008 年第 4 期。

黄丽佳……胡丹丹~:《加拿大卫生体制改革概况》,《中国社会医学杂志》2008 年第 4 期。

王昆……李永斌~:《比利时卫生体制改革概况》,《中国社会医学杂志》2008 年第 3 期。

熊继平、马丽娜~:《保加利亚卫生体制改革概况》,《中国社会医学杂志》2008 年第 3 期。

李永斌……董全林~:《斯洛伐克卫生体制改革概况》,《中国社会医学杂志》2008 年第 2 期。

董全林……李永斌~:《冰岛卫生体制改革》,《中国社会医学杂志》2008 年第 2 期。

马丽娜……董全林~:《爱沙尼亚卫生体制改革》,《中国社会医学杂志》2008 年第 1 期。

王云霞……李永斌~:《波兰卫生体制改革概况》,《中国社会医学杂志》2008 年第 1 期。

刘军安~田怀谷:《新型农村合作医疗支持体系功能要素分析》,《中国卫生经济》2007 年第 10 期。

段志光~:《诺贝尔生理学或医学奖获得者科学素质分析》,《医学与哲学(人文社会医学版)》2007 年第 10 期。

段志光～:《诺贝尔生理学或医学奖美国获得者学术条件背景分析》,《医学与哲学(人文社会医学版)》2007年第6期。

李倩……董全林～:《新西兰卫生体制改革》,《中国社会医学杂志》2007年第4期。

吴妮娜……李永斌～:《瑞典卫生体制改革》,《中国社会医学杂志》2007年第4期。

段志光～王彤:《诺贝尔生理学或医学奖获得者学术影响力研究》,《科学学研究》2007年第2期。

白玥～:《医生角色的社会资本观》,《中国社会医学杂志》2007年第2期。

段志光～:《诺贝尔生理学或医学奖获得者学术研究环境分析》,《科学技术与辩证法》2007年第2期。

刘军安～:《新型农村合作医疗社会心理及社会支持理论与实践》,《中国社会医学杂志》2007年第1期。

王光明、蔡志明～:《我国多元化办医体制建立的经济学思考》,《医学与社会》2006年第11期。

孙静～袁艇等:《艾滋病诊疗医务人员对艾滋病态度分析》,《中国公共卫生》2006年第11期。

刘冰、李小芳:《斯洛伐克转型期的医疗保健体系》,《医学云社会》2006年第7期。

高向华～:《论艾滋病人及艾滋病毒感染者权利与义务的平衡》,《医学与哲学(人文社会医学版)》2006年第7期。

段志光～王爱珍等:《诺贝尔生理学或医学奖获得者论文影响力研究》,《科学学研究》2006年第5期。

高向华、李小芳～:《论医疗过失的判定》,《医学与社会》2006年第4期。

～白玥:《社会资本与社会医学新发展观》,《中国社会医学杂志》2006年第1期。

～白玥:《社会资本开发与卫生事业发展》,《中国卫生经济》2006年第3期。

王芳～:《英国卫生服务提供模式及卫生保健制度的主要特征》,《国外医学(社会医学分册)》2005年第4期。

白玥、金建强～:《荷兰的病人组织和权力》,《国外医学(社会医学分册)》2005年第2期。

金生国～张存莲:《新西兰社区卫生服务考察报告》,《中国全科医学》2005年第5期。

杨小兵、王芳～:《我国民营医院发展述评》,《医学与社会》2005年第2期。

杨劼～:《健康的文化视角与健康文化的基本内涵》,《医学与社会》2005年第1期。

段志光～:《诺贝尔奖获得者医学创新的原动力探析》,《医学与哲学》2005年第1期。

戴继舫～黄晓玲:《中国医疗广告市场现状分析》,《医学与社会》2004年第6期。

杨小兵……白玥～:《社会资本与英国诺丁汉社会行动研究》,《国外医学(社会医学分册)》2004年第4期。

段志光～:《诺贝尔医学奖获得者的人文底蕴思考》,《医学与哲学》2004年第12期。

段志光～:《病人角色的社会心理学思考》,《医学与哲学》2004年第9期。

杨小兵～:《美国公共卫生突发事件应急体系的结构分析》,《医学与哲学》2004年第5期。

《国外社会医学进展》,《国外医学(社会医学分册)》2004年第1期。

李倩～金建强:《荷兰全科医生的职责》,《国外医学(社会医学分册)》2003年第3期。

白玥～:《社会资本与卫生保健》,《医学与哲学》2003年第7期。

白玥～:《荷兰的健康保险系统》,《国外医学(社会医学分册)》2003年第1期。

姚岚……陈迎春～:《试点地区农民自我医疗行为分析》,《中国初级卫生保健》2002年第5期。

陈启鸿……陈迎春~:《上海市医疗服务体系重新构架的分析与思考》,《卫生软科学》2002 年第 2 期。

《中、美两国社区卫生服务比较》,《中国全科医学》2002 年第 4 期。

~孙弈等:《国外社区卫生服务焦点分析》,《中国全科医学》2002 年第 3 期。

~姚岚等:《各国社区卫生服务简介及特点分析》,《中国全科医学》2002 年第 1 期。

~姚岚等:《英国社区卫生服务的特点与启迪》,2001 年第 8 期。

~金建强:《泰国社区卫生服务的特点及借鉴与启迪》,《中国全科医学》2001 年第 3 期。

《社会资本及其卫生保健功能》,《医学与社会》2000 年第 1 期。

~烂珍等:《武汉市武昌区居民私人医疗服务利用及影响因素分析》,《中国卫生事业管理》1998 年第 10 期。

程峰~张绍清:《影响疟疾传播的社会和行为因》,《医学与社会》1997 年第 1 期。

《美国医院的特点》,《中华医院管理杂志》1994 年第 4 期。

《英国社区医学与社区保健》,《国外医学(社会医学分册)》1987 年第 3 期。

《英国的基层医疗机构》,《中国卫生经济》1987 年第 5 期。

《英国卫生经费的收支与控制》,《国外医学(卫生经济分册)》1987 年第 1 期。

《基层卫生保健的缘起与实施——全国"外国卫生事业管理"研究班侧记》,《国外医学(社会医学分册)》1986 年第 1 期。

《社区医学与社会医学》,《医学与哲学》1986 年第 2 期。

~林竟成:《世界卫生财政制度与健康保险》,《国外医学(社会医学分册)》1985 年第 3 期。

栾玉新(辽宁省中医研究院)

~曹德海等:《〈伤科补要〉在骨伤科学上的贡献》,《辽宁中医杂志》1989 年第 2 期。

罗爱民(北京中安泰华科技有限公司)

《中国农村合作医疗制度的公共政策分析》,《中国卫生产业》2017 年第 5 期。

罗安明(新洲区中医医院)

~戎志斌:《佛医学的病因观》,《中国中医基础医学杂志》2015 年第 4 期。

罗宝鑫(许昌市卫生防疫站)

~张营叶等:《许昌市 1954—1982 年流行性乙型脑炎流行概况及分析》,《河南预防医学杂志》1984 年第 1 期。

《许昌市历年麻疹流行病学探讨》,《河南预防医学杂志》1982 年第 1 期。

罗宝珍(福建中医药大学/福建师范大学/福建中医学院)

陈秋霞~:《〈金匮玉函要略方〉中肾气丸命名的演变研究》,《西部中医药》2018 年第 3 期。

陈秋霞~:《〈千金方〉伤寒方剂命名特征研究》,《山东中医药大学学报》2018 年第 1 期。

《秦汉医方命名内涵及演变探析》,《医学与哲学(A)》2018 年第 1 期。

陈秋霞~:《〈黄帝内经〉治未病思想对魏晋南北朝时期妇科疾病论治的影响》,《中医药通报》2017 年第 5 期。

陈秋霞~:《论老子"道"学观对中医学的影响》,《中医文献杂志》2017 年第 4 期。

《"有病不治,常得中医"考》,《中华中医药杂志》2016 年第 8 期。

翟昕~:《福州塔亭医院纪略》,《福建史志》2015 年第 4 期。

翟昕～：《从〈点石斋画报〉看晚清中医医务人员的状况》，《中华医史杂志》2015 年第 4 期。

～傅建忠：《明代养生著作〈尊生要旨〉考略》，《中国中医基础医学杂志》2014 年第 8 期。

《战国秦汉疗疾考》，《中华医史杂志》2014 年第 5 期。

傅建忠～：《〈广嗣须知〉的编撰与版本》，《中华医史杂志》2014 年第 3 期。

《战国楚简病症文字考释 5 则》，《中华医史杂志》2013 年第 2 期。

《疠疾考略》，《北京中医药大学学报》2013 年第 1 期。

《简帛病症文字研究》，福建师范大学博士学位论文 2011 年。

《马王堆简帛、张家山汉简文字考释 5 则》，《福建中医药大学学报》2011 年第 3 期。

《战国楚简〈容成氏〉疾病文字考》，《中华医史杂志》2011 年第 1 期。

《简帛病名研究》，《福建中医学院学报》2010 年第 3 期。

～林端宜：《台湾医药养生谚语的内容及价值》，《福建中医学院学报》2008 年第 2 期。

～林端宜：《福建养生保健谚语初探》，《江西中医学院学报》2007 年第 6 期。

～林端宜：《试论〈本草纲目〉的医药卫生民俗》，《江西中医学院学报》2007 年第 2 期。

《浅论晚清四儒研治〈素问〉的成就及影响》，《南京中医药大学学报（社会科学版）》2006 年第 2 期。

《浅论〈本草纲目〉中笔记类文献的价值》，《福建中医学院学报》2005 年第 6 期。

《浅谈〈字说〉理论对〈本草纲目〉名物训诂的影响》，《福建中医学院学报》2004 年第 1 期。

《浅论俞樾、孙诒让、于鬯对〈素问〉的研究》，福建师范大学硕士学位论文 2003 年。

《俞樾研究〈内经〉的特点》，《福建中医学院学报》2002 年第 2 期。

骆兵（江西财经大学）

《中医药对李渔戏曲创作的影响》，《中医药文化》2007 年第 6 期。

罗秉芬（中央民族大学）

～赵秀华等：《浅谈藏医三因说及其养生方法》，《中国民族医药杂志》2014 年第 12 期。

～容观澳：《古代藏医文献书名汉、英文翻译的体会》，《民族翻译》2014 年第 2 期。

刘英华～：《西藏山南当许镇蚌巴奇塔出土藏文医书浅析》，《中国藏学》2010 年第 4 期。

《古代藏医的精神治疗初探》，《中国藏学》2007 年第 3 期。

《敦煌本吐蕃医学文献〈长卷〉译注》，《中国藏学》2002 年第 2、3 期。

～刘英华：《象雄语医学文献 I.Q.755 试析》，《西藏研究》2006 年第 1 期。

香多·李先加～：《藏医学起源的新探索》，《中华医史杂志》2002 年第 3 期。

《试论敦煌本古藏医文献研究的重要性》，《中国藏学》1997 年第 4 期。

罗布顿珠（西藏藏医学院）

～张冰：《藏医经典〈四部医典〉中药物警戒思想浅析》，《亚太传统传统医药》2016 年第 12 期。

次仁罗布～扎西次仁：《藏医学与印度医学、阿拉伯医学中的放血疗法之术前准备事宜和术后可能出现问题处理的比较研究》，《西藏科技》2016 年第 12 期。

次仁卓玛～张冰：《〈四部医典〉与〈阿维森纳医典〉中的放血疗法比较》，《中国民族医药杂志》2016 年第 5 期。

《藏族古代七位女性大师之医算学贡献略论》，《西藏科技》2016 年第 4 期。

骆楚明（湖州师范学院）

《国家与社会互动视野下的民国江南瘟疫救疗——以湖州为例》，《学理论》2011 年第 9 期。

罗聪（吉林医科大学）

《祖国医学关于流行过程（疫）和防疫措施的主要论述》，《吉林医科大学学报》1962 年第 3 期。

罗达尚（青海省药品管理检验研究所）

～钟孟良：《简论藏医药学》，《中国医药学报》1987 年第 4 期。

《关于藏医学〈四部医典〉的初步研究》，《西北民族学院学报》1986 年第 1 期。

《藏药学发展简史》，《中国药学杂志》1985 年第 8 期。

《藏药学史暨"晶珠本草"概论》，《西藏研究》1984 年第 4 期。

《试论藏医药的发展沿革和展望》，《中成药研究》1981 年第 3 期。

罗尔纲

《霍乱病的传入中国》，《历史研究》1956 年第 3 期。

罗飞霞（江汉大学）

～唐莉：《〈本草纲目〉与〈东医宝鉴〉的历史性对话——从中韩"申遗战"说起》，《亚太传统医药》2008 年第 12 期。

罗福颐

《对武威汉医药简的一点认识》，《文物》1973 年第 12 期。

《祖国最古的医方》，《文物参考资料》1956 年第 9 期。

《西陲古方技书残卷汇编》，《中华医史杂志》1953 年第 1 期。

罗芙芸（美国普林斯顿大学）

～撰，作舟译：《卫生与城市现代性：1900—1928 年的天津》，《城市史研究》1998 年 Z1 期。

罗根海（天津中医药大学/江苏省溧阳监狱/天津中医学院）

丁慧芬～谢敬：《张锡纯中西医汇通临证处方思路探析》，《江苏中医药》2012 年第 12 期。

《疫名考辨》，《天津中医药大学学报》2012 年第 3 期。

程相波～：《浅析〈黄帝内经·素问〉对修辞手法的运用》，《江西中医药》2012 年第 1 期。

程相波～：《近 20 年〈皇帝内经〉与修辞研究》，《江西中医药》2011 年第 12 期。

程相波～：《〈黄帝内经〉修辞方法研究探讨》，《山西中医》2011 年第 6 期。

张海生～：《中医"治未病"思想在医疗和健康产业中应用的探讨》，《时珍国医国药》2011 年第 2 期。

《从〈华佗传〉看汉代权量》，《中国中医药报》2010 年 4 月 7 日 004 版。

《医籍文献中的形象性描写》，《中国中医药报》2009 年 12 月 11 日 004 版。

周超、陈红梅～：《从语言学角度看中医"脉"字的流变》，《天津中医药大学学报》2010 年第 3 期。

《非医类子部书的涉医篇章》，《中国中医药报》2009 年 12 月 9 日 004 版。

江山～：《由〈经方实验录〉看儒医曹颖甫的仁心仁术》，《江苏中医药》2006 年第 5 期。

《浅论两汉、魏晋儒医的隐迹现象》，《南京中医药大学学报（社会科学版）》2006 年第 3 期。

《中医学形成初期的哲学思考》，《医学与哲学（人文社会医学版）》2006 年第 1 期。

《试论儒医对传统认知理论的利用》，《医古文知识》2005 年第 3 期。

《一部医人自医的著作〈轩岐救正论〉》，《中华医史杂志》2005 年第 1 期。

《树立提高生命质量的药食观——关于传统文化药食观几个特点的思考》，《医古文知识》1995 年第 4 期。

《中国针灸在乌克兰》，《天津中医学院学报》1994 年第 4 期。

罗光强(湖南师范大学)

《二战期间德国纳粹人体实验的伦理批判》,湖南师范大学硕士学位论文 2007 年。

骆和生(广州中医学院)

《中药起源探讨》,《广州中医药大学学报》1997 年第 1 期。

罗辉(北京中医药大学)

曾凤~董立业等:《宋人改动〈千金要方〉桂类药名考证》,《北京中医药大学学报》2012 年第 11 期。

~汤巧玲等:《试论经济因素对民国时期中医救亡斗争的影响》,《中华医史杂志》2011 年第 5 期。

曾凤~:《三阴交定位和主治的文献考证》,《北京中医药大学学报》2011 年第 2 期。

罗慧(厦门大学)

《艾滋病意义生产的媒体传播偏向及其修正策略》,《国际新闻界》2014 年第 5 期。

罗辉(中国藏学研究中心)

~罗布扎西等:《〈四部医典〉北京木刻版的初步介绍》,《中医文献杂志》2017 年第 1 期。

罗惠兰(江西省委党校)

《中华苏维埃共和国对公民健康权的体制保障》,《党史研究与教学》2006 年第 3 期。

《中华苏维埃共和国卫生防疫保障成效之考察》,《中共南昌市委党校学报》2006 年第 3 期。

罗会林(江西中医学院)

《于江名医谢映庐学术思想探析》,《江西中医药》1994 年第 5 期。

《舒诏治伤寒学之学术特点》,《江西中医药》1992 年第 3 期。

罗惠馨(广州中医药大学)

~陈凯佳等:《广州近现代(1840—1949 年)中医期刊研究概况》,《中医药导报》2018 年第 14 期。

~郑洪:《岭南医家黄霄鹏〈贻令堂医学三书〉学术思想研究》,《中医文献杂志》2017 年第 1 期。

洛嘉

《藏族天葬与古代解剖学》,《中国民族》1989 年第 9 期。

罗嘉纯(广州中医药大学)

《不孕症的古代文献及方剂药物组成规律的研究》,广州中医药大学博士学位论文 2010 年。

罗建忠(常德市人民政府外事侨务办)

奈须重雄~:《日军细菌战罪证新资料:〈金子顺一论文集〉的发现及其意义》,《武陵学刊》2012 年第 3 期。

近藤昭二~:《美苏日三国对"731 部队"的研究状况》,《武陵学刊》2010 年第 5 期。

吉见义明~:《〈井本日志〉的发现及其内容的真实性和价值》,《武陵学刊》2010 年第 2 期。

罗婕(广西中医学院)

庞宇舟、卢汝梅~李建颖:《壮医解毒法考略》,《中国民族医药杂志》2012 年第 3 期。

《再探壮医"阴阳"起源》,《中国民族医药杂志》2009 年第 11 期。

《壮族医药口碑文化概览》,《中国民族医药杂志》2008 年第 9 期。

~戴铭:《广西近代中医团体略考》,《广西中医药》2006 年第 4 期。

罗凯(甘肃陇东学院)

白学峰~:《革命战争时期陇东根据地的卫生防疫》,《医学与社会》2011 年第 4 期。

温金童~:《抗战时期陕甘宁边区的妇幼保健》,《医学与社会》2010 年第 10 期。

~刘娟芝:《建国前毛泽东卫生思想及其实践初探——以"中西医结合"为核心的医药学思想》,《传承》2009 年第 14 期。

罗磊（河南第二荣康医院）

～牛吉峰：《清末以来中国精神医学文献的翻译》,《中华医史杂志》2003 年第 2 期。

罗丽达（哈佛大学）

《允禩足疾与西洋大夫的一篇满文史料》,《历史档案》1993 年第 3 期。

骆林娜（上海中医药大学）

《论中医药的跨文化传播》,《中医药文化》2014 年第 4 期。

罗曼（上海师范大学/山东中医药大学）

《西医东渐及其与中医的碰撞》,《医学与哲学（人文社会医学版）》2009 年第 7 期。

《五行学说与〈黄帝内经〉》,上海师范大学硕士学位论文 2009 年。

《武梁祠汉画像石医史内容考略》,《山东中医药大学学报》1999 年第 4 期。

《山东嘉祥武梁祠汉画像石医事考略》,《中医文献杂志》1999 年第 2 期。

董少萍～：《"中和"观对中医学的影响》,《浙江中医学院学报》1997 年第 5 期。

罗启盛（广州中医药大学）

贾慧～黄海：《〈仲景归真〉在伤寒理法岭南本土化的贡献》,《中国民族民间医药》2016 年第 12 期。

郑洪～：《岭南医学的瘴气病因和瘴湿病机理论》,《中医杂志》2014 年第 12 期。

《试论"左右者,阴阳之道路"》,《中国民族民间医药》2014 年第 6 期。

吴俊娥～：《试论景岳左归、右归丸（饮）的立名》,《中国民族民间医药》2014 年第 3 期。

《陈焕堂〈仲景归真〉学术思想研究》,广州中医药大学硕士学位论文 2014 年。

罗倩（广州中医药大学）

～郑洪：《彭泽民医学手札探析》,《中华医史杂志》2015 年第 1 期。

郑洪～：《20 世纪香港中医药发展特点》,《中华医史杂志》2013 年第 5 期。

《秦汉至明代岭南中医药人名录编纂与相关研究》,广州中医药大学硕士学位论文 2011 年。

～李禾：《元代名医项昕生平及学术成就述略》,《中医文献杂志》2011 年第 4 期。

骆庆（南京大学）

《19 世纪英国公共卫生改革中政府职能的转变》,南京大学硕士学位论文 2014 年。

刘金源～：《19 世纪伦敦市场上的牛奶掺假问题》,《世界历史》2014 年第 1 期。

《19 世纪后半叶英国婴儿高死亡率的原因初探》,《苏州科技学院学报（社会科学版）》2013 年第 4 期。

～刘金源：《1832 年霍乱与英国政府的应对》,《南京工程学院学报（社会科学版）》2013 年第 3 期。

罗任镜（台湾国立台湾师范大学）

《帝国边陲的救赎？日治时期蕃地医疗政策研究》,国立台湾师范大学硕士学位论文 2010 年。

罗荣翘

《从古籍文献中探索丹参的疗效》,《浙江中医》1959 年第 11 期。

《从古籍文献中探索贯众的疗效》,《浙江中医》1959 年第 7 期。

《从古籍文献中探索前胡的疗效》,《浙江中医杂志》1958 年第 11 期。

《黄芪疗效的文献探索》,《上海中医药杂志》1958 年第 10 期。

《祖国药学对苦、辛、香健胃的认识及其药物记载》,《广东中医》1958 年第 8 期。

《麦门冬疗效的古典文献探索》,《上海中医药杂志》1957 年第 9 期。

骆瑞鹤(武汉大学)

《〈山海经〉病名考》,《长江学术》2006 年第 3 期。

洛桑扎西(西藏大学)

《概论四部医典挂图的艺术特点》,《西藏艺术研究》1998 年第 4 期。

罗时铭(苏州大学)

～李克夏:《魏晋玄学养生初探》,《成都体育学院学报》1994 年第 6 期。

《五行说与中国养生学》,《成都体育学院学报》1991 年第 2 期。

《论中国养生术的三源汇流》,《哈尔滨体育学院学报》1991 年第 1 期。

《试论孙思邈与司马承祯养生思想的异同》,《成都体院学报》1989 年第 2 期。

《〈黄帝内经〉和希波克拉第养生的比较研究》,《体育科学》1987 年第 1 期。

《孙思邈养生思想初探》,《成都体院学报》1983 年第 3 期。

罗仕尚(台湾中兴大学)

《知识、风险与纷争:阑尾在台湾的历史(1901—1999s)》,中兴大学硕士学位论文 2017 年。

罗树人

《医学简史》,《大众医学》1946 年第 2 期。

罗四维

《麻疯二字源流考》,《麻疯季刊》1939 年第 2 期。

《粤省麻疯邪说酿成之罪恶》,《麻疯季刊》1939 年第 1 期。

《我国谬称麻疯由淫孽而来之起源》,1938 年第 4 期。

罗颂平(广州中医药大学)

杜鑫、陈莹～:《南北医家同病异治崩漏浅析》,《时珍国医国药》2018 年第 3 期。

朱玲、郜洁～任锦锦:《岭南罗氏妇科治疗绝经综合征经验》,《时珍国医国药》2016 年第 2 期。

朱玲、郜洁～:《岭南罗氏妇科调经特色浅析》,《环球中医药》2015 年第 7 期。

《中医学术流派与师承教育是中医生存与发展的重要模式》,《中华中医药杂志》2014 年第 11 期。

《岭南文化与岭南医学特色》,《中国医药临床杂志》2012 年第 9 期。

《岭南医学之妇科学术与临证特色》,《中华中医药杂志》2012 年第 3 期。

谭元坤、赵颖～:《岭南医家妇科用药特点》,《湖南中医杂志》2011 年第 5 期。

廖雅琪～王燕:《中医教育家罗元恺教育思想研究》,《医学教育探索》2010 年第 12 期。

赵红艳～:《试论喻昌〈尚论篇〉对〈伤寒论〉的发挥》,《山西中医》2010 年第 7 期。

《张介宾的学术思想及其妇科专著〈妇人规〉》,《广州中医药大学学报》2005 年第 4 期。

朱玲～:《张锡纯妇科用药思想初探》,《中国医药学报》2002 年第 12 期。

朱玲～:《傅青主安胎学术思想探微》,《中医药学刊》2002 年第 4 期。

罗田(岳阳师专)

《病态心理的剖示 畸形生活的烛照——穆时英心理分析小说〈白金的女体塑像〉赏析》,《名作欣赏》1986 年第 1 期。

罗彤华

《唐代病坊隶属与经营问题小考——中国社会救济事业的进展》,《魏晋南北朝隋唐史资料》2005 年 00 期。

罗婉娴（香港浸会大学）

《一个多世纪前香港的护士培训》,《文汇报》2017 年 5 月 12 日 W16 版。

《香港西医和医院制度》,《文汇报》2016 年 9 月 2 日 W16 版。

《国时期医药广告的宣传特色——以〈良友画报〉(1926—1945 年)的医药广告作研究个案》,《中国社会历史评论》2013 年 00 期。

《西方医学与殖民管治:以二次世界大战前香港和新加坡为比较个案》,香港浸会大学博士学位论文 2007 年。

《1842 年至 1937 年间政府医疗政策与西医体制在香港的发展》,香港浸会大学硕士学位论文 2003 年。

罗文华（贵州省中医研究所）

《〈植物名实图考〉收载的民族医药》,《中国民族民间医药杂志》1999 年第 4 期。

《土家族医药史考》,《中国民族民间医药杂志》1998 年第 2 期。

《苗药菖蒲的历史初考》,《中国民族医药杂志》1996 年第 2 期。

《苗族医药文献的搜集》,《贵图学刊》1994 年第 4 期。

罗文香（华中师范大学）

《"诊病模式":鲁迅小说的文本建构与医学》,《周口师范学院学报》2015 年第 3 期。

《鲁迅小说与医学——〈呐喊〉〈彷徨〉研究的科学视角》,华中师范大学硕士学位论文 2014 年。

《论鲁迅小说中的疾病隐喻与民族痼疾的书写》,《华中学术》2012 年第 2 期。

骆向兵（财政部财政科学研究所）

《我国医疗卫生行业政府投入管理制度研究》,财政部财政科学研究所博士学位论文 2014 年。

《新型农村合作医疗制度建设中的政府职责研究——以"桑植模式"为例》,《财政研究》2012 年第 10 期。

罗小林（赣南医学院）

～段华庆等:《清代卫生防疫制度考略》,《兰台世界》2014 年第 30 期。

～谢清平:《唐代医学家王冰之医学贡献略论》,《兰台世界》2014 年第 15 期。

罗璆元

《国医历代微菌学之发明考》,《现代中医》1935 年第 1 期。

《麻疯稽古》,《现代中医》1935 年第 5 期。

骆新泉（徐州工程学院）

《论清代女词人赵我佩的"病、瘦"言说》,《河北科技大学学报(社会科学版)》2014 年第 4 期。

罗艳华（北京大学）

《试论"全球卫生外交"对中国的影响与挑战》,《国际政治研究》2011 年第 2 期。

罗艳秋（云南中医学院）

韩艳丽～徐士奎:《云南彝族医药活态传承机制创新研究》,《云南中医中药杂志》2019 年第 1 期。

韩艳丽～徐士奎:《云南彝族医药活态传承现状调查》,《云南中医中药杂志》2018 年第 9 期。

韩艳丽～:《玉溪地区彝族医药发展源流》,《云中医中药杂志》2017 年第 5 期。

韩艳丽～:《玉溪地区彝族医药发展源流》,《云南中医中药杂志》2017 年第 5 期。

徐士奎～:《彝医药古籍文献的流布特征研究》,《云南中医中药杂志》2017 年第 2 期。

徐士奎～王正坤:《彝文典籍〈哎哺啥呃〉中的彝医理论研究》,《西部中医药》2016 年第 9 期。

徐士奎~王正坤：《气浊学说：彝医认识宇宙与生命运动的核心理论》，《云南中医中药杂志》2016年第 7 期。

~徐士奎：《秉承中华上古医药理论等彝族传统医药》，《云南中医中药杂志》2016 年第 3 期。

~徐士奎：《彝族传统医药理论中的数与理》，《云南中医中药杂志》2015 年第 10 期。

~徐士奎等：《毕摩在彝族传统医药知识传承中的地位和作用》，《云南中医中药杂志》2015 年第 7 期。

~郑进等：《彝族医药历史源流探讨》，《云南中医中药杂志》2015 年第 5 期。

《基于彝文典籍的彝族传统医药理论形成基础及学术内涵研究》，北京中医药大学博士学位论文 2015 年。

~徐士奎等：《少数民族医药古籍文献分类体系构建研究》，《中医学报》2014 年第 1、2 期。

~徐士奎等：《少数民族医药古籍文献的界定及其特点研究》，《云南中医学院学报》2013 年第 5 期。

刘虹、陈柏君~：《云南少数民族医药文字文献述略》，《云南中医学院学报》2013 年第 3 期。

姚晓武……柏秀英~：《藏医尿疹理论体系研究纵览》，《中国民族民间医药》2013 年第 10 期。

徐士奎~：《初论民族古文字医药文献的搜集整理》，《云南中医学院学报》2011 年第 1 期。

徐士奎~：《论民族医药文化学的构建》，《中华中医药学刊》2011 年第 1 期。

郑进~龚谨：《关于"中医学"定义的重新思考》，《中国中医基础医学杂志》2010 年第 4 期。

~保丽娟等：《傣族医药古籍资源的调查与定级研究》，《中国民族医药杂志》2009 年第 10 期。

胥筱云、杨梅~李倩等：《傣医药学"风病论"溯源》，《云南中医学院学报》2009 年第 5 期。

郑进~：《云南藏医药的形成及其特色》，《云南中医学院学报》2008 年第 6 期。

~郑进：《藏医学基础理论的研究进展》，《中国民族医药杂志》2007 年第 7 期。

~郑进：《藏医学与印度医学源远流长的关系》，《云南中医学院学报》2007 年第 5 期。

~郑进：《论迪庆藏医学的特点》，《云南中医学院学报》2007 年第 4 期。

李玉娟~杨梅等：《宗教文化对藏药的影响》，《云南中医学院学报》2007 年第 3 期。

罗尧岳（湖南中医药大学）

~刘锐：《浅论危亦林学术思想对后世的影响》，《中国中医药现代远程教育》2011 年第 3 期。

罗夷（苏州大学）

《美国两党对新医改法的司法博弈浅析》，苏州大学硕士学位论文 2015 年。

罗伊·波特

《疾病、病人哪一个更重要》，《光明日报》2000 年 12 月 28 日 C02 版。

罗毅文

~孙之镐：《浅析〈跌损妙方〉中的因时施治》，《湖南中医学院学报》1995 年第 4 期。

罗英（广州中医药大学）

《中西医麻醉学发展史比较》，《甘肃中医》2005 年第 10 期。

《〈本草纲目〉在儿科外治疗法方面的贡献》，《中国民间疗法》2005 年第 6 期。

《〈妇人大全良方〉的胎教思想浅析》，《黑龙江中医药》2003 年第 6 期。

郑洪~贺小英：《广州中医药大学医史博物馆馆藏文物探析》，《中医文献杂志》1999 年第 4 期。

罗颖凤（兰州大学）

《医疗体制改革报道的框架分析——以〈中国青年报〉为例》，兰州大学硕士学位论文 2007 年。

罗钰坊（铜仁学院/中南民族大学）

《土家族传统妇幼保健知识的传承现状及危机》，《铜仁学院学报》2019 年第 3 期。

梁正海～：《论土家族传统医药的基本特点——基于民族学视角》，《三峡论坛（三峡文学·理论版）》2018 年第 6 期。

～梁正海：《少数民族传统医药知识生产性保护研究》，《铜仁学院学报》2018 年第 4 期。

车越川～：《土家族传统医药生产性保护路径探讨》，《南方论坛》2018 年第 2 期。

《仪式疗法：土家族过关仪式的医学人类学阐释——以鄂西兴安村为个案》，《贵州民族研究》2018 年第 1 期。

车越川～：《传统医药类非物质文化遗产生产性保护——以土家族传统妇幼保健知识为例》，《农家参谋》2017 年第 21 期。

～车越川：《传统医药知识利用与农村医疗卫生改革的互动研究——以土家族传统医药知识为例》，《铜仁学院学报》2015 年第 6 期。

～梁正海：《土家族传统医药知识研究述评》，《贵州师范大学学报（社会科学版）》2015 年第 3 期。

《土家族传统妇幼医药知识及其现代价值研究》，中南民族大学硕士学位论文 2013 年。

～梁正海：《土家族传统妇幼保健知识的类型、文化特征与价值——对鄂西兴安村的人类学考察》，《长江师范学院学报》2012 年第 9 期。

罗毓琪（华中科技大学）

《健康传播视角下微博平台艾滋病议题研究》，华中科技大学硕士学位论文 2016 年。

罗元恺（广州中医学院）

《〈傅青主女科〉的文理是否"粗鄙"》，《新中医》1991 年第 12 期。

《中医妇产科历史的回顾和展望》，《天津中医学院学报》1991 年第 4 期。

《阴阳学说是中医理论体系的核心》，《新中医》1991 年第 4 期。

《中国妇科学的源流和发展》，《广州中医学院学报》1990 年第 4 期。

《菁莪毓秀　杏苑花繁——广东中医药专科学校史略》，《广州中医学院学报》1986 年 Z1 期。

《〈内经〉有关妇产科条文阐释》，《新中医》1986 年第 8 期。

《广东中医药专科学校史略》，《新中医》1985 年第 6 期。

《〈金匮要略〉妇人病篇》，《新中医》1984 年第 9 期。

《祖国医学中妊娠与全身病的诊治原则》，《新医学》1983 年第 7 期。

《张景岳的学术思想及其对妇科的论点》，《中医杂志》1982 年第 7 期。

《祖国医学的阴阳五行学说》，《广东中医》1957 年第 1 期。

罗元文（辽宁大学）

～王慧：《日本医疗保险制度经验对中国的启示》，《日本研究》2009 年第 4 期。

～梁宏艺：《中日韩医疗保险制度比较及对中国的启示》，《日本研究》2008 年第 4 期。

～宋丽娟：《中国农村医疗保障发展缓慢的原因分析》，《辽宁经济》2007 年第 3 期。

陈德君～：《日本医疗保险制度及其对我国的启示》，《日本研究》2002 年第 3 期。

罗跃红（华中师范大学）

《"高度关注"下乡村艾滋病人社会行动策略研究——以鄂西北 HL 村乡村艾滋病人为例》，华中师范大学硕士学位论文 2013 年。

罗运胜(湖南文理学院)

《日军常德细菌战的社会经济危害与影响》,《武陵学刊》2017 年第 4 期。

《第三次"侵华日军细菌战罪行"国际学术研讨会综述》,《日本侵华史研究》2015 年第 4 期。

《侵华日军细菌战理论探析》,《军事历史研究》2015 年第 1 期。

《1942 年桃源县李家湾鼠疫流行事件考述》,《湖南文理学院学报(社会科学版)》2006 年第 6 期。

《日军细菌战对常德地区社会经济的影响初探》,《湖南文理学院学报(社会科学版)》2005 年第 2 期。

罗哲文

《"郎中""大夫"考》,《光明日报》1962 年 1 月 27 日。

罗振宇(华东师范大学)

《上海工部局公共卫生管理研究(1854—1937)》,华东师范大学博士学位论文 2016 年。

《私营到公用:工部局对上海公济医院的管理》,《史林》2015 年第 4 期。

《"救己"到"救人":工部局早期医疗服务与城市公共医疗的起源(1854—1898)》,《江苏社会科学》2014 年第 3 期。

罗正月(福建师范大学/福建省财政干部学院)

《论农民工医疗保险制度建构中的政府责任》,《福建师范大学学报(哲学社会科学版)》2008 年第 3 期。

《澄清农民工医疗保障制度的认识误区》,《福州党校学报》2007 年第 3 期。

《我国农村合作医疗制度:反思与重构》,《福州党校学报》2005 年第 3 期。

罗志平(厦门卫生学校)

《秦汉时期古方剂量考征》,《国医论坛》1999 年第 2 期。

罗志田(四川大学)

《新旧之间:近代中国的多个世界及"失语"群体》,《四川大学学报(哲学社会科学版)》1999 年第 6 期。

罗宗志(广西民族大学/中山大学)

《百年来人类学巫医研究的综述与反思》,《百色学院学报》2007 年第 4 期。

《百年来西方人类学巫术研究综述》,《广西民族研究》2006 年第 3 期。

罗祖颐

《祖国最古的医方》,《中医杂志》1956 年第 12 期。

吕炳奎

《中医界必须认清自己的责任——试谈五行学说的存废问题》,《福建中医药》1963 年第 1 期。

吕慈(锦州市卫生防疫站)

~于英丽:《1950 年以来我国传染病统计资料流行病学分析》,《中国卫生统计》1997 年第 4 期。

吕丹丹(青海大学医学院)

《浅谈中、西医放血疗法之前世今生》,《世界最新医学信息文摘》2015 年第 9 期。

吕凤书

《我国沙眼文献集抄》,《东方医学杂志》1936 年第 4 期。

吕富渊(北京师范大学)

《19 世纪后期英国动物疫病防治机制构建研究》,北京师范大学博士学位论文 2018 年。

《19 世纪英国社会有关狂犬病的争论与防治》，《学术研究》2017 年第 4 期。

《18 世纪英国关于犬类税的争论》，《西华师范大学学报（哲学社会科学版）》2015 年第 4 期。

吕国喜（西北师范大学）

《论白居易闲适诗中的"病"》，《盐城师范学院学报（人文社会科学版）》2010 年第 4 期。

吕桂霞（聊城大学/东北师范大学）

～黎庭仲：《浅析侵越战争对越南生态的影响：以"牧场工行动"为个案》，《历史教学问题》2014 年第 1 期。

《印支危机与美国在南越喷洒除草剂的设想与试验》，《辽宁大学学报（哲学社会科学版）》2011 年 1 期。

《1971 年尼克松政府在越南终止使用除草剂的原因探析》，《山东师范大学学报（人文社会科学版）》2010 年第 3 期。

《除草剂对越战退伍军人的影响析论》，《历史教学（高校版）》2009 年第 12 期。

吕红安（河南大学）

《浅析宋代的医学教育》，《科教文汇（下旬刊）》2007 年第 6 期。

吕红菊（大连大学）

《民国时期生育节制思想研究综述》，《湖北函授大学学报》2011 年第 9 期。

吕建辉（民和县人民医院）

《历史上气候变迁是伤寒与温病学派产生的真正原因》，《实用中医内科杂志》1993 年第 2 期。

吕建林（南京医科大学附属江宁医院）

～毛荣等：《医学模式发展中医患沟通的历史嬗变》，《南京医科大学学报（社会科学版）》2015 年第 4 期。

～吴锐：《中世纪前对尿石症的认识简史》，《中华医史杂志》2014 年第 1 期。

吕金娥（陕西中医药大学/陕西中医学院）

～李亚军：《〈痘科辨证〉疑难词语考释——以靥、虾、焮、撚、谵等为例》，《陕西中医药大学学报》2018 年第 1 期。

～张逸美：《〈痘科辨证〉作者及版本评考》，《陕西中医药大学学报》2017 年第 2 期。

～刘海燕：《孙思邈医德修养与儒道思想的渊源关系》，《陕西中医学院学报》2015 年第 2 期。

《讳饰在古医籍中的应用》，《文学教育（下）》2009 年第 1 期。

吕金山（中国中医科学院）

《古代"药物归经"的经络理论运用研究》，中国中医科学院硕士学位论文 2010 年。

李哲、徐明元～：《清·周岩〈本草思辨录〉学术思想探讨》，《中国实验方剂学杂志》2010 年第 8 期。

李哲～：《论宋代主要医药卫生政策可取之处》，《中国中医药信息杂志》2010 年 S1 期。

迟芬芳、李哲～：《传统医学文献中针灸疗法对中医立法的启示》，《中国律师》2010 年第 4 期。

～李哲：《盛寅的医学"教育观"和诊疗"思辨观"研究》，《甘肃中医》2010 年第 2 期。

吕金伟（上海交通大学/华中师范大学）

～吴昊等：《六朝建康灾害研究》，《江苏社会科学》2018 年第 6 期。

《春秋战国时期医患关系初探》，《南都学坛》2017 年第 6 期。

～吴昊：《诈病：西汉官场特殊现象研究》，《江西社会科学》2017 年第 5 期。

《近百余年来中国古代人体解剖史研究概述》，《中医药文化》2017 年第 3 期。

《徐灵胎对人参的认识》,《中医药文化》2016 年第 5 期。

《论春秋战国时期病者的治病之法》,《长江师范学院学报》2016 年第 3 期。

吴昊~:《春秋战国时期诈病现象研究》,《浙江学刊》2016 年第 1 期。

吴昊~:《〈齐民要术〉与南北朝时期饮食文化交流》,《四川旅游学院学报》2016 年第 1 期。

《春秋战国时期医者与病者研究》,华中师范大学硕士论文 2015 年。

王玉德~:《晚周秦汉医学知识传承研究》,《医学与哲学(A)》2014 年第 10 期。

《汉初的医疗市场与医病关系——以淳于意医案为中心》,《长江师范学院学报》2014 年第 4 期。

《明清时期海南地区疫灾探略》,《琼州学院学报》2014 年第 3 期。

《周代儒家的疾病观考察》,《长江师范学院学报》2014 年第 2 期。

吕景山(山西省针灸研究所)

《施今墨对药研究》,《山西中医》2008 年第 3 期。

吕军伟(河南中医学院)

冯堃~:《丁甘仁治疗外感病经验》,《中医药学报》2010 年第 3 期。

李成文~:《丁泽周治疗痹证医案特色》,《中医药学报》2009 年第 3 期。

《丁甘仁教育思想及形成背景》,《河南中医》2009 年第 6 期。

吕莉莉(郑州大学)

《疯癫与理智之间——莎士比亚四大悲剧中的疯癫形象》,郑州大学硕士学位论文 2012 年。

吕美颐(郑州大学/河南大学)

~郑永福:《近代中国新法接生的引进与推广》,《山西师大学报(社会科学版)》2007 年第 5 期。

《晚清不缠足运动述略》,《中州学刊》1985 年第 6 期。

吕萌

~珊珊:《光辉业绩 无私奉献——纪念脑内乙酰胆碱的发现者张锡钧院士》,《科学新闻》1999 年第 24 期。

吕明纯

《明治后期日本与台湾之鼠疫与防治(1894—1911)》,《台湾教育史研究会通讯》第 44 期(2006)。

吕明方

《儒道佛与中医学》,《医古文知识》1994 年第 1 期。

吕平(华中科技大学同济医学院)

~刘芳等:《内窥镜发展史》,《中华医史杂志》2002 年第 1 期。

~刘芳等:《腹腔镜外科百年发展史》,《中华医史杂志》2001 年第 4 期。

吕强(西北政法大学)

《民国文献中的疫苗使用与管理——以民国报刊报道的霍乱疫苗为例》,《近代中国》2017 年 00 期。

吕世琦

《祖国医学对疟疾的认识和治疗》,《浙江中医杂志》1957 年第 7 期。

吕思勉

《郑君湘溪传》,《中西医学报》1917 年第 9 期。

《辩梁任公阴阳五行说之来历》,《东方杂志》1923 年第 20 期。

吕维柏(中国中西医结合学会)

《中西医结合学会的发起经过》,《中国中西医结合杂志》2001 年第 8 期。

《中外医学发展史比较》,《中华医史杂志》2000 年第 1 期。

《中西医结合的过去、现在和将来》,《中国中医药信息杂志》1998 年第 2 期。

《艾滋病是"不治之症"吗? ——兼论我国"恐艾症"的来源和对策》,《中国性病艾滋病防治》1997 年第 1 期。

《医学目的将要解决的问题——美国底特律医学的目的会议综述》,《医学与哲学》1996 年第 9 期。

《中国传统医学与医学的目的》,《医学与哲学》1995 年第 1 期。

《"医学的目的"国际计划中国组首次讨论会议纪要》,《医学与哲学》1994 年第 9 期。

《医学的目的与医疗危机——"医学的目的"讨论会体会》,《医学与哲学》1994 年第 5 期。

吕文江(北京大学)

《医疗如何与政治相关——杨念群〈再造"病人"〉述评》,《社会学研究》2007 年第 4 期。

吕文洁(辽宁大学)

《抗战时期伤残军人的救助问题研究》,辽宁大学硕士学位论文 2017 年。

吕文亮(湖北中医学院)

《温病治未病的学术思想探讨》,《浙江中医杂志》1996 年第 3 期。

《叶天士食疗思想浅析》,《陕西中医函授》1996 年第 1 期。

吕锡琛(中南大学)

《道教养生智慧及其现代价值》,《中国宗教》2013 年第 9 期。

陈明～:《道德与精神健康:新视角下的伦理学与心理学的会通与融合》,《唐都学刊》2010 年第 1 期。

《道学与西方心理治疗学的互动及其意义》,《哲学研究》2009 年第 2 期。

王婷婷～:《〈黄帝内经〉贵人乐生的生命伦理思想浅析》,《商丘师范学院学报》2009 年第 1 期。

《道家思想对于调治焦虑和抑郁心理的启示》,《上海师范大学学报(哲学社会科学版)》2007 年第 1 期。

《论〈抱朴子〉的心理保健智慧》,《中国道教》2005 年第 4 期。

覃青必～:《〈道德经〉的心理调治方法初探》,《中南大学学报(社会科学版)》2005 年第 1 期。

唐劭廉～:《道家视野中的白沙心学》,《茂名学院学报》2004 年第 2 期。

唐劭廉～:《尊天保真,贱物贵身外物反情——〈淮南子〉道德心理学思想解读》,《自然辩证法研究》2004 年第 4 期。

《论中华民族应对灾变的养德调心智慧》,《湖南社会科学》2003 年第 4 期。

《道家养德调心的意义治疗思想蠡测》,《道德与文明》2002 年第 5 期。

《论道家人生哲学的心理保健功能》,《心理科学》2002 年第 5 期。

《道家的意义治疗智慧》,《中南工业大学学报(社会科学版)》2002 年第 4 期。

《欲望、生命及理性和谐统一的大智——论〈吕氏春秋〉"审顺其天而以行欲"的心理卫生思想》,《中南工业大学学报(社会科学版)》2000 年第 1 期。

《论嵇康"安心全身"的养生心理学思想》,《船山学刊》2000 年第 1 期。

《老庄养生伦理论》,《中国医学伦理学》1994 年第 1 期。

吕晓英(绍兴文理学院)

《弃医从文:鲁迅的言说策略》,《鲁迅研究月刊》2008 年第 1 期。

吕选民（陕西省中医学校）

《中国古代民间推拿按摩疗法发展史略》,《中国民间疗法》2006 年第 8 期。

吕学静（首都经济贸易大学）

《日本护理保险的经办管理与启示》,《中国医疗保险》2018 年第 9 期。

～许东黎：《国外经验对我国探索建立长期护理保险制度的借鉴》,《中国人力资源社会保障》2017 年第 6 期。

康蕊～：《统筹城乡医疗保障一体化》,《中国老年学杂志》2017 年第 5 期。

王争亚～：《我国医疗保险付费方式改革研究》,《理论月刊》2016 年第 7 期。

《日本长期护理保险制度最新改革的启示》,《中国人力资源社会保障》2016 年第 4 期。

《日本医疗保险筹资与费用控制措施》,《中国医疗保险》2014 年第 6 期。

《日本长期护理保险制度的建立与启示》,《中国社会保障》2014 年第 4 期。

～丁一：《国外老年人长期照护制度研究述评》,《山西师大学报（社会科学版）》2014 年第 1 期。

丁一～：《发达国家（地区）老年人长期照护制度研究综述——兼论中国老年人长期照护制度的对策》,《学术论坛》2013 年第 12 期。

《我国失能老人照护保险的缺失与应对》,《中国医疗保险》2013 年第 12 期。

李佳～：《弱势群体医疗保险参与公平性及影响因素分析》,《华东经济管理》2013 年第 2 期。

《非理性就医的深层原因及防范措施》,《中国医疗保险》2012 年第 6 期。

吕静～：《对各国（地区）建立覆盖城乡医疗保障体系背景研究》,《经济学问题探索》2011 年第 7 期。

《日本医疗点数付费方式及借鉴》,《中国医疗保险》2010 年第 6 期。

李锦～：《世界各地医保费用结算评述》,《中国医疗保险》2009 年第 5 期。

许东黎～：《医疗保险费用支付方式的发展趋势和选择策略》,《中国医疗保险》2009 年第 5 期。

《日本医疗体制概览》,《中国社会保障》2007 年第 4 期。

吕亚虎（西北大学）

《帛书〈胎产书〉所见早期孕育信仰浅析》,《江汉论坛》2009 年第 6 期。

《马王堆汉墓资料所见求子巫术浅析》,《历史教学（高校版）》2008 年第 1 期。

～王晖：《马王堆汉墓资料所见之藏胞巫术》,《求索》2007 年第 10 期。

吕艳霞（南京中医药大学）

《英国国家卫生制度及其对中国的启示》,《经济研究导刊》2014 年第 34 期。

吕于菊（厦门大学）

《重构公立医院医患关系的研究——以 Z 市某公立医院为例》,厦门大学硕士学位论文 2018 年。

吕跃军（大理大学/大理学院）

《白族传统养生文化》,《中华中医药杂志》2019 年第 7 期。

～左志雄：《白族医药理论体系探析》,《大理大学学报》2018 年第 10 期。

谢兵～颜敏：《中药材红花的文献考证》,《亚太传统医药》2018 年第 9 期。

～于昊燕：《多元文化背景下白族医药的传承与发展》,《大理大学学报》2018 年第 7 期。

尹莉莉～张建婷等：《大理白族医家段飞龙的学术思想研究》,《中华民族医药杂志》2016 年第 1 期。

杨清春～杨培英等：《白族医学人文思想对当代医学人文精神建构的启示——以云南省鹤庆县陈作楷白族医药世家为例》,《中国医学伦理学》2015 年第 2 期。

何丽珍～周凡:《白族医药文化传承与发展的困境及对策分析——以云南省洱源县杨永寿白族医药世家为例》,《中国民族民间医药》2014 年第 15 期。

麻永梅～张凡等:《大理白族医家段洪光生平及学术思想研究》,《中国民族医药杂志》2014 年第 11 期。

于昊燕～:《从两则大理白族神话看舍己文化对医学人文的建设意义》,《大理学院学报》2013 年第 2 期。

吕云福(海南省人民医院)

～李新秋等:《肠梗阻治疗的历史回溯》,《中华医史杂志》2007 年第 1 期。

吕运明

《林可胜与中国红十字会救护总队》,《贵州文史天地》1995 年第 5 期。

吕志峰(华东师范大学)

《汉简〈脉书〉与帛书〈阴阳十一脉灸经〉互校三则》,《中国文字研究》2015 年第 1 期。

吕志连(浙江省中医药研究院)

《〈中国医学报〉——我国最早发行的医学期刊之一》,《中医文献杂志》2005 年第 1 期。

胡滨～朱树良等:《浙江中医药古籍资源调查与分析》,《中国中医药信息杂志》2003 年第 2 期。

《浙江省建国以来 294 项中医与中西医结合科研成果简析与思考》,《中国中医药信息杂志》1995 年第 1 期。

《〈普济方〉乌须黑发方药分析》,《中医药信息》1986 年第 5 期。

《杨继洲〈针灸大成·医案〉简析》,《吉林中医药》1984 年第 5 期。

《陆定圃〈冷庐医话〉评述》,《中医杂志》1984 年第 10 期。

《浅谈〈伤寒论〉外治法》,《湖北中医杂志》1983 年第 6 期。

吕中(唐山市冶金锯片厂医务室)

《读〈丛桂草堂医草〉——试谈袁焯的学术思想和临床经验》,《中医杂志》1982 年第 6 期。

Lynn Payer

～赵乐静:《医疗实践是如何反映民族文化的》,《世界科学》1991 年第 1 期。

M

马爱群(辽宁省卫生厅)

《合作医疗实践的回顾与评价》,《中国卫生经济》1986 年第 2 期。

马宝记(许昌学院)

《建安年间全国疾疫及其防治》,《许昌学院学报》2005 年第 3 期。

马保良(北京体育大学)

《彝族传统医生的现状调查研究》,北京体育大学硕士学位论文 2018 年。

马弼德

《宝石于古医术上之应用》,《中华医学杂志》1939 年第 11 期。

马丙祥(河南中医学院一附院)

～张建奎等:《中医古籍对脑性瘫痪的认识》,《河南中医》2010 年第 5 期。

～薛辉等：《〈万氏家藏〉儿科学术思想探析》，《国医论坛》1996 年第 6 期。

马伯英（湖南中医药大学/英国金斯顿大学/全英中医药联合会/上海医科大学/上海第一医学院）

～严暄暄：《中医理论与方法的新思维——中医"虚拟""气化"较之西医"质测""实体"》，《中医药导报》2017 年第 8、9 期。

张青龙、郑晓红～：《〈黄帝内经〉自然观浅议》，《中医药导报》2016 年第 9 期。

张青龙、郑晓红～：《"量子"视野下的中医自然观》，《中医杂志》2016 年第 8 期。

张青龙……万银泉～：《中医基础理论的科学内涵》，《医学与哲学（A）》2016 年第 1 期。

郑晓红～：《中西医结合的当前之路：融通协同》，《中国中西医结合杂志》2015 年第 12 期。

《中译英的困惑：词义和语境如何准确表达兼论中医文稿的英译》，《环球中医药》2012 年第 11 期。

《人类学方法：探索中医文化的深层次结构》，《科学》2014 年第 2 期。

邝丽诗～：《天花病毒实验室保存失误事件回顾和泛思》，《中华医史杂志》2013 年第 4 期。

《中外医学的跨文化传通》，《科学》2012 年第 6 期。

《我记忆中的李约瑟博士》，《中华医史杂志》2012 年第 5、6 期。

《海外（英国）中医教学的特点和瓶颈浅析》，《天津中医药》2012 年第 3 期。

《中国医学文化史研究的总体结论》，《科学》2011 年第 3 期。

《医学史研究的实用性价值——兼评〈中医方剂学发展史〉》，《环球中医药》2010 年第 6 期。

《英国中医立法的曲折历程和经验教训》，《环球中医药》2010 年第 2 期。

《健康理念的发展与现代研究之悖论》，《中华医史杂志》2010 年第 1 期。

Alicia Grant～：《人痘接种 30 法及其文化背景因素析》，《中华医史杂志》2010 年第 1 期。

Alicia Grant～：《18 世纪土耳其人接种人痘吗？——医学跨文化传通错位典例分析》，《中华医史杂志》2009 年第 4 期。

Alicia Grant～：《伏尔泰〈谈种痘〉及蒙塔古夫人传种人痘于英国史料辨误》，《中华医史杂志》2009 年第 3 期。

《医学史与医史学》，《中华医史杂志》2009 年第 3 期。

《关于中医国际合作研究的课题选择之刍议》，《世界中医药》2008 年第 2 期。

《中医科学性的内涵兼论科学、非科学和伪科学》，《科学文化评论》2007 年第 2 期。

《中医学是优质的生态医学》，《发明与创新》2007 年第 1 期。

～邝丽诗等：《阿尔卑斯山五千三百年前的冰人身上有针灸起源的证据吗？（英文）》，《亚太传统医药》2006 年第 2 期。

《踪寻古希腊医圣》，《中华医史杂志》2004 年第 4 期。

～邝丽诗：《中国的人痘与牛痘——纪念詹纳发明牛痘 200 周年》，《科学》1997 年第 3 期。

《论牛痘接种法的起源》，《医学与哲学》1996 年第 9 期。

《参观琴纳博物馆——纪念琴纳发明牛痘 200 周年》，《中华医史杂志》1996 年第 4 期。

《中国的人痘接种术是现代免疫学的先驱》，《中华医史杂志》1995 年第 3 期。

《天作地合，人其一也——试析中医理论底蕴"泛生态医学规律"的总结和适应原理》，《中国中医基础医学杂志》1995 年第 2 期。

《人类学方法在中医文化研究中的应用》，《医学与哲学》1995 年第 2 期。

《中国近代医学卫生事业的先驱者伍连德》，《中国科技史料》1995 年第 1 期。

《对中西医药结合进行总结的有益尝试》，《医学与哲学》1994 年第 2 期。

《〈神农本草经〉成书年代的人类学方法研究》,《中医研究》1992 年第 1 期。

《关于我国医学起源问题的辩证思考》,《医学与哲学》1991 年第 8 期。

盛亦如～:《略论中医理论的认识模式——中医与中国传统文化之研讨》,《中医研究》1991 年第 4 期。

《中国古代主要传染病辨异》,《自然科学史研究》1991 年第 3 期。

《张仲景事略考》,《中医研究》1991 年第 3 期。

《兼容并蓄　开发新知——论魏晋医学的兴、失、容、放》,《上海中医药杂志》1991 年第 2 期。

《从人类学角度研究回回医药文化》,《回族研究》1991 年第 2 期。

《略论道家与道教文化对中医的影响》,《中国社会医学》1991 年第 2 期。

《以史为镜　可明兴替——十九世纪末二十世纪初抗天花预防接种回顾调查》,《上海中医药杂志》1991 年第 1 期。

《医学文化人类学引论》,《医学与哲学》1990 年第 7、8 期。

《〈黄帝内经〉著书形式考》,《中医研究》1990 年第 2 期。

《医易非同源,医理有易理》之辩》,《医学与哲学》1990 年第 4 期。

甄志亚、盛亦如～:《"辨证论治"体系形成过程中的方法论问题浅析》,《医学与哲学》1987 年第 10 期。

《中西医解剖学的历史特征及其形成原因的探讨》,《自然杂志》1986 年第 2 期。

《张仲景在医学史上的不朽地位》,《中医药学报》1985 年第 4 期。

《〈山海经〉中药物记载的再评价》,《中医药学报》1984 年第 4 期。

《中西医整体性临床思维探讨》,《哲学研究》1984 年第 4 期。

《真纳在发明牛痘前原是位种人痘的医生》,《中华医史杂志》1984 年第 3 期。

《〈内径〉整体观原理初探》,《上海中医药杂志》1984 年第 2 期。

《中西医汇通史概》,《中西医结合杂志》1983 年第 6 期。

李约瑟～林群:《中国和免疫学的起源》,《中医药学报》1983 年第 4 期。

《孙思邈所见到的〈伤寒论〉》,《中医杂志》1982 年第 11 期。

《论"气"的中介性质及对中医学理论形成的影响》,《中医药学报》1982 年第 4 期。

马长春（长春中医药大学）

～朴松兰:《满族的医疗认知与针灸疗法》,《中医药文化》2019 年第 3 期。

～方彦成:《满族美容撷萃》,《中医药文化》2013 年第 2 期。

《满族养生保健特色撷珍》,《中医药文化》2012 年第 4 期。

～马丹:《陈修园〈家藏心典〉痹证论治探微》,《世界中西医结合杂志》2009 年第 11 期。

《满族医药文化研究述略》,《中医药文化》2007 年第 2 期。

马长山（华东政法大学）

《公共政策合法性供给机制与走向——以医改进程为中心的考察》,《法学研究》2012 年第 2 期。

马晨东（河北联合大学）

～计阿丹:《中印俄三国医疗保障制度的对比研究及启示》,《现代医药卫生》2013 年第 2 期。

马驰骋（江西师范大学）

《传统疾疫与近代社会——〈东三省疫事报告书〉的整理与研究》,江西师范大学硕士学位论文 2009 年。

马聪(外交学院)

《国际规范变迁的动力——以卫生检疫规范为例》,外交学院硕士学位论文 2010 年。

马翠(新疆医科大学)

~张向阳:《中国与周边独联体国家医疗卫生状况的比较》,《卫生软科学》2016 年第 12 期。

~姚萱等:《中国与俄罗斯医疗卫生状况的比较》,《新疆医科大学学报》2011 年第 7 期。

马磊磊(陕西省友谊医院/马振友皮肤病研究所/西安交通大学医学院第二附属医院)

~王娟等:《瘢痕名词源流及规范》,《中国医学文摘(皮肤科学)》2015 年第 10 期。

马振友、韩世荣~:《瘑疮源流之考证》,《中国美容医学》2014 年第 3 期。

~赵天恩等:《中国典籍中"麻风"一词的演变与典故》,《中国科技术语》2013 年第 5 期。

陈星……张建中~:《中国近代西医学及皮肤花柳病学开拓者嘉约翰及其专著》,《中国皮肤性病学杂志》2014 年第 4 期。

~赵天恩等:《中国典籍中"麻风"病名之嬗变》,《中国麻烦皮肤病杂志》2013 年第 7 期。

~刘艳等:《为中国近代西医皮肤性病学的创建和发展作出杰出贡献的外籍医师》,《中国皮肤性病学杂志》2013 年第 8 期。

马翠莲(青岛大学)

《先秦儒家养生思想研究》,青岛大学硕士学位论文 2016 年。

马达(郑州大学)

《历史上中医中药在越南的传播和影响》,《医学与哲学(人文社会医学版)》2008 年第 3 期。

马大正(温州市中医院)

《〈宋大诏令集〉医令选释》,《医古文知识》1990 年第 1、4 期。

《献医籍可得官》,《医古文知识》1989 年第 4 期。

《历史的反思——论封建礼教对明代妇产科学的影响》,《中医药学报》1989 年第 3 期。

《谈古代对滋养细胞肿瘤的认识》,《中医药学报》1989 年第 1 期。

《中医妇科多义词(字)举例》,《医古文知识》1989 年第 1 期。

《谈谈古代对滋养细胞肿瘤的认识》,《南京中医学院学报》1988 年第 2 期。

《中国的婚育历史及其医学卫生认识》,《中医药学报》1988 年第 1 期。

《王岳与其〈产书〉》,《山东中医学院学报》1988 年第 1 期。

《汉代妇产科略述》,《陕西中医》1987 年第 11 期。

《唐代妇产科学概况》,《中华医史杂志》1986 年第 3 期。

《晋代妇产科学术成就》,《中华医史杂志》1988 年第 1 期。

马大祖

《不能用疾病解释历史的发展——评〈中国预防医学思想史〉的某些论点》,《读书月报》1955 年第 2 期。

马丹阳(郑州大学)

《清代河南医药神信仰与药材会探析》,郑州大学硕士学位论文 2019 年。

马德明(宁夏固原县人民医院)

《〈本草纲目〉与回回药物》,《中国民族医药杂志》1999 年 S1 期。

马得汶(兰州大学)

《西北民族地区医疗过程中的疾病与文化》,兰州大学博士学位论文 2017 年。

《医患矛盾的三个维度:西宁 X 医院的研究报告》,《北方民族大学学报(哲学社会科学版)》2017 年第 2 期。

《西部民族地区患者择医的文化因素探析——基于青海省藏医院的医学人类学调查》,《西北师大学报(社会科学版)》2017 年第 1 期。

《患者需求层次理论及其医学人类学启示——基于西宁市 X 医院的田野调查》,《西北师大学报(社会科学版)》2016 年第 4 期。

马登潮(浙江省档案馆)

~周峰林:《世纪罪行——侵华日军对浙细菌战述略》,《浙江档案》2003 年第 12 期。

《日军曾在浙江进行细菌战》,《浙江档案》1991 年第 10 期。

马丁·戈尔斯基(英国伦敦卫生与热带医学学院)

~撰,翟少辉译:《"卫生体系"理念与卫生体系比较研究的发端(1891—1969)》,《医疗社会史研究》2016 年第 1 期。

~撰,白爽、闵凡祥译:《英美医疗卫生服务制度改革比较研究(1900—1950)》,《英国研究》2014 年 00 期。

马定祥

《楼钥攻媿集引证考》,《中华口腔科杂志》1958 年第 4 期。

马冬菊(大连海事大学)

《药品专利保护与公共健康权的冲突与平衡》,大连海事大学硕士学位论文 2011 年。

马东峻(北京中医学院)

《吉益东洞及其医学观》,《浙江中医学院学报》1983 年第 1 期。

《六经管见》,《辽宁中医杂志》1980 年第 1 期。

马冬玲(全国妇联妇女研究所)

《"软"技术的社会建构及其不满:对护士劳动过程的质性研究》,《武汉理工大学学报(社会科学版)》2019 年第 5 期。

《护理假与企业社会责任》,《中国社会工作》2018 年第 14 期。

《近代护理职业女性化中的性别协商》,《华中女子学院学报》2018 年第 4 期。

《护士形象的再现——对〈人民日报〉1949 年以来文本的分析》,《山东女子学院学报》2018 年第 4 期。

《进步与妥协:西方护理职业化中的性别建构》,《妇女研究论丛》2011 年第 4 期。

吴菁~:《"中国妇女健康促进:政策与措施论坛"综述》,《妇女研究论丛》2003 年第 2 期。

马飞(山东大学)

《晚清来华传教士德贞研究》,山东大学硕士学位论文 2009 年。

玛格丽特·汉弗莱斯(美国杜克大学)

《美国医疗社会史的发展与演进》,《医疗社会史研究》2017 年第 2 期。

马光霞(山东大学)

《监理会在华事业研究(1848—1939)》,山东大学博士学位论文 2012 年。

《晚清新教在华医疗卫生事业的拓展(1834—1911)》,《消费导刊》2011 年第 13、17 期。

~冯向飞:《胡美与雅礼会》,《中华医史杂志》2009 年第 5 期。

马桂花(内蒙古民族大学)

~阿其拉图:《蒙古族传统正骨术发展历史概述》,《中国民族民间医药》2017 年第 3 期。

马国华(暨南大学)

~陈伟庆:《苏轼涉药诗探析》,《安徽农业科学》2012 年第 34 期。

麻国庆(中山大学)

《身体的多元表达:身体人类学的思考》,《广西民族大学学报(哲学社会科学版)》2010 年第 3 期。

马海德(中国麻风协会/基金会)

《请全体医生都为消灭麻风尽一把力——给全国卫生厅长局长的一封公开信》,《中国麻风杂志》1995 年第 4 期。

《要抓紧麻风防治的改革》,《中国麻风杂志》1987 年第 1 期。

~叶干运等:《中国麻风学界悼念一位朋友——Louis Boudreaux(1915~1986)》,《中国麻风杂志》1987 年第 1 期。

《麻风防治措施的新观点》,《中华预防医学杂志》1986 年第 3 期。

~叶干运:《悼念麻风病学专家布朗·斯坦莱·乔治博士》,《中国麻风杂志》1986 年第 3 期。

《在西北东北华北麻风防治工作会议上卫生部顾问马海德同志的讲话》,《中国麻风杂志》1986 年第 3 期。

《卫生部顾问马海德博士在中国麻风协会、中国麻风基金会和中国麻风防治研究中心成立暨第一次中国国际麻风学术讨论会开幕大会上的讲话》,《中国麻风杂志》1986 年第 1 期。

杨理合……郑新才~:《广东省潮安县的麻风综合防治报告(1956—1984)》,《中国麻风杂志》1986 年第 1 期。

~叶干运等:《麻风防治与科研出国考察组的汇报(摘要)》,《皮肤病防治》1983 年 Z1 期。

《消灭麻风病的新途径》,《皮防战线》1981 年 Z2 期。

《麻风病防治工作的进展和今后工作意见 卫生部马海德顾问 1980 年 5 月 9 日在广西皮肤科年会和麻防工作会议上的讲话(摘要)》,《广西医学》1980 年第 5 期。

王成义……吴肇武~李恒英:《广西玉林县麻风病人家内治疗(药物隔离)效果的调查》,《广西医学》1980 年第 5 期。

马海龙(兰州商学院)

《我国农村合作医疗制度的历史沿革》,《发展》2006 年第 9 期。

马海如

《藏医学的发展及流传》,《光明日报》1962 年 4 月 19 日。

马汉广(黑龙江大学)

~敬立军:《福柯论疯癫话语建构及意义》,《吉林师范大学学报(人文社会科学版)》2011 年第 3 期。

马宏坤(哈尔滨医科大学)

~吴玉华等:《美国医疗费用控制策略》,《国际医药卫生导报》2004 年第 11 期。

~吴玉华等:《美国医疗费用控制策略》,《国际医药卫生导报》2003 年第 23 期。

~吴玉华等:《美国医疗保健制度的改革措施与成效》,《中国卫生事业管理》2002 年第 7 期。

~吴玉华等:《近五十年美国医疗保健制度演进对我国医疗制度改革的启示》,《医学与哲学》2002 年第 5 期。

～吴玉华等:《美国医疗费用控制策略》,《中国卫生经济》2002 年第 2 期。

张福利～徐维廉:《为医学"会诊"——当代医学的主要缺憾》,《医学与哲学》2000 年第 10 期。

～徐维廉:《"医学的目的"国际计划的评价与思考》,《中国卫生事业管理》1999 年第 4 期。

马红梅(南京师范大学)

《民国时期南京城市环境卫生管理(1927—1937)》,南京师范大学硕士学位论文 2013 年。

马红治(学苑出版社/中国中医研究院)

～曾凤:《宋人校订〈千金要方〉脉论考证》,《北京中医药大学学报》2014 年第 7 期。

《清代前中期方剂学成就与特点研究(1644—1840)》,中国中医研究院硕士学位论文 2005 年。

《清代"第一医官"刘裕铎》,《中华医史杂志》2004 年第 4 期。

马辉(吉林大学)

《我国医疗卫生事业中政府角色定位》,吉林大学硕士学位论文 2008 年。

马慧(昆明医科大学)

《古代医学教育形式对当今医学教育的推动和制约》,《昆明医学院学报》2012 年 S1 期。

马慧芳(延安大学)

～贺婉茹:《试析抗战时期陕甘宁边区妇幼卫生教育的措施及成效》,《延安大学学报(社会科学版)》2016 年第 5 期。

马惠敏(河北大学)

《宋代女性疾病与治疗——以〈夷坚志〉为中心》,河北大学硕士学位论文 2018 年。

马慧群(西安交通大学医学院第二附属医院)

陈星、赵波～张建中等:《中国近代西医学及皮肤花柳病学开拓者嘉约翰及其专著》,《中国皮肤性病学杂志》2014 年第 4 期。

马矗矗……张建中～马振友:《为中国近代西医皮肤性病学的创建和发展作出杰出贡献的外籍医师》,《中国皮肤性病学杂志》2013 年第 8 期。

～马振友等:《中医皮肤科学简史》,《中国皮肤性病学杂志》2011 年第 5 期。

～郑雯等:《中国皮肤科学大事记》,《中国皮肤性病学杂志》2010 年第 6、7、10 期。

马冀(北京联合大学)

陈雪英～:《毛泽东与农村合作医疗制度的形成及其当代价值——以"六二六"指示为中心的考察》,《毛泽东思想研究》2017 年第 1 期。

～陈雪英:《1965 年北京市农村巡回医疗运动考察》,《中国社会科学院研究生院学报》2017 年第 1 期。

《医疗下乡与国家建设——以 1965 年通县为中心的考察》,《党史研究与教学》2014 年第 2 期。

《农村传统合作医疗制度研究的现状和思考》,《中共党史研究》2013 年第 3 期。

～王小满:《新中国初期北京市农村医疗卫生工作探析》,《兰州学刊》2012 年第 3 期。

马继兴(中国中医科学院/中国中医研究院)

《日本历史上保存与发现的中医药古文献》,《中医文献杂志》2009 年第 5 期。

《日本古旧遗址中发现的零残中医古文献概况》,《天津中医药大学学报》2008 年第 3 期。

～郑金生:《国内失传中医善本古籍的抢救回归与发掘研究》,《医学研究通讯》2005 年第 5 期。

《〈桐君采药录〉辑校》,《中医文献杂志》2005 年第 4 期。

《〈桐君采药录〉考察》,《中医文献杂志》2005 年第 3 期。

《〈桐君采药录〉的著者桐君》,《中医文献杂志》2005 年第 2 期。

《全国各地出土的秦汉以前医药文化资源》,《中医文献杂志》2002 年第 3、4 期;2003 期 1、2、3、4 期。

《〈食物本草〉序》,《文献》2002 年第 2 期。

《俄国现藏的中国出土古医药文献》,《中华医史杂志》1999 年第 1 期。

《双包山稀罕墓出土经脉漆木人型的研究》,《新史学》第 8 卷第 2 期(1997.6)

《双包山汉墓出土的针灸经脉漆木人形》,《文物》1996 年第 4 期。

～郑金生:《药学史学科在当代发展的现状和趋势》,《中国药学杂志》1991 年第 9 期。

《继敦煌残卷中发现的〈内经〉古诊法后的再发现》,《上海中医药杂志》1991 年第 5 期。

《马王堆汉墓医书的药物学成就》,《中医杂志》1986 年第 5、6、7、8 期。

《〈小品方〉残卷研究》,《中国医药学报》1986 年第 3 期。

《从〈素问〉王注探讨〈灵枢经〉在唐代之三种古传本》,《天津中医学院学报》1986 年 Z1 期。

《帛书〈脉法〉初探》,《湖南考古辑刊》1986 年 00 期。

《日本汉医界现状与中医善本藏书》,《中医药信息》1985 年第 3 期。

《〈医心方〉中的古医学文献初探》,《日本医学史杂志》第 31 卷第 3 号(1985)。

～胡乃长:《〈本草纲目〉版刻简录》,《中医杂志》1984 年第 8 期。

《〈(华佗)内照图〉源流考》,《北京中医》1984 年第 1 期。

《〈千金方〉的版本及其保存的古本草著作》,《中医杂志》1983 年第 5 期。

《北京药铺的针灸铜人》,《北京中医》1982 年第 1 期。

《马王堆古医书中有关采药、制药和藏药的记述》,《中医杂志》1981 年第 7 期。

《马王堆汉墓医书中药物剂量的考察》,《中药通报》1981 年第 3 期。

郑金生～:《神谷本〈绍兴本草〉初步研究》,《中医杂志》1981 年第 2 期。

《我国最古的药酒酿制方》,《中国药学杂志》1980 年第 7 期。

《马王堆古医书中有关药物制剂的文献考察》,《中国药学杂志》1979 年第 9 期。

《仿制宋天圣铜人》,《中医杂志》1979 年第 9 期。

《台西村商墓中出土的医疗器具砭镰》,《文物》1979 年第 6 期。

～周世荣:《考古发掘中所见砭石的初步探讨》,《文物》1978 年第 11 期。

《唐人写绘灸法图残卷考》,《文物》1964 年第 6 期。

《宋代的人体解剖图》,《中华医史杂志》1957 年第 2 期。

《汉及先秦诸子论疾病》,《广东中医》1956 年第 11 期。

《汉代及汉以前非医学文献中有关预防医学的记载》,《新中医药》1956 年第 7 期。

《关于证类本草的一些问题的商榷》,《中华医史杂志》1955 年第 3 期。

《在我国历史上最早大一部药典学著作——唐新修本草》,《中华医史杂志》1955 年第 2 期。

《古代禁针穴的学说和在针灸施术中的禁针问题》,《中医杂志》1953 年第 2、4 期。

《日本汉医科学化之经过和他们的经验教训》,《北京中医》1952 年第 3 期。

《禁针穴之原理考察》,《中国针灸学》1948 年第 3 期。

马健(浙江传媒学院)

《医学样本提供者的知情权与专利收益分享权——基因医学研究中一个亟待解决的重要问题》,《科学学研究》2009 年第 8 期。

《危机事件中的科学传播——基于"SARS"与"禽流感"疫情的研究》,《科学学研究》2008 年第

3 期。

马建军（宁夏大学）

《伊斯兰教信仰在回族聚居区医患关系中的价值分析》,《人力资源管理》2015 年第 10 期。

《〈古兰经〉养生意蕴刍议》,《兰台世界》2015 年第 3 期。

马建民（北方民族大学）

《明孝宗之死与刘文泰"妄进药饵案"》,《赤峰学院学报（汉文哲学社会科学版）》2010 年第 10 期。

～李建华:《明代宁夏地区医事制度考略》,《北方民族大学学报（哲学社会科学版）》2010 年第 1 期。

马捷（北京中医药大学）

《从一则"中医药文告"探究晚清台湾"医儒互动"医疗现象》,《中医药文化》2019 年第 4 期。

～李小林:《从一则"丝绸之路"中医药文告看中越医药文化交流》,《中医药文化》2018 年第 3 期。

～李峰等:《从肝论治失眠的文献研究》,《中华中医药文献杂志》2012 年第 4 期。

张煜……谢云武～刘燕等:《唐宋时期中藏医香熏疗法的比较研究》,《中医伤残医学》2012 年第 3 期。

～李峰等:《失眠症中医学溯源与思考》,《国医论坛》2012 年第 3 期。

马捷～宋月晗:《〈难经本义〉图释考》,《辽宁中医药大学学报》2012 年第 1 期。

马金生（民政部第一零一研究所/中国人民大学）

《民国时期媒介对医病形象的建构:以〈申报〉医讼报导为中心的文本分析》,载周武主编《上海学》第 3 卷（上海:上海人民出版社 2016 年）。

《自保、革新与维权——中医界对医患纠纷的认识和因应（1927—1949 年）》,《浙江学刊》2015 年第 3 期。

《中国医患关系史研究刍议》,《史学理论研究》2015 年第 2 期。

《医病纠纷研究的史学关照》,（香港）《二十一世纪》第 144 期（2014.8）。

《医患纠纷:是个历史难题》,《东方早报·上海书评》2013 年 12 月 15 日第 5 版。

《中西医之争与民国时期的西医诉讼案》,《浙江学刊》2013 年第 2 期。

《明清时期的医病纠纷探略》,《史林》2012 年第 1 期。

《从医讼案看民国时期西医在华传播的一个侧面》,《中国社会历史评论》2012 年 00 期。

《论民国初期北京地区的行医管理和医病关系》,《北京社会科学》2011 年第 4 期。

《从〈医界镜〉看明清时期民间的行医活动》,《寻根》2010 年第 4 期。

～付延功:《明清时期医德问题的社会史考察——以 16 至 18 世纪为中心》,《史林》2008 年第 3 期。

《一部疾病医疗社会史的力作——评〈疾病改变历史〉》,《史学理论研究》2005 年第 4 期。

马军（北京医科大学）

《洛克菲勒集团与医学》,《中华医史杂志》2001 年第 3 期。

《洛克菲勒集团与医学》,《中华医史杂志》2000 年第 4 期。

《20 世纪上半叶收藏医学刊物最丰富的图书馆》,《中华医史杂志》2000 年第 3 期。

《20 世纪前半叶西方医学期刊的数目》,《中华医史杂志》2000 年第 2 期。

马俊杰（南京中医药大学）

《论明清时期虞山医派》,《中国中医基础医学杂志》2015 年第 11 期。

～周春祥:《陈亦人学术思想探析》,《南京中医药大学学报（社会科学版）》2015 年第 2 期。

～张以来：《张仲景"量辨思想"及其对现代研究的启示》，《中华中医药杂志》2014 年第 11 期。

～张以来、陶镠：《陶君仁临证思想探析》，《中华中医药杂志》2014 年第 6 期。

《虞山医派对张仲景学术思想的继承发展刍议》，《中医杂志》2014 年第 2 期。

马堪温（中国中医研究院）

《清道光帝禁针灸于太医院考》，《上海中医药杂志》2002 年第 4 期。

《中医兔唇修补术史考证》，《南京中医药大学学报（社会科学版）》2001 年第 2 期。

《从医人到医国——孙中山的医学生涯》，《中华医史杂志》1997 年第 4 期。

《维尔康医史研究所简况》，《中华医史杂志》1995 年第 2 期。

《历史上的医生》，《中华医史杂志》1986 年第 1 期。

高晓山～：《藏红花药用历史源流考》，《中医年鉴》1985 年卷。

《针灸西传史略》，《中医年鉴》1984 年卷。

《针灸西传史略（1949 年以前）》，《中华医史杂志》1983 年第 2 期。

～黄楷：《话谈中药（七）鉴真在中日医药交流上的杰出贡献》，《中药通报》1982 年第 2 期。

《阿拉伯医学——中世纪医学的灯塔》，《中华医史杂志》1982 年第 2 期。

《中医药流传日本简史》，《新中医》1979 年第 2、3 期。

《国外近年医史书刊情况简介》，《科学史研究动态》1963 年 12 月 16 日。

《清代医学家王清任》，《健康报》1963 年 5 月 8 日。

《祖国清代杰出的医学家王清任》，《科学史集刊》1963 年 5 月 6 日。

《有关医学历史人物评价的几个问题》，《中医杂志》1963 年第 4 期。

《西方"医学之父"——希波克拉底》，《健康报》1963 年 4 月 10 日。

《国外 1955—1956 年的几个医学史会议介绍》，《医学史与保健组织》1957 年第 3 期。

《唐代伟大的医学家孙思邈》，《大众医学》1956 年第 6 期。

～许会瑛译：《论苏联卫生学史研究的任务》，《中华医史杂志》1955 年第 3 期。

《内丘县神头村扁鹊庙调查记》，《中华医史杂志》1955 年第 2 期。

《关于医学起源的问题》，《中华医史杂志》1955 年第 2 期。

～译：《俄国科学家在医学上的贡献》，《中华医史杂志》1955 年第 1 期。

《唐代名医孙思邈故里调查记》，《中华医史杂志》1954 年第 4 期。

M.C.伽茨，～译：《苏联口腔医学的历史根源》，《中华口腔科杂志》1954 年第 2 期。

～译：《卫生史的教学和研究》，《中华医史杂志》1953 年第 4 期。

～译：《医学史的任务》，《中华医史杂志》1953 年第 4 期。

～译：《流行病史的研究》，《中华医史杂志》1953 年第 3 期。

思·阿·西马士阔撰，～译：《苏联公共卫生的先驱者弗·弗·爱利斯曼》，《中华医史杂志》1953 年第 2 期。

《苏联免疫学奠基人伊·伊·麦赤尼可夫生平事业简介》，《中华医史杂志》1953 年第 2 期。

～译：《二十世纪医学史研究概况》，《中华医史杂志》1953 年第 1 期。

《阿维森纳的生平及逸事》，《中华新医学报》1952 年第 5 期。

《一九五一年七月份国内医药卫生刊物调查》，《中华新医学报》1951 年第 10 期。

马克·哈里森（牛津大学）

～撰，刘岩岩、王海玉译：《印度的疟疾、人口与发展（1860—1947 年）》，《医疗社会史研究》2018 年第 1 期。

～撰，邹翔译：《疾病的漩涡：19 世纪的霍乱与全球一体化》，《西南民族大学学报（人文社科版）》2018 年第 1 期。

～著，王伟宇译：《简介 20 世纪英国的医学史研究》，《中华医史杂志》2014 年第 6 期。

马克·J.克劳利（武汉大学）

～撰，郝静萍译：《战时英国的政府、工会和煤矿：开采中的健康与安全（1939—1945）》，《医疗社会史研究》2019 年第 1 期。

马琨（西藏民族学院）

《隋唐道教自然观与传统医学理论研究》，西藏民族学院硕士学位论文 2010 年。

马乐乐（苏州大学）

《美国老年医疗照顾政策（1965）的形成及影响》，苏州大学硕士学位论文 2007 年。

马乐天（南京中医药大学）

《〈甲乙经〉病症及诊治规律研究》，南京中医药大学硕士学位论文 2019 年。

马力（贵阳中医学院）

《论孝道思想对历代医家从医动机之影响》，《贵州大学学报（社会科学版）》2008 年第 6 期。

～杨柱：《论殷人疾病观念及其对医学发展的影响》，《南京中医药大学学报（社会科学版）》2008 年第 4 期。

《医巫同源与分离》，《贵州大学学报（社会科学版）》1998 年第 6 期。

玛莉安娜·温德（伦敦大学维尔康医学史研究所）

～刘铁程：《藏医学与古代及中世纪西方医学的比较》，《西北民族大学学报（哲学社会科学版）》2011 年第 3 期。

玛丽·道格拉斯

～唐铎：《〈利未记〉叙事功能：病体救赎与宗教重构》，《百色学院》2013 年第 4 期。

马丽华（太原市中医研究所）

～王安娜等：《〈傅青主女科〉运用白术规律探析》，《山西中医》1994 年第 2 期。

马丽敏（陕西师范大学）

《我国新闻媒体医患关系报道的受众研究——以西安市为例》，陕西师范大学硕士学位论文 2013 年。

马力群（广州中医药大学）

《艾灸疗法医案研究》，广州中医药大学博士学位论文 2009 年。

～秦文敏等：《浅析〈针灸资生经〉艾灸疗法医案特色》，《云南中医中药杂志》2009 年第 9 期。

～许能贵：《从艾灸疗法医案分析〈针灸大成〉的灸疗学术特点》，《长春中医药大学学报》2009 年第 4 期。

马良梅（北京中医药大学）

《徐灵胎对〈伤寒论〉学术思想的继承和发展》，北京中医药大学硕士学位论文 2012 年。

马琳（中国医学科学院/北京协和医学院）

～郑英等：《我国参与全球卫生治理回顾与展望》，《南京医科大学学报（社会科学版）》2014 年第 4 期。

～郑英等：《我国与 WHO 合作策略简要分析》，《南京医科大学（社会科学版）》2014 年第 3 期。

~杨肖光等:《部分国家基本医疗卫生保健制度比较分析——基于政策执行视角的研究设计初探》,《中国初级卫生保健》2013年第9期。

《不同时期我国国际卫生合作策略研究——以与世界卫生组织合作策略为例》,北京协和医学院硕士学位论文2013年。

马梅青(山东省委机关医院)

《试论中医病因学说及其发展》,《山东中医杂志》2003年第8期。

《试述刘完素〈伤寒直格〉的学术特点》,《山西中医学院学报》2003年第3期。

马敏(华中师范大学)

《抗战期间教会大学的西迁——以华中大学和湘雅医学院为例》,《华中师范大学学报(哲学社会科学版)》1996年第2期。

马明达(暨南大学)

~武香兰:《元代医法初探》,《暨南学报(哲学社会科学版)》2008年第2期。

~武香兰:《元朝的太医院》,《西北民族研究》2008年第1期。

《马凤图与六合大枪——纪念马凤图先生诞辰100周年》,《中华武术》1998年第9期。

《铁肩侠胆燕山客玉骨冰心沧州翁——纪念回族名中医马凤图先生》,《西北民族学院学报(哲学社会科学版.汉文))》1997年第3期。

《汉代居延边塞的医药制度——读居延汉简札记》,《西北师大学报(社会科学版)》1980年第4期。

马明越(河北医科大学)

《王孟英诊治杂病经验研究》,河北医科大学硕士学位论文2010年。

马娜(广西师范大学)

《〈增广校正和剂局方〉辑补校注与版本源流考》,山西中医药大学硕士学位论文2019年。

马青连(安徽医科大学)

王晨霁~:《传染病防治比较研究——以中日妇幼保健立法为视角》,《法制博览》2017年第18期。

蒋娟~:《中日母婴保健法律制度比较研究及启示》,《南京医科大学学报(社会科学版)》2017年第2期。

《民国时期医患纠纷解决机制研究》,《广东社会科学》2016年第2期。

《南京国民政府时期医患纠纷解决机制的动态考察》,《安徽农业大学学报(社会科学版)》2015年第6期。

马强(山东师范大学)

《魏晋南北朝隋唐道医关系探究》,山东师范大学硕士学位论文2009年。

《唐朝时期的道教医家及其医学成就》,《安徽文学(下半月)》2008年第8期。

马强(西南大学)

《唐宋西南、岭南瘴病地理与知识阶层的认识应对》,《中国历史地理论丛》2007年第3期。

马晴燕(中山大学)

《中医院里的小皇帝——广东省中医院儿科的人类学个案研究》,中山大学硕士学位论文2006年。

马秋莎(美国欧柏林大学)

《洛克菲勒基金会与中国公共卫生的早期发展——以混合杂交理论为视角》,《医疗社会史研究》2016年第1期。

马仁智（安徽中医学院）

《汪昂对中医学普及的贡献》，《江苏中医杂志》1987 年第 4 期。

《〈本草备要〉及其学术成就》，《安徽中医学院学报》1986 年第 4 期。

马瑞（南京中医药大学）

～金桂兰：《谈张锡纯脾胃思想的学术特色》，《新中医》2008 年第 8 期。

～金桂兰：《李东垣运用升阳风药浅析》，《新中医》2008 年第 3 期。

麻瑞勤（云南大学）

《缅甸独立后卫生事业的发展——基于现代化指标的分析》，云南大学硕士学位论文 2016 年。

马莎（天津中医学院）

～郭义：《中国不同民族刺络放血疗法的比较研究》，《天津中医药》2004 年第 1 期。

马士敦

～卜万年：《中国之非法堕胎》，《中华医学杂志》1929 年第 1 期。

马双（昆明医科大学）

《昆明医科大学与泰国宋卡王子大学临床医学专业培养体系的分析研究》，昆明医科大学硕士学位论文 2014 年。

马肃平（上海外国语大学）

《新中国成立后我国公共卫生报道话语变迁研究——以血吸虫病、非典和 H7N9 事件为例》，上海外国语大学硕士学位论文 2014 年。

马焘（河北农业大学）

～马翠花：《美国医疗救助制度的得与失》，《人民论坛》2011 年第 8 期。

马涛（天津师范大学）

《11—14 世纪伦敦城市卫生状况考察》，《安庆师范学院学报（社会科学版）》2014 年第 3 期。

马婷（山东中医药大学）

《古代中医教育方式对当今教育的启示》，《云南中医学院学报》2010 年第 4 期。

马同惊（北京市朝阳区结核病防治研究所）

《回顾中国防痨协会》，《中国防痨杂志》1995 年第 1、2、3、4 期；1996 年第 1 期。

《结核病防治工作中一项战略措施——查出必治、治必彻底》，《中国防痨通讯》1982 年第 4 期。

《开设工厂定时门诊的一些情况和体会》，《中国防痨杂志》1965 年第 6 期。

马王堆汉墓帛书整理小组

《马王堆汉墓出土医书释文》，《文物》1975 年第 6、9 期。

马伟宁（浙江大学）

《英国国家卫生制度及其对我国基本医疗卫生制度改革的启示》，浙江大学硕士学位论文 2009 年。

马维骐（成都中医药大学／成都中医学院）

赵晓晖～：《日本汉方医"伤寒派"腹诊诊法探析》，《现代中医药》2018 年第 2 期。

～贾波等：《管窥藏医尿诊法》，《四川中医》2010 年第 12 期。

贾波～侯璐：《藏医发展史小考》，《四川中医》2010 年第 6 期。

《〈难经〉与闻诊》，《陕西中医》1993 年第 9 期。

《闻诊小史考略》，《湖北中医杂志》1988 年第 6 期。

马文(华中师范大学)

《杰克·伦敦南海小说中的疾病与帝国主义》,华中师范大学硕士学位论文 2014 年。

马文礼(天津中医药大学)

《〈肘后备急方〉及治伤源流考》,《天津中医药大学学报》2007 年第 2 期。

马希权(鲁东大学)

《权力、知识和精神病学主题——福柯的视角》,《医学与哲学(人文社会医学版)》2006 年第 9 期。

马祥(山东中医药大学)

～张丰聪等:《对近代中医药期刊研究现状的分析》,《山东中医药大学学报》2014 年第 3 期。

《民国中医药期刊〈中国女医〉研究》,山东中医药大学硕士学位论文 2014 年。

～王振国:《〈光华医药杂志〉"女医专号"特点评述》,《世界中西医结合杂志》2013 年第 5 期。

～张丰聪等:《中国第一种女中医杂志——〈中国女医〉》,《南京中医药大学学报(社会科学版)》2013 年第 4 期。

马晓(第四军医大学)

《中英医患关系道德调节的比较研究》,第四军医大学硕士学位论文 2002 年。

马晓芳(辽宁省档案馆)

《征田鼠制造细菌散鼠疫残害中国人民》,《兰台世界》2000 年第 7 期。

马晓峰(天津中医药大学)

王子瑜～:《〈金匮要略〉妊娠慎用药运用浅析》,《浙江中医杂志》2019 年第 8 期。

钱伟强、王敏～:《论〈金匮要略〉"分消法"及其证治规律》,《长春中医药大学学报》2019 年第 2 期。

师哲～:《"辛开苦降法"在〈伤寒论〉、〈金匮要略〉、〈温病学〉中的运用》,《天津中医药大学学报》2018 年第 3 期。

郭琛英～:《〈金匮要略〉与〈傅青主女科〉论带下》,《湖南中医》2017 年第 7 期。

陈雨佳～:《从〈伤寒论〉〈金匮要略〉浅谈心肾不交》,《四川中医》2017 年第 2 期。

陈思茵、温玉～:《论〈伤寒论〉〈金匮要略〉〈温病条辨〉中高频药物的运用》,《河南中医》2016 年第 12 期。

胡晓凯～:《〈金匮要略〉竹皮大丸新解》,《成都中医药大学学报》2016 年第 1 期。

王拓然～:《论〈金匮要略〉黄芪建中汤之"补气者加半夏"》,《山东中医杂志》2016 年第 7 期。

曹姗～:《从〈金匮要略〉〈脉浮〉看仲景之脉诊》,《辽宁中医药大学学报》2013 年第 8 期。

任少辉、席鹏飞～:《张仲景〈金匮要略〉中针灸疗法初探》,《河北中医》2012 年第 4 期。

席鹏飞、任少辉～:《〈金匮要略〉疝病的具体分型及证治探析》,《长春中医药大学学报》2011 年第 4 期。

席鹏飞～:《〈金匮要略〉对〈内经〉痹证思想的继承与发展》,《长春中医药大学学报》2011 年第 4 期。

任少辉～:《从〈金匮要略〉谈仲景的护理学思想》,《长春中医药大学学报》2011 年第 4 期。

臧超越～:《〈金匮要略〉惊发致四部病刍议》,《四川中医》2011 年第 4 期。

陈华、张国骏～:《浅析〈伤寒论〉中虚阳外越之证治》,《河南中医》2010 年第 12 期。

马晓军(河南大学)

《基督教与近代河南的医疗事业》,《大庆师范学院学报》2012 年第 1 期。

马小兰（广州中医药大学）

《〈内经〉病因病机学说源流研究》，广州中医药大学博士学位论文 2005 年。

《岭南医家郭元峰〈脉如〉学术思想诠释》，《中医药学刊》2005 年第 4 期。

～蔡松涛：《从四元素说到五行学说试探中西医理论模式的不同》，《中国中医基础医学杂志》2002
年第 3 期。

《浅论何梦瑶〈医碥〉之脉学成就》，《中华医史杂志》2001 年第 4 期。

马晓亮（山东中医药大学）

陈萍～：《浅谈中国古代音乐治疗思想》，《甘肃中医》2011 年第 6 期。

周洁……陈萍～：《浅析"五脏六腑皆令人咳"》，《河南中医》2009 年第 10 期。

～陈萍：《魏晋南北朝时期医学教育与医事制度考述》，《锦州医学院学报（社会科学版）》2005 年第
2 期。

～陈萍：《关注人文素质教育语境下的中医医史文献》，《医学与哲学》2005 年第 3 期。

马小龙（华东师范大学）

《新中国对非医疗援助外交研究》，华东师范大学硕士学位论文 2017 年。

马小麒（兰州商学院）

《肺结核在中西方文学作品中的隐喻意义》，《甘肃理论学刊》2008 年第 3 期。

《隐喻和阐释——文学作品中的肺结核功能探微》，《兰州交通大学大学学报》2008 年第 2 期。

马晓微（浙江医科大学）

《药物化学的产生和发展》，《中华医史杂志》1994 年第 2 期。

《〈新工具〉对医药方法的论述及其启迪》，《医学与哲学》1989 年第 12 期。

马新平（空军总医院）

《〈针灸甲乙经〉穴位名称中的五行思想探析》，《医学与哲学（人文社会医学版）》2009 年第 12 期。

姜燕～：《〈针灸甲乙经〉"搏"正误辨》，《北京中医药大学学报》2008 年第 3 期。

姜燕～：《〈黄帝三部针灸甲乙经〉题名解》，《中医文献杂志》2007 年第 4 期。

马学博（哈尔滨医科大学/黑龙江省基础医学研究所）

金东英～：《历史学家莫里斯关于伍连德的通信、书评与讣告》，《中华医史杂志》2019 年第 6 期。

金东英～：《东三省防疫事务总处机构名称沿革》，《中华医史杂志》2018 年第 1 期。

《一部章程，浓缩我国现代医院管理的初貌》，《健康报》2017 年 6 月 16 日 008 版。

金东英～：《东三省防疫处的筹建及其经费预算》，《中华医史杂志》2016 年第 6 期。

《圣经中的鼠疫及纪年》，《黑龙江科学》2015 年第 6 期。

金东英～：《滨江医学专门学校首任教务长林家瑞》，《中华医史杂志》2014 年第 5 期。

～金东英：《侵华日军的细菌战剂——印鼠客蚤》，《中华医史杂志》2014 年第 3 期。

《伍连德与举荐他回国效力的友人》，《黑龙江史志》2013 年第 12 期。

金东英～：《李约瑟与伍连德的诚挚友谊》，《中华医史杂志》2013 年第 6 期。

《有关李约瑟编辑〈伍连德自传〉书稿的史料》，《中国科技史杂志》2013 年第 3 期。

～杨微：《伯力士医生及其鼠疫报告书》，《北方文物》2013 年第 2 期。

杨威～李志平：《哈尔滨犹太医院的历史与成因》，《中国科技史杂志》2013 年第 1 期。

～史兴伟：《东三省防疫处图书馆藏书印》，《黑龙江史志》2012 年第 18 期。

《中国近现代第一所常设防疫机构——东三省防疫事务总处百年回顾》，《健康报》2012 年 11 月 23

日 006 版。

《蚤类传播鼠疫机制的发现》,《中华医史杂志》2012 年第 4 期。

《伍连德年谱新编》,《黑龙江史志》2011 年第 4 期。

《1911 哈尔滨焚化鼠疫尸体》,《黑龙江史志》2011 年第 2 期。

《东三省第二次肺鼠疫大流行(1920—1921)述论》,《黑龙江史志》2010 年第 16 期。

《伍连德的三部传世经典》,《黑龙江史志》2010 年第 6 期。

《滨江医学专门学校的创设与历史沿革——档案文献的历史信息解读》,《黑龙江史志》2010 年第 2 期。

～杨威:《近代中国第一所防疫医院——滨江医院》,《当代医学》2007 年第 10 期。

《伍连德学术生涯中的开创性理论建树》,《自然辩证法通讯》2007 年第 3 期。

《滨江医学专门学校建校日期考辨》,《黑龙江史志》2007 年第 2 期。

《万国鼠疫研究会与东三省防疫事务总管理处的建立》,《哲学与哲学(人文社会医学版)》2006 年第 7 期。

《〈黑龙江省都督府稿〉中发现有关东三省防疫事务总处的原始资料》,《中国科技史杂志》2006 年第 4 期。

～金东英:《东三省防疫事务总管理处的设立日期》,《中华医史杂志》2006 年第 2 期。

李志平、张福利～:《心电研究与现代心电图检测法建立的历史回顾》,《中华医史杂志》1999 年第 4 期。

～如元翼:《东三省防疫处纪略》,《中华医史杂志》1999 年第 4 期。

《中外古代早期医学文献述略》,《四川图书馆学报》1997 年第 2 期。

《海峡两岸医学术语的差异》,《医学情报工作》1995 年第 5 期。

《医学文献目录学初探》,《四川图书馆学报》1995 年第 3 期。

《殷仲春与〈医藏书目〉》,《中医文献杂志》1995 年第 3 期。

《我国医学文献目录发生发展诸问题探索》,《医古文知识》1995 年第 2 期。

《中国医书目录源流》,《图书馆学研究》1983 年第 6 期。

马艳春(黑龙江中医药大学)

～周波等:《〈针灸甲乙经〉学术思想及针灸治疗癫痫的探究》,《针灸临床杂志》2011 年第 12 期。

李成文～王琳:《宋金元时期方剂学发展特点探讨》,《中华中医药杂志》2011 年第 3 期。

叶瑜～李成文:《刘完素防治中风经验探讨》,《中医药学报》2008 年第 6 期。

～李成文:《王清任瘀血理论及脑髓说探讨》,《中医药信息》2008 年第 6 期。

康彦同～康广盛:《浅谈近代以后方剂学的发展特点》,《中医药学报》2008 年第 4 期。

《中西医结合刍议》,《中医药信息》2008 年第 2 期。

《从中西医汇通到中西医结合》,《中医药学报》2008 年第 1 期。

马燕冬(中国中医科学院/北京中医药大学)

席榕……张凯文～:《〈元典章〉医政史料管窥》,《中华中医药杂志》2018 年第 2 期。

靳宇智……付璐～:《番泻叶在我国用药史初探——兼谈近代"外来药本土化"现象》,《中国中药杂志》2016 年第 12 期。

付璐、林燕～:《〈太平惠民和剂局方〉香药考》,《中华中医药杂志》2016 年第 10 期。

杨洁～:《西学引入背景下近代针灸临床思维取向和技术特点》,《现代中医临床》2014 年第 3 期。

靳宇智～:《从中医基础理论类教材看肝主疏泄的建构》,《中华医史杂志》2014 年第 1 期。

　～肖红艳等:《从"气主之"到"气主煦之"——中医理论建构史案例研究》,《北京中医药大学学报》2012 年第 9 期。

　肖红艳～刘力力:《从文字学角度解析中医"气"的含义来源》,《中华中医药杂志》2012 年第 8 期。

　刘力力、王育林～:《从"大机里尔"到"胰"——荷兰语医学名词"alvleesklier"汉译探微》,《中西医结合学报》2011 年第 10 期。

　《古代医学分科史考论》,《中华中医药杂志》2010 年第 6 期。

　《〈元丰备对〉正讹及〈中书备对〉佚文考》,《中华医史杂志》2010 年第 4 期。

　王东坡～李宇航等:《古代中医传承师徒标准文献研究》,《中医教育》2008 年第 1 期。

　《近代以前中医肝气理论文献研究》,北京中医药大学博士学位论文 2007 年。

　～鲁兆麟:《论"疏泄"概念的变迁》,《北京中医药大学学报》2007 年第 5 期。

　《"肝体阴用阳"说考辨》,《北京中医药大学学报》2006 年第 3 期。

　《日出东南隅——针刺疗法的缘起》,《中国中医药现代远程教育》2006 年第 3 期。

　《名垂青史的针灸大师》,《中国中医药现代远程教育》2005 年第 3 期。

　《现代教育视野中的中西医关系》,《中医教育》2002 年第 4 期。

　《试论徐大椿的医学教育思想》,《中医教育》1998 年第 2 期。

　～孙正和:《试析徐大椿的临床医学规范化思想》,《北京中医药大学学报》1997 年第 1 期。

马彦韬(上海体育学院)

　～黄强民等:《以起源和发展的视角对比中西医针刺的异同》,《亚太传统医药》2018 年第 8 期。

马洋洋(北京中医药大学)

　《抑郁症的中西医研究进展》,北京中医药大学硕士学位论文 2011 年。

马一平(昆山市爱国卫生运动与健康促进委员会办公室/昆山市爱国卫生运动委员会办公室)

　《清初名医张璐家世考》,《中医药文化》2016 年第 6 期。

　《中国译林先驱和名医赵元益》,《中华医史杂志》2016 年第 1 期。

　《吴中名儒医撷菁》,《中医药文化》2014 年第 2、4 期。

　《吴门中药著名老字号掇萃》,《中医药文化》2014 年第 1 期。

　《吴中名世医撷秀》,《中医药文化》2012 年第 4、5 期。

　《吴中名太医抉英》,《中医药文化》2011 年第 1 期。

　《宋元时期吴中医学的发展和成就》,《中医药文化》2009 年第 2 期。

　《苏州地区对外医学交流史钩沉》,《中医药文化》2007 年第 5 期。

　《"吴中医学甲天下"原因浅析》,《中医药文化》2006 年第 5 期。

　《昆山郑氏妇科二十九代世医考》,《中华医史杂志》2000 年第 2 期。

马义泽(山东师范大学)

　《张从正医学心理学思想探析》,山东师范大学硕士学位论文 2003 年。

　《试论张从正的心理治疗方法》,《山东中医药大学学报》2003 年第 2 期。

马泳(华中科技大学)

　《现代医学与国家政治的交互作用及影响》,《医学与社会》2014 年第 3 期。

　《公立医院"药事服务费"背后的利益博弈与调适》,《医学与哲学(A)》2012 年第 9 期。

马永福(北京西河沿马氏文化传播有限公司)

《还原一个真实的马应龙——北京马应龙眼药(店)的变迁》,《中医药文化》2010年第2期。

马誉澂

《抗生素的起源和发展》,《中华医史杂志》1954年第3期。

马媛(滕州市中心人民医院)

～张莉:《"静脉药物配置中心"发展简史》,《中华医史杂志》2010年第1期。

马远淑(北京服装学院)

《中西方身体观念的审美比较》,北京服装学院硕士学位论文2016年。

马跃(通化师范学院)

～曹雪梅:《清朝末年东北鼠疫中美国作用探析》,《兰台世界》2010年第5期。

马芸(山东大学)

《医治与神治——道教传染病治疗研究》,山东大学硕士学位论文2017年。

马云超(南京大学)

《高丽文宗"请医事件"与宋日关系——11世纪后期日本外交的一个侧面》,《世界历史》2017年第1期。

马云伟(天津中医药大学)

～杨玥等:《藏医学〈四部医典〉时间医学思想探析》,《天津中医药大学学报》2010年第3期。

马哲河(江西武宁县中医院)

《论吴鞠通对承气汤的发展》,《中成药》1991年第1期。

《张仲景舌诊规律初探》,《四川中医》1990年第9期。

《〈内经〉论舌质探析》,《中医函授通讯》1990年第3期。

《喻嘉言治痢法律析义》,《中医函授通讯》1990年第1期。

马真(山东师范大学)

《南京国民政府救灾体制研究(1927—1937)》,山东师范大学硕士学位论文2006年。

马振江(新乡医学院)

雒保军、李晓斌～张睿等:《利益相关者视角下基本药物制度实施的障碍与对策》,《中国卫生事业管理》2012年第6期。

郭丽君……王桂霞～刘英惠:《河南省新乡地区农村居民亚健康状况及疾病状况分布特征》,《新乡医学院学报》2011年第6期。

李晓斌～:《美国老年医疗保险私有化的困境与启示》,《中国卫生经济》2009年第12期。

李晓斌～:《河南省卫生资源配置的城乡差异与对策》,《中国初级卫生保健》2009年第7期。

《试论有中国特色的农村初级卫生保健体系》,《中国卫生经济》2000年第5期。

《合作医疗制度建设与农村卫生事业及经济发展》,《卫生经济研究》1999年第9期。

～刘海平等:《简谈发展完善农村合作医疗制度》,《农村.农业.农民》1999年第4期。

刘勇、郎发轩～:《医院改革需与社会主义市场经济相适应》,《卫生经济研究》1999年第3期。

《河南省乡镇卫生院人力资源配置研究》,《中国卫生资源》1999年第1期。

《试论卫生领域中效率与公平的关系》,《卫生经济研究》1998年第12期。

《乡镇卫生院的发展与合作医疗制度建设》,《中国卫生经济》1998年第4期。

《城乡卫生资源分配不公的原因、影响及对策》,《中国卫生经济》1997年第5期。

董来民～裴大海:《发展农村医疗卫生事业的思考》,《卫生经济研究》1996 年第 10 期。

～王金文等:《当前卫生经济理论研究中存在的问题及对策》,《中国卫生经济》1995 年第 11 期。

《对卫生事业主动适应社会主义市场经济的思考》,《中国卫生经济》1995 年第 9 期。

郑宗秀～沙春阳:《论医疗服务的经济效益》,《卫生经济研究》1995 年第 9 期。

～赵智超等:《试论医院改革的非市场化取向》,《卫生经济研究》1994 年第 2 期。

～刘俊荣:《试论医院管理中的非理性因素及作用》,《医学与哲学》1993 年第 6 期。

《试论医院改革的非市场化取向——兼与周维彪同志商榷》,《中国卫生经济》1993 年第 5 期。

～刘俊荣:《试论当前医患关系被扭曲的成因及对策》,《中国医学伦理学》1993 年第 1 期。

～刘俊荣:《论当前医患关系淡化的成因》,《医学与哲学》1993 年第 1 期。

马振山（浙江省卫生厅）

《医院及医院管理发展的历史概述》,《浙江医学》1983 年第 1 期。

马振友（马振友皮肤病研究所）

～张建中等:《齐鲁西医及皮肤性病学传播者聂会东》,《中国麻风皮肤病治》2014 年第 6 期。

～张建中:《银屑病名词源流之考证》,《中国美容医学》2014 年第 6 期。

～张广中等:《皮肤源流之考证》,《中国美容医学》2014 年第 5 期。

陈星……马矗矗～:《中国近代西医学及皮肤花柳病学开拓者嘉约翰及其专著》,《中国皮肤性病学杂志》2014 年第 4 期。

～李雨璇等:《瘑疮源流之考证》,《中国美容医学》2014 年第 3 期。

孙永库……张广中～:《英国传教医师马雅各父子在中国》,《中华医史杂志》2014 年第 2 期。

～张建中等:《齐鲁医院及麻风疗养院院长海贝殖》,《中国麻风皮肤病杂志》2013 年第 5 期。

马矗矗……张建中～张玉森:《中国典籍中"麻风"一词的演变与典故》,《中国科技术语》2013 年第 5 期。

～张建中等:《建国初期皮肤病与性病学一级教授介绍》,《中华皮肤科杂志》2013 年第 2 期。

韩世荣～:《医学与皮肤病史专家赵石麟研究员逝世》,《中国皮肤性病学杂志》2011 年第 11 期。

马慧群～张建中:《中医皮肤科学简史》,《中国皮肤性病学杂志》2011 年第 5 期。

肖生祥～:《皮科泰斗医师楷模记中国著名皮肤性病专家刘辅仁教授》,《中国皮肤性病学杂志》2009 年第 4 期。

麻致远

《中医典籍上地方性季节性疾病的研究》,《新中医药》1957 年第 12 期。

《祖国医学儿科发展概况》,《浙江中医杂志》1957 年第 8 期。

马忠庚（聊城大学）

《论黑死病对中世纪欧洲社会变迁的影响》,《聊城大学学报（社会科学版）》2004 年第 1 期。

《试论佛教的医学科技观》,《自然辩证法通讯》2007 年第 4 期。

《从佛教医学看佛教》,《山东社会科学》2004 年第 12 期。

麦雅谷

《中国麻疯的简史》,《麻疯季刊》1929 年第 1 期。

满洪杰（山东大学/复旦大学）

《医疗损害机会丧失赔偿规则研究》,《法学家》2019 年第 4 期。

《风险社会视角下医疗损害责任立法之反思——兼评〈民法典侵权责任编(草案)〉的相关规定》，《山东大学学报(哲学社会科学版)》2019 年第 4 期。

《论院外会诊的医疗损害责任》，《法学论坛》2019 年第 3 期。

《医疗损害责任因果关系虚无陷阱及其化解——兼评法释[2017]20 号第 12 条》，《法学》2018 年第 7 期。

《关于受试者知情同意权的立法建议》，《四川大学学报(哲学社会科学版)》2018 年第 3 期。

《医疗道歉法与医疗纠纷解决机制的发展——美国经验与中国进路》，《当代法学》2017 年第 6 期。

《不当生命之诉与人格利益保护》，《法学》2017 年第 2 期。

《泰国〈全民健康保障法〉及其对我国医疗保障立法的启示》，《法学论坛》2016 年第 4 期。

《论成年被监护人医疗决定问题：以被监护人意愿为中心》，《山东大学学报(哲学社会科学版)》2016 年第 3 期。

《从"黄金大米"事件看未成年人人体试验的法律规制》，《法学》2012 年第 11 期。

《论医学人体试验中的侵权责任——以比较法为视角》，《法学论坛》2012 年第 5 期。

《论跨国人体试验的受试者保护——以国际规范的检讨为基础》，《山东大学学报(哲学社会科学版)》2012 年第 4 期。

《医学人体试验特殊受试者保护研究——以比较法为视角》，《东岳论丛》2012 年第 4 期。

《人体试验法律问题研究》，复旦大学博士学位论文 2009 年。

《人类胚胎的民法地位刍议》，《山东大学学报(哲学社会科学版)》2008 年第 6 期。

《作为知情同意原则之例外的紧急专断治疗——"孕妇死亡"事件舆论降温后的思考》，《法学》2008 年第 5 期。

满雪(山东中医药大学)

《海源阁藏医籍考》，山东中医药大学硕士学位论文 2015 年。

～刘更生：《曹炳章藏抄本〈本草乘雅半偈〉考略》，《江苏中医药》2015 年第 3 期。

～刘更生：《山东省图书馆藏海源阁医籍考述》，《中医文献杂志》2015 年第 1 期。

～刘更生：《海源阁医籍收藏源流及散佚简史》，《世界中西医结合杂志》2014 年第 12 期。

～刘更生：《海源阁藏〈东垣先生试效方〉考略》，《山东中医药大学学报》2014 年第 6 期。

～刘更生：《海源阁藏〈兰台轨范〉考略》，《中医文献杂志》2013 年第 5 期。

莽萍(中央社会主义学院)

《动物福利法溯源》，《河南社会科学》2004 年第 6 期。

毛晨(南京师范大学)

《多维视角下文学作品中的"疾病"研究》，南京师范大学硕士学位论文 2015 年。

毛翠英(南京财经大学)

～刘炳芳等：《江苏新型农村合作医疗财政补助资金的实证研究》，《市场周刊(理论研究)》2013 年第 12 期。

《新型农村合作医疗政府间公共筹资标准分摊机制研究》，《财政研究》2011 年第 12 期。

《财政压力视角下的中国农村合作医疗制度变迁》，《中南财政经法大学学报》2008 年第 4 期。

毛达(北京师范大学)

《垃圾：城市环境史研究的一个重要主题》，《北京师范大学学报(社会科学版)》2008 年第 3 期。

毛德华（湖北省中医药研究院）

《樵川太守李之用首刊〈万氏全书〉考》,《湖北中医杂志》1997 年第 1 期。

《万全生平若干史事考》,《中华医史杂志》1995 年第 2 期。

《〈万氏家传点点经〉非万全著作》,《湖北中医杂志》1994 年第 2 期。

《〈万密斋医学全书〉成书年代辨正》,《江苏中医》1992 年第 7 期。

《万全家世及生卒考》,《湖北中医杂志》1992 年第 4 期。

《庞安时弟子考正》,《江苏中医》1991 年第 1 期。

《庞安时生卒年和籍里辩误》,《湖北中医杂志》1990 年第 4 期。

毛德西（河南省中医院）

《李东垣脾胃学说的特点与用药规律探讨》,《河南中医学院学报》2004 年第 2 期。

《论中国传统医学基础理论的特点》,《中国中医基础医学杂志》1999 年第 4 期。

毛富荣（云南德宏州卫生学校）

～吉永丽:《中缅边境德宏州鼠疫流行史概述》,《中国地方报防治杂志》1991 年第 2 期。

毛光骅（河南中医学院）

《基督教在河南省的传播与西方医学的传入》,《中华医史杂志》1995 年第 4 期。

《咎殷与〈经效产宝〉》,《中医药学报》1991 年第 3 期。

《〈植物名实图考〉在医药史上的影响》,《天津中医学院学报》1990 年第 4 期。

《简述古代病案之沿革》,《陕西中医函授》1988 年第 6 期。

《太极拳源流小考》,《天津中医学院学报》1987 年第 1 期。

《北宋时期汴京的医药卫生》,《国医论坛》1987 年第 1 期。

《最早的医书出版局》,《中医函授通讯》1985 年第 6 期。

《祖国医学的急救法历史源长》,《安徽中医学院学报》1985 年第 1 期。

《我国第一部法医学——〈洗冤集录〉》,《河南赤脚医生》1981 年第 3 期。

《我国最早的针灸专书——〈针灸甲乙经〉》,《河南赤脚医生》1981 年第 3 期。

《我国第一部病源证候学〈诸病源候论〉》,《河南赤脚医生》1981 年第 2 期。

《我国最早的外科医学专著——〈刘涓子鬼遗方〉》,《河南赤脚医生》1981 年第 1 期。

《朱棣与他的〈救荒本草〉》,《河南中医学院学报》1980 年第 2 期。

《我国第一部诊断专著——〈脉经〉》,《河南赤脚医生》1979 年第 4 期。

《简谈祖国医学史上的创造发明》,《河南中医学院学报》1978 年第 1 期。

《王安石变法对我国医药卫生事业的影响》,《河南中医学院学报》1975 年第 2 期。

毛光远（甘肃民族师范学院）

《近代中国军事兽医教育之滥觞——陆军兽医学校》,《军事历史研究》2018 年第 4 期。

《20 世纪 40 年代甘宁青畜疫防治析评》,《中国农史》2009 年第 4 期。

《抗战时期甘南藏区医疗卫生建设研究》,《西藏大学学报(社会科学版)》2009 年第 4 期。

《抗战时期青海蒙藏牧区畜疫防治述论》,《青海民族研究》2008 年第 4 期。

冒海燕（广西师范大学出版社）

《民国杂志解读出的中医秘密——〈医界春秋:1926—1937——民国中医变局中的人和事〉一书评析》,《中医药文化》2011 年第 6 期。

《朱湘与中医师高思潜的通信》,《中医药文化》2007 年第 5 期。

毛慧敏(南昌航空大学)

《毛泽东中医药思想及其当代价值研究》,南昌航空大学硕士学位论文 2017 年。

茅济棠

《疟疾治疗之演进》,《国医导报》1941 年第 1—2 期。

毛剑峰

~吴琼英:《伯驾与广州第一家西医医院》,《岭南文史》1995 年第 1 期。

~吴琼英:《伯驾与广州眼科医院》,《华东师范大学学报(哲学社会科学版)》1995 年第 2 期。

茆静(南京大学)

《英国女医生的身份构建与转型——19 世纪 60 年代至 20 世纪 30 年代》,南京大学硕士学位论文 2019 年。

毛开颜(河南省中医院)

《陈其昌及其〈湿证发微〉》,《河南中医》2005 年第 5 期。

朱光、朱作峰~:《中医预防学的形成与特色》,《中国中医基础医学杂志》2001 年第 7 期。

《〈金匮要略〉针灸法初探》,《河南中医》2001 年第 3 期。

毛利霞(河南科技大学/北京师范大学)

郑成美~:《1858 年泰晤士河"大恶臭"及其治理探析》,《鄱阳湖学刊》2019 年第 2 期。

《19 世纪伦敦下水道改革探究》,《苏州科技大学学报》2019 年第 1 期。

《19 世纪中叶英国的结核病性别隐喻探究》,《文化研究》2018 年第 4 期。

《从浪漫到现实——19 世纪英国人的结核病认知演变》,《学术研究》2018 年第 6 期。

《19 世纪末英格兰社会净化运动》,《历史教学(下半月刊)》2017 年第 6 期。

《19 世纪伦敦的供水改革与霍乱防治》,《云南民族大学学报(哲学社会科学版)》2017 年第 4 期。

《19 世纪英国围绕性病防治的争端》,《世界历史》2016 年第 5 期。

《19 世纪中叶英国霍乱与公共卫生运动的兴起》,《德州学院学报》2016 年第 1 期。

《约瑟芬·巴特勒与维多利亚时代废除〈传染病法〉运动》,《北方论丛》2015 年第 4 期。

《19 世纪中叶英国的公共卫生运动——以霍乱防治为视角》,《河南科技大学学报(社会科学版)》2015 年第 3 期。

《19 世纪后期莱斯特天花预防对策的演变》,《历史教学(下半月刊)》2014 年第 12 期。

《国家强制与个人自由的交锋——19 世纪后期英格兰反种痘运动》,《历史教学(下半月刊)》2014 年第 1 期。

《19 世纪的英国霍乱与河流污染》,《商丘师范学院学报》2014 年第 1 期。

《19 世纪中叶英国霍乱病因之争》,《大庆师范学院学报》2012 年第 5 期。

《浅论 1831—1849 年间英国人对霍乱的反应和对策》,《大庆师范学院学报》2010 年第 4 期。

《环境史领域的疾病研究及其意义》,《学术研究》2009 年第 6 期。

《疾病、社会与水污染——在环境史视角下对 19 世纪英国霍乱的再探讨》,《学习与探索》《2007 年第 6 期。

《从恐慌到逐步防治——19 世纪英国人对霍乱的反应和对策探讨》,北京师范大学博士学位论文 2006 年。

《霍乱只是穷人的疾病吗?——在环境史视角下对 19 世纪英国霍乱的再探讨》,北京师范大学硕士学位论文 2003 年。

毛良（上海中医药大学/上海中医学院）

《古人称性器官为"阴"、"肾"》,《中医药文化》2007 年第 1 期。

《古医书的"脉"是血脉,非"灸疗感传"》,《中华医史杂志》2002 年第 2 期。

《对〈内经〉冲脉之探讨》,《上海中医药杂志》1992 年第 9 期。

《〈内经〉的经脉是淋巴管吗?——与龚启华先生商榷》,《上海针灸杂志》1990 年第 3 期。

《〈足臂十一脉灸经〉的脉是"感传线"吗?——与孟昭威同志商榷》,《上海针灸杂志》1985 年第 4 期。

《古医书〈脉法〉诠释》,《上海中医药杂志》1983 年第 10 期。

毛圣昌（江苏大学）

《发展补充医疗保险的形式探讨》,《中国卫生事业管理》2002 年第 4 期。

《德国社会医疗保险改革趋势》,《国外医学(卫生经济分册)》2002 年第 3 期。

毛守白

～译:《四十年来苏联医学蠕虫学的成就》,《中华寄生虫病传染病杂志》1958 年第 2 期。

《我国对防治血吸虫病的伟大贡献》,《文汇报》1958 年 9 月 29 日。

毛姝静（四川师范大学）

《一九四０年代成都市公共饮食卫生及其管理研究》,四川师范大学硕士学位论文 2012 年。

茆巍（华东政法大学/广州市荔湾区人民检察院/中国社会科学院）

《医疗、法律与文化——关于传统中国疯癫问题的学术史研究》,《史学理论研究》2018 年第 2 期。

《明季西学与清代洗冤检验知识的交汇》,《社会科学研究》2017 年第 4 期。

《清代洗冤用书及技术发展研究之补阙》,《证据科学》2017 年第 1 期。

《伤亡 Vs.病死:一个清代宝坻县首事人之死的证据学分析》,《证据科学》2015 年第 5 期。

《清代司法检验制度中的洗冤与检骨》,《中国社会科学》2013 年第 7 期。

《论清代命案检验错误之处分》,《安徽大学学报(哲学社会科学版)》2013 年第 4 期。

～刘博:《论药品不良反应的法律规制》,《中国卫生法制》2012 年第 4 期。

《论清代命案初验之运作》,《证据科学》2011 年第 6 期。

《万事胚胎始于州县乎?——从命案之代验再论清代佐杂审理权限》,《法制与社会发展》2011 年第 4 期。

《论清代命案检验中的鉴定文书》,《证据科学》2011 年第 1 期。

毛相麟（中国社会科学院）

《古巴的全民医疗保障制度》,《科学决策》2007 年第 8 期。

《古巴的全民医疗制度是怎样建立起来的》,《学习月刊》2007 年第 7 期。

《古巴全民医疗制度的建立与完善》,《中国党政干部论坛》2007 年第 6 期。

茅晓（上海中医药大学/上海中医学院）

李果刚～朱勇等:《当代著名医家对叶天士络病学说的继承和发展》,《辽宁中医学院学报》2006 年第 3 期。

《吴有性"主客交"学说及其后世影响》,《中华中医药杂志》2005 年第 8 期。

《论中医历代重要学术用语的范畴特征》,《医古文知识》2005 年第 4 期。

《〈吕氏春秋〉中的先秦养生观》,《中华医史杂志》2005 年第 3 期。

《略论〈名医类案〉的医史文献学成就》,《山西中医》2005 年第 1、2、3 期。

《叶天士"络病"学说与痹证论治》，《山西中医》2004 年第 3 期。

《朱丹溪甘温助脾学术经验及其后续影响》，《中国医药学报》2002 年第 8 期。

《通络法历史沿革剖析》，《中医杂志》2002 年第 7 期。

《碎金片玉 弥足珍贵——试析〈名医类案〉中的晋唐医案》，《上海中医药大学学报》2002 年第 3 期。

《罗谦甫临证学术经验论析》，《安徽中医学院学报》2002 年第 2 期。

《博稽精采 昭示来学——〈名医类案·中风〉学术成就评析》，《浙江中医学院学报》2001 年第 5 期。

《论许叔微祛邪治病学术思想》，《山西中医》1998 年第 4 期。

《张景岳系统思想透视》，《中医研究》1993 年第 2 期。

《清代医家王堉临证经验杂谈》，《山西中医》1993 年第 1 期。

《〈洗冤集录〉在法医学上的成就浅析》，《辽宁中医杂志》1992 年第 10 期。

《清代医家杨乘六热病治疗经验探析》，《浙江中医学院学报》1991 年第 2 期。

《药茶历史源流考略》，《中成药》1992 年第 1 期。

《"药邪"的古代认识及其现实意义》，《甘肃中医学院学报》1989 年第 1 期。

《谈古论今话药邪》，《中医杂志》1988 年第 9 期。

《明代医家陆祖愚救治误补案举隅》，《辽宁中医杂志》1988 年第 5 期。

《明·万历年间的中国医药学成就略述》，《福建中医药》1988 年第 3 期。

《张景岳的医学成就与其在医学史上的地位》，《天津中医》1988 年第 2 期。

《张景岳补阴治形理论对后世临床的影响》，《辽宁中医杂志》1988 年第 2 期。

《张景岳〈医易义〉哲学思想初探》，《浙江中医学院学报》1987 年第 6 期。

《〈节斋公胎产医案〉初探》，《安徽中医学院学报》1987 年第 3 期。

《张子和〈药邪致病〉学术思想探析》，《江苏中医杂志》1987 年第 1 期。

《论王旭高医案特色》，《中医杂志》1986 年第 12 期。

《吴本立〈痢证汇参〉特色初探》，《浙江中医学院学报》1986 年第 6 期。

《张锡纯学说文献研究综述》，《中医药学报》1986 年第 4 期。

《对张景岳"命门—真阴"观的探讨》，《天津中医》1986 年第 1 期。

《石顽老人外感病证治特色初探》，《安徽中医学院学报》1985 年第 4 期。

《略谈医学时弊及学说创新》，《辽宁中医杂志》1985 年第 7 期。

《简评所谓景岳"重用热药"、"偏执扶阳"说》，《陕西中医》1985 年第 5 期。

《论张景岳补阴方药特点》，《中医杂志》1984 年第 4 期。

《试论金元学派与景岳学说的辩证关系》，《中医药学报》1984 年第 3 期。

《景岳脉学理论初探》，《吉林中医药》1984 年第 2 期。

《古代医学文献引用中的常见错误例析》，《辽宁中医杂志》1983 年第 9 期。

毛晓钰（清华大学）

《临床医学实践中的身体、知识与权力——基于医学凝视的观点》，《自然辩证法研究》2019 年第 6 期。

《19 世纪英国工业革命带来的健康问题》，《科学文化评论》2018 年第 2 期。

毛燮均（北京医学院）

～颜间：《安阳辉县殷代人牙的研究报告》，《古脊椎动物与古人类》1959 年第 2、4 期。

毛亚斌(重庆大学/四川外国语大学)

《作为文化技术的诊疗及其文学化——以〈布登勃洛克一家〉为例》,《外国语文》2019 年第 2 期。

《从体质退化到文明危机——〈死于威尼斯〉中的疾病话语》,《德语人文研究》2019 年第 1 期。

《历史话语与时代语境的交织——论〈布登勃洛克一家〉中的疾病》,《复旦外国语言文学论丛》2018 年第 1 期。

毛永娟(河北师范大学)

《俄藏黑水城〈孙真人千金方〉残页考释》,《学理论》2011 年第 12 期。

毛泽东

～周恩来:《毛泽东、周恩来关于卫生防疫和医疗工作的文献选载》,《党的文献》2003 年第 5 期。

毛正中(四川大学)

《新型合作医疗的特征及其涵义》,《卫生经济研究》2003 年第 8 期。

～袁建平:《村医用药行为特征及其影响因素》,《卫生经济研究》2002 年第 10 期。

《农村贫困地区合作医疗试验的回顾与思考》,《中华医院管理杂志》2001 年第 9 期。

《农民对合作医疗的支付意愿》,《卫生经济研究》2001 年第 4 期。

牟瑾～戴志澄:《饮酒与健康:一个全球关注的公共卫生课题》,《中国公共卫生管理》1999 年第 6 期。

～蒋家林:《农村贫困地区医疗服务需求研究》,《中华医院管理杂志》1996 年第 11 期。

毛宗福(武汉大学)

杜晓平～:《医学生社会责任感培育对策研究》,《学校党建与思想教育》2019 年第 23 期。

石力文、周俊～姬东鸿等:《基于 CiteSpace 的全球健康热点与前沿分析》,《现代预防医学》2019 年第 10 期。

彭宏宇……冯友梅～:《利益相关者视角下我国医保支付方式政策研究》,《中国医院管理》2019 年第 6 期,《中国卫生政策研究》2019 年第 5 期。

他福慧……陈磊～梁晓晖:《基于非洲视角分析中非卫生合作现况及影响因素》,《中国卫生政策研究》2019 年第 5 期。

宋芳、石力文～冯宁等:《跨文化适应研究对卫生援外工作的启示》,《公共卫生与预防医学》2019 年第 3 期。

汪瑶、陈磊～郭黎元等:《复杂理论视域下"一带一路"沿线国家卫生合作特点研究》,《中国卫生政策研究》2019 年第 3 期。

张睿智、乔家骏～崔丹:《我国公立医疗机构药品集中采购现状评述》,《药物流行病学杂志》2019 年第 3 期。

王进松……张芳婕～:《高龄老年人心理健康状况及影响因素》,《中华疾病控制杂志》2019 年第 3 期。

何美坤、刘晓君～:《健康相关行为影响因素》,《中华流行病学杂志》2019 年第 3 期。

他福慧……孙杨～冯友梅:《陕西省 2006～2016 年新农合运行情况分析》,《中国卫生事业管理》2019 年第 1 期。

傅昌、杨帆～:《武汉市社区空巢老年人轻度认知障碍及影响因素》,《中国老年学杂志》2018 年第 23 期。

张洁铭……彭安林～:《美国首仿药制度介绍及对我国的启示》,《中国药房》2018 年第 22 期。

张洁铭……崔丹~:《湖北省某市 6 个基层医疗卫生机构门诊处方用药情况分析》,《中国药房》2018 年第 17 期。

汪瑶……梁晓晖~:《"一带一路"国家间卫生合作意向、需求及优劣势分析》,《中国卫生政策研究》2018 年第 10 期。

李珍、傅昌~:《中国中年人正常高值血压检出率及影响因素研究——基于中国健康与养老追踪调查数据分析?》,《中国高血压杂志》2018 年第 9 期。

汪瑶……梁晓晖~:《中国与"一带一路"沿线国家卫生合作研究及启示》,《中国卫生政策研究》2018 年第 1 期。

殷潇、张欲晓~:《我国药品流通领域改革政策研究评述——基于利益相关者博弈视角》,《中国卫生政策研究》2017 年第 6 期。

蔡毅、崔丹~:《美国长期照护服务体系对中国的启示》,《中国卫生政策研究》2017 年第 1 期。

张欲晓、崔丹~胡江蔺:《罗尔斯正义论视域下探讨高值药物医保支付机制公平性原则》,《中国卫生事业管理》2017 年第 1 期。

鲍捷~:《社会医疗保险助推医养结合的政策探讨》,《卫生经济研究》2015 年第 8 期。

李京~李滔等:《我国公立医院药品采购工作的政策群评析——以 S.市药品采购政策为例》,《武汉大学学报(哲学社会科学版)》2015 年第 4 期。

万秋英~:《病人满意度与医疗服务质量的关系》,《湖北民族学院学报(医学版)》2010 年第 1 期。

《传染病爆发流行以及人类与之抗争的启示》,《武汉大学学报(社会科学版)》2003 年第 4 期。

梅尔文·C.戈德斯坦

~辛西亚·M.比尔等:《中国在西藏自治区实行的节育政策——神话与现实》,《民族译丛》1993 年第 3 期。

梅国强(湖北中医学院)

刘松林~赵映前等:《古典医籍对功能性消化不良相关病证的认识》,《中医药学刊》2004 年第 6 期。

谈运良、李培生~:《〈伤寒论〉"心肾相关"思想探讨》,《湖北中医杂志》1987 年第 4 期。

肖相如、李培生~:《谈〈伤寒论〉分流疗法》,《山西中医》1987 年第 1 期。

田金洲、洪子云~:《绸缪务在未雨时——试论〈伤寒论〉"治未病"思想》,《上海中医药杂志》1986 年第 6 期。

《朱丹溪老年医学思想初探》,《国医论坛》1986 年第 2 期。

田金洲~:《试论〈伤寒论〉调整气机求"和""通"的治疗思想》,《光子中医药》1986 年第 2 期。

梅花(内蒙古师范大学)

《论乌兰夫发展民族医疗卫生事业的思想与实践》,《内蒙古师范大学学报(哲学社会科学版)》2007 年第 6 期。

梅焕慈

《承淡安先生的治学精神》,《新中医药》1957 年第 8 期。

梅晋良

《美国各医学校中教授医史之概况》,《中华医学杂志》1939 年第 12 期。

《中国眼睛的历史》,《中华医学杂志》1936 年第 11 期。

梅炯(同济大学附属同济医院)

《"股骨距"还是"股骨矩"?》,《中国骨与关节杂志》2016 年第 7 期。

《谁是中国股骨颈骨折内固定手术第一人?》,《中华创伤骨科杂志》2015 年第 2 期。

《股骨颈骨折内固定手术的研究历程与展望》,《中国骨与关节杂志》2015 年第 2 期。

《股骨颈骨折内固定手术简史》,《中华医史杂志》2014 年第 2 期。

梅凯(苏州大学)

《苏州博习医院早期历史研究(1883—1927)》,苏州大学硕士学位论文 2013 年。

梅莉(湖北大学)

～晏昌贵等:《明清时期中国瘴病分布与变迁》,《中国历史地理论丛》1997 年第 2 期。

晏昌贵:《关于明代传染病的初步考察》,《湖北大学学报(哲学社会科学版)》1996 年第 5 期。

梅丽萍(中国人民大学)

《G7 国家医疗保险制度的变迁和发展及其启示》,《兰州学刊》2011 年第 6 期。

刘晋～:《欧盟跨国医疗保障及其启示》,《中共济南市委党校学报》2012 年第 4 期。

梅梦英(湖北中医学院)

《浅议刘完素"亢害承制"论》,《湖北中医杂志》1985 年第 5 期。

梅琼林(武汉大学)

《启蒙的历程:鲁迅思想中的医学理想与治疗型智慧》,《学海》2004 年第 5 期。

《理论与方法——读王奇智先生的〈凝视的爱——福科医学历史哲学论稿〉》,《法国研究》2004 年第 1 期。

梅全喜(深圳市宝安纯中医治疗医院/广州中医药大学附属中山医院/中山市中医院/广东省博罗制药厂/蕲春县李时珍中医药研究所)

～曾聪彦等:《陈皮、广陈皮、新会陈皮炮制历史沿革及现代研究进展》,《中药材》2019 年第 12 期。

曹海丽～曾聪彦:《千斤拔的本草考证》,《现代中药研究与实践》2019 年第 6 期。

曾聪彦……戴卫波～:《牛大力的本草考证》,《中药材》2019 年第 6 期。

曾聪彦……戴卫波～:《〈本草纲目〉祛风湿药研究之发现》,《时珍国医国药》2018 年第 12 期。

《艾叶的前世今生》,《中国中医药报》2018 年 6 月 21 日 008 版。

王剑～:《论李时珍〈本草纲目〉的伟大贡献及学术价值——纪念李时珍诞辰 500 周年》,《中国现代中药》2018 年第 5 期。

林慧～:《〈肘后备急方〉治未病思想探析及其对现实的指导意义》,《中药材》2018 年第 4 期。

林慧～:《葛洪〈肘后备急方〉对中药炮制的贡献探析》,《亚太传统医药》2018 年第 2 期。

～戴卫波:《关于葛洪生卒寿年及其晚年隐居、逝世地的再探讨》,《亚太传统医药》2018 年第 1 期。

郑依玲～胡莹等:《痛泻要方考证》,《亚太传统医药》2017 年第 23 期。

王剑～:《李时珍及其〈本草纲目〉500 年大事记》,《时珍国医国药》2017 年第 12 期;2018(1、2、3、4)

戴卫波～:《〈本草纲目〉对中药安全合理应用的贡献》,《时珍国医国药》2017 年第 4 期。

王剑～赵中振等:《李时珍的生卒时间存疑再考——写于纪念李时珍诞辰 500 周年之前》,《时珍国医国药》2017 年第 1 期。

唐志芳、郑依玲～戴卫波:《当归用药禁忌的本草考证》,《中药材》2016 年第 10 期。

林慧～:《葛洪〈肘后备急方〉中"荛菜"的考证》,《时珍国医国药》2016 年第 9 期。

戴卫波～:《〈肘后备急方〉蓝的考证》,《中药材》2016 年第 8 期。

曾聪彦～:《葛洪〈肘后备急方〉中的"矾石"的考证》,《时珍国医国药》2016 年第 8 期。

王瑶~钟希文:《〈肘后备急方〉之黄疸病探讨》,《亚太传统医药》2016 年第 14 期。

胡玉良~曾聪彦:《葛洪〈肘后备急方〉中毒性中药合理应用探析》,《亚太传统医药》2016 年第 13 期。

范文昌、任冬~:《〈肘后备急方〉中"药食同源"与药膳食疗之探讨》,《亚太传统医药》2016 年第 12 期。

林慧~:《〈肘后备急方〉排泄物类中药的应用及其对后世的影响》,《中药材》2016 年第 5 期。

陈晓坚、邱雄泉~:《〈肘后备急方〉治呕之临床经验探讨》,《亚太传统医药》2016 年第 11 期。

张文霞~钟希文:《〈肘后备急方〉酒方应用初探》,《中药材》2016 年第 4 期。

辛晓芳~戴卫波:《〈肘后备急方〉中鸡子的应用探讨》,《时珍国医国药》2016 年第 5 期。

王剑~:《〈本草纲目〉引据〈肘后备急方〉之研究》,《中药材》2016 年第 4 期。

田素英~:《〈肘后备急方〉中"白柘"的考证》,《时珍国医国药》2016 年第 4 期。

彭伟文、王珠强~:《〈肘后备急方〉中"菖蒲"的来源考证及应用探讨》,《中药材》2016 年第 3 期。

胡莹~:《〈肘后备急方〉熨剂的运用探讨》,《中药材》2016 年第 3 期。

~胡莹等:《〈肘后备急方〉鼻药疗法对急症治疗的探讨》,《中药材》2016 年第 2 期。

王剑~:《〈本草纲目〉引据〈抱朴子内篇〉文献考略》,《时珍国医国药》2016 年第 3 期。

钟希文~张文霞:《试论〈肘后备急方〉中附子的应用》,《时珍国医国药》2016 年第 1 期。

郑志华、陈民喜~:《开拓创新七十载,继往开来更辉煌——广东省药学会成立七十周年历史回顾及主要业绩》,《今日药学》2015 年第 12 期。

~戴卫波:《〈肘后备急方〉中少用药物品种考订》,《中药材》2015 年第 10 期。

胡莹~:《〈肘后备急方〉所创舌下给药对急症治疗的探讨》,《时珍国医国药》2015 年第 8 期。

林慧~:《〈肘后备急方〉对芳香药物外治疗法的贡献》,《中药材》2015 年第 6 期。

李红念~:《〈肘后备急方〉解酒药之探讨》,《中药材》2015 年第 1 期。

高玉桥~:《试论〈肘后备急方〉中医美容方药特点》,《时珍国医国药》2014 年第 12 期。

《我所经历的中国药学会药学史分会 30 年》,《亚太传统医药》2014 年第 10 期。

林慧~:《〈肘后备急方〉香佩法的应用及其对后世的影响》,《今日药学》2014 年第 7 期。

陈小露~:《〈肘后备急方〉之鲜药应用探讨》,《中药材》2014 年第 7 期。

戴卫波~:《葛洪〈肘后备急方〉中艾叶治疗疾病的机理探讨》,《中国民间疗法》2014 年第 7 期。

~郝近大:《纪念中国药学会药学史专业委员会成立 30 周年》,《时珍国医国药》2014 年第 3 期。

《黄连解毒汤源出〈肘后备急方〉考辨》,《时珍国医国药》2013 年第 11 期。

张文霞、钟希文~:《〈肘后备急方〉对中药丸剂的贡献》,《世界中西医结合杂志》2013 年第 10 期。

戴卫波~金世明:《论葛洪〈肘后备急方〉对熏洗疗法的贡献》,《时珍国医国药》2013 年第 10 期。

黄英……古求知~老膺荣:《〈肘后备急方〉治疗产后失眠及虚劳失眠学术思想浅谈》,《新中医》2013 年第 10 期。

~孙启明:《〈肘后备急方〉中"粉"的考证》,《中药材》2013 年第 7 期。

~林焕泽等:《沉香的药用历史、品种、产地研究应用浅述》,《中国中医药现代远程教育》2013 年第 8 期。

~李红念:《论〈岭南采药录〉对广东地产药材应用、研究与发展的贡献》,《中药材》2012 年第 9 期。

~李汉超等:《南药沉香的药用历史与产地考证》,《今日药学》2011 年第 1 期。

谭年秀⋯⋯田素英～:《金樱根的药用历史及现代研究概况》,《亚太传统医药》2010 年第 12 期。

朱学君～:《葛洪生卒年代小考》,《亚太传统医药》2010 年第 3 期。

～马劲:《中药房(店)的发展及管理工作历史沿革探讨》,《中国药方》2008 年第 27 期。

《稻秆的药用历史与现代应用》,《中药材》2006 年第 10 期。

～吴惠妃:《试论〈肘后备急方〉在医药学上的贡献》,《中医药学刊》2005 年第 7 期。

苏培基～:《熏洗疗法的历史沿革》,《时珍国医国药》2001 年第 4 期。

《诞生在李时珍故乡的地方性本草〈蕲州药志〉》,《中医文献杂志》2001 年第 3 期。

《试论〈肘后备急方〉的药剂学成就》,《中成药》1996 年第 3 期。

《蕲艾的历史地位与现代研究》,《中药材》1995 年第 8 期。

《〈本草纲目〉药物毒性议》,《中药材》1995 年第 7 期。

田新村、张绍华～:《中药艾叶炮制历史沿革初探》,《中成药》1992 年第 3 期。

梅人朗(上海医科大学)

Timothy G.Willett～:《加拿大和英国医学院校的课程地图》,《复旦教育论坛》2010 年第 3 期。

Susan P.Philips～:《澳大利亚、欧洲和北美的医学教育模式》,《复旦教育论坛》2009 年第 6 期。

Hatice Kurdak⋯ ⋯Figen Doran～:《土耳其的医学教育:从过去到未来》,《复旦教育论坛》2009 年第 4 期。

Philip A.Pizzo～:《斯坦福大学医学院及其教学医院》,《复旦教育论坛》2009 年第 1 期。

Christophe Segouin～:《法国的医学教育》,《复旦教育论坛》2007 年第 5 期。

Mallon W.T., Bunton S.A.～:《美国研究型大学医学院的研究中心和研究所》,《复旦教育论坛》2006 年第 2 期。

《美国和加拿大医学院校医学伦理学教育的现状》,《复旦教育论坛》2005 年第 6 期。

《美国医学院校医学誓言的内容分析》,《复旦教育论坛》2005 年第 5 期。

《肯塔基大学医学院的医学教育研究》,《复旦教育论坛》2005 年第 3 期。

《加拿大达尔豪斯大学医学院医学人文学科课程的发展》,《复旦教育论坛》2004 年第 6 期。

《把社会科学和行为科学融入医学本科生课程——旧金山加州大学的基础核心课程》,《复旦教育论坛》2004 年第 4 期。

《汹涌的多元文化:反思医学教育中的文化教育》,《复旦教育论坛》2004 年第 3 期。

《美国医学院校中医学人文科学的不稳定性》,《复旦教育论坛》2003 年第 2 期。

陈刚～:《医学院校的任务:一位亚洲人的观点》,《国外医学(医学教育分册)》2000 年第 2 期。

王卫国～:《医学院校的任务:一位欧洲人的观点》,《国外医学(医学教育分册)》2000 年第 2 期。

《医学院校的任务:一位非洲人的观点》,《国外医学(医学教育分册)》2000 年第 2 期。

魏谷～:《医学院校的任务:一位北美洲人的观点》,《国外医学(教育分册)》2000 年第 2 期。

《自 1765 年到 1990 年代北美医学课程的改革》,《国外医学(医学教育分册)》1999 年第 4 期。

《美国和前苏联医学教育的比较》,《国外医学(医学教育分册)》1997 年第 1 期。

《莫桑比克的卫生保健和医学教育》,《国外医学(医学教育分册)》1996 年第 4 期。

《埃及医学教育概况》,《国外医学(医学教育分册)》1996 年第 3 期。

《美国医学院校中的医学史课程》,《国外医学(医学教育分册)》1996 年第 2 期。

《1575—1750 年荷兰的医学教育》,《国外医学(医学教育分册)》1996 年第 1 期。

《越南医学教育的历史演进》,《国外医学(医学教育分册)》1996 年第 1 期。

《中日护理教育制度的比较》,《医学教育》1988 年第 5 期。

梅舒(广西大学)

《广西电视台狂犬病报道框架研究》,广西大学硕士学位论文 2013 年。

梅爽(东北师范大学)

《鼠疫与谣言——1910—1911 年东北鼠疫社会心理史分析》,东北师范大学硕士学位论文 2008 年。

梅雪芹(北京师范大学)

严玉芳~:《19 世纪英国城市的新鲜空气诉求》,《世界历史》2016 年第 1 期。

~徐畅:《雾气何能致人于死？——1930 年比利时马斯河谷烟雾成灾问题探究》,《社会科学战线》2014 年第 12 期。

施雾~:《美国畜牧养殖业滥用抗生素相关研究的历史考察》,《辽宁大学学报》2013 年第 3 期。

《水利、霍乱及其他:关于环境史之主题的若干思考》,《学习与探索》2007 年第 6 期。

门美佳(延边大学)

《医学人类学视野下朝鲜族传统医药的传承与开发》,延边大学硕士学位论文 2011 年。

孟凡红(中国中医科学院)

~尚文玲等:《中医古籍分类体系及其演变》,《中华医学图书情报杂志》2015 年第 9 期。

李楠~李莎莎等:《从民国时期中药教材探讨中药教育的发展》,《北京中医药》2015 年第 6 期。

孙海舒~李莎莎等:《由〈中国针灸学〉分析承淡安针灸教育思想》,《针刺研究》2014 年第 5 期。

农汉才、李莎莎~:《民国中医教材现存概况及其学术贡献初探》,《中医文献杂志》2014 年第 5 期。

《民国中医药文献抢救整理的思路及设想》,《中国中医药信息杂志》2006 年第 11 期。

孟繁洁(天津中医大学/天津中医学院)

田淑霞~罗汀:《〈小儿药证直诀〉中"顾护脾胃"护理思想浅析》,《医学信息(上旬刊)》2011 年第 1 期。

田淑霞~:《〈小儿药证直诀〉对小儿疾病护理学的贡献》,《全科护理》2010 年第 16 期。

《刘完素燥论阐微》,《中医杂志》2004 年第 10 期。

《吴又可下法思想研究》,《江苏中医药》2004 年第 7 期。

《孙一奎之生命本源说》,《天津中医药》2004 年第 4 期。

《刘完素燥论阐微》,《中国医药学报》2004 年第 4 期。

《欲求南风 须开北牖——吴又可治疫特色探析》,《吉林中医药》2004 年第 3 期。

《金元四大家论燥》,《四川中医》2003 年第 11 期。

~秦玉龙:《从〈宣明论方〉看刘完素对人参的运用》,《山西中医》2001 年第 3 期。

~何永生:《张从正情志病论治心法》,《辽宁中医杂志》1998 年第 4 期。

~于虹:《虫类药应用源流谈》,《中华医史杂志》1998 年第 4 期。

~何永生:《吕复学术思想研究》,《国医论坛》1998 年第 1 期。

《陈无择学术思想阐微》,《天津中医学院学报》1997 年第 2 期。

孟凡艳(首都医科大学)

《试析中国古代医生对患者同施仁术的主要原因及其对现代医生的主要启示》,《西北医学教育》2013 年第 5 期。

孟凡治(陕西师范大学)

《环境·药·人——魏晋南北朝时期的寒食散研究》,陕西师范大学硕士学位论文 2008 年。

孟和乌力吉（内蒙古民族大学）

《基于〈甘露四部〉探究蒙医传统"道木"疗法的文献研究》，内蒙古民族大学硕士学位论文 2016 年。

孟慧英（中国社会科学院）

《人类学视阈下的医疗——基于萨满文化医疗的思考》，《民族研究》2013 年第 1 期。

《中国北方民族萨满教》，中国社会科学院研究生院博士学位论文 2000 年。

孟进（上海工程技术大学）

～陶飞飞：《NHS 及其改革对我国的启示》，《卫生经济研究》2011 年第 3 期。

孟开

～谢红：《日本医疗制度的现状及改革方向》，《中国卫生产业》2005 年第 3 期。

孟坤（陕西师范大学）

《论〈凶杀〉中的疯癫隐喻》，《鸭绿江（下半月版）》2015 年第 1 期。

孟令法（中国社会科学院）

《医药管理与非物质文化遗产法——以"聂麟郊"假药案为例》，《徐州工程学院学报（社会科学版）》2017 年第 5 期。

蒙木荣

《略论〈痧胀玉衡〉的学术特点》，《浙江中医杂志》1998 年第 6 期。

孟乃昌（太原工业大学/太原工学院）

《命门学说新考——在两千年的争衡中形成》，《山西中医》1988 年第 4、5、6 期。

《〈本草纲目〉对炼丹术的态度》，《山西中医》1987 年第 6 期。

《阴阳五行与李时珍的分类学思想》，《医学与哲学》1983 年第 11 期。

《秋石试议——关于中国古代尿甾体性激素制剂的制备》，《自然科学史研究》1982 年第 4 期。

孟彭兴（上海社会科学院）

《论两宋进口香药对宋人社会生活的影响》，《史林》1997 年第 1 期。

孟谦

《七年来的药政工作概况》，《药学通报》1956 年第 10 期。

孟庆杰（章丘市卫生局）

《村级卫生组织乡村一体化管理的历史沿革研究》，《中国农村卫生事业管理》1999 年第 5 期。

孟庆云（中国中医科学院/国家中医药管理局/中国中医研究院）

《光辉灿烂的中国医药学》，《中国中医基础医学杂志》2019 年第 1 期。

肖厥明～：《辨证论治发展历程的思维演变》，《中国中医基础医学杂志》2017 年第 9 期。

《〈伤寒论〉的逻辑呈现与建构——读贾春华著〈张仲景方证理论体系研究〉》，《世界中医药》2017 年第 2 期。

《中医药的阴阳五行》，《中国中医基础医学杂志》2017 年第 1 期。

《医随国运——读〈百年中医史〉》，《中华医史杂志》2016 年第 4 期。

《皇古融新 卓然自立——从〈章次公医术经验集增补本〉看章朱学派的特点与贡献》，《中医杂志》2014 年第 20 期。

《医林"状元"》，《中医药文化》2014 年第 4 期。

《吴谦〈伤寒神秘精粹录〉写本介绍》，《中医药文化》2013 年第 6 期。

《〈倚云轩医案医话医论〉提要》，《中医药文化》2013 年第 4 期。

《〈白驹谷罗贞喉科〉内容提要》，《中医药文化》2012 年第 5 期。

《鉴医资学莫善于史——读李经纬著〈中医史〉》，《中华医史杂志》2012 年第 2 期。

《知气化者通神明——〈黄帝内经〉中的气化论》，《中医学报》2012 年第 3 期。

《病机何以十九条》，《中医杂志》2011 年第 12 期。

李鸿涛、李敬华～裴俭等：《孤本〈古今录验养生必用方〉文献考察及学术特色研究》，《北京中医药大学学报》2011 年第 11 期。

郑志坚～孙涛等：《哲学、科学及中医的划分》，《中医药临床杂志》2011 年第 10 期。

《〈黄帝内经〉的方法论》，《中医杂志》2011 年第 2 期。

《五运六气理论的发生与演进》，《中华医史杂志》2011 年第 1 期。

《王叔和学术贡献与思想认识论分析》，《中华医史杂志》2010 年第 6 期。

《刘宗素医学思想研究》，《江西中医学院学报》2010 年第 3 期。

《人身应同天地纪——中医学小宇宙论及全息观的形成与发展》，《中医杂志》2010 年第 3 期。

《元代医家尚从善及〈伤寒纪玄妙用集〉》，《中华医史杂志》2010 年第 2 期。

《五运六气对中医学理论的贡献》，《北京中医药》2009 年第 12 期。

《〈达生编〉作者考》，《中华医史杂志》2009 年第 5 期。

《医缘凤根是传承——明代医家倪士奇和他的〈两都医案〉》，《中医药文化》2009 年第 2 期。

《张志斌〈中国古代疾病流行年表〉评介》，《中华医史杂志》2009 年第 1 期。

《五运六气在中医学术史上的地位》，《中医杂志》2008 年第 12 期。

《壮怀谁料付青囊——清遗老儒医恽毓鼎》，《北京中医药》2008 年第 9 期。

《名家无处不传神——大鹤山人郑文焯行医卖画》，《中医药文化》2008 年第 6 期。

《"文革"时期的中医混沌现象》，《中医药文化》2008 年第 5 期。

《庸医与江湖医》，《中医药文化》2008 年第 3 期。

《天佑苍生创岐黄——中医养生保健的特色及实践》，《中医杂志》2008 年第 3 期。

《中医"术数"漫谈》，《中医药文化》2008 年第 2 期。

《明代名医金九渊先生与〈冰壑老人医案〉》，《中医药文化》2007 年第 5 期。

《论气化学说》，《中医杂志》2007 年第 5 期。

《〈银海精微补〉内容提要》，《中华医史杂志》2007 年第 4 期。

《隔垣洞见一方人——中医四诊鼻祖扁鹊》，《中医药文化》2007 年第 1 期。

《探讨中医学自身发展规律》，《医学与哲学（人文社会医学版）》2006 年第 11 期。

《命门学说的理论源流及实践价值》，《中国中医基础医学杂志》2006 年第 7 期。

《医中之王道——补土派大师李杲》，《江西中医学院学报》2006 年第 5 期。

《朱肱与小柴胡汤及〈活人书〉》，《中医药文化》2006 年第 5 期。

《〈秋室研经图〉的题词——陆仲安治愈胡适"糖尿病"公案》，《中医药文化》2006 年第 3 期。

《评高文柱主编的〈药王千金方〉》，《中华医史杂志》2006 年第 2 期。

《呕斋居士和他的〈急应奇方〉》，《中医药文化》2006 年第 2 期。

《〈内经〉中肝胆藏象的理论构建及发展》，《江西中医学院学报》2006 年第 2 期。

《〈易经〉与中医学理论》，《江西中医学院学报》2005 年第 2 期。

《五运六气：中国古代的灾害预测学》，《中国中医基础医学杂志》2005 年第 2 期。

《〈伤寒论〉中的七日自愈》，《中医杂志》2004 年第 12 期。

《从即毒消灾到种痘免疫——种痘术的发明及传播》，《南京中医药大学学报（社会科学版）》2004年第4期。

《章太炎："我是医学第一"——章太炎先生的医学夙缘》，《江西中医学院学报》2004年第4期。

《瘟疫与中华民俗文化》，《医古文知识》2004年第3期。

《魏晋玄学与中医学》，《江西中医学院学报》2004年第1期。

《陈修园的出版公案》，《江西中医药》2003年第10期。

《"人见死鼠如见虎"——鼠疫的三次世界性大流行》，《中国中医基础医学杂志》2003年第8期。

《玉浆换骨天花散——天花的流行及人类免疫的成功》，《中国中医基础医学杂志》2003年第7期。

《唐代诗文中的眼外科手术记载》，《江西中医药》2003年第6期。

《论〈"医者意也"〉》，《南京中医药大学学报（社会科学版）》2003年第4期。

《洛书——九宫八风数学模型与〈内经〉全息脏象论》，《江西中医学院学报》2003年第3期。

《宋明理学对中医学理论的影响》，《中华医史杂志》2002年第3期。

《知一堂主道在——纪念清代医学家王清任逝世170周年》，《医学与哲学》2001年第12期。

《陈寅恪与中医学》，《中国中医基础医学杂志》2001年第11期。

《古代笔记小说中的医方》，《北京中医》2001年第1期。

闫晓宇～：《〈内经〉"久而增气"探思》，《中医杂志》2001年第1期。

《集大成绽放折肱术——评〈伤科集成〉》，《中国骨伤》2001年第1期。

《中国古代数学与中医学》，《中国中医基础医学杂志》1997年第5期。

《勤医心则事自成——评高文铸等校注研究的〈医心方〉》，《中华医史杂志》1997年第3期。

《五运六气：医学气象历法》，《吉林中医药》1984年第4期。

《黄帝内经的时空观》，《湖北中医杂志》1983年第3期。

《近代黑龙江中医流派考略》，《黑龙江中医药》1982年第1期。

《论〈内经〉运气学说对中医理论的贡献及其局限性》，《河南中医》1981年第5期。

孟莛

《卫生外交不仅仅是人道援助——访卫生部国际合作司司长任明辉》，《中国卫生人才》2012年第9期。

孟薇（黑龙江中医药大学）

《张仲景活血通络法研究》，黑龙江中医药大学博士学位论文2015年。

孟伟（中国人民大学）

～高惠琦：《政府制定社会医疗保险政策时应注意的问题》，《中国卫生经济》1997年第10期。

《从人口老龄化趋势看中国的医疗社会保险制度改革》，《中国卫生经济》1996年第7期。

～吴群鸿：《试论我国医疗卫生事业的性质》，《中国卫生经济》1996年第1期。

孟文科（西安工业大学/北京师范大学）

～陈慧英：《霍乱流行与关中地区公共卫生现代化的早期进展——民国以来的国家政权与关中社会转型研析之一》，《知识经济》2010年第19期。

《平教会定县实验中的农村卫生工作之考察》，《西华大学学报（哲学社会科学版）》2006年第1期。

孟祥丽（黑龙江省社会科学院）

《1910—1911年中国东北北部的鼠疫灾害与沙俄》，黑龙江省社会科学院硕士学位论文2008年。

孟晓旭(国际关系学院)

《日本侵华细菌战研究述论》,《抗日战争研究》2011 年第 3 期。

孟小燕(北京中医药大学)

《〈十三经注疏〉医学词汇研究》,北京中医药大学博士学位论文 2016 年。

孟秀红(安徽医科大学)

《全球化对我国医学道德的影响及其教育对策》,《中国医学伦理学》2005 年第 1 期。

～陈飞虎:《加入 WTO 对我国医药行业的影响及发展策略》,《中国农村卫生事业管理》2003 年第 2 期。

孟亚会(宁夏医科大学)

～杨德仁等:《伊斯兰卫生观基本内涵及其特点初探》,《中国穆斯林》2015 年第 4 期。

丛昕、杨德仁～马科:《多维度回医药人才培养模式研究》,《卫生软科学》2014 年第 8 期。

孟亚肖(华中师范大学)

《清代江西省疫灾地理规律与环境机理研究》,华中师范大学硕士学位论文 2014 年。

梦隐

《解剖学:科学、艺术、教育及其他》,《科学文化评论》2014 年第 1、2 期。

孟永亮(内蒙古医科大学/北京中医药大学)

～梁永宣等:《北宋校正医书局校勘〈千金要方〉考释》,《中医杂志》2019 年第 16 期。

王丽芬～:《〈太平御览·方术部〉养生类与医类引录文献考述》,《中华医史杂志》2019 年第 4 期。

王丽芬～:《〈太平御览·疾病部〉文献考述》,《世界中西医结合杂志》2018 年第 8 期。

～梁永宣等:《北宋校正医书局对〈外台秘要方〉校勘考释》,《中华中医药杂志》2018 年第 6 期。

～师建平等:《北宋校正医书局所校医籍署名考释》,《中医文献杂志》2018 年第 5 期。

～梁永宣等:《北宋校正医书局编校〈嘉祐本草〉考释》,《中华中医药杂志》2018 年第 4 期。

杜菁～:《从北宋校正医书局看当今医书出版管理》,《传播与版权》2017 年第 12 期。

～梁永宣等:《北宋校正医书局对〈黄帝内经素问〉校勘考释》,《中华中医药杂志》2016 年第 7、10 期。

杜菁、梁永宣～:《探析宋代药局的急救及惠民作用》,《中国中医基础医学杂志》2016 年第 4 期。

杜菁、梁永宣～:《浅析宋代法律对弱势群体的医疗保障》,《世界中西医结合杂志》2016 年第 3 期。

杜菁、梁永宣～:《探析宋代漏泽园的防疫作用》,《中国中医基础医学杂志》2015 年第 9 期。

～梁永宣:《北宋校正医书局对张仲景著作校勘考述》,《辽宁中医药大学学报》2015 年第 5 期。

～张静秋:《中华医学会医史学分会第十四届二次学术年会纪要》,《中华医史杂志》2015 年第 5 期。

～张静秋:《2015 年中华医学会医史学分会第 14 届第 2 次学术年会纪要》,《中国科技史杂志》2015 年第 4 期。

《北宋校正医书局研究》,中国中医药大学博士学位论文 2014 年。

～梁永宣:《北宋校正医书官高保衡考述》,《中华医史杂志》2014 年第 6 期。

～郑洪:《中华医学会医史学分会第十四届一次学术年会纪要》,《中华医史杂志》2014 年第 5 期。

～梁永宣:《北宋校正医书局编校医籍概述》,《中华医史杂志》2014 年第 4 期。

～梁永宣:《北宋校正医书官孙奇、孙兆考述》,《辽宁中医药大学学报》2013 年第 11 期。

～梁永宣:《北宋校正医书局林亿生平探析》,《北京中医药大学学报》2013 年第 6 期。

~梁永宣:《对〈苏魏公文集〉"医籍序"中书名及断句的商榷》,《中医文献杂志》2013 年第 5 期。

~梁永宣:《提举校正医书三长官——韩琦、范镇、钱象先考释》,《中华医史杂志》2013 年第 4 期。

~梁永宣:《北宋校正医书局掌禹锡生平考述》,《中华医史杂志》2013 年第 1 期。

孟月莉(中国医学科学院/北京协和医学院)

严晓玲……胡广宇~邱五七:《我国卫生计生规划发展历程、存在问题与展望》,《卫生软科学》2017 年第 12 期。

~严晓玲等:《医疗卫生治理与行业组织关系的国际经验与启示》,《中华医学图书情报杂志》2016 年第 6 期。

《卫生治理与行业组织的关系研究》,北京协和医学院硕士学位论文 2016 年。

孟昭威(安徽中医学院/北京中医进修学校)

《忆施今墨先生》,《安徽中医学院学报》1983 年第 3 期。

~吕运明等:《纪念卓越的生理学家林可胜教授》,《生理科学进展》1982 年第 4 期。

《经络学说的起源形成及其展望》,《中国针灸》1982 年第 4、5 期。

《中国医学发展的几个阶段》,《科学通报》1957 年第 11 期。

《内经素问阴阳的研究》,《中医杂志》1955 年第 4 期。

《关于中医进修工作的一些问题》,《中医杂志》1954 年第 3 期。

《论团结中西医》,《中医杂志》1953 年第 4 期。

《论中医科学化》,《中医杂志》1953 年第 1 期。

《中医科学化和医史》,《中医杂志》1951 年第 1 期。

孟志敏(中医民族大学)

《"布莱尔政府"国民健康保障改革及其借鉴》,中央民族大学硕士学位论文 2008 年。

孟仲法

《江南民间流传疾病"螳螂子"的初步观察》,《上海中医药杂志》1955 年第 10 期。

蒙祖富(贵州师范大学)

《论疾病与白居易诗歌的关系》,《贵阳学院学报(社会科学版)》2012 年第 4 期。

米伯让(陕西省中医药研究院)

《华佗遗著考识》,《国医论坛》1987 年第 2 期。

《黄竹斋先生传略》,《国医论坛》1986 年第 2 期。

米红(浙江大学)

~袁晓航:《印美医疗保障体系私有化比较》,《社会保障研究》2012 年第 4 期。

米鹏(山东中医药大学)

云中芹~:《〈活幼心书〉小儿呕吐辨治探析》,《山东中医药大学学报》2012 年第 2 期。

《〈伤寒论〉〈金匮要略方论〉外仲景遗方考》,《中华医史杂志》2006 年第 3 期。

~梅彤:《朱丹溪"气血痰郁辨证"探析》,《中国医药学报》1998 年第 1 期。

米莉(中南大学)

《滥用剖宫产术对中国传统生育伦理的影响》,《伦理学研究》2012 年第 3 期。

米丽近(太原理工大学)

《1946—1949 年太行革命根据地中医改造的研究》,太原理工大学硕士学位论文 2018 年。

《解放战争时期太行根据地中西医改造》,《农家参谋》2017 年第 10 期。

米米·墨菲

　　～孟春阳:《欧洲奇药秘史》,《世界博览》1990 年第 10 期。

宓锡盘

　　《英医哲纳尔氏与天花》,《中国医药月刊》1924 年第 10 期。

米夏艾勒·舒勒茨(德国考古研究院欧亚研究所)

　　～泰德·H.施米特·舒勒茨等:《新疆于田县流水墓地 26 号墓出土人骨的古病理学和人类学初步研究》,《考古》2008 年第 3 期。

米晓燕(四川师范大学)

　　《迷信与科学——民国时期成都市民面对瘟疫的应对之策》,《现代妇女(下旬)》2013 年第 7 期。

　　《公共卫生与都市生活——以成都市卫生事务所为中心的考察(1941—1949)》,四川师范大学硕士学位论文 2008 年。

　　～黄飞:《民国时期成都市民的都市生活——以饮水与公共厕所卫生为例》,《文史杂志》2008 年第 2 期。

　　～钟平:《民国时期成都卫生事务所简论》,《文史杂志》2007 年第 4 期。

苗东升(中国人民大学)

　　《人体健康:自组织与他组织的辨证统一》,《系统科学学报》2017 年第 1 期。

　　《中医对人体复杂性的认识——发现中医的科学性》,《中国中医基础医学杂志》2009 年第 1 期。

　　《从复杂性科学看中医——发现中医的科学性》,《首都师范大学学报(社会科学版)》2008 年 S1 期。

　　《近代以来中医命运的三个历史必然性》,《中国工程科学》2008 年第 5 期。

苗慧(山西师范大学)

　　《艾滋病患者和感染者自我认同研究》,山西师范大学硕士学位论文 2014 年。

苗苗(西安外国语大学)

　　《考察吉冈弥生的女医养成教育理念》,西安外国语大学硕士学位论文 2016 年。

缪廷杰

　　《明代医家缪仲淳及其本草经疏》,《上海中医药杂志》1957 年第 8 期。

苗威(山东大学)

　　～赵振成:《渤海国药事发微》,《延边大学学报(社会科学版)》2018 年第 5 期。

苗相波(濮阳市油田总医院/中原油田职工中心医院)

　　《张锡纯中西医汇通思想的产生和发展》,《光明中医》2007 年第 10 期。

　　《试论〈金匮〉肾气丸的衍化和发展》,《江西中医药》1988 年第 4 期。

苗欣(上海交通大学)

　　《药品专利保护与公共健康利益的冲突与协调》,上海交通大学硕士学位论文 2011 年。

苗彦得

　　《早年北京聋人自救一瞥》,《中国残疾人》1999 年第 9 期。

苗裕(南京中医药大学)

　　《江苏温病流派学术思想及临床经验研究》,南京中医药大学博士学位论文 2010 年。

　　～杨进:《马宗元〈温病辨症〉学术思想探析》,《南京中医药大学学报》2009 年第 2 期。

闵凡祥（南京大学）

《"医疗社会文化史身体下的身体"主持人语》，《文化研究》2018 年第 4 期。

《"医疗社会文化史身体下的身体"主持人语》，《文化研究》2017 年第 4 期。

《社会文化史视阈下人的疾病及其历史书写》，《光明日报》2017 年 7 月 31 日第 14 版。

～田中明：《医疗社会文化史视野下的疾病、健康与医疗》，《中国图书评论》2017 年第 3、4 期。

～周慧：《中医典籍中的"转女为男法"》，《文汇报》2016 年 10 月 28 日 W15 版。

谷操～：《拜占庭医学发展特征初探》，《苏州科技学院学报（社会科学版）》2016 年第 5 期。

《互助的政治意义：英国现代社会福利制度建构过程中的友谊会》，《求是学刊》2016 年第 1 期。

Martin Gorskyt 撰，白爽～译：《英美医疗卫生服务制度改革比较研究（1900—1950）》，《英国研究》2014 年 00 期。

Reinarz Jonathan 撰，～等译：《感知史视野下 18 世纪英国的慈善医院》，《英国研究》2013 年 00 期。

《成就与问题：英国国民健康服务体系 60 年》，《英国研究》2013 年 00 期。

《前 NHS 时代英国国民医疗照顾与救助服务供给主体述论》，《英国研究》2012 年 00 期。

闵建颖（华东师范大学）

《中央苏区医疗卫生事业的理论与实践研究》，华东师范大学博士学位论文 2017 年。

《中央苏区医疗卫生建设与当代医学生核心价值观培养》，《思想理论教育》2015 年第 2 期。

闵祥鹏（郑州大学）

《疫病对唐江南地区天宝末年到元和初年户籍的影响》，《信阳农业高等专科学校学报》2005 年第 2 期。

《诗中之意与诗外之"疫"——由唐诗的疫病表现说起》，《五邑大学学报（社会科学版）》2005 年第 4 期。

《唐诗中的瘟疫》，《医学与哲学》2005 年第 13 期。

闵学勤（南京大学）

《信息不对称与非典时期的公众反应》，《南京大学学报（哲学·人文科学·社会科学版）》2003 年第 5 期。

闽银龙（华东政法学院）

～王立民：《论中国古代法医学的领先地位》，《法医学杂志》1998 年第 3 期。

闵宗殿（中国农业博物馆）

《明清时期东南地区疫情研究》，《学术研究》2003 年第 10 期。

《一部精校细注的古兽医书校注本——读〈司牧安骥集〉校注》，《古今农业》2002 年第 2 期。

《从葡萄的历史谈到〈神农本草经〉的成书年代——读〈神农本草经辑注〉笔记》，《中国农史》1997 年第 4 期。

明安宇（北京市结核病胸部肿瘤研究所）

《北京市结核病科史（1920—1955）》，《结核病健康教育》1995 年第 2 期。

明保

《"敲诊"的渊源》，《医药卫生》1947 年第 4 期。

明成满（安徽工业大学）

《民国佛教的医药慈善研究》，《中国社会历史评论》2015 年 00 期。

明海英（《中国社会科学报》报社）

《医学人类学：探究疾病与文化互动关系》，《中国社会科学报》2017 年 8 月 25 日 001 版。

明岚（康而福国际健康事业（北京）有限公司）

《刮痧法探源》，《中华医史杂志》2004 年第 3 期。

明鸣（四川省青川县中医院）

《由〈古本康平伤寒论〉辨宋本〈伤寒论〉第 27 条之讹误》，《国医论坛》1992 年第 2 期。

《浅谈〈内经〉五行说与易学的内在联系——兼与董尚朴先生商榷》，《福建中医药》1990 年第 6 期。

《〈古本康平伤寒论〉与现行宋本〈伤寒论〉版本可信度之研究》，《国医论坛》1990 年第 6 期。

《〈金匮〉"死证"的临床观察及衷中参西实践》，《国医论坛》1989 年第 5 期。

明全忠（云南省药品检验所/云南省中医中药研究所）

《泰国传统医学的历史和现状》，《国外医学（中医中药分册）》1997 年第 4 期。

～赵远：《傣泰传统医学的可比性》，《中华医史杂志》1994 年第 1 期。

明廷强（曲阜师范大学）

～邢鲁勇：《我国医患纠纷的成因及其对策》，《齐鲁学刊》2008 年第 5 期。

明勇军（湖南科技大学）

杨鹏程～彭丹：《1979—1991 年湖南血防改革与血防政策的调整》，《湖南城市学院学报》2012 年第 2 期。

杨鹏程～李珍：《1980—1991 年湖南洞庭湖区血吸虫病疫情反弹的原因探析》，《武陵学刊》2012 年第 2 期。

杨鹏程～彭丹：《建国前湖南洞庭湖区血吸虫病流行概况》，《湖南工程学院学报（社会科学版）》2010 年第 3 期。

《湖南洞庭湖区血吸虫病流行史研究（1949—1965）》，湖南科技大学硕士学位论文 2010 年。

《1949—1965 年湖南血吸虫病流行原因探究》，《邵阳学院学报（社会科学版）》2009 年第 2 期。

莫代山（中南民族大学/长江师范学院）

《土家族地区民间疾病传统处置研究——以湖北省来凤县马家园村为例》，《中南民族大学学报（人文社会科学版）》2009 年第 6 期。

《医学人类学与土家族疾病处置的文化研究》，《中国民族医药杂志》2008 年第 5 期。

《土家族民间疾病传统处置的利弊及调适》，《怀化学院学报》2008 年第 1 期。

《土家族乡村疾病传统预防与处置知识的文化分析》，中南民族大学硕士学位论文 2007 年。

莫芳芳（北京中医药大学/天津中医药大学）

田甜、马淑然～赵丹丹等：《"肺与大肠相表里"内涵再认识》，《环球中医药》2015 年第 3 期。

～马师雷等：《基于中医古籍研究的"肺与大肠相表里"理论源流及其内涵探讨》，《环球中医药》2015 年第 2 期。

田甜……赵丹丹～马师雷等：《基于"肺与大肠相表里"理论文献研究的中医药知识本体的构建》，《中华中医药杂志》2013 年第 5 期。

肖燚～张董晓：《浅谈〈诸病源候论〉对中医口腔疾病防治的贡献》，《安徽中医学院学报》2013 年第 2 期。

～高思华：《基于中医古籍研究的"肺与大肠相表里"理论应用情况分析》，《中医杂志》2012 年第 20 期。

《基于古代医案分析的"肺与大肠相表里"理论的应用研究》,北京中医药大学博士学位论文2012年。

～李鸿涛等:《中医"肺与大肠相表里"理论现代研究进展》,《中华中医药学刊》2012年第3期。

～王柳青等:《从〈临证指南医案〉肺痹与肠痹证治探讨"肺与大肠相表里"》,《北京中医药大学学报》2012年第1期。

李鸿涛……王柳青～:《藏象学说中"肺与大肠相表里"内涵及其在温病辨治中的运用》,《中医杂志》2011年第4期。

～叶海丰等:《〈黄帝内经〉七情学说研究与思考》,《吉林中医药》2008年第8期。

墨佳杰(山西师范大学)

《建国初期山西爱国卫生运动研究(1952—1959)》,山西师范大学硕士学位论文2017年。

莫佳妮(云南大学)

《以复原理念为导向的精神病康复实践研究》,云南大学硕士学位论文2013年。

莫家舜(浙江中医药大学)

《俞根初〈通俗伤寒论〉祛湿方剂的配伍规律研究》,浙江中医药大学硕士学位论文2010年。

莫莲英(广西民族医药研究所)

～黄汉儒等:《瑶族医药初探》,《民族研究》1991年第6期。

～何最武:《浅谈瑶族的医药养生》,《中央民族学院学报》1991年第2期。

Monica E.Baly

～方向红:《第二次世界大战期间大不列颠的护理工作》,《中国社会医学》1992年第6期。

莫瑞・辛格(美国西班牙人健康协会研究部)

～林敏霞:《批判医学人类学的历史与理论框架》,《广西民族学院学报(哲学社会科学版)》2006年第3期。

莫伟民(复旦大学)

《福柯论"医院空间"的政治权力运作》,《学术月刊》2019年第5期。

莫文骅

《悼贺诚同志》,《人民军医》1993年第4期。

附:讣告:《沉痛悼念贺诚同志》,《人民军医》1993年第2期。

末武美佐(台湾师范大学)

《日治初期台湾家畜疫病预防政策之试行——以海港兽类建议为中心(1896—1911)》,《台湾师大历史学报》第62期(2019.12)。

牟爱珍(潍坊市人民医院)

～李瑞华:《麻醉护士的由来》,《中华医史杂志》2015年第3期。

牟春燕(山东中医药大学)

《明清及民国时期情志相关医案脉药相应与脉方相应规律研究》,山东中医药大学硕士学位论文2013年。

牟海霞(西北师范大学)

《唐五代敦煌药材资源——以敦煌汉文医药文献为中心探究》,西北师范大学硕士学位论文2015年。

牟世晶(南京师范大学)

《从尼采到福柯的身体态度》,南京师范大学硕士学位论文 2006 年。

牟映雪(重庆师范大学)

《中国特殊教育演进历程及启示》,《中国特殊教育》2006 年第 5 期。

牟允方

《司马相如的消渴病》,《健康医报》1946 年第 1 期。

牟振宇(复旦大学)

《开埠初期上海租界的水环境治理》,《安徽史学》2010 年第 2 期。

牟重行(台州市气象局/台州市椒江区气象局)

《应该怎样研究古太极图——与严健民先生商榷》,《中华医史杂志》2012 年第 2 期。

《太极图的制作原理源于二十四节气观测数据》,《中华医史杂志》2011 年第 4 期。

《明清时期地震灾害与疾病流行记载》,《中华医史杂志》2008 年第 4 期。

《1232 年汴京大疫与气候因素探讨》,《中华医史杂志》2008 年第 1 期。

《谈谈医学与气象》,《浙江气象科技》1980 年第 1 期。

《〈内经〉中的气候和医疗气象》,《气象》1978 年第 11 期。

穆标(江苏师范大学)

《女留学生对近代中国公共卫生事业的贡献》,《湖南工程学院学报(社会科学版)》2014 年第 4 期。

穆德全

《宋代以前的外来药物及其在方剂中的应用》,《上海中医药杂志》1957 年第 9 期。

穆光宗(中国人民大学)

《不分年龄、人人健康:增龄视角下的健康老龄化》,《人口与发展》2018 年第 1 期。

《论生育文化和生育控制》,《社会科学》1996 年第 9 期。

穆罕默德·哈施米普(北京中医药大学)

《两种传统医学:中医学和阿育吠陀的基本原理比较》,《亚太传统医药》2013 年第 2 期。

《亚洲的两种传统医学基本原理比较:中医学和阿育吠陀》,《环球中医药》2010 年第 1 期。

慕建华(黑龙江鸡西市中医院)

~石建民等:《唐容川〈血证论〉中气血水火辨证关系探析》,《四川中医》1997 年第 6 期。

穆静

《光明磊落的一生——记傅连暲同志》,《中国科技史料》1980 年第 1 期。

慕景强(华东师范大学)

《黄宽:我国最早的西医毕业生》,《健康报》2016 年 5 月 5 日 006 版。

《内迁:抗战时医学教育的艰难选择》,《健康报》2015 年 9 月 1 日 005 版。

《1937 年—1949 年我国医学教育发展情况述评》,《医学与哲学(A)》2013 年第 11 期。

《民国时期西医高等教育史分期问题探析》,《中华医学教育杂志》2012 年第 1 期。

《民国时期西医高等教育史的分期问题》,《中华医史杂志》2011 年第 6 期。

《民国时期"公医制"思想及其现代启示》,《西北医学教育》2007 年第 5 期。

《麻醉药的起源》,《健康报》2007 年 4 月 23 日 003 版。

《民国西医高等教育研究(1912—1949)》,华东师范大学博士学位论文 2005 年。

《颜福庆预防医学思想及其现实意义研究》,《医学教育探索》2004 年第 2 期。

《中国现代医学教育的先驱——颜福庆医学教育思想研究》，《西北医学教育》2003年第4期。

穆俊霞（山西中医药大学/山西中医学院/山东中医药大学）

张文平～：《基于古代中医史探析中医创新发展的影响因素》，《山西中医药大学学报》2019年第6期。

焦丽璞、薛芳芸～：《论道家"无为"思想与中医养生》，《山西中医学院学报》2019年第3期。

杨景森、杨继红～：《〈黄帝内经〉中咽喉疾病相关理论探析》，《中国中医基础医学杂志》2019年第5期。

张亚楠、薛芳芸～徐达瑶：《傅山医学伦理思想对医学实践的指导》，《山西中医学院学报》2017年第5期。

张世霞、李聚林～：《浅析〈金匮要略〉中的问诊》，《山西中医学院学报》2015年第1期。

翟春涛～：《〈妇科採珍〉用药特点分析》，《世界中西医结合杂志》2014年第11期。

翟春涛～：《〈妇科採珍〉用药规律分析》，《世界中西医结合杂志》2014年第10期。

赵剑波～：《〈素问灵枢类纂约注〉研究述评》，《山西中医学院学报》2014年第1期。

翟春涛～：《山西医家冯晋台〈妇科採珍〉研究述略》，《山西中医学院学报》2013年第6期。

翟春涛～：《〈中国分省医籍考·山西卷〉著录医家医籍时代地域分布研究》，《山西中医学院学报》2013年第2期。

陶功定……李俊莲～张维骏等：《从〈黄帝内经〉生态医学思想浅论生态病因学》，《世界中西医结合杂志》2011年第8期。

解佳伟、焦艳芳～：《寒邪理论中医古代文献述要》，《山西中医学院学报》2011年第2期。

宋志萍～：《〈脾胃论〉浅析》，《山西中医学院学报》2010年第6期。

～宋志萍等：《外感六淫学说探源》，《山西中医学院学报》2010年第3期。

宋志萍～：《中医"治未病"理论渊源》，《山西中医学院学报》2008年第3期。

尤舒彻～宋志萍等：《〈灵枢·官针〉刺疗法研究》，《国际中医中药杂志》2007年第6期。

尤舒彻～：《清代医家张琦生平考》，《山西中医学院学报》2007年第4期。

尤舒彻～宋志萍等：《近十年来〈黄帝内经〉研究论文分析》，《世界中西医结合杂志》2007年第2期。

～张灿玾：《〈素问释义〉注释特点的研究》，《中医药学刊》2005年第6期。

周路红～：《中医古籍书名的演变》，《山西中医学院学报》2005年第1期。

刘润兰：《心悸理论源流探析》，《山西中医学院学报》2004年第4期。

《〈素问释义〉理校法的研究》，《中华医史杂志》2003年第2期。

～李新毅：《张琦〈素问释义〉注释内容的研究》，《山西中医学院学报》2002年第3期。

《〈素问释义〉的文献研究》，山东中医药大学博士学位论文2001年。

《张琦〈素问释义〉校勘特色初探》，《山东中医药大学学报》2001年第5期。

～李新毅：《张琦〈素问释义〉的学术思想》，《中华医史杂志》2001年第4期。

李新毅～：《中医现代化的哲学思考》，《中医药研究》2001年第4期。

～李新毅：《从胞痹论胞与膀胱》，《山东中医药大学学报》2001年第4期。

～李新毅：《〈内经〉与中医文献学的关系》，《陕西中医函授》2001年第2期。

～玄振玉等：《〈内经〉中五音的含义及与五脏的关系》，《山东中医药大学学报》2000年第2期。

穆兰澄(中国中医科学院广安门医院)

~曹京梅等:《中药煮散的历史沿革与现代研究概述》,《中国实验方剂学杂志》2008 年第 7 期。

牧人

《拉齐——阿拉伯医学之父》,《阿拉伯世界》1984 年第 4 期。

木子

《近代爱国女医生张竹君》,《历史教学》1994 年第 10 期。

《司马迁笔下的良医》,《健康报》1957 年 1 月 15 日。

N

纳光舜(贵州省民族宗教事务委员会)

《阿拉伯—伊斯兰医学及其对中国传统医学的影响》,《中国宗教》2007 年第 6 期。

娜荷雅(内蒙古民族大学)

~包哈申:《蒙医传统五疗法简述》,《中国民族民间医药》2013 年第 2 期。

娜日苏(锡林郭勒职业学院)

《略谈蒙元时期饮食文化——从宗教文化角度看蒙古族生态意识》,《锡林郭勒职业学院学报》2014 年第 1 期。

纳顺达来(北京中医药大学/内蒙古中蒙医医院)

《古印度阿育吠陀医经〈辨病诊脉〉的文献研究》,北京中医药大学博士学位论文 2011 年。

~格日乐等:《蒙医脉诊渊源考》,《中国民族医药杂志》2010 年第 10 期。

~格日乐:《〈四部医典〉脉诊法之探析》,《中国民族医药杂志》2010 年第 7 期。

格日乐~:《17—19 世纪回鹘式蒙古文医学概述》,《中国民族医药杂志》2006 年第 1 期。

~格日乐:《试述对蒙医学产生影响的古印度医学著作》,《中国民族医药杂志》2005 年第 6 期。

娜塔利亚·波索克耶娃(俄罗斯科学院西伯利亚社会科学分院)

~拉毛吉:《阿加—布里亚特地区的曼巴扎仓(赤塔州)》,《西北民族大学学报(哲学社会科学版)》2011 年第 3 期。

~端智:《俄罗斯布里亚特地区藏传佛教寺院的曼巴扎仓》,《中国民族医药杂志》2009 年第 4 期。

奈须重雄(日本 NPO 法人 731 部队细菌战资料中心)

~谢彩虹:《日军细菌战部队的建立及对华细菌战》,《军事历史研究》2015 年第 1 期。

~罗建忠:《日军细菌战罪证新资料:〈金子顺一论文集〉的发现及其意义》,《武陵学刊》2012 年第 3 期。

南东求(黄冈职业技术学院/黄冈卫生学校附属医院/黄冈卫生学校)

~龚泽等:《论万密斋于临证医学的杰出贡献》,《黄冈职业技术学院学报》2015 年第 5 期。

《明代医家刘天和医著考》,《荆楚学刊》2105 年第 1 期。

《傅山〈行医招贴〉的佐证作用》,《黄冈职业技术学院学报》2014 年第 4 期。

《红安名医"传略"》,《中国民族民间医药》2013 年第 21 期。

~沈爱平:《论东垣丹溪学说在日本医学史上的地位》,《中国民族民间医药》2013 年第 4 期。

《针学巨擘承淡安》,《黄冈职业技术学院学报》2013 年第 2 期。

～柴良辉：《鄂东眼科名医汪海门传略》，《中国民族民间医药》2012 年第 17 期。

～柴良辉：《清代喉科名家尤存隐传略》，《中共民族民间医药》2012 年第 8 期。

～柴良辉：《儿科名医万菊轩传略》，《中国民族民间医药》2012 年第 5 期。

～张学梅：《圣散子方考》，《黄冈职业技术学院学报》2012 年第 3 期。

《黄冈名医宋子京传略》，《中国民族民间医药》2011 年第 23 期。

～王斯蕾：《清名医杨际泰传略》，《中国民族民间医药》2011 年第 11 期。

《中医史学家谢观与〈中国医学源流论〉》，《黄冈职业技术学院学报》2011 年第 6 期。

《名医胡衡甫名字考》，《中国民族民间医药》2010 年第 16 期。

《"单方医圣"胡续康传略》，《中国民族民间医药》2010 年第 6 期。

《中华医药的历史价值和现实价值》，《文化学刊》2006 年第 2 期。

方汉文～程五金：《阿是穴的起源及其命名》，《山西中医》2002 年第 5 期。

～方汉文等：《"单方医圣"胡续康传略》，《黄冈职业技术学院学报》2002 年第 2 期。

《李月池传略》，《中医药学报》1993 年第 6 期。

《"君臣佐使"起源异解》，《中医药学报》1989 年第 3 期。

《诉衷情——喜读〈四川中医〉》，《四川中医》1987 年第 3 期。

南淑玲（安徽中医药大学/安徽中医学院）

《"酒剂"名词源流考》，《中华医史杂志》2018 年第 4 期。

～章健等：《〈王绵之方剂学讲稿〉学术思想管窥》，《时珍国医国药》2014 年第 9 期。

《〈医学心悟〉杂证辨治特点浅识》，《上海中医药杂志》2009 年第 3 期。

《〈傅青主女科〉调经用药特点浅析》，《中医杂志》2007 年第 12 期。

内龙道（天津中医学院）

《中欧传统医学比较研究》，天津中医学院博士学位论文 2001 年。

倪冰青（浙江工业大学）

《当代西方动物权利论研究》，浙江工业大学硕士学位论文 2017 年。

尼尔斯·布瑞姆（丹麦奥胡斯大学）

～撰，史天宇译：《在印度的尘封往事——世界卫生组织和联合国儿童基金会在接种肺结核疫苗问题上的摩擦（1947—1951）》，《医疗社会史研究》2016 年第 1 期。

倪灏源

《检验尸体在医学进步上的重要》，《医学周刊集》第 4 卷（1931.2）。

倪红

《民国时期上海防疫档案介绍》，《档案与史学》2003 年第 3 期。

倪红梅（上海中医药大学）

赵心华……鲍计章～：《〈黄帝内经〉与〈希波克拉底文集〉哲学思想比对研究》，《中国中医基础医学杂志》2016 年第 10 期。

宋红普～：《试论〈金匮要略〉的体质观》，《上海中医药杂志》2014 年第 10 期。

宋婷、沈红艺～何裕民：《健康的词源学考释》，《中华中医药学刊》2014 年第 6 期。

～何裕民等：《中西方健康概念演变史的探析及启示》，《南京中医药大学学报（社会科学版）》2014 年第 2 期。

王宁～何裕民等：《中西方心身关系认识的历史追寻》，《中华中医药学刊》2012 年第 12 期。

朱秋媛、何裕民~沈红艺:《试论儒家、道家"王道"思想对中医学的影响》,《贵阳中医学院学报》2012年第6期。

袁萌……程羽~:《便秘的词源学探讨》,《辽宁中医杂志》2012年第2期。

程羽……袁萌~:《焦虑的词源学研究》,《中华中医药学刊》2012年第2期。

王立国、何裕民~:《"抑郁"的词源学考释》,《江西中医学院学报》2011年第1期。

王立国、何裕民~:《"抑郁"医学含义历史变迁》,《辽宁中医药大学学报》2010年第8期。

崔利宏、袁冬莹~徐丽等:《过敏倾向与人口学资料的比较分析》,《湖南中医》2010年第7期。

梁治学~崔安平等:《"疾病"词源学探析》,《中医药文化》2010年第6期。

崔利宏、沈红艺~何裕民:《"治未病"渊流述略及与亚健康关系探讨》,《中医研究》2010年第5期。

~方盛泉:《〈内经〉"泄泻"之探析及演绎》,《上海中医药杂志》2008年第9期。

~方盛泉等:《试析〈内经〉论泄泻》,《陕西中医》2008年第9期。

~方盛泉:《〈内经〉"泄泻"病因病机及辨证治疗之探析及发挥》,《四川中医》2008年第7期。

倪俊(中国人民解放军海军第九〇五医院)

《中国现代烧伤外科发展概况》,《中华医史杂志》2019年第1期。

倪梁鸣(中国人民大学)

《从〈医籍考〉看丹波氏父子的目录学思想与成就》,《图书馆工作与研究》2008年第7期。

倪念念(南京大学)

《论英国1848年〈公共卫生法案〉》,南京大学2012年硕士学位论文。

倪秋明(温州市中心医院)

《注射器的发明与改进》,《中华医史杂志》2019年第2期。

倪士峰(西北大学)

~李文婧等:《从古籍〈轩辕碑记·祝由十三科〉浅谈祝由医学的用药特点》,《畜牧与饲料科学》2013年第12期。

~巩江等:《内经十三方研究概况》,《陕西中医学院学报》2009年第3期。

倪世美(浙江中医药大学/浙江中医学院)

《宋代社会背景对〈黄帝内经〉研究的影响》,《中华中医药杂志》2006年第5期。

《蒲辅周预防学思想浅析》,《浙江中医学院学报》2005年第5期。

《北宋社会因素对〈伤寒论〉研究的影响》,《中华医史杂志》2005年第3期。

李成文~:《论宋金元时期基础理论发展特点及对后世的影响》,《浙江中医学院学报》2003年第2期。

《马王堆帛书〈养生方〉"加"义明辨》,《成都中医药大学学报》1995年第2期。

~柴可夫:《试论"顺应四时"养生观》,《浙江中医学院学报》1993年第2期。

尼特珊·科列夫(美国布朗大学)

~撰,杨军译:《作为有目的的战略行动者的国际卫生组织——理论成果和方法论意涵》,《医疗社会史研究》2016年第1期。

倪学德(聊城大学)

《安奈林·比万与英国现代医疗制度》,《历史教学问题》2014年第4期。

年莉(天津中医药大学)

唐琪琳~:《〈普济方〉妊娠心痛方剂配伍规律探析》,《辽宁中医杂志》2018年第9期。

唐琪琳～:《古代小儿淋证方剂用药规律探析》,《中国中医急症》2018 年第 7 期。

庞皓琪、苏婉君～:《〈得配本草〉治疗心病药物配伍研究》,《辽宁中医杂志》2017 年第 10 期。

尹进、孙媛～:《〈圣济总录〉心悸证治规律探析》,《中医学报》2017 年第 4 期。

周思媛～:《〈普济方〉妇人病方剂中紫石英配伍应用探讨》,《山东中医杂志》2017 年第 2 期。

庞皓琪～:《〈类证治裁〉治疗心病方剂配伍规律研究》,《辽宁中医药大学学报》2017 年第 2 期。

勿日汗～吴江峰:《〈圣济总录〉心痛方剂用药规律研究》,《河北中医》2016 年第 3 期。

尹进～张静宇:《〈圣济总录〉研究概述》,《辽宁中医杂志》2015 年第 10 期。

王亚萍～:《明代养生学发展成就与特点》,《浙江中医药大学学报》2014 年第 4 期。

王俊霞～周志焕:《古代胸痹心痛方剂配伍规律研究》,《中医学报》2014 年第 4 期。

李慧平～:《"七情"配伍理论在汉以前的应用研究》,《天津中医药大学学报》2014 年第 1 期。

王亚萍～李慧平等:《明代方剂配伍理论研究》,《天津中医药大学学报》2013 年第 4 期。

李慧平～:《六味地黄丸方剂的来源与方名释义》,《天津中医药》2013 年第 3 期。

王俊霞～:《〈备急千金要方〉对消渴病的认识》,《中医学报》2012 年第 12 期。

李海鹏～:《〈伤寒论〉服药方法探析》,《辽宁中医药大学学报》2012 年第 11 期。

朱智慧～:《古代哮证组方用药配伍规律探析》,《实用中医内科杂志》2010 年第 10 期。

刘宏艳、肖照岑～:《〈温病条辨〉湿热类温病病理变化研究》,《时珍国医国药》2010 年第 5 期。

《晋唐时期方剂学发展成就与特征》,《天津中医药大学学报》2010 年第 2 期。

刘宏艳～肖照岑:《论〈温病条辨〉制方之法》,《浙江中医药大学学报》2010 年第 1 期。

刘翀羽～:《叶天士络病理论研究》,《天津中医药大学学报》2009 年第 3 期。

～于铁城:《秦汉时期方剂学理论发展成就》,《吉林中医药》2008 年第 11 期。

刘宏艳、肖照岑～:《〈温病条辨〉中吴氏独创方研究》,《长春中医药大学学报》2008 年第 5 期。

～刘翀羽等:《〈内经〉络脉络病理论整理研究》,《天津中医药大学学报》2008 年第 4 期。

《秦汉时期方剂学发展特征与成就》,《山东中医药大学学报》2008 年第 4 期。

樊玺～:《晋唐温病预防方药特点考略》,《实用中医内科杂志》2008 年第 4 期。

刘翀羽～:《络病学文献研究现状》,《吉林中医药》2008 年第 4 期。

秦庆福～:《〈肘后备急方〉的方剂学成就》,《天津中医药大学学报》2008 年第 1 期。

黄霞～:《略论宋代官修方书及其特点》,《天津中医药大学学报》2008 年第 1 期。

丁培杰～:《〈小品方〉方剂学成就初探》,《天津中医药》2007 年第 6 期。

～于铁成:《谈先秦时期复方的产生及其特点与成就》,《天津中医药大学学报》2007 年第 4 期。

《〈内经〉方剂研究》,《辽宁中医药大学学报》2007 年第 1 期。

聂爱平(江西省社会科学院)

《药不过樟树不灵　药不到樟树不齐》,《文史知识》1998 年第 1 期。

聂崇侯

《中国眼镜史考》,《中华眼科杂志》1958 年第 4 期。

《中国眼镜史》,《医史杂志》1952 年第 1 期。

聂春燕(四川大学)

～李禹阶:《近代的"卫生"与民族复兴》,《甘肃社会科学》2017 年第 2 期。

聂非(华中科技大学)

《武汉教会医院的源流、演进与社会动因研究(1864—1953)》,华中科技大学硕士学位论文

2016 年。

聂广（湖北中医学院）

樊洪～:《中西医外科学的比较与思考》,《医学与哲学》1992 年第 9 期。

《温病概念之历史演变》,《中医研究》1991 年第 3 期。

《宋代"伤寒补亡"与温病学的产生》,《上海中医药杂志》1990 年第 6 期。

《试论〈伤寒例〉对温病学的孕育作用》,《江苏中医》1988 年第 1 期。

聂国祥（湖南省华容县幸福乡血吸虫病防治站）

《隋、唐以前中医蛊字涵义之商榷》,《中国血吸虫病防治杂志》1997 年第 5 期。

涅鸿音（中国社会科学院）

《俄藏 4167 号西夏文〈明堂灸经〉残叶考》,《民族语文》2009 年第 4 期。

《西夏译本〈明堂灸经〉初探》,《文献》2009 年第 3 期。

聂建刚（华中科技大学同济医学院）

～熊昌娥:《中国艾滋病防治国际合作项目管理机制评价》,《中国公共卫生》2010 年第 15 期。

～熊昌娥:《全球治理下的国际卫生合作现状分析》,《医学与社会》2010 年第 4 期。

舒展、尤川梅～:《吉尔吉斯斯坦卫生体制改革概况》,《中国社会医学杂志》2009 年第 4 期。

聂精保/聂精葆/聂菁葆（新西兰 Otago 大学/美国得克萨斯大学/湖南中医学院）

胡林英～:《医学伦理学的魅力:经典案例与观点争锋——〈医学伦理学经典案例〉简介及译后感》,《医学与哲学(人文社会医学版)》2011 年第 10 期。

～林莉.安德森等:《从医学伦理学到生命伦理学——新西兰生命伦理学的历史与社会学研究》,《医学与哲学》2005 年第 9、11 期。

～土屋贵志等:《侵华日军的人体实验及其对当代医学伦理的挑战》,《医学与哲学》2005 年第 6 期。

～赵明杰:《知情同意在中国不适用吗——"文化差异论"的认知错误》,《医学与哲学》2002 年第 6 期。

《试论医学起源》,《医学与哲学》1988 年第 4 期。

《试论古希腊医学繁荣的社会因素》,《医学与哲学》1986 年第 3 期。

《中国古代解剖长期不发达的历史事实及其原因》,《湖南中医学院学报》1986 年第 2 期。

《医学伦理之魂:反思和探求医学道德的根基——恩格哈特〈生命伦理学的基础〉对中国的意义》,《中国医学伦理学》1996 年第 6 期。

《20 世纪中国医学的一元主义及其终结》,《医学与哲学》1996 年第 5 期。

《反思和探求医学道德的根基——恩格尔哈特〈生命伦理学的基础〉对中国的意义》,《中国医学伦理学》1996 年第 5 期。

《阐释的生命伦理学:感知理解之路》,《医学与哲学》1995 年第 4 期。

《北美生命伦理学和医学人文学研究生教育》,《医学与哲学》1995 年第 4 期。

《科学主义笼罩下的 20 世纪中医——兼论中医是否是科学》,《医学与哲学》1995 年第 2 期。

朱文锋～:《中医现代化的背景、可能性和目标》,《医学与哲学》1991 年第 10 期。

《试论巫术医学》,《医学与哲学》1990 年第 5 期。

《试论王清任——关于他的历史环境、医学成就及命运》,《湖南中医学院学报》1990 年第 3 期。

～周一谋:《张仲景和盖仑的比较研究——兼论中西医学分道扬镳的历史标志》,《中医药学报》1990 年第 2 期。

《〈黄帝内经〉和〈希波克拉底文集〉的比较研究》,《中医药学报》1989 年第 5 期。

《试析皇甫谧名垂中国医学史的原因》,《吉林中医药》1989 年第 5 期。

《论中西比较医学史的确立》,《医学与哲学》1989 年第 1 期。

《对中国医学史的哲学思考》,《湖南中医学院学报》1989 年第 1 期。

《对几种不同医学起源观的评析》,《江苏中医》1989 年第 3 期。

《王清任与维萨里的成就及命运》,《中医药学报》1988 年第 6 期。

聂文（陕西师范大学）

《中世纪西欧流行病及其防治研究》,陕西师范大学硕士论文 2016 年。

聂耀（内蒙古医学院）

~李永清等:《从〈五十二病方〉看先秦时期中药学发展概况》,《内蒙古医学院学报》1997 年第
3 期。

聂志军（中山大学）

《景教碑中"伊斯"也是景医考》,《敦煌学辑刊》2008 年第 3 期。

宁百乐（广东省中医院）

~罗丁等:《近代岭南伤寒学派的发展概要与学术探析》,《中华中医药杂志》2018 年第 8 期。

宁达蕴

《中华天年医社之创兴》,《三三医报》1925 年第 8 期。

附:不署名:《广德医药学会缘起和简章》,《三三医报》1924 年第 6 期。

《华夏医学会缘启和会章》,《三三医报》1925 年第 8 期。

《嘉善医药学会成立记》,《三三医报》1924 年第 16 期。

《全国医师联合会第一次全国代表大会纪录》,《医事丛刊》1930 年第 2 期。

《全国医师联合会第一次代表大会决议案一览表》,《医事丛刊》1930 年第 2 期。

宁德斌（湖南中医药大学）

《科学史观与中医现代化》,《自然辩证法研究》2013 年第 12 期。

宁方景（中央财经大学）

《中美医疗保障史研究——百年以来政府在医疗保障领域的作用》,中央财经大学博士学位论文
2016 年。

宁稼雨（南开大学）

《从〈世说新语〉看服药的士族精神》,《南开学报》2002 年第 1 期。

宁俊伟（山西大学）

《〈能静居日记〉中的中医方技探析》,《科学技术哲学研究》2017 年第 4 期。

宁可宁（中国青年政治学院）

《从健康传播角度解析中国媒体艾滋病报道》,中国青年政治学院硕士学位论文 2010 年。

宁满秀（福建农村大学/福州大学）

吴政宇、冯杰~:《基于利益相关视阈下我国药品价格治理实证分析》,《中国卫生事业管理》2018
年第 2 期。

陈丽强~:《非正式照料对老年人医疗费用支出的影响及政策建议》,《中国卫生政策研究》2016 年
第 6 期。

~余平平:《农村中老年慢性病患者就诊行为与影响因素研究——基于 CHARLS 数据的实证分

析》,《中国卫生政策研究》2016年第5期。

郑旭辉、刘进~:《新型农村合作医疗制度对农户高科技医疗服务利用的影响——基于供给者需求角度》,《中南大学学报(社会科学版)》2015年第1期。

~刘进:《新型农村合作医疗制度对农户医疗负担的影响——基于供给者诱导需求视角的实证分析》,《公共管理学报》2014年第3期。

~刘进:《新型农村合作医疗制度对农户外出务工地点选择的影响研究》,《财经论丛》2014年第4期。

《新型农村合作医疗部分负担制度对农户住院层级选择行为的影响研究》,《农业技术经济》2014年第1期。

叶菲菲~:《居住安排模式对农村老人心理健康的影响分析——以福建省为例》,《福建行政学院学报》2013年第6期。

~杨志武等:《新农合的福利效果与改革方向——基于供给者诱导需求的分析框架》,《中南大学学报(社会科学版)》2013年第5期。

杨志武~:《我国新型农村合作医疗制度政策效果研究综述》,《华东经济管理》2012年第1期。

~潘丹:《新型农村合作医疗对农户医疗服务利用平等性影响的实证研究——基于CHNS的数据分析》,《东南学术》2011年第2期。

~谢青青:《影响农户参加新型农村合作医疗意愿的因素分析——基于福建省的实证调查》,《福建论坛(人文社会科学版)》2010年第10期。

谢青青~:《福建省新型农村合作医疗制度的实施效果分析》,《河南科技学院学报》2010年第9期。

~谭晓婷等:《我国新型农村合作医疗制度的可持续性发展研究——基于农户参合行为的实证分析》,《农业技术经济》2010年第8期。

~潘丹等:《新型农村合作医疗对农户预防性储蓄的挤出效应研究——基于CHNS数据的经验分析》,《福建农林大学学报(哲学社会科学版)》2010年第3期。

宁绍勇(沈阳市铁西区中医院)

《叶天士〈外感温热篇〉舌诊析》,《辽宁中医杂志》1990年第12期。

牛喘月(上海中医药大学)

《水之积也不厚,负大舟也无力——中医英语翻译研究中的几点反思》,《中西医结合学报》2007年第2期。

《率性之谓道,修道之谓教——〈中医经典文库·内经〉译者例言英译》,《中西医结合学报》2007年第1期。

《明月松间照,清泉石上流——再论中医英语翻译及其规范化问题》,《中西医结合学报》2006年第6期。

~汪腊萍:《列缺原为电神,丰隆系是云师——对中医英语翻译中几个问题的思考》,《中西医结合学报》2006年第5期。

~汪腊萍:《但使主人能醉客,不知何处是他乡——中医英语翻译的局限性及其研究刍议》,《中西医结合学报》2006年第4期。

~汪腊萍:《仰观吐曜,俯察含章——中医英语翻译理法别议》,《中西医结合学报》2006年第3期。

《形与神俱,不可分离——从语义与语境的演变看中医翻译中的"常"与"变"》,《中西医结合学报》2006年第2期。

《笑啼俱不敢,方验作人难——谈中医翻译中"形合"与"意合"》,《中西医结合学报》2005 年第 6 期。

《牧童归去横牛背,短笛无腔信口吹——古今词义的演变及其对中医翻译的影响》,《中西医结合学报》2005 年第 5 期。

《杨花榆荚无才思,惟解漫天作雪飞——从"中西医结合"之名的英语翻译谈起》,《中西医结合学报》2005 年第 4 期。

《等闲识得东风面,万紫千红总是春——从"中医"名称的英语翻译谈翻译中的"信"与"不信"》,《中西医结合学报》2005 年第 3 期。

《说与旁人浑不解,杖藜携酒看芝山——再谈〈黄帝内经〉英语翻译的方法问题》,《中西医结合学报》2005 年第 2 期。

《两岸猿声啼不住 轻舟已过万重山——中医名词术语国际标准化工程正式启动》,《中西医结合学报》2005 年第 1 期。

《名不正则言不顺,言不顺则事不成——谈谈中医名词术语英译的原则问题》,《中西医结合学报》2004 年第 6 期。

《千岩万转路不定,烟涛微茫信难求——谈〈黄帝内经〉英语翻译的原则与方法》,《中西医结合学报》2004 年第 5 期。

《谈谈中医英语翻译研究者的基本素养》,《中西医结合学报》2004 年第 4 期。

《再论中医英语翻译的原则》,《中西医结合学报》2004 年第 3 期。

《中医英语翻译的基本特点》,《中西医结合学报》2004 年第 2 期。

《从西方第一次"针灸热"看语言与翻译问题对中医西传的影响》,《中西医结合学报》2004 年第 1 期。

《早期中医西译者的翻译思路与方法》,《中西医结合学报》2003 年第 4 期。

《为什么要研究中医英语翻译》,《中西医结合学报》2003 年第 3 期。

牛德录（山西中医学院）

《浅析脏腑的命名》,《山西中医》2011 年第 4 期。

《方剂名称与医药文化》,《山西中医》2001 年第 5 期。

《李茂如和〈历代史志书目著录医籍汇考〉》,《中医文献杂志》1997 年第 2 期。

牛芳（山西大学）

《张民觉生殖生理学研究》,山西大学博士学位论文 2010 年。

～杨小明:《人口控制技术与社会发展——张民觉生殖生理学成就的 STS 探析》,《自然辩证法研究》2010 年第 6 期。

《张民觉:试管婴儿和口服避孕药之父》,《山西大学学报（哲学社会科学版）》2010 年第 2 期。

《张民觉科学实验与方法研究》,《科学技术哲学研究》2010 年第 1 期。

　　附:

王进:《试管婴儿之父——张民觉》,《发明与创新（综合版）》2005 年第 1 期。

史雅萍等:《张民觉数据库的建立》,《山西科技》2016 年第 6 期。

林卫国:《杰出的贡献　光辉的一生——记美籍生殖生理学家张民觉博士》,《沧桑》1994 年第 3 期。

张燕林:《沉痛悼念我的父亲——张民觉先生》,《生殖与避孕》1991 年第 3 期。

不署名:《怀念张民觉先生》,《生殖与避孕》1991 年第 3 期。

牛桂晓(湖南师范大学)

《近代中国基督教会公共卫生运动研究(1901—1937)》,湖南师范大学博士学位论文 2019 年。

《美国传教士毕德辉在华卫生传教活动探析》,《宗教学研究》2019 年第 2 期。

《边疆·卫生·抗战:全面抗战时期西北地区医疗卫生建设述论》,《日本侵华南京大屠杀研究》2019 年第 1 期。

《南京国民政府时期青海地区医疗卫生建设述论》,《青海民族大学学报(社会科学版)》2018 年第 1 期。

李传斌~:《博习医院与近代苏南社会》,《东吴学术》2017 年第 4 期。

《留美生胡宣明与民国时期的公共卫生运动》,《江苏师范大学学报(哲学社会科学版)》2017 年第 3 期。

《1910—1930 年间中国基督教卫生教育运动研究》,湖南师范大学硕士学位论文 2015 年。

《近六年来大陆基督教医疗事业研究述评》,《沧桑》2014 年第 6 期。

牛海燕(南京中医药大学)

《框架理论视阈下中医典籍反义相成词英译研究》,南京中医药大学硕士学位论文 2018 年。

牛家藩(中国农业科学院)

《〈大武经〉的学术成就初探》,《中国农史》1993 年第 4 期。

《从〈周礼〉看我国先秦时期的兽医发展》,《中国农史》1993 年第 2 期。

《对〈周礼〉兽医职文中"以节之"的管见》,《中国农史》1992 年第 4 期。

《中兽医学的起源与发展》,《中国农史》1991 年第 1 期。

《试论我国兽医灸术的起源与发展》,《古今农业》1989 年第 2 期。

《全国首届广禅侯学术讨论会在山西召开》,《中兽医学杂志》1987 年第 4 期。

牛家瑜(北京中医药大学)

《恽铁樵伤寒学术思想初步研究》,北京中医药大学硕士学位论文 2016 年。

赵肖帆~肖相如:《马王堆房中书对早泄的认识》,《河南中医》2016 年第 5 期。

牛建昭(北京中医药大学)

《谈谈日本汉方医学教育的四种形式》,《中医教育》1994 年第 2 期。

牛静云(黑龙江中医药大学)

~侯丽辉等:《基于数据挖掘对清代医家治疗闭经用药规律的研究》,《中国中医基础医学杂志》2016 年第 11 期。

牛敬忠(内蒙古大学)

~刘晓堂:《民国时期绥远地区的三次鼠疫及其原因探析》,《内蒙古大学学报(哲学社会科学版)》2010 年第 5 期。

牛良臣

《祁州药都形成的原因》,《河北学刊》1983 年第 4 期。

牛敏国(安徽中医学院附属医院)

《〈诸病源候论〉对儿科学的贡献》,《甘肃中医学院学报》1993 年第 1 期。

《〈千金要方〉对小儿养护保健的贡献》,《中医临床与保健》1992 年第 2 期。

~江申玉:《刍议古代医家对初生儿的保育》,《中医临床与保健》1990 年第 4 期。

《谢玉琼和他的〈麻科活人全书〉》,《江西中医药》1990 年第 4 期。

牛锐（陕西中医学院/泾阳县医院）

《浅析〈金匮要略〉妇人杂病外治法》，《中医药通报》2014 年第 3 期。

《〈金匮要略〉孕育优生学探析》，《中医药导报》2012 年第 10 期。

～王宏才等:《略论〈四部医典〉在藏族药学史上的地位》，《甘肃中医学院学报》1990 年第 2 期。

牛善利（滕州市中心人民医院）

《鼻内窥镜手术的发展简史》，《中华医史杂志》2005 年第 3 期。

牛淑平（安徽中医药大学/安徽中医学院/安徽大学）

程悦、高兵～郭锦晨等:《吴正伦〈养生类要〉中养生思想》，《中医药临床杂志》2019 年第 7 期。

牛俐颖～:《"臑"字考释》，《中国针灸》2018 年第 9 期。

张佳乐～:《从"春夏刺浅,秋冬刺深"探讨四时针刺之核心内涵》，《北京中医药大学学报》2018 年第 5 期。

李梦琪～黄辉等:《汪机 45 首膏丸方配伍规律探析》，《陕西中医药大学学报》2018 年第 5 期。

李梦琪、黄辉～马瑞萍:《新安医家汪机〈石山医案〉中丸剂临床应用特点探析》，《甘肃中医药东西学报》2018 年第 4 期。

张倩～:《孙一奎治疗痢疾特色探析》，《安徽中医药大学学报》2017 年第 4 期。

张倩～:《程朱理学对新安医学固本培元派的影响》，《中医学报》2017 年第 4 期。

朱长刚～:《"凡治病必察其下,适其脉"注解》，《中医文献杂志》2017 年第 3 期。

张佳乐～:《〈临证指南医案〉便血证治探微》，《上海中医药大学学报》2017 年第 3 期。

张佳乐～:《汪机〈石山医案〉健脾益气法诊治血证探析》，《甘肃中医药大学学报》2017 年第 2 期。

《〈黄帝内经〉与上古文明奇迹》，《中国中医药报》2016 年 10 月 14 日 008 版。

《"天寒无刺,天温无疑"考释》，《中国针灸》2016 年第 9 期。

朱长刚～:《〈养性延命录〉六字诀考释》，《中华医史杂志》2016 年第 5 期。

张佳乐～:《新安医家吴楚温补诊治血证验案特色探析》，《成都中医药大学学报》2016 年第 3 期。

张佳乐……卢佳铭～:《新安医家孙一奎辨治血证学术特色探析》，《成都中医药大学学报》2016 年第 1 期。

《"毛折"考释》，《中医文献杂志》2016 年第 1 期。

张倩～姚实林等:《程朱理学对明代新安医学的影响》，《中医学报》2015 年第 6 期。

王欣～:《从少商穴文献考证谈井穴之定位》，《中国针灸》2014 年第 7 期。

张倩～:《孙一奎养生学术思想探析》，《安徽中医药大学学报》2014 年第 4 期。

王键～黄辉:《新安医学的主要特色》，《中华中医药杂志》2013 年第 2 期。

王键～黄辉:《新安医学的成就与贡献》，《中华中医药杂志》2013 年第 1 期。

张倩～:《吴崐〈针方六集〉学术思想探析》，《中医学报》2012 年第 12 期。

胡玲……刘广霞～白良川等:《新安医家对针灸理论贡献举隅》，《中国针灸》2012 年第 8 期。

张倩～:《新安医家汪机、孙一奎"固本培元"学术流派研究》，《中医学报》2012 年第 6 期。

王键～:《新安医家时空分布规律探析》，《中医杂志》2011 年第 24 期。

王键～:《新安医学研究的文化视野》，《中医药文化》2010 年第 4 期。

张倩～:《〈花药园记〉简介》，《中医文献杂志》2009 年第 4 期。

王键～:《新安医学的非物质文化遗产特征》，《中医药文化》2007 年第 5 期。

~黄德宽等:《〈素问〉校诂派学术研究内容——皖派朴学家〈素问〉校诂研究》,《中医文献杂志》2004 年第 4 期;2005 年第 1、2、3 期;2006 年第 2 期。

《皖派朴学家〈素问〉校诂研究》,安徽大学博士学位论文 2003 年。

牛亚华(中国中医科学院/中国中医研究院/西北大学/内蒙古医学院)

曾毅~:《中华医史学会早期外籍会员及其对中国医学史的贡献》,《中华医史杂志》2019 年第 6 期。

《19 世纪中叶一个俄罗斯医生眼中的中医》,《中华医史杂志》2019 年第 5 期。

《民国初期中国的医学教育与日本》,《中华医史杂志》2018 年第 6 期。

~耿华:《中华医学会中国医学史博物馆创设史料选》,《中华医史杂志》2018 年第 6 期。

李婕~:《末代太医院院使张仲元》,《中华医史杂志》2018 年第 2 期。

侯酉娟~王蕊等:《明清中医古籍的药堂药目考》,《时珍国医国药》2017 年第 11 期。

王亚楠~:《史国公药酒考》,《中医杂志》2016 年第 24 期。

姚远~陈浩元:《再论〈吴医汇讲〉为中国期刊的肇端》,《编辑学报》2016 年第 4 期。

孟凡红……李莎莎~孙海舒等:《中医古籍分类体系及其演变》,《中华医学图书情报杂志》2015 年第 9 期。

~张青等:《中医古籍肿瘤术语研究的流程与方法探索》,《中医杂志》2015 年第 9 期。

付书文~:《民国中医药期刊的文献计量分析》,《中华医史杂志》2015 年第 5 期。

付书文~:《〈三三医报〉研究》,《中国中医药图书情报杂志》2014 年第 5 期。

《再读范行准〈明季西洋传入之医学〉》,《中华医史杂志》2013 年第 5 期。

《范行准及其中医典籍的收藏与研究》,《中医文献杂志》2012 年第 6 期。

侯酉娟~孟凡红等:《〈普济方〉止痛方药研究》,《中国中医基础医学杂志》2012 年第 7 期。

~张伟娜:《中国中医科学院馆藏清内府精写本〈御纂医宗金鉴〉》,《中医文献杂志》2012 年第 2 期。

《近代医药学藏书家述略》,《国际中医中药杂志》2011 年第 4 期。

《从中央卫生实验院到上海药物食品检验局——彭司勋访谈》,《中国科技史杂志》2011 年第 2 期。

《1950 年代我国金霉素的研究及工业化生产》,《中华医史杂志》2010 年第 6 期。

《〈新编名方类证医书大全〉版本新探》,《中医文献杂志》2010 年第 5 期。

《中药炮制:因神思而神奇》,《中华遗产杂志》2010 年第 4 期。

张伟娜……彭莉~:《全国中医古籍保存与保护现状调查分析》,《中国中医药信息杂志》2009 年第 6 期。

《王宏翰〈医学原始〉与日本解剖学译著〈重订解体新书〉》,《中华医史杂志》2009 年第 5 期。

《元刊本〈校正素问精要宣明论方〉及其文献价值》,《中医文献杂志》2008 年第 5 期。

《〈圣散子方〉考》,《文献》2008 年第 2 期。

《许勉焕〈续名医类案〉及其文献价值》,《中华医史杂志》2007 年第 4 期。

《〈医学原始〉影印本补正》,《中医文献杂志》2007 年第 2 期。

《〈泰西人身说概〉与〈人身图说〉研究》,《自然科学史研究》2006 年第 1 期。

《中日接受西方解剖学之比较研究》,西北大学博士学位论文 2005 年。

~冯立昇:《丁福保与近代中日医学交流》,《中国科技史料》2004 年第 4 期。

《清末留日医学生及其对中国近代医学事业的贡献》,《中国科技史料》2003 年第 3 期。

《20 世纪 40 年代我国的青霉素研制工作》,《中华医史杂志》2001 年第 3 期。

《滑寿医学著作在日本的流播》,《中华医史杂志》1998 年第 3 期。

《中国汉译西医学著作在日本的流传和影响》,《中华医史杂志》1997 年第 4 期。

《巴累及其医学成就》,《中华医史杂志》1991 年第 1 期。

《明代笔记中的少数民族医药史料》,《中国少数民族科技史研究》(呼和浩特:内蒙古人民出版社 1991 年)。

《金代女真族医药卫生史简述》,《中国少数民族科技史研究》(呼和浩特:内蒙古人民出版社 1991 年)。

牛月娇(天津医科大学)

《医院精神研究——以天津医科大学附属肿瘤医院为例》,天津医科大学硕士学位论文 2013 年。

~张金钟:《论对癌症患者的人文关怀》,《中国医学伦理学》2013 年第 3 期。

~张金钟:《论医院精神的培养途径——以天津市某医院为例》,《中国医学伦理学》2013 年第 2 期。

牛占和(赤峰市第六医院)

《对〈灵枢〉初编年限的几点考证》,《中华医史杂志》2001 年第 1 期。

农汉才(中国中医科学院/中国中医研究院)

田博~:《北齐医家"徐敏齐"当为"徐敏行"之误》,《中华医史杂志》2019 年第 5 期。

孙灵芝~王致普:《时逸人〈黄帝内经〉研究》,《中国中医基础医学杂志》2019 年第 4 期。

《民国名医祝味菊对中医药抗感染的认识》,《中国中医基础医学杂志》2018 年第 10 期。

刘英华、甄艳~:《瓜州博物馆藏西夏遗址所出藏文医书残片新正》,《中华医史杂志》2018 年第 5 期。

李楠~高飞:《秦伯未研究〈黄帝内经〉的方法与特色》,《中国中医基础医学杂志》2018 年第 4 期。

杨云霜、匡振坤~王致谱:《丁甘仁〈医经辑要〉学术思想初探》,《新中医》2018 年第 4 期。

李经纬~:《李经纬 90 华诞暨医学史研究 60 周年访谈》,《中华医史杂志》2018 年第 3 期。

刘英华~:《蚌巴奇本吐蕃医书所载汉方考》,《中华医史杂志》2016 年第 6 期。

~李莎莎等:《民国中医教材现存概况及其学术贡献初探》,《中医文献杂志》2014 年第 5 期。

~王致谱:《民国"伤寒新论现象"评析》,《中华医史杂志》2012 年第 4 期。

黄力~:《〈伤寒论新注〉学术特色浅析》,《上海中医药大学学报》2012 年第 1 期。

陈清光……韩栋~:《儒医恽铁樵启示录》,《辽宁中医杂志》2011 年第 7 期。

《近代名医祝味菊对人体自疗机能的理论发展与临床应用》,《中医文献杂志》2011 年第 1 期。

《罗天益与李杲的同患者医案赏析》,《中医文献杂志》2010 年第 5 期。

~王致谱:《从琼玉膏的历史沿革看中医膏方文化的发展》,《中医药文化》2009 年第 6 期。

张志斌~:《纪念中华医学会医史学分会成立 70 周年座谈会纪要》,《中华医史杂志》2006 年第 4 期。

《祝味菊生平与学术思想研究》,中国中医研究院硕士学位论文 2005 年。

《近代名医祝味菊史实访查记》,《中华医史杂志》2004 年第 3 期。

O

欧金涛(云南中医学院)

《彭子益中医圆运动思想对经方学理传承与应用的研究》,云南中医学院硕士学位论文 2014 年。

欧利(华中师范大学)

《乡村艾滋病人群的社会认同转变研究》,华中师范大学硕士学位论文 2011 年。

欧梅(北京林业大学)

~朱红梅等:《作为他者的生存——从疾病的隐喻解读〈铁皮鼓〉》,《陇东学院学报》2011 年第 1 期。

欧阳八四(苏州市中医医院)

程军平~申俊龙等:《地域性中医学术流派简析》,《中华中医药杂志》2017 年第 2 期。

《针灸溯源——九针的起源、运用与发展》,《针灸临床杂志》2005 年第 7 期。

欧阳兵(山东中医药大学/山东中医学院)

刘巨海~:《〈诸病源候论〉中小肠藏象理论及应用研究》,《山东中医杂志》2014 年第 8 期。

李明霞~:《〈侍疾要语〉的学术思想研究》,《世界中西医结合杂志》2014 年第 5 期。

范磊~:《试析〈太平惠民和剂局方〉盛行的原因及其影响》,《甘肃中医》2009 年第 1 期。

陆国辉、李艳茹~:《〈黄帝内经〉药性理论钩沉》,《江西中医学院学报》2007 年第 4 期。

王鹏~:《眩晕证历代防治方药述要》,《山东中医药大学学报》2005 年第 5 期。

王鹏~:《眩晕证病因病机各家学说述要》,《上海中医药大学学报》2005 年第 3 期。

王鹏~:《两宋时期眩晕证防治方药研究》,《陕西中医学院学报》2005 年第 1 期。

王鹏~:《试从系统论探讨"治病求本"的涵义》,《福建中医药》2003 年第 1 期。

王鹏~:《浅论〈周易〉对中医学"天人相应"理论形成的影响》,《天津中医药》2003 年第 1 期。

《"肺主皮毛"的科学内涵和临床意义》,《安徽中医学院学报》1996 年第 4 期。

《明代〈伤寒论〉研究方法述略》,《国医论坛》1995 年第 6 期。

《明代〈伤寒论〉研究对后世的影响》,《中华医史杂志》1995 年第 2 期。

《〈伤寒证治准绳〉特点浅析》,《新疆中医药》1994 年第 2 期。

《肺主皮毛小议》,《北京中医》1993 年第 3 期。

《论明代〈伤寒论〉研究对温病学说的影响》,《山东中医学院学报》1993 年第 1 期。

欧阳海燕

《1910—1911 年:东北大鼠疫再考》,《新世纪周刊》2007 年第 2 期。

欧阳建军(湖南中医药大学/湖南中医学院)

刘伍立~黄博辉:《中医文献对中风病的阐述与述评》,《针灸临床杂志》2006 年第 10 期。

~朱文锋:《宋明理学宇宙观对金元明中医人体观的影响》,《中华医史杂志》2000 年第 3 期。

《试论王清任制五首逐瘀汤的思维特色》,《中医研究》1996 年第 1 期。

郭起华~:《葛洪的养生学理论与方术述评》,《湖南中医学院学报》1993 年第 4 期。

~陈大舜:《从〈本草纲目〉分类法看李时珍的创造性想象》,《湖南中医学院学报》1992 年第 4 期。

欧阳洁(云南省社会科学院)

《肾脏移植后身体体验与文化适应性探讨》,《医学与社会》2012 年第 11 期。

欧阳竞(中华医学会)

《回忆陕甘宁边区的卫生工作》,武衡主编《抗日战争时期解放区科学技术发展史资料》第 5 辑(北京:中国学术出版社 1986 年)。

《回忆陕甘宁边区的卫生工作》,《医院管理》1984 年第 1、2 期。

欧阳錡

《伤寒温病的学术源流与辨证论治》，《新中医药》1958 年第 5 期。

欧阳天赋（广州中医药大学）

～高日阳：《陈士铎〈石室秘录〉情志病方药分析》，《亚太传统医药》2019 年第 5 期。

～高日阳：《古代文献中岭南灸法及其发展源流》，《中医文献杂志》2019 年第 1 期。

欧阳泽祥（安庆市第六人民医院）

《兵家思想在中医治则理论中的类比应用》，《浙江中医杂志》2003 年第 12 期。

欧怡涵（台湾暨南国际大学）

《日治时期台湾之药业网络——以药业从业人员与药品使用者为主之讨论》，暨南国际大学硕士学位论文 2008 年。

区永欣（广州中医学院）

《中医学的疾病观》，《广州中医学院学报》1988 年第 1 期。

P

Paige R.Sipes-Metzler

《俄勒冈健康计划：配给是否理性？》，《医学与哲学》1996 年第 12 期。

潘大为（中山大学/广州中医药大学）

《中西医结合先驱张锡纯》，《团结报》2019 年 11 月 14 日 006 版。

《生意人，或圣徒？——宋以前儒家对医生的看法及佛教影响下的转》，《中山大学学报（社会科学版）》2017 年第 4 期。

《中医术语"神"的英译》，《中国科技术语》2017 年第 3 期。

《儒家医学伦理的建立："医者仁心"与道德病人》，《中国哲学史》2017 年第 2 期。

《药物馈赠中的医疗观念、社会认知与文化信仰》，《广西民族大学学报（哲学社会科学版）》2017 年第 1 期。

《知识与权力的传奇：康熙与金鸡纳史实考辨》，《科学文化评论》2016 年第 1 期。

《中国古代宫廷试药人制度及其演进》，《医学与哲学（A）》2015 年第 12 期。

《"二十四孝"中的病人、家庭与医生——一个患病相关行为的医学社会学考察》，《开放时代》2015 年第 1 期。

《论王清任的神明观》，《中华中医药杂志》2009 年第 2 期。

《〈内经〉中的胆与神志》，《江苏中医药》2008 年第 11 期。

《从"薄厥"的不同解释看神明问题》，《时珍国医国药》2008 年第 10 期。

《〈内经〉形神理论的多重结构》，广州中医药大学博士学位论文 2008 年。

《从重形到重神——论〈内经〉对"悲"及其生理影响的认识》，《江苏中医药》2008 年第 5 期。

《张锡纯"心脑共主神明"说分析》，《时珍国医国药》2007 年第 12 期。

《王清任"方效论错"原因初探》，《中华医史杂志》2006 年第 3 期。

潘迪（中国中医科学院）

《寸口脉六部脏腑分候文献研究》，中国中医科学院硕士学位论文 2016 年。

潘芳(南开大学)

《拉丁美洲疫病影响初探——对西属殖民地早期的考察》,《南开学报(哲学社会科学版)》2013 年第 3 期。

潘桂娟(中国中医科学院)

文颖娟～:《万密斋方药养生钩玄》,《中华中医药杂志》2018 年第 11 期。

张奇～:《朱丹溪从痰诊治中医外科疾病的特色探析》,《中华中医药杂志》2017 年第 10 期。

文颖娟～:《万密斋却疾养生思想探析》,《中华中医药杂志》2016 年第 8 期。

文颖娟～:《万密斋慎动养生思想探析》,《中华中医药杂志》2016 年第 7 期。

文颖娟～:《万密斋医学思想渊源管窥》,《中华中医药杂志》2016 年第 4 期。

李小方～:《"风痰"概念的历史沿革初探》,《中华中医药杂志》2016 年第 4 期。

衣标美～:《〈明医杂著〉治痰浅析》,《中华中医药杂志》2016 年第 3 期。

张洁～:《〈全生指迷方〉茯苓丸及其应用初探》,《中国中医基础医学杂志》2015 年第 5 期。

李倩、江泳～:《陈伯坛学术思想浅析》,《山东中医杂志》2015 年第 5 期。

衣标美～:《朱丹溪诊治"痰郁"的法则探讨》,《中华中医药杂志》2015 年第 4 期。

文颖娟～:《万密斋儿科疾病诊疗特色探析》,《中国中医基础医学杂志》2014 年第 12 期。

李海玉～:《论明清时期中医学"火"理论的发展》,《辽宁中医杂志》2014 年第 10 期。

李瑶～:《喻昌痰病治则治法初探》,《中国中医基础医学杂志》2014 年第 5 期。

许大剑～:《〈诸病源候论〉痰病论括要与发挥》,《中国中医基础医学杂志》2014 年第 4 期。

谢静文～:《龚居中〈红炉点雪〉痰火证诊治探讨》,《中国中医基础医学组织》2014 年第 2 期。

李董男～:《晋隋唐时期疫病病因病机探讨》,《中医杂志》2013 年第 3 期。

傅海燕～:《〈黄帝内经〉鼻部形态结构术语研究》,《中医杂志》2012 年第 24 期。

郑齐～:《脾胃学说的概念与源流述要——脾胃学说传承与应用专题系列》,《中医杂志》2012 年第 13 期。

文颖娟～:《万密斋小儿五脏证治探赜》,《中医杂志》2012 年第 13 期。

陈曦～:《论〈黄帝内经〉"气化"概念与特点》,《中华中医药杂志》2012 年第 9 期。

傅海燕～:《〈黄帝内经〉眼部形态结构术语研究》,《中华中医药杂志》2012 年第 8 期。

傅海燕～:《〈黄帝内经〉耳部形态结构术语研究》,《辽宁中医杂志》2012 年第 4 期。

张立平～:《中医"和法"辨析》,《中国中医基础医学杂志》2012 年第 1 期。

文颖娟～:《万密斋学术思想特色探析》,《中医杂志》2011 年第 24 期。

文颖娟～:《视疾若己 见利勿贪——略论明代医家万全医德观》,《辽宁中医杂志》2011 年第 11 期。

文颖娟～:《万密斋优生优育学术思想研究》,《中华中医药杂志》2011 年第 7 期。

文颖娟～:《万密斋五脏分证论治思想浅析》,《时珍国医国药》2011 年第 7 期。

文颖娟～:《万全痘疹诊治思想探析》,《中医杂志》2011 年第 6 期。

文颖娟～:《明代儒医万全》,《医学争鸣》2011 年第 5 期。

文颖娟～:《万密斋儿科疾病诊断特色探析》,《时珍国医国药》2011 年第 2 期。

～陈曦:《〈黄帝内经〉之"神"的考察》,《中国中医基础医学杂志》2011 年第 1 期。

张晨～:《清代医家杨栗山学术思想探析》,《中国中医基础医学杂志》2010 年第 12 期。

陈宇谨～:《〈黄帝内经〉"出血"涵义初探》,《中国中医基础医学杂志》2010 年第 11 期。

郑齐～:《张从正论燥治燥思想探析》,《辽宁中医药大学学报》2010年第7期。

文颖娟～:《万密斋学术思想研究的意义》,《时珍国医国药》2010年第6期。

郑齐～:《明代医家脾阴论探讨》,《中华中医药杂志》2010年第4期。

郑齐～:《试析〈兰室秘藏〉消渴门七方》,《中国中医基础医学杂志》2010年第3期。

李倩～:《〈黄帝内经素问〉运气七篇五郁探微》,《中华中医药杂志》2010年第3期。

李倩～:《朱丹溪"六郁"学说浅析》,《中国中医基础医学杂志》2010年第2期。

柳亚平～:《朱震亨及其门人痰证诊疗思想探讨》,《中国中医基础医学杂志》2009年第12期。

文颖娟～:《万密斋养生思想初探》,《中华中医药杂志》2009年第10期。

童佳兵……张国梁～杨程等:《传染性中医药文献研究现状与思考》,《中国中医药现代远程教育》2009年第9期。

谷峰～:《古今〈内经〉理论体系研究之评价》,《中华中医药学刊》2009年第8期。

李海玉～:《论宋金元时期中医学"火"理论的发展》,《辽宁中医杂志》2009年第7期。

杜松～:《石寿棠〈医原〉之学术特色述评》,《中华中医药学刊》2009年第6期。

～柳亚平:《近代中医诊治痰病的学术思想研讨》,《中华总医药杂志》2009年第5期。

～柳亚平:《清代中医诊治痰病的学术思想研讨》,《中华中医药杂志》2009年第4期。

～柳亚平:《明代中医诊治痰病的学术思想研讨》,《中华中医药杂志》2009年第3期。

张立平～:《浅谈〈内经〉"运气七篇"对药性理论的贡献》,《中国中医基础医学杂志》2009年第3期。

～柳亚平:《宋金元时期中医诊治痰病的学术思想研讨》,《中华中医药杂志》2009年第2期。

唐玲玲～:《吉益南涯及其气血水说》,《中国中医基础医学杂志》2009年第2期。

～柳亚平:《先秦两汉至隋唐中医诊治痰病的学术思想》,《中华中医药杂志》2009年第1期。

李海玉～:《中医学"火"的理论溯源》,《辽宁中医杂志》2009年第1期。

李志更～刘理想:《〈医贯〉中的五行学说思想》,《中华中医药学刊》2008年第8期。

李志更～刘理想:《〈内经〉因人制宜思想探究》,《辽宁中医杂志》2008年第7期。

陈曦～:《论中医学的整体观》,《辽宁中医杂志》2008年第4期。

柳亚平～:《孙思邈痰证诊治之研讨》,《江苏中医药》2008年第2期。

杨杰～:《〈黄帝内经〉脉学知识探讨》,《中国中医基础医学杂志》2007年第12期。

柳亚平～:《〈诸病源候论〉痰病学术思想研究》,《中国中医基础医学杂志》2007年第12期。

刘洋～:《情志成为中医学病因的理论依据与致病形式》,《中国中医基础医学杂志》2007年第12期。

马晓彤～:《关于古典经络文献梳理的原则与方法探讨》,《中国中医基础医学杂志》2007年第8期。

柳亚平～:《〈景岳全书〉痰证诊治研讨》,《中华中医药杂志》2007年第7期。

孙佳～:《对陈士铎痰证诊疗思想的探讨》,《中国中医基础医学杂志》2007年第5期。

李清～:《王珪痰证诊疗之研讨》,《江西中医学院学报》2007年第2期。

吴新明～:《〈黄帝内经〉八风理论探源》,《中国中医基础医学杂志》2006年第11期。

杨威……孙明杰～:《中医理论是传统医药文化的精髓——关于中医药申报世界非物质文化遗产保护的思考》,《中国中医基础医学杂志》2006年第7期。

《日本汉方医学的起源与兴衰》,《中华中医药杂志》2005年第12期。

周鸿飞～:《〈黄帝内经〉中"神"的含义》,《内蒙古中医药》2003年第5期。

《近百年来日本汉方医学的变迁》,《亚太传统医药》2005年第4期。

～金香兰:《论〈诸病源候论〉对中医痰病学术发展的贡献》,《中国医药学报》1996年第1期。

《论日本汉方一贯堂医学的学术特点及现代意义》,《中医杂志》1995年第2期。

～金香兰等:《日本推进东洋医学基础研究的战略措施及其对我国中医药学发展的启示》,《中国中医基础医学杂志》1995年第1期。

～金香兰:《中医痰病学术的现代研究及其发展方向》,《中国医药学报》1994年第5期。

潘晗苑（广西民族大学）

《疾病与隐喻——鲁迅小说研究》,广西民族大学硕士学位论文2015年。

潘洪峰（广西壮族自治区人民医院）

～曾强等:《论中医学和现代医学心身疾病观》,《临床心身疾病杂志》2007年第3期。

潘华（成都体育学院）

《初探瑞典林氏医疗体操与中国古代医疗体操之关系》,《体育文史》1989年第1期。

潘华信（上海中医药大学/上海中医学院）

～王莉:《寻梦唐宋 重铸辉煌——〈唐宋医方钩沉〉导读》,《中医药文化》2017年第1期。

～王莉:《唐宋医方钩沉》,《中医药文化》2016年第1期。

郝军……严世芸～:《孙思邈"凡中风多由热起"浅析》,《上海中医药大学学报》2011年第2期。

《汉唐遗绪治冠心病心绞痛——对附、桂的再认识》,《中国临床医生》2004年第6期。

《纠偏颇 振坠绪 拯世溺——评王肯堂的学术成就与贡献》,《上海中医药杂志》1994年第10期。

《论东垣阴火证治之名实》,《中医杂志》1991年第7期。

朱伟常～:《"青筋牵"等四时温疫病并非庞安常创见》,《上海中医药杂志》1987年第5期。

《俞震治学思想探》,《贵阳中医学院学报》1986年第3期。

《论景岳阴虚证治》,《辽宁中医杂志》1985年第6期。

茅晓……严世芸～:《扶阳不忘补阴——张景岳扶阳特点探析》,《上海中医药杂志》1984年第9期。

～朱伟常:《学习〈伤寒论〉先明经络义》,《上海中医药杂志》1984年第3期。

《论张从正的食疗补虚》,《上海中医药杂志》1982年第4期。

《丹溪养阴论与老年医学》,《上海中医药杂志》1981年第4期。

潘吉星

《〈本草纲目〉在国外》,《光明日报》1963年1月8日。

《达尔文生前中国生物学著作在欧洲的传播》,《生物学通报》1959年第11期。

潘劲夫

《疟疾古今中外谈》,《广东抗疟》1946年第3期。

潘景业（温州医学院附属一院）

～全世超等:《英国国民卫生保健（NHS）如何服务国民》,《全科医学临床与教育》2006年第1期。

潘景芝

《纪念护士事业的先进南丁格尔女士》,《中华护士季报》1934年第3期。

潘玲（郑州大学）

～刘桂萍:《精神疾病公众污名的研究进展》,《中华护理教育》2013年第1期。

潘明娟（西安文理学院）

～王社教:《两汉疾疫及其应对机制初探》,《陕西师范大学学报(哲学社会科学版)》2012 年第 4 期。

潘女士

《看护妇佛连色那丁盖 Florence Nightingale 传》,《中西医学报》1912 年第 23 期。

潘秋平（成都医学院/清华大学/北京中医药大学）

《两宋时期巴蜀医学的主要成就》,《贵阳中医学院学报》2015 年第 4 期。

～张晓利:《中医老年心理养生思想研究》,《河北中医》2015 年第 3 期。

～刘理想:《〈黄帝内经〉医患关系模式及其意义探讨》,《中国中医基础医学杂志》2015 年第 2 期。

～张晓利等:《〈黄帝内经〉与〈淮南子〉养生思想比较》,《广州中医药大学学报》2014 年第 2 期。

段晓华、畅洪昇～:《章太炎对中医学术发展的评价》,《贵阳中医学院学报》2014 年第 1 期。

《由中医医案解读古代医患关系》,《贵阳中医学院学报》2014 年第 1 期。

《〈黄帝内经〉"非其人勿教,非其真勿授"医学教育范式研究》,《医学与哲学(A)》2014 年第 1 期。

《两宋时期巴蜀医学繁盛原因》,《安徽中医学院学报》2013 年第 3 期。

～罗国安等:《田野调查法在藏医古籍保护中的运用》,《西南民族大学学报(人文社科版)》2010 年第 11 期。

金亨运～:《北京地区节令民俗养生内涵考》,《云南中医中药杂志》2010 年第 6 期。

程志立～段晓华等:《北京庙会民俗养生初探》,《中医药文化》2010 年第 2 期。

金亨运～:《阴阳五行与四时关系考》,《中医研究》2010 年第 4 期。

～段晓华等:《〈黄帝内经〉藏象学说渊源考证》,《北京中医药大学学报》2010 年第 2 期。

程立志～张其成:《〈神农本草经〉养生方药构成及思考》,《北京中医药大学学报》2009 年第 12 期。

《〈淮南子〉医学思想研究》,北京中医药大学博士学位论文 2008 年。

李艳、张其成～:《老庄思想对中医医德形成的影响》,《吉林中医药》2007 年第 12 期。

～张其成:《浅谈〈淮南子〉阴阳五行学说及其对医学的影响》,《吉林中医药》2007 年第 10 期。

《〈淮南子〉与运气学说》,《中华中医药学刊》2008 年第 2 期。

《浅谈〈黄帝内经〉养生之德》,《江西中医学院学报》2006 年第 3 期。

潘让

《中华民国第一卫生会启》,《中西医学报》1912 年第 2 期。

潘荣华（安徽医科大学/安徽大学）

徐赵平～:《马克思主义公平观视阈下我国公共卫生服务均等化历史发展与实施路径》,《锦州医科大学学报(社会科学版)》2019 年第 3 期。

姬妍、杨芳～:《"黄禹锡事件"后韩国研究用人类卵子的法律规制研究》,《巢湖学院学报》2015 年第 5 期。

吴建章～:《回顾与展望:近十年来我国转化医学政策研究综述》,《辽宁医学院学报(社会科学版)》2015 年第 3 期。

杨信尊～:《北欧各国配子捐赠制度及其对我国的启示》,《南京医科大学学报(社会科学版)》2015 年第 2 期。

姬妍、杨芳～:《英国 HFEA 监管下的卵子分享制度研究》,《西南石油大学学报(社会科学版)》2015

年第 2 期。

姬妍、杨芳～:《〈基因完整法〉:瑞典辅助生殖立法最新进展——兼评辅助生殖子女基因知情权条款》,《南京中医药大学学报(社会科学版)》2015 年第 1 期。

《1923 年浙江省立第一师范学校晚餐中毒案救护与善后》,《安庆师范学院学报(社会科学版)》2014 年第 2 期。

姬妍、杨芳～:《人类辅助生殖中的卵子分享模式研究》,《南京医科大学学报(社会科学版)》2014 年第 1 期。

～杨芳:《我国古代食品卫生监管经验与启示》,《南京中医药大学学报(社会科学版)》2014 年第 1 期。

《革命根据地卫生报刊及其健康大众化研究》,《辽宁医学院学报(社会科学版)》2014 年第 1 期。

《青年陈垣的医学救国思想与实践研究》,《淮阴师范学院学报(哲学社会科学版)》2013 年第 5 期。

～杨芳:《民国时期医学报刊的发展与多主体健康传播格局之肇基》,《巢湖学院学报》2013 年第 2 期。

杨芳、朱慧～:《近代首部医德小说〈医界镜〉作者新证》,《中华医史杂志》2012 年第 4 期。

～杨芳:《论宋代旌表政策对民间"割股"陋俗的影响——以〈名公书判清明集〉旌表文告为中心》,《南京中医药大学学报(社会科学版)》2012 年第 3 期。

～杨芳:《晚清医学传教的空间转换与现代传播工具的崛起》,《自然辩证法研究》2011 年第 10 期。

～杨芳:《尹端模:近代自办医报的开创者》,《医学与社会》2011 年第 4 期。

～杨芳:《民国时期医学院校创办的医学报刊研究》,《辽宁医学院学报(社会科学版)》2011 年第 4 期。

～杨芳:《清末民初留日医学生报刊传播西医活动述论》,《华侨华人历史研究》2011 年第 3 期。

梁宁～:《社会转型期公民道德责任的缺失与重建——以南京彭宇案为中心》,《安庆师范学院学报(社会科学版)》2011 年第 3 期。

《中国近代报刊传播西医研究》,安徽大学博士学位论文 2010 年。

～杨芳:《1934 年南京中央医院被控案及其社会影响——以〈中央日报〉的报道为中心》,《南京中医药大学学报(社会科学版)》2010 年第 1 期。

《1936 年的南京中央医院舞弊案——以中医期刊的报道和评论为中心》,《黑龙江史志》2009 年第 18 期。

杨芳～:《南宋地方文献中的官药局考述》,《中国地方志》2009 年第 5 期。

杨芳～:《两宋民间私营药业的兴衰之变》,《中医药文化》2008 年第 2 期。

～杨芳:《英国"代孕"合法化二十年历史回顾》,《医学与哲学(人文社会医学版)》2006 年第 11 期。

潘氏茶榀(吉林大学)

《汉越中医词汇比较研究》,吉林大学硕士学位论文 2011 年。

潘淑华

《民国时期广州的粪秽处理与城市生活》,《中央研究院近代史研究所集刊》第 59 期(2008.3)

潘树林(四川师范大学)

《浅谈黑死病与欧洲文艺复兴运动的关系》,《社科纵横》2011 年第 10 期。

潘绥铭(中国人民大学)

王文卿、Kathryn E.Muessig～:《社会网络与流动人口的艾滋病风险活动》,《青年研究》2017 年第

3 期。

王文卿～：《男性流动人口的社会网络对艾滋病风险性行为的影响》，《中国艾滋病性病》2016 年第 5 期。

～侯荣庭：《行动逻辑的双向冲突：艾滋病感染者应对取向的三方共构》，《云南师范大学学报（哲学社会科学版）》2015 年第 2 期。

～侯荣庭：《中国艾滋病防治事业的价值理念》，《云南师范大学学报（哲学社会科学版）》2014 年第 4 期。

黄盈盈～：《跨学科主张的陷阱与前景——基于预防艾滋病领域的实践》，《中国人民大学学报》2013 年第 5 期。

黄盈盈～汪宁：《全国成年总人口自报性传播疾病及其影响因素的研究》，《中国艾滋病性病》2012 年第 2 期。

～史梅：《性病自报发生率的时段共性及影响因素的回归分析》，《湖北大学学报（哲学社会科学版）》2008 年第 6 期。

杜鹃～：《北京市男性流动人口艾滋病预防相关知识、行为调查》，《中国健康教育》2007 年第 12 期。

～黄盈盈等：《中国艾滋病"问题"解析》，《中国社会科学》2006 年第 1 期。

《预防艾滋病将带来的社会经济效益》，《中国党政干部论坛》2003 年第 3 期。

《艾滋病研究给社会学提出的新问题》，《社会学研究》2001 年第 4 期。

《性病：社会学的分析与预测》，《性学》1998 年第 4 期。

《性病：社会学的分析与预测》，《性学》1995 年第 4 期。

～吴宗健：《中国男同性恋者社交中的艾滋病风险》，《浙江学刊》1994 年第 5 期。

《科学避孕的社会历史足迹》，《人口与经济》1987 年第 3 期。

潘天舒（复旦大学）

《人类学家凯博文：医学人类学的"克莱曼范式革命"》，《广西民族大学学报（哲学社会科学版）》2017 年第 1 期。

《医学人文语境中的老龄化与护理实践》，《上海城市管理》2015 年第 6 期。

～冯然：《民族志棱镜中的美国医学院教育：以〈成为医生〉为例》，《复旦教育论坛》2014 年第 5 期。

～张乐天：《流行病瘟疫与集体生存意识——关于海宁地区应对禽流感威胁的文化人类学考察》，《社会》2007 年第 4 期。

潘天欣（北京协和医院）

《全民健康覆盖领域中非卫生合作策略研究》，北京协和医院硕士学位论文 2015 年。

潘文奎（上海市中医文献馆）

《对章太炎从事医疗实践的考证》，《上海中医药杂志》1990 年第 1 期。

《章太炎对〈伤寒论〉之研究》，《中医杂志》1988 年第 7 期。

～宋光飞：《略谈章太炎〈仲氏世医记〉之文字校勘》，《江苏中医杂志》1987 年第 12 期。

潘文献（中央民族大学）

《苗人、巫蛊：对于他者的想象和指控》，中央民族大学硕士学位论文 2005 年。

潘新丽（天津医科大学／南开大学）

《从"人德"到"医德"的变迁：近代中国医德解析——以〈医业伦理学〉为代表》，《医学与哲学（A）》2018 年第 10 期。

《"共同体"的分离与重建:当代医患关系的医学哲学思考》,《华中科技大学学报(社会科学版)》2015 年第 2 期。

《传统医家医事动机概说》,《医学与社会》2011 年第 9 期。

《儒家思想对传统医德的影响》,《社会科学家》2011 年第 8 期。

《中医医术观解析》,《医学与哲学(人文社会医学版)》2011 年第 8 期。

《传统医德思想探析》,《南昌大学学报(人文社会科学版)》2011 年第 4 期。

《论传统医患伦理的现代价值》,《山西师大学报(社会科学版)》2011 年第 4 期。

《中国传统医学职业精神:仁、智、廉、不欺》,《医学与哲学(人文社会医学版)》2011 年第 6 期。

《"慎"在中国传统医业到的规范中的地位》,《中国医学伦理学》2011 年第 3 期。

《论中国传统医德思想中的生死观》,《医学与哲学(人文社会医学版)》2010 年第 8 期。

《中国传统医患伦理解析》,《合肥工业大学学报(社会科学版)》2010 年第 4 期。

《中国传统医德思想研究》,南开大学博士学位论文 2010 年。

《中国传统医患伦理思想探析》,《中国医学伦理学》2010 年第 1 期。

《中国传统医德问题探析——以明、清为中心》,《医学与哲学(人文社会医学版)》2009 年第 9 期。

《中国古代病家之道思想探析》,《医学与哲学(人文社会医学版)》2008 年第 8 期。

《中国传统医德研究述评》,《中国医学伦理学》2007 年第 4 期。

《论孔子的健康伦理思想》,《中国医学伦理学》2005 年第 6 期。

《医乃仁术新探》,《中国医学伦理学》2005 年第 4 期。

潘兴虞(中国麻风中心/中国麻风病防治研究中心)

《澄海县麻风疫点村的分析》,《中国麻风杂志》1987 年第 3 期。

陈壁华～:《麻风患者的心理护理》,《中国麻风杂志》1987 年第 3 期。

～张介杰:《社会歧视与畸形所致麻风病人的精神障碍》,《中国麻风杂志》1986 年第 4 期。

潘秀和

《祖国古代医学文献中关于产科泌尿生殖道瘘管的几个记载》,《中华妇产科杂志》1958 年第 5 期。

潘亚玲(复旦大学)

《国际规范的生命周期与安全化理论——以艾滋病被安全化为国际威胁为例》,《欧洲研究》2007 年第 4 期。

潘毅(广州中医药大学)

唐思诗、周登威～:《〈脉经〉中的六经述要与概念解析》,《中国中医基础医学杂志》2019 年第 9 期。

唐思诗、周登威～:《黎庇留论治少阴病经验介绍》,《新中医》2019 年第 3 期。

唐思诗～:《从〈中外卫生要旨〉看近代岭南医学养生思想的变迁》,《中国中医基础医学杂志》2018 年第 10 期。

夏叶平～黄水清等:《天干地支在〈黄帝内经〉中的应用探析》,《广州中医药大学学报》2014 年第 4 期。

黄合婷～:《从中医和道家道教的交叉与分歧看中医理论发展的可能性》,《辽宁中医杂志》2012 年第 8 期。

黄合婷～:《中医学元神与道家元神、集体无意识、阿赖耶识的比较研究》,《江西中医药》2012 年第 5 期。

《〈黄帝内经〉脏气法时理论的变通》,《中医学报》2011 年第 8 期。

《〈内经〉"凡十一脏取决于胆"机制探析》,《云南中医学院学报》2011 年第 3 期。

吴丽丽……周莺～:《古代情志病证医案中病因、病位和病机以及辨证规律的研究》,《江苏中医药》2008 年第 8 期。

吴丽丽……严灿～:《古代情志病证医案中组方用药规律分析》,《安徽中医学院学报》2008 年第 1 期。

潘毅(江苏省疾病预防控制中心)

《论陈志潜的健康教育科学研究思想与实践》,《现代预防医学》2009 年第 2 期。

潘毅(江西中医药大学)

～付勇等:《旴江名医危亦林〈世医得效方〉外治特色概述》,《江西中医药》2016 年第 10 期。

～付勇等:《旴江名医危亦林〈世医得效方〉用灸思想浅析》,《江西中医药》2016 年第 6 期。

～付勇等:《旴江医家炼脐法的历史溯源和现代应用》,《江西中医药》2016 年第 5 期。

潘远根(湖南中医药大学/湖南中医学院)

刘仙菊～:《清代湖湘名医罗国纲辨治伤寒学术特色》,《湖南中医药大学学报》2011 年第 3 期。

刘仙菊～:《湖湘名医陶憺庵〈伤寒源流全集〉学术特色》,《国医论坛》2010 年第 3 期。

刘仙菊～:《湖湘仲景学说研究概况》,《湖南中医杂志》2009 年第 6 期。

～旷惠桃:《中医学是生命科学的前沿学科——论〈告别中医中药〉是对中华民族的犯罪》,《中医药导报》2007 年第 1 期。

《〈内经〉创立的生态医学模式》,《湖南中医学院学报》2005 年第 4 期。

李国菁～:《〈活幼口议〉作者考》,《中医文献杂志》2003 年第 3 期。

瞿岳云～:《〈内经〉时间防治学述要》,《湖南中医学院学报》1990 年第 2 期。

《马王堆医书〈杂疗方〉考辨》,《湖南中医学院学报》1989 年第 3 期。

旷惠桃～:《略谈仲景观察服药反应的意义》,《陕西中医》1984 年第 2 期。

旷惠桃～:《试谈张锡纯欲脱证论治特色》,《中医杂志》1983 年第 6 期。

旷惠桃～:《略谈〈金匮要略〉中的急救法》,《陕西中医学院学报》1982 年第 2 期。

《〈内经〉中"神"的概念》,《湖南中医学院学报》1982 年第 1 期。

《〈内经〉方剂学理论初探》,《贵阳中医学院学报》1981 年第 1 期。

潘月丽(山东中医药大学)

《小儿水肿文献及方药证治规律研究》,山东中医药大学博士学位论文 2007 年。

潘兆鹏

《中医医学与科学医学病候上比较》,《中医杂志》1951 年第 2 期。

潘振泰

《明代江门心学的崛起与式微》,《新史学》第 7 卷第 2 期(1996.6)。

潘志华(广州市残联)

《中西方精神病学史比较及启发》,《残疾人研究》2013 年第 1 期。

潘志丽(北京中医药大学)

《中医学与其它早期医学发展历程的比较研究》,北京中医药大学博士学位论文 2010 年。

～刘洋等:《解析当代巫医存在的原因》,《中医药管理杂志》2010 年第 5 期。

～潘艳丽:《文化人类学的田野工作与中医的传承》,《中医研究》2010 年第 5 期。

潘志平（新疆社会科学院）

《从大黄、茶叶贸易看十五世纪后的中亚交通》，《新疆社会科学》1986年第2期。

逄冰（天津中医药大学）

～王紫玄：《试述〈针灸甲乙经〉对表面解剖学的贡献》，《中国针灸》2011年第4期。

庞春坤（山东大学）

《山东省麻风病防治机构调查分析与对策研究》，山东大学硕士学位论文2007年。

庞厚芝

《血型人种论及其创立者》，《中华医史杂志》2003年第1期。

庞慧敏（山西大学）

《医疗纪录片的叙事伦理构建》，《伦理学研究》2019年第3期。

～王馨誉：《模糊的意愿：器官捐献广告对大学生认知冲突的影响与重建》，《新闻大学》2018年第4期。

《论媒体在平衡社会身份与社会公正中的作用——以"医患报道"为视角》，《现代传播（中国传媒大学学报）》2012年第4期。

庞境怡（北京大学/复旦大学/上海中医药大学）

～长大庆：《我国当代性学研究70年的历史经验》，《中国性科学》2019年第1期。

～张如青：《战国秦汉时期"中医外科"之成就——以出土涉医简帛为中心的探讨》，《中国中医基础医学杂志》2018年第8期。

～张如青：《从出土简帛看战国秦汉时期中医外科学》，《中华中医药学刊》2015年第11期。

～张如青：《〈五十二病方〉之"干骚（瘙）"探讨》，《国医论坛》2015年第2期。

～张如青：《章次公辨治头痛学术思想探要》，《上海中医药杂志》2014年第10期。

～张如青：《简帛医书外科学、骨伤科学研究概述》，《中医文献杂志》2014年第4期。

庞京周（中华医学会上海分会医史学会）

《中国疟疾概史》，《中华医史杂志》1957年第1期。

《从听诊器和叩诊锤的创造史谈起》，《上海中医药杂志》1955年第6期。

庞军（广西中医药大学第一附属医院/广西中医学院）

～廖文彦等：《枢经与赵献可〈医贯〉学术思想》，《中华中医药学刊》2012年第11期。

～唐宏亮等：《"枢经"学说与张景岳学术思想》，《中华中医药学刊》2012年第9期。

～唐宏亮等：《"枢经"学说初探》，《辽宁中医杂志》2011年第3期。

～芦玥等：《王孟英医案枢机思想探析》，《天津中医药》2010年第6期。

庞朴（《中国社会科学》杂志社）

《阴阳五行探源》，《中国社会科学》1984年第3期。

庞启雨（淄博市中医院）

～杨德本：《从淳于意"诊籍"谈中医病案学的继承和发展》，《光明中医》1999年第3期。

庞万勇（赛诺菲研发中心）

～朱德生等：《美国实验动物医学发展简史——对中国实验动物医学发展的思考》，《中国比较医学杂志》2011年第1期。

庞晓丛（中国医学科学院）

～康德等：《中日药品数据保护制度的比较研究》，《中国药物评价》2016年第1期。

庞新华（山东大学）

《山东省农村合作医疗制度的历史考察》，山东大学硕士学位论文 2005 年。

《农村合作医疗制度研究述评》，《许昌学院学报》2004 年第 3 期。

庞旭（华东师范大学）

《健康传播视域下的抑郁症报道研究（2011—2015）》，华东师范大学硕士学位论文 2016 年。

庞宇舟（广西中医药大学/广西中医学院）

蓝毓营……张青槐～：《壮医药文化传承人的保护与壮医药文化传习初探》，《广州中医药大学学报》2019 年第 1 期。

张曼……李彤～：《瑶医药养生理论与方法钩沉》，《中医临床研究》2018 年第 25 期。

《壮瑶医药医养结合模式的创新与实践》，《中国民族医药杂志》2018 年第 12 期。

《壮族医药文化的研究》，《中南民族大学学报（自然科学版）》2016 年第 4 期。

冯秋瑜～李彤：《壮瑶医药文化影响因素及异同探析》，《中国中医基础医学杂志》2015 年第 11 期。

唐振宇～：《壮医养生思想探究》，《广西中医药》2015 年第 3 期。

唐振宇～蓝丽霞等：《壮医养生法则初探》，《中国中医基础医学杂志》2015 年第 1 期。

～黄冬玲等：《壮药基础理论概述》，《广西中医学院学报》2009 年第 2 期。

～黄冬玲等：《论壮药理论形成的实践基础及其影响因素》，《广西中医药》2009 年第 1 期。

～王春玲：《壮医药文化概述》，《中国中医基础医学杂志》2009 年第 1 期。

《花山岩画壮医学内涵探析》，《光明中医》2008 年第 12 期。

～宋宁：《壮医"治未病"初探》，《中国民族医药杂志》2008 年第 7 期。

～王春玲等：《试论壮医药的哲学基础》，《医学与哲学（人文社会医学版）》2008 年第 5 期。

《壮族医药卫生习俗述略》，《中国民族民间医药》2008 年第 3 期。

《壮医药文化概念和内涵初探》，《中国民族民间医药》2007 年第 6 期。

《壮医药起源初探》，《陕西中医》2006 年第 6 期。

逄增玉（中国传媒大学/东北师范大学）

《百年中华 医者何为——20 世纪中国文学中的"医生"形象》，《社会科学战线》2008 年第 12 期。

《鲁迅小说中的"医学"内容和叙事》，《社会科学战线》2003 年第 4 期。

逄振镐（山东社科院）

《试论扁鹊》，《管子学刊》1987 年第 1 期。

庞志宇（东南大学）

《传播学视角下公共建筑的形象表达——以南京鼓楼医院核心中庭为例》，《建筑与文化》2017 年第 7 期。

庞中彦

《针灸疗法在眼科上的应用》，《广东中医》1957 年第 4 期。

庞中英（南开大学）

《社会地区主义——东亚从 SARS 风暴中能学习到什么?》，《国际政治研究》2003 年第 3 期。

裴安迪（中国投资有限公司/国家卫生健康委员会）

～杰特·恩杰邱等：《医疗援几内亚:难忘的经历——专访中国第 26 批援几内亚医疗队队长、北京朝阳医院副院长李晓北》，《中国投资》2018 年第 24 期。

杨海霞～：《谊安医疗:如何适应非洲》，《中国投资》2018 年第 24 期。

~Lei Lingyu:《让中医药更好造福非洲人民——专访国家中医药管理局国际合作司司长王笑频》,《中国投资》2018 年第 18 期。

《卫生援外 55 年的非洲情谊——专访国家卫生健康委员会国际合作司副司长冯勇》,《中国投资》2018 年第 18 期。

裴丹青(河南大学)

《西医东渐与晚清社会的医学变迁——以〈点石斋画报〉为中心》,《许昌学院学报》2008 年第 4 期。

裴德恺(中国中西医结合学会)

《脚踏实地,坚持不渝——中西医结合 32 年历程回顾》,《中西医结合杂志》1991 年第 1 期。

裴芳利(广州中医药大学)

孔祥华、刘小斌~张星:《明清时期广东中药业历史初探》,《中医文献杂志》2010 年第 6 期。

《广东中医药大学创建日期及其历史沿革考》,《中医文献杂志》2010 年第 4 期。

孔祥华、刘小斌~:《岭南中草药文献著作简析》,《广州中医药大学学报》2010 年第 3 期。

佩华

《伟大的祖国医药科学家——人民医生叶天士》,《妇幼卫生》1959 年第 5 期。

《伟大的祖国医药学家——世界闻名的李时珍》,《妇幼卫生》1959 年第 1 期。

《伟大的祖国医药科学家——儿科名医钱乙》,《妇幼卫生》1958 年第 12 期。

附:不署名:《我国第一位儿科专家——钱乙》,《健康报》1958 年 7 月 9 日。

裴卉(北京中医药大学)

~吴海燕等:《仲景医学中的和谐理念》,《中华中医药学刊》2008 年第 11 期。

《天体运行对〈伤寒论〉学术思想形成的机理探讨》,《中医研究》2007 年第 9 期。

~陈明:《从郁论治伤寒六经病本证初探》,《山西中医》2007 年第 4 期。

裴鉴

《历代本草及其作者简述》,《药学通报》1955 年第 3 期。

裴凌鹏(中央民族大学)

~蒋沐林等:《苗族针疗及其社会作用探究》,《中国中医基础医学杂志》2014 年第 7 期。

裴慎

《祖国医学关于类似胆道蛔虫病的文献探索》,《上海中医药杂志》1957 年第 11 期。

裴世东(安徽大学)

《黑死病对中世纪欧洲社会影响的历史分析》,《绥化学院学报》2015 年第 8 期。

裴亚星(河南农业大学)

《河南省执业兽医现状调查》,河南农业大学硕士学位论文 2017 年。

裴莹(天津中医药大学)

~郭义:《中国古代中医法规考》,《中华中医药学刊》2008 年第 2 期。

彭炳金(天津师范大学)

《论中国古代法律对孕妇人身权的保护》,《山西师大学报(社会科学版)》2014 年第 6 期。

《〈医疾令〉所见唐代医疗立法》,《兰台世界》2014 年第 8 期。

《〈医疾令〉所见唐代医学教育及考试制度》,《天津师范大学学报(社会科学版)》2014 年第 1 期。

《论唐代的医学教育与考试制度》,《南阳师范学院学报(社会科学版)》2005 年第 11 期。

《墓志中所见唐代弘文馆和崇文馆明经、清白科及医举》,《中国史研究》2005 年第 1 期。

彭博(西南政法大学)

《近代国家行政力量对中医医事纠纷的介入》,《河北法学》2016 年第 12 期。

《传统与近现代:中医师执业准入制度的法律评析》,《医学与社会》2016 年第 12 期。

《近代接生制度变革与卫生行政法(1912—1948)》,《黑龙江省行政法管理干部学院学报》2016 年第 3 期。

彭昌柳(福建中医药大学)

《中医语言将走向何方——中医隐喻研究文献》,《世界科学技术·中医药现代化》2014 年第 6 期。

彭超(伪满皇宫博物院)

《侵华日军第 100 部队人员规模考析》,《武陵学刊》2019 年第 6 期。

彭汉忠(郴州医学高等专科学校)

《明代古尸防腐初探》,《中华医史杂志》1997 年第 4 期。

彭华胜(安徽中医药大学/安徽省道地中药材品质提升协同创新中心/中国中医科学院院/安徽中医学院)

赵佳琛……张卫~杨洪军等:《经典名方中芍药类药材的本草考证》,《中国中药杂志》2019 年第 24 期。

张卫……詹志来~杨洪军:《经典名方中蔓荆子本草考证》,《中国中药杂志》2019 年第 24 期。

赵佳琛……张卫~杨洪军等:《经典名方中术类药材的本草考证》,《中国中药杂志》2019 年第 23 期。

翁倩倩……张卫~杨洪军等:《经典名方中石菖蒲药材的考证》,《中国中药杂志》2019 年第 23 期。

张卫……张志杰~詹志来等:《经典名方药用百合本草考证》,《中国中药杂志》2019 年第 22 期。

程铭恩……沈津湛~:《经典名方中黄柏的本草考证》,《中国中药杂志》2019 年第 21 期。

~徐长青等:《最早的中药辅料炮制品:西汉海昏侯墓出土的木质漆盒内样品鉴定与分析》,《科学通报》2019 年第 9 期。

~解博文等:《当代著名本草文献学家尚志钧》,《中华医史杂志》2019 年第 1 期。

查良平~于大庆、黄璐琦:《明代蕲簟的来源及工艺的考古研究》,《科学通报》2018 年第 13 期。

~袁媛等:《本草考古:本草学与考古学的交叉新领域》,《科学通报》2018 年第 13 期。

于大庆、查良平~:《"析霜"类药材的种类及其历史源流》,《中国中药杂志》2018 年第 12 期。

刘大会……詹志来~王晓等:《天麻道地产区的形成与变迁》,《中国中药杂志》2017 年第 18 期。

相英龙……方文韬~方成武等:《败酱及墓头回基原的沿革与变迁》,《中国中药杂志》2017 年第 13 期。

段海燕……彭代银~黄璐琦:《中国历代本草学家的地理分布:兼论徽沪杭苏 4 个本草学家分布中心产生的原因》,《中国中药杂志》2017 年第 9 期。

~王德群等:《道地药材"皖药"的形成及其界定》,《中国中药杂志》2017 年第 9 期。

方文韬、詹志来~黄璐琦:《干姜、生姜、炮姜分化的历史沿革与变迁》,《中国中药杂志》2017 年第 9 期。

谢晋、查良平~王德群等:《历代本草中安徽地产药材的品种与分布》,《中国中药杂志》2017 年第 9 期。

陆海洋~桂双英等:《桔梗质量评价的沿革与变迁》,《中国中药杂志》2017 年第 9 期。

储成志~李艳等:《新安医家医著的分布及医学中心形成的原因》,《中华医史杂志》2017 年第 6 期。

尹旻臻~程铭恩:《凤庆鸡血藤、昆明鸡血藤、鸡血藤考》,《中华医史杂志》2017 年第 6 期。

王军~彭代银等:《亳州药市及药材种植业发展沿革考》,《中药材》2017 年第 5 期。

王文昊、詹志来~杨俊等:《白头翁基原与产地考》,《中华医史杂志》2017 年第 1 期。

詹志来、邓爱平~张小波等:《基于历代本草产地变迁的药材道地性探讨——以黄芪、丹参为例》,《中国中药杂志》2016 年第 17 期。

赵玉娇、韩邦兴~彭代银:《石斛的历代质量评价沿革与变迁》,《中国中药杂志》2016 年第 7 期。

刘森琴~:《栀子种质沿革及历代质量评价》,《中华医史杂志》2016 年第 5 期。

徐涛~:《〈本草图经〉附图药材的种类与产地分布》,《中华医史杂志》2016 年第 2 期。

~王德群等:《冷背药材的沿革及发展对策》,《中国中药杂志》2015 年第 9 期。

~郝近大等:《道地药材形成要素的沿革与变迁》,《中药材》2015 年第 8 期。

储姗姗~:《延胡索道地药材的沿革与变迁》,《中华医史杂志》2015 年第 5 期。

刘潺潺……段海燕~:《古今附子加工方法的沿革与变迁》,《中国中药杂志》2014 年第 7 期。

程铭恩、王德群~:《山药种质与道地产区的沿革与变迁》,《中华医史杂志》2014 年第 2 期。

~郝近大等:《中国边疆省份道地药材分布与地缘政治格局关系》,《中国中药杂志》2013 年第 17 期。

~郝近大等:《近 2000 年来气候变化对道地药材产区变迁的影响——以泽泻与枳壳为例》,《中国中药杂志》2013 年第 13 期。

程铭恩~:《古今山楂品种来源与应用沿革》,《中华医史杂志》2011 年第 6 期。

~王德群:《木瓜属 3 种药用植物中文名考证》,《中华医史杂志》2009 年第 4 期。

~王德群:《赤芍白芍划分的本草学源流》,《中华医史杂志》2007 年第 3 期。

~王德群:《白术道地药材的形成与变迁》,《中国中药杂志》2004 年第 12 期。

彭达池(福建厦门大学)

《春秋必涸》,《中医文献杂志》2015 年第 4 期。

《〈本草纲目〉"汋醔(脆)"释读》,《光明中医》2012 年第 7 期。

《武威汉代医简札记三则》,《中医文献杂志》2012 年第 1 期。

《含"五"中医术语考察》,《中华中医药杂志》2010 年第 12 期。

《"冬不按蹻"本旨之探讨》,《中医研究》2009 年第 11 期。

《〈素问〉王冰注系统化初探》,《图书馆理论与实践》2007 年第 6 期。

彭丹凤(广州中医药大学)

《靳瑞教授医事传略及针灸学术特色整理研究》,广州中医药大学硕士学位论文 2006 年。

彭冬青(北京市昌平区中医医院)

~王寅等:《冬病夏治学术渊源与文献考证》,《北京中医药》2011 年第 2 期。

彭光仁(北京中医药大学)

《望色与〈名医类案〉、〈续名医类案〉之内科病的研究》,北京中医药大学硕士学位论文 2011 年。

彭贵珍(江西中医药大学)

~雷秋瑾:《葛洪江西行踪考》,《江西中医药大学学报》2019 年第 1 期。

~左志坚:《张陵与江西道教医学萌芽考》,《江西中医药》2016 年第 8 期。

《宋代医学文献征集小考》，《江西中医药大学学报》2015 年第 1 期。

彭海涛（西南大学）

《先锋小说的疾病书写与疾病隐喻》，西南大学硕士学位论文 2012 年。

彭海雄（华南师范大学）

《1894 年香港鼠疫研究——基于 19 世纪香港社会变迁的考察》，华南师范大学硕士学位论文 2005 年。

《1894 年省港疫灾研究》，《五邑大学学报（社会科学版）》2004 年第 2 期。

彭浩晟（广东医学院/西南政法大学）

《清代医疗行政管理制度》，《黑龙江省政法管理干部学院学报》2015 年第 3 期。

《民国医学高等教育的创办》，《中国高等医学教育》2011 年第 7 期。

《民国医事法与医事诉讼研究（1927—1937）》，西南政法大学博士学位论文 2012 年。

彭红（中南大学）

《医患博弈及其沟通调适》，中南大学博士学位论文 2008 年。

～李永国：《中国医患关系的历史嬗变与伦理思考》，《中州学刊》2007 年第 6 期。

～李永国：《失语：医患交往中的沉默现象反思》，《医学与哲学（临床决策论坛版）》2007 年第 10 期。

～李永国：《医药领域中的商业贿赂及伦理思考》，《医学与社会》2006 年第 1 期。

～李永国：《浅析临终关怀——安乐死的终极目标》，《湖南医科大学学报（社会科学版）》2006 年第 4 期。

彭红卫（三峡大学）

《试论屈原创作的迷狂心理》，《三峡论坛（三峡文学.理论版）》2010 年第 1 期。

《论屈原中晚年的异常心理》，《长江大学学报（社会科学版）》2004 年第 4 期。

彭华（华东师范大学）

《阴阳五行研究（先秦篇）》，华东师范大学博士学位论文 2004 年。

《苏东坡的养生之道》，《华夏文化》1996 年第 4 期。

彭化银（安徽中医学院）

《医家群体——"新安医学"浅探》，《中国中医基础医学杂志》1996 年第 3 期。

彭慧慧（扬州大学）

～孙建波等：《浅谈〈饮膳正要〉中"以脏补脏"的食疗思想》，《中国民间疗法》2006 年第 1 期。

彭吉（武汉大学）

《隋唐时期中日医学交流简况》，《医学与社会》2002 年第 1 期。

彭吉蒂（香港城市大学）

～时霄：《以自身施喻：当代汉语诗歌中的精神疾病诗学》，《江汉学术》2017 年第 2 期。

～胡志兰：《创伤与真实：中国文学中的疯癫形象》，《中国医学人文评论》2013 年 00 期。

彭家璋（井冈山学院）

《中央苏区时期卫生防疫宣传工作》，《兰台世界》2007 年第 21 期。

彭坚（湖南中医药大学/湖南中医学院）

赵正孝～吴娅娜：《从外风论治中风病的历史考察及其思考》，《医学与哲学（人文社会医学版）》2009 年第 9 期。

葛晓舒～:《古代医家对疲劳症的辨证与论治》,《湖南中医药大学学报》2009 年第 1 期。

～吴娅娜:《东西方文化激荡下的中医与西医》,《科学》2008 年第 1 期。

《〈温病条辨〉中的若干思维方法》,《医学与哲学》2000 年第 5 期。

～韩刚:《关于整理中医传染病学文献的思考》,《中华医史杂志》2000 年第 2 期。

～阳太:《关于中国古代医学文化的对话》,《湖南医科大学学报(社会科学版)》2000 年第 1 期。

《浅论吴又可对急性传染病的认识方法》,《医学与哲学》1999 年第 11 期。

《对外感病辨治体系的历史考察》,《中华医史杂志》1999 年第 2 期。

《从〈温疫论〉看吴又可的方法论》,《湖南医科大学学报(社会科学版)》1999 年第 1 期。

《故宫珍藏医书拾萃》,《湖南中医学院学报》1999 年第 1 期。

《马王堆医书学术研究一瞥——上篇:帛书经脉四种》,《湖南中医学院学报》1990 年第 3 期。

《经络学说新探——马王堆帛医书与〈仓公传〉比较研究》,《湖南中医学院学报》1986 年第 2 期。

彭靖(复旦大学)

～卢大儒:《试管婴儿技术的发展与探讨》,《自然杂志》2010 年第 6 期。

彭静山(辽宁中医学院)

《汪昂与〈汤头歌诀〉》,《山东中医杂志》1995 年第 9 期。

《张仲景是辨证针灸之大师》,《中国针灸》1987 年第 4 期。

《关于伤寒论与张仲景的考证》,《江西中医药》1958 年第 7 期。

彭均胜(山东大学)

《英国租借威海卫公共卫生管理研究》,山东大学硕士学位论文 2009 年。

彭琨(华中科技大学)

《公共健康危机视角下的 TRIPs 协议弹性机制研究》,华中科技大学硕士学位论文 2009 年。

彭兰(暨南大学)

《〈广州日报〉艾滋病报道研究》,暨南大学硕士学位论文 2011 年。

彭黎明(四川大学华西医院)

～徐霞:《细胞凋亡学说》,《中华医史杂志》2002 年第 4 期。

彭理云(华中科技大学)

《疾病报道的隐喻分析》,华中科技大学硕士学位论文 2013 年。

彭亮(湖南中医药大学)

～黄会保等:《岳阳张氏骨伤流派正骨技术体系及其特点分析》,《中医药导报》2018 年第 20 期。

～黄会保等:《岳阳张氏正骨流派"君臣佐使"正骨手法简析》,《中医药导报》2018 年第 8 期。

～黄会保等:《岳阳张氏正骨流派治筋理念及其技术体系简析》,《湖南中医药大学学报》2017 年第 10 期。

～黄会保等:《简析〈正体类要〉对湖湘张氏正骨学术思想的影响》,《湖南中医药大学学报》2017 年第 6 期。

～黄会保等:《湖湘岳阳张氏正骨流派源流及学术思想简析》,《湖南中医药大学学报》2017 年第 5 期。

～黄会保等:《管窥〈外科正宗〉对湖湘张氏正骨流派的影响》,《湖南中医药大学学报》2016 年第 11 期。

～黄会保等:《〈医宗金鉴〉对张氏正骨流派学术思想的影响》,《湖南中医药大学学报》2016 年第

9 期。

～刘密等:《〈黄帝内经·素问·八正神明论篇〉中医学术思想刍议》,《辽宁中医杂志》2013 年第
10 期。

～常小荣等:《〈类经图翼〉中灸疗学术理论及特色刍议》,《北京中医药》2012 年第 12 期。

～常小荣:《张景岳〈类经图翼〉灸法探析》,《中国中医急症》2011 年第 8 期。

彭凌燕(湖南师范大学)

《从〈申报〉美容、化妆品广告看三十年代上海的审美文化与社会生活(1930—1939)》,湖南师范大
学硕士学位论文 2011 年。

彭曼(华中科技大学)

《我国近期报纸医生的传媒形象研究》,华中科技大学硕士学位论文 2007 年。

彭平一(中南大学)

王丽辉～:《我国农村合作医疗筹资机制探析》,《时代金融》2009 年第 12 期。

《湘雅医学院是教会大学吗》,《高等教育研究》2002 年第 6 期。

彭庆峰

《世界上第一个专职输血专家》,《中华医史杂志》2002 年第 1 期。

彭庆鸿(江西师范大学)

《疾病防治与地方文化变迁——以余江血防为中心的考察》,江西师范大学硕士学位论文 2017 年。

《20 世纪 50 年代余江血防与地方文化嬗变》,《上饶师范学院学报》2016 年第 2 期。

《21 世纪以来中国史学界关于疾病史研究综述》,《三门峡职业技术学院学报》2016 年第 1 期。

彭清华(湖南中医药大学/湖南中医学院)

蒋鹏飞……彭俊～:《〈原机启微〉中眼科"十八病"病因病机分析》,《亚太传统医药》2019 年第
10 期。

欧晨～陈向东:《浅析〈审视瑶函〉论治干眼》,《时珍国医国药》2019 年第 4 期。

黄学思～:《论〈目经大成〉眼病治疗特色》,《辽宁中医药大学学报》2014 年第 7 期。

李苑碧～:《浅探〈审视瑶函〉"反对滥用寒凉,力主开通明目"的论治思想》,《湖南中医药大学学
报》2014 年第 4 期。

《浅探马王堆汉墓医书中的五官科学术成就》,《国医论坛》1990 年第 1 期。

～李传课:《浅析仲景对眼病的认识》,《国医论坛》1989 年第 2 期。

～朱文锋等:《孙思邈眼病外治法初探》,《湖北中医杂志》1988 年第 4 期。

《试析张子和论治眼病的特色》,《山西中医》1988 年第 4 期。

～朱文锋等:《金元四大家论治眼病的特色》,《上海中医药杂志》1988 年第 4 期。

《〈诸病源候论〉的眼科学术成就》,《湖北中医杂志》1988 年第 3 期。

《试析张子和论治眼病的特色》,《甘肃中医学院学报》1988 年第 3 期。

《〈内经〉目诊辨析》,《国医论坛》1988 年第 1 期。

旷惠桃～:《〈金匮〉对出血急症的辨治特色》,《国医论坛》1986 年第 4 期。

彭庆星(宜春学院)

～张其亮等:《中国医学美学与美容医学学科发展的历史回顾》,《中国美容整形外科杂志》2010 年
第 4 期。

彭榕华(福建中医药大学/福建中医学院)

~陈升惠:《力钧医案的施治特色及学术主张》,《福建中医药》2018 年第 5 期。

吴菲菲~金丽:《〈延寿第一绅言〉论房中养生与优生》,《中医文献杂志》2018 年第 2 期。

叶文珍~:《闽皮肤科医家萧贤忠家世及生平事略考》,《福建中医药》2018 年第 1 期。

~吴菲菲等:《抗战时期福建地区日军细菌战研究》,《医学与哲学(A)》2017 年第 4 期。

~魏斓:《福建水产药膳的形成及特点》,《中医药文化》2017 年第 2 期。

~吴菲菲等:《赤脚医生对福建农村医疗的贡献》,《医学与哲学》2016 年第 9 期。

~高驰等:《释"厥"》,《中华中医药杂志》2016 年第 8 期。

~吴菲菲:《赤脚医生对福建农村医疗的贡献》,《医学与哲学(A)》2016 年第 5 期。

~陈升惠等:《任应秋先生治学经历与学术思想述略》,《中医药文化》2016 年第 3 期。

~王育林:《钱超尘教授中医文献研究特点及其学术成就初探》,《北京中医药大学学报》2015 年第 11 期。

~温长路:《孙思邈医德思想之管见》,《中医文献杂志》2015 年第 3 期。

~刘德荣:《朱梅南学术思想述略》,《南京中医药大学学报(社会科学版)》2014 年第 1 期。

~王育林:《地理环境对中医药文化的影响刍议》,《中医学报》2013 年第 4 期。

~温长路:《〈说文解字〉中医药文化考释》,《环球中医药》2012 年第 11 期。

《王纶〈胎产医案〉医学贡献初探》,《世界中西医结合杂志》2012 年第 7 期。

~段逸山:《〈苏州国医杂志〉述评》,《中医文献杂志》2012 年第 6 期。

《俗语中的中医药文化内涵》,《福建中医药大学学报》2012 年第 3 期。

《浅谈医源于酒与医促酒俗》,《福建中医药大学学报》2012 年第 2 期。

《闽台传统节日中的中医药文化》,《福建中医药大学学报》2012 年第 1 期。

邓月娥~刘德荣:《〈勿听子俗解八十一难经〉学术价值浅探》,《中华医史杂志》2009 年第 6 期。

《熊宗立医学贡献初探》,《世界中西医结合杂志》2008 年第 6 期。

《"聞"义管窥》,《福建中医学院学报》2008 年第 3 期。

《宋人笔记医学史料探考》,《福建中医药》2008 年第 1 期。

《宋人笔记中关于疾病的论述》,《福建中医学院学报》2007 年第 5 期。

《瘟疫对福建古代社会风俗的影响》,《南平师专学报》2007 年第 2 期。

彭善民(上海师范大学)

~顾晓丹:《"生命之美":疾痛视域中的乳癌小组工作探索》,《华东理工大学学报(社会科学版)》2012 年第 1 期。

蒋贤斌~:《公共卫生与城市现代性:1898—1949 年的上海》,《江西社会科学》2007 年第 3 期。

《20 世纪前半期上海公共卫生治理中的民间组织行为》,《上海师范大学学报(哲学社会科学版)》2007 年第 4 期。

《商办抑或市办:近代上海城市粪秽处理》,《中国社会经济史》2007 年第 3 期。

《近代上海民间时疫救治》,《广西社会科学》2006 年第 9 期。

《民国年间劝止随地吐痰大会》,《世纪》2006 年第 3 期。

苏智良~:《公厕变迁与都市文明——以近代上海为例》,《史林》2006 年第 9 期。

《民国时期上海制药业同业公会探析》,《档案与史学》2004 年第 4 期。

~胡海英:《趋于治理:上海禁毒工作的当代变迁》,《华东理工大学学报(社会科学版)》2010 年第 6 期。

~肖阿伍:《民国上海医药广告管理评析》,《湖南农业大学学报(社会科学版)》2003 年第 4 期。

《近代上海民间公共卫生宣传》,《都市文化研究》2005 年 00 期。

彭闪闪(首都经济贸易大学)

《美国进步时代食品药品监管之"社会驱动力量"研究》,首都经济贸易大学硕士学位论文 2016 年。

彭少辉(江苏科技大学/华南师范大学)

《元代官修〈大元本草〉确有其事》,《中国科技史杂志》2010 年第 3 期。

《沈括医学思想初探》,《医学与哲学(人文社会医学版)》2006 年第 11 期。

彭胜权(广州中医药大学/广州中医学院)

李永宸~:《中医文献治疗狂犬病方法探析》,《中国中医急症》2006 年第 10 期。

文小敏~:《〈温热论〉与〈湿热病篇〉学术思想的比较研究》,《湖南中医杂志》2005 年第 4 期。

吴智兵~:《从医学地理学角度试论岭南温病学的发展方向》,《广州中医药大学学报》1999 年第 1 期。

《岭南温病学说形成和研究现状》,《广州中医学院学报》1993 年第 4 期。

邓泽军~陆乃器:《岭南温病研究近况》,《广州中医学院学报》1992 年第 3 期。

彭树森(双流县第一人民医院)

《〈医宗金鉴·正骨心法要旨〉的学术思想研究》,《四川中医》2006 年第 12 期。

彭树滋

《日本药局方沿革略》,《医药学报》1908 年第 12 期。

《日本卫生试验所沿革略》,《医药学报》1908 年第 11 期。

彭涛(华中师范大学)

《中国媒体公众预警意识的演进——以〈人民日报〉对艾滋病的报道为例》,《湖北大学学报(哲学社会科学版)》2007 年第 6 期。

彭天忠(南昌市洪都中医院/湖南中医药大学)

~胡贵荣等:《喻嘉言佛医思想探微》,《中医文献杂志》2019 年第 5 期。

~刘锐:《张元素药性调节观探析》,《中医药导报》2010 年第 5 期。

彭卫(中国社会科学院)

《脚气病、性病、天花:汉代疑问疾病的考察》,《浙江学刊》2015 年第 2 期。

《秦汉人身高考察》,《文史哲》2015 年第 6 期。

《汉代女性的身体形态与疾病》,《浙江学刊》2009 年第 6 期。

《汉代食饮杂考》,《史学月刊》2008 年第 1 期。

《秦汉时期洗沐习俗考察》,《中华医史杂志》1999 年第 4 期。

《秦汉时期厕所及相关的卫生设施》,《寻根》1999 年第 2 期。

彭卫东(成都中医药大学附属医院)

胡开妮、赵一帆~:《〈傅青主女科〉治疗崩漏的思想及用药特点探析》,《国医论坛》2016 年第 2 期。

谢秀超、刘晓玲~胡开妮:《〈胎产大法〉之助孕用药思想浅析》,《成都中医药大学学报》2015 年第 4 期。

~谢秀超等:《温病四大家学术特色思想在妇科临床运用探讨》,《江苏中医药》2015 年第 5 期。

谢秀超、刘晓玲～胡开妮:《〈胎产大法〉之助孕用药思想浅析》,《成都中医药大学学报》2015 年第 4 期。

～谢秀超等:《吴鞠通论治妇科疾病特色思想探析》,《四川中医》2014 年第 10 期。

谢秀超～:《王孟英妇科调经学术思想探讨》,《江苏中医药》2014 年第 2 期。

彭卫华(上海中医药大学)

～贺霆:《现代医学研究语境转向与中医人类学学科构建》,《广西民族大学学报(哲学社会科学版)》2019 年第 4 期。

～李文彦:《文化与文明:现代中医研究发展观的反思》,《中医药文化》2017 年第 3 期。

～李文彦等:《传统文化及中医主体内向性思维的现代思考》,《南京中医药大学学报(社会科学版)》2015 年第 4 期。

《自觉与他者——文化人类学对现代中医文化研究的启示》,《医学与哲学(A)》2014 年第 10 期。

《中西医生命认识之比较刍议》,《内蒙古中医药》2014 年第 11 期。

何兰萍、刘岸冰～:《民国时期上海民间社团与传染病防治》,《中医药文化》2014 年第 2 期。

～樊民胜:《浅议中医药文化中的现代生命教育价值》,《中医教育》2012 年第 6 期。

～樊民胜:《略论中医药文化中的生命伦理意蕴》,《中国医学伦理学》2012 年第 4 期。

～严世芸:《浅议〈宋刑统〉中的医事制度》,《中医药文化》2009 年第 2 期。

《从"六不治"看古代医生状态》,《内蒙古中医药》2008 年第 24 期。

彭伟军(兰州大学)

《医疗行为及其法律规制问题的研究》,兰州大学硕士学位论文 2007 年。

彭文博(山东农业大学)

《新型农村合作医疗发展问题研究》,山东农业大学硕士学位论文 2009 年。

彭希哲(复旦大学)

～田文华:《上海市空气污染疾病经济损失的意愿支付研究》,《世界经济文汇》2003 年第 2 期。

田文华～梁鸿:《城市空气污染造成儿童健康经济损失的研究》,《中国卫生经济》2002 年第 10 期。

～田文华等:《上海市空气污染造成人群健康经济损失研究》,《复旦学报(社会科学版)》2002 年第 2 期。

～陶佩君等:《中医脉诊与产前性别选择》,《人口与经济》1996 年第 6 期。

彭先导(长江大学/湖北省卫生职工医学院)

王兵～:《乳腺癌手术演变史》,《湖北省卫生职工医学院学报》2004 年第 4 期。

王兵～:《输血史考》,《中华医史杂志》2000 年第 3 期。

《国际海洛因流行回顾》,《国外医学(社会医学分册)》1998 年第 3 期。

王兵、秦信义～:《诊断细胞学发展简史》,《中华医史杂志》1998 年第 3 期。

《美国控制吸烟运动三十年》,《国外医学(社会医学分册)》1997 年第 1 期。

《人类学与流行病学——对健康和疾病的跨学科探索》,《医学与哲学》1995 年第 9 期。

《历代中医文献中有关青光眼论述的再认识》,《湖北省卫生职工医学院学报》1989 年第 2 期。

《乌兹别克共和国居民外科救助的历史和发展》,《医学史与保健组织》1957 年第 4 期。

《十九世纪后半纪俄国临床医学的发展》,《医学史与保健组织》1957 年第 2 期。

《封建制度前期和封建制度时期苏联各民族医学的发展》,《医学史与保健组织》1957 年第 1 期。

《莫斯科封建统治时期的医学》,《医学史与保健组织》1957 年第 1 期。

彭现美(安徽财经大学/中国社会科学院/中国人民大学)

《新型农村合作医疗大病补偿资金利用效果分析——以安徽省为例》,《中国卫生事业管理》2012年第 4 期。

《孕产妇健康目标及全球进程差异分析》,《妇女研究论丛》2012 年第 4 期。

~魏群:《我国人口健康知识传播渠道与效果分析》,《人口与发展》2011 年第 3 期。

《全球突发性传染病状况及变化趋势分析》,《中国卫生事业管理》2010 年第 3 期。

《突发性传染病影响分析》,《中国初级卫生保健》2010 年第 1 期。

李二波~:《农村老年人口心理健康状况与需求分析》,《现代农业》2009 年第 4 期。

孙见山~:《新型农村合作医疗费用报销问题探讨》,《现代农业》2009 年第 2 期。

李会~:《我国卫生资源配置的现状分析以及对策构想》,《卫生软科学》2009 年第 1 期。

《美国人口自杀状况分析》,《医学与哲学(人文社会医学版)》2009 年第 1 期。

叶剪波~:《农村老年人口医疗服务需求探讨》,《现代农业》2008 年第 12 期。

《农民参与新型合作医疗意愿及影响因素》,《中国公共卫生》2008 年第 2 期。

《非洲的艾滋病流行与国际援助》,《中国初级卫生保健》2007 年第 11 期。

《艾滋病与千年发展目标》,《中国初级卫生保健》2007 年第 11 期。

《艾滋病与妇女健康》,《中国初级卫生保健》2007 年第 11 期。

《艾滋病、非洲与国际援助》,《医学与哲学(人文社会医学版)》2007 年第 11 期。

张前进~:《新型农村合作医疗监管问题分析》,《现代农业》2007 年第 11 期。

娄慧慧~:《新型农村合作医疗报销问题分析》,《现代农业》2007 年第 11 期。

邓星星~:《信息咨询服务与新型农村合作医疗》,《现代农业》2007 年第 11 期。

~周静静:《农民参与新型合作医疗意愿及影响因素分析——以安徽省的调查结果为例》,《中国卫生事业管理》2007 年第 10 期。

曹庆~:《农民对新型农村合作医疗的认知状况分析》,《现代农业》2007 年第 10 期。

谢清坤~:《农村新型合作医疗与低收入家庭医疗救助》,《现代农业》2007 年第 10 期。

《医疗广告存在的问题及出路》,《医学与哲学(人文社会医学版)》2007 年第 9 期。

高腾腾~:《五保户保"医"难——以肥西县调查资料为例》,《现代农业》2007 年第 9 期。

~周静静:《农民参与新型合作医疗意愿及影响因素分析——以安徽省的调查结果为例》,《中国初级卫生保健》2007 年第 8 期。

《非洲艾滋病的流行对我国教育的启示》,《卫生软科学》2007 年第 6 期。

《转移支付与安徽新型农村合作医疗》,《中国卫生事业管理》2007 年第 6 期。

~周静静:《新型农村合作医疗筹资与农民参与意愿研究——以安徽省的调查结果为例》,《卫生软科学》2007 年第 4 期。

~周静静:《农村新型合作医疗与医疗服务体系构建》,《医学与社会》2007 年第 2 期。

周静静~:《医疗服务体系构建与农村新型合作医疗》,《现代农业》2006 年第 11 期。

~翟振武:《安乐死的成本与效用分析》,《人口与经济》2005 年第 3 期。

《艾滋病——不容忽视的社会问题》,《西北人口》2004 年第 6 期。

《艾滋病的社会学思考》,《南方人口》2004 年第 2 期。

彭翔（南京中医药大学/南京大学）

~张航:《健康中国视角下健康风险治理探讨》,《宁夏社会科学》2019 年第 1 期。

~申俊龙:《物品属性视角下药品价格形成机制的国际比较》,《中共南京市委党校学报》2018 年第 6 期。

~邵海亚:《借鉴与创新:健康管理服务纳入医保支付政策探讨》,《价格理论与实践》2017 年第 11 期。

~沈秋欢:《健康管理服务医保支付政策探讨——以中医"治未病"为例》,《中国经贸导刊》2016 年第 35 期。

~沈秋欢:《医疗服务价格管理探讨——以中医医疗服务为例》,《管理观察》2016 年第 35 期。

~申俊龙:《医疗服务领域的物品属性辨析》,《医学与哲学（A）》2016 年第 11 期。

沈秋欢~:《德国药品参考价格制度及其对我国药价管理改革的启示》,《现代经济信息》2016 年第 6 期。

~申俊龙:《我国药品价格形成机制演变分析——基于对政策文件的考察》,《中共南京市委党校学报》2016 年第 5 期。

~申俊龙:《中药饮片生产企业质量激励机制探讨》,《首都食品与医药》2016 年第 4 期。

~申俊龙:《供应链视角下中药饮片市场质量管理探讨》,《中国经贸导刊》2015 年第 35 期。

邵海亚、程向前~:《服务型政府建设背景下的我国药品价格社会治理能力建设》,《卫生软科学》2015 年第 7 期。

申俊龙~:《中药价格形成机制探讨》,《江苏商论》2015 年第 1 期。

申俊龙~:《中医药健康服务业的发展模式与策略探讨》,《卫生经济研究》2014 年第 8 期。

~申俊龙:《药品价格功能及其内在要求辨析》,《价格月刊》2014 年第 4 期。

~申俊龙:《药品价格形成机制的内涵与要素分析》,《价格理论与实践》2013 年第 12 期。

~申俊龙:《药品的物品属性辨析》,《首都医药》2013 年第 24 期。

张先洪~:《关于中成药价格形成机制的探讨——基于对中成药生产企业的调研分析》,《价格理论与实践》2012 年第 10 期。

~申俊龙:《药品集中采购制度效果分析——基于江苏省的数据》,《江苏商论》2012 年第 10 期。

《药品价格形成机制研究——分析框架与治理机制引入》,南京大学博士学位论文 2012 年。

~徐爱军:《新制度经济学视角下的我国农村卫生服务体系变迁分析》,《农村经济》2012 年第 3 期。

邵海亚~:《药品定价与补偿政策的国际经验比较》,《价格理论与实践》2011 年第 9 期。

~徐爱军:《关于建立药品价格谈判机制的理论思考》,《价格理论与实践》2011 年第 3 期。

~徐爱军:《东亚福利体制与中国医疗保障制度分析》,《经济体制改革》2011 年第 2 期。

~徐爱军:《我国药品价格管理机制探讨——将医保部门引入药品价格管理的思考》,《价格理论与实践》2010 年第 9 期。

徐爱军~:《我国医药企业跨国经营的可行性探讨——以先声药业为例》,《生产力研究》2010 年第 4 期。

申俊龙~:《〈伤寒论〉理论构建的动力与机理探讨》,《医学与哲学（人文社会医学版）》2009 年第 6 期。

《成长型医药企业实施 ERP 的风险控制研究》,南京中医药大学硕士学位论文 2009 年。

申俊龙～:《基于管理视角的中药注射剂安全问题探讨》,《南京医科大学学报(社会科学版)》2009年第3期。

孟庆才、徐爱军～:《我国医药产业转型期政府失灵分析》,《中国药房》2008年第9期。

～申俊龙:《以新制度经济学视角分析我国药品集中招标制度》,《上海医药》2008年第2期。

～申俊龙:《医疗改革对医药生产企业的风险分析》,《中国药事》2008年第1期。

～申俊龙:《药品集中招标的新制度经济学分析》,《齐鲁药事》2007年第12期。

彭晓鹤(云南大学)

《中国M药业公司在德国投资的跨文化管理研究》,云南大学硕士学位论文2017年。

彭鑫(中国中医科学院)

～刘洋:《〈黄帝内经〉方位五行理论在中医学中的发展与应用》,《中国中医基础医学杂志》2016年第12期。

～刘洋:《〈黄帝内经〉中方位五行理论的渊源研究》,《中国中医基础医学杂志》2015年第12期。

《中医学"疫病"概念研究》,《中国中医基础医学杂志》2011年第6期。

《黄元御〈四圣心源〉与运气学说研究》,《辽宁中医杂志》2010年第2期。

彭兴

《李时珍的"脑为元神之府"说源出西洋医学》,《书屋》2008年第9期。

《李时珍与西洋医学》,《社会科学》1983年第3期。

彭秀良(河北科技大学)

《北平协和医院杰出的医务社会工作专家张中堂》,《中国社会工作》2018年第10期。

刘海涛～浦爱德:《中国医务社会工作的开创者》,《中国社会工作》2017年第16期。

张岭泉～:《掩埋在历史风尘中的北平协和医院社会服务部》,《档案天地》2010年第3期。

彭旭明(广州中医药大学)

许洪伟～:《〈医心方〉导引养生初探》,《吉林中医药》2012年第7期。

～张家维:《〈黄帝内经〉中按摩与导引探微》,《按摩与导引》2005年第8期。

彭学敏(湖北中医学院)

《试论叶天士〈温热论〉对舌诊的贡献》,《湖北中医杂志》1987年第4期。

彭妍(华东理工大学)

《中央集权体制下的分散式决策——以中国农村合作医疗政策制定为例》,华东理工大学硕士学位论文2011年。

彭延辉(桑植县卫生学校)

～尚立昆等:《土家族养生习俗的考察与思考》,《湖南中医杂志》1996年S1期。

～尚立昆等:《土家族医药史探讨》,《中国民族民间医药杂志》1994年第2期。

彭扬帆(华中师范大学)

《中年慢性病人的自我认同危机研究》,华中师范大学硕士学位论文2014年。

彭杨莉(华中师范大学)

《〈四分律〉佛教医学词汇研究》,华中师范大学硕士学位论文2013年。

彭尧(成都中医药大学)

邓礼林～杨佳丽等:《浅析〈傅青主女科·调经篇〉之妙用黑芥穗》,《成都中医药大学学报》2018年第1期。

~曾倩:《浅析〈黄帝内经〉中"女七男八"的生命节律周期》,《亚太传统医药》2017年第8期。

~曾倩:《〈傅青主女科〉种子调经辨治特色探析》,《亚太传统医药》2017年第6期。

~周航等:《浅析〈济阴纲目〉孕育观》,《成都中医药大学学报》2017年第3期。

彭益军(山东医科大学)

《齐鲁大学与近代山东医学教育》,《山东医科大学学报(社会科学版)》2000年第3期。

《近代西方医学的传入及其意义》,《山东医科大学学报(社会科学版)》1998年第3期。

彭迎春(首都医科大学)

~王晓燕等:《伦理学视角下的乡镇卫生院服务功能刍议》,《医学与社会》2012年第7期。

~王晓燕等:《村医视角下的村卫生室生存及发展现状分析》,《医学与社会》2012年第3期。

~吕兆丰等:《赤脚医生时期北京市农村合作医疗的运行状况研究》,《中国全科医学》2011年第16期。

~吕兆丰等:《赤脚医生时期合作医疗制度对新型农村合作医疗的启示》,《中国全科医学》2011年第16期。

~吕兆丰等:《赤脚医生时期合作医疗制度成功与失败的因素探析》,《中国全科医学》2011年第6期。

张旭平……王晓燕~彭炜:《村落文化境遇中的乡村医生——北京市H区村落实地观察个案研究》,《中古医学伦理学》2010年第3期。

刘兰秋……关丽征~梁万年:《从日本的救急救命士制度看我国医疗救护员制度的完善》,《中国全科医学》2007年第23期。

王园~:《悉尼奥运会期间的公共卫生服务》,《国外医学(卫生学分册)》2005年第5期。

彭媛媛(重庆医科大学)

《南京国民政府前期卫生立法研究(1927—1937)》,重庆医科大学硕士学位论文2010年。

彭泽益

《西洋种痘法初传中国考》,《科学》1950年第7期。

彭增福(中国中医科学院/广州中医药大学/湖南中医学院)

《西方针刺疗法之激痛点与传统针灸腧穴的比较》,《中国针灸》2008年第5期。

~张家维:《略论十二经纳支法的演变》,《针灸临床杂志》1997年第6期。

~周一谋:《试论运气学说对子午流注学说形成的影响》,《湖南中医学院学报》1990年第2期。

Peter Baldry(中国中医研究院)

~翁小刚:《英国医学针灸学会概况》,《国际中医中药杂志》2006年第2期。

Peter Garnsey(剑桥大学)

~熊莹等:《骨骼与历史:古代地中海地区食谱与健康研究的新方法》,《历史研究》2006年第5期。

皮春花(福建师范大学)

《教会医学与近代福建社会》,福建师范大学硕士学位论文2007年。

皮国立(台湾中原大学/台湾大学)

《现代中医外、伤科的知识转型——以医籍和报刊为主的分析》,《故宫学术季刊》第36卷第4期(2019.12)。

《中日战争期间中国民众的毒气知识与日常应对——以报刊为论述中心》,《台湾师大历史学报》第61期(2019.6)。

《当"营养"成商品:维他命在近代中国(1920—1931)》,刘维开主编《1920 年代之中国》(台北:政大出版社 2018 年)。

《从镇静到补养的救赎——民国时期新医药对纵欲致病的医疗史》,余新忠主编《新史学》第九卷:医疗史的新探索(2017)。

《家庭、营养与食物:民国时期妇女与食物卫生之论述》,《近代中国妇女史研究》第 30 卷(2017)。

《性欲与健康:民国时期中西医"节欲"之身体论述》,《科学史通讯》第 41 期(2017)。

《湿之为患:明清江南的医疗、环境与日常生活史》,《学术月刊》2017 年第 9 期。

《碰撞与汇通:近代中医的变革之路》,《文化纵横》2017 年第 1 期。

《民国疫病与社会应对——1918 年大流感在京、津与沪、绍之区域对比研究》,《新史学》第 27 卷第 4 期(2016.12)。

《从"补肾"到"荷尔蒙"疗法:民国时期新式抗病技术与日常生活》,《医疗社会史研究》2017 年第 1 期。

《上海中医药的发展(1950—1965)——以〈人民日报〉为中心的考察》,《汉学研究通讯》第 35 卷第 4 期(2016.11)。

《讲道理:民国时期基督教与西方卫生观念的传播》,《汉语基督教学术评论》第 21 期(2016)。

《从口述历史视野看两蒋总统的的医疗与健康》,《东吴历史学报》第 36 期(2016)。

《民国时期农村的医疗与卫生:以基督教人士之相关言论为主的分析》,王成勉主编《华人情境下的宗教与社会关怀》(桃园:国立中央大学出版中心 2016 年)。

《清代外感热病史——寒温论争再谈中医疾病史的诠释问题》,《中国史新论.医学史分册》(台北:联经图书出版公司 2015 年)。

《中日战争前后蒋介石对化学战的准备与应对》,《国史馆馆刊》第 43 期(2015)。

《大流感时期五花八门的药品广告》,《文汇报》2015 年 9 月 11 日第 W16 版。

《近代中国的生化战知识转译与传播(1918—1937)》,《学术月刊》2015 年第 2 期。

《传抄整理与意欲创新——魏晋时期"伤寒"的方书脉络与疾病观》,《东海大学文学院学报》第 54 期(2013)。

《医疗疏失与"中西医汇通"择医官——梁启超之死与"肾病"公案新考》,《台湾中医临床医学杂志》第 19 卷第 1 期(2013.12)

《民国时期的医学革命与医史研究——余岩(1879—1954)"现代医学史"的概念及其实践》,《中医药杂志》第 24 卷 S1 期(2013.12)。

《"医家与史家的对话——中医学术知识的历史传承与变革"国际学术研讨会纪要》,《中华医史杂志》2013 年第 2 期。

《中西医学话语与近代商业——以〈申报〉上的"痧药水"为例》,《学术月刊》2013 年第 1 期。

《医疗与近代社会——试析鲁迅的反中医情结》,《中国社会历史评论》2012 年 00 期。

《评介彭善民〈公共卫生与上海都市文明(1898—1949)〉》,《国史馆馆刊》第 29 期(2011.9)。

《中古方书:"医学史、书籍史和社会史的解读"研讨会纪要》,《中华医史杂志》2011 年第 5 期。

《"气"与"细菌"的中国医疗史——民国中医外感热病学析论》,台湾国立师范大学博士学位论文 2011 年。

《民国时期中西医诠释疾病的界线与脉络:以"伤寒"为例的讨论》,《科技、医疗与社会》第 11 期(2010)。

《台湾的中国医疗史之过往与传承——以热病史谈新进路》,《中国历史学会史学集刊》第 41 期 (2009.10)。

《所谓"国医"的内涵——略论中国医学之近代转型与再造》,《中山大学学报(社会科学版)》2009 年第 1 期。

《评介〈岭南瘟疫史〉》,《新史学》第 19 卷第 1 期(2008.3)。

《"食忌"的谱系——以秦汉时代热病为中心》,Journal of Chinese Dietary Culture,Vol.4 No.1(2008).

《探索过往,发现新法——近代中国疾病史的研究回顾》,《台湾师大历史学报》第 35 期(2006.6)。

《中西医脉学理论在近代史上的初遇——以唐宗海(1851—1897)的医学观点为例》,《中国历史学会史学集刊》第 37 期(2005.7)。

《天花乎?梅毒乎?对同治皇帝死因的一些商榷》,《历史月刊》第 184 期(2003.5)。

《登革热与古代温病学的探讨》,《历史月刊》第 177 期(2002.10)。

《唐代以前糖尿病病人的生活史与治疗》,《历史月刊》第 174 期(2002.7)。

皮袭休

《现存的第一部儿科医学书籍"颅脑经"》,《中医杂志》1956 年第 5 期。

朴昌根(复旦大学)

《东医发展史略》,《医古文知识》2004 年第 2 期。

朴辰东(云南中医学院)

《韩国针灸现状研究》,云南中医学院硕士学位论文 2014 年。

朴恩希(北京中医药大学)

《治疗癃闭方剂源流及用药规律研究》,北京中医药大学硕士学位论文 2009 年。

朴元林(延边大学医学院/白求恩医科大学/长春中医学院)

~朴今哲:《韩国 20 世纪 30 年代的洋汉医学论争》,《延边大学医学学报》2009 年第 3 期。

《〈内经〉巨刺与治未病思想》,《吉林中医药》1997 年第 3 期。

《〈内经〉中巨刺、缪刺浅析》,《针灸临床杂志》1997 年第 1 期。

《祝由刍议》,《长春中医药大学学报》1991 年第 2 期。

平出由子(山东中医药大学)

《中日传统医学比较研究——日本汉方医学"轻理论,重方术"源流探析》,山东中医药大学硕士学位论文 2004 年。

平海兵(湖北中医药大学)

《佛教医学和中医心身医学思想比较研究》,湖北中医药大学博士学位论文 2016 年。

~曹继刚:《〈黄帝内经〉与佛教生命观比较研究》,《时珍国医国药》2016 年第 3 期。

~曹继刚:《中国近年佛教医学的研究概况》,《环球中医药》2016 年第 2 期。

~曹继刚:《佛教医学 治心为要》,《中国宗教》2015 年第 7 期。

平新乔(北京大学)

《从中国农民医疗保健支出行为看农村医疗保健融资机制的选择》,《管理世界》2003 年第 11 期。

浦江

《一千年前的脑外科手术》,《文汇报》第 3595 期(1957.4)。

浦清江(中国疾病预防控制中心)

~张春华等:《1950—2009 年中国鼠疫疫情分析》,《中国地方病防治杂志》2010 年第 6 期。

蒲日材（贺州学院）

《论岭南地区过癞习俗的真实与虚构》,《齐齐哈尔大学学报（哲学社会科学版）》2017 年第 3 期。

《岭南之俗与隐性之喻：过癞传说的文学书写考察》,《长江大学学报（社会科学版）》2017 年第 2 期。

蒲小兰（四川大学华西第四院）

～张毅等：《明代〈大河外科〉中赤疔及其治疗药物马蹄香考》,《中华医史杂志》2012 年第 6 期。

～张毅等：《明代〈大河外科〉内容来源考》,《中华医史杂志》2012 年第 1 期。

～张毅等：《明代〈大河外科〉作者、成书年代及版本考》,《中华医史杂志》2011 年第 6 期。

蒲昭和（成都中医药大学/成都中医学院）

《清代文人李渔的"节欲观"》,《中国性科学》2007 年第 1 期。

《海洛因的由来》,《首都医药》2003 年第 21 期。

《〈医心方〉中有关美容药剂浅析》,《中医文献杂志》1994 年第 4 期。

《我国古代方药书中的美容醋剂》,《中医药学报》1993 年第 6 期。

濮正琪（江西中医学院）

《龚廷贤老年养生观简述》,《江西中医药》2008 年第 12 期。

～董娟：《吴澄的脾阴观》,《江西中医药》2008 年第 12 期。

《中西医汇通学派对近代中医药发展的影响》,《江西中医药》2008 年第 8 期。

～丁舸等：《肝脾不和泄泻的文献研究》,《江西中医药》2006 年第 4 期。

齐南～王锐：《〈内经〉心痹、胸痹与心痛之辨别》,《江西中医学院学报》2005 年第 5 期。

《万全论"法时"养生》,《江西中医药》1997 年第 6 期。

《万全"寡欲"养生观》,《江西中医药》1996 年第 3 期。

《黄宫绣本草学说浅析》,《江西中医药》1996 年第 3 期。

《黄宫绣本草学说浅析》,《江西中医药》1995 年第 4 期。

《李梴〈医学入门〉初探》,《江西中医药》1995 年第 1 期。

《黄宫绣〈脉理求真〉初探》,《江西中医药》1994 年第 6 期。

Q

汽巴季刊

《检疫法之原始》,《汽巴季刊》1937 年第 10 期。

《卫生事务上所用壁报之历史》,《汽巴季刊》1936 年第 7 期。

《发明主要细菌之年表》,《汽巴季刊》1935 年第 4 期。

《欧洲著名之古代医院》,《汽巴季刊》1935 年第 2 期。

《欧洲医院发达史》,《汽巴季刊》1935 年第 2 期。

《提倡医学之伟人》,《汽巴季刊》1934 年第 4 期。

《小儿治疗学进化史略》,《汽巴季刊》1934 年第 2 期。

祁宝玉（北京中医药大学/北京中医学院）

周剑、谷新怡～闫晓玲：《刘完素"玄府学说"与中医眼科的关系》,《环球中医药》2016 年第 7 期。

《试论〈原机启微〉的学术思想渊源及影响》,《中国中医眼科杂志》1992 年第 3 期。

《试析〈景岳全书〉眼目卷》,《中医杂志》1984 年第 8 期。

《〈外台秘要〉眼疾析要》,《辽宁中医杂志》1983 年第 7 期。

齐丹(河北大学)

《神州医药总会研究(1912—1925)》,河北大学硕士学位论文 2013 年。

齐德学(军事科学院)

《抗美援朝战争中的反细菌战是中国方面的造假宣传吗?》,《当代中国史研究》2010 年第 3 期。

祁凡

《种痘史话》,《北京日报》1962 年 4 月 6 日。

起凡

《中国古代医学的国际关系》,《大公报医学周刊》1932 年 7 月 20、27 日。

《从波斯及西域传入中国的医药》,《大公报医学周刊》1932 年 8 月 3、17 日。

琪格其图(呼和浩特内蒙古自治区医院)

～斯琴其木格:《蒙古族医学家衮布扎布》,《中华医史杂志》1997 年第 1 期。

祁宏(建湖县中医院)

《"祝由"探析》,《浙江中医学院学报》1996 年第 3 期。

齐霁(天津商业大学/天津商学院)

《新中国成立初期西北区对毒品问题的治理》,《兰州学刊》2015 年第 12 期。

《中国共产党对中国和世界禁毒事业的重大贡献》,《毛泽东邓小平理论研究》2013 年第 4 期。

《新中国成立初期党治理毒品问题的成功经验》,《毛泽东邓小平理论研究》2010 年第 11 期。

《建国初期云南的禁毒斗争及其成功经验》,《学术探索》2009 年第 5 期。

《建国前后中国共产党领导的禁毒斗争及其历史经验》,《云南行政学院学报》2008 年第 5 期。

《抗战时期陕甘宁边区的禁毒斗争及其历史启示》,《宁夏社会科学》2005 年第 4 期。

《抗日根据地禁毒立法问题研究》,《抗日战争研究》2005 年第 1 期。

《陕甘宁边区禁烟禁毒运动初探》,《甘肃社会科学》1999 年第 4 期。

齐君(南开大学)

《赵元益与近代中西医学交流》,《史学月刊》2016 年第 2 期。

祁俊林(中国预防医学科学院)

《流感病毒大流行株起源研究的现状》,《国外医学·病毒学分册》1998 年第 2 期。

祁梁(郑州大学)

《卫生权力的正当性与专业性——绅商自治与军阀统治时代上海南市的卫生政治(1905—1923)》,《都市文化研究》2018 年第 1 期。

齐林华(南昌师范高等专科学校/湖南师范大学)

《重构中国古代身体话语体系的三种路径——以〈黄帝内经〉的身体话语文本为考察对象》,《中国文学研究》2016 年第 4 期。

《中国古代文化中的身体观念及其发展》,湖南师范大学博士学位论文 2013 年。

奇玲(北京中医药大学/全国高等中医药教育研究中心)

～韩刚:《民族医药高等教育的发展》,《中医教育》1998 年第 3 期。

《藏医大师——宇妥·元丹贡布生平及其医学教育思想》,《中医教育》1994 年第 4 期。

其美才宗（西藏藏医学院）

《探讨〈四部医典〉中的医患关系》，《西藏科技》2017 年第 9 期。

《略论公元 8 世纪吐蕃历史文化对〈四部医典〉形成的影响》，《西藏科技》2017 年第 2 期。

《浅谈佛教思想在〈四部医典〉中的体现》，《中国民族医药杂志》2017 年第 1 期。

戚铭远

《人血浆之历史调整及应用》，《中华医学杂志》1942 年第 11 期。

《中国医史研究运动概况》，《中华医学杂志》1945 年第 5、6 期。

《中华医学杂志三十年来大事记》，《中华医学杂志》1945 年第 1、2 期。

齐南（江西中医学院）

晁丹～：《泄泻病证源流考略》，《江西中医药》2013 年第 4 期。

陈谦峰～：《明清诸名医对脾胃学说发展之概略》，《辽宁中医药大学学报》2011 年第 3 期。

～郭树明等：《〈黄帝内经〉癫痫与癫狂之辨析》，《中医学报》2011 年第 3 期。

陈谦峰～：《十一脏取决于胆》探析》，《辽宁中医杂志》2011 年第 1 期。

～上官翌：《论〈黄帝内经〉的生态医学思想》，《江西中医学院学报》2009 年第 2 期。

～肖永娟等：《〈内经〉体质理论发微》，《江西中医学院学报》2009 年第 1 期。

～吴晓莉等：《明清时期中医养生学发展概略》，《中医文献杂志》2007 年第 4 期。

～濮正琪等：《〈内经〉心痹、胸痹与心痛之辨别》，《江西中医学院学报》2005 年第 5 期。

《从〈内经〉"七损八益"探人体衰老实质》，《江西中医学院学报》2003 年第 2 期。

《失音源流考》，《江西中医学院学报》1991 年第 2 期。

《〈内经〉闻诊初探》，《北京中医》1987 年第 5 期。

《生病，起于过用》，《内蒙古中医药》1987 年第 2 期。

《〈内经〉闻诊初探》，《北京中医》1987 年第 5 期。

齐冉（华中师范大学）

《1928—1936 年北平市妇婴卫生事业研究》，华中师范大学硕士学位论文 2015 年。

齐睿娟（首都医科大学）

～高大红等：《近代日美医学留学生的特点及对中国近现代医药学的贡献》，《医学教育研究与实践》2017 年第 4 期。

亓曙冬（上海中医药大学）

顾云湘～樊民胜等：《美国医学伦理学课程教育及启示——以匹兹堡大学为例》，《中国医学伦理学》2018 年第 1 期。

王敬～：《章太炎医学思想论略》，《中医药文化》2015 年第 5 期。

何兰萍～：《社会转型视野下的清末中医界变革》，《中华医学教育杂志》2014 年第 6 期。

《论杜亚泉的中西医文化观》，《中医药文化》2014 年第 4 期。

《林则徐的中西医文化观》，《中医药文化》2012 年第 4 期。

《论孙中山与中国养生文化》，《中医药文化》2011 年第 6 期。

祈天培（云南中医学院）

《英国五行针灸学术源流与诊疗特点研究》，云南中医学院硕士学位论文 2016 年。

～江南等：《西方中医凸显中华文化普世性——兼谈社科研究对中医院校的重要性》，《云南中医学院学报》2015 年第 6 期。

江南、张强~吴永贵:《中医药在英国的传播与发展现状》,《中国民族民间医药》2015 年第 1 期。

张杰……穆丽华~吴永贵:《中医药文化近十余年来在英国的传播发展》,《云南中医学院学报》2013 年第 5 期。

祈晓庆(兰州大学)

《唐代病坊研究综述》,《敦煌学辑刊》2010 年第 2 期。

齐晓霞(复旦大学)

《药害事故防范与救济制度研究》,复旦大学博士学位论文 2011 年。

《美国疫苗伤害补偿计划及其对我国的启示》,《行政与法》2011 年第 3 期。

《药害事故赔偿责任研究》,《江淮论坛》2011 年第 2 期。

齐晓钰(华中师范大学)

《民国时期京津冀地区疫灾流行与公共卫生意识的变迁研究》,华中师范大学硕士学位论文 2019 年。

齐欣(东北财经大学)

《我国突发性公共卫生事件应对策略研究》,东北财经大学硕士学位论文 2016 年。

戚学文(崇信县高庄中心卫生院)

《〈伤寒论〉是我国最早论述鼠疫的不朽著作》,《国医论坛》1999 年第 1 期。

祈燕然

《张仲景治诈病》,《健康报》1956 年 11 月 13 日。

齐忆虹(上海市健康教育所/东南大学)

《中等收入国家长期护理保险研究:韩国与日本及德国的比较》,《国外医学(卫生经济分册)》2016 年第 1 期。

~张晓等:《江苏省中医服务利用认知状况调查及其对策研究》,《中国全科医学》2010 年第 7 期。

~张晓等:《探索建立医疗保险部门与药品供应商的药品价格谈判机制》,《中国卫生事业管理》2010 年第 1 期。

~曹乾等:《亚洲先进的卫生系统比较》,《国外医学(卫生经济分册)》2009 年第 4 期。

~邱晓艳等:《澳大利亚健康政策对私立健康保险的影响》,《国外医学(卫生经济分册)》2008 年第 4 期。

~邱晓艳:《土耳其医疗技术贸易趋势及全球化》,《国外医学(卫生经济分册)》2008 年第 3 期。

张开金……邱晓艳~:《发挥社区卫生服务在医疗保障中的作用》,《中国医疗保险》2008 年第 2 期。

齐银辉(甘肃省中医院)

《〈武威汉代医简〉中塞耳法浅析》,《西部中医药》2018 年第 5 期。

齐云(成都中医药大学)

《论中药功效在明清的成熟》,《中医文献杂志》1997 年第 3 期。

綦中明(牡丹江师范学院/陕西师范大学)

《满族的痘神信仰探微》,《佳木斯大学社会科学学报》2015 年第 6 期。

《浅论唐代的悲田养病坊》,《西安文理学院学报(社会科学版)》2006 年第 1 期。

钱保杭

《保黎医院创始时代之历史》,《医药观》1914 年第 1 期。

钱超尘（北京中医药大学/北京中医学院）

《成无己事迹及其著作追踪》，《中医学报》2019 年第 10 期。

《章太炎论医学训诂及章次公拜太炎为师》，《中华中医药杂志》2017 年第 6 期。

《章太炎先生论〈黄帝内经〉"章氏国学讲习会"和〈制言〉》，《中华中医药杂志》2017 年第 4 期。

《章太炎先生论〈黄帝内经〉结撰于汉代》，《中华中医药杂志》2017 年第 3 期。

《章太炎先生论〈黄帝内经〉之成书时代考证》，《中华中医药杂志》2017 年第 2 期。

《章太炎先生论〈黄帝内经〉——〈黄帝内经〉理论探讨和俞曲园"废医论"之评说》，《中华中医药杂志》2017 年第 1 期。

《"仲景官至长沙太守"始见与传播者考》，《中华医史杂志》2015 年第 1 期。

《国图缩微胶卷本〈伤寒论〉简考》，《国医论坛》2015 年第 1 期。

《俞樾医事录》，《浙江中医药大学学报》2014 年第 11 期。

《〈千金翼方〉载录的〈辨伤寒〉考》，《世界中西医结合杂志》2014 年第 4、5 期。

《章太炎对王叔和之简考》，《中医文献杂志》2014 年第 4 期。

《日本安政本〈伤寒论〉对中国医学的影响》，《中医药文化》2014 年第 4 期。

《王樸庄与〈唐本伤寒论〉研究》，《中医药文化》2014 年第 3 期。

《刘渡舟本〈伤寒论〉所据底本述实》，《国医论坛》2014 年第 3 期。

《刘衡如先生的中医文献学成就》，《中医药文化》2014 年第 1 期。

《陈延之及其〈小品方〉时代考》，《中医药文化》2013 年第 6 期。

《北宋校正医书局校定〈伤寒论〉情况简考》，《山西中医》2013 年第 4 期。

～赵怀舟：《傅山〈临产须知全集〉辨伪》，《中医文献杂志》2013 年第 2、3 期。

《读余云岫〈古代疾病名候疏义〉》，《中医药文化》2013 年第 1 期。

《〈辅行诀〉引用仲景方剂考》，《西部中医药》2012 年第 11 期。

《钱塘名医仲昴庭的文化修养》，《浙江中医药大学学报》2012 年第 9 期。

《西山堂本〈千金方〉简考》，《中医药文化》2012 年第 6 期。

肖红艳、严季澜～：《唐代医家对道教典籍〈肘后备急方〉的增订考证》，《北京中医药大学学报》2012 年第 5 期。

～姜燕：《国家图书馆珍藏〈萧延平灵枢校勘记〉启秘》，《中医文献杂志》2012 年第 4、5、6 期。

《北平图书馆〈仲景全书〉运美历史回顾》，《河南中医》2012 年第 4 期。

《〈千金翼方〉版本简考》，《中医药文化》2012 年第 3 期。

～姜燕等：《傅山手批〈内经〉启秘（续完）——训诂句读和医理评说》，《山西中医》2012 年第 3 期。

肖红艳、严季澜～：《赵原阳与道藏本〈肘后备急方〉之关系考》，《北京中医药大学学报（中医临床版）》2012 年第 2 期。

～姜燕等：《傅山手批〈内经〉启秘（续 1）——总体形制和内容指要》，《山西中医》2012 年第 2 期。

～姜燕等：《傅山手批〈内经〉启秘（待续）——批注时间和流传统绪》，《山西中医》2012 年第 1 期。

《赵开美生平事迹考》，《河南中医》2012 年第 1 期。

《〈伤寒论〉版本演变传承一览表解说》，《河南中医》2011 年第 8 期。

《〈伤寒论〉版本表解》，《中医文献杂志》2011 年第 5 期。

《"日本安政本〈伤寒论〉"版本之考证》，《河南中医》2011 年第 5 期。

《傅山医事考略》，《中医文献杂志》2011 年第 3 期。

《成就卓著的文献学家赵开美》,《中华医史杂志》2011年第3期。

《韩国医著〈素问大要〉研究》,《中华医史杂志》2011年第2期。

《淳化本〈伤寒论〉的重要价值》,《河南中医》2011年第1期。

《日本安政本〈伤寒论〉》,《中医文献杂志》2011年第1期。

肖红艳、严季澜~:《〈附广肘后方〉作者杨用道官职初考》,《北京中医药大学学报》2011年第1期。

《〈伤寒论〉台湾故宫本及日本内阁本、安政本比较研究》,《中医药文化》2011年第1、2、4期。

《王冰的政治态度与哲学思想》,《河南中医》2010年第10期。

《台湾故宫宋本〈伤寒论〉古今谈》,《江西中医学院学报》2010年第6期。

《日本内阁本〈伤寒论〉不是赵开美本原刻本》,《中华医史杂志》2010年第6期。

《〈张仲景方〉之流传与演变》,《中医文献杂志》2010年第4期。

~王小芸等:《浅析傅山先生的养生观》,《中国道教》2010年第3期。

《博采众方 亦善诊病——伤寒大家章太炎》,《中医药文化》2010年第2、3期。

《董奉考》,《江西中医学院学报》2010年第2期。

《出身世医独钟伤寒——章太炎先生论伤寒》,《中医药文化》2010年第1期。

《宋本〈伤寒论〉版本简考》,《河南中医》2010年第1期。

肖红艳~严季澜:《杨用道籍贯小考》,《中华医史杂志》2010年第1期。

~赵怀舟:《〈辅行诀〉抄本寻踪》,《河南中医》2009年第9期。

王小芸、赵怀舟~:《傅山手钞〈玄机口诀〉顾炎武跋之内容质疑》,《中医药文化》2009年第5期。

《宋本〈伤寒论〉北京—上海—美国—台湾转移释秘》,《河南中医》2009年第5期。

《〈医学切要〉亟需辨伪与整理》,《中医药文化》2009年第4期。

《〈傅青主女科〉辨伪》,《中华医史杂志》2009年第4期。

《〈医经正本书〉与〈伤寒论〉文献研究的密切关系》,《河南中医》2009年第3期。

《〈洪氏集验方〉研究》,《中医文献杂志》2009年第1、2、3期。

《王圆箓监守自盗〈辅行诀〉简考》,《中医药文化》2009年第1期。

《〈汤液经法〉、〈伤寒论〉、〈辅行诀〉古今谈》,《世界中西医结合杂志》2008年第6、8期。

《〈伤寒要旨药方〉作者与版本考》,《河南中医》2008年第6期。

~赵怀舟:《〈辅行诀〉抄本寻踪》,《中医药文化》2008年第6期。

《"医圣"张仲景和〈伤寒杂病论〉》,《文史知识》2008年第5期。

《〈伤寒论〉在唐代失传了吗?》,《河南中医》2008年第3期。

《王粲死于大疫非死于麻风考》,《中医文献杂志》2008年第3期。

~傅海燕:《中国医科大学图书馆馆藏〈仲景全书〉版本考证》,《世界中西医结合杂志》2008年第3期。

《徐灵胎的文学情怀》,《中医药文化》2008年第2期。

《宋版〈千金要方〉是如何流入日本的》,《世界中西医结合杂志》2008年第2期。

《〈素问〉王冰注引〈易〉辑览》,《世界中西医结合杂志》2008年第1期。

《〈伤寒论〉源于〈汤液经法〉考》,《世界中西医结合杂志》2007年第12期。

《傅山〈霜红龛集〉医事录》,《山西中医》2007年第6期。

~赵怀舟:《读顾炎武〈大小诸证方论·序〉》,《文物世界》2007年第6期。

《〈灵枢〉回归北宋考》,《北京中医药大学学报》2007年第1期。

～温长路：《对张子和及其〈儒门事亲〉的考辨》,《河南中医》2007 年第 1 期。

《20 世纪四本〈伤寒论〉所据底本揭秘》,《河南中医》2006 年第 11 期。

《〈太素〉撰著具体时间新证》,《中医文献杂志》2006 年第 4 期。

《宋本〈伤寒论〉版本研究》,《中医药文化》2006 年第 3 期。

段晓华～张其成：《章太炎中医考据学思想论略》,《中国中医基础医学杂志》2006 年第 3 期。

《汪机事迹著作及从医考》,《中医文献杂志》2006 年第 2 期。

《〈灵枢〉回归中国考》,《中医药文化》2006 年第 2 期。

《〈伤寒论〉〈金匮要略〉"搏""搏"辨》,《中华医史杂志》2006 年第 2 期。

《张仲景学术研究成果之大成——读〈张仲景研究文献索引〉》,《河南中医》2006 年第 2 期。

《杨上善〈黄帝内经明堂类成〉(残卷)考略》,《江西中医学院学报》2006 年第 1、2 期。

《20 世纪四本〈伤寒论〉所据底本揭秘》,《河南中医》2006 年第 1 期。

《现存〈素问〉最早版本金刻本揭秘》,《北京中医药大学学报》2005 年第 5 期。

《宋本〈伤寒论〉版本考辨》,《中华医史杂志》2005 年第 3 期。

李载荣、徐振国～：《瞿瞿闵闵辨》,《北京中医药大学学报》2005 年第 2 期。

～温长路：《张仲景生平暨〈伤寒论〉版本流传考略》,《河南中医》2005 年第 1、2、3、4 期。

～梁永宣：《〈伤寒论〉日本内阁本与中国北图本互勘研究》,《中华医史杂志》2004 年第 1 期。

《宋本〈伤寒论〉刊行后流传演变简史》,《江西中医学院学报》2004 年第 1、2、3、4、5、6 期。

《金刻本〈素问〉探秘》,《医古文知识》2004 年第 1 期。

《〈伤寒论注解〉元刊本及成无己考》,《中国医药学报》2003 年第 9 期。

～温长路：《笔耕本草嘉惠后学——纪念〈本草纲目〉初刻暨李时珍逝世 410 周年》,《河南中医》2003 年第 9 期。

《父子两代人皆注〈本草纲目〉》,《江西中医药》2003 年第 7 期。

《倾情本草,寄意诗赋——纪刘衡如〈康城十咏〉》,《江西中医药》2003 年第 6 期。

《影印金陵初刻本〈本草纲目〉误描误改致讹举隅》,《北京中医药大学学报》2003 年第 5 期。

《〈伤寒论〉397 法的真实内容与统计方法》,《中医文献杂志》2003 年第 3 期。

《仲景论广〈伊尹汤液〉考》,《江西中医学院学报》2003 年第 2、3 期。

《〈伤寒杂病论〉六朝流传考》,《中国医药学报》2003 年第 2 期。

《〈伤寒论〉子目考》,《中医文献杂志》2002 年第 4 期。

《宋版〈洪氏集验方〉〈伤寒要旨药方〉版本流传简考》,《中华医史杂志》2002 年第 4 期。

《宋本〈伤寒论〉校读录异》,《中医文献杂志》2002 年第 1 期。

《评〈先秦两汉医学用语研究〉》,《中华医史杂志》2001 年第 4 期。

《王冰史事二则》,《北京中医药大学学报》2001 年第 4 期。

《沈彤〈释骨〉研究》,《中国中医基础医学杂志》2000 年第 1 期。

《金窪七朗〈素问考〉与丹波元简〈素问记闻〉》,《北京中医药大学学报》2000 年第 1 期。

《伤寒杂病论古传本演变大系》,《医古文知识》1995 年第 4 期;1996 年第 2 期。

刘士敬、尹欣～：《汉及汉以前中医对麻风病的认识》,《中医药学报》1992 年第 2 期。

《宋本〈伤寒论〉流传史略》,《中国医药学报》1991 年第 5 期。

《北宋校定〈伤寒论〉所据底本考》,《医古文知识》1990 年第 3 期。

《〈灵枢〉考辨》,《医古文知识》1990 年第 1 期。

《宋代医籍整理之鸟瞰》，《医古文知识》1989 年第 1 期。

《论杨上善的世界观及其"一分为二"的思想》，《医学与哲学》1983 年第 1 期。

《杨上善生于后魏而卒于隋〈太素〉成于后周说》，任应秋、刘长林编著《内经研究论丛》（武汉：湖北人民出版社 1982 年）。

钱崇澍

《我国伟大的药物学家——李时珍》，《新中医药》1953 年第 5 期。

浅川（江苏省社会科学院）

《万历年间华北地区鼠疫流行存疑》，《学海》2003 年第 4 期。

钱高丽（安徽大学）

《汪机及其著述研究》，安徽大学硕士学位论文 2014 年。

～周致元：《明代徽州的疫病灾害及民间医家应对机制研究——以汪机为例》，《常州大学学报（社会科学版）》2013 年第 5 期。

钱光胜（大理学院/兰州大学）

《唐代的郭登信仰考述》，《民俗研究》2014 年第 6 期。

王晶波～：《中国古代"死而复生"故事的类型与演变》，《甘肃社会科学》2012 年第 6 期。

钱浩（第四军医大学）

《〈中华医典〉医德思想及其对当代中国医德建设的启示》，第四军医大学硕士学位论文 2017 年。

钱会南（北京中医药大学/河北中医学院）

《张介宾辨体质论治特色探析》，《安徽中医药大学学报》2019 年第 6 期。

杨凤～：《〈黄帝内经〉"心肾开窍"不同观点之探析》，《环球中医药》2019 年第 10 期。

黄兆涵～：《探析〈辅行诀五脏用药法要〉对〈黄帝内经〉五脏理论的继承与发展》，《环球中医药》2019 年第 9 期。

《从七方十剂解读〈本草纲目〉对〈黄帝内经〉组方与论治理论的运用发挥》，《环球中医药》2019 年第 7 期。

席燕～：《从〈医学衷中参西录〉剖析张锡纯对三因制宜理论的拓展运用》，《环球中医药》2019 年第 6 期。

李江帆、李芳菲～：《"色部"划分中重要区域的范围分析》，《环球中医药》2019 年第 5 期。

《〈本草纲目〉体质医学思想解析》，《安徽中医药大学学报》2019 年第 1 期。

李芳菲～：《对比分析李东垣和黄元御对"气一元论"的发挥》，《辽宁中医杂志》2019 年第 5 期。

李芳菲～：《孙一奎对〈难经〉命门学说的继承与发挥》，《环球中医药》2018 年第 8 期。

席燕……李芳菲～：《浅析张锡纯对〈内经〉痿证理论的发挥》，《环球中医药》2018 年第 5 期。

《〈黄帝内经〉人文关怀思想解读》，《安徽中医药大学学报》2018 年第 4 期。

何流、孙鑫～：《〈黄帝内经〉方剂理论体系框架基本要素探析》，《辽宁中医杂志》2017 年第 12 期。

孙鑫～何流等：《民国时期中药学教材特点及对中药理论体系发展之影响》，《中国中医基础医学杂志》2017 年第 11 期。

《〈黄帝内经〉治未病思想解读》，《环球中医药》2017 年第 9 期。

《〈黄帝内经太素〉设方探析》，《安徽中医药大学学报》2017 年第 5 期。

张标……席燕～：《〈医方集解〉方剂学理论框架研究》，《环球中医药》2017 年第 4 期。

孙鑫～：《〈本草经集注〉对〈神农本草经〉中药学理论体系的发展》，《环球中医药》2016 年第 12 期。

禹佳、孙鑫～:《〈针灸大成〉对〈针灸甲乙经〉针刺理论的继承与发展》,《环球中医药》2016年第10期。

孙鑫～:《〈黄帝内经〉论治理论与〈神农本草经〉中药理论比较》,《中华中医药杂志》2015年第10期。

孙鑫～:《〈神农本草经〉中药理论体系框架研究》,《中华中医药杂志》2015年第6、7期。

禹佳～:《〈针灸甲乙经〉的针灸理论框架研究》,《环球中医药》2015年第2期。

陈广坤～张金超等:《"肝脾同治"为〈金匮要略〉治疗杂病理论的核心》,《中医学报》2015年第2期。

钱会南～陈广坤等:《〈黄帝内经太素〉之理论框架探析》,《世界中医药》2014年第11期。

刘晓峰～:《"阳生阴长,阳杀阴藏"探析》,《吉林中医药》2014年第9期。

钱泽南～:《〈黄帝内经太素〉之"太素"辨析》,《河北中医》2014年第2期。

《〈黄帝内经太素〉在中医理论体系框架形成中的作用》,《安徽中医药大学学报》2014年第1期。

《〈难经〉对〈内经〉寸口诊脉理论的发展》,《中国中医药现代远程教育》2013年第15期。

《从时空视角诠释生命现象——论环境因素对体质和疾病的影响》,《中华中医药学刊》2010年第1期。

《中医体质分类最早的全景式构图——解读〈黄帝内经〉阴阳二十五人》,《中华中医药杂志》2008年第10期。

《〈内经〉体质理论特色分析》,《中医药学刊》2006年第7期。

《〈内经〉"生病起于过用"解析》,《中医研究》2002年第2期。

《〈内经〉中精神疾病理论特色浅析》,《中医药学刊》2001年第6期。

《谈〈内经〉心理学思想特色》,《辽宁中医杂志》1999年第11期。

《〈内经〉社会医学思想探析》,《中国医药学报》1999年第5期。

《从〈儒门事亲〉试论张从正对〈内经〉情志病理论的运用》,《甘肃中医》1999年第1期。

《郁证源流考略》,《中国中医基础医学杂志》1995年第3期。

《张介宾中风论治述要》,《中国中医急症》1994年第6期。

《〈血证论〉妇科病论治特色》,《成都中医学院学报》1993年第2期。

《探〈伤寒杂病论〉之体质观》,《贵阳中医学院学报》1993年第2期。

《张景岳治血证十三法》,《浙江中医学院学报》1992年第6期。

钱剑夫

《"被褵"——古代的清洁卫生活动》,《解放日报》1962年9月23日。

钱健民

《讲述推拿医术起源与功效》,《国医公报》1935年第11期。

钱杰(四川师范大学)

《抑郁症的公众内隐污名与外显污名的关系研究》,四川师范大学硕士学位论文2017年。

钱今阳

《钱乙传与画像》,《新中医药》1958年第6期。

《中国儿科学》,《新中医药》1957年第4期。

钱俊英(陕西省疾病顶防控制中心)

～任古城:《陕甘宁边区防疫委员会防字第一号布告》,《中华医史杂志》2009年第1期。

钱鹏翔(广州中医药大学)

《基于"知与行"关系范畴的医患关系问题研究》,广州中医药大学硕士学位论文 2013 年。

钱霜(外交学院)

《中国医疗援助外交——以湖北省援莱索托医疗队为例》,外交学院硕士学位论文 2017 年。

钱寿初(《中华医学杂志英文版》编缉部)

董燕萍……朱琼~:《〈国际肝胆胰疾病杂志〉的国际化历程分析》,《中国科技期刊研究》2009 年第 2 期。

《〈中华医学杂志英文版〉百年史略》,《中国科技期刊研究》1990 年第 2 期。

钱守云(阜阳师范学院)

《论毛泽东与我国农村卫生事业的发展》,《毛泽东思想研究》2011 年第 5 期。

钱婷婷(南京中医药大学)

《敦煌中医药文献法藏卷子疑难字研究》,南京中医药大学硕士学位论文 2012 年。

钱婉约(北京语言大学)

《为何到仙台去学医?》,《中国图书评论》2012 年第 3 期。

钱小慧(南京中医药大学)

《全过程视角的疫苗安全影响因素分析》,南京中医药大学硕士学位论文 2013 年。

~王越等:《各国疫苗Ⅳ期临床监管对我国的借鉴意义》,《辽宁中医药大学学报》2013 年第 5 期。

~王高玲:《基于执行力视角的我国疫苗监管体系探析》,《中国药房》2012 年第 37 期。

钱鑫(中国人民大学)

《社会性别视角下的女性艾滋病问题》,《南京人口管理干部学院学报》2006 年第 1 期。

钱信忠(中共中央顾问委员会/中国卫生部)

《〈论医改导向:不能走全面推向市场之路〉序言》,《中国农村卫生事业管理》2006 年第 9 期。

《开拓社会医学研究 促进民族健康素质》,《中国社会医学》1990 年第 5 期。

《我国农村基层卫生组织的建设和管理经验》,《中国社会医学》1988 年第 4 期。

《中国卫生管理的历史经验》,《中国社会医学》1987 年第 1、4、5、6 期;1988 年第 1、2、3 期。

《立志创业 瞩目世界——祝中国中西医结合研究会成立》,《中西医结合杂志》1982 年第 1 期。

《要重视整理提高中药这个宝库》,《中成药研究》1981 年第 1 期。

《按毛主席指示办事,就能更好地贯彻党的中医政策——卫生部钱信忠部长在中医研究院建院十周年庆祝大会上的讲话摘要》,《中医杂志》1966 年第 3 期。

《中华人民共和国卫生部钱信忠副部长在全军执行除害灭病三年规划总结会议上的报告(摘要)》,《人民军医》1964 年第 1 期。

《我国结核病防治工作的基本情况与今后任务——中华人民共和国卫生部钱信忠副部长在 1963 年全国结核病学术会议上的报告》,《中国防痨杂志》1963 年第 3 期。

《高举毛泽东思想红旗实现城市卫生工作全面大跃进——在全国城市卫生工作重庆现场会议上的报告(摘要)》,《上海中医药杂志》1960 年第 5 期。

《彻底消灭臭虫》,《中级医刊》1960 年第 5 期。

《高速度发展医学科学必须大搞群众运动》,《上海中医药杂志》1959 年第 12 期。

《新中国医学科学的伟大成就》,《健康报》1959 年 10 月 1 日。

《认真研究整理祖国医药遗产》,《中国药学杂志》1959 年第 7 期。

《新中国医学科学的伟大成就》,《山西医学杂志》1959 年第 4 期。

《苏联保健组织与医师研究所的科学研究工作》,《医学史与保健组织》1958 年第 2 期。

《苏联对保护人类健康作出卓越的贡献》,《医学史与保健组织》1957 年第 4 期。

《保健组织学简介》,《医学史与保健组织》1957 年第 3 期。

《谈谈保健组织学的学习和研究》,《健康报》1957 年 2 月 15 日。

钱兴利(对外经济贸易大学)

《探讨中国中成药出口发展存在的问题及对策》,对外经济贸易大学硕士学位论文 2006 年。

钱钰(南京师范大学)

~刘涛:《汉字文化圈国家春节食俗中的医学理念》,《中医药文化》2018 年第 3 期。

钱育寿

《祖国儿科医学的发展和成就》,《新中医药》1956 年第 7 期。

钱远铭(湖北省中医研究所)

蔡渔琴~:《杰出的医学家——李时珍》,《湖北中医杂志》1983 年第 6 期。

《张子和学说简介》,《上海中医药杂志》1963 年第 10 期。

钱韵旭(昆明理工大学)

~杨波等:《求解"南药北治"现象》,《中国药房》2011 年第 19 期。

~李晓蕾:《从地理环境的视野探究彝族传统医药》,《中国民族医药杂志》2011 年第 2 期。

~李莉等:《与地理环境息息相关的傣族传统医药》,《中国民族民间医药》2010 年第 21 期。

~杨波等:《彝医理论体系中蕴涵的哲学思想》,《医学与哲学(人文社会医学版)》2010 年第 9 期。

钱泽南(北京中医药大学)

钱会南~陈广坤等:《〈黄帝内经太素〉之理论框架探析》,《世界中医药》2014 年第 11 期。

《黄帝内经太素学术思想研究》,北京中医药大学博士学位论文 2014 年。

~钱会南:《〈黄帝内经太素〉之"太素"析》,《河北中医》2014 年第 2 期。

钱宗愆(常熟市中医院)

~马振华:《〈可法良规〉残篇探幽》,《甘肃中医》1995 年第 2 期。

《论〈内经〉对中医骨伤科学的贡献》,《黑龙江中医药》1988 年第 5 期。

《从〈正体类要〉看薛己骨伤科学术思想》,《广西中医药》1988 年第 1 期。

《胡廷光〈伤科汇纂〉评述》,《南京中医学院学报》1987 年第 4 期。

钱枞洋

《抗日一线的卫生学校——白求恩学校的兴起与发展》,《炎黄春秋》2016 年第 12 期。

强榆林(丹东卫生检疫局)

~任立新等:《丹东口岸地区霍乱疫情调查分析》,《中国国境卫生检疫杂志》1996 年第 3 期。

~孙连加:《丹东口岸地区霍乱疫史考》,《中华医史杂志》1989 年第 3 期。

乔飞(浙江师范大学)

《塑造新身体:都市白领阶层的养生消费与身体实践》,浙江师范大学硕士学位论文 2014 年。

乔富渠(陕西省中医药研究院附院)

《"战争瘟疫"斑疹伤寒使曹操兵败赤壁》,《杏苑中医文献杂志》1994 年第 1 期。

乔海法(山东中医药大学)

~李红芹:《〈素问〉王冰注使用祖本探讨》,《中华医史杂志》2003 年第 2 期。

~乔永法等:《〈阴阳大论〉与运气七篇大论的关系》,《北京中医药大学学报》2003年第1期。

~乔永法等:《王冰次注〈素问〉条例简析》,《山东中医药大学学报》2002年第6期。

~李红芹:《王冰注释腧穴成就及特点探讨》,《南京中医药大学学报(社会科学版)》2002年第4期。

~乔永法等:《唐时诸王冰析疑》,《中华医史杂志》1999年第4期。

~乔永法等:《运气七篇大论之纳入〈素问〉考析》,《中医文献杂志》1999年第1期。

~李红芹等:《王冰对〈素问〉经文改动之探讨》,《中国医药学报》1997年第1期。

~李红芹:《〈外台秘要〉腧穴归经原则探讨》,《中医文献杂志》1996年第2期。

乔洪华(丹徒县人民医院)

~朱勇:《蒋宝素生卒年代初考》,《中华医史杂志》2002年第2期。

乔冀民

《安国县药材集散市场历史情况的调查研究》,《中药通报》1958年第6期。

乔娉(华中师范大学)

《中国现代文学疾病书写中的时间体验研究》,华中师范大学硕士学额为论文2016年。

乔树民

《医学的演进》,《自然科学》1952年第4期。

乔文彪(陕西中医学院)

《黄承昊学术思想研究》,《陕西中医学院学报》2015年第4期。

谭春雨~:《医易相通的五个层次研究》,《陕西中医学院学报》2014年第3期。

~张亚密:《王好古与药类法象理论研究》,《中国中医基础医学杂志》2013年第9期。

~邢玉瑞:《中医经典"一"语义分析》,《陕西中医学院学报》2013年第4期。

何伟、程淼~田丙坤等:《证候要素及其演变规律研究方法探析》,《中医杂志》2013年第11期。

~邢玉瑞等:《中医理论发生学研究述评》,《陕西中医学院学报》2013年第1期。

~邢玉瑞:《〈黄帝内经〉当代科学价值探讨》,《中医杂志》2012年第14期。

《〈全身骨图考正〉校记》,《陕西中医》2012年第12期。

~张喜德等:《中医经典词语"精"诠释》,《陕西中医学院学报》2012年第6期。

~邢玉瑞:《中医经典词语"心"诠释》,《陕西中医学学院学报》2012年第3期。

苗彦霞、李翠娟~巩振东:《古今糖尿病用药规律研究》,《现代中医药》2011年第6期。

邢玉瑞~:《中医病因学史上的一朵奇葩——吴有性》,《医学争鸣》2011年第4期。

~邢玉瑞:《求异思维在中医学中应用探讨》,《辽宁中医杂志》2010年第6期。

《神概念的发生及其内涵解读》,《中国中医基础医学杂志》2009年第7期。

邢玉瑞~:《从干支纪年看运气学说的科学性问题》,《辽宁中医杂志》2009年第5期。

《〈难经〉对藏象学说的贡献》,《陕西中医学院学报》2009年第2期。

《〈黄帝内经〉中神的内涵解读》,《陕西中医》2009年第2期。

~孙理军:《〈诸病源候论〉版本流传考》,《时珍国医国药》2007年第11期。

~张景明:《关格古今内涵解读》,《辽宁中医杂志》2007年第10期。

张登本……李翠娟~阴小爱等:《论中西医学的差异与中医学的发展》,《浙江中医药东西学报》2007年第2期。

邢玉瑞~:《〈黄帝内经〉三阴三阳模式建构的研究》,《北京中医药大学学报》2006 年第 8 期。

《〈外台秘要方〉中大肠病治疗的规律》,《陕西中医学院学报》2006 年第 3 期。

~张亚密:《〈外台秘要方〉对麻风病的认识》,《陕西中医学院学报》2005 年第 2 期。

~张亚密:《五行学说的困惑与出路》,《陕西中医》2004 年第 6 期。

张登本、孙理军~:《王焘与〈外台秘要方〉》,《现代中医药》2004 年第 1 期。

~邢玉瑞:《肾的精气阴阳辨析》,《中国中医基础医学杂志》2003 年第 10 期。

郝葆华~董海莉:《先秦社会时空方位观对中医理论的影响》,《中华医史杂志》2000 年第 4 期。

乔文娟(天津医科大学/南开大学)

《当代医学技术的人文取向》,《山西师大学报(社会科学版)》2012 年第 5 期。

《科学划界视域中的中医和科学》,《人民论坛》2011 年第 29 期。

《科学史研究中的地方性知识——中医学》,《天津中医药大学学报》2007 年第 3 期。

《科学哲学视野中的中医形象》,南开大学博士学位论文 2009 年。

李建珊~:《科学哲学实践视野中的中医学》,《中南大学学报(社会科学版)》2007 年第 1 期。

乔益洁(青海师范大学)

《中国农村合作医疗制度的历史变迁》,《青海社会科学》2004 年第 3 期。

乔依玛(北京中医药大学)

《中蒙医药理论的比较研究》,北京中医药大学硕士学位论文 2013 年。

秦阿娜(中央民族大学)

《医学人类学视野下的少数民族医药传承与保护——以凉山彝族医药为例》,中央民族大学博士学位论文 2014 年。

~刘凯茜等:《民族医药传承人的重要性及培养方式初探——以凉山彝族医药为例》,《中央民族大学学报(自然科学版)》2011 年第 4 期。

~刘伟志等:《人文素质与少数民族传统医学教育》,《中国民族民间医药》2011 年第 2 期。

~钟伯雄:《中国少数民族传统医药的现状分析研究》,《中国民族医药杂志》2011 年第 2 期。

钟伯雄、刘伟志~庞宗然等:《外治膏药的历史沿革》,《长春中医药大学学报》2011 年第 1 期。

~刘凯茜等:《文化遗产视野下的彝族医药——探索动态保护的可能》,《中央民族大学学报(自然科学版)》2010 年第 2 期。

~徐斯凡等:《正视少数民族传统医学合理地位建设有中国特色的民族医学体系》,《民族教育研究》2008 年第 3 期。

秦爱民(南京政治学院)

《论抗战时期陕甘宁边区的医疗卫生工作》,《宁夏社会科学》2003 年第 5 期。

覃宝霖

《僮医"陶针"考》,《中医杂志》1958 年第 3 期。

秦斌祥(中国社会科学院)

《克林顿的医疗改革》,《美国研究》1994 年第 4 期。

覃冰心(广东省中医院)

《中医食疗的研究概况及进展》,《辽宁中医药大学学报》2009 年第 1 期。

秦伯未

《悼章次公先生》,《健康报》1959 年 11 月 18 日。

《在莫斯科见到的中国医药》,《健康报》1957 年 12 月 13 日。

《曹颖甫先生的医学思想》,《新中医药》1955 年第 12 期。

《中医对病员的膳食问题》,《上海中医药杂志》1955 年第 10 期。

《我国古代医学对于护理和品德的概念》,《护理杂志》1955 年第 5 期。

《中国医学的发明》,《新闻日报》1955 年 2 月 1 日。

《中国第一部医书》,《新闻日报》1955 年 1 月 15 日。

《武进钱今阳先生小史》,《现代医药杂志》1946 年第 15、16 期。

《金元四大家学说之研究》,《中医世界》第 4 卷第 24 期(1932.5);第 5 卷第 1 期(1932.10);第 5 卷第 2 期(1933.1)。

《女医志》,《中医世界》1931 年第 16 期。

《难经之研究》,《中国医学院院刊》1928 年第 6 期。

秦大平(甘肃中医药大学)

~张晓刚等:《"一带一路"战略下加强我国中医药文化对外交流与传播新优势的分析与思考》,《西部中医药》2018 年第 3 期。

~张晓刚等:《治未病思想在中医学及藏医学发展中的指导意义》,《新中医》2017 年第 2 期。

钦丹萍(浙江中医学院附属医院/浙江中医药大学附属第一医院/浙江省中医院)

徐立宇~:《略论刘完素的脾胃观》,《浙江中医杂志》2014 年第 2 期。

方国栋~:《从〈黄帝内经〉鼓胀理论发展谈对肝硬化腹水诊治的意义》,《中华中医药杂志》2013 年第 12 期。

方国栋~:《浅析〈素问〉从湿论治泄泻》,《河南中医》2013 年第 5 期。

《脾胃学说内涵与外延的认识》,《浙江中医学院学报》2006 年第 1 期。

《对〈金匮要略〉中大黄的临床应用之体会》,《中国医药学报》1997 年第 4 期。

秦德平(皖南医学院)

《杨介对解剖学的贡献及其医疗经验》,《皖南医学院学报》1988 年第 3 期。

周骋、李济仁~:《张景岳和〈求正录〉》,《皖南医学院学报》1987 年第 3 期。

胡剑北、李济仁~:《良工施治当重择时——略论〈内经〉择时施治说及其临床意义》,《山西中医》1987 年第 2 期。

~汪济南:《杜文燮〈药鉴〉的基本特色》,《皖南医学院学报》1987 年第 2 期。

《古代医家心理疗法验案选按》,《皖南医学院学报》1987 年第 1 期。

符磊、李济仁~:《洪缉庵及其〈虚损启微〉》,《陕西中医》1986 年第 6 期。

《凌奂〈本草害利〉评介》,《皖南医学院学报》1986 年第 2 期。

胡剑北、李济仁~:《论〈内经〉时间治疗学及其临床意义》,《皖南医学院学报》1986 年第 1 期。

胡剑北、李济仁~:《〈内经〉法时而治思想探讨》,《陕西中医》1985 年第 10 期。

《〈内经〉论月亮的圆缺与针刺的关系》,《皖南医学院学报》1985 年第 4 期。

胡剑北、李济仁~:《〈内经〉针刺治法的因时制宜思想》,《云南中医杂志》1985 年第 4 期。

《叶天士论久病(痛)入络的辨治》,《皖南医学院学报》1985 年第 2 期。

《〈内经〉疾病分类学初探》,《云南中医杂志》1983 年第 2 期。

《叶天士〈临证指南医案〉治疗经验初探》,《皖南医学院学报》1983 年第 2 期。

《中医的食物疗法》,《安徽中医学院学报》1983 年第 1 期。

《古代医家论医德》,《安徽中医学院学报》1982 年第 1 期。

《学习古代医学家高尚医德》,《皖南医学》1981 年第 15 期。

彭光谱、李济仁~:《从控制论看中医脏象学说》,《皖南医学》1981 年第 15 期。

程宜福、李济仁~:《〈内经〉发病学初探》,《皖南医学》1981 年第 15 期。

《〈金匮要略〉温经汤的临床应用》,《江西中医药》1980 年第 4 期。

《中医对瘀血认识及其证治》,《皖南医学》1979 年第 10 期。

秦凤

《鲜为人知的李治将军——长征中救治周恩来的医生》,《党史纵横》1994 年第 5 期。

秦广忱(抚顺矿务局总医院)

《中国古代一项特殊的农业季度问题——论〈素问〉的农业季节历》,《自然科学史研究》1985 年第 4 期。

《浅论〈内经〉六季的科学性和现实意义——中国古代在医学气候学上对季节的创建问题》,《上海中医药杂志》1979 年第 4 期。

秦国攀(河北大学)

范铁权~:《壬申医学社与〈壬申医学〉研究》,《医学与哲学(人文社会医学版)》2010 年第 8 期。

《中华医学会研究(1915—1937)》,河北大学硕士学位论文 2010 年。

秦红(上海中医药博物馆)

《乾隆针灸铜人始末》,《中医药文化》2012 年第 6 期。

《中医与工艺美术》,《中医药文化》2006 年第 2 期。

秦红旭(华中师范大学)

《探讨 1932—1936 年女性疾病》,华中师范大学硕士学位论文 2011 年。

秦华(云南中医学院)

《简论脉诊在明清时期的发展》,《云南中医杂志》1989 年第 4 期。

郭荣~:《明清——中医发展史上的高峰时期》,《云南中医学院学报》1987 年第 1 期。

覃俊翔(苏州大学)

《完善我国药品安全监管若干问题研究》,苏州大学硕士学位论文 2011 年。

秦利平(中国疾病预防控制中心)

《传染病自动预警信息系统预警效果的影响因素研究》,中国疾病预防控制中心硕士学位论文 2008 年。

秦立新(北京中医药大学)

《〈素问〉书名来自〈道德经〉》,《医古文知识》2004 年第 1 期。

秦亮(湘潭大学)

《国民政府防日毒气战问题研究(1931—1945)》,湘潭大学硕士学位论文 2017 年。

秦美娇(上海第二医科大学)

《合作医疗为何滞后发展》,《中国农村卫生事业管理》1996 年第 4 期。

秦美婷(中国科学技术大学)

~杨丽娟等:《劝服知识模型在健康传播领域的应用——以合肥市垃圾分类公益广告为例》,《现代传播(中国传媒大学学报)》2019 年第 10 期。

~赵一人等:《应用格林模式对马鞍山市居民阿尔茨海默病相关行为的研究》,《中华疾病控制杂志》2019 年第 10 期。

～罗艳等:《北京、上海与台北居民健康素养调研结果与比较分析》,《中华疾病控制杂志》2018 年第 1 期。

～张双等:《健康视角下国内外近 25 年宫颈癌筛查之研究和分析》,《中华疾病控制杂志》2016 年第 10 期。

～秦一平:《天津和重庆居民健康信息素养与媒介接触之调研结果和比较分析》,《现代传播(中国传媒大学学报)》2016 年第 8 期。

～苏千田:《两岸健康传播研究之比较与分析》,《现代传播(中国传媒大学学报)》2014 年第 8 期。

～李金龙:《"雾霾事件"中京津冀地区公众健康与环境科普需求之研究》,《科普研究》2014 年第 4 期。

马丽亚～:《电视健康节目受众满意度调查研究》,《新闻传播》2013 年第 6 期。

～张蕾:《大众媒体健康传播之调研——以日本核泄漏事件为例》,《西南民族大学学报(人文社会科学版)》2013 年第 4 期。

《健康传播对提升国民健康素养的理论运用与实证分析——以新加坡为例》,《现代传播(中国传媒大学学报)》2011 年第 12 期。

《台湾健康传播之研究》,中国科学技术大学博士学位论文 2006 年。

～汤书昆:《健康信息的传播对改变个体行为之刍议》,《中国健康教育》2006 年第 1 期。

秦明芳(广西中医学院)

～周红海等:《明清三部骨伤科代表方书用药统计分析》,《中国中医骨伤科杂志》2007 年第 8 期。

勤农

《唐代的医科学校》,《新民晚报》1960 年 12 月 4 日。

秦倩(苏州科技大学)

《"西医东渐"下中医的调适》,苏州科技大学硕士学位论文 2017 年。

秦荣(陕西中医学院)

《王清任活血化瘀法及其制方用药特点探讨》,《江西中医药》2007 年第 9 期。

秦绍华(南京大学/华东师范大学)

《民国上海市政府学校卫生政策的演变及其成效研究(1929—1937)》,《中国社会经济史研究》2016 年第 2 期。

《上海市华界中小学学校卫生研究(1929—1937)》,华东师范大学硕士学位论文 2007 年。

秦文敏(广州中医药大学)

《反复自然流产的古今文献及方药证治规律研究》,广州中医药大学博士学位论文 2009 年。

马力群～许能贵:《浅析〈针灸资生经〉艾灸疗法医案特色》,《云南中医中药杂志》2009 年第 6 期。

王笑丹、潘华峰～:《试论火神卢崇汉方药格局》,《吉林中医药》2008 年第 9 期。

秦鑫(大连大学)

《清代医者形象研究》,大连大学硕士学位论文 2014 年。

王立～:《明清通俗文学中医者形象的文化阐释》,《江西师范大学学报(哲学社会科学版)》2014 年第 2 期。

王立～:《明清小说中的医者形象研究综述》,《大连大学学报》2013 年第 4 期。

覃旭芳(昆明理工大学)

《〈黄帝内经〉中的中医解释模型研究》，昆明理工大学硕士学位论文 2019 年。

秦妍(陕西师范大学)

《汉末三国之际瘟疫探略》，《湖北文理学院学报》2019 年第 12 期。

覃毅(南漳县人民医院)

《〈周易〉针灸取穴法对肢体血流变化的观察》，《国医论坛》1993 年第 4 期。

《张锡纯运用益气活血法治疗气虚血瘀症探析》，《黑龙江中医药》1992 年第 1 期。

秦莹莹(山东师范大学)

《1997 年平衡预算法在美国医疗照顾制度中的运用及影响》，山东师范大学硕士学位论文 2014 年。

秦湧(苏州大学附属一院)

《气管切开术简史》，《中华医史杂志》2000 年第 3 期。

秦永杰(第三军医大学)

～王云贵：《民国时期中国高等西医学教育的简要评述》，《中国高等医学教育》2007 年第 3 期。

～王云贵：《传教士对中国近代医学的贡献》，《医学与哲学(人文社会医学版)》2006 年第 7 期。

～王云贵：《华西协合大学的办学模式与经验对我国高等教育的启示》，《西北医学教育》2006 年第 3 期。

《中国高等西医学教育的发轫(1840—1919)》，第三军医大学硕士学位论文 2007 年。

秦玉龙(天津中医药大学/天津中医学院)

杨木锐、王淼～：《民国时期天津地区中医学术团体研究》，《西部中医药》2019 年第 2 期。

冯闲野～：《喻昌辨治外感病经验探析》，《西部中医药》2018 年第 9 期。

刘若水～：《黄元御治疗湿病的经验》，《中医药导报》2018 年第 8 期。

张力文～：《程文囿辨治咳嗽的经验》，《中医药导报》2018 年第 8 期。

刘若水～：《黄元御使用牡丹皮的经验》，《西部中医药》2018 年第 6 期。

刘刘怡筠～：《张璐使用黄连的经验》，《中医药导报》2018 年第 6 期。

怡筠～：《张璐使用细辛的经验》，《西部中医药》2018 年第 4 期。

黎润林～：《王士雄辨治官窍疾病的经验》，《西部中医药》2017 年第 12 期。

张栋～：《张乃修辨治泄泻经验》，《西部中医药》2017 年第 11 期。

李佳～：《〈圣余医案〉大剂量应用白术的经验》，《湖北中医杂志》2017 年第 9 期。

冯闲野～：《喻昌辨治儿科急重证经验》，《四川中医》2017 年第 8 期。

王博瑶～：《张锡纯辨治产后病的经验》，《中医药导报》2017 年第 3 期。

杜耀光～：《邹澍辨治呕吐的临床经验》，《西部中医药》2017 年第 2 期。

黄喜刚～：《〈丁甘仁医案〉中运用桔梗的临床分析》，《湖南中医杂志》2016 年第 12 期。

黄喜刚～：《丁甘仁辨治月经病的临床经验》，《中医药导报》2016 年第 21 期。

王博瑶～：《张锡纯辨治二便血证的临床经验》，《四川中医》2016 年第 11 期。

杜耀光～：《清代医家邹澍论治烦症方药特色》，《上海中医药杂志》2016 年第 7 期。

李佳～：《〈醉花窗医案〉应用平胃散及其类方的经验》，《天津中医药》2016 年第 6 期。

付婷婷～：《〈张山雷医案〉应用白芍药经验》，《河北中医》2016 年第 1 期。

蔡志敏、田苑～：《〈伤寒论〉药后汗出规律初探》，《四川中医》2015 年第 9 期。

吴振宇～:《〈续名医类案〉辨治郁证的特点》,《长春中医药大学学报》2015 年第 6 期。

吴振宇～:《〈续名医类案〉辨治咳嗽的特点》,《中医文献杂志》2015 年第 5 期。

刘怡～:《〈类证治裁〉辨治痹证经验探析》,《中医药通报》2015 年第 4 期。

杨木锐～:《天津近代中医考试钩沉》,《兰台世界》2015 年第 4 期。

文钟雪～:《〈名医类案〉辨治胁痛验案探析》,《中医药通报》2015 年第 3 期。

崔鹤～:《〈临证指南医案〉外感咳嗽辨治特色探析》,《上海中医药杂志》2014 年第 6 期。

杜耀光～:《〈先醒斋广笔记〉痢疾病案方药探析》,《上海中医药杂志》2013 年第 10 期。

张文平～:《徐大椿辨治外科疾病的临床经验》,《天津中医药》2013 年第 10 期。

张文平～:《徐大椿慎用温补思想浅析》,《江西中医学院学报》2013 年第 3 期。

《刘完素论治咳嗽的经验及其对后世的影响》,《上海中医药杂志》2013 年第 2 期。

韩雪梅～:《张锡纯用连翘经验释析》,《吉林中医药》2011 年第 9 期。

张文平～:《从〈洄溪医案〉探析徐灵胎对急危重症的诊疗》,《山西中医学院学报》2011 年第 6 期。

蔡秀珠～:《从〈妇人大全良方〉看陈自明对丹参的应用》,《中医药通报》2011 年第 3 期。

《从〈黄帝素问宣明论方〉看刘完素对附子的运用》,《江西中医学院学报》2011 年第 2 期。

程炳钧～:《吉益南涯先生以气血水学说阐释药物举隅》,《中医药通报》2010 年第 5 期。

程炳钧～:《吉益南涯先生运用仲景方治病的经验》,《天津中医药》2010 年第 3 期。

程炳钧～:《吉益南涯先生阐释张仲景治水饮方初探》,《江西中医学院学报》2010 年第 3 期。

周波～牛亚利等:《历代医家运用导引吐纳治疗头痛的经验》,《中国当代医药》2009 年第 23 期。

张弘～:《罗天益灸药并用治验》,《江西中医药》2009 年第 5 期。

李珍先～:《邹澍论治痰饮的用药经验》,《天津中医药》2009 年第 1 期。

～周波等:《卫药的形成及卫药产品的理论依据》,《中国医药导报》2008 年第 32 期。

焦丽娜～:《薛己〈内科摘要〉治脱发医案考释》,《实用中医内科杂志》2008 年第 5 期。

焦丽娜～:《薛己辨治心腹痛证经验》,《江西中医药》2008 年第 4 期。

《畿辅名医张锡纯论治气失升降》,《中医药通报》2008 年第 1 期。

《刘完素对杂病学的贡献》,《天津中医药》2005 年第 6 期。

邢淑丽～:《陶华〈伤寒六书〉及其学术思想探讨》,《浙江中医杂志》2005 年第 4 期。

《刘完素应用白术经验评析》,《江西中医药》2004 年第 11 期。

邢淑丽～:《从〈证治汇补〉看李用粹对中医内科学贡献》,《吉林中医药》2004 年第 8 期。

程芳枝～:《〈儒门事亲〉中因时因地因人制宜观》,《吉林中医药》2004 年第 5 期。

《孙一奎辨治妇科疾病的经验》,《天津中医药》2004 年第 2 期。

《真中类中辨治——读程国彭〈医学心悟〉》,《浙江中医杂志》2003 年第 10 期。

甄仲～:《〈医方集解〉对祖国医学的贡献》,《吉林中医药》2003 年第 7 期。

甄仲～:《〈本草备要〉对中医药学的贡献》,《湖北中医杂志》2003 年第 7 期。

甄仲～:《汪昂对〈黄帝内经〉研究的贡献》,《江西中医学院学报》2003 年第 2 期。

《程国彭研究〈伤寒论〉的特色》,《天津中医学院学报》2002 年第 4 期。

～甄仲:《从〈黄帝素问宣明论方〉看刘完素对肉桂的运用》,《中医药通报》2002 年第 4 期。

孟繁洁～:《从〈宣明论方〉看刘完素对人参的运用》,《山西中医》2001 年第 3 期。

《"肺为娇脏"探析》,《浙江中医杂志》1999 年第 6 期。

《雷少逸治疗女子时病的经验》,《天津中医学院学报》1991 年第 4 期。

《祖国医学对疾病流行规律的认识及预防措施》,《天津中医学院学报》1982 年 00 期。

秦竹(云南中医学院)

～覃丝:《〈医门擥要〉脉诊辨病对妇科病证诊治方药配伍特点研究》,《中国民族民间医药》2018 年第 24 期。

～王伟:《〈管氏医家十二代秘方选注〉虚劳病症的方药配伍研究》,《中国民族民间医药》2018 年第 23 期。

～王伟:《浅析管氏医家对兰茂学术的传承与发展》,《中国民族民间医药》2018 年第 3 期。

郑世晗……杨尚星～:《纳西东巴宗教文化心理调适机制的研究思路与方法初探》,《中国民族民间医药》2017 年第 22 期。

覃丝……王伟～:《兰茂〈医门擥要〉治法与方药特点的初步探究》,《云南中医中药杂志》2017 年第 5 期。

刘舒、王臻～:《恐惧症的古代中医源流及其相似和相关病症概述》,《中国民族民间医药》2016 年第 18 期。

籍莉……胡冰～:《明·兰茂〈滇南本草〉所载方剂与治法的研究现状探析》,《中国民族民间医药》2016 年第 12 期。

刘舒、王臻～:《祖国医药治疗恐惧症的现代进展》,《科技经济导刊》2016 年第 11 期。

刘舒、王臻～:《恐惧症的古代方药证治概况的统计分析初探》,《江西中医药》2016 年第 10 期。

罗清峰～:《傣族南传佛教心理调适方法与中医心理疗法的相关性研究》,《中国民族民间医药》2015 年第 8 期。

马凤丽……熊洪艳～:《失眠症古今医案辨证论治规律研究》,《云中医中药杂志》2015 年第 2 期。

阎瑜、王臻～:《中医心理与南传上座部佛教在心理治疗上的相通性浅析》,《中国民族民间医药》2014 年第 7 期。

吴礼龙、王臻～:《无忧汤在陈士铎〈辨证录〉中治疗心身情志疾病经验举隅》,《辽宁中医药大学学报》2014 年第 3 期。

阎瑜、王臻～:《傣族上新房仪式中的心理现象和调适功能探究》,《中国民族民间医药》2013 年第 24 期。

～徐薇等:《基于古今方剂药对统计分析的抑郁症配伍规律研究》,《辽宁中医杂志》2012 年第 10 期。

马凤丽～熊红艳等:《失眠症古代研究概述》,《云南中医学院学报》2012 年第 4 期。

《云南少数民族饮食疗法的研究现状和思考》,《云南中医学院学报》2012 年第 4 期。

～杨晓丽等:《古今治疗焦虑症常用药物异同分析及比较研究》,《山西中医学院学报》2012 年第 3 期。

马定松～陈平等:《傣族、汉族群众抑郁状况比较研究及原因分析》,《云南中医学院学报》2012 年第 1 期。

周华兴～卜德艳:《妇女更年期症状程度与社会心理文化关系研究》,《云南中医学院学报》2012 年第 1 期。

～马定松:《傣族南传佛教心理调适方法与现代心理疗法的相关性研究》,《云南中医学院学报》

2011 年第 6 期。

～杨晓丽等:《焦虑症中医理论溯源及其相关病症评述》,《辽宁中医药大学学报》2011 年第 12 期。

马定松～杨玉芹等:《傣族泼水节心理调适作用及其心理机制研究》,《中国健康心理学杂志》2011 年第 10 期。

宋云、毕秀华～:《朱丹溪心理疗法浅议》,《云南中医中药杂志》2011 年第 9 期。

马凤丽～熊红艳:《经方渊源考》,《辽宁中医药大学学报》2011 年第 8 期。

～马定松等:《傣族佛教节日的心理调适作用及其价值探析》,《云南中医学院学报》2011 年第 3 期。

宋云、毕秀华～:《张子和〈儒门事亲〉心理疗法学术探讨》,《云南中医中药杂志》2010 年第 12 期。

马凤丽～熊红艳:《经方对后世的影响概略》,《陕西中医学院学报》2010 年第 6 期。

张奇～:《傣族宗教仪式的心理治疗意义探究》,《中国民族民间医药》2010 年第 10 期。

柳亚平、汪剑～:《〈养老奉亲书〉痰证调养疗法述要》,《陕西中医》2010 年第 2 期。

张胜～熊洪艳等:《宋明理学体用说对法象药理学构建的影响》,《中医药信息》2009 年第 6 期。

熊洪艳～徐薇等:《抑郁症古方配伍浅析》,《云南中医中药杂志》2009 年第 3 期。

张胜～熊洪艳等:《宋明理学格物穷理思想对法象药理学构建的影响》,《云南中医学院学报》2009 年第 2 期。

张胜～熊洪艳等:《宋明理学知行观对中药理论发展的影响》,《长春中医药大爷学报》2009 年第 1 期。

马凤丽～熊洪艳等:《经方的渊源及发展概况》,《云南中医学院学报》2008 年第 6 期。

杨卫东……张晓琳～李启勇:《中国古代心理疗法的形成及其发展》,《山东中医杂志》2008 年第 11 期。

～徐薇:《命名中具有心理暗示作用的中药及方剂举隅》,《云南中医中药杂志》2008 年第 9 期。

孙艳红～张胜等:《痤疮治疗方剂的历史及现状浅析》,《云南中医学院学报》2006 年第 5 期。

熊洪艳～张胜等:《〈香奁润色〉头面部美容方剂组方用药特点》,《云南中医学院学报》2005 年第 2 期。

吴志明……李丽琼～:《对〈千金方〉中有关"面药"作用与功能的认识》,《云南中医学院学报》2004 年第 3 期。

～李晓燕等:《土豆民间疗法运用拾遗》,《中国民族民间医药杂志》2001 年第 1 期。

～胥筱云等:《松子仁民间疗法临床运用举偶》,《中国民族民间医药杂志》2000 年第 1 期。

张晓琳～秦竹:《蜂蜜的民间疗法》,《中国民族民间医药杂志》1999 年第 6 期。

庆慧(河南省中医药研究院)

～张登峰等:《褚澄与〈褚氏遗书〉》,《中华医史杂志》1998 年第 3 期。

～宋红湘:《甄权及其对针灸学发展的贡献》,《中国针灸》1997 年第 9 期。

田元生～:《对"细辛不过钱"的本义探讨》,《中国医药学报》1993 年第 5 期。

张大明～:《医源于易与医易相通》,《医学与哲学》1992 年第 5 期。

青宁生

《动物病毒学家——殷震》,《微生物学报》2018 年第 5 期。

《食品安全卫士——微生物学家孟昭赫》,《微生物学报》2018 年第 2 期。

《为中国医学事业奉献一生的微生物学家——朱既明》,《微生物学报》2017 年第 10 期。

《杰出的植物病理学家——方中达》，《微生物学报》2017 年第 6 期。

《创立我国氨基酸产业的功臣——陈琦》，《微生物学报》2016 年第 12 期。

《生物制品学家——刘隽湘》，《微生物学报》2016 年第 6 期。

《医学病毒学家——王用楫》，《微生物学报》2016 年第 4 期。

《为祖国生物制品事业奉献一生的微生物学家——陈廷祚》，《微生物学报》2016 年第 2 期。

《医学微生物学免疫学家——沈鼎鸿》，《微生物学报》2015 年第 10 期。

《寿越期颐、未忘创新的医学微生物学家——方亮》，《微生物学报》2015 年第 8 期。

《国产青霉素的功臣——张为申》，《微生物学报》2015 年第 6 期。

《承前启后、坚持创新的植物病理学家——曾士迈》，《微生物学报》2015 年第 4 期。

《我国著名的抗生素专家——王岳》，《微生物学报》2015 年第 2 期。

《真菌学家——余永年》，《微生物学报》2014 年第 12 期。

《医学微生物学家——叶天星》，《微生物学报》2014 年第 10 期。

《卡介苗事业的先驱者——陈正仁》，《微生物学报》2014 年第 8 期。

《热心公益事业的医学微生物学家——方纲》，《微生物学报》2014 年第 6 期。

《为我国兽用生物制品事业贡献一生——马闻天》，《微生物学报》2014 年第 4 期。

《克山病病因的不懈探索者——郭可大》，《微生物学报》2014 年第 2 期。

《心怀全局的农业微生物学家——陈华癸》，《微生物学报》2013 年第 12 期。

《保卫生物安全的先驱——汪美先》，《微生物学报》2013 年第 10 期。

《中国禽病学的开拓者——胡祥璧》，《微生物学报》2013 年第 8 期。

《微生物免疫学家——谢毓晋》，《微生物学报》2013 年第 6 期。

《杰出的微生物细胞学家——徐浩》，《微生物学报》2013 年第 4 期。

《发现小鹅瘟病毒的杰出兽医微生物学家——方定一》，《微生物学报》2013 年第 2 期。

《我国锈菌和黑粉菌研究的开拓者——王云章》，《微生物学报》2012 年第 12 期。

《我国放线菌研究的奠基人——阎逊初》，《微生物学报》2012 年第 10 期。

《为祖国医学教育奉献一生——洪抡元》，《微生物学报》2012 年第 8 期。

《我国首个微生态药品的创意者——刘秉阳》，《微生物学报》2012 年第 4 期。

《由技术员成长为著名病毒学家——黄元桐》，《微生物学报》2011 年第 12 期。

《杰出的植物病理学家——裘维蕃》，《微生物学报》2011 年第 10 期。

《人兽共患病病原学专家——于恩庶》，《微生物学报》2011 年第 8 期。

《百年梦回伏羲堂——兽医微生物学家盛彤笙》，《微生物学报》2011 年第 2 期。

《我国第一个植物病毒学研究室的创建人——周家炽》，《微生物学报》2010 年第 12 期。

《兽医微生物学家——吴纪棠》，《微生物学报》2010 年第 10 期。

《忠诚医学教育的微生物学家——于本崇》，《微生物学报》2010 年第 8 期。

《"白氏培养基"的故事主角——白施恩》，《微生物学报》2010 年第 6 期。

《抗感染免疫学研究的先驱——林飞卿》，《微生物学报》2010 年第 4 期。

《敬悼杰出的微生物生理学家焦瑞身》，《微生物学报》2010 年第 2 期。

《注重生理学研究的植物病理学家——林传光》，《微生物学报》2009 年第 12 期。

《病毒体外培养技术的创新者——黄祯祥》，《微生物学报》2009 年第 10 期。

《遗泽绵绵——高尚荫百年祭》，《微生物学报》2009 年第 7 期。

《为培养人才奉献一生的黎希干》,《微生物学报》2009 年第 6 期。

《热带作物病害研究先驱——陆大京》,《微生物学报》2009 年第 5 期。

《为防疫事业奉献一生的病毒学家——吴皎如》,《微生物学报》2009 年第 4 期。

《我国植物病理学科奠基人——朱凤美》,《微生物学报》2009 年第 3 期。

《卓越的家畜防疫专家——何正礼》,《微生物学报》2009 年第 2 期。

《亲历九纪人生的植物病理学家——陈鸿逵》,《微生物学报》2009 年第 1 期。

《沉疴难摧的杰出植物病理学家——魏景超》,《微生物学报》2008 年第 12 期。

《儿科名医出身的卡介苗专家——邹邦柱》,《微生物学报》2008 年第 11 期。

《我国抗生素事业的先驱——童村》,《微生物学报》2008 年第 10 期。

《我国研究自养细菌的先驱——王祖农》,《微生物学报》2008 年第 9 期。

《教泽广被,兼顾科研的植物病原微生物学家——王鸣岐》,《微生物学报》2008 年第 7 期。

《科研与临床实践相结合的楷模——谢少文》,《微生物学报》2008 年第 4 期。

《为消灭小儿麻痹症作过重要贡献的中国人——李振翩》,《微生物学报》2008 年第 2 期。

《坚守岗位 70 年的兽医微生物学博士——廖延雄》,《微生物学报》2008 年第 1 期。

《伍连德传略》,《科学》2007 年第 6 期。

《我国第一位细菌学博士——余濧》,《微生物学报》2007 年第 6 期。

《我国现代兽疫防控的开创者——程绍迥》,《微生物学报》2007 年第 5 期。

《刚正不阿的我国真菌学和森林病理学奠基人——邓叔群》,《微生物学报》2007 年第 4 期。

《最早揭露日帝在华细菌战的医学微生物学家——陈文贵》,《微生物学报》2007 年第 3 期。

《中国邮票上唯一的微生物学家——汤飞凡》,《微生物学报》2006 年第 6 期。

《我国生物制品发展的见证人——齐长庆》,《微生物学报》2006 年第 3 期。

《我国真菌学的开山大师——戴芳澜》,《微生物学报》2006 年第 2 期。

《我国应用微生物学的拓荒者——孙学悟》,《微生物学报》2006 年第 1 期。

《医学微生物学一代宗师——林宗扬》,《微生物学报》2005 年第 6 期。

《为我国卡介苗事业奉献毕生——王良》,《微生物学报》2005 年第 5 期。

《中国微生物学先驱——伍连德》,《微生物学报》2005 年第 2 期。

青萍

《医学的故事(中华医学会及医史博物馆小史)》,《申报》1941 年 4 月 22 日。

庆其(上海中医药大学)

《医学的本质是人学——国医大师裘沛然人学思想初探》,《中国中医药报》2011 年 6 月 17 日 008 版。

清癯

《神农氏考略》,《神州国医学报》1933 年第 10 期。

《睡病考》,《神州国医学报》1933 年第 2 期。

卿思敏(古巴哈瓦那高等医科学院)

~孙津:《从古巴的公共医疗看中国医改》,《中国发展》2013 年第 4 期。

清野谦次

《满州古代著民之体质疾病及风俗习惯》,《满州医学杂志》1933 年第 2 期。

裘壁安

《伤寒新药业的沿革》,《医药导报》1939 年第 6 期。

邱丙亮（贵州师范大学）

《北京〈晨钟报〉视域下的禁烟禁毒问题研究》,贵州师范大学硕士学位论文 2018 年。

邱德亮

《亦毒亦药与鸦片政权》,《新史学》第 20 卷第 3 期（2009.9）。

邱德文（贵阳中医学院）

《〈黄帝内经〉的运气学说》,《贵阳中医学院学报》2005 年第 1、2、3 期。

《论〈眼科金镜〉的学术成就》,《北京中医》1986 年第 4 期。

～李杨等:《〈伤寒论〉在方剂学上的成就》,《贵阳中医学院学报》1983 年第 3 期。

～李杨等:《〈伤寒论〉方剂的研究》,《北京中医》1983 年第 3、4 期。

邱登茂（北京中医药大学）

《台湾中医发展过程研究》,北京中医药大学硕士学位论文 2004 年。

～鲁兆麟:《从台湾寺庙药签看民俗疗法与中医学的关系》,《北京中医药大学学报》2004 年第 4 期。

～鲁兆麟:《台湾本土药物的认识与使用和大陆传统医学的关系》,《光明中医》2004 年第 2 期。

邱方元（湖南师范大学）

《论近代英国健康保险制度的探索》,《武夷学院学报》2018 年第 11 期。

邱广军（吉林师范大学/东北师范大学）

～杜辉:《清末民初基督教在东北医疗传教活动探析》,《兰台世界》2012 年第 31 期。

《基督教与近代中国东北社会（1866—1931）》,东北师范大学博士学位论文 2009 年。

《司督阁在中国东北施医布道初探》,《辽宁师范大学学报》2005 年第 5 期。

《清末民初基督教在东北施医布道探析》,东北师范大学硕士学位论文 2005 年。

邱国珍（温州大学/温州师范学院）

《试论儒学对中国医药民俗的影响》,《文化学刊》2007 年第 3 期。

～赖施虬:《畲族医药民俗述论》,《中央民族大学学报》2003 年第 6 期。

《宗教与中国医药民俗》,《温州师范学院学报（哲学社会科学版）》2002 年第 4 期。

邱浩（北京中医药大学）

苑云童～梁爽等:《刘沅"先后天"特色医学思想探究》,《中医杂志》2019 年第 19 期。

《杨绍伊与考次伊尹〈汤液经〉》,《中医药文化》2013 年第 3 期。

李浩、梁永宣～:《〈医心方〉编纂体例特色》,《世界中西医结合杂志》2011 年第 5 期。

李浩、梁永宣～:《半井家本〈医心方〉"九死候"异文成因浅析》,《中医文献杂志》2011 年第 3 期。

梁永宣～:《从目录学及宋臣校正医书史料探讨张仲景著作流传》,《中医药文化》2010 年第 4 期。

《〈神农本草经百种录〉文献概述》,《北京针灸骨伤学院学报》2002 年第 1 期。

邱鸿钟（广州中医药大学/广州中医学院）

李雅方、梁瑞琼～:《中医惊与恐情态结构的现象学研究》,《中医杂志》2019 年第 12 期。

陆卓林、梁瑞琼～谢晓琳等:《南方某省高校大学生 2013—2018 年自杀现状》,《中国学校卫生》2019 年第 7 期。

马进疆～梁瑞琼:《中医"肾虚"概念的文化心理学分析》,《南京医科大学学报（社会科学版）》2019 年第 6 期。

李裕聪、梁瑞琼～:《中医"治未病"服务的现状、问题与政策分析》,《中古卫生事业管理》2019 年第 5 期。

马进疆～梁瑞琼:《结构人类学视野下的中药传说研究》,《中华中医药杂志》2019 年第 5 期。

梁倩蓉～梁瑞琼:《中医时间观的现象学研究》,《医学与哲学》2019 年第 5 期。

马进疆～梁瑞琼:《中医药科技政策的现状、问题与发展对策研究》,《中华中医药杂志》2018 年第 10 期。

阎茹～黄海:《大学生器官捐献意愿的文化心理特征》,《中国组织工程研究》2018 年第 4 期。

梁倩蓉、梁瑞琼～:《中西医肤色词的跨文化比较研究——以人体肤色"黑色"词群为例》,《医学与哲学(A)》2017 年第 12 期。

～梁瑞琼等:《中医之神与中医之心的现象学还原分析》,《中华中医药杂志》2017 年第 8 期。

陈玉霏～梁瑞琼:《中医情志概念的现象学研究》,《医学与哲学(A)》2017 年第 5 期。

～邹晓琦等:《我国港台地区社会办中医的经验借鉴》,《中国社会医学杂志》2017 年第 2 期。

梁瑞琼～莫建仪等:《南疆喀什地区医疗卫生发展的现状与对策》,《卫生软科学》2017 年第 1 期。

陈玉霏～:《〈黄帝内经〉中"志"概念语义的辨析》,《中医药文化》2016 年第 4 期。

《中西医比较的现象学解释》,《医学与哲学(A)》2016 年第 6 期。

陈凯佳、庞震苗～:《中国古代社会办中医的历史回溯》,《中医文献杂志》2015 年第 6 期。

阎茹、黄海～:《我国器官捐献供体短缺问题的伦理思考》,《医学与哲学(A)》2015 年第 8 期。

鲁丹凤～:《乳癌术后患者个案阅读疗法治疗与分析》,《牡丹江师范学院学报(哲学社会科学版)》2015 年第 3 期。

杨惠妍～:《诸家"志"哲学思想与意动心理学的比较》,《中国中医药现代远程教育》2015 年第 5 期。

《中医文化研究要志存高远》,《中医药文化》2014 年第 5 期。

《中医理论的系统结构主义观》,《中华中医药杂志》2014 年第 4 期。

杨颖、黄海～:《我国公民逝世后器官捐献意愿调查及影响因素研究》,《中国医院》2014 年第 3 期。

杨颖、黄海～:《中国传统文化和观念对器官捐献意愿的影响分析》,《中古组织工程研究》2014 年第 5 期。

～梁瑞琼:《经络本质的现象学分析》,《中医研究》2013 年第 12 期。

～梁瑞琼等:《医疗信访事件中信访人员的特点和心理干预研究》,《中国医药科学》2013 年第 1 期。

～梁瑞琼:《中医治未病的核心思想与政策需求》,《中医药管理杂志》2012 年第 1 期。

～梁瑞琼:《中医理论概念的语义辨析》,《南京医科大学学报(社会科学版)》2012 年第 1 期。

《谈公立医院改革中涉及的几个基本概念》,《医学与哲学(人文社会医学版)》2011 年第 10 期。

《中医证本质的现象学分析》,《中医研究》2010 年第 7 期。

《中医的生活世界观与直觉的明见性》,《医学与哲学(人文社会医学版)》2010 年第 7 期。

～梁瑞琼:《弘扬中医药文化,让中医影响世界——"中医影响世界论坛第二次论坛"纪要》,《医学与哲学(人文社会医学版)》2009 年第 7 期。

《医学人文科学的研究对象与方法论》,《医学与哲学(人文社会医学版)》2009 年第 6 期。

《中医概念和语言研究是中医现代化的基础工程》,《科技资讯》2008 年第 34 期。

《当代医药卫生改革的话语逻辑》,《医学与哲学(人文社会医学版)》2008 年第 12 期。

何幽～:《"祝由"的内涵实质及作用》,《医学与哲学(人文社会医学版)》2008年第10期。

图雅～:《张子和的心理治疗思想探析》,《医学与哲学(人文社会医学版)》2008年第6期。

《复兴传统坐堂中医的现实与文化意义》,《中国卫生事业管理》2008年第4期。

《儒家经典〈大学〉中的积极心理学思想》,《中国健康心理学杂志》2008年第3期。

《当代医药卫生改革等话语逻辑》,《医学与哲学(人文社会医学版)》2008年第2期。

～梁瑞琼:《群体心理现象——一种后现代的公共精神卫生问题》,《医学与哲学》2005年第11期。

梁瑞琼～:《一种古老而后现代的与文化相关的精神障碍——膜拜痴迷意识转换状况》,《医学与哲学》2005年第4期。

黄永秋、李剑～:《中国传统医学之人文精神考释》,《中医药学刊》2005年第2期。

《癫狂梦醒——关于精神病人体验的研究》,《医学与哲学》2000年第11期。

《由死而观生的中医学》,《中国医学伦理学》2000年第2期。

《医学文化的根——论语言和人类医学的关系》,《医学与哲学》1997年第10期。

《儒医义利观及其实践状况》,《中国医学伦理学》1996年第4期。

《医学是什么和不是什么》,《医学与哲学》1994年第6期。

《中医学术与儒学发展关系的比较》,《医学与哲学》1993年第4期。

《中医养生观与诸子思想关系之比较》,《中医研究》1993年第2期。

《中西医比较研究的回顾与展望》,《医学与哲学》1992年第7期。

《中西医理论建构的语义学比较》,《医学与哲学》1990年第6期。

邓铁涛～:《中医五行学说的哲学、改造与未来》,《中医研究》1990年第1期。

《中医学与儒学》,《中医研究》1989年第3期。

～邓平修:《两篇十九世纪关于医学与哲学问题的文献的评介》,《医学与哲学》1987年第8期。

邱科(成都中医药大学)

～曾芳等:《成都老官山汉墓经穴髹漆人像手三阴经循行考证》,《中华中医药杂志》2018年第4期。

《老官山汉墓经穴髹漆人像六阴经循行特点研究》,成都中医药大学硕士学位论文2016年。

～周兴兰等:《从西汉出土经穴髹漆人像看手厥阴经脉的循行演变》,《中国中医基础医学杂志》2016年第10期。

～孙睿睿等:《试论古代经脉循行方向发展和演变》,《世界最新医学信息文摘》2016年第40期。

邱玏(中国中医科学院/中国中医研究院)

《贝母品种沿革考辨》,《中华医史杂志》2016年第6期。

～朱建平:《民国时期针灸学术的融汇新知》,《中华医史杂志》2015年第3期。

黄璐琦～:《有关〈本草纲目〉中北艾产地修订》,《中国中药杂志》2014年第24期。

《中医古籍英译史实研究综述》,《中西医结合学报》2011年第4期。

《〈补注洗冤录集证〉第一个英译本简评》,《中国中西医结合杂志》2011年第4期。

《中医古籍英译历史的初步研究》,中国中医科学院博士学位论文2011年。

～朱建平:《明代医家聂尚恒实地调查记》,《江西中医学院学报》2010年第6期。

～朱建平:《儒、道、佛对喻昌医学品格及思想的影响》,《江西中医学院学报》2010年第5期。

《几种道教丹药在唐代中医临床的应用》,《中华医史杂志》2005年第4期。

《道教外丹术对唐代中医药学影响的初步研究(公元618年—公元907)》,中国中医研究院硕士学位论文2005年。

《葬送于丹药的唐代六帝》,《中华医史杂志》2005 年第 3 期。

～朱建平:《道教外丹术对〈雷公炮炙论〉的影响》,《江西中医学院学报》2005 年第 2 期。

邱立(湖北大学)

《艾滋病报道的框架研究——以〈湖北日报〉和〈长江日报〉为例》,《新闻世界》2017 年第 3 期。

邱立崇

《我国牙医教育的回顾与前瞻》,《中华新医学报》1951 年第 9 期。

邱丽芳(南方医科大学)

《非洲南部某公立医院护士工作压力状况调查及影响因素研究》,南方医科大学硕士学位论文 2019 年。

仇立慧(陕西师范大学)

～黄春长:《黄河中游古代瘟疫与环境变化的关系及其对城市发展影响研究》,《干旱区资源与环境》2007 年第 4 期。

邱丽娟

《从口供内容看清代前中期民间秘密宗教的活动(1723—1850)》,《兴大历史学报》第 23 期(2011.6)。

《清代官方对民间秘密宗教医疗传教活动的审理——以乾嘉道时期为例》,《兴大利斯学报》第 21 期(2009.2)。

《清代民间秘密宗教的医疗活动:以病患求医、入教为中心》,《台湾师大历史学报》第 38 期(2007.12)。

《清代民间秘密宗教的气功疗法与教派传布》,《人文研究学报》第 41 卷第 2 期(2007.10)。

《清乾隆至道光年间民间秘密宗教医者的研究》,《台湾师大历史学报》第 37 期(2007.6)。

邱立新(望城县人民医院)

《傅山从肾、心论治呕吐经验发微》,《中医药学报》2010 年第 6 期。

《〈傅青主男科〉辨治呕吐的特色》,《中国中医急症》2010 年第 6 期。

《〈苍生司命〉中二陈汤的应用》,《中国中医急症》2009 年第 12 期。

《〈福寿丹书〉中的养生外治法》,《光明中医》2009 年第 8 期。

《〈杂证会心录〉论治中风病特色撷要》,《新中医》2009 年第 8 期。

《傅山论治麻木经验探微》,《光明中医》2009 年第 1 期。

《〈证治汇补〉论治心痛经验初探》,《中国中医急症》2008 年第 8 期。

《龚居中药物养生探析》,《四川中医》1988 年第 7 期。

《张子和论治咳嗽经验探析》,《中华中医药学刊》2008 年第 3 期。

《齐秉慧辨治吐血经验探要》,《中华中医药学刊》2008 年第 2 期。

《〈证治汇补〉中二陈汤的加减应用》,《中华中医药学刊》2008 年第 1 期。

《何梦瑶论治中风病的特色》,《中华中医药学刊》2007 年第 12 期。

《齐秉慧论治中风病特色探析》,《中国中医急症》2007 年第 7 期。

《陈士铎论治阴阳脱特色探析》,《中国中医急症》2006 年第 11 期。

《〈证治汇补〉对中风病的论治》,《中医药学刊》2006 年第 9 期。

《浅析〈辨证录〉对健忘证的论治》,《内蒙古中医药》2006 年第 4 期。

《〈证治汇补〉内科急症急救特色探要》,《中国中医急症》2006 年第 1 期。

《试析〈鲁府禁方〉中童便的应用》,《中国科技信息》2005 年第 12 期。

《试论缪希雍用童便的特色》,《中国中医急症》2004 年第 5 期。

《龚居中痰火治未病特色探要》,《光明中医》2004 年第 3 期。

《〈痰火点雪〉妙用童便探幽索微》,《中医药学刊》2002 年第 6 期。

《龚居中药物养生探析》,《四川中医》1998 年第 7 期。

邱茂泉

《承淡安先生事略》,《江苏中医》1957 年第 4 期。

邱明义（湖北中医药大学／湖北中医学院）

杨树升、林丽～:《张隐庵对大承气汤释义之质疑》,《湖北中医药大学学报》2015 年第 4 期。

陈稀林……幸超～:《柯韵伯〈伤寒论〉六经方药证三级分类系统》,《湖北中医药大学学报》2015 年第 2 期。

《论〈伤寒论〉辨证论治理论体系及特色》,《湖北中医药大学学报》2014 年第 2 期。

熊常初～:《浅析〈道德经〉中医养生思想》,《河南中医》2012 年第 10 期。

张勤敏～:《论仲景因势治病观》,《湖北中医杂志》2005 年第 3 期。

周承志～张道亮:《〈伤寒杂病论〉中几种药物源流考释》,《实用中医内科杂志》2004 年第 6 期。

《〈伤寒论〉脾胃病证治规律探讨》,《湖北中医学院学报》2003 年第 4 期。

温桂荣～:《〈伤寒论〉中脾胃病的病因病机浅析》,《实用中医内科杂志》2003 年第 4 期。

《〈伤寒论〉辨证思路浅析》,《四川中医》1994 年第 1 期。

《〈伤寒论〉症状学研讨》,《国医论坛》1992 年第 5 期。

《试论〈伤寒论〉的学术成就》,《湖北中医杂志》1988 年第 4 期。

《陈修园医学教育思想和方法初探》,《福建中医药》1988 年第 1 期。

《张仲景论温病初析》,《湖北中医杂志》1985 年第 6 期。

《〈伤寒论〉六经传变理论的探讨》,《新中医》1983 年第 9 期。

《〈伤寒论〉中痞证的辨证论治》,《中国农村医学》1981 年第 4 期。

《浅谈〈伤寒论〉中下利的辨证论治》,《新医学杂志》1979 年第 5 期。

裘沛然

《朱丹溪学术的探讨》,《上海中医药杂志》1962 年第 11 期。

《历代有关针灸文献举要》,《上海中医药杂志》1956 年第 9 期。

邱倩如（台湾长荣大学）

《日本殖民统治下台籍公医的社会角色》,长荣大学硕士学位论文 2010 年。

邱仁宗（中国社会科学院）

雷瑞鹏～:《合成生物学的伦理和治理问题》,《医学与哲学》2019 年第 19 期。

于兰亦～翟晓梅:《公民逝世后器官捐献激励的伦理学思考》,《医学与哲学》2019 年第 10 期。

雷瑞鹏、翟晓梅～:《重建中国的伦理治理》,《中国医学伦理学》2019 年第 8 期。

雷瑞鹏～:《子宫移植技术的伦理分析》,《中国医学伦理学》2019 年第 6 期。

《生命伦理学在中国发展的启示》,《医学与哲学》2019 年第 5 期。

雷瑞鹏～:《新兴技术中的伦理和监管问题》,《山东科技大学学报（社会科学版）》2019 年第 4 期。

～翟晓梅等:《可遗传基因组编辑引起的伦理和治理挑战》,《医学与哲学》2019 年第 2 期。

翟晓梅～:《生物医学研究面临新挑战》,《健康报》2019 年 2 月 25 日 008 版。

雷瑞鹏、冯君妍～:《对优生学和优生实践的批判性分析》,《医学与哲学》2019年第1期。

《基因编辑:如何扮演上帝之手》,《大众健康》2019年第1期。

雷瑞鹏～:《国际医联体的概念和实践概述》,《医学与哲学(A)》2018年第9期。

曾春燕～:《个性化医学/精准医学的伦理考虑》,《医学与哲学(A)》2018年第7期。

《从伦理学视角看医联体》,《健康报》2018年6月22日005版。

《医联体实践中的认知误区——兼论实现"健康中国"目标的关键》,《医学与哲学(A)》2018年第6期。

雷瑞鹏～:《人类头颅移植不可克服障碍:科学的、伦理学的和法律的层面》,《中国医学伦理学》2018年第5期。

～寇楠楠:《医患相互适应是临床共同决策的关键》,《医学与哲学(A)》2018年第4期。

～寇楠楠:《神经伦理学的新思路》,《医学与哲学(A)》2018年第2期。

雷瑞鹏～:《非人灵长类动物实验的伦理问题》,《科学与社会》2018年第2期。

《对精准医学批评的辨析》,《医学与哲学(A)》2018年第1期。

寇楠楠～:《干细胞研究和临床转化的全球性标准——国际干细胞研究会〈干细胞研究和临床转化准则〉》,《医学与哲学(A)》2017年第10期。

《临床决策须转到"以病人为中心"》,《健康报》2017年9月22日005版。

《科学发现应允许诚实的差错》,《健康报》2017年8月25日005版。

《绝症患儿的临床决策:是坚持,还是放弃》,《健康报》2017年8月11日005版。

《医生的利益冲突〈美国医学会杂志〉》,《医学与哲学(A)》2017年第7期。

翟晓梅～:《公共卫生伦理学的结构和若干基本论题》,《医学与哲学(A)》2017年第7期。

Barbara Prainsack, Alena Buyx～:《共济:对一个在生命伦理学正在兴起的概念的反思》,《医学与哲学(A)》2017年第6期。

《美国直面成瘾——医学总监关于酒精、药物和健康的报告》,《医学与哲学(A)》2017年第6期。

《人类基因编辑:科学、伦理学和治理》,《医学与哲学(A)》2017年第5期。

《朝向精准医学:建立生物医学研究的知识网络和新的疾病分类学》,《医学与哲学(A)》2017年第5期。

～翟晓梅:《精准医学:对伦理和管理的挑战》,《中国医学伦理学》2017年第4期。

《器官捐献,还要跨越哪些观念障碍》,《健康报》2017年3月24日005版。

《论"扮演上帝角色"的论证》,《伦理学研究》2017年第2期。

罗会宇～雷瑞鹏:《生命伦理学视域下反思平衡方法及其应用的研究》,《自然辩证法研究》2017年第2期。

～翟晓梅:《精准医学时代或面临的五大伦理挑战》,《健康报》2016年12月23日005版。

～梁莉:《"安乐死义务论"有悖医学伦理学原则》,《健康报》2016年9月30日005版。

～张迪:《〈纽伦堡法典〉对生育伦理的人文启示》,《健康报》2016年9月23日005版。

《探寻"病有所医"的伦理路径》,《健康报》2016年7月8日008版。

《基因编辑技术的研究和应用:伦理学的视角》,《医学与哲学(A)》2016年第7期。

《从魏则西事件看医改认知和政策误区》,《昆明理工大学学报(社会科学版)》2016年第4期。

《试论生命伦理学方法》,《中国医学伦理学》2016年第4期。

《实验动物也应享有伦理关怀》,《健康报》2015年7月24日005版。

《对重疾患儿临床决策的伦理考量》,《健康报》2015 年 6 月 5 日 005 版。

《"魏则西事件"的伦理审视》,《健康报》2016 年 5 月 13 日 005 版。

《人胚基因修饰的科学与伦理对话》,《健康报》2015 年 5 月 8 日 005 版。

《表观遗传研究热背后的伦理思考》,《健康报》2015 年 3 月 13 日 005 版。

《理解生命伦理学》,《中国医学伦理学》2015 年第 3 期。

《冷冻胚胎之争的伦理审视》,《健康报》2014 年 11 月 21 日 005 版。

《为何干细胞领域造假多发》,《中国科学报》2014 年 9 月 10 日 005 版。

《直面埃博拉治疗带来的伦理争论》,《健康报》2014 年 8 月 29 日 005 版。

《"从板凳到床边"少不了伦理审视》,《健康报》2014 年 7 月 25 日 005 版。

《转化医学须突破两"瓶颈"》,《中国科学报》2014 年 6 月 11 日 005 版。

《建立人脑组织库,还须迈过哪些门槛》,《健康报》2014 年 5 月 23 日 005 版。

《实现医疗公平路径的伦理考量》,《健康报》2014 年 4 月 18 日 006 版。

《应允许单身女性行人工授精》,《中国科学报》2014 年 4 月 9 日 005 版。

翟晓梅～:《合成生物学:伦理和管治问题》,《科学与社会》2014 年第 4 期。

～周思成:《Ruth Chadwick》,《中国医学伦理学》2014 年第 3 期。

《Norman Daniels》,《中国医学伦理学》2014 年第 2 期。

《过度医疗之恶:从仁术到"赚钱术"》,《健康报》2014 年 1 月 17 日 005 版。

李恩昌、商丹～:《第二届国际生命伦理学研讨会侧记》,《中国医学伦理学》2014 年 1 期。

《诱导多潜能干细胞如何规避伦理风险》,《健康报》2013 年 9 月 29 日。

丹尼尔·维克拉～:《伦理学要优先关注穷人的健康利益》,《健康报》2013 年 7 月 26 日 006 版。

《从"一父两母"看基因技术的伦理之争》,《健康报》2013 年 7 月 12 日 005 版。

～翟晓梅:《有关机构伦理审查委员会的若干伦理和管理问题》,《中国医学伦理学》2013 年第 5 期。

《安吉丽娜的选择》,《中国医学伦理学》2013 年第 4 期。

《Reidar Lie》,《中国医学伦理学》2013 年第 4 期。

《"干细胞治疗"伦理与管理》,《科学新闻》2013 年第 3 期。

《Daniel Wikler》,《中国医学伦理学》2013 年第 2 期。

《从中国"干细胞治疗"热论干细胞临床转化中的伦理和管理问题》,《科学与社会》2013 年第 1 期。

～翟晓梅等:《关于建立经医疗输血或使用血液制品感染艾滋病病毒保险和补偿机制的意见》,《中国医学伦理学》2013 年第 1 期。

《呼吁重视我国酒瘾问题》,《中国科学报》2012 年 10 月 13 日 003 版。

～吴菲:《邱仁宗:追问生命伦理》,《中国医院院长》2012 年第 15 期。

《中国发展生命伦理学之路——纪念中国生命伦理学发展 30 周年》,《中国医学伦理学》2012 年第 1 期。

翟晓梅～:《"人造生命"的伦理管治》,《文汇报》2011 年 10 月 19 日 010 版。

王丽、张新庆～:《我国流行病学研究中若干伦理问题探讨》,《中国医学伦理学》2011 年第 3 期。

《生命伦理学研究的最近进展》,《科学与社会》2011 年第 2 期。

翟晓梅～:《如何评价和改善伦理审查委员会的审查工作》,《中国医学伦理学》2011 年第 1 期。

刘欢、翟晓梅～:《对美国医疗中重商主义的伦理分析》,《中国医学伦理学》2010 年第 4 期。

～翟晓梅:《关于干细胞研究及其临床应用伦理管治的回顾与展望》,《中国医学伦理学》2009 年第

5 期。

杨丽然～:《世界医学会〈赫尔辛基宣言〉——涉及人类受试者的医学研究的伦理原则》,《医学与哲学(人文社会医学版)》2009 年第 5 期。

于宁、翟晓梅～:《我国〈禁毒法〉对艾滋病减少危害战略的含义》,《中国医学伦理学》2009 年第 3 期。

《生物技术前沿的哲学和伦理问题》,《中国医学人文评论》2008 年 00 期。

王春水、翟晓梅～:《试论公共卫生伦理学的基本原则》,《自然辩证法研究》2008 年第 11 期。

《缴费脱钩,避免医生角色冲突》,《中国卫生》2008 年第 8 期。

《关于机构伦理委员会的认证认可问题之我见》,《中国医学伦理学》2008 年第 5 期。

白晶～:《家庭之间"交叉换肾"的伦理考虑》,《中国医学伦理学》2008 年第 5 期。

～翟晓梅:《在国际背景下我国伦理审查的能力建设:理念和实践》,《中国医学伦理学》2008 年第 2 期。

《第一届全国生命伦理学学术会议在武汉举行》,《自然辩证法通讯》2008 年第 1 期。

《公共卫生伦理学——第 8 届世界生命伦理学大会学术内容介绍》,《继续医学教育》2007 年第 30 期。

《健康公平与健康责任》,《社会观察》2007 年第 12 期。

《人类基因组研究中的伦理问题》,《医学研究杂志》2007 年第 5 期。

《人类能力的增强——第 8 届世界生命伦理学大会学术内容介绍之三》,《医学与哲学(人文社会医学版)》2007 年第 5 期。

《发展器官移植技术,保护病人和器官捐献人权益》,《中国医学伦理学》2007 年第 3 期。

《第八届世界生命伦理学大会关于医学专业精神和医患关系研讨内容综述》,《中国医学伦理学》2007 年第 2 期。

《第 8 届世界生命伦理学大会学术内容之二——结核病伦理学》,《医学与哲学(人文社会医学版)》2007 年第 1 期。

《公共卫生伦理学——第 8 届世界生命伦理学大会学术内容介绍(之一)》,《医学与哲学(人文社会医学版)》2006 年第 11 期。

《论医学中商业贿赂的概念和伦理问题》,《医学与哲学(人文社会医学版)》2006 年第 10 期。

《医院的社会责任:伦理学视角》,《医学与哲学(人文社会医学版)》2006 年第 6 期。

《医学专业的危机及其出路》,《中国医学伦理学》2006 年第 6 期。

《生物医学前沿中的伦理问题》,《基础医学与临床》2006 年第 5 期。

《基因决定论和基因本质论的证伪——人类外基因组计划的哲学意义》,《中国医学伦理学》2006 年第 3 期。

《公共卫生伦理学刍议》,《中国医学伦理学》2006 年第 1 期。

刘俊香～:《哈贝马斯关于基因技术应用的人性论论证》,《医学与哲学》2005 年第 13 期。

《医患关系严重恶化的症结在哪里》,《医学与哲学》2005 年第 13 期。

《论卫生改革的改革》,《医学与哲学》2005 年第 9 期。

《应重视医学伦理的实践》,《中华内科杂志》2005 年第 8 期。

《扭转出生人口性别比失衡的行动建议 中国大陆出生婴儿性别比不平衡:伦理、法律和社会问题专家研讨会》,《医学与哲学》2005 年第 4 期。

《人的克隆:支持和反对的论证》,《华中科技大学学报(社会科学版)》2005 年第 3 期。

《扭转出生人口性别比失衡的行动建议》,《中国医学伦理学》2005 年第 2 期。

翟晓梅～:《我们对于用颅脑手术治疗毒瘾的意见》,《医学与哲学》2004 年第 12 期。

《评〈人胚胎干细胞研究伦理指导原则〉》,《医学与哲学》2004 年第 4 期。

《生命伦理学:一门新学科》,《求是》2004 年第 3 期。

《脑死亡的伦理问题》,《华中科技大学学报(社会科学版)》2004 年第 2 期。

《开辟中国和亚洲生命伦理学的新纪元》,《中国医学伦理学》2004 年第 1 期。

《SARS 在我国流行提出的伦理和政策问题》,《自然辩证法研究》2003 年第 6 期。

毛新志、尹正坤～翟晓梅等:《我国对转基因食品研究和商业化的管理建议》,《科技管理研究》2003 年第 5 期。

《临床医师面临的若干伦理问题》,《中国医院》2003 年第 4 期。

Solomon R. Benatar～:《国际生命伦理学协会会长与亚洲生命伦理协会会长联合声明》,《中国医学伦理学》2003 年第 4 期。

《还科学以本来面目——对"克隆人事件"的冷静思考》,《中华医学信息导报》2003 年第 2 期。

《人类胚胎干细胞研究的伦理问题》,《群言》2002 年第 7 期。

《一本医学家、遗传学家、决策者和立法者必读的书——读〈从"安乐死"到最终解决〉》,《医学与哲学》2002 年第 5 期。

《国际医学科学组织委员会(CIOMS)关于涉及人类受试者生物医学研究的国际伦理准则》,《中国医学伦理学》2002 年第 4 期。

《译后评论:从错误中学习和进步》,《英国医学杂志(中文版)》2002 年第 3 期。

丛亚丽～:《世界医学会赫尔辛基宣言涉及人类受试者的医学研究的伦理学原则》,《医学与哲学》2001 年第 4 期。

丛亚丽～:《赫尔辛基宣言及其修改》,《医学与哲学》2001 年第 4 期。

《国际人类基因组织(HUGO)伦理委员会关于利益分享的声明》,《中国医学伦理学》2001 年第 2 期。

《国际人类基因组组织(HUGO)伦理委员会关于利益分享的声明》,《自然辩证法通讯》2001 年第 1 期。

《护理伦理学:国际的视角》,《中华护理杂志》2000 年第 9 期。

《人类基因组研究与遗传学的历史教训》,《医学与哲学》2000 年第 9 期。

《国际人类基因组组织(HUGO)伦理委员会关于利益分享的声明》,《医学与哲学》2000 年第 9 期。

《人类基因组的伦理和法律问题》,《科技与法律》2000 年第 3 期。

《国际人类基因组组织(HUGO)关于遗传研究正当行为的声明》,《自然辩证法研究》1999 年第 7 期。

《HUGO 伦理委员会:关于 DNA 取样:控制和获得的声明》,《自然辩证法研究》1999 年第 7 期。

《HUGO 伦理委员会关于克隆的声明》,《自然辩证法研究》1999 年第 7 期。

《澳大利亚安乐死法令遇到许多困难》,《英国医学杂志(中文版)》1999 年第 4 期。

《HUGO 伦理委员会关于克隆的声明(1999 年 3 月在布里斯班经 HUGO 理事会批准)》,《自然辩证法通讯》1999 年第 4 期。

《利用死刑犯处决后的器官供移植在伦理学上能否得到辩护》,《医学与哲学》1999 年第 3 期。

《人类基因组研究和伦理学》,《自然辩证法通讯》1999 年第 1 期。

《论"人"的概念——生命伦理学的视角》,《哲学研究》1998 年第 9 期。

《克隆人的神话和悖论》,《科学》1998 年第 4 期。

《医学目的国际会议》,《医学与哲学》1998 年第 2 期。

《克隆技术及其伦理学含义》,《自然辩证法研究》1997 年第 6 期。

《相互依存的世界中的生命伦理学——第三届国际生命伦理学大会纪要》,《自然辩证法研究》1997 年第 5 期。

《遗传学、优生学与伦理学试探》,《遗传》1997 年第 2 期。

《人类基因工程和对未来时代的责任》,《医学与哲学》1996 年第 6、7 期。

《生命伦理学:普遍主义还是相对主义? 对亚太地区文化和生命伦理学的哲学考虑》,《中国医学伦理学》1996 年第 2 期。

《生殖健康和妇女权益》,《中国妇幼保健》1995 年第 1 期。

《卫生政策、伦理学和人的价值:国际对话——世界医学科学组织理事会第 28 次会议报告》,《医学与哲学》1994 年第 8 期。

《生殖健康:伦理学和女权主义的观点》,《浙江学刊》1994 年第 6 期。

《新西兰的国际生命伦理学研讨会——国外访问汇报之二》,《医学与哲学》1994 年第 4 期。

《世界医学科学组织理事会第 28 次会议》,《中国医学伦理学》1994 年第 3 期。

《克林顿的医疗改革方案——国外访问汇报之一》,《医学与哲学》1994 年第 3 期。

《生命伦理学应给发展中国家提供什么?》,《自然辩证法通讯》1993 年第 4 期。

《性传播疾病的蔓延及其防治对策:社会、伦理和法律问题专家研讨会在京举行》,《中国医学伦理学》1993 年第 3 期。

《国际生命伦理学学会举行成立大会(1992 年 10 月 5—7 日,荷兰阿姆斯特丹)》,《中国医学伦理学》1993 年第 2 期。

《发展中国家的生命伦理学——中国的观点》,《中国医学伦理学》1993 年第 2 期。

《人体研究和伦理学:中国的观点》,《自然辩证法通讯》1993 年第 1 期。

《国际生命伦理学学会成立大会》,《自然辩证法研究》1993 年第 1 期。

《医学伦理决策方法》,《中国医学伦理学》1992 年第 3 期。

《对智力严重低下者施行绝育的伦理学问题》,《中国医学伦理学》1992 年第 1 期。

《生命伦理学和生物医学研究的社会后果——记联合国教科文组织召开的首次国际生命伦理学专家会议》,《中国医学伦理学》1991 年第 6 期。

《流产丸 RU486 的命运——社会政治因素干预技术应用的一个案例》,《自然辩证法研究》1991 年第 6 期。

《美国生命伦理研究概况》,《哲学动态》1991 年第 4、5 期。

C.毕克~:《生命伦理学在欧洲的发展概述》,《中国医学伦理学》1991 年第 4 期。

《安乐死在荷兰》,《中国医学伦理学》1991 年第 3 期。

《克鲁珊案件的伦理和法律纠纷》,《医学与哲学》1991 年第 3 期。

E. 莱格里诺~:《不给治疗和撤除治疗:床边的伦理学》,《中国医学伦理学》1991 年第 2 期。

《生命伦理学的产生及其思想基础》,《医学与哲学》1989 年第 1 期。

《全国安乐死社会、伦理和法律问题学术讨论会综述》,《自然辩证法研究》1988 年第 6 期。

《医生的义务和病人的权利》,《医学与哲学》1987 年第 7 期。

《科学技术的发展和中国医学面临的难题》,《自然辩证法研究》1987 年第 3 期。

《精神病、行为控制和伦理学》,《医学与哲学》1987 年第 3 期。

～张琚等:《生命伦理学意见调查总结》,《医学与哲学》1987 年第 1 期。

《美德在医学伦理学中的地位和作用——介绍美国哲学与医学丛书第 17 卷〈美德和医学:对医学性质的探索〉》,《医学与哲学》1986 年第 6 期。

《有缺陷新生儿的处理和伦理学》,《医学与哲学》1986 年第 5 期。

金大劼～:《医学的基本概念和因果思维——哲学与医学丛书第 16 卷〈健康、疾病和医学中的因果解释〉评介》,《医学与哲学》1985 年第 8 期。

《医学伦理学的"名"和"实"》,《医学与哲学》1985 年第 6 期。

《精神发育迟缓病人的道德地位——〈伦理学与精神发育迟缓〉评介》,《医学与哲学》1985 年第 2 期。

《关于健康的医学定义与社会定义》,《医学与哲学》1984 年第 1 期。

《美国社会、伦理学和生命科学研究所》,《医学与哲学》1983 年第 8 期。

《英国的医学伦理学和医学史教学》,《医学与哲学》1983 年第 7 期。

《整体医学及对它的批评》,《医学与哲学》1982 年第 8 期。

卡塞姆·萨迪赫—扎戴～:《论元医学》,《医学与哲学》1981 年第 3 期。

《医学巫源说和医学起源问题》,《中华医史杂志》1981 年第 1 期。

《死亡概念和安乐死》,《医学与哲学》1980 年第 1 期。

《1963 年国内医学哲学问题论文评述》,《自然辩证法研究通讯》1964 年第 1 期。

《神经学与认识论——W.R.布兰的〈精神、知觉和科学〉评介》,《自然辩证法研究通讯》1963 年第 2 期。

邱瑞瑾(中国中医科学院广安门医院)

《〈金匮要略〉情志病治法浅述》,《中医学报》2012 年第 12 期。

邱少平(湖南城市学院)

《浅析魏晋服食五石散成风之因》,《南京中医药大学学报(社会科学版)》2005 年第 1 期。

《浅析魏晋服用五石散药之原因》,《中华医史杂志》2005 年第 1 期。

邱仕君(广州中医药大学)

《清代岭南医家刘渊学术思想评析》,《中国中医基础医学杂志》2001 年第 11 期。

《清代岭南医家刘渊学术思想评析》,《中国中医基础医学杂志》2001 年第 10 期。

～吴玉生:《朱丹溪在中医肿瘤学上的贡献》,《中国肿瘤》2000 年第 8 期。

吴玉生～:《陈实功〈外科正宗〉对中医肿瘤学的贡献》,《广州中医药大学学报》1999 年第 3 期。

～邓铁涛:《岭南儿科名医程康圃学术简介》,《新中医》1988 年第 8 期。

～邓铁涛:《杨鹤龄与〈杨氏儿科经验述要〉》,《新中医》1985 年第 1 期。

裘诗煌(杭州市余杭县余杭中学)

《我国早期中医药杂志〈绍兴医药学报〉简介》,《山东中医学院学报》1986 年第 3 期。

邱诗越(武汉大学)

《表征与同构:身体症状与国疾民瘼——以中国现代小城小说的疾病书写为中心》,《东北大学学报(社会科学版)》2015 年第 3 期。

《论中国现代市镇小说的疾病意象》，《兰州学刊》2015 年第 1 期。

《表征与隐喻：中国现代市镇小说疾病书写探析》，《西北民族大学学报（哲学社会科学版）》2014 年第 6 期。

裘锡圭（复旦大学/北京大学）

《居延汉简中所见疾病名称和医药情况》，《中医药文化》2008 年第 6 期。

《说"口凡有疾"》，《故宫博物院院刊》2000 年第 1 期。

《马王堆医书释读琐议》，《湖南中医学院学报》1987 年第 4 期。

邱小东（北京中医药大学）

《中医胎教思想及应用的研究》，北京中医药大学硕士学位论文 2007 年。

裘晓强（苏州大学）

《吴门医派生命哲学研究》，苏州大学博士学位论文 2017 年。

邱银燕（福建中医药大学）

《明代饮食养生研究》，福建中医药大学硕士学位论文 2018 年。

邱云飞（河南中医学院/郑州大学）

《中国古代的瘟疫信仰》，《兰台世界》2016 年第 7 期。

《明代军医制度概说》，《医学与哲学（A）》2015 年第 11 期。

《中国古代军医制度探析》，《军事历史研究》2014 年第 2 期。

《明代瘟疫灾害史论》，《医学与哲学（人文社会医学版）》2011 年第 1 期。

《两宋瘟疫灾害考述》，《医学与哲学（人文社会医学版）》2007 年第 6 期。

邱泽奇（北京大学）

～庄昱等：《从对非洲卫生援助中解读中国符号》，《非洲研究》2017 年第 1 期。

陈清峰……李金奎～：《全国艾滋病综合防治示范区艾滋病防治机构与人员能力调查分析》，《中国艾滋病性病》2010 年第 3 期。

刘丽、谢铮～张拓红：《不同级别医院医患关系现状及医方影响因素分析》，《医学与哲学（人文社会医学版）》2009 年第 8 期。

绳宇……何云～：《河南三地 AIDS 病人幸福感的探索性研究》，《中国艾滋病性病》2009 年第 3 期。

谢铮～张拓红：《患者因素如何影响医方对医患关系的看法》，《北京大学学报（医学版）》2009 年第 2 期。

绳宇……张燕～：《河南省尉氏县艾滋病临终患者生活质量及幸福感的调查分析》，《中华护理杂志》2008 年第 7 期。

裘争平（上海历史博物馆）

《上海现存西药房之鼻祖——"老德记"》，《世纪》2003 年第 1 期。

邱志诚（首都师范大学）

《国家、身体、社会：宋代身体史研究》，首都师范大学博士学位论文 2012 年。

《黑水城文书中发现又一版本的〈千金要方〉——新刊中国藏黑水城 F14：W8 号汉文文书考释》，《首都师范大学学报（社会科学版）》2012 年第 1 期。

《中国藏黑水城 83H·F1：W14/0014 号文书残片定名及其它》，《首都师范大学学报（社会科学版）》2011 年第 2 期。

《〈本心斋蔬食谱〉作者考略》，《中国农史》2011 年第 1 期。

邱志华

《俄罗斯医疗保健制度改革的利弊》,《今日东欧中亚》1997年第4期。

邱治民（福建医学院）

《科学高峰与理论思维——全球消灭天花史实的启示》,《医学与哲学》1988年第6期。

邱仲麟（台北中央研究院）

《晚明人痘法起源及其传播的再思考》,《台大历史学报》第64期（2019.12）。

《从明目到商战——明代以降眼镜的物质文化史》,《中央研究院历史语言研究所集刊》第90本第3分（2019.9）。

《明代以降的痘神庙与痘神信仰》,《中央研究历史语言研究所集刊》第88本第4分（2017.12）。

《医资与药钱——明代的看诊文化与民众的治病负担》,生命医疗史研究室编《中国史新论:医疗史分册》（台北:中央研究院2015年）。

《明代的药材流通与药品价格》,《中国社会历史评论》2008年00期。

《医生与病人——明代的医病关系与医疗风习》,李建民主编《从医疗看中国史》（台北:联经出版事业公司2008年）。

《明清的人痘法:地域流布、知识传播与疫苗生产》,《中央研究院历史语言研究所集刊》第77本第3分（2006.9）。

《水窝子:北京的民生用水和供水业者（1400—1937）》,李孝悌主编《中国的城市生活》（台北:联经2005年）。

《明代世医与府州县医学》,《汉学研究》第22卷第2期（2004.12）。

《明代北京的瘟疫与帝国医疗体系等应变》,《中央研究院历史语言所集刊》第75本第2分（2004.6）。

《明代世医与府州县医学》,《汉学研究》第22卷第2期（2004.12）。

《风尘、街壤与气味:明清北京的生活环境与士人的帝都印象》,《清华学报》第34卷第1号（2004）。

《绵绵瓜瓞——关于明代江苏世医的初步考察》,《中国史学》第13期（2003.12）。

《人药与血气——"割股"疗亲现象中的医疗观念》,《新史学》第10卷第4期（1999.12）;林富士主编《疾病的历史》（台北:联经2011年）。

《不孝之孝——隋唐以来割股疗亲现象的社会史考察》,台湾大学博士学位论文1997年。

《不孝之孝——唐以来割股疗亲现象的社会史初探》,《新史学》第6卷第1期（1995.3）。

裘祖源（北京结核病控制研究所/中国防痨协会）

《在中国防痨协会成立五十周年纪念会上的讲话》,《中国防痨通讯》1984年第1期。

《我国卡介苗的奠基人——王良同志》,《中国防痨通讯》1983年第2期。

《纪念伟大的医学科学家Robert Koch发现结核杆菌一百周年——Koch生平及其对科学的贡献》,《国外医学.呼吸系统分册》1982年第2期。

《纪念伟大的医学科学家罗伯特·郭霍发现结核菌一百周年》,《中国防痨通讯》1982年第1期。

黄伞……杨裕悌～:《结核菌的发现者郭霍生平》,《中国防痨通讯》1982年第1期。

《防痨工作总结报告》,《防痨通讯》1953年第5期。

《坚决反击美国侵略者灭绝人性的暴行》,《防痨通讯》1952年Z1期。

《结核病知识的发展》,《防痨通讯》1952年第5期。

《防痨事业与"防痨通讯"》,《防痨通讯》1951年Z1期。

曲爱国(军事科学院)

《是美军的罪行还是中朝方面的"谎言"——关于抗美援朝战争反细菌战斗争的历史考察》,《军事历史》2008 年第 2 期。

曲比阿果(西南民族大学)

～陈雄飞:《当下凉山医疗体系的人类学解读》,《西南民族大学学报(人文社会科学版)》2012 年第 11 期。

～陈雄飞:《从社会学的角度分析凉山彝区出现的传染疾病及预防对策》,《贵州民族研究》2007 年第 6 期。

曲柄睿(北京大学)

～李阳:《秦汉探病的政治文化内涵》,《史学月刊》2012 年第 7 期。

瞿承方

《近代医学之演进》,《中华健康杂志》1944 年第 1—3 期。

曲凡伟(昆明医科大学)

《中国云南省与泰国宋卡府全科医学人才培养模式比较及对策研》,昆明医科大学博士学位论文 2017 年。

屈桂庭

《诊治光绪皇帝秘记》,《逸经文史半月刊》1937 年第 29 期。

瞿佳(温州医学院)

～谢红莉:《陈虬与近代中医教育》,《中华医史杂志》2008 年第 1 期。

曲丽芳(上海中医药大学)

《论〈金匮要略〉对内伤杂病辨证方法的贡献》,《中国中医基础医学杂志》2012 年第 2 期。

石云～:《〈金匮要略〉救自缢死方法及对后世急救术的影响》,《时珍国医国药》2008 年第 10 期。

《论〈易经〉道象器三位一体认识论与中西医学》,《医古文知识》2005 年第 1 期。

《从〈金匮要略〉腠理探三焦系统形质功能》,《中国医药学报》2002 年第 3 期。

～张再良:《〈金匮〉狐惑病证治源流探讨》,《上海中医药大学学报》2001 年第 1 期。

曲木威古(西昌学院)

《凉山州甘洛县白彝地区"蛊毒"巫术仪式性变迁》,《广西民族师范学院学报》2019 年第 3 期。

瞿茜(华中师范大学)

《杜鲁门政府的社会福利政策研究(1946—1953)》,华中师范大学硕士学位论文 2009 年。

曲清文(广州中医药大学)

《中医五脏相关学说述要与〈临证指南医案〉脏腑辨证用药的相关性研究》,广州中医药大学博士学位论文 2007 年。

《齐鲁文化的思想核心对中医特色形成的影响》,《中医药文化》2007 年第 1 期。

曲如意(上海中医药大学)

～王兴伊:《〈说文解字〉疟疾病名考辨》,《中医文献杂志》2018 年第 1 期。

～孙文钟:《〈针灸甲乙经〉中的"漯漯"与"濈濈"》,《中华中医药学刊》2010 年第 10 期。

刘庆宇～:《"疟"之含义考辨》,《中医药文化》2010 年第 6 期。

～刘庆宇等:《宋代史料笔记中医药学资料的特点及价值》,《上海中医药大学学报》2010 年第 5 期。

《试论〈桂海虞衡志〉中医药学史料的特点及价值》,《中医药文化》2009 年第 6 期。

曲三强（北京大学）

《论公共健康与药品专利强制许可》,《云南民族大学学报（哲学社会科学版）》2007 年第 1 期。

屈维英

《康乾盛世 重视推广"种痘"术》,《中国医药指南》2007 年第 1 期。

曲晓鹏（华北煤炭医学院）

～邵通等:《论抗战时期晋察冀边区的卫生防疫工作》,《党史文苑》2010 年第 2 期。

屈小伟（湖南师范大学）

～鲁霓:《雅礼会在湘的医疗事业及其影响》,《萍乡高等专科学校学报》2009 年第 4 期。

曲衍（暨南大学）

《我国中成药制药业国际化研究》,暨南大学硕士学位论文 2006 年。

屈英和（吉林大学）

～周同梅等:《白求恩医学人文思想研究》,《医学与哲学（A）》2016 年第 4 期。

～钟绍峰:《"关系就医"取向下医患互动错位分析》,《医学与哲学（A）》2012 年第 11 期。

～刘杰:《"关系就医"取向下"医生名声"的调查与分析》,《医学与哲学（人文社会医学版）》2011 年 12 期。

～周同梅:《"关系就医"取向下"医生权威"的调查与分析》,《医学与哲学（人文社会医学版）》2010 年第 11 期。

～田毅鹏等:《"关系就医"现象的调查与分析》,《医学与哲学（人文社会医学版）》2010 年第 2 期。

《"关系就医"取向下医患互动的错位与重构》,《社会科学战线》2010 年第 2 期。

《"关系就医"取向下医患互动关系研究》,吉林大学博士学位论文 2010 年。

《医患互动中的错位与重构》,吉林大学硕士学位论文 2005 年。

曲元（清华大学）

《健康与消费:女性健康杂志文本分析》,清华大学硕士学位论文 2007 年。

瞿岳云（湖南中医学院）

孙智山～:《结代脉古今研究综述》,《湖南中医药导报》2003 年第 7 期。

～潘远根:《〈内经〉时间防治学述要》,《湖南中医学院学报》1990 年第 2 期。

《辨证施护的先驱——张仲景》,《山西中医》1987 年第 2 期。

～许建平:《辨时论治与〈伤寒论〉的时间预测》,《辽宁中医杂志》1986 年第 7 期。

谭日强～:《陈修园学术思想之研讨》,《福建中医药》1985 年第 1 期。

《〈内经〉病机十九条别论》,《辽宁中医杂志》1983 年第 12 期;1984 年第 1、2、3 期。

《祖国医学"缩影"理论初探》,《辽宁中医杂志》1982 年第 10 期。

《略谈〈金匮要略〉中的取类比象》,《陕西中医学院学报》1982 年第 2 期。

《"五脏开窍"理论之研讨》,《黑龙江中医药》1981 年第 3 期。

～朱文锋:《试论"心肾不交"》,《河南中医学院学报》1980 年第 2 期。

《中医药历史拾贝》,《湖南中医学院学报》1979 年第 1 期;1980 年第 1、12 期;1981 年第 1 期。

屈振中（山西师范大学）

《民国山西烟毒问题研究（1911—1937）》,山西师范大学硕士学位论文 2013 年。

曲祖贻

《祖国医学关于肺结核饮食疗法中的几个处方》,《抗痨》1956 年第 124 期。

《黄帝针灸虾蟆经的简介》，《中医杂志》1955年第5期。

《金代杰出的医家张子和》，《北京中医》1954年第9期。

泉彪之助

～宋扬等：《鲁迅日记中的医疗"第一报"基础讨论》，《鲁迅研究月刊》2004年第1期。

全汉昇

《清末西洋医学传入时国人所持的态度》，《食货》1936年第12期。

全继凤（湖南科技大学）

《论英国撒切尔—梅杰政府的国民医疗保健制度》，湖南科技大学硕士学位论文2007年。

全继业（中南工业大学）

《浅论宋代医学发达的动力学机制》，《湖南中医学院学报》1998年第4期。

全健儿（同济大学）

《近现代医疗建筑的发展初探——兼论发达国家医疗建筑发展对中国的影响》，同济大学硕士学位论文2008年。

全瑾（陕西师范大学）

《盖伦医学思想中的自然观念探析——以〈论自然的能力〉为例》，陕西师范大学硕士学位论文2017年。

犬卷太一（北京中医药大学）

《〈圣济总录〉文献研究》，北京中医药大学硕士学位论文2010年。

全世玉（中国中医科学院）

《〈朝鲜王朝实录〉中的医学史料研究》，中国中医科学院硕士学位论文2008年。

《〈东医宝鉴〉版本传承新考》，《中国中医药信息杂志》2008年S1期。

全慰天

《优生学的浮沉荣辱——潘光旦〈优生原理〉读后》，《读书》1982年第11期。

阙祥三（彭州市疾病预防控制中心）

～干莉：《彭州市1954—2013年麻风病流行情况分析》，《中国现代药物应用》2014年第21期。

～罗国金等：《1987—2002年彭州市脑血管病死亡的专题分析》，《中国公共卫生》2006年第3期。

R

冉懋雄（贵州省中药研究所）

《苗族族源与苗族医药溯源探讨》，《中国民族民间医药杂志》2002年第6期。

～周厚琼等：《苗族医药中的放血割脂疗法》，《中国临床医生》2001年第5期。

～陈德媛等：《略论贵州苗族医药的发展历程与医理方药特色》，《中国民族民间医药杂志》2000年第1期。

《苗族医药探源论》，《中国民族民间医药杂志》1999年第4期。

《百年老店——贵阳同济堂》，《中国药学杂志》1996年第9期。

《介绍抗战时期重庆出版的〈药物便览〉》，《中国药学杂志》1993年第1期。

《介绍抗战时期出版的〈司药必携〉》，《中国药学杂志》1992年第7期。

冉维正（北京中医药大学）

《脑髓病的古文献梳理及滋肾益髓健脑方对肾虚髓亏型脑髓病的疗效研究》，北京中医药大学博士学位论文 2019 年。

《〈内经〉皮部理论的研究》，北京中医药大学硕士学位论文 2013 年。

冉小峰

《中药丸剂的起源和发展》，《中药通报》1959 年第 1、2 期。

朱颜～：《谈我国历史上第一部药典——为唐新修本草颁行一千三百周年而作》，《人民日报》1959 年 5 月 25 日。

《我国古代本草的编纂和药物分类方法的发展》，《中药通报》1958 年第 1、2 期。

周梦白～：《介绍十二世纪伟大的科学家寇宗奭及其"本草衍义"》，《上海中医药杂志》1957 年第 8 期。

王药雨～：《阿胶的历史沿革，药用价值及制法的调查》，《上海中医药杂志》1957 年第 6 期。

《内经的理论体系及其光辉成就》，《江西中医药》1956 年第 36 期。

《论"伤寒论"的药剂技术》，《中医杂志》1956 年第 10 期。

让·斯塔罗宾斯基（天津师范大学）

～吕梓健：《卢梭的病》，《政治思想史》2015 年第 3 期。

饶怀民（湖南师范大学）

《从湘雅医学院的创办看教会大学的作用》，《湖南师范大学社会科学学报》1997 年第 3 期。

饶艳秋（济南市历城中医院）

～韩乃沂：《〈灵枢经〉中脉诊与针灸的关系》，《中华中医药学刊》2007 年第 3 期。

饶毅（北京大学/美国华盛顿大学）

黎润红～张大庆：《青蒿素类药物走向世界的序曲》，《科学文化评论》2017 年第 2 期。

《中药提取抗疟化学分子第一人》，《科技导报》2015 年第 20 期。

～黎润红等：《化毒为药：三氧化二砷对急性早幼粒白血病治疗作用的发现》，《中国科学：生命科学》2013 年第 9 期。

《发育的基因调控：同源异形盒的发现及其意义》，《中国科学：生命科学》2013 年第 7 期。

《染色体与遗传》，《科学文化评论》2013 年第 5 期。

《摩尔根与遗传学：研究与教育》，《中国科学：生命科学》2013 年第 5 期。

《现代科学研究中药的先驱——张昌绍》，《中国科学：生命科学》2013 年第 3 期。

黎润红～张大庆：《"523 任务"与青蒿素发现的历史探究》，《自然辩证法通讯》2013 年第 1 期。

《肝炎研究的突破与科研体制的改革》，《科学文化评论》2013 年第 1 期。

《取其精华去其失误：析"2012 年诺贝尔化学奖与生理学或医学奖"》，《科学通报》2012 年第 32 期。

《欲解异性恋，须知同性恋》，《科学文化评论》2012 年第 5 期。

～黎润红等：《中药的科学研究丰碑》，《科学文化评论》2011 年第 4 期。

《伟大科学家的重要错误：达尔文的遗传学》，《生命世界》2011 年第 1 期。

《几被遗忘的中国科学奠基人之一、中国生理科学之父：林可胜》，《中国神经科学杂志》2001 年第 2 期。

饶媛（广州中医药大学）

《民国时期广东地区中医儿科学教材的文献梳理》，《中医文献杂志》2014 年第 4 期。

《〈评琴书屋医略〉学术特点浅探》,《新中医》2013 年第 5 期。

《〈麻痘蠡言〉论治麻疹学术思想初探》,《广州中医药大学学报》2012 年第 3 期。

《岭南名医黎庇留医案学术思想初探》,《中医文献杂志》2011 年第 3 期。

陈凯佳、李禾~刘丹文:《岭南医家医案整理研究方法探析》,《中医药信息》2010 年第 1 期。

《张子和与中医意疗法》,《中医药学刊》2005 年第 11 期。

~邱仕君:《邓铁涛临床诊疗特色》,《上海中医药杂志》2005 年第 6 期。

《浅谈金元四大家对中医心理学发展的贡献》,《中医文献杂志》2002 年第 1 期。

《金元四大家对中医心理学的发展贡献集粹》,《中医药学刊》2002 年第 1 期。

任安波(清华大学)

《青蒿素研究的学术共同体》,《科技导报》2015 年第 20 期。

张楠~:《青蒿素发现的内外动力》,《科技导报》2015 年第 20 期。

任葆华(渭南师范学院)

《论郁达夫小说中的疾病叙事》,《阅读与评介》2007 年第 9 期。

《沈从文都市小说"病相"解读》,《求索》2005 年第 12 期。

任冰心(南京大学/伊犁师范学院)

《由〈窦娥冤〉等杂剧管窥元代医药管理》,《史林》2013 年第 3 期。

《元代医学教育及医药管理研究》,南京大学博士学位论文 2011 年。

《元代医学开设"祝由书禁科"原因考》,《历史教学(高校版)》2009 年第 4 期。

《元代"庸医泛滥"之历史解读》,《医学与哲学(人文社会医学版)》2009 年第 9 期。

任春荣(陕西中医学院)

丁克慧~:《试析景岳医案》,《陕西中医学院学报》1998 年第 3 期。

~丁克慧:《刘完素与妇科》,《陕西中医函授》1998 年第 2 期。

《孙思邈活动年谱约编》,《陕西中医学院学报》1997 年第 4 期。

~元树郡:《试论传统保健体育与中医的关系》,《陕西中医》1989 年第 2 期。

《浅谈孙思邈在医学流派发展上的贡献》,《陕西中医学院学报》1982 年第 3 期。

《对〈中国医学史〉中几个问题的商榷》,《陕西中医》1980 年第 2 期。

任昉

《明代常熟医学与宫廷医学——以明常熟医学训科李原墓志为线索》,《故宫博物院明清宫廷史研究中心第一届国际学术研讨会论文集》2009 年 10 月 1 日。

任冠民

《医案的沿革》,《文医半月刊》1936 年第 2 期。

任国智

《十至十三世纪格鲁吉亚文艺复兴时代中的医学》,《中华医史杂志》1953 年第 4 期。

任海(北京体育大学)

《中国养生术发达之初探》,《体育文史》1995 年第 6 期。

任海平

《天花:在知识与愚昧之间》,《社会观察》2006 年第 3 期。

任何(安徽省中医文献所/安庆市精神病医院)

《尚志钧〈本草人生〉评介》,《中医药临床杂志》2008 年第 1 期。

《张从正运用大黄的医学源流和经验》,《安徽中医临床杂志》1998 年第 3 期。

《略论陈士铎对精神医学的贡献》,《江苏中医杂志》1986 年第 10 期。

任恒杰(锦州医科大学附属第一医院)

～张喆:《北洋女医学堂研究》,《兰台世界》2016 年第 12 期。

任宏丽(上海中医药大学)

～刘庆宇等:《〈聊斋志异〉中医文化研究》,《文化学刊》2019 年第 7 期。

孙文杰、奉典旭～段逸山:《大黄"安和五脏"之考析》,《上海中医药大学学报》2019 年第 6 期。

王毅敏～孙文杰等:《近代期刊〈国药新声〉医药广告研究》,《浙江中医杂志》2019 年第 5 期。

王毅敏～段逸山等:《时逸人与〈时氏内经学〉钩玄》,《中医文献杂志》2019 年第 3 期。

～刘庆宇等:《略论传统医学文献对构建现代和谐医患关系的启示》,《浙江中医杂志》2017 年第 11 期。

沈思佳～张怡洁等:《近代针灸治疗肺结核选穴特点及诊疗规律研究》,《浙江中医杂志》2016 年第 7 期。

蒯仂、吴人杰～段逸山:《清抄本〈罗太无先生口授三法〉与朱丹溪存世著作内容比对及学术价值钩玄》,《中医文献杂志》2016 年第 4 期。

邴守兰～纪军等:《近代上海针灸发展的时代背景及特点述要》,《上海针灸杂志》2014 年第 10 期。

宋海坡～段逸山:《基于民国中医药期刊的近代中医药品牌形成探讨》,《浙江中医杂志》2014 年第 7 期。

～段逸山等:《秦伯未先生〈医事导游〉治学方法及学术特色研究》,《中医文献杂志》2014 年第 4 期。

～段逸山等:《评近代医家汪企张及其代表作〈二十年来中国医事刍议〉》,《中医药文化》2014 年第 4 期。

杨奕望、萧惠英～:《试论民国时期〈医史杂志〉的办刊特色》,《中国科技期刊研究》2014 年第 3 期。

～宋海坡:《近代中西医汇通视野下的本草学发展新特点——以民国期刊〈国药新声〉为例》,《中国中医基础医学杂志》2013 年第 6 期。

宋海坡～段逸山:《近代灸法的学术继承与发展——以民国期刊〈针灸杂志〉为例》,《中华中医药学刊》2013 年第 3 期。

～段逸山等:《民国时期中医药诉讼鉴定案 1 例》,《浙江中医杂志》2013 年第 1 期。

宋海坡～段逸山:《近代中医妇科常见病治验方初探——以民国中医药期刊为例》,《江西中医药》2013 年第 1 期。

～段逸山:《民国期刊〈中国医学月刊〉研究》,《辽宁中医药大学学报》2012 年第 12 期。

～段逸山等:《近代中西医论争乱局下的〈伤寒〉经典诠释——以〈神州国医学报〉为例》,《中医文献杂志》2012 年第 6 期。

～段逸山等:《民国期刊〈神州国医学报〉的办刊特色及社会影响》,《中医药文化》2012 年第 4 期。

邴守兰～:《近代针灸发展的历史特点》,《中医文献杂志》2012 年第 2 期。

邴守兰、段逸山～沈伟东等:《近代中医期刊特点及研究意义》,《中华中医药杂志》2011 年第 5 期。

～段逸山等:《民国期刊〈现代中医〉研究》,《中国中医药现代远程教育》2010 年第 3 期。

～段逸山:《抄本〈女科济阴要语万金方〉研究——兼论与〈坤元是保〉的关系》,《中医文献杂志》

2009 年第 2 期。

～段逸山：《〈郑氏女科〉论治妇科病特色举要》，《上海中医药杂志》2008 年第 10 期。

～张如青等：《〈罗太无先生口授三法〉成书及主要内容——评罗知悌对金元医学发展的贡献》，《上海中医药杂志》2007 年第 10 期。

《〈各御医诊德宗景皇帝案〉提要》，《中医药文化》2007 年第 1 期。

《〈妇科秘兰全书〉提要》，《中医药文化》2006 年第 3 期。

任吉东（天津社会科学院）

～王歆：《从方便到不方便：近代中国城市粪溺问题——以天津为中心的考察》，《福建论坛（人文社会科学版）》2018 年第 2 期。

《近代中国城市粪溺的治理——以天津为例》，《经济社会史评论》2017 年第 1 期。

《沦陷时期天津社会底层行业变迁——以粪溺业为中心》，《南方论丛》2015 年第 5 期。

～原惠群：《卫生话语下的城市粪溺问题——以近代天津为例》，《福建论坛（人文社会科学版）》2014 年第 3 期。

任继愈（中国国家图书馆/北京大学）

《努力提高对中医哲学重要价值的认识》，《河北学刊》2007 年第 3 期。

《中国古代医学和哲学的关系——从黄帝内经来看中国古代医学的科学成就》，《历史研究》1956 年第 5 期。

任景华（新疆昌吉学院/武汉大学）

～刘宽亮：《从孕育到成熟——健康传播的历史演进与走向》，《东南传播》2010 年第 10 期。

《健康传播研究的回顾与展望》，《新闻传播》2010 年第 9 期。

～杨绪军：《健康传播划分方法的演进与思考》，《新闻天地（下半月刊）》2010 年第 7 期。

《我国互联网健康传播效果及对策研究》，《新闻天地（论文版）》2008 年第 8 期。

任娟莉（陕西省中医药研究院）

《〈得心集医案〉书名、作者、成书、内容及版本考略》，《陕西中医》2014 年第 3 期。

《陕西中医史学研究回顾与展望》，《光明中医》2013 年第 10 期。

～任杰：《太白草药医学的历史文化价值》，《陕西中医》2013 年第 7 期。

米烈汉～谢晓丽：《米伯让先生对〈伤寒论〉研究的贡献》，《西北大学学报（自然科学版）》2011 年第 6 期。

《新中国成立后陕西对孙思邈的研究与纪念》，《中华医史杂志》2011 年第 5 期。

～高少才：《〈御药院方〉美容方药探析》，《陕西中医》2010 年第 12 期。

高少才～刘龙：《癌症考辨与脾衰是癌症发病之本初探》，《陕西中医》2009 年第 10 期。

《〈千金要方〉"药食同源"方药探析》，《陕西中医》2009 年第 3 期。

～袁若华：《〈坐禅法要·治病〉述要》，《陕西中医》2007 年第 12 期。

～袁若华：《〈千金要方〉抗痴呆方药探析》，《现代中医药》2007 年第 6 期。

郑怀林～张琳叶：《秦王府医事述略》，《现代中医药》2003 年第 5 期。

《傅仁宇与〈审视瑶函〉》，《陕西中医学院学报》2003 年第 5 期。

《〈千金方〉去黯方应用探要》，《陕西中西》2003 年第 1 期。

《试论〈济阴纲目〉中的药物外治法》，《陕西中医》2000 年第 5 期。

《关于〈千金翼方〉本草出源的补订》，《陕西中医》1993 年第 3 期。

任舸（四川师范大学）

《汉末三国灾疫与文人、文学》，四川师范大学硕士学位论文 2016 年。

任兰兰（河北联合大学/河北大学）

～王慧等：《农民工医疗护工权益保障实证研究》，《合作经济与科技》2013 年第 5 期。

《生育文化变迁的历史分析》，《黑河学刊》2006 年第 4 期。

任丽娟（武汉科技大学）

《浅析美国的管理型医疗保健模式——健康维护组织（HMO）》，《湖北经济学院学报（人文社会科学版）》2007 年第 1 期。

任林圃

～周诗贵：《三国时代的伟大医家华佗》，《中华医史杂志》1953 年第 4 期。

任璐（齐齐哈尔大学）

～于耀洲：《1910—1911 年齐齐哈尔地区鼠疫问题浅析》，《理论观察》2019 年第 1 期。

任南（中南大学）

《艾滋病防治中的伦理责任》，中南大学博士学位论文 2010 年。

任其怿（内蒙古大学）

～吕佳：《从住房和卫生条件的改善看近代英国的城市治理》，《内蒙古大学学报（人文社会科学版）》2004 年第 4 期。

仁青加（西藏藏医学院/北京中医药大学）

张煜、杜红～谢云武等：《唐宋时期中藏医香熏疗法的比较研究》，《中国伤残医学》2012 年第 3 期。

《藏医经典〈月王药诊〉的形成与学术体系研究》，北京中医药大学博士学位论文 2007 年。

任苒（大连医科大学）

～张琳等：《辽宁省农村不同经济水平地区居民医疗保健需要、需求与利用》，《医学与哲学》2004 年第 3 期。

～张琳：《中国农村地区合作医疗干预后不同收入组人群的医疗服务需要与利用》，《中国卫生经济》2004 年第 2 期。

张琳～：《中国农村贫困地区居民住院及影响因素分析》，《中国卫生经济》2002 年第 12 期。

张琳～：《中国农村贫困地区居民门诊医疗需要、需求及影响因素分析》，《中国卫生经济》2002 年第 6 期。

张琳～陈俊峰等：《内蒙古喀喇沁旗农民合作医疗支付意愿与支付能力分析》，《医学与哲学》2002 年第 5 期。

～张琳等：《中国农村合作医疗成败原因与影响因素分析》，《中国卫生经济》2001 年第 9 期。

陈俊峰～张琳等：《论农村贫困地区医疗卫生保障制度的三个主要体系》，《中国农村卫生事业管理》2001 年第 8 期。

张琳～：《澳大利亚卫生保健系统的改革（二）——政府的作用》，《国外医学（卫生经济分册）》2000 年第 2 期。

～边文：《澳大利亚卫生保健系统的改革（一）》，《国外医学（卫生经济分册）》2000 年第 1 期。

人望

《孔夫子的医学》，《医药报道》1941 年第 3 期。

任伟（中共中央党校）

《红军将士的死伤与救治》,《苏区研究》2018 年第 1 期。

任宪武（江苏省皮肤病防治研究所）

《麻风病防治工作的回顾、变化和前景》,《江苏预防医学》1998 年第 2 期。

～吴育珍等:《江苏省 1983—1987 年新登记麻风患者情况分析》,《中国麻风杂志》1990 年第 4 期。

～谢志铮:《江苏省麻风病防治的三十五年回顾》,《中国麻风病杂志》1986 年第 2 期。

任现志（南京中医药大学）

《钱乙"脾主困"及其脾胃学术思想浅析》,《中医文献杂志》2006 年第 1 期。

《元代儿科医家曾世荣的学术贡献》,《中医文献杂志》2001 年第 2 期。

任翔

《张锡钧教授对现代生理学的贡献——纪念脑内乙酰胆碱发现 69 周年》,《发明与革新》2001 年第 7 期。

任小红（大连外国语大学）

《论疾病体验视阈下的堀辰雄文学创作——以〈起风了〉为例》,《山西青年》2018 年第 17 期。

任秀玲（内蒙古医科大学/内蒙古医学院）

杨景月～:《论〈黄帝内经〉建构中医理论的常变范畴》,《中华中医药杂志》2015 年第 3 期。

《论中医学的思维方式》,《中华中医药杂志》2014 年第 1 期。

《论中医学由经验上升为理论的方法》,《中华中医药杂志》2012 年第 7 期。

《"以形正名"形成中医理论概念》,《中华中医药杂志》2011 年第 4 期。

《论中医理论的模式类推方法》,《中华中医药杂志》2010 年第 11 期。

《中医学是把握不确定性的理论与方法》,《中华中医药杂志》2009 年第 12 期。

《中医学本质论》,《中华中医药杂志》2009 年第 6 期。

李林～杨景月:《命门是构筑中医基础理论的重要范畴》,《中国中医基础医学杂志》2009 年第 1 期。

《〈黄帝内经〉建构中医药理论的基本范畴——证验》,《中华中医药杂志》2009 年第 1 期。

《〈黄帝内经〉建构中医药理论的基本范畴——意识》,《中华中医药杂志》2008 年第 11 期。

《〈黄帝内经〉建构中医药理论的基本范畴——运数》,《中华中医药杂志》2008 年第 10 期。

《〈黄帝内经〉建构中医药理论的基本范畴——取象》,《中华中医药杂志》2008 年第 9 期。

《〈黄帝内经〉建构中医药理论的基本范畴——辩物》,《中华中医药杂志》2008 年第 8 期。

《〈黄帝内经〉建构中医药理论的基本范畴——察观》,《中华中医药杂志》2008 年第 7 期。

《〈黄帝内经〉建构中医药理论的基本范畴——形神》,《中华中医药杂志》2008 年第 6 期。

《〈黄帝内经〉建构中医药理论的基本范畴——天人》,《中华中医药杂志》2008 年第 5 期。

《〈黄帝内经〉建构中医药理论的基本范畴——四时》,《中华中医药杂志》2008 年第 4 期。

《〈黄帝内经〉建构中医药理论的基本范畴——五行》,《中华中医药杂志》2008 年第 3 期。

《〈黄帝内经〉建构中医药理论的基本范畴——阴阳》,《中华中医药杂志》2008 年第 2 期。

《〈黄帝内经〉建构中医药理论的基本范畴——气（精气）》,《中华中医药杂志》2008 年第 1 期。

《论中医药学的科学形态》,《中华中医药杂志》2007 年第 8 期。

《"稷下学宫"与中医理论体系的形成》,《中国中医基础医学杂志》2007 年第 7 期。

《稷下黄老新学与中医理论的本质特征》,《中华中医药杂志》2006 年第 11 期。

《稷下争鸣与〈黄帝内经〉》,《北京中医药大学学报》2006 年第 4 期。

《论中医理论体系是辩证逻辑体系》,《世界中西医结合杂志》2006 年第 3 期。

《先秦逻辑的"正形名"理论与藏象概念、藏象理论体系及藏象方法的形成》,《中国中医基础医学杂志》1998 年第 7 期。

《先秦逻辑的"应因之术"是形成中医理论体系的重要方法》,《中医药学报》1998 年第 6 期。

～程振芳等:《中医理论的逻辑体系研究——中医辩证逻辑体系的概念、判断及推理形式》,《内蒙古中医药》1997 年第 2 期。

～赵青树等:《中医理论的逻辑体系研究——形成中医辩证逻辑体系的思维方法分析》,《内蒙古中医药》1997 年第 1 期。

～赵青树等:《中医理论的逻辑体系研究中医理论体系滥觞的反思》,《内蒙古中医药》1996 年第 3 期。

《中华民族传统思维方式与中医理论体系的选择》,《医学与哲学》1994 年第 1 期。

任旭(中国中医科学院)

《中医古籍眼科疾病图像研究》,《中医文献杂志》2014 年第 5 期。

～马燕:《明代眼科医家倪维德年谱》,《中医文献杂志》2014 年第 3 期。

《王维德木刻版画像及著作〈咽喉证治〉》,《中医文献杂志》2012 年第 4 期。

《中医喉科古籍图像研究》,《中医文献杂志》2012 年第 3 期。

《影响中医外治疗法发展因素探讨》,《中国中医基础医学杂志》2011 年第 8 期。

《眼科古籍〈审视瑶函〉图像探析》,《中国中医眼科杂志》2011 年第 5 期。

《中医眼科古籍图像初探》,《中医文献杂志》2011 年第 5 期。

《明代医家倪维德生平与著作》,《中华医史杂志》2011 年第 4 期。

《明代医家倪维德故里考》,《江苏中医药》2011 年第 3 期。

《黄元御与〈四圣悬枢〉》,《中医文献杂志》2010 年第 3 期。

《王西林〈温病指南〉》,《中华医史杂志》2009 年第 5 期。

《同仁堂创办者与清太医院》,《中华医史杂志》2006 年第 3 期。

《宋代〈卫济宝书〉之研究》,崔蒙等主编《中医药信息研究进展》(一)(北京:中医古籍出版社 2006 年)。

《中国中医美容学发展源流》,《亚太传统医药》2005 年第 1 期。

任学丽(第三军医大学)

《社会信任模式变迁视阈下的医患信任困境及出路》,《南京医科大学学报(社会科学版)》2018 年第 3 期。

《单位制度变迁视阈下社会转型对医患信任的影响》,《医学与社会》2014 年第 1 期。

《简论近代中国民众卫生教育》,《西南交通大学学报(社会科学版)》2003 年第 5 期。

任燕(中国农业大学)

～安玉发等:《食品安全内涵及关联主体行为研究综述》,《经济问题探索》2011 年第 7 期。

～安玉发等:《政府在食品安全监管中的职能转变与策略选择——基于北京市场的案例调研》,《公共管理学报》2011 年第 1 期。

～安玉发:《"三鹿问题奶粉事件"对中国食品安全监管机制的启示》,《世界农业》2008 年第 12 期。

任翼(辽宁中医学院)

《张元素生年小考》,《辽宁中医杂志》1993 年第 2 期。

《〈辨证录〉成书年代及版本考略》,《上海中医药杂志》1985 年第 6 期。

任轶（上海交通大学）

《法国和天主教双重身份交织下的上海震旦大学医学教育》,《医疗社会史研究》2017 年第 1 期。

《世俗与宗教博弈下的上海广慈医院（1907—1951）》,《史林》2016 年第 1 期。

任应秋（北京中医学院）

《文学与医学的关系》,《湖北中医杂志》1981 年第 1 期。

《朴素的唯物辩证法是〈内经〉的指导思想》,《新中医》1979 年第 1 期。

《医经学派——中医学术流派试论之一》,《浙江中医学院学报》1978 年第 4 期;1979 年第 1 期。

《论河间学派》,《浙江中医杂志》1964 年第 6 期。

《试论古代治〈伤寒论〉的概况及其流派的形成》,《上海中医药杂志》1962 年第 7、8 期。

《谈谈学习〈伤寒论〉》,《中医杂志》1962 年第 3 期。

《春秋战国时代的医学观念（公元前 770—222）》,《浙江中医杂志》1958 年第 2 期。

《针灸的起源和发展及其治疗原理的认识》,《福建中医药》1957 年第 6 期。

《从祖国医学与痔核作斗争的成就谈到"枯痔疗法"的改进问题》,《浙江中医杂志》1957 年第 3、4 期。

《怎样正确对待祖国医学遗产》,《江苏中医》1957 年第 3 期。

《〈祖国医学的阴阳认识论〉》,《江西中医药》1956 年第 30 期。

祖国医学的五官科学》,《江苏中医》1956 年第 12 期。

《重庆市中医药展览会介绍》,《新中医药》1956 年第 2 期。

《关于医药起源传说的认识》,《江西中医药》1955 年第 26 期。

《祖国医学对痢疾的认识和治疗》,《重庆医讯》1955 年第 3 期。

《伟大的祖国医学的成就》,《中医杂志》1955 年第 2 期。

《百日咳疾病史略》,《北京中医》1954 年第 9 期。

《中药方剂治疟疾的文献研究》,《新中医药》1953 年第 1、2 期。

《药物的起源及其演变》,《新中医药》1952 年第 2 期。

《叶天士疗贫》,《健康医保》1947 年年第 26、27 期。

《四库全书医家类医籍鸟瞰》,《华西医药杂志》1947 年第 1 期。

《由考证病名说到回归热之考据》,《中华医学杂志》1947 年第 1 期。

任有权（南京大学）

《英国牛瘟与政府干预（1745—1758）》,《世界历史》2015 年第 3 期。

任育才

杨仕哲、黄维三～李健祥等:《王冰生平之谜》,《中华医史杂志》1998 年第 3 期。

《唐代医学的分科与人才培养》,《中兴大学文史学报》第 17 期（1987）。

任玉兰（成都中医药大学）

李雨谿、李涓～梁繁荣:《基于古代文献的穴位痛敏现象与规律研究》,《时珍国医国药》2019 年第 9 期。

张亚～李涓等:《基于古代文献回顾的穴位敏化现象和规律研究》,《辽宁中医杂志》2018 年第 8 期。

王一童～:《〈疮疡经验全书〉作者及成书考》,《中国中医基础医学杂志》2018 年第 8 期。

～梁繁荣等:《成都老官山汉墓出土医简〈十二脉〉〈别脉〉内容与价值初探》,《中华医史杂志》2017

年第 1 期。

～梁繁荣等:《成都老官山汉墓出土医简〈刺数〉内容与价值初探》,《中华医史杂志》2016 年第 6 期。

李继明～王一童等:《老官山汉墓医简的种类和定名问题探讨》,《中华医史杂志》2016 年第 5 期。

葛爽爽～杜婷等:《巴蜀中医药文化源流及其内涵研究的现状与思路》,《成都中医药大学学报》2016 年第 4 期。

郭太品～刘沂潍等:《中国古代针法特色历史演变》,《中华中医药杂志》2015 年第 7 期。

和中浚、赵怀舟～周兴兰等:《老官山汉墓医简〈六十病方〉排序研究》,《中医文献杂志》2015 年第 4、5 期。

和中浚、赵怀舟～周兴兰等:《老官山汉墓医简〈六十病方〉体例初考》,《中医文献杂志》2015 年第 3 期。

郭太品～刘沂潍等:《古代冶炼工艺技术与毫针的形质及手法演变》,《中医杂志》2014 年第 19 期。

陈亮、唐乐微～梁繁荣:《爪切法演变溯源》,《中国针灸》2014 年第 10 期。

唐乐微、陈亮～梁繁荣:《针刺手法的发展演变规律及理论价值》,《中医杂志》2014 年第 9 期。

刘沂潍～梁繁荣:《针刺营卫补泻考辨》,《针灸临床杂志》2014 年第 8 期。

李享、寿依夏～梁繁荣:《古代不同时期针灸治疗眩晕用穴特点的数据挖掘研究》,《中国针灸》2014 年第 5 期。

郭太品、施静～杨洁等:《〈黄帝内经〉对"心痛"的认识及针灸治疗探讨》,《中华中医药杂志》2014 年第 1 期。

孙洋、邹鹏～梁繁荣:《李学川汇考》,《中华医史杂志》2014 年第 1 期。

郭太品、梁繁荣～杨洁:《〈内经〉中"得气"操作及整体观因素论析》,《时珍国医国药》2013 年第 11 期。

刘沂潍～孙睿睿等:《基于古代文献研究的营卫刺法特点分析》,《云南中医中药杂志》2013 年第 10 期。

孙洋～邹鹏等:《〈针灸逢源〉现存刻本考证》,《中国针灸》2013 年第 8 期。

何冬凤～唐勇等:《古代不同时期针灸治疗胸痹用穴特点的数据挖掘研究》,《辽宁中医杂志》2013 年第 6 期。

郭太品、梁繁荣～杨洁:《〈黄帝内经〉四时与五脏关系及在针灸中的运用》,《中医杂志》2013 年第 5 期。

寿依夏～唐勇等:《基于数据挖掘技术分析古代针灸治疗眩晕的经穴特点》,《成都中医药大学学报》2013 年第 2 期。

陈骥、梁繁荣～郑华斌等:《"菀陈则除之"相关刺法及用穴的古今文献比较》,《辽宁中医杂志》2012 年第 3 期。

和中浚～谭红兵:《魏晋痀疽和明代梅毒发生与流行的社会因素研究》,《云南中医学院学报》2012 年第 1 期。

诸毅晖、成词松～谭丽君等:《清代名医陈复正儿科灸法理论述略》,《成都中医药大学学报》2011 年第 4 期。

李政～刘鉴元等:《抄本〈脉症清白〉初探》,《成都中医药大学学报》2011 年第 3 期。

罗玲、王静~卢圣锋等:《古代针灸治疗中风穴位处方配伍规律研究》,《成都中医药大学学报》2010 年第 4 期。

周思远……吴巧风~李瑛:《针灸治疗咳嗽的古代文献分析与评价》,《上海针灸杂志》2009 年第 12 期。

刘迈兰、赵凌~吴曦等:《不同朝代针灸治疗痞满处方规律的数据挖掘研究》,《山东中医药大学学报》2009 年第 6 期。

赵凌~余毓如等:《有效整理古代针灸文献的研究方法与要求》,《成都中医药大学学报》2007 年第 4 期。

~李戎:《〈铜人腧穴针灸图经〉腧穴归经探析》,《江苏中医药》2006 年第 5 期。

李戎……李文军~:《肺俞、膏肓俞、四花穴灸治肺痿(肺纤维化)沿革》,《中国针灸》2004 年第 6 期。

《〈遵生八笺·饮馔服食笺〉探微》,《医古文知识》2003 年第 4 期。

任渝燕(陕西师范大学)

《汉唐时期医学的功用观》,陕西师范大学硕士学位论文 2012 年。

任月(沈阳师范大学)

~陈科:《英国、美国医疗救助制度对中国医疗救助制度的启示》,《理论界》2008 年第 7 期。

任云兰(天津社会科学院)

《近代天津租界的公共环境卫生管理初探》,《史林》2013 年年第 5 期。

《20 世纪初袁世凯对天津公共卫生的治理》,《理论与现代化》2013 年第 5 期。

《近代天津的瘟疫流行与慈善机构的医疗救济》,《社会工作》2012 年第 11 期。

《都统衙门时期天津公共环境卫生管理初探》,《天津社会科学》2009 年第 6 期。

仁增多杰(青海大学)

才让南加、周则~尕藏多吉等:《〈四部医典〉治疗心脏疾病方剂内在配伍规律研究》,《时珍国医国药》2015 年第 12 期。

~娘毛加等:《〈黄帝内经〉与〈四部医典〉放血方法探析》,《上海针灸杂志》2015 年第 7 期。

~娘毛加等:《〈黄帝内经〉与〈四部医典〉放血疗法适宜病证初探》,《中华中医药杂志》2015 年第 4 期。

~仁青东主等:《〈黄帝内经〉与〈四部医典〉放血疗法理论研究》,《陕西中医》2014 年第 10 期。

~才让南加等:《〈月王药诊〉中尿诊理论体系探讨》,《中国中医基础医学杂志》2014 年第 1 期。

~才让南加:《〈月王药诊〉中尿诊法理论探讨》,《四川中医》2013 年第 6 期。

仁增吉(中医民族大学)

《论藏医病历》,中央民族大学硕士学位论文 2013 年。

任真年(解放军第 155 医院)

《论临床病案的起源与发展简史》,《开封医专学报》2000 年第 1 期。

《宋朝时期的药房》,《中国药房》1992 年第 5 期。

任中义(郑州大学)

《试论史沫特莱对新四军医疗卫生工作的历史贡献》,《延安大学学报(社会科学版)》2016 年第 4 期。

《抗战时期中国红十字会救护总队对中共的医疗援助》,《湖北大学学报(哲学社会科学版)》2016

年第 3 期。

R.H.Shyrock

～撰,徐仁初译:《百年来之美国医学界》,《医联医刊》1951 年第 12 期。

日色雄一(北京中医药大学)

《日本考证学派〈灵枢〉研究之考察》,北京中医药大学博士学位论文 2011 年。

～严季澜:《森立之〈伤寒论考注〉在文献学上的成就》,《吉林中医药》2010 年第 11 期。

～严季澜:《〈太素〉〈灵枢〉〈素问〉依韵校勘举隅》,《北京中医药大学学报》2010 年第 7 期。

《〈太素〉古音研究及依韵校勘》,北京中医药大学硕士学位论文 2008 年。

R.J.Sabini

～撰,张仁美译:《牙刷历史》,《齿科季刊》1935 年第 1 期。

荣堃(山东中医药大学)

《〈内经〉耳鼻咽喉科学理论探析及临床》,山东中医药大学硕士学位论文 2005 年。

戎火泉(江苏省爱国卫生运动委员会)

《江苏爱国卫生运动 55 周年》,《江苏卫生保健》2007 年第 5 期。

荣三群(湖南中医药大学)

《明清时期黄疸病中医外治法及用药规律研究》,湖南中医药大学硕士学位论文 2015 年。

容世明(台湾林口长庚纪念医院)

《〈华生(Robert Briggs Watson)日记〉的研究价值:战后初期台湾疟疾防治研究》,《台湾史研究》第 24 卷第 4 期(2017.12)。

《热带医学的知识流通与国际网络:台湾疟疾研究、远东热带医学会及其他国际交流平台》,《台湾史研究》第 24 卷第 3 期(2017.9)。

《〈长与又郎日记〉的研究价值:台湾医疗史与近代史的观察》,《台湾史研究》第 21 卷第 1 期(2014.3)。

～张淑卿:《小中见大:横川定寄生虫学研究的科学实作》,《兴大历史学报》第 29 期(2014.12)。

容婷(广西民族大学)

《蓝靛瑶医疗的变迁——以云南省河口瑶族自治县瑶山乡梁子村为例》,广西民族大学硕士学位论文 2011 年。

荣霞(南京大学/南京特殊教育学院)

《美国全民医疗改革:从克林顿到奥巴马》,南京大学博士论文 2014 年。

～陈晓律:《透视奥巴马医改下的美国"政治乱象"》,《学海》2014 年第 1 期。

《试析首席大法官罗伯茨对〈医改案〉的判决》,《江南论坛》2013 年第 9 期。

《〈奥巴马医改法案〉的宪法争端——聚焦医改法中的"强制医保"条款》,《历史教学(下半月刊)》2013 年第 12 期。

《美国克林顿政府的医疗保险制度改革》,苏州大学硕士学位论文 2007 年。

《美国医疗保险制度的历史演进》,《苏州市职业大学学报》2006 年第 2 期。

容志毅(山东大学)

《南方巫蛊习俗述略》,《广西社会科学》2003 年第 1 期。

柔多(青海海南州藏医院)

《关于藏医学基础三大因素的初步研究》,《中国藏学》1997 年第 4 期。

《传统藏药学理论述要》,《中国藏学》1995年第4期。

茹东民(济宁市郊区卫生局)

～李富华等:《王叔和生平里籍考》,《山东中医学院学报》1989年第2期。

茹古香(辽宁中医学院)

《从医学体系的演进看中西医变革与医学现代化》,《辽宁中医杂志》1982年第1期。

茹倩倩(茹倩倩)

《我国医疗事故纠纷报道中的医生媒介形象研究》,陕西师范大学硕士学位论文2012年。

阮步蟾

《航空医学发展史之鸟瞰》,《军医月刊》1934年第8期。

阮芳赋(美洲中国文化大学/北京医学院)

《中国当代优生科学重建的史实述略》,《中国科技史料》2002年第4期。

《二十世纪的医学》,《自然辩证法通讯》1985年第1期。

《从医学看性教育》,《青年研究》1985年第2期。

《优生学史:一种新的三阶段论》,《优生与遗传》1983年第5期。

《试论优生学史的发展分期问题》,《自然辩证法通讯》1983年第4期。

彭瑞骢、常青～:《从生物医学模式到生物心理社会医学模式》,《自然辩证法通讯》1982年第2期。

《医学社会学的对象、内容和意义》,《医学与哲学》1982年第4期。

《现代医学的主要特点》,《煤矿医学》1982年第2期。

彭瑞骢、李天霖～:《经济发展与我国医疗保健事业》,《医学与哲学》1982年第1期。

《医学伦理学:传统难题和意义》,《医学与哲学》1981年第3期。

《原始社会的医药卫生》,《北京医学院学报》1977年第3期。

阮明玉(上海中医药大学)

～李其忠:《越南古医籍〈医宗心领〉的相关研究》,《中医文献杂志》2018年第6期。

郑秀琴……芮芸～:《越南国家图书馆现存汉喃医学古籍情况概要》,《中医药文化》2018年第4期。

阮其煜

《广济医刊之沿革》,《广济医刊》1930年第1期。

阮士军(上虞县沥海卫生院/嘉兴市王店人民医院)

《〈伤寒指掌〉评介》,《安徽中医学院学报》1988年第4期。

沈敏南～:《试述黄竹斋伤寒学术思想》,《陕西中医》1986年第8期。

《试评〈伤寒大白〉的学术思想》,《浙江中医学院学报》1985年第5期。

阮氏李(云南中医学院)

《〈海上医宗心领〉外感病证治规律的研究》,云南中医学院硕士学位论文2013年。

阮氏秋恒(华南理工大学)

《越南公立医院医疗服务质量研究——以越南中央儿童医院为例》,华南理工大学硕士学位论文2013年。

阮赢震(华东政法大学)

《药品知识产权保护与公共健康利益冲突研究》,华东政法大学硕士学位论文2013年。

阮幼清

《中医对麻疹的认识和治疗》,《福建中医药》1958年第9期。

Rui Xiao(厦门大学)

《马来西亚中医发展特点和现状研究》,厦门大学硕士学位论文 2018 年。

S

赛地

《埃及药学概况》,《药学通报》1958 年第 1 期。

桑滨生(世界中医药学会联合会/国家中医药管理局)

～刘晓婷:《中国中医药法治建设回眸》,《中华医史杂志》2017 年第 1 期。

《〈中医药法〉彰显十大亮点》,《紫光阁》2017 年第 9 期。

《全球传统医药立法集纳》,《中国卫生》2017 年第 8 期。

《〈中医药发展战略规划纲要(2016—2030 年)〉解读》,《世界科学技术·中医药现代化》2016 年第 7 期。

罗卫芳～苏芮等:《"中西医并重"是我国摆脱医疗困境的良方》,《世界中医药》2013 年第 3 期。

罗卫芳……党海霞～蔡秋杰等:《中医学是重视发掘人体内在卫生资源的医学》,《中医杂志》2011 年第 2 期。

《略论我国中医药法制建设》,《中医药管理杂志》2006 年第 12 期。

《关于我国的中医药政策》,《中医药管理杂志》2006 年第 6 期。

《建国以来中医药法规立法现状与结构分析》,《中医药管理杂志》1997 年第 2 期。

《中医药法制工作的意义》,《中医药管理杂志》1995 年第 3 期。

《中医的三大国际流派》,《中医药管理杂志》1994 年第 1 期。

《国外中医药期刊现况分析》,《中医药管理杂志》1994 年第 1 期。

桑吉东珠(夏河县藏医院)

《藏医与西医两大医学体系比较之我见》,《中国藏学》1997 年第 4 期。

《藏医饮食疗法浅析》,《甘肃中医学院学报》1994 年第 4 期。

《藏医药学中的诊断学浅析》,《甘肃中医》1994 年第 5 期。

桑向来(华中科技大学同济医学院)

～司红玉等:《美国拉美裔移民防治艾滋病卫生服务利用研究》,《中国社会医学杂志》2008 年第 5 期。

S.C.卡斯祖巴

～陈一鸣:《中世纪蒙古人的战争创伤——〈秘史〉所载其性质与诊治,兼评蒙古军事医学与卫生》,《蒙古学信息》1997 年第 4 期。

色音(中国社会科学院/中国艺术人类学学/会北京师范大学)

～乌云格日勒:《中国萨满教研究百年回眸》,《世界宗教文化》2016 年第 1 期。

《论科尔沁萨满教的区域特征》,《宗教与民族》2015 年 00 期。

《中国萨满教现状与发展态势》,《西北民族研究》2015 年第 1 期。

《萨满医术:北方民族精神医学》,《广西民族大学学报(哲学社会科学版)》2014 年第 6 期。

《元代蒙古族萨满教探析》,《西北民族研究》2010 年第 4 期。

《试析萨满癫狂术的心理生理机制》，黑龙江民族丛刊 2000 年第 3 期。

《蒙韩产育礼俗比较》，《东北亚论坛》1996 年第 2 期。

《略谈萨满巫俗的习合》，《民俗研究》1993 年第 1 期。

《试论蒙古族原始宗教——萨满》，《中国社会科学院研究生院学报》1987 年第 5 期。

森正孝（日本静冈公立学校）

《日军细菌攻击的初步展开》，《浙江学刊》1997 年第 4 期。

僧海霞（西北师范大学/陕西师范大学）

《敦煌〈备急单验药方卷〉考补》，《敦煌研究》2018 年第 6 期。

《唐宋时期"药中王"诃梨勒医方探析——基于敦煌医药文献考察》，《敦煌研究》2016 年第 2 期。

《敦煌医药文书考补的重要依据》，《南京中医药大学学报（社会科学版）》2015 年第 3 期。

《唐宋时期敦煌行药法再探》，《南京中医药大学学报（社会科学版）》2015 年第 1 期。

《唐宋时期敦煌医用粥探析》，《中医杂志》2014 年第 12 期。

《敦煌〈备急单验药方卷〉缀辑本考补》，《石河子大学学报（哲学社会科学版）》2014 年第 1 期。

《唐宋时期敦煌地区药用醋考》，《中医杂志》2013 年第 14 期。

《唐宋时期敦煌地区中医遣方汤剂制作溶媒及用量考析》，《中医杂志》2013 年第 9 期。

《唐宋时期敦煌地区美发文化透视》，《中医药文化》2013 年第 3 期。

《唐宋时期敦煌地区药酒基酒考》，《中医杂志》2013 年第 2 期。

《敦煌遗书中美容医方初探》，《中医药文化》2012 年第 6 期。

《唐宋时期敦煌地区药酒文化探析》，《中医药文化》2012 年第 1 期。

《唐宋时期敦煌药酒文化透视——基于药用酒状况的敦煌文书考察》，《甘肃社会科学》2009 年第 4 期。

《唐五代宋初敦煌地区酿酒、用酒研究》，西北师范大学硕士学位论文 2007 年。

《唐五代宋初敦煌药用酒研究》，《中医药文化》2007 年第 2 期。

《敦煌文书中的药用酒研究》，《南京中医药大学学报（社会科学版）》2006 年第 2 期。

沙东迅（广东社会科院）

《日军波字 8604 部队在粤的细菌战活动》，《湖南文理学院学报（社会科学版）》2006 年第 2 期。

《抗战时期广东的卫生防疫》，《广东史志》2002 年第 1 期。

《侵华日军也曾在粤进行化学战》，《抗日战争研究》1998 年第 4 期。

《侵华日军波字 8604 部队在粤实施细菌战的罪行》，《广东史志》1996 年第 1 期。

《侵华日军在粤进行细菌战之概况》，《抗日战争研究》1996 年第 2 期。

《南石冤魂——侵华日军在粤秘密进行细菌战的罪行》，《广东党史》1995 年第 3 期。

沙光

《哥加因发明前之局部麻醉史》，《新药与治疗》1930 年第 1 期；1931 年第 3 期。

莎兰（呼市玉泉区医院）

《内经关于心身疾病的论述》，《内蒙古中医药》1994 年 S1 期。

沙蕾（上海中医药大学）

～雍丽等：《浅析中国古代女医成才之路》，《中医文献杂志》2016 年第 1 期。

～龚芳芳等：《谈允贤与〈女医杂言〉》，《中医文献杂志》2015 年第 2 期。

沙林林（南京中医药大学）

《民国〈针灸杂志〉医案研究》,南京中医药大学硕士学位论文 2017 年。

沙马拉林（四川美姑县防疫站）

～何勇等:《美姑县 1962—1989 年法定传染病流行动态及分析》,《现代预防医学》1993 年第 3 期。

沙莎（西北大学）

《人类文明进程中的迷醉状态——中西文学中的"疯癫"研究》,西北大学硕士学位论文 2007 年。

沙莎（厦门大学）

《叙事重构与精神疾痛复原——对一例双相障碍患者及其家庭的个案研究》,厦门大学硕士学位论文 2014 年。

沙涛（南阳理工学院/张仲景国医大学/河南省云阳中医药学校）

～沙恒玉等:《孔子养生思想探讨》,《中医药文化》2009 年第 3 期。

～沙恒玉等:《〈伤寒论〉部分词语探微》,《中医药文化》2007 年第 4 期。

～刘维庆等:《古典医著中的养生医学思想探微》,《陕西中医》2006 年第 6 期。

～刘维庆:《〈伤寒论·序〉的警世作用》,《医古文知识》2004 年第 2 期。

《〈黄帝内经〉的行文省略》,《医古文知识》2002 年第 1 期。

《浅谈〈黄帝内经〉修辞手法》,《医古文知识》1999 年第 2 期。

～刘维庆:《李贺、陆游寿命谈》,《医古文知识》1997 年第 3 期。

～刘维庆:《〈黄帝内经〉中之省略例析》,《中医函授通讯》1994 年第 4 期。

～刘维庆:《〈伤寒论〉中建安、不中、索饼考》,《中医函授通讯》1993 年第 5 期。

～刘维庆:《试谈〈诗经〉中古代早期医药内容》,《医古文知识》1993 年第 3 期。

～刘维庆:《〈内经〉名词动化例谈》,《中医函授通讯》1992 年第 3 期。

《冷谦的〈修龄要指〉》,《医古文知识》1992 年第 2 期。

～刘维庆:《试谈〈黄帝内经〉中的迭音词》,《医古文知识》1991 年第 1 期。

《〈内经〉凝固句式九法》,《国医论坛》1990 年第 4 期。

《〈医醇剩义·自序〉注解》,《医古文知识》1990 年第 2 期。

《〈医旨绪馀·叙〉注解》,《医古文知识》1989 年第 3 期。

～刘维庆:《谈"心开窍于耳"》,《重庆中医药杂志》1988 年第 2 期。

沙学忠（凉山州中西医结合医院/彝族医药研究所）

《彝族毕摩医学的研究现状》,《中国民族医药杂志》2016 年第 6 期。

《彝族毕摩仪式治病的医学理论初探》,《中国民族医药杂志》2012 年第 10 期。

《凉山毕摩医疗经验研究的意义和价值》,《检验医学与临床》2010 年第 2 期。

单德成（常州市第三人民医院/常州市中西医结合医院/常州市广化医院）

～赵小平:《孟河医派的形成和发展探讨》,《中国中医基础医学杂志》2010 年第 5 期。

《余景和〈诊余集〉学术思想探讨》,《江苏中医药》2005 年第 7 期。

《〈医宗金鉴〉对伤科学对贡献》,《江苏中医》1988 年第 1 期。

珊克

～撰,史永珍译:《几个病理学创造家》,《医学周刊集》第 5 卷(1932.1)。

单丽（中国航海博物馆/复旦大学）

《从方志看中国霍乱大流行的次数——兼谈霍乱首次大流行的近代意义》,《中国历史地理论丛》

2017 年第 1 期。

《清代霍乱病因认知(1820—1911)——以中医和地方文化为中心的考察》,《地方文化研究》2014 年第 6 期。

《中国霍乱始发问题辨析》,《中国历史地理论丛》2014 年第 1 期。

《1820 年赣南周边霍乱重疫区的形成与变迁》,《中国历史地理论丛》2013 年第 2 期。

《1902 年中国南方霍乱的海路港口传入与内陆蔓延》,《国家航海》2012 年第 1 期。

《1902 年广西霍乱大流行探析》,《历史地理》2011 年 00 期。

《从 1902 年霍乱传播模式看清末北方社会》,《中国历史地理论丛》2011 年第 4 期。

《清代古典霍乱流行研究》,复旦大学博士学位论文 2011 年。

《1902 年霍乱在中国的流行》,中国海洋大学硕士学位论文 2008 年。

单联喆(中国中医科学院)

《明清山西疫病流行规律研究》,中国中医科学院博士学位论文 2013 年。

梁峻、刘学春~:《论芳香医药的卫生作用》,《中国民族医药杂志》2013 年第 12 期。

~梁峻:《明清时期山西方志体现的地方医药成就》,《中医文献杂志》2013 年第 4 期。

~梁峻:《清代山西疫病流行时空规律研究》,《中国中医基础医学杂志》2013 年第 2 期。

单苗苗(首都经济贸易大学)

《我国乡村医生养老保障问题研究》,首都经济贸易大学硕士学位论文 2017 年。

单士魁(北京故宫博物院)

《清代太医院》,《故宫博物院院刊》1985 年第 3 期。

陈可冀~周文泉等:《慈禧医方选议》,《中医杂志》1981 年第 8 期。

陈可冀~周文泉等:《慈禧、光绪、珍妃、宣统脉案选论》,《中医杂志》1981 年第 7 期。

陈可冀~周文泉等:《光绪帝医方选议》,《紫禁城》1981 年第 5 期。

陈可冀~周文泉等:《慈禧太后医方选议》,《紫禁城》1981 年第 4 期。

陈可冀~周文泉等:《清宫医药史事:西洋人服用中药治病案例数则》,《中西医结合杂志》1981 年第 2 期。

《清宫的太医》,《紫禁城》1981 年第 1 期。

单书健(吉林科学技术出版社/吉林中医药杂志社)

《文人治医与中医学术发展》,《中国中医基础医学杂志》1999 年第 1 期。

《试论〈伤寒论〉中的辩证逻辑思维方法》,《医学与哲学》1983 年第 5 期。

《从生物心理社会医学模式谈中医病因学说及其发展》,《辽宁中医杂志》1983 年第 3 期。

山田庆儿

~康小青:《本草的分类思想——从世界图象到技术》,《国际汉学》2000 年第 2 期。

~撰,艾素珍译:《中国古代的计量解剖学》,《寻根》1995 年第 4 期。

单巍(浙江大学)

《中国医疗信任的危机与重建》,浙江大学博士学位论文 2013 年。

~丛杭青:《临床试验的受试者权益问题初探》,《医学与哲学(人文社会医学版)》2011 年第 1 期。

单文苑(苏州大学)

《我国媒体医疗纠纷报道的话语变迁与话语倾向》,苏州大学硕士学位论文 2007 年。

山下泰德（日本千叶大学）

～汪玲:《"保健"的翻译问题》,《中国健康教育》1993 年第 6 期。

单于德（固原地区中医药研究所/宁夏回族医药研究会/固原县人民医院）

～单利:《回族医学独特的烙灸疗法》,《中国民族民间医药杂志》2002 年第 3 期。

《奇特的阿位伯香药文化》,《中国穆斯林》2000 年第 5 期。

～杨伯涛:《大食医药学者对藏医学的贡献》,《中国民族民间医药杂志》2000 年第 1 期。

～单利:《回族医学对脑的认识》,《中国民族医药杂志》1999 年第 6 期;2000 年第 3 期。

《回回香药渊源》,《回族研究》1997 年第 4 期。

单镇（十三冶职工医院）

～杨宝龙:《中药药剂学的起源与发展》,《山西中医》2005 年第 4 期。

尚大鹏（大连海事大学）

《TRIPS 药品专利保护和公共健康权的冲突与平衡》,大连海事大学硕士学位论文 2009 年。

尚福星（河南大学文学院）

《〈醒世姻缘传〉——二庸医》,《赤峰学院学报（汉文哲学社会科学版）》2014 年第 2 期。

上官定一（山西师范大学/华中师范大学）

《25 年来中国近代鼠疫史研究的回顾与反思》,《中华医史杂志》2016 年第 3 期。

《救世济民　兼善天下——对山西省档案馆馆藏〈山西省疫事报告书〉的解读》,《山西档案》2015 年第 1 期。

上官子木（北京市社会科学院）

《心理疾患的社会文化根源》,《北京社会科学》1994 年第 2 期。

上海第一医学院人体介剖教研组

《孔孟之道阻碍了我们介剖学的发展》,《文汇报》1974 年 8 月 23 日。

上海结核病防治工作特辑

《上海结核病防治工作历史》,《上海结核病防治工作特辑》1950 年 8 月。

上海医史学会

《余云岫先生传略与年谱》,《中华医史杂志》1954 年第 2 期。

上海中医学院大批判组

《儒法斗争与祖国医学》,《文汇报》1974 年 8 月 14 日。

上海中医学院医史博物馆

《我国医学史上反天命与尊天命的斗争》,《自然辩证法杂志》1974 年第 3 期。

尚季芳（西北师范大学）

～张丽坤:《建国初期甘肃省在少数民族地区的禁毒实践及经验——基于甘南藏区的个案考察》,《青海民族大学学报（社会科学版）》2015 年第 3 期。

《传教士在西北地区的禁毒实践及其困境》,《宗教学研究》2014 年第 4 期。

～李佳佳:《在禁与不禁之间:民国时期青海禁政述论》,《青海民族研究》2013 年第 3 期。

《亦有仁义:近代西方来华传教士与西北地区的医疗卫生事业》,《西北师大学报（社会科学版）》2011 年第 3 期。

《论民国时期甘肃省的毒品经济与社会变迁》,《中国经济史研究》2011 年第 3 期。

～但唐军:《民国时期甘肃鸦片贩运群体及贩运路线考察》,《重庆师范大学学报（哲学社会科学版）》2010 年第 1 期。

《建国初期甘肃省的禁烟禁毒斗争——兼与国民政府时期的禁政对比分析》，《西北民族大学学报（哲学社会科学版）》2010 年第 2 期。

《民国时期甘肃农村烟祸状况及社会影响述论》，《青海师范大学学报（哲学社会科学版）》2009 年第 6 期。

《双重贫困——民国时期甘肃鸦片种植成因析论》，《西北民族大学学报（哲学社会科学版）》2009 年第 1 期。

～张承鹏：《社会失控：民国时期敦煌地区鸦片烟毒问题述论》，《青海民族研究》2008 年第 3 期。

《"青马"军阀统治与民国时期河西毒品泛滥》，《中南民族大学学报（人文社会科学版）》2008 年第 4 期。

《论国民政府分期禁绝毒品政策的弊端——以甘肃省的禁政为中心》，《历史教学（高校版）》2008 年第 12 期。

《吸食与自杀——毒品对甘肃民众的危害》，《档案》2007 年第 5 期。

《民国时期甘肃毒品与禁毒问题研究》，四川大学博士学位论文 2007 年。

《甘肃民歌中的劝戒鸦片歌谣》，《档案》2006 年第 5 期。

尚家驹（天津中医药大学）

～孟向文：《试述经外奇穴历史沿革》，《山西中医》2013 年第 8 期。

商江（河北师范大学）

《20 世纪 60 年代河北农村巡回医疗制度研究》，河北师范大学硕士学位论文 2011 年。

尚景建（首都师范大学）

《梅毒与"去梅毒"：尼采疾病的历史》，《中国图书评论》2012 年第 11 期。

尚俊丞（华中师范大学）

《清代湖湘医者研究》，华中师范大学硕士学位论文 2019 年。

尚力（上海中医药大学）

姚燕萍、杨丽娜～：《浅析刘完素脾胃病思想在呕吐治疗中的应用》，《上海中医药大学学报》2017 年第 5 期。

杨丽娜～朱邦贤：《"心神一体论"与"心主神明说"——以〈周易〉〈老子〉〈管子〉为例》，《中医药文化》2015 年第 5 期。

李明～邴守兰：《上海新中国医学院教学思想探析》，《中华医史杂志》2014 年第 6 期。

李明～陈丽云：《秦伯未及其"中国医学院"教育思想初探》，《中国中医药信息杂志》2014 年第 4 期。

马杰……严骅～姚洁敏等：《中医学术发展进程中的医学时弊成因探析》，《中国中医基础医学杂志》2013 年第 10 期。

马杰……严骅～姚洁敏等：《中医"补偏救弊"与"致中和"哲学思想及"圜道"运动观》，《中医杂志》2013 年第 12 期。

《理学动静观对金元医家的学术影响》，《上海中医药杂志》2009 年第 1 期。

《宋代理学对刘河间学术思想的影响》，《医古文知识》2002 年第 1 期。

尚丽岩（辽宁大学）

《中国农村合作医疗制度——基于主体认知的制度变迁解释》，辽宁大学博士学位论文 2008 年。

尚平（荆州市中心医院）

　　～高勇：《交叉韧带外科发展史略》，《中华医史杂志》2002 年第 4 期。

尚启东（安徽省立医院/安徽省人民医院）

　　《〈华佗尤候〉是〈华佗九候论〉之误》，《中医杂志》1986 年第 3 期。

　　～尚煦：《〈内照法〉辨伪》，《安徽中医学院学报》1985 年第 3 期。

　　《〈华佗论治伤寒〉篇的考源和研究》，《安徽中医学院学报》1985 年第 2 期。

　　《华佗医学研究概述》，《安徽中医学院学报》1985 年第 1 期。

　　《代、缓二脉古令涵义不同》，《安徽中医学院学报》1984 年第 3 期。

　　《今传〈颅囟经〉考并补》，《浙江中医学院学报》1984 年第 3 期。

　　《从"淡饮"到"痰饮"——〈金匮要略·痰饮篇〉篇名考》，《安徽中医学院学报》1983 年第 4 期。

　　《伤寒例篇非王叔和所作》，《安徽中医学院学报》1983 年第 1 期。

　　《〈桐君药录〉成书年代考》，《安徽中医学院学报》1982 年第 4 期。

　　《华氏〈中藏经〉辨伪》，《安徽中医学院学报》1982 年第 2 期。

　　《〈金匮玉函经〉考》，《浙江中医学院学报》1981 年第 5 期。

　　《华佗三传考》，《安徽中医学院学报》1981 年 00 期。

　　《〈金匮要略〉中的几个问题》，《浙江中医学院学报》1980 年第 4 期。

　　～余春霖：《张仲景传略考》，《浙江中医学院学报》1979 年第 6 期。

　　《切脉考》，《中华医史杂志》1955 年第 2 期。

　　《针灸医学史略考》，《针灸医学》1953 年第 8 期。

尚文豪（贵阳中医学院）

　　～朱星等：《苗医发展简史的梳理与探讨》，《中医药导报》2018 年第 12 期。

　　～陈雅婷等：《苗巫文化在苗族医学上的临床运用》，《亚太传统中医药》2017 年第 9 期。

　　朱星～崔瑾：《苗族体育养生初探》，《中国民族民间医药》2017 年第 1 期。

　　～朱星：《苗族饮食养生文化初探》，《中国民族医药杂志》2016 年第 11 期。

　　～朱星：《苗族民俗习惯与苗医药养生保健的关系》，《中国民族医药杂志》2016 年第 10 期。

尚学瑞（辉县市中医院）

　　《西汉医家淳于意〈诊籍〉考略》，《中医药学刊》2003 年第 9 期。

　　赵世运～：《"治痿独取阳明"阐义》，《河南中医药学刊》2002 年第 6 期。

　　～赵世运：《简析〈伤寒论〉论治咳嗽》，《中医研究》2002 年第 2 期。

尚衍斌（中央民族大学）

　　《〈饮膳正要〉的特点及史料价值》，《故宫博物院院刊》2010 年第 2 期。

　　《忽思慧〈饮膳正要〉识读札记》，《中国文化研究》2003 年第 2 期。

　　《忽思慧〈饮膳正要〉不明名物考释》，《浙江师大学报》2001 年第 1 期。

商羊

　　《唐代医学对妇女儿童的关注》，《文史杂志》2011 年第 6 期。

尚颖（河北大学）

　　《美国医疗保险制度改革探析》，河北大学硕士学位论文 2009 年。

尚永亮（武汉大学）

　　～萧波：《唐人的"后院"——从唐诗中的"药"看唐人生活与创作》，《华中师范大学学报（人文社会科学版)》2004 年第 5 期。

尚云青(云南中医学院)

~杨玲春等:《浅析中医药膳与食疗的差异和相互关系及其发展》,《云南中医中药杂志》2012 年第 9 期。

尚振明(孟县文化馆)

《孟县出土汉代太医药罐》,《中原文物》1985 年第 1 期。

尚志钧(皖南医学院弋矶山医院/皖南医学院附属医院/皖南医学院/芜湖医学专科学校)

《〈诗经〉药物考释之一——果蠃》,《中医药文化》2007 年第 3 期。

《汉代本草概况和特点》,《现代中药研究与实践》2005 年第 2 期。

《金陵版〈本草纲目〉误注陈藏器〈本草拾遗〉例》,《北京中医药大学学报》2004 年第 6 期。

《〈新修本草〉药物合并与分条对药物总数的影响》,《中华医史杂志》2003 年第 3 期。

《〈雷公炮灸论〉著作年代讨论》,《中华医史杂志》2002 年第 4 期。

《〈证类本草〉"墨盖"下引"唐本""唐本注"讨论》,《中华医史杂志》2002 年第 2 期。

《〈神农本草经〉与古代方士存在历史渊源关系》,《北京中医药大学学报》2002 年第 1 期。

《〈石药尔雅〉简介》,《基层中药杂志》2001 年第 3 期。

《金陵版〈本草纲目〉引〈孟诜食疗本草〉出处讨论》,《中华医史杂志》2000 年第 3 期。

《〈本草纲目〉误注徐之才为陈藏器例》,《基层中药杂志》2000 年第 1 期。

《杨上善撰注〈黄帝内经太素〉时代考》,《江苏中医》1999 年第 5 期。

《梁·陶弘景〈本草经集注〉对本草学的贡献》,《北京中医药大学学报》1999 年第 3 期。

《〈神农本草经〉书名出现时代的讨论》,《中华医史杂志》1999 年第 3 期。

《〈开宝本草〉研探》,《基层中药杂志》1999 年第 1 期。

《日华子和〈日华子本草〉》,《江苏中医》1998 年第 12 期。

《吴普所引神农药性与〈证类〉〈本经药〉所引神农药性同异考》,《中华医史杂志》1998 年第 3 期。

《陶弘景作〈本草经集注〉所据的〈本草经〉讨论》,《皖南医学院学报》1998 年第 2 期。

《古本〈本草经〉佚文考》,《北京中医药大学学报》1997 年第 5 期。

《〈神农本草经〉药物产地探析》,《中医文献杂志》1997 年第 3 期。

《〈证类本草〉引"雷公曰"药物出处分析》,《基层中药杂志》1997 年第 3 期。

《徐之才和〈雷公药对〉》,《中华医史杂志》1997 年第 3 期。

《金陵版〈本草纲目〉引〈日华子本草〉误注例》,《中华医史杂志》1997 年第 1 期。

《〈本草经〉"七情药例"考》,《中医文献杂志》1996 年第 4 期。

《金陵版〈本草纲目〉所注"十剂"出处辨疑》,《基层中药杂志》1996 年第 2 期。

《〈子仪本草〉辨伪》,《中华医史杂志》1996 年第 1 期。

《考据学在本草文献上的应用》,《中医文献杂志》1995 年第 4 期。

~刘晓龙:《贝母药用历史及品种考察》,《中华医史杂志》1995 年第 1 期。

刘晓龙~:《对〈中药志〉山豆根一药历史引文的异议》,《中国药学杂志》1994 年第 6 期。

~刘晓龙:《〈五十二病方〉厚柎的再讨论》,《山东中医杂志》1994 年第 4 期。

~刘晓龙:《〈本草图经〉厚朴的品种考证》,《中药材》1994 年第 4 期。

刘晓龙~:《〈神农本草经〉药物基原考证方法探讨》,《中医文献杂志》1994 年第 3 期。

~刘大培:《〈政和本草〉、〈大观本草〉同异考》,《中国药学杂志》1994 年第 3 期。

《〈神农本草经〉出于汉代本草官之手》,《杏苑中医文献杂志》1994年第2期。

刘晓龙~吴秀清:《中药葱的本草考证》,《基层中药杂志》1994年第2期。(附:刘晓龙:《〈本草便读〉部分药图考察》,《基层中药杂志》1994年第1期。)

《〈本草求真〉简介》,《皖南医学院学报》1994年第1期。

《〈证类本草〉陶序和〈名医别录〉历史关系之辨析》,《中华医史杂志》1994年第1期。

刘晓龙、刘大培~:《白芍、赤芍的本草考证》,《中国药学杂志》1993年第10期。

《"大苦"原植物考证》,《中药材》1993年第10期。

刘大培、尚元藕~:《四库全书〈证类本草〉版本的讨论》,《中国药学杂志》1993年第10期。

~刘大培:《〈政和本草〉药物新分条的探讨》,《北京中医药大学学报》1993年第5期。

刘晓龙~:《陶弘景集〈名医别录〉的考察》,《基层中药杂志》1993年第2期。

~刘大培:《陶隐居所云"十剂"辨疑》,《中国医药学报》1993年第2期。

刘晓龙~:《爵床与紫葛的本草考证》,《时珍国医国药》1993年第1期。

《〈证类本草〉中黑字别录药来源的讨论》,《中医药学报》1992年第5期。

刘晓龙~:《〈神农本草经〉麻黄的本草考证》,《江西中医药》1992年第5期。

尚元胜~:《〈本草经〉药物产地的考察》,《基层中药杂志》1992年第3期。

《对〈药性论〉作者及成书时间的讨论》,《安徽中医学院学报》1992年第2期。

《艾晟校〈大观本草〉增补陈承别说》,《基层中药杂志》1992年第2期。

《〈本草经〉矿物药空青等释义》,《皖南医学院学报》1992年第2期。

刘晓龙~:《山茱萸原植物考证》,《中药材》1992年第1期。

~刘大培:《〈政和本草〉增入寇氏衍义》,《基层中药杂志》1992年第1期。

《丹砂矿药物的综述》,《皖南医学院学报》1991年第4期。

《〈本草纲目〉新增药品出处的分析》,《时珍国医国药》1991年第2期。

《唐代本草概况及特点》,《安徽中医学院学报》1991年第1期。

《明代安徽名医陈嘉谟和〈本草蒙筌〉》,《中医临床与保健》1991年第1期。

《〈本草图经〉特点及其评价》,《中药材》1990年第10期。

《古方用矿石治痈疽例》,《皖南医学院学报》1990年第4期。

《〈本草纲目〉标注〈本经〉药物总数的讨论》,《安徽中医学院学报》1990年第4期。

《南宋新安医学家张杲的保健观》,《中医临床与保健》1990年第3期。

《〈本草图经〉的考察》,《安徽中医学院学报》1990年第3期。

《〈名医别录〉考》,《陕西中医学院学报》1990年第3期。

《历代主要本草矿物药发展概况》,《皖南医学院学报》1990年第2期。

《汪讱庵及其〈本草备要〉》,《安徽中医学院学报》1990年第2期。

《从〈饮膳正要〉看忽思慧对元代保健医学的贡献》,《中医临床与保健》1990年第2期。

《李时珍十种著作的考察提要》,《中医临床与保健》1990年第1期。

《对〈李当之药录〉的考察及评价》,《安徽中医学院学报》1990年第1期。

《〈神农本草经〉"白瓜子"考释》,《中药材》1989年第12期。

《〈本草纲目〉注〈本草经〉文为其它文》,《江苏中医》1989年第12期。

《〈神农本草经〉"桐叶"考释》,《中药材》1989年第11期。

《〈神农本草经〉"菖蒲"考释》,《中药材》1989年第8期。

《〈五十二病方〉"五谷、米、谷汁、泽泔、黍潘"考释》，《中药材》1989 年第 5 期。

《五代时期的本草著作及其特点》，《安徽中医学院学报》1989 年第 4 期。

《从医药角度探讨〈万物〉与〈山海经〉的时代关系》，《中医临床与保健》1989 年第 3 期。

《商务影印〈政和本草〉版本辨伪》，《中国医药学报》1989 年第 2 期。

《〈五十二病方〉与〈肘后方〉勘比分析》，《中医临床与保健》1989 年第 1、2 期。

《〈本草经〉"蓬藁"考释》，《中药材》1989 年第 1 期。

《〈四部总录〉书目辨疑一则》，《江苏中医》1989 年第 1 期。

《顾观光辑〈神农本草经〉药物合并和分条的讨论》，《中药通报》1988 年第 11 期。

《〈太平惠民和剂局方〉的成书概况》，《中成药研究》1988 年第 5 期。

《〈本草纲目〉版本简介》，《安徽中医学院学报》1988 年第 4 期。

《对汪广庵〈注解神农本草经〉的质疑》，《皖南医学院学报》1988 年第 4 期。

《〈本草经〉"白兔藿、鹿藿"的试释》，《中药材》1988 年第 3 期。

《商务影印〈政和本草〉错简例》，《北京中医大学学报》1988 年第 2 期。

《王好古著述年代讨论》，《江苏中医杂志》1987 年第 6 期。

《〈五十二病方〉药物灶末灰、灶黄土、甕罋处土、囷土、井中泥、冻土考释》，《中药材》1987 年第 4 期。

《〈本草拾遗〉的研探》，《皖南医学院学报》1987 年第 3 期。

《〈神农本草经〉目录的讨论》，《安徽中医学院学报》1987 年第 2、3 期。

《〈五十二病方〉药物厚柎、朴、白付考释》，《中药材》1987 年第 2 期。

《历代本草概况》，《中国医药学报》1987 年第 1、2 期。

《〈本草纲目〉"草麻绳索"考释》，《中药材》1987 年第 1 期。

《〈本草纲目〉引〈本草经〉文化裁举例》，《江苏中医杂志》1986 年第 7 期。

《〈五十二病方〉"堇葵"、"毒堇"、"苦"、"仆纍"考释》，《中药材》1986 年第 6 期。

《从药物产地看〈五十二病方〉的产生年代》，《湖南中医学院学报》1986 年第 4 期。

《〈五十二病方〉鳣鱼血、鮒鱼、蠸考释》，《中药材》1986 年第 3 期。

《敦煌出土〈本草经集注序录〉的考察》，《中国医药学报》1986 年第 2 期。

《〈五十二病方〉用药方法概况》，《湖南中医学院学报》1986 年第 1 期。

《〈证类本草〉白字考异》，《安徽中医学院学报》1986 年第 1 期。

《〈雷公药对〉考略》，《江苏中医杂志》1985 年第 11 期。

《"药性论"的考察》，《中成药研究》1985 年第 6 期。

《濒湖炮炙法的考察》，《安徽中医学院学报》1985 年第 4 期。

《〈五十二病方〉"冥蚕种、食衣白鱼、长足"考释》，《中药材》1985 年第 4 期。

《〈五十二病方〉"攻口、樟、产齐赤"考释》，《中药材》1985 年第 3 期。

《〈神农本草经〉七情考》，《安徽中医学院学报》1985 年第 3 期。

《〈五十二病方〉药物考释》，《中成药研究》1985 年第 1 期。

《"十剂"之说提出者的讨论》，《中成药研究》1984 年第 5 期。

《〈证类本草〉白字〈本草经〉文原出于陶弘景之手》，《安徽中医学院学报》1983 年第 4 期。

《〈本草经集注〉概述》，《安徽中医学院学报》1983 年第 2 期。

《〈嘉祐本草〉概述》，《皖南医学院学报》1983 年第 2 期。

《〈食疗本草〉考》，《皖南医学院学报》1983 年第 1 期。

《〈雷公炮炙论〉有关炮制方法概述》,《中成药研究》1982 年第 10 期;1983 年第 4 期。

《〈五十二病方〉药物炮制概况》,《中药通报》1982 年第 6 期。

《诸家辑本〈神农本草经〉皆出于〈证类本草〉白字》,《江苏中医杂志》1982 年第 2 期。

《中国历史上最早的中成药制药厂——宋代"和剂局"》,《中成药研究》1981 年第 7 期。

《宋代本草著作的概况及其特点》,《中华医史杂志》1981 年第 3 期。

《整复〈肘后方〉的意义》,《黑龙江中医药》1981 年第 1 期。

《〈五十二病方〉制剂概况》,《中成药研究》1981 年第 1 期。

《从〈五十二病方〉应用水银来看我国古代制药化学的成就》,《中国药学杂志》1980 年第 9 期。

《对〈中药学〉药名文献来源标注的商榷》,《成都中医药学院学报》1980 年第 2 期。

《述整复〈唐本草〉的意义》,《浙江中医学院学报》1980 年第 1 期。

《从〈证类本草〉所引资料看陶弘景的本草学贡献》,《中国药学杂志》1963 年第 6 期。

《介绍〈本草衍义〉兼论其编纂中的几个问题》,《中国药学杂志》1963 年第 5 期。

《祖国历史上最早的栓剂——蜜煎导方》,《中国药学杂志》1963 年第 3 期。

谢海洲～:《有关汞及炼丹的历史》,《哈尔滨中医》1963 年第 3 期。

《祖国历史上最早的栓剂——蜜煎导方》,《药学通报》1963 年第 3 期。

《"雷公炮炙论"著作年代初探》,《哈尔滨中医》1961 年第 5 期。

《〈神农本草经〉佚文考》,《哈尔滨中医》1961 年第 4 期。

《〈本草经集注〉对于药物炮炙和配制的贡献》,《哈尔滨中医》1961 年第 3 期。

《〈神农本草经集注序录〉的考察》,《哈尔滨中医》1960 年第 11 期。

《中药炮炙发展的初探》,《哈尔滨中医》1960 年第 9 期。

谢天心～:《我国晋代的药物学家陶弘景》,《哈尔滨中医》1960 年第 8 期。

《〈神农本草经〉来源及其辑本存在问题的讨论》,《哈尔滨中医》1960 年第 7 期。

《现存唐本草残卷的考察》,《哈尔滨中医》1960 年第 5 期。

～尚启东:《吴普本草的研究》,《哈尔滨中医》1960 年第 3 期。

谢海洲～:《本经品属初探》,《北京中医学院学报》1960 年第 2 期。

《唐本草目录的研究》,《北京中医学院学报》1960 年第 2 期。

谢海洲～:《神农本草经重复十八种药问题的研究》,《北京中医学院学报》1960 年第 1 期。

～谢海洲:《祖国历史上第一部药典——唐本草——纪念唐本草编成 1300 周年》,《药学通报》1959 年第 10 期。

《阿片输入中国考》,《人民保健》1959 年第 6 期。

谢海洲～:《祖国历史上第一部药典——唐本草颁行 1300 周年纪念》,《北京中医学院学报》1959 年第 1 期。

《我国最早的药典"唐本草"》,《医学史与保健组织》1957 年第 4 期。

邵丹(北京大学)

《百岁女医谈允贤传奇医传——从〈女医杂言〉细论前明妇科、性医学的进步》,《中国性科学》2017 年第 2 期。

《〈色·戒〉非色——品读历史中的性医学》,《中国性科学》2009 年第 1 期。

《伍连德和英文版〈中国医史〉——一部老医书之存世价值与意义》,《医学与哲学》2004 年第 5 期。

《日本最早研究 X 射线者》,《中华医史杂志》1995 年第 2 期。

邵丹丹（河北师范大学）

《1937—1949 年晋察冀边区疫病问题研究》，河北师范大学硕士学位论文 2016 年。

《论抗战时期晋察冀边区疫病流行及防治》，《河北广播电视大学学报》2015 年第 2 期。

邵德兴（中共杭州市委党校）

《"赤脚医生"与杭州农村合作医疗制度变迁》，《中共杭州市委党校学报》2010 年第 6 期。

《赤脚医生与农村合作医疗制度变迁》，《中共浙江省委党校学报》2010 年第 4 期。

《新型农村合作医疗制度绩效的比较分析——以浙江省萧山、桐庐和龙游三县（区）为例》，《中国卫生经济》2007 年第 4 期。

《新型农村合作医疗：模式比较与实际效应——新型农村合作医疗制度模式的绩效分析》，《浙江经济》2006 年第 20 期。

邵殿文

《药方洞石刻药方考》，《中原文物》1993 年第 4 期。

邵芳强（大连海事大学）

～杨阳：《现代医学的责任伦理诉求：在可能中寻求确定》，《医学与哲学（A）》2016 年第 9 期。

～杨阳：《"重构"身体：问诊医学现代性危机》，《医学与哲学（A）》2016 年第 5 期。

邵冠勇（山东中医药大学/山东中医学院）

《〈素问〉"起亟"解》，《山东中医药大学学报》2001 年第 5 期。

《〈释骨〉辨正》，《山东中医药大学学报》2000 年第 2 期。

《"肝生于左"解》，《中医药研究》1995 年第 2 期。

《关于〈医说〉及其校注》，《山东中医学院学报》1991 年第 1 期。

《〈本草纲目〉释名发例》，《山东中医学院学报》1989 年第 4 期。

《扁鹊籍贯问题源流考》，《山东中医学院学报》1986 年第 2 期。

《天干地支及其在医经中的应用》，《山东中医学院学报》1983 年第 3 期。

邵贵宏（云南中医学院）

《吴佩衡对〈伤寒论〉学术思想研究》，云南中医学院硕士学位论文 2012 年。

邵金远（河南新乡医学院/山西大学）

《医疗机构评价与豫北西式医院的正规化转型》，《自然辩证法通讯》2016 年第 6 期。

《近代加拿大传教士团在豫北医学传教活动研究》，山西大学博士学位论文 2014 年。

～高策：《近代豫北医学传教活动的科学社会史研究》，《自然辩证法通讯》2014 年第 1 期。

《分级有序医疗的辐射效应——近代豫北"怀庆农村医疗网"启示》，《人民论坛》2013 年第 7 期。

《罗光普与 20 世纪二三十年代豫北的医疗科技》，《史学月刊》2013 年第 11 期。

～杨小明、高策：《医药传教与西方医学在中国的本土化——以近代豫北加拿大长老会医药传教为例》，《山西大学学报（哲学社会科学版）》2013 年第 3 期。

《近代豫北第一所护士培训学校》，《中华医史杂志》2013 年第 3 期。

《豫北地区现代护理事业的起步》，《中华现代护理杂志》2012 年第 8 期。

邵京

《纪录与思考：农村有偿献血与 HIV 感染》，载徐杰舜、秦红增主编《人命关天》（哈尔滨：黑龙江人民出版社 2010 年）。

《说和做：医学人类学批判的尴尬》，《视界》第 13 辑（2004）。

邵康蔚

《〈红楼梦〉对医学的贡献》,《红楼梦学刊》2000 年第 3 期。

邵丽君(河北大学)

《〈妇婴卫生〉的知识传播(1941—1956)》,河北大学硕士学位论文 2015 年。

邵鲁琳(辽宁师范大学)

《明代疫灾防治的社会保障制度研究》,辽宁师范大学硕士学位论文 2013 年。

邵明众(西北大学)

《孙思邈道医养生思想研究》,西北大学硕士学位论文 2015 年。

邵盼(首都经济贸易大学)

《日本老年医疗保险制度变革、评估及对中国的启示》,首都经济贸易大学硕士学位论文 2016 年。

邵奇涛(山东师范大学)

~任吉刚等:《中国农村合作医疗制度的历史演绎与启示》,《山东农业大学学报(社会科学版)》2007 年第 2 期。

邵清松(浙江林学院)

~郭巧生:《药用菊花道地药材形成源流考》,《时珍国医国药》2009 年第 7 期。

邵文杰(河南中医学院)

《最早的国家药典——〈唐·新修本草〉》,《中医药学报》1985 年第 2 期。

邵象伊

《新医东渐史料》,《医事公论》第 2 卷第 23 期(1935);第 3 第 1、4 期(1935);第 3 卷 7 期(1936)。

邵新春(北京市档案馆)

~王峰:《新中国成立后北京市首次防御鼠疫始末》,《北京党史》2007 年第 1 期。

邵学鸿(北京中医药大学)

《〈内经〉热病初探》,《江苏中医药》2003 年第 8 期。

邵怡(南京中医药大学)

高雨~杨秦:《民国时期苏州国医学校图书馆之考论》,《中华医学图书情报杂志》2018 年第 8 期。

《民国中医学会组织建设与管理介绍——以苏州国医学校为例》,《黑龙江科技信息》2017 年第 12 期。

~李文林等:《民国时期江苏地区中医学会的医派特征》,《中国中医药图书情报杂志》2017 年第 6 期。

~高雨等:《论民国时期江苏地区中医学会的学术价值》,《中国中医药图书情报杂志》2016 年第 5 期。

邵宇春(辽宁社会科学院)

《抗击鼠疫的斗士——医学博士伍连德》,《兰台世界》2009 年第 19 期。

邵祖新(中共上海市委党校/中共上海市级机关党校)

《〈管子〉医学思想发微》,《管子学刊》2000 年第 4 期。

《试论道教对中国医学的贡献》,《中国道教》1998 年第 3 期。

佘靖(中国中医药学会/中国国家中医药管理局)

~刘红旭:《论北京四大名医的学术思想》,《健康报》2002 年 3 月 1 日。

~刘红旭:《北京四大名医与中西医结合》,《中国中西医结合杂志》2001 年第 11 期。

~刘红旭:《50年来医学期刊施今墨学术思想相关文献初析》,《中国医药学报》2001年第1期。

森和~钱英:《关于中国传统医学和美容疗法治疗原理的研究》,《中国医药学报》1998年第6期。

Shelley Denise Ochs(欧阳珊婷)

《扁鹊医学之研究》,中国中医科学院博士学位论文2013年。

社史

《梁其姿:近代医生与医疗文化》,《中国社会科学报》2007年12月11日第2版。

沈柏宏

《唐代医疗设施及其效益评估》,《社会/文化史集刊》第4集(2000)。

沈宝红(福建中医学院)

~张理平:《中医食疗对日本饮食文化的影响》,《福建中医学院学报》2002年第2期。

申斌(北京中医药大学)

《郑钦安学术思想研究》,北京中医药大学硕士学位论文2008年。

慎苍健

《京城帝国大学汉药研究之成立》,《科技医疗与社会》第11期(2010.10)。

沈聪(山东大学)

《应对传染病和公共卫生危机的国际合作》,山东大学硕士学位论文2006年。

申东原(韩国国立顺天大学校/天津中医学院)

~权东烈:《〈东医宝鉴〉针灸学特色探析》,《上海中医药杂志》2009年第11期。

申鹏飞~石学敏:《〈内经〉关于心身疾病的论述》,《辽宁中医杂志》2004年第1期。

沈尔安

《从〈类经图翼〉的错误谈到〈针灸集成〉及〈针灸经穴图考〉》,《广东中医》1962年第5期。

沈尔安(广西玉林市医学情报所)

《在战火中诞生的柴胡注射液》,《中国医药报》2003年8月11日。

《我国古代军事医学一瞥》,《解放军健康》2003年第1期。

沈凤(凤)阁(南京中医学院)

《王孟英〈温热经纬〉对温病的学术贡献》,《新疆中医药》1993年第2期。

吴成……孟澍江~:《陈平伯从肺胃论治风温学术思想探讨》,《福建中医药》1991年第5期。

张国庆……孟澍江~:《叶天士温病防治经验初探》,《福建中医药》1985年第6期。

马健……孟澍江~:《〈温病条辨〉"辨汗"初探》,《广西中医药》1985年第3期。

《吴鞠通〈医医病书〉探析》,《河南中医》1984年第6期。

《杨栗山与〈伤寒温疫条辨〉》,《南京中医学院学报》1984年第1期。

《吴坤安对温病的学术贡献》,《安徽中医学院学报》1984年第1期。

《邵步青对温病的学术贡献》,《安徽中医学院学报》1983年第3期。

《石芾南与〈医原〉》,《安徽中医学院学报》1983年第2期。

《浅析戴北山〈广温疫论〉》,《南京中医学院学报》1983年第3期。

《论〈伤寒论〉对温病学发展的影响》,《江苏中医杂志》1982年第5期。

《王安道对温病学术的贡献》,《南京中医学院学报》1982年第3期。

《浅谈喻嘉言对温病学术的贡献》,《南京中医学院学报》1982年第2期。

《浅谈温病治疗学的辩证观》,《安徽中医学院》1982年第1期。

《浅谈刘河间对温病学的贡献》,《江苏中医杂志》1980 年第 6 期。

《从吴又可〈瘟疫论〉谈到现代温病学中的若干问题》,《江苏中医》1964 年第 7 期。

沈桂祥(无锡市惠山区前洲镇卫生院)

《曹颖甫批〈痢无止法解〉》,《浙江中医杂志》2001 年第 7 期。

《陈存仁生平和他的〈乐天长寿辞〉》,《中医文献杂志》2000 年第 2 期。

《悠悠岁月翰墨弥珍——介绍秦伯未先生真迹〈医家座右铭〉及其生平》,《中医文献杂志》1998 年第 3 期。

沈海梅(云南民族大学)

《从瘴疠、鸦片、海洛因到艾滋病:医学人类学视野下的中国西南边疆与边疆社会》,《西南民族大学学报(人文社会科学版)》2012 年第 3 期。

沈红(上海大学)

《古人对优生优育的认识》,《中医药文化》2006 年第 6 期。

申红玲(天津中医药大学/天津中医学院)

~王泓午:《〈诸病源候论〉对空气生物性污染的认识》,《江苏中医药》2014 年第 6 期。

丁慧芬……张建勋~:《华北地区古代疫情季节分布及相关因素分析》,《中医研究》2008 年第 11 期。

《〈本草纲目〉水环境医学思想探析》,《时珍国医国药》2008 年第 10 期。

《中医环境医学思想的研究现状与思考》,《江苏中医药》2007 年第 12 期。

~沈伯雄:《王孟英〈随息居重订霍乱论〉环境医学思想研究》,《时珍国医国药》2007 年第 9 期。

《从〈说文解字〉"姅"看古代的月经和生育禁忌》,《江西中医学院学报》2007 年第 2 期。

《中医教育家,岐黄护法人——陈泽东》,《天津中医学院学报》2004 年第 3 期。

沈红艺(上海中医药大学)

宋婷~倪红梅等:《健康的词源学考释》,《中华中医药学刊》2014 年第 6 期。

蒙玲莲、沈春琼~倪红梅等:《苦痛习惯用语的临床意义及本土审视》,《中华中医药学刊》2013 年第 7 期。

王宁……何裕民~:《中西方心身关系认识的历史追寻》,《中华中医药学刊》2012 年第 12 期。

蒙玲莲……倪红梅~何裕:《躯体化概念的争议及本土化审视》,《医学与哲学(A)》2012 年第 8 期。

朱秋媛……倪红梅~:《试论儒家、道家"王道"思想对中医学的影响》,《贵阳中医学院学报》2012 年第 6 期。

倪红梅~程羽等:《基于词源学研究方法的亚健康相关概念研究》,《上海中医药大学学报》2011 年第 4 期。

崔利宏~倪红梅等:《"治未病"渊流述略及与亚健康关系探讨》,《中医研究》2010 年第 5 期。

《日本对"未病"的认识和研究》,《中医文献杂志》2008 年第 5 期。

何裕民~倪红梅等:《亚健康的范畴研究》,《医学与哲学(人文社会医学版)》2008 年第 1 期。

~倪红梅等:《亚健康的相关概念比较》,《医学与哲学(人文社会医学版)》2008 年第 1 期。

倪红梅……何裕民~:《中医心身相关问题探索》,《上海中医药杂志》2007 年第 5 期。

《中医气化理论源流考》,《中医文献杂志》2000 年第 2 期。

沈骥英

《北平节育诊所八百五十二例案之研究》,《中华医学杂志》1936 年第 5 期。

沈佳珊

《日治前期台湾兽医的诞生及其社会功能(1895—1920)》,《国史馆馆刊》第57期(2018.9)。

《日本在满洲建立的免疫技术研究机构及其防疫,1906—1945》,《国史馆馆刊》第45期(2015.09)。

《日治时期台湾"细菌检查"处所发展初探》,《师大台湾史学报》2014年第7期。

《日治时期台湾防疫体制下的预防接种与人士变迁》,台湾国立政治大学博士学位论文2013年。

《台湾最早的疫苗普及应用——从日治前期的天花制度到统计面谈起》,《台湾医学人文学刊》第13卷第1期(2012.5)。

《日治时期以预防注射为核心之疫苗防疫现象初探》,《台湾史料研究》第36期(2010.12)。

《日治时期在台汉人特殊时刻之身体清洁》,《台湾民俗艺术丛刊》2008年4期(2008.09)。

沈杰(安徽中医学院)

《杨上善撰注〈黄帝内经太素〉的特点和成就》,《中国中医急症》2007年第4期。

沈劼(南京中医药大学)

毛文静～:《古代中医孕期养胎理论与特色》,《中医文献杂志》2018年第5期。

董颖敏～:《〈张聿青医案·不寐〉中的〈内经〉元素浅析》,《时珍国医国药》2018年第5期。

毛文静～:《〈金匮要略〉妇科病治疗特色及养胎理念》,《中医文献杂志》2018年第3期。

衣兰杰～:《江苏古代针灸医籍考略》,《南京中医药大学学报(社会科学版)》2017年第4期。

毛文静～:《从〈女科撮要〉论薛己的妇科学术特色》,《新中医》2017年第9期。

于兴文……毛文静～:《密度聚类算法在卵巢早衰古代方用药分析中的应用》,《时珍国医国药》2017年第7期。

《卵巢早衰病因病机的古代文献研究》,《中医文献杂志》2016年第6期。

～王旭东等:《卵巢早衰古今用药规律探析》,《中国中医药现代远程教育》2016年第21期。

《梁玉瑜〈舌鉴辨正〉学术思想研究》,《江苏中医药》2015年第7期。

《〈脉诀指掌病式图说〉及其作者考证》,《南京中医药大学学报(社会科学版)》2013年第4期。

《〈舌鉴辨正〉3种版本的考察研究》,《中医文献杂志》2013年第3期。

晏婷婷、王旭东～:《江苏省民营中医医疗机构现状调查》,《中国卫生事业管理》2013年第1期。

《基于古今文献的卵巢早衰用药规律研究》,南京中医药大学博士学位论文2013年。

～陈仁寿等:《明代江苏妇科医籍考评》,《中医文献杂志》2011年第5期。

《〈医经溯洄集〉学术思想探析》,《中医文献杂志》2010年第6期。

《江苏古代妇科医籍述略》,《南京中医药大学学报(社会科学版)》2010年第4期。

《晋以前江苏医家医著溯流浅探》,《江苏中医药》2010年第9期。

《试论中医药非物质文化遗产及其保护》,《南京中医药大学学报(社会科学版)》2007年第4期。

《唐宋元时期中国与阿拉伯国家的医药交流》,《南京中医药大学学报(社会科学版)》2004年第2期。

《论〈医宗金鉴〉的医学贡献》,南京中医药大学学位论文2004年。

沈杰(上海医科大学)

～朱乃苏等:《我国两次卫生政策重大转变的反思》,《中国农村卫生事业管理》1989年第9期。

沈晋贤(湖南省博物馆)

《从巫祝用"土"到以"土"为药论——兼论马王堆医书巫祝用土》,《安徽大学学报》2004年第6期。

《医巫同源研究》,《南京中医药大学学报(社会科学版)》2003年第4期。

《巫醫同源考》,《湖南中医药导报》2003 年第 11 期。

沈金祥

《古医籍所见砂眼考》,《现代医学》1939 年第 3 期。

沈经宇(上海市卢湾区老年护理医院/上海卢湾区顺昌地段医院)

《医运与医道》,《医古文知识》2002 年第 4 期。

《方天机之骏利 夫何纷而不理——论中医学与禅宗的思维模式》,《上海中医药杂志》1995 年第
10 期。

沈俊良(解放军海军医学研究所)

～龚国川等:《关于英军在马岛之战的卫勤保障情况》,《人民军医》1983 年第 4 期。

申俊龙(南京中医药大学/南京大学)

姚玲～李洁:《基于进口鼓励国际化视野的中药资源"一带一路"国际贸易趋势研究》,《中草药》
2019 年第 14 期。

王鸿江～徐佩等:《中医"医联体+智能化"促进中医基层化的模式研究》,《中国农村卫生事业管
理》2019 年第 10 期。

～申远等:《健康老龄化视域下"医养结合"模式研究》,《价格理论与实践》2019 年第 9 期。

朱菊艳、徐静～:《中西医对疾病预防认知差异的文化图式研究——以"治未病"为例》,《中医杂
志》2019 年第 9 期。

丁佳丽、郭彬～:《江苏与山东医药产业竞争力比较研究——基于战略地图分析》,《当代经济》2019
年第 8 期。

孙东东……钱洁～:《"一带一路"倡议下中医药国际合作的健康资源共享途径探讨》,《中医杂志》
2019 年第 3 期。

顾心月～:《"一带一路"背景下中医药国际化的跨文化思考》,《南京中医药大学学报(社会科学
版)》2019 年第 2 期。

汪志伟……徐爱军～:《中医学术流派分类方法探讨》,《医学争鸣》2019 年第 2 期。

孙源源……李洁～:《基于主成分与聚类法的中成药东盟市场差异化策略研究》,《中草药》2018 年
第 8 期。

马洪瑶～秦姗等:《新媒体环境对医患关系的影响与优化对策》,《中国卫生产业》2018 年第 7 期。

王睿、徐静～:《中医隐性知识的文化根源与传承模式及路径研究——基于分布式认知的视角》,
《医学与哲学(A)》2018 年第 7 期。

徐静～魏鲁霞:《情境植入理论与中医意会性知识》,《医学与哲学(A)》2018 年第 7 期。

王睿、魏鲁霞～:《意义建构理论视角下中医知识概念形成的思维特征分析》,《中国中医基础医学
杂志》2018 年第 7 期。

彭翔～:《物品属性视角下药品价格形成机制的国际比较》,《中共南京市委党校学报》2018 年第
6 期。

王震……张海波～:《基于语言学的中医药认知方式现代性转型研究》,《医学与哲学(A)》2018 年
第 6 期。

王睿、姜雯～:《基于多中心治理理论的视角探讨中国特色的健康社区治理模式》,《中国全科医学》
2018 年第 5 期。

徐静~魏鲁霞：《中医意会性知识认知障碍产生的根源》，《医学争鸣》2018年第5期。

吕云霞……魏鲁霞~：《中药气文化的现代认知价值分析》，《医学争鸣》2018年第3期。

汪鑫……魏鲁霞~：《中药五味文化与五行概念域的意义建构分析》，《中华中医药杂志》2018年第3期。

沈秋欢~：《社会资本理论视角下食品安全社会共治研究》，《天津行政学院学报》2018年第3期。

王琦~张海波：《基层社区健康服务的特色资源选择与治理模式创新》，《中国卫生经济》2018年第3期。

汪鑫、周晨婷~魏鲁霞：《基于结构主义理论的中医药知识范式生成与进化分析》，《医学争鸣》2018年第2期。

徐静、张诗钰~：《基于知识图谱分析公立医院管理领域研究热点与趋势》，《现代医院管理》2018年第2期。

王震……魏鲁霞~：《中医知识概念形成的思维特征与临床价值分析——基于意义建构理论》，《医学与哲学（A）》2018年第1期。

孙东东……史文川~：《经方与中医药师承教育关系评述》，《中华中医药杂志》2017年第12期。

孙东东、史文川~：《知识转移视角下中医师承的策略与路径初探》，《中华中医药杂志》2017年第9期。

汪鑫~张诗钰等：《儒家文化塑造中药品牌企业的内在机理分析——以北京同仁堂为例》，《对外经贸》2017年第8期。

汪鑫……徐静~：《基于新制度主义的分级诊疗制度创新研究》，《中国医院管理》2017年第7期。

吕云霞……汪鑫~：《中药传统分类与命名文化的认知图式分析》，《江苏卫生事业管理》2017年第6期。

~周晨婷等：《复杂科学视域下中医学运行演化机制及其现代转型问题探讨》，《中国中医基础医学杂志》2017年第3期。

张诗钰、黄建元~张岩：《"一带一路"战略背景下中医药国际化区域合作的路径选择与策略优化》，《中国卫生事业管理》2017年第3期。

程军平、欧阳八四~王长青：《地域性中医学术流派简析》，《中华中医药杂志》2017年第2期。

张海波~王忠成：《城镇化背景下我国基层医疗卫生机构服务效率的实证研究——以江苏省为例》，《中国卫生事业管理》2017年第1期。

~张海波等：《中医药复兴之路：对传统中医药的返本与开新》，《医学与哲学（A）》2017年第1期。

严家秀~沈夕坤：《知识产权视角下我国中药传统炮制技术的传承》，《中国药房》2016年第13期。

刘新鸥~沈永健：《中医药文化传播现状及传播模式分析》，《中医杂志》2016年第10期。

魏鲁霞~周晨婷等：《探讨中国传统医学发展的进化机制》，《中华中医药杂志》2016年第8期。

王忠成~马骅：《国外医疗救助制度的创新经验及借鉴》，《对外经贸实务》2016年第7期。

张海波~申远：《中药产业化过程中废弃物资源化政策机制研究》，《总草药》2016年第7期。

彭翔~：《我国药品价格形成机制演变分析——基于对政策文件的考察》，《中共南京市委党校学报》2016年第5期。

王锐~：《我国医疗机构安全管理存在的问题及对策》，《医学与社会》2016年第5期。

袁盼~：《道地药材形成过程中文化传承的表达机制探讨》，《医学争鸣》2016年第4期。

～许舒诚:《中医文化与中医知识交互转换与共生演化的发展逻辑》,《辽宁中医杂志》2016年第3期。

宋斐斐、赵坤元～:《国外医疗保险费用支付方式的分析及对我国的启示》,《广西医学》2016年第2期。

刘新鸥～沈永健:《从社会认知角度浅析中医药文化传播》,《环球中医药》2016年第2期。

王玉芬～:《新常态下中药产业废弃物资源化的思考——新结构经济学的视角》,《中国实验方剂学杂志》2015年第24期。

宋鑫～:《近代科学思维主导下的中药资源质量评价的问题与出路》,《中草药》2015年第17期。

王锐～:《浅析中医药在东南亚的传播与发展》,《世界中医药》2015年第12期。

张岩～申远:《"负面清单"管理模式对中医药法治建设的借鉴》,《中国卫生事业管理》2015年第10期。

～袁盼:《诠释学视角下中医药知识的社区传播》,《湖北中医药大学学报》2015年第6期。

～魏鲁霞等:《中国古代文字语言发展对中医思维方式的影响》,《中国中医基础医学杂志》2014年第3期。

朱诗慧～:《元代全真教与中医养生思想》,《中国中医药报》2014年3月31日008版。

～马洪瑶:《中医药文化核心价值传承与传播的语境及路径分析》,《中医杂志》2013年第24期。

贺云龙～邵刚:《两汉经学影响中医学发展》,《中国中医药报》2013年9月18日004版。

《中西医学差异起源的历史比较与分析》,《南京医科大学学报(社会科学版)》2008年第3期。

曾智～:《中医:科学与人文的艺术交融体》,《南京医科大学学报(社会科学版)》2008年第3期。

魏鲁霞～:《基于文化对中国古代医患关系博弈分析》,《中国卫生质量管理》2008年第1期。

《论中医生命之境界》,《南京医科大学学报(社会科学版)》2006年第1期。

～魏鲁霞:《论中医语境下阴阳范畴的特质与作用》,《哈尔滨学院学报》2006年第1期。

～魏鲁霞:《论中医哲学方法的四大特征——以〈内经〉为例》,《兰州学刊》2005年第5期。

《佛教四大说对传统医学的影响》,《南京大学学报(哲学.人文科学.社会科学版)》2001年第3期。

《喻昌的医学思想与佛教》,《南京中医药大学学报(社会科学版)》2000年第4期。

～魏鲁霞:《论中医学的文化现象》,《南京中医药大学学报》1996年第5期。

沈克非

《向阿维森纳学习》,《医史杂志》1952年第2期。

申粒蒂(中国药科大学)

～张桂军:《〈聊斋志异〉的医药思想研究》,《药学教育》2012年第4期。

沈敏(浙江大学医学院附属第一医院)

～庄景春、蒋婉洁:《〈吴医汇讲〉是期刊吗?》,《中国出版》2010年第13期。

沈敏南(嘉兴市王店医院/嘉兴市王店中心医院)

《伤寒注家流派学术思想评述》,《国医论坛》1995年第6期。

《〈温病贯珠集〉述评》,《上海中医药杂志》1995年第5期。

《评述张锡纯〈医学衷中参西录〉的学术经验》,《黑龙江中医药》1994年第5期。

《大黄药对举隅》,《湖南中医杂志》1994年第3期。

《评述日本伤寒三大家之特色》,《国医论坛》1994年第1期。

《评述明代伤寒学之特色》，《天津中医学院学报》1993 年第 2 期。

《论王清任、张锡纯治瘀血之特色》，《吉林中医药》1993 年第 2 期。

《评述明代伤寒学之特色》，《国医论坛》1993 年第 2 期。

《大黄药对十一种》，《贵阳中医学院学报》1993 年第 1 期。

《清代伤寒三大家之特色》，《上海中医药杂志》1992 年第 12 期。

《伤寒学派方剂研究法评述》，《陕西中医》1992 年第 5 期。

《朱丹溪、傅青主、张锡纯妇科治疗特色述评》，《四川中医》1992 年第 5 期。

《评述伤寒学的症状方剂研究法》，《中医研究》1992 年第 3 期。

《评述〈伤寒指掌〉之舌诊》，《江西中医药》1992 年第 2 期。

《试析〈伤寒论〉之"热"》，《辽宁中医杂志》1991 年第 7 期。

《评述周扬俊的〈伤寒论三注〉》，《浙江中医学院学报》1991 年第 3 期。

《评述伤寒学派的方剂研究法》，《国医论坛》1991 年第 3 期。

《试论六经学说的发展》，《中医研究》1991 年第 2 期。

《〈万氏家传伤寒摘锦〉述评》，《国医论坛》1990 年第 6 期。

《评余无言的〈伤寒论新义〉》，《中医药研究》1990 年第 6 期。

《〈伤寒论诠解〉的主要内容与学术思想述评》，《国医论坛》1990 年第 3 期。

《试评张锡纯的用药特色》，《福建中医药》1990 年第 4 期。

《简述许叔微的学术成就》，《安徽中医学院学报》1990 年第 1 期。

《评〈冉注伤寒论〉》，《贵阳中医学院学报》1990 年第 1 期。

《试述王好古的学术思想》，《河南中医》1989 年第 4 期。

《民国伤寒学史——概况与特色》，《新疆中医药》1989 年第 3 期。

《〈伤寒方论〉评述》，《中医研究》1989 年第 3 期。

《明代伤寒三大家之特色》，《天津中医学院学报》1989 年第 2 期。

《评述〈寒温统一论〉》，《江西中医药》1989 年第 2 期。

《评述〈范中林六经辨证医案选〉》，《临沂医专学报》1988 年 Z2 期。

《杨璇温疫学评述》，《四川中医》1988 年第 11 期。

《相反药对二十四种》，《辽宁中医杂志》1988 年第 7 期。

《评黄元御的〈伤寒说意〉》，《山东中医学院学报》1988 年第 2 期。

《清代伤寒学史——概况及特点》，《新疆中医药》1988 年第 2 期。

《评沈尧封的〈伤寒论读〉》，《国医论坛》1988 年第 2 期。

《试评程知〈伤寒经注〉》，《四川中医》1988 年第 2 期。

《〈伤寒论纲目〉评述》，《四川中医》1987 年第 7 期。

《评四本现代伤寒著作》，《湖南中医学院学报》1987 年第 4 期。

《试评丹波元坚的伤寒学》，《内蒙古中医药》1987 年第 3 期。

《评述张志聪的〈伤寒论集注〉》，《国医论坛》1987 年第 3 期。

《评述王肯堂的〈伤寒证治准绳〉》，《陕西中医学院学报》1987 年第 3 期。

《陆懋修伤寒学术思想探讨》，《山西中医》1987 年第 3 期。

《左季云与〈伤寒论类方汇参〉》，《浙江中医学院学报》1987 年第 2 期。

《试评伤寒学派的补亡研究法》，《贵阳中医学院学报》1987 年第 2 期。

《试论〈伤寒论〉脉学之特色》,《国医论坛》1987 年第 1 期。

《张璐父子的伤寒学术思想》,《云南中医学院学报》1987 年第 1 期。

《〈伤寒论集注〉注重气化学说》,《中医杂志》1986 年第 12 期。

～阮士军:《试述黄竹斋伤寒学术思想》,《陕西中医》1986 年第 8 期。

《〈伤寒尚论辨似〉的学术思想》,《四川中医》1986 年第 6 期。

《读〈耕云医话〉有感》,《新中医》1986 年第 6 期。

《伤寒学的错简寒温流派》,《吉林中医药》1986 年第 5 期。

《评述〈伤寒知要〉》,《江西中医药》1986 年第 4 期。

《中国伤寒学发展史述要》,《新疆中医药》1986 年第 3 期。

《试述伤寒论的病因辨证》,《云南中医杂志》1986 年第 3 期。

《试评伤寒学派的尊经研究法》,《中医药研究杂志》1986 年第 2 期。

《评述刘元宾之伤寒学》,《江西中医药》1986 年第 1 期。

《吕震名与〈伤寒寻源〉》,《四川中医》1985 年第 8 期。

《试述〈伤寒绪论〉的学术思想》,《山西中医》1985 年第 4 期。

《评述舒诏的〈再重订伤寒集注〉》,《安徽中医学院学报》1985 年第 3 期。

《评介许宏〈金镜内台方议〉》,《福建中医药》1984 年第 6 期。

《试评喻昌〈尚论篇〉的学术思想》,《河北中医》1985 年第 2 期。

《徐大椿〈伤寒类方〉的学术思想》,《天津中医学院学报》1985 年第 1 期。

《试评〈伤寒论〉注疏三大家——柯琴、吴谦、李彦师》,《北京中医》1984 年第 4 期。

《试评〈伤寒论后条辨〉的学术思想》,《安徽中医学院学报》1984 年第 3 期。

《评〈敖氏伤寒金镜录〉》,《江西中医药》1984 年第 3 期。

《试评〈伤寒补天石〉的学术思想》,《天津中医学院学报》1983 年 Z1 期。

《试评〈伤寒发微〉的学术思想》,《河北中医》1983 年第 2 期。

《试评〈通俗伤寒论〉的学术思想》,《河北中医》1983 年第 1 期。

《王好古之"阴证学说"探讨》,《安徽中医学院学报》1982 年第 4 期。

《试评〈伤寒溯源集〉的学术思想》,《中医杂志》1981 年第 11 期。

沈铭贤(上海社会科学院/中国国家人类基因组南方研究中心)

《能做与该做——从基因编辑谈起》,《世界科学》2019 年第 2 期。

王明旭、石大璞～张颖等:《恩格尔哈特与中国生命伦理学》,《中国医学伦理学》2018 年第 9 期。

《生命伦理的内在自生和外部调控——贺〈中国医学伦理学〉杂志创刊 30 周年》,《中国医学伦理学》2018 年第 4 期。

丘祥兴～胡庆澧:《干细胞研究伦理》,《生命科学》2012 年第 11 期。

《生命伦理学:科学与人文的携手》,《中国大学教学》2004 年第 4 期。

《医学哲学的思想者——读杜治政〈医学在走向何处〉》,《医学与哲学(A)》2014 年第 2 期。

《把握科技与伦理的平衡——和干细胞专家讨论几个问题》,《科学与社会》2013 年第 1 期。

《医学与伦理能否同行——从生命伦理学的特点探讨科技与伦理的关系》,《医学与哲学(A)》2012 年第 11 期。

《为我国生命伦理学做出贡献的胡庆澧教授》,《医学与哲学》2012 年第 3 期。

《医学与人文:如何相处?——在复旦大学医学院的讲演》,《中医药文化》2012 年第 2 期。

《我国医学伦理学兴起的重要一步——〈医学伦理道德学术讨论会〉忆片》,《医学与哲学（人文社会医学版）》2009年第7期。

《五个层面的挑战与三大理论难题——试论基因伦理》,《医学与哲学（人文社会医学版）》2008年第2期。

《医者不可不慈仁,病者不可猜鄙——构建和谐的医患关系》,《医学与哲学（人文社会医学版）》2007年第12期。

《731部队——半个多世纪后的反思》,《医学与哲学》2005年第6期。

《生死俱善,人道毕矣》——中国古代的生死观及其现代意义》,《上海社会科学院学术季刊》1997年第2期。

《生死俱善、人道毕矣》,《中国医学伦理学》1995年第6期。

《论医学的文化定位》,《医学与哲学》1995年第5期。

《新的视界:用文化观照医学——读〈医学与人类文化〉有感》,《医学与哲学》1995年第3期。

《医学人道主义若干问题浅论》,《中国医学伦理学》1994年第5期。

《人道主义:医德的永恒主题》,《中国医学伦理学》1994年第3期。

《孔子的伦理思想及其对中国医德的影响》,《医学与哲学》1994年第3期。

《医德评估 医德原则 商品经济与医德三大争议之我见》,《中国医学伦理学》1991年第5期。

《健康概念的社会文化分析》,《医学与哲学》1990年第9期。

《论作为社会文化现象的医学道德》,《医学与哲学》1987年第3期。

《有没有"医德学"》,《医学与哲学》1986年第4期。

《一部有特色的医史著作——读刘伯骥先生〈中国医学史〉》,《医学与哲学》1982年第1期。

沈其震

《中央卫生研究院成立五年来的工作概况》,《中华医学杂志》1956年第7期。

《中央卫生研究院成立四年来的工作概况》,《科学通报》1954年第10期。

《我国本草学之沿革》,《中华医药杂志》1936年第2期。

《我国历代本草概观》,《大公报医学周刊》1936年9月22、29日,10月6日。

《中国古代医学的国际关系》,《明日医药》1935年第2期。

《宋元医学概观》,《大公报医学周刊》1935年8月6日。

《我国皮肤病学考》,《大公报医学周刊》1935年7月2日。

《痘疮考》,《大公报医学周刊》1935年4月16日。

《麻疹考》,《大公报医学周刊》1935年4月9日。

沈沁（广西中医药大学）

～李彤:《瑶医体质学说简述》,《光明中医》2015年第11期。

沈钦荣（绍兴市中医院）

张梦娇……张小宁～:《〈神农本草经〉"除痹"药物的构成浅析》,《浙江中医杂志》2019年第11期。

《越医王鑑清及其医案》,《浙江中医杂志》2019年第1期。

《张景岳康复医学思想及学术成就》,《康复医学》2017年第4期。

《近代绍兴医家撰写的医籍特色》,《中国中医药报》2015年12月23日008版。

《绍籍御医述略》,《浙江中医杂志》2014年第11期。

《越医文化之渊源探析》,《中华中医药学刊》2013年第5期。

《新安医家程松崖学术思想探析》,《中华中医药学刊》2013 年第 1 期。

《程玠〈松崖医径〉版本源流考》,《浙江中医杂志》2012 年第 8 期。

《俞根初治时病扶正祛邪思想探析》,《中华中医药学刊》2012 年第 5 期。

《俞根初诊时病感证心法探析》,《中华中医药学刊》2012 年第 4 期。

《山阴天元堂考略》,《浙江中医杂志》2012 年第 1 期。

《章虚谷学医心路初探》,《浙江中医杂志》2011 年第 5 期。

《徐荣斋对绍派伤寒的贡献》,《浙江中医药大学学报》2011 年第 4 期。

～柴中元等:《近代越医医籍特色之成因分析》,《中华中医药学刊》2011 年第 4 期。

《近代(1840 年—1949 年)越医医籍特色略述》,《浙江中医药大学学报》2010 年第 4 期。

《越医对祖国医学的贡献》,《浙江中医药大学学报》2009 年第 4 期。

《近代吴越医家交流纪略》,《浙江中医杂志》2008 年第 10 期。

《传统伤科学辨治特色探析》,《中医药临床杂志》2008 年第 1 期。

《古代中医正骨器具初探》,《中医药临床杂志》2007 年第 5 期。

《绍派伤寒的形成及对仲景学说的贡献》,《中医药临床杂志》2006 年第 1 期。

～冯伟良:《古代医家对接骨药的认识》,《浙江中医学院学报》2000 年第 3 期。

《绍兴医家及其医话》,《中医文献杂志》1998 年第 2 期。

～方本荣:《俞根初〈通俗伤寒论〉诊法特色初探》,《安徽中医临床杂志》1997 年第 1 期。

《黄寿衮及其〈梦南雷斋医话〉》,《浙江中医学院学报》1994 年第 2 期。

《绍派伤寒大家俞根初的用药特色》,《浙江中医杂志》1993 年第 11 期。

《何谦臣与新医案式》,《浙江中医学院学报》1993 年第 4 期。

～刘献祥:《略论明清时期伤骨科学成就》,《中国中医骨伤科》1993 年第 4 期。

《俞根初治外感病特色》,《中国医药学报》1992 年第 6 期。

～杨森茂:《杨质安学术经验举要》,《江苏中医》1991 年第 11 期。

《试论绍兴医学在清末民初间崛起的内外因素》,《浙江中医学院学报》1991 年第 5 期。

《胡宝书先生治时病用药特色》,《江苏中医》1991 年第 1 期。

～毛水泉:《祛瘀接骨说初探》,《山西中医》1990 年第 6 期。

陈天祥～:《张景岳制方用药特色研讨》,《中医临床与保健》1989 年第 4 期。

《雷少逸治时病特色》,《上海中医药杂志》1986 年第 10 期。

沈庆法(上海中医药大学/上海中医学院)

《博览广搜藏灼见——略谈〈夷坚志〉中医闻》,《医古文知识》1996 年第 4 期。

《温病学说对〈伤寒论〉的发展》,《中医函授通讯》1984 年第 3 期。

《仲景学说之精髓》,《中医函授通讯》1984 年第 2 期。

沈秋欢(南京中医药大学)

～申俊龙:《社会资本理论视角下食品安全社会共治研究》,《天津行政学院学报》2018 年第 3 期。

《药品参考价格制度典型国家创新药品定价与补偿机制》,《中国新药杂志》2017 年第 14 期。

彭翔～:《健康管理服务医保支付政策探讨——以中医"治未病"为例》,《中国经贸导刊》2016 年第 35 期。

彭翔～:《医疗服务价格管理探讨——以中医医疗服务为例》,《管理观察》2016 年第 35 期。

～彭翔:《德国药品参考价格制度及其对我国药价管理改革的启示》,《现代经济信息》2016 年第

6 期。

《近年来国内关于药品价格管理机制改革的研究现状》，《现代商业》2016 年第 5 期。

沈荣林（杭州市第二人民医院）

～姚健等：《医疗纠纷媒体报道的负面效应与对策》，《医院管理论坛》2006 年第 2 期。

申瑞华（广州中医药大学）

～胡晨霞等：《先秦恬淡养生观产生之原因》，《中国中医基础医学杂志》2014 年第 2 期。

《〈四书〉修身思想对促进〈黄帝内经〉养生实践的意义研究》，广州中医药大学博士学位论文 2011 年。

～王洪琦：《"四书"修身内容对于实践〈黄帝内经〉养生观的意义》，《国医论坛》2011 年第 2 期。

～王洪琦：《〈论语〉修身思想对养生实践的意义》，《国医论坛》2011 年第 1 期。

～王洪琦：《论养生行为的社会属性》，《国医论坛》2011 年第 1 期。

～王洪琦：《老庄与〈四书〉生命哲学的比较》，《国医论坛》2010 年第 6 期。

沈瑞林（南京医科大学）

张爱林～：《南京医科大学附属医院史略》，《南京医科大学学报（社会科学版）》2017 年第 1 期。

张爱林～：《江苏省立医政学院与国立江苏医学院》，《南京医科大学学报（社会科学版）》2014 年第 2 期。

～张爱林：《胡定安的公共卫生实践及其思想初探》，《南京医科大学学报（社会科学版）》2014 年第 1 期。

申润喜（北京中医药大学）

《〈太平圣惠方〉食疗方剂的研究》，北京中医药大学硕士学位论文 2013 年。

沈释芳

《近代针灸经络一般机制研究成就综述》，《中医杂志》1963 年第 1 期。

申世芳（北京医科大学）

《中国现代西医妇科学发展概述》，《中华医史杂志》1997 年第 2 期；1998 年第 1 期。

沈寿

《关于"庄子养生思想"的研究》，《成都体院学报》1984 年第 3 期。

沈寿文（云南大学）

《目标与路径：新型农村合作医疗法律问题研究》，《昆明理工大学学报（社会科学版）》2009 年第 9 期。

《中国农村传统合作医疗制度存续背景研究》，《云南民族大学学报（哲学社会科学版）》2007 年第 5 期。

《评〈云南省医疗损害事件处理规定〉》，《云南大学学报（法学版）》2005 年第 4 期。

申曙光（中山大学）

《新时期我国医疗保障的发展：迈向"病有良医"的伟大征程》，《中国医疗保险》2019 年第 11 期。

《居民医保个人账户取消之后》，《中国卫生》2019 年第 8 期。

《医保基金监管：向立法长效迈进一步》，《中国卫生》2019 年第 5 期。

～杜灵：《我们需要什么样的分级诊疗？》，《社会保障评论》2019 年第 4 期。

郑喜洋～：《财政卫生支出：提升健康与降低费用——兼论企业医保降费》，《经济管理》2019 年第 1 期。

何文～:《医保"保小病"能否兼顾健康保障与费用控制?》,《保险研究》2018 年第 11 期。

～曾望峰:《互联网时代的大数据与医疗保险治理》,《社会科学战线》2018 年第 7 期。

～张家玉:《医保转型与发展:从病有所医走向病有良医》,《社会保障评论》2018 年第 3 期。

～马颖颖:《新时代健康中国战略论纲》,《改革》2018 年第 4 期。

《制度整合将是较长时期内全民医保的重大主题》,《中国医疗保险》2018 年第 2 期。

～郑倩昀:《中国的健康生产效率及其影响因素研究》,《中山大学学报(社会科学版)》2017 年第 6 期。

《新时期我国社会医疗保险体系的改革与发展》,《社会保障评论》2017 年第 2 期。

张勃、瞿婷婷～:《基层医疗卫生机构的基本医疗服务范围研究——基于常见病、多发病的视角》,《中国医院管理》2016 年第 8 期。

～张勃:《分级诊疗、基层首诊与基层医疗卫生机构建设》,《学海》2016 年第 2 期。

马颖颖～:《老年医疗保障制度探析》,《中国社会保障》2014 年第 9 期。

～魏珍:《论医疗保险对医疗服务的制衡与监管》,《湖南师范大学社会科学学报》2014 年第 4 期。

～马颖颖:《我国老年医疗保障的制度创新:保险抑或福利?》,《社会科学战线》2014 年第 3 期。

～文曼:《老年医疗保障的国际经验与中国道路》,《中国社会保障》2014 年第 3 期。

《全民基本医疗保险制度整合的理论思考与路径构想》,《学海》2014 年第 1 期。

吴昱杉～木公:《国外医保医师监管镜鉴》,《中国社会保障》2013 年第 5 期。

《论社会医疗保险的主体作用与商业健康险的补充作用》,《中国医疗保险》2013 年第 3 期。

～李亚青等:《医保制度整合与全民医保的发展》,《学术研究》2012 年第 12 期。

～马颖颖:《中国医疗保障体制的选择、探索与完善》,《学海》2012 年第 5 期。

～侯小娟:《我国社会医疗保险制度整合的内涵与条件》,《湖湘论坛》2012 年第 4 期。

《全民医保与全民免费医疗的联系与区别》,《中国医疗保险》2012 年第 4 期。

～侯小娟:《我国社会医疗保险制度的"碎片化"与制度整合目标》,《广东社会科学》2012 年第 3 期。

李亚青～:《论建立社会医疗保险筹资的长效机制:基于社会公平的价值理念》,《中国卫生经济》2011 年第 6 期。

吴联灿～:《我国新型农村合作医疗制度运行状况评估——基于公平和效率的视角》,《西南大学学报(社会科学版)》2011 年第 2 期。

张笑天～:《定额预付制——医疗付费制度的科学选择》,《中国医疗保险》2010 年第 8 期。

吴联灿～:《新型农村合作医疗制度对农民健康影响的实证研究》,《保险研究》2010 年第 6 期。

李亚青～:《我国三大医保制度整合的现实基础分析》,《中国医疗保险》2010 年第 1 期。

初可佳～:《新型农村合作医疗补偿目标与基金分割机制研究》,《中国卫生政策研究》2009 年第 10 期。

《全民医保与政府承担》,《群言》2009 年第 6 期。

～孙健等:《新型农村合作医疗制度公平性研究——以广东省为例》,《人口与经济》2009 年第 5 期。

孙健、舒彬孜～:《我国农村居民医疗需求影响因素研究》,《农业技术经济》2009 年第 3 期。

～彭浩然:《全民医保的实现路径——基于公平视角的思考》,《中国人民大学学报》2009 年第 2 期。

～周坚:《新型农村合作医疗的制度性缺陷与改进》,《中山大学学报(社会科学版)》2008 年第

3 期。

～肖尚福:《对我国实行强制医疗责任保险的思考》,《上海保险》2006 年第 2 期。

《政府责任与医疗弱势群体的医疗保障》,《学海》2006 年第 1 期。

沈澍农(南京中医药大学)

《敦煌医药文书〈平脉略例〉文献学研究》,《中医药文化》2019 年第 6 期。

《敦煌卷子 S.202 中两个重要的隐在避讳》,《南京中医药大学学报(社会科学版)》2019 年第 3 期。

张承坤、赵雅琛～:《明代小字本〈金匮要略〉抄写者吴迁生平考》,《中医文献杂志》2019 年第 3 期。

陈陷～:《楼兰出土文书所见"北斗主创"相关再考——兼论北斗信仰在古代医学中的应用》,《中国中医基础医学杂志》2019 年第 3 期。

张承坤、赵雅琛～:《〈金匮要略〉吴迁本与邓珍本对比研究》,《中医药文化》2019 年第 1 期。

谢妍～:《周家台秦简〈病方〉"干者"考》,《中华中医药杂志》2019 年第 1 期。

谢洲～:《中医古籍脉象比喻例探》,《中华中医药杂志》2018 年第 12 期。

谢妍～:《浅析张简斋治疗眼病的辨治经验》,《中国民间疗法》2018 年第 9 期。

谢洲～:《试论〈脉经〉脉名系统的构建》,《中医药信息》2018 年第 5 期。

谢妍～:《浅析中药煎法之煎汤代水》,《中医杂志》2018 年第 4 期。

《S.202:〈金匮玉函经〉的古传本》,《敦煌研究》2018 年第 4 期。

《敦煌西域出土汉文医药文献综合研究》,《南京中医药大学学报(社会科学版)》2018 年第 2 期。

《文本误读与学术淆乱——以敦煌医药文献解读为中心》,《中医药文化》2018 年第 2 期。

谢洲～:《〈脉法赞〉脉学用语刍议》,《中国中医基础医学杂志》2017 年第 12 期。

谢洲～:《〈脉法赞〉文本性质与学术思想初探》,《中国中医基础医学杂志》2017 年第 9 期。

谢妍～:《周家台〈病方〉疾病名研究》,《南京中医药大学学报(社会科学版)》2017 年第 4 期。

《"真丹"非铅丹考略》,《中华医史杂志》2017 年第 4 期。

《俄法两个敦煌卷子缀合与相关研究》,《中医药文化》2017 年第 4 期。

张亦舒～:《术演变为苍术、白术始末》,《中国中医基础医学杂志》2017 年第 4 期。

《〈明堂五藏论〉声训的相关研究》,《中医药文化》2017 年第 2 期。

谢洲～:《三阴三阳脉疏论》,《南京中医药大学学报(社会科学版)》2017 年第 2 期。

《黑水城〈伤寒论〉抄本残片考证》,《医疗社会史研究》2016 年第 2 期。

薛文轩～:《芍药在敦煌医药文献中应用情况考察》,《环球中医药》2016 年第 6 期。

薛文轩、王雅平～:《桂类药物在敦煌医药文献中应用情况考察——兼补真柳诚先生〈林亿等将张仲景医书的桂类药名改为桂枝〉一文》,《时珍国医国药》2016 年第 6 期。

王雅平～:《〈症治析疑录〉特色探析》,《上海中医药杂志》2016 年第 5 期。

王雅平～:《俄藏〈孙真人千金方〉残页与新雕本比较研究》,《西部中医药》2016 年第 4 期。

薛文轩～:《〈医略正误〉述评》,《中国中医急症》2016 年第 2 期。

张继～:《中医古籍中道家语言文化的传承研究》,《北京中医药大学学报》2014 年第 12 期。

张继～:《佛家语中医文化基因解读》,《江西中医药》2014 年第 11 期。

陈陷～:《〈察病指南〉与〈人元脉影归指图说〉怪脉图对比研究》,《中国中医基础医学杂志》2014 年第 6 期。

陈陷～:《中国藏吐鲁番中医药文书研究》,《西部中医药》2014 年第 6 期。

《ДX11538a:俄藏敦煌古抄本〈难经〉残卷》,《中华医史杂志》2014 年第 4 期。

朱若林～:《敦煌文献 S.202 疑难字考释》,《南京中医药大学学报(社会科学版)》2014 年第 3 期。

《医古文——中医药文化传承的重要阵地》,《中医药文化》2014 年第 3 期。

朱若林～:《〈脉理宗经〉述评》,《中医文献杂志》2014 年第 1 期。

陈陗～:《敦煌医药文献 P.2882 补校与评议》,《南京中医药大学学报(社会科学版)》2013 年第 3 期。

章德林、蒋力生～:《近现代调息静坐养生传承演变要略》,《江西中医学院学报》2013 年第 1 期。

章德林、蒋力生～:《调息静坐养生研究文献综述》,《江西中医学院学报》2012 年第 6 期。

钱婷婷～:《法藏敦煌中医药卷子"斗"、"升"辨》,《中国中医基础医学杂志》2012 年第 4 期。

《〈仓公传〉中的时间问题蠡测》,《中华医史杂志》2012 年第 3 期。

张继～:《中国传统哲学与中医导引五禽戏发展探源》,《南京中医药大学学报(社会科学版)》2011 年第 1 期。

李珊丽～:《〈泰定养生主论〉难字小考》,《南京中医药大学学报(社会科学版)》2011 年第 1 期。

李珊丽～:《元代医家王珪生平及医学贡献》,《辽宁中医药大学学报》2010 年第 11 期。

袁仁智～:《〈俄罗斯藏敦煌医药文献释要〉补正》,《中华医史杂志》2010 年第 2 期。

袁仁智～:《〈俄罗斯藏敦煌医药文献释要〉校补》,《中医文献杂志》2009 年第 6 期。

袁仁智～:《敦煌医药文献 дx00506V 校录拾正》,《中医药文化》2009 年第 6 期。

钱新艳～:《〈诸病源候论校注〉商榷五例》,《南京中医药大学学报(社会科学版)》2009 年第 1 期。

袁仁智～:《知、瘥、蠲、除、慧、间、瘳、已之"愈"义源流考》,《南京中医药大学学报(社会科学版)》2008 年第 3 期。

《〈小品方〉残卷翻字与注释献疑》,《南京中医药大学学报(社会科学版)》2008 年第 1 期。

《人面名位与古代宫殿建筑》,《中医药文化》2007 年第 3 期。

彭馨～:《敦煌医药卷子 P.3930 校读补遗》,《南京中医药大学学报(社会科学版)》2007 年第 2 期。

《"癊"字义辨》,《南京中医药大学学报(社会科学版)》2006 年第 3 期。

郝娟～:《〈灵枢经〉〈黄帝内经太素〉传本与史崧传本之异文例释》,《江西中医学院学报》2006 年第 3 期。

《敦煌医药卷子 S.1467 文献校证》,《南京中医药大学学报》2005 年第 4 期。

《中医古籍用字研究——中医古籍异位字研究》,南京师范大学博士学位论文 2004 年。

《中医古籍冷僻字考释》,《南京中医药大学学报(社会科学版)》2004 年第 3 期。

《敦煌医药文献 P.3596 校证》,《敦煌研究》2004 年第 2 期。

《中古医籍校理中的语言问题——兼议〈千金方〉校释中的若干词语释义》,《江西中医学院学报》2004 年第 1、2 期。

《〈汉语大字典〉未收的中医古籍用字特殊音义》,《医古文知识》2004(1、2)

《敦煌医药文献 P.3596 若干文字问题考证》,《南京中医药大学学报(社会科学版)》2003 年第 2 期。

《电子版中医古籍的文献学考察》,《中医文献杂志》2002 年第 3 期。

《隋唐前中医东传的奇葩——〈医心方〉导读》,《医古文知识》2002 年第 1 期。

《真朱与真珠的名称沿革与古今错乱考》,《中华医史杂志》2000 年第 1 期。

《敦煌医学文献医方篇疑难字词考》,《南京中医药大学学报(社会科学版)》1999 年第 1 期。

张敏～:《"药"与"毒"概念的历史演变》,《中国中医基础医学杂志》1998 年第 2 期。

《〈医心方〉疑难字词考释》,《医古文知识》1998 年第 1 期;1999 年第 2 期;2000 年第 2、4 期。

《〈医心方〉的中国藏本》,《中华医史杂志》1997 年第 1 期。

《〈医心方〉阅读标记研究》,《医古文知识》1995 年第 3、4 期。

《中医古籍僻词僻义》,《辞书研究》1995 年第 4 期。

《古医籍俗体字的产生与辨识》,《北京中医》1993 年第 5 期。

《释"精彩"、"所"、"仍"——从医辞看古文辞义》,《南京师大学报(社会科学版)》1987 年第 1 期。

申思(北京中医药大学)

《英国中医诊所发展情况、战略选择及对策研究》,北京中医药大学硕士学位论文 2012 年。

沈思钰(南京军区南京总医院)

张永文～蔡辉:《敦煌遗书〈辅行诀脏腑用药法要〉与陶弘景关系考》,《河北中医》2010 年第 3 期。

张永文、蔡辉～:《张仲景生平事迹及〈伤寒杂病论〉方源考》,《河北中医》2010 年第 2 期。

～张永文等:《张景岳〈质疑录〉对中医内科急难重症的辨析》,《贵阳中医学院学报》2010 年第 1 期。

～张永文等:《〈慎柔五书〉对中医虚损重症的阐发探要》,《中国中医急症》2009 年第 11 期。

张永文～蔡辉:《以敦煌遗书〈辅行诀脏腑用药法要〉考已佚古书〈汤液经法〉》,《河北中医》2009 年第 6 期。

张永文～蔡辉:《以敦煌遗书〈辅行诀脏腑用药法要〉校〈内经〉条文》,《中国中医药科技》2009 年第 1 期。

～张永文等:《徐灵胎〈慎疾刍言〉急难重症学术思想剖析》,《中国中医急症》2008 年第 11 期。

张永文～蔡辉:《以敦煌遗书〈辅行诀脏腑用药法要〉考二旦、六神汤》,《安徽中医学院学报》2008 年第 5 期。

～张永文等:《徐大椿〈杂病源〉主要学术思想剖析》,《贵阳中医学院学报》2008 年第 4 期。

～张永文等:《〈韩氏医通〉主要学术思想探要》,《中国中医急症》2007 年第 11 期。

～张永文等:《〈琉球百问〉及其中风论治学术思想刍议》,《中国中医急症》2007 年第 6 期。

张永文～蔡辉:《敦煌遗书〈辅行诀脏腑用药法要〉急症治疗方剂浅析》,《中国中医急症》2007 年第 5 期。

张俊慧～蔡辉:《高鼓峰〈医家心法〉中风论治探要》,《中国中医急症》2007 年第 3 期。

张永文～蔡辉:《〈慎五堂治验录〉急症诊治特色探讨》,《中国中医急症》2007 年第 2 期。

张永文～蔡辉:《〈考证病源〉学术思想探讨》,《中国中医急症》2007 年第 1 期。

张永文～蔡辉:《〈王应震要诀〉学术思想初探》,《中国中医急症》2006 年第 12 期。

施璐霞～蔡辉:《费伯雄〈医醇賸义〉学术思想撷英》,《中国中医急症》2006 年第 12 期。

～张永文等:《〈理虚元鉴〉虚劳的预防治疗观撷英》,《中国中医急症》2006 年第 11 期。

～张永文等:《李冠仙〈知医必辨〉学术思想诹议》,《贵阳中医学院学报》2006 年第 2 期。

干振华～:《〈医学真传〉中风论治学术思想探微》,《中国中医急症》2006 年第 2 期。

～张永文等:《戴思恭对朱丹溪中风论治学术思想阐发探要》,《云南中医学院学报》2004 年第 3 期。

沈颂金

《汉代医学简的价值及其研究》,《西北史地》1994 年第 3 期。

神田健次（日本关西学院大学）

~撰，何雪倩译：《蓝华德的在华医疗传教历程探析》，《医疗社会史研究》2017年第1期。

沈王桢

《西洋医学史》，《医药学报》1907年第1期；1908年第8期。

申伟（山东中医药大学）

《清代及清代以前申脉穴临床应用规律研究》，山东中医药大学硕士学位论文2015年。

~张永臣：《浅析清代及清以前"热证可灸"的文献记载》，《环球中医药》2015年第3期。

~汤继芹等：《申脉穴古代主治病证及刺灸特点分析》，《四川中医》2015年第3期。

张永臣~贾红玲等：《略论唐代医家孙思邈对灸法的贡献》，《中医药临床杂志》2015年第1期。

~张本臣：《浅析唐代医家孙思邈对灸法的贡献》，《针灸临床杂志》2013年第12期。

~张永臣：《略述孙思邈对隔物灸的贡献》，《湖南中医杂志》2013年第10期。

沈渭滨（复旦大学）

《从〈翁同龢日记〉看同治帝病情及死因》，《探索与争鸣》2006年第1期。

沈伟东（广西师范大学）

《寻访民间中医世家——洛阳泰生堂魏氏中医外科探访记》，《中医药文化》2011年第6期。

邴守兰……任宏丽~周波：《近代中医期刊特点及研究意义》，《中华中医药杂志》2011年第5期。

任宏丽、段逸山~：《民国期刊〈现代中医〉研究》，《中国中医药现代远程教育》2010年第3期。

《秦伯未与民国时期上海中医药期刊》，《中医药文化》2009年第2期。

《陈存仁与民国中医药书刊出版》，《中医药文化》2008年第5期。

《民国时期上海出版的〈大众医学月刊〉》，《中医药文化》2008年第4期。

《秦伯未的中医药期刊办刊特色探究》，《中国编辑》2008年第4期。

申玮红（中国中医科学院）

《朱肱"经络图"源流考》，中国中医科学院博士学位论文2006年。

《美国"针灸热"导火索的真实历史》，《针刺研究》2006年第3期。

沈香波

《诗经芣苢莱茵为中国女界最古药物学》，《医界春秋》1927年第17期。

沈晓静（河海大学）

~徐培：《医患纠纷报道话语剖析——以扬子晚报网为例》，《青年记者》2012年第30期。

沈晓明（安徽中医学院）

《〈神灸经纶〉历史背景及动因浅析》，《安徽中医学院学报》1998年第5期。

《浅析〈外科心法要诀〉的针灸特色》，《针灸临床杂志》1998年第1期。

《〈神灸经纶〉考》，《中国针灸》1996年第5期。

~王乐匋等：《〈神灸经纶〉学术特点浅析》，《安徽中医学院学报》1996年第3期。

《新安医家吴亦鼎小考》，《中华医史杂志》1995年第3期。

沈辛成（美国佐治亚理工学院）

《生活污水系统在上海公共租界的形成——兼论公共卫生研究中的现代性误区》，《史林》2019年第1期。

沈杏培（南京师范大学）

《如何写"病"，怎样归"罪"——范小青〈赤脚医生万泉和〉和莫言〈蛙〉合论》，《当代作家评论》2013

年第 2 期。

沈星怡（苏州卫生职业技术学院）

《我国古代名医辈出与医文互通关系的启示》，《中国高等医学教育》2008 年第 1 期。

沈秀丹（渤海大学）

《疾健康类专业报艾滋病新闻报道研究——以〈健康时报〉为研究样本》，渤海大学硕士学位论文 2012 年。

沈艳（复旦大学）

《地方道德世界中的老年人日常照料实践——基于外滩街道的田野发现》，复旦大学硕士学位论文 2013 年。

沈燕（华中科技大学）

《美国医疗援助制度中的联邦—州财政权责关系》，《西北人口》2010 年第 2 期。

沈燕清（厦门大学）

《暹罗曼谷王朝时期的鸦片问题》，《东南亚纵横》2012 年第 1 期。

《从门户开放政策看美属菲律宾政府的鸦片政策》，《南洋问题研究》2011 年第 3 期。

《鸦片公营局制度下的爪哇民族关系研究》，《世界民族》2010 年第 3 期。

《从专卖到公营——荷印殖民政府鸦片经营策略的转变及其对爪哇华人社会的影响》，《八桂侨刊》2009 年第 4 期。

《荷属东印度鸦片公营局制度研究》，《南洋问题研究》2009 年第 1 期。

《鸦片专卖税收承包制下的爪哇民族关系》，《世界民族》2008 年第 3 期。

《新加坡与爪哇华侨鸦片包税制比较研究》，《南洋问题研究》2007 年第 3 期。

《19 世纪爪哇鸦片走私中的华侨包税商》，《华侨华人历史研究》2007 年第 2 期。

《19 世纪末爪哇鸦片税收专卖承包制研》，《南洋问题研究》2006 年第 4 期。

《新加坡中医药业的发展》，《东南亚》2001 年第 1 期。

《美洲华侨与中医药的发展》，《八桂侨史》1998 年第 3 期。

沈燕燕（苏州大学）

《直皖战争与中国红十字会天津分会的救护行动——以〈大公报〉为中心》，《文化学刊》2008 年第 1 期。

沈阳市局

《盛京医院创始人司督阁录音光盘入藏沈阳市档案馆》，《兰台世界》2011 年第 9 期。

神盈盈（曲阜师范大学）

《疯癫叙事下的"线索"与"符号"——〈秦腔〉与〈尘埃落定〉非常态叙事特点的比较研究》，《青年文学家》2015 年第 23 期。

申咏秋（北京中医药大学）

《〈黄帝内经〉医学人文精神研究》，北京中医药大学博士学位论文 2007 年。

《浅谈〈黄帝内经〉的人体观》，《中国医学伦理学》2007 年第 3 期。

～鲁兆麟：《〈黄帝内经〉的医学人文精神探析》，《中国医学伦理学》2006 年第 6 期。

沈有禄（广西大学）

《印度小学免费午餐计划及其启示》，《比较教育研究》2011 年第 6 期。

～吴卓平：《印度小学免费午餐计划——MDM 计划简述》，《外国教育研究》2010 年第 9 期。

沈宇斌（德国马普科学史研究所/南京大学）

～范瑞：《近代中国的疾病、身体与成药消费文化：以五洲大药房"人造自来血"为中心的考察》，余新忠主编《新史学》第九卷：医疗史的新探索（2017）。

屈佑天～：《骨肉相关：广东社会中对死亡污染的控制》，《广西民族大学学报（哲学社会科学版）》2008 年第 6 期。

沈玉洁（广东医学院）

《宋代医学教育发达的社会动因研究》，《中国医药指南》2011 年第 15 期。

《两宋时期中日、中韩、中阿诸国医药学交流研究》，《中国中医药导报》2011 年第 4 期。

《改善医患关系的社会化思考》，《西北医学教育》2009 年第 6 期。

张瑜～钟遂平：《宋代医学教育改革及其对当今医学教育的启示》，《广东医学院学报》2008 年第 3 期。

沈召春（海门县人民医院）

《〈外科正宗〉对针灸学的贡献》，《针灸临床杂志》1995 年 Z1 期。

沈朝华（大理大学）

～李晓晴：《论中世纪西欧医学对身体意识的救赎》，《医学与哲学（A）》2018 年第 1 期。

《凝视的智慧：福柯对临床医学的哲学诠释》，《医学与哲学（A）》2016 年第 1 期。

沈峥（云南民族大学）

《彝族医药的文化溯源》，《保山师专学报》2007 年第 3 期。

沈志忠（南京农业大学）

《近代中美畜牧兽医科技交流与合作探析》，《安徽史学》2010 年第 6 期。

沈仲圭

《〈本草害利〉评述》，《中医药学报》1986 年第 2 期。

～陈永治：《〈伤寒论〉火逆证的研讨》，《安徽中医学院学报》1985 年第 2 期。

《〈医学衷中参西录·前三期合编〉评述》，《上海中医药杂志》1963 年第 5 期。

《晚清名医对鼓胀病的临床经验》，《江苏中医》1959 年第 8 期。

《从历史医学文献探讨中风病因及治法的变迁》，《浙江中医杂志》1956 年第 12 期。

《何氏虚劳心传为伪书考》，《神州国医学报》1937 年第 9 期。

《发明血碳粉者为数百年前之汉医》，《广济医刊》1929 年第 5 期。

《中国卫生格言一束校正表》，《广济医刊》1927 年第 6 期。

《中国卫生格言一束》，《广济医刊》1926 年第 4、7 期；1927 年第 2、3、5、7、9、11、12 期；1928 年第 1 期。

《医林谐语》，《广济医刊》1926 年第 6 期。

沈仲理（上海中医学院）

《易州张元素学说及其发展的探讨》，《上海中医药杂志》1963 年第 5 期。

《我国伟大的医药学家介绍之五——药物学家李时珍》，《大众医学》1959 年第 2 期。

《我国伟大的医药科学家介绍之四——定出"辨证论治"的张仲景》，《大众医学》1959 年第 1 期。

《外科鼻祖华佗》，《大众医学》1958 年第 12 期。

《针灸学家皇甫谧》，《大众医学》1958 年第 10 期。

《战国时代的名医扁鹊》，《大众医学》1958 年第 8 期。

盛成桂

《我国先代本草学的简单介绍》,《生物学通报》1958 年第 1 期。

盛岱仁

~高安兴:《中医外科器具古今谈》,《解放军健康》2000 年第 4 期。

盛国荣

《我所看到中医书里所记载的滤过性病毒的疾病》,《上海中医药杂志》1956 年第 5 期。

盛海英（吉林大学）

《近代中医困境根源探析》,《医学与哲学（人文社会医学版）》2011 年第 7 期。

盛会莲（北京市文物研究所）

《唐代的病坊与医疗救助》,《敦煌研究》2009 年第 1 期。

《论唐五代的三疾救恤》,《中国经济史研究》2007 年第 3 期。

胜惠民

《古时顿服疗法之商讨》,《新医药刊》1939 年第 77 期。

盛九畴

《〈本草纲目〉中"释名"的词源学价值》,《语文研究》1993 年第 3 期。

生物系理论学习小组

《儒法斗争对我国古代人体解剖学发展的影响》,《北京师范大学学报》1975 年第 1 期。

盛燮荪（嘉兴市第一医院）

胡天烨……陈峰~《浙派中医特色灸法述要》,《浙江中医杂志》2019 年第 2 期。

戴晴……钱夏琪~《浙江古代医家针灸临床学术思想初探》,《浙江中医药大学学报》2017 年第 8 期。

胡天烨……方剑乔~《盛氏"上补下泻"针法学术思想探析》,《浙江中医药大学学报》2017 年第 2 期。

戴晴~陈峰:《〈金针赋〉飞经走气针法解析》,《浙江中医杂志》2016 年第 1 期。

张爱军、陈峰~:《〈儒门事亲〉刺络放血法及其临床运用》,《浙江中医杂志》2013 年第 12 期。

张全爱~:《凌汉章针灸学术特色探析》,《浙江中医杂志》2013 年第 6 期。

金肖青~陈峰:《试从〈内经〉取穴的六种基本方法谈针灸处方》,《浙江中医药大学学报》2009 年第 6 期。

陈峰、俞中元~:《试论〈内经〉腧穴配伍理论对针灸处方学的贡献》,《浙江中医药大学学报》2008 年第 5 期。

朱勇~:《杨继洲截担补泻法简析》,《针灸临床杂志》2003 年第 11 期。

~杭宇飞:《孙思邈应用背俞穴经验浅析》,《陕西中医》2000 年第 5 期。

《东垣灸法钩沉》,《辽宁中医杂志》1999 年第 2 期。

~杨楣良:《雷少逸〈灸法秘传〉述略》,《浙江中医杂志》1997 年第 8 期。

~陈峰等:《略论李梴"上补下泻"针刺法》,《中医杂志》1989 年第 4 期。

~崔增骅等:《略论〈针灸集成〉的学术成就》,《北京中医》1986 年第 5 期。

《凌汉章及其传人医事琐述》,《上海针灸杂志》1984 年第 2 期。

~方凡:《危亦林刺灸经验述要》,《江西中医药》1983 年第 5 期。

崔增骅~:《〈灵枢〉颈部要穴的探讨》,《中国针灸》1983 年第 2 期。

～徐树民：《周之干和他的〈慎斋遗书〉》，《中医杂志》1982 年第 2 期。

《〈脉经〉中有关针灸文献探索》，《浙江中医杂志》1964 年第 9 期。

朱百先～陆文彬：《陈骏八先生经验介绍》，《浙江中医杂志》1964 年第 9 期。

～凌熙之等：《〈循经考穴编〉针刺法初探》，《中医杂志》1964 年第 7 期。

盛亦如（北京中医药大学/北京中医学院）

《中国中医教育史研究 60 年》，《中华医史杂志》1996 年第 3 期。

《中医教育史（近代）研究综述（1949—1994）（续上期）》，《中医教育》1996 年第 1 期。

《中医教育史研究综述（1949—1994）（待续）》，《中医教育》1995 年第 6 期。

《孙思邈的养生医学思想》，《北京中医药大学学报》1995 年第 6 期。

～马伯英：《略论中医理论的认识模式——中医与中国传统文化之研讨》，《中医研究》1991 年第 4 期。

甄志亚～马伯英：《"辨证论治"体系形成过程中的方法论问题浅析》，《医学与哲学》1987 年第 10 期。

盛增秀（浙江省中医药研究院）

《朱丹溪治疗妇科病经验钩玄》，《浙江中医杂志》2019 年第 7 期。

江凌川、王英～：《浅析朱丹溪对针灸学理论及临床应用的发挥》，《江苏中医药》2017 年第 11 期。

庄爱文～：《浙东名医阮怀清郁证医案赏析》，《浙江中医药大学学报》2017 年第 10 期。

～安欢等：《古代郁证医案用药规律和特色分析》，《浙江中医杂志》2017 年第 9 期。

～庄爱文：《古代名家辨体辨证结合治疗中风医案说解》，《浙江中医杂志》2017 年第 8 期。

江凌圳～王英：《"丹溪学派"医学文化内涵探析》，《中医药文化》2017 年第 5 期。

庄爱文……李荣群～：《〈张氏医通〉郁证探析》，《浙江中医药大学学报》2017 年第 1 期。

～庄爱文：《浙东名医阮怀清传略及其医案赏析》，《浙江中医杂志》2015 年第 12 期。

《略论浙籍医家对温病学说传承与发展的贡献》，《浙江中医杂志》2014 年第 9 期。

《丹溪学派探要》，《浙江中医杂志》2012 年第 11、12 期。

《诊籍名作数哪家 新安医家汪赤厓——〈赤厓医案〉赏析》，《浙江中医杂志》2011 年第 9 期。

《略论中医的衰老学说及其实践意义》，《浙江中医杂志》2010 年第 3 期。

《熔古冶今究温病 探得骊龙颔下珠——潘澄濂在温病学研究上的成就》，《浙江中医杂志》2009 年第 9 期。

《略论中医原创的治未病学说》，《浙江中医杂志》2007 年第 10 期。

王英～：《集中医文献学家教育家临床家于一身的张山雷》，《中华医史杂志》2006 年第 1 期。

王英、江凌圳～：《略论张锡纯的治学精神》，《浙江中医杂志》2004 年第 4 期。

王英～：《张山雷在中医文献整理研究上的贡献》，《中医文献杂志》1997 年第 4 期。

姜静娴～：《略论晋唐时期的方剂学》，《陕西中医》1995 年第 10 期。

～姜静娴：《略论宋元时期的方剂学》，《陕西中医》1988 年第 8 期。

～陈勇毅：《〈伤寒温疫条辨〉探要》，《辽宁中医杂志》1986 年第 5 期。

《略论吴有性治疗温疫运用下法的经验》，《浙江中医学院学报》1985 年第 4 期。

盛展能

《祖国古代医学的成就及其对世界医学的贡献》，《广东中医》1957 年第 3 期。

史安俐（中国卫生部）

《英国医疗卫生事业与科技发展》，《中华医学科研管理杂志》1994年第4期。

石碧霞（厦门大学医学院）

～孙孝忠：《朱端章〈卫生家宝产科备要〉评介》，《福建中医学院学报》2009年第5期。

史波（武汉交通职业学院）

～周玲：《印度医药知识产权保护状况分析》，《武汉交通职业学院学报》2012年第2期。

施才

《红军最早的医官——叶青山》，《昨天·今天·明天（福建党史月刊）》1993年第8期。

史常永（辽宁省中医研究院）

《〈难经本义〉原刻残卷考察》，《中华医史杂志》2002年第1期。

王玉琢～：《曹炳章藏孤本〈本草明辨〉考证》，《中医文献杂志》1999年第2期。

《薛生白医案最早传抄本——兼及〈碎玉篇〉》，《中医文献杂志》1997年第4期。

《赵良仁〈丹溪药要或问〉的新发现及其他》，《中国医药学报》1996年第5期。

《桂林石刻养气汤考》，《中国医药学报》1996年第4期。

《〈千金方衍义〉评价》，《中医文献杂志》1995年第1期。

《〈神农本草经〉药名校诂疑义举例》，《中国医药学报》1991年第6期。

《中医学与哲学命题的"联系环"——对称性及阴阳说》，《中国医药学报》1990年第1期。

《赵良仁传稿》，《上海中医药杂志》1986年第1期。

《罗知悌传稿》，《上海中医药杂志》1985年第6期。

《再话兔唇修补术及整形史小议》，《上海中医药杂志》1982年第5期。

《〈证治要诀〉及〈证治类方〉质疑》，《中医杂志》1981年第12期。

《评〈温疫论评注〉》，《新中医》1978年第3期。

《元代儿科学家曾世荣》，《辽宁医学杂志》1959年第5期。

《试论传染病学家吴又可及其戾气学说》，《医学史与保健组织》1957年第3期。

石琛（兰州大学）

《清朝前期政府及社会各界对瘟疫的应对措施》，兰州大学硕士学位论文2008年。

石玎（中国人民大学）

《社会照护给付：英国经验与中国选择》，《湖湘论坛》2019年第2期。

～叶冰清：《美国长期照护服务的筹资改革及启示》，《中国医疗保险》2017年第4期。

《老龄化背景下我国老年人护理保障研究综述》，《劳动保障世界（理论版）》2012年第5期。

史传道（陕西中医学院）

李永峰～：《孙思邈预防医学思想初探》，《陕西中医函授》2000年第4期。

《蔺道人治伤六法》，《陕西中医函授》1998年第3期。

《〈外台秘要〉对中医骨伤科学的贡献》，《陕西中医函授》1995年第1期。

～汶医宁：《〈伤寒海底眼〉学术思想浅析》，《中医函授通讯》1993年第5期。

～汶医宁、于远望：《陈士铎〈洞天奥旨〉对金银花的认识》，《新疆中医药》1991年第3期。

～于远望：《〈内经〉对判断疾病预后的认识》，《陕西中医函授》1990年第1期。

史春林（大连海事大学）

《建国后毛泽东关于卫生防疫的思想》，《毛泽东思想研究》2005年第2期。

士丹

《打诊的历史》,《浙江新闻医学周刊》1935 年第 1 期。

施道声

《中国卫生制度沿革略史》,《中国医药月刊》1941 年第 7 期。

施德芬

《中华护士学会之回顾》,《中华护士学会通讯》1942 年第 1 期。

《护病历史与世界历史关系之大纲》,《中华护士季报》1929 年第 3 期。

史国华(新疆医科大学)

《儒家伦理思想与当代医师职业精神建设研究》,新疆医科大学硕士学位论文 2016 年。

石国景(上海中医药大学)

～张静等:《中央国医馆处方鉴定委员会的建立及影响》,《中华医史杂志》2019 年第 4 期。

石国宁(华中师范大学)

《民国时期两广地区疫灾流行与公共卫生意识的变迁研究》,华中师范大学硕士学位论文 2016 年。

施国善(黑龙江中医药大学)

～王有鹏:《温胆汤源流及方名探析》,《辽宁中医杂志》2016 年第 8 期。

《清代医家血瘀理论研究》,黑龙江中医药大学硕士学位论文 2014 年。

～林晓峰:《〈黄帝内经〉养生思想研究》,《内蒙古中医药》2013 年第 34 期。

史赫男(首都医科大学)

王思齐……阮佳琦～:《淡豆豉炮制历史沿革的研究》,《中国中药杂志》2018 年第 10 期。

王思齐……阮佳琦～:《淡豆豉的本草考证》,《中国现代中药》2018 年第 4 期。

～赵锋等:《1911—1949 年东北地区医学院校的创建及发展概述》,《继续医学教育》2016 年第 7 期。

石宏亮(中国人民大学)

《1952 年北京市爱国卫生运动考察》,《北京党史》2010 年第 5 期。

《建国以来中国农村合作医疗制度之变迁》,《中共珠海市委党校珠海市行政学院学报》2010 年第 2 期。

王东～:《中国新型农村合作医疗制度特征探析》,《中州学刊》2009 年第 3 期。

施鸿生(卫生部结核病控制中心)

～张本:《中国防痨大事史料选登》,《结核病健康教育》2000 年第 1、2 期;2001 年第 1 期。

《中国防痨史料选篇》,《结核病健康教育》1993 第 2 期;1994 年第 1 期;1995 年第 2 期。

史华(华东师范大学)

～周瀚光:《藏传佛教对藏族医药学发展的作用与影响》,《中医药文化》2014 年第 5 期。

《宋代的佛教与医学》,《中医药文化》2007 年第 2 期。

石慧敏(中山大学)

《浅析医患关系报道中的媒体策略———一个传播心理学的视角》,《浙江传媒学院学报》2009 年第 3 期。

史纪(河南中医学院)

《浅谈我国古代的优生学》,《河南中医》1986 年第 4 期。

史继刚(西南财经大学)

《宋代药局建设与药品经营管理》,《西南师范大学学报(哲学社会科学版)》1994 年第 2 期。

《宋代的惩"巫"扬"医"》,《西南师范大学学报(人文社会科学版)》1992 年。

时际虞

《电学发明及电气疗病之源流》,《中西医学报》1911 年第 6 期。

石嘉(江西师范大学)

~安艺舟:《渗透与同化:抗战时期日本在沦陷区的卫生防疫研究》,《中国社会历史评论》2017 年 00 期。

石建华(防化指挥工程学院履约事务办公室)

~石建波:《侵华日军遗弃化学武器处理困难之根源及现状》,《军事历史》2008 年第 1 期。

师建梅(山西中医学院)

《〈内经〉气机升降理论浅析》,《山西中医》2000 年第 1 期。

《张景岳阴阳论核心观初探》,《山西中医》1998 年第 6 期。

施今墨

《祖国医学在防痨方面的贡献》,《防痨通讯》1957 年第 1 期。

~王舜畊:《在放养祖国医学遗产工作中,当前中医的首要任务》,《中医杂志》1955 年第 7 期。

《学术整理会统一病名建议书》,《医学杂志》第 73 期(1933)。

附:《上海国医公会:上海市国医公会为统一病名复国医馆并质疑四点》,《医学杂志》第 73 期(1933)。

施京(云南大学)

《我国药品专利保护与公共健康之间的利益冲突》,云南大学硕士学位论文 2016 年。

史经霞(信阳师范学院/四川大学)

《民国医疗制度变革的思想与实践(1930—1949)》,《中州学刊》2017 年第 10 期。

《抗战时期西南地区乡村医疗卫生建设》,《求索》2015 年第 2 期。

《抗战时期贵州少数民族区域疫病防治制度的建构与社会的疏离》,《贵州民族研究》2013 年第 4 期。

《近代贵州少数民族地区宗教与医疗文化研究》,《宗教学研究》2013 年第 3 期。

史军(南京信息工程大学)

~赵海燕:《公平与健康:罗尔斯正义原则的健康伦理意蕴》,《自然辩证法研究》2010 年第 9 期。

~王巍:《公共健康保障中的政府责任》,《河北学刊》2010 年第 1 期。

《公共健康领域权利与善的冲突》,《学术论坛》2008 年第 11 期。

《权利与善之公共健康伦理研究综述》,《学术论坛》2008 年第 4 期。

《以个人权利看待公共健康》,《四川大学学报(哲学社会科学版)》2008 年第 3 期。

史俊男(第四军医大学)

《深切怀念我国著名的空腔医学史和考古专家周大成教授》,《牙体牙髓周病学杂志》2009 年第 5 期。

石俊仕(济宁市结核病防治所)

~张慧敏等:《肺结核病发现策略的沿革》,《中华医史杂志》2009 年第 4 期。

~张慧敏等:《肺结核病人发现的历史沿革研究》,《中国热带医学》2008 年第 4 期。

石开玉（安徽中医药高等专科学校）

叶青～：《中医药文化融入医科大学生思想政治教育的意义》，《产业与科技论坛》2018 年第 6 期。

《甲骨文中的耳鼻喉科医学文化》，《长春中医药大学学报》2018 年第 3 期。

《蕲蕲的文献考证》，《中华医史杂志》2018 年第 3 期。

《麦冬文献考证》，《辽宁中医药大学学报》2017 年第 10 期。

《中药常山的文献考证》，《中华医史杂志》2017 年第 6 期。

《帛书〈五十二病方〉禽类药考证》，《中药材》2017 年第 5 期。

《中医药文化融入医科大学生思想政治教育的路径探讨》，《广西中医药大学学报》2017 年第 2 期。

《芫花的文献考证》，《中药材》2016 年第 11 期。

《殷商甲骨文中所载药物史料考证》，《中药材》2016 年第 8 期。

《安徽芜湖中药业的源起与发展探论》，《淮海工业学院学报（社会科学版）》2013 年第 14 期。

《谈安徽芜湖中药业的发展》，《重庆科技学院学报·社会科学版》2012 年第 7 期。

《安徽芜期中医业发展史》，《安徽警官职业学院学报》2012 年第 3 期。

～刘晓龙等：《安徽芜湖中药业的兴盛与发展》，《现代中药研究与实践》2005 年 Z1 期。

施扣柱（上海社会科学院）

《上海首次健康教育展览会》，《档案与史学》2004 年第 1 期。

施宽德（贵阳中医学院）

～范永胜：《〈痧胀玉衡〉的针灸学术思想》，《贵阳中医学院学报》1992 年第 1 期。

～许建阳：《李杲针灸学术思想浅探》，《贵阳中医学院学报》1990 年第 4 期。

史兰华（山东中医学院）

杨佃会、臧守虎～：《〈肘后备急方〉灸法学术思想探析》，《山东中医药大学学报》2001 年第 1 期。

刘耀、马开灵～：《〈伤寒杂病论〉方药渊源探析》，《山东中医药大学学报》1997 年第 6 期。

《〈伤寒论〉传本、佚文考略》，《山东中医学院学报》1996 年第 1 期。

《古代文献对癌症命名的探讨》，《山东中医学院学报》1993 年第 5 期。

～郑延辰：《古医籍骨名今释》，《医古文知识》1991 年第 2 期。

《山东历代中医著作年表》，《山东中医学院学报》1991 年第 1 期。

《山东中医教育史略（1840—1985）》，《山东中医学院学报》1988 年第 2 期。

时乐平（复旦大学）

《治理"医闹"：医疗纠纷的制度根源及其对策》，复旦大学硕士学位论文 2011 年。

石磊（厦门大学）

《美国公共卫生领域公私合作伙伴关系研究（1987—2008）》，厦门大学硕士学位论文 2009 年。

石琳（北京中医药大学）

《〈本草纲目〉药物警戒思想研究》，北京中医药大学硕士学位论文 2017 年。

史林峰（新疆大学）

～周永华：《中国农村合作医疗制度变迁的回顾与展望》，《西安石油大学学报（社会科学版）》2010 年第 1 期。

施林林（上海师范大学）

《美国早期食品安全监管研究》，上海师范大学硕士学位论文 2013 年。

史泠歌（铜仁学院/河北大学）

《论宋代药材的种植与贸易》，《安徽广播电视大学学报》2019 年第 3 期。

《宋代皇帝的养生方法》，《兰台世界》2011 年第 22 期。

《帝王的健康与政治——宋代皇帝疾病问题研究》，河北大学博士学位论文 2012 年。

史密尔诺夫

～撰，涛译：《苏联保健三十年》，《苏联医学》1948 年第 1 期。

释妙空

《略论佛医与中医》，《五台山研究》2000 年第 1 期。

史敏（私立华联学院）

《文学与疾病题材关系简论》，《安徽工业大学学报（社会科学版）》2001 年第 4 期。

史民（郑州大学）

《中国医疗保障制度研究》，郑州大学硕士学位论文 2005 年。

施雾（云南大学/北京师范大学）

《从生产困境到生态困境：二战以来美国畜牧业抗生素饲用的缘起与影响》，《世界历史》2018 年第 5 期。

《二战后美国畜牧养殖业滥用抗生素问题初探》，《学术研究》2013 年第 4 期。

《抗生素引发的新环境史研究》，《中国社会科学报》2013 年 7 月 24 日 A06 版。

～梅雪芹：《美国畜牧养殖业滥用抗生素相关研究的历史考察》，《辽宁大学学报（哲学社会科学版）》2013 年第 3 期。

《饲用抗生素与公共卫生风险——20 世纪 70 年代美国抗生素饲用问题公众化的开端》，《安徽史学》2013 年第 3 期。

施杞（上海中医学院）

～石印玉等：《论〈正体类要〉的学术思想》，《上海中医药杂志》1980 年第 3 期。

施启生（江苏省中医院）

《古本康平伤寒论》，《中医杂志》1958 年第 4 期。

石倩玮（上海市长海医院/云南中医学院）

陈群伟～周俊等：《中医外科古医籍中"失荣""乳岩"和"茧唇"的证治特点》，《辽宁中医药大学学报》2010 年第 7 期。

～张超等：《试论东南亚文化对傣医药的影响》，《中国民族医药杂志》2008 年第 2 期。

～张超：《民族医药知识产权保护现状与对策探讨》，《云南中医学院学报》2006 年 S1 期。

石晴（云南农业大学）

～车辚：《20 世纪 40 年代云南常见地方病防治探析——以鼠疫、霍乱、血吸虫病为例》，《昆明学院学报》2017 年第 2 期。

车辚～：《川陕苏区的医疗卫生工作》，《楚雄师范学院学报》2017 年第 1 期。

《民国时期云南常见传染病流行与防治研究（1937—1949）》，云南农业大学硕士学位论文 2017 年。

石秋灵（上海交通大学）

～王诗淇等：《都市报健康传播与医患关系报道比较研究——以〈新民晚报〉、〈新闻晨报〉为例》，《新闻世界》2013 年第 9 期。

石全福（黑龙江中医药大学）

～王宫博:《从马王堆医书到〈黄帝内经〉看经络辨证的早期发展》,《针灸临床杂志》2008 年第 11 期。

石人炳（胡北大学）

《疟疾的过去和现在:西双版纳流行病的变化及其人口学方面的后果》,《人口研究》1997 年第 4 期。

史如松（重庆第三军医大学/北京大学）

《20 世纪 30 年代卡介苗接种在中国的实践》,张大庆等主编《全球视野下的医学文化史》(北京:中国协和医科大学出版社 2019 年)。

《20 世纪 30 年代卡介苗接种在中国的实践》,《中华医史杂志》2017 年第 4 期。

皮星、薛大东～:《供给侧改革背景下我国医疗机构移动医疗服务模式研究》,《中国卫生质量管理》2016 年第 6 期。

～皮星:《美国退伍军人医疗系统的特点与启示》,《中国卫生质量管理》2016 年第 2 期。

张亚斌～:《基督教与中国近代西医教育的产生》,《医学与社会》2011 年第 4 期。

《博医会研究:中国近代西医界职业活动模式的形成》,北京大学医学部博士学位论文 2010 年。

～张大庆:《中国卫生"启蒙运动"——卫生教育会的贡献》,《医学与哲学(人文社会医学版)》2010 年第 5 期。

～张大庆:《从医疗到研究:传教士医生的再转向——以博医会研究委员会为中心》,《自然科学史研究》2010 年第 4 期。

《十九世纪西方医学在华传播的缩影——评〈德贞传——一个英国传教士与晚清医学近代化〉》,《中国科技史杂志》2010 年第 3 期。

《抗战期间美国医学界对中国的关注——以〈美国医学会杂志〉为例》,《中国科技史杂志》2006 年第 3 期。

施如怡（上海社会科学院）

《近代上海医学教育的"英美体系"》,上海社会科学院硕士学位论文 2013 年。

施睿谊（台湾医务社会工作协会）

《台湾医务社会工作专业发展分析:1949—1967 年》,《社会工作》2014 年第 4 期。

施若霖

《华佗的故事》,《新观察》1958 年第 16 期。

《明末名医傅青主》,《上海中医药杂志》1956 年第 12 期。

施士德（中国援助摩洛哥医疗队）

《新形势下援外医疗工作的建议》,《中国卫生资源》2005 年第 5 期。

矢数道明

～何裕丰:《明治 110 年中医学的变迁及其将来》,《辽宁中医杂志》1980 年第 11 期。

～撰,莫国万译:《药酒考》,《浙江中医杂志》1959 年第 11 期。

～撰,张锡君译:《日本医学史略谱》,《中医世界》1936 年第 5 期。

～撰,张锡君译:《中国医学史略谱》,《光华医药杂志》1935 年第 4、5 期。

施思明

《总理蒙难中之四医师》,《中华医学杂志》1942 年第 6 期。

《黄子方医师行述》,《中华医学杂志》1940 年第 12 期。

石涛（山西大学）

《我国古代政府的疫病控制措施》，《山西大学学报（哲学社会科学版）》2004 年第 1 期。

史旺成

《略论佛教医学对中医药学的影响》，《五台山研究》1992 年第 3 期。

《佛教哲学与佛教医学》，《五台山研究》1991 年第 2 期。

侍伟（中国中医科学院）

《〈孙真人千金方〉肝、心、脾证候特点的研究》，《现代中西医结合杂志》2011 年第 21 期。

《建国以来〈千金要方〉五脏证候总体的研究概况》，《中国中医基础医学杂志》2010 年第 3 期。

《〈孙真人千金方〉肝、心、脾证候特点的研究》，中国中医科学院硕士学位论文 2010 年。

施卫星（浙江大学）

《病人自主权：未来医患关系的根本立足点》，《医学与哲学》1999 年第 2 期。

施文尧（台湾私立中原大学）

《日治时期台湾医疗设施体系发展历程之研究——以台北地区为主》，台湾私立中原大学硕士学位论文 2002 年。

史习（浙江越秀外国语学院/浙江大学）

《患者权利与医务人员权力的平衡——论滑动天平策略》，《哲学动态》2016 年第 9 期。

～盛晓明：《客观主义疾病观之殇——论生物医学视野下的功能概念》，《自然辩证法通讯》2016 年第 3 期。

《论疾病的伤害性功能紊乱解释》，《自然辩证法通讯》2014 年第 3 期。

史向前（安徽大学）

《老子气论及其对〈内经〉医学的影响》，《锦州医学院学报（社会科学版）》2004 年第 4 期。

～邱建新：《老子思想与〈内经〉》，《医学与哲学》1999 年第 9 期。

施小墨（北京红十字朝阳医院）

～张秀琴：《卓越的医学教育家施今墨先生》，《国医论坛》1986 年第 4 期。

《施今墨》，《中国医药学报》1986 年第 2 期。

师小茜（宁夏医科大学）

《回医药学在元朝鼎盛之因探析》，《亚太传统医药》2017 年第 10 期。

石筱山

《祖国伤科内伤的研究》，《上海中医药杂志》1957 年第 1 期。

《从医史中认识祖国伤科的成果》，《上海中医药杂志》1955 年第 7 期。

施晓亚（解放军总医院/军医进修学院）

《我们时代的境遇——临床诊疗行为中的医患文化冲突》，《医学与哲学（人文社会医学版）》2006 年第 9 期。

《临终关怀与安乐死之比较——我们能做些什么》，《医学与哲学》1994 年第 1 期。

史晓云（上海大学）

《西方传教士眼中的中国近代烟毒问题——以〈教务杂志〉为例》，《医疗社会史研究》2019 年第 2 期。

唐青叶～：《全球化语境下的公共卫生再概念化——读〈恶魔：我们对酒精、烟草和毒品态度之变迁〉》，《医疗社会史研究》2017 年第 2 期。

沃尔特·布鲁豪森撰，～译:《从慈善到发展——基督教国际卫生组织(1947—1978)》,《医疗社会史研究》2016 年第 1 期。

史欣德(中国医学科学院/南京中医药大学)

《〈金匮要略〉"虚劳"三方再识》,《上海中医药杂志》2016 年第 6 期。

付莹坤……冯玲～:《治疗过敏性鼻炎的古代方剂分析》,《中医杂志》2015 年第 20 期。

陶御风～梁慧凤:《略论古方的价值特征》,《上海中医药杂志》2007 年第 11 期。

～赵京生:《王清任活血逐瘀类方探析》,《中国中医基础医学杂志》2001 年第 11 期。

《论方剂文献研究的思路与方法》,《中国中医基础医学杂志》1998 年第 8 期。

《从方剂文献看桂枝在痛证中的运用》,《南京中医药大学学报》1998 年第 5 期。

～石历闻:《从 220 首古方看诃子效用》,《中医研究》1996 年第 4 期。

施秀娟(安徽中医药大学)

《〈小儿烧针法〉及灯火灸文献研究》,安徽中医药大学硕士学位论文 2017 年。

石雪婷(陕西师范大学)

《民国 21 年(1932)陕西霍乱研究》,陕西师范大学硕士学位论文 2013 年。

石亚兵(华东师范大学)

《伊壁鸠鲁的"灵魂救治"教育观》,华东师范大学硕士学位论文 2013 年。

施亚利(武汉工程大学/南京大学)

《国民经济调整时期湖北省的血防工作》,《党史文苑》2017 年第 12 期。

施亚利～:《"大跃进"时期湖北省的血防工作》,《党史文苑》2017 年第 10 期。

施亚利～:《新中国成立初期湖北血防工作及其成效》,《党史文苑》2017 年第 4 期。

《江苏省血吸虫病防治运动研究(1949—1966)》,南京大学博士学位论文 2013 年。

《国民经济调整时期江苏省的血防工作》,《党史文苑》2011 年第 18 期。

《新中国成立初期江苏省血防运动中的政府角色分析》,《宿州学院学报》2011 年第 12 期。

《新中国成立初期江苏省血防科研工作的开展》,《宿州学院学报》2011 年第 11 期。

《大跃进时期江苏省的血防工作》,《历史教学(下半月刊)》2011 年第 9 期。

《新中国成立初期中共中央对血防工作的重视与领导》,《党史文苑》2011 年第 8 期。

《新中国成立初期江苏省的血防工作》,《江苏大学学报(社会科学版)》2011 年第 3 期。

《民国时期江苏省的血防工作》,《历史教学(下半月刊)》2010 年第 5 期。

史焱(辽宁中医药大学)

《基于中医古代文献小儿惊风理论的研究》,辽宁中医药大学博士学位论文 2016 年。

～李君等:《〈医学汇函〉引用〈古今医鉴〉版本考》,《中国中医基础医学杂志》2016 年第 5 期。

傅海燕、李君～:《〈医学汇函〉考略》,《南京中医药大学学报(社会科学版)》2016 年第 2 期。

～傅海燕:《明本〈医学汇函〉对〈古今医鉴〉的纠误举隅》,《山东中医药大学学报》2015 年第 6 期。

～傅海燕:《〈古今医鉴〉勘误举隅》,《长春中医药大学学报》2015 年第 5 期。

～傅海燕:《宋之前小儿惊风病名演变研究》,《中医文献杂志》2015 年第 4 期。

史业骞(辽宁中医药大学)

《象思维对方药学的影响》,辽宁中医药大学博士学位论文 2015 年。

矢野荣二(日本帝京大学医学部)

～王晓蓉:《日本公共卫生的发展与存在的问题》,《中国公共卫生》1996 年第 9 期。

施易(北京外国语大学)

《从抗击2014年西非埃博拉疫情比较中美全球卫生外交》,北京外国语大学硕士学位论文2017年。

施义慧(南京大学)

《罗杰·库特的医学社会史研究》,《史学理论研究》2003年第1期。

施亦农(南京市中医院)

～随建屏:《南京随氏中医世家简史》,《中医文献杂志》1996年第1期。

时逸人

《中医对带下病之认识》,《北京中医》1954年第11期。

《温病发展简史》,《中华医史杂志》1955年第4期。

石义英

《盖伊学派及其代表人物》,《中华医史杂志》2004年第3期。

《医疗管理之父》,《中华医史杂志》2004年第1期。

石勇(南京师范大学)

《阴阳五行语境下的中医隐喻思维与隐喻话语研究》,南京师范大学博士论文2016年。

～刘宇红:《基于五行理论的多元化隐喻系统研究——以〈黄帝内经〉为例》,《重庆师范大学学报(哲学社会科学版)》2015年第3期。

刘宇红～:《隐喻网络编织中医理论体系——基于〈黄帝内经〉多元隐喻系统的综合考察》,《医学争鸣》2016年第2期。

石拥军(泰兴市蒋华医院)

《农村合作医疗管理探讨——合作医疗发展30年回顾与思考》,《江苏卫生事业管理》2001年第5期。

史永丽(山西大学)

～孙淑云:《传统合作医疗制度重建艰难的原因分析——基于公共产品对视角》,《经济问题》2007年第10期。

～姚金菊等:《食品安全标准法律体系研究》,《食品科学》2007年第6期。

～孙淑云:《农村合作医疗制度的起源及其法律性质分析》,《山西大学学报(哲学社会科学版)》2006年第4期。

石雨(北京中医药大学)

～李伟荣:《〈黄帝内经〉英文译介与传播考略》,《智库时代》2019年第15期。

肖雄～:《胡桐泪(律)与梧桐泪(律)之考辨》,《中医文献杂志》2019年第4期。

肖雄～:《古代岭南地区外来香药的输入及其中医临证运用》,《中医药文化》2019年第4期。

肖雄～:《〈诸病源候论〉涉医词汇考释三则》,《中医学报》2019年第2期。

《"清香为百药之先"的龙脑香》,《中医文献杂志》2018年第1期。

～李柳骥:《〈酉阳杂俎〉医药文化内容初探》,《中医药文化》2017年第5期。

《浅论药物朱砂》,《中医文献杂志》2017年第3期。

《医籍常见人体同义词举隅》,《中医药文化》2017年第3期。

《〈备急千金要方〉中首见药物名考证》,《西部中医药》2015年第12期。

《中医古籍未知药物考证举隅》,《安徽中医药大学学报》2015年第4期。

～王育林:《悬雍"悬痈"词义考辨》,《中医学报》2014年第2期。

～王育林:《千金方腧穴名构词研究》,《中医学报》2014 年第 1 期。

《〈备急千金要方〉医学名物词研究》,北京中医药大学博士学位论文 2014 年。

～王育林:《十三鬼穴考辨》,《中医学报》2013 年第 11 期。

～王育林:《〈备急千金要方〉首见腧穴名称研究》,《中医文献杂志》2013 年第 2 期。

石悦(大连医科大学)

荣振华～:《医患纠纷第三方调解机制与医疗责任保险融合机制现状问题及对策》,《中国医疗保险》2018 年第 1 期。

谢佳文～:《法益视域下"医闹"定罪探析》,《医学与哲学(A)》2017 年第 11 期。

～温凯强:《中医处方知识产权与患者知情同意权的冲突与调合》,《医学与哲学(A)》2017 年第 2 期。

秦启彤～:《医务人员职业暴露的法律保护》,《中国卫生事业管理》2016 年第 1 期。

温凯强～:《中医处方"保密权"与患者知情同意权的冲突与对策——以法理学视角分析》,《世界科学技术·中医药现代化》2015 年第 12 期。

阚凯～:《论医师多点执业中患方的法律风险与防控》,《中国卫生事业管理》2015 年第 11 期。

～张琴:《暴力伤医背景下医务人员权益保护的法律思考》,《医学与法学》2015 年第 2 期。

～杨小慧:《我国医疗损害鉴定机制"一元"模式构建探析》,《医学与哲学(A)》2015 年第 4 期。

侯丽佳、杨小慧～:《社区诊所过度用药的问题调查及法律思考》,《医学与法学》2014 年第 4 期。

阚凯～:《基本医疗卫生服务中公民知情权的缺失与保障》,《医学与哲学(A)》2014 年第 4 期。

阚凯～:《论基本医疗卫生服务中的公民知情权》,《中国卫生事业管理》2013 年第 12 期。

《过度医疗侵权责任的构成、归责及赔偿》,《贵州社会科学》2012 年第 7 期。

《论过度医疗中患者知情同意侵权责任》,《医学与哲学(A)》2012 年第 6 期。

王安富～黄敏:《畅通"瓶颈"之路——建立医事仲裁机制》,《卫生软科学》2011 年第 3 期。

～陶然等:《论医患信任机制与医事法制建设的互动关系》,《医学研究杂志》2010 年第 2 期。

陶然、王安富～:《浅议食品卫生执法视角下的〈食品安全法〉》,《医学教育探索》2009 年第 9 期。

～王安富等:《中国医疗卫生法治的历史、现状与走向——中国医疗卫生法治 30 年之评析》,《中国社会医学杂志》2009 年第 3 期。

王安富～陶然等:《从一典型案例看医疗机构医疗事故防控机制的构建》,《中国医院管理》2009 年第 2 期。

史悦(燕山大学)

《类、类逻辑和中国古代医学的类逻辑思维研究》,燕山大学硕士学位论文 2014 年。

石月清(河北大学)

《杜甫涉医涉药诗歌研究》,河北大学硕士学位论文 2010 年。

石陨(天津中医药大学第二医院/天津中医学院第二附属医院)

《治未病理论渊源与发展初探》,《天津中医药大学学报》2012 年第 1 期。

《〈仙授理伤续断秘方〉在骨伤科学上的贡献》,《天津中医学院学报》1996 年第 3 期。

师昀煜(外交学院)

《对外医疗援助中的医药援助》,《海峡药学》2010 年第 8 期。

《药物创新与经济发展》,《海峡药学》2010 年第 7 期。

释昭慧(台湾玄奘大学)

《原始佛教对身心保健与疾患防护的看法——以〈阿含经〉与〈佛说佛医经〉为主》,《西南民族大学学报(人文社科版)》2010 年第 5 期。

时振声(中国中医研究院)

《〈内经〉热病理论及其对后世的影响》,《中医函授通讯》1991 年第 1、2、3、4 期。

《〈温病条辨〉治痢法探讨》,《吉林中医药》1982 年第 3 期。

《忆时逸人的学术思想与治学精神》,《山东中医学院学报》1982 年第 1 期。

《〈内经〉中的诊法》,《吉林中医药》1981 年第 3、4 期。

《对〈伤寒论〉〈金匮要略〉中有关脉诊的探讨》,《云南中医学院学报》1979 年第 12 期;1980 年第 1、2 期。

《古代对营养的认识》,《中级医刊》1957 年第 4 期。

《古代对疟疾病的认识》,《中级医刊》1955 年第 7 期。

施政(东华大学)

《〈全体新论疏政〉研究》,东华大学硕士学位论文 2016 年。

史正刚(甘肃中医药大学)

《论〈阎氏小儿方论〉散剂之用法》,《中医儿科杂志》2019 年第 4 期。

祈辉~李玉霞:《〈小儿药证直诀〉散剂初探》,《中医儿科杂志》2019 年第 3 期。

~刘喜平等:《敦煌遗书中梵文香药的应用探析》,《中国民族民间医药》2015 年第 20 期。

~刘喜平等:《敦煌遗书膏摩古医方探析》,《中国民族民间医药》2015 年第 15 期。

~李金田等:《敦煌医学及其文化内涵探析》,《甘肃中医学院学报》2014 年第 5 期。

李应存、李金田~:《俄罗斯藏黑水城医药文献〈神仙方论〉录释》,《甘肃中医》2008 年第 9 期。

李应存、李金田~:《俄罗斯藏敦煌文献 Дx18165R、Дx18165V 佛儒道相关医书录释》,《甘肃中医》2008 年第 4 期。

李应存~魏迎春:《敦煌佛书 P.3777〈五辛文书〉中之修身养生方录释》,《甘肃中医》2007 年第 7 期。

李应存~:《从敦煌佛书中的医学内容谈佛教的世俗化》,《敦煌学辑刊》2007 年第 4 期。

李应存~:《敦煌医学卷子〈辅行诀脏腑用药法要〉概况与医方释要》,《中医药通报》2007 年第 3 期。

李应存~魏迎春:《印度〈佛说医喻经〉中的医学方法初探》,《甘肃中医》2006 年第 9 期。

李应存~魏迎春:《敦煌佛书 S.5598V 中毗沙门天王奉宣和尚神妙补心丸方浅探》,《甘肃中医》2006 年第 7 期。

李应存、李金田~:《俄藏敦煌文献 Дx00924 录校》,《甘肃中医》2006 年第 5 期。

李应存、李金田~:《俄藏敦煌文献 Дx02822〈蒙学字书〉中之医药知识》,《甘肃中医学院学报》2006 年第 4 期。

李应存、李金田~:《俄罗斯藏敦煌医药文献的学术价值初探》,《中医药通报》2006 年第 3 期。

李应存、李金田~:《俄藏敦煌文献中新发现 Дx01325V〈张仲景五脏论〉录校》,《甘肃中医》2006 年第 3 期。

张振尊~:《〈内经〉对〈颅囟经〉的影响》,《中医儿科杂志》2006 年第 2 期。

李应存～魏迎春:《以佛书为主的敦煌遗书中的儿科医方概要》,《中医儿科杂志》2006 年第 1 期。

李应存、李金田～:《俄藏敦煌文献 Дх08644"〈脉经〉节选本"录校》,《甘肃中医》2006 年第 1 期。

李应存、李金田～:《俄藏敦煌文献 Дх17453〈黄帝内经·素问〉"刺疟篇"、"气厥论篇"录校》,《甘肃中医》2005 年第 11 期。

李应存、李金田～:《俄藏敦煌文献 Дх00613"〈黄帝内经〉、〈难经〉摘录注本"录校》,《甘肃中医》2005 年第 3 期。

～虞舜:《敦煌美容医方特色述评》,《甘肃中医》1998 年第 6 期。

～李彦恒:《浅探〈金匮要略〉对产后发热的治疗》,《甘肃中医》1991 年第 1 期。

石正邦

《社会卫生学之历史》,《医药评论》1931 年第 50 期。

石志权（吉首市民主街石志权民族医诊所）

～吴言发:《略论苗族万物生成论对苗族医药文化的影响》,《中国民族医药杂志》2009 年第 6 期。

施志远

《要纠正忽视医学史的偏见》,《南京医学院学报》1983 年第 4 期。

施仲安（南京中医药大学/南京中医学院）

～沈中卫:《陶弘景〈本草经集注〉的卓越贡献》,《药学教育》1996 年第 1 期。

《〈本草纲目〉金陵版珍本影印出版札记》,《中国药学杂志》1993 年第 9 期。

王苏萍～:《略论苏颂〈本草图经〉的学术成就》,《南京中医学院学报》1990 年第 4 期。

张钢纲～:《试论张锡纯合用中西药物的思路与方法》,《中西医结合杂志》1990 年第 9 期。

《赵学敏的医药学成就及其它》,《中国药学杂志》1988 年第 8 期。

孙培林～:《易水学派对药性理论的贡献》,《南京中医学院学报》1988 年第 3 期。

《〈中药大辞典〉诞生纪略》,《中国药学杂志》1987 年第 8 期。

孙培林～:《孙思邈治疗毛发病九法辑要》,《江苏中医杂志》1987 年第 5 期。

孙培林～:《孙思邈治疗毛发病八法探要》,《陕西中医》1987 年第 3 期。

《清末杰出的中医教育家——陈修园》,《福建中医药》1985 年第 1 期。

《孤本〈杏苑生春〉简介》,《南京中医学院学报》1982 年第 3 期。

史子峰（中国海洋大学）

《二十世纪三十年代青岛乡村的公共卫生运动》,《青岛农业大学学报（社会科学版）》2017 年第 1 期。

寿梅隆

《祖国医学中精神病学的发展和成就》,《新中医药》1957 年第 6 期。

寿松亭（北京中医药大学）

～赵艳:《隋唐时期中医儿科学术发展概况》,《中医药导报》2018 年第 17 期。

～赵艳:《魏晋南北朝时期中医儿科学术发展概况》,《中医儿科杂志》2018 年第 3 期。

～赵艳:《宋以前中医小儿外治法发展概述》,《中医文献杂志》2018 年第 2 期。

《宋金元时期儿科学成就与特点研究》,北京中医药大学硕士学位论文 2018 年。

守中清

～周德兴译:《鸦片使用之起源》,《民国医学杂志》1932 年第 11 期。

舒海涛(广州中医药大学)

《苏世屏〈金匮要略原文真义〉的学术思想研究》,广州中医药大学硕士学位论文 2017 年。

～郑洪:《岭南医家苏世屏〈金匮要略原文真义〉学术特点初探》,《中医文献杂志》2017 年第 2 期。

舒会文(中国医学科学院皮肤病研究所)

叶干运、周达生～江澄等:《麻风病社会医学研究(摘要)》,《医学研究通讯》1990 年第 11 期。

《医学模式的转变与麻风社会医学》,《中国麻风杂志》1989 年第 3 期。

周达生……江澄～卞进国等:《麻风病人的自杀行为——社会医学研究》,《中国麻风杂志》1987 年第 4 期。

周达生……江澄～叶干运:《麻风发病与死亡因素的研究——逐步回归与寿命表分析》,《中国麻风杂志》1987 年第 4 期。

～叶干运:《关于麻风社会医学的探讨》,《中国麻风杂志》1987 年第 3 期。

周达生～江澄澄:《麻风病人的外流与管理》,《中国麻风杂志》1987 年第 3 期。

～周达生等:《麻风畸残所致的劳动力丧失及经济损失》,《中国麻风杂志》1986 年第 4 期。

～江澄等:《麻风治愈后留院寄养者调查》,《中国麻风杂志》1986 年第 4 期。

～江澄澄:《麻风防治的经济效益》,《中国麻风杂志》1986 年第 2 期。

江澄～等:《麻风病对婚姻、家庭的影响》,《中国麻风杂志》1986 年第 1 期。

《日本全国 1979 年度麻风病院患者死亡原因调查》,《国外医学·皮肤病学分册》1983 年第 4 期。

舒佳英(华东政法大学)

《我国药品专利强制许可制度研究》,华东政法大学硕士学位论文 2013 年。

舒丽萍(山西师范大学)

《19 世纪英国的城市化及公共卫生危机》,《武汉大学学报(人文科学版)》2015 年第 5 期。

舒琳(清华大学)

《医患纠纷报道中的媒体责任与分工》,《青年记者》2013 年第 3 期。

束世澂

《中国古代医药卫生考》,《中国文化研究丛刊》第 5 卷(1944.9)。

舒莹(常州市中医院/南京中医药大学)

刘美秀～:《孟河医派治疗咳嗽经验探析》,《辽宁中医药大学学报》2014 年第 1 期。

吴永钧～:《丁甘仁治疗痰饮咳嗽经验浅析》,《中国民族民间医药》2012 年第 7 期。

《丁甘仁治疗外感热病的临床经验和学术思想探讨》,《江苏中医药》2008 年第 5 期。

《丁甘仁临床经验与学术思想研究》,南京中医药大学博士学位论文 2008 年。

《〈三因极一病证方论〉温胆汤之源流考》,《中医药通报》2004 年第 6 期。

舒运国(上海师范大学)

《非洲与艾滋病》,《上海师范大学学报(哲学社会科学版)》2003 年第 5 期。

～闻爱宝:《艾滋病与乌干达妇女解放》,《当代世界》2000 年第 8 期。

帅葆镕

《孔子卫生谭》,《医药观》1914 年第 2 期。

帅英才(成都体育学院)

《试探老子、庄子的养生思想》,《成都体院学报》1983 年第 1 期。

双安安（贵州省中医研究所附属医院）

　　《试谈〈伤寒论〉辨证论治中的辨型与辨势》，《贵阳中医学院学报》1995 年第 2 期。

双金（内蒙古师范大学）

　　《元代宫廷饮食文化探秘——解读忽思慧的〈饮膳正要〉》，《西北民族研究》2011 年第 1 期。

水谷尚子（日本女子大学）

　　《崇山村的鼠疫流行与日本 1644 部队》，《浙江学刊》1997 年第 6 期。

司呈泉（山东中医药大学附属医院/山东中医学院附属医院）

　　《余云岫与〈废止中医案〉》，《中医文献杂志》2008 年第 1 期。

　　《中国古代的人体解剖》，《前进论坛》2007 年第 6 期。

　　《中国古代的人体解剖与外科手术》，《中国中西医结合外科杂志》1997 年第 2 期。

　　《"脱疽"古代治疗述要》，《中医药学报》1990 年第 4 期。

Sidaphone Saisamone（贵州大学）

　　《老挝基本医疗卫生公共服务均等化的区域差异研究》，贵州大学硕士学位论文 2019 年。

司菲（蚌埠医学院）

　　～钱志刚等：《追情中国护理史》，《医学与哲学(A)》2018 年第 9 期。

司富春（河南中医药大学/河南中医学院/上海中医学院）

　　～张明文：《"一带一路"背景下中医药对外交流问题与对策研究》，《中医研究》2017 年第 10 期。

　　～宋雪杰等：《华夏历史文明对中医理论框架形成的作用》，《中医研究》2015 年第 6 期。

　　～宋雪杰等：《中医药在华夏历史文明传承创新区建设中的作用探析》，《中医研究》2015 年第 4 期。

　　～宋雪杰等：《论中原中医药文化的特征及时代意义》，《中医研究》2012 年第 8 期。

　　李迎春～：《古医籍中关于噎膈方药用药规律的文献研究》，《中华中医药杂志》2012 年第 1 期。

　　李成文～：《宋金元时期中医基础理论创新研究》，《中华中医药杂志》2010 年第 7 期。

　　李迎春～：《古医籍治疗噎膈方药的初步分析》，《河南中医》2009 年第 1 期。

　　～陈玉龙：《古方治疗噎膈用药分析》，《山东中医杂志》2004 年 7 期。

　　《古方治疗温疫病药物分析》，《河南中医》2003 年第 6 期。

　　周发祥～：《脉以胃气为本——〈内经〉脉学探析之一》，《河南中医学院学报》2003 年第 1 期。

　　《库恩的科学规范理论对中医研究的启示》，《中医研究》1993 年第 3 期。

斯格里

　　《医史在瑞士》，《医史杂志》1952 年第 4 期。

司丽静（川北医学院）

　　～万勇：《民国医学高等教育的创办及启示》，《兰台世界》2015 年第 7 期。

　　～万勇：《论颜福庆对中国医学现代化的贡献》，《兰台世界》2014 年第 28 期。

思琪（山东大学）

　　《蒙古传统医学与中医药发展史及教育研究》，山东大学硕士学位论文 2016 年。

斯钦（内蒙古民族大学）

　　～包晓华等：《〈兰塔布〉的简介》，《中国民族医药杂志》2014 年第 3 期。

斯琴其木格（内蒙古医学院）

　　包哈申～：《〈四部医典〉蒙古译文版的考证研究》，《世界科学技术·中医药现代化》2008 年第 1 期。

～斯日古楞:《蒙医饮食调剂法述要》,《中国民族医药杂志》1996年S1期。

～琪格其图:《藏医名著〈兰塔布〉浅析》,《中国民族医药杂志》1996年第2期。

司婷(湖北中医药大学)

《我国远程医疗规制研究》,湖北中医药大学硕士学位论文2018年。

岳远雷、赵敏～:《中医药文化传播现状研究——兼评〈中医药法〉相关条款》,《学校党建与思想教育》2017年第20期。

～赵敏:《我国远程医疗规制研究概述》,《医学与法学》2017年第3期。

～赵敏:《国外传统医药立法对我国中医药法制的启示》,《医学与法学》2016年第6期。

司徒铃

《试论祖国医学理论体系的核心》,《广东中医》1963年第4期。

斯徒展

《亚理斯多得与医学》,《医学周刊集》1931年。

斯瓦沃米尔·沃蒂什(波兰科学院)

～撰,冯韵玲译:《国际卫生组织与冷战初期盘尼西林生产方式的传播——以联合国善后救助总署在欧活动和美国医药援华会再华事务为例》,《医疗社会史研究》2017年第1期。

～撰,郭明枫译:《欧洲内陆水道的水手和梅毒:国际卫生组织与莱茵委员会(1900—1953)》,《医疗社会史研究》2016年第1期。

司亚军(复旦大学)

《我国疫苗安全监管法律问题研究》,复旦大学硕士学位论文2012年。

斯亚研(北京中医药大学)

《耳鸣耳聋的古代文献研究与学术源流探讨》,北京中医药大学硕士学位论文2017年。

姒元翼(哈尔滨医科大学)

《解放前东北的高等医学教育》,《中华医史杂志》1981年第2期。

《我国医院的出现与发展》,《医院管理》1981年第1期。

宋爱伦(南京师范大学)

《王清任〈医林改错〉研究》,南京师范大学硕士学位论文2013年。

宋斌文(武汉大学)

～熊宇虹等:《当前农民医疗保障的现状分析与对策构想》,《国际医药卫生导报》2005年第9期。

《我国农村合作医疗的过去、现在和未来》,《医学与哲学》2004年第3期。

宋宝琦(山西职工医学院)

《论古医籍的语言特色》,《中国高等医学教育》1995年第4期。

～陈霞村:《论〈内经·素问〉语言的时代性》,《医古文知识》1993年第2期。

宋长燕(辽宁大学)

《论伯罗奔尼撒战争期间的瘟疫对古希腊的影响》,辽宁大学硕士学位论文2011年。

宋诚挚(黑龙江中医药大学)

《中医学的思维模式》,黑龙江中医药大学硕士学位论文2001年。

宋承玉(解放军空军兰州医院)

《从"八毛门"事件分析医疗纠纷的影响因素》,《中外医疗》2012年第7期。

《也谈医疗纠纷产生的原因及防范》,《中国卫生产业》2012年第3期。

《产后抑郁症的原因分析及处理对策》,《中外医疗》2011 年第 3 期。

《妇产科医疗纠纷原因及对策》,《甘肃科技纵横》2009 年第 5 期。

宋翠琏（蕲春县李时珍医院）

《李时珍对瘟疫防治的贡献》,《湖北中医杂志》1984 年第 2 期。

松村高夫（日本庆应义塾大学）

《1941 年湖南常德的细菌作战》,《浙江学刊》1997 年第 4 期。

宋大平（国家卫生计生委卫生发展研究中心/中国卫生部）

《全球、区域及国家视野下的全民健康覆盖:进程与挑战》,《中国卫生经济》2017 年第 5 期。

～任静等:《墨西哥医疗保障制度概况及对我国的启示》,《中国卫生政策研究》2010 年第 7 期。

宋大仁（广州中医药大学/广州中医学院/上海市中医研究所/上海市第十西联合诊所）

万方～吕锡琛:《古方"麻沸散"考——兼论〈华佗神医秘传〉的伪托问题》,《山东中医学院学报》1985 年第 4 期。

《伟大医药学家李时珍和〈本草纲目〉》,《自然杂志》1983 年第 12 期。

《伊尹创制汤液说是讹传》,《医学与哲学》1983 年第 3 期。

《李东垣史迹片断》,《浙江中医学院学报》1982 年第 5 期。

《古代医药百科全书〈本草纲目〉》,《辞书研究》1982 年第 2 期。

《五禽戏考》,《广西中医药》1982 年第 1 期。

《纪念孙思邈诞生 1400 周年》,《中医药学报》1981 年第 4 期。

《中国医学在朝鲜发展简介》,《中医药学报》1981 年第 2 期。

～徐春霖:《伟大医学家王叔和的生平与遗迹的考察并论述其脉学成就》,《中医药学报》1980 年第 Z1、3 期。

《中国古代人体寄生虫病史》,《浙江中医学院学报》1980 年第 1、2 期。

《中国和阿拉伯的医药交流》,《海交史研究》1980 年 00 期。

《鉴真和尚医药史迹考——纪念鉴真和尚东渡 1226 周年》,《浙江中医学院学报》1979 年第 2 期。

《金代河南名医张子和》,《史学月刊》1965 年第 9 期。

《美帝利用医药侵华的黑幕》,《史学月刊》1964 年第 8 期。

《清代伟大医学家徐灵胎的一生》,《江苏中医》1963 年第 11 期。

《李唐灸艾图正误》,《中医研究通讯》1963 年第 6 期。

《傅青主与友人论病及处方真迹》,《中医研究通讯》1963 年第 5 期。

《金代杰出的针灸学家窦汉卿》,《哈尔滨中医》1962 年第 6 期。

《七星针》,《哈尔滨中医》1962 年第 2、3 期。

《金代针灸名家马丹阳象传》,《辽宁中医杂志》1960 年第 4 期。

《宋代伟大针灸学家王惟一的贡献》,《江西中医药》1960 年第 2 期。

《陈藏器象传》,《辽宁医学杂志》1960 年第 7 期。

《苏敬象传》,《辽宁医学杂志》1960 年第 7 期。

《晋代针灸名家马丹阳象传》,《辽宁医学杂志》1960 年第 4 期。

《关于"西域""回回"和"阿维森纳"问题——答郭庆昌先生》,《历史研究》1959 年第 12 期。

《耳针》,《黑龙江医刊》1959 年第 11 期。

《孙东宿小传》,《辽宁中医杂志》1959 年第 4 期。

《中国和阿拉伯的医药交流》,《历史研究》1959 年第 1 期。

《伟大正骨科学家危亦林》,《江西中医药》1958 年第 8 期。

《妇科学家陈自明象传》,《新中医药》1958 年第 7 期。

《文物、史迹对研究医史的重要性》,《江西中医药》1958 年第 5 期。

《南北朝时代的江苏名医——徐之才》,《江苏中医》1958 年第 5 期。

《宋代医学家杨介对于解剖学的贡献》,《中医杂志》1958 年第 4 期。

～丘晨波:《雷敩传略及其所著炮炙论的简介》,《医学史与保健组织》1958 年第 4 期。

《鲍姑——晋代灸法专科女医师》,《医学史与保健组织》1958 年第 4 期。

《明代江苏名医王履及其所著"溯洄集"简介》,《江苏中医》1958 年第 3 期。

《章慈藏传略》,《医学史与保健组织》1958 年第 2 期。

《徐灵胎先生象传(附年表)》,《江苏中医》1958 年第 1 期。

《六朝药壶》,《浙江中医杂志》1957 年第 12 期。

《浙江省医史文物》,《浙江中医杂志》1957 年第 11 期。

《缅甸医学与中医概况报道》,《新中医药》1957 年第 10 期。

～丘晨波:《雷敩及其炮炙论》,《浙江中医杂志》1957 年第 8、9 期。

《陈修园的象》,《福建中医药》1957 年第 6 期。

《张仲景画像考》,《浙江中医杂志》1957 年第 5 期。

《中国法医典籍版本考》,《中华医史杂志》1957 年第 4 期。

《从清明上河图看北宋汴京的医药卫生》,《浙江中医杂志》1957 年第 4 期。

～周绍奇等:《陈修园传》,《福建中医药杂志》1957 年第 3 期。

《伟大法医学家宋慈传略》,《中华医史杂志》1957 年第 2 期。

《清代名医陈修园传略》,《中医杂志》1955 年第 5 期。

《原始社会的卫生文化》,《中华医史杂志》1955 年第 3 期。

《悼念余云岫医师——从余云岫先生逝世谈到我国医学革命的过程》,《学艺杂志》1954 年第 6 期。

《十六世纪伟大的医药学家植物学家李时珍》,《中华医史杂志》1953 年第 3 期。

《纪念阿维森纳》,《文汇报》1952 年 5 月 4 日。

《纪念伟大的医学家科学家哲学家阿维森纳》,《健康报》1952 年 5 月 1 日。

《有关中国医史文物的整理和展览》,《中国考古》1950 年第 1 期。

《史学发展与医学史的关系》,《医药之声》1948 年第 6 期。

《中国古代人体寄生虫病史》,《医史杂志》1948 年第 3.4 期。

《葛稚川之医学与炼丹术》,《中西医药》1947 年第 33 期。

《铜人与针灸》,《中西医药》1947 年第 32 期。

《重印康平古本伤寒论序》,《中西医药》1947 年第 31 期。

海煦楼主:《医药与书画》,《中华医学杂志》1945 年第 5、6 期。

海煦:《王履之医学与画艺》,《医文》1943 年第 4 期。

《元化剖腹图:医事画艺医史四杰之一》,《现代医学》1942 年第 11 期。

《中国消化器病史概说》,《中华医学杂志》1939 年第 11 期。

《中国法医学简史》,《中华医学杂志》1936 年第 12 期。

宋泽译:《中华民国医事卫生之现状》,《医药评论》1931 年第 53—61 期。

多估芳久撰,~译:《日本医学之过去及将来》,《自强医刊》1931 年第 18 期。

《细菌学发达小史》,《自强医刊》1931 年第 15.16 期。

宋抵(吉林省地方志编纂委员会/吉林省志杂志社)

《清初满族预防天花史证》,《满族研究》1995 年第 1 期。

《萨满跳神治病机理研究》,《黑龙江民族丛刊》1994 年第 4 期。

《满族萨满跳神的功利主义前提》,《北方文物》1994 年第 4 期。

宋丰军(浙江省温州市中医院)

《元代温州的官办医学教育机构福生堂》,《中华医史杂志》2019 年第 1 期。

《王执中〈针灸资生经〉医案特色探析》,《浙江中医杂志》2018 年第 1 期。

宋广玲(西北师范大学)

《唐五代敦煌生养问题研究》,西北师范大学硕士学位论文 2014 年。

《唐五代时期敦煌生育习俗探究》,《现代妇女(下旬)》2013 年第 12 期。

宋和

《土著医疗人员——童乩——是否可以成功的医治他的病人?》,《人类与文化》第 9 期(1977.1)。

《童乩是什么?》,《健康世界》第 5 期(1976.5)。

宋弘(南开大学)

《全面抗战时期华北八路军士兵的日常卫生》,《抗日战争研究》2019 年第 3 期。

宋华(广州军区武汉总医院)

~宋兰堂等:《对医患关系现状的多维思考》,《中华医院管理杂志》2003 年第 9 期。

宋华琳(南开大学/中国药科大学)

隋振宇~林长庆:《"互联网+"背景下完善我国网络药品经营监管的探索》,《中国药房》2019 年第 16 期。

~刘炫:《美国 FDA 警告信的制度架构及启示》,《中国食品药品监管》2019 年第 12 期。

刘炫~:《药品管理法律责任的制度创新》,《中国药事》2019 年第 11 期。

《疫苗管理的体系建构与法律制度创新——〈中华人民共和国疫苗管理法〉立法解读》,《中国食品药品监管》2019 年第 7 期。

~刘炫:《药品检查法律制度的发展与改革》,《中国食品药品监管》2019 年第 4 期。

《美国疫苗监管法律制度评介及启示》,《中国食品药品监管》2018 年第 8 期。

《行政法学视角下的认证制度及其改革——以药品 GMP 认证为例》,《浙江学刊》2018 年第 1 期。

《创新背景下的药品医疗器械监管改革——〈关于深化审评审批制度改革鼓励药品医疗器械创新的意见〉之我见》,《中国食品药品监管》2017 年第 10 期。

《推进我国疫苗监管制度的法律改革》,《中国党政干部论坛》2016 年第 5 期。

~贾圣真:《药品监管的地方立法空间》,《地方立法研究》2016 年第 1 期。

杨金晶~:《英国药品标准法律制度评介》,《中国卫生政策研究》2014 年第 9 期。

《中国药品审评法律制度的行政法改革》,《行政法学研究》2014 年第 3 期。

杨莉~赵婕:《药品试验数据保护与专利保护之平行并存性研究》,《中国新药杂志》2013 年第 22 期。

《国务院在行政规制中的作用——以药品安全领域为例》,《华东政法大学学报》2014 年第 1 期。

《依法防控公共卫生风险》,《中国司法》2013 年第 5 期。

罗迪～:《国家基本药物质量监管中存在的问题及对策》,《中国卫生政策研究》2013 年第 3 期。

《药品安全监管改革与法制建设》,《行政管理改革》2012 年第 9 期。

《中国食品安全地方标准法律制度研究》,《北京行政学院学报》2012 年第 6 期。

《中国食品安全标准法律制度研究》,《公共行政评论》2011 年第 2 期。

《部门行政法与行政法总论的改革——以药品行政领域为例证》,《当代法学》2010 年第 2 期。

《医疗服务监管的国际经验及启示》,《中国卫生政策研究》2009 年第 4 期。

《中国药品标准法律制度的发展与改革》,《中国医药技术经济与管理》2008 年第 9 期。

《政府规制改革的成因与动力——以晚近中国药品安全规制为中心的观察》,《管理世界》2008 年第 8 期。

《中国药品规制改革依然在路上》,《中国改革》2008 年第 4 期。

《营业自由及其限制——以药店距离限制事件为楔子》,《华东政法大学学报》2008 年第 2 期。

苏苗罕～:《新加坡医疗服务监管研究》,《中共卫生政策研究》2008 年第 2 期。

《论政府规制与侵权法的交错——以药品规制为例证》,《比较法研究》2008 年第 2 期。

《药品信息披露与侵权责任》,《中国处方药》2007 年第 8 期。

《民营医疗机构的自律与他律》,《检查风云》2007 年第 8 期。

《美国 FDA 药品信息公开的评介与思考》,《中国处方药》2007 年第 6 期。

《美国 1962 年药品法修正案的形成史》,《中国处方药》2007 年第 5 期。

《"万灵丹"危急时刻的契机》,《中国处方药》2007 年第 4 期。

《美国药品监管的肇始》,《中国处方药》2007 年第 1 期。

《药品不良反应与政府监管制度改革——从安徽欣弗事件引发的思考》,《法学》2006 年第 9 期。

约翰·亚伯拉罕～:《渐进式变迁——美英两国药品政府规制的百年演进》,《北大法律评论》2001 年第 2 期。

～尹宏俊等:《对美国〈药事指导质量管理规范〉的评介与启示》,《药学进展》2000 年第 4 期。

文先林～:《对 FDA 药品信息公开制度的评介与思考》,《药学进展》2000 年第 2 期。

～邵蓉:《药事行政法研究的背景、方法与框架》,《中国药房》2000 年第 2 期。

《美国药品审评质量管理规范评介》,《药学进展》1999 年第 6 期。

～邵蓉:《生产、销售假劣药品罪的司法探讨》,《中国药业》1999 年第 5 期。

～邵蓉:《健全与完善我国药事组织立法断想》,《云南法学》1999 年第 3 期。

～邵蓉:《借鉴国外先进经验完善我国药事法规体系》,《中国药业》1999 年第 1 期。

宋华相（湖北省中医药研究院）

《〈本草纲目〉对〈雷公炮炙论〉所载制药技术的发展》,《中药材》1996 年第 3 期。

《〈本草纲目〉保存〈雷公炮炙论〉佚文的概述》,《中药材》1994 年第 11 期。

宋辉（亳州职业技术学院）

～付英楠:《〈淮南子〉的养生思想》,《西安石油大学学报(社会科学版)》2015 年第 6 期。

《老子养生哲学新探》,《西安石油大学学报(社会科学版)》2014 年第 2 期。

王文艺～白华等:《老子养生思想探究》,《淮北师范大学学报(哲学社会科学版)》2013 年第 2 期。

宋吉楠（昆明理工大学）

《中医科学性问题研究》,昆明理工大学硕士学位论文 2015 年。

宋佳（北京中医药大学）

彭红叶、张林～刘旎等：《五代五运六气临床研究》，《环球中医药》2019 年第 10 期。

～汤巧玲：《明代医家应用黄芩规律探讨》，《环球中医药》2019 年第 9 期。

～孙晓光等：《叶天士〈临证指南医案〉胃脘痛用药规律探讨》，《世界中西医结合杂志》2019 年第 6 期。

王超～刘旎等：《浅论张仲景之"少阳脉"》，《环球中医药》2019 年第 6 期。

～汤巧玲：《明代温补学派对丹溪学派滋阴治法的继承与发展》，《新中医》2019 年第 3 期。

潘中艺、傅延龄～倪胜楼：《张仲景医学源流述略》，《北京中医药大学学报》2018 年第 11 期。

王舢泽～张心悦～：《〈吴鞠通医案〉血证辨治规律探究》，《四川中医》2018 年第 6 期。

汤巧玲、张家玮～贺娟：《古代五运六气临床研究述要》，《辽宁中医杂志》2018 年第 2 期。

～张戬：《明代医家黄连用药规律探讨》，《中医杂志》2016 年第 19 期。

～闫晓凡：《明代医家应用麦冬规律探讨》，《环球中医药》2016 年第 7 期。

～史瑞：《〈先醒斋医学广笔记〉内伤三证治疗特色浅探》，《甘肃中医药大学学报》2016 年第 3 期。

～王红艳：《明代〈孙一奎医案〉用药规律与剂量特色探讨》，《世界中西医结合杂志》2016 年第 2 期。

～闫晓凡：《缪希雍〈先醒斋医学广笔记〉用药特色探讨》，《中华中医药杂志》2015 年第 9 期。

～王红艳：《明代医家应用人参规律探讨》，《世界中西医结合杂志》2015 年第 1 期。

傅延龄～张林：《宋政府推广普及煮散剂的原因》，《中国中医基础医学杂志》2015 年第 1 期。

～赵艳：《明代医学教育纵横谈》，《中医研究》2014 年第 6 期。

～傅延龄等：《汉唐时期〈大汤剂〉在宋代的传承及应用》，《中医杂志》2014 年第 4 期。

杨琳……张林～：《〈外台秘要〉汤剂全方量的研究》，《北京中医药大学学报》2013 年第 11 期。

～谭曦然等：《宋代至清代经方本原剂量研究概述》，《中医杂志》2013 年第 21 期。

～赵艳等：《明代中医学发展的社会文化背景概述》，《安徽中医学院学报》2013 年第 5 期。

傅延龄～张林：《论张仲景对方药的计量只能用东汉官制》，《北京中医药大学学报》2013 年第 6 期。

～傅延龄：《从明代医家临床用药剂量谈经方剂量变化趋势》，《中医杂志》2012 年第 18 期。

～傅延龄：《李时珍"古一两今用一钱"剖析》，《黄球中医药》2012 年第 6 期。

《经方 50 味药物在明代 13 位医家中的用量规律研究》，北京中医药大学博士学位论文 2011 年。

～傅延龄：《宋代散剂盛行之追本溯源》，《中医杂志》2011 年第 21 期。

～傅延龄：《〈石山医案〉常用药物的筛选及其剂量特点探讨》，《天津中医药》2011 年第 4 期。

～傅延龄：《〈石山医案〉用药特色探讨》，《山东中医药大学学报》2011 年第 3 期。

～傅延龄：《〈石山医案〉枳实、陈皮辨》，《中医杂志》2011 年第 1 期。

宋剑君（成都体育学院）

～赵斌等：《从〈黄帝内经〉看中华武术与中医的相互影响和交融》，《成都体育学院学报》2006 年第 2 期。

宋建平（河南中医学院）

～张晓利等：《〈沈注金匮要略〉简介与评价》，《中国中医基础医学杂志》2014 年第 2 期。

李宁～：《〈金匮要略〉"养慎"方法浅探》，《国医论坛》2013 年第 3 期。

～张瑞：《试论〈金匮要略〉胸痹心痛的概念及合篇意义》，《浙江中医药大学学报》2009 年第 1 期。

杨美凤～:《〈金匮要略〉血不利则为水之我见》,《陕西中医》2008 年第 8 期。

张丽敏～:《〈金匮要略〉肾气丸与瓜蒌瞿麦丸证治探讨》,《河南中医》2008 年第 4 期。

张瑞～:《〈金匮要略〉方药自注的整理研究》,《中华中医药学刊》2007 年第 9 期。

《胸痹概念的演变》,《中华医史杂志》2006 年第 3 期。

《浅论〈金匮要略〉的处方用药特色》,《中医杂志》2006 年第 1 期。

《〈金匮〉停饮咳喘诸方证治分析》,《四川中医》2002 年第 2 期。

梁润英～高华:《王肯堂〈证治准绳〉对呼吸困难的论治》,《中医文献杂志》2001 年第 2 期。

～徐敏等:《试析〈金匮〉对停饮呕吐的辩证论治》,《四川中医》2000 年第 11 期。

～刘望乐等:《试析〈金匮〉治症用茯苓之理》,《四川中医》1999 年第 5 期。

《〈金匮要略〉所论短气与特发性肺纤维化》,《南京中医药大学学报》1998 年第 6 期。

《〈金匮要略〉对支饮的辩证论治述要》,《中医函授通讯》1996 年第 5 期。

～陶士忠等:《〈金匮〉所论胸痹与脾胃关系浅析》,《河南中医》1993 年第 5 期。

《试论〈金匮〉胸痹、心痛之病机》,《河南中医》1993 年第 1 期。

《〈金匮要略〉对风水的辩证论治》,《中医函授通讯》1992 年第 6 期。

～韩莉等:《治水不必禁甘草——〈金匮〉治水用甘草之分析》,《河南中医》1992 年第 5 期。

《肺痹古今论》,《中华医史杂志》1998 年第 4 期。

宋建乔(海门县中医院)

《〈针灸资生经〉学术思想探讨》,《中医文献杂志》1998 年第 3 期。

《略论张景岳的针灸学术思想》,《中医文献杂志》1994 年第 3 期。

宋杰(西南大学)

～崔文苑:《身体疾病:20 世纪初中华民族的政治隐喻——以鲁迅小说中的疾病书写为例》,《名作欣赏》2009 年第 4 期。

宋金文(北京日本学研究中心)

《日本医疗保险体制的现状与改革》,《日本学刊》2005 年第 3 期。

宋锦秀

《妊娠、安胎暨"妊娠宇宙观"——性别与文化的观点》,《台湾史研究》第 7 卷第 2 期(2000.12)。

《古典妊娠医书中的"安胎"、"养胎"与"辟杀"》,《妇女与两性学刊》第 8 期(1997.4)。

《台湾传统安胎暨"胎神"的观念》,《台湾史研究》第 3 卷第 2 期(1996.12)。

宋经中(上海中医药大学/上海中医学院)

～文小平:《〈伤寒论〉的流传及版本浅析》,《上海中医药大学 上海市中医药研究院学报》1997 年第 2 期。

～吴子明:《试论〈五十二病方〉是我国现存最早的一部验方集》,《湖南中医学院学报》1984 年第 2 期。

宋鞠舫

《力学潜修的浙医魏玉横》,《浙江中医杂志》1957 年第 3 期。

宋娟(曲阜师范大学)

《宗教改革与英国的死亡观念及其体现》,曲阜师范大学硕士论文 2016 年。

宋珏岚(上海师范大学)

《教育家张竹君研究》,上海师范大学硕士学位论文 2015 年。

宋军（北京中医药大学）

《〈灵枢·官针〉刺法探讨》,北京中医药大学硕士学位论文 2019 年。

宋俊生（天津中医药大学/广州中医药大学）

～熊俊等:《〈伤寒论〉方防治病症谱研究》,《新中医》2011 年第 4 期。

～熊俊等:《再论〈伤寒论〉具有循证医学的框架》,《中医杂志》2011 年第 1 期。

～熊俊等:《〈伤寒论〉蕴含循证医学观念探析》,《中医杂志》2010 年第 10 期。

《〈伤寒论〉是中国古代循证巨著》,《天津中医药》2006 年第 3 期。

～李小森:《试论〈伤寒论〉具有循证医学的框架》,《新中医》2006 年第 5 期。

～熊曼琪:《刘完素对外感热病证治的贡献》,《广州中医药大学学报》2004 年第 6 期。

～熊曼琪:《〈伤寒论〉误治思想对后世的影响》,《辽宁中医杂志》2003 年第 9 期。

《从〈伤寒论翼〉看柯韵伯在学术上的创见》,《广州中医药大学学报》2002 年第 2 期。

宋潗哲

《针灸源流梗概》,《新中医药》1956 年第 8 期。

宋科（中国中医科学院）

《"火神派"创始人郑钦安临证学术思想研究》,中国中医科学院硕士学位论文 2011 年。

宋来祥（华中师范大学）

《民国时期国人聋哑教育的实践和理论探索》,华中师范大学硕士学位论文 2013 年。

宋力

～姚江:《来自教会的红军医院院长傅连暲》,《炎黄春秋》1998 年第 5 期。

～姚江:《从基督徒到中共党员——傅连暲将军的革命历程》,《文史精华》1997 年第 6 期。

宋丽华（陕西师范大学）

《中国古代医人社会地位研究——以汉宋之间为核心》,陕西师范大学硕士论文 2009 年。

宋黎明（南京医科大学）

《从〈医育〉期刊看江苏民国医药期刊的发展》,《南京医科大学学报(社会科学版)》2017 年第 1 期。

～冯振卿:《华夏民族医学体系的发展》,《南京医科大学学报(社会科学版)》2015 年第 3 期。

宋林（长春理工大学）

《改革开放以来中国对非医疗援助研究》,长春理工大学硕士学位论文 2018 年。

宋琳奕（中国科学院大学宁波华美医院）

～宋泽军:《四明宋氏妇科传世著作概要》,《中华医史杂志》2019 年第 3 期。

宋玲（北京师范大学）

《近代中国教会特殊学校述评》,《哈尔滨学院学报(教育)》2003 年第 12 期。

宋满平（西北师范大学）

《唐五代敦煌医药文化研究——以敦煌医药文献为中心》,西北师范大学硕士学位论文 2016 年。

《从几组医方谈西夏文医药文献的来源》,《西夏学》2016 年第 1 期。

宋明珠（河北联合大学）

《公民在传染病防治过程中的权利保障与法律责任》,河北联合大学硕士学位论文 2011 年。

宋乃光（北京中医药大学/北京中医学院）

张弛～彭苏元:《〈松峰说疫〉在小儿瘟疫防治中的成就》,《吉林中医药》2010 年第 11 期。

杜宇琼～车念聪等:《从〈伤寒论〉到〈温病条辨〉看外感病辨治的发展》,《中国中医急症》2010 年第

1 期。

《〈温热论〉舌诊发微》,《中华中医药杂志》2006 年第 2 期。

《中医疫病学之研究》,《北京中医》2006 年第 1、2、3 期。

《中医妇科变态心理初探》,《辽宁中医杂志》1986 年第 1 期。

《〈内经〉对情感两极性的认识》,《中医杂志》1984 年第 9 期。

宋攀(《医师报》报社)

《古代医界的巾帼英雄》,《中国医学人文》2016 年第 4 期。

宋萍(安徽医科大学)

《西方文学经典中"医者"形象的嬗变》,《安徽理工大学学报(社会科学版)》2013 年第 1 期。

《探析莎剧中的"医者"形象与莎士比亚的思想流变》,《长春理工大学学报(社会科学版)》2012 年第 11 期。

宋谦(首都师范大学)

《论 1918 年山西鼠疫与政府因应》,《齐齐哈尔大学学报(哲学社会科学版)》2018 年第 8 期。

宋瑞璇(天津职业技术师范大学)

～高原:《试论女医学传教士与中国近代护理教育——以维奥拉·费舍为个案》,《职业教育研究》2012 年第 8 期。

宋士云(中国社会科学院)

《1955—2000 年中国农村合作医疗保障制度的历史考察》,《青岛科技大学学报(社会科学版)》2007 年第 3 期。

宋树立(北京中医学院)

《中西汇通第一家——王宏翰》,《北京中医药大学学报》1991 年第 4 期。

松涛

《漫谈鲁迅的学医与从文》,《吉首大学学报(社会科学版)》1989 年第 4 期。

宋天彬(上海中医药大学)

《道教文化与中医药学》,《医古文知识》1995 年第 4 期;1996 年第 2、4 期;1997 年第 1 期。

宋伟雄(国家行政学院)

《英国公共卫生服务改革中的公民治理》,《学海》2013 年第 1 期。

宋文海(三亚市中医院/贵溪市中医院)

～周海燕:《叶天士舌诊探析》,《江苏中医》1993 年第 7 期。

《杨继洲医案初探》,《江苏中医》1992 年第 1 期。

宋文鑫(北京中医药大学)

《刘完素对〈伤寒论〉学术思想的继承与发展研究》,北京中医药大学硕士学位论文 2016 年。

宋岘(中国社会科学院)

丰云舒、谭启龙～宋晶:《清宫御用外来药物考》,《西域研究》2015 年第 4 期。

丰云舒～:《伊本·西那〈医学法典〉对中国传统医学的影响》,《北京中医药》2013 年第 11 期。

《〈本草纲目〉与伊斯兰(回回)医药的关系》,《西北民族研究》1998 年第 2 期。

《从红白莲花看〈本草纲目〉与伊斯兰(回回)医药的关系》,《中国民族医药杂志》1998 年第 1 期。

《波斯医药与古代中国》,叶奕良编《伊朗学在中国论文集》(第二集)(北京大学出版社 1998 年)。

《伊斯兰医学对中国医学的影响与贡献》,《文史知识》1995 年第 1 期。

《论大食国药品——无名异》,《中华医史杂志》1994 年第 3 期。

～周素珍:《〈回回药方〉与古希腊医学》,《西域研究》1994 年第 2 期。

～周素珍:《〈回回药方〉肩部脱臼复位法探源》,《回族研究》1994 年第 1 期。

～宋莉:《对〈普济方〉和〈本草纲目〉中的回回医方的考证》,《回族研究》1992 年第 2 期。

～冯今源:《论古代阿拉伯医书与〈回回药方〉的剂量关系》,《回族研究》1991 年第 4 期。

《〈回回药方〉与几种阿拉伯古代医书》,《西域研究》1991 年第 3 期。

《对〈回回药方〉中的古医人姓氏的考证——〈回回药方〉研究之一》,《西北民族研究》1991 年第 2 期。

宋向文(皖西学院)

～李光燕等:《桑叶采收加工与临床应用沿革》,《中华医史杂志》2018 年第 5 期。

～李光燕等:《中药积雪草基原的沿革》,《中华医史杂志》2018 年第 2 期。

李光燕～盛文文等:《断血流药用历史及种质资源探讨》,《中华医史杂志》2017 年第 3 期。

～李光燕等:《中药荆芥基原的沿革》,《中华医史杂志》2016 年第 3 期。

李光燕～方士英等:《〈神农本草经〉石长生考》,《中药材》2015 年第 10 期。

李光燕～韩邦兴等:《中药山慈菇品种来源的沿革》,《中华医史杂志》2015 年第 3 期。

～王德群等:《〈神农本草经〉石蚕考证》,《中药材》2015 年第 2 期。

宋向元(北京中医学院)

《张仲景生卒年问题的探讨》,《史学月刊》1965 年第 1 期。

《略论〈颅囟经〉的贡献及其它》,《黑龙江中医药》1965 年第 1 期。

《漫谈徐之才〈药对〉的贡献》,《广东中医》1962 年第 12 期。

《谈中药史上的几个问题——从朱颜〈谈我国历史上第一部药典〉谈起》,《江苏中医》1962 年第 9 期。

《补土学说的由来》,《中医杂志》1962 年第 2 期。

《王叔和生平事迹的探讨》,《广东中医》1960 年第 6、8 期。

《仓公传与素问所引古代医籍初探》,《北京中医学院学报》1960 年第 2 期。

《王叔和生平事迹考》,《北京中医学院学报》1960 年第 1 期。

《我国上古人们的疾病观念初步探索》,《北京中医学院学报》1959 年第 10 期。

《祖国医学的病历起始问题》,《中医杂志》1958 年第 7 期。

《陈复正对小儿科学的贡献》,《医学史与保健组织》1958 年第 3 期。

《我对张骞出使西域与药物输入的看法》,《新中医药》1957 年第 7 期。

《祖国医学的神经论思想及其来源》,《医学史与保健组织》1957 年第 4 期。

《祖国古代名医——华佗》,《中医杂志》1955 年第 1 期。

～李辰生:《论张仲景史略及其遗著问题》,《江西中医药》1954 年第 13 期。

《从医学历史的发展看祖国医学的发展》,《天津日报》1954 年 10 月 18 日。

《砂眼病史述略》,《北京中医》1954 年第 9 期。

《医史漫话》,《新中医药》1953 年第 11 期。

《张仲景生平问题的讨论》,《新中医药》1953 年第 8、9 期。

《评周著我国医药的起源问题》,《新中医药》1952 年第 3 期。

《王清任先生一百二十年祭》,《天津医药》1951 年第 3、4 期。

《王清任先生事迹琐探》，《医史杂志》1951年第2期。

《岐伯考》，《河北卫生》1951年第1期。

《东汉以来方士与医药》，《医史杂志》1948年第3、4期。

宋晓蓬（石家庄市动物卫生监督所）

～江波等：《欧盟动物防疫制度介绍》，《中国动物检疫》2015年第7期。

宋谐方（黑龙江中医药大学）

《王孟英以食疗防治温热病、湿热病的学术思想研究》，黑龙江中医药大学硕士学位论文2016年。

宋昕（北京交通大学）

《从翻译操控理论看晚清英国传教士医学翻译的科学性与宗教性——以〈全体通考〉〈治心免病法〉〈哈氏体功学〉为例》，北京交通大学硕士学位论文2017年。

宋欣阳（上海中医药大学）

金燕、朱容钰～李洁等：《希腊医疗现状与中医药发展前景分析》，《世界科学技术·中医药现代化》2019年第12期。

杨洁如……万嘉瑶～郑林赟等：《中国与越南传统医学交流现状及发展策略探讨》，《国际中医中药杂志》2019年第8期。

顾怿丰～：《法国中医针灸学术流派发展历史》，《中国中西医结合杂志》2019年第7期。

尹相宜、李绵绵～：《阿拉伯联合酋长国中医药服务贸易发展现状及建议》，《国际中医中药杂志》2019年第6期。

陈佳乐～：《从义净著作看"中原—西域"医药交流》，《古籍整理研究学刊》2019年第3期。

胡玮晔～：《民国时期中医药海外传播的研究》，《中华中医药杂志》2019年第2期。

施雪斐、张建忠～金阿宁：《中东欧16国中医药发展脉络与策略研究》，《中华中医药杂志》2019年第3期。

胡玮晔～：《民国时期中医药海外传播的研究》，《中华中医药杂志》2019年第2期。

柳奕诚～：《民国时期上海疫病的中西医视角》，《中华中医药杂志》2019年第2期。

邵沁～：《从〈医籍考〉看明清中日医学交流》，《古籍整理研究学刊》2019年第2期。

邵沁～：《明清中日医学交流对汉方医流派形成的影响》，《医学与哲学》2019年第1期。

鲍超群～：《近代苏沪地区中西医技术交流探析》，《中华中医药杂志》2019年第1期。

姚晓兵、何艺韵～施建蓉等：《论人文视角下的阿育吠陀与中医》，《中华中医药杂志》2018年第11期。

思璎桀、杨雅竹～聂平香等：《论自贸协定背景下中医药谈判策略的选择》，《中医药导报》2018年第3期。

施雪斐、张建忠～李海英等：《中医药在海外的多媒体传播策略》，《中医药导报》2017年第18期。

黄祎晨、李绵绵～郑林赟等：《中医药参与国际医疗多边合作策略分析》，《中医药导报》2017年第17期。

张建忠、卞跃峰～：《中医在国际组织中的话语权现况与提升策略》，《中医药导报》2017年第16期。

卞跃峰、思璎桀～施建蓉等：《中医药在国际外交中的价值存在与发展展望》，《中医药导报》2017年第15期。

～陈丽云等：《论三才、中和与中医学》，《中国中医药信息杂志》2017年第8期。

～陈丽云等:《论阴阳、中和与中医学的关系》,《中华中医药杂志》2017 年第 6 期。

～李绵绵:《中医药参与海合会国家卫生治理述论》,《阿拉伯世界研究》2017 年第 5 期。

黄祎晨、王硕～:《瑜伽热对中医药国际化的启示》,《中医药文化》2017 年第 3 期。

苏子舰～:《有限的解读与无限的误读——谈中医药文化海外传播的破茧与重生》,《中医药文化》2017 年第 2 期。

施雪斐～:《中医药海外发展的模式分析》,《甘肃医药》2017 年第 2 期。

～陈丽云等:《由"中和"反思中医"平衡论"》,《中医杂志》2016 年第 23 期。

～陈丽云等:《论五行、中和与中医学》,《时珍国医国药》2016 年第 12 期。

～陈丽云等:《"中和"思想与中医学的研究进展评述》,《中国中医基础医学杂志》2015 年第 9 期。

王硕～:《19 世纪俄国驻北京传教团的医事活动研究》,《中医药文化》2016 年第 5 期。

～陈丽云等:《中和正义——探中和思想内涵与中医学》,《中和中医药杂志》2015 年第 5 期。

～徐强:《从传播视角对当代中医传承困境的解读》,《中医教育》2010 年第 6 期。

谭丽～张婷婷:《〈傅青主女科〉论治不孕症浅析》,《上海中医药杂志》2009 年第 2 期。

宋兴(成都中医药大学/成都中医学院)

《〈针灸甲乙经〉研究述要》,《中国针灸》1995 年第 6 期。

《〈唐本草〉修撰年代探疑》,《成都中医学院学报》1993 年第 3 期。

宋雪宁(南京大学)

《19 世纪英国生育控制运动的转型——以布拉德洛—贝赞特案为中心》,南京大学硕士学位论文 2018 年。

宋延强(北京中医药大学)

姚海强……龚轩～:《〈伤寒论〉温中益津法探析》,《河南中医》2012 年第 12 期。

《金元四大家对经方 50 味常用药物的临床用量研究》,北京中医药大学博士学位论文 2011 年。

～傅延龄:《李东垣方药用量初步研究》,《中医杂志》2011 年第 7 期。

宋扬(意大利 San Giovanni Bosco 医院)

Baglianidr Carlo……Silvia Baricca～:《意大利—中国医疗体系的比较》,《中国危重病急救医学》2001 年第 7 期。

宋耀良

《黑死病与文艺复兴运动》,《社会科学战线》1988 年第 3 期。

宋耀新(齐齐哈尔医学院/黑龙江中医药大学)

～常存库等:《近现代中西医教育中几个重点问题的比较研究——对教育思想、教育形式、教育内容、内外环境限制等问题的思考》,《黑龙江高教研究》2013 年第 8 期。

～李忠原等:《近现代中西医教育课程内容和教育形式的演变》,《医学与哲学(A)》2013 年第 7 期。

～常存库:《我国近代西医学教育的发展研究》,《中国医药指南》2012 年第 18 期。

～常存库等:《论中医药学的传承与发展》,《中医药信息》2012 年第 4 期。

宋懿(哈尔滨工业大学)

《同妻群体的艾滋病风险研究》,哈尔滨工业大学硕士学位论文 2014 年。

宋一亭(内蒙古中蒙医医院)

《"酒厥症"概述》,《内蒙古中医药》1994 年第 1 期。

宋应明(长治医学院附属和平医院)

～连长红:《电视辅助胸腔镜外科简史》,《中华医史杂志》2012 年第 5 期。

宋盈盈(天津中医药大学)

～邢永革:《〈养生类纂〉征引文献考略》,《天津中医药大学学报》2015 年第 5 期。

宋咏梅(山东中医药大学)

相光鑫……陈居伟～:《从"门"管窥中医身体观的建构》,《中华中医药杂志》2019 年第 9 期。

刘雪～:《〈中国分省医籍考·山东省〉中医家、医籍及其时代地域分布研究》,《山东中医药大学学报》2018 年第 6 期。

姜晓娜～:《〈本草纲目〉中祛斑药的药物特点分析》,《四川中医》2017 年第 5 期。

陈聪～:《浅析〈不居集·不寐〉的论治特色》,《中医药学报》2014 年第 5 期。

陈聪～:《浅析〈症因脉治〉失眠证的证治特点》,《江苏中医药》2014 年第 4 期。

王鹏……郭瑞华～张效霞:《当代中医学术流派研究与传承发展》,《中医杂志》2013 年第 10 期。

～崔利锐等:《古代失眠方药的文献分析》,《山东中医药大学学报》2012 年第 5 期。

～张莹:《中医学术流派研究的进展、问题与建议》,《山东中医药大学学报》2012 年第 1 期。

～王振国等:《关于当代中医学术流派评价的几点认识》,《辽宁中医杂志》2011 年第 7 期。

《古代医家治疗失眠要点之我见》,《江苏中医药》2011 年第 6 期。

《古代本草文献药物分类法管窥》,《四川中医》2009 年第 5 期。

吴静～:《〈药性通考〉源流初探》,《上海中医药杂志》2009 年第 4 期。

～田代华:《不同历史时期失眠方药的沿革》,《山东中医药大学学报》2004 年第 6 期。

《浅述古代医学书目的学术特点》,《中医文献杂志》2004 年第 2 期。

《〈女科百问〉主要学术成就》,《中医文献杂志》2001 年第 3 期。

宋咏堂(湖北省医学会)

李宇奇……方华～项红兵:《医疗纠纷特质的变化及其对策》,《中国现代医学杂志》2009 年第 6 期。

～项红兵等:《从医患关系的演变看医疗行为庸俗化》,《医学与哲学》2004 年第 11 期。

～项红兵等:《我国内地医疗服务市场对外开放的政策回顾及走势》,《卫生软科学》2004 年第 1 期。

～项红兵等:《探讨患方人情消费出现的原因、利弊及其对策》,《中国卫生事业管理》2003 年第 10 期。

～项红兵等:《试论新〈条例〉中的医疗事故赔偿制度》,《中国农村卫生事业管理》2003 年第 9 期。

～项红兵:《试论我国医疗秩序现存问题及治理》,《卫生软科学》2003 年第 4 期。

～项红兵等:《我国精神赔偿法规的演变过程浅析》,《医学与社会》2003 年第 1 期。

～项红兵等:《误诊误治纠纷的民事法律责任》,《中国农村卫生事业管理》2002 年第 8 期。

～项红兵等:《医疗过失中精神赔偿途径剖析》,《中国医院管理》2002 年第 8 期。

～项红兵等:《试论新〈条例〉中的医疗事故鉴定制度》,《卫生软科学》2002 年第 4 期。

～项红兵等:《媒体报道 85 起医疗过失精神损害赔偿费分析》,《法律与医学杂志》2002 年第 3 期。

～项红兵等:《对社会媒体报道医院医疗纠纷 89 例的分析研究》,《中国卫生事业管理》2002 年第 3 期。

～项红兵等:《论医方不作为的法律道德责任》,《卫生软科学》2002 年第 2 期。

～项红兵等:《论医疗纠纷处理中的精神赔偿》,《医学与社会》2001 年第 5 期。

～项红兵等:《完善医疗保险制度的理论思考》,《卫生软科学》2001 年第 4 期。

～项红兵等:《医疗纠纷媒体曝光的现状及对策》,《中国卫生事业管理》2001 年第 4 期。

～项红兵等:《艾滋病案例的法律责任》,《卫生软科学》2001 年第 2 期。

～项红兵等:《精神损害费若干法律问题探讨》,《中华医院管理杂志》2001 年第 3 期。

～项红兵等:《精神损害费若干法律问题研究——附 33 例医疗纠纷案索赔精神损失费的法律分析》,《中国医院管理》2001 年第 3 期。

～项红兵等:《从医学目的的转变看疼痛治疗的现代要求》,《中国卫生质量管理》2001 年第 1 期。

～项红兵等:《我国医疗保险制度的政策经验问题的探讨》,《中国卫生事业管理》2000 年第 11 期。

～项红兵等:《医疗过失的认识与责任》,《医学与社会》2000 年第 5 期。

～项红兵:《对医师必要时主动回避医疗服务的探讨》,《医学与哲学》2000 年第 1 期。

～项红兵等:《无医疗过失纠纷案例的民事赔偿责任》,《卫生软科学》2000 年第 2 期。

宋宇航(长春中医药大学)

《〈医门宝鉴〉文献研究》,长春中医药大学硕士学位论文 2019 年。

宋玉梅(云南师范大学)

《论民国时期云南省的传染病流行与防治》,云南师范大学硕士学位论文 2008 年。

宋远升(华东政法大学)

《论精神疾病司法鉴定意见的质证》,《中国司法鉴定》2016 年第 5 期。

《精神病强制医疗中的法律父爱主义》,《政法论丛》2016 年第 2 期。

《行刑社会化视角下精神病犯罪人的处遇》,《犯罪研究》2015 年第 4 期。

《刑事案件精神病司法鉴定的功能、障碍因素及破解》,《中国司法鉴定》2015 年第 3 期。

《精神病辩护:历史、社会与现实》,《证据科学》2014 年第 5 期。

《精神病司法鉴定的多维分析》,《中国司法鉴定》2012 年第 3 期。

宋增强(江苏省中医院)

～冯松杰:《"轻可去实"学说理论探讨》,《长春中医药大学学报》2007 年第 4 期。

宋振芳(大连卫生检疫局)

～苑德才:《大连地区鼠疫史与今后检疫对策》,《中国国境卫生检疫杂志》1993 年第 2 期。

宋镇豪(中国社会科学院)

《商代的疾患医疗与卫生保健》,《历史研究》2004 年第 2 期。

《商代的巫医交合和医疗俗信》,《华夏考古》1995 年第 1 期。

宋珍民(陕西中医药大学/陕西中医学院)

《孙思邈生平问题十二讲之一——孙思邈生卒年考(下)》,《陕西中医药大学学报》2019 年第 6 期。

《孙思邈生平问题十二讲之一——孙思邈的生年和卒年(上)》,《陕西中医药大学学报》2019 年第 5 期。

《孙思邈人物研究中的治学方法》,《陕西中医药大学学报》2019 年第 2、3 期。

王妮～:《张厚墉先生关于中国医学史博物馆陈列思想研究》,《陕西中医药大学学报》2015 年第 2 期。

《孙思邈楚蜀行》,《中华医史杂志》2014 年第 4 期。

《孙思邈卒年新证》,《中华医史杂志》2013 年第 4 期。

王妮～:《罗天益随驾行医考》,《陕西中医学院学报》2013 年第 3 期。

王妮、李颖峰～：《罗天益生平考》，《中医药文化》2013 年第 2 期。

《孙思邈生年新证》，《中华医史杂志》2013 年第 1 期。

王妮～：《〈罗谦甫治验案〉内容研究》，《长春中医药大学学报》2012 年第 6 期。

李颖峰、王妮～：《罗天益著作考》，《上海中医药大学学报》2012 年第 5 期。

《〈旧唐书·孙思邈传〉之史源》，《中华医史杂志》2012 年第 5 期。

《王焘籍贯考》，《中华医史杂志》2011 年第 5 期。

《王焘生卒考》，《中华医史杂志》2011 年第 2 期。

《王焘医事考》，《中华医史杂志》2009 年第 2 期。

《王焘职官考》，《中华医史杂志》2006 年第 4 期。

李恩军～：《评〈七略·方技略〉》，《陕西中医学院学报》1991 年第 2、3 期。

宋志爱

～金乃逸：《我国海港检疫事务沿革》，《中华医学杂志》1939 年第 12 期。

宋志萍（山西中医学院）

周路红～：《清代山西医家王堉治痰经验研究》，《光明中医》2016 年第 12 期。

周路红～：《李时珍对"谨和五味"饮食养生方法的贡献》，《时珍国医国药》2015 年第 1 期。

周路红～：《徐灵胎治学特点研究》，《医学与哲学（A）》2014 年第 4 期。

周路红～：《论中医师承授受的优势》，《光明中医》2014 年第 3 期。

周路红～：《清代医家王堉和他的〈醉花窗医案〉》，《光明中医》2014 年第 2 期。

～穆俊霞：《〈脾胃论〉浅析》，《山西中医学院学报》2010 年第 6 期。

穆俊霞～王平等：《外感六淫学说探源》，《山西中医学院学报》2010 年第 3 期。

～穆俊霞：《中医"治未病"理论渊源》，《山西中医学院学报》2008 年第 3 期。

尤舒彻、穆俊霞～项琪等：《〈灵枢·官针〉刺痹法研究》，《国际中医中药杂志》2007 年第 6 期。

《血瘀理论的形成与发展》，《中国中医药现代远程教育》2006 年第 8 期。

～师建梅：《喘证辨治溯源》，《山西中医》2002 年第 3 期。

～李俊莲：《〈内经〉治则探析》，《中医药研究》2002 年第 2 期。

宋之琪（北京医学院/北京医科大学）

《中国最早的教会医院——博济医院》，《中华医史杂志》1999 年第 3 期。

《如何学习医学史》，《中华医史杂志》1999 年第 2 期。

《我国早期的女子医学院》，《中华医史杂志》1999 年第 1 期。

《中国药学史研究进展》，《中国药学杂志》1997 年第 11 期。

《中国药学史研究 60 年》，《中华医史杂志》1996 年第 3 期。

～陈新谦：《我国抗肿瘤药物研究简史》，《中华医史杂志》1996 年第 1 期。

《略述日本侵华时期的我国医学教育》，《医学教育》1995 年第 9 期。

《喜读〈中华药史纪年〉》，《中国药学杂志》1995 年第 2 期。

《中国近代最早学习西医的人——关韬》，《中华医史杂志》1994 年第 4 期。

～许光：《外国药学史大事年表（1800—1960 年）》，《中国药学杂志》1993 年第 7 期。

《中国药学史分期初探》，《中国药学杂志》1987 年第 8 期。

薛愚～：《中国药学会成立前后存在的几个问题》，《中国药学杂志》1986 年第 3 期。

～程之范:《药理学发展简史》,《中华医史杂志》1986 年第 1 期。

《孙思邈对药材学的贡献》,《中国药学杂志》1983 年第 1 期。

《五千年来医学发展的梗概》,《医学与哲学》1980 年第 1 期。

宋知行(上海市中医文献馆)

《从文化和文化人类学对中医学的观测》,《医学与哲学》1988 年第 6 期。

《吴鞠通〈解儿难〉的学术见解》,《陕西中医》1986 年第 5 期。

《论张锡纯脉诊经验》,《浙江中医学院学报》1988 年第 1 期。

《试述中医的科学体系与特点》,《医学与哲学》1985 年第 12 期。

《中医延年学说概述》,《云南中医杂志》1985 年第 4 期。

《李时珍药性学说特点初探》,《中医药研究杂志》1985 年第 1 期。

《追先圣之绝轨——论〈灵枢〉中伯高等三派的贡献》,《上海中医药杂志》1984 年第 2 期。

《中医生命理论探源》,《云南中医杂志》1983 年第 6 期。

《论徐大椿的人才学思想》,《医学与哲学》1983 年第 3 期。

《张锡纯论元气简说》,《中医药学报》1983 年第 1 期。

《论〈千金方〉对各家学说的影响》,《中医杂志》1982 年第 8 期。

《中医抗老延年思想史浅要》,《上海中医药杂志》1982 年第 2 期。

宋忠民

《上海公共租界的狂犬病防治》,《档案与史学》2001 年第 5 期。

苏巴提·阿合买提(新疆大学)

《论明清时期突发事件的应对与公共安全危机管理》,《兰台世界》2013 年第 3 期。

苏才隽(吉林大学)

《1920—1921 年中国东北鼠疫研究》,吉林大学硕士学位论文 2019 年。

苏超尘(成都市第二十四中学)

刘德仁～:《试以科学对认识论探索西藏医学之源》,《西藏民族学院学报(社会科学版)》1991 年第 3 期。

《藏族医圣宇妥·元丹贡布宁玛及其藏医学巨著〈四部医典〉》,《西南民族学院学报(哲学社会科学版)》1985 年第 1 期。

苏成捷(斯坦福大学)

～张宇:《堕胎在明清时期的中国——日常避孕抑或应急性措施?》,《中国乡村研究》2012 年 00 期。

苏丹(西南大学)

《中国成年人健康信念研究》,西南大学博士学位论文 2015 年。

罗鸣春、黄希庭～:《中国少数民族心理健康研究 30 年文献计量分析》,《西南大学学报(社会科学版)》2010 年第 3 期。

付艳芬……张爱莲～:《从心理学文献看我国心理咨询与治疗理论的现状》,《心理科学》2010 年第 2 期。

苏东敏(华中师范大学)

《民国时期闽浙地区疫灾流行与公共卫生意识的变迁研究》,华中师范大学硕士学位论文 2016 年。

苏发祥(中央民族大学)

～安晶晶:《论西藏乡村社会的疾病观及村民的求医行为——以西藏南木林县艾玛乡牛村为例》,

《西北民族研究》2014 年第 4 期。

～王明玮等：《论当代西藏乡村社会的医疗体系及其特点——以堆龙德庆县那嘎村为个案》，《中国藏学》2013 年第 4 期。

苏芳玉（台湾国立中央大学）

《清季台湾地区疾病的治疗与观察——外国海关医员的观点》，《国立中央大学人文学报》第 40 期（2009.10）。

《清末洋人在台医疗史——以长老教会、海关为中心》，国立中央大学硕士学位论文 2002 年。

苏贯中（台湾私立中国医药大学）

《宋朝药政研究》，台湾私立中国医药大学博士学位论文 2006 年。

～李世沧等：《宋代医书刊行与方药学发展之研究》，《台湾中医医学杂志》第 4 卷第 2 期（2005.9）。

苏海洋（天水师范学院）

《论〈黄帝内经〉的"天人相应"思想及现实意义》，《甘肃中医》2010 年第 10 期。

苏汉良（广西壮医学文化研究中心）

《试论汉壮医药交流》，《中华医史杂志》1991 年第 4 期。

苏红（西南师范大学）

～任永梅：《对我国性教育的历史追溯、比较分析及其反思》，《内蒙古师范大学学报（教育科学版）》2005 年第 5 期。

苏红艳（中共龙岩市永定区委党校）

《胡文虎的"虎式"广告艺术与永安堂商业帝国的崛起》，《中国集体经济》2018 年第 19 期。

苏华

《抗战时期难童的异常心理问题》，《民国档案》1995 年第 3 期。

苏惠卿（台湾东吴大学法学院）

《疾病歧视与人权侵害——以汉生病友人权之侵害及回复为例》，《金陵法律评论》2013 年第 1 期。

苏洁（平顶山市第一人民医院）

《〈内经〉"衰其大半而止"详解》，《中医研究》2002 年第 5 期。

朱长丽、王磊～杨建宇：《略论张子和对妇产科的贡献》，《光明中医》2001 年第 5 期。

苏婕（中国疾病预防控制中心）

《中国与缅甸疟疾防治体系比较研究》，中国疾病预防控制中心硕士学位论文 2018 年。

～丁玮等：《缅甸消除疟疾策略的 PEST 分析》，《中国病原生物学杂志》2018 年第 6 期。

～李红梅等：《中国消除疟疾的督导与评估：政治、经济、社会和技术分析》，《中国寄生虫学与寄生虫病杂志》2018 年第 3 期。

苏静静（北京大学）

～张大庆：《导言》，张大庆等主编《全球视野下的医学文化史》（北京：中国协和医科大学出版社 2019 年）。

～张大庆：《"基本药物"的历史——权利与利益之争》，《自然辩证法通讯》2019 年第 3 期。

～张大庆：《国际卫生理论与实践在中国的推动者安德里亚·司丹巴》，《科学文化评论》2018 年第 6 期。

～张大庆：《在医学与政治之间——中国根除天花的国际认证》，《自然科学史研究》2018 年第 3 期。

～张惺惺等：《阳痿的医学化与药物化：万艾可现象》，《中国性科学》2018 年第 3 期。

《中国与世界卫生组织合作中的身份转变：1949—1978》，《中国科技史杂志》2018 年第 1 期/张大庆等主编《全球视野下的医学文化史》（北京：中国协和医科大学出版社 2019 年）。

唐文佩、吴苗～：《芭芭拉·艾伦瑞希的女性主义医学批判思想研究》，《科学技术哲学研究》2018 年第 1 期。

～张大庆：《国际医学史学会的建立与历史演进》，《医学与哲学 A》2017 年第 6 期。

《基本药物在中国——从国际理念到国家制度》，《自然辩证法通讯》2017 年第 5 期。

～姜姗：《国际医学史学会第九届学术会议综述》，《中国科技史杂志》2017 年第 4 期。

～张大庆：《世界卫生组织健康定义的历史源流探究》，《中国科技史杂志》2016 年第 4 期。

～张大庆：《中国与世界卫生组织的创建及早期合作（1945—1948）》，《国际政治研究》2016 年第 3 期。

～张大庆：《全球化进程中的卫生外交》，《自然辩证法研究》2011 年第 10 期。

～张大庆：《新中国首次赴美医学代表团之探究》，《中国科技史杂志》2011 年第 3 期。

苏静瑜（华东政法大学）

《清前期政府应对瘟疫的措施研究》，华东政法大学硕士学位论文 2013 年。

苏丽（华中师范大学）

《吸毒成瘾者的社会支持研究》，华中师范大学硕士学位论文 2011 年。

苏礼（陕西省中医药研究）

《秦越人扁鹊是战国时期人》，《中医文献杂志》2010 年第 3 期。

《〈济阴纲目〉导读》，《中医文献杂志》2006 年第 3 期。

郭教礼、张明～卢棣：《系统整理中医世家独特经验的研究思路》，《中医药学刊》2004 年第 7 期。

《中医文献说略》，《医古文知识》2002 年第 4 期。

《〈千金〉民族医方探析》，》，中国民族医药杂志》1998 年第 2 期。

～王怡：《〈千金要方〉所引扁鹊佚文及其学术价值》，《医古文知识》1997 年第 3 期。

《〈千金翼方〉版本考》，《陕西中医》1996 年第 8 期。

《〈外台秘要〉所引〈千金方〉述略》，《中国中医基础医学杂志》1996 年第 6 期。

《〈张学文医学求索集〉述评》，《陕西中医函授》1996 年第 6 期。

《论〈济阴济阳纲目〉的内容及价值》，《中医文献杂志》1996 年第 4 期。

《〈新雕孙真人千金方〉考略》，《中华医史杂志》1995 年第 3 期。

《藏医经典文献〈四部医典〉述要》，《中国民族医药杂志》1995 年第 1 期。

《医文荟萃自成一家——喜读〈俞慎初论医集〉》，《中医文献杂志》1994 年第 3 期。

《〈千金〉保健方剂述要》，《陕西中医》1993 年第 1 期。

《金元四大家的儿科学术贡献》，《中医研究》1992 年第 1 期。

《孙思邈在国外》，《实用中医药杂志》1991 年第 3 期。

《清代咽喉科专著六种述要》，《中医研究》1988 年第 4 期。

《我国最早的中医医案专著——〈伤寒九十论〉》，《陕西中医函授》1988 年第 5 期。

《〈千金方〉酒剂初探》，《陕西中医》1987 年第 3 期。

《扁鹊名实考略》，《中华医史杂志》1987 年第 1 期。

《备急济众的〈千金宝要〉》，《上海中医药杂志》1986 年第 5 期。

～郑怀林：《武之望〈疹科类编〉述要》，《陕西中医》1984 年第 7 期。

~洪文旭:《〈妇科胎前产后秘方〉评述》,《陕西中医》1983 年第 5 期。

~洪文旭:《妇科胎前产后秘方注评》,《陕西中医》1982 年第 4、5、6 期;1983 年第 1 期。

苏立斌(浙江中医药大学)

《〈金匮要略〉脉法探究》,浙江中医药大学硕士学位论文 2016 年。

苏立众(浙江医科大学附属二院)

~邢昌全:《功能性鼻内窥镜手术发展简史》,《中华医史杂志》1996 年第 1 期。

苏梅凤(湖北中医学院)

~周金林:《李时珍医德思想初探》,《医学与哲学》1983 年第 11 期。

苏苗苗(山西大学)

《中美媒体医患新闻报道话语中医生形象比较研究》,山西大学硕士学位论文 2013 年。

苏敏(华中师范大学)

《明代山东省疫灾地理规律与环境机理研究》,华中师范大学硕士学位论文 2013 年。

苏敏(中国中医科学院)

《美国针灸立法法案研究》,中国中医科学院硕士学位论文 2013 年。

苏明丽(华中科技大学同济医学院)

~冯亚兰:《国外医疗保障制度模式下医患关系研究》,《医学与社会》2009 年第 1 期。

苏诺(中国中医科学院/中国中医研究院)

《古代保健"茶汤"的医学史研究》,中国中医科学院博士学位论文 2009 年。

《古代保健饮品相关名目考》,《中华医史杂志》2009 年第 2 期。

~郑金生:《宋代"茶汤"兴衰考辨》,《中医药文化》2009 年第 1 期。

《曼巴扎仓促进了蒙医学的发展》,《中国民族医药杂志》1998 年第 2 期。

苏培基(广东省中山市中医院)

~梅全喜:《熏洗疗法的历史沿革》,《时珍国医国药》2001 年第 4 期。

宿佩勇(福建中医学院)

《福州古代疫病文献资料研究》,福建中医学院硕士学位论文 2005 年。

《刍议陈修园治疟》,《吉林中医药》2005 年第 2 期。

《杨士瀛〈仁斋直指方论〉中气血理论特点探析》,《甘肃中医学院学报》2005 年第 1 期。

《杨士瀛学术思想研究进展》,《江西中医学院学报》2005 年第 1 期。

苏全有(河南师范大学)

《论"东方病夫"到"东亚病夫"的流变》,《求索》2014 年第 6 期。

~贾苗苗:《民国时期我国畜牧兽医教育述评》,《南京中医药大学学报(社会科学版)》2014 年第 1 期。

~贾苗苗:《民国时期陆军兽医管理制度述评》,《濮阳职业技术学院学报》2013 年第 5 期。

~贾苗苗:《民国时期医学视角下的贞操观述评》,《辽宁医学院学报(社会科学版)》2013 年第 4 期。

~李伊波:《对中国近代医学教育史研究的回顾与反思》,《南京中医药大学学报(社会科学版)》2013(1、2)

~崔海港:《清末医学组织述论》,《辽宁医学院学报(社会科学版)》2013 年第 2 期。

~周丹娅:《中国近代疾病史研究的回顾与反思》,《辽宁医学院学报(社会科学版)》2012 年第

3 期。

～邹宝刚:《对近代中西医论争研究的回顾与反思》,《南京中医药大学学报(社会科学版)》2012 年第 1 期。

～邹宝刚:《近年来中国近代防疫史研究综述》,《辽宁医学院学报(社会科学版)》2012 年第 1 期。

～邹宝刚:《对民国时期政界名人死因研究的回顾与反思》,《平顶山学院学报》2012 年第 1 期。

～王海波:《对近代中国身体史研究的回顾与反思》,《洛阳理工学院学报(社会科学版)》2011 年第 5 期。

《对光绪帝死因研究的回顾与反思》,《遵义师范学院学报》2011 年第 4 期。

～邹宝刚:《中国近代疾病史研究的回顾与反思》,《辽宁医学院学报(社会科学版)》2011 年第 2 期。

～邹宝刚:《对近代中国医院史研究的回顾与反思》,《南京中医药大学学报(社会科学版)》2011 年第 1 期。

苏仁君

《〈黄帝内经〉——记载心脏功能最早的文献》,《体育报》1961 年 7 月 6 日。

苏日雅(内蒙古民族大学)

《蒙医伊希巴拉珠尔及〈甘露四部〉》,《中华医史杂志》2004 年第 2 期。

花拉、包根晓～:《伊喜丹金旺吉拉与〈奥特奇功效汇编〉》,《中医药学刊》2002 年第 6 期。

苏珊(上海中医药大学)

～李兆健:《清代民间儿科医书〈幼科推拿秘书〉探析》,《中医药文化》2016 年第 4 期。

～荆丽娟:《〈丛桂草堂医草〉临证膏剂评议》,《中医文献杂志》2015 年第 1 期。

荆丽娟……黄晓华～朱音:《从膏方医案中看清代至民国时期膏方发展的特点》,《中医文献杂志》2014 年第 1 期。

～段金伟等:《中国古代阅读疗法案例评析》,《中华中医药学刊》2013 年第 11 期。

～李兆健:《祝由术的心理学角度剖析》,《中华中医药学科》2011 年第 8 期。

～李兆健:《简述祝由术的历史沿革》,《中医药文化》2008 年第 4 期。

苏双(湖南师范大学)

《严复的医药观研究——兼论严复生活中的疾痛问题》,湖南师范大学硕士学位论文 2016 年。

苏汤

《按摩术的来源》,《广西卫生旬刊》1935 年第 26 期。

苏卫平(上海师范大学)

《明清以来徽州区域的疾病与医疗卫生体系研究》,上海师范大学硕士学位论文 2009 年。

唐力行～:《明清以来徽州的疾疫与宗族医疗保障功能——兼论新安医学兴起的原因》,《史林》2009 年第 3 期。

苏小平(阳泉市委党史研究室)

《聂荣臻与晋察冀边区的医疗卫生事业》,《山西档案》1992 年第 5 期/《文史月刊》2005 年第 10 期。

苏晓升(苏州大学)

《西北少数民族社区的健康信息传播》,兰州大学硕士学位论文 2011 年。

苏新华(揭阳职业技术学院/暨南大学)

《近代澳门地区鼠疫流行及防治措施研究》,《鄂州大学学报》2015 年第 6 期。

《晚清潮汕地区鼠疫的流行及防治措施析论》,《哈尔滨学院学报》2014 年第 10 期。

《清末潮汕地区瘟疫流行原因与社会救助研究》,《北华大学学报(社会科学版)》2014 年第 4 期。

《清末广东鼠疫与民众心态探究——以〈申报〉为研究对象》,《四川教育学院学报》2012 年第 1 期。

~张晓辉:《清末香港鼠疫与社会经济的发展——以港口检疫制度的建立为例》,《兰州学刊》2010 年第 9 期。

《清末穗港鼠疫与社会应对措施(1894—1911)》,暨南大学硕士论文 2006 年。

张晓辉~:《1894 年香港鼠疫的应对机制》,《广西社会科学》2005 年第 10 期。

苏雅拉图(内蒙古民族大学)

《蒙医外用剂型整理性研究——〈蒙医金匮〉〈甘露四部〉〈四部医典〉的外用制剂的整理研究》,内蒙古民族大学硕士学位论文 2009 年。

苏亚莉(广西师范大学)

《美国进步时代的食品安全治理及其启示研究》,广西师范大学硕士学位论文 2012 年。

苏衍卿(鄄城县人民医院)

~李艳:《"有病则病受之"的临床意义》,《山东中医杂志》2014 年第 7 期。

~范平:《辨析入微 别有会心——论张锡纯对〈神农本草经〉药理之发挥》,《甘肃中医》1991 年第 4 期。

苏颖(长春中医药大学/长春中医学院)

张莉~:《〈内外伤辨惑论〉外感内伤辨证及方药特色探赜》,《江苏中医药》2019 年第 11 期。

杨福双……侯宇龙~:《〈苏沈良方〉之酒剂应用管窥》,《长春中医药大学学报》2019 年第 6 期。

高春妹~:《张景岳之"君相二火"探析》,《吉林中医药》2018 年第 1 期。

蔡佳丽~:《吴鞠通〈温病条辨〉运用〈黄帝内经〉六气组方原则举隅》,《吉林中医药》2017 年第 11 期。

张茂云~:《余霖〈疫疹一得〉治疫大法拾萃》,《中华中医药杂志》2017 年第 11 期。

王利锋~:《〈内经〉五运六气太过不及和交运时间》,《吉林中医药》2017 年第 10 期。

胡亚南、李萍~:《疫痘伏温,先知之妙——从〈温病条辨〉探析吴鞠通的五运六气思想》,《上海中医药杂志》2017 年第 3 期。

李萍……赵树明~:《王肯堂辨治病证注重运气》,《上海中医药杂志》2016 年第 12 期。

崔洪涛~:《〈黄帝内经〉"三年化疫"理论五疫成因规律探求》,《长春中医药大学学报》2016 年第 5 期。

崔洪涛……徐方易~:《〈黄帝内经〉"九宫八风"理论学说精要》,《长春中医药大学学报》2016 年第 2 期。

聂金娜~:《〈脉药联珠〉学术价值述略》,《中国中医基础医学杂志》2015 年第 10 期。

岳冬辉、毕岩~:《明代医家张凤逵论治暑病的贡献与特色探析》,《中国中医基础医学杂志》2015 年第 8 期。

《〈黄帝内经〉五运六气理论形成的天文学背景》,《长春中医药大学学报》2015 年第 5 期。

胡亚南……李萍~:《〈本草图经〉果部药物研究特色探析》,《中国中医基础医学杂志》2014 年第 12 期。

《〈素问〉"万物象变,气化使然"探析》,《吉林中医药》2014 年第 11 期。

牟宗毅、张茂云～:《熊立品〈治疫全书〉论疫钩玄》,《时珍国医国药》2014 年第 8 期。

刘派……张野～:《张子和的运气病机学说》,《吉林中医药》2014 年第 8 期。

岳冬辉、毕岩～:《清代医家周扬俊论治温病特色与贡献探析》,《中国中医基础医学杂志》2014 年第 5 期。

《〈内经〉黄疸与运气关系新探》,《吉林中医药》2014 年第 5 期。

王利锋～:《〈黄帝内经〉君相二火与温疫的关系》,《吉林中医药》2014 年第 4 期。

张茂云～:《〈脉药联珠〉学术价值探析》,《时珍国医国药》2014 年第 3 期。

《试述〈素问〉三虚相合易发疫疠的医学思想及其对预防温疫的启示》,《吉林中医药》2014 年第 3 期。

王利锋～:《〈素问〉五运六气理论中的时序》,《吉林中医药》2014 年第 2 期。

聂金娜～:《基于五运六气理论试析王冰论疫》,《中国中医基础医学杂志》2014 年第 1 期。

《刘温舒与〈素问入式运气论奥〉》,《吉林中医药》2014 年第 1 期。

聂金娜～:《刘完素识病之法归于五运六气之化》,《上海中医药杂志》2014 年第 1 期。

岳冬辉～毕岩:《吴鞠通对张仲景承气汤的运用与发挥》,《上海中医药杂志》2013 年第 12 期。

《试析明清医家对温疫的共识点》,《中医杂志》2013 年第 23 期。

《明清医家防治温疫研究特色及启示》,《辽宁中医杂志》2013 年第 11 期。

《试述〈黄帝内经〉对易患消渴体质的认识及其启示》,《时珍国医国药》2013 年第 10 期。

～张学兵:《林之翰〈温疫萃言〉治疗温疫医学思想浅析》,《亚太传统医药》2013 年第 10 期。

张茂云～:《明清医家防治温疫特色研究概述》,《中国中医基础医学杂志》2013 年第 9 期。

张学兵～:《林之翰〈温疫萃言〉治疗温疫方药特色探讨》,《亚太传统医药》2013 年第 9 期。

张学兵～:《试析陈虬〈瘟疫霍乱答问〉治疗霍乱的学术思想》,《中国中医药现代远程教育》2013 年第 15 期。

张茂云、牟宗毅～:《〈脉药联珠〉学术特色探析》,《辽宁中医杂志》2013 年第 7 期。

张茂云、牟宗毅～:《〈辨疫琐言〉医学思想述评》,《中国中医基础医学杂志》2013 年第 6 期。

王利锋～:《近 50 年五运六气理论与相关气象资料研究概述》,《长春中医药大学学报》2013 年第 3 期。

张茂云～:《熊立品〈治疫全书〉医学思想概述》,《中国中医基础医学杂志》2013 年第 3 期。

李萍、胡亚南～:《〈伤寒总病论〉中疫病探隅》,《中国医药科学》2012 年第 23 期。

～聂金娜:《〈玄珠密语〉疫理钩玄》,《中国中医基础医学杂志》2012 年第 10 期。

李萍～胡亚南:《试析〈本草图经〉研究方法的特点》,《中华中医药杂志》2012 年第 9 期。

～刘宏岩:《苏颂〈本草图经〉之特色探析》,《中国中医基础医学杂志》2012 年第 7 期。

聂金娜～:《〈本草图经〉虫鱼部药物研究特色》,《中医杂志》2012 年第 12 期。

聂金娜～:《刍议〈本草图经〉兽禽类药物研究特色》,《上海中医药杂志》2012 年第 4 期。

《〈黄帝内经素问〉两遗篇之疫疠发生机理探析》,《辽宁中医杂志》2012 年第 2 期。

《〈〈本草图经〉研究〉的思路与方法》,《吉林中医药》2012 年第 1 期。

李磊～:《论〈黄帝内经〉身体观的现实困境》,《中国中医基础医学杂志》2011 年第 11 期。

《〈黄帝内经素问〉两遗篇之疫疠观对防治温疫的重要启示》,《中国中医基础医学杂志》2011 年第 1 期。

岳冬辉～:《〈内经〉疫病防治理论浅析》,《陕西中医》2010年第7期。

～岳冬辉:《〈内经〉运气变化与疫病发生相关性探析》,《陕西中医》2009年第12期。

～鞠玉洁等:《清代四部温病著作防治温疫方药规律研究》,《辽宁中医杂志》2009年第7期。

～粟栗:《〈内经〉药物性味组方原则及其对后世经方的影响》,《吉林中医药》2009年第3期。

《张介宾运用易理研究中医学的方法及特点》,《中国中医基础医学杂志》2009年第2期。

张学兵、刘芳芳～:《〈内经〉五脏疾病发病及死亡规律浅析》,《吉林中医药》2009年第2期。

刘芳芳～:《地域、四季气候与疾病相关性研究进展》,《长春中医药大学学报》2009年第1期。

～张学兵:《国际中医教育发展状况研究概述》,《长春中医药大学学报》2009年第1期。

《〈周易〉"象"思维模式对〈内经〉理论体系构建的影响》,《世界中西医结合杂志》2008年第2期。

～鞠煜洁:《论〈治疫全书〉的医学思想》,《长春中医药大学学报》2008年第1期。

崔为～:《陈修园著作真伪辨疑》,《辽宁中医杂志》2007年第12期。

鞠煜洁～:《论雷少逸时病辨治特色》,《长春中医药大学学报》2007年第5期。

～鞠煜洁:《李炳〈辨疫琐言〉医学思想探析》,《山西中医学院学报》2007年第3期。

陈凤芝～:《戴天章〈广瘟疫论〉治疗瘟疫方剂与药物的统计分析》,《长春中医药大学学报》2006年第3期。

岳冬辉～:《古代医著中防治温疫方剂的使用规律分析》,《中医药学刊》2006年第7期。

岳冬辉～:《〈伤寒温疫条辨〉诊治温疫的特点》,《吉林中医药》2006年第3期。

～岳冬辉:《余师愚〈疫疹一得〉论疫特色》,《上海中医药杂志》2006年第3期。

岳冬辉～:《吴有性〈温疫论〉浅析》,《长春中医学院学报》2006年第1期。

～岳冬辉等:《近十年温疫研究概述》,《长春中医学院学报》2005年第2期。

胡亚南～张焱等:《近十年气象与发病关系的研究概况》,《长春中医学院学报》2004年第3期。

《张介宾研究中医运气学的特点》,《吉林中医药》2003年第10期。

《〈内经〉运气相合理论及其意义探析》,《长春中医学院学报》2003年第3期。

王少丽～:《日本汉方医学的集大成者——森立之》,《医古文知识》2002年第4期。

《〈内经〉运气治则探析》,《长春中医学院学报》2002年第3期。

《〈内经〉医学物候学思想研究》,《长春中医学院学报》2002年第1、2期。

《〈内经〉物候学思想研究》,《中国中医基础医学杂志》2001年第10期。

～刘宏岩:《于鬯〈香草续校书·内经素问〉评介》,《长春中医学院学报》2000年第3期。

～刘宏岩:《论〈内经〉"司外揣内"的辩证法思想》,《长春中医学院学报》2000年第1期。

～刘宏岩、张文平:《试论〈内经〉中的"喘"》,《长春中医学院学报》1995年第4期。

～朱学顺:《浅谈〈内经〉的自然生命运动观》,《长春中医药大学学报》1993年第3期。

苏予辰（广州中医药大学）

《金元时期中医黄疸证治研究》,广州中医药大学硕士学位论文2016年。

苏渊雷

《中华民国红十字会大事年表初稿》,《红十字月刊》1946年第11、12期。

《中华民国红十字会简史》,《红十字月刊》1946年第12期。

苏智良（上海师范大学）

王莉娟～:《上海西门妇孺医院研究（1884—1952）》,《近代史学刊》第九辑（2012）。

《罂粟——由救命之药到夺命之毒》,《国学》2011 年第 4 期。

～刘效红:《中国禁毒先驱唐国安》,《徐州师范大学学报(哲学社会科学版)》2010 年第 1 期。

《一九〇九年上海万国禁烟会研究》,《历史研究》2009 年第 1 期。

～刘效红:《百年前的上海万国禁烟会议》,《百年潮》2009 年第 2 期。

熊月之～邵雍:《当代历史学家眼中的万国禁烟大会》,《社会观察》2009 年第 3 期。

苏志文(南京师范大学)

《美国"癫狂电影"研究》,南京师范大学硕士学位论文 2012 年。

苏中美(云南师范大学)

《伍尔夫的躁郁症对其文学创作的影响》,云南师范大学硕士学位论文 2019 年。

苏州医学与社会科学部

《中国近代掌管两所医院的女院长——何金英》,《中华医史杂志》2001 年第 2 期。

隋爱慈(《天津护理》编辑部)

姜月平～何冬丽等:《钟茂芳贡献及所译〈看护要义〉史料之考证》,《天津护理》2016 年第 3 期。

《天津护理教育创始人金韵梅女士诞辰 146 周年研讨会》,《天津护理》2010 年第 3 期。

姜月平～何冬丽等:《天津护士百年史研究初探》,《天津护理》2007 年第 5 期。

隋皓昀

《林可胜院士个人档案整理概述》,《近代中国史研究通讯》第 26 卷(1998)。

隋姝婷(黑龙江中医药大学)

《〈幼幼集成〉小儿病辨治特点研究》,黑龙江中医药大学硕士学位论文 2018 年。

隋婷婷(云南中医学院)

《〈金匮〉妇人三篇与昆明姚氏妇科流派学术相关性研究》,云南中医学院硕士学位论文 2016 年。

～王寅等:《文雅医高话姚派——文化视角下的云南姚氏医学流派》,《中医药文化》2015 年第 5 期。

隋学礼(北京航空航天大学)

《德国医保筹资制度的改革路径分析——基于人口老龄化和家庭政策视角》,《北京航空航天大学学报(社会科学版)》2016 年第 2 期。

《德国医保的特色——国家调控与市场化运行》,《北京航空航天大学学报(社会科学版)》2014 年第 3 期。

～付瑜:《可持续发展意义下德国社会医疗保障的特色及原则》,《理论界》2014 年第 3 期。

《德国医疗保险双轨制的产生、演变及发展趋势》,《德国研究》2012 年第 4 期。

《互助原则还是竞争机制? ——艰难的德国医疗制度改革》,《经济社会体制比较》2012 年第 4 期。

孙帮俊(黑龙江科技大学)

《从国家到市场:罗马尼亚医疗保障制度的改革》,《经济研究导刊》2015 年第 8 期。

孙宝新(中央民族大学/曲阜师范大学)

《孤岛时期〈申报〉药品广告中的异形词研究》,《唐山师范学院学报》2018 年第 5 期。

《孤岛时期〈申报〉药品广告代词"之"的三个平面研究》,《河北民族师范学院学报》2018 年第 2 期。

《孤岛时期〈申报〉药品广告俗语研究》,《安庆师范大学学报(社会科学版)》2017 年第 1 期。

《孤岛时期〈申报〉药品广告"之"字分析》,《唐山师范学院学报》2017 年第 1 期。

《孤岛时期〈申报〉医药类广告标题句法分析》,《潍坊工程职业学院学报》2016 年第 3 期。

孙冰(华南理工大学)

《广东省医院建筑发展研究(1835年至今)》,华南理工大学博士学位论文2018年。

～张春阳:《改革开放后广东省医院建筑设计初探(1979年—1999年)》,《华中建筑》2017年第5期。

张春阳～:《广州近代医院建筑发展研究初探》,《南方建筑》2017年第1期。

～张春阳:《1949年—1978年间广州医院建筑设计初探》,《华中建筑》2016年第5期。

孙彩霞(河南大学)

《余华〈西北风呼啸的中午〉与卡夫卡〈乡村医生〉的比较研究》,《中州大学学报》2006年第1期。

《〈鼠疫〉中的神学与理智主义》,《郑州轻工业学院学报(社会科学版)》2006年第2期。

《宗教精神的失落——谈〈乡村医生〉反讽〈圣经〉的主题》,《外国文学研究》2000年第3期。

孙长学

～马俊如:《剖宫产史话》,《中华医史杂志》2002年第2期。

孙超(安徽中医学院)

《医患关系的为人指向》,《科学技术与辩证法》2004年第2期。

《多元医学存在的人文基础和哲学基础——从医学中唯科学主义谈起》,《医学与哲学》2003年第4期。

《传统医德规范对医患关系研究的启示》,《南京中医药大学学报(社会科学版)》2003年第4期。

《中西医交流史研究中的一点启示》,《南京中医药大学学报(社会科学版)》2003年第1期。

《医学的人文与人文的医学》,《卫生软科学》2003年第1期。

孙超(北京中医药大学)

《汪机与孙一奎温补学术思想的比较》,北京中医药大学硕士学位论文2012年。

孙超(南开大学)

《浅析20世纪初美国联邦〈纯净食品与药品法〉出台的历史背景》,《西南大学学报(社会科学版)》2008年第6期。

孙从钦

《我国古时理学疗法考》,《医药话》1921年第1期。

孙达(苏州大学)

《不为良相 则为良医——明代苏州盛氏儒医世家研究》,《苏州教育学院学报》2011年第5期。

孙大明(华东政法大学)

《我国古代司法鉴定制度考论》,华东政法学院硕士学位论文2006年。

孙达武(湖南中医药大学第二附属医院/长沙市中医医院)

李益亮、孙绍裘～:《湖湘张氏正骨流派传承及学术思想概述》,《中医药导报》2016年第15期。

～孙绍裘:《略述武术与伤科的历史渊源》,《中医药导报》2015年第8期。

～孙绍裘:《湖南张氏骨伤流派的指导思想》,《中医药导报》2014年第8期。

《"上工治未病"浅识》,《中医药导报》2008年第9期。

《论王清任对活血化瘀的贡献》,《中医药导报》2006年第9期。

《伤科学派简论》,《湖南中医杂志》1991年第2期。

孙丹阳(上海交通大学)

《20世纪以来心理治疗视域下信念修正的理论演变与实践发展》,上海交通大学博士学位论文

2019 年。

～李侠:《积极精神病学思想内涵与实践价值管窥》,《湘潭大学学报(哲学社会科学版)》2019 年第 3 期。

～李侠:《我国精神卫生工作的社会史考察——前提、现状与社会认知》,《延安大学学报(社会科学版)》2018 年第 2 期。

～李侠:《认知治疗的哲学基础研究——信念修正的可行性分析》,《安徽大学学报(哲学社会科学版)》2016 年第 2 期。

～孟维杰:《论心理学的人文精神》,《心理研究》2013 年第 6 期。

孙德利(上海市针灸经络研究所)

～陈汉平等:《经学学风对中医的影响》,《浙江中医学院学报》1998 年第 2 期。

孙德祥

《解放前上海西药行业的历史特点》,《上海经济研究》1983 年第 2 期。

孙东波(红河学院)

《个旧市区产妇"坐月子"的饮食习俗考究——医学人类学的视角》,《南宁职业技术学院学报》2011 年第 5 期。

孙东悦(首都医科大学)

～王晓燕:《赤脚医生时期的管理制度对当前农村卫生人才管理的启示》,《全国全科医学》2011 年第 7 期。

孙东洲

《十九世纪医界与科学界伟人传略》,《诊疗医报》1934 年第 3 期。

孙凡(苏州大学)

《美国、印度及中国药品产业政策比较研究——专利法视角》,苏州大学硕士学位论文 2004 年。

～孙国平:《发展中国家药品平行进口和药品可及性问题初探》,《世界贸易组织动态与研究》2003 年第 11 期/《法律与医学杂志》2004 年第 1 期。

孙繁祜(北京医科大学)

《我国整形外科溯源及其早年发展概况》,《中华医史杂志》2000 年第 3 期。

孙方成(济宁市人民医院)

《祖国医学在儿科诊断上的发展概况》,《山东医刊》1958 年第 7 期。

《祖国医学中的瘰疬》,《中医杂志》1956 年第 7 期。

《祖国医学历代纪录结核病的概况》,《中医杂志》1955 年第 9 期。

孙非(美国洛杉矶东国大学/北京中医药大学)

《论干支纪年与〈素问〉"七篇大论"的写作时代》,《中华医史杂志》2010 年第 4 期。

～张其成:《〈素问·六节藏象论〉写作年代考释》,《中国中医基础医学杂志》2008 年第 5 期。

～张其成:《论寅正与〈黄帝内经〉成书年代》,《中华医史杂志》2008 年第 4 期。

《〈黄帝内经〉年代学研究》,北京中医药大学博士学位论文 2007 年。

孙菲(黑龙江大学)

《医学背景下的文学之路——论中国现当代作家的医学经历对其文学创作的影响》,黑龙江大学硕士学位论文 2007 年。

孙凤英（河北大学）

《中西医药研究社研究》，河北大学硕士学位论文 2017 年。

孙溥泉（陕西中医学院）

《回顾我从事医学伦理学研究工作的经历（1976—1992）》，《中国医学伦理学》2009 年第 4 期。

～李恩昌等：《清代名医的医德》，《中国医学伦理学》2008 年第 6 期；2009 年第 1 期。

张濑月～孙健慧：《中医不能治急性病吗？——请看清代浙江治"霍乱"名医王士雄》，《江西中医药》2007 年第 6 期。

《中医学中道德致病与医病》，《中国医学伦理学》1992 年第 3 期。

《孙思邈医德形成的历史条件与渊源》，《中国医学伦理学》1991 年第 1 期。

《王清任的医德思想初探》，《中国医学伦理学》1990 年第 4 期。

《李时珍是怎样对待古代药物学著作中的错误与缺点》，《陕西中医学院学报》1988 年第 3 期。

《东汉长安民间药物学家韩康》，《陕西中医函授》1987 年第 5 期。

《略谈形神理论与健康长寿》，《内蒙古中医药》1987 年第 4 期。

《关于华佗的生卒年代的讨论进展》，《陕西中医学院学报》1986 年第 3 期。

《古人谈道德与长寿》，《道德与文明》1986 年第 3 期。

《试论古代中医对临床思维中某些偏见与错误的批评》，《中国社会医学》1986 年第 3 期。

《社会医学中一种研究多年但尚无定论的症状——"同性恋"》，《中国社会医学》1986 年第 1 期。

《我国最早的制药化学——"五毒"药初探》，《中医药学报》1985 年第 5 期。

《社会环境与疾病》，《中国社会医学》1985 年第 2 期。

《诺贝尔生理学和医学奖获得者的研究方法》，《西安交通大学学报（医学版）》1984 年第 3 期。

《服石、割股的历史教训》，《陕西中医学院学报》1984 年第 3、4 期。

《〈名医别录〉的编纂者不是陶弘景》，《中医药学报》1984 年第 2 期。

《古代中医文献中的避讳》，《山东中医学院学报》1983 年第 4 期。

《自学成才的清代医家——魏之琇》，《陕西中医函授》1983 年第 1 期。

～邓平修：《试述孙思邈的哲学思想》，《医学与哲学》1982 年第 9 期。

《我国古代医家关于心理治疗的理论与实践》，《医学与哲学》1982 年第 7 期。

《〈周易〉对孙思邈〈千金方〉学术思想的影响》，《陕西中医学院学报》1982 年第 3 期。

《孙思邈的医学鳞爪》，《江苏中医杂志》1981 年第 6 期。

《历代关于〈千金方〉方剂的应用——纪念孙思邈诞生 1400 周年》，《中医药学报》1981 年第 4 期。

《我国古代医家医学伦理思想及其实践》，《医学与哲学》1981 年第 2 期。

《巢元方及其〈诸病源候论〉》，《陕西中医》1981 年第 1 期。

《王焘及其〈外台秘要〉》，《成都中医学院学报》1980（5、6）

《我国医史上最早的"超感人"——扁鹊和文挚》，《陕西中医学院学报》1980 年第 4 期。

《我国古代医家的救死扶伤精神与高尚的医疗作风》，《陕西中医学院学报》1980 年第 3 期。

《祖国医学中的辩证法思想》，《陕西中医学院学报》1979 年第 3 期。

～廖于衡：《从控制论看祖国医学理论的形成》，《陕西新医药》1979 年第 4 期。

孙关龙（中国大百科全书出版社）

《中国历史大疫的时空分布及其规律研究》，《地域研究与开发》2004 年第 6 期。

《中国历史上的大疫及其防治》，《光明日报》2003 年 7 月 8 日。

《中国古代自然灾异动态分析——大疫》,宋正海等主编《中国古代自然灾异动态分析》(合肥:安徽教育出版社 2002 年)。

《从人痘法到牛痘法——中国为全世界消灭天花所做的贡献》,《固原师专学报》2002 年第 2 期。

《试论中国人身高的地域差异》,《地理科学》1988 年第 3 期。

孙广仁(山东中医药大学)

李爱民～《浅析道家思想与养生》,《浙江中医药大学学报》2014 年第 4 期。

鲁士友～《病机的恒动性与病机演变的研究》,《中国中医药现代远程教育》2013 年第 8 期。

孙灵通～《太少阴阳与三阴三阳思维模式比较》,《安徽中医学院学报》2013 年第 6 期。

刘瀚阳～扈培增:《河图五行模式及其在〈伤寒杂病论〉中的应用》,《山东中医药大学学报》2011 年第 2 期。

刘瀚阳～:《〈内经〉中两种五行模式源流浅探》,《中医药学报》2010 年第 5 期。

～高博:《〈内经〉的河图五行模式及几个相关问题的解析》,《中华中医药学刊》2009 年第 11 期。

毛帅～:《浅议古代文献中的肝气虚证》,《中共中医基础医学杂志》2009 年第 10 期。

徐宁～:《浅析〈内经〉中的"脉气""经气""络气"及几个相关问题》,《光明中医》2009 年第 9 期。

徐宁～:《浅析〈内经〉中"真气"的含义》,《湖南中医杂志》2009 年第 5 期。

巩会利～:《滋阴的理论渊源及其临床应用初探》,《天津中医药》2009 年第 1 期。

《〈内经〉中有关精气理论的几个核心概念的辨析》,《北京中医药大学学报》2007 年第 4 期。

方亚利～:《〈内经〉中"阴阳"语义解析》,《山东中医药大学学报》2007 年第 3 期。

毕鸿雁～:《用发生学方法探讨命门的演生轨迹》,《中医药学刊》2006 年第 8 期。

徐宁～:《〈内经〉中精气的含义及相互关系》,《山东中医药大学学报》2006 年第 6 期。

孙宝义～:《〈伤寒论〉四时大法及其证治理论体系初探》,《浙江中医药大学学报》2006 年第 5 期。

《道家的崇阴思想对中医藏象和养生理论的影响》,《南京中医药大学学报(社会科学版)》2006 年第 4 期。

～高博:《〈内经〉中营气、卫气概念及相关的几个问题》,《山东中医药大学学报》2006 年第 1 期。

《〈内经〉中气虚的概念及相关的几个问题》,《山东中医药大学学报》2005 年第 5 期。

《〈内经〉中阳虚的概念及相关的几个问题》,《山东中医药大学学报》2005 年第 4 期。

《〈内经〉中阴虚的概念及相关的几个问题》,《山东中医药大学学报》2005 年第 3 期。

《〈内经〉中阳气的概念及相关的几个问题》,《山东中医药大学学报》2005 年第 2 期。

《〈内经〉的阴虚气虚概念及相关的几个问题探析》,《中医药学刊》2005 年第 2 期。

《〈内经〉中阴气的概念及相关的几个问题》,《山东中医药大学学报》2005 年第 1 期。

《〈内经〉阴气概念及相关的几个问题考辨》,《中医药学刊》2005 年第 1 期。

臧笑薇～:《道家思想对中医学理论发展的影响源流考》,《中医药学刊》2004 年第 8 期。

～王洪武:《古代崇阴尊阳思想对中医理论的影响》,《山西中医学院学报》2002 年第 4 期。

《〈周易〉阴阳气论对中医学藏象理论的影响》,《南京中医药大学学报(社会科学版)》2004 年第 2 期。

《古代哲学的气化学说与中医学的气化理论》,《浙江中医学院学报》2001 年第 5 期。

《〈内经〉中脏气的概念及相关的几个问题》,《山东中医药大学学报》2001 年第 4 期。

《中国古代哲学精气学说对中医学精气生命理论的影响》,《福建中医药》2001 年第 1 期。

《论气分阴阳对中医学气学理论的影响》,《南京中医药大学学报(社会科学版)》2001 年第 1 期。

《〈内经〉中两种不同学科范畴的生命本原说》,《陕西中医学院学报》2001 年第 1 期。

《〈内经〉中精、精气的涵义及几个相关问题》,《山东中医药大学学报》1998 年第 5 期。

《精气的概念、源流及结构浅识》,《山东中医药大学学报》1997 年第 5 期。

《藏象的概念及其生成之源》,《中医研究》1997 年第 5 期。

《精气考辨》,《北京中医药大学学报》1997 年第 4 期。

《中医精气学说与哲学精气学说的源流》,《中国医药学报》1997 年第 3 期。

孙光荣(北京中医药大学)

《中医药传承与现代化:一心二守三传四新》,《中医药通报》2019 年第 2 期。

《习近平发展中医药思想基本内涵解读》,《中医药通报》2018 年第 1 期。

刘应科～:《中医临证四大核心理念之制宜观》,《湖南中医药大学学报》2016 年第 11 期。

《刘应科～:《中医临证四大核心理念之中和观》,《湖南中医药大学学报》2016 年第 9 期。

刘应科～:《中医临证四大核心理念之未病观》,《湖南中医药大学学报》2016 年第 7 期。

刘应科～:《中医临证四大核心理念之整体观》,《湖南中医药大学学报》2016 年第 5 期。

《中医药学传承的内涵外延与路径》,《中医药通报》2016 年第 4 期。

《臧镭镭、张丽君～:《从〈不居集〉看易学对中医的影响》,《环球中医药》2016 年第 2 期。

刘应科～:《形神是中医辨证要素的首要元素——中医辨证常用 20 个基本要素与形神的关系》,《湖南中医药大学学报》2016 年第 1 期。

《中医药创新切勿循"以西律中"之路》,《中医药通报》2015 年第 6 期。

《继承创新是提升中医药服务能力的根本方略——学习习总书记论述中医精髓 推动中医药继承与创新》,《中医药通报》2015 年第 4 期。

《习近平总书记熔铸中医观以提高改革决策之科学性》,《中医药通报》2015 年第 1 期。

《习近平总书记重要讲话熔铸中医观之辑释——关于中医药学在中华文化复兴和国际交流合作中的重要地位、意义与作用》,《中医药通报》2014 年第 5、6 期。

邱德亮～:《中医当自强——兼论实现中医梦的理念与路径选择》,《中国中医药现代远程教育》2014 年第 3 期。

《共谋大中医战略 走上大发展轨道》,《中国中医药现代远程教育》2014 年第 3 期。

杨建宇……刘应科～:《白云阁藏本〈伤寒杂病论〉"温病脉证并治"篇精读》,《中国中医药现代远程教育》2014 年第 1 期。

～李彦知等:《华佗〈中藏经〉校注后记》,《中国中医药现代远程教育》2012 年第 24 期。

李彦知……杨建宇～:《华佗〈中藏经〉精读》,《中国中医药现代远程教育》2012 年第 2、3、4、5、6、7、8、9、10、11、12、13、14、15、16、17、18、19、20、21、22、23 期。

～邱德亮:《做中医人"立中医心"践中医行——中医药文化建设的目标、价值与要求》,《中医药文化》2012 年第 1 期。

《华佗〈中藏经〉导读 揩拭尘封明珠 解读医家宝典——试析〈中藏经〉其书与其学术经验》,《中国中医药现代远程教育》2012 年第 1 期。

朱庆文、杨建宇～:《〈中藏经〉脉学理论探析》,《中国中医药现代远程教育》2012 年第 1 期。

《中医药文化传承与发展战略的思考》,《中国中医药现代远程教育》2005 年第 10 期。

孙桂娟（黑龙江省革命博物馆）

《略论侵华日军与化学武器》,《北方文物》1995 年第 3 期。

孙桂毓

《元明医家倪维德及其眼科巨著原机启微简介》,《中华眼科杂志》1958 年第 1 期。

孙海芳（商丘师范学院）

《论新时期女性文学对疾病主题的表现》,《河南社会科学》2005 年第 5 期。

孙海舒（中国中医科学院）

徐丽丽、孙晓峰～王映辉等:《基于古代文献的防治眼病中医导引概述》,《中国中医药图书情报杂志》2019 年第 5 期。

杨克卫……王朝辉～:《〈中国中医古籍总目〉未载民国针灸文献述略》,《中医药文化》2017 年第 1 期。

《〈针灸学〉知识体系研究》,中国中医科学院博士学位论文 2016 年。

姜姗～张华敏:《〈新刻幼科百效全书〉及其小儿杂症推拿治疗》,《广州中医药大学学报》2015 年第 6 期。

孟凡红……牛亚华～李敬华:《中医古籍分类体系及其演变》,《中华医学图书馆情报杂志》2015 年第 9 期。

～孟凡红等:《由〈中国针灸学〉分析承淡安针灸教育思想》,《针刺研究》2014 年第 5 期。

孙海媛（河南中医药大学/河南中医学院）

《〈傅青主女科〉的社会文化基础》,河南中医药大学硕士学位论文 2016 年。

～贾成祥:《唐代"文士知医"的社会根源》,《中医学报》2015 年第 2 期。

孙红昺（中山医学院）

《研究医学史必须实事求是地对待史料——对〈曹操兵败赤壁与血吸虫关系之探讨〉的商榷》,《新医学》1981 年第 11 期。

孙洪波（中国社会科学院）

《古巴的医疗外交》,《拉丁美洲》2007 年第 5 期。

孙洪军（江苏科技大学）

《论甲午战争中清军的战地救护》,《江苏科技大学学报(社会科学版)》2009 年第 3 期。

孙洪生（河北北方学院/北京中医药大学/张家口医学院）

王莹、张维西～:《略论李时珍〈本草纲目〉对不寐病证认识的贡献》,《时珍国医国药》2012 年第 7 期。

王莹……李永民～:《汪文绮〈杂症会心录〉失眠辨治特色》,《中国中医基础医学杂志》2012 年第 6 期。

～杨洁:《汉唐时期神志主导睡眠理论对不寐辨治的影响》,《时珍国医国药》2009 年第 1 期。

～张永鹏:《古代医家对不寐证的治法特点析要》,《江苏中医药》2008 年第 10 期。

～严季澜、李永民:《曹庭栋〈老老恒言〉与失眠症的防治》,《中国中医基础医学杂志》2006 年第 11 期。

《不寐病证的文献研究与学术源流探讨》,北京中医药大学博士学位论文 2006 年。

～严季澜:《〈伤寒论〉不寐类病证论治发微》,《北京中医药大学学报》2006 年第 9 期。

～严季澜:《〈金匮要略〉不寐病证述要》,《时珍国医国药》2005 年第 3 期。

～严季澜：《从"四时五脏阴阳"观看〈内经〉的睡眠理论》，《北京中医药大学学报》2005 年第 1 期。

～严季澜：《不寐病名考略》，《中华医史杂志》2004 年第 4 期。

～李永民：《子和补意推原》，《张家口医学院学报》2003 年第 6 期。

～《〈黄帝内经〉灸法辨析》，《天津中医学院学报》1994 年第 4 期。

任启瑞～：《古代人口控制伦理思想浅议》，《中国医学伦理学》1993 年第 1 期。

孙华彬（黑龙江中医药大学）

《养阴清热法治疗月经病的文献研究》，黑龙江中医药大学硕士学位论文 2016 年。

孙会（河北师范大学）

～宋维山：《解读近代报纸中的医药广告——以〈申报〉为例》，《时代文学（下半月）》2008 年第 3 期。

～张润泽：《〈大公报〉中的医药广告与近代社会》，《廊坊师范学院学报（社会科学版）》2008 年第 3 期。

孙辉（湖北中医药大学）

～于磊等：《〈伤寒例〉管窥》，《南京中医药大学学报》2008 年第 5 期。

孙慧娟（云南师范大学）

《20 世纪 30、40 年代昆明城市公共卫生研究》，云南师范大学硕士学位论文 2018 年。

孙惠玲（上海师范大学）

《萨满医术的文化人类学解读——以纪录片〈远山远处〉为例》，《湖北函授大学学报》2015 年第 24 期。

孙慧明（山东中医药大学）

～李成华等：《中医学术流派的社会功能》，《中国中医基础医学杂志》2019 年第 9 期。

张昕……魏本征～：《国医大师张灿玾学术思想探讨》，《中医文献杂志》2017 年第 5 期。

～李成华等：《齐鲁医派的学术特色及传承方法探析》，《中医杂志》2016 年第 10 期。

李成华～张庆祥：《基于阴阳隐喻认知的〈内经〉脏腑藏泻理论诠释》，《长春中医药大学学报》2016 年第 6 期。

李成华～张庆祥：《藏象术语的隐喻认知研究》，《中华中医药杂志》2015 年第 6 期。

《当代中医学术流派传承研究》，山东中医药大学博士学位论文 2015 年。

～张丰聪等：《试论齐文化对齐派医学形成的影响》，《中医杂志》2014 年第 6 期。

～李成华：《扁鹊、仓公医学贡献研究》，《山东中医药大学学报》2014 年第 5 期。

孙基然（日本吉备国际大学）

～刘洋等：《"膀胱"与"胞"、"津液"与"尿"及相关诸问题》，《中华医史杂志》2017 年第 5 期。

《〈五十二病方〉"𧏾"及相关诸问题》，《中华医史杂志》2017 年第 2 期。

《"（痎）"与"厥阴"雏形续考》，《中华医史杂志》2016 年第 2 期。

《〈五十二病方〉"蘠（禾贵）"、"隋（月最）"考论》，《中华医史杂志》2014 年第 4 期。

《从〈黄帝内经太素〉九宫八风图看人体外周划分思想的形成》，《中华医史杂志》2011 年第 6 期。

～刘洋等：《唐以前"牡痔、牝痔"病名考》，《中华医史杂志》2011 年第 1 期。

《"太一"与"招摇"关系考》，《中华医史杂志》2010 年第 2 期。

孙家山

《关于"神农本草经"的几个问题》，《上海中医药杂志》1958 年第 2 期。

孙捷（台州市博爱医院）

～王西迅等：《越南的传统医学》,《国外医学（中医中药分册）》2004 年第 4 期。

～崔永峰：《缅甸的传统医学》,《国外医学（中医中药分册）》2004 年第 3 期。

孙杰娜（武汉大学）

《情动研究视野下的当代美国医生书写》,《社会科学研究》2017 年第 4 期。

《异托邦中的乌托邦：当代美国医生书写中的空间叙事》,《社会科学研究》2016 年第 1 期。

～朱宾忠：《评当代美国医生书写的三种叙事类型》,《武汉大学学报（人文科学版）》2015 年第 6 期。

《论当代美国文学与医学的跨界融合》,《医学与哲学（A）》2015 年第 9 期。

《佛吉斯回忆录〈我的国家〉里的艾滋病叙事》,《外国文学动态研究》2015 年第 4 期。

《在边缘上写作——当代美国医生作家评介》,《外国文学动态》2014 年第 2 期。

孙洁茹（辽宁大学）

《瑞典社会保障制度研究》,辽宁大学硕士学位论文 2015 年。

孙金菊（兰州大学）

～谢冰雪：《回族妇女疾病治疗的场景仪式解析——甘肃临夏回族自治州的田野调查》,《云南民族大学学报（哲学社会科学版）》2017 年第 3 期。

《乡村回族妇女疾病与健康的人类学研究——以下阴洼村为例》,兰州大学博士学位论文 2011 年。

《回族妇女“病患”行为研究——以甘肃临夏回族自治州回族妇女“病患”行为为例》,《妇女研究论丛》2009 年第 4 期。

徐黎丽～：《穆斯林妇女疾病和健康的人类学考察——以甘肃临夏回族自治州某村庄为例》,《中南民族大学学报（人文社会科学版）》2009 年第 4 期。

《巫术、理性与精神病的治疗》,《湖南医科大学学报（社会科学版）》2009 年第 2 期。

孙婧（南京医科大学附属脑科医院）

～管青山等：《期刊史视角下的近代医学期刊研究》,《东南传播》2019 年第 2 期。

孙晶（武汉大学）

《艾滋病报道的烙印与去烙印化对策》,《新闻战线》2009 年第 2 期。

《健康传播：模式与启示》,《新闻前哨》2007 年第 4 期。

《美国健康传播研究评析》,武汉大学硕士学位论文 2005 年。

孙菊（武汉大学）

～陈致勃：《法国低收入人群医疗保障制度及经验启示》,《中国卫生经济》2017 年第 9 期。

薛秋霁～姚强：《全民医保下的医疗救助模式研究——英国、澳大利亚、德国的经验及启示》,《卫生经济研究》2017 年第 2 期。

～甘银燕：《慈善医疗救助发展的现状、问题与对策》,《社会保障研究》2015 年第 2 期。

孙娟（河北大学）

～吴百欣：《跨越边界：公共卫生史研究的新视角——评〈近代科学社团与中国的公共卫生事业〉》,《法制与社会》2016 年第 18 期。

《多面的疾病——评〈麻风：一种疾病的医疗社会史〉》,《黑河学刊》2016 年第 4 期。

孙娟娟（中国人民大学）

《英国食品安全规制：昨天、今天和明天》,《中国人大》2017 年第 21 期。

孙娟娟（中国中医科学院）

《10 种中药材道地产地的本草文献研究》，中国中医科学院硕士学位论文 2010 年。

孙克基

《分娩受染病学说之沿革》，《中华医学杂志》1934 年第 4 期。

孙逵方

～张养吾：《中国法医学史》，《法医学季刊》1936 年第 1 期。

孙蕾（河南省文物考古研究院）

～孙凯：《明代周懿王墓及祔葬墓人骨研究》，《华夏考古》2019 年第 2 期。

王一如……朱泓～：《河南安阳杨河固遗址东周墓葬出土人骨研究》，《江汉考古》2018 年第 6 期。

～樊温泉等：《新郑天利两周墓地居民牙齿磨耗及口腔健康状况研究》，《第四纪研究》2017 年第 4 期。

～杨树刚：《焦作温县南平皋遗址东周人骨研究》，《中原文物》2016 年第 2 期。

～朱泓：《郑州地区汉唐宋成年居民的身高研究》，《人类学学报》2015 年第 3 期。

～朱泓：《郑州地区汉唐宋时期居民死亡率的初步研究——以荥阳薛村遗址和新郑多处遗址为例》，《文物春秋》2014 年第 5 期。

《河南渑池笃忠遗址仰韶晚期出土的人骨骨病研究》，《人类学学报》2011 年第 1 期。

～武志江：《渑池笃忠遗址仰韶文化晚期人骨研究》，《华夏考古》2010 年第 3 期。

孙丽（南昌大学）

《两晋十六国时期疫情浅析》，《山东教育学院学报》2004 年第 2 期。

《魏晋南北朝疾疫研究》，南昌大学硕士学位论文 2005 年。

孙立峰（中国社会科学院）

《绝路诗人求生的幻境——白居易咏病诗的思想和艺术价值》，《学习与探索》1994 年第 4 期。

孙黎明（中南大学）

《1917—1918 年鼠疫流行与政府应对——以华北地区为例》，《学理论》2018 年第 1 期。

《防疫与主权：1917—1918 年鼠疫流行与北洋政府应对策略》，《唐山师范学院学报》2017 年第 6 期。

孙丽娜（辽宁中医学院附属医院）

《杨继洲针灸医案特色考辨》，《中医药学刊》2005 年第 12 期。

孙立亭（淄博市中心医院）

～王少玲：《从养生思想看〈素问〉对〈老子〉的继承》，《光明中医》2011 年第 6 期。

《扁鹊诊病方法再议》，《管子学刊》2007 年第 2 期。

《扁鹊医疗实践的几个问题》，《管子学刊》1998 年第 4 期。

《从"诊籍"看淳于意病因及卫生思想》，《管子学刊》1997 年第 2 期。

《"不时御神"释义管见》，《中医文献杂志》1997 年第 1 期。

《〈管子〉养生思想钩沉》，《管子学刊》1993 年第 4 期。

孙立文（辽宁中医学院）

《论明清时期瘟疫病因学及其成就》，辽宁中医学院硕士学位论文 2002 年。

孙利祥（江西中医学院）

～陈宝国：《薛生白〈湿热论〉用药思路浅析》，《江西中医药》2012 年第 3 期。

孙丽蕴（首都医科大学附属北京中医医院）

覃叶萍～:《中医古代文献对于热疮的病名释义及治疗述要》,《中医药导报》2019 年第 19 期。

李跃～:《中医古代文献对紫白癜风（花斑癣）的病名释义及治疗述要》,《中医文献杂志》2019 年第 2 期。

张伟姝……刘久利～:《关于银屑病（白疕）古代文献的浅述》,《中医药导报》2019 年第 1 期。

郑胜～:《基于中医古籍文献的湿疹病名及鉴别》,《中华中医药杂志》2018 年第 12 期。

郑胜～:《湿疹在中医经典古籍中的病因病机及辨证论治阐释》,《中国中西医结合皮肤性病学杂志》2018 年第 6 期。

蒋岚～:《润肌膏的演变在中医古籍外用制剂中的规律研究》,《东南大学学报（医学版）》2018 年第 1 期。

廖明志～:《中医古代文献对于蛇身（鱼鳞病）的病名释义及治疗述要》,《中华中医药杂志》2015 年第 3 期。

～徐旭英:《〈内经〉与医学心理学》,《北京中医》2006 年第 1 期。

孙凌晨（吉林大学）

《唐代外丹文献与化学发展》,吉林大学硕士学位论文 2008 年。

孙灵芝（北京中医药大学/中国中医科学院/黑龙江中医药大学）

《中日蒙求类医学古籍的研究》,《医学与哲学》2019 年第 23 期。

《古代地方志里中医药文化资源研究》,《中国医药导报》2019 年第 13 期。

～农汉才等:《时逸人〈黄帝内经〉研究》,《中国中医基础医学杂志》2019 年第 4 期。

汤巧玲～宋佳等:《从后世各家医案探讨〈内经〉教学方法》,《中国中医药现代远程教育》2018 年第 22 期。

《至味不可名 何止甘如饴——地黄的故事》,《中国医学人文》2018 年第 7 期。

俞仪萱……吕晓雪～:《金颜香的本草名物考证研究》,《中国现代应用药学》2018 年第 6 期。

《中医古籍伪书研究》,《中医文献杂志》2018 年第 2 期。

梁竣……孙磊～:《论中医心学》,《中华中医药杂志》2018 年第 2 期。

～周立群:《〈黄帝外经〉研究现状》,《西部中医药》2017 年第 10 期。

《明清传教士与中国本草学》,《宗教与历史》2017 年第 1 期。

《秘鲁香胶名称的历史源流考》,《中医药文化》2016 年第 4 期。

～梁峻:《明清芳香药防治疫病的现代启示》,《中华中医药杂志》2015 年第 12 期。

～王国为等:《谢仲墨及其中医古籍辨伪工作考》,《中医文献杂志》2015 年第 5 期。

《外来芳香本草与医学经典的调适——以明朝〈本草纲目〉芳草、香木类药物为例》,《西部中医药》2015 年第 3 期。

《论民族香药的研究》,《中国民族民间医药》2015 年第 4 期。

《明清香药史研究》,中国中医科学院博士学位论文 2015 年。

～王国为等:《卜弥格〈单味药〉的本草学思想研究》,《中国中医基础医学杂志》2014 年第 5 期。

～王国为等:《卜弥格与中国本草学西传》,《医学与哲学（A）》2014 年第 4 期。

郑蓉～张磊:《关于扶持和发展民族医药研究的思路和方法》,《中央民族大学学报（自然科学版）》2013 年第 3 期。

～程伟:《可视的舒事:身体技术的图像证词》,《医学与哲学(A)》2012年第7期。

～程伟:《略论中医养生古籍著作中的身体相关图像》,《中医文献杂志》2012(2、3)

《身体内求之道——中国心理养生思想简史》,黑龙江中医药大学硕士学位论文2012年。

姜连堃～程伟:《从话语权的争夺透视近代中西医之争》,《西部中医药》2011年第7期。

孙隆椿(中华人民共和国卫生部)

～吴崇其等:《21世纪初卫生立法面临的新任务》,《医学与哲学》2000年第1期。

《在庆祝中华医学会成立80周年大会上的讲话》,《中华医学信息导报》1995年第24期。

《一切为了人民的健康》,《人民论坛》1995年第10期。

《深入、系统地研究毛泽东卫生思想探索具有中国特色的社会主义卫生事业的发展道路》,《医学与社会》1995年第4期。

孙孟章(河北省肥乡县天台山镇天台山村卫生所)

《窦汉卿师承与传人考略》,《中华医史杂志》2011年第2期。

孙旻亨(北京中医药大学)

《先秦诸子理论对〈内经〉养生理论形成的影响研究》,北京中医药大学硕士学位论文2012年。

孙铭(成都中医药大学)

《印度阿育吠陀与中国传统医学的药物制剂对比研究》,成都中医药大学硕士学位论文2019年。

孙明德(南京军区南京总医院)

～钱雪梅:《建国前我军护理发展简史》,《中华医史杂志》1997年第4期。

孙沐寒(广东省计划生育委员会)

《中国第一次节育高潮及其历史评价》,《中国人口科学》1992年第6期。

《中国计划生育史分期问题研究》,《中国人口科学》1992年第2期。

《九十年代的奋斗纲领——对中央、国务院关于加强计划生育工作严格控制人口增长的决定的理解》,《南方人口》1992年第1期。

《试论计划生育与性教育》,《南方人口》1989年第3期。

孙慕义(东南大学/南京铁道医学院)

范瑞平……王庆节～丛亚丽等:《伦理原则主义:不同的观点》,《中国医学伦理学》2019年第5期。

《行在世纪的脊背上——追记以"真全生活"为终极目的的伟大智者:祁斯特拉姆·恩格尔哈特》,《医学与哲学(A)》2018年第10期。

《对俗成生命伦理学原则的质疑与修正》,《医学与哲学(A)》2015年第9期。

《生命伦理学后现代终结辩辞及其整全性道德哲学基础》,《东南大学学报(哲学社会科学版)》2015年第5期。

《知情同意律令及其道德哲学的重新注释》,《医学与哲学(A)》2013年第11期。

《对医患纠纷暴力事件的几点看法》,《南京医科大学学报(社会科学版)》2013年第6期。

《生命伦理学 以圣言叙事与告诫 恩格尔哈特著〈基督教生命伦理学基础〉中文版译者序言》,《金陵神学志》2013年第1期。

《技术与重商主义医学的鬼魅性与后生命科学时代的信仰》,《医学与哲学(人文社会医学版)》2011年第8期。

郭玉宇～:《恩格尔哈特俗世生命伦理学思想之简评》,《道德与文明》2010年第6期。

《生命伦理学的精神历史、伦理地理以及历史哲学探析》,《医学与哲学(人文社会医学版)》2010年第 10 期。

《医学哲学与它的历史哲学命运——纪念广州医学辩证法讲习会召开 30 周年》,《医学与哲学(人文社会医学版)》2009 年第 9 期。

郭玉宇~:《诺斯替主义对后现代生命伦理学兴起的启示》,《伦理学研究》2009 年第 4 期。

《宗教·生命科学·伦理——后现代基督教生命伦理学的话语逻辑:真福与圣言》,《中国医学人文评论》2008 年 00 期。

《生命 人类 伦理 爱——记南京生命伦理学暨老龄生命伦理学国际会议》,《国际学术动态》2008 年第 3 期。

张志斌~:《走向生命关爱的公正伦理——平价医院凸显医疗公正的伦理探析》,《医学教育探索》2007 年第 4 期。

张志斌~:《公正伦理视阈下的平价医院研究》,《中国医学伦理学》2007 年第 2 期。

《作为卫生法哲学的生命伦理学与医疗维权》,《中国医学伦理学》2007 年第 2 期。

赵金霞~:《史怀泽"敬畏生命"伦理思想初探》,《扬州职业大学学报》2006 年第 2 期。

黄功勤~:《后现代语境下医学语言的伦理解读》,《医学与哲学(人文社会医学版)》2006 年第 1 期。

《生命的核、质与根——性的哲学、伦理学与神学》,《医学与哲学》2005 年第 15 期。

王洪奇~:《机构伦理视野中的 KWG——被纳粹的罪扭曲了的科研机构》,《医学与哲学》2005 年第 15 期。

~程国斌:《卫生经济伦理学对医疗完全市场化的质疑》,《医学与哲学》2005 年第 9 期。

《当现代新教神学为生命伦理学产生的理论准备》,《医学与社会》2005 年第 5 期。

《汉语生命伦理学的后现代反省》,《自然辩证法研究》2005 年第 5 期。

《生命的科学、哲学与神学的后现代陈述——生命神学的基本问题》,《学海》2004 年第 5 期。

~万旭:《医学人文运动与知识考古——中国人文医学的战略与策略》,《医学与哲学》2003 年第 12 期。

刘虹~:《论准生命——寻找剖析生命伦理疑难问题的"奥卡姆剃刀"》,《医学与哲学》2003 年第 10 期。

《生命伦理与制度伦理冲突的终结——"非典"事件的伦理学审读》,《医学与哲学》2003 年第 6 期。

《集体的责任——中国当代医疗改革的责任伦理学剖析之二》,《医学与社会》2003 年第 5 期。

《中西宗教伦理学与医学伦理学会通和学术辩难》,《医学与社会》2003 年第 1 期。

《上帝之手——高道德风险的生命技术何以从伦理学与神学获得辩护》,《医学与哲学》2002 年第 9 期。

《论医学宽容——兼全球生命伦理是否可能》,《医学与哲学》2002 年第 6 期。

《政府与个人的责任——中国当代医疗改革的责任伦理学剖析》,《医学与哲学》2002 年第 5 期。

《医院伦理委员会的组织、功能与章程》,《中国医学伦理学》2002 年第 2 期。

林辉~:《医学人类学对卫生政策的作用和价值》,《医学与社会》2002 年第 1 期。

~林辉:《伦理人类学对当代中国卫生政策的指导价值》,《中国医学伦理学》2000 年第 6 期。

《放弃治疗与生命质量——对生命质量和"放弃"的求证》,《医学与哲学》2000 年第 6 期。

《〈现代卫生经济伦理学〉出版发行——一种对生命的守望与释读》,《中国医学伦理学》2000 年第 1 期。

《关于中国性学研究的若干思考》，《医学与社会》1998年第4期。

《开放的医学与开放的人——关于医学人文学术研究的若干问题》，《医学与哲学》1997年第10期。

《卫生经济伦理学及其当代语境和价值》，《医学与哲学》1997年第8期。

王骏～：《后现代医学文化对放射技师界的影响》，《实用医技杂志》1997年第6期。

王骏～：《后现代医学文化中放射技师的道德论衡》，《中国医学伦理学》1997年第5期。

《基督教文化与我国近代西方医学》，《医学与社会》1997年第4期。

《比较医学伦理学的宗教伦理学论纲》，《中国医学伦理学》1997年第2期。

～黄钢：《比较医学伦理学研究的宗教伦理学论纲》，《中国医学伦理学》1996年第4、5、6期。

《性神学的嬗变与后医学文化思潮》，《医学与哲学》1996年第4期。

《中国的生命神学及当代基督教伦理精神》，《中国医学伦理学》1996年第2期。

《二十一世纪的医学道德文化：爱、公正与责任》，《中国医学伦理学》1995年第2期。

《论神学与医学美学的冲突和协调》，《医学与哲学》1994年10月。

《分析的时代与时代的分析——医学伦理学93回顾》，《中国医学伦理学》1994年第1期。

《后现代生命神学与当代科学精神》，《中国医学伦理学》1993年第4期。

《人工授精法规中恪守秘密的原则》，《中国医学伦理学》1993年第1期。

～尹建芳：《我国器官移植技术发展的策略及构想》，《中国医学伦理学》1992年第4期。

《比较医学理论研究的策略与哲学问题》，《医学与哲学》1991年第5期。

孙宁霞（上海第二军医大学附属长征医院）

～赵凯：《英国全科医疗与初级保健制度初探》，《中华全科医学》2010年第12期。

孙培东（西南政法大学）

《我国艾滋病患者平等权法律保障机制研究》，西南政法大学硕士学位论文2011年。

孙平（北京师范大学）

《食品安全刑法保护问题研究——以法国相关立法为视角》，《刑法论丛》2013年第3期。

孙琦

《身体的争夺：1950年代后期的江南血吸虫病防治——以青浦县为中心》，《历史人类学学刊》第5卷第2期（2007.10）。

孙其斌（甘肃省中医院）

郑访江～张延昌等：《治未病思想在佛教医疗实践中的应用》，《中华中医药杂志》2018年第3期。

～何双全等：《敦煌、居延简牍中的丝路汉代戍边医学》，《敦煌研究》2017年第6期。

《从汉代敦煌、居延简牍看〈伤寒论〉的形成》，《西部中医药》2017年第4期。

《〈敦煌汉简〉与〈居延汉简〉医药简中的药物制度》，《西部中医药》2017年第3期。

《〈敦煌汉简〉与〈居延汉简〉医药简中的医务制度》，《中医文献杂志》2017年第2期。

～何双全：《〈敦煌汉简〉中的医药医务制度》，《西部中医药》2016年第11期。

《〈居延新简〉中的医药简析》，《中国中医药报》2016年9月29日004版。

《〈居延汉简〉中的屯戍医学》，《中国中医药报》2016年9月5日004版。

《〈敦煌汉简〉之医药简探析》，《中国中医药报》2016年8月1日004版。

《汉代居延简牍中的针灸疗法》，《中国中医药报》2016年5月27日004版。

～吕有强：《从〈敦煌汉简〉与〈武威汉代医简〉看两汉时期西北医学》，《西部中医药》2015年第9期。

～袁仁智:《敦煌汉简中的医药简探讨》,《西部中医药》2014 年第 11 期。

～杨瑞龙等:《从〈居延汉简〉、〈居延新简〉看〈伤寒论〉》,《甘肃中医》2006 年第 7 期。

张延昌～杨扶德等:《〈武威汉代医简〉与〈伤寒杂病论〉方药渊源》,《中华医史杂志》2006 年第 2 期。

～苏建兵:《〈居延新简〉中的医药简》,《甘肃中医》2002 年第 4 期。

～唐致霞:《〈武威汉代医简〉中的推拿手法》,《兰州医学院学报》2002 年第 2 期。

张定华～:《从〈武威汉简〉看仲景学说》,《甘肃中医》1996 年第 2 期。

《从"居延汉简"看〈伤寒论〉》,《甘肃中医》1993 年第 3 期。

～许福明:《〈居延汉简〉中的医务制度》,《中华医史杂志》1993 年第 2 期。

孙启明

《〈唐天宝单方药图〉的再发掘》,《中药材》2003 年第 5 期。

《苏颂外类药图辨认简释》,《中药材》2003 年第 3 期。

《三幅唐〈天宝单方药图〉考订》,《中药材》2002 年第 10 期。

《我国妊娠药忌的历史沿革与展望》,《医古文知识》2002 年第 2 期。

《〈马王堆医帛书〉中"人病马不痌"之"不"字谈》,《中华医史杂志》2001 年第 3 期。

《〈卫济宝书〉"痌"病考实》,《中华医史杂志》2001 年第 2 期。

《〈温病条辨〉阳明温毒杨梅疮病考实》,《中华医史杂志》1999 年第 3 期。

《〈五十二病方〉"麋芜本"别释》,《中华医史杂志》1997 年第 2 期。

《〈五十二病方〉鹊棠考辨》,《中华医史杂志》1995 年第 4 期。

《〈五十二病方〉偂与薛别释》,《中华医史杂志》1994 年第 3 期。

《李时珍对〈证类本草〉虾蟆条的综合治理》,《中华医史杂志》1991 年第 3 期。

《我国升药发展史略》,《中国药学杂志》1985 年第 5 期。

孙巧思(中国中医科学院)

《古代本草著作中延年药物的研究》,中国中医科学院博士学位论文 2017 年。

～胡晓峰:《〈神农本草经〉中的延年药浅析》,《中华医史杂志》2017 年第 2 期。

～胡晓峰:《全国首届西医离职学习中医研究班》,《中华医史杂志》2015 年第 6 期。

孙清伟(中国中医科学院)

～周鸯:《安徽亳州中药材专业市场的调查研究》,《中国中医药现代远程教育》2019 年第 21 期。

～肖永芝:《日本药学古籍〈本草纲目钧衡〉探析》,《北京中医药大学学报》2019 年第 9 期。

杜凤娟、肖永芝～:《日本医书〈沟断〉小考》,《山东中医药大学学报》2018 年第 4 期。

《中国中医科学院主要机构沿革概述》,《中华医史杂志》2015 年第 6 期。

～胡晓峰:《试述中医本草古籍图像种类》,《中医文献杂志》2014 年第 2 期。

《中医本草古籍图像研究》,中国中医科学院硕士学位论文 2013 年。

胡晓峰～:《试论中医古籍图像与学术传承的关系》,《中医文献杂志》2013 年第 2 期。

孙权(哈尔滨工业大学)

《侵华日军第七三一部队遗址申遗研究》,哈尔滨工业大学硕士学位论文 2007 年。

孙瑞宗(白求恩医科大学)

《辩证的思维方法与医学的发展》,《医学与哲学》1981 年第 2 期。

孙赛(河南大学)

《英国 1946 年国民健康服务法案研究》,河南大学硕士学位论文 2017 年。

孙善根(宁波大学)

~史存敏:《近代慈善医院的创办及其运作——以 20 世纪初浙江宁波一地为例》,《民国档案》2013 年第 2 期。

《战时状态下的社会救助活动——以 1924 年江浙战争期间的宁波为例》,《军事历史研究》2007 年第 2 期。

孙绍廉

《祖国医学中的肿瘤病理学》,《山东中医学院学报》1962 年第 1 期。

孙世扬

《恽铁樵先生传》,《恽铁樵月刊》1935 年第 7 期。

孙树菡(中国人民大学)

~闫蕊:《英国医疗卫生事业的转型——从"治病救人"到"预防优先"》,《兰州学刊》2010 年第 8 期。

孙树建(上海中医学院)

《略论隋唐时期的〈明堂〉传本》,《上海中医药杂志》1992 年第 7 期。

孙淑云(山西大学)

郎杰燕~:《中国基本医疗保险经办机构治理研究》,《云南社会科学》2019 年第 1 期。

~郎杰燕:《中国城乡医保"碎片化"建制的路径依赖及其突破之道》,《中国行政管理》2018 年第 10 期。

~任雪娇:《中国农村合作医疗制度变迁》,《农业经济问题》2018 年第 9 期。

《新时代中国基本医疗保险立法的机遇与发展》,《南京社会科学》2018 年第 6 期。

《改革开放 40 年:中国医疗保障体系的创新与发展》,《甘肃社会科学》2018 年第 5 期。

《中国基本医疗保险立法困局、症结及其出路》,《山西大学学报(哲学社会科学版)》2017 年第 3 期。

~郎杰燕:《中国合作医疗治理六十年变迁》,《甘肃社会科学》2017 年第 1 期。

王丽丽~:《保大还是保小:新型农村合作医疗的难题与破解》,《山西大学学报(哲学社会科学版)》2016 年第 1 期。

《基本医疗保险管理的复杂性及其管理权归属》,《中国劳动》2015 年第 20 期。

王丽丽~:《整合城乡基本医保制度研究范畴之诠释——基于城乡一体化转型时期社会政策的变迁》,《中国行政管理》2015 年第 9 期。

《顶层设计城乡医保制度:自上而下有效实施整合》,《中国农村观察》2015 年第 3 期。

《我国城乡基本医保的立法路径与整合逻辑》,《河北大学学报(哲学社会科学版)》2015 年第 2 期。

《整合城乡基本医保的立法及其变迁趋势》,《甘肃社会科学》2014 年第 5 期。

《"新型农村合作医疗管理条例"制定的战略取向——基于城乡一体化发展的视角》,《山西大学学报(哲学社会科学版)》2014 年第 1 期。

《新型农村合作医疗制度的自愿性与强制性》,《甘肃社会科学》2013 年第 2 期。

~周荣:《多层次医保制度衔接问题探讨》,《中共山西省委党校学报》2013 年第 1 期。

~柴志凯:《新农合与多层次医保衔接的法律规范》,《中国农村卫生事业管理》2013 年第 1 期。

《论"新农合管理条例"的制定》,《理论与探索》2012 年第 6 期。

～徐晓兰:《破解新型农村合作医疗"集体扶持"筹资困局——以制度性缺陷为视角》,《理论探索》2012 年第 4 期。

《社会保险理念下新型农村合作医疗制度的完善》,《山西大学学报(哲学社会科学版)》2012 年第 2 期。

《新型农村合作医疗立法论纲》,《南京社会科学》2011 年第 4 期。

《关于新型农村合作医疗制度社会保障属性的分析》,《经济问题》2011 年第 1 期。

《略论城市居民基本医疗保险与新农合的并轨衔接》,《晋阳学刊》2010 年第 6 期。

《新型农村合作医疗社会关系及其利益冲突的分析——基于新型农村合作医疗立法依据的视域》,《甘肃社会科学》2009 年第 3 期。

曹克奇～:《关于新型农村合作医疗基金所有权——在福利多元主义的视角下》,《理论探索》2009 年第 1 期。

《医疗保障制度国际经验对新型合作医疗的启示》,《山西大学学报(哲学社会科学版)》2008 年第 6 期。

黄晓燕～:《政府在卫生服务体系中的法律定位》,经济问题 2008 年第 6 期。

曹笑辉～:《农民工医疗保险的城乡协调法律机制研究》,《理论探索》2008 年第 3 期。

曹笑辉～:《实现"全民医保"的瓶颈与基础条件——论新型农村合作医疗与城镇居民基本医疗保险的制度对接》,《中共山西省委党校学报》2008 年第 1 期。

～柴志凯:《新型农村合作医疗制度立法的可行性初探》,《卫生经济研究》2008 年第 1 期。

史永丽～:《传统合作医疗制度重建艰难的原因分析——基于公共产品视角》,《经济问题》2007 年第 10 期。

～柴志凯:《新型农村合作医疗社会关系的性质与法律调整》,《中国农村卫生事业管理》2007 年第 10 期。

柴志凯～:《新旧农村合作医疗制度比较新论》,《中国农村卫生事业管理》2007 年第 10 期。

～柴志凯:《新型农村合作医疗制度与城镇医疗保障制度比较》,《中国农村卫生事业管理》2007 年第 10 期。

侯天慧～刘恒科:《乡镇卫生院改革的经济学分析及其法律对策》,《中国农村卫生事业管理》2007 年第 9 期。

～柴志凯:《乡镇卫生院在合作医疗中的角色定位及其制度建设》,《卫生经济研究》2007 年第 8 期。

张豪～:《卫生院改革中"软法"的功能解析》,《哈尔滨工业大学学报(社会科学版)》2007 年第 6 期。

～陈海东等:《论新型农村合作医疗管理办公室的法律规制》,《社会科学》2007 年第 5 期。

～钱文亮:《新型农村合作医疗制度的评析与展望》,《山西大学学报(哲学社会科学版)》2007 年第 5 期。

李洁～:《乡镇卫生院法律性质的探讨》,《卫生经济研究》2007 年第 3 期。

范温慧～:《国有非营利医院外部治理的重构》,山西财税 2007 年第 3 期。

～赵月高等:《新型农村合作医疗制度的法律性质探析》,《中国农村卫生事业管理》2007 年第 1 期。

郭增波～:《对乡镇卫生院治理结构的思考》,《山西财税》2006 年第 12 期。

～尹洪阳：《我国农村乡镇卫生院体制改革的政策法律分析》，《中国软科学》2006 年第 10 期。

陈海东～柴志凯：《刍议新型农村合作医疗管理机构的法律规制》，《卫生经济研究》2006 年第 9 期。

尹洪阳、郭增波～：《乡镇卫生院与国有医院改革之异同比较》，《卫生经济研究》2006 年第 8 期。

张豪～：《农村预防保健与乡镇卫生院改革》，《中国卫生经济》2006 年第 8 期。

范温慧～：《乡镇卫生院的财政支持方式探讨》，《理论探索》2006 年第 5 期。

尹洪阳、郭增波～：《乡镇卫生院改革问题探讨》，《中共山西省委党校学报》2006 年第 4 期。

史永丽～：《农村合作医疗制度的起源及其法律性质分析》，《山西大学学报（哲学社会科学版）》2006 年第 4 期。

～曹克奇：《浅论新型农村合作医疗医患法律关系》，《山西大学学报（哲学社会科学版）》2006 年第 4 期。

～柴志凯：《论政府举办乡镇卫生院》，《中华医院管理杂志》2006 年第 1 期。

～柴志凯：《试论乡镇卫生院改革中的政府主导作用》，《卫生经济研究》2005 年第 12 期。

《试论乡镇卫生院的功能与改革》，《中国农村经济》2005 年第 1 期。

～柴志凯：《从法律角度解读国有医院改制》，《中国卫生经济》2004 年第 12 期。

～柴志凯：《论政府在建立新型农村合作医疗制度中的责任》，《卫生经济研究》2004 年第 6 期。

～柴志凯：《新型合作医疗立法初探》，《中国农村卫生事业管理》2004 年第 4 期。

孙思明（延边医学院）

《四象医学理论探讨》，《延边医学院学报》1986 年第 4 期。

《医史上"中朝"医药交流考》，《延边医学院学报》1980 年第 3 期。

孙松辉（辽宁中医学院）

《〈黄帝内经〉酒性考》，《辽宁中医学院学报》2005 年第 2 期。

《论〈内经〉药物阴阳分类法》，《中国中医基础医学杂志》2005 年第 2 期。

《〈黄帝内经〉"形劳而不倦"的养生思想》，《中医药学刊》2005 年第 2 期。

《宋易太极观对肾为先天之本说形成的影响》，《中国中医基础医学杂志》2004 年第 5 期。

《论肾为先天之本说对中医生命观的影响》，《辽宁中医杂志》2004 年第 3 期。

《〈内经〉预测疾病死期的原则与方法探析》，《中医药学刊》2004 年第 2 期。

《〈黄帝内经〉顺时养生观考释》，《中医药学刊》2003 年第 7 期。

《〈黄帝内经〉养神八法考释》，《中医药学刊》2001 年第 1 期。

《论老庄道家形神观对〈内经〉的影响》，《辽宁中医学院学报》1999 年第 1 期。

《络瘀致积理论探源》，《辽宁中医杂志》1994 年第 5 期。

～马卫华：《简评宋臣校勘〈内经〉的贡献》，《吉林中医药》1993 年第 3 期。

《中医时间治疗学研究概况》，《吉林中医药》1986 年第 4 期。

孙泰雁

《我国最早的民间药店——山西广盛号史话》，《中国药业》2003 年第 6 期。

孙天胜（徐州师范大学）

～王欣：《面向东南亚华侨华人的中医药旅游开发研究》，《东南亚纵横》2010 年第 2 期。

～高思华：《阴阳五行学说是中华民族理性与智慧的结晶——从〈黄帝内经·素问〉的角度考察》，《管子学刊》2009 年第 1 期。

孙铁楠（台海出版社/北京师范大学）

《清代中前期饮食专著的编撰研究》,《玉林师范学院学报》2012 年第 3 期。

《〈食宪鸿秘〉及其作者考证》,《四川烹饪高等专科学校学报》2011 年第 1 期。

孙桐（南京中医药大学）

～史新民:《〈内经〉因果观探讨》,《南京中医药大学学报》2004 年第 5 期。

吴颢昕～:《〈内经〉卫气理论及其临床意义》,《南京中医药大学学报》2004 年第 1 期。

史新民～:《从关系理论看〈内经〉的阴阳学说》,《南京中医药大学学报(社会科学版)》2004 年第
1 期。

吴德～:《〈内经〉论恐》,《南京中医药大学学报(自然科学版)》2000 年第 3 期。

《中医经典著作研究的回顾与展望》,《南京中医药大学学报》1997 年第 6 期。

《儒家中庸之道对中医药学的影响》,《南京中医药大学学报》1997 年第 4 期。

《〈内经〉养生学说的理论特色》,《南京中医药大学学报》1995 年第 2 期。

～翟玉祥:《〈内经〉康复医疗原则初探》,《辽宁中医杂志》1991 年第 8 期。

～李益生:《从〈内经〉看情志发病的表现及诊断》,《江苏中医》1991 年第 7 期。

～翟玉祥:《〈内经〉康复医学初探》,《内经中医学院学报》1991 年第 3 期。

《论〈内经〉〈伤寒论〉中少阳的位置》,《山东中医学院学报》1983 年第 4 期。

孙宛宜（陕西师范大学）

《中世纪西欧助产医学研究》,陕西师范大学硕士论文 2013 年。

孙望权

《酒、葫芦及其他——上海中医学院医史博物馆见闻》,《文汇报》1962 年 5 月 19 日。

孙伟恩（台湾国立台南大学）

《日治前期台湾主要防疫策略之统治意涵》,国立台南大学硕士学位论文 2013 年。

孙雯波（湖南师范大学/中南大学/华中师范大学）

《疾病的道德归因分析》,《伦理学研究》2018 年第 6 期。

《我国食源性疾病与卫生文明观念的嬗变》,《伦理学研究》2012 年第 6 期。

《传染病及其防控的伦理分析》,中南大学博士学位论文 2010 年。

～胡凯:《疾病的隐喻与疾病道德化》,《湖南师范大学社会科学学报》2010 年第 6 期。

～胡凯:《论政治伦理与疾病》,《医学与哲学(人文社会医学版)》2009 年第 3 期。

～胡凯:《疏离与关怀:传染病患者的社会交往伦理探析》,《伦理学研究》2008 年第 4 期。

～胡凯:《论现代传染病防治中医患关系的特点》,《医学与哲学(人文社会医学版)》2007 年第
12 期。

《论医患之间建立诚信关系的社会意义》,《医学与哲学》2005 年第 13 期。

《我国医患关系中的诚信伦理研究》,华中师范大学硕士学位论文 2004 年。

孙文钟（上海中医药大学）

沈成～:《"考竟"探疑与华佗之死》,《中医药文化》2014 年第 1 期。

袁开慧、陈慧娟～:《〈金匮〉之"覆杯潔潔"议》,《中医药文化》2013 年第 3 期。

高驰～:《隋唐时期的西域文明对中医药学的影响》,《中华中医药杂志》2012 年第 4 期。

唐晓娟～:《〈黄帝内经太素〉通别词语分类考释》,《中医杂志》2012 年第 4 期。

唐晓娟、肖梅华～:《从清末上海期刊看妇女健康权的转变》,《南京中医药大学学报(社会科学

版)》2011年第1期。

袁开慧、张亭立～:《〈黄帝内经〉同形词语探要》,《中华中医药学刊》2011年第1期。

曲如意～:《〈针灸甲乙经〉中的"漯漯"与"溅溅"》,《中华中医药学刊》2010年第10期。

曲如意、刘庆宇～:《宋代史料笔记中医药学资料的特点及价值》,《上海中医药大学学报》2010年第5期。

张亭立、袁开慧～:《〈素问·生气通天论〉与〈太素〉异文例析》,《南京中医药大学学报(社会科学版)》2010年第2期。

肖梅华～:《民国中西医期刊〈寿世医报〉》,《中西医结合学报》2009年第6期。

～肖梅华……刘永明:《〈申报〉中关于晚清上海地区疫病防治状况资料汇编》,《中医文献杂志》2009年第3期。

肖梅华……李桃桃～刘永明:《晚清上海地区疫病防治状况》,《中西医结合学报》2008年第8期。

肖梅华～张丛:《一则牛痘接种广告的解读》,《中医药文化》2007年第6期。

《清代野史医药轶事摭拾》,《中医药文化》2007年第5期。

姚海燕～:《战国楚竹书简〈性情论〉的乐教思想与现代音乐疗法》,《中医药文化》2006年第5期。

《古代饮食卫生谈——读书札记之五》,《医古文知识》2005年第4期。

《说"性情"——读书札记之四》,《医古文知识》2005年第2期。

《从"吮痈舐痔"说起——读书札记之三》,《医古文知识》2005年第1期。

《钱钟书评〈信巫不信医〉》,《医古文知识》2004年第4期。

高毓秋～:《战国楚简〈性情论〉医学内容探讨》,《中华医史杂志》2004年第4期。

孙希磊(北京建筑工程学院)

《基督教与中国近代医学教育》,《首都师范大学学报(社会科学版)》2008年S2期。

孙娴(山东大学)

《山东省对非洲医疗援助问题研究》,山东大学硕士学位论文2013年。

孙晓东(北京协和医学院)

《缅甸拉咱市疟疾流行特征及恶性疟抗性研究》,北京协和医学院硕士学位论文2014年。

孙晓莉(云南大学)

《清代云南医药研究》,云南大学硕士学位论文2016年。

孙晓生(广州中医药大学/广州中医学院)

胡宗仁……张媛婷～:《基于〈古今图书集成·医部全录〉的咳嗽的文献研究和数据挖掘》,《时珍国医国药》2019年第11期。

王惠芳～米菲菲等:《新西兰中医药发展现状及未来发展策略》,《中国现代中医药》2019年第2期。

曾钦～:《泰国中医学历教育概览》,《中医药文化》2018年第3期。

曾钦～:《模因论视域下的中医药文化对外传播策略研究》,《临床医药文献电子杂志》2018年第1期。

林基伟、王凯～:《〈遵生八笺〉的养生思想及其现实意义》,《新中医》2015年第9期。

林基伟～:《张仲景食疗方特点及其现代运用》,《新中医》2015年第2期。

《试论温泉养生理论的中西汇通》,《新中医》2014年第12期。

《〈太平圣惠方〉"食治论"卷中医养生学思想解读》,《广州中医药大学学报》2014年第6期。

徐峰～:《袁枚〈随园食单〉饮食养生思想及其科学解读》,《新中医》2014 年第 5 期。

　　～梁宏佐:《〈黄帝内经〉食养食疗的现实意义》,《华夏文化》2014 年第 3 期。

　　～江启煜:《十二时辰养生与时间保健学》,《新中医》2013 年第 10 期。

　　～蔡其昀:《〈老老恒言〉养生方法及其现实意义》,《新中医》2013 年第 8 期。

　　～米菲菲:《〈养生类要〉的饮食养生思想研究》,《新中医》2013 年第 4 期。

　　～刘冰等:《宋代食养食疗特点与〈山家清供〉的学术贡献》,《新中医》2013 年第 3 期。

　　～徐峰等:《传统精神养生与心理疗法的比较》,《广州中医药大学学报》2013 年第 2 期。

　　～陈晔:《中医养生学与环境医学异同的探讨》,《新中医》2013 年第 1 期。

　　～陈晔:《李时珍〈本草纲目〉用酒的五点认识》,《新中医》2012 年第 10 期。

　　《〈道藏〉九大仙草及其现代研究》,《新中医》2012 年第 9 期。

　　～陈晔:《从食养食疗角度看〈本草纲目〉的养生贡献》,《新中医》2012 年第 8 期。

　　《李时珍〈本草纲目〉水养水疗的现代解读》,《新中医》2012 年第 7 期。

　　～陈晔:《李时珍〈本草纲目〉花药养生及现代应用》,《新中医》2012 年第 5 期。

　　～谢波:《中医三因制宜膏方治未病初探》,《新中医》2012 年第 2 期。

　　～陈晔:《李时珍〈本草纲目〉粥养粥疗浅析》,《新中医》2012 年第 1 期。

　　《〈西游记〉素食养生及其选材研究》,《新中医》2011 年第 11 期。

　　《王士雄〈随息居饮食谱〉的五个养生特色》,《新中医》2011 年第 10 期。

　　《道教食养及〈抱朴子〉仙药》,《新中医》2011 年第 9 期。

　　《清代〈本草从新〉与现代养生本草》,《新中医》2011 年第 8 期。

　　《〈新修本草〉学术贡献及其养生蔬果》,《新中医》2011 年第 7 期。

　　《〈饮膳正要〉选材特点与学术观点》,《新中医》2011 年第 6 期。

　　《论岭南医学研究要素及其时空维度》,《广州中医药大学学报》2011 年第 6 期。

　　《〈食疗本草〉的学术成就及现代应用》,《新中医》2011 年第 5 期。

　　李翊菲～:《孙思邈食养食疗理论与实践集要》,《新中医》2011 年第 4 期。

　　《〈名医别录〉六大特点及食疗养生应用》,《新中医》2011 年第 3 期。

　　《〈内经〉食养食疗的十点认识》,《新中医》2011 年第 2 期。

　　《经典名著养生本草研究思路与展望》,《新中医》2011 年第 1 期。

　　～方志辉:《略谈张仲景食养食疗运用规律》,《新中医》2010 年第 10 期。

　　《〈景岳全书〉脉学常变观初探》,《新中医》1988 年第 7 期。

孙小添(辽宁中医药大学)

《清代名医从肾论治医案规律研究》,辽宁中医药大学博士学位论文 2014 年。

孙晓筠

《早期发现麻风病人的社会医学研究》,《中国麻风杂志》1996 年第 2 期。

孙晓云(西南政法大学)

《国际人权法视域下的健康权保护研究》,西南政法大学博士学位论文 2008 年。

《全球健康治理的理性思考》,《社会科学家》2008 年第 3 期。

《中国医疗服务市场准入制度的困境与出路》,《金融与经济》2007 年第 7 期。

孙孝忠(厦门大学医学院)

《论古代房中术产生的社会背景》,《中医文献杂志》2015 年第 2 期。

《论〈淮南子〉六禽戏》，《中华医史杂志》2014年第3期。

《汉代房中术中的精气学说》，《光明中医》2013年第8期。

孟宪军、朱安宁～：《澄江学派传人留章杰先生针灸教育思想简介》，《中国针灸》2013年第6期。

《战国秦汉的房中文献概述》，《中医文献杂志》2013年第5期。

朱安宁……钱林超～：《澄江学派传人黄宗勖先生针灸学术特色》，《中国针灸》2013年第4期。

朱安宁、张建斌～孟宪军：《艺高德馨用神针 永垂世范海内外——记澄江学派传人陈应龙先生》，《中国针灸》2012年第11期。

孟宪军～：《澄江学派传人陈应龙先生针灸学术特色》，《中国针灸》2012年第7期。

《〈黄帝内经〉对糖尿病的认识》，《光明中医》2011年第7期。

《吴真人名讳考辨》，《光明中医》2011年第6期。

石碧霞～：《朱端章〈卫生家宝产科备要〉评介》，《福建中医学院学报》2009年第5期。

～丁春：《中医古籍的俗字研究》，《福建中医学院学报》2009年第1期。

《苏颂生年考》，《福建中医学院学报》2008年第5期。

《中国41种医科大学学报类期刊的影响力分析》，《中国科技期刊研究》2006年第6期。

孙秀芳（无锡市中医院）

～殷尧瑾：《〈医林改错〉治瘀22方用药简析》，《中国民间疗法》1995年第5期。

孙秀华（安徽经济管理干部学院）

《皖南的割股陋习》，《江淮文史》2000年第3期。

孙修真（西南政法大学）

《儿童健康权保障研究》，西南政法大学硕士学位论文2012年。

孙旭海（中国中医科学院）

～薛崇成等：《〈金匮要略〉对于身心疾病的朴素认识》，《中国中医基础医学杂志》2007年第9期。

《中医心理学与现代心理学科研方法的比较》，《亚太传统医药》2007年第5期。

《中医精神疾病分类与症状的古代医学文献整理研究》，中国中医科学院硕士学位论文2007年。

孙旭培（华中科技大学）

《从非典危机看新闻自由与保守国家秘密》，《新闻与传播评论》2004年00期。

～王勇：《不同理念导致不同实践——"非典"报道与禽流感报道的比较研究》，《当代传播》2004年第3期。

孙学明（西藏大学）

《藏医学典籍〈医学四续〉三种汉译本之术语比较分析》，西藏大学硕士学位论文2010年。

孙亚山（上海大学）

《"坐月子"，"做身体"：产后经验、母职叙事与性别不平等》，上海大学硕士学位论文2015年。

孙燕（华东师范大学）

《"反对阐释"的文化批判向度——关于桑塔格〈疾病的隐喻〉》，《湛江师范学院学报》2007年第5期。

孙岩（山东大学）

《"去机构化"与现代瑞典精神卫生服务体系的建立》，山东大学硕士学位论文2017年。

孙艳魁（湖北教育出版社）

《抗战时期难民人口伤亡刍议》，《民国档案》2012年第3期。

孙彦彦（山东大学）

《全球传染病控制中筹资机制优化：全球公共品视角的研究》，山东大学博士学位论文 2014 年。

孙易娜（武汉市中医医院）

～杨云松等：《张仲景的疾病观和诊疗观探析》，《中医药信息》2015 年第 1 期。

孙一楠（沈阳药科大学）

《日本医药产业研究及对我国的启示》，沈阳药科大学硕士学位论文 2003 年。

孙亦平（南京大学）

《从〈东医宝鉴〉看道教养生论对东医学的影响》，《宗教学研究》2015 年第 3 期。

《葛洪与魏晋玄学》，《南京社会科学》2011 年第 1 期。

孙益鑫（安徽中医学院）

《中医诊断基本原理的哲学思考》，《中国中医基础医学杂志》1998 年第 6 期。

《〈肘后备急方〉治学思想初探》，《南京中医药大学学报》1997 年第 2 期。

《试论"肝为万病之贼"》，《安徽中医学院学报》1997 年第 2 期。

《〈肘后备急方〉急症诊治特色与发明》，《安徽中医学院学报》1996 年第 2 期。

《论模糊数学与中医学》，《中国医药学报》1996 年第 1 期。

《〈伤寒论〉保津救阴学术观初探》，《安徽中医学院学报》1990 年第 2 期。

孙仪之（解放军总后勤部）

《解放战争时期野战卫生工作的回顾》，《人民军医》1983 年第 2 期。

《中国工农红军卫生学校在瑞金》，《人民军医》1959 年第 8 期。

孙莹（辽宁对外经贸学院）

《俄罗斯医疗保障体制改革及其前景》，《学理论》2011 年第 26 期。

孙颖（西南大学）

《中国式的疯——当代小说中疯象的衍变》，西南大学硕士学位论文 2013 年。

孙迎庆（泰州市第四人民医院）

《吴师机外治法主要贡献及学术思想》，《江西中医药》1998 年第 2 期。

孙迎智（中国人民大学）

《医疗史和思想史双重视域下胡适与中医公案的再考查》，《史学月刊》2018 年第 11 期。

孙永彪（丹阳市胡桥卫生院）

《农村，中国医疗卫生工作的重点——浅谈毛泽东的农村卫生思想》，《江苏卫生事业管理》1996 年第 3 期。

孙永显（青岛疗养院）

《浅析我国古代经络腧穴研究的标准姿势》，《中医杂志》2003 年第 5 期。

《〈医心方〉中的经脉图》，《中华医史杂志》2001 年第 3 期。

孙永祚

《古方权量说》，《苏州国医杂志》1935 年第 7 期。

《伊尹汤液说》，《上海国医学院院刊》1929 年第 1 期。

孙雨萌（渤海大学）

《基督教在辽宁地区的医疗活动（1861—1917）》，渤海大学硕士学位论文 2015 年。

孙语圣（安徽大学）

《新生活运动再审视——从卫生防疫角度》，《安徽大学学报》2005年第3期。

《民国时期的疫灾与防治述论》，《民国档案》2005年第2期。

孙玉英（常州市中医医院）

《秦伯未妇科膏方学术思想研究》，《吉林中医药》2012年第9期。

孙元化（兰州商学院）

《雪域奇葩藏医药》，《西北民族大学学报（哲学社会科学版）》1992年第3期。

《浅议中医学"取象比类"的思维方式》，《甘肃中医学院学报》1992年第3期。

孙源梅（北京中医药大学）

～王顺梅等：《唐宋金元时期因时制宜理论浅析》，《中华中医药杂志》2009年S1期。

陈洋子、王顺梅～韩晓雪等：《〈黄帝内经〉与〈伤寒杂病论〉因时制宜思想探求》，《中华中医药杂志》2009年S1期。

杨文婷……韩晓雪～陈洋子等：《近现代"因时制宜"研究进展》，《中华中医药杂志》2009年S1期。

韩晓雪、陈洋子～王顺梅等：《明清时期因时制宜思想探讨》，《中华中医药杂志》2009年S1期。

孙约翰（中国交通医学杂志社/南通医学院/《交通医学》编辑部）

《纪念我国航海医学开拓者郑和时代》，《中国交通医学杂志》2005年第4期。

《南通近代医学教育史料一、介绍一所由国人创办较早的医学专门学校》，《交通医学》2002年第5期。

《二、江海大地上的一颗医学明珠——南通医学院的五十年》，《交通医学》2002年第5期。

《谈谈我国航海医学研究的几个问题》，《交通医学》1994年第3期。

～周德宏等：《我国航海潜水医学的发展趋势与展望》，《交通医学》1990年第3、4期。

《近代航海医学简史——海港检疫及其它》，《交通医学》1990年第2期。

～周志方：《近代航海医学简史（一；二：航海与坏血病；三：热带病学起源于航海医学；四：海港检疫及其它）》，《交通医学》1989年第2、3期；1990年第1、2期。

《中国航天医学简史》，《交通医学》1989年第1期。

《我国海员社会医学问题初探》，《交通医学》1988年第1期。

《我国航运卫生保健简史（摘要）》，《交通医学》1988年第1期。

《主张中西医结合的实业家张謇》，《医学与哲学》1983年第8期。

孙占学（北京中医药大学）

～李曰庆等：《中医外治法源流》，《中华中医药杂志》2016年第11期。

孙兆林（山东中医药大学）

《略论杨上善与王冰阴阳观》，山东中医药大学硕士学位论文2014年。

孙振领（湘南学院）

～黄芳：《媒体视野中医生形象变化与医患关系研究》，《湖南学院学报》2008年第1期。

孙振民（菏泽学院）

《汉唐之际丝绸之路上西域医学的发展》，《中医药文化》2019年第3期。

孙正祥（广西师范学院）

《福柯的身体图景》，广西师范学院硕士学位论文2012年。

孙正一（台湾国立东华大学）

《病人、病体与医疗——以梁启超的"血尿"诠释为例的讨论》，《洄澜春秋》第 7 期（2010.7）。

孙志芳（盐山县中医学会）

《近代名医张锡纯先生传略》，《河北中医》1983 年第 4 期。

孙志鹏（华东师范大学）

《制造同意："公共卫生"对艾滋病与男性同性恋"关联"的污名建构研究》，华东师范大学硕士学位论文 2016 年。

孙仲（浙江大学）

《神经伦理学还是"减法型治疗哲学"？》，《浙江学刊》2015 年第 5 期。

孙忠年（陕西省中医药研究院）

～敏英：《陕甘宁边区针灸学发展简史》，《针灸学报》1992 年第 2 期。

～王三虎：《陕西古代医家的医德思想》，《中国医学伦理学》1991 年第 3 期。

～奕忠民：《白求恩伦理思想之研究》，《医学与哲学》1990 年第 12 期。

孙中堂（天津中医药大学）

孙庆炜～：《清儒胡澍、俞樾校注〈素问〉的特点探析》，《天津中医药大学学报》2016 年第 4 期。

弓明燕、邓婷～：《〈皕宋楼藏书志·医家类〉初探》，《中国中医药图书情报杂志》2015 年第 1 期。

吕芹、卞华～：《宋代名医郭雍伤寒补亡研究探赜》，《国医论坛》2010 年第 6 期。

《中国古代养生概述》，《中华医史杂志》2010 年第 3 期。

李德杏～：《〈寿亲养老新书〉养生学术思想述评》，《甘肃中医》2008 年第 12 期。

李德杏～：《浅析隋唐时期中外医药交流的若干实现途径》，《江西中医学院学报》2008 年第 4 期。

谢敬、崔静～王春峰等：《药瓶撷珍——天津中医药大学博物藏品整理札记》，《博物馆研究》2017 年第 4 期。

～郭霭春：《〈中藏经〉的学术思想及其对临床辨证治法方面的贡献》，《天津中医学院学报》1988 年第 4 期。

孙琢（中国科学院）

《近代医学术语的创立——以合信及其〈医学英华字释〉为中心》，《自然科学史研究》2010 年第 4 期。

孙作乾（山东中医药大学）

《孔继菼〈孔氏医案〉的学术思想研究》，山东中医药大学硕士学位论文 2012 年。

索菲·罗兰（英国肯特大学）

～撰，郝静萍译：《"非笑即哭"：一个去工业化煤矿社区的具身化、身份和健康》，《医疗社会史研究》2019 年第 1 期。

T

邰东梅（辽宁中医药大学/辽宁中医学院）

～董宝强：《基于中国古代哲学的影响力分析中医学的几个基本观点》，《沈阳工程学院学报（社会科学版）》2019 年第 2 期。

～孙迪等：《宋代理学对朱丹溪学术思想形成发展的影响》，《辽宁中医杂志》2018 年第 7 期。

～郭力铭等：《试论朱丹溪儒医文化思想》，《沈阳工程学院学报（社会科学版）》2017 年第 1 期。

赵鸿君～：《朱丹溪养护胃思想探析》，《辽宁中医药大学学报》2008 年第 8 期。

～吴景东：《"失中为病"——探讨中医病因学中的儒家"中和观"》，《医学信息》2008 年第 8 期。

～王哲：《仁者寿——儒家致中和思想在中医养生学中的反映》，《中和中医药学刊》2008 年第 2 期。

《儒家仁学思想对中医学的影响》，《辽宁中医学院学报》2005 年第 1 期。

《儒家"中和观"对中医生理学的影响》，《辽宁中医杂志》2004 年第 11 期。

傅海燕～：《〈内经〉的解剖学成就》，《江西中医学院学报》2004 年第 4 期。

傅海燕～：《〈黄帝内经〉"喝"、"瘛"、"疝"考辨》，《中医药学刊》2004 年第 4 期。

《儒家思想对中医学的影响》，《辽宁中医学院学报》2002 年第 4 期。

《儒家"致中和"思想对中医学的影响》，辽宁中医学院硕士学位论文 2002 年。

邰丽媛（长春中医药大学）

《〈广济秘笈〉文献研究》，长春中医药大学硕士学位论文 2019 年。

谭爱娟（湖南师范大学）

《论文学作品中的残疾书写及其隐喻》，湖南师范大学硕士学位论文 2007 年。

谭备战（河南中医药大学）

《本土化・世俗化・专业化：抗战前河南教会医院的特点（1927—1937）》，《宗教学研究》2018 年第 1 期。

《入乡随俗：抗战前河南教会医院本土化原因探析》，《宗教学研究》2016 年第 4 期。

谭琛铧（华南理工大学）

《民国时期医药监管法制研究》，华南理工大学硕士学位论文 2016 年。

谭春雨（上海中医药大学）

卢屹东～：《阴阳思想内涵的三个层次》，《中医药文化》2019 年第 1 期。

梁慧凤～梁尚华：《孙思邈医学求索之路对当今中医教育模式的启示》，《时珍国医国药》2017 年第 2 期。

～梁慧凤等：《〈千金方〉学术思想的历史文化根源》，《中华中医基础医学杂志》2016 年 7 期。

《中医发生学的研究意义及研究方法思考——〈中医发生学探微〉写作心路》，《中医药文化》2015 年第 1 期。

～乔文彪：《医易相通的五个层次研究》，《陕西中医学院学报》2014 年第 3 期。

《宋明理学对金元明清医学发展的影响》，《中国中医基础医学杂志》2013 年第 12 期。

《试析天文地理学与中医学间的联系》，《中医药文化》2013 年第 5 期。

沈启刚～：《明代名医李梴论治癥积病症的学术思想研究》，《中华中医药学刊》2012 年第 5 期。

范萍、张杰～：《清代名医魏之琇现代肝病相关病症论治思想特色研究》，《江苏中医药》2012 年第 5 期。

～张如青：《论"海派中医"名实之内涵》，《中医药文化》2012 年第 1 期。

侯波～黄瑛：《清代名医论治脾虚臌胀》，《上海中医药大学学报》2012 年第 1 期。

～梁慧凤等：《朱丹溪肝病相关病症医论验案思想探微》，《中华中医药学刊》2011 年第 10 期。

《五行体系构建逻辑新考》，《中州学刊》2010 年第 4 期。

～李洁:《近代上海中医社团的产生根源及其特点》,《中医教育》2009 年第 4 期。

《〈中藏经〉理论传承及成书时间探考》,《中医文献杂志》2009 年第 1 期。

方力行～:《历代五行学说中土与长夏相配及五行顺序的探讨》,《河南中医》2006 年第 12 期。

方力行～陶御风:《五行与四时的文化相关性探考》,《辽宁中医杂志》2006 年第 12 期。

谭德福(三峡学院医学院)

《脏器疗法发展简史》,《时珍国药研究》1997 年第 5 期。

《试析钱乙儿科望诊》,《浙江中医杂志》1996 年第 4 期。

谭凤林(湘潭医卫职业技术学院)

～李建光:《论湖南近代护理教育的主要特征及其借鉴意义》,《职大学报》2018 年第 4 期。

《珍妮·曼赫特·罗感恩:湖南近代护理先驱》,《中华护理教育》2016 年第 10 期。

《医学传教与湖南近代护理教育的发展》,《职大学报》2016 年第 3 期。

谭刚(西南大学)

《近代内蒙古地区疾病流行与蒙古族社会变迁》,《中华医史杂志》2013 年第 2 期。

《西南土产外销与大后方口岸贸易变迁(1937—1945)——以桐油、猪鬃、生丝和药材为中心》,《近代史研究》2013 年第 2 期。

《西南民族地区毒品问题的历史考察与现实关怀——评秦和平著〈西南民族地区的毒品危害及其对策〉》,《中华文化论坛》2006 年第 2 期。

谭光辉(四川师范大学)

《晚清小说中的疾病隐喻与中国小说的现代化进程》,《中华文化论坛》2007 年第 2 期。

《论五四知识分子从"医国"到"医人"的精神嬗变历程》,《沈阳师范大学学报(社会科学版)》2007 年第 2 期。

《疾病隐喻与民初小说人文性的建构与衰落——民初哀情小说与黑幕小说新论》,《当代文坛》2006 年第 4 期。

《症状的症状——疾病隐喻与中国现代小说》,四川大学博士学位论文 2006 年。

谭国俊(湖南中医学院)

《明代医学发展的社会因素》,《湖南中医学院学报》1994 年第 3 期。

《我国古代的骨移植术》,《中医药学报》1986 年第 1 期。

《先秦战伤外科成就管窥》,《陕西中医》1985 年第 4 期。

《〈黄帝内经〉中的外科学成就举隅》,《中医药学报》1984 年第 3 期。

谭家健(中国社会科学院)

《先秦诸子的养生论》,《安徽大学学报(哲学社会科学版)》2013 年第 2 期。

覃江(南京大学)

《般若中观视野下的佛教疾病观》,《西南民族大学学报(人文社会科学版)》2013 年第 1 期。

谭洁

～翟民刚:《性医学史的理性巡礼》,《健康报》2008 年 8 月 21 日 006 版。

谭启文

《从祖国医学书看结婚早晚问题》,《健康报》1963 年 6 月 5 日。

谭奇纹(山东中医药大学)

《汉代及汉代以前经络腧穴文献研究》,山东中医药大学博士学位论文 2004 年。

《古代取穴方法考析》,《山东中医药大学学报》2003年第3期。

谭倩婷(北京中医药大学)

《火针疗法的古代文献研究》,北京中医药大学硕士学位论文2012年。

谭勤余

《麻醉剂百年史》,《东方杂志》1946年第8期。

《链菌素的发现和医药前途》,《东方杂志》1946年第4期。

陶权

《苏联四十年来制药工业方面的成就》,《药学通报》1957年第6期。

谭溶(新疆医科大学)

《中医妇科食疗方法与方药规律研究》,新疆中医药大学硕士学位论文2012年。

谭荣佳(香港大学)

《香港与近代西洋医学》,香港大学硕士学位论文1983年。

谈荣梅(浙江大学/绍兴文理学院/浙江绍兴县卫生学校)

《气象因素与霍乱发病关系的生态学研究》,《中国预防医学杂志》2004年第5期。

《气象因素与伤寒发病关系的生态研究》,《海峡预防医学杂志》2004年第5期。

~陈坤:《霍乱流行病学研究现况》,《海峡预防医学杂志》2004年第1期。

~陈坤等:《气象因素变化与霍乱发病的相关性研究》,《中国公共卫生》2003年第4期。

~陈坤等:《气象因素与细菌性痢疾发病关系的探讨》,《浙江预防医学》2003年第3期。

屠春雨~:《1955—1997年绍兴市麻疹流行情况分析》,《浙江预防医学》1999年第6期。

谭睿(湖南师范大学)

《日本长期照护保险制度实践及启示》,湖南师范大学硕士学位论文2016年。

谭树林(南京大学)

《美国传教士伯驾在华医疗事业影响述论》,《历史教学》2005年第9期。

杨厚军~:《马礼逊与医药传教》,《中学历史教学参考》2000年第2期。

谭素娟(辽宁中医药大学/辽宁中医学院)

王蕊芳~:《孙思邈的医德理论对医德规范建设的启示》,《辽宁中医药大学学报》2008年第9期。

~王蕊芳:《对中医学重视地理环境的探究》,《中华中医药学刊》2008年第8期。

~王蕊芳:《古籍中与医学相关的讳言婉语》,《中医文献杂志》2008年第6期。

吕凌~袁佺:《钱乙五脏法五行互藏思想初探》,《中华中医药学刊》2008年第6期。

~王蕊芳等:《中国古代医家人文精神的研究》,《南京中医药大学学报(社会科学版)》2008年第2期。

~艾华:《〈局方发挥〉探析》,《辽宁中医杂志》2007年第12期。

~艾华:《中医命名学与儒"道"佛——中医书名方名探析》,《辽宁中医杂志》2005年第12期。

~王蕊芳:《古医籍中对妇人的特殊称谓探析》,《辽宁中医学院学报》2003年第2期。

艾华~:《〈金匮要略〉外治十四法及其作用》,《河南中医》1999年第6期。

《成无己对〈伤寒论〉的训诂成就》,《吉林中医药》1991年第6期。

《内藤希哲及其论著》,《辽宁中医杂志》1989年第6期。

谈太阶

《隐蔽在"膏药旗"下的重伤员》,《武汉文史资料》2011年Z1期。

谭天（华中师范大学）

　　～曾源：《浅析网络媒体艾滋病报道的框架构建》，《东南传播》2016 年第 4 期。

谈文琼（南京中医药大学）

　　《儒家文化对中医的影响研究》，南京中医药大学硕士学位论文 2009 年。

　　～张宗明：《儒家思想对中医发展的影响研究》，《中国科技信息》2008 年第 20 期。

谭骧

　　《祖国医学对月经病的认识和治疗》，《广东中医》1958 年第 2 期。

　　《论神农本草经的历史价值和实用价值》，《广东中医》1957 年第 4 期。

谭晓东（武汉大学医学院）

　　王琪如～：《"一带一路"背景下中国全球健康治理的角色定位》，《公共卫生与预防医学》2018 年第 5 期。

　　～龙苏瀚等：《全球健康治理策略与思考》，《公共卫生与预防医学》2018 年第 3 期。

　　～陈叙宇：《"一带一路"的公共卫生挑战与准备》，《公共卫生与预防医学》2017 年第 4 期。

　　～谢倩：《第三次卫生革命大目标：健康社会的愿景与现实》，《公共卫生与预防医学》2016 年第 5 期。

　　张靖～：《公共卫生全科医生的理论探讨》，《公共卫生与预防医学》2010 年第 5 期。

　　占发先～周东等：《我国艾滋病涉外人群的法律法规研究》，《医学与社会》2009 年第 12 期。

　　朱娟蓉～：《艾滋病的预防控制与政府责任》，《公共卫生与预防医学》2005 年第 5 期。

　　～彭翠：《公共卫生学科内涵、现状与展望》，《广西预防医学》2005 年第 1 期。

　　～彭翠：《预防医学、公共卫生学科概念探讨》，《中国公共卫生》2005 年第 1 期。

　　～彭翠：《预防医学与公共卫生学科理念再思考》，《公共卫生与预防医学》2004 年第 6 期。

　　林健燕……陈小青～：《武汉市民对 SARS 认知、信念、行为改变的调查及相关因素分析》，《中华流行病学杂志》2004 年第 4 期。

　　贺莉萍……左丹～：《武汉市部分居民 SARS 认知行为及心理卫生调查》，《中国公共卫生》2004 年第 4 期。

　　～罗红等：《从 SARS 疫情反思现代医学教育》，《山西医科大学学报（基础医学教育版）》2004 年第 2 期。

　　～王丹等：《从欧洲预防医学课程设置的改变看其医学教育新模式的特点》，《中国高等医学教育》2002 年第 6 期。

　　《美国公共卫生学界对世界贸易中心被炸后的快速反应及其研究动态》，《湖北预防医学杂志》2002 年第 2 期。

谭晓蕾（中国医学科学院）

　　～彭勇：《〈本草纲目〉收录外来药物的整理研究》，《中药材》2014 年第 11 期。

谭晓燕（山东大学）

　　《民国时期的防疫政策（1911—1937）》，山东大学硕士学位论文 2006 年。

谭晓媛（渤海大学）

　　《公共卫生视野下的东北鼠疫防治研究（1910—1911）——以政府职能为中心》，渤海大学硕士学位论文 2015 年。

谭秀荣（遵义医学院）

李娇娇～：《〈贵州卫生〉与地方现代卫生事业发展》，《锦州医科大学学报（社会科学版）》2017 年第 2 期。

～姚远等：《〈药学季刊〉的创刊及其科学史价值》，《编辑学报》2014 年第 3 期。

～姚远等：《〈国立贵阳医学院院刊〉办刊特色及其科学传播意义》，《中国科技期刊研究》2014 年第 1 期。

～姚远：《〈国立湘雅医学院院刊〉及其编辑传播策略》，《编辑学报》2013 年第 2 期。

《〈国立湘雅医学院院刊〉的创刊及其科技史价值》，《西北大学学报（自然科学版）》2010 年第 2 期。

《1946 年创刊的〈中国营养学杂志〉与营养科学的奠基》，《中国科技期刊研究》2009 年第 5 期。

《〈国立贵阳医学院院刊〉与地方高等医学文化的构建》，《编辑学报》2009 年第 4 期。

～姚远：《〈吴医汇讲〉期刊性质与编辑出版要素再探》，《编辑之友》2009 年第 3 期。

《〈国立贵阳医学院院刊〉及其医学传播》，《西北大学学报（自然科学版）》2009 年第 1 期。

谭学林（贵阳中医学院）

吴曦～：《唐宗海从瘀血论治痨瘵特色探析》，《贵阳中医学院学报》2006 年第 6 期。

朱星～：《金元四大家论治食伤》，《四川中医》2003 年第 2 期。

王东坡～：《李东垣饮伤证治理论初探》，《中医杂志》2001 年第 8 期。

《贵州苗族药开发应用简史》，《中国民族民间医药杂志》2001 年第 2 期。

王东坡～：《论晋、隋、唐、宋时期的饮伤证治成就》，《贵阳中医学院学报》2000 年第 2 期。

《苗族早期医药活动特点初探》，《中华医史杂志》2000 年第 2 期。

王东坡～：《浅谈〈黄帝内经〉对饮伤的认识》，《贵阳中医学院学报》1999 年第 4 期。

《从苗族用火遗风看其早期医疗保健成就》，《中华医史杂志》1998 年第 1 期。

～张吉庆：《民族医药开发在贵州社会发展中的地位》，《贵阳中医学院学报》1990 年第 4 期。

王祖雄～：《罗天益学术思想初探》，《浙江中医学院学报》1984 年第 3 期。

《刘完素"阳热怫郁"以宣清通同用的探讨》，《中医杂志》1982 年第 4 期。

《〈内经〉论治条文的八法归类》，《贵阳中医学院学报》1979 年第 2 期。

谭雪玲（江门市皮肤医院）

～邓伟军：《麻风病误诊报告的文献调查与分析》，《现代预防医学》2009 年第 12、13 期。

～柯建良等：《江门地区献血者梅毒感染情况调查分析》，《岭南皮肤性病科杂志》2009 年第 3 期。

～黄澍杰等：《江门市 2003—2007 年性病门诊患者 HIV 感染调查》，《热带医学杂志》2008 年第 12 期。

卢和琨、黄丽卿～黄澍杰等：《广东省江门市 1998—2007 年梅毒流行趋势分析》，《岭南皮肤性病科杂志》2008 年第 3 期。

～黄澍杰等：《江门市 2003—2007 年性病门诊患者 HIV 感染调查》，《热带病医学杂志》2008 年第 2 期。

～黄丽卿等：《江门市 1956—2000 年麻风病流行情况分析及流行趋势》，《广东医学》2004 年第 2 期。

谭燕保（武汉科技学院）

《文学与病理学的互渗关系》，《武陵学刊》2010 年第 2 期。

谭瑛（安徽中医学院）

《略论〈内经〉与儒家思想观念》,《安徽中医学院学报》1992 年第 1 期。

《〈内经〉与〈易经〉太极学说》,《安徽中医学院学报》1991 年第 3 期。

《略论〈内经〉与道家学派的哲学思想》,《安徽中医学院学报》1989 年第 3 期。

《黄帝内经的成书年代之我见》,《陕西中医学院学报》1987 年第 4 期。

《浅谈〈内经〉养生学思想》,《安徽中医学院学报》1986 年第 4 期。

谈玉林（上海市医药公司）

程功章～:《解放前上海新药业在全国占优势的原因分析》,《上海经济研究》1988 年第 6 期。

程功章～:《上海制药工业的诞生与发展》,《中国药学杂志》1986 年第 8 期。

～谢惠民:《国外药物传入我国史略》,《中国药学杂志》1986 年第 8 期。

～程功章:《上海西药商业的发生与发展》,《中国药学杂志》1986 年第 3 期。

谈宇文（湖北咸宁地区卫生学校）

《〈五十二病方〉蛇伤方药简析》,《中华医史杂志》1999 年第 4 期。

《〈方剂学〉类证方辨析》,《中医函授通讯》1987 年第 3、4 期;1988 年第 1、2、3、6 期;1990 年第 2 期。

《〈五十二病方〉煎药法》,《湖南中医学院学报》1987 年第 1 期。

《〈五十二病方〉方剂学试探》,《江苏中医杂志》1985 年第 3 期。

谭源生（中国中医科学院）

《民国时期针灸学之演变》,中国中医科学院硕士学位论文 2006 年。

谭肇毅（广西师范大学）

《20 世纪二三十年代的禁烟讨论》,《广西右江民族师专学报》2005 年第 4 期。

谭治

《工农医院——回忆 1933 年川陕边革命根据地的卫生工作组织情况》,《医学史与保健组织》1958 年第 3—4 期。

谭卓垣

《广州定期刊物的调查》,《岭南学报》1935 年第 3 期。

谭子经

《一位研究中药的波斯人——关于〈海药本草〉的作者》,《羊城晚报》1964 年 9 月 10 日。

唐柏芬（西南财经大学）

《中国老年人就医行为城乡差异研究》,西南财经大学硕士学位论文 2016 年。

汤蓓（上海外国语大学/复旦大学）

《中国参与中东地区卫生治理研究》,《阿拉伯世界研究》2019 年第 5 期。

《金砖国家致力成为全球卫生治理新力量》,《中国社会科学报》2013 年 4 月 12 日 A06 版。

《试析国际组织行政改革的动力机制——以世界卫生组织为例》,《国际观察》2013 年第 6 期。

《中国参与全球卫生治理:向积极的治理者转变》,《中国社会科学报》2011 年 10 月 27 日 006 版。

《安全化与国际合作形式之选择——以美国在艾滋病问题上的对外政策为例(1999—2008)》,《国际政治研究》2011 年第 4 期。

《伙伴关系与国际组织自主性的扩展——以世界卫生组织在全球疟疾治理上的经验为例》,《外交评论(外交学院学报)》2011 年第 2 期。

《公平性原则的回归——世界卫生组织与中国卫生体系改革》,《国际政治科学》2010 年第 1 期。

《安全化与国家对国际合作形式的选择——以美国在艾滋病问题上的对外政策为例(1999—2008)》,复旦大学博士学位论文2009年。

朱明权~:《多边主义与东亚地区卫生安全合作》,《国际问题研究》2009年第5期。

《机制设计与国际卫生合作中的困境》,《欧洲研究》2009年第3期。

《利他行为的可能性及其条件:安全框架下美国对跨国传染性疾病威胁的应对》,《国际论坛》2007年第6期。

汤春红(上海市闵行区江川社区卫生服务中心)

《英国医疗模式对上海闵行区实施医疗联合体的启示》,《中国卫生资源》2013年第2期。

《英国初级卫生保健制度对上海开展家庭医生制服务的启示》,《上海医药》2012年第16期。

唐代兴(四川师范大学/四川大学)

《灾疫政治伦理学的一般思考》,《阴山学刊》2014年第3期。

《展开全民灾疫教育的伦理方向》,《阴山学刊》2013年第6期。

《气候伦理研究的依据与视野——根治灾疫之难的全球伦理行动方案》,《自然辩证法研究》2013年第4期。

《灾疫康复伦理研究的基本思路》,《阴山学刊》2013年第3期。

《灾疫生命伦理研究的实践论视域》,《阴山学刊》2013年第1期。

《气候伦理研究须先确立的基本理念——根治灾疫之难的全球伦理行动方案》,《吉首大学学报(社会科学版)》2013年第1期。

《当代灾疫治理实践的伦理方法》,《阴山学刊》2012年第5期。

《灾疫文化研究简论》,《中国地质大学学报(社会科学版)》2012年第5期。

《当代灾疫治理的生境伦理考察》,《阴山学刊》2012年第3期。

《风险社会灾疫后重建的社会伦理思考》,《阴山学刊》2012年第1期。

《为何研究灾疫文化?——探求当代灾疫的治本之道》,《西南民族大学学报(人文社会科学版)》2011年第11期。

《当代灾疫预警实践的社会伦理考察》,《阴山学刊》2011年第6期。

《在重建生境和家园中开创生态文明——灾疫伦理学视角下的当代灾疫防治》,《河北学刊》2011年第6期。

《当代灾疫预防实践的社会伦理考察》,《阴山学刊》2011年第5期。

《重建社会整体动员的灾疫预防国策的伦理社会学考察》,《四川师范大学学报(社会科学版)》2011年第3期。

《根治当代灾疫的社会学思考》,《阴山学刊》2011年第2、3、4期。

《当代灾疫防治应该共同遵守的普适道德原则》,《阴山学刊》2011年第1期。

《去道德成本:道德疾病泛滥的社会学考察》,《玉溪师范学院学报》2010年第9期。

《自由:当代灾疫防治应遵循的伦理原理》,《阴山学刊》2010年第5期。

《当代灾疫防治的目标任务》,《阴山学刊》2010年第3期。

《灾疫伦理研究的开放视域与方法》,《阴山学刊》2010年第2期。

《灾疫伦理学:当代应用伦理研究新领域》,《道德与文明》2010年第2期。

《灾疫伦理研究的基本内容·核心问题·多元维度——灾疫伦理学:通向未来的桥梁(下)》,《吉首大学学报(社会科学版)》2010年第1期。

《当代灾疫频发之多元成因的伦理学检讨》,《阴山学刊》2009 年第 6 期;2010 年第 1 期。

《灾疫伦理研究的姿态·公理·原则——灾疫伦理学:通向未来的桥梁(中)》,《吉首大学学报(社会科学版)》2009 年第 6 期。

《灾疫伦理学:一种生态文明的话语方法》,《阴山学刊》2009 年第 5 期。

《灾疫伦理研究的背景·目标·视域·方法——灾疫伦理学:通向未来的桥梁(上)》,《吉首大学学报(社会科学版)》2009 年第 5 期。

《灾疫伦理研究的姿态·公理·原则》,《中国医学伦理学》2009 年第 2 期。

《创造·完整·健康:生命伦理学释义》,《中国医学伦理学》2008 年第 4 期。

《生命重于一切:生命伦理学的现场启蒙》,《中国医学伦理学》2008 年第 3 期。

《生命伦理学构建的立法原理和实践原则》,《西南民族大学学报(人文社科版)》2008 年第 3 期。

《生命伦理学研究的当代视阈与方法》,《道德与文明》2008 年第 1 期。

唐富满(华南师范大学)

《清末民初粤省的麻风救济活动》,《中国麻风皮肤病杂志》2008 年第 10 期。

《广州方便医院与近代广州社会》,《中山大学学报论丛》2007 年第 10 期。

唐国平(南昌大学)

《试论中央苏区卫生防疫宣传的特点》,《党史文苑》2008 年第 6 期。

《中央苏区群众性卫生防疫工作探论》,《求索》2008 年第 5 期。

《中央苏区红军卫生防疫工作的经验》,《山西师大学报(社会科学版)》2008 年第 1 期。

《中华苏维埃共和国传染病防治工作的经验》,《中华医史杂志》2004 年第 3 期。

《井冈山红军医院轶闻》,《党史文苑》2004 年第 7 期。

汤光(北京友谊医院)

《〈中国药学会百年史〉评介》,《中国药学杂志》2009 年第 8 期。

《中国医院药学的回顾与展望》,《中国药学杂志》1997 年第 11 期。

《临床药学的回顾与展望》,《中国药事》1997 年第 1 期。

唐翰存(兰州交通大学)

《鲁迅的疾病意识》,《兰州交通大学学报》2007 年第 5 期。

唐汉钧(上海中医药大学龙华医院)

《中医外治纲要(下)——中医外治机理探讨与证治知要》,《中医外治杂志》2014 年第 5 期。

《中医外治纲要(上)——中医外治历史溯源与传承发展》,《中医外治杂志》2014 年第 4 期。

《秉承传统,开拓创新——从中医外科学的发展史看继承与创新》,《中西医结合学报》2005 年第 3 期。

唐寒松(安徽中医学院)

《关于草木刺作为原始针具的探讨》,《内经中医药大学学报》1997 年第 4 期。

《草木刺也应是原始的针具》,《针灸临床杂志》1997 年第 3 期。

~施有奇:《〈难经〉的刺法特点及其影响》,《安徽中医学院学报》1996 年第 4 期。

《〈普济方〉针灸内容述略》,《中医文献杂志》1996 年第 3 期。

~施有奇:《从〈针灸大成〉卷三后四篇看杨继洲的学术思想》,《安徽中医学院学报》1992 年第 2 期。

唐豪

《我国古代的健身和医疗体操——五禽戏》,《新体育》第 116 期(1957.11)。

丹敏~:《我国民间体操——易筋经》,《新体育》第 108 期(1957.7)。

唐何芳(中山大学)

《商办抑或官办:试论近代广州粪秽处理变迁》,《社会科学研究》2014 年第 3 期。

唐红梅(云南大学)

《20 世纪 80 年代以来云南省麻风病研究综述》,《保山学院学报》2018 年第 4 期。

唐华彭(南京大学/江苏大学)

~董家友:《论民国刑法中的堕胎罪》,《历史教学(下半月刊)》2012 年第 6 期。

《罪与非罪:堕胎在 20 世纪的中国》,《江汉论坛》2011 年第 9 期。

唐慧萍(湖南师范大学)

《我国农村合作医疗制度的历史演进与改革创新研究》,湖南师范大学硕士学位论文 2014 年。

唐慧鑫(中国药科大学)

~马爱霞等:《制药企业上市药品风险管理体系初探》,《中国药物警戒》2008 年第 4 期。

孙骏~陆叶:《试析我国药源性损害救济的实现》,《药物流行病学杂志》2008 年第 3 期。

~马爱霞:《无线射频识别技术:实现药品安全监管的新宠儿》,《上海医药》2007 年第 8 期。

孙骏~马爱霞:《日本药品不良反应损害救济制度的建立与实践》,《中国药物警戒》2007 年第 8 期。

~孙骏等:《从美国疫苗伤害救济制度探讨对建立我国预防接种异常反应救济机制的启示》,《中国药物警戒》2007 年第 3 期。

孙骏~陆叶:《台湾药害救济实践及值得关注的几个问题》,《中国药物警戒》2007 年第 1 期。

~孙骏:《浅析瑞典药品损害赔偿机制及其药品保险制度》,《中国药物警戒》2006 年第 6 期。

汤嘉(华东师范大学)

《美人制造:民国女性身体之美的塑造》,华东师范大学硕士学位论文 2016 年。

唐建军(山东师范大学)

《电视剧的心理疗慰功能》,山东师范大学硕士学位论文 2001 年。

唐婕妤(曲阜师范大学)

《19 世纪后期香港公共卫生改革》,曲阜师范大学硕士论文 2015 年。

唐晶晶(兰州大学)

《论与 TRIPS 适应的药品专利保护与我国国内的公共健康问题》,《兰州学刊》2005 年第 2 期。

唐静雯(西南交通大学)

~马超英:《羌族医药特色探析》,《亚太传统医药》2011 年第 2 期。

~杨超等:《汶川大地震对羌族医药的影响及发展对策》,《中华民族医药杂志》2010 年第 5 期。

唐军(南京大学)

《改革开放以来中国食品安全问题研究(1978—2016)》,南京大学博士学位论文 2017 年。

唐魁玉(哈尔滨工业大学)

~郑毅:《基于哈贝马斯生活世界理论的瘟疫社会学分析——以 20 世纪上半叶哈尔滨的瘟疫事件为例》,《中国医学伦理学》2008 年第 5 期。

~郑毅:《瘟疫环境下个体生活条件模式与行为的理性化——以 20 世纪初哈尔滨的瘟疫事件为例》,《医学与哲学(人文社会医学版)》2007 年第 4 期。

唐兰（故宫博物院）

《马王堆帛书〈却谷食气篇〉考》，《文物》1975 年第 6 期。

唐莉（武汉科技大学）

～郭席四：《我国合作医疗历史演变评析》，《江西农业大学学报（社会科学版）》2005 年第 4 期。

～安彦彦：《建国后我国农村合作医疗公共政策取向分析——以合作医疗模式历史演变为视角》，《南方农村》2005 年第 5 期。

汤黎（西南民族大学）

～胡艳萍：《疾病·话语·权力——桑塔格对于疾病的文化研究》，《西南民族大学学报（人文社科版）》2009 年 S1 期。

查日新～：《浅析桑塔格对疾病隐喻的文化解读》，《国外理论动态》2009 年第 7 期。

唐力行（上海师范大学）

《城乡之间：1947 年歙县旅沪同乡会扑灭家乡疟疾运动会》，《史林》2013 年第 1 期。

～苏卫平：《明清以来徽州的疾疫与宗族医疗保障功能——兼论新安医学兴起的原因》，《史林》2009 年第 3 期。

唐理蒙（宁夏医科大学）

《膜原理论研究》，宁夏医科大学硕士学位论文 2014 年。

～牛阳等：《温病邪伏膜原证治初探》，《宁夏医科大学学报》2014 年第 5 期。

汤蠡舟

《输血之历史》，《东南医刊》1931 年第 4 期；1932 年第 1、3 期。

唐玲玲（中国中医科学院）

《吉益南涯学术思想研究》，中国中医科学院硕士学位论文 2009 年。

～潘桂娟：《吉益南涯及其气血水说》，《中国中医基础医学杂志》2009 年第 2 期。

唐禄俊（北京中医药大学）

《〈正统道藏〉四辅医药文献整理与研究》，北京中医药大学硕士学位论文 2017 年。

唐美花（北京邮电大学）

《泰国代孕法问题研究》，北京邮电大学硕士学位论文 2017 年。

汤明珠（山东师范大学）

《民国时期中小学校卫生教育研究（1912—1945）》，山东师范大学硕士学位论文 2012 年。

汤慕殷

《麻疯史话》，《国医导报》1940 年第 6 期。

《脚气病考》，《国医导报》1940 年第 5 期。

唐娜（南京师范大学）

《先唐服食与文学研究》，南京师范大学硕士学位论文 2007 年。

汤佩青

～王毓生：《从一个医院看两个社会——记武汉市立第一医院十年来的变化》，《长江日报》1959 年 9 月 9 日。

唐鹏琪（四川大学）

《印度阿育吠陀医学的哲学思想》，《南亚研究季刊》2006 年第 4 期。

《印度的阿育吠陀医学》，《南亚研究季刊》2006 年第 3 期。

汤茜(西南政法大学)

《中国古代仵作生态研究与历史观照》,西南政法大学硕士学位论文 2012 年。

唐钱华(西南大学)

《疾病诊疗的地方性经验与民族医学价值的探讨——以凉山彝族"斯色那"治疗为案例》,《北方民族大学学报(哲学社会科学版)》2017 年第 2 期。

《彝族苏尼的萨满特征及若干理论问题探讨》,《宗教学研究》2017 年第 1 期。

《文化认同与凉山彝族医疗抉择机制的人类学思考》,《广西师范大学学报(哲学社会科学版)》2015 年第 1 期。

唐秋雅(广西医科大学)

《北魏南伐江淮流域的环境与疫病问题初探——以公元 450 至 451 年太武帝南伐为例》,《社会科学研究》2009 年第 1 期。

唐仁

《中医对妇女月经病的辨证与治疗》,《新中医药》1958 年第 1 期。

唐仁康(黑龙江中医药大学)

王磊~胡妮娜:《历史视域下黑龙江世居少数民族养生保健民俗文化考略》,《中国民族医药杂志》2019 年第 4 期。

《中西医历史比较研究》,黑龙江中医药大学博士学位论文 2018 年。

~曹鹏等:《汉唐时期壅郁结闭病机认识的研究》,《中医药学报》2018 年第 1 期。

王磊~姜德友:《龙江医学流派形成与黑龙江地域气候环境相关性探析》,《辽宁中医药大学学报》2015 年第 1 期。

郑南、高丽娟~丁娜娜等:《古代医籍对消渴病的认识》,《吉林中医药》2015 年第 5 期。

唐世超(芜湖弋矶山医院)

~朱光祖等:《弋矶山医院解放前的历史沿革》,《皖南医学院学报》1986 年第 4 期。

~朱光祖等:《芜湖弋矶山医院创于何年考》,《皖南医学院学报》1986 年第 2 期。

《化学疗法的先驱者——欧立希》,《健康报》1964 年 8 月 15 日。

《世界医学史上的年轻人》,《健康报》1964 年 5 月 6 日。

《实验卫生学奠基者彼顿科斐尔》,《健康报》1964 年 4 月 4 日。

唐仕勇(贵州省中医研究所附属医院)

《试论祖国医学中的心身疾病观》,《中医药研究》1995 年第 2 期。

《中医现代学派的形成与特征之我见》,《河南中医学院学报》1994 年第 3 期。

《中医现代化与中医现代学派》,《天津中医学院学报》1994 年第 4 期。

《论中医现代学派与中医现代化》,《甘肃中医学院学报》1994 年第 3 期。

唐思义

《痧与霍乱考》,《中国医药》1939 年第 1 期。

唐廷猷(四川省食品药品学校/四川省中药学校)

《唐代药业用房建设与道德组织建设》,《中国现代中药》2019 年第 7 期。

《唐代药业发展述要》,《中国现代中药》2019 年第 3 期。

《大食药商蒲希密献贡宋太宗〈贡表〉译评》,《中国现代中药》2018 年第 12 期。

《清人黄奭辑〈范子计然〉西汉的药材商品手册》,《中国现代中药》2018 年第 8 期。

《伊尹发明中药汤剂质疑》,《中国现代中药》2018 年第 7 期。

《中药炮制理论炮制原理研究史初探（清代前部分）》,《中国现代中药》2018 年第 2 期。

《中药炮制原理研究史初探（新中国部分）》,《中国现代中药》2017 年第 11 期。

《清代徐大椿〈制药论〉译评》,《中国现代中药》2017 年第 9 期。

《从孙思邈〈大医精诚〉看中医药文化价值理念》,《中国现代中药》2017 年第 5 期。

《药王孙思邈与中药业传统文化》,《中国现代中药》2017 年第 4 期。

《北宋徽宗朝药政文书〈和剂局方·进表〉译评》,《中国现代中药》2016 年第 12 期。

《北宋杨天惠〈彰明附子记〉译评》,《中国现代中药》2016 年第 7 期。

《南宋吴渊〈济民药局记〉译评》,《中国现代中药》2015 年第 9 期。

《宋代官药局炮制规范〈论炮炙三品药石类例〉》,《中国现代中药》2015 年第 7 期。

《宋代官药局成药标准〈太平惠民和剂局方〉》,《中国现代中药》2015 年第 5 期。

徐茂华、王华锋～:《浅论国药业在宁波帮形成和发展中的历史作用》,《中国现代中药》2015 年第 5 期。

《不龟手药的重要历史文化价值》,《中国现代中药》2014 年第 12 期。

《秦始皇重奖巴郡女药商》,《中国现代中药》2014 年第 11 期。

《古今药市一千年》,《中国现代中药》2014 年第 8 期。

《古代官药局五百年》,《中国现代中药》2014 年第 7 期。

《〈神农本草经·序录〉译评》,《中国现代中药》2014 年第 6 期。

《古代官药局五百年》,《中医文献杂志》2010 年第 4 期。

《〈宋清传〉一份唐代药业珍贵文献》,《中医文献杂志》2009 年第 3 期。

《〈范子计然〉研究——西汉时以药材为主的商品学》,《成都中医药大学学报》2000 年第 2 期。

《中国古代的药市与当代的药交会》,《中国药学杂志》1997 年第 3 期。

《中药业的行会组织》,《中国药学杂志》1994 年第 4 期。

《论中药的种种名称》,《中国药学杂志》1990 年第 9 期。

《中药教育的历史与现状》,《中国药学杂志》1988 年第 2 期。

唐伟华（南京中医药大学）

《张景岳方剂用药特点研究》,南京中医药大学硕士学位论文 2010 年。

～孙世发:《景岳方剂用药规律研究》,《中医药学报》2010 年第 4 期。

～孙世发:《唐代方剂用药特点及成因分析》,《光明中医》2009 年第 2 期。

韩玉强～:《清中叶中医学的繁荣及原因探析》,《光明中医》2008 年第 8 期。

《宋金元时期医学发展的社会历史背景探析》,《辽宁中医药大学学报》2008 年第 7 期。

唐伟胜（南方医科大学）

《视阈融合下的叙事学与人文医学》,《中国社会科学报》2012 年 9 月 28 日 B01 版。

唐闻佳

《叙事医学 走近患者内心》,《文汇报》2012 年 11 月 20 日 007 版。

唐文娟（北京大学）

～甄橙:《协和护校公共卫生护士与北平市第一卫生区事务所》,《中国科技史杂志》2010 年第 1 期。

《意大利帕维亚大学及其培养的著名生物学家和医学家》,《中华医史杂志》2009 年第 3 期。

《博洛尼亚大学及其培养的著名医学家》,《中华医史杂志》2008 年第 2 期。

唐文佩(北京大学)

～吴苗等:《产科超生:在技术与社会之间》,张大庆等主编《全球视野下的医学文化史》(北京:中国协和医科大学出版社2019年)。

吴苗～:《身体经验的医学化——以经前期综合征为例》,《医学与哲学》2019年第9期。

～吴苗:《分娩的医学干预与社会回应——医学化的视角》,《自然辩证法研究》2018年第3期。

～吴苗:《男性更年期综合征:概念及其演变》,《中国性科学》2018年第3期。

陈雪扬～:《审视当代女性健康观之演变——以〈我们的身体,我们自己〉为例》,《医学与哲学(A)》2018年第3期。

～吴苗等:《疼痛的身体政治——分娩止痛观念的历史演变》,《自然辩证法通讯》2018年第2期。

～张大庆:《生命过程的医学化——绝经成为疾病的历史与争论》,《自然科学史研究》2018年第1期。

～吴苗等:《芭芭拉·艾伦瑞希的女性主义医学批判思想研究》,《科学技术哲学研究》2018年第1期。

吴苗～:《妇女健康运动与分娩的去医学化》,《中国性科学》2017年第8期。

～张大庆:《健康人文的兴起及其当代挑战》,《医学与哲学(A)》2017年第6期。

～吴苗:《产科超声:在技术与社会之间》,《中国科技史杂志》2017年第4期。

～张大庆:《医学化概念的构建及其演进》,《医学与哲学(A)》2015年第3期。

汤文巍(复旦大学/上海市医疗保险局)

～汤文璐等:《特大型城市老年医疗护理保障的对策研究》,《中国卫生经济》2002年第12期。

～孙国桢:《美国的老年人医疗照顾制度——国家医院保险及其补充医疗保险》,《国外医学(卫生经济分册)》2000年第2期。

唐文元(华中师范大学)

《新型农村合作医疗制度存在的问题及对策研究》,华中师范大学硕士学位论文2013年。

唐锡磷(哈尔滨医科大学)

《"扬州会议"前后的中国学校卫生》,《中国学校卫生》1999年第5期。

《新中国建国前学校卫生史考》,《中国学校卫生》1998年第5期。

《学校卫生在历史上的几种类型》,《中国学校卫生》1998年第3期。

《新中国初期学校卫生的历史性回顾》,《中国学校卫生》1993年第5期。

《我国学校卫生事业面临的改革问题》,《学校卫生》1988年第2期。

唐锡祺

《继承和发扬祖国医学遗产——介绍南京中医药展览会》,《卫生宣传工作》1955年第53期。

唐溪源(清华大学)

～唐晓阳:《瘟疫的创痛:评析埃博拉对西非三国经济社会的影响》,《非洲研究》2015年第2期。

汤先萍(新疆医科大学)

夏天成、武元婧～:《身体及医学在福柯权力分析中的作用》,《医学与哲学(A)》2016年第1期。

～杨露露:《生活医学化与健康恐慌的关系及其反思——论Michael Fitzpatrick〈健康的暴政:医生及生活方式的控制〉》,《医学与哲学(A)》2014年第11期。

唐小兵(华东师范大学)

《傅斯年与1934年的国医、西医之争》,《书屋》2005年第12期。

唐晓娟（上海中医药大学）

肖梅华～：《殖民医学视野下清末上海公共卫生意识的变迁》，《南京中医药大学学报（社会科学版）》2013 年第 2 期。

《从公共领域探析晚清上海公共卫生状况》，上海中医药大学硕士学位论文 2011 年。

～肖梅华等：《从清末上海期刊看妇女健康权的转变》，《南京中医药大学学报（社会科学版）》2011 年第 1 期。

汤晓莉（华中科技大学）

《社会医疗保险可携带性政策研究》，华中科技大学博士学位论文 2010 年。

汤晓莉（中国劳动和社会保障部/国家体改委分配与社会保障司）

《德国医保改革：左右为难》，《中国社会保障》2005 年第 12 期。

《医保：全球共同关注的焦点》，《中国社会保障》2001 年第 12 期。

《英国国家卫生服务制度的起源及几次重大改革》，《中国卫生资源》2001 年第 6 期。

《具有特色的合作医疗保险——新加坡"保健管理制度"简介》，《卫生软科学》1996 年第 1 期。

汤晓龙（上海中医药大学）

《西夏文〈明堂灸经〉补考》，《宁夏社会科学》2018 年第 5 期。

～刘景云：《西夏医方"合香杂制剂"破译考释初探》，《中医文献杂志》2017 年第 1 期。

～刘景云：《西夏医方〈治热病要论〉"小儿头疮方"破译考证》，《中华医史杂志》2016 年第 2 期。

～刘景云等：《西夏文治痢七方破译考释》，《中华医史杂志》2013 年第 3 期。

～张如青等：《俄藏黑水城西夏文医药文献"治偏头疾方"破释探析》，《河南中医》2011 年第 12 期。

张如青～：《俄藏黑水城医学文献〈神仙方论〉辑校考释》，《中华医史杂志》2010 年第 3 期。

袁久林～邸若虹：《冯兆张用药特色探析》，《时珍国医国药》2009 年第 4 期。

《〈伤寒论〉方在〈温病条辨〉中的运用与发展探析》，《中医文献杂志》2008 年第 1 期。

袁久林、邸若虹～：《中医古方文献研究的思考》，《山东中医杂志》2007 年第 12 期。

邸若虹……袁久林～鲍健欣：《〈脉经〉中妇产科学术特点》，《上海中医药大学学报》2007 年第 5 期。

～包来发：《徐灵胎与〈洄溪医案〉》，《上海中医药杂志》2007 年第 3、4 期。

包来发～张宁：《元代以前中医学对心律失常脉象的认识初探》，《上海中医药大学学报》2005 年第 1 期。

《心悸理论源流初探》，《中医文献杂志》2002 年第 4 期。

唐晓伟（兰州大学）

《从文医关系看医生社会地位的变迁》，兰州大学硕士学位论文 2008 年。

《从王继先看宋医官与政治的关系》，《医学与哲学（人文社会科学版）》2007 年第 2 期。

唐晓霞（上海师范大学）

《阿斯克勒庇俄斯之杖与双蛇杖》，《学理论》2014 年第 24 期。

《古代科斯医生研究》，上海师范大学硕士学位论文 2014 年。

汤兴华（南平市人民医院）

《孙思邈的灸疗思想探析》，《上海针灸杂志》2008 年第 4 期。

唐璇（中南大学）

《板蓝根药用史考》，《黄秋中医药》2014 年第 11 期。

《中药麻醉史初考》,《中医药文化》2014 年第 5 期。

唐颜(暨南大学)

《日本药品流通体制变革及对我国的启示》,暨南大学硕士学位论文 2009 年。

汤艳梅(上海师范大学)

《工业革命时期的英国城市环境观念及其影响》,上海师范大学硕士学位论文 2008 年。

汤雁如(暨南大学)

《突发公共卫生事件的报道研究》,暨南大学硕士学位论文 2006 年。

唐咏(深圳大学)

～郑小雯:《亲属对癌症患者病情告知行为和态度的质性研究》,《医学与哲学》2019 年第 17 期。

《临终关怀与社会治理创新》,《社会工作与管理》2018 年第 4 期。

《叙事医学视角下的临终关怀研究》,《医学与哲学(A)》2018 年第 7 期。

《多元化学科维度下老年人临终关怀服务的挑战与对策》,《中华医学杂志》2018 年第 2 期。

《生命意义的重建:癌症晚期病人家属丧失、哀伤和双向摇摆的复原历程研究》,《中国社会工作研究》2017 年第 10 期。

《老年晚期肿瘤患者及家属照顾者死亡态度和病情告知的需求分析》,《医学与哲学(B)》2017 年第 6 期。

《癌症晚期患者丧亲者哀伤反应的质性研究》,《解放军护理杂志》2017 年第 4 期。

《我国城市老年人临终关怀服务体系发展现状及对策》,《中华医学杂志》2017 年第 3 期。

《高龄失能老人照顾者精神健康状况研究:基于性别分析视角》,《南方人口》2013 年第 4 期。

《高龄失能老人主要照顾者心理健康与长期照护体系的建立》,《学术论坛》2012 年第 9 期。

～魏惠兰:《个案管理模式兴起及其在医务社会工作中的启示——以癌末病患照顾者为例》,《社会工作(学术版)》2011 年第 6 期。

汤用彤

《针灸·印度古医书》,《新建设》1961 年第 7 期。

汤玉林

《祖国古代医学在饮食营养卫生学方面的贡献》,《医学史与保健组织》1958 年第 1 期。

唐玉虬

《医林儒林合为一人的朱丹溪》,《新中医药》1957 年第 4 期。

唐元

《我国古代的体操——八段锦》,《新体育》第 102 期(1957.4)

唐云(南京师范大学)

《江苏医疗保障地方立法研究》,南京师范大学硕士学位论文 2016 年。

唐朝丽(四川师范大学)

《民国时期四川的传染病与社会(1912—1937)》,四川师范大学硕士学位论文 2012 年。

唐志炯

《唐宋的医事律令》,《医学史与保健组织》1958 年第 4 期。

《关于医学史分期问题》,《医学史与保健组织》1958 年第 2 期。

《太平天国时期之卫生工作考》,《中华医史杂志》1953 年第 3 期。

唐倬（南京大学）

～刘鹏：《全球化时代中医文化传承问题的一场对话——访张宗明、蔡仲、方向红三位教授》，《淮阴师范学院学报（哲学社会科学版）》2015 年第 1 期。

陶炽孙

《中国新医史观》，《现代医学》1943 年第 6、8 期。

《中国新医受难史《中华医学杂志》1936 年第 11 期。

《关于天花传入中国的历史》，《学艺》1935 年第 2 期。

《日本近世卫生设施发展史》，《学艺》1934 年第 9 期。

《二十二年来之中国医学界》，《中华月报》1934 年第 1 期。

《卫生学的史的展开》，《东南医刊》1932 年第 2 期。

《世界卖淫史》，《东南医刊》1931 年第 3 期。

陶传祥（兰州大学）

《汉代基层社会医疗》，《天水师范学院学报》2016 年第 3 期。

陶春军（盐城师范学院）

《现代通俗文学期刊中广告的策划与宣传——以〈小说世界〉的医药广告为例》，《盐城师范学院学报（人文社会科学版）》2016 年第 1 期。

陶飞亚（上海大学）

《西方人怎么看待中医的启示》，《中医药文化》2015 年第 2 期。

～王皓：《近代医学共同体的嬗变：从博医会到中华医学会》，《历史研究》2014 年第 5 期。

《传教士中医观的变迁》，《历史研究》2010 年第 5 期。

陶功定（山西中医学院/黑龙江中医药大学/山西医科大学/山西医学院）

刘润兰～：《从控制论看〈内经〉五行生克制化与反馈调节》，《世界中西医结合杂志》2013 年第 5 期。

刘润兰、张维骏～：《"亢害承制"机制的古今研究状况分析》，《世界中西医结合杂志》2012 年第 12 期。

张永红……郭彩云～：《"病随国运论"的思想内涵及现代意义探讨》，《光明中医》2012 年第 6 期。

雷文婷～：《"道"文化在生态医学中的平衡思想探析》，《世界中西医结合杂志》2012 年第 2 期。

雷文婷～：《"道"文化对〈黄帝内经〉生态医学思想的影响》，《亚太传统医药》2012 年第 1 期。

～冯前进等：《从〈黄帝内经〉生态医学思想浅论生态病因学》，《世界中西医结合杂志》2011 年第 8 期。

《〈黄帝内经〉生态医学思想解读——从"六淫"与"戾气"致病到生态病因学理论的建立》，《中医杂志》2011 年第 8 期。

高鹏……杨鹏斐～：《〈黄帝内经〉医学心理学思想探析》，《山西中医学院学报》2011 年第 2 期。

《〈黄帝内经〉的现代启示——关于大生态医学模式的研究》，《鄱阳湖学刊》2010 年第 3 期。

赵瑞、王洪艳～：《〈内经〉因时制宜针灸方法探讨》，《山西中医学院学报》2008 年第 2 期。

《〈黄帝内经〉生态医学思想溯源》，《山西中医》2005 年第 2、3 期。

《生态医学思想是贯穿〈黄帝内经〉的主线》，《山西中医》2004 年第 3 期。

《〈黄帝内经〉生态医学思想的现代意义研究》，黑龙江中医药大学博士学位论文 2002 年。

《试论〈黄帝内经〉的生态医学思想》，《医学与哲学》2002 年第 8 期。

《关于中医药现代化的思考》，《医学与哲学》2000 年第 7 期。

《大生态医学——21 世纪医学发展的战略走向》，《医学与哲学》1998 年第 2 期。

《健康、死亡与健康死亡释义——兼论健康死亡作为医学终极目的的伦理意义》，《中国医学伦理学》1996 年第 3 期。

《试论死亡的本质及死亡态度》，《医学与哲学》1996 年第 5 期。

《试论医疗卫生事业改革的决策依据及其可供选择的模式》，《中国医学伦理学》1995 年第 1 期。

《医学的生态伦理化理解——关于健康、医学本质、医学模式与伦理原则的新观念及其对现代医学的反思》，《科学技术与辩证法》1994 年第 5 期。

《关于医德评价标准的哲学分析——兼论当前医德评价标准中一个理论迷误》，《中国医学伦理学》1992 年第 4 期。

《怎样认识卫生服务的商品性及其与市场机制的关系——与杜治政、桂贝武、马启昕等同志商榷》，《医学与哲学》1990 年第 2 期。

《稀少生物学的医学及医学伦理学的辩证思考》，《医学与哲学》1986 年第 12 期。

陶广正（中国中医科学院/中国中医研究院）

《读〈疫病钩沉〉有感》，《中医文献杂志》2004 年第 4 期。

《中医医案学的历史与成就》，《中医文献杂志》2002 年第 4 期。

《中医康复医学发展简史》，《中国中医基础医学杂志》1997 年第 6 期。

《痕迹辨》，《中国中医基础医学杂志》1997 年第 3 期。

《新安医派对仲景学说的重大贡献》，《新中医》1992 年第 1 期。

陶海燕（合肥工业大学）

《现代西方社会的疾病——从疾病隐喻角度解析〈长夜漫漫路迢迢〉》，合肥工业大学硕士学位论文 2013 年。

陶虹娟（云南大学）

《医学人类学视野下的傣医睡药疗法》，云南大学硕士学位论文 2015 年。

陶惠宁（北京针灸骨伤学院）

～神津忠彦:《江户时代的日本汉方医学教育》，《北京针灸骨伤学院学报》1997 年第 2 期。

《马王堆医书的骨伤科成就》，《中国中医骨伤科杂志》1991 年第 1 期。

～岑泽波:《中医骨伤文献的计量学分析》，《中医正骨》1990 年第 2 期。

陶久胜（宁波大学/南昌大学）

《早期现代英国的爱尔兰空间焦虑:莎士比亚历史剧的地理病理学》，《外语研究》2019 年第 6 期。

《英国大瘟疫时期的外来商品焦虑:〈狐狸〉的经济病理学》，《外国文学研究》2019 年第 2 期。

《放血疗法与政体健康:体液理论中的莎士比亚罗马复仇剧》，《戏剧（中央戏剧学院学报）》2016 年第 6 期。

《放血疗法与王国新生:英国早期现代复仇剧的医学伦理》，《外国文学研究》2016 年第 4 期。

《英国前商业时代的国际贸易焦虑——莎士比亚〈错误的喜剧〉的经济病理学》，《国外文学》2016 年第 4 期。

陶立群（中国老龄问题全国委员会）

《日本老年人的医疗、保健、福利事业》，《国外医学（社会医学分册）》1986 年第 3 期。

陶礼雍

《黄帝与〈黄帝内经〉》,《新中华医药月刊》1945 年第 9、10 期。

陶善敏

《中国女子医学教育》,《中华医学杂志》1933 年第 6 期。

陶诗秀

《林可胜与贵阳图云关》,《档案天地》2018 年第 9 期。

陶艳兰(南京大学/苏州科技学院)

《走向未知的身体:医学知识的影响与性别支配——读李贞德〈性别、身体与医疗〉》,《妇女研究论丛》2014 年第 3 期。

《产科医生遇上"怕疼"产妇? ——中国女性生产经历的身体政治》,《妇女研究论丛》2012 年第 1 期。

陶御风(上海中医药大学/上海中医学院)

《笔记医史资料采掘》,《中医药文化》2007 年第 6 期。

《宋金元时期医案发展的成就和特点》,《中医文献杂志》2002 年第 3 期。

《宋以前医案考》,《上海中医药大学学报》2000 年第 1 期。

《略论笔记医学资料的利用》,《医古文知识》1993 年第 4 期。

《清代笔记医学资料概述》,《上海中医药杂志》1992 年第 2 期。

《金、元、明时代笔记医学资料概述》,《上海中医药杂志》1991 年第 10 期。

《唐宋笔记医学资料概述》,《中国医药学报》1990 年第 5 期。

《我国第一部外治专书——〈急救广生集〉评述》,《上海中医药杂志》1986 年第 9 期。

《论李东垣医案的特色》,《中医杂志》1984 年第 4 期。

陶渊骏(东华大学)

《以卫生的名义:上海"除四害"运动中的群众政治(1956—1960)》,东华大学硕士学位论文 2014 年。

陶元珍

《关于傅青主下狱事之新史料》,《天津益世报读书周刊》1936 年第 47 期。

藤本治(日本静冈大学)

《浙赣作战与细菌战》,《浙江学刊》1999 年第 5 期。

滕芳美(牡丹江医学院)

～王春梅等:《以藏医学为例简论人类早期宗教化医学的形成及其意义》,《医学与哲学》1995 年第 2 期。

腾磊(上海中医药大学/上海市嘉定区中医医院)

～柴宇琪等:《基于〈长沙药解〉探析黄芩、黄连和黄柏的临床效用之别》,《上海中医药大学学报》2018 年第 2 期。

～袁波等:《〈四圣心源〉辨治耳聋的学术思想探析》,《中医药信息》2016 年第 1 期。

孙云浩～:《〈理虚元鉴〉治疗干咳的学术思想探微》,《中医药学报》2014 年第 5 期。

～忻耀杰等:《〈长沙药解〉论升麻》,《上海中医药大学学报》2014 年第 1 期。

忻耀杰～高旭青:《〈内经〉胆移热于脑,则辛頞鼻渊〉的再认识》,《四川中医》2014 年第 1 期。

忻耀杰～高旭青:《〈证治汇补〉清肺散对变应性鼻炎治疗的指导意义初探》,《四川中医》2013 年第

12 期。

舒艳芳～:《〈万病回春〉辨治耳聋的特点》,《长春中医药大学学报》2013 年第 1 期。

忻耀杰～高旭青:《〈经方实验录〉辛凉甘润法治疗乳蛾临床发微》,《上海中医药杂志》2012 年第 11 期。

～忻耀杰等:《〈玉楸药解〉辨析肉桂的学术思想探析》,《四川中医》2012 年第 10 期。

～忻耀杰等:《〈四圣心源〉治疗声暗学术思想探讨》,《上海中医药杂志》2012 年第 3 期。

～忻耀杰:《〈长沙药解〉中麻黄作用探讨》,《上海中医药杂志》2011 年第 10 期。

～忻耀杰:《〈长沙药解〉论桂枝》,《新中医》2011 年第 10 期。

忻耀杰～高旭青:《〈素灵微蕴〉学术思想对治疗突发性耳聋诊疗的指导意义》,《上海中医药杂志》2011 年第 8 期。

～忻耀杰:《〈四圣心源〉治疗鼻衄的辨治特点探微》,《江苏中国医药》2011 年第 4 期。

～王学成等:《〈医学启源〉咳嗽的辨治和用药特点探微》,《上海中医药杂志》2011 年第 1 期。

滕绍箴(中国社会科学院)

《满族医学述略》,《清史研究》1995 年第 3 期。

藤田梨那(日本国士馆大学文学部)

《医学·文学·身体——以郭沫若为例》,《中国现代文学论丛》2015 年第 1 期。

滕晓东(山东中医药大学)

《明清瘟疫证治方药的文献研究》,山东中医药大学硕士学位论文 2005 年。

《厚德过于千金——从〈千金方·大医精诚〉看儒、释、道对孙思邈医德观的影响》,《吉林中医药》2004 年第 5 期。

李昆～:《宋代产科学的成就与特色》,《山东中医药大学学报》2004 年第 5 期。

腾杨

《老官山医简价值超过马王堆医书》,《中国中医药报》2013 年 12 月 23 日 003 版。

滕朝宇(中南大学)

《湘雅二医院医患沟通研究》,中南大学硕士学位论文 2005 年。

田安宁(云南省中医中药研究所)

～杨钊:《纳西族东巴医药学的初步整理研究》,《中国民族医药杂志》2003 年第 1 期。

～田陆云等:《纳西族东巴医药研究》,《中国民族民间医药杂志》2001 年第 1 期。

～杨钊:《纳西族东巴医学的疾病观初探》,《云南中医中药杂志》1995 年第 3 期。

田成庆

《在中医学上有关肾及肾病的记载》,《新中医药》1953 年第 4 期。

田传胜(中华预防医学会)

～孙菲等:《下岗职工精神健康及其社会支持和应付方式的调查》,《职业与健康》2003 年第 9 期。

田代华(山东中医药大学/山东中医学院)

《五行学说是制约中医理论发展的关键因素》,《山东中医药大学学报》2006 年第 2 期。

～李怀芝:《汪昂医学学术思想研究》,《中医药学刊》2005 年第 7 期。

《论中医文献及文献学在中医学中的地位》,《山东中医药大学学报》2005 年第 5 期。

～李怀芝:《谈汪昂对医学的贡献》,《中医教育》2005 年第 4 期。

～李怀芝:《汪昂与〈医方集解〉》,《山东中医药大学学报》2005 年第 3 期。

张晓杰～:《荨麻疹中医病名溯源》,《中医文献杂志》2004 年第 1 期。

杨金萍～:《丹溪学说中的阴虚体质思想》,《山东中医学院学报》1992 年第 3 期。

田多英范(日本流通经济大学)

～郭晓宏:《日本的全民医疗保险与全民年金体制》,《社会保障研究(北京)》2005 年第 2 期。

田丰(北京大学)

《〈黄帝内经〉医学用语研究》,北京大学硕士学位论文 2011 年。

田峰(山东理工大学)

～尹玉吉:《清中〈吴医汇讲〉及其审稿性质辨析》,《管子学刊》2011 年第 4 期。

田峰(中国中医科学院)

～廖星等:《欧盟〈药物流行病学研究方法学标准指导手册〉译介》,《中国中药杂志》2013 年第 8 期。

谢雁鸣～:《欧盟新版〈药物警戒实践指南〉解读》,《中国中药杂志》2013 年第 8 期。

《裘吉生整理出版中医文献的成就研究》,中国中医科学院硕士学位论文 2008 年。

～王咪咪:《从"洋务运动"到"中西医汇通"》,《中医文献杂志》2007 年第 1 期。

田刚(首都医科大学)

冯萱……李琪～:《我国预防医学教育的早期经验》,《继续医学教育》2014 年第 1 期。

冯萱～:《苏区精神与苏区卫生工作》,《首都医科大学学报(社会科学版)》2011 年 00 期。

《建国后毛泽东中西医结合思想与实践》,《首都医科大学学报(社会科学版)》2011 年 00 期。

《新中国成立初期"团结中西医"方针的确立》,《当代中国史研究》2011 年第 1 期。

《新民主主义革命时期毛泽东中西医结合思想与实践》,《首都医科大学学报(社会科学版)》2010 年 00 期。

《20 世纪 30 年代苏区群众卫生防疫运动》,《中华医史杂志》2008 年第 4 期。

《中国共产党领导苏区卫生防疫运动》,《首都医科大学学报(社会科学版)》2007 年 00 期。

《中国共产党领导的苏区卫生防疫运动》,《北京党史》2007 年第 3 期。

《近代中国第一次群众卫生防疫运动》,《医学与社会》2007 年第 7 期。

田华咏(三峡大学/湘西自治州民族医药研究所)

汪鋆植、余海立……张宏岐等:《对"药王昏死茶露醒"中茶的探究》,《巴楚医学》2018 年第 1 期。

～田兰:《土家药研究 40 年概述》,《中国民族医药杂志》2017 年第 11 期。

韩玉茹、田兰～张登巧:《苗族医药文化中的生态伦理思想概述》,《中国民族医药杂志》2017 年第 7 期。

～田兰等:《土家医骨伤史话》,《中国民族医药杂志》2015 年第 5 期。

田兰、瞿显友～:《土家药品种考证与药名整理研究》,《中国民族医药杂志》2014 年第 12 期。

～田兰等:《土家族医药文献调研与整理》,《中国民族医药杂志》2013 年第 6 期。

～田兰:《土家医雷火神针疗法历史源流考证及技法特点与作用评述》,《中国民族医药杂志》2012 年第 5 期。

田兰、汪冶～:《侗族医药古籍文献整理与保护》,《中国民族医药杂志》2011 年第 10 期。

～田莴:《土家族医药研究 30 年概述》,《中国民族医药杂志》2009 年第 9 期。

～田兰：《侗族医学史略》，《中国民族医药杂志》2009 年第 7 期。

～田苗：《中国苗族医药域间学术特点比较研究》，《中国民族医药杂志》2007 年第 12 期。

～田苗：《略论中国苗医特征及其对人类医学的贡献》，《中国民族医药杂志》2007 年第 9 期。

张东海～滕建卓：《苗医骨伤科史略》，《中国民族医药杂志》2007 年第 9 期。

曾宪平、田兰～滕建卓：《骨伤科苗药整理与研究》，《中国民族医药杂志》2007 年第 9 期。

彭芳胜～滕建卓：《土家医方剂学研究》，《中医药导报》2007 年第 7 期。

～田苗：《"梯玛神歌"中的土家族医药文化解读》，《中国民族医药杂志》2007 年第 6 期。

～田苗：《苗瑶语民族医药文化探源》，《中国民族医药杂志》2006 年第 5 期。

～腾建卓：《湖南白族医药概况》，《亚太传统医药》2007 年第 4 期。

《苗族医药研究 20 年评述》，《中国民族民间医药杂志》2007 年第 2 期。

《土家族方药文化研究》，《中国民族民间医药杂志》2007 年第 2 期。

～田苗：《土家医三种"七十二症"民间抄本症名比较研究》，《亚太传统医药》2007 年第 2 期。

《从神仙医，药匠到医生——论土家族医生称谓的演变》，《亚太传统医药》2006 年第 8 期。

《从苗族原始神话探寻远古苗族医药文化》，《中国民族民间医药杂志》2006 年第 3 期。

《苗族医药的盛世华章——〈中华本草·苗药卷〉评介》，《贵阳中医学院学报》2006 年第 3 期。

《土家族医药文化与数字医学关系探讨》，《亚太传统医药》2006 年第 4 期。

《论土家族医学理论体系的建构及学术特色》，《中国民族医药杂志》2005 年第 5 期。

《略论土家族医药文化圈中南北流派的学术特点》，《中国民族民间医药杂志》2005 年第 2 期。

～滕建卓：《论三峡民族医药文化的形成及学术特点》，《中国民族医药杂志》2004 年第 4 期。

《土家族医药发展史略》，《中国民族民间医药杂志》2004 年第 1 期。

《鄂西民族医药文化历史的延伸——读〈恩施州民族医药研究丛书〉有感》，《中国民族民间医药杂志》2003 年第 3 期。

《试论土家族医药学术特点》，《中医药通报》2003 年第 2 期。

《梯玛文化与土家族医药》，《中国民族医药杂志》2002 年第 2 期。

～瞿显友：《土家药水边麻本草学研究》，《中国民族民间医药杂志》2002 年第 1 期。

《土家族药物炮制特点》，《中国民族医药杂志》2001 年第 4 期。

《土家族医药研究回顾》，《中国民族医药杂志》2001 年第 3 期。

《武陵医学源流考》，《中国民族医药杂志》1997 年第 3 期。

《土家族医药概述》，《中国民族医药杂志》1996 年第 1 期。

～瞿显友：《中国民间常用动物药炮制方法简述》，《中国民族民间医药杂志》1995 年第 1 期。

《土家族民间还阳类药物整理》，《中药材》1994 年第 5 期。

《土药"七十二七"原植物初考》，《中药材》1991 年第 8 期。

田建辉（上海中医药大学）

～王琳：《马王堆〈帛书·经脉篇〉脉气流注思想管窥》，《浙江中医杂志》2001 年第 7 期。

田进文（解放军总医院）

《论中医学五行理论与阴阳理论的逻辑规则及其与现代物质理论的统一性》，《山东中医药大学学报》2015 年第 2 期。

～郭妍：《论中医学阴阳理论的科学属性》，《山东中医药大学学报》2011 年第 6 期。

～石巧荣等：《解剖学与中医理论的隔阂与融合》，《山东中医药大学学报》2006 年第 3、4 期。

田静（河北大学）

《〈杏林医学月报〉研究》，河北大学硕士学位论文 2012 年。

《〈杏林医学月报〉的内容及其特色》，《传承》2011 年第 11 期。

田静（南京大学）

～蔡仲：《民国时期中医的"实证科学化"——布尔迪厄实践哲学的视阈》，《医学与哲学（A）》2015 年第 7 期。

～蔡仲：《中医何以被西医化——基于"福柯—库恩"式规训的思考》，《自然辩证法研究》2014 年第 3 期。

《中医何以西医化——以中医教育的转变为例》，南京大学硕士学位论文 2013 年。

田静（上海健康医学院）

《文化翻译观指导下的中医文化负载词英译策略》，《教育教学论坛》2017 年第 44 期。

《中医文献及文化负载词英译历程》，《黑龙江科学》2017 年第 5 期。

田军（上海师范大学）

《医疗保障制度中的政府责任》，《上海师范大学学报（哲学社会科学版）》2008 年第 6 期。

田侃（南京中医药大学）

～黄素芹等：《基于基层医疗卫生机构合理用药的家庭医生团队优化研究》，《中国药房》2019 年第 21 期。

赵文敏、杨毅～：《美国药物治疗管理模式对我国基层医疗机构药学服务能力建设的启示》，《中国新药杂志》2019 年第 11 期。

喻小勇～：《美国社会药房"互联网+"发展概况及其对我国的启示》，《中国卫生事业管理》2019 年第 9 期。

孙陈敏～：《"互联网+"背景下移动医疗发展现状研究》，《卫生经济研究》2019 年第 8 期。

赵文敏、喻小勇～：《人工智能视域下药师的发展思考》，《卫生经济研究》2019 年第 8 期。

宣思宇～臧运森等：《论自我决定权与紧急救治权的适用——关于〈医疗机构管理条例〉第三十三条的探讨》，《医学与哲学》2019 年第 8 期。

赵文敏～：《"健康中国"战略下"互联网+中医药"发展的 SWOT—PEST 分析》，《时珍国医国药》2019 年第 7 期。

宣思宇～杨泽华等：《健康中国视域下人工智能在中医药领域应用存在的问题及建议》，《医学争鸣》2019 年第 6 期。

虞凯～：《浅议〈中医药法〉对医疗损害/事故鉴定的规范作用》，《中国卫生法制》2019 年第 6 期。

黄素芹～张乐君等：《带量采购政策对我国药品价格影响研究》，《价格理论与实践》2019 年第 5 期。

吴颖雄～喻小勇等：《我国中药饮片安全社会共治的困境与改革》，《中草药》2019 年第 4 期。

～黄素芹：《我国中、西医师处方权限问题刍议》，《南京中医药大学学报（社会科学版）》2019 年第 3 期。

周亮亮……姚银銮：《"互联网+"背景下我国处方药网络销售的路径探析》，《医学争鸣》2019 年第 3 期。

刘雪竹～喻小勇等：《地方中医药条例立法困境及建议》，《医学争鸣》2019 年第 3 期。

周亮亮～姚银銮等：《印度药品专利强制许可制度及对我国的启示》，《南京中医药大学学报（社会科学版）》2019 年第 1 期。

刘秋风、沈夕坤~喻小勇等:《英国非医疗处方权管理及对我国的启示》,《中国药房》2018 年第 20 期。

~赵文敏等:《再论中药注射剂的合理性——基于红花注射液和喜炎平注射液召回事件的思考》,《中国药房》2018 年第 18 期。

~刘秋风等:《江苏省综合医院"药占比"指标分析研究》,《中国药房》2018 年第 17 期。

宣思宇、臧运森~:《罕用药临床试验及受试者用药保障分析》,《中国新药杂志》2018 年第 16 期。

杨泽华~殷婷等:《浅谈人工智能在我国卫生健康领域的应用》,《卫生经济研究》2018 年第 11 期。

刘雪竹~刘秋风:《多源流理论视角下中医药法政策分析》,《中医杂志》2018 年第 11 期。

刘秋风~沈夕坤等:《中医药政策实施效果评估》,《中医杂志》2018 年第 10 期。

刘秋风~余同笑等:《日本医保药品价格谈判对我国的启示》,《中国医药工业杂志》2018 年第 10 期。

刘雪竹~杨毅等:《中医医师资格认定存在的问题及对策》,《中医杂志》2018 年第 9 期。

孙东东、周亮亮~:《〈中医药法〉背景下中医师承体系优化刍议》,《中国卫生事业管理》2018 年第 8 期。

~虞凯:《试论"紧急情况"下医方告知义务的履行与豁免》,《医学与哲学(A)》2018 年第 8 期。

张敏……赵颖波~陈江芸:《基于抗菌药物临床应用监测网的三级公立医院抗菌药物使用动态研究》,《中华医院管理杂志》2018 年第 8 期。

方鹏骞……白雪~陈江芸:《我国医院抗菌药物的管理及使用问题梳理和对策展望》,《中华医院管理杂志》2018 年第 8 期。

陈江芸~尹畅等:《两种常见耐药菌抗菌药物耐药情况的社会经济负担研究》,《中华医院管理杂志》2018 年第 8 期。

周亮亮、姚银銮~:《我国公立医院药房改革的实践研究》,《卫生经济研究》2018 年第 7 期。

虞凯~:《中医诊疗注意义务刍议》,《中国卫生法制》2018 年第 6 期。

吴颖雄~白庚亮:《网络销售滋补保健类中药材监管问题探讨》,《南京医科大学学报(社会科学版)》2018 年第 5 期。

刘秋风~沈夕坤等:《"互联网+"背景下药品流通 O2O 商业模式的创新研究》,《中国卫生信息管理杂志》2018 年第 4 期。

刘亚敏~喻小勇等:《浅谈我国执业药师注册制度之完善》,《中国卫生事业管理》2018 年第 4 期。

~余同笑等:《公民健康权视域下我国基本药物制度探析——兼论〈基本医疗卫生与健康促进法(草案)〉之"药物保障"》,《中国卫生法制》2018 年第 3 期。

马震~喻小勇:《日本药师制度概况分析及对我国的启示》,《中国卫生事业管理》2018 年第 3 期。

于翠婷~住田尚之等:《日本汉方制剂的发展现状及其经验启示》,《中草药》2018 年第 2 期。

徐州、王长青~杨泽华等:《不同地区中医药卫生服务需求与利用现况调查》,《南京中医药大学学报(社会科学版)》2018 年第 2 期。

~杨毅等:《我国市县级中医院服务能力现状及变化趋势评价》,《南京中医药大学学报(社会科学版)》2018 年第 1 期。

杨泽华~杨毅等:《江苏与甘肃地区中医药服务接受度影响因素分析》,《中国卫生事业管理》2018 年第 1 期。

喻小勇、康震～王志刚等:《药师的职业溯源与角色演化及对我国药师立法的启示》,《中国药房》2017 年第 35 期。

张丽霞……张兆康～:《中医哲学和现实人文意义的思考》,《中医杂志》2017 年第 24 期。

白庚亮～周荣敏等:《江苏省基层医疗卫生机构合理用药门诊处方调查分析》,《中国药学杂志》2017 年第 24 期。

杨毅、张昕男～:《基于医患双方的公立医院声誉评价指标体系权重研究》,《中国全科医学》2017 年第 21 期。

闵晓青～喻小勇等:《美国儿童用药立法保障评析及对我国的启示》,《中国药房》,《中国药房》2017 年第 13 期。

吴颖雄～:《简析〈中医药法〉的亮点与不足》,《中国药事》2017 年第 12 期。

余同笑～周城义:《对台湾地区"病人自主权利法"的评述及启示》,《医学与哲学(A)》2017 年第 8 期。

张丽霞……张兆康～:《儒家思想与中医学临证思维模式》,《中国中医基础医学杂志》2017 年第 8 期。

余同笑～周城义:《反垄断视阈下的药品追溯体系研究》,《卫生经济研究》2017 年第 7 期。

陈庆～:《海峡两岸新药临床试验数据保护之比较研究》,《中国新药杂志》2017 年第 7 期。

杨毅～:《基于医患双方的公立医院声誉评价指标体系研究》,《中国全科医学》2017 年第 6 期。

闵晓青～李浩:《江苏省城乡卫生人力资源配置现状及公平性研究》,《中国医院》2017 年第 6 期。

闵晓青～李浩:《基于缄默性视角的中医知识传承问题探讨》,《医学与社会》2017 年第 5 期。

喻小勇～:《我国药师法立法之资格准入制度探讨》,《中国卫生事业管理》2017 年第 4 期。

闵晓青～李浩:《徐州农村地区慢性病的预防对策研究》,《中国卫生事业管理》2017 年第 3 期。

王雪云、姚峥嵘～:《基于供给侧视角的我国分级诊疗相关问题思考》,《中国卫生事业管理》2017 年第 3 期。

《〈中医药法〉立法创新之评价》,《南京中医药大学学报(社会科学版)》2017 年第 1 期。

闵晓青～李浩:《2005—2014 年江苏省卫生人力资源配置现状及公平性》,《公共卫生与预防医学》2017 年第 1 期。

喻小勇～:《美、英、日三国药师法律制度及其对我国的启示》,《中国医院管理》2017 年第 1 期。

陈文静……臧运森～:《放开政府定价后我国药品价格调整方向与国际经验借鉴》,《中国卫生事业管理》2017 年第 1 期。

吴颖雄～:《关于〈中华人民共和国中医药法(草案)〉的商榷》,《中国中医药信息杂志》2017 年第 1 期。

刘义胜～王辰旸等:《地方卫生行政审批制度改革刍议》,《卫生经济研究》2017 年第 1 期。

杨莉～吴厚新等:《"两点论"思想对中医医联体发展的思考》,《中国全科医学》2016 年第 36 期。

杨毅～田虹:《中药资源外源性污染问题管控研究》,《中国药房》2016 年第 34 期。

李浩～喻小勇等:《欧盟成员国植物药产品审评现状分析及启示》,《中草药》2016 年第 24 期。

刘义胜～:《根据〈专利法〉第 49 条研究药品专利强制许可的可执行性》,《中国新药杂志》2016 年第 22 期。

倪新兴……夏益～:《论我国临床药师处方权》,《中国药房》2016 年第 17 期。

杨毅～田虹:《循环经济视角下中药资源外源性污染问题研究》,《中国中药杂志》2016年第15期。

周城义～夏益:《和谐医患关系目标下的医疗损害补偿制度研究》,《中国医院管理》2016年第12期。

邵辰杰～臧运森:《我国中药注册程序的比较研究》,《时珍国医国药》2016年第11期。

王辰旸～刘义胜等:《关于新版国家基本药物目录保障儿童用药的对策研究》,《中国新药杂志》2016年第9期。

王辰旸～崔璨:《台湾地区全民健保下分级诊疗制度之借鉴》,《中国医院管理》2016年第8期。

吴颖雄～:《传统中医师执业规制探讨》,《时珍国医国药》2016年第7期。

杨毅～倪新兴等:《中药材品质影响因素实证研究》,《中药材》2016年第6期。

何京、王磊～沈爱玲:《从中药保护现状看我国的中药知识产权制度》,《国际中医中药杂志》2016年第6期。

季慧敏～臧运森:《医务人员休息权保障与和谐医患关系构建》,《中国卫生事业管理》2016年第5期。

～白庚亮等:《我国县级公立中医院与综合医院发展现状比较》,《医学与社会》2016年第5期。

～杨毅等:《医疗机构临方炮制中药饮片制度评鉴》,《中国医院》2016年第5期。

孙骐～喻小勇:《医师告知义务之罕见并发症的判断——白内障手术之上脉络膜猛爆性出血案》,《中国卫生事业管理》2016年第4期。

何京～沈爱玲:《海峡两岸执业中医师考试资格对比分析》,《广西医学》2016年第4期。

《中医药法制视角下的我国县级中医院发展困境与对策刍议》,《中国卫生法制》2016年第3期。

俞铖航～喻小勇:《印度药品专利强制许可制度分析及对中国的启迪》,《中国新药杂志》2016年第3期。

王志刚～喻小勇:《美国FDA药物短缺应对策略及其对我国的启示》,《医学争鸣》2016年第3期。

周荣敏～贺云龙等:《中药资源法律保护现状与完善研究》,《时珍国医国药》2016年第2期。

季慧敏～喻小勇:《我国当前双向转诊实施难点及其改进措施》,《中国医院》2016年第2期。

孙骐～臧运森:《非精神性住院患者自杀现象相关法律问题思考》,《中国卫生事业管理》2016年第2期。

杨毅……沈永健～:《论中医传统文化融入EAP体系的设想——构建CM—EAP体系》,《当代医学》2015年第33期。

王辰旸～崔璨:《基因专利及其法律问题初探》,《法制与社会》2015年第18期。

喻小勇～臧运森:《因迪纳(Indena)在华中药专利及其启示》,《科技管理研究》2015年第13期。

王志刚～:《"冰桶挑战"热潮退去后对我国罕见病保障制度设计的思考》,《中国药事》2015年第10期。

～刘义胜:《安慰剂在临床试验中的伦理学困境》,《中国药事》2015年第10期。

王辰旸、崔璨～:《基本药物集中招标采购综合评分法比较研究》,《中国药事》2015年第10期。

季慧敏～喻小勇:《家庭医生式服务的现状及推进对策》,《广西医学》2015年第10期。

吴颖雄～:《风险规制视野下医疗机构中药饮片监管对策探讨》,《中国执业药师》2015年第10期。

夏益、陆双军～:《南京都市圈中医医院合作发展联合体的实践与思考》,《中国医院》2015年第

9 期。

夏益～:《江苏省 2589 例医疗质量安全事件数据统计分析——兼评医疗质量安全事件报告制度》,《中国医院管理》2015 年第 8 期。

吴颖雄～:《〈中医药法(征求意见稿)〉评析》,《中医杂志》2015 年第 8 期。

徐州～:《农村地区食品安全现状与规制完善研究》,《南京医科大学学报(社会科学版)》2015 年第 6 期。

虞凯～:《院前医疗急救各方当事人的诉讼地位分析》,《中国卫生法制》2015 年第 5 期。

臧运森～贺云龙:《医师"拒诊权"相关问题的思考》,《中国全科医学》2015 年第 5 期。

李浩、孟丽华～:《美国药师"良知拒绝"权利维护及启示》,《中国执业药师》2015 年第 4 期。

吴颖雄～:《浅析医疗机构中药饮片风险管理》,《南京医科大学学报(社会科学版)》2015 年第 4 期。

贺云龙、姜俊宇～:《中药纳入基本药物目录的影响与对策研究》,《中成药》2015 年第 3 期。

虞凯～:《院前医疗急救各方当事人诉讼地位的实例分析》,《南京医科大学学报(社会科学版)》2015 年第 3 期。

喻小勇～:《循证医学及其对医疗侵权法律适用的影响研究》,《证据科学》2015 年第 3 期。

臧运森～喻小勇:《现阶段我国中药资源保护政策刍议》,《时珍国医国药》2015 年第 2 期。

倪新兴～:《廉价药缺失的原因及解决措施探讨》,《中国药业》2015 年第 2 期。

臧运森～喻小勇:《世界孤儿药界定政策对我国的启示》,《中国新药与临床杂志》2015 年第 1 期。

臧运森～喻小勇等:《基于生命质量视角的安乐死问题探讨》,《医学与社会》2015 年第 1 期。

吴颖雄～杨勇:《中药饮片监管存在的问题及对策》,《中国药房》2014 年第 43 期。

邵辰杰～喻小勇:《药品专利保护惩罚性赔偿的必要性探讨》,《中国药房》2014 年第 33 期。

贺云龙～:《欧美经验对我国孤儿药研发的借鉴意义刍议》,《中国药业》2014 年第 24 期。

田虹～:《浅议完善含毒性药材的儿童用中成药的管理规范》,《中国药房》2014 年第 23 期。

喻小勇～王大壮等:《试论药物临床研究中未成年人受试者权益保护》,《中国新药杂志》2014 年第 15 期。

王志刚、贺云龙～:《专利转化视角下我国中药专利审查方式的再思考》,《中国卫生事业管理》2014 年第 12 期。

夏益～王艳翠等:《从商标保护视角浅析中医药传统知识保护》,《辽宁中医药大学学报》2014 年第 11 期。

贺云龙～马家忠:《人工流产的法律规制构建探讨》,《中国妇幼保健》2014 年第 10 期。

王赛男～:《2008—2012 年江苏省医疗机构制剂的现状分析》,《中国药房》2014 年第 9 期。

倪新兴～贺云龙等:《廉价救命药的立法保护刍议》,《中国药业》2014 年第 8 期。

虞凯～:《医疗损害赔偿案件中的几个问题》,《当代医学》2014 年第 7 期。

虞凯～:《医疗损害赔偿案件中公平责任原则的适用分析》,《医学与社会》2014 年第 6 期。

吴颖雄～杨勇:《药品捐赠法律问题探析》,《中国执业药师》2014 年第 5 期。

徐州～:《江苏农村地区食品安全知信行问卷调查》,《公共卫生与预防医学》2014 年第 5 期。

王赛男～:《中医药传统知识的知识产权保护现状》,《辽宁中医药大学学报》2014 年第 5 期。

贺云龙～马家忠:《我国人工流产的法律规制构建探讨》,《医学与社会》2014 年第 4 期。

倪新兴～:《浅析黑市人工授精活动带来的问题及解决措施》,《中国卫生事业管理》2014 年第 4 期。

王赛男～:《中医药传统知识保护客体内涵及范围界定》,《辽宁中医药大学学报》2014 年第 4 期。

田虹～:《民间验方生存发展困境与保护策略》,《辽宁中医药大学学报》2014 年第 4 期。

倪新兴～刘清发:《经方成药营销中专利侵权与商标侵权刍议》,《辽宁中医药大学学报》2014 年第 3 期。

吴颖雄～:《知识产权视域下名老中医经验传承探讨》,《南京医科大学学报（社会科学版）》2014 年第 3 期。

邵辰杰～喻小勇:《医务人员权利保护与医院投诉管理部门职能发挥》,《中国卫生法制》2014 年第 2 期。

喻小勇～邵辰杰:《中医药传统知识惠益分享制度刍议》,《中国卫生事业管理》2014 年第 1 期。

虞凯～:《浅议医疗损害赔偿案件中的几个问题》,《中国卫生法制》2014 年第 1 期。

王赛男～:《"中华人民共和国中医药法"名称争议的辨析》,《医学与社会》2013 年第 12 期。

高琴～:《探讨药品缺陷损害案件的若干法律问题》,《中国卫生事业管理》2013 年第 12 期。

杨勇、吴颖雄～:《我国中药材及饮片规范化流通问题分析》,《中国药事》2013 年第 11 期。

邵辰杰～:《无人身损害药品惩罚性赔偿的必要性探析》,《中国卫生事业管理》2013 年第 9 期。

陈庆～陈常义:《就业中基因歧视差别性待遇的国际考证》,《医学与哲学（A）》2013 年第 9 期。

孙东东～邵辰杰:《浅析中医药立法名称与中医药管理》,《中国卫生事业管理》2013 年第 6 期。

吴颖雄～:《试论中医经古方的知识产权保护》,《中国卫生事业管理》2013 年第 5 期。

喻小勇～贺云龙等:《试论抗生素滥用的法律责任及其规制》,《中国药事》2013 年第 5 期。

倪新兴～吴颖雄:《教唆精神障碍患者实施危害行为的法律责任分析》,《南京医科大学学报（社会科学版）》2013 年第 5 期。

虞凯～:《浅议中医医院门诊医生的注意义务》,《江苏卫生事业管理》2013 年第 5 期。

虞凯～:《医疗损害赔偿案件一例评析》,《中国卫生法制》2013 年第 4 期。

喻小勇～贺云龙等:《试论抗生素滥用的法律责任及其规制》,《中国药事》2013 年第 4 期。

邵辰杰～:《H7N9 视角下我国公共卫生事件防控体系再检讨》,《南京中医药大学学报（社会可学报）》2013 年第 4 期。

喻小勇～贺云龙:《中医药传统知识之经方法律保护刍议》,《世界中医药》2013 年第 4 期。

～邵辰杰等:《医学会实施医疗损害鉴定必要性探析》,《辽宁中医药大学学报》2013 年第 4 期。

贺云龙～倪新兴:《试论互助献血的困惑与出路》,《南京医科大学学报（社会科学版）》2013 年第 3 期。

吴颖雄～:《试论中医药基本法名称的选择》,《医学与社会》2013 年第 3 期。

邵振～:《关于中医坐堂医的几点法律问题探讨》,《中国社会医学杂志》2013 年第 3 期。

吴颖雄～:《试论我国食品安全监管模式改革——借鉴香港食品安全监管模式》,《南京医科大学学报（社会科学版）》2013 年第 2 期。

吴颖雄～:《试论我国食品安全监管模式改革——借鉴香港食品安全监管模式》,《南京医科大学学报（社会科学版）》2013 年第 2 期。

吴颖雄～:《药食同源食品监管的法律依据探讨》,《中国卫生法制》2013 年第 2 期。

～邵振等:《再论中医药立法的几个问题》,《中国卫生法制》2013 年第 1 期。

聂文静～:《供港食品安全监管模式的启迪与意义》,《南京医科大学学报(社会科学版)》2013年第1期。

马家忠～邵振:《血液的法律属性及其侵权责任归责原则刍议——兼论〈侵权责任法〉中"不合格血液"问题》,《医学与哲学(A)》2013年第1期。

曹帆～:《医疗纠纷行政调解制度的相关问题探讨》,《中国医药导报》2013年第1期。

秦玲～王越等:《对完善〈药品管理法〉中假劣药相关内容的探讨》,《中国药房》2012年第45期。

姜劲松、邵振～:《野生中药材资源保护与利用探讨》,《价值工程》2012年第26期。

樊亭亭～:《基于〈侵权责任法〉药品不良反应法律责任的认识》,《价值工程》2012年第17期。

邵振～:《试论医疗产品缺陷的概念》,《价值工程》2012年第16期。

丁政……邵振～:《基于制度经济学视角下的医疗组织药事管理创新浅议》,《价值工程》2012年第16期。

～王艳翠等:《公民健康权保障与药患关系刍议》,《中国执业药师》2011年第12期。

杨帅～:《对我国国家基本药物制度立法重点及框架的思考》,《中国药房》2012年第8期。

～倪新兴:《我国执业药师职业规范的构想》,《中国执业药师》2012年第5期。

～喻小勇:《海峡两岸中西医师的执业及处方权限比较》,《中国医院管理》2012年第4期。

吴颖雄～:《人体器官的法律属性及其权利归属探讨》,《中国卫生事业管理》2012年第3期。

樊亭亭～孙骏:《药品不良反应监测机构建设探讨》,《医学与社会》2012年第2期。

曹帆、倪新兴～:《美国FDA药品安全警示信息对我国的启示》,《药学与临床研究》2012年第2期。

张叶青～:《论〈侵权责任法〉背景下的医疗损害鉴定制度》,《工程价值》2011年第29期。

黄宇锋～:《药品不良反应损害补偿制度相关理论探讨》,《价值工程》2011年第26期。

孙正道～:《美国药品淘汰机制对我国药品淘汰管理的启示》,《价值工程》2011年第26期。

孙正道～:《健全、完善我国药品淘汰制度的思考》,《价值工程》2011年第25期。

～吴颖雄:《互联网药品交易法律问题刍议》,《中国药房》2011年第21期。

秦晴～陈常义:《〈侵权责任法〉视角下的医疗损害责任鉴定与医疗事故技术鉴定》,《价值工程》2011年第18期。

～喻小勇:《海峡两岸中西医师的执业及处方权限比较刍议》,《中国卫生事业管理》2011年第11期。

～陈云等:《美国药品召回规制对我国的借鉴意义》,《中国药师》2011年第10期。

王大壮、余海洋～:《中医从业人员管理规制问题刍议》,《医学与社会》2011年第9期。

朱晓卓～郭春燕等:《艾滋病防治立法制约因素分析与完善思路》,《中国农村卫生事业管理》2011年第7期。

陈云～:《英国和美国药品召回社会规制主体机构设置对我国的启示》,《医学与社会》2011年第7期。

秦晴～陈常义:《〈基本医疗卫生保健法〉立法问题探讨》,《医学与社会》2011年第6期。

～王艳翠等:《和谐医患环境与公民健康权保障体系之构建》,《南京中医药大学学报(社会科学版)》2011年第4期。

黄宇锋、杨帅～杨学伟:《我国基本药物制度立法必要性与可行性分析》,《中国医院》2011年第3期。

邵振～:《我国生命伦理的法律缺陷与发展建议》,《中国社会医学杂志》2011年第2期。

王大壮～:《中医药传统知识保护刍议》,《南京中医药大学学报（社会科学版）》2011年第1期。

韩锋～王越:《医患纠纷成因及对策研究》,《辽宁中医药大学学报》2011年第1期。

韩锋、王越～:《泰兴市食品安全检验检测资源调查分析》,《中国农村卫生事业管理》2010年第12期。

韩锋、王越～申俊龙等:《当代西方科学哲学视角下医学生批判性思维研究》,《医学与社会》2010年第10期。

易孟～:《药品不良反应信息监管的思考》,《中国药事》2010年第9期。

王大壮～:《中医药师承教育人才培养模式探讨》,《中国卫生法制》2010年第6期。

李鑫～:《浅议农村药品安全监管》,《南京中医药大学学报（社会科学版）》2010年第2期。

喻小勇～:《试论医患纠纷中的医疗信息公开问题》,《南京医科大学学报（社会科学版）》2010年第2期。

～吴颖雄等:《关于侵权责任法在医疗侵权适用中的几个问题》,《南京医科大学学报（社会科学版）》2010年第2期。

王繁可～:《加强医药企业药品不良反应报告的管理》,《中国药事》2010年第2期。

～杨帅:《我国医药卫生法制体系建立健全刍议》,《南京中医药大学学报（社会科学版）》2010年第1期。

秦晴～:《药品不良反应救济法律制度比较》,《南京医科大学学报（社会科学版）》2010年第1期。

米岚～:《我国现行专利制度对中药保护的可行性分析》,《医药导报》2010年第1期。

姚昱～:《中药不良反应的监管对策分析》,《南京中医药大学学报》2010年第1期。

卢军锋～王大壮:《药品经营监督的法律适用与药品安全监管》,《南京医科大学学报（社会科学版）》2010年第1期。

张叶青～张文通等:《关于〈药品管理法〉第五十九条的探讨及修改建议》,《中国药事》2009年第12期。

邹涛～:《台湾地区民营医疗机构法律地位浅析》,《医学与社会》2009年第12期。

邹涛～:《台湾地区民营医疗机构法律地位浅析》,《医学与社会》2009年第12期。

杨帅～:《成本效果分析在药事管理中的应用》,《中国药事》2009年第8期。

米岚～:《中药专利保护的难点分析及对策》,《江苏中医药》2009年第7期。

米岚～:《浅析医疗事故处理中的法律与道德》,《卫生软科学》2009年第6期。

王大壮～:《我国医患关系现状刍议》,《卫生软科学》2009年第5期。

孙志平、申俊龙～:《医药上市公司股权集中度与绩效的关系研究》,《中国药事》2009年第5期。

吴颖雄～:《药品不良反应损害救济立法刍议》,《中国药房》2009年第5期。

陈庆～王艳翚等:《不和谐医患关系的现状与对策研究》,《中国卫生事业管理》2009年第4期。

《关于中医药立法及其几个问题》,《南京中医药大学学报（社会科学版）》2009年第3期。

王轶超～:《中国医药电子商务的法律规制研究及发展前景》,《中国药事》2009年第3期。

吴颖雄～:《从"三鹿奶粉"事件谈我国食品安全立法》,《中国卫生事业管理》2009年第2期。

陆荣强～:《中外食品安全监管法律比较刍议》,《南京中医药大学学报（社会科学版）》2009年第2期。

伍晓光～:《正确认识患者知情同意权——"母子双亡悲剧"引发的法律思考》,《南京医科大学学报(社会科学版)》2009 年第 1 期。

吴颖雄～:《医疗机构"管办分离"的经济法原理分析》,《南京医科大学学报(社会科学版)》2009 年第 1 期。

～汤扬:《浅谈受试者在药物临床试验中知情同意权的法律保护》,《中国药房》2008 年第 28 期。

杨帅、吴颖雄～:《执业药师现行自律管理制度的合理性探究》,《中国药师》2008 年第 12 期。

张文通～:《加快推进国家基本药物制度刍议》,《中国药事》2008 年第 12 期。

伍晓光～:《加入世界贸易组织后的我国医药知识产权保护初探》,《安徽医药》2008 年第 12 期。

姚昱～:《药品专利与公共健康冲突刍议》,《中国药师》2008 年第 12 期。

吴颖雄～:《试论医疗器械监管中的几个法律问题》,《中国药事》2008 年第 9 期。

金言～:《中外网上药店发展规制的比较刍议》,《中国执业药师》2008 年第 9 期。

～李勇等:《公立医院"管办分离"改革的实践与思考》,《中国卫生事业管理》2008 年第 7 期。

伍晓光～:《职业卫生行政复议与应诉案件分析》,《职业与卫生应急救援》2008 年第 6 期。

陈庆～:《从一起案例浅议我国卫生行政指导在卫生监督中的建立和完善》,《中国卫生事业管理》2008 年第 6 期。

孙东东～李刃等:《我国药品不良反应的监管趋势刍议》,《南京中医药大学学报(社会科学版)》2008 年第 4 期。

吴颖雄～:《我国中医药立法问题刍议》,《南京医科大学学报(社会科学版)》2008 年第 4 期。

左雪梅～陆叶:《我国药品不良反应规制现状与缺陷刍议》,《中国药房》2008 年第 4 期。

朱晓卓、接雅俐～:《试论医疗事故技术鉴定中再次鉴定的法律问题》,《中国卫生事业管理》2008 年第 2 期。

马家忠～申俊龙等:《试论法学教育对医学院校学生素质的影响》,《南京中医药大学学报(社会科学版)》2008 年第 1 期。

朱晓卓～:《艾滋病防控专门立法的价值和难点分析》,《中国卫生事业管理》2008 年第 1 期。

叶韦韦～:《我国药价虚高的原因及对策》,《中国卫生质量管理》2007 年第 3 期。

虞凯～:《试述刑事犯罪领域的医疗过失》,《中国卫生法制》2007 年第 3 期。

朱晓卓～:《肝癌误诊致使治疗延误引发的医疗纠纷 1 例分析》,《法律与医学杂志》2007 年第 2 期。

虞凯～:《浅议医疗事故民事诉讼中的证据及效力》,《中国卫生法制》2007 年第 1 期。

朱晓卓～:《试论医患纠纷案件处理中的司法鉴定》,《中国卫生事业管理》2006 年第 12 期。

《医药卫生领域商业贿赂罪的构成与预防》,《犯罪研究》2006 年第 6 期。

～虞凯:《试论保护性医疗措施的法律特征及行使原则》,《南京医科大学学报(社会科学版)》2006 年第 4 期。

叶韦韦～:《提升医疗质量 关注合理用药》,《现代医院管理》2006 年第 4 期。

卢军锋～:《国外遏制抗菌药物滥用致耐药的措施概述》,《上海医药》2006 年第 3 期。

朱晓卓～虞凯:《助产失误娩下脑瘫儿引发医疗纠纷 1 例分析》,《法律与医学杂志》2006 年第 2 期。

陆叶、孙骏～:《国际药品不良反应救济制度介绍及对我国的启示》,《药物流行病学杂志》2006 年第 1 期。

许玲～:《收治"无主病人"法律问题刍议》,《中国卫生事业管理》2005 年第 10 期。

许玲～:《从医患双方角度透视当前医患关系》,《卫生软科学》2005 年第 4 期。

沈爱玲～周中明:《二元论死亡标准与法律适用》,《南京中医药大学学报（社会科学版）》2004 年第 4 期。

朱晓卓、倪征～:《脑瘫新生儿的安乐死思考》,《法律与医学杂志》2004 年第 3 期。

耿莉～:《试论医患纠纷中的因果关系》,《南京医科大学学报（社会科学版）》2004 年第 2 期。

～朱晓卓:《在法制环境下实现中医药的现代化》,《南京中医药大学学报（社会科学版）》2004 年第 2 期。

朱晓卓～:《行政应急性原则在药品监管实践中的运用和思考》,《中南药学》2004 年第 2 期。

朱晓卓～:《浅析医疗事故技术鉴定中的行政行为及其后果》,《中国卫生法制》2004 年第 2 期。

朱晓卓～:《浅析医疗事故技术鉴定中的重新鉴定和再次鉴定》,《中国卫生事业管理》2003 年第 9 期。

《中外执业药师注册制度比较研究》,《中国药事》2003 年第 4 期。

朱晓卓～:《试论病历资料的法律价值》,《南京医科大学学报（社会科学版）》2003 年第 3 期。

《中外执业药师继续教育制度比较研究》,《中国药师》2003 年第 3 期。

《试论防控 SARS 与我国传染病法律制度的完善》,《南京中医药大学学报（社会科学版）》2003 年第 2 期。

～朱晓卓:《试论医务人员兼职行为的法律规范》,《南京医科大学学报（社会科学版）》2003 年第 1 期。

《执业药师继续教育法规比较研究》,《南京中医药大学学报（社会科学版）》2003 年第 1 期。

《试论医疗事故纠纷的处理方式》,《南京医科大学学报（社会科学版）》2002 年第 2 期。

～金鑫:《中医药在国外的法律地位概述》,《中国卫生法制》2001 年第 5、6 期。

《关于医疗活动中患者的隐私权》,《上海市政法管理干部学院学报》1999 年第 6 期。

～孙红:《医疗纠纷处理刍议》,《南京中医药大学学报（社会科学版）》1991 年第 1 期。

田可文

《原始公社制度时期的医学》,《上海中医药杂志》1956 年第 5、8 期。

薛纪元～:《泽别林著作中的预防思想》,《中华医史杂志》1953 年第 4 期。

《化学疗法的历史》,《中华医史杂志》1953 年第 3 期。

田可新（山东大学）

《试论现代作家对精神疾患的探索》,山东大学硕士学位论文 2009 年。

田里

《北欧各国护理学发展史》,《中国实用护理杂志》1990 年第 10 期。

田丽娟（沈阳药科大学）

王淑玲～李楠:《我国连锁药店的历史发展进程》,《中国药业》2007 年第 22 期。

～黄泰康:《我国现代中药事业的发展历程》,《中国药业》2007 年第 6 期。

～黄泰康:《中药发展史研究》,《中华中医药学刊》2007 年第 4 期。

～黄泰康:《我国古代医药学教育概述》,《中医药学刊》2006 年第 11 期。

《中国现代药学史研究》,沈阳药科大学博士学位论文 2006 年。

～黄泰康:《我国近现代药事管理体制的演变与发展》,《中国药业》2005 年第 12 期。

田孟（武汉大学/华中科技大学）

《多元医疗的并存：医疗保健系统中的传统性与现代性》，《学术探索》2019 年第 9 期。

《理顺农村三级医疗卫生机构的政策建议》，《中国农村卫生》2019 年第 9 期。

《国家能力视角下的农村食品药品监督管理困境》，《兰州学刊》2019 年第 4 期。

《中国农村医疗卫生事业的制度变迁与现实困境——以富县为个案》，华中科技大学博士学位论文2018 年。

《农村医疗卫生政策落实的困境、原因与对策——以 F 县新农合政策和基本公共卫生政策为例》，《中国卫生政策研究》2017 年第 4 期。

《医疗体制、临床医学与患者的伦理困境——"魏则西事件"的问题与启示》，《云南社会科学》2017年第 2 期。

《新农合个人筹资标准不宜增长过快》，《中国农村卫生》2017 年第 3 期。

《体制之弊与现状之困：F 县村卫生室建设的教训与启示》，《中国卫生经济》2016 年第 8 期。

《医改如何走群众路线》，《中国农村卫生》2016 年第 11 期。

《如何培养留得下的村医》，《中国农村卫生》2016 年第 5 期。

《乡村治理转型与村级卫生人力资源配置变迁》，《中国卫生经济》2016 年第 2 期。

~孙敏：《村社视角下农村医疗卫生问题研究新进展——读〈村社力量与农村基层卫生服务治理模式研究〉的思考》，《中国卫生政策研究》2015 年第 5 期。

田明孝（浙江省社会科学院）

《19 世纪英国的公共卫生观念》，《浙江学刊》2017 年第 6 期。

田牧野（中国农业大学）

~陈欢等：《在"悬搁"中"期待"：坦桑尼亚援非医疗队的日常生活》，《青海民族研究》2017 年第2 期。

田崎哲郎（日本爱知大学）

~邵建彤：《日中两国牛痘接种法普及之差异与江户时代的人口统计》，《日本研究论集》2004 年00 期。

田阡（西南大学）

~阿拉坦：《国家、鬼神、偏方：多元医疗实践的正当性——肾结石病在官南寨》，《北方民族大学学报（哲学社会科学版）》2014 年第 5 期。

田青（黑龙江中医药大学）

《〈美国针灸杂志〉的历史描述及其翻译问题》，黑龙江中医药大学硕士学位论文 2016 年。

田庆丰（郑州大学）

~李小芳等：《新型农村合作医疗的受益公平性研究》，《医学与哲学（人文社会医学版）》2006 年第8 期。

田瑞雪（辽宁大学）

《日军 731 细菌部队在中国的罪行》，《大连近代史研究》2010 年 00 期。

田若虹（华东师范大学）

《近代中西医学观的碰撞与交融——兼论陆士谔之医学观》，《中医药学刊》2002 年第 6 期。

《陆士谔年谱（1878—1944）》，《明清小说研究》2002 年第 3 期。

《陆士谔与〈医学南针〉》，《江苏中医》2002 年第 3 期。

《陆士谔医著、医文考》,《中医文献杂志》2002年第2期,2003年第1期。

《陆士谔生平及著述年表》,《明清小说研究》2000年第2期。

田澍(西北师范大学)

《瘟疫肆虐与明朝政府的应对措施》,《光明日报》2010年2月9日012版。

田树仁(陕西省中医药研究院)

王建中~:《从王粲病案谈到〈黄帝内经〉》,《陕西中医函授》2001年第6期。

~马润娣:《从刘向父子五脏配五行观谈〈黄帝内经〉》,《河南中医》1998年第3期。

《论汉代儒学对医学的深层影响》,《医学与哲学》1997年第8期。

~袁瑞华:《谈〈本草纲目〉对外来医药文化的吸收》,《时珍国医国药》1997年第1期。

~彭新兰:《名医扁鹊刍议》,《医古文知识》1996年第4期。

~高兰莉:《〈灵兰秘典论〉与心配土说》,《陕西中医学院学报》1996年第4期。

~王建中:《就西汉无心属火说等问题答质疑》,《中华医史杂志》1995年第3期。

《两汉改制与心属火说的演变》,《中国医药学报》1989年第3期。

《"五德始终"说对中医脏腑学说的影响》,《医学与哲学》1987年第4期。

《也谈曹操兵败赤壁与血吸虫病之关系》,《中华医史杂志》1982年第2期。

田思胜(山东中医药大学/山东中医学院)

赵雨薇~:《〈保安堂三补简便验方〉学术思想与价值探析》,《辽宁中医杂志》2019年第9期。

王明亮~:《明清时期中医骨伤科"武术伤科派"的学术思想》,《中医正骨》2019年第6期。

赵雨薇~:《清代山东中医医家地理分布》,《中华中医药杂志》2019年第6期。

王明亮~:《明清时期中医骨伤科"平补派"的学术思想》,《中医正骨》2019年第4期。

杨其霖~马梅青:《中医药古籍文献数据库建设研究与思考》,《中国医药导报》2018年第7期。

卢承顶~张永臣等:《腧穴释名的源流》,《针灸临床杂志》2017年第9期。

王明亮、卢承顶~:《〈救伤秘旨〉伤科学术特点探讨》,《中华中医药杂志》2017年第8期。

卢承顶~张永臣:《〈串雅外编〉针灸特色述略》,《上海针灸杂志》2017年第5期。

孙辉~李明轩等:《齐鲁医家臧应詹生平事迹考略》,《西部中医药》2017年第3期。

卢承顶~张永臣:《〈经穴解〉学术特色初探》,《中国中医基础医学杂志》2017年第2期。

卢承顶~张永臣:《〈奇效良方〉针灸学术思想探讨》,《针灸临床杂志》2017年第1期。

卢承顶~张永臣:《〈针灸资生经〉学术思想研究现状分析》,《中国针灸》2016年第12期。

王明亮~王功国等:《明清时期中医骨伤科学术成就探讨》,《中医正骨》2016年第9期。

卢承顶~张永臣:《急症脐疗法的古代应用》,《中国中医急症》2016年第4期。

边莉~:《道家思想对〈内经〉养生理论的影响》,《山东中医杂志》2015年第8期。

张晶~:《试论〈针灸大成〉中的针药结合思想》,《辽宁中医杂志》2013年第3期。

尹桂平~:《钱侗对〈崇文总目〉医书类的贡献》,《吉林中医药》2012年第11期。

张晶~:《〈针灸大成〉作者考证》,《江苏中医药》2012年第8期。

张晶~:《对〈针灸大成〉中风记载的分析》,《山东中医药大学学报》2012年第3期。

尹桂平~:《宋代国家医学藏书与医学学术史关系的探讨》,《山东中医药大学学报》2012年第3期。

王静、王晓明~:《阿胶在〈千金方〉妇科疾病中的应用》,《中华中医药杂志》2012年第2期。

王静~:《〈伤寒杂病论〉中的食疗养生思想》,《山东中医杂志》2011年第12期。

翟文敏～:《〈小儿药证直诀〉用药特点浅析》,《山东中医杂志》2011 年第 6 期。

张云龙、马超～:《〈静香楼医案〉调肝思想探析》,《辽宁中医药大学学报》2010 年第 10 期。

胡志洁～:《〈伤寒贯珠集〉学术思想探讨》,《江西中医药》2008 年第 6 期。

王军强～:《王洪绪外科学术思想探讨》,《河南中医》2006 年第 12 期。

《宋以前〈伤寒论〉传本及校勘整理研究》,《中华医史杂志》2000 年第 3 期。

～高萍:《试论成无己注释〈伤寒论〉的特点与方法》,《中医文献杂志》1999 年第 1 期。

～胡永和:《宋本〈伤寒论〉与宋前〈伤寒论〉传本的比较研究》,《国医论坛》1998 年第 5 期。

《宋代以前〈伤寒论〉整理校勘考略》,《上海中医药杂志》1998 年第 7 期。

《宋本〈伤寒论〉与宋金时期〈伤寒论〉传本的比较研究》,《国医论坛》1998 年第 2 期。

《林亿校勘〈伤寒论〉及其价值》,《山东中医药大学学报》1997 年第 1 期。

《〈伤寒例〉考析》,《中医文献杂志》1995 年第 2 期。

《〈伤寒论〉中时间节律探源》,《国医论坛》1994 年第 4 期。

《臧应詹〈伤寒论选注〉的学术价值》,《杏苑中医文献杂志》1994 年第 1 期。

田素梅(商丘教育学院)

《试论〈黄帝内经〉对人体解剖生理学的贡献》,《周口师专学报(自然科学版)》1994 年第 2 期。

田涛(天津师范大学)

《中国第一个女留学生金雅妹——〈纽约时报〉有关金雅妹的报道》,《徐州师范大学学报(哲学社会科学版)》2011 年第 3 期。

《清末民初在华基督教医疗卫生事业及其专业化》,《近代史研究》1995 年第 5 期。

田甜(北京中医药大学)

～肖相如:《天王补心丹源流探讨》,《吉林中医药》2010 年第 3 期。

田甜(陕西师范大学)

《论中世纪英格兰医院的变迁》,陕西师范大学硕士论文 2012 年。

田文敬(河南省中医药研究院)

《近代两大中医正骨中国名家》,《中国中医药报》2016 年 3 月 10 日 008 版。

《宋代医家张锐生平事迹及治学》,《辽宁中医杂志》2006 年第 10 期。

《略论〈太平圣惠方〉编著特点》,《陕西中医》2006 年第 9 期。

《略论宋代医著〈太平圣惠方〉学术特色》,《上海中医药杂志》2006 年第 8 期。

《宋代医家张锐学术思想探析》,《江苏中医药》2006 年第 8 期。

《简评何梦瑶之〈医碥〉》,《中国中医基础医学杂志》2006 年第 6 期。

《略论宋代名医朱肱伤寒辨治特色》,《河南中医》2006 年第 3 期,《上海中医药大学学报》2006 年第 1 期。

～蔡永敏等:《眩晕的文献源流考释研究》,《河南中医学院学报》2005 年第 4 期。

《陕甘宁边区的中医中药》,《中国中医药报》2001 年 7 月 13 日 004 版。

田喜娥(湖南文理学院)

～贺本才:《疾病隐喻与文学》,《湖南科技学院学报》2006 年第 7 期。

田小明(美国国家卫生研究院)

《中医在美国发展的概况》,《北京大学学报(医学版)》2012 年第 5 期。

《中医中药及针灸在美国的发展概况》,《世界中医药》2006 年第 1 期。

田小仟（湖南师范大学）

《民国时期"湘雅医学院"办学状况及其特色研究》，湖南师范大学硕士学位论文2012年。

田晓晴（中共山西省委）

《20世纪80年代山西省爱国卫生运动刍议》，《山西高等学校社会科学学报》2011年第5期。

田晓旭（东南大学）

《民国时期执业医师许可制的健全过程》，《中华医史杂志》2002年第2期。

田欣（青海民族大学）

《民国时期甘青疫病流行的社会原因探析》，《伊犁师范学院学报（社会科学版）》2011年第1期。

田旭升（黑龙江中医药大学）

孙丽英……刘雅芳~侯志涛等：《〈太平惠民和剂局方〉治诸风附脚气卷方药特点研究》，《中国医药导报》2019年第25期。

孙丽英……刘雅芳~侯志涛等：《〈太平惠民和剂局方〉考论》，《辽宁中医药大学学报》2019年第4期。

~程伟：《从忧郁症到抑郁症：社会文化视角下的疾病映像》，《医学与哲学（A）》2014年第2期。

张信花、王小荣~：《〈幼科铁镜〉学术特色探析》，《甘肃中医学院学报》2010年第1期。

~程伟：《抑郁症的隐喻》，《医学与哲学（人文社会医学版）》2007年第7期。

《中西方医学文化关照下的抑郁症》，黑龙江中医药大学博士学位论文2007年。

《浅谈抑郁症与中医学相关疾病对应关系》，《新中医》2007年第7期。

~程伟：《医学社会学视野下的抑郁症变奏》，《医学与哲学（人文社会医学版）》2006年第7期。

田雪飞（湖南中医学院）

《〈金匮要略〉虚劳病方探讨》，《湖南中医学院学报》2001年第4期。

田彦梅

《关于以基本医疗为中心的健康国际比较》，《国外医学（卫生经济分册）》2002年第2期。

《日本政府21世纪的医疗保险制度改革方案》，《国外医学（卫生经济分册）》1998年第4期。

《日本医疗保险制度的改革计划》，《国外医学（卫生经济分册）》1997年第4期。

《美国的医疗改革过程》，《国外医学（卫生经济分册）》1995年第3期。

田艳霞（河南中医学院/郑州大学）

《清初医家骆登高及诸暨骆氏》，《寻根》2015年第2期。

《〈医林一致〉作者考》，《中国中医药图书情报杂志》2014年第3期。

《〈伤寒大白〉考略》，《兰台世界》2013年第29期。

《从仓公诊籍看汉代女性疾病》，《辽宁中医药大学学报》2012年第9期。

《〈医林一致〉考略》，《时珍国医国药》2012年第7期。

《中国古代女性医学史研究综述》，《中医研究》2012年第5期。

《〈医林一致〉校勘记》，《兰台世界》2011年第5期。

《论汉代的生育习俗》，《华北水利水电学院学报（社科版）》2011年第5期。

张国杰~薄立宏：《〈伤寒论〉少阴病下利证治探讨》，《中医研究》2011年第10期。

~张国杰：《社会性别视野下的〈黄帝内经〉》，《中医研究》2011年第10期。

《论魏晋时期的疾疫》，《医学与哲学（人文社会医学版）》2007年第10期。

~焦培民：《中国古代堕胎考略》，《医学与哲学（人文社会医学版）》2007年第3期。

田阳

《1910 年吉林省鼠疫流行简述》,《社会科学战线》2004 年第 1 期。

田毅(黑龙江中医药大学)

《温病认识起源与理论演变研究》,黑龙江中医药大学博士学位论文 2007 年。

田毅鹏(吉林师范学院)

《西医在中日两国传播的历史比较》,《吉林师范学院学报》1995 年第 2 期。

田永衍(河西学院/甘肃中医药大学/甘肃中医学院/上海中医药大学)

王凝……赵志伟~:《论传统哲学"天人合一"观对敦煌中医药文献的影响》,《中国医学人文》2019 年第 12 期。

~魏英俊:《〈伤寒论〉第 99 条方证正误》,《中国中医基础医学杂志》2019 年第 10 期。

赵志伟~:《〈金匮要略〉"气分病"刍议》,《中国中医基础医学杂志》2019 年第 9 期。

洪涛、赵志伟~王凝:《从〈黄帝内经〉理论谈太阳与阳明阳气多少》,《河西学院学报》2019 年第 2 期。

~殷月霞等:《先秦哲学观念对〈黄帝内经〉理论建构的影响》,《中华中医药杂志》2018 年第 8 期。

吴大洲~李兰珍等:《〈黄帝内经〉"和法"研究概况》,《中国中医基础医学杂志》2018 年第 7 期。

黄生辉、李妍怡~王庆胜等:《构建和谐医患关系的思考》,《医学争鸣》2018 年第 4 期。

曹盼举~吴建民等:《腰椎间盘突出症古代中医文献溯源》,《山西中医药大学学报》2018 年第 3 期。

~胡蓉等:《〈黄帝内经〉虚弱病证病机证治概论》,《南京中医药大学学报(社会科学版)》2018 年第 2 期。

胡蓉~赵小强等:《从马王堆文献看中医灸法理论的演变——以足太阳脉为例》,《中国中医基础医学杂志》2017 年第 6 期。

张锐年、殷月霞~:《先秦哲学整体观对〈黄帝内经〉理论建构的影响》,《河西学院学报》2017 年第 5 期。

曹盼举~赵志伟:《先秦儒道"和"思想对〈内经〉养生理论的影响》,《上海中医药杂志》2017 年第 2 期。

~吴大洲:《张元素修订本〈五藏论〉辨伪》,《敦煌学辑刊》2017 年第 2 期。

~胡蓉等:《〈黄帝内经〉眩晕证治探讨》,《南京中医药大学学报》2017 年第 2 期。

张锐年~:《〈黄帝内经〉天人观探析》,《中医研究》2016 年第 12 期。

谭烨~任红艳:《先秦"自然"精神对〈黄帝内经〉理论建构的影响》,《西部中医药》2016 年第 8 期。

谭烨~任红艳:《先秦"中和"思想对〈黄帝内经〉理论建构的影响》,《西部中医药》2016 年第 3 期。

胡蓉~赵小强:《先秦两汉天地观对〈黄帝内经〉理论形成的影响》,《南京中医药大学学报(社会科学版)》2016 年第 3 期。

杨学玲~:《浅议甘草在〈伤寒论〉中的应用》,《甘肃科技》2015 年第 16 期。

~王庆其:《〈黄帝内经〉睡眠病证治概论》,《中华中医药杂志》2015 年第 9 期。

郭婷婷~:《从〈外台秘要〉谈晋唐的温病学特点》,《上海中医药大学学报》2015 年第 6 期。

~王庆其:《〈黄帝内经〉天道观中的"和"思想探析》,《中华中医药杂志》2015 年第 6 期。

何兰娟~:《〈诸病源候论〉"六字气诀"治疗五脏病候探析》,《辽宁中医杂志》2015 年第 5 期。

赵小强~胡蓉:《敦煌〈灸经图〉足太阳经理论源流探析》,《中国中医药信息杂志》2015 年第 5 期。

《〈辅行诀脏腑用药法要〉非藏经洞遗书考——从文本形式与文献关系考察》,《南京中医药大学学报(社会科学版)》2015年第4期。

《〈辅行诀脏腑用药法要〉非藏经洞遗书考——从主体学术思想考察》,《敦煌学辑刊》2015年第4期。

魏英俊~李萍:《从〈辅行诀〉之救五脏中恶卒死方看其成书年代》,《南京中医药大学学报(社会科学版)》2015年第4期。

《敦煌文献〈平脉略例〉、〈玄感脉经〉考论三则》,《敦煌学辑刊》2015年第3期。

王迪~:《从"五行五味互含"理论看〈辅行诀〉成书年代》,《南京中医药大学学报(社会科学版)》2015年第3期。

魏英俊~:《败毒散源流与古今临床应用研究》,《西部中医药》2015年第3期。

~秦文平等:《近三十年敦煌医学文献研究概况》,《中国中医基础医学杂志》2014年第10期。

史正刚……梁永林~:《敦煌医学及其文化内涵探析》,《甘肃中医学院学报》2014年第5期。

~陈华锋等:《再论皇甫谧故里"安定朝那"》,《南京中医药大学学报(社会科学版)》2014年第4期。

《敦煌文献〈不知名氏辨脉法之二〉、〈玄感脉经〉考论三则》,《敦煌学辑刊》2014年第4期。

~秦文平等:《敦煌出土医学文献研究回顾与展望》,《甘肃中医学院学报》2014年第1期。

~王庆其等:《张仲景之后医家对"和"法的发展》,《中医杂志》2013年第19期。

~凌鹏等:《以历史的眼光看中医发展》,《西部中医药》2013年第4期。

~王庆其:《张仲景"和"思想研究》,《中医杂志》2013年第4期。

~王庆其:《〈内经〉"和"思想研究概况》,《中国中医基础医学杂志》2011年第8期。

~郝军等:《〈素问·灵兰秘典论〉考释三则》,《中国中医基础医学杂志》2011年第5期。

~秦倩等:《仲景病证、方证、药证三位一体的辨证体系构建》,《上海中医药杂志》2011年第5期。

郝军~严世芸等:《孙思邈"凡中风多由热起"浅析》,《上海中医药大学学报》2011年第2期。

梁晶~任红艳:《从辨病基础上的辨证谈〈温病条辨〉》,《中国中医急症》2009年第5期。

任红艳~梁晶等:《〈伤寒论〉方药煎煮时间浅析》,《光明中医》2009年第5期。

任红艳~梁晶:《〈伤寒论〉方药服法浅谈》,《河南中医》2009年第5期。

《〈金匮要略·虚劳病篇〉解读》,《河南中医》2008年第1期。

田玉

~寅朗:《红色医生的摇篮——中国医科大学建校80周年巡礼》,《健康报》2011年9月28日008版。

~寅朗:《红医摇篮 八秩弦歌——中国医科大学建校80周年巡礼》,《辽宁日报》2011年9月28日。

田圆(南京大学)

《邓小平应对重大突发公共卫生事件的危机管理思想研究——基于1988年上海甲肝的历史考察》,《湖南工业职业技术学院学报》2015年第6期。

田远帆(华东师范大学)

《消散的瘴气:一个滇边佤寨的病与痛》,华东师范大学硕士学位论文2018年。

黄剑波、胡梦茵~:《滇边佤寨的病痛叙事、脆弱性与具身化国家》,《华东师范大学学报(哲学社会科学版)》2018 年第 5 期。

田志娟(中南大学)

《新型农村合作医疗制度下患者分流机制研究》,中南大学硕士学位论文 2011 年。

《被建构起来的文明史——读〈疯癫与文明〉》,《法制与社会》2010 年第 17 期。

田中智子(日本京都大学)

～撰,邹宇译:《驻日医疗传教士约翰·别丽的"麻风病"观》,《医疗社会史研究》2017 年第 1 期。

铁光

《神农本草经以前的本草学》,《药学通报》1955 年第 11 期。

町泉寿郎(日本二松学舍大学)

～王铁策:《江户医学馆的教育——考证医学的奠基》,《医古文知识》2005 年第 3、4 期。

廷荣

～廷玉:《英国的"公费医疗"制度》,《世界知识》1964 年第 5 期。

T.Malade

～撰,唐哲译:《塞梅尔魏斯》,《医药新知》第 2 卷第 1、2 期(1931);第 3 卷第 1 期(1931)

童德琴(山东省社会科学院)

～田文:《江户时期日本的人参消费热潮与东亚共通医药文化背景》,《中国文化论衡》2019 年第 1 期。

《明治前期日本产人参的输出动向及其出口产业的形成》,《海洋史研究》2015 年第 2 期。

童峰(浙江大学)

《浙江省农村医疗保障体系的研究》,浙江大学硕士学位论文 2006 年。

童光东(安徽中医学院)

《王国瑞里籍再辨》,《中医文献杂志》1998 年第 3 期。

刘惠玲～:《近代石印医籍刊印史略》,《中华医史杂志》1998 年第 3 期。

～刘惠玲:《新安医学研究缘起与价值取向》,《中医文献杂志》1997 年第 3 期。

刘惠玲～王乐陶:《新安名医里籍考辨四则》,《安徽中医学院学报》1997 年第 2 期。

～刘惠玲:《明清时期新安药店及其医药学作用》,《中华医史杂志》1995 年第 1 期。

《徽商流寓与新安医学交流》,《安徽中医学院学报》1993 年第 4 期。

《明清时期徽版医籍刻印及其影响》,《中国医药学报》1990 年第 4 期。

《论新安医家家族链是新安医学发展的重要形式》,《安徽中医学院学报》1990 年第 2 期。

～王乐匐等:《论明清徽州商医融合现象》,《中医临床与保健》1989 年第 4 期。

～王乐匐等:《浅谈儒医在繁荣新安医学中的重要作用》,《安徽中医学院学报》1989 年第 3 期。

《论新安医家成才及其商业背景》,《医学与哲学》1989 年第 9 期。

～王旭光:《影印本〈婴童百问〉的底本刊刻年代》,《医古文知识》1989 年第 2 期。

高明明～:《再论〈医学的起源〉》,《医学与哲学》1987 年第 4 期。

童丽(青海大学医学院/南京中医药大学)

夏有兵、程洁～穆艳云等:《中医与藏医学放血疗法的比较研究》,《中国针灸》2012 年第 5 期。

《宗教文化与中藏医学》,《医学与哲学》2003 年第 3 期。

《浅谈藏医与仲景论发热》,《中国民族民间医药杂志》2003 年第 3 期。

童敏（厦门大学）

许丽英～翁智超：《社会工作对临终患者主体性转换的伦理策略》，《医学与哲学》2019年第11期。

～许嘉祥：《双重责任与意义重构：家属照顾者的临终关怀研究》，《社会建设》2019年第2期。

～刘芳：《疾病管理还是健康管理——健康照顾社会工作实践的批判与反思》，《北京社会科学》2018年第1期。

《生理—心理—社会的结合还是整合？——精神病医院社会工作服务模式探索》，《华东理工大学学报（社会科学版）》2012年第2期。

《文化处境下的精神健康概念及其对中国本土社会工作的启示》，《马克思主义与现实》2010年第5期。

《社会工作的自助和同伴支持理念的产生和演变——西方精神健康服务模式的发展轨迹》，《华东理工大学学报（社会科学版）》2009年第4期。

《当今西方精神健康服务发展的新趋向——复原模式的演变和争论》，《北京科技大学学报（社会科学版）》2008年第3期。

《社会工作的机遇与挑战：精神病人社区康复过程中的社会服务介入》，《北京科技大学学报（社会科学版）》2006年第3期。

《精神病人社区康复过程中社会工作介入的可能性和方法探索》，《北京科技大学学报（社会科学版）》2005年第2期。

童童（南开大学）

～赵万里：《医疗行业的行为失范及其社会成因分析》，《探求》2014年第6期。

童伟（中央财经大学）

～庄岩：《卫生检疫壁垒对我国农产品出口的影响——基于扩展的引力模型的实证分析》，《中央财经大学学报》2014年第10期。

童文莹（南京师范大学/南京大学/南京农业大学）

《"预防—主动"型公共卫生应急模式的构建——基于SARS和A/H1N1应对的思考》，《电子科技大学学报（社科版）》2013年第1期。

《建立良性医患关系尚需体制完善——基于"徐宝宝事件"的个案研究》，《中国行政管理》2010年第7期。

《社会转型期我国公立医疗机构改革再探》，《南京工业大学学报（社会科学版）》2009年第2期。

《社会转型时期我国医患关系"集体不信任"现象研究》，《公共管理高层论坛》2006年第2期。

仝小林（中国中医科学院广安门医院/中日友好医院）

郑玉娇……丁齐又～：《桂林古本〈伤寒杂病论〉之方药探析》，《安徽中医药大学学报》2019年第4期。

杨映映……林轶群～：《桂林古本〈伤寒杂病论〉条文辨析》，《安徽中医药大学学报》2019年第1期。

沈仕伟～：《〈千金方〉消渴病证治特色及其对后世的影响》，《上海中医药杂志》2017年第12期。

～刘文科：《从人体四焦八系看王清任五活血汤》，《北京中医药》2017年第6期。

～何莉莎等：《中医迈向精准时代的思考》，《中医杂志》2016年第20期。

刘起华……刘凤麟～：《从〈伤寒论〉煎煮法探讨经方剂量的合理使用》，《中医杂志》2016年第13期。

刘起华……刘凤麟~:《论〈伤寒论〉煎药法之特殊性》,《中医杂志》2016年第3期。

武胜萍……李勇~连凤梅:《中国近30年临床研究中安慰剂的应用现状》,《中国中药杂志》2015年第7期。

刘起华……陈弘东~:《浅析〈太平惠民和剂局方〉中"散"的运用》,《辽宁中医杂志》2015年第2期。

~刘文科等:《论〈内经〉水谷运化理论与人体能量代谢》,《北京中医药》2012年第4期。

~刘文科:《〈金匮要略〉临床诊疗思维探析》,《上海中医药杂志》2012年第4期。

姬航宇……傅延龄~:《〈伤寒论〉及〈金匮要略〉用量策略的文本挖掘研究》,《中华中医药杂志》2012年第1期。

韩佳瑞……焦拥政~:《〈神农本草经〉之三品分类浅析》,《中医杂志》2011年第23期。

姬航宇~赵林华等:《〈伤寒论〉与〈汤液经法〉药物剂量溯源考》,《上海中医药大学学报》2011年第3期。

段娟~冀博文等:《〈内经〉肥胖三型判别标准的探索与研究》,《中国中医基础医学杂志》2010年第5期。

段娟~:《〈内经〉肥胖三型的影响因素》,《江苏中医药》2010年第2期。

~刘文科:《三大医学思想对糖尿病研究的启示》,《环球中医药》2010年第1期。

段娟~:《〈内经〉肥胖三型的中医证候特点》,《药品平价》2009年第12期。

~穆兰澄等:《〈伤寒论〉方剂中非计量单位药物重量的现代实测研究》,《中医杂志》2009年S1期。

宋军~:《消瘅考》,《中国中医基础医学杂志》2009年第9期。

~穆兰澄等:《〈伤寒论〉药物剂量考》,《中医杂志》2009年第4期。

~段娟等:《〈内经〉肥胖三型的科学价值及应用研究的思路与方法》,《江苏中医药》2009年第2期。

赵昱……刘素宾~:《〈黄帝内经〉消渴相关病名考辨》,《中国中医基础医学杂志》2007年第8期。

周水平~贺小芬:《〈金匮要略〉络病学术思想探析》,《中国医药学报》2003年第7期。

《〈内经〉五体痹证探讨》,《安徽中医学院学报》1986年第1期。

李济仁~:《略述景岳理虚解表之特色》,《安徽中医学院学报》1984年第3期。

同心(复旦大学)

《场域理论视野下的健康传播》,复旦大学硕士学位论文2011年。

童延清(吉林省中医医院)

~任继学:《喻嘉言〈寓意草〉中的循证医学思想》,《上海中医药杂志》2005年第6期。

Tony Saich(哈佛大学)

《SARS:全球化下中国面临的治理挑战》,《公共管理评论》2004年第1期。

T.S.萨斯

~M.H.荷伦德等:《医生—病人关系的基本模型》,《医学与哲学》1980年第3期。

图布旦(甘肃省甘南州藏医药研究所)

~本考:《杰出的藏医药学家苏喀·罗哲杰布》,《中华医史杂志》1994年第2期。

图布新(内蒙古民族大学)

《蒙医放血疗法历史研究》,内蒙古民族大学硕士学位论文2009年。

土旦桑布(北京中医药大学)

《〈四部医典〉与传统文化关系研究》,北京中医药大学博士学位论文 2012 年。

涂丰恩(台湾大学)

《择医与择病——明清医病间的权力、责任与信任》,《中国社会历史评论》2010 年 00 期。

《评陈秀芬,〈养生与修身——晚明文人的身体书写与摄生技术〉》,《新史学》第 21 卷第 2 期(2010.6)。

《从惠州医案看明清的医病关系(1500—1800)》,台湾大学硕士学位论文 2008 年。

傅大卫~陈怡文:《口述史、史料建构、与研究案例的选择—从性别史的角度来看近代妇产科的兴起与产婆的故事》,《妇研纵横》第 76 期(2005.10)。

涂光理(河南省卫生防疫站)

~邓新国:《河南省白喉现状考查》,《河南预防医学杂志》1987 年第 3 期。

《河南省近年白喉的免疫状况》,《河南预防医学杂志》1980 年第 1 期。

《河南省白喉流行概况(1950—1978 年)》,《河南预防医学杂志》1980 年第 1 期。

屠规益

《苏联耳鼻喉科学 40 年》,《中华耳鼻咽喉科杂志》1958 年第 1 期。

涂炯(中山大学)

~张维松:《未完成的突破:医学社会学的国际研究及本土发展》,《医学与哲学》2019 年第 13 期。

~王瑞林:《在失控与控制之间:新技术嵌入下青年人的日常健康实践》,《中国青年研究》2019 年第 12 期。

~周惠容:《移动传播时代社会支持的重构:以抖音平台癌症青年为例》,《中国青年研究》2019 年第 11 期。

~梅笑:《患者"自主权"再思考——基于 G 市 Z 医院癌症患者的疾病告知实践研究》,《东南大学学报(哲学社会科学版)》2019 年第 5 期。

热米娜·买买提江……何强生~梁玉成等:《居穗非洲人健康状况及对中国医疗服务评价》,《中国公共卫生》2019 年第 3 期。

~亢歌:《医患沟通中的话语反差:基于某医院医患互动的门诊观察》,《思想战线》2018 年第 3 期。

~钟就娣:《食管癌患者的身体、自我与身份》,《广西民族大学学报(哲学社会科学版)》2017 年第 1 期。

阿瑟·凯博文~:《寻找智慧与意义:解决全球精神健康问题之核心》,《广西民族大学学报(哲学社会科学版)》2017 年第 1 期。

~张文义等:《人类学、医学与中国社会发展:访凯博文教授》,《思想战线》2016 年第 5 期。

~程瑜:《食管癌患者的疾病解释:理解、合理化与意义追求》,《思想战线》2016 年第 3 期。

《医闹的道义和权力"游戏"》,《甘肃行政学院学报》2016 年第 1 期。

~吴少龙:《政党意识形态与卫生政策:英国国民健康服务体系变迁的政治学》,《甘肃行政学院学报》2015 年第 6 期。

《疾病叙事:健康领域研究关注点》,《中国社会科学报》2015 年 9 月 16 日 006 版。

屠揆先(常州市中医院)

《清代女中医曾懿及其〈医学篇〉简介》,《中医杂志》1981 年第 4 期。

《马培之〈纪恩录〉简介》,《山东中医学院学报》1983 年第 1 期。

涂凌奕（重庆师范大学）

《〈聊斋志异〉中的疾病与隐喻》,《九江学院学报（社会科学版）》2018 年第 2 期。

涂明华（九江学院）

～欧阳蔚等:《九江学院护理教育史》,《中华护理教育》2012 年第 10、11 期。

《九江学院护理教育史写作体会》,《中华护理教育》2012 年第 10 期。

涂通今（军事医学科学院/第四军医大学）

《"预防为主"方针溯源》,《人民军医》2007 年第 7 期。

～高恩显:《关于预防为主卫生工作方针确立和实施的历史回顾》,《解放军预防医学杂志》2004 年第 1 期。

《军队卫生工作史料 红军长征中的卫生工作——与美国纽约时报前副总编、著名作家哈里森·索尔兹伯里的谈话(摘要)》,《人民军医》1985 年第 4 期。

《回忆延安和平医院》,《中国医院管理》1985 年第 3 期。

土屋公献（731 部队细菌战被害国家赔偿请求诉讼辩护团、日本律师联合会）

《关于 731 部队细菌战诉讼一审判决的批判探讨》,《常德师范学院学报（社会科学版）》2002 年。第 6 期。

涂雪峰（江西中医药大学）

～傅琛:《中国传统医德的历史嬗变及其现代价值》,《中医药管理杂志》2013 年第 7 期。

吐逊江·买托乎提（新疆大学）

《维吾尔族医药民俗研究》,新疆大学硕士学位论文 2007 年。

托克托

～苟香涛:《庞安时传》,《云南中医学院学报》1982 年第 4 期。

托马斯·格林格尔（德国比勒菲尔德大学）

～罗尔夫·施姆克等:《德国医疗保险体系的渐进式制度变迁——渐行渐远的"俾斯麦模式"》,《江海学刊》2013 年第 5 期。

托马斯·理查德·戴维斯（伦敦城市大学）

～撰,王卓译:《未讲述的"国际卫生组织起源"故事:救援协会、国际网络与个体角色》,《医疗社会史研究》2018 年第 1 期。

托马斯·施耐德（南方科技大学）

～撰,庄奇译:《古埃及的医学与巫术:重估两者的关系》,《医疗社会史研究》2018 年第 2 期。

V

Volker Scheid（伦敦大学亚非研究院）

～缪卫群等:《孟河医家新探》,《中华医史杂志》2004 年第 2 期。

W

外斯(美国克拉克森大学)

~贝雷茨等:《危险的合作——威廉皇帝学会人类学研究所人类遗传学与政治之间的联系(1927—1945)》,《科学文化评论》2004 年第 6 期。

万超(南京工业大学)

《江苏统筹城乡医疗保障制度初探》,南京工业大学硕士学位论文 2015 年。

万方(湘潭师范学院/湘潭师范专科学校)

《古代注(疰)病及禳解治疗考述》,《敦煌研究》1992 年第 4 期。

《关于龙门石窟药方洞药方的几个问题》,《湖南科技大学学报(社会科学版)》1989 年第 6 期。

~陶敏:《王焘家世里籍生平新考》,《山东中医学院学报》1988 年第 3 期。

《关于〈绍兴本草〉的几个问题》,《湖南中医学院学报》1987 年第 4 期。

~吕锡琛:《宋代官药局的考察》,《山东中医学院学报》1987 年第 3 期。

《再谈关于〈难经〉著作年代的几个问题——兼与何爱华先生商榷》,《湖南中医学院学报》1986 年第 4 期。

~宋大仁等:《古方"麻沸散"考——兼论〈华佗神医秘传〉的伪托问题》,《山东中医学院学报》1985 年第 4 期。

《自学医史浅陋谈》,《山东中医学院学报》1985 年第 1 期。

《关于〈神农本草经〉的几个问题》,《中国药学报》1983 年第 3 期。

《关于〈大观本草〉的命名及其早期流传沿革考》,《江苏中医杂志》1982 年第 6 期。

《关于宋代校正医书局的考察》,《中医药学报》1982 年第 1 期。

《也谈王叔和任魏太医令及其卒年》,《中医药学报》1981 年第 2 期。

《医史研究三议》,《山东中医学院学报》1980 年第 1 期。

万芳(中国中医科学院/中国中医研究院)

侯如艳~解博文:《大医精诚,止于至善:〈百年中医传承录〉创作感悟》,《中华医史杂志》2019 年第 4 期。

彭华胜、解博文~:《当代著名本草文献学家尚志钧》,《中华医史杂志》2019 年第 1 期。

~王娇等:《〈本草纲目〉引用今佚古医籍初考》,《中医杂志》2018 年第 20 期。

侯酉娟~:《唐代亡佚医书〈传信方〉佚文考证》,《中国中医药图书情报杂志》2018 年第 6 期。

郑瑞新~:《〈幼幼新书〉引文规律探讨》,《中华医史杂志》2018 年第 5 期。

葛政、李应存~:《敦煌卷子张仲景〈五脏论〉中的药对解读》,《中华中医药杂志》2018 年第 5 期。

段瑶~:《民国时期(1912—1949 年)上海国药业发展探析》,《中国现代中药》2018 年第 3 期。

段瑶~:《民国时期(1912—1949 年)上海四大国药店及其品牌国药探析》,《中医文献杂志》2018 年第 2 期。

王娇~:《孤抄本〈养生必用方〉考》,《中国中医基础医学杂志》2017 年第 10 期。

程志立~刘剑锋等:《中医药老字号的文化精神与文化使命》,《亚太传统医药》2016 年第 14 期。

杨向真、刘佳玉~:《马继兴中医文献学治学方法举隅》,《中国中医基础医学杂志》2016 年第 8 期。

解博文～:《尚志钧辑本〈新修本草〉学术成就初探》,《中医文献杂志》2016年第6期。

李楠……李莎莎～:《从民国时期中药教材探讨中药教育的发展》,《北京中医药》2015年第6期。

～侯西娟等:《民国时期中医文献特点探究》,《中华中医药杂志》2015年第6期。

～侯西娟等:《关于民国中医医籍研究的思考》,《中国中医药图书情报杂志》2014年第1期。

李楠～金艳:《民国时期的北平中药讲习所》,《北京中医药》2013年第12期。

李楠～:《民国时期中药辞典的编纂及其对中药学发展的影响》,《北京中医药大学学报》2013年第9期。

～杨峰:《马继兴学术研究再论》,《中医文献杂志》2013年第6期。

李楠～侯如艳等:《刘民叔〈神农古本草经〉探析》,《中国中医基础医学杂志》2013年第4期。

李楠、高飞～:《浅谈〈伤寒论〉中的中药炮制方法》,《北京中医药大学学报》2013年第1期。

～钟赣生等:《西风东渐影响下的中药变革》,《北京中医药大学学报》2012年第7期。

李楠～金艳:《金世元"医药圆融"学术特色研究》,《北京中医药》2012年第7期。

杨向真～:《近代费县名医左国楫》,《中医文献杂志》2012年第4期。

侯如艳～宣宝剑:《中西结合,文医融会——走近中医临床文献大家余瀛鳌》,《中医文献杂志》2012年第3期。

杨向真～:《清末奉天府名医庆云阁与张奎彬从医办学事记》,《中医文献杂志》2011年第3期。

～黄齐霞:《中医古籍版本研究与思考——兼谈马继兴与中医古籍版本研究》,《北京中医药》2011年第4期。

赵林冰～:《〈御纂医宗金鉴〉药引运用探析》,《中华中医药杂志》2011年第4期。

侯西娟～:《唐代药市考察》,《时珍国医国药》2010年第12期。

～钟赣生:《南宋〈全婴方论〉溯源考》,《北京中医药大学学报》2010年第5期。

《〈脏腑证治图说人镜经〉之传承考析》,《中医文献杂志》2010年第5期。

侯西娟:《营口中药材集散之兴衰始末》,《中药材》2010年第5期。

《明代方书〈众妙仙方〉考》,《中药与临床》2010年第4期。

《淡泊生活 潜心研究——马继兴先生的治学之路》,《中医药文化》2009年第4期。

～张燕洁:《清代中医文献特点与医学发展》,《中华中医药杂志》2009年第4期。

黄晶～:《黄丕烈刊刻中医古籍考》,《北京中医药大学学报》2008年第4期。

曹峰祥～:《明末清初西方医学知识传入对中医学的影响》,《北京中医药大学学报》2007年第5期。

《马继兴中医古代文献学术研究概要》,《中华医史杂志》2006年第2期。

《古医籍校勘的认识与实践体会——马继兴古医籍校勘方法的学习与应用》,《中华中医药杂志》2005年第9期。

《古代中医文献研究方法探讨——兼论马继兴古代中医文献研究方法》,《北京中医药大学学报》2005年第4期。

《古代中医文献的分类及其研究——兼论马继兴文献研究方法》,《中医文献杂志》2004年第3期。

～钟赣生:《国内失传中医善本古籍〈山居便宜方〉重出新解》,《北京中医药大学学报》2003年第5期。

《宋代中医儿科专著之学术成就及学术意义》,《北京中医》2003年第3期。

～钟赣生:《天一阁藏明代地方志本草资料阐析》,《中医文献杂志》2003年第1期。

《明代〈琼台志〉本草资料探析》,《中医文献杂志》2001 年第 3 期。

～马健等:《小儿咳喘病证古代中医文献数据库的建立》,《北京中医药大学学报》2000 年第 6 期。

《〈本草纲目〉索引》之学术意义》,《中华医史杂志》2000 年第 4 期。

～赵曦:《〈中华药学杂志〉创刊初期回顾》,《中国药学杂志》1999 年第 9 期。

《万全研究的新成果——评〈万全生平著述考〉》,《中华医史杂志》1999 年第 1 期。

～钟赣生:《方志与药学史研究之刍议》,《中国药学杂志》1998 年第 3 期。

～钟赣生:《万全小儿脾胃观论说》,《中国医药学报》1995 年第 5 期。

～钟赣生等:《酒病与解酒考略》,《中华医史杂志》1994 年第 4 期。

～钟赣生:《〈证类本草〉毒药粗论》,《北京中医药大学学报》1994 年第 1 期。

～钟赣生:《论〈千金要方〉、〈千金翼方〉食治特色》,《中国医药学报》1993 年第 4 期。

～钟赣生:《〈万物〉与〈五十二病方〉有关药物内容的比较》,《中国医药学报》1990 年第 2 期。

万海同(浙江中医药大学/南京中医药大学)

王利勤……万海同:《探讨张仲景运用桂枝芍药知母汤治疗痹证的理论渊源》,《中华中医药杂志》2016 年第 12 期。

《试论〈内经〉对温病养阴法形成的影响》,《中医函授通讯》1995 年第 3 期。

完继文

《祖国医学对牙周病的认识和治疗》,《上海中医药杂志》1958 年第 7 期。

万里涛(华东政法大学)

《医疗纠纷解决方式研究》,华东政法大学硕士学位论文 2004 年。

完玛央金(甘肃甘南州卫生学校)

《甘南地区民族医药发展现状与未来》,《中国民族医药杂志》2014 年第 1 期。

万木兰(宁夏大学)

《西滩村村民医疗健康生活的医学人类学研究》,宁夏大学硕士学位论文 2018 年。

丸山昌郎

～撰,肖友山译:《刺络的历史及其应用》,《上海中医药杂志》1958 年第 9 期。

丸山裕美子

～撰,方国花译:《唐日医疾令的复原与对比——对天圣令出现之再思考》,载台湾师范大学历史系等主编《新史料、新观点、新视角:〈天圣令〉论集》(上)(台湾:元照出版有限公司 2011 年)。

万少菊(江西省中医药研究院/江西省中医药研究所)

《〈旴江医学〉印象》,《中医药文化》2007 年第 2 期。

《袁枚与〈随园食单〉》,《中医文献杂志》2002 年第 4 期。

《医林状元龚廷贤》,《江西中医药》2001 年第 3 期。

《苏颂对中医文献学的贡献》,《中医函授通讯》1992 年第 5 期。

《龚廷贤主要著作简介》,《江西中医药》1989 年第 5 期。

《从〈医心方〉看我国唐以前妇人孕产的某些成就》,《江西中医药》1986 年第 1 期。

万胜(湖南中医药大学)

《"湖湘五大名老中医"学术思想研究》,湖南中医药大学博士学位论文 2011 年。

～何清湖:《"湖湘五大名老中医"学术思想研究》,《中医药导报》2010 年第 1 期。

何清湖～:《三论湖湘中医文化——打造现代湖湘名医》,《湖南中医药大学学报》2010 年第 9 期。

万澍（美国爱荷华大学）

《医疗史还是身心障碍史？——评〈战争之费：康复治疗与一战中的美国〉》，《医疗社会史研究》2018 年第 1 期。

万四妹（安徽大学/安徽中医药大学/南京中医药大学/安徽中医学院）

～刘伯山等：《明清新安世医探析》，《北京中医药大学学报》2018 年第 4 期。

张子健～：《清暑益气汤细考》，《陕西中医药大学学报》2018 年第 3 期。

张蕊、周美启～：《汪机〈针灸问对〉针灸学术思想研究》，《安徽中医药大学学报》2018 年第 2 期。

～王旭光等：《吴崑〈医方考〉对方剂学的贡献》，《安徽中医药大学学报》2018 年第 2 期。

～刘伯山等：《明清时期新安女医研究》，《中华医史杂志》2018 年第 1 期。

～刘伯山等：《明清新安地方医官探析》，《北京中医药大学学报》2017 年第 7 期。

高兵……程悦～洪靖等：《〈管见医案〉"人身阴阳水火说"学术思想及辨治特色初探》，《西南医科大学学报》2017 年第 5 期。

杨春荣、张玉才～：《〈石山医案〉杂病诊疗特色浅探》，《中医药临床杂志》2017 年第 4 期。

～陆翔等：《〈医读〉的作者与版本源流》，《中华医史杂志》2017 年第 4 期。

王旭光～张雪梅：《江瓘年谱》，《中华医史杂志》2017 年第 3 期。

殷寻嫣、陆翔～：《汪机〈伤寒选录〉版本及评按探析》，《安徽中医药大学学报》2017 年第 1 期。

～刘伯山等：《明清新安宫廷医官探析》，《中华医史杂志》2017 年第 1 期。

殷寻嫣～陆翔：《〈达生篇〉产育思想探微》，《甘肃中医药大学学报》2016 年第 3 期。

黄辉～朱来顺等：《新安医家徐春甫生平事迹考辨》，《安徽中医药大学学报》2016 年第 1 期。

胡安徽～：《〈新安名族志〉的医学文化史价值》，《中华医史杂志》2016 年第 1 期。

黄辉、蒋宏杰～何玲：《明代新安医学家徐春甫医案选介》，《浙江中医杂志》2016 年第 1 期。

～刘伯山等：《民间藏新安医学归户文献研究刍议》，《中医药临床杂志》2015 年第 8 期。

～魏超宇等：《基于文献分析的新安医学关于手足口病的辨治特色》，《中医药临床杂志》2013 年第 7 期。

王鹏、陆翔～刘更生等：《针刺麻醉文献研究的内容与方法》，《安徽中医学院学报》2013 年第 5 期。

～魏超宇等：《基于文献分析的新安医学关于手足口病的辨治特色》，《甘肃中医学院学报》2013 年第 4 期。

施慧、王靓～陈仿群等：《新安医学对护理学发展贡献举隅》，《辽宁中医药大学学报》2012 年第 9 期。

《明清新安医家伤寒文献研究》，南京中医药大学博士学位论文 2012 年。

～戴慎：《浅析〈素圃医案〉临证实践仲景学说的特色》，《时珍国医国药》2011 年第 9 期。

～汪沪双：《民国时期的中医期刊〈新安医药半月刊〉》，》，《中华医史杂志》2011 年第 5 期。

～戴慎：《浅析〈程茂先医案〉》，《江苏中医药》2010 年第 8 期。

～戴慎：《张节〈伤燥论〉研究》，《中国中医基础医学杂志》2010 年第 2 期。

～张玉才：《浅析〈孙文垣医案〉有发明案例》，《中医文献杂志》2008 年第 3 期。

张玉才～：《新安医学的历史地位及影响》，《中医文献杂志》2004 年第 4 期。

～许霞：《汪机〈伤寒选录〉对温病学的贡献》，《安徽中医学院学报》2004 年第 3 期。

万细丛（鄂州市中医医院）

《〈五十二病方〉外治法初探》，《湖南中医学院学报》1988 年第 1 期。

万霞(中国医学科学院/北京中医药大学)

~刘建平等:《中医文化人类学》,《中西医结合学报》2008年第7期。

刘建平~:《国际补充医学研究大会概述》,《中西医结合学报》2007年第4期。

万晓芳(湘乡第二人民医院)

~肖平:《酒的历史沿革、药理作用及其古今医疗用途》,《中医药信息》1998年第4期。

万晓刚(广州中医药大学/湖北中医学院)

杨鸿权……方志辉~:《张仲景运用芍药"角药"探析》,《中国中医急症》2019年第5期。

张晓希~:《论吴瑭对叶天士泻心法的理论传承》,《西部中医药》2018年第2期。

《宋元明清时期伤寒诊断研究述评》,《中医药学刊》2005年第9期。

《伤寒学术史研究刍议》,《中国中医药现代远程教育》2005年第2期。

刘松林……孙江桥~张茂林:《古典医籍对功能性消化不良相关病证的认识》,《中医药学刊》2004年第6期。

吕文良~:《近五年〈伤寒论〉研究述评》,《河南中医学院学报》2003年第6期。

~蔡文就:《魏晋唐宋八百年间仲景著作流传脉络》,《湖北中医学院学报》2003年第4期。

张又云~:《宋元明清时期伤寒方药研究思路评介》,《湖北中医学院学报》2002年第4期。

《伤寒学术发展史略》,广州中医药大学博士学位论文2001年。

《六经概念源流考》,《湖北中医学院学报》2001年第1期。

《〈伤寒论〉国内外研究现状》,《国医论坛》2001年第1期。

《伤寒学术发展史略》,《广州中医药大学》2001年第1期。

《伤寒史学研究成果简述》,《中华医史杂志》2000年第4期。

《〈伤寒论〉六经病证关系的研究》,《中医函授通讯》1999年第6期。

《〈伤寒论〉辨证论治体系研究》,《中医文献杂志》1999年第4期。

《〈伤寒总病论〉温病学思想评述》,《国医论坛》1996年第1期。

《试论伤寒学研究之历史分期》,《中华医史杂志》1995年第2期。

《〈伤寒摘锦〉学术思想述评》,《国医论坛》1994年第5期。

万筱明(华中科技大学)

~陈燕刚:《多元参与的全民医保模式研究》,《中国卫生经济》2008年第6期。

《国外医疗保障模式借鉴研究》,《国外医学(卫生经济分册)》2007年第3期。

宛小燕(四川大学)

《道教防控瘟疫的方法研究》,《宗教学研究》2019年第2期。

万晓宇(黑龙江省疾病预防控制中心)

~邹明远等:《黑龙江省鼠疫防控历史演变及展望》,《中国公共卫生管理》2019年第2期。

万心(江西师范大学)

《建国以来余江县防治血吸虫病的历史经验研究》,江西师范大学硕士学位论文2013年。

~万振凡:《1950年代中共领导余江血防工作的历史经验》,《江西师范大学学报(哲学社会科学版)》2013年第1期。

万振凡~:《环境史视野下的20世纪鄱阳湖区血吸虫病史研究》,《江西财经大学学报》2011年第3期。

万旭（重庆医科大学）

　　～何中臣等：《从伦理视角分析精神障碍患者医疗的自愿原则》，《中国全科医学》2015 年第 9 期。

万旭（东南大学/北京大学）

　　苏静静、张惺惺～：《阳痿的医学化与药物化："万艾可现象"》，《中国性科学》2018 年第 3 期。

　　《医学哲学的奠基与生命伦理学的方向——佩里格里诺如何为美国医学人文学把脉》，《东南大学学报（哲学社会科学版）》2015 年第 2 期。

　　郭玉宇～：《脑死亡立法的伦理问题研究》，《法制与经济（下旬）》2012 年第 12 期。

　　～郭玉宇：《中国生命伦理学的当下难题及发展趋势》，《中国医学伦理学》2012 年第 5 期。

　　郭玉宇～：《中国医疗改革本土化道德哲学研究现状及其建议》，《医学与哲学（人文社会医学版）》2011 年第 6 期。

　　足立智孝～：《美国的医学人文教育：历史与理论》，《医学与哲学（人文社会医学版）》2009 年第 1 期。

　　祁斯特拉姆·恩格尔哈特、郭玉宇～包玉颖等：《全球生命伦理学：共识的瓦解》，《西南民族大学学报（人文社科版）》2008 年第 3 期。

　　H.Tristram Engelhardt，郭玉宇～包玉颖等：《全球生命伦理学：共识的瓦解——对全球性道德的探求：生命伦理学，文化战争和道德多样性》，《医学与哲学（人文社会医学版）》2008 年第 2、3 期。

　　《脑死亡问题的伦理研究》，东南大学硕士学位论文 2005 年。

　　何伦～：《"人造美女"的生命伦理学思考》，《医学与哲学》2004 年第 7 期。

万焰林（武汉市黄陂县中医院）

　　《略述徐春甫"养子十法"》，《安徽中医学院学报》1988 年第 3 期。

万阳（安徽大学）

　　《"医患纠纷"的媒介呈现——基于三个个案的考察》，安徽大学硕士学位论文 2015 年。

万友生（江西省中医药研究所）

　　《〈伤寒百问〉的学术思想及其评价》，《中国医药学报》1992 年第 4 期。

　　《略论热病学说源流》，《安徽中医学院学报》1985 年第 3 期。

万振凡（江西师范大学）

　　万心～：《疾病防控与地域社会政治变迁——以余江血吸虫病防治为中心》，《盐城工学院学报（社会科学版）》2019 年第 2 期。

　　彭庆鸿～万心：《疾病防治与地方文化变迁——以余江血防为中心的考察》，《地方文化研究》2019 年第 1 期。

　　～杨杰：《建国初期少数民族医疗卫生建设的历史经验》，《贵州民族研究》2019 年第 1 期。

　　彭庆鸿、万心～：《20 世纪 50 年代中共群众动员与疾病应对——以余江血防为中心》，《广东省社会主义学院学报》2019 年第 1 期。

　　～杨文：《疾病防治与新政权的合法性建构——以 20 世纪 50 年代"余江血防"为个案的考察》，《江西社会科学》2017 年第 4 期。

　　～吴赟：《三峡工程对鄱阳湖区血吸虫病防治负面影响的历史考察》，《江西师范大学学报（哲学社会科学版）》2013 年第 6 期。

　　～傅楠：《建国以来鄱阳湖区血防成就与经验》，《南昌工程学院学报》2013 年第 5 期。

　　《民国血吸虫病流行时期鄱阳湖疫区社会生态论析》，《历史教学问题》2013 年第 2 期。

万心～:《1950 年代中共领导余江血防工作的历史经验》,《江西师范大学学报（哲学社会科学版）》2013 年第 1 期。

～万心:《环境史视野下的 20 世纪鄱阳湖区血吸虫病史研究》,《江西财经大学学报》2011 年第 3 期。

万子平

《泰西生药略史》,《药报》1926 年第 35 期。

王爱成（莱芜市莱城区人民医院）

～刘亦鑫等:《论王肯堂对疟疾的创新性认识》,《世界最新医学信息文摘》2015 年第 78 期。

王爱芳（上海中医学院）

～陈剑飞:《从古方麻沸散到现代中药麻醉》,《中成药研究》1981 年第 11 期。

王爱群（山东中医药大学）

《基层医疗卫生机构药品安全管理问题探究》,山东中医药大学硕士学位论文 2016 年。

王爱英（铜陵学院）

《外国文学活动中身心疾病的影响与表达》,《安庆师范学院学报（社会科学版）》2005 年第 1 期。

王爱芸（山东中医药大学）

《吴崑针灸学术特点浅析》,山东中医药大学硕士学位论文 2017 年。

～王爱菊等:《吴崑针灸学术特点浅析》,《针灸临床杂志》2016 年第 11 期。

王浩然～沈庆思等:《〈针灸甲乙经〉针灸禁忌浅析》,《针灸临床杂志》2016 年第 7 期。

王浩然～沈庆思等:《齐鲁医家杨继洲〈针灸大成〉学术思想浅析》,《辽宁中医杂志》2016 年第 6 期。

孔熠～徐泽等:《猪又启岩〈孔穴学〉对民国时期针灸学发展的影响》,《针灸临床杂志》2016 年第 6 期。

王安（苏州大学）

《民国时期残疾军人社会保障研究》,苏州大学博士学位论文 2015 年。

《民国时期残疾人康复服务机构回顾——基于上海伤残重建服务处的史料》,《残疾人研究》2014 年第 3 期。

《清代残疾军人抚恤制度述略》,《兰台世界》2014 年第 18 期。

《晚清时期残疾人救助理念的变化》,《兰台世界》2014 年第 12 期。

《中国近代残疾人事业史研究综述》,《残疾人研究》2013 年第 3 期。

《职业重建:国民政府时期抗战伤残军人的就业——以〈残不废月刊〉为中心》,《湖北师范学院学报（哲学社会科学版）》2013 年第 1 期。

王柏灿（广西中医学院）

《论九针的多极起源》,《中国针灸》1993 年第 2 期。

王柏林（哈尔滨师范大学）

《1910 年鼠疫与东三省社会生活研究》,哈尔滨师范大学硕士学位论文 2014 年。

王宝华（首都医科大学/中国中医科学院）

《论〈脉书〉"相脉之道"诊断价值》,《北京中医药》2015 年第 9 期。

～王麒麟:《王麟鹏针刺逐邪思想述略》,《北京中医药》2014 年第 7 期。

～张媛媛:《〈素问·刺腰痛篇〉诸脉证例析》,《北京中医药》2012 年第 7 期。

～赵京生:《足太阴经"所生病"辨析》,《中国针灸》2011 年第 9 期。

～赵京生:《"治痿独取阳明"考释》,《北京中医药》2010 年第 7 期。

《〈内经〉针灸辨证方法研究》,中国中医科学院博士学位论文 2010 年。

～张媛媛:《"上病下取"考》,《中华医史杂志》2009 年第 5 期。

《从废医历史看中医的昨天、今天和明天》,《医学与哲学(人文社会医学版)》2006 年第 12 期。

任占敏～崔海:《〈黄帝内经〉"至阴之类"及华窍"唇四白"探析》,《北京中医》2006 年第 11 期。

汪宝麟

《中医儿科历代发展史》,《中医争鸣》1960 年第 9 期。

王宝瑞(大连理论医学研究所)

《中世纪初期教会的信心疗法与修道院医学》,《医学与哲学》1991 年第 10 期。

《罗马的贡献:军事医学》,《医学与哲学》1988 年第 12 期。

《中医的形神观与心身医学》,《中国社会医学》1987 年第 4 期。

《试论〈伤寒论〉六经辨证理论体系中的信息论方法》,《医学与哲学》1986 年第 8 期。

王保真(武汉大学)

《城乡居民大病保障特点与实质》,《中国社会保障》2016 年第 11 期。

《加快医疗供给适应需求的步伐》,《中国社会保障》2016 年第 10 期。

《需求猛增亟待医疗"供给侧改革"》,《中国社会标准》2016 年第 9 期。

《强化对医药费用的宏观管控》,《中国社会标准》2016 年第 6 期。

《医保支付不同于财政补助》,《中国社会保障》2016 年第 5 期。

《医保整合缘何难?》,《中国社会保障》2016 年第 4 期。

《从统计公报看医保功能》,《中国社会保障》2016 年第 3 期。

《医保筹资机制任重道远》,《中国社会保障》2016 年第 1 期。

《医保监督组织提升监管能力》,《中国社会保障》2015 年第 1 期。

徐宁……姚金海～项莉:《提高我国社会医疗保险基金统筹层次研究进展及述评》,《中国卫生经济》2014 年第 6 期。

《城乡居民大病保险再认识》,《中国社会保障》2014 年第 6 期。

《为医保属地化管理叫好》,《中国社会保障》2014 年第 1 期。

《基本医保制度的再分配功能显著》,《中国卫生人才》2013 年第 8 期。

《加快推进公立医院体制与机制改革》,《中国卫生人才》2013 年第 1 期。

《打破支付制度改革瓶颈》,《中国医院院长》2012 年第 22 期。

《当务之急是改"政事合一"为"政事分开"》,《中国医疗保险》2012 年第 12 期。

《以医保制度改革促公立医院改革》,《中国卫生人才》2012 年第 12 期。

《系统性支付制度需公立医院配套改革》,《中国社会保障》2012 年第 6 期。

《调整完善医保对医院供方的支付机制》,《中国社会保障》2012 年第 1 期。

《东莞市全民医保的亮点、启示和建议》,《中国卫生政策研究》2011 年第 9 期。

《农民工医保的缺失及完善》,《中国社会保障》2011 年第 7 期。

《发展目标与战略步骤——城镇职工基本医保制度》,《中国工人》2011 年第 2 期。

《对社保立法有关医保问题修改的拙见》,《卫生经济研究》2010 年第 9 期。

《社保立法才能让医保福祉切实普惠大众》,《卫生经济研究》2010 年第 9 期。

邓练兵、徐宁～:《我国城乡地区医疗救助政策分析及改进》,《中国卫生经济》2010 年第 5 期。

吴凤清……唐维新～:《如何组建公立医院"评审团"》,《中国医院院长》2009 年第 12 期。

《新时期我国覆盖全民的医疗保障体系与发展战略》,《中国卫生政策研究》2009 年第 10 期。

～徐宁等:《统筹城乡医疗保障的实质及发展趋势》,《中国卫生政策研究》2009 年第 8 期。

《落实基本医疗卫生制度 实现"病有所医"目标》,《群言》2009 年第 6 期。

吴凤清～何铁强等:《被"冷落"的医责险》,《中国医院院长》2008 年第 18 期。

《实现"病有所医"目标的初步探讨——也谈政府与市场、"补需方"与"补供方"》,《中国卫生经济》2008 年第 3 期。

《"病有所医"与基本医疗卫生制度的构建》,《中国卫生经济》2008 年第 1 期。

～陈蓓:《浅谈多层次医疗保障体系的发展趋势》,《中国卫生政策研究》2008 年第 1 期。

《惠民医院在医疗救助体系中的地位和作用探讨——武昌惠民医院的再调查》,《中国卫生经济》2007 年第 10 期。

～周云:《强化政府对医疗卫生的有效监管》,《卫生经济研究》2007 年第 8 期。

董四平～安艳芳等:《从自愿与强制之争看新农合的参与原则》,《中国农村卫生事业管理》2007 年第 3 期。

《"看病贵、看病难"的卫生经济浅析》,《中国卫生经济》2007 年第 1 期。

《"平价"质疑——关于组建济困或扶贫医院(病房)的拙见》,《中国卫生经济》2006 年第 4 期。

～李琦:《医疗救助在医疗保障体系中的地位和作用》,《中国卫生经济》2006 年第 1 期。

宋琳～鲍赣峰:《国外非营利性组织的运营与管理对我国非营利性医院的启示》,《中国卫生经济》2005 年第 9 期。

董军、李小华～:《当前我国医院产权资本经营的误区与对策》,《卫生经济研究》2005 年第 3 期。

张莉～:《国有医院产权制度改革的理论分析》,《中国医院》2004 年第 12 期。

～王斌:《关于建立农民工社会保障制度的探讨》,《中国卫生经济》2004 年第 8 期。

《注重宏观新变化 研究卫生新问题》,《卫生经济研究》2004 年第 5 期。

～王禄生等:《坚持 40 余年的武穴市合作医疗》,《中国初级卫生保健》2004 年第 1 期。

～武迎:《农村新型合作医疗制度与传统合作医疗的比较》,《中国卫生产业杂志》2003 年第 12 期。

～黄淑琼:《突发公共卫生事件应急机制的建立》,《卫生经济研究》2003 年第 8 期。

～张义华:《贫困山区县乡镇卫生资源的配置与利用》,《中国初级卫生保健》2003 年第 8 期。

《防非典 反思我国的卫生筹资》,《中国初级卫生保健》2003 年第 7 期。

～吴湘玲:《国外非营利性组织运营与管理的启示和借鉴》,《医院管理论坛》2003 年第 5 期。

～揭建旺:《试论突发公共卫生事件应急机制的建立》,《中国卫生资源》2003 年第 4 期。

王宝芝(河北大学)

《1952—1953 年河北省爱国卫生运动述论》,河北大学硕士学位论文 2008 年。

王斌(广州中医药大学)

《古代情志相关医案中心身现象的症治规律研究》,广州中医药大学博士学位论文 2008 年。

王斌(兰州大学)

《国际视野下知识产权保护与公共健康维护的冲突与协调》,兰州大学硕士学位论文 2012 年。

王滨(内蒙古医科大学/内蒙古医学院)

张锁～董秋梅等:《论〈黄帝内经〉辨年龄阶段养生思想》,《中医杂志》2017 年第 5 期。

《中医理论对藏医、蒙医理论的影响》,《中国中医基础医学杂志》2007 年第 10 期。

～乌兰格日乐:《〈黄帝内经〉与〈四部医典〉的历史渊源》,《中国民族医药杂志》2005 年第 3 期。

～孙飞:《〈黄帝内经〉对〈四部医典〉的影响》,《中国民族医药杂志》2005 年第 1 期。

《〈黄帝虾蟆经〉与针灸禁忌的时空观》,《内蒙古中医药》2000 年第 4 期。

～徐淑华:《〈四部医典〉与〈内经〉的发病学观点》,《中国民族医药杂志》1999 年第 3 期。

～马利芹:《〈内经〉论酒与病》,《内蒙古中医药》1994 年 S1 期。

王斌全(山西医科大学第一医院)

～赵晓云:《护士伊迪丝·路易莎·卡维尔》,《护理研究》2009 年第 11 期。

～赵晓云:《儿科护理史》,《护理研究》2009 年第 10 期。

～赵晓云:《癌症的治疗与护理史》,《护理研究》2009 年第 9 期。

～赵晓云:《艾滋病的治疗与护理史》,《护理研究》2009 年第 8 期。

～赵晓云:《结核病的护理与治疗史》,《护理研究》2009 年第 7 期。

～赵晓云:《护理管理者的发展》,《护理研究》2009 年第 6 期。

～赵晓云:《美国护生军训团》,《护理研究》2009 年第 5 期。

～赵晓云:《早期护理文献的发展》,《护理研究》2009 年第 4 期。

～赵晓云:《护理研究的产生与发展》,《护理研究》2009 年第 3 期。

～赵晓云:《第一位大学护理教授——Nutting》,《护理研究》2009 年第 2 期。

～赵晓云:《我国医院文化建设的发展历程》,《护理研究》2009 年第 1 期。

～赵晓云:《助产士的发展》,《护理研究》2008 年第 36 期。

～赵晓云:《院前急救的发展》,《护理研究》2008 年第 35 期。

～赵晓云:《以病人为中心》的产生与发展》,《护理研究》2008 年第 34 期。

～赵晓云:《心电图的发明与发展》,《护理研究》2008 年第 33 期。

～赵晓云:《气管切开术的产生与发展》,《护理研究》2008 年第 32 期。

～赵晓云:《导尿术的发明与发展》,《护理研究》2008 年第 31 期。

～赵晓云:《热力消毒的发展史》,《护理研究》2008 年第 30 期。

～赵晓云:《护理诊断的发展》,《护理研究》2008 年第 29 期。

～赵晓云:《造口治疗师的发展》,《护理研究》2008 年第 28 期。

～赵晓云:《老年护理保险的发展》,《护理研究》2008 年第 27 期。

～赵晓云:《护士形象的发展历程》,《护理研究》2008 年第 26 期。

～赵晓云:《护理质量管理的发展》,《护理研究》2008 年第 25 期。

～赵晓云:《中国的南丁格尔奖章获得者》,《护理研究》2008 年第 24 期。

～赵晓云:《约翰逊与行为系统模式》,《护理研究》2008 年第 23 期。

～赵晓云:《国内医院消毒供应室的发展》,《护理研究》2008 年第 22 期。

～赵晓云:《我国近代护理书籍概述》,《护理研究》2008 年第 21 期。

～赵晓云:《青霉素的发现及应用》,《护理研究》2008 年第 20 期。

～赵晓云:《知情同意的发展历史》,《护理研究》2008 年第 19 期。

～赵晓云:《无菌技术的产生与发展》,《护理研究》2008 年第 18 期。

～赵晓云:《护士麻醉师的产生与发展》,《护理研究》2008 年第 17 期。

～赵晓云：《开业护士的产生与发展》，《护理研究》2008年第16期。

～赵晓云：《护理"专业"的界定与发展现状》，《护理研究》2008年第15期。

～赵晓云：《标准化病人的产生与应用》，《护理研究》2008年第14期。

～赵晓云：《客观结构化临床考试的产生与发展》，《护理研究》2008年第13期。

～赵晓云：《护士法案的发展》，《护理研究》2008年第12期。

～苏琳：《整体护理的发展史》，《护理研究》2008年第11期。

～赵晓云：《马德莱娜·莱宁格和跨文化护理理论》，《护理研究》2008年第10期。

～赵晓云：《韩德森对护理的贡献》，《护理研究》2008年第9期。

～赵晓云：《伊莫金·金和她的达标理论》，《护理研究》2008年第8期。

～赵晓云：《纽曼的健康系统模式》，《护理研究》2008年第7期。

～赵晓云：《罗伊和她的适应模式》，《护理研究》2008年第6期。

～赵晓云：《罗杰斯与她的护理理论》，《护理研究》2008年第5期。

～赵晓云：《Orem与自理理论》，《护理研究》2008年第4期。

～赵晓云：《护理概念的演化》，《护理研究》2008年第3期。

～赵晓云：《护理模式的演化》，《护理研究》2008年第2期。

～赵晓云：《人性化护理的历史背景》，《护理研究》2008年第1期。

～赵晓云：《整体护理的产生与发展》，《护理研究》2007年第36期。

～赵晓云：《社区护理发展史》，《护理研究》2007年第35期。

～赵晓云：《精神病护理的发展》，《护理研究》2007年第34期。

～赵晓云：《日本老年护理的发展》，《护理研究》2007年第33期。

～赵晓云：《美国私立疗养院发展史》，《护理研究》2007年第32期。

～高晓红：《南丁格尔与现代护理教育》，《护理研究》2007年第31期。

～高晓红：《护校校长的摇篮——哥伦比亚大学》，《护理研究》2007年第30期。

～高晓红：《护理学士的起源地——耶鲁大学》，《护理研究》2007年第29期。

～赵晓云：《伊丽莎白·芙莱与护理姊妹团》，《护理研究》2007年第28期。

～赵晓云：《19世纪英国伦敦的护理改革》，《护理研究》2007年第27期。

～赵晓云：《临终关怀的发展史》，《护理研究》2007年第26期。

～刘美丽：《护理经济学的发展》，《护理研究》2007年第25期。

～赵晓云：《中华护理学会易名史》，《护理研究》2007年第24期。

～赵晓云：《灌肠的发展历史》，《护理研究》2007年第23期。

～赵晓云：《注射器的产生与发展》，《护理研究》2007年第22期。

～赵晓云：《ICU的建立与发展》，《护理研究》2007年第21期。

～赵晓云：《氧气治疗的发展史》，《护理研究》2007年第20期。

～刘艳丽：《中医护理的发展历史》，《护理研究》2007年第19期。

赵晓云～刘美丽：《多元文化护理渊源及发展》，《护理研究》2007年第18期。

～王磊：《护理道德的发展历程》，《护理研究》2007年第17期。

～李洁：《临床护理专家发展简介》，《护理研究》2007年第16期。

～王磊：《护患关系的发展历程》，《护理研究》2007年第15期。

～孟艳君:《护理教学中 PBL 模式的发展历程》,《护理研究》2007 年第 14 期。

～李洁:《循证护理的发展》,《护理研究》2007 年第 13 期。

～孟艳君:《护理批判性思维的发展》,《护理研究》2007 年第 12 期。

～黄桦:《护理教育史》,《护理研究》2007 年第 11 期。

～赵晓云:《心肺复苏基本生命支持的历史》,《护理研究》2007 年第 10 期。

～赵晓云:《口罩的发展及应用》,《护理研究》2007 年第 9 期。

～赵晓云:《护士职业装在国外的发展》,《护理研究》2007 年第 8 期。

～赵晓云:《听诊法血压测量的发展史》,《护理研究》2007 年第 7 期。

～赵晓云:《听诊器的发明与发展》,《护理研究》2007 年第 6 期。

～赵晓云:《体温计的发明与发展》,《护理研究》2007 年第 5 期。

～赵晓云:《输血的开始》,《护理研究》2007 年第 4 期。

～赵晓云:《男护士的发展历史》,《护理研究》2007 年第 3 期。

～赵晓云:《国外医院的产生与发展》,《护理研究》2007 年第 2 期。

～赵晓云:《中国医院的发展及其功能演化》,《护理研究》2007 年第 1 期。

张培莉～赵晓云:《黑人女护士玛丽·珍妮·西可》,《护理研究(下旬版)》2006 年第 36 期。

赵晓云～:《英国的首次护士注册》,《护理研究》2006 年第 35 期。

～赵晓云:《第一位注册护士》,《护理研究(上旬版)》2006 年第 34 期。

～赵晓云:《伊丽莎白·格雷斯·奈尔》,《护理研究(下旬版)》2006 年第 33 期。

～赵晓云:《国际护士会创立始末》,《护理研究(下旬版)》2006 年第 21 期。

～赵晓云:《杜南与国际红十字运动》,《护理研究(中旬版)》2006 年第 20 期。

～赵晓云:《南丁格尔与护理的不解之缘》,《护理研究(上旬版)》2006 年第 19 期。

～赵晓云:《南丁格尔在克里米亚战争中》,《护理研究(下旬版)》2006 年第 18 期。

～赵晓云:《德国牧师傅立德》,《护理研究(中旬版)》2006 年第 17 期。

～赵晓云:《慈善姊妹会对护理发展的影响》,《护理研究》2006 年第 16 期。

～赵晓云:《文艺复兴时期的黑暗护理》,《护理研究(下旬版)》2006 年第 15 期。

～赵晓云:《十字军东征时的护理团队》,《护理研究(中旬版)》2006 年第 14 期。

～赵晓云:《基督教对护理的影响》,《护理研究(上旬版)》2006 年第 13 期。

～赵晓云:《摆脱"鬼神致病论"束缚后的护理》,《护理研究(下旬版)》2006 年第 12 期。

～赵晓云:《巫医并存时期之护理》,《护理研究(中旬版)》2006 年第 11 期。

～赵晓云:《护理的起源》,《护理研究(上旬版)》2006 年第 10 期。

《SARS 流行后的反思》,《护理研究》2003 年第 21 期。

王冰杰(西北大学)

《庄子哲学的治疗思想探析》,西北大学硕士学位论文 2017 年。

王炳利(陕西中医学院)

《中医医疗器具史——陕西中医学院》,《中医药学报》1982 年第 4 期。

王炳毅

《金陵名医张简斋传奇人生》,《档案与建设》2009 年第 11 期。

王丙毅(聊城大学)

《英国医疗管制模式的改革与重构及其启示》,《聊城大学学报(社会科学版)》2008 年第 5 期。

～尹音频:《德国医疗管制模式的特点、改革取向及借鉴意义》,《理论学刊》2008 年第 7 期。

王炳毅(西南财经大学)

《政府医疗管制模式重构研究》,西南财经大学博士学位论文 2008 年。

王波(上海中医药大学附属曙光医院)

《澳大利亚中医针灸的现状与思考》,《中国针灸》2008 年第 3 期。

王波波(兰州大学)

《日常生活与健康传播——对天祝县多隆村的个案研究》,兰州大学硕士学位论文 2015 年。

王灿敏(第二军医大学附属长海医院)

～张速勤等:《希波克拉底著作中的耳鼻咽喉科学》,《国外医学(耳鼻咽喉科学分册)》2003 年第 3 期。

王畅(上海外国语大学)

《新中国对非洲医疗援助外交研究》,上海外国语大学硕士学位论文 2014 年。

文少彪～:《全球治理视角下的中国对非洲医疗援助》,《国际关系研究》2014 年第 1 期。

《中美对非医疗援助比较分析》,《国际研究参考》2013 年第 10 期。

王长峰(广州中医药大学)

《针灸治疗痹证的古代文献研究》,广州中医药大学博士学位论文 2013 年。

汪常明(广西民族大学/中国科学技术大学)

《中国近代第一位留美医学博士舒高第》,《中国科技史杂志》2018 年第 2 期。

《新安医家汪昂成功之道探析》,《中医文献杂志》2007 年第 1 期。

王长青(南京中医药大学)

～郦雨囉:《"一带一路"视域下中医药国际传播的价值与策略》,《南京医科大学学报(社会科学版)》2016 年第 4 期。

王昌荣

《日军在山东的"白大褂部队"——日本帝国主义在山东的细菌战罪行》,《山东医科大学学报(社会科学版)》1996 年第 1 期。

王长宇(北京中医药大学)

《唐太医署医学教育引发的几点思考》,《中医教育》1999 年第 6 期。

王超东(广西中医学院)

～邓柏颖等:《经络实质假说的文献综述》,《辽宁中医药大学学报》2007 年第 1 期。

王超华(中国社会科学院)

《黑死病重塑英国劳动力市场》,《中国社会科学报》2014 年 4 月 9 日 A05 版。

王超群(武汉大学)

《性别、身体与疾病:明代女性医疗问题研究》,武汉大学硕士学位论文 2017 年。

《行医救人——明代职业女医谈允贤研究》,《中国经济与社会史评论》2015 年 00 期。

王程(北京外国语大学)

《中国对外医疗援助与软实力提升研究——以中国援助桑给巴尔医疗队为例》,北京外国语大学硕士学位论文 2017 年。

王成(筠连县畜牧局)

～曾饶琼等:《中兽药发展的研究》,《中国动物保健》2014 年第 2 期。

刘大荣～李群:《四川大学农学院时期的畜牧兽医组系发展》,《畜禽业》2012 年第 6 期。

朱芹～李群等:《中兽医学发展史》,《中兽医医药杂志》2012 年第 2 期。

唐素君～李群:《世界兽医史学研究概况》,《中兽医医药杂志》2011 年第 5 期。

～李群:《著名中兽医史学家邹介正研究员主要简历及著述》,《农业考古》2011 年第 4 期。

～李群等:《中兽医学东传(日本、韩国)初探》,《古今农业》2007 年第 3 期。

《〈台湾兽医发展史〉简介》,《四川畜牧兽医》2005 年第 4 期。

～程海娟:《中国兽医史研究的发展历程》,《郑州牧业工程高等专科学校学报》2005 年第 1 期。

《中兽医五行归类土行脉象季节新论》,《中兽医医药杂志》2002 年第 1 期。

《〈贾相公牛经〉初探》,《四川畜牧兽医》2001 年第 11、12 期;2002 年第 1 期。

《中兽医五行归类土行脉象季节新论》,《四川畜牧兽医》2001 年第 6、7、8 期。

《〈贾相公牛经〉初探》,《农业考古》1999 年第 3 期。

《彝兽医初探》,《中国兽医杂志》1997 年第 6 期。

～张扇等:《全国农广校中兽医班在四川筠连县设立》,《中兽医学杂志》1995 年第 2 期。

《亟待建立中兽医史学》,《中兽医医药杂志》1992 年第 6 期。

《猪鸡中草药饲料添加剂古方考》,《中兽医医药杂志》1992 年第 3 期。

～唐素君:《古代的饲料添加剂》,《中兽医学杂志》1990 年第 1 期。

王成诚(中共中央党校)

《建国初期文化建设的中西之争——以中医政策为例》,《中共四川省委党校学报》2012 年第 4 期。

王承就(南开大学)

《古巴的家庭医生制度及对中国农村医改的启示》,《社会科学家》2008 年第 7 期。

王成菊(衡阳医学院)

《孙中山的医学生涯与医德医风》,《中国医学伦理学》2002 年第 4 期。

王程韡(清华大学)

《"地方性场所"的实验室化过程——以中国集体化时期的麻风防疫史为例》,《清华大学科学史系》,《自然辩证法研究》2019 年第 9 期。

李菲菲～:《乳腺癌女性的自我赋权何以可能:基于癌症叙事的思考》,《医学与哲学》2019 年第 6 期。

戎毅杰～:《生物医学创新的"好""坏"之辩——以脑深部电刺激技术的历史为例》,《医学与哲学》2019 年第 6 期。

王成永(安徽省医药学校)

《本草纲目》在中药剂型学方面的成就》,《中医药信息》1991 年第 3 期。

王崇峻

《明清时期民间的用药情况与医疗观念初探》,《花莲教育大学学报》第 22 期(2006.5)。

王崇亮(第二军医大学)

～王萍:《我国航海医学发展的里程碑——中华航海医学会简史》,《交通医学》1997 年第 2 期。

王重阳(深圳市第九人民医院)

《漫话剖宫产》,《中华医史杂志》2010 年第 5 期。

王川(吉林大学)

～陈涛:《德国医疗保险制度的改革及启示》,《经济纵横》2009 年第 7 期。

王春（深圳职业技术学院）

《中国传统医学与古典文学的融织》，《湖北中医药大学学报》2012 年第 3 期。

汪春春（厦门大学）

《北川正河村医疗体系探讨》，厦门大学硕士学位论文 2014 年。

王春林（广西师范大学）

《明代江西瘟疫研究》，广西师范大学硕士学位论文 2013 年。

王春霞（浙江大学）

《民国医院社会工作的发展》，《中国社会工作研究》2013 年 00 期。

《明国医院社会工作实务初探》，《社会工作》2013 年第 2 期。

王春艳（上海市中医文献馆）

《关于中医妇科文献研究的粗浅思考》，《中医文献杂志》2016 年第 1 期。

～张如青：《敦煌遗书性医方考》，《中医文献杂志》2009 年第 2 期。

～张如青：《近 20 年来敦煌古医方研究概况》，《上海中医药大学学报》2004 年第 3 期。

王聪（黑龙江中医药大学）

《〈备急千金要方〉酒醴剂适用病证及组方用药特点研究》，黑龙江中医药大学硕士学位论文 2017 年。

王丛霞（中共宁夏回族自治区委党校）

《环境、瘟疫与人类社会发展的伦理观》，《中共贵州省委党校学报》2004 年第 4 期。

王翠（安徽大学）

《媒介真实与现实世界的背离：国内报纸抑郁症患者形象再现研究——以〈人民日报〉、〈新京报〉、〈健康报〉（2004—2009）为例》，安徽大学硕士学位论文 2010 年。

王翠芳（河北医科大学）

《关于〈脉经〉中的引文研究》，河北医科大学硕士学位论文 2008 年。

王翠丽（山东大学）

《贫困民族地区母亲受教育程度与儿童健康关系研究——来自宁夏固原市的实证研究》，山东大学博士学位论文 2011 年。

王存同（中央财经大学/北京大学）

～臧鹏运：《退休影响健康吗？——一种社会学实证研究的视角》，《人口与发展》2016 年第 1 期。

《中国人工流产的社会学实证研究：1979—2012》，《中国社会科学》2014 年第 10 期。

《当国家意志与个体诉求相遇：计划生育与避孕选择》，《人口与发展》2014 年第 4 期。

《固定效应模型对知情选择政策影响的再验证——以已婚育龄个体避孕措施选择的变化为例》，《南方人口》2012 年第 2 期。

《避孕"中国模式"解读》，《人口与计划生育》2011 年第 5 期。

《藏区农牧民生殖健康服务现状考察——基于对西藏昌都三县的实地调研》，《南京人口管理干部学院学报》2011 年第 3 期。

《知情选择对藏区农牧民生殖健康服务的影响分析》，《人口与发展》2011 年第 3 期。

《避孕行为的"中国模式"：国家运动、个体趋同与集体服从》，《思想战线》2011 年第 3 期。

《中国计划生育下的避孕节育：1970—2010》，《学海》2011 年第 2 期。

《藏区农牧民人口健康促进的实地研究——来自西藏自治区昌都地区的调查》，《中国人口科学》

2011 年第 1 期。

《知情选择对人工流产影响的验证》,《南方人口》2011 年第 1 期。

《零膨胀模型在社会科学实证研究中的应用——以中国人工流产影响因素的分析为例》,《社会学研究》2010 年第 5 期。

《避孕知情选择对中国人工流产的影响分析》,《人口与发展》2010 年第 3 期。

《中国已婚育龄人群避孕措施选择的偏好与影响因素分析》,《人口与发展》2009 年第 1 期。

～郑晓瑛等:《我国已婚育龄人群避孕水平及避孕方法使用趋势》,《人口学刊》2007 年第 4 期。

王大妹(南京中医药大学/南京中医学院)

《伪书〈脉诀〉对宋以后脉学发展的影响》,《南京中医药大学学报(社会科学版)》2013 年第 2 期。

《庄子的"万物齐一"观及其心理保健意义》,《南京中医药大学学报(社会科学版)》2010 年第 4 期。

《传统"师道"文化与中医教育浅论》,《南京中医药大学学报(社会科学版)》2008 年第 3 期。

《无道不能知术——中医道术关系及其发展之思考》,《南京中医药大学学报(社会科学版)》2007 年第 2 期。

《从"养"字的供养、奉养义解读传统养生观的"主静"特色》,《南京中医药大学学报(社会科学版)》2002 年第 3 期。

《宋本〈伤寒论〉中"相搏"为"相摶"之讹误考》,《南京中医药大学学报(社会科学版)》2001 年第 4 期。

《试论中医古籍版本学之功用》,《南京中医药大学学报(社会科学版)》1999 年第 1 期。

《浅论〈本草品汇精要〉的历史地位》,《南京中医学院学报》1993 年第 4 期。

《简论〈经史证类备急本草〉的文献学价值》,《南京中医学院学报》1986 年第 1 期。

王大鹏(天津中医学院)

《中医疾病观的特点》,《医学与哲学》1987 年第 8 期。

《试论中医气学的来源及哲学意义》,《内蒙古中医药》1987 年第 1 期。

《〈南阳活人书〉的学术特点》,《浙江中医学院学报》1986 年第 6 期。

《〈太平惠民和剂局方〉的成就》,《河北中医》1984 年第 3 期。

王大为(渤海大学)

《中国与瑞典医疗保障制度比较研究》,渤海大学硕士学位论文 2015 年。

王大伟(四川大学)

《出世者的技术:魏晋时期的涉医僧人与他们的医术》,《世界宗教研究》2019 年第 1 期。

～沈涛:《隋唐时期涉医僧人的中医学实践》,《中医杂志》2018 年第 16 期。

《汉译佛典中的古代印度药师形象》,《中华医史杂志》2016 年第 5 期。

王丹(北京大学)

《全球卫生治理下的〈与贸易相关的知识产权协定〉中弹性条款与药品可及性问题研究》,《中国新药杂志》2017 年第 9 期。

～赵美萍:《口服避孕药的发现与发展》,《大学化学》2010 年 S1 期。

王丹(第四军医大学西京医院)

～胡蕴玉:《肢体延长术发展简史》,《中华医史杂志》1998 年第 2 期。

汪丹(上海大学)

《分担与参与:白马藏族民俗医疗实践的文化逻辑》,《民族研究》2013 年第 6 期。

王丹（上海中医药大学）

贝利～唐钰琳：《古回鹘文之药物名称》，《吐鲁番学研究》2018 年第 1 期。

～杨富学：《回鹘医学与东西方医学关系考》，《敦煌研究》2016 年第 4 期。

《浅谈〈千金方〉中的"术数"与养生》，《中医药文化》2012 年第 5 期。

《明清医家〈内经〉训诂探疑》，《陕西中医》2012 年第 2 期。

《〈类经〉误训两例初探》，《辽宁中医杂志》2012 年第 2 期。

～王伟：《〈内经〉两则病案句读探疑》，《上海中医药杂志》2011 年第 10 期。

王道还

《叶赫森、北里柴三郎公布黑死病病原》，《科学发展》第 367 期（2003）。

《论〈医林改错〉的解剖学——兼论解剖学在中西医学传统中的地位》，《新史学》第 6 卷第 1 期（1995.3）。

王道瑞（青海医学院）

《〈东垣试效方〉之刍议》，《河北中医》1988 年第 6 期。

《试论藏医学的特点》，《中国医药学报》1988 年第 2 期。

《试论秦伯未先生的学术经验》，《黑龙江中医药》1988 年第 1 期。

《谈谈藏医学与中（汉）医学的关系》，《青海医药杂志》1987 年第 4 期。

《中医学对呆小病的认识》，《青海医药杂志》1987 年第 3 期。

《叶天士于内伤杂病上之主要成就》，《青海医学院学报》1986 年第 2 期。

《〈内经〉研究的现状及展望》，《青海医药杂志》1986 年第 3 期。

《叶天士在温热学说上的成就》，《青海医学院学报》1985 年第 2 期。

《薛氏父子对儿科的贡献》，《青海医学院学报》1984 年第 2 期。

《温病三焦辩证之源流初探》，《青海医药》1984 年第 1 期。

《关于东垣"阴火"说的我见》，《青海医药》1982 年第 5 期。

《全氏〈素问训解〉之初探》，《青海医学院学报》1982 年第 2 期。

《谈谈〈伤寒论〉方剂的特点》，《青海医药》1982 年第 2 期。

王道瑞（中国第一历史档案馆）

《清末东北地区爆发鼠疫史料》，《历史档案》2005 年第 1、2 期。

王道远

《一八九四年七月叶赫森、北里柴三郎公布黑死病病原》，《科学发展》第 367 期（2003 年 7 月 11 日）。

王德

《中国现代医学开创者——伍连德博士》，《中国医学人文》2015 年第 10 期。

王德隽

《中国针灸学史大纲》，《中医杂志》1958 年第 5 期。

《我国伟大的针灸学家——皇甫谧》，《大众医学》1956 年第 1 期。

王德群（安徽中医药大学/安徽中医学院）

《六探〈神农本草经〉药性》，《皖西学院学报》2019 年第 4 期。

《医家当学李时珍》，《皖西学院学报》2019 年第 1 期。

《民间药物花生三七发现史话》，《皖西学院学报》2018 年第 6 期。

彭星星～彭华胜：《历代本草中"九蒸九晒"药材加工的沿革与变迁浅谈》，《皖西学院学报》2018 年第 2 期。

彭华胜～彭代银：《道地药材"皖药"的形成及其界定》，《中国中药杂志》2017 年第 9 期。

谢晋……彭华胜～彭代银：《历代本草中安徽地产药材的品种与分布》，《中国中药杂志》2017 年第 9 期。

宋向文、李光燕～韩帮兴：《中药荆芥基原的沿革》，《中华医史杂志》2016 年第 3 期。

彭星星～：《〈神农本草经〉中药名称的形成规律》，《中国现代中药》2015 年第 9 期。

彭华胜～郝近大等：《冷背药材的沿革及发展对策》，《中国中药杂志》2015 年第 9 期。

宋向文～韩帮兴：《〈神农本草经〉石蚕考证》，《中药材》2015 年第 2 期。

刘浩～：《〈神农本草经〉石南草名义考辨》，《湖南中医药大学学报》2014 年第 9 期。

李光燕～方士英等：《〈神农本草经〉木香考》，《中华医史杂志》2014 年第 3 期。

～彭代银：《中国古代医药学家对中药资源研究的贡献》，《中国现代中药》2014 年第 2 期。

程铭恩～彭华胜：《山药种质与道地产区的沿革与变迁》，《中华医史杂志》2014 年第 2 期。

谢晋～：《古代中药掺伪考》，《中华医史杂志》2013 年第 5 期。

谢晋～：《中药草乌头基原植物考》，《中华医史杂志》2012 年第 3 期。

张珂～：《中药覆盆子功效演变及原因探讨》，《中华医史杂志》2012 年第 2 期。

张珂～：《〈神农本草经〉蓬藟的原植物考证》，《中国现代中药》2011 年第 7 期。

程铭恩～：《药用黄精种质的变迁》，《中华医史杂志》2011 年第 6 期。

牛倩～刘耀武：《亳州栽培药材的历史变迁》，《安徽医药》2010 年第 2 期。

毛斌斌～：《吴茱萸名称演变探究》，《中华医史杂志》2010 年第 1 期。

～彭华胜：《历史名药宣黄连的兴衰沿革》，《中华医史杂志》2008 年第 3 期。

欧金梅～：《滁州地道与特色药材的历史变迁》，《安徽中医学院学报》2007 年第 6 期。

彭华胜～：《我国历代术属药材商品沿革与分化》，《中华医史杂志》2007 年第 1 期。

彭华胜～：《白术道地药材的形成与变迁》，《中国中医杂志》2004 年第 12 期。

《〈政和本草〉滁州药物考》，《安徽中医学院学报》1993 年第 2 期。

王德彦（第二军医大学）

徐青松、柯骏～：《关于国际医疗援助中相关法律问题的探讨》，《中国卫生法制》2012 年第 4 期。

《尼耳斯·玻尔与分子生物学》，《自然辩证法通讯》2005 年第 6 期。

《克隆技术的人学反思》，《自然辩证法通讯》2005 年第 5 期。

王洪奇～林辉：《基因诊断与基因治疗的伦理问题、基本原则与发展趋势》，《自然辩证法通讯》2004 年第 2 期。

《知情同意与人体试验》，《自然辩证法通讯》2004 年第 1 期。

陈德昌～：《试论临床研究与基础研究的统一》，《医学与哲学》2003 年第 11 期。

《"分子生物学革命"探析——为 DNA 双螺旋发现 50 周年而作》，《自然辩证法通讯》2003 年第 5 期。

《HGP：把医学引向何处》，《医学与哲学》2002 年第 11 期。

《知情同意法与器官移植》，《政治与法律》2002 年第 5 期。

《基因信息：保护·歧视·掠夺》，《科学》2002 年第 4 期。

《论基因知情权的自主性及其在伦理学上的困境》，《医学与哲学》2001年第11期。

《论知情同意的本质及其要素》，《中国医学伦理学》2001年第5期。

《人类基因组计划与基因知情权》，《科学技术与辩证法》2001年第5期。

谭谦～：《医学是什么？——对现代医学归属的思考》，《医学与社会》2001年第4期。

《论医学的文化价值》，《自然辩证法研究》2001年第6期。

～尚秀花：《医学的人文属性与医院管理》，《解放军医院管理杂志》2001年第2期。

《医学道德观念的来源》，《中国医学伦理学》2000年第2期。

《现代生物技术的产业化：争论和发展》，《自然辩证法研究》1999年第6期。

《尼尔斯·玻尔的生物学思想探析》，《医学与哲学》1994年第11期。

王登正（新疆中医学院附属医院）

～王海鹰：《维吾尔医学发展概述》，《新疆中医药》1988年第4期；1989年第1、2期。

王棣（华南师范大学）

《宋代"海上丝绸之路"上的中药外传》，《中国中药杂志》1993年第10期。

《宋朝的海外药物交流》，《晋阳学刊》1992年第6期。

《宋代中国与印度洋沿岸各国的医药文化交流》，《华南师范大学学报（社会科学版）》1992年第2期。

《海上丝绸之路与中药外传：宋代中药海道外传路线考述》，《广东社会科学》1992年第2期。

《宋代中国与东南亚药物交流缕述》，《暨南学报（哲学社会科学）》1992年第1期。

《唐代海外药物的传入与李珣〈海药本草〉》，《成都大学学报（社科版）》1991年第4期。

王迪（复旦大学）

《长期护理保险体制的国际比较——基于德国、日本和美国模式的绩效评价》，复旦大学博士学位论文2014年。

《儿童对电视广告中健康信息认知的"知沟"研究》，《新闻大学》2010年第1期。

《健康传播研究回顾与前瞻》，《国外社会科学》2006年第5期。

《儿童健康信息认知的"知沟"研究》，复旦大学硕士学位论文2006年。

王迪（山东中医药大学）

《合信〈全体新论〉及其在华传播与影响》，山东中医药大学硕士学位论文2018年。

～刘鹏等：《合信〈全体新论〉编纂特点及影响》，《山东中医药大学学报》2017年第5期。

汪殿华

《中药发展简史》，《中药通报》1957年第1期。

《近百年来的药学》，《医药学》1951年第1期。

王定华（中国教育部）

～李静波：《香港东华三院基础教育考察报告》，《基础教育参考》2014年第7期。

王东（成都中医药大学）

《〈本草经集注序〉研究》，成都中医药大学硕士学位论文2011年。

～黄茜雯：《〈大观本草·陶隐居序〉古今误读辨析》，《中药与临床》2011年第3期。

王栋（重庆医科大学）

《重庆慈善医疗救助运营（发展）模式研究》，重庆医科大学硕士学位论文2008年。

王东(绥化学院)

～徐永志:《清末民国西方教会在边疆民族地区医疗卫生活动述略》,《经纪人学报》2006 年第 3 期。

王东(新疆维吾尔自治区人民医院)

～杨爱萍:《浅探针灸在美国的发展》,《新疆医学》2009 年第 5 期。

王东海(山东大学齐鲁医院)

～徐淑军等:《5000 年前开颅手术标本的医学研究》,《中华医史杂志》2008 年第 3 期。

王东梅(山东中医药大学)

《崩漏文献及方药证治规律研究》,山东中医药大学博士学位论文 2006 年。

王冬梅(枣庄学院)

《女性身体的疾病隐喻与政治编码》,《当代文坛》2010 年第 6 期。

《中国现代文学中的肺病隐喻与性别象征》,《晋阳学刊》2008 年第 4 期。

～孔庆林:《肺病隐喻与性别文化象征——中国现代文学中的"肺病"意象探析》,《西南交通大学学报(社会科学版)》2008 年第 2 期。

《肺病、性别与中国现代文学》,《承德民族师专学报》2008 年第 1 期。

《性病隐喻与两性身体叙事——中国现代文学中的"性病"意象探析》,《湖北民族学院学报(哲学社会科学版)》2008 年第 1 期。

《疾病隐喻与女性书写——中国现代文学中的疾病意象探析》,曲阜师范大学学位论文 2007 年。

王东坡(北京中医药大学/贵阳中医学院)

～李卫红等:《玉屏风散释名、类方及其出处考证》,《安徽中医药大学学报》2015 年第 3 期。

～张惠敏等:《龚廷贤饮食损伤证治特色研究》,《安徽中医学院学报》2013 年第 1 期。

～张惠敏等:《李东垣饮食损伤分治研究》,《安徽中医学院学报》2012 年第 3 期。

《徐灵胎中医教育思想探讨》,《中医教育》2011 年第 2 期。

～王琦:《"湿"义源流考释》,《中华中医药杂志》2009 年第 4 期。

～马燕冬等:《古代中医传承师徒标准文献研究》,《中医教育》2008 年第 1 期。

～王琦:《"痰"道源流论》,《中华中医药杂志》2007 年第 4 期。

～王琦:《论体质分类研究的源流及其科学意义》,《北京中医药大学学报》2006 年第 6 期。

《张子和应用认知疗法验案分析》,《中医药学报》2006 年第 1 期。

～骆斌:《朱丹溪饮伤证治思想探讨》,《北京中医药大学学报》2005 年第 1 期。

《论中医药文化与中医药哲学》,《贵阳中医学院学报》2004 年第 3 期。

～谭学林:《李东垣饮伤证治理论初探》,《中医杂志》2001 年第 8 期。

～谭学林:《饮与饮伤诠义》,《中国中医基础医学杂志》2001 年第 3 期。

～谭学林:《论晋、隋、唐、宋时期的饮伤证治成就》,《贵阳中医学院学报》2000 年第 2 期。

～谭学林:《浅谈〈黄帝内经〉对饮伤的认识》,《贵阳中医学院学报》1999 年第 4 期。

王东胜(江苏省卫生防疫站)

～陶岁珍等:《略论我国三、四十年代健康教育学术思想》,《中国健康教育》1992 年第 2 期。

汪东涛(中国人民解放军广州军区总医院)

～沈鹰:《论〈医林改错〉血瘀证的诊疗特色》,《安徽中医学院学报》2009 年第 1 期。

王恩厚

《红色医官》,《医院管理》1984 年第 4 期。

王恩胜(南京师范大学)

《〈黄帝内经〉身体意识的美学研究》,南京师范大学硕士学位论文2016年。

王二杰(浙江师范大学)

《社会转型期的外症治疗与信仰传承》,浙江师范大学硕士学位论文2013年。

王发渭(解放军总医院)

~陈利平等:《中医药在红军时期的应用》,《中西医结合学报》2011年第10期。

《中草药在德国的发展趋势与对策》,《中国中药杂志》2002年第7期。

陈利平~:《德国医院管理情况介绍》,《军医进修学院学报》2001年第3期。

~陈利平:《德国中医药研究现状及展望》,《军医进修学院学报》2001年第1期。

《中医药在德国的研究近况》,《时珍国医国药》2000年第1期。

王范之

《扁鹊和俞跗——我国最早的内科医家和外科医家》,《人民保健》1959年第4期。

《从山海经的药物使用来看先秦时代的疾病情况》,《医学史与保健组织》1957年第3期。

《先秦医学史料一斑》,《中华医史杂志》1953年第4期。

王芳(长治医学院附属和平医院)

~申虎威等:《胰岛素发展简史》,《中华医史杂志》2014年第4期。

王芳(广州西汉南越王博物馆/中山大学)

《博济医校与近代广州的社会革命》,《岭南文史》2012年第2期。

《对"疯癫"的认知与嘉约翰创办广州疯人医院》,《海南师范大学学报(社会科学版)》2012年第3期。

《嘉约翰与晚清广州医疗建筑》,《南方建筑》2011年第2期。

《从南越王墓看西汉南越国的医疗观念》,《文物春秋》2007年第2期。

~胡晓文:《博济医院第一位女医生——赖玛西》,《中华医史杂志》2007年第1期。

《加约翰与晚清西方医学在广州的传播》,中山大学硕士学位论文2006年。

王芳(华中科技大学同济医学院)

~卢祖洵:《英国卫生服务提供模式及卫生保健制度的主要特征》,《国外医学(社会医学分册)》2005年第4期。

杨小兵~卢祖洵:《我国民营医院发展述评》,《医学与社会》2005年第2期。

~程茂金等:《美国吸毒治疗体系进程》,《国外医学(社会医学分册)》2002年第1期。

王芳(四川外国语大学)

《汉译〈全体通考〉在华传播的文化研究》,四川外国语大学硕士学位论文2014年。

王芳芳(华中师范大学)

《近代苏州瓮业同业公会研究》,华中师范大学硕士论文2009年。

王菲(河南牧业经济学院)

《宋慈〈洗冤集录〉与宋朝司法鉴定渊源探析》,《兰台世界》2014年第5期。

王菲(华东师范大学)

《巫医关系研究——以〈医心方〉妇产科为例》,华东师范大学硕士学位论文2011年。

王飞(吉林大学)

《3—6世纪中国北方地区的疫病与社会》,吉林大学博士学位论文2011年。

《略论 3—6 世纪北方社会习俗对疫病的影响》,《长春师范学院学报(人文社会科学版)》2010 年第 9 期。

《3—6 世纪北方气候异常对疫病的影响》,《社会科学战线》2010 年第 9 期。

《北魏太武帝拓跋焘死因新探》,《中华医史杂志》2010 年第 4 期。

《4—6 世纪东北地区疫情初探》,《东北史地》2010 年第 3 期。

《两汉时期疫病研究》,吉林大学硕士学位论文 2006 年。

王飞(山东大学)

《论美国 1906 年的〈纯净食品和药品法〉》,山东大学硕士学位论文 2014 年。

王斐(延安革命纪念馆/延安大学)

《抗战时期陕甘宁边区医药科技的推广》,《现代企业教育》2012 年第 15 期。

《抗战时陕甘宁边区的医药卫生科技》,延安大学硕士学位论文 2009 年。

谢小梅~:《抗战时期延安科技人才的培养》,《吉林省教育学院学报(学科版)》2008 年第 11 期。

~贺启翔等:《论抗战时期陕甘宁边区的医学教育》,《南昌高专学报》2008 年第 6 期。

王飞雪(北京中医药大学)

《吴鞠通学术经验挖掘及影响传染病内、外因素的研究》,北京中医药大学博士学位论文 2015 年。

王锋(赣南师范大学)

《新加坡中医药业的历史变迁——一位客家中医师的生活史》,《赣南师范大学学报》2020 年第 2 期。

汪锋(南京农业大学)

~姚兆余:《关于乡村居民选择仪式治疗的研究综述》,《农村经济与科技》2013 年第 1 期。

《乡村居民选择仪式治疗的行动逻辑》,南京农业大学硕士学位论文 2012 年。

王峰(中国社会科学)

《百年中医思想传承模式变迁史述论》,《南京医科大学学报(社会科学版)》2016 年第 1 期。

王凤兰(中国中医科学院/中国中医研究院)

《对中医古籍知识的评价思考》,《光明中医》2019 年第 12 期。

鲁周南~:《〈妇人规〉产后因证用治调护精萃及学术特色》,《环球中医药》2019 年第 10 期。

韩凯利~:《〈药目〉考释》,《中医文献杂志》2019 年第 2 期。

~鲁周南等:《婴幼儿变蒸与盖塞尔(Gesell)发育量表比较研究》,《中医儿科杂志》2018 年第 4 期。

陆雪秋~张明明等:《〈小儿药证直诀〉五脏辨证及制剂特色分析》,《国际中医药重要杂志》2017 年第 7 期。

陆雪秋~张明明等:《脏腑辨证源流初探》,《国际中医中药杂志》2017 年第 4 期。

寇鲁辉~:《〈黄帝内经〉系统"角徵宫商羽"探析》,《国际中医药中药杂志》2017 年第 3 期。

葛伟韬……刘珍珠~张明明等:《膝骨关节炎中医病名辨识》,《中医杂志》2016 年第 23 期。

张明明~陆雪秋等:《浅析"竹林寺女科"论治罕见月经病》,《环球中医药》2016 年第 10 期。

陆雪秋~张明明等:《〈历代中药炮制资料辑要〉中有关石燕的炮制方法分析》,《国际中医中药杂志》2016 年第 5 期。

张明明~陆雪秋等:《〈竹林寺女科证治〉月经病之周期异常初探》,《中国中医药图书情报杂志》2016 年第 4 期。

程志立~刘剑锋等:《中药炮制技术流变及标准制定的思考》,《中华中医药杂志》2016 年第 2 期。

张明明～：《余瀛鳌内科临证治验探析》，《中国中医基础医学杂志》2015年第11期。

申玮红～：《从鹿茸的炮制方法探讨地域性文化对中药传统炮制的影响》，《国际中医中药杂志》2015年第9期。

张明明～：《浅议白芷在"竹林寺女科"之应用》，《国际中医药中药》2015年第4期。

～何振中：《传统医药非物质文化遗产保护的核心理念》，《南京中医药大学学报（社会科学版）》2015年第1期。

何振中、宋歌～王体等：《藏药"佐塔"制作技艺渊源考》，《中医药文化》2015年第1期。

丁侃～张丽君：《三种中医古籍专题数据库建设模式》，《辽宁中医杂志》2014年第7期。

高宴梓～：《小儿变蒸释义》，《中医文献杂志》2014年第2期。

张明明～：《著名中医文献学家余瀛鳌治学历程述要》，《中医文献杂志》2014年第3期。

《关于传统医药非物质文化遗产立档保护的思考》，《中华医史杂志》2013年第5期。

高宴梓～：《小儿变蒸周期初探》，《山西中医学院学报》2013年第3期。

艾青华～柳长华：《从中医古籍体例沿革角度看学术发展》，《中华中医药杂志》2012年第4期。

～冀翠敏等：《传统医药非物质文化遗产大事记》，《江西中医学院学报》2012年第4期。

程志立～宋白杨等：《从"广誉远"看中医药非物质文化遗产保护的价值》，《中医药文化》2012年第2期。

刘燕君～：《〈颅囟经〉版本考》，《中医文献杂志》2012年第1期。

《余瀛鳌学术思想与临证经验探析》，《中国中医药信息杂志》2011年第1期。

《北齐医家徐之才籍贯考》，《中医文献杂志》2010年第5期。

《徐之才生平史料辑考》，《中华医史杂志》2010年第4期。

《著名中医文献学家余瀛鳌》，《中华医史杂志》2010年第1期。

～罗琼等：《北京地区中医非物质文化遗产代表性传承人现状调查》，《中国中医药信息杂志》2009年第3期。

邓小英～：《〈针灸甲乙经〉数字化整理研究初探》，《陕西中医》2008年第7期。

《谈中医药非物质文化遗产保护的几个学术问题》，《南京中医药大学学报（社会科学版）》2007年第4期。

《〈释僧深药方〉的辑佚与整理研究》，《中国中医基础医学杂志》2004年第12期。

《共和国成立后至改革开放前北京对外交流与合作概述》，《北京中医》2004年第5期。

《魏晋南北朝关于精神疾病的论述》，《中国中医基础医学杂志》2003年第9期。

《敦煌医学资料研究概况》，《中医文献杂志》2003年第1期。

《魏晋南北朝医学特点研究》，《中国中医基础医学杂志》2002年第8期。

《乳癖的文献研究》，《中医杂志》1993年第8期。

王凤雷（内蒙古师范大学）

《元代的医学教育》，《内蒙古师大学报（哲学社会科学版）》1989年第3期。

王凤梅（黑龙江中医药大学）

《温病学派之运气学背景研究》，黑龙江中医药大学硕士学位论文2017年。

王凤梅（山东大学）

《新中国合作医疗制度的产生、普及及影响——以山东省为中心》，《山东社会科学》2008年第3期。

王凤岐（北京中医药大学东方医院/国家中医药管理局）

～王雷等：《薪尽火传——从秦师伯未对孟河学派的发扬谈中医的传承》，《光明中医》2009 年第 2 期。

～吴大真等：《秦伯未治疗格律研究》，《中国医药学报》1988 年第 6 期；1989 年第 1 期。

～吴大真：《秦伯未先生传略》，《国医论坛》1987 年第 2 期。

王凤翔（中国社会科学院）

《广告主对大众媒体的影响与控制分析——基于"广告话语权"视角并以中国医药、保健品广告为例》，《新闻与传播研究》2007 年第 3 期。

王凤秀（北京信息职业技术学院）

～戴莹等：《中药煎煮历史源流与技术研究》，《山东中医药大学学报》2018 年第 2 期。

～张小娟等：《浅析隋唐时期官方中药学人才培养和教育模式》，《国际中医中药杂志》2014 年第 2 期。

王福岗（《山西中医》编辑部/太原市中医研究所）

《王清任学术研究特点探讨》，《中医研究》2006 年第 2 期。

《〈万病回春〉中风证治探微》，《山西职工医学院学报》2004 年第 2 期。

《试论〈墨经〉认识论对中医学的影响》，《中医药研究》1999 年第 1 期。

王福生（广西皮肤病防治研究所）

～郭其杰：《关于中国麻风法制史的初探》，《中国麻风杂志》1986 年第 2 期。

～郭其杰：《麻风病细菌学的进展》，《国外医学（微生物学分册）》1979 年第 3 期。

～吴乃庆等：《我国最古的治麻风病方》，《临床皮肤科杂志》1977 年第 1 期。

王刚（山东大学）

《1927—1937 年间南京公共卫生发展研究》，山东大学硕士学位论文 2010 年。

王高朋（河北大学）

《青霉素在近代中国的传播与接受》，河北大学硕士学位论文 2018 年。

王格格（南京大学）

《日本侵华战争中的军事医疗研究（1894—1945）》，南京大学博士学位论文 2019 年。

王耕兴（云南省流行病防治研究所）

《云南鼠疫流行的历史现状和对策》，《中国地方病防治杂志》1989 年第 4 期。

王古岩（中国医学科学院阜外心管病医院）

《尚德延与我国现代麻醉学的发展》，《中华医史杂志》2002 年第 4 期。

王冠群（大理学院）

《农村医疗保障体系对农村地区灾难性医疗卫生服务费的影响》，大连学院硕士学位论文 2011 年。

王冠中（首都师范大学）

《新中国公共卫生事件应对中的中西医协调——以 20 世纪 50 年代的血吸虫病防治为例》，《安徽史学》2012 年第 3 期。

《20 世纪 50 年代中共整合组织资源防控血吸虫病的实践及启示》，《党史研究与教学》2011 年第 3 期。

《新中国成立初期的城市应急资源整合机制——以 1949 年北京市防控察北鼠疫为例》，《城市问题》2011 年第 3 期。

《新中国成立初期中共整合政治资源防控疫病的举措及经验》,《中共党史研究》2010 年第 10 期。

王光辉（泰安市中医医院/泰安市第二人民医院）

～王琦等：《中医与优生》,《云南中医中药杂志》2007 年第 1 期。

～王琦：《谈〈妇人大全良方〉的主要学术成就》,《长春中医学院学报》2005 年第 3 期。

～薛立森等：《淳于意坟茔初步考证》,《中华医史杂志》2001 年第 1 期。

《话说泰山四大名药》,《医古文知识》1997 年第 1 期。

～薛俊宏：《近年来傅山及其〈傅青主女科〉研究述评》,《贵阳中医学院学报》1995 年第 1 期。

～亓逢君：《陈自明〈妇人大全良方〉优生学术思想探讨》,《山东中医杂志》1984 年第 6 期。

王广军（中国中医科学院）

～石学敏：《金朝的移民和酒与医之关系——兼论河间寒凉派的起源》,《中医药文化》2011 年第 1 期。

～史丽英等：《汉末到金元——中国传统医学思想体系转变的原因分析》,《中国中医基础医学杂志》2010 年第 3 期。

徐一慧……韩彬～王瑞红：《汉末思想嬗变对〈伤寒杂病论〉的影响》,《医学与哲学（人文社会医学版）》2008 年第 6 期。

王广坤（北京师范大学/厦门大学）

《19 世纪英国内科医生身份认同的转变及影响》,《学术研究》2018 年第 12 期。

《卫生下葬与情感升华:现代英国火葬文明的形成及其意义》,《世界历史》2018 年第 5 期。

《19 世纪英国公共卫生管理史研究》,《全球史评论》2018 年第 1 期。

《从"生命灵气"到"血液循环":近代身体话语的科学转型》,《文化研究》2017 年第 4 期。

《19 世纪英国全科医生群体的崛起及影响》,《世界历史》2016 年第 4 期。

《19 世纪英国病理观的转变及影响》,《自然辩证法通讯》2014 年第 5 期。

《英国 1832 年〈解剖法〉探析》,《自然辩证法研究》2014 年第 6 期。

《十九世纪英国强制接种天花疫苗引发的争端》,《历史研究》2013 年第 5 期。

《19 世纪中后期英国医生的社会定位探析》,《黑龙江社会科学》2012 年第 6 期。

《道德的牺牲品:19 世纪中后期英国护士的两次职业培训》,《中华女子学院学报》2012 年第 6 期。

《查德威克与 19 世纪中期英国的丧葬改革》,《史学理论研究》2012 年第 3 期。

王光伟（福建师范大学）

《美国内战中的传染病及其对战争进程的影响》,《世界历史》2019 年第 3 期。

王广义（吉林大学）

《中国共产党新民主主义革命时期医学教育发展与启示》,《医学与社会》2014 年第 7 期。

《近代中国高等医学教育的历史变迁与启示》,《医学与社会》2014 年第 1 期。

《近代中国优生理论与实践探析》,《医学与哲学（人文社会医学版）》2011 年第 12 期。

《近代中国节制生育行为考略》,《医学与社会》2009 年第 9 期。

《社会伦理视野下的近代中国节育论争》,《理论学刊》2008 年第 9 期。

王光玉（北京中医药大学）

《不寐病因证治的现代文献整理研究》,北京中医药大学硕士学位论文 2007 年。

汪桂清（湖北医科大学）

～吴艳红：《莱姆病的发现与研究简史》,《中华医史杂志》1994 年第 3 期。

王桂生（石河子大学/邯郸医学高等专科学校）

曹祝萍～：《医护关系研究的历史与现状》，《护理研究》2008 年第 1 期。

杜琳～：《护理文化的研究历史与现状》，《护理研究（上旬版）》2006 年第 25 期。

～谭凤森：《历代医学家思想王冰次注〈素问〉的成就和特点》，《中国中医基础医学杂志》2000 年第 3 期。《中国古代预防医学的成就》，《邯郸医学高等专科学校学报》1999 年第 4 期。

《护理诊断学发展的历史、意义及问题》，《农垦医学》1998 年第 1 期。

《中国医学教育史分期初探》，《石河子医学院学报》1988 年第 2 期。

《我国医学教育史概述》，《石河子医学院学报》1985 年第 2 期。

汪国华（复旦大学）

《我国农村合作医疗体制变迁的博弈研究及启示》，《南通大学学报（社会科学版）》2012 年第 1 期。

王国民（建德市第三人民医院）

～甘立峰：《祝味菊学术思想探析》，《江西中医药》2009 年第 12 期。

王国平（杭州师范大学）

朱晓卓、陈健尔～：《宁波市地方卫生立法的现状研究》，《中国卫生法制》2014 年第 6 期。

李丹、商丽～：《我国护士执业权利的现状及应对策略》，《解放军护理杂志》2013 年第 9 期。

商丽、李丹～：《国内外护理侵权行为的研究进展》，《护理研究》2013 年第 5 期。

郑硕、王红敏～：《我国护理立法的现状与建议》，《护理管理杂志》2012 年第 1 期。

朱晓卓……邵峰～郭春燕：《宁波市医疗纠纷理赔处理制度的实践和思考》，《南京医科大学学报（社会科学版）》2011 年第 1 期。

朱晓卓、郭春燕～：《国际视角下我国中医药知识产权立法的思考》，《中国卫生法制》2012 年第 2 期。

《卫生改革与发展呼唤法律治理——对建国 60 年卫生改革与发展的法律思考》，《卫生经济研究》2009 年第 10 期。

尹口～骆侃佼：《新型农村合作医疗制度的法理分析》，《经济研究导刊》2009 年第 3 期。

周银～李宇阳等：《从医患关系看医学生的伦理与法律素质培养》，《中国医学伦理学》2009 年第 1 期。

《浙江省卫生法制建设与发展的主要问题分析》，《医学与哲学（人文社会医学版）》2008 年第 2 期。

《卫生法制建设的现代化战略思考——以浙江地方区域为例》，《医学与哲学（认为社会医学版）》2008 年第 2 期。

钱亚芳～王正飞：《浙江省卫生法制人员现状及法制教育策略》，《中国卫生事业管理》2007 年第 9 期。

王国平（苏州大学）

～王鹤亭：《苏州教会医院创办的历史条件——以博习医院为中心》，《苏州科技学院学报（社会科学版）》2005 年第 1 期。

《从苏州博习医院看教会医院的社会作用与影响》，《史林》2004 年第 3 期。

李传斌～：《近代苏州的教会医疗事业》，《苏州大学学报》2002 年第 2 期。

王国清（仙桃市卫生局）

《〈本草纲目〉"释名"析》，《湖北中医杂志》1997 年第 1 期。

王国为（中国中医科学院）

杨威～冯茗渲等：《五运六气疫病预测思路与方法探讨》，《中国中医基础医学杂志》2018 年第 1 期。

杨威～冯茗渲：《五运六气治则治法研究》，《中国中医基础医学杂志》2017 年第 8 期。

～杨威：《浅谈中医理论的时间属性及其对昼夜节律的认识》，《世界睡眠医学杂志》2017 年第 1 期。

～杨威等：《略论〈医碥〉与〈嵩厓尊生〉的渊源》，《中国中医基础医学杂志》2016 年第 10 期。

《何梦瑶生平与学术思想研究》，中国中医科学院博士学位论文 2015 年。

孙灵芝～闫慧茜：《谢仲墨及其中医古籍辨伪工作考》，《中医文献杂志》2015 年第 5 期。

丁毅～徐雯洁等：《〈太平圣惠方〉对腰脚疼痛的食治方剂分析》，《辽宁中医杂志》2015 年第 2 期。

～夏洁楠等：《何梦瑶〈三科辑要〉学术渊源及其特点研究》，《中国中医基础医学杂志》2014 年第 9 期。

丁毅～夏洁楠等：《〈太平圣惠方〉治疗"腰脚疼痛"的食治方剂分析》，《中医杂志》2014 年第 18 期。

孙灵芝～梁峻：《卜弥格〈单味药〉的本草学思想研究》，《中国中医基础医学杂志》2014 年第 5 期。

孙灵芝～梁峻：《卜弥格与中国本草学西传》，《医学与哲学（A）》2014 年第 4 期。

夏洁楠、侯江淇～张琰琨等：《〈虚劳要旨〉学术思想探赜》，《中国中医基础医学杂志》2014 年第 3 期。

～徐世杰：《杨士瀛五脏相关理论浅析》，《中国中医基础医学杂志》2012 年第 9 期。

《基于〈仁斋直指方论〉的杨士瀛学术思想研究》，中国中医科学院硕士学位论文 2012 年。

～徐世杰：《〈仁斋直指方论〉论痰特色探析》，《中国中医基础医学杂志》2011 年第 12 期。

王国钰（中国海洋大学）

《商业广告中健康概念的符号化及其消费研究》，中国海洋大学硕士学位论文 2014 年。

王海波（广西中医学院）

～莫德芳：《〈本草纲目〉植物药名的训诂成就——李时珍"释名"音训阐微》，《时珍国医国药》2012 年第 3 期。

《命门学说的哲学基础与理论渊源》，《医学与哲学（人文社会医学版）》2010 年第 9 期。

《"罢极之本"阐释与中医防治观》，《中国中医基础医学杂志》2010 年第 7 期。

莫清莲、黄萍～：《略论壮族民歌在壮医传承中的作用》，《中国民族民间医药》2009 年第 21 期。

《〈内经〉养神思想与传统道德修养》，《中国中医基础医学杂志》2007 年第 11 期。

《〈内经〉形神兼养的医学思想》，《北京中医药大学学报〈中医临床版〉》2007 年第 6 期。

《〈古今图书集成〉医学文献的应用》，《北京中医药大学学报（中医临床版）》2007 年第 5 期。

《释"营"与"荣"——中医术语文化探源》，《中医药临床杂志》2006 年第 3 期。

《朱丹溪〈幼科全书〉佚文之汇总》，《广西中医药》2001 年第 3 期。

王海莲（河北医科大学）

《李东垣学术思想浅探》，《时珍国医国药》2006 年第 9 期。

《浅探〈医学衷中参西录〉张锡纯的医药学思想》，《四川中医》2006 年第 7 期。

王海鹏（山东师范大学）

《近代基督教在华妇女卫生事业研究（1840—1920）》，山东师范大学硕士学位论文 2004 年。

王海玉（曲阜师范大学）

《从罪犯到病患——19 世纪英国同性恋者的身份建构》，曲阜师范大学硕士学位论文 2017 年。

王汉苗（济宁医学院）

《儒医恕道刍议》,《医学与哲学(A)》2012 年第 11 期。

王皓（复旦大学）

《歧异与博弈:博医会与中华医学会合并之再思》,《基督教学术》2015 年第 1 期。

陶飞亚～:《近代医学共同体的嬗变:从博医会到中华医学会》,《历史研究》2014 年第 5 期。

王浩（湖南师范大学）

《汕头市立麻风院述论（1921—1939）》,《郑州航空工业管理学院学报（社会科学版）》2017 年第 2 期。

《北京政府时期红十字会在潮汕地区的慈善救护与赈济活动》,《广东第二师范学院学报》2016 年第 6 期。

王浩君（内蒙古农业大学）

《主要大陆法系国家法国、德国动物卫生法律体系框架研究》,内蒙古农业大学硕士学位论文 2006 年。

～陈向前:《法国官方兽医培训对我国的启》,《中国动物检疫》2006 年第 5 期。

汪浩权

《抗战期间全国医药期刊调查录》,《华西医药杂志》1946 年第 1 期。

王浩中（成都中医药大学）

沈宏春～陶怡等:《"同证异治"的源流与发展》,《云南中医学院学报》2013 年第 1 期。

严石林……沈宏春～邓瑞镇:《从〈伤寒论〉探讨"同证异治"》,《四川中医》2010 年第 8 期。

～董斌等:《从〈医林改错〉谈王清任的学术创新》,《实用中医药杂志》2005 年第 3 期。

熊平～:《浅析王清任辨治血瘀证的特色》,《河北中医》2004 年第 12 期。

王贺佳（长春工业大学）

《我国医疗照护保险制度构建研究》,长春工业大学硕士学位论文 2018 年。

王鹤亭（河南师范大学）

王国平～:《苏州教会医院创办的历史条件——以博习医院为中心》,《苏州科技学院学报（社会科学版）》2005 年第 1 期。

《20 世纪 30 年代江苏北部黑热病流行及防治初探》,《中华医史杂志》2004 年第 3 期。

王珩（安徽医科大学）

～李念念:《国外医疗保障制度的改革发展及其启示》,《学术界》2010 年第 4 期。

汪宏（北京医科大学/美国耶鲁大学）

刘新明～:《美国的医疗卫生改革》,《中国卫生经济》1994 年第 4 期。

～Winnie Yip 等:《中国农村合作医疗的受益公平性》,《中国卫生经济》2005 年第 2 期。

王宏（贵州警官职业学院）

《从〈洗冤集录〉看我国古代法医学发展的成就与特点》,《天津成人高等学校联合学报》2005 年第 4 期。

王洪彬（河北联合大学中医学院）

王康乐……马树祥～:《古医籍哮喘治疗探究》,《针灸临床杂志》2015 年第 4 期。

～崔建美等:《古代医籍中"灸随年壮"应用情况分析》,《山东中医杂志》2014 年第 12 期。

～崔建美等:《孙思邈灸随年壮应用探析》,《陕西中医》2014 年第 10 期。

～赵舒等:《古医籍体质类型医案数据挖掘》,《河北中医》2013年第11期。

～李晓泓等:《古代医家针灸治未病思想在内科疾病防治中的应用》,《中国中医基础医学杂志》2012年第12期。

～李晓泓等:《古代医籍中更年期辨质调治探讨》,《时珍国医国药》2012年第7期。

～李晓泓等:《古医籍体质辨识初探》,《辽宁中医杂志》2012年第7期。

～李晓泓等:《古代医籍中女性更年期体质初探》,《时珍国医国药》2012年第3期。

王宏斌(河北师范大学/河南大学)

《清代前期禁止烟草政策初探》,《社会科学辑刊》2014年第2期。

《罂粟传入中国及其在古代的医药价值析论》,《广东社会科学》2009年第5期。

《民国初年禁烟运动述论》,《民国档案》1996年第1期。

吴志斌～:《中国鸦片源流考》,《河南大学学报(社会科学版)》1995年第5期。

《试论中国禁止鸦片烟毒的经验与教训》,《中州学刊》1995年第1期。

《鸦片史事三则》,《近代史研究》1993年第5期。

王宏彬(蕲春县李时珍纪念馆)

《李时珍太医院任职考》,《亚太传统医药》2006年第9期。

王洪车(江苏联合职业技术学院连云港中医药分院/江苏省连云港中医药高等职业技术学校)

《人文视域下根据地与国统区疫病防治差异分析》,《中共山西省直机关党校学报》2018年第4期。

《民国中医抗疫的主体作用及其现代启示——兼论儒医的人文情怀》,《昆明理工大学学报(社会科学版)》2018年第3期。

《民国时期儒学与新医之间的冲突及其原因——从疫病控制的角度来看》,《长江论坛》2018年第1期。

《革命根据地与国统区卫生防疫工作的差异性比较》,《理论建设》2015年第6期。

《以传染病隔离为视点的儒学与科学关系辨析》,《广东工业大学学报(社会科学版)》2013年第6期。

《儒学与传染病隔离的互动发展》,《甘肃理论学刊》2013年第2期。

《隔离的历史变迁与文化关联——以麻风病患者的命运为例》,《辽宁医学院学报(社会科学版)》2012年第3期。

《"疠迁所"的历史透视》,《黑龙江史志》2009年第22期。

王洪琛(中山大学)

《〈鼠疫〉:在荒诞与反抗之间》,《中南大学学报(社会科学版)》2006年第5期。

王宏川

《中国明以前法医学著述考略》,《公安大学学报》1990年第6期。

王洪春(安徽财经大学)

《拉丁美洲国家医疗保障制度探析》,《医学与哲学(人文社会医学版)》2007年第8期。

汪洪亮(四川师范大学)

《中华基督教会全国总会边疆服务运动研究》,四川师范大学硕士学位论文2004年。

王红松(安徽中医学院)

～徐国龙等:《从孙思邈的医德思想谈中医人文精神》,《中医药临床杂志》2008年第5期。

《〈千金方〉中美容方的组方特色探讨》,《中国美容医学》2007年第11期。

《〈千金方〉对中医美容的贡献》，《中国美容医学》2006 年第 8 期。

王宗殿……张永~李呈华等：《中国传统文化与中医心理学相互影响初探》，《中国中医基础医学杂志》2000 年第 1 期。

汪洪武（西北大学）

《论药品专利权与公共健康权的协调与发展》，西北大学硕士学位论文 2010 年。

王红霞（复旦大学）

《晚清华人了解西医的窗口——〈万国公报〉》，《中国科技史杂志》2006 年第 3 期。

王鸿勇（潍坊医学院/山东大学/潍坊市卫生计生委/山东省社会保险事业局/山东医科大学）

杨尧~：《公立医院改革对某医院公益性的影响》，《中国医院》2016 年第 7 期。

宋昭~：《当前社会医疗保障制度存在问题及对策》，《山东人力资源和社会保障》2012 年第 5 期。

崔爱庆~王晓屏等：《医疗保险信用等级制度对患者个人负担的影响分析》，《中国卫生经济》2008 年第 11 期。

王晓屏、曹源~王军等：《医疗保险信用等级制度费用控制效果分析》，《中国卫生经济》2008 年第 9 期。

崔爱庆~彭涛等：《医疗保险信用等级制度对医院社会声望的约束作用研究》，《中国卫生经济》2008 年第 7 期。

~尹爱田等：《规范医疗服务层级体系的政策研究》，《中国卫生经济》2007 年第 11 期。

~刘玉欣等：《规范医疗行为的政策研究》，《中国卫生经济》2007 年第 2 期。

~尹爱田等：《医疗保险与医疗服务体系间量刑互动关系的构建》，《中国卫生经济》2006 年第 9 期。

~陈立谨等：《卫生服务公平的逻辑分析与政策选择》，《中国卫生资源》2004 年第 2 期。

~邵明远等：《多层次医疗保障体系的理论基础与政策框架》，《卫生经济研究》2003 年第 5 期。

~安宏：《以邓小平行政思想指导卫生管理体制改革》，《中国医院管理》2002 年第 3 期。

徐临江~安宏：《医疗保障的基础、运行条件与发展走向》，《医学与哲学》2002 年第 2 期。

李春芳……王绪建~尹爱田：《医改对参保职工卫生服务公平性影响作用分析》，《卫生经济研究》2001 年第 12 期。

~尹爱田等：《医疗保健制度对卫生服务需求行为影响的分析》，《卫生经济研究》2001 年第 10 期。

李春芳~任金静等：《公费医疗人群医改前后卫生服务需求比较》，《卫生经济研究》2001 年第 9 期。

尹爱田……李伟~任金静：《据管理方意向分析医改对职工卫生服务需求行为的影响》，《卫生经济研究》2001 年第 8 期。

赵延奎~张功法：《收入不均衡与医疗保险市场——一项国际卫生政策的调查结果》，《国外医学（卫生经济分册）》2001 年第 4 期。

任金静、范淑英~李伟等：《参保职工收入水平对医疗费用影响的分析》，《卫生经济研究》2001 年第 1 期。

~翟强：《城市卫生服务体系的问题、弊端与改革策略》，《中国卫生经济》2000 年第 5 期。

黄淑文……王志锋~：《药品监督管理体制改革对卫生机构的潜在影响与对策》，《中国卫生经济》1999 年第 5 期。

《国际医疗保险体制的发展趋势》，《卫生经济研究》1999 年第 3 期。

《国际医疗保险模式和改革发展比较分析》，《国外医学（卫生经济分册）》1999 年第 2 期。

《论国际医疗保险费用控制机制的发展趋势》,《中国卫生经济》1998年第8期。

～袁长海的:《对各国医疗保险供方支付方式的比较分析》,《卫生经济研究》1998年第8期。

～袁长海等:《山东省医疗保险改革进展、问题及对策》,《中国初级卫生保健》1998年第8期。

～袁长海等:《医疗保险改革中的问题及对策》,《卫生经济研究》1998年第4期。

《不同医疗费用支付方式的利弊分析及适宜制度选择》,《国外医学(卫生经济分册)》1998年第1期。

～黄思桂等:《二次卫生经济评价可行性尝试》,《国外医学(卫生经济分册)》1997年第3期。

王红珠(中共中央党校)

《北京市农村巡回医疗考察(1965—1980年代初)》,中共中央党校硕士学位论文2019年。

王虎华(华东政法学院)

～丁成耀等:《论传染病的国际控制与国家的国际法义务》,《政治与法律》2003年第5期。

汪沪双(安徽中医学院)

邓勇～:《近代新安医家程六如外科学术思想浅析》,《中医药临床杂志》2012年第10期。

《论新安医籍刻本特色》,《中医文献杂志》2008年第6期。

《程履新与〈山居本草〉》,《中医药临床杂志》2005年第3期。

《新安医家的医德医风》,《中医文献杂志》2003年第4期。

～武刚:《张四维与〈医门秘旨〉》,《安徽中医学院学报》2001年第1期。

～牛淑平:《试述新安医学的"学派"与"流派"》,《中医文献杂志》2000年第4期。

《胡澍〈素问校义〉述评》,《中医文献杂志》1996年第1期。

王化平(西南大学)

《〈金縢〉篇中祷辞及相关文字的释读》,《医疗社会史研究》2016年第2期。

《鬼神信仰与数术——〈五十二病方〉中所见祝由术的解读》,《中医药文化》2016年第5期。

汪黄瑛

《产妇科大师海氓裴令传》,《医药学》1935年第6期。

王卉(河北医科大学)

《〈温病条辨〉脉诊内容整理与研究》,河北医科大学硕士学位论文2009年。

王辉(吉林大学)

～李书源:《民间信仰中的大众心理与官民博弈——以民国时期东北地区求仙讨药活动为例》,《华侨大学学报(哲学社会科学版)》2017年第1期。

王晖(陕西师范大学)

《殷墟卜辞所见我国最早的传染流疫考》,《殷都学刊》2007年第2期。

王卉(中国科学技术大学)

《公共危机事件中的健康传播小议》,《新闻传播》2009年第10期。

汪慧(中央民族大学)

《论〈黄庭经〉的养生及修炼思想》,中央民族大学硕士学位论文2007年。

王慧芳

张赞臣～:《上海医界春秋社创办的概况》,《中华医史杂志》1986年第4期。

～楼绍来:《中国古代女医初探》,《上海中医药杂志》1982年第3期。

《泉州湾出土宋代海船的进口药物在中国医药史上的价值》,《海交史研究》1982年第4期。

王慧杰（洛阳市中心医院）

《张子和"不药之药"学术思想与实践》,《中医研究》2000 年第 5 期。

王惠玲

《香港公共卫生与东华医院中西医服务的演变》,冼玉仪等主编《益善行道:东华医院 135 年周年纪念专题文集》(香港:三联书店 2006 年)。

王慧敏（苏州大学）

《苏州红十字会的"生命工程"——以 1982—2007 年为时段的考察》,苏州大学硕士学位论文 2009 年。

王辉云

《爱尔兰的土豆、大饥荒和移民潮》,《读书》2010 年第 8 期。

王纪潮（湖北省博物馆）

《底也迦考——含鸦片合方始传中国的问题》,《自然科学史研究》2006 年第 2 期。

《药方的文化解读》,《读书》2006 年第 4 期。

《中国古代萨满昏迷中的药物问题》,《自然科学史研究》2005 年第 1 期。

王吉德（陕西省档案馆）

《陕甘宁边区政府禁毒斗争的特点和启示》,《陕西档案》2006 年第 3 期。

王继广（黑龙江省亚布力林业局职工医院）

《中医骨伤科发展概况》,《中国医药信息》1986 年第 4 期。

王基录

《日军制造的崇山细菌战》,《文史精华》1997 年第 10 期。

王吉民（中华医学会）

～王扬:《孔子之卫生观》,《中华医史杂志》2007 年第 3 期。

～金明渊:《薛生白小傳和他的生卒考》,《江苏中医》1963 年第 5 期。

《医史学家斯格里西逝世》,《医学史与保健组织》1958 年第 2 期。

《祖国医学在历史上的供献(简介)》,《中医杂志》1957 年第 6 期。

《李时珍文献参考资料汇目》,《上海中医药杂志》1957 年第 3 期。

《中国医史参考书目》,《医学史与保健组织》1957 年第 3 期。

《祖国医药文化流传海外考》,《医学史与保健组织》1957 年第 1 期。

《孙中山先生求学和行医时期的史实》,《新中医药》1956 年第 11 期。

《李时珍先生年谱》,《中国药学杂志》1955 年第 8 期。

《太平天国期间在清廷雇佣军里的两个外籍军医》,《中华医史杂志》1955 年第 1 期。

《美帝利用教会医师侵华史实:彼得·伯驾和周以德》,《协进》1954 年第 34/35 期。

《晚明医人张卿子像》,《中华医史杂志》1954 年第 3 期。

《我国最早留学西洋习医者黄传宽》,《中华医史杂志》1954 年第 2 期。

《关于金鸡纳传入我国的记载》,《中华医史杂志》1954 年第 1 期。

《李时珍〈本草纲目〉外文译本谈》,《中华医史杂志》1953 年第 4 期。

《孙中山医学毕业年期之考实》,《中华医史杂志》1953 年第 3 期。

《中国近代精神病学发展概况》,《医史杂志》1952 年第 3 期。

《英国博物院所收藏中文医书目录》,《医史杂志》1952 年第 3 期。

《谈中国最早第一种医药期刊〈西医新报〉》,《医史杂志》1952 年第 1 期。

《伯驾利用医药侵华史实》,《中华医史杂志》1951 年第 3 期。

《尹端模传略》,《医史杂志》1951 年第 1 期。

《哲学博士伊博恩传》,《中华医学杂志》1949 年第 11、12 期。

《中国新医事务纪始》,《中华医学杂志》1945 年第 5—6 期。

《霍梦慈博士传》,《中华医学杂志》1943 年第 4 期。

《吾国最早留学海外之二医师》,《医文》1943 年第 3 期。

《〈本草纲目〉译本考证》,《中华医学杂志》1942 年第 11 期。

《在华新医先进像传》,《中华医学杂志》1941 年第 12 期。

《中华医史学会五年来之回顾》,《中华医学杂志》1941 年第 12 期。

《中国麻风史中之名人》,《中华医学杂志》1941 年第 9 期。

《康熙皇帝吃西药》,《中华健康杂志》1941 年第 4 期。

《中国最早之麻疯专家——孙思邈》,《麻疯季刊》1940 年第 1 期。

《徐大椿画眉泉记真迹序并小传》,《中华医学杂志》1939 年第 11 期。

《中华医史学会报告》,《中华医学杂志》1939 年第 11 期。(**附**:不署名:《中华医史学会会员录》,《中华医学杂志》1939 年第 11 期。)

《中国医史文献图说四则》,《震旦医刊》1939 年第 4 期。

《医史委员会报告 1935—1937》,《中华医学杂志》1937 年第 5 期。

《筹设中国医史陈列馆刍议》,《中华医学杂志》1937 年第 5 期。

《医药史话》,《中西医药》1937 年第 1 期。

《中国医史文献索引》,《中国医学杂志》1936 年第 12 期。

《英译〈本草纲目〉考》,《中华医学杂志》1935 年第 10 期。

《中国医药期刊目录》,《中华医学杂志》1934 年第 1 期。

《中国旧有麻风治疗方法》,《医药卫生月刊》1933 年第 7 期。

《四年来中国医药之定期刊物》,《社会医报》1932 年第 163 期。

《中国旧有麻疯治疗方法》,《医林一谔》1932 年第 2 期。

《中国麻疯之简史》,《麻疯季刊》1930 年第 4 期。

《中国医报调查表》,《医药学》1929 年第 9 期。

《西译中医典籍考》,《中华医学杂志》1928 年第 2 期;1936 年第 12 期。

《中国历代考医与医学之制》,《广济医报》1928 年第 1 期。

《中国医事年表》,《医药学》1927 年第 3、4 期。

《答征求旧医书之来函》,《中华医学杂志》1926 年第 3 期。

《中国历代医学之发明》,《中华医学杂志》1925 年第 6 期、1926 年第 3 期、1926 年第 5 期、1927 年第 5 期、1928 年第 6 期。

《中国梅毒之起源》,《中华医学杂志》1923 年第 1 期。

《中国麻醉药》,《广济医报》1922 年第 4 期。

《中国历代考医与医学之制》,《广济医报》1920 年第 11 期。

《耳力氏列传》,《广济医报》1920 年第 6 期。

王继平（同济大学）

《德国医疗保险体制及其改革》,《德国研究》1998 年第 3 期。

王冀青

《敦煌唐人写本〈备急单验药方卷〉在英国首次发现》,《中华医史杂志》1991 年第 2 期。

王家鷙（南通市中医院）

《张仲景的针灸特色》,《中医文献杂志》2004 年第 2 期。

～苏佣志:《马王堆医书针灸学术成就初探》,《湖南中医杂志》2003 年第 6 期。

赵宗普、苏佣志～:《张睿与南通早期医学教育》,《山东医科大学学报（社会科学版）》1989 年第 4 期。

王嘉斌

《清代关于天花之民间认知与治疗》,《史辙》第 3 期（2007.7）。

《清朝前期官方医疗研究》,《史辙》第 2 期（2006.7）。

王家封（吉林大学）

《中国古代老幼废疾法律制度研究》,吉林大学硕士学位论文 2011 年。

王家葵（成都中医药大学/成都中医学院）

《二王法帖医药词汇笺释》,《中国书法》2019 年第 11 期。

《〈本草图经〉"广州"产植物药图考证》,《中药临床》2019 年第 2 期。

蒋淼～何熙果等:《〈本草蒙筌〉药图来源初考》,《中药与临床》2016 年第 6 期。

杜丹～:《〈救荒本草〉中野生姜等植物品种图考》,《中药与临床》2013 年第 5 期。

范春燕～:《〈斗门方〉初考》,《中医文献杂志》2010 年第 1 期。

～陈楚明等:《炮炙"火候"考略》,《中华医史杂志》2007 年第 1 期。

《陶弘景与沈约——陶弘景交游丛考之二》,《宗教学研究》2004 年第 2 期。

《〈铅汞甲庚至宝集成〉纂著年代考》,《宗教学研究》2000 年第 2 期。

《陶弘景与梁武帝——陶弘景交游丛考之一》,《宗教学研究》2002 年第 1 期。

～张瑞贤等:《〈新修本草〉纂修人员考》,《中华医史杂志》2000 年第 4 期。

～张瑞贤等:《〈神农本草经〉药物产地研究》,《中华医史杂志》2000 年第 1 期。

《〈证类本草〉引〈抱朴子〉文字汇考》,《宗教学研究》1998 年第 2 期。

《〈仙经〉考略》,《宗教学研究》1997 年第 2 期。

《〈神农本草〉佚文考》,《中医文献杂志》1996 年第 2 期。

《炼丹家本草〈丹房镜源〉考略》,《中华医史杂志》1996 年第 1 期。

《〈本草经〉体例考——辑复〈神农本草经〉研究之五》,《中医药学报》1995 年第 6 期。

《论〈神农本草经〉成书的文化背景》,《中国医药学报》1994 年第 3 期。

《〈本草经〉三品位置考——辑复〈神农本草经〉研究之三》,《中医药学报》1993 年第 5 期。

《〈本草经〉缺佚药考——辑复〈神农本草〉研究之二》,《中医药学报》1992 年第 2 期。

《〈新修本草〉中〈本经〉〈别录〉药分条合并考——辑复〈神农本草经〉研究之一》,《中医药学报》1991 年第 2 期。

《〈神农本草经〉成书年代新证——兼与贾以仁先生商榷》,《中医药学报》1990 年第 3 期。

《〈神农本草经〉郡县考》,《中医药学报》1989 年第 5 期。

王嘉乐（南开大学）

《滑寿的社交圈与医名的获取》，《中华医史杂志》2016 年第 4 期。

王嘉欣（西北大学）

《媒介中医疗话语的互文性研究——以四川日报与华西医院微信公众号为例》，西北大学硕士学位论文 2019 年。

王键（安徽中医药大学）

周桥～郭锦晨等：《基于"秋伤于湿"理论小议雷丰〈时病论〉治"湿"特色》，《世界最新医学信息文摘》2019 年第 37 期。

王瑞、胡建鹏～：《新安医家吴楚善用下法特色探析》，《中医杂志》2019 年第 22 期。

洪靖、谭辉～：《新安王氏医学辨治脾胃病学术经验探讨》，《中华中医药杂志》2019 年第 12 期。

叶铭钢、丁玲～：《新安王氏医家诊治慢性前列腺炎特色》，《中华中医药杂志》2019 年第 11 期。

罗梦曦～：《〈黄帝内经素问吴注〉对〈黄帝内经〉的研究与发挥》，《中华中医药杂志》2019 年第 11 期。

洪靖、谭辉～：《新安王氏医学辨治慢性前列腺炎特色探析》，《中华中医药杂志》2019 年第 9 期。

周桥～郭锦晨等：《基于〈东山别墅医案〉探析新安医家叶熙钧学术思想》，《中医药学报》2019 年第 6 期。

张佩文～侯阿美等：《新安医家余国珮"燥湿为纲"学术思想探析》，《中华中医药杂志》2019 年第 6 期。

罗梦曦～：《〈黄帝内经素问吴注〉整理〈黄帝内经〉经文评析》，《中医杂志》2019 年第 6 期。

李佩佩～黄辉等：《从〈临证指南医案〉论叶天士"辨治胃阳"思想及特色》，《中医杂志》2019 年第 4 期。

侯阿美～郭锦晨等：《从〈医理〉小议余国珮"燥湿为纲"学术思想》，《现代中医药》2019 年第 3 期。

洪靖……王永培～：《徽派朴学对新安医学固本培元派的影响》，《北京中医药大学学报》2018 年第 8 期。

万四妹、刘伯山～：《明清新安世医探析》，《北京中医药大学学报》2018 年第 4 期。

万四妹、刘伯山～：《明清新安地方医官探析》，《北京中医药大学学报》2017 年第 7 期。

徐雯洁～徐世杰：《中医传统思维发展之"伤寒论""内伤学说"到"外损致虚"的认识推进》，《中华中医药杂志》2017 年第 6 期。

张四红～董一帆等：《互联网+时代的中医药跨文化传播》，《时珍国医国药》2017 年第 5 期。

宋菲、胡建鹏～翟双庆：《中医治则治法理论的形成与发展》，《中医药临床杂志》2016 年第 12 期。

岳冬辉～：《新安名医程门雪论治温病特色探析》，《中医杂志》2016 年第 8 期。

黄辉～：《天人合一思想的本体意义及其比较学研究》，《南京中医药大学学报（社会科学版）》2016 年第 4 期。

潘云～：《汪机"营卫一气说"的内涵深析》，《环球中医药》2016 年第 1 期。

罗梦曦～石海平：《吴崑〈医方考〉对〈黄帝内经〉的发挥》，《安徽中医药大学学报》2015 年第 4 期。

潘云～：《汪机〈营卫论〉阴阳观探析》，《安徽中医药大学学报》2015 年第 1 期。

陈书华、周亚东～：《生命之美的构建——〈黄帝内经〉美学思想刍议》，《学术界》2014 年第 11 期。

卜菲菲～胡建鹏：《先秦"和"文化对〈黄帝内经〉诊疗思想的影响》，《安徽中医药大学学报》2014 年第 4 期。

~周亚东:《交融渗透 相得益彰——论中医学与中国传统文化的互动关系》,《中医药文化》2014 年第 3 期。

张珺……吴元洁~:《从〈内经〉病机十九条看中医临床思维方法》,《天津中医药大学学报》2014 年第 2 期。

~李新军:《徽州理学文化背景下的新安医家风格》,《中医药文化》2014 年第 1 期。

黄和平、黄璐琦~黄鹏等:《木通基源考证、药用沿革与资源》,《中成药》2013 年第 11 期。

~黄辉等:《十大新安医著》,《中华中医药杂志》2013 年第 4 期。

~牛淑平等:《新安医学的主要特色》,《中华中医药杂志》2013 年第 2 期。

李东海~:《〈孙文垣医案〉治瘅特色》,《安徽中医学院学报》2013 年第 1 期。

~牛淑平等:《新安医学的成就与贡献》,《中华中医药杂志》2013 年第 1 期。

岳冬辉~:《新安医家对温病学发展的重要贡献》,《中医杂志》2012 年第 17 期。

罗梦曦~:《儒医互通,传承学术——从吴崑生平看新安医家治学行医之路》,《中医杂志》2012 年第 14 期。

朱超~:《新安医家对中风病的认识》,《中医药临床杂志》2012 年第 10 期。

~郜峦等:《"肺与大肠相表里"理论历史源流和发展》,《中国中医基础医学杂志》2012 年第 9 期。

~黄辉:《华佗医学研究的战略思考》,《中医药临床杂志》2012 年第 9 期。

库宇~:《吴鞠通论治寒湿初探》,《中华中医药杂志》2012 年第 8 期。

刘玉凤……保永亮~:《新安医家情志病例举隅》,《中医药临床杂志》2012 年第 7 期。

朱超~:《浅论〈医方集解〉的学术特点》,《安徽中医学院学报》2012 年第 6 期。

刘玉凤~:《新安医家之德容医风》,《医学与哲学(A)》2012 年第 5 期。

文理~:《〈黄帝内经〉中动态整体的辨证论治》,《中华中医药杂志》2012 年第 4 期。

刘玉凤~张开宇:《〈丹台玉案〉养生学术思想浅析》,《安徽中医学院学报》2012 年第 3 期。

~牛淑平:《新安医家时空分布规律探析》,《中医杂志》2011 年第 24 期。

罗梦曦~:《吴崑〈医方考〉学术特色》,《安徽中医学院学报》2011 年第 6 期。

赵建根~:《〈杏轩医案〉特色浅析》,《中医药临床杂志》2011 年第 6 期。

孙娟~郜峦:《健脾化湿法理论溯源》,《安徽中医学院学报》2011 年第 5 期。

~黄辉:《中医学与中华传统文化》,《中医药临床杂志》2011 年第 1、2、3 期。

~郜峦:《新安医学流派的学术贡献和特色》,《世界科学技术·中医药现代化》2010 年第 6 期。

~牛淑平:《新安医学研究的文化视野》,《中医药文化》2010 年第 4 期。

邓勇~:《叶天士治疗肺痹初探》,《安徽中医学院学报》2010 年第 2 期。

叶敏~:《新安王氏三医家学术与经验的研究》,《中医药临床杂志》2010 年第 2 期。

~郜峦等:《新安医学的形成因素和学术价值》,《中医文献杂志》2009 年第 3 期。

~胡建鹏等:《"肾藏精"研究述评》,《安徽中医学院学报》2009 年第 2 期。

~郜峦等:《新安医学的成就与特色》,《安徽中医学院学报》2009 年第 1 期。

《新安医学的主要特色》,《中医药临床杂志》2008 年第 6 期。

~牛淑平:《新安医学的非物质文化遗产特征》,《中医药文化》2007 年第 5 期。

胡建鹏、李姿慧~:《化湿法理论的历史沿革》,《安徽中医学院学报》2007 年第 5 期。

郜峦～:《〈内经〉中的医学心理学思想内涵简析》,《中医药学刊》2003年第9期。

王宗殿～李平等:《中国传统文化与中医心理学相互影响初探》,《中国中医基础医学杂志》2000年第1期。

～胡建鹏:《〈内经〉"过用致病"观探讨》,《安徽中医学院学报》1998年第4期。

～葛正义:《〈内经〉全息诊法探讨》,《安徽中医学院学报》1995年第3期。

《〈内经〉关于体质差异对若干方面影响的认识》,《安徽中医学院学报》1989年第3期。

王剑(湖北中医药大学)

～孙士江:《对李时珍〈本草纲目〉编撰与初刻出版作出重要贡献的有关历史人物之探考》,《时珍国医国药》2019年第12期。

杨红兵～刘艳菊等:《认识和处理〈本草纲目〉中少部分药材品种之我见》,《时珍国医国药》2018年第8期。

～梅全喜:《论李时珍〈本草纲目〉的伟大贡献及学术价值——纪念李时珍诞辰500周年》,《中国现代中药》2018年第5期。

梅全喜～:《李时珍及其〈本草纲目〉500年大事年谱》,《时珍国医国药》2017年第12期;2018年第1、2、3、4期。

～梅全喜等:《李时珍的生卒时间存疑再考——写于纪念李时珍诞辰500周年之前》,《时珍国医国药》2017年第1期。

～梅全喜:《〈本草纲目〉引据〈肘后备急方〉之研究》,《中药材》2016年第4期。

～梅全喜:《〈本草纲目〉引据〈抱朴子内篇〉文献考略》,《时珍国医国药》2016年第3期。

～陈向荣:《论李时珍的人文气质》,《亚太传统医药》2016年第5期。

《金陵本〈本草纲目〉在海内外420年翻刻考记》,《亚太传统医药》2015年第11期。

《金陵本〈本草纲目〉初刻本之真貌考辨》,《中药材》2015年第9期。

《论〈本草纲目〉的文化内涵》,《时珍国医国药》2015年第2期。

王健(华中师范大学)

《"病"的叙事与"身体"的政治学——论鲁迅想象家国的方式》,华中师范大学硕士学位论文2006年。

王剑(蕲春县人民政府)

～王善雄:《〈本草纲目〉对骨伤科的贡献探析》,《亚太传统医药》2006年第9期。

～陈康弘:《浅论李时珍对妇科的学术成就》,《亚太传统医药》2006年第9期。

～肖毓光、陈普生:《李时珍的抗衰老学术思想研究》,《亚太传统医药》2006年第9期。

～林朝辉:《李时珍的内科学术思想探微》,《亚太传统医药》2006年第9期。

～夏曦:《试论李时珍的五官科学术思想》,《亚太传统医药》2006年第9期。

～胡宏锋:《李时珍的皮肤科学术思想浅论》,《亚太传统医药》2006年第9期。

～梁顺堂:《浅论李时珍的儿科学术贡献》,《亚太传统医药》2006年第9期。

～胡丰富:《李时珍对外科学的伟大贡献》,《亚太传统医药》2006年第9期。

汪剑(中国中医科学院/云南中医学院/成都中医学院)

连莹……李思佳～:《彭子益运用扶阳思想治疗儿科病证的研究》,《中国民族民间医药》2018年第21期。

~祁天培:《彭子益圆运动学说概要及其与天人合一哲学思想关系探讨》,《河南中医》2017 年第 1 期。

~罗思航等:《〈目经大成〉眼科外用方药组成配伍特点与制法剂型探讨》,《中国民族民间医药》2016 年第 22 期。

罗思航~:《明代女医谈允贤治疗不寐临证经验浅析》,《中国民族民间医药》2016 年第 16 期。

~江南:《彭子益医学圆运动学说与气机升降学术源流探讨》,《中医学报》2016 年第 12 期。

张明、章涤凡~杨胜林等:《兰茂〈玄壶集〉的中医养生思想观》,《江西中医药》2016 年第 7 期。

~和中浚:《邓学礼〈目科正宗〉与黄庭镜〈目经大成〉的学术渊源探讨》,《中国中医眼科杂志》2016 年第 4 期。

~符丽玲:《近代西南边疆西方医学传入概况》,《中华医史杂志》2015 年第 2 期。

张晓琳~:《仲景方在〈目经大成〉中的运用》,《中医学报》2014 年第 12 期。

和中浚~:《白居易医药养生诗之我见》,《中医药文化》2013 年第 4 期。

和中浚~:《民国年间中医眼科学术发展历史研究》,《中国中医眼科杂志》2013 年第 4 期。

~和中浚:《眼科名著〈目经大成〉版本调查及整理概况》,《中华中医药学刊》2013 年第 2 期。

~柳亚平:《郑钦安脉诊思想探讨》,《辽宁中医杂志》2012 年第 9 期。

~和中浚:《道教上清派炼养术与中医命门学说流变的关系》,《南京中医药大学学报(社会科学版)》2012 年第 4 期。

~和中浚:《明末清初上海医家李延昰及〈脉诀汇辨〉考》,《中医药文化》2012 年第 3 期。

~和中浚等:《〈目经大成〉眼科十二病因探讨》,《中国中医眼科杂志》2012 年第 2 期。

~柳亚平:《〈黄庭经〉存思炼养术与中医藏象学说的关系探讨》,《中华中医药学刊》2011 年第 6 期。

~柳亚平等:《郑钦安"万病一气说"学术思想探讨》,《上海中医药大学学报》2011 年第 4 期。

杨卫东……张晓琳~:《上善若水 下愚如火——刘完素著作中蕴涵的心理学思想》,《中医药信息》2011 年第 3 期。

柳亚平~:《〈抱朴子内篇〉药物服食法浅析》,《云南中医学院学报》2011 年第 2 期。

张晓琳……胥筱云~:《中医与傣医对头痛病症的诊治比较探析》,《云南中医学院学报》2011 年第 2 期。

~张晓琳等:《上清派炼养术的藏象学说内涵探讨》,《中医学报》2011 年第 3 期。

~柳亚平:《〈养性延命录〉五脏为核心的养生思想探讨》,《中医研究》2011 年第 1 期。

~和中浚等:《〈目经大成〉眼科温补思想探讨》,《中国中医眼科杂志》2010 年第 5 期。

柳亚平~秦竹:《〈养老奉亲书〉痰证调养疗法述要》,《陕西中医》2010 年第 2 期。

和中浚~:《从〈内经〉与道家静以养神的关系看中医养生特色》,《中华中医药学刊》2009 年第 6 期。

~和中浚等:《论目中神光与人身相火的关系》,《社会中医药杂志》2009 年第 6 期。

~和中浚:《〈原机启微〉病因病机学说阐微》,《中华中医药学刊》2007 年第 12 期。

~和中浚:《元代南北文化交流对丹溪医学的影响》,《南京中医药大学学报(社会科学版)》2007 年第 3 期。

~和中浚:《〈银海精微〉丹溪学术思想探骊》,《浙江中医杂志》2007 年第 9 期。

～和中浚:《董仲舒儒学对〈内经〉的影响》,《医学与哲学(人文社会医学版)》2007年第4期。

～和中浚:《周敦颐〈太极图说〉对中医学学术思想发展的影响》,《南京中医药大学学报(社会科学版)》2006年第4期。

王健(中华预防医学会)

～张福瑞等:《关于罗马尼亚、法国卫生防疫管理情况的考察报告》,《国外医学》1985年第2期/《卫生经济》1985年第9、10期。

～廖文雅等:《关于罗马尼亚卫生事业管理的考察报告》,《中国公共卫生》1985年第5期。

王建超(苏州大学)

《美国尼克松政府的医疗保险制度改革》,苏州大学硕士学位论文2014年。

～高方英:《美国医疗保健领域种族不公现象的幕后推手——经济自由主义和市场化》,《苏州科技学院学报(社会科学版)》2013年第3期。

王建聪(辽东学院/东北财经大学)

《城乡基本医疗保险制度比较及统筹建设——以辽宁省为例》,《财会月刊》2015年第26期。

～许鑫:《辽宁农村基本医疗保健问题研究》,《吉林工商学院学报》2015年第1期。

《辽宁省城乡基本医疗保险一体化建设现状及发展研究》,《辽东学院学报(社会科学版)》2014年第4期。

《我国农村基本医疗卫生保障制度研究》,东北财经大学博士学位论文2011年。

王建芬(南京师范大学)

《医学生人文素质教育论》,南京师范大学硕士学位论文2004年。

王剑锋(上海中医药大学)

《〈道藏〉典籍视角下的小儿"纯阳"学说试析》,《中医文献杂志》2019年第5期。

王建华(汕头大学)

《近代西医的传入和发展》,《中华医史杂志》2017年第4期。

王建华(西南民族大学)

《黄河流域史前人口健康状况的初步考察》,《考古》2009年第5期。

王建康(浙江奉化市中医院)

《〈伤寒杂病论〉痰饮型眩晕之治法与临床运用》,《中医研究》2006年第7期。

《略谈张仲景对"诸气膹郁,皆属于肺"理论的运用》,《江苏中医药》2006年第6期。

《叶氏〈临证指南医案〉"通补胃阳"法则探讨》,《浙江中医杂志》2005年第11期。

《略谈张仲景用黄芩理血》,《时珍国医国药》2005年第11期。

《张仲景辨治痰饮内阻型眩晕方法探讨》,《中医药学刊》2005年第11期。

《〈金匮要略〉杏仁功用浅析》,《中医研究》2005年第9期。

《〈伤寒杂病论〉中白芍双向调节作用浅议》,《河南中医》2005年第8期。

《张仲景治疗黄疸特色探讨》,《浙江中医学院学报》2005年第5期。

《〈金匮要略〉养阴配用补气六法》,《中医药信息》2004年第6期。

《张仲景运用厚朴功效探讨》,《中医药通报》2004年第4期。

《〈医林改错〉脑气亏虚证治述要》,《浙江中医学院学报》2004年第1期。

宋秋云～:《〈内经〉咳嗽病机探讨》,《四川中医》1998年第9期。

《略谈〈金匮〉从脾论治聚证六法》,《四川中医》1998年第4期。

《略论〈金匮要略〉养血药的配伍运用》,《四川中医》1997 年第 7 期。

《浅议〈伤寒论〉治利七忌》,《中医函授通讯》1997 年第 5 期。

《略谈王清任对〈内经〉治瘀法则的运用》,《中医药研究》1997 年第 4 期。

～叶千一:《〈内经〉胃病病机浅析》,《四川中医》1995 年第 2 期。

《〈内经〉眩晕病机十二条》,《四川中医》1993 年第 11 期。

《浅议〈内经〉化淤十法》,《中医函授通讯》1993 年第 2 期。

《〈伤寒论〉、〈金匮要略〉数脉浅析》,《四川中医》1992 年第 6 期。

～裴黎明:《〈内经〉论肝病与瘀血》,《成都中医学院学报》1992 年第 3 期。

《〈内经〉内伤发热证治》,《中医函授通讯》1992 年第 2 期。

《〈金匮要略〉治疗内伤发热十三法》,《中医研究》1992 年第 1 期。

《〈内经〉心脉学说初探》,《安徽中医学院学报》1991 年第 1 期。

《论〈脾胃论〉风药治疗内伤杂病的原理》,《新中医》1990 年第 3 期。

王建磊(兰州大学)

《前藏蒙医学时代的北方民族医疗——以契丹民族医疗为中心》,兰州大学硕士学位论文 2017 年。

王剑立(中国民族报社理论周刊编辑部)

《病友互助的类家族主义原则——对糖尿病互助群体的组织人类学考察》,《思想战线》2019 年第 1 期。

王剑利(中央民族大学)

《内蒙地方公共卫生进程的人类学阐释》,中央民族大学硕士学位论文 2009 年。

王建民(中央财经大学)

《"现代性"的建构与支配——读罗芙芸的〈卫生的现代性〉》,《社会》2010 年第 3 期。

汪建荣(中国卫生部)

《30 年卫生立法的发展进程》,《中国卫生法制》2009 年第 1 期。

《医疗法的调整对象、范围和主要作用》,《中国卫生法制》2006 年第 1 期。

《初级卫生保健法的立法思路》,《中国卫生法制》2005 年第 1 期。

《〈乡村医生从业管理条例〉制定过程和主要内容》,《中国卫生法制》2003 年第 6 期。

张玲萍～:《新旧〈食品添加剂卫生管理办法〉的比较》,《中国食品卫生杂志》2002 年第 6 期。

《我国卫生法的概念、特征和基本原则》,《中国卫生法制》2001 年第 3 期。

《完善我国医疗事故法律制度的若干思考》,《中国卫生法制》1998 年第 5 期。

《关于我国卫生立法现状与卫生监督体制改革的思考——在全国卫生监督执法学术交流会上的报告》,《中国公共卫生管理》1996 年第 1 期。

《美国州法律有关尸体解剖的规定》,《中国卫生法制》1995 年第 3 期。

《再论卫生立法》,《中国卫生事业管理》1991 年第 10 期。

《卫生立法发展研究》,《中国医院管理》1991 年第 8 期。

卓小勤～:《卫生法浅议》,《中国社会医学》1991 年第 3 期。

王建新(湖南中医学院)

《皇甫谧人生观解读》,《湖南第一师范学报》2004 年第 4 期。

《论古代文献中的"蛊"》,《中医文献杂志》2004 年第 4 期。

～周一谋等:《张家山与马王堆同种医书异文对比初探》,《医古文知识》1992 年第 2 期。

王建新(兰州大学)

～赵璇:《交流空间多元化对医患互动促进作用探析》,《青海师范大学学报(哲学社会科学版)》2017年第3期。

～王宁:《健康、医疗与文化之人类学研究的地方经验》,《北方民族大学学报(哲学社会科学版)》2017年第2期。

～赵璇:《疾痛叙事中的话语策略与人格维护——基于病患主位的医学人类学研究》,《西北师大学报(社会科学版)》2016年第4期。

王江(重庆邮电大学)

《"我的艺术柳叶刀":〈尤利西斯〉中的生理解剖学》,《外国文学评论》2016年第1期。

《疾病与抒情——〈永别了,武器〉中的女性创伤叙事》,《外国文学》2014年第4期。

～邹理:《致命之伤:〈永别了,武器〉中的创伤主题研究》,《世界文学评论》2012年第2期。

王江鹤(中央民族大学)

《新生乡鄂伦春族成人健康状况与健康教育研究》,中央民族大学硕士学位论文2015年。

《新生乡鄂伦春族狩猎文化变迁与村民健康状况研究》,《哈尔滨学院学报》2014年第9期。

王江然(河北工程大学)

《建国初期的除"四害"与公共卫生事件的应对》,《前沿》2012年第8期。

王洁(武汉大学)

《中国媒体癌症新闻报道的内容分析》,武汉大学博士学位论文2013年。

王杰(山西中医学院)

武峻艳～:《肾的概念演变与功能应象》,《中华中医药杂志》2017年第3期。

武峻艳～张俊龙等:《"元整体观"之探析》,《中华中医药杂志》2015年第7期。

武峻艳～张俊龙:《〈黄帝内经〉中的"得气"与"气至"》,《中医杂志》2015年第7期。

武峻艳、张俊龙～贺文彬:《〈黄帝内经〉之"气"与中医学"元整体观"》,《中医杂志》2015年第2期。

武峻艳～张俊龙:《象思维下谈中医病因病机中的文化因素》,《中医杂志》2014年第14期。

武峻艳、张俊龙～:《"同气相求"观念在中医理论构建中的作用及其意义》,《山西中医学院学报》2014年第3期。

～李孝波:《承淡安六经病针灸治疗学术思想研究》,《世界中西医结合杂志》2014年4期。

《承淡安〈伤寒论新注〉学术思想研究》,《中医杂志》2013年第24期。

王玠(中国中医研究院)

《明清御药房初考》,《中医文献杂志》1995年第3期。

王洁宁(北京中医药大学)

～张清怡:《从〈饮膳正要〉看元代蒙古族食养文化》,《中华中医药杂志》2018年第7期。

王婕琼(安徽中医学院)

王传博～李泽庚等:《"肺朝百脉、主治节"理论探讨》,《中医杂志》2013年第15期。

～刘兰林等:《古代中医药有关疫病的预防措施》,《中国中医药信息杂志》2011年第1期。

～刘兰林等:《疫病源流考析》,《中国中医急症》2010年第9期。

王进(东北师范大学)

《新中国建政初期东北文教卫生事业的发展》,东北师范大学硕士学位论文2011年。

王津（广州中医药大学）

《唐宗海〈血证论〉运用经方之经验》，《世界中西医结合杂志》2014 年第 1 期。

王瑾（辽宁中医药大学）

孙宁～梁茂新：《运用〈普济方〉数据库探讨明代以前咳嗽证治规》，《吉林中医药》2019 年第 8 期。

～梁茂新等：《张元素对中药归经理论的贡献》，《中医杂志》2016 年第 15 期。

～梁茂新：《中药归经理论的发生学研究》，《中国中医基础医学杂志》2014 年第 11 期。

～梁茂新：《早期本草学"诸病通用药"对中药归经确定的影响》，《中医杂志》2012 年第 2 期。

～梁茂新：《论〈素问〉病机十九条对中药归经学说的奠基作用》，《世界科学技术（中医药现代化）》2012 年第 2 期。

～梁茂新：《中药归经现代研究的思路与方法》，《世界科学技术（中医药现代化）》2012 年第 1 期。

《中药归经理论的发生学研究》，辽宁中医药大学博士学位论文 2010 年。

王金安（泽州县畜牧局）

～梁京芳等：《〈司牧安骥集语释〉预防思想与方药》，《中国畜禽种业》2009 年第 10 期。

汪金峰（西华师范大学）

～沈凯等：《医疗保障制度：比较中的路径探索——以中国和俄罗斯为例》，《江汉学术》2014 年第 3 期。

王锦鸿（长春中医学院）

～王忆卓：《北宋校正医书局并未校勘刊行〈太素〉》，《南京中医药大学学报（社会科学版）》2003 年第 4 期。

《王如尊抄本〈东医宝鉴〉版本初探》，《医古文知识》2003 年 2 期。

王金花（首都医科大学）

～高大红等：《新民主主义革命时期医学院校联合办学方式探讨》，《医学教育研究与实践》2017 年第 1 期。

王津慧（青海医学院）

～池晓玲：《从〈黄帝内经〉和〈四部医典〉看汉藏医学的整体观》，《青海医药杂志》1995 年第 9 期。

《养生与健康——对〈内经〉养生法的初探》，《青海医学院学报》1989 年第 2 期。

王晋林（中共甘肃省委党校）

《陕甘宁边区的卫生防疫工作及成效》，《卫生职业教育》2014 年第 2 期。

《抗战时期陕甘宁边区的医疗卫生事业》，《卫生职业教育》2013 年第 12 期。

《陕甘宁边区卫生建设事业中的妇幼保健》，《传承》2013 年第 14 期。

《延安时期的卫生职业教育及其作用》，《卫生职业教育》2011 年第 1 期。

王金龙（广西民族大学）

《战后中苏合作下的蒙东地区鼠疫防治》，广西民族大学硕士学位论文 2016 年。

王金龙（中国疾病预防控制中心）

《中国援外医疗队员心理健康状况及其影响因素分析》，中国疾病预防控制中心硕士学位论文 2019 年。

王金香（山西师范大学）

《清末鸦片税收述论》，《山西师大学报（社会科学版）》2000 年第 4 期。

《民国时期的鸦片税收》，《山西师大学报（社会科学版）》1998 年第 4 期。

《近代国际禁烟会议与中国禁烟》，《史学月刊》1997 年第 4 期。

《广州国民政府鸦片政策探略》，《山西师大学报（社会科学版）》1997 年第 4 期。

《南京国民政府初期的禁烟》，《民国档案》1996 年第 2 期。

《阎锡山禁烟述评》，《晋阳学刊》1995 年第 2 期。

《北洋军阀时期的鸦片泛滥》，《山西师大学报（社会科学版）》1993 年第 3 期。

《日本鸦片侵华政策述论》，《抗日战争研究》1993 年第 2 期。

《二、三十年代国内鸦片问题》，《民国档案》1992 年第 2 期。

《洋务派禁止鸦片主张述评》，《山西师大学报（社会科学版）》1990 年第 4 期。

《清代第二次禁烟运动探略》，《史学月刊》1990 年第 2 期。

《近代山西烟祸》，《山西师大学报（社会科学版）》1989 年第 3 期。

《张之洞山西禁烟述略》，《山西师大学报（社会科学版）》1988 年第 1 期。

王静（华东理工大学）

《叙述、形塑与纾解：末期癌症患者的疼痛研究——身体社会学的视角》，华东理工大学硕士学位论文 2017 年。

王静（南开大学）

《从走方医看前近代中国官民互动与民间医疗世界——以雍正、嘉庆朝两起案件为中心》，《清史研究》2019 年第 1 期。

《论〈淮南子〉的医学观》，《咸阳师范学院学报》2015 年第 3 期。

《清代走方医的医术传承及医疗特点》，《云南社会科学》2013 年第 3 期。

王婧（武汉大学）

《清代中后期怀庆药商的地域经营》，《河南商业高等专科学校学报》2007 年第 6 期。

王静（西南大学）

《唐代西南地区药材研究》，西南大学硕士学位论文 2013 年。

《改革开放以来中国古代药材研究综述》，《许昌学院学报》2011 年第 6 期。

王京芳（中国中医科学院）

～朱建平：《近 30 年政府组织的中医药对外交流活动特征分析》，《国际中医中药杂志》2015 年第 8 期。

～朱建平：《改革开放后中医药对外交流政策的制定》，《中华医史杂志》2015 年第 2 期。

《中医药对外交流大事记（1978—2011）》，《中华医史杂志》2013 年第 5 期。

王敬兰（河北医科大学/河北中医学院）

～艾永敏等：《王清任生平事迹及其学术思想》，《和别中医药学报》2000 年第 4 期。

韩树芬、李素珍～：《浅谈〈内经〉之望面色》，《中医函授通讯》1993 年第 3 期。

王景权（浙江省皮肤病防治研究所）

周国江～杨德刚等：《我国麻风防治人员的职业倦怠现状及其影响因素》，《环境与职业医学》2019 年第 9 期。

周仕阳、石庆菊～：《现代化背景下的侗族麻风习俗与文化变迁——以黎平县麻风村为例》，《中国麻风皮肤病杂志》2019 年第 5 期。

管芸、陈拥群～于德宝等：《社区麻风患者对消除歧视现状的感知调查》，《中国公共卫生管理》2018 年第 5 期。

《澳门麻风病院的建立及其演变》,《中国麻风皮肤病杂志》2018 年第 4 期。

～张国成:《麻风历史与人类遗产国际研讨会决议》,《中国麻风皮肤病杂志》2017 年第 11 期。

王思齐、闻霞～:《近代杭州广济麻风院的建立及其历史影响》,《中国麻风皮肤病杂志》2017 年第 10 期。

《香港麻风病院的发展历程及其贡献述要》,《中国麻风皮肤病杂志》2016 年第 9 期。

王玉英、高彦伟～周爱林等:《我国麻风病歧视消除策略的思考》,《中国公共卫生管理》2012 年第 4 期。

沈树宪～黄国杨等:《绍兴人群麻风病 60 年患病情况分析》,《浙江预防医学》2011 年第 4 期。

～许亚平等:《浙江省农村居民麻风歧视及其影响因素研究》,《中国农村卫生事业管理》2010 年第 11 期。

虞斌、潘美儿～喻永祥等:《麻风村附近居民对麻风病的知识—态度—行为调查》,《皮肤病与性病》2008 年第 3 期。

～高鲁等:《献身浙江麻风防治事业的英国苏达立博士》,《中国麻风皮肤病杂志》2008 年第 1 期。

王敬群(江西师范大学)

～张志涛等:《仪式与心理治疗》,《江西师范大学学报(哲学社会科学版)》2012 年第 1 期。

王京涛(延边大学)

《试析二十世纪初东北鼠疫与延边地区防疫卫生状况》,延边大学硕士学位论文 2012 年。

王晶莹(南华大学)

《〈天使在美国〉中的同性恋、艾滋病与帝国政治》,南华大学硕士学位论文 2015 年。

～蒋天平:《从艾滋病隐喻到帝国的崩塌——库什纳的〈天使在美国〉解读》,《佳木斯大学社会科学学报》2015 年第 2 期。

汪炯(扬州大学医学院)

《中医的"取象比类"与比喻》,《扬州大学学报(人文社会科学版)》2006 年第 2 期。

《浅论医学与文学的结缘》,《扬州大学学报(人文社会科学版)》2000 年第 6 期。

《古医籍中的词汇与修辞现象》,《徐州师范大学学报》2000 年第 4 期。

《论医古文语言的美感》,《盐城师范学院学报(人文社会科学版)》2000 年第 4 期。

王九林(南京中医药大学)

《医学文化中心的南迁》,《南京中医药大学学报》1997 年第 5 期。

王九龙(南京中医药大学)

《医哲气学源流考》,南京中医药大学博士学位论文 2008 年。

《试论〈医学求是〉的血证治疗思想》,《中医文献杂志》2004 年第 2 期。

王菊(贵州大学)

《鲁迅小说"疾病意象"的文化指向》,《理论与当代》2007 年第 10 期。

王菊满(湘西州民族中医院)

～彭芳胜:《论土家医学护理思想及服侍技术》,《中国民族医药杂志》1999 年第 3 期。

王俊(北京大学人民医院)

《纵隔镜术的发展历史》,《中华医史杂志》2001 年第 4 期。

《胸腔镜外科的发展历史》,《中华医史杂志》1999 年第 1 期。

王军(东南大学/皖南医学院)

《灾疫境遇中"生命自由"展现的伦理之维》,《社会科学战线》2013 年第 3 期。

～田海平:《重大灾疫展现的生命伦理之维》,《江海学刊》2013 年第 2 期。

《论灾疫生命伦理在当今人类境遇中的特殊使命》,《东南大学学报(哲学社会科学版)》2011 年第 4 期。

王俊(云南大学)

《云南勐腊县纳卡村老年慢性疾病的民族生态学研究》,云南大学硕士学位论文 2010 年。

王君(中国中医科学院)

《龚廷贤学术思想研究》,中国中医科学院硕士学位论文 2009 年。

王俊华(苏州大学)

陈小涵……余峰～:《潜山县健康脱贫工程实践的研究》,《中国农村卫生事业管理》2019 年第 12 期。

任飞～:《基于差异的正义:我国基本医疗服务资源合理配置与实现路径》,《苏州大学学报(哲学社会科学版)》2019 年第 5 期。

丁希～:《我国公立医院改革嵌入公共价值理论的制度设计》,《苏州大学学报(哲学社会科学版)》2018 年第 5 期/《社会科学文摘》2018 年第 12 期。

陈予宁……董晨雪～:《铁路列车医疗急救服务体系研究——基于列车乘客突发疾病难以得到及时救治的思考》,《中国农村卫生事业管理》2018 年第 10 期。

陈予宁……董晨雪～:《推广长期护理保险制度的思路与路径研究》,《中国初级卫生保健》2018 年第 8 期。

王思爽……马伟玲～:《城市老年人心理慰藉供给路径研究——以苏州为例》,《观察管理》2018 年第 2 期。

王思爽……陈奎～:《苏荆鄂三市医养结合试点制度比较分析》,《医药高职教育与现代护理》2018 年第 1 期。

陈予宁……马伟玲～:《美日德韩四国长期护理保险制度对我国的启示》,《卫生软科学》2017 年第 12 期。

～蔡滨:《推进全民医保从形式普惠走向实质公平——国外医保模式的启示》,《苏州大学学报(哲学社会科学版)》2017 年第 5 期。

蔡滨、马伟玲～:《制度变迁视角下推进农村居民基本医疗保险制度改革研究》,《社会保障研究》2017 年第 4 期。

王习习……徐琪～:《新医改时期 NGO 在解决我国卫生资源分配失衡问题中的作用研究》,《中国初级卫生保健》2015 年第 9 期。

～柏雪:《全民基本医疗保险制度的可行性思考与路径构想》,《苏州大学学报(哲学社会科学版)》2015 年第 5 期。

《基于差异的正义:我国全民基本医疗保险制度理论与思路研究》,《政治学研究》2012 年第 5 期。

～任栋等:《新型农村合作医疗迈入全民基本社会医疗保险体系的可行性研究》,《江苏社会科学》2013 年第 1 期。

黄岩……张莹～:《我国食品安全监管格局的历史沿革与现状分析》,《中国初级卫生保健》2012 年第 6 期。

柏雪、蔡滨～:《神木县"全民免费医疗"制度供给与实践分析》,《中国初级卫生保健》2011 年第 10 期。

蔡滨……张莹～:《博弈论视角下的新型农村合作医疗制度》,《中国初级卫生保健》2011 年第 9 期。

蔡滨……张莹～:《新型农村合作医疗制度的变迁与发展》,《中国初级卫生保健》2011 年第 8 期。

《改革开放 30 年来苏南农村的医疗保障制度——率先走向城乡一体的发展模式》,《苏州大学学报 (哲学社会科学版)》2008 年第 6 期。

《中国农村公共卫生:问题、出路与政府责任》,《江苏社会科学》2003 年第 4 期。

王俊娜(山西师范大学)

《两河流域医学:巫术与医药的矛盾统一体——评〈古代两河流域医药文献〉》,《医疗社会史研究》 2018 年第 2 期。

王俊中

《中国古代佛教医学几点论题刍议——以"四大"和"病因说"为主》,《古今论衡》第 8 期(2002)。

王凯

《〈医典〉——阿拉伯的医学百科全书》,《科学与文化》2007 年第 2 期。

王凯(安徽大学)

《民国时期安徽疫病与社会》,安徽大学硕士学位论文 2018 年。

～朱正业:《国家与社会:南京民国政府时期淮北黑热病的防治》,《佳木斯大学社会科学学报》2017 年第 6 期。

王开弘(台湾大学)

《台湾防疫政策的历史制度分析》,台湾大学硕士学位论文 2006 年。

王开义(新疆维吾尔自治区卫生厅)

《新疆省官药房的建立与发展》,《新疆地方志》1993 年第 1 期。

《新疆出土医药文献述要》,《新疆中医药》1992 年第 1 期。

《新疆民族医用动物药初探》,《医学文选》1991 年第 4 期。

《论维药学的演变与发展》,《新疆中医药》1988 年第 2 期。

王侃(广州中医药大学)

～秦霖:《气候因素对中医学形成和发展的影响》,《中华医史杂志》2004 年第 2 期。

～秦霖等:《初探气候变化对明清时期寒温争鸣的影响》,《浙江中医杂志》2003 年第 9 期。

王柯厶(重庆医药高等专科学校/重庆医科大学)

《中美日三国医疗纠纷防范处理措施比较研究》,《医学与哲学(A)》2012 年第 12 期。

《中美日三国医疗纠纷防范和处理措施比较研究》,重庆医科大学硕士学位论文 2010 年。

～万立华:《日本医疗纠纷防范处理措施研究》,《医学与哲学(人文社会医学版)》2009 年第 12 期。

～万立华:《当前中国医疗纠纷的特点及缓解策略》,《重庆医学》2009 年第 8 期。

王克平(延边大学)

《诗苑奇葩:古代药名诗词及其价值》,《延边大学学报(哲学社会科学版)》1995 年第 3 期。

王琨(南京师范大学)

《框架理论视域下〈人民日报〉艾滋病报道研》,南京师范大学硕士学位论文 2017 年。

王坤丽(安徽中医药大学)

《针灸向日本跨文化传播的历史和策略研究》,安徽中医药大学硕士学位论文 2016 年。

　　～王茎:《浅析针灸在日本的跨文化传播》,《佳木斯职业学院学报》2016 第 3 期。

王腊梅(黑龙江中医药大学)

　　《精神分裂症中西医探究史的比较分析》,黑龙江中医药大学硕士学位论文 2013 年。

王岚(南京大学)

　　《从伦敦洛克医院看 19 世纪英国中产阶级的双重性别观念》,南京大学硕士学位论文 2018 年。

王烂辉(中南大学)

　　《政治社会学视角下医患关系研究》,中南大学硕士学位论文 2013 年。

　　《和谐社会建构中医患冲突的消解》,《湘潮(下半月)》2013 年第 4 期。

王磊(黑龙江中医药大学)

　　《中医病因学的科学与文化分析》,黑龙江中医药大学硕士学位论文 2005 年。

王蕾(青岛大学)

　　《先秦巫医文化研究》,青岛大学硕士学位论文《2016 年。

王立(北京针灸骨伤学院)

　　《中医房中养生探究》,《湖南中医药导报》1999 年第 1 期。

　　《〈医心方〉性医学内容述评》,《北京针灸骨伤学院学报》1997 年第 1 期。

　　《中国古代性文化概述》,《性学》1996 年第 3 期。

　　《中国古代房中术概论》,《中国中医基础医学杂志》1996 年第 2 期。

　　《马王堆医书中性医学文献概论》,《中医杂志》1995 年第 10 期。

　　《〈治病求本〉刍议》,《北京针灸骨伤学院学报》1995 年第 1 期。

王丽(成都中医药大学)

　　和中浚～:《百年来中医临床发展特点与启示》,《中医药文化》2019 年第 5 期。

　　～李亚玲等:《〈柳宝诒医案〉学术思想及用药特色探究》,《湖南中医杂志》2018 年第 8 期。

　　～和中浚:《廖平〈伤寒古本考〉述评》,《中医药文化》2017 年第 2 期。

　　《四川丹道医家张觉人思想特色与风范》,《成都中医药大学学报》2017 年第 1 期。

　　《中国古代女医的教育》,《成都中医药大学学报(教育科学版)》2017 年第 1 期。

　　和中浚～:《廖平〈隋本黄帝内经明堂〉评述》,《中医文献杂志》2016 年第 6 期。

　　王一童～李继明:《成都老官山汉墓出土医简标识符号析义》,《中医药文化》2016 年第 1 期。

　　《〈肘后备急方〉巫术疗法的特点与收录原因》,《中国中医药现代远程教育》2015 年第 22 期。

　　和中浚……周兴兰～谢涛:《老官山汉墓医简〈六十病方〉排序研究》,《中医文献杂志》2015 年第 4、5 期。

　　和中浚……周兴兰～谢涛:《老官山汉墓医简〈六十病方〉体例初考》,《中医文献杂志》2015 年第 3 期。

　　《〈太平御览〉引"黄帝"医药学著作考》,《中医药文化》2013 年第 2 期。

　　《〈医方类聚〉引〈疡科通玄论〉概况》,《中国中医药现代远程教育》2012 年第 24 期。

　　《"鼻为肺之窍"在〈痘疹心印〉中的运用》,《中国中医现代远程教育》2012 年第 22 期。

　　《〈枕藏外科〉的内容、学术源流、价值和特点》,《时珍国医国药》2012 年第 9 期。

　　《〈枕藏外科〉版本源流考》,《山西中医学院学报》2012 年第 6 期。

　　《〈外科秘授著要〉版本及学术源流和价值考》,《安徽中医学院学报》2012 年第 5 期。

　　《〈枕藏外科〉书名、作者、成书年代及研究现状》,《江西中医学院学报》2012 年第 3 期。

～王静等:《中医妇科学中古代性教育知识的内容与特点》,《时珍国医国药》2012 年第 1 期。

～和中浚:《〈太平御览·疾病部〉外科资料的内容和特点》,《辽宁中医药大学学报》2011 年第 4 期。

～李佳等:《〈肘后备急方·第五十二〉的人体审美观》,《内蒙古中医药》2010 年第 9 期。

欧阳利民～:《刘完素"亢害承制论"的临床意义》,《四川中医》2010 年第 5 期。

王立(大连大学/辽宁师范大学)

～安稳:《明清医者神秘形象的世俗化书写及认知缺陷》,《山西大学学报(哲学社会科学版)》2016 年第 4 期。

～王莉莉:《还珠楼主与金庸小说中的奇异药物及医术》,《华南师范大学学报(社会科学版)》2014 年第 5 期。

～铁志怡:《古代仙草叙事的生命意识及生态伦理意蕴》,《阅江学刊》2014 年第 4 期。

～秦鑫:《明清通俗文学中医者形象的文化阐释》,《江西师范大学学报(哲学社会科学版)》2014 年第 2 期。

《斩头不死与断首重续——古代巫术、医术、幻术交融的叙事母题》,《北方论丛》2014 年第 1 期。

～秦鑫:《明清小说中的医者形象研究综述》,《大连大学学报》2013 年第 4 期。

《寻求医患关系和谐的扎实新著——评〈民国时期医事纠纷研究——和谐医患关系之思索〉》,《学术交流》2013 年第 6 期。

《佛经翻译文学与〈聊斋志异〉中的瘟疫与灾害母题》,《苏州科技学院学报(社会科学版)》2011 年第 6 期。

《明清小说中蛇毒无意中疗病母题与佛经故事》,《上海大学学报(社会科学版)》2008 年第 4 期。

《〈聊斋志异〉灾荒瘟疫描写的印度渊源及文化意义》,《山西大学学报(哲学社会科学版)》2007 年第 3 期。

《古代相思病母题的佛经文献渊源》,《古典文学知识》2004 年第 4 期。

《略说古代文学中的"相思病"》,《古典文学知识》1999 年第 2 期。

王莉(广西大学)

《网络媒体健康生活习惯信息传播现状及功效探析》,广西大学硕士学位论文 2013 年。

王莉(南方医科大学)

《准市场、竞争与选择:英国老龄群体长期照护制度分析》,《卫生经济研究》2019 年第 2 期。

《政府还是家庭:长期照护服务供给责任反思》,《学术论坛》2018 年第 5 期。

《商业长期护理保险市场影响因素及发展分析》,《卫生经济研究》2018 年第 8 期。

～岳经纶:《角色定位、制度绩效与商业健康保险的发展:国际经验及启示》,《经济体制改革》2017 年第 2 期。

《城乡老龄居民医疗保障公平性比较分析——基于广州的调查》,《卫生软科学》2016 年第 3 期。

《美国长期护理保险:市场不完备、政府行为及其交互分析》,《经济论坛》2015 年第 6 期。

苏淑文……刘世庭～:《基于药品临床疗效的药价管理机制研究进展》,《卫生经济研究》2015 年第 1 期。

《城镇老龄群体医疗保险政策的比较分析——以北京、上海、广州为例《医学与哲学(A)》2015 年第 1 期。

《城镇居民基本医疗保险框架下老龄群体保障公平性变化趋势分析》,《中国卫生事业管理》2014

年第 12 期。

《中国印度研发外包承接力比较——以医药行业为例》，《南京财经大学学报》2013 年第 3 期。

《瑞典药品费用控制制度及其对中国的借鉴》，《消费经济》2012 年第 2 期。

《完善我国药品价格管制的几点思考》，《价格理论与实践》2012 年第 2 期。

《基本医疗保障框架下我国药品价格合理化分析》，《卫生经济研究》2011 年第 4 期。

《中国医药企业国际化特征分析——基于战略组的视角》，《企业经济》2011 年第 3 期。

《印度医药企业的国际化模式及启示——以兰伯西实验室有限公司为例》，《对外经贸实务》2010 年第 7 期。

《新形势下我国医药企业跨国并购的动因及策略》，《经营与管理》2009 年第 10 期。

《医疗保险框架下药品支出控制政策的国际比较》，《中国卫生经济》2009 年第 1 期。

王丽（南京大学）

《鼓楼医院社会服务事业研究（1892—1951）》，南京大学硕士学位论文 2014 年。

王丽（山东师范大学）

《论生命痛苦与文学创作的关系》，山东师范大学硕士学位论文 2012 年。

王丽（云南师范大学）

《美国联邦政府对越战退伍军人心理和精神疾病立法的历史考察》，《历史教学问题》2019 年第 5 期。

《美国越战退伍军人的橙剂问题与政府的解决之策》，《外国问题研究》2015 年第 4 期。

王丽（中国中医科学院）

～赵京生：《试析〈黄帝内经〉"陷下则灸之"》，《中国针灸》2019 年第 6 期。

～井明鑫等：《窦材〈扁鹊心书〉用灸的学术思想及特点》，《北京中医药大学学报》2016 年第 8 期。

王利豪（河南中医学院）

《古代治头痛方用药特点及方剂配伍规律研究》，河南中医学院硕士学位论文 2015 年。

王丽慧（上海中医药大学）

～谢爱林：《〈黄帝四经〉和〈黄帝内经〉文化渊源及生态美学价值研究》，《江西师范大学学报（哲学社会科学版）》2018 年第 6 期。

《〈黄帝内经〉中的身体美学》，《江西社会科学》2016 年第 2 期。

～章义和：《生态视域下嵇康养生思想评介》，《中医药文化》2014 年第 5 期。

焦颖、周国琪～：《〈内经〉腹部剧痛证初探》，《中国中医基础医学杂志》2011 年第 6 期。

薛辉～：《〈黄帝内经〉癃闭辨治特点及临床应用探析》，《中医杂志》2011 年 S1 期。

张学垠～周国琪：《〈儒门事亲〉急症诊治特色》，《吉林中医药》2010 年第 10 期。

～王庆其等：《〈黄帝内经〉生态医学思想初探》，《上海中医药大学学报》2010 年第 3 期。

《〈肘后备急方〉急症辨治经验总结》，《中国中医基础医学杂志》2008 年第 10 期。

周国琪～：《〈灵枢·痈疽〉病证名与现代病证名的比较》，《中国中医基础医学杂志》2005 年第 3 期。

～周国琪：《〈内经〉痿证与现代痿证之比较》，《吉林中医药》2005 年第 1 期。

《〈黄帝内经〉痿证考》，《中医文献杂志》2002 年第 4 期。

王丽君（重庆医科大学）

～杨竹等：《定县模式村卫生员运行机制探讨》，《医学与哲学（人文社会医学版）》2010 年第 7 期。

王利军(中国药科大学)

《古巴医疗模式对我国医疗改革的启示》,《药学教育》2009 年第 4 期。

王丽梅

～奥·乌力吉等:《〈蒙古秘史〉中的医学史料》,《中华医史杂志》1993 年第 3 期。

王立民(华东政法大学)

《上海租界的现代公共卫生立法探研》,《历史教学问题》2014 年第 2 期。

王力宁(广西中医学院)

《陈复正〈幼幼集成〉学术思想及其对儿科的贡献》,《广西中医药》1996 年第 6 期。

王立鹏(外交学院)

《美国医改的坎坷路》,外交学院硕士学位论文 2013 年。

王利群(上海市第一人民医院)

《〈伤科补要〉特色探析》,《中医文献杂志》2013 年第 2 期。

王礼贤(上海师范大学)

《医学史上最早的医案》,《中医药文化》2010 年第 2 期。

《〈黄帝内经〉与〈道德经〉》,《中医药文化》2010 年第 1 期。

《朝花夕拾赋诗文——家父言章次公先生事拾零》,《中医药文化》2009 年第 5 期。

～朱敏卓:《道家·医家·仙家》,《中医药文化》2006 年第 3 期。

《药名诗论医德》,《中医药文化》2006 年第 1 期。

～杨春燕:《解读"阴阳四时者,万物之终始"——兼议中医文化之农耕文明特质》,《医古文知识》
2004 年第 3 期。

《从"诸葛亮借东风"说到心理治疗》,《医古文知识》2002 年第 3 期。

《药文化摭言》,《医古文知识》2000 年第 3 期。

《"醫"字探源》,《上海师范大学学报(哲学社会科学版)》2000 年第 2 期。

《蛊——中国古代的细菌观》,《医古文知识》1998 年第 4 期。

《道家哲学——中医理论之根》,《医古文知识》1998 年第 2 期。

《从两个汉字的构形谈中国医学思想的精髓》,《医古文知识》1997 年第 2 期。

《殷商疾病卜辞——中国医学史上的医案雏型》,《医古文知识》1997 年第 2 期。

《释"殷"并论商以前已有人工助产术》,《医古文知识》1989 年第 4 期。

王丽宇(中国医科大学)

邹长青……夏红梅～:《高等医学教育理念的历史演进》,《医学与哲学(A)》2015 年第 8 期。

曲凡～:《论儒家"五常"思想与医生职业精神之契合》,《中国医学伦理学》2010 年第 2 期。

～戴万津:《医院伦理委员会建设的探索》,《医学与哲学》2005 年第 15 期。

《医院伦理委员会的意义与功能》,《锦州医学院学报(社会科学版)》2004 年第 2 期。

～张桂兰:《对人体器官移植立法的思考》,《中国卫生法制》1998 年第 4 期。

～侯桂春:《论医学伦理的价值内涵》,《中国医学伦理学》1998 年第 4 期。

王立桩(绵阳师范学院)

《医疗宣教与西医本土化——以保宁仁济医院为个案的口述史考察》,《西华师范大学学报(哲学社
会科学版)》2017 年第 6 期。

王立子（人民卫生出版社/北京中医药大学/福建中医学院）

刘水～：《中医国际化与中医国际化出版》，《中国中医药现代远程教育》2006 年第 6 期。

《从六朝医学文献看〈伤寒杂病论〉的学术渊源》，《中国中医药学报》2004 年第 7 期。

《宋本〈伤寒论〉刊行前〈伤寒论〉文献演变简史》，北京中医药大学博士学位论文 2004 年。

《〈外台秘要〉中伤寒文献简考》，《中国中医基础医学杂志》2004 年第 4 期。

《〈千金要方〉文献研究》，福建中医学院硕士学位论文 2001 年。

《〈心印绀珠经〉述评》，《医古文知识》2000 年第 3 期。

王连忠（吉林大学）

～苏渤文：《改革开放前我国农村旧式合作医疗的发展及经验借鉴》，《中国卫生经济》2015 年第 6 期。

汪良寄

《宋元流行最广的方书惠民和济局方》，《中华医史杂志》1953 年第 2 期。

《伤寒书目》，《医史杂志》1951 年第 2—4 期。

《国药别名举隅》，《医史杂志》1947 年第 2 期。

《细菌之发见者及发见年分考》，《药报》1926 年第 35 期。

王琳（河南中医学院）

《"克己复礼"视野下的中医学科内涵建设》，《中国西部科技》2015 年第 12 期。

《宋代医事画在〈中医史〉教学中的应用》，《中国西部科技》2012 年第 8 期。

～陈岩等：《古代灸法操作技术的探讨》，《中国针灸》2012 年第 7 期。

～蔡永敏：《宋代政府对医学书籍的保护和利用》，《中华中医药杂志》2012 年第 7 期。

～李成文：《宋元绘画艺术对医学图谱的影响》，《中国中医基础医学杂志》2012 年第 2 期。

《从宋代"婴戏画"看政府社会对儿童健康的重视》，《南京中医药大学学报（社会科学版）》2012 年第 1 期。

《中国漆文化对中医学的影响》，《中国中医基础医学杂志》2011 年第 10 期。

李成文、马艳春～：《宋金元时期方剂学发展特点探讨》，《中华中医药杂志》2011 年第 3 期。

～李成文：《宋代香文化对中医学的影响》，《中华中医药杂志》2010 年第 11 期。

《宋金元时期中药学研究特点浅述》，《新中医》2009 年第 9 期。

《建国以来〈太平圣惠方〉研究概况》，《中国中医药信息杂志》2008 年 S1 期。

《〈太平圣惠方〉脾脏相关证候的特点研究》，中国中医科学院硕士学位论文 2008 年。

～李成文：《宋金元时期儿科学成就及对后世的影响》，《河南中医》2007 年第 8 期。

～李成文：《论秦汉时期中医学的发展特点》，《河南中医学院学报》2003 年第 6 期。

～于晨阳等：《"墨旱莲"药品正名、异名的源流考释》，《中医研究》2003 年第 6 期。

《牛蒡子（Fructusarctii）药品正名、异名之源流考释》，《内蒙古中医药》2003 年第 5 期。

董凌燕、李成文～：《论宋金元时期中医内科学发展特点》，《河南中医学院学报》2003 年第 5 期。

《古代医家人格精神的追求——谈"上医医国"》，《河南中医》2002 年第 6 期。

《消渴病发展史略》，《甘肃中医》1995 年第 5 期。

《中国美容发展史略》，《河南中医》1995 年第 5 期。

王琳（天津医科大学）

《制度供给视角下的健康精准扶贫研究》，《卫生经济研究》2019 年第 11 期。

《论"健康中国"的三重逻辑》,《天津师范大学学报(社会科学版)》2019 年第 6 期。

《习近平"健康中国"战略思想研究——伦理与经济二维视角》,《天津师范大学学报(社会科学版)》2018 年第 4 期。

柏高原……杨文秀～崔壮等:《卫生资源配置公平性的政策选择》,《中国卫生资源》2014 年第 6 期。

柏高原……杨文秀～崔壮等:《法经济学视角下的医疗资源分配权》,《中国卫生事业管理》2014 年第 9 期。

王耀刚……张馨予～柏高原等:《基于公平与效率的我国卫生资源优化配置战略选择与实施路径》,《中华医院管理杂志》2013 年第 11 期。

～王岚:《天津市基本医疗保障制度的实践探索》,《医学与社会》2012 年第 3 期。

柏高原～:《农村医疗保障法律制度的比较研究》,《西北农林科技大学学报(社会科学版)》2012 年第 1 期。

柏高原～陈蕾伊等:《美国非营利性医院税收法律制度研究》,《中国卫生事业管理》2011 年第 11 期。

～柏高原等:《天津市医疗卫生资源配置实践的思考》,《卫生经济研究》2011 年第 10 期。

～王岚等:《医疗卫生公共投入的政府责任研究:以天津市为例》,《中国卫生经济》2011 年第 10 期。

～王岚:《建立和完善医疗卫生公共投入机制的思考—基于天津市的实证分析》,《中国卫生事业管理》2011 年第 9 期。

柏高原～:《中外公务员医疗保障法律制度的比较研究》,《医学与哲学(人文社会医学版)》2011 年第 7 期。

《卫生投入公平性实现路径探讨》,《卫生软科学》2011 年第 3 期。

《过度医疗的经济学视角及对策》,《卫生经济研究》2010 年第 6 期。

《医患关系的新制度经济学归因及其改善路径》,《中国卫生事业管理》2010 年第 4 期。

《试论医患关系的经济基础及相关原则》,《医学与社会》2010 年第 1 期。

《中外医学人文教育的比较及启示》,《医学与哲学(人文社会医学版)》2009 年第 7 期。

《构建和谐医患关系的政府职责》,《医院管理论坛》2009 年第 6 期。

《和谐医患关系的"经济理性"与"道德理性"思考》,《医学与社会》2009 年第 5 期。

《国内外对医学专业人才医德培养的比较研究》,《中国医学伦理学》2009 年第 1 期。

王霖(郑州大学)

《关于医患冲突报道的倾向性分析——以"湘潭产妇死亡案"为例》,《新闻研究导刊》2015 年第 17 期。

王凛然(北京师范大学)

《1949—1966 年干部保健工作论述》,《当代中国史研究》2014 年第 6 期。

《20 世纪 60 年代北京市计划生育运动述论》,《当代中国史研究》2014 年第 1 期。

王林生(湖南省溆浦卫生学校)

《〈本草纲目〉五个金陵本叙要》,《中医文献杂志》2019 年第 3 期。

王松涛～:《古医药文献中的药名再探讨》,《中医药临床杂志》2018 年第 11 期。

《〈本草纲目〉金陵本诸校本述评》,《中医文献杂志》2018 年第 6 期。

《简帛药名再释》,《中医文献杂志》2018 年第 3 期。

《简帛药名再辨》,《中医文献杂志》2017 年第 6 期。

《〈吴普本草〉三个辑本考察》,《中医文献杂志》2014 年第 1 期。

《本草文献讹误浅论》,《中医文献杂志》2013 年第 4 期。

《〈肘后方〉纠讹》,《中医文献杂志》2012 年第 3 期。

《本草文献句读失误例举》,《中医文献杂志》2011 年第 2 期。

《〈新修本草〉银屑条衍文断句失误》,《中医文献杂志》2010 年第 5 期。

《〈本草纲目〉"要舟"辨》,《中医文献杂志》2008 年第 6 期。

《〈吴普本草〉王叔民辑本问题的考察》,《基层中药杂志》1997 年第 4 期。

《评〈吴普本草〉佚文"仅存药名者 21 种"之说》,《基层中药杂志》1997 年第 1 期。

《〈名医别录〉与〈本草经集注〉两辑本勘比及质疑》,《中医文献杂志》1996 年第 2 期。

《〈中华药海〉览后管见》,《中医文献杂志》1995 年第 1 期。

《对〈本草纲目通释〉注动植物药拉丁学名的几点意见》,《杏苑中医文献杂志》1994 年第 2 期。

《〈本草纲目通释〉动植物药拉丁学名的问题》,《时珍国医国药》1994 年第 1 期。

《唐代〈新修本草〉是不是一部药典》,《基层中药杂志》1993 年第 4 期。

王林云(北京中医药大学)

《曾懿医学文献整理研究》,北京中医药大学硕士学位论文 2017 年。

～段晓华等:《浅论曾懿〈古欢室医书三种〉》,《中医文献杂志》2017 年第 3 期。

秦晓慧……牛一焯～段晓华:《古代中医"脑"范畴自宋代以来的流变研究》,《中医文献杂志》2016 年第 4 期。

牛一焯……张宁怡～段晓华:《唐以前中医"脑"范畴流变研究》,《中医文献杂志》2016 年第 3 期。

～吴金鹏等:《早期中医医疗器具探源》,《中医文献杂志》2015 年第 4 期。

王泠(西北大学)

～雷晓康:《联合诊所:英国 NHS 服务模式的改革》,《兰州学刊》2009 年 S1 期。

王玲(中国第一历史档案馆)

《北京协和医学堂的创建》,《历史档案》2004 年第 3 期。

王玲(遵义医学院)

《医院人文管理视角下医疗暴力问题探讨》,遵义医学院硕士学位论文 2017 年。

王玲宁(上海外国语大学)

《大众传媒对农民艾滋病认知和态度的影响》,《青年研究》2006 年第 3 期。

王凌霞(黑龙江中医药大学)

《名医的历史——中医独特历史景观的文化分析》,黑龙江中医药大学硕士学位论文 2008 年。

～常存库:《从事实认识和价值认识关系看中医》,《中医药学报》2008 年第 5 期。

王柳青(中国中医科学院)

《吴有性伏邪学说的特点》,《中华医史杂志》2009 年第 2 期。

王龙

《军队医疗事业的奠基人贺诚》,《炎黄春秋》2007 年第 4 期。

王龙(长治医学院附属和平医院)

～宋志斌等:《神经内镜外科简史》,《中华医史杂志》2003 年第 6 期。

王陇德(中国卫生部)

《纪念血吸虫病在中国发现 100 周年》,《中国现代医学杂志》2006 年第 2、4 期。

王龙友(中国卫生部兰州生物制品研究所)

《卫生防疫，一项重大的政治任务——学习毛泽东同志建国初期关于卫生防疫工作论述札记》，《微生物学免疫进展》1996 年 S1 期。

王璐(河北大学)

《媒体艾滋病防控报道研究》，河北大学硕士学位论文 2007 年。

王路(中山大学)

～杨镒宇等：《医患关系的认知人类学解读——基于广州市儿童医院的调查事例》，《开放时代》2011 年第 10 期。

王璐航(吉林大学)

《诚信体系：防控社会医疗保险道德风险的理性选择》，吉林大学博士学位论文 2017 年。

杨轶华～：《不同年龄段精神残疾人社会保障需求研究——基于东北农村残疾人的调查与思考》，《黑龙江社会科学》2014 年第 1 期。

《社会公正视角下的农村残疾人社会救助政策研究》，吉林大学硕士学位论文 2013 年。

王璐璐(贵州财经大学)

《新中国成立初期西南民族地区农村卫生事业的发展》，《兰台世界》2015 年第 6 期。

王鲁宁(济南社会科学院)

～陶延芳：《毛泽东关于中西医学相结合道路思想的形成和发展》，《理论学刊》1996 年第 1 期。

王鲁茜(中国疾病预防控制中心)

《中国伤寒和霍乱的时空分布及气候地理因素的关联性分析》，中国疾病预防控制中心博士学位论文 2011 年。

王禄生(中国卫生部)

赵要军～：《中国、美国、泰国三国医疗保险制度比较分析》，《中国卫生经济》2009 年第 11 期。

陈颖、高广颖～：《民营非营利医院现状调查、问题及对策分析——基于京津民营非营利医院典型调查》，《中国医院管理》2009 年第 11 期。

汪宏……里程～萧庆伦：《中国农村合作医疗的受益公平性》，《中国卫生经济》2005 年第 2 期。

王保真～李宁秀等：《坚持 40 余年的武穴市合作医疗》，《中国初级卫生保健》2004 年第 1 期。

马进～黄成礼等：《贫困农村居民自报患病的影响因素分析》，《卫生经济研究》2003 年第 8 期。

～张里程：《我国农村合作医疗制度发展历史及其经验教训》，《中国卫生经济》1996 年第 8 期。

王珞(中国外交部)

《"非典"对当前国际关系的影响》，《国际问题研究》2003 年第 4 期。

王茂华(山东大学附属省立医院)

～金星：《新中国血管外科发展简史》，《中华医史杂志》2018 年第 6 期。

王茂森(东北师范大学)

～胡学举等：《论新中国建立后中国共产党中医药文化思想发展进程与实践》，《毛泽东思想研究》2009 年第 1 期。

王眉(成都中医药大学)

《食治文献发掘整理及研究》，成都中医药大学硕士学位论文 2010 年。

王梅(河南省中医药研究院)

～王予英：《李中立及其〈本草原始〉》，《河南中医》2001 年第 6 期。

《〈植物名实图考〉药学思想探讨》,《中医研究》2001 年第 4 期。

王梅(山东中医药大学)

《〈内经〉中医德思想的研究》,山东中医药大学硕士学位论文 2017 年。

～岳金明:《道文化与中医学》,《河南中医药学刊》2002 年第 1 期。

王美美(平顶山学院)

《关于集体化时代农村合作医疗中医务人员的评价》,《华北水利水电学院学报(社科版)》2012 年第 4 期。

《集体化时期农村合作医疗若干问题探析》,《哈尔滨职业技术学院学报》2012 年第 4 期。

《论中国古代医者群体及其变迁——以〈古今图书集成·医部全录〉为中心》,《平顶山学院学报》2012 年第 3 期。

王萌(武汉大学)

《日本对沦陷后南京的医事卫生调查》,《民国研究》2018 年第 1 期。

《抗战时期日本在中国沦陷区内的卫生工作——以同仁会为对象的考察》,《近代史研究》2016 年第 5 期。

王梦琪(大理大学)

《白族医药文化传承危机研究》,大理大学硕士学位论文 2016 年。

王梦怡(南京大学/南京农业大学)

～姚兆余:《个体的失序:乡村慢性病患者被破坏的生活世界》,《北方民族大学学报(哲学社会科学版)》2016 年第 4 期。

《乡村慢性病患者生活世界破坏的社会学研究》,南京农业大学硕士学位论文 2015 年。

～姚兆余:《江苏省农村老年人医疗资源的利用与影响因素分析》,《社区医学杂志》2014 年第 2 期。

～姚兆余:《新型农村合作医疗制度对农村慢性病患者疾病风险的分担》,《中国初级卫生保健》2013 年第 7 期。

王咪咪(中国中医科学院/中国中医研究院)

《〈1900—1949 年间医学史文献论文索引〉介绍》,《中医文献杂志》2009 年第 3 期。

田峰～:《从"洋务运动"到"中西医汇通"》,《中医文献杂志》2007 年第 1 期。

《建国前中医期刊内容概览》,《中医杂志》2007 年第 6 期。

《1949 年前中医及相关期刊种类初探》,《中华医史杂志》2007 年第 1 期。

《解读〈医学史文献资料索引〉》,《中华医史杂志》2005 年第 1 期。

《解读〈医学史文献论文资料索引〉》,《中医文献杂志》2004 年第 4 期。

《中国古医籍的起源、发展、分类及特点》,《中医文献杂志》2000 年第 3 期。

《论唐宗海的血证治疗思想在妇科的应用》,《四川中医》1998 年第 10 期。

《敦煌卷子〈内经〉考》,《上海中医药杂志》1987 年第 3 期。

王淑民～:《敦煌石窟医学卷子概览》,《上海中医药杂志》1987 年第 1 期。

朱定华～:《我国古代妇产科学的瑰宝——介绍元·勤有书堂刻本〈妇人大全良方〉》,《浙江中医学院学报》1985 年第 2 期。

《浅析〈妇人大全良方〉与〈校注妇人良方〉之异同》,《湖北中医杂志》1984 年第 5 期。

王米渠(成都中医药大学/成都中医学院/中国中医研究院)

张先庚～:《古代中医心理学思想研究》,《辽宁中医杂志》2011 年第 6 期。

李世通……王冠英~汪卫东：《中医心理学相关概念辨析》，《北京中医药大学学报》2011 年第 5 期。

陈方超、孙玉文~：《〈黄帝内经〉中的心理学思想探析》，《黑龙江中医药》2011 年第 4 期。

黄海花……安劬~：《〈医部全录〉胎禀胎疾与妇幼保健的遗传学思想研究》，《中医文献杂志》2011 年第 3 期。

张先庚……梁小利~张志芳：《中医护理学发展史及其展望》，《辽宁中医杂志》2011 年第 1 期。

彭德忠~黄海花等：《五大医家论先天疾病及胎孕教养的中医遗传观》，《四川中医》2010 年第 7 期。

宋洪娟~：《论儒家"中和"思想与中医心理学》，《辽宁中医药大学学报》2010 年第 6 期。

张先庚、文钦~梁小利等：《胎教胎损等母及子的七个概念：中医遗传学研究》，《中国医疗前沿》2010 年第 3 期。

张卫、吴焕淦~：《中医传统衰老学说及其防治原则概述》，《中华中医医药学刊》2008 年第 2 期。

李炜弘……徐全壹~：《"恐则气下、怒则气上"的两极病机分析》，《现代中西医结合杂志》2007 年第 17 期。

~谭丛娥等：《中医心理学的发展历程与前景》，《中国健康心理学杂志》2007 年第 5 期。

李炜弘~李世通等：《论张子和在九气七情与心理治疗的贡献》，《现代中西医结合杂志》2006 年第 18 期。

龙泽云、陈聪~：《论张子和在九气七情与心理治疗的贡献》，《现代中西医结合杂志》2006 年第 11 期。

林乔~李炜弘：《中国远古代人类遗传资料及中古代胎教的表型遗传分析》，《现代中西医结合杂志》2006 年第 16 期。

汤朝晖……严石林~：《论七情致病中"思所伤"的中心地位和作用》，《现代中西医结合杂志》2006 年第 15 期。

苗萌、刘健~：《〈古今医鉴〉七情五郁的心理学思想探讨》，《现代中西医结合杂志》2006 年第 13 期。

林乔~：《中国遗传性相关病史：衰疾》，《现代中西医结合杂志》2006 年第 12 期。

林乔、吴斌~：《中国遗传性相关病史：精神病》，《现代中西医结合杂志》2006 年第 11 期。

林乔、吴斌~：《中国历代皇族家族性疾病对其寿限的影响》，《现代中西医结合杂志》2006 年第 8 期。

~邹义壮等：《〈名医类案〉196 例七情发病构成及男女特点分析》，《现代中西医结合杂志》2006 年第 8 期。

林乔、吴斌~：《汉朝以前百岁老人的表型谱及其长寿相关因素分析》，《现代中西医结合杂志》2006 年第 7 期。

卢大为~曾倩等：《对清史三胞胎记载的时空分析》，《现代中西医结合杂志》2006 年第 3 期。

杨杰~孙洋等：《〈续名医类案〉关于双胞胎孕产辨证论治的探讨》，《现代中西医结合杂志》2006 年第 1 期。

林乔……李炜弘~：《远古至唐中国人长寿者的遗传分析》，《现代中西医结合杂志》2005 年第 4、5 期。

~李敏学等：《〈医方类聚〉对双生子的记载及其现代分析》，《中医文献杂志》2005 年第 1 期。

林乔、吴斌~黄信勇：《中华养生术相关基因分析——饮食》，《现代中西医结合杂志》2004 年第

17 期。

林乔、吴斌～李炜弘:《五代至清长寿者的长寿相关基因组合与环境对其寿限的影响》,《现代中西医结合杂志》2004 年第 15 期。

林乔～吴斌:《头痛的相关基因及〈名医类案〉中几个病例的基因分析》,《上海中医药大学学报》2003 年第 3 期。

～林乔等:《试探〈内经〉遗传病纲要》,《陕西中医学院学报》2002 年第 6 期。

～吴斌等:《论中医遗传学的涵义内容和发展》,《福建中医学院学报》2002 年第 4 期。

《对中医科学研究的思考与展望》,《上海中医药大学学报》2001 年第 1 期。

林乔～:《〈宋史〉人物遗传、疾病和环境对寿限的影响》,《遗传学报》2000 年第 12 期。

曾秀燕～:《〈医部全录〉健忘证探讨》,《中医文献杂志》2000 年第 2 期。

～丁维俊:《论中医遗传学的产生及发展方向》,《湖南中医药导报》1998 年第 12 期。

～胡坦莲:《试论中医的进化论思想》,《中国中医基础医学杂志》1998 年第 4 期。

《中医心理学研究》,《医学研究通讯》1998 年第 3 期。

《评成男成女观》,《浙江中医学院学报》1997 年第 2 期。

～陈显成:《从竹林寺女科漫谈佛学中的心理因素》,《贵阳中医学院学报》1991 年第 4 期。

～王廷羡:《中医心理卫生的溯源与展望》,《中医研究》1989 年第 4 期。

～刘红斌:《中医心理学与构造心理学的比较》,《广西中医药》1987 年第 5 期。

《李中梓的医学心理学探讨》,《天津中医学院学报》1987 年第 2 期。

《中医心理学研究综述》,《辽宁中医杂志》1987 年第 2 期。

《试论七情学说的科学性》,《贵阳中医学院学报》1987 年第 1 期。

《七情发病初探》,《四川中医》1986 年第 5 期。

～李红联:《王泰医学心理学思想探讨》,《陕西中医》1986 年第 3 期。

《李时珍的医学心理学思想探讨》,《北京中医》1986 年第 2 期。

《中医心理学述要》,《中国医药学报》1986 年第 1 期。

《〈内经〉"神"的范畴探讨》,《湖北中医杂志》1985 年第 3 期。

《试论七情学说的形成和发展》,《四川中医》1984 年第 1 期。

～陈贵亭等:《中医心理学说初探》,《成都中医学院学报》1980 年第 3 期。

王勉（复旦大学）

《移植与转向:近代启喑教育在华源流考辨》,复旦大学硕士学位论文 2012 年。

王淼（湖州师范学院/浙江大学）

《孟杰与民国时期湖州福音医院研究》,《湖州师范学院学报》2017 年第 9 期。

《徐维廉与抗战时期伤兵之友运动初探》,《抗战史料研究》2016 年第 1 期。

《王完白与孤岛时期上海重整道德运动》,《抗日战争研究》2013 年第 4 期。

《王完白与孤岛时期上海重整道德运动述论》,《宗教学研究》2014 年第 3 期。

～罗见今:《晚清生物学医学近代化述要》,《哈尔滨工业大学学报(社会科学版)》2008 年第 5 期。

王淼（山东大学）

《从大烟鬼到传教人——近代中国基督徒生活方式的转变(1835—1906)》,山东大学硕士学位论文 2010 年。

王淼（西北大学）

《试析公共健康视角下我国药品专利权限制》，西北大学硕士学位论文 2012 年。

王苗苗（辽宁师范大学）

《论清末民初奉天地区的西医院与西医教育》，辽宁师范大学硕士学位论文 2017 年。

王敏（黑龙江中医药大学）

～白鸿源：《论〈黄帝内经〉针刺补泻原则》，《哈尔滨医药》2014 年第 6 期。

～邹艳春等：《〈黄帝内经〉顾护正气思想在疾病治疗中的指导作用》，《中医药学报》2012 年第 2 期。

～任伟：《中医心肾相交学说与道家内丹术关系的探析》，《中医药学报》2011 年第 5 期。

毛军、毛旭～：《调阴与阳，精气乃光——〈黄帝内经〉用针之要的整体治疗观》，《中国中医基础医学杂志》2011 年第 1 期。

王敏～毛军：《〈黄帝内经〉针刺治疗整体观思想》，《中国中医基础医学杂志》2010 年第 5 期。

盛岩松～：《藏象理论的溯本求源》，《黑龙江中医药》2008 年第 2 期。

～杨春萍等：《〈黄帝内经〉脉诊法探析》，《中国中医基础医学杂志》2007 年第 1 期/《中医药学报》2006 年第 6 期。

林琳～郑扬：《君臣佐使组方原则源流考》，《辽宁中医学院学报》2002 年第 4 期。

《〈内经〉"缪刺"探新》，《中医药学报》2001 年第 4 期。

周立群、白凌志～：《内经的心身医学雏型》，《陕西中医》1997 年第 5 期。

～白凌志等：《卫气出于何处浅析》，《中医药学报》1995 年第 6 期。

《〈伤寒论〉康复思想及调治原则对后世的影响》，《黑龙江中医药》1994 年第 5 期。

杨旭～：《〈内经〉中瓠壶置血及瓠壶血动原理的探讨》，《中医药信息》1990 年第 1 期。

《〈黄帝内经〉灵枢五味篇中"胃之二焦"之我见》，《中医药学报》1989 年第 1 期。

王敏（华东师范大学/上海社会科学院）

《择医之弊与择医之道——传统社会民间医疗中的医患互动考察》，《中国医学伦理学》2010 年第 4 期。

《清代医生的收入与儒医义利观——以青浦何氏世医为例》，《史林》2012 年第 3 期。

《世医家族与民间医疗：江南何氏个案研究》，华东师范大学博士学位论文 2012 年。

《清代松江"医、士交游"与儒医社交圈之形成——以民间医生何其伟为个案的考察》，《社会科学》2009 年第 12 期。

王敏（濮阳市人民医院）

～王丽：《〈傅青主女科〉学术思想探讨》，《光明中医》2007 年第 6 期。

王明

《陶弘景在古代科学上的贡献》，《光明日报》1954 年 10 月 11 日。

王明（华中师范大学）

《鄂东医药文化研究》，华中师范大学硕士学位论文 2012 年。

王明（河南省中医药研究院）

《中医药文化背景下宋代医家钱乙述评》，《文化学刊》2019 年第 8 期。

《古代方志档案医药文献探析举隅》，《档案管理》2018 年第 3 期。

《"疠"及其同族词音义浅析》，《中医药文化》2017 年第 3 期。

《基于河南地方志中的中医药文献整理探析》,《中医研究》2016 年第 6 期。

《地方志中中医药文献研究刍议》,《中国中医药图书情报杂志》2016 年第 3 期。

～黄海波:《〈黄帝内经〉"痹"字音义阐微》,《中医药文化》2011 年第 5 期。

王铭（河南中医学院）

《朱壶山医学思想研究》,河南中医学院硕士学位论文 2015 年。

～刘文礼等:《中原医药文化遗产中的生态文明启示》,《中国民族医药杂志》2014 年第 12 期。

王铭（清华大学）

《方相氏逐疫与自然时序转换的关系》,《徐州工程学院学报(社会科学版)》2013 年第 6 期。

汪明德（浙江中医学院）

《房中溯源》,《浙江中医学院学报》2001 年第 6 期。

《叶天士调理冲任八法初探》,《上海中医药杂志》1985 年第 2 期。

《〈伤寒论〉病型之初见》,《浙江中医学院学报》1980 年第 4 期。

王明辉（湖南省中医药研究院）

～金杰辉等:《早期中西性医学创建史的比较探索》,《中华中医药学刊》2008 年第 2 期。

～金杰辉等:《中华文化与中医性房事养生 性康复的实践认识》,《中华中医药学刊》2007 年第 11 期。

～王凤雷:《名医张景岳对我国古代性医学发展的贡献》,《中华中医药学刊》2007 年第 1 期。

～王凤雷:《中医〈内经〉学术思想与朴素辩证唯物论的交融》,《中医药学刊》2006 年第 12 期。

～王凤雷:《中国古代性养生 性防治的特色和借鉴》,《中医药学刊》2006 年第 3 期。

～王凤雷:《中医古代有关美容养颜的认识》,《中国中医药现代远程教育》2005 年第 3 期。

～王凤雷:《房室养生、康复与中华文化》,《中国性科学》2002 年第 2 期。

～王凤雷:《中医气学说是联结传统与现代科学的桥梁》,《中国中医基础医学杂志》1999 年第 4 期。

～王凤雷:《我国儒佛道三教饮食养生的融汇》,《湖南中医杂志》1998 年第 6 期。

～王凤雷:《佛教医学中的食疗和草木药疗》,《药膳食疗研究》1998 年第 1 期。

～王凤雷:《道教文化中对性养生的几种认识》,《性学》1997 年第 3 期。(**附**:王凤雷:《道教文化对房事养生延龄的若干认识》,《湖南中医杂志》1997 年第 5 期。)

～王凤雷:《佛教文化中对性养生的几种认识》,《性学》1997 年第 2 期。

～王凤雷:《中医美容养颜的理论和实践》,《中医杂志》1996 年第 6 期。

《中国性学发展的马鞍形史迹》,《性学》1996 年第 3 期。

～王凤雷:《对张景岳所述"十机"的认识》,《性学》1996 年第 2 期。

～王凤雷:《我国有关生殖解剖生理系统文献的首次发现》,《性学》1995 年第 1 期。

～彭志辉等:《东西方性文化的比较研究》,《医学与哲学》1993 年第 4 期。

～彭志辉等:《中西性医学创建史的比较研究》,《医学与哲学》1992 年第 12 期。

《〈内经〉后各代医家论"气"》,《中医研究》1990 年第 4 期。

《张景岳对性医学研究的贡献》,《江西中医药》1988 年第 5 期。

《我国是性医学研究的开拓者——兼与严家新同志商榷》,《医学与哲学》1985 年第 10 期。

《脏腑学说是中医理论体系的指导和心吗?》,《广东中医》1963 年第 3 期。

《从"病"、"证"、"治"谈到"同病异治"和"异病同治"》,《江西医药》1962 年第 5 期。

王明军（厦门医学院）

～秦泽慧等：《论〈本草纲目〉谷部的造酿文化》，《酿酒科技》2019 年第 10 期。

～张伟云等：《〈本草纲目〉中酒的造酿文化探析》，《亚太传统医药》2019 年第 9 期。

～鲍红娟等：《评析〈本草纲目〉之酒论》，《时珍国医国药》2019 年第 5 期。

《〈本草纲目〉释义"五果为助"》，《中医文献杂志》2019 年第 4 期。

《论〈本草纲目〉中的五谷之性》，《中医文献杂志》2019 年第 2 期。

《〈本草纲目〉对道家养生思想的扬弃》，《上海中医药报》2018 年 12 月 21 日 011 版。

《〈本草纲目〉醋文化探析》，《上海中医药报》2018 年 11 月 23 日 011 版。

《试析〈本草纲目〉之茶说》，《中国现代中药》2018 年第 11 期。

王明林（山东中医药大学）

《癃闭脐疗的古代文献研究》，山东中医药大学硕士学位论文 2015 年。

王铭农（中国农业科学院）

《魏晋以前的动物阉割术》，《中国农史》1993 年第 4 期。

《传统兽医方剂学的演变与展望》，《古今农业》1990 年第 2 期。

《动物药发展史略》，《中国农史》1989 年第 2 期。

《〈元亨疗马集〉的成就及明代的牧政——纪念〈元亨疗马集〉刊行 380 周年》，《农业考古》1988 年第 1 期。

王明强（南京中医药大学）

刘福明～：《葛洪医学教育思想探析》，《中国中医药现代远程教育》2019 年第 20 期。

《中国轴心突破视域下"心主神明"发生学的再审视》，《南京中医药大学学报（社会科学版）》2019 年第 3 期。

《"目中不了了"考辨》，《中国中医基础医学杂志》2019 年第 2 期。

周雨婷～：《〈醒世姻缘传〉医方整理与考辨》，《中医文献杂志》2018 年第 6 期。

倪昊翔～：《苏敬、王焘医学教育思想对当前医学教育的启示》，《中国中医药现代远程教育》2018 年第 6 期。

《乾嘉学术视域下清代医学再审视的必要性及价值》，《南京中医药大学学报（社会科学版）》2018 年第 3 期。

《丝路医学文明互动融通的路径、呈现及其启示——以敦煌、新疆出土文书为中心》，《中医药文化》2018 年第 3 期。

《中医文化自觉的历史演进与当下新特点、新趋势》，《南京中医药大学学报（社会科学版）》2018 年第 1 期。

《庄子"无我"哲思对西方哲学"主体性"焦虑的消解价值》，《理论界》2017 年第 10 期。

付慧艳～：《先秦道家与中医学相关研究》，《山东中医杂志》2017 年第 7 期。

付慧艳～：《〈庄子〉医学语词考论》，《中国中医基础医学杂志》2017 年第 1 期。

《"痒""瘙"考辨》，《中国中医基础医学杂志》2016 年第 11 期。

《简帛医书整理研究的集成之作——〈简帛医药文献校释〉评析》，《中医药文化》2016 年第 4 期。

《"元气"与"原气"考辨》，《中国中医基础医学杂志》2016 年第 1 期。

郭静～：《马莳医籍训诂的成就与特色》，《环球中医药》2015 年第 11 期。

～包玉颖：《道家"辅自然而不敢为"的养生哲学探微》，《医学与哲学（A）》2015 年第 10 期。

郭静～:《古医籍释梦浅探》,《辽宁中医杂志》2015 年第 5 期。

《中医药文化遗迹保护开发现状分析与政策建议——以江苏省为例》,《中医药管理杂志》2014 年第 10 期。

《"人""仁"考辨与"医乃仁术"》,《辽宁中医杂志》2014 年第 5 期。

《古代医学教育模式对当代中医教育的启示》,《中医杂志》2014 年第 8 期。

曹爱玲～:《"凡十一脏取决于胆"之新解》,《中医药现代远程教育》2014 年第 1 期。

《〈老子〉"啬"释及其养生意蕴》,《中国中医基础医学杂志》2013 年第 4 期。

《关于中医药文艺传播研究的一点思考》,《时珍国医国药》2012 年第 11 期。

《古代医学教育模式与当前中医教育模式的建构》,《中华中医药学刊》2011 年第 8 期。

《古代医学教育目的与价值论及其思想渊薮》,《亚太传统医药》2011 年第 7 期。

《消费社会与中医的文艺传播策略》,《环球中医药》2010 年第 5 期。

刘福明～:《试论传统文化对中医药教育的影响》,《亚太传统医药》2009 年第 7 期。

《浅论中医文化研究对中医药教育事业的影响》,《光明中医》2009 年第 4 期。

《对古代中医教育思想研究的一点思考》,《时珍国医国药》2008 年第 3 期。

《论传统文化的兴衰对中医药事业的影响》,《中医药学刊》2006 年第 2 期。

王明旭（西安交通大学医学院/西安医科大学）

赵亚玲～陈永华等:《非洲国家对艾滋病患者的关怀与支持模式》,《国外医学（医学地理分册）》2011 年第 4 期。

张平川、赵亚玲～陈永华:《澳大利亚对艾滋病患者的关怀与支持模式》,《国外医学（医学地理分册）》2011 年第 4 期。

陈永华……赵亚玲～:《加拿大对艾滋病患者的关怀与支持模式》,《国外医学（医学地理分册）》2011 年第 4 期。

～张平川等:《印度对传统医药的保护及其对我国的借鉴》,《中国卫生事业管理》2008 年第 9 期。

董研林、宋彬～:《传统知识与传统医药及中医药的内涵界定》,《中国卫生事业管理》2008 年第 8 期。

～宋彬等:《从文化和生物多样性角度谈中国传统医药保护的正当性》,《中国卫生事业管理》2008 年第 8 期。

薛文娟～张平川:《英国艾滋病社区支持模式探讨与分析》,《中国医学伦理学》2008 年第 2 期。

薛文娟～张平川:《美国艾滋病感染者及患者支持模式分析和启示》,《中国医学伦理学》2007 年第 6 期。

薛文娟～张平川:《国外艾滋病社区支持模式的比较分析及其对我国的启示》,《中国医学伦理学》2007 年第 3 期。

《健康传播在预防艾滋病健康教育中的应用》,《中国皮肤性病学杂志》2006 年第 3 期。

《艾滋病治疗的道德要求》,《中国医学伦理学》2005 年第 5 期。

～张文:《医患关系的双主体性及其社会学内涵》,《中古医学伦理学》2004 年第 3 期。

～李兴民:《中国古代的性教育》,《医学与社会》1997 年第 2 期。

马兆明～高鸿德.:《吸毒与艾滋病的社会伦理对策》,《中国医学伦理学》1994 年第 6 期。

～刘小红:《艾滋病流行趋势与危害的伦理思考》,《中国医学伦理学》1994 年第 5 期。

～刘小红:《关于小儿艾滋病的医学及伦理思考》,《中国医学伦理学》1994 年第 2 期。

李兴民～:《我国古代对性学的研究——普及和道德观》,《中国医学伦理学》1993 年第 4 期。

王铭珍(中国国家图书馆)

《什刹海教会医院的追忆》,《北京档案》2010 年第 4 期。

王明忠(淮海工学院)

《民间古代"法医"——仵作》,《兰台世界》2012 年第 1 期。

《〈洗冤集录〉中仵作社会地位的分析》,《中国法医学杂志》2009 年第 6 期。

《隐喻映射下的法医学术语》,《医学教育探索》2008 年第 8 期。

《仵作错位传承的研究——官衙中的仵作》,《法律与医学杂志》2007 年第 1 期。

王娜娜(山西中医药大学)

《民国时期山西药铺发展初探》,山西中医药大学硕士学位论文 2017 年。

～冯丽梅:《论民国时期临汾地区传统药铺发展特点》,《山西中医学院学报》2017 年第 2 期。

冯丽梅～:《民国年间山西的中药业发展概况——以〈晋商史料全览〉为主线》,《山西中医学院学报》2017 年第 1 期。

王乃更

《"银海精微"是中国最古的眼科书吗》,《上海中医药杂志》1958 年第 3 期。

王楠(吉林大学)

《抗战时期陕甘宁边区疫病防治工作的研究》,吉林大学博士学位论文 2019 年。

汪楠(中国医学科学院)

～贾晓峰:《美国应对埃博拉病毒病疫情暴发的主要措施与经验》,《疾病监测》2015 年第 4 期。

～田玲等:《建国 60 年我国疫苗相关政策回顾》,《医学研究杂志》2010 年第 8 期。

田玲、张黎黎～张宏梁等:《建国 60 年我国医学科研机构发展回顾与展望》,《医学研究杂志》2010 年第 2 期。

代涛……王汝宽～张宏梁等:《改革开放 30 年我国医药卫生技术发展的成就与挑战》,《中国卫生政策研究》2008 年第 2 期。

王能河(咸宁学院)

《辽代的医学发展与医学教育》,《成都中医药大学学报(教育科学版)》2008 年第 2 期。

《唐朝的医学教育》,《浙江中医药大学学报》2007 年第 4 期。

《魏晋南北朝时期的医学教育》,《云南中医学院学报》2006 年第 1 期。

《隋朝医学发展与医学教育》,《辽宁中医药大学学报》2006 年第 4 期。

王妮(陕西中医药大学/陕西中医学院)

《陕西地方志中的中医药文献研究》,《陕西中医药大学学报》2016 年第 2 期。

～宋珍民:《张厚墉先生关于中国医学史博物馆陈列思想研究》,《陕西中医学院学报》2015 年第 2 期。

《元代陕西名医武天锡》,《陕西中医学院学报》2015 年第 1 期。

《〈玉机辨证〉研究》,《长春中医药大学学报》2014 年第 5 期。

《元代医家罗天益里籍考》,《中华医史杂志》2014 年第 2 期。

～李颖峰:《罗天益针灸学术特色探析》,《河北中医》2013 年第 12 期。

《〈罗谦甫治验案〉中名实不符药物的研究》,《河北中医》2013 年第 9 期。

《罗天益与李东垣》,《河北中医》2013 年第 6 期。

《罗天益随军行医考》,《长春中医药大学学报》2013 年第 4 期。

《〈罗谦甫治验案〉版本研究》,《长春中医药大学学报》2013 年第 3 期。

～宋珍民:《罗天益随驾行医考》,《陕西中医学院学报》2013 年第 3 期。

～李颖峰等:《罗天益生平考》,《中医药文化》2013 年第 2 期。

～宋珍民:《〈罗谦甫治验案〉内容研究》,《长春中医药大学学报》2012 年第 6 期。

李颖峰～宋珍民:《罗天益著作考》,《上海中医药大学学报》2012 年第 5 期。

李颖峰～康兴军:《〈医略十三篇〉的伏邪观》,《陕西中医学院学报》2012 年第 3 期。

～屈榆生:《隋唐时期疫病防治措施探微》,《陕西中医学院学报》2011 年第 1 期。

张新玲～:《陕西中医学院孤抄本医籍调查》,《陕西中医》2009 年第 2 期。

《陕西医史博物馆馆藏孤抄本医籍——〈百药图〉赏析》,《中医药文化》2008 年第 6 期。

炎继明～:《诗圣杜甫与中医药》,《中医药文化》2007 年第 5、6 期。

《胡适题跋本〈体用十章〉》,《中医文献杂志》2006 年第 3 期。

王喆、蒙跃龙～:《黄连不同炮制品的临床应用沿革》,《陕西中医》2005 年第 9 期。

～刘燕等:《〈内经〉针刺治神理论初探》,《陕西中医学院学报》2004 年第 2 期。

王念兹

《中华民国药学会志略》,《明日医药》1936 年第 2 期。

王宁

《医学人类学》,《国外社会科学》1994 年第 2 期。

王宁(华中师范大学)

《结构、情境与建构:"边缘性"问题反思——以 XY 市乡村艾滋病人为例》,华中师范大学硕士学位论文 2014 年。

王宁军(华中师范大学)

《中国外援医疗研究(1963—2003)——以江苏为中心》,华中师范大学硕士学位论文 2009 年。

王诺(北京师范大学)

～杨卫彬等:《新医改与我国医疗卫生体制的公平性》,《北京中医院大学学报》2010 年第 8 期。

～张艾:《我国医疗融资体制的公平性——从公共与私人资金的国际统计口径》,《经济研究参考》2010 年第 1 期。

《古巴医疗体制的评价及其对中国的启示》,《拉丁美州研究》2009 年第 2 期。

～王静:《古巴医疗体制发展历程及其启示》,《中国社会医学杂志》2009 年第 1 期。

《中国城镇医疗体制改革前后的医疗融资比较》,《中国卫生经济》2009 年第 1 期。

王湃(宁夏医学院附属医院)

～孙瑜等:《浅析皇甫谧对郄穴的贡献》,《四川中医》2001 年第 4 期。

王培典

《中国历代本草学的沿革》,《西南药刊》1951 年第 3 期。

王培荣(成都中医药大学)

～李政:《〈高氏医案〉文献考察与学术思想探讨》,《成都中医药大学学报》2015 年第 1 期。

韩振华、江蓉星～何红等:《浅议〈伤科补要〉对中医伤科学的贡献》,《湖南中医杂志》2013 年第 3 期。

～江蓉星等:《论〈保婴撮要〉对中医小儿伤科的贡献》,《辽宁中医药大学学报》2012 年第 12 期。

～江蓉星等:《试论〈仙授理伤续断秘方〉之佚方"风流散"的药物组成》,《成都中医药大学学报》
2012 年第 3 期。

王佩儒(台湾大学)

《智能障碍被告刑事责任能力及程序权利保障之探讨》,台湾大学硕士学位论文 2011 年。

王沛珊(南开大学)

《明代文人津津乐道的劳瘵》,《中医药文化》2019 年第 2 期。

余新忠～:《科学化・专业化・国学化——晚清以来现代中医的生成》,《文化纵横》2017 年第 3 期。

王佩真(台湾清华大学)

《论锺理和病体与书写:以文类差异叙事为中心》,台湾清华大学硕士学位论文 2012 年。

王鹏(中山大学/温州大学)

～杨祥银:《疾病构造史:广州狂犬病的社会起源》,《学术研究》2018 年第 6 期。

～杨祥银:《海关医官与西医东渐:以宜昌〈海关医报〉(1880—1928)为中心》,《江汉论坛》2018 年
第 2 期。

《近代东北海港检疫的开端与影响》,《社会科学战线》2018 年第 1 期。

《国家与检疫:全国海港检疫管理处研究(1930—1937)》,温州大学硕士学位论文 2014 年。

杨祥银～:《民族主义与现代化:伍连德对收回海港检疫权的混合论述》,《华侨华人历史研究》2014
年第 1 期。

杨祥银～:《19 世纪末 20 世纪初香港的医院体系》,《社会科学战线》2013 年第 6 期。

王平

《中华医学会北京分会医师学会讨论"厚今薄古与医学史的研究问题"》,《医学史与保健组织》1958
年第 3 期。

《中华医学会北京分会医学史学会举行伟大出于平凡的医家座谈会》,《医学史与保健组织》1958
年第 3 期。

王平(河南师范大学)

《抗战前南京国民政府卫生运动研究》,湖南师范大学硕士学位论文 2011 年。

王平(江西师范大学)

《魏晋南北朝时期疾疫研究综述(1980—2006)》,《辽宁医学院学报(社会科学版)》2008 年第 3 期。

王萍(临沂大学)

《英国学校医疗服务体系的历史考察(1907—1938)》,《南京晓庄学院学报》2018 年第 5 期。

王平(邢台医学高等专科学校)

～孙文淼:《陈实功〈外科正宗〉针刺疗法探析》,《中华中医药杂志》2017 年第 12 期。

赵红心～:《陈实功〈外科正宗〉辨证方法探析》,《山东中医药大学学报》2017 年第 4 期。

《陈实功〈外科正宗〉灸法护理技术探析》,《四川中医》2011 年第 1 期。

《〈外科正宗〉中医外科护理特色探析》,《上海中医药杂志》2010 年第 10 期。

～方朝义:《陈实功学术思想对中医外科护理学的影响》,《河北中医》2009 年第 11 期。

～方朝义:《陈实功〈外科正宗〉针法护理技术探析》,《河北中医》2009 年第 10 期。

～安素红等:《陈实功〈外科正宗〉急症手术疗法探析》,《中国中医急症》2009 年第 10 期。

王平鲁(抚顺市社会科学院)

《萨满教与满族早期医学的发展》,《满族研究》2002年第3期。

王琦

《略论儒法斗争和我国古代医学的发展》,《新华日报》1974年10月18日。

《略论秦始皇在发扬祖国医学中的作用》,《新中医》1974年第4期。

王琦(北京中医药大学)

田智慧～张妍等:《中韩体质医学"治未病"研究比较》,《中医学报》2019年第12期。

姚海强～:《叶天士温脾阳与理胃阳治法析疑》,《北京中医药大学学报》2019年第11期。

田智慧～张妍等:《韩国老年人群中医体质调查报告》,《中医药导报》2019年第19期。

白明华……王济～:《〈傅青主女科〉治疗不孕症的中医体质思想探析》,《中华中医药杂志》2019年第8期。

张潞潞～马明越等:《徐灵胎〈医学源流论〉体质思想探微》,《浙江中医药大学学报》2019年第4期。

倪诚、李英帅～:《中医体质研究40年回顾与展望》,《天津中医药》2019年第2期。

徐平～:《〈黄帝内经〉形神理论的哲学内涵》,《中医学报》2018年第4期。

白彤彤……马明越～:《从〈伤寒杂病论〉"诸家"论张仲景辨体论治》,《环球中医药》2018年第2期。

李伟～:《"天气清净,光明者也,藏德不止,故不下也"考释》,《云南中医学院学报》2017年第3期。

李伟、姚海强～:《"君火以明,相火以位"本义考释》,《中医杂志》2017年第14期。

郭刚～:《中医心象思维的路径探赜》,《哲学研究》2015年第8期。

杨菲……焦招柱～:《从〈灵枢·经脉〉浅谈气郁质相关疾病的治疗》,《时珍国医国药》2015年第6期。

陈雪梅……李英帅～:《〈红楼梦〉人物之中医体质与命运》,《云南中医学院学报》2015年第3期。

陈雪梅……李英帅～:《日本一贯堂医学与中医体质学比较》,《安徽中医药大学学报》2015年第3期。

白明华……张妍～:《中国古代四学与中医思维渊源探识》,《中华中医药杂志》2015年第2期。

金沢生花……郑燕飞～:《初论〈本草经集注〉在中医药美容发展中的作用》,《云南中医学院学报》2015年第1期。

郭刚～:《从复杂性视角看中医原创思维模式》,《北京中医药》2014年第9期。

《从中医原创思维模式视角看中西医哲学思维的殊异》,《深圳大学学报(人文社会科学版)》2014年第5期。

焦招柱……李玲孺～:《朱丹溪医案中"辨体论治"思想初探》,《云南中医学院学报》2013年第6期。

苏春香～杨晓玮:《〈黄帝内经〉情志护理初探》,《光明中医》2012年第10期。

《中医原创思维的文化背景与哲学基础》,《中华中医药杂志》2012年第8期。

李英帅～刘铜华:《〈黄帝内经〉因时养生观解析》,《辽宁中医药大学学报》2011年第10期。

田栓磊～:《试述古代文献中男女两性房事养生原则的异同》,《中国性科学》2011年第1期。

闫雪～刘铜华:《浅析中国古代睡眠养生术》,《中华中医药杂志》2010年第12期。

云玉芬～张其成:《从〈黄帝内经〉看"气"的本质属性》,《山西中医》2009 年第 11 期。

王东坡～:《"湿"义源流考释》,《中华中医药杂志》2009 年第 4 期。

《论中医藏象学理论体系的构建》,《中医杂志》2008 年第 10 期。

靳琦～:《中医"治未病"说略》,《北京中医药大学学报》2007 年第 11 期。

马晓峰:《论维吾尔族医学对我国传统医学体质理论的贡献》,《中医研究》2007 年第 9 期。

王东坡～:《"痰"道源流论》,《中华中医药杂志》2007 年第 4 期。

《中医生殖医学的历史、现状与展望》,《中国性科学》2005 年第 4 期。

《论中医学与东西方文化差异与认同》,《中国医药学报》2002 年第 1 期。

王琪（甘肃省兰州市第一人民医院）

～贾守雄:《支援马达加斯加医疗工作实践与思考》,《中国卫生产业》2013 年第 33 期。

王琦（南京中医药大学）

《中医药政策转移过程中的影响因素研究》,南京中医药大学硕士学位论文 2018 年。

王琦（中国政法大学）

～吕鹏:《美国医疗损害责任体制改革的启示》,《中国卫生法制》2010 年第 1 期。

王起槐（江西宁都县医院）

～王尹:《〈济阴纲目〉求子要诀述略》,《陕西中医》1989 年第 8 期。

王启辉（江苏省人民医院/南京大学）

《医疗事故行政监管的法制困境及其出路——以江苏医疗事故处理为例》,《东南大学学报（哲学社会科学版）》2017 年第 1 期。

～王洪忠:《我院实施医疗安全风险金制度的实践与思考》,《中国医疗管理科学》2016 年第 5 期。

《民国时期医讼案鉴定制度研究》,《东南大学学报（哲学社会科学版）》2015 年第 5 期。

～汤建平等:《医疗机构不应就患者的医疗意外伤害投保责任险》,《临床误诊误治》2012 年第 11 期。

朱根～王晓东:《如何正确实施医疗过错推定制度——对〈侵权责任法〉第五十八条的理解》,《临床误诊误治》2011 年第 11 期。

～王晓东等:《医疗安全风险金制度的探讨》,《江苏卫生事业管理》2011 年第 1 期。

～王晓东等:《电子病历的三个法律问题探讨》,《中国医院管理》2010 年第 12 期。

王其林（南方医科大学/西南政法大学/南方医科大学）

《论近代医患关系的逆转及其法律特征》,《中国卫生法制》2019 年第 5 期。

《中国近代公共卫生法制研究（1905—1937）》,西南政法大学博士学位论文 2014 年。

《近代卫生行政立法的路径解构》,《云南行政学院学报》2014 年第 2 期。

《论民国医师刑事法律制度的失衡——以"业务过失"罪为视角》,《河北法学》2013 年第 11 期。

《论医患冲突的权利衡平——以权利限制为视角》,《医学与哲学（A）》2013 年第 3 期。

《论医患冲突中的权利限制》,《中国卫生法制》2012 年第 6 期。

《浅论医患关系中的权利冲突——以医师的诊疗权与患者的知情同意权为例》,《医学与哲学（人文社会医学版）》2008 年第 10 期。

《论医患权利冲突中法定权利的不确定性》,《前沿》2008 年第 9 期。

《利益的冲突还是权利的较量——医患关系中的表象与实质》,《中国医院管理》2008 年第 6 期。

《论医疗纠纷中司法鉴定结论之审查》,《中国卫生事业管理》2007 年第 11 期。

林雄辉～:《论抗日敌后战场的卫生医疗工作》,《长春师范学院学报》2006 年第 7 期。

《试论医疗过失行为的特殊性》,《中国卫生事业管理》2006 年第 7 期。

《医疗损害赔偿的法律适用标准探讨》,《医学教育探索》2006 年第 6 期。

王启鹏（惠州经济职业技术学院）

《论苏东坡的养生思想》,《黄冈职业技术学院学报》2011 年第 1 期。

汪企张

《中医东渐论略》,《新中医药》1957 年第 2 期。

《述泰西输血小史》,《医药评论》1936 年第 62 期。

《对于理想医团之研究与商榷》,《新医药》1934 年第 6 期。

《中国鸦片历史的考据》,《医药评论》1930 年第 45 期。

《世界医学史稿》,《医药评论》1929 年第 12 期。

《医林正俗谈》,《新医与社会丛刊》1928 年第 1 期。

《近代病理学大家维尔晓先生略传》,《医药观》1914 年第 5—6 期。

王茜（大连理工大学）

《作为生存美学的疯癫——〈喧哗与骚动〉的福柯式研究》,大连理工大学硕士学位论文 2015 年。

王钱国忠（上海理工大学）

《"医林怪杰"宋大仁及其〈国父与医学〉——纪念香山著名医学家、书画家、文博专家宋大仁百岁华诞》,《中医药文化》2007 年第 2 期。

汪俏（南京中医药大学）

《澄江针灸学派在福建地区的传承发展》,南京中医药大学硕士学位论文 2018 年。

王勤（厦门大学）

《新加坡的医疗保障制度》,《当代亚太》2001 年第 3 期。

王青（南京师范大学）

《冥府游历故事与濒死体验——古典小说与精神疾患之四》,《古典文学知识》2018 年第 2 期。

《〈金凤钗记〉与"癔症性附体"——古典小说与精神疾患之三》,《古典文学知识》2017 年第 6 期。

《离魂出奔型故事与癔症——古典小说与精神疾患之二》,《古典文学知识》2017 年第 4 期。

《志怪小说中的离魂病与自窥症——古典小说与精神疾患之一》,《古典文学知识》2017 年第 2 期。

《从病态幻觉到文学经典——离魂型故事的心理基础与文学创造》,《明清小说研究》2014 年第 2 期。

《中古叙事作品中所反映的西域医术》,《西域研究》2006 年第 1 期。

王晴（首都师范大学）

《新中国成立以来毛泽东的人民卫生思想及其时代价值》,《学理论》2012 年第 27 期。

王庆安（华东师范大学）

《美国 60 年代医疗改革及其对我国的启示》,《求索》2006 年第 5 期。

王晴锋（中央民族大学）

《戈夫曼、全控机构与自我分析——兼论精神病人的调适与抗争》,《武汉科技大学学报（社会科学版）》2019 年第 1 期。

《精神病、情境失当与社会控制——欧文·戈夫曼的反精神病学思想》,《北方民族大学学报（哲学社会科学版）》2018 年第 6 期。

王庆国（北京中医药大学）

徐甜……樊姝宁~:《张仲景"辛以润之"治疗燥证探微》,《环球中医药》2019 年 10 期。

李钰……张敏~:《"肝无补法"争议考辨》,《上海中医药杂志》2019 年第 10 期。

崔轶凡~:《论宋明理学"理一分殊"对张介宾辨证观的影响》,《中国中医基础医学杂志》2019 年第 9 期。

穆杰~程发峰等:《〈伤寒论〉"同证异象"指导下的"方证、药象相应"》,《环球中医药》2019 年第 9 期。

谭令……王雪茜~:《浅析张仲景从五脏论治心系病证》,《湖南中医杂志》2019 年第 8 期。

李钰~张雪亮:《略论"先卧心,后卧眼"的睡眠养生法》,《世界中医药》2019 年第 8 期。

任北大……郝高庭~:《关于金元以前脏腑辨证理论及体系建立的探析》,《环球中医药》2019 年第 8 期。

徐甜……邓楠~:《人参在仲景和法中应用之探讨》,《中华中医药杂志》2019 年第 8 期。

穆杰、王雪茜~程发峰等:《论〈伤寒杂病论〉津液—胃气轴的概念体系》,《中华中医药杂志》2019 年第 8 期。

任北大……张保春~:《关于张元素对脏腑辨证理论的发挥》,《世界中医药》2019 年第 7 期。

张双……杜欣~:《降气法渊源及其临床应用》,《环球中医药》2019 年第 4 期。

谭令……任北大~:《〈医学启源〉从肝论治目疾之药味特点分析》,《云南中医学院学报》2019 年第 2 期。

徐甜……樊姝宁~:《张仲景"辛以润之"治疗燥证探微》,《环球中医药》2019 年第 1 期。

刘松楠~王雪茜等:《从"治病求本"探析叶天士辨治虚喘经验》,《中医药导报》2018 年第 18 期。

刘敏、王雪茜~:《〈伤寒论〉辨病审证的原创性思维》,《北京中医药大学学报》2018 年第 12 期。

赵坤、李成卫~:《基于〈黄帝内经〉形气观分析心与血脉的关系》,《中医杂志》2018 年第 5 期。

王宪正、李成卫~:《"典型—非典型—变化"模式下的〈金匮要略〉黄疸病诊治思路分析》,《吉林中医药》2018 年第 4 期。

王利敏……马小娜~:《仲景从"痰瘀互阻"辨治黄疸的证治特色与方证解析》,《国医论坛》2018 年第 1 期。

朱文翔~王雪茜等:《基于"治未病"理论的〈金匮要略〉湿病、痰饮病、水气病治则解析》,《北京中医药大学学报》2017 年第 7 期。

张煜鑫……赛佳洋~:《〈伤寒论〉中甘草方剂应用特点及配伍应用的规律探讨》,《现代生物医学进展》2017 年第 4 期。

王雪茜~刘敏:《秦汉之际医学流派的传承与〈伤寒杂病论〉的奠基》,《北京中医药大学学报》2017 年第 1 期。

王国力、赵琰~程发峰等:《浅议〈伤寒杂病论〉和〈临证指南医案〉对通阳祛湿法的运用》,《环球中医药》2016 年第 6 期。

翟昌明……穆杰~:《柴胡功效的历史演变与入药品种及药用部位的相互关系》,《世界中医药》2016 年第 5 期。

李长香……杜欣~:《叶天士从络病论治痹证研究》,《中华中医药杂志》2016 年第 5 期。

杜倩、李成卫~:《先秦两汉时期寒热的含义》,《河南中医》2016 年第 3 期。

金珉串、李成卫～:《〈千金要方〉不孕症治法探析》,《辽宁中医杂志》2016 年第 2 期。

李丹、李成卫～:《秦汉时期中医血液辨析》,《中华中医药杂志》2016 年第 1 期。

王维广、李成卫～:《基于知识考古学的〈临证指南医案〉"肝阳"概念形成分析》,《长春中医药大学学报》2015 年第 6 期。

杜倩、李成卫～:《〈新雕孙真人千金方〉肝脏理论结构与学术特点》,《世界中医药》2015 年第 11 期。

李成卫～:《脏象的含义与肝脏象理论的历史演变》,《世界中医药》2015 年第 11 期。

金珉串、李成卫～:《〈黄帝内经太素〉肝脏象理论结构分析》,《世界中医药》2015 年第 11 期。

王维广……李成卫～:《陈士铎的肝脏象理论框架分析》,《世界中医药》2015 年第 11 期。

徐慧颖、李成卫～:《恽铁樵肝脏理论构建的方法、结构及学术演变》,《世界中医药》2015 年第 11 期。

王洪弘、李成卫～王维广:《阴阳五行学说与肝脏象理论的三次变革》,《世界中医药》2015 年第 11 期。

李丹、李成卫～:《肝藏血与血液储藏及运行的历史考察》,《世界中医药》2015 年第 11 期。

李丹、李成卫～:《相火、命门理论对肝脏象理论发展的影响》,《世界中医药》2015 年第 11 期。

尉万春、李成卫～:《唐容川"中西汇通"肝脏理论特点及对后世的影响》,《世界中医药》2015 年第 11 期。

杜倩、李成卫～王维广等:《〈伤寒论〉中寒热与八纲辨证中寒热的区别》,《中医杂志》2015 年第 7 期。

李成卫～:《〈普济本事方〉珍珠丸证理论探析》,《上海中医药杂志》2015 年第 2 期。

司鹏飞、李成卫～:《基于知识考古学的中医郁证理论形成研究》,《中医学报》2015 年第 1 期。

刘敏……刘晓倩～潘利叶:《钱乙辨治儿科 4 种常见病的学术经验探析》,《浙江中医药大学学报》2014 年第 12 期。

闫军堂……梁永宣～:《谈〈伤寒论〉中寒热错杂下利方证辨治》,《辽宁中医药大学学报》2014 年第 12 期。

刘敏……刘晓倩～:《"儿科宗师"钱乙学术思想评述》,《黑龙江中医药》2014 年第 6 期。

樊文博、李成卫～:《疏泄的三种含义及其支撑理论》,《浙江中医药大学学报》2014 年第 11 期。

刘敏……刘晓倩～潘利叶:《"儿科宗师"钱乙的组方规律与用药特色探析》,《浙江中医药大学学报》2014 年第 10 期。

王维广、李成卫～:《基于"治未病"理论的〈金匮要略〉百合病诊治思路分析》,《环球中医药》2014 年第 10 期。

赵妍……闫军堂～:《浅析〈伤寒论〉辨治惊、狂、谵语七法》,《辽宁中医杂志》2014 年第 6 期。

刘敏、闫军堂～:《〈伤寒论〉中"心肾不交"相关方证探析》,《辽宁中医药大学学报》2014 年第 6 期。

刘敏、闫军堂～:《〈伤寒论〉"得吐者止后服"析疑》,《国医论坛》2014 年第 2 期。

李成卫～:《基于知识考古学的朱震亨肝"司疏泄"形成分析》,《世界中医药》2013 年第 9 期。

刘晓倩……李成卫～:《〈外台秘要〉治疗便秘证治方药探析》,《辽宁中医药大学学报》2013 年第 11 期。

王雪茜……赵琰～:《中医学术流派传承的三大要素》,《中医学报》2013 年第 11 期。

王雪茜……赵琰～:《中医学术流派传承的核心内容与关键要素》,《北京中医药大学学报》2013年第10期。

张清怡……苏冠宇～:《〈伤寒论〉麻黄石膏表里同治探要》,《吉林中医药》2013年第4期。

刘敏、闫军堂～:《从〈神农本草经〉看仲景方中芍药用药规律》,《北京中医药大学学报》2012年第11期。

杨莎莎～:《浅析芍药在〈伤寒论〉小便不利方中的运用》,《国医论坛》2012年第3期。

杨莎莎～:《张仲景"结"病机溯源》,《世界中医药》2012年第3期。

马小娜……刘晓倩～:《谈〈金匮要略〉中眩晕病症方证辨治》,《辽宁中医药大学学报》2012年第2期。

龚轩～:《术数与〈伤寒论〉中的脉法》,《中医杂志》2012年第1期。

龚轩～:《〈伤寒论〉中证候的术数分析》,《河南中医》2011年第11期。

马小娜……刘晓倩～:《〈妇科玉尺〉治疗月经病学术思想探析》,《辽宁中医药大学学报》2011年第9期。

龚轩～:《"六经病欲解时"及"伤寒九水"的术数相关分析》,《中医临床研究》2011年第14期。

闫军堂……马春雷～:《仲景对妇人崩漏病的临床辨治》,《吉林中医药》2011年第7期。

马小娜、程发峰～:《〈伤寒论〉四逆散证病机的认识演变过程》,《辽宁中医杂志》2011年第7期。

刘敏～李宇航等:《〈伤寒论〉"大黄如博碁子大"考辨》,《中医杂志》2010年第4期。

李晓莉～:《中国传统哲学与中医人才培养》,《中国中医基础医学杂志》2009年第9期。

王新佩～:《〈金匮要略〉注家沿革与学派探讨》,《北京中医药大学学报》2009年第4期。

陈仁泽、郭铭隆～:《从〈内经〉顺时施针探讨外治部位的变化》,《北京中医药》2009年第2期。

陈仁泽、郭铭隆～:《从〈伤寒论〉针灸部分谈仲景外治思想》,《吉林中医药》2009年第1期。

陈萌、姜真～:《中国古代医学院校教育模式的研究》,《中医教育》2008年第4期。

石琳～:《〈辅行诀脏腑用药法要〉现存版本对比研究》,《中医文献杂志》2008年第2期。

张晗睿、崔健～:《迟脉与数脉含义考辨》,《上海中医药大学学报》2008年第1期。

金钟斗、陈萌～:《〈伤寒论〉伤寒结证演变规律》,《中华中医药杂志》2007年第10期。

陈萌～:《卫气的实质与医学意义》,《中华中医药杂志》2007年第8期。

张晗睿……崔健～:《〈温病条辨〉对〈伤寒论〉承气汤的继承和发展》,《中医药学报》2007年第6期。

金钟斗、陈萌～:《〈伤寒论〉伤寒化热病机分析》,《北京中医药大学学报》2007年第3期。

贾春华……鲁兆麟～:《张仲景合方理论研究》,《北京中医药大学学报》2006年第10期。

赵燕……李雪～:《抑郁症中医证候及证候要素分布特点的文献研究》,《中医杂志》2006年第9期。

杭群～张有志:《〈伤寒论〉哮喘证治特点举要及现代临床运用例析》,《北京中医药大学学报(中医临床版)》2006年第3期。

贾春华……鲁兆麟～:《〈伤寒论〉方证理论体系框架》,《河北中医》2006年第3期。

张晗睿～崔健等:《从〈神农本草经〉原文谈仲景方对甘草的运用》,《北京中医药大学学报》2006年第2期。

贾春华……鲁兆麟～:《从逻辑的观点看——"以象为素,以素为候,以候为证"》,《北京中医药大学学报》2006年第1期。

梁永宣~:《〈本草图经〉所引张仲景医书佚文考》,《中华医史杂志》2006年第1期。

李成卫~:《〈金匮要略〉学术研究史略》,《中国中医基础医学杂志》2005年第6期。

李成卫~:《对七情病因概念的形成分析》,《北京中医药大学学报》2005年第1期。

畅洪昇~梁吉春:《〈伤寒论〉四逆散证治及组方研究》,《北京中医药大学学报》2004年第5期。

鲁艺~:《"诸病在脏,欲攻之,当随其所得而攻之"刍议》,《北京中医药大学学报》2004年第5期。

鲁艺~:《浅析仲景治疗神志病中"从脏治神"的思想》,《北京中医药大学学报》2004年第3期。

金艳~:《四逆散证的病机探讨》,《北京中医药大学学报》2004年第3期。

陈萌~:《浅谈张仲景医学理论的研究思路》,《中国中医基础医学杂志》2003年第11期。

贾春华~:《合方源流论》,《北京中医药大学学报》2003年第1期。

李成卫、连智华~:《试论中医学病因概念形成于南宋》,《北京中医药大学学报》2000年第5期。

李成卫~:《〈金匮要略〉"三因"非因论》,《北京中医药大学学报》1999年第5期。

《从〈内经〉〈难经〉〈伤寒论〉〈金匮要略〉〈脉经〉看独取寸口诊法的渊源与发展》,《北京中医药大学学报》1997年第5期。

~李宇航等:《〈伤寒论〉六经研究41说》,《北京中医药大学学报》1997年第4期。

~李宇航:《〈伤寒论〉研究的回顾与展望》,《北京中医药大学学报》1997年第1期。

《日本汉方医学独特的病因论、证候论评介》,《北京中医药大学学报》1996年第1期。

王庆其(上海中医药大学/上海中医学院/中国中医研究院)

刘文平~:《汉以前的医学流派概述——兼论医经与经方的关系》,《中医文献杂志》2019年第1、2期。

夏梦幻~:《基于〈黄帝内经〉浅析"脾胃为脏腑之本"》,《中华中医药杂志》2018年第9期。

《〈黄帝内经〉的核心理念》,《中医药文化》2018年第6期。

《裘沛然先生学术思想鸿爪》,《中医药文化》2018年第3期。

姚怡~:《当代〈黄帝内经〉学术思想体系研究及其启示》,《中国中医基础医学杂志》2017年第11期。

姚怡~:《论〈黄帝内经〉"心主血脉"理论对冠心病诊治的启发》,《中华中医药杂志》2017年第6期。

马凤岐~:《先秦文化与〈黄帝内经〉的思维方式》,《中医杂志》2016年第21期。

裘陈江~:《国医大师裘沛然早年的家学师承渊源》,《浙江中医杂志》2016年第11期。

赵心华……倪红梅~:《从〈黄帝内经〉探析李东垣"阴火"理论》,《中医杂志》2016年第11期。

裘陈江~:《民国时期裘沛然的诗文著》,《中医文献杂志》2016年第6期。

~李孝刚等:《国医大师裘沛然肿瘤治疗经验》,《中医药通报》2016年第6期。

裘陈江~:《裘沛然儒医结合的成才之道》,《中医药文化》2016年第5期。

~胡玉萍:《裘沛然编年纪要》,《中医文献杂志》2016年第4期。

梁尚华、张紫薇~:《宝库多藏载籍中 爬罗剔抉换新容——裘沛然先生文献研究拾遗》,《中医文献杂志》2016年第4期。

姜青松~:《论三才思想在〈黄帝内经〉藏象学说中的体现》,《中国中医基础医学杂志》2015年第9期。

姜青松~:《三才思想与〈黄帝内经〉的三因制宜》,《中华中医药学刊》2015年第9期。

姜青松～:《略论三才思想在〈黄帝内经〉养生学说中的体现》,《中华中医药杂志》2015 年第 9 期。

田永衍～:《〈黄帝内经〉睡眠病证治概论》,《中华中医药杂志》2015 年第 9 期。

田永衍～:《〈黄帝内经〉天道观中的"和"思想探析》,《中华中医药杂志》2015 年第 6 期。

马凤岐～:《先秦文化与〈黄帝内经〉的人文精神》,《中医杂志》2014 年第 24 期。

姜青松～:《浅谈三才思想在针灸学中的体现》,《中国针灸》2014 年第 7 期。

吴兆利～:《刘奎〈松峰说疫〉治瘟疫学术思想》,《实用中医内科杂志》2014 年第 2 期。

马凤岐～:《〈内经〉价值观念之文化渊源研究概述》,《南京中医药大学学报(社会科学版)》2014 年第 1 期。

胡玉萍～:《裘沛然先生人学思想探源》,《中医药文化》2014 年第 1 期。

田永衍～凌鹏:《张仲景之后医家对"和"法的发展》,《中医杂志》2013 年第 19 期。

马凤岐～:《论"亢害承制"及其医学价值》,《上海中医药大学学报》2013 年第 5 期。

马凤岐～:《意象思维对中医学的影响》,《中医杂志》2013 年第 17 期。

田永衍～:《张仲景"和"思想研究》,《中医杂志》2013 年第 4 期。

陈正、谭翔文～:《〈黄帝内经〉的系统生物学思想刍议》,《中医杂志》2013 年第 3 期。

胡玉萍～:《医学与人学研究概述》,《中医药文化》2013 年第 1 期。

《中医"治未病"思想的文化意义》,《浙江中医杂志》2012 年第 10 期。

《从文化传承研究中医学术流派探讨》,《浙江中医杂志》2012 年第 7 期。

吴兆利～:《烂喉丹痧溯源及古代文献梳析》,《中华中医药学刊》2012 年第 6 期。

《要重视从文化传承研究中医学术流派》,《中医药文化》2012 年第 5 期。

赵心华、鲍计章～:《〈内经〉中的古历法学探微》,《中医药文化》2012 年第 2 期。

《健康之道,法于自然——〈黄帝内经〉的养生智慧》,《中医药文化》2012 年第 2 期。

吴兆利～:《痄腮溯源及古代文献梳析》,《中华中医药学刊》2012 年第 4 期。

《裘沛然先生人学思想探析》,《中医药文化》2011 年第 5 期。

章原～:《〈尚书〉的生命意识与"五福""六极"思想刍议》,《上海中医药大学学报》2011 年第 2 期。

《〈内经〉文化内涵解析》,《中医文献杂志》2011 年第 1、3 期。

章原～:《荀子养生思想概论》,《中医药文化》2011 年第 1 期。

《〈黄帝内经〉文化内涵探析》,《中国中医基础医学杂志》2010 年第 11 期。

安广青～:《〈内经〉中庸思想发微》,《中医药文化》2010 年第 5 期。

刘煊～:《"老人多瘀"理论浅析》,《上海中医药大学学报》2010 年第 4 期。

刘煊～:《"老人多瘀"源流犀烛》,《中医文献杂志》2010 年第 3 期。

～李孝刚等:《明堂事业费精神——深切缅怀国医大师裘沛然先生》,《中医药文化》2010 年第 3 期。

王丽慧～薛辉:《〈黄帝内经〉生态医学思想初探》,《上海中医药大学学报》2010 年第 3 期。

《"天人合一"与"人与天地相应"》,《中医药文化》2010 年第 1 期。

《天人关系面面观——从古代哲学"天人合一"到〈黄帝内经〉"人与天地相应"》,《中国中医基础医学杂志》2010 年第 1 期。

～李孝刚等:《读书苦乐有乘除——国医大师裘沛然先生的治学之路》,《中医药文化》2009 年第 5 期。

《试论〈内经〉的核心理念》,《中医文献杂志》2009 年第 3 期。

宋琦～:《〈内经〉脾胃理论探微》,《中医文献杂志》2009 年第 1 期。

～李孝刚:《裘沛然先生谈中华文化与养生之道》,《上海中医药杂志》2007 年第 9 期。

李兆健、陆新茹～:《致虚极,守静笃——〈庄子〉的健康心理学思想研究》,《上海中医药大学学报》2007 年第 4 期。

李兆健～:《古代中医心理治疗医案评析》,《中医文献杂志》2007 年第 1、2 期。

陈晓～:《论〈儒门事亲〉"汗、吐、下"三法中的辨证论治思想》,《上海中医药大学学报》2007 年第 1 期。

司富春……徐晓宇～:《古代中医文献对食管癌的认识》,《河南中医》2005 年第 6 期。

朱怡园～:《论〈内经〉饮食调养》,《医古文知识》2000 年第 1 期。

《〈黄帝内经〉与先秦精气学说》,《上海中医药大学学报》1999 年第 3 期。

《气候 物候 病候一体观——〈素问〉运气七篇学术思想探讨》,《上海中医药杂志》1994 年第 12 期。

《〈内经〉三阴三阳涵义浅析》,《医古文知识》1991 年第 2 期。

～陈晓:《〈内经〉研究的回顾与展望》,《新中医》1989 年第 3 期。

《论〈内经〉的物候学思想》,《湖北中医杂志》1987 年第 6 期。

《叶天士治疗老年病举要》,《陕西中医》1985 年第 10 期。

《浅析组成〈黄帝内经〉的三体系》,《新中医》1984 年第 2 期。

王琦、程昭寰～:《略论〈内经〉中的医学与气象问题》,《上海中医药杂志》1979 年第 5 期。

王庆菽

《英国伦敦不列颠博物馆藏敦煌卷子中的古代医药方文献》,《医学史与保健组织》1958 年第 1、4 期。

王青松(南昌大学)

《我国医患沟通的现状、问题及对策研究》,南昌大学硕士学位论文 2013 年。

王庆宪(内蒙古大学)

《匈奴挛鞮氏部分成员多病、早逝原因初探》,《中央民族大学学报(哲学社会科学版)》2011 年第 6 期。

王琼(上海市中医文献馆/上海中医药大学)

～张生:《新中国成立初期上海地区西医学习中医运动概览》,《中医文献杂志》2018 年第 5 期。

《我国近代针灸史研究述要》,《中医文献杂志》2017 年第 6 期。

《从近代中医药期刊管窥广西针灸名家罗兆琚》,《广西中医药》2016 年第 3 期。

张生～:《新中国成立初期上海中医业态调查——兼及中医文献研究馆的成立》,《中医文献杂志》2016 年第 2 期。

《中国近代针灸文献特点概述》,《国医论坛》2016 年第 2 期。

《近代中医药类期刊特点浅析——以〈针灸杂志〉为例》,《传播与版权》2015 年第 12 期。

《晚清、民国时期的针灸文献考察》,上海中医药大学博士学位论文 2015 年。

～金芷君:《民国时期的海派传奇名医——陈存仁》,《中医药文化》2015 年第 1 期。

～金芷君:《中日医学交流及近代日本对中国医学发展的影响》,《国医论坛》2014 年第 4 期。

～金芷君:《新中国成立后中医古籍出版工作的回顾与展望》,《世界中医药》2013 年第 9 期。

～张生:《新中国中医古籍出版工作的回顾与展望》,《传播与版权》2013 年第 6 期。

～金芷君:《文与医:上海中医专门学校初期国文教育之启示》,《中医药文化》2013 年第 6 期。

～金芷君:《〈上海中医专门学校名学生医论〉选萃》,《中医文献杂志》2013 年第 5 期。

王琼(浙江省肿瘤医院)

　　～张冰:《孟河医派的学术思想研究》,《中华中医药学刊》2012 年第 5 期。

王秋菊(南京中医药大学)

　　《论〈内经〉阴阳学说对中医理论发展的影响》,《南京中医药大学学报(社会科学版)》2007 年第 4 期。

王全意(中国医学科学院)

　　《医学伪科学产生的宗教学析因》,《医学与哲学》1999 年第 9 期。

　　《宗教与医学》,《山东医科大学学报(社会科学版)》1996 年第 1 期。

王日根(厦门大学)

　　～任国英:《近代以来东南亚中医药业与慈善业的结合及其意义——立足于新加坡、马来西亚的分析》,《历史教学(下半月刊)》2016 年第 4 期。

　　《从西人记述看晚清厦门的日常卫生与医疗》,《社会科学》2012 年第 9 期。

王荣华(南京大学)

　　《民国时期宁夏现代医疗卫生业述论》,《宁夏社会科学》2013 年第 6 期。

王如(大同市城区北关卫生院)

　　～周益新:《王纂并非北宋医家》,《浙江中医杂志》1996 年第 10 期。

王瑞(暨南大学)

　　《明清时期汉江流域中药材地理初探(1368—1911)》,暨南大学硕士学位论文 2011 年。

　　～王元林:《明清汉江中上游地区鹿茸麝香地理初探》,《农业考古》2011 年第 1 期。

王瑞来(中华书局)

　　《〈黄帝内经素问〉版本源流考》,《国家图书馆馆刊》1997 年第 1 期。

王润华(新加坡国立大学)

　　《从周树人仙台学医经验解读鲁迅的小说》,《中国文化》1996 年第 2 期。

　　《回到仙台医专,重新解剖一个中国医生的死亡——周树人变成鲁迅,弃医从文的新见解》,《鲁迅研究月刊》1995 年第 1 期。

王闰吉(丽水学院)

　　《刘基的病及对其诗文的影响》,《船山学刊》2008 年第 3 期。

汪若秋(温州市疾病预防控制中心)

　　～陈向阳等:《1953—2014 年浙江省温州市麻风病流行病学特征分析》,《现代预防医学》2016 年第 6 期。

王若俨

　　《医祖希卜克拉蒂司时代之希腊医学》,《时报》1919 年 8 月 20 日。

王三虎(第四军医大学)

　　《医史教学目前存在的问题及对策》,《中华医史杂志》2003 年第 2 期。

　　张若楠～:《孙思邈〈千金方〉十年研究回顾与展望》,《第四军医大学学报》2002 年 S1 期。

　　《中医学理论体系建立的主要因素》,《中华医史杂志》2000 年第 2 期。

　　《军事生涯对张景岳医学思想的影响》,《中华医史杂志》1999 年第 2 期。

　　《藏医伦理学述要》,《中国民族民间医药杂志》1998 年第 4 期。

《试论军医崔氏及其学术成就》，《中华医史杂志》1996年第1期。

《古代名医悲剧的伦理学反思》，《中国医学伦理学》1995年第5期。

《航空医学史略》，《航空史研究》1995年第2期。

《护士形象简史》，《中华护理杂志》1992年第11期。

《伤寒注家研究的历史、现状与未来》，《陕西中医》1992年第10期。

《孙一奎对伤寒学说的贡献》，《国医论坛》1992年第3期。

《西方医学传入中国后〈伤寒论〉研究的进展》，《中华医史杂志》1990年第3期。

《试论李杲"养生当实元气"的预防保健思想》，《中医临床与保健》1990年第1期。

《孙思邈对张仲景医德思想的继承和发展》，《国医论坛》1989年第5期。

《〈内经〉修辞析隐》，《中医函授通讯》1989年第1期。

王三虎（柳州中医院）

《从〈论语〉看仁与医德》，《中医杂志》2007年第12期。

《社会因素对中药文献的影响》，《中华医史杂志》1992年第3期。

王森波（复旦大学）

《卫生法学、医事法学、生命法学探析》，《中国卫生法制》2009年第2期。

王森林（中国中医科学院）

《从民国中医期刊看普及中医药知识的途径》，《中国中医药现代远程教育》2010年第11期。

《祖国医学第一部医学之规范〈医门法律〉》，《中国卫生法制》2010年第6期。

汪珊（重庆医科大学）

《罗美〈内经博议〉的学术思想》，《实用中医药杂志》2015年第3期。

～刘培：《〈小儿推拿秘诀〉对中医推拿学的贡献》，《实用中医药杂志》2010年第2期。

卓廉士、周力～黄学款：《〈艾灸通说〉的灸疗观点》，《中国针灸》2005年第1期。

卓廉士、周力～黄学款：《从〈艾灸通说〉看后藤的灸疗特色》，《四川中医》2004年第9期。

《试述〈医学纲目〉的编辑方法和学术特色》，《实用中医药杂志》2002年第11期。

《试述〈古今医统大全〉在中医学史上的学术地位》，《实用中医药杂志》2002年第5期。

王珊（黑龙江中医药大学）

《〈医学心悟〉脾胃病的方剂配伍特点》，黑龙江中医药大学硕士学位论文2014年。

王珊珊（山西中医学院）

《明清山西疫病发生与五运六气理论相关性研究》，山西中医学院硕士学位论文2015年。

～张波：《浅析中医学整体思想在古代医事制度中的体现》，《世界中西医结合杂志》2013年第10期。

王绍光（香港中文大学）

《中国如何摸着石头过河？——以农村医疗卫生融资体制变迁为例》，载清华大学国情研究中心编《国情报告》第十一卷2008年下（北京：党建读物出版社、社会科学文献出版社2012年）。

《中国公共卫生的危机与转机》，载清华大学国情研究中心编《国情报告》第六卷2003年下（北京：党建读物出版社、社会科学文献出版社2012年）。

～何焕荣等：《国家汲取能力、政策导向和中国城镇卫生保健的筹资与服务不公平》，载清华大学国情研究中心编《国情报告》第八卷2005年上（北京：党建读物出版社、社会科学文献出版社2012年）。

～樊鹏:《政策研究群体与政策制定——以新医改为例》,《政治学研究》2011 年第 2 期。

《学习机制与适应能力:中国农村合作医疗体制变迁的启示》,《中国社会科学》2008 年第 6 期。

《医改不存在迷局:理性回归中国传统》,《书城》2005 年第 10 期。

～何焕荣等:《政策导向、汲取能力与卫生公平》,《中国社会科学》2005 年第 6 期。

《巨人的瘸腿:从城镇医疗不平等谈起》,《读书》2005 年第 1 期。

《中国公共卫生的危机与转机》,《比较》2003 年第 7 期。

《人民的健康也是硬道理》,《读书》2003 年第 7 期。

王少丽(长春中医学院)

～白桦等:《〈本草纲目〉在日本的传播及对日本本草学的影响》,《长春中医学院学报》1998 年第 4 期。

王少阳(南开大学/温州大学)

～杨祥银:《中国近代公共卫生教育探究——以美国医学博士毕德辉为视角》,《郑州大学学报(哲学社会科学版)》2015 年第 5 期。

《中国近代妇女卫生教育管窥》,《中华医史杂志》2015 年第 4 期。

杨祥银～:《时代转型中的民间自觉——中华卫生教育会与近代中国的卫生教育》,《学习与探索》2015 年第 4 期。

～杨祥银:《晚清浙江通商口岸的疾病统计与分析——以〈海关医报〉为例》,《浙江档案》2012 年第 8 期。

杨祥银～:《〈海关医报〉与近代温州的疾病》,《浙江学刊》2012 年第 4 期。

王绍印(淄博市临淄区齐都医院)

《〈辨证录〉男科学术思想探讨》,《世界中医药》2011 年第 2 期。

王申(中国科学技术大学)

～吕凌峰:《汇而不通:晚清中西医汇通派对西医的取舍》,《科学技术哲学研究》2015 年第 6 期。

～陈婷等:《西医东渐侧面观:合信的西医编译策略》,《医学与哲学(A)》2015 年第 4 期。

汪慎之

《祖国医学对麻疹的认识和治疗》,《哈尔滨中医》1959 年第 10 期。

《祖国医学对疟疾的认识与治疗》,《江苏中医》1959 年第 4 期。

《黄疸概说》,《浙江中医杂志》1958 年第 12 期。

《祖国医学对不妊症及胎漏的认识和治疗》,《广东中医》1958 年第 11 期。

《祖国医学对猩红热的认识》,《广东中医》1958 年第 2 期。

《祖国医学对子痫病的认识》,《中医杂志》1958 年第 1 期。

《痢疾之历史》,《新医药刊》1935 年第 34 期。

《肺痨之历史》,《新医药刊》1935 年第 31 期。

《疟疾之历史》,《新医药刊》1934 年第 21 期。

王胜(河北省社会科学院/首都师范大学/河北师范大学)

《国家缺位的防疫——1958—1964 年河北伤寒疫情的政府应对》,《医疗社会史研究》2017 年第 2 期。

～娄海波:《河北省农村新农合制度评析及对策研究》,《经济论坛》2013 年第 12 期。

《1950—1960 年代我国节制生育和计划生育研究述评》,《河北青年管理干部学院学报》2013 年第

5 期。

《新中国最大一次伤寒疫情及其社会成因——以河北省为例》,《河北学刊》2013 年第 4 期。

《1949—1978 年农村医疗卫生制度的历史考察——以冀中深泽县为中心》,《首都师范大学学报(社会科学版)》2012 年第 4 期。

《赤脚医生群体的社会认同及原因分析——以河北省深泽县为个案》,《中共党史研究》2011 年第 1 期。

《关于〈山西省稷山县农村公共卫生事业述评〉一文几个问题的商榷》,《当代中国史研究》2010 年第 4 期。

～张彦台:《我国集体化时期农村医疗卫生制度研究述评》,《高校社科动态》2010 年第 3 期。

《集体化时期农村医疗卫生制度研究》,首都师范大学博士学位论文 2009 年。

～刘英琴:《集体化时期农村合作医疗制度评析——以河北省深泽县为个案》,《当代中国史研究》2009 年第 2 期。

《人民公社时期农村合作医疗制度研究》,河北师范大学硕士学位论文 2006 年。

汪圣铎(河北大学)

～胡玉:《宋代应对瘟疫的措施》,《文史知识》2005 年第 8 期。

《关于"点检医药饮食"的一点补充》,《中国史研究》2003 年第 1 期。

王盛吉(华东师范大学)

《日本熊本县水俣病公害问题研究(1956 年—1959 年)》,华东师范大学硕士学位论文 2017 年。

王胜军(延安大学)

《抗战时期陕甘宁边区的外籍医生研究》,延安大学硕士学位论文 2016 年。

王盛泽(中共福建省委党史研究室研究)

知秋、钟兆云～:《江一真主持筹办卫生学校》,《百年潮》2019 年第 9 期。

《与白求恩共事的福建人》,《政协天地》2009 年第 6、7 期。

钟兆云～:《抗日烽火中激情燃烧的国际往事——江一真与白求恩》,《党史博览(纪实)》2008 年第 9、10 期。

～钟兆云:《江一真印象里的白求恩、柯棣华》,《党史博览》2008 年第 5 期。

～钟兆云:《红色医官傅连暲的长征路》,《党史博览(纪实)》2006 年第 10、11、12 期。

钟兆云～:《"傅连暲之骨"何处寻》,《福建当时月刊》2002 年第 9 期。

钟兆云～:《项南在晋江假药案前后》,《全国新书目》1999 年第 4 期。

汪时东(中国农村卫生事业管理杂志社)

～叶宜德:《农村合作医疗制度的回顾与发展研究》,《中国初级卫生保健》2004 年第 4 期。

王士福

《五运六气说起源的商讨》,《医学史与保健组织》1958 年第 2 期。

王世恭

《中国鸦片考》,《东方医学杂志》1935 年第 7 期。

王世民(山西中医学院)

～梁晓崴等:《小议"药食同源"与"神农尝百草"》,《山西中医》2011 年第 12 期。

《〈本草备要〉和〈增订本草备要〉小考》,《山西中医》2006 年第 1 期。

王使臻(兰州大学)

《廖平对医学古籍整理的贡献》,《文史杂志》2011 年第 3 期。

～苗钟立:《试析敦煌写本〈辅行诀脏腑用药法要〉的性质》,《中医文献杂志》2009 年第 5 期。

王实之

～吴怡伶:《常民参与对医疗知识与卫生政策的贡献——职业病认定与补偿争议的历史分析》,《台湾社会研究季刊》第 89 期(2012.12)

汪守龙(山西师范大学)

《南京国民政府初期安徽禁烟禁毒研究(1927—1937)——以〈大公报〉〈申报〉报道为中心的考察》,山西师范大学硕士学位论文 2009 年。

王树彬(天津市中医学校)

～胡建斌:《〈四部医典〉和〈黄帝内经〉养生观的探讨》,《中国民族医药杂志》2000 年第 4 期。

王书博(中央民族大学)

《试论藏医学及其现代转换》,中央民族大学硕士学位论文 2009 年。

王姝琛(长春中医药大学/长春中医学院)

王伟～:《浅析〈伤寒杂病论〉之"存津液"》,《中医临床研究》2019 年第 10 期。

邱冬梅……王健～马跃:《从〈清宫医案研究〉谈康熙朝满族宫廷医药特色》,《中华中医药杂志》2019 年第 9 期。

王伟～:《黄度渊〈医宗神农本草〉的文献研究》,《长春中医药大学学报》2019 年第 1 期。

余永～:《吉林名医张继有与〈医林〉》,《中国中医药图书情报杂志》2018 年第 1 期。

宋哲明～崔为:《晚清至民国吉林省中医内科、妇科、儿科妙手雅称之典型调查》,《世界中西医结合杂志》2015 年第 12 期。

崔为～:《晚清民国时期吉林省中医的特点》,《长春中医药大学学报》2015 年第 6 期。

～崔为等:《清末民国时期吉林省中医地域分布情况及主要贡献的调查与研究》,《长春中医药大学学报》2015 年第 6 期。

朱柱泉～:《〈杂病广要〉丹波元坚按语初探》,《中国社区医师》2015 年第 26 期。

～崔为:《陈修园〈家藏心典〉脉诊理论探析》,《吉林中医药》2012 年第 12 期。

《陈修园〈家藏心典〉论治痈疽经验探析》,《世界中西医结合杂志》2010 年第 4 期。

～崔为:《陈修园论治瘟疫经验》,《吉林中医药》2009 年第 11 期。

崔为～:《森立之〈本草经考注〉、〈枳园丛考〉联绵词研究》,《世界中西医结合杂志》2007 年第 6 期。

崔为～:《黑城出土的〈伤寒论〉抄页》,《长春中医药大学学报》2007 年第 3 期。

～崔为:《陈修园〈家藏心典〉汇纂者之研究》,《中国社区医师(综合版)》2007 年第 11 期。

～崔为:《陈修园〈家藏心典〉八味地黄丸运用举隅》,《世界中西医结合杂志》2007 年第 5 期。

～崔为:《陈修园〈家藏心典〉探赜》,《长春中医药大学学报》2007 年第 2 期。

崔勿骄～:《满族传统疗法撷萃》,《世界中西医结合杂志》2007 年第 1 期。

崔为～:《姚僧垣与〈集验方〉》,《长春中医药大学学报》2006 年第 3 期。

～崔为:《〈联绵字谱〉及其对中医古籍训诂的启示》,《长春中医学院学报》2004 年第 3 期。

崔为～毕军:《一个鲜为人知的〈素问〉版本——〈二十二子〉本〈素问〉评价》,《长春中医学院学报》2003 年第 1 期。

〜崔为:《日本江户医家考"平脉辨证"》,《长春中医学院学报》2000 年第 4 期。

〜郭秀梅:《〈本草图经〉与〈尔雅〉》,《长春中医药大学学报》1991 年第 3 期。

王淑纯

《1978 年的人间鼠疫》,《地方病译丛》1979 年第 4 期。

王书法(响水县张集中心卫生院)

《王清任学术思想探讨》,《河北中医》1997 年第 1 期。

王书芳(郑州大学)

《疯狂的人生:福柯疯癫理论视阈下〈榆树下的欲望〉》,郑州大学硕士学位论文 2013 年。

王树芬(中国中医研究院)

《论张仲景诊王仲宣一案的真实性及其价值》,《中华医史杂志》1997 年第 1 期。

《我国历史上的大疫及其发生规律初探》,《中医杂志》1995 年第 6 期。

王淑玲(长春中医药大学)

《〈褚氏遗书〉源流及对后世医家影响的研究》,长春中医药大学硕士学位论文 2017 年。

王淑民(中国中医研究院)

《四个英藏敦煌脉书残卷的缀辑研究》,《敦煌研究》2001 年第 4 期。

《敦煌〈备急单验药方卷〉首次缀辑》,《中华医史杂志》2001 年第 1 期。

《〈辅行诀脏腑用药法要〉与〈汤液经法〉、〈伤寒杂病论〉三书方剂关系的探讨》,《中医杂志》1998 年第 11 期。

〜庞莎莎:《敦煌吐鲁番出土古本五脏论的考察》,《中华医史杂志》1995 年第 1 期。

《敦煌卷子〈辅行诀脏腑用药法要〉考》,《甘肃中医学院学报》1990 年第 4 期。

《〈青鸟子脉诀〉〈七表八里三部脉〉释文》,《上海中医药杂志》1988 年第 8 期。

〜王咪咪:《敦煌石窟医学卷子概览》,《上海中医药杂志》1987 年第 1 期。

《四、五世纪的新安医家——羊欣》,《安徽中医学院学报》1987 年第 1 期。

朱定华〜:《敦煌医学卷子研究概述》,《中医杂志》1986 年第 4 期。

王帅(陕西师范大学)

《从唐墓志看石刻资料在医疗社会史研究中的价值》,《河南牧业经济学院学报》2018 年第 4 期。

王帅(苏州大学)

《全面抗战时期延安与中国红十字运动》,苏州大学硕士学位论文 2019 年。

《试析抗日战争时期中国红十字会在延安的救护活动》,《赤峰学院学报(汉文哲学社会科学版)》2019 年第 4 期。

《抗战时期外籍专家及团体对延安医疗援助探析》,《延安职业技术学院学报》2019 年第 2 期。

王水香(福建师范大学/泉州医学高等专科学校)

《〈老子〉"善治"思想与古医学理论的会通》,《东南学术》2017 年第 3 期。

《〈黄帝内经〉语录参与者形象刻画探析》,《西昌学院学报(社会科学版)》2017 年第 3 期。

《〈黄帝内经〉文学性修辞手法探析》,《淮海工学院学报(人文社会科学版)》2017 年第 3 期。

《"上医医国"的实质——兼论〈老子〉的辨证治世功能》,《龙岩学院学报》2016 年第 4 期。

〜陈洁琼:《苏辙肺病诗医案价值探析》,《湖南科技学院学报》2015 年第 11 期。

《〈黄帝内经〉文学性形象思维论析》,《武夷学院学报》2015 年第 5 期。

《论〈山海经〉医药的神话特质及文学意义》,《闽南师范大学学报(哲学社会科学版)》2015 年第

2 期。

《先秦两汉涉医文学研究》,福建师范大学博士学位论文 2016 年。

王思璀(黑龙江中医药大学)

回嘉莹、潘娜~郭思嘉等:《宋元时期中日医学交流史》,《医学与哲学(A)》2018 年第 3 期。

回嘉莹……郭思嘉~刘雅芳:《六朝隋唐时期中日医学交流——读小曾户洋〈汉方的历史〉》,《医学与哲学(A)》2017 年第 11 期。

~程伟:《唐代涉医判文与社会医事》,《中医药文化》2016 年第 6 期。

《从帝王遗诏涉医内容看唐代医人社会地位的变迁》,《中医药文化》2016 年第 2 期。

《唐代知识阶层笔下的医学叙事》,黑龙江中医药大学博士学位论文 2016 年。

《中西医学不同理性的历史文化研究》,黑龙江中医药大学硕士学位论文 2013 年。

王思萌(清华大学)

《社会学视野下的抑郁症患者互助研究》,清华大学硕士学位论文 2010 年。

王思明(东北师范大学)

《〈洗冤集录〉思想及价值研究》,东北师范大学硕士学位论文 2013 年。

王思沅(西藏民族大学)

《理性选择与文化逻辑:夏尔巴人跨境医疗行为的人类学解读》,《广西民族研究》2016 年第 6 期。

王思齐(浙江德清县高级中学)

~王满元等:《淡豆豉炮制历史沿革的研究》,《中国中药杂志》2018 年第 10 期。

~王满元等:《淡豆豉的本草考证》,《中国现代中药》2018 年第 4 期。

~闻霞等:《近代杭州广济麻风院的建立及其历史影响》,《中国麻风皮肤病杂志》2017 年第 10 期。

王泗通(河海大学)

《江苏乡村医疗制度的变迁与完善》,《南通大学学报(社会科学版)》2018 年第 1 期。

《从苏北某村看新农合制度下乡村医生的角色变迁》,《医学与社会》2015 年第 2 期。

胥鉴霖~:《新农合实施后对乡村医生的影响分析——以苏北 L 县 W 村为例》,《中外企业家》2014 年第 28 期。

汪宋宝

《我曾经经历过国防医学院的创建》,《源远季刊》第 23 期(2007)。

《国防医学院第一号任命与我》,《源远季刊》第 7 期(2003)。

王苏萍(南京中医学院)

~施仲安:《略论苏颂〈本草图经〉的学术成就》,《南京中医学院学报》1990 年第 4 期。

王台

~常世琴译:《苏联四十年来临床血液学的成就》,《中华内科杂志》1957 年第 12 期。

王涛(杭州师范大学)

《1927—1937 年杭州卫生行政研究》,杭州师范大学硕士学位论文 2013 年。

~朱德明:《〈医宗宝镜〉版本源流考辨》,《浙江中医药大学学报》2013 年第 8 期。

朱德明~:《从张望〈古今医诗〉论文人与中医药的关系》,《浙江学刊》2012 年第 3 期。

朱德明~:《张望〈古今医诗〉版本源流考》,《浙江中医杂志》2011 年第 11 期。

王韬(兰州大学)

《我国西部城乡基本公共服务均等化问题研究》,兰州大学硕士学位论文 2009 年。

王涛锴(河南大学/南开大学)

《明前期士大夫的医学化与医、儒互动》,《福建师范大学学报(哲学社会科学版)》2018年第5期。

《何以成医:明清时代苏松太地区的医生训练和社会》,《中国社会历史评论》2010年00期。

《"社会文化视野下的中国疾病医疗史"国际学术研讨会综述》,《中国史研究动态》2006年第11期。

王体(中国中医科学院/中国人民大学)

~曹丽娟:《略论道教内丹养生学中的"识神"》,《中国医学创新》2016年第21期。

何振中~:《〈内经图〉图式源流初考》,《山东中医药大学学报》2015年第5期。

何振中……王凤兰~柳长华:《藏药"佐塔"制作技艺渊源考》,《中医药文化》2015年第1期。

~何振中等:《〈内经图〉之"姹女"在内丹养生中的功用》,《中国医学创新》2014年第36期。

曹丽娟~:《中国中医科学院防控SARS十周年纪念》,《亚太传统医药》2014年第1期。

陈延斌~:《再论人与自我身心关系是道德调节的应有之义》,《江海学刊》2012年第2期。

《汪逢春生平考》,《中华医史杂志》2012年第1期。

《试论道教内丹学中的《阳生"先天一炁"的八种显现来源》,《宗教学研究》2010年第2期。

《试论道教内丹学"形神俱妙"的生命哲学思想》,《齐鲁学刊》2009年第2期。

《浅析道教内丹学中的"阳生""先天一炁"的"二源性"矛盾》,《世界宗教研究》2009年第1期。

《〈悟真篇〉清净注本的"先天一炁"名词之所指》,《中国哲学史》2008年第3期。

《已佚〈悟真篇〉注本小考》,《中国道教》2008年第3期。

~陈延斌:《个体道德修养与生命健康——关于道德建设途径的思考》,《哲学动态》2006年第2期。

汪惕予

《论吾国医学流派之大略》,《医学世界》1912年第27期。

《麻醉法的历史》,《医学世界》1909年第11期。

《外科之历史》,《医学世界》1909年第10期。

王恬(南方医科大学)

《美国医学人文教育对我国高等医学院校医学英语教学的几点启示》,《继续医学教育》2014年第7期。

《医学人文素质教育的历史与现状》,《南通大学学报(社会科学版)》2013年第1期。

《全球化背景下的医学人文素质教育》,《江苏高教》2013年第1期。

《纽约大学医学院文学、艺术与医学素材库建设及启示》,《医学与哲学(A)》2012年第12期。

王天丹(西北大学)

《抗日战争时期陕甘宁边区医疗工作研究》,西北大学硕士学位论文2008年。

王天霞(中山市黄圃人民医院)

~张曾玲:《〈济阴纲目〉调经种子特色探析》,《当代医学》2012年第1期。

王天益(四川农学院)

《论〈活兽慈舟〉在药性理论和临床用药上的成就》,《中兽医医药杂志》1985年第2期。

《略论〈活兽慈舟〉中活血祛瘀法的用药配伍规律》,《中兽医医药杂志》1984年第2期。

《试论〈活兽慈舟〉辨证施治的特点》,《畜牧兽医通讯》1979年第3期。

王天怡(中国中医科学院广安门医院)

~王振萍等:《燕京皮外科学术流派发展初探》,《北京中医药大学》2012年第11期。

～庞博等：《当代中医皮外科名家学术特色与流派探讨》，《北京中医药》2012 年第 10 期。

王铁策（日中国科学技术者联盟会/日本北里研究所/黑龙江中医药大学/黑龙江中医学院）

苏春梅～：《〈儒门事亲〉蒙元版本系统考证》，《图书馆学研究》2010 年第 6 期。

～苏春梅：《〈儒门事亲〉在日本的流传新证》，《中医文献杂志》2010 年第 1 期。

町泉寿郎文～：《江户医学馆的教育——考证医学的奠基》，《医古文知识》2005 年第 3 期。

真柳诚～：《日本内阁文库收藏的中国散佚古医籍》，《中华医史杂志》1998 年第 2 期。

《〈苨斋医要〉考》，《中医文献杂志》1998 年第 1 期。

关晓光～：《赵继宗〈儒医精要〉及其亡佚的主要原因》，《中医文献杂志》1996 年第 1 期。

～王景萱：《论我国古代北方民族医学》，《黑龙江社会科学》1994 年第 1 期。

～张建伟：《冈西为人先生和他的中国医学研究室》，《中医药信息》1993 年第 5 期。

《哈尔滨汉医研究会的创办》，《中华医史杂志》1989 年第 2 期。

程宝书～：《丹溪著作真伪考》，《中医药学报》1986 年第 6 期。

张建伟：《〈甲乙经〉周身俞穴考》，《中医药学报》1986 年第 1 期。

《论〈金匮要略〉的狐惑病》，《中医药学报》1983 年第 5 期。

王廷富（成都中医学院）

《略谈〈金匮〉"治未病"的含义》，《成都中医学院学报》1982 年第 2 期。

王亭亭（南华大学）

《〈心是孤独的猎手〉中优生学建构的"他者"》，《绥化学院学报》2019 年第 8 期。

～蒋天平：《〈中午酒〉中的优生学、私刑和本土主义》，《广东外语外贸大学学报》2019 年第 5 期。

《〈地球上的最后一座小镇〉中的传染病伦理学研究》，《辽宁医学院学报（社会科学版）》2016 年第 4 期。

蒋天平～：《帝国优生学与〈三个女人〉中的殖民主义思想》，《外国文学研究》2015 年第 1 期。

《大流感、战争与创伤记忆——〈灰色马，灰色的骑手〉中的创伤叙事》，《南华大学学报（社会科学版）》2015 年第 1 期。

～蒋天平：《吸血鬼、霍乱与帝国顽疾——医学社会学视角看〈德库拉〉的疾病建构》，《太原理工大学学报（社会科学版）》2014 年第 3 期。

王彤（云南大学）

《社会疾病史视域下的云南省疟疾研究综述》，《保山学院学报》2018 年第 4 期。

《从边缘到一体：清以降滇西德宏地区疟疾流行与防治变迁研究》，云南大学硕士学位论文 2017 年。

王婉丽（上海师范大学）

《近代以来苏州河的污染与治理》，上海师范大学硕士学位论文 2012 年。

汪伟（安徽中医药大学）

濮燕屏、王宇～：《〈血证论〉血瘀证诊疗思路探骊》，《陕西中医药大学学报》2017 年第 6 期。

黄进～：《新安医家吴正伦养生学术特色浅析》，《现代中医药》2017 年第 6 期。

～张佳乐等：《基于〈兰室秘藏·痔漏门〉探析李东垣治痔学术思想》，《浙江中医药大学学报》2017 年第 1 期。

《余午亭〈诸证析疑〉学术思想浅析》，《湖南中医药大学学报》2016 年第 7 期。

~谭辉:《论〈理虚元鉴〉对虚劳证治的贡献》,《山东中医药大学学报》2016年第3期。

~段雷等:《中医"六郁"之说学术源流探析》,《湖北中医药大学学报》2016年第2期。

~沈津湛:《浅论王勋〈慈航集〉对瘟疫证治的贡献》,《中华中医药杂志》2015年第3期。

黄莉:《吴澄"理脾阴"治疗虚损病学术思想初探》,《广州中医药大学学报》2014年第6期。

胡玉翠~段雷:《浅谈朱丹溪及其弟子论郁证》,《浙江中医药大学学报》2014年第3期。

《王勋诊治疟疾病证特色探微》,《山西中医学院学报》2014年第4期。

《〈不居集〉治血证八法理论探析》,《上海中医药大学学报》2014年第2期。

丁晶~沈津湛:《徐灵胎"元气论"学术思想初探》,《浙江中医药大学学报》2013年第11期。

《吴澄"外损致虚"理论探析》,《江西中医药》2013年第9期。

王巍(北京大学口腔医学院)

~曾祥龙等:《中国夏代人的牙周疾病状况分析》,《北京大学学报(医学版)》2007年第5期。

~曾祥龙:《中国古代人类的牙齿与牙病》,《中华空腔正畸学杂志》2004年第1期。

王伟(复旦大学)

《可持续发展视角下的新型农村合作医疗制度研究》,复旦大学博士学位论文2013年。

王玮(福建医科大学)

~林清:《浅谈学习医学史的意义》,《福建医科大学学报(社会科学版)》2006年第3期。

王威(河南工业大学)

~谢岩黎:《美国食品法律百年历程及借鉴》,《食品工业》2017年第6期。

王巍(黑龙江中医药大学)

~阮时宝:《浅谈陈修园妇科学术理论》,《中医临床研究》2012年第11期。

王炜(山东大学附属省立医院)

~裴传永:《陈实功对传统医德思想的丰富和发展》,《医学与哲学(人文社会医学版)》2010年第8期。

~裴传永:《从独尊医术到兼重德艺——传统良医论的历史演进》,《中国医学伦理学》2010年第6期。

王玮(上海交通大学)

《中国近代教会大学的医学教育》,《中国高等医学教育》2008年第1期。

《中国近代教会大学早期的医学预科教育1901—1936》,《医学教育探索》2007年第11期。

王伟(苏州科技学院)

《克里米亚战争背景下英国陆军医疗改革》,苏州科技学院硕士学位论文2014年。

王卫(天津大学)

《天津市公立医院人才管理研究》,天津大学硕士学位论文2018年。

王伟(天津师范大学)

《清末天津禁烟运动(1906—1911)》,天津师范大学硕士学位论文2014年。

王卫(天津中医药大学/天津中医学院)

朱丹丹~王益民等:《〈千金方〉养生之道浅析》,《天津中医药大学学报》2018年第2期。

康婧青、潘萍~郭义:《中国火针发展史研究》,《辽宁中医药杂志》2009年第2期。

~徐立:《中医药在英国》,《天津中医学院学报》2002年第2期。

王伟（西安外国语大学）

《文学中的疾病与疗救——以弗朗索瓦·莫里亚克小说中的疾病情结为例》，西安外国语大学 2012 年。

汪炜（肇庆学院）

《流行病应急响应的国际合作——联合国领导下的禽流感防疫机制透析》，《战略决策研究》2014 年第 4 期。

《撒哈拉以南非洲的国际防艾合作：挑战与对策》，暨南大学硕士学位论文 2011 年。

王伟（浙江大学）

《唐宋药名诗研究》，浙江大学硕士学位论文 2010 年。

王薇（中国农业科学院）

《中外畜产食品安全监管体系研究》，中国农业科学院博士学位论文 2016 年。

王为（资江化工学校）

《医学对鲁迅文学创作的影响》，《益阳师专学报》1999 年第 2 期。

汪维藩

《中国基督教医药事业》，《协进》1954 年第 34、35 期。

王为刚（泰州市博物馆）

～张伟：《泰州出土明代古尸防腐条件初探》，《中华医史杂志》2012 年第 1 期。

王薇佳（华中师范大学）

《一篇文章与一个学院：上海震旦大学医学院的建立》，《学术月刊》2004 年第 3 期。

王伟凯（天津社会科学院）

《论〈随园食单〉的饮食理念及当代启示》，《社科纵横》2012 年第 2 期。

《论〈黄帝内经〉中的饮食思想》，《医学与哲学（人文社会医学版）》2011 年第 6 期。

《孙中山之〈建国方略·以饮食为证〉篇读解》，《三峡大学学报（人文社会科学版）》2011 年第 4 期。

《论中国传统饮食理念中的生态观》，《深圳大学学报（人文社会科学版）》2011 年第 4 期。

《论道德养生》，《兰州学刊》2010 年第 11 期。

王维民（北京大学）

侯建林、柯杨～：《我国全科医生制度面临的困难和发展建议》，《医学与哲学（人文社会医学版）》2011 年第 12 期。

《打开临床判断的黑匣子——医患关系是怎样随着新技术而变化的》，《英国医学杂志（中文版）》2001 年第 2 期。

王危危（黑龙江中医药大学）

《〈黄帝内经〉形神一体观研究》，黑龙江中医药大学硕士学位论文 2013 年。

汪维真（河南大学）

《漆中择西：清人吴汝纶医学观的转变及原因分析》，《安徽史学》2006 年第 2 期。

王维治（哈尔滨医科大学附属第二医院）

王化冰～：《医学史话：不宁腿综合征的认识史》，《中国卒中杂志》2017 年第 10 期。

付锦～：《多发性硬化的历史回顾》，《中国神经免疫学和神经病学杂志》2010 年第 1 期。

～付锦等：《世界神经病学发展史》，《中华神经科杂志》2003 年第 6 期。

～矫毓娟：《现代神经病学创始人 Charcot》，《中华神经科杂志》1999 年第 4 期。

～矫毓娟：《巴彬斯基和他著名的病理反射》，《中华神经科杂志》1997 年第 2 期。

王文昌

《"叙事医学"的法学启示》，《法制日报》2014 年 1 月 29 日 010 版。

王文铎（四川什邡市人民医院）

《张鹏九〈脉约扫疑〉学术思想初识》，《成都中医学院学报》1989 年第 4 期。

王文基（台湾中央研究院）

《民国时期的神经衰弱与精神科学的兴起》，王文基等主编《精神科学与近代东亚》（新北：联经 2018 年）。

《东亚及跨界视野下的精神科学史》，王文基等主编《精神科学与近代东亚》（新北：联经 2018 年）。

《预防、适应与改造：民国时期的心理卫生》，祝平一编《健康与社会：华人卫生新史》（台北：联经 2013 年）。

《知行未必合———顾颉刚与神经衰弱的自我管理》，祝平一主编《卫生与医疗》（台北：中央研究院 2013 年）。

《癞病园里的异乡人：戴仁寿与台湾医疗宣教》，林富士主编《宗教与医疗》（台北：联经 2011 年）。

《心理的"下层工作"：〈西风〉与 1930—1940 年代大众心理卫生论述》，《科技医疗与社会》第 13 期（2011.10）。

～王佩莹：《隔离与调查——乐生院与日治台湾的癞病医学研究》，《新史学》第 20 卷第 1 期（2009.3）。

《乐生园拆迁争议与 STS》，《科技医疗与社会》第 5 期（2007.10）。

《书写精神医学史的方法——罗伊·波特的疯狂史》，《新史学》第 17 卷第 3 期（2006.9）。

《个案与正典：以精神分析为例》，《古今论衡》第 12 期（2005.3）。

《癞病园里的异乡人——戴仁寿与台湾医疗宣教》，《古今论衡》第 9 期（2003.6）。

王文娟（安徽师范大学）

《中国农村合作医疗制度变迁与评估（1949—1980）》，安徽师范大学硕士学位论文 2011 年。

王文娟（首都医科大学）

王佳佳～杨铮：《〈景岳全书〉之脉理探微》，《上海中医药杂志》2018 年第 7 期。

楚明洋～孙超等：《清代消渴医案研究》，《环球中医药》2018 年第 3 期。

《近现代京城名医高尚医德的体现及成因分析》，《医学与哲学（A）》2012 年第 5 期。

～郭丽娃：《北京近现代百余位名老中医学医经历对现代中医教育的启示》，《北京中医药》2009 年第 9 期。

～史青：《1949—2001 年北京中医师承教育史》，《中医教育》2006 年第 5 期。

～梁贲等：《北京中医现代教育史上 2 所进修学校评述》，《北京中医》2003 年第 4 期。

王文娟（中国中医科学院）

《基于日本古代文献的针法研究》，中国中医科学院硕士学位论文 2017 年。

王文利（陕西中医药大学/陕西中医学院）

《浅析敦煌地区粟特人的医药史》，《西部中医药》2017 年第 9 期。

《略论唐代西域医药学对中医药学的影响》，《兰台世界》2014 年第 33 期。

王文涛（河北师范大学）

《"癃"病与汉代社会救助》，《河北师范大学学报（哲学社会科学版）》2012 年第 1 期。

《汉代的抗疫救灾措施与疫病的影响》,《社会科学战线》2007 年第 6 期。

《汉代人眼中的疫病》,《河北学刊》2007 年第 4 期。

《汉代的疫病及其流行特点》,《史学月刊》2006 年第 11 期。

王文文（中国中医科学院）

《叶天士〈临证指南医案〉痹病用药规律研究》,中国中医科学院硕士学位论文 2013 年。。

王文元

《盛彤笙与中国第一所兽医医院》,《新西部》2003 年第 8 期。

王文远（南京中医药大学）

《古代中国防疫思想与方法及其现代应用研究》,南京中医药大学博士学位论文 2011 年。

～杨进:《余师愚〈疫疹一得〉治疫思想探析》,《吉林中医药》2011 年第 6 期。

～杨进:《古代中医防疫思想与方法概述》,《吉林中医药》2011 年 3 期。

～杨进:《浅谈中医辨证论治的形成和发展》,《长春中医药大学学报》2010 年第 8 期。

汪五清（山东中医药大学）

～赵永利:《〈伤寒杂病论〉有关皮肤病记载及辨治》,《山东中医药大学学报》1998 年第 5 期。

王希浩（河南省中医药研究院）

黄紫微～赵嘉梅等:《从妇人病质角度浅述〈妇人规〉论治滑胎特色》,《光明中医》2017 年第 6 期。

宗利平～赵嘉梅等:《〈傅青主女科〉血崩治疗思想浅析》,《中医学报》2016 年第 4 期。

张迎新……袁庆婷～:《〈傅青主女科〉从带脉论治不孕证浅析》,《中医临床研究》2015 年第 2 期。

王洁……张爱华～:《〈妇人规〉血枯经闭论治探析》,《中医临床研究》2015 年第 2 期。

《妊娠病之中医治未病思想源流初探》,《中华医史杂志》1998 年第 2 期。

王希娟（河南大学）

《新加坡退休职工医疗保障制度对我国的启示》,《南京工程学院学报(社会科学版)》2017 年第 2 期。

王希亮（黑龙江省社会科学院）

《日本发现细菌战新资料的主要内容、史料价值及其意义》,《抗日战争研究》2012 年第 1 期。

中村明子～:《中国发生的鼠疫同日军细菌战的因果关系》,《常德师范学院学报(社会科学版)》2003 年第 2 期。

王习明（海南师范大学）

～王子愿:《毛泽东时期农村医疗卫生政策成功的原因及其启示》,《毛泽东研究》2014 年第 2 期。

王羲明（上海中医药大学附属上海市中医医院/北京医学院附属人民医院）

～赵凡尘等:《丁甘仁流派章次公传承脉络的研究》,《中医文献杂志》2014 年第 4 期。

～刘崇晏等:《开拓科学发展中医创新成果——记全国首届中医药专门研究人员发展中医药的卓越贡献》,《中医文献杂志》2009 年第 6 期;2010 年第 1 期。

～刘崇晏等:《春华秋实五十载——记全国首届中医药专门研究人员班的诞生暨艰苦创业历程》,《中医文献杂志》2008 年第 5、6 期。

《〈神农本草经〉药物三品意义的探讨》,《上海中医药杂志》1987 年第 1 期。

《肝硬变在祖国医学文献中的记载及其治疗原则》,《中医杂志》1960 年第 7 期。

王汐牟（新疆师范大学）

～王强:《时空与食事:宋元明时期的饮食谱录及其所蕴含的社会饮食风尚》,《北方论丛》2018 年第2期。

王溪云（江西省科学院）

～邹慧等：《中国血吸虫病防治策略的回顾与展望——庆祝建国60周年血防成就回顾》，《江西科学》2009年第6期。

王曦梓

《美国针灸执照考试介绍》，《中国针灸》2005年第11期。

王侠（华厦职业学院）

《宋元时期福建医药对外贸易探析》，《经济师》2012年第1期。

王先滨（黑龙江中医药大学）

《中国古代推拿按摩史研究》，黑龙江中医药大学博士学位论文2009年。

王显超（西南大学）

～牟英俊：《传教士与中国近代医学及医学教育的发展》，《四川职业技术学院学报》2009年第2期。

王先明（深圳市第二人民医院）

《乳房的文化历史与临床——兼论"人性化"医学模式在乳腺疾病临床的体现》，《中国现代手术学杂志》2003年第6期。

王翔（安徽中医药大学）

～黄金玲等：《历史地理学视野下地域性〈伤寒论〉学术流派研究》，《陕西中医药大学学报》2019年第4期。

王响（北京中医药大学）

《〈内经〉情志理论探讨》，北京中医药大学硕士学位论文2006年。

王翔（四川大学华西医院）

《世界神经外科发展史》，《中华医史杂志》2017年第3期。

王向龙（云南大学）

《独特村落：麻风村的社会变迁——以云南省文山州丘北县马鹿塘村和九道垭口村为例》，《思想战线》2010年S2期。

王翔南（湖南省郴州地区卫校）

～刘承禄等：《中国医患关系危机之成因——〈中国医患关系总论〉之一论》，《中国医学伦理学》1994年第3期。

王香平（首都医科大学宣武医院）

李嘉……吴宇彤～张建：《对新时期援外医疗模式探索的初步思考》，《中国病案》2016年第6期。

～孟亚非等：《我院援外医疗工作的实践》，《中华医院管理杂志》2009年第8期。

～王寿余等：《值得关注的防御性医疗行为》，《中华医院管理杂志》2005年第4期。

王翔申（北京市一七一中学）

《李时珍京师见闻举隅》，《中华医史杂志》2016年第1期。

王效（东北师范大学）

《19世纪英国对鸦片认识的转变》，东北师范大学硕士学位论文2018年。

王晓（江西省肿瘤医院）

《道教服食药与中医食疗》，《中国道教》2003年第1期。

《道教医学的哲学思考》，《江西社会科学》1999年第6期。

王晓臣（苏州科技学院）

《十四世纪的黑死病与英国社会之变迁》，苏州科技学院硕士学位论文 2010 年。

王晓冲（西南政法大学）

《艾滋病人社会救助法律制度研究》，西南政法大学硕士学位论文 2005 年。

王晓春（嘉兴市第一医院）

《从〈正体类要〉初窥中医骨伤科诊疗思路》，《中华中医药学刊》2007 年第 10 期。

王晓春（四川省档案馆）

《四川百年疫情大观》，《四川省情》2003 年第 7 期。

王晓翠（曲阜师范大学）

《民国时期中医系论战研究》，曲阜师范大学硕士学位论文 2010 年。

汪晓芳（安徽财经大学）

《安徽省医疗卫生事业发展的统计分析》，安徽财经大学硕士学位论文 2012 年。

王晓峰（吉林省社会科学院）

《后藤新平"文装武备论"侵略性谈论——以满洲中央实验所为例》，《东北史地》2014 年第 3 期。

王晓鹤（山西中医学院）

《杨济时对针灸学的贡献》，《山西中医学院学报》2000 年第 4 期。

《孙思邈及其代表作〈备急千金要方〉》，《山西中医》1995 年第 3 期。

《科学假说与中医理论的发展形成》，《山西中医》1995 年第 2 期。

王晓宏（安徽中医药大学）

《宋代养生文化述论》，《辽宁中医学院学报（社会科学版）》2016 年第 4 期。

《"仁者寿"——儒家"道德养生"思想探析》，《江淮论坛》2015 年第 3 期。

陈书华、周亚东～:《忧乐圆融——论〈周易〉的生命美学思想》，《淮海工业学院学报（人文社会科学版）》2014 年第 10 期。

王效菊（天津市王顶堤医院）

《〈备急千金要方〉、〈千金翼方〉传染病证治析要》，《河南中医》1996 年第 1 期。

《〈伤寒论〉心病治疗八法及临床应用》，《国医论坛》1992 年第 2 期。

朱广仁～:《〈伤寒论〉〈金匮要略〉肺病证治诠释》，《国医论坛》1991 年第 4 期。

朱广仁～:《〈伤寒论〉、〈金匮〉咳症治疗阐微》，《中医函授通讯》1991 年第 3 期。

王孝俊（河南财政税务高等专科学校）

《试论"积德生子"人口观念的形成及影响》，《中州学刊》2010 年第 6 期。

《中国古代生育性别选择及其治理》，《河南社会科学》2008 年第 6 期。

王小军（华东交通大学/华中师范大学）

《中国史学界疾病史研究的回顾与反思》，《史学月刊》2011 年第 8 期。

《简论民国时期对血吸虫病灾害的调查》，《兰台世界》2011 年第 16 期。

《血吸虫病与长江中游地区的社会变迁（1905—1978）》，华中师范大学博士学位论文 2008 年。

王晓琳（陕西省中医药研究院/陕西中医学院）

～禹思宏:《陕西古代疫情研究——以陕西地方志为中心》，《中医文献杂志》2019 年第 2 期。

《〈临证医案笔记〉版本及内容初探》，《陕西中医药大学学报》2018 年第 2 期。

《〈儒门事亲〉整理实践与非通用字形的处理》，《中医文献杂志》2015 年第 5 期。

辛智科～:《吴篪与〈临证医案笔记〉》,《中医药通报》2013年第5期。

《陕西古代疫情研究》,陕西中医学院硕士学位论文2013年。

王晓玲(首都师范大学)

《试论女巫与唐代社会生活》,首都师范大学硕士学位论文2004年。

王晓龙(武汉科技大学)

《加拿大医疗保障制度研究》,武汉科技大学硕士学位论文2008年。

王晓民(军事医学科学院)

《中国军事医学博物馆发展回顾》,《中华医史杂志》2012年第2期。

～彭瑞云等:《中国战伤博物馆的建设与意义》,《中华医史杂志》2010年第2期。

～徐新平等:《美国国家卫生与医学博物馆的发展启示》,《中华医史杂志》2008年第1期。

王晓平(滨州学院)

《医药传教之先驱——伯驾》,《滨州学院学报》2006年第1期。

王晓萍(湖北中医学院)

《江陵张家山汉简〈引书〉对养生学的贡献》,《中医文献杂志》1997年第3期。

王子谟～:《论中医学产生的社会经济文化基础与渊源——中医基础理论有关问题的思考》,《世界中西医结合杂志》2006年第2期。

傅沛藩、姚昌绶～:《万全儿科妇科学术思想初探》,《湖北中医学院学报》1999年第2期。

《试论中医文献的文体》,《吉林中医药》1988年第4期。

王小平(南京中医学院)

《试析孙思邈的美容剂》,《陕西中医》1987年第3期。

《论钱乙开创小儿脾胃学说的贡献》,《江苏中医杂志》1986年第8期。

《试论孙思邈的"优生学"》,《江苏中医杂志》1982年第5期。

王孝蓉(西双版纳州民族医药研究所、西双版纳州傣医医院)

王肖飞～胡宗德等:《傣医与中医通用药材比较研究》,《中国民族民间医药》2016年第15期。

《中医药及泰国传统医药在泰国的发展概况》,《中国民族医药杂志》2010年第10期。

王晓涛(北京中医研究院)

《唐代千金翼方中记载的"道地药材"》,《上海中医药杂志》1956年第4期。

王孝涛

《贝母的历史和近代的观察与实验》,《中华医史杂志》1954年第1期。

王小万(中国医学科学院/湖南医科大学)

荣英男……肖畅～冯芮华:《欧洲部分国家门诊药品补偿政策比较及启示》,《中国医院管理》2019年第6期。

毛燕娜、游茂～王冬等:《地区经济发展不平衡对公立医院财政投入的影响研究》,《中国卫生经济》2018年第9期。

～陈丽萍等:《英国国民卫生服务制度(NHS)的结构性改革与治理模式》,《中国卫生政策研究》2017年第11期。

崔月颖、刘双梅～:《OECD国家医疗服务的供给模式及经验》,《中国社会医学杂志》2017年第5期。

刘丽杭、丁亚奇～:《公私伙伴关系促进医疗服务供给侧改革的国际经验及其启示》,《中国卫生政策研究》2016 年第 10 期。

曾昭媛玲～:《亚美尼亚实施卫生系统绩效评价的经验和启示》,《国外医学(卫生经济分册)》2015年第 1 期。

崔月颖、刘双梅～:《OECD 国家医疗保险制度改革的特点与趋势》,《中国卫生经济》2014 年第12 期。

李新伟、刘双梅～:《国际社会完善全科医师"守门人"作用的措施及经验》,《中国现代医药杂志》2014 年第 11 期。

冯晶晶～靖瑞锋:《控制抗生素滥用的国际经验及启示》,《中国抗生素杂志》2014 年第 1 期。

冯晶晶～崔月颖:《欧洲促进新抗菌药物研发的措施及经验》,《中国药房》2014 年第 1 期。

靖瑞锋、冯芮华～:《国际社会传染病法修订的特点与发展趋势》,《医学与哲学(A)》2013 年第9 期。

刘双梅、崔月颖～:《OECD 国家医疗保险制度改革的配套政策与措施》,《中国卫生经济》2013 年第8 期。

李萌～:《德国卫生服务体系重建的经验与教训》,《卫生经济研究》2013 年第 1 期。

冯芮华～:《印度医院评审模式及指标体系研究》,《卫生经济研究》2012 年第 11 期。

毛燕娜～:《中东欧转型国家卫生筹资改革经验与启示》,《国外医学(卫生经济分册)》2012 年第2 期。

～冯芮华:《欧洲卫生改革:共识基础上的整体推进》,《国外医学(卫生经济分册)》2012 年第 1 期。

鲁菁、方红娟～:《欧洲卫生服务供给模式的改革》,《北京医学》2011 年第 10 期。

鲁菁、方红娟～:《欧洲卫生筹资模式的改革》,《北京法学》2011 年第 8 期。

李奇峰～:《欧洲改善健康公平性的主要措施》,《国外医学(卫生经济分册)》2011 年第 2 期。

崔月颖～:《重视健康的社会决定因素以减少健康的不公平性》,《中国健康教育》2011 年第 3 期。

李奇峰～:《欧洲卫生费用的增长趋势及分析》,《国外医学(卫生经济分册)》2011 年第 1 期。

崔月颖～:《欧洲居民健康状况的发展趋势及评价》,《中国慢性病预防与控制》2010 年第 5 期。

刘丽杭～:《健康的社会决定因素与健康的不公平》,《中国现代医学杂志》2010 年第 15 期。

～崔月颖等:《欧洲重建初级卫生保健服务体系的理念与措施》,《中国卫生政策研究》2010 年第3 期。

左延莉～马晓静:《日本医疗保险体系的发展历程》,《中国卫生资源》2009 年第 5 期。

杨立群～:《欧洲国家卫生服务购买模式的经验与启示》,《国外医学(卫生经济分册)》2009 年第4 期。

庞慧敏～:《欧盟形成医药单一市场的挑战与趋势》,《中国卫生政策研究》2009 年第 3 期。

～代涛等:《"健康国家"战略发展的过程与国际经验》,《医学与哲学(人文社会医学版)》2008 年第11 期。

朱坤……马晓静～:《加拿大健康战略及其启示》,《医学与哲学(人文社会医学版)》2008 年第11 期。

代涛……刘晓曦～:《美国、英国和加拿大健康战略的比较分析》,《医学与哲学(人文社会医学版)》2008 年第 11 期。

左延莉～马晓静:《蒙古国健康保险体制发展简介》,《卫生经济研究》2008 年第 10 期。

庞慧敏～:《瑞典药品补偿政策改革对药品费用支出的影响》,《国外医学(卫生经济分册)》2008 年第 3 期。

万建成～:《英国卫生服务系统绩效管理的发展过程》,《中国卫生经济》2008 年第 8 期。

谢宇～:《日本与"亚洲四小龙"卫生制度比较研究》,《国外医学(卫生经济分册)》2008 年第 2 期。

代涛～何平:《香港和台湾地区医务人员经济激励机制的特点》,《卫生经济研究》2007 年第 8 期。

代涛、何平～:《发达国家医护人员经济激励机制的特点》,《卫生经济研究》2007 年第 7 期。

吴林静～:《盟医生劳动力市场的特点与变化趋势》,《国外医学(卫生经济分册)》2005 年第 4 期。

～陈晓红:《卫生体制改革的目标与政策选择——国际卫生体制改革的经验与教训》,《国际医药卫生导报》2003 年第 11 期。

～段晓红:《正视公共卫生,建立有效的疾病控制体系——SARS 疫情后的反思》,《医学与哲学》2003 年第 6 期。

～陈晓红:《国际卫生体制改革的经验与教训》,《中国卫生经济》2003 年第 6 期。

段云峰～:《日本卫生保健制度改革与发展趋势》,《国际医药卫生导报》2003 年第 5 期。

～刘丽杭:《世界贸易组织与国际卫生保健服务》,《国外医学(社会医学分册)》2003 年第 1 期。

吴晓欣～毛一岚:《国际孕产妇系统保健管理的经验与启示》,《实用预防医学》2003 年第 1 期。

段云峰～:《日本卫生保健制度改革与发展趋势》,《国外医学(卫生经济分册)》2002 年第 4 期。

～肖洁华等:《疾病影响社会经济发展的主要途径》,《中国卫生经济》2002 年第 10 期。

～刘丽杭:《世界贸易组织(WTO)与国际卫生保健服务》,《中国卫生事业管理》2002 年第 7 期。

～刘丽杭:《"以病人为中心"医疗服务模式的理念与发展》,《医学与哲学》2002 年第 3 期。

《美国应理性医院评介》,《中国卫生经济》2001 年第 4 期。

～刘丽杭:《国际卫生保健筹资模式的特点与评价》,《医学与哲学》2000 年第 8 期。

～刘丽杭:《美国医疗保险发展的特点与医疗保健服务方式的变革》,《国际医药卫生导报》2000 年第 6、8 期。

《英国国家卫生服务制度改革的主要政策与措施》,《国际医药卫生导报》1997 年第 1 期。

～刘丽杭:《发达国家卫生保健制度管理模式的比较研究》,《卫生经济研究》1995 年第 5 期。

～刘丽杭:《国际卫生保健制度发展趋势与基本理论模式的评述》,《国外医学(社会医学分册)》1995 年第 2 期。

～刘丽杭:《国际卫生保健制度发展趋势与基本理论模式的评述》,《医学与哲学》1994 年第 6 期。

～刘丽杭:《发达国家卫生保健制度发展状况的比较研究》,《医学与哲学》1993 年第 12 期。

刘丽杭～:《美国妇幼卫生改革方向》,《中国卫生事业管理》1993 年第 1 期。

王晓伟(华中师范大学)

《宋元时期疫灾时空分布与环境机理研究》,华中师范大学博士学位论文 2016 年。

～龚胜生:《清代江南地区疫灾地理研究》,《中国历史地理论丛》2015 年第 3 期。

龚胜生～龚冲亚:《元朝疫灾地理研究》,《中国历史地理论丛》2015 年第 2 期。

～李孜沫:《中国瘟疫研究进展的文献计量分析》,《热带地理》2015 年第 2 期。

龚胜生、龚冲亚～:《南宋时期疫灾地理研究》,《中国历史地理论丛》2015 年第 1 期。

龚胜生～张涛:《明代江南地区的疫灾地理》,《地理研究》2014 年第 8 期。

《明清江南地区疫灾地理规律与环境机理研究》,华中师范大学硕士学位论文 2013 年。

汪小烜（北京大学）

《吴简所见"肿足"解》,《历史研究》2001 年第 4 期。

王晓燕（华东政法大学）

《药品专利法律研究》,华东政法学院硕士学位论文 2003 年。

王晓燕（陕西师范大学）

《中国近代特殊教育制度化研究》,陕西师范大学硕士学位论文 2015 年。

王晓燕（天津师范大学）

《郁达夫小说中的疾病书写》,天津师范大学硕士学位论文 2013 年。

王孝莹（黑龙江省中医研究院）

～王瑶等:《"先天之本"与胎孕择优》,《中国中医基础医学杂志》2007 年第 10 期。

王克勤～:《日本汉方医学发展的历史、现状与未来》,《国外医学（中医中药分册）》1998 年第 1、2 期。

～王克勤:《东西方两种医学病理学的比较研究》,《国外医学（中医中药分册）》1996 年第 3 期。

《韩医学（韩国传统医学）的历史与现状》,《国外医学（中医中喲分册）》1995 年第 3 期。

王晓宇（上海中医药大学）

～赵毅:《〈外科症治全生〉版本体系研究》,《中医文献杂志》2012 年第 5 期。

王晓瑜（延安大学）

《20 世纪 50 年代西安市公共卫生事业研究》,延安大学硕士学位论文 2017 年。

～赵红:《新中国成立初期陕西省爱国卫生运动研究》,《新乡学院学报》2017 年第 4 期。

《卫生支农工作研究述略》,《佳木斯职业学院学报》2017 年第 3 期。

王晓中（辽宁出入境检验检疫局）

～黄琳等:《卫生检疫的创始原因和发展进程》,《检验检疫学刊》2011 年第 6 期。

～唐修湖等:《辽宁卫生检疫历史初探》,《口岸卫生控制》2010 年第 2 期。

《中国国境卫生检疫的历史研究》,《口岸卫生控制》2009 年第 1、2 期。

王撷秀（中国防痨协会）

《继往开来发扬传统　再接再厉续写华章——纪念中国防痨协会成立 80 周年暨 2013 年全国学术大会主旨报告》,《中国防痨杂志》2013 年第 11 期。

王欣（安徽中医学院）

《承淡安的针灸学术特色》,《中医文献杂志》2009 年第 5 期。

《龚廷贤的针灸急救特色》,《中国中医急症》2009 年第 4 期。

《缪刺考》,《中华医史杂志》2009 年第 3 期。

杭群、牛淑平～:《汪机对"李氏清暑益气汤"的临证发挥》,《安徽中医学院学报》2006 年第 3 期。

王鑫（北京中医药大学）

《承淡安对仲景学术思想的继承和发扬》,北京中医药大学硕士学位论文 2013 年。

王欣（大连理工大学）

《延安〈解放日报〉卫生报道研究》,大连理工大学硕士学位论文 2019 年。

王鑫（南京中医药大学）

《士材学派与孟河医派辨治肾系病证学术思想的比较研究》,南京中医药大学博士学位论文 2019 年。

～金庆江等:《明末医家李士材学术传承 12 代谱系研究》,《中华医史杂志》2019 年第 1 期。

王欣(山东大学)

《泰国 30 铢医疗计划及对中国新农合的启示》,山东大学硕士学位论文 2013 年。

王昕(山东大学)

《艾滋病预防干预的"主、客位"视角及其实践操演》,《云南师范大学学报(哲学社会科学版)》2015 年第 2 期。

《论"公共卫生"及其公权力实践——以艾滋病预防干预为例》,《青海社会科学》2012 年第 5 期。

王欣(山东中医药大学)

～刘静:《孙思邈治"好忘"方特点浅析》,《山东中医药大学学报》2000 年第 2 期。

王新(郑州大学)

《潘光旦优生思想研究》,郑州大学硕士学位论文 2007 年。

王昕(中国文化遗产研究院)

《龙门药方洞药方镌刻年代补证》,《中原文物》2017 年第 4 期。

王心东(新野县中医院)

～张凤梅等:《〈金匮要略〉大剂量用药初步探讨》,《中医杂志》2010 年第 2 期。

～张凤梅等:《〈伤寒论〉药物大剂量应用初步探讨》,《中国医药学报》2002 年第 5 期。

《〈五十二病方〉治则学初探》,《中国中医基础医学杂志》1995 年第 4 期。

～张凤梅:《〈伤寒论〉麻黄特异用量治疗急重症述评》,《中国中医急症》1993 年第 5 期。

～刘占国:《〈五十二病方〉中人部药的应用初探》,《中国医药学报》1990 年第 1 期。

王新华

《祖国医学对于梅毒之认识》,《新中医药》1956 年第 9 期。

王新华(广州中医学院)

～刘仕昌:《岭南温病学发展概况》,《新中医》1988 年第 3 期。

《潘兰坪温病学术思想初探》,《广西中医药》1988 年第 1 期。

～刘仕昌:《岭南医家温病医案的用药探讨》,《广州中医学院学报》1987 年第 3 期。

《我国古代的预防医学》,《上海中医药杂志》1958 年第 1 期。

王新华(哈尔滨医科大学附属第一医院)

《中医学对血液学的发明和创举》,《中医药信息》1987 年第 4 期。

王新环(河南师范大学)

《河南民俗中的防疫活动》,《寻根》2011 年第 1 期。

汪新建(南开大学)

吕小康、付春野～:《反驳文本对患方信任和道德判断的影响与机制》,《心理学报》2019 年第 10 期。

～刘颖:《治疗费用与医方态度影响患方对医刻板印象——基于刻板印象内容模型的研究》,《上海师范大学学报(哲学社会科学版)》2019 年第 5 期。

吕小康……姜鹤～:《常人疾病观及其对医患关系的影响》,《心理科学进展》2019 年第 4 期。

吕小康～张慧娟等:《中国医患社会心态问卷的初步编制与信效度检验》,《心理学探新》2019 年第 1 期。

～刘颖:《互联网使用行为对医患信任的影响:基于 CFPS2016 的分析》,《西北师范大学学报(社会科学版)》2019 年第 2 期。

《心理疾病的社会排斥及其对医患关系的影响——基于中国综合社会调查数据的分析》,《南京师大学报(社会科学版)》2019 年第 1 期。

吕小康、刘颖～赵礼:《医患观念差异与医患沟通现状调研》,《中国医院院长》2018 年第 13 期。

陈子晨、张慧娟～吕小康:《抑郁症起源的三类理论视角》,《心理科学进展》2018 年第 8 期。

～王丽:《医者仁术:传统中国医学医患关系内涵探析》,《南开学报(哲学社会科学版)》2018 年第 5 期。

～申悦:《医方对消极医疗结果的责任归因研究》,《中国社会心理学评论》2018 年第 1 期。

～王骥:《医患纠纷媒体报道框架及其对医患信任的影响——以〈人民日报〉和〈健康报〉为例》,《南京师大学报(社会科学版)》2018 年第 1 期。

～王骥:《媒体中的医方形象及其对医患信任的影响》,《南京师大学报(社会科学版)》2017 年第 2 期。

吕小康～:《逻各斯与反逻各斯:中西心理学传统的不同气质及对心理学本土化的启示》,《心理学探新》2016 年第 6 期。

～张曜:《论中国本土心理学的存在形态与本质特征》,《南开学报(哲学社会科学版)》2016 年第 6 期。

～王丛等:《人际医患信任的概念内涵、正向演变与影响因素》,《心理科学》2016 年第 5 期。

～王丛:《医患信任关系的特征、现状与研究展望》,《南京师大学报(社会科学版)》2016 年第 2 期。

～柴民权等:《群体受害者身份感知对医务工作者集体内疚感的作用》,《西北师大学报(社会科学版)》2016 年第 6 期。

陈子晨～:《躯体化的心身交互机制及其中的文化因素》,《心理科学进展》2015 年第 5 期。

～陈子晨:《"医学无法解释症状"的界定:躯体化诊断的本土视角》,《南京师范大学学报(社会科学版)》2014 年第 2 期。

～王丽娜:《被放逐的心理:从疾病分类体系的演进看躯体化》,《南开学报(哲学社会科学版)》2013 年第 6 期。

吕小康～:《因果判定与躯体化:精神病学标准化的医学社会学反思》,《社会学研究》2013 年第 3 期。

～史梦薇:《元整体观视野下躯体化本土成因探析》,《云南社会科学》2013 年第 2 期。

～张斌:《儿童功能性躯体化症状研究述评》,《心理科学进展》2012 年第 12 期。

吕小康～:《何为"疾病":医患话语的分殊与躯体化的彰显——一个医学社会学的视角》,《广东社会科学》2012 年第 6 期。

吕小康～:《意象思维与躯体化症状:疾病表达的文化心理学途径》,《心理学报》2012 年第 2 期。

何伶俐～:《抑郁症在中国的传播》,《医学与哲学》2012 年第 2 期。

～何伶俐:《精神疾病诊断标准中的神经衰弱与躯体化的跨文化分歧》,《南京师大学报(社会科学版)》2011 年第 5 期。

朱艳丽～:《躯体化:苦痛表达的文化习惯用语》,《东北大学学报(社会科学版)》2011 年第 3 期。

～吕小康:《躯体与心理疾病:躯体化问题的跨文化视角》,《南京师大学报(哲学社会科学版)》2010 年第 6 期。

～王丽:《关系伦理观照下的心理治疗——心理治疗伦理问题的再思考》,《南京师大学报(社会科

《养子十法与儿童养护特点》,《河南中医》2004 年第 7 期。

《新安医籍〈同寿录〉养生法浅析》,《中国中医基础医学杂志》2004 年第 6 期。

《张景岳〈妇人规〉学术特点探究》,《中医文献杂志》2004 年第 3 期。

《叶天士"久病入络"学说之探析》,《福建中医药》2004 年第 3 期。

《中医胎教学说的源流和特点》,《安徽中医学院学报》2004 年第 3 期。

《王好古学术思想探讨》,《福建中医学院学报》2004 年第 3 期。

《〈傅青主女科〉补肾法浅析》,《中医函授通讯》1997 年第 3 期。

《关于叶天士阳化内风说的哲学思考》,《医学与哲学》1996 年第 11 期。

《吴尚先外治法探析》,《安徽中医临床杂志》1996 年第 5 期。

《缪希雍脾胃论治思想探析》,《安徽中医学院学报》1996 年第 4 期。

王新中(西北大学)

～尉书明:《巫文化对古代医学的影响》,《陕西教育学院学报》2001 年第 1 期。

王兴(北京大学口腔医学院)

《中国口腔医学的发展》,《中国实用口腔科杂志》2008 年第 4 期。

王星(南开大学)

～葛梦磊:《在市场化与福利化之间——俄罗斯免费医疗体制反思及其启示》,《学术研究》2014 年第 6 期。

王星光(郑州大学)

～郑言午:《也论金末汴京大疫的诱因与性质》,《历史研究》2019 年第 1 期。

～郑言午:《〈四时纂要〉所见唐代乡村的疾病防治》,《青海民族研究》2018 年第 2 期。

～符奎:《1213 年"汴京大疫"辨析》,《中国史研究》2009 年第 1 期。

～李华锋:《中国古代妇女面妆美容略论》,《华北水利水电学院学报(社科版)》2007 年第 2 期。

《许衡与医学探研》,《殷都学刊》2006 年第 3 期。

王兴国(山东省济宁市卫生局)

～李洪恩:《源于〈周易〉的医家名、字释义暨医家别号探源》,《医古文知识》1991 年第 2 期。

王杏林(浙江海洋学院)

《跋敦煌本〈黄帝明堂经〉》,《敦煌研究》2012 年第 6 期。

《敦煌本〈伤寒论〉校证》,《敦煌学辑刊》2006 年第 1 期。

王兴伊(上海中医药大学/新疆医科大学/新疆中医学院)

《"丝绸之路"视阈下的中医外交先行者郁震考》,《中医药文化》2019 年第 6 期。

《从两件楼兰医学文书解读中印医学的传播》,《图书馆杂志》2019 年第 6 期。

《"肝者罢极之本"新证》,《中华医史杂志》2019 年第 5 期。

赵丹、段逸山～:《试析老官山汉墓〈刺数〉"经脉穴"与〈黄帝内经〉腧穴的对应关系》,《中国中医基础医学杂志》2019 年第 2 期。

《张家界古人堤木牍医方"治赤谷方"源自西域乌孙考》,《图书馆杂志》2018 年第 10 期。

范振宇～:《〈鲍威尔写本〉的研究进展》,《中医药文化》2018 年第 4 期。

《元明之际太仓儒医王履三考》,《南京中医药大学学报(社会科学版)》2018 年第 3 期。

马红敏～:《南宋张松〈究原方〉初探》,《中华医史杂志》2018 年第 2 期。

曲如意～:《〈说文解字〉疟疾病名考辨》,《中医文献杂志》2018 年第 1 期。

《"麻黄"药用及文化遗存考辨》，《中医药文化》2018 年第 1 期。

马红敏～：《张松〈本草节要〉及其对本草学的贡献》，《中医药文化》2017 年第 4 期。

袁开惠～：《苏合香考》，《中医药文化》2017 年第 2 期。

石舒尹～：《唐宋金元〈标本中气〉研究》，《中国中医基础医学杂志》2017 年第 2 期。

于业礼～：《楼兰文书所见"南斗主血，本斗主创"考》，《浙江中医药大学学报》2016 年第 5 期。

《敦煌藏经洞出土于阗语残药方 P.2889v 探析》，《中华医史杂志》2016 年第 5 期。

～于业礼：《敦煌〈黄帝明堂经〉残卷考释》，《敦煌研究》2016 年第 4 期。

《新疆突出隋唐梵文医学写本述要》，《吐鲁番学研究》2016 年第 2 期。

于业礼～：《范行准先生敦煌医药文书研究述评》，《中医药文化》2016 年第 1 期。

孙洪盛楠、于业礼～迪丽胡玛尔等：《锡伯医药初探》，《中国民族民间医药》2015 年第 21 期。

王锦～：《古回回医学与高昌回鹘医学的联系——以〈回回药方〉和〈杂病医疗百方〉外治方药对比为例》，《中医药文化》2015 年第 6 期。

于业礼～：《吐鲁番出土牛疫方考》，《中医药文化》2015 年第 5 期。

～侯世新：《吐鲁番出土我国现存最早的残疾鉴定文书考议》，《中医药文化》2015 年第 5 期。

《吐鲁番出土的我国现存最早的木制假肢》，《中医药文化》2015 年第 4 期。

《新疆出土梵文医方集〈鲍威尔写本〉与中国传统医学的关系》，《中华医史杂志》2015 年第 3 期。

石舒尹～：《华佗"外来说"辨析》，《中医药文化》2015 年第 1 期。

～段逸山：《从医古文统编教材看近 60 年医古文学科发展》，《中医教育》2014 年第 6 期。

于业礼～：《新疆出土医药文献研究概述》，《中医文献杂志》2014 年第 3 期。

黄燕、王锦～：《〈回回药方〉"鹤顶丹"渊源考》，《中医文献杂志》2014 年第 2 期。

《清代御医施世德整理校勘〈原机启微〉考》，《中医文献杂志》2014 年第 1 期。

赵丹～黄健：《〈儒门事亲〉导引理论与应用》，《中国中医药信息杂志》2013 年第 7 期。

张怡雯～：《陶弘景〈养性延命录〉中的导引养生法》，《中医药文化》2013 年第 6 期。

孙晓燕、徐丽莉～：《〈本草纲目〉芳草类药物中的外来药物的研究》，《中医文献杂志》2013 年第 5 期。

王锦～：《〈回回药方〉研究进展》，《回族研究》2013 年第 4 期。

～干旦峰：《清代医家罗浩及著述考》，《中医文献杂志》2013 年第 4 期。

～庞辉群：《明代医家王大纶及其〈婴童类萃〉考述》，《中医药文化》2013 年第 4 期。

陈驰～赵丹：《金元医家著作中的导引理论与实践》，《中医文献杂志》2013 年第 3 期。

《〈眼科正宗原机启微〉的编撰及学术成就》，《中华医史杂志》2013 年第 1 期。

《王冰整理〈素问〉成就考》，《中医文献杂志》2012 年第 6 期。

《抄本〈存养轩草案存真〉考探》，《中医药文化》2012 年第 5 期。

《东西方文化融合的维吾尔医学》，《中医药文化》2011 年第 6 期。

《出土维吾尔医学典籍〈杂病医疗百方〉考探》，《中医药文化》2011 年第 4 期。

李小青、许峰～吴蓓玲：《试论〈道德经〉哲理与〈黄帝内经〉防病治病观的传承关系》，《中医文献杂志》2010 年第 4 期。

《西域医学初探》，《中医药文化》2007 年第 5 期。

《〈回回药方〉——西域民族医学方书之集大成者》，《医古文知识》2005 年第 4 期。

刘庆宇～：《西域方药 民族瑰宝》，《上海中医药大学学报》2004 年第 2 期。

《西域方药文献研究述要》，《中医文献杂志》2003 年第 2 期。

～史红：《〈海药本草〉中所载西域药物初探》，《中国民族民间医药杂志》2003 年第 1 期。

《王冰编次全元起〈素问〉本考证》，《上海中医药杂志》1999 年第 9 期。

～张秀芬等：《王冰迁移〈素问〉内容考释》，《新疆医科大学学报》1999 年第 3 期。

～张秀芬：《〈素问〉王冰次注医理发挥》，《新疆中医药》1998 年第 4 期。

王秀芬（内蒙古大学）

《聚焦健康：瘟疫案例与科学防控》，《科学学研究》2006 年 S1 期。

《战胜瘟疫：从诺贝尔医学奖看 20 世纪免疫学进展》，《自然辩证法研究》2003 年第 10 期。

《梳理与述评：诺贝尔医学奖百年研究简况——20 世纪医学轨迹：诺贝尔医学奖百年研究系列之一》，《内蒙古大学学报（人文社会科学版）》2002 年第 1 期。

《新兴学科：环境医学伦理学探微》，《内蒙古大学学报（人文社会科学版）》2000 年 S1 期。

王秀莲（天津中医药大学/天津中医学院）

邢政～：《吴又可〈瘟疫论〉在日本的传播与发展》，《河南中医》2016 年第 11 期。

《再论中医治疗感染性疾病的优势》，《天津中医药大学学报》2011 年第 4 期。

曹力明～：《〈证治心传〉温病学术思想浅析》，《山西中医》2009 年第 11 期。

～李悦等：《历史上华北中医对疫病防治的贡献》，《河北中医》2009 年第 10 期。

李悦～：《张锡纯治疫思想及经验》，《吉林中医药》2009 年第 7 期。

～丁慧芬等：《华北地区宋元明清疫情及相关因素分析》，《天津中医药大学学报》2009 年第 3 期。

张建勋～丁慧芬等：《华北地区千年疫情数据库的开发与研究》，《中华中医药学刊》2009 年第 3 期。

丁慧芬～李悦等：《华北地区古代疫情季节分布及相关因素分析》，《中医研究》2008 年第 11 期。

《吴鞠通温病辩证特点探析》，《山东中医药大学学报》2008 年第 5 期。

李悦～：《张锡纯治温"透热"特色探讨》，《中医杂志》2008 年第 1 期。

《中医药治疗感染病的优势与思路》，《天津中医药大学学报》2007 年第 3 期。

《瘟疫学派学术思想及治疗经验探讨》，《天津中医药》2006 年第 4 期。

《试论〈诸病源候论〉对温病学的贡献》，《天津中医》1988 年第 4 期。

王秀卿（山西财经大学）

《论药品专利保护制度与公共健康法律问题研究》，山西财经大学硕士学位论文 2009 年。

王琇瑛（中华全国妇女联合会/中华护理学会）

《在艰辛历程中发展壮大的中华护理学会》，《当代护士（综合版）》2006 年第 8 期。

《庆祝中华护理学会建会 80 周年》，《中华护理杂志》1990 年第 2 期。

王秀云

《从意外到等待：台湾女性的初经经验，1950s—2000s》，《女学学志：妇女与性别研究》第 39 期（2016.12）。

蔡苓雅～：《从触诊到"以管窥天"：腹腔镜与子宫内膜异位症的兴起，1950s—2000s》，《科技医疗与社会》第 10 期（2010.4）。

《太太医学：台湾妇女医学宝监（1950s—2000s）初探》，《台湾社会研究季刊》第 76 期（2009.12）。

《不就男医：清末民初的传道医学中的性别身体政治》，《中央研究院近代史研究所集刊》第 59 期（2008.3）。

王煦（中央党校）

《民国时期北京的粪夫群体与清污体制改革》，《文史天地》2015 年第 3、5 期。

《二十世纪二三十年代的北平城市清洁"自治"》，《文史天地》2014 年第 12 期。

《官治与自治之间——1928—1934 年北平城市清洁体制的演变》，《民国研究》2013 年第 2 期。

《民国时期北京自来水业与传统井水业的博弈》，《文史天地》2013 年第 8 期。

王旭东（南京中医药大学）

衣兰杰～：《明清文献中骨痹病因病机及论治特点研究》，《江西中医药大学学报》2019 年第 6 期。

《〈三合集〉：文隐脉证，术自心得》，《中华中医药杂志》2018 年第 11 期。

于莉英～：《"差后劳复"病名源流考释》，《中医文献杂志》2018 年第 6 期。

《王叔和及〈脉经〉史实再探》，《中华中医药杂志》2017 年第 10 期。

衣兰杰～：《宋金元时期江苏针灸医家医籍研究述略》，《江西中医药大学学报》2017 年第 6 期。

王进～吴承艳等：《中医经典文献视域下"风"的疾病源流新诠》，《辽宁中医杂志》2017 年第 1 期。

王进～吴承艳等：《本草学毒性理念的源流探考与论述范式的诠解》，《中草药》2017 年第 1 期。

张青龙……晓红～：《〈黄帝内经〉五运六气英译探讨——以李氏译本为例》，《中医药导报》2016 年第 3 期。

《大道至简"大医精诚"中国文化生命关怀下的"医道同源"》，《中国道教》2016 年第 1 期。

李崇超～：《从内向型文化的特点看中医学的价值》，《医学与哲学（A）》2016 年第 1 期。

于莉英～：《清代脉学文献〈脉理存真〉导读》，《中医文献杂志》2015 年第 4 期。

刘筱玥～：《〈香奁润色〉评述》，《辽宁中医药大学学报》2012 年第 4 期。

刘筱玥～：《〈香奁润色〉美容方药探析》，《中国美容医学》2012 年第 2 期。

晏婷婷～：《孟河医家治疗痹证学术思想初探》，《中医药学报》2011 年第 6 期。

莫政～：《〈伤寒论〉中的辨证思维方法》，《辽宁中医药大学学报》2010 年第 12 期。

张金付～：《〈脾胃论〉中黄柏的运用规律探析》，《吉林中医药》2009 年第 12 期。

于莉英～：《"络病学说"与中医临床文献研究》，《时珍国医国药》2009 年第 12 期。

于莉英～虞舜等：《〈难经〉"奔豚"与〈金匮要略〉"奔豚"之比较》，《时珍国医国药》2009 年第 11 期。

于莉英～虞舜等：《〈金匮要略〉载误治后发作奔豚病的方证分析》，《时珍国医国药》2009 年第 9 期。

《认识宇宙的另一双眼睛——〈黄帝内经〉认知方式探析》，《中医药文化》2008 年第 4 期。

《中医医史文献学科发展趋势和现状分析》，《南京中医药大学学报》2008 年第 2 期。

《中国古代医学对内生殖器官的研究》，《江西中医学院学报》2007 年第 1 期。

王旭东（中国社会科学院）

《重视疾病史研究 构建新疾病史学》，《光明日报》2015 年 3 月 28 日第 11 版。

《新疾病史学：生态环境视野中的全球疾病史研究——跨学科整体综合探索的理论思考》，《甘肃社会科学》2014 年第 6 期；2015 年第 1 期。

～孟庆龙：《从历史上的鼠疫大流行看瘟疫对人类社会的影响》，《中国经贸导刊》2003 年第 12 期。

王旭光（安徽中医药大学/安徽中医学院）

万四妹～陆翔：《吴崐〈医方考〉对方剂学的贡献》，《安徽中医药大学学报》2018 年第 2 期。

万四妹、陆翔～:《〈医读〉的作者与版本源流》,《中华医史杂志》2017 年第 4 期。

～万四妹等:《江瓘年谱》,《中华医史杂志》2017 年第 3 期。

程新、邓勇～:《程应旄生平与〈伤寒论后条辨〉学术价值》,《中医文献杂志》2016 年第 1 期。

黄辉……朱来顺～:《新安医家徐春甫生平事迹考辨》,《安徽中医药大学学报》2016 年第 1 期。

程新、邓勇～:《〈伤寒论后条辨〉的版本》,《中华医史杂志》2016 年第 1 期。

郜峦、陆翔～:《吉益东洞〈药徵〉学术价值研究》,《中国中医基础医学杂志》2015 年第 3 期。

～陆翔:《张杲〈医说〉版本知见录》,《中华医史杂志》2014 年第 6 期。

邓勇～:《新安医家吴崑生平考》,《中医药临床杂志》2013 年第 7 期。

～陆翔:《〈素问吴注〉发微》,《安徽中医学院学报》2013 年第 6 期。

陆翔～郜峦等:《中国大陆馆藏〈药征〉刻本稽考》,《中华医史杂志》2013 年第 6 期。

～陆翔:《吴崐著作版本考》,《中华医史杂志》2013 年第 2 期。

邓勇～:《吴仪洛生平及其〈成方切用〉学术特色浅析》,《中国中医基础医学杂志》2012 年第 12 期。

陆翔～邓勇等:《〈本草纲目易知录〉考辨》,《中华医史杂志》2012 年第 2 期。

～李道芳:《朱肱和他的〈伤寒百问〉》,《中医文献杂志》2011 年第 2 期。

吴桂香～:《新安医家崔默庵生平考述》,《中医药临床杂志》2010 年第 4 期。

吴桂香～:《崔默庵生平新考》,《中医药文化》2010 年第 4 期。

吴桂香～:《6 位新安医家生平资料新证》,《安徽中医学院学报》2010 年第 4 期。

《从日本回传的两种新安医籍评介》,《安徽中医学院学报》2008 年第 5 期。

《传入朝鲜与韩国的新安医籍》,《安徽中医学院学报》2004 年第 6 期。

章丽华～:《谈〈本草纲目〉与〈史记〉的相似之处》,《时珍国医国药》2001 年第 7 期。

章丽华～:《新安医籍在日本的流传》,《医古文知识》2000 年第 2 期。

《陋习割股》,《文史知识》1999 年第 5 期。

～章丽华:《汪机著述考》,《中华医史杂志》1999 年第 4 期。

～黄安宁:《十世纪初之前传入日本的中国医籍》,《中医文献杂志》1999 年第 3 期。

《药王韦慈藏的提法最早出自何人何书》,《中华医史杂志》1998 年第 3 期。

《〈医学源流〉与〈原医图〉考论》,《福建中医药》1998 年第 3 期。

《〈新安名医考〉休宁和婺源籍名医补遗》,《安徽中医学院学报》1998 年第 2 期。

《明代以前医家传记专著文献考论》,《中医文献中杂志》1997 年第 3 期。

王绪前(湖北中医学院)

《〈伤寒论〉运用毒药浅析》,《国医论坛》1995 年第 1 期。

《〈本草纲目〉新增药物意义探析》,《浙江中医学院学报》1990 年第 2 期。

《谈十八反的历史沿革》,《中医药学报》1987 年第 6 期。

《试论李时珍的科学实践精神》,《新中医》1984 年第 5 期。

《试论〈伤寒杂病论〉的治则》,《吉林中医药》1981 年第 2 期。

吴炫璋

～释印隆:《从〈竹林寺女科〉历史传承来探索佛学与中医妇科的相关性》,《中医药研究论丛》2016 年第 1 期。

王选

《日本细菌战医学罪犯战后踪迹》,《常德师范学院学报(社会科学版)》2003 年第 2 期。

王选圣（大连市卫生局）

～祖雅琴：《中西医诊断方法的比较》，《医学与哲学》1994 年第 1 期。

王雪（苏州大学）

《军队与地方：论新四军卫生工作》，苏州大学硕士学位论文 2014 年。

王学川（广州中医药大学）

《基于〈中华医典〉晚清民国黄疸病医案用药规律研究》，广州中医药大学硕士学位论文 2012 年。

王雪蝶（滨州医学院／山东大学）

胡西厚～：《英国国家卫生服务保障制度偿付特征及其经验借鉴》，《东岳论丛》2018 年第 10 期。

曹传帅、胡西厚～：《基于系统动力学的流动人口医保关系转接问题博弈分析》，《中国卫生事业管理》2017 年第 7 期。

李华业、胡西厚～翟向明：《基于基尼系数和泰尔指数的我国医保公平性研究》，《医学与哲学（A）》2016 年第 12 期。

～徐硕：《医疗保险监管问题研究——基于德国经验借鉴》，《中国农村卫生事业管理》2016 年第 8 期。

～高鉴国等：《新生代农民工基本医疗保险领域责任主体行为分析——兼析医保需求悖论缘由》，《东岳论丛》2015 年第 11 期。

～曹高芳：《我国基本医疗保险异地就医结算问题研究——基于费用控制的视角》，《山东社会科学》2015 年第 10 期。

胡西厚、韩春蕾～：《基于公共卫生服务公平性的信息选择机理探究》，《中国卫生经济》2009 年第 7 期。

王雪峰（首都师范大学）

《20 世纪 20 年代中国的节制生育思潮与实践——以桑格夫人来华为中心的考察》，《鲁东大学学报（哲学社会科学版）》2008 年第 5 期。

王雪峰（中央司法警官学院）

《西学东渐与中国近代性教育的兴起》，《北京科技大学学报（社会科学版）》2006 年第 2 期。

王学军（南阳师范学院）

《大傩礼与东汉疫病流行及其文学影响》，《文化遗产》2017 年第 4 期。

王学礼（吉林大学）

《在苏战俘健康状况评析（1942—1947）》，《贵州社会科学》2016 年第 8 期。

王学良（吉林省社会科学院）

《1910 年东北发生鼠疫时中美与日俄间的政治斗争》，《社会科学战线》1992 年第 3 期。

王雪梅（曲阜师范大学）

《17—19 世纪英国社会精神病观研究》，曲阜师范大学硕士学位论文 2017 年。

王雪苔（中国中医研究院／北京中医药大学／北京中医学院）

《唐代甄权〈明堂人形图〉与官修〈明堂针灸图〉考》，《中华医史杂志》2003 年第 4 期。

《金代佚名氏〈针经〉考》，《中国针灸》2002 年第 5 期。

《太乙神针流传考》，《中医文献杂志》2001 年第 2 期。

《略论〈黄帝针经〉》，《江西中医药》2001 年第 2 期。

杨德利、刘家瑛～：《前苏联针灸治疗神经、精神科疾病的临床研究》，《上海针灸杂志》1992 年第

3 期。

杨德利、刘家瑛~:《苏联针灸医学概况》,《中医杂志》1992 年第 2 期。

李永芝~:《儿科疾病古代针灸文献的研究》,《中国针灸》1989 年第 6 期。

贾春生~:《古代外科针灸专著述略》,《中国针灸》1989 年第 5 期。

赵慧玲~:《"金元四大家"针灸学术思想探讨》,《中国针灸》1988 年第 3 期。

陈克彦~:《针刺徐疾补泻法的文献考察》,《中国针灸》1986 年第 6 期。

张晟星~裘沛然:《针灸源于中华》,《中国针灸》1984 年第 3 期。

《中国针灸学史略》,《针刺研究》1984 年第 3 期。

《古代灸法考》,《中国针灸》1982 年第 1、2、3 期。

~焦国瑞等:《我国三十年的针灸研究概况》,《中医杂志》1980 年第 1、2、3 期。

《中国针灸源流考》,《中医杂志》1979 年第 8 期。

《略论〈针灸大成〉》,《中医杂志》1962 年第 7 期。

《谈谈祖国医药学文献的整理研究问题》,《中医杂志》1962 年第 5 期。

王学堂(河北大学)

《中西医学研究会研究》,河北大学硕士学位论文 2012 年。

王学新

《抗战前博爱会医院之运作与日本大陆政策之关系》,《逢甲人文社会学报》第 16 期(2008.6)。

王雪雅(内蒙古中蒙医医院)

~王玉亭:《〈四部医典〉中的时令气象观》,《中国民族医药杂志》1996 年 S1 期。

王亚东(合肥市卫生局)

~朱敫荣:《美国健康维持组织》,《国外医学(卫生经济分册)》1992 年第 2 期。

王雅君(华中师范大学)

《中国对非洲的医疗援助外交》,华中师范大学硕士学位论文 2015 年。

王雅克(中国科学院)

《宋代如何防治瘟疫的流行》,《科技导报》2015 年第 22 期。

《政府治理与宋代医学的发展及创新》,《科技导报》2014 年第 30 期。

王亚丽(贵州大学/兰州大学)

《文化的异域生存——以中医文化东传日本为例》,《中医药文化》2019 年第 6 期。

《敦煌写本医籍与〈本草和名〉相关文献互证》,《古籍整理研究学刊》2019 年第 5 期。

~陈雨茵:《从中医西传看中西文化交流》,《中国中医基础医学杂志》2018 年第 4 期。

段祯~:《〈武威医简〉68、86 甲乙及唐以前麻风病用药特点讨论》,《中国中医基础医学杂志》2016 年第 12 期。

段祯~殷世鹏:《〈武威汉代医简〉21—25 简补正及其文化探源》,《西部中医药》2016 年第 9 期。

《文献鲜见敦煌写本医籍中的几则药名》,《西部中医药》2015 年第 8 期。

《敦煌遗书中牲畜病名及牲畜病疗方考》,《敦煌研究》2012 年第 4 期。

《出版史上抄写书卷特点探赜——以敦煌医籍写本为例》,《中国出版》2012 年第 2 期。

《中古民俗文化管窥——以敦煌写本医籍为中心》,《敦煌学辑刊》2011 年第 4 期。

《敦煌写本医籍语言研究》,兰州大学博士学位论文 2012 年。

王一帆（广州中医药大学）

～简福爱:《刘禹锡与医药之缘》,《中医药文化》2010 年第 5 期。

《叶天士遗嘱带来的启示》,《新中医》2007 年第 2 期。

《叶天士之"劳心过度"论》,《中医文献杂志》2004 年第 1 期。

～刘小斌:《服食金丹的起源及其在魏晋和唐代的盛行》,《中医文献杂志》2003 年第 2 期。

王一方（北京大学/上海世纪出版集团/华夏出版社/青岛出版社/湖南省科学技术出版社/湖南中医学院）

《灵性认知:宗教叙事向文学叙事的易帜——由魔幻现实主义文学开启灵性空》,《医学与哲学》2019 年第 19 期。

《〈论语〉的当代医学人文解读——再评〈孔子的修齐治平之道〉》,《中国医学人文》2019 年第 6 期。

《医学的真谛与哲学求解》,《协和医学杂志》2019 年第 6 期。

～耿铭:《人文医学的学理建构与实践拓展——由叙事医学的平行思维触发》,《医学与哲学》2019 年第 7 期。

《〈论语〉中的死亡观与死亡叙事——〈孔子的修齐治平之道〉书评》,《中国医学人文》2019 年第 3 期。

《中医:超越"五四"再出发》,《医学与哲学》2019 年第 3 期。

郭莉萍～:《叙事医学在我国的在地化发展》,《中国医学伦理学》2019 年第 2 期。

～郭莉萍:《我国广义叙事医学发展的文献研究》,《中国医学伦理学》2019 年第 2 期。

《透过癌症文学感悟生死》,《中国医学人文》2018 年第 10 期。

《叙事医学:从工具到价值》,《医学与哲学(A)》2018 年第 5 期。

周程……程瑜～:《医学人文教育思辨》,《中国医学伦理学》2018 年第 4 期。

《医改讨论中的科学与民主"夹生饭"效应及其解脱》,《民主与科学》2018 年第 2 期。

《启蒙—救亡张力下传统中医命运的文化反思》,《南京中医药大学学报(社会科学版)》2018 年第 1 期。

《生命中的灵性与医疗中的灵性照顾——兼谈中国传统文化语境中的灵性叙事》,《中国护理管理》2018 年第 3 期。

《医改中的人文境遇》,《中国卫生》2017 年第 7 期。

《健康的哲学修辞:互文性、范畴与身体间性》,《医学与哲学(A)》2017 年第 6 期。

《为什么不能以"病人"取代"患者"?》,《中国医学人文》2017 年第 1 期。

《尊严死:重症医学的新课题》,《中国医院院长》2016 年第 12 期。

《医生的技术升华与道德净化——电影〈白色巨塔〉赏析》,《中国医学人文》2016 年第 9 期。

《大健康观的哲学思考》,《中国卫生》2016 年第 1 期。

《健康的哲学叙事与深度反思》,《医学与哲学(A)》2016 年第 1 期。

《健康的哲学叙事》,《中国医学人文评论》2016 年 00 期。

《"空雨衣"医学人文与人文医学》,《中国医学人文》2015 年第 1 期。

《梅奥:关注的是病人的感觉》,《健康报》2014 年 5 月 30 日 005 版。

《整合循证医学与叙事医学的可能与不可能》,《医学与哲学(A)》2014 年第 1 期。

《临床医学人文:困境与出路——兼谈叙事医学对于临床医学人文的意义》,《医学与哲学(A)》2013 年第 9 期。

《医院制度：从身体照顾到心灵抚慰》，《中国社会科学报》2013年9月2日B01版。

《讲故事vs找证据：冲撞还是互补》，《健康报》2013年8月16日005版。

关立深～：《中国早期放射科的建制化初探——以北大医院放射科为例》，《医学与哲学（A）》2013年第7期。

《林几与中国现代法医学的发端》，《中国社会科学版》2013年5月13日B01版。

《现代性反思与好医学的建构》，《医学与哲学（A）》2013年第1期。

《福柯的精神火把 叩问临床医学的本质》，《中国医院院长》2012年第23期。

《病历的现代性反思》，《中国医院院长》2012年第8期。

《南丁格尔：照顾比医疗更重要》，《中国医院院长》2012年第5期。

《现代医学饱含沮丧的英雄时代》，《中国阅读周报》2011年12月6日W07版。

《蒙娜丽莎的"病情"》，《中国医院院长》2011年第19期。

《质疑医学中的视觉主义"临床医生"到"临机医生"到认知迷失》，《中国卫生》2011年第8期。

《医学人文思潮如何成为风暴眼——现代生态人文主义对医学人文勃兴的启迪》，《医学与哲学（人文社会医学版）》2011年第6期。

《牙科：从蛮性到优雅》，《中国医院院长》2011年第11期。

《有一种禀赋叫慈爱"画布上的儿科大夫"》，《中国医院院长》2011年期5期。

《有一种气度叫轩昂"画布上的外科医生"》，《中国医院院长》2011年第2期。

《一片瘀青，一地鸡毛——〈刮痧〉与中西医学的冲突》，《中国医院院长》2010年第4期。

《不可爱的现代医学及其根源》，《医学与哲学（人文社会医学版）》2010年第7期。

《克罗齐：大写的"当代史"——兼谈当代医学影像技术的突进与异化之途》，《医学与哲学（人文社会医学版）》2010年第5期。

《伯格曼的"医学思想史"》，《中国医院院长》2010年第8期。

《灵魂有多重 对生物医学研究径向与后果的诘问》，《中国医院院长》2010年第6期。

《瘟疫的隐喻 新瘟疫影片的启示》，《中国医院院长》2010年第2、Z1期。

《医学人文：风云际会60年》，《中国医院院长》2009年第19期。

《图说医学思想史之十二："老虎机与破试管"——生命的支离与钱财的巨耗》，《医学与哲学（人文社会医学版）》2009年第12期。

《图说医学思想史之十一：伯格曼——用电影镜头解剖人性》，《医学与哲学（人文社会医学版）》2009年第11期。

《图说医学思想史之十：穆利斯——心灵裸舞》，《医学与哲学（人文社会医学版）》2009年第10期。

《图说医学思想史之九：福柯——医学思想史的示范课》，《医学与哲学（人文社会医学版）》2009年第9期。

《图说医学思想史之八：杜威的精神衣钵》，《医学与哲学（人文社会医学版）》2009年第8期。

《蒙娜丽莎的"病情"越来越重——绘画与医学札记》，《发现》2009年第8期。

《图说医学思想史之七：苏珊·桑塔格：病人思想家》，《医学与哲学（人文社会医学版）》2009年第7期。

《图说医学思想史之六：莫诺的哲学"麻烦"》，《医学与哲学（人文社会医学版）》2009年第6期。

《图说医学思想史之五：人的差异及其生物学根源》，《医学与哲学（人文社会医学版）》2009年第5期。

《图说医学思想史之四:伯格:"应然"与"必然"之间的伦理阻滞》,《医学与哲学(人文社会医学版)》2009 年第 4 期。

《图说医学思想史之三:科学真理与医学真谛》,《医学与哲学(人文社会医学版)》2009 年第 3 期。

《图说医学思想史之二:库鲁病 vs 疯牛病》,《医学与哲学(人文社会医学版)》2009 年第 2 期。

《图说医学思想史之一:人是机器? 机器是人?》,《医学与哲学(人文社会医学版)》2009 年第 1 期。

《医学在灾难中涅槃》,《医学与哲学(人文社会医学版)》2008 年第 7 期。

《医学史上的"萨顿钥匙"》,《中国医院院长》2008 年第 10 期。

《医改的逻辑与利益集团的阳光博弈——兼谈美国医疗保障制度演进中的博弈规则》,《医学与哲学(人文社会医学版)》2007 年第 10 期。

《"萨顿钥匙"与医学思想史的开启》,《博览群书》2007 年第 9 期。

《中医:技术的"前厅"与人文的"后楼梯"》,《医学与哲学(人文社会医学版)》2007 年第 7 期。

《与疫同行:历史过山车上的伍连德》,《中华读书报》2007 年 5 月 23 日 013 版。

《黄帝的身体与中医学的密码》,《中华读书报》2006 年 12 月 13 日 013 版。

《医学家的博物学关怀与情怀》,《医学与哲学(人文社会医学版)》2006 年第 8 期。

《医学家的博物情怀》,《读书》2006 年第 7 期。

《医学的"混账"》,《读书》2006 年第 2 期。

《现代医学过去的一百年》,《中华医学信息导报》2006 年第 6、7 期。

《医学的艺术与艺术的医学》,《中华医学信息导报》2006 年第 4 期。

《听诊器的末路》,《中华医学信息导报》2006 年第 5 期。

《医学家的传记》,《中华医学信息导报》2006 年第 2 期。

《思想史视野中的 DNA 双螺旋发现》,《中华医学信息导报》2005 年第 24 期;2006 年第 1 期。

~熊卫民:《当医者变成患者——关于 SARS 与医患关系的对话》,《医学与哲学》2003 年第 8 期。

《思想史视野中的 DNA 双螺旋发现》,《医学与哲学》2003 年地 7 期。

江晓原~:《对话:医学人文中的普世关怀与公共理性》,《医学与哲学》2001 年第 8 期。

《消费时代的医学人文价值——兼谈医学中科学和人文的对话与冲突》,《医学与哲学》2001 年第 8 期。

~张大庆:《技术时代的生命图景与医学的当代史——关于 20 世纪医学衍进的对话》,《医学与哲学》2000 年第 7 期。

~邱鸿钟:《百年中医甄变:人文传统与科学建构》,《医学与哲学》1999 年第 3 期。

《评〈中国医学史〉——关于医学史研究与著述的几点反思》,《医学与哲学》1999 年第 8 期。

陈可冀~:《五四以来传统中医的命运与选择(对话)》,《医学与哲学》1999 年第 9 期。

《当代医学的精神困惑——基本医学著作对医学的反思》,《医学与哲学》1997 年第 5 期。

邱鸿钟、李剑~:《病患意义的追寻——评〈病患的意义〉》,《医学与哲学》1997 年第 4 期。

《在思想史与学术史之间》,《医学与哲学》1995 年第 6 期。

《20 世纪中国医学思想史断想》,《医学与哲学》1995 年第 3 期。

《由意达悟——中医传统思维方式与境界浅议》,《湖南中医学院学报》1990 年第 3 期。

《新的医学模式亟待理论建构与思维示范——读〈社会医学〉有感》,《医学与哲学》1989 年第 2 期。

《康熙与中西医汇通》,《湖南中医学院学报》1984 年第 Z1 期。

《医、文、哲三位一体的知识结构》,《医学与哲学》1982 年第 6 期。

王轶佳（郑州大学）

《论药品专利保护》，郑州大学硕士学位论文 2012 年。

王毅杰（河海大学）

~成萍：《社会经济地位与城乡居民健康差异》，《西北农林科技大学学报（社会科学版）》2015 年第 8 期。

王一杰（中南民族大学）

《〈红楼梦〉中女性疾病的概念隐喻分析》，《安徽文学（下半月）》2010 年第 6 期。

王宜静（黑龙江中医药大学）

~罗京滨等：《中国传统文化对医学伦理之影响》，《中国医学伦理学》2003 年第 4 期。

~张福利等：《自然哲学医学模式与中国传统医德规范》，《医学与哲学》2002 年第 8 期。

王义明

《论祖国医学理论体系的核心》，《广东中医》1963 年第 6 期。

《祖国医学对黄疸的认识及其治疗法则》，《中华内科杂志》1959 年第 11 期。

王义权（南京师范大学）

《蛇类药材的系统研究》，南京师范大学博士学位论文 1995 年。

王一仁

《中国医学史序》，《医药卫生月刊》1933 年第 11 期。

王艺潼（延边大学）

《中国妇女健康权保障刍议——以人权为视角》，延边大学硕士学位论文 2010 年。

王贻之

《评叶橘黄先生编著的"中西病名对照表"》，《中医杂志》1957 年第 5 期。

王逸舟（中国社会科学院）

《"非典"与非传统安全》，《中国社会科学院研究生院学报》2003 年第 4 期。

王银（苏州大学）

《1910—1911 年东北鼠疫及防治研究》，苏州大学硕士学位论文 2005 年。

王银泉（南京农业大学）

何航~：《国家叙事和译介传播：〈黄帝内经〉译本研究》，《中医药文化》2019 年第 5 期。

杨丽雯~：《中西文化交流视阈下文树德〈黄帝内经〉英译研究》，《中国中医基础医学杂志》2016 年第 4 期。

张青龙~郑晓红：《互文性理论视野下〈黄帝内经〉的意义观》，《西部中医药》2016 年第 3 期。

张青龙~郑晓红等：《〈黄帝内经〉五运六气英译探讨——以李氏译本为例》，《中医药导报》2016 年第 3 期。

张青龙、郑晓红~马伯英：《中医基础理论的科学内涵》，《医学与哲学（A）》2016 年第 1 期。

杨丽雯~：《〈黄帝内经〉英译研究在中国（2000—2014）》，《中医药导报》2015 年第 12 期。

~徐海女：《清初入华耶稣会士巴多明中医西传活动述评》，《贵州社会科学》2015 年第 8 期。

王为群、周俊兵~：《明清之际中医海外传播概述》，《中国中医基础医学杂志》2014 年第 7 期。

~周义斌等：《中医英译研究回顾与思考（1981—2010）》，《西安外国语大学学报》2014 年第 4 期。

~杨乐：《〈红楼梦〉英译与中医文化西传》，《中国翻译》2014 年第 4 期。

《十七世纪来华波兰耶稣会士卜弥格中医译介研究》，《北京行政学院学报》2014 年第 3 期。

王莹(北京大学)

《中世纪二元权力体系下的英格兰医院》,《经济社会史评论》2016年第4期。

王应(河南中医学院)

《〈淮南子〉对中医藏象学说构建的影响》,河南中医学院硕士学位论文2015年。

贾成祥～:《论中原中医药文化的特色与地位》,《中医药管理杂志》2015年第5期。

～贾成祥:《从脏时相配矛盾看〈黄帝内经〉的成书年代》,《中医学报》2015年第4期。

王颖(苏州大学)

《明清时期对孤老残疾的救济法律制度研究》,苏州大学硕士学位论文2016年。

王应睐(中国科学院)

《我是怎样选择生物化学作为终身事业的》,《生命的化学》2017年第5期;《生理科学进展》1985年第2期;《生命的化学(中国生物化学会通讯)》1985年第2期。

王瀛培(安徽师范大学/华东师范大学/安徽大学)

《"旧中国"经验与"新中国"道路:杨崇瑞和中国妇幼卫生理论与实践的起源》,《妇女研究论丛》2018年第6期。

《团结与改造:从旧产婆到社会主义接生员——以上海为例的讨论》,《妇女研究论丛》2017年第4期。

《国家卫生行政下的中国妇女保健理论与实践》,华东师范大学博士学位论文2016年。

《"医学共荣"还是"殖民地医学":汪伪国民政府治下的医学卫生——以1943—1945年伪〈申报〉为中心的管窥》,《社会科学论坛》2015年第6期。

《近代以来日本对华医疗卫生的影响》,《南方论丛》2014年第6期。

《社会文化史视野下的中国女性与医疗卫生研究述评》,《妇女研究论丛》2014年第3期。

《民国时期安徽卫生行政体系探析》,《安徽农业大学学报(社会科学版)》2012年第6期。

《民国时期安徽医疗卫生研究》,安徽大学硕士学位论文2012年。

《民国时期安徽公立医院的建设与评价》,《滁州学院学报》2011年第6期。

陆发春～:《北京政府时期安徽疫病流行与社会应对》,《安庆师范学院学报(社会科学版)》2012年第1期。

王颖晓(上海中医药大学)

于凌～李其忠:《丁甘仁外科医案内治用药特色初探》,《中华中医药杂志》2018年第8期。

～杨奕望:《西医东渐视野下中医对"胰"认识的衍进》,《中国中医基础医学杂志》2018年第3期。

～杨雪彬:《六淫概念的发生学探讨》,《中医杂志》2018年第1期。

于凌～李其忠:《丁甘仁外科医案辨证规律初探》,《南京中医药大学学报》2017年第4期。

《六淫学说的文化特性探析》,《南京中医药大学学报(社会科学版)》2017年第2期。

《意象思维对五色诊理论形成的影响》,《中国中医药科技》2017年第2期。

《中医五色诊的思维方式探析》,《中医药文化》2017年第1期。

于凌～:《古代医案"论治"失误举隅》,《中国中医基础医学杂志》2016年第9期。

杨雪彬～:《六淫学说的研究进展》,《中医文献杂志》2016年第3期。

《意象思维在五脏生理特性构建中的作用》,《南京中医药大学学报(社会科学版)》2016年第2期。

于凌～李其忠:《丁甘仁外科珍方辅药特色初探》,《时珍国医国药》2016年第2期。

《〈内经〉五色理论的文化特性探析》,《环球中医药》2016年第2期。

～李其忠：《中医五神应五脏的发生学思考》，《中国中医基础医学杂志》2014年第11期。

～李其忠：《中医论心生理特性的发生学探析》，《辽宁中医杂志》2014年第9期。

～李其忠：《中医肺之生理特性的发生学思考》，《时珍国医国药》2014年第6期。

倪红梅、何裕民～徐铭悦等：《情志致病及中医情志医学相关"理论建构"探析》，《上海中医药杂志》2014年第6期。

～李其忠：《五脏生理特性理论探析》，《辽宁中医药大学学报》2013年第10期。

～冯奕斌：《香港大学中医教育本土化的有益探索》，《西部中医药》2013年第8期。

胡冬裴、李小茜～：《〈脏腑性鉴〉校勘整理》，《中华中医药学刊》2013年第5期。

《"治未病"思想的理论探析》，《时珍国医国药》2012年第2期。

～李其忠：《肝藏"形质之象"的发生学思考》，《中华中医药学刊》2010年第12期。

尤艳利～姚斐：《取象思维对中医经穴命名的构建作用》，《江苏中医药》2010年第1期。

～李其忠：《藏象之发生学研究》，《上海中医药大学学报》2008年第5期。

《"心主神明"的发生学思考》，《时珍国医国药》2008年第9期。

～李其忠：《藏象学说形成研究述要》，《辽宁中医杂志》2007年第12期。

～李其忠：《肺主皮毛理论的发生学思考》，《四川中医》2007年第3期。

～李其忠：《取象思维对藏象学说建构的作用》，《辽宁中医杂志》2007年第1期。

～李其忠：《藏象之"象"含义探析》，《上海中医药大学学报》2006年第4期。

～李其忠：《取象思维与藏象学说的建构》，《江苏中医药》2006年第10期。

《中医神明之争析疑》，《辽宁中医学院学报》2005年第2期。

王樱樱（东北大学）

《泰国2002—2011年发展状况动态综合评价——从经济、教育、卫生、社会四个方面考虑》，东北大学硕士学位论文2015年。

王勇（北京中医药大学）

席军生～：《汪本和赵本〈注解伤寒论〉正文比较》，《中医研究》2006年第6期。

～高爱玲：《汪本和赵本〈注解伤寒论〉比较》，《中医文献杂志》2006年第4期。

王勇（河南中医学院）

程传浩、韦大文～：《〈黄帝内经〉中上古医家与巫术考证》，《中医学报》2011年第2期。

～谢有良等：《任应秋研究〈伤寒论〉的成果和方法》，《中医研究》2010年第12期。

谢有良～任廷革：《任应秋早期学术思想探析》，《中医学报》2010年第6期。

彭松林～：《陈士铎用药经验探析》，《中医学报》2010年第5期。

彭松林～：《浅议"脾主谏议之官"》，《河南中医》2010年第9期。

～高爱玲：《汪本和赵本〈注解伤寒论〉比较》，《中医文献杂志》2006年第4期。

～高爱玲：《〈金匮要略〉中〈白酒〉考辨》，《中医药学刊》2003年第8期。

～高爱玲：《论辨证论治思维方法的形成》，《河南中医》2003年第5期。

赵长衍、席军生～：《论叶天士胃阴学说》，《河南中医》2003年第3期。

王勇（中国人口与发展研究中心）

～黄匡时：《全球及中国艾滋病人口规模、空间分布和死亡特征》，《人口与社会》2018年第4期。

（附：许培海、黄匡时：《我国健康医疗大数据的现状、问题及对策》，《中国数字医学》2017年第

5 期。）

李成福、王海涛～陈佳鹏：《婚姻对老年人健康预期寿命影响的多状态研究》，《老龄科学研究》2018
年第 6 期。

李成福、孙林娟～陈佳鹏：《慢性疾病对中国老年人健康预期寿命的影响研究》，《中国卫生统计》
2017 年第 3 期。

李成福、王海涛～陈佳鹏：《教育对中国老年人健康预期寿命影响的多状态研究》，《人口与发展》
2017 年第 3 期。

～林晓红等：《健康中国建设中人口问题与对策建议》，《人口与计划生育》2016 年第 4 期。

王勇（中国医学科学院/北京协和医学院）

《北京协和医学院与民国时期中国医学教育体系的形成》，张大庆等主编《全球视野下的医学文化
史》（北京：中国协和医科大学出版社 2019 年）。

～刘欢：《科学济人道：协和精神的传承和发扬》，《中国医学人文》2018 年第 2 期。

《最应珍贵的护理文化传承：评〈天津近代护理发展史研究〉》，《天津护理》2017 年第 1 期。

～刘烨昕：《顾临与中国近代医学教育》，《医学与哲学（A）》2016 年第 7 期。

《中国现代助产教育的奠基：杨崇瑞与北平国立第一助产学校》，《天津护理》2014 年第 6 期。

《兰安生与中国近代公共卫生》，《南京医科大学学报（社会科学版）》2013 年第 1 期。

～王影：《北京协和医学院创办时期社会历史背景分析》，《医学与哲学（人文社会医学版）》2011 年
第 11 期。

～王影：《协和传统中的科学育人观》，《南京医科大学学报（社会科学版）》2011 年第 1 期。

《略论近代医学先贤刘瑞恒》，《医学与哲学（人文社会医学版）》2009 年第 5 期。

《中国近代医学的开拓者刘瑞恒先生》，《南京医科大学学报（社会科学版）》2009 年第 1 期。

《略论“协和模式”的形成及其社会影响》，《医学与哲学（人文社会医学版）》2008 年第 10 期。

《伍连德与近代中国卫生事业》，《科学》2008 年第 6 期。

《近代中国社会医德问题简析》，《中国医学伦理学》2008 年第 5 期。

《张学良与北京协和医学院》，《南京中医药大学学报（社会科学版）》2008 年第 2 期。

《西方医学在近代中国的传播》，《科学》2007 年第 6 期。

王永笛（吉林大学）

《下坂地墓地出土人类遗骸研究》，吉林大学硕士学位论文 2018 年。

王永飞（咸阳师范学院）

《两汉时期疾疫的时空分布与特征》，《咸阳师范学院学报》2008 年第 3 期。

王永刚（四川电视台）

《论大众传媒在公共卫生建设中的职责》，《中国健康教育》2004 年第 8 期。

王永科（南阳医学高等专科学校）

《医圣祠签方诗歌初探》，《中医药文化》2008 年第 3 期。

王永宽（河南省社会科学院）

《洛阳平乐正骨医术探源》，《河南教育学院学报（哲学社会科学版）》2008 年第 1 期。

王永莉（陕西师范大学）

《从〈四部医典〉看汉、藏医德学之渊源》，《中国医学伦理学》2009 年第 6 期。

《先秦、秦汉时期的医学伦理学思想初探》，《中国医学伦理学》2009 年第 3 期。

王永奇(东北师范大学)

《麻风国王鲍德温四世》,东北师范大学博士学位论文 2018 年。

~王云龙:《麻风病与鲍德温四世的继位关系探析》,《北京联合大学学报(人文社会科学版)》2017年第 4 期。

王永谦(辽宁中医学院)

《景仰山的医学著作及其学术思想》,《辽宁中医杂志》1985 年第 10 期。

《试论宋代医家研究〈伤寒论〉的方法》,《吉林中医药》1984 年第 6 期。

《试论王充朴素唯物的医学思想》,《辽宁中医》1975 年第 2 期。

《批判董仲舒的五行学说及其对祖国医学的影响》,《辽宁中医》1975 年第 1 期。

王永生

《明代伟大的针灸学家杨继洲及其著作》,《中医杂志》1958 年第 2 期。

《铜人史话》,《中医杂志》1957 年第 9 期。

王勇勇(中央民族大学)

《民族地区乡村医疗卫生服务问题研究》,中央民族大学硕士学位论文 2015 年。

王永渝(重庆市中医学校)

《温病学对〈疡科心得集〉的学术影响》,《成都中医学院学报》1990 年第 3 期。

王永源(河北大学)

《近代医疗卫生体系的认识及相关问题思考——对〈再造"病人"〉的评析》,《法制与社会》2017 年第 21 期。

王佑军(商丘职业技术学院)

《对清后期在华基督教医疗事业的几点思考——兼论其与中国本土医疗事业的比较》,《商丘职业技术学院学报》2004 年第 5 期。

王友平(四川大学)

《近代四川教会医院述论》,《宗教学研究》2010 年第 3 期。

《近代四川医药卫生报刊述论(1911—1949)》,《天府新论》2009 年第 4 期。

王有琪

《近代解剖学在欧洲之初期发展》,《上海医学院季刊》1940 年第 3 期。

王有生

《宋代著名针灸学家王惟一》,《健康报》1964 年 6 月 3 日。

《中国古代保健事业的一些成就》,《人民保健》1959 年第 3 期。

《北齐药方》,《医学史与保健组织》1958 年第 4 期。

王钰(南京中医药大学)

《〈黄帝内经〉体质养生思想的研究及其对后世的影响》,南京中医药大学博士学位论文 2017 年。

王宇(厦门大学)

~游澜:《"后新时期文学"中的疾病话语与现代主体》,《厦门大学学报(哲学社会科学版)》2018 年第 1 期。

《延安文学中的"医疗卫生叙事"》,《学术月刊》2017 年第 8 期。

《日常生活精神与医疗、疾病书写——〈笨花〉新论兼及新世纪女性历史叙事新动向》,《南开学报》2017 年第 4 期。

《医疗、生育与性别:乡村的历史和叙述——〈赤脚医生万泉〉和〈蛙〉的"互文性"研究》,《中国现代文学研究丛刊》2016 年第 5 期。

王宇(中国疾病预防控制中心)

《纪念血吸虫病在中国发现 100 周年》,《中国现代医学杂志》2006 年第 2、4 期。

王羽(中华人民共和国卫生部)

《中国防盲治盲工作回顾与发展展望》,《实用防盲技术》2006 年第 1 期。

《面向二十一世纪的初级卫生保健——纪念〈阿拉木图宣言〉发表二十周年》,《中国初级卫生保健》1999 年第 1 期。

～姜辉:《哈拉雷会议宣言——加强以初级卫生保健为基础的地区卫生体制》,《中国农村卫生事业管理》1988 年第 4 期。

王玉德(华中师范大学)

～吕金伟:《晚周秦汉医学知识传承研究》,《医学与哲学(A)》2014 年第 10 期。

《试论中国古代的疫情与对策》,《江汉论坛》2003 年第 9 期。

《试论中国古代的孝道与医道》,《中华医史杂志》2003 年第 3 期。

王玉凤(福建中医学院)

～梁昌洋:《杨士瀛〈仁斋直指方论〉治疗妇产科疾病的经验》,《福建中医学院学报》2003 年第 1 期。

王育林(北京中医药大学)

高静、陈阳～:《中医阴阳学说与哈医学六元学说之对比研究》,《中国民族民间医药》2019 年第 24 期。

吕晓雪～:《"芎""蘼芜""江蓠""蓠"名实考证》,《中国现代应用药学》2019 年第 22 期。

王赛～:《中医"藏"的训释研究——〈通雅·身体〉"五仓"条分析》,《中医药导报》2019 年第 17 期。

王赛～:《〈通雅〉医学词汇考证方法研究》,《中医药导报》2019 年第 14 期。

吕晓雪～:《疠"痿""痟""瘑"考证》,《中医学报》2019 年第 12 期。

刘立安……周立群～:《基于天人合一的古音六字诀音韵学溯源》,《中华中医药杂志》2019 年第 12 期。

吕晓雪～:《"骭疡为微,肿足为尰"医词考释》,《中华中医药杂志》2019 年第 11 期。

赖雪瑜～:《敦煌卷子 S.202 与传世本〈金匮玉函经〉异文举隅》,《中医药导报》2019 年第 11 期。

刘立安、孟月～周立群:《髓海理论考探与脑户穴应用》,《中国针灸》2019 年第 9 期。

吕晓雪～:《以〈汉书·艺文志〉等四种目录书论医籍史发展》,《中医学报》2019 年第 9 期。

王赛～:《〈通雅〉医学词汇考证方法研究》,《中医药导报》2019 年第 9 期。

黄俊伟～:《〈史记〉之"扁鹊传"词汇考疑》,《中医药导报》2019 年第 9 期。

黄天骄～:《浅谈先秦时期的医患关系》,《医学与哲学》2019 年第 6 期。

章桂霞～:《〈证类本草〉辨疑 3 则》,《中医药导报》2019 年第 2 期。

吕晓雪～:《余云岫〈古代疾病名候疏义〉释义方法与特点研究》,《中医学报》2019 年第 2 期。

李翌华～:《余云岫〈古代疾病名候疏义〉的主要内容及性质》,《中医学报》2019 年第 1 期。

吕晓雪～:《"疠""瘟""痎""殰""痟"病名考证》,《北京中医药大学学报》2019 年第 1 期。

刘立安……周立群～:《腧穴取穴法的考证与应用》,《中华中医药学刊》2018 年第 11 期。

章桂霞～：《〈本草纲目〉引〈证类本草〉考》，《中医文献杂志》2018 年第 6 期。

张旭～：《3 种医籍考对比》，《吉林中医药》2018 年第 4 期。

尉捷、吕晓雪～刘铄川：《浅论近代学者的古医籍语词训诂》，《中医杂志》2018 年第 4 期。

宁静～：《〈素问〉〈伤寒论〉〈金匮要略〉"几几"考》，《北京中医药大学学报》2018 年第 1 期。

杨妮楠～：《〈经效产宝〉佚文初探》，《中医药导报》2018 年第 1 期。

李罃华～：《古医籍"洒洒"及相关词汇试析》，《吉林中医药》2017 年第 12 期。

李罃华～：《"盲""矇""瞽""搞""瞍""瞎"等疾病词考》，《长春中医药大学学报》2017 年第 5 期。

～吕晓雪：《"蔆""薢茩""决光"及"菊""楚""蘜"之考辨》，《长春中医药大学学报》2017 年第 5 期。

张旭～：《〈推求师意〉作者考证》，《北京中医药大学学报》2017 年第 9 期。

张志莹……李然～：《从〈太平御览〉看古人对丹药毒性的认识》，《中医学报》2017 年第 7 期。

蔡同泽～：《浅论"五脏辨病"体系》，《中医药导报》2017 年第 11 期。

吕晓雪～：《论〈说文解字〉所收药名的判定问题》，《天津中医药》2017 年第 6 期。

蔡同泽～：《癖疾病证名考辨》，《中医学报》2017 年第 1 期。

吕晓雪～：《"蘁"、"芨"、"菫"、"蒋"、"苗"考证》，《中国中药杂志》2016 年第 17 期。

李罃华～：《〈古代疾病名候疏义〉所释〈说文〉"齲""龇""齲""齼"等疾病词考释》，《吉林中医药》2016 年第 8 期。

孟小燕～：《疟疾病证名复音词研究》，《吉林中医药》2016 年第 7 期。

李罃华～：《〈古代疾病名候疏义〉所释〈说文〉"矅""瞥""眛""眜""瞀"等疾病词考》，《长春中医药大学学报》2016 年第 6 期。

孟小燕～：《古今文献中与"疟痹"相关的病证名研究》，《世界中西医结合杂志》2016 年第 6 期。

谷建军～：《论经学对〈黄帝内经〉学术发展的影响》，《中医文献杂志》2016 年第 5 期。

李罃华～：《"释""瘅""疸"》，《长春中医药大学学报》2016 年第 5 期。

孟小燕～：《"疕，病也"考》，《中医学报》2016 年第 5 期。

李丽～：《〈足臂十一脉灸经〉"牧牧"考》，《吉林中医药》2016 年第 4 期。

孟小燕～：《上古文献中疟疾病证名单音词研究》，《中医文献杂志》2016 年第 3 期。

李罃华～：《〈古代疾病名候疏义〉所释〈尔雅〉"疵""瘣""痱"考》，《吉林中医药》2016 年第 3 期。

包蕾～：《〈诗经〉本草名物训诂研究》，《北京中医药大学学报》2016 年第 2 期。

马骏～：《曲直濑道三在日本汉方医学中的地位和贡献》，《中国中医基础医学杂志》2016 年第 1 期。

张秀平～李罃华：《"蚀肛"的本草名物简考》，《长春中医药大学学报》2015 年第 6 期。

李罃华～：《疾病词"瘑""痱""膌""瘘"等考证》，《长春中医药大学学报》2015 年第 6 期。

边晓静～：《〈素问〉3 种版本异文比较研究》，《北京中医药大学学报》2015 年第 10 期。

李罃华～：《疾病词"皴""皰""疣""瘤"等考证》，《吉林中医药》2015 年第 7 期。

张秀平～李罃华：《〈千金翼方〉本草异名考释举隅》，《中医药文化》2015 年第 3 期。

肖雄～：《〈广韵〉疤、痱、痹及相关病名考释》，《中医文献杂志》2014 年第 5 期。

肖雄～：《〈广韵〉外科疾病名释诂举隅》，《中医文献杂志》2014 年第 3 期。

徐世瑜～：《疝疾病证名考辨》，《中医学报》2014 年第 6 期。

～樊经洋：《试论中医学与中国传统文化的关系》，《中华中医药杂志》2014 年第 6 期。

段晓华……刘珊～：《〈说文解字〉"疾""病"及其相关语词考》，《吉林中医药》2014 年第 2 期。

石雨～:《悬雍"悬痈"词义考辨》,《中医学报》2014 年第 2 期。

石雨～:《十三鬼穴考辨》,《中医学报》2013 年第 11 期。

彭榕华～:《地理环境对中医药学术的影响》,《中国中医药报》2013 年 4 月 29 日 003 版。

石雨～:《〈备急千金要方〉首见腧穴名称研究》,《中医文献杂志》2013 年第 2 期。

彭榕华～:《地理环境对中医药文化的影响刍议》,《中医学报》2013 年第 4 期。

李翠华～:《"欬""瘶"及其相关病证名考辨》,《北京中医药大学学报》2012 年第 12 期。

～李翠华:《"癞"及相关病名考辨》,《北京中医药大学学报》2012 年第 8 期。

肖红艳……杨东方～:《医古文教学中从词汇时代性考察版本年代的探讨——以陶弘景〈补阙肘后百一方序〉为例》,《中国中医药现代远程教育》2012 年第 1 期。

刘力力～马燕冬:《从"大机里尔"到"胰"——荷兰语医学名词"alvleesklier"汉译探微》,《中西医结合学报》2011 年第 10 期。

李翠华～于雷:《〈正续一切经音义〉中病症名称义疏举隅》,《北京中医药》2011 年第 5 期。

～于雷等:《论汉代训诂书中的疾病名及其释义》,《中医药文化》2011 年第 4 期。

～李翠华等:《论〈正续一切经音义〉病证名兼考"癫痫""痰饮"》,《北京中医药大学学报》2011 年第 3 期。

杨东方～:《刘禹锡〈传信方〉辑佚本漏收误收举隅》,《北京中医药大学学报》2009 年第 11 期。

～李乐啸等:《关于〈尔雅〉所载本草数目的研究》,《北京中医药大学学报》2009 年第 5 期。

《论清代小学家的本草名物考证》,《北京中医药大学学报》2008 年第 9 期。

《试论清儒〈黄帝内经〉音韵训诂研究》,北京中医药大学博士学位论文 2004 年。

王玉林(南开大学)

《清末东北鼠疫中的众生百态》,《黑河学刊》2010 年第 9 期。

王雨濛(南开大学)

《刀针、膏贴与汤药:清代的外科》,南开大学硕士学位论文 2013 年。

方小平～:《赤脚医生、乡村医疗制度化与三级医疗体系"哑铃型结构"的演化》,《中国社会历史评论》2013 年 00 期。

王裕明(江苏省社会科学院)

《清代苏州肺结核病情形之考察》,《学海》2002 年第 5 期。

《肺结核病在家族中的传染:以清代江南为中心》,《学海》2006 年第 1 期。

王宇琦(山东大学)

《从健康传播角度分析同性恋报道——以凤凰网 2009—2013 年为例》,山东大学硕士学位论文 2014 年。

王玉芹(吉林省社会科学院)

《日军在华化学武器的研制应用及遗弃》,《北华大学学报(社会科学版)》2017 年第 4 期。

《侵华日军七三一部队在中国的罪行研究》,《日本侵华史研究》2017 年第 3 期。

《日军第一〇〇部队与细菌战》,《学理论》2015 年第 20 期。

《试析"满铁"在中国东北的防疫活动》,《大连近代史研究》第 12 卷(2015)。

《伪满洲国医疗统制研究》,《兰台世界》2015 年第 10 期。

《日本殖民时期的东北医学统制:以满铁医疗卫生机构为中心的研究》,《社会科学战线》2015 年第 8 期。

《"满洲医科大学"在中国东北侵略罪行研究》，《日本问题研究》2014年第3期。

《伪满新京医科大学述论》，《兰台世界》2013年第34期。

《"满洲医科大学"在内蒙古巡回诊疗及其实质》，《东北史地》2013年第5期。

《"满洲医科大学"收集人体标本黑幕》，《东北亚研究》2013年第2期。

《满铁卫生研究所与731细菌部队》，《东北史地》2012年第6期。

《满铁大连医院的设立及其在东北的侵略活动》，《东北史地》2011年第3期。

《略论满铁在中国东北设立的卫生设施》，《东北亚研究》2011年第2期。

王玉琴（南京大学）

《从"向死而思"到"向死而在"——文学与死亡的亲缘性关系论略》，《社会科学辑刊》2009年第2期。

王玉润

《中医儿科发展史话》，《广东中医》1956年第9、11期；1957年第1、3期。

王雨田（华中师范大学）

《蒋光慈小说中的疾病隐喻》，《周口师范学院学报》2015年第3期。

王予霞（集美大学）

《疾病现象的文化阐释》，《文艺理论与批评》2003年第6期。

《西方文学中的疾病与恐惧》，《外国文学研究》2003年第6期。

王玉辛（河北省医学科学院）

《清末的中央卫生行政机构与京城官医院》，《中国科技史料》1994年第3期。

王玉兴（天津中医药大学/天津中医学院）

王洪武～王小平：《"秋伤于湿，冬生咳嗽"析》，《中国中医药信息杂志》2016年第10期。

韩如冰～：《〈内经〉"冬至重病"初探》，《江苏中医药》2015年第11期。

～崔宝林等：《〈内经〉"五脏浊气"初探》，《陕西中医学院学报》2014年第6期。

杨坤、余达～：《揭开〈难经〉的神秘面纱——我国现存最早的医学考试问答题集》，《光明中医》2009年第7期。

余达、杨坤～：《〈周易〉圆道与任督循环探析》，《中华中医药学刊》2009年第6期。

杨坤、余达～：《试论〈素问·痹论〉的痹证层次发病观》，《江西中医学院学报》2009年第2期。

李颖～：《〈内经〉脉痹传变规律探讨》，《江西中医学院学报》2008年第2期。

杨雪梅、李德杏～李巧芳：《秦汉时期易学与脏腑辨证》，《江西中医学院学报》2007年第5期。

曾又佳～王秀兰：《〈温病学〉脏腑辨证特点初探》，《天津中医药大学学报》2007年第1期。

王秀兰～杨雪梅：《〈明医指掌〉与脏腑辨证》，《天津中医药》2007年第1期。

王秀兰～曾又佳：《〈杂病证治准绳〉中的脏腑辨证》，《江苏中医药》2007年第1期。

杨雪梅、李德杏～：《金元时期脏腑辨证学说发展特点研究》，《天津中医药大学学报》2006年第2期。

～段荣蓉等：《〈小儿药证直诀〉脏腑辨证方法初探》，《天津中医药》2006年第3期。

杨雪梅……李德杏～：《秦汉时期脏腑辨证学说发展特点研究》，《中华医史杂志》2006年第3期。

～刘树巍、曾又佳：《胃脘痛辨证分型沿革探析》，《天津中医药大学学报》2006年第2期。

杨雪梅、李德杏～：《明清时期脏腑辨证发展特点研究》，《中医文献杂志》2005年第4期。

杨雪梅～李德杏:《明清时期的经络辨证与脏腑辨证》,《天津中医学院学报》2005 年第 3 期。

阚湘苓～:《从〈秦伯未医文集〉看其辨证思维》,《天津中医药》2005 年第 2 期。

《中日〈黄帝内经太素〉研究年表》,《天津中医学院学报》2004 年第 4 期。

刘恩顺～:《〈医学心悟〉辨证方法初探——兼论脏腑辨证特点》,《天津中医药》2004 年第 5 期。

李德杏、刘公望～:《浅析中国与阿拉伯医药交流的实现途径》,《天津中医学院学报》2004 年第 3 期。

杨雪梅～:《〈素问玄机原病式〉与脏腑辨证》,《天津中医药》2004 年第 3 期。

《中国古代疫情年表(公元前 674 年—公元 1911 年)》,《天津中医学院学报》2003 年第 3、4 期。

《关于〈太素〉佚卷的初步考证》,《天津中医学院学报》2003 年第 1 期。

赵瑞珍～:《"五脏六腑皆令人咳,非独肺也"新识》,《天津中医学院学报》2002 年第 4 期。

《马来西亚中医药大事年表》,《天津中医药学院学报》2002 年第 3 期。

《缺卷覆刻〈太素·杂诊〉校注》,《天津中医学院学报》1998 年第 4 期。

《缺卷覆刻〈太素·九针要道〉校注》,《天津中医学院学报》1998 年第 1 期。

《〈黄帝内经太素〉佚卷篇目初辑》,《天津中医学院学报》1997 年第 3 期。

《试论中医学的哲学基础——气一元论》,《北京中医药大学学报》1996 年第 3 期。

《"髓海有余"辨析》,《天津中医学院学报》1996 年第 1 期。

《缺卷覆刻本〈太素〉校读例略》,《山东中医学院学报》1995 年第 6 期。

《心包、心包络、膻中概念之辨析》,《天津中医学院学报》1995 年第 3 期。

《〈金匮〉"助用焦苦"新探》,《辽宁中医杂志》1993 年第 7 期。

《仁和寺本〈太素〉残叶校按》,《天津中医学院学报》1991 年第 3 期;1992 年第 1 期。

《关于〈黄帝内经太素〉的流传概况》,《天津中医学院学报》1990 年第 4 期。

王育学(青岛医学院)

《〈永类铃方〉在骨伤科学术上的贡献》,《青岛医学院学报》1976 年第 1 期。

《〈世医得效方〉在骨伤科学术上的贡献》,《青岛医学院学报》1975 年第 1 期。

《试论〈仙授理伤续断秘方〉在伤科学术上的贡献》,《中医杂志》1964 年第 9 期。

王玉柱(吉林大学)

《当代医学人文精神的反思与重建》,吉林大学博士学位论文 2012 年。

～高文新:《中、西医学的哲学思维方式及其互补性》,《吉林大学学报(医学版)》2011 年第 4 期。

王媛(第三军医大学)

《国立中正医学院办学状况及特色研究》,第三军医大学硕士学位论文 2015 年。

王媛(河北大学)

《湖南卫视养生栏目〈百科全说〉研究》,河北大学硕士学位论文 2011 年。

王姐(首都医科大学)

～高大红等:《促进晚清至近代女医教育发展因素剖析》,《继续医学教育》2017 年第 1 期。

汪元元(南京师范大学)

《从转型期医生媒介形象看我国都市报报道》,南京师范大学硕士学位论文 2008 年。

王元周(北京大学)

《抗战时期根据地的疫病流行与群众医疗卫生工作的展开》,《抗日战争研究》2009 年第 1 期/《历史教学(高校版)》2009 年第 8 期。

《广大华行:从小西药行到中共三线地下机构》,《百年潮》2005 年第 1 期。

王岳(北京大学)

薛晓～:《美国药品尝试权立法的历史沿革及思考》,《中国药房》2019 年第 18 期。

赵忻怡、张泉～:《我国患者安全现状与因应之道》,《医学与哲学》2019 年第 12 期。

王雨～:《对影响患者安全行为的医院内部追责机制探讨》,《医学与哲学》2019 年第 12 期。

《医事法的历史流变与展望》,《中国医学人文》2019 年第 9 期。

《医学人文指引下的法律秩序回归——中国医学人文大会"医学人文与法律分论坛"有感》,《中国医学人文》2019 年第 8 期。

霍婷～:《执业医师终身禁业制度研究》,《中国卫生法制》2019 年第 5 期。

刘颖～:《沧桑七十年　续写新华章——新中国卫生监督发展回顾和展望》,《中国卫生监督杂志》2019 年第 5 期。

宋奇繁～:《献礼建国 70 周年回顾我国卫生法制建设历程》,《中国卫生监督杂志》2019 年第 4 期。

杨健～:《简要回顾我国卫生法学学科与卫生法制建设》,《中国卫生法制》2019 年第 4 期。

胡凤松……赵忻怡～:《不同群体对"患者"和"病人"两词的态度研究》,《中国卫生法制》2019 年第 2 期。

李若男～:《从"鸿茅药酒案"谈医生科普边界》,《中国医院院长》2018 年第 11 期。

《意识不清患者紧急救治代理人制度的流变与展望》,《医学与哲学(A)》2018 年第 8 期。

《"遏制商业贿赂"与"去行政化"才是药品(疫苗)市场回归有序的当务之急——从〈我不是药神〉到"长生公司疫苗案"引发的法律漫谈》,《中国卫生法制》2018 年第 6 期。

刘颖～:《药品价格治理主体及其行为规范探讨》,《广东行政学院学报》2018 年第 3 期。

《〈基本医疗卫生与健康促进法(草案)〉若干问题的思考》,《中国卫生法制》2018 年第 3 期。

赵忻怡～:《如何完善医疗纠纷处理机制——基于医患双方态度的研究》,《医学与哲学(A)》2018 年第 2 期。

吴天昊……邹旭光～:《美国〈道歉法案〉的浅析与启示》,《中国卫生法制》2017 年第 6 期。

《不构成非法行医罪 不代表无法律风险》,《中国医院院长》2017 年第 6 期。

《通过立法推动医院管理模式与医学服务模式的转型》,《中国卫生法制》2017 年第 4、5 期。

《用什么来拯救我们的儿科医生》,《中国医院院长》2016 年第 20 期。

《临床"知情同意"现状之法律反思》,《中国医院院长》2016 年第 18 期。

《英国侵权法视野下中国医疗过失的流变与展望》,《医学与哲学(A)》2016 年第 12 期。

《医政理念与机制的变革》,《中国卫生》2016 年第 10 期。

《"魏泽西事件"法律问题之法律反思》,《中国医院院长》2016 年第 9 期。

《医者"心术"之思》,《中国医院院长》2016 年第 8 期。

《〈医疗纠纷预防与处理条例(草案)〉若干问题思考》,《中国医院院长》2016 年 Z1 期。

～刘鑫等:《潘耀平案是否构成"医疗事故罪"的法律探讨》,《中国医院院长》2015 年第 12 期。

《醉酒患者医疗救治中的安全风险防控》,《中国医学人文》2015 年第 10 期。

侯跃隆……夏燕青～:《乡情纽带:改善中国医患关系的新路径》,《医学与哲学(A)》2015 年第 9 期。

～刘鑫等:《潘耀平是否构成医疗事故罪》,《中国卫生》2015 年第 8 期。

《互联网医疗 呼唤法律保驾》,《中国卫生》2015 年第 4 期。

刘颖～:《公立医院现行药品集中采购模式属性及其法治化初探》,《河北学刊》2015 年第 3 期。

《知情同意究竟是"法律免责"还是"达成共识"——我国临床知情同意现状之法律反思》,《中国医学人文》2015 年第 2 期。

刘颖～:《药品集中采购中的"黑名单"制度浅析》,《中国卫生法制》2015 年第 2 期。

《反思精神障碍强制医疗的"危险性"原则》,《中国卫生法制》2014 年第 3 期。

《面对伤医血案频发,我们该"消极保护"还是"积极改变"?》,《医院院长论坛—首都医科大学学报(社会科学版)》2013 年第 6 期。

《后现代精神病学对现代精神病学的法哲学反思》,《中国卫生法制》2013 年第 5 期。

《建立医生黑名单制度 or 修订执业医师法》,《中国医院院长》2013 年第 18 期。

《反思现代精神病学》,《中国医院院长》2013 年第 13 期。

《女医生患癌事件的法律诉求》,《中国医院院长》2013 年第 5 期。

欧阳雨晴、王若～:《如果问诊增加十分钟 找到打开和谐医患关系之门的钥匙》,《中国医院院长》2013 年第 2 期。

《医院墙上该挂什么》,《中国医院院长》2012 年第 17 期。

《医院的卫生间该改改了》,《中国医院院长》2012 年第 15 期。

李冬～:《中国与加拿大亚伯达省精神卫生立法之比较研究》,《中国卫生法制》2012 年第 3 期。

《拯救今天医生和患者的良药唯有医学人文教育》,《中国卫生人才》2011 年第 11 期。

《患者决定生死权》,《中国医院院长》2011 年第 14 期。

《临床"见死不救"案引发的法律思考——谈〈侵权责任法〉之医生治疗特权》,《中国护理管理》2011 年第 4 期。

《产前超声筛查后"不当出生"的法律问题思考》,《中华医学超声杂志(电子版)》2011 年第 4 期。

《从美国艾滋病患者诉卡罗拉多州血库案看血液之严格责任》,《中国卫生人才》2011 年第 2 期。

《反思意思自治原则在急危病症抢救中的尴尬》,《中国卫生法制》2011 年第 1 期。

《"我"不同意,医生能见死不救吗?》,《中国医院院长》2011 年第 1 期。

《从临床"见死不救"案引发的法律思考——关于〈侵权责任法〉第 56 条的讨论》,《中国社区医师》2010 年第 48 期。

《150 年前的精神病院事件》,《中国医院院长》2010 年第 17 期。

《域外医疗损害之举证责任分配比较与我国的策略》,《证据科学》2010 年第 4 期。

《对医疗损害责任相关问题的探讨》,《中国司法鉴定》2010 年第 2 期。

《论尊严死》,《江苏警官学院学报》2012 年第 3 期。

《从〈侵权责任法〉审视医疗损害与医疗事故的区别》,《中国继续医学教育》2010 年第 2 期。

《对医疗损害责任相关问题的探讨》,《中国司法鉴定》2010 年第 2 期。

《刍议美国药械集团采购组织及对我国医院采购模式的启示》,《中国医院药学杂志》2007 年第 7 期。

《从"韩国人参丸事件"反思我国药物临床试验中的法律问题》,《医院管理论坛》2006 年第 12 期。

《对〈中华人民共和国侵权责任法(草案)〉医疗损害责任的立法建议》,《中国医院管理》2009 年第 7 期。

《从肖志军案引发的法律问题思考》,《中国卫生法制》2008 年第 2 期。

《从骗取医保基金现象看医保管理观念的转变》,《中国医疗保险》2008 年第 2 期。

《从肖志军案看我国医疗违法阻缺理由的立法完善》,《医学与哲学(人文社会医学版)》2008年第2期。

《论医疗正义》,《法律与医学杂志》2007年第2期。

~孟洁:《从法律角度审视强制婚检制度》,《中国卫生法制》2005年第5期。

《解析〈传染病防治法〉修订后的九大变化》,《中国护理管理》2005年第2期。

~周革利:《论输血致患者感染所引发的法律问题》,《中国医院管理》2003年第5期。

王越(陕西师范大学)

《英国空气污染防治演变研究(1921—1997)》,陕西师范大学硕士学位论文2018年。

王岳宝

《〈本草纲目〉中有关"金石药"的炮制方法》,《哈尔滨中医》1963年第1期。

王月清(南京大学)

邵佳德~:《从借医弘道到悲田养病——试论汉唐之际中国佛教医学的发展及其贡献》,《医学与哲学(人文社会医学版)》2009年第10期。

~范赟:《追求中医药学思想的源头活水——〈儒道佛与中医药〉评介》,《世界宗教研究》2002年第4期。

《佛教思想与现代医学的关联》,《江苏社会科学》2001年第5期。

王月昀(上海师范大学)

《20世纪50年代上海市爱国卫生运动研究》,上海师范大学硕士学位论文2013年。

王蕴(枣庄市峄城区人民医院)

《试谈〈内经〉与中医心理学说关系》,《中国中医药现代远程教育》2015年第20期。

王云(浙江大学)

《19世纪上半叶西欧颅相学的传播及意义初探》,浙江大学硕士学位论文2015年。

王云峰(北京协和医学院)

~赵雁:《中国护理百年发展史的主要历程及其评价》,《中华现代临床护理学杂志》2010年第11期。

~赵雁:《中国护理百年发展掠影》,《中华护理教育》2009年第11期。

~刘华平等:《厚德载物 上善若水 大爱无边 大道无言——深切缅怀我国著名护理学专家林菊英先生》,《中华护理教育》2009年第1期。

王云路(杭州大学)

《汉魏六朝语言研究与古代疾疫》,《杭州大学学报(哲学社会科学版)》1992年第3期。

王筠默(上海市退离休高级专家协会医委药学组/上海中医学院/山东大学)

《人参史研究》,《中成药》2002年第3期。

《〈名医别录〉和〈本草经集注〉考略》,《江苏中医杂志》1981年第4期。

~胡隐恒等:《建国以来有关中草药的不良反应及其防治的研究》,《中草药》1980年第7期。

李仪奎~:《建国以来我国中药药理研究的主要成就》,《中草药通讯》1979年第10期。

《〈本草经集注〉与〈证类本草〉》,《浙江中医杂志》1980年第4期。

《从证类本草看宋代药物产地的分布》,《中华医史杂志》1958年第2期。

《再记吴其濬先生和他的著作》,《上海中医药杂志》1956年第6期。

《吴其濬和植物名实图考》,《中华医史杂志》1955年第4期。

《明代医书访辑录》,《江西中医药》1955 年第 24—25 期;1956 年第 30 期。

《明刊证类本草的版本及其有关问题补记》,《江西中医药》1955 年第 7 期。

《证类本草和本草衍义的几个问题》,《中华医史杂志》1954 年第 4 期。

《中国最古的药物治疗学》,《医药新知》1951 年第 1 期。

王云鹏(潍坊十笏园博物馆)

　　～崔永胜:《"传奉官"中的医官及明初太医院医官——读〈"传奉官"与明成化时代〉》,《潍坊学院学报》2013 年第 3 期。

王云屏(中国人民大学/国家卫生计生委卫生发展研究中心/国家卫生和计划生育委员会/中国卫生部医药卫生科技发展研究中心/中国卫生部卫生经济研究所)

　　～金楠等:《中国对外援助医疗卫生机构的历史、现状与发展趋势》,《中国卫生政策研究》2017 年第 9 期。

　　樊晓丹～杨洪伟等:《卫生援外人力资源开发合作:现状、问题与策略》,《中国卫生政策研究》2017 年第 8 期。

　　《"一带一路"连起健康之路》,《中国卫生》2016 年第 3 期。

　　～梁文杰等:《中国卫生发展援助的理念与实践》,《中国卫生政策研究》2015 年第 5 期。

　　曹桂～付泽等:《金砖国家卫生发展援助分析》,《中国卫生政策研究》2015 年第 5 期。

　　《抗击埃博拉:中国赢得世界尊重》,《中国卫生》2014 年第 11 期。

　　～刘培龙等:《七个经合组织国家全球卫生战略比较研究》,《中国卫生政策研究》2014 年第 7 期。

　　王秀峰～吴华章等:《美国医改主要内容及启示》,《中国医疗保险》2014 年第 6 期。

　　～樊晓丹等:《加强卫生系统:中非卫生合作的新航向》,《中国卫生政策研究》2013 年第 11 期。

　　～周晓爽:《美国医改实施的进展、前景与启示》,《中国卫生政策研究》2013 年第 3 期。

　　向国春……冯奥～毛正中:《汶川地震灾后紧急医疗救助障碍分析》,《医学与社会》2010 年第 3 期。

　　向国春～:《汶川地震灾后紧急医疗救助的实施障碍分析》,《中国卫生资源》2010 年第 1 期。

　　黄宵、顾雪非～付晓光等:《农村贫困居民慢性病患病现状研究》,《现代预防医学》2009 年第 23 期。

　　向国春……龚勋～顾雪非等:《都江堰市地震灾后居民医疗服务需求与利用情况调查》,《医学与社会》2009 年第 10 期。

　　练乐尧～:《医疗保障制度立法的国际比较及对我国的启示》,《卫生经济研究》2008 年第 1 期。

王泽鸿(福安市民族医药研究所)

　　～范旻雁等:《〈伤寒论〉经方用药的几点思考》,《中国民族民间医药》2017 年第 23 期。

　　《畲族医药概述》,《中国民族》2001 年第 3 期。

　　～钟伏伦等:《闽东畲医雷晋金正骨经验》,《中国民族医药杂志》1998 年第 2 期。

　　～陈焕光:《闽东畲医雷晋全正骨经验与传略》,《中国民族民间医药杂志》1994 年第 1 期。

王泽仪(台湾暨南大学)

　　《清初传奇中的相思病表现与意义》,台湾暨南大学硕士学位论文 2008 年。

王增浦

　　～李育华:《孙思邈与道教》,《宗教学研究》1991 年 Z2 期。

王曾瑜(中国社会科学院)

　　《城狐社鼠——宋高宗时的宦官与医官王继先》,《四川大学学报》1995 年第 2 期。

王占仁(东北师范大学)

《1934 年前后毛泽东拟赴苏联治病的原委》,《光明日报》2014 年 2 月 12 日 014 版。

王章伟(香港理工大学)

《文明推进中的现实与想像——宋代岭南的巫觋巫术》,《新史学》第 23 卷第 2 期(2012.6)。

王钊(北京中医学院)

~贾鸿宝:《〈内经〉"祝由"辨析》,《中医杂志》1990 年第 4 期。

王兆(北京中医药大学)

杨必安~黄作阵:《黄元御"土枢四象,一气周流"理论的针灸应用探索》,《世界中医药》2016 年第 5 期。

杨必安~黄作阵:《黄元御对诸家医学流派的批判与影响研究》,《世界中医药》2015 年第 6 期。

《清末御医力钧中医文献整理研究》,北京中医药大学硕士学位论文 2015 年。

张凯文……翟文浩~张其成:《北京太医院祭祀制度考》,《中医药文化》2014 年第 6 期。

~王宗欣等:《清末御医力钧〈难经〉文献整理初探》,《中医药文化》2014 年第 4 期。

王肇磊(江汉大学)

~王思琪:《民国时期湖北城市疾疫灾害时空分布规律》,《城市史研究》2015 年第 2 期。

《略论疾疫视域下的抗战时期贵州城市公共卫生建设》,《遵义师范学院学报》2012 年第 5 期。

王朝宏(河北大学)

《电视医药广告健康传播功能探析》,河北大学硕士学位论文 2006 年。

王振(山东中医药大学)

《张介宾脑病学术思想研究》,山东中医药大学硕士学位论文 2016 年。

王珍娥(长治医学院附属和平医院)

张晋霞、李鹏~:《现代中医心理学发展简述》,《中华医史杂志》2014 年第 3 期。

李艳……崔永英~:《院前急救的历史回顾》,《中华医史杂志》2013 年第 4 期。

赵敏~:《临终关怀的发展回顾》,《中华医史杂志》2013 年第 2 期。

崔永英~:《循证护理概念的提出及发展》,《中华医史杂志》2012 年第 1 期。

~李鹏等:《知情同意的演变及发展》,《中华医史杂志》2011 年第 5 期。

~上官青苗等:《临床路径概念的提出及发展》,《中华医史杂志》2010 年第 6 期。

王振国(山东中医药大学/山东中医学院)

袁婷、张丰聪~:《文化区系视野下"九针"疗法起源新探》,《中华中医药杂志》2019 年第 12 期。

郑文杰~:《地黄常用品名及异名文献考略》,《中药材》2019 年第 11 期。

孙慧明、李成华~:《中医学术流派的社会功能》,《中国中医基础医学杂志》2019 年第 9 期。

陈少宗~:《系统中医学研究的回顾》,《山东中医药大学学报》2019 年第 4 期。

~张冰等:《中医药理论的近代嬗变及其影响——以本草诠释方法为视角》,《山东中医杂志》2019 年第 1 期。

郑文杰~:《〈本草纲目〉中毒性药物的炮制》,《时珍国医国药》2018 年第 8 期。

王飞旋~杨金萍等:《〈圣济总录〉研究现状分析》,《山东中医药大学学报》2018 年第 4 期。

孟玺~杨金萍等:《〈诗经〉本草名物考述》,《医学与哲学(A)》2018 年第 2 期。

郜峦~张丰聪:《大数据背景下的地域性中医学术流派研究》,《世界科学技术·中医药现代化》

2018 年第 1 期。

郜峦～张丰聪：《历史地理学视野下的地域性中医学术流派研究》，《中医杂志》2017 年第 20 期。

陈聪、付先军～：《近 20 年张仲景经方研究的文献计量学分析》，《中医杂志》2017 年第 18 期。

王飞旋～杨金萍等：《〈圣济总录·伤寒门〉征引医论的来源考证——兼论〈圣济总录〉对伤寒辨证理论的发挥》，《中华中医药杂志》2017 年第 11 期。

陈聪～：《经方排脓散古今方解及应用述要》，《山东中医杂志》2017 年第 9 期。

付先军……郭庆梅～：《海洋中药材本草考证思路与方法探讨》，《中华中医药杂志》2017 年第 9 期。

陈聪～：《〈景岳全书·妇人规〉治疗崩漏的方药应用特色》，《中华中医药杂志》2017 年第 8 期。

杨金萍～胡春雨等：《佛教水陆壁画中的涉医图考》，《医学与哲学（A）》2017 年第 7 期。

李怀芝～杨金萍：《〈圣济总录〉"虚劳门"医论考》，《山东中医药大学学报》2017 年第 4 期。

～任玉兰：《中医近现代史研究的标志性成果——〈百年中医史〉述评》，《中医杂志》2017 年第 7 期。

袁婷～：《从〈黄帝内经〉"异法方宜论"谈重构中国上古先秦医史》，《中华中医药杂志》2017 年第 4 期。

和中浚～：《首部系统辑录研究新疆出土涉医文书的力作》，《中医药文化》2017 年第 2 期。

袁婷～：《文化区系视野下的"毒药"疗法起源新探》，《中华中医药杂志》2016 年第 12 期。

付先军～王长云等：《海洋中药的内涵与外延探讨》，《世界科学技术·中医药现代化》2016 年第 12 期。

孙慧明、李成华～：《齐鲁医派的学术特色及传承方法探析》，《中医杂志》2016 年第 10 期。

袁婷～：《文化区系视野下的"导引按蹻"起源新探》，《中华中医药杂志》2016 年第 5 期。

杨金萍～：《古代纹饰画像中虎与生命主题探析——兼论虎与葫芦及龙虎文化》，《医学与哲学（A）》2016 年第 2 期。

付先军……李学博～王长云：《基于文献文本挖掘的海洋中药药性分布规律研究》，《中华中医药杂志》2016 年第 1 期。

杨金萍～卢星：《从汉画像石"扁鹊针刺图"谈扁鹊与东夷巫医文化》，《中华医史杂志》2016 年第 1 期。

袁婷～：《文化区系视野下的上古砭石疗法起源初探》，《世界科学技术·中医药现代化》2015 年第 12 期。

袁婷～：《百年"王官"之争与先秦中医学术源流的反思》，《中华中医药杂志》2015 年第 12 期。

袁婷～：《文化区系视野下的中医"艾灸"疗法起源新探》，《世界科学技术·中医药现代化》2015 年第 10 期。

刘鹏～：《以身观身：对道教与中医学身体观的认识》，《中国道教》2015 年第 5 期。

～刘鹏：《道教对中医药的影响——从本草与服食养生说起》，《中国道教》2015 年第 4 期。

杨金萍～陈花英子：《张元素"气味厚薄阴阳升降"与"药类法象"理论探析》，《中国中医基础医学杂志》2015 年第 3 期。

孙慧明、张丰聪～：《试论齐文化对齐派医学形成的影响》，《中医杂志》2014 年第 6 期。

马祥、张丰聪～：《对近代中医药期刊研究现状的分析》，《山东中医药大学学报》2014 年第 3 期。

陈静～：《将佛法中"三法门"引入〈黄帝内经〉现代诠释的探析》，《江西中医药》2014 年第 1 期。

丁兆平～:《3 部汉译俄文文献记载的中俄药材贸易》,《中华医史杂志》2014 年第 1 期。

王鹏～刘更生等:《当代中医学术流派研究与传承发展》,《中医杂志》2013 年第 10 期。

姜艳～:《民国时期中医期刊〈国医正言〉评述》,《世界中西医结合杂志》2013 年第 9 期。

丁兆平～姜锡斌:《〈药镜〉暨〈医药镜〉初刻版本考——基于对〈药镜〉序、跋、凡例的解读》,《山东中医药大学学报》2013 年第 6 期。

王鹏……刘更生～:《针刺麻醉文献研究的内容与方法》,《安徽中医药学院学报》2013 年第 5 期。

马祥～:《〈光华医药杂志〉"女医专号"特点评述》,《世界中西医结合杂志》2013 年第 5 期。

朱毓梅、杨金萍～李绍林:《丁甘仁对张仲景六经辨证思想的发挥》,《中医杂志》2013 年第 5 期。

马祥、张丰聪～:《中国第一种女中医杂志——〈中国女医〉》,《南京中医药大学学报(社会科学版)》2013 年第 4 期。

张丰聪～:《中医古代临床文献研究思路和方法》,《南京中医药大学学报(社会科学版)》2013 年第 3 期。

陈静、刘巨海～:《近代关于"心主神明"与"脑主神明"的认识》,《江西中医学院学报》2013 年第 3 期。

王鹏……付先军～:《金银花的文献出处及相关药用名称药用部位考证》,《中华医史杂志》2013 年第 3 期。

杜鹃～:《孟河四家诊疗咽喉疾病特色的研究》,《世界中西医结合杂志》2013 年第 1 期。

杨金萍～卢星:《〈神农本草经〉与宋本〈伤寒论〉术类药差异分析》,《中华中医药杂志》2012 年第 8 期。

李静～:《当代中医小儿推拿学术流派的研究现状》,《山东中医药杂志》2012 年第 6 期。

张丰聪、王金玲～:《酒剂在〈圣济总录〉中的应用》,《中华中医药杂志》2012 年第 6 期。

杜鹃～:《金元医家对五味理论的发展》,《世界中西医结合杂志》2012 年第 4 期。

杨金萍～卢星:《〈神农本草经〉与宋本〈伤寒论〉〈金匮要略〉"消"类药名实差异考辨》,《中华医史杂志》2012 年第 1 期。

张丰聪、郭瑞华～:《〈圣济总录〉药引使用规律探析》,《世界中西医结合杂志》2011 年第 12 期。

～杜鹃等:《齐派医学与脉学流派》,《中华中医药杂志》2011 年第 8 期。

宋咏梅～刘更生:《关于当代中医学术流派评价的几点认识》,《辽宁中医杂志》2011 年第 7 期。

杨军～:《〈本草纲目〉"发明"项药物作用机制阐发》,《山东中医药大学学报》2011 年第 2 期。

周扬～:《博物学在中药理论形成过程中的影响》,《时珍国医国药》2010 年第 10 期。

宋咏梅、刘更生～:《当代名老中医学术传承现状分析》,《江苏中医药》2010 年第 10 期。

杨军～:《〈本草纲目〉"发明"中取象比类法的应用》,《辽宁中医药大学学报》2010 年第 2 期。

王鹏～:《中药四性理论形成发展源流述要》,《山东中医药大学学报》2010 年第 1 期。

赵颖、黎立～:《朱仁康学术思想初探》,《辽宁中医药大学学报》2009 年第 11 期。

赵颖～:《古代文化意识形态对中医学术流派形成的影响》,《河南中医》2009 年第 6 期。

张效霞～:《从〈本草纲目〉对阴阳五行的运用谈药性理论的实质》,《上海中医药杂志》2009 年第 5 期。

姜桂宁、王鹏～:《传统中药理论构建形成的时代背景分析》,《上海中医药大学学报》2009 年第 3 期。

路明静～杨金萍：《谈〈圣济总录〉"符禁门"产生的深层根源》,《医学与哲学（人文社会医学版）》2009 年第 2 期。

王春燕、王鹏～：《中药四性理论的渊源及沿革》,《浙江中医药大学学报》2009 年第 1 期。

步瑞兰～：《水本思想对〈黄帝内经〉理论构建之影响》,《医学与哲学（人文社会医学版）》2008 年第 10 期。

张效霞～：《五脏配五行原理溯源》,《江西中医学院学报》2008 年第 3 期。

杨金萍～何永等：《〈圣济总录〉历代著录情况考》,《中国中医药信息杂志》2007 年第 3 期。

～周霞等：《对西药中药化研究命题的反思与评析》,《中医药管理杂志》2006 年第 7 期。

～杨金萍等：《〈圣济总录〉乾隆本之版本状况分析》,《中华医史杂志》2006 年第 4 期。

张效霞～：《关于"孰主神明"的争鸣与反思》,《天津中医药》2006 年第 5 期。

～杨金萍等：《〈圣济总录〉乾隆本之版本状况分析》,《中华医史杂志》2006 年第 4 期。

《论"近代模式"是影响和制约中医理论发展的关键因素》,《山东中医药大学学报》2006 年第 3 期。

杨金萍、刘更生～：《〈神农本草经〉的道家养生思想与汉画像石中的羽人仙药图》,《医学与哲学（人文社会医学版）》2006 年第 2 期。

臧守虎～：《"道"与思维之主由脑向心的转变》,《中医药文化》2006 年第 2 期。

张效霞～：《〈伤寒论〉辨某某病脉证辨出来的到底是什么》,《国医论坛》2006 年第 2 期。

臧守虎～刘更生、张庆祥：《道家思想文化背景下〈内经〉的诠释——以〈素问·灵兰秘典论〉一段为例》,《山东中医药大学学报》2006 年第 2 期。

臧守虎～：《〈周易〉"七日"周期与中医疾病转归说探析》,《中医药学刊》2006 年第 2 期。

张效霞～：《通调水道考析》,《中医药学刊》2005 年第 9 期。

张效霞～：《中西医结合与中西医汇通并无质的区别》,《中医研究》2005 年第 6 期。

～臧守虎：《科举制度影响下的唐代医学人才选拔》,《中华医史杂志》2005 年第 4 期。

杨金萍、刘更生～：《从〈卫生家宝产科备要〉印鉴考察名家递藏》,《中华医史杂志》2005 年第 4 期。

～臧守虎：《唐代"医待诏"及相关问题略考》,《南京中医药大学学报（社会科学版）》2005 年第 2 期。

张效霞～：《"心主血脉"是解剖学发现吗？》,《江西中医学院学报》2005 年第 2 期。

～刘耀：《对古代科技文献信息构建的理念与方法——中医药古文献的开发与利用》,《情报资料工作》2005 年第 2 期。

张效霞～：《从中医进修到西医学习中医》,《中医研究》2005 年第 1 期。

杨金萍～：《宋代医家董汲学术思想简析》,《中医药学刊》2004 年第 7 期。

～张效霞：《近代科学思想对中医研究方法和思路的影响及反思》,《江西中医学院学报》2004 年第 6 期。

张效霞～：《西医教育模式对中医基础学科体系形成的影响及反思》,《中医教育》2004 年第 6 期。

李玉清～：《宋士大夫私人编撰医书兴盛之探析》,《浙江中医学院学报》2004 年第 2 期。

杨金萍～：《董汲学术经验浅析》,《山东中医药大学学报》2004 年第 2 期。

李玉清、卢秋霞～：《从〈千金宝要〉看宋代文人撰集医书的思路》,《国医论坛》2003 年第 6 期。

《史堪与〈史载之方〉考》,《中华医史杂志》2002 年第 3 期。

～谢锁法：《略论宋代名家集方成就》,《山东中医药大学学报》2002 年第 1 期。

～齐向华:《〈本草纲目〉治疗头痛内服方特色》,《安徽中医学院学报》2001年第4期。

《〈伤寒正宗〉学术思想考略》,《国医论坛》2001年第3期。

《鼠扑、鼠仆考辨》,《中华医史杂志》2001年第1期。

《清代医家史以甲生平与伤寒学术考》,《南京中医药大学学报(社会科学版)》2000年第4期。

《论近代〈伤寒论〉研究的实证原则》,《国医论坛》1998年第1期。

《近代中医教育中的〈伤寒论〉教学研究》,《中医教育》1995年第6期。

《清代医家臧达德生平考略》,《中华医史杂志》1995年第4期。

《敦煌曲子词中的"咏伤寒"词》,《中医文献杂志》1995年第2期。

《论近代的〈伤寒论〉研究高潮》,《山东中医学院学报》1995年第1期。

《〈本草纲目〉中的鼻腔用药》,《兴苑中医文献杂志》1994年第2期。

～徐国仟:《论近代〈伤寒论〉研究的学术特征》,《山东中医学院学报》1992年第4期。

《〈伤寒论〉"和"字析义》,《山东中医学院学报》1991年第3期。

《久病入络与〈内经〉络的涵义异同》,《中医杂志》1989年第1期。

～张志远:《叶桂薛雪学术思想相同点例析》,《山西中医》1988年第4期。

王贞虎(重庆市万州区作家协会)

《旧社会的药工生活》,《档案天地》2010年第9期。

《老四川的药工生活》,《中国中医药报》2010年8月25、26日008版。

王珍仁(旅顺博物馆)

～孙慧珍:《吐鲁番出土文书中所见祖国医药方研究》,《北京图书馆馆刊》1997年第4期。

王振瑞(中国中医科学院/中国中医研究院/河北医科大学/河北中医学院)

《刘完素"六气病机说"及张元素对它的继承和发展》,《中华医史杂志》2015年第5期。

丁红昌～:《〈神农本草经〉对痹病的认识和治疗经验》,《中华医史杂志》2015年第1期。

《中西医结合科研工作中应该注意的几个问题》,《中国中西医结合杂志》2014年第7期。

高凯敏～:《中国近现代皮肤病分类方法的沿革》,《中华医史杂志》2014年第2期。

《中医经络学说对脏腑学说发展的影响》,《中华医史杂志》2013年第6期。

张金中～:《明代以前医家对胁痛的认识和治疗》,《中华医史杂志》2013年第2期。

《论医学史与医史学》,《中华医史杂志》2011年第5期。

《中国传统健康观念的特色》,《中华医史杂志》2011年第1期。

《博学而寡欲的尤怡》,《中华医史杂志》2010年第6期。

《中医学是一个不断创新的开放体系》,《中华医史杂志》2010年第2期。

《简论中医文献学和中医各家学说的史学属性》,《中华医史杂志》2010年第1期。

《人类健康理念国际论坛——第四届国际医史学大会召开》,《中华医学信息导报》2009年第18期。

靳红微～殷海波:《〈温热论〉辨证体系新论》,《中国中医基础医学杂志》2009年第12期。

《毛泽东关于西医学习中医重要批示的背景与影响》,《中华医史杂志》2009年第2期。

《李经纬先生与中国医史学》,《中华医史杂志》2008年第3期。

～李经纬:《两种错误的中国医学史观——评"中医超科学论"和"中医伪科学论"》,《北京中医》2007年第6期。

《经络现代研究史上的伪科学事件》,《中华医史杂志》2006年第4期。

～李经纬等:《20世纪中国中西医结合研究的史学考察》,《中国中西医结合杂志》2005年第11期。

姚政～:《浅议〈四明医院十五周纪念册〉的史料价值》,《中医文献杂志》2017 年第 3 期。

《三块石碑与四明医院的慈善精神》,《中医药文化》2015 年第 1 期。

王子钟

《古田麻疯疗养院之历史》,《晨光季刊》1940 年第 4 期。

王宗承

《陆军卫生人员编制之沿革》,《中华医学杂志》1928 年第 3 期。

王宗凡(娄底职业技术学院)

《论鲁迅学医对文学创作的影响》,《广西社会科学》2003 年第 4 期。

汪宗海

《祖国医学在讲卫生、除四害上的贡献》,《中医杂志》1960 年第 7 期。

王宗欣(中国协和医科大学)

～葛红梅等:《北京协和医学院图书馆小史》,《中华医史杂志》2014 年第 6 期。

王兆～黄作阵:《清末御医力钧〈难经〉文献整理初探》,《中医药文化》2014 年第 4 期。

《雪苔先生著述述略》,《中医文献杂志》2011 年第 3 期。

～裴俭等:《〈唇舌症候图〉考证》,《国际中医中药杂志》2009 年第 2 期。

《中医古籍整理方法新论——从编纂〈针灸古典聚珍〉谈起》,《中华医学图书情报杂志》2003 年第 1 期。

《入库探宝之钥　淘沙取金之筛——黄龙祥〈中国针灸学术史大纲〉评价》,《医学情报工作》2002 年第 3 期。

《许任〈针灸经验方〉及其流传》,《中华医史杂志》2002 年第 3 期。

王祖承(上海交通大学/上海第二医科大学/上海市精神卫生中心(总部)/上海市精神病防治院)

《我国开展心理治疗的先驱黄嘉音》,《心理学通讯》2018 年第 1 期。

《现代"白求恩大夫"——记加拿大籍精神科教授费立鹏》,《中国医学人文》2016 年第 9 期。

《才华横溢但命运多舛的心理卫生学先驱——记黄嘉音先生》,《中国医学人文》2016 年第 7 期。

《勤奋、务实,努力推进我国精神医学事业的交流和协作——记苏州广济医院陈一鸣教授》,《临床精神医学杂志》2016 年第 4 期。

《临床精神科医师的杰出榜样——记郑瞻培教授》,《精神医学杂志》2014 年第 5 期。

《纪念 E.Bleuler 命名精神分裂症 100 周年》,《四川精神卫生》2013 年第 2、3、4 期。

《天乃道,道乃久——读杨德森教授自传后的感想》,《精神医学杂志》2013 年第 3 期。

《追思中国最大的民营精神病院院长——周用桓》,《临床精神医学杂志》2012 年第 3 期。

《悼念中国森田疗法的推进者——日本大原健士郎教授》,《临床精神医学杂志》2012 年第 2 期。

《精神分裂症　名称能否改变?——纪念精神分裂命名 100 周年(1911—2011 年)》,《中国健康心理学杂志》2011 年第 12 期。

《记中国第一位女性精神病学专家——桂质良教授》,《上海精神医学》2011 年第 3 期。

《追忆刘贻德教授》,《精神医学杂志》2011 年第 2 期。

《怀念中日产业精神卫生研究的合作者—岛悟教授》,《精神医学杂志》2011 年第 1 期。

蒋良函……沈瑜君～:《台湾香港地区精神医学教育简介》,《上海精神医学》2010 年第 3 期。

彭代辉～:《美国医学教育现况与思考》,《上海精神医学》2010 年第 2 期。

郭晓云～:《英国精神病学教学现状》,《上海精神医学》2009 年第 6 期。

王晓良～郭莲舫:《徐韬园教授谈:要学点精神医学的历史》,《上海精神医学》2007年第4期。

粟幼嵩～:《〈Charcot的一课〉——从精神医学中的名画了解Charcot》,《上海精神医学》2007年第1期。

《打开了一扇清新的窗口——记1963年翻译出版的精神科专著〈临床精神病学〉》,《上海精神医学》2006年第1期。

于金玲～冯永林等:《日本精神病医院发展的新理念》,《中国康复理论与实践》2005年第12期。

《让心灵更美丽——对"内观疗法"理念的认识》,《上海精神医学》2005年第6期。

《撰写"近现代精神科名人略传"有感》,《上海精神医学》2005年第5期。

《森田疗法:东方之光——在中国的过去、现在和未来》,《上海精神医学》2004年第6期。

《〈上海精神医学〉杂志的发展历程回顾》,《上海精神医学》2004年第6期。

洪武～:《以色列的精神卫生状况》,《临床精神医学杂志》2004年第1期。

朱敏捷～徐鹤定:《精神外科的历史、现状与未来》,《国外医学.精神病学分册》2000年第4期。

～戚元丽:《关于精神分裂症改名的讨论》,《上海精神医学》2000年第4期。

《我国早年精神医学的开拓者之一——丁福保》,《上海精神医学》2001年第3期。

《精神分析必须结合中国的文化特点才有立足之地》,《上海精神医学》2000年第3期。

季建林～:《中美精神卫生服务事业发展比较》,《上海精神医学》2000年第1期。

《中国精神卫生事业的先驱者——粟宗华》,《上海精神医学》2000年S1期。

～季建林等:《欧美10国精神卫生工作的现状》,《上海精神医学》2000年S1期。

谢斌……姚新伟～张明园:《精神卫生与法律——精神卫生立法的历史与现状》,《上海精神医学》2000年S1期。

仇剑崟～张海音等:《森田治疗——从历史回到现实》,《上海精神医学》2000年S1期。

张学军～方贻儒等:《20年来抗精神病药物临床使用的演变——上海市精神卫生中心使用抗精神病药物的情况调查》,《上海医药》1994年第5期。

郭起浩～:《台湾"精神医学会"简介》,《上海医学》1993年第11期。

《世界精神卫生联盟世界大会介绍》,《上海精神医学》1993年第3期。

郭起浩～巽信夫:《亚洲九个国家与地区的自杀行为比较》,《国外医学.精神病学分册》1993年第4期。

～刘江芦:《台湾精神疾病流行病学研究之一瞥》,《上海精神医学》1993年第1期。

《日本的"全国精神障碍者家属联合会"》,《上海精神医学》1991年第4期。

冯仁康～:《有关中国精神疾病分类与诊断标准之问题商榷》,《上海精神医学》1991年第3期。

张婷婷、徐鹤定～:《七十年代和八十年代住院酒中毒病人的临床资料比较研究》,《中国药物依赖性通报》1991年第1期。

～Linda Kawamoto:《对日本护士的社会学考察》,《中华护理杂志》1988年第4、5、10期。

《日本精神病学教育状况》,《国外医学.精神病学分册》1981年第3期。

《社会精神病学(文献综述)》,《国外医学.精神病学分册》1979年第3期。

《比较文化精神病学简介(文献综述)》,《国外医学.精神病学分册》1979年第1期。

王祖雄(贵阳中医学院)

张光奇～陈忠仁等:《〈脾胃论〉补中升阳法则探讨》,《上海中医药杂志》1989年第8期。

《评〈中医历代各家学说〉》,《上海中医药杂志》1985 年第 9 期。

《易水学派脏腑议病说及其发展演变》,《中医杂志》1985 年第 2 期。

～谭学林:《罗天益学术思想初探》,《浙江中医学院学报》1984 年第 3 期。

～郭秀琴:《王好古〈阴证略例〉初探》,《贵阳中医学院学报》1983 年第 2 期。

～郭秀琴:《〈脾胃论〉中的主要经文初析》,《浙江中医学院学报》1982 年第 5 期。

《〈西溪书屋夜话录〉评述》,《贵阳中医学院学报》1982 年第 3 期。

《从〈医林改错〉看王清任治疗气血疾患学的术见解》,《广西中医药》1982 年第 2 期。

《中医内科学发展简史》,《贵阳中医学院学报》1979 年第 1 期。

《张简斋先生治病经验简介》,《中医杂志》1962 年第 11 期。

《我对李涛"中国医学发展史"一文的意见》,《中医杂志》1958 年第 5 期。

王祖远

《日本军部与第 731 细菌部队》,《军事文摘》2016 年第 13 期。

王尊旺(福建中医药大学/福建中医学院)

蔡鸿新～:《民间遗存中医药文献搜集与整理刍议》,《中国中医药图书情报杂志》2019 年第 1 期。

～张孙彪:《民国时期福建中医学校教育探析》,《江西中医药大学学报》2019 年第 1 期。

林春明～黄炜平:《台湾媒体中的福建中医药大学》,《福建中医药》2018 年第 5 期。

《民国时期象贝纠纷案评析》,《福建师范大学学报(哲学社会科学版)》2018 年第 5 期。

《〈汉文皇汉医界〉杂志创办沿革与稿件来源考》,《中国中医药图书情报杂志》2018 年第 2 期。

张孙彪～:《近代中国医界与人体解剖的社会推广》,《医学与哲学(A)》2018 年第 2 期。

《民国时期东南亚中医界对废医案的回应与建构》,《华侨华人历史研究》2018 年第 1 期。

～金丽:《晚清御医力钧中西医汇通成就评析》,《广州中医药大学学报》2017 年第 6 期。

～蔡鸿新:《民国时期的中华医学会图书馆》,《中华医史杂志》2017 年第 4 期。

《中医古籍重复整理问题刍议》,《中医文献杂志》2017 年第 3 期。

张孙彪～:《〈国医旬刊〉及其中西医汇通理念》,《中华医史杂志》2016 年第 5 期。

李奕祺～:《〈保婴撮要〉医案赏析》,《福建中医药》2016 年第 3 期。

李灵辉、刘小兵～:《刘亚农生平与著作考》,《福建中医药》2015 年第 5 期。

李奕祺～:《〈保婴撮要〉版本源流考辨》,《中医文献杂志》2015 年第 5 期。

～李奕祺:《薛己〈保婴撮要〉的学术思想与儿科治疗特色》,《福建中医药大学学报》2014 年第 5 期。

～蔡鸿新:《〈全幼心鉴〉的版本考证与学术思想》,《福建中医药大学学报》2014 年第 3 期。

李颖～:《清代福建瘟疫述论》,《福建中医学院学报》2010 年第 3 期。

李颖～:《明代福建医疗制度述论》,《福建中医学院学报》2009 年第 3 期。

丁春～:《近代中国女西医先驱许金訇述论》,《福建中医学院学报》2007 年第 3 期。

～丁春:《论近代福建社会西医观的历史变迁》,《福建中医学院学报》2007 年第 1 期。

《嘉约翰与西医传入中国》,《中华医史杂志》2003 年第 2 期。

危北海(北京市中医研究所)

《对危亦林及〈世医得效方〉的学术探讨》,《云南中医杂志》1987 年第 6 期。

《脾胃学说的研究现状与展望》,《陕西中医》1985 年第 4 期。

《脾胃学说的形成》,《山东中医学院学报》1983年第4期。

《危亦林与〈世医得效方〉》,《江苏中医杂志》1982年第5期。

魏彩苹(中共皋兰县委党校/西北师范大学)

《从民生视角看延安时期的群众卫生宣传教育》,《陇东学院学报》2015年第4期。

《从民生视角看抗战时期陕甘宁边区的医疗卫生事业》,《内江师范学院学报》2011年第5期。

魏晨光(西南民族大学)

《从黑死病反观14—17世纪英国的社会生活和医疗状况》,《广西教育学院学报》2013年第5期。

尉迟淦(台湾辅英科技大学)

《道家的灵性关怀》,《江西师范大学学报》2006年第4期。

魏传统

《读〈贺诚传〉有感》,《人民军医》1986年第3期。

卫聪聪(吉林大学)

《公共治理视角下英国医疗体系改革给我国带来的启示》,《济源职业技术学院学报》2017年第1期。

魏德祥(武汉医学院)

杨文远~宋光放等:《江陵马砖一号战国楚墓古尸的寄生虫学研究》,《武汉医学院学报》1984年第1期。

~杨文远等:《江陵凤凰山168号墓西汉古尸的寄生虫学研究》,《武汉医学院学报》1980年第3期。

魏德志(中国海洋大学)

《青岛历史上的传染病预防与控制研究(1898—1949)》,中国海洋大学硕士学位论文2012年。

魏东(吉林大学)

~张桦等:《郑州西山遗址出土人类遗骸研究》,《中原文物》2015年第2期。

~曾雯等:《新疆哈密黑沟梁墓地出土人骨的创伤、病理及异常形态研究》,《人类学学报》2012年第2期。

~朱泓:《成都金沙遗址雍锦湾墓地人骨鉴定报告》,《四川文物》2008年第2期。

《额济纳旗绿城青铜时代墓葬出土的人骨研究》,《边疆考古研究》2004年00期。

魏东(四川大学)

~张福英:《地方性禁毒法规的发展完善方向——以〈四川省禁毒条例〉的修订完善为例》,《四川警官学院学报》2019年第4期。

~金燊:《贩卖毒品罪的几个争议问题研究》,《西南石油大学学报(社会科学版)》2016年第5期。

~刘沛谞:《刍议艾滋病犯罪的刑事法规制》,《绥化学院学报》2005年第1期。

~邓立军:《四川毒品问题研究》,《云南警官学院学报》2004年第3期。

~肖敏:《安乐死合法化:基本分析和立法建议》,《国家检察官学院学报》2004年第3期。

魏飞跃(湖南中医药大学/湖南中医学院)

张斐斐~:《浅析历代医家对附子配伍的临床应用》,《河南中医》2017年第9期。

~殷左句等:《天王补心丹方源与君使药意义偶拾》,《中医药信息》2014年第5期。

~文乐兮等:《李用粹诊法特色探讨》,《湖南中医药大学学报》2013年第3期。

~文乐兮:《李用粹医学理论和实践中的易学烙印》,《湖南中医药大学学报》2012年第7期。

胡少兰~:《论唐代前期中国女性的地位》,《湖南第一师范学院学报》2012年第5期。

刘应科、张知新～:《"矮小症"命名考》,《中医药文化》2012 年第 3 期。

吴玉冰～:《浅谈中医茶疗史》,《中医药导报》2010 年第 2 期。

～文乐兮等:《妇科方剂学的起源与发展》,《湖南中医药大学学报》2009 年第 6 期。

刘应科～:《从理论体系形成管窥中西医医学的差异》,《江西中医学院学报》2009 年第 4 期。

尤昭玲～文乐兮:《妇科治法的形成与发展》,《湖南中医药大学学报》2007 年第 5 期。

刘应科、马庆楠～:《试探魂魄理论》,《湖南中医药大学学报》2007 年第 4 期。

刘应科、马庆楠～:《说"魂"话"魄"》,《中医药文化》2007 年第 3 期。

～尤昭玲:《妇产科药对发展史略》,《中华中医药杂志》2005 年第 8 期。

～尤昭玲:《清代湖湘医家妇产科特色探析》,《中医药学刊》2005 年第 7 期。

～尤昭玲:《〈秘珍济阴〉用药特色感悟》,《中国中医基础医学杂志》2005 年第 6 期。

魏刚(苏州大学)

《论养生思想的阴阳五行说》,《体育文化导刊》2014 年第 10 期。

《论近代中西体育碰撞语境中的传统体育养生》,《南京体育学院学报(社会科学版)》2014 年第 6 期。

《论传统体育养生的动静观》,《南京体育学院学报(自然科学版)》2014 年第 3 期。

《运动生理学对传统体育养生的作用机制探析》,《搏击(武术科学)》2013 年第 12 期。

《新中国传统体育养生思想发展探析》,《搏击(体育论坛)》2013 年第 10 期。

《传统体育养生思想史研究》,苏州大学博士学位论文 2013 年。

魏国栋(河北大学)

《北洋军医学堂到陆军军医学堂历史沿革》,《河北理工学院学报(社会科学版)》2004 年第 4 期。

卫国华(西北大学)

《20 世纪 50 年代华北地区爱国卫生运动研究》,西北大学硕士学位论文 2011 年。

魏亨利

《近代医学之起源》,《齐鲁医刊》1927 年第 1 期。

魏华林(武汉大学)

～彭晓博:《医疗保险改革的征途及其境界——奥巴马医改方案评述》,《保险研究》2010 年第 3 期。

魏焕(温州大学)

《中华医学会与民国时期的西医职业化》,温州大学硕士学位论文 2015 年。

杨祥银～:《中华医学会与民国时期西医职业化》,《社会科学辑刊》2014 年第 5 期。

魏稼(江西中医学院)

吴海霞、杨宗保～:《危亦林针灸学术思想探讨》,《江西中医学院学报》2012 年第 5 期。

《龚廷贤的针灸学说》,《江西中医学院学报》2007 年第 3 期。

《黄石屏的针灸学说》,《中医药通报》2006 年第 2 期。

《张机的针灸学说》,《中医药通报》2005 年第 1 期。

《文医结缘轶事钩沉——苏轼浣溪沙词赏析》,《医古文知识》1996 年第 2 期。

《黄石屏及其学术思想考略》,《中医杂志》1987 年第 4 期。

《关于针灸各家学说与流派》,《中国针灸》1986 年第 4 期。

《巢元方的针灸学成就初探》,《江西中医药》1985 年第 4 期。

《历代帝王与针灸》,《中医杂志》1984 年第 7 期。

《〈洁古云歧针法〉探析》，《上海针灸杂志》1984 年第 3 期。

《东垣针法探析》，《中国针灸》1984 年第 2 期。

《略论朱丹溪的针灸学成就》，《浙江中医学院学报》1983 年第 6 期。

《罗天益的针灸学成就述评》，《广西中医药》1983 年第 6 期。

《许叔微对针灸学术思想的贡献探略》，《中医杂志》1983 年第 5 期。

《滑伯仁对针灸学的贡献》，《安徽中医学院学报》1983 年第 4 期。

《〈圣济总录〉的针灸学成就》，《中国针灸》1983 年第 3 期。

《略论孙思邈对针灸学的贡献》，《中医杂志》1982 年第 5 期。

《皇甫谧对针灸学的贡献》，《广西中医药》1982 年第 4 期。

《米芾与章迪》，《安徽中医学院学报》1982 年第 3 期。

《王惟一对针灸学的伟大贡献——兼论铜人》，《中医药学报》1982 年第 3 期。

《陈延之——提倡灸法的先驱》，《中国针灸》1982 年第 3 期。

《〈太平圣惠方〉的针灸学成就》，《安徽中医学院学报》1982 年第 1 期。

《〈难经〉的针灸学成就》，《江苏中医杂志》1981 年第 4 期。

《略谈张仲景的针灸学术思想》，《辽宁中医杂志》1980 年第 4 期。

王雪苔、焦国瑞~张缙：《我国三十年的针灸研究概况》，《中医杂志》1980 年第 1、2、3 期。

《略论葛洪的针灸学成就》，《中医杂志》1979 年第 9 期。

《薛立斋的针灸学成就探略》，《江西医药》1963 年第 4 期。

《试论古代针灸学派》，《江苏中医》1963 年第 3 期。

《宋代医家宝材针灸医案分析》，《江西中医药》1960 年第 2—3 期。

《放血疗法与张子和运用这法的成就》，《广东中医》1958 年第 6 期。

《内经里的疟疾与针灸疗法》，《新中医药》1956 年第 7 期。

魏嘉弘（广州中医药大学/台湾国立中央大学）

《清末民初中西医学家对"伤寒论"的继承与发挥》，广州中医药大学博士学位论文 2015 年。

《国民政府与中医国医化（一九二九——九三七）》，国立中央大学硕士学位论文 1998 年。

魏嘉涛（江苏省沛县华佗医院）

~魏以伦：《华佗教育思想》，《中华医史杂志》2005 年第 3 期。

~魏以伦：《华佗的育徒思想》，《中国中医药现代远程教育》2005 年第 2 期。

魏健（安徽大学）

《论苏童小说创作中的病态书写》，安徽大学硕士学位论文 2016 年。

魏建（山东大学）

王箐~：《竞争、医疗保险与宏观医疗效率——基于 DEA 模型的两阶段分析》，《经济问题》2013 年第 4 期。

王箐~：《医院市场的"退出"和"呼吁"：一个理论模型》，《广东社会科学》2012 年第 3 期。

王箐~：《医院市场竞争效果的国际经验及对我国的启示》，《中国卫生政策研究》2012 年第 2 期。

王箐~：《我国医院市场的竞争效果——基于省级数据的实证研究》，《经济科学》2012 年第 1 期。

王箐~：《"退出"、"呼吁"与医生行为的激励机制》，《经济与管理研究》2012 年第 1 期。

~王峻峰：《医疗损害责任制度的效率分析——以法经济学为视域》，《法学杂志》2011 年第 7 期。

王箐~：《公立医院的公益性与横向规模的确定》，《中国卫生政策研究》2011 年第 3 期。

～余晓莉等:《传染病阴影下的个人预防困境及其突破——传染病预防的经济学分析》,《浙江学刊》2008 年第 4 期。

～张昕鹏等:《传染病阴影下的行为机制与最优预防——对立法的建议》,《浙江学刊》2004 年第 4 期。

魏建利(福建中医药大学)

《近代闽南医家学术研究》,福建中医药大学硕士学位论文 2017 年。

卫聚贤

《山海经中的医药》,《华西医药杂志》1947 年第 10 期。

《扩部文字注释史》,《新中医刊》第 2 卷第 5—7 期(1939);第 2 卷第 8、10、12 期(1940);第 3 卷第 1—3(1940);第 3 卷第 4—6、9 期(1941)。

《扩部文字历史观》,《新中医刊》1939 年第 4 期。

《扁鹊的医术来自印度》,《新中医药刊》1939 年第 5 期。

魏俊丽(华中科技大学)

乐虹～向雪瓶等:《医患关系双方认知差异比较研究》,《中国医院管理》2011 年第 1 期。

～贾红英等:《患方不同人群对医患关系现状认知差异比较研究》,《中国医院管理》2011 年第 1 期。

向雪瓶～彭芳等:《患方选择医院的主要原因分析》,《中国医院管理》2011 年第 1 期。

《我国医患关系的双方认知比较研究》,华中科技大学硕士学位论文 2010 年。

～孙学勤等:《流程再造对提高乡镇卫生院服务质量的借鉴及启示》,《中国卫生事业管理》2009 年第 6 期。

魏矿荣(中山市人民医院)

梁智恒、李柱明～:《广东省中山市 1970～2014 年喉癌发病分析》,《中国肿瘤》2019 年第 7 期。

梁智恒、李柱明～:《广东省中山市 1970—2014 年喉癌死亡分析》,《中国肿瘤》2018 年第 10 期。

梁智恒、岑惠珊～:《广东省中山市 1970—2012 年甲状腺癌发病概况》,《中国肿瘤》2016 年第 10 期。

梁智恒、岑惠珊～:《广东省中山市 1970—2012 年宫体癌发病分析》,《中国肿瘤》2016 年第 10 期。

～梁智恒等:《广东省中山市 1995—2009 年主要癌症净生存率分析》,《中国肿瘤》2016 年第 10 期。

～梁智恒等:《肿瘤登记大数据的建立及应用》,《中国医学前沿杂志(电子版)》2016 年第 7 期。

陈万青……岑惠珊～:《中国肿瘤登记现况及发展》,《中国医学前沿杂志(电子版)》2016 年第 7 期。

岑惠珊、梁智恒～:《广东省中山市 1970—2009 年宫体癌死亡分析》,《中国肿瘤》2016 年第 3 期。

梁智恒……岑惠珊～:《广东省中山市 1970—2010 年肝癌死亡概况》,《中国肿瘤》2015 年第 8 期。

梁智恒……岑惠珊～:《广东省中山市 1970—2010 年肝癌发病概况》,《中国肿瘤》2015 年第 8 期。

～彭侠彪等:《全球肝癌流行概况》,《中国肿瘤》2015 年第 8 期。

～刘慎超等:《大数据对肿瘤登记发展的影响》,《科学通报》2015 年第 5 期。

～梁智恒等:《中国女性宫体癌流行概况》,《实用预防医学》2014 年第 9 期。

梁智恒……欧志雄～:《中山市 1970—2009 年胃癌死亡分析》,《中国肿瘤》2014 年第 6 期。

彭侠彪……欧志雄～:《中国贲门癌流行概况》,《中华普通外科学文献(电子版)》2014 年第 2 期。

梁智恒……欧志雄～:《中山市 1970—2009 年胃癌发病分析》,《中国肿瘤》2013 年第 11 期。

~梁智恒等:《2000—2004 年广东省中山市恶性肿瘤发病地区差异》,《中国肿瘤》2012 年第 11 期。

陈嘉欣……刘静~:《中山市肿瘤登记历程和现况》,《中国肿瘤》2012 年第 7 期。

~王亚娜等:《中山市 1970—2007 年宫颈癌发病分析》,《中国肿瘤》2012 年第 7 期。

~梁智恒等:《中山市 1970—2007 年恶性肿瘤发病分析》,《中国肿瘤》2012 年第 7 期。

刘静……王亚娜~:《中山市 1970—2007 年恶性肿瘤死亡分析》,《中国肿瘤》2012 年第 7 期。

李伟栋~雷风等:《中山市鼻咽癌流行病学危险因素探究》,《中华疾病控制杂志》2012 年第 6 期。

~陈万青等:《中国部分肿瘤登记地区 2003—2007 年子宫体癌的流行概况》,《中华妇产科杂志》2012 年第 6 期。

~练秋红等:《食管癌流行概况》,《中华内科杂志》2012 年第 2 期。

梁智恒、刘静~:《中山市 1970—2007 年食管癌发病趋势》,《海峡预防医学杂志》2012 年第 2 期。

~梁智恒等:《中国肿瘤登记简史》,《中华医史杂志》2012 年第 1 期。

~徐莹等:《广东省中山市 1970—2007 年鼻咽癌发病趋势及病理构成变化分析》,《中华流行病学杂志》2011 年第 11 期。

梁智恒……刘静~:《中山市 1970—2007 年食管癌死亡分析》,《中国肿瘤》2011 年第 8 期。

梁智恒、刘静~:《对肿瘤登记工作的一些看法》,《中国肿瘤》2010 年第 12 期。

~余元龙等:《中国鼻咽癌流行概况》,《实用预防医学》2010 年第 4 期。

~陈振雄等:《中山市 1970—1999 年膀胱癌发病趋势分析》,《中国肿瘤》2005 年第 4 期。

~张策崇等:《中山市 1970—1999 年卵巢癌发病动态分析》,《海峡预防医学杂志》2005 年第 2 期。

~曹舜珊等:《中山市 30 年宫颈癌发病动态分析》,《河南预防医学杂志》2005 年第 1 期。

~曾志灵等:《中山市 1970—1999 年乳腺癌发病动态分析》,《中山大学学报(医学科学版)》2004 年 Z1 期。

~梁智恒等:《中山市 1970—1999 年大肠癌发病动态分析》,《现代肿瘤医学》2004 年第 6 期。

吴昌辉~蔡昌金等:《中山市 1970—1999 年皮肤恶性肿瘤发病动态分析》,《华南预防医学》2004 年第 5 期。

~梁剑辉等:《中山市 30 年宫体癌发病趋势分析》,《实用肿瘤学杂志》2004 年第 4 期。

~周伟峰等:《中山市胃癌发病趋势分析》,《中国肿瘤》2004 年第 3 期。

卢善婷~余炳辉等:《中山市 1970 年—1999 年喉癌发病趋势分析》,《现代肿瘤医学》2004 年第 2 期。

~萧焯宁等:《中山市肾恶性肿瘤发病趋势分析》,《中国肿瘤》2004 年第 2 期。

~梁智恒等:《广东省中山市 1970—1999 年肝癌发病动态分析》,《现代肿瘤医学》2003 年第 5 期。

~梁智恒等:《广东省中山市 1975—1999 年肺癌发病动态分析》,《肿瘤防治杂志》2003 年第 5 期。

~沈逸雄等:《广东省中山市 1970—1999 年食道癌发病动态分析》,《实用肿瘤医学杂志》2003 年第 4 期。

邓向红~王得坤等:《广东省中山市 1970—1999 年儿童恶性肿瘤发病率分析》,《预防医学情报杂志》2003 年第 4 期。

~梁智恒等:《1976—1999 年中山市小儿肿瘤发病动态分析》,《实用预防医学》2003 年第 4 期。

~梁智恒等:《1970—1999 年中山市鼻咽癌死亡动态分析》,《实用预防医学》2003 年第 3 期。

~柳青等:《1980—1993 年广东省中山市肺癌患者生存分析》,《肿瘤防治杂志》2003 年第 3 期。

～刘小红等:《中山市 1970—1994 年全人群鼻咽癌患者生存率分析》,《肿瘤防治研究》2003 年第 2 期。

刘小红～梁智恒等:《中山市 1970 年—1999 年鼻咽癌死亡率动态分析》,《中国肿瘤》2002 年第 11 期。

王得坤～刘小红:《中山市 30 年肿瘤防治工作回顾》,《中国肿瘤》2002 年第 10 期。

～王得坤等:《广东省中山市 30 年全死因与恶性肿瘤死因分析》,《实用预防医学》2002 年第 3 期。

～王德坤等:《中山市 30 年恶性肿瘤死因分析》,《中国肿瘤》2002 年第 2 期。

～王德坤等:《中山市 1990—1999 年全死因及其减寿分析》,《中国预防医学杂志》2002 年第 1 期。

～王得坤等:《1993—2000 年中山市某医院肿瘤住院患者构成分析》,《中国医院统计》2002 年第 1 期。

～柳青等:《中山市 1970—1999 年鼻咽癌发病分析及近期预测》,《癌症》2001 年第 10 期。

杜宜～王德坤等:《广东省中山市 30 年全死因分析及其防治建议》,《现代临床医学生物工程学杂志》2001 年第 6 期。

～柳青等:《中山市 1970 年—1999 年鼻咽癌发病趋势分析》,《中国肿瘤》2001 年第 5 期。

～郭媛卿等:《广东省中山市 1970 年—1989 年鼻咽癌发病趋势分析》,《现代临床医学生物工程学杂志》1997 年第 2 期。

维拉·波兰特(德国海德堡大学)

～方维贵:《文学与疾病——比较文学研究的一个方面》,《文艺研究》1986 年第 1 期。

魏磊(山东大学)

《道教养生术流入俗间考》,山东大学硕士学位论文 2008 年。

危玲(湖南中医药大学)

《廖平先生与〈人寸诊补证〉》,《中医文献杂志》2015 年第 4 期。

魏龙骧

《丛中医治疗脑炎谈到祖国医学防治传染病的成果》,《中医杂志》1955 年第 12 期。

魏露苓(华南农业大学)

《从"医诗"看明季文人对医德医术的评价》,《中华医史杂志》2005 年第 3 期。

尉苗(中国科学院)

～王涛等:《甘肃西山遗址早期秦人的饮食与口腔健康》,《人类学学报》2009 年第 1 期。

韦敏(南京信息工程大学)

《转基因作物知识产权法哲学及全球知识监管》 ,《自然辩证法研究》2019 年第 6 期。

《科学传播困境背后的技治主义——以黄金大米的科学传播为例》,《科学与社会》2018 年第 1 期。

《科学产品社会表征的反观——以黄金大米推广阻力为例》,《自然辩证法研究》2018 年第 2 期。

韦敏～:《礼物馈赠中的普罗米修斯之惑——以黄金大米全球推广为例》,《科学学研究》2015 年第 10 期。

韦敏～《"黄金大米事件"中生命政治意向之流布》,《自然辩证法研究》2014 年第 7 期。

魏敏(四川师范大学)

《中国新时期小说疯傻形象研究》,四川师范大学硕士学位论文 2014 年。

魏睦森(浙江省中医院)

骆仙芳～:《中国传统医学的理论要旨——求衡考辨》,《中医药学刊》2005 年第 2 期。

　～陈蓉蓉：《阴阳五行学说探源求本》，《中国中医基础医学杂志》2001年第4期。

　《生化汤源出竹林寺女科秘传考》，《上海中医药杂志》1999年第4期。

　《一册有吴谦署名的手写本》，《中华医史杂志》1999年第3期。

　《试析〈四言色脉要诀〉为〈医宗金鉴·四诊心法要诀〉之蓝本》，《安徽中医学院学报》1996年第6期。

　～陈蓉蓉：《〈霉疮秘录〉评介》，《中医杂志》1991年第9期。

　《曹炳章医论拾零》，《中医杂志》1987年第5期。

　～陈永灿：《沈括的医学成就》，《陕西中医》1986年第2期。

韦钦国

　《辛弃疾知医懂药会看病》，《中国中医药报》2018年5月31日008版。

　《医、殹、醫、毉有不同》，《中国中医药报》2018年4月16日008版。

　《无恒德者，不可以为医》，《中国中医药报》2018年3月14日008版。

　《古代名医为何多知文善书》，《中国中医药报》2018年2月14日008版。

　《历史上阿胶生产中心的三次转移》，《中国中医药报》2017年12月1日008版。

　《从古诗中看中医驱蚊之法》，《中国中医药报》2017年6月12日008版。

　《宋代官药局为何兴盛》，《中国中医药报》2016年10月24日008版。

　《名堂为何刊药目》，《中国中医药报》2016年8月24日008版。

　《帝师陆润庠为〈宏济堂药目〉作序前后》，《中国中医药报》2016年6月16日008版。

　《香自苦寒来——回忆人工麝香研制过程》，《春秋》2016年第6期。

　《关于创办宏济堂的传说》，《中国中医药报》2016年4月21日008版。

魏秋萍（陕西历史博物馆）

　《新见唐太子侍医〈程伦墓志〉》，《碑林集刊》2007年00期。

卫生部

　《卫生部关于进一步加强和改进援外医疗队工作的意见》，《中华人民共和国卫生部公报》2008年第4期。

卫生部国际合作司

　《中国援外医疗队在非洲的分布情况》，《西亚非洲》2003年第5期。

　《加强实施新战略 改革援助非洲医疗工作——记中国援外医疗队派出40周年》，《西亚非洲》2003年第5期。

卫生部联合调查组

　《对湖北省几个县市坚持合作医疗的情况调查》，《中国医院管理》1991年第8期。

魏淑敏（陕西省中医药研究院）

　～魏曙亚：《浅淡孙思邈〈千金〉两方在妇科上的贡献》，《陕西中医》2002年第12期。

微苏达（广西民族大学）

　《老挝农村医疗服务供需问题研究——以万象省为例》，广西民族大学硕士学位论文2018年。

魏素丽（俄罗斯太平洋国立大学）

　《俄罗斯护理医学发展史略》，《内蒙古中医药》2005年第5期。

韦韬（贵阳中医学院）

　《论明、清时期的中医教育》，《贵阳中医学院学报》2010年第4期。

《清代的中医教育刍议》,《贵阳中医学院学报》2009 年第 6 期。

韦玮(南京中医药大学)

《秦伯未妇科膏方学术思想研究》,南京中医药大学硕士学位论文 2013 年。

《秦伯未妇科膏方应用浅析》,《山东中医药大学学报》2013 年第 3 期。

《"天癸既绝,乃属太阴"新解》,《吉林中医药》2012 年第 1 期。

魏巍(西华师范大学)

《从庚戌鼠疫防治过程看上海租界居民与殖民当局的意识冲突》,《哈尔滨学院学报》2016 年第 1 期。

魏晓光(长春中医药大学)

～崔为等:《基于历史文化传承的吉林省中医药师承教育研究》,《中华中医药杂志》2019 年第 7 期。

～吴兴全等:《历代医家伏邪观》,《长春中医药大学学报》2019 年第 1 期。

吴兴全、杨永刚～于明超等:《长白山通经调脏手法流派传承考略》,《中华中医药杂志》2016 年第 5 期。

～陈曦等:《伪满中医文献旨要与特色探析》,《中国中医药图书情报杂志》2016 年第 4 期。

～陈曦等:《伪满中医十四年发展考略》,《长春中医药大学学报》2016 年第 4 期。

冯晶～陈曦等:《吉林省伪满时期医疗机构述考》,《长春中医药大学学报》2016 年第 4 期。

吴兴全～:《〈脾胃论〉治未病思想之于慢性病防治探析》,《中国中医药图书情报杂志》2016 年第 3 期。

陈曦～冯晶等:《伪满时期长春市医疗卫生状况研究》,《长春中医药大学学报》2016 年第 3 期。

～吴兴全等:《〈脉药联珠药性食物考〉学术探微》,《时珍国医国药》2015 年第 4 期。

～吴兴全等:《研读经典——〈脾胃论〉心得》,《中国中医图书情报杂志》2015 年第 3 期。

吴兴全～赵宏岩等:《〈本草图经〉玉石部文献特色研究》,《中华中医药杂志》2014 年第 11 期。

～吴兴全等:《伪满文献研究进展》,《中国中医药图书情报杂志》2014 年第 3 期。

《中医药古籍中的释音研究》,长春中医药大学硕士学位论文 2008 年。

～吴兴全:《黛玉之死新解》,《中医药文化》2007 年第 1 期。

魏小虎(上海博物馆)

～梁进学:《〈痘疹慈航〉与〈活幼心法〉同书异名考辨》,《上海高校图书情报工作研究》2005 年第 2 期。

蔚晓慧(山东中医药大学)

《〈老老恒言〉研究》,山东中医药大学硕士学位论文 2005 年。

韦欣欣(上海大学)

《特罗图拉的女性医学研究》,上海大学硕士学位论文 2013 年。

卫杏利(长治医学院附属和平医院)

～王少黎等:《现代心衰药物治疗回顾》,《中华医史杂志》2017 年第 1 期。

魏秀春(临沂大学/南京大学)

《20 世纪英国学校健康服务体系探析》,《世界历史》2017 年第 4 期。

《战争与营养:二战时期英国校餐制度的发展》,《贵州社会科学》2016 年第 1 期。

～商薇:《试析公共分析师与英国牛奶安全监管(1875—1914)》,《德州学院学报》2015 年第 1 期。

《19 世纪后期以来英国牛奶安全监管的历史困境与政策分析》,《史学月刊》2013 年第 10 期。

《20世纪英国校餐制度的历史演变》,《光明日报》2013年8月29日第11版。

《牛奶安全与婴儿健康:20世纪初叶英国婴儿奶站的发展》,《世界近现代史研究》2012年00期。

《牛奶安全与婴儿健康——20世纪上半叶英国社会的反思和对策》,《光明日报》2012年4月19日第11版。

《英国食品安全立法研究述评》,《井冈山大学学报(社会科学版)》2011年第2期。

《英国食品安全立法的历史考察,1860—1914年》,《世界近现代史研究》2010年00期。

《1875—1914年英国牛奶安全监管的历史考察》,《历史教学(下半月刊)》2010年第12期。

《英国学术界关于英国食品安全监管研究的历史概览》,《世界历史》2007年第5期。

《近代以来英国食品安全立法的形成与演变(1860—2000)》,南京大学博士学位论文2007年。

《英国保守党政府的疯牛病对策》,《史学月刊》2003年第7期。

魏璇(西南财经大学)

《医疗自主权下预先医疗指示制度研究》,西南财经大学硕士学位论文2019年。

魏延华(天津中医学院)

《张从正"情志疗法"探析》,《天津中医》1999年第3期。

《张从正与食物疗法》,《天津中医学院学报》1998年第3期。

峗怡(西南政法大学/第三军医大学/重庆医科大学)

《新时代卫生资源分配决策的价值理性及规范价值探讨》,《中国卫生政策研究》2019年第6期。

《卫生资源配置决策的非正式制度的影响研究——基于对隐性优先分配规则的思考》,《中国行政管理》2019年第3期。

《贫困县卫生资源发展困境感知探究——基于地方卫生管理者的认知视角》,《中国卫生事业管理》2018年第5期。

《论欧洲卫生资源分配的团结观及启示》,《伦理学研究》2018年第3期。

《论欧盟国家卫生制度设计的团结安排及变化趋势》,《中国卫生政策研究》2016年第1期。

《卫生资源优先次序分配的政府治理研究——国际研究述评及对我国的启示》,《中国卫生政策研究》2014年第11期。

《卫生资源合理配置研究——以卫生优先级配置为研究视角》,第三军医大学博士学位论文2013年。

~张立立等:《国外医疗基本立法特色内容对中国医改的启示》,《中国社会医学杂志》2013年第1期。

~王林等:《基于合理问责框架的卫生政策制定公平性分析——以新医改方案为例》,《中国卫生政策研究》2012年第8期。

~贺加:《新医改进程中老年卫生保健服务相关问题研究》,《中国社会医学杂志》2012年第6期。

~贺加:《我国医疗改革进程中卫生资源分配的公平性研究——基于合理问责框架的分析》,《道德与文明》2012年第6期。

~贺加:《国外卫生资源分配的公众参与研究:基于卫生优先级制定理论的思考》,《中国卫生经济》2012年第4期。

~任正安等:《健康传播中健康素养和媒介素养的教育反思》,《中国卫生事业管理》2012年第3期。

~贺加:《新医改背景下卫生资源配置制度伦理研究——以效率与公平的平衡为视角》,《中国医学伦理学》2012年第2期。

～贺加:《医疗改革的公众参与问题研究》,《医学与哲学(A)》2012年第1期。

～贺加:《食品安全的社会性预防监督机制研究——以公众健康素养促进为视角》,《中国社会医学杂志》2011年第6期。

～任正安等:《中国传统文化视野下对西方生命伦理学的批判性反思》,《中国医学伦理学》2011年第5期。

～贺加等:《对医疗抢救立法中医疗特权相关问题的思考》,《中国医院管理》2011年第6期。

～贺加等:《医疗紧急情况下知情同意的代理相关法律问题》,《中国医院管理》2011年第5期。

～贺加等:《新医改时期医事法学功能勃兴与改革研究》,《中国卫生事业管理》2010年第11期。

～任正安等:《"道德"生命的维系与医者三种境界的启示》,《医学与哲学(人文社会医学版)》2010年第11期。

蒲川～:《医疗纠纷非诉讼解决方式:美国的经验及其启示》,《重庆医学》2010年第5期。

任正安～:《从"道"、"德"到"生"、"命"——基于中西文化视野下的认知差异比较》,《道德与文明》2010年第4期。

《医疗纠纷的非诉讼程序(ADR)解决方式研究》,重庆医科大学硕士学位论文2008年。

～蒲川:《英美专家证人制度对我国医疗事故鉴定的启示》,《现代预防医学》2008年第14期。

～蒲川:《医疗纠纷非诉讼程序解决方式的公正性研究》,《医学与哲学(人文社会医学版)》2008年第2期。

～蒲川:《胎儿作为器官移植供体的法律问题研究》,《医学教育探索》2006年第12期。

魏贻光(福建中医学院)

《"脾主身之肌肉"的含义及证治探讨》,《福建中医学院学报》1998年第2期。

《陈自明对中医产科学的贡献》,《中华医史杂志》1998年第1期。

《八味丸补入〈金匮要略〉考评》,《中医教育》1996年第2期。

《关于〈诸病源候论〉对骨伤病症综合疗法的探讨》,《中国中医骨伤科》1995年第6期。

《王冰与〈素问次注〉》,《福建中医药》1984年第6期。

《初探易水学派学术思想体系的形成》,《福建中医药》1983年第3期。

魏一斋

《忆爱德华博士在延安二三事》,《健康报》1957年12月6日。

韦以宗(世界中医药学会联合会/北京光明骨伤医院/北京以宗整脊医学研究中心/广西中医骨伤科研究所/广西壮族自治区人民医院)

《中医整脊技术古籍文献考》,《中国中医药报》2016年9月23日004版。

《古医籍研究应注意古今中西异同》,《中国中医药报》2015年9月3日003版。

《佛道合一的禅医伤科的形成及其学术成就》,《中医药文化》2013年第2期。

《禅医伤科形成及学术成就》,《中国中医药报》2012年6月1日008版。

孙永章～:《中国传统医学脊源性疾病史略》,《中国医药学报》2004年第8期。

《中医整脊学的历史与发展》,《首都医药》2003年第6期。

《中国传统医学整脊技术史》,《中国中医骨伤科杂志》2002年第1期。

《中国传统医学整脊技术史简述》,《中国中医药报》2001年11月21日。

曾琼清～:《〈正体类要〉对骨伤科的贡献》,《中国中医骨伤科杂志》1989年第4期。

《二〇〇〇年之中医骨伤科——中国骨伤科学派形成》,《骨伤科通讯》1985年第3期。

《中医骨伤科疾病诊断史》，《中华医史杂志》1982年第1期。

《中国骨伤科手术疗法史》，《中华医史杂志》1981年第3期。

危雨晨（吉林建筑大学）

《长春近代医疗建筑保护与再利用研究》，吉林建筑大学硕士学位论文2014年。

魏云祥

《从本草纲目看我国古代无机药物化学的成就》，《中药通报》1957年第3、4期。

韦泽（安徽医科大学）

《〈备急千金要方〉的医学人文精神及其时代价值》，《辽宁医学院学报（社会科学版）》2017年第2期。

杨婧～：《试论艾滋病防治中的社会公德教育》，《南京医科大学学报（社会科学版）》2017年第2期。

《康熙帝〈庭训格言〉的养生思想》，《中华医史杂志》2009年第6期。

魏正诠（阿坝藏族自治州若尔盖县兽医站）

～江士辰等：《藏医学的发展梗概及其在藏兽医学上的移植》，《西南民族学院学报（畜牧兽医版）》1984年第3期。

魏治安

《续"浙江麻疹文献介绍"》，《浙江中医杂志》1958年第2期。

魏洲阳（上海大学）

《上海英美高等医学教育研究——以圣约翰大学医学教育为中心（1896—1952）》，上海大学硕士学位论文2011年。

陈挥～倪葆春：《中国近代医学教育的先驱》，《上海交通大学学报（医学版）》2010年第11期。

陈挥～：《医学界的"光与真理"——圣约翰大学医学院》，《上海交通大学学报（医学版）》2010年第4期。

温长路（中华中医药学会/洛阳市第二中医院/洛阳市直属机关门诊部）

《王世民〈拙医寮散记〉读后记》，《山西中医》2019年第10期。

《中医文献研究的使命和未来》，《中医文献杂志》2019年第4期。

《对膏方普及热的理性思考》，《江苏中医药》2017年第12期。

《心仪黄童朝天歌——〈宋明锁儿科临证汇讲〉浅议》，《中医儿科杂志》2017年第4期。

《方有妙用在乎人——〈简易名方临证备要〉小议》，《浙江中医杂志》2017年第7期。

彭榕华～：《孙思邈医德思想之管见》，《中医文献杂志》2015年第3期。

《〈素问〉新考》，《河南中医》2014年第5期。

《对中医药文化传播和普及中若干关系的探讨》，《中医药文化》2014年第3期。

《道教与中医养生观之滥觞与比较》，《光明中医》2012年第2期。

《对张子和及其〈儒门事亲〉的考辨》，《光明中医》2012年第1期。

《金元时期医学流派发展的历史反思》，《环球中医药》2011年第1期。

《中医药文化与中医学的中和观》，《环球中医药》2010年第1期。

《〈黄帝内经〉中的医德学思想》，《河南中医学院学报》2009年第4期。

《末代皇帝与中医药》，《中医药文化》2008年第1期。

《对〈论语〉食养思想的现代诠释》，《中国中医药现代远程教育》2008年第2期。

《传统节日文化中的健康话题》,《中医药文化》2007 年第 6 期。

《百年以来〈伤寒论〉理论研究述评》,《河南中医》2007 年第 3、4 期。

钱超尘~:《对张子和及其〈儒门事亲〉的考辨》,《河南中医》2007 年第 1 期。

《对成语典故与医学关系问题的一些看法》,《中医药文化》2007 年第 1 期。

~温武兵:《王清任创新精神的社会学基础》,《上海中医药杂志》2006 年第 11 期。

《〈本草纲目〉的成功与成就——纪念〈本草纲目〉金陵版问世 410 周年》,《亚太传统医药》2006 年第 9 期。

~温武兵:《论王清任活血化瘀系列方剂的学术特点》,《河北中医》2006 年第 8 期。

钱超尘~:《张仲景生平暨〈伤寒论〉版本流传考略》,《河南中医》2005 年第 1、2、3、4 期。

《关于仲景学说构建之浅见——〈张仲景研究集成〉编辑摭拾》,《河南中医》2004 年第 7 期。

钱超尘~:《笔耕本草 嘉惠后学——纪念〈本草纲目〉初刻暨李时珍逝世 410 周年》,《河南中医》2003 年第 9 期。

《王清任对〈黄帝内经〉的继承和发挥》,《河南中医》2002 年第 1 期。

~王宝华:《〈本草纲目〉中的酒药》,《医古文知识》2002 年第 1 期。

《对〈黄帝内经〉中气顺逆变化问题的理性思维》,《河南中医》2001 年第 1 期。

~温武兵:《对中医五行构式的横向观察与思考》,《河南中医》2000 年第 1 期。

《祖国医学的摇篮——洛阳中医》,《中国中医基础医学杂志》1999 年第 11 期。

~温武兵:《浅议仲景辛开苦降法》,《中国医药学报》1997 年第 4 期。

《〈脉要精微论〉中一段文字译注的异想》,《国医论坛》1993 年第 4 期。

《〈易经〉与〈黄帝内经〉阴阳观比较》,《医学与哲学》1992 年第 11 期。

~张桂锦:《祖国医学有关腹证的病因与辨证》,《实用中医内科杂志》1992 年第 2 期。

《〈诗经〉中的医学理论思想》,《江苏中医》1992 年第 4 期。

《〈诗经〉中的预防、保健学思想》,《江苏中医》1991 年第 10 期。

《〈内经〉的执中思想与中医学立论基础》,《医学与哲学》1991 年第 9 期。

《〈伤寒论〉中纵横交织的辨证艺术》,《中医研究》1991 年第 4 期。

《〈诗经〉中的解剖、生理学思想》,《江苏中医药》1991 年第 3 期。

~王雅琴等:《略论腹诊在祖国医学中的运用和发展》,《实用中医内科杂志》1991 年第 2 期。

《〈诗经〉中的病因、症候学思想》,《江苏中医》1991 年第 1 期。

宋德芳、任惠萍~:《中医七情在健康道德中的地位和作用》,《江苏中医》1990 年第 7 期/《中国医学伦理学》1990 年第 3 期。

温诚

《两河流域古代医学絮话》,《阿拉伯世界》1983 年第 1 期。

文传良（重庆市兽医防疫总站/重庆市种畜场）

~文凯:《古代中兽医对公共卫生的贡献》,《四川畜牧兽医》2003 年第 8、9、10 期。

《清代的畜牧兽医业》,《四川畜牧兽医》1994 年第 3 期。

《中国兽医外科史考》,《四川畜牧兽医》1994 年第 1 期。

《古代养鸡十二术》,《四川畜牧兽医》1993 年第 2 期。

文春英（中国传媒大学）

~朱晨:《中西融合、华洋合用:近代医药广告中的"肾"与"脑"——以〈上海新报〉、〈申报〉为例》,

《广告大观（理论版）》2012 年第 4 期。

～杨彦超：《近代报纸医药广告分析——以〈上海新报〉、〈申报〉（1862 年—1915 年）为例》，《中国工商管理研究》2012 年第 4 期。

温翠芳（西南大学/陕西师范大学）

《从沉香到乳香——唐宋两代朝贡贸易中进口的主要香药之变迁研究》，《西南大学学报（社会科学版）2015 年第 5 期。

《汉唐时代南海诸国香药入华史研究》，《贵州社会科学》2013 年第 3 期。

《唐宋时期巴渝地区地甲病流行原因考——以尚鬼信巫的社会风俗为中心的考察》，《群文天地》2012 年第 24 期。

《返魂香再考——兼与罗欣博士商榷》，《经济与社会发展》2012 年第 2 期。

《中古时代丝绸之路上的香药贸易中介商研究》，《唐史论丛》第 12 辑（2010）

《汉唐时代印度香药入华史研究》，《全球史评论》2010 年 00 期。

《唐太宗治气痢方与印度医学之关系》，《中华文化研究》2006 年第 3 期。

《唐代的外来香药研究》，陕西师范大学博士学位论文 2006 年。

文达良（北京中医药大学）

《百年岭南常见温病诊治规律研究》，北京中医药大学硕士学位论文 2009 年。

温都日娜（西北民族大学）

《托忒文医学文献〈诀窍论补·斩除非命死绳利剑〉研究》，西北民族大学硕士学位论文 2017 年。

M.乌兰、德尔其力卓玛～：《加强托忒文医学典籍研究》，《中国社会科学报》2016 年 12 月 12 日 004 版。

文菲

《香港的慈善机构：东华三院和保良局》，《港澳经济》1998 年第 2 期。

文丰（复旦大学）

《中苏合作背景下上海第二医学院医学院医学教育研究：1952—1957》，复旦大学硕士学位论文 2011 年。

温奉桥（中国海洋大学）

～李萌羽：《精神生态视野中的 20 世纪中国文学》，《文史哲》2006 年第 4 期。

文记东（中共中央党校）

《毛泽东农村卫生思想及其当代价值》，《甘肃理论学刊》2009 年第 2 期。

闻佳

《我国现代生理学的奠基人：林可胜》，《生物学通报》1986 年第 1 期。

温家平（山东体育学院）

《世界运动医学史简介》，《成都体院学报》1982 年 S1 期。

问津

《古代人民对苍蝇蚊子的认识及其扑灭办法》，《卫生宣传工作》1956 年第 61 期。

温金童（陇东学院/河北大学）

《当无神论遭遇有神信仰——论抗战时期陕甘宁边区的巫医改造》，《中国延安干部学院学报》2019 年第 3 期。

《论陕甘宁边区的卫生立法》，《甘肃广播电视大学学报》2018 年第 2 期。

《论延安时期中医药食疗的倡导与实践》，《豳风论丛》2016 年 00 期。

王丽、沈颖～：《抗战时期陕甘宁边区的卫生宣传举措》，《兰台世界》2014 年第 16 期。

《20 世纪 30 年代广州的食品安全问题研究》，《兰台世界》2012 年第 28 期。

《互动与共赢——抗战时期陕甘宁边区的兽疫防治》，《古今农业》2011 年第 4 期。

～罗凯：《抗战时期陕甘宁边区的妇幼保健》，《医学与社会》2010 年第 10 期。

《试析抗战时期陕甘宁边区的中西医合作》，《抗日战争研究》2010 年第 4 期。

邵晓秋～：《外籍医生与抗日根据地的卫生建设》，《兰州学刊》2009 年第 5 期。

《抗战时期陕甘宁边区的卫生工作》，河北大学硕士学位论文 2006 年。

《抗战时期陕甘宁边区的卫生防疫举措》，《乐山师范学院学报》2005 年第 4 期。

～李飞龙：《抗战时期陕甘宁边区的卫生防疫》，《抗日战争研究》2005 年第 3 期。

文军（华东师范大学）

《身体意识的觉醒：西方身体社会学理论的发展及其反思》，《华东师范大学学报（哲学社会科学版）》2008 年第 6 期。

文俊雄（中国第二历史档案馆）

《有关 1948 年公谊服务会医疗队进入解放区的一组史料》，《民国档案》1998 年第 4 期；1999 年第 1、2 期。

文理（合肥工业大学）

～王键：《〈黄帝内经〉中动态整体的辨证论治》，《中华中医药杂志》2012 年第 4 期。

《从中医学的视角来看"管理学在中国"的和谐发展》，《管理学报》2011 年第 2 期。

《"取象比类"思维模式在〈黄帝内经〉中的体现》，《中华中医药杂志》2010 年第 2 期。

～程先东等：《基于中医取象比类思维的企业模糊诊断研究》，《管理学报》2010 年第 10 期。

程先东～：《医学视角下的企业诊断研究述评》，《价值工程》2010 年第 8 期。

～刘巍等：《近十年中医的阴阳五行研究发展概况及评论》，《中华中医药杂志》2009 年第 11 期。

～顾植山等：《从五行学说的生长化收藏看中医的和谐发展》，《中华中医药杂志》2009 年第 7 期。

～张芬蕙等：《文化、情绪与企业家职业心理健康——基于中医五行学说理论调节企业家的情志和谐》，《自然辩证法通讯》2007 年第 5 期。

～张瑞雪等：《用古代五行学说组建企业高层管理团队的研究》，《合肥工业大学学报（社会科学版）》2002 年第 5 期。

温茂兴（襄樊职业技术学院/湖北中医学院）

《武当山道教医学的源流与代表人物》，《内蒙古中医药》2013 年第 29 期。

《论道教内丹学的养生意境》，《江苏中医药》2008 年第 7 期。

《论道教服食辟谷术的科学内涵及养生意义》，《贵阳中医学院学报》2007 年第 3 期。

《论道教服食辟谷术对中医"饮食有节"养生思想的影响》，《实用中医药杂志》2006 年第 9 期。

《论武当山道教养生医学的形成与发展》，《医学与社会》2006 年第 6 期。

《从"医道相通"透视道教文化对中医养生思想的影响》，《浙江中医药大学学报》2006 年第 4 期。

《论道教文化对中医调神养生思想的影响》，《贵阳中医学院学报》2006 年第 4 期。

《论道教"祝由符咒"的实用价值及其对中医"意疗"的影响》，《南京中医药大学学报（社会科学版）》2006 年第 2 期。

《论道教文化对中医养生思想的影响》，湖北中医学院硕士学位论文 2005 年。

文清亮(河北医科大学)

《杨医亚教授对针灸学的贡献》,河北医科大学硕士学位论文 2010 年。

温如杰(新汶矿务局莱芜医院/莱芜矿务局中心医院)

《从秦字考扁鹊里籍》,《河南中医》1991 年第 2 期。

《扁鹊生存年代考》,《山东中医学院学报》1986 年第 2 期。

文少彪(复旦大学/上海外国语大学)

~朱杰进:《中国参与中东地区卫生治理的多视角分析》,《阿拉伯世界研究》2016 年地 4 期。

~王畅:《全球治理视角下的中国对非洲医疗援助》,《国际关系研究》2014 年第 1 期。

文树德(慕尼黑大学)

~王聪:《中医:历史与认识论的几点反思》,《淮阴师范学院学报(哲学社会科学版)》2015 年第 1 期。

《传统中医在西方世界的传播:试释这一奇特现象(英文)》,《自然科学史研究》2003 年第 3 期。

《西方的中国医学史研究:成就、方法及展望》,《当代史学》2003 年第 2 期。

温爽(吉林大学)

《吉林省对外中医医疗援助现状调查及相关问题分析》,吉林大学硕士学位论文 2014 年。

文太林(河北工业大学)

~沈诣:《从瑞金到延安:革命年代的卫生探索》,《文史博览(理论)》2015 年第 12 期。

《美国医疗保险改革演进及对中国的启示》,《中国卫生政策研究》2014 年第 12 期。

《从罗斯福到奥巴马:美国医疗保险的百年变革》,《天津社会保险》2014 年第 3 期。

~张传恩:《合作医疗中农民为何难合作》,《沈阳大学学报》2008 年第 2 期。

文天俊

《中医眼科"五轮八廓"学说的探讨》,《中医杂志》1964 年第 6 期。

文伟(红河学院)

~袁茜:《论 1845—1849 年爱尔兰大饥荒对爱尔兰经济与人口结构蜕变的影响》,《齐齐哈尔大学学报(哲学社会科学版)》2013 年第 5 期。

温唯(南京大学)

《1952 年南京爱国卫生运动考察》,南京大学硕士学位论文 2014 年。

文庠(南京中医药大学/南京大学)

王琰、贾思琦~:《"献方"历史的变迁与当代进路思考》,《中国中医基础医学杂志》2019 年第 9 期。

《初级卫生服务"中国样板"的重塑:赤脚医生与中医药研究述评与展望》,《南京中医药大学学报(社会科学版)》2019 年第 3 期。

《毛泽东对中国传统医药发展道路的探索》,《中国医学人文》2018 年第 11 期。

商宇~:《现行中医药管理体制存在的问题与对策》,《医学与社会》2018 年第 6 期。

崇为伟、刘振~:《整合医学模式的哲学审视》,《医学争鸣》2018 年第 4 期。

崇为伟~:《国际化视域下东南亚中医药教育概述》,《亚太传统医药》2017 年第 21 期。

崇为伟……王小丁~:《海派中医药文化软实力建设刍议》,《时珍国医国药》2017 年第 7 期。

商宇~:《新中国成立后中央中医管理组织变迁研究》,《医学与社会》2016 年第 6 期。

《试论孙中山与民国中医医政的构建》,《南京医科大学学报(社会科学版)》2011 年第 2 期。

倪昊翔~:《近代江苏中医教育研究述评》,《医学教育探索》2009 年第 10 期。

《民国时期中央卫生行政组织的历史考察》，《中华医史杂志》2008 年第 4 期。

《中国古代医政组织的演进及评价》，《医学与哲学（人文社会科学版）》2008 年第 3 期。

《民国中医药分布特点》，《档案与建设》2007 年第 10 期。

《蒋介石与中医医政》，《淮阴师范学院学报（哲学社会科学版）》2007 年第 4 期。

《试论民国时期中医开业管理政策法规与实施》，《民国档案》2007 年第 4 期。

《金宝善与民国中医医政》，《南京中医药大学学报（社会科学版）》2007 年第 2 期。

《移植与超越：民国中医医政改革》，南京大学博士学位论文 2007 年。

《试述清代医政的嬗变》，《南京中医药大学学报（社会科学版）》2006 年第 4 期。

《试从中西医论争看近代知识界的价值取向》，《南京中医药大学学报（社会科学版）》2005 年第 3 期。

《南京政府时期中医政策法规述评》，《南京社会科学》2005 年第 4 期。

《南京国民政府〈中医条例〉述评》，《民国档案》2004 年第 4 期。

《焦易堂与中医药事业》，《南京中医药大学学报（社会科学版）》2003 年第 1 期。

《南京政府时期中医师开业管理办法初论》，《南京中医药大学学报（社会科学版）》2002 年第 2 期。

《论南京国民政府时期的中医师考试制度与办法》，《南京中医药大学学报（社会科学版）》2001 年第 2 期。

《试论南京政府中医师资格认定政策与法规》，《南京中医药大学学报（社会科学版）》2000 年第 2 期。

温小辉（河北大学）

《维多利亚时期英国食品掺假问题研究》，河北大学硕士学位论文 2018 年。

闻馨（云南中医药大学）

～贺霆等：《"飞龙脉法"创始人里昂·汉默及其学术思想》，《中医药文化》2019 年第 2 期。

《里昂·汉默"飞龙脉法"学术思想研究》，云南中医药大学硕士学位论文 2019 年。

闻性真（天津历史博物馆）

《康熙的医学与养生之道》，《故宫博物院院刊》1981 年第 3 期。

温艳（陕西师范大学/西北大学）

《百年来近代西北灾荒史研究的回顾与展望》，《青海民族研究》2017 年第 3 期。

《民国时期西北地区救灾制度的考察》，《宁夏社会科学》2013 年第 4 期。

～岳珑：《民国时期地方政府处理突发事件的应对机制探析——以 1930 年代陕西霍乱疫情防控为例》，《求索》2011 年第 6 期。

温益群（云南省地方志编纂委员会）

《"赤脚医生"产生和存在的社会文化因素》，《云南民族大学学报（哲学社会科学版）》2005 年第 3 期。

闻永毅（陕西中医学院）

～樊新荣：《基于语料库的〈黄帝内经〉研究方法探索》，《中国中医基础医学杂志》2011 年第 5 期。

《基于语料库语言学的〈内经〉中"盛"字的词义研究》，《陕西中医学院学报》2011 年第 4 期。

～樊新荣：《〈素问〉中"心"字的统计分析研究》，《中国中医基础医学杂志》2009 年第 9 期。

温志大（成都市第五人民医院）

～廖泊章等：《读〈中央国医馆宣言〉的体会》，《西藏医药杂志》1991 年第 3 期。

温仲(山东中医药大学)

《清及清以前针灸治疗胁痛的选穴配伍应用研究》,山东中医药大学硕士学位论文 2018 年。

文忠杰

《略记国防医学院之沿革及其协和医学院之渊源》,《源远季刊》第 1 期(2001)。

翁芳(天津中医药大学)

~邢永革:《王世贞〈本草纲目·序〉对该书流传的影响》,《山西中医》2015 年第 3 期。

翁泓文

《〈黄帝内经〉与秋季的食疗关系》,《育达科大学报》第 36 期(2013.12)。

《"黄帝内经"与"夏至"的食疗关系》,《育达科大学报》第 34 期(2013.4)。

翁乃群(中国社会科学院)

~杜娟等:《海洛因、性、血液及其制品的流动与艾滋病、性病的传播》,《民族研究》2004 年第 6 期。

《艾滋病传播的社会文化动力》,《社会学研究》2003 年第 5 期。

《艾滋病的社会文化建构》,《清华社会学评论》第 1 辑(北京:中国友谊出版公司 2001 年)。

翁攀峰(温州医科大学)

~余茜:《苏区医疗卫生制度浅析》,《社会科学动态》2019 年第 12 期。

~陈卓:《制度建设视域下新四军卫生工作的考察》,《盐城工学院学报(社会科学版)》2019 年第 3 期。

李恩昌~:《健康伦理学的中国成果及意义》,《道德与文明》2018 年第 5 期。

~郑卫荣等:《"西学中"历史考察及对中西医结合学科发展的意义》,《中国中西医结合杂志》2017 年第 9 期。

翁文斌(浙江工商大学)

《论美国医疗改革的演进及对中国的启示》,《华北水利水电学院学报(社科版)》2011 年第 3 期。

翁晓红(福建省中医药研究院/福建中医学院)

~杨雪梅等:《明清脾胃湿热证方药的关联规则分析》,《光明中医》2007 年第 4 期。

李丽华、肖林榕~:《明清医家治疫特色研究》,《江西中医学院学报》2007 年第 1 期。

~林端宜等:《明清脾胃湿热方用药分类关联规则挖掘》,《中国中医药信息杂志》2006 年第 10 期。

~肖林榕等:《明清时期脾胃湿热证研究揽要》,《光明中医》2006 年第 9 期。

杨雪梅、林端宜~肖林榕:《明清脾胃湿热方的用药频数分析》,《中国中医药信息杂志》2006 年第 7 期。

~肖林榕等:《明清时期四类脾胃湿热证方药分析》,《中国中医药科技》2006 年第 6 期。

~李丽华等:《明清时期疫病的预防思想与方法》,《福建中医学院学报》2006 年第 4 期。

~肖林榕等:《明清中医治疗脾胃湿热证方药的统计分析》,《福建中医学院学报》2006 年第 1 期。

戴春福~:《温病传变因素及其防治新探》,《甘肃中医学院学报》2000 年第 3 期。

《犀角地黄汤沿变与功效考析》,《福建中医药》2001 年第 3 期。

戴春福~:《"逐邪勿拘结粪"说是吴又可的重要贡献》,《中华医史杂志》1999 年第 2 期。

翁筱姗(台湾大学)

《论精神病患强制治疗制度之争议及其合宪性——以我国精神卫生法为中心》,台湾大学硕士学位论文 2012 年。

翁屹(中国科学技术大学)

魏元一～张居中等:《郑州春秋时代墓葬中的寄生虫》,《人类学学报》2012 年第 4 期。

～张翮:《如何发现 DNA 是生命的遗传物质》,《哈尔滨工业大学学报(社会科学版)》2010 年第 2 期。

～刘锐:《RNA 酶的发现与启示》,《医学与哲学(人文社会医学版)》2010 年第 1 期。

～付雷:《中医"九虫"探源》,《山东中医药大学学报》2008 年第 1 期。

翁永庆(中华医学会杂志社)

《八十年来中华医学会系列杂志的变迁》,《中华医学信息导报》1995 年第 20 期。

翁章尧

《我国古代伟大的药物学家——李时珍》,《青年报》第 441 期(1954.3)。

William C.Cockerham(美国阿拉巴马大学)

～赵明杰:《医疗保健是权利还是特权》,《医学与哲学》2002 年第 11 期。

《美国卫生保健的公正和分配问题》,《医学与哲学》2002 年第 5 期。

W.M.Meyers

～赵西丁:《麻风百年[在第 1 次国际麻风会议(1897)百年庆典上的讲话]》,《中国麻风杂志》1998 年第 4 期。

吴安琪(台湾淡江大学)

《解析传染病的社会建构:以新流感 H1N1 为例》,淡江大学硕士学位论文 2011 年。

武傲男(山东大学)

《当代中国女性身体的医疗化——以 N 村分娩行为为例》,山东大学硕士学位论文 2016 年。

吴邦才(贵州中医学院)

《〈周易〉医药学探微及语言研究》,《医古文知识》1992 年第 3 期。

吴碧娜(华南师范大学)

《19 世纪末 20 世纪初美国纯净食品运动及立法的研究概况》,《知识经济》2009 年第 14 期。

吴碧雍

《杨守敬与国立故宫博物院藏观海堂医书》,台湾《故宫学术季刊》第 21 卷第 4 期(2004)。

吴伯平(中国中医研究院)

《浅谈中医药在美国的发展》,《中医杂志》2006 年第 1 期。

《美国中医管理机构》,《国外医学(中医中药分册)》2004 年第 1 期。

《中医药在德国》,《国外医学(中医中药分册)》2003 年第 4 期。

《美国中医药纵横谈》,《国外医学(中医中药分册)》2003 年第 1 期。

吴布林(南京师范大学)

《南京国民政府时期上海食品卫生监管研究(1927—1937)》,南京师范大学博士学位论文 2015 年。

《民国时期上海华界食品卫生监管初探(1927—1937)》,《临沂大学学报》2015 年第 2 期。

吴畅畅(上海社会科学院)

～贾佳:《艾滋病、"现身"媒介的合法性与权利行动的可能——基于〈人民日报〉与都市报的文本研究》,《开放时代》2010 年第 11 期。

吴长庚(上饶师专)

《瘴·蛊·槟榔与两广文化》,《上饶师专学报》1999 年第 5 期。

吴昌国（南京中医药大学）

《明末医家顾逢伯学术思想探讨》，《中国中医基础医学杂志》2014年第9期。

《日本古方派医家村井椿学术思想初探》，《中医文献杂志》2014年第1期。

《〈黄帝内经〉宇宙生命观与周易及老子思想比较初探》，《中国中医基础医学杂志》2013年第7期。

《〈四诊脉鉴大全〉之脉学原理研究》，《中国中医基础医学杂志》2013年第4期。

《〈四诊脉鉴大全〉诊法原理研究》，《中医文献杂志》2012年第6期。

《明代本草名著〈本草蒙筌〉之学术特色研究》，《陕西中医》2012年第3期。

《明代本草名著〈本草汇言〉研究》，《中医文献杂志》2011年第5期。

《初论中医神气生命观》，《中国中医基础医学杂志》2011年第5期。

《本草宏观物象与中药性能功效关系的研究》，《中国中医基础医学杂志》2009年第7期。

吴超平（淮北师范大学）

《"黑犬"：西方传统文化的抑郁症——伊恩·麦克尤恩〈黑犬〉中"黑犬"意象解读》，《淮北师范大学学报（哲学社会科学版）》2014年第5期。

吴成国（湖北大学）

～胡伟：《武当山道教对联所见养生智慧及其现代价值》，《湖北大学学报（哲学社会科学版）》2011年第3期。

《中国古代催生巫术的历史考察》，《江汉论坛》1999年第9期。

～吴成国：《中国古代的催生药俗》，《史学月刊》1999年第4期。

～操亦娈：《酒文化与医学刍议》，《医学与社会》1998年第5期。

《论道教的性哲学与性观念》，《医学与社会》1996年第1期。

吴成军（南开大学）

《民国时期戒毒政策研究》，《民国档案》2004年第2期。

吴承亮（浙江中医学院）

《中医病因古今演变的研究——外伤病因概论》，《浙江中医学院学报》2000年第2期。

吴承艳（南京中医药大学/南京中医学院）

蔡云……甘可～：《风药名考》，《世界科学技术—中医药现代化》2019年第12期。

吉冬～：《〈金匮要略〉中"狼牙"之考辨》，《中国中医基础医学杂志》2019年第8期。

田怡、任威铭～：《〈小儿药证直诀〉之特殊服药饮品探析》，《山东中医杂志》2019年第7期。

陆玲、任威铭～孙锦程：《〈刘涓子鬼遗方〉痈疽治疗特色探析》，《中国中医基础医学杂志》2018年第8期。

杨颖～：《中医经典文献中的医案因子传承与源流辨证新论》，《中国中医药信息杂志》2018年第4期。

陈相宜～：《〈脾胃论〉治未病思想探讨》，《中医药导报》2018年第4期。

任威铭～王瑞平：《〈务存精要〉湿温病辨治思想探析》，《南京中医药大学学报》2018年第1期。

～任威铭：《浅述孟河四大医家遣方用药思想与人文地域的关系》，《江苏中医药》2017年第8期。

季庭竹～：《龚廷贤〈寿世保元〉治血证特色探析》，《中国中医基础医学杂志》2017年第3期。

王进、王旭东～朱博冉等：《中医经典文献视域下"风"的疾病源流新诠》，《辽宁中医杂志》2017年第1期。

王进、王旭东～朱博冉：《本草学毒性理念的源流探考与论述范式的诠解》，《中草药》2017年第

1 期。

季庭竹～:《〈孟河四家医集〉肝系病名探析》,《江苏中医药》2017 年第 1 期。

王进～:《"经方"视域中辨证与论治的间距向度新诠》,《时珍国医国药》2016 年第 12 期。

吴承玉～:《中医文献学家吴考槃对〈伤寒论〉的研究述要》,《江苏中医药》2016 年第 12 期。

周雯、靳文轩～:《从〈寓意草〉探析喻昌治痢思想》,《中国中医急症》2016 年第 4 期。

刘旭辉～:《〈孟河四家医集〉相关肺系疾病中医病名范围浅析》,《四川中医》2015 年第 6 期。

许岳亭～梁爽等:《〈喉痧症治概要〉喉痧治疗思想初探》,《中国中医急症》2015 年第 3 期。

周雯～金泰慜:《清·柴裔之〈食鉴本草〉探究》,《新中医》2014 年第 12 期。

刘旭辉～金泰慜:《清代石成金〈食鉴本草〉考略》,《浙江中医药大学学报》2014 年第 6 期。

～吴承玉:《宋代诊断学名著〈察病指南〉研究》,《中国中医基础医学杂志》2013 年第 8 期。

季丹丹～:《〈类证治裁〉论治麻木浅释》,《浙江中医药大学学报》2013 年第 4 期。

～季丹丹:《〈外台秘要〉无名方的收录特点及载方思想》,《南京中医药大学学报》2013 年第 3 期。

《宋代方剂名著〈太平惠民和剂局方〉浅析》,《时珍国医国药》2012 年第 12 期。

～吴承玉:《吴考槃医理探研》,《中国中医基础医学杂志》2012 年第 5 期。

许可～:《宋以前方书中方剂的归类研究法初探》,《长春中医药大学学报》2012 年第 2 期。

～吴承玉:《吴考槃教授研究〈金匮要略〉学术思想探讨》,《南京中医药大学学报》2011 年第 6 期。

季丹丹～:《〈太平惠民和剂局方〉之服药饮品探析》,《中医文献杂志》2011 年第 5 期。

许可～:《〈金匮要略〉"病家"体质说》,《吉林中医药》2011 年第 10 期。

柴卉～:《在文化全球化背景下如何理解中医文化》,《辽宁中医药大学学报》2009 年第 6 期。

《〈理虚元鉴〉的版本及学术思想》,《南京中医药大学学报(社会科学版)》2008 年第 4 期。

高建荣～:《治疗牙痛方药中医文献研究》,《江苏中医药》2003 年第 10 期。

～李振彬:《历代名医治疗妊娠腹痛的用药分析》,《中国医药学报》2002 年第 12 期。

《历代治疗胃脘痛方药的研究》,《中古中西医结合消化杂志》2001 年第 3 期。

吴承玉～:《医林生涯七十载——吴考槃教授学术生平略记》,《江苏中医》1992 年第 9 期。

《对张景岳〈新方八阵〉的研究》,《中国中医基础医学杂志》1999 年第 2 期。

～吴承玉:《论〈新方八阵〉之补法》,《中国医药学报》1999 年第 1 期。

吴成洋(上海健康医学院)

　　～耿铭等:《〈佛说温室洗浴众僧经〉中的医者视角》,《中华医史杂志》2019 年第 5 期。

吴传清

　　《辛亥女杰张竹君学籍考》,《华中师范大学学报(哲学社会科学版)》1994 年第 5 期。

吴纯(山东大学)

　　《中国健康类电视节目发展研究》,山东大学硕士学位论文 2010 年。

吴春明(山东大学)

　　《医疗保险制度的国际比较》,山东大学硕士学位论文 2007 年。

吴春妍(东北师范大学)

　　《浅析古代欧洲瘟疫的流行及其对社会发展的影响》,东北师范大学硕士学位论文 2005 年。

吴春艳(四川师范大学)

　　《论我国教会特殊教育的发展》,《四川教育学院学报》2008 年第 1 期。

吴丛姿(浙江中医药大学)

～黄雪莲:《中医祝由疗法源流考》,《浙江中医药大学学报》2019年第4期。

吴翠珍(山东中医学院)

～陶汉华等:《〈伤寒论〉〈金匮要略〉方药统计及相关研究》,《山东中医学院学报》1996年第2期。

吴丹(北京中医药大学)

《张介宾论治郁证思想研究》,北京中医药大学硕士学位论文2012年。

吴丹彤(中国科学院大学)

《我国近代第一所新型中医学校:利济医院》,《自然辩证法通讯》2013年第1期。

吴道显(云南中医学院)

苗丽～:《云南边疆民族地区中医药教育发展现状研究》,《中国民族民间医药》2017年第16期。

苗丽……魏喜春～:《云南民族医药文化的历史传承及其特点》,《中国民族民间医药》2015年第16期。

～叶世隆等:《云南民族医药文化的历史传承及其特点》,《中国民族民间医药》2015年第10期。

～杨玉芹等:《我国传统医药产业国际化发展的理论思考》,《时代金融》2014年第11期。

王珍喜、郑文～:《"两强一堡"战略下云南民族医药文化的生态保护刍议》,《中国民族民间医药》2014年第6期。

～孙永林等:《国际化视野下我国民族医药发展探微》,《云南中医学院学报》2013年第6期。

张丽、张根生～:《地缘文化视野中的云南民族医药文化研究的思考》,《云南中医学院学报》2012年第6期。

郑文～张丽:《中医全球化的困局与抉择》,《云南中医学院学报》2012年第5期。

杨玉芹～:《影响医护人员建立良好医德的心理因素》,《卫生职业教育》2012年第18期。

张丽、郭兆刚～:《傣医药高等教育人才培养体系的理论和实践探讨》,《云南中医学院学报》2011年第5期。

王珍喜～:《民族医药文化在云南文化强省中的重要地位》,《边疆经济与文化》2011年第8期。

吴冬雪(南京理工大学)

《女性乳腺癌乳房切除患者的自我接纳研究——以江苏省某医院为例》,南京理工大学硕士学位论文2018年。

吴方浪(江西师范大学)

～吴方基:《东汉时期的"疫"灾再探》,《城市与减灾》2012年第6期。

～吴方基:《汉代"罢癃"问题再探》,《邢台学院学报》2012年第1期。

吴非(江西师范大学)

《我国农村医疗保险制度变迁研究——基于城乡居民医保制度的建立》,江西师范大学硕士学位论文2017年。

吴峰(南京师范大学)

《从"禽流感"看突发公共卫生事件媒体的报道方略》,《新闻知识》2006年第1期。

伍凤兰(深圳大学)

～申勇:《公立医院改革——历史演进、制度困境与路径选择》,《中国卫生政策研究》2016年第1期。

《制度变迁视角下的农村合作医疗》,《求是学刊》2015年第1期。

王晓玲～:《制度的逻辑、困境与出路——新医改背景下医疗政府管制模式重构》,《河北师范大学学报（哲学社会科学版）》2012 年第 5 期。

《路径依赖下的农村合作医疗——以日本农村医疗保险为例》,《卫生软科学》2009 年第 3 期。

《农村合作医疗制度绩效等比较研究》,《深圳大学学报（人文社会科学版）》2009 年第 3 期。

《日本全民医疗保障制度的启示》,《卫生经济研究》2008 年第 1 期。

吴凤玲（中国社会科学院）

《试论萨满文化的疾病观与治疗方法》,《世界宗教文化》2014 年第 5 期。

吴福星（深圳市平乐骨伤科医院）

《道教对中医学的影响》,《江西中医学院学报》2007 年第 1 期。

乌格敦其其格（内蒙古民族大学）

《蒙医学伦理思想研究》,内蒙古民族大学硕士学位论文 2009 年。

吴根诚（复旦大学/上海医学院）

～王彦青:《中西医结合针刺原理研究的引路人——纪念著名生理学家徐丰彦先生诞辰 110 周年》,《复旦学报（医学版）》2013 年第 6 期。

《谈中国针灸术传向美国的一段史实》,《中国针灸》2002 年第 12 期。

吴庚元

《略论法家路线和我国古代医学》,《新医学》1974 年第 11 期。

吴冠民

～张鼎:《美国英格氏 J.W.England 之欧洲药业考察谈》,《医药评论》1930 年第 25、28、29、31、39 期。

吴光

～许邦宪:《吾国血吸虫病之大概》,《中华医学杂志》1941 年第 8—12 期;1942 年第 1—11 期。

《我国姜片虫病之大概》,《中华医学杂志》1938 年第 4 期。

《吾国肺蛭虫病之大概》,《中国医学杂志》1937 年第 7 期。

吴光炯（贵阳中医学院第二附属医院/贵阳中医学院第一附属医院）

许滔～:《〈内经〉的复杂性思维探析》,《中国实验方剂学杂志》2010 年第 4 期。

《试论李东垣脾胃学说中的温热病学思想——东垣仲景学说之比较》,《中医杂志》1999 年第 2 期。

吴国樑

《香港本土中医药历史的研究概况与史料征集》,《近代中国史研究通讯》2003 年第 35 期。

《近四十年来香港医学发展史的研究概况》,《近代中国史研究通讯》2001 年第 31 期。

吴国良（吴江市文化局）

《徐灵胎世系及相关问题考证》,《中华医史杂志》1995 年第 3 期。

吴国其（广西中医学院）

《中医药在美国》,《广西中医学院学报》2000 年第 4 期。

《〈内经〉论咳初探》,《广西中医药》1993 年第 4 期。

《〈温病条辨〉暑温治法》,《广西中医药》1990 年第 6 期。

吴果中（湖南师范大学）

～周瑾靓:《"患者失语"与"报道失衡":医患冲突事件报道框架的实证分析》,《湖南师范大学社会科学学报》2014 年第 3 期。

吴海兰(南京中医药大学)

~张伟等:《心主神和脑主神探析》,《安徽中医学院学报》2013 年第 1 期。

吴海涛(安徽医科大学)

《我国规培医师医学职业精神现状及对策研究》,安徽医科大学硕士学位论文 2018 年。

~王高峰:《"一体堂宅仁医会"及对医师职业精神教育启示浅探》,《锦州医科大学学报(社会科学版)》2017 年第 3 期。

~王高峰:《论德国社会办医中患者参与医疗决策机制及启示》,《南京医科大学学报(社会科学版)》2015 年第 6 期。

吴汉男(贵州大学)

《石门坎上的柳树村——以石门坎麻风康复村为例看近代以来中国麻风防治模式的历史变迁》,贵州大学硕士学位论文 2010 年。

吴昊(中国医学科学院)

《对"中国优生科学的建立"的补充资料》,《中国科技史料》2002 年第 4 期。

《遗传学与医学》,《中华医学杂志》1995 年第 11 期。

《续"基因治疗纵横谈"》,《中华医学杂志》1995 年第 9 期。

~朱恃贵:《医学遗传学》,《中华医学杂志》1994 年第 12 期。

《关于优生学》,《遗传》1980 年第 3 期。

吴颢昕(南京中医药大学)

姜惟~:《〈内经〉论脑举要》,《中医药信息》2010 年第 2 期。

~姜惟:《论〈内经〉中的汗法》,《南京中医药大学学报》2009 年第 4 期。

庄微~:《〈黄帝内经〉"治未病"理论的临床应用概述》,《辽宁中医药大学学报》2008 年第 1 期。

~孙桐:《〈内经〉卫气理论及其临床意义》,《南京中医药大学学报》2004 年第 1 期。

《〈内经〉论瘀血的治法及其影响》,《南京中医药大学学报(自然科学版)》2001 年第 6 期。

《〈内经〉论中风揽要》,《中医函授通讯》2000 年第 1 期。

《〈内经〉论地理环境对人体的影响》,《南京中医药大学学报》1998 年第 5 期。

《〈温病条辨〉清法运用浅识》,《浙江中医学院学报》1993 年第 5 期。

武鸿鸣(新疆财经大学)

~王中敏:《新闻报道热点与传播价值倾向的平衡——以医患新闻报道为例》,《新闻爱好者》2015 年第 2 期。

吴鸿洲(上海中医药大学/上海中医学院)

萧之煜~:《漫谈明代传染病大师吴有性及其巨著〈瘟疫论〉》,《上海中医药报》2015 年 10 月 2 日 002 版。

温建恩~:《怀远的〈古今医彻〉及学术思想》,《福建中医药大学学报》2014 年第 3 期。

温建恩~:《清代上海中药业行会述评》,《中医药文化》2014 年第 2 期。

杨奕望~陈丽云:《蔡鸿仪与〈蔡同德堂丸散膏丹全录〉》,《时珍国医国药》2013 年第 1 期。

杨奕望~:《"利玛窦规矩"与中医药交流》,《时珍国医国药》2012 年第 5 期。

王慧~叶兴华:《民国时期中西医不同范式下的中医发展》,《中华中医药学刊》2012 年第 1 期。

王慧~叶兴华:《论近现代科学观的变迁与中医发展》,《辽宁中医药大学学报》2011 年第 12 期。

潘海强……杨涛~:《论孙思邈的饮食养生观》,《吉林中医药》2010 年第 3 期。

潘海强……杨涛~:《试论苏轼的养生之道》,《中国民族民间医药》2010 年第 3 期。

郭殿彬~:《儒医发展之历史沿革与贡献》,《江西中医学院学报》2010 年第 2 期。

郭殿彬……杨涛~:《宋以前儒医发展之历史沿革》,《中医药文化》2010 年第 2 期。

郭殿彬~:《〈饮膳正要〉养生食药特色探析》,《江西中医学院学报》2010 年第 1 期。

陈丽云~严世芸:《金元四大家对耳鼻咽喉科的贡献》,《上海中医药大学学报》2009 年第 5 期。

李清、梅晓萍~:《魏晋南北朝僧医的医学成就》,《辽宁中医药大学学报》2009 年第 2 期。

宋晓亭~白玉金:《试论中医药自身发展规律及其在法律上的需求》,《上海中医药大学学报》2009 年第 1 期。

李清、闫晓天~:《络病学说探析》,《河南中医》2008 年第 11 期。

陈丽云~:《试述〈松峰说疫〉诊治疫病特色》,《时珍国国药》2008 年第 1 期。

陈丽云~:《张景岳对中医耳鼻喉科的贡献》,《上海中医药大学学报》2006 年第 4 期。

王丽丽~:《浅析〈千金方〉骨伤科成就》,《上海中医药杂志》2003 年第 12 期。

~萧惠英:《王吉民先生曾为国际科学史研究院院士和通讯士》,《中华医史杂志》2003 年第 1 期。

魏蓉~:《明清时期外科、骨伤科外治方主要学术思想探讨》,《中医外治杂志》1999 年第 5 期。

《试论上海中医药大学医史博物馆的功能》,《中华医史杂志》1998 年第 4 期。

《李时珍〈奇经八脉考〉成就探》,《上海中医药杂志》1997 年第 6 期。

《蒲松龄与中医药文化》,《医古文知识》1996 年第 4 期。

《李时珍养生抗衰成就探》,《上海中医药大学上海市中医药研究院学院》1996 年 Z1 期。

《伟哉夫子生命永存——古代中国百科全书:李氏〈本草纲目〉》,《医古文知识》1994 年第 1 期。

《试论宋代官药局对我国中成药发展的贡献》,《上海中医药杂志》1986 年第 7 期。

~金岚等:《试论海洋药物在中国的发展和应用》,《上海中医药杂志》1983 年第 2 期。

《试论孙思邈的医德观》,《吉林中医药》1982 年第 4 期。

《泉州出土宋海船所载香料药物考》,《浙江中医学院学报》1981 年第 3 期。

《中国古代医学教育成就初探》,《医学教育》1981 年第 3 期。

吴华(宁波市第二医院)

~高延丰:《民国时期宁波华美医院住院楼建造始末》,《浙江档案》2015 年第 7 期。

吴寰(云南大学)

《灾疫的流动性:清以降以云南为中心的区域鼠疫流行研究(1644—1949)》,云南大学硕士学位论文 2016 年。

《社会变迁下的跨区域灾疫研究——以 1894 年香港鼠疫为例》,《宝山学院学报》2015 年第 3 期。

吴焕淦(上海市中医药研究院—上海中医药大学上海市针灸经络研究所)

方臻臻……周志刚~李璟:《古代文献中胃肠道疾病相关性腹痛的灸法经脉腧穴应用规律》,《世界科学技术·中医药现代化》2018 年第 5 期。

吴子建~胡玲等:《周楣声先生之〈灸绳〉对灸法学的贡献》,《中国针灸》2018 年第 5 期。

施茵、商海霞~:《敦煌〈灸经图〉肠腑病证用穴探析》,《中国针灸》2016 年第 5 期。

刘慧荣、纪军~周次利等:《近代上海针灸学术发展管窥》,《世界中西医结合杂志》2014 年第 11 期。

刘密……孙国杰~:《解析〈肘后备急方〉灸法学术思想》,《北京中医药》2012 年第 11 期。

刘婕……黄琴峰~:《牙痛的古代艾灸治疗特点分析》,《上海针灸杂志》2010年第10期。

刘立公……顾杰~:《痔疮的古代艾灸治疗特点分析》,《上海针灸杂志》2010年第5期。

刘立公……黄琴峰~:《疟证的古代艾灸治疗特点分析》,《上海针灸杂志》2010年第3期。

口锁堂、口维敏~:《中医学免疫学思想探讨》,《中华中医药学刊》2009年第8期。

~房敏:《海派中医儿科流派初探》,《中华中医药学刊》2009年第5期。

穆敬平、范逸品~王晓梅:《〈黄帝明堂灸经〉的灸疗特色》,《上海中医药大学学报》2009年第2期。

张卫~王米渠:《中医传统衰老学说及其防治原则概述》,《中华中医药学刊》2008年第2期。

施茵~:《〈针灸大成〉灸法辑要》,《辽宁中医药大学学报》2007年第3期。

~口锁堂等:《针灸学家陆瘦燕》,《中国针灸》2006年第12期。

~施茵等:《〈肘后备急方〉论灸法》,《江西中医药》2005年第1期。

~施茵等:《〈外台秘要〉论灸法》,《江西中医学院学报》2004年第1期。

吴焕姣(北京师范大学)

《20世纪30年代中期北平市卫生局公共饮食卫生管理初探》,《北京社会科学》2010年第5期。

吴慧慧(苏州科技大学)

《从〈苏州明报〉医药广告看近代苏州社会问题(1925—1937)》,苏州科技大学硕士学位论文2018年。

伍慧英(华东师范大学)

《彼得·辛格关于堕胎的理论》,华东师范大学硕士学位论文2008年。

戊己(北京大学)

《唐西州的古代药方研究》,《中国地方志》2006年第9期。

吴辑庵

《论祖国医学中的邪与正》,《上海中医药杂志》1963年第10期。

《谈中医学论文中关于引用古代文献记载问题》,《上海中医药杂志》1962年第10期。

《谈引用中医古代文献问题》,《中医杂志》1962年第9期。

《介绍古代文献有关疟疾的记载》,《福建中医药》1962年第2期。

《古代文献有关痢疾辨证的记载》,《福建中医药》1962年第1期。

吴继东(天津中医药大学)

~李玲玲:《英国针灸教育发展概况》,《天津中医药》2014年第9期。

吴继金(湖北美术学院)

《对巫术治病迷信的"灵验"剖析》,《科学与无神论》2003年第3期。

吴甲才

《侵华日军在白音布统施放鼠疫经过》,《文史精华》2005年第5期。

吴嘉苓

《临床因素的消失:台湾剖腹产研究的知识生产政治》,《台湾社会学刊》第45期(2010.12)。

《评介傅大为:〈亚细亚的新身体——性别、医疗、与近代台湾〉》,《女学学志:妇女与性别研究》第20期(2005.12)。

《受污名的性别、性别化的污名:从台湾"不孕"男女处境分析污名的性别政治》,《台湾社会学刊》第29期(2002.12)。

《台湾的新生殖科技与性别政治,1950—2000》,《台湾社会研究季刊》第45期(2002.3)。

吴佳玲（上海交通大学）

～陈一铭等:《从传播学角度思考医患关系》,《医学与哲学（A）》2012 年第 7 期。

邬佳艳（上海交通大学）

《基于政府服务热线缓解医患矛盾成效分析》,上海交通大学硕士学位论文 2018 年。

吴家怡

《金元四大家的历史评价》,《哈尔滨中医》1961 年第 5 期。

《清代儿科医家——夏鼎、陈复正、庄在田对惊风学说的异同观点》,《哈尔滨中医》1960 年第 11 期。

吴健成（甘南州卫生局）

《试论藏医学中的预防医学思想》,《甘肃中医》1993 年第 4 期。

吴健珍（中南大学）

《中美两国高等医学院校发展的历史与比较研究》,中南大学博士学位论文 2014 年。

～陶立坚:《中美高等医学教育的比较》,《基础医学与临床》2012 年第 1 期。

吴建征（河北大学）

张永刚～:《近代安国药市研究》,《河北大学成人教育学院学报》2010 年第 2 期。

《近代安国药业述论》,河北大学硕士学位论文 2009 年。

《试论近代安国药业对经济的影响》,《法制与社会》2008 年第 6 期。

《试析近代安国药业的经营模式》,《安徽文学（下半月）》2008 年第 5 期。

～任会来:《浅析抗战前后的安国药材市场》,《科教文汇（上旬刊）》2008 年第 3 期。

吴江峰（天津中医药大学）

～年莉等:《〈外台秘要〉心病分类与病因病机研究》,《天津中医药》2015 年第 4 期。

吴洁（复旦大学）

《中国艾滋病非政府组织研究——国家与社会互动中的疾病治理》,复旦大学硕士学位论文 2014 年。

吴阶平

《愉快的回忆——记中国医疗组在印度尼西亚的日子》,《健康报》1962 年 8 月 18 日。

附:不署名:《在完成为苏加诺总统治病的任务后中国医疗组离雅加达回国》,《文汇报》1962 年 5 月 13 日。

《经过中国医疗组的治疗苏加诺健康情况极为良好》,《解放日报》1962 年 5 月 7 日。

吴锦洪（蚌埠医学院）

《〈医津一筏〉与〈医经秘旨〉》,《安徽中医学院学报》1992 年第 1 期。

《新安医家罗美籍贯考》,《安徽中医学院学报》1991 年第 3 期。

《新安医学培元派的形成和影响》,《安徽中医学院学报》1991 年第 2 期。

《关于华佗国籍争论的刍议》,《安徽中医学院学报》1986 年第 1 期。

《孙思邈的医学伦理思想——纪念我国唐代伟大的医学家孙思邈逝世 1300 周年》,《蚌埠医学院学报》1982 年第 2 期。

《中国古代的医学气象学——运气学说的探讨》,《蚌埠医学院学报》1980 年第 2 期。

吴金鹏（北京中医药大学）

《〈四部医典〉对人体筋类疾病的认识》,《中国藏学》2007 年第 2 期。

吴静（广州中医药大学）

《王吉民、伍连德〈中国医史〉与陈邦贤〈中国医学史〉比较研究》，广州中医药大学博士学位论文2015年。

～刘小斌：《伍连德博士与医学史巨著〈中国医史〉》，《中国中医药现代远程教育》2015年第6期。

～刘小斌：《岭南医家麦乃求〈伤寒法眼〉学术思想探讨》，《广州中医药大学学报》2014年第5期。

吴静芳（台湾东海大学/国立成功大学）

《药物与犯罪：清代刑案所见麻药的使用及其风险》，《故宫学术季刊》第26卷第3期（2019.9）。

《穿乡越境：清代档案所见卖药人的活动与行销手法》，《长庚人文社会学报》第12卷第1期（2019.3）。

《清代前期（1723—1820）民间伤口处理与破伤风治疗——以斗殴因风身死案为中心的分析》，《政治大学历史学报》第48期（2017.11）。

《法律"原殴伤轻，因风身死"例的成立与变化》，《东吴历史学报》第37期（2017.6）。

《举手与疮痍——中国传统医书所见破伤风疗法的变化》，《故宫学术季刊》第33卷第3期（2016.9）。

《明代男性求子的医疗文化史考察：以种子方为例》，《成大历史学报》第49期（2015.12）。

《如获平安之庆——雍正时期的御赐平安丸》，《故宫文物月刊》第383期（2015.2）。

《明末清初观音信仰与求子故事的书写》，《明代研究》第14期（2010.6）。

《"积善"与"用药"：明代求子方法的传播与应用》，成功大学博士学位论文2012年。

吴净宁（台湾高雄大学）

《手术室中的隐形天使——麻醉护理专业在台湾的建构与职场处境》，高雄医学大学硕士学位论文2009年。

吴静银（南京大学）

《清前中期医政与民间医疗研究——以江南地区为中心》，南京大学硕士学位论文2018年。

吴娟（华中师范大学）

《上海新药业同业公会与行业治理的转型（1945—1953）》，华中师范大学硕士学位论文2012年。

吴娟娟（安徽大学）

《香料与唐代社会生活》，安徽大学硕士学位论文2010年。

吴珏

《五十年来我国临床麻醉发展的情况》，《中华外科杂志》1957年第12期。

吴俊（华东师范大学）

《鲁迅的病史与暮年心理——鲁迅个性心理研究之一》，《中国文学研究》1992年第1期。

吴俊莹

《从东三省鼠疫问题看清末的内政与外交（1910—1911）》，《国史馆馆刊》2009年第20期。

吴开杰（荆门职业技术学院）

《察天人之道 究阴阳消息——从〈素问〉看〈内经〉的文化来源》，《荆门职业技术学院学报》2000年第4期。

《古代中医药发展的文化渊薮》，《荆门职业技术学院学报》2000年第2期。

吴康健（浙江中医学院）

《〈小儿卫生总微论方〉作者之小识》，《上海中医药杂志》1989年第6期。

吴考盘

《〈黄帝内经〉〈素问〉〈灵枢〉考》,《中华医史杂志》1983 年第 2 期。

《〈素问〉刊定》,《辽宁中医杂志》1983 年第 1 期。

《对〈素问〉中若干句文及注解的我见》,《上海中医药杂志》1964 年第 7 期。

吴坤(中国人民解放军军事医学科学院)

《我国预防接种伤害救济制度若干问题探讨》,中国人民解放军军事医学科学院硕士学位论文 2011 年。

乌兰塔娜(中共内蒙古自治区纪律检查委员会)

~萨仁高娃等:《蒙古兽医与中兽医之间的渊源关系研究》,《内蒙古农业大学学报(社会科学版)》2008 年第 2 期。

巴音木仁~包金山:《匈奴兴盛时期的兽医药研究》,《中兽医医药杂志》2007 年第 4 期。

~巴音木仁:《契丹族所建的辽朝时期的兽医药研究》,《中兽医医药杂志》2007 年第 2 期。

~巴音木仁:《北魏时期的兽医药》,《中国兽医杂志》2006 年第 11 期。

~巴音木仁:《蒙古兽医与藏兽医之间的渊源关系》,《中兽医医药杂志》2006 年第 6 期。

巴音木仁~巴音吉日嘎拉:《蒙古兽医古典著作〈马医经卷〉简介》,《中兽医学杂志》2004 年第 2 期。

吴莉(宁波大学)

《基督教和宁波教育卫生事业研究》,宁波大学硕士学位论文 2011 年。

~陈君静:《从传统到现代:近代宁波公共卫生事业的历史演进》,《宁波经济(三江论坛)》2010 年第 11 期。

吴利华(中南民族大学)

《苗族巫医的文化内涵及其功能——以凤凰县两头羊苗寨巫医为中心》,中南民族大学硕士学位论文 2008 年。

吴丽娟(山西大学)

《清代中俄大黄贸易研究》,山西大学硕士学位论文 2011 年。

吴立坤(北京中医药大学)

《近代西方药学的传入及对中药学的影响》,北京中医药大学硕士学位论文 2006 年。

吴丽娜(黑龙江中医药大学)

《中国历代养生思想的特点研究》,《中医药学报》2010 年第 6 期。

伍连德

《六十年前的医界学者论结核病治疗"(甲)肺结核疗法"》,《结核病健康教育》1994 年第 1 期。

《上海之霍乱》,《中华医学杂志》1937 年第 7 期。

《中国之鼠疫病史》,《中华医学杂志》1936 年第 11 期。

《中国之公众医院》,《海港检疫处报告》1936 年。

《中国医学之复兴》,《科学》1936 年第 4 期。

《中国霍乱流行史略及其古代疗法概况》,《同仁医学》1935 年第 4 期。

《海港检疫管理处略史》,《医事丛刊》1932 年第 11 期。

《中国之最近医史》,《东三省防疫事务处报告书》1932 年第 7 期。

《西医入中国历史考》,《东北防疫处报告》1931 年第 7 期。

《吾国远古外科考》，《东北防疫处报告》1931 年第 7 期。

《本会之将来》，《中华医学杂志》1929 年第 6 期。

《医学会亟宜统一论》，《中华医学杂志》1929 年第 5 期。

《对国民政府医学前途之希望》，《中华医学杂志》1928 年第 4 期。

《中国医学史序》，《中西医学报》1927 年第 5 期。

《劝募债券筹建中华医学总会启》，《中华医学杂志》1926 年第 4 期。

～林家瑞：《远东鼠疫与北满流行时之关系说》，《中华医学杂志》1921 年第 4 期。

《读日本医学史感言》，《中华医学杂志》1919 年第 1 期。

吴曼衡（安徽中医学院）

《〈医方集解〉体例对方剂学科分化的影响》，《中医教育》1996 年第 6 期。

《新安医家对医学普及教育的贡献》，《安徽中医学院学报》1993 年第 3 期。

《新安医家对〈伤寒论〉研究的贡献》，《安徽中医学院学报》1991 年第 4 期。

～肖金：《略论明清时期新安医家对方剂学的贡献》，《安徽中医学院学报》1991 年第 2 期。

《〈医学入门万病衡要〉浅析》，《安徽中医学院学报》1989 年第 3 期。

邬美娣（中国井冈山干部学院）

《我国农村合作医疗的发展历程及现状分析》，《鸡西大学学报》2012 年第 12 期。

吴梦（华东师范大学）

《从缠足看中国女性身体的社会建构》，华东师范大学硕士学位论文 2009 年。

吴孟青（台湾清华大学）

《唐代外来香药知识的形成初探》，台湾清华大学硕士学位论文 2012 年。

吴孟霞（吉林大学）

《1899 年营口鼠疫流行研究》，吉林大学硕士学位论文 2018 年。

吴弥漫（广州中医药大学/广州中医学院）

《张仲景对〈内经〉学术的继承和创新》，《广州中医药大学学报》2009 年第 5 期。

容景瑜……张慧～：《〈黄帝内经〉"和谐"思想探析》，《中华中医药学刊》2007 年第 12 期。

《〈内经〉诊脉和刺灸方法沿革考证》，《广州中医药大学学报》2007 年第 5 期。

《治未病～：贯彻"以人为本"理念的中医防治疾病思想》，《新中医》2007 年第 5 期。

《取象比类 辨证审机——简论〈内经〉六气病机的实质内涵》，《江西中医学院学报》2007 年第 1 期。

冯文林～：《探析〈盐铁论〉中的中医治疗学思想》，《医学与哲学（人文社会医学版）》2006 年第 11 期。

冯文林～：《〈内经〉"治未病"治则的思想探源》，《中国中医基础医学杂志》2006 年第 2 期。

《从文化学角度探析〈内经〉义理》，《中医药临床杂志》2006 年第 2 期。

曾高峰～：《〈庄子〉关于情志与疾病的关系初探》，《江苏中医药》2005 年第 11 期。

杨沛群～：《〈内经〉酒论浅析》，《安徽中医学院学报》2003 年第 3 期。

《〈内经〉病因病机学说的认识论和方法论特点》，《广州中医药大学学报》1998 年第 1 期。

《〈内经〉的认识论和方法论特点及其哲学基础》，《国际医药卫生导报》1997 年第 12 期。

《即合且分 并存共进——从中西医学的差异讨论中西医结合》，《国际医药卫生导报》1997 年第 1 期。

《〈伤寒论〉〈金匮要略〉方中寒热并用法初探》，《国医论坛》1995 年第 5 期。

《〈周易〉与〈内经〉学术》,《天津中医学院学报》1992 年第 2 期。

《〈仓公传〉"肾反肺"、"黍主肺"异于〈内经〉五行说》,《医古文知识》1992 年第 2 期。

《简论〈内经〉治则治法学说的规范》,《中国医药学报》1990 年第 1 期。

《汉初经学对〈内经〉学术的影响》,《天津中医学院学报》1989 年第 3 期。

《运气学说探源》,《广州中医学院学报》1987 年第 1 期。

吴苗（中国科学院大学/中国科学院）

~唐文佩：《身体经验的医学化——以经前期综合征为例》,《医学与哲学》2019 年第 9 期。

《中国近代首部汉译日文产科学著作〈竹氏产婆学〉探析》,《中华医史杂志》2019 年第 3 期。

唐文佩~：《分娩的医学干预与社会回应——医学化的视角》,《自然辩证法研究》2018 年第 3 期。

唐文佩~：《男性更年期综合征:概念及其演变》,《中国性科学》2018 年第 3 期。

唐文佩~张大庆：《疼痛的身体政治——分娩止痛观念的历史演变》,《自然辩证法通讯》2018 年第 2 期。

唐文佩~苏静静：《芭芭拉·艾伦瑞希的女性主义医学批判思想研究》,《科学技术哲学研究》2018 年第 1 期。

《中国近代首部产科学译著〈胎产举要〉探析》,《中华医史杂志》2018 年第 1 期。

~唐文佩：《妇女健康运动与分娩的去医学化》,《中国性科学》2017 年第 8 期。

唐文佩~：《产科超声:在技术与社会之间》,《中国科技史杂志》2017 年第 4 期。

吴沐基（广州中医药大学）

~莫小燕：《浅谈〈医林改错〉中血府和血府血瘀的学术特色》,《光明中医》2009 年第 2 期。

吴宁（暨南大学）

《美南浸信会在华南传教活动研究（1836—1912）》,暨南大学博士学位论文 2007 年。

吴佩林（西华师范大学）

~钟莉：《传统中国"割股疗亲"语境中的观念与信仰》,《史学理论研究》2013 年第 4 期。

武培培（内蒙古大学）

~包庆德：《当代西方动物权利研究评述》,《自然辩证法研究》2013 年第 1 期。

吴佩蓉

《评赵洪钧,〈中西医比较热病学史〉》,《新史学》第 14 卷第 4 期（2003.12）。

《李建民,〈死生之域——周秦汉脉学之源流〉》,《新史学》第 12 卷第 1 期（2001.3）。

吴朋飞（陕西师范大学）

~侯甬坚：《鸦片在清代山西的种植、分布及对农业环境的影响》,《中国农史》2007 年第 3 期。

吴鹏伟（安徽大学）

《医患关系的媒介框架研究》,安徽大学硕士学位论文 2013 年。

吴平

《民国时期上海地区的佛教医院诊所》,《法音》2003 年第 5 期。

吴琦

~田学龙：《〈红楼梦〉医患关系初探》,《山东医科大学学报（社会科学版）》1992 年第 4 期。

吴琦（华中师范大学）

~严忠良：《一个移民后裔的医事活动——以明代名医万全为例》,《明清论丛》2014 年第 1 期。

《近世知识群体的专业化与社会变迁——以史家、儒医、讼师为中心的考察》,《学习与探索》2012

年第 7 期。

～鲜健鹰:《一项社会公益事业的考察:清代湖北的救生红船》,《中南民族大学学报(人文社会科学版)》2007 年第 4 期。

武启峰(郑州大学)

《中国媒体艾滋病报道研究》,郑州大学硕士学位论文 2006 年。

吴琪琼(南京大学)

《民国时期北平的公共卫生建设(1925—1937)——以卫生事务所为中心的考察》,南京大学硕士学位论文 2008 年。

《〈传染病和欧洲国家,1830—1930〉评介》,《国外社会科学》2007 年第 6 期。

吴强(武汉大学)

～张甲娜:《转型期美国食品法律规制研究——以 1906 年〈联邦食品与药品法〉的颁布为中心》,《江西理工大学学报》2013 年第 4 期。

《转型时期美国食品药品的法律监管研究——以 1906 年〈联邦食品与药品法〉的出台为中心》,《江南大学学报(人文社会科学版)》2013 年第 3 期。

《南北战争后至 20 世纪初美国食品药品掺假述论》,《世界近现代史研究》2013 年 00 期。

《论 19 世纪美国的食品立法》,《武汉大学学报(人文科学版)》2012 年第 5 期。

《略论 19 世纪美国的食品立法及其对当代中国的启示》,《江南大学学报(人文社会科学版)》2012 年第 4 期。

《美味背后的欺诈》,《中国图书评论》2012 年第 4 期。

吴庆晏(上海中医药大学/上海中医药杂志社)

《中医古籍整理文字类典型错误举隅——以〈养生月览〉整理本为例》,《江西中医药大学学报》2019 年第 6 期。

《后出转劣:古籍整理中值得注意的现象》,《中医文献杂志》2018 年第 6 期。

《简体横排版〈老老恒言〉文字规范问题商榷》,《中医药文化》2018 年第 5 期。

《试析中医古籍整理中错误重复现象——以〈养生四要〉整理为例》,《南京中医药大学学报(社会科学版)》2018 年第 4 期。

《校注简本本〈山居四要〉对底本误改误校举隅》,《中医文献杂志》2017 年第 6 期。

《试论儒家道德养生思想》,《南京中医药大学学报(社会科学版)》2015 年第 2 期。

《成语中的医药文化漫谈》,《中医药文化》2011 年第 2 期。

伍秋鹏(成都中医药大学)

《明清时期常用按摩器具的类型与形制初探》,《成都中医药大学学报》2017 年第 4 期。

《从考古发掘和明清传世实物看九针的形制演变》,《成都中医药大学学报》2016 年第 1 期。

《清代及近现代传世针灸针具实物举例》,《中医药文化》2015 年第 3 期。

《唐代植毛牙刷考》,《中医药文化》2014 年第 5 期。

《早期医用金属针具初探》,《成都中医药大学学报》2014 年第 4 期。

《中国古代牙刷形制演变考》,《中华医史杂志》2012 年第 3 期。

《砭石类型与形制新探》,《中华医史杂志》2009 年第 2 期。

吴秋儒(台湾淡江大学)

《药品宅急便——"寄药包"之研究》,淡江大学硕士学位论文 2011 年。

乌仁其其格（内蒙古师范大学）

任禹亲～：《浅析内蒙古乌海市海南区残疾人社会保障体系》，《内蒙古师范大学学报（哲学社会科学版）》2014 年第 5 期。

《多元医疗模式与人类健康——当代蒙古族医疗选择多样性的医学人类学考察》，《中央民族大学学报（哲学社会科学版）》2009 年第 1 期。

《萨满巫医术与蒙古族传统医疗文化关系探析》，《内蒙古师范大学学报（哲学社会科学版）》2009 年第 1 期。

《蒙古族传统整骨术的医学人类学解读》，《内蒙古民族大学学报（哲学社会科学版）》2008 年第 5 期。

《"安代"治疗仪式的民族精神病学阐释》，《文化遗产》2008 年第 3 期。

《蒙古萨满教宗教治疗仪式的特征及治疗机理的医学人类学分析》，《西北民族研究》2008 年第 3 期。

《蒙古族整骨术由传统到现代的变迁——以通辽市蒙医整骨医院为例》，《内蒙古大学学报（人文社会科学版）》2008 年第 1 期。

《萨满教宗教治疗仪式的人类学分析——以科尔沁博的医疗活动为个案》，《中央民族大学学报（哲学社会科学版）》2007 年第 6 期。

《科尔沁博（萨满）宗教治疗仪式中的法器》，《内蒙古大学艺术学院学报》2006 年第 4 期。

《蒙古族萨满医疗的医学人类学阐释》，中央民族大学博士学位论文 2006 年。

乌仁图雅（内蒙古医科大学/内蒙古医学院）

珠娜～：《文化全球化背景下的蒙古族传统医学》，《中国民族民间医药》2012 年第 20 期。

《浅述蒙医学对脑出血的认识》，《中国民族医药杂志》2006 年第 6 期。

～其布格等：《〈蒙医金匮〉对蒙医眼科的贡献》，《中国中医眼科杂志》1997 年第 3 期。

～布仁达来等：《蒙医眼科发展概述》，《中华医史杂志》1997 年第 2 期。

乌日罕（吉林大学）

《新中国成立初期妇幼卫生工作研究》，吉林大学硕士学位论文 2016 年。

乌日图（中国人民代表大会/中国社会科学院）

《保大病是基本医疗保险制度的重点》，《中国医疗保险》2019 年第 4 期。

《积极稳妥提高医保基金统筹层次》，《中国医疗保险》2019 年第 3 期。

《牢记医改初心 完善制度体系——纪念国发[1998]44 号文件实施 20 周年》，《中国医疗保险》2019 年第 1 期。

《基本医疗保险要回归保基本的制度功能》，《中国医疗保险》2018 年第 6 期。

《改革医疗保险个人账户已成共识》，《中国医疗保险》2018 年第 3 期。

《牢记改革初心，完善新时代医疗保险政策》，《中国医疗保险》2017 年第 12 期。

《关于退休人员缴纳医疗保险费问题的思考》，《中国人大》2016 年第 5 期。

《加强依法行政 完善医疗保险制度》，《中国医疗保险》2015 年第 3 期。

《适应经济发展新常态 深化医疗保障制度改革》，《中国医疗保险》2015 年第 2 期。

《医疗保险制度改革的回顾和展望》，《中国医疗保险》2014 年第 6 期。

《加快整合城乡基本医疗保险制度》，《中国医疗保险》2014 年第 3 期。

《重提大病保障意在加强》，《中国社会保障》2013 年第 8 期。

《社会医疗保险工作展望》，《中国医疗保险》2013年第3期。

《关于大病保险的思考》，《中国医疗保险》2013年第1期。

《抓住重点突破难点 扎扎实实推进医药卫生体制机制改革》，《中国医疗保险》2011年第3期。

《确立政府主导地位 确保财政投入到位》，《中国医疗保险》2010年第3期。

《对完善社会医疗保险制度的几点思考》，《中国医疗保险》2009年第4期。

《明确政府责任 加大财政投入》，《中国医疗保险》2009年第3期。

《医疗保障制度国际比较研究及政策选择》，中国社会科学院研究生院博士学位论文2003年。

吴蓉（北京中医药大学）

《建国以前国内现存〈伤寒论〉相关书目研究》，北京中医药大学硕士学位论文2014年。

《现存历代伤寒书目内容初探》，《世界中西医结合杂志》2013年第10期。

吴瑞甫

《考正历代医家之名称》，《国医旬刊》1934年第1期。

吴瑞华（浙江大学）

~李鲁等：《英国卫生体制改革及其启示》，《卫生经济研究》2010年第7期。

吴瑞康

《王孟英氏有关不寐和类中、痫的疗法之记载》，《新中医药》1958年第2期。

吴润秋（湖南中医药大学/湖南中医学院）

~艾志福：《王清任运用血府逐瘀汤治疗汗证机理》，《辽宁中医杂志》2012年第4期。

《〈黄帝内经〉治疗学理论体系研究》，《湖南中医药大学学报》2007年第6期。

~杨绍华：《〈黄帝内经〉象思维之研究》，《湖南中医杂志》2007年第1期。

肖丹~：《浅论〈内经〉胃气理论及其对后世的影响》，《湖南中医学院学报》2006年第2期。

~谢宇峰：《〈黄帝内经〉待时调治思想初探》，《湖南中医学院学报》2003年第4期。

谢宇峰~：《〈黄帝内经〉标本理论探析》，《湖南中医学院学报》2002年第3期。

《〈黄帝内经〉藏象的"四象理论"研究》，《中国医药学报》1999年第2期。

《论〈黄帝内经〉"治于传"的动态治疗思想》，《中国中医基础医学杂志》1998年第12期。

《中医辩证治疗思想探讨》，《湖南中医学院学报》1998年第3期。

《〈内经〉黄疸证治研究》，《湖南中医学院学报》1995年第2期。

《〈脉要精微论〉题解辨析》，《医古文知识》1992年第4期。

《临证须以通变为要——论许叔微治疗特点》，《山西中医》1989年第4期。

《"气脱者目不明"析》，《浙江中医学院学报》1988年第5期。

《〈内经〉"逆从"与〈太素〉"逆顺"考》，《成都中医学院学报》1987年第2期。

《〈内经〉论治思想探讨》，《湖南中医学院学报》1986年第2期。

《〈千金要方〉五个手术疗法的记载》，《陕西中医》1986年第1期。

《〈内经〉虚实辨治理论大要》，《浙江中医学院学报》1985年第4期。

《〈金匮要略〉脉学初探》，《中医杂志》1980年第3期。

武绍坤（天津财经大学）

《我国公立医院回归公益性改革的路径探究》，天津财经大学硕士学位论文2018年。

吴绍熙

《工业性皮肤病学简史》，《中华皮肤科杂志》1958年第8期。

吴少祯(中国中医药出版社/天津中医学院)

《脾胃为仓廪之本的含义探讨》,《中国中医基础医学杂志》2002 年第 12 期。

《张景岳补肾阴阳观之探析》,《中国中医基础医学杂志》2002 年第 7 期。

《试论在中医现代化研究中宏微观的辩证统一》,《中国中医药信息杂志》2002 年第 6 期。

《清代陈复正的发热外治九法》,《中国民间疗法》1997 年第 4 期。

～郭霭春:《论两晋南北朝时期我国的小儿医学》,《浙江中医学院学报》1990 年第 3 期。

～郭霭春:《论隋唐时期我国的小儿医学》,《中医药信息》1989 年第 6 期。

吴慎(云南大学)

《古巴医疗保障制度研究》,云南大学硕士学位论文 2015 年。

吴生元(云南省中医院/云南中医学院)

施志强……周家璇～:《吴氏扶阳流派诊治鼻病学术思想浅谈》,《中医药导报》2017 年第 3 期。

张雪冰～:《经典火神派与卢氏火神派的比较研究》,《时珍国医国药》2017 年第 2 期。

曾斌……张希～张晓琳:《仲景妇人病用酒浅论》,《中国民族民间医药》2016 年第 15 期。

《著名中医学家吴佩衡生平及其学术思想简介》,《云南中医学院学报》2003 年第 2 期。

吴元坤～:《云南中医教育的奠基人——一代名医吴佩衡》,《云南中医学院学报》1989 年第 3 期。

伍世安(江西财经大学)

张仲芳～:《中国农村健康保障制度研究综述》,《江西农业学报》2008 年第 12 期。

～张仲芳等:《江西社会保障改革发展三十年:历史、成就与前瞻——以养老保险、医疗保险为例》,《江西财经大学学报》2008 年第 6 期。

～李国志:《中国农村合作医疗制度:历史、问题与改进》,《江西财经大学学报》2005 年第 4 期。

五十岚靖彦(日本弘前大学)

～张长安:《医疗化社会的伦理思考》,《中国医学伦理学》2002 年第 3 期。

～张长安:《现代医疗与护理》,《中国医学伦理学》2000 年第 3 期。

吴枢(广州医学院)

～张慧湘:《近代广东的西医传播和西医教育》,《广州医学院学报》1996 年第 6 期。

吴颂皋

《精神分析的起源和派别》,《东方杂志》1923 年第 11 期。

伍添就(南京中医药大学)

《历代医家冬季养生思想与方法研究》,南京中医药大学博士学位论文 2014 年。

吴天威(美国南伊利诺依大学)

《太平洋战争新资料——日军以细菌战攻击美军和美国本土内幕》,《抗日战争研究》1997 年第 4 期。

《浅评美国对日军"七三一"细菌部队的研究》,《中共党史研究》1995 年第 4 期。

吴桐(北京中医药大学)

《西藏自治区卫生服务需求现状及影响因素分析》,北京中医药大学硕士学位论文 2016 年。

吴童(福建中医药大学/福建中医学院)

林名垚～:《朱子文化影响下的闽北医学建构与地域特色》,《福建中医药》2017 年第 1 期。

温健芳～:《〈黄氏女科〉考略》,《中华医史杂志》2015 年第 4 期。

～王莹颖:《武夷山文化区古医籍考》,《福建中医药大学学报》2012 年第 1 期。

～王莹颖：《理学与宋代武夷山地区中医药文化》，《中华医史杂志》2011 年第 4 期。

《马来西亚槟榔屿市中医中药联合会》，《中华医史杂志》2010 年第 2 期。

《古代文献中消渴病的主要病变部位及病机》，《中国医药指南》2008 年第 23 期。

《金元时期治疗消渴病的用药倾向》，《中华医史杂志》2008 年第 4 期。

《消渴病与糖尿病的关系及文化层面的解读》，《福建中医学院学报》2008 年第 2 期。

《古代文献中消渴病的主要病因》，《中华中医药杂志》2007 年第 10 期。

《古代文献中消渴病的主要病机》，《中国中医基础医学杂志》2007 年第 8 期。

《消渴病名考证疏义》，《福建中医学院学报》2007 年第 2 期。

《古代消渴病的兼症证治规律》，《福建中医学院学报》2006 年第 4 期。

吴彤（清华大学）

《中西医诊疗实践中的身体、空间和技术——从身体观看中西医学模式的差异》，《中医杂志》2013 年第 22 期。

《从科学实践哲学和复杂性科学的双视角看中医学研究》，《医学与哲学（人文社会医学版）》2010 年第 12 期。

～张姝艳：《从地方性知识的视域看中医学》，《中国中医基础医学杂志》2008 年第 7 期。

《从复杂性科学视野看 SARS 防治》，《科学技术与辩证法》2003 年第 5 期。

《健康与疾病：不仅仅是医学问题——从多学科视野看防治 SARS》，《清华大学学报（哲学社会科学版）》2003 年第 4 期。

吴伟娜（贵州大学）

《健康权视野下我国农村医疗保障制度研究》，贵州大学硕士学位论文 2015 年。

吴文军（成都中医药大学）

《俞根初"以六经钤百病"学术思想研究》，成都中医药大学博士学位论文 2018 年。

刘业方～李钰等：《清代温病名家叶天士应用"开阖枢"理论治肺痹经验总结》，《亚太传统医药》2017 年第 23 期。

～刘业方等：《俞根初感证舌诊理论撮要》，《中华中医药杂志》2017 年第 12 期。

党思捷～苏悦等：《"阴阳交"理论新解》，《中华中医药杂志》2017 年第 5 期。

～郭尹玲：《论川派中医药名家宋鹭冰流通气血三法》，《国医论坛》2015 年第 1 期。

吴文君（武汉大学）

《古代医书"消"类、"疟"类、"蛊"类病名研究》，武汉大学硕士学位论文 2018 年。

吴文清（中国中医科学院／中国中医研究院）

张志斌～：《〈东坡养生集〉文献学考察》，《中华医史杂志》2010 年第 6 期。

《近代中医对烈性霍乱的认识与定名》，《中华医史杂志》2009 年第 3 期。

《民国时期中医对"疫痉"病名的讨论》，《中国科技术语》2008 年第 6 期。

《近代中医防治鼠疫著作及特点分析》，《湖南中医学院学报》2007 年第 1 期。

《严苍山〈疫痉家庭自疗集〉的学术成就探讨》，《中华医史杂志》2006 年第 4 期。

《近代中医防治重大疫病史》，中国中医研究院博士学位论文 2005 年。

《李健颐〈鼠疫治疗全书〉学术特点与成就》，《中华医史杂志》2005 年第 2 期。

《中国第一部防治鼠疫的专著——〈治鼠疫法〉》，《中华医史杂志》2004 年第 2 期。

祖丽红、谷胜东～：《张子和不药之药汗法简介》，《内蒙古中医药》2003 年第 2 期。

祖丽红～谷胜东:《张子和方药学术创新要点》,《内蒙古中医药》2003 年第 1 期。

《徐寿与"中西医汇通"主张的由来》,《中华医史杂志》2001 年第 4 期。

巫文生(来宾市二中)

～唐咸明:《论抗战时期广西两次沦陷期间的医药损失》,《柳州师专学报》2006 年第 4 期。

吴文星

《倡风气之先的中医——黄玉阶(一八五 0——九一八)》,张炎宪等著《台湾近代名人志》(第一册)(台北:自立晚报社文化出版部 1990 年)。

吴文忠

《我国医药学院校之初步统计》,《医育》(周年纪念刊)1936 年 10 月。

吴系科(安徽医科大学)

《珍贵的读物育人的园地——庆祝〈中华预防医学杂志〉创刊 50 周年》,《中华预防医学杂志》2003 年第 5 期。

《缅怀我国现代预防医学的先驱者伍连德博士》,《中华预防医学杂志》1995 年第 6 期。

～张方振等:《安徽省颍上县 1961—1980 年流行性出血热某些流行特征的分析》,《安徽医学院学报》1982 年第 4 期。

～张方振等:《安徽省颍上县流行性出血热地理分布的规律》,《安徽医学院学报》1982 年第 4 期。

吴锡民(广西师范学院)

《西方文学与疾病再思索》,《广西师院学报》1996 年第 1 期。

吴瑕(西南医科大学附属中医医院)

～赵庆:《川蜀中医妇科流派与海派中医妇科流派比较》,《中医临床研究》2019 年第 25 期。

吴襄

《外科医学的成功故事》,《科学与中国》1934 年第 3 期。

邬翔

《军医教育改制以来:国防医学院承先启后的统绪》,《源远季刊》第 21 期(2007)。

《拓展国防医学院的北平协和医学院前贤》,《源远季刊》第 18 期(2006)。

《国防医学院早年的几桩轶事》,《源远季刊》第 14 期(2005)。

《建校百年说从头》,《源远季刊》第 1 期(2001)。

武香江(广州中医药大学)

《越南中药贸易与产业发展研究》,广州中医药大学硕士学位论文 2011 年。

吴向军(河北经贸大学)

《论医院为患者所输血液的法律属性》,《河北法学》2002 年第 5 期。

武香兰(广州中医药大学/暨南大学)

《元代"惠民药局"研究》,《贵州民族研究》2019 年第 1 期。

《江苏徐氏医学世家》,《黑河学刊》2010 年第 10 期。

《元代医学教师职能特点》,《北方民族大学学报(哲学社会科学版)》2010 年第 3 期。

《元代太医院使群体特点研究》,《甘肃联合大学学报(社会科学版)》2010 年第 2 期。

《元代太医院群体特点研究》,《安阳师范学院学报》2010 年第 1 期。

《元代医学教师管理制度研究》,《医学与哲学(人文社会医学版)》2009 年第 8 期。

《元代医学经费研究》,《贵州民族研究》2009 年第 6 期。

《元代医政研究》，暨南大学博士学位论文 2008 年。

马明达～:《元代医法初探》，《暨南学报（哲学社会科学版）》2008 年第 2 期。

马明达～:《元朝的太医院》，《西北民族研究》2008 年第 1 期。

吴晓东（北京大学）

《文学中的疾病主题》，《名作欣赏》2011 年第 3 期。

《一片被蚀而斑斓的病叶——疾病的文学意义》，《书城》2003 年第 4 期。

邬晓东（黑龙江中医药大学）

～张影:《清代阳湖张琦年表》，《古籍整理研究学刊》2019 年第 1 期。

李晓……车志远～:《服务经济视角下医学生医德培养路径研究》，《经济研究导刊》2018 年第 5 期。

何畅～王洋……:《医院文化视角下的中医院知识管理模式研究》，《现代经济信息》2018 年第 4 期。

李晓艳～:《浅论〈唐新修本草〉残卷的分布情况》，《决策与信息（下旬刊）》2016 年第 10 期。

～霍丽丽等:《高仲山先生求学事略补阙》，《中医药文化》2015 年第 6 期。

～张影:《张琦生年再考》，《中华医史杂志》2014 年第 3 期。

～张影:《张琦卒年考辨》，《中华医史杂志》2013 年第 4 期。

武晓冬（中国中医科学院/中国中医研究院）

岗卫娟～张立剑:《古代针灸官方教育发展概况（1840 年以前）》，《中国中医基础医学杂志》2007 年第 3 期。

杨金生……赵美丽～李贤巧等:《"痧"的基本概念与刮痧的历史沿革》，《中国中医基础医学杂志》2007 年第 2 期。

～黄龙祥:《针灸歌赋腧穴主治研究》，《中国针灸》2006 年第 5 期。

《古代针灸治疗歌赋腧穴主治探讨》，中国中医研究院博士学位论文 2005 年。

吴晓峰（上海市卫生局）

《德国医疗保险制度改革》，《国外医学（卫生经济分册）》2000 年第 3 期。

吴筱枫（上海中医药大学/贵阳中医学院）

～严世芸:《〈圣济总录·肺藏门〉肺虚证辨证论治特色》，《中国中医药科技》2018 年第 2 期。

～严世芸:《肺藏象辨证论治理论源流述要》，《江苏中医药》2017 年第 6 期。

《北宋茶文化兴盛背景下的茶药研究》，《中医药文化》2017 年第 3 期。

《理学对朱震亨医学生涯的影响》，《山东中医药大学学报》2016 年第 3 期。

谢裕竹、陈静～:《五行"一源而三歧"发展史观的研究》，《光明中医》2008 年第 11 期。

《试谈张从正祛邪学说之形成》，《天津中医药》2007 年第 5 期。

～戴永生:《论〈内经〉〈难经〉中脾脏病机的五行传变模式》，《辽宁中医杂志》2005 年第 2 期。

吴晓琳（云南大学）

《仪式、超自然知识及社会整合——翁丁佤族叫魂活动的人类学阐释》，《思想战线》2008 年 S1 期。

吴晓玲（四川日报社）

～陈四四:《920 支医简内含 10 部医书价值远超马王堆》，《四川日报》2013 年 12 月 18 日 012 版。

吴小明（泾县中医院）

《张景岳药论的特色》，《安徽中医临床杂志》2002 年第 2 期。

《张景岳真阴理论浅探》，《安徽中医临床杂志》2001 年第 6 期。

吴小明（浙江中医药大学）

朱德明、郑洪～钱群英等：《中医教育近现代化先驱——利济医学堂》，《中国中医药现代远程教育》2019 年第 21 期。

《"浙派中医高鼓峰 不得见病治病"医案浅析》，《浙江中医药大学学报》2019 年第 4 期。

郑洪～钱群英等：《以地域医派为内涵的中医医史文献课程群改革探索》，《成都中医药大学学报（教育科学版）》2019 年第 3 期。

朱美香～：《张仲景代赭石配伍特点探析》，《浙江中医杂志》2019 年第 1 期。

朱美香～：《张仲景雄黄配伍特点探析》，《中国中医基础医学杂志》2018 年第 12 期。

朱美香～：《张仲景赤石脂配伍规律研究》，《中国中医基础医学杂志》2017 年第 7 期。

朱美香～：《张仲景龙骨配伍特点探析》，《中国中医基础医学杂志》2016 年第 10 期。

汪如镜、龚人爱～：《雷少逸伏气泄泻特点初探》，《浙江中医药大学学报》2016 年第 8 期。

《薛己治疗茧唇验案探析》，《新中医》2016 年第 1 期。

朱美香～：《王旭高治头痛经验探析》，《中国中医基础医学杂志》2015 年第 9 期。

朱美香～：《王旭高治疗消渴特色探析》，《中国中医基础医学杂志》2014 年第 8 期。

《朱丹溪升补阴血法探析》，《黑龙江中医药》2014 年第 5 期。

朱美香～：《王旭高外科医案探析》，《浙江中医杂志》2014 年第 1 期。

陈迪～：《张仲景治肝思想对王旭高〈西溪书屋夜话录〉的影响》，《浙江中医药大学学报》2013 年第 11 期。

朱美香～：《王泰林治疗消渴经验浅探》，《浙江中医杂志》2013 年第 8 期。

《王旭高治幼儿病医案探析》，《浙江中医药大学学报》2013 年第 8 期。

张卓文～：《钱塘医派妇科学术医疗特色及医案赏析》，《中医文献杂志》2013 年第 2 期。

朱月玲～：《王旭高肝风证治特色探析》，《陕西中医学院学报》2013 年第 2 期。

《王旭高死证医案探析》，《黑龙江中医药》2013 年第 1 期。

～张卓文：《王旭高肠风脏毒论治特色探析》，《浙江中医杂志》2012 年第 9 期。

《王旭高治咳嗽医案探析》，《中医药学报》2012 年第 6 期。

《王旭高黄疸论治特色探析》，《浙江中医药大学学报》2012 年第 6 期。

《从〈串雅〉看浙江民间走方医的治病特点》，《浙江中医药大学学报》2012 年第 1 期。

朱美香～连建伟：《张仲景芒硝配伍规律探析》，《中国中医基础医学杂志》2009 年第 5 期。

～张卓文等：《〈金匮要略〉"三黄"配伍规律探析》，《中华中医药学刊》2007 年第 8 期。

朱美香～连建伟：《浅析〈金匮要略〉虫类药方配伍规律》，《新中医》2006 年第 12 期。

～张卓文等：《仲景矿物类药的性能功效特点探析》，《实用中医内科杂志》2006 年第 6 期。

朱美香～连建伟：《〈金匮要略〉姜枣使用规律探析》，《浙江中医杂志》2006 年第 10 期。

吴晓倩（延边大学）

《韩国现行安乐死——"尊严死"制度研究》，延边大学硕士学位论文 2019 年。

吴效群（河南大学）

《邪病及其与社会文化的关系——河南王屋山区民间香会组织巫术治疗的社会人类学研究》，《民俗研究》2011 年第 2 期。

《河南王屋山区民间香会组织巫术治疗调查》，《宗教学研究》2008 年第 3 期。

武小涛（中共贵州省委党校）

《新中国成立初期民族地区公共卫生工作——以贵州省为例（1949—1956）》，《中共党史资料》2009年第4期。

邬晓薇（第三军医大学）

王媛～黄继东等：《医患关系与医学生人文素质培养》，《中国医药导报》2017年第19期。

～梅林等：《论现代医学技术与医生人文素养的关系》，《重庆医学》2015年第30期。

～王云贵等：《论民国时期国人看待中医的存废问题》，《西北医学教育》2009年第2期。

～王云贵等：《论我国近现代时期教会医学教育的形成及其影响》，《西北医学教育》2009年第2期。

吴潇湘（中国中医科学院）

《晋唐时期方剂学成就与特点研究（公元265年—907）》，中国中医科学院硕士学位论文2006年。

《晋唐时期儒道佛对中医方剂学的影响》，《中华医史杂志》2006年第2期。

吴小燕（泸州医学院）

～戴世银等：《试论孙思邈对儿科学的贡献》，《中国医院学报》2000年第5期。

吴小英（中国社会科学院）

《更年期话语的建构——从医界、大众文化到女性自身的叙述》，《妇女研究论丛》2013年第4期。

吴小勇（贵阳中医学院）

～苟娜：《基于认同视角的贵州苗族巫医治疗现状探析》，《中国民族民间医药》2018年第10期。

～陈瑶：《基于文献计量的苗族医药文化研究》，《中国民族民间医药》2018年第7期。

～陈瑶：《苗族巫医文化的心理学分析》，《中国民族民间医药》2017年第20期。

武晓媛（山西大学）

《从技术革新看20世纪50年代山西省"除四害、讲卫生"运动》，《中华医史杂志》2016年第4期。

吴鑫

《五百余年永安堂》，《健康大视野》2007年第8期。

吴欣桦（台湾国立政治大学）

《硝烟与白衣：日治末期的台湾从军看护妇》，国立政治大学硕士学位论文2013年。

吴新明（广东中医药科学院/中国中医科学院）

～马晓彤：《〈黄帝内经〉九宫八风理论的藏象内涵》，《中国中医基础医学杂志》2016年第7期。

～宾炜等：《甲午年医话医案探析》，《中国中医基础医学杂志》2015年第10期。

～马晓彤：《〈黄帝内经〉的象数思维析要》，《中国中医基础医学杂志》2015年第4期。

周波～陈奕等：《〈黄帝内经〉若干藏象学说初探》，《辽宁中医药大学学报》2014年第1期。

《黄道周的中医藏象新说》，《集美大学学报（哲学社会科学版）》2012年第4期。

～刘洋等：《〈辅行诀〉外感天行病方理论初探》，《中国中医基础医学杂志》2011年第7期。

～刘洋等：《〈辅行诀〉体、用、化味理论研究》，《中国中医基础医学杂志》2011年第4期。

《黄道周〈三易洞玑〉有关中医藏象理论浅析》，《中国中医基础医学杂志》2009年第6期。

李志更～：《浅议〈内经〉中的时间预后理论》，《山东中医杂志》2009年第2期。

《〈黄帝内经〉的术数理论探析》，《世界科学技术·中医药现代化》2008年第2期。

《中医理论的天文学基础》，《中国中医基础医学杂志》2007年第12期。

～潘桂娟：《〈黄帝内经〉八风理论探源》，《中国中医基础医学杂志》2006年第11期。

吴新仁（旺苍县疾病预防控制中心）

～米家君等:《旺苍县 1950—2010 年麻风流行病学分析》,《中国麻风皮肤病杂志》2011 年第 11 期。

吴星（重庆大学）

《从禽流感危机到现代化阴影》,《重庆工商大学学报.西部论坛》2005 年 S1 期。

吴行敏（北京友谊医院）

《回忆红军卫生学校的生活》,《党史研究参考资料》1981 年第 3 期。

《我国煤矿卫生事业的发展》,《健康报》1954 年 9 月 24 日。

吴雪（广东药科大学）

～方小衡:《1949 ～2016 年中山市麻风病流行病学特征分析》,《广东医学》2017 年第 9 期。

吴学聪（北京农业大学）

《关于元亨疗马集作者的生平》,《中国兽医学杂志》1958 年第 10 期。

《元亨疗馬集的版本类型》,《中国兽医学杂志》1958 年第 10 期。

～于船:《略论我國古代獸醫學的重要成就》,《中国兽医学杂志》1958 年第 2 期。

吴雪菲（电子科技大学）

《我国政府在城市突发公共卫生事件中的应急管理研究》,电子科技大学硕士学位论文 2012 年。

吴娅娜（湖南中医药大学/湖南中医学院）

～朱珊莹:《湖湘五大名老中医医德观》,《中医文献杂志》2018 年第 4 期。

～阳春林:《近代湖南的中医学校教育研究》,《湖南中医药大学学报》2016 年第 11 期。

～朱珊莹:《近代湖南中医学校概述》,《中医文献杂志》2016 年第 6 期。

《近代湖南坊刻医书述略》,《中医文献杂志》2015 年第 2 期。

～阳春林等:《晚清湖南刻印医籍研究》,《湖南中医药大学学报》2015 年第 2 期。

～张宇清:《近代湖南医籍收藏家唐成之》,《中国中医药图书情报杂志》2014 年第 5 期。

《清代地方史志医学人物资料研究》,《湖南中医杂志》2013 年第 10 期。

～易法银等:《近代经世致用思潮影响下的湖南中医药》,《湖南中医药大学学报》2013 年第 9 期。

赵正孝～:《中医药理学观念在〈黄帝内经〉十三方的体现和应用》,《中医文献杂志》2013 年第 3 期。

～易法银:《清代湖湘疫病民俗研究》,《医学与哲学（A）》2012 年第 6 期。

《湖湘疫病史研究》,湖南中医药大学博士学位论文 2012 年。

～易法银:《橘井泉香》,《中华医史杂志》2011 年第 6 期。

赵正孝、彭坚～:《从外风论治中风病的历史考察及其思考》,《医学与哲学（人文社会医学版）》2009 年第 9 期。

赵正孝～彭坚:《中医"中风"概念的演变》,《中华医史杂志》2009 年第 3 期。

《中医"郁"概念的源流探析》,《中医文献杂志》2008 年第 1 期。

彭坚～:《东西方文化激荡下的中医与西医》,《科学》2008 年第 1 期。

赵正孝～蔡光先:《浅探〈黄帝内经〉脏腑痹的证与治》,《湖南中医学院学报》2004 年第 2 期。

吴雅琴（渤海大学）

《英国国民健康服务体系的建立》,《合作经济与科技》2015 年第 7 期。

武彦（吉林建筑大学/北京大学）

《日本盲人针按业的变迁及其影响》,《中国针灸》2016 年第 1 期。

《中日对传统经穴部位的争论及其当代意义》,《自然辩证法通讯》2014 年第 6 期。

《针灸传日早期史实的若干考证》,《南京中医药大学学报(社会科学版)》2013 年第 2 期。

《中日禁忌穴的传承与变迁》,《山东科技大学学报(社会科学版)》2013 年 Z1 期。

仵燕(新疆医科大学)

《中西医学同源殊途的文化渊源初探》,《中医杂志》2014 年第 18 期。

吴妍静(浙江中医药大学附属第三医院)

曹毅～:《古代中医美容渊源发展史述》,《中华中医药杂志》2019 年第 11 期。

《〈香奁润色〉防治面部色素沉着方药浅析》,《浙江中医杂志》2019 年第 7 期。

《隋唐时期的中医美容思想与方法》,《中华医史杂志》2016 年第 6 期。

《中国古代中医美容的起源与形成发展综述》,《浙江中医药大学学报》2015 年第 3 期。

吴瑶(华东师范大学)

《高血压患者病痛叙事的建构过程研究——以湘西南村落为调查地》,华东师范大学硕士学位论文 2018 年。

吴仪(中华人民共和国国务院)

《全面推进新型农村合作医疗发展》,《求是》2007 年第 6 期。

《全面深入地开展艾滋病防治工作》,《国际医药卫生导报》2004 年第 15 期。

吴一凡(河北大学)

《清代民国以来屈臣氏企业研究》,河北大学硕士学位论文 2017 年。

《清末屈臣氏经营与转型初探——以〈申报〉为中心》,《文史博览(理论)》2016 年第 2 期。

吴易叡(香港大学)

《The Missionary Gaze:The Social Biography and Archiving of Dr.David Landsborough IV's Photographic Collections》,《台湾人类学刊》第 10 卷第 2 期(2012.12)。

《超越国家单位的台湾抗疟史:回应林宜平"对蚊子宣战"》,《台湾社会研究季刊》第 88 期(2012)。

武逸天(英国华威大学)

《评詹姆斯·麦凯恩〈埃塞俄比亚疟疾的历史生态学:废黜神灵〉》,《全球史评论》2018 年第 1 期。

邬移生(中南大学)

《极端利己主义病症的道德治疗》,中南大学硕士学位论文 2008 年。

吴义雄(中山大学)

《医务传道方法与"中国医务传道会"的早期活动》,《中山大学学报论丛》2000 年第 3 期。

《晚清时期西方人体生理知识在华传播与本土化》,《中山大学学报(社会科学版)》2009 年第 3 期。

吴以义

《溪河溯源:医学知识在刘完素、朱震亨门人之间的传递》,《新史学》第 3 卷第 4 期(1992.12)。

武应臣(巩义市人民医院)

《针灸在约旦的现状和启示》,《中国针灸》2011 年第 10 期。

伍勇富(湖南科技大学)

《1912—1927 年湖南疫灾流行情况研究》,湖南科技大学硕士学位论文 2011 年。

《1912—1927 年湖南疫灾流行原因研究》,《当代教育理论与实践》2011 年第 3 期。

吴永贵(云南中医学院)

秦雨冬……贺霆～:《初探费利克思·曼恩与"西医针灸"的发源》,《中医药导报》2018 年第 20 期。

江南……于凡～:《英国天干地支针灸》,《世界中西医结合杂志》2016 年第 6 期。

江南……祁天培～:《中医药在英国的传播与发展现状》,《中国民族民间医药》2015 年第 1 期。

岳崇俊、穆丽华～周青:《〈杂病心法要诀〉对〈金匮要略〉的继承与发展》,《云南中医学院学报》2014 年第 3 期。

张杰……祁天培～:《中医药文化近十余年来在英国的传播发展》,《云南中医学院学报》2013 年第 5 期。

～戴翥等:《英美中医教育的现状及思考》,《云南中医学院学报》2013 年第 1 期。

《傣医药理论的形成与地域文化》,《中国民族医药杂志》2012 年第 11 期。

《从傣医"四塔"理论看中医的五脏学说》,《中国民族医药杂志》2011 年第 11 期。

徐梅～:《浅论傣医药文化的〈药食同源〈,《中国民族医药杂志》2010 年第 2 期。

《傣医四塔理论的本质》,《中国民族医药杂志》2009 年第 10 期。

《傣医药理论的形成与贝叶文化》,《中国民族医药杂志》2009 年第 5 期。

《渐近线:中西医学的发展模式》,《云南中医学院学报》2003 年第 3 期。

吴幼叶(西北大学)

王睿……姚树峰～:《晚清〈利济学堂报〉的科技传播创造——兼论我国高校专业科技期刊的起源》,《编辑学报》2008 年第 3 期。

《戊戌变法时期温州的〈利济学堂报〉》,西北大学硕士学位论文 2008 年。

～王睿等:《最早的高校科技学报〈利济学堂报〉及其中医传播》,《西北大学学报(自然科学版)》2007 年第 5 期。

吴雨(华中师范大学)

《民国时期云贵川地区疫灾流行与公共卫生意识的变迁研究》,华中师范大学硕士学位论文 2019 年。

吴玉纯

《温病源流考》,《三三医报》1925 年第 27 期。

吴宇峰(北京中医药大学)

《阿维森纳〈医典〉与孙思邈〈千金方〉养生思想的比较研究》,北京中医药大学硕士学位论文 2006 年。

吴宇虹(东北师范大学)

《两河流域楔形文字文献中的狂犬和狂犬病》,《古代文明》2009 年第 4 期。

武煜明(云南中医学院)

～杨恩彬等:《四肢部古代解剖学名词今译》,《云南中医学院学报》2007 年第 1 期。

宋波～戴翥:《头、躯干部古代解剖学名词今释》,《云南中医学院学报》2006 年第 3 期。

吴郁琴(上海师范大学/江西师范大学)

《公共卫生视野下的国家政治与社会变迁》,上海师范大学博士学位论文 2012 年。

～肖赣蘋:《公共卫生视野下的国家与社会之冲突与整合——以民国江西公共卫生建设为考察中心》,《江西社会科学》2012 年第 9 期。

～徐茂明:《南京国民政府时期江西卫生防疫体系述论》,《江西财经大学学报》2010 年第 6 期。

～胡火清:《民国江西农村公共卫生事业进程(1928—1941)》,《农业考古》2006 年第 3 期。

《现代化进程中的民国江西农村公共卫生事业(1928—1941)》,江西师范大学硕士学位论文

2005年。

巫毓荃

《消失的愤怒——日治晚期藤泽茚的原住民心理学实验》,王文基等主编《精神科学与近代东亚》(新北:联经2018年)。

《评刘士永,武士刀与柳叶刀:日本西洋医学的形成与扩散》,《科技、医疗与社会》第21辑(2015)。

《气候、体质与乡愁——殖民晚期在台日人的热带神经衰弱》,李尚仁主编《帝国与现代医学》(台北:联经2008年)。

《消失的愤怒——日治晚期藤泽筛的原住民心理学实验》,《新史学》第18卷第2期(2007)。

《思乡病与"性症候群"——日治晚期台湾日台人男性的心气症》,《女学学志》第21辑(2006)。

～邓惠文:《热、神经衰弱与在台日人——殖民晚期台湾的精神医学论述》,《台湾社会研究季刊》第54期(2004.6)。

伍裕万

《回忆中法大学药学专修科》,《上海文史资料选辑(第44辑)》(上海:上海人民出版社1983年)。

吴玉娴(澳门大学)

《19～20世纪澳葡的拓殖工具:小横琴岛白沙栏麻风病院研究》,《深圳大学学报(人文社会科学版)》2015年第4期。

吴毓娴(广州中医药大学)

《〈黄帝内经〉中针刺禁忌的研究》,广州中医药大学硕士学位论文2016年。

吴媛(湖南大学)

《突发公共卫生事件的报纸新闻框架研究》,湖南大学硕士学位论文2010年。

吴元黔(贵阳中医学院)

《苗族医药学发展简史述略》,《贵阳中医学院学报》2004年第4期;2005年第1、2期。

武跃进(长春中医药大学/长春中医学院)

《清代长白山人参政务探析》,《长春中医药大学学报》2015年第6期。

《探析孙思邈养护生命中的细微思考》,《长春中医药大学学报》2011年第3期。

～闫桂银:《论析〈说文解字〉中的中医药文字》,《长春中医学院学报》2004年第4期。

～孙屏:《从〈苏沈良方〉看沈括的养生说、采药说及其它》,《吉林中医药》1999年第6期。

《从〈老残游记〉看刘鹗的中医药才学》,《长春中医学院学报》1999年第4期。

吴跃进(江西省中医药研究所)

《藏传佛教寺院与藏、蒙医学的关系》,《南京中医学院学报》1991年第4期。

吴月琴(金华卫生学校)

《〈玄机秘要〉与〈针灸大成〉——兼论杨继洲的学术思想》,《上海中医药杂志》1984年第9期。

吴跃双(黑龙江中医药大学)

《中西方伦理文化对医学模式的影响研究——明代与文艺复兴时期医学发展的殊途探究》,黑龙江中医药大学硕士学位论文2011年。

《传统儒家伦理文化对明代中医学发展影响研究综述》,《内蒙古中医药》2011年第6期。

乌云(内蒙古大学)

《社会政策视野中的新型农村合作医疗体制改革》,《前沿》2009年第10期。

《社会政策视野中的农村合作医疗研究》,内蒙古大学硕士学位论文2009年。

吴云波(南京中医药大学/南京中医学院)

《珠玉滚滚 文短意远——读〈医药文化随笔(新增订版)〉有感》,《中医药文化》2012 年第 5 期。

车玮~:《〈阴证略例〉的学术价值》,《南京中医药大学学报(社会科学版)》2000 年第 6 期。

《阴平阳秘 诠释中的哲学思考》,《山东中医药大学学报》1999 年第 1 期。

《试论中医学在当代的发展方向》,《山东中医杂志》1995 年第 11 期。

《范畴的相对性和中西医学》,《南京中医药大学学报》1995 年第 4 期。

《苏州国医学校办学精神和教育方针》,《中医教育》1994 年第 5 期。

《〈本草纲目〉在编撰体例上的成就》,《杏苑中医文献杂志》1994 年第 1 期。

《近代中西医教育一体化的重要探索——陆渊雷和上海国医学院医教思想述评》,《南京中医学院学报》1992 年第 4 期。

《徐大椿〈医贯砭〉学术价值管窥》,《南京中医学院学报》1988 年第 2 期。

《中医学的前景展望——兼评钱学森对中医学的理论性研究》,《南京中医学院学报》1987 年第 1 期。

《神农氏考略》,《南京中医学院学报》1984 年第 2 期。

《张锡纯中西汇通思想述评》,《中华医史杂志》1984 年第 1 期。

吴云峰(黄山学院)

《陕甘宁边区与华北抗日根据地儿童保育工作研究》,《兰台世界》2015 年第 25 期。

《华北抗日根据地与陕甘宁边区的医疗卫生事业研究》,《西北工业大学学报(社会科学版)》2014 年第 4 期。

~方春生:《论新四军对华中抗日根据地群众医疗卫生事业的支持》,《南京医科大学学报(社会科学版)》2013 年第 1 期。

乌云格日乐(内蒙古民族大学)

~斯钦图:《蒙医灸疗的保健作用及其机理》,《中国民族医药杂志》2007 年第 4 期。

吴云欢(河北大学)

《我国都市类报纸食品安全报道的框架研究——以〈京华时报〉〈南方都市报〉〈大河报〉双汇"瘦肉精"报道为例》,河北大学硕士学位论文 2012 年。

吴运泉(广州中医药大学第一附属医院)

~吴懿等:《〈本草纲目〉对脑科的贡献》,《亚太传统医药》2006 年第 9 期。

乌云瑞

《中俄医学交流史略》,《医史杂志》1947 年第 1 期。

~孟祺维:《中国古代药物理论之表解》,《震旦医刊》1942 年第 1 期。

《李时珍传略注》,《中华医学杂志》1942 年第 10 期。

吴章(美国宾利大学)

吴章~张树剑:《海外古典针灸流派述略》,《中华医史杂志》2017 年第 3 期。

《肺结核与细菌学说在中国的在地化(1895—1937)》,余新忠主编《医疗、社会与文化读本》(北京:北京大学出版社 2013 年)。

《"血症"与中国医学史》,余新忠主编《清以来的疾病、医疗和卫生——以社会文化史为视角的探索》(北京:生活·读书·新知三联书店 2009 年)。

吴朝霞（暨南大学）

《民国时期报刊中的医药广告研究——以〈广州民国日报〉（1923—1927）为例》，《东南传播》2018年第9期。

吴真

《宗教仪式与灾后心理治疗》，《读书》2008年第8期。

武贞（河北博物院）

《满城汉墓出土医疗器具概述》，《黄河.黄土.黄种人》2019年第4期。

吴政纬（台湾大学）

《论朝鲜清心丸的流行与清代远东社会》，《台湾师大历史学报》第62期（2019.12）

《评杨瑞松，〈病夫、黄祸与睡狮——"西方"视野的中国形象与近代中国国族论述想象〉》，《新史学》第25卷第1期（2014.3）。

吴正治（湖南中医学院）

《宋元时代的诊断学成就》，《浙江中医学院学报》1990年第6期。

～郭振球：《变蒸学说初探》，《浙江中医学院学报》1988年第4期。

～郭振球：《略论〈中藏经〉的学术特点及成就》，《浙江中医学院学报》1988年第1期。

吴之刚

《儒法斗争与祖国医学的发展》，《江西日报》1974年11月27日。

邬志坚

《中国麻疯病院之沿革》，《麻疯季刊》1936年第2期。

《二十五年来之救济麻疯运动》，《广济医刊》1928年第3期。

吴志明（云南中医学院）

石瑜、王鰈～杨沐等：《试论皇甫谧〈针灸甲乙经〉对腧穴学的贡献》，《云南中医药杂志》2018年第3期。

王鰈、石瑜～廖映烨等：《浅析〈针灸甲乙经〉之郄穴的价值》，《云南中医中药杂志》2017年第1期。

石瑜～廖映烨等：《论〈针灸甲乙经〉配穴方法对后世的影响》，《中国中医药现代远程教育》2016年第4期。

石瑜～廖映烨等：《试论〈针灸甲乙经〉对临证取穴的指导》，《云南中医学院学报》2016年第3期。

石瑜～：《中医治未病的思想》，《云南中医中药杂志》2012年第8期。

张明、李丽琼～吴艳霞：《中医古籍文献中黄褐斑的病因病机研究》，《现代中医药》2011年第4期。

张明、李丽琼～李鹏等：《黄褐斑中医证候与社会心理因素的关系研究》，《云南中医学院学报》2010年第6期。

张明、李丽琼～李鹏等：《黄褐斑患者一般社会特征与抑郁、焦虑水平的关系研究》，《现代中医药》2010年第6期。

张明、李丽琼～吴艳霞：《黄褐斑辨证论治的中医古籍研究》，《江西中医学院学报》2010年第5期。

～石瑜：《老子思想对中医阴阳学说形成影响初探》，《云南中医学院学报》2008年第4期。

～石瑜：《儒家"和而不同"思想在中医和法中的体现》，《云南中医学院学报》2008年第1期。

～石瑜等：《〈内经〉所蕴涵的皮肤形质、神韵审美观》，《云南中医学院学报》2006年第4期。

熊洪艳……张胜～：《〈香奁润色〉头面部美容方剂组方用药特点》，《云南中医学院学报》2005年第2期。

～石瑜……秦竹:《对〈千金方〉中有关"面药"作用与功能的认识》,《云南中医学院学报》2004年第3期。

～石瑜:《试论〈瘟疫论〉对瘟疫流行病学的认识》,《云南中医学院学报》2004年第1期。

吴志攀(北京大学)

《"非典"检验〈传染病防治法〉》,《北京大学学报(哲学社会科学版)》2003年第3期。

吴之清(云南师范大学)

《论南传佛教思想对云南傣医发展的影响》,《宗教学研究》2009年第3期。

武忠弼(武汉医学院)

～田鸿生等:《江陵凤凰山168号墓西汉古尸研究(综合报告)》,《武汉医学院学报》1980年第1期。

吴中朝(南京中医学院)

《〈黄帝虾蟆经〉时间医学思想探赜》,《山西中医》1990年第3期。

《〈五十二病方〉灸方浅析》,《山西中医》1989年第2期。

吴忠道(中山大学中山医学院)

《"正在出现的传染病":一个包容忽视的公共卫生问题》,《热带医学杂志》2003年第1期。

吴中平(上海中医药大学)

～陈孝银等:《明清时期江南伤寒名家对日本汉方医古方派的影响》,《上海中医药大学学报》2000年第4期。

吴仲起(南京航空航天大学)

《基于技术创新的我国制药业成长战略研究》,南京航空航天大学硕士学位论文2006年。

吴中云(华威大厦医务所)

～谢扬:《焦易堂与中央国医馆》,《文史精华》2000年第4期。

《北京四大名医与中医百年兴衰史》,《文史精华》1999年第7期。

《汪逢春生平年代考》,《中华医史杂志》1999年第4期。

《吴兆祥治疗妇科病医案三则》,《中医文献杂志》1998年第3期。

《苏州国医学社与〈国医杂志〉》,《中医文献杂志》1997年第1期。

《施今墨与华北国医学院》,《中医文献杂志》1995年第2期。

吴自东(南京中医学院)

《"阿是之法"与"阿是穴"新释》,《医古文知识》1990年第2期。

吴梓新(浙江中医药大学)

《张景岳对仲景方运用与发挥之研究》,浙江中医药大学硕士学位论文2008年。

吴宗溶(天津中医药大学)

～邢永革:《明代笔记涉医内容探析》,《西部中医药》2017年第1期。

吴佐忻(上海中医药博物馆/上海中医药大学/上海中医学院)

《李氏四贤坊解读》,《中医药文化》2016年第5期。

《〈惠民药局记〉非沈括所撰》,《中医药文化》2016年第1期。

《"晋人一旦遂为雌"——李良雨"男化女"传闻子虚乌有》,《中医药文化》2015年第2期。

《不存在的李时珍画像之谜》,《中国中医药报》2015年3月20日008版。

《〈本草纲目〉所载药物"神水"出处考》,《中医药文化》2014年第6期。

《李时珍的一帧书法作品》,《中医药文化》2014年第4期。

《伟大的师爱——纪念胡道静先生百年诞辰》，《中医药文化》2013年第5期。

《"山药之名晋唐已有"补述》，《中医药文化》2012年第3期。

《敦淳之交 师友之缘——傅维康与胡道静结交侧记》，《中医药文化》2012年第2期。

～全瑾：《智聪的国籍与赴日日期》，《中医文献杂志》2011年第6期。

全瑾～：《〈本草纲目〉文献引用初考》，《中医文献杂志》2011年第2期。

《〈使琉球录〉及治海水伤裂方》，《中医药文化》2011年第1期。

《李时珍不是〈禳蛊奇书〉的作者》，《中医药文化》2010年第2期。

王丽丽～：《试论中医医史文献学的性质与任务及研究重点》，《上海中医药大学学报》2010年第1期。

～全瑾：《凌云的〈经学会宗·图歌篇〉》，《中医药文化》2009年第1期。

～秦红等：《〈陆氏家言〉初考》，《中医药文化》2008年第2期。

《北宋医家陈景初事迹》，《中医药文化》2006年第6期。

《〈蘦所馆诗〉有遗篇——再谈李时珍的佚诗》，《中医药文化》2006年第5期。

《王吉民对李时珍的研究》，《中医药文化》2006年第3期。

《〈日华子本草〉辑释本补谈》，《中医药文化》2006年第2期。

《赠送给尼克松的国礼——〈中国针刺麻醉〉》，《上海中医药杂志》2006年第3期。

《李濂〈医史〉李涛抄本题解》，《医古文知识》2004年第4期。

《〈山居要术〉考》，《医古文知识》2003年第3期。

《沈括的医药著述简介》，《医古文知识》2000年第3期。

《李时珍存世墨迹初探——〈李濒湖抄医书〉的考察》，《上海中医药杂志》1996年第11期。

《上海医学史界人士纪念中华医史学会60周年华诞》，《中华医史杂志》1996年第5期。

《读〈本草纲目〉札记》，《医古文知识》1993年第4期。

《〈明代名人传〉中的"李时珍"条目质疑》，《医古文知识》1993年第3期。

《〈本草纲目〉引用书名解题选》，《医古文知识》1993年第1期。

《当代李时珍后裔小考》，《上海中医药杂志》1992年第11期。

《〈医说〉中的〈夷坚志〉佚文》，《医古文知识》1992年第2期。

《古今李时珍资料摘编》，《医古文知识》1991年第2期。

《初虞世的〈养生必用方〉》，《上海中医药杂志》1990年第8期。

《龙门药方的日本抄本》，《医古文知识》1990年第3期。

《许浚和〈东医宝鉴〉》，《医古文知识》1989年第4期。

《李时珍楚王府任职日期考》，《上海中医药杂志》1988年第1期。

《李言闻任太医院吏目考》，《湖北中医杂志》1987年第1期。

《万密斋的〈外科心法·外科赋〉》，《上海中医药杂志》1986年第5期。

《谈谈〈濒湖集简方〉》，《中医杂志》1983年第9期。

《章太炎的〈手写古医方〉》，《江苏中医杂志》1983年第1期。

《我国第一部人参研究专著〈人参传〉》，《江苏中医杂志》1982年第4期。

沈括、胡道静～安车：《〈梦溪忘怀录〉钩沉——沈存中佚著钩沉之一》，《杭州大学学报》1981年第1期。

《记章太炎手书〈金镜内台方议序〉》，《上海中医药杂志》1980年第4期。

X

西北防痨协会

《西北防痨协会一九五二年一度工作总结报告》，《防痨通讯》1953 年第 2 期。

邰丽萍（中国中医科学院）

《宋以前食养食疗的研究》，中国中医科学院硕士学位论文 2007 年。

西佩·休斯（美国加州大学伯克利分校）

～罗克著，张有春译：《心性的身体：医学人类学未来的研究引论》，《思想战线》2010 年第 6 期。

席鹏飞（天津中医药大学）

～南金妮等：《宋金元时期老年养生思想及对现代老年养生的启示》，《吉林中医药》2016 年第 9 期。

～葛倩等：《清代医家论治噎膈反胃的学术特点》，《四川中医》2016 年第 5 期。

沈丽果……孙晓霞～：《浅析〈症因脉治〉中脾主运化理论》，《天津中医药大学学报》2015 年第 2 期。

任少辉～马晓峰：《张仲景〈金匮要略〉中针灸疗法初探》，《河北中医》2012 年第 4 期。

任少辉～马晓峰：《〈金匮要略〉疝病的具体分型及证治探析》，《长春中医药大学学报》2012 年第 2 期。

～马晓峰：《〈金匮要略〉对〈内经〉痹证思想的继承与发展》，《长春中医药大学学报》2011 年第 4 期。

希莎婉（云南西双版纳州民族医药研究所）

《浅谈傣医药文献古籍档案管理》，《中国民族医药杂志》2008 年第 2 期。

郗万富（新乡医学院/天津师范大学）

冯秋季～杨冠英：《1928—1937 年河南县级公立医院建设的制度困境》，《中原工业学院学报》2019 年第 6 期。

《南京国民政府省立医院的建立、运营及困境——以 1928—1937 年河南为中心》，《河南师范大学学报（社会科学版）》2019 年第 1 期。

《南京国民政府卫生建制时期的拉西曼及其影响（1928—1934）》，《人文杂志》2018 年第 9 期。

～冯秋季：《战后河南国际善后卫生救济中的利益博弈》，《中州学刊》2018 年第 9 期。

《刘瑞恒与南京国民政府时期的西医派系之争》，《河南大学学报（社会科学版）》2017 年第 6 期。

《鸦片烟缭绕下的家国命运》，《河南科技学院学报》2016 年第 3 期。

《民国时期河南医疗状况研究》，天津师范大学博士学位论文 2014 年。

《国民政府时期西医界内部的派系纠葛》，《兰台世界》2014 年第 1 期。

《舆情与政治：基于北洋政府中央卫生行政的思考》，《兰台世界》2013 年第 34 期。

席文（宾夕法尼亚大学）

《科学史和医学史正发生着怎样的变化》，《北京大学学报（哲学社会科学版）》2010 年第 1 期。

～任安波：《社会学和人类学方法之对于科学史和医学史的应用》，《清华大学学报（哲学社会科学版）》2010 年第 6 期。

～任安波：《通过大众文化研究科学史》，《南开学报（哲学社会科学版）》2010 年第 5 期。

～任安波:《科学史中的比较》,《浙江大学学报(人文社会科学版)》2010 年第 6 期。

《中国医学史的未来:一元还是多元?》,《中华医史杂志》2007 年第 3、4 期。

《中国科学、技术、医学史展望》,《大自然探索》1985 年第 1 期。

奚霞(中国第二历史档案馆)

《上海民国时期的中西医论争》,《中华文献杂志》2005 年第 1、2 期。

《民国时期中医废立之争》,《炎黄春秋》2004 年第 8 期。

《民国时期的中西医纷争》,《钟山风雨》2004 年第 4 期。

《全国海港检疫管理处》,《民国档案》2004 年第 4 期。

《民国时期的国家防疫机构——中央防疫处》,《民国档案》2003 年第 4 期。

《历史上的疾病》,《中国档案报》2003 年 7 月 18 日 001 版。

奚永江

《针刺"平补平泻"法的探讨》,《上海中医药杂志》1963 年第 12 期。

西雨燕(南京大学)

《泰国青少年对堕胎行为的接受度及相关社工服务现状研究》,南京大学硕士学位论文 2015 年。

奚肇庆(南京中医药大学附属医院)

《试论〈金匮要略〉胸痹与肺的证治》,《南京中医药大学学报》1995 年第 3 期。

西振岩(郑州大学)

《两汉时期伤寒病的地理变迁》,郑州大学硕士学位论文 2016 年。

奚正隆(山东中医学院)

《吕震名伤寒学术思想评述》,《浙江中医学院学报》1988 年第 3 期。

夏铂(黑龙江中医药大学)

《中医骨伤科技术发展史论》,黑龙江中医药大学博士学位论文 2010 年。

关晓光～:《从〈内经〉、〈难经〉、〈伤寒论〉和〈脉经〉看"独取寸口"脉法的形成与发展》,《中医药学报》2005 年第 6 期。

夏德芬(西藏民族学院)

《〈四部医典〉研究文献综述》,《西藏民族学院学报(哲学社会科学版)》2000 年第 3 期。

《简论〈晶珠本草〉的体例特点及文献价值》,《中国藏学》1999 年第 2 期。

《藏医学文献发展简论》,《西藏民族学院学报(社会科学版)》1997 年第 2 期。

夏登杰(南京中医药大学)

《陈修园的医学教育思想》,《学海》2009 年第 5 期。

夏东民(苏州医学院)

～龚政等:《博习医院(苏州)始末》,《中华医史杂志》1997 年第 2 期。

夏洞奇(复旦大学)

《痔疮与绯闻催生了〈忏悔录〉?》,《文汇报(文汇学人·学林)》2016 年 10 月 28 日 W12 版。

夏菲菲(青岛大学)

《中医卫气与西医免疫的比较研究》,青岛大学硕士学位论文 2019 年。

夏格(西南大学)

《从哲学角度看现代医患关系的重建》,西南大学硕士学位论文 2008 年。

于晨～:《王应睐所长谈牛胰岛素的人工合成》,《生命科学》2015 年第 6 期/《中国科技史料》1985

年第 1 期。

《我国重新加入国际生化联合会》,《生化通讯》1980 年第 1 期/《湖北医学学报》1980 年第 1 期。

《我国生物化学研究工作的现状与将来》,《生理科学进展》1957 年第 1 期。

夏桂成

《试论〈傅青主女科〉的学术思想和治疗特点》,《中医杂志》1963 年第 5 期。

夏国美（上海社会科学院）

～杨秀石:《性教育与性觉悟——对青少年性健康教育的探索》,《人口与发展》2010 年第 4 期。

～杨秀石:《边缘女青年生殖健康关怀的民间力量开发》,《人口与发展》2010 年第 3 期。

～杨秀石:《社会性别、人口流动与艾滋病风险》,《中国社会科学》2006 年第 6 期。

《论中国艾滋病"问题理论"的视角——与〈中国艾滋病"问题"解析〉一文商榷》,《湖南社会科学》2006 年第 3 期。

《论中国艾滋病社会预防模式的变革》,《社会科学》2005 年第 11 期。

《"打击"和"保护"的两难困境——中国艾滋病社会预防模式回顾与建议》,《社会观察》2005 年第 11 期。

～杨秀石:《商业性性交易者艾滋病认知、态度与行为调查》,《社会》2005 年第 5 期。

～伯雷斯·斯科特:《论中国艾滋病的立法框架》,《社会科学》2004 年第 12 期。

《边缘化现象与社会整合——城市外来未婚女性生育健康问题的调查与解析》,《江苏社会科学》2004 年第 4 期。

～杨秀石:《需从人类安全视角关注的领域——娱乐服务业中的艾滋病高危现象及社会干预研究》,《社会科学》2004 年第 4 期。

《公共卫生与传染病防治:挑战和对策》,《上海城市管理职业技术学院学报》2003 年第 9 期。

《艾滋病防治难题中的社会学出路》,《上海社会科学院学术季刊》1994 年第 4 期。

《性病防治对策谈略》,《社会学研究》1993 年第 6 期。

黄萍萍～:《对我国小学健康教育现状的思考》,《上海教育科研》1992 年第 4 期。

《城市居民精神健康问题初探》,《社会科学》1991 年第 1 期。

夏和春

《哈维对于医术的贡献》,《医药导报》1936 年第 9 期。

夏锦堂

《试论肝肾乙癸同源》,《江苏中医》1963 年第 8 期。

夏景清

《古籍灵枢与难经对人体内脏尺度的记载是否正确》,《浙江中医杂志》1957 年第 5 期。

夏俊生（新华通讯社）

《杨崇瑞开拓中国妇幼卫生事业》,《炎黄春秋》2007 年第 8 期。

夏坤（暨南大学）

～赵静:《晚清广州女医群体》,《中华医史杂志》2006 年第 1 期。

王庆林～:《晚清教会医校与女医人才的培养——以广州为中心》,《江西行政学院学报》2006 年S1 期。

夏雷鸣（新疆社会科学院）

《西域葡萄药用与东西方文化交流》,《敦煌学辑刊》2004 年第 2 期。

《从野马豆看藏密对〈本草纲目拾遗〉的影响》，《中华医史杂志》2003 年第 2 期。

《〈福乐智慧〉和〈突厥语大词典〉中的食疗》，《西域研究》2002 年第 3 期。

《西域药物东传与中医药的繁荣》，《西域研究》1998 年第 1 期。

《古楼兰人对生态环境的适应——罗布泊地区墓葬麻黄的文化思考》，《中国社会科学》1997 年第 3 期/《新疆师范大学学报（哲学社会科学版）》1997 年第 1 期。

《维吾尔族养生理论在馕文化中的体现》，《新疆社会经济》1997 年第 2 期。

《"五时拜"与时间养生法——回族养生文化之奇葩》，《回族研究》1995 年第 4 期。

《巫术与维吾尔族民间医学》，《西北史地》1995 年第 1 期。

夏里（江苏古籍出版社）

《从邵元冲日记看孙中山的病逝》，《钟山风雨》2005 年第 1 期。

夏立安（浙江大学）

～钱国玲：《艾滋病群体权利与残疾人权利并轨保护刍议》，《浙江大学学报（人文社会科学版）》2014 年第 2 期。

《影响我国医患关系的角色与制度》，《浙江社会科学》2010 年第 2 期。

《二元化社会中的法律对公共卫生的消极影响——以艾滋病现象为例》，《现代法学》2008 年第 2 期。

《经济和社会权利的可裁决性——从健康权展开》，《法制与社会发展》2008 年第 2 期。

《农民·农民工·艾滋病——一种人权视角下的分析》，《浙江大学学报（人文社会科学版）》2006 年第 5 期。

夏丽丽（中国传媒大学）

《健康传播中的媒介角色：现状与认知——以乡村健康内容传播为例》，《传播力研究》2018 年第 29 期。

《艰难的去"污名化"——从健康传播学的视角考察艾滋病的影像呈现》，《中国新闻传播研究》2016 年第 1 期。

夏林（东南大学/南京大学）

《当代中国煤矿业肺结核病的防治历程（1949—1992）》，《江苏大学学报（社会科学版）》2018 年第 5 期。

《新中国煤矿业肺结核病防控研究（1949—2002）》，南京大学博士学位论文 2016 年。

夏茂粹（中国第二历史档案馆）

《民国防疫档案与铁路客运防疫》，《北京档案》2004 年第 2 期。

《中国第二历史档案馆新近发现 1941—1942 年日军在湖南常德撒布鼠疫档案》，《民国档案》1990 年第 4 期。

《侵华日军在常德作战中曾使用过细菌武器》，《民国档案》1990 年第 4 期。

夏冕（武汉大学/华中科技大学）

姜国强～：《公平与效率视阈下的四川省卫生资源配置》，《四川行政学院学报》2018 年第 3 期。

～裴丽昆：《我国公立医院医生薪酬制度研究》，《中国医院》2016 年第 4 期。

吕晖～：《公立医院财务治理绩效评价体系的指标权重研究》，《中国卫生政策研究》2016 年第 1 期。

～吕晖、孙菊：《公立医院财权问题的理论解析》，《中国医院管理》2014 年第 12 期。

～吕晖：《我国公立医院财务治理的实证分析：基于规模扩张视角》，《中国卫生经济》2013 年第

5 期。

～张文斌:《公立医院财务治理研究现状及发展动态分析》,《中国卫生经济》2012 年第 2 期。

～张文斌:《我国公立医院财务治理问题分析》,《中国卫生经济》2011 年第 12 期。

《利益集团博弈与我国医疗卫生制度变迁研究》,华中科技大学博士学位论文 2010 年。

～赵文静等:《武汉市公立医院药品价格水平实证研究》,《中国医院管理》2010 年第 12 期。

董云萍～罗五金等:《基于公立医院公益性的卫生财政转移支付制度的政策建议》,《中国卫生经济》2010 年第 9 期。

～张文斌等:《公立医院的制度解读:基于契约理论的分析》,《中国卫生经济》2010 年第 6 期。

董云萍～张文斌:《基于 TOPSIS 法的公立医院公益性评价研究》,《医学与社会》2010 年第 5 期。

～张文斌:《"管办分离"语境下的公立医院管理体制研究》,《中国卫生经济》2010 年第 3 期。

董云萍～张文斌:《国外公立医院管理体制及公益性制度安排对我国的借鉴意义》,《医学与社会》2010 年第 2 期。

～董云萍等:《湖北省公立医院收支动态变化及结构分析》,《医学与社会》2010 年第 2 期。

鲁玉玲……龚勋～罗五金:《湖北省通山县卫生资源配置现状调查分析》,《中国卫生事业管理》2009 年第 11 期。

～罗五金:《我国医疗体制改革的路径分析》,《卫生经济研究》2009 年第 9 期。

～罗五金:《我国卫生人力资源配置的公平性分析》,《医学与社会》2009 年第 2 期。

《试论新型农村合作医疗基金的风险控制》,《卫生经济研究》2005 年第 10 期。

《医疗保障领域中政府行为与市场行为分析》,《卫生经济研究》2005 年第 9 期。

《影响农村合作医疗农民意愿的因素分析》,《中国初级卫生保健》2004 年第 7 期。

《浅析医疗事故的民事责任》,《咸宁学院学报》2004 年第 5 期。

《政府对农村公共卫生投入的现状分析及方向选择》,《湖北社会科学》2004 年第 5 期。

夏敏(云南省寄生虫病防治所)

许建卫～:《西盟县佤族疟疾防治的医学人类学研究》,《中国血吸虫病防治杂志》2007 年第 2 期。

～张再兴等:《民族语言对人群疟疾认知的影响》,《中国社会医学杂志》2006 年第 4 期。

～张再兴等:《各民族对疟疾的认知情况》,《中国热带医学》2006 年第 4 期。

～张再兴等:《云南民族对疟疾传播媒介相关情况的认知》,《中国热带医学》2006 年第 1 期。

～张再兴等:《云南省民间治疗疟疾验方剂型调查》,《中国寄生虫病防治杂志》2005 年第 6 期。

夏鼐

《西洋种痘法初传中国补考》,《科学》1950 年第 11 期。

夏奇艳(成都理工大学)

《试论中医药的起源》,成都理工大学硕士学位论文 2008 年。

夏治思(湖南中医药大学)

《马王堆医书方药学传承脉络研究》,湖南中医药大学硕士学位论文 2016 年。

～李美红等:《马王堆医书的药物学研究概况》,《湖南中医杂志》2016 年第 3 期。

～李美红等:《马王堆医书的方剂学整理研究》,《湖南中医杂志》2016 年第 2 期。

夏青

《英国医保约束体系核心》,《中国社会保障》2003 年第 2 期。

夏庆(甘肃省中医药研究院)

岳玉烈~程世翔:《皇甫谧的生卒年代及皇甫世系》,《卫生职业教育》2007年第18期。

《皇甫谧与朝那和灵台》,《中国针灸》2007年第6期。

~邢福军等:《帛书〈阴阳十一脉灸经〉及简本〈脉书·十一经脉〉对〈灵枢〉有关文字的考证》,《甘肃中医学院学报》1999年第3期。

《浅论瘰证与淋证》,《甘肃中医》1998年第4期。

~刘士敬:《从出土秦汉医籍看中医治疗瘰淋证》,《福建中医药》1998年第3期。

夏青(合肥工业大学)

~张超:《霍氏与杨氏〈红楼梦〉中医药文化翻译的得失》,《湖南农业大学学报(社会科学版)》2010年第5期。

夏庆杰(北京大学)

~陈禹江:《世界各国对非医疗卫生援助模式及中国对非洲卫生援助投资》,《国际援助》2016年第2期。

夏绍尧

《战后整合军医教育的故院长:林可胜先生》,《源远季刊》第5期(2003)。

夏时华(上饶师范学院/陕西师范大学/江西师范大学)

《北宋时期陆上丝绸之路乳香贸易问题探究》,《西北民族大学学报(哲学社会科学版)》2017年第5期。

《宋代市舶香药纲运考述》,《云南社会科学》2015年第6期。

《宋代市舶香药的抽解与博买》,《云南社会科学》2014年第5期。

《宋代香药业经济研究》,陕西师范大学博士学位论文2012年。

《宋代香药走私贸易》,《云南社会科学》2011年第6期。

《宋代平民社会生活中的香药消费述论》,《江西社会科学》2010年第12期。

《宋代上层社会社会生活中的香药消费》,《云南社会科学》2010年第5期。

《宋代平民社会生活中的香药消费述论》,《江西社会科学》2010年第2期。

《宋代香药与平民生活》,《淮北煤炭师范学院学报(哲学社会科学版)》2008年第5期。

《宋代香料与贵族生活》,《上饶师范学院学报》2007年第4期。

《宋代香料与宗教活动》,《安徽广播电视大学学报》2005年第4期。

《宋代香药现象考察》,江西师范大学硕士学位论文2003年。

夏武平(中国科学院西北高原生物研究所/中国科学院动物研究所)

~齐钟彦等:《北平研究院动物学研究所小史》,《中国科技史料》1991年第1期。

《参加察蒙鼠疫防治工作中的见闻》,《科学通报》1951年第2期。

夏翔(上海第二医学院附属瑞金医院)

《中国口腔医学源流简述》,《上海中医药杂志》1986年第9期。

夏晓臻(南京图书馆)

《唐代病坊考述》,《阜阳师范学院学报(社会科学版)》1997年第2期。

夏杏珍(当代中国研究所)

《农村合作医疗制度的历史考察》,《当代中国史研究》2003年第5期。

夏雪飞（同济大学）

《论韩少功小说中的精神病及弱智书写》，《小说评论》2017 年第 3 期。

《疾病书写的古今演变及现代性转化——以明清和现代小说为例》，《同济大学学报（社会科学版）》2015 年第 5 期。

夏琰（广西中医药大学/广西中医学院）

刘秋霞、戴铭~赖洪燕等:《论越南古医籍〈新镌海上医宗心领全帙〉的学术价值与特色》，《广西中医药》2016 年第 6 期。

陈晓林……林怡~:《澄江针灸学派门人李文宪著述考略》，《江苏中医药》2016 年第 1 期。

~陈群等:《浅析罗哲初〈针灸发微〉与〈针灸节要发微〉》，《时珍国医国药》2015 年第 3 期。

~梁海涛等:《〈眼科开光易简秘本〉作者与学术特色考略》，《时珍国医国药》2014 年第 2 期。

~梁海涛:《〈眼科开光易简秘本〉的成书、作者及版本考略》，《时珍国医国药》2012 年第 12 期。

~戴铭等:《新加坡建国前与中国的传统医药交流》，《中医药通报》2011 年第 4 期。

戴铭~艾军:《唐宋元明时期中国与印度尼西亚的传统医药交流》，《中医学报》2011 年第 2 期。

~戴铭:《浅析〈初刻拍案惊奇〉里的中医药》，《江西中医学院学报》2009 年第 3 期。

夏扬

《最早的唇部转移皮瓣手术》，《中华医史杂志》1997 年第 1 期。

夏叶平（广州中医药大学）

《悟〈黄帝内经〉之"治未病"》，《中国民族民间医药》2014 年第 9 期。

~潘毅等:《天干地支在〈黄帝内经〉中的应用探析》，《广州中医药大学学报》2014 年第 4 期。

《天干地支在中医学基础的应用分析研究》，广州中医药大学博士学位论文 2014 年。

夏以煌

《谈瘴》，《卫生周刊》1946 年第 9、13 期。

《中医书中详述鼠疫之一则》，《卫生周刊》1946 年第 9 期。

《丧家旧习之防疫观》，《中西医药》1935 年第 4 期。

《华佗医术传自国外考》，《中西医药》1935 年第 1 期。

夏逸群（山东中医药大学）

《明代太医院制度研究》，上东中医药大学硕士学位论文 2013 年。

~张成博:《明代医药机构设置与世医制度浅析》，《山东中医药大学学报》2013 年第 2 期。

夏益仁

《余云岫思想的变态》，《光华医药杂志》1934 年第 4 期。

夏依提哈孜·再依那勒（伊犁师范学院）

《〈哈萨克医典〉及其医学哲学思想初探》，《医学与哲学（人文社会医学版）》2007 年第 5 期。

《〈医药志〉中的医学哲学思想》，《伊犁师范学院学报》2006 年第 1 期。

夏有兵（徐州医科大学/南京中医药大学/南京医科大学）

席瑾……沈洁~:《古代文献中针灸治疗不孕症选穴规律研究》，《南京中医药大学学报》2019 年第 6 期。

《必使针灸放异彩于世界医学之林——论承淡安复兴针灸之初心》，《南京中医药大学学报（社会科学版）》2019 年第 3 期。

汪俏……张凌云~:《澄江学派传人李学耕先生针灸学术思想初探》，《江苏中医药》2018 年第 5 期。

刘冬~:《针灸医家承淡安与朱琏的比较研究》,《中医学报》2017年第4期。

杨鹏燕、罗玺~:《对针灸学术流派划分的思考》,《中国针灸》2016年第5期。

庄克清……杨鹏燕~:《口述史——针灸流派研究的新方法》,《中华中医药杂志》2016年第3期。

张建斌……金洵~:《以旧学为根据 用科学做化身——民国时期澄江针灸学派科学化实践探析》,《中国针灸》2014年第2期。

~贺霆:《澄江针灸学派在香港的繁衍与传播》,《中国针灸》2013年第10期。

~张建斌等:《澄江针灸学派在新加坡的传播》,《中国针灸》2013年第1期。

~张建斌等:《简析澄江针灸学派的学术源流》,《中国针灸》2012年第8期。

~张建斌等:《试论澄江针灸学派的科学学派特质》,《中国针灸》2012年第6期。

~程洁等:《中医与藏医学放学疗法的比较研究》,《中国针灸》2012年第5期。

~李素云等:《"澄江针灸学派"形成背景与过程》,《中国针灸》2012年第3期。

~张建斌等:《承淡安游学日本经过》,《中国针灸》2012年第1期。

~周俊兵:《著名针灸学家承淡安无锡办学概貌》,《南京中医药大学学报(社会科学版)》2007年第4期。

《承淡安与〈针灸杂志〉》,《南京中医药大学学报(社会科学版)》2004年第3期。

周俊兵~:《张锡纯学术思想及临床经验探讨》,《长春中医学院学报》2003年第4期。

《明朝世医制度评判与启示》,《南京中医药大学学报(社会科学版)》2002年第3期。

夏媛媛(南京医科大学)

~邢烨:《〈医界镜〉中反映的医、患问题及当代启示》,《法制博览》2019年第33期。

~姜海婷等:《江苏省医药卫生遗迹分布初探》,《南京医科大学学报(社会科学版)》2019年第1期。

《民国医学教育刊物〈医育〉的特色及价值》,《医学与哲学(A)》2017年第2期。

《民国时期医派纷争的原因及影响》,《医学与社会》2016年第9期。

《民国时期医患纠纷的产生原因及启示》,《南京医科大学学报(社会科学版)》2016年第4期。

《民国时期医德建设初探》,《南京医科大学学报(社会科学版)》2015年第6期。

《民国时期健康教育专门人才的培养及启示——以江苏省立医政学院为例》,《南京医科大学学报(社会科学版)》2013年第4期。

《民国时期公医制的形成过程及其医学教育的影响》,《南京医科大学学报(社会科学版)》2013年第1期。

《民国时期医学院校的规范化过程》,《医学与哲学(A)》2013年第1期。

《民国时期医学校分布的调控与失败》,《南京医科大学学报(社会科学版)》2012年第4期。

《民国时期两级制医学教育的形成》,《中华医史杂志》2011年第6期。

《民国时期的医学教育制度与医生地位的变化》,《医学与哲学(人文社会医学版)》2011年第3期。

~程明伟:《我国小儿外科的创立过程——张金哲访谈》,《中国科技史杂志》2011年第2期。

《中西方生死教育的区别、原因及建议》,《卫生软科学》2010年第6期。

《医学史教育现状与改革初探》,《南京医科大学学报(社会科学版)》2008年第3期。

《知情同意与保护性医疗的冲突与联系》,《中国医学伦理学》2008年第1期。

《从知情同意的发展史看对知情同意权认识的误区》,《卫生软科学》2007年第2期。

《从知情同意的发展史正确认识知情同意权》,《医学与社会》2007年第2期。

《从解放后我国公共卫生体系的发展看政府的责任》,《现代医药卫生》2006 年第 1 期。

～卢建华:《我国预防保健事业的公平与效率考察及对策思考》,《中国全科医学》2005 年第 23 期。

《试论医学史在医学生人文精神培养中的作用》,《南京医科大学学报(社会科学版)》2003 年第 2 期。

《从阴阳五行看传统中医与艺术的联系》,《南京医科大学学报(社会科学版)》2000 年第 1 期。

～陆敏:《藏医与中医的关系及其特色》,《中国民族医药杂志》2000 年 S1 期。

夏宗明(南京医科大学第一附属医院/东南大学/南京经济学院/江苏省医学情报研究所)

范桂高～:《美国和加拿大医疗保健管理成本比较》,《国外医学(卫生经济分册)》2005 年第 3 期。

范桂高～:《印度印度喀拉拉邦放权初级医疗中心成就评估》,《国外医学(卫生经济分册)》2005 年第 3 期。

范桂高～:《荷兰以药费为主制定慢性病分类模式》,《国外医学(卫生经济分册)》2005 年第 2 期。

范桂高～:《哥伦比亚全民医疗保健制度评价》,《国外医学(卫生经济分册)》2005 年第 1 期。

范桂高～:《对加拿大医疗事业区域化管理的看法》,《国外医学(卫生经济分册)》2000 年第 3 期。

金宝相～:《世界卫生人力资源再思考》,《国外医学(卫生经济分册)》2000 年第 3 期。

金宝相～:《全球化时代的世界健康与公平》,《国外医学(卫生经济分册)》2000 年第 3 期。

～夏迎秋等:《中国农民基本医疗保障制度儒家文化定位与构建》,《中国农村卫生事业管理》2002 年第 3 期。

～李筱蕾:《医疗保障全球化与中国探索》,《国际医药卫生导报》2001 年第 7 期。

封禹～:《中等收入国家医疗保障制度医疗待遇和期限比较及借鉴》,《国际医药卫生导报》2001 年第 4 期。

李永海～:《中等收入国医疗保险制度疾病现金补助与期限比较及借鉴》,《国际医药卫生导报》2001 年第 1 期。

～李筱蕾:《医疗保障制度全球化与中国》,《医学与哲学》2008 年第 8 期。

～李筱蕾:《世界各国经济发展水平与医疗保障制度的关系》,《中国卫生资源》2000 年第 2 期。

《发展中国家医疗保障制度模式比较》,《国外医学(卫生经济分册)》1998 年第 1 期。

～朱玲妹:《意大利改革国家卫生服务制度》,《卫生经济研究》1995 年第 5 期。

《捷克实行医疗保险制度的前后》,《卫生经济研究》1994 年第 8 期。

《加纳健康保险设想》,《中国卫生经济》1994 年第 5 期。

《科威特改革全民医疗保险制度》,《卫生经济研究》1994 年第 2 期。

《尼日利亚国家健康保险设想》,《中国初级卫生保健》1993 年第 12 期。

《台湾地区社会医疗保险制度中的问题》,《中国卫生事业管理》1993 年第 5 期。

羡萌(天津师范大学)

《民国初期中国红十字会的发展——兼论近代社会团体与政府的关系》,《兰台世界》2011 年第 1 期。

《民国时期中国红十字会研究(1912—1924)》,天津师范大学硕士学位论文 2004 年。

冼维逊

《粤南鼠疫考略》,《科学》1941 年第 1、2 期。

冼吾

《赤十字社之源流》,《中西医学报》1913 年第 8 期。

冼玉青

《继承广东草药的先辈何克谏》，《新中医》1980 年第 3 期。

项长生（黄山市新安医学研究所/屯溪市中医院/歙县卫生局）

～汪幼一：《固本培元派的形成和发展》，《中华医史杂志》2001 年第 4 期。

《新安医学的主要贡献与历史地位》，《黄山高等专科学校学报》2000 年第 3 期。

～汪幼一：《新安医学文献对中医学发展的推动作用》，《中国中医基础医学杂志》1998 年第 11 期。

～汪幼一：《新安医学著作对中医学的贡献》，《中国中医基础医学杂志》1998 年第 5 期。

～项鸿：《徽州的文化经济与"新安医学"》，《中华医史杂志》1998 年第 4 期。

汪幼一～：《新安医学抄本〈论医汇粹〉评介》，《安徽中医临床杂志》1998 年第 3 期。

《我国最早的医学团体——一体堂宅仁医会》，《中国科技史料》1991 年第 3 期。

《简述新安医家关于仲景学说研索的概况》，《安徽中医学院学报》1984 年第 1 期。

《汪广期〈济世良方〉及其他》，《安徽中医学院学报》1984 年第 2 期。

余瀛鳌～汪幼一：《汪文绮及其〈杂症会心录〉》，《安徽中医学院学报》1982 年第 3 期。

～汪幼一：《汪赤崖〈新安医案〉选介》，《中医杂志》1981 年第 2 期。

～汪幼一：《〈内经〉中有关"神"的论述》，《浙江中医学院学报》1981 年第 1 期。

向常水（湖南师范大学/长沙理工大学）

《论胡文虎的慈善公益活动及其思想》，《史学月刊》2015 年第 8 期。

《民国时期湖南红十字医院论略》，《湖南科技大学学报（社会科学版）》2012 年第 3 期。

～刘四平：《论近代在湘教会的医疗卫生事业》，《长沙理工大学学报（社会科学版）》2006 年第 2 期。

箱嵨大昭（中国中医科学院）

《日本明治以来灸法发展的历史与现状》，中国中医科学院针灸研究所博士学位论文 2003 年。

香多·李先加（青海藏医学院）

～罗秉芬：《藏医学起源的新探索》，《中华医史杂志》2002 年第 3 期。

项红兵（武汉职工医学院附属医院）

《从医患关系的演变看医疗行为人伦化观念的更新》，《武汉职工医学院学报》1994 年第 2 期。

向静静（日本立命馆大学/成都理工大学）

《吉益东洞医学思想刍议——兼论其对〈伤寒论〉在江户时期传播的影响》，《中医药文化》2019 年第 5 期。

《浅析贝原益轩养生思想中的"乐"》，《黑龙江史志》2014 年第 13 期。

《论贝原益轩养生思想中的"心"的修养》，张宪生主编《东亚近世历史与思想的地平线》（广州：暨南大学出版社 2014 年）。

向磊（南京大学）

《湘雅医学院与西医入华的社会效应》，《中南大学学报（社会科学版）》2007 年第 6 期。

项隆舟

《记 20 年代杭州的一起中毒案及其检验》，《中国药学杂志》1989 年第 3 期。

《旧中国一家先行的制药企业》，《药学通报》1987 年第 3 期。

～陈新谦：《上海西药商业的发展过程及特点》，《药学通报》1986 年第 8 期。

《〈药报〉发行始末及其创办人》，《药学通报》1985 年第 4 期。

《记上海五洲药房的创设和发展》,《药学通报》1984 年第 8 期。

相鲁闽(龙岩市第二医院)

《〈外科精义〉及宋元的医疗保护制度》,《河南中医》2015 年第 11 期。

《唐慎微与〈经史证类备急本草〉》,《河南中医》2015 年第 10 期。

《裘庆元与〈三三医书〉》,《河南中医》2015 年第 9 期。

《祁坤及其〈外科大成〉》,《河南中医》2015 年第 8 期。

《王衮及其〈博济方〉》,《河南中医》2015 年第 7 期。

《赵养葵〈医贯〉之肾间命门说》,《河南中医》2015 年第 6 期。

《华佗及〈内照法〉》,《河南中医》2015 年第 5 期。

《曾世荣之〈活幼心书〉》,《河南中医》2015 年第 4 期。

《巢元方与〈诸病源候论〉》,《河南中医》2015 年第 3 期。

《〈刘涓子鬼遗方〉与疡医辨脓》,《河南中医》2015 年第 2 期。

《王叔和医书缕析》,《河南中医》2015 年第 1 期。

《〈医医十病〉与〈破俗十六条〉》,《河南中医》2014 年第 12 期。

《〈望诊遵经〉及其望色十法》,《河南中医》2014 年第 11 期。

《〈医林改错〉与活血化瘀三汤方》,《河南中医》2014 年第 10 期。

《〈沈氏尊生书〉与〈幼科释谜〉》,《河南中医》2014 年第 9 期。

《〈张氏医通〉与〈千金方衍义〉》,《河南中医》2014 年第 8 期。

《王安道医书评释》,《河南中医》2014 年第 7 期。

《〈推求师意〉与六郁之病证治》,《河南中医》2014 年第 6 期。

《张戴人与〈儒门事亲〉》,《河南中医》2014 年第 5 期。

《成无己伤寒医书注释讲义》,《河南中医》2014 年第 4 期。

《庞安时与〈伤寒总病论〉》,《河南中医》2014 年第 3 期。

《陶弘景及〈本草经集注〉》,《河南中医》2014 年第 2 期。

《皇甫谧及〈针灸甲乙经〉》,《河南中医》2014 年第 1 期。

《钱仲阳之〈小儿药证直诀〉》,《河南中医》2013 年第 12 期。

《郑树珪之〈七松岩集〉》,《河南中医》2013 年第 11 期。

《叶子雨和〈难经正义〉》,《河南中医》2013 年第 10 期。

《端本澄源之〈医学正传〉》,《河南中医》2013 年第 9 期。

《帛书篆文〈五十二病方〉》,《河南中医》2013 年第 8 期。

《苏颂与〈本草图经〉》,《河南中医》2013 年第 7 期。

《唐容川〈血证论〉及治血四法》,《河南中医》2013 年第 6 期。

《张志聪及〈侣山堂类辩〉》,《河南中医》2013 年第 5 期。

《严用和及其〈济生方〉》,《河南中医》2013 年第 4 期。

《王冰及〈黄帝内经素问〉》,《河南中医》2013 年第 3 期。

《陈司成之〈霉疮秘录〉》,《河南中医》2013 年第 2 期。

《陈实功及其〈外科正宗〉》,《河南中医》2013 年第 1 期。

《程仲龄与〈医学心悟〉》,《河南中医》2012 年第 12 期。

《陈良甫及〈妇人大全良方〉》,《河南中医》2012 年第 11 期。

《李延昰与〈脉诀汇辨〉》,《河南中医》2012 年第 10 期。

《王肯堂与〈六科证治准绳〉》,《河南中医》2012 年第 9 期。

《李时珍与〈濒湖脉学〉》,《河南中医》2012 年第 8 期。

《王大纶之〈婴童类萃〉》,《河南中医》2012 年第 7 期。

《赵学敏及铃医〈串雅〉》,《河南中医》2012 年第 6 期。

《危亦林及〈世医得效方〉》,《河南中医》2012 年第 5 期。

《王孟英和他的〈回春录〉》,《河南中医》2012 年第 4 期。

《葛乾孙与〈十药神书〉》,《河南中医》2012 年第 3 期。

《〈山海经〉及其对先秦医学的影响》,《河南中医》2012 年第 2 期。

《〈审视瑶函〉及目病三因》,《河南中医》2012 年第 1 期。

《缪希雍与〈先醒斋医学广笔记〉》,《河南中医》2011 年第 12 期。

《〈幼幼集成〉之小儿痱疮证》,《河南中医》2011 年第 11 期。

《叶香岩与〈未刻本叶氏医案〉》,《河南中医》2011 年第 10 期。

《丹溪翁及〈金匮钩玄〉》,《河南中医》2011 年第 9 期。

《〈山海经〉病症名释义》,《中医学报》2011 年第 9 期。

《〈红炉点雪〉及虚损痨瘵证治》,《河南中医》2011 年第 8 期。

《唐笠三与早期中医杂志》,《河南中医》2011 年第 7 期。

《〈包氏喉证家宝〉与包氏家传吹药》,《中医学报》2011 年第 7 期。

《梅孤及〈针灸聚英〉节要》,《河南中医》2011 年第 6 期。

《〈抱朴子·内篇〉之生命哲学探讨》,《中国民间疗法》2011 年第 5 期。

《〈脚气与肿辨〉学术思想探析》,《河南中医》2011 年第 5 期。

《鲍相璈女科心身护理》,《河南中医》2011 年第 4 期。

《〈铳伤秘要歌诀〉孤抄本成书背景及内容述要》,《河南中医》2011 年第 4 期。

《〈内外伤辨惑论〉中补中益气汤之创用》,《河南中医》2011 年第 3 期。

~相鲁建:《小儿百日咳食疗方》,《中国民间疗法》2011 年第 2 期。

《葛洪与中国炼丹术》,《河南中医》2011 年第 2 期。

《〈玉历钞方济世〉之妇幼保健观》,《中医学报》2011 年第 2 期。

《刘禹锡和〈传信方〉》,《河南中医》2011 年第 1 期。

向楠（湖北中医药大学/湖北省中医院）

曾明星~陈继东:《李时珍〈本草纲目〉对瘿病的贡献》,《湖北中医药大学学报》2016 年第 4 期。

曾明星~陈继东:《从癭到瘿的考释》,《中医文献杂志》2016 年第 1 期。

潘立文……鲁梅~:《浅论中医文化内蕴的医德思想及其教育意义》,《环球中医药》2015 年 S2 期。

~周亚娜等:《〈本草纲目〉对"归经学说"发展的贡献》,《亚太传统医药》2006 年第 9 期。

项南月（上海外国语大学）

《利益集团对美国医疗改革的影响——以奥巴马政府的医疗改革为例》,上海外国语大学硕士学位论文 2012 年。

项宁（秦皇岛市第一医院神经内科）

~王晶等:《免疫球蛋白治疗发展简史》,《中华医史杂志》2011 年第 6 期。

项祺（山西中医学院）

～李秉英：《论徐春甫对〈黄帝内经〉养生学说的发展》，《山西中医》1999 年第 2 期。

《论薛己对〈内经〉治则学说的发挥》，《山西中医》1997 年第 5 期。

～李秉英：《徐春甫对〈内经〉诊法学说的发挥》，《山西中医》1997 年第 1 期。

～李秉英：《对〈黄帝内经〉气机学说的探讨》，《中国医药学报》1996 年第 6 期。

《试论赵献可对〈黄帝内经〉命门学说的研究成就》，《山西中医》1993 年第 4 期。

向倩芸（中国传媒大学）

《从框架分析视角探析我国医患冲突的媒体呈现——以"温岭杀医案"为例》，《新闻世界》2014 年第 4 期。

向群（广州中医药大学/广州中医学院）

～万幸等：《明代医书出版编辑考》，《湖南中医学院学报》2003 年第 2 期。

～邓翀等：《明代医书出版速度考》，《中医文献杂志》1996 年第 2 期。

向荣（武汉大学）

《集体行动与近代早期西欧鼠疫的消失》，《光明日报》2003 年 7 月 1 日。

向玮（北京中医药大学）

《仲景治疗妇人病重视脾胃的学术思想研究》，北京中医药大学硕士学位论文 2012 年。

项薇（南京大学）

《江苏省罕见病医疗保障制度研究》，南京大学硕士学位论文 2016 年。

向文斌（西南大学）

《春秋时期疾病研究——从社会文化史的角度》，西南大学硕士学位论文 2011 年。

乡下佬

《日本古代首医学中刺针学说之一般》，《中国针灸学》1948 年第 4 期。

项政（上海医科大学）

《英国卫生改革的"内部市场"政策对医院发展的作用》，《中国社会医学》1994 年第 1 期。

《英国国家卫生服务制度的重大改革》，《中国卫生事业管理》1991 年第 12 期。

《拉丁美洲国家的初级卫生保健》，《中国初级卫生保健》1990 年第 3 期。

《美国卫生统计系统及其服务》，《中国卫生事业管理》1989 年第 1 期。

～翟蔚丽：《美国一九九〇年卫生保健目标及管理》，《中国社会医学》1988 年第 6 期。

《美国医疗服务经费的管理》，《国外医学（卫生经济分册）》1988 年第 3 期。

向志（苏州大学）

《论对艾滋病人人权的法律保护》，苏州大学硕士学位论文 2006 年。

相自成（中国政法大学）

《中国残疾人保护法律问题历史研究》，中国政法大学博士学位论文 2004 年。

《残疾人的婚姻和家庭——中国历代有关残疾人保护的法律制度》，《中国残疾人》2003 年第 4 期。

《残疾人的就业——中国历代有关残疾人保护的法律制度》，《中国残疾人》2003 年第 3 期。

《残疾人的职业技能教育——中国历代有关残疾人保护的政治法律制度》，《中国残疾人》2003 年第 2 期。

《赈谷——中国历代有关残疾人保护的政治法律制度》，《中国残疾人》2002 年第 9、10、11 期。

《残疾人蠲免——中国历代有关残疾人保护的政治法律制度》，《中国残疾人》2002 年第 6、7 期。

《残疾人居养——中国历代有关残疾人保护的政治法律制度》,《中国残疾人》2002 年第 4、5 期。

《废除肉刑 减少残疾——中国古代有关残疾人保障的政治法律思想》,《中国残疾人》2002 年第 2 期。

《残疾预防——中国古代有关残疾人保障的政治法律思想》,《中国残疾人》2001 年第 12 期;2002 年第 1 期。

《优恤思想》,《中国残疾人》2001 年第 10 期。

《社会救助思想——中国古代有关残疾人保障的政治法律思想》,《中国残疾人》2001 年第 6、7、8、9 期。

《大同思想——中国古代有关残疾人保障的政治法律思想》,《中国残疾人》2001 年第 5 期。

肖艾芹(武汉大学)

《西印度群岛的飞蛾和中国蝴蝶——〈藻海无边〉与〈女勇士〉中的疯女人书写比较研究》,武汉大学硕士学位论文 2005 年。

肖爱树(济宁师专)

《20 世纪 60—90 年代爱国卫生运动初探》,《当代中国史研究》2005 年第 3 期。

《论毛泽东对我国卫生防疫事业的历史性贡献》,《济宁师范专科学校学报》2004 年第 5 期。

《毛泽东与爱国卫生运动》,《青海社会科学》2003 年第 4 期。

《1949—1959 年爱国卫生运动述论》,《当代中国史研究》2003 年第 1 期。

肖安淼(华东师范大学)

《"解放"身体:1950 年绥远省梅毒防治的历史考察》,《史林》2017 年第 2 期。

小滨正子

《计划生育的开端——1950—1960 年代的上海》,《中央研究院近代史研究所集刊》2010 年第 2 期。

小仓重成

～撰,孙氏荃译:《东方医学的特点》,《辽宁医学杂志》1960 年第 4 期。

肖昌云(北京中医药大学)

《针灸人神禁忌学说研究》,北京中医药大学硕士学位论文 2007 年。

肖承悰(北京中医学院东直门医院)

《近代名医肖龙友传》,《国医论坛》1989 年第 2 期。

小池俊治

《日中刺络疗法的比较研究》,《天津中医药》2005 年第 5 期。

肖丹(湖南中医药大学)

《〈黄帝内经〉辨时用药法则及后世应用之研究》,湖南中医药大学硕士学位论文 2007 年。

～吴润秋:《浅论〈内经〉胃气理论及其对后世的影响》,《湖南中医学院学报》2006 年第 2 期。

肖德发(江西中医学院)

《试论吴又可〈温疫论〉的主要学术观点》,《江西中医药》1987 年第 2、3 期。

肖登科(商洛地区中医医院)

《浅谈〈理伤续断方〉对骨伤科的主要贡献》,《陕西中医函授》1997 年第 3 期。

萧璠(台湾中央研究院)

《长生思想和与头发相关的养生方》,《中央研究院历史语言研究所集刊》第 69 册第 4 分(1998. 12)。

《关于历史上的一种人体寄生虫病——曼氏裂头蚴病》,《新史学》第 6 卷第 2 期(1995.6)

《汉宋间文献所见古代中国南方的地理环境与地方病及其影响》,《中央研究院历史语言研究所集刊》第 62 册第 1 分(1993.3)。

萧放(湖北大学)

《明清时代樟树药业发展初探》,《中国社会经济史研究》1990 年第 1 期。

萧峰

《医疗制度与国家政治》,《中国图书商报》2006 年 4 月 28 日 A05 版。

肖凤彬(上海师范大学)

《民国时期上海的中西医论争》,《近代史学刊》2008 年 00 期。

肖(萧)国钢(荆门市石化医院/荆门炼油厂职工医院)

《试论〈医方类聚〉对〈儒门事亲〉文献研究的贡献》,《中医文献杂志》2007 年第 4 期。

《张子和学术思想源流探》,《中医文献杂志》2006 年第 4 期。

《〈儒门事亲〉的编撰与构成考略》,《中医文献杂志》2006 年第 2 期。

《〈儒门事亲〉刊本的流传概况初考》,《中医文献杂志》2005 年第 4 期。

《张子和生平有关史料简述》,《中医文献杂志》2005 年第 3 期。

《〈子和医集〉校注工作简评》,《中医文献杂志》1998 年第 1 期。

《张子和〈儒门事亲〉儿科临床经验初探》,《河南中医》1992 年第 4 期。

《〈素问〉"必齐"议》,《中医药研究杂志》1986 年第 3 期。

肖国士(湖南中医学院)

《我的医道与写作生涯——行医五十周年札记》,《湖南中医学院学报》2005 年第 6 期。

《鲁迅何因贬中医》,《前进论坛》1997 年第 5 期。

《〈救荒本草〉在本草学上的成就》,《江西中医学院学报》1997 年第 2 期。

《皇帝与〈救荒本草〉》,《发明与革新》1997 年第 1 期。

《〈识病辨证详明金玉赋〉改错》,《中国中医眼科杂志》1992 年第 3 期。

《蕤仁文献考略》,《江西中医学院学报》1992 年第 2 期。

《内外障学说简史》,《云南中医学院学报》1991 年第 3 期。

《试论五轮学说的命名和渊源》,《江西中医药》1987 年第 4 期。

《刘河间与玄府学说》,《贵阳中医学院学报》1985 年第 4 期。

《曾立崑医案选》,《湖南中医学院学报》1983 年第 1 期。

肖红松(河北大学)

~郭晓辉:《雷霆扫毒:新中国成立初期华北烟毒治理问题研究》,《河北学刊》2019 年第 6 期。

~郭晓辉:《内外联动:新中国初期北京市治理烟毒活动述论》,《北京党史》2019 年第 5 期。

~位轩:《新中国成立初期天津治理烟毒活动探析》,《河北广播电视大学学报》2018 年第 4 期。

《晋察冀边区的禁烟活动》,《中国社会科学报》2012 年 6 月 27 日 A05 版。

~靳彦琴:《民国初年天津拒毒会简论》,《河北大学成人教育学院学报》2008 年第 1 期。

吕天石~:《沦陷时期天津烟毒问题探析》,《抗日战争研究》2016 年第 4 期。

《晋察冀边区烟民戒治活动述论》,《史学月刊》2012 年第 12 期。

《论华北抗日根据地、解放区的禁毒法规及其特点》,《河北大学学报(哲学社会科学版)》2012 年第 2 期。

~陈桦:《清末直隶戒烟活动论析》,《社会科学战线》2010 年第 2 期。

《1928—1937 年河北省禁查烟毒探析》,《史学月刊》2009 年第 8 期。

~李真:《抗战时期日本毒化河北实态研究》,《日本研究》2009 年第 2 期。

《论南京政府时期河北省戒治烟毒活动》,《历史教学(高校版)》2008 年第 7 期。

~韩玲:《民国时期河北省的烟毒吸食问题》,《河北学刊》2007 年第 3 期。

《近十年中国近代毒品史研究综述》,《河北大学学报(哲学社会科学版)》1999 年第 2 期。

肖红艳(北京中医药大学)

《〈肘后方〉版本定型化研究》,北京中医药大学博士学位论文 2011 年。

肖华锋(江西师范大学)

《〈屠场〉与美国纯净食品运动》,《江西财经大学学报》2003 年第 1 期。

萧惠英(上海中医药大学/上海中医药博物馆)

顾佼美~楼绍来:《程门雪年表》,《上海中医药杂志》2016 年第 6 期。

杨奕望~任宏丽:《试论民国时期〈医史杂志〉的办刊特色》,《中国科技期刊研究》2014 年第 3 期。

郭天玲~:《傅维康先生的医学史情结》,《中医药文化》2011 年第 6 期。

~王博芬:《中西医百年期刊 民国间医事实录——纪念丁福保创办〈中西医学报〉100 周年》,《中医药文化》2010 年第 3 期。

《王吉民先生著述及文集录》,《上海中医药大学学报》2008 年第 5 期。

《追忆上海中医药博物馆创始人王吉民先生》,《中医药文化》2008 年第 1 期。

~王宪英等:《上海中医药博物馆馆藏上海地区民国时期中医期刊之整理》,《中医药文化》2007 年第 5 期。

~陈丽云:《王吉民、伍连德的〈中国医史〉》,《医古文知识》2005 年第 3 期。

《王吉民年表》,《中华医史杂志》2004 年第 4 期。

《王吉民与医史博物馆》,《医古文知识》2003 年第 2 期。

《王吉民、伍连德与〈中国医史〉》,《中华医史杂志》2003 年第 2 期。

吴鸿洲~:《王吉民先生曾为国际科学史研究院院士和通讯院士》,《中华医史杂志》2003 年第 1 期。

肖家翔(贵阳中医学院第一附属医院/陕西中医学院)

《〈明目至宝〉明目之治拾要》,《四川中医》1996 年第 4 期。

《中医眼科手术疗法的源流及发展》,《贵阳中医学院学报》1995 年第 4 期。

《〈医原〉之"原"说略》,《中医研究》1995 年第 3 期。

《浅析〈金匮要略〉对间者并行的应用》,《中医函授通讯》1994 年第 3 期。

《〈琉球百问〉从郁论治疑难病撷治》,《福建中医药》1993 年第 3 期。

《〈本草纲目〉眼科用药剖析》,《时珍国医国药》1992 年第 4 期。

《〈眼科大成〉遣方用药特色探要》,《四川中医》1991 年第 9 期。

《李东垣从清阳论治眼病浅析》,《安徽中医学院学报》1991 年第 2 期。

《惟得君书胜得药——杨继洲针灸眼病学验举要》,《上海中医药杂志》1991 年第 6 期。

《〈世医得效方〉眼科学术成就举要》,《黑龙江中医药杂志》1991 年第 6 期。

《论目病多郁》,《陕西中医》1990 年第 6 期。

《钱乙论目述要》,《山东中医杂志》1990 年第 5 期。

《从〈内经〉看目与生物全息律》,《贵阳中医学院学报》1990 年第 1 期。

肖建文（江西师范大学）

《江西的血吸虫病与地方社会——以民国时期及 1950 年代为考察时限》,江西师范大学硕士学位论文 2006 年。

肖建珍（江西师范大学）

《20 世纪 50 年代江西省爱国卫生运动研究》,江西师范大学硕士学位论文 2015 年。

肖进

《漫谈阿拉伯古代医学》,《阿拉伯世界》1984 年第 4 期。

肖康伯

《建国前中医教育述闻》,《内蒙古中医药》1985 年第 3 期。

肖林榕（福建中医药大学/福建中医学院）

～井运梅等:《力钧——亦官亦医,倡导中西医汇通第一人》,《福建中医药》2017 年第 3 期。

陈乡钱～:《福建客家中草药文化》,《福建中医药》2015 年第 3 期。

刘小毅～林栋:《古医籍中医药诊治"语迟"文献研究》,《中医文献杂志》2013 年第 4 期。

《〈广嗣要语〉版本源流及学术思想探析》,《福建中医药大学学报》2013 年第 4 期。

叶杨晖～:《台湾地区两代全民健保制度的剖析》,《海峡科技与产业》2013 年第 1 期。

林凌～:《1999—2011 年福建高等中医教育的发展》,《福建中医药大学学报》2012 年第 3 期。

吴俊泉～:《台湾地区全民健保总额支付制度的实施与变革》,《卫生经济研究》2011 年第 6 期。

～张胜利:《2000—2010 年台湾地区全民健康保险发展与改革》,《福建中医药大学学报》2011 年第 3 期。

～张永贤:《台湾地区中西医一元化的倡导者杜聪明教授》,《福建中医药大学学报》2011 年第 1 期。

～井运梅:《力钧医案研究》,《福建中医学院学报》2010 年第 3 期。

～井运梅:《御医力钧学术特色探析》,《中华医史杂志》2010 年第 2 期。

苏文军～:《保生大帝的医学人文精神》,《福建中医学院学报》2010 年第 1 期。

～张永贤:《清末民初台湾名中医黄玉阶》,《中华医史杂志》2009 年第 4 期。

《中医妇幼保健与福建人生礼俗》,《福建中医学院学报》2009 年第 1 期。

～张永贤:《行医济世移风易俗——台湾汉医第一人黄玉阶》,《北市中医会刊》第十五卷第 1 期（2009.3）

曲艺～:《唐宋元医家治疗骨痹的用药特点》,《福建中医学院学报》2008 年第 2 期。

《民国时期海峡两岸中医药交流》,《中华医史杂志》2008 年第 2 期。

翁晓红～杨雪梅等:《明清时期脾胃湿热证的用药规律研究》,《中医杂志》2007 年第 5 期。

翁晓红、杨雪梅～:《明清脾胃湿热证方药的关联规则分析》,《光明中医》2007 年第 4 期。

李丽华～翁晓红:《明清医家治疫特色研究》,《江西中医学院学报》2007 年第 1 期。

杨雪梅……翁晓红～:《明清脾胃湿热方用药分类关联规则挖掘》,《中国中医药信息杂志》2006 年第 10 期。

翁晓红～杨春波:《明清时期脾胃湿热证研究揽要》,《光明中医》2006 年第 9 期。

杨雪梅……翁晓红～:《明清脾胃湿热方的用药频数分析》,《中国中医药信息杂志》2006 年第 7 期。

翁晓红～杨雪梅等:《明清时期四类脾胃湿热证方药分析》,《中国中医药科技》2006 年第 6 期。

翁晓红、李丽华～:《明清时期疫病的预防思想与方法》,《福建中医学院学报》2006 年第 4 期。

～李凌空等:《唐宋元时期消化道脾胃湿热证用药规律的研究》,《福建中医学院学报》2006年第4期。

方彦寿～:《熊宗立与熊均考辨》,《福建中医学院学报》2006年第3期。

李凌空～杨春波:《唐宋元时期对消化道脾胃湿热证病因病机的认识》,《福建中医学院学报》2006年第2期。

《闽台中医药的历史渊源与现代发展》,《福建中医学院学报》2006年第1期。

翁晓红～杨雪梅等:《明清中医治疗脾胃湿热证方药的统计分析》,《福建中医学院学报》2006年第1期。

《秦汉隋时期辨治骨痹(骨关节炎)理论的确立》,《福建中医学院学报》2004年第2期。

～郑红:《明清医家论治骨痹(骨关节炎)临床理论的发展》,《中医文献杂志》2003年第2期。

《〈太平圣惠方〉从肝论治骨关节疼痛的探讨》,《中医文献杂志》2002年第3期。

郑红～:《金元四大家治痹浅谈》,《福建中医药》2000年第3期。

《福建中医高等教育的发展历程》,《中医教育》2000年第1期。

林晓风～:《变革中的台湾药政管理》,《海峡药学》1999年第3期。

《谈台湾40年来中医药图书的出版》,《福建中医学院学报》1992年第2期。

～俞慎初:《宋元时期闽版医书的印刷及其影响》,《福建中医药》1988年第1期。

～俞慎初:《〈易传〉哲学思想与〈内经〉的联系》,《福建中医药》1987年第2期。

《略论外来药物的输入与中医药的发展》,《福建中医药》1986年第5期。

肖柳珍(南方医科大学)

《知情同意的前世今生——基于〈希波克拉底文集〉的重新解读》,《医学与哲学(A)》2017年第1期。

肖梅华(上海中医药大学)

《医者、投机商还是慈善家?——兼评黄楚九医疗事业的兴衰》,《中医文献杂志》2017年第6期。

《小方书中的大滑头——评〈丹方集异〉》,《中医文献杂志》2017年第1期。

～严娜:《近代上海中医普及性报刊与健康教育》,《南京中医药大学学报(社会科学版)》2016年第4期。

～熊俊:《陈存仁与近代沪上中医健康教育——基于〈康健报〉为中心的文献考察》,《南京中医药大学学报(社会科学版)》2014年第4期。

～陈丽云等:《从秦伯未中医科普读物观其健康教育思想》,《中医药文化》2014年第2期。

～唐晓娟:《殖民医学下的卫生意识冲突与妥协——以清末上海地区为例》,《中医药文化》2013年第5期。

～唐晓娟:《殖民医学视野下清末上海公共卫生意识的变迁》,《南京中医药大学学报(社会科学版)》2013年第2期。

～段逸山:《民国期刊〈现代医药月刊〉述要》,《中医药文化》2012年第6期。

～唐晓娟:《清末上海地区中医公共卫生意识的变迁》,《中西医结合学报》2011年第6期。

唐晓娟～孙文钟:《从清末上海期刊看妇女健康权的转变》,《南京中医药大学(社会科学版)》2011年第1期。

《清末上海地区公共卫生意识变迁和中医参与》,上海中医药大学学位论文2010年。

～孙文钟:《民国中西医期刊〈寿世医报〉》,《中西医结合学报》2009 年第 6 期。

孙文钟～黄晓华等:《〈申报〉中关于晚清上海地区疫病防治状况资料汇编》,《中医文献杂志》2009 年第 3 期。

～黄晓华等:《晚清上海地区疫病防治状况》,《中西医结合学报》2008 年第 8 期。

～孙文钟等:《一则牛痘接种广告的解读》,《中医药文化》2007 年第 6 期。

《历节病名初探》,《江西中医学院学报》2007 年第 3 期。

～张玉萍、张洋:《历节、白虎病辨》,《中医文献杂志》2006 年第 2 期。

张玉萍～:《宋元以前"历节"文献考》,《山西中医学院学报》2005 年第 1 期。

张玉萍～:《丹溪四书"痛风"考》,《中医文献杂志》2004 年第 4 期。

张玉萍～:《宋元以前"痛风"及其相关中西病症比较》,《中华医史杂志》2004 年第 4 期。

肖梦(华中科技大学)

《美国推行全民医疗保险的艰难之路》,华中科技大学硕士学位论文 2010 年。

萧敏材(上海中医药大学/上海中医学院)

《累积·创建·完善 论养阴法的形成与发展》,《上海中医药大学上海市中医药研究院学报》1998 年第 2 期。

《论伤寒与温病学派之争》,《中医杂志》1962 年第 1 期。

肖屏(宁夏体育科学技术中心)

《西夏医药学与传统中医学的关系探骊——从一张西夏文药方谈起》,《中医文献杂志》2010 年第 2 期。

肖庆华(广西师范大学)

《民国时期新疆疫病及其防治述略》,《新疆地方志》2012 年第 2 期。

肖群益(井冈山大学)

～刘林:《杨栗山〈伤寒瘟疫条辨〉学术思想源流探讨》,《中华中医药杂志》2016 年第 4 期。

刘林～:《杨栗山治温病学术思想与用药特色分析》,《中华中医药杂志》2012 年第 7 期。

肖群忠(中国人民大学)

《孝道的生命崇拜与儒家的养生之道》,《西北师大学报(社会科学版)》2011 年第 1 期。

肖荣(深圳大学)

《中古时期广州香药辨析》,《广州大典研究》2018 年第 2 期。

《陶弘景与中古医学的道教因素》,《中医药文化》2014 年第 4 期。

《汉魏时期的神农系〈本草经〉成书及其前景》,《成都中医药大学学报》2014 年第 3 期。

《北宋医理进展及渊源考述:以王脏辩证体系为线索》,《医学与哲学(A)》2014 年第 1 期。

《晋唐间神农系〈本草经〉演进的路向及推力》,《南京中医药大学学报(社会科学版)》2013 年第 3 期。

《东晋南朝医学知识的新发展:以医家、病者为中心的研究》,《中国社会历史评论》2011 年 00 期。

《〈海药本草〉与六朝时期岭南的医药文化》,《九州学林》第 6 卷第 3 期(2008 年秋季)。

《麻风病"虫"说考》,《文史》2007 年第 1 期。

萧轼之

《旧说外科释名》,《中华医学杂志》1949 年第 11、12 期;1950 年第 3、4 期。

萧淑轩

《抱朴子中所说的仙药》,《国医评论》1933 年第 3 期。

肖水源（中南大学/湖南医科大学）

《自杀行为研究中的若干问题》,《中华疾病控制杂志》2019 年第 11 期。

柯丹……陈曦～:《新确诊艾滋病患者的艾滋病相关压力与生命质量:社会支持的作用》,《中国临床心理学杂志》2019 年第 3 期。

庾泳～:《中国广州男同性恋人群健康状况和生活满意度》,《中南大学学报（医学版）》2017 年第 12 期。

柳英……王敏～罗丹:《有男男同性性行为的新确诊 HIV 感染者的情绪问题调查》,《中国心理卫生杂志》2017 年第 6 期。

庾泳～:《HIV/AIDS 与精神健康研究进展》,《中国艾滋病性病》2017 年第 5 期。

庾泳～:《中国社会文化背景下社会态度对同性恋人群的影响》,《中国健康心理学杂志》2017 年第 3 期。

林美娟～徐东等:《农村社区精神分裂症患者主要照护者照护内容的质性研究》,《解放军护理杂志》2016 年第 20 期。

彭碧华……陈曦～:《新近感染艾滋病病毒的男男性行为人群的压力、情绪问题及社会支持状况》,《中国现代医学杂志》2016 年第 16 期。

余骥、杨梅～:《吸毒者童年负性经历与成瘾严重程度的关系》,《中国药物依赖性杂志》2016 年第 4 期。

陈贵、郭桂平～蔡太生:《超重/肥胖青少年的负性情绪与进食障碍倾向》,《中国心理卫生杂志》2015 年第 1 期。

邱阳阳……黄竹林～:《HIV 感染者/AIDS 患者情绪问题及其相关因素分析》,《中南大学学报（医学版）》2014 年第 8 期。

陈贵……蔡太生:《青少年体重状态、体形不满与抑郁的关系及性别差异》,《中国临床心理学杂志》2014 年第 6 期。

周蔚～:《国外现行精神卫生政策概述》,《中国心理卫生杂志》2014 年第 10 期。

刘飞跃～:《政府办医院的理论依据、现实困境与突破》,《湖南社会科学》2013 年第 6 期。

～周亮等:《精神卫生立法的公共卫生视角》,《中国心理卫生杂志》2012 年第 2 期。

刘飞跃～曾望军:《论政府在精神卫生服务体系建设中的责任边界》,《湖南师范大学社会科学学报》2012 年第 1 期。

狄晓康～:《我国大陆地区六部地方性精神卫生条例内容的评估》,《中国心理卫生杂志》2012 年第 1 期。

《我国精神卫生服务面临的重要挑战》,《中国心理卫生杂志》2009 年第 12 期。

刘雁书～:《自杀事件的媒体报道对人群自杀行为的影响（综述）》,《中国心理卫生杂志》2007 年第 5 期。

罗丹～:《个体危机干预中的伦理学问题》,《医学与哲学（人文社会医学版）》2007 年第 4 期。

厉洁～周亮:《儿童期受虐史与成人期自杀行为（综述）》,《中国心理卫生杂志》2007 年第 1 期。

刘雁书～:《健康不安全问题的价值观剖析》,《医学与社会》2006 年第 6 期。

《HIV 感染与艾滋病的社会文化维度》，《湖南医科大学学报（社会科学版）》2000 年第 1 期。

《精神疾病的文化相通性与文化相对性》，《国外医学.精神病学分册》1992 年第 1 期。

～杨德森：《社会阶层与精神疾病》，《国外医学（社会医学分册）》1990 年第 1 期。

《论社会科学方法在医学研究中的应用》，《医学与哲学》1989 年第 11 期。

廖复苏～徐慧兰等：《家庭与老年保健》，《中国社会医学》1989 年第 5 期。

《精神疾病与社会》，《医学与哲学》1987 年第 10 期。

～杨德森：《社会支持对身心健康的影响》，《中国心理卫生杂志》1987 年第 4 期。

肖嵩（华中科技大学同济医学院）

～何国忠等：《对比研究视野下的中国卫生立法迫切性》，《中国卫生法制》2008 年第 1 期。

肖天辉（北京中医药大学附属东直门医院）

《中医学的哲学思想》，《中国医学学报》1994 年第 6 期。

萧天水（萧山市第二人民医院）

《试探竹林寺女科的医疗特色》，《中医文献杂志》2004 年第 1 期。

《施今墨祖籍寻踪》，《中华医史杂志》2004 年第 1 期。

《近代萧山竹林寺女科传承史略》，《中华医史杂志》2000 年第 2 期。

《竹林寺女科的医疗特色》，《江苏中医》1995 年第 5 期。

肖婷婷（湘潭大学）

《20 世纪 50 年代湖南省爱国卫生运动研究》，湘潭大学硕士学位论文 2014 年。

肖同庆（兰州大学）

《狂人谱系：在疯狂和理性的边缘——鲁迅与中国士人传统研究之一》，《鲁迅研究月刊》1995 年第 8 期。

《走向死亡：迟暮与辉煌——鲁迅晚年生死观论》，《鲁迅研究月刊》1994 年第 2 期。

肖巍（清华大学）

《精神疾病的概念：托马斯·萨斯的观点及其争论》，《清华大学学报（哲学社会科学版）》2018 年第 3 期。

《精神疾病诊断"有效性"的哲学探讨》，《医学与哲学（A）》2016 年第 11 期。

《丘吉尔的那只"黑狗"依旧追逐着人类——评〈丘吉尔的黑狗——忧郁症及人类心灵的其他现象〉》，《中华女子学院学报》2015 年第 2 期。

《哲学与精神病学研究的新视野》，《中国医学伦理学》2014 年第 6 期。

《身体与缘身性：结合神经科学新发展的探索》，《妇女研究论丛》2014 年第 5 期。

《医改中的两个重要问题》，《中国医学伦理学》2013 年第 2 期。

《仁慈还是义务——中国式"血荒"的伦理辨析》，《探索与争鸣》2012 年第 5 期。

《"好生活"、"精神健康"与社会公正》，《中国医学伦理学》2011 年第 5 期。

《公共健康伦理：一个有待开拓的研究领域》，《河北学刊》2010 年第 1 期。

王喜文、张肖阳～：《社会公正：公共健康伦理的时代课题》，《河北学刊》2010 年第 1 期。

《甲型 H1N1 流感凸显公共健康伦理危机》，《探索与争鸣》2009 年第 7 期。

《临床生命伦理分析的经验主义视角》，《中国医学伦理学》2009 年第 4 期。

《作为一种价值建构的疾病——关于疾病的哲学叙事》，《中国人民大学学报》2008 年第 4 期。

《疼痛：生命伦理学的一个重要话题》，《中国医学伦理学》2008 年第 3 期。

《关于医疗保健制度改革公正性的思考》，《中国医学伦理学》2007 年第 5 期。

《关于生命伦理学教育的思考与讨论——联合国教科文卫组织亚太地区生命伦理学教育会议纪要》，《中国医学伦理学》2006 年第 5 期。

《公共健康伦理：概念、使命与目标》，《湘潭大学学报（哲学社会科学版）》2006 年第 3 期。

史军～：《权利优先还是公共善优先——流行病伦理的社群主义视角》，《中州学刊》2006 年第 2 期。

～吴华伟：《烟草危害与公共健康的伦理研究》，《中国医学伦理学》2005 年第 2 期。

刘勇～：《器官捐献的公民教育研究》，《锦州医学院学报（社会科学版）》2005 年第 1 期。

《关于公共健康伦理的思考》，《清华大学学报（哲学社会科学版）》2004 年第 5 期。

～张娣：《医学教育中的"关怀"教育》，《清华大学教育研究》2004 年第 5 期。

《论公共健康的伦理本质》，《中国人民大学学报》2004 年第 3 期。

《我们以什么理由反对克隆人》，《开放导报》2004 年第 2 期。

《从"非典"看公共健康的意义——访丹尼尔·维克勒教授》，《哲学动态》2003 年第 7 期。

～李芳：《人类基因研究的伦理学挑战》，《道德与文明》2002 年第 2 期。

～胡宁南：《从女性主义视角看医患关系》，《医学与哲学》2001 年第 8 期。

《生命伦理学的几个热门话题——女性主义视角》，《中国医学伦理学》2001 年第 2 期。

《西方社会对流产问题的争论》，《医学与哲学》1995 年第 3 期。

肖卫国（南京大学）

《令人困惑的"科学态度"——怎样评判胡适对中医陆仲安的态度》，《南京理工大学学报（社会科学版）》2009 年第 5 期。

肖温温（北京医科大学）

《中国近代西医产科学史》，《中华医史杂志》1995 年第 4 期。

《中国近代西医妇科学史》，《中华医史杂志》1995 年第 3 期。

萧熙/萧叔轩（福建中医学院/广东省中医实验医院）

《从〈理虚元鉴〉探讨绮石的学术思想》，《福建中医药》1986 年第 3 期。

《关于太医局程文》，《江西中医药》1958 年第 5 期。

《伯牛有疾考》，《广东中医》1958 年第 1—2 期。

《关于朝鲜乡药集成方——读方外医书志》，《江西中医药》1956 年第 2 期。

《无辜疳在结核病学上的史迹》，《广东中医》1956 年第 1 期。

《对关节结核病历史的探索》，《上海中医药杂志》1956 年第 12 期。

《关于朝鲜乡药集成方》，《江西中医药》1956 年第 29 期。

《关于伤寒论 397 法 113 方》，《上海中医药杂志》1956 年第 4 期。

《广州医药方言疏证》，《中华医史杂志》1955 年第 4 期。

《中国防疫法考》，《江西中医药》1951 年第 3—4、5—6 期；1952 年第 1—2 期。

《结核病在中国医学上之史的发展》，《医史杂志》1951 年第 1—4 期。

肖相如（北京中医药大学）

金岚～：《张仲景运用生姜汁的经验浅析》，《国际中医中药杂志》2018 年第 2 期。

《走入"歧途"的中医：一位从业者的观察与反思》，《文化纵横》2017 年第 1 期。

《特异性方证——〈伤寒论〉方证中的精华》，《辽宁中医杂志》2016 年第 11 期。

先小乐～：《中医治未病理论溯源》，《河南中医》2016 年第 6 期。

赵肖帆、牛家瑜～:《马王堆房中书对早泄的认识》,《河南中医》2016 年第 5 期。

陈楚为～李致重:《吴迁本〈金匮要略〉方剂先煎麻黄规律探讨》,《中华中医药杂志》2016 年第 5 期。

赵肖帆～:《〈伤寒论〉"阴""阳"浅议》,《河南中医》2016 年第 4 期。

陈楚为～:《〈伤寒论〉中麻黄先煎时间差异与病机关系探讨》,《河南中医》2015 年第 10 期。

先小乐～:《再论中医整体观》,《吉林中医药》2015 年第 2 期。

石玥～:《〈伤寒论〉表里先后缓急原则及临床应用浅谈》,《山东中医杂志》2014 年第 6 期。

董正平～:《〈伤寒论〉、〈金匮要略〉里热并见恶寒的辨治规律研究》,《中国中医急症》2011 年第 10 期。

李杭洲～:《〈伤寒论〉中少阳与少阴主枢的关系》,《安徽中医学院学报》2011 年第 1 期。

王竹兰～:《〈伤寒论〉中汤剂的煎煮工艺研究》,《辽宁中医杂志》2010 年第 5 期。

田甜～:《陶弘景所载硝类药物辨析》,《辽宁中医杂志》2010 年第 5 期。

王竹兰～:《〈伤寒论〉汤剂服法内容探讨》,《中医杂志》2010 年第 5 期。

王竹兰～:《〈伤寒论〉汤剂加水量与煮取量的研究》,《中华中医药学刊》2010 年第 4 期。

田甜～:《天王补心丹源流探讨》,《吉林中医药》2010 年第 3 期。

王竹兰～:《〈伤寒论〉汤剂加水量与剂量的关》,《辽宁中医杂志》2010 年第 3 期。

《〈伤寒论〉表证的相关理论及其临床意义》,《河南中医》2007 年第 6 期。

杨云松、罗浩～:《〈孙子兵法〉对中医临床治疗的指导意义》,《辽宁中医杂志》2005 年第 2 期。

《〈伤寒论〉津液输布异常的病理变化及其治疗方法》,《中医药学刊》2003 年第 2 期。

《〈伤寒论〉临证思维方法探讨》,《北京针灸骨伤学院学报》1997 年第 2 期。

《从中西医研究方法的比较看中医科研的误区》,《中国医药学报》1996 年第 3 期。

肖肖(中国动物卫生与流行病学中心/南京农业大学)

彭程……孙淑芳～宋建德等:《欧盟国家非洲猪瘟流行情况及对我国防控工作的启示》,《中国动物检疫》2018 年第 10 期。

～王长江等:《论全球化疫病控制的预警策略》,《中国动物检疫》2006 年第 7 期。

《全球化疫病控制中的预警原则与策略》,南京农业大学博士学位论文 2006 年。

～陆承平:《以预警观点反思英国 BSE 控制决策》,《中国动物检疫》2006 年第 6 期。

《欧盟食品安全预警原则研究》,《中国动物检疫》2004 年第 12 期。

肖晓红(湖南师范大学)

《四版本初高中历史教科书"医学史"内容研究》,湖南师范大学硕士学位论文 2017 年。

肖小惠(广州中医药大学)

～李惠惠:《古代医家治疗崩漏经验一瞥》,《光明中医》2012 年第 9 期。

《〈妇人大全良方〉主要学术思想探析》,《光明中医》2012 年第 8 期。

《〈傅青主女科〉用药规律探析》,《光明中医》2012 年第 6 期。

肖新云(湖南中医药大学)

《马王堆汉墓中医药文化旅游价值分析》,《中国中医药信息杂志》2015 年第 4 期。

肖雄(广州中医药大学/北京中医药大学)

～石雨:《胡桐泪(律)与梧桐泪(律)之考辨》,《中医文献杂志》2019 年第 4 期。

～李剑：《"大跃进"时期医药类期刊"针灸专号"述评》，《中华医史杂志》2019年第4期。

～石雨：《古代岭南地区外来香药的输入及其中医临证运用》，《中医药文化》2019年第4期。

～石雨：《胡桐泪（律）与梧桐泪（律）之考辨》，《中医文献杂志》2019年第4期。

《〈诸病源候论〉涉医词汇考释三则》，《中医学报》2019年第2期。

《从人造自来血看人造补药的兴起与保健强民的社会风潮》，《中华医史杂志》2018年第4期。

《〈医心方〉佛教医学初探》，《环球中医药》2015年第8期。

《〈广韵〉医学名物词研究》，北京中医药大学硕士学位论文2015年。

～王育林：《〈广韵〉疕、痱、痹及相关病名考释》，《中医文献杂志》2014年第5期。

～肖育林：《〈广韵〉外科疾病名释诂举隅》，《中医文献杂志》2014年第3期。

萧旭（靖江市广播电视台）

《马王堆汉简〈天下至道谈〉校补》，《湖南省博物馆馆刊》2014年00期。

肖玄郁（湖南科技大学）

杨鹏程～：《民国时期（1912—1928年）湖南省瘟疫的预防救治措施》，《历史教学（下半月刊）》2013年第11期。

《民国前期（1912—1927）湖南疫灾防治研究》，湖南科技大学硕士学位论文2011年。

肖衍初（甘肃中医学院/广西中医学院）

～郭建华：《创造日本汉方医的先哲们》，《甘肃中医学院学报》2001年第4期。

《试论〈医方集解〉的学术特点及贡献》，《广西中医药》1984年第6期。

《〈伤寒论浅注补正〉试析》，《四川中医》1984年第6期。

《潘兰坪及其学术成就》，《新中医》1984年第8期。

《陈伯坛与〈读过伤寒论〉》，《新中医》1983年第12期。

肖艳芳（中山大学）

《私立夏葛女子医学院研究》，中山大学硕士学位论文2001年。

萧扬（全国妇联妇女研究所）

《社会性别视角下的妇女生殖健康》，《浙江学刊》2001年第5期。

《健康：21世纪妇女发展的重要议题》，《中国妇女》1999年第5期。

《农村妇女生育健康问题及其干预模式探讨》，《中华女子学院学报》1999年第1期。

～姜秀花等：《经济体制转型对国有企业女职工健康的影响》，《妇女研究论丛》1997年第3期。

《妇女生育健康的研究与行动》，《妇女研究论丛》1995年第2期。

肖毅（北京中医药大学）

《清代考据学对温病学形成发展研究》，北京中医药大学博士学位论文2017年。

～黄作阵：《〈证治心传〉伪书考》，《北京中医药大学学报》2017年第2期。

～黄作阵：《温病学形成发展与乾嘉学术思想演进关系的研究》，《北京中医药大学学报》2016年第12期。

～黄作阵：《考据学方法在温病学形成和发展中的作用》，《中华医史杂志》2016年第4期。

肖毅（华中科技大学同济医学院附属同济医院）

～田时明等：《撒哈拉以南非洲地区的医学教育发展史》，《西北医学教育》2016年第1期。

肖伊绯

《胡适谈公共卫生》，《理论与当代》2017年第1期。

萧易忻（华东理工大学）

《双向运动下医务社工协调医患冲突的角色定位——中国台湾地区案例的借鉴》，《社会工作与管理》2017 年第 3 期。

《全球化下当代人的健康身体想象》，《华东理工大学学报（社会科学版）》2017 年第 1 期。

《中国医疗体制转型中的"双向运动"》，《文化纵横》2016 年第 5 期。

《"抑郁症如何产生"的社会学分析：基于新自由主义全球化的视角》，《社会》2016 年第 2 期。

《中印药业发展比较》，《华东理工大学学报（社会科学版）》2015 年第 5 期。

～徐永祥：《全球化背景下跨国药企的权力运作》，《社会科学》2014 年第 12 期。

《新自由主义全球化对"医疗化"的形构》，《社会》2014 年第 6 期。

《支持与反对"健康维护组织"的理由》，《华东理工大学学报（社会科学版）》2014 年第 2 期。

肖莹（广州中医药大学）

陈凯佳……刘小斌～何婉婉等：《支气管哮喘学术源流探讨》，《辽宁中医药大学学报》2011 年第 11 期。

刘成丽、杨智辉～：《近现代名中医医案的整理研究概况》，《国医论坛》2009 年第 3 期。

刘成丽、杨智辉～王伟彪：《试论岭南医学的地域性特色》，《湖北民族学院学报（医学版）》2009 年第 2 期。

余洁英、邱仕君～：《〈临证指南医案〉之"肝—胃"相关理论探析》，《广州中医药大学学报》2008 年第 2 期。

陈坚雄、邱仕君～：《试论中医五脏相关学说的理论内涵》，《广州中医药大学学报》2007 年第 2 期。

陈凯佳～：《近现代名老中医治疗"闭经"用药规律初探》，《中医药学刊》2005 年第 10 期。

莫伟～：《徐灵胎学术思想渊源初探》，《中医文献杂志》2003 年第 4 期。

～黎建海：《〈儒门事亲〉外治初探》，《中国民族民间医药杂志》1999 年第 3 期。

《浅析〈伤寒贯珠集〉之特色》，《国医论坛》1999 年第 1 期。

～王伟彪：《浅析张从正论补》，《河南中医》1998 年第 6 期。

《试论岭南医学发展的文化特征》，《广州中医药大学学报》1998 年第 3 期。

肖永坚

《新加坡中医药业的发展与华侨医药先驱的业绩》，《东南亚研究资料》1985 年第 3 期。

肖永芝（中国中医科学院／中国中医研究院）

付璐～：《论神田玄泉〈本草图翼〉对〈本草纲目〉分类法的继承和创新》，《中医药导报》2019 年第 16 期。

付璐～：《浅谈〈中华帝国全志〉对〈本草纲目〉的翻译与传播》，《中医杂志》2019 年第 15 期。

孙清伟～：《日本药学古籍〈本草纲目钩衡〉探析》，《北京中医药大学学报》2019 年第 9 期。

何慧玲～：《日本方书〈医方提要〉学术特色探究》，《环球中医药》2019 年第 5 期。

曲璐～：《多纪元胤〈柳沜文稿〉价值探析》，《中华医史杂志》2019 年第 3 期。

何慧玲～：《日本药学著作〈古方药议〉学术特色探析》，《中医文献杂志》2019 年第 1 期。

杜凤娟～：《〈承政院日记〉所载仁献王后医事资料浅析》，《中医药导报》2018 年第 21 期。

杜凤娟～：《浅谈日本经典研究医籍〈难经捷径〉的学术特色》，《环球中医药》2018 年第 9 期。

杜凤娟～孙清伟：《日本医书〈沟断〉小考》，《山东中医药大学学报》2018 年第 4 期。

付璐～:《波兰传教士卜弥格药学著作初探》,《中华医史杂志》2018 年第 3 期。

杜凤娟～:《浅析越南医书〈针灸法总要〉的版本与编撰特点》,《中国针灸》2018 年第 2 期。

杜凤娟～:《日本医籍〈栎荫先生遗说〉学术价值探究》,《福建中医药》2018 年第 2 期。

何慧玲～:《〈肘后备急方〉中葛根应用经验探析》,《时珍国医国药》2018 年第 2 期。

～何慧玲:《〈医心方〉引录〈葛氏方〉探析》,《中国医药导报》2017 年第 28 期。

李君……何慧玲～:《古代艾灸治疗乳房肿瘤文献初探》,《中医文献杂志》2017 年第 6 期。

王文娟～:《〈覆载万安方〉经方内容探析》,《环球中医药》2017 年第 4 期。

管琳玉～何慧玲:《〈万安方〉儿科文献溯源及其应用价值探讨》,《中医药导报》2016 年第 10 期。

李隽～:《〈万安方〉中的灸法及其临床运用启示》,《中国针灸》2015 年第 9 期。

～何慧玲:《中国中医科学院的奠基者们》,《中华医史杂志》2015 年第 6 期。

李君～:《日本古医籍〈万安方〉之灸疟法》,《中医文献杂志》2015 年第 3 期。

何慧玲～:《〈救荒本草〉在日本的传承》,《中华医史杂志》2014 年第 6 期。

～党志政:《〈东医宝鉴〉引录"本草"探源》,《中华医史杂志》2014 年第 4 期。

～周敏:《日本传播〈本草纲目〉的重要人物》,《中医文献杂志》2014 年第 2 期。

何慧玲～李君:《〈本草纲目〉影响下的〈本草图谱〉》,《中医文献杂志》2013 年第 6 期。

～何慧玲等:《〈本草品汇精要〉卷二——区分正本、副本两大传本系统的关键》,《时珍国医国药》2012 年第 12 期。

～刘玉玮等:《经络经穴学说在日本的传承与发展》,《中国医药导报》2011 年第 26 期。

～刘玉玮等:《日本"针圣"杉山和一生平事迹述评》,《中医文献杂志》2011 年第 5 期。

～张丽君等:《日本著名针灸流派概说》,《国际中医中药杂志》2011 年第 5 期。

～李春梅等:《朝鲜药学古籍〈本草精华〉解要》,《时珍国医国药》2011 年第 4 期。

～张丽君等:《日韩古医籍的收藏现状及其发掘利用的意义》,《中华医史杂志》2011 年第 2 期。

～李君等:《岭南名医陈伯坛调研新收获》,《中国医药导报》2010 年第 36 期。

～黄齐霞:《〈伤暑全书〉与〈增订伤暑全书〉考》,《中华医史杂志》2010 年第 4 期。

《日本内阁文库藏〈医学原始〉考》,《浙江中医杂志》2006 年第 7 期。

《〈玉函经〉注者新考》,《北京中医》2006 年第 6 期。

《日本以〈能毒〉冠名的本草著作考》,《现代中药研究与实践》2005 年 Z1 期。

郑金生～:《杏雨书屋〈精绘本草图〉的考察》,《现代中药研究与实践》2005 年 Z1 期。

马继兴、郑金生～万芳等:《国内失传中医善本古籍的抢救回归与发掘研究》,《中国医药学报》2004 年 Z1 期。

《日本古都平城京遗址出土的医药木简残片考》,《中国中医基础医学杂志》1999 年第 9 期。

《日本古代针灸医学源流概论》,《中国针灸》1999 年第 5 期。

《浙江妇科名医世家——木扇陈氏》,《浙江中医杂志》1998 年第 7 期。

《日本江户时代的针灸医学成就与特色》,《中华医史杂志》1998 年第 4 期。

《日本著名医籍〈顿医抄〉》,《中医文献杂志》1997 年第 4 期。

《日本江户时代的刺络家的业绩》,《国外医学（中医中药分册）》1997 年第 2 期。

《日本江户时代的针灸医学》,中国中医科学院博士学位论文 1996 年。

萧友信（台湾辅仁大学）

《台湾民间受惊疗法研究》,台湾辅仁大学硕士学位论文 2007 年。

肖雨（山西省社会科学院）

　　《佛教医学概论》,《五台山研究》2000 年第 1、2、3、4 期。

肖玉秋（南开大学）

　　《17—19 世纪俄国人对中医的研究》,《史学月刊》2014 年第 3 期。

肖元（贵阳中医学院）

　　《对食品安全刑法保护的思考》,《西南民族大学学报（人文社科版）》2006 年第 2 期。

肖元春（上海中医药大学）

　　～李鼎:《〈针灸集书〉文献研究》,《上海中医药大学学报》2013 年第 4 期。

　　～李鼎:《〈黄帝内经〉艾灸疗法探析》,《上海中医药大学学报》2006 年第 2 期。

　　～申东原:《试论〈备急灸法〉的灸治特色》,《上海中医药大学学报》2004 年第 1 期。

肖远琴（广西师范大学）

　　《"八一三"淞沪会战期间上海救护委员会的伤兵救护述论》,《郑州师范教育》2016 年第 5 期。

萧运春

　　《祖国医学对于麻风的认识》,《中医杂志》1956 年第 4 期。

小曾户洋（北里大学/日本北里研究所）

　　《介绍〈新疆出土涉医文书辑校〉》,《中华医史杂志》2016 年第 5 期。

　　～郭秀梅:《日本汉方医学形成之轨迹》,《中国科技史杂志》2012 年第 1 期。

　　《宋版〈备急总效方〉的文献研究》,《中华医史杂志》2005 年第 3 期。

　　郭秀梅～冈田研吉:《〈万安方〉引中国医书管窥》,《中医药杂志》1998 年第 3 期。

　　～蔡毅:《中国医学在日本》,《文史知识》1997 年第 7 期。

肖诏玮（福州市中医院）

　　～黄秋云等:《福州中医师公会医事拾零》,《福建中医学院学报》2009 年第 5 期。

　　原丹～李君君:《闽籍医家徐鼎庄生平要略及临证经验掇要》,《附件中医药》2009 年第 4 期。

　　～李君君等:《福建岁时除害灭病民俗的中医内涵》,《中国中医药现代远程教育》2009 年第 4 期。

　　～黄秋云等:《吉光片羽 弥足珍贵——近代榕医方笺探析》,《福建中医学院学报》2009 年第 3 期。

　　～李君君等:《福建岁时饮食民俗的中医内涵》,《福建中医学院学报》2009 年第 3 期。

　　～黄秋云等:《福州儒医评述》,《福建中医学院学报》2009 年第 1 期。

　　～黄秋云等:《名家逸话 选粹点评——民国福州〈华报〉榕医医话选评》,《光明中医》2008 年第 12 期。

　　～黄秋云等:《福州三医僧》,《福建中医学院学报》2008 年第 5 期。

　　～黄秋云等:《民国福建名医陈登铠的生平和临床经验》,《福建中医学院学报》2008 年第 2 期。

　　王玲～:《近代福州妇科名家特色考析》,《中医函授通讯》1998 年第 1 期。

　　王玲～孙坦村:《近代福州妇科名家特色介评》,《福州中医药》1997 年第 5 期。

　　《近代福州中医儿科名医特色介评》,《中医文献杂志》1996 年第 2 期。

肖子曾（湖南中医药大学）

　　～邢瑞等:《中医药在欧洲的现状与展望》,《湖南中医药大学学报》2012 年第 5 期。

谢安（台湾清华大学）

　　《医者意也与即方用药——唐宋时期的士人尚医与疫病关系》,台湾清华大学硕士学位论文

2013 年。

谢邦永（霞浦县中医院）

～叶启铭：《〈内经〉论痹的特色概述》，《福建中医药》1999 年第 2 期。

谢宝忠（贵阳中医学院）

～孟宪容：《中国药膳简史及其现实意义》，《贵阳中医学院学报》1991 年第 3 期。

谢本书（云南民族大学）

《日军在滇西的细菌战》，《湖南文理学院学报（社会科学版）》2004 年第 1 期。

谢必震（福建师范大学）

～傅朗：《清代中国药材输入疏球考》，《中国社会经济史研究》1995 年第 1 期。

谢斌（上海交通大学医学院附属精神卫生中心/上海市精神卫生中心）

《从"精神卫生"到"心理健康"和"社会心理服务"：现实与期待》，《心理学通讯》2019 年第 1 期。

《精神卫生法立法史》，《中国医院院长》2013 年第 13 期。

《中国精神卫生立法进程回顾》，《中国心理卫生杂志》2013 年第 4 期。

吴志国～：《精神障碍非自愿医疗的中国视角和探索》，《中国卫生政策研究》2011 年第 9 期。

《法国区域卫生规划模式》，《中国医院院长》2011 年第 6 期。

《患者权益与公共安全："去机构化"与"再机构化"的迷思》，《上海精神医学》2011 年第 1 期。

《我国精神卫生工作的挑战及主要立法对策探讨》，《上海精神医学》2010 年第 4 期。

张君闻……徐一峰～马进：《精神卫生防治政府公共职能探讨》，《中国卫生资源》2009 年第 3 期。

张君闻……徐一峰～马进：《精神卫生防治财政保障"义乌模式"的思考与推广探讨》，《中国卫生资源》2009 年第 2 期。

郑瞻培～：《我国司法精神病学的历史与发展》，《上海精神医学》2006 年 S1 期。

《美国精神科医患纠纷的特点与处理策略》，《上海精神医学》2003 年第 4 期。

单怀海……吴洪明～姚新伟等：《上海市精神病患者肇事、肇祸的相关因素分析》，《四川精神卫生》2003 年第 2 期。

～刘协和等：《中国的精神卫生立法》，《上海精神医学》2002 年 S1 期。

饶顺曾……陈碧霞～宋立升：《精神病患者肇事肇祸相关因素回顾分析》，《神经疾病与精神卫生》2002 年第 4 期。

王立伟～：《精神疾病患者的知情同意和隐私保护》，《上海精神医学》2002 年第 3 期。

～郑瞻培：《医患关系与医疗纠纷》，《上海精神医学》2002 年第 3 期。

张明岛、张明园～：《〈上海市精神卫生条例〉的制定背景和内容释析》，《上海精神医学》2002 年第 1 期。

～杨献红等：《精神卫生与法律——精神卫生立法的历史与现状》，《上海精神医学》2000 年 S1 期。

谢波（广州中医药大学）

～陈楚杰等：《王纶痰证论治精要探析》，《江苏中国医药》2007 年第 12 期。

解博文（中国中医科学院）

《清以来中医古籍辑佚发展研究》，中国中医科学院硕士学位论文 2017 年。

～万芳：《尚志钧辑本〈新修本草〉学术成就初探》，《中医文献杂志》2016 年第 6 期。

谢成范（中国医科大学）

《西藏的医疗卫生事业和高原病研究的成就》，《中国藏学》1991 年第 1 期。

谢春艳（上海市卫生发展研究中心）

陈珉惺……王月强～王常颖等：《部分国家及地区社会办医准入现状及启示》，《卫生软科学》2019年第9期。

《健康中国背景下医务社会工作参与构建整合型健康服务的探讨》，《中国社会工作》2017年第27期。

～程文迪等：《基于医疗服务供需失衡逻辑的医患关系紧张困局与对策分析》，《中国卫生资源》2017年第3期。

《英国初级卫生保健质量与结果框架解析》，《中国医院管理》2015年第7期。

李芬……何江江～：《基层中医药人员队伍建设现状与发展策略——基于上海的经验》，《中国初级卫生保健》2015年第4期。

～金春林等：《英国国民健康服务体系新一轮改革解析》，《中国医院管理》2015年第2期。

～金春林等：《英国整合型保健发展经验及启示》，《中国卫生资源》2015年第1期。

～何江江等：《英国卫生服务支付制度经验与启示》，《中国卫生经济》2015年第1期。

～胡善联等：《英国整合型保健发展经验：以牛津郡为例》，《中国卫生政策研究》2014年第9期。

～胡善联：《英国卫生体系市场化改革引争议》，《健康报》2014年9月4日006版。

杜丽侠……王力男～许明飞等：《不同利益相关者对药物经济学的知识、态度和实践调查研究》，《中国卫生资源》2014年第5期。

金春林……施莉莉～王瑾：《我国社会办医政策回顾与分析》，《中国卫生政策研究》2014年第4期。

何达……王贤吉～金春林：《我国社会办医发展现状研究》，《中国卫生政策研究》2014年第4期。

～何江江等：《以社区为导向的初级卫生保健：比利时社区卫生服务案例分析及启示》，《中国卫生政策研究》2013年第5期。

～胡善联等：《对家庭医生工作进行现场观察后的思考与建议》，《中国全科医学》2012年第31期。

～胡善联等：《整合保健：英国经验对我国社区卫生服务改革的启示》，《中国卫生政策研究》2012年第9期。

～胡善联等：《社会资本理论视角下的家庭医生制度探讨》，《中国卫生政策研究》2012年第5期。

何江江……丁汉升～：《从数量到质量的转变：美国新兴的按治疗事件支付方式》，《中国卫生经济》2010年第9期。

谢德秋（第二军医大学第二附属医院/上海第一医学院）

《阿维森纳他的生平、学说和巨著〈医典〉》，《医学与哲学》1986年第2期。

《西方古代医学之集大成者——盖仑》，《医学与哲学》1983年第5期。

谢恩增

《中医脏腑经络学的沿革》，《科学》1920年第1期。

谢芳（山东中医药大学）

《〈千金方〉的全科医学思想研究》，山东中医药大学博士学位论文2012年。

《中医全科医学思想溯源》，《中国中医药现代远程教育》2012年第18期。

《中医学全科医学观探源》，《中华中医药杂志》2012年第4期。

解菲（浙江大学）

《健康传播 传播健康——浅谈健康传播学在中国的发展》，《今传媒》2009年第10期。

谢刚（南京师范大学）

《南京荣字1644细菌部队研究 1939—1945年》，南京师范大学硕士学位论文 2006.

谢高潮（华东师范大学）

《浅谈同治初年苏浙皖的疫灾》，《历史教学问题》1996年第2期。

谢功肃

《金匮要略源流考》，《医林一谔》1931年第7期。

谢广磊（中共中央党校）

《试论技术时代医学人文精神及其实践探索》，中共中央党校硕士学位论文 2013年。

谢光宇（合肥工业大学）

《阴阳学说与〈黄帝内经〉：古代哲学实践的典范》，《安徽大学学报》1999年第6期。

《从黄帝到王冰：〈黄帝内经〉成书历程》，《安徽大学学报》1998年第4期。

谢海洲（中国中医研究院广安门医院）

《继承 创新 三版 增补——喜读〈施今墨对药〉第3版》，《时珍国医国药》2006年第1期。

《一本学术造诣深理论水平高的专著——〈李今庸医学选集〉》，《时珍国医国药》2005年第8期。

《一本李时珍研究的佳作——〈李时珍和蕲州〉》，《中国中医药现代远程教育》2005年第4期。

《读伤寒，写伤寒，用伤寒——喜读〈陈瑞春论伤寒〉、〈伤寒实践论〉二书》，《江西中医药》2004年第12期。

《评朱建平著〈中国医学史研究〉》，《中华医史杂志》2004年第4期。

《深入研究颇见功夫——评王世民编著〈中医方药手册〉》，《时珍国医国药》2004年第10期。

《〈邓铁涛学术思想研究〉读后》，《新中医》2004年第4期。

《毒药以供医事——读〈医宗金鉴·外科心法要诀〉的启示》，《天津中医药》2004年第4期。

《〈回回药方〉有了新的考释本》，《时珍国医国药》2004年第3期。

《善于继承 贵在创新——读〈医林改错发挥〉》，《时珍国医国药》2004年第1期。

《情系人民，开拓奋进——〈晚春堂笔耕录〉心悟》，《实用中医药杂志》2003年第12期。

《继承 实践 创新 发展——读〈中医临床家施今墨〉有感》，《浙江中医学院学报》2003年第5期。

《读〈秦伯未医学名著全书〉后》，《中华医史杂志》2003年第3期。

《荟萃古往 指导现今——读〈中国历代名医名术〉》，《中国中医药现代远程教育》2003年第1期。

《秘本 珍贵 学术 价高——记江一平、巫君玉校注〈清代秘本医书四种〉读后》，《光明中医》2002年第6期。

《读〈邓铁涛医学文集〉有感》，《新中医》2002年第6期。

《中医药现代化的哲学思考的再思考》，《中医药研究》2002年第6期。

《阐发奇经论述八脉的专著——评朱祥麟编著〈奇经证治条辨〉》，《湖北中医杂志》2002年第4期。

《他山之石，可以攻玉——读〈2000年日本传统医药学现状与趋势〉书后》，《中医文献杂志》2001年第2期。

《发皇古义 融会新知——读〈章次公医术经验集〉书后有感》，《实用中医药杂志》2000年第7期。

《证治诀微 启人灵知——读江一平等主编〈古医籍各家证治诀微〉之后》，《中医文献杂志》2000年第4期。

《评介〈当代名老中医风采〉》，《中华医史杂志》2000年第3期。

《医史学家在写个人医史——〈中国医学之辉煌——李经纬文集〉读后》，《中医文献杂志》2000年第 2 期。

《读朱良春〈医学微言〉有感》,《山西中医》1998 年第 6 期。

《融古今经验 汇最佳方药——读〈中医治疗现代难病集成〉有感》,《中医文献杂志》1998 年第 4 期。

《中国科学技术专家传略·医学篇·药学卷Ⅰ读后感》,《中国药学杂志》1997 年第 9 期。

《评〈干祖望医话〉》,《山西中医》1997 年第 6 期。

《评介〈神农本草经辑注〉》,《中医文献杂志》1997 年第 3 期。

《姹紫嫣红 荟萃精华——〈福建中医临证特色(一)〉读后》,《福建中医药》1997 年第 2 期。

《评介修订版〈中国医学史略〉》,《山西中医》1997 年第 1 期。

《读〈新安名医考〉》,《安徽中医学院学报》1992 年第 1 期。

《忆秦伯未、任应秋二先生》,《甘肃中医》1991 年第 4 期。

《〈经效验方四百八〉评述》,《山西中医》1991 年第 3 期。

《养浩庐中医院的创办者——杨浩如》,《北京中医》1988 年第 6 期。

张纲～:《论"痰迷心窍,以致癫狂"》,《中医药研究杂志》1985 年第 1 期。

～朱晟:《〈本草纲目拾遗〉书成二百周年纪念》,《浙江中医杂志》1964 年第 11 期。

朱晟～:《〈理论骈文〉书成百年纪念》,《浙江中医杂志》1964 年第 10 期。

《读〈金匮要略讲义〉书后》,《浙江中医杂志》1964 年第 5 期。

～尚志钧:《有关汞及炼丹的历史》,《哈尔滨中医》1963 年第 3 期。

～尚志钧:《本经品属初探》,《北京中医学院学报》1960 年第 2 期。

～尚志钧:《神农本草经重复十八种药问题的研究》,《北京中医学院学报》1960 年第 1 期。

尚志钧～:《祖国历史上第一部药典——唐本草》,《药学通报》1959 年第 10 期。

尚志钧～:《我国历史上的第一部药典——唐本草——纪念唐本草编成 1300 周年》,《中国药学杂志》1959 年第 7 期。

～尚志钧:《祖国历史上第一部药典——唐本草颁行 1300 周年纪念》,《北京中医学院学报》1959 年第 1 期。

谢晗(浙江大学)

《浙江省血吸虫病防治研究(1949—1958)》,浙江大学硕士学位论文 2018 年。

谢红莉(温州医学院)

郑飞中、陈莉～:《农民工医疗救助体系建设及其城市融合的影响研究》,《中国卫生事业管理》2013 年第 4 期。

徐玉洁、周芬～:《农村居民健康素养状况调查及影响因素分析》,《中国初级卫生保健》2010 年第 11 期。

王晓萍……卢丹萍～:《利济医学堂办学模式对现代教育的启示》,《中国高等医学教育》2010 年第 8 期。

～瞿佳:《近代西方医学对温州医学发展的影响与启示》,《中国高等医学教育》2009 年第 9 期。

刘正炼、徐哲芳～:《科技下乡在新农村医疗卫生发展中的支撑作用》,《中国农村卫生事业管理》2009 年第 6 期。

王晓萍、周芬～:《城市医院与乡镇卫生院结对帮扶效果分析》,《中国初级卫生保健》2008 年第 12 期。

翁坚克～:《我国少数民族农村医疗保障现状浅析》,《中国初级卫生保健》2008 年第 12 期。

郭静～:《我国城市医疗救助制度现状与改进措施》,《中国医院》2008年第9期。

～李捷理等:《人口健康素质与防盲治盲研究》,《温州医学院学报》2008年第6期。

翁坚克～柯奔等:《中国第一所中医学校——利济医学堂办学模式与启示》,《温州医学院学报》2008年第3期。

王世泽……宋雨～:《医疗卫生改革等问题分析和思考》,《中国卫生事业管理》2008年第1期。

～瞿佳:《近代我国中医教育发展研究》,《中国高等医学教育》2007年第11期。

李琦～:《浙江省少数民族地区医疗卫生现状及对策研究》,《中国初级卫生保健》2007年第10期。

～张国岭等:《浙江省少数民族农村贫困地区基本医疗及对策研究》,《温州医学院学报》2006年第6期。

谢华(广西中医学院)

《〈千金方〉引老子言考辨》,《广西中医学院学报》2001年第4期。

《孙思邈与佛学》,《上海中医药杂志》1997年第10期。

《〈说文〉疒首字分析》,《广西大学学报(哲学社会科学版)》1997年第3期。

《张隐庵学派及其在中药学上的贡献》,《哈尔滨中医》1962年第1期。

谢惠蓉(山东体育学院)

《儒家养生思想辨析》,《山东体育学院学报》2004年第1期。

《颜之推不附时流的养生观》,《山东体育学院学报》2003年第2期。

谢建明

《奇针列传》,《针灸杂志》1934年第2期;1935年第3—4期。

谢锦绍(广东省人民医院/华南理工大学)

《暴力伤医对医生职业倦怠的影响及其对策探索》,《现代医院》2019年第10期。

《暴力伤医对医生职业倦怠的影响及其对策研究——基于G医院暴力伤医事件的个案分析》,华南理工大学硕士学位论文2019年。

谢晶(重庆大学)

《重庆市抗战时期公共医疗卫生事业管理研究》,重庆大学硕士学位论文2008年。

谢靖(南京中医药大学)

～姜壁玉:《古代中国医学典籍文献研究的现状分析——基于CNKI(2004—2015)数据》,《西南民族大学学报(人文社科版)》2018年第12期。

《我国中医药文化研究的文献计量分析》,《智库时代》2018年第33期。

《我国中医药国际化文献计量分析》,《科技世界》2018年第31期。

谢敬(天津中医药大学)

《近代天津的中西医交融》,《中国中西医结合杂志》2019年第9期。

《天津医家程价三传略》,《中医文献杂志》2018年第6期。

～董利利:《津门医家张相臣传略》,《中医文献杂志》2017年第6期。

～崔静等:《药瓶撷珍——天津中医药大学博物藏品整理札记》,《博物馆研究》2017年第4期。

《民国时期寓居津门的江苏籍医家考》,《南京中医药大学学报(社会科学版)》2017年第1期。

《尉稼谦和天津国医专修学院》,《中医文献杂志》2016年第6期。

《近代天津的中医教育》,《中华医史杂志》2016年第6期。

杨木锐～王鹏:《〈四库全书总目·子部·医家类〉辨析三则》,《图书馆界》2016年第4期。

～佟琳：《孤本方书〈自在壶天〉述略》，《环球中医药》2016 年第 1 期。

～张伟娜：《李时珍与明荆楚藩王》，《中医文献杂志》2015 年第 5 期。

～佟琳：《读〈本草纲目·水部〉札记》，《中医药文化》2015 年第 4 期。

～吕奕炜：《郭霭春与〈颜习斋学谱〉》，《天津中医药大学学报》2015 年第 1 期。

曹亭～：《清代安徽地方志所载女性"割股疗亲"考》，《图书馆工作与研究》2014 年第 8 期。

《李时珍与王世贞的交集》，《时珍国医国药》2014 年第 3 期。

刘毅、曹亭～：《天津地区古医籍学科分布特色研究》，《图书馆工作与研究》2013 年第 7 期。

刘金芝～：《元好问〈伤寒会要序〉探究——〈四库总目提要·医家类小序〉卮言一则》，《中医文献杂志》2013 年第 6 期。

刘毅、董利利～：《〈元敖氏捷径伤寒金镜录〉与〈彩图辨舌指南〉辨舌察脏腑比较研究》，《天津中医药大学学报》2013 年第 2 期。

～曹亭：《用〈周礼〉食疗思想解读"有病不治，常得中医"》，《中医文献杂志》2013 年第 2 期。

丁慧芬、罗根海～：《张锡纯中西汇通临证处方思路探析》，《江苏中医药》2012 年第 12 期。

～王月香等：《津门儒医赵础卿及其手稿两种》，《图书馆工作与研究》2012 年第 10 期。

《国家珍贵古籍〈文献通考〉医学史料简述》，《中医药文化》2011 年第 2 期。

《浅谈胡澍手校本〈素问〉的文献版本价值》，《中医文献杂志》2009 年第 6 期。

～刘毅：《"津人之善医者蒋仪"真伪考——兼〈四库全书总目提要·子部·医家类存目〉析疑一则》，《南京中医药大学学报（社会科学版）》2009 年第 4 期。

《良相通医者简述》，《中医药文化》2009 年第 5 期。

《馆藏中医古籍〈人身谱〉考辨》，《天津中医药大学学报》2008 年第 4 期。

谢景芳（黑龙江大学）

《天花与清初史事评议》，《民族研究》1995 年第 1 期。

谢菊（贵州民族大学）

《纳雍县杓座白族端午"游百病"习俗研究》，贵州民族大学硕士学位论文 2016 年。

李相兴～：《白族民间"澡塘治疗"习俗中的四个仪式及其文化内涵解读》，《贵州民族大学学报（哲学社会科学版）》2014 年第 4 期。

谢娟（广州中医药大学）

《寒温融合的形成、发展及现代临床应用研究》，广州中医药大学博士学位论文 2012 年。

谢娟（南京大学）

《明代医人与社会——以江南世医为中心的医疗社会史研究》，范金民主编《江南社会经济研究.明清卷》（北京：中国工业出版社 2006 年）。

《明代医人与社会——以江南世医为中心的医疗社会史研究》，南京大学硕士学位论文 2004 年。

谢侃侃（首都医科大学附属北京安定医院）

《精神科医师的道德准则——马德里宣言》，《临床精神医学杂志》2013 年第 1、2 期。

李亚琼～李艳等：《从〈夏威夷宣言〉到〈马德里宣言〉》，《临床精神医学杂志》2011 年第 5 期。

～李艳等：《批评精神病学与反精神病学的比较》，《中国神经精神疾病杂志》2010 年第 12 期。

谢克凡（北京大学）

《中国医院社会工作的先行者——协和医院社会服务部个案研究》，《北京青年政治学院学报》2010 年第 4 期。

谢坤(上海外国语大学)

《浅析英国 1991 年国民健康服务体制改革》,上海外国语大学硕士学位论文 2012 年。

谢利恒

《中国医学源流论》,《国医公报》1933 年第 9、11 期;1934 年第 1 期;1935 年第 4、5、7 期。

谢林沪

《新安医学的传承方式及代表人物》,《江淮文史》2001 年第 3 期。

谢柳枝(台湾台北教育大学)

《日治时期殖民医学书写之研究》,台北教育大学硕士学位论文 2007 年。

谢妹庄(福建中医药大学)

《浅谈〈本草经集注〉对中药学发展的影响》,《中国中医药现代远程教育》2013 年第 5 期。

谢萌(西北大学)

《隋唐时期医人群体研究》,西北大学硕士学位论文 2015 年。

谢铭(河池师专)

《论近代广西基督教的医疗事业》,《河池师专学报(社会科学版)》1999 年第 1 期。

谢明谷(彭州市卫生和计划生育局)

《古代公共医疗慈善机构述略》,《文史杂志》2016 年第 3 期。

谢琦(暨南大学)

《瘟疫与晚清广东社会》,暨南大学硕士学位论文 2001 年。

谢谦

《鼠疫困扰下的伦敦——近代早期城市生活管窥》,《历史教学问题》1998 年第 1 期。

谢强(江西中医药大学附属医院/江西中医学院附属医院)

范旭钢、杨淑荣~《盱江名著〈古今医鉴〉五官科特色应用初探》,《江西中医药》2019 年第 9 期。

~章德林等:《盱江医派志略》,《江西中医药》2019 年第 8、9、10、11、12 期。

~袁莉蓉等:《盱江 55 位医药历史名人传略》,《江西中医药》2019 年第 3、4、5、6、7 期。

杨淑荣、郑海东~《盱江名医龚居中〈外科百效全书〉五官证治特色探析》,《江西中医药》2019 年第 1 期。

陶波、曾冰沁~宋济:《盱江名著〈种杏仙方〉耳鼻咽喉科应用初探》,《中国中医基础医学杂志》2018 年第 11 期。

曾冰沁~陶波等:《盱江名著〈寿世新编〉辨治五官疾病特色探幽》,《江西中医药》2018 年第 11 期。

~宋济等:《盱江名医聂尚恒〈医学汇函〉辨治鼻病经验》,《江西中医药》2018 年第 7 期。

~宋济等:《盱江名著〈医家赤帜益辨全书〉辨治五官疾病特色》,《江西中医药》2018 年第 6 期。

~宋济:《盱江名著〈证治要义〉辨治五官疾病思想撷要》,《江西中医药》2018 年第 5 期。

陶波、曾冰沁~:《盱江谢氏刺营微创疗法学术史考》,《江西中医药》2018 年第 3 期。

曾冰沁、陶波~:《盱江名著〈云林神彀〉耳鼻咽喉科应用初探》,《江西中医药》2018 年第 2 期。

~宋济等:《盱江名著〈外科真诠〉辨治五官疾病特色探析》,《江西中医药》2017 年第 11 期。

~宋济等:《盱江名著〈内科百效全书〉辨治五官疾病特色探析》,《实用中西医结合临床》2017 年第 6 期。

宋济~:《余世用〈敬修堂医源经旨〉耳鼻咽喉科特色探析》,《中国中医基础医学杂志》2017 年第 5 期。

～彭睿芳等:《旴江名著〈喻选古方试验〉辨治五官疾病特色》,《江西中医药》2017 年第 3 期。

～宋济等:《旴江名著〈寿世仙丹〉辨治五官疾病特色探微》,《江西中医药》2017 年第 2 期。

李丛、何晓晖～:《旴江医学的文化基石》,《江西中医药》2017 年第 1 期。

宋济、黄冰林～:《旴江名著〈亟斋急应奇方〉五官科急症特色探微》,《江西中医药》2016 年第 12 期。

～宋济等:《旴江名著〈延寿神方〉辨治五官疾病特色探析》,《江西中医药》2016 年第 12 期。

宋济、黄冰林～:《旴江名著〈新刻幼科百效全书〉辨治五官疾病特色》,《江西中医药》2016 年第 11 期。

～宋济等:《旴江名著〈鲁府禁方〉辨治五官疾病特色探微》,《实用中西医结合临床》2016 年第 7 期。

李思宏～:《清代旴江名医谢星焕辨治喉症经验探析》,《中国中医基础医学杂志》2016 年第 4 期。

《旴江医学史考(先秦—明)》,《江西中医药》2016 年第 1、2、3、4、5、7、9 期。

《旴江喉科流派医家时空分布规律探析》,《中华中医药杂志》2015 年第 11 期。

～卢娜环:《旴江喉科流派对艺术声病的分类辨识及分证辨治》,《江西中医药》2015 年第 10、11、12 期。

黄纪彬～:《南宋旴江名医黎民寿耳鼻喉科辨治特色》,《江西中医药》2015 年第 10 期。

～李思宏:《旴江名医王文谟〈济世碎金方〉辨治喉病特色探析》,《江西中医药》2015 年第 9 期。

任伊梅～:《旴江名医沙图穆苏〈瑞竹堂经验方〉耳鼻咽喉科特色初探》,《江西中医药》2015 年第 9 期。

～卢娜环:《旴江喉科流派对艺术声病的分类辨识及分证辨治》,《江西中医药》2015 年第 8 期。

方晓颖～曾敏华:《旴江名医陈自明喉科学术思想探讨》,《江西中医药》2015 年第 7 期。

李思宏～:《旴江名医涂绅〈百代医宗〉喉病辨治思想初探》,《江西中医药》2015 年第 6 期。

～黄纪彬等:《旴江名医李梴〈医学入门〉耳鼻咽喉科学术特色》,《江西中医药大学学报》2015 年第 6 期。

李思宏～:《旴江名医涂绅〈百代医宗〉喉病辨治思想初探》,《江西中医药》2015 年第 6 期。

～李思宏:《旴江名医龚信喉病论治特色》,《江西中医药大学学报》2015 年第 5 期。

何晓晖……徐春娟～王河宝:《旴江名医成才规律探讨》,《江西中医药大学学报》2015 年第 4、5、6 期。

盛威～刘文杰:《旴江名医梅启照论治喉症经验探析》,《江西中医药大学学报》2015 年第 4 期。

亢婷婷、杨淑荣～:《旴江名医龚廷贤〈万病回春〉对耳鼻喉科的贡献》,《江西中医药》2015 年第 4 期。

黄纪彬～:《旴江名医李元馨耳鼻喉科临证特色探析》,《江西中医药大学学报》2015 年第 3 期。

何晓晖～李丛等:《旴江医家医学教育思想探析》,《江西中医药大学学报》2015 年第 1、2 期。

李思宏～:《旴江名医黄宫绣喉症辨治思想探讨》,《江西中医药大学学报》2015 年第 1 期。

任伊梅～:《旴江名医喻昌耳鼻咽喉科学术特点初探》,《江西中医药》2015 年第 1 期。

黄纪彬～:《旴江席弘针派耳鼻喉科学术特点初探》,《江西中医药》2014 年第 11 期。

李思宏～:《旴江名医聂尚恒辨治喉症经验初探》,《江西中医药》2014 年第 8 期。

～卢娜环:《葛洪在旴江流域创教行医及对耳鼻咽喉科急症的贡献》,《江西中医药大学学报》2014

年第 6 期。

黄纪彬～:《盱江名医龚居中〈红炉点雪〉喉科学术特点》,《江西中医药大学学报》2014 年第 5 期。

李思宏～:《盱江名医龚廷贤〈寿世保元〉喉痹论治思想初探》,《江西中医药大学学报》2014 年第 3 期。

《盱江支流清丰山溪考——兼论清江丰城的盱江医学地域属性》,《江西中医药大学学报》2014 年第 3 期。

卢娜环～:《盱江名医危亦林喉科学术特点初探》,《江西中医药大学学报》2014 年第 2 期。

《源远流长的盱江医学——盱江医学发展探寻》,《江西中医药大学学报》2014 年第 2 期。

《盱江医学的区域属性及地域分布研究》,《江西中医药大学学报》2014 年第 1 期。

～卢娜环:《盱江喉科流派传衍探析》,《江西中医药大学学报》2014 年第 1 期。

～周思平:《盱江医家医籍及地域分布略考》,《江西中医药》2013 年第 4、5 期。

～黄冰林:《盱江医学发展纪年》,《江西中医学院学报》2013 年第 3 期。

～周思平:《盱江医家医籍及地域分布略考》,《江西中医药》2013 年第 3 期。

～周思平、黄冰林:《盱江流域及盱江医学地域分布今考》,《江西中医学院学报》2012 年第 6 期。

～魏小明:《我国最早的喉科医生——盱江医家范淑清、危亦林考》,《江西中医药》2012 年第 11 期。

陶波～黄满珍:《喻嘉言咽喉观探析》,《辽宁中医药大学学报》2008 年第 11 期。

谢仁生（遵义医学院）

《古代希腊哲学与医学关系探究》,《医学与哲学（A）》2014 年第 4 期。

～龙艺:《现象学视域中的医患关系——兼论图姆斯对"典型化"的分析》,《医学与哲学（人文社会医学版）》2011 年第 8 期。

谢少萍

《李自成百万大军瓦解于鼠疫》,《文史月刊》2009 年第 6 期。

谢少文

《免疫学五十年》,《中华医学杂志》1964 年第 12 期。

《吾国斑疹伤寒流行病学之综论》,《中南医学杂志》1951 年第 11 期。

谢圣远（深圳大学）

《关于深圳市劳务工合作医疗保险制度的思考》,《卫生软科学》2006 年第 6 期。

《智利健康保险制度改革分析》,《经济社会体制比较》2006 年第 5 期。

《对农村合作医疗保险制度的思考》,《统计与决策》2005 年第 8 期。

《农村合作医疗制度的历史回顾与发展反思》,《中国卫生经济》2005 年第 4 期。

谢世平（河南中医学院）

李志毅……李丹～:《〈金匮要略直解〉述要》,《河南中医》2014 年第 9 期。

《〈伤寒杂病论〉的辩证思维》,《医学与哲学》1997 年第 8 期。

《〈金匮要略〉治病、治证与治症浅述》,《中国医药学报》1997 年第 5 期。

《〈伤寒杂病论〉的辩证思维》,《国医论坛》1997 年第 5 期。

～韩丽华:《〈金匮〉诊断中的辩证思维》,《中国医药学报》1993 年第 4 期。

～马予东等:《李东垣之"阴火"说试析》,《河南中医》1992 年第 1 期。

《从〈金匮〉首篇第二条看仲景的发病和防治学思想》,《国医论坛》1987 年第 3 期。

谢蜀生（北京医科大学）

《移植免疫学的开创者、哲学科学家：彼得·梅达沃》，《医学与哲学（A）》2013 年第 1 期。

《科学不端行为是科学的一种本质特征》，《医学与哲学（A）》2012 年第 5 期。

《中华医学会早期著名活动家——俞凤宾博士》，《中华医学信息导报》2010 年第 14、15 期。

《瘟疫：盛世危言还是现实危险》，《科技导报》2008 年第 19 期。

《医学的空间——中国近现代疾病、医学史的人文解读》，《中华读书报》2006 年 6 月 7 日 013 版。

《免疫学编史学研究述评》，《自然辩证法通讯》2006 年第 4 期。

《我国移植免疫学发展的历史和现状》，《中国免疫学杂志》2004 年第 1 期。

《在科学与伦理之间——人胚胎干细胞研究何去何从》，《医学与哲学》2002 年第 2 期。

《美国生物医学崛起的基础——医学教育和科研的体制创新》，《科技导报》2001 年 10 期。

《百年回眸：免疫学研究进展与医学》，《医学与哲学》2000 年第 11 期。

～张大庆：《中国人痘接种术向西方的传播及影响》，《中华医史杂志》2000 年第 3 期。

《中华医学会早期著名活动家——俞凤宾博士》，《医学与哲学》1995 年第 6 期。

《纪念伟大的病毒学家——霍华德·蒂明》，《科技导报》1995 年第 5 期。

谢诵穆/卫原/谢仲墨

《阅读几种不同版本的〈续名医类案〉后》，《浙江中医杂志》1964 年第 11 期。

～楼延承：《明代医学家楼英事略》，《中医杂志》1962 年第 9 期。

《章次公先生的生平》，《中医杂志》1960 年第 1 期。

《医书丛考》，《中医杂志》1958 年第 3 期。

《回回药方简介》，《新中医药》1957 年第 8 期。

《温病要义》，《中医杂志》1957 年第 6—9 期。

《金元四大家的生平及其学说》，《中级医刊》1957 年第 6 期。

《鲁迅先生与医学》，《新中医药》1956 年第 10 期。

《医家座右铭》，《华西医药杂志》1947 年第 10 期。

《中国古代医学伪书考叙记》，《新中华医药月刊》1947 年第 5 期。

《中国历代医学伪书考》，《医史杂志》1947 年第 1 期。

《瘟疫研究》，《中医新生命》1937 年第 30—33 期。

《敦煌石室古本草巡礼》，《现代中医》1936 年第 1 期。

《中国病名之研究》，《中医新生命》1935—6 年第 14—29 期。

《难经之真伪》，《中医新生命》1935 年第 14 期。

《中医伪书考》，《中医新生命》1935 年第 10—16 期；1936 年第 17—28 期。

《国药之历史观与改进论》，《神州国医学报》1934 年第 10 期。

《传染病文献之搜集》，《昌明医刊》1935 年第 1.2 期。

《颅脑经札记》，《神州国医学报》1934 年第 6 期。

《徐灵胎评传》，《现代中医》1934 年第 1—6 期。

《古代医学与宗教之关系考》，《国医杂志》1933 年第 5—6 期。

《蒙汗药考》，《克明医刊》1933 年第 1 期。

谢韬（安徽中医药大学）

《浅谈方有执对〈伤寒论〉的发挥》，《江西中医药大学学报》2015 年第 5 期。

～高僮等:《浅谈王纶对朱丹溪杂病证治心法的发挥》,《江西中医药》2016 年第 11 期。

谢天心

～尚志钧:《我国晋代的药物学家陶弘景》,《哈尔滨中医》1960 年第 8 期。

《清代名医生庄一夔对小儿科的贡献》,《辽宁医学杂志》1960 年第 6 期。

《介绍一本较好的麻科专书——麻疹秘录》,《哈尔滨中医》1960 年第 2 期。

《清代的虚劳病专家——吴澄》,《中医杂志》1959 年第 3 期。

～毛兆和等:《再续"浙江麻疹文献介绍"》,《浙江中医杂志》1958 年第 3 期。

《中医古籍上诊脉审证辨别妊娠的方法》,《新中医药》1957 年第 6 期。

谢琬婷(台湾大学)

《由病入诗/画:徐渭之精神疾病及其隐喻书写》,台湾大学硕士学位论文 2013 年。

谢文英(河南中医学院)

～常学辉:《叶桂"阳化内风"说浅析》,《中国中医基础医学杂志》2007 年第 5 期。

～李素香:《张介宾的阴阳论探析》,《中国实验方剂学杂志》2006 年第 6 期。

～常学辉:《张从正攻邪论初探》,《中国中医基础医学杂志》2006 年第 1 期。

《李杲〈脾胃论〉浅析》,《中国中医基础医学杂志》2004 年第 11 期。

《浅析孙思邈的养生观》,《河南中医》2004 年第 5 期。

《朱丹溪之"阳有余阴不足论"钩玄》,《中医药学刊》2003 年第 12 期。

《浅析张景岳的阴阳观》,《河南中医》2003 年第 11 期。

《"亢害承制"浅析》,《河南中医》2002 年第 6 期。

谢香香(福建中医药大学)

《福建客家医药卫生民俗研究》,福建中医药大学硕士学位论文 2016 年。

谢新敏(黑龙江中医药大学)

《中国传统伦理文化对中医"治未病"理论体系的影响》,黑龙江中医药大学硕士学位论文 2011 年。

佟子林～佟欣:《对我国医疗卫生体制改革理念的几点思考——由神木模式想到的》,《中国医学伦理学》2011 年第 3 期。

谢新年(河南中医学院)

～谢剑鹏:《〈神农本草经集注〉成书概要及其学术价值》,《中医学报》2012 年第 1 期。

～郑岩等:《〈新修本草〉成书概要及其学术价值》,《中医学报》2010 年第 6 期。

～谢五民等:《吴其浚及其〈植物名实图考〉对植物学的贡献》,《河南中医学院学报》2005 年第 6 期。

王付～:《〈伤寒杂病论〉小便不利与脏腑证机考释》,《中医药学刊》2003 年第 11 期。

曹继华、王正益～:《李时珍应用大豆的科学性》,《时珍国医国药》1990 年 00 期。

谢新农(江西大宇职业技术学院/四川师范大学)

《论民国时期的盲聋哑特殊教育》,《湖北社会科学》2011 年第 5 期。

《民国时期成都盲聋哑特殊教育》,四川师范大学硕士学位论文 2005 年。

《民国时期的成都盲哑学校》,《文史杂志》2004 年第 2 期。

谢秀琴(福建中医药大学)

《〈黄氏女科〉〈卫生家宝产科备要〉对妊娠恶阻病的不同认识》,《福建中医药》2017 年第 2 期。

《〈卫生家宝产科备要〉与〈黄氏女科〉的比较研究》,福建中医药大学硕士学位论文 2017 年。

谢绣治(嘉南药理科技大学)

《〈诗经〉养生思想述论》,《诗经研究丛刊》2007 年第 1 期。

解亚红(中国行政协会/北京大学)

《定县模式系列报道:我国最早的农村卫生实验区》,《中国社区医师》2011 年第 45、46、47、48 期。

《英国公共卫生的社区参与制度》,《医药世界》2007 年第 6 期。

《WHO 的观点与经验——卫生服务中的社区参与》,《中国全科医学》2006 年第 9 期。

《西方国家医疗卫生改革的五大趋势——以英国、美国和德国为例》,《中国行政管理》2006 年第 5 期。

～曹建国:《卫生服务中的社区协同》,《中国医学伦理学》2005 年第 6 期。

谢英峰(广州中医药大学)

《基于中华医典对宋金元时期医家治疗胃痛用药的规律整理》,广州中医药大学博士学位论文 2017 年。

谢应三

《内经考源》,《光华医药杂志》1935 年第 12 期。

谢泳

《看阎锡山如何处理疫情》,《中国减灾》2004 年第 9 期。

谢永光(香港中国针灸协会)

《香港针灸医学发展大事记(1932—1997)》,《中医杂志》1998 年第 8 期。

《香港中医药百年沧桑》,《中华医史杂志》1997 年第 3 期。

《澄江学派对海外针灸学的影响》,《江苏中医》1990 年第 8 期。

谢友竹

《古方权衡考正》,《吴兴医学杂志》1930 年第 2、3 期。

谢瑜

《中国女医考》,《光华医药杂志》1934 年第 6 期。

谢瑜(四川大学)

～艾昌林等:《循证医学概念的演进及其启示》,《中华医史杂志》2010 年第 4 期。

～艾昌林等:《循证医学产生的背景辨析》,《中华医史杂志》2010 年第 3 期。

谭琳、周挚～:《融入人文精神和谐医患关系》,《卫生软科学》2008 年第 6 期。

～刘长军等:《构建新型医患关系控制医院医疗风险》,《医学与哲学(人文社会医学版)》2006 年第 9 期。

宋儒亮～李幼平:《剖析医疗行为中医方为主的法律关系》,《中国循证医学杂志》2005 年第 1 期。

谢瑜硕(宁波大学)

《多元主体参与的医务社会工作服务方式研究》,宁波大学硕士学位论文 2017 年。

谢云(内蒙古师范大学)

《中国古代传统医学中的教育技术研究》,内蒙古师范大学博士学位论文 2015 年。

～李龙:《中国古代医学教育中的媒体技术研究》,《内蒙古师范大学学报(教育科学版)》2015 年第 7 期。

谢筼寿

《梅毒历史谈》,《社会医报》1933 年第 185 期。

《光线疗法之起源》，《诊疗医报》1932 年第 1 期。

《世界医学史绪言》，《医药评论》1929 年第 19 期。

谢兆丰

《有关"禁针"、"禁灸"穴位考证》，《哈尔滨中医》1963 年第 4 期。

谢振荣（台湾中国文化大学）

《日本殖民主义下台湾卫生政策之研究》，中国文化大学硕士学位论文 1989 年。

谢治国（辽宁中医药大学）

《民国时期伤寒家临证经验研究》，辽宁中医药大学硕士学位论文 2017 年。

谢志民（赣南师范学院）

《论日本细菌战战略的成因及实施》，《赤峰学院学报（汉文哲学社会科学版）》2012 年第 11 期。

《日军细菌战与江西上饶地区鼠疫流行》，《前沿》2012 年第 6 期。

解执中

《宋代名医钱乙》，《大众日报》1962 年 9 月 9 日。

谢忠厚（河北社会科学院）

《日军在华第二个细菌战基地——"北支"（甲）1855 部队》，《军事历史研究》2017 年第 2 期。

《日军鲁西霍乱作战研究》，《抗日战争研究》2013 年第 2 期。

《侵华日军细菌战研究述论》，《抗日战争研究》2011 年第 3 期。

《侵华日军的细菌战犯罪》，《中国社会科学报》2010 年 9 月 7 日第 003 版。

《日本侵华细菌战伤害中国军民人数问题之研究》，《武陵学刊》2010 年第 5 期。

《揭开被掩盖的历史真实——华北的"731"——日军（甲）1855 细菌部队揭秘》，《档案天地》2004 年第 1 期。

~谢丽丽：《华北（甲）一八五五部队的细菌战犯罪》，《抗日战争研究》2003 年第 4 期。

《华北甲第一八五五细菌战部队之研究》，《抗日战争研究》2002 年第 1 期。

谢忠礼（河南中医药大学/河南中医学院）

陈毅恒、高静静~：《张锡纯〈伤寒论〉变方思想述略》，《国医论坛》2018 年第 4 期。

刘亮、祁冬冬~：《张仲景论温阳法》，《河南中医》2017 年第 7 期。

李传芳~：《仲景解表攻里法证治探讨》，《河南中医》2017 年第 6 期。

刘道新~：《〈伤寒论〉水疗法探微》，《国医论坛》2015 年第 6 期。

~张广华等：《〈伤寒溯源集〉若干问题探讨》，《中医学报》2014 年第 4 期。

翟振兴~：《温阳法在〈伤寒论〉"三阳篇"中的应用探讨》，《中医学报》2012 年第 10 期。

轩丽勇~：《〈伤寒论〉"保阴液"思想探析》，《河南中医》2012 年第 8 期。

张晓艳~郭选贤：《再论"在卫汗之可也"》，《新中医》2011 年第 12 期。

贾丽丽、张保伟~：《〈伤寒论〉"顿服"刍议》，《光明中医》2011 年第 1 期。

~韦大文：《从〈临证指南医案〉探讨叶天士络病学说的主要思想》，《河南中医学院学报》2006 年第 1 期。

谢宗万（中医研究院）

郝近大~：《〈本草纲目〉中禾本科药物基原考》，《中国中药杂志》2002 年第 1 期。

《关于汉简〈万物〉中所载药物基原的思考》，《中国中药杂志》2001 年第 12 期。

~邬家林：《〈天宝本草〉著者及版本内容比较评述》，《中国中药杂志》2001 年第 5 期。

曹晖～章国镇:《清抄彩绘〈本草品汇精要〉残卷考察》,《江西中医学院学报》1991 年第 1 期。

《论道地药材》,《中医杂志》1990 年第 10 期。

王阶～章国镇:《〈本草原始〉在药材鉴别上的成就》,《中药材》1989 年第 3 期。

曹晖～章国镇:《〈本草品汇精要〉草部七种新增药物的考证》,《江西中医学学学报》1989 年第 2 期。

曹晖～章国镇:《〈本草品汇精要〉版本源流、内容特色及药物品种的考察》,《江西中医学院学报》1989 年第 1 期。

曹晖～章国镇:《明抄彩绘〈本草图谱〉考察》,《中药通报》1988 年第 5 期。

曹晖～章国镇:《〈本草品汇精要〉研究概述》,《中医药学报》1988 年第 3 期。

《李时珍对药材品种辨疑正误的杰出贡献》,《中国药学杂志》1988 年第 1 期。

《论中药品种在历代本草中的变迁与发展》,《中医杂志》1985 年第 6、7 期。

《我国历代本草研究整理的近况与展望》,《中医杂志》1981 年第 2 期。

《论"道地药材"与"就地取材"》,《上海中医药杂志》1958 年第 6 期。

谢作钢(温州市中西医结合医院)

方跃坤……刘庆华～:《浅谈永嘉医派陈无择七情诊疗学术思想》,《新中医》2019 年第 8 期。

～陈盛镱等:《从"五月九毒日"谈男性房事养生》,《中国性科学》2017 年第 7 期。

《〈石室秘录〉男科疾病论治特色初探》,《上海中医药杂志》2012 年第 3 期。

《〈外科证治全生集〉男科疾病论治的体会》,《四川中医》2012 年第 2 期。

辛本强(深圳出入境检验检疫局)

～刘春晓等:《伍连德科学防疫思想与卫生检疫》,《口岸卫生控制》2014 年第 6 期。

辛芳芳(黑龙江中医药大学)

《中国传统伦理文化对中国医生的影响》,黑龙江中医药大学硕士学位论文 2007 年。

辛夫(成都中医学院)

《秦巴山区痴呆聋哑傻综合科学考察》,《西安交通大学学报(医学版)》1987 年第 3 期。

《医人怀德 济世为志——学习蜀医先辈的医疗作风和道德品质》,《成都中医学院学报》1982 年第 3 期。

《历代蜀医考(五)——杨慎及其医学著述》,《成都中医学院学报》1981 年第 1 期。

《历代蜀医考(四)——韩懋与〈韩氏医通〉》,《成都中医学院学报》1980 年第 4 期。

《历代蜀医考(三)——成都女医家曾懿传略》,《成都中医学院学报》1980 年第 3 期。

《历代蜀医考(二)——唐慎微与〈证类本草〉》,《成都中医学院学报》1980 年第 2 期。

《历代蜀医考(一)——涪翁及其弟子程高、郭玉》,《成都中医学院学报》1980 年第 1 期。

辛圭焕(韩国延世大学)

《20 世纪 30 年代北平市政府的粪业官办构想与环境卫生的改革》,《中国社会历史评论》2007 年 00 期。

新华社

《南京医务工作者千二百余人组织抗美援朝志愿医疗团》,《科学通报》1951 年第 1 期。

辛立(北京中医药大学)

～陈易新:《关于〈脉书〉和〈灵枢经脉管〉中"脉"的探讨》,《中国针灸》1999 年第 1 期。

～陈易新:《〈针灸资生经〉的养生学思想》,《光明中医》1998 年第 6 期。

信楠（广州中医药大学/陕西中医学院）

《基于数据挖掘的〈临证指南医案〉脾胃病证治规律研究》，广州中医药大学博士学位论文2016年。

《〈内经〉中地理环境气候与健康的关系》，《西部中医药》2012年第1期。

信强（复旦大学）

～张辰榕：《民主党内部分歧与争斗对美国医改进程的影响》，《国际观察》2014年第6期。

辛元昌（郑州大学）

《论元代医户的义务和权利政策》，《佳木斯大学社会科学学报》2016年第1期。

《元代医疗行为研究》，郑州大学硕士学位论文2016年。

辛智科（陕西省中医药研究院/陕西中医学院）

～王晓琳：《吴篪与〈临证医案笔记〉》，《中医药通报》2013年第5期。

～焦振廉：《清代医家徐守愚及其〈医案梦记〉述略》，《陕西中医学院学报》2013年第4期。

～李恩昌：《追仰高风励来者——深切怀念著名医史学家赵石麟》，《中国医学伦理学》2012年第5期。

《〈伤寒论〉方证治法的源流及发展》，《江西中医学院学报》2007年第3期。

《1956年苏联医学专家在陕西调查地方病的情况》，《中华医史杂志》2002年第4期。

《论考古学与医学史研究》，《陕西中医》1997年第9期。

《中国古代医学外治方法发展史略》，《陕西中医》1993年第7期。

《中国古代药酒发展史略》，《陕西中医》1992年第1期。

《试论马王堆出土竹简〈养生方〉》，《陕西中医》1990年第6期。

《试论出土帛简中的医学资料》，《陕西中医》1986年第9期。

《中国古代外科手术概观》，《陕西中医函授》1986年第6期。

《中国针灸医学发展史探》，《陕西中医学院学报》1989年第3期。

《试谈殷墟卜辞中的医药卫生》，《陕西中医学院学报》1986年第3期。

《中国古代医疗技术发明小史》，《陕西中医》1985年第7期。

《陈自明和〈妇人大全良方〉》，《陕西中医》1983年第2期。

邢爱芬（北京师范大学）

《日军遗华化学武器诉讼案及其前景析——兼论日本的战后责任问题》，《河北法学》2007年第3期。

～李天志：《战争赔偿与民间赔偿——兼论日军遗华化学武器诉讼案及其前景》，《国际论坛》2007年第1期。

《防治生物入侵的国际法原则与实施机制》，《生态经济》2006年第12期。

《性病蔓延的社会学、心理学、行为学研究》课题组

《中国大陆性病蔓延的社会学、心理学、行为学研究》，《浙江学刊》1998年第1期。

邢丹（北京中医药大学）

～贺莹等：《从〈太平惠民和剂局方〉论中药煮散技术规范》，《中国临床医生》2012年第11期。

邢德刚

《晋代名医王叔和》，《中华医史杂志》1954年第4期。

邢金哲（苏州大学）

《一战期间美国红十字会的发展壮大》，苏州大学硕士学位论文2012年。

邢坤（河北省保定市第一中医院）

《英国中医立法回顾与思考》，《环球中医药》2009年第2期。

星全章（青海省藏医药研究所）

《藏医学对肿瘤的认识》，《中华医史杂志》2000年第1期。

《藏医三因学说及其应用》，《青海民族研究》1999年第4期。

邢锡波

《中医古籍对痢疾的认识和治疗》，《新中医药》1956年第10期。

《肝硬化在中医文献中的考据和临床的体会》，《中医杂志》1955年第11期。

《伤寒论六经提纲和治疗员额概述》，《北京中医》1954年第9期。

邢玉瑞（陕西中医药大学/陕西中医学院）

～胡勇、何伟：《中医五行模式的逻辑缺陷探讨》，《中医杂志》2019年第20期。

董美然～：《内经学概念研究》，《中医杂志》2019年第19期。

《大衍之数——揭开〈黄帝内经〉营卫循行的密码》，《北京中医药大学学报》2019年第12期。

《从〈素问·刺腰痛篇〉看经脉理论的发生与演变》，《中医杂志》2019年第9期。

《现代科学技术与中医学的融通——中医学术创新的新路径》，《医学与哲学》2019年第5期。

《中医思维方法研究述评》，《陕西中医药大学学报》2019年第3期。

《基于语料库方法的〈千金方〉语言特征研究》，《陕西中医药大学学报》2019年第2期。

姚春鹏～：《象思维与五脏命名》，《中医杂志》2018年第24期。

邢梦～：《中医病证关系研究评析》，《中华中医药杂志》2018年第12期。

《经验与理念的张力——营卫循行不同路径的发生学研究》，《中医杂志》2018年第21期。

《中国古代天地结构论与〈黄帝内经〉理论建构研究》，《陕西中医药大学学报》2018年第3期。

王采薇～：《〈千金要方〉霍乱归属于膀胱腑辨》，《现代中医药》2018年第1期。

《〈伤寒论〉组方与术数关系探讨——兼与"〈伤寒论〉组方术数机制研究的意义"一文商榷》，《中医杂志》2018年第1期"

《中医象思维中的逻辑问题思考——兼与"〈黄帝内经〉象思维中的逻辑问题"一文商榷》，《中国中医基础医学杂志》2017年第8期。

《中医病因病机理论60年研究评述》，《中医杂志》2017年第15期。

《中医浊毒概念问题探讨》，《中医杂志》2017年第14期。

苗彦霞～：《中医思维方法研究述评》，《陕西中医药大学学报》2017年第4期。

《中医概念研究的方法学探讨》，《中医杂志》2017年第9期。

《从性与中国古代哲学的关系再论"七损八益"的内涵》，《陕西中医药大学学报》2017年第2期。

《中国传统思维与中医学术创新》，《中国中医基础医学杂志》2017年第2期。

古文华～：《女性生殖轴的古今认识》，《现代中医药》2017年第1期。

苗彦霞～：《中医逻辑思维方法研究述评》，《陕西中医药大学学报》2016年第4期。

～王小平：《中医五行学说研究述评》，《陕西中医药大学学报》2016年第1期。

乔文彪～：《黄承昊学术思想研究》，《陕西中医学院学报》2015年第4期。

田丙坤～：《皇甫谧〈针灸甲乙经〉研究进展》，《中国针灸》2014年第11期。

《七情学说的发生学研究述评》，《中国中医药图书情报杂志》2014年第4期。

《中医理论发生学研究述评》，《陕西中医学院学报》2012年第5期；2013年第1、2、3、4、5、6期。

《汉代中医癫病认知模式研究》，《中医杂志》2012 年第 20 期。

田丙坤～:《〈黄帝内经〉医学模式研究》，《中医杂志》2012 年第 9 期。

李翠娟～禄颖:《谈〈内经〉对泄泻病的认识》，《现代中医药》2011 年第 6 期。

～乔文彪:《中医病因学史上的一朵奇葩——吴有性》，《医学争鸣》2011 年第 4 期。

《〈黄帝四经〉对〈黄帝内经〉思维方法形成的影响》，《山西中医学院学报》2011 年第 1 期。

《六气大司天理论的形成与现代研究述评》，《江西中医学院学报》2010 年第 1 期。

《中国古代兵家思想与中医关系研究》，《河南中医》2009 年第 1 期。

《〈内经〉时间医学思想的哲学基础》，《陕西中医学院学报》2005 年第 1 期。

《祝由疗法与原始思维考辨》，《中医药学刊》2004 年第 6 期。

《中医理论的逻辑发展与命门学说的形成——命门学说发生学研究之四》，《陕西中医学院学报》2004 年第 4 期。

《太极范畴与命门学说的形成——命门学说发生学研究之三》，《陕西中医学院学报》2004 年第 3 期。

《道教医学与命门学说的形成——命门学说发生学研究之二》，《陕西中医学院学报》2004 年第 2 期。

《水生万物说与命门学说的形成——命门学说发生学研究之一》，《陕西中医学院学报》2004 年第 2 期。

姚春鹏～:《〈黄帝内经〉的数学思维》，《中医杂志》2003 年第 16 期。

《论天人合一观与〈内经〉理论的建构》，《陕西中医学院学报》2003 年第 5 期。

《医易关系研究的回顾与展望》，《山西中医学院学报》2003 年第 3 期。

《论中医学的地域、时代、方法与对象特点》，《上海中医药大学学报》2002 年第 1 期。

《〈周易〉思维与〈内经〉理论建构》，《陕西中医函授》1999 年第 5 期。

《道家思想与〈内经〉理论建构》，《陕西中医学院学报》1999 年第 5 期。

《〈内经〉标本源流探讨》，《陕西中医学院学报》1995 年第 2 期。

熊保汉（上海外国语大学）

《不对称的美墨禁毒合作研究（1969—2017）》，上海外国语大学硕士学位论文 2019 年。

熊秉真（香港中文大学）

《婴戏与幼医》，周宪等主编《历史情境与文化空间》（上海：上海三联书店 2015 年）。

《中医近代发展之比较性初探:从徽州东华到台湾之联想》，《北市中医会刊》第 21 卷第 3 期（2015.9）。

《More or Less:Marital Fertility and Physical Management in Late Imperial China》，《考古人类学刊》第 74 期（2011.6）。

《新安幼医刍议:乾隆歙邑许氏之例》，《中国文化研究所学报》第 50 期（2010.1）。

《Recipes of Planting the Seeds and Songs of Sleeping Along:A Profile of Male Body Culture in Ming-Ching China》，《欲盖弥彰:中国历史文化中的私与情——私情篇》（2003.9）。

《且趋且避——传统中国因应痘疹间的暧昧与神奇》，《汉学研究》第 16 卷第 2 期（1998）。

《泻与痢:兼论近世中国儿童消化道的病变与健康》，《中国文化研究所学报》第 6 期（1997.1）。

《小儿之吐——一个中国医疗发展史和儿童健康史上的考察》，《中央研究院近代史研究所集刊》第 25 期（1996.6）。

《痎——中国近世儿童的疾病与健康研究之二》,《中央研究院近代史研究所集刊》第 24 期上册(1995.6)。

《惊风——中国近世儿童疾病与健康研究之一》,《汉学研究》第 13 卷第 2 期(1995.12)。

《近世士人笔下的儿童健康问题》,《中央研究院近代史研究所集刊》第 23 期上册(1994.6)。

《变蒸论:一项传统生理假说的兴衰始末》,《汉学研究》第 11 卷第 1 期(1993)。

《传统中国医界对成长发育现象之讨论》,《历史学报》第 20 期(1992.6)。

《传统中国的乳哺之道》,《中央研究院近代史研究所集刊》第 21 卷(1992)。

《中国近世的新生儿照护》,《中央研究院历史与元研究所会议论文集》(台北:中央研究院历史语言研究所 1992 年)。

《明代的幼科医学》,《汉学研究》第 9 卷第 1 期(1991)。

～林秋敏:《我的医学生涯——艾世勋先生访问纪录》,《口述历史》第 2 期(1991.2)。

《清代中国儿科医学之区域性初探》,中央研究院近代史研究所编《近代中国区域研究史研讨会论文集》(上)(台北:中央研究院近代史研究所 1986 年)。

熊常初(湖北中医药大学)

《试论先秦楚地养生思想与仲景养生思想的相关性》,《江苏中医药》2014 年第 3 期。

《先秦楚地养生思想研究》,湖北中医药大学博士学位论文 2014 年。

《〈老子〉中的中医养生之道》,《光明中医》2013 年第 1 期。

～邱明义:《浅析〈道德经〉中医养生思想》,《河南中医》2012 年第 10 期。

熊长云(故宫博物院)

《东汉铭文药量与汉代药物量制》,《中华医史杂志》2018 年第 6 期。

熊菲(武汉科技大学)

《日本医疗保险制度对我国的启示》,武汉科技大学硕士学位论文 2009 年。

熊慧敏(华中师范大学)

《丁福保编辑出版思想研究》,华中师范大学硕士学位论文 2010 年。

熊继柏(湖南中医学院)

《〈内经〉"阴阳之要"、"阴阳反作"的理论与临证》,《陕西中医学院学报》2001 年第 5 期。

《析〈内经〉情志致病的病机与治则——中医古代心理疗法理论探讨》,《湖南中医药导报》2001 年第 4 期。

《〈内经〉五郁之治及其临证应用》,《湖南中医学院学报》1998 年第 3 期。

《从〈内经〉刺法探奇病证治》,《中国针灸》1997 年第 12 期。

《析〈内经〉消瘅的病因与证治》,《吉林中医药》1997 年第 1 期。

《探讨〈内经〉五藏六腑咳的证与治》,《湖北中医学院学报》1995 年第 4 期。

《〈内经〉汗证证治研讨》,《山东中医杂志》1995 年第 7 期。

《试析〈足臂十一脉灸经〉中几个病候》,《湖南中医学院学报》1991 年第 3 期。

《略谈〈内经〉中"厥"的含义》,《浙江中医学院学报》1985 年第 6 期。

《浅析〈内经〉的"脉合阴阳"》,《山东中医杂志》1985 年第 6 期。

《浅析〈内经〉色诊之要》,《陕西中医学院学报》1984 年第 4 期。

《"治痿独取阳明"辨析》,《中医杂志》1983 年第 5 期。

《〈内经〉喘证辨治》,《湖南中医杂志》1995 年第 1 期。

熊俊（上海中医药大学）

于业礼～：《天津中医药大学馆藏钞本王九峰医案二种考辨》，《中医文献杂志》2017 年第 4 期。

于业礼～：《王仲奇对〈黄帝内经〉的临床发微》，《安徽中医药大学学报》2017 年第 4 期。

～段逸山：《明代医家赵良仁〈金匮方论衍义〉研究》，《南京中医药大学学报（社会科学版）》2017 年第 2 期。

于业礼～段逸山：《〈古本难经阐注〉之"古本"系宋元时期吴澄校定本考》，《浙江中医药大学学报》2016 年第 11 期。

王希敏～：《时逸人医学思想转变浅析》，《中医文献杂志》2016 年第 5 期。

～邝守兰等：《略论〈千金方〉灸药治泄痢》，《中医文献杂志》2016 年第 2 期。

～段逸山：《〈金匮要略〉杂疗方"须得流去"辨析》，《中医药文化》2016 年第 2 期。

肖梅华～：《陈存仁与近代沪上中医健康教育——基于〈康健报〉为中心的文献考察》，《南京中医药大学学报（社会科学版）》2014 年第 4 期。

邸若虹～鲍健欣等：《医林轨范 医潮一柱——陈曾源及其主编的〈国医正言〉》，《中医药文化》2014 年第 6 期。

邸若虹～袁久林等：《民国名医包识生论精神魂魄》，《中国中医药现代远程教育》2014 年第 18 期。

～段逸山：《民国期刊〈中国医药月刊〉述要》，《中医药文化》2013 年第 5 期。

～张玉萍：《恽铁樵儿科治疗经验探析》，《中国中医药信息杂志》2011 年第 11 期。

～张玉萍：《恽铁樵函授中医学校沿革》，《中华中医药学刊》2011 年第 4 期。

～张玉萍：《恽铁樵中医教育思想初探》，《中国中医药信息杂志》2010 年第 7 期。

邸若虹、鲍健欣～袁久林：《陈莲舫〈女科秘诀大全〉及其经带胎产辨治特色》，《上海中医药大学学报》2010 年第 3 期。

～张玉萍：《浅析恽铁樵函授中医学校的特色》，《中医文献杂志》2010 年第 1 期。

熊梦

《中国医学发展简史》，《江西医药》1954 年第 11 期。

熊萍（中国政法大学）

《TRIPS 协议下对药品专利的保护》，中国政法大学硕士学位论文 2004 年。

熊汝成

《五十年来我国在泌尿科的成就》，《中华外科杂志》1957 年第 10 期。

熊莎（华中师范大学）

《清代食养文献研究》，华中师范大学硕士学位论文 2012 年。

熊思量（福建师范大学）

《宋慈与〈洗冤集录〉之研究》，福建师范大学硕士学位论文 2007 年。

熊天民

《祖国医学对于防治烧伤的贡献》，《兰州医学院学报》1959 年第 2 期。

熊同检（北京中医学院）

《沟通中西医药学的杰出代表阮其煜及其〈本草经新注〉》，《中国药学杂志》1985 年第 6 期。

《近代的中医学会和团体》，《北京中医药大学学报》1984 年第 2 期。

熊玮（苏州大学）

《我国公共卫生事件报道的理念、范式演变与对策研究》，苏州大学硕士学位论文 2010 年。

熊维佳（华中师范大学）

《1918 年美国流感及启示》，华中师范大学硕士学位论文 2009 年。

熊卫民（中国科学技术大学/中国科学院/北京大学）

高习习～：《勒柏辛斯卡娅"新细胞学说"在中国》，《科学文化评论》2019 年第 5 期。

～姚琴：《从生物物理系到生命科学学院　施蕴渝院士访谈录》，《科学文化评论》2018 年第 4 期。

任安波～：《施履吉与北京生物学实验中心　纪念施履吉院士诞辰 100 周年座谈会》，《科学文化评论》2017 年第 6 期。

《"人工合成生命"系列课题的提出（1965—1968）》，《工程研究—跨学科视野中的工程》2017 年第 5 期。

《人工全合成结晶牛胰岛素的历程》，《生命科学》2015 年第 6 期。

《北京大学的胰岛素合成工作——施溥涛研究员访谈录》，《生命科学》2015 年第 6 期。

薛攀皋～张志会：《中国科学院学部的定位与调整——以生物学部为例》，《科学文化评论》2015 年第 3 期。

杨小华～：《王应睐与中国现代生物化学人才》，《科学文化评论》2015 年第 4 期。

《中西科学社团的交流（1949—1982）——以中国生物化学（委员）会为例》，《科学文化评论》2013 年第 2 期。

《胰岛素晶体结构测定研究的历程（1965—1972 年）》，《中国科技史杂志》2008 年第 3 期。

王贵海～：《回顾人工合成酵母丙氨酸转移核糖核酸工作　王贵海研究员访谈录》，《科学文化评论》2007 年第 6 期。

《"大兵团作战"——人工合成胰岛素中鲜为人知的故事》，《发明与创新（学生版）》2006 年第 11 期。

薛攀皋～：《自主与干预——心理学科在中国（1949—1976）》，《科学文化评论》2006 年第 4 期。

《中外人工合成胰岛素比较》，《炎黄春秋》2006 年第 1 期。

《早期的胰岛素晶体结构测定工作——李根培教授访谈录》，《社会科学论坛》2005 年第 11 期。

《卫新成教授谈"文革"中胰岛素晶体结构的测定工作》2004 年第 3 期。

《北京大学的胰岛素合成工作——施溥涛研究员访谈录》，《中国科技史料》2003 年第 3 期。

《回顾胰岛素的合成——杜雨苍研究员访谈录》，《中国科技史料》2002 年第 4 期。

～王克迪：《胰岛素人工合成课题的提出》，《中国科技史料》2002 年第 1 期。

熊先军（中国卫生部政策法规司）

《我国公费医疗改革情况的回顾》，《中国卫生事业管理》1992 年第 2 期。

熊晓正（北京体育大学/成都体育学院）

刘媛媛、张爱红～：《庄子养生思想体系及其普适价值研究》，《兰台世界》2016 年第 2 期。

《中国传统保健哲学对未来体育发展的意义》，《体育文史》1991 年第 2 期。

《略论我国古代养生中的心理卫生和生活卫生要求》，《体育科学》1985 年第 2 期。

《再谈庄子养生思想——与旷文楠老师商榷》，《成都体院学报》1983 年第 2 期。

《庄子养生思想浅析》，《成都体院学报》1982 年第 1 期。

《我国古代杰出的体育家——华佗》，《体育教学与训练》1981 年第 1 期。

熊兴江（中国中医科学院广安门医院）

姚魁武、薛燕星～薛伯寿：《中医学"和合"思想渊源探析》，《世界中西医结合杂志》2011 年第 2 期。

～王阶:《吉益东洞〈药征〉简介与评价》,《中国中医基础医学杂志》2010 年第 11 期。

《方证对应史研究》,《中西医结合学报》2010 年第 6 期。

熊学军(广州中医药大学)

《对韩医教育的思考》,《西北医学教育》2008 年第 3 期。

熊延熙(江西中医药大学)

～丁舸:《试述危亦林〈世医得效方〉中医学术之特色》,《光明中医》2016 年第 20 期。

熊益亮(北京中医药大学/福建中医药大学)

杨莉……于海兵～:《中医海外自媒体传播现状与对策——基于 YouTube 的实证分析》,《新闻传播》2019 年第 9 期。

王群～赵希睿等:《先秦两汉简帛医书中的"痹"与"痿"探析》,《中医杂志》2019 年第 9 期。

马焰瑾……李锦江～:《先秦两汉简帛医书中养生类医方探析》,《吉林中医药》2019 年第 8 期。

梁秋语……张烁～:《先秦两汉时期中医对"血"的认识》,《世界中医药》2019 年第 7 期。

《新中国成立以来中医出土文献的保护与利用》,《中医药文化》2019 年第 6 期。

罗浩、于红～张其成:《历代易医代表性实践方法探赜》,《中华中医药杂志》2019 年第 2 期。

梁秋雨～张其成:《出土文献"厥"字形义及医学内涵考》,《中医杂志》2018 年第 23 期。

赵希睿～王群等:《早期经脉演变浅析》,《中医杂志》2018 年第 16 期。

罗浩、张靖～张其成:《明代社会养老与中医养生著作繁荣的关联》,《中医杂志》2018 年第 15 期。

唐禄俊……刘珊～张其成:《道教"丹"之雏形初探》,《中华中医药杂志》2018 年第 11 期。

王群……张烁～张其成:《〈周易〉变易思想对中医学的影响》,《中医学报》2018 年第 10 期。

赵希睿……孙天石～张其成:《马王堆汉墓医书灸法文献研究与考证》,《中医学报》2018 年第 9 期。

唐禄俊、刘珊～张青颖等:《〈正统道藏·太平部〉药方概述》,《世界中医药》2018 年第 9 期。

王群～赵希睿等:《先秦两汉简帛医书的生育医方探析》,《世界中医药》2018 年第 9 期。

～赵希睿等:《先秦两汉简帛医书对养生身体的论述》,《中医药导报》2018 年第 9 期。

王洪弘……林振邦～刘珊等:《从〈黄帝内经〉看古今"数"的差异性》,《环球中医药》2018 年第 2 期。

～段晓华等:《中医药文化人才培养的问题与路径探讨》,《中医药文化》2018 年第 1 期。

张延丞～:《〈易筋经〉版本与训诂考证初探》,《世界中西医结合杂志》2018 年第 1 期。

丁立维、刘珊～张其成:《〈医门棒喝(初集)〉医易思想探讨》,《安徽中医药大学学报》2017 年第 6 期。

刘珊～朱佳杰等:《〈道藏〉洞神部医方研究》,《中医药导报》2017 年第 16 期。

赵希睿～王群等:《中西汇通"脑气筋"之文献考证》,《中医杂志》2017 年第 11 期。

～赵希睿等:《早期医家身体观之"寒头暖足"探讨》,《中华中医药杂志》2017 年第 5 期。

～沈艺等:《清华战国竹简八卦人体图"坎离"探秘》,《中华中医药杂志》2017 年第 3 期。

～陈丽、刘珊、张其成:《新安医家郑重光生平考》,《安徽中医药大学学报》2016 年第 5 期。

唐禄俊……娟娟～刘珊等:《〈道藏·太平部〉本草文献整理》,《世界中医药》2016 年第 7 期。

王娟娟～张青颖等:《〈正统道藏·洞真部〉方药文献探析》,《世界中医药》2015 年第 12 期。

～张其成:《中医三阴三阳思维的形成》,《中华中医药杂志》2015 年第 9 期。

《先秦两汉简帛医书身体观研究》,北京中医药大学博士学位论文 2017 年。

《明清闽北疫情资料整理与研究》,福建中医药大学硕士学位论文 2014 年。

《浅谈俞根初〈通俗伤寒论〉的温病证治特点》,《浙江中医药大学学报》2013 年第 10 期。

~林楠:《"古方今病,不相能也"之探析》,《国医论坛》2014 年第 2 期。

熊月之(上海社会科学院)

~苏智良等:《当代历史学家眼中的万国禁烟大会》,《社会观察》2009 年第 3 期。

《论李平书》,《史林》2005 年第 3 期。

《1842 年至 1860 年西学在中国的传播》,《历史研究》1994 年第 4 期。

熊正根(赣榆县塔山镇卫生院)

《〈医门法律〉"秋燥论"探微》,《中医文献杂志》2012 年第 1 期。

熊仲卿(中山大学)

《亚洲香料贸易与印尼马鲁古群岛的社会文化变迁》,《中山大学学报(社会科学版)》2015 年第 3 期。

修金来

《丁氏家族 一个医学世家的 60 年记忆》,《中国医院院长》2009 年第 20 期。

徐宝圻(安徽中医学院)

~姚家安:《试论〈医方集解〉对方剂学的贡献》,《安徽中医学院学报》1993 年第 2 期。

徐焙

《后汉大医学家——华佗》,《江苏中医》1957 年第 4 期。

徐本立(上海体育学院)

《初探传统养生观对中国竞技体育的影响》,《上海体育学院学报》1992 年第 1 期。

徐伯英

《医药前贤纪事》,《三三医报》1924 年第 7 期。

许彩丽(南京大学)

《马铃薯与爱尔兰大饥馑——农作物单一种植引起的灾难》,《读书》2009 年第 6 期。

徐畅(山东大学)

牛淑萍~:《疫情与救治:1943 年秋鲁西冀南霍乱研究》,《理论学刊》2014 年第 1 期。

《1943 年秋鲁西冀南霍乱起因研究》,《东岳论丛》2013 年第 4 期。

《1943 年秋日军鲁西细菌战述析》,《聊城大学学报(社会科学版)》2004 年第 6 期。

徐晨超(浙江工业职业技术学院)

《7 世纪大瘟疫与盎格—撒克逊民族传统葬俗的复兴》,《贵州社会科学》2014 年第 11 期。

徐成贺(南方医科大学/广州第一军医大学/青海医学院)

《〈金匮要略〉"四季脾王"考》,《国医论坛》2006 年第 6 期。

《中医古籍对肿瘤发病的多种因素研究》,《实用中医内科杂志》2005 年第 4 期。

蓝立业~:《〈内经〉对咳证治的思想探讨》,《光明中医》2002 年第 3 期。

杜伟国~:《〈内经〉对脑髓学说的认识》,《中医药研究》2001 年第 4 期。

唐前烨~:《〈内经〉对汗论述的探讨》,《中医药研究》2001 年第 2 期。

郭存灵~:《对〈内经〉气机升降理论的探讨》,《中医药研究》2000 年第 6 期。

《〈医宗金鉴〉订正〈金匮要略〉校勘研究》,《国医论坛》2000 年第 2 期。

《〈金匮要略〉的流传、版本及注家》,《国医论坛》1998 年第 2、3 期。

《〈金匮〉"病者素不应食,而反暴思之,必发热也"考》,《四川中医》1992 年第 10 期。

《〈金匮〉五"邪"考》,《四川中医》1992 年第 7 期。

《〈金匮〉"痓"、"痉"考辨》,《四川中医》1992 年第 4 期。

陈清林～:《〈金匮要略〉对妇科学的贡献》,《青海医药杂志》1991 年第 3 期。

《〈金匮〉"当随其所得而攻之"辨析》,《四川中医》1991 年第 5 期。

许崇铭(台湾大学)

《混沌之后,开窍之前——台湾忧郁症患者的疾病角色、疾病经验与医疗化过程》,台湾大学硕士学位论文 2007 年。

徐楚生

《从历史看中医学的前途》,《星群医药月刊》1950 年第 7 期。

徐川(上海中医药大学)

《中国传统文化中的生存质量理念钩沉》,《中医药文化》2012 年第 4 期。

徐春波(山东中医药大学)

《溯源畅流 求真务本——记中医文献学创始之一张灿玾教授》,《中国中医药现代远程教育》2005 年第 1 期。

《张灿玾对经典医籍研究的贡献》,《中医文献杂志》2004 年第 1 期。

《〈黄帝内经太素〉与〈黄帝泰素〉的关系研究》,《中医文献杂志》2002 年第 3 期。

《杨上善与〈太素〉类编的关系考》,《中华医史杂志》2001 年第 1 期。

《〈本草新编〉的学术特色》,《山东中医药大学学报》2000 年第 6 期。

～臧守虎:《〈黄帝内经太素〉类目研究》,《中医文献杂志》1999 年第 4 期。

《〈黄帝内经太素〉的分类特点探析》,《中华医史杂志》1999 年第 2 期。

《〈黄帝内经太素〉的文献研究》,山东中医学院博士学位论文 1996 年。

许春芳(复旦大学)

《疯狂及其隐喻——浅谈弗吉尼亚·伍尔夫的疯狂》,复旦大学硕士学位论文 2011 年。

徐春富(中国林业科学)

《架筑友谊桥梁的中国白衣天使——中国援助非洲医疗队工作见闻》,《西亚非洲》2003 年第 5 期。

许春慧(台湾淡江大学)

《明代医德观之研究——以医病关系为线索》,淡江大学硕士班学位论文 2005 年。

徐春捷(黑龙江中医药大)

《〈黄帝内经〉生态哲学思想探析》,《学术交流》2019 年第 12 期。

《〈黄帝内经〉思维方法体系探析——以外感病因学理论发生为中心》,《学术交流》2017 年第 12 期。

徐春娟(江西中医药大学/黑龙江中医药大学/江西中医药高等专科学校)

肖莉、王慧敏～:《龚廷贤治疗泄泻的用药规律研究》,《江西中医药》2019 年第 12 期。

王慧敏、肖莉～:《李铎〈医案偶存〉的脾胃思想探析》,《江西中医药》2019 年第 11 期。

王艳萍、陈晓凡～:《〈福寿丹书〉脾胃思想探析》,《江西中医药》2019 年第 4 期。

～乐丽霞等:《旴江医学对日本汉方医学的影响刍议》,《江西中医药》2019 年第 2 期。

《〈寿世保元〉养元气健脾胃保健方药撷菁》,《亚太传统医药》2017 年第 18 期。

《江西旴江名医易思兰脾胃学术思想探析》,《江苏中医药》2017 年第 6 期。

～何晓晖：《明代盱江易大艮〈易氏医案〉初探》，《中华中医药杂志》2017 年第 2 期。

～陈荣等：《盱江医著〈瑞竹堂经验方〉探析》，《中国实验方剂学杂志》2016 年第 18 期。

～乐丽霞：《盱江道医述评》，《江西中医药》2016 年第 8 期。

～何晓晖：《盱江医学方书拾粹》，《江西中医药》2016 年第 3 期。

～葛来安等：《试述盱江医家的脾胃观》，《江西中医药》2016 年第 2 期。

陈广坤……李萌～：《〈伤寒论〉类方归类特点研究》，《吉林中医药》2015 年第 9 期。

～何晓晖等：《试析盱江医学中的医学独创性》，《中华中医药杂志》2015 年第 8 期。

《喻嘉言〈寓意草〉现代研究撷英》，《中医文献杂志》2015 年第 6 期。

何晓晖、李丛～谢强等：《盱江名医成才规律探讨》，《江西中医药大学学报》2015 年第 4、5、6 期。

何晓晖……李丛～：《盱江医家医学教育思想探析》，《江西中医药大学学报》2015 年第 1、2 期。

～邹立君等：《婺源医家医籍考释》，《中医文献杂志》2014 年第 5 期。

～陈荣：《〈谢映庐医案〉临床学术思想现代探骊》，《南京中医药大学学报（社会科学版）》2014 年第 2 期。

～何晓晖等：《盱江医学文化探源》，《中医杂志》2014 年第 10 期。

～何晓晖等：《龚廷贤〈万病回春〉学术思想的现代研究》，《时珍国医国药》2013 年第 11 期。

～陈荣等：《盱江医家针灸学术思想初探》，《时珍国医国药》2013 年第 6 期。

～裴丽等：《试析盱江医学的国际影响》，《中医杂志》2013 年第 4 期。

～裴丽等：《清代医药学家黄宫绣学术思想的现代发掘》，《时珍国医国药》2013 年第 1 期。

～裴丽：《明代〈医林状元〉龚廷贤医著考证》，《中医文献杂志》2013 年第 1 期。

～裴丽等：《〈寿世保元〉学术思想的现代研究》，《时珍国医国药》2012 年第 10 期。

～裴丽等：《明代盱江名医龚居中的现代研究》，《江西中医药》2012 年第 7 期。

～王李俊等：《黄宫绣〈本草求真〉重视中药材产地考释》，《农业考古》2012 年第 6 期。

～何晓晖等：《中医妇科学奠基者陈自明学术思想的现代研究》，《江西中医学院学报》2012 年第 6 期。

～陈荣等：《明代医学家李梴及其〈医学入门〉的现代研究》，《湖南中医杂志》2012 年第 6 期。

～陈荣等：《对元代名著〈世医得效方〉的研究》，《中国实验方剂学杂志》2012 年第 4 期。

～陈建章等：《试论盱江医学在中医学术史上的地位和影响》，《时珍国医国药》2012 年第 4 期。

～陈荣等：《王安石与"药不瞑眩，厥疾弗瘳"》，《南京中医药大学学报（社会科学版）》2012 年第 2 期。

～裴丽：《明末名医龚居中医籍考》，《中医文献杂志》2012 年第 2 期。

～陈荣等：《安得斯人术，付之经国手——读王安石赠医生陈景初诗三首》，《江西中医学院学报》2012 年第 1 期。

～陈荣：《〈万病回春〉与名方温清饮》，《中医文献杂志》2011 年第 2 期。

周玉平……邓棋卫～：《盱江名医龚廷贤脾胃观学术思想探析》，《中医文献杂志》2010 年第 6 期。

～陈荣等：《试论王安石变法对中医药的影响》，《南京中医药大学学报（社会科学版）》2010 年第 3 期。

陈荣～芦琴：《从〈抚州招仙观记〉谈王安石对医德医术的推崇》，《江西中医药》2009 年第 10 期。

～陈荣等：《席弘、席弘学派与〈席弘赋〉》，《中国针灸》2008 年第 11 期。

〜陈荣:《王安石的医学情怀》,《中医药文化》2008 年第 4 期。

许春淑(天津商业大学)

《日本高龄者医疗保险制度的分析及启示》,《天津商业大学学报》2010 年第 2 期。

徐春为

《中医对肺结核病的认识和处理》,《新中医药》1958 年第 8 期。

许春燕(如皋市人民医院)

〜彭伟:《试论早期〈麻疯季刊〉的历史价值》,《中国麻风皮肤病杂志》2015 年第 5 期。

许慈文

《从有到无,从无到有——记北京十年来卫生医疗事业的成就》,《北京日报》1959 年 9 月 18 日。

徐翠玲(中国疾病预防控制中心)

隋竑弢……隈合江〜郭元吉等:《1957 年流感大流行的流行病学概述》,《病毒学报》2009 年 S1 期。

高燕……李希妍〜郭元吉等:《1977 年俄罗斯流感的流行病学概述》,《病毒学报》2009 年 S1 期。

〜杨磊等:《1918 年流感大流行的流行病学概述》,《病毒学报》2009 年 S1 期。

徐达瑶(山西中医学院)

《傅山著作及相关文献中养生思想与方法研究》,山西中医学院硕士学位论文 2017 年。

徐丹生(湖北省丹江口市第一医院)

〜王大军等:《武当道教医药发展史考略》,《中华医史杂志》2000 年第 4 期。

徐道稳(深圳大学)

《中国医疗保障制度历史考察与再造》,《求索》2004 年第 5 期。

许德

《勤俭办学的榜样——红军卫生学校的回忆》,《健康报》1960 年 7 月 20 日。

《医学教育的榜样——红军卫生学校的回忆》,《江西卫生报》1960 年 1 月 4 日。

许德坤(西藏民族学院/西藏大学)

《藏族传统的生育习俗及其优生学分析》,《西藏研究》2002 年第 3 期。

《西藏高等医学教育概论》,《西藏大学学报》2002 年第 3 期。

《创新与开放——传统藏医药学现代化的必由之路》,《中国藏学》2000 年第 1 期。

李玉香〜:《西藏茶俗的形成、特点与茶的化学药用价值》,《西藏研究》1998 年第 3 期。

《古代藏医学中生殖及胚胎发育理论之比较研究》,《西藏民族学院学报(社会科学版)》1995 年第 4 期。

《简论西藏藏医药事业的发展》,《西藏民族学院学报(社会科学版)》1993 年第 2 期。

徐德亮(陕西师范大学)

《中世纪晚期英国精神障碍者的生存状态研究》,陕西师范大学硕士学位论文 2017 年。

许德龙(云南沧源佤族自治县药品检验所)

《佤族药命名探讨》,《中国民族民间医药杂志》1995 年第 5 期。

许德雅(湖南大众传媒学院)

《行总湖南分署与战后湖南卫生医疗的善后救济》,《南京中医药大学学报(社会科学版)》2019 年第 1 期。

许典雅(黑龙江大学)

《清康雍时期御医群体研究》,黑龙江大学硕士学位论文 2018 年。

徐丁丁（中国科学院）

《史若兰与中国》，《自然科学史研究》2017 年第 2 期。

《Penicillin（青霉素）中译名的变迁》，《中国科技史杂志》2015 年第 3 期。

《青霉素怎样成为常用药》，《光明日报》2015 年 1 月 16 日 010 版。

《Ephedrine 一词的中文译名与定名》，《中国科技术语》2013 年第 6 期。

《抗日战争时期中央防疫处的青霉素试制工作》，《中国科技史杂志》2013 年第 3 期。

许冬妮（中山大学）

～张立生：《伯驾医生与 19 世纪西医在中国的传播——在中国实施乙醚麻醉的第一人》，《实用疼痛医学杂志》2011 年年第 4 期。

许二平（河南中医药大学／河南中医学院）

马高倩～：《李东垣治疗便秘学术思想研究》，《光明中医》2019 年第 20 期。

～刘保庆等：《承岐黄医脉 开仲景新篇——河南中医药大学砥砺奋进纪实》，《医药论坛杂志》2019 年第 10 期。

程传浩、曹珊～：《〈红楼梦〉医案与明清温补学派之探究》，《中医学报》2018 年第 9 期。

～许国防等：《杨四知和〈惠民正方〉》，《河南中医》2017 年第 8 期。

～李永菊：《明代地方医学存在的问题及其对策——以吕坤〈振举医学〉为中心》，《中医学报》2015 年第 5 期。

李永菊～：《研究明清河南医学史需要注意的几个问题》，《中医药管理杂志》2014 年第 6 期。

许菲斐、李永菊～：《明清时期河南多元化的地方医疗体系》，《中医药管理杂志》2014 年第 5 期。

《简评金元医家对方药分类的贡献》，《河南中医学院学报》2006 年第 1 期。

许霏（复旦大学附属中山医院）

～沈霹：《民国时期中国对高血压病的研究与防治》，《中华医史杂志》2019 年第 2 期。

许飞琼（中央财经大学）

《我国商业健康保险：进展、问题与对策》，《中国医疗保险》2019 年第 11 期。

～郭心洁：《加拿大医疗保险制度及借鉴》，《中国医疗保险》2018 年第 8 期。

《以色列的医疗保险制度及对中国的启示》，《中国医疗保险》2017 年第 9 期。

《厘清基本医保与商保的职责与边界》，《中国医疗保险》2015 年第 12 期。

《应理性构建"大病保险"制度》，《中国医疗保险》2015 年第 8 期。

《国外医疗责任保险及启示》，《保险研究》2015 年第 5 期。

《医疗纠纷与医疗责任保险》，《中国医疗保险》2015 年第 3 期。

《从奥巴马医改一波三折看利益集团的较量》，《中国医疗保险》2014 年第 2 期。

《澳大利亚的医疗保险制度及其借鉴》，《中国医疗保险》2013 年第 5 期。

徐峰（北京中医药大学）

《岩画中的中医学"生"思想起源研究》，北京中医药大学博士学位论文 2011 年。

～张其成：《基于岩画的中医起源研究方式初探》，《吉林中医药》2010 年第 10 期。

～张其成：《浅析先秦时期中医学主体转变下的传播特点》，《医学与哲学（人文社会医学版）》2010 年第 1 期。

徐峰（长安大学）

《中医学的科学哲学反思》，长安大学硕士学位论文 2008 年。

徐峰(华东师范大学)

《1943 年上海浦东区清洁纠纷研究》,华东师范大学博士学位论文 2010 年。

许凤梅(贵州师范大学)

《明清时期贵州瘴气的分布变迁》,贵州师范大学硕士学位论文 2014 年。

徐丰铭(湖南师范大学)

《二战期间日军 731 部队人体实验的伦理批判》,湖南师范大学硕士学位论文 2007 年。

许峰源(台湾国立政治大学)

《世界卫生组织与台湾疟疾的防治(1950—1972)》,台湾国立政治大学博士学位论文 2012 年。

《台湾对亚洲霍乱的肆应(1961—1964)》,《多元视野下的中华民国外交》(台北:国立政治大学人文中心 2012 年)。

《金门鼠疫的防治(1950—1956)》,沈志华、唐启华主编《金门:内战与冷战——美、苏、中档案解密与研究》(北京:九州出版社 2010 年)。

《南京自来水与市民生活(1928—1937)》,《政大史粹》第 13 期(2007.12)。

徐复霖(第一军医大学)

~符仲华:《论文化演进特征对中医学发展的影响》,《医学与哲学》1996 年第 4 期。

《中国古代军事思想对中医学之影响》,《第一军医大学学报》1983 年第 2 期。

《〈医门法律〉与喻嘉言的学术成就》,《江苏中医杂志》1983 年第 5 期。

《从〈医碥〉看何梦瑶的学术经验》,《新中医》1980 年第 2 期。

许伏新(安徽省卫生厅)

~张黎英:《〈证类本草〉用于妇科的矿物药初探》,《河南中医》1997 年第 3 期。

徐敢利(黑龙江省院士工作办公室)

《唐代的医事制度浅析》,《黑龙江科技信息》2009 年第 15 期。

徐刚(北京大学)

《"乐饥"与"食医"》,《新国学》第 5 卷(2005)。

徐纲(湖北中医学院)

《论叶天士对诊断学的贡献》,《浙江中医学院学报》1989 年第 6 期。

《温病学产生与发展的启示》,《医学与哲学》1989 年第 9 期。

许广平

《科学家最早发现的不用纺织的细菌布》,《中华医史杂志》2005 年第 4 期。

许光岐

《关于张仲景为王仲宣诊病故事的考察》,《上海中医药杂志》1958 年第 3 期。

徐光星(浙江中医药大学/浙江中医学院/杭州大学)

赵永胜~:《浅谈圆运动古中医学对暑病的认识》,《浙江中医药大学学报》2019 年第 2 期。

徐衍~:《〈梅师方〉与〈医门方〉考略》,《中华医史杂志》2018 年第 6 期。

杨姣姣~:《〈金匮要略·痰饮咳嗽病〉第 35 条—第 40 条证治》,《河南中医》2018 年第 2 期。

徐衍~:《〈金匮要略〉厚朴七物汤与厚朴三物汤方证考辨》,《浙江中医药大学学报》2017 年第 8 期。

杨姣姣~:《〈金匮要略·妇人杂病脉证并治〉第八条浅析》,《浙江中医药大学学报》2016 年第 8 期。

吴汇天、徐凤凯~:《〈千金方〉栀子豉汤及类方浅析》,《浙江中医药大学学报》2016年第4期。

林志雄~:《〈金匮要略〉中和性用药组方思维初探》,《浙江中医药大学学报》2015年第6期。

白洁~:《〈金匮要略心典〉论痉初探》,《浙江中医药大学学报》2014年第6期。

曾志平~:《〈顾氏医镜〉虚劳论治特点初探》,《浙江中医药大学学报》2014年第2期。

魏丽丽~:《〈世医通变要法〉学术思想初探》,《浙江中医药大学学报》2013年第3期。

《从〈本草纲目〉看〈金匮要略〉通行本的编撰及其他》,《医古文知识》1999年第2期。

《定本〈金匮要略〉历代书名考辨》,《浙江中医学院学报》1998年第6期;1999年第1、2期。

《定本〈金匮要略〉文献研究》,杭州大学博士学位论文1998年。

徐国恒(北京大学)

《青蒿素发现历程的介绍与再认识》,《生物学通报》2016年第3期。

许国敏(深圳市布吉人民医院)

~张横柳:《岭南名医易巨荪〈集思医案〉的学术思想》,《广州中医药大学学报》2006年第4期。

~张横柳:《仲景伤寒经典著述源流探微》,《浙江中医药大学学报》2006年第4期。

~张横柳:《岭南名医易巨荪〈集思医案〉之研究》,《中华医史杂志》2006年第3期。

《陈伯坛〈读过金匮〉之研究》,《新中医》1998年第1期。

《陈伯坛〈读过金匮〉学术成就探讨》,《中华医史杂志》1997年第4期。

徐国仟(山东中医学院/〈针灸甲乙经〉校释小组)

欧阳兵~:《明代〈伤寒论〉研究状况及其评价》,《山东中医学院学报》1993年第5期。

范洪亮~:《许叔微伤寒论著探析》,《山东中医学院学报》1992年第5期。

王振国~:《论近代〈伤寒论〉研究的学术特征》,《山东中医学院学报》1992年第4期。

田思胜~:《刘完素伤寒学术思想研究》,《山东中医学院学报》1992年第2期。

~田代华:《甫谧与〈针灸甲乙经〉》,《山东中医学院学报》1978年第2期。

徐国荣(龙岩市新罗区卫生局)

《农村合作医疗存在的问题与对策》,《卫生经济研究》1997年第11期。

徐海波(广州中医药大学)

《中药煮散源流考》,《河北中医药学报》1999年第4期。

徐海燕(中国社会科学院)

《苏联与俄罗斯医疗保险制度比较》,《中共天津市委党校学报》2008年第5期。

徐好民(国家地震局地质研究所)

~尹光辉:《地壳运动与疫病流行》,《灾害学》1991年第2期。

徐浩一(浙江大学)

《侵华日军浙赣细菌战中的炭疽攻击》,《中共党史研究》2002年第2期。

徐鹤(北京师范大学)

《清末中国军医参加美国军医大会考论》,《史学月刊》2019年第6期。

徐衡之

《中国文化史上之张仲景观》,《中医新生命》1935年第10期。

徐红(湖南师范大学)

《南京国民政府西药管理政策研究(1927—1937)》,湖南师范大学硕士学位论文2019年。

徐红(湘潭师院)

《浅谈西汉"马王堆尸"的防腐技术》,《湘潭师范学院学报》1995 年第 1 期。

许宏彬(台湾成功大学/台湾国立中兴大学/伦敦大学)

《行医营生——小镇医师吴新荣的医业、实作与往诊》,《新史学》第 28 卷第 4 期(2017.12)。

《日本殖民官吏眼中的"台湾鸦片问题"评〈日本帝国主义与鸦片:台湾总督府的鸦片政策〉》,《科技医疗与社会》第 25 期(2017.10)。

《热带环境、移居者与敏感身体:1980 年之前台湾过敏研究与诊疗》,《台湾史研究》第 23 卷第 3 期(2016.9)。

《战后台湾的免疫学专科化:国际援助、学术外交与边界物》,《台湾史研究》第 21 卷第 2 期(2014.5)。

《年轻医师的旁徨与抉择——从〈青杏〉看 1950 及 1960 年代台湾医学教育、医师出路及外流问题》,《兴大历史学报》第 27 期(2013.12)。

《剖析阿片:在地滋味、科技实作与日治初期台湾阿片专卖》,《科技医疗与社会》第 8 期(2009.4)。

《从阿片君子到矫正样本阿片吸食者、更生院与杜聪明》,《科技医疗与社会》第 3 期(2005.9)。

《谁的杜聪明? 从科学家的自我书写出发》,《台湾社会研究季刊》第 54 期(2004.6)。

《帐里芙蓉小洞天? 初探台湾阿片使用者的吸食活动与空间》,陈姃湲主编《日本殖民统治下的底层社会:台湾与朝鲜》(台北:中央研究院 2018 年)。

许红霞(河南师范大学)

《建国初期党的中医政策述论》,《传承》2008 年第 18 期。

许华

~董长岭等:《中国卫生检疫大事记年表》,《国境卫生检疫》1983 年 S1 期。

许华尧(青海师范大学)

《中国巫术文化和心理咨询与治疗的本土化》,《石家庄学院学报》2007 年第 3 期。

徐缓(中国疾病预防控制中心)

陈浩、黎慕~:《澳大利亚基本公共卫生服务的法律保障(三)——立法动向和借鉴意义》,《中国卫生法制》2011 年第 4 期。

陈浩、黎慕~:《澳大利亚基本公共卫生服务的法律保障(二)——政府作用》,《中国卫生法制》2011 年第 1 期。

~陈浩等:《澳大利亚基本公共卫生服务的法律保障(一)——公共卫生的法律支撑》,《中国卫生法制》2010 年第 6 期。

孟令芸、李士雪~张英杰等:《日韩两国农村医疗保障制度对我国新型农村合作医疗制度的启示》,《中国卫生经济》2009 年第 12 期。

陈浩~:《国内文献对澳大利亚公共卫生的研究进展》,《中国卫生事业管理》2009 年第 11 期。

~黎慕:《我国传染病防治领域公民权利保护的立法进展与思考》,《中国卫生法制》2009 年第 4 期。

黎慕~:《中国传染病防治领域公民权利的法律渊源》,《中国卫生事业管理》2009 年第 1 期。

~黎慕:《我国公共卫生领域公民权利的法律研究热点及对策》,《中国卫生法制》2008 年第 3 期。

黎慕~:《从社会发展看公共卫生的定位走向》,《中国健康教育》2007 年第 9 期。

《美国州公共卫生法律示范项目对我国立法启示》,《中国公共卫生》2007 年第 5 期。

《论公共卫生内涵的分层界定及其政策含义》,《中国卫生法制》2007 年第 3 期。

徐辉光

《试论命门学说的形成及其在临床上的运用》，《中医杂志》1962 年第 10 期。

徐慧君

许敏桃～许秀月等：《生活世界的失序——台湾糖尿病妇女疾病经验之探讨》，《护理杂志》第 62 卷第 2 期(2015.4)。

《糖尿病患生病经验与疾病意义之研究》，高雄医学大学所硕士学位论文 2006 年。

徐晖明(复旦大学)

《"非典"事件前期的广州媒介》，《广州大学学报(社会科学版)》2005 年第 6 期。

～严三九：《广州非典型肺炎事件中的流言传播》，《新闻大学》2003 年第 4 期。

徐辉琪(中国社科院)

《辛亥革命时期著名的爱国女医生张竹君》，《广州研究》1987 年第 6 期。

徐慧湘(南京中医药大学)

《〈傅青主女科〉及现代中医临床对痛经的研究》，南京中医药大学硕士学位论文 2016 年。

徐慧颖(北京中医药大学)

《〈全体新论〉对中医肝脏理论的顺应和改造》，北京中医药大学硕士学位论文 2016 年。

徐吉(上海外国语大学)

《"互为他者"角色构建下的批判医疗话语分析》，上海外国语大学硕士学位论文 2017 年。

徐寄鹤

《气功学说的探原》，《江苏中医》1962 年第 5 期。

徐寄鸥

《沈金鳌先生传略》，《江苏中医》1963 年第 5 期。

徐家淳(天津中医药大学)

～李岩等：《浅谈针刺禁忌的历史沿革》，《针灸临床杂志》2013 年第 5 期。

许家松(中国医学科学院/中国中医研究院)

《〈温病条辨〉湿热类温病证治》，《中医杂志》2013 年第 6 期。

《〈温病条辨〉对"三承气汤"的发展与创新》，《世界中医药》2011 年第 5 期。

《论〈黄帝内经〉的养生观与养生法则》，《中国中医基础医学杂志》2002 年第 7 期。

《试论方药中先生教育思想——纪念中医研究生教育的开拓者方药中》，《中医教育》2002 年第 2 期。

李鲲～：《中医理论中的认识论特点及哲学反思》，《山东中医药大学学报》2000 年第 1 期。

《试论方药中学术精华》，《中国医药学报》1997 年第 6 期。

《吴鞠通三焦辨证源流考辨》，《新中医》1989 年第 5 期。

《吴鞠通学术思想探讨》，《江西中医药》1987 年第 3 期。

方药中～：《论〈伤寒论〉中的辨病辨证及其相互关系问题》，《中医杂志》1986 年第 5、6 期。

《伏邪学说及其评价》，《山东中医学院学报》1980 年第 2 期。

徐佳彤(吉林财经大学)

《我国现阶段新农合医疗制度优化研究》，吉林财经大学硕士学位论文 2013 年。

徐佳星(北京师范大学)

郭家宏～：《旧济贫法体制下英国贫民医疗救济探析》，《学术研究》2017 年第 4 期。

《从济贫到公共服务——新济贫法时期的英国济贫医院》，北京师范大学硕士学位论文 2017 年。

徐鉴

《外国控制下的早期中国国境卫生检疫》，《中国检验检疫》2002 年第 6 期。

徐健国（江苏省医学情报研究所）

《评克林顿的医疗保险改革方案》，《国外医学（卫生经济分册）》1996 年第 3 期。

徐剑秋（常州市自来水公司）

～徐迪化：《脉诊在〈伤寒论〉六经辨证中的运用》，《中国中医基础医学杂志》1999 年第 4 期。

徐建伟（温州大学）

杨祥银～：《防痨救国：中国防痨协会的成立及早期活动（1933—1937）》，《江汉论坛》2013 年第 9 期。

《防痨救国：中国防痨协会研究（1933—1937）》，温州大学硕士学位论文 2012 年。

徐建云（南京中医药大学）

《李时珍与王世贞的默然十载》，《中国中医药报》2018 年 6 月 13 日 008 版。

陈兰青～：《郑钦安"三焦一气"思想治疗阳虚吐血证探析》，《中国中医基础医学杂志》2018 年第 5 期。

《〈龟虽寿〉中的养生思想》，《中医文化》2018 年 4 月 26 日 008 版。

王畅、董晓薇～：《从〈三三医报〉看民国中医》，《江苏中医药》2017 年第 8 期。

姚璐～：《民国金陵四大名医及其学术传承》，《山东中医药大学学报》2017 年第 2 期。

王畅、董晓薇～：《钱乙完善〈内经〉五脏理论体系之探析》，《江苏中医药》2016 年第 6 期。

李剑～：《张简斋治疗咳血之学术思想探析》，《江苏中医药》2016 年第 3 期。

《南京国医传习所的创建及其主要业绩研究》，《江苏中医药》2015 年第 7 期。

《名医许胤宗生平及其医学成就》，《中医文献杂志》2015 年第 1 期。

顾亦斌～：《近现代中医对消渴病的病因病机的认识》，《四川中医》2014 年第 8 期。

《隋唐时期我国按摩医学的主要成就》，《南京中医药大学学报（社会科学版）》2009 年第 3 期。

陈海东……陈涤平～李文林：《炼丹术的简史及其影响》，《辽宁中医药大学学报》2009 年第 2 期。

《论太平天国所奉行的进步卫生措施及其价值》，《南京中医药大学学报（社会科学版）》2007 年第 1 期。

《民国时期中医药学界的两次抗争》，《南京中医药大学学报（社会科学版）》2006 年第 2 期。

《中医救护医院及中央国医馆和赈济委员会的合作》，《南京中医药大学学报（社会科学版）》2005 年第 2 期。

《晋唐社会政治对当时医学发展的客观效应》，《南京中医药大学学报（社会科学版）》2004 年第 3 期。

《民国时期首都国医院创设未竟之原因探析》，《南京中医药大学学报（社会科学版）》2004 年第 1 期。

《金元时期医家学术繁荣特色之感悟》，《中医药学刊》2003 年第 8 期。

《先秦诸子在养生学方面的卓越识见》，《中国中医药现代远程教育》2003 年第 3 期。

《实验教学是传统中医教育的固有特色》，《南京中医药大学学报（社会科学版）》2003 年第 1 期。

《我国古代女医的成就及其人员稀少的原由探析》，《南京中医药大学学报（社会科学版）》2002 年第 1 期。

《服石成为魏晋时尚的原因及其危害》，《中医文献杂志》2001 年第 3 期。

《概述我国古代先贤对职业病的认识及其防治》，《南京中医药大学学报（社会科学版）》2001 年第 2 期。

《施肩吾及其医学见解》，《中医文献杂志》2001 年第 1 期。

《著名中医教育家由昆同志事略》，《南京中医药大学学报（社会科学版）》2000 年第 4 期。

《承淡安先生在针灸教育上的事迹》，《中医文献杂志》2000 年第 3 期。

《简论中医学与中国古代文学》，《陕西中医函授》1999 年第 6 期。

《我国古代的医疗卫生机构之考察》，《南京中医药大学学报》1999 年第 3 期。

《青浦名医何其伟与林则徐交往事略》，《中医文献杂志》1999 年第 2 期。

《体疗健身术溯源》，《南京中医药大学学报（社会科学版）》1999 年第 1 期。

《人工免疫史上的光辉篇章人痘接种术》，《南京中医药大学学报》1997 年第 3 期。

《我国古代炼丹术发展梗概》，《南京中医学院学报》1993 年第 4 期。

徐江雁（河南中医药大学/河南中医学院/中国中医科学院/北京中医药大学）

莫为～《刘鸿恩生平及学术特色探析》，《中国中医药现代远程教育》2018 年第 19 期。

莫为～《刘鸿恩辨病以虚为重的思想源流探析》，《中国中医药现代远程教育》2018 年第 17 期。

杨自文、刘文礼～《河南中医师承教育发展状况（1949—1989 年）研究》，《中医学报》2018 年第 1 期。

贺娜娜～林法财等：《"接受理论"视阈下中医典籍英译探析》，《中华中医药杂志》2017 年第 5 期。

何娟～蔡永敏等：《妊娠药忌与妊娠禁忌考辨》，《中华中医药杂志》2017 年第 4 期。

王振华、王志翔～李具双：《试论"阴者藏精而起亟"——兼论"五脏之道，起于经遂"》，《河南中医》2015 年第 12 期。

王志翔……谷莉莉～韦大文：《浅析〈黄帝内经〉与〈希波克拉底文集〉对中西医学发展模式的影响》，《中医学报》2015 年第 8 期。

王铭、刘文礼～《中原医药文化遗产中的生态文明启示》，《中国民族医药杂志》2014 年第 12 期。

娄蓓蓓～《清代河南名医王燕昌研究概况》，《中国中医药现代远程教育》2014 年第 11 期。

尹笑丹……康利高阁～《"疑古思潮"与"伤寒错简派"的兴起》，《中华中医药杂志》2014 年第 8 期。

娄蓓蓓～《清代河南名医王燕昌研究概况》，《中国中医药现代远程教育》2014 年第 11 期。

尹笑丹～《日藏江户抄本〈伤寒正宗〉述略》，《中医学报》2012 年第 6 期。

韦大文、孙华妤～《〈黄帝内经〉中"味"与气、阴阳、五行的相关性研究》，《中医学报》2011 年第 3 期。

韦大文、许振国～《解读〈黄帝内经〉中"味"之内涵》，《中医学报》2010 年第 6 期。

《几种史学方法及其在医学史研究中的应用举隅》，《河南中医学院学报》2009 年第 2 期。

～梁峻等：《清朝紫禁城外御药房署所名称与居址初考》，《中华中医药杂志》2008 年第 7 期。

刘聪、梁峻～《略论唐宋官修医籍的标准地位》，《中华中医药杂志》2008 年第 5 期。

～闫国立：《清朝御用医药机构在帝王吏治中的作用探析》，《世界中西医结合杂志》2007 年第 9 期。

陈素美……温长路～杨建宇：《21 世纪张子和学术研究新进展》，《中国中医基础医学杂志》2007 年第 9 期。

《遣药施针,各随所宜——记京城名医高凤桐》,《北京中医》2006 年第 12 期。

《以六气开阖枢释六经,倡三阳三阴钤百病——记京城名医黄竹斋》,《北京中医》2006 年第 11 期。

《医德医术誉京城,口口相传"石膏孔"——记"北京四大名医"之一孔伯华》,《北京中医》2006 年第 10 期。

《清朝御药房职能考释》,《北京中医药大学学报》2006 年第 10 期。

《阐扬国医文化,重视人才培养,强调辨证论治——记京城名医汪逢春》,《北京中医》2006 年第 9 期。

《清朝御药房建制与规模初考》,《中华中医药杂志》2006 年第 9 期。

《辨阴阳寒热,视天人相合——记北平国医学院创始人之一金书田》,《北京中医》2006 年第 8 期。

《治学以专,治医以精,用药审慎——记内科名医王石清》,《北京中医》2006 年第 8 期。

《遵古意辨病情,创加减银翘汤——记北平国医学院创始者张菊人》,《北京中医》2006 年第 7 期。

《大方治病自有序,君臣佐使如是说——记北京私立中医院创始人杨浩如》,《北京中医》2006 年第 7 期。

《衷中参西,理真术效——记"北京四大名医"之一施今墨》,《北京中医》2006 年第 6 期。

《勤学苦研,古今相合,融会贯通——记一代名医冉雪峰》,《北京中医》2006 年第 5 期。

《清朝御药房与各宫药房的关系探析》,《内蒙古中医药》2006 年第 4 期。

《擅治伤寒,长于温病——记清代御医袁鹤侪》,《北京中医》2006 年第 4 期。

《勤著书立说,倡新中医论——记北京市中医学会组织者罗止园》,《北京中医》2006 年第 4 期。

《手触于外,巧生于内,心随手转,法从手出——记骨科名医杜自明》,《北京中医》2006 年第 3 期。

《医德为先 防治结合——记儿科名医王仆诚》,《北京中医》2006 年第 3 期。

《著书立说研究医理 精于妇科重视脾胃——记清代御医冯济卿》,《北京中医》2006 年第 2 期。

《精研医理 博采众长 济世育人——记中国医药专门学校创办人梁保和》,《北京中医》2006 年第 2 期。

《治肝郁分阴阳从化,疗虚损辨五脏气血——记清代御医韩一斋》,《北京中医》2006 年第 1 期。

《儒乃达儒,医是名医——记京城名医关月波》,《北京中医》2005 年第 6 期。

《继承家传,独善骨伤——记北京名医刘道信》,《北京中医》2005 年第 5 期。

《勤求古训真谛 发微脉学新说——记清代御医赵文魁》,《北京中医》2005 年第 5 期。

《息翁不息,济世育人——记"北京四大名医"之一萧龙友》,《北京中医》2005 年第 4 期。

《崇尚医道,精研疡科——记回族外科医家丁德恩》,《北京中医》2005 年第 2 期。

《精通医术,擅治肿瘤,巧用四物——记北京中医学会创始人之一徐右丞》,《北京中医》2005 年第 2 期。

《擅述医理,治法圆机,用药轻灵——记清代御医陈莲舫》,《北京中医》2005 年第 1 期。

《北京御医学派研究》,北京中医药大学博士学位论文 2004 年。

《唐代以前中国宫廷医学发展概略》,《中国中医基础医学杂志》2004 年第 4 期。

《金元时期其他民族医学与北京御医群的学术交融》,《中国民族医药杂志》2004 年第 3 期。

《民间中医学术对北京御医群的学术影响》,《光明中医》2004 年第 2 期。

～谢阳谷等:《20 世纪北京中医学术发展述略》,《中国医药学报》2004 年第 2 期。

《浅析脏热腑寒学说》,《光明中医》2004 年第 1 期。

～谢阳谷等:《浅析口述史与中医学术研究》,《北京中医药大学学报》2003 年第 6 期。

～谢阳谷等:《中医学术流派演绎》,《北京中医药大学学报》2003 年第 3 期。

高希言、程延安～:《对奇经八脉理论的再认识》,《中国医药学报》2002 年第 2 期。

～高希言:《论〈针方六集〉的学术价值》,《中国医药学报》2001 年第 2 期。

徐杰(安徽省肥西县卫生局)

周伟～:《巴西医疗卫生体制与改革给我们的启示》,《江苏卫生事业管理》2003 年第 4 期。

《对我国卫生经济政策的历史回顾和思考》,《中国卫生经济》1997 年第 10、11 期。

徐杰(山东中医药大学)

《〈医宗金鉴〉伤科诊疗思想及用药特色研究》,《山东中医药大学学报》2012 年第 4 期。

《〈医宗金鉴〉伤科学术思想研究》,山东中医药大学硕士学位论文 2012 年。

徐杰(中国初级卫生保健基金会)

《政府主导是发展农村卫生事业的必由之路——农村卫生三十年风雨历程的回顾与思考》,《中国农村卫生事业管理》2009 年第 2 期。

徐进(北京大学)

～刘晓云等:《美国退伍军人医疗服系统改革综述与经验分析》,《中国卫生政策研究》2012 年第 10 期。

徐金亮(山东中医药大学)

《〈伤寒论〉脉诊的文献研究》,山东中医药大学硕士学位论文 2017 年。

徐锦中(天津大学)

《〈内经〉哲学的阴阳和谐论》,《宁夏社会科学》2006 年第 4 期。

《〈黄帝内经〉与辩证思维》,《西北工业大学学报(社会科学版)》2006 年第 1 期。

《〈内经〉哲学在中国哲学史上的地位》,《哈尔滨工业大学学报(社会科学版)》2005 年第 2 期。

《〈内经〉的辩证思维与"辩"证施治》,《天津大学学报(社会科学版)》2003 年第 2 期。

徐景藩

《从"校注妇人良方"一书看祖国医学妇产科的成就》,《中华妇产科杂志》1959 年第 3 期。

许敬生(河南中医学院)

《市药求真》,《河南中医》2015 年第 11 期。

《丹溪拜师》,《河南中医》2015 年第 10 期。

《张锐起死回生》,《河南中医》2015 年第 9 期。

《王、李二医》,《河南中医》2015 年第 8 期。

《为医之法》,《河南中医》2015 年第 7 期。

《大医之心》,《河南中医》2015 年第 6 期。

《方之祖始于仲景》,《河南中医》2015 年第 5 期。

《医林改错》,《河南中医》2015 年第 4 期。

《梨酒》,《河南中医》2015 年第 2 期。

《嗜食槟榔》,《河南中医》2015 年第 1 期。

《岐黄论医》,《河南中医》2014 年第 12 期。

《汤、散、丸药》,《河南中医》2014 年第 11 期。

《世有奇疾》,《河南中医》2014 年第 10 期。

《太子吮痈》,《河南中医》2014 年第 9 期。

《执柄者之耑》,《河南中医》2014 年第 8 期。

《药祖桐君》,《河南中医》2014 年第 7 期。

《曹丕弈棋,毒杀曹彰》,《河南中医》2014 年第 6 期。

《同心连理》,《河南中医》2014 年第 5 期。

《南阳菊潭（甘谷）》,《河南中医》2014 年第 4 期。

《华佗遇难》,《河南中医》2014 年第 3 期。

《五禽之戏》,《河南中医》2014 年第 2 期。

《蜜煎通便》,《河南中医》2014 年第 1 期。

《操千曲晓声观千剑识器》,《中医药文化》2014 年第 1 期。

《"操千曲"和"观千剑"》,《中医文献杂志》2014 年第 1 期。

《相如消渴》,《河南中医》2013 年第 12 期。

程传浩～:《河南固始吴其濬故里调查报告》,《中医学报》2013 年第 12 期。

《程姬之疾》,《河南中医》2013 年第 11 期。

《缇萦救父》,《河南中医》2013 年第 10 期。

《祝由》,《河南中医》2013 年第 9 期。

《神农尝百草》,《河南中医》2013 年第 8 期。

《乐调阴阳》,《河南中医》2013 年第 7 期。

《钻木取火,以化腥臊》,《河南中医》2013 年第 6 期。

《淫生六疾》,《河南中医》2013 年第 5 期。

《茹毛饮血》,《河南中医》2013 年第 4 期。

《酒为百药之长》,《河南中医》2013 年第 3 期。

《中医古籍引文例说》,《中医学报》2013 年第 2 期。

《伤食伤饮》,《河南中医》2013 年第 2 期。

《五福六极》,《河南中医》2013 年第 1 期。

《生死一言》,《河南中医》2012 年第 12 期。

《灵胎诚恳谢病人》,《河南中医》2012 年第 11 期。

～施森:《西峡重阳文化考——中原中医药文化遗迹考察之一》,《中医学报》2012 年第 11 期。

《不失医尊》,《河南中医》2012 年第 10 期。

《丹溪习医》,《河南中医》2012 年第 9 期。

《大医之体》,《河南中医》2012 年第 8 期。

《从南阳菊潭到焦作怀菊——兼谈四大怀药的形成过程》,《河南中医》2012 年第 7 期。

《朱丹溪"倒仓"论》,《河南中医》2012 年第 6 期。

《感冒》,《河南中医》2012 年第 5 期。

《苏合香酒》,《河南中医》2012 年第 4 期。

《献方释罪》,《河南中医》2012 年第 3 期。

《人有义声,卖药宋清》,《河南中医》2012 年第 2 期。

～刘文礼:《郑州新密洪山庙及洪山真人考》,《中医学报》2012 年第 2 期。

《溺井怨伯益,失火怨燧人》,《河南中医》2011 年第 12 期。

《孔子饮食之道》,《河南中医》2011 年第 11 期。

《欲求长生 积善立功》,《河南中医》2011 年第 10 期。

《因马念车 因车念盖》,《河南中医》2011 年第 9 期。

《一人之身,一国之象》,《河南中医》2011 年第 8 期。

《儒医不分》,《河南中医》2011 年第 7 期。

《卜筮祷祠,疾病愈来》,《河南中医》2011 年第 6 期。

《鏨方石碣》,《河南中医》2011 年第 5 期。

《单味易知复用难辨》,《河南中医》2011 年第 4 期。

《鬼由心生》,《河南中医》2011 年第 3 期。

《兵以除暴,药以攻疾》,《河南中医》2011 年第 2 期。

《简论〈黄帝内经〉的食疗思想》,《河南中医》2011 年第 1 期。

《君子三戒》,《河南中医》2010 年第 12 期。

《巢元方论蛊毒》,《河南中医》2010 年第 11 期。

《医须周察》,《河南中医》2010 年第 10 期。

《医道至重》,《河南中医》2010 年第 9 期。

《王灿眉落》,《河南中医》2010 年第 8 期。

《不封不树》,《河南中医》2010 年第 7 期。

《不以酒肉为礼》,《河南中医》2010 年第 6 期。

《书淫》,《河南中医》2010 年第 5 期。

《南阳菊潭考》,《中华医史杂志》2010 年第 5 期。

《谵母泣教》,《河南中医》2010 年第 4 期。

《师徒情深》,《河南中医》2010 年第 3 期。

《东垣收徒》,《河南中医》2010 年第 2 期。

《鏨方石碣》,《河南中医》2010 年第 1 期。

～孙现鹏:《论滑寿对〈内经〉、〈难经〉研究的贡献》,《中医学报》2010 年第 1 期。

《诸子百家与中医药文化》,《健康大视野》2009 年第 24 期。

《大医高洁》,《河南中医》2009 年第 12 期。

《健身拜》,《河南中医》2009 年第 11 期。

《黄土汤救皇子》,《河南中医》2009 年第 10 期。

《钱乙孝亲》,《河南中医》2009 年第 9 期。

《健身拜》,《河南中医》2009 年第 11 期。

《华子病忘》,《河南中医》2009 年第 8 期。

《唐婉之死》,《河南中医》2009 年第 7 期。

《巴楚巫盛》,《河南中医》2009 年第 6 期。

《吐故纳新》,《河南中医》2009 年第 5 期。

《中原古代文明与中医药文化》,《中医学报》2009 年第 5 期。

《卫生之经》,《河南中医》2009 年第 4 期。

《有病不治》,常得中医》,《河南中医》2009 年第 3 期。

《生命犹燃烛》,《河南中医》2009 年第 2 期。

《舞以导滞》,《河南中医》2009 年第 1 期。

曹竟超~:《〈妇人规〉论治经行腹痛学术特色探析》,《中国医药指南》2008 年第 24 期。

《乐极生悲》,《河南中医》2008 年第 12 期。

《疏字数乳》,《河南中医》2008 年第 11 期。

《养生三患》,《河南中医》2008 年第 10 期。

曹竟超~:《〈名医类案〉头痛治法探析》,《辽宁中医药大学学报》2008 年第 10 期。

《姚僧垣用大黄》,《河南中医》2008 年第 9 期。

《病是良药》,《河南中医》2008 年第 8 期。

《贫富忧乐》,《河南中医》2008 年第 7 期。

《人命呼吸间》,《河南中医》2008 年第 6 期。

《医腼与张仪》,《河南中医》2008 年第 5 期。

《剖腹验孕》,《河南中医》2008 年第 4 期。

~孙现鹏等:《元代名医滑寿的生平与医学成就》,《江西中医学院学报》2008 年第 3、4 期。

《叶薛结怨》,《河南中医》2008 年第 3 期。

《黄精轻体》,《河南中医》2008 年第 2 期。

《酒辟雾瘴》,《河南中医》2008 年第 1 期。

《李防御治痰嗽》,《河南中医》2007 年第 12 期。

《狄公针瘤》,《河南中医》2007 年第 11 期。

《扁鹊换心》,《河南中医》2007 年第 10 期。

《武后谢医》,《河南中医》2007 年第 9 期。

《桐叶催生》,《河南中医》2007 年第 8 期。

《诊脉惊帝》,《河南中医》2007 年第 7 期。

《橘井》,《河南中医》2007 年第 6 期。

《膏肓(二竖)》,《河南中医》2007 年第 5 期。

《郭玉四难》,《河南中医》2007 年第 4 期。

《医分四科》,《河南中医》2007 年第 3 期。

《杏林》,《河南中医》2007 年第 2 期。

《悬壶》,《河南中医》2007 年第 1 期。

《韩康卖药,言不二价》,《河南中医》2006 年第 12 期。

《曹医被殴》,《河南中医》2006 年第 11 期。

《扁鹊"六不治"》,《河南中医》2006 年第 10 期。

《以意处方》,《河南中医》2006 年第 9 期。

《上医医国》,《河南中医》2006 年第 8 期。

《脚痛入邻》,《河南中医》2006 年第 7 期。

《扁鹊见秦武王》,《河南中医》2006 年第 6 期。

《十全上工》,《河南中医》2006 年第 5 期。

《脐中纳李》,《河南中医》2006 年第 4 期。

~耿良:《道教内丹理论对明清中医养生学的影响》,《中医药文化》2006 年第 3 期。

《不死之药》,《河南中医》2006 年第 3 期。

《瘿者自美》,《河南中医》2006 年第 2 期。

《求茯神而得老芋》,《河南中医》2006 年第 1 期。

《对症下药》,《河南中医》2005 年第 12 期。

《得雨病愈》,《河南中医》2005 年第 11 期。

《蜀贾卖药》,《河南中医》2005 年第 10 期。

《唐大黄》,《河南中医》2005 年第 5 期。

《医缓治病》,《河南中医》2005 年第 4 期。

陈瑜～:《简论清代五位著名医家在〈内经〉训诂方面的成就》,《江西中医学院学报》2005 年第
4 期。

～耿良:《道教内丹理论对明清中医养生学的影响》,《江西中医学院学报》2005 年第 4 期。

陈瑜～:《简论章太炎对中医文献学之贡献》,《中医文献杂志》2005 年第 3 期。

《银袖治疾》,《河南中医》2005 年第 3 期。

《丹砂之变》,《河南中医》2005 年第 1 期。

《庸医受逼》,《河南中医》2004 年第 12 期。

《车前止暴下》,《河南中医》2004 年第 11 期。

《屑金粉犀》,《河南中医》2004 年第 10 期。

《破痈舐痔》,《河南中医》2004 年第 9 期。

《刘邑嗜痂》,《河南中医》2004 年第 8 期。

《讳疾杀医》,《河南中医》2004 年第 7 期。

《安常神针》,《河南中医》2004 年第 6 期。

《医不贪色》,《河南中医》2004 年第 5 期。

《简说古代的美容美发》,《家庭中医药》2004 年第 5 期。

《陈五捽巫》,《河南中医》2004 年第 4 期。

《嗜食竹鸡》,《河南中医》2004 年第 3 期。

《范彬救危》,《河南中医》2004 年第 2 期。

《古代煎药用水漫谈》,《中医研究》2004 年第 2 期。

《一部研究与辑复〈素问〉早期传本的集大成之作——《〈素问〉全元起本研究与辑复》评介》,《上海
中医药大学学报》2004 年第 2 期。

《啖梨愈风》,《河南中医》2004 年第 1 期。

《不为良相,愿为良医》,《河南中医》2003 年第 12 期。

《荆林毒饭》,《河南中医》2003 年第 11 期。

《饧锡不辨》,《河南中医》2003 年第 10 期。

～李成文等:《宋元医药文化中心南移的研究》,《江西中医学院学报》2003 年第 2、3、4 期。

～陈艳阳:《论北宋政府的医药政策对中医药发展的影响》,《江西中医学院学报》2003 年第 1 期。

《古代养生学发展过程中的一股浊流——道家的炼丹求仙》,《医古文知识》2002 年第 3 期。

《中国古代养生学发展过程中的一股浊流》,《河南中医》2002 年第 3 期。

～许振国:《清儒研究〈内经〉的方法与成就》,《南京中医药大学学报(社会科学版)》2000 年第
1 期。

《养气养神 修心炼形——简论道教对中医养生学的影响》,《医古文知识》1996 年第 1 期。

徐敬文（吉林大学）

《民国时期的疫疠与防治述略》，吉林大学硕士学位论文 2007 年。

徐俊（美国哥伦比亚大学）

《塞内加尔骄阳的陨落——美国华人医生非洲行医手记》，《中国医学人文》2017 年第 8 期。

《衣食住行大于天——美国华人医生西非之行手记（二）》，《中国医学人文》2017 年第 4 期。

《麻风村的流火——美国华人医生西非之行手记（一）》，《中国医学人文》2017 年第 3 期。

徐珺（湘潭大学）

《抗战时期衢州地区细菌战研究》，湘潭大学硕士学位论文 2018 年。

许俊才

《美国食品安全法案颁布历程的启示》，《社会观察》2008 年第 11 期。

徐衍（浙江中医药大学）

《宋以前医籍所载〈金匮要略〉佚文辑考》，浙江中医药大学硕士学位论文 2019 年。

～徐光星：《〈梅师方〉与〈医门方〉考略》，《中华医史杂志》2018 年第 6 期。

《〈金匮要略〉厚朴七物汤与厚朴三物汤方证考辨》，《浙江中医药大学学报》2017 年第 8 期。

徐凯希（湖北省社会科学院）

《鸦片战争与近代中国的烟禁》，《河北学刊》1991 年第 5 期。

《鸦片贸易与近代中国社会》，《湖北社会科学》1991 年第 2 期。

许凯翔（台湾中央研究院）

《宋代成都玉局观药市的宗教性》，《台大历史学报》第 64 期（2019.12）。

许珂（南京大学）

《健康信息在村庄中的传播》，南京大学硕士学位论文 2016 年。

许可（南京中医药大学）

《宋以前江苏方书及其方剂的整理研究》，南京中医药大学硕士学位论文 2012 年。

～吴承艳：《宋以前方书中方剂的归类研究法初探》，《长春中医药大学学报》2012 年第 2 期。

～吴承艳：《〈金匮要略〉"病家"体质说》，《吉林中医药》2011 年第 10 期。

徐科（中国科学院）

《我国现代生理学的重要奠基人——纪念冯德培先生百年诞辰》，《生理学报》2007 年第 6 期。

徐科青（宁波大学文学院）

《西医在宁波的成长及其社会影响——以宁波华美医院（1843—1954）为中心的考察》，宁波大学硕士学位论文 2010 年。

《教会医院在宁波的发展及其社会影响——以宁波华美医院为例》，《宁波教育学院学报》2008 年第 4 期。

～姜海艳：《西医东渐之宁波华美医院的考察》，《宁波广播电视大学学报》2008 年第 3 期。

许鲲

《清初皇室与痘疹防治》，《故宫博物院院刊》1994 年第 3 期。

徐力恒

《从古代人骨骼看癌症的历史》，《光明日报》2014 年 9 月 17 日 014 版。

徐立军（北京中医药大学）

《浅析李东垣脾胃思想的形成及贡献》，《中医教育》2006 年第 3 期。

徐丽君(广州大学)

《中美疾病报道的批评隐喻对比分析》,广州大学硕士学位论文 2016 年。

徐丽敏(天津市长征医院)

《中医皮肤性病学发展史》,《中国中西医结合皮肤性病学杂志》2008 年第 1 期。

许立人(黑龙江中医药大学/黑龙江中医学院)

《与〈告别中医中药〉论者商榷》,《医学与哲学(人文社会医学版)》2007 年第 1 期。

～常存库:《医学的发展与社会科学》,《医院管理》1984 年第 7 期。

《马克思恩格斯与医学科学——纪念马克思逝世一百周年》,《医学与哲学》1983 年第 5 期。

《卫生工作的根本任务是保护健康保护生产力——纪念马克思逝世一百周年》,《中医药学报》1983 年第 2 期。

～周炎光:《分化、吸收与突破——西方医学史发展中的三次变革》,《医学与哲学》1981 年第 3 期。

《试论机械唯物论和近代西方医学》,《中国药学报》1979 年第 2 期。

《关于朴素唯物论自发辩证法和祖国医学》,《中医药学报》1978 年第 3 期;1979 年第 1 期。

徐琳(上海中医药大学)

《科学与非科学的分界——关于废除中医大论战的哲学思考》,《中医药文化》2011 年第 4 期。

徐龙根(苏州大学)

《精神障碍者非自愿治疗及权利保护问题探讨》,苏州大学硕士学位论文 2013 年。

徐璐

《澳门医疗保障制度现状、问题以及改革》,《世界经济情况》2008 年第 2 期。

徐璐(北京大学)

～杜伟钊:《医疗类新闻报道倾向性研究——以北京地区三家都市报为例》,《新闻爱好者》2011 年第 15 期。

徐璐(华中科技大学)

《汉口火车站公共卫生管理问题研究》,华中科技大学硕士学位论文 2017 年。

徐满成(上海中医药大学)

李文惠～柳国斌:《新媒体环境下加强医德教育的思考》,《中医药管理杂志》2017 年第 5 期。

～何新慧:《张仲景针灸禁忌探析》,《中医杂志》2016 年第 11 期。

～何新慧:《张仲景针灸治疗特色及学术思想探析》,《上海针灸杂志》2016 年第 8 期。

《针灸日时避忌探析》,《中国中医药信息杂志》2013 年第 5 期。

～张莎莎:《刍议传统文化与中医医院文化建设〈,《中医药管理杂志》2012 年第 5 期。

徐梅(云南中医学院)

～吴永贵:《浅论傣医药文化的"药食同源"》,《中国民族医药杂志》2010 年第 2 期。

～陈普等:《试析傣医药与巫文化的关系》,《中国民族医药杂志》2007 年第 10 期。

梁昆生、吴冠儒～:《三百年前云南地方"医约"浅述》,《云南中医学院学报》2006 年第 6 期。

许美华(上海外国语大学)

《英国国民保健制度及其启示》,上海外国语大学硕士学位论文 2007 年。

徐美苓(台湾政治大学)

《健康传播研究与教育在台湾——"传播"主体性的反思》,《西南民族大学学报(人文社科版)》2007 年第 10 期。

～陈瑞芸等：《爱滋新闻阅读与对感染者与病患的态度：以针对年轻族群的讯息设计实验为例》，《新闻学研究》第 87 期（2006.4）。

许敏玲（台湾师范大学）

《麻风病与明清社会》，台湾师范大学硕士学位论文 2005 年。

许铭（中国医药保健品进出口商会）

汪建芬……王雨彤～李思茹等：《欧盟草药专论现况及对中药注册的影响》，《中国现代中药》2017 年第 5 期。

汪建芬、张中朋～邹秦文等：《欧盟成员国传统植物药品注册情况进展》，《中国现代中药》2016 年第 12 期。

《对非医疗合作与援助：挑战及建议》，《国际经济合作》2013 年第 11 期。

《我国医药企业国际化路径分析》，《中国食品药品监管》2012 年第 10 期。

《外资企业在华医药领域投资现状及其影响》，《中国国情国力》2010 年第 12 期。

于倩倩～：《我国医药外贸形势回顾与展望》，《中国国情国力》2010 年第 4 期。

《中药开拓欧洲市场机遇与困难同在》，《中国医药导报》2006 年第 25 期。

许明辉（广西中医药大学/广西中医学院）

《中医有关神和治神思想探析》，《中华针灸电子杂志》2015 年第 1 期。

～邹簇等：《张仲景针灸学术思想探析》，《广西中医药》2004 年第 1 期。

～陶志虎等：《〈伤寒论〉自汗无汗病机浅析》，《广西中医药》2003 年第 6 期。

徐名山

《苏州国医研究院之创办经过及现况》，《明日医药》1936 年第 4 期。

徐木林（湖北省中医药研究院）

～王秋琴：《比较医学之比较》，《医学与哲学》1995 年第 7 期。

徐宁（山东中医药大学）

《中国古代哲学精气概念与中医学精气概念之研究》，山东中医药大学博士学位论文 2008 年。

徐平（北京中医药大学）

～王琦：《〈黄帝内经〉形神理论的哲学内涵》，《中医学报》2018 年第 4 期。

～王琦：《形神理论体系核心架构演变过程探究》，《河南中医》2017 年第 11 期。

《中医形神观的历史演变》，北京中医药大学博士学位论文 2016 年。

《〈伤寒杂病论〉中的食疗思想及应用方法研究》，北京中医药大学硕士学位论文 2008 年。

徐平（上海中医药大学）

张伟波……虎力～：《〈标幽赋〉刍析》，《上海中医药杂志》2018 年第 9 期。

虎力～：《基于古代文献的任脉交会穴主治症规律研究》，《中华中医药学刊》2016 年第 7 期。

张潮～王静等：《〈玉龙歌〉各传本的比较研究》，《中医文献杂志》2012 年第 5 期。

陈瑞莹～：《宋代以前针灸图像考》，《中医文献杂志》2009 年第 5 期。

《禅宗与中医学——从禅宗对中国传统文化的影响看禅宗与中医学的关系》，《上海中医药大学上海市中医药研究院学报》1996 年第 1 期。

《释"手如握虎"》，《医古文知识》1995 年第 2 期。

徐平章

《中国产科学史略》，《中西医药》1947 年第 37 期。

项祺（山西中医学院/山西省中医研究所）

《论薛己对〈内经〉治则学说的发挥》，《山西中医》1997 年第 5 期。

～李秉英：《对〈黄帝内经〉气机学说的探讨》，《中国医药学报》1996 年第 6 期。

《试论赵献可对〈黄帝内经〉命门学说的研究成就》，《山西中医》1993 年第 4 期。

《〈内经〉病因病机学说概要》，《山西中医》1988 年第 2 期。

徐齐（中国中医科学院）

侯如艳……王彤～董树平：《中国医史博物馆馆藏文物述要》，《中华医史杂志》2014 年第 4 期。

胡晓峰～刘学春等：《文物流通市场医药文物考察初报》，《中华医史杂志》2013 年第 3 期。

《中国医史博物馆筹建过程》，《中华医史杂志》2012 年第 1 期。

《中国医史博物馆 2009 年收藏的清代铸铁捣臼》，《中华医史杂志》2010 年第 2 期。

许起山（暨南大学文学院）

《1949 年以来〈司牧安骥集〉研究述评》，《中兽医学杂志》2013 年第 5 期。

徐其一（成都理工大学）

《城乡健康传播中"知识沟"与"数字沟"现象的实证研究》，成都理工大学硕士学位论文 2016 年。

徐其章（大理学院）

《缅甸佤邦北部佤族区疟疾感染和就医行为及其影响因素研究》，大理学院硕士学位论文 2010 年。

徐倩（浙江师范大学）

《撒哈拉以南非洲国家学校供餐项目研究》，浙江师范大学硕士学位论文 2014 年。

徐前进（东北师范大学）

《法国身体史研究的起源与方法》，《史学理论研究》2018 年第 3 期。

《卢梭的病：医学与史学的综合解读》，《历史研究》2013 年第 5 期。

《卢梭的病：启蒙者与浪漫派转换的生命体验》，《中国社会科学报》2013 年 12 月 4 日 A05 版。

徐强（大连海事大学）

《传染病控制的国际环境保护法律问题研究》，大连海事大学硕士学位论文 2009 年。

徐强（上海师范大学）

《中医传播中的主体化倾向研究》，上海师范大学博士学位论文 2013 年。

《从"中医"内涵的演变谈其发展特质》，《中医药文化》2012 年第 4 期。

徐勤（中国老龄科学研究中心）

《老年痴呆患者的照护问题研究》，《老龄科学研究》2015 年第 6 期。

～吕繁等：《艾滋病对代际关系的影响——从老年的视角》，《浙江学刊》2006 年第 2 期。

～伍小兰：《关注艾滋病对老年妇女的影响》，《妇女研究论丛》2005 年 S1 期。

～吕繁等：《中国老年艾滋病的流行状况分析》，《人口与经济》2005 年第 6 期。

伍小兰～：《我国城乡居民对安全套的认识及使用状况》，《南京人口管理干部学院学报》2005 年第 3 期。

～伍小兰等：《艾滋病流行对人口与社会经济的影响》，《人口学刊》2005 年第 3 期。

～吕繁等：《艾滋病对老年人的影响》，《人口研究》2005 年第 3 期。

《美国临终关怀的发展及启示》，《人口学刊》2000 年第 3 期。

徐清照（山东省委党校）

《建国 60 年来中国农村合作医疗发展的历程、成就及经验》，《中国集体经济》2009 年第 25 期。

旭仁其其格(内蒙古民族大学附属医院)

《〈四部医典〉中的孕产期卫生保健》,《中国民族民间医药》2011 年第 3 期。

徐仁铣

《七十五年来医学的进步》,《教育杂志》1936 年第 7 期。

徐荣庆(南京中医药大学/南京中医学院)

～周珩:《论秦汉、晋唐、宋元中医发展的成就》,《南京中医药大学学报(社会科学版)》2000 年第 1 期。

《姜礼学术思想浅析》,《黑龙江中医药》1993 年第 6 期。

《马培之学术思想特点浅介》,《安徽中医学院学报》1991 年第 4 期。

《浅析陈修园学术思想》,《黑龙江中医药》1991 年第 5 期。

《承淡安与〈伤寒论新注〉》,《黑龙江中医药》1991 年第 1 期。

《成无己治伤寒学的学术思想浅析》,《安徽中医学院学报》1990 年第 3 期。

《试析张从正的攻邪学说》,《黑龙江中医药》1990 年第 3 期。

徐荣斋(浙江省中医药研究院/浙江中医学院/浙江医科大学)

《善治者因其势而利导之——略论〈内经〉因势立则说》,《上海中医药杂志》1983 年第 8 期。

蔡定芳～:《善治者因其势而利导之——略论〈内经〉因势立则说》,《上海中医药杂志》1983 年第 8 期。

蔡定芳～:《略谈〈素问·热论〉治则对后世的影响和启示》,《山东中医杂志》1982 年第 3 期。

《河间论中风的见微知著》,《辽宁中医杂志》1981 年第 5 期。

《〈伤寒论〉六经是辨证施治与辨病施治相结合的》,《浙江中医学院学报》1980 年第 4 期。

《李士材学派考略》,《上海中医药杂志》1980 年第 2 期。

《〈内经〉"五郁"证治探讨》,《浙江中医学院学报》1980 年第 1 期。

《"病机十九条"阐要》,《中医杂志》1980 年第 1 期。

《喜读〈蒲辅周医案〉》,《新中医》1973 年第 3 期。

《略谈成无己"注解伤寒论"的内容和所附图解问题》,《上海中医药杂志》1958 年第 3 期。

徐如恩(涪陵市中医院)

《略述〈内经〉心病的治则及其临床应用》,《陕西中医》1991 年第 1 期。

《业医务体诸仁 幼幼及人之幼——谈〈活幼心书〉中的医学伦理学》,《中国医学伦理学》1991 年第 1 期。

《〈临证指南〉胸痹证治探析》,《江苏中医》1988 年第 5 期。

《〈经方实验录〉对仲景方的发挥》,《四川中医》1986 年第 6 期。

许锐恒(广东省卫生防疫站)

《美国预防非常传染病的策略》,《广东卫生防疫》1995 年第 1 期。

徐睿瑶(山东中医药大学)

～李俊德:《宋代文人的四般闲事对现代养生的指导意义》,《世界中西医结合杂志》2016 年第 4 期。

～李宏远等:《针灸在日本的发展概况》,《世界总西医结合杂志》2016 年第 3 期。

～李俊德:《宋代中朝两国中医药交流情况概论》,《世界中西医结合杂志》2015 年第 9 期。

～李俊德:《日本书道与中医养生的关系初探》,《世界中西医结合杂志》2015 年第 7 期。

～李俊德:《日本香道与中医学的关系初探》,《世界中西医结合杂志》2015 年第 6 期。

～李俊德:《〈山家清供〉中的中医食疗养生思想初探》,《世界中西医结合杂志》2015 年第 5 期。

～李俊德:《日本茶道与中医学的关系研究》,《世界中西医结合杂志》2015 年第 5 期。

～李俊德:《日本新年的药膳粥——七草粥》,《世界中西医结合杂志》2015 年第 4 期。

～李俊德:《日本的新年药膳酒——屠苏酒》,《世界中西医结合杂志》2015 年第 3 期。

～李俊德:《中医药膳食疗在日本的发展概况》,《世界中西医结合杂志》2014 年第 12 期。

～李俊德:《日本汉方药的发展概况》,《世界中西医结合杂志》2014 年第 7 期。

许若潇（北京师范大学）

《19 世纪英国"友谊会"医疗救助体系述论》,北京师范大学硕士学位论文 2018 年。

许三春（辽宁石油化工大学/南开大学）

《评方小平〈赤脚医生与现代医学在中国〉》,《中国社会历史评论》2016 年 00 期。

《略论清代的乡村医者》,《兰台世界》2015 年第 16 期。

《古代中国乡村社会医疗救助初探》,《社科纵横》2013 年第 6 期。

《当代中国农村合作医疗制度起源探论》,《中国农业大学学报（社会科学版）》2013 年第 3 期。

《一根针、一把草:赤脚医生的医疗方式考察》,《中国社会历史评论》2013 年 00 期。

《清以来的乡村医疗制度——从草泽铃医到赤脚医生》,南开大学博士学位论文 2012 年。

《从电影〈春苗〉、〈红雨〉看赤脚医生制度特征》,《兰台世界》2012 年第 13 期。

《"日常生活史视野下中国的生命与健康"国际学术研讨会纪要》,《中华医史杂志》2012 年第 6 期。

许尚文

《中医对麻风病的认识和治疗》,《江西中医药》1955 年第 23 期。

许少健（广东省中医院）

康建华～:《古代中医治疗骨肿瘤的方法浅析》,《中医正骨》2006 年第 2 期。

～石宇雄等:《试论〈仙授理伤续断秘方〉的学术成就和价值》,《河南中医》1999 年第 6 期。

徐少锦（南京审计学院）

《华佗以"活人"为中心的医药伦理思想——兼评曹操杀华佗之道德法律问题》,《道德与文明》2004 年第 2 期。

徐少明

《中国齿科学之今夕》,《中国牙医杂志》1936 年第 4 期。

《中国牙科问题之探讨》,《中国牙医杂志》1936 年第 3 期。

徐绍全

《日本侵略者在浙江的细菌战述略》,《宁波师院学报（社会科学版）》1985 年第 3 期。

徐慎庠（南通中医药文化博物馆/江苏省海门市供电公司）

《他也是一位杰出的中医教育家——纪念朱良春先生诞辰 100 周年》,《中医文献杂志》2018 年第 2 期。

《享誉"百草之王"的"参文化"》,《上海中医药报》2017 年 8 月 25 日 011 版。

《失传的"楚回龙经纹诊法"》,《上海中医药报》2016 年 11 月 18 日 010 版。

《丁其誉著〈寿世秘典〉》,《上海中医药报》2016 年 9 月 30 日 010 版。

朱良春～:《蒋宝素先生学术成就及其生平》,《中医文献杂志》2016 年第 2 期。

《丹溪著作及传承述正》,《中医药文化》2014 年第 1 期。

《清末状元张謇涉医诗文》,《中医药文化》2012 年第 5 期。

《尘封六百年的钞本再铸辉煌——解读〈明洪武钞本《金匮要略方》〉》，《中医文献杂志》2011年第5期。

《明代御医盛启东医事别录》，《中医药文化》2010年第6期。

《薛宝田与〈北行日记〉》，《医古文知识》2004年第3期。

许仕海（安徽中医学院）

～陆翔：《江考卿与〈江氏伤科方书〉》，《中医药临床杂志》2011年第6期。

许世融

～谢孟芸等：《日治时期台湾汉民族的疾病迷信与总督府的肆应——以〈台湾惯习记事〉及〈民俗台湾〉为中心的探讨》，《区域与社会发展研究》2010年第1期。

徐树楠（河北医科大学）

～支政等：《中药归经学说的形成与发展》，《辽宁中医杂志》2010年第8期。

《李东垣脾胃学说对后世的影响》，《浙江中医杂志》2004年第6期。

～李庆升等：《〈本草蒙筌〉的学术特色探讨》，《浙江中医杂志》2004年第2期。

许淑雯（台湾中国医药大学）

《针灸处方模式之探讨》，台湾中国医药大学硕士学位论文2010年。

徐淑贤（渤海大学）

《健康报道研究——以近三年中国健康传播大会报道好作品为例》，渤海大学硕士学位论文2012年。

徐朔方（浙江大学）

《汤显祖和梅毒》，《文学遗产》2000年第1期。

徐松如（上海师范大学）

《旅沪徽州人与近代上海中医事业发展》，《中医药文化》2014年第4期。

徐颂周

《鸦片输入中国考》，《中国新论》1935年第5期。

徐苏恩（上海医科大学）

《我国学校卫生的发展简史》，《中国校医》1987年第2期。

《日本的卫生保健及管理》，《上海医科大学学报》1986年第4期。

徐素娟（中国科学技术大学）

～费杰等：《山西大同地区传染病分布特点及分析》，《中国老年学杂志》2013年第22期。

～费杰等：《1691—1692年陕西瘟疫发生原因初探》，《防灾科技学院学报》2012年第4期。

许檀（兰州大学）

《清代的祁州药市与药材商帮——以碑刻资料为中心的考察》，《中国经济史》2019年第2期。

徐泰（黄山市祁门县中医医院/祁门县卫生局）

《明代御医王琠考》，《安徽中医临床杂志》1997年第5期。

《浅谈新安医家之创新》，《中医杂志》1991年第12期。

《徐春甫对老年医学的贡献》，《安徽中医学院学报》1986年第3期。

许涛（昆明医学院）

～杨波等：《法国卫生与社会保障制度与欧盟公共卫生政策》，《昆明医学院学报》2008年S1期。

《法国对外医科教育》，《法国研究》2005年第1期。

徐韬园（上海医科大学/上海市精神卫生中心（总部））

《老子哲学与心理治疗》，《上海精神医学》2005 年第 6 期/2007 年第 6 期。

《我国儿童精神医学的发展概况》，《中华精神杂志》1999 年第 4 期。

《从历史演变看今后发展》，《临床精神医学杂志》1998 年第 1 期。

《上海市精神卫生中心早年简史》，《临床精神医学杂志》1997 年第 6 期。

《我国现代精神病学发展史》，《中华神经精神科杂志》1995 年第 3 期。

我国现代精神病学发展史》，《中华神经精神科杂志》1995 年第 1、2 期。

《儿童精神医学的回顾与展望》，《上海精神医学》1993 年第 2 期。

《中国精神病学四十年》，《上海精神医学》1989 年第 1 期。

徐天民（中国性医学会/北京医科大学）

《中国性学会的回顾和展望——应〈世界华人性学〉创刊而作》，《中国性科学》2008 年第 1 期。

《乘风破浪 开拓前进——庆祝中国性学会成立十周年》，《中国性科学》2004 年第 10 期。

《中国性科学的历史发展》，《中国性科学》2003 年第 1 期。

～李传俊：《当代中西方医学伦理思想比较研究》，《中国医学伦理学》1996 年第 5、6 期；1997 年第 1 期。

徐彤武（中国社会科学院）

《全球卫生安全：威胁、挑战与应对》，《中国国际战略评论》2019 年第 2 期。

《新时代与中国的全球卫生战略》，《中国国际战略评论》2018 年第 1 期。

《当代全球卫生安全与中国的对策》，《国际政治研究》2017 年第 3 期。

《全球卫生：国际实力、现实挑战与中国发展战略》，《国际政治研究》2016 年第 3 期。

《埃博拉战争：危机、挑战与启示》，《国际政治研究》2015 年第 2 期。

《医改法案：历史性的裁决》（奥巴马医改），《世界知识》2012 年第 14 期。

《奥巴马政府的医疗改革及其前景》，《美国研究》2010 年第 1 期。

许惋棱（台湾暨南大学）

《听、听见、听懂：台湾原住民心理健康之研究》，暨南大学硕士学位论文 2014 年。

徐旺生（中国农业博物馆）

《中国近代家畜疾病防治研究综述》，《中国科技史料》1996 年第 1 期。

许伟（湖北省社会科学院）

～谢熠：《健康社会学的流变与前瞻》，《学术论坛》2014 年第 8 期。

许维安（台湾师范大学）

《"友谊"抑或"疾病"？ 近代中国女同性恋论述之转变（1920s—1940s）》，台湾师范大学硕士学位论文 2019 年。

徐卫东（南京中医药大学）

《〈儒门事亲〉中的禅道融合观》，《中医文献杂志》2002 年第 2 期。

徐威廉

《内分泌学发展史略》，《中华医史杂志》1987 年第 4 期。

徐文

D.E.Bedford 撰，～译：《古代的脉学源流》，《上海中医药杂志》1958 年第 6 期。

徐文芳

《原日本侵华军细菌毒气战分布及简介》,《黑龙江史志》2004 年第 5 期。

许文刚（西北师范大学）

《宋诗与宋代药材研究》,西北师范大学硕士学位论文 2016 年。

徐雯洁（中国中医科学院）

《新安王氏内科论治肺系疾病特色研究》,中国中医科学院博士学位论文 2018 年。

赵凯维、张玉辉～刘理想:《龚廷贤养生思想探析》,《中国医药导报》2018 年第 21 期。

～徐世杰等:《欧洲文艺复兴与新文化运动对医疗史现代性的影响》,《中医药导报》2017 年第 31 期。

～徐世杰等:《"了解之同情"视阈下的中欧医疗史比较》,《中华中医药杂志》2017 年第 10 期。

～王键等:《中医传统思维发展之"伤寒论""内伤学说"到"外损致虚"的认识推进》,《中华中医药杂志》2017 年第 6 期。

～徐世杰:《基于护阴理论的汪机、吴澄、叶天士三家脾胃思想研究》,《中华中医药杂志》2017 年第 3 期。

～夏洁楠等:《吴澄论治风劳思想探赜》,《亚太传统医药》2015 年第 18 期。

丁毅、王国为～徐世杰:《〈太平圣惠方〉对腰脚疼痛的食治方剂分析》,《辽宁中医杂志》2015 年第 2 期。

徐文梅（西北林学院/延安大学）

～窦延玲:《晚清中国医学期刊发展》,《西北大学学报（自然科学版）》2017 年第 3 期。

《中国近代生物学家的办刊理念》,《编辑学报》2012 年第 5 期。

～窦延玲:《中国近代生物学期刊的成型和初具规模时期》,《西北大学学报（自然科学版）》2012 年第 4 期。

～窦延玲:《近代中国生物学期刊发展的停滞与复苏期》,《中国科技期刊研究》2012 年第 4 期。

《中国最早的生理学学术期刊——〈中国生理学杂志〉》,《延安大学学报（医学科学版）》2010 年第 4 期。

朱联营、赵大良～:《世纪之交中国科技期刊出版业的改革发展》,《中国科技期刊研究》2009 年第 5 期。

许文茜（宁夏大学）

《从药神到药商:河北安国药都文化研究》,宁夏大学硕士学位论文 2018 年。

许文颖（华东师范大学）

《上海援摩洛哥医疗队研究（1975—1985）》,华东师范大学硕士学位论文 2011 年。

徐锡藩

《中国寄生虫学发展之回顾与展望》,《科学》1940 年第 7 期。

许锡庆

《明治时期台湾总督府中央卫生行政组织之变革》,许锡庆编译《台湾总督府公文类纂卫生史料汇编（明治三十年一月至明治三十四年十二月）》（南投:台湾省文献委员会 2001 年）。

《日据时期在台防疫工作序幕战——明治二十九年（1896）之鼠疫流行始末》,《台湾文献》第 50 卷第 2 期（1999）。

许霞（安徽中医药大学/中国中医科学院/安徽中医学院）

～吴亚兰等:《中药"软膏剂"名词考证》,《中华医史杂志》2019 年第 4 期。

～吴亚兰:《"剂型"名词源流考释》,《中华中医药杂志》2019 年第 4 期。

吴亚兰～:《胶剂的历史发展》,《中医药临床杂志》2018 年第 5 期。

～朱建平:《民国时期中医学校教育人才培养模式及其对现代中医教育的启示》,《安徽中医药大学学报》2017 年第 2 期。

孟庆威～:《浅析〈证因方论集要〉》,《安徽中医药大学学报》2016 年第 5 期。

～安静:《庞安时论治温疫学术思想及其对后世的影响》,《安徽中医药大学学报》2016 年第 3 期。

赵黎～:《新安医家对老年痹证辨治特点的探讨》,《中国中医药现代远程教育》2015 年第 11 期。

曹健～:《明代医家马莳针灸学术思想浅析》,《中医学报》2011 年第 10 期。

～朱建平:《〈肘后备急方〉方剂剂型统计与分析》,《中医杂志》2010 年第 10 期。

～朱建平:《先秦两汉时期医书方剂剂型概况》,《陕西中医学院学报》2010 年第 6 期。

陆翔……方向明～邻峦等:《新安医家创方研究思路与策略》,《中医药临床杂志》2010 年第 4 期。

《新安槐塘程姓家族医学的传承对中医教育的启迪》,《辽宁中医药大学学报》2010 年第 2 期。

《〈备急千金要方〉方剂剂型统计与分析》,《安徽中医学院学报》2010 年第 1 期。

《宋以前方剂剂型的历史研究》,中国中医科学院博士学位论文 2010 年。

～张玉才:《试述徽州宗族在新安医学普及与传播中的作用》,《中医药导报》2007 年第 7 期。

～曹健:《论中医"命门观"的学术发展》,《中医药临床杂志》2005 年第 5 期。

万四妹～:《汪机〈伤寒选录〉对温病学的贡献》,《安徽中医学院学报》2004 年第 3 期。

徐湘亭

《清代名医无锡张聿青先生轶事》,《江苏中医》1957 年第 2 期。

徐晓慧（南京师范大学）

《南宋司法检验制度研究》,南京师范大学硕士学位论文 2008 年。

徐晓婷（上海中医药大学附属曙光医院）

～沈远东:《匈牙利中医药立法对中医国际化传播的启示》,《中医药文化》2018 年第 1 期。

徐晓君（广西大学）

《以互联网为平台的健康传播研究》,广西大学硕士学位论文 2007 年。

徐晓军（华中师范大学）

～彭扬帆:《失独人群文化创伤:形成过程、演化逻辑和再造》,《西北师范大学学报（社会科学版）》2017 年第 5 期。

～刘炳琴:《失独人群的创伤后应激障碍及其心理援助》,《武汉大学学报（人文科学版）》2017 年第 2 期。

《艾滋病患者的自我身份认同研究——以鄂西北的艾滋病患者为例》,《医学与哲学（A）》2013 年第 12 期。

～屈媛媛:《乡村艾滋病人印象管理的路径分化逻辑——湖北 XY 市艾滋病村庄的实践》,《湖北社会科学》2013 年第 6 期。

～胡觅:《疾病状态与社会生活的"半融入"——乡村艾滋病人互动关系结构的演变逻辑》,《中国民族大学学报（人文社会科学版）》2013 年第 3 期。

～魏海涛：《乡村潜规则形成的惯例化——湖北 HL 艾滋病村庄的实践》，《社会主义研究》2011年第6期。

《内核—外围：传统乡土社会关系结构的变动——以鄂东乡村艾滋病人社会关系重构为例》，《社会学研究》2009年第1期。

～张必春：《从想象到现实：艾滋病人社会关系张力与断裂的逻辑》，《浙江社会科学》2009年第1期。

～祝丽花：《"弱组织"状态下乡村集体行动的产生逻辑——以鄂东某村艾滋病人的集体行动为例》，《青年研究》2008年第10期。

许小丽（牛津大学）

蒋辰雪～：《中医人类学的研究回眸——人类学学者访谈录之八十八》，《广西民族大学学报（哲学社会科学版）》2019年第4期。

肖坤冰～：《医学人类学与中国西南地区的人类学研究——人类学学者访谈录之七十八》，《广西民族大学学报（哲学社会科学版）》2019年第4期。

～秦倩：《从人类学视角看抗疟药青蒿的"发现"》，《中医药文化》2016年第2期。

徐小言（华东师范大学/中国农业大学）

《农村健康贫困的演变逻辑与治理路径的优化》，《西南民族大学学报（人文社科版）》2019年第7期。

《农村居民"贫困—疾病"陷阱的形成分析》，《山东社会科学》2018年第8期。

左停～：《农村"贫困—疾病"恶性循环与精准扶贫中链式健康保障体系建设》，《西南民族大学学报（人文社会科学版）》2017年第1期。

～左停：《健康风险与福利需求的多元化——以 S 省 H 村为例》，《东岳论丛》2016年第8期。

《农村健康保障链构建研究——基于"贫困—疾病"陷阱的视角》，中国农业大学博士学位论文2017年。

许笑盈（安徽中医药大学）

《〈养老奉亲书〉老年养生思想研究》，安徽中医药大学硕士学位论文2016年。

《老年养生思想探析——读〈养老奉亲书〉与〈寿亲养老新书〉》，《中医药文化》2016年第2期。

许霄羽（西北工业大学）

《〈莎乐美〉：疯癫女性的意象解读——父权社会中的女性命运研究》，《西北大学学报（哲学社会科学版）》2012年第6期。

胥筱云（云南中医学院）

周国军、付新伟～：《试论环境因素对中医局部望诊的影响》，《中国民族民间医药》2012年第4期。

张晓琳～王寅：《〈严氏济生方〉附子方药配伍规律探究》，《中国中医学院学报》2012年第1期。

～张晓琳：《浅析〈吴佩衡医案〉中的中药祛邪反应》，《云南中医中药杂志》2011年第12期。

王雪梅、杨梅～：《试述以多元一体发展模式构建傣医药教育体系》，《中国民族医药杂志》2011年第11期。

李倩～付新伟等：《傣医四塔病诊断思路分析》，《云南中医中药杂志》2011年第6期。

王雪梅、杨梅～：《傣医药学寺院教育传承模式探讨》，《云南中医学院学报》2011年第5期。

李倩～付新伟等：《浅谈傣医诊断观的哲学思想基础》，《云南中医中药杂志》2011年第5期。

李倩～付新伟：《傣医诊断观、治疗观形成源流初探》，《中国民族民间医药》2011年第2期。

～杨梅等：《基于南传佛教与傣医学的关系研究的评述及思考》，《中国民族医药杂志》2010 年第 10 期。

李倩……鲁法庭～：《〈档哈雅〉方剂用药特点分析》，《中国民族医药杂志》2010 年第 10 期。

付新伟～：《试论〈内经〉对目诊的贡献》，《云南中医中药杂志》2010 年第 6 期。

～杨梅等：《傣医药学"风病论"溯源》，《云南中医学院学报》2009 年第 5 期。

王雪梅、杨梅～：《以"四塔五蕴"为核心的傣医疾病观浅析》，《云南中医学院学报》2009 年第 5 期。

～杨梅等：《傣医疾病治疗与时间的关系初探》，《中国民族医药杂志》2008 年第 10 期；2009 年第 10 期。

杨梅～李玉娟等：《中医、傣医对生命起源认识之比较》，《中国民族医药杂志》2007 年第 6 期。

杨梅、王寅～李玉娟：《中医精气神学说与傣医五蕴学说的比较》，《中国民族医药杂志》2007 年第 5 期。

杨梅、王寅～王雪梅等：《中医五行学说与傣医四塔学说的比较研究》，《云南中医学院学报》2007 年第 2 期。

～杨梅等：《傣族"解药"研究综述》，《中国民族医药杂志》2007 年第 3 期。

杨梅～龚谨：《中医与傣医望色诊病之比较》，《中国民族民间医药杂志》2006 年第 1 期。

徐昕（西南政法大学）

～卢荣荣：《暴力与不信任——转型中国的医疗暴力研究：2000—2006》，《法制与社会发展》2008 年第 1 期。

许新民（云南师范大学）

《疟疾与晚清民国云南生态环境》，《贵州师范学院学报》2015 年第 1 期。

《近代云南瘟疫流行考述》，《西南交通大学学报（社会科学版）》2010 年第 4 期。

～康春华：《清末滇南地区瘟疫述评》，《云南师范大学学报（哲学社会科学版）》2005 年第 3 期。

许兴国（天津中医学院）

《〈温病条辨〉舌诊初探》，《福建中医药》1992 年第 6 期。

《〈温病条辨〉脉诊浅析》，《四川中医》1991 年第 10 期。

《张锡纯温热观初探》，《辽宁中医杂志》1991 年第 2 期。

徐栩（郑州大学出版社）

《〈救荒本草〉的科学思想研究》，《河南科技》2010 年第 21 期。

许雪姬

《日治时期台湾人的海外活动——在"满洲"的台湾医生》，《台湾史研究》第 11 卷第 2 期（2004）

许亚洲（江苏省南京市总工会）

《民国时期国医节的由来》，《浙江中医杂志》2000 年第 2 期。

徐雅妮（中央民族大学）

《西部农村卫生医疗现状与发展研究——关于甘肃宁县卫生医疗的调查研究》，中央民族大学硕士学位论文 2004 年。

许岩（兰州大学）

《古代道医综述》，兰州大学硕士学位论文 2009 年。

徐燕琳（华南农业大学）

《广州碑刻医史文献考述》，《中医文献杂志》2009 年第 1 期。

徐彦敏

《追访王旭高先生遗事》,《江苏中医》1963年第5期。

许彦增(河北省食品药品监督管理局)

《美国食品药品监管百年发展之启示》,《中国食品药品监管》2008年第10期。

徐扬(北京中医药大学)

《民国时期中医社团医籍出版研究》,北京中医药大学硕士学位论文2017年。

～杨东方:《民国时期中医社团与医籍出版》,《中医文献杂志》2017年第5期。

杨东方～成晓玉等:《任应秋与医古文学科》,《中医教育》2015年第5期。

徐仪明(湖南师范大学/河南大学)

《〈黄帝内经〉中的黄帝治国之道研究》,《平顶山学院学报》2018年第6期。

《王夫之〈莲峰志〉研究》,《船山学刊》2018年第3期。

《试述王夫之对中医哲学火论思想的阐发》,《中共宁波市委党校学报》2018年第2期。

《忽思慧〈饮膳正要〉道教医学观念与元代少数民族饮食文化》,《老子学刊》2018年第2期。

《再论王夫之的中医药学思想》,《船山学刊》2015年第2期。

《从张锡纯医哲观看中医哲学研究的基础理论问题》,《衡水学院学报》2013年第5期。

《〈饮膳正要〉药膳精粹与道医养生文化》,《湖南城市学院学报》2013年第2期。

《忽思慧其人其书及其族属》,《平顶山学院学报》2012年第4期。

《〈黄帝内经〉的生命与哲学诠释——〈黄帝内经(全本全注全译)〉读后》,《中共济南市委党校学报》2011年第3期。

《冯友兰哲学与中医之关系》,《湘湖论坛》2011年第2期。

《论王夫之的中医哲学思想》,《郑州轻工业学院学报(社会科学版)》2011年第1期。

～廖永安:《试论中医走向世界的几个问题》,《亚太传统医药》2009年第11期。

《张景岳医易学思想新论》,《周易研究》2009年第1期。

《论易学太极阴阳说与中医之关系》,《中南林业科技大学学报(社会科学版)》2008年第2期。

《〈道德经〉和谐精神的普世性——以人本心理疗法和森田疗法为例》,《郑州轻工业学院学报(社会科学版)》2007年第5期。

《论程朱对〈内经〉心理思想的阐发与应用》,《商丘师范学院学报》2005年第1期。

《〈易经〉心理思想研究》,《齐鲁学刊》2005年第1期。

《〈易经〉的心理思想及其历史影响》,《心理学报》2004年第5期。

《明代医易学极盛的过程与原因》,《商丘师范学院学报》2004年第3期。

《论葛洪的道教内丹养生学》,《商丘师范学院学报》2003年第6期。

《葛洪内丹养生学探析》,《南京中医药大学学报(社会科学版)》2003年第4期。

《试析明代医易学极盛的过程与原因》,《东方论坛(青岛大学学报)》2003年第3期。

《〈易经〉心理思想探析》,《商丘职业技术学院学报》2003年第1期。

《论孟子"仁术"说对北宋儒医文化发展的影响》,《史学月刊》2002年第11期。

《中医哲学形神观的现代价值》,《江苏社会科学》2001年第5期。

《简论朱熹对古代中医学发展的影响》,《中华医史杂志》2001年第4期。

《简论明代医家的"太极"说》,《内经中医药大学学报(社会科学版)》2001年第2期。

《孔孟仁孝观与宋儒的重医倾向》,《孔子研究》2000年第5期。

《孔孟仁孝观与二程知医为孝说》,《开封大学学报》1999 年第 4 期。

《宋代中原医学文化勃兴之原因初探》,《南京中医药大学学报(社会科学版)》1999 年第 1 期。

《数与宋明医易学》,《复旦学报(社会科学版)》1998 年第 6 期。

《宋明医易学散论》,《周易研究》1997 年第 3 期。

《理学"仁"的观念与传统医学》,《开封大学学报》1997 年第 1 期。

《理学太极论与金元明医学》,《中州学刊》1996 年第 2 期。

徐义强(中山大学)

《近四十年来台湾医疗人类学研究回顾与反思》,《世界民族》2014 年第 4 期。

《祭词、医疗与民族文化遗产——哈尼族宗教祭词"斯批黑遮"的疾病认知体系探究》,《西南民族大学学报(人文社会科学版)》2013 年第 3 期。

《哈尼族治疗仪式的医学人类学解读》,《中央民族大学学报(哲学社会科学版)》2013 年第 2 期。

《仪式、象征与宗教艺术遗产——红河哈尼族叫魂仪式的人类学考察》,《民族艺术研究》2012 年第 5 期。

《哈尼族多元医疗体系与行为健康的医学人类学讨论》,《青海民族研究》2012 年第 3 期。

《医学的文化视角:基于医学人类学的理念》,《南京医科大学学报(社会科学版)》2012 年第 1 期。

《哈尼族的原始宗教信仰与仪式治疗》,《宗教学研究》2012 年第 1 期。

《近 30 年中国医学人类学研究的回顾与反思》,《思想战线》2011 年第 3 期。

《〈虎日〉的医学人类学解读:以文化的力量对抗疾病》,《医学与社会》2011 年第 8 期。

《一部优秀的彝族医学人类学民族志》,《医学与社会》2010 年第 12 期。

须义贞(上海中医药大学附属岳阳中西医结合医院)

~沈仲理:《浅析武之望〈济阴纲目〉治闭经》,《上海中医药杂志》2004 年第 3 期。

徐胤聪(山东中医药大学)

《〈黄帝内经〉治疗思想方法学研究》,山东中医药大学博士学位论文 2017 年。

徐瑛(上海市中医医院)

~张云鹏:《唐宋时期脑的学说发展举要》,《辽宁中医杂志》2006 年第 5 期。

~张云鹏:《明清时期脑的学说发展举要》,《辽宁中医杂志》2004 年第 12 期。

徐瀛芳

《章太炎古方权量考补正》,《中医新生命》1935 年第 15 期。

徐勇(北京大学)

《侵华日军驻北平及华北各地细菌部队研究概论》,《抗日战争研究》2002 年第 1 期。

徐永昌(贵阳中医学院)

《中医在澳大利亚的传播和发展》,《中华医史杂志》1998 年第 1 期。

《澳大利亚中医教育的新发展及对我国高层次中医教育的思考》,《中医教育》1996 年第 1 期。

徐永红(华东师范大学)

《中医药文化对外传播研究——以文化适应为视角》,华东师范大学博士学位论文 2014 年。

徐永禄(贵阳中医学院)

冯少彬~:《〈伤寒论〉对腹痛的认识》,《贵阳中医学院学报》2007 年第 4 期。

《张锡纯治疗大气下陷证经验探讨》,《辽宁中医杂志》2003 年第 9 期。

《明诊病大法 述治疗之本——张景岳医疗经验探析》,《河北中医》2003 年第 1 期。

《〈伤寒论〉"病发于阳病发于阴"探讨》，《河南中医药学刊》2002年第1期。

《论证精辟合拍 处方活泼轻灵——"未刻本叶氏医案"初探》，《上海中医药杂志》1988年第11期。

《融古汇今寻新义——从〈伤寒质难〉看祝味菊先生的学术思想》，《上海中医药杂志》1985年第12期。

《日本医学博士矢数道明、矢数圭堂医疗经验简介》，《陕西中医》1985年第1期。

徐雍智（北京中医药大学）

《陆渊雷对〈伤寒论〉学术思想的继承与发展》，北京中医药大学硕士学位论文2014年。

徐友南

《明末清初名医——喻嘉言》，《江西中医药》1959年第7期。

徐有威（上海大学）

《上海小三线医疗卫生事业建设访谈——蒋征、姜庆五、萧天美、黄抗初访谈》，《医疗社会史研究》2017年第2期。

许又新

～赵传释译：《苏联神经病学40年》，《中华神经精神科杂志》1958年第2—3期。

《两晋南北朝及隋唐时代我国精神病学简介》，《中华神经精神科杂志》1956年第1期。

《我国古代的精神病学》，《中华神经精神科杂志》1955年第3期。

许有志

《贝原益轩与〈养生训〉》，《安徽中医学院学报》1984年第1期。

徐玉锦（延边大学中医学院）

景梦娇～：《论朝医四象医学少阳人调体法》，《中国民族医药杂志》2019年第11期。

文国权……崔勋～：《朝医四象医学太阳人体质与中医湿热体质的相关性研究》，《中国民族医药杂志》2019年第9期。

申森～：《论朝医四象医学太阴人调体法》，《中国民族医药杂志》2019年第5期。

屈重阳～：《论朝医学与中医学的整体观念》，《中国民族医药杂志》2018年第3期。

李香淑……张金琳～：《朝医典籍〈东医四象诊疗医典〉中名词术语的整理及规范化研究》，《中国民族医药杂志》2017年第6期。

《四象医学少阳人体质与中医阴虚质的相关性研究》，《中国中医基础医学杂志》2016年第6期。

辛袁波……文国权～：《朝医四象人体质与中医体质类型的相关性研究》，《中国民族医药杂志》2015年第5期。

李舒颖～：《四象医学基本特点之探析》，《中国民族医药杂志》2015年第1期。

《四象医学太阴人体质与中医瘀血质的相关性研究》，《中国中医基础医学杂志》2014年第11期。

《四象医学少阴人体质与中医阳虚质的相关性研究》，《中国中医基础医学杂志》2013年第7期。

～李根培：《朝医学发展史概述》，《中国民族医药杂志》2013年第3期。

《朝医少阴人特征与中医脾虚证本质探析》，《中国民族医药杂志》2012年第10期。

《论朝药的分类及功用特点》，《中国民族医药杂志》2011年第2期。

～禹钟守：《朝医与中医对糖尿病肾病诊治方面的比较研究》，《中国民族医药杂志》2011年第1期。

《甲印与朝医辨象方法初探》，《中国民族医药杂志》2010年第3期。

《论朝医四象人体质与养生法》，《中国民族医药杂志》2009年第9期。

许玉娟（中国中医药大学）

　　～林昭庚:《〈灵枢·天年〉的探讨》,《中华医史杂志》2010 年第 3 期。

许圆圆（陕西师范大学）

　　《唐代南海香药输入及其医药价值研究》,陕西师范大学硕士学位论文 2015 年。

徐元贞

　　《试谈秦汉时期医学领域的儒法斗争》,《开封师院学报》1974 年第 3 期。

许云庵

　　《阴阳是不是中医理论核心中的核心》,《广东中医》1963 年第 4 期。

徐兆红（陕西师范大学）

　　～殷淑燕:《我国秦汉时期疫灾时空特征分析》,《江西农业学报》2016 年第 9 期。.

徐兆祺

　　《中国医学之民间文献》,《现代中医》1934 年第 1 期。

徐喆（南京中医药大学）

　　《伤寒温病源流探析》,南京中医药大学博士学位论文 2011 年。

　　～王兴华:《浅谈〈难经〉中的伤寒与温病》,《山东中医药大学学报》2011 年第 3 期。

　　～王兴华:《浅谈陈延之〈小品方〉》,《长春中医药大学学报》2011 年第 2 期。

　　～王兴华:《〈内经〉中伤寒之"寒"义》,《世界中西医结合杂志》2011 年第 2 期。

　　～王兴华:《〈伤寒例〉略探》,《吉林中医药》2011 年第 2 期。

　　～王兴华:《略谈〈内经〉中的热病、伤寒与温病》,《浙江中医药大学学报》2011 年第 1 期。

徐桢（福建中医药大学）

　　～王晓青:《中医药文化传播路径分析及对策研究》,《成都中医药大学学报》2012 年第 3 期。

徐祯苓

　　《医者意也——〈西游记〉的医疗表述》,《中外文学》第 42 卷第 3 期(2013.9)。

许振国（河南中医学院）

　　～韦大文等:《〈黄帝内经〉心灵学对心理学发展趋势的初步认识》,《河南中医学院学报》2009 年第 4 期。

　　～刘向阳:《巫的分化与心理疗法的渊源——〈黄帝内经〉心灵学的创立》,《河南中医学院学报》2009 年第 2 期。

　　《从〈关雎〉看〈内经〉对心理过程的描写》,《河南中医学院学报》2006 年第 5 期。

　　《〈黄帝内经〉祝由考》,《河南中医学院学报》2005 年第 2 期。

　　许敬生～:《清儒研究〈内经〉的方法与成就》,《南京中医药大学学报(社会科学版)》2000 年第 1 期。

徐正东（泸州医学院）

　　～邓盛木等:《唐代医事管理与医疗机构设置制度初探》,《医学与哲学(人文社会医学版)》2008 年第 3 期。

　　～邓盛木:《对〈我们有权选择死亡吗?〉一文阅后感——安乐死初探》,《法律与医学杂志》2003 年第 2 期。

许正林（上海大学）

　　～祁晨旭:《我国报纸艾滋病报道 18 年历程与价值取向演变》,《新闻记者》2007 年第 1 期。

徐正蓉(云南大学)

《消极避疫到主动防疫:民国云南夏令卫生运动与防疫机制近代化》,云南大学硕士学位论文 2016 年。

许芷菲(江西中医药大学)

《西学东渐前后中医与日本汉方医学的生存发展对比研究》,江西中医药大学硕士学位论文 2019 年。

胥志刚(四川师范大学)

《试析 19 世纪 50—70 年代英国公共卫生管理改革》,四川师范大学硕士学位论文 2017 年。

徐志杰(上海第二军医大学)

～常富强等:《民国时期全国多地的禁烟运动》,《中华医史杂志》2017 年第 6 期。

～王经杰等:《现代医患关系的困境与发展趋势》,《医学与社会》2016 年第 4 期。

《医患关系的本质》,《中国医学人文》2016 年第 4 期。

许志泉(南京中医药大学)

～李殿宁等:《〈黄帝内经〉经络的解剖形态结构实质》,《南京中医药大学学报》1995 年第 4 期。

徐志祥(泰山学院科研处)

《食疗的起源及其应用》,《食品研究与开发》2003 年第 6 期。

徐忠明(中山大学)

《"仵作"源流考证》,《政法学刊》1996 年第 2 期。

徐竹(清华大学)

《中国医学史与技术史中的父权制意蕴——评〈性别视角中的中国古代科学技术〉》,《中国科技史杂志》2006 年第 2 期。

许主加(广东省饶平县卫生防疫站)

《饶平县 1957—1986 年白喉发病趋势分析》,《广东卫生防疫》1989 年第 3 期。

许妆庄(台湾大学)

《从偕医馆到马偕纪念医院——殖民地近代化中的医疗传教(1880—1919)》,台湾大学硕士学位论文 2010 年。

徐子杭(黄山市新安医学研究所)

～洪军等:《新安医学及其价值浅识》,《安徽中医临床杂志》1999 年第 2 期。

～洪军:《程王介与〈松崖医径〉》,《安徽中医学院学报》1997 年第 6 期。

徐宗良(上海医科大学)

《五行相胜法则与〈内经〉以情治情的心理疗法》,《医古文知识》1999 年第 2 期。

《传统生死观与中医养生保健》,《医古文知识》1997 年第 3 期。

《论西方文化中的死亡观》,《医学与哲学》1996 年第 7 期。

《浅谈养生动静观——兼论中国传统养生之特点》,《医古文知识》1996 年第 3 期。

《浅谈中国传统养生观》,《医学与社会》1995 年第 2 期。

《儒释道医交融 中华养生特色——略论中国养生学的传统文化构成》,《医古文知识》1995 年第 2 期。

许宗友(湖北民族学院)

《土家族医药文化变迁研究》,湖北民族学院硕士学位论文 2016 年。

徐陬

《从医药卫生的角度认识美国和苏联》，《浙江医药》1951 年第 5 期。

宣金堂

《闽北红军医院》，《健康报》1961 年 7 月 1 日。

玄振玉（上海中医药大学）

～胡惠平：《俞樾〈读书馀录·素问篇〉评析》，《江西中医学院学报》2003 年第 1 期。

～胡惠平：《浅述清代治学〈黄帝内经〉的特点》，《上海中医药大学学报》2002 年第 2 期。

薛崇成（中国中医科学院）

于迎、杜渐～杨秋莉：《基于〈内经〉的中医健康观》，《中国中医基础医学杂志》2011 年第 2 期。

杨秋莉、于迎～：《〈内经〉中对心身疾病的治疗原则》，《中国中医基础医学杂志》2010 年第 1 期。

刘婉婷、杨秋莉～：《〈金匮要略〉中精神疾患浅析》，《中医杂志》2008 年第 6 期。

马兰萍～：《新中国针灸学的开拓与革新者——记中国中医科学院针灸研究所创建人朱琏同志》，《中国针灸》2007 年第 11 期。

孙旭海～杨秋莉：《〈金匮要略〉对于身心疾病的朴素认识》，《中国中医基础医学杂志》2007 年第 9 期。

杨秋莉～：《〈内经〉时期我国的精神医学与医学心理学》，《中国中医基础医学杂志》2006 年第 4 期。

薛墩富（陕西中医学院）

《民国时期中医药学术演变及相关因素研究》，陕西中医学院硕士学位论文 2014 年。

～焦振廉：《近代以来中医及未来的方向》，《内蒙古中医药》2013 年第 32 期。

薛芳芸（山西中医药大学/山西中医学院）

～李俊等：《傅山〈家训·十六字格言〉解读及当代价值探究》，《山西高等学校社会科学学报》2019 年第 12 期。

李俊……王军～鹿云等：《中医思维：中医药文化自信的内在逻辑》，《医学教育管理》2019 年第 6 期。

～段志光等：《着力中医药文化认同　坚实中医药文化自信基础》，《医学教育管理》2019 年第 6 期。

～周蓉等：《傅山日常饮食中的"餐采"养生法探究》，《山西中医学院学报》2019 年第 4 期。

焦丽璞～穆俊霞：《论道家"无为"思想与中医养生》，《山西中医学院学报》2019 年第 3 期。

张亚楠～穆俊霞等：《傅山医学伦理思想对医学实践的指导》，《山西中医学院学报》2017 年第 5 期。

徐达瑶～刘润兰等：《浅谈傅山情志养生法》，《世界中西医结合杂志》2017 年第 1 期。

《傅山对老庄思想的继承和发展》，《太原日报》2016 年 8 月 29 日 007 版。

《老庄思想对傅山养生观的影响》，《太原日报》2016 年 9 月 5 日 007 版。

～杨继红等：《〈东坡养生集〉中食疗与药疗法》，《中国中医基础医学杂志》2014 年第 2 期。

～许馨：《谈中医与中国传统文化的关系》，《中国中医药现代远程教育》2013 年第 12 期。

～许馨：《论朱熹的医学情怀》，《中国中医药现代远程教育》2013 年第 10 期。

周蓉～冯丽梅等：《时间周期对人生理病理的重要影响》，《中国中医药现代远程教育》2013 年第 8 期。

周蓉～李俊莲等：《宋代文士尚医风气盛行的内外因素探析》，《时珍国医国药》2013 年第 5 期。

周蓉～杨继红等:《略论傅山的才学及从医缘由》,《山西中医》2013 年第 5 期。

～许馨等:《论沈括对中药本草学的贡献》,《医学与哲学(A)》2013 年第 5 期。

～李俊:《北宋名相王安石对中医药的贡献初探》,《山西高等学校社会科学学报》2013 年第 4 期。

周蓉、杨继红～刘润兰:《试论傅山医学论著中的道家思想》,《山西中医》2013 年第 4 期。

～许馨:《〈东坡养生集〉中饮食养生观探析》,《时珍国医国药》2013 年第 3 期。

周蓉～李俊莲等:《宋代前后巫与医社会地位对比探究》,《时珍国医国药》2013 年第 3 期。

《苏轼"安"与"和"养生观的启示》,《北京中医药大学学报》2013 年第 2 期/《南京中医药大学学报(社会科学版)》2012 年第 4 期。

～杨继红:《论沈括对中医理论及疾病诊疗学的贡献》,《时珍国医国药》2013 年第 2 期。

周蓉～李俊连等:《宋代医学教育兴盛的社会因素探析》,《时珍国医国药》2013 年第 2 期。

《论苏轼的医学情怀》,《医学与哲学(A)》2013 年第 2 期。

《〈黄帝内经〉情志相胜原理及方法探究》,《中国中医基础医学杂志》2012 年第 11 期。

～周蓉等:《〈黄帝内经〉情志致病原因探析》,《时珍国医国药》2012 年第 11 期。

《宋人笔记中饮食养生史料研究》,《医学与社会》2012 年第 11 期。

～冯丽梅等:《宋代文士编撰方书之风盛行现象探析》,《医学与哲学(A)》2012 年第 11 期。

周蓉……刘润兰～朱建华:《医古文中病愈意义词语探析》,《山西中医》2012 年第 9 期。

《〈黄帝内经〉情志致病规律探析》,《时珍国医国药》2012 年第 8 期。

《谈日常生活中的中医之道》,《中国中医基础医学杂志》2011 年第 12 期。

《宋代"儒而知医"社会现象探析》,《医学与哲学(人文社会医学版)》2011 年第 4 期。

冯丽梅～周蓉:《简论明清江南地域医学兴盛的专业条件》,《光明中医》2011 年第 4 期。

《宋代文士通医现象产生之缘由》,《中医教育》2011 年第 3 期。

《陆游〈剑南诗稿〉中养生方法的启示》,《医学与哲学(人文社会医学版)》2011 年第 2 期。

～李俊莲:《陆游〈剑南诗稿〉中的养生思想探究》,《光明中医》2011 年第 1 期。

《宋代文人养生思想的基本特征》,《医学与社会》2010 年第 10 期。

～冯丽梅等:《宋代文人养生之盛况及缘由探究》,《光明中医》2010 年第 8 期。

《宋代文人养生的主要方法探究》,《医学与哲学(人文社会医学版)》2010 年第 8 期。

《趣谈中医药学中的语言文化》,《中医药文化》2010 年第 3 期。

《从〈医古文〉中表"死"义的词语看汉民族文化价值观》,《世界中西医结合杂志》2009 年第 10 期。

～周蓉:《医古文中表示"死亡"和"病愈"义词语的辨析》,《山西中医学院学报》2006 年第 4 期。

薛凤奎(辽宁中医学院)

《考〈十四经发挥〉传本系统》,《吉林中医药》1986 年第 6 期。

《沈括〈沈氏良方〉考略》,《江西中医药》1983 年第 4 期。

《从〈串雅内编〉看民间验方的沿革》,《新中医》1982 年第 2 期。

薛公忱(南京中医药大学)

《中医文化学构想》,《南京中医药大学学报(社会科学版)》2014 年第 3 期。

《孙思邈的养老思想》,《南京中医药大学学报(社会科学版)》2011 年第 3 期。

《陆游诗中的养生思想》,《中医药文化》2010 年第 4 期。

《诗人袁枚笔下的名医薛雪》,《中医药文化》2009 年第 6 期。

《全面考量,公正评说——探讨中医药存废论争的思想根源》,《南京中医药大学学报(社会科学版)》2009 年第 3 期。

《鲁迅先生缘何反对中医》,《南京中医药大学学报(社会科学版)》2009 年第 1 期。

《中医药的文化定位问题》,《南京中医药大学学报(社会科学版)》2007 年第 3 期。

《孙思邈的医德思想》,《南京中医药大学学报(社会科学版)》2003 年第 2 期。

《徐大椿的医德思想》,《南京中医药大学学报(社会科学版)》2002 年第 1 期。

《儒道佛与中医药学》,《南京中医药大学学报(社会科学版)》2000 年第 1 期。

《〈抱朴子·内篇〉长生思想辨析》,《中医文献杂志》1996 年第 2 期。

《隋唐以后医家缘何援〈易〉入医》,《周易研究》1995 年第 4 期。

《略评"医易同源"及"医源于易"说》,《南京中医药大学学报》1995 年第 2 期。

《隋唐医学中的佛教思想》,《中医研究》1990 年第 3 期。

薛公善

《中医奋斗史观》,《中医世界》1936 年第 3 期。

薛光生

～马静:《商代医药初探》,《殷都学刊》1992 年第 1 期。

薛欢欢(华中师范大学)

《乡村医生药品采购模式选择的社会学研究》,华中师范大学硕士学位论文 2017 年。

薛建国(南京中医药大学)

～樊千等:《从阳痿命名及其病机的历史沿革探讨阳痿肾虚观的形成》,《时珍国医国药》2011 年第
2 期。

薛军民(山西医科大学)

《护理学发展史中的哲学思考》,《世界最新医学信息文摘》2017 年第 54 期。

薛克翘(中国社会科学院)

《印度佛教与中国古代汉地医药学》,《佛学研究》1997 年 00 期。

薛丽蓉(苏州大学)

《红十字会在江苏的抗战救护研究》,苏州大学硕士学位论文 2008 年。

薛盟(浙江省中医研究所)

《柯韵伯的生平及其对伤寒注疏的贡献》,《中医杂志》1981 年第 4 期。

《叶天士用柔药养阴的治疗经验》,《新中医》1980 年第 3 期。

《祖国医学对精神病的认识和治疗》,《浙江中医杂志》1959 年第 10 期。

薛凝嵩

《祖国医学的发展因素分析》,《中医杂志》1955 年第 4 期。

《张仲景在中国医药上的进步作用》,《新中医药》1954 年第 1 期。

《张仲景生平事迹考证》,《新中医药》1953 年第 7 期。

薛暖珠(广州中医药大学)

《宋大仁〈中国药史四杰图〉题跋解析》,《中医药文化》2016 年第 6 期。

《广东中医药博物馆馆藏书画碑帖整理研究》,广州中医药大学博士学位论文 2015 年。

～蓝韶清:《广东罗浮山葛洪遗迹考察》,《广东省社会主义学院学报》2014 年第 3 期。

～刘小斌:《北宋王惟一〈新铸铜人腧穴针灸图经〉残石拓本考述》,《广州中医药大学学报》2014 年
第 4 期。

薛攀皋（中国科学院）

《谭熙鸿：被遗忘的北京大学生物学系的创建者》，《中国科技史杂志》2008 年第 2 期。

《自主与干预——心理学科在中国（1949—1976）》，《科学文化评论》2006 年第 4 期。

《再谈北京大学生物学系成立于 1925 年》，《中国科技史料》2000 年第 1 期。

《中国科学社生物研究所——中国最早的生物学研究机构》，《中国科技史料》1992 年第 2 期。

《中国最早的三种与生物学有关的博物学杂志》，《中国科技史料》1992 年第 1 期。

《1991 年度陈嘉庚生命科学奖和医药科学奖》，《生命科学》1992 年第 1 期。

《"汤氏病毒"·启迪·思考——汤飞凡分离沙眼病毒成功 35 周年纪念》，《生物科学信息》1990 年第 3 期。

《我国大学生物学系的早期发展概况》，《中国科技史料》1990 年第 2 期。

《北京大学生物学系是何时建立的》，《中国科技史料》1989 年第 2 期。

薛倩（《中国社会科学报》社）

《把传染病研究纳入全球史视阈——"全球史视野中的传染病：以 1918 年大流感为个案的研究"取得突破》，《中国社会科学报》2013 年 1 月 19 日 A02 版。

《中国医疗史研究的过去、现在和未来——医学与史学综合研究渐趋深化、融通仍需时日》，《中国社会科学报》2012 年 7 月 13 日 A01 版。

薛庆煜（内蒙古医学院附属第一医院）

《记中国红十字会救护总队与战时卫生人员训练所》，《中国科技史料》1999 年第 2 期。

薛瑞泽（河南科技大学）

《魏晋北朝疫病流行及救助》，《山西师大学报（社会科学版）》2005 年第 5 期。

《六朝时期疫病流行及社会救助》，《江苏社会科学》2004 年第 4 期。

《汉代疫病流行及救助》，《寻根》2003 年第 4 期。

薛松（北京中医药大学）

《张景岳医易思想研究》，北京中医药大学博士学位论文 2008 年。

～张其成：《张景岳阴阳思想探析》，《山西中医》2008 年第 2 期。

～张其成：《论〈太极图说〉对张景岳医学思想的影响》，《吉林中医药》2007 年第 12 期。

薛涛（陕西省卫生厅中医处）

《中医传染病发展史学的认识论和方法论》，《陕西中医学院学报》1985 年第 4 期。

薛铁军（天津大学）

《医疗建筑空间与流线组织的人性化》，天津大学硕士学位论文 2004 年。

薛文礼（黑龙江中医药大学）

《中国传统药业史论——兼论中国传统文化与传统药业的关系》，黑龙江中医药大学博士学位论文 2006 年。

～常存库：《中医疗效的确定性与不确定性的比较思考》，《医学与哲学》2005 年第 10 期。

～常存库：《中医走向的哲学思考》，《中医药学报》2005 年第 1 期。

薛文轩（南京中医药大学）

《敦煌吐鲁番医药文献中药运用情况考察》，南京中医药大学硕士学位论文 2016 年。

薛晓芃（大连外国语学院）

～陈维：《"后维斯特伐利亚"公共卫生体系——难以实现的设想》，《理论界》2008 年第 1 期。

薛新东（武汉大学）

《分歧与共识:有关我国医改争论的观点评述》,《人口与经济》2009 年第 3 期。

～刘国恩:《城镇居民基本医疗保险的参与意愿及影响因素》,《西北人口》2009 年第 1 期。

《医保个人账户低效率的经济学分析》,《长江论坛》2008 年第 3 期。

《美国医疗保障体制改革评析》,《甘肃联合大学学报（社会科学版）》2008 年第 1 期。

薛阳（包头师范学院）

《解读〈黄帝内经〉的体育养生思想》,《语文建设》2015 年第 27 期。

《武术与中国传统中医学》,《阴山学刊（自然科学版）》2009 年第 1 期。

《武术与内功养生》,《阴山学刊（自然科学版）》2008 年第 2 期。

薛益明（香港浸会大学/南京中医药大学/南京中医学院）

《中医经典学习的几点思考》,《中医药通报》2011 年第 1 期。

《中医教学再思考》,《长春中医药大学学报》2010 年第 6 期。

《中医药传入日本与朝鲜》,《中医文献杂志》2009 年第 4 期。

张颖～:《中国古代人体解剖学的研究特征》,《长春中医药大学学报》2008 年第 1 期。

～张颖:《论中国古代解剖学发展缓慢的原因》,《辽宁中医药大学学报》2007 年第 5 期。

张颖～:《江南医学文化中心形成的医学基础》,《江西中医学院学报》2005 年第 1 期。

《关于中医基础理论研究的几个问题》,《江苏中医药》2004 年第 8 期。

～周晓虹:《论金元时期医学学风的转变》,《医古文知识》2004 年第 4 期。

《中医理论形成于秦汉的历史必然性》,《南京中医药大学学报（社会科学版）》2004 年第 3 期。

～王中越:《朱丹溪的养生观及其指导意义》,《山东中医杂志》2004 年第 1 期。

～安贺军:《汉以前中医皮肤病学发展概况》,《中医研究》2002 年第 6 期。

《张子和对中医学的贡献》,《湖北中医杂志》2002 年第 8 期。

～周晓虹:《论金元时期学风的转变》,《中国中医基础医学杂志》2002 年第 5 期。

～周晓虹:《论金元时期学风的转变》,《中医文献杂志》2001 年第 2 期。

《焦易堂与中医中药》,《南京中医药大学学报（社会科学版）》2000 年第 2 期。

《中医发展百年史实回顾与思考》,《南京中医药大学学报》1999 年第 5 期。

～周晓虹:《论〈脉经〉对妇科的学术贡献》,《江苏中医》1997 年第 9 期。

《医学考核史略》,《南京中医药大学学报》1997 年第 1 期。

《明代医家对虚损治法的研究》,《浙江中医杂志》1994 年第 9 期。

～丁光迪:《试论陆懋修对伤寒学的贡献》,《中医药学报》1991 年第 6 期。

～丁光迪:《丹溪学说在明代前期的发展》,《南京中医学院学报》1991 年第 1 期。

《古医籍名释》,《中医函授通讯》1988 年第 4 期。

薛一涛（山东中医药大学附属医院）

贾海龙、孙莹莹～:《中医学取象比类思维浅议》,《山东中医药大学学报》2014 年第 5 期。

《韩国的传统医学》,《山东中医药大学学报》1998 年第 1 期。

薛银萍（石家庄市中心医院）

～葛路岩等:《〈达生编〉产育思想及临床的研究》,《河北中医药学报》2005 年第 3 期。

薛雨芳（广州中医药大学）

《〈内经〉有关衰老性病变的认识》,《南京中医药大学学报》1999 年第 3 期。

～李振波:《"血不利则为水"探讨》,《河北中医药学报》1998年第2期。

《试述"生病起于过用"的疾病观》,《南京中医药大学学报》1997年第3期。

～李振波:《"血不利则为水"初探》,《浙江中医学院学报》1997年第2期。

《"血不利则为水"辨析》,《国医论坛》1996年第6期。

薛媛(甘肃省肿瘤医院)

《〈武威汉代医简〉中的针灸学特点》,《甘肃中医》1996年第3期。

田旭东～:《复发性口疮的中医近代研究》,《甘肃中医》1993年第1期。

薛媛元(南京师范大学)

《南京大屠杀期间国际安全区难民的医疗卫生状况》,《日本侵华史研究》2014年第3期。

《南京大屠杀期间国际安全区难民生存状况实证研究》,南京师范大学硕士学位论文2014年。

薛政文(台湾淡江大学)

《比利时健康保险制度之比较》,淡江大学硕士学位论文2009年。

薛志刚(旅顺日俄监狱旧址博物馆)

《日本殖民统治大连时期的医疗卫生事业》,《大连近代史研究》2011年00期。

薛紫怡(首都医科大学)

～赵峰等:《对"苏区疫病防治"研究的近十年文献述评》,《继续医学教育》2015年第3期。

荀兰兰(华北煤炭医学院)

～徐勤磊等:《李东垣"阴火"本质刍议》,《国医论坛》2008年第3期。

荀铁军(广州市文学艺术界联合会/暨南大学)

～杨丽容:《〈三科辑要〉文献来源与价值》,《安徽中医药大学学报》2016年第2期。

杨丽容～:《论清代康乾时期岭南社会的士风——以何梦瑶为例》,《海南师范大学学报(社会科学版)》2015年第3期。

～杨丽容:《论王士雄对何梦瑶医学思想的继承和深化》,《中医文献杂志》2015年第1期。

《〈医碥〉与〈证治准绳〉的渊源》,《安徽中医学院学报》2011年第3期。

《明清小说中医患关系的社会影响》,《南京中医药大学学报(社会科学版)》2010年第3期。

《从清代小说看医患关系的社会控制》,《中国医学伦理学》2010年第1期。

寻知元(天津市安定医院)

杨桂伏～:《网络成瘾与社会问题医学化》,《国际精神病学杂志》2010年第1期。

～杨桂伏:《由网络成瘾列为精神疾病反思医学化倾向》,《医学与哲学(人文社会医学版)》2009年第9期。

Y

亚瑟·麦基弗(英国思克莱德大学)

～撰,郝静萍译:《见证:口述史方法与英国煤矿业职业健康和伤残研究》,《医疗社会史研究》2019年第1期。

～撰,郝静萍译:《导言:历史和比较视阈下的煤炭开采、健康、伤残和身体》,《医疗社会史研究》2019年第1期。

《亚太传统医药》

《日本针灸的历史与发展》,《亚太传统医药》2016 年第 4 期。

岩本笃志

《敦煌文献与传世文献之间——以唐代医药书〈新修本草〉和〈千金方〉为中心》,《中古中国研究》2017 年 00 期。

严道南（南京中医药大学）

晏英～:《〈尤氏喉科〉学术渊源初探》,《辽宁中医药大学学报》2012 年第 4 期。

晏英～:《〈尤氏喉科〉学术思想初探》,《辽宁中医药大学学报》2012 年第 2 期。

《古代文献关于鼻鼽病名、病机及辨证治疗源流的探讨》,《中医耳鼻喉科学研究》2010 年第 1 期。

闫杜海（河南中医学院）

～李成文:《宋金元时期针灸学的发展》,《河南中医学院学报》2003 年第 5 期。

严帆

《"红色医生"傅连暲》,《党史文苑》2001 年第 4 期。

闫冠锟（哈尔滨医科大学/黑龙江中医药大学）

刘雅芳～:《清代黑龙江地区中药产业发展考略》,《经济研究导刊》2018 年第 27 期。

刘雅芳、回嘉莹～:《清代嫩江流域医学发展述略》,《医学与哲学（A）》2018 年第 5 期。

刘雅芳、程伟～:《清代黑龙江医学发展简史》,《医学与哲学（A）》2018 年第 3 期。

刘雅芳～:《中国官修本草的历史考证》,《西部中医药》2018 年第 2 期。

～吴延丽等:《从吗啡的研究历程看阿片类镇痛药物的发展与应用》,《黑龙江医药》2014 年第 6 期。

《天然药物向化学药物转化的历程》,黑龙江中医药大学博士学位论文 2013 年。

～杜智敏等:《美国临床药学教育模式差异的启示》,《药学教育》2012 年第 1 期。

～王欣:《论中国药品广告的现状和发展方向》,《哈尔滨商业大学学报（社会科学版）》2008 年第 5 期。

～周福仁:《从药品特殊性看药品营销的伦理性》,《中国医学伦理学》2007 年第 1 期。

《用药物经济学控制药品费用的不合理增长》,《中医药管理杂志》2006 年第 8 期。

刘兰茹～姜绍伟:《我国药品知识产权保护的几种形式比较》,《中国医药指南》2006 年第 5 期。

闫广臣（福建师范大学）

《国联卫生组织公共卫生事业在东南亚的实践》,《海南热带海洋学院学报》2019 年第 4 期。

阎桂银（长春中医学院）

～冯晶:《王如尊手抄本〈东医宝鉴〉探讨》,《中华医史杂志》2002 年第 3 期。

燕国材（上海师范大学）

～霍兵兵:《1978—2008 年中国心理学史研究的文献计量分析》,《南通大学学报（社会科学版）》2010 年第 2 期。

《中国心理学史研究三十年》,《南通大学学报（教育科学版）》2009 年第 3 期。

《中国心理学的过去、现在与未来》,《心理学探新》2006 年第 3 期。

《关于中国古代心理学思想研究的几个问题》,《心理科学》2002 年第 4 期。

《〈尚书〉、〈左传〉、〈国语〉的心理学思想研究》,《心理科学》1994 年第 4 期。

《〈周易〉的心理学思想及其在先秦的发展》,《心理学报》1994 年第 3 期。

～张人骏:《我国古代健康心理学思想初探》,《中国健康教育》1991 年第 4 期。

《王清任"脑髓说"及其在心理思想发展史上的重要地位》,《心理学报》1988 年第 4 期。

《再评〈淮南子〉的心理思想》,《心理科学通讯》1988 年 1 期。

《戴震论认识与情欲》,《心理学报》1987 年第 4 期。

《戴震心理思想的基本观点》,《心理学报》1987 年第 3 期。

《〈关尹子〉的心理思想蠡测》,《心理学报》1986 年第 1 期。

《三谈中国古代心理学思想史的研究对象》,《心理学探新》1984 年 4 期。

《王安石的唯物主义的心理学思想》,《心理学报》1984 年第 2 期。

《我国古代关于情感的几种学说》,《心理科学通讯》1982 年第 6 期。

《评〈淮南子〉的心理学思想》,《心理学报》1982 年第 3 期。

《〈吕氏春秋〉心理思想拾零》,《心理学探新》1982 年第 2 期。

《我国古代一篇重要的心理思想文献——范缜〈神灭论〉》,《心理学探新》1981 年第 2 期。

《荀子论情、欲、性》,《心理学报》1980 年第 2 期。

严国政

《朱雅南传略》,《中西医学报》1911 年第 10 期。

颜红（华中科技大学）

《周恩来民生思想研究》,华中科技大学硕士学位论文 2014 年。

严辉（贵阳中医学院）

《清代法医学文献整理研究》,贵阳中医学硕士学位论文 2008 年。

《刑名师爷与法医学》,《贵州民族学院学报（哲学社会科学版）》2007 年第 5 期。

～吴志刚:《清代法医检验述略》,《贵阳中医学院学报》2007 年第 5 期。

闫慧（天津中医药大学）

～年莉:《古今治疗骨痿方用药规律浅析》,《河南中医》2010 年第 5 期。

～年莉:《〈医方集解〉方源初探》,《山西中医》2009 年第 3 期。

严季澜（北京中医药大学）

周琦、李柳骥～:《试论唐宗海对汗血的论治》,《中医药报》2019 年第 3 期。

周家颂～李柳骥:《从疳证论治浅析陈士铎的儿科学术思想》,《环球中医药》2019 年第 6 期。

李阳、李柳骥～:《〈名医类案〉及〈续名医类案〉中遗精治法探要》,《四川中医》2019 年第 5 期。

温佳雨～:《"汗证"病名考》,《中华中医药杂志》2018 年第 2 期。

李景、李柳骥～:《〈医碥〉论治发热探析》,《中医文献杂志》2018 年第 1 期。

于冰冰～李柳骥:《黄元御论治鼓胀》,《中医药导报》2017 年第 13 期。

赵珊～:《水肿分类古文献述要》,《世界中西医结合杂志》2016 年第 6 期。

赵珊～:《水肿相关病名考》,《世界中西医结合杂志》2016 年第 3 期。

赵珊～:《〈肘后方〉治疗水肿特色浅析》,《中医文献杂志》2016 年第 2 期。

雍妙俊～李柳骥:《从古代文献中的癃闭脉诊论癃闭五脏辨证》,《环球中医药》2016 年第 2 期。

刘璐～李柳骥:《浅议〈黄帝内经〉中"筋痹"的因机证治》,《中医学报》2015 年第 10 期。

刘璐～李柳骥:《张元素、陈士铎对药物升降浮沉理论认识的比较》,《河南中医》2015 年第 9 期。

张洁瑜、李柳骥～:《从王旭高医案探讨王氏论治木土同病经验》,《辽宁中医药大学学报》2015 年第 5 期。

刘颖涛~李柳骥：《〈诸病源候论〉论淋特色与思考》,《中华医史杂志》2015 年第 4 期。

雍妙俊~李柳骥：《〈黄帝内经〉癃闭辨治》,《安徽中医药大学学报》2015 年第 4 期。

刘璐~李柳骥：《浅谈陈士铎著作中的气机升降理论》,《陕西中医》2015 年第 2 期。

纪征瀚~王淑斌等：《明代痧病外治法的发展》,《中华中医药杂志》2015 年第 2 期。

纪征瀚~王淑斌等：《针灸中的"神"禁忌》,《中国针灸》2014 年第 7 期。

赵健~李柳骥：《任应秋教授中医医史文献学成就述要》,《北京中医药大学学报》2014 年第 2 期。

纪征瀚~祖娜：《民国时期女医创办中医药期刊之路》,《中华医史杂志》2014 年第 2 期。

陈薇竹~李柳骥：《叶天士治痹初析》,《中医文献杂志》2013 年第 5 期。

赵健~李柳骥：《运用中医医史文献学研究方法探讨方剂学发展史》,《北京中医药大学学报》2013 年第 2 期。

郭培杰~李柳骥：《论〈金匮要略〉"补气者加半夏"》,《吉林中医药》2013 年第 1 期。

李柳骥……丁杰~：《〈淑景堂药性赋〉与〈珍珠囊药性赋〉比较研究》,《吉林中医药》2012 年第 12 期。

张芳芳~李柳骥：《〈病机纂要〉作者考》,《中医学报》2012 年第 12 期。

肖红艳~钱超尘：《唐代医家对道教典籍〈肘后备急方〉的增订考证》,《北京中医药大学学报》2012 年第 5 期。

侯中伟……邢建民~：《王肯堂〈女科证治准绳〉单穴治疗闭经特色探析》,《国际中医中药杂志》2012 年第 4 期。

肖红艳~钱超尘：《赵原阳与道藏本〈肘后备急方〉之关系考》,《北京中医药大学学报(中医临床版)》2012 年第 2 期。

肖红艳~丁媛：《上海图书馆藏明嘉靖吕颙刊本〈葛仙翁肘后备急方〉初考》,《中医文献杂志》2012 年第 2 期。

肖红艳、黄作阵~杨东方：《医古文教学中从词汇时代性考察版本年代的探讨——以陶弘景〈补阙肘后百一方.序〉为例》,《中国中医药现代远程教育》2012 年第 1 期。

李柳骥~：《阳痿证治观点的发展与思考》,《国际中医中药杂志》2011 年第 10 期。

李柳骥~：《阳痿病因病机述略》,《吉林中医药》2011 年第 9 期。

李柳骥~：《阳痿病名源流与定义探讨》,《北京中医药》2011 年第 8 期。

李柳骥……邢建民~：《月经不调类疾病病名及病因病机源流的述要》,《贵阳中医学院学报》2011 年第 5 期。

李柳骥……邢建民~林殷：《古医籍中对痛经的认识及证治》,《安徽中医学院学报》2011 年第 5 期。

姚雯~：《哮病病名历史源流考》,《天津中医药》2011 年第 1 期。

肖红艳~钱超尘：《〈附广肘后方〉作者杨用道官职初考》,《北京中医药大学学报》2011 年第 1 期。

姚雯~：《哮病病名考辨》,《吉林中医药》2010 年第 11 期。

日色雄一~：《森立之〈伤寒论考注〉在文献学上的成就》,《吉林中医药》2010 年第 11 期。

日色雄一~：《〈太素〉〈灵枢〉〈素问〉依韵校勘举隅》,《北京中医药大学学报》2010 年第 7 期。

肖红艳、钱超尘~：《杨用道籍贯小考》,《中华医史杂志》2010 年第 1 期。

李柳骥~：《我国古代治疗心绞痛小方用药规律探讨》,《中国中医基础医学杂志》2009 年第 7 期。

李柳骥~：《胸痹心痛古代医案初探》,《安徽中医学院学报》2009 年第 4 期。

李柳骥～:《热证心痛理论的源流发展及其意义评述》,《中华中医药学刊》2009 年第 3 期。

梁克玮～:《呃逆病名考辨》,《吉林中医药》2008 年第 10 期。

梁克玮～:《明代医家论治呃逆病证的贡献》,《吉林中医药》2008 年第 9 期。

李永红～:《腹痛病名考》,《吉林中医药》2008 年第 6 期。

李永红～:《对"腹痛宜和"的认识》,《北京中医药》2008 年第 5 期。

于晓、武冰～:《简述〈华氏中藏经〉之学术价值及影响》,《北京中医药》2008 年第 5 期。

张海鹏、陈润花～:《〈兰室秘藏〉便秘证治浅述》,《光明中医》2008 年第 4 期。

于晓、武冰～:《论"诸痛不宜补气"》,《北京中医药》2008 年第 1 期。

李柳骥～:《冠心病心绞痛中医相关病名考辨》,《北京中医药大学学报(中医临床版)》2007 年第 2 期。

李柳骥～:《厥心痛古今文献述要》,《吉林中医药》2006 年第 11 期。

孙洪生～李永民:《曹庭栋〈老老恒言〉与失眠症的防治》,《中国中医基础医学杂志》2006 年第 11 期。

孙洪生～:《〈伤寒论〉不寐类病证论治发微》,《北京中医药大学学报》2006 年第 9 期。

孙洪生～:《〈金匮要略〉不寐病证述要》,《时珍国医国药》2005 年第 3 期。

孙洪生～:《"从四时五脏阴阳"观看〈内经〉的睡眠理论》,《北京中医药大学学报》2005 年第 1 期。

孙洪生～:《〈内经〉不寐病证探讨》,《浙江中医杂志》2004 年第 7 期。

孙洪生～:《不寐病名考略》,《中华医史杂志》2004 年第 4 期。

沈志秀～:《〈内经〉眩晕病证探讨》,《辽宁中医杂志》2004 年第 1 期。

马骏～:《明代论治胸痹心痛病证的三点突破》,《江苏中医药》2004 年第 1 期。

马骏～:《心痛、胸痹、心痹病名内涵考》,《甘肃中医》2003 年第 5 期。

马骏～:《〈内经〉心痛证治探讨》,《国医论坛》2003 年第 1 期。

《中医古籍辨伪方法刍议》,《北京中医药大学学报》1998 年第 4 期。

阎佳畅（浙江大学）

《让全球化的国际与国内协作控制流行疾病传播全球化》,《中国公共安全(学术版)》2007 年第 3 期。

严家新（中国卫生部武汉生物制品研究所/湖北省医学科学院）

王继麟～:《人用狂犬病疫苗的过去、现在和未来》,《中华流行病学杂志》2001 年第 1 期。

～潘南胜:《狂犬病流行简史》,《中华医史杂志》1994 年第 4 期。

～潘南胜等:《湖北省 1972—1992 年流感监测》,《湖北预防医学杂志》1993 年第 3 期。

～潘南胜:《1976 年美国大规模实施流感免疫接种计划的经验和教训》,《医学与哲学》1992 年第 6 期。

《性医学的创立者和他们向传统社会道德观念提出的挑战》,《医学与哲学》1985 年第 1 期。

严家炎（北京大学）

《须藤医生所写鲁迅病历为何与鲁迅日记及书信牴牾的再探讨》,《鲁迅研究月刊》2004 年第 4 期。

烟建华（北京中医药大学/北京中医学院）

《〈黄帝内经〉五脏概念的研究及其意义》,《世界中医药》2018 年第 5 期。

《五脏者气化之器也》,《中国中医基础医学杂志》2017 年第 9 期。

《论〈内经〉五脏概念的发展及其异化》,《陕西中医药大学学报》2017 年第 5 期。

～李翠娟:《论〈内经〉五脏概念的形成》,《陕西中医药大学学报》2017 年第 4 期。

杨凤珍～:《〈黄帝内经〉神志理论论要》,《中华中医药杂志》2017 年第 6 期。

田丙坤～:《〈内经〉汗法理论溯源》,《中华中医基础医学杂志》2009 年第 1 期。

李翠娟、张登本:《论〈内经〉的文献研究方法》,《时珍国医国药》2009 年第 7 期。

孙刚～:《〈内经〉"心主血脉"学术解读》,《中华中医药学刊》2008 年第 6 期。

刘穗宁～郭华等:《论〈黄帝内经〉生态医学思想》,《中华中医药学刊》2008 年第 5 期。

李翠娟～巩振东:《论传统文化对中医证理论形成的影响》,《中国中医基础医学杂志》2007 年第 5 期。

邵雷～:《从历史的角度论中医的科学性》,《医学与哲学(人文社会医学版)》2007 年第 5 期。

常立果～:《谈〈内经〉虚风与瘟疫发病》,《吉林中医药》2007 年第 1 期。

郭华～:《试论〈周易〉思维方式与〈内经〉藏象学说的形成》,《中国医药学报》2003 年第 6 期。

～翟双庆等:《〈内经〉疾病命名方法学研究》,《北京中医药大学学报》1995 年第 5 期。

～苏晶:《中医学体系与〈周易〉象数学理论》,《中国医药学报》1993 年第 4 期。

～翟双庆:《试析〈难经〉脉诊体系与〈伤寒杂病论〉辨脉诊病的关系》,《山西中医》1990 年第 4 期。

～翟双庆:《〈难经〉脉诊中几个问题辨析》,《湖北中医杂志》1988 年第 2 期。

《略论〈难经〉元气脉诊》,《中医药学报》1987 年第 6 期。

翟双庆、王洪图～:《从脉法看〈伤寒杂病论〉与〈难经〉的学术关系》,《国医论坛》1987 年第 2 期。

《"五藏使人痿"新识》,《中医杂志》1985 年第 9 期。

严健民(湖北省十堰市太和医院/郧阳地区人民医院)

刘伟、刘莹莹～:《对〈三焦、三部与形藏四〉一文的解读》,《中华医史杂志》2018 年第 1 期。

《远古太极图"(S)"曲线探源——论天地定位图演绎为太极图》,《中华医史杂志》2012 年第 1 期。

《李时珍"返观内视"新解》,《中华医史杂志》2011 年第 6 期。

《中华远古中医学思想萌芽史上的轨迹、目主思维史话》,《中国中医基础医学杂志》2011 年第 3 期。

《战国消化生理三焦(集)配六腑新论》,《中国中医基础医学杂志》2007 年第 6 期。

《论原始中医学的先进性》,《医学与哲学(人文社会学版)》2006 年第 12 期。

《读〈研究经络本质的新途径〉有感——兼论继承经脉学说的历史意义求同》,《中国针灸》2006 年第 5 期。

《古今"经络"概念试说》,《中国中医基础医学杂志》2005 年第 10 期。

《释命门》,《中国中医基础医学杂志》2005 年第 7 期。

《答马玉宝教授"商榷"——兼论秦汉经脉学说起源、演绎、继承"求同"》,《医学与哲学》2005 年第 13 期。

《先秦中医泌尿、生殖生理概说》,《中国中医基础医学杂志》2005 年第 4 期。

《论中医理论的继承与发展——兼述我的寻找"突破口"之路》,《中国中医基础医学杂志》2004 年第 7 期。

《䐃肉、肉䐃、分肉之间解析》,《中医文献杂志》2004 年第 1 期。

《针刺疗法起源辨析——兼论针刺疗法产生的必备条件》,《中国医药学报》2003 年 Z1 期。

《论足太阳膀胱经在经脉学说中的历史地位》,《中国中医基础医学杂志》2003 年第 11 期。

《论殷商至两汉创立经脉学说的解剖基础》,《中国中医基础医学杂志》2003 年第 10 期。

《怎样对待不断寻觅、进取的秦汉中医学》,《江西中医学院学报》2002 年第 4 期。

《秦汉时期人体经脉调节理论形成新论》,《湖南中医学院学报》2001 年第 3 期。

《中国人体解剖史探源》,《湖南中医学院学报》1998 年第 4 期。

《论秦汉时期痹病理论与痹病治则》,《中华医史杂志》1998 年第 1 期。

《〈素问·阴阳别论〉"人有四经"考释》,《湖南中医学院学报》1997 年第 3 期。

《论经脉学说起源的必备条件》,《中华医史杂志》1997 年第 2 期。

《秦汉颅脑解剖在〈内经〉医学理论创立中的作用》,《自然科学史研究》1995 年第 2 期。

《〈周易〉放血疗法初探》,《国医论坛》1993 年第 6 期。

《论古老的火灸疗法》,《湖南中医学院学报》1993 年第 2 期。

严建蔚(苏州博物馆)

~姚晨辰:《明〈太医院医士李思讷墓志铭〉考释》,《苏州文博论丛》2010 年 00 期。

颜江瑛(中国疾病预防控制中心)

~陈秋兰等:《中国艾滋病综合防治政策发展及影响因素分析》,《中华流行病学杂志》2005 年第 11 期。

陈秋兰~:《艾滋病与社区卫生》,《中国艾滋病性病》2004 年第 6 期。

~刘中夫等:《中国农村妇女艾滋病知识态度行为情况调查与分析》,《中国预防医学杂志》2003 年第 2 期。

刘中夫~吴学华等:《中国城市妇女 AIDS 知识 态度 行为情况调查》,《中国艾滋病性病》2003 年第 1 期。

鄢洁(北京中医药大学)

~梁永宣:《〈游宦纪闻〉所载药物相关史料研究》,《世纪中西医结合杂志》2016 年第 2 期。

《宋代笔记小说中的药物文献研究》,北京中医药大学硕士学位论文 2016 年。

闫敬来(山西中医学院)

~陈燕清:《历代文献中医药治疗老年痴呆常用药对研究》,《中华中医药学刊》2008 年第 7 期。

《社会动乱时期中医学的发展状况》,《山西中医学院学报》2007 年第 1 期。

严镜清

《最近三十年来我国之公共卫生》,《科学》1950 年第 1 期。

严娟(陕西师范大学)

《2003—2015 年〈人民日报〉艾滋病日报道研究》,《新闻知识》2016 年第 4 期。

严峻竣(广州中医药大学)

《岭南医家妇科学术源流及临证经验整理研究》,广州中医药大学硕士学位论文 2001 年。

《广州三元宫医史遗迹调查》,《中医文献杂志》2000 年第 3 期。

颜克海

《祖国医学理论体系中的朴素的唯物论与辩证法思想》,《武汉大学学报(自然)》1978 年第 2 期。

严立(复旦大学)

《制药业的专利法律问题研究》,复旦大学硕士学位论文 2009 年。

阎立强(辽宁警官高等专科学校)

《我国法医学检验鉴定的历史、现状及发展》,《辽宁警专学报》2005 年第 5 期。

闫力伟（聊城大学）

《不负刑事责任的精神病人强制医疗研究》，聊城大学硕士学位论文 2014 年。

严利依（北京中医药大学）

《胃肠积热的中医文献研究》，北京中医药大学博士学位论文 2018 年。

鄢良（中国中医科学院／中国中医研究院／湖北中医学院）

～王尚勇：《世界传统医药体系及其在当代的法律地位形态》，《亚太传统医药》2013 年第 5 期。

《学贯中西医享誉海内外——记台湾中国医药大学 50 年辉煌历程》，《亚太传统医药》2008 年第 6 期。

～孔丹妹等：《亚太地区传统医药概述》，《亚太传统医药》2007 年第 7—12 期。

《中医药国际化路线图》，《亚太传统医药》2006 年第 5 期。

《亚太地区传统医药概述》，《亚太传统医药》2005 年第 12 期。

～孔丹妹等：《亚太地区传统医药概述》，《亚太传统医药》2005 年第 8 期。

《近代中国文化与近代中国医学思潮》，《山东医科大学学报（社会科学版）》1989 年第 3 期。

《浅探中西医病因学比较》，《医学与哲学》1984 年第 4 期。

燕良轼（湖南师范大学）

邱小艳～：《论农村殡葬礼俗的心理治疗价值——以汉族为例》，《中国临床心理学杂志》2014 年第 5 期。

～卞军凤等：《中国古代医典中若干心理治疗案例解析》，《中国临床心理学杂志》2013 年第 5 期。

～王涛等：《论中国女书文化的心理治疗价值》，《南京师范大学学报（社会科学版）》2013 年第 3 期。

～曾练平：《中国传统心理治疗理论与实践》，《中国临床心理学杂志》2012 年第 1 期。

～屈卫国：《中国古代应对欲望的几种学说》，《心理科学》2008 年第 6 期。

《中国古代的主脑说与主心说》，《湖南师范大学社会科学学报》1997 年第 5 期。

《中国古代评定智力的若干标准》，《湖南师范大学社会科学学报》1996 年第 3 期。

延琳（河南少林寺少林药局）

《少林禅医概述》，《法音》2014 年第 11 期。

严菱舟

《试论张介宾的学术思想》，《中医杂志》1963 年第 4 期。

《关于〈太平圣惠方〉》，《中医杂志》1962 年第 8 期。

《中医妇产科的发展和成就》，《中级医刊》1956 年第 5 期。

《祖国医学对肾脏病的认识和有关护理的处理》，《护理杂志》1956 年第 1 期。

《中医学关于黄疸的认识和药疗》，《中医杂志》1955 年第 8 期。

《从消渴症到中医学对糖尿病的认识和处理》，《中医杂志》1955 年第 2 期。

颜隆（北京中医药大学／中国中医科学院）

科尔沁夫……郝宇～汤巧玲等：《基于中医运气理论探析人出生年份地支与寿命的关系》，《北京中医药大学学报》2017 年第 9 期。

科尔沁夫……郝宇～贺娟：《出生及受孕年份天干岁运对人寿命的影响》，《中华中医药杂志》2017 年第 7 期。

～贺娟：《论五气说的起源与五气主时》，《中国中医基础医学杂志》2017 年第 6 期。

～贺娟:《论五行学说起源、发展和演变》,《北京中医药大学学报》2016年第9期。

《宋代方剂剂型的历史研究》,中国中医科学院博士学位论文2014年。

～朱建平:《蜡丸的历史演变》,《天津中医药》2014年第4期。

～朱建平:《宋代医药兴盛的外部原因初探》,《中华中医药杂志》2014年第3期。

～朱建平:《宋代医药兴盛的外部原因》,《中国中医药报》2014年3月21日008版。

晏马成(上海东方医院)

～陈盛新等:《美国药品法规的演变》,《中国药事》2001年第6期。

严枚

～译:《伤寒哈佛医学》,《中西医学报》1918年第11期。

闫敏敏(北京中医药大学)

张子龙～:《云南文山传统药市起源考略》,《中医文献杂志》2019年第4期。

《清代中医解剖学文献研究》,北京中医药大学硕士学位论文2019年。

～黄作阵:《沈彤〈释骨〉考略》,《北京中医药大学学报》2019年第2期。

～黄作阵:《〈古代疾病名候疏义〉训诂研究》,《浙江中医杂志》2018年第8期。

马友诚～何广益等:《武英殿刊刻医书略探》,《世界中西医结合杂志》2017年第10期。

严娜(上海中医药大学/复旦大学)

《以"卫生"之名的扩张——上海公共租界近代卫生体系的形成》,《复旦学报(社会科学版)》2019年第5期。

肖梅华～:《近代上海中医普及性报刊与健康教育》,《南京中医药大学学报(社会科学版)》2016年第4期。

～陈丽云:《近代中医院发展的先驱:广益中医院》,《中医药文化》2016年第4期。

～陈丽云:《"卫生"与"公共卫生"考》,《中华医史杂志》2016年第2期。

《近代上海西医院的发展——以工部局局属医院为主的探讨》,《中华医史杂志》2013年第1期。

《上海公共租界卫生模式研究》,复旦大学博士学位论文2012年。

岩崎(北京中医药大学)

《日本汉方伤寒派腹诊方法与理论研究》,北京中医药大学博士学位论文2011年。

严奇岩(贵州师范大学/西南师范大学)

《中药名称中地名的历史地理价值初探》,《中医杂志》2009年第7期。

《从唐代贡品药材看四川地道药材》,《中华医史杂志》2003年第2期。

宴庆德(山东省费县中医医院)

《唐容川〈血证论〉治血四法探讨》,《辽宁中医学院学报》1999年第2期。

颜青山(湖南师范大学)

～欧倩:《达尔文医学与中医学》,《医学与哲学》1999年第7期。

燕茹(山东师范大学)

《民国时期山东环境卫生问题考察(1912—1937)》,山东师范大学硕士学位论文2014年。

严如惠(湖南师范大学)

《早期维新思想家医疗卫生观初探》,湖南师范大学硕士学位论文2011年。

颜瑞腾(福建中医学院)

《叶桂胃阴学说的研究》,福建中医学院硕士学位论文2004年。

《叶天士养胃阴法之探析》,《福建中医药》2004 年第 1 期。

阎瑞雪（首都经济贸易大学/北京大学）

《再现与感知:中国传统医学的时间身体观》,《南京中医药大学学报（社会科学版）》2014 年第 4 期。

《时间生物学和时间医学如何利用"生物钟"》,《中国社会科学包》2013 年 2 月 24 日 A08 版。

《时间生物学与时间医学:一个被误解的领域》,《自然辩证法通讯》2012 年第 5 期。

《宋代医学知识的扩散》,《自然科学史研究》2009 年第 4 期。

严善馀/余（福建医科大学附属第一医院/福建中医学院）

《试论王国瑞对针灸学的贡献》,《光明中医》2005 年第 2 期。

～卢声远:《试论孙思邈养生学术思想（续）》,《中国自然医学杂志》2005 年第 1 期。

《试论〈卫生宝鉴〉的针灸学术特点》,《中国针灸》2004 年第 11 期。

《〈卫生宝鉴〉的针灸学术特色博录》,《中医药学刊》2004 年第 9 期。

《〈外台秘要〉对针灸学的贡献考略》,《中医药学刊》2004 年第 2 期。

《窦默针灸学术思想考释》,《中医药学刊》2003 年第 12 期。

《明代医家徐凤针灸学术思想精萃》,《中医药学刊》2003 年第 11 期。

～卢声远:《试论孙思邈的养生学术思想》,《中国自然医学杂志》2003 年第 1 期。

～卢声远:《试论孙思邈食疗学术思想》,《中国自然医学杂志》2002 年第 3 期。

《王执中〈针灸资生经〉对针灸学的贡献探微》,《中医药学刊》2001 年第 6 期。

《孙思邈灸法初探》,《现代康复》2000 年第 1 期。

《试论孙思邈针灸学术思想》,《中国针灸》2000 年第 2 期。

《试论仲景针灸学术思想》,《福建中医药》1997 年第 2 期。

《仲景脉学初探》,《福建中医药》1983 年第 1 期。

雁声

《驹井博士对于针灸学之功绩》,《中国针灸学》1948 年第 3 期。

阎石（河南师范大学）

《20 世纪 50 年代乙型脑炎流行与防控研究》,河南师范大学硕士学位论文 2015 年。

阎世德（包头市卫生学校）

《〈金瓶梅〉中反映的明代医药文化现象》,《中医药文化》2007 年第 3 期。

《古代图牒在医药文献中的应用及成就》,《中医文献杂志》1998 年第 3 期。

《中国古代的春药及其特色成就》,《中医药信息》1997 年第 1 期。

《中国古代药物栽培及其技术概述》,《中医文献杂志》1996 年第 1 期。

《从文献考察古代药材市场的形成及其特色》,《杏苑中医文献杂志》1994 年第 1 期。

《〈金瓶梅〉中的医家群体》,《中医药学报》1991 年第 1 期。

《"冠带医士"考释》,《中医药学报》1990 年第 6 期。

严世芸（上海中医药大学）

胡蓉～:《论诸子兵法思想与中医治疗时机》,《中医杂志》2019 年第 5 期。

朱思行……陈丽云～:《〈诸病源候论〉中解散病解救方法疏述》,《中医文献杂志》2019 年第 3 期。

徐双～陈丽云:《药王孙思邈形象的历史建构》,《中医药文化》2019 年第 2 期。

徐双～陈丽云:《〈虎钤经〉涉医内容初探》,《南京中医药大学学报（社会科学版）》2019 年第 1 期。

杨柳～:《北宋时期心与小肠病证证治特点与传世名方钩玄》,《现代中西医结合杂志》2018 年第 19 期。

朱思行、徐燕～唐靖一:《清代医家眩晕病医案辨治启钥》,《时珍国医国药》2018 年第 11 期。

张鞠华～:《肾藏象辨证论理论源流概述》,《中医药导报》2018 年第 4 期。

徐双～陈丽云:《医道与医术的再探讨——以〈史记·扁鹊仓公列传〉为中心》,《中医药文化》2018 年第 3 期。

朱思行、唐靖一～:《〈陆观虎医案〉眩晕病章指》,《中国中医急症》2018 年第 3 期。

吴筱枫～:《〈圣济总录·肺藏门〉肺虚证辨证论治特色》,《中国中医药科技》2018 年第 2 期。

郝军～朱春秋等:《浅析〈圣济总录〉论治脾系疾病》,《河南中医》2017 年第 12 期。

袁媛～:《罗雅谷〈人身图说〉再议》,《科学技术哲学研究》2017 年第 6 期。

宋神秘～陈丽云:《〈黄帝虾蟆经〉及针灸选择术研究》,《中医文献杂志》2017 年第 4 期。

吴筱枫～:《北宋茶文化兴盛背景下的茶药研究》,《中医药文化》2017 年第 3 期。

袁媛～:《雒魏林和他创办的上海仁济医院》,《医学与哲学（A）》2016 年第 9 期。

郝军、郝纪蓉～:《浅谈北宋医家对脾胃病证发展的贡献》,《河南中医》2015 年第 10 期。

胡蓉、陈丽云～:《魏晋南北朝时期内科杂病治法探要》,《上海中医药杂志》2014 年第 8 期。

郝军、郝纪蓉～:《北宋时期对脾胃病证治法方药的贡献》,《陕西中医》2014 年第 8 期。

王欢～:《〈圣济总录·伤寒门〉"热毒"论治研究》,《上海中医药杂志》2014 年第 7 期。

陈玉鹏～夏菁:《民国时期福建医家旅沪经历对闽医学的影响》,《中医药文化》2014 年第 1 期。

王欢～朱邦贤:《试论〈小品方〉"邪毒致病"学说》,《上海中医药杂志》2013 年第 6 期。

马杰～:《近 30 年研究历代中医学术争鸣之文献述评》,《中国中医基础医学杂志》2012 年第 8 期。

马杰～:《浅谈历代服饵时弊及其成因》,《上海中医药杂志》2012 年第 8 期。

马杰～:《刍议金元以降学术争鸣中的"补偏救弊"》,《中医杂志》2012 年第 9 期。

姚洁敏～:《"精"通天地人——〈吕氏春秋〉论"精"及其与中医学之关系》,《中医药文化》2012 年第 2 期。

郝军～:《唐宋时期内伤杂病证治研究》,《中国中医基础医学杂志》2011 年第 12 期。

姚洁敏、张志峰～:《晋隋唐时期"急黄"病证理法方药探析》,《中国中医基础医学杂志》2011 年第 7 期。

郝军～:《宋代温病病因说对明清温病学形成的影响》,《中国中医基础医学杂志》2011 年第 6 期。

姚洁敏、郎卿～:《历代医家学说中的传统文化》,《中医教育》2011 年第 2 期。

郝军、田永衍～潘华信:《孙思邈"凡中风多由热起"浅析》,《上海中医药大学学报》2011 年第 2 期。

陈丽云～:"和"的追求:《传统哲学视域中的中医学理》,《华东师范大学学报（哲学社会科学版）》2011 年第 2 期。

姚洁敏～:《〈诸病源候论〉文献研究思路述评与展望》,《中华中医药学刊》2011 年第 3 期。

姚洁敏～:《从"丝绸之路"探晋唐医学文化交流》,《中医药文化》2011 年第 1 期。

胡蓉～:《魏晋南北朝时期的医方创新》,《上海中医药大学学报》2011 年第 1 期。

邓月娥～:《〈傅青主女科〉中"治未病"思想和方法浅探》,《福建中医药大学学报》2010 年第 6 期。

邓月娥～:《〈千金方〉胎产病中的"治未病"特色》,《上海中医药大学学报》2010 年第 4 期。

张志峰、姚洁敏～:《〈诸病源候论〉治疗观探析》,《中华中医药学刊》2009 年第 11 期。

陈丽云、吴鸿洲～:《金元四大家对耳鼻咽喉科的贡献》,《上海中医药大学学报》2009 年第 5 期。

姚洁敏～:《晋唐时期胸痹心痛外治疗法特色》,《上海中医药杂志》2009 年第 7 期。

彭卫华～:《浅议〈宋刑统〉中的医事制度》,《中医药文化》2009 年第 2 期。

郭凤鹏～:《先秦汉代中医生态医学思想初探》,《中医药文化》2008 年第 6 期。

胡蓉、张如青～:《论魏晋南北朝医家医著特点》,《上海中医药大学学报》2007 年第 3 期。

～张志枫:《清代学术思潮对中医脉学的影响》,《上海中医药大学学报》2000 年第 2 期。

张志枫～:《清代"脉学"概述及研究进展》,《医古文知识》2000 年第 1 期。

茅晓、裴沛然～潘华信:《扶阳不忘补阴——张景岳扶阳特点探析》,《上海中医药杂志》1984 年第 9 期。

《前师仲圣　后启来者——许叔微杂病论治探析》,《上海中医药杂志》1983 年第 12 期。

《许叔微的脾肾观》,《上海中医药杂志》1982 年第 2 期。

阎廷禄(邯郸医学高等专科学校)

《论张锡纯的学术成就》,《邯郸医学高等专科学校学报》2003 年第 5 期。

严魏

《清叶薛二名医交恶之由》,《光华医药杂志》1936 年第 8 期。

《苏东坡之死》,《光华医药杂志》1936 年第 8 期。

阎文仲

《解放战争时期华北部队的卫生防病工作》,《中华医史杂志》1990 年第 1 期。

晏向阳(重庆市北碚区水土镇政府)

《构建中西医统一框架的设想》,《江西中医学院学报》2010 年第 6 期。

《人与环境天人合一关系的五运六气轮廓》,《江西中医学院学报》2010 年第 2 期。

《运气南北政的经文补遗》,《江西中医学院学报》2009 年第 5 期。

《运气南北政简解》,《中国中医基础医学杂志》2009 年第 2 期。

《运气南北政六探》,《江西中医学院学报》2008 年第 3 期。

《运气南北政五探》,《江西中医学院学报》2007 年第 5 期。

《运气南北政四探》,《江西中医学院学报》2007 年第 1 期。

《运气南北政三探》,《江西中医学院学报》2006 年第 1 期。

《运气南北政再探》,《江西中医学院学报》2005 年第 1 期。

《运气南北政初探》,《江西中医学院学报》2004 年第 2 期。

严晓(上海交通大学国际与公共事务学院)

～刘霞:《探析我国突发公共卫生危机治理的路向选择》,《兰州学刊》2009 年第 2 期。

颜小华(广西师范大学)

～官千翔等:《澳大利亚护士金指真及其桂林生活》,《桂林师范高等专科学校学报》2017 年第 6 期。

《佛山循道医院与近代西医业的兴起》,《边疆经济与文化》2011 年第 7 期。

闫晓君(西北政法学院)

《近代对〈洗冤录〉的批判》,《唐都学刊》2005 年第 6 期。

《清代的司法检验》,《中国刑事法杂志》2005 年第 5 期。

《秦汉时期的损伤检验》,《长安大学学报(社会科学版)》2002 年第 1 期。

严小青(南京农业大学)

《中国古代植物香料生产、利用与贸易研究》,南京农业大学博士学位论文2008年。

阎小燕(山东中医药大学附属医院)

《黄疸证治沿革文献研究》,《山东中医药大学学报》2007年第5期。

~李庆梅:《对黄疸中医研究现状的思考——关于建立中医肝病疾病史的设想》,《中医研究》2006年第3期。

《黄疸中医证治沿革史》,山东中医药大学博士学位论文2006年。

燕晓英(复旦大学)

《萌芽中亟待关注的研究领域——我国健康传播的现状分析和前瞻》,《新闻记者》2003年第11期。

闫晓宇(中国中医研究院)

《六极学说源流研究》,中国中医研究院硕士学位论文2005年。

闫旭(上海交通大学附属第六人民医院)

~梅炯:《关于〈清明上河图〉中的骨科诊所》,《中华医史杂志》2019年第4期。

严序之(天津中医药大学)

《张锡纯诊识弦脉探析》,《河南中医》2012年第8期。

《张锡纯学术思想源流初探》,《山西中医》2012年第4期。

《〈医学衷中参西录〉大气下陷用药初探》,《现代中西医结合杂志》2009年第15期。

严暄暄(湖南中医药大学)

~何清湖:《中医人类学学科元研究再思考——续王续琨教授文并大家商榷》,《广西民族大学学报(哲学社会科学版)》2019年第4期。

魏一苇~何清湖:《中医文化传播的现代语境(五):"他者"之音——海外"本土中医"》,《世界科学技术—中医药现代化》2018年第1期。

胡以仁……丁颖~何清湖:《中医文化传播的现代语境(四):跨文化传播与全球化》,《世界科学技术—中医药现代化》2018年第1期。

严璐、冯雅婷~何清湖:《中医文化传播的现代语境(三):新媒体》,《世界科学技术—中医药现代化》2018年第1期。

盛洁、丁颖~何清湖:《中医文化传播的现代语境(二):传统与现代,科学与人文》,《世界科学技术—中医药现代化》2018年第1期。

丁颖、魏一苇~何清湖:《中医文化传播的现代语境(一):语境与传播》,《世界科学技术—中医药现代化》2018年第1期。

胡以仁……刘洁~丁颖等:《基于"中医+"思维探讨孔子学院在中医药文化传播中的作用》,《中医杂志》2017年第15期。

孙相如……陈小平~:《先秦两汉时期阴阳学说的形成发展及其对藏象理论的影响》,《中华中医药杂志》2017年第8期。

胡以仁……刘洁~丁颖等:《"中国—卢森堡"中医药中心传播中医药文化的探索》,《中医杂志》2017年第14期。

~陈小平等:《"一带一路"背景下开展海外中医相关社科研究的几点思考》,《世界科学技术·中医药现代化》2017年第6期。

莫莉、李迎秋~:《浅论"一带一路"战略背景下因地制宜促进中医药国际化》,《世界科学技术·中医药现代化》2017 年第 6 期。

胡以仁、朱民～丁颖等:《"一带一路"战略下基于海外中医药中心的中医传播与发展》,《世界科学技术·中医药现代化》2017 年第 6 期。

陈小平……王歆妍～:《"一带一路"战略视域中的中医文化智库研究》,《世界科学技术·中医药现代化》2017 年第 6 期。

易亚乔……王玮～赵亚书:《"一带一路"战略视角下浅析中医药教育国际化发展之路》,《世界科学技术·中医药现代化》2017 年第 6 期。

～陈小平等:《"一带一路"背景下中医药跨文化传播的问题和对策——以英国为例》,《世界科学技术·中医药现代化》2017 年第 6 期。

李红文～沙凯歌:《"一带一路"战略背景下中医药文化的传播策略与路径》,《世界科学技术·中医药现代化》2017 年第 6 期。

魏一苇、何清湖～陈小平:《从编码解码角度探讨"一带一路"视域下中医养生国际化传播》,《世界科学技术·中医药现代化》2017 年第 6 期。

冯雅婷、陈小平～:《近年来"一带一路"战略与中医药国际化发展相关文献述评》,《世界科学技术·中医药现代化》2017 年第 6 期。

陈小平、江娜～:《中医药文化软实力特质分析》,《湖南中医药大学学报》2017 年第 4 期。

《人类学视角下的中医药跨文化传通——以英国为例》,湖南中医药大学博士学位论文 2016 年。

孙相如……陈小平～:《先秦、两汉时期象数思维的文化渊源及其对藏象理论的影响》,《中医杂志》2016 年第 23 期。

孙相如……陈小平～:《以中医药文化研究促进中医药发展模式变革》,《中华中医药杂志》2016 年第 12 期。

胡以仁……丁颖～陈元等:《中医药在马来西亚的发展状况及建议》,《中医药导报》2016 年第 19 期。

何清湖……陈小平～:《"中医+"思维的提出及其现实意义探讨》,《中华中医药杂志》2016 年第 7 期。

孙相如……陈小平～:《先秦两汉时期"官制文化"的渊源及其对藏象理论形成所带来的影响》,《中华中医药杂志》2016 年第 5 期。

何清湖……陈小平～:《先秦两汉时期五行学说对中医藏象理论形成的影响》,《中医杂志》2015 年第 23 期。

～丁颖等:《"他者"在"他者"的社会——英国移民中医》,《中医药导报》2015 年第 19 期。

何清湖……陈小平～:《"气一元论"学说对藏象理论形成的影响》,《中医杂志》2015 年第 17 期。

葛晓舒……周曦～:《湘西民族医药的优势特色与发展思路》,《中国民族民间医药》2015 年第 15 期。

～丁颖等:《中英两国中医形态的比较人类学研究》,《湖南中医药大学学报》2015 年第 6 期。

孙相如……陈小平～:《解析张仲景的藏象观特点及其文化思想背景》,《中华中医药杂志》2015 年第 5 期。

葛晓舒～曾晓进等:《湘西民族医药人类学的研究进展》,《中国民族民间医药》2015 年第 5 期。

葛晓舒……周曦～:《湘西少数民族巫医文化源流与形态的现代审视》,《中国民族民间医药》2015

年第 4 期。

葛晓舒～曾晓进等:《湘西民族医药文化的特色与传承保护策略》,《中国民族民间医药》2015 年第 1 期。

～陈小平等:《"他者"眼中的"他者"——浅谈运用文化人类学研究中医》,《湖南中医药大学学报》2013 年第 2 期。

～何清湖:《中医应适当后现代化》,《中华中医药杂志》2012 年第 6 期。

《人类学视角下的中医药跨文化传通》,湖南中医药大学博士学位论文 2016 年。

闫妍(天津市传染病医院)

《浅谈〈伤寒杂病论〉与疫病》,《陕西中医》2011 年第 1 期。

《〈伤寒论〉脉症合参的辨证思维》,《时珍国医国药》2007 年第 9 期。

严一萍

《中国医学之起源考略》,《大陆杂志》第二卷第 8、9 号(1951)。

颜宜葳(中国科学院/北京大学)

《20 世纪 50 年代中国血吸虫病防治工作中的国际合作——日本防治血吸虫病医学代表团来华始末》,《自然科学史研究》2019 年第 3 期。

《美国女子医学教育与晚清中国最早的女西医》,张大庆等主编《全球视野下的医学文化史》(北京:中国协和医科大学出版社 2019 年)。

《镜里看花影几重——中外记载中的一位晚清沪上女西医上女西医》,《文史知识》2013 年第 7 期。

《伯驾在新加坡的医疗活动与早期教会医院的建立动因》,《中国科技史杂志》2013 年第 2 期。

《让医学向人文"摆渡"——〈中国医学人文评论〉丛书述评》,《健康报》2011 年 8 月 31 日 006 版。

～罗桂环:《从 SCI 引证看〈中国生理学杂志〉的国际影响》,《自然科学史研究》2011 年第 2 期。

《美国国立卫生研究院简介》,《科学文化评论》2010 年第 5 期。

～张大庆:《中国早期教会医院中的眼病与治疗》,《自然科学史研究》2008 年第 2 期。

～张大庆:《我国第一座血库的建立 战争环境下一项医学新技术的转让、接受及影响》,《科学文化评论》2006 年第 1 期。

～张大庆:《坎农与中国生理学家的交流》,《中国科技史杂志》2005 年第 3 期。

《人类基因组计划在西方引发的人性观思考》,《医学与哲学》2003 年第 7 期。

～张大庆:《历史上的瘟疫》,《科学中国人》2003 年第 6 期。

颜訚(中国科学院/四川医学院)

《西夏侯新石器时代人骨的研究报告》,《考古学报》1973 年第 2 期。

《大汶口新石器时代人骨的研究报告》,《考古学报》1972 年第 1 期。

贾兰坡～:《西团山人骨的研究报告》,《考古学报》1963 年第 2 期。

《华县新石器时代人骨的研究》,《考古学报》1962 年第 2 期。

～吴新智等:《西安半坡人骨的研究》,《考古》1960 年第 9 期。

～刘昌芝等:《宝鸡新石器时代人骨的研究报告》,《古脊椎动物与古人类》1960 年第 1 期。

毛燮均～:《安阳辉县殷代人牙的研究报告》,《古脊椎动物与古人类》1959 年第 2、4 期。

《甘肃齐家文化墓葬中头骨的初步研究》,《考古学报》1955 年第 1 期。

闫永增(唐山师范学院)

《毒品史研究的新成果——读肖红松近著〈近代河北烟毒与治理研究〉》,《唐山学院学报》2010 年第 2 期。

～刘云伟:《近代工业与唐山医疗事业的发展》,《唐山师范学院学报》2007 年第 4 期。

《开滦煤矿与近代唐山卫生防疫事业的开展》,《唐山学院学报》2007 年第 3 期。

闫育敏(山西医科大学第二医院)

～刘晓英:《我国助产教育的起源与发展》,《护理研究》2013 年第 31 期。

颜赟(上海市金山区人民政府)

《近代上海西医价值的认可及其地位的确立》,《医学与社会》2008 年第 5 期。

《近代上海西医的传入及其活动——基督教活动刍议》,《医学与社会》2008 年第 4 期。

《对 2 例医疗救护纠纷案处理的分析》,《科技创新导报》2007 年第 34 期。

《医疗救护纠纷 2 例分析》,《法律与医学杂志》2007 年第 4 期。

严运楼(上海工程技术大学)

《建国初中国共产党领导的学校卫生教育》,《中国学校卫生》2017 年第 7 期。

《毛泽东对人民公社时期农村合作医疗的探索》,《毛泽东思想研究》2007 年第 6 期。

严泽(北京中医药大学)

《食物相反的古代文献研究》,北京中医药大学博士学位论文 2013 年。

～张聪等:《古代医家论食物相反之辨析》,《中医杂志》2013 年第 24 期。

～舒秀明等:《"食不欲杂"出处文献考》,《北京中医药大学学报》2013 年第 4 期。

～张聪等:《"食物相反"名实考》,《中医杂志》2012 年第 21 期。

～林殷:《"食物相克"的研究现状分析》,《中国中医基础医学杂志》2012 年第 8 期。

颜智(辽宁师范大学)

《浅析西晋玄学家的养生观之争》,《中华医史杂志》1997 年第 2 期。

《葛洪与道教养生观》,《中国气功科学》1995 年第 10 期。

《心病还需心药医——浅析尤乘〈勿药须知〉篇》,《中国气功科学》1995 年第 6 期。

严忠良(武汉大学/华中师范大学)

《明朝遗民理学家李之泌考略》,《理论月刊》2016 年第 9 期。

《明朝遗民医家李之泌考略》,《中医药文化》2016 年第 3 期。

《蔚为大观:明清时期鄂东医学重地形成及其奠定》,《人文论丛》2016 年第 2 期。

《明清时期鄂东医学重地》,《南京中医药大学学报(社会科学版)》2016 年第 1 期。

《红颜薄命:男权话语下的明清女性医疗》,《华北水利水电大学学报(社会科学版)》2015 年第 1 期。

吴琦～:《一个移民后裔的医事活动——以明代名医万全为例》,《明清论丛》2014 年第 1 期。

《明清黄州府名医研究》,华中师范大学硕士学位论文 2013 年。

阎中兴(中国劳动和社会保障部)

《日本医疗保险制度对我国的启示》,《改革》1999 年第 6 期。

《日本的医疗保险制度及其对我国的启示》,《现代日本经济》1999 年第 5 期。

《日本的医疗保险制度》,《亚太经济》1999 年第 4 期。

晏子厚(成都生物制品研究所)

《中国卡介苗的奠基人——王良(1891—1985)》,《中华微生物学和免疫学杂志》2003 年第 1 期。

严祖庇

《中国古代虚劳病之探究》,《克明医刊》1934 年第 3—4 期。

《中国古代外疗法之整理与研究》,《克明医刊》1933 年第 1—5 期。

杨安时

《从祖国医学文献来讨论中医对疟疾的认识与治疗》,《新中医药》1956 年第 9 期。

杨柏林

《对孙吴日军遗弃化学武器的考察》,《黑龙江档案》2007 年第 5 期。

杨宝林

《〈南海药谱〉作者李珣小考》,《农史研究》第 6 辑(北京:农业出版社 1985 年)。

杨必安(北京中医药大学)

~曹丽娟等:《五运六气与主要医学流派学术思想的关联性研究》,《中华中医药杂志》2019 年第 12 期。

刘媛媛……齐心~:《〈名医类案〉中补中益气汤误治医案研究》,《浙江中医药大学学报》2019 年第 11 期。

姚鑫~黄作阵:《〈医学衷中参西录〉煎药方法"煮数沸"浅探》,《中华中医药杂志》2019 年第 9 期。

孟小燕……李建武~孙颖:《京津冀协同发展视角下廊坊中医药历史挖掘研究》,《中国地名》2019 年第 9 期。

杨婧妍……刘媛媛~:《基于〈名医类案〉数据分析探讨补中益气汤病证规律》,《环球中医药》2019 年第 9 期。

陈嘉琪……杨婧妍~:《基于〈名医类案〉数据分析补中益气汤方药运用规律》,《浙江中医药大学学报》2019 年第 7 期。

《中医各家学说教学中的中医临床思维培养模式新探》,《中国中医药现代远程教育》2019 年第 12 期。

~穆岑岑等:《"一带一路"战略背景下孔子学院的中医药文化传播策略研究》,《世界中西医结合杂志》2018 年第 11 期。

《黄元御学术思想及临床应用研究》,北京中医药大学硕士学位论文 2016 年。

~黄作阵:《黄元御学术思想探源》,《世界中西药》2015 年第 11 期。

~王兆等:《黄元御"土枢四象,一气周流"理论的针灸应用探索》,《世界中医药》2016 年第 5 期。

~王兆等:《黄元御对诸家医学流派的批判与影响研究》,《世界中医药》2015 年第 6 期。

杨斌(复旦大学)

《中国最早的期刊——〈吴医汇讲〉》,《编辑学刊》1992 年第 1 期。

杨彬彬(中国社会科学院)

《"自我"的困境——一部清代闺秀诗集中的疾病呈现与自传欲望》,《中国文哲研究集刊》第 37 期(2010)。

《由曾懿(1852—1927)的个案看晚清"疾病的隐喻"与才女的身份》,《近代中国妇女史研究》第 16 期(2008)。

《曾懿与晚清"疾病的隐喻"》,《中国社会科学研究生院学报》2008 年第 2 期。

杨波(南昌大学)

《高铁车站公共卫生管理优化研究》,南昌大学硕士学位论文 2018 年。

杨长年（南京大学）

《民间组织与拒毒运动——中华国民拒毒会研究（1924—1937）》，南京大学博士学位论文 2006 年。

杨昌文（贵州民族研究所）

《从濒危药物现象谈民族医药生态文化保护利用的几点建议》，《贵州民族研究》2005 年第 4 期。

《贵州民族调查与民族医药研究》，《贵州民族研究》2002 年第 3 期。

《民族民间养生长寿思想初探》，《贵州民族研究》1997 年第 3 期。

《浅谈西南少数民族传统医药》，《贵州民族研究》1994 年第 1 期。

《苗族医药浅议》，《广西民族研究》1988 年第 3 期。

杨长云（江西师范大学）

《纽约市 1788 年医闹评议》，《求是学刊》2017 年第 5 期。

杨超

《先秦阴阳五行说》，《文史哲》1956 年第 3 期。

杨晨雪（上海中医药大学附属中医医院）

《古代妇科膏方十则评析》，《河南中医》2012 年第 12 期。

《浅谈妇科膏方的制用》，《河南中医》2012 年第 8 期。

～胡国华：《妇科膏方发展简史》，《江苏中医药》2012 年第 6 期。

杨程（华中师范大学）

《中国现代文学疾病书写中的个人与国家》，《周口师范学院学报》2015 年第 3 期。

～许祖华：《从混沌中苏醒：清末民初身体的重新发现与再认识》，《西南大学学报（社会科学版）》2015 年第 2 期。

杨程程（西南大学）

《明清医生阶层与小说的人物塑造》，西南大学硕士学位论文 2012 年。

杨成洲（西南财经大学）

张俊良～：《长期照护保险财务制度的国际经验与借鉴》，《社会保障研究》2017 年第 4 期。

～余璇：《德国长期照护保险制度：缘起、规划、成效与反思》，《中国卫生政策研究》2015 年第 7 期。

《台湾"长期照顾十年计划"研究》，《社会保障研究》2015 年第 2 期。

杨崇华（崇庆县人民医院）

《试论〈黄帝内经〉对先秦诸子养生观的取舍》，《中医研究》1994 年第 4 期。

《〈失血大法〉评述》，《四川中医》1984 年第 1 期。

杨崇仁（中国科学院昆明植物研究所）

《中古时期我国传统植物药与印度的交流》，《亚太传统医药》2018 年第 1 期。

《三七的历史与起源》，《现代中药研究与实践》2015 年第 6 期。

杨崇瑞

《六年来妇幼卫生工作概况》，《中华妇产科杂志》1956 年第 3 期。

《最近二十年来之中国妇婴卫生》，《中华医学杂志》1946 年第 1 期。

《中国妇婴卫生工作之过去与现在》，《中华医学杂志》1941 年第 5 期。

《中国助产史略》，《江西助产月报》1936 年第 2 期。

杨春波

《试论徐大椿的医学成就》，《哈尔滨中医》1964 年第 6 期。

阳春林(湖南中医药大学)

吴娅娜~:《近代湖南的中医学校教育研究》,《湖南中医药大学学报》2016年第11期。

吴娅娜~向陈:《晚清湖南刻印医籍研究》,《湖南中医药大学学报》2015年第2期。

吴娅娜、易法银~谭玉美:《近代经世致用思潮影响下的湖南中医药》,《湖南中医药大学学报》2013年第9期。

葛晓舒、易法银~:《湖南中医药单验方收集整理情况述评》,《中国民族民间医药》2011年第24期。

《乾嘉汉学对清代中医学发展的影响》,湖南中医药大学硕士学位论文2009年。

杨春梅(海南师范大学)

《论新时期以来戏剧中的疯癫形象》,海南师范大学硕士学位论文2013年。

杨从彪

《从三则典故看道医文化之精深》,《中国道教》2006年第6期。

杨翠华(台湾中央研究院)

《美援对台湾对卫生计划与医疗体制之形塑》,《中央研究院近代史研究所集刊》第62期(2008.12)。

杨翠平(南京师范大学)

《〈喧哗与骚动〉中的疯癫叙事研究》,南京师范大学硕士学位论文2014年。

杨翠迎(上海财经大学)

~鲁於:《"医疗嵌入型"医养结合服务的行为逻辑与实践经验——基于上海市六个区的调查分析》,《云南民族大学学报(哲学社会科学版)》2018年第6期。

鲁於~:《我国长期护理保险制度构建研究回顾与评述》,《社会保障研究》2016年第4期。

~郭光芝:《澳大利亚:全民医疗保险体系之惠普》,《中国医院院长》2014年第3期。

杨存(北京大学)

谈玲芳、黄成礼~丘明峰等:《免费医疗模式下的医生行为分析:青海省藏区小苏莽诊所的实证研究》,《中国卫生经济》2011年第10期。

~郑晓瑛等:《意大利医疗保障体系建设及启示》,《中国卫生经济》2011年第5期。

~郑晓瑛:《我国药品流通领域的现状以及思考》,《中国卫生经济》2011年第3期。

杨存钟(北京医学院)

《世界上最早的提取、应用性激素的完备记载》,《化学通报》1977年第4期。

《沈括与医药学》,《北京中医学院学报》1976年第3期。

《沈括对科技史的又一重要贡献——关于我国十一世纪从人尿提取性激素的记载》,《北京中医学院学报》1976年第2期。

《从〈苏沈良方〉看儒法两家在医药学上的对立》,《北京医学院学报》1975年第3期。

《沈括和他的〈良方序〉》,《北京中医学院学报》1975年第2期。

杨达夫

《祖国医学在妇产科学上的贡献》,《江西中医药》1955年第27期。

《中国医学沿革概论》,《天津益世报医学周刊》1929年5月10、17日。

杨大俊

《古代史料中的十种咽喉病候》,《中华医史杂志》1984年第1期。

《中国古代耳鼻咽喉科的历史》,《中华耳鼻咽喉科杂志》1957年第1期。

杨大业（北京联合大学）

《清宫回族御医赵士英和刘裕铎》，《历史档案》1995 年第 4 期。

杨德林（内蒙古蒙医学院附属医院）

《〈金匮要略〉脉法之探讨》，《中医函授通讯》1990 年第 5 期。

《张介宾的"治形论"探析》，《中医函授通讯》1990 年第 1 期。

《〈肘后备急方〉对剂型的发展》，《中医函授通讯》1989 年第 4 期。

《"中年求复"刍议》，《中医函授通讯》1989 年第 2 期。

杨德森（湖南医科大学）

《精神医学与医学人类学的某些观点分歧——重申不能将精神病视为社会病、政治病、文化病或思想病》，《上海精神医学》1999 年第 1 期。

杨德志（淮北师范大学）

～杨木庆：《瘟疫与近代城市的变迁——以 1908—1910 年的上海鼠疫为例》，《华北水利水电大学学报（社会科学版）》2014 年第 4 期。

《近代城市灾害与媒体反应——以 1894 年广州鼠疫为视点》，《科技信息》2013 年第 18 期。

《韩国钧与东北大鼠疫》，《赤峰学院学报（汉文哲学社会科学版）》2012 年第 10 期。

杨佃会（山东中医药大学）

～刘颖：《唐代灸法述要》，《上海针灸杂志》2012 年第 2 期。

～刘一凡：《〈伤寒论·自序〉考略》，《中医药学刊》2004 年第 8 期。

《从"瘕""淋"避讳看《伤寒论》自序真伪质疑》，《江苏中医药》2004 年第 7 期。

《"总角"与仲景生年》，《山东中医药大学学报》2003 年第 2 期。

～臧守虎等：《〈肘后备急方〉灸法学术思想探析》，《山东中医药大学学报》2001 年第 1 期。

《宋以前〈伤寒杂病论〉的流布研究》，山东中医药大学博士学位论文 2001 年。

杨丁（山西师范大学）

《艾滋病感染者去污名化的合理路径研究》，山西师范大学硕士学位论文 2018 年。

杨东方（北京中医药大学）

杨兴亮～庄文元等：《浅议〈本草纲目〉与〈神农本草经〉辑佚的关系》，《中药材》2019 年第 10 期。

王翠翠～杨兴亮：《王孟英医学著作的襄助者考论》，《中医学报》2019 年第 7 期。

王翠翠～杨兴亮：《〈中国中医古籍总目〉民国伤寒文献补正》，《安徽中医药大学学报》2019 年第 4 期。

杨兴亮～王翠翠：《开山采铜铸丰碑 笔耕不辍济岐黄——略述钱超尘四十余载治学方法及成就》，《中医文献杂志》2019 年第 3 期。

杨兴亮～王翠翠：《〈伤寒论〉第三十二条中"必"字小考》，《北京中医药大学学报》2019 年第 2 期。

～周明鉴：《〈许宝蘅日记〉里的医学》，《中医文献杂志》2019 年第 1 期。

《〈"皇汉医学"〉"多纪氏"注释补正》，《鲁迅研究月刊》2018 年第 7 期。

苏星菲～：《夏孙桐与〈续修四库全书总目提要·医家类〉》，《北京中医药大学学报》2018 年第 4 期。

～周明鉴：《上海中医书局探微》，《世界中西医结合杂志》2018 年第 2 期。

庄文元～：《光绪六年（1880 年）慈禧太后用药档案错乱考》，《北京中医药大学学报》2018 年第 1 期。

付鹏～庄文元:《陆懋修重订戴天章〈广瘟疫论〉探微》,《世界中医药》2017年第10期。

徐扬～:《民国时期中医社团与医籍出版》,《中医文献杂志》2017年第5期。

～周明鉴:《民国中医典籍出版特征探究》,《吉林中医药》2017年第4期。

《〈本草纲目〉征引古籍讹误举隅》,《西部中医药》2016年第7期。

～周明鉴:《世界书局与中医书籍出版》,《中医文献杂志》2016年第6期。

《中国古医籍的数量与特点》,《安徽中医药大学学报》2016年第5期。

～周明鉴:《民国时期的中医典籍出版》,《中国出版史研究》2016年第4期。

～周明鉴:《〈道藏〉与医籍传播》,《长春中医药大学学报》2016年第4期。

～杨东方:《曹颖甫对〈金匮要略〉的阐释发微》,《吉林中医药》2016年第1期。

～周明鉴:《章太炎医界弟子考论》,《浙江中医药大学学报》2015年第7期。

～周明鉴:《〈医林大观书目〉述论》,《长春中医药大学学报》2015年第6期。

～徐扬等:《任应秋与医古文学科》,《中医教育》2015年第5期。

～周明鉴:《〈医籍考〉传入中国考》,《中国科技史杂志》2015年第3期。

～周明鉴:《〈圣济总录〉流传小史》,《安徽中医药大学学报》2015年第1期。

～周明鉴:《详校〈四库全书〉太医考论》,《辽宁中医药大学学报》2014年第11期。

～张戬等:《〈四库全书总目〉中宋代医籍提要补正》,《中医学报》2014年第7期。

～周明鉴:《藏书家与〈四库全书·医家类〉的编纂与流传》,《中医文献杂志》2014年第2期。

王玮、冯清源～赵岩松:《论哲学思想对中医学指导意义》,《辽宁中医药大学学报》2014年第2期。

张戬～黄作阵:《中医古籍文体形式研究的几点思考》,《长春中医药大学学报》2013年第6期。

黄作阵、张戬～李柳骥等:《中医古籍文体形式研究的几点思考》,《北京中医药大学学报》2013年第6期。

～张戬等:《〈田晋蕃医书七种〉作者田晋蕃小考》,《浙江中医药大学学报》2013年第4期。

～张戬:《〈馆藏任应秋捐赠书目〉启示的读书之道》,《中医教育》2013年第3期。

《〈四库全书总目〉金元明清医籍提要补正》,《安徽中医学院学报》2013年第2期。

《吕留良评注〈医贯〉学术价值刍议》,《南京中医药大学学报(社会科学版)》2013年第1期。

～周明鉴:《〈当归草堂医学丛书〉与〈四库全书·医家类〉》,《中医文献杂志》2013年第1期。

《〈四库全书·医家类〉与四库学研究》,《贵州文史丛刊》2013年第1期。

～刘平:《吴鞠通与〈四库全书·医家类〉》,《北京中医药大学学报》2012年第10期。

～刘平:《中医学科史研究刍议》,《中医临床研究》2012年第4期。

～黄作阵等:《〈四库全书·医家类〉各代医籍分布情况及其成因》,《辽宁中医药大学学报》2012年第2期。

《〈续名医类案〉与〈四库全书〉》,《北京中医药大学学报》2012年第1期。

肖红艳……严季澜～王育林:《医古文教学中从词汇时代性考察版本年代的探讨——以陶弘景〈补阙肘后百一方.序〉为例》,《中国中医药现代远程教育》2012年第1期。

～刘平等:《〈四库全书·医家类〉的几个问题》,《安徽中医学院学报》2011年第2期。

～李柳骥:《劳树棠与〈四库全书总目·医家类〉》,《北京中医药大学学报》2011年第3期。

～周明鉴:《纪昀与〈四库全书总目·医家类〉》,《南京中医药大学学报(社会科学版)》2011年第1期。

～刘平:《〈本草纲目·引据古今经史百家书目〉辩证》,《北京中医药大学学报》2010 年第 10 期。

～刘平等:《〈中国分省医籍考·河南卷〉补遗》,《中医学报》2010 年第 5 期。

《消渴病的文化隐喻》,《南京中医药大学学报(社会科学版)》2010 年第 1 期。

《〈证类本草所出经史方书〉补遗》,《成都中医药大学学报》2010 年第 1 期。

《历代皇帝医事考》,《安徽中医学院学报》2010 年第 1 期。

～王育林:《刘禹锡〈传信方〉辑佚本漏收误收举隅》,《北京中医药大学学报》2009 年第 11 期。

《〈本草纲目·引据古今医家书目〉辩证》,《北京中医药大学学报》2009 年第 9 期。

～周明鉴:《历代著名文学家医学著作考》,《中医药文化》2009 年第 4 期。

《〈千顷堂书目·医家类〉辩证》,《中华医史杂志》2009 年第 3 期。

杨东儒

《中西解剖先后比较谈》,《医林一谔》1931 年第 12 期。

杨二兰(苏州大学)

《祁州药市的历史考察》,苏州大学硕士学位论文 2008 年。

杨发祥(华东理工大学/浙江大学)

～黄文:《农村生育制度的流变及反思》,《学习与实践》2010 年第 10 期。

潘如龙～:《二十世纪三四十年代中国的节育论争与实践》,《西南交通大学学报(社会科学版)》2005 年第 6 期。

《当代中国计划生育史研究》,浙江大学博士学位论文 2004 年。

杨发源(四川大学)

《1898—1914 年间青岛的城市卫生事业》,《江西社会科学》2009 年第 5 期。

杨帆(北京医科大学第一医院)

～王俊:《肺气肿外科治疗的历史》,《中华医史杂志》2000 年第 1 期。

杨芳(安徽医科大学)

陈诗雨～:《人类基因编辑技术伦理问题探微》,《齐齐哈尔大学学报(哲学社会科学版)》2019 年第 8 期。

邹如悦、杨雪柔～:《比较法视阈的预先医疗指示制度及其在我国的构建》,《医学与法学》2019 年第 4 期。

李艳艳、王俊～何成森:《公立医院人文关怀存在问题与提升路径研究》,《南京医科大学学报(社会科学版)》2019 年第 1 期。

沈永生～潘荣华:《胚胎植入前遗传学诊断技术临床应用中的法律问题研究》,《医学与法学》2018 年第 6 期。

周婉露、叶明鑫～:《试谈对代孕的法律治理——兼析我国代孕是否合法之争》,《医学与法学》2018 年第 1 期。

陈玉～:《子宫移植伦理问题探微》,《锦州医科大学学报(社会科学版)》2018 年第 1 期。

荣光存～:《试析台湾〈人体生物资料库管理条例〉对参与者的权利保护》,《重庆科学技术学院学报(社会科学版)》2017 年第 8 期。

荣光存～:《生物样本库建设中的知情同意模式研究》,《齐齐哈尔大学学报(哲学社会科学版)》2017 年第 8 期。

卜祥敏～:《产前基因检测技术应用产生的伦理和法律问题研究探赜》,《苏州学院学报》2017 年第

3期。

荣光存~:《刑法治理"医闹"的有限性及"医闹"的治本之策》,《医学与法学》2016年第5期。

《意大利〈医学辅助生殖法〉研究》,《东方法学》2015年第6期。

姬妍~:《捐赠卵子所引发的社会伦理法律问题阐微》,《医学与法学》2015年第5期。

姬妍~潘荣华:《"黄禹锡事件"后韩国研究用人类卵子的法律规制研究》,《巢湖学院学报》2015年第5期。

姬妍~:《瑞典修改〈医疗生物银行法〉对我国的启示》,《辽宁医学院学报(社会科学版)》2015年第3期。

姬妍~潘荣华:《〈基因完整法〉:瑞典辅助生殖立法最新进展——兼评辅助生殖子女基因知情权条款》,《南京中医药大学学报(社会科学版)》2015年第1期。

施娇娇~:《我国人工生殖纠纷多元化解决机制的构建》,《湖北警官学院学报》2014年第9期。

张静娴~:《从〈医业伦理学〉看宋国宾的现代医德思想》,《吉林医药学院学报》2014年第4期。

潘荣华~:《我国古代食品卫生监管经验与启示》,《南京中医药大学学报(社会科学版)》2014年第1期。

姬妍~潘荣华:《人类辅助生殖中的卵子分享模式研究》,《南京中医药大学学报(社会科学版)》2014年第1期。

施娇娇、姜柏生~:《论人工生殖纠纷的类型、特征及处理原则》,《南京中医药大学学报(社会科学版)》2013年第6期。

王继年~:《论〈社会保险法〉对城镇职工医疗保险的影响——以合肥市城镇职工基本医疗保险为例》,《辽宁医学院学报(社会科学版)》2013年第4期。

潘荣华~:《民国时期医学报刊的发展与多主体健康传播格局之肇基》,《巢湖学院学报》2013年第2期。

~朱慧等:《近代首部医德小说〈医界镜〉作者新证》,《中华医史杂志》2012年第4期。

潘荣华~:《论宋代旌表政策对民间"割股"陋俗的影响——以〈名公书判清明集〉旌表文告为中心》,《南京中医药大学学报(社会科学版)》2012年第3期。

~张昕等:《〈侵权责任法〉医疗损害责任归责原则体系评析》,《南京医科大学学报(社会科学版)》2012年第3期。

潘荣华~:《民国时期上海成为西医传播全国中心的社会动因》,《安庆师范学院学报(社会科学版)》2011年第12期。

查曼~丁镭:《〈侵权责任法〉解决医疗纠纷司法"二元化"的创新与不足》,《医学与哲学(人文社会医学版)》2011年第6期。

朱慧~:《晚清小说〈医界镜〉对医界不良现象的批判及启示》,《医学与社会》2011年第5期。

潘荣华~尹端模:《近代自办医报的开创者》,《医学与社会》2011年第4期。

潘荣华~:《民国时期医学院校创办的医学报刊研究》,《辽宁医学院学报(社会科学版)》2011年第4期。

潘荣华~:《清末民初留日医学生报刊传播西医活动述论》,《华侨华人历史研究》2011年第3期。

潘荣华~:《1934年南京中央医院被控案及其社会影响——以〈中央日报〉的报道为中心》,《南京中医药大学学报(社会科学版)》2010年第1期。

《人工生殖模式下亲子法的反思与重建——从英国修订〈人类受精与胚胎学法案〉谈起》,《河北法学》2009 年第 10 期。

～潘荣华:《南宋地方文献中的官药局考述》,《中国地方志》2009 年第 5 期。

《我国"代孕"合法化的制度环境和观念基础》,《政治与法律》2008 年第 6 期。

～潘荣华:《两宋民间私营药业的兴衰之变》,《中医药文化》2008 年第 2 期。

～张昕等:《台湾地区"代孕"立法最新进展及其启示》,《医学与哲学(人文社会医学版)》2008 年第 4 期。

高开焰～:《新型农村合作医疗相关问题探讨》,《中华医院管理杂志》2007 年第 3 期。

潘荣华～:《英国"代孕"合法化二十年历史回顾》,《医学与哲学(人文社会医学版)》2006 年第 11 期。

～姜柏生:《死后人工生殖的民法问题研究——兼谈台湾地区人工生殖立法新趋向》,《河北法学》2006 年第 11 期。

～姜柏生:《辅助生育权:基于夫妻身份的考量》,《医学与哲学(人文社会医学版)》2006 年第 7 期。

～潘荣华:《论人体器官权及其对物权法的新发展》,《上海政法学院学报》2006 年第 6 期。

潘荣华～:《精神障碍患者治疗康复中的伦理和法律问题》,《中华医院管理杂志》2005 年第 7 期。

～潘荣华、潘莉莉:《乙肝歧视与我国未来的反歧视立法》,《河北法学》2005 年第 3 期。

～姜柏生、潘荣华:《胎儿人身利益保护的法理思考——兼论胎儿在我国未来民法典中的民事主体地位》,《法律与医学杂志》2004 年第 3 期。

潘荣华～:《党的中西医结合政策的形成与发展论略》,《南京中医药大学学报(社会科学版)》2004 年第 1 期。

～姜柏生:《试论医学技术进步对民法制度的冲击》,《南京医科大学学报(社会科学版)》2003 年第 2 期。

～潘荣华:《医患关系的本质属性及其立法取向》,《医学与哲学》2003 年第 4 期。

潘荣华～:《人文医学和医学人文学引论》,《中华医院管理杂志》2002 年第 10 期。

～潘荣华:《医德法律化:医德医风建设的法律保障》,《中国卫生事业管理》2002 年第 5 期。

《艾滋病传播行为的罪与刑》,《中国公共卫生管理》2002 年第 4 期。

潘荣华～:《当前医患关系法律属性讨论中存在的几个误区》,《医学与哲学》2002 年第 3 期。

～潘荣华:《病家侵权及其民事责任刍议——兼谈对〈医疗事故处理办法〉第 25 条的修改》,《中国医院管理》2002 年第 2 期。

潘荣华～:《试论新〈药品管理法〉的特点》,《南京中医药大学学报(社会科学版)》2001 年第 4 期。

～潘荣华:《病人知情同意权的几个辩证法问题》,《医学与社会》2001 年第 4 期。

～刘燕:《知情同意——病人的权利与立法——兼谈对〈执业医师法〉第 26、37 条的修改》,《南京医科大学学报(社会科学版)》2001 年第 3 期。

《病人知情同意权的伦理和法律问题》,《中国医学伦理学》2001 年第 4 期。

杨昉(成都中医药大学)

《从"脉学"看〈内经〉理论的实践基础》,成都中医药大学硕士学位论文 2011 年。

～包小丽:《上古针刺方法考释》,《辽宁中医杂志》2010 年第 2 期。

～包小丽:《〈内经〉"上焦"生理病理详考》,《上海中医药杂志》2009 年第 11 期。

～包小丽：《从〈史记〉"仓公传"看〈黄帝内经〉的理论源头》，《江苏中医药》2009年第11期。

杨芳（湖南师范大学）

《清末民初新教女医学传教士在华活动研究》，湖南师范大学硕士学位论文2009年。

杨芳（南京师范大学）

《黑暗中的曙光：近代在华基督教会盲人教育发展历程探析》，南京师范大学硕士学位论文2014年。

杨峰（中国中医科学院/南京中医药大学）

朱玲～：《透过历史学的尘埃看中医》，《中国中医药图书情报杂志》2016年第2期。

霍蕊莉、朱玲～：《巴甫洛夫学说与中华人民共和国建国初期针灸科学化：以马继兴为例》，《针刺研究》2015年第4期。

朱玲～：《〈黄帝内经〉针刺"治神"辨析》，《中国中医基础医学杂志》2015年第5期。

～朱玲：《经典的注释立场与话语特色："志注"中"血气之生始出入"探讨》，《世界中医药》2014年第11期。

～朱玲：《针灸医学史研究的思路与方法——以马继兴老先生为例》，《中国针灸》2014年第3期。

朱玲～：《〈伤寒论〉少阴、厥阴病"以灸治厥"浅析——兼论〈伤寒论〉成书》，《中医文献杂志》2014年第2期。

朱玲……董燕～：《传统针灸知识本体的构建研究》，《中国数字医学》2014年第2期。

朱玲……董燕～：《〈内经〉针灸概念术语的文化诠释：以"寸口、脉口、气口"之辨析为中心》，《世界中医药》2014年第1期。

周晓玲～朱玲：《中医早期经脉理论演变的考察：基于术数观念下的经脉数目变化》，《中国医学创新》2013年第25期。

万芳～：《马继兴学术研究再论》，《中医文献杂志》2013年第6期。

朱玲、崔蒙～：《〈内经〉概念术语的语义关系现代表达》，《中华医学图书情报杂志》2012年第6期。

张立剑～李素云等：《针灸出土文物概说》，《上海针灸杂志》2011年第5期。

《既立其真，更穷流变——"血络"考论》，《中国针灸》2010年第4期。

～赵京生：《仓公"精气"思想解读——从〈史记·扁鹊仓公列传〉齐文王病案说起》，《江苏中医药》2008年第8期。

～赵京生：《马王堆养生文献对早期针灸理论的影响》，《中华医史杂志》2008年第2期。

～赵京生：《从简帛医书看〈内经〉足六脉病候》，《中国针灸》2007年第11期。

～赵京生：《出土文献中经脉病候"热中"的由来与演变——从〈史记·扁鹊仓公列传〉中热的相关记载说起》，《中国针灸》2007年第8期。

～赵京生：《中医经典文献研究的诠释学向度》，《医学与哲学（人文社会医学版）》2007年第7期。

朱玲～：《睡虎地秦简〈日书〉医疗疾病史料浅析》，《中国中医基础医学杂志》2007年第5期。

《〈素问〉杨王注比较与针灸理论传承》，南京中医药大学博士学位论文2006年。

～朱玲：《〈内经〉足六经理论比较研究》，《浙江中医杂志》2004年第4期。

～朱玲：《七疝考》，《江苏中医药》2004年第1期。

～赵京生：《从〈素问·热论〉看〈内经〉中不同模式的经脉理论》，《南京中医药大学学报》2003年第5期。

朱玲、唐德才～:《炙甘草汤中"麻仁"考证》,《中药材》2003 年第 9 期。

杨奉琨(复旦大学)

《元代大法医学家王与生平著述考略》,《浙江学刊》1985 年第 2 期。

杨扶国

《试论〈金匮要略〉的若干特点》,《江西医药》1964 年第 7 期。

杨付明(湖北民族学院)

雷明豪～胡泽华:《桐油在土家医外治法中的应用》,《中国民族民间医药》2019 年第 21 期。

曾楚华……袁德培～向阳:《〈本草纲目〉膏剂特色探析》,《时珍国医国药》2018 年第 8 期。

曾楚华、袁德培～刘哨兵:《〈本草纲目〉论姜举要》,《时珍国医国药》2017 年第 9 期。

《需求与认同:土家族医药传承探析》,《广西民族大学学报(哲学社会科学版)》2014 年第 6 期。

《湖北恩施地区土家医治疗骨伤方药特色浅谈》,《中国民族医药杂志》2008 年第 5 期。

～袁德培等:《张锡纯络病学学术思想特点研究》,《新中医》2007 年第 11 期。

～朱云超:《张锡纯对祖国药学的贡献探赜》,《湖北民族学院学报(医学版)》2007 年第 3 期。

杨富学(敦煌研究院)

～张田芳:《回鹘文〈针灸图〉及其与敦煌针灸文献之关联》,《中医药文化》2018 年第 2 期。

辛姆斯-威廉姆斯～单超成:《吐鲁番出土古叙利亚语和新波斯语医学文献》,《吐鲁番学研究》2017 年第 2 期。

王丹～:《回鹘医学与东西方医学关系考》,《敦煌研究》2016 年第 4 期。

茨默～侯明明:《回鹘医学与回鹘文本〈医理精华〉考释》,《吐鲁番学研究》2014 年第 2 期。

《佛教"四大"与维吾尔医学》,《五台山研究》2008 年第 1 期。

～王书庆:《从生老病死看唐宋时期敦煌佛教的世俗化》,《敦煌学辑刊》2007 年第 4 期。

～李应存:《〈殊方异药——出土文书与西域医学〉述评》,《西域研究》2006 年第 2 期。

《高昌回鹘医学稽考》,《敦煌学辑刊》2004 年第 2 期。

杨钢(西安市疾病预防控制中心)

～何姗姗:《1986—2015 年西安市麻风流行病学分析》,《中国皮肤性病学杂志》2016 年第 9 期。

～张继卫等:《1950—2010 年西安市麻风流行趋势与防治成果》,《职业与健康》2012 年第 18 期。

杨高凡(河南大学/河北大学)

《宋代残疾人保障问题研究》,《残疾人研究》2013 年第 3 期。

郭东旭～:《宋代残疾人法初探》,《史学月刊》2003 年第 8 期。

杨葛亮(第二军医大学)

～杨学:《从中医学角度揭秘徐达之死》,《中医药文化》2009 年第 4 期。

～杨学:《"小冰河期"促成了温病学说》,《河南中医》2009 年第 4 期。

杨功焕(中国预防医学科学院)

～黄正京等:《我国人群的主要卫生问题——全国疾病监测死亡资料分析》,《中华流行病学杂志》1996 年第 4 期。

杨光(北京宣武中医院)

～王德深:《清代针灸学著作的种类及特点》,《中国针灸》1990 年第 5 期。

杨光(天津中医药大学第一附属医院)

张远龙～:《初探"视瞻昏渺"定义演变及其病名规范化》,《中国中医眼科杂志》2015 年第 2 期。

朱黛芸～:《脑病青盲概念辨识》,《四川中医》2015 年第 2 期。

费远丽～童毅:《糖尿病相关眼病之中医病名初探》,《山西中医》2014 年第 2 期。

～李晴:《古代眼科针刺医案 4 则》,《中国中医眼科杂志》2012 年第 4 期。

《五轮学说源流简识》,《天津中医药》2009 年第 5 期。

杨广亮(山东大学)

《不同国家医疗保障制度研究》,山东大学硕士学位论文 2007 年。

杨桂林(辽宁省卫生对外交流中心)

～谢少波等:《援外医疗面临的困惑和思考》,《医学与哲学(人文社会医学版)》2008 年第 5 期。

杨桂元(南京医科大学第二附属医院)

《腹腔镜胆囊切除术的早期发展及其在中国的传播》,《中华医史杂志》2019 年第 2 期。

杨瑰珍(中共吉林省委党校)

《石井四郎与 731 特种部队》,《党史文汇》1998 年第 3 期。

杨果(武汉大学)

～陆溪:《弄璋弄瓦:宋人产育中的性别选择》,《宋史研究论丛》第 15 辑(2014)。

～铁爱花:《从唐宋性越轨法律看女性人身权益的演变》,《中国史研究》2006 年第 1 期。

杨国亮

《我国十七世纪梅毒学家陈司成的贡献》,《中华皮肤科杂志》1956 年第 4 期。

杨汉麟(华中师范大学)

～陈峥:《英国学校膳食服务制度的历史考察——基于教育公平及社会福利的视角》,《天津师范大学学报(社会科学版)》2013 年第 4 期。

杨寒松(北京中医药大学)

《〈黄帝内经〉阴阳思想的哲学源流及其理论的内涵与特点》,北京中医药大学硕士学位论文 2014 年。

～张银柱:《中医重阳思想探识》,《吉林中医药》2014 年第 7 期。

杨豪(信阳师范学院)

《鄂豫皖革命根据地医疗卫生工作研究》,信阳师范学院硕士学位论文 2016 年。

杨浩观

《对"黄帝内经"成书时、地的探讨》,《江西中医药》1958 年第 3 期。

杨鸿(成都中医药大学)

～杨华森:《中医眼科专著〈鸿飞集论眼科〉探骊》,《中医文献杂志》2014 年第 3 期。

～周志彬等:《中医学与印度传统医学的关系》,《中医文献杂志》2013 年第 5 期。

～和中浚:《〈眼科龙木论〉"七十二证"的由来和影响》,《中医文献杂志》2012 年第 5 期。

～杨蕻等:《试论〈黄帝内经〉耳病的病因病机》,《福建中医药》2012 年第 2 期。

《〈尤氏喉科〉探骊》,《中医文献杂志》2011 年第 4 期。

《〈眼科龙木论〉学术源流研究》,成都中医药大学博士学位论文 2010 年。

《"五脏六腑皆令人耳病"理论探骊》,《江苏中医药》2009 年第 4 期。

《眼科文献中"龙树"与"龙木"关系考》,《江西中医学院学报》2009 年第 1 期。

～和中浚:《浅议龙树与中医眼科早期文献托名关系》,《中国中医眼科杂志》2009 年第 1 期。

《浅析〈黄帝内经〉论耳》,《浙江中医杂志》2009 年第 1 期。

《〈眼科龙木论〉的中医文献研究》,成都中医药大学硕士学位论文 2007 年。

～和中浚:《论〈龙树眼论〉和印度医学的关系》,《湖南中医杂志》2006 年第 6 期。

杨宏道(江西省中兽医研究所/江西畜牧兽医学会)

金重治～高庆田:《兽医谚语集注》,《农业考古》1987 年第 2 期;1988 年第 1、2 期。

《清代我国传统兽医学成就初探》,《农业考古》1986 年第 2、3 期。

～金大鈫:《我国兽医生物药品制造的开拓者王泚川》,《中国科技史料》1985 年第 6 期。

《如何给猪治病?（古代兽医验方选载)》,《农业考古》1984 年第 2 期。

《试论我国中兽医学的现代化问题》,《农业考古》1984 年第 2 期。

～冯洪钱:《古医牛书〈抱犊集〉和〈养耕集〉中有关疑难土草药考证》,《中国农史》1983 年第 1 期。

《古农书〈养耕集〉新立入门看病要诀（浅释)》,《农业考古》1983 年第 1 期。

《〈养耕集〉治牛夏秋常发病验方选释》,《农业考古》1983 年第 1 期。

《清代民间兽医专家傅述凤和〈养耕集〉》,《农业考古》1982 年第 2 期。

《〈养耕集〉治牛冬春常发病验方选释》,《农业考古》1982 年第 2 期。

《我国兽医针灸技术的形成与发展》,《农业考古》1982 年第 1 期。

《古兽医书出版简介》,《中国兽医杂志》1981 年第 8 期。

《〈元亨疗马集〉及其作者》,《兽医科技杂志》1980 年第 5 期。

《喻氏兄弟和〈元亨疗马集〉》,《中兽医学杂志》1977 年第 4 期;1978 年第 1、2、3 期;1979 年第 1、2 期;1980 年第 1 期。

《儒法斗争与兽医针灸技术的发展》,《中兽医科技资料》1975 年第 5 期。

杨红梅(中国卫生部)

《艾滋病流行对家庭的社会经济影响》,《国外医学(社会医学分册)》2001 年第 2 期。

～吴尊友:《艾滋病流行对中国社会及经济的影响》,《中国艾滋病性病》2000 年第 4 期。

杨鸿台(华东政法大学)

《对艾滋病患者权利义务的法理思考》,《福建公安高等专科学校学报·社会公共安全研究》2001 年第 6 期。

杨红星(北方民族大学/苏州大学)

《近代留美医学生与现代医学的学科构建》,《兰台世界》2015 年第 31 期。

《"复员"时期北平红十字会的医疗服务》,《兰台世界》2015 年第 28 期。

《抗战胜利后北平红十字会的历史变迁》,《北京档案》2015 年第 7 期。

《"复员"时期河南红十字组织的恢复与调整》,《兰台世界》2015 年第 7 期。

郑红艳～:《医界"女国民":近代女性医学留学生社会角色的独特诠释》,《兰台世界》2013 年第 19 期。

～郑红艳:《路径与成效:近代医学留学教育散论》,《兰台世界》2013 年第 4 期。

《近代女性医学留学生的社会角色建构》,《教育评论》2012 年第 6 期。

～郑红艳:《老协和的留学生与抗战救护》,《北京档案》2011 年第 9 期。

～郑红艳:《留美医学生与北平第一卫生事务所》,《北京档案》2011 年第 6 期。

～郑红艳:《略论近代中国留美医学生与现代医学的开拓》,《淮海工学院学报(社会科学版)》2011 年第 8 期。

～郑红艳:《近代中国留美医学生的群体特征》,《教育评论》2011 年第 4 期。

《老协和与近代中国医学留学教育》,《教育评论》2011年第2期。

～郑红艳:《民国时期留美医学教育的历史轨迹追寻》,《淮海工学院学报(社会科学版)》2011年第6期。

～池子华:《近年来中国红十字运动研究综述》,《河北大学学报(哲学社会科学版)》2009年第4期。

《改革开放以来江苏红十字运动研究(1978—2004)》,苏州大学博士学位论文2009年。

张永刚～:《近代视野下的定县卫生实验区》,《历史教学(高校版)》2008年第3期。

《抗击"非典"战役中中国红十字会慈善行动简论》,《文化学刊》2007年第6期。

～王华玲:《留美医学生杨崇瑞与中国妇婴卫生事业的近代化》,《徐州师范大学学报(哲学社会科学版)》2007年第2期。

《留美医学生与近代中国公共卫生事业》,苏州大学硕士学位论文2006年。

杨红燕(武汉大学)

《去商品化与去家庭化:老年照护服务体制的国际比较——以欧洲14个典型国家为例》,《江淮论坛》2019年第2期。

～聂梦琦等:《全民医保有效抵御了疾病经济风险吗》,《统计与决策》2018年第14期。

～黄梦:《灾难性卫生支出的城乡差异及分配敏感性研究》,《中国卫生政策研究》2018年第7期。

～阳义南:《城乡居民医疗保险制度满意度研究——以湖北省鄂州市为例》,《中央财经大学学报》2017年第8期。

～吕幸、张浩:《英国NHS最新医改政策评析》,《湖北社会科学》2015年第10期。

～陈天红:《美国财政医疗保障支出的均等化效果研究》,《西北人口》2011年第3期。

～陈天红:《美国财政医疗保障支出评价及其启示》,《中国财政》2011年第10期。

～叶小舟:《制度嵌入性分析:农民医疗保险的东亚经验与中国道路》,《华中农业大学学报(社会科学版)》2010年第4期。

《公共性、效率性与盈利性——论新型农村合作医疗管理主体创新》,《武汉大学学报(哲学社会科学版)》2010年第1期。

～胡宏伟:《政府财政与全民医保:基于国际比较的中国考察》,《中央财经大学》2008年第10期。

《全民医保的国籍经验及启示》,《人口与经济》2008年第5期。

《我国城乡居民健康公平性研究》,《财经科学》2007年第3期。

《政府间博弈与新型农村合作医疗政策的推行》,《云南社会科学》2007年第1期。

《建立农村医疗救助制度的若干难点分析》,《卫生经济研究》2005年第5期。

邓大松～:《人口老龄化与农村老年医疗保障制度》,《公共管理学报》2005年第2期。

《乡镇卫生院如何应对市场化浪潮》,《中国卫生经济》2004年第12期。

邓大松～:《新型农村合作医疗利益相关主体行为分析》,《中国卫生经济》2004年第8期。

《中国与新加坡医疗保障制度比较研究》,《卫生经济研究》2004年第7期。

《老龄化趋势下的护理保险制度》,《医院管理论坛》2004年第3期。

邓大松～:《基本医疗保险对退休老人保障效果分析》,《当代财经》2004年第2期。

《基本医疗保险保障范围分析》,《中国卫生事业管理》2003年第12期。

邓大松～:《老龄化趋势下基本医疗保险筹资费率测算》,《财经研究》2003年第12期。

《世界各国主要医疗保障模式比较分析》,《医学与哲学》2002年第5期。

杨洪永（四川大学）

《浅析晚清至民国时期成都市公共卫生事业的发展》，《商》2013 年第 22 期。

杨宏宇（黑龙江中医药大学）

《中国宋代药事管理研究》，黑龙江中医药大学硕士学位论文 2006 年。

～常存库：《中国古代药事管理撮要》，《中医药学报》2006 年第 5 期。

杨华（武汉大学）

《出土日书与楚地的疾病占卜》，《武汉大学学报（人文科学版）》2003 年第 5 期。

杨华祥（烟台市毓璜顶医院）

～田文等：《近代西洋医学传入烟台概述》，《中华医史杂志》1995 年第 2 期。

《1925 年美国医生在烟台毓璜顶医院手术治疗鼻息肉》，《中华医史杂志》1994 年第 2 期。

杨环（南京中医药大学）

《宋金元"十八反"配伍禁忌及反药同方研究》，南京中医药大学博士学位论文 2013 年。

～范欣生等：《中药"十八反"歌诀源流》，《中华医史杂志》2013 年第 2 期。

～范欣生等：《古今治疗中风病"十八反"反药同方配伍研究》，《世界科学技术·中医药现代化》2013 年第 1 期。

陶静、范欣生～尚尔鑫等：《古今肺痿方的配伍规律研究》，《中国中医药信息杂志》2011 年第 5 期。

～范欣生等：《古代本草文献中禁忌用语的考察》，《中华医史杂志》2011 年第 4 期。

～陈涤平等：《王宏翰中西医学汇通思想探析》，《国医论坛》2009 年第 1 期。

～陈涤平等：《〈名医类案〉研究现状与评析》，《贵阳中医学院学报》2008 年第 6 期。

杨焕文

李博儒～：《祖国医学对"神经衰弱"的认识和治疗》，《山东医刊》1957 年第 6 期。

《中国医学沿革概论》，《山西医学杂志》1926 年第 32 期。

杨辉（北京医科大学）

～张朝阳：《14 个县农村合作医疗保健制度改革研究》，《中国初级卫生保健》1996 年第 10、12 期。

杨慧（清华大学）

～芮欣：《"疯癫"的文本策略——解读当下文坛的"疯癫"叙事》，《唐山学院学报》2006 年第 4 期。

《现代性漩涡中的疯女人——从〈晨钟响彻黄昏〉、〈羽蛇〉、〈无字〉谈起》，《广东工业大学学报（社会科学版）》2006 年第 1 期。

《现代性的两种"疯癫"想象——重读"寻根文学"与"先锋文学"中的"疯人"谱系》，《广播电视大学学报（哲学社会科学版）》2005 年第 4 期。

～宋一苇：《理性与疯癫——新时期文学"疯人"谱系的知识学考古》，《海南大学学报（人文社会科学版）》2005 年第 2 期。

杨辉（右江民族医学院）

《中西医将来发展"应该是唯物辩证法指导的一个医"》，《毛泽东思想论坛》1996 年第 4 期。

《毛泽东医药卫生思想浅探》，《毛泽东思想研究》1994 年第 3 期。

《医学美和医学审美实质》，《医学与哲学》1991 年第 10 期。

《医学美学刍议》，《中国社会医学》1989 年第 4 期。

杨慧清（广州中医药大学）

《张锡纯辨治肝病学术思想浅论》，《新中医》2010 年第 3 期。

《浅谈叶天士对脾胃学说的贡献》,《新中医》2006年第6期。

杨慧琼(福建师范大学)

《烙印、他者和道德化色彩——中国艾滋病报道(2003—2009)话语分析》,《国际新闻界》2009年第11期。

杨继红(山西中医大学/山西中医学院/中国中医科学院)

马静……陈燕清~闫敬来:《〈傅青主女科〉产后应用生化汤特色探析》,《四川中医》2019年第12期。

杨景森~穆俊霞:《〈黄帝内经〉中咽喉疾病相关理论探析》,《中国中医基础医学杂志》2019年第5期。

马静……陈燕清~闫敬来:《〈傅青主女科〉经前泄水考》,《中医研究》2019年第5期。

马晓丽~:《刘蔚楚及其学术思想研究——基于民国时期山西〈医学杂志〉》,《山西中医学院学报》2018年第3期。

成小荣~:《〈审查征集验方〉霍乱验方统计及探讨》,《山西中医学院学报》2017年第2期。

罗海瑛~朱建华等:《嘉庆十六年刻本〈傅青主先生产科全集〉释疑》,《中医文献杂志》2014年第3期。

薛芳芸~周蓉等:《〈东坡养生集〉中食疗与药疗法》,《中国中医基础医学杂志》2014年第2期。

周蓉……李俊莲~冯丽梅:《宋代文士尚医风气盛行的内外因素探析》,《时珍国医国药》2013年第5期。

周蓉、薛芳芸~刘润兰等:《略论傅山的才学及从医缘由》,《山西中医》2013年第5期。

薛芳芸……李俊莲~:《论沈括对中药本草学的贡献》,《医学与哲学(A)》2013年第5期。

~张凡等:《现存古代中医文献的海外分布概况》,《世界中西医结合杂志》2013年第4期。

王占成、张凡~:《傅山手录〈丹亭真人庐祖师养真秘笈〉功法浅析》,《山西中医学院学报》2013年第2期。

周蓉~薛芳芸等:《试论傅山医学论著中的道家思想》,《山西中医》2013年第4期。

周蓉……李俊莲~冯丽梅:《宋代前后巫与医社会地位对比探究》,《时珍国医国药》2013年第3期。

~宋强:《中医药在非洲的发展概况》,《世界中西医结合杂志》2013年第2期。

周蓉……李俊连~冯丽梅:《宋代医学教育兴盛的社会因素探析》,《时珍国医国药》2013年第2期。

薛芳芸~:《论沈括对中医理论及疾病诊疗学的贡献》,《时珍国医国药》2013年第2期。

薛芳芸……李俊莲~:《宋代文士编撰方书之风盛行现象探析》,《医学与哲学(A)》2012年第11期。

周蓉~刘润兰等:《医古文中病愈意义词语探析》,《山西中医》2012年第9期。

温静、穆俊霞~:《数据库在傅山医学文献研究中的应用》,《山西中医学院学报》2012年第2期。

朱建华~:《民国时期山西〈医学杂志〉核心著者生平与著述》,《山西中医学院学报》2010年第6期。

朱建华~高芳:《民国时期山西〈医学杂志〉概况》,《世界中西医结合杂志》2010年第11期。

《民国时期山西地区的中医药期刊》,《山西中医》2008年第4期。

《近代山西第一种中医药学术期刊——〈医学杂志〉》,《中华医史杂志》2008年第2期。

杨济时

《合信医师之中文医学著作》,《中华医学杂志》1937年第5期。

杨佳（北京首都医科大学）

梁立智……王晓燕~宋晓霞:《赤脚医生时期北京村落医患关系内容及特点调查研究》,《中国医学伦理学》2012 年第 1 期。

梁立智……王晓燕~宋晓霞:《赤脚医生时期北京村落维系医患关系的道德规范体系研究》,《中国医学伦理学》2012 年第 1 期。

梁立智……王晓燕~宋晓霞:《赤脚医生时期北京村落医患关系对当下农村医患关系的启示》,《中国医学伦理学》2012 年第 1 期。

彭迎春……王晓燕~宋晓霞:《赤脚医生时期合作医疗制度成功与失败的因素探析》,《中国全科医学》2011 年第 16 期。

彭迎春……王晓燕~宋晓霞:《赤脚医生时期北京市农村合作医疗的运行状况研究》,《中国全科医学》2011 年第 16 期。

彭迎春……王晓燕~宋晓霞:《赤脚医生时期合作医疗制度对新型农村合作医疗的启示》,《中国全科医学》2011 年第 16 期。

孙冬悦……常文虎~吴利纳:《赤脚医生时期的管理制度对当前农村卫生人才管理的启示》,《中国全科医学》2011 年第 7 期。

焦峰……张建~吴利纳:《赤脚医生制度对当前农村基本医疗卫生工作坚持公益性的启示》,《中国全科医学》2010 年第 25 期。

孟庆书~王晓燕等:《"赤脚医生"培养模式对当前农村医疗卫生人才培养的启示》,《中华医学教育杂志》2010 年第 3 期。

~王晓燕等:《访中国赤脚医生第一人王桂珍》,《中华医史杂志》2010 年第 3 期。

陈煜、王晓燕~:《心底无私天自宽——张自宽与新中国农村医疗卫生事业六十年》,《中国医学伦理学》2010 年第 1 期。

杨家茂（邵武市人民医院/邵武中医院）

~杨剑英:《痧瘴学说发展史略和现代运用》,《中医文献杂志》2013 年第 1 期。

《张荣光医案医话六则》,《中医文献杂志》2011 年第 2 期。

~杨剑英:《明朝邵武医药卫生概况及探讨》,《中医文献杂志》2010 年第 3 期。

~杨剑英:《章杰及其〈岭表十说〉考证和探讨》,《中医文献杂志》2010 年第 1 期。

《〈岭南卫生方〉学术思想和贡献》,《光辉走中医药大学学报》2007 年第 2 期。

~黄细英:《雷丰〈时病论〉高热治法探析》,《福建中医学院学报》2006 年第 1 期。

《20 世纪 40 年代闽北鼠疫流行史料》,《中华医史杂志》2005 年第 4 期。

《试述明代温补学派用药特色形成的原因》,《中医文献杂志》2002 年第 1 期。

《英国图书馆收藏的中国第一部牛痘书》,《中医文献杂志》1994 年第 4 期。

《牛痘初传我国史略及其意义》,《中华医史杂志》1990 年第 2 期。

《中医国际化及思考》,《中医药信息》1989 年第 6 期。

《邵武宋代三医家考略》,《福建中医药》1989 年第 5 期。

《论中医学的国际化、时代化和专科化》,《中医药信息》1986 年第 6 期。

杨俭（南京职工医大）

~潘凤英:《我国秦至清末的疫病灾害研究》,《灾害学》1994 年第 3 期。

杨建敏（新密市文化广电旅游局）

《岐黄文化发祥圣地——河南新密》，《中华医史杂志》2012年第3期。

《黄帝时期名医大鸿考》，《中医学报》2011年第6、7期。

《河南新密药王信仰与药王庙考证》，《中医学报》2011年第3期。

《论新密医药文化的特性》，《中华医史杂志》2011年第3期。

杨剑仙（河北经贸大学）

《中美医疗保险制度改革比较研究》，河北经贸大学硕士学位论文2011年。

杨建章

《感官史、力、音乐——从身体与灵魂的关系论赫德听觉理论与音乐美学》，《新史学》第18卷第3期（2007.9）。

杨洁（北京中医药大学）

《西医引入对民国时期针灸治疗学的影响研究》，北京中医药大学硕士学位论文2014年。

杨杰（南京中医药大学）

《〈伤寒论〉"身痛"证治浅析》，《甘肃中医》2007年第8期。

《简论〈伤寒论〉养阴法》，《山西中医》2007年第3期。

《浅论叶天士的胃阴学说》，《福建中医药》2006年第5期。

杨洁（湘潭大学）

《女性艾滋病人人权国际保护研究》，湘潭大学硕士学位论文2008年。

杨洁德（北京中医药大学）

《俞根初对〈伤寒论〉少阳病证及和法的研究》，北京中医药大学博士学位论文2006年。

杨瑾（南京师范大学）

《于阗与北宋王朝的乳香贸易及其影响》，《新疆师范大学学报（哲学社会科学版）》2009年第1期。

杨金花（西北师范大学）

《大学生艾滋病污名研究》，西北师范大学硕士学位论文2009年。

杨金客（安徽大学）

～朱正业：《南京国民政府时期淮河流域黑热病传播及救治》，《太原理工大学学报（社会科学版）》2019年第4期。

杨金萍（山东中医药大学）

《古代纹饰画像中蝉的生命文化内涵》，《医学与哲学》2019年第4期。

王飞旋、王振国～孟玺等：《〈圣济总录〉研究现状分析》，《山东中医药大学学报》2018年第4期。

～胡春雨：《从永乐宫、宝宁寺壁画谈古代妇女产蓐过程及诊病禁限》，《山东中医药大学学报》2018年第2期。

孟玺、王振国～王飞旋：《〈诗经〉本草名物考述》，《医学与哲学（A）》2018年第2期。

王飞旋、王振国～孟玺：《〈圣济总录·伤寒门〉征引医论的来源考证——兼论〈圣济总录〉对伤寒辨证理论的发挥》，《中华中医药杂志》2017年第11期。

路明静、罗良～：《〈婴童百问〉首序作者夏言、严嵩之考辨》，《医学与哲学（A）》2017年第8期。

李怀芝～：《古代蛇纹饰的生命文化意蕴》，《医学与哲学（A）》2017年第7期。

～王振国等：《佛教水陆壁画中的涉医图考》，《医学与哲学（A）》2017年第7期。

李怀芝、王振国～：《〈圣济总录〉"虚劳门"医论考》，《山东中医药大学学报》2017年第4期。

～赵美丽等:《〈痧胀玉衡〉痧症辨证论治研究》,《中华医史杂志》2007 年第 2 期。

～王莹莹等:《"痧"的基本概念与刮痧的历史沿革》,《中国中医基础医学杂志》2007 年第 2 期。

～李经纬:《〈五十二病方〉医疗器物与技术之研究》,《中华医史杂志》2005 年第 1 期。

张志斌～:《近现代执业中医师资格认定制度的对比研究》,《中医教育》2004 年第 6 期。

《〈中风论〉及其学术思想探究》,《中华医史杂志》2003 年第 4 期。

《中国中医研究院基础所》,《中华医史杂志》1999 年 2 期。

杨金武(中国人民大学)

《〈伤寒论〉的条件关系分析与知识表达》,《重庆理工大学学报(社会科学)》2010 年第 10 期。

～贺海峰:《墨家"三物逻辑"及其在〈伤寒论〉中的应用》,《职大学报》2010 年第 1 期。

杨金香(黑龙江中医药大学)

《清代水肿病方剂用药规律研究》,黑龙江中医药大学硕士学位论文 2011 年。

～张洪昌:《清代治水肿病方剂用药规律探析》,《中国中医药科技》2011 年第 4 期。

杨镜

～李天舒:《人文医学:拯救医患关系的良方》,《健康报》2007 年 4 月 6 日 003 版。

杨静(成都市成华区疾病预防控制中心)

～龙德俊等:《1958—2018 年四川省丹巴县麻风流行病学分析》,《中国皮肤性病学杂志》2019 年第 9 期。

杨婧(东北师范大学)

《雅典大瘟疫与古典时期的阿斯克勒庇俄斯崇拜研究》,东北师范大学硕士学位论文 2017 年。

杨静(贵阳中医学院)

～朱星:《浅谈宋金元医学发展对当代中医发展的启示》,《中医教育》2007 年第 1 期。

～朱星:《刘完素脾胃学术思想探微》,《总过中医基础医学杂志》2006 年第 10 期。

～朱星:《朱丹溪脾胃学术思想探微》,《贵阳中医学院学报》2006 年第 3 期。

杨婧(南京大学)

《工业化时期英国城市的公共卫生:1830—1875 年》,南京大学硕士学位论文 2009 年。

《19 世纪英国公共卫生政策领域的中央与地方关系》,《衡阳师范学院学报》2008 年第 1 期。

杨静(四川师范大学)

《抗战时期四川药品管理研究(1937—1945)》,四川师范大学硕士学位论文 2017 年。

杨景锋(陕西中医药大学/陕西中医学院)

杨雅婷～:《论〈金匮要略〉调脾理论及其临床运用》,《四川中医》2019 年第 5 期。

张泽平～:《试探〈伤寒论〉"卫强营弱"之涵义》,《国医论坛》2019 年第 2 期。

王慧～:《陆渊雷对〈伤寒论〉相关学术观点小议》,《四川中医》2018 年第 10 期。

王慧～:《刍议〈黄帝内经〉中的昼夜节律性》,《国医论坛》2018 年第 4 期。

王慧～:《浅析〈金匮要略〉从湿治痹法及其临床应用》,《陕西中医药大学学报》2018 年第 3 期。

杨雅婷～:《温病学和〈金匮要略〉论治热入血室的异同》,《四川中医》2017 年第 2 期。

刘乐亮～:《浅谈〈伤寒论〉中的三枢理论》,《四川中医》2014 年第 10 期。

～任艳芸等:《罗天益学术思想探析》,《中国中医基础医学杂志》2014 年第 6 期。

任艳芸～文颖娟:《罗天益治疗中风思想研究》,《中国中医基础医学杂志》2014 年第 3 期。

任艳芸~文颖娟：《罗天益治疗风证浅析》，《陕西中医学院学报》2013 年第 6 期。

文颖娟~：《〈伤寒杂病论〉消渴文献研究》，《现代中医药》2013 年第 1 期。

赵天才~：《〈金匮要略〉肝病实脾、调脾理论及应用》，《河南中医》2012 年第 7 期。

~任艳芸：《罗天益学术思想研究文献评价》，《陕西中医学院学报》2012 年第 6 期。

王喆~：《从〈伤寒论〉流传探讨中医药古籍整理》，《陕西中医学院学报》2012 年第 6 期。

~任艳芸：《罗天益辨治妇人病学术思想探析》，《中国中医基础医学杂志》2012 年第 3 期。

~刘飞飞：《罗天益论治"胞痹"浅析》，《陕西中医学院学报》2011 年第 4 期。

赵天才~：《张仲景辨治百合病思路探析》，《河南中医》2010 年第 8 期。

赵天才~：《〈伤寒论〉与〈金匮要略〉中一词多义举要》，《辽宁中医杂志》2010 年第 1 期。

赵天才~：《〈金匮要略〉当归贝母苦参丸主治病证探析》，《四川中医》2009 年第 5 期。

赵天才~：《论〈金匮要略心典〉的学术成就》，《陕西中医学院学报》2007 年第 1 期。

~杨晓黎：《从〈金匮要略〉看张仲景对六淫病因学说的贡献》，《陕西中医学院学报》2006 年第 5 期。

~郑旭瑞：《张仲景辨治情志病八法探要》，《辽宁中医学院学报》2005 年第 4 期。

~张娟红：《浅谈〈伤寒杂病论〉的护理思想》，《现代中医药》2002 年第 5 期。

~王波亚：《浅析"从证不必拘因"》，《陕西中医函授》2001 年第 6 期。

~赵天才：《从方证看〈伤寒论〉治痛之法》，《陕西中医函授》2001 年第 3 期。

杨景红

《浅谈我国古代的饮食疗法》，《中国保健营养》2003 年第 3 期。

杨晶鑫（吉林大学）

《近世时期日本汉兰医学的碰撞及启示》，《医学与社会》2010 年第 8 期。

《论日本江户时期汉方医学折衷派的兴起与发展》，《医学与哲学（人文社会医学版）》2010 年第 5 期。

《论日本汉学医学古方派的崛起》，《医学与哲学（人文社会医学版）》2010 年第 3 期。

~王欣昱：《日本医疗保险制度的改革进程及对我国的启示》，《东北亚论坛》2010 年第 1 期。

《论日本汉方医学体系的最初形成》，《医学与哲学（人文社会医学版）》2009 年第 11 期。

《镰仓时期的日本医学》，《长春中医药大学学报》2009 年第 1 期。

《近世日本汉方医学变迁研究》，吉林大学博士学位论文 2008 年。

《平安时期的日本医学》，《长春中医大学学报》2008 年第 5 期。

《鉴真对日本医学的贡献》，《吉林中医药》2008 年第 3 期。

《曲直濑流派医学体系及其学术特点》，《长春理工大学学报（高教版）》2008 年第 1 期。

《近世日本汉方医学的变迁》，《日本学论坛》2006 年第 3 期。

杨敬宇（甘肃中医学院）

《卫生制度：农村最稀缺的卫生资源》，《医学与社会》2005 年第 7 期。

《农村健康保障制度与反贫困》，《医学与哲学》2004 年第 10 期。

杨久谊

《清代盐专卖制之特点———一个制度面的剖析张哲嘉："大黄迷思"——清代制裁西洋禁运大黄的策略思维与文化意涵》，《中央研究院近代史研究所集刊》第 47 期（2005.3）。

杨久云（云南省普洱市（县）民族传统医药研究所/云南农业大学）

~杨凡：《云南民族民间单方验方整理选录》，《中国民族民间医药》2014 年第 2 期。

倪亚、张永~：《哈尼族民间治疗妇科疾病的常见药用植物》，《中国民族民间医药》2012 年第 23 期。

~付开聪等：《普洱地区药食同源植物特色形成的人文因素浅析》，《中国民族民间医药》2012 年第 14 期。

~付开聪等：《云南普洱地区药食一体植物特色的自然地理因素浅析》，《中国民族民间医药》2012 年第 13 期。

~张绍云：《论经济发展对哈尼族医药的影响》，《中国民族医药杂志》2012 年第 9 期。

周兵~：《民族药物通关散的药用价值》，《中国民族民间医药》2012 年第 6 期。

~诸锡斌等：《中医学史上的学派争鸣——以金元"王道"与"霸道"为例》，《广西民族大学学报（自然科学版）》2011 年第 1 期。

~张绍云等：《哈尼族药物特点初探》，《云南中医学院学报》2011 年第 1 期。

~李伟等：《"霸道"医学派初探》，《南京中医药大学学报（社会科学版）》2010 年第 4 期。

~李伟等：《金元中医学史中的"王道"学派探析》，《云南农业大学学报（社会科学版）》2010 年第 6 期。

杨君（山东中医药大学）

《基于数据挖掘的清代医家治疗头痛方剂用药规律研究》，山东中医药大学硕士学位论文 2013 年。

~毛斌等：《清代治疗头痛的用药规律》，《江西中医学院学报》2012 年第 4 期。

杨钧（江苏省建湖县中医院）

《关于医学史研究理论问题的思考》，《医学与哲学》1987 年第 7 期。

《关于气功疗法的一段历史文献》，《新中医药》1958 年第 3 期。

杨钧（中国中医研究院广安门医院）

《我国著名的眼科学家毕华德教授》，《中华医史杂志》2002 年第 1 期。

杨匀保（安徽中医学院）

~范仁忠：《试析祖国医学中的优生学思想》，《安徽中医学院学报》1996 年第 4 期。

杨军辉（湖南中医学院）

《湖南国医专科学校校史研究》，湖南中医学院硕士学位论文 2001 年。

~薛雨晴：《湖南国医专科学校史实研究》，《湖南中医学院学报》2001 年第 4 期。

杨俊杰（新疆大学）

《1934—1949 年乌鲁木齐公共卫生事业建设研究》，新疆大学硕士学位论文 2016 年。

杨军凯（西安市文物保护考古研究院）

~郭永淇等：《西安唐殿中侍御医蒋少卿及夫人宝手墓发掘简报》，《文物》2012 年第 10 期。

~郭永淇等：《西安长安东兆余村发现唐代殿中侍御医蒋少卿夫妇墓》，《收藏界》2011 年第 4 期。

~陈昊：《新出蒋少卿夫妇墓志与唐前期的蒋氏医官家族》，《唐研究》第 17 卷（2011）。

杨克勤（河南中医学院第一附属医院）

《浅谈王清任对瘀血学说的贡献》，《光明中医》2009 年第 3 期。

杨克卫（辽源职业技术学院）

~李芃柳等：《〈中国中医古籍总目〉未载民国针灸文献述略》，《中医药文化》2017 年第 1 期。

～王朝晖等:《〈中国中医古籍总目〉未载民国针灸文献管窥》,《中华医史杂志》2015 年第 6 期。

李芃柳～:《张子和对刺络放血疗法的贡献》,《吉林中医药》2008 年第 9 期。

杨兰(兰州医学院第二附属医院)

《〈普济方〉中的口腔疾病史料》,《中华医史杂志》1999 年第 2 期。

《〈普济方〉中口腔医学内容初探》,《甘肃中医学院学报》1997 年第 1 期。

杨乐(北京师范大学)

《历史创伤的记忆——江西省余江县原血吸虫病区民谣收集、整理、分析》,《企业家天地下半月刊(理论版)》2008 年第 9 期。

杨蕾(香港中文大学)

～任焰:《孕产行为的医学化:一个社会建构过程的反思》,《开放时代》2014 年第 6 期。

杨丽(河南工业大学)

《两汉时期中原地区瘟疫研究》,《中州学刊》2014 年第 2 期。

杨丽(辽宁中医药大学)

曾慧明、李忠卓～:《针灸治疗痔病的源流与发展》,《中医外治杂志》2018 年第 3 期。

～王彩霞:《清代各家脾主运化理论的研究》,《辽宁中医杂志》2017 年第 8 期。

～王彩霞:《明代各家脾主运化理论的研究》,《时珍国医国药》2016 年第 10 期。

～王彩霞:《〈黄帝内经〉脾藏意主思的研究》,《中国中医基础医学杂志》2016 年第 9 期。

～王彩霞:《脾主运化的源流及发展》,《中华中医药杂志》2016 年第 5 期。

杨莉(沈阳药科大学)

～杨悦:《药品专利保护与专利强制许可》,《人民法治》2018 年第 15 期。

～田丽娟等:《美国和欧盟的罕用药研发激励政策对比研究与启示》,《中国药房》2017 年第 16 期。

～田丽娟等:《药物临床试验数据公开制度研究及启示》,《中国新药杂志》2017 年第 9 期。

～田丽娟等:《全球视角下上市后药品安全主动监测系统比较研究及启示》,《科技管理研究》2017 年第 7 期。

～田丽娟等:《美国药品安全监管机制研究及启示》,《中国药房》2017 年第 4 期。

～孙镜沂等:《基于生命周期理论的创新药物知识产权价值最大化管理策略研究》,《科技管理研究》2015 年第 20 期。

董丽、刘文东～:《我国制药企业自主创新不同阶段的专利风险识别》,《中国新药杂志》2014 年第 6 期。

～宋华琳等:《药品试验数据保护与专利保护之平行并存性研究》,《中国新药杂志》2013 年第 22 期。

～邢花等:《构建药品安全监管合作治理网络的对策建议》,《中国药业》2013 年第 20 期。

～陈玉文等:《国家基本药物制度在非基层医疗机构实施的效果及影响调查分析》,《中国药事》2013 年第 1 期。

～陈玉文:《美国的新药优先审评凭单激励制度研究》,《中国新药杂志》2012 年第 21 期。

～连桂玉等:《FDA 在新药注册审批中的研发激励机制研究》,《中国新药杂志》2012 年第 9 期。

连桂玉～陈玉文:《我国生物医药产业集群建设研究》,《科技管理研究》2012 年第 8 期。

～陈玉文等:《美国药品生产者注册登记制度的研究及启示》,《中国药房》2011 年第 37 期。

～陈玉文等:《我国新药生产市场准入制度的相关问题研究》,《中国药房》2011 年第 25 期。

～陈玉文等:《美国药品知识产权保护最大化策略研究》,《中国新药杂志》2011 年第 21 期。

～袁红梅等:《美国的仿制药独占制度研究》,《中国新药杂志》2011 年第 19 期。

～陈玉文等:《药品数据保护在世界各国的发展研究》,《中国新药杂志》2011 年第 9 期。

连桂玉……黄哲～:《我国医药 CRO 发展策略研究》,《中国医药指南》2010 年第 33 期。

～陈玉文等:《罕用药独占制度研究》,《中国药事》2010 年第 1 期。

罗纯、李野～:《美国的儿科药品政策研究及对我国的启示》,《中国药房》2009 年第 28 期。

石蕴辉……杨悦～佟笑:《中、澳两国药品召回制度比较研究》,《中国药房》2009 年第 19 期。

～罗纯等:《儿科独占制度研究》,《中国新药杂志》2009 年第 8、9 期。

～李野等:《我国药品行政保护研究》,《中国药房》2008 年第 19 期。

～李野等:《浅析〈与贸易有关的知识产权协议〉体制下的专利制度与药品价格》,《中国药房》2008 年第 10 期。

祝眉娜、李野～:《论我国药品不良反应的法律责任》,《中国药业》2008 年第 6 期。

～李野等:《药品知识产权保护的特殊形式研究》,《中国新药杂志》2007 年第 21 期。

～李野等:《药品专利保护的 Bolar 例外研究》,《中国新药杂志》2007 年第 15 期。

～李野等:《美国的新药研发激励政策》,《中国新药杂志》2007 年第 13 期。

～李野:《浅析药品专利期延长制度》,《中国新药杂志》2007 年第 12 期。

王晨妍、李野～:《关于建立我国中药复方专利保护过渡性政策的探讨》,《中草药》2007 年第 12 期。

～李野、岳晨妍:《美国的药品数据保护及启示》,《中国药房》2007 年第 10 期。

岳晨妍、李野～:《中药专利保护与商业秘密保护策略》,《医药导报》2007 年第 9 期。

～李野:《美国的药品专利连接制度研究》,《中国药房》2007 年第 4 期。

～李野:《中药在美国的专利保护分析》,《中草药》2007 年第 1 期。

～李野、董丽:《美国药品专利保护研究及启示》,《中国新药杂志》2006 年第 17 期。

～李野:《关于中药专利保护特殊规则的探讨》,《中国药房》2006 年第 10 期。

～李野等:《试析药品 DTC 营销及发展现状与前景》,《中国药房》2005 年第 21 期。

～李野等:《试论品牌管理在制药业中的潜能》,《中国药房》2005 年第 13 期。

～李野等:《论处方药向非处方药的成功转换》,《中国药房》2005 年第 6 期。

～李野等:《GMP 后时代我国医药企业如何保持竞争优势》,《国际医药卫生导报》2004 年第 21 期。

～李野等:《关于执业药师在我国药品零售企业中的现状及发展思考》,《中国药师》2004 年第 10 期。

杨立彬(廊坊卫生职业学院)

《明初中医方剂学的发展特点及其成就》,《兰台世界》2014 年第 21 期。

～王冬杰:《从医学考试探微宋代医学发达原因》,《兰台世界》2014 年第 6 期。

杨理合(中国麻风中心/中国医学科学院皮肤病研究所)

《龙腾大地五千年 心怀故土万里遥——悼施钦仁教授》,《中国麻风杂志》1998 年第 3 期。

～黄彩玉等:《中国百万以上人口的城市中麻风的流行防治概况》,《中国麻风杂志》1989 年第 1 期。

《中国麻风防治三十五年及展望》,《中国麻风杂志》1986 年第 2 期。

～杨锡光等:《广东省潮安县的麻风综合防治报告(1956—1984)》,《中国麻风杂志》1986 年第 1 期。

S.Noordeen ~:《当前麻风防治工作的全球战略》,《中国麻风杂志》1986年第1期。

杨立红(安徽中医药大学/安徽中医学院)

~朱正业:《民国时期淮河流域黑热病分布研究》,《信阳师范学院学报(哲学社会科学版)》2018年第2期。

~朱正业:《民国时期淮河流域黑热病的社会影响》,《淮北师范大学学报(哲学社会科学版)》2018年第1期。

~朱正业:《民国时期河南淮河流域传染病防治研究——以水灾为中心》,《商丘师范学院学报》2017年第4期。

~朱正业:《南京民国时期河南淮河流域环境卫生述论(1927—1937)》,《阜阳师范学院学报(社会科学版)》2017年第1期。

~朱正业:《民国时期安徽饮食卫生管理述论》,《巢湖学院学报》2015年第1期。

朱正业~:《南京国民政府时期安庆环境卫生治理探析(1927—1936)》,《安徽史学》2014年第1期。

~朱正业:《民国安徽疫病防控研究》,《巢湖学院学报》2013年第2期。

《儒风浸润下的新安医家》,《中医药临床杂志》2012年第7期。

杨丽花(华南师范大学)

《先秦道家养生思想研究》,华南师范大学硕士学位论文2005年。

杨利民(池州职业技术学院)

《论〈黄帝内经〉情感生成机制》,《黄山学院学报》2007年第2期。

《〈黄帝内经〉健康心理学研究》,《皖西学院学报》2007年第2期。

《心理学解绎:〈黄帝内经〉的"神"》,《医学与哲学》2005年第3期。

《〈黄帝内经〉对医学心理学的论述》,《中华医史杂志》2004年第1期。

杨丽娜(上海中医药大学)

~李明等:《脉痹考辨》,《中华中医药杂志》2019年第1期。

~施建荣:《一带一路战略下"互联网+中医"实现途径探析》,《时珍国医国药》2018年第3期。

李明、周强~朱邦贤:《基于历代中医文献的厚朴汤剂中厚朴常用剂量探索》,《中国实验方剂学杂志》2018年第8期。

李明、周强~朱邦贤:《基于历代中医方剂文献探索石膏在汤剂中的常用剂量》,《中国实验方剂学杂志》2018年第8期。

李明、周强~朱邦贤:《基于历代中医文献的细辛证治规律与常用剂量探索》,《中国实验方剂学杂志》2018年第8期。

李明、周强~朱邦贤:《历代含细辛汤剂中细辛常用剂量文献研究》,《中医杂志》2017年第20期。

姚燕萍~尚力:《浅析刘完素脾胃病思想在呕吐治疗中的应用》,《上海中医药大学学报》2017年第5期。

~尚力等:《"心神一体论"与"心主神明说"——以〈周易〉〈老子〉〈管子〉为例》,《中医药文化》2015年第5期。

~李明等:《心风病名初探》,《中华中医药杂志》2014年第9期。

~黄博韬:《〈伤寒微旨论〉伏气温病证治特色》,《中华中医药学刊》2014年第1期。

尚力……李明~:《理学"形而上"特征对张介宾学术理论的影响》,《上海中医药大学学报》2011年第 5 期。

　　～程曦：《略论〈伤寒微旨论〉对阴黄证治的阐发》,《上海中医药大学学报》2011 年第 3 期。

　　～朱邦贤：《庞安时天行温病用药特点》,《中华中医药学刊》2011 年第 1 期。

　　《谈〈伤寒微旨论〉"伏阳成温"说》,《辽宁中医药大学学报》2010 年第 9 期。

　　～朱邦贤：《刘完素外感疾病学术思想研究概况》,《上海中医药杂志》2007 年第 8 期。

杨丽萍（华东师范大学）

　　《建国初期上海卫生运动述论》,《井冈山大学学报（社会科学版）》2013 年第 3 期。

杨李琼（法国索邦大学）

　　《〈黄帝内经〉和〈希波克拉底文集〉女性身体观比较研究》,《文化研究》2018 年第 4 期。

杨立群（山西大学）

　　《赤脚医生：一个时代的背影》,山西大学硕士学位论文 2015 年。

　　《从地方文献看集体化时期赤脚医生选拔结果的地域特色》,《黑龙江史志》2015 年第 5 期。

杨丽天晴（复旦大学）

　　《疾病防控与国家建构——赤脚医生制度的兴起与衰落原因初探》,复旦大学硕士学位论文 2013 年。

杨丽英（黑龙江中医药大学）

　　《秦汉以前的精神医学观念研究》,黑龙江中医药大学硕士学位论文 2008 年。

　　～程伟：《解剖在中国古代法医学和骨伤临床中的不同境遇——中医学史上的一个特殊问题》,《中医药学报》2007 年第 6 期。

杨廉德（甘肃中医学院）

　　《〈铜人腧穴针灸图经〉中腧穴图谱源流考略》,《针灸学报》1988 年第 2 期。

杨琳（北京中医药大学）

　　宋佳……赵思佳～：《〈先醒斋医学广笔记〉临床用量策略及服药时机探讨》,《中医杂志》2015 年第 4 期。

　　宋佳……陈传蓉～丁毅等：《知母历代临床用量评述》,《上海中医药杂志》2014 年第 10 期。

　　彭鑫～：《张景岳治疗眩晕临证经验研究》,《中国中医基础医学杂志》2014 年第 7 期。

　　傅延龄～：《论秦汉时期多用丸散剂型的原因》,《中华中医药杂志》2014 年第 3 期。

　　～傅延龄等：《〈外台秘要〉汤剂全方量的研究》,《北京中医药大学学报》2013 年第 11 期。

　　傅延龄……宋佳～陈传蓉：《两千年来常用中药临床用量流域研究》,《北京中医药大学学报》2013 年第 9 期。

　　《经方常用 50 味药物在〈外台秘要〉中的用量规律研究》,北京中医药大学博士学位论文 2012 年。

　　孙晓峰……傅延龄～：《〈小品方〉汤剂中常用药物剂量研究》,《中华中医药杂志》2012 年第 4 期。

　　～傅延龄等：《细辛在〈外台秘要〉汤剂中的用量研究》,《中华中医药杂志》2012 年第 4 期。

　　～傅延龄：《〈外台秘要〉煮散方初探》,《中医杂志》2012 年第 3 期。

　　～傅延龄：《〈伤寒杂病论〉汤剂服量探讨》,《上海中医药杂志》2010 年第 11 期。

　　傅延龄、刘小河～：《从〈难经〉的记载推算〈伤寒论〉"两"的量值》,《中医杂志》2010 年第 6 期。

杨麟（昆明医科大学）

　　《缅甸果敢劳教所吸毒人群 HCV 感染状况及影响因素分析》,昆明医科大学硕士学位论文 2015 年。

杨林生（中国科学院）

～李海蓉等：《医学地理和环境健康研究的主要领域与进展》，《地理科学进展》2010 年第 1 期。

程杨、李海蓉～：《中国明清时期疫病时空分布规律的定量研究》，《地理研究》2009 年第 4 期。

程杨～李海蓉：《全球环境变化与人类健康》，《地理科学进展》2006 年第 2 期。

李海荣、王五一～谭见安：《气候变化与鼠疫流行的耦合分析》，《中国人兽共患病杂志》2005 年第 10 期。

王五一、李海蓉～谭见安：《自然疫源性疾病的风险评价——以黄鼠鼠疫为例》，《地理科学》2002 年第 6 期。

李海蓉～王五一等：《150 年来中国鼠疫的医学地理评估》，《地理科学进展》2001 年第 1 期。

～陈如桂等：《1840 年以来我国鼠疫的时空分布规律》，《地理研究》2000 年第 3 期。

杨玲（武汉大学）

～时秒：《中国政府卫生支出健康绩效实证研究——基于 2010 年省际数据分析》，《中国地质大学学报（社会科学版）》2013 年第 3 期。

～刘远立：《美国医疗救助制度及其启示》，《武汉大学学报（哲学社会科学版）》2010 年第 5 期。

《我国公共卫生支出问题研究》，《华中农业大学学报（社会科学版）》2010 年第 1 期。

《美国、瑞典健康保障制度比较及对我国的启示》，《学习与实践》2006 年第 10 期。

～柯冬林：《我国农村社会养老、医疗保险制度研究——以湖北省为例》，《中南财经政法大学学报》2006 年第 6 期。

《美国医疗保险为什么"抛弃"在职者》，《医学与哲学》2005 年第 2 期。

杨柳青（临沂市疾病预防控制中心）

《临沂市 1956—2004 年流行性乙型脑炎流行病学分析》，《社区医学杂志》2008 年第 3 期。

～庄肃慧等：《临沂市 1956—2004 年流行性乙型脑炎流行病学分析及控制对策》，《职业与健康》2006 年第 16 期。

杨璐（西南大学）

《中国私立特殊教育女子学校发展研究（1891—1924）》，西南大学硕士学位论文 2016 年。

杨璐（郑州大学）

～王国领：《〈太平圣惠方〉医学伦理学思想探析》，《重庆交通大学学报（社会科学版）》2011 年第 2 期。

杨璐玮（美国圣路易斯华盛顿大学/南开大学）

《商品、疾病、自然：近代早期的知识生产与交流》，余新忠主编《新史学》第九卷：医疗史的新探索（2017）。

《身体的属性——新世纪身体史研究综述》，《中国社会历史评论》2014 年 00 期。

～余新忠：《评梁其姿〈从疠风到麻风：一种疾病的社会文化史〉》，《历史研究》2012 年第 4 期。

余新忠～：《马根济与近代天津医疗事业考论——兼谈"马大夫"与李中堂"兴医"的诉求歧异与相处之道》，《社会科学辑刊》2012 年第 3 期。

杨麦青

《脏腑学说是中医理论体系的核心》，《健康报》1963 年 5 月 8 日。

杨梅（安徽省新闻出版局）

《汪昂与还读斋——明末清初的出版研究》，《出版发行研究》2000 年第 6 期。

杨梅（云南中医学院）

王蓓蓓、王雪梅～:《白族医药的养生观》,《云南中医中药杂志》2018年第2期。

王蓓蓓、王雪梅～:《白族医药诊疗特色》,《云南中医中药杂志》2017年第9期。

王雪梅……林丽～:《论云南民族医药与中医学交融发展》,《中国民族民间医药》2017年第3期。

谢雨……李媛～:《浅谈云南白族食花习俗》,《云南中医中药杂志》2016年第1期。

林丽……郑进～王雪梅等:《论"司揣内外"的内涵及诊断学意义》,《北京中医药大学学报》2015年第10期。

王雪梅、陈清华～:《云南远古医学特点浅析》,《中国民族民间医药》2015年第17期。

谢雨……平唐朝～:《云南民族民间滚蛋诊疗方法初探》,《中国民族民间医药》2015年第10期。

陈祖琨……赵永刚～:《哈尼族医药特色初探》,《云南中医学院学报》2013年第1期。

王雪梅～何丹等:《明清时期医案中痰瘀互结证证素特征研究》,《中医药信息》2013年第1期。

王雪梅～鲁法庭:《基于数据挖掘明清时期痰瘀互结证用药特点文献研究》,《辽宁中医药大学学报》2013年第1期。

～鲁法庭等:《中医恒动观念的形成及其在中医诊断中的应用》,《云南中医学院学报》2011年第5期。

胥筱云～鲁法庭等:《基于南传佛教与傣医学的关系研究的评述及思考》,《中国民族医药杂志》2010年第10期。

孙莹、连博～:《甲诊源流》,《云南中医学院学报》2010年第1期。

胥筱云～罗艳秋等:《傣医药学"风病论"溯源》,《云南中医学院学报》2009年第5期。

王雪梅～胥筱云:《以"四塔五蕴"为核心的傣医疾病观浅析》,《云南中医学院学报》2009年第5期。

～林艳芳等:《浅淡佛教缘起观对傣医学的影响》,《医学与哲学(人文社会医学版)》2009年第10期。

牛菲……郑进～周红黎:《探讨傣医四塔五蕴学说中的平衡观》,《医学与哲学(人文社会医学版)》2009年第10期。

连博、孙莹～:《浅析喻嘉言〈医门法律〉燥证辨治之贡献》,《云南中医学院学报》2009年第2期。

谢波～胥筱云:《傣医疾病观初探》,《中国民族医药杂志》2008年第10期。

林艳芳～贾克琳等:《傣医治则与治法研究》,《中国民族医药杂志》2008年第10期。

胥筱云～鲁法庭等:《傣医疾病治疗与时间的关系初探(一)》,《中国民族医药杂志》2008年第10期。

谢波～:《试论傣医疾病观的辩证思维特点》,《云南中医学院学报》2008年第4期。

鲁法庭、郑进～胥筱云等:《中医与傣医时间医学之比较》,《云南中医学院学报》2008年第1期。

～胥筱云等:《中医、傣医对生命起源认识之比较》,《中国民族医药杂志》2007年第6期。

李玉娟～刘青:《藏传佛教文化对藏药的影响》,《医学与哲学(人文社会医学版)》2007年第5期。

李玉娟、罗艳秋～郑进:《宗教文化对藏药的影响》,《云南中医学院学报》2007年第3期。

李玉娟～:《藏族医学文化中渗透的天人观念》,《中国民族民间医药杂志》2007年第3期。

～王寅等:《中医精气神学说与傣医五蕴学说的比较》,《中国民族医药杂志》2007年第5期。

～王寅等:《中医五行学说与傣医四塔学说的比较研究》,《云南中医学院学报》2007年第2期。

胥筱云～张晓琳等:《傣族"解药"研究综述》,《中国民族医药杂志》2007 年第 3 期。

李玉娟～罗艳秋:《中医与藏医之脉诊比较》,《云南中医学院学报》2006 年 S1 期。

～龚谨等:《中医与傣医哲学思想之比较》,《医学与哲学(人文社会医学版)》2006 年第 11 期。

～胥筱云等:《中医与傣医望色诊病之比较》,《中国民族民间医药杂志》2006 年第 1 期。

龚谨……郑进～:《中傣医文化背景比较》,《云南中医学院学报》2005 年第 3 期。

杨猛(兰州大学)

《中国古代医家的地域分布研究》,兰州大学硕士学位论文 2006 年。

杨梦琪(华中师范大学)

《元代疫灾地理规律与环境机理研究》,华中师范大学硕士学位论文 2013 年。

杨敏华(河海大学)

《道教养生学与现代心理治疗》,河海大学硕士学位论文 2007 年。

杨螟

《我国古代的两种护目工具》,《羊城晚报》1959 年 11 月 7 日。

杨明(西南民族学院)

《吐蕃王朝时期藏医学教育探析》,《西南民族学院学报(自然科学版)》1992 年第 3 期。

杨铭鼎

《中国工矿卫生的过去与未来》,《华东卫生》1952 年第 5 期。

《中国历代名医及其著述简表》,《中华医学杂志》1943 年第 6 期。

杨明新(福州市文化局/福建师范大学)

杨齐福～:《近代福建鼠疫述论》,《福建师范大学学报(哲学社会科学版)》2007 年第 4 期。

杨齐福～:《近代福建鼠疫的传播与社会影响》,《史学理论研究》2007 年第 3 期。

《试论近代闽南地区的鼠疫》,《福建论坛(人文社会科学版)》2005 年 S1 期。

《近代福建鼠疫研究》,福建师范大学硕士学位论文 2006 年。

杨明哲(台湾长庚大学)

《李鸿章与近代西方医学在中国的传布》,《长庚人文社会学报》第 2 卷第 2 期(2009.10)。

杨木

《从考古发现看河北从商至西汉的医药学成就——兼论战国时河北民间良医扁鹊对祖国医学的贡献》,《河北学刊》1982 年第 4 期。

杨木锐(天津中医药大学)

～王淼等:《民国时期天津地区中医学术团体研究》,《西部中医药》2019 年第 2 期。

～王蕾:《陈泽东医著两种研究》,《中国中医基础医学杂志》2018 年第 5 期。

～陈柳等:《〈大公报〉载民国天津疫病救疗文本研究》,《长春中医药大学学报》2018 年第 2 期。

～张君:《民国时期天津地区的 2 所中医学校》,《中华医史杂志》2017 年第 6 期。

～王淼:《天津苏氏世医传薪略述》,《中医文献杂志》2017 年第 5 期。

～谢敬等:《〈四库全书总目·子部·医家类〉辨析三则》,《图书馆界》2016 年第 4 期。

～秦玉龙:《天津近代中医考试钩沉》,《兰台世界》2015 年第 4 期。

～秦玉龙:《陈泽东论太阳病》,《长春中医药大学学报》2014 年第 5 期。

杨乃济

《雍正帝死于丹药中毒说旁证》,《南开学报(哲学社会科学版)》1987 年第 4 期。

杨妮楠（北京中医药大学）

《现存明代方剂著作的著录研究》，北京中医药大学硕士学位论文 2018 年。

～王育林：《〈经效产宝〉佚文初探》，《中医药导报》2018 年第 1 期。

杨念群（国家清史编纂委员会/中国人民大学）

～冯伊凡：《女人、病人和中国转型之痛》，《中国经营报》2016 年 3 月 21 日 E02 版。

《如何从"医疗史"的视角理解现代政治》，《中国社会历史评论》2007 年 00 期。

方皓……王宝玉：《取消中医：无知还是拯救?》，《中国医疗前沿》2006 年第 6 期。

《从医疗史看政治》，《中国医疗前沿》2006 年第 3 期。

《北京地区"四大门"信仰与地方感觉——兼论京郊"巫"与"医"的近代角色之争》，孙江主编《〈新社会史〉第 1 辑：事件·记忆—叙述》（杭州：浙江人民出版社 2004 年）。

朱浒～：《现代国家理念与地方性实践交互影响下的医疗行为——中国红十字会起源的双重历史渊源》，《浙江社会科学》2004 年第 5 期。

《我国近代"防疫"体系的演变——杨念群教授在中国人民大学的讲演（节选）》，《文汇报》2003 年 8 月 31 日。

《防疫行为与空间政治》，《读书》2003 年第 7 期。

《边界的重设：从"采生折割"到清末"反教话语"看中国医疗空间的转变》，《中华读书报》2000 年 9 月 13 日 014 版。

《"兰安生模式"与民国初年北京生死控制空间的转换》，《社会学研究》1999 年第 4 期。

杨沛群（广州中医药大学）

～吴弥漫：《〈内经〉酒论浅析》，《安徽中医学院学报》2003 年第 3 期。

杨鹏（武汉理工大学）

《中医科学性研究》，武汉理工大学硕士学位论文 2009 年。

杨鹏程（湖南科技大学）

～张凤：《民国以前湖南疫灾流行与环境的关系》，《历史教学（下半月刊）》2018 年第 8 期。

～明勇军：《关于湖南洞庭湖地区血吸虫病防治策略的几个问题》，《灾害史研究的理工与方法》（北京：中国政法大学出版社 2015 年）。

～杨妮兰等：《南京国民政府时期湖南民众疫病治疗成效评析》，《湖南科技大学学报（社会科学版）》2015 年第 5 期。

～朱玲：《湖南省洞庭湖区血吸虫病防治策略研究》，《武陵学刊》2015 年第 4 期。

～冯小对：《民国前期（1912—1927 年）湖南疫灾防治措施的特点》，《湖南工程学院学报（社会科学版）》2015 年第 1 期。

李华珍～：《民国时期长沙地区赈灾救灾措施研究》，《文史博览（理论）》2014 年第 12 期。

～王洪铭：《瘟疫、谣言与社会恐慌——以湖南为例的研究》，《云梦学刊》2014 年第 6 期。

～杨妮兰等：《1979—1991 年湖南省洞庭湖区血吸虫病的预防措施》，《武陵学刊》2014 年第 4 期。

～杨妮兰等：《1979—1991 年洞庭湖区血吸虫病的查病治病措施及成效》，《历史教学（下半月刊）》2014 年第 3 期。

～肖玄郁：《民国时期（1912—1928 年）湖南省瘟疫的预防救治措施》，《历史教学（下半月刊）》2013 年第 1 期。

～刘瑛：《清朝至民国时期益阳地区的瘟疫及其防治》，《湖南城市学院学报》2013 年第 3 期。

～戴小兵:《1956—1965年湖南洞庭湖地区灭螺工作研究》,《武陵学刊》2013年第3期。

～明勇军等:《1979—1991年湖南血防改革与血防政策的调整》,《湖南城市学院学报》2012年第2期。

～明勇军等:《1980—1991年湖南洞庭湖区血吸虫病疫情反弹的原因探析》,《武陵学刊》2012年第2期。

～曹海:《兵燹水旱交乘 瘟神疫疠肆虐——1919—1920年湖南疫灾研究》,《湖南科技大学学报(社会科学版)》2012年第5期。

～唐鸽:《湘潭市建国前传染病流行趋势与防治对策研究》,《湖南工程学院学报(社会科学版)》2011年第1期。

～汪子龙:《简析民国后期(1928—1949)湖南疫灾》,《衡水学院学报》2011年第1期。

～黄球:《长沙市历史上的疫灾流行与防治研究》,《邵阳学院学报(社会科学版)》2010年第5期。

～明勇军等:《建国前湖南洞庭湖区血吸虫病流行概况》,《湖南工程学院学报(社会科学版)》2010年第3期。

《1912年以前湖南的疫灾流行与防治》,《湖南城市学院学报》2010年第2期。

～李彬原:《1966年至1978年洞庭湖地区血吸虫病流行特点》,《云梦学刊》2009年第2期。

《清季湖南疫灾与防治》,《湖南工程学院学报(社会科学版)》2006年第2期。

《古代湖南虫灾、风灾、雹灾、冰冻、地震、疫灾简论》,《湖南工程学院学报(社会科学版)》2003年第4期。

杨萍(云南省档案馆)

《抗战时期的昆明市红十字会》,《云南档案》2000年第5期。

杨萍芳(浙江师范大学)

《妇女的身体以及医疗建构——以城市更年期妇女为例》,浙江师范大学硕士学位论文2013年。

杨璞(南京市中西医结合医院)

《武则天养生秘诀》,《西部大开发》2012年第5期。

《郑和下西洋对中医药发展与交流的影响》,《中医药文化》2009年第6期。

杨杞(西北政法学院)

《世界第一法学名医 宋慈和〈洗冤集录〉》,《唐山学院学报》2003年第2期。

《宋慈与〈洗冤集录〉》,《法律文献信息与研究》1997年第2期。

《集藏捐著为一身的藏书家丁福保》,《当代图书馆》1995年第2期。

杨启秋(广西师范大学)

《新桂系时期的广西医疗卫生建设》,《广西社会科学》2009年第10期。

杨绮婷(广州中医药大学)

《岭南名医吕楚白〈妇科纂要讲义〉学术经验整理研究》,广州中医药大学博士学位论文2017年。

杨倩(广西师范大学)

《我国古代养生理论的构建与评析》,广西师范大学硕士学位论文2009年。

杨巧芳(北京中医药大学)

《〈内经〉情志致病理论研究》,北京中医药大学博士学位论文2009年。

杨钦河(广州中医药大学)

《〈内经〉伏气温病学说探源》,《甘肃中医》1998年第6期。

杨青（黑龙江中医学院）

～杨珣:《河间学派对祖国医学发展的贡献》,《宁夏医学杂志》1987 年第 1 期。

杨秋莉（中国中医科学院/中国中医科学院）

王子旭、王永炎～杜渐等:《叙事医学:医学人文复兴之实践》,《现代中医临床杂志》2018 年第 2 期。

刘书敏……王昊～:《叙事医学视角下心身疾病的防治》,《现代中医临床》2018 年第 1 期。

刘书敏……王昊～:《叙事医学与中医学人文关怀视角下的抑郁症治疗》,《现代中医临床》2017 年第 4 期。

刘书敏……王昊～:《中医情志相胜疗法在创伤后应激障碍中的应用》,《世界最新医学信息文摘》2017 年第 52 期。

范逸品～王永炎:《儒家"仁学"思想对于当代人心理调适的价值》,《现代中医临床》2017 年第 2 期。

李志荣……徐祥芸～:《叙事医学与人文关怀视角下的糖尿病治疗》,《现代中医临床》2017 年第 1 期。

巩亚男……徐祥芸～:《叙事医学在构建新型医患关系进程中的应用》,《现代中医临床》2016 年第 5 期。

巩亚男……王昊～:《中医疾病观视角下的叙事医学》,《现代中医临床》2016 年第 3 期。

～王永炎:《叙事医学与中医学的人文关怀》,《现代中医临床》2015 年第 2 期。

邵祺腾、王克勤～:《〈三因极一病证方论〉的中医心理学思想》,《中国中医基础医学杂志》2013 年第 2 期。

胡霜、王欣～:《中医心理学魂魄理论及其临床意义》,《中国中医基础医学杂志》2012 年第 10 期。

～王学芬等:《古代中医对乳腺癌的认识》,《中国中医基础医学杂志》2010 年第 5 期。

～于迎等:《〈内经〉中对心身疾病的治疗原则》,《中国中医基础医学杂志》2010 年第 1 期。

刘婉婷～薛崇成:《〈金匮要略〉中精神疾病患浅析》,《中医杂志》2008 年第 6 期。

孙旭海、薛崇成～:《〈金匮要略〉对于身心疾病的朴素认识》,《中国中医基础医学杂志》2007 年第 9 期。

～薛崇成:《中医学心理学的个性学说与五态人格测验》,《中国中医基础医学杂志》2006 年第 10 期。

～薛崇成:《〈内经〉时期我国的精神医学与医学心理学》,《中国中医基础医学杂志》2006 年第 4 期。

杨荻雯（吉林大学）

《英国医疗服务 PPP 模式的研究》,吉林大学硕士学位论文 2017 年。

杨权生（广东医学院附一院）

刘小斌～:《广东草药学医家医著简介》,《新中医》1987 年第 10 期。

《读〈岭南儿科双璧〉的临床体会》,《广州中医学院学报》1987 年第 4 期。

杨熔（华东理工大学）

《鲁迅与沈从文"疯癫"、"痴傻"书写研究》,华东理工大学硕士学位论文 2018 年。

杨蓉（厦门大学）

《中国乡村社会的医学多元主义——以福建省宁化县庵坝村为例》,厦门大学硕士学位论文

2007 年。

杨荣斌(北方民族大学)

《民国时期上海"中法药房"研究》,《兰台世界》2013 年第 31 期。

杨如侯

《论明代医术之变迁》,《山西医学杂志》1928 年第 41 期。

杨锐(湖州师范学院)

《近代嘉兴福音医院的兴衰及影响》,《兰台世界》2011 年第 26 期。

《福音医院与湖州近代医疗事业的开创》,《浙江传媒学院学报》2008 年第 1 期。

杨睿(兰州大学)

《夏河地区藏医药现状调查研究》,兰州大学硕士学位论文 2010 年。

杨瑞(同济大学)

～欧阳伟等:《城市规划与公共卫生的渊源、发展与演进》,《上海城市规划》2018 年第 3 期。

杨瑞松

《想像民族耻辱:近代中国思想文化史上的"东亚病夫"》,《国立政治大学历史学报》第 23 期(2005. 5)。

杨森(湖北中医药大学)

《〈黄帝内经〉脑相关理论的研究》,湖北中医药大学硕士学位论文 2019 年。

杨善发(安徽医科大学/南京大学)

《论医联体和医共体的"联"与"共"》,《中国农村卫生事业管理》2019 年第 6 期。

赵秀珍、朱健～:《第三部门理论与卫生组织变革》,《中国农村卫生事业管理》2018 年第 8 期。

《马克思的健康与健康观及其当代启示》,《中国农村卫生事业管理》2018 年第 7 期。

朱健～:《〈资本论〉中的健康政治经济学思想及其启示》,《中国卫生经济》2018 年第 7 期。

顾新龙～许嘉文等:《基于病人评价的公立医院"限时限号"政策实施现况调查》,《中国卫生事业管理》2018 年第 4 期。

黄雅～:《马克思主义视域下医疗危机与绿色远程医学发展》,《中国农村卫生事业管理》2018 年第 1 期。

杨秀兰……张旭～:《新医改背景下合肥市居民就医行为倾向调查》,《中国农村卫生事业管理》2017 年第 12 期。

朱健、储诚山～:《阿玛蒂亚·森的可行能力理论发展及其在卫生经济学中的应用》,《中国卫生经济》2017 年第 3 期。

朱健～:《澳大利亚飞行医生服务及其对我国的启示》,《中国医院管理》2016 年第 9 期。

～朱健等:《迪顿的卫生经济学研究与启示》,《中国卫生经济》2016 年第 4 期。

《奥尔福德与卫生政治学学科建设》,《中国农村卫生事业管理》2016 年第 1 期。

桂成、周典～崔汪汪:《美国远程医疗的发展及其对我国的启示》,《中国农村卫生事业管理》2015 年第 7 期。

孔运生～徐恒秋等:《〈21 世纪资本论〉对卫生经济研究的启示》,《中国卫生经济》2015 年第 7 期。

崔汪汪～:《重新设计社区专科医疗服务——加利福尼亚的一个案例研究》,《国外医学(卫生经济分册)》2015 年第 2 期。

崔汪汪～:《梯诺尔的新规制经济学与医疗服务监管》,《中国卫生经济》2015 年第 6 期。

崔汪汪～桂成:《印度医疗旅游及其对我国健康服务业发展的启示》,《农村卫生事业管理》2015 年第 4 期。

孔运生、徐恒秋～:《罗戈夫的马克思主义医改药方与启示》,《中国卫生经济》2015 年第 3 期。

朱健～:《希腊债务危机对国民健康的影响及其应对探析》,《中国农村卫生事业管理》2015 年第 2 期。

桂成～:《混合所有制经济与公立医院改革的几个重要问题》,《中国卫生经济》2015 年第 2 期。

黄雅～:《古巴发展绿色医学化解美国封锁的经验与启示》,《合肥工业大学学报(社会科学版)》2014 年第 4 期。

魏敏、肖锦铖～吕震:《2003 年—2013 年农村居民就医行为相关影响因素文献计量分析》,《医学与社会》2014 年第 3 期。

郑颖～:《玻利维亚和厄瓜多尔左翼政府初级卫生保健改革述评》,《中国农村卫生事业管理》2013 年第 9 期。

《古巴社会主义卫生事业发展历程与改革动向》,《中国农村卫生事业管理》2013 年第 7 期。

丁刚……任军～:《安徽省疾病预防控制机构卫生检验人力资源现状分析》,《安徽医学》2013 年第 3 期。

《埃及的医疗卫生改革与民主化困境》,《中国农村卫生事业管理》2013 年第 2 期。

刘晓芳～:《恩格斯的社会医学思想及其当代价值》,《马克思主义研究》2013 年第 1 期。

《从农村合作医疗制度创新看当代中国马克思主义卫生理论与实践发展——纪念新型农村合作医疗制度实施 10 周年》,《中国农村卫生事业管理》2012 年第 12 期。

刘晓芳、朱敏～:《恩格斯的社会医学思想及其对新医改的启示》,《医学与社会》2012 年第 10 期。

～朱敏:《新医改的新政治经济学分析》,《中国卫生资源》2012 年第 5 期。

朱敏～谢瑞瑾:《社会管理视角下安徽基层医改创新与完善》,《中国卫生事业管理》2012 年第 7 期。

～周典等:《从"高州模式"看公立医院改革与科学发展》,《中国医院管理》2011 年第 1 期。

～汪时东等:《安徽省推行城乡医疗保障一体化管理的新进展——以长丰县为例》,《中国农村卫生事业管理》2010 年第 7 期。

方桂霞、江启成～:《农村艾滋病人心理支持典型案例分析》,《医学与哲学(人文社会医学版)》2010 年第 3 期。

江疆、张彬～:《新农合运行中的一些伦理问题及对策》,《中国医学伦理学》2010 年第 1 期。

《科学发展观视野下的医药卫生体制改革》,《中国医院管理》2009 年第 6 期。

刘敏～:《医药领域寻租行为对药价虚高的影响及对策》,《中国卫生经济》2009 年第 5 期。

辛昌茂～:《社区卫生服务发展困境及其破解——集体行动理论的视角》,《江淮论坛》2009 年第 3 期。

《中国农村合作医疗制度渊源、流变与当代发展》,《安徽大学学报(哲学社会科学版)》2009 年第 2 期。

《论农村卫生事业的发展与卫生政治学》,《中国农村卫生事业管理》2009 年第 2 期。

《全面正确评价改革开放 30 年来的医疗卫生改革与发展》,《中国医院管理》2009 年第 1 期。

刘敏～:《新型农村合作医疗制度立法问题与立法原则的伦理思考》,《中国医学伦理学》2008 年第 6 期。

扈书霞～：《论"合作运动"中伦理精神对我国新型农村合作医疗制度建设的意义》，《中国医学伦理学》2008 年第 2 期。

张彬～：《我国医院信息公开存在的问题及对策分析》，《中国医院管理》2008 年第 1 期。

张彬～：《浅谈医院门诊对病人信息公开和保护政策》，《中国卫生事业管理》2007 年第 10 期。

黄余送～：《新型农村合作医疗基金管理模式探索》，《湖北社会科学》2007 年第 9 期。

～黄余送等：《新型农村合作医疗政策利益相关者分析》，《中国农村卫生事业管理》2007 年第 5 期。

《香港农村及偏远地区的医疗卫生服务提供及启示》，《中国农村卫生事业管理》2006 年第 10 期。

王永莲～黄正林：《利益相关者分析方法在卫生政策改革中的应用》，《医学与哲学（人文社会医学版）》2006 年第 4 期。

《建立与农村基层政治体制相适应的农村医疗保障体制》，《公共管理高层论坛》2006 年第 1 期。

《科尔奈对医生收受"红包"现象的研究及其启示》，《中国医院管理》2005 年第 12 期。

丁宏……袁方～董文静：《乡村医生抗生素与激素使用分析》，《医学与哲学》2005 年第 12 期。

丁宏～袁方等：《乡村医生医疗服务行为研究》，《中国医院管理》2004 年第 9 期。

丁宏……董文静～：《乡村卫生医疗服务行为研究——次均服务费用分析》，《中国卫生经济》2004 年第 8 期。

《论医患关系中的信息问题与管理对策》，《中国卫生事业管理》2004 年第 4 期。

鄢启军～：《德鲁克医院管理思想研究》，《医学与哲学》2004 年第 4 期。

～洪倩等：《卫生机构建立信息主管体制的若干问题》，《中国卫生经济》2004 年第 3 期。

洪倩～：《从防治 SARS 论实现医学的进一步社会化》，《中国农村卫生事业管理》2003 年第 12 期。

～丁宏：《中国古代医家家世系研究》，《医学与哲学》1996 年第 2 期。

《试论斯宾塞的健康教育价值观》，《中国健康教育》1994 年第 11 期。

《论洛克的健康教育思想及其基础和意义》，《中国健康教育》1994 年第 9 期。

《萨勒诺医学校的兴衰及其影响》，《医学教育》1993 年第 10 期。

杨珊珊（安徽医科大学）

《民国时期〈大众卫生〉科普研究》，安徽医科大学硕士学位论文 2017 年。

～张晓丽：《近代安徽教会医院对西医传播的作用分析——以芜湖弋矶山医院为例》，《辽宁医学院学报（社会科学版）》2016 年第 1 期。

杨善尧（台湾国立政治大学）

《抗战时期的后勤兵与伤病运输》，《中华民国史青年论坛》（第 1 辑）（北京：社会科学文献出版社 2018 年）。

《战后中华民国陆军卫生勤务的图像叙事》，《抗战史料研究》2017 年第 1 期。

《迁徙与筹组：抗战时期军医教育体系的建立》，《卫生史新视野：华人社会的身体、疾病与历史论述》（台北：华艺学术 2016 年）。

《蒋中正与抗战前后的军医制度》，《国史馆馆刊》第 46 期（2015.12）。

《军医教育系统之整并与改组——以国防医学院为例》，《2011 两岸三地历史学研究生研讨会论文集》（台北：政大历史系 2012 年）。

《动物与抗战：论中国军马与军鸽之整备》，《政大史粹》第 21 期（2011.12）。

杨上池（厦门市卫生检疫所/厦门卫生检疫局/厦门市卫生检疫技术研究所）

～朱振球：《中国卫生检疫除鼠、除虫、消毒用药历史回顾》，《口岸卫生控制》1999 年第 2 期。

《120 年来中国卫生检疫》,《中华医史杂志》1995 年第 2 期。

～郑文达:《回顾鼠疫的流行历史关注印度肺鼠疫的新爆发》,《中国国境卫生检疫杂志》1995 年第 2 期。

《天花的消灭与国境卫生检疫》,《中国国境卫生检疫杂志》1993 年第 5 期。

《1989—1992 年世界艾滋病疫情分析》,《中国国境卫生检疫杂志》1993 年第 6 期。

《试论我国早期检疫章程的特点》,《中国国境卫生检疫杂志》1990 年第 2 期。

《我国收回检疫主权的斗争》,《中华医史杂志》1990 年第 1 期。

《我国早期的海港检疫》,《国境卫生检疫》1983 年 S1 期。

杨韶明（辽宁省档案局）

《石井四郎和他的细菌部队》,《文史精华》1999 年第 10 期。

杨生勇（华中师范大学）

～谢洪波:《社会性别视角下"女性照顾"现象研究——对农村唇腭裂儿童照顾群体的访谈》,《中南民族大学学报(人文社会科学版)》2016 年第 5 期。

～杨洪芹:《"污名"和"去污":农村艾滋孤儿受损身份的生成和消解——基于 J 镇艾滋孤儿社会化过程的历史性考察》,《中国青年研究》2013 年第 7 期。

王洪伟～:《"关系孤岛":农村艾滋孤儿社会化困境及纾解途径——来自鄂豫农村艾滋疫情高发区的社会调查报告》,《中南民族大学学报(人文社会科学版)》2009 年第 4 期。

陆一琼～:《艾滋病孤儿的社会支持网络:现状与构建——基于湖北省随州、襄樊两市问卷调查》,《青年研究》2006 年第 10 期。

杨士保（湖南医科大学）

《中国农村贫困地区合作医疗的历史、现状与未来》,《卫生经济研究》1999 年第 4 期。

杨世民（西安交通大学/西安医科大学）

贾夏怡……侯鸿军～:《MAH 制度下构建药品不良反应损害救济体系的影响因素分析——基于陕西省药品生产企业视角》,《中国药房》2019 年第 20 期。

柏荷花～:《西安市家庭过期药品回收工作现状及对策研究》,《西北药学杂志》2018 年第 2 期。

朱珊……张愉～方宇:《西安市家长对儿童疫苗的接种态度与迟疑情况调查》,《中国药事》2018 年第 1 期。

杨才君……朱稳稳～方宇:《新型农村合作医疗参合农民住院费用的地区差异分析——以陕西省为例》,《中国药事》2017 年第 12 期。

蔡文芳……朱稳稳～方宇:《陕西省基层医疗机构药品短缺现状、造成的影响及对策研究》,《中国药事》2017 年第 12 期。

赵超～:《我国网上药店现状及发展前景》,《中国执业药师》2014 年第 10 期。

杨悦～:《我国药品广告管理现状及问题分析》,《中国药业》2016 年第 4 期。

杨洁心～:《我国 29 省基本药物增补目录对比分析》,《中国执业药师》2013 年第 4 期。

刘花～冯变玲:《美国药品不良反应监测体系简介及对我国的启示》,《中国执业药师》2013 年第 4 期。

《我国药事管理学科的创始人吴蓬教授》,《西北药学杂志》2013 年第 3 期。

刘花～:《国外儿童用药监管及对我国的启示》,《中国执业药师》2012 年第 8 期。

黄海燕～:《美国互联网药品广告管理介绍及对我国的启》,《中国执业药师》2012 年第 4 期。

方宇、陈文娟～侯鸿军等：《西部城乡药店抗生素不凭处方销售情况研究——以西安市为例》，《中国卫生事业管理》2012 年第 3 期。

方宇、吴超超～姜明欢等：《西安市药店人员抗菌药物销售的知信行调查与干预策略研究》，《中国药方》2011 年第 44 期。

冯变玲～王杰鹏：《2004—2009 年我国药品不良反应文献源统计分析》，《医药导报》2011 年第 4 期。

冯变玲～叶竹松：《医务人员与公众药品不良反应认知度比较分析》，《中国药学杂志》2010 年第 24 期。

方宇～冯变玲等：《基于价值和权力视角的药品安全监管法学分析》，《中国药业》2010 年第 18 期。

冯变玲～叶竹松：《公众对药品不良反应认知度的调查报告》，《医药导报》2010 年第 12 期。

刘东～方宇等：《陕西省 19 家医院〈处方管理办法〉实施情况调查》，《中国药师》2010 年第 9 期。

～问媛媛：《新中国成立 60 年我国高等药学教育事业的发展》，《中国药学杂志》2009 年第 19 期。

杨会鸽～侯鸿军：《改革开放 30 年来陕西药品经营企业的发展变化》，《西北药学杂志》2009 年第 5 期。

刘国一～侯鸿军：《改革开放以来陕西省药品生产企业概况及其发展建议》，《西北药学杂志》2009 年第 3 期。

甜云～：《印度药品价格管理制度及对我国的启示》，《中国药房》2007 年第 28 期。

曾雁冰～：《基本药物政策的立法既必要也可行》，《中国药业》2007 年第 16 期。

田云～：《美国药品生产科学及对我国药品生产质量管理的启示》，《中国药房》2007 年第 16 期。

曾雁冰～：《国外打击假药概况分析及对我国的启示》，《中国药物经济学》2007 年第 5 期。

曲丽丽～：《我国药品广告现状分析及对策研究》，《中国药师》2007 年第 4 期。

方宇、黄泰康～孙利华：《国外社会药房药学服务研究进展》，《中国药学杂志》2007 年第 5 期。

～冯变玲：《民国时期陕西的药品管理与药学研究》，《西北药学杂志》2007 年第 1 期。

张抗怀、仵文英：《美国处方书写管理制度初探》，《中国药房》2006 年第 24 期。

陈锋～：《我国药物不良反应监测体系建设现状与存在的问题》，《医药导报》2006 年第 5 期。

丰雷～：《国外和我国港台地区医药分业现状及启示》，《中国药房》2005 年第 24 期。

杨勇～：《中国、欧盟、日本的药用植物种植规范比较》，《中国药业》2005 年第 4 期。

杨勇～：《我国药材经纪人发展的现状》，《医药导报》2005 年第 4 期。

宿凌～：《我国与美国药品零售连锁经营发展状况的比较》，《中国药房》2003 年第 11 期。

～王向荣等：《民国时期陕西的药品生产及药学教育》，《中国药学杂志》1995 年第 6 期。

～牛莉莉：《建国以来陕西药学教育发展概况》，《中国药学杂志》1991 年第 3 期。

杨石乔（深圳职业技术学院）

《医患交际的"复调"研究》，《医学与哲学（人文社会医学版）》2008 年第 12 期。

《交流的无奈——试析〈掷铁饼者〉中的医患"沉默"》，《医学与哲学（人文社会医学版）》2008 年第 5 期。

杨仕哲（台湾中国医药大学／中国中医研究院）

郑宛钧～：《〈黄帝蝦蟇经〉版本比较研究——以"随月生毁人形图"为考察中心》，《故宫学术季刊》第 36 卷第 3 期（2019.9）。

郑宛钧～:《子午流注中医预测模型的建构》,《科技、医疗与社会》第 28 期(2019)。

张清贸、施柏瑄～:《心脑主神明学说的沿革》,《中医药杂志》第 28 卷第 1 期(2017)。

陈柏勋～:《在地医疗的技术文本及其转变——嘉南地区之药签》,《科技、医疗与社会》第 23 期(2016)。

《〈素问〉的人体观》,《中华医史杂志》2011 年第 3 期。

《马王堆医书的解剖知识》,《中华医史杂志》2010 年第 1 期。

～张贤哲等:《消渴疾病史的研究进展》,《中医药杂志》第 20 卷第 3/4 期(2009)。

～张贤哲:《刘完素〈三消论〉对消渴病诊治的贡献》,《中华医史杂志》2008 年第 1 期。

～张贤哲:《刘完素消渴论著考辨》,《中华医史杂志》2007 年第 3 期。

《〈难经〉的人体观及解剖发现》,《中华医史杂志》2006 年第 2 期。

《从历史的分期重新检视三焦的实质》,《中国中医基础医学杂志》2004 年第 11 期。

～张恒鸿:《清初汤若望改历对运气学说的影响》,《中华医史杂志》2001 年第 3 期。

《概述西方古代解剖学》,《中华医史杂志》2000 年第 4 期。

～张恒鸿等:《内经运气七篇的来源》,《中医药杂志》第 10 卷第 1 期(1999)。

～黄维三等:《王冰生平之谜》,《中华医史杂志》1998 年第 3 期。

～张恒鸿等:《"素问.五运行大论"中的天旋地动说》,《中医药杂志》第 9 卷第 4 期(2009)。

杨寿元

《苏州李畴人先生的温病学术经验介绍》,《上海中医药杂志》1963 年第 4 期。

杨叔澄

《中国医学史》,《国医砥柱月刊》1937 年第 1 期。

《新编中国医学史总论》,《天津医药》1951 年第 3、4 期。

杨淑芳(尉氏县第三人民医院)

～杨文明:《伤寒六经辨证初探》,《中医研究》2002 年第 5 期。

杨舒杰(沈阳药科大学)

～王淑玲:《古巴公共医疗体系建设及其对我国的启示》,《中国药业》2009 年第 4 期。

杨树英(广州中医药大学)

《道家的心身观及其与现代心理治疗学的比较》,广州中医药大学硕士学位论文 2005 年。

杨淑媛(台湾中央研究院)

《人观、治疗仪式与社会变迁:以布农人为例的研究》,《台湾人类学刊》第 4 卷第 2 期(2006.12)。

杨帅(陕西师范大学)

《近代西安城市医疗地理初步研究》,陕西师范大学硕士学位论文 2016 年。

杨颂平(华中师范大学)

《妇女感染艾滋病原因研究——以社会性别为视角》,华中师范大学硕士学位论文 2007 年。

～祝平燕:《社会性别视角下的妇女与艾滋病研究综述》,《中华女子学院学报》2006 年第 3 期。

杨天虎(曲靖师范学院/南开大学)

《民国昆明的公共卫生:以新生活运动为视角》,《科技风》2015 年第 2 期。

《近代昆明的公共卫生》,《兰台世界》2014 年第 10 期。

《1845—1852 年爱尔兰大饥荒的影响和启示》,《曲靖师范学院学报》2013 年第 4 期。

《英国政府对 19 世纪中叶爱尔兰大饥荒的对策研究》,南开大学博士学位论文 2013 年。

《爱尔兰饥荒研究中三种史学观点的评析》，《社会科学家》2012年第9期。

《英国饥荒的终结》，《社会科学界》2012年第5期。

杨天乐（北京国际运动医学学术会议组委会）

《中国运动医学史上的新篇章——北京国际运动医学学术会议胜利闭幕》，《中国运动医学杂志》1986年第1期。

杨天仁（黑龙江中医药大学）

～刘云平：《〈五十二病方〉中酒疗法的运用浅析》，《中医药信息》2012年第3期。

聂宏～常存库：《中国古代官办医学教育的多维分析》，《河北中医药大学学报》2012年第2期。

杨天荣（北京联大中医药学院）

《王好古"阴证论"与脾胃学说》，《北京中医》1992年第6期。

《李杲"脾胃内伤发病"观与脾胃学说》，《北京中医》1992年第5期。

《张元素对脾胃学说的两大贡献》，《北京中医》1992年第4期。

《浅评罗天益的学术思想》，《北京中医》1991年第6期。

《"形神统一"观在中医学中的应用》，《上海中医药杂志》1989年第2期。

《从"内经"看中医学中广义之神的物质性》，《北京中医》1989年第1期。

《中医学"形神关系"初探》，《上海中医药杂志》1989年第1期。

杨廷栋

《纪苏州福音医院》，《东方杂志》1915年第6期。

杨团（中国社会科学院）

《低保群体大病怎么办？》，《人民论坛》2007年第4期。

《农村卫生服务体系建设的基本思路与卫生治理结构设计》，《社会保障研究（北京）》2007年第1期。

《关于我国医疗卫生体制改革的综述》，《中国经贸导刊》2007年第1期。

～施育晓：《医改困境的新出路：治理与规管》，《中国医院院长》2006年第23、24期。

《医疗卫生改革需要全社会承担公共责任》，《中国社会保障》2006年第9期。

《利用保险公司和保险机制进行城乡困难群体医疗保障的探索——对新乡市和原阳县的调研报告》，《江苏社会科学》2006年第2期。

～刘远立：《加强农村社区卫生服务体系建设势在必行——以陕西省洛川县的实践为例》，《红旗文稿》2006年第2期。

《医疗卫生服务体系改革的第三条道路》，《浙江学刊》2006年第1期。

《关于完善新型合作医疗 加强农村社区卫生服务的建议》，《中国经贸导刊》2005年第23期。

《农村新型合作医疗政策需要反思》，《科学决策》2005年第6期。

《中国社会政策基本问题——以新型合作医疗政策为例》，《科学决策》2004年第12期。

《从新型农村合作医疗试点看农村卫生政策的完善》，《红旗文稿》2004年第2期。

～施育晓：《黄陵社区卫生服务体系改革的启示》，《中国卫生资源》2003年第6期。

杨万柱（常德文理学院/常德师范学院）

～陈玉芳等：《细菌战诉讼案的意义与启示》，《湖南文理学院学报（社会科学版）》2008年第1期。

～刘雅玲等：《侵华日军细菌战诉讼案回顾与思考》，《常德师范学院学报（社会科学版）》2002年第6期。

～童远忠:《侵华日军常德细菌战大屠杀》,《常德师范学院学报(社会科学版)》2002 年第 1 期。

杨威(哈尔滨医科大学)

～李志平:《〈中华医学杂志〉毒气病特辑与雷氏德医学研究院》,《中华医史杂志》2019 年第 5 期。

～张丽丽等:《全世界最早的病毒研究机构——弗里德里希·勒夫勒研究院》,《医学与哲学(A)》2014 年第 10 期。

～马学博等:《哈尔滨犹太医院的历史与成因》,《中国科技史杂志》2013 年第 1 期。

～李志平:《巴斯德研究所:创建、发展及历史启示》,《自然辩证法通讯》2011 年第 4 期。

～李志平:《政府与科学发展间的关系:巴斯德及巴斯德研究所的历史启示》,《医学与社会》2019 年第 12 期。

～李志平:《巴斯德研究所面面观》,《医学与哲学(人文社会医学版)》2008 年第 4 期。

杨薇(河北师范大学)

《明末西学的传入对士人知识结构和价值观的影响》,河北师范大学硕士学位论文 2008 年。

杨崴(江西师范大学)

《抗战期间日本细菌战研究》,江西师范大学硕士学位论文 2006 年。

杨威(中国中医科学院)

～冯茗渲等:《大数据时代中医五运六气研究的医学伦理学思考》,《中国中医基础医学杂志》2019 年第 2 期。

冯茗渲……于峥～:《五运六气研究领域发展概述》,《中国中医基础医学杂志》2019 年第 1 期。

林明欣～张萌等:《运气学说应对疫病的历史经验及现实思考》,《中华中医药杂志》2018 年第 12 期。

王国为～徐世杰:《略论〈医碥〉与〈嵩厓尊生〉的渊源》,《中国中医基础医学杂志》2016 年第 10 期。

～屈伸等:《〈仁斋直指方论〉学术思想研究》,《中国中医基础医学杂志》2016 年第 9 期。

王金菊……于峥～:《〈妇科冰鉴〉妇人胎产诊疗梳要》,《中国中医基础医学杂志》2016 年第 8 期。

魏民、于峥～:《〈验方新编精要〉学术特色研究》,《中国中医药图书情报杂志》2016 年第 6 期。

杜松、张玉辉～于峥等:《〈望诊遵经〉色诊理论探析》,《中国中医基础医学杂志》2016 年第 6 期。

～阎卫红等:《〈古今图书集成〉医学思想研究》,《中国中医药图书情报杂志》2016 年第 6 期。

～屈伸等:《〈古今医鉴〉学术思想研究》,《中国中医药图书情报杂志》2016 年第 5 期。

～余丞浩等:《〈古今图书集成〉版本及其学术影响》,《中国中医药图书情报杂志》2016 年第 4 期。

刘寨华～张华敏等:《吴瑭内科病诊疗特色探析》,《中古中医基础医学杂志》2015 年第 11 期。

于峥～:《大司天理论枢要》,《中国中医基础医学杂志》2015 年第 10 期。

刘寨华～刘红海:《吴瑭论治胎产病及小儿病学术特色》,《中医药学报》2015 年第 10 期。

～李江等:《"司岁备物"考》,《中国中医基础医学杂志》2015 年第 4 期。

《五运六气理论的起始时刻辨析》,《中国中医基础医学杂志》2014 年第 7 期。

～纪焱等:《雷士德对民国时期西医机构的贡献》,《中华医史杂志》2014 年第 3 期。

刘寨华～马艳华等:《吴鞠通治疗内科病学术特点探讨》,《河北中医药学报》2014 年第 2 期。

～于峥等:《〈新刊图解素问要旨论〉五运六气要旨之探讨》,《中国中医药图书情报杂志》2014 年第 2 期。

于峥～韩蕊珠:《〈妇科冰鉴〉妇人杂病的诊疗梳要》,《中华中医药杂志》2013 年第 4 期。

~刘寨华等:《王冰次注〈素问〉学术思想探讨》,《河北中医药学报》2013年第3期。

~于峥等:《〈陈素庵妇科补解〉诊疗思想述要》,《中医杂志》2012年第11期。

《五运六气理论的思维模式》,《中国中医基础医学杂志》2012年第4期。

刘寨华、于峥~:《〈幼幼集成〉学术思想研究》,《中国中医基础医学杂志》2012年第3期。

《五运六气医理指导的疫病遣方探讨》,《中国中医基础医学杂志》2012年第1期。

~于峥:《"五脏以肝为贵"辨析》,《北京中医药》2012年第1期。

~于峥等:《五运六气基本原理探讨》,《中国中医基础医学杂志》2011年第10期。

~朱二苓等:《〈养生月览〉以四时阴阳为法的养生思想》,《河北中医药学报》2011年第3期。

~朱二苓等:《〈四时宜忌〉四时阴阳养生思想介绍》,《世界中医药》2011年第3期。

~刘铭福:《隋唐时期疫病发生时令性的认识演进》,《中国中医基础医学杂志》2011年第3期。

于峥~:《孟诜对食疗方术的贡献》,《时珍国医国药》2010年第7期。

~刘寨华等:《〈时疫温病气运徵验论〉之五运六气治疫经验述要》,《北京中医药》2010年第6期。

~朱二苓:《刘完素之五运六气为医教大道论》,《现代中医药》2010年第4期。

刘寨华~于峥:《宋金元时期心藏象理论的传承与发展探析》,《河北中医药学报》2010年第4期。

《五运六气治疫遣方用药规律探讨》,《中国实验方剂学杂志》2010年第4期。

《〈宋太医局诸科程文格〉之五运六气探讨》,《现代中医药》2010年第3期。

~于峥:《五运六气时绪观对藏象理论的影响》,《中国中医基础医学杂志》2010年第1期。

于峥~刘寨华:《张从正〈儒门事亲〉五运六气治法述要》,《中国中医基础医学杂志》2009年第12期。

~端慧敏等:《〈四部丛刊〉非医学典籍中五运六气的语义语境研究》,《中国中医基础医学杂志》2009年第9期。

~张宇鹏等:《寤寐与藏象理论》,《中医杂志》2009年第6期。

~于峥等:《〈素问〉五运六气时绪观的研究》,《北京中医药大学学报》2009年第4期。

~于峥等:《基于"六气大司天"的中医学术流派创新规律认识》,《北京中医药》2009年第3期。

~刘寨华等:《学术环境对隋唐时期中医创新的影响探析》,《中国中医基础医学杂志》2009年第1期。

~张宇鹏等:《〈素问〉运气七篇的概念体系特征分析》,《中国中医基础医学杂志》2008年第2期。

刘寨华、于峥~:《古代哲学精气学说的发展及其在〈内经〉精气理论构建中的作用》,《中国中医基础医学杂志》2008年第2期。

~刘寨华等:《"藏象"概念之探析》,《北京中医药大学学报》2008年第2期。

~刘寨华等:《〈素问〉运气七篇之概念及其体系研究》,《中国中医基础医学杂志》2008年第1期。

于峥……张宇鹏~:《〈伤寒论〉六经病欲解时考释》,《陕西中医》2007年第11期。

刘寨华、张宇鹏~:《论〈内经〉中"精"字源流及其涵义》,《中国中医基础医学杂志》2007年第10期。

~刘寨华等:《五运六气理论概念体系与当代研究概述》,《世界科学技术·中医药现代化》2007年第6期。

~刘寨华等:《基于〈素问〉运气七篇概念体系的运气理论范畴研究》,《世界科学技术·中医药现代化》2007年第6期。

张宇鹏～于峥:《浅论中医学的健康观》,《中医杂志》2007 年第 2 期。

　　～张宇鹏等:《杜文燮〈药鉴〉的学术思想探析》,《中国中医基础医学杂志》2006 年第 3 期。

杨维(中南大学)

　　～徐锐:《宋慈〈洗冤集录〉的成就与缺憾》,《长沙铁道学院学报(社会科学版)》2007 年第 4 期。

杨卫红(厦门卫生学校)

　　《从中西医学的特点看中西方不同的思维方式和语言文化差异》,《中等医学教育》1999 年第 5 期。

杨卫卫(华中师范大学)

　　《农村艾滋孤儿污名化的后果及矫正》,华中师范大学硕士学位论文 2013 年。

　　《转型视角下农村艾滋孤儿抚育面临的困境》,《商业文化(下半月)》2012 年第 5 期。

杨文斌(山西省长治市中医研究所)

　　～姚宪民等:《〈傅青主女科〉调经用药规律探析》,《中国中医药信息杂志》2008 年 S1 期。

杨文镐

　　《医圣希坡克赖底斯传》,《浙江医药专门学校校友会杂志》1915 年第 1 期。

杨文选(西安理工大学)

　　孟琰～:《浅析医疗寻租问题》,《科技信息(科学研究)》2007 年第 33 期。

　　杨艳～:《新型农村合作医疗农民参与意愿的影响因素分析》,《农村经济》2007 年第 12 期。

　　～杨艳:《新型农村合作医疗应重视农民的参与意愿——以陕西省旬阳县为例》,《农业经济问题》2007 年第 8 期。

　　～杨艳等:《陕西省某县新型农村合作医疗的农民参与意愿调查》,《卫生经济研究》2007 年第 4 期。

杨文义(安徽中医学院附属医院)

　　《曾世荣学术思想探讨》,《安徽中医临床杂志》1994 年第 2 期。

　　郭锦章～:《钱乙对小儿脾胃病的学术贡献》,《安徽中医学院学报》1987 年第 3 期。

杨希贤

　　《中医按摩史略》,《中华医学杂志》1961 年第 47 期。

杨先芹(建始县中医院)

　　～田朝晖:《趣味土家医药文化拾遗》,《湖北民族学院学报(医学版)》2011 年第 1 期。

杨显荣(香港浸会大学/香港中文大学)

　　党毅、肖培根～:《〈神农本草经〉保健功能分类及现代研究纲要》,《中国中医药信息杂志》1999 年第 10 期。

　　党毅～肖培根:《〈饮膳正要〉对开发现代保健食品的贡献及启迪》,《北京中医药大学学报》1998 年第 3 期。

　　《中医药与中国文化》,《成都中医药大学学报》1996 年第 1 期。

杨向奎

　　《五行说的起源及其演变》,《文史哲》1955 年第 11 期。

杨湘容(湖南师范大学)

　　《试析 1920 年湖南瘟疫》,《灾害学》2001 年第 3 期。

杨祥银(温州大学)

　　王鹏～:《疾病构造史:广州狂犬病的社会起源》,《学术研究》2018 年第 6 期。

　　王鹏～:《海关医官与西医东渐:以宜昌〈海关医报〉(1880—1928)为中心》,《江汉论坛》2018 年第

2 期。

《1894 年香港鼠疫谣言与政府应对措施》,《浙江社会科学》2017 年第 6 期。

《殖民权力与医疗空间:香港东华三院中西医服务变迁(1894—1945)》,《历史研究》2016 年第 2 期。

王少阳~:《中国近代公共卫生教育探究——以美国医学博士毕德辉为视角》,《郑州大学学报(哲学社会科学版)》2015 年第 5 期。

~王少阳:《时代转型中的民间自觉——中华卫生教育会与近代中国的卫生教育》,《学习与探索》2015 年第 4 期。

~魏焕:《中华医学会与民国时期西医职业化》,《社会科学辑刊》2014 年第 5 期。

~王鹏:《民族主义与现代化:伍连德对收回海港检疫权的混合论述》,《华侨华人历史研究》2014 年第 1 期。

~徐建伟:《防痨救国:中国防痨协会的成立及早期活动(1933—1937)》,《江汉论坛》2013 年第 9 期。

~王鹏:《19 世纪末 20 世纪初香港的医院体系》,《社会科学战线》2013 年第 6 期。

王少阳~:《晚清浙江通商口岸的疾病统计与分析——以〈海关医报〉为例》,《浙江档案》2012 年第 8 期。

~王少阳:《〈海关医报〉与近代温州的疾病》,《浙江学刊》2012 年第 4 期。

《20 世纪上半叶香港殖民政府医疗服务的重组与扩展》,《郑州大学学报(哲学社会科学版)》2011 年第 4 期。

《公共卫生与 1894 年香港鼠疫研究》,《华中师范大学学报(人文社会科学版)》2010 年第 4 期。

《近代香港医疗卫生史研究的新视角》,《社会科学辑刊》2010 年第 4 期。

《试论香港殖民政府的早期医疗服务》,《社会科学战线》2009 年第 2 期。

《卫生(健康)与近代中国现代性——以近代上海医疗卫生广告为中心的分析(1927—1937 年)》,《史学集刊》2008 年第 5 期。

《近代香港医疗、疾病与卫生史研究》,《史学理论研究》2008 年第 4 期。

《近代香港医疗服务网络的形成与发展》,载李建民主编《从医疗看中国史》(台北:联经出版事业股份有限公司 2008 年)。

《婴儿死亡率与近代香港的婴儿健康服务(1903—1941)》,《中国社会历史评论》第 8 辑(2007)。

杨向真(营口新东风医院/中国中医科学院)

《年希尧的医学贡献》,《中华医史杂志》2018 年第 2 期。

《辽代存目医籍考》,《中华医史杂志》2018 年第 1 期。

~刘佳玉等:《马继兴中医文献学治学方法举隅》,《中国中医基础医学杂志》2016 年第 8 期。

《建国前辽宁中医医籍考》,中国中医科学院博士学位论文 2013 年。

~万芳:《近代费县名医左国椠》,《中医文献杂志》2012 年第 4 期。

~万芳:《清末奉天府名医庆云阁与张奎彬从医办学事记》,《中医文献杂志》2011 年第 3 期。

杨晓斌(福建省教育科学研究所)

《杜聪明与台湾医学教育的发展》,《教育评论》2012 年第 4 期。

杨小红(复旦大学)

《民办医疗机构参与公共卫生产品提供研究》,复旦大学硕士学位论文 2008 年。

杨晓霖（南方医科大学）

熊敏娟～:《雷蒙德·卡佛诗歌的疾病叙事及医学人文关怀》,《医学与哲学》2019 年第 18 期。

曹文华、姜佳成～艾克斯罗德·劳德:《"化身博士"与约翰·亨特的故事》,《中国卫生人才》2019 年第 9 期。

～曹文华等:《叙事医学:现代医学的价值再塑——纪念奥斯勒〈古典人文与新兴科学〉演说发表一百周年》,《中国医学人文》2019 年第 8 期。

段俊杰、唐瑜～:《但丁的维吉尔:重构患者人生地图的元病理叙事》,《医学与哲学》2019 年第 15 期。

～王华峰:《霍奇金淋巴瘤与彩绘图的故事》,《中国卫生人才》2019 年第 6 期。

段俊杰～:《浅论两位著名的医生博物学家》,《中国卫生人才》2019 年第 3 期。

凌志海、黄文华～:《从文学中汲取人文养分:小说、影视剧与诗歌叙事在医学教育中的重要价值》,《医学与哲学》2019 年第 4 期。

西里·莫利～蔡苏露:《浅谈巴尔扎克文学作品中的几类医生》,《中国卫生人才》2018 年第 9 期。

～陈璇:《〈麦琪·吉《弗吉尼亚·伍尔芙在曼哈顿〉中的生命叙事》,《外国语文》2018 年第 3 期。

约翰·H. 大卫逊、熊敏娟～:《临床共情与叙事能力:将〈塔木德〉当作文学作品阅读的意义》,《医学与哲学(B)》2017 年第 1 期。

满强～王宏:《临床医师的基本功:叙事医学知识和能力》,《医学与哲学(A)》2016 年第 6 期。

《疾病叙事阅读:医学叙事能力培养》,《医学与哲学(A)》2014 年第 11 期。

丽塔·夏蓉～:《身体的小说化:论医学与叙事的互补》,《叙事(中国版)》2012 年 00 期。

《医学与叙事的互补:完善当代医学的重要课题》,《医学与哲学(A)》2012 年第 6 期。

《医学和医学教育的叙事革命:后现代"生命文化"视角》,《医学与哲学(人文社会医学版)》2011 年第 9 期。

《美国叙事医学课程对我国医学人文精神回归的启示》,《西北医学教育》2011 年第 2 期。

杨小敏（河北大学）

《试论宋代药市的发展及演变》,《宋史研究论丛》2019 年第 2 期。

《"遏病"与"补虚":宋代黄耆药用重心的变化》,《医学与哲学(A)》2018 年第 8 期。

《宋人与伤寒学的崛起》,《中医药文化》2018 年第 2 期。

《宋代医者群体若干问题研究》,河北大学硕士学位论文 2008 年。

杨小敏（天水师范学院）

《谈建国以来党和政府对妇女健康的高度重视》,《甘肃广播电视大学学报》2003 年第 1 期。

杨小明（河北工业大学）

《黄宗羲与医学》,《中华医史杂志》2002 年第 4 期。

杨小明（太原理工大学/中国科技大学）

《〈天花仁术·序〉中有关人痘接种术的新史料》,《中华医史杂志》2000 年第 3 期。

《"胎毒外感说"与中国古代防治天花的成就》,《中华医史杂志》1997 年第 4 期。

杨(扬)孝麒（湖南中医学院）

《试论王冰学术思想的三大特色》,《贵阳中医学院学报》1986 年第 2 期。

《历代医官析》,《医古文知识》1985 年第 4 期。

《皇权至上 待医风行》,《医古文知识》1985 年第 1 期。

《〈黄帝内经素问〉"劳"字考释》,《上海中医药杂志》1983年第8期。

《〈洪范〉简释》,《湖南中医学院学报》1983年第4期。

杨霄雯(山东省协和职业技术学院/山东中医药大学)

～刘永:《古代中医文献中关于崩漏的不同称谓》,《亚太传统医药》2011年第3期。

《基于古代名医医案数据库的月经类症状规范研究》,山东中医药大学硕士学位论文2009年。

杨小永(西北师范大学体育学院)

《〈诗〉〈书〉对儒家养生思想的影响》,《首都体育学院学报》2007年第3期。

杨晓越(南开大学)

《平田篤胤〈瞖宗仲景考〉评介》,《中华医史杂志》2018年第6期。

～余新忠:《医生也"疯狂":明清笑话中的庸医形象探析》,《安徽史学》2017年第1期。

《卫生、技术与现代性:德占时期青岛下水道系统的历史探析》,《中共青岛市委党校青岛行政学院学报》2016年第6期。

杨晓云(西南财经大学)

《封建社会医疗保障思想与制度探析——以宋朝的安济坊为个案》,西南财经大学硕士学位论文2011年。

杨欣(江西师范大学)

《基督教在华妇女医疗事业研究(1840—1949)》,江西师范大学硕士学位论文2008年。

杨新亮(中国海洋大学)

～王晓磊:《两汉瘟疫分类的思考》,《内蒙古农业大学学报(社会科学版)》2011年第2期。

杨心胜(潍坊医学院)

～李国鸿:《西班牙卫生服务系统》,《国外医学卫生经济分册》2000年第3期。

阳欣哲(上海交通大学)

《媒体传播对医患关系影响研究》,上海交通大学博士学位论文2012年。

杨兴锋(南方日报报业集团)

《从SARS事件看党报公共卫生报道》,《中国记者》2003年第6期。

杨杏林(上海市中医文献馆)

张晶滢～杨枝青等:《基于方志文献的上海张氏内科流派传承及学术特色》,《国际中医中药杂志》2016年第1期。

杨枝青～:《新中国成立之前的上海针灸发展》,《中医文献杂志》2015年第2期。

毕丽娟～杨枝青等:《近代上海中西医汇通运动的发展及其意义》,《中国中医药图书情报杂志》2014年第5期。

～陆明等:《近代上海中西医汇通若干历史人物与事件》,《中医药文化》2014年第5期。

《沈又彭与〈玄机活法〉》,《中医文献杂志》2013年第5期。

张利～:《基于方志挖掘的宝山县清末至民国初医疗及慈善医疗机构概要》,《中医文献杂志》2013年第4期。

陆明～:《上海近代中西医汇通医院概述》,《中华医史杂志》2013年第6期。

杨枝青～:《上海嘉定外科双璧》,《中医文献杂志》2013年第1期。

《简述海派中医及其流派传承特点》,《中医药文化》2012年第4期。

～毕丽娟等:《上海地区何氏医家传承系谱调查》,《中医文献杂志》2012年第2期。

～陆明等:《20世纪前叶的上海中医药团体》,《中华医史杂志》2012年第2期。

苏丽娜～:《时代造就的中西医汇通大家——祝味菊》,《江西中医学院学报》2011年第5期。

方松春～:《论海派中医与海派中医学术流派》,《中医文献杂志》2010年第2期。

～招萼华等:《一代名医祝味菊生平述要》,《中华医史杂志》2008年第1期。

陆明～:《李平书与上海近代中医》,《中医文献杂志》2004年第1期。

～楼绍来:《丁甘仁年表》,《中医文献杂志》1997年第1期。

《论戴思恭对丹溪学说的贡献》,《吉林中医药》1990年第3期。

杨兴梅(四川大学)

《中共根据地反缠足依据的演变(1928—1949)》,《社会科学研究》2014年第1期。

《"反封建压迫":国共反缠足观念的合离》,《西南民族大学学报(人文社会科学版)》2013年第7期。

《贵贱有别:晚清反缠足运动的内在紧张》,《社会科学战线》2013年第2期。

《缠足的野蛮化:博览会刺激下的观念转变》,《四川大学学报(哲学社会科学版)》2012年第6期。

《政权与妇女组织配合下的中共根据地反缠足运动(1928—1949)》,《社会科学研究》2012年第5期。

《晚清关于缠足影响国家富强的争论》,《四川大学学报(哲学社会科学版)》2010年第2期。

《以王法易风俗:近代知识分子对国家干预缠足的持续呼吁》,《近代史研究》2010年第1期。

《被"忽视"的历史:近代缠足女性对于放足的服饰困惑与选择》,《社会科学研究》2005年第2期。

《民国初年四川的反缠足活动(1912—1917)——以官方措施为主的考察》,《社会科学研究》2002年第6期。

《民国防区制时代四川的反缠足努力》,《四川大学学报(哲学社会科学版)》2002年第4期。

《从劝导到禁罚:清季四川反缠足努力述略》,《历史研究》2000年第6期。

《观念与社会:女子小脚的美丑与近代中国的两个世界》,《近代史研究》2000年第4期。

《南京国民政府禁止妇女缠足的努力及其成效》,《历史研究》1998年第3期。

杨兴荣(兰州大学)

《我国突发公共卫生事件报道研究》,兰州大学硕士学位论文2011年。

杨兴玉(乐山师范学院)

《灾疫伦理视域中的气候伦理刍议》,《齐鲁学刊》2013年第1期。

《灾疫研究述略:历史进程与学科结构》,《四川师范大学学报(社会科学版)》2011年第5期。

《社会·医学·伦理:灾疫行为的多维透视》,《吉首大学学报(社会科学版)》2011年第2期。

《灾疫失律:人类社会的当代生存境遇》,《河北学刊》2010年第6期。

杨兴元

《〈清明上河图〉与北宋医药发展成就》,《北京中医》1989年第1期。

杨秀娟(中国中医研究院)

《〈内经〉应用刺络法治疗血瘀证探析》,《陕西中医》1992年第7期。

～尹秀琨:《浅谈督脉之源》,《中医杂志》1995年第4期。

杨秀伟(北京大学药学院)

《天然药物化学发展的历史性变迁》,《北京大学学报(医学版)》2004年第1期。

杨秀仪

《追求善终的自主:论病人自主权利法之法律性质与定位》,《万国法律》第 212 期(2017.4)。

《论病人之拒绝维生医疗权:法律理论与临床实践》,《生命教育研究》第 5 卷第 1 期(2013.6)。

《"知情放弃"与"空白同意"合乎自主原则吗? 论病人自主之性质》,《生命教育研究》第 1 卷第 2 期(2009.12)。

丁予安～:《告知后同意还是同意后告知? 论告知之时间点》,《医疗品质杂志》第 3 卷第 3 期(2009.5)。

《医疗人员所必备的伦理观——伦理只是八股教条吗?》,《澄清医护管理杂志》第 3 卷第 4 期(2007.10)。

《论病人自主权——我国法上"告知后同意"之请求权基础探讨》,《台大法学论丛》第 36 卷第 2 期(2007.6)。

《当法律遇见医疗——台湾、美国、英国医疗法学专着之评析比较》,《台大法学论丛》第 30 卷第 6 期(2005.5)。

《救到死为止? 从国际间安乐死争议之发展评析台湾"安宁缓和医疗条例"》,《台大法学论丛》第 33 卷第 3 期(2004.5)。

《病人,家属,社会:论基因年代病患自主权可能发展》,《台大法学论丛》第 31 卷第 5 期(2002.9)。

《瑞典"病人赔偿保险"制度之研究——对台湾医疗伤害责任制之启发》,《台大法学论丛》第 30 卷第 6 期(2001.11)。

杨旭杰(河北中医学院)

～裴晓华等:《基于 PEST 模型分析的清末民国燕京中医外科发展状况评价》,《中华中医药杂志》2017 年第 5 期。

杨玄博(厦门大学)

《试析沪杭甬铁路职工卫生事业的发展(1928—1937)》,《民国档案》2012 年第 4 期。

杨雪(陕西师范大学)

《20 世纪三四十年代西安市公共饮食卫生管理初探》,《陕西学前师范学院学报》2016 年第 3 期。

《西安市公共卫生事业发展探究(1932—1949)》,陕西师范大学硕士学位论文 2016 年。

杨雪静(哈尔滨医科大学)

～李志平:《美国现代护理教育的开端:新英格兰妇婴医院护士学校》,《中华医史杂志》2019 年第 2 期。

张艳荣～杨微:《洛克菲勒大学的开拓者:西蒙·弗莱克斯纳》,《医学与哲学(A)》2014 年第 5 期。

～张艳荣:《洛克菲勒大学的领航者:德特莱夫·瓦尔夫·布朗克》,《医学与哲学(A)》2014 年第 5 期。

杨雪军(上海中医药大学)

《浅谈王士雄对疫病的防治》,《上海中医药杂志》2003 年第 6 期。

杨雪梅(天津中医药大学/天津中医学院)

～李德杏:《先秦两汉时期吐纳的起源与发展》,《中华医史杂志》2009 年第 4 期。

～李德杏:《吐纳气功功法源流考》,《江西中医学院学报》2009 年第 3 期。

～李巧芬等:《晋唐时期脏腑辨证学说的发展特点》,《中华医史杂志》2007 年第 2 期。

～李德杏等:《秦汉时期易学与脏腑辨证》,《江西中医学院学报》2007 年第 5 期。

～李巧芬等:《晋唐时期脏腑辨证学说的发展特点》,《中华医史杂志》2007 年第 2 期。

王秀兰、王玉兴～:《〈明医指掌〉与脏腑辨证》,《天津中医药》2007 年第 1 期。

张国霞、王玉兴～:《脏腑辨证沿革研究的思考》,《江苏中医药》2006 年第 8 期。

王秀兰、王玉兴～:《〈类证治裁〉与脏腑辨证》,《江苏中医药》2006 年第 4 期。

～王桂兰等:《秦汉时期脏腑辨证学说发展特点研究》,《中华医史杂志》2006 年第 3 期。

～李德杏等:《金元时期脏腑辨证学说发展特点研究》,《天津中医药大学学报》2006 年第 2 期。

～李德杏等:《明清时期脏腑辨证发展特点研究》,《中医文献杂志》2005 年第 4 期。

～王玉兴等:《明清时期的经络辨证与脏腑辨证》,《天津中医学院学报》2005 年第 3 期。

《脏腑辨证学说与道教》,《中华医史杂志》2004 年第 4 期。

～王玉兴:《〈素问玄机原病式〉与脏腑辨证》,《天津中医药》2004 年第 3 期。

《〈脾胃论〉与脏腑辨证》,《天津中医学院学报》2004 年第 2 期。

《〈医学启源〉与脏腑辨证》,《天津中医药》2004 年第 1 期。

《通医易之理,辨脏腑之疾——张景岳医哲学思想初探》,《天津中医学院学报》2003 年第 4 期。

《〈笔花医镜〉与脏腑辨证》,《天津中医学院学报》2003 年第 3 期。

《〈景岳全书〉与脏腑辨证》,《中华医史杂志》2003 年第 3 期。

《〈时病论〉与脏腑辨证》,《天津中医药》2003 年第 1 期。

杨亚龙(南京中医药大学)

《中医疫病的民间防治及其评价研究》,南京中医药大学硕士学位论文 2010 年。

～陈仁寿等:《论中医疫病民间预防》,《辽宁中医药大学学报》2010 年第 6 期。

陶西凯、陈仁寿～:《痄腮的源流与证治》,《中医药信息》2010 年第 1 期。

陶西凯、陈仁寿～:《论"十剂"的源流与内涵》,《辽宁中医药大学学报》2009 年第 10 期。

～陈仁寿等:《童便的民间药用初探》,《辽宁中医杂志》2009 年第 9 期。

彭丽坤……陶西凯～刘一鹤:《明清中医疫病发病、症状及用药的因子分析研究》,《中医药信息》2009 年第 4 期。

杨艳(绵阳市中医院)

～赵爱平等:《叙事医学:通往患者心灵的桥梁》,《中华现代护理杂志》2015 年第 18 期。

杨妍(新加坡国立大学)

《新加坡中医药的传入与中医教学的本土化变迁》,《中医药文化》2018 年第 4 期。

杨艳宏(新疆师范大学)

《刘克庄病中诗研究》,新疆师范大学硕士学位论文 2016 年。

杨彦君(哈尔滨市社会科学院/哈尔滨师范大学)

《七三一部队人员编成考》,《历史研究》2019 年第 3 期。

《甲一八五五部队留守名簿的发现、整理与研究》,《北方文物》2019 年第 1 期。

《侵华日军细菌战研究回顾与展望》,《中国社会科学报》2018 年 4 月 2 日 005 版。

《日本馆藏细菌战文件档案整理与研究》,《北方文物》2017 年第 4 期。

《日本细菌战准备阶段的细菌实验——基于〈陆军军医学校防疫研究报告Ⅱ部〉的研究》,《医学与哲学(A)》2017 年第 4 期。

《关于〈陆军军医学校防疫研究报告Ⅱ部〉所载预防免疫类的总体介绍——基于日文档案的研究》,《日本侵华史研究》2016 年第 4 期。

《日本馆藏七三一部队兵要地志班档案初探》,《武陵学刊》2016年第5期。

《关于七三一部队炭疽实验A报告的初步解读》,《北方文物》2015年第3期。

《关于731部队鼠疫报告书的初步解读——基于美国解密日本细菌战档案的调查》,《医学与哲学(A)》2013年第6期。

《掩盖与交易:二战后美军对石井四郎的调查》,《抗日战争研究》2013年第2期。

《美国保存的日本细菌战档案主要内容、史料价值及利用建议》,《北方文物》2013年第2期。

~宫文婧:《731部队研制的细菌炸弹类型初探——基于美国解密日本细菌战档案的解读》,《北方文物》2013年第1期。

《关东军第七三一部队旧址保护历程述论(1950—1995年)》,《学理论》2012年第10期。

《"满洲第七三一部队"旧址调查与研究》,哈尔滨师范大学硕士学位论文2012年。

《关东军第七三一部队正式设立时间考证——兼论七三一部队名称出现的时间》,《北方文物》2012年第3期。

《侵华日军要塞区"特别移送"问题探讨》,《学理论》2009年第21期。

杨燕丽

《关于鲁迅的"医学笔记"》,《鲁迅研究月刊》1997年第1期。

杨艳丽(暨南大学)

《明清之际西洋医学在华传播》,暨南大学硕士学位论文2007年。

杨彦龙(宁夏大学)

~杨绮:《西夏医药档案整理与研究》,《宁夏师范学院学报》2013年第4期。

杨艳梅(重庆医科大学)

~黄腾炜等:《"贵生"思想及其中医药文化内涵》,《中医药文化》2016年第5期。

杨延平(陕西能源职业技术学院)

~师社会等:《欧洲霍乱流行时期盐溶液医用的产生与发展》,《西北大学学报(自然科学版)》2013年第4期。

阳燕蓉(北京市西城区卫生局)

《霍乱发病率与气象因素关系的探讨》,《气象科技》2003年第6期。

杨洋(北京中医药大学)

《食药同功——药膳的起源与发展》,《中国中医药现代远程教育》2006年第3期。

杨阳(大连医科大学)

《中国与新西兰医患信任的内在影响因素》,《医学与哲学(人文社会医学版)》2009年第7期。

《不同医疗体制下医患信任关系之比较:中国与新西兰》,《医学与哲学(人文社会医学版)》2009年第6期。

杨扬(复旦大学)

~欧阳艳冰:《希波克拉底文集的思想史解读》,《医学与哲学(人文社会医学版)》2009年第1期。

杨阳(黑龙江中医药大学)

《〈黄帝内经〉望切诊结合的理论及应用探讨》,黑龙江中医药大学硕士学位论文2009年。

~王非:《〈黄帝内经〉平人撮要》,《中医药信息》2009年第5期。

高驰、王非~:《中西医差异之思想导源》,《中医药学报》2007年第5期。

杨阳（湖南师范大学）

《全面抗战时期中国各省卫生处处长群体研究（1937—1945）》，湖南师范大学硕士学位论文2017年。

《民国西北防疫处述论》，《新乡学院学报》2017年第1期。

杨洋（四川大学）

《二元结构的变化与甘孜藏区公共医疗问题研究》，四川大学硕士学位论文2003年。

杨耀文（西北师范大学）

《武威汉代医简出土四十年研究综述》，《丝绸之路》2013年第2期。

《甘肃河西出土医药简牍整理与研究》，西北师范大学硕士学位论文2013年。

杨野鹤

《难经引内经文有内经所不载考》，《医林一谔》1931年第9期。

杨逸歌（香港浸会大学）

《中国大型慈善组织慈善资金获取源探讨：以香港东华三院慈善事业资金获取渠道为例》，《郑州大学学报（哲学社会科学版）》2014年第4期。

杨义胜（安徽师范大学）

《思潮与实践：民国初期的性教育》，安徽师范大学硕士学位论文2007年。

杨奕望（上海中医药大学）

《从〈医彻〉考察清代医家的道德追求》，《中医药管理杂志》2019年第22期。

～谢朝丹：《江南文化视域下明清上海何氏世医的承启》，《中医药文化》2019年第5期。

《法国国家自然历史博物馆藏〈格体全录〉及巴多明附随的亲笔信》，《中华医史杂志》2019年第4期。

徐超琼～：《晚清江南儒医陆以湉〈冷庐医话〉及其传统医德文化》，《中医文献杂志》2019年第3期。

张亚妮～：《清初"苏州派"作家过孟起的医药编辑》，《中医药文化》2019年第3期。

钟微～：《清代女医顾德华及其〈花韵楼医案〉考》，《中医药文化》2018年第5期。

张亚妮～：《电视人物传记片〈孟河医派〉的艺术特色》，《中医文献杂志》2018年第4期。

～王颖晓：《西医东渐视野下中医对"胰"认识的衍进》，《中国中医基础医学杂志》2018年第3期。

《我国中医人文社会科学研究的分析与展望——基于CSSCI来源期刊（1998—2015年）的数据》，《南京中医药大学学报（社会科学版）》2018年第2期。

《〈钦定格体全录〉的人体骨骼图及其中国化演变》，《形象史学》2018年第2期。

～胡蓉等：《清帝康熙与传统医药》，《中医杂志》2017年第16期。

张亚妮～：《上海图书馆藏〈医林集传〉残本考》，《中国中医基础医学杂志》2017年第10期。

《计量史学方法在中医史学研究中的探索》，《中华中医药杂志》2017年第8期。

钟微～：《清代女医顾德华〈花韵楼医案〉诊治特色探析》，《江苏中医药》2017年第5期。

《康熙朝满文人体解剖著作〈钦定格体全录〉探赜》，《历史档案》2017年第4期。

《近代学者丁福保的医家传记——〈历代名医列传〉探微》，《现代传记研究》2017年第2期。

钟微～：《马元仪〈证论精微〉学术价值探骊》，《中国中医基础医学杂志》2017年第1期。

《心理史学视角下医学人物研究》，《医学与哲学（A）》2016年第6期。

～戎倩雯等：《海派名医程门雪的中医教育思想与启示》，《中医文献杂志》2016年第3期。

钟微、李文彦~:《道情与真情——清代名医徐灵胎〈洄溪道情〉述论》,《中医药文化》2016 年第 2 期。

《〈山海经〉中医药神话的文化诠释》,《思想与文化》2016 年第 2 期。

《清初江南名医马元仪的学术承启》,《南京中医药大学学报(社会科学版)》2015 年第 3 期。

《恽铁樵的医学编辑实践与启示》,《现代出版》2015 年第 2 期。

~叶进:《女医士张竹君之生年学籍新证》,《中医药文化》2015 年第 1 期。

胡蓉、陈丽云~:《探析中医史教学的医学人类学视角》,《中医药管理杂志》2014 年第 13 期。

《信札中医药史料的发掘与采撷》,《社会科学论坛》2014 年第 9 期。

《明代藩府编刻医籍考略》,《世界中西医结合杂志》2014 年第 7 期。

杨杏林、陆明~:《近代上海中西医汇通若干历史人物与事件》,《中医药文化》2014 年第 5 期。

毕丽娟……肖芸~陆明:《近代上海中西医汇通运动的发展及其意义》,《中国中医药图书情报杂志》2014 年第 5 期。

~闫晓天:《近三十年中医文化人类学的研究与展望》,《湖北民族学院学报(哲学社会科学版)》2014 年第 3 期。

《医学人类学视野下的中医体质学探析》,《中韩中医药杂志》2014 年第 3 期。

~陈丽云等:《浅析日记史料与中医学术研究》,《北京市中医药大学学报》2013 年第 8 期。

《明清入华耶稣会士涉医文献的研究价值》,《中国中医基础医学杂志》2013 年第 6 期。

~李明等:《晚明时代"脑主记忆"说的源流与传播》,《中国中医急症》2013 年第 4 期。

任宏丽、段逸山~:《民国时期中医药诉讼鉴定案 1 例》,《浙江中医杂志》2013 年第 1 期。

李明~邴守兰:《〈性学觕述〉对"脑主神明说"形成的影响》,《中国中医基础医学杂志》2012 年第 12 期。

~吴鸿洲等:《中医口述史略》,《中国中医基础医学杂志》2012 年第 11 期。

~吴鸿洲:《"利玛窦规矩"与中医药交流》,《时珍国医国药》2012 年第 5 期。

~陈丽云等:《揆度求奇恒 黄溪无止境——黄山名士陈无咎医学思想撷析》,《浙江中医药大学学报》2012 年第 2 期。

~吴鸿洲等:《明代瘟疫的产生、爆发与诊治思路》,《中国中医急症》2012 年第 1 期。

~吴鸿洲:《明代上海的医学特色探究》,《中华中医药杂志》2012 年第 1 期。

~吴鸿洲:《五禽戏源流考》,《中华医史杂志》2011 年第 5 期。

~吴鸿洲:《明代医家秦昌遇的诊疗规范和处方用药》,《南京中医药大学学报(社会科学版)》2010 年第 1 期。

~吴鸿洲:《明末医家王宏翰生平著作和中西医汇通思考》,《实用中医内科杂志》2009 年第 1 期。

~吴鸿洲:《徐光启对中医药的贡献》,《中华中医药学刊》2009 年第 1 期。

陈丽云、吴鸿洲~:《谈中医药博物馆与医史教学》,《中医文献杂志》2008 年第 5 期。

~吴鸿洲:《〈本草品汇精要〉明清不传之秘》,《中医文献杂志》2008 年第 4 期。

~吴鸿洲:《明末市隐陈继儒 泼墨挥毫语养生》,《中医药文化》2006 年第 4 期。

~张再良等:《〈金匮要略〉利水法举要》,《上海中医药大学学报》2006 年第 4 期。

~段逸山等:《〈皇帝内经太素〉成书年代考评》,《医古文知识》2004 年第 2 期。

《蔡氏女科学术特色初探》,《上海中医药大学学报》2002 年第 4 期。

《吴鞠通温病学术观念的由来与特色》,《上海中医药杂志》1999 年第 5 期。

杨怡云（华中师范大学）

《"卫生再造":农村合作医疗制度建设的考察与反思》,华中师范大学硕士学位论文 2018 年。

杨印坤（青海红十字医院）

～丁创业:《〈黄帝内经〉中的心理思想管窥》,《清华医学院学报》1994 年第 2 期。

杨银权（宝鸡文理学院）

《被忽视的传统:中国古代隔离治疫发展述论》,《宝鸡文理学院学报(社会科学版)》2017 年第 4 期。

《中国近代防疫体制建立探析》,《安徽预防医学杂志》2017 年第 2 期。

杨迎春（肇庆学院）

《简析改革开放前我国公共卫生工作的经验教训》,《党史文苑》2004 年第 10 期。

杨莹樱（上海师范大学）

《中国古代小说瘟疫描写研究》,上海师范大学硕士学位论文 2008 年。

杨勇（武汉大学）

《马王堆汉墓医书研究综述》,《人文论丛》2011 年 00 期。

杨永超

《西医外科进化考》,《山西医学杂志》1921 年第 3—4 期;1922 年第 5 期。

杨用成（鹤壁职业技术学院）

《医学人文学在我国发展历程及反思》,《内蒙古中医药》2005 年第 5 期。

杨永年

～兰度雅等:《福建省鼠疫防治之经过》,《中华医学杂志》1937 年第 5 期。

杨友发（衢州市中医院）

《论〈伤寒〉治水诸法》,《中医药学刊》2006 年第 7 期。

《〈正体类要〉脏腑内治特色探讨》,《中医正骨》1994 年第 4 期。

杨优美（华东理工大学）

《论疾病对贾平凹文学创作的影响》,华东理工大学硕士学位论文 2015 年。

杨宇（成都中医药大学）

马鹏……郑秀丽～:《薛生白〈湿热病篇〉以六经辨析湿热病规律探究》,《世界科学技术—中医药现代化》2019 年第 5 期。

马鹏……郑秀丽～:《薛生白〈湿热病篇〉与六经辨证》,《中华中医药杂志》2018 年第 5 期。

王宝家……屈杰～:《〈伤寒论〉方中"存阴液"思想应用举隅》,《亚太传统医药》2015 年第 6 期。

谭蔡麟……孙丹～:《〈伤寒论〉方药中"双向调节"思想的应用》,《中医杂志》2014 年第 6 期。

惠毅、闫曙光～:《浅析吴又可〈温疫论〉下法》,《四川中医》2012 年第 3 期。

袁建～:《从〈金匮要略〉方后注浅探仲景治疗湿病的思路》,《湖北中医杂志》2009 年第 2 期。

肖文胜～:《叶天士内风论治特点》,《四川中医》2004 年第 1 期。

《温病各家之说与流派》,《成都中医药大学学报》1999 年第 2 期。

《道教与传统医学的关系及其研究——兼论日本学者的新成果》,《四川大学学报(哲学社会科学版)》1992 年第 3 期。

杨渝（上海中医药大学）

～陈晓：《基于翻译策略的〈黄帝内经〉英译研究述评》，《中华中医药杂志》2019 年第 9 期。

～陈晓：《〈黄帝内经〉中"精神"一词之英译研究及启示》，《中国中西医结合杂志》2019 年第 4 期。

《实现中医现代化的方法论探讨》，《系统科学学报》2018 年第 1 期。

～王尔亮等：《美国整骨医学与中医的共性及对中医海外发展的启示》，《中华中医药杂志》2017 年第 11 期。

《〈老残游记〉中的医事探究——铃医的隐喻与医人医国情怀》，《中医药文化》2017 年第 5 期。

《针灸在美国发展的历程及对海外中医发展的影响》，《中医药文化》2017 年第 1 期。

杨玉林（韩山师范学院）

《试谈细菌战罪行研究的科学化——从日军在华细菌战受害者人数谈起》，《湖南文理学院学报（社会科学版）》2009 年第 3 期。

《日军细菌战"特别输送"实证调查的几点结论》，《湖南文理学院学报（社会科学版）》2008 年第 1 期。

杨雨茜（上海交通大学）

《1932 年陕西省霍乱研究》，上海交通大学硕士学位论文 2014 年。

李玉尚～：《番薯、玉米与清初以来四川的钩虫病》，《科学与管理》2013 年第 6 期。

杨宇霄（西南大学）

《半殖民中国的医院空间书写》，西南大学硕士学位论文 2018 年。

《试论〈一人一个天堂〉与〈岛〉中的麻风病隐喻的不同》，《名作欣赏》2017 年第 14 期。

杨宇勋（台湾国立中正大学）

《降妖与幽禁——宋人对精神病患的处置》，《台湾师大历史学报》第 31 期（2003.6）。

杨苑（南京大学）

《19 世纪英国自杀现象及社会干预》，南京大学硕士学位论文 2019 年。

杨跃雄（厦门大学）

《游魂、空间与荨麻疹——大理白族"姑悲惹"治疗仪式的医学人类学解读》，《湖北民族学院学报（哲学社会科学版）》2018 年第 2 期。

杨芸（南京师范大学）

《论我国传染病疫情报告、通报和公布制度的完善》，南京师范大学硕士学位论文 2014 年。

杨运东（广州中医药大学）

《中医骨伤科手术疗法停滞的原因和启示》，《医学与哲学》1999 年第 2 期。

杨韵菲（重庆医科大学）

《抗日战争时期重庆卫生管理初探》，重庆医科大学硕士学位论文 2007 年。

杨运高（湖南省中医药研究院/陕西中医学院）

《徐灵胎慎温补学术思想探析》，《浙江中医学院学报》1992 年第 3 期。

《发展中医理论要正确处理好的三个关系》，《医学与哲学》1991 年第 11 期。

《徐灵胎用药经验初探》，《山西中医》1991 年第 4 期。

《中医养生四大主要流派之研究》，《国医论坛》1991 年第 2 期。

《古代房中术兴衰史略》，《新疆中医药》1991 年第 2 期。

《徐灵胎重阴精学术思想初探》，《四川中医》1991 年第 4 期。

《食物养生源流之探讨》,《国医论坛》1990 年第 5 期。

《论徐大椿的元气学说》,《陕西中医学院学报》1990 年第 4 期。

《方有执是怎样错简重订的》,《中医药学报》1988 年第 2 期。

杨则民

《中医变迁之史的鸟瞰》,《国医公报》1933 年第 8—9 期。

《内经之哲学多检讨》,《浙江中医校友会刊》1933 年第 6 期。

杨曾宪(青岛社会科学院)

《废中医论者废的是民主科学精神》,《汕头大学学报(人文社会科学版)》2008 年第 1 期。

《对城市公共卫生问题的伦理分析》,《探索与争鸣》1998 年第 4 期。

杨展礼(成都中医药大学)

《仲景脉法"常""变"观研究》,成都中医药大学硕士学位论文 2010 年。

杨占林

《论黄帝内经对人体测量方面的贡献》,《山西医学院学报》1960 年第 1 期。

《论黄帝内经对成长解剖生理学的贡献》,《山西医学杂志》1960 年第 3 期。

杨照坤(北京中医药大学)

《泄泻病证的古今文献研究与学术源流探讨》,北京中医药大学硕士学位论文 2008 年。

杨兆民

《中国外科学源流纪略》,《上海中医药杂志》1958 年第 5 期。

杨兆颖(哈尔滨医科大学)

～李金梁:《细胞周期及其周期调控研究的发展简史》,《中华医史杂志》2004 年第 3 期。

杨哲(黑龙江中医药大学)

《骨伤科发展的思想追问》,黑龙江中医药大学博士学位论文 2011 年。

杨喆(华中师范大学)

《梁启超晚年"血尿"病案研究》,华中师范大学硕士学位论文 2017 年。

杨振东(北京中医药大学)

《仲景论述痰饮病的学术源流及治则探讨》,北京中医药大学硕士学位论文 2010 年。

杨锃(上海大学社会学院)

《"反精神医学"的谱系:精神卫生公共性的历史及其启示》,《社会》2014 年第 2 期。

杨正莲

～郭凌鹤:《首支援外医疗队的北非岁月》,《中国新闻周刊》2012 年第 13 期。

杨正时(中国药品生物制品检定所)

～张瑾:《1918 年流感——近代流感大流行的先祖与启示》,《中国生态学杂志》2009 年第 10 期。

杨铮铮(湖南大学/中南大学)

《简析中西医文化比较研究之相关问题》,《中医药文化》2008 年第 6 期。

《略论中医传统医德的传承与现代转换》,《中医药导报》2006 年第 1 期。

《祖国医学的伦理道德观与儒家文化》,《湖南中医杂志》2006 年第 1 期。

《试论新时期医德建设中的不利因素及其对策》,《中医药导报》2005 年第 9 期。

《孙思邈医学伦理道德思想探析》,《湖南中医杂志》2005 年第 5 期。

杨志春(陕西省眉县档案馆)

～刘明德:《王焘里籍考与辨析》,《中华医史杂志》2011年第5期。

杨枝青(上海市中医文献馆)

～王春艳:《葛洪〈神仙传〉"仙方"小议》,《中医文献杂志》2018年第5期。

张晶滢、杨杏林～卓鹏伟:《基于方志文献的上海张氏内科流派传承及学术特色》,《国际中医中药杂志》2016年第1期。

～杨杏林:《新中国成立之前的上海针灸发展》,《中医文献杂志》2015年第2期。

～陈熠:《祝味菊迁沪时间考》,《中医文献杂志》2014年第6期。

毕丽娟、杨杏林～苏丽娜等:《近代上海中西医汇通运动的发展及其意义》,《中国中医药图书情报杂志》2014年第5期。

《黄元御〈素灵微蕴〉医案探微》,《中医文献杂志》2014年第2期。

招萼华、毕丽娟～:《命名必因形而生——〈医学寻源〉读后》,《中医文献杂志》2013年第6期。

～杨杏林:《上海嘉定外科双壁》,《中医文献杂志》2013年第1期。

杨杏林……张晶滢～:《20世纪前叶的上海中医药团体》,《中华医史杂志》2012年第2期。

～杨杏林:《略论陆渊雷医学思想之日本汉方医渊源》,《中华医史杂志》2011年第5期。

～毕丽娟等:《恽铁樵与陆渊雷学术观点比较》,《中华医史杂志》2010年第4期。

陈沛沛～杨杏林等:《"和而不同"与"海派中医"》,《中医药文化》2010年第1期。

《近代海派名医郭柏良临床经验浅析》,《中医文献杂志》2009年第3期。

～陈沛沛:《近代上海中医防治疫病的"海派"特色》,《中医药文化》2008年第5期。

《蒋维乔中医静坐养生法学术初探》,《中医文献杂志》2008年第4期。

杨志贤(厦门大学)

《柳宗元"脚气病"考》,《云南中医学院学报》2006年第2期。

杨志一

《祖国医学对血吸虫病的辨症与治疗》,《江西中医药》1956年第34期。

《古方权量考证及折中》,《医药之声》1948年第4、5期。

《古代药剂量名考》,《医药之声》1948年第4、5期。

《李克蕙先生小传》,《医药之声》1947年第2期。

杨智友(中国第二历史档案馆)

《1942年青海牛瘟案述评》,《中国藏学》2006年第3期。

杨柱(贵阳中医学院)

于浩～:《浅析"儒医"现象的类型及成因》,《河南师范大学学报(哲学社会科学版)》2009年第6期。

马力～:《论殷人疾病观念及其对医学发展的影响》,《南京中医药大学学报(社会科学版)》2008年第4期。

～蒋建勇:《中庸思想对〈黄帝内经〉病因病机学说的渗透和影响》,《中华中医药学刊》2007年第7期。

《酒伤病名校考》,《中国民族民间中医药杂志》2002年第1期。

杨祝庆(昆明中药厂有限公司/昆明制药集团股份有限公司)

《参苓健脾胃颗粒用北沙参和陈皮考》,《云南中医中药杂志》2018年第5期。

《〈昆81方〉对〈昆明方目〉的继承和发挥》,《云南中医中药杂志》2017年第7期。

《中成药登审与〈昆明81种成药配方目录〉修纂》,《中华医史杂志》2017年第4期。

《企业非物质文化遗产建档实践——以昆明中药厂有限公司为例》,《云南档案》2017年第3期。

《民国档案〈昆明方目〉方源初考》,《云南中医中药杂志》2017年第2期。

《〈昆明方目〉的编纂、内容特点和价值》,《中华医史杂志》2017年第1期。

《企业非物质文化遗产档案分类初探——以昆明中药厂为例》,《云南档案》2016年第3期。

《建档:民族医药非遗保护的原点》,《今日民族》2016年第3期。

《昆明西医药界对抗战的贡献》《云南日报》2015年10月18、25日007版。

《昆明中医药界对抗战的贡献》《云南日报》2015年9月13、19日007版。

《中华老字号——福林堂》,《云南档案》2015年第9期。

《近代昆明中药业的师徒传习制度》,《中华医史杂志》2015年第4期。

～胡劼:《云南中成药在重大传染病治疗中的应用》,《云南中医中药杂志》2014年第11期。

《中华老字号——昆中药》,《云南档案》2014年第10期。

《昆明地区中成药开工年代查考》,《云南中医中药杂志》2014年第2期。

《昆明地区中成药起源时间查考》,《云南中医中药杂志》2014年第1期。

《云南医药产业结构现状及优化思路》,《学术探索》2007年第2期。

《后SARS时代医疗卫生中的政府作用》,《云南财贸学院学报(社会科学版)》2007年第2期/《中国卫生产业》2006年第5期。

杨卓寅(江西中医学院)

《我国古代名医的医德医风》,《中医文献杂志》1998年第2期。

《历代名医临终遗言》,《中医文献杂志》1995年第4期。

刘晓庄～:《危亦林〈世医得效方〉骨伤科学术内容探讨》,《江西中医药》1993年第2期。

《百年树人 医林望重——记江西近代几位中医教育家》,《江西中医学院学报》1989年第1期。

《东垣老人生平考——兼对"内伤"和"新病"两个问题商榷》,《江西中医药》1988年第6期。

《地灵人杰的"盱江医学"》,《江西中医学院学报》1988年第1期。

～熊昌华:《江西历代医家著作存佚考》,《江西中医药》1984年第1期。

《解放前江西省的中医教育》,《江西中医药》1983年第6期。

《江西十大名医谱》,《江西中医药》1983年第4期;1984年第5期;1985年第3、6期;1986年第4、5、6期;1987年第3期。

杨子良

《黄帝内经之研究》,《现代中医》1935年第1期。

《内经年代考》,《现代中医》1934年第11期。

杨子明

《中华医学会会长傅连暲在首都医学专家1963年新年联欢会上的讲话(摘要)》,《中华外科杂志》2006年第1期。

杨宗红(贺州学院)

《明末清初拟话本小说疾病叙事的理学隐喻》,《明清小说研究》2013年第2期。

《明末清初拟话本小说善恶报应与社会治疗》,《沈阳大学学报(社会科学版)》2013年第1期。

姚霭园

《种痘的起源》,《民众医药丛刊》第 2 卷(1935.6)。

姚宝莹

《打开尘封的历史——北京老医院访踪·潞河医院篇》,《首都医药》2010 年第 23 期。

姚伯麟

《医药书籍恐慌的今日》,《新医药刊》1944 年第 133 期。

《中国历代产科横产逆产学说之史的观察》,《新医药刊》1940 年第 91—95 期。

《希腊医学导源于印度说》,《新医药》1935 年第 12 期;1936 年第 4 期。

《打破旧医五脏六腑谬说之鼻祖》,《医药评论》1934 年第 1 期。

《理学疗法之发明者及历史》,《诊疗医报》1932 年第 1 期。

《倒叙世界医事年代记》,《改造与医学》1920 年第 1 期。

《医学博士之考证》,《改造与医学》1920 年第 1 期。

姚昌炳(长江大学)

《论元代戏曲中的庸医形象》,《宁波广播电视大学学报》2006 年第 2 期。

姚澄(南京中医药大学常州附属医院)

《多源流视域下我国中医药政策的嬗变》,《江苏中医药》2009 年第 8 期。

姚崇新(中山大学)

《净土的向往还是现世的希冀?——中古中国药师信仰再考察》,《敦煌吐鲁番研究》第 14 卷(2014)。

《白衣观音与送子观音——观音信仰本土化演进的个案观察》,《唐研究》第 18 卷(2012)。

《唐代西州的医学与医学实践》,《浙江省敦煌学研究会会议论文集》2010 年 4 月 9 日。

《唐代西州的医学教育与医疗实践》,《文史》2010 年第 4 期。

《中外医药文化交流视域下的西州药材市场》,《文史》2009 年第 4 期。

姚纯发(襄樊市中心血站)

金仕荣~:《马王堆帛书〈脉法〉〈阴阳脉死候〉考疑》,《中医药学刊》2005 年第 2 期。

《浅谈马王堆帛书〈五十二病方〉》,《中华医史杂志》2000 年第 3 期。

姚春鹏(曲阜师范大学)

~姚丹:《象思维与六腑命名》,《中医杂志》2019 年第 22 期。

《张介宾医学自然观初探》,《中国哲学史》2019 年第 4 期。

《"大道和生学"是新哲学》,《博览群书》2019 年第 4 期。

《道家养生学与大道和生学》,《衡水学院学报》2018 年第 6 期。

~邢玉瑞:《象思维与五脏命名》,《中医杂志》2018 年第 24 期。

《儒家养生学与大道和生学》,《江苏师范大学学报(哲学社会科学版)》2018 年第 6 期。

~姚丹:《宫、舍:〈黄帝内经〉中的建筑之象》,《中国中医基础医学杂志》2016 年第 3 期。

~姚丹:《门、户、窗、牖:〈黄帝内经〉的建筑之象》,《南京中医药大学学报(社会科学版)》2015 年第 2 期。

《象思维的基本特点》,《中医杂志》2014 年第 18 期。

~姚丹:《象思维研究的主体自觉》,《太原师范学院学报(社会科学版)》2014 年第 6 期。

《和生学视野下的中医学》,《衡水学院学报》2014 年第 6 期。

～邢玉瑞:《〈黄帝内经〉的数学思维》,《中医杂志》2013 年第 16 期。

《〈庄子〉养生思想探析》,《齐鲁学刊》2012 年第 6 期。

陈德平～姚丹:《〈管子〉养生体育思想研究》,《管子学刊》2011 年第 3 期。

《理学太极动静之理与丹溪医学》,《中国哲学史》2011 年第 2 期。

～姚丹:《刘完素医易思想初探》,《周易研究》2011 年第 2 期。

～姚丹:《〈管子〉与〈黄帝内经〉》,《南京中医药大学学报(社会科学版)》2010 年第 3 期。

《〈黄帝内经〉生态医学思想略论》,《潘阳湖学刊》2010 年第 3 期。

～程旺:《易理与丹溪医学——以〈易〉解医的较早尝试》,《周易研究》2010 年第 1 期。

《文化、哲学:中医学发展的两翼》,《中医药文化》2009 年第 4 期。

《理学太极论与后期中医学基本理论的嬗变》,《周易研究》2009 年第 2 期。

《老子对〈内经〉医学思想的影响》,《南京中医药大学学报(社会科学版)》2009 年第 1 期。

《理学"理气"论与后期中医学》,《中国哲学史》2009 年第 1 期。

《老子的道论与〈内经〉》,《南京中医药大学学报(社会科学版)》2008 年第 1 期。

《理学格物致知对后期中医学发展的影响》,《中国中医基础医学杂志》2007 年第 6 期。

《鬼神、气与中医学——鬼神观衰落、气论观兴起与中医理论形成》,《太原师范学院学报(社会科学版)》2007 年第 3 期。

《张景岳太极三说之关系》,《中华医史杂志》2007 年第 3 期。

《老子认识论与〈内经〉医学认识论》,《南京中医药大学学报(社会科学版)》2007 年第 3 期。

《宋明理学理欲观与丹溪医学》,《医学与哲学(人文社会医学版)》2006 年第 11 期。

《理学鬼神观对丹溪医学的影响》,《辽宁中医药大学学报》2006 年第 6 期。

《中国传统哲学的气论自然观与中医理论体系——兼论中西医学差异的自然观基础》,《太原师范学院学报(社会科学版)》2006 年第 4 期。

《孔子的医学与养生思想》,《医学与哲学》2005 年第 8 期。

姚大怀(华东师范大学)

《再探元杂剧中的医生群像》,《语文学刊》2009 年第 19 期。

姚大勇(韩国高丽大学/复旦大学)

《〈重修政和经史证类备用本草〉在朝鲜的流传与影响》,《中医药文化》2012 年第 1 期。

《〈事林广记〉医药资料探微》,《中医药文化》2007 年第 2 期。

《放翁原本亦药翁——南宋诗人陆游与医药》,《南京中医药大学学报(社会科学版)》2001 年第 4 期。

姚帆(华中师范大学)

《近代公共卫生体系中的国家与社会——以 1918 年鼠疫为中心的考察》,《社会科学动态》2017 年第 4 期。

《近代天津澡堂业研究》,华中师范大学硕士学位论文 2018 年。

姚芳莲

《有关"金针拨内障"的史料》,《新中医药》1955 年第 12 期。

姚霏(上海师范大学)

～鞠茹:《医疗内外的社会性别——近代中国子宫癌的认知、发病与诊疗研究》,《妇女研究论丛》2018 年第 6 期。

～郑珠玲:《疾病、政治与医疗——疾病视野下的孙中山临终研究》,《史学月刊》2018年第2期。

《近代中国女子剪发运动初探(1903—1927)——以"身体"为视角的分析》,《史林》2009年第2期。

《中国女性的身体形塑研究(1870—1950)——以"身体的近代化"为中心》,《甘肃社会科学》2012年第3期。

姚海燕(上海中医药大学)

《古代巫术中的"画地"仪式源流探析》,《古籍整理研究学刊》2019年第5期。

《丹溪形象的塑造——试论其墓志与传记的不同书写》,《中医文献杂志》2019年第4期。

《帛书〈五十二病方〉中"财"字释及其他》,《中医药文化》2017年第4期。

《仓公"坐法当刑"蠡测》,《南京中医药大学学报(社会科学版)》2016年第2期。

《〈香草续校书·内经素问〉版本考述》,《中医文献杂志》2015年第1期。

《正史医事中的神异虚夸现象分析》,《南京中医药大学学报(社会科学版)》2013年第2期。

《〈导引图〉与〈引书〉的比较分析》,《中华医史杂志》2010年第5期。

《古代导引论介》,《中医药文化》2010年第1期。

《"寸关尺"命名原因探析》,《北京中医药大学学报》2009年第6期。

《王冰〈素问注〉中训诂术语的运用》,《南京中医药大学学报(社会科学版)》2009年第4期。

《历代名医从医动因分析》,《中华医史杂志》2007年第4期。

《一代才子的悲剧——唐代诗人卢照邻的疾病剖析》,《中医药文化》2007年第3期。

～孙文钟:《战国楚竹书简〈性情论〉的乐教思想与现代音乐疗法》,《中医药文化》2006年第5期。

《孟河医派兴盛原因考》,《中医药文化》2006年第1期。

姚海英(扬州大学)

《从洪迈〈夷坚志〉看宋代的医疗活动与民间行医群体》,《贵州文史丛刊》2011年第1期。

姚和清

～姚芳蔚:《从历代医学文献著作中看到眼科学的发展和改进》,《浙江中医杂志》1957年第1、2期。

姚荷生(江西中医学院)

～潘佛岩等:《命门考》,《江西中医学院学报》2010年第1期。

《优生学之今昔》,《江苏中医》1981年第12期。

《我国历史上3088个著名知识分子的寿命的统计分析》,《内经中医学院学报》1981年第3期。

姚佳音(上海中医药大学)

《〈普济方〉若干问题探讨——以脾胃相关病证为例》,《中医文献杂志》2019年第4期。

宋红普～:《〈伤寒论〉和〈金匮要略〉临证思维模式探讨》,《上海中医药杂志》2019年第1期。

～叶进:《〈普济方〉脾胃病证治特色浅析》,《中华中医药杂志》2017年第8期。

～叶进:《〈普济方〉脾胃病证药物特殊功用举隅》,《上海中医药大学学报》2017年第3期。

《宋以前煮散探析》,《中华中医药学刊》2014年第1期。

《〈类聚方〉与〈金匮要略〉对比研究》,《中华中医药学刊》2012年第1期。

《〈东医宝鉴〉引证〈金匮要略〉内容考》,《上海中医药大学学报》2011年第2期。

～叶进:《〈外台秘要〉便秘方药特色探析》,《上海中医药杂志》2011年第2期。

《从本草类医书看〈金匮要略〉》,《中医杂志》2010年S1期。

《从〈集验方〉看〈金匮要略〉》,《中华中医药学刊》2010年第6期。

叶进、张旭珍～:《〈千金方〉下利方药探析》,《中国中医基础医学杂志》2009年第3期。

姚建红（中华人民共和国卫生部）

《澳大利亚的农村医疗机构网络》，《中华全科医师杂志》2006 年第 9 期。

《澳大利亚农村地区全科医生的地位和发展》，《中国全科医学》2006 年第 9 期。

《澳大利亚全科医疗诊所的论证及对我国社区卫生服务发展的若干启示》，《中国全科医学》2006 年第 7 期。

《澳大利亚的农村卫生体制》，《中国初级卫生保健》2006 年第 7 期。

《澳大利亚的土著卫生》，《中国卫生经济》2006 年第 7 期。

范玉改～：《澳大利亚的农村公共卫生》，《中华全科医师杂志》2006 年第 7 期。

《澳大利亚的医疗保险制度》，《中国卫生经济》2006 年第 6 期。

聂春雷～冯光等：《法国的卫生服务和医疗保险体系》，《中国卫生经济》2005 年第 5 期。

姚洁敏（上海中医药大学）

黄胜娜～徐玉萍等：《〈伤寒杂病论〉枳实运用探析》，《江苏中医药》2017 年第 9 期。

《刘河间论复卦》，《中医药文化》2017 年第 5 期。

张兴、徐燕～：《〈太平圣惠方〉胸痹论治特色及创新》，《长春中医药大学学报》2017 年第 4 期。

《中医典籍〈复〉卦诠释三维度——兼论传统医学的易学方法论》，《中国哲学史》2017 年第 2 期。

李文娟、严世芸～：《中风后遗症的诸家认识暨内治述要》，《中华中医药学刊》2015 年第 9 期。

～严世芸：《"精"通天地人——〈吕氏春秋〉论"精"及其与中医学之关系》，《中医药文化》2012 年第 2 期。

～张志峰等：《晋隋唐时期"急黄"病证理法方药探析》，《中国中医基础医学杂志》2011 年第 7 期。

尚力～李明等：《理学"形而上"特征对张介宾学术理论的影响》，《上海中医药大学学报》2011 年第 5 期。

～郎卿等：《历代医家学说中的传统文化》，《中医教育》2011 年第 2 期。

～严世芸：《〈诸病源候论〉文献研究思路述评与展望》，《中华中医药学刊》2011 年第 3 期。

～严世芸：《从"丝绸之路"探晋唐医学文化交流》，《中医药文化》2011 年第 1 期。

～严世芸：《晋唐时期胸痹心痛外治疗法特色》，《上海中医药杂志》2009 年第 7 期。

姚洁琼（北京东直门医院/北京中医药大学）

～李宜放：《〈伤寒杂病论〉大小成对命名方剂探析》，《中医药导报》2016 年第 7 期。

～张帆等：《隋唐以来 10 位著名医家汗证学术思想初探》，《中医杂志》2015 年第 7 期。

～谷晓红等：《温病四大家护阴学说探析》，《中国临床医生》2013 年第 8 期。

～贺娟：《浅谈〈黄帝内经〉养生七法与中国传统文化的联系》，《环球中医药》2012 年第 7 期。

～段晓华：《浅谈〈道德经〉中的中医阴阳观》，《国际中医中药杂志》2012 年第 5 期。

姚警钟（河北医学院）

安井广迪～：《重新评价日本汉方医学——从国际上看传统医学的趋势》，《医学与哲学》1983 年第 7 期。

《从〈医心方〉看中日古代医药交流》，《中华医史杂志》1983 年第 4 期。

～谢浩然等：《试论毛泽东同志的医学思想》，《医学与哲学》1982 年第 12 期。

姚力（中国社会科学院）

《从卫生与健康事业发展看新中国 70 年的成就与经验》，《毛泽东邓小平理论研究》2019 年第

11 期。

《乡民的生命叙事与口述历史的多重价值》,《当代中国史研究》2019 年第 4 期。

《卫生工作方针的演进与健康中国战略》,《当代中国史研究》2018 年第 3 期。

《论我国新型医疗保障制度的确立及意义》,《武陵学刊》2012 年第 6 期。

《中国共产党对医疗保障制度的探索与经验》,《当代中国史研究》2011 年第 4 期。

《新中国城镇职工医疗保障制度的历史考察》,《党的文献》2010 年第 3 期。

《新时期农村合作医疗改革述论》,《当代中国史研究》2009 年第 2 期。

《"把医疗卫生工作的重点放到农村去"——毛泽东"六·二六"指示的历史考察》,《当代中国史研究》2007 年第 3 期。

姚立军(安徽财经大学)

《"金砖五国"医疗保障制度比较研究》,安徽财经大学硕士学位论文 2015 年。

姚莉莎(首都师范大学)

《1909—1937 年中华护士会在华事业初探》,首都师范大学硕士学位论文 2013 年。

姚琳(黑龙江中医药大学)

《〈全宋词〉医药文化现象研究》,黑龙江中医药大学硕士学位论文 2016 年。

姚逎舜

《日本现代医学史简述》,《浙江卫生》1946 年第 1 期。

姚斯晋(山西师范大学)

《山西推行"中西医结合"方针的历史考察(1949—1982)》,山西师范大学硕士学位论文 2014 年。

姚廷周(凤山县人民医院)

《〈伤寒论〉学术体系探讨》,《国医论坛》1993 年第 5 期。

《〈伤寒论〉词语辨释》,《中医函授通讯》1993 年第 4 期。

《谈孙思邈与〈伤寒论〉之关系——与钱超尘先生商榷》,《医古文知识》1993 年第 1 期。

《〈伤寒论〉三阴三阳实质探谜》,《国医论坛》1992 年第 6 期。

《〈内经〉发微四则》,《中医函授通讯》1991 年第 4 期。

《对〈金匮要略〉石水之认识》,《中医函授通讯》1990 年第 2 期。

《也谈〈金匮要略〉水气病篇有关水肿的病机》,《中医杂志》1988 年第 9 期。

姚同伟(中央民族大学)

《容貌至上主义:韩国女性整容文化研究》,中央民族大学硕士学位论文 2017 年。

姚伟(泸州医学院附属中医医院)

~王恩成等:《养生摄身法预防疫病历代文献研究》,《山西中医》2015 年第 4 期。

李波……刘菊容~魏嵋:《基于中医文化 多角度认识"左肝右肺"内涵》,《辽宁中医药大学学报》2014 年第 3 期。

~赵向东等:《试论晋唐、明清时期瘟疫预防外用方药的同异》,《中医杂志》2013 年第 12 期。

~赵向东等:《古代芳香药物在疫病预防中的运用》,《国医论坛》2011 年第 5 期。

姚伟钧(华中师范大学)

金相超~:《食以体道:魏晋南北朝饮食纯洁性研究》,《四川旅游学院学报》2018 年第 2 期。

《天人合一 道法自然——道教的饮食文化》,《四川旅游学院学报》2016 年第 2 期。

~罗秋雨:《食学的发展与中国饮食研究学科化道路探索》,《浙江大学学报(人文社会科学版)》

2015 年第 2 期。

《科学饮食与四季养生——以楚吴地区为例》，《四川旅游学院学报》2014 年第 6 期。

《饮食：中国传统文化的根基》，《南宁职业技术学院学报》2014 年第 4 期。

《民国时期武汉的饮食文化》，《楚雄师范学院学报》2013 年第 7 期。

《吴地饮食文化研究——兼与扬州饮食文化之比较》，《扬州大学烹饪学报》2012 年第 4 期。

《中国与东北亚饮食文化交流的历史考察及启示》，《社会科学战线》2009 年第 6 期。

《中国古代饮食文化中的饮食健康观念》，《文史知识》2007 年第 7 期。

～刘补兵：《黄河中游地区饮食文化史论略》，《湖北行政学院学报》2007 年第 5 期。

～刘补兵：《试论鄂西土家族饮食文化的特色》，《湖北民族学院学报（哲学社会科学版）》2007 年第 3 期。

《中国宗教饮食传统的形成与文化价值》，《扬州大学烹饪学报》2007 年第 2 期。

《鄂西土家族原生态饮食文化的传承与开发》，《湖北民族学院学报（哲学社会科学版）》2005 年第 3 期。

～王玲：《汉唐时期北方胡汉饮食原料之交流》，《南宁职业技术学院学报》2004 年第 3 期。

～王金国：《荆楚饮食文化论略》，《湖北经济学院学报》2004 年第 2 期。

《从中国古代社会饮食观管窥中华文明》，《阴山学刊》2003 年第 6 期。

《箸与商周进食方式》，《扬州大学烹饪学报》2002 年第 2 期。

《长江流域的地理环境与饮食文化》，《中国文化研究》2002 年第 1 期。

《中国古代饮食史研究的新开拓——评黎虎主编〈汉唐饮食文化史〉》，《中国经济史研究》2000 年第 4 期。

《中国古代文献中的饮食调配规则与方法》，《文献》2000 年第 4 期。

～王国华：《谈清江流域旅游建设中的饮食文化资源》，《长江建设》2000 年第 3 期。

《近现代长江流域饮食文化的变化轨迹及其趋向》，《商业经济与管理》2000 年第 4 期。

《商周饮食方式论略》，《浙江学刊》1999 年第 3 期。

《汉唐佛道饮食习俗初探》，《浙江学刊》1998 年第 3 期。

《满汉融合的清代宫廷饮食》，《中南民族学院学报（哲学社会科学版）》1997 年第 1 期。

《饮食生活的演变与社会转型》，《探索与争鸣》1996 年第 4 期。

《先秦饮馔技艺考论》，《文献》1996 年第 1 期。

《中国古代饮食礼俗与习俗论略》，《江汉论坛》1990 年第 8 期。

姚雯（北京中医药大学）

《哮病的古代内科文献研究与学术源流探讨》，北京中医药大学博士学位论文 2011 年。

～严季澜：《哮病病名历史源流考》，《天津中医药》2011 年第 1 期。

～严季澜：《哮病病名考辨》，《吉林中医药》2010 年第 11 期。

姚欣（南京中医药大学）

～蒋基昌：《试论近代西医中译对当今中医英译的启示》，《学术论坛》2011 年第 1 期。

姚星亮（哈尔滨工程大学）

～王文卿：《AIDS 在中国的污名化：一种政治移情的理论视角》，《云南师范大学学报（社会科学版）》2014 年第 4 期。

药学系中草药教研组

《祖国医药史上的光辉篇章——读柳宗元的诗〈种仙灵毗〉》,《北京中医学院学报》1974 年 4 月

姚艳丽(上海中医药大学)

《近代上海医疗机构发展研究》,上海中医药大学硕士学位论文 2012 年。

～陈丽云等:《清末医家周雪樵医事活动及其中西医汇通探索》,《中医文献杂志》2011 年第 2 期。

姚英(洛阳理工学院)

《从隋唐到明清时期孙思邈思想的发掘研究》,《洛阳理工学院学报(社会科学版)》2009 年第 6 期。

《孙思邈在唐代的医学声誉研究》,《洛阳师范学院学报》2009 年第 4 期。

《宋代政府治理与医学发展》,《鸡西大学学报》2009 年第 4 期。

姚永政

～孙志成:《黑热病历史之回顾》,《中华医学杂志》1935 年第 12 期。

姚有涛

《我国最早的医药书刊》,《解放日报》1963 年 10 月 13 日。

姚宇(中国社会科学院)

《控费机制与我国公立医院的运行逻辑》,《中国社会科学》2014 年第 12 期。

杜创、朱恒鹏～:《乡村医生职业发展动力不足》,《中国医院院长》2012 年第 15 期。

杜创、朱恒鹏～:《乡村医生能力与需求错位》,《中国医院院长》2012 年第 14 期。

～张雪梅:《从生殖健康角度看女性乡—城迁移工人的生活风险》,《开放导报》2012 年第 1 期。

姚远(西北大学)

战涛～:《〈祷告药皇誓疏〉:中国版希波克拉底誓言初探》,《中华医史杂志》2018 年第 6 期。

张冰……王建华～:《〈西医新报〉的编辑出版及其对西医学传播的影响》,《中华医史杂志》2018 年第 2 期。

～牛亚华等:《再论〈吴医汇讲〉为中国期刊的肇端》,《编辑学报》2016 年第 4 期。

～陈浩元:《〈吴医汇讲〉:中国第一份中文期刊》,《编辑学报》2015 年第 4 期。

谭秀荣～张必胜:《〈国立贵阳医学院院刊〉办刊特色及其科学传播意义》,《中国科技期刊研究》2014 年第 1 期。

谭秀荣～:《〈国立湘雅医学院院刊〉及其编辑传播策略》,《编辑学报》2013 年第 2 期。

《独树一帜的毒理科学发展史研究与探索——评史志诚教授新作〈毒物简史〉》,《西北大学学报(自然科学版)》2012 年第 4 期。

李楠～:《〈博物学会杂志〉与其生物学知识传播》,《中国科技期刊研究》2011 年第 6 期。

王睿～姚树峰等:《晚清〈利济学堂报〉的科技传播创造——兼论我国高校专业科技期刊的起源》,《编辑学报》2008 年第 3 期。

王睿～:《近现代陕西医学期刊的起源和发展》,《河北农业大学学报(农林教育)》2005 年第 4 期。

王睿、井小梅:《我国医学教育的开山之刊〈医育〉》,《编辑学报》2002 年第 5 期。

姚泽麟(华东师范大学/香港中文大学/北京大学)

《医生职业:自主性与社会控制间的博弈》,《中国医院院长》2018 年第 24 期。

～寇静媛:《国家治理视角下的医生媒介形象变迁——以 1949—2014 年〈人民日报〉的相关报道为基础》,《社会科学》2018 年第 12 期。

《医疗体制改革背景下的医学社会学研究》,《中国社会科学报》2017 年 12 月 27 日 005 版。

《何以破解初级医疗服务的"倒金字塔"困境——以医生职业为中心的考察》,《探索与争鸣》2017年第8期。

《国家控制与医生临床自主性的滥用》,《社会科学文摘》2017年第4期。

《国家控制与医生临床自主性的滥用对公立医院医生执业行为的分析》,《社会》2017年第2期。

～赵皓玥等:《医疗领域的暴力维权及其治理——基于2002—2015年媒体报道的内容分析》,《社会建设》2017年第1期。

《改革开放以来医疗服务的责任私人化与医患关系的恶化》,《东南大学学报(哲学社会科学版)》2017年第1期。

《责任转移、畸形信任与边缘生存——"莆田系"背后的制度根源》,《文化纵横》2016年第4期。

《政府职能与分级诊疗——"制度嵌入性"视角的历史总结》,《公共管理学报》2016年第3期。

《行政、市场与职业:城市分级诊疗的三种治理模式及其实践》,《社会科学》2016年第6期。

《医改困局:政府撤退后的无序就医自由》,《文化纵横》2015年第5期。

《近代以来中国医生职业与国家关系的演变——一种职业社会学的解释》,《社会学研究》2015年第3期。

《经济行动中的文化机制——解读陈纯菁的〈营销死亡:文化与中国人寿保险市场的形成〉》,《社会发展研究》2015年第2期。

《"工具性"色彩的淡化:一种新健康观的生成与实践——以绍兴醴村为例》,《社会》2010年第1期。

《"工具性"色彩的淡化:一种"新健康观"的生成与实践》,北京大学硕士学位论文2008年。

姚正曙(池州师范专科学校)

《驱鬼逐疫:一种古老的民众运动健康观》,《体育文史》1999年第4期。

姚志坚(安徽中医学院)

《新安医家汪机学术思想浅探》,《中医药临床杂志》2010年第2期。

叶爱娇(温州市第二人民医院)

《降糖药发现过程回顾》,《中华医史杂志》2009年第4期。

叶春雨(吉林大学)

《奥巴马政府医疗保险制度改革分析》,吉林大学硕士学位论文2014年。

叶冬青(安徽医科大学)

王军平……吴俊～:《精神卫生的先驱:菲利普·皮内尔》,《中华疾病控制杂志》2019年第12期。

廖涛、吴俊～:《美国公共卫生的领路人:爱德华·贾维斯》,《中华疾病控制杂志》2019年第11期。

吴俊～:《新中国公共卫生实践辉煌70年》,《中华疾病控制杂志》2019年第10期。

毛艳梅……潘海峰～:《博学载医,赤心爱国——纪念鼠疫斗士和中国公共卫生先驱伍连德》,《中华疾病控制杂志》2019年第8期。

夏元睿、吴俊～:《泊松分布与概率论的发展——西蒙·丹尼尔·泊松》,《中华疾病控制杂志》2019年第7期。

李清茹、吴俊～:《流行病学的拾砖者——丹尼尔·伯努利》,《中华疾病控制杂志》2019年第6期。

包玉清、吴俊～:《分析概率论先驱——皮埃尔·西蒙·拉普拉斯》,《中华疾病控制杂志》2019年第5期。

邓利君、吴俊～:《美国〈大都市卫生法案〉推动者:斯蒂芬·史密斯》,《中华疾病控制杂志》2019年第 3 期。

王军平、吴俊～：《结核病疫情自愿报告制度的建立者：阿瑟·纽肖尔姆》，《中华疾病控制杂志》2019 年第 2 期。

过恒升、吴俊～：《霍普金斯大学公共卫生学院创始人：威廉亨利·韦尔奇》，《中华疾病控制杂志》2019 年第 1 期。

夏元睿、吴俊～：《数理统计学理论的奠基人——卡尔·皮尔逊》，《中华疾病控制杂志》2018 年第 11 期。

李清茹、吴俊～：《相关和回归分析的创始人：弗朗西斯·高尔顿》，《中华疾病控制杂志》2018 年第 9 期。

陈啸、吴俊～：《随机临床试验的先驱：奥斯汀·布拉德福德·希尔》，《中华疾病控制杂志》2018 年第 8 期。

张雨阳……吴俊～：《多元统计学的开创者：乔治·乌德尼·尤尔》，《中华疾病控制杂志》2018 年第 7 期。

赵玉兰……钱柳玉～：《英国公共卫生运动的领导者：约翰·西蒙》，《中华疾病控制杂志》2018 年第 6 期。

郭刘闰南、吴俊～：《维也纳临床流行病学对比思想的传播者：约瑟夫·斯柯达》，《中华疾病控制杂志》2018 年第 5 期。

张明月……吴俊～：《具有古典医学思想的现代流行病学家：威廉·巴德》，《中华疾病控制杂志》2018 年第 4 期。

李宝珠、张倩玉～：《流行病和统计学的先驱：威廉·奥古斯特·盖伊》，《中华疾病控制杂志》2018 年第 3 期。

吴俊、钱柳玉～：《现代流行病学创始人：威廉·法尔》，《中华疾病控制杂志》2018 年第 2 期。

李文先～周晓磊：《美国公共卫生教育委员会与公共卫生学位和研究生教育》，《中华疾病控制杂志》2009 年第 6 期。

李文先～：《中、美公共卫生专业研究生教育培养方式的比较研究》，《中华疾病控制杂志》2009 年第 5 期。

～查震球：《我国突发公共卫生事件的新特点与应对新策略》，《中华疾病控制杂志》2009 年第 1 期。

叶发正（湖北省中医药研究院）

《汤辅康学术思想及临床经验简介》，《新中医》1990 年第 9 期。

《中国早期中医杂志——〈神州医药学报〉简介》，《上海中医药杂志》1990 年第 2 期。

《〈医门补要〉评介》，《江苏中医》1988 年第 7 期。

《钱远铭学术思想及医疗经验简介》，《新中医》1985 年第 11 期。

叶芳圃

《美国医学博士嘉约翰先生传》，《医学卫生报》1908 年第 4 期。

叶福林（上海交通大学医学院）

～高哲：《红军长征中的医疗卫生工作》，《上海党史与党建》2016 年第 1 期。

叶干运（中国医学科学院）

《忆建所初期的男女分诊制》，《中国麻风皮肤病杂志》2006 年第 7 期。

邵长庚～：《从淋病在我国历史中的记载浅谈其防治》，《中国性科学》2006 年第 2 期。

《忆世界卫生组织首次派麻风病考察组访华》，《中国麻风皮肤病杂志》2004 年第 3 期。

《记我国首次全国麻风防治会议在济南召开》，《中国麻风皮肤病杂志》2004 年第 1 期。

《我国首次由外国专家主讲的麻风医师进修班》，《中国麻风皮肤病杂志》2002 年第 4 期。

《50 年前一支防治性病的医疗队》，《中国麻风皮肤病杂志》2002 年第 3 期。

《忆往事——记北京封闭妓院，为妓女诊治性病》，《中国麻风皮肤病杂志》2001 年第 3 期。

王光超～陈锡唐等：《新中国皮肤病学奠基人之一——胡传揆教授》，《中国麻风皮肤病杂志》2000 年第 2 期。

陈祥生……江澄～：《1949—1997 年中国麻风流行趋势分析》，《疾病监测》1999 年第 8 期。

《马海德博士——新中国卫生事业的先驱》，《中国麻风皮肤病杂志》1999 年第 3 期。

《怀念美籍华裔麻风病学专家张耀德教授》，《中国麻风皮肤病杂志》1999 年第 2 期。

～江澄：《麻风病社会医学及其研究进展》，《中国社会医学》1989 年第 1 期。

《梅毒与淋病的国际命名》，《国外医学.皮肤病学分册》1988 年第 3 期。

叶恭绍

《近 50 年来中国儿童身体发育调查工作综述》，《中华卫生杂志》1958 年第 1 期。

叶佳威

《红色医生的摇篮——从"红军卫生学校"到"中国医科大学"》，《党史纵横》2003 年第 5 期。

叶剑辉（广州中医药大学）

《〈全唐诗〉医药史料的初步研究》，广州中医药大学硕士学位论文 2008 年。

叶进（上海中医药大学）

李路广～：《〈伤寒杂病论〉饮食辨治思想探析》，《中国中医急症》2019 年第 7 期。

王春颖～：《近二十年对民国时期医家研究〈伤寒论〉状况之概述》，《中医文献杂志》2019 年第 4 期。

王春颖～：《〈内外伤辨惑论〉风药应用新探》，《中医文献杂志》2019 年第 2 期。

徐春巍、陆瑞峰～：《金匮要略论注》简析》，《中医文献杂志》2019 年第 1 期。

李路广～：《晚清民国时期沪上冬令食疗食养思想探析》，《中医药文化》2018 年第 5 期。

周敏～：《汉唐时期中医肾虚概念的历史演变》，《中华中医药杂志》2018 年第 5 期。

徐春巍～：《〈金匮要略〉中温法运用之常与变》，《中华中医药杂志》2018 年第 1 期。

姚佳音～：《〈普济方〉脾胃病证治特色浅析》，《中华中医药杂志》2017 年第 8 期。

周敏～：《日本综合食物本草学专著〈庖厨备用倭名本草〉》，《中华医史杂志》2017 年第 6 期。

《纵观鲁迅与中医》，《中医药文化》2017 年第 4 期。

姚佳音～：《〈普济方〉脾胃病证药物特殊功用举隅》，《上海中医药大学学报》2017 年第 3 期。

鲍健欣、袁久林～：《浅析清代医家对噎膈的认识》，《上海中医药大学学报》2017 年第 1 期。

鲍健欣～：《略论明代中医医案的成就及影响》，《中医杂志》2014 年第 22 期。

陈涧昱～：《魏晋南北朝医学研究纵览》，《辽宁中医药大学学报》2013 年第 10 期。

蔡芳霓～：《〈丁甘仁医案〉调治脾胃病特色浅析》，《上海中医药杂志》2013 年第 6 期。

陈涧昱～：《〈素问〉"隐曲"词义新探》，《辽宁中医药大学学报》2013 年第 5 期。

程磐基～：《东汉衡器量值刍议——东汉经方药物剂量再探讨》，《上海中医药杂志》2012 年第 7 期。

程磐基～：《〈本草经集注〉药物剂量探讨》，《中医杂志》2012 年第 9 期。

宋莹～:《〈临证指南医案〉调治脾胃病证方药研究》,《上海中医药大学学报》2011年第4期。

封舟～:《秦汉前"治未病"思想源流考》,《上海中医药杂志》2011年第7期。

姚佳音～:《〈外台秘要〉便秘方药特色探析》,《上海中医药杂志》2011年第2期。

李文君～:《张从正论治脾胃经验浅谈》,《陕西中医》2010年第1期。

～张旭珍等:《〈千金方〉下利方药探析》,《中国中医基础医学杂志》2009年第3期。

《明清医家治疗传染病经验浅探》,《时珍国医国药》2007年第9期。

《仲景用人参调治脾胃的配伍规律探析》,《时珍国医国药》2006年第8期。

～沈庆法:《张仲景从调治脾胃治疗诸脏病浅析》,《中国医药学报》2003年第8期。

《〈金匮〉奔豚气病纵览》,《上海中医药大学学报》2002年第4期。

～沈庆法:《仲景方中草姜枣配伍规律评析》,《中医药学刊》2002年第4期。

～沈庆法:《近二十年对仲景健脾法(方药)的文献研究概况》,《上海中医药大学学报》2001年第4期。

《〈金匮〉治疗思想研究》,《上海中医药大学学报》2000年第3期。

～张再良等:《〈金匮〉利尿类方研究》,《上海中医药杂志》1997年第4期。

《历代医家对百合病病因的认识》,《成都中医学院学报》1994年第2期。

《冶金防痨》杂志编辑部

《中国结核病学发展史(初稿)》,《冶金防痨》1996年第2期。

叶劲秋

《许叔微本事》,《医学史与保健组织》1957年第4期。

《叶天士之研究》,《中西医药》1947年第33—37期。

～耿鉴庭:《外治之宗吴尚先》,《医史杂志》1947年第1期。

《叶天士传》,《华西医药杂志》1946年第3期。

《针刺述古》,《国药新声》1939年第8期。

《李鸿章之卫生谈》,《中医世界》1936年第5期。

《中医灌肠考》,《光华医药杂志》1934年第3—5期。

《统一病名感言》,《医学杂志》第73期(1933)。

～朱寿鹏:《国医统一病名问题》,《医学杂志》第73期(1933)。

附:恽铁樵:《对于统一病名建议书之商榷》,《医学杂志》第73期(1933)。

翟冷仙等:《为统一病名建议书之意见》,《医学杂志》第73期(1933)。

章太炎:《对于统一病名建议书》,《医学杂志》第73期(1933)。

叶橘泉(南京中医学院)

《中医食疗史文献考》,《中医杂志》1985年第3期。

～译:《中医学骨干——"方"与"证"的研究》,《中医杂志》1956年第7、8期。

《祖国的医疗体育——气功疗法》,《江苏中医》1956年第1期。

《祖国医学发展史上的辉煌成就》,《江西中医药》1955年第4期。

《合学理的眼病古方》,《铁樵医学月刊》1934年第5期。

叶俊(渤海大学)

《大众媒介与健康教育的互动机制研究》,渤海大学硕士学位论文2013年。

叶俊（苏州大学）

《我国基本医疗卫生制度改革研究》，苏州大学博士学位论文2016年。

～葛建一：《公共医疗卫生体制改革的逻辑与导向》，《行政论坛》2016年第3期/《社会科学文摘》2016年第6期。

《城镇化建设对省域基本医疗卫生服务均等化的影响——以中部六省数据为例》，《中南财经政法大学学报》2016年第1期。

《三级医院医患沟通体系建设研究》，苏州大学硕士学位论文2013年。

～王俊华：《协同理论视角下我国食品安全监管机制研究》，《中国卫生事业管理》2012年第7期。

黄岩……种波～柏雪等：《我国食品安全监管格局的历史沿革与现状分析》，《中国初级卫生保健》2012年第6期。

《社区卫生服务机构建设现状、存在问题及对策研究——以温州市瓯海区为例》，《中国初级卫生保健》2012年第4期。

《新型农村合作医疗家庭账户参保动机经济学分析》，《卫生软科学》2011年第8期。

叶君健

《草地上的医生——李贡》，《健康报》1960年1月13日。

叶科（江西师范大学）

《民国时期学校卫生教育研究——以浙江公立中小学为例（1927—1937）》，浙江师范大学硕士学位论文2010年。

叶兰兰（安徽大学）

《中医形象的媒介呈现——以〈安徽日报〉、〈安徽商报〉为例》，安徽大学硕士学位论文2016年。

叶乐乐（兰州大学/复旦大学）

《国家在场与卫生管理：拉姆齐的国家医学观念》，《浙江学刊》2018年第4期。

《英国国家医学时代的医生与强制性天花免疫制度》，《经济社会史评论》2018年第3期。

《英国公共卫生改革背景下窗户税的废除》，《历史教学（下半月刊）》2016年第8期。

叶磊（河南中医学院）

周鸿飞～：《简牍制度对中医经典著作行文风格的影响》，《中华医史杂志》2016年第4期。

《论华佗的一则医案》，《兰台世界》2015年第5期。

～韦大文：《名医奇士何鸿舫》，《中医学报》2012年第5期。

《李柽名籍考释》，《中华医史杂志》2011年第3期。

《岐伯司职及里籍考》，《中医学报》2011年第1期。

崔姗姗～：《〈冷庐医话〉学术价值探析》，《河南中医学院学报》2009年第1期。

《关于〈吕氏春秋·本生篇〉几个问题的探析》，《辽宁中医学院学报》2003年第3期。

叶林（北京交通大学）

《中国与印度制药业专利保护立法比较研究》，北京交通大学硕士学位论文2013年。

叶龙吉（台湾高雄医学大学）

《男同志精神医疗就医经验主体叙说》，高雄医学大学硕士学位论文2015年。

叶龙彦

《台湾光复初期卫生行政组织之沿革》，《台北文献》第103期（1993）。

《台湾光复初期的防疫工作（1945—1949）》，《台北文献》第100期（1992）。

《台湾光复初期的卫生保健工作（1945—1949）》，《台北文献》第 42 卷第 3 期（1991）。

叶茂（武汉大学）

《美国儿童健康保险制度及其改革趋势》，《湖北社会科学》2008 年第 10 期。

叶敏瑞（兰溪市中医院）

《〈脾胃论〉"扶阳助土"用药特点》，《四川中医》1997 年第 12 期。

叶明花（江西中医药大学/江西中医学院/北京中医药大学）

郑江明～黎美娟：《产后抑郁禁忌探讨》，《江西中医药大学学报》2019 年第 4 期。

蒋力生～：《中医"治未病"的文化意蕴探论》，《中华中医药杂志》2018 年第 12 期。

～蒋力生：《当代名老中医养生的共同特点》，《中华中医药杂志》2018 年第 12 期。

马玉铃、蒋力生～曹征等：《四物汤临床应用文献小考》，《江西中医药》2018 年第 5 期。

秦晓剑～：《万全小儿养护思想探析》，《亚太传统医药》2018 年第 5 期。

～蒋力生：《中医"治未病"意义阐论》，《中医杂志》2017 年第 2 期。

～蒋力生：《道家养生智慧阐论》，《中国宗教》2017 年第 1 期。

～蒋力生：《王冰次注〈素问〉小考》，《中医文献杂志》2016 年第 6 期。

～蒋力生：《黎民寿脉学思想述要》，《新中医》2016 年第 12 期。

～蒋力生：《朱权以道养生思想简论》，《中国道教》2015 年第 2 期。

～蒋力生：《黎民寿脉神论及其学术影响阐要》，《中医药通报》2015 年第 1 期。

～蒋力生：《〈玉函经〉撰注考》，《江西中医药》2014 年第 12 期。

～蒋力生：《〈呼吸静功妙诀〉：敦煌文书中的呼吸静功文献》，《中国道教》2013 年第 6 期。

曹征、王河宝～：《明代元气论》，《江西中医学院学报》2011 年第 3 期。

《朱权刊刻〈神应经〉考辨》，《江西中医学院学报》2010 年第 6 期。

～蒋力生：《朱权〈救命索〉内丹思想初探》，《中国道教》2010 年第 4 期。

《朱权医药养生文献研究》，北京中医药大学博士学位论文 2009 年。

～蒋力生：《朱权中和养生观阐论》，《中国中医基础医学杂志》2009 年第 7 期。

～蒋力生：《宁王朱权著作分类述录》，《江西中医学院学报》2009 年第 6 期。

～蒋力生：《宁王朱权著述考》，《江西中医学院学报》2009 年第 5 期。

～蒋力生：《朱权神隐养生观阐论》，《上海中医药杂志》2009 年第 4 期。

～蒋力生：《朱权医药养生著作考述》，《江西中医学院学报》2009 年第 1 期。

《陆游南昌纪病诗考》，《中华医史杂志》2004 年第 1 期。

叶明柱（上海市长宁区江苏街道社区卫生服务中心/长宁区武夷地段医院）

胡追成～杨文彩：《厥阴俞考源及功用析疑》，《山东中医药大学学报》2019 年第 5 期。

方超君～：《张崇一与〈针灸易学新法〉》，《中国民间疗法》2019 年第 3 期。

～胡追成：《民国针灸医家对"穴性"的认识》，《中医文献杂志》2019 年第 2、3 期。

～胡追成：《"颈夹脊"源流考略》，《上海针灸杂志》2016 年第 12 期。

～冯禾昌：《再谈阿是穴的命名》，《天津中医药大学学报》2014 年第 1 期。

～冯禾昌：《"巨刺"命名再释》，《上海针灸杂志》2013 年第 3 期。

《"王遗乌衔"考释》，《上海针灸杂志》2011 年第 9 期。

～汤慧仙：《汤颂延和"汤氏头针疗法"》，《中医文献杂志》2010 年第 2 期。

～冯禾昌:《华佗夹脊穴源流考略》,《上海针灸杂志》2009 年第 8 期。

～杨文彩:《"经外奇穴"小议》,《上海针灸杂志》2009 年第 2 期。

～冯禾昌:《捻转针法起源考》,《中国针灸》2005 年第 4 期。

叶农(暨南大学)

《新教传教士与西医术的引进初探——〈中国丛报〉资料析》,《广东史志》2002 年第 3 期。

《英美人士 19 世纪上半叶在粤港澳地区从事医疗活动概述》,程国斌主编《历史文献与传统文化》(第八辑)(南昌:江西教育出版社 2001 年)。

叶浓新(南宁市文管会)

《马头古墓出土铜针为医具论试证——兼论壮族先民的针灸疗法》,《广西民族研究》1986 年第 3 期。

叶谦(中国科学院)

《全球环境变化与人体健康》,《气候与环境研究》1999 年第 1 期。

叶千运(中国医学科学院)

《建国初期中苏专家对梅毒治疗方案的争执》,《中国麻风皮肤病杂志》2009 年第 7 期。

《50 年前一支防治性病的医疗队》,《中国麻风皮肤病杂志》2002 年第 3 期。

《回顾与展望:纪念本刊创刊 30 周年》,《国外医学.皮肤性病学分册》1994 年第 1 期。

叶青(北京中医药大学)

～吴青等:《从拔罐奥运报道看中美新闻媒体对中医药的评价取向》,《中医药导报》2017 年第 7 期。

～吴青:《美国新闻媒体对中医药报道现状分析与主题词研究》,《环球中医药》2014 年第 8 期。

叶清(宁波大学)

《赤脚医生与农村医疗卫生事业变迁(1968—1985)——以浙江鄞县为考察中心》,宁波大学硕士学位论文 2012 年。

叶庆莲(广西中医学院)

穆建军、蒋昱伊～:《〈神农本草经〉下法对后世的影响》,《实用中医内科杂志》2008 年第 11 期。

孙榕～:《〈内经〉和法的重要特点——自和》,《江苏中医药》2008 年第 10 期。

《〈内经〉和法的含义及其分类初探》,《中国中医基础医学杂志》2008 年第 8 期。

《壮医瘴病探源》,《中国民族医药杂志》2007 年第 4 期。

《阴阳理论与〈内经〉十二经脉命名初探》,《河南中医》2007 年第 3 期。

《〈内经〉地理医学思想探要》,《中国中医基础医学杂志》2003 年第 6 期。

《〈黄帝内经〉地理医学思想研》,《山东中医药大学学报》2002 年第 4 期。

《〈内经〉热病诊治特色探要》,《上海中医药杂志》1998 年第 12 期。

《略论〈内经〉热病的诊治特点》,《高等中医教育研究》1995 年第 1 期。

蒙木荣～:《评"病诸内必形诸外"》,《北京中医》1991 年第 5 期。

《近代医家刘民叔与〈素问痿论释难〉》,《四川中医》1991 年第 1 期。

叶少武(梧州市人民医院)

《新加坡医疗保障制度公平性研究》,《广西社会科学》2010 年第 11 期。

叶舒宪(海南大学)

《文学治疗的原理及实践》,《文艺研究》1998 年第 6 期。

《文学与治疗——关于文学功能的人类学研究》,《中国比较文学》1998 年第 2 期。

叶颂熙

《麻醉医学史》,《当代医学》第13期(1974.11)。

Félix Marti-Ibanez ～:《二十世纪的医学》,《当代医学》第12期(1974.10)。

Félix Marti-Ibanez ～:《百家争鸣——十九世纪的医学》,《当代医学》第11期(1974.9)。

Félix Marti-Ibanez ～:《巴洛克时代的医学》,《当代医学》第9期(1974.7)。

Félix Marti-Ibanez ～:《文艺复兴时期的医学》,《当代医学》第8期(1974.6)。

Félix Marti-Ibanez ～:《教会医学与大学医学》,《当代医学》第7期(1974.5)。

Félix Marti-Ibanez ～:《东罗马帝国的医学》,《当代医学》第5期(1974.3)。

《史前时代的巫术医学》,《当代医学》第1期(1973.11)。

叶显纯(上海中医药大学/上海中医学院)

《〈医方考〉剖析》,《上海中医药杂志》2007年第11期。

《方源刍议》,《上海中医药大学学报》2006年第4期。

《〈神农本草经〉初探》,《中医文献杂志》2004年第2、3期。

《试论李时珍临床用药成就》,《上海中医药大学学报》1999年第2期。

《中华药文化的历史概况》,《上海中医药大学上海市中医药研究院学报》1997年第2期;1998年第1期。

《〈医方集解〉初探》,《成都中医学院学报》1984年第3期。

《〈太平惠民和剂局方〉初探》,《中成药研究》1980年第6期。

张赞臣、孙式庵～:《谢立恒先生的医学经验简介》,《上海中医药杂志》1964年第10期。

《祖国妇产科学的成就》,《新中医药》1956年第8期。

张赞臣～:《中医外科的发展》,《中华医史杂志》1955年第3期。

叶险峰(河南中医学院)

～李成文等:《宋金元时期轻灸重针转折因素浅析》,《中国针灸》2009年第9期。

～李成文等:《徐灵胎针灸思想探讨》,《中国中医基础医学杂志》2007年第7期。

～李成文等:《宋代社会背景对针灸学的影响》,《中国针灸》2007年第1期。

叶笑(中国中医科学院)

《百年中医妇科发展史研究》,中国中医科学院硕士学位论文2014年。

叶晓锋(温州大学)

～陈永霖:《从丝绸之路语言接触的角度看先秦部分医学词语的来源——以"扁鹊"、"痹"、"达"等词语为例》,《民族语文》2018年第1期。

陈永霖～:《认知哲学视域下的"风病"观念语源探究》,《医学争鸣》2017年第2期。

叶晓青

～许立言:《清末中西医学研究会》,《中国科技史料》1981年第2期。

叶欣(武汉大学)

《基于人际传播的医患关系建构过程研究——以中美医患对话比较为例》,武汉大学博士学位论文2015年。

叶新苗(浙江中医药大学/浙江中医学院)

陈银……黄雪莲～:《"提壶揭盖"法源流及其应用论析》,《浙江中西医结合杂志》2019年第7期。

段玉新～:《清代名医赵晴初用药特色浅析》,《中华中医药杂志》2019年第7期。

周惠斌～:《论胡宝书〈药性探源〉》,《山西中医学院学报》2015 年第 4 期。

路飞～:《〈竹林女科证治〉不孕不育症的论治思想探析》,《中国中医药杂志》2015 年第 4 期。

黄雪莲～:《清代名医赵晴初诊疗特点浅述》,《中国中医急症》2014 年第 5 期。

翁靖～:《赵晴初治疗头风病学术经验论析》,《中国中医急症》2014 年第 2 期。

施仁潮～段玉新等:《〈叶氏女科证治〉学术特色举要》,《中国现代医生》2013 年第 22 期。

黄雪莲～:《浅述清代名医赵晴初生平与学术传承》,《浙江中医药大学学报》2013 年第 5 期。

徐小玉～:《张景岳对命门学说的贡献》,《辽宁中医药大学学报》2011 年第 8 期。

《论中医人才培养与钱塘医派的教育创新》,《中医教育》2010 年第 2 期。

《论绍派伤寒的学术创新与薪传》,《浙江中医药大学学报》2009 年第 5 期。

《论章次公〈药物学〉》,《中华医史杂志》2004 年第 1 期。

《明清时期的中医骨伤科文献介绍》,《浙江中医学院学报》2002 年第 2 期。

《宋金元时期的中医骨伤科文献概论》,《浙江中医学院学报》2001 年第 5 期。

《唐以前中医骨伤科文献概论》,《浙江中医学院学报》2001 年第 1 期。

～王伯舜:《中医近代发展史的启迪》,《浙江中医杂志》2000 年第 12 期。

《中医学近现代发展的探索与研究》,《中国医药学报》2000 年第 4 期。

～唐云:《中医阴阳学说源流研究》,《浙江中医学院学报》1999 年第 2 期。

《试论〈南阳活人书〉的诊断特色》,《浙江中医杂志》1996 年第 8 期。

～包锦昌:《简析中医发展迟缓的原因》,《浙江中医学院学报》1995 年第 1 期。

叶心铭

《王清任氏之医学思想及其方剂》,《江西中医药》1955 年第 26 期。

叶续源

《我国第一间公立学校:源远流长的军医学校(国防医学院前身)》,《源远季刊》第 23 期(2007)。

叶艳灵(杭州师范大学)

《民国时期杭州公共卫生事业研究》,杭州师范大学硕士学位论文 2012 年。

叶衍庆(上海市伤科研究所)

《对祖国医学伤科手法的体会》,《天津医药杂志》1962 年第 5 期。

《祖国正骨科的科学成就》,《中华外科杂志》1957 年第 2 期。

耶叶夫斯卡亚

《苏联药政事业和医学工业发展史》,《河北卫生》1951 年第 7 期。

叶荫聪

《一个卫生城市的诞生:香港早期公共房屋的殖民建构》,《城市与设计学报》第 13—14 期(2003)。

叶永文(台湾国防医学院/中山医学大学)

《台湾医学教育的转型:从日治时期到 1950 年代》,《人文社会与医疗学刊》第 5 期(2018.5)。

《刘瑞恒与近代中国美式化医学发展》,《人文社会与医疗学刊》第 4 期(2017.5)。

《国防医学历史发展的分期定位》,《人文社会与医疗学刊》第 2 期(2015.5)。

《台湾军医发展的美式化》,《台湾医学人文学刊》第 14 卷第 1—2 期(2013.12)。

《医病关系:一种信任问题的考察》,《台湾医学人文学刊》第 13 卷第 1&2 期(2012.12)。

《台湾战后初期的中医医政发展:一种延续与断裂关系带分析》,《台湾医学人文学刊》第 12 卷第 1&2 期(2011.5)。

《科学化? 西医化? 台湾中医发展的医政分析》,《社会分析》第 1 期(2011.8)。

《医学与社会学的交锋——中山医学大学医社系》,《台湾社会学会通讯》第 69 期(2010.8)。

《台湾日治时期的中医发展与困境》,《台湾中医医学杂志》第 5 卷第 2 期(2007.3)。

《国府大陆时期的中医发展与困境》,《台湾中医科学杂志》第 2 卷第 1 期(2007.3)。

《台湾民主化时期的中医医政发展》,《台湾医学人文学刊》第 8 卷第 1—2 期(2007.7)。

《台湾医疗社会的文明化历程:一种"医政关系"的统合主义分析》,《台湾医学人文学刊》第 7 卷第 1—2 期(2006.6)。

《日治前的台湾医政关系概说》,《台湾医学人文学刊》第 6 卷第 1—2 期(2005.9)。

《论 1970—80 年代台湾医政关系——一种统治观点的析评》,《思与言》第 42 卷第 3 期(2004.9)。

《战后台湾的医政关系(1945—1975)弱势统治与强势统治的分析》,《社会政策与社会工作》第 8 卷第 2 期(2004.12)。

《日据时代台湾的医政关系》,《台湾医学人文学刊》第 4 卷第 1—2 期(2003.5)。

叶又新(山东省工艺美术研究所)

《神医画像石刻考》,《山东中医学院学报》1986 年第 4 期。

《早期锥形砭石——砭石形制试探之二》,《山东中医学院学报》1986 年第 1 期。

《端午节物艾虎》,《民俗研究》1986 年第 1 期。

《试释东汉画象石上刻划的医针——兼探九针形成过程》,《山东中医学院学报》1981 年第 3 期。

《锥形砭石——砭石形制试探之一》,《中华医史杂志》1980 年第 2 期。

叶煜培(台湾暨南大学)

《信仰与医疗:菲律宾 Mariveles 地区信仰疗法之探讨》,暨南大学硕士学位论文 2009 年。

叶振森(温州市疾病预防控制中心/安徽医科大学)

~王大勇等:《温州市 15—24 岁青年学生艾滋病流行特征及相关知识行为调查分析》,《实用预防医学》2019 年第 11 期。

~陈晟等:《温州市 ≥60 岁 HIV/AIDS 病例行为特征和感染来源》,《中国艾滋病性病》2019 年第 10 期。

赵丽娜、王大勇~苏德华等:《2013—2017 年温州市报告 15 岁以上女性 HIV/AIDS 病例流行病学特征分析》,《实用预防医学》2019 年第 5 期。

张鹤美……赵丽娜~苏德华等:《温州市 2006—2015 年男男性行为 HIV/AIDS 病例时空分布特征》,《中国卫生统计》2018 年第 5 期。

~王大勇等:《2012—2016 年温州市 50 岁及以上艾滋病病毒感染者/艾滋病患者流行特征分析》,《现代预防医学》2018 年第 5 期。

~金茜等:《1985—2016 年温州市 HIV 感染者和病人死亡情况分析》,《实用预防医学》2018 年第 1 期。

~金茜等:《1985—2016 年浙江省温州市艾滋病病毒感染者/艾滋病患者生存时间及影响因素分析》,《疾病监测》2017 年第 7 期。

~秦侠:《温州市 1988—2015 年青少年 HIV/AIDS 流行病学特征》,《中国学校卫生》2016 年第 9 期。

~王大勇等:《浙江省温州市男男性行为人群艾滋病流行状况及影响因素分析》,《疾病监测》2015 年第 3 期。

苏德华……陈向阳~汪若秋等:《2005—2013 年浙江省温州市艾滋病免费抗病毒治疗患者流行病

学特征分析》,《疾病监测》2014 年第 6 期。

叶执中

《中医文献中关于钩虫病的论述》,《山东医刊》1962 年第 6 期。

叶子辉(杭州医学院/浙江医学高等专科学校/安徽医科大学)

～王兆良等:《我国人文医学的近代发展与现代演进研究》,《医学与哲学》2019 年第 1 期。

王茹、王兆良～:《安徽省和谐医患关系的构建研究》,《法制与社会》2015 年第 18 期。

《医学人文与医学目的的价值取向研究》,《中国农村卫生事业管理》2015 年第 12 期。

～王兆良:《多向度医学人文关怀理论初探》,《南京医科大学学报(社会科学版)》2015 年第 5 期。

～王兆良:《新医改伦理价值的实践困境与政策应对——以按病种付费政策为例》,《中国卫生政策研究》2015 年第 2 期。

～王兆良:《人文医学与医学人文之概念比较和价值探析》,《医学与哲学(A)》2014 年第 11 期。

～王兆良:《建国以来我国医学发展中的人文精神初探》,《辽宁医学院学报(社会科学版)》2014 年第 2 期。

～王兆良:《浅谈新型农村合作医疗制度立法的过渡性原则》,《重庆科技学院学报(社会科学版)》2013 年第 7 期。

～王兆良:《我国西医发展中的人文精神传承研究》,《南京医科大学学报(社会科学版)》2013 年第 3 期。

叶宗宝(复旦大学/信阳师范学院)

《抗战初期竹沟根据地卫生战线的创建》,《信阳师范学院学报(哲学社会科学版)》2016 年第 6 期。

《土地革命时期苏区医疗卫生防疫体系的初步构建》,《中州学刊》2014 年第 12 期。

丁则丽～:《鄂豫皖根据地疾病流行及其应对》,《经济研究导刊》2011 年第 27 期。

《鄂豫皖革命根据地卫生防疫活动述论》,《兰台世界》2011 年第 26 期。

《中国疾病史研究的回顾与前瞻》,《信阳师范学院学报(哲学社会科学版)》2011 年第 6 期。

《择med; 而治:〈抑斋自述〉所反映的医患关系》,《江西社会科学》2010 年第 1 期。

《从豫南大同医院看战时慈善医疗的开展》,《兰台世界》2010 年第 9 期。

易蓓(西南政法大学)

《动物卫生监督执法的问题及对策研究》,西南政法大学硕士学位论文 2018 年。

易不扬

～易添:《宋代医师的品与阶》,《中医药学报》1982 年第 2 期。

《论金元四大家》,《中医杂志》1960 年第 2 期。

衣翠翠(山东中医药大学)

《新农村发展中的中医药建设研究》,山东中医药大学硕士学位论文 2011 年。

一帆

《王好古的学术见解及其辨证特点》,《福建中医药》1963 年第 1 期。

仪福霞(潍坊医学院附属医院)

～牟爱珍等:《1927 年潍县基督教医院的〈腰脊髓麻醉药报告〉》,《中华医史杂志》2014 年第 3 期。

奕恭

《文成公主和中医入藏》,《健康报》1961 年 11 月 8 日。

伊广谦(中国中医科学院/中国中医研究院/中医古籍出版社)

《范行准先生学述》,《中华医史杂志》2012 年第 5 期。

刘玉玮～:《魏之琇字玉横考》,《江西中医学院学报》2007 年第 5 期。

《中美早期檀香贸易》,《中华医史杂志》2007 年第 1 期。

《清末民国间辽东名医高愈明》,《中华医史杂志》2006 年第 2 期。

《扑朔迷离的〈圣散子方〉》,《江西中医药》2006 年第 2 期。

～张慧芳:《尤在泾与〈伤寒贯珠集〉》,《江西中医药》2004 年第 3 期。

《慧眼识珠——范行准与〈育宁堂颐世方书〉》,《江西中医药》2004 年第 1 期。

《避孕套史话》,《科技文萃》2003 年第 12 期。

《清代"思维在脑"冤案》,《江西中医药》2003 年第 10 期。

《"幽闭"考略》,《江西中医药》2003 年第 9 期。

《范行准与栖芬室藏书》,《江西中医药》2003 年第 8 期。

《赵学敏与〈凤仙谱〉》,《江西中医药》2003 年第 2 期。

《丁福保生平及其著作述略》,《医古文知识》2003 年第 1 期。

《丁福保生平著作述略》,《医古文知识》2003 年第 1 期。

《近代中国人域外所见西洋医学举隅》,《中国中医基础医学杂志》2000 年第 5 期。

《评〈龙门药方释疑〉》,《中华医史杂志》2000 年第 2 期。

《范行准传略》,《中华医史杂志》1998 年第 4 期。

《重印〈四库全书〉医家类序》,《中医杂志》1988 年第 2 期。

伊河山·伊明(新疆维吾尔自治区维吾尔医药研究所)

～周云霞等:《维吾尔医学的传统鼻疗法》,《中华医史杂志》2018 年第 1 期。

《维吾尔医古籍〈Shipa il kulub〉学术价值考证》,《中国民族医药杂志》2006 年第 4 期。

衣华强(山东中医药大学/北京中医药大学)

～高树中:《关于针灸歌赋的思考——并答小议〈针灸治疗学〉收录针灸歌赋之商榷》,《中国针灸》
2019 年第 11 期。

丁蕾……高树中～:《〈急救广生集〉中鼻疗法统计分析》,《中医外治杂志》2014 年第 5 期。

《张锡纯冲脉思想研究》,《上海针灸杂志》2010 年第 2 期。

《叶桂奇经思想研究》,《中华中医药学刊》2008 年第 2 期。

～谷世喆等:《〈内经〉生殖之"胞"辨》,《北京中医药大学学报(中医临床版)》2005 年第 6 期。

谷世喆～赵建新等:《十二经别"离入出合"与"离合出入"辨析》,《中国针灸》2004 年第 10 期。

易见龙

《"军医署"血库成立之经过》,《中华医学杂志(重庆版)》1945 年第 6 期。

易杰(中南财经政法大学)

《疫情类网络谣言的传播及治理研究——以 H7N9 禽流感疫情和 SB250 传染病毒疫情为例》,中南
财经政法大学硕士学位论文 2017 年。

医界春秋社

《本社(医界春秋社)对于消灭中国医药毒计之危险的宣言》,《医界春秋》1929 年第 42 期。

依乐娜(内蒙古大学)

《内蒙古地区梅毒防治研究(1950—1965)》,内蒙古大学硕士学位论文 2014 年。

易利华（无锡市第一人民医院）

《医疗制度改革的医学道德思考》，《江苏卫生事业管理》1997 年第 1 期。

《略论毛泽东卫生思想的主要内涵》，《江南论坛》1996 年第 3 期。

易利平（江西师范大学）

《"环改血防"与鄱阳湖区域环境变迁（1950—1984）》，江西师范大学硕士学位论文 2013 年。

佚名

《我国最早的中医杂志》，《中华中医药学刊》2008 年第 6 期。

《陕甘宁边区保健药社与卫生合作社研究概况》，《山西中医学院学报》2007 年第 5 期。

《北京市市人民政府关于国家工作人员实行公费医疗预防的通知（1952 年 7 月 26 日）》，《北京党史》2007 年第 2 期。

《北京市人民政府关于鼠疫预防暂行办法的布告》，《北京党史》2007 年第 1 期。

《我国最早不定期中医杂志——〈吴医汇讲〉》，《亚太传统医学》2006 年第 2 期。

《毛泽东、周恩来关于卫生防疫和医疗工作的文献选载》，《党的文献》2003 年第 5 期。

《清末东三省陆军军医局史料》，《历史档案》1999 年第 3 期。

《法家路线是促进我国古代医学发展的一个积极因素》，《新医学》1974 年第 10 期。

《儒法斗争对我国医学的影响》，《广西日报》1974 年 10 月 14 日。

《古代名医话庸医》，《内蒙古中医药》1994 年第 2 期。

《欧洲之社会医事政策》，《中华医学杂志》1941 年第 6 期。

《中华医学会章程及细则》，《中华医学杂志》1933 年第 1 期。

《教卫两部焚坑国医国药之痛史录》，《杭州市国医公会年刊》1933 年第 1 期。

《中华医学会大会纪要》，《中华医学杂志》1932 年第 6 期。

《中华医学会概括报告》，《中华医学杂志》1932 年第 1 期。

《教卫两部会呈限制中医案经过》，《医界春秋》1930 年第 46 期。

以仁

《安国药王庙小史》，《中药材科技》1984 年第 3 期。

衣若兰

《医疗、性别与身体：评介费侠莉著〈阴盛——中国医疗史之性别研究，960—1665〉》，《史耘》第 5 期（1999.9）。

伊莎贝尔·莫赖斯（澳门高等校际学院）

《种牛痘与澳门葡人》，《广东社会科学》2007 年第 1 期。

易守菊（成都中医药大学）

《出土解注材料折射出的古代医药思想》，成都中医药大学硕士学位论文 2002 年。

《解注材料用药观溯源》，《南京中医药大学学报（社会科学版）》2002 年第 2 期。

《概述解注文中的传染病思想》，《南京中医药大学学报（社会科学版）》2001 年第 3 期。

～和中浚：《解注文之"注"与注病——从解注文看古代传染病》，《四川文物》2001 年第 3 期。

～和中浚：《金元医学发展的政治嬗变因素》，《中医文献杂志》2001 年第 1 期。

和中浚～：《医史教材应有述有论》，《成都中医药大学学报（教育科学版）》2000 年第 2 期。

易斯狄

《内经上的针类与刺法》，《新中医药》1954 年第 11 期。

《内经上的禁刺原则》,《新中医药》1954 年第 11 期。

《从针灸大成的内容中谈谈杨继洲在祖国医学发展史上的成就和作用》,《新中医药》1956 年第 6 期。

宜同飞(辽宁中医学院)

《中国医学学术流派》,《中医函授通讯》1998 年第 4、5 期。

《刘宗素重要著作考证述略》,《中医函授通讯》1993 年第 1 期。

李巨石、刘淑和～:《奉天医科专门学校史略》,《中医函授通讯》1991 年第 6 期。

《杨上善与〈黄帝内经太素〉》,《辽宁中医杂志》1988 年第 4 期。

易玮(安徽中医学院)

《〈医述〉初版年代考》,《中华医史杂志》1999 年第 3 期。

～王乐陶等:《〈医述〉的版本考辨及引文统计分析》,《安徽中医学院学报》1997 年第 5 期。

《〈杏轩医案〉特色探析》,《安徽中医学院学报》1997 年第 3 期。

衣晓峰(《健康报》社)

～聂松义等:《伍连德:中国现代医学的先驱》,《健康报》2006 年 10 月 9 日 006 版。

易新涛(武汉大学)

《人民公社时期农村基本公共服务研究》,武汉大学博士学位论文 2009 年。

易叙维(西南交通大学)

《文学治疗——从心理治疗视角解读赫尔曼·黑塞作品〈荒原狼〉》,西南交通大学硕士学位论文 2008 年。

易有禄(江西财经大学/中国人民大学)

《再论传染病传播者的民事责任》,《河北法学》2005 年第 5 期。

《论传染病恶意传播者的民事责任》,《中国卫生法制》2004 年第 5 期/《中国卫生事业管理》2004 年第 12 期。

《我国食品卫生安全法律体系需完善》,《安徽卫生职业技术学院学报》2004 年第 5 期。

《医疗事故赔偿责任的几个基本问题》,《井冈山医专学报》2004 年第 4 期。

《我国医疗事故处理立法的新进展》,《兰州学刊》2002 年第 6 期。

易云霓(中国卫生部)

胡善联～:《中国、越南卫生改革比较》,《卫生经济研究》1997 年第 1 期。

胡善联～:《革新过程中的越南卫生部门》,《卫生经济研究》1996 年第 11 期。

～方立:《市场经济国家卫生经济政策的特点及对我国的启示》,《中国卫生经济》1996 年第 7 期。

《德国医疗保险制度的运行机制》,《卫生经济研究》1994 年第 2 期。

易楗(台湾大学)

《从科学知识与政策角度探析台湾地区慢性传染病之控制——以汉生病为例》,台湾大学国家硕士学位论文 2009 年。

阴斌(天津中医学院)

《〈内经〉治"水"的原则和方法》,《中医药通报》2002 年第 3 期。

《〈内经〉理论与临证遣方举要》,《天津中医学院学报》1998 年第 1 期。

王玉兴、杨锦绘～:《"汗出而散"析疑》,《天津中医》1997 年第 3 期。

刘兴华、史丽萍～:《神明与心肾关系的探讨》,《北京中医药大学学报》1997 年第 3 期。

《对〈内经〉论述水肿病的探讨》,《天津中医学院学报》1991 年第 2 期。

李筠、王士福~:《"肾苦燥,急食辛以润之"小议》,《辽宁中医杂志》1989 年第 9 期。

殷博隆(哈尔滨师范大学)

《明代民间医者研究》,哈尔滨师范大学硕士学位论文 2015 年。

殷伯伦(江西中医学院附属医院)

《中医眼科珍本〈眼科易简补编〉简介》,《中国中医眼科杂志》1991 年 00 期。

尹旦萍(中共湖北省委党校)

《中国计划生育的先声——论新文化运动时期的产儿制限论》,《江汉论坛》2004 年第 4 期。

尹冬青(山西中医学院)

~李俊:《"天人合一"思想在中医养生文化中的积极影响》,《医学与社会》2009 年第 3 期。

《论中国传统文化影响下的中医思维模式》,《医学与社会》2008 年第 11 期。

《浅论中国传统文化在中医教育中的重要作用》,《医学与社会》2008 年第 9 期。

《中国传统哲学对中医学的影响》,《世界中西医结合杂志》2007 年第 6 期。

尹改珍(新疆医科大学/新疆中医学院)

~王瑀:《〈针灸大成〉医案浅析》,《新疆中医药》2004 年第 1 期。

杨非~:《古医籍中"焉"词的剖析》,《新疆中医药》1996 年第 2 期。

《〈难经〉针刺理论思路探析》,《新疆中医药》1995 年第 3 期。

尹桂平(吉林医药学院/山东中医药大学)

~田思胜:《钱侗对〈崇文总目〉医书类的贡献》,《吉林中医药》2012 年第 11 期。

~田思胜:《宋代国家医学藏书与医学学术史关系的探讨》,《山东中医药大学学报》2012 年第 3 期。

《北宋庆历前馆阁医学藏书研究》,山东中医药大学博士学位论文 2012 年。

《肝癌证治的中医文献研究》,山东中医药大学硕士学位论文 2005 年。

《浅析成无己〈注解伤寒论〉学术思想对后世的影响》,《长春中医学院学报》2004 年第 1 期。

尹虹(华南师范大学)

《近代英国人对疾病和保健的认识——兼论书籍在传播医疗保健知识方面的作用》,《华南师范大学学报(社会科学版)》2013 年第 6 期。

尹华君(中山大学)

《浅谈汉代的医学证明——病书——以居延汉简为例》,《秘书》2006 年第 1 期。

尹慧(北京大学)

王宗斌~:《PAHO—Hanlon 方法在国际卫生合作需求研究中的分析与应用——以哈萨克斯坦为例》,《中国卫生政策研究》2019 年第 12 期。

许涵濛~:《台湾以非政府组织途径参加世界卫生大会的现状及分析》,《现代台湾研究》2019 年第 2 期。

《中日韩卫生合作的现状、挑战与启示》,《当代韩国》2017 年第 2 期。

顾沈兵~丁园等:《将健康融入所有政策——概述与实践》,《健康教育与健康促进》2017 年第 1 期。

白婧~黄旸木等:《金砖国家被忽视疾病研发投入的比较研究》,《中国卫生经济》2016 年第 10 期。

~刘培龙:《卫生方面 2015 年后发展议程的进展和建议》,《中国卫生政策研究》2015 年第 9 期。

~高迪:《全球健康领域的国际合作者分析——以在中国开展卫生合作的机构为例》,《中国卫生政策研究》2015 年第 1 期。

《中国全球健康大学联盟成立》,《北京大学学报(医学版)》2013 年第 6 期。

~郭岩:《儿童期父母社会经济地位对子女成年健康的影响:中国居民健康的代际不公平效应》,《中国卫生经济》2011 年第 12 期。

殷杰

《新疆七十年前的一场瘟疫》,《新疆地方志通讯》1987 年第 1 期。

尹靖(广西中医药大学)

《中医与少数民族医学对"气"的认识》,《亚太传统医药》2017 年第 16 期。

《瑶医药养生保健的理论探索及应用》,广西中医药大学硕士学位论文 2017 年。

殷娟(南京中医药大学)

~朱辉等:《"一带一路"战略下中医药文化传播探索》,《开封教育学院学报》2019 年第 4 期。

尹俊芳(山西医科大学/中国人民大学)

王占宇~:《试论毛泽东医疗卫生思想的群众路线特征》,《山西高等学校社会科学学报》2016 年第 8 期。

《延安时期的卫生思想及其当代价值探微》,《医学与哲学(A)》2013 年第 11 期。

《新民主主义革命时期毛泽东医疗卫生思想探析》,《山西高等学校社会科学学报》2012 年第 11 期。

《毛泽东医疗卫生思想论析》,《理论界》2012 年第 10 期。

《新民主主义革命时期毛泽东医疗卫生思想探析》,《山西高等学校社会科学学报》2012 年第 11 期。

尹钧科(北京市社会科学研究院)

~于德源:《北京历史上的瘟疫及其经验教训》,《天津科技》2003 年第 3 期。

尹康平(保山师范高等专科学校)

《叫魂习俗的心理学分析》,《保山师专学报》2006 年第 6 期。

尹口(杭州医学院/浙江省医学高等专科学校/中南财经政法大学)

张丽平~:《医务人员主动提供艾滋病检测的合法性探讨》,《医学与哲学》2019 年第 20 期。

陈定湾……刘盼盼~:《不同社会分层的卫生公平性研究进展》,《中国农村卫生事业管理》2013 年第 3 期。

~陈定湾:《基本药物制度对某卫生院的影响和对策》,《中华中医院管理杂志》2012 年第 6 期。

鄢超~:《医院履行术前告知义务的几点启示》,《中华医院管理杂志》2011 年第 4 期。

《新型农村合作医疗法律责任研究》,《中国农村卫生事业管理》2011 年第 4 期。

~曾国经等:《新型农村合作医疗法律关系研究》,《中国农村卫生事业管理》2010 年第 8 期。

~徐敏:《行政法视野下的新型农村合作医疗逆向选择难题》,《湖北行政学院学报》2010 年第 6 期。

~骆侃佼等:《新型农村合作医疗制度的法理分析》,《经济研究导刊》2009 年第 33 期。

~骆侃佼等:《影响新型农村合作医疗立法可行性的因素分析》,《中国卫生经济》2009 年第 12 期。

~曾国经等:《新型农村合作医疗立法存在的问题与对策》,《中国农村卫生事业管理》2009 年第 8 期。

钱亚芳……沈清~:《论非法行医法律规制策略》,《中国农村卫生事业管理》2008 年第 5 期。

钱亚芳……骆侃佼~:《治理非法行医的立法缺陷探析》,《中国农村卫生事业管理》2008 年第 5 期。

《论卫生法的基本原则》,《中国卫生法制》2008 年第 4 期。

《中、美两国立法限制的比较研究》,《法制与社会》2007 年第 11 期。

王国平~:《对非法行医罪中"医生执业资格"的实质性解释》,《中国卫生法制》2006 年第 6 期。

～王国平:《关于非法行医罪主体问题的实质性探析》,《杭州师范学院学报(医学版)》2006年第2期。

尹立华(华中师范大学)

《楚人疾病与防治》,华中师范大学硕士学位论文2008年。

尹立智(成都中医药大学)

《基于〈伤寒论〉的唐以前经方源流研究》,成都中医药大学硕士学位论文2016年。

尹萌(辽宁中医药大学)

《〈黄帝内经〉肾窍关系及应用研究》,辽宁中医药大学硕士学位论文2014年。

尹娜(上海师范大学)

《两宋时期江南的瘟疫与社会控制》,上海师范大学硕士学位论文2005年。

殷纳新(珠海市中医院)

《眼科中西医结合历史的回顾》,《中华医史杂志》2002年第1期。

殷伯伦～:《中医眼科发展简史》,《江西中医药》1994年S2期。

殷品之

《略论医学流派产生原因》,《广东医学(祖国医学版)》1963年第1期。

殷平善(南方医科大学)

滕晓敏～:《古氏家族:岭南喉科世家》,《中国中医药报》2015年1月23日008版。

司一妹、冀东虎～:《探析岭南几个名医世家的学术传承》,《中国医学装备》2014年S2期。

～庞杰:《中医治疗学中的隐喻思维》,《医学与哲学(人文社会医学版)》2011年第1期。

～肖东红:《关于岭南中医药学术发展史的研究》,《医学与社会》2000年第4期。

刘安平～:《概念疏理与理论重建——〈言天验人:中医学概念史要论〉读后》,《中国中医基础医学杂志》2000年第4期。

《〈医学经验主义的贫困〉的贫困及其它》,《医学与哲学》1999年第10期。

《关于脾胃学说的文化研究》,《中国中医基础医学杂志》1997年第5期。

《"气"的思想与中医现代化》,《医学与哲学》1997年第7期。

常存库～:《善:不仅规范了目的,也规范了手段——中医学术体系建构中的道德因素》,《医学与哲学》1993年第4期。

尹倩(安徽大学)

～许庆红:《"疾病"的隐喻和他者文化意义——论安德森的短篇小说〈母亲〉兼及〈小城畸人〉》,《宿州学院学报》2012年第3期。

尹倩(华中科技大学/华中师范大学)

《民国时期医德规范之特点——近代医患关系研究之一》,《长江师范学院学报》2014年第4期。

《身份寻求与角色冲突:近代医生诊金问题探析》,《华中师范大学学报(人文社会科学版)》2012年第1期。

朱英～:《民国时期的医师登记及其纷争——以上海地区为考察中心》,《华中师范大学学报(人文社会科学版)》2009年第5期。

《分化和融合:论民国医师团体的发展特点》,《甘肃社会科学》2008年第2期。

《民国时期的医师群体研究(1929—1937)——以上海为中心》,华中师范大学博士学位论文2008年。

《近代中国西医群体的产生与发展特点》,《华中师范大学学报(人文社会科学版)》2007 年第 4 期。

殷强(中国人民大学)

《再论国外公共卫生传播的危机报道》,《国际新闻界》2003 年第 6 期。

尹荣秀(北京大学人民医院)

～胡大一:《古巴医疗体制的成就带来的思考——他山之石 可以攻玉》,《中国医药导刊》2008 年第 6 期。

尹绍清(楚雄师范学院)

《古代中国人心理健康维护的社会性支持与自我支持的方法》,《曲靖师范学院学报》2011 年第 3 期。

尹少松(昆明医学院第三附属医院)

～陈晓红等:《张景岳填精补血治形法探析》,《云南中医中药杂志》2010 年第 8 期。

印石(南京中医药大学)

《从经济、政治、文化角度看卫生改革与发展》,《卫生经济研究》2007 年第 10 期。

《试论发展慈善医疗事业》,《卫生经济研究》2007 年第 1 期。

《试论卫生政治资源及其开发和利用》,《卫生经济研究》2005 年第 10 期。

医疗红包现象产生的原因及对策——论医疗红包及其治理》,《卫生经济研究》2005 年第 3、4 期。

《从抗击非典斗争反思卫生与文化的关系》,《医学与社会》2004 年第 6 期。

《从抗击非典斗争反思爱国卫生运动》,《基层医学论坛》2004 年第 4、5 期。

《从抗击非典斗争反思卫生与政治的关系》,《卫生经济研究》2004 年第 2 期。

《从抗击非典斗争反思卫生与经济的关系》,《卫生经济研究》2004 年第 1 期。

《改善医患关系需要综合治理——三论医患关系》,《卫生经济研究》2003 年第 3 期。

《医患关系紧张程度及其原因——二论医患关系》,《卫生经济研究》2003 年第 2 期。

《医患关系具有多种属性——一论医患关系》,《卫生经济研究》2003 年第 1 期。

《试论医学的本质》,《中国基层医药》2002 年第 1 期。

《从医德医风建设看病人选医生》,《卫生经济研究》2001 年第 10 期。

《从就医模式演变看病人选医生》,《中国卫生经济》2001 年第 6 期。

《论医院文化建设的意义》,《南京医科大学学报(社会科学版)》2001 年第 1 期。

《谈谈医药分开核算、分别管理》,《医学与社会》2000 年第 4 期。

《建设有中国特色的社会主义医疗保障体系——纪念中华人民共和国成立 50 周年》,《卫生经济研究》1999 年第 11、12 期。

《建国以来卫生工作历史经验的总结——学习新时期卫生工作方针的体会》,《卫生经济研究》1997 年第 9 期。

～马进:《毛泽东卫生思想的继承和发展》,《中国卫生经济》1997 年第 6 期。

《毛泽东卫生思想发展了马克思主义卫生理论》,《医学与社会》1997 年第 3 期。

《马克思的股份制理论与医院股份制改革》,《中国卫生经济》1994 年第 9、10 期。

《试论马克思主义卫生理论》,《卫生经济》1984 年第 7 期。

《马克思、恩格斯论卫生工作》,《医学与哲学》1983 年第 6 期。

《马克思的生产劳动学说与医务劳动的性质》,《卫生经济》1983 年第 3 期。

尤卫平（浙江省皮肤病防治研究所）

～沈云良等：《浙江省麻风病防治 50 年成果评价》，《中国麻风皮肤病杂志》2009 年第 12 期。

游文仁（台湾中国医药大学）

～苏奕彰：《台北国图馆藏〈影北宋本伤寒论〉作伪者考辨》，《中华医史杂志》2011 年第 1 期。

～苏奕彰：《台北故宫馆藏赵开美本〈仲景全书〉护页题记作者考》，《中华医史杂志》2007 年第 2 期。

尤晓霖（南京农业大学）

《英国动物福利观念发展的研究》，南京农业大学博士论文 2013 年。

游小留（福建医科大学）

～钟舒曼：《适度诊疗的社会性规制探析》，《福建医科大学学报（社会科学版）》2015 年第 1 期。

《适度诊疗：基于医学伦理原则的理论构建》，《南京医科大学学报（社会科学版）》2014 年第 1 期。

《适度医疗的伦理学思考》，《福建医科大学学报（社会科学版）》2012 年第 3 期。

《医生形象危机与对策研究》，《医学与社会》2012 年第 3 期。

《大众传媒对解决医疗纠纷的影响》，《医学与社会》2008 年第 11 期。

《商谈伦理与和谐医患关系的重构》，《福建医科大学学报（社会科学版）》2008 年第 3 期。

《医疗诚信建设：传承、借鉴与创新》，《中华医学教育杂志》2007 年第 5 期。

《中西诚信伦理差异与和谐社会的医疗诚信建设》，《福建医科大学学报（社会科学版）》2007 年 S1 期。

《医学模式的转变与医德教育新思考》，《福建医科大学学报（社会科学版）》2002 年第 1 期。

游心慈（北京中医药大学）

《喻嘉言对〈伤寒论〉学术思想之继承与发展》，北京中医药大学硕士学位论文 2010 年。

尤学周

《历来对阴黄的认识及其理论的演变》，《新中医药》1957 年第 4 期。

游元元（成都医学院）

～李羿等：《史地人文视角下的道地药材》，《南京中医药大学学报（社会科学版）》2014 年第 1 期。

～李羿等：《药用植物与中国古代民生民俗》，《医学与哲学（人文社会医学版）》2011 年第 5 期。

尤昭玲（湖南中医药大学/湖南中医学院）

陈丽～：《〈陈素庵妇科补解〉从脾胃论治妇产科疾病特色探讨》，《中医药导报》2011 年第 4 期。

王艳～：《〈傅青主女科〉治疗不孕症的用药特点浅析》，《中国中医药现代远程教育》2010 年第 12 期。

王丽云～：《〈傅青主女科〉中白芍应用浅析》，《新中医》2010 年第 9 期。

邓菁瑛～：《浅析〈陈素庵妇科补解〉辨治血崩特点》，《湖南中医药大学学报》2010 年第 5 期。

罗湘姣～：《〈陈素庵妇科补解〉辨治"经水不通"浅析》，《中国中医药现代远程教育》2010 年第 5 期。

何冬梅～：《〈傅青主女科〉补肾思想浅析》，《中医药导报》2010 年第 4 期。

言慧～：《浅述〈陈素庵妇科补解〉伍用风药调经论》，《中医药导报》2010 年第 3 期。

罗湘姣、代波：《试析〈傅青主女科〉带下病辨治特色》，《中医药通报》2010 年第 2 期。

张延武～：《〈傅青主女科〉火热证治法探析》，《湖南中医药大学学报》2009 年第 11 期。

窦宁～：《〈傅青主女科〉带下篇探析》，《中医药导报》2009 年第 10 期。

李卫红～刘丹卓等:《崩漏古代文献的证候要素分析及应证组合研究》,《辽宁中医药大学学报》2009 年第 7 期。

丁正香～:《〈傅青主女科〉白芍、当归配伍应用特点浅析》,《湖南中医杂志》2009 年第 6 期。

王艳～:《浅论〈陈素庵妇科补解〉调经之辨治特色》,《中医药导报》2009 年第 5 期。

周薇～:《略论〈陈素庵妇科补解安胎门〉之辨治特色》,《河南中医》2009 年第 4 期。

刘慧萍～雷磊等:《浅析〈傅青主女科〉带下病论治特点》,《新中医》2009 年第 4 期。

刘慧萍～:《〈陈素庵妇科补解〉之调经宜和气观点分析》,《中国中医急症》2009 年第 3 期。

张延武～:《〈陈素庵妇科补解〉中四物汤运用剖析》,《江西中医药》2009 年第 3 期。

窦宁～:《浅析〈陈素庵妇科补解〉中按月养胎法》,《中医药导报》2008 年第 11 期。

刘英～:《〈傅青主女科〉生化汤辨证施药规律初探》,《中医药导报》2008 年第 11 期。

刁军成～:《从〈金匮要略〉探索月经病从肝论治的原则和方法》,《江西中医学院学报》2008 年第 3 期。

伍娟娟～赖毛华:《〈傅青主女科〉血证治疗特点浅析》,《新中医》2007 年第 11 期。

赖毛华～:《浅析〈陈素庵妇科补解〉诊治闭经贡献》,《中国中医药现代远程教育》2007 年第 10 期。

～魏飞跃等:《妇科治法的形成与发展》,《湖南中医药大学学报》2007 年第 5 期。

赖毛华～:《〈陈素庵妇科补解〉对调经的贡献》,《江西中医学院学报》2007 年第 5 期。

唐媛、谈珍瑜～:《〈陈素庵妇科补解〉产后病辨治特色浅析》,《中医药导报》2007 年第 5 期。

张正莉～:《〈陈素庵妇科补解〉调经思想特色浅论》,《中医药导报》2007 年第 2 期。

赵新广～刘丹卓:《试析〈傅青主女科〉的诊疗特色》,《中医药导报》2006 年第 12 期。

张晓红、杨正望～王瑛:《浅析〈傅青主女科〉山药之应用》,《中医药导报》2005 年第 10 期。

陈怀敏～:《〈傅青主女科〉从脏论治不孕症浅析》,《新中医》2005 年第 10 期。

陈怀敏～:《试析〈傅青主女科〉解郁法的特色》,《中医药导报》2005 年第 9 期。

～孙晓峰:《〈湖南中医杂志〉20 年中医妇科文献述评》,《湖南中医杂志》2005 年第 5 期。

魏飞跃～:《妇产科药对发展史略》,《中华中医药杂志》2005 年第 8 期。

魏飞跃～:《清代湖湘医家妇产科特色探析》,《中医药学刊》2005 年第 7 期。

魏飞跃～:《〈秘珍济阴〉用药特色感悟》,《中国中医基础医学杂志》2005 年第 6 期。

贺冰～:《〈傅青主女科〉血崩论治特色探析》,《江苏中医药》2005 年第 3 期。

贺冰～:《〈陈素庵妇科补解〉调脾胃思想及遣药特点探要》,《中医药学刊》2004 年第 11 期。

吕妍儒～:《〈傅青主女科〉不孕辨证施治浅探》,《湖南中医药导报》2004 年第 8 期。

赖姿蓉～:《试析〈傅青主女科〉调经从脏论治之特色》,《湖南中医药导报》2004 年第 7 期。

贺冰～冯光荣:《〈傅青主女科〉月经不调五脏辨证及施药特点》,《中医研究》2004 年第 5 期。

段祖珍～:《〈傅青主女科〉产后病论治特色探析》,《中医药学刊》2004 年第 3 期。

段祖珍～:《〈妇人大全良方〉论治特点探析》,《湖南中医学院学报》2004 年第 2 期。

余建～:《浅谈〈傅青主女科〉治疗不孕症的用药特点》,《陕西中医学院学报》2004 年第 1 期。

刘文娥、张凤娥～夏卫红:《〈陈素庵妇科补解〉对"经水不通"的诊疗特色考》,《中医药学刊》2003 年第 12 期。

栾继红～申玉华:《浅析〈傅青主女科〉对因欲而病的防治特点》,《福建中医药》2003 年第 6 期。

梁欣锝～:《试析〈傅青主女科〉柴胡的配伍规律》,《湖南中医药导报》2003 年第 6 期。

段祖珍~:《〈傅青主女科〉药对配伍选析》,《湖南中医药导报》2003年第5期。

刘玉兰~:《试析〈傅青主女科〉治妇科病当从肝论治》,《中医药信息》2003年第5期。

梁欣锟~:《试析〈万氏女科〉月经病诊疗规律》,《中医药学报》2003年第4期。

马红霞~王若光:《〈傅青主女科〉配伍组方特色浅析》,《中医药学刊》2003年第4期。

梁欣锟~:《试析张景岳妇人癥瘕诊疗规律》,《湖南中医药导报》2003年第2期。

付灵梅、王若光~:《〈傅青主女科〉解郁思想及对白芍运用分析》,《中医研究》2003年第1期。

孟延兵~:《试论〈妇人规〉的孕育观》,《中国中医基础医学杂志》2003年第1期。

尹香花、申玉华~:《略论〈陈素庵妇科补解·调经门〉之方药特色》,《湖南中医药导报》2002年第12期。

尹香花、申玉华~:《浅析〈傅青主女科〉熟地之应用》,《湖南中医药导报》2002年第11期。

马洪下~:《〈傅青主女科〉中荆芥穗的应用》,《湖南中医药导报》2002年第10期。

栾继红、申玉华~:《〈傅青主女科〉用人参规律浅析》,《湖南中医药导报》2002年第5期。

雷磊~:《〈本草纲目〉中的妇科病外治疗法》,《中医杂志》2002年第5期。

王若~:《试析中医学对男女性别差异的认识》,《湖南中医学院学报》2002年第1期。

孟延兵~:《试论〈妇人规〉的孕育观》,《中医文献杂志》2002年第1期。

王若光~:《试论传统医学对妇女受孕机理的认识》,《湖南中医药导报》2001年第10期。

游子（六盘水师范学院）

~胡伟:《从狂欢化视角看〈小杜丽〉中的疯癫形象》,《六盘水师范学院学报》2018年第2期。

余安妮（广州中医药大学）

《张璐的伤寒学术思想探讨》,广州中医药大学硕士学位论文2016年。

俞宝英（上海中医药博物馆/上海中医药大学）

《抗战时期医史学家王吉民和朱孔阳两先生轶事》,《中医药文化》2015年第6期。

《上海人的卫生保健,得从6000年前说起》,《上海中医药报》2014年11月28日009版。

《从吴昌硕题中医匾额追溯沪上徐氏儿科》,《中医药文化》2009年第6期。

《老年养生医学指南——邹铉〈寿亲养老新书〉述评》,《上海中医药杂志》2008年第9期。

于冰冰（北京中医药大学）

《鼓胀的古代文献研究与学术源流探讨》,北京中医药大学硕士学位论文2017年。

~严季澜等:《黄元御论治鼓胀》,《中医药导报》2017年第3期。

俞长荣

《喻嘉言的学术成就》,《中医杂志》1963年第8期。

《试论张元素的学术成就》,《中医杂志》1962年第5期。

《中医学术思想中的阴阳五行》,《福建日报》1961年9月28日。

《内经"上古天真论"的内容实质》,《福建中医药》1958年第4期。

于长永（石河子大学）

《农民对新型农村合作医疗的福利认同及其影响因素》,《中国农村经济》2012年第4期。

《新型农村合作医疗制度建设绩效评价》,《统计研究》2012年第4期。

赵蔚蔚~乐章:《新型农村合作医疗福利效应研究》,《人口与经济》2012年第2期。

~刘康等:《改革前后三十年农村合作医疗的制度变迁》,《西北人口》2011年第4期。

俞昌正

～戴岐：《谈谈祖国医学的脏器疗法》，《山东医刊》1962 年第 11 期。

余承林

《古代的医学与卫生文化》，《贵州教育学院学报（社会科学版）》1995 年第 4 期。

余成普（中山大学/清华大学）

《中国农村疾病谱的变迁及其解释框架》，《中国社会科学》2019 年第 9 期。

《多元医疗：一个侗族村寨的个案研究》，《民族研究》2019 年第 4 期。

～李宛霖等：《希望与焦虑：辅助生殖技术中女性患者的具身体验研究》，《社会》2019 年第 4 期。

《倾听生命的故事》，《开放时代》2018 年第 3 期。

《地方生物学：概念缘起与理论意涵——国外医学人类学新近发展述评》，《民族研究》2016 年第 6 期。

《糖尿病的生物社会性》，《思想战线》2016 年第 5 期。

～姚麟：《糖尿病人的临床境遇、家庭伦理与依从性问题》，《广西民族大学学报（哲学社会科学版）》2016 年第 5 期。

～廖志红：《甜蜜的苦难：1 型糖尿病人的患病经历研究——兼论慢性病的人类学研究路径》，《开放时代》2016 年第 4 期。

景军～：《遭遇公田悲剧的生命赠予——对血荒的新分析》，《探索与争鸣》2014 年第 8 期。

《身体、文化与自我：一项关于器官移植者自我认同的研究》，《思想战线》2014 年第 4 期。

莎伦・考夫曼～：《老龄社会的长寿制造：伦理情感与老年医疗支出的关联》，《广西民族大学学报（哲学社会科学版）》2014 年第 4 期。

～袁栩等：《生命的礼物——器官捐赠中的身体让渡、分配与回馈》，《社会学研究》2014 年第 3 期。

《器官捐赠的文化敏感性与中国实践》，《中山大学学报（社会科学版）》2014 年第 1 期。

《中国公民血液捐赠的风险认知及其文化根源》，《思想战线》2013 年第 2 期。

《器官移植病人的后移植生活：一项身体研究》，《开放时代》2011 年第 11 期。

～景军：《"血荒"背后：公共物品的滥用及其社会后果》，《思想战线》2011 年第 5 期。

《动员结构与公民的献血参与：基于 C 市的个案研究》，《广西民族大学学报（哲学社会科学版）》2010 年第 6 期。

《单位团体献血运作的过程与机制：以北京市 T 大学为个案》，《社会》2010 年第 2 期。

《生命的礼物——读蒂特马斯〈礼物关系：从人血到社会政策〉》，《社会学研究》2010 年第 1 期。

《作为组织问题的"血荒"：一项社会学的探究》，《开放时代》2010 年第 1 期。

《灾后献血中的个人、集体与组织——以 C 市为例》，《中国农业大学学报（社会科学版）》2009 年第 4 期。

《个人痛楚与制度壁垒——对张海超"开胸验肺"事件的反思》，《学习月刊》2009 年第 17 期。

～朱志惠：《国外医患互动中的病人地位研究述评——从病人角色理论到消费者权利保护主义》，《中国医院管理》2008 年第 1 期。

于船（北京农业大学/华北农业大学）

《〈说文解字〉为汉代兽医科技的发展提供了有关论据》，《中国兽医杂志》2001 年第 10 期。

《论 20 世纪中兽医学的研究进展及发展趋势》，《河南畜牧兽医》2001 年第 7 期。

《汉代许慎〈说文解字〉有关兽医古字释义》，《古今农业》2001 年第 3 期。

《从〈神农本草经〉看中国古代动物毒物学知识》,《中兽医医药杂志》1997 年第 1 期。

～张克家:《当代中国对于兽医古籍的发掘和整理》,《中国兽医杂志》1995 年第 2 期。

《关于美国的兽医教育——赴美考察之四》,《中国兽医杂志》1994 年第 2 期。

《美国城市中的兽医院——赴美考察之三》,《中国兽医杂志》1994 年第 1 期。

《美国兽医对宠物的保健和疾病的防治——赴美考察之二》,《中国兽医杂志》1993 年第 12 期。

《美国兽医的最新发展——赴美考察之一》,《中国兽医杂志》1993 年第 11 期。

《论五行学说中的四时五脏脉》,《中兽医学杂志》1993 年第 3 期。

《中兽医学在历代的发展和贡献》,《中国兽医杂志》1991 年第 7、12 期;1992 年第 1、2 期。

陆钢～:《论中兽医外科学的起源和发展》,《农业考古》1991 年第 1 期。

《中国兽医针灸术对国外的传播》,《中兽医医药杂志》1990 年第 4 期。

《中兽医学在国外的传播》,《农业考古》1990 年第 1 期。

～张克家:《略论元著〈痊骥通玄论〉》,《中兽医医药杂志》1988 年第 4 期/《上海畜牧兽医通讯》1988 年第 1 期。

《喻氏兄弟和〈元亨疗马集〉——庆祝〈元亨疗马集〉付梓三百八十周年》,《中国兽医杂志》1988 年第 3 期。

～傅泰:《从〈元亨疗马集〉看喻氏兄弟的学术思想——为纪念"元亨疗马集"出版 380 年而作》,《上海畜牧兽医通讯》1988 年第 2 期。

《关于广禅侯和水草庙的问题》,《中国兽医杂志》1987 年第 8 期。

《论〈华佗兽医科神方〉》,《上海畜牧兽医通讯》1987 年第 5 期。

《兽医针灸在日本的传播》,《中国兽医杂志》1987 年第 3 期。

《论我国古代针治马浑睛虫病的有关问题》,《农业考古》1987 年第 1 期。

《继承和发扬祖国兽医学遗产,为四化建设服务——纪念国务院颁发加强民间兽医工作的指示和农业部召开全国民间兽医座谈会三十周年》,《中国兽医杂志》1986 年第 11 期。

《悼念著名中兽医学专家杨宏道同志》,《中国兽医杂志》1986 年第 10 期。

《兽医中草药的起源和发展》,《中兽医学杂志》1983 年第 4 期。

《中国兽医史》,《中国兽医杂志》1982 年第 5 期。

刘尔年～:《西藏兽医学发展史略》,《中国兽医杂志》1980 年第 5 期。

《论我国古代猪的阉割技术》,《北京农业大学学报》1980 年第 3 期。

《中西兽医结合与兽医现代化(在西南地区第二次中兽医科研协作会议上的讲话)》,《中兽医科技资料》1979 年第 1 期。

《从〈本草纲目〉看我国古代在家畜疾病防治方面的生物学知识》,《中兽医科技资料》1978 年第 1 期。

《论祖国兽医学中一部不朽的著作——元亨疗马集——纪念元亨疗马集付梓 350 周年》,《中国兽医学杂志》1958 年第 10 期。

《我国古代最早出现的兽医名人》,《中国兽医学杂志》1958 年第 6 期。

吴学聪～:《略论我国古代兽医学的重要成就》,《中国兽医学杂志》1958 年第 2 期。

於传福(浙江省卫生干部学校)

《浙江省杭州卫生学校制药厂是怎样创办起来的》,《中国药学杂志》1958 年第 10 期。

于大泳(齐鲁工业大学)

《1952—1965年山东省爱国卫生运动问题研究》,齐鲁工业大学硕士学位论文2014年。

喻丹(湖南大学)

《保健食品业政府监管问题研究》,湖南大学硕士学位论文2012年。

余德芹(贵阳中医学院)

《元明时期法医学文献整理研究》,贵阳中医学院硕士学位论文2010年。

～吴志刚:《明代法医检验》,《贵阳中医学院学报》2010年第5期。

～吴志刚:《明·吕坤〈实政录〉与法医检验》,《贵阳中医学院学报》2009年第6期。

～吴志刚:《略述王与的〈无冤录〉》,《贵州民族学院学报(哲学社会科学版)》2009年第3期。

～吴志刚:《元朝法医检验制度初探》,《贵阳中医学院学报》2009年第1期。

余德荪

《祖国医学的发展对世界上的贡献》,《新中医药》1955年第3期。

于丁坤(河北大学)

《二十世纪二三十年代反对"废止中医案"群体研究》,《中医文献杂志》2018年第4期。

《中央国医馆与近代中医教育》,《成都中医药大学学报(教育科学版)》2018年第3期。

俞东征(中国预防医学科学院)

《新中国鼠疫防治50年》,《中华流行病学杂志》2000年第4期。

喻芳

《历史上最早的生物战争》,《文史月刊》2009年第4期。

余方才(安徽医科大学)

《〈黄帝内经〉与〈希波克拉底文集〉之比较浅议》,《中国医学伦理学》1993年第3期。

余芳珍

《刘静贞,〈不举子——宋人的生育问题〉》,《新史学》第12卷第3期(2001.9)。

俞凤宾

《五十年来中国之卫生》,《申报馆五十周年纪念特刊》1923年第2期。

《医学名词审查会第一次大会记》,《中华医学杂志》1916年第3期。

《中华医学会第一次大会记》,《中华医学杂志》1916年第2期。

《中西医学之沿革》,《中华医学杂志》1916年第1期。

《保存古医学之商榷》,《中华医学杂志》1916年第1期。

余凤高(浙江省社会科学院)

《第一幅梅毒图》,《世界文化》2019年第11期。

《苏格拉底喝的是什么毒药》,《世界文化》2019年第9期。

《蒙克的〈流感过后的自画像〉》,《中华读书报》2019年6月19日020版。

《〈加歇医生像〉——表现时代的病症》,《世界文化》2019年第5期。

《与流感的百年较量》,《大众健康》2019年第2期。

《笑气的"浪漫"和现实》,《世界文化》2019年第1期。

《籍里科的〈疯女〉》,《世界文化》2018年第11期。

《"迪南在索尔费利诺"——红十字会思想的萌生》,《世界文化》2018年第9期。

《征服黄热病》,《山海经》2018年第7期。

《肺结核与浪漫主义》,《中华读书报》2018 年 5 月 2 日 020 版。

《解剖学家达·芬奇》,《中华读书报》2018 年 4 月 18 日 020 版。

《自闭症女孩纳迪娅的画》,《中华读书报》2018 年 3 月 7 日 020 版。

《夏尔科:用催眠术为歇斯底里症患者正名》,《中华读书报》2018 年 1 月 17 日 020 版。

《伏尔泰对种痘的赞赏》,《书屋》2017 年第 11 期。

《"黄热病的征服者"》,《世界文化》2017 年第 11 期。

《〈病孩〉:蒙克"一生最重要的画作"》,《中华读书报》2017 年 10 月 18 日 020 版。

《一份对真理的热爱和率直——哈维"血液循环"的发现》,《健康报》2017 年 9 月 22 日 008 版。

《拉埃内克医生的发明》,《世界文化》2017 年第 9 期。

《一次"尸体复活"的实验》,《中华读书报》2017 年 8 月 2 日 018 版。

《南丁格尔和护理学》,《世界文化》2017 年第 7 期。

《给埃涅阿斯疗伤》,《中华读书报》2017 年 5 月 17 日 020 版。

《"第一次乙醚手术"》,《中华读书报》2017 年 4 月 19 日 020 版。

《古希腊时代的"庙睡"治病》,《健康报》2017 年 2 月 3 日 008 版。

《文学中的催眠》,《中华读书报》2016 年 12 月 21 日 020 版。

《精神医学昨日的"狂人之举"》,《健康报》2016 年 11 月 25 日 008 版。

《呼吸的实验》,《书屋》2016 年第 11 期。

《从金鸡纳到青蒿素——疟疾治疗史》,《世界文化》2016 年第 9 期。

《"呜呼,我已经患上痛风了!"》,《中华读书报》2016 年 7 月 6 日 020 版。

《昏睡病的实验》,《书屋》2016 年第 1 期。

《帕格尼尼的梅毒》,《世界文化》2016 年第 1 期。

《"我们都感染了梅毒"》,《中华读书报》2015 年 8 月 5 日 020 版。

《知觉丧失的实验》,《书屋》2015 年第 11 期。

《中国作家笔下的梅毒》,《书屋》2015 年第 10 期。

《欧洲皇室的"皇族病"》,《东西南北》2015 年第 12 期。

《关于吗啡的实验》,《书屋》2015 年第 5 期。

《福楼拜:梅毒带来的痛苦与烦恼》,《书屋》2014 年第 11 期。

《传染霍乱的实验》,《书屋》2014 年第 5 期。

《人类疾病的文化表征》,《书屋》2014 年第 3 期。

《莎剧中的梅毒描写》,《书屋》2014 年第 1 期。

《服毒实验》,《雨花》2013 年第 10 期。

《体验苏格拉底死前那一刻——医学家的自体实验》2013 年 8 月 28 日 024 版。

《白细胞与社会批评、文明批评》,《书屋》2013 年第 7 期。

《为科学而献身的人——传染鼠疫的实验》,《书屋》2013 年第 3 期。

《西方的医学与日本的"明治维新"》,《书屋》2012 年第 9 期。

《返老还童的实验》,《书屋》2012 年第 5 期。

《精神分裂:鲁迅和另外几位作者笔下》,《名作欣赏》2011 年第 28 期。

《癫痫体验和陀思妥耶夫斯基的创作》,《名作欣赏》2011 年第 10 期。

《医生拉伯雷》,《书屋》2011 年第 7 期。

《契诃夫：绝症的情绪表露》，《名作欣赏》2010 年第 4 期。

《人类疾病的文化特征》，《中华医史杂志》2010 年第 4 期。

《郁达夫的"自我疗救"》，《浙江学刊》2007 年第 2 期。

《遗传：优生和种族灭绝》，《书屋》2007 年第 7 期。

《解剖：医学家——尸盗》，《书屋》2000 年第 5 期。

《寿命：寻求长生的秘密》，《书屋》2000 年第 4 期。

《人类疾病的背景文化之十七——斑疹伤寒：战争的附属物》，《书屋》1999 年第 3 期。

《人类疾病的背景文化之十六——坏血病：海上扩张的最大障碍》，《书屋》1999 年第 1 期。

《人类疾病的背景文化之十二——精神疾病：（一）从冷酷到仁爱的人道进程》，《书屋》1998 年第 1 期。

《人类疾病的背景文化之十三——精神疾病（二）：智慧的痛苦》，《书屋》1998 年第 2 期。

《人类疾病的背景文化之十四——精神疾病（三）：文学典型的共同人格》，《书屋》1998 年第 4 期。

《人类疾病的背景文化之十五——梅毒：上天对渎神者的惩罚》，《书屋》1998 年第 5 期。

《人类疾病的背景文化之六——天花：痘苗的环球之旅》，《书屋》1997 年第 1 期。

《霍乱：成功的英雄和失败的英雄》，《书屋》1997 年第 4 期。

《人类疾病的背景文化之八——鼠疫：从恐惧和迷信到成规与科学》，《书屋》1997 年第 3 期。

《人类疾病的背景文化之九——肺癌：烟的时髦与被诉》，《书屋》1997 年第 4 期。

《人类疾病的背景文化之十一——牙病：伟大发明中的小小遗憾》，《书屋》1997 年第 5 期。

《人类疾病的背景文化·十一——癔病：人性的敦实和世故》，《书屋》1997 年第 6 期。

《人类疾病的文化背景之二：血友病：显赫皇族的遗传悲剧》，《书屋》1996 年第 6 期。

《艾滋病：同性恋者的苦果——人类疾病的背景文化之一》，《书屋》1996 年第 2 期。

《人类疾病的文化背景之三——麻风：上帝的愤怒与仁慈》，《书屋》1996 年第 4 期。

《人类疾病的背景文化之四——瘰疬：天上的权力和世俗的权力》，《书屋》1996 年第 4 期。

《人类疾病的背景文化之五——疟疾："取金羊毛"的现代传奇》，《书屋》1996 年第 6 期。

《典型人物的病态人格》，《浙江学刊》1992 年第 4 期。

《鲁迅小说中的三类精神病人形象》，《鲁迅研究月刊》1992 年第 4 期。

《典型人物的病态人格》，《浙江学刊》1992 年第 4 期。

《鲁迅遗产中的医学精神》，《鲁迅研究月刊》1991 年第 7 期。

《文学中的肺病患者形象》，《浙江学刊》1991 年第 5 期。

《"反语"与文学创作及其"心理治疗"效能》，《海南师院学报》1991 年第 2 期。

《医学对文学个性理论的影响刍议》，《浙江学刊》1990 年第 5 期。

《自然科学的殉道者——塞尔维特》，《自然杂志》1980 年第 3 期。

于赓哲（陕西师范大学）

《论伯希和敦煌汉文文书的"后期混入"——P.3810 文书及其他》，《中国史研究》2019 年第 4 期。

《韩城盘乐村宋墓壁画的范式与创新——备药图背后的医学衍变》，《中医药文化》2018 年第 6 期。

《外来疾病与文化冲击：以梅毒东传为例》，《复旦国际关系评论》2018 年第 2 期。

《分层时代的研究——汉宋之间医疗史研究的视角问题》，《四川大学学报（哲学社会科学版）》2018 年第 1 期。

杨凯～：《先秦至唐对附子的认识和使用——兼论中药材发展演变规律》，《中国中药杂志》2017 年第 23 期。

《弥漫之气：中国古代关于瘟疫"致"与"治"的思维模式》，《文史哲》2016 年第 5 期。

《中国中古时期城市卫生状况考论》，《武汉大学学报（人文科学版）》，2015 年第 3 期。

《汉宋之间医患关系衍论——兼论罗伊·波特等人的医患关系价值观》，《清华大学学报（哲学社会科学版）》2014 年第 1 期。

～梁丽：《古典医学的"西学镜像"》，《人文杂志》2013 年第 10 期。

～张彦灵：《唐代医学人物神化考论》，《华中师范大学学报（人文社会科学版）》2013 年第 6 期。

《恶名之辨：对中古南方风土史研究的回顾与展望》，《南京大学学报（哲学.人文科学.社会科学版）》2012 年第 5 期。

《〈天圣令〉复原唐〈医疾令〉所见官民医学之分野》，《历史研究》2011 年第 1 期。

宋丽华～：《中古时期医人的社会地位》，《唐史论丛》第十三辑（2011）。

《疾病观与唐代长安城嬗变》，《南开大学学报》2010 年第 4 期。

《疾病、卑湿与中古族群边界》，《民族研究》2010 年第 1 期。

《被怀疑的华佗——中国古代外科手术的历史轨迹》，《清华大学学报》2009 年第 1 期。

《唐代人均食盐量及盐的使用范围》，《唐史论丛》第十辑（2008）。

《唐代医疗活动中咒禁术的退缩与保留》，《华中师范大学学报》2008 年第 3 期。

《"然非有力 不能尽写"——中古医籍受众浅论》，《陕西师范大学学报（哲学社会科学版）》2008 年第 1 期。

《试论唐代官方医疗机构的局限性》，《唐史论丛》第九辑（2007）。

《〈新菩萨经〉〈劝善经〉背后的疾病恐慌——试论唐五代主要疾病种类》，《南开学报》2006 年第 5 期。

《蓄蛊之地——一项文化歧视符号的迁转流移》，《中国社会科学》2006 年第 2 期。

《割股奉亲缘起的社会背景考察——以唐代为中心》，《史学月刊》2006 年第 2 期。

《唐宋民间医疗活动中灸疗法的浮沉——一项技术抉择的时代背景分析》，《清华大学学报》2006 年第 1 期。

《由古人的求医心理看古代医人的整体水平》，《学术研究》2005 年第 9 期。

《中国古代对高原（山）反应的认识及相关史事研究——以南北朝、隋唐为中心》，《西藏研究》2005 年第 1 期。

《疾病与唐蕃战争》，《历史研究》2004 年第 5 期。

《唐代的医学教育及医人地位》，《魏晋南北朝隋唐史资料》第 20 辑（2003）。

于广军（上海申康医院）

～乔荟竑等：《德国医疗保险制度改革及趋势分析》，《卫生经济研究》2007 年第 3 期。

～马强：《处于转型中的波兰医疗卫生制度》，《中国卫生资源》2007 年第 3 期。

喻国华（江西中医药高等专科学校）

邹来勇、陈建章～：《盱江医家黄宫绣学术形成及其思想价值探讨》，《时珍国医国药》2011 年第 3 期。

《盱江医家陈自明〈外科精要〉的学术特点探析》，《中医文献杂志》2010 年第 6 期。

余国俊（乐山市人民医院）

《陈修園〈女科要旨〉评述》，《四川中医》1985 年第 6 期。

喻国明（中国人民大学）

宋美杰～：《行为理论下的健康信息寻求模型构建——基于北京居民健康信息调查》，《现代传播（中国传媒大学学报）》2015年第3期。

～路建楠：《中国健康传播的研究现状、问题及走向》，《当代传播》2011年第1期。

于红（北京大学）

《非洲昏睡病历史研究》，《西亚非洲》2001年第4期。

余厚洪（丽水师范专科学校）

《试论杜甫疾病与杜诗风格形成之关系》，《丽水师范专科学校学报》2001年第6期。

禹佳（北京中医药大学）

～孙鑫等：《〈针灸大成〉对〈针灸甲乙经〉针刺理论的继承与发展》，《环球中医药》2016年第10期。

《〈内经〉针灸理论体系框架的学术特点及发展演变》，北京中医药大学硕士学位论文2015年。

～钱会南：《〈针灸甲乙经〉的针灸理论框架研究》，《环球中医药》2015年第2期。

～孙鑫等：《〈针灸甲乙经〉现代研究进展》，《中华中医药学刊》2014年第12期。

孙鑫～钱会南：《〈神农本草经〉现代研究进展及展望》，《中华中医药学刊》2014年第9期。

俞江婷（南京中医药大学）

《中医药的非物质文化遗产保护研究》，南京中医药大学硕士学位论文2018年。

余杰

《肺病患者的生命意识——鲁迅与加缪之比较研究》，《社会科学论坛》2005年第11期。

于杰（吉林大学）

《近代西医群体研究》，吉林大学硕士学位论文2008年。

虞洁文（南京大学）

《20世纪50年代南京地区妇幼保健工作研究》，南京大学硕士学位论文2017年。

余洁英（广州中医药大学）

～刘小斌等：《1949年前岭南伤寒发展脉络探讨》，《中医文献杂志》2012年第4期。

《岭南伤寒文献收集及医家学术思想探讨（清至近代）》，广州中医药大学博士学位论文2011年。

刘小斌～：《近代广东名医黄省三〈流行性感冒实验新疗法〉》，《中华中医药学刊》2010年第9期。

～邱仕君等：《〈临证指南医案〉之"肝—胃"相关理论探析》，《广州中医药大学学报》2008年第2期。

于静（首都师范大学）

《疾病与鲁迅之关系探微》，首都师范大学硕士学位论文2007年。

于竞进（国家卫生健康委员会/中国卫生部疾病控制司/复旦大学）

《药品供应保障体系从建立到完善》，《中国卫生》2019年第10期。

《完善国家基本药物制度 健全药品供应保障体系》，《中国卫生》2019年第1期。

～王颖等：《我国疾病预防控制体系建设研究：困境 策略 措施》，《中国卫生资源》2008年第6期。

励晓红……陈英耀～等：《三年建设前后中国疾病预防控制机构突发应急处置能力的比较研究》，《中国公共卫生管理》2007年第3期。

孙梅……陈英耀～等：《三年建设前后中国疾病预防控制机构应用性研究能力的比较研究》，《中国公共卫生管理》2007年第3期。

罗力……陈英耀～等：《三年建设前后中国疾病预防控制机构实验室检验能力的比较研究》，《中国公共卫生管理》2007 年第 3 期。

罗力……陈英耀～等:《三年建设前后中国疾病预防控制机构公共职能落实情况的比较研究》,《中国公共卫生管理》2007 年第 3 期。

～于明珠等:《中国疾病预防控制体系的困境和改革要求》,《中国公共卫生管理》2007 年第 2 期。

陆耀良……陈政～等:《三年建设前后疾病预防控制机构人力规模的比较研究》,《中国公共卫生管理》2007 年第 2 期。

《三年建设前后我国疾病预防控制体系人力资源配置状况比较研究》,复旦大学博士学位论文 2006 年。

苏忠鑫……罗力～等:《中国疾病预防控制中心公共职能的界定》,《卫生研究》2005 年第 3 期。

张光鹏～于明珠等:《中国疾病预防控制体系公共职能偏废的根源分析》,《卫生研究》2005 年第 2 期。

王伟成～于明珠等:《重塑中国疾病预防控制体系的改革步骤》,《卫生研究》2005 年第 2 期。

晶晶～于明珠等:《论证我国疾病预防控制体系公共职能偏废的治本策略》,《卫生研究》2005 年第 2 期。

～于明珠等:《论证中国疾病预防控制体系的首要问题》,《卫生研究》2005 年第 1 期。

余菁菁(浙江大学)

《中美药品监管体制比较研究》,浙江大学硕士学位论文 2008 年。

俞景茂(浙江中医学院)

《薛铠与薛己儿科学术特点探讨》,《浙江中医杂志》1996 年第 1 期。

《钱乙学术源流论》,《中医杂志》1988 年第 3 期。

《钱乙学术思想研究进展》,《山东中医学院学报》1988 年第 1 期。

《〈温病条辨〉的学术建树》,《中医药学报》1984 年第 6 期。

《王伯岳儿科医话二则》,《北京中医》1984 年第 1 期。

《国内仲景学说近况与展望》,《中医药学报》1983 年第 6 期。

《略论孙思邈对儿科学的贡献》,《湖北中医杂志》1983 年第 5 期。

《陈文中儿科学术思想探要》,《中医药学报》1983 年第 3 期。

～王伯岳:《小儿生理病理特点的各家学说及我见》,《山东中医学院学报》1983 年第 2 期。

《钱乙论治小儿脾胃病初探》,《湖北中医杂志》1981 年第 4 期。

于景枚

《痘疮源流》,《中华医学杂志》1941 年第 11 期。

于孔宝(山东理工大学)

《扁鹊与中国医学》,《管子学刊》2013 年第 1 期。

于坤(中国劳动和社会保障部)

～曹建文:《以社会医疗保险为主体医疗保障制度国家间的比较和分析》,《中国卫生资源》2006 年第 6 期。

于兰(北京儿童医院)

《20 世纪初欧洲的小儿科学》,《中华医史杂志》1999 年第 4 期。

《20 世纪早期美国的小儿科学》,《中华医史杂志》1999 年第 3 期。

于兰馥

《再谈"滇南本草"（并答曾育麟先生提出的两点商榷）》，《医学史与保健组织》1958年第2期。

于乃义～:《"滇南本草"的考证与初步评价》，《医学史与保健组织》1957年第1期。

于雷（北京中医药大学）

《宋元明清目录书所载亡佚中医古籍研究》，北京中医药大学硕士学位论文2014年。

李翠华、王育林～:《〈正续一切经音义〉中病症名称义疏举隅》，《北京中医药》2011年第5期。

王育林～董琳琳:《论汉代训诂书中的疾病名及其释义》，《中医药文化》2011年第4期。

王育林、李翠华～:《论〈正续一切经音义〉病证名兼考"癫痫""痰饮"》，《北京中医药》2011年第3期。

于丽玲（首都医科大学）

《国家社会保障体系中的基石——日本医疗保障制度的沿革与全民健康保障体系的建立》，《医院院长论坛》2012年第3期。

于丽珊（中国中医药报社）

《中医教育"近代模式"淡化了中医特色》，《中国中医药报》2006年2月22日004版。

俞莲实（复旦大学/韩国全南国立大学）

《20世纪30年代北平妇婴保健会及其医疗服务》，《经济社会史评论》2015年第3期。

《民国时期知识女性对节育的认识和避孕方法》，《中国社会历史评论》2011年00期。

《民国时期关于"生育节制"的四大论战》，《史林》2008年第5期/《历史教学（高校版）》2009年第4期。

《民国时期城市生育节制运动的研究——以北京、上海、南京为重点》，复旦大学博士学位论文2008年。

余粮才（天水师范学院）

《神圣时空下伏羲庙灸百病习俗的人类学阐释》，《西北民族研究》2013年第4期。

于玲（山东省中医药研究院）

《"心主神明"与"脑主神明"溯源》，《山东中医药大学学报》2014年第4期。

《中医"心代脑思"理论的成因溯源》，《北京中医药大学学报》2012年第9期。

《探究〈黄帝内经〉中隐藏的现代大脑功能》，《中国中医基础医学杂志》2013年第9期。

于玲玲（北京大学）

《作为社会行动者的中华麻疯救济会》，《历史教学（下半月刊）》2010年第2期。

雨龙

《关于〈医心方〉的版本流传》，《医古文知识》2004年第1期。

于露婧（中国中医科学院）

《黄元御〈伤寒杂病论〉学术思想及在心系病中应用》，中国中医科学院硕士学位论文2015年。

于梦羽（山东大学）

《从健康传播角度分析青少年性健康教育报道》，山东大学硕士学位论文2014年。

于淼（上海交通大学）

《沪上主流媒体医患关系报道框架研究——以〈解放日报〉〈文汇报〉为例》，《中国传媒科技》2013年第22期。

余旻璟（北京中医药大学）

《〈食疗纂要〉的饮食康复文献研究》，北京中医药大学硕士学位论文 2011 年。

俞明（东华大学）

《从哈巴罗夫斯克审判看侵华日军的细菌战罪行》，《东华大学学报（社会科学版）》2004 年第 2 期。

于乃义

～于兰馥：《"滇南本草"的考证与初步评价》，《医学史与保健组织》1957 年第 1 期。

～武季皋：《云南地方病的历史文献简介》，《云南日报》1957 年 3 月 28 日。

《云南历史上医林人物概述》，《云南日报》1957 年 2 月 15 日。

虞农（民族出版社）

《清代西藏藏医学的发展》，《中国藏学》2008 年第 3 期。

于鹏杰（四川大学）

～安娜：《中国农民治疗行为研究——以四川省阆中市江南镇前锋村为例》，《医学与社会》2005 年第 3 期。

余启应（武汉大学）

《法国的疾病医疗保险》，《法国研究》1997 年第 2 期。

于倩（河南大学）

《毕淑敏小说中的疾病书写》，河南大学硕士学位论文 2014 年。

俞乔（清华大学）

～杜修立等：《有限医疗资源在全病种范围配置的有效性分析》，《中国社会科学》2013 年第 10 期。

杜修立、张宣传～：《城镇职工基本医疗保险与大病医疗的投入产出效率：基于单病种的实证分析》，《中国卫生经济》2011 年第 9 期。

杜修立～：《住院医疗费用的影响因素研究：基于医院样本的实证分析》，《中国卫生经济》2011 年第 2 期。

禹权恒（信阳师范学院）

《论当代文学中"疯癫"形象的文化蕴涵》，《艺术广角》2011 年第 1 期。

《论新时期文学疯癫形象类型及其特质》，《乐山师范学院学报》2010 年第 4 期。

《论新时期文学中"疯癫"形象的叙事意义》，《重庆师范大学学报（哲学社会科学版）》2009 年第 2 期。

俞荣根（西南政法大学）

～吕志兴：《中国古代法医学：宋（慈）学——宋慈及其〈洗冤集录〉》，《中国司法鉴定》2006 年第 1 期。

～洪蕾：《儒家文化与中医药学》，《中华文化论坛》2005 年第 3 期。

宇汝松（山东大学／南京大学）

《道教文化视野下对克隆人的伦理思考》，《武汉科技大学学报（社会科学版）》2009 年第 1 期。

《道医文化略论》，《世界宗教文化》2007 年第 4 期。

于瑞麒（吉林大学）

《从 1910—1911 年黑龙江鼠疫看早期〈大公报〉的健康传播》，《黑龙江史志》2015 年第 12 期。

余珊珊（厦门大学）

《美国医疗保险的联邦立法之路（1912—1965）——从私营主导走向政府参与》，厦门大学硕士学位论文 2006 年。

俞尚德

《我国古代在药物方面的集中伟大发明》,《中级医刊》1958 年第 2 期。

《祖国医学关于麻醉药的文献》,《上海中医药杂志》1956 年第 5 期。

虞尚仁

《祖国医学有关痔核的史料简介》,《中医杂志》1957 年第 6 期。

俞慎初(福建中医学院)

《孙思邈与印度医学》,《中医函授通讯》1992 年第 3 期。

华碧春~:《试探温病学说地域性和实用性形成的历史原因》,《陕西中医》1989 年第 4 期。

《"医善专心,药贵经验"明代普及医学的先驱——熊宗立的学术思想及著述考证》,《福建中医药》1987 年第 5 期。

《苏颂及其〈图经本草〉考》,《河北中医》1982 年第 3 期。

《河间学派开山——刘完素》,《福建中医药》1982 年第 4 期。

《陈修园学术经验简介》,《福建医药杂志》1980 年第 6 期。

《祖国炼丹术与制药化学的发展》,《浙江中医杂志》1957 年第 8 期。

《黄帝内经的考证及其价值》,《浙江中医药》1957 年第 4 期。

《宋代发医学家——宋慈》,《新中医药》1956 年第 5 期。

《中医对癫狂痫的论治》,《上海中医药杂志》1955 年第 12 期。

《晋王叔和在脉学上的伟大贡献》,《新中医药》1955 年第 9 期。

玉时阶(广西民族大学)

《壮族巫术、巫师与巫医》,《世界宗教研究》2011 年第 2 期。

余仕麟(西南民族大学)

《从〈四部医典〉看早期藏族社会的医护职业道德》,《西南民族大学学报(人文社会科学版)》2012 年第 12 期。

俞世伟(安徽省六安地区中医院)

《〈白氏内经〉等合编成〈素问〉的考证》,《甘肃中医学院学报》1999 年第 3 期。

~刘丽:《〈灵枢〉第三经文系统考证——〈扁鹊内经〉〈外经〉研究》,《甘肃中医学院学报》1996 年第 1、4 期。

《〈黄帝内经〉与〈灵枢〉、〈素问〉关系考析》,《安徽中医学院学报》1993 年第 3 期。

《〈灵枢〉与〈素问〉的关系——谈王冰等人的考证观》,《上海中医药杂志》1993 年第 1 期。

《收遗微秘 重方轻理——论晋唐医学的模式与瑕玼》,《上海中医药杂志》1991 年第 6 期。

于双成(白求恩医科大学)

~吴运涛等:《中西方医学教育之比较研究》,《医学与哲学》1999 年第 6 期。

于双平(军事医学科学院)

~贾易臻等:《加拿大军队援助菲律宾开展台风"海燕"灾后医学救援行动概述》,《灾害医学与救援(电子版)》2017 年第 3 期。

~贺桢等:《加拿大军队援助尼泊尔震后医学救援行动概述》,《灾害医学与救援(电子版)》2017 年第 1 期。

~马晓龙等:《无国界医生组织援助西非三国抗埃行动概述》,《灾害医学与救援(电子版)》2016 年第 4 期。

～董罡等：《英国军队援塞抗埃行动及与我军对比分析》，《军事医学》2016 年第 3 期。

～杜国福等：《以色列军队卫勤力量参与国际灾害救援组织模式概述》，《灾害医学与救援（电子版）》2016 年第 2 期。

～李丽娟等：《美军援利抗埃行动派兵模式和卫勤保障主要做法》，《灾害医学与救援（电子版）》2016 年第 1 期。

～杜国福等：《菲律宾 2013 年台风海燕灾后国际医学救援行动概述》，《灾害医学与救援（电子版）》2015 年第 4 期。

～杜国福等：《北约化生核放防护多国联合特种部队概述》，《灾害医学与救援（电子版）》2014 年第 2 期。

～吴东等：《美军参与"3·11"东日本大地震医学救援的主要经验和做法》，《灾害医学与救援（电子版）》2014 年第 1 期。

～王伟等：《加拿大军队国际灾害医学救援机制分析》，《军事医学》2013 年第 10 期。

～吴东等：《北约军队化生核放应急防控组织机制与主要做法》，《军事医学》2013 年第 9 期。

郭金鹏……王萍～尹志涛等：《加拿大军队国际灾害医学救援机制分析》，《军事医学》2013 年第 9 期。

～王伟等：《美军海地大地震应急医学救援行动》，《灾害医学与救援（电子版）》2013 年第 1 期。

～王伟等：《透视美国国家兽医物资储备》，《军事医学》2013 年第 1 期。

～焦剑等：《加拿大第一野战医院参加海地大地震应急医学救援的主要做法与经验》，《灾害医学与救援（电子版）》2012 年第 4 期。

～张明华等：《加拿大军队海地大地震应急医学救援行动》，《灾害医学与救援（电子版）》2012 年第 3 期。

～杨征等：《透视美军自杀防控工作》，《军事医学》2012 年第 1 期。

～龙民慧等：《尼帕病毒的研究现状》，《现代预防医学》2008 年第 13 期。

～姜晓舜等：《美国的灾害救援应急医疗物资国家战略储备》，《中国急救复苏与灾害医学杂志》2008 年第 4 期。

～姜晓舜等：《马尔堡出血热的研究进展》，《应用预防医学》2008 年第 2 期。

余双旗（上海师范大学）

《松江县血吸虫病防治运动研究（1951—1970）》，上海师范大学硕士学位论文 2019 年。

虞舜（南京中医药大学）

～黄晶晶：《〈仁存孙氏治病活法秘方〉补证》，《中华中医药杂志》2017 年第 10 期。

温雯婷～：《〈卫生宝鉴〉特点与中医传承价值》，《中医文献杂志》2016 年第 1 期。

张雷强～：《〈本草二十四品〉文献研究》，《安徽中医药大学学报》2015 年第 6 期。

温雯婷～：《〈卫生宝鉴〉成书及初刊年代辨析》，《中华医史杂志》2015 年第 4 期。

张雷强～：《汉文佛经中涉医文献整理研究的概况》，《时珍国医国药》2013 年第 7 期。

～汪受传等：《论中医药标准研制中的文献研究》，《时珍国医国药》2013 年第 2 期。

张伟慧～：《〈本草纲目〉血证论治探要》，《新中医》2011 年第 12 期。

张工彧～陈仁寿：《〈饮膳正要〉中养生康复思想述要》，《南京中医药大学学报（社会科学版）》2011

年第 3 期。

张伟慧～:《〈金匮要略〉大黄应用探析》,《山东中医药大学学报》2011 年第 4 期。

周健～:《〈医林改错〉失误辨析》,《光明中医》2010 年第 4 期。

～仇伟:《犀角地黄汤方名出处考》,《江苏中医药》2009 年第 12 期。

于莉英、王旭东～石历闻:《〈难经〉"奔豚"与〈金匮要略〉"奔豚"之比较》,《时珍国医国药》2009 年第 11 期。

周健～:《"十八反"不反》,《光明中医》2009 年第 10 期。

于莉英、王旭东～石历闻:《〈金匮要略〉载误治后发作奔豚病的方证分析》,《时珍国医国药》2009 年第 9 期。

《〈新修本草〉卷数研究》,《南京中医药大学学报(社会科学版)》2008 年第 4 期。

《〈新修本草〉体例的研究》,南京中医药大学学报(社会科学版)》2006 年第 4 期。

《现存〈蜀本草〉中〈新修本草〉佚文考》,《南京中医药大学学报(社会科学版)》2004 年第 3 期。

《〈嘉祐本草〉增引的"唐本"考察》,《中华医史杂志》2004 年第 1 期。

《〈新修本草〉所据〈本草经集注〉底本的有关问题》,《南京中医药大学学报(社会科学版)》2003 年第 3 期。

《〈新修本草〉编撰者初考》,《南京中医药大学学报(社会科学版)》2000 年第 1 期。

史正刚～:《敦煌美容医方特色述评》,《甘肃中医》1998 年第 6 期。

《〈吴普本草〉亡佚时间考》,《甘肃中医学院学报》1996 年第 3 期。

禹思宏（陕西省中医药研究院/陕西中医学院）

《基于〈证类本草〉的陕西省道地药材文献分析与研究》,《中国现代中药》2019 年第 3 期。

王晓琳～:《陕西古代疫情研究——以陕西地方志为中心》,《中医文献杂志》2019 年第 2 期。

《〈伤科补要〉版本述略》,《吉林中医药》2018 年第 4 期。

～焦振廉:《歌诀体医书〈退思集类方歌注〉体裁初探》,《中医药文化》2015 年第 5 期。

焦振廉～:《导引养生专书〈卫生要术〉考略》,《山西中医学院学报》2015 年第 4 期。

《中国古代医学教育源流考》,陕西中医学院硕士学位论文 2012 年。

《西风东渐下的医学教育发展——论近代教会医院及医学校对我国医学教育事业的影响》,《学理论》2012 年第 14 期。

于天池（北京师范大学）

《三径蓬蒿贫处士 一囊皮骨病维摩 从蒲松龄的疾病谈起》,《明清小说研究》2004 年第 3 期。

于天一（黑龙江中医药大学）

王海燕～:《秦汉古籍中的痛风认知异同初探》,《中医药学报》2017 年第 5 期。

～刘雅芳等:《秦汉时期中医学理论的解剖基础再解读》,《中医药信息》2016 年第 3 期。

～程伟:《浅论传统中医学在现代临床治疗体系中的作用及其影响——以痹证(类风湿关节炎)治疗手段为例》,《中医药学报》2015 年第 5 期。

《中医药和针灸在英国的传播与发展》,《针灸临床杂志》2011 年第 11 期。

余玮

《陈竺:从赤脚医生到专家政要》,《商场现代化》2013 年第 28 期。

郁苇

《"三一七"与国医节》,《中华医史杂志》2001 年第 2 期。

俞卫（上海财经大学）

～杨永梅：《中国农民大病医疗负担研究：基于印度的经验》，《学习与探索》2012 年第 2 期。

于卫东（滨州医学院附院）

《论刘完素"火热论"的形成及其影响》，《滨州医学院学报》1985 年第 1 期。

于维萍（山东中医药大学附院）

《药膳的渊源》，《山东食品科技》1999 年第 1 期。

于文（复旦大学）

《生育与国家：1950 年代中国妇婴卫生运动中的政治、科学与性别》，复旦大学硕士学位论文 2008 年。

于文忠（中国中医研究院）

《〈山家清供〉的食疗特点》，《中医杂志》1991 年第 3 期。

《外科丹药考略》，《中医研究》1988 年第 4 期。

苑景春～：《古方麦饭石（膏）源流考略》，《新中医》1988 年第 1 期。

《〈永类钤方〉在伤科方面的主要成就》，《中医杂志》1981 年第 6 期。

余无言

《中医外科简史》，《浙江中医杂志》1957 年第 6 期。

《中医麻醉药的探讨》，《新中医药》1956 年第 10 期。

虞锡桂

《十年和九十年——记天津人民医院的巨变》，《天津日报》1962 年 2 月 8 日。

俞贤在（上海中医药大学）

～张志枫等：《日本汉方腹诊的起源与流派形成》，《中医药文化》2013 年第 3 期。

俞香顺（南京师范大学）

《唐诗"药栏"考辨》，《中国韵文学刊》2015 年第 1 期。

于潇（吉林大学）

～包世荣：《健康中国背景下医养结合养老模式研究》，《社会科学战线》2018 年第 6 期。

～韩烁等：《吉林省糖尿病治疗费用分析》，《医学与社会》2018 年第 6 期。

～韩烁等：《吉林省老年人群治疗费用分析——基于卫生费用核算体系"SHA2011"》，《人口学刊》2018 年第 3 期。

～赵毅博：《日本介护保险制度下的老年护理服务介绍》，《人口学刊》2014 年第 3 期。

于潇（四川民族学院）

～孙露娇：《浅析天主教对康区医疗卫生事业的影响——以康定为例》，《四川民族学院学报》2019 年第 2 期。

于小波

《"陈李济"药厂传奇》，《纵横》2000 年第 9 期。

余潇枫（浙江大学）

赵振拴……厉梦～：《非传统安全视角下的中国国境卫生检疫风险识别研究及应用》，《检验检疫学刊》2014 年第 3 期。

《非传统安全治理能力建设的一种新思路——"检验检疫"的复合型安全职能分析》，《人民论坛·学术前沿》2014 年第 9 期。

虞孝国（上海医科大学附属儿科医院）

《精神病护理史》，《中华医史杂志》1992 年第 1 期。

～程之范：《欧洲 19 世纪的护理工作（南丁格尔前）》，《中华医史杂志》1988 年第 3 期。

～程之范：《文艺复兴至 18 世纪的护理史》，《中华医史杂志》1988 年第 1 期。

～程之范：《国外古代护理史》，《中华医史杂志》1987 年第 2 期。

虞孝贞（浙江中医学院）

《略述杨继洲与〈针灸大成〉》，《浙江中医学院学报》1981 年第 3 期。

余欣

《附子考：从一类药物看东西文化交流》，《文史》2005 年第 3 期。

禹新初（湖南省中医药研究院/湖南省中医药研究所）

《郑守谦》，《湖南中医杂志》1995 年第 3 期。

《吴汉仙》，《湖南中医杂志》1994 年第 2 期。

《湖南医籍考》，《湖南中医杂志》1986 年第 4、5、6 期；1987 年第 1、2、5、6 期；1988 年第 1、2、3、6 期；1989 年第 4、5 期。

《民国时期湖南中医药界反对政府歧视中医药斗争纪实》，《湖南中医学院学报》1985 年第 3 期。

《汪石山的医学成就》，《江苏中医》1966 年第 1 期。

于新春（吉林师范大学）

～孙昊：《略论金代医药与疾病治疗》，《兰台世界》2013 年第 33 期。

～孙昊：《论辽代医药及疾病治疗》，《北方文物》2013 年第 4 期。

余新恩（上海第二医学院）

《西北各地掘出古物和墓葬对卫生史料之参考》，《中华医史杂志》1958 年第 2 期。

俞欣玮（浙江中医药大学/浙江中医院）

陆海峰～：《〈伤寒论〉"蚘"字之我见》，《浙江中医药大学学报》2014 年第 6 期。

陆海峰～：《〈妇科玉尺〉清代刻本考略》，《江西中医药大学学报》2014 年第 1 期。

陆海峰……李晓寅～：《从〈女科撮要〉看薛己的妇产科学术特点》，《浙江中医药大学学报》2012 年第 10 期。

王勇～：《〈女科撮要〉学术思想浅析》，《内蒙古中医药》2012 年第 10 期。

姚晓岚……梁伟云～：《刘完素"玄府气液说"初探》，《上海中医药大学学报》2009 年第 1 期。

《论明清痰饮说之新发展》，《中国中医基础医学杂志》2006 年第 8 期。

～殷瑛等：《〈肘后备急方〉现代急救方法源流考》，《浙江中医药大学学报》2006 年第 4 期。

《〈诸病源候论〉对宣导术的发挥》，《中华医史杂志》2006 年第 3 期。

～方迪龙等：《从金元四大家学术思想探讨老年性痴呆的防治》，《中医杂志》2006 年第 9 期。

～姚真敏：《从〈病理学读本〉探张山雷学术思想》，《浙江中医学院学报》1996 年第 2 期。

～张炫炫：《略谈丹溪养生观》，《浙江中医学院学报》1990 年第 3 期。

《简论缪希雍学术思想对叶桂学术的影响》，《甘肃中医学院学报》1988 年第 4 期。

余新忠（南开大学）

《明清医患互动中的人文关怀》，《人民论坛》2019 年第 36 期。

《医学史研究方法漫谈》，《天津中医药大学学报》2018 年第 5 期。

《融通内外：跨学科视野下的中医知识史研究刍议》，《齐鲁学刊》2018 年第 5 期。

汪燕平～:《宋元以降本草书写与地道药材建构探论——以肉苁蓉和锁阳的入药史为例》,《安徽大学学报(哲学社会科学版)》2018 年第 3 期。

《序言:在对生命的关注中彰显历史的意义》,余新忠主编《新史学》第九卷:医疗史的新探索(2017)。

～王沛珊:《科学化·专业化·国学化——晚清以来现代中医的生成》,《文化纵横》2017 年第 3 期。

～陈思言:《医学与社会文化之间——百年来清代医疗史研究述评》,《华中师范大学学报(人文社会科学版)》2017 年第 3 期。

杨晓越～:《医生也"疯狂":明清笑话中的庸医形象探析》,《安徽史学》2017 年第 1 期。

《真实与建构:20 世纪中国的疫病与公共卫生鸟瞰》,《安徽大学学报(哲学社会科学版)》2015 年第 5 期。

《当今中国医疗史研究的问题与前景》,《历史研究》2015 年第 2 期。

《生命史学:医疗史研究的趋向》,《人民日报》2015 年 6 月 3 日第 16 版。

王凤展～:《牛奶的近代性:以营养和卫生为中心的思考》,《中国社会历史评论》2015 年 00 期。

《医圣的层累造成(1065—1949 年)——"仲景"与现代中医知识建构系列研究之一》,《历史教学(下半月刊)》2014 年第 7 期。

刘希洋～:《新文化史视野下家族的病因认识、疾病应对与病患叙事——以福建螺江陈氏家族为例》,《安徽史学》2014 年第 3 期。

《浅议生态史研究中的文化维度——基于疾病与健康议题的思考》,《史学理论研究》2014 年第 2 期。

《医疗史研究中的生态视角刍议》,《人文杂志》2013 年第 10 期。

《从宫廷到社会——国家医疗卫生的近代演变》,《紫禁城》2013 年第 7 期。

《清代城市水环境问题探析:兼论相关史料的解读与运用》,《历史研究》2013 年第 6 期。

《回到人间 聚焦健康——新世纪中国医疗史研究刍议》,《历史教学(下半月刊)》2012 年第 11 期。

杨璐玮～:《评梁其姿〈从疠风到麻风:一种疾病的社会文化史〉》,《历史研究》2012 年第 4 期。

～杨璐玮:《马根济与近代天津医疗事业考论——兼谈"马大夫"与李中堂"兴医"的诉求歧异与相处之道》,《社会科学辑刊》2012 年第 3 期。

《复杂性与现代性:晚清检疫机制引建中的社会反应》,《近代史研究》2012 年第 2 期。

《"良医良相"说源流考论——兼论宋至清医生的社会地位》,《天津社会科学》2011 年第 4 期。

《晚清的卫生行政与近代身体的形成——以卫生防疫为中心》,《清史研究》2011 年第 3 期。

《卫生何为——中国近世的卫生史研究》,《史学理论研究》2011 年第 3 期。

《扬州"名医"李炳的医疗生涯及其历史记忆——兼论清代医生医名的获取与流传》,《社会科学》2011 年第 3 期。

《历史情境与现实关怀——我与中国近世卫生史研究》,《安徽史学》2011 年第 4 期。

《卫生史与环境史——以中国近世历史为中心的思考》,《南开学报(哲学社会科学版)》2009 年第 2 期。

《防疫、卫生、身体控制——晚清清洁观念和行为的演变》,载黄兴涛主编《新史学》第 3 卷(北京:中华书局 2009)。

《从避疫到防疫:晚清因应疫病观念的演变》,《华中师范大学学报(人文社会科学版)》2008 年第 2 期。

《瘟疫与人》,《中国减灾》2008 年第 9 期。

《另类的医疗史书写——评杨念群著〈再造"病人"〉》,《近代史研究》2007 年第 6 期。

《首届"社会文化视野下的中国疾病医疗史"国际学术研讨会召开》,《中华医史杂志》2006 年第 4 期。

《清代江南的卫生观念与行为及其近代变迁初探——以环境和用水卫生为中心》,《清史研究》2006 年第 2 期。

《大疫探论:以乾隆丙子江南大疫为例》,《江海学刊》2005 年第 4 期。

《海峡两岸中国医疗社会史研究述论》,载孙江主编《〈新社会史〉第 1 辑:事件—记忆—叙述》(杭州:浙江人民出版社 2004)。

《非典·瘟疫史·生命关怀——我与疫病医疗社会史研究》,《书城》2003 年第 7 期。

《中国疾病、医疗史探索的过去、现实与可能》,《历史研究》2003 年第 4 期。

～夏明方等:《自然灾难史:思考与启示》,《史学理论研究》2003 年第 4 期。

《清代江南种痘事业探论》,《清史研究》2003 年第 2 期。

《20 世纪以来明清疾疫史研究述评》,《中国史研究动态》2002 年第 10 期。

《清代江南医疗中的"迷信"行为考察》,《中国社会史学会会议论文集》2002 年 8 月

《咸同之际江南瘟疫探略——兼论战争与瘟疫之关系》,《近代史研究》2002 年第 5 期。

《清代江南疫病救疗事业探析——论清代国家与社会对瘟疫的反应》,《历史研究》2001 年第 6 期。

《嘉道之际江南大疫的前前后后——基于近世社会变迁的考察》,《清史研究》2001 年第 2 期。

《关注生命——海峡两岸兴起疾病医疗社会史研究》,《中国社会经济史研究》2001 年第 3 期。

《清代江南瘟疫对人口之影响初探》,《中国人口科学》2001 年第 2 期。

《烂喉痧出现年代初探》,《中华医史杂志》2001 年第 2 期。

娱轩

《现代脑手术之父 Dr.Harvey Cushing》,《东华月刊》1949 年第 5 期。

《盘尼西林的女功臣》,《东华月刊》1949 年第 8 期。

于翾(贵州大学)

《TPP 协定下的药品专利保护问题研究》,贵州大学硕士学位论文 2017 年。

余璇(华东师范大学)

《明清江南的民间医者及其医疗实践》,华东师范大学硕士学位论文 2009 年。

余学玲

《中国人始留学欧洲习医术者黄公绰卿行述》,《医学卫生报》1908 年第 5 期。

俞雪如(上海中医药大学)

《为汉方医学奋斗的灿烂一生——悼念日本汉方医学界泰斗矢数道明先生》,《医古文知识》2003 年第 2 期。

《中医学食养、食治、药膳的起源与发展史》,《中药材》2002 年第 5 期。

《柯琴、周南与吉益东洞之〈类聚方〉暨周南其人考》,《医古文知识》2001 年第 2 期。

《浅论中医学与日本汉方医学之异同》,《医古文知识》1997 年第 4 期。

《食养、食疗与药膳之异同》,《药膳食疗研究》1997 年第 2 期。

《江浙医文化对日本汉方医学的影响》,《浙江中医杂志》1995 年第 5 期。

《医林状元龚廷贤与日本汉方医学》,《上海中医药杂志》1991 年第 10 期。

余迅翎（暨南大学）

《东华医院与近代香港华人社会》，暨南大学硕士学位论文 2008 年。

喻燕姣（湖南省博物馆）

《浅谈马王堆医书祝由疗法》，《华夏文化》1995 年第 6 期。

《马王堆医书与饮食疗法》，《华夏文化》1994 年 Z1 期。

余焱明（湖北省疾病预防控制中心/湖北省全球基金艾滋病防治项目办公室）

《艾滋病患者社会歧视的归因分析》，《社会工作（学术版）》2011 年第 5 期。

《民间组织参与湖北省艾滋病防治工作的对策研究》，《公共卫生与预防医学》2011 年第 1 期。

～王焕强等：《湖北省建国以来尘肺病发病的历史状况和趋势分析》，《中国工业医学杂志》2010 年第 3 期。

胡晓云……山建国～孙奕：《湖北省 4 类艾滋病高危人群高危行为分析》，《现代预防医学》2007 年第 24 期。

胡晓云……山建国～鲁轶等：《1626 名 CSWs 艾滋病相关 KABP 现状及影响因素研究》，《医学与社会》2007 年第 8 期。

～程玲：《艾滋病患者的困境需求与社会支持》，《公共卫生与预防医学》2006 年第 5 期。

余泱川（海南医学院/广州中医药大学）

《台北故宫藏抄本丘濬〈群书钞方〉考述》，《中医杂志》2019 年第 16 期。

～刘倩等：《浅论中医学的整合医学特征》，《医学争鸣》2019 年第 4 期。

～尹明章等：《明代海南丘氏家族医学事迹及著作考述》，《中国中医基础医学杂志》2018 年第 9 期。

～李可波：《日本藏抄本〈群书钞方〉考略》，《图书馆学刊》2016 年第 4 期。

～王玄览等：《丘濬〈群书钞方〉成书及版本初探》，《中国中医药图书情报杂志》2016 年第 3 期。

～刘小斌等：《基于谪琼文献的苏轼海南医学事迹考证》，《兰台世界》2015 年第 30 期。

～挽平等：《苏轼谪琼期间的养生理论与实践》，《医学与哲学（A）》2015 年第 5 期。

～刘小斌：《黄炜元〈辩疫真机〉与鼠疫的因机论治》，《中华中医药杂志》2013 年第 1 期。

余洁英……刘成丽～陈凯佳：《1949 年前岭南伤寒发展脉络探讨》，《中医文献杂志》2012 年第 4 期。

《广东当代中医学术史研究（1949 至 1979）》，广州中医药大学博士学位论文 2012 年。

～刘小斌：《中医古代文献关于眼睑下垂的认识源流》，《中华中医药杂志》2011 年第 5 期。

于业礼（上海中医药大学）

～张本瑞：《俄藏敦煌医学文献新材料整理研究》，《敦煌研究》2019 年第 5 期。

～张如青：《西夏汉文〈杂集时用要字〉药物部再论》，《图书馆理论与实践》2019 年第 3 期。

《王孟英与〈洄溪医案〉的刊刻》，《中医药文化》2019 年第 2 期。

～张苇航：《俄藏敦煌 Дх.09319 残片研究》，《中华医史杂志》2018 年第 6 期。

《俗字研究对敦煌本〈本草经集注〉的校勘价值举例》，《南京中医药大学学报（社会科学版）》2018 年第 4 期。

《丝绸之路上的一次医疗活动：俄藏 Дх.19064 文书解读》，《中医药文化》2018 年第 1 期。

～张苇航等：《黑水城出土汉文"胎产方残卷"考释》，《中医药文化》2017 年第 6 期。

张如青～张苇航：《出土医学文献的误读与过度诠释——以〈五十二病方〉为例》，《中医药文化》

2017 年第 5 期。

～熊俊:《天津中医药大学馆藏钞本王九峰医案二种考辨》,《中医文献杂志》2017 年第 4 期。

～熊俊:《王仲奇对〈黄帝内经〉的临床发微》,《安徽中医药大学学报》2017 年第 4 期。

～段逸山:《敦煌两件〈本草经集注·序录〉相关文书互勘举隅》,《中医文献杂志》2017 年第 2 期。

张如青～:《出土西夏汉文涉医文献研究述评》,《中医文献杂志》2017 年第 1 期。

～熊俊等:《〈古本难经阐注〉之"古本"系宋元时期吴澄校定本考》,《浙江中医药大学学报》2016 年第 11 期。

～张如青:《日本天理大学藏三件出土医学文书考证》,《南京中医药大学学报(社会科学版)》2016 年第 3 期。

王兴伊～:《敦煌〈黄帝明堂经〉残卷校释》,《敦煌研究》2016 年第 4 期。

～王兴伊:《楼兰文书所见"南斗主血,北斗主创"考》,《浙江中医药大学学报》2016 年第 5 期。

～王兴伊:《范行准先生敦煌医药文书研究述评》,《中医药文化》2016 年第 1 期。

孙洪盛楠～王兴伊等:《锡伯医药初探》,《中国民族民间医药》2015 年第 21 期。

～王兴伊:《吐鲁番出土牛疫方考》,《中医药文化》2015 年第 5 期。

～王兴伊:《新疆出土医药文献研究概述》,《中医文献杂志》2014 年第 3 期。

俞宜年(福建省中医药研究院)

～林慧光:《榕医锦翰 珍若拱璧——评〈壶天墨痕——近现代榕医锦翰〉》,《中医药文化》2014 年第 2 期。

～周春权:《方求其精 治求其验——简评〈皕一选方治验实录〉》,《中医药文化》2011 年第 5 期。

陈鳌石～:《中药名称的文化意蕴》,《中医药文化》2009 年第 6 期。

～林慧光:《〈方药求真〉评析》,《贵阳中医学院学报》2004 年第 4 期。

～蔡光东等:《明代温补学派用药特色探析》,《福建中医学院学报》1996 年第 1 期。

余依婷(广州中医药大学)

《台湾中药科技发展史研究》,广州中医药大学博士学位论文 2011 年。

余瀛鳌(中国中医科学院/中国中医研究院)

《"王道医学"的渊源及其证治特色》,《天津中医药》2019 年第 1 期。

李哲、李黎～:《〈医林改错〉方剂归"经"经络理论认识及中医传承发展的思考》,《中国中医药图书情报杂志》2014 年第 2 期。

《我的地域医学情结》,《中医药文化》2013 年第 4 期。

《名方续命汤考略》,《天津中医药》2013 年第 2 期。

《药学求本传承探源——〈神农药学文化研究〉荐评》,《中医文献杂志》2013 年第 1 期。

《八十自述》,《中华医史杂志》2012 年第 3 期。

《中、日、韩等国古代医学交流述略》,《国际中医中药杂志》2012 年第 2 期。

《天癸病论出新见》,《浙江中医杂志》2011 年第 12 期。

《〈夷坚志〉中的医人医事》,《家庭中医药》2011 年第 7 期。

《身没盛誉在宏著千年传——深切怀念国师大师裘沛然先生逝世一周年》,《中医药文化》2011 年第 3 期。

《辨析中医发展史中的"四大家"》,《中医药文化》2011 年第 1 期。

《杂谈"明医"》,《中国中医药现代远程教育》2010 年第 10 期。

《精医善教泽被杏林——纪念余无言先生诞辰 110 周年》,《中医药文化》2010 年第 6 期。

《疫病名家博济黎民——纪念余奉仙诞辰 150 周年》,《中华医史杂志》2010 年第 5 期。

江妙津～:《将欲升之必先降之》,《浙江中医杂志》2010 年第 3 期。

《明代临床各科名著〈证治准绳〉》,《北京中医药》2010 年第 3 期。

《中医孤本三种提要》,《中医文献杂志》2009 年第 2 期。

《中医对癌瘤病因的突出贡献》,《中华中医药学刊》2008 年第 9 期。

《王肯堂主编两部医学丛书赘述》,《中医文献杂志》2008 年第 6 期。

《中医古籍整理与文献研究的今昔观》,《中医药文化》2008 年第 3 期。

《〈中药名考证与规范〉述评》,《中华医史杂志》2008 年第 1 期。

《傅山医著考略及其学验特色浅论》,《中医文献杂志》2008 年第 1 期。

《〈傅青主男科〉中的临床方治》,《山西中医》2008 年第 1 期。

《纪晓岚与中医药学》,《家庭中医药》2007 年第 12 期。

《仲圣成书年代刍言——兼谈〈伤寒杂病论〉的重大建树》,《中国中医基础医学杂志》2006 年第 4 期。

《清以前温病温疫十大名著选介》,《中国中医基础医学杂志》2003 年第 9 期。

《溯因·辨证·辨病——论治三大要素》,《中医药学刊》2003 年第 3 期。

《余奉仙治疫经验》,《中国社区医师》2003 年第 11 期。

《一代宗师学验传世——纪念秦伯未先生诞辰 100 周年》,《上海中医药杂志》2001 年第 12 期。

《宣明德范,昭示来学——荐阅李济仁〈大医精要新安医学研究〉》,《中国中医基础医学杂志》1999 年第 11 期。

《〈医学集成〉等三种临床医学孤本简介》,《江苏中医》1997 年第 5 期。

《中国中医药古籍文献概说》,《传统文化与现代化》1995 年第 2 期。

陶晓华～:《中医脐疗法文献研究》,《中医杂志》1992 年第 10 期。

苏静～:《中医安胎方文献研究》,《中医杂志》1991 年第 7 期。

路京达、张遥～:《清初名医张璐生平及其著作》,《上海中医药杂志》1987 年第 8 期。

《秦伯未老师谈治学》,《中医杂志》1985 年第 1 期。

《祖国医学饮食卫生述略》,《辽宁中医杂志》1983 年第 10 期。

郭君双……王立～:《宋代儿科巨著〈幼幼新书〉》,《新中医》1983 年第 9 期。

《程玠及其〈松崖医径〉》,《安徽中医学院学报》1983 年第 2 期。

～盛维忠:《龙之章及其〈蠢子医〉》,《河南中医》1983 年第 1 期。

《荆州宝辉及其〈医医小草〉》,《湖北中医杂志》1981 年第 5 期。

《东垣要方简介——纪念李杲诞生八百周年》,《辽宁中医杂志》1981 年第 1 期。

～王致谱:《〈四圣心源〉述评》,《山东中医学院学报》1980 年第 4 期。

《〈伤寒论〉研究性著作简介》,《成都中医学院学报》1980 年第 1 期。

《清代脉学著作简介》,《成都中医学院学报》1979 年第 3 期。

《明清歙县名医在医学上的贡献》,《安医学报》1978 年第 4 期。

～杨润平:《〈伤寒杂病论〉中的外治法》,《江西医药》1964 年第 2 期。

余永(长春中医药大学)

《近代吉林省中医学术成就的文献整理与研究》,长春中医药大学硕士学位论文 2018 年。

于永敏(辽宁省中医研究院)

《满族药膳与食疗》,《中国民族报》2001 年 2 月 9 日 003 版。

～刘进等:《沈阳万国鼠疫研究会始末》,《中国科技史料》1995 年第 4 期。

《新发现〈蒙古药方〉考释》,《中国民族民间医药杂志》1994 年第 5 期。

～王忠云:《台湾医药卫生史料(1895—1945)》,《中华医史杂志》1994 年第 4 期。

《中国满文古医籍译著考述》,《中国科技史料》1993 年第 4 期。

《中国满文医学译著考述》,《满族研究》1993 年第 2 期。

《东北地区西医传入先驱者——司督阁博士》,《中国科技史料》1992 年第 4 期。

《满族药膳与食疗经验》,《满族研究》1992 年第 2 期。

《康熙帝与满族第一部医学译著〈钦定骼体全录〉》,《满族研究》1991 年第 1 期。

《清末民国时期辽宁医药卫生史略》,《中华医史杂志》1989 年第 4 期。

《东北古代人参史考述》,《中医药学报》1989 年第 4 期。

～史常永:《慈禧疾案〈北行日记〉》,差德忠、王国辰主编《中国中医药年鉴》(1989)(北京:中国中医药出版社 1989 年)。

～史常永:《朝医名著〈医方活套〉与〈李常和活套〉简介》,差德忠、王国辰主编《中国中医药年鉴》(1989)(北京:中国中医药出版社 1989 年)。

《珍本丛书未刊稿〈浙江名医传略〉简介》,差德忠、王国辰主编《中国中医药年鉴》(1990)(北京:中国中医药出版社 1990 年)。

《清代台湾医林人物小考》,差德忠、王国辰主编《中国中医药年鉴》(1990)(北京:中国中医药出版社 1990 年)。

《孙思邈养生初探》,《中医药学报》1987 年第 4 期。

《古医籍训诂二例》,《中医函授通讯》1983 年第 3 期。

于涌泉(吉林大学)

《中国对外援助状况研究(1949—2010)》,吉林大学硕士学位论文 2016 年。

余永燕(中国中医科学院/中国中医研究院)

《近 50 年中医教育机构发展史略》,《中国中医基础医学杂志》2005 年第 12 期。

《近代中医防治传染病重大创新之一——对"猩红热"病的认识与防治》,《中华中医药杂志》2005 年第 12 期。

《早期中西医汇通世家——陈定泰祖孙》,《江西中医学院学报》2005 年第 6 期。

～刘艳骄:《试论几种解决医患纠纷方式的利弊——兼论人民调解解决医患纠纷的前景》,《中国司法》2005 年第 2 期。

张志斌～:《20 世纪下半叶北京中医医疗机构发展史略》,《中华医史杂志》2005 年第 1 期。

《近代医界通才——谢观》,《中国中医基础医学杂志》2004 年第 11 期。

《近代中医防治白喉病史略》,《中华医史杂志》2004 年第 2 期。

《近代医家在中西医眼科汇通中的医事活动》,《中华医史杂志》2002 年第 1 期。

《烂喉痧(猩红热)病史考略》,《中华医史杂志》1998 年第 3 期。

《近代中医喉科发展史略》,《中国中医基础医学杂志》1997 年第 4 期。

《近代中医眼科发展史略(1840—1949)》,《中国中医眼科杂志》1997 年第 3 期。

余瑜(华东师范大学)

《20 世纪 60 年代美国毒品泛滥现象探析》,《宁波大学学报(人文社会科学版)》2005 年第 2 期。

余园园(浙江财经学院)

《西学东渐背景之下的医学词汇研究》,浙江财经学院硕士学位论文 2013 年。

于越(中国中医科学院/北京中医药大学)

靳宇智～付璐等:《番泻叶在我国用药史初探——兼谈近代"外来药本土化"现象》,《中国中药杂志》2016 年第 12 期。

～王育林等:《秦简病症名述略》,《中华医史杂志》2016 年第 3 期。

《秦楚简病名研究》,北京中医药大学硕士学位论文 2015 年。

俞月芳(桐庐县卫生防疫站)

《桐庐县 1949—1998 年麻风流行情况分析》,《浙江预防医学》1999 年第 5 期。

喻月慧(北京大学)

《转型中的中俄医疗保险制度比较分析》,《中国卫生政策研究》2014 年第 1 期。

余运西

《学会做听故事与讲故事的人》,《健康报》2014 年 9 月 5 日 005 版。

《杜治政:科学如不注入人性,就会走向反面》,《健康报》2014 年 1 月 24 日 007 版。

《人文病历:书写患者疾苦与体验》,《健康报》2012 年 3 月 30 日 005 版。

～孟小捷:《调整医患关系试试叙事医学》,《健康报》2011 年 11 月 7 日 001 版。

余云岫(于岩)

《医家五行说始于邹衍》,《医史杂志》1951 年第 3、4 期。

《百部之文献研究》,《北京中医》1954 年第 1 期。

《中国历史上出现的眼角睑缘结膜炎》,《医史杂志》1951 年第 1 期。

《古代医药文献之重要性》,《新医药刊》1944 年第 134 期。

《流行性霍乱与中国旧医学》,《中华医学杂志》1943 年第 6 期。

《说文解字病疏》,《医文》1943 年年第 2、4、5 期。

《国产药物之文献研究》,《医文》1943 年第 1、3、4 期。

《猩红热与中国旧医学》,《中华医学杂志》1941 年第 5 期。

《撰述医学史之我见》,《中华医学杂志(上海)》1936 年第 11 期。

《医史学与医学前途之关系》,《中西医药》1936 年第 9 期。

《神农本草三品异同考》,《社会医保》1933 年第 184 期。

《国产药物之文献研究》,《医药评论》1933 年年第 2、5 期;1934 年第 1、2 期。

《国产药物之文献研究》,《社会医报》1931 年第 146、150、151、152、153、154、155 期。

《论六气六淫》,《医药评论》1931 年第 62 期。

《中国淋病医案之第一例》,《医药评论》1930 年第 25 期。

《我国医学革命之破坏与建设》,《医药学》1929 年第 3 期。

《中华旧医结核病观念变迁史》,《华国月刊》1924 年第 11 期。

《中华结核病变迁史》,《中华医学杂志》1924 年第 2 期。

于兆杰(广州美术学院)

《中华传统武术和中医的理论渊源》,《搏击.武术科学》2007年第6期。

余兆晟(北京中医药大学)

《天台宗禅修与疾病观研究》,北京中医药大学硕士学位论文2014年。

于震(辽宁大学)

《辽宁省丹东市母婴健康信息的受众媒介接触行为研究》,辽宁大学硕士学位论文2012年。

余正行

《霍乱史话》,《西南卫生》1951年第6期。

于真健(绍兴市中医药研究所)

~杨彪:《论日本汉方医学方证相对》,《国医论坛》1996年第4期。

余植(四川大学)

《葛洪的医学思想对现代人医疗观念的启示》,《中国道教》2009年第2期。

~张维佳:《浅谈葛洪的医学思想》,《科教文汇(下旬刊)》2008年第10期。

《〈抱朴子养生论〉作者考辨》,《安徽文学(下半月)》2008年第10期。

俞志高(苏州市中医医院/苏州市中医学会)

《徐灵胎〈洄溪府君自序〉介绍》,《浙江中医杂志》2007年第1期。

《吴中名医薛生白》,《中医文献杂志》2002年第1期。

《吴中医学的传统特色及其开发价值》,《南京中医药大学学报(社会科学版)》2001年第4期。

《吴中医学史述略》,《上海中医药杂志》1990年第7期。

《〈吴门表隐〉中的中医药史料》,《南京中医学院学报》1988年第2期。

《〈张聿青医案〉刊刻始末》,《江苏中医》1988年第2期。

《翁同龢为〈柳选四家医案〉作序始末》,《江苏中医杂志》1987年第2期。

《我国医史上最早的一所"医院"》,《江苏中医杂志》1986年第4期。

《清末昆山医家王德森》,《江苏中医杂志》1985年第6期。

《唐宗海〈六经方证通解〉存疑》,《程度中医学院学报》1984年第2期。

余仲达(台湾淡江大学)

《与贸易有关之智慧财产权协定对拉丁美洲国家获取药物之影响》,淡江大学硕士学位论文2007年。

俞中元(浙江省中医药研究院)

陈峰~盛燮荪:《试论〈内经〉腧穴配伍理论对针灸处方学的贡献》,《浙江中医药大学学报》2008年第5期。

《伟哉艾灸 药石难及——承淡安对灸治的继承与发扬》,《中国针灸》2003年第9期。

《魏玉璜生平考略》,《中华医史杂志》1997年第1期。

《扶桑秘笈医家鸿宝——丹波康赖〈医心方〉编撰特色介绍》,《浙江中医杂志》1994年第1期。

于宙

《睾丸素的发现史》,《正言报》1946年8月14日。

余自汉(河南新县中医院/新县城关镇卫生所)

《〈黄帝内经〉成书基础和形成别识》,《河南中医》1992年第3、4期。

《〈黄帝内经〉与〈灵枢〉、〈素问〉关系初探》,《河南中医》1990年第4、5、6期。

《经络学说的起源之我见》,《河南中医》1989 年第 6 期。

《〈灵枢经〉体表解剖测量用尺考辨》,《河南中医》1984 年第 4 期。

《〈内经〉中黄老和儒家思想举隅》,《中医杂志》1983 年第 11 期。

《读〈黄帝内经〉成书年代质疑》和〈质疑补正〉之我见》,《河南中医》1983 年第 6 期。

《〈黄帝内经〉成书于齐考》,《河南中医》1982 年第 6 期。

余祖兰（四川外国语大学）

《病榻上的缪斯——论萧红小说中的疾病隐喻》,四川外国语大学硕士学位论文 2013 年。

袁本立（卫生部国际合作司）

《新西兰针灸情况介绍》,《中国中医药信息杂志》1996 年第 9 期。

《越南传统医学概况》,《中国中医药信息杂志》1995 年第 1 期。

袁冰（中国中医科学院/中国中医研究院）

袁媛……沈岳明～韩东等:《中药灵芝使用的起源考古学》,《科学通报》2018 年第 3 期。

方晓阳……朱建平～《萨满宗教活动中所用致幻药物之研究》,《中华医史杂志》2017 年第 4 期。

曹丽娟～:《民国三部中医法规研究》,《亚太传统医药》2015 年第 11 期。

赵艳、朱建平～曹丽娟等:《基于考古发掘报告的中医药起源相关文献研究》,《中医杂志》2014 年第 16 期。

曹丽娟、朱建平～方晓阳:《我国早期对灵芝功用的研究》,《亚太传统中医药》2013 年第 5 期。

～杨卫华等:《宋代名医陈言宗谱及籍贯考略》,《中医文献杂志》2013 年第 1 期。

曹丽娟～:《明代医家王纶与节斋化痰丸》,《亚太传统医药》2012 年第 12 期。

～石东平:《理中丸君药考辨》,《安徽中医学院学报》2011 年第 1 期。

～石东平:《试论运气学说对宋代方剂学的影响》,《中医文献中杂志》2009 年第 5 期。

～石东平:《方剂配伍中君药的演变》,《中华医史杂志》2009 年第 1 期。

石东平～:《颞颌关节脱位口内复位法源流》,《中华医史杂志》2006 年第 3 期。

～石东平等:《略论宋代的煮散》,《中华中医药杂志》2005 年第 10 期。

～Sonya Pritzker 等:《卑慄考略》,《中华医史杂志》2005 年第 4 期。

《〈伤寒总论病〉中关于温病的认识》,《中华医史杂志》2005 年第 2 期。

朱建平～:《明代方剂配伍理论初探》,《中国医药学报》2004 年第 5 期。

《〈医学统宗〉中的明代医学试题》,《中华医史杂志》2004 年第 2 期。

～朱建平:《方论肇始考略》,《中华医史杂志》2003 年第 3 期。

《方论始于宋》,《中华医史杂志》2003 年第 1 期。

～石东平:《略论儒家中庸思想对中医方剂学的影响》,《中华医史杂志》2002 年第 1 期。

周强～石东平:《明代方剂配伍理论初探》,《中医文献杂志》2002 年第 1 期。

～石东平:《仲景医方与〈小品方〉方剂比较研究》,《中华医史杂志》2001 年第 1 期。

袁博（南京大学）

《晚清东南地区禁烟时期的政治文化,1906—1912》,南京大学硕士论文 2013 年。

袁灿兴（江苏无锡城市学院）

《抗战时期的中国红十字会总会救护总队》,《文史天地》2012 年第 8 期。

袁长庚（中央民族大学）

《B 超的隐喻:对两个少数民族村寨妇幼保健服务的人类学反思》,中央民族大学硕士学位论文

2011 年。

袁长津(湖南省中医管理局)

《中国传统哲学思想对中医学术及临床思维的影响》,《湖南中医杂志》2018 年第 3 期。

《从中医与中国文化的渊源关系论中医学术的传承与创新》,《中医药导报》2008 年第 1 期。

《百年中医学术发展回眸》,《湖南中医药大学学报》2006 年第 5 期。

袁成毅(杭州师范学院)

《抗战时期浙江平民伤亡问题初探》,《民国档案》2004 年第 1 期。

袁大彬(哈尔滨师范大学)

《1910—1911 年哈尔滨鼠疫研究》,哈尔滨师范大学硕士学位论文 2012 年。

袁冬梅(中共重庆市委党校/重庆行政学院/西南大学)

《宋代江南地区流行病考证》,《重庆工商大学学报(社会科学版)》2008 年第 6 期。

《宋代江南地区疾疫成因分析》,《重庆工商大学学报(社会科学版)》2007 年第 4 期。

《宋代江南地区流行病研究》,西南大学硕士学位论文 2006 年。

袁冬生(广东中医药大学)

《喻嘉言〈尚论篇〉对伤寒学术的贡献》,《中医文献杂志》2003 年第 2 期。

《试论刘完素的医学哲学思想》,《中医文献杂志》1998 年第 2 期。

袁桂清(中华医学会)

～燕鸣等:《〈中华医学杂志〉编辑出版史》,《中国科技期刊研究》2003 年第 5 期。

～徐弘道:《〈中华医学杂志〉80 年文献计量学分析》,《中国科技期刊研究》1997 年第 4 期。

～汪镜:《中国医学期刊编辑出版史初步研究》,《中国科技期刊研究》1997 年第 2 期。

～徐弘道:《中华医学杂志史略》,《中华医学杂志》1996 年第 8 期。

《现代病学初探》,《中国社会医学》1992 年第 3 期。

原海兵(四川大学)

～刘岩等:《山西泽州县和村遗址出土春秋时期人骨初步研究》,《北方文物》2017 年第 4 期。

～朱泓:《牛河梁红山文化人群龋齿的统计与分析》,《人类学学报》2012 年第 1 期。

《殷墟中小墓人骨的综合研究》,吉林大学博士学位论文 2010 年。

袁鸿昌(上海医科大学)

～姜庆五:《我国血吸虫病科学防治的主要成就——庆祝建国 50 周年血防成就回顾》,《中国血吸虫病防治杂志》1999 年第 4 期。

袁鸿寿

《黄帝内经源流考》,《北京中医学院学报》1959 年第 10 期。

《关于中国医学史》,《中医杂志》1958 年第 1 期。

苑红霞(首都师范大学)

《X 射线的发现及其早期研究的历史回顾》,首都师范大学硕士学位论文 2003 年。

袁华(南京师范大学)

《丁福保与出版事业》,《江苏图书馆学报》1990 年第 5 期。

袁华杰(中国社会科学院)

《福柯的权力思想》,中国社会科学院研究生院硕士学位论文 2008 年。

袁洁（江西师范大学）

《从唐诗看唐代药材业》，江西师范大学硕士学位论文 2012 年。

袁金凤（江西师范大学）

《新型农村合作医疗制度优化农村收入分配的研究》，江西师范大学硕士学位论文 2013 年。

袁竞（云南大学）

《西医的传播发展与云南卫生事业的近代化》，《学术探索》2019 年第 1 期。

袁久林（上海中医药大学）

《民国名医包识生》，《团结报》2019 年 8 月 29 日 006 版。

鲍健欣～：《民国时期上海县志中的医者形象》，《中医药文化》2019 年第 4 期。

刘庭炜～：《论张锡纯健脾消积法治疗妇科病特色》，《中医文献杂志》2019 年第 3 期。

鲍健欣～叶进：《浅析清代医家对噎膈的认识》，《上海中医药大学学报》2017 年第 1 期。

杨志华、胡菲～鲍健欣：《从民国期刊看恽铁樵儿科诊治特色》，《中医学报》2016 年第 11 期。

王莉君～：《〈女科秘诀大全〉痛证研究》，《医学信息》2016 年第 10 期。

王莉君～：《〈妇科心法要诀〉痛证研究》，《中华中医药学刊》2016 年第 9 期。

王莉君～邱若虹：《〈妇科心法要诀〉经闭门浅析》，《中医文献杂志》2016 年第 2 期。

邱若虹……鲍健欣～段逸山：《医林轨范 医潮一柱——陈曾源及其主编的〈国医正言〉》，《中医药文化》2014 年第 6 期。

邱若虹、熊俊～李永健：《民国名医包识生论精神魂魄》，《中国中医药现代远程教育》2014 年第 18 期。

姜丽莉～：《〈内经〉论治耳鸣相关内容浅析》，《中国中西医结合耳鼻咽喉科杂志》2014 年第 1 期。

鲍健欣～邱若虹等：《秦伯未膏方调治特色》，《中医文献杂志》2013 年第 2 期。

徐丽莉～：《黄芪炮制历史沿革及现代研究思路》，《中华中医药学刊》2011 年第 9 期。

邱若虹……熊俊～：《陈莲舫〈女科秘诀大全〉及其经带胎产辨治特色》，《上海中医药大学学报》2010 年第 3 期。

《叶天士〈幼科要略〉用药特色探析》，《中华中医药学刊》2009 年第 7 期。

～汤晓龙等：《冯兆张用药特色探析》，《时珍国医国药》2009 年第 4 期。

《秦昌遇学术思想探析》，《四川中医》2008 年第 11 期。

～邱若虹等：《冯兆张治学思想探析》，《江苏中医药》2008 年第 11 期。

《叶天士儿科学术思想探析》，《上海中医药大学学报》2008 年第 5 期。

～邱若虹等：《中医古方文献研究的思考》，《山东中医杂志》2007 年第 12 期。

鲍健欣、张玉萍～：《〈太平圣惠方〉妇科同证异病的组方特色》，《山东中医杂志》2007 年第 7 期。

邱若虹、吕春华～汤晓龙等：《〈脉经〉中妇产科学术特点》，《上海中医药大学学报》2007 年第 5 期。

～陶御风：《宋金以前著名医家及方书述略》，《中医文献杂志》2007 年第 3 期。

邱若虹～李永健：《温阳法治疗肿瘤文献研究》，《山东中医杂志》2007 年第 2 期。

袁君

《性病的历史》，《中华医史杂志》1955 年第 1 期。

《抗生素的历史》，《中华医史杂志》1953 年第 3 期。

袁立道（湖南中医学院）

《理学源流与中医学》，《湖南中医学院学报》1992 年第 4 期。

《王叔和与脉诊研究方法》,《新中医》1985 年第 11 期。

《陶弘景在药物学研究方法上的贡献》,《四川中医》1985 年第 9 期。

～周晓青:《祖国医学的自然观》,《湖南中医学院学报》1981 年第 1 期。

原丽华(淄博市卫生防疫站)

～翟慎永等:《二千八百年前的卫生工程——齐国古都的城市建设及排水工程》,《中国卫生工程学》1997 年第 2 期。

袁立人(北京中医学院)

《忆陈西源先生》,《北京中医》1993 年第 2 期。

《袁鹤侪》,《中国医药学报》1989 年第 2 期。

《非学无以广才 非志无以成学——忆先祖袁鹤侪的业医生涯》,《北京中医》1984 年第 4 期。

《二十年代初的北京中医学社》,《北京中医》1987 年第 5 期。

袁璐(复旦大学)

～陈志敏:《超国家政治和政府间政治的共生与联动——疯牛病、贸易纠纷与欧盟政治》,《欧洲》2001 年第 4 期。

袁闽燕(福建师范大学)

《传染病患者人格权保护研究》,福建师范大学硕士学位论文 2016 年。

袁明(首都师范大学)

《论新时期以来女性小说中的乳房疾病书写》,首都师范大学硕士学位论文 2012 年。

苑沛青

《北欧各国护理学发展史》,《国外医学(医院管理分册)》1990 年第 2 期。

原璞

《"慈善"的杀人犯——美帝医生在中国的罪行》,《羊城晚报》1964 年 12 月 23 日。

袁仁智(甘肃省中医院/南京中医药大学)

徐彦龙～吕有强等:《〈针灸甲乙经〉中心痛的疗法特点分析》,《西部中医药》2017 年第 10 期。

《敦煌及武威医简中有关消化类疾病的文献探讨》,《西部中医药》2015 年第 9 期。

孙其斌～:《敦煌汉简中的医药简探讨》,《西部中医药》2015 年第 9 期。

吕有强～扈小健:《〈武威汉代医简〉之"东海白水侯所奏方"溯源考》,《西部中医药》2014 年第 5 期。

潘文、李盛华～吕有强等:《日本天理大学藏吐鲁番牛医方考释》,《中国中医基础医学杂志》2013 年第 2 期。

～肖卫琼:《武威汉代医简 87 校注拾遗》,《中医文献杂志》2012 年第 6 期。

～潘文等:《吐鲁番出土药价残片探微》,《西部中医药》2012 年第 10 期。

彭馨～:《敦煌医药文献〈张仲景五脏论〉校读拾遗》,《西部中医药》2011 年第 7 期。

《武威汉代医简校注拾遗》,《中医研究》2011 年第 6 期。

《敦煌吐鲁番医药卷子校勘及其文献研究》,南京中医药大学博士学位论文 2010 年。

～沈澍农:《〈俄罗斯藏敦煌医药文献释要〉校补》,《中医文献杂志》2009 年第 6 期。

～沈澍农:《敦煌医药文献 д x 00506V 校录拾正》,《中医药文化》2009 年第 6 期。

～沈澍农:《知、瘥、蠲、除、慧、间、瘳、已之"愈"义源流考》,《南京中医药大学学报(社会科学版)》2008 年第 3 期。

袁琦（湖南工业大学）

胡立和～:《多维视角透析:暴力伤医行为的诱因与治理》,《中国管理信息化》2017 年第 16 期。

～胡立和:《西方国家治理暴力伤医的经验与借鉴》,《湖南工业大学学报（社会科学版）》2017 年第 5 期。

袁茜（湖南师范大学）

《1845—1849 年爱尔兰大饥荒研究》,湖南师范大学硕士学位论文 2008 年。

袁善敏（广州中医药大学）

《现代医学技术背景下的医生人文素养研究》,广州中医药大学硕士学位论文 2011 年。

袁善征

《中国古代生理卫生学说》,《中庸》1935 年第 8 期。

袁淑范

《四十年间日本学者已研究之中国药题录》,《民国医学杂志》1928 年第 12 期。

苑书耸（中共滨州市委党校）

《华北抗日根据地的医疗卫生事业》,《辽宁医学院学报（社会科学版）》2009 年第 4 期。

袁思芳（湖北中医学院）

《名医李今庸》,《湖北中医杂志》2009 年第 3 期。

陈国权～:《〈金匮要略〉学科的奠基人——记全国著名中医药学家李今庸教授》,《湖北中医学院学报》2005 年第 1 期。

《试述〈山海经〉的医药学成就》,《中医药学报》1988 年第 6 期。

原所贤（大连市中医医院/大连市健康教育所）

～张旭明:《〈本草纲目拾遗〉与红楼香谱》,《中国集体经济》2015 年第 35 期。

《宋代学者们的药粥养生诗话》,《中国健康养生》2015 年第 4 期。

～暴连英等:《曹寅〈楝亭书目·医部〉简考》,《中医文献杂志》2013 年第 1 期。

～暴连英等:《周密笔记杂著中的性科学史料考释》,《中国性科学》2009 年第 7 期。

暴连英～:《〈随园诗话〉中的清代医药学信史择释》,《中医文献杂志》2009 年第 6 期。

暴连英～:《周密笔记杂著中的医药学史料择述》,《中医文献杂志》2008 年第 2 期。

暴连英～:《〈红楼梦〉中的性科学微观》,《中国性科学》2006 年第 9 期。

暴连英～:《〈冷庐医话〉中的慎药说探析》,《中国中医基础医学杂志》2005 年第 6 期。

暴连英～:《〈不居集〉中的酒伤说浅识》,《中医药学刊》2004 年第 12 期。

《〈红楼梦〉医家考析》,《红楼梦学刊》2004 年第 4 期。

～暴连英:《〈阅微草堂笔记〉中的性科学史料拾遗》,《中国性科学》2004 年第 3 期。

～暴连英:《苏轼笔记杂著中的医药学史料探析》,《中医文献杂志》2004 年第 2 期。

暴连英～:《明清中医典籍中的烟害史料考释》,《中医文献杂志》2004 年第 1 期。

《〈泊宅编〉对中医药论述考释》,《实用中医内科杂志》2003 年第 6 期。

《〈冷庐医话〉中的房室养生观简释》,《中国性科学》2003 年第 4 期。

～暴连英:《古代文学家与健康传播》,《中国健康教育》1997 年第 13 期。

～暴连英:《〈黄帝内经〉与中医文化》,《医学与哲学》1993 年第 8 期。

暴连英～:《宋代笔记杂著中的医家传略》,《医古文知识》1992 年第 3 期。

袁卫玲(天津中医药大学/福建中医学院)

倪帆~赵健:《宋代社会因素对中医时间医学发展的影响》,《南京中医药大学(社会科学版)》2017年第4期。

《明代社会因素对妇产科学的影响》,福建中医学院硕士学位论文2005年。

~刘理想:《试论明代封建礼教思想对妇产科学的影响》,《南京中医药大学学报(社会科学版)》2004年第2期。

袁伟平(中山大学)

《女性情爱世界的"疯癫"症候与病理——20世纪中国文学作品中女性疯癫形象研究》,《山东科技大学学报(社会科学版)》2008年第1期。

袁熹(北京社科院)

《近代中国最早的防疫工作》,《天津科技》2003年第3期。

袁曦(海南医学院)

~张磊:《论医患交互体验》,《医学与哲学(A)》2018年第7期。

《过度医疗与医学化的哲学解析》,《医学与哲学(A)》2017年第10期。

~张磊:《医学史视阈下的追踪思考:医病或医人》,《医学与哲学(A)》2016年第11期。

颜清辉~李丹:《中国传统养生的理论基础及其在海南本土的运用》,《海南医学》2014年第15期。

《论中国哲学与护理伦理学的融合:以慎独为切入点》,《中华护理杂志》2010年第4期。

袁延胜(郑州大学)

《汉代生育思想初探》,《河南科技大学学报(社会科学版)》2004年第2期。

袁宜勤(湖南中医药大学/湖南中医学院)

《〈内经〉刺经疗法初探》,《湖南中医药大学学报》2015年第10期。

潘爱环~:《〈针灸大成〉针药兼施之医案评述》,《中国民间疗法》2014年第11期。

曾云~:《〈黄帝内经〉论治腰痛的针灸治疗规律探析》,《中国民间疗法》2014年第10期。

~潘爱环:《明代医家徐凤对八脉交会穴理论的贡献》,《湖南中医药大学学报》2014年第9期。

宋洋~:《〈针灸大成〉之医案评析》,《中国民间疗法》2013年第1期。

~罗坚:《〈名医类案〉刺法验案探析》,《上海针灸杂志》2011年第12期。

~钟艳:《罗天益针灸医案特色探析》,《中医研究》2010年第4期。

《〈名医类案〉之灸法验案探析》,《湖南中医药大学学报》2010年第1期。

《〈名医类案〉之刺血验案评析》,《中国民间疗法》2009年第8期。

《〈备急灸法〉的学术价值》,《中国民间疗法》2008年第9期。

周珍花~:《日本灸法概况》,《中国针灸》2008年第1期。

《〈灵枢·经脉〉六阳经"是主所生病"探析》,《湖南中医药大学学报》2007年第6期。

周珍花~:《日本针灸教育概况》,《针灸临床杂志》2007年第4期。

《徐凤的针灸学说探要》,《上海针灸杂志》2006年第12期。

~王泽涛:《吴昆的针灸学术思想探析》,《中医文献杂志》2006年第4期。

~王泽涛等:《窦汉卿的刺法学术成就探要》,《上海针灸杂志》2005年第1期。

~海月明等:《杨继洲对刺法的学术贡献浅析》,《中医药学刊》2004年第10期。

~顾星:《高武的刺法学术成就探析》,《针灸临床杂志》2004年第8期。

《〈灵枢·官针篇〉刺法应用规律及其特色》,《中医药学刊》2002 年第 5 期。

《东垣补脾针灸穴法探析》,《针灸临床杂志》1996 年第 4 期。

《〈灵枢·小针解〉针法探微》,《湖南中医学院学报》1993 年第 2 期。

《许叔微温补学术思想探要》,《湖南中医学院学报》1989 年第 3 期。

苑勇业（大连大窑湾卫生检疫局）

～初本杰:《东北肺鼠疫流行史考察及今后卫生检疫对策》,《口岸卫生控制》1999 年第 1 期。

原玉薇（陕西师范大学）

《瘟疫的隐喻——〈末世一人〉对启蒙进步观的反思》,《西安外国语大学学报》2019 年第 3 期。

袁媛（东华大学/上海交通大学）

刘欢楠～:《晚清来华医学传教士师惟善初探》,《科学与管理》2018 年第 1 期。

～严世芸:《罗雅谷〈人身图说〉再议》,《科学技术哲学研究》2017 年第 6 期。

～严世芸:《雒魏林和他创办的上海仁济医院》,《医学与哲学（A）》2016 年第 9 期。

白艳晖～:《改革开放以来中国传统医学史研究述评——以〈中华医史杂志〉(1980—2010) 为中心》,《科学与管理》2016 年第 1 期。

耿婵～:《中国近代医学史研究的先驱》,《黑龙江史志》2014 年第 23 期。

《从〈全体新论〉到〈体功学〉——我国早期生理学著作的编译和演变》,《医学与哲学（人文社会医学版）》2010 年第 7 期。

《"南湘雅,北协和":我国早期的教会医学校》,《科学技术哲学研究》2010 年第 1 期。

《中国西医教育之发端:天津总督医学堂》,《自然辩证法通讯》2010 年第 1 期。

《近代生理学在中国:1851—1926》,上海交通大学博士学位论文 2006 年。

《中国早期部分生理学名词的翻译及演变的初步探讨》,《自然科学史研究》2006 年第 2 期。

《明清之际传入中国之西方生理学》,《广西民族学院学报（自然科学版）》2005 年第 4 期。

袁远航（湘潭大学）

《〈光明日报〉医患关系报道特点研究》,湘潭大学硕士学位论文 2013 年。

袁贞（运城师范学院/运城师范高等专科学校/陕西师范大学）

《论唐代医学人才的考试和选拔》,《中国职工教育》2013 年第 6 期。

《唐代医学教育对后世的影响及启发》,《哈尔滨师范大学社会科学学报》2012 年第 6 期。

《中国古代人体解剖及外科手术之刍议》,《光明中医》2009 年第 10 期。

袁钟（中国协和医科大学/中国医学科学院）

～郑广赋:《在不确定的医学环境中寻求医患良好合作关系》,《中国医学人文》2019 年第 12 期。

《投资人想赚钱 VS 医生想救命》,《中国医学人文》2017 年第 12 期。

《医学和医学人文的盲人摸象》,《中国医学人文》2017 年第 6 期。

《王林现象告诉我们……》,《中国医学人文》2017 年第 3 期。

《做与文化相适应的医生》,《中国卫生》2015 年第 3 期。

《好人 好医生 好医学》,《中国医学人文》2015 年第 1 期。

王丽～李红英:《我国医患关系紧张的诱因与对策》,《现代医院管理》2014 年第 4 期。

《与好医学的向背》,《医学与哲学（人文社医学版）》2010 年第 7 期。

《缓解医患矛盾:首要解决仁术与技术问题》,《中国社区医师》2007 年第 12 期。

《质疑中医但不要否定中医》,《医学与哲学（人文社会学版）》2007 年第 4 期。

~杨如鹏:《科学抗击瘟疫史断想》,《求是》2003年第12期。

《从医学看巫术、宗教与科学的关系》,《医学与哲学》2000年第7期。

袁焯

《水治法源流论》,《中西医学报》1910年第4期。

袁梓玥(云南大学)

《深度报道——〈乳房到心房的距离〉》,云南大学硕士学位论文2017年。

岳长红(哈尔滨医科大学)

马华~瞿平等:《俄罗斯肿瘤晚期病人的姑息治疗对我国的启示》,《中国医学伦理学》2017年第9期。

~马静松:《对死亡恐惧的形而上追问》,《医学与哲学(A)》2014年第4期。

马静松~任守双:《我国医学院校生死观教育的困境及对策》,《医学与社会》2014年第3期。

张金凤……张永利~:《沟通是化解医患信任危机的有效方法》,《中国医学伦理学》2013年第3期。

~柏宁等:《在医学生中开展死亡教育的意义及方式》,《医学与社会》2010年第9期。

~柏宁:《医学史视阈下医学与宗教的不解之缘》,《医学与社会》2010年第3期。

柏宁~李中华:《导致医患关系紧张的医方非技术因素分析》,《中国医学伦理学》2009年第1期。

柏宁~孙福川:《近年来中国抑郁症高发的社会因素分析》,《医学与哲学(人文社会医学版)》2007年第3期。

柏宁、孙福川~:《我国遗体捐献现状及其制约因素的研究》,《中国医学伦理学》2005年第4期。

岳丹(辽宁中医药大学)

~海英:《古代中风病治法特点探析》,《中医药信息》2011年第2期。

岳冬辉(长春中医药大学/长春中医学院)

~毕岩等:《清代医家雷少逸论治时病的贡献与特色探析》,《中华中医药杂志》2018年第6期。

~王键:《新安名医程门雪论治温病特色探析》,《中医杂志》2016年第8期。

~毕岩等:《刘完素对温热病的论治特色探析》,《中华中医药杂志》2016年第6期。

孙健~陈红菊等:《〈未刻本叶氏医案〉女科处方用药特点探析》,《上海中医药杂志》2016年第4期。

~苏颖:《吴有性〈温疫论〉浅析》,《长春中医学院学报》2006年第1期。

~毕岩:《柳宝诒〈温热逢源〉论治伏气温病的特色》,《中医杂志》2015年第19期。

《〈医学衷中参西录〉论治温病特色探析》,《上海中医药杂志》2015年第9期。

~毕岩等:《明代医家张凤逵论治暑病的贡献与特色探析》,《中国中医基础医学杂志》2015年第8期。

~王键:《王乐匋论治温病特色浅析》,《中医杂志》2014年第16期。

毕岩、孙大中~:《清代医家戴天章温病辨治特色探析》,《中国中医基础医学杂志》2014年第12期。

毕岩~张瑞彬:《庞安时〈伤寒总病论〉温病论治探析》,《中医药临床杂志》2014年第11期。

毕岩~李欣等:《吴鞠通运用易理遣方用药特色探析》,《中国中医基础医学杂志》2014年第8期。

~毕岩、苏颖:《清代医家周扬俊论治温病特色与贡献探析》,《中国中医基础医学杂志》2014年第

5 期。

～苏颖、毕岩：《吴鞠通对张仲景承气汤的运用与发挥》，《上海中医药杂志》2013 年第 12 期。

～王键：《新安医家对温病学发展的重要贡献》，《中医杂志》2012 年第 17 期。

《〈疫疹一得〉论治温疫方药特色探析》，《北京中医药大学学报》2011 年第 4 期。

～苏颖：《余师愚从运气规律认识温疫防治策略的特色探析》，《中国中医基础医学杂志》2011 年第 12 期。

《吴鞠通从运气学说论治温病的贡献与特色探析》，《中国中医基础医学杂志》2010 年第 12 期。

～苏颖：《〈内经〉疫病防治理论浅析》，《陕西中医》2010 年第 7 期。

苏颖～：《〈内经〉运气变化与疫病发生相关性探析》，《陕西中医》2009 年第 12 期。

周丽雅～孙耀东：《吴鞠通学术成就探析》，《中国中医基础医学杂志》2007 年第 2 期。

～苏颖：《古代医著中防治温疫方剂的使用规律分析》，《中医药学刊》2006 年第 7 期。

～苏颖：《〈伤寒温疫条辨〉诊治温疫的特点》，《吉林中医药》2006 年第 3 期。

苏颖～：《余师愚〈疫疹一得〉论疫特色》，《上海中医药杂志》2006 年第 3 期。

～苏颖：《吴有性〈温疫论〉浅析》，《长春中医学院学报》2006 年第 1 期。

约翰·哈里·华纳（耶鲁大学）

《医学史的人性化力量：对美国 20 世纪生物医学的回应》，《北京大学学报（哲学社会科学版）》2011 年第 6 期。

岳家明

《回回药方初探》，《阿拉伯世界》1985 年第 3 期。

《中国医学在伊朗》，《中华医史杂志》1984 年第 1 期。

岳金莲（湖南中医药大学）

～蒋尚文：《不独医林仰宗匠，即论书法亦传人——略论中医与书法之关系》，《中医药文化》2010 年第 3 期。

岳精柱（西南大学／西南师范大学）

《明代官办医学研究》，《南京中医药大学学报（社会科学版）》2005 年第 4 期。

《明代医学与西南边疆开发》，《中华医史杂志》2005 年第 2 期。

岳来发（中国药学会）

～赵曦：《中国药学会成立后至 1949 年前的历史变革探讨》，《中国药学杂志》2002 年第 10 期。

岳岭（南阳师范学院）

《居延汉简所见疾病新探》，《许昌学院学报》2013 年第 4 期。

《东汉建安年间疫病考证二题》，《信阳师范学院学报（哲学社会科学版）》2012 年第 4 期。

《东汉末年的疫病及心理调适》，《洛阳师范学院学报》2012 年第 7 期。

岳美中

《祖国医学对于传染性肝炎的认识和治疗》，《广东中医》1959 年第 10 期。

《祖国医学对于肺结核的论述和治疗》，《中医杂志》1959 年第 3 期。

《对于仲景使用大枣的研究》，《辽宁中医杂志》1959 年第 2 期。

《祖国医学对麻风病的认识及其治疗并及现代医学对麻风病的知识》，《福建中医药杂志》1957 年第 4 期。

《关于祖国医学麻风史事及其著作的叙述》，《上海中医药杂志》1956 年第 9 期。

《祖国医学对肾脏炎的认识及其治疗》,《大众医学》1956年第6期。

岳谦厚(山西大学)

王亚莉~:《陕甘宁边区的妇女生育与妇婴保健问题》,《福建论坛(人文社会科学版)》2016年第1期。

~乔傲龙:《抗战时期日军对山西的毒化侵略》,《抗日战争研究》2012年第1期。

~乔傲龙等:《清光绪二十八年天津霍乱防治——〈大公报〉有关此次疫情及防疫报道之研究》,《天津师范大学学报(社会科学版)》2008年第6期。

~贺蒲燕:《山西省稷山县农村公共卫生事业述评(1949—1984年)——以太阳村(公社)为重点考察对象》,《当代中国史研究》2007年第5期。

岳少坤(青岛大学)

《医保式大病医疗救助模式研究》,青岛大学硕士学位论文2016年。

岳颂东(国务院发展研究中心)

《法国医疗保险制度及其启示》,《管理世界》2000年第4期。

岳新欣(北京化工大学)

《论药品专利保护与公共健康之冲突与协调》,北京化工大学硕士学位论文2010年。

岳旭东(山西中医学院)

《关于中医学形成与发展的历史分期》,《光明中医》2012年第2期。

《论中医学的传统优势》,《光明中医》2010年第2期。

《中外医药交流的一些史实》,《中国民族民间医药杂志》2007年第3期。

《略述中医刺血术发展史》,《针灸临床杂志》2003年第6期。

《山西"中西医汇通派"医事述略》,《山西中医》2003年第4期。

《试论〈伤寒论〉六经提纲之辨证机理》,《中国中医基础医学杂志》2002年第5期。

《浅谈金元四大家对中医心理学发展的贡献》,《山西中医学院学报》2002年第3期。

《张从正攻邪学说对医学发展的影响》,《山西中医学院学报》2001年第4期。

运怀英(中国医科大学)

《满洲医科大学为日军细菌部队输送骨干力量考证》,《兰台世界》2017年第21期。

徐璞~:《日本侵华遗迹:满洲医科大学》,《兰台世界》2017年第16期。

~王彦杰:《被掩盖单满洲医科大学与细菌战关系》,《学理论》2017年第9期。

~王兴家:《历史深处的记忆:满洲医科大学校址探秘》,《兰台世界》2016年第17期。

~郝建东等:《让历史档案与物证说话——满洲医科大学与细菌战关系研究综述》,《学理论》2016年第10期。

蔡仕魁~:《日本侵略者在满洲医科大学大奴化教育述论》,《东北师范大学学报(哲学社会科学版)》2013年第6期。

云忠祥(广西民族医药研究所)

~零芝:《广西苗族医药概述》,《广西民族研究》1992年第1期。

Z

臧笑薇(山东中医药大学)

～孙广仁:《道家思想对中医学理论发展的影响源流考》,《中医药学刊》2004 年第 8 期。

臧颖洁(第三军医大学)

《应急援外医疗队核心能力研究》,第三军医大学硕士学位论文 2017 年。

臧紫一(北京外国语大学)

《对从撒切尔政府到卡梅伦保守党政府时期英国国民医疗服务体系中涉及医师政策的评析》,北京外国语大学硕士学位论文 2017 年。

曾承志(邵阳学院)

《健康概念的历史演进及其解读》,《北京体育大学学报》2007 年第 5 期。

曾楚华(湖北中医药大学)

～胡玉萍等:《土家医起源、形成考》,《湖北民族学院学报(医学版)》2015 年第 1 期。

～袁德培等:《土家医"三元学说"探源》,《河南中医》2014 年第 12 期。

曾达(兰州大学)

《农林部西北兽疫防治处述论(1941—1949)》,兰州大学硕士学位论文 2011 年。

曾繁花(嘉应学院/暨南大学)

《近代医学整形技术引发的身体观念变迁》,《医学与社会(A)》2016 年第 9 期。

《国族观念下近代中国构建女性审美的艰难(1927—1937)》,《兰州学刊》2016 年第 4 期。

《清末女性疾疗空间的变迁及其影响》,《医学与哲学(A)》2013 年第 1 期。

《近代广州新法接生的推行》,《五邑大学学报(社会科学版)》2012 年第 3 期。

《清末分娩场域的嬗变》,《南京中医药大学学报(社会科学版)》2012 年第 2 期。

《晚清女性身体问题研究》,暨南大学博士学位论文 2011 年。

～刘正刚:《晚清〈申报〉对产妇报道及其影响》,《医学与哲学(人文社会医学版)》2011 年第 1 期。

刘正刚～:《中西医救治吞服鸦片中毒的博弈及其社会影响——据 19 世纪 70 年代〈申报〉分析》,《南京中医药大学学报(社会科学版)》2010 年第 3 期。

曾芳(华中师范大学)

《二十世纪五十年代湖北省防疫政策与措施》,华中师范大学硕士学位论文 2009 年。

曾凤(北京中医药大学)

段晓华～:《〈千金要方〉宋校本与新雕本相应篇目附列内容差异考证》,《广州中医药大学学报》2019 年第 12 期。

～林彬:《宋校〈金匮要略方论〉与〈千金要方〉相应方剂考证》,《广州中医药大学学报》2019 年第 6 期。

《〈伤寒论〉抵当汤方名考证》,《北京中医药大学学报》2018 年第 9 期。

李楠～:《从宋校〈千金要方〉管窥宋代中医学术思想之演变》,《北京中医药大学学报》2017 年第 11 期。

李楠～:《宋校〈千金要方〉增补方剂考证》,《北京中医药大学学报》2017 年第 10 期。

李楠～：《宋校〈金匮要略方论〉附方考证》，《广州中医药大学学报》2017 年第 5 期。

《仲景三黄汤文献考证》，《南京中医药大学学报（社会科学版）》2017 年第 4 期。

李楠～：《宋校〈千金要方〉〈千金翼方〉相应方剂考证》，《中国中医基础医学杂志》2016 年第 10 期。

李楠～张婧：《宋校〈千金要方〉〈千金翼方〉注文考证》，《北京中医药大学学报》2016 年第 3 期。

～张婧：《宋人类次〈千金要方〉脉论考证》，《南京中医药大学学报（社会科学版）》2015 年第 4 期。

尤海燕～：《〈医心方〉引录〈千金要方〉方剂文献考证》，《北京中医药大学学报》2015 年第 10 期。

王超～：《宋人改动〈千金要方〉词语考证》，《辽宁中医药大学学报》2015 年第 10 期。

王莉媛～：《北宋校正医书局整理中医古籍方法考证》，《北京中医药大学学报》2015 年第 5 期。

王莉媛～：《宋校本〈千金要方〉增补文献初考》，《湖南中医药大学学报》2015 年第 4 期。

马红治～：《宋人校订〈千金要方〉脉论考证》，《北京中医药大学学报》2014 年第 7 期。

田润平～：《宋人以〈千金要方〉校补〈脉经〉考证》，《南京中医药大学学报（社会科学版）》2014 年第 4 期。

刘絮～：《试论宋校本〈千金要方〉的主要特点》，《北京中医药大学学报》2014 年第 2 期。

王潇潇～：《论儒家思想对〈千金要方〉的重要影响》，《北京中医药大学学报》2013 年第 7 期。

董立业～：《〈千金要方〉新雕本与宋校本方药对比初探》，《中医文献杂志》2013 年第 6 期。

陈锋～：《宋本〈千金要方〉与〈新雕孙真人千金方〉方剂对比研究》，《广州中医药大学学报》2013 年第 5 期。

董立业～：《宋人以〈素问〉校补〈千金要方〉内容考》，《北京中医药大学学报》2013 年第 5 期。

《〈新雕孙真人千金方〉刊刻年代考》，《北京中医药大学学报》2011 年第 5 期。

《〈千金要方〉宋校本与新雕本方名异同考》，《北京中医药大学学报》2011 年第 2 期。

《试论理学对古籍整理的影响及宋校本〈千金要方〉的特点》，《北京中医药大学学报》2010 年第 7 期。

《初论宋人整理〈千金要方〉的基本原则》，《北京中医药大学学报》2009 年第 2 期。

《〈千金要方〉药秤新考证》，《中国中医基础医学杂志》2008 年第 4 期。

《简述宋人对〈千金要方〉散剂的改动》，《中华医史杂志》2008 年第 2 期。

《宋人增补〈千金要方〉内容考证》，《广州中医药大学学报》2008 年第 1 期。

《〈千金要方〉宋校本与新雕本方剂顺序异同考》，《四川中医》2008 年第 1 期。

《〈新雕孙真人千金方〉刻者考》，《天津中医药》2007 年第 6 期。

《宋人以〈千金翼方〉增补〈千金要方〉内容考证》，《云南中医学院学报》2007 年第 5 期。

《〈千金要方〉宋校本与新雕本篇次篇题异同考》，《浙江中医药大学学报》2007 年第 5 期。

《〈千金要方〉宋校本与新雕本方论顺序异同考》，《北京中医药大学学报》2007 年第 8 期。

《试述刘氏父子对〈本草纲目〉的校注》，《亚太传统医药》2006 年第 9 期。

《〈千金要方〉药秤考证》，《北京中医药大学学报》2006 年第 4 期。

《〈千金要方〉备急本与新雕本方剂文献异同考》，北京中医药大学博士学位论文 2006 年。

《简论宋人对〈千金要方〉之校改》，《北京中医药大学学报》2005 年第 2 期。

～梁蕾：《试论孙思邈中医心理学理论的基本特点》，《中华中医药杂志》2005 年第 2 期。

《试述刘氏父子对〈本草纲目〉的校注》，《医古文知识》2003 年第 1 期。

《北宋校正医书局对〈千金要方〉改动评析》，《中医文献杂志》2002 年第 3 期。

《〈备急千金要方〉与〈新雕孙真人千金方〉目录之异同》，《医古文知识》2002 年第 1 期。

《试析〈太素〉杨上善注望文生训的主要特点》,《北京中医药大学学报》2001 年第 6 期。

《古病名解诂》,《中国中医基础医学杂志》1999 年第 11 期。

曾高峰(广州中医药大学)

《〈内经〉诊法学说的起源与形成研究》,广州中医药大学博士学位论文 2006 年。

～吴弥漫:《从〈史记〉仓公传考察汉初诊法水平》,《辽宁中医杂志》2006 年第 3 期。

～吴弥漫:《〈庄子〉关于情志与疾病的关系初探》,《江苏中医药》2005 年第 11 期。

曾光(中国疾病预防控制中心)

《传染病防控与国际合作的新思维》,《科学对社会的影响》2007 年第 4 期。

曾国经(浙江省卫生厅)

《加拿大、美国的基层卫生工作考察与启示》,《中国农村卫生事业管理》2011 年第 5 期。

《英国的全科医疗与初级保健护理》,《中国农村卫生改革》2006 年第 1 期。

曾国书(山东中医药大学)

尚云冰～曲夷:《从整体动态思维看中医预防医学源流》,《现代中医药》2015 年第 6 期。

尚云冰～荀丽英:《论张仲景预防思维对叶天士"先安未受邪之地"的影响》,《陕西中医学院学报》2014 年第 6 期。

尚云冰～:《论〈伤寒论〉的预防原则与方法》,《现代中医药》2013 年第 6 期。

尚云冰～:《〈伤寒论〉预防思维特色及临床运用》,《山西中医》2013 年第 8 期。

《中医学"治未病"思想探析》,山东中医药大学硕士学位论文 2011 年。

曾海枝(北京中医药大学)

《中医临证格言整理及其临床意义的研究》,北京中医药大学硕士学位论文 2005 年。

曾红(井冈山大学)

《中央苏区药品供应保障制度研究》,《世纪桥》2017 年第 10 期。

《中央苏区公共卫生服务体系建设研究》,《传承》2016 年第 12 期。

～李瑞:《论中央苏区时期医药卫生体系》,《决策探索(下半月)》2016 年第 11 期。

～左英等:《江西省中医药文化传承与发展》,《教育现代化》2015 年第 14 期。

曾家琳(台湾大学)

《"会阴切开术"的产科医学论述形成与转变——关於自然产的医学知识与典范转移》,台湾大学硕士学位论文 2005 年。

曾龄仪

《头角"争茸"——1950—1990 年代台湾的养鹿业与鹿茸消费》,《新史学》第 29 卷第 1 期(2018.3)。

曾梦(华侨大学)

《〈黄帝内经〉形神观研究》,华侨大学硕士学位论文 2017 年。

曾南山

《古方权量初探》,《哈尔滨中医》1965 年第 4—5 期。

曾庆捷(密歇根大学)

～孙一平:《民意、利益集团和社会正义:美国医疗保险改革的政治学分析》,《黑龙江社会科学》2011 年第 2 期。

曾庆枝(上海交通大学医学院附属精神卫生中心)

～田泓等:《新闻报道如何消除"精神病歧视"》,《新闻记者》2009 年第 3 期。

曾瑞声(暨南大学)

《全球公共卫生治理机制的形成与演变:国家利益——以〈国际卫生条例〉(2005)为例》,暨南大学博士学位论文 2012 年。

曾石英(广州中医药大学)

《岭南名医梁翰芬〈诊断学讲义〉及医案整理研究》,广州中医药大学博士学位论文 2017 年。

曾舒珩(南京政治学院)

《从罗斯福新政到奥巴马医改看美国社会保障制度》,《胜利油田党校学报》2013 年第 1 期。

《从罗斯福新政到奥巴马医改看美国社会保障制度的启示》,《中共乌鲁木齐市委党校学报》2012 年第 4 期。

曾祥法(湖北中医学院)

《中药功效在中药(本草)学中地位的时代变迁》,《湖北中医杂志》2008 年第 5 期。

~刘松林等:《〈伤寒论〉中甘草大枣生姜合用方剂研究初探》,《中国医药指南》2008 年第 24 期。

~李德顺等:《〈金匮要略〉及其附方中甘草大枣生姜合用方剂研究初探》,《广明中医》2008 年第 10 期。

曾祥龙(北京医学院)

~黄金芳等:《宝鸡、华县新石器时代人骨的错畸形》,《人类学学报》1983 年第 4 期。

曾祥生(汕头大学医学院)

~李康生:《流感百年:20 世纪流感大流行的回顾与启示》,《医学与社会》2010 年第 11 期。

~李康生:《流感百年:新世纪流感大流行的特点与分析》,《医学与社会》2010 年第 11 期。

曾晓光(暨南大学)

~唐勇等:《浅议〈仙授理伤续断秘方〉中"气血"理论》,《四川中医》2009 年第 1 期。

曾宣静

~林昭庚等:《中医与医疗法律之文献探讨》,《通识教育学报》第 20 期(2016.12)。

曾雪兰(中共中央党校/河北师范大学)

《乡村赤脚医生群体研究(1965—1985)——以北京市郊区为中心》,中共中央党校博士学位论文 2018 年。

《1958 年河北"除四害、讲卫生"运动述评》,《石家庄学院学报》2018 年第 1 期。

《突发公共卫生事件与政府应对研究——以 1964—1965 年河北副霍乱疫情防治为例》,《口岸卫生控制》2017 年第 4 期。

《"除四害、讲卫生"运动中的基层社会动员——以河北蠡县为中心的考察》,《河北广播电视大学学报》2017 年第 4 期。

《1964—1965 年河北副霍乱流行与社会应对研究》,河北师范大学硕士学位论文 2010 年。

曾毅(中国预防医学科学院)

《艾滋病的流行趋势、研究进展及遏制策略》,《微生物学通报》2000 年第 6 期。

毕秀琼……王昌明~:《云南省某县村民艾滋病知识态度行为调查》,《中国艾滋病性病》2000 年第 5 期。

《艾滋病和艾滋病病毒的发现及其起源》,《中国艾滋病性病》1999 年第 6 期,2000 年第 1 期。

曾一林(成都中医药大学)

《〈仙授理伤续断秘方〉研究》,《中国骨伤》2008 年第 8 期。

曾毅凌（福建中医药大学）

《明清闽南疫病流行状况研究》，福建中医药大学硕士学位论文 2010 年。

曾莹莹（安徽师范大学）

《从〈申报〉视角看清朝的医患关系》，《当代经济》2016 年第 19 期。

曾应召

《明代儿科医家万全论小儿证治——根据万氏育婴家秘发微赋释意》，《成都中医学院学报》1959 年第 12 期。

曾勇（湖南中医学院）

周德生、陈大舜～：《有关相火几个问题之探讨》，《湖南中医学院学报》1993 年第 1 期。

周德生、陈大舜～：《试论相火学说》，《陕西中医》1992 年第 1 期。

《罗天益学术思想举隅》，《河北中医》1985 年第 6 期。

～李文海：《王冰学术思想探讨》，《辽宁中医杂志》1984 年第 10 期。

《武之望与〈济阳纲目〉》，《陕西中医》1982 年第 1 期。

曾镛霏（延安市中医药研究会/延安市云飞中医药研究所）

《"文"何以"化"医》，《西部中医药》2014 年第 10 期。

～杨建宇等：《华佗〈中藏经〉——中国哲学思想的完美结合》，《中国中医药现代远程教育》2014 年第 7 期。

《体悟儒家"中"、"和"、"位"、"育"的思想——谈糖尿病的中医疗法》，《光明中医》2013 年第 1 期。

《李杲籍贯究竟在何方?》，《中华医史杂志》2012 年第 1 期。

《〈中藏经〉学术思想的源流初探》，《中国中医药现代远程教育》2011 年第 24 期。

《李东垣籍贯考》，《中医文献杂志》2011 年第 2 期。

曾友长（福建省中医药研究所）

《伤寒注家研究的历史、现状与未来》，《国医论坛》1992 年第 5 期。

曾玉书（湖北省谷城县卫生局）

～吴新华等：《谷城县 23 个村卫生室恢复合作医疗后的调查与思考》，《中国初级卫生保健》1992 年第 2 期。

曾昭抡

《中华医学会举行第一届大会》，《时事月报》1932 年第 5 期。

曾昭耆

《中国古代的气质学说和体型学说》，《中华医学杂志》1957 年第 7 期。

查灿长（青岛大学）

～李静：《试论广告的健康传播功能及其异化》，《新闻界》2007 年第 6 期。

查达

《阿维森纳与阿拉伯医学》，《医师杂志》1952 年第 2 期。

翟斌庆（香港大学）

《医疗理念的演进与医疗建筑的发展》，《建筑学报》2007 年第 7 期。

翟曹敏（上海师范大学）

《中国对非洲医疗卫生援助研究》，上海师范大学硕士学位论文 2017 年。

翟磊（华中师范大学）

《清代山东疫灾的时空分布及其社会影响与反馈》，华中师范大学硕士学位 2011 年。

翟立鹏（首都师范大学）

～白欣等：《近代教育家、病理学家徐诵明》，《医学与哲学（人文社会医学版）》2011 年第 9 期。

翟亮（西北师范大学）

《南京国民政府时期甘肃医疗卫生研究》，西北师范大学硕士学位论文 2017 年。

翟绍果（西北大学）

《结构性改革与高质量发展：从三医联动到健康治理的实现路径》，《中国劳动保障报》2019 年 4 月 9 日 003 版。

～王昭茜：《公共健康治理的历史逻辑、机制框架与实现策略》，《山东社会科学》2018 年第 7 期。

《贫困地区因病致贫返贫的治理路径》，《中国人口报》2018 年 7 月 19 日 003 版。

《健康贫困的协同治理：逻辑、经验与路径》，《治理研究》2018 年第 5 期。

王昭茜～：《老年人精神健康的需求意愿、影响因素及社会支持研究》，《西北人口》2018 年第 5 期。

～陈兴怡：《大数据在医疗服务与医保治理中的应用——基于数据技术、网络形态和政策支持的向度》，《江汉学术》2018 年第 3 期。

～严锦航：《健康扶贫的治理逻辑、现实挑战与路径优化》，《西北大学学报（哲学社会科学版）》2018 年第 3 期。

～王昭茜：《全民医保动态缴费机制与筹资策略》，《中国社会保障》2017 年第 6 期。

《"三医"联动的逻辑、机制与路径》，《探索》2017 年第 5 期。

仇雨临～黄国武：《大病保险发展构想：基于文献研究的视角》，《山东社会科学》2017 年第 4 期。

仇雨临～：《医保在医改中发挥基础性作用的实现路径》，《中国医疗保险》2016 年第 12 期。

～马丽等：《长期护理保险核心问题之辨析：日本介护保险的启示》，《西北大学学报（哲学社会科学版）》2016 年第 5 期。

任行～刘险峰：《国外工伤职业康复发展与完善我国职业康复的思考》，《中国医疗保险》2014 年第 7 期。

～仇雨临：《医保城乡统筹的实现路径》，《中国社会保障》2014 年第 6 期。

《中国城乡居民健康保障满意程度及改善建议——基于镇江、东莞、成都、神木、银川的实证分析》，《暨南学报（哲学社会科学版）》2014 年第 4 期。

仇雨临～：《我国医疗保障的制度转型与发展路径研究》，《人口与经济》2014 年第 2 期。

～仇雨临等：《中国城乡居民健康保障差异程度及其改善路径——基于镇江、东莞、成都、神木、银川的实证分析》，《经济管理》2014 年第 1 期。

～郭锦龙：《老年人长期照护服务的需求意愿分析及对策建议——基于陕西省的调查》，《老龄科学研究》2013 年第 5 期。

～许顺锋等：《基本医疗保险经办服务满意度及优化路径研究——基于镇江、东莞、成都、神木、银川的实证分析》，《保险研究》2013 年第 10 期。

～徐顺锋：《城乡居民基本医疗保险受益程度及改善路径研究——基于满足度、差异度和满意度的实证分析》，《未来与发展》2013 年第 9 期。

～郭锦龙：《国家基本药物制度实施效果、问题及建议》，《中国医疗保险》2013 年第 7 期。

～徐敬凯:《基于国民均等受益的医疗服务递送体系研究》,《宁夏大学学报(人文社会科学版)》2013 年第 2 期。

～马妮娜:《国外重大疾病保险概览》,《中国医疗保险》2012 年第 10 期。

《韩国国民健康保险费用偿付制度概览》,《中国医疗保险》2012 年第 7 期。

仇雨临～郝佳:《城乡医疗保障的统筹发展研究:理论、实证与对策》,《中国软科学》2011 年第 4 期。

仇雨临～:《社会医疗保险模式筹资机制的海外经验》,《中国医疗保险》2011 年第 3 期。

翟书涛(南京医科大学附属脑科医院)

罗小年～:《与文化相关精神障碍的几个问题》,《临床精神医学杂志》2001 年第 3 期。

《我国妇女精神医学研究的回顾及展望》,《中华精神科杂志》1999 年第 4 期。

《关于妇女精神卫生问题的讨论 妇女精神卫生的兴起和发展》,《临床精神医学杂志》1993 年第 4 期。

《文化人类学和癔症有关状态》,《国外医学.精神病学分册》1987 年第 2 期。

翟淑婷(中国科学技术大学)

～程远林:《〈医学统宗〉中的解剖知识》,《中华医史杂志》2010 年第 6 期。

《从三七兴起看影响中药传播的因素》,《中华医史杂志》2005 年第 4 期。

翟双庆(北京中医药大学/北京中医学院)

李永乐～:《从体用关系分析〈黄帝内经〉中五脏理论的框架结构》,《中医杂志》2019 年第 12 期。

陈敬文……张宁～:《刍议〈黄帝内经〉之"一"》,《北京中医药大学学报》2019 年第 11 期。

刘金涛……刘珍珠～:《〈素问·脏气法时论〉五脏苦欲补泻理论探析》,《中华中医药杂志》2019 年第 7 期。

李梦琳、……陈子杰～:《从〈黄帝内经〉"心部于表"刍议心与表的关系》,《北京中医药大学学报》2019 年第 4 期。

李永乐～:《论〈黄帝内经〉中五脏之间的调控关系》,《中医杂志》2018 年第 14 期。

刘金涛……梁艳～:《〈铜人腧穴针灸图经〉经脉理论演变及原因探析》,《北京中医药大学学报》2018 年第 10 期。

王慧如……梁艳～:《现代中医诊断理论辨证体系的变迁》,《中国中医基础医学杂志》2018 年第 9 期。

刘昕妍……王维广～:《现代中医眼科五轮学说与〈灵枢·大惑论〉的比较分析》,《环球中医药》2018 年第 6 期。

邓慧芳、陈子杰～:《〈黄帝内经〉尺肤诊理论的内涵》,《中国中医基础医学杂志》2018 年第 3 期。

邓慧芳、陈子杰～:《〈黄帝内经〉面部分候脏腑理论的演变》,《中华中医药杂志》2018 年第 3 期。

王维广……刘金涛～:《当代中医病机概念的演变》,《中医杂志》2017 年第 17 期。

梁艳……王维广～:《论〈黄帝内经〉治疗和养生中的正邪观》,《吉林中医药》2017 年第 11 期。

王慧如……刘哲～:《〈黄帝内经〉体质学说与现代中医体质学说比较》,《中华中医药杂志》2017 年第 4 期。

李永乐、王维广～:《基于知识考古学的晋唐时期肝属木理论特点分析》,《中医杂志》2016 年第 16 期。

刘哲～:《试论中医文化与道文化的关系》,《中华中医药杂志》2016 年第 10、11、12 期。

王维广……梁艳～:《命门学说理论框架变迁及其原因的历史考察》,《北京中医药大学学报》2016 年第 8 期。

李永乐～:《〈黄帝内经〉"亢害承制"理论演进研究》,《中国中医基础医学杂志》2016 年第 5 期。

李永乐～:《论〈黄帝内经〉"肝生于左"》,《中华中医药杂志》2016 年第 3 期。

于宁……车轶文～:《中医理论体系中概念的"沿袭"》,《中华中医药杂志》2016 年第 2 期。

邓慧芳、陈子杰～:《叶天士对〈黄帝内经〉奇经八脉理论的继承与发展》,《中华中医药学刊》2015 年第 11 期。

胡建鹏～王键:《中医学理论体系的形成与发展》,《中医药临床杂志》2015 年第 8 期。

邓慧芳～:《〈黄帝内经〉中的方剂阴阳分类法》,《辽宁中医杂志》2015 年第 3 期。

禄颖～:《〈内经〉病因理论对陈无择"三因学说"的影响》,《吉林中医药》2015 年第 2 期。

钱会南……陈广坤～:《〈黄帝内经太素〉之理论框架探析》,《世界中医药》2014 年第 11 期。

欧阳波～:《〈内经〉情志养生理论与道家无为思想》,《新中医》2014 年第 10 期。

陈子杰、邓慧芳～:《石寿棠〈医原〉学术思想溯源》,《中国中医药现代远程教育》2014 年第 10 期。

陈子杰……纪征瀚～:《〈内经〉学术研究方法述评》,《中华中医药学刊》2014 年第 8 期。

欧阳波～:《〈内经〉的"因势利导"与道家"无为"而治》,《中国中医药科技》2014 年第 5 期。

于宁～:《〈黄帝内经〉之"肝主生发"》,《中华中医药杂志》2014 年第 5 期。

于宁……车轶文～:《"肝主疏泄"概念的演进》,《中国中医基础医学杂志》2014 年第 1 期。

禄颖……鲁艺～:《〈三因极一病证方论〉七情学说特点分析》,《吉林中医药》2013 年第 8 期。

《〈内经〉论精神情志养生》,《中国中医药报》2013 年 4 月 19 日 005 版。

《〈内经〉论术数养生》,《中国中医药报》2013 年 4 月 12 日 005 版。

《〈内经〉论顺应生长规律养生》,《中国中医药报》2013 年 3 月 29 日 005 版。

《〈内经〉论四时养生》,《中国中医药报》2013 年 3 月 22 日 005 版。

《〈内经〉论饮食养生》,《中国中医药报》2013 年 3 月 15 日 005 版。

《〈内经〉论望色》,《中国中医药报》2013 年 1 月 4 日 005 版。

《论〈内经〉诊脉的不同学说》,《中国中医药报》2012 年 12 月 28 日 005 版。

《〈内经〉论偏枯》,《中国中医药报》2012 年 12 月 21 日 005 版。

《〈内经〉论厥证》,《中国中医药报》2012 年 12 月 14 日 005 版。

《〈内经〉论积聚》,《中国中医药报》2012 年 12 月 7 日 005 版。

《〈内经〉对发病的认识》,《中国中医药报》2012 年 8 月 10 日 005 版。

《〈内经〉论〈百病生于气〉》,《中国中医药报》2012 年 8 月 3 日 005 版。

《〈内经〉论针灸疗法》,《中国中医药报》2012 年 7 月 27 日 005 版。

杨丹～:《章虚谷著〈灵素节注类编〉学术成就》,《中医药学报》2012 年第 6 期。

黄玉燕、陈子杰～:《〈黄帝内经〉判断预后时间尺度的研究》,《中华中医药学刊》2012 年第 6 期。

欧阳波、于宁～:《道家"无为"思想对〈黄帝内经〉人体观的影响》,《中国中医基础医学杂志》2012 年第 5 期。

黄玉燕、陈子杰～:《〈名医类案〉、〈续名医类案〉判断死亡时间方法探析》,《辽宁中医药大学学报》2012 年第 5 期。

黄玉燕、陈子杰～:《〈黄帝内经〉以阴阳五行理论推断预后时间的应用范围》,《辽宁中医杂志》2012

年第 4 期。

张红林～马文珠:《〈甲乙经〉天突、璇玑、华盖位置考证》,《首都医药》2012 年第 4 期。

《〈内经〉论七情》,《中国中医药报》2012 年 4 月 12 日 005 版。

《〈内经〉对认知活动过程的认识》,《中国中医药报》2012 年 4 月 4 日 005 版。

《论〈内经〉中神的概念》,《中国中医药报》2012 年 3 月 30 日 005 版。

《〈内经〉脏腑数目的不同观点》,《中国中医药报》2012 年 3 月 16 日 005 版。

《〈内经〉脏腑配属的几种学说》,《中国中医药报》2012 年 3 月 14 日 005 版。

欧阳波……李蔓荻～:《浅析〈内经〉营卫运行理论与失眠的关系》,《中国中医基础医学杂志》2012 年第 2 期。

《〈黄帝内经〉学术体系结构》,《中国中医药报》2012 年 1 月 13 日 005 版。

《〈黄帝内经〉的学术特征》,《中国中医药报》2012 年 1 月 11 日 005 版。

《〈黄帝内经〉——中医思维之大成》,《中国中医药报》2012 年 1 月 6 日 005 版。

《〈黄帝内经〉——中医流派的先导和源泉》,《中国中医药报》2012 年 1 月 4 日 005 版。

《〈黄帝内经〉的成书与流传》,《中国中医药报》2011 年 12 月 29 日 005 版。

白俊杰……刘永刚～:《从〈内经〉药味理论认识"十八反""十九畏"配伍》,《吉林中医药》2011 年第 4 期。

李菲～梅乐章:《〈黄帝内经〉中的"八纲"辨证》,《北京中医药大学学报》2010 年第 11 期。

白俊杰～:《日儒森立之著〈素问考注〉的学术成就》,《吉林中医药》2010 年第 3 期。

金秀年～:《从〈内经〉和〈东医寿世保元〉体质理论探讨心理特征与体质发病的关系》,《吉林中医药》2010 年第 1 期。

黄玉燕～:《五运六气时间周期析微——论〈素问·天元纪大论〉的一纪与一周》,《中医研究》2009 年第 1 期。

黄玉燕～:《淳于意决死生方法探析》,《吉林中医药》2009 年第 11 期。

～钱会南:《王洪图对内经学发展的贡献》,《中国中医药报》2009 年 7 月 2 日 004 版。

白俊杰～:《黄元御〈素问悬解〉学术成就》,《吉林中医药》2009 年第 4 期。

陈子杰～:《从〈内经〉"肾治于里"与"肾为之主外"引起的思考》,《吉林中医药》2009 年第 4 期。

陈子杰～:《〈内经〉脏窍相关不同观点的探讨》,《吉林中医药》2009 年第 3 期。

白俊杰、路广林～:《浅析唐代名家对〈黄帝内经〉的编注成就》,《北京中医药大学学报》2009 年第 1 期。

《〈内经〉的注家与注本》,《中国中医药现代远程教育》2004 年第 8 期。

～王洪图:《试论心主神志活动观念的形成》,《北京中医药大学学报》2001 年第 1 期。

《〈内经〉各学术流派概述》,《北京中医药大学学报》1999 年第 1 期。

～钟剑等:《温胆汤源流考》,《中国中医基础医学杂志》1997 年第 5 期。

烟建华～郭霞珍等:《〈内经〉证候命名方法学研究》,《中国中医基础医学杂志》1996 年第 1 期。

烟建华～郭霞珍等:《〈内经〉疾病命名方法学研究》,《北京中医药大学学报》1995 年第 5 期。

烟建华～:《试析〈难经〉脉诊体系与〈伤寒杂病论〉辨脉诊病的关系》,《山西中医》1990 年第 4 期。

～王洪图等:《从脉法看〈伤寒杂病论〉与〈难经〉的学术关系》,《国医论坛》1987 年第 2 期。

翟文浩(北京中医药大学)

刘珊……沈艺～张青颖等:《〈道藏〉中医药文献研究考略》,《中医文献杂志》2015 年第 1 期。

张凯文、沈艺～王兆等:《北京太医院祭祀制度考》,《中医药文化》2014年第6期。

段晓华～刘珊等:《〈说文解字〉"疾""病"及其相关语词考》,《吉林中医药》2014年第2期。

《清代太医院诊疗制度研究》,北京中医药大学硕士学位论文2014年。

翟晓敏(复旦大学医学院)

《中西健康疾病观的哲学基础》,《医学与社会》2001年第5期。

翟昕(福建中医药大学)

《从〈点石斋画报〉看晚清西医在中国的传播》,福建中医药大学硕士学位论文2016年。

～落宝珍:《福州塔亭医院纪略》,《福建史志》2015年第4期。

翟旭丹(华东政法大学)

《近代上海社会福利制度研究(1929—1937)》,华东政法大学博士学位论文2013年。

翟延瑨

《庄子的形神观与古代医学》,《中州学刊》1982年第1期。

詹丹(上海师范大学)

《古代小说中的医案描写——以〈红楼梦〉为考察中心》,《红楼梦学刊》2010年第1期。

詹国彬(宁波大学)

《新加坡公立医院体制改革及其对我国的启示》,《东南亚研究》2013年第1期。

《公立医院回归公益性的障碍与路径选择》,《天府新论》2012年第6期。

王雁红～:《公立医疗机构民营化的路径选择与风险判断》,《北京理工大学学报(社会科学版)》2011年第6期。

～王雁红:《英国NHS改革对我国的启示》,《南京社会科学》2010年第9期。

战佳阳(辽宁中医药大学/中国中医科学院/辽宁中医学院)

《巫术在〈黄帝内经〉中的一些遗痕》,《中医文献杂志》2014年第2期。

《〈汉书·艺文志·方略〉中"房中"与"神仙"内涵理解》,《中医文献杂志》2013年第4期。

～孙楠等:《子淋中医源流探析》,《辽宁中医药大学学报》2013年第6期。

樊旭～尚德阳等:《〈黄帝内经〉中的择食之辨》,《中国中医基础医学杂志》2012年第7期。

《道家思想对〈内经〉的影响概述》,《中华中医药学刊》2011年第2期。

～毕秀丽等:《〈内经〉养生理论体系的构建》,《中国中医基础医学杂志》2006年第2期。

～毕秀丽等:《〈周易〉的思维模式对〈黄帝内经〉的影响》,《中医药学刊》2005年第7期。

～毕秀丽:《关于喻昌与吴又可温病思想的先后及关系——与赵书刚博士商榷》,《中医药学刊》2004年第12期。

～陈珩等:《〈黄帝四经〉对〈黄帝内经〉阴阳思想的影响》,《辽宁中医杂志》2004年第5期。

《道家、道教与〈黄帝内经〉》,辽宁中医学院博士学位论文2004年。

～陈珩等:《〈黄帝四经〉对〈黄帝内经〉在"道论"方面的影响》,《江西中医学院学报》2004年第2期。

～李双丽等:《论〈黄帝四经〉中顺道思想对〈黄帝内经〉的影响》,《辽宁中医杂志》2003年第8期。

《〈黄帝四经〉对〈黄帝内经〉的影响》,辽宁中医学院硕士学位论文2001年。

詹敏(武汉市中医医院)

《孙思邈美容内服方药初探》,《湖北中医杂志》1999年第8期。

詹穆彦(台湾清华大学)

《疾病范畴发展与自我转变:妥瑞症在台湾》,台湾清华大学硕士学位论文 2013 年。

詹勤鑫

《巫术:医药诞生的产婆》,《寻根》1996 年第 4 期。

詹庆华(上海海关)

《中国近代海关医员与西医在华传播初探——以中国旧海关出版物为视角》,《上海海关学院学报》2012 年第 2、3 期。

詹绍琛(福建省地方病研究所)

《台湾的鼠、蚤及历史上的鼠疫》,《海峡预防医学杂志》1999 年第 2 期。

《从福建鼠疫流行史看当前的鼠疫监测》,《中国地方病防治杂志》1994 年第 3 期。

詹世明(中国社会科学院)

《艾滋病:非洲的世纪难题》,《西亚非洲》2010 年第 4 期。

《非洲面临疟疾严重威胁》,《西亚非洲》2008 年第 10 期。

《撒哈拉以南非洲国家艾滋病流行状况》,《西亚非洲》2002 年第 6 期。

《艾滋病对非洲经济发展影响初探》,《西亚非洲》1999 年第 3 期。

战涛(西北工业大学)

~姚远:《〈祷告药皇誓疏〉:中国版希波克拉底誓言初探》,《中华医史杂志》2018 年第 6 期。

詹祥(江苏大学)

~周绿林等:《日本老龄介护保险的创新改革及挑战》,《中国卫生事业管理》2017 年第 2 期。

~周绿林等:《农村公共卫生发展与经济增长的实证研究:以江苏省为例》,《中国卫生经济》2015 年第 10 期。

~周绿林等:《卫生现代化建设评价指标体系的构建——基于苏南现代化示范区的分析》,《中国卫生事业管理》2014 年第 2 期。

~许兴龙等:《苏南卫生现代化建设的实践与成效——以高淳区统筹城乡居民医疗保险改革为例》,《中国集体经济》2014 年第 27 期。

~周绿林等:《卫生均等化对居民健康和经济增长的影响——基于江苏面板数据的实证研究》,《华东经济管理》2014 年第 9 期。

~陈浩:《基于多维结构视角的区域公共卫生均等化分析——以江苏省为例》,《中国卫生事业管理》2012 年第 11 期。

詹雅筑(台湾台北医学大学)

《医学教育与殖民社会:台湾总督府医学校的出现谈起》,台北医学大学硕士学位论文 2007 年。

詹苡萱(台湾清华大学)

《以宋代解剖图——〈欧希范五脏图〉、〈存真图〉看中国解剖学的发展》,台湾清华大学硕士学位论文 2010 年。

詹鄞鑫(华东师范大学)

《求爱与迷魂药》,《文史知识》2003 年第 4 期。

《巫医治疗术"有效性"析论》,《华东师范大学学报(哲学社会科学版)》1999 年第 6 期。

《卜辞殷代医药卫生考》,《中华医史杂志》1986 年第 1 期。

张爱诚(兰州医学院)

《中国古代医学在血液方面的伟大贡献》,《中医杂志》1955 年第 7 期。

张爱华(南京大学)

《残疾人社会排斥与社会融合的再考察——以南京市肢残人为例》,《理论界》2012 年第 6 期。

～岳少华:《中医兴衰与现代民族国家观念的形成——从"废止中医"案到赤脚医生制度》,《安徽大学学报(哲学社会科学版)》2010 年第 2 期。

何侃……张媛～:《智障群体的教育公平现状及思考》,《中国特殊教育》2008 年第 1 期。

《智障人群精神生活状况调查——对南京市 216 名弱智者的实证研究》,《南京人口管理干部学院学报》2007 年第 2 期。

《弱智人口教育及康复状况调查———项对南京市 216 名弱智人口的实证研究》,《青年探索》2006 年第 5 期。

张爱娟(广州中医药大学)

《晚清民国时期和 1978 年后文献关于鼓胀(肝硬化腹水)的诊治规律研究》,广州中医药大学博士学位论文 2015 年。

兰小和……张铮铮～:《道家思想与中医学》,《湖南中医杂志》2015 年第 10 期。

张艾媚(台湾大学)

《曙光中的假象——检视医药进展的媒体再现》,台湾大学硕士学位论文 2009 年。

张爱民(广州市第八人民医院)

～沈创鹏等:《岭南伤寒名家陈庆保〈伤寒类篇〉学术思想概略》,《辽宁中医药大学学报》2013 年第 1 期。

张安富(重庆市江津区中医院/江津区白沙中心卫生院)

～罗其华等:《略论〈内经〉的人性和气质说》,《中国现代药物应用》2012 年第 14 期。

～夏良佳等:《〈寿世保元〉预防中风法的临床探讨》,《中国实用医药》2012 年第 7 期。

《张元素对辨证论治及中药药理的贡献》,《中国实用医药》2012 年第 6 期。

～桂平等:《脾胃学说发展探析》,《中国现代药物应用》2012 年第 4 期。

张安平(上海中医药大学)

～赵玲:《中医任督经穴与印度阿育吠陀医学三脉七轮初步比较研究》,《亚太传统医药》2014 年第 1 期。

张昂霄(东北师范大学)

《明清"三姑六婆"群体研究》,东北师范大学硕士学位论文 2012 年。

张宝昌

《甲骨文中的人体知识》,《中华医史杂志》1981 年第 4 期。

《"患病"的木乃伊》,《科技简报》1981 年第 1 期。

张葆青(山东中医药大学附属医院)

林继岩～:《〈伤寒论〉方治疗儿科常见病浅析》,《山东中医杂志》2010 年第 4 期。

～刁娟娟等:《古代文献中癫痫的病名演化》,《辽宁中医药大学学报》2008 年第 11 期。

～刁娟娟:《古代医籍癫痫辨病辨证考》,《中医研究》2008 年第 10 期。

～周朋:《古代文献对小儿癫痫病因病机的认识》,《中医儿科杂志》2008 年第 2 期。

《小儿癫痫中医文献与证治研究》,山东中医药大学硕士学位论文 2004 年。

张宝文（首都医科大学）

《简析〈折肱漫录〉"品药"之特点》，《中国中医药图书管情报杂志》2015 年第 5 期。

《试论〈本草备要〉中"昂按"的论药特点》，《中医文献杂志》2013 年第 1 期。

《王执中〈针灸资生经〉腧穴考订内容初探》，《中医文献杂志》2011 年第 4 期。

崔锡章、陈婷～：《古医籍叠音词义与常用工具书的比较研究》，《北京中医药》2010 年第 2 期。

崔锡章、陈婷～：《论古医籍叠音词义的特点及影响》，《北京中医药大学学报》2010 年第 8 期。

《简析〈神农本学经〉对药物功效的描述特点》，《中医文献杂志》2010 年第 6 期。

《略论宋代针灸专著的语言与文化特色》，《中华中医药杂志》2010 年第 4 期。

《〈针灸甲乙经〉中〈明堂〉重言词义考释》，《智能故宫中医基础医学杂志》2007 年第 10 期。

《〈针灸甲乙经〉与〈太素〉互校内容考辨》，《中医药文化》2006 年第 6 期。

～张宝文：《汉代医籍症状表述语言特色研究》，《医古文知识》2005 年第 1 期。

《〈针灸甲乙经〉的成因及对后世的影响》，《医古文知识》2004 年第 1 期。

～张宝文：《试析民国时期的社会历史文化对北京"四大名医"的学术影响》，《北京中医》2003 年第 5 期。

张蓓（湖南师范大学）

《疯癫：与生存境遇的深度一体化存在——存在论视阈下新时期小说中的疯癫形象》，湖南师范大学硕士学位论文 2012 年。

《疯癫的情感论——存在论视域下新时期小说中的疯癫形象》，《文史博览（理论）》2012 年第 5 期。

《被悬置的"共同存在者"——存在论视阈下的新时期小说中的疯癫形象》，《湖北函授大学学报》2011 年第 12 期。

《疯癫：面对整体生存的形而上之畏——从海德格尔思想看新时期小说中的疯癫形象》，《文学界（理论版）》2011 年第 12 期。

《疯癫：人性深层的矛盾冲突——存在论视域下新时期小说中的疯癫形象》，《安徽文学（下半月）》2011 年第 12 期。

《疯癫：怪诞背后的精神光华——存在论视阈下新时期小说中的疯癫形象》，《文学界（理论版）》2011 年第 11 期。

张北川（青岛大学医学院附属医院/青岛医学院附属医院）

《象牙塔里，放任的自由与隐藏的风险》，《健康报》2016 年 12 月 2 日 006 版。

胡铁中～刘殿昌：《男男性行为者 486 例性别认同与艾滋病高危行为的相关性分析》，《中国皮肤性病学杂志》2015 年第 7 期。

刘明华、于增照～史同新等：《中国同性爱者、同性性行为者和相关女性群体人口数值估测》，《中国性科学》2015 年第 3 期。

～李洋等：《固定伴侣是男同性爱者/男男性行为者的女性与公共卫生》，《中国性科学》2015 年第 2 期。

～李洋等：《固定性伴是男男性行为者的女性之相关健康问题及影响因素》，《中国性科学》2015 年第 1 期。

胡铁中～刘殿昌：《男男性行为者 486 例性别认同与艾滋病高危行为的相关性分析》，《中国皮肤性病学杂志》2014 年第 10 期。

～李洋等：《固定性伴是男男性行为者的女性之相关生活、态度和认知》，《中国性科学》2014 年第

9 期。

于增照……李秀芳～王燕飞：《不同性传播感染 MSM 艾滋病高危行为对比分析》，《中国公共卫生》2013 年第 8 期。

～李秀芳：《对男男性行为者/艾滋病医学文献中某些专用词语的辨析》，《中国艾滋病性病》2013 年第 5 期。

丁凡……王晓东～：《重庆市城区农民工男男性行为者艾滋病性病知识及性行为的定性研究》，《中国艾滋病性病》2012 年第 7 期。

郑武……吴炽煦～皮琦等：《武汉市男男性行为者自杀行为影响因素分析》，《公共卫生与预防医学》2012 年第 1 期。

李秀芳～于增照等：《6 城市 1295 例男男性行为者安全套使用相关状况调查概况》，《中国艾滋病性病》2010 年第 2 期。

李洋～陈官芝等：《MSM 中同性与双性性取向的男性性工作者的行为特征比较》，《中国艾滋病性病》2010 年第 2 期。

廖留妹～李秀芳：《男性性工作者与 HIV 感染相关的人口学等因素研究进展》，《中国艾滋病性病》2010 年第 1 期。

于增照～李秀芳等：《毒品使用对男同/双性爱者艾滋病高危行为的影响》，《中国预防医学杂志》2009 年第 6 期。

储全胜……刘明华～马铁成：《男男性接触者性取向和 AIDS 相关态度、行为调查》，《职业与健康》2008 年第 11 期。

～储全胜等：《〈金西报告〉中同性性行为者与同性爱者数量与认识的发展》，《中国性科学》2008 年第 10 期。

～李秀芳等：《中国九城市 2046 例男同性爱者与艾滋病相关状况调查概况》，《中国性科学》2008 年第 8 期。

～李秀芳等：《中国 9 城市 2250 例男男性接触者 HIV/AIDS 相关状况调查概况》，《中国艾滋病性病》2008 年第 6 期。

周生建……陈国庆～：《重庆市男男性接触者性行为与 HIV 感染相关性研究》，《中国感染控制杂志》2008 年第 6 期。

史同新～李秀芳等：《婚姻状况对男男性行为者的艾滋病高危性行为影响研究》，《中国艾滋病性病》2008 年第 5 期。

李秀芳～王燕飞等：《女性性服务者性病患病及相关因素分析》，《中国公共卫生》2008 年第 4 期。

储全胜～：《同性间的性与健康》，《公共卫生与预防医学》2008 年第 2 期。

廖留妹～李秀芳等：《男男性接触者中异性爱者与素质性同性爱者艾滋病高危性行为比较》，《中华流行病学杂志》2007 年第 9 期。

李辉～李秀芳：《社会学因素对同性爱者影响的研究进展》，《中国性科学》2007 年第 4 期。

王全意……索罗丹～：《中国男男性接触者危险性行为和罹患艾滋病的风险》，《中国艾滋病性病》2007 年第 2 期。

王全意……黎新宇～：《男男性行为的历史文化背景及现状》，《公共卫生与预防医学》2006 年第 5 期。

刘明华、李秀芳～王振宏等:《娱乐服务业从业女性就医行为及相关因素分析》,《中国公共卫生》2006 年第 5 期。

李翔……崔萌～常文辉等:《西安市部分男男性接触者 AIDS 高危行为分析》,《中国公共卫生》2006 年第 5 期。

储全胜～马铁成等:《北某市男男性接触者安全套使用情况调查》,《中国艾滋病性病》2006 年第 4 期。

刘明华～李秀芳:《对男男性接触人群社会学因素及相关因素研究》,《中国艾滋病性病》2006 年第 3 期。

李秀芳～刘明华等:《466 例女性性工作者 AIDS/STD 血清学和行为学调查》,《中国艾滋病性病》2006 年第 1 期。

～储全胜:《同性爱与艾滋病》,《中华流行病学杂志》2005 年第 5 期。

魏莎莉、周生建～曾毅等:《西南某大城市男男性接触者性行为及对艾滋病认识分析》,《重庆医科大学学报》2005 年第 5 期。

～琼·高芙曼:《同性恋与艾滋病防治》,《广西民族学院学报(哲学社会科学版)》2005 年第 2 期。

《AIDS 防治工作亟需深入认识和探讨的若干问题》,《中国艾滋病性病》2005 年第 1、2 期。

朱明泉～李秀芳等:《中国大陆样本人群男男性接触者受教育程度与艾滋病高危行为关系的研究》,《宁夏医学杂志》2005 年第 1 期。

《同性爱、艾滋政治与人权建设》,《中国性科学》2004 年第 5 期。

吴绍文～:《男男性接触者与艾滋病》,《中华实验和临床病毒学杂志》2004 年第 4 期。

朱明泉～李秀芳等:《中国男男性接触者年龄与艾滋病高危性行为关系的研究》,《中华皮肤科杂志》2004 年第 11 期。

～吴绍文等:《男性性工作者的 STI/HIV 高危行为研究》,《中国艾滋病性病》2004 年第 5 期。

吴绍文～李秀芳:《中国男同/双性爱者 AIDS 高危性行为监测与比较》,《中国艾滋病性病》2004 年第 5 期。

～赵旭传等:《男男性接触者中安全套使用状况分析》,《中国麻风皮肤病杂志》2004 年第 2 期。

《中国男同性爱者现状与艾滋病干预》,《预防医学情报杂志》2003 年 S1 期。

李秀芳～史同新等:《11 例感染艾滋病病毒的男男性接触者相关行为调查》,《中华流行病学杂志》2003 年第 9 期。

史同新～李秀芳等:《对男男性接触者 AIDS 高危性行为健康干预研究》,《中国艾滋病性病》2003 年第 6 期。

《不利于男男性接触者 AIDS 预防控制的因素》,《中国艾滋病性病》2003 年第 6 期。

史同新～李秀芳等:《中国不同地区男男性接触者艾滋病高危性行为对比研究》,《中国麻风皮肤病杂志》2003 年第 4 期。

～李秀芳等:《中国大陆当今男同/双性爱者心理卫生与相关状况调查》,《中国性科学》2003 年第 3 期。

史同新～李秀芳等:《男男性接触途径与艾滋病高危行为关系研究》,《中国麻风皮肤病杂志》2003 年第 3 期。

史同新～李秀芳等:《男男性接触者中 STI 情况及相关高危性行为调查》,《中国麻风皮肤病杂志》

2003 年第 2 期。

张敬东……李秀芳~:《同性固定性伴侣对男男性接触者 AIDS 高危行为的影响》,《中国艾滋病性病》2003 年第 2 期。

~李秀芳等:《对中国男同/双性爱者人口数量与艾滋病病毒感染率的初步估测》,《中国艾滋病性病》2002 年第 4 期。

~李秀芳等:《2001 年 1109 例男男性接触者性病艾滋病高危行为监测与调查》,《中华皮肤科杂志》2002 年第 3 期。

~李秀芳等:《中国男同性爱者儿童期状况对自身性别、性取向的态度及认识,少见经历和心理与艾滋病高危行为的关系》,《中国艾滋病性病》2002 年 2、3 期。

~李秀芳等:《对男性同性爱人群性病艾滋病高危行为的调查及其干预模式探索》,《中国麻风皮肤病杂志》2002 年第 1 期。

~李秀芳等:《中国大陆男男性接触者艾滋病性病高危险行为情况调查》,《中华流行病学杂志》2001 年第 5 期。

李秀芳~胡铁中等:《男性同性性接触者高危性行为与性病的调查研究》,《中华皮肤科杂志》2001 年第 3 期。

~刘殿昌等:《中国大陆男同性性接触者的艾滋病高危行为及影响因素研究》,《中国艾滋病性病》2001 年第 1、2 期。

《对男同性性接触者的艾滋病干预(二):思考与体会》,《中国艾滋病性病》2000 年第 5 期。

~李秀芳等:《对男同性性接触者的艾滋病干预(一):理论与实践》,《中国艾滋病性病》2000 年第 3 期。

《男同性性接触者与艾滋病流行》,《中国艾滋病性病》2000 年第 2 期。

张北野

《明代物理降温疗法史料一则》,《中华医史杂志》1994 年第 2 期。

张本一(信阳师范学院)

《宋元说药伎艺及其戏剧形态论略》,《中华戏曲》2014 年第 2 期。

《宋元医药剧表演形态论略》,《文化艺术研究》2013 年第 2 期。

章碧明(陕西工业职业技术学院/中国中医科学院)

《〈太平圣惠方〉载方未注明出处的分析研究》,《云南中医学院学报》2011 年第 5 期。

~李健:《〈伤寒论〉口渴辨治初探》,《陕西中医》2009 年第 10 期。

《金元四大家的学术渊源及其影响》,《现代中医药》2009 年第 4 期。

《〈太平圣惠方〉及部分引用文献的研究》,中国中医科学院硕士学位论文 2006 年。

张碧清

《鉴真——唐代中日文化交流的先驱》,《世界知识》1979 年第 16 期。

张必忠(人民日报社)

《薛福辰因医获宠》,《紫禁城》1988 年第 4 期。

张斌(北京大学)

《中华医学会医业保障委员会的建立与影响》,《中华医史杂志》2004 年第 1 期。

~张大庆:《浅析民国时期的医事纠纷》,《中国医学伦理学》2003 年第 6 期。

《朱国宾:《近代医学伦理学的先导》,《医学与哲学》2002 年第 9 期。

张彬（河北省人民医院）

张莽、刘香蕊～岳黎敏：《再论〈内经〉对中国传统哲学核心思想承袭中的不足》，《现代中西医结合杂志》2004 年第 16 期。

张莽……岳黎敏～：《从老子的"道生道控论"和〈内经〉的"精生神主论"看中医发展中忽视对人体总控机制发展的缺憾》，《现代中西医结合杂志》2004 年第 14 期。

《丹麦中医针灸发展现状》，《河北中医》2001 年第 12 期。

《中医眼科现代发展史概述》，《河北中医药学报》1999 年第 3 期。

《目病命名浅谈》，《中国中医眼科杂志》1995 年第 3 期。

张冰（中山大学）

～苏雨洁等：《〈西医新报〉的编辑出版及其对西医学传播的影响》，《中华医史杂志》2018 年第 2 期。

张冰浣（中华人民共和国卫生部办公厅）

《中国共产党重视中医药史料两则》，《中华医史杂志》2001 年第 2 期。

张冰清（安徽大学）

～陈明惠：《究竟是"媒体偏见"还是"社会偏见"——对"八毛门"反思的反思》，《阜阳师范学院学报（社会科学版）》2012 年第 4 期。

张炳生（宁波大学）

～陈丹丹：《药品专利保护与公共健康权的国际冲突及平衡》，《法律适用》2009 年第 12 期。

张博（南开大学）

《日记所见清代士人就医行为的地域差异》，《中华医史杂志》2014 年第 1 期。

《从理学家窦克勤看清代士人的病痛与治疗》，《中华医史杂志》2013 年第 6 期。

《"切腹"源自中国？》，《寻根》2008 年第 6 期。

张伯奇

《我国古代对于内分泌的理论》，《新中医药》1954 年第 10 期。

张彩霞（广州中医药大学）

张远丽～：《我国非法行医的现状及对策建议——以案件统计为分析视角》，《医学与法学》2015 年第 4 期。

～毛宗福：《全球健康学科中的几个基本问题》，《中华疾病控制杂志》2014 年第 10 期。

《全球卫生治理面临的挑战及其应对策略》，《中国卫生政策研究》2012 年第 7 期。

《英国国民健康服务体系改革及其给我们的启示》，《医学与法学》2012 年第 6 期。

《从国际卫生法迈向全球卫生法》，《医学与法学》2012 年第 4 期。

《我国发展国际医疗旅游产业的法律和政策建议》，《医学与法学》2012 年第 2 期。

《传染病问题的全球治理机制及其完善》，《中国卫生政策研究》2012 年第 1 期。

《国际非政府组织在全球卫生治理中的作用与职能》，《经济研究导刊》2011 年第 34 期。

《国际医疗旅游的法律风险及其防范》，《卫生软科学》2011 年第 11 期。

《全球卫生法：全球卫生治理的新趋势》，《中国卫生政策研究》2011 年第 10 期。

《面对重症疾病弃婴 医院陷入两难选择》，《法制与经济（中旬刊）》2010 年第 12 期。

～吴玉娟：《传染病防控的国际合作机制演进与国际卫生法的实践》，《广东广播电视大学学报》2010 年第 6 期。

张灿玾(山东中医药大学/山东中医学院)

李玉清～:《北宋官方校勘整理〈黄帝内经〉情况考》,《中华中医药杂志》2009 年第 9 期。

《山东中医进修教育的先驱者——忆林竹亭、宋洛川》,《山东中医杂志》2008 年第 9 期。

《山东省中医研究班记略》,《山东中医杂志》2008 年第 8 期。

《20 世纪 50 年代山东省中医研究班纪略》,《中华医史杂志》2008 年第 4 期。

《本草三书小考》,《中华医史杂志》2007 年第 3 期。

《经络学说的形成原委及功能》,《山西中医学院学报》2006 年第 5 期。

《奇经八脉学说文献考》,《山西中医学院学报》2006 年第 4 期。

～张增敏:《隋唐五代医学文献发展概述》,《天津中医药大学学报》2006 年第 3 期。

《〈黄帝内经〉中的经络学说》,《山西中医学院学报》2006 年第 3 期。

《出土文物中的经络学说解析》,《山西中医学院学报》2006 年第 2 期。

《先秦两汉古籍中的经络学说解析》,《山西中医学院学报》2006 年第 1 期。

《〈伤寒论〉与〈金匮要略〉文献研究概述》,《中医文献杂志》2005 年第 4 期。

李玉清～:《成无己生平考》,《内经中医药大学学报(社会科学版)》2005 年第 3 期。

李玉清～:《略论〈注解伤寒论〉引书的文献学价值》,《江西中医学院学报》2005 年第 2 期。

李玉清、齐冬梅～:《〈注解伤寒论〉首次刊刻过程考》,《山东中医药大学学报》2005 年第 2 期。

李玉清～:《成无己〈注解伤寒论〉府病说对后世影响简考》,《中医药学刊》2004 年第 8 期。

李玉清～:《试析成无己阐释〈伤寒论〉的辨证思维方法》,《四川中医》2004 年第 5 期。

《〈内经〉五行学说解析》,《山西中医学院学报》2004 年第 3 期。

李玉清～:《试论成注〈伤寒论〉版本对后世的影响》,《中医文献杂志》2004 年第 2 期。

～张增敏:《〈伤寒〉〈金匮〉医方考》,《上海中医药杂志》2004 年第 2 期。

《忆山东省中医进修学校》,《山东中医杂志》2002 年第 12 期。

～张增敏:《扁鹊著作文献研究刍议》,《中国医药学报》2002 年第 1 期。

李玉清～:《〈注解伤寒论〉引书简考》,《中医文献杂志》1999 年第 1 期。

李玉清～:《〈伤寒补亡论〉引〈伤寒论〉文所据祖本之探讨》,《中医文献杂志》1998 年第 3 期。

《张仲景妇科文献研究简议》,《中国医药学报》1996 年第 5 期。

《〈针灸甲乙经〉的主要贡献及对后世的影响》,《中医文献杂志》1994 年第 4 期。

《〈伤寒〉、〈金匮〉方对方剂学的贡献》,《中国医药学报》1994 年第 2 期。

《仲景著作文献研究简议》,《中国医药学报》1992 年第 3 期。

《〈黄帝内经太素〉撰注年代考》,《天津中医学院学报》1987 年第 2 期。

张查理

～白英才等:《干尸(木乃伊)之研究》,《中华医学杂志》1949 年第 6 期。

张长江(泰山医学院)

《人民卫生人民办》,《中国卫生经济》1988 年第 8 期。

《试论我国卫生事业福利性质的特点》,《中国卫生经济》1987 年第 4 期。

张长民

《潮汕医著丛考》,《韩山师专学报(社会科学版)》1991 年第 1 期。

《宋代潮州刘昉〈幼幼新书〉在医史文献学上的贡献》,《韩山师专学报(社会科学版)》1989 年第 1 期。

张潮（上海中医药大学）

《〈玉龙赋〉和〈玉龙歌〉的比较研究》,《中医文献杂志》2019 年第 6 期。

~徐平等:《〈玉龙歌〉各传本的比较研究》,《中医文献杂志》2012 年第 5 期。

张超（云南中医学院）

高琪……付婷婷~:《浅析〈滇南本草〉中治疗脾胃病的用药特色》,《中国民族民间医药》2016 年第 15 期。

~杨林蓉等:《试论云南兰茂医学流派的学术特色》,《中国民族民间医药》2016 年第 13 期。

段忠玉~:《傣医药文化传承与保护研究》,《医学与社会》2016 年第 3 期。

左媛媛~孙永林等:《"一带一路"战略背景下云南与大湄公河次区域国家传统医药合作交流的经验及展望》,《中国医药导报》2015 年第 27 期。

王婧~:《傣族饮食中的傣医养生观浅析》,《中国民族医药杂志》2012 年第 11 期。

刘斌……骆始华:《云南民族医药文献收集整理研究概述》,《云南中医学院学报》2012 年第 1 期。

张婷……郑进~:《傣医"神药两解"》,《云南中医学院学报》2011 年第 3 期。

孔春芹……陈清华~:《试论傣医雅解学说的构建及内涵》,《云南中医学院学报》2010 年第 6 期。

刘斌、张婷~:《从傣医传统疗法看傣医学传承与发展的方式》,《中国民族医药杂志》2010 年第 10 期。

杨梅、林艳芳~:《浅谈佛教缘起观对傣医学的影响》,《医学与哲学(人文社会医学版)》2009 年第 10 期。

~王志红等:《原始宗教对傣医学基础理论的影响》,《中国民族医药杂志》2007 年第 10 期。

王志红~陈普:《傣医学的指导思想——"天人合一"观》,《中国民族医药杂志》2007 年第 10 期。

陈普~:《傣医〈嘎牙山哈雅〉中生命起源及生长发育的初步研究》,《云南中医学院学报》2007 年第 5 期。

~李顺英等:《试论佛教对傣医学形成与发展的影响》,《云南中医学院学报》2006 年 S1 期。

张晨（武汉大学）

《精神疾病话语的媒介呈现及框架变迁——以〈人民日报〉为例(1946—2013)》,武汉大学博士学位论文 2014 年。

张陈呈（云南大学）

《明清时期瘴气在广西削减的原因探析》,《南宁师范高等专科学校学报》2007 年第 2 期。

《试论明清时期瘴气对广西社会产生的影响》,《广西地方志》2007 年第 1 期。

张程（中国科技大学）

《"大跃进"期间的"超声波化"运动》,中国科学技术大学博士学位论文 2017 年。

~丁兆君:《"其兴也勃,其亡也忽"再谈 1960 年的"超声波化"运动》,《科学文化研究》2016 年第 4 期。

~胡化凯:《"大跃进"期间制药行业的"超声波化"运动》,《当代中国史研究》2014 年第 2 期。

张承道

《我国古代人民对于"四害"的认识及其"除四害"的方法》,《医学史与保健组织》1958 年第 4 期。

《公元 13 世纪我国的一所大医院》,《医学史与保健组织》1958 年第 2 期。

《我国关于职业病的最早文献记述》,《医学史与保健组织》1958 年第 2 期。

张承宗（苏州大学）

《魏晋南北朝医药与服食养生之风》，《苏州大学学报》1996 年第 1 期。

张弛（长春中医药大学附属医院/长春中医学院）

《先秦儒家与中医学术渊源探析——兼谈春秋中医新旧学派之争》，《中医药文化》2012 年第 6 期。

《近 20 年〈内经〉营养学理论研究及应用》，《长春中医学院学报》2001 年第 3 期。

李霞～许永贵：《〈难经〉脉诊理论特色刍议》，《长春中医学院学报》2001 年第 1 期。

张弛（河南省周口市中心医院）

～周章玲：《刺络放血疗法探源——析〈内经〉刺血络法》，《中国中医基础医学杂志》2003 年第 4 期。

张弛（中国井冈山干部学院）

《论中央苏区医疗卫生事业之建设及其经验》，《传承》2010 年第 24 期。

张崇泉

《试论孙思邈医德思想形成的历史背景》，《湖南中医杂志》1989 年第 6 期。

张崇旺（安徽大学）

《明清时期江淮地区的疫灾及救治》，《中国地方志》2008 年第 2 期。

张传龙（洛阳理工学院）

《试论武术与中医的关系》，《体育世界（学术版）》2008 年第 6 期。

张创献

《论〈九针〉的成长及其现实意义》，《上海中医药杂志》1956 年第 3 期。

张春（上海国际问题研究院）

《医疗外交与软实力培育——以中国援非医疗队为例》，《现代国际关系》2010 年第 3 期。

张纯芳（台湾国立清华大学）

《"内地人的耻辱"——日治时期台湾伤寒之讨论与防治》，国立清华大学硕士学位论文 2010 年。

张春海（中国社会科学报社）

《出土汉简有望丰富中医学史——成都老官山汉墓医简即将公布》，《中国社会科学报》2016 年 6 月 22 日 001 版。

《追问医学伦理：柳叶刀上的人文关怀》，《中国社会科学报》2014 年 3 月 24 日 A01 版。

张春梅（南京大学）

《英国国有医院改革研究（1979—2010）》，南京大学博士学位论文 2019 年。

～刘成：《论英国国民健康服务体系中病人地位的改变》，《郑州大学学报（哲学社会科学版）》2016 年第 4 期。

《布莱尔与英国医院私有化改革》，《历史教学（下半月刊）》2015 年第 9 期。

张春艳（沈阳工程学院）

《1910—1911 年东北鼠疫灾害及应对措施》，《兰台世界》2014 年第 28 期。

章次公

《明王肯堂伤寒证治准绳自序》，《新中医药》1957 年第 3 期。

《清焦循名医李君（振声）墓志铭》，《新中医药》1957 年第 1 期。

《史记扁鹊列传集释》，《新中医药》1955 年第 9—11 期。

《李时珍传》，《新中医药》1955 年第 7 期。

《张仲景在医学上的成就》,《中医杂志》1955 年第 2 期。

《卢之颐生平及其著作》,《江西中医药》1955 年第 24 期。

《伤寒论非王叔和所编次》,《新中医药》1954 年第 7 期。

《中国病历的发明》,《新中医药》1954 年第 4 期。

《雷子纯与六神丸》,《新中医药》1953 年第 9 期。

《古代之麻醉药》,《江西中医药》1952 年第 5、6 期。

《晚明医人列传(张遂辰事迹录)》,《江西中医药》1952 年第 1、2 期。

《中国医学史话》,《新中医药》1951 年第 1—3 期。

《曼公事迹考》,《医史杂志》1951 年第 1 期。

《李富荪名医轶事记书后》,《新中医药》1950 年第 8 期。

《书明末医林奇士高斗魁事》,《医史杂志》1950 年第 1 期。

《本草纲目拾遗引书编目》,《医史杂志》1948 年第 3、4 期。

《明代挂名医籍之进士题名录》,《医史杂志》1948 年第 1、2 期。

《明移民医征略序》,《医史杂志》1947 年第 1 期。

《中国本草图谱史略》,《中西医药》1935 年第 4 期。

《五行考》,《上海国医学院院刊》1931 年第 3 期。

《中国药物起源之研究》,《医光》1928 年第 1 期。

张聪(北京中医药大学)

薛泰骑……周妍~:《宋代灸法特色探微》,《西部中医药》2019 年第 6 期。

阎美卉~张玉苹等:《中医养生堂栏目健康传播的效果及问题》,《中国中医药现代远程教育》2019 年第 11 期。

王一辰、林殷~廖艳等:《"忍三分寒"源流考辨及其现代保健意义》,《吉林中医药》2019 年第 5 期。

马芳芳……廖艳~潘诗霞等:《"灸疮"考辨》,《世界中医药》2019 年第 2 期。

王一辰、林殷~廖艳等:《"小儿纯阳说"考辨》,《北京中医药大学学报》2019 年第 1 期。

潘诗霞、林殷~马芳芳等:《社区居民药膳食疗认知度调查研究——以北京市市区为例》,《中医药导报》2018 年第 13 期。

张玉苹、王青青~:《首都市民中医药文化素养调查与分析》,《中医药导报》2018 年第 5 期。

马芳芳……林殷~奚茜等:《辟谷非平人养生法考辨》,《北京中医药大学学报》2018 年第 2 期。

马芳芳……奚茜~张玉苹等:《"逆灸"非保健灸考辨》,《中华中医药杂志》2017 年第 10 期。

马芳芳……奚茜~廖艳等:《"若要安,三里常不干"考辨》,《北京中医药大学学报》2017 年第 5 期。

奚茜……潘诗霞~张玉苹:《茶解药毒考辨》,《中医杂志》2017 年第 1 期。

奚茜……林殷~张玉苹等:《"服药不饮茶"的文献考据》,《北京中医药大学学报》2016 年第 12 期。

范宁~林殷等:《古今药膳名称考》,《北京中医药大学学报》2016 年第 3 期。

范宁……廖艳~奚茜等:《唐代食疗方用药情况分析》,《北京中医药》2016 年第 2 期。

舒秀明……廖艳~张玉苹:《〈素问·脏气法时论〉四时五味观及其养生意义辨析——从〈中医养生学〉的观点谈起》,《北京中医药》2014 年第 5 期。

严泽~林殷等:《古代医家论食物相反之辨析》,《中医杂志》2013 年第 24 期。

~廖艳:《古代健脑益智养生方法初探》,《中国实用医药》2013 年第 2 期。

舒秀明……林殷～张玉苹等：《试论〈备急千金要方〉四时五味观的"时"与"味"》，《北京中医药》2013 年第 12 期。

～代金刚等：《中医导引术和印度瑜伽术比较研究》，《环球中医药》2013 年第 7 期。

严泽……张玉苹、张煜～：《"食不欲杂"出处文献考》，《北京中医药大学学报》2013 年第 4 期。

孙奇……林殷～张玉苹等：《乌芋·慈姑·荸荠考》，《世界中医药》2013 年第 1 期。

严泽～林殷等：《"食物相反"名实考》，《中医杂志》2012 年第 21 期。

李洁～林殷等：《滚脚凳源流考及其传统养生康复机理探析》，《北京中医药大学学报》2012 年第 8 期。

李柳骥、侯中伟～邢建民等：《〈备急千金要方〉闭经方剂探析》，《安徽中医学院学报》2012 年第 4 期。

李柳骥、侯中伟～邢建民等：《古医籍中对痛经的认识及证治》，《安徽中医学院学报》2011 年第 5 期。

张从辛

《中国古代的朴素唯物主论与祖国医学发展》，《兰州医学院学报》1959 年第 5 期。

张翠（南京大学）

《嵌入与关怀：社会工作介入康复科病人健康照顾的策略建议》，南京大学硕士学位论文 2013 年。

张翠娥（武汉大学）

李慧敏～：《农村女性艾滋病患者社会支持网的断裂研究——基于河南省农村地区的实证调查》，《山东省农业管理干部学院学报》2012 年第 2 期。

《有形与无形——艾滋病患者的社会性别研究》，武汉大学博士学位论文 2009 年。

《社会性别与艾滋病——对一位女性艾滋病患者生命历程的性别分析》，《妇女研究论丛》2008 年第 3 期。

向德平～：《社会性别视角下农村艾滋病患者的夫妻冲突》，《社会工作下半月（理论）》2008 年第 2 期。

张存钧（上海交通大学附属第一人民医院）

《绵延三百六十余载的上海张氏医学简史》，《中医文献杂志》2008 年第 6 期；2009 年第 1 期。

张存悌（沈阳市大东区人民医院/辽宁中医药大学第三附属医院/沈阳市大东区中医院/沈阳抗癌止痛研究所）

《"火神派"的理论要点和现实意义》，《中医药文化》2009 年第 1 期。

～吕海婴：《火神派名家医案选》，《辽宁中医杂志》2008 年第 6—12 期；2009 年第 1—3 期。

～吕海婴：《唐步祺医案》，《辽宁中医杂志》2008 年第 4、5 期。

《名人与中医》，《辽宁中医药大学学报》2008 年第 1—12 期；2009 年第 1—12 期。

《范中林医案》，《辽宁中医杂志》2008 年第 1、2、4 期。

《吴佩衡医案》，《辽宁中医杂志》2007 年第 8、9、10 期。

《火神派研究的现代意义》，《辽宁中医杂志》2007 年第 6、7 期。

～吕海英：《巧借药引藏玄机——药引趣话》，《辽宁中医药大学学报》2007 年第 4 期。

《徐郎不是池中物——名医气节》，《辽宁中医药大学学报》2007 年第 3 期。

《祝味菊学术思想探讨》，《辽宁中医杂志》2007 年第 2、3 期。

《三折肱知为良医——名医失手之后》，《辽宁中医药大学学报》2007 年第 2 期。

《病人所嗜者为良药》,《辽宁中医药大学学报》2007 年第 1 期。

李可学术思想探讨》,《辽宁中医杂志》2006 年第 9、10 期。

《范中林学术思想探讨》,《辽宁中医杂志》2006 年第 8、9 期。

吴佩衡学术思想探讨》,《辽宁中医杂志》2006 年第 6、7 期。

《天下名医儒占多》,《辽宁中医药大学学报》2006 年第 6 期。

《"不杀人不足为名医"——名医擅用峻药案略》,《辽宁中医学院学报》2006 年第 3 期。

《"火神派"再述》,《辽宁中医杂志》2005 年第 1 期。

《"火神派"述略》,《辽宁中医杂志》2004 年第 3 期。

《老沈阳四大名医》,《辽宁中医杂志》2004 年第 2 期。

《富贵于我如浮云——名医与金钱》,《辽宁中医杂志》2003 年第 9 期。

《博采偏方治大病——名医重视偏方》,《辽宁中医杂志》2003 年第 8 期。

《功业犹在歧黄外——名医济世义举》,《辽宁中医杂志》2003 年第 7 期。

《功在万世为传业——名医著书》,《辽宁中医杂志》2003 年第 6 期。

《临深履薄唯谨慎——名医的谨慎作风》,《辽宁中医杂志》2003 年第 5 期。

《铭文座右寓精神——名医铭言赏析》,《辽宁中医杂志》2003 年第 4 期。

《布衣本色松风骨——名医高风亮节》,《辽宁中医杂志》2003 年第 1 期。

《中医不比西医差——毛泽东与中医》,《辽宁中医杂志》2002 年第 12 期。

《一心赴救仗胆识——名医担险治重症》,《辽宁中医杂志》2002 年第 11 期。

《一事长已必服膺——名医求师事略》,《辽宁中医杂志》2002 年第 10 期。

《圆机活法信如神——名医机巧治案》,《辽宁中医杂志》2002 年第 9 期。

《断无俭腹名医——名医饱学情境》,《辽宁中医杂志》2002 年第 8 期。

《候之所始 道之所生——中医理论产生的基础》,《辽宁中医杂志》2002 年第 6 期。

《架上书堆方是富——名医藏书》,《辽宁中医杂志》2002 年第 5 期。

《风云变幻显工夫——历史关头的几则验案》,《辽宁中医杂志》2002 年第 4 期。

《壶天漫笔(2)人有千面 病有百变——一人一方论》,《辽宁中医杂志》2002 年第 3 期。

《壶天漫笔(1)医非学养深者不足以鸣世——名医的人文修养》,《辽宁中医杂志》2002 年第 2 期。

《张锡纯在沈阳》,《中医函授通讯》1987 年第 3 期。

张大魁(新昌县中医院)

《〈黄帝内经〉五味补泻理论及五味补泻图构思》,《浙江中医药大学学报》2013 年第 7 期。

张大鹏(南京中医药大学)

《杨栗山学术渊源研究》,南京中医药大学硕士学位论文 2015 年。

~傅雷:《浅析杨栗山对温疫伏邪的认识》,《浙江中医药大学学报》2015 年第 7 期。

张大萍(首都医科大学)

《皮科泰斗 民族骄傲——写在现代中医皮外科奠基人赵炳南归真 30 周年》,《中国穆斯林》2014 年第 4 期。

~席春慧:《治病救人 用一辈子做了一件事——谨此纪念中医泰斗张作舟先生》,《首都医药》2013 年第 15 期。

《试析影响我国医患关系的原因》,《卫生职业教育》2013 年第 2 期。

《医海泛舟 杏林留香——记著名回族中医皮肤病专家张作舟》,《中国穆斯林》2011 年第 3 期。

《我国中西医结合历史之回顾与人才培养之建议》,《首都医科大学学报（社会科学版）》2011 年 00 期。

《"十八反"源流探析》,《中医教育》2010 年第 6 期。

～王晓燕:《试析医患关系的现状》,《卫生软科学》2008 年第 6 期。

《论陈实功在中医外科史上的贡献》,《中华医史杂志》2007 年第 2 期。

～方平等:《京城著名皮科专家——张作舟》,《北京中医》1997 年第 2 期。

张大庆（北京大学/北京医科大学）

姜姗～:《宽文针灸铜人里的中西方医学印迹》,《中国针灸》2019 年第 10 期。

黎润红～:《青蒿素:从中国传统药方到全球抗疟良药》,《中国科学院院刊》2019 年第 9 期。

白吉克～:《科学与社会互动的典型例证——"神经衰弱快速综合疗法"之历史》,《自然辩证法研究》2019 年第 8 期。

《医学人文与医院文化》,《中国医学人文》2019 年第 5 期。

苏静静～:《"基本药物"的历史——权利与利益之争》,《自然辩证法通讯》2019 年第 3 期。

《返老还童:性腺移植术在中国的传播》,《法国汉学》第 18 辑（2019）。

《健康主义及其悖论》,《医学与哲学》2019 年第 1 期。

白吉可、周志超～:《医学史视域下中国抑郁症发展研究》,《医学与哲学（A）》2018 年第 12 期。

傅馨悦～:《近代我国编写中学生理卫生教材初阶》,《生物学通报》2018 年第 8 期。

《努力推进我国性学的跨学科研究》,《中国性科学》2018 年第 7 期。

苏静静～:《国际卫生理论与实践在中国的推动者安德里亚·司丹巴》,《科学文化评论》2018 年第 6 期。

傅馨悦～:《近代官办中学堂采用的第一本中学生理卫生教科书简介》,《生物学教学》2018 年第 4 期。

苏静静～:《在医学与政治之间——中国根除天花的国际认证》,《自然科学史研究》2018 年第 3 期。

唐文佩、吴苗～:《疼痛的身体政治——分娩止痛观念的历史演变》,《自然辩证法通讯》2018 年第 2 期。

唐文佩～:《生命过程的医学化——绝经成为疾病的历史与争论》,《自然科学史研究》2018 年第 1 期。

孟君～:《西方中世纪早期助产士与中国旧时稳婆的比较》,《医学与哲学（A）》2017 年第 12 期。

《当代医学史研究的趋势与问题》,《科学新闻》2017 年第 11 期。

唐文佩～:《健康人文的兴起及其当代挑战》,《医学与哲学（A）》2017 年第 6 期。

苏静静～:《国际医学史学会的建立与历史演进》,《医学与哲学（A）》2017 年第 6 期。

苏静静～:《基本药物在中国——从国际理念到国家制度》,《自然辩证法通讯》2017 年第 5 期。

管泽宇～李维:《从个体化医学、个性化医学到精准医学的概念演变史》,《中国科技史杂志》2017 年第 4 期。

陈琦～:《新世纪医学人文学科建设:现实与挑战》,《医学与哲学（A）》2017 年第 4 期。

黎润红、饶毅～:《青蒿素类药物走向世界的序曲》,《科学文化评论》2017 年第 2 期。

戈海涛～:《〈大医精诚〉中"大医"的概念史探究》,《医学与哲学（A）》2016 年第 11 期。

苏静静～:《世界卫生组织健康定义的历史源流探究》,《中国科技史杂志》2016 年第 4 期。

苏静静～:《中国与世界卫生组织的创建及早期合作(1945—1948)》,《国际政治研究》2016年第3期。

李彦昌～:《西方制药之术与药物认知之途》,《医学与哲学(A)》2016年第2期。

孟君～:《近代名医张山雷与〈沈氏女科辑要笺正〉》,《新中医》2016年第2期。

陈琦～:《存医验药:传统医学的现代价值——兼论屠呦呦因青蒿素获诺贝尔奖》,《自然辩证法通讯》2016年第1期。

饶毅、黎润红～:《中药的科学研究丰碑》,《科技导报》2015年第20期。

李璐～:《兰安生的贡献:中国公共卫生经验在印度的转移》,《医学与哲学》2015年第9期。

～朱因:《康有为和性腺移植术在中国的传播》,《文汇报·文汇学人》2015年9月11日W11版。

《医学人文学的三次浪潮》,《医学与哲学(A)》2015第7期。

唐文佩～:《医学化概念的构建及其演进》,《医学与哲学(A)》2015年第3期。

李彦昌～:《华夷之辨与中西之别:中国近代早期药物称谓的分化与演变》,《中国科技史杂志》2015年第3期。

《理解当下医学的悖论:思想史的路径》,《历史研究》2015年第2期。

《缅怀彭瑞骢先生》,《医学与哲学(A)》2015年第2期。

《生活医学化和医学社会化导致过度医疗》,《民主与科学》2015年第1期。

胡悦～:《近代西医传播中的商业动因——以清末〈博医会报〉中的医药广告为例》,《医学与哲学(A)》2014年第7期。

《观史知今 思医院发展》,《中国医院院长》2014年Z1期。

《与生俱来的医学》,《中国医院院长》2013年第22期。

《世界变小 疾病增多》,《中国医院院长》2013年第18期。

《定居引发营养疾病》,《中国医院院长》2013第17期。

饶毅、黎润红～:《化毒为药:三氧化二砷对急性早幼粒白血病治疗作用的发现》,《中国科学:生命科学》2013年第8期。

《瘟疫与文明双进化》,《中国医院院长》2013年第15期。

《疾病与作物双全球化》,《中国医院院长》2013年第12期。

《新大陆受袭》,《中国医院院长》2013年第10、11期。

《城市滋生疾病》,《中国医院院长》2013年第9期。

《与疾病同进化》,《中国医院院长》2013年第8期。

徐坤～:《中国泌尿外科学的学科建制化:北京大学泌尿外科的贡献》,《医学与哲学(A)》2013年第6期。

李维～:《转化医学体系下的学科服务模式探讨》,《医学与哲学(A)》2013年第6期。

《新疾病随农业文明到来》,《中国医院院长》2013年第6期。

《农业出现前的疾病史》,《中国医院院长》2013年第5期。

李金湜～:《中国近代生理学学术谱系研究初探——以北京协和医学院生理学系为例》,《医学与哲学(A)》2013年第5期。

索尔·本尼森～:《兰安生自传》,《中国科技史杂志》2013年第4期。

黎润红、饶毅～:《"523任务"与青蒿素发现的历史探究》,《自然辩证法通讯》2013年第1期。

《伍连德——中国科学防疫第一人》,《中国社区医师》2012年第29期。

《乡村医生的精英教育》,《中国医院院长》2012 年第 22 期。

《中国现代医学初创记》,《中国医院院长》2012 年第 15 期。

《中国官方支持现代医学引入》,《中国医院院长》《2012 年第 14 期。

程明伟、凌锋～:《ICU 田野研究者的身份反思》,《医学与哲学(A)》2012 年第 6 期。

《浅尝辄止的第一次》,《中国医院院长》2012 年第 11 期。

《西医取经第一人》,《中国医院院长》2012 年第 10 期。

苏静静～:《全球化进程中的卫生外交》,《自然辩证法研究》2011 年第 10 期。

李维～:《重新审视医学信息学概念及其社会建构过程》,《医学与哲学(人文社会医学版)》2011 年第 6 期。

《中国医学人文学科的早期发展:协和中文部》,《北京大学学报(哲学社会科学版)》2011 年第 6 期。

饶毅、黎润红～:《中药的科学研究丰碑》,《科学文化评论》2011 年第 4 期。

苏静静～:《新中国首次赴美医学代表团之探究》,《中国科技史杂志》2011 年第 3 期。

黎润红～:《回忆三次战地医疗活动——盛志勇访谈》,《中国科技史杂志》2011 年第 2 期。

《黄宽研究补正》,《中国科技史杂志》2011 年第 1 期。

彭瑞骢、孟譞～:《医学院的灵魂之旅》,《书屋》2010 年第 11 期。

丁旭虹～:《早期中国医疗队在非洲(1963 年—1978 年)——在医学、政治和文化之间》,《医学与哲学(人文社会医学版)》2010 年第 8 期。

《医学的限度与观念的转变》,《医学与哲学(人文社会医学版)》2010 年第 7 期。

《医学思想史札记之三:现代医学整体论的建构:免疫系统的发现》,《医学与哲学(人文社会医学版)》《2010 年第 6 期。

史如松～:《中国卫生"启蒙运动"——卫生教育会的贡献》,《医学与哲学(人文社会医学版)》2010 年第 5 期。

史如松～:《从医疗到研究:传教士医生的再转向——以博医会研究委员会为中心》,《自然科学史研究》2010 年第 4 期。

《医学思想史札记之二:西方近代疾病观念的变革》,《医学与哲学(人文社会医学版)》2010 年第 4 期。

《西方医学中的整体论》,《医学与哲学(人文社会医学版)》2010 年第 2 期。

夏媛媛～:《昙花一现的中国哈佛医学院》,《中国科技史杂志》2010 年第 1 期。

《医学的多重定义》,《中国医院院长》2009 年第 10 期。

《中国现代医学初建时期的布局:洛克菲勒基金会的影响》,《自然科学史研究》2009 年第 2 期。

郭莉萍～:《中国医学人文学研究生教育初探》,《医学与哲学(人文社会医学版)》2009 年第 1 期。

《灾害医学的哲学反思》,《医学与哲学(人文社会医学版)》2008 年第 7 期。

《生命伦理学的演化》,《科学文化评论》2008 年第 4 期。

孟譞～:《中医学习西医:权宜之计还是成功之路——以北京医学院中医进修班为例》,《医学与哲学(人文社会医学版)》2008 年第 4 期。

颜宜葳～:《中国早期教会医院中的眼病与治疗》,《自然科学史研究》2008 年第 2 期。

刘继同～詹思延:《卫生基础设施体系建设研究》,《卫生经济研究》2008 年第 1 期。

《医学史教育在中国:历史、问题与展望》,《中国科技史杂志》2007 年第 4 期。

《医学是什么》,《亚太传统医药》2006 年第 11 期。

朱晋炜、甄橙～:《中国古代对出生缺陷的认知及态度》,《医学与哲学(人文社会医学版)》2006 年第 5 期。

陈小科～:《CUSBEA 项目及其对中国生命科学发展的影响》,《自然辩证法通讯》2006 年第 1 期。

颜宜葳～:《我国第一座血库的建立 战争环境下一项医学新技术的转让、接受及影响》,《科学文化评论》《2006 年第 1 期。

朱晋炜、甄橙～:《中国近代出生缺陷史料研究》,《中国生育健康杂志》2005 年第 6 期。

单艳华～:《从大众传媒看公众对安乐死态度的嬗变》,《医学与哲学》2005 年第 4 期。

颜宜葳～:《坎农与中国生理学家的交流》,《中国科技史杂志》2005 年第 3 期。

陈琦～:《探析美国国家生命伦理学委员会——历史沿革及启示》,《医学与哲学》2005 年第 2 期。

《临床决策:医学哲学研究的一个重要领域》,《医学与哲学》2004 年第 12 期。

《当代疾病史研究的问题与趋势:从 AIDS 到 SARS》,《科学》2004 年第 4 期。

梁永钰～:《重启中美医学交流:以〈美中交流通讯〉为例》,《中国科技史料》2004 年第 2 期。

～韩启德:《超越双螺旋:DNA 对科学与社会文化的影响》,《医学与哲学》2003 年第 7 期。

张斌～:《浅析民国时期的医事纠纷》,《中国医学伦理学》《2003 年第 6 期。

《重建现代医学模式中的传染病防治策略》,《医学与哲学》2003 年第 6 期。

《论医学的人文精神》,《山西大学学报(哲学社会科学版)》2003 年第 4 期。

《英咭唎国新出种痘奇书》考》,《中国科技史料》2002 年第 3 期。

郭传瑸～:《现代医学头颈癌治疗史》,《中华医史杂志》2002 年第 3 期。

Roy Porter ～:《〈剑桥医学史〉序言》,《医学与哲学》2001 年第 9 期。

《制约我国医学人文学科发展原因的探究》,《医学与哲学》2001 年第 8 期。

～程之范等:《20 世纪医学:回顾与思考》,《医学与哲学》2001 年第 6 期。

《高似兰:医学名词翻译标准化的推动者》,《中国科技史料》2001 年第 4 期。

甄橙～梁峻:《程之范教授的学术思想与治学为人》,《中华医史杂志》2001 年第 4 期。

《体液论及其对西方医学的影响》,《中华医史杂志》2001 年第 3 期。

《北京医科大学医学史学科发展座谈会纪要》,《医学与哲学》2000 年第 5 期。

王一方～:《技术时代的生命图景与医学的当代史——关于 20 世纪医学衍进的对话》,《医学与哲学》2000 年第 7 期/《科学》2000 年第 3 期。

谢蜀生～:《中国人痘接种术向西方的传播及影响》,《中华医史杂志》2000 年第 3 期。

《医学编史学:问题与方法》,《医学与哲学》1999 年第 11 期。

《医乃仁术:中国医学职业伦理的基本原则》,《医学与哲学》1999 年第 6 期。

程之范～:《加强医学史教育 宣传辨证唯物主义》,《中华医史杂志》1999 年第 4 期。

《中国近代解剖史略》,《中国科技史料》1999 年第 4 期。

《西方近代医学伦理学发展的特点》,《中华医史杂志》1999 年第 1 期。

《"病有六不治":中国最早的医学伦理准则》,《中华医史杂志》1998 年第 3 期。

《中国近代的科学名词审查活动:1915—1927》,《自然辩证法通讯》1996 年第 5 期。

《中西医学伦理学史比较研究概述》,《中国医学伦理学》1996 年第 4 期。

《体细胞基因治疗中的伦理学问题》,《医学与哲学》1996 年第 3 期。

《国际联盟卫生组织与中国公共卫生事业》,《医学与哲学》1994年第11期。

《中国近代解剖学史略》,《中国科技史料》1994年第4期。

《早期医学名词统一工作:博医会的努力和影响》,《中华医史杂志》1994年第1期。

张大伟(台湾国立台湾大学)

《马雅各医生在台的传教工作(1865—1871)》,国立台湾大学硕士学位论文2013年。

张大有(安徽省医疗事故技术鉴定工作办公室)

~王尚柏:《安徽人最早创建中国的医学会——"一体堂宅仁医会"》,《安徽医学》2010年第7、8、9期。

张大钊(香港中西医药管理委员会中医组)

《中西医学之异同》,《暨南大学学报(自然科学与医学版)》1999年第6期。

张丹(成都中医药大学)

《医学人类学视野下"藏羌彝走廊"民族医药文化多样性研究》,成都中医药大学博士学位论文2017年。

俞佳~赖先荣等:《四川省民族医药古籍文献的相关研究》,《中国民族民间医药》2017年第1期。

王静、赵可惠~俞佳等:《医学人类学视野下的藏羌彝走廊民族医药文化特色初探》,《中华中医药杂志》2017年第1期。

杨文娟……赖先荣~降拥四郎等:《南派藏医药的主要学术特色探析》,《时珍国医国药》2016年第7期。

赖先荣……泽翁拥忠~李佳川:《康巴文化背景下藏医药的传承与保护》,《西南民族大学学报(自然科学版)》2016年第5期。

袁海泼~谢春光:《从〈张聿青医案〉简析张氏学术特色》,《四川中医》2016年第3期。

赖先荣~俞佳等:《彝族〈医算书〉文献价值与医学价值初探》,《环球中医药》2014年第7期。

~张静等:《民族民间医疗的规范化新探——以老羌医的被规范化为例》,《广西民族大学学报(哲学社会科学版)》2014年第6期。

俞佳……聂佳~降拥四郎等:《藏医药经典著作〈晶珠本草〉的学术特色探析》,《世界科学技术·中医药现代化》2014年第1期。

俞佳……德洛~刘继林等:《四川省民族医药古籍发掘整理的现状调查及分析》,《世界科学技术·中医药现代化》2013年第6期。

张丹(中国社会科学院)

《苏联禁止堕胎政策失败原因探析》,《历史教学问题》2015年第6期。

张丹红(苏州大学医院)

~张苏萌:《20世纪前叶我国以学校卫生为书名的著作略书》,《中国学校卫生》2005年第4期。

张苏萌~:《近代以健康教育为书名的著作述评》,《中华医史杂志》2003年第1期。

~张苏萌:《辛亥革命前的中国学校卫生》,《中国学校卫生》2001年第6期。

张苏萌~:《20世纪前叶我国卫生(健康)教育机构发展概况》,《中华医史杂志》2001年第4期。

~张苏萌:《20世纪初叶中国的节制生育》,《中华医史杂志》2000年第2期。

~张苏萌:《19世纪后叶20世纪前叶中国的学校健康教育》,《中华医史杂志》1999年第3期。

~张苏萌等:《中国近代学校健康教育的启始》,《中国健康教育》1998年第10期。

张苏萌~:《中国早期校医设置概述》,《中国学校卫生》1998 年第 4 期。

张丹英(北京中医药大学)

　　~张立平:《欧洲主流医学界的中医教育概况》,《中医杂志》2007 年第 6 期。

　　张立平~:《国外中医教育本土化的观察与研究》,《中华中医药杂志》2007 年第 6 期。

　　张立平~傅延龄:《从国际化发展趋势探讨中医现代化》,《北京中医药大学学报》2007 年第 3 期。

　　~张立平:《中医高等学历教育在欧洲发展的几点思考》,《中医教育》2007 年第 2 期。

　　郑守曾……张立平~:《论中医药学境外办学的发展》,《中医教育》2005 年第 1 期。

　　《现代西方中医药教育的形式及趋势》,《中医教育》1998 年第 5 期。

章道宁(北京中医药大学)

　　~王天芳:《〈黄帝内经〉情志脉象浅析》,《安徽中医药大学学报》2015 年第 3 期。

张德贵

　　《试论祖国医学的预防思想及卫生学》,《哈尔滨中医》1961 年第 7 期。

张德元(安徽大学)

　　潘林~:《新型农村合作医疗问题的调查与分析》,《郑州航空工业管理学院学报》2009 年第 2 期。

　　潘林~:《关于新型农村合作医疗问卷调查的结果与分析》,《四川省卫生管理干部学院学报》2009 年第 1 期。

　　潘林~:《战略性调整:新型农村合作医疗中乡(镇)卫生院的功能定位》,《调研世界》2008 年第 6 期。

　　潘林~:《关于新型农村合作医疗制度创新的思考:基于农民视角》,《卫生经济研究》2008 年第 1 期。

　　《中国农村医疗卫生事业发展历程回顾与分析》,《湖南科技学院学报》2005 年第 9 期。

　　《中国农村医疗卫生事业的回顾与思考》,《卫生经济研究》2005 年第 1 期。

　　《中国农村医疗卫生事业发展历程回顾》,《调研世界》2004 年第 10 期。

　　《农村医疗保障制度的昨天·今天·明天》,《调研世界》2003 年第 5 期。

　　《农村医疗保障:出路何在》,《经济学家》2003 年第 3 期。

张登本(陕西中医药大学/陕西中医学院)

　　《运气理论彰显着中医药知识中的核心观念》,《陕西中医药大学学报》2019 年第 6 期。

　　《五运六气理论传承着中医药理论中的核心文化基因》,《中医药通报》2019 年第 5 期。

　　《论研读〈灵枢经〉的思维视角及其意义》,《中医药通报》2019 年第 4 期。

　　《〈黄帝内经〉的历法知识与五运六气理论》,《中医药通报》2019 年第 1、2、3 期。

　　~孙理军等:《论〈黄帝内经〉理论建构的哲学基础》,《中医药文化》2018 年第 6 期。

　　~孙理军等:《〈黄帝内经〉与中国传统文化的再思考》,《中医药文化》2018 年第 5 期。

　　~孙理军等:《中医药学称为"岐黄医学"的由来》,《中医药通报》2018 年第 5 期。

　　《五行概念源于一年分为五季》,《中医药通报》2018 年第 4 期。

　　《〈黄帝内经〉中北斗七星知识及其意义》,《陕西中医药大学学报》2018 年第 1 期。

　　~孙理军:《岐伯等臣属对〈黄帝内经〉理论建构的贡献——称中医药学为"岐黄医学"的理由》,《陕西中医药大学学报》2017 年第 5 期。

　　姜莉云……李翠娟~:《〈黄帝内经〉脾胃理论的源流及其意义》,《中华中医药杂志》2017 年第 4 期。

～陈震霖等:《运气理论中干支应用的背景及其意义》,《陕西中医药大学学报》2017 年第 3 期。

～李翠娟等:《河图"洛书"对〈黄帝内经〉脾胃理论建构的影响及其意义》,《中医药文化》2016 年第 1 期。

～孙理军等:《〈黄帝内经〉是"打开中华文明宝库的钥匙"的起点和关键》,《中医药文化》2015 年第 6 期。

～孙理军等:《溯本求源读〈内经〉》,《山西中医学院学报》2015 年第 5 期。

～孙理军等:《论"九法"是〈黄帝内经〉建构生命科学知识体系的思维范式——溯本求源读〈内经〉》,《陕西中医学院学报》2015 年第 5 期。

《〈吕氏春秋〉有关生命科学知识述评》,《山西中医学院学报》2014 年第 5 期。

《〈黄帝内经〉成书的西汉文化背景》,《山西中医学院学报》2013 年第 6 期。

《〈黄帝内经〉与〈史记〉》,《医学争鸣》2013 年第 2 期。

《〈春秋繁露〉与〈黄帝内经〉理论的构建》,《山西中医学院学报》2012 年第 5 期。

《〈淮南子〉与〈黄帝内经〉的理论建构》,《陕西中医学院学报》2012 年第 4 期。

～孙理军等:《〈神农本草经〉的学术贡献——〈神农本草经〉研究述评之三》,《中华中医药学刊》2010 年第 6 期。

～孙理军等:《〈神农本草经〉与〈山海经〉〈本草纲目〉的关系——〈神农本草经〉研究述评之二》,《中华中医药学刊》2010 年第 7 期。

～孙理军等:《〈神农本草经〉的成书与沿革——〈神农本草经〉研究述评之一》,《中华中医药学刊》2010 年第 5 期。

～孙理军等:《论中西医学的差异与中医学的发展》,《浙江中医药大学学报》2007 年第 2 期。

～孙理军等:《论五行理论在〈黄帝内经〉建构中的作用及其意义》,《河南中医学院学报》2007 年第 1 期。

～孙理军等:《〈黄帝内经〉六淫理论的发生及其意义》,《中医药学刊》2006 年第 11 期。

～孙理军等:《〈黄帝内经〉"数"及"数学"知识及其意义》,《中医药学刊》2006 年第 10 期。

～孙理军等:《〈黄帝内经〉以实践为基础构建其医学理论》,《中医药学刊》2006 年第 8 期。

～孙理军等:《论阴阳理论在〈黄帝内经〉建构中的作用及其意义》,《河南中医》2006 年第 7 期。

《王冰次注〈素问〉的主要贡献》,《山西中医学院学报》2006 年第 6 期。

《王冰次注〈黄帝内经素问〉的因素》,《山西中医学院学报》2006 年第 5 期。

～孙理军等:《精气学说在〈黄帝内经〉理论建构中的作用及其意义》,《中医药学刊》2006 年第 5 期。

～孙理军:《〈黄帝内经〉中的解剖学知识及其意义》,《河南中医》2006 年第 2 期。

～孙理军:《概论〈黄帝内经〉理论与诸子百家》,《陕西中医学院学报》2005 年第 6 期。

《王冰与〈天元玉册〉考》,《中医药学刊》2005 年第 5 期。

《王冰与〈玄珠密语〉源流考》,《中医药学刊》2005 年第 4 期。

孙理军～:《王冰以道释医　以医述道学术思想特征诠释》,《中医药学刊》2005 年第 3 期。

～孙理军:《王冰其人其事》,《山西中医学院学报》2005 年第 2 期。

孙理军～:《王冰养生思想的特点》,《山东中医药大学学报》2005 年第 2 期。

～孙理军:《心主神、脑主神、心脑共主神诠释》,《中医药学刊》2004 年第 11 期。

杨晓航……金志甲～孙理军:《〈外台秘要方〉美容方药学术特色经纬》,《中医药学刊》2004 年第 10 期。

～孙理军:《〈外台秘要方〉伤寒日期理论及其意义浅释》,《中医药学刊》2004 年第 10 期。

《运气学说沿革及评价》,《河南中医》2004 年第 9 期。

《王冰与运气学说》,《河南中医学院学报》2004 年第 5 期。

～孙理军:《〈外台秘要方〉对仲景学术思想研究的贡献》,《山东中医药大学学报》2004 年第 4 期。

《〈外台秘要方〉对温病学发展的贡献》,《山西中医学院学报》2004 年第 2 期。

方亚利～:《〈外台秘要方〉对中医方剂学的贡献》,《现代中医药》2004 年第 2 期。

《〈外台秘要方〉对经络·腧穴·灸疗学发展的贡献》,《山西中医学院学报》2004 年第 1 期。

～孙理军等:《王焘与〈外台秘要方〉》,《现代中医药》2004 年第 1 期。

《论〈内经〉之五脏左右表里——气机升降的特殊表述》,《陕西中医学院学报》2003 年第 4 期。

《论〈内经〉之五脏生克制化关系及其意义》,《现代中医药》2003 年第 3 期。

《论〈内经〉之五脏相使及其意义》,《山西中医学院学报》2003 年第 2 期。

《中国人论脑及其他》,《山西中医学院学报》2002 年第 1、2 期。

～李二台:《〈难经〉50 年研究述要》,《陕西中医学院学报》2001 年第 3 期。

李二台～:《孙思邈对中医男科治疗学的贡献》,《陕西中医函授》2001 年第 3 期。

《〈难经〉研究述要》,《陕西中医函授》2000 年第 4、5、6 期。

《中医理论近 20 年研究述评》,《陕西中医学院学报》2000 年第 2 期。

～李亚军:《〈黄帝内经〉研究述评》,《陕西中医学院学报》1999 年第 3、4 期。

《汉晋时期中医男性学科的发展成就》,《陕西中医函授》1997 年第 6 期。

《〈内经〉研究的回顾及设想》,《陕西中医学院学报》1997 年第 2 期。

《论〈黄帝内经〉用药规律》,《陕西中医函授》1993 年第 2 期。

《巢元方男科病理学贡献及其临床意义》,《陕西中医学院学报》1993 年第 1 期。

《仲景男科证治十法》,《国医论坛》1992 年第 1 期。

《〈内经〉男科学思想探讨》,《陕西中医函授》1991 年第 5 期。

《气学理论源流及〈内经〉气学理论的研讨》,《陕西中医学院学报》1991 年第 4 期。

《运气学说研究的现状及展望》,《陕西中医学院学报》1989 年第 1 期。

《〈素灵微蕴〉述要》,《陕西中医函授》1988 年第 3 期。

《汗的生理与疾病的关系——学习〈内经〉的体会》,《陕西中医学院学报》1981 年第 2 期。

张登文(北京市社会科学院)

《为人民群众提供优质高效的医疗保障——透视古巴的全民医疗制度》,《中国党政干部论坛》2018 年第 9 期。

《古巴医疗卫生工作的基本经验及启示》,《中共石家庄市委党校学报》2011 年第 9 期。

张迪蛟(慈溪县观城区卫生院)

《试论柯韵伯的医学成就》,《浙江中医学院学报》1984 年第 6 期。

～张子久等:《浙东近代大家范文虎》,《辽宁中医杂志》1983 年第 11 期。

张迪诺(内蒙古大学/信阳师范学院)

《建国前后内蒙古东部地区的疫病流行与政府应对(1947—1954)》,内蒙古大学硕士学位论文 2017 年。

《1946 年的上海霍乱及政府与社会的应对》，《江苏第二师范学院学报》2015 年第 4 期。

《1941 年晋察冀边区疾病流行及其应对——以〈晋察冀日报〉为中心》，《黑龙江史志》2013 年第 15 期。

张殿璞（北京针灸骨伤学院/中国卫生部中医局）

《周恩来总理与中医药教育的发展》，《北京中医药大学学报》1998 年第 6 期。

《中国中医药教育的成就及其展望》，《北京针灸骨伤学院学报》1994 年第 1 期。

《谈谈我国高等中医教育的发展》，《新中医》1986 年第 10 期。

张定华（甘肃省中医院）

陈有源～：《浅析〈伤寒论〉芍药方剂的应用》，《中医临床研究》2011 年第 2 期。

～孙其斌：《从〈武威汉简〉看仲景学说》，《甘肃中医》1996 年第 2 期。

《〈武威汉简〉中的中医男科学成就》，《甘肃中医》1992 年第 2 期。

张冬红（新疆维吾尔自治区传染病医院/新疆医科大学）

～宋玉霞等：《〈济阴纲目〉妇科疾病外治特色》，《上海中医药杂志》2012 年第 1 期。

～郭春花等：《〈济阴纲目〉以肝论治妇科病特色》，《四川中医》2011 年第 2 期。

张冬雪（延边大学）

李勇植～：《20 世纪初延边地区医疗机构与中日医疗主导权之争》，《延边大学学报（社会科学版）》2015 年第 4 期。

《试析清末民初延边地区医疗卫生机构》，《黑龙江史志》2015 年第 1 期。

《清末民初延边地区医疗机构及医疗主导权之争》，延边大学硕士学位论文 2016 年。

张东钰（山东中医药大学）

～崔翰博：《浅谈儒释道对中医学的影响》，《山东中医药大学学报》2010 年第 1 期。

张尔新（甘肃省临洮县改河乡卫生院）

《〈伤寒论〉六经辨证与六气理论的关系》，《甘肃中医》1997 年第 4 期。

张法波（东北师范大学）

《段绳武与抗战时期的荣誉军人安置》，东北师范大学硕士学位论文 2016 年。

张丰聪（山东中医药大学）

袁婷～王振国：《文化区系视野下"九针"疗法起源新探》，《中华中医药杂志》2019 年第 12 期。

郜峦、王振国～：《大数据背景下的地域性中医学术流派研究》，《世界科学技术·中医药现代化》2018 年第 1 期。

郜峦、王振国～：《历史地理学视野下的地域性中医学术流派研究》，《中医杂志》2017 年第 20 期。

孙慧明～王振国：《试论齐文化对齐派医学形成的影响》，《中医杂志》2014 年第 6 期。

马祥～王振国：《对近代中医药期刊研究现状的分析》，《山东中医药大学学报》2014 年第 3 期。

《近代中药研究与理论嬗变——以近代医药学期刊为中心》，山东中医药大学博士学位论文 2013 年。

马祥～王振国：《中国第一种女中医杂志——〈中国女医〉》，《南京中医药大学学报（社会科学版）》2013 年第 4 期。

～王振国：《中医古代临床文献研究思路和方法》，《南京中医药大学学报（社会科学版）》2013 年第 3 期。

～王金玲等：《酒剂在〈圣济总录〉中的应用》，《中华中医药杂志》2012 年第 6 期。

～郭瑞华等:《〈圣济总录〉药引使用规律探析》,《世界中西医结合杂志》2011 年第 12 期。

《近代以来中药四性理论的嬗变与分析》,《河南中医学院学报》2009 年第 3 期。

张凤梅(河南省中医院)

～高健生等:《论我国第一部眼科手术著作〈秘传眼科龙木论〉》,《中华医史杂志》2005 年第 3 期。

张福慧(兰州大学)

～陈于柱:《游走在巫、医之间——敦煌数术文献所见"天医"考论》,《宁夏社会科学》2008 年第 2 期。

张福利(哈尔滨医科大学)

王宜静～常存库等:《自然哲学医学模式与中国传统医德规范》,《医学与哲学》2002 年第 8 期。

吴玉华、马宏坤～:《美国医疗保健制度的改革措施与成效》,《中国卫生事业管理》2002 年第 7 期。

马宏坤、吴玉华～:《近五十年美国医疗保健制度演进对我国医疗制度改革的启示》,《医学与哲学》2002 年第 5 期。

～马宏坤等:《为医学"会诊"——当代医学的主要缺憾》,《医学与哲学》2000 年第 10 期。

郡司笃晃～康文江:《日本的初级卫生保健》,《中国初级卫生保健》2000 年第 1 期。

～李志平:《论〈黄帝内经〉与〈希波克拉底文集〉解剖学成就的重大差异》,《医学与哲学》1998 年第 8 期。

徐维廉～韩玉霞等:《〈医学生誓言〉浅释》,《中国高等医学教育》1994 年第 3 期。

张纲(中华医学会北京分会)

《〈内经〉食亦"淋露"考》,《光明中医》1994 年第 4 期。

～谢海洲:《论"痰迷心窍,以致癫狂"》,《中医药研究杂志》1985 年第 1 期。

张功耀(中南大学)

《安慰剂效应造成的哲学困惑》,《自然辩证法研究》2015 年第 1 期。

《对我国引入健康宣告责任制的初探探索》,《自然辩证法研究》2011 年第 11 期。

《中医诸"优势"辨析》,《医学与哲学(人文社会医学版)》2006 年第 12 期。

方皓～陈士奎等:《取消中医:无知还是拯救?》,《中国医疗前沿》2006 年第 6 期。

《告别中医中药》,《医学与哲学(人文社会医学版)》2006 年第 4 期。

张固也(吉林大学)

《王旻〈山居要术〉新考》,《中医药文化》2009 年第 1 期。

～张世磊:《杨上善生平考据新证》,《中医文献杂志》2008 年第 5 期。

～李辉:《〈山居录〉——我国现存最早的种药专著》,《南京中医药大学学报(社会科学版)》2008 年第 4 期。

张光霁(浙江中医药大学/浙江中医学院)

白洁～陈意:《从〈杏苑心悟〉体悟陈意临床经验》,《中华中医药杂志》2019 年第 10 期。

王妍允……朱德明～:《三大药堂药目所见清代杭州成药业经营特色》,《中华医史杂志》2019 年第 5 期。

姜涛～:《"心主神明"发生学思考》,《中华中医药》2019 年第 5 期。

李静～:《二十四节气与方药关系探析》,《中医杂志》2019 年第 3 期。

黄建波～:《论"治未病"理论体系建设》,《中华中医药杂志》2017 年第 3 期。

李晓娟……楼招欢~:《〈黄帝内经〉肝藏象理论探析》,《中华中医药杂志》2017 年第 3 期。

常虹、王栋~:《"四时"变化对〈伤寒论〉六经辨证及脉学体系的影响》,《浙江中医药大学学报》2015 年第 6 期。

董一帆~:《论"生生"在〈内经〉养生思想中的体现及其对现代养生学启示》,《浙江中医药大学学报》2014 年第 4 期。

董一帆、林乾良~:《古代战争与中医学的关系初探》,《中医杂志》2014 年第 5 期。

刘素娜~:《论仲景保胃气思想及其在〈金匮要略〉妇人三篇中的运用》,《浙江中医药大学学报》2014 年第 1 期。

~董一帆:《"和"在中医学中的体现》,《浙江中医杂志》2013 年第 8 期。

~董一帆:《浅析中医文化中的价值观》,《浙江中医杂志》2012 年第 9 期。

~张燕:《中医七情病因概念的源流》,《中华中医药杂志》2010 年第 8 期。

~张燕:《七情中性、情、欲概念的发生》,《中华中医药杂志》2010 年第 4 期。

~张燕:《七情之"七"及各情涵义》,《浙江中医药大学学报》2010 年第 3 期。

《论中医病因、致病因素、邪气、邪之关系》,《浙江中医药大学学报》2007 年第 6 期。

《关于中医病因学说中若干病因概念的商榷》,《浙江中医学院学报》2004 年第 4 期。

《辨证求因——现代医学视野之外的探求病因方法》,《南京中医药大学学报(社会科学版)》2004 年第 3 期。

李如辉~:《"肾藏志、应惊恐"理论的发生学剖析》,《浙江中医学院学报》2001 年第 1 期。

郑红斌~:《中医病因古今演变的研究之四——〈内经〉六淫病因学说概要》,《浙江中医学院学报》1999 年第 1 期。

《中医病因古今演变的研究之三——中毒概论》,《浙江中医学院学报》1999 年第 1 期。

《张从正〈儒门事亲〉与药邪》,《中国中医基础医学杂志》1998 年第 6 期。

《中医病因古今演变的研究之二——疠气学说总论》,《浙江中医学院学报》1998 年第 5 期。

郑红斌~:《中医病因古今演变的研究之一——〈内经〉七情内伤病因概论》,《浙江中医学院学报》1998 年第 1 期。

《略论〈金匮要略〉病因说的历史地位》,《中国医药学报》1997 年第 6 期。

《读〈侣山堂类辩〉看张志聪治学》,《浙江中医学院学报》1997 年第 2 期。

张广森(天津城市建设学院)

《社会学视角下的城市化进程中精神疾病现况探析》,《医学与社会》2011 年第 12 期。

《论生命伦理学的自主性原则》,《医学与哲学(人文社会医学版)》2010 年第 7 期。

《生物—心理—社会医学模式:医学整合的学术范式》,《医学与哲学(人文社会医学版)》2009 年第 9 期。

《"生命伦理责任":生命伦理学的本体论承诺——以有缺陷新生儿的处置为例》,《哲学动态》2009 年第 6 期。

~杨淑琴:《自主性、他者与安乐死》,《中国医学伦理学》2008 年第 6 期。

《和谐医患关系建构中患者的道德责任》,《医学与哲学(人文社会医学版)》2008 年第 7 期。

《医学伦理学何以可能》,《中国医学伦理学》2007 年第 1 期。

张光炎

《下颚骨成型手术史》,《中华医史杂志》1954 年第 2 期。

张桂赫（北京中医药大学）

张明明、张建芳～王欢:《中医自我发展的哲学研究初探》,《中华中医药杂志》2008 年第 8 期。

～王春红等:《中西文化映照之下的中医身体观》,《医学与哲学（人文社会医学版）》2007 年第 10 期。

《现象学视角下中医研究方法论的思考》,《医学与哲学（人文社会医学版）》2007 年第 4 期。

张国栋（上海医科大学）

《我国儿童少年卫生学的过去与未来——为〈中华预防医学杂志〉创刊 40 周年而作》,《中国学校卫生》1994 年第 1 期。

武桂英……王震佳～:《小学教科书卫生学调查》,《中国校医》1990 年第 2 期。

《我国儿少卫生工作四十年成就》,《中国学校卫生》1990 年第 1 期。

张国华（第一军医大学）

～吕琳:《〈内经〉论痹证》,《中医研究》2000 年第 4 期。

张国琨（首都师范大学）

《1793 年费城黄热病与黑人循道派的兴起》,《全球史评论》2018 年第 1 期。

张国泰（河南省中医药研究院）

《金元四大医家治疗糖尿病学术思想初探》,《中国中医基础医学杂志》2002 年第 8 期。

冯志广……侯勇谋～:《张子和学术思想溯源》,《湖北中医杂志》2001 年第 8 期。

侯勇谋～赵法新等:《张子和论治疝病浅析》,《中国中医基础医学杂志》2001 年第 7 期。

安玲～杨建宇等:《张子和补法学术思想概述》,《内蒙古中医药》2001 年第 5 期。

～侯勇谋等:《对张子和医疗活动范围的再探讨——兼与萧国钢先生商榷》,《中医研究》2001 年第 5 期。

闫祥宏～杨建宇:《张子和下法临床运用特点》,《内蒙古中医药》2001 年第 5 期。

侯勇谋～赵法新:《张子和论治疝证浅析》,《内蒙古中医药》2001 年第 1 期。

《浅谈张子和的情志疗法》,《光明中医》2000 年第 6 期。

王建民～杨剑民:《张子和补法的学术特色》,《光明中医》2000 年第 5 期。

张国威（中国人民公安大学）

《美洲国家禁毒政策发展沿革与分析》,《江西警察学院学报》2018 年第 3 期。

《墨西哥禁毒政策发展沿革及其对我国的启示》,《广西警察学院学报》2017 年第 5 期。

张国霞（天津中医药大学/天津中医学院）

刘健～袁卫玲等:《〈千金方〉寒温并用药物配伍举隅》,《中医药导报》2016 年第 15 期。

欧阳祥～:《张锡纯治吐血浅析》,《北京中医药大学》2016 年第 8 期。

欧阳翔～:《黄元御之〈伤寒悬解〉概说》,《中医药导报》2015 年第 11 期。

张艳～:《李中梓"肾为先天本,脾为后天本论"探析》,《湖南中医杂志》2015 年第 4 期。

莫芳芳、叶海丰～:《〈黄帝内经〉七情学说研究与思考》,《吉林中医药》2008 年第 8 期。

～萧照岑:《日本汉方医学的折衷派》,《中医教育》2002 年第 1 期。

《〈伤寒论〉与〈温病条辨〉神昏治法探讨》,《天津中医》1996 年第 4 期。

张国玉（石河子大学）

《英国国家卫生服务体系（NHS）绩效评估及其实践评价》,《标准科学》2009 年第 4 期。

张海滨（北京大学）

董亮～：《全球环境与卫生的关联性：政策响应与制度构建》，《中国卫生政策研究》2015 年第 7 期。

～陈婧嫣：《中国参与全球环境与卫生治理：机遇、挑战与对策》，《中国卫生政策研究》2015 年第 7 期。

胡王云～：《理解环境与卫生的关联性：以中国为例》，《中国卫生政策研究》2015 年第 7 期。

王志芳、陈婧嫣～：《全球环境与卫生的关联性：科学认知的深化》，《中国卫生政策研究》2015 年第 7 期。

张海波（浙江省象山县中医院）

《中医食疗之源流探讨》，《浙江中医学院学报》2002 年第 2 期。

张海峰

《中医文献中有关传染性肝炎的记载和辩证治疗的初步讨论》，《江西中医药》1955 年第 25 期。

《从中医文献中探索日本住血吸虫病》，《江西中医药》1955 年第 22 期。

张海丽（广州中医药大学）

《岭南古医籍资源整合及目录数据库相关研究》，广州中医药大学硕士学位论文 2011 年。

张海梅（中国第二历史档案馆）

《抗战期间的疫病救治述论》，《历史档案》2006 年第 2 期。

张海鹏（北京中医药大学）

《便秘病证的古今文献研究与学术源流探讨》，北京中医药大学硕士学位论文 2008 年。

张海鹏（中国中医科学院）

《宋代许叔微形象的演变》，《中华医史杂志》2018 年第 5 期。

《高若讷与“卫多名医”考论》，《中华医史杂志》2017 年第 5 期。

《黄连解毒汤源出小考》，《中华医史杂志》2017 年第 4 期。

《人参固本丸小考》，《中华医史杂志》2017 年第 3 期。

《阎孝忠生平考略》，《中华医史杂志》2017 年第 2 期。

《朱肱生卒年考》，《中华医史杂志》2017 年第 1 期。

《“加减理中丸，是崔氏采阮河南等方论”考》，《中华医史杂志》2016 年第 6 期。

《至宝丹始出小考》，《中华医史杂志》2016 年第 5 期。

《“江南诸师秘仲景要方不传”小考》，《中华医史杂志》2016 年第 4 期。

《宋代医家常器之生卒年考》，《中华医史杂志》2016 年第 3 期。

《许叔微医著在南宋的刊刻与流传》，《中华医史杂志》2015 年第 5 期。

《宋代医家卢昶生卒年考》，《中华医史杂志》2015 年第 4 期。

陈润花～：《陈士铎“补火生土”论剖析》，《中国中医基础医学杂志》2014 年第 12 期。

《从宋人对医者的记述看医学知识传承模式的转变》，《中华医史杂志》2014 年第 6 期。

《“人参败毒散”源出小考》，《中华医史杂志》2014 年第 5 期。

《〈阴毒形证诀〉撰者宋迪考》，《中华医史杂志》2014 年第 4 期。

《“四物汤”源于“胶艾汤”吗？》，《中华医史杂志》2014 年第 2 期。

《定斋居士〈五痔方〉考》，《中华医史杂志》2013 年第 5 期。

《“西岳莲华峰碑载治口齿乌髭药”始出考》，《中华医史杂志》2013 年第 1 期。

《宋代士人获取医方的途径》，《中华医史杂志》2012 年第 6 期。

《论中医史学研究中史学与医学之间的张力》,《中华医史杂志》2011 年第 6 期。

陈润花～:《黄元御药性理论述要》,《中华中医药学刊》2011 年第 4 期。

《成无己生卒年考》,《中华医史杂志》2010 年第 4 期。

～陈润花:《论健康认知的相对性》,《中华医史杂志》2010 年第 1 期。

～陈润花:《中医学术史研究中"过度诠释"的原因》,《中华医史杂志》2009 年第 6 期。

陈润花～:《陈士铎辨治泄泻特点分析》,《北京中医药》2009 年第 5 期。

～陈润花:《"风秘"出处考》,《中华医史杂志》2009 年第 4 期。

～陈润花、严季澜:《〈兰室秘藏〉便秘证治浅述》,《光明中医》2008 年第 4 期。

张海荣(中国社会科学院)

《清末天津卫生事业的发展与市民卫生观的初步确立——以〈大公报〉为中心的考察》,《城市史研究》2014 年第 2 期。

张海燕(延安医学院)

～李正祖:《延安时期毛泽东的医药卫生思想及其历史意义》,《延安大学学报(哲学社会科学院)》1997 年第 1 期。

张海燕(中国社会科学院)

《中国医学考古研究述要》,《考古》2018 年第 4 期。

张海英(北京航空航天大学)

《乡村建设中的卫生保健工作——定县实验中建立的模式》,《北京航空航天大学学报(社会科学版)》2002 年第 3 期。

张海柱(中国海洋大学/吉林大学)

《食品安全风险治理中的科学与政治:欧盟经验与启示》,《自然辩证法通讯》2019 年第 4 期。

《集体化与合作医疗(1955—1962):卫生政治的话语建构逻辑》,《中国农业大学学报(社会科学版)》2017 年第 6 期。

《话语建构与"不决策":对改革开放初期合作医疗解体的一个理论解释》,《公共行政评论》2015 年第 5 期。

《话语与公共政策:公共决策的话语建构解释途径——以农村合作医疗决策过程(1955—1989)为例》,《中国公共政策评论》2014 年 00 期。

《公共政策的话语建构:来自国家合作医疗决策的经验(1990—2003)》,《公共管理评论》第 15 卷(2014)。

《公共政策的话语建构——国家合作医疗政策过程研究》,吉林大学博士学位论文 2014 年。

《国家建设、合作医疗与共同体认知:农村合作医疗政策过程研究》,《当代中国政治研究报告》第 11 辑(2013)。

《话语与公共政策:政策制定的话语分析——以中国"新农合"决策过程为例》,《天府新论》2013 年第 6 期。

《农村合作医疗政策变迁分析:一种政策过程视角》,《甘肃理论学刊》2012 年第 3 期。

《信念与政策变迁:倡导联盟框架的应用——以中国婚检政策变迁为例》,《长春大学学报》2010 年第 5 期。

王庆华～:《公共医疗卫生的公益性及其实现》,《理论前沿》2009 年第 24 期。

张晗(武汉大学)

《社会结构的媒体镜像——医疗改革新闻报道中媒体与政府、社会精英、公众的关系》,《深圳大学学报(人文社会科学版)》2009 年第 6 期。

张寒冰(西北大学)

《贫困家庭儿童医疗救助的社会工作介入初探》,西北大学硕士学位论文 2013 年。

章瀚予(西南大学)

《预防接种损害社会救助法律制度研究》,西南大学硕士学位论文 2015 年。

张浩(上海中医药大学)

~邹纯朴:《从民俗文化的视角看〈四部医典〉〈黄帝内经〉之异同》,《中医药文化》2016 年第 10 期。

朱珀、邹纯朴~:《浅析叶天士消渴证治思想》,《光明中医》2012 年第 8 期。

~邹纯朴:《近现代医家对〈内经〉暑病理论的发挥浅析》,《上海中医药大学学报》2012 年第 6 期。

张浩(中国医学科学院)

~胡盛寿:《冠状动脉旁路移植术的历史》,《中华医史杂志》2001 年第 3 期。

张镐圣(南京中医药大学)

《加拿大温哥华中医针灸临床现状研究》,南京中医药大学博士学位论文 2016 年。

张翾(蚌埠医学院)

《晚清译著〈植物学〉外文原本再探——兼与芦笛先生商榷》,《自然辩证法通讯》2019 年第 4 期。

《晚清译著〈植物学〉的出版及影响》,《山西大同大学学报(自然科学版)》2019 年第 4 期。

章波~:《试论科学发现在高校隐性思想政治教育资源中的开发与利用——以青蒿素的发现为例》,《湖北文理学院学报》2018 年第 12 期。

《青蒿素发现史研究的回顾和思考》,《中华医史杂志》2018 年第 2 期。

《于"双语对校"的晚清译著〈植物学〉研究》,中国科学技术大学博士学位论文 2017 年。

《遗传物质发现史的哲学思考》,《医学与哲学》2016 年第 13 期。

《20 世纪 50 年代之前核酸代谢研究回顾》,《中华医史杂志》2015 年第 5 期。

~翁屹:《艾弗里转化实验引发的思考》,《广西民族大学学报(自然科学版)》2013 年第 3 期。

翁屹~:《如何发现 DNA 是生命的遗传物质》,《哈尔滨工业大学学报(社会科学版)》2010 年第 2 期。

张和声(上海社会科学院)

《1918 年美国流感再审视》,《史林》2003 年第 4 期。

张横柳(广州中医药大学/广州中医学院)

张爱民……胡正刚~:《岭南伤寒名家陈庆保〈伤寒类篇〉学术思想概略》,《辽宁中医药大学学报》2013 年第 1 期。

李巨奇……沈创鹏~:《何志雄教授在当代岭南伤寒学派发展史的地位和贡献》,《中国民族民间医药》2012 年第 11 期。

沈创鹏……陈晓薇~:《清代岭南伤寒名家郭元峰〈伤寒论〉学术思想概略》,《辽宁中医药大学学报》2012 年第 2 期。

孙韶刚、胡正刚~:《岭南甲午鼠疫与岭南伤寒学派易巨荪学术思想探讨》,《中国中医药现代远程教育》2011 年第 9 期。

陈晓薇~:《脾、土、中央配属理论的思想文化渊源初探》,《江西中医学院学报》2007 年第 2 期。

许国敏、张纪达～:《〈伤寒论〉与现代生物钟理论的探讨》,《中医药学刊》2006 年第 7 期。

许国敏～:《岭南名医易巨荪〈集思医案〉的学术思想》,《广州中医药大学学报》2006 年第 4 期。

许国敏～:《仲景伤寒经典著述源流探微》,《浙江中医药大学学报》2006 年第 4 期。

许国敏～:《岭南名医易巨荪〈集思医案〉之研究》,《中华医史杂志》2006 年第 3 期。

黄仁栋～李巨奇:《仲景学说与癫痫证治的探讨》,《湖北中医杂志》2003 年第 4 期。

～蔡文就:《易巨荪与〈集思医案〉》,《新中医》1992 年第 1 期。

《岭南伤寒名家何志雄学术思想简介》,《新中医》1989 年第 5 期。

《何志雄先生学术经验举隅》,《新中医》1986 年第 7 期。

张弘(山西中医学院)

《陶弘景的医药学思想》,《山西中医》2000 年第 2 期。

《华佗五禽戏管窥》,《山西职工医学院学报》1997 年第 1 期。

《葛洪医药理论述略》,《中医药研究》1993 年第 3 期。

张红(中国中医科学院广安门医院)

～刘辉艳等:《论〈瘟疫论〉依时用药的思路与学术意义》,《环球中医药》2014 年第 3 期。

～盖国忠:《唐宗海对中医妇科血症的贡献》,《环球中医药》2013 年第 5 期。

～盖国忠:《吴鞠通温疫误治医案二则赏析》,《环球中医药》2012 年第 4 期。

张洪彬(上海师范大学)

《晚清疾疫理解的更新与世界的祛魅》,《学术月刊》2019 年第 10 期。

张鸿彩(山东中医学院)

《论吴又可的治疫特点》,《山东中医学院学报》1993 年第 4 期。

《黄元御治温浅谈》,《国医论坛》1989 年第 3 期。

张红红(武汉工程大学)

《人权视角下药品专利权与公共健康权的冲突与协调》,武汉工程大学硕士学位论文 2013 年。

章红梅(四川中医药大学)

李灿、米婧～:《唐代医家张文仲考论》,《中医药文化》2019 年第 2 期。

和中浚～:《〈眼科集成〉学术思想和特色研究》,《中医文献杂志》2013 年第 6 期。

《〈银海精微补〉作者及版本考》,《江西中医学院学报》2012 年第 6 期。

《六朝医家徐氏考辨——以墓志为主要材料》,《史林》2011 年第 3 期。

《〈辞源〉医学词条"瘅病"考辨》,《南京中医药大学学报(社会科学版)》2008 年第 3 期。

张宏如(江苏石油化工学院)

《庄子心理健康思想探析》,《社会心理科学》2002 年第 3 期。

张洪善(天津科技出版杜)

《一部具有特色的中医工具书——〈中国分省医籍考〉》,《四川中医》1986 年第 3 期。

张鸿生(河北中医学院)

《清代医官考试及题例》,《中华医史杂志》1995 年第 2 期。

《清太医院医学馆墨课卷稿》,《中医杂志》1993 年第 8 期。

张鸿石(燕山大学)

～李丽:《非政府组织在全球公共卫生治理中的地位和作用》,《当代世界》2011 年第 4 期。

张红伟（华中师范大学）

《清代北京的花卉饮食综论》，华中师范大学硕士学位论文 2012 年。

张红霞（华东师范大学）

《外国人学中医——一项跨文化视角的个案研究》，华东师范大学博士学位论文 2017 年。

张红霞（浙江中医药大学）

《〈黄帝内经〉的医学教育思想及其现代观照》，《中医教育》2017 年第 3 期。

张洪义

《唐代御纂方书的历史价值》，《中华医史杂志》1994 年第 4 期。

张鸿铸（天津市医院系统工程研究所）

《略论毛泽东医学伦理思想的理论与实践》，《医学与社会》1997 年第 1 期。

《中外医院伦理委员会综览与展望》，《中国医学伦理学》1995 年第 1 期。

张厚宝（扬州市药品检验所）

《扬州药学史料述要》，《基层中药杂志》2000 年第 1 期。

《历史上扬州国药业同业公会》，《基层中药杂志》1997 年第 3 期。

《清代扬州药铺业》，《基层中药杂志》1997 年第 1 期。

苗怀英～:《〈雷公炮炙论〉药用辅料考》，《基层中药杂志》1995 年第 1 期。

《唐鉴真东渡与中日医药学交流》，《中国中药杂志》1989 年第 5 期。

张厚绍

《我国古代医学家对婚龄的研究》，《文汇报》1957 年 3 月 12 日。

张厚墉（陕西中医学院）

《由唐墓出土的烧酒杯看我国烧酒出现时间》，《陕西中医》1987 年第 4 期。

《关于内蒙古地区医学史中几个问题的考察》，《陕西中医学院学报》1979 年第 3 期。

《王充论医批儒》，《陕西新医药》1974 年第 5 期。

张华（湖南文理学院）

《侵华日军云南细菌战探析(1938—1945)》，《武陵学刊》2019 年第 3 期。

《伯力士在日军实施常德细菌战后的防疫工作初探》，《北京联合大学学报(人文社会科学版)》2017 年第 2 期。

《"二战"期间 731 部队研发病毒武器的阴谋行动——从美国解密的日本细菌战档案考察》，《武陵学刊》2017 年第 1 期。

《对日军兽医部队参加滇西细菌战的历史考察》，《武陵学刊》2015 年第 3 期。

《美国在朝鲜战争中实施细菌战的证据》，《武陵学刊》2013 年第 1 期。

《对一份日军细菌战文件的解读》，《民国档案》2011 年第 2 期。

《侵华日军云南腾冲鼠疫细菌战研究》，《湖南文理学院学报(社会科学版)》2009 年第 3 期。

张华（中国人民大学/南开大学）

《清末民初体格检查论的兴起及其实践》，《历史教学(下半月砍)》2012 年第 11 期。

《门槛与制约:清代医生的从业规制——以小说〈壶中天〉与〈医界现形记〉为中心的探讨》，《中国社会历史评论》2011 年 00 期。

《清代医生的行医之道——以小说〈壶中天〉与〈医界现形记〉为中心的探讨》，南开大学硕士论文 2010 年。

《社会文化视野下的疾病医疗史研究》,《中华读书报》2006年11月15日004版。

张华敏(中国中医科学院)

王永炎～纪鑫毓等:《传统文化与现代文明结合提高文化自觉》,《中医杂志》2019年第17期。

纪鑫毓～王永炎:《河图数理与中医思维》2019年第12期。

杜松……于峥～:《"舌苔"源流考》,《中国中医基础医学杂志》2019年第11期。

李金霞……刘寨华～:《"肝气郁结证"术语源流考》,《中国中医基础医学杂志》2019年第9期。

许继文……刘寨华～:《气虚血瘀证源流考》,《中华中医药杂志》2019年第9期。

佟琳、高宏杰～:《"心肾不交证"命名源流考释》,《江西中医药》2019年第9期。

申力……李皓月～:《"胞宫虚寒证"名词源流考》,《江苏中医药》2019年第7期。

范逸品、刘寨华～:《大肠湿热证理论源流考》,《中华中医药杂志》2019年第7期。

贾思琦～吕诚等:《1949—2019年中医古籍影印整理工作的回顾与展望》,《中国中医药图书情报杂志》2019年第5期。

陈雪梅……陈广坤～:《基于中医古籍妇人经期养生思想探析》,《中国中医基础医学杂志》2019年第5期。

范逸品～刘寨华:《膀胱湿热证理论源流考》,《中国中医基础医学杂志》2019年第3期。

佟琳、李鸿涛～:《〈中国中医古籍总目〉养生之属书目文献计量分析》,《国际中医中药杂志》2019年第3期。

陈雪梅……陈广坤～ 刘寨华:《中医妇科古籍中妇人产后调养概要》,《安徽中医药大学学报》2019年第2期。

～杜松等:《"肝火犯肺证"证名源流考》,《中国中医基础医学杂志》2019年第2期。

齐国田……陈广坤～:《〈清寤斋心赏编〉养生特色浅析》,《国际中医中药杂志》2018年第9期。

刘思鸿……李兵～:《痛泻要方方义及应用古今演变分析》,《河北中医》2018年第9期。

杜松……于峥～:《"舌色"源流考》,《中国中医基础医学杂志》2018年第9期。

陈雪梅、蔡秋杰～:《日本汉方药概况及其对我国中医古代经典名方制剂研发的启示》,《中国中医药图书情报杂志》2018年第2期。

王永炎～:《诠释"恬淡虚无"及其哲学基础》,《中国中医基础医学杂志》2018年第2期。

陈东亮……李鸿涛～:《〈三元参赞延寿书〉文献考察与养生特色》,《中国中医药图书情报杂志》2018年第1期。

范逸品、刘寨华～:《脾胃湿热证理论源流考》,《中华中医药杂志》2017年第11期。

佟琳～:《〈经验积玉奇方〉孤本医书的学术特色》,《西部中医药》2017年第8期。

李金霞、刘寨华～:《冲任不调证源流考》,《中华中医药杂志》2017年第7期。

杜松……刘寨华～:《"问诊"源流考》,《中国中医基础医学杂志》2017年第6期。

申力、刘寨华～:《小儿指纹名词源流考》,《中华中医药杂志》2017年第4期。

～刘寨华:《"闻诊"命名源流考》,《中医药学报》2017年第1期。

杜松……刘寨华～:《"望诊"源流考》,《中华中医基础医学杂志》2017年第1期。

李鸿涛……佟琳～:《〈婺源余先生医案〉燥湿辨治思维浅析》,《中医杂志》2016年第19期。

佟琳……刘思鸿～:《古籍中治疗温病伏暑的用药规律挖掘分析》,《西部中医药》2016年第12期。

刘先利……刘思鸿～:《邪伏膜原源流考》,《中国中医基础医学杂志》2016年第3期。

刘先利、栾依含~:《〈温毒病论〉学术思想探析》,《国际中医中药杂志》2016年第2期。

郎朗~侯酉娟:《刍议〈罗遗编〉一书学术特色》,《时珍国医国药》2016年第2期。

侯酉娟、郎朗~:《〈灵兰社稿〉学术特色刍议》,《中国中医基础医学杂志》2016年第1期。

刘寨华、杨威~于峥:《吴瑭内科病诊疗特色探析》,《中国中医基础医学杂志》2015年第11期。

姜姗、孙海舒~:《〈新刻幼科百效全书〉及其小儿杂症推拿治疗》,《广州中医药大学学报》2015年第8期。

李兵~符永驰等:《中医古籍本草知识组织方法研究》,《世界科学技术·中医药现代化》2015年第6期。

张伟娜……高博~:《孤本〈眼科六要〉学术特色浅析》,《陕西中医》2015年第6期。

张伟娜……佟琳~:《中国中医科学院图书馆古籍保护与利用工作10年回顾与展望》,《中国中医药图书情报杂志》2015年第5期。

佟琳~张伟娜等:《燕京学派经验传承的文献计量分析》,《国际中医中药杂志》2015年第4期。

刘寨华……李钰娇~:《三焦辨证源流考》,《中国中医基础医学杂志》2014年第7期。

刘寨华、佟琳~:《吴鞠通学术思想及诊疗特点研究》,《国际中医中药杂志》2014年第5期。

杜松……佟琳~:《"望色"源流考》,《辽宁中医杂志》2014年第3期。

张伟娜……裴俭~:《地方志中医学资料的辑录与整理研究》,《国际中医中药杂志》2013年第11期。

刘寨华……张宇鹏~:《吴正伦〈脉症治方〉学术思想探析》,《中国中医基础医学杂志》2013年第9期。

刘寨华……王燕平:《从〈养生类要〉探讨吴正伦的养生思路》,《国际中医中药杂志》2012年第1期。

佟琳、唐丹丽~:《基于温病古籍数据挖掘的风温病证候研究》,《中国中医基础医学杂志》2012年第1期。

李鸿涛~:《〈温疫论〉创新思想探讨》,《国际中医中药杂志》2011年第11期。

刘寨华、于峥:《论吴鞠通温病学术思想》,《中国中医基础医学杂志》2011年第1期。

刘寨华、唐丹丽~:《我国传统医药知识产权保护策略探讨》,《中国中医药信息杂志》2010年第11期。

刘寨华、唐丹丽~:《我国中医药知识产权保护的现状及意义》,《中国中医基础医学杂志》2010年第10期。

刘寨华、唐丹丽~:《明清时期心藏象理论的发挥与创新研究》,《现代中医药》2010年第6期。

佟琳……唐丹丽~:《中医古籍"孤岛现象"及其对策》,《河北中医药学报》2010年第4期。

王燕平~刘寨华:《先秦至唐代心藏象理论发展探析》,《陕西中医学院学报》2010年第4期。

张玉辉、曹洪欣:《民国时期温病医案证候要素分析》,《中国中医基础医学杂志》2020年第2期。

赵静……张志斌~:《金元医家对温病病因病机的认识》,《中国中医基础医学杂志》2010年第1期。

~徐慧等:《从泰国传统医药立法探讨我国的中医药知识产权保护方法》,《国际中医中药杂志》2009年第3期。

曹洪欣……张志斌~:《金元时期温病学发展状况研究》,《中国中医基础医学杂志》2009年第1期。

~唐丹丽等:《斯里兰卡阿育吠陀法概述》,《中医药管理杂志》2009年第1期。

～唐丹丽等:《印度传统知识保护现状及其启示》,《中国医药导报》2008 年第 32 期。

赵静……张志斌～:《金元时期温病学发展对温病理论形成的影响》,《中国中医基础医学杂志》2008 年第 12 期。

曹洪欣……张志斌～:《金元医家对温病理论的创新》,《中国中医基础医学杂志》2008 年第 5 期。

张欢(陕西中医学院)

～刘力:《浅析〈内经〉中的脾胃论及其影响》,《陕西中医学院学报》2009 年第 2 期。

张慧(北京中医药大学)

《清代情志相关性病证医案研究》,北京中医药大学博士学位论文 2008 年。

～金光亮:《〈临证指南医案〉论治情志相关病症的学术思想探析》,《北京中医》2007 年第 11 期。

张慧芳(中国中医研究院)

《方书源流述略》,《中国中医基础医学杂志》1999 年第 10 期。

张会丽(中国科学院大学)

～杨海伟:《〈妇婴卫生〉知识普及与传播效果分析》,《科普研究》2019 年第 4 期。

《科学与政治的互动——以女科学家李桓英的麻风病防治事业为例》,《广西民族大学学报(自然科学版)》2019 年第 3 期。

《女性解放与科学启蒙——对麻风病防治专家李桓英早期成长史的分析》,《中国科技史杂志》2018 年第 3 期。

《建国初期组织疗法推广运动研究》,《广西民族大学学报(自然科学版)》2018 年第 1 期。

张慧卿(江苏省社会科学院)

《"禁"与"纵":沦陷初期南京烟毒状况及日伪当局的因应》,《民国档案》2019 年第 4 期。

《"宣抚"抑或控制:大屠杀后日军在南京的卫生防疫》,《江海学刊》2019 年第 3 期。

《"宣抚"还是控制:后大屠杀时期南京的卫生行政》,《南京社会科学》2018 年第 11 期。

《美国馆藏日伪时期苏皖沿江地区教会医院档案文献》,《图书馆论坛》2018 年第 11 期。

《抗战胜利后南京的公共卫生工程复员》,《档案与建设》2018 年第 9 期。

《后大屠杀时期日军当局在南京医疗"宣抚"的实质》,《学海》2018 年第 6 期。

《1927—1937 年南京城市饮用水问题及其治理》,《近代史学刊》第十七辑(2017)。

《鼓楼医院书信:后大屠杀时期的南京》,《民国档案》2017 年第 3 期。

《南京大屠杀前后鼓楼医院的医疗救治》,《档案与建设》2017 年第 1 期。

《1930 年代南京中医界革新述论》,《南京中医药大学学报(社会科学版)》2015 年第 14 期。

张慧如(台湾大学)

《从 Amartya Sen 之正义观检视台湾国家疫苗政策——以 HPV 疫苗为例》,台湾大学硕士学位论文 2014 年。

张慧蕊(北京中医药大学)

《现存宋代伤寒著作文献研究》,北京中医药大学博士学位论文 2015 年。

～梁永宣:《宋以前有关"伤寒日期"理论的文献研究》,《世界中西医结合杂志》2015 年第 2 期。

～梁永宣:《〈太平圣惠方〉中的淳化本〈伤寒论〉》,《北京中医药大学学报》2014 年第 1 期。

张惠鲜(广西民族师范学院)

～王晓军:《新桂系时期广西边疆地区医疗卫生事业发展与民智培育》,《广西社会科学》2014 年第 2 期。

张继(南京中医药大学)

~沈澍农:《中医古籍中道家语言文化的传承研究》,《北京中医药大学学报》2014 年第 12 期。

《中医传世与出土文献度量衡用语探析》,《中国临床研究》2014 年第 12 期。

《基于〈外台秘要〉之中医古籍语言时代特征研究》,《南京中医药大学学报(社会科学版)》2014 年第 4 期。

~沈澍农:《佛家语中医文化基因解读》,《江西中医药》2014 年第 11 期。

~徐建云:《传统中医医患文化对构建和谐医疗环境作用之探析》,《长春中医药大学学报》2011 年第 2 期。

~沈澍农:《中国传统哲学与中医导引五禽戏发展探源》,《南京中医药大学学报(社会科学版)》2011 年第 1 期。

~张宗明:《中国古代女医兴衰之医政文化制度探析》,《医学与哲学(人文社会医学版)》2009 年第 5 期。

《试析〈梦溪笔谈〉的当代中医药研究价值》,《南京中医药大学学报(社会科学版)》2008 年第 1 期。

《试论中医妇产科学的形成》,《南京中医药大学学报(社会科学版)》2004 年第 4 期。

张纪梅(黑龙江中医药大学)

《七情学说的历史与心理学研究》,黑龙江中医药大学博士学位论文 2006 年。

~许树村等:《佛教——一种特殊方式的心理治疗》,《医学与哲学》2002 年第 7 期。

张继有

《中医对麻疹的研究历史及其防治》,《中级医刊》1955 年第 1 期。

张嘉凤(台湾大学/英国伦敦大学/台湾清华大学)

《一切皆忘:〈折肱漫录〉的养生之道与知识建构》,《法国汉学》第 18 辑(2019)。

《自少及长——晋宋之间医籍对小儿年龄之界定及其医疗意义》,祝平一主编《第四届国际汉学会议论文集——卫生与医疗》(台北:中央研究院 2013 年 11 月)。

《爱身念重——〈折肱漫录〉(1635)中文人之疾与养》,《台大历史学报》第 51 期(2013.6)。

《黄帝不能察其幼小——宋清之间小儿医的自我认同与社会定位》,《新史学》第 24 卷第 1 期(2013.3)。

《隋唐医籍中的小儿病因观试探》,《台大文史哲学报》第 77 期(2012.11)。

《变化的身体——晋唐之间的小儿变蒸理论》,李建民主编《从医疗看中国史》(台北:联经出版事业公司 2008 年)。

《十九世纪初牛痘在地化——以〈英咭唎国新出种痘奇书〉、〈西洋种痘论〉与〈引痘略〉为讨论中心》,《中央研究院历史语言就院所集刊》第 78 本第 4 分(2007.12)。

《科学、技术与医学》,高明士主编《中国文化史》(台北:五南图书出版股份有限公司 2007 年)。

《书评:范家伟〈六朝隋唐医学之传承与整合〉(2004)》,《中国文化研究所学报》第 46 期(2006)。

《操行英雄立功差难——晋唐之间小儿医学的成立与对小儿医的态度》,《新史学》第 16 卷第 2 期(2005.6)。

《中西医学的接触与中西结合医学的发展》,徐志平编《科技与人文的对话初编》(台北:国立台湾大学共同教育委员会 2004 年)。

《SARS 在"迷信"与"传统"之间》,《中央日报》2003 年 5 月 20 日《观念世界》版。

《上工治未病——中国主流医学的发展》,黄秀如主编《网路与书》(台北:英属盖曼群岛商网路与书股份有限公司台湾分公司 2003）第 7 期。

《"疾疫"与"相染"——以〈诸病源候论〉为中心试论魏晋至隋唐之间医籍的疾病观》，《台大历史学报》第 27 期（2001）/林富士主编《疾病的历史》（台北：联经出版 2011 年）。

《生化之源与立命之门——金元明医学中的"命门"试探》，《新史学》第 9 卷第 3 期（1998.9）。

《清初的避痘与查痘制度》，《汉学研究》第 14 卷第 1 期（1996.6）。

《清康熙皇帝采用人痘法的原因与时间试探》，《中华医史杂志》1996 年第 1 期。

张家骏（上海第二人民医院）

《〈伤寒论〉版本探索》，《辽宁中医杂志》1994 年第 6 期。

《论日本〈康治本伤寒论〉》，《新中医》1984 年第 1 期。

《〈康平伤寒论〉真伪考》，《上海中医药杂志》1982 年第 9 期。

张加昇

～苏奕彰：《日治时期前台湾医疗发展之探讨》，《中医药杂志》第 25 卷 S 期（2014.12）。

张家玮（北京中医药大学）

翟小珊～赵岩松：《陈士铎郁证辨治思想探微》，《国际中医药杂志》2018 年第 10 期。

汤巧玲～宋佳等：《古代五运六气临床研究述要》，《辽宁中医杂志》2018 年第 2 期。

闫立彬～：《民国医家周小农年谱考略》，《西部中医药》2016 年第 12 期。

汤巧玲～宋佳等：《论中医运气学说的哲学基础》，《中国中医基础医学杂志》2016 年第 4 期。

闫立彬～：《周小农民国期刊文章撷英》，《中医文献杂志》2016 年第 3 期。

李鲲～李哲：《〈目经大成〉举要》，《中国中医基础医学杂志》2011 年第 8 期。

～关静等：《五脏阴阳辨证对中医各家学说形成的影响》，《中华中医药学刊》2008 年第 2 期。

林殷～嵇波等：《从生成哲学谈方证研究的方法学》，《北京中医药大学学报》2007 年第 2 期。

《六味地黄丸方剂学历史沿革及古代临床应用概况》，《世界科学技术》2006 年第 2 期。

～王致谱等：《何廉臣生平及学术思想研究》，《北京中医药大学学报》2004 年第 6 期。

《宋明理学对命门学说形成的影响》，《北京中医药大学学报》2003 年第 1 期。

《方剂学发展史上的两个特征》，《中华医史杂志》2002 年第 3 期。

《命门学说源流考》，《北京中医药大学学报》2002 年第 1 期。

～鲁兆麟：《方剂学发展溯源》，《中国中医药信息杂志》2001 年第 3 期。

刘燕华～：《一代名医刘渡舟》，《北京中医》2004 年第 4 期。

张建

《抗战期中的医学教育》，《军医杂志》1942 年第 1 期。

章健（安徽中医药大学/安徽中医学院）

胡紫嫣……牛凯～：《新安医家医德医风之价值》，《中医药临床杂志》2016 年第 12 期。

程慧娟～：《〈医宗金鉴〉人痘术探析》，《中国民间疗法》2013 年第 9 期。

阎智强～：《赵学敏〈串雅〉方剂特色探究》，《辽宁中医药大学学报》2011 年第 8 期。

阎智强～：《〈串雅〉串解》，《中医药临床杂志》2010 年第 6 期。

陆翔～方向明等：《新安医家创方研究思路与策略》，《中医药临床杂志》2010 年第 4 期。

《新安医家对方剂学的贡献》，《浙江中医药大学学报》2010 年第 1 期。

谢丹～：《郑氏父子对后世慢喉风辨治思想的影响》，《辽宁中医药大学学报》2009 年第 11 期。

王红松、徐国龙～邵芙蓉：《从孙思邈的医德思想谈中医人文精神》，《中医药临床杂志》2008年第5期。

吴秀峰～：《丁甘仁医案研究现状》，《江西中医药》2008年第3期。

《〈方氏脉症正宗〉方剂学特点初析》，《中医药临床杂志》2008年第2期。

～边玉麟：《〈太平惠民和剂局方〉学术特点探讨》，《中国中医基础医学杂志》2002年第8期。

～李洪涛：《〈太平惠民和剂局方〉方剂特点分析》，《中国医药学报》2002年第4期。

～李洪涛：《〈太平惠民和剂局方〉成书考略》，《中医文献杂志》2001年第4期。

《宋代官刊方书和个人方书特点探讨》，《中华医史杂志》2001年第2期。

～黄安宁：《从古方中开发中药新产品思路与方法探讨》，《中国中医药信息杂志》1997年第7期。

《〈和剂局方〉"例用辛香燥热"辨》，《安徽中医学院学报》1996年第2期。

张箭（四川大学）

《金鸡纳的发展传播研究——兼论疟疾的防治史》，《贵州社会科学》2016年第12期，2017年第1期。

《梅毒的全球化和人类与之的斗争——中世晚期与近代》，《自然辩证法通讯》2004年第2期。

《天花的起源、传布、危害与防治》，《科学技术与辩证法》2002年第4期。

张建斌（南京中医药大学）

许骞、唐萍萍～：《〈脉经〉三关病候的腧穴应用规律探析》，《针刺研究》2019年第8期。

宋思源、王欣君～顾媛媛等：《皮部特种针具的发展源流及作用机制》，《针刺研究》2019年第7期。

侯晓菲、王欣君～顾媛等：《提插补泻手法要素源流梳理及核心技术》，《中国针灸》2019年第7期。

张赛男、王欣君～顾媛媛：《捻转补泻手法要素源流梳理与分析》，《针刺研究》2019年第6期。

《执中守正，学术至上——承淡安教育思想探析》，《南京中医药大学学报（社会科学版）》2019年第3期。

芦芸……薛昊～：《〈针灸甲乙经〉中"脉动（病）发"探讨》，《针刺研究》2019年第3期。

～李浩等：《承淡安灸治中风的经验与实践》，《中国针灸》2019年第1期。

刘力源～金传阳等：《华佗夹脊穴的归经探索：督脉》，《针刺研究》2018年第11期。

冒金锋～张双双等：《历版〈针灸学〉教材中毫针进针法的演变》，《中国针灸》2018年第7期。

冒金锋～张双双等：《历版〈针灸学〉教材中毫针行针法的演变》，《中国针灸》2018年第6期。

金传阳、武九龙～：《论腧穴的古典形态观——以〈针灸甲乙经〉为例》，《针刺研究》2018年第5期。

曾添成、费琳～：《灸疗器具源流考》，《中医药文化》2018年第5期。

薛昊～陈仁寿：《雷火神针之"源"与"流"》，《中国针灸》2018年第4期。

张征～：《督脉病候的古代界定和现代范畴》，《中国针灸》2017年第10期。

《澄江针灸学派的形成与学术特点》，《江苏中医药》2017年第5期。

寇任重、徐天成～范刚启：《论分经养胎理论及其运用》，《中医杂志》2016年第21期。

陈强、朱勇～龚伟等：《"澄江针灸学派"治疗男科疾病的学术思想》，《中国性科学》2016年第10期。

孙征……陆梦江～：《九针理论：早期针灸学术之内核》，《南京中医药大学学报》2016年第9期。

《杨上善经络理论框架解析与相关概念诠释》，《中国针灸》2016年第2期。

张树剑……赵京生～张效霞等：《对针灸"辨证论治"的回顾与省思》，《中国科技史杂志》2016年第

1 期。

许林玲、徐天舒~:《民国前历代针灸治疗消渴病用穴规律的研究》,《江苏中医药》2015 年第 5 期。

蒋继彪~:《隐喻视角下的腧穴命名英译研究》,《中国中医基础医学杂志》2015 年第 3 期。

《皇甫谧〈针灸甲乙经〉学术框架的解构》,《中国针灸》2015 年第 1 期。

周攀、王玲玲~:《承淡安〈中国针灸学〉对艾炷直接灸的贡献》,《中国针灸》2014 年第 4 期。

~张宏如等:《以旧学为根据 用科学做化身——民国时期澄江针灸学派科学化实践探析》,《中国针灸》2014 年第 2 期。

孟宪军~朱安宁:《澄江学派传人留章杰先生针灸学术特色》,《中华中医药杂志》2013 年第 8 期。

~李开平等:《澄江针灸学派传人李玉堂针灸学术特色简析》,《江苏中医药》2013 年第 7 期。

~夏有兵等:《现代针灸学科体系构建轨迹的探析——兼评承淡安〈针灸学〉三部曲》,《针刺研究》2013 年第 3 期。

夏有兵……甘君学~:《浅析承淡安先生对针灸量学的探索》,《针刺研究》2013 年第 1 期。

夏有兵~林英等:《澄江针灸学派在新加坡的传播》,《中国针灸》2013 年第 1 期。

~董勤:《〈针灸素难要旨〉对针灸学术体系的界定》,《中国针灸》2012 年第 12 期。

《〈推拿广意〉简介和学术成就探析》,《江苏中医药》2012 年第 10 期。

郑美~夏有兵等:《澄江针灸学派传人留章杰学术思想简析》,《中国针灸》2012 年第 10 期。

夏有兵~王红云等:《简析澄江针灸学派的学术源流》,《中国针灸》2012 年第 8 期。

夏有兵~郝峰等:《试论澄江针灸学派的科学学派特质》,《中国针灸》2012 年第 6 期。

夏有兵……穆艳云~:《中医与藏医学放血疗法的比较研究》,《中国针灸》2012 年第 5 期。

夏有兵、李素云~:《"澄江针灸学派"形成背景与过程》,《中国针灸》2012 年第 3 期。

~夏有兵:《对承淡安先生经络观的解析》,《中国针灸》2012 年第 2 期。

夏有兵~周俊兵等:《承淡安游学日本经过》,《中国针灸》2012 年第 1 期。

穆艳云……程洁~:《我国刺血疗法研究现状及思考》,《南京中医药大学学报》2011 年第 6 期。

庞啸虎~:《〈医宗金鉴·刺灸心法要诀〉经脉循行图与经穴图的比较》,《针灸临床杂志》2011 年第 4 期。

庞啸虎~:《〈医宗金鉴·刺灸心法要诀〉刺法特色探讨》,《针灸临床杂志》2011 年第 3 期。

~王玲玲:《〈内经〉灸法概述》,《上海针灸杂志》2010 年第 5 期。

~赵京生:《论明末清初经络研究的轨迹和学术走向》,《中国针灸》2009 年第 7 期。

《从表述形式探讨〈灵枢·经脉〉成书和经络理论完善的过程》,《中国中医基础医学杂志》2009 年第 3 期。

王耀帅、王玲玲~陈仁寿:《针药并用的古代认识与方法探析》,《中国针灸》2009 年第 3 期。

~王玲玲:《古〈都脉经〉探析》,《浙江中医杂志》2006 年第 5 期。

~王玲玲:《督脉腧穴考》,《中华医史杂志》2006 年第 3 期。

张建斌（中国建筑设计研究院）

《城市的现代大型医院发展模式研究》,中国建筑设计研究院硕士学位论文 2007 年。

张建东（河南大学）

~王有芳:《宋代民间士人"尚医"现象初探》,《兰台世界》2016 年第 7 期。

《先秦道家思想与〈黄帝内经〉》,河南大学硕士学位论文 2005 年。

张剑峰(南昌大学)

《中央苏区医学教育政治目标确定的历史过程及其启示》,南昌大学硕士学位论文 2009 年。

张建福(河南中医学院)

～唐空:《浅论葛洪对骨伤科的贡献》,《河南中医》2000 年第 4 期。

《古今骨骼说略》,《中医正骨》1990 年第 1 期。

张剑光(上海师范大学)

～王晓洁:《中国古代的疫病防治》,《文史知识》2009 年第 4 期。

《唐代江南的疫病与户口》,《上海师范大学学报(哲学社会科学版)》2007 年第 5 期。

～邹国慰:《略论两汉疫情的特点和救灾措施》,《北京师范大学学报(人文社会科学版)》1999 年第 4 期。

《唐朝的官兽医》,《农业考古》1990 年第 2 期。

张建华(安徽中医学院第一附属医院)

《〈正骨心法要旨〉伤科学术思想探析》,《安徽中医学院学报》2004 年第 4 期。

张建华(上海中医药大学)

～廖冰灵:《〈御药院方〉中医美容方药研究》,《中医药文化》2013 年第 4 期。

章建华(浙江中医学院)

《中医骨伤外科固定的起源、发展及临床应用》,《新疆中医药》1995 年第 4 期。

《中医骨伤外科固定的起源、发展及应用》,《浙江中医学院学报》1992 年第 6 期。

张建军(内蒙古师范大学)

《民国北京政府陆军医药卫生材料的生产和支用》,《民国档案》2013 年第 4 期。

张建兰(陕西师范大学/南京中医药大学)

张树剑～:《什么是针灸传统:历史与比较的视角》,《科技导报》2019 年第 15 期。

～张树剑:《民国针灸译著〈最新实习西法针灸〉内容及其影响》,《中国针灸》2019 年第 10 期。

～张树剑:《民国时期针灸医籍分类及内容特点》,《中国针灸》2015 年第 7 期。

《民国时期针灸医籍对解剖学的引入和应用》,南京中医药大学硕士学位论文 2015 年。

张建梅(河北师范大学)

《论方以智思想及其在融西入中方面的贡献》,河北师范大学硕士学位论文 2009 年。

张建青(青海红十字医院)

《宗教文化对医学发展的影响》,《中国医学人文》2017 年第 1 期。

《人文医学回归的呼唤》,《中国医学人文》2016 年第 3 期。

《医学需要文化力量的的引导》,《中国医学人文》2016 年第 2 期。

《藏医出徒》,《中国医学人文》2015 年第 9 期。

《医务人员学习和了解医学文化史的意义》,《中国医学人文》2015 年第 8 期。

《用医学人文的眼光反思现代生物医学模式》,《中国医学人文》2015 年第 7 期。

董竞成……乌兰～仁青东主等:《中国传统医学中的人文精神》,《中国医学人文》2015 年第 1 期。

张建俅(台湾中正大学/国立政治大学)

《近代中国政府与社团关系的探讨——以中国红十字会为例》,《中央研究院近代史研究所集刊》第 47 期(2005.3)。

《中国红十字会经费问题浅析(1912—1937)》,《近代史研究》2004 年第 3 期。

《抗战时期战地救护体系的建构及其运——以中国红十字会救护总队为中心的探讨》,《中央研究院近代史研究所集刊》第 36 期(2001.12)。

《抗战时期救护总队外籍医护人员名单考证》,《近代中国史研究通讯》第 32 期(2001)。

张建荣(陕西中医学院)

～朱德明等:《近代杭州中医药业行会、药材及其药行考察》,《国医论坛》2008 年第 1 期。

～朱德明等:《近代杭州参燕及制胶行业的盛衰》,《浙江中医杂志》2008 年第 8 期。

～房华祥等:《论〈金匮要略〉妊娠养胎与优生》,《陕西中医学院学报》2002 年第 6 期。

《论〈金匮要略〉后三篇急救法》,《中国中医急症》2002 年第 1 期。

～邓荣:《仲景"妇人三十六病"考订》,《陕西中医》1996 年第 5 期。

《论张仲景养生防病思想》,《国医论坛》1996 年第 2 期。

～邓荣:《论〈伤寒论〉与〈金匮要略〉四种病传规律》,《陕西中医》1994 年第 12 期。

《〈金匮要略〉理法方药渊源及特点探讨》,《陕西中医学院学报》1991 年第 4 期。

《〈金匮要略〉对妇科学的贡献及治法特点》,《陕西中医函授》1990 年第 3 期。

《〈金匮要略〉病证概论》,《陕西中医函授》1987 年第 3 期。

《〈金匮〉治饮十法初探》,《陕西中医学院学报》1981 年第 1 期。

张建生

《鲁迅的创作与父亲的病》,《中国现代文学研究丛刊》1990 年第 4 期。

张建伟(福建中医药大学)

《戴天章〈广瘟疫论〉的学术思想探究》,《福建中医药》2015 年第 2 期。

～王苹:《〈咽喉秘集〉版本源流考》,《南京中医药大学学报(社会科学版)》2014 年第 1 期。

～王苹:《〈金匮要略〉"见肝之病,知肝传脾,当先实脾"之管见》,《甘肃中医学院学报》2012 年第 1 期。

张建伟(山东中医药大学附属医院)

～黄娟:《〈妇人规〉治未病思想探析》,《世界中医药》2013 年第 7 期。

～初文杰:《"治未病"在妇科领域的应用》,《吉林中医药》2012 年第 6 期。

《〈诸病源候论〉不孕文献研究与临床应用》,《中医文献杂志》2008 年第 3 期。

张建霞(天津医科大学)

《希波克拉底的医学哲学观研究》,天津医科大学硕士学位论文 2016 年。

张舰元(台湾大学)

《男性更年期社会心理因素探讨》,台湾大学硕士学位论文 2011 年。

张剑源(云南大学/清华大学)

《从"非典"反思应对突发事件联运机制的建构》,《苏州大学学报(法学版)》2015 年第 1 期。

《法律管控、行为干预还是伦理重建? ——在高危人群中开展有效艾滋病防治的路径选择》,《云南大学学报(法学版)》2014 年第 5 期。

《迈向人权范式:当代中国艾滋病防治范式的转型及路径选择》,《广州大学学报(社会科学版)》2014 年第 5 期。

《疾病的意义阐释、医学回应与制度追问——以滇西北 D 县"小孩夜哭"个案为中心展开》,《广西民族研究》2014 年第 1 期。

《法律对伦理的偏好与疏离——以中国艾滋病防治立法中的隐私保护条款为中心》,《法学家》2013

年第 6 期。

王启梁～:《艾滋病防治的世界性法律行动与中国的法律实践》,《现代法学》2010 年第 5 期。

《移植法律的"病症"与"诊断"——以中国艾滋病法律政策为考察对象》,《思想战线》2010 年第 4 期。

《健康权视角下的艾滋病防治立法》,《人权》2008 年第 6 期。

张杰（东北师范大学）

《论迟子建小说中的"疯癫"者形象》,东北师范大学硕士学位论文 2015 年。

张洁（福建中医学院）

《明清时期脾阴学说的研究》,《福建中医学药》2004 年第 4 期。

张洁（湖北中医药大学）

《〈内经〉阳气理论及其对后世的影响研究》,湖北中医药大学博士学位论文 2015 年。

张洁（辽宁社会科学院）

～赵朗:《二战期间日军对奉天盟军战俘细菌实验罪行考实》,《社会科学战线》2010 年第 5 期。

张洁（南通大学）

～王夏强:《陈实功的医德思想对当代医者的启示》,《中国医学伦理学》2016 年第 2 期。

张捷（天津市肿瘤医院）

～王长利:《支气管镜发展史》,《中华医史杂志》2006 年第 2 期。

张杰（郑州大学）

《殷人致疾及疗疾方法新考》,《郑州大学学报（哲学社会科学版）》2004 年第 5 期。

《试论殷人对疾病及其治疗的认识》,郑州大学硕士学位论文 2002 年。

张洁（中国社会科学院）

《从抗非典看东亚非传统安全合作》,《当代亚太》2003 年第 6 期。

张进（扬州大学）

《俞凤宾与近代中国卫生科学的传播》,《兰台世界》2015 年第 4 期。

《丁福保与近代中国营养卫生科学的传播》,《出版科学》2015 年第 3 期。

《丁福保近代出版事业评述》,《出版发行研究》2013 年第 5 期。

张金国（兰州大学）

《医学发展的黄金阶段——论蒙元时期的医学教育》,《社科纵横》2015 年第 10 期。

张进清

《藏医瑰宝——〈居悉〉》,《中国民族》1989 年第 2 期。

张金婷（温州大学）

《论中国古代小说中的疾病隐喻》,温州大学硕士学位论文 2012 年。

～徐凯敏:《明清小说中的疾病隐喻探析——以麻风病为中心》,《大众文艺》2011 年第 14 期。

张锦文

《蓝以义女医士行述》,《齐鲁医刊》1925 年第 2 期。

张金兴（上海法律高等专科学校）

《明代医家美称录》,《医古文知识》1993 年第 1 期。

《两宋金元医家美称录》,《医古文知识》1991 年第 4 期。

《魏晋南北朝及隋唐五代医家美称录》,《医古文知识》1991 年第 3 期。

《先秦两汉医家美称录》,《医古文知识》1991 年第 1 期。

张锦英(锦州医科大学/辽宁医学院)

《从人性分析角度浅释人性化医疗构建》,《医学与哲学》2019 年第 24 期。

～张洪江:《循证医学与人性化医疗:实践现状、问题与原因分析》,《医学与哲学》2019 年第 23 期。

白延丽、孟来～:《技术、资本主体化与责任伦理考量》,《医学与哲学》2019 年第 17 期。

～张洪江:《过度医疗辨析:集体无意识与有组织的不负责任行为》,《医学与哲学》2019 年第 10 期。

网昊～:《医疗实践中的医学与科学》,《医学与哲学》2019 年第 7 期。

赵东来、张洪江～:《哲学视域下"药"与"病"的辩证》,《医学与哲学(A)》2018 年第 9 期。

～赵红娣:《健康理性:生活医学化与健康恐慌审视》,《医学与哲学(A)》2018 年第 7 期。

～李江:《发展与进步:医学现代化进程与现代性构建》,《医学与哲学(A)》2018 年第 4 期。

～赵红艳:《临床决策思维:麻醉中的伦理、法律与医患冲突》,《医学与哲学 B》2018 年第 2 期。

白延丽～:《慢性病防控:由快节奏到慢节奏的调整》,《医学与哲学(A)》2017 年第 10 期。

～张洪江:《混沌共存:疾病与健康的关系重建》,《医学与哲学(B)》2017 年第 9 期。

《医学与资本:医疗保健服务未来百年谁主沉浮?》,《医学与哲学(A)》2017 年第 7 期。

～李明津等:《超越资本逻辑:慢性病防控中的困境与反》,《医学与哲学(B)》2017 年第 4 期。

陈权、陈星羽～:《论医学人文与医学技术的完美结合》,《医学与哲学(A)》2016 年第 11 期。

刘维、哈敏文～:《肿瘤决策:无效治疗与有效治疗的选择》,《医学与哲学(B)》2016 年第 10 期。

刘国利～:《医学中的混沌与混沌中的医学》,《医学与哲学(A)》2016 年第 9 期。

白延丽、顾立学～:《心灵的力量:积极心理学在临床医学中的作用》,《医学与哲学(B)》2016 年第 7 期。

《临床医学利益冲突:误在当代、恨在千秋》,《医学与哲学(A)》2016 年第 4 期。

高长安～张洪江:《资本与道德:从医疗双重标准透视过度医疗本质》,《医学与哲学(A)》2016 年第 3 期。

～姜茂华:《集体无意识及其对技术、资本主体的影响辨析》,《医学与哲学(A)》2015 年第 12 期。

刘天壤～苏振兴:《医学中的集体无意识与伦理责任的追问》,《医学与哲学(A)》2015 年第 9 期。

～倪敏:《临床医学中"变与不变"》,《医学与哲学(A)》2015 年第 5 期。

曲巍～:《医学人文与医学教育改革》,《医学与哲学(A)》2015 年第 4 期。

宋冰～:《论专科制走向:专业分化终极目标是医学整合》,《医学与哲学(B)》2015 年第 3 期。

徐忠扬～柴文成:《人性化医疗的困境:法律与伦理的冲突与整合》,《医学与哲学(A)2014 年第 9 期。

张金哲(首都医科大学附属北京儿童医院)

《儿科人文医学的应用尤具意义》,《医学争鸣》2015 年第 5 期。

《转向人文医学是当务之急》,《光明日报》2014 年 8 月 21 日 006 版。

刘婷婷～:《现代医学伦理与小儿外科》,《临床小儿外科杂志》2003 年第 2、3 期。

李龙～:《我国小儿外科的发展回顾》,《中华小儿外科杂志》2003 年第 2 期。

《20 世纪小儿外科回顾及展望》,《中华小儿外科杂志》1996 年第 6 期。

《我国小儿外科三十年》,《中华儿科杂志》1979 年第 3 期。

《建国十年来小儿外科的成长》,《中华儿科杂志》1959 年第 5 期。

张金钟(天津中医药大学/天津医科大学)

《人文医学视域下的医学综合——整合医学产生的必然性及其引领作用》,《中国医学伦理学》2017年第9期。

席欣然~:《美、英、法代孕法律规制的伦理思考》,《医学与哲学(人文社会医学版)》2011年第7期。

李红涛~邱明才:《医学发展中的整体观念与学科综合》,《医学与哲学(人文社会医学版)》2009年第4期。

王钰涛~:《建国初期禁娼、防治性传播疾病的法与伦理相关性研究》,《中国性科学》2009年第3期。

陆于宏~:《"放弃"或"救治"冲击道德底线——关于有缺陷新生儿救治问题的伦理思考》,《医学与哲学(临床决策论坛版)》2008年第11期。

冯磊~:《民国时期乡村卫生建设中的公德教育——定县、邹平县乡建模式的异中之同》,《医学与哲学(人文社会医学版)》2008年第6期。

冯磊~:《清代乡村疫病救助中道德资源的积极作用》,《中国医学伦理学》2007年第2期。

《精诚合一:医学哲学事业的永恒主题》,《医学与哲学》2000年第10期。

《医德建设与卫生法制建设》,《湖南医科大学学报(社会科学版)》1999年第1期。

《医德建设与卫生法制建设要形成一个合力》,《医学与社会》1998年第2期。

《医学模式转变在实践上为何滞后》,《医学与哲学》1996年第7期。

《中外医德传统辨异与文化根源》,《中国医学伦理学》1996年第3期。

张金中(中国中医科学院)

《明代以前医家对胁痛的认识和治疗》,中国中医科学院硕士学位论文2013年。

~王振瑞:《明代以前医家对胁痛的认识和治疗》,《中华医史杂志》2013年第2期。

张静(北京协和医学院)

~代涛等:《古巴全科医生制度的经验与启示》,《中国全科医学》2015年第31期。

张静(广州市黄埔中医院)

《〈儿科心鉴〉——中医儿科教学园地中的奇葩》,《中国中西医结合而科学》2009年第5期。

《曾世荣儿科学术思想阐释》,《中国中西医结合儿科学》2009年第1期。

张静(河北省社会科学院)

~李慧慧:《1911年保定城市鼠疫防治研究》,《河北广播电视大学学报》2014年第6期。

张靖(吉林出入境检验检疫局/吉林大学)

《吉林省国境卫生检疫历史考察之——卫生警察、临时检疫机构与吉林国境卫生检疫(建国前)》,《口岸卫生控制》2011年第4期。

《吉林省国境卫生检疫历史考察》,吉林大学硕士学位论文2011年。

张璟(清华大学)

《国内媒体有关艾滋病的报道中价值取向的"是"与"非"》,《新闻与写作》2004年第5期。

张晶(山东中医药大学)

《基于象思维的中医脉象语言描述中的隐喻认知》,《中华中医药学刊》2013年第10期。

《试论〈针灸大成〉灸法》,《江苏中医药》2013年第9期。

《从文献角度探讨〈针灸大成〉学术影响》,《山东中医药大学学报》2013年第5期。

～田思胜:《试论〈针灸大成〉中的针药结合思想》,《辽宁中医杂志》2013 年第 3 期。

～田思胜:《〈针灸大成〉作者考证》,《江苏中医药》2012 年第 8 期。

《〈针灸大成〉研究现状分析》,《山西中医》2012 年第 2 期。

《〈针灸大成〉的文献研究》,山东中医药大学博士学位论文 2012 年。

《1328 例古代医案中情志与脉象信息的频数分析》,《四川中医》2011 年第 9 期。

～孙丰雷:《金元四大家论治消渴病思想浅析》,《山东中医药杂志》2011 年第 9 期。

《古代情志相关医案中情志因子与脉象的典型相关分析》,《四川中医》2011 年第 7 期。

～田思胜:《我国音乐疗法的中医理论探讨》,《中华中医药杂志》2011 年第 5 期。

《〈孙文垣医案〉中心理紊乱状态对脉象的影响》,《山东中医药大学学报》2011 年第 3 期。

《中医脉学文献源流探微及〈脉经〉学术贡献》,《山东中医药大学学报》2011 年第 2 期。

《中医心理脉象文献探骊》,《四川中医》2010 年第 11 期。

～齐向华:《中医脉诊文献中的心理脉象》,《山东中医药大学学报》2010 年第 6 期。

张静(首都师范大学)

～李慧慧:《1911 年保定城市鼠疫防治研究》,《河北广播电视大学学报》2014 年第 6 期。

《晚清北洋女医学堂研究》,《教育评论》2011 年第 5 期。

《中国近代第一位女留学生的传奇一生》,《文史天地》2007 年第 10 期。

张净(天津师范大学)

《唐代官员疾病与医疗探究》,天津师范大学硕士论文 2013 年。

张静(西北大学)

《唐诗与药》,西北大学硕士学位论文 2007 年。

章静(中国科学技术大学)

～方晓阳:《中药三七在明代得以传播的历史条件》,《中华医史杂志》2004 年第 2 期。

张静聪(公安部户政管理研究中心)

《工伤致残后返乡农民工的社会支持现状与对策——基于 15 个深度访谈的质性研究》,《北京农业职业学院学报》2018 年第 1 期。

张菁芳(台湾国立大学)

《十三行遗址出土人骨之形态学与病理学分析及其比较研究》,台湾国立大学硕士学位论文 1992 年。

张晶晶(复旦大学)

《19 世纪 30—40 年代英国公共卫生运动中的医学争论研究》,复旦大学硕士学位论文 2014 年。

张敬敬(福建中医药大学)

《陈修园临床经验研究》,福建中医药大学硕士学位论文 2014 年。

～林慧光:《〈神农本草经读〉力纠用药时弊探析》,《中医药学报》2013 年第 6 期。

张京平(第四军医大学)

刘喜文、郭振霞～:《影响器官捐献的伦理因素及对策探讨》,《中国医学伦理学》2013 年第 6 期。

冯巍～:《医德塑造之本》,《中国医学伦理学》2013 年第 1 期。

董沫含～钱嗣维:《人文关怀对灾害医疗救援道德的作用》,《中国医学伦理学》2012 年第 2 期。

《论中国传统道德观在中国传统医学中的作用》,《中国医学伦理学》1996 年第 2 期。

《中国传统哲学与医心之术》,《医学与哲学》1990 年第 5 期。

张净秋(首都医科大学)

《〈修事指南〉作者及存世版本考辨》,《中华医史杂志》2018 年第 5 期。

吴新民～:《"日中医学史研讨会"纪要》,《中华医史杂志》2018 年第 4 期。

王佳佳、刘文兰～王智瑜:《〈脉微〉之辨脉》,《中国中医药图书情报杂志》2018 年第 2 期。

《中华医学会医史学分会第十四届三次学术年会纪要》,《中华医史杂志》2016 年第 5 期。

孟永亮～:《2015 年中华医学会医史学分会第 14 届第 2 次学术年会纪要》,《中国科技史杂志》2015 年第 4 期。

孟永亮～:《中华医学会医史学分会第十四届二次学术年会纪要》,《中华医史杂志》2015 年第 5 期。

《陈邦贤先生生平事迹考辨 4 则》,《中华医史杂志》2015 年第 2 期。

张镜人

《张骧云先生的医学成就》,《上海中医杂志》1962 年第 1 期。

《祖国医学的伟大成就》,《科学画报》1957 年第 9—10 期。

张靖森(运城市公安局盐湖分局)

～杨二娟等:《医患关系的基本属性》,《实用医技杂志》2004 年第 1 期。

张竞舜(广州中医药大学)

《近代医家恽铁樵与陆渊雷比较研究》,广州医药大学博士学位论文 2016 年。

张婧雅

《日军北支派遣(甲)第 1855 部队的罪恶之路》,《党史文汇》2019 年第 7 期。

张竟云(太原理工大学)

《解放战争时期太行区接生方法的改进研究》,太原理工大学硕士学位论文 2017 年。

张九龄(中央民族大学)

《彝文〈作祭献药供特经〉研究》,中央民族大学硕士学位论文 2012 年。

章巨膺

《对"试论宋元学派产生的原因"一文的商榷》,《广东中医》1963 年第 6 期。

《章太炎与恽铁樵》,《新民晚报》1962 年 5 月 6 日。

《恽氏医学学派简介》,《上海中医药杂志》1962 年第 1 期。

《宋以来医学流派和五运六气之关系》,《广东中医》1960 年第 11 期。

《中医历代名著简介》,《上海中医药杂志》1955 年第 11 期;1956 年第 3 期。

《统一金元四大家学派的矛盾》,《上海中医药杂志》1955 年第 7 期。

《恽铁樵先生年谱》,《铁樵医学月刊》1935 年第 7 期。

张娟(苏州大学)

《TRIPS 协定下药品专利保护与公共健康危机的冲突与对策研究》,苏州大学硕士学位论文 2004 年。

张君(华东师范大学)

《李唐〈村医图〉研究》,华东师范大学硕士学位论文 2016 年。

张君豪

《黑云蔽日——日治时期朴子的鼠疫与公共建设》,《台湾风物》第 51 卷第 3 期(2001.9)。

张均克(江汉大学医学院)

《〈外科正宗〉托里剂组方规律探析》,《陕西中医学院学报》2010 年第 6 期。

《〈广阳杂记〉部分乡土本草的考析》,《中华医史杂志》2010 年第 5 期。

张俊龙(山西中医药大学/山东中医药大学/山西中医学院)

韩诚、郭蕾～秦亚莉等:《〈黄帝内经〉五行学说的源流及应用探析》,《中华中医药杂志》2019 年第 10 期。

韩诚～郭蕾等:《气一元论及其对中医学的影响》,《中医杂志》2017 年第 20 期。

武峻艳、王杰～贺文彬:《"元整体观"之探析》,《中华中医药杂志》2015 年第 7 期。

武峻艳、王杰～:《〈黄帝内经〉中的"得气"与"气至"》,《中医杂志》2015 年第 7 期。

武峻艳～王杰等:《〈黄帝内经〉之"气"与中医学"元整体观"》,《中医杂志》2015 年第 2 期。

武峻艳～王杰:《"同气相求"观念在中医理论构建中的作用及其意义》,《山西中医学院学报》2014 年第 3 期。

陈燕清～郭蕾等:《〈内经〉中有关老年期痴呆的病机阐释》,《世界中西医结合杂志》2014 年第 2 期。

闫川慧～郭蕾:《〈伤寒杂病论〉方辨治腹泻型肠易激综合征的启示》,《中华中医药杂志》2013 年第 9 期。

闫川慧～郭蕾等:《〈伤寒杂病论〉辨治肠易激综合征相关病证常用中药性味归经研究》,《辽宁中医杂志》2013 年第 7 期。

李东明、陶汉华～郭蕾:《基于〈伤寒论〉的 IBS 辨证规律探析》,《时珍国医国药》2012 年第 6 期。

李东明、陶汉华～郭蕾:《〈伤寒杂病论〉于 IBS 证治研究之价值》,《辽宁中医杂志》2012 年第 6 期。

赵琼～郭蕾:《关于古代中医疗效评价的方法与特点探讨》,《中医杂志》2012 年第 5 期。

柴金苗～郭承伟等:《目系与五轮学说关系辨析》,《中国中医眼科杂志》2010 年第 1 期。

闫川慧、李东明～:《论〈伤寒论〉之"伤寒"》,《山东中医药大学学报》2009 年第 5 期。

窦志芳、郭蕾～张鑫:《金元明时期中风证治规律研究》,《中华中医药杂志》2008 年第 2 期。

张鑫～:《伏邪概念发生学研究》,《中华中医药学刊》2007 年第 7 期。

窦志芳、郭蕾～张鑫等:《不同历史时期中风病用药规律浅析》,《世界中西医结合杂志》2007 年第 5 期。

窦志芳、郭蕾～张鑫:《唐宋以前中风病证治规律研究》,《中西医结合心脑血管病杂志》2006 年第 4 期。

《中医脑理论演进轨迹》,《山西中医学院学报》2001 年第 3 期。

《"脏腑之主"研究》,《山西中医学院学报》2001 年第 1 期。

《试论中医学重心轻脑学术取向形成之基础》,《山西中医学院学报》2000 年第 2 期。

《〈易〉"同气相求"与中医理论》,《中医药研究》1997 年第 6 期。

张俊义(首都医科大学)

《基于明代诊疗效果的医患关系特点及其现实启示》,《中国医学伦理学》2016 年第 2 期。

《古今传染病隔离措施的伦理基础探微》,《中国医学伦理学》2010 年第 4 期。

张俊友(晋中学院)

《我国古代"情志相胜,以情胜情"的心理疗法及其对现代心理治疗的影响》,《晋中师范高等专科学校学报》2004 年第 4 期。

张俊智(宁夏自治区人民医院)

～宋爱华:《独特的回族风俗习惯与健康》,《中国民族医药杂志》1998 年第 1 期。

～宋爱华等:《回族医药学理论体系概述》,《中国民族医药杂志》1997 年第 3 期。

～陈卫川:《中国回族医疗机构探止》,《中国民族民间医药杂志》1995 年第 3 期。

～陈卫川:《中国回族医药文化探讨》,《回族研究》1992 年第 4 期/《中国民族民间医药杂志》1994
年第 2、3 期。

张开发(苏州大学)

《评析英国 1802 年〈学徒健康与道德法〉——兼论英国早期工厂法起源》,苏州大学硕士学位论文
2014 年。

张凯涵(台湾淡江大学)

《重构与疗愈:女性乳癌患者生命书写之叙事分析》,淡江大学硕士学位论文 2014 年。

张恺新

《司督阁早期医学教育述评》,《中国近现代史史料学会专题资料汇编》2010 年 12 月。

张克尘(恩施医专)

《论中医对优生学的贡献》,《恩施医专学报》1991 年第 1 期。

张轲风(云南大学)

《"瘴气"表述的起源、形成与空间表达》,《思想战线》2009 年第 3 期。

《从"障"到"瘴":"瘴气"说生成的地理空间基础》,《中国历史地理论丛》2009 年第 2 期。

张珂珂(华中师范大学)

《清时期陕西疫灾研究》,华中师范大学硕士学位论文 2011 年。

张克伟

《从〈洗冤集录〉谈谈宋慈对我国古代法医学的贡献》,《贵州师范大学学报(社会科学版)》1994 年
第 3 期。

张可欣(广西民族大学)

《恭城瑶族自治县黄泥岗村过山瑶医疗体系变迁研究》,广西民族大学硕士学位论文 2015 年。

～林江琪:《穿梭冥阳两界的女人——广西黄洞瑶族村"仙娘"社会地位研究》,《黑龙江史志》2013
年第 21 期。

张奎力(华中师范大学/中国社会科学院/(河南农业大学)

《"中间状态"守门人制度:初级卫生保健改革的关键——来自欧洲的考察和借鉴》,《探索与争鸣》
2017 年第 8 期。

～明廷权:《美国的农村医疗卫生体制》,《中国初级卫生保健》2008 年第 8 期。

《印度农村医疗卫生体制》,《社会主义研究》2008 年第 2 期。

《澳大利亚农村医疗卫生体制介绍》,《中国卫生事业管理》2008 年第 2 期。

《国外医疗卫生及其框架内的农村医疗卫生制度研究》,华中师范大学博士学位论文 2008 年。

《赤脚医生与社区医患关系——以社会资本理论为分析范式》,《社会主义研究》2014 年第 6 期。

《发展中国家的医疗卫生服务体系》,《中国卫生资源》2010 年第 4 期。

《墨西哥农村医疗卫生体制及对我国的启示》,《国外医学(卫生经济分册)》2010 年第 2 期。

《泰国农村医疗卫生体制及其启示》,《社会主义研究》2010 年第 3 期。

发达国家的农村医疗卫生制度及其对我国的启示》,《社会保障研究》2010 年第 1 期。

《公共卫生服务的国际经验及其启示》,《学习论坛》2009 年第 12 期。

《农村卫生有效公共投入的路径选择》,《东南学术》2009 年第 6 期。

张昆（山东中医药大学）

《灸法的古今文献研究》，山东中医药大学博士学位论文 2011 年。

张兰（河北医科大学）

《宋代以前脉学著作比较研究》，河北医科大学硕士学位论文 2009 年。

张岚（黑龙江中医药大学）

《中医诊断学史论》，黑龙江中医药大学博士学位论文 2007 年。

《从古代自然观和思维方式看中医舌诊的特殊性》，《医学与哲学（人文社会医学版）》2006 年第 7 期。

《观物取象思维方式对中医舌诊发展的影响浅论》，《中医药信息》2006 年第 6 期。

《中医舌诊的历史文化探源》，黑龙江中医药大学硕士学位论文 2004 年。

～常存库：《也论中医整体观的特色与优势——与韩成民先生商榷》，《医学与哲学》2004 年第 4 期。

张岚（上海健康医学院）

～邹纯朴：《〈老子〉情志摄生思想探析》，《中国中医基础医学杂志》2017 年第 4 期。

张兰兰（兰州大学）

《明清时期的徽州医学》，兰州大学硕士学位论文 2010 年。

《元代民族因素对汉族儒生习医的促进作用》，《内蒙古农业大学学报（社会科学版）》2009 年第 5 期。

张磊

《中国最早的西医医院——华美医院》，《档案与史学》1998 年第 2 期。

张雷（安徽中医药大学/安徽中医学院）

徐亚静～崔倩等：《三曹养生思想研究》，《江西中医药大学学报》2018 年第 2 期。

徐亚静、侯逸文～：《春秋战国时期皖北地区养生思想研究》，《锦州医科大学学报（社会科学版）》2017 年第 3 期。

～刘志梅：《秦汉简牍药名释丛》，《通化师范学院学报》2017 年第 7 期。

徐亚静、侯逸文～：《春秋战国时期皖北地区养生思想研究》，《辽宁医学院学报（社会科学版）》2017 年第 3 期。

林先刚、张佳乐～：《从〈中藏经〉探讨华佗医学思想的文化内涵》，《锦州医科大学学报（社会科学版）》2017 年第 1 期。

邓宇飞、程龙引～：《华佗五禽戏虎戏来源探讨》，《中医药导报》2016 年第 8 期。

沈静、林先刚～杨立红等：《华佗五禽戏古代传播史料考》，《湖南中医杂志》2015 年第 12 期。

～刘志梅：《老官山汉墓医简选择》，《中医药临床杂志》2015 年第 3 期。

刘志梅～：《出土秦汉医方文献研究综述》，《辽宁医学院学报（社会科学版）》2015 年第 2 期。

～程国全：《老官山汉墓木牍医方注释》，《科技资讯》2014 年第 15 期。

～巩海龙等：《曹丕创编导引术五捶锻考证》，《体育文化导刊》2014 年第 11 期。

徐阳子……朱敏～：《〈五十二病方〉中的中医美容学内容研究》，《中医药临床杂志》2014 年第 7 期。

～夏宏武等：《宋手抄本"秘本华佗五禽之戏"献疑》，《湖北中医药大学学报》2014 年第 4 期。

《痳麻考辨》，《成都中医药大学学报》2014 年第 3 期。

《皖北地区先秦至魏晋养生家和养生文献略说》，《安徽中医药大学学报》2014 年第 2 期。

徐阳子……朱敏～:《〈五十二病方〉有关中医美容学内容的研究进展》,《健康必读(中旬刊)》2013 年第 9 期。

～张炯:《简帛经方医学文献词语校释三则》,《甘肃中医学院学报》2013 年第 6 期。

《简帛针灸文献的内容与特点探讨》,《中医药临床杂志》2013 年第 4 期。

～蔡荣林等:《马王堆帛书〈五十二病方〉灸疗学成就》,《中国针灸》2013 年第 3 期。

《〈治百病方〉不等于〈武威汉代医简〉》,《中华医史杂志》2013 年第 2 期。

《〈五十二病方〉"信"字辨正》,《中医文献杂志》2012 年第 4 期。

《马王堆帛书〈五十二病方〉出土 37 年来国内外研究现状》,《中医文献杂志》2010 年第 6 期。

《马王堆帛书〈五十二病方〉释读再探 3 例》,《安徽中医学院学报》2009 年第 5 期。

张雷(北京大学)

《老官山汉墓经穴俑应是脉式》,《医疗社会史研究》2016 年第 2 期。

《乡土医神:明清时期淮河流域的华佗信仰研究》,《史学月刊》2008 年第 4 期。

《明清时期华佗信仰研究》,《中国地方志》2008 年第 5 期。

张蕾(大连海事大学)

～文松花:《韩国近代小说中的疾病叙事》,《北华大学学报(社会科学版)》2017 年第 5 期。

《狂气、病迹学与文学创作——兼论日本文学病迹学研究》,《文史哲》2005 年第 6 期。

张蕾(山东中医药大学)

《仁心古谊继忠州——论王孟英医德》,《中医药文化》2019 年第 2 期。

《中医临证病案规范化源流探析》,《中华医史杂志》2014 年第 6 期。

《从医案谈王孟英的气化枢机论》,《中国中医药现代远程教育》2012 年第 10 期。

《〈难经经释〉的内容与学术成就》,《国医论坛》2012 年第 4 期。

《论王孟英的饮食疗法》,《河南中医》2012 年第 1 期。

《浅谈吴瑭对情志病的治疗》,《中国中医药现代远程教育》2011 年第 15 期。

《格物致知、取类比象思想在〈寓意草〉中的运用》,《中国中医基础医学杂志》2008 年第 3 期。

《宋臣校定本〈伤寒论〉的文献研究》,山东中医药大学博士学位论文 2007 年。

～刘更生:《喻昌〈寓意草〉对张仲景思想的运用》,《辽宁中医杂志》2007 年第 7 期。

～邵军雁:《喻昌〈寓意草〉治疗伤寒经验探析》,《中医药通报》2007 年第 3 期。

《〈经方实验录〉桂枝汤证医案评析》,《河南中医》2007 年第 2 期。

《郭雍研究伤寒方法刍议》,《中医文献杂志》2006 年第 4 期。

～刘更生:《宋金元经方医案研究》,《山东中医药大学学报》2005 年第 1 期。

《经方医案研究——经方医案的沿革》,山东中医药大学硕士学位论文 2004 年。

赵允南～:《许叔微经方医案考》,《湖南中医》2004 年第 1 期。

～刘更生:《毒邪概念辨析》,《中国中医基础医学杂志》2003 年第 7 期。

《〈张氏医通〉附录医案考》,《山东中医药大学学报》2003 年第 3 期。

《毒邪与广义之邪辨析》,《山东中医杂志》2002 年第 9 期。

张蕾(中国海洋大学)

《1910—1911 年东北鼠疫与山东疫情兼论鼠疫在山东流行的环境因素》,中国海洋大学硕士学位论文 2009 年。

张磊（中国中医科学院）

～梁峻：《清代北京慈善机构的医疗特点浅析》，《北京中医药》2010 年第 5 期。

～梁峻：《清代京师普济堂考》，《中华医史杂志》2010 年第 3 期。

《清代北京中医医疗模式研究》，中国中医科学院博士学位论文 2010 年。

《光宣朝京师医疗机构研究》，中国中医科学院硕士学位论文 2007 年。

张雷平（安徽中医药大学）

《中医语言研究的百年回顾与思考》，《江淮论坛》2019 年第 5 期。

～李柔冰：《中医药文化传播基本问题论纲》，《医学与社会》2017 年第 7 期。

～金海蒂：《新媒体条件下中医药文化大众传播的策略》，《广西中医药大学学报》2017 年第 4 期。

《论新媒体背景下中医药文化大众传播生态研究》，《中医药文化》2017 年第 2 期。

张莉（安徽医科大学）

～姚素琴：《新安名医吴昆家世考辨》，《中华医史杂志》2000 年第 3 期。

张莉（湖南大学）

《宋代儒医研究——兼论宋代的"抑巫扬医"》，湖南大学硕士学位论文 2008 年。

张鹏（吉林大学）

《1919 年辽东半岛霍乱疫情研究》，吉林大学硕士学位论文 2019 年。

张丽（山东大学）

《论公共健康与药品专利制度在 Trips 下的协调》，山东大学硕士学位论文 2008 年。

张力（西北大学）

《"行"辨是非：从中医存废之争谈科学与非科学的划界》，《中山大学研究生学刊（社会科学版）》2008 年第 3 期。

张莉芳（赣南医学院）

～李媛等：《浅析中央苏区卫生法制建设的特点》，《赣南医学院学报》2015 年第 5 期。

曾新华～：《苏区卫生文化的当代价值和运用》，《党史文苑》2013 年第 24 期。

～刘善玖：《中央苏区卫生法制建设的实践与成就》，《赣南医学院学报》2013 年第 5 期。

～李媛：《苏区时期毛泽东医疗卫生思想浅析》，《赣南医学院学报》2012 年第 5 期。

《苏区时期红军伤病员思想政治工作的现实启示》，《传承》2012 年第 2 期。

刘禄山～：《论中央苏区卫生事业的发展形态》，《赣南医学院学报》2011 年第 5 期。

《浅析苏区医疗卫生体系快速建立之成因》，《老区建设》2010 年第 7 期。

张丽芬（西南师范大学）

《近十年来国内明清社会救济史研究综述》，《历史教学问题》2006 年第 5 期。

《明代华北瘟疫成因探析》，《忻州师范学院学报》2005 年第 6 期。

《明代山西疫灾特点及救疗措施述略》，《山西师大学报（社会科学版）》2005 年第 5 期。

张立富（天津大学）

《日本医疗保险制度及其改革措施》，《日本研究》2003 年第 1 期。

张礼纲

《我国霍乱流行史略》，《医事公论》1936 年第 17 期。

张丽红（吉林大学）

《当代医学生思想政治教育内容建构研究》，吉林大学博士学位论文 2018 年。

章丽华(安徽中医学院)

《汪机著述活动新考》,《时珍国医国药》2001年第9期。

~王旭光:《谈〈本草纲目〉与〈史记〉的相似之处》,《时珍国医国药》2001年第7期。

~胡唯庆:《〈新安医籍考〉医籍补遗》,《安徽中医学院学报》2000年第5期。

~王旭光:《新安医籍在日本的流传》,《医古文知识》2000年第2期。

《〈新安医籍考〉未收序跋补》,《大学图书情报学刊》2000年第2期。

王旭光~:《汪机著述考》,《中华医史杂志》1999年第4期。

张立剑(中国中医科学院/中国中医研究院)

张树剑~:《朱琏"新针灸学"与针灸科学之初曦》,《中国针灸》2015年第11期。

韦立富……岳进~:《朱琏针灸临床特色与经验》,《中国针灸》2015年第1期。

宿杨帅……王晓宇~:《朱琏——中国针灸科研事业的开拓者》,《中国针灸》2014年第12期。

李素云~刘兵:《朱琏西医背景下的针灸理法认识》,《中国针灸》2014年第11期。

刘兵~张守信等:《朱琏对针灸国际交流的贡献》,《中国针灸》2014年第9期。

~刘兵等:《朱琏针灸教育理念与实践》,《中国针灸》2014年第8期。

~李素云等:《论魏晋隋唐时期针灸学的显著发展》,《上海针灸杂志》2011年第9期。

~杨峰等:《针灸出土文物概说》,《上海针灸杂志》2011年第5期。

徐文斌……徐青燕~:《浅说针灸器具的发展演变》,《针刺研究》2010年第6期。

~李素云等:《历代针灸学发展特点及成就概述》,《世界中医药》2010年第3期。

岗卫娟、武晓冬~:《古代针灸官方教育发展概况(1840年以前)》,《中国中医基础医学杂志》2007年第3期。

黄龙祥、徐文斌~张守信等:《圣·彼得堡国立艾尔米塔什博物馆藏针灸铜人研究》,《中华医史杂志》2005年第2期。

黄龙祥、徐文斌~张守信等:《明正统仿宋针灸铜人鉴定与仿制》,《中国针灸》2004年第5期。

张丽娟(陇东学院)

~腊永红:《先秦"道"论演变及对〈黄帝内经〉之影响》,《福建省社会主学院学报》2012年第6期。

张丽君(湖南中医学院)

《〈周易〉与饮食养生》,《湖南医科大学学报(社会科学版)》1999年第1期。

《〈五十二病方〉物量词举隅》,《古汉语研究》1998年第1期。

《〈五十二病方〉祝由之研究》,《中华医史杂志》1997年第3期。

《〈武威汉代医简〉"畐习"考释》,《中华医史杂志》1996年第1期。

《医易相关初探》,《湖南中医学院学报》1992年第1期。

《古医籍中的"相"字解》,《医古文知识》1989年第4期。

张丽君(中国中医科学院)

丁侃~:《基于本体的中医学术传承脉络构建》,《中医文献杂志》2018年第5期。

马捷……白世敬~赵琪等:《"中医药类文告"研究初探》,《中医文献杂志》2017年第6期。

李君~何慧玲等:《古代艾灸治疗乳房肿瘤文献初探》,《中医文献杂志》2017年第6期。

臧镭镭~孙光荣:《从〈不居集〉看易学对中医的影响》,《环球中医药》2016年第2期。

~丁侃、宋远亮:《日本医籍〈腹证奇览〉和〈腹证奇览翼〉中的图像探析》,《中华医史杂志》2014年第 5 期。

邵世才～:《〈伤寒杂病论〉汗证浅析》,《环球中医药》2013 年第 1 期。

肖永芝、何慧玲～:《〈本草品汇精要〉卷二——区分正本、副本两大传本系统的关键》,《时珍国医国药》2012 年第 12 期。

胡晓峰～:《略论中医古籍图像的特点与价值》,《中医文献杂志》2012 年第 3 期。

马捷～宋月晗:《〈难经本义〉图释考》,《辽宁中医药大学学报》2012 年第 1 期。

肖永芝、刘玉玮～:《经络经穴学说在日本的传承与发展》,《中国医药导报》2011 年第 26 期。

肖永芝、刘玉玮～黄齐霞:《日本"针圣"杉山和生平事迹述评》,《中医文献杂志》2011 年第 5 期。

肖永芝～黄齐霞:《日本著名针灸流派概说》,《国际中医中药杂志》2011 年第 5 期。

～丁侃:《〈东医宝鉴〉中的"面部分候脏腑图"》,《中医文献杂志》2011 年第 4 期。

肖永芝～李君等:《日韩古医籍的收藏现状及其发掘利用的意义》,《中华医史杂志》2011 年第 2 期。

～李君、丁侃:《曹颖甫生平简介及年表——曹颖甫传记资料调研收获之一》,《中国医药导报》2011 年第 1 期。

肖永芝、李君～黄齐霞:《岭南名医陈伯坛调研新收获》,《中医药导报》2010 年第 36 期。

～李君:《何梦瑶瘟疫治疗的特色》,《中国医药导报》2010 年第 3 期。

张利克(成都中医药大学)

～江蓉星:《〈新刻幼科百效全书〉之学术思想研究》,《浙江中医药大学学报》2012 年第 3 期。

～江蓉星:《〈新刻幼科百效全书〉版本研究》,《中医文献杂志》2012 年第 1 期。

～江蓉星:《〈儿科推拿摘要辨证指南〉研究》,《西部中医药》2011 年第 10 期。

张丽丽(河南大学)

《19 世纪英国公共卫生立法研究》,河南大学硕士学位论文 2009 年。

张利利(西南大学)

《近千年来川渝地区的瘴气研究》,西南大学硕士学位论文 2009 年。

张丽梅(北华大学)

《近 10 年来侵华日军细菌战研究综述》,《北华大学学报(社会科学版)》2006 年第 4 期。

张俐敏(山西中医药大学/山西中医学院/北京中医药大学/南京中医药大学)

姜娜娜～:《傅山与陈自明诊治崩漏经验比较研究》,《内蒙古中医药》2017 年第 15 期。

禄颖……鲁艺～柴欣楼:《〈内经〉中脾胃与睡眠的关系浅探》,《山西中医学院学报》2012 年第 1 期。

～烟建华等:《〈黄帝内经〉"邪"之字义分类考》,《中华中医药杂志》2011 年第 9 期。

《〈内经〉"邪"概念研究》,北京中医药大学博士学位论文 2008 年。

～烟建华:《中医邪概念的学术内涵》,《中国中医基础医学杂志》2007 年第 11 期。

烟建华～:《〈黄帝内经〉"邪"概念内涵的学术解读》,《中华中医药杂志》2007 年第 8 期。

《中医"邪"本质研究》,《中华中医药学刊》2007 年第 6 期。

～陈文莉:《金元四大家学术思想之间的相互渗透及影响》,《山西中医学院学报》2004 年第 1 期。

～陈文莉:《李东垣善用升散药探讨》,《中医文献杂志》2003 年第 3 期。

《李东垣风药研究》,南京中医药大学硕士学位论文 2001 年。

《李东垣风药应用特点》,《中医研究》2001 年第 2 期。

《中医脾胃学说形成的四个关键》，《山西中医》2000 年第 5 期。

张丽萍（东南大学）

～王亮生等：《当代灾疫防治的伦理学思考》，《西南民族大学学报（人文社科版）》2010 年第 7 期。

章丽平（南京师范大学）

《荒诞派戏剧疯癫形象研究》，南京师范大学硕士学位论文 2018 年。

张立平（中国中医科学院）

《〈素问〉"运气七篇邪"治则治法研究》，中国中医科学院硕士学位论文 2009 年。

张立兴（中国防痨协会）

《艰难的道路 辉煌的成果——庆祝中国防痨协会成立 65 周年》，《中国防痨杂志》1998 年第 3 期。

张丽亚（暨南大学）

《历史时期豆蔻的使用与分布》，暨南大学硕士学位论文 2010 年。

张立园（西南交通大学）

《中国古代养生典籍出版史研究——以宋元养生典籍出版为中心》，西南交通大学硕士学位论文 2011 年。

张连举（广东警官学院）

《从〈洗冤集录〉看尸伤检验之审慎》，《政法学刊》2016 年第 4 期。

《〈诗经〉生育习俗读解》，《汕头大学学报（人文社会科学版）》2014 年第 6 期。

《宋慈和他的〈洗冤集录〉》，《政法学刊》2014 年第 4 期。

张连红（南京师范大学）

《侵华日军南京 1644 细菌部队与 731 部队之关系》，《民国档案》2002 年第 4 期。

张亮

《清末民国成都的饮用水源、水质与改良》，《民国研究》2019 年第 2 期。

张良（第三军医大学）

～陈俊国：《二十世纪九十年代以来我国农村卫生改革之历程》，《西南国防医药》2005 年第 6 期。

张良宝（淮南师范学院）

《〈淮南子〉中的音乐养生思想及其当下启示》，《阜阳师范学院学报（社会科学版）》2014 年第 3 期。

张良吉（杭州师范大学）

《中印医疗保障制度的比较与思考》，《医学与哲学（人文社会医学版）》2007 年第 8 期。

张亮亮（福建中医药大学）

《中古医方中的类方初探》，《甘肃中医学院学报》2016 年第 5 期。

《汉唐时期丹参应用考探及古今认识差异反思》，《中华医史杂志》2013 年第 6 期。

《〈喉科秘钥〉考述》，《中华医史杂志》2013 年第 3 期。

《丹参功效考》，《江西中医学院学报》2012 年第 2 期。

《试论〈温病条辨〉承气诸法》，《中医研究》2004 年第 2 期。

张林（北京中医药大学）

苑祯、马然～：《宋代方剂煎服法中"盏"的量值研究》，《北京中医药大学学报》2019 年第 9 期。

王超……刘旎～：《浅论张仲景之"少阳脉"》，《环球中医药》2019 年第 6 期。

白玉……洪芳～杨勇：《〈备急千金要方〉妇人方月水不通门组方用药特色数据挖掘及分析》，《北京中医药大学学报》2018 年第 10 期。

王超、魏云～傅延龄:《关于仲景脉学的几点问题商榷》,《环球中医药》2017 年第 1 期。

～王海洋等:《历代当归临床用量评述》,《中华中医药杂志》2015 年第 9 期。

王倩～傅延龄:《防己历代临床用量轨迹研究》,《世界中医药》2015 年第 4 期。

～杨映映等:《汉代以来白术临床用量分析》,《中医杂志》2015 年第 7 期。

～林轶群等:《历代黄芪临床用量分析》,《中医杂志》2015 年第 6 期。

宋佳～赵思佳等:《〈先醒斋医学广笔记〉临床用量策略及服药时机探讨》,《中医杂志》2015 年第 4 期。

傅延龄、宋佳～:《宋政府推广普及煮散剂的原因》,《中国中医基础医学杂志》2015 年第 1 期。

王洪蓓～傅延龄:《桃仁历代临床用量分析》,《中医杂志》2015 年第 1 期。

傅延龄～王博峰:《生地黄历代临床用量分析》,《中医杂志》2014 年第 23 期。

～张梦琪等:《秦皮历代临床用量分析》,《中医杂志》2014 年第 22 期。

傅延龄～刘绍永:《葛根历代临床用量分析》,《中医杂志》2014 年第 20 期。

傅延龄～陈丽名:《桂枝历代临床用量分析》,《中医杂志》2014 年第 14 期。

陈传蓉、李必刚～倪胜楼等:《黄柏历代临床用量分析》,《中医杂志》2014 年第 13 期。

田智慧～陈丽名等:《〈东医寿世保元〉方药用量初步研究》,《中医杂志》2014 年第 11 期。

宋佳～陈传蓉等:《知母历代临床用量评述》,《上海中医药杂志》2014 年第 10 期。

傅延龄……倪胜楼～:《论方寸匕、钱匕及其量值》,《中医杂志》2014 年第 7 期。

傅延龄、宋佳～:《论与经方药物计量相关的几种古秤》,《中国中医基础医学杂志》2014 年第 5 期。

傅延龄～:《历代麻黄临床用量评述》,《世界中医药》2014 年第 1 期。

杨琳……倪胜楼～宋佳:《〈外台秘要〉汤剂全方量的研究》,《北京中医药大学学报》2013 年第 11 期。

傅延龄～宋佳等:《两千年来常用中药临床用量流域研究》,《北京中医药大学学报》2013 年第 9 期。

傅延龄、宋佳～:《再论"神农秤"》,《北京中医药大学学报》2013 年第 8 期。

～吴晓丹等:《历代治疗"五脏咳"方剂的研究》,《世界中医药》2013 年第 7 期。

傅延龄、宋佳～:《论张仲景对方药的计量只能用东汉官制》,《北京中医药大学学报》2013 年第 6 期。

傅延龄、宋佳～:《经方本原剂量问题源流》,《北京中医药大学学报》2013 年第 5 期。

傅延龄、宋佳～:《经方本原剂量问题研究的意义》,《北京中医药大学学报》2013 年第 4 期。

～吴晓丹等:《探析〈傅青主女科〉白术"利腰脐"之用》,《中华中医药杂志》2012 年第 10 期。

杨琳、傅延龄～:《细辛在〈外台秘要〉汤剂中的用量研究》,《中华中医药杂志》2012 年第 4 期。

《历代治疗咳嗽通治方的统计分析研究》,《山西中医学院学报》2012 年第 3 期。

吴晓丹～杨勇等:《〈傅青主女科〉治疗痛经方剂配伍规律分析》,《辽宁中医药大学学报》2011 年第 8 期。

～吴晓丹等:《张仲景治疗疼痛的附子、乌头类方剂研究》,《辽宁中医药大学学报》2011 年第 8 期。

杨勇、吴晓丹～王煦等:《论方剂的多维释义》,《辽宁中医药大学学报》2011 年第 8 期。

吴晓丹～白晶等:《基于系统论浅析〈傅青主女科〉调经方剂用药配伍规律》,《中医药信息》2011 年第 4 期。

杨勇、吴晓丹～:《〈千金方〉肝虚寒方组方用药规律及特色浅析》,《陕西中医学院学报》2010 年第

6 期。

王利芬、白晶～许文忠：《王肯堂阴阳升降学术思想初探》，《山西中医》2008 年第 3 期。

张琳（广州大学）

《郭士立的医药传教思想与实践》，《广州大学学报（社会科学版）》2005 年第 5 期。

张琳（华中师范大学）

《民国时期东北地区疫灾流行与公共卫生意识的变迁研究》，华中师范大学硕士学位论文 2016 年。

张林（南京大学）

《英国全科医生反对 NHS 的争论研究（1945—1948）》，南京大学硕士学位论文 2018 年。

章林（上海中医药大学）

～梁尚华：《民国时期中华医药联合会探析（1912—1931）》，《中医药文化》2019 年第 5 期。

～李海英等：《改革开放以来的高等医学院校医德教育研究述评》，《中医药管理杂志》2019 年第 12 期。

张林虎（吉林大学）

《新疆伊犁吉林台库区墓葬人骨研究》，吉林大学硕士学位论文 2010 年。

～朱泓：《新疆鄯善洋海青铜时代居民颅骨创伤研究》，《边疆考古研究》2009 年 00 期。

张琳叶（陕西省中医药研究院）

胡玲、焦振廉～：《周学海及〈脉义简摩〉述略》，《中医文献杂志》2019 年第 2 期。

丁辉、侯冠辉～：《〈千金方〉成书的时代背景》，《陕西中医药大学学报》2018 年第 2 期。

～焦振廉：《清末医家田宗汉及其〈医寄伏阴论〉述略》，《陕西中医》2016 年第 8 期。

～焦振廉：《林开燧及〈林氏活人录汇编〉述略》，《陕西中医》2014 年第 10 期。

《〈古今医案按〉考论》，《陕西中医》2010 年第 10 期。

谢晓丽～焦振廉等：《朱丹溪医案的文献调查与讨论》，《中医文献杂志》2009 年第 6 期。

《〈备急千金要方〉的内容序列》，《陕西中医》2008 年第 2 期。

～焦振廉：《试论〈寓意草〉的学术特点》，《江西中医学院学报》2007 年第 6 期。

胡玲、周晶～：《试论单方及单方文献的研究》，《陕西中医学院学报》2007 年第 3 期。

～徐伟等：《〈洄溪医案〉述要》，《福建中医药》2007 年第 2 期。

《试谈对〈千金方〉知识层面的研究》，《陕西中医学院学报》2006 年第 6 期。

～林明和：《〈黄帝内经〉早期传本略述》，《福建中医药》2004 年第 5 期。

郑怀林、任娟莉～：《秦王府医事述略》，《现代中医药》2003 年第 5 期。

《〈备急千金要方〉和〈千金翼方〉中一药多名考析》，《福建中医药》2003 年第 1 期。

张琳颖（北京中医药大学）

～曲黎敏：《宋代〈香谱〉香方的初步探讨》，《中华中医药杂志》2013 年第 4 期。

《宋代〈香谱〉香方的初步探讨》，北京中医药大学硕士学位论文 2012 年。

张玲（川北医学院）

～王廷龙：《抗战时期中国公共卫生概念解析——兼论卫生观念的历史演变》，《兰台世界》2019 年第 11 期。

～张勇：《文化竞争视域下的中西医之争》，《医学争鸣》2019 年第 3 期。

《抗战时期四川学校卫生问题研究》，《兰台世界》2016 年第 5 期。

吴敏～:《建国初期川康少数民族地区医疗卫生事业的发展(1950—1955)》,《辽宁医学院学报(社会科学版)》2016 年第 1 期。

刘丽平～:《建国初期四川省妇幼卫生事业研究(1949—1955)》,《兰台世界》2015 年第 34 期。

《抗战时期四川卫生建设社会调查管窥》,《兰台世界》2015 年第 16 期。

～李健:《陈志潜抗战时期公共卫生思想研究》,《医学与哲学(A)》2015 年第 8 期。

李禄峰～:《论建国初期南充地区疫病防治(1949—1956)》,《黑龙江史志》2015 年第 7 期。

张红芳～:《建国初期全民参与卫生防疫的成功尝试——对〈四川日报〉中爱国卫生运动报道的分析(1952—1955)》,《黑龙江史志》2015 年第 6 期。

《抗战时期四川的公共卫生管理》,《重庆师范大学学报(哲学社会科学版)》2015 年第 3 期。

《新中国成立初期中医政策的历史考察——以四川省为中心》,《当代中国史研究》2015 年第 2 期。

《抗战时期四川警医关系探析》,《兰台世界》2014 年第 19 期。

～王小华:《抗战时期国民政府对民众疾病的医药救济——以四川省为中心的考察》,《重庆师范大学学报(哲学社会科学版)》2014 年第 3 期。

～田长生:《四川大轰炸中的医疗救护(1938—1944)》,《重庆师范大学学报(哲学社会科学版)》2013 年第 4 期。

《抗战时期四川疫灾防控问题研究》,《抗日战争研究》2013 年第 3 期。

《抗战时期四川省妇幼卫生事业评析》,《西南大学学报(社会科学版)》2013 年第 1 期。

《抗战时期公务员的医药福利问题》,《绵阳师范学院学报》2012 年第 12 期。

～李健:《抗战时期多种主体参与公共卫生事业考略——以四川省为例》,《医学与哲学(A)》2012 年第 10 期。

《抗日战争与西部内陆省份公共卫生事业的现代化——以四川省为中心的考察》,《抗日战争研究》2011 年第 2 期。

～郭梅:《抗战时期盟国对四川的医药援助问题研究》,《四川档案》2010 年第 2 期。

《抗战时期教会卫生力量参与公共卫生事业考察——以四川省为例》,《医学与哲学(人文社会医学版)》2009 年第 2 期。

《抗战时期国人对国家医疗卫生事业的评议——以抗战时期卫生期刊上的言论为例》,《北方民族大学学报(哲学社会科学版)》2009 年第 2 期。

《抗战时期四川公共卫生事业述论》,《史学集刊》2009 年第 1 期。

～胡澜:《川陕苏区医疗卫生事业的特点及历史价值》,《达县师范高等专科学校学报(社会科学)》2006 年第 4 期。

～胡澜:《川陕苏区医疗卫生工作探析》,《达县师范高等专科学校学报》2005 年第 3 期。

张玲(山西省中医院)

《〈医学切要〉托名傅山考》,《中华医史杂志》2009 年第 1 期。

～沈华:《傅山医著源流考——〈手稿〉〈女科〉及〈辨证录〉的渊源关系》,《光明中医》2008 年第 11 期。

沈华……王小芸～:《对太邑友文堂版〈傅青主女科〉刊刻年代的质疑》,《中华医史杂志》2007 年第 4 期。

《〈医学切要〉初考》,《山西职工医学院学报》2007 年第 4 期。

～王象礼:《中医理论体系医学与哲学分化研究探讨》,《山西中医》2007 年第 5 期。

《〈傅青主女科〉从肝论治妇科疾病特色探讨》,《山西中医》2007年第3期。

《试论医哲不分对中医学发展的影响》,《山西中医》2003年第3期。

张玲(陕西师范大学)

《唐代医学禁忌研究——以孙思邈的〈千金方〉为中心》,陕西师范大学硕士论文2011年。

张玲(云南省档案局)

《贝尔逊与民国云南颈瘤病防治》,《云南档案》2019年第10期。

张玲(郑州大学)

《南宋〈小儿卫生总微论方〉研究》,郑州大学博士学位论文2018年。

《汇集创新:〈小儿卫生总微论方〉的医疗史价值》,《郑州大学学报(哲学社会科学版)》2018年第2期。

张灵敏(广州大学/中国社会科学院)

《生活世界中的疾痛声音:基于贵州、重庆两地返乡工伤者的田野调查》,《上海交通大学学报(哲学社会科学版)》2018年第6期。

《陪伴与成长:返乡工伤者的发展之路》,《残疾人研究》2017年第2期。

《工伤疾痛经验的建构与传播》,中国社会科学院研究生院博士学位论文2016年。

张岭泉(河北大学)

～王晶晶:《北平协和医院社会服务部社会工作人才培养及其启示》,《河北大学成人教育学院学报》2015年第2期。

张玲荣(西北师范大学)

《"江南卑湿,丈夫早夭"的疾病观》,《陇东学院学报》2017年第6期。

张凌云(南京中医药大学)

《当代针灸流派的形成过程及影响因素研究》,南京中医药大学硕士学位论文2018年。

汪俏……夏良君～夏有兵:《澄江学派传人李学耕先生针灸学术思想初探》,《江苏中医药》2018年第5期。

张璐(南开大学)

《近世稳婆群体的形象建构与社会文化变迁》,南开大学博士论文2013年。

《试论中国古代中医对难产的治疗》,《中华医史杂志》2012年第3期。

《近代医疗慈善机构研究——以天津育黎堂为个案》,《河北北方学院学报(社会科学版)》2012年第3期。

《近代生育医疗化进程中的北京产婆生存》,《科学·经济·社会》2012年第3期。

《天津广仁堂医疗机构初探》,《中国社会历史评论》2010年00期。

张璐砾(广西中医药大学/广西中医学院/湖南中医药大学)

杨亚龙、戴铭～金勇:《民国时期八桂医家研究概况》,《中华中医药杂志》2019年第12期。

杨亚龙、戴铭～黄贵华:《民国广西名医刘六桥学术思想探析》,《中国中医基础医学杂志》2019年第7期。

杨亚龙、戴铭～:《论晋唐时期医学理论的发展》,《中医药导报》2019年第8期。

～戴铭等:《近代名医陈务斋治疫学术思想探析》,《中华中医药杂志》2019年第3期。

裴以禄……王志威～:《八桂骨伤流派整理与研究》,《中医药导报》2019年第4期。

黄梓健、戴铭～:《壮医针灸流派研究概述》,《中医药导报》2018年第24期。

～戴铭等：《韦来庠的学术贡献刍谈》，《广西中医药》2018 年第 3 期。

～裴以禄等：《清代广西笔记中的医药史料研究》，《广西中医药》2017 年第 6 期。

～戴铭等：《广西宾阳炮龙节的医学文化内涵》，《广西中医药大学学报》2014 您第 1 期。

～易法银：《浅析〈温疫论辨义〉脾胃学术思想的特色》，《时珍国医国药》2013 年第 4 期。

～易法银：《湖湘地方医学研究概述》，《中国民族民间医药》2012 年第 10 期。

～葛晓舒等：《〈医验大成〉脾胃病证治特色》，《辽宁中医药大学学报》2012 年第 1 期。

葛晓舒～刘锐：《明医秦昌遇脾胃病治疗特色》，《中外医疗》2011 年第 33 期。

～周学龙等：《广西韦氏中医骨伤整脊流派的形成与发展探讨》，《医学与哲学》2011 年第 15 期。

～陈升旭：《八桂骨伤流派特色探析》，《亚太传统医药》2011 年第 3 期。

《广西近代第一所护士学校》，《中华医史杂志》2011 年第 2 期。

《刘月恒与〈生草药性方谱〉》，《中华医史杂志》2010 年第 5 期。

～戴铭：《论广西新桂系时期的公办中医教》，《中华医史杂志》2007 年第 3 期。

张路路（浙江工商大学）

《"一带一路"背景下我国中药出口贸易潜力研究》，浙江工商大学硕士学位论文 2018 年。

张录强（山东理工大学）

《论中国传统医学与西方医学发展的不同道路》，《医学与哲学》2005 年第 6 期。

张满（南京大学）

《我国农村"赤脚医生"制度研究——以江苏省为例》，南京大学硕士学位论文 2014 年。

～董国强：《一九六五年至一九六七年我国乡村医药卫生人员培养工作述论》，《中共党史研究》2014 年第 3 期。

张茅（中国卫生部）

陈竺～：《为了人人健康——全面实施〈卫生事业发展"十二五"规划〉》，《求是》2013 年第 4 期。

《深化医药卫生体制改革 促进卫生事业科学发展》，《求是》2012 年第 15 期。

《突出重点突破难点 进一步深化医药卫生体制改革》，《行政管理改革》2012 年第 12 期。

《一切为了人民的健康——党的十六大以来卫生事业发展成就》，《党建研究》2012 年第 11 期。

《积极探索 勇于创新 不断深化公立医院改革》，《紫光阁》2012 年第 9 期。

陈竺～：《取消"以药补医"机制"深化公立医院改革"》，《求是》2012 年第 9 期。

《县域医疗卫生改革发展的探索与实践》，《管理世界》2011 年第 2 期。

《深化医药卫生体制改革 尽快实现人人享有基本医疗卫生服务》，《求是》2009 年第 8 期。

章茂森（南京中医药大学）

《宋金元时期方剂制方配伍理论研究》，南京中医药大学博士学位论文 2008 年。

～樊巧玲等：《西学东渐视野下吴汝纶的医学观》，《南京中医药大学学报（社会科学版）》2007 年第 4 期。

章梅芳（北京科技大学/清华大学）

《性别与医疗：东亚科学技术史研究聚焦点》，《中国妇女报》2019 年 9 月 10 日 006 版。

陶春云、晋世翔～：《文明的他者 1904 年"圣路易斯世博会与奥运会"中的身体量化认知》，《科学文化评论》2019 年第 6 期。

王瑶华～：《新文化运动与科学知识的传播——基于身体知识和体检技术的案例研究》，《科学学研究》2019 年第 5 期。

马燕洋～王瑶华:《民国时期家庭卫生观念与知识的传播——以新生活运动期间相关纸媒为主要考察对象》,《科普研究》2019 年第 2 期。

～李戈:《北京产科医疗的近代化转变(1912—1937)》,《中国科技史杂志》2018 年第 4 期。

李慧敏、刘兵～:《壮族医学"三道两路"核心理论的建构》,《武汉大学学报(人文科学版)》2017 年第 6 期。

洪传安～:《〈大公报·医学周刊〉对公共卫生知识的传播与普及》,《科普研究》2017 年第 5 期。

高洁舲～:《〈医学杂志〉与近代中西医论争》,《医学与哲学(A)》2017 年第 2 期。

王瑶华～刘兵:《身体规训与社会秩序——近代中国公共卫生和身体"革命"视野下的口腔与牙齿》,《上海交通大学学报(哲学社会科学版)》2016 年第 1 期。

～李戈:《民国时期北京产科接生群体的规训与形象建构(1912—1937)》,《北京科技大学学报(社会科学版)》2015 年第 5 期。

～刘兵等:《"坐月子"的性别文化研究》,《广西民族大学学报(哲学社会科学版)》2009 年第 6 期。

～刘兵:《女性主义医学史研究的意义——对两个相关科学史研究案例的比较研究》,《中国科技史杂志》2005 年第 2 期。

张眉芳(华中科技大学)

《农村重性精神病人公共卫生服务利用研究》,华中科技大学硕士学位论文 2013 年。

张美娟(广州中医药大学)

《基于〈中华医典〉明清医家治疗胃痞病用药规律研究》,广州中医药大学硕士学位论文 2014 年。

张美兰(兰州市城关区妇幼保健所)

～陈利民:《陈文中儿科学术贡献及其育儿保健的"养子十法"》,《中医儿科杂志》2007 年第 4 期。

陈利民～:《古代中医治疗儿科心理疾病医案举隅》,《中医儿科杂志》2006 年第 4 期。

张美莉(郑州大学)

《魏晋疫情特点简论》,《商丘职业技术学院学报》2005 年第 1 期。

张美莹(首都医科大学)

～高大红等:《抗战时期晋察冀边区疾病流行原因及防治措施探析》,《继续医学教育》2017 年第 1 期。

张蒙(北京大学)

《探寻北美医学史发祥地——约翰·霍普金斯大学医学史系访学记》,《中国青年报》2018 年 1 月 22 日 002 版。

《北大医科的近代生成与演变(1912—1949)》,北京大学历史学系博士学位论文 2018 年。

张梦痕(上海中医文献研究馆)

《谈谈在国外的中医药和有关文物》,《上海中医药杂志》1957 年第 9 期。

张梦娇(山东大学)

《全球公共卫生治理中的中国参与》,山东大学硕士学位论文 2016 年。

张梦杰(重庆师范大学)

《〈聊斋志异〉涉病作品研究》,重庆师范大学硕士学位论文 2019 年。

张盟强(江苏省省级机关医院/江苏省老年医院/江苏省体委医务室)

《按摩及发展史考》,《河南中医》2003 年第 7 期。

～张美娟等:《中华足按摩医史考》,《双足与保健》2000 年第 1 期。

《中国面部按摩推拿医史源流——古代面部按摩推拿美容养生保健学术流派》,《按摩与导引》2001年第5、6期。

张孟仁(中国医学科学院北京协和医学院)

《〈外科正宗〉中的医德规范》,《北京中医药》2017年第2期。

张孟园(内蒙古大学)

《日本护理认定制度现状》,内蒙古大学硕士学位论文2019年。

张敏

《近代医学宗师——路易·巴斯德》,《中华健康杂志》1946年第2期。

张敏(湖北中医药大学)

《明清时期荆楚中医药发展文献研究》,湖北中医药大学硕士学位论文2016年。

《略谈叶开泰对湖北中医药的贡献》,《湖北中医杂志》2016年第3期。

张敏琪(辽宁大学)

《民国时期公共卫生事业建设研究(1912—1937)》,辽宁大学硕士学位论文2013年。

张敏智(辽宁中医学院/大连大学医学专科学校)

刘进~:《〈内经〉论髓刍议》,《吉林中医药》1992年第2期。

~刘进:《从〈五十二病方〉与〈内经〉之方剂分析看其书特点与形成时间》,《贵阳中医学院学报》1990年第1期。

~汪俊著:《试论中医现代语言的研究》,《医学与哲学》1990年第1期。

《近代中医学术发展缓慢原因综述》,《浙江中医学院学报》1989年第1期。

刘进~:《祖国医学对脑髓认识》,《中医药学报》1988年第4期。

张鸣

《旧医,还是中医?——七十年前的废止中医风波》,《读书》2002年第6期。

张明(暨南大学)

《明清时期山东药材分布与流通的历史地理研究》,暨南大学硕士学位论文2012年。

张明(南京大学)

《论预防思想与英国国民保健制度的形成(1942—1946)》,南京大学硕士学位论文2009年。

《1832年霍乱与英国反应的转型性》,《和田师范专科学校学报》2008年第5期。

张明(沈阳师范大学)

《转型社会医患冲突的社会学分析》,沈阳师范大学硕士学位论文2011年。

张明东(对外经济贸易大学)

《我国中药产业国际化问题研究》,对外经济贸易大学硕士学位论文2006年。

张鸣明(四川大学华西医院/中国卫生部)

李幼平……刘鸣~杜亮等:《循证医学在中国的发展:回顾与展望》,《兰州大学学报(医学版)》2016年第1期。

李幼平……刘鸣~杜亮等:《循证医学在中国的起源与发展:献给中国循证医学20周年》,《中国循证医学杂志》2016年第1期。

张龙浩……贾鹏丽~:《人体工程学在患者安全中应用的起源与发展》,《中华医史杂志》2015年第4期。

毛轩月……崔浩~:《病人安全文化的提出与发展》,《中华医史杂志》2013年第4期。

段玉蓉、艾昌林~:《病人安全基本理念及其沿革》,《中华医史杂志》2009年第5期。

吴泰相、李幼平~李静:《全球化时代的证据:Cochrane协作网对世界的贡献》,《中国循证医学杂志》2008年第12期。

段玉蓉、艾昌林~:《提高手术安全挽救更多生命:病人参与的病人安全》,《中国循证医学杂志》2008年第10期。

~李幼平:《病人安全——全球医疗服务的挑战》,《中国循证医学杂志》2008年第7期。

~艾昌林等:《WHO全球患者安全挑战:提高手术安全,挽救更多生命》,《中国循证医学杂志》2008年第1期。

《倡导患者参与的病人安全活动、建设医患和谐社会环境》,《医学与哲学》2006年第12期。

~李幼平等:《Cochrane协作网的现状、前沿与展望》,《中国询证医学杂志》2006年第1期。

刘婷兰~杜亮:《生命有限追求无限——忆Chris Silagy》,《中国循证医学杂志》2005年第10期。

~李静:《从患者角度看循证医学》,《医学与哲学》2005年第8期。

~李静:《临床流行病学及循证医学的先驱者萨克特》,《中华医史杂志》2004年第4期。

~卫茂玲等:《病人的需求与未来的好病人》,《中国循证医学杂志》2004年第4期。

李静~:《循证医学概述》,《成都医药》2004年第3期。

~邓长安:《循证医学实践中病人的选择》,《新医学》2003年第12期。

~刘雪梅等:《循证医学:连接医患之间沟通的桥梁》,《医学与哲学》2003年第4期。

《"以病人为中心"模式的发展史略》,《中华医史杂志》2003年第3期。

~李幼平:《循证医学简史》,《中华医史杂志》2002年第4期。

刘建平~:《循证实践:促进医患关系的重要途径》,《中国循证医学》2002年第2期。

~李幼平:《循证医学的起源和基本概念》,《辽宁医学杂志》2001年第5期。

~刘鸣:《循证医学的概念和起源》,《中国中医药信息杂志》2000年第1期。

《再见吧,墨守成规者!——David Sackett谈循证医学》,《华西医学》1999年第2期。

张明明(中国中医科学院)

《北京地区馆藏"竹林寺女科"文献研究》,中国中医科学院硕士学位论文2015年。

张铭琦(清华大学)

~吕富珣:《论医学模式的发展对医院建筑形态的影响》,《建筑学报》2002年第4期。

张明新(武汉大学)

《后SARS时代中国大陆艾滋病议题的媒体呈现:框架理论的观点》,《开放时代》2009年第2期。

张明雪(辽宁中医学院附属医院)

~刘声:《中西医学伦理学的比较研究》,《中华医史杂志》2008年第4期。

《中西医学比较的目的与意义》,《中国中医基础医学杂志》2006年第4期。

张明宜(江西科技师范大学)

《民国江西助产教育研究——以江西省立南昌高级助产职校与赣县高级助产职校为中心》,江西科技师范大学硕士学位论文2017年。

苏永明~:《民国江西省立赣县高级助产职业学校的办学理念探析》,《职教论坛》2016年第28期。

张牧川(北京中医药大学)

《胡希恕经方医学思维研究》,北京中医药大学博士学位论文2012年。

～张其成：《从"正邪交争"谈胡希恕论治伤寒的顺势思维特征》，《中华中医药杂志》2012 年第 4 期。

张牧原（西安交通大学）

《中日医疗保障制度的比较与启示》，《西安交通大学学报（社会科学版）》2009 年第 1 期。

《日本医疗保险制度的改革》，《人文杂志》2008 年第 2 期。

张牧云（清华大学）

《抗战时期中共与保卫中国同盟、美国援华会的医疗援助》，《党史研究与教学》2019 年第 5 期。

张娜（华中师范大学）

《危情与控制：明中后期山西疫情治理考察》，华中师范大学硕士学位论文 2016 年。

张娜娜（南京大学）

《医学与政治：计划经济时期的赤脚医生制度研究》，南京大学硕士学位论文 2013 年。

《赤脚医生制度研究综述》，《理论观察》2012 年第 6 期。

张耐冬（中国人民大学）

《唐代太医署医学生选取标准——以〈天圣令—医疾令〉及其复原唐令为中心》，《唐研究》第 14 卷（2008）。

张楠（陕西师范大学）

《斐奇诺医学思想研究——以〈生命三书〉为中心》，陕西师范大学硕士学位论文 2013 年。

《斐奇诺论医生》，《安徽广播电视大学学报》2013 年第 2 期。

《斐奇诺论忧郁》，《济源职业技术学院学报》2013 年第 1 期。

张楠（中国科协发展中心）

《古代麻醉药物的史实探析》，《中华医史杂志》2012 年第 2 期。

张南先（江西省九江行署农业处）

《回忆参加全省消灭牛瘟战斗》，《江西畜牧兽医杂志》1983 年 S1 期。

附①：

江西省畜牧兽医学会：《回顾与前瞻——纪念我省清灭牛瘟三十周年》。

程绍迥：《庆祝牛瘟消灭　怀念汕川先生》。

王宗佑：《怀念旧友王汕川先生》。

向墙：《纪念王汕川教授（1888—1952）——我国的兽医教教育家、兽医生物药品制造的开拓者》（该文原刊于《江西畜牧兽医杂志》1982 年第 2 期）。

廖延雄：《纪念我国消灭牛瘟廿五周年和我省消灭牛瘟三十周年时追忆王汕川》。

谌亚远：《悼念王汕川先生》。

朱允生：《纪念前江西兽医专科学校老校长王汕川先生》。

谢国贤、杨圣典：《王汕川先生在西北的业绩——缅怀伟绩，永钦鸿猷》。

杨宏道：《保农耕　送瘟神　功德无量　新长征　齐努力　再灭猪瘟》。

胡筠轩：《送瘟神、忆良师》。

王长生：《我国消灭牛瘟的先驱者——王汕川》。

---

① 《江西畜牧兽医杂志》1983 年 S1 期。纪念江西省消灭牛瘟 30 周年专辑，发表了系列回忆与纪念文章。特将其目录附录于此，以便读者整体了解这一历史事件。

熊显庭:《庆喜日 忆当年——为庆祝江西消灭牛瘟 30 周年献稿》。

金大鈗:《"花甲"二老人 参加消灭牛瘟工作的回忆之一》。

龚千驹:《顽强的战斗 巨大的成就——为庆祝全省消灭牛瘟三十周年而作》。

傅鲁卿:《消灭牛瘟战斗的回忆》。

黄希夷:《纪念我省消灭牛瘟三十周年有感》。

徐传旭:《消灭牛瘟 奋斗一生 悼念王汕川先生逝世卅周年》。

肖功复:《借问瘟君欲何往 纸船明烛照天烧——纪念我省消灭牛瘟三十周年》。

周柏青:《忆王汕川校长》。

王尚鹤:《让消灭牛瘟的精神发扬光大 纪念我省牛瘟 30 周年》。

刘伯群:《战斗在消灭牛瘟的第一线——为纪念江西省消灭牛瘟卅周年而作》。

张念琴(西北师范大学)

《〈黄帝内经〉阴阳思想研究》,西北师范大学硕士学位论文 2014 年。

张年顺(中国中医药出版社/北京中医学院)

~张向群:《王叔和的籍贯考》,《北京中医药大学学报》2004 年第 6 期。

《痰病钩玄——对 3 部中医权威辞书有关"痰"词条的研究》,《山东中医药大学学报》2004 年第 2 期。

《近 1200 年疫病流行与干支纪年的相关性研究——兼驳运气能预警 SARS 的认识》,《中国医药学报》2004 年第 3 期。

《SARS 与李东垣内伤病的比较学研究》,《中国医药学报》2003 年第 10 期。

《李东垣"内伤病"学说对 SARS 治疗的启示》,《中国民间疗法》2003 年第 8 期。

《对"春夏养阳,秋冬养阴"的探讨》,《中国医药学报》1993 年第 3 期。

《〈冷庐医话〉集诸家时间医学之要点》,《江苏中医》1990 年第 1 期。

《从方剂的分类看方剂学形成的时间》,《浙江中医学院学报》1989 年第 1 期。

~宋乃光:《中医时间医学发展概要》,《湖南中医学院学报》1987 年第 2 期。

《〈卫生宝鉴〉中因时制宜思想探讨》,《上海中医药杂志》1986 年第 5 期。

《中国近五百年旱涝气候对运气学说的验证》,《北京中医药大学学报》1986 年第 1 期。

《河南省三千年异常气候资料对运气学说价值的验证》,《河南中医》1985 年第 6 期。

《〈伤寒论〉"和"义探讨》,《中医药学报》1985 年第 2 期。

《子午流注针法研究概要》,《湖南中医学院学报》1985 年第 1 期。

张宁(北京大学/兰州大学/海南医学院)

《人类学视角下的中国防艾社会组织发展研究》,《昆明理工大学学报(社会科学版)》2019 年第 1 期。

《西北乡村地区宗教组织参与公共卫生治理行动的观察——以甘肃省 E 县全国艾滋病综合防治示范区项目为例》,《西部学刊》2018 年第 8 期。

《宗教组织参与戒毒药物维持治疗和社区戒毒行动的调查研究》,《甘肃广播电视大学学报》2018 年第 6 期。

《毒品抑或药物——基于社区美沙酮门诊维持治疗行动的实证研究》,《河南警察学院学报》2018 年第 2 期。

《美沙酮维持治疗行动在中国的分析与评估——以甘肃省为例》,《江西警察学院学报》2018 年第

1 期。

《在毒品抑或药物的背后——美沙酮维持治疗争论演变与现实讨论》,《科学与社会》2015 年第 2 期。

～张治库:《参与与行动:来自社会组织防治艾滋病的调查研究——以 L 市的一个 PLWHA 关爱组织为例》,《华东理工大学学报(社会科学版)》2014 年第 6 期。

《美沙酮维持治疗争议的讨论与思考》,《广西警官高等专科学校学报》2014 年第 5 期。

《参与和行动:来自社会组织防治艾滋病的人类学研究——以 L 市的一个 MSM 组织为例》,《南京医科大学学报(社会科学版)》2014 年第 4 期。

～李亚琼:《艾滋病在低流行地区之传播趋势与应对策略——来自甘肃省的调查报告》,《四川行政学院学报》2013 年第 4 期。

～李亚琼:《美国学界相关艾滋病问题人类学研究的发展与现状及启示》,《中共南京市委党校学报》2012 年第 6 期。

～武沐:《社会组织参与防治艾滋病问题述论——以甘肃省为例》,《社团管理研究》2012 年第 6 期。

《参与与行动:西北多民族聚居大城市中社会组织防治艾滋病的田野调查》,兰州大学博士学位论文 2012 年。

《宗教资本的再生产与宗教组织角色创新——基于清真寺参与艾滋病宣传预防行动实践的田野调查》,《世界宗教研究》2012 年第 5 期。

～赵利生:《全球基金艾滋病项目的中国实践——以甘肃省为例》,《中国软科学》2011 年第 6 期。

～武沐:《中国少数民族相关艾滋病问题研究的再思考》,《贵州民族研究》2011 年第 4 期。

《艾滋病低流行地区参与防艾国际合作项目的比较分析——以甘肃省为例》,《四川行政学院学报》2011 年第 4 期。

～赵利生:《三十年来中国医学人类学研究回顾》,《浙江社会科学》2011 年第 2 期。

～武沐:《十年来社会组织(NGOs)参与防治艾滋病研究述评》,《西北工业大学学报(社会科学版)》2011 年第 2 期。

《甘肃省参与艾滋病防治国际合作项目的实践与分析——以全球基金艾滋病项目为例》,《中共银川市委党校学报》2011 年第 1 期。

《田野调查与相关艾滋病问题研究现状的回顾》,《学术探索》2011 年第 1 期。

《艾滋病传播的调查与质性研究——以一个西北少数民族聚居地区为例》,《医学与哲学(人文社会医学版)》2008 年第 6 期。

《学界有关艾滋病传播研究的回顾——以人文社会科学的视角为例》,《大连大学学报》2007 年第 4 期。

《社会科学研究与艾滋病传播——以中国大陆学界为中心》,《青海民族研究》2007 年第 4 期。

～周松林等:《学界有关艾滋病传播研究的回顾——以社会学、民族学的视角为例》,《中国矿业大学学报(社会科学版)》2007 年第 3 期。

《"赤脚"沧桑济民生——几位民族地区赤脚医生的昨天和今天》,《今日民族》2002 年第 10 期。

张宁(台湾中央研究院)

《脑为一身之主:从艾罗补脑汁看中国近代身体观的变化》,《中央研究院近代史研究集刊》第 74 期(2011.12)。

《阿司匹灵在中国——民国时期中国新药业与德国拜耳药厂间的商标诉讼》,《中研院近代史研究所集刊》第 59 期(2008.3)。

《消费文化与中国药商》,《中央研究院近代史研究所集刊》第 54 期(2006.12)。

张牛美(复旦大学/华中师范大学)

《1950 年代政府主导下的湖北血防述论》,《医学与哲学(A)》2013 年第 9 期。

《1950 年代湖北血吸虫病防治述评》,华中师范大学硕士学位论文 2009 年。

《政府与疫病防治——以 1946—1948 年间的汉口为例》,《华中师范大学研究生学报》2008 年第 2 期。

张侬

《敦煌遗书中的耳穴与耳孔灸法》,《中华医史杂志》1995 年第 3 期。

张佩江(河南中医学院)

《〈脾胃论〉学术思想初探》,《河南中医》2009 年第 9 期。

张朋(安徽大学)

《近代女杰张竹君的媒介形象考察》,《温州大学学报(社会科学版)》2011 年第 2 期。

张鹏(河北大学)

《略论 1911 年保定鼠疫》,《保定学院学报》2013 年第 4 期。

张鹏(南京大学)

《英国优生运动探析(1904—1939)》,南京大学硕士学位论文 2017 年。

~李张兵:《英国优生运动的背景、发展与影响》,《自然辩证法研究》2016 年第 8 期。

《试析英国 1913 年〈智力缺陷法〉》,《苏州科技学院学报(社会科学版)》2016 年第 2 期。

《西方社会对精神病的认识与治疗变迁》,《中国医学人文》2016 年第 1 期。

张鹏(南开大学)

《儒家生死观对生命教育的意义》,《教育评论》2011 年第 3 期。

《医疗卫生产品供给及其制度安排研究》,南开大学博士学位论文 2009 年。

《推进我国医疗卫生体制改革的对策》,《经济纵横》2009 年第 4 期。

张朋飞(渤海大学)

《伪健康传播与媒体责任》,《青年记者》2008 年第 30 期。

《突发公共卫生事件中的健康传播策略》,《新闻窗》2008 年第 6 期。

章平(复旦大学)

~刘婧婷:《公共决策过程中的社会意见表达与政策协商——以新医改政策制定为例》,《政治学研究》2013 年第 3 期。

《新医改政策制定过程中的协商民主》,《中国卫生政策研究》2012 年第 5 期。

~刘婧婷:《大众传媒镜像中的公共议题——以新医改政策制定过程为例》,《新闻大学》2012 年第 3 期。

《大众传媒上的公共商议——对医疗体制改革转型期报道的个案考察》,《新闻大学》2010 年第 4 期。

张萍(首都师范大学/陕西师范大学)

《脆弱环境下的瘟疫传播与环境扰动——以 1932 年陕西霍乱灾害为例》,《历史研究》2017 年第 2 期。

《环境史视域下的疫病研究:1932 年陕西霍乱灾害的三个问题》,《青海民族研究》2014 年第 3 期。

〜方英:《唐代饮食文化的佛俗渗透》,《陕西师范大学继续教育学报》2005 年第 1 期。

《唐代饮食文化中的道教色彩》,《兰州大学学报》2000 年第 2 期。

张琪(常州市中医医院)

欧志斌……曹震〜:《费伯雄养生防病学术思想研究》,《中医药导报》2017 年第 7 期。

高霖雨……曹震〜:《孟河医派妇科学术思想浅析》,《浙江中医药大学学报》2016 年第 5 期。

王紫逸〜:《朱丹溪论"痰"》,《浙江中医杂志》2014 年第 12 期。

〜曹震:《孟河医派概要》,《江苏中医药》2016 年第 10 期。

〜曹震等:《孟河医派传承特色探析》,《江苏中医药》2010 年第 12 期。

张琦(南京中共代表团梅园新村纪念馆)

《周恩来与我国卫生防疫事业的起步》,《江苏卫生保健》2014 年第 1 期。

章琪(咸宁医学院)

《经络学说起源新探》,《陕西中医》2003 年第 10 期。

张启安(西安交通大学)

《延安时期援华医疗队和外国医生的高尚医德》,《中国医学伦理学》2002 年第 6 期。

《陕甘宁边区的医疗卫生工作和医德建设》,《中国医学伦理学》2001 年第 3 期。

《中央苏区的医疗卫生和医德医风建设》,《中国医学伦理学》2000 年第 5 期。

张启兵(南京中医药大学)

《心身疾病说的起源概念及误区与应用》,《中医药学刊》2003 年第 5 期。

张其成(北京中医药大学/南京中医学院)

唐禄俊……罗浩〜:《儒家"家"文化视域下的医院文化建设》,《中医杂志》2019 年第 23 期。

苑云童……唐禄俊〜:《刘沅"先后天"特色医学思想探究》,《中医杂志》2019 年第 19 期。

曹桢〜:《北京四大名医故居保护之我见》,《中医药导报》2019 年第 18 期。

梁健康〜:《出土简帛医书养生思想渊源探析》,《中医杂志》2019 年第 17 期。

王洪弘〜:《从天文实践角度看〈黄帝内经〉之数》,《陕西中医》2019 年第 12 期。

王璇……郑雅峰〜:《〈黄帝内经〉生命哲学与马克思主义内在联系与共性初探》,《辽宁中医药大学学报》2019 年第 12 期。

梁健康〜:《〈十问〉"禹问于师癸"篇中的养生思想及方法探析》,《中医药导报》2019 年第 12 期。

孟庆岩〜张庆祥等:《探讨古代天文坐标系对〈内经〉运气理论研究的意义》,《北京中医药大学学报》2019 年第 12 期。

刘珊……唐禄俊〜:《杨继洲学术思想来源探究》,《中医杂志》2019 年第 10 期。

蔡高茂〜:《海外中医制度文化之探索马来西亚中医药发展大蓝图(2018—2027)》,《世界中医药》2019 年第 10 期。

唐禄俊……苑云童〜:《道教药物采集和丹方制备的"和时"观念探析》,《中华中医药杂志》2019 年第 10 期。

梁秋语〜:《试论"天真"的医学内涵及意义》,《中华中医药杂志》2019 年第 10 期。

王群……赵希睿〜:《先秦两汉简帛医书中的"痹"与"瘘"探析》,《中医杂志》2019 年第 9 期。

梁健康〜:《希波克拉底文集和出土简帛医书哲学思想对比研究》,《世界中西医结合杂志》2019 年第 8 期。

唐禄俊……于红~：《从〈素问遗篇〉佛道色彩探讨其成书时间》，《中华中医药杂志》2019 年第 8 期。

梁健康……黄畅~：《试析马王堆简书〈十问〉的养生理论及其思想渊源》，《辽宁中医药大学学报》2019 年第 8 期。

张靖、罗浩~：《〈保婴撮要〉心理思想探析》，《吉林中医药》2019 年第 7 期。

王洪弘~：《〈黄帝内经〉术数理论背景初探》，《陕西中医》2019 年第 7 期。

张徽~刘路路等：《中医目诊与精、气、神学说的关系》，《中医杂志》2019 年第 7 期。

唐禄俊……马焰瑾~：《北京中医药文化旅游资源药王庙现状调查与分析》，《中医杂志》2019 年第 6 期。

张靖~：《方以智〈药地炮庄〉"医"世思想探赜》，《中医药文化》2019 年第 5 期。

尉万春~：《新安医学养生观研究》，《安徽中医药大学学报》2019 年第 5 期。

梁秋语、张宗明~：《西医东渐的历史经验及其对中医药"走出去"的启示》，《中华中医药杂志》2019 年第 5 期。

尉万春~：《基于知识考古学的中医养心理论历史考察》，《中华中医药杂志》2019 年第 5 期。

颜文强~：《清代道医刘一明生命本质论：元神与识神的消长》，《中国哲学史》2019 年第 4 期。

梁秋语~：《传统与革新：中医心理学临床实践过程研究》，《广西民族大学学报（哲学社会科学版）》2019 年第 4 期。

罗浩……熊益亮~：《历代易医代表性实践方法探赜》，《中华中医药杂志》2019 年第 2 期。

张延丞~：《情志和养生在中医学与佛教文化中的比较》，《中华中医药杂志》2019 年第 2 期。

齐磊、刘志超~：《〈万氏家传养生四要〉医易思想探析》，《中医杂志》2019 年第 1 期。

齐磊……刘志超~：《中医目诊八廓医易思想探讨》，《中医杂志》2018 年第 24 期。

《中医药文化核心价值"仁、和、精、诚"四字的内涵》，《中医杂志》2018 年第 22 期。

程小亚~：《杨上善〈黄帝内经太素〉生命风貌探讨》，《中医杂志》2018 年第 14 期。

林振邦~：《〈黄帝内经〉及涉医简帛中的"风"相关病名病因比较研究》，《中医药导报》2018 年第 12 期。

张延丞~：《浅谈象数与中医学的关系》，《中华中医药杂志》2018 年第 11 期。

蔡高茂~：《海外中医制度文化探索之马来西亚中西医结合概况与发展战略初探》，《世界中医药》2018 年第 11 期。

《论中医药文化核心价值"仁和精诚"的凝练》，《中国医学伦理学》2018 年第 10 期。

丁立维……唐禄俊~：《四象元素在清代医籍中的表达与内涵》，《中医杂志》2018 年第 10 期。

熊益亮……陈锋~：《先秦两汉简帛医书对养生身体的论述》，《中医药导报》2018 年第 9 期。

丁立维~：《基于文献探讨传统医学的两种时间观》，《中医杂志》2018 年第 8 期。

林振邦~：《〈黄帝内经〉及涉医简帛"异梦、疟、麻风"病因观念比较及其临床意义分析》，《辽宁中医药大学学报》2018 年第 7 期。

王汉苗~：《〈黄帝内经〉之涵养道德与养护身体的关系及其启示》，《武汉理工大学学报（社会科学版）》2018 年第 6 期。

丁立维~：《清代医家从业原因考察》，《中医杂志》2018 年第 5 期。

颜文强~：《白族医家彭子益圆运动生命观对人类可持续发展的当代启示》，《中医药文化》2018 年第 4 期。

刘珊……朱佳杰～:《"两创"方针指导下的中医药文化品牌建设——以"六养衢江"为例》,《中医药文化》2018 年第 3 期。

丁立维～:《明清时期医学领域"潜阳"名词溯源》,《长春中医药大学学报》2018 年第 2 期。

刘珊……张青颖～:《〈道藏〉药枕方举隅》,《安徽中医药大学学报》2018 年第 2 期。

王洪弘……刘珊～:《从〈黄帝内经〉看古今"数"的差异性》,《环球中医药》2018 年第 2 期。

丁立维～:《〈汉书·艺文志·方技略〉中的传统生命理念》,《中医杂志》2018 年第 2 期。

《以中医之道阐述治国理政方略——习近平总书记中医用典举隅》,《中国政协》2018 年第 1 期。

刘珊……朱佳杰～:《〈道藏〉洞神部医方研究》,《中医药导报》2017 年第 16 期。

赵希睿……王群～:《中西汇通"脑气筋"之文献考证》,《中医杂志》2017 年第 11 期。

丁立维……熊益亮～:《〈医门棒喝(初集)〉医易思想探讨》,《安徽中医药大学学报》2017 年第 6 期。

熊益亮……于红～:《早期医家身体观之"寒头暖足"探讨》,《中国中医药杂志》2017 年第 5 期。

熊益亮……赵希睿～:《清华战国竹简八卦人体图"坎离"探秘》,《中华中医药杂志》2017 年第 3 期。

李鸿泓～:《〈黄帝内经〉"应时"思想与先秦道家之渊源》,《西部中医药》2016 年第 10 期。

王凤香、张蓉～王晖等:《"天人合一"观在中医释梦心理学中的应用》,《中华中医药杂志》2016 年第 9 期。

唐禄俊……段晓华～:《〈道藏·太平部〉本草文献整理》,《世界中医药》2016 年第 7 期。

王汉苗～:《传统医德视域下医务人员核心价值观凝练》,《中华医学教育杂志》2016 年第 6 期。

熊益亮……刘珊～:《新安医家郑重光生平考》,《安徽中医药大学学报》2016 年第 5 期。

李鸿泓～:《〈黄帝内经〉"应时"思想与先秦儒家之渊源》,《西部中医药》2016 年第 3 期。

王娟娟……程小亚～:《〈正统道藏·洞真部〉方药文献探析》,《世界中医药》2015 年第 12 期。

李鸿泓～:《〈黄帝内经〉"时脏"学说阐微》,《浙江中医药大学学报》2015 年第 9 期。

熊益亮～:《中医三阴三阳思维的形成》,《华中中医药杂志》2015 年第 9 期。

李鸿泓～:《中医与现代医学对时间的解读与互通》,《中华中医药杂志》2015 年第 8 期。

李鸿泓～:《〈黄帝内经〉"应时"思想溯源于易》,《中国中医基础医学杂志》2015 年第 7 期。

李鸿泓～:《"冬病夏治"与"冬病冬治"的再思考——阳气量、度、向、势的完整描述》,《西部中医药》2015 年第 7 期。

李鸿泓～:《〈黄帝内经〉"圜道时中"思想渊源探讨》,《环球中医药》2015 年第 5 期。

王慧娟～:《"水"的喻象与中医人体血气经脉构想》,《中华中医药杂志》2015 年第 5 期。

韩晓雯、于红～:《从官医提举司看元代医政管理模式》,《中华医史杂志》2015 年第 4 期。

张青颖……唐禄俊～:《〈道藏·洞玄部〉中医药文献特点初探》,《中医文献杂志》2015 年第 4 期。

李鸿泓～:《〈黄帝内经〉自然观中"应时"思想》,《安徽中医药大学学报》2015 年第 3 期。

刘珊～沈艺等:《〈道藏〉中医药文献研究考略》,《中医文献杂志》2015 年第 1 期。

王正山～:《论郑钦安的阴阳平衡观及其源流》,《浙江中医药大学学报》2014 年第 11 期。

王正山～:《清代诸家驳黄元御医说举要》,《中华中医药杂志》2014 年第 8 期。

王彦敏、沈艺～:《郑钦安医易思想》,《吉林中医药》2014 年第 8 期。

王正山～：《略论清代温病诸师的阴阳观》，《湖北中医药大学学报》2014 年第 6 期。

王彦敏～：《浅议彭子益的医易思想及其理论渊源》，《云南中医学院学报》2014 年第 6 期。

张凯文……王兆～：《北京太医院祭祀制度考》，《中医药文化》2014 年第 6 期。

王慧娟～：《〈内经〉"风占"及其思维结构探析》，《安徽中医药大学学报》2014 年第 6 期。

王慧娟～：《中医"象思维"的文化梳源》，《云南中医学院学报》2014 年第 5 期。

王正山～：《五行生克内涵辨析》，《天津中医药大学学报》2014 年第 5 期。

《近代中西文化与医学道路反思录》，《深圳大学学报（人文社会科学版）》2014 年第 5 期。

王正山～：《论〈易经〉〈黄帝内经〉中扶阳思想》，《安徽中医药大学学报》2014 年第 3 期。

王正山～：《"正统四象说"与"医家四象说"相关问题辨析》，《云南中医学院学报》2014 年第 2 期。

翟文浩……沈艺～：《清代太医院值守制度与差派制度浅析》，《中华医史杂志》2014 年第 1 期。

王彦敏～：《民国医学期刊医易文献内容概述》，《吉林中医药》2014 年第 1 期。

《梁漱溟中西医"根本观念"的启示》，《中医药文化》2013 年第 6 期。

王彦敏～：《近代医易学派的兴衰历程及其原因初探》，《中华中医药杂志》2013 年第 5 期。

王正山～：《〈五行大义〉引〈内经〉考》，《中华医史杂志》2013 年第 4 期。

侯北辰～周晓菲：《黄元御基本医学理论思维模型探析》，《中国中医药科技》2012 年第 3 期。

鲁杰～：《心理学视域下的中医意象思维研究》，《辽宁中医杂志》2011 年第 10 期。

鲁杰～：《中医意象思维的认知心理路径探究》，《云南中医中药杂志》2011 年第 6 期。

贾世敬～：《浅析先秦道家中和思想及其对〈黄帝内经〉的影响》，《云南中医中药杂志》2011 年第 5 期。

鲁杰～：《中医原创思维"意象"的心理实质探究》，《云南中医学院学报》2011 年第 4 期。

鲁杰～：《中国传统思维方式影响下的中医意象思维》，《云南中医中药杂志》2011 年第 4 期。

《形神一体 天人同源——谈〈黄帝内经〉中的整体思维》，《现代国企研究》2011 年第 4 期。

林伟文～：《略论台湾汉人青草药民俗医疗与医药始源的关联》，《中国中医基础医学杂志》2011 年第 2 期。

周晓菲～：《中医医德伦理思想根源及其内涵研究》，《中华中医药杂志》2010 年第 12 期。

徐峰～：《浅析先秦时期中医学主体转变下的传播特点》，《医学与哲学（人文社会医学版）》2010 年第 11 期。

徐峰～：《基于岩画的中医起源研究方式初探》，《吉林中医药》2010 年第 10 期。

王剑……邓鹏飞～：《试论李时珍医道文化思想体系》，《亚太传统医药》2010 年第 7 期。

《中医文化的命运》，《前进论坛》2010 年第 4 期。

云玉芬、王琦～：《试论中西医脏腑观之异同》，《辽宁中医药大学学报》2010 年第 4 期。

程志立～：《禅宗牧牛图对现代心理治疗技术的启示》，《医学与哲学（人文社会医学版）》2010 年第 3 期。

《走近国学 体悟中医——〈周易〉与中医学讲座纪实》，《中医药文化》2010 年第 2 期。

程志立……段晓华～：《北京庙会民俗养生初探》，《中医药文化》2010 年第 2 期。

程志立、潘秋平～：《〈神农本草经〉养生方药构成及思考》，《北京中医药大学学报》2009 年第 12 期。

张天佐～：《试析〈黄帝内经〉的和谐思想》，《吉林中医药》2009 年第 11 期。

云玉芬、王琦～:《从〈黄帝内经〉看"气"的本质属性》,《山西中医》2009 年第 11 期。

周晓菲～:《中医医德溯源》,《吉林中医药》2009 年第 8 期。

张天佐～:《〈黄帝内经〉人本思想探析》,《山西中医》2009 年第 8 期。

《中医文化的命运》,《光明日报》2009 年 6 月 11 日光明讲坛

《从中医的命运看其文化内涵》,《中医药文化》2009 年第 5 期。

党伟龙～:《浅析古人几则"寒窗苦读致疾"医案》,《北京中医药》2009 年第 2 期。

～刘理想等:《近十年来中医药文化发展回顾》,《中医药文化》2009 年第 1 期。

党伟龙～:《论古人夜读习惯与健康问题》,《吉林中医药》2008 年第 12 期。

周晓菲～:《〈太平经〉"神"的观念初探及其与疾病的关系》,《辽宁中医药大学学报》2008 年第
12 期。

周晓菲～:《试论中国传统医德思想"仁"的内涵》,《中华中医药杂志》2008 年第 7 期。

孙非～:《〈素问·六节藏象论〉写作年代考释》,《中国中医基础医学杂志》2008 年第 5 期。

孙非～:《论寅正与〈黄帝内经〉成书年代》,《中华医史杂志》2008 年第 4 期。

薛松～:《张景岳阴阳思想探析》,《山西中医》2008 年第 2 期。

薛松～:《论〈太极图说〉对张景岳医学思想的影响》,《吉林中医药》2007 年第 12 期。

李艳～潘秋平:《老庄思想对中医医德形成的影响》,《吉林中医药》2007 年第 12 期。

潘秋平～:《浅谈〈淮南子〉阴阳五行学说及其对医学的影响》,《吉林中医药》2007 年第 10 期。

王凤香～吴宏新:《梦象与藏象的内在一致性探析》,《中华中医药杂志》2007 年第 5 期。

《张介宾医易思想探析》,《中华医史杂志》2007 年第 4 期。

孙非～:《〈素问·上古天真论〉训诂 4 则》,《北京中医》2006 年第 10 期。

金丽～:《试论"祝由"之历史地位及现实意义》,《中华中医药杂志》2006 年第 6 期。

刘理想～:《从"五老上书"论坚持中医教育的主体性》,《中医教育》2006 年第 6 期。

金丽～:《试论中医心理疗法与现代医学心理疗法的相通性》,《中华中医药杂志》2006 年第 4 期。

～李艳:《中医药文化研究的意义及其战略思考》,《中华中医药杂志》2006 年第 2 期。

段晓华、钱超尘～:《章太炎中医考据学思想论略》,《中国中医基础医学杂志》2006 年第 2 期。

《〈周易参同契〉卦爻涵义再探》,《周宜研究》2006 年第 1 期。

《中医文化复兴是中医复兴的重要途径》,《中医药文化》2006 年第 1 期。

王凤香～:《〈黄帝内经〉中的理想人格模型分析》,《山东中医药大学学报》2006 年第 1 期。

《李时珍对人体生命的认识》,《中华医史杂志》2004 年第 1 期。

《王清任学术思想研究》,《医古文知识》2003 年第 2 期。

《中医现代化＝中医现代科学化?》,《江西中医学院学报》2003 年第 1 期。

《"象"模型:易医会通的交点——兼论中医学的本质及其未来发展》,《周易研究》2002 年第 2 期。

《中医存亡大论争——再论中医特色不能丢》,《中国气功科学》2000 年第 8 期。

《再论中医特色不能丢——二答王强先生》,《中国医药学报》2000 年第 3 期。

《一部龙门药方研究的集大成之作——喜读〈龙门药方释疑〉》,《中国中医基础医学杂志》2000 年
第 3 期。

《五行——五脏的配属过程》,《南京中医药大学学报(社会科学版)》2000 年第 1 期。

《关于中医几个重要理论问题之我见——兼答王强同志》,《中国医药学报》2000 年第 1 期。

《论象本论学派》,《东南学术》2000 年第 1 期。

《模型与原型：中西医的本质区别——兼论走出中医现代化悖论的怪圈》,《医学与哲学》1999 年第 12 期。

《中医文化学体系的构建》,《中国中医基础医学杂志》1999 年第 5 期。

李艳～:《对医易研究的追问》,《北京中医药大学学报》1999 年第 3 期。

《中医现代化悖论》,《中国医药学报》1999 年第 1 期。

《从炼功之技到修身之道——气功的过去、现状与未来》,《中国气功科学》1999 年第 1 期。

《对中医古籍文献研究的思考》,《医古文知识》1998 年第 3 期。

李梢～:《中医学的"气"与熵再探》,《北京中医药大学学报》1997 年第 5 期。

《卦象爻数源流考》,《中国哲学史》1997 年第 4 期。

《援易入医 以易训医——中医理论体系探源》,《医古文知识》1994 年第 2、3 期。

张其枨（南京中医学院）

《新安医家研究〈内经〉概要》,《安徽中医学院学报》1987 年第 3 期。

～李标:《〈周易〉阴阳太和与养生基本思想初析》,《中医临床与保健》1990 年第 3 期。

～钱超尘:《丹波父子对医籍训诂的贡献》,《中国医药学报》1989 年第 4 期。

《丹波父子医籍训诂的方法》,《医古文知识》1989 年第 3 期。

《丹波父子医籍训诂的特点》,《医古文知识》1989 年第 1 期。

张其林（山东工商学院）

《试述民国时期的卫生防疫立法》,《河南商业高等专科学校学报》2012 年第 6 期。

张奇林（武汉大学）

～李鹏:《院长特征对民营医院竞争力的影响研究——基于 100 所民营医院的数据》,《中国卫生政策研究》2016 年第 6 期。

～汪毕芳:《技术进步与医疗卫生费用的增长》,《社会保障研究》2010 年第 2 期。

《制度的逻辑与悖论——我国医疗保障制度改革的回顾与展望》,《学术研究》2009 年第 2 期。

《美国关于医疗卫生费用的理论研究与政策争论》,《武汉大学学报（哲学社会科学版）》2007 年第 4 期。

《制度的逻辑：中美医疗保障制度比较》,《社会科学辑刊》2007 年第 4 期。

《美国医疗保障制度评估》,《美国研究》2005 年第 1 期。

《农村医疗保障：历史、现实与重构》,《中国软科学》2003 年第 3 期。

《关于农村医疗保障的历史思考与政策建议》,《卫生经济研究》2002 年第 11 期。

《美国的医疗卫生费用及其控制》,《世界经济》2002 年第 6 期。

《美国的医疗援助制度及其启示》,《经济评论》2002 年第 2 期。

《论美国的医疗卫生费用控制》,《美国研究》2002 年第 1 期。

张奇文（山东省卫生厅/山东中医学院）

于志超～:《潍坊医药卫生史概述》,《潍坊医学院学报》1991 年第 4 期。

～张志远等:《黄元御年谱初编》,《山东中医学院学报》1989 年第 1 期。

《黄元御生平事迹考略》,《山东中医学院学报》1980 年第 4 期。

张倩红

《试论玛格丽特·桑格的节育理论及其对中国的影响》,《河南大学学报（社会科学版）》1992 年第

4 期。

张前进（北京中医药大学）

《清代伤寒病医案的舌诊研究》，北京中医药大学博士学位论文 2013 年。

张强清（江西师范大学）

《由"征服"到"尊重"——建国以来江西省血防策略演变研究》，江西师范大学硕士学位论文 2013 年。

张巧（兰州大学）

《敦煌占卜文献中的占病及其文化》，兰州大学硕士学位论文 2017 年。

张巧凤（南京师范大学）

《论疾病对患病作家创作的影响》，《哈尔滨学院学报》2006 年第 4 期。

张巧霞（河北大学）

～郑立柱：《朱熹的太极之理在中医学中的体现》，《医学与哲学（A）》2013 年第 6 期。

～郑立柱：《宋代理学思想对后世医学的影响》，《河北学刊》2013 年第 3 期。

《太极之理在中医学中的体现》，《河北学刊》2011 年第 6 期。

《二程理学的基本观点在中医学中的体现》，《河北大学学报（哲学社会科学版）》2011 年第 5 期。

《〈黄帝内经〉的"中和"观》，《河北学刊》2008 年第 1 期。

张琴（重庆工商大学）

《〈人民日报〉（2006—2015）艾滋病报道框架研究》，重庆工商大学硕士学位论文 2017 年。

《浅论〈人民日报〉艾滋病新闻框架报道》，《新闻知识》2016 年第 6 期。

张清苓（北京中医药大学）

～姜元安等：《论中医辨证方法及辨证论治体系》，《北京中医药大学学报》2002 年第 4 期。

《论〈金匮要略〉基本学术思想及辨病与辨证——从〈脏腑经络先后病脉证第一〉谈起》，《北京中医药大学学报》1998 年第 4 期。

张清敏（北京大学）

《外交转型与全球卫生外交》，《国际政治研究》2015 年第 2 期。

张庆宁（兰州大学）

～蒋睿：《临终关怀：身体的医学化及其超越》，《思想战线》2014 年第 5 期。

张庆宁（中国人民大学）

～卞燕：《综合医院里的临终关怀——妇科肿瘤病房和 ICU 的人类学观察》，《社会科学》2007 年第 9 期。

张清祥（南阳师范学院）

《饥饿、欲望与疾病——鲁迅小说的女性躯体叙事》，《南都学坛》2012 年第 1 期。

张全超（吉林大学）

韩涛……张雯欣～：《宁夏海原石砚子墓地人骨研究》，《文博》2018 年第 4 期。

～韩涛等：《新疆鄯善洋海墓地出土人骨的牙齿微磨耗痕迹研究》，《西域研究》2018 年第 3 期。

～韩涛等：《东北沦陷时期辽源矿工墓遇难矿工遗骸的骨骼创伤》，《人类学学报》2018 年第 3 期。

张群、周蜜～：《曾侯乙墓出土人骨的牙齿微磨耗形态研究》，《江汉考古》2017 年第 6 期。

～张雯欣等：《新疆吐鲁番加依墓地青铜——早期铁器时代居民牙齿的磨耗》，《人类学学报》2017 年第 4 期。

～韩涛等:《内蒙古凉城县忻州窑子墓地东周时期的人骨》,《人类学学报》2016 年第 2 期。

～孙志超等:《黑龙江省尼尔基库区的清代达斡尔人骨》,《人类学学报》2015 年第 3 期。

～王伟等:《吉林省白城市双塔遗址东周时期人骨研究》,《人类学学报》2015 年第 1 期。

～郭林:《辽宁阜新县界力花遗址出土人骨研究》,《考古》2014 年第 6 期。

朱泓、周亚威～吉平:《哈民忙哈遗址房址内人骨的古人口学研究——史前灾难成因的法医人类学证据》,《吉林大学社会科学学报》2014 年第 1 期。

张群～:《上天"恩赐"还是人类杰作？异形颅骨》,《大众考古》2013 年第 5 期。

～王长明等:《黑龙江讷河大古堆墓地出土人骨研究》,《北方文物》2012 年第 3 期。

～曹建恩等:《内蒙古清水河县姑姑庵汉代墓地人骨研究》,《人类学学报》2011 年第 1 期。

～胡延春等:《磴口县纳林套海汉墓人骨研究》,《内蒙古文物考古》2010 年第 2 期。

～陈国庆:《内蒙古赤峰市上机房营子遗址夏家店上层文化时期人骨研究》,《北方文物》2010 年第 2 期。

～朱泓:《内蒙古达茂旗百灵庙砂凹地墓群鲜卑人骨研究》,《边疆考古研究》2009 年 00 期。

～曹建恩等:《内蒙古中南部地区青铜—早期铁器时代居民的龋病研究》,《人类学学报》2009 年第 4 期。

常娥～朱泓等:《内蒙古包头市西园春秋时期墓地人骨线粒体 DNA 研究》,《边疆考古研究》2007 年 00 期。

谢承志……崔银秋～周慧等:《尼雅遗址古代居民线粒体 DNA 研究》,《西域研究》2007 年第 2 期。

王海晶……蔡大伟～周慧等:《内蒙古朱开沟遗址古代居民线粒体 DNA 分析》,《吉林大学学报(医学版)》2007 年第 1 期。

～常娥:《内蒙古和林格尔县新店子墓地古代居民的肢骨研究》,《边疆考古研究》2006 年 00 期。

～朱泓等:《新疆罗布淖尔古墓沟青铜时代人骨微量元素的初步研究》,《考古与文物》2006 年第 6 期。

～曹建恩等:《内蒙古和林格尔县将军沟墓地人骨研究》,《人类学学报》2006 年第 4 期。

李法军……朱泓～魏东:《姜家梁新石器时代遗址古人类的食谱》,《吉林大学学报(理学版)》2006 年第 6 期。

许月、张小雷～崔银秋等:《古代契丹与现代达斡尔遗传关系分析》,《吉林大学学报(理学版)》2006 年第 6 期。

～李溯源:《新疆尼勒克县穷科克一号墓地古代居民的食物结构分析》,《西域研究》2006 年第 4 期。

付玉芹……崔银秋～周慧等:《内蒙古和林格尔东周时期古代人群的分子遗传学分析》,《吉林大学学报(理学版)》2006 年第 5 期。

～朱泓:《新疆鄯善洋海青铜时代居民眶顶板筛孔样病变的调查》,《人类学学报》2006 年第 2 期。

高扬～朱泓:《内蒙古和林格尔县土城子遗址古代居民的龋病分布》,《吉林大学学报(医学版)》2006 年第 3 期。

许月、张小雷～崔银秋等:《吐尔基山辽代贵族墓葬人骨遗骸线粒体 DNA 多态性分析》,《吉林大学学报(医学版)》2006 年第 2 期。

刘政、高扬～朱泓:《新疆洋海墓地青铜时代居民错(牙合)畸形患病率及构成分析》,《吉林大学学报(医学版)》2006 年第 1 期。

～朱泓等：《内蒙古和林格尔县新店子墓地古代居民的食谱分析》，《文物》2006 年第 1 期。

顾玉才、陈山～：《辽代萧氏后族墓地出土人骨的研究》，《边疆考古研究》2005 年 00 期。

～周蜜：《内蒙古兴和县叭沟墓地汉魏时期鲜卑族人骨研究》，《边疆考古研究》2005 年 00 期。

王海晶……葛斌文～周慧等：《饮牛沟墓地古人骨线粒体 DNA 的研究》，《吉林大学学报（理学版）》2005 年第 6 期。

～王明辉等：《新疆和静县察吾呼沟口四号墓地出土人骨化学元素的含量分析》，《人类学学报》2005 年第 4 期。

崔银秋～段然慧：《吐鲁番盆地青铜至铁器时代居民遗传结构研究》，《考古》2005 年第 7 期。

《内蒙古和林格尔县新店子墓地人骨研究》，吉林大学博士学位论文 2005 年。

刘武～吴秀杰等：《新疆及内蒙古地区青铜—铁器时代居民牙齿磨耗及健康状况的分析》，《人类学学报》2005 年第 1 期。

～刘政等：《北票喇嘛洞墓地魏晋十六国时期人骨的错畸形》，《人类学学报》2003 年第 4 期。

《魏晋十六国时期鲜卑人眶顶板筛孔样病变的调查分析》，《吉林大学学报（医学版）》2003 年第 4 期。

朱泓～：《中国边疆地区古代居民 DNA 研究》，《吉林大学社会科学学报》2003 年第 3 期。

～段然慧：《新疆"克里雅人"ABO 血型分布的调查》，《人类学学报》2003 年第 2 期。

《北票喇嘛洞三燕文化墓地人骨的牙病》，《人类学学报》2003 年第 1 期。

篠田谦一～：《通过线粒体 DNA 序列分析古代日本社会》，《北方文物》2002 年第 3 期。

张全明（华中师范大学）

《南宋时期疫灾的时空分布及其特点》，《浙江学刊》2011 年第 2 期。

《简论北宋时期疫灾的时空分布及其特点》，《宋史研究论丛》2011 年 00 期。

张佺仁（甘肃省委党校）

《陕甘宁边区医药卫生事业建设的法制保障》，《卫生职业教育》2016 年第 11 期。

张泉鑫（江西省中兽医研究所）

《清代兽医著作〈医牛宝书〉述评》，《农业考古》1994 年第 1 期。

《中兽医学与〈易经〉》，《中兽医医药杂志》1991 年第 3 期。

《江西省重视开展中兽医古籍的发掘整理工作》，《农业考古》1991 年第 1 期。

《试谈兽医针灸穴名的统一》，《中兽医医药杂志》1990 年第 2 期。

《兽医针刺麻醉发展简史》，《农业考古》1990 年第 1 期。

《反映兽医针灸疗法的最早文字》，《中国兽医科技》1988 年第 8 期。

《〈葛洪肘后备急方〉中的兽医治疗方技初探》，《农业考古》1987 年第 2 期。

《我国古代畜禽阉割术的一次总结——〈华佗神方〉中畜禽阉割秘法评介》，《中兽医医药杂志》1987 年第 3 期。

《〈新刻注释马牛驼经大全集〉对针灸治疗牛病的贡献》，《中国兽医杂志》1985 年第 3 期。

张群

《侵华日军荣字 1644 细菌部队》，《档案与建设》2005 年第 4 期。

张群（卫生部北京医院）

《美国的医疗保险制度现状及引发的思考》，《中国卫生经济》2007 年第 6 期。

张仁（上海市中医文献馆）

徐红……皋凌子～:《眼病针灸简史》,《中医文献杂志》2016 年第 1、2 期。

张进～:《关于针灸文献研究的思考》,《中医文献杂志》2013 年第 6 期。

徐红～:《针灸在泰国》,《中国针灸》2010 年第 9 期。

《灸法的历史与现状》,《中西医结合学报》2004 年第 6 期。

《针灸意外事故的历史与现状》,《中西医结合学报》2004 年第 4 期。

《针灸保健防病历史与现状》,《中医文献杂志》2004 年第 1 期。

《中医药在荷兰》,《中国中医药信息杂志》1997 年第 6 期。

《杨继洲在针灸急症证治上的贡献》,《江苏中医杂志》1985 年第 9 期。

《孙思邈对针灸急证学的贡献》,《新疆中医药》1985 年第 3 期。

张任伸（扬州大学）

《1918 年南京地区鼠疫问题研究》,扬州大学硕士学位论文 2019 年。

张荣明（华东理工大学）

《略论中医祝由术的历史发展》,《医古文知识》1995 年第 3 期。

张荣兴（黑龙江中医药大学）

～王启帆等:《"健康中国"视角下中医药文化传播路径研究》,《中医药导报》2019 年第 17 期。

王蕾……郑南～:《基于〈中医药法〉视角下中医药文化传播的对策研究》,《中医药导报》2019 年第 15 期。

～佟子林:《儒家中庸之道平衡论哲学对中医学模式图景的规范》,《中外医疗》2008 年第 35 期。

张如安（宁波大学／重庆图书馆）

《新见明抄本〈分门琐碎录〉"医药类"述略》,《宁波大学学报（人文科学版）》2015 年第 3 期。

《三教影响下的宋代宁波人的生死、丧葬观》,《中共宁波市委党校学报》2007 年第 3 期。

《论南宋宁波医卫事业的进步》,《宁波经济（三江论坛）》2006 年第 7 期。

《宋代医家李柽生平小考》,《中华医史杂志》2004 年第 4 期。

张汝光（解放军总后勤部）

《德行高洁 器量恢宏——我心目中的贺诚同志》,《人民军医》1993 年第 7 期。

《战火中的创举——忆攻锦州战役中的卫勤保障》,《党史纵横》1993 年 2 期。

《〈贺诚传〉读后》,《人民军医》1986 年第 3 期。

《总结经验继续前进 为加速我军卫生工作现代化建设而奋斗——庆祝建国三十周年》,《人民军医》1979 年第 10 期。

《红色军医的摇篮——回忆红军卫生学校》,《赤脚医生杂志》1978 年第 11 期。

《总后勤部卫生部张汝光副部长关于全军除害灭病三年规划执行情况的基本总结报告（摘要）》,《人民军医》1964 年第 1 期。

《未来卫国战争中战役卫生勤务保障问题的探讨》,《人民军医》1963 年 S3 期。

《红军卫生学校的回忆》,《健康报》1957 年 11 月 19 日。

张如青（上海中医药大学）

丁媛～:《简帛医方中疗效预判研究》,《中医文献杂志》2019 年第 5 期。

《马王堆〈五十二病方〉与老官山〈六十病方〉"沸"字考辨——兼论古代一种特殊煎药法》,《中医药文化》2019 年第 5 期。

《论出土简帛医书对澄清后世医学误解的作用》,《中医文献杂志》2019 年第 4 期。

于业礼～:《西夏汉文〈杂集时用要字〉药物部再论》,《图书馆理论与实践》2019 年第 3 期。

庞境怡～:《战国秦汉时期"中医外科"之成就——以出土涉医简帛为中心的探讨》,《中国中医基础医学杂志》2018 年第 8 期。

丁媛～:《以出土式盘式图校订〈黄帝内经〉两例》,《中医文献杂志》2018 年第 4 期。

《出土医学文献研究领域中一部高水准的杰作——〈敦煌吐鲁番医药文献新辑校〉评述》,《中医文献杂志》2018 年第 3 期。

《丝绸之路医药研究的回顾与展望》,《中医药文化》2018 年第 1 期。

陈稳根～:《居延汉简中所见疾病的病因探析》,《吉林中医药》2017 年第 8 期。

于业礼、张苇航～:《黑水城出土汉文"胎产方书残卷"考释》,《中医药文化》2017 年第 6 期。

～于业礼等:《出土医学文献的误读与过度诠释——以〈五十二病方〉为例》,《中医药文化》2017 年第 5 期。

李善韬～:《出土简帛妇产科文献研究概述》,《中医文献杂志》2017 年第 4 期。

～于业礼:《出土西夏汉文涉医文献研究述评》,《中医文献杂志》2017 年第 1 期。

张本瑞～:《出土涉医简帛中的熏法应用举例》,《中国中医急症》2016 年第 11 期。

～于业礼:《出土西夏汉文涉医文献研究述评》,《中医文献杂志》2016 年第 6 期。

李海峰～:《老官山汉简〈经脉书〉初探》,《中医文献杂志》2016 年第 6 期。

陈稳根～:《唐以前医事制度研究综述》,《中医文献杂志》2016 年第 5 期。

丁媛～:《汉唐时期产前焦虑症的原因及调节方法》,《中华医史杂志》2016 年第 5 期。

于业礼～:《日本天理大学藏三件出土医学文书考证》,《南京中医药大学学报(社会科学版)》2016 年第 3 期。

陈稳根～:《近代上海女中医研究概况》,《中医文献杂志》2016 年第 3 期。

陈稳根～:《近代海派中医名家编——撰医学书籍概述》,《中医药文化》2016 年第 2 期。

张雪丹、王其倩～:《罗知悌生平及〈罗太无口授三法〉考》,《中医文献杂志》2016 年第 1 期。

《〈清代御医日记二种〉校注后记》,《中医文献杂志》2015 年第 6 期。

李海峰～张显成:《出土文献与〈内经〉的经脉异名分析》,《上海针灸杂志》2015 年第 11 期。

庞境怡～:《从出土简帛看战国秦汉时期中医外科学》,《中华中医药学刊》2015 年第 11 期。

《论谢利恒地理医药学思想》,《中医药文化》2015 年第 5 期。

李海峰、丁媛～:《〈黄帝内经〉"八风"与术数之学》,《中国中医基础医学杂志》2015 年第 3 期。

丁媛、丁洁韵～:《唐以前祝由术在医疗中的应用》,《中华医史杂志》2015 年第 3 期。

庞境怡～:《〈五十二病方〉之"干骚(瘙)"探讨》,《国医论坛》2015 年第 2 期。

《古医籍序跋的文体特点及错标误注分析》,《中医文献杂志》2015 年第 1 期。

《清代儿科名著〈幼科铁镜〉的学术价值与医学文化特色》,《中医药文化》2015 年第 1 期。

庞境怡～:《章次公辨治头痛学术思想探要》,《上海中医药杂志》2014 年第 10 期。

庞境怡～:《简帛医书外科学、骨伤科学研究概述》,《中医文献杂志》2014 年第 4 期。

《风雨卅载寄深情——写在〈中医药文化〉创刊 30 周年》,《中医药文化》2014 年第 3 期。

丁媛～:《论出土简帛文献中的病因思想》,《中华医史杂志》2014 年第 2 期。

张雪丹～陈德兴:《宋代陈晔及〈家藏经验方〉考》,《中华医史杂志》2014 年第 1 期。

张本瑞、丁媛~:《〈五十二病方〉中的急症救治方法举例》,《中国中医急症》2013年第9期。

汤晓龙、刘景云~:《西夏文"治妇人催生助产婴儿"古方二首考释》,《中医药文化》2013年第6期。

张雪丹~:《现存〈永乐大典〉医药文化内容初探》,《中医药文化》2013年第6期。

王晔~:《山田业广〈金匮要略集注〉述评》,《中医药文化》2013年第6期。

《〈种榆山人医论〉提要》,《中医药文化》2013年第4期。

张本瑞~:《马王堆简帛外治法文献语词新释《中医文献杂志》2013年第3期。

汤晓龙、刘景云~:《西夏文治痢七方破译考释》,《中华医史杂志》2013年第3期。

陈娟娟~:《据现存〈永乐大典〉辑校〈肘后备急方〉》,《中医文献杂志》2013年第2期。

张雪丹~:《日本江户时期医家珍稀抄本三种概述》,《中医药文化》2013年第2期。

谭春雨~:《论"海派中医"名实之内涵》,《中医药文化》2012年第1期。

汤晓龙~刘景云等:《俄藏黑水城西夏文医药文献"治偏头疾方"破释探析》,《河南中医》2011年第12期。

《溯源探流论膏方》,《中医药文化》2011年第6期。

丁媛~:《从出土文献看中国早期的祝由疗法》,《中医药文化》2011年第5期。

丁媛~:《张家界古人堤出土医方木牍"治赤穀方"考释》,《中华医史杂志》2011年第4期。

张雪丹~:《现存〈永乐大典〉所载妇科临证方药研究》,《中华中医药学刊》2011年第1期。

刘畅~:《柳宝诒论治杂病辑要》,《上海中医药杂志》2010年第11期。

刘畅~:《晚清名医柳宝诒制药特色浅析》,《中医文献杂志》2010年第6期。

刘畅~:《柳宝诒其人、其学与其书》,《中医药文化》2010年第6期。

~毛梦飞:《"满院杏花谁作主"——纪念谢利恒先生诞辰130周年暨逝世60周年》,《中医药文化》2010年第5期。

张雪丹~:《现存〈永乐大典〉妇科文献考证举隅》,《中华医史杂志》2010年第4期。

张雪丹~:《已佚古医书〈大方〉内容初探》,《中医文献杂志》2010年第3期。

~汤晓龙:《俄藏黑水城医学文献〈神仙方论〉辑校考释》,《中华医史杂志》2010年第3期。

张雪丹~:《读余云岫〈古代疾病名候疏义〉有感》,《南京中医药大学学报(社会科学版)》2010年第2期。

高惠勇~张志枫:《宋金元代以前医家不寐辨证特色的探讨》,《中国现代医生》2009年第10期。

张志枫~高惠勇:《"扁鹊"考辨》,《中医药文化》2009年第6期。

高惠勇~张志枫:《明清著名医家不寐辨证特色探讨》,《中医文献杂志》2009年第5期。

王春艳~:《敦煌遗书性医方考》,《中医文献杂志》2009年第2期。

丁媛~:《百年来出土简帛涉医文献概述》,《上海中医药大学学报》2009年第2期。

《阐医经之微旨述临证之心得——评〈内经临证发微〉》,《中医药文化》2008年第6期。

《论出土医学文献的整理研究》,《上海中医药大学学报》2008年第3期。

~张雪丹:《现存〈永乐大典〉儿科文献研究》,《中医文献杂志》2008年第2期。

张雪丹~:《现存〈永乐大典〉儿科方药治法述评》,《上海中医药大学学报》2008年第1期。

任宏丽~段逸山:《〈罗太无先生口授三法〉成书及主要内容——评罗知悌对金元医学发展的贡献》,《上海中医药杂志》2007年第10期。

《论陈延之〈小品方〉对前代医学的传承与创新》,《上海中医药大学学报》2007年第5期。

《〈女科集义〉提要》,《中医药文化》2007 年第 5 期。

《读黄承吉"字义起于右旁之声说"有感》,《中医药文化》2007 年第 4 期。

《〈药性主病便览〉提要》,《中医药文化》2007 年第 3 期。

胡蓉~严世芸:《论魏晋南北朝医家医著特点》,《上海中医药大学学报》2007 年第 3 期。

《〈小品方〉亡佚时间之我见》,《中医文献杂志》2007 年第 2 期。

张辉~:《敦煌写本〈张仲景五藏论〉中有关药对及方剂之探析》,《上海中医药杂志》2006 年第 11 期。

《〈秘传内府经验女科〉提要》,《中医药文化》2006 年第 3 期。

~胡蓉:《禁宫内外,名医的智慧在闪光——读〈纪恩录〉有感兼评马培之医案》,《中医药文化》2006（1、2）

胡蓉、指导~:《读〈纪恩录〉、〈北行日记〉有感三题》,《中医文献杂志》2006 年第 1 期。

张辉~:《敦煌吐鲁番〈五藏论〉文献研究进展》,《上海中医药杂志》2005 年第 11 期。

《海外新发现〈永乐大典〉十七卷医药文献初探》,《中华医史杂志》2004 年第 4 期。

王春艳~:《近 20 年来敦煌古医方研究概况》,《上海中医药大学学报》2004 年第 3 期。

《俄藏黑水城文献〈辰龙麝保命丹〉考释》,《中医文献杂志》2004 年第 2 期。

黄璐~:《上海中医药大学图书馆馆藏古医籍孤抄本概况》,《中医文献杂志》2004 年第 1 期。

张辉~:《识破通假读〈内经〉》,《医古文知识》2003 年第 3 期。

《"贞元广利方"异名考辨兼论"贞"字避讳》,《医古文知识》2003 年第 1 期。

《俄藏敦煌钟乳散方释读考证》,《中医文献杂志》2002 年第 4 期。

刘春平~:《因时食养宜忌两顾——〈遵生八笺〉的食疗养生思想》,《医古文知识》2002 年第 4 期。

《俄藏黑水城佚名古方书辑校考释》,《上海中医药大学学报》2001 年第 4 期;2002 年第 1 期。

《俄藏敦煌古医方两首考释》,《上海中医药杂志》2000 年第 11 期。

《俄藏黑水城中医药文献初探》,《中华医史杂志》1999 年第 1 期。

《论古医籍辑佚》,《医古文知识》1997 年第 3、4 期。

《古医籍同书异名析因》,《中医文献杂志》1997 年第 2 期。

《古医籍妇人称谓举例》,《医古文知识》1991 年第 2 期;1992 年第 2 期。

张汝伟

《介绍陈存仁君医学小史》,《南汇医报》1947 年第 3 期。

《从韩康卖药说到扁鹊为带下医》,《健康医报》1947 年 3 月 22、23 日。

《考医述古》,《健康医报》1947 年 6 月 30、31 日。

《与高思潜论医史书》,《绍兴医药学报》1922 年第 1 期。

《中国医学上改进之研究谈》,《绍兴医药学报》1921 年第 10 期。

张入文（成都中医药大学）

郭太品……刘沂滩~孙瑞瑞等:《古代冶炼工艺技术与毫针的形质及手法演变》,《中医杂志》2014 年第 19 期。

《古代医用砭石的应用》,《河南中医》2014 年第 4 期。

张儒子（四川师范大学）

《建国初期成都爱国卫生运动述论(1952—1959)》,四川师范大学硕士学位论文 2014 年。

张瑞(当代中国出版社/南开大学)

《疾病的文化意义——晚清日记中的病痛叙事》,余新忠主编《新史学》第九卷:医疗史的新探索(2017)。

《疾病、治疗与疾痛叙事——晚清日记中的医疗文化史》,南开大学博士学位论文2014年。

《日常生活史视野下中国的生命与健康国际学术研讨会综述》,《中国史研究动态》2013年第2期。

《文人化与世俗化之间:陈秀芬笔下的晚明养生文化——读〈养生与修身——晚明文人的身体书写与摄生技术〉》,《中国社会历史评论》2013年00期。

《论"卫生"在晚清的含义——以〈卫生学问答〉与〈中外卫生要旨〉为中心》,《河北学刊》2013年第3期。

《美国的卫生保健服务体系建构及其启示》,《理论探索》2012年第6期。

《晚清日记中的病患体验与医患互动——以病患为中心的研究》,《历史教学(下半月刊)》2012年第11期。

《瘟疫与谣言——以嘉道大疫为中心的探讨》,《河北师范大学学报(哲学社会科学版)》2011年第6期。

《水与健康的变奏曲——〈水的征服〉评介》,《中国社会历史评论》第11卷(2010)。

《沐浴与卫生》,余新忠主编《清以来的疾病医疗和卫生》(北京:生活·读书·新知三联书店2009年)。

张睿(第四军医大学)

~屈新儒:《寻觅中国古代军事医学史的航迹》,《医学争鸣》2014年第3期。

《革命战争时期我军医学教育研究》,第四军医大学硕士学位论文2014年。

张瑞(工程兵指挥学院)

~颜小平:《抗美援朝战争反细菌战的胜利及其启示》,《军事历史》2001年第2期。

张瑞(湖北中医药大学)

《民国医家运用经方治疗痹症临床研究》,湖北中医药大学硕士学位论文2013年。

《〈伤寒论〉"时"与"机"浅探》,《中医临床研究》2012年第6期。

张蕊(山东师范大学)

《融媒时代下中医文化传播的困境及突破》,山东师范大学硕士学位论文2019年。

张蕊(上海外国语大学)

《关于中国护理保险制度的构建研究——以日本护理保险制度为参考》,上海外国语大学硕士学位论文2017年。

张瑞彬(西安翻译学院/西北大学)

《民国时期公共卫生事业研究述评》,《新西部》2019年第9期。

《民国时期陕西的卫生助理员制度》,《中华医史杂志》2015年第4期。

《近代陕西鸦片吸食的成因及影响》,《科技信息》2013年第5期。

《国民政府时期陕西公共卫生事业研究》,西北大学硕士学位论文2011年。

张瑞杰(华东师范大学)

《试论19世纪中后期英国河流的污染和治理问题》,华东师范大学硕士学位论文2008年。

张瑞静(河北省社会科学院)

《国际援华医生与晋察冀根据地医疗工作的开展》,《兰台世界》2016年第2期。

《抗日战争时期晋察冀边区的医疗卫生工作》,《军事历史研究》2014 年第 2 期。

《晋察冀边区医疗卫生工作体系及其完善》,《重庆社会科学》2013 年第 10 期。

张瑞麟(湖南中医学院)

～张勇:《略论〈难经〉人体解剖学的成就与贡献》,《中医文献杂志》2001 年第 1 期。

～张勇:《略论〈难经〉成书于战国时期的内证》,《中医文献杂志》2000 年第 3 期。

《〈难经本义·阙误总类〉辨析》,《中医文献杂志》2000 年第 1 期。

《关于〈难经·七难〉三阳三阴之研究》,《甘肃中医》1999 年第 4 期。

《〈难经〉学术渊源之探讨》,《湖南中医杂志》1998 年第 6 期。

《历代注释〈难经〉的概况》,《湖南中医学院学报》1998 年第 3 期;1999 年第 1 期。

《略论〈难经〉的学术思想》,《湖南中医》1997 年第 2 期。

《〈难经〉脉学的形成、特点及其对两汉脉学的渗透和影响》,《中医文献杂志》1996 年第 3 期。

《〈难经〉作者之我见》,《中华医史杂志》1995 年第 2 期。

《关于六淫内容的演变及六季划分问题探讨》,《湖南中医》1993 年第 3 期。

《〈难经校释〉若干问题之商榷》,《湖南中医学院学报》1986 年第 1 期。

《祖国医学对人体脏腑解剖的描述》,《河南中医》1983 年第 1 期。

《试论中医学理论的哲学基础》,《湖南中医学院学报》1982 年第 2 期。

《我国古代解剖学之成就》,《河南中医》1981 年第 5 期。

《从周制尺谈到〈灵枢经〉有关表面解剖测量的成就》,《中医杂志》1963 年第 1 期。

张瑞嵘(华中农业大学)

《近代中国"西医东渐"的先声:合信医学著作〈全体新论〉译本探源》,《江汉论坛》2017 年第 8 期。

张瑞贤(中国中医科学院/中国中医研究院)

张卫……杨洪军～:《经典名方的中药基原考证方法与示例》,《中国中药杂志》2018 年第 24 期。

《古徽州里的中医轶事》,《中医健康养生》2016 年第 6 期。

梁飞……李健～:《清代医家赵学敏的医药素材采集源头考》,《中医药文化》2016 年第 1 期。

赵海亮～:《试论〈农政全书〉在本草考证领域的贡献》,《中国中药杂志》2015 年第 23 期。

赵海亮～:《芫荽的本草考证》,《中国中药杂志》2015 年第 22 期。

赵海亮～:《论〈齐民要术〉在本草考证领域的贡献》,《中国中药杂志》2015 年第 21 期。

梁飞……李健～:《清代医药学家赵学敏足迹探寻》,《西部中医药》2015 年第 9 期。

李健……梁飞～:《赵学敏亲族考》,《中药与临床》2015 年第 2 期。

张卫……李健～:《金银花品种的本草考证》,《中国中药杂志》2014 年第 12 期。

李超霞～:《〈本草纲目拾遗〉引用本草类文献初考》,《中医文献杂志》2014 年第 5 期。

～张卫等:《〈本草纲目拾遗〉引〈广东新语〉考述》,《中华医史杂志》2014 年第 3 期。

张卫～:《煮散剂的剂量与兴衰》,《中国医学创新》2014 年第 3 期。

李超霞……张卫～:《李中梓的佛教因缘》,《中国中医基础医学杂志》2014 年第 2 期。

梁飞……张卫～:《道地药材产地变迁原因的探讨》,《中国中药杂志》2013 年第 10 期。

梁飞……张卫～:《"道地药材"浅述》,《中国中药杂志》2013 年第 9 期。

张卫～韩垚等:《中药气味薄厚升降浮沉理论体系构建及嬗变》,《中医杂志》2013 年第 7 期。

李健……李超霞～:《缪希雍与明末高僧紫柏尊者》,《中华医史杂志》2013 年第 4 期。

梁飞～李健等:《谈"服食"养生术对中医学的影响》,《中国中医基础医学杂志》2013年第4期。

梁飞……张卫～:《谈"道地药材"的形成原因》,《中国中药杂志》2013年第3期。

袁利～李健:《地黄栽培史考》,《江西中医药》2013年第2期。

梁飞……张卫～:《〈千金翼方〉"杂疗"篇与〈新修本草〉对勘》,《中国中药杂志》2012年第20期。

张卫～韩垚:《〈黄帝内经〉"五脏苦欲补泻"及五味功效浅议》,《中医杂志》2012年第11期。

梁飞……张卫～:《晦明轩本〈重修政和经史证类备用本草〉的刻工》,《中华医史杂志》2012年第6期。

李健……刘佳玉～:《〈证类本草〉版本系统划分依据探讨——兼论〈绍兴本草〉与〈新编类要图注本草〉版本系统的归属》,《中华医史杂志》2012年第4期。

张卫～:《东汉至五代中药"五味"理论在本草学中的发展》,《国际中医中药杂志》2012年第3期。

张卫～:《〈黄帝内经〉中的"五味"理论及其构建》,《国际中医中药杂志》2012年第2期。

张卫～:《中药"五味"理论溯源——味的起源》,《国际中医中药杂志》2012年第1期。

李健～张卫等:《明代坊刻〈政和本草〉版本研究》,《中华医史杂志》2011年第3期。

～刘更生等:《"文革"中的中草药的继承与发展》,《江西中医学院学报》2011年第1期。

～梁飞:《文化视角下的医药系统史——喜读〈图说中国医学史〉》,《中华医史杂志》2011年第1期。

李梦漪～:《〈本草纲目〉象思维研究概况》,《江西中医学院学报》2011年第1期。

张卫～:《中药剂量使用规律分析》,《辽宁中医杂志》2011年第1期。

张卫～:《从〈证类本草〉看道教对中药学的影响》,《中国中药杂志》2010年第20期。

张卫～:《〈雷公炮炙论〉药物炮制辅料考》,《中华医史杂志》2010年第18期。

孙娟娟～:《〈吴普本草〉人参的考证》,《中国中药杂志》2010年第12期。

华碧春……黄颖～黄秋云等:《1950—1990年福建省中草药文献举要》,《福建中医药大学学报》2010年第5期。

～张卫:《先秦时期非医学文献对"味"的认识》,《中国中药杂志》2010年第4期。

张卫～:《广州越王墓中的方士医药文物》,《中华医史杂志》2010年第3期。

张卫～:《〈证类本草〉的学术思想及来源分析》,《国际中医中药杂志》2010年第3期。

～张卫:《"文革"期间开门办科研与中草药运动》,《江西中医学院学报》2010年第1期。

张卫～:《〈本草原始〉版本考察》,《中药文献杂志》2010年第1期。

张卫～韩垚:《金元时期影响药物剂量因素分析》,《中国中药杂志》2009年第9期。

～张卫:《中国"赤脚医生"始末》,《中华医史杂志》2009年第6期。

～张卫:《20世纪50年代的献方运动》,《中华医史杂志》2009年第5期。

李健、张卫～:《〈大全本草〉版本研究》,《中华医史杂志》2009年第4期。

～张卫:《中草药在农村合作医疗中的作用》,《北方药学》2009年第3期。

张卫～:《"文化大革命"期间中草药运动特点及表现形式》,《中华医史杂志》2009年第1期。

～芦琴等:《宋代药物非衡量计量单位的考察》,《中国中药杂志》2008年第21期。

～芦琴等:《宋代药物衡量单位的考察》,《中国中药杂志》2008年第19期。

～芦琴等:《隋唐时期药物非衡量单位的考察》,《中国中药杂志》2008年第18期。

～芦琴等:《隋唐时期药物衡量单位的考察》,《中国中药杂志》2008年第17期。

～芦琴等:《魏晋南北朝时期药物计量单位的争议问题《,《中国中药杂志》2008 年第 16 期。

～芦琴等:《魏晋南北朝时期药物计量单位的考察》,《中国中药杂志》2008 年第 15 期。

～王婧等:《汉代药材产地概貌》,《中国中药杂志》2008 年第 14 期。

～杨华等:《古代汤剂的文献学研究》,《中国中医基础医学杂志》2008 年第 10 期。

张卫～:《隋唐间影响药物使用剂量的医学因素分析》,《国际中医中药杂志》2008 年第 6 期。

张卫～韩垚:《秦汉间影响药物剂量大小医学因素分析》,《中国中药杂志》2008 年第 6 期。

罗昌国～:《郑钦安学术思想及对附子临床应用的贡献》,《江西中医学院学报》2008 年第 6 期。

～王婧等:《汉代药材产地概貌》,《中国中药杂志》2008 年第 4 期。

《〈植物名实图考〉的作者吴其濬》,《中医药文化》2008 年第 4 期。

～王婧等:《宋代药材产地概貌》,《江西中医学院学报》2008 年第 1、2、3、4、5 期。

华碧春～刘德荣等:《闽东畲族青草药的现状及研究思路》,《福建中医学院学报》2008 年第 1 期。

～王婧、张慕群:《唐代剑南道药出州土浅析》,《江西中医学院学报》2007 年第 6 期。

王婧～张慕群:《唐代山南道、陇右道药出州土浅析》,《江西中医学院学报》2007 年第 5 期。

～王婧等:《唐代河南道、河北道药出州土浅析》,《江西中医学院学报》2007 年第 4 期。

张卫～:《〈植物名实图考〉引书考析》,《中医文献杂志》2007 年第 4 期。

张卫～韩垚:《魏晋南北朝时期影响药物剂量相关医学因素分析》,《国际中医中药杂志》2007 年第 4 期。

～王婧等:《唐代河东道药出州土浅析》,《江西中医学院学报》2007 年第 3 期。

芦琴～蒋力生:《明清时期影响剂量的相关因素》,《江西中医学院学报》2007 年第 3 期。

～王婧等:《唐代江南道药出州土浅析》,《江西中医学院学报》2007 年第 1 期。

芦琴～张慕群:《秦汉间药物计量单位的考察》,《中国中药杂志》2006 年第 24 期。

《浅论〈中医古籍考据例要〉及中医古籍研究方法》,《北京中医药大学学报》2006 年第 10 期。

王婧～张慕群:《唐代关内道药出州土浅析》,《江西中医学院学报》2006 年第 5 期。

王婧～张慕群:《唐代道地药材出产区划浅谈》,《江西中医学院学报》2006 年第 4 期。

黄斌～:《谈古论今马钱子》,《中医药文化》2006 年第 3 期。

张卫～:《患难见深情——苏轼与巢谷》,《中医药文化》2006 年第 2 期。

张卫～:《道教医学服食方研究》,《国际中医中药杂志》2006 年第 2 期。

张卫～:《文豪苏东坡奇遇名医庞安时》,《中医药文化》2006 年第 1 期。

～张卫:《苏轼的医疗活动》,《江西中医学院学报》2005 年第 5 期。

《安国药王庙考》,《江西中医学院学报》2005 年第 4 期。

～李国坤:《北京中医药科学研究的先驱》,《江西中医药学院学报》2004 年第 3 期。

黄斌～:《〈本草纲目〉中的动物粪便药》,《中药材》2003 年 Z1 期。

《宋代疫情与圣散子方》,《江西中医学院学报》2003 年第 3 期。

《古代儒士习医动机分析》,《江西中医学院学报》2003 年第 1 期。

～邵丽苹等:《藏药蕨麻经济价值和民俗意义》,《中国中医药信息杂志》2000 年第 6 期。

黄璐琦～曹春雨:《我国生药学的历史回顾》,《中国中药杂志》2000 年第 4 期。

王家葵～孙晓波:《〈神农本草〉药物产地研究》,《中华医史杂志》2000 年第 1 期。

～王滨生等:《关于〈医心方〉所引〈龙门方〉的考证》,《天津中医学院学报》1999 年第 2 期。

～倪青：《当前中医史学研究存在的问题及对策》，《中华医史杂志》1999 年第 2 期。

～先静：《浅谈赵学敏对〈本草纲目〉的补正》，《中国药学杂志》1999 年第 2 期。

王滨生……先静～黄斌等：《龙门方的药物学研究》，《中国中药杂志》1998 年第 12 期。

～王家葵等：《浅谈金石书所收录的〈龙门方〉》，《中国中医基础医学杂志》1998（6、7）

～李剑等：《广州中医药大学藏龙门方拓本研究》，《山东中医药大学学报》1998 年第 4 期。

～王家葵等：《龙门药方异体字发凡》，《天津中医学院学报》1998 年第 4 期。

～王滨生等：《洛阳龙门石窟药方与敦煌卷子〈备急单验药方卷〉同源》，《中华医史杂志》1998 年第 2 期。

～张晓鹏：《宋代洛阳龙门山的药寮》，《中医研究》1998 年第 2 期。

～张晓鹏等：《"〈龙门方〉序"——都邑师道兴造像记试析》，《国医论坛》1998 年第 2 期。

《南宋时期的太医局考试史料》，《中医教育》1998 年第 1 期。

～黄璐琦：《中医药文化的根本在于民族性》，《中国中医基础医学杂志》1997 年第 6 期。

～先静：《〈青草药性赋〉介绍》，《中国中药杂志》1996 年第 12 期。

～古云霞等：《〈千金翼方〉"味"篇评介》，《中国中药杂志》1996 年第 1 期。

～李国坤等：《〈医心方〉所引〈龙门方〉研究》，《中国中药杂志》1995 年第 4 期。

～袁秀荣：《北宋初年的太医署小考》，《中医教育》1994 年第 2 期。

《中国古代医药诸神年第 7 期。》，《光明中医》1994 年第 1 期。

《刘若金〈本草述〉初探》，《中药材》1993 年第 6 期。

《关于宋代"熟药所"》，《新中医》1991 年第 10 期。

《尚从善与〈本草元命苞〉》，《中药材》1991 年第 2 期。

《儒家文化向医学渗透的途径之一——试论两宋"儒医"的产生》，《天津中医学院学报》1990 年第 2 期。

《中国药学史分歧问题述评》，《贵阳中医学院学报》1989 年第 4 期。

～李经纬：《试论北宋政府与医学的关系（摘要）》，《中华医史杂志》1988 年第 4 期。

张若雨（华中师范大学）

《唐代道教文学中的养生思想与实践》，华中师范大学硕士学位论文 2017 年。

张三夕（华中师范大学）

《医疗史的另一种叙事——评杨念群〈再造"病人"——中西医冲突下的空间政治（1832—1985）〉的书写策略》，《文艺研究》2007 年第 3 期。

张善纲（广州军区武汉总医院）

～樊光辉：《非洲康复医学发展与中国援非医疗队》，《中国康复理论与实践》2014 年第 1 期。

～浦金辉等：《我国对外医疗援助 50 年回顾与思考》，《人民军医》2013 年第 12 期。

～赵育新等：《新时期对外医疗援助的意义及应对》，《解放军医院管理杂志》2013 年第 10 期。

～赵育新等：《我国对外医疗援助的新态势》，《华南国防医学杂志》2013 年第 9 期。

～浦金辉的：《对外医疗援助的新思维》，《解放军医院管理杂志》2013 年第 5 期。

《康复医学对丰富援非医疗队内涵的探索》，《中国康复理论与实践》2012 年第 11、12 期。

张山雷

《古今药剂权量不同考略》，《湖北医药月刊》1935 年第 1 期。

《新纂中国医学史述略》,《中医世界》1931 年第 11 期。

张珊珊(南京大学)

《罗伯特·威尔逊与南京大屠杀事件研究》,南京大学硕士学位论文 2013 年。

张珊珊(西南大学)

《我国导引术与印度瑜伽的比较研究》,西南大学硕士学位论文 2012 年。

张少斌(陕西师范大学)

《黑死病的社会结果(1348—1351)》,《齐齐哈尔师范高等专科学校学报》2011 年第 4 期。

张少龙

～安娜:《〈周礼〉医事考》,《延安大学学报(社会科学版)》1989 年第 3 期。

张深深(《中国医疗保险》杂志社)

《加拿大医疗保障——制度支持与分级联动同行》,《天津社会保险》2017 年第 2 期。

张生(南京大学)

《南京大屠杀的精神伤害》,《人民政协报》2014 年 12 月 18 日 006 版。

《抗战时期中国受害者 PTSD 研究》,《中国社会科学报》2010 年 2 月 9 日 008 版。

《中国红十字运动史研究刍议》,《史学月刊》2009 年第 9 期。

《南京大屠杀受害者 PTSD 初步研究》,《抗日战争研究》2009 年第 4 期。

～陈如芳:《南京大屠杀期间的鼓楼医院》,《北华大学学报(社会科学版)》2008 年第 5 期。

张圣芬(中华医学会办公室)

～陈永生:《中华医学会 21 位创建人》,《中华医史杂志》2015 年第 1 期。

～栾伟伟:《民国时期的〈中华健康杂志〉》,《中华医史杂志》2011 年第 4 期。

《颜福庆与中华医学会》,《中华医史杂志》2007 年第 4 期。

李晓云、王永明～:《20 世纪中华医学会对外交往概况》,《中华医史杂志》2007 年第 2 期。

张胜康(四川省社会科学院)

《青少年艾滋病预防意识及预防行为研究》,《青年探索》2007 年第 5 期。

《干预项目评估体系的建立与运用——关于青少年艾滋病预防干预项目实施效果的评估》,《青年探索》2007 年第 2 期。

《青少年艾滋病问题相关态度研究》,《青年探索》2006 年第 6 期。

《论电视与青少年焦虑情绪媒体》,《青年探索》2006 年第 4 期。

《论吸毒青少年人群艾滋病的易感性》,《青年探索》2006 年第 1 期。

《论青少年人群中的焦虑症心里疾患》,《青年探索》2005 年第 1 期。

《艾滋病高危人群非安全行为干预——青年男—男人群性健康教育的实证研究》,《青年探索》2004 年第 5 期。

王曙光～:《亚文化群体行为改变实证研究——关于男—男人群艾滋病教育的行为干预》,《新疆社会科学》2004 年第 4 期。

《男—男性关系人群现状分析——关于艾滋病传播的社会干预研究》,《青年探索》2003 年第 3 期。

《关于青少年艾滋病教育的思考》,《青年探索》2003 年第 1 期。

王曙光～:《疾病的文化隐喻与医学人类学的哲学鉴别解析》,《医学与哲学》2002 年第 9 期。

王曙光～吴锦辉:《疾病的文化隐喻与医学社会人类学的鉴别解释方法》,《社会科学研究》2002 年第 4 期。

张胜洪（遵义师范学院）

《理解疯癫：后精神病学的视角》，《医学与哲学》2012 年第 2 期。

张晟钦（南京师范大学）

～钟罗庆：《联系与游离——浅析明清御医与明清政治的关系》，《中医药文化》2015 年第 3 期。

～钟罗庆：《政治视野下的明清御医研究——以御医与政治的联系为例》，《黑龙江史志》2015 年第 11 期。

张胜昔（北京中医药大学）

《从〈金匮〉方现代应用信息分析看〈金匮〉学术的继承和发展》，北京中医药大学硕士学位论文 2004 年。

张胜忠（张仲景医史文献馆）

～胡久略等：〈吴仪洛与《伤寒分经》〉，《浙江中医药大学学报》2013 年第 8 期。

《民国时期仲景学说研究团体——"涅阳学社"组织简介》，《中华医史杂志》2003 年第 4 期。

《"幽潜重泉"探微》，《陕西中医学院学报》2003 年第 4 期。

～张仲景：《扁鹊的图腾形象》，《河南中医》1997 年第 4 期。

《图腾文化与中医药学的起源》，《上海中医药杂志》1992 年第 7 期。

～张军：《〈儒门事亲〉疾病饮食禁忌偶识》，《四川中医》1989 年第 3 期。

《张从正与"地浆"》，《吉林中医药》1988 年第 3 期。

《〈伤寒论〉中茯苓的用法》，《中医函授通讯》1988 年第 1 期。

张实（云南大学）

～郑艳姬：《治疗的整体性：多元医疗的再思考——基于一个彝族村落的考察》，《中央民族大学学报（哲学社会科学版）》2015 年第 4 期。

《当代医学人类学理论体系及其流派》，《西南边疆民族研究》2012 年第 2 期。

～郑艳姬：《小凉山彝族疾病文化的人类学研究——以宁蒗县跑马坪乡沙力坪村为例》，《云南社会科学》2010 年第 5 期。

～王永华：《苗族社区疾病、环境与文化互动关系研究》，《职业与健康》2010 年第 1 期。

～尹绍亭：《迪庆高原藏族老年疾病文化、生态环境相关因素研究》，《中国民族民间医药》2009 年第 21 期。

～罗银幸：《老年人疾病与文化生态环境的关联性探讨——以云南省大理州祥云县东山彝族自治乡大古者村为个案》，《西南边疆民族研究》2009 年 00 期。

～彭远：《云南藏区德钦县新型农村合作医疗现状研究》，《中国民族民间医药》2009 年第 3 期。

～吴锦屏等：《云南老年人患病及身心健康状况的调查研究》，《中国老年学杂志》2008 年第 21 期。

《少数民族地区医疗体系的文化研究》，《中国社会医学杂志》2008 年第 4 期。

～吕昭河：《我国少数民族村寨医疗卫生资源配置研究》，《中国卫生资源》2008 年第 4 期。

尹绍亭、吴锦屏～：《云南城乡老年疾病的比较研究》，《中国民康医学》2008 年第 13 期。

王玉华～吴锦屏：《云南省城乡老年人身心健康状况调查分析》，《医学与社会》2008 年第 5 期。

《福建省罗源县八井畲族村寨的民间医疗》，《中国民族民间医药》2008 年第 3 期。

《云南藏医文化研究》，《云南师范大学学报（哲学社会科学版）》2008 年第 2 期。

《云南少数民族社区医学信仰中的二元性分析》，《云南师范大学学报（哲学社会科学版）》2010 年第 3 期。

《民间常用催乳验方介绍》,《中国民族民间医药杂志》1998 年第 2 期。

张士伟(陇南师范高等专科学校)

《近代中外合作办慈善:广东石龙麻风院研究》,《重庆三峡学院学报》2016 年第 4 期。

张诗文

《合肥基督医院回顾》,《安徽卫生志通讯》1986 年第 1 期。

张世筠(中国中医研究院西苑医院/北京中医药大学西苑医院)

～程辉:《中韩医学界之间的学术交流》,《当代韩国》1997 年第 4 期。

《传统医学的璀璨明珠——韩医》,《当代韩国》1995 年第 4 期;1996 年第 1 期。

张世政

《我国医院的形成及其发展之概括》,《河南中医学院学报》1978 年第 2 期。

张守杰(上海第二医科大学附属瑞金医院)

～余养居:《论〈千金方〉对诊治七窍病的贡献》,《中国中西医结合耳鼻咽喉科杂志》2000 年第 1 期。

～余养居:《〈黄帝内经素问〉天人相应理论对耳鼻喉科指导作用》,《中国中西医结合耳鼻咽喉科杂志》1998 年第 3 期。

《十九世纪中日眼科学术成就之考察比较(外眼部分)》,《中医文献杂志》1996 年第 1 期。

《学贯中西起沉疴——著名中医喉科专家朱宗云》,《中医文献杂志》1995 年第 2 期。

吴贤益～朱宗云:《〈金匮要略〉方论在耳鼻喉科中的应用》,《上海中医药杂志》1993 年第 2 期。

朱宗云、吴贤益～:《试论〈金匮要略〉中的耳鼻喉科疾病》,《上海中医药杂志》1989 年第 9 期。

张树剑(山东中医药大学/南京中医药大学)

～张建兰:《什么是针灸传统:历史与比较的视角》,《科技导报》2019 年第 15 期。

姜姗～赵京生:《针灸器具沿革及其动因分析与思考》,《科技导报》2019 年第 15 期。

张建兰～:《民国针灸译著〈最新实习西法针灸〉内容及其影响》,《中国针灸》2019 年第 10 期。

耿飞～:《民国期刊〈中国针灸学〉钩沉》,《中国针灸》2019 年第 6 期。

《“干针”对中医针灸的“入侵”与“独立”——兼论针灸概念与理论变革》,《自然辩证法通讯》2019 年第 6 期。

《知识史视域下的中医技术史研究向度》,《哈尔滨工业大学学报(社会科学版)》2019 年第 5 期。

～赵璟:《承淡安教育实践历程及其意义评述》,《南京中医药大学学报(社会科学版)》2019 年第 3 期。

《对经络理论史研究的讨论——评张建斌〈经络千古裂变——理论演变与临床应用的断代研究〉》,《中国针灸》2019 年第 1 期。

《现代针灸临床新学派背景与前景透视》,《南京中医药大学学报(社会科学版)》2018 年第 4 期。

《针刺消毒史:近代以来的曲折遭遇与社会反应》,《自然科学史研究》2018 年第 3 期。

赵璟～:《民国时期针灸教材体例及内容特点》,《中国针灸》2017 年第 9 期。

赵璟～:《民国时期针灸教育形式的转型与其特征分析》,《医疗社会史研究》2017 年第 1 期。

刘科辰～:《民国时期汉译日本针灸医籍对我国针灸学的影响》,《针刺研究》2017 年第 6 期。

刘科辰～:《近现代汉译日本针灸医籍述要》,《中国针灸》2017 年第 5 期。

赵璟～:《民国时期针灸学校述要》,《中国针灸》2017 年第 4 期。

吴章～:《海外古典针灸流派述略》,《中华医史杂志》2017 年第 3 期。

《〈清明上河图〉中的医药图像》,《中国医学人文》2017年第3期。

《从文献到学术史:针灸理论研究的立场与路径》,《中国针灸》2017年第3期。

《站在楼上看风景——读评张效霞〈名人与中医〉》,《中国中医药报》2017年3月3日008版。

赵璟~:《民国时期针灸教育形式的转型及其特征分析》,《医疗社会史研究》2017年第1期。

《一次艰辛的学术探险——读评黄龙祥先生〈经脉理论还原与重构大纲〉》,《医疗社会史研究》2016年第2期。

《校以古书——宋代中医学解剖图的立场》,《中国中医基础医学杂志》2016年第9期。

~黄龙祥等:《对针灸"辨证论治"的回顾与省思》,《中国科技史杂志》2016年第1期。

~张立剑:《朱琏"新针灸学"与针灸科学之初曦》,《中国针灸》2015年第11期。

张建兰~:《民国时期针灸医籍分类及内容特点》,《中国针灸》2015年第7期。

《"子午流注"针法理论思想探析——兼论金元针灸理论之固化》,《针刺研究》2015年第2期。

《近现代针灸科学化实践与转向——以朱琏为中心》,《中国针灸》2014年第10期。

《中医文化通识教育与大众传播的探索与思考》,《中医药文化》2014年第1期。

《微博时代中医文化传播存在的问题及对策》,《医学与社会》2014年第1期。

《阿是取穴法源流论》,《中国针灸》2013年第2期。

《从律管候气到针刺候气——一个中医学术语的文化渊源》,《医学与哲学》2012年第4期。

《早期腧穴形态观念阐微》,《中国针灸》2011年第12期。

《承淡安针灸学术思想特点简析》,《中国针灸》2011年第11期。

《从自然现象到人体腧穴的变迁——"八风"考论》,《医学与哲学(人文社会医学版)》2010年第12期。

~赵京生:《古代"神"的观念与〈内经〉"神"相关概念的关系探讨》,《中国中医基础医学杂志》2010年第3期。

~赵京生:《论镵针之由来与早期经脉思想》,《医学与哲学(人文社会医学版)》2010年第2期。

~赵京生:《损益思想与针刺补泻》,《中华医史杂志》2009年第5期。

《〈内经〉针灸理论与概念的观念研究》,南京中医药大学博士学位论文2009年。

《经典针灸概念术语研究述略》,《医学与哲学(人文社会医学版)》2009年第3期。

~赵京生:《早期经脉认识方法与形态评述》,《中国中医基础医学杂志》2009年第1期。

《"守神"辨析》,《中国针灸》2009年第1期。

~赵京生:《督脉名考释》,《中医研究》2008年第4期。

章树林(安徽中医学院)

《从〈续名医类案〉看古代医生之间的关系》,《上海中医药杂志》1997年第9期。

《从〈名医类案〉看古代的医患关系》,《中国医学伦理学》1997年第2期。

《"辨证论治"之我见》,《中国医药学报》1996年第3期。

《〈吕氏春秋〉的养生观》,《安徽中医学院学报》1990年第1期。

~张笑平:《毛梓敬医案六则》,《安徽中医学院学报》1982年第4期。

张淑玲(承德医学院)

《西方社会医患关系的制度建设及启示》,《医学与哲学(A)》2012年第9期。

张枢明(瑞士库尔种瑞堂中医诊所)

《"医者,意也"辨析与正名之溯源求真》,《中医药文化》2017年第1期。

张淑女（台湾国立清华大学）

《中国传统医学中的选择术——以"人神"及"妊娠"禁忌为例》，台湾国立清华大学硕士学位论文 1993 年。

张淑萍（张家口医学院）

季增荣～:《略探〈内经〉中营卫的生理与病理》,《张家口医学院学报》2002 年第 5 期。

～李旺等:《论宋金元医学发展的原因及其对当代中医教育的启示》,《中医教育》2002 年第 4 期。

～季增荣:《略论中医望诊中的心理诊断》,《张家口医学院学报》2001 年第 6 期。

李旺～:《略论脉诊学的形成与发展》,《山西中医》2000 年第 3 期。

张淑卿（台湾长庚大学/台湾国立清华大学/台湾国立中兴大学）

《世界卫生组织与 1950 年代台湾护理专业之发展》,《国史馆馆刊》第 56 期（2018.6）。

《从战地救护到军事护理——1950、60 年代台湾的军护训练》,《医疗社会史研究》2018 年第 1 期。

张育齐～:《医学知识之建构:以嚼食槟榔跟口腔癌关系为例》,《人文社会与医疗学刊》第 5 期（2018.5）。

《战后台湾小儿预防接种知识的传播:以联合报、中国时报与民生报为分析案例,1950—1980s》,《长庚人文社会学报》（2018.4）。

～卢擎艳:《性别与科技交会的护理史:本土案例》,王文基等编《东亚医疗史:致命、性别与现代性》（台湾:联经出版事业有限公司 2017 年）。

《台湾护士形象的源起与建构:以〈护士季刊〉为案例的分析》,《长庚人文社会学报》第 8 卷第 2 期（2015.10）。

《解剖学知识传授与实作的初步观察:以 1900—1980 年代的台湾医学教育现场为分析对象》,《科技、医疗与社会》第 20 期（2015.4）。

容世明～:《台湾日治时期第一位解剖学教授:安达岛次》,《台湾医界》第 58 卷第 1 期（2015.1）。

《佛教护理在台湾:以埔基护校与门诺护校为例,1945—1970s》,黄文江等编《变局下的西潮》（香港:建道神学院 2015 年）。

容世明～:《小中见大:横川定寄生虫学研究的科学实作》,《兴大历史学报》第 29 期（2014.12）。

《谢献臣与台湾地区肠内寄生虫防治》,《彰化文献》第 19 期（2014.10）。

《复健、辅具与台湾小儿麻痹病患生活经验（1950s—70s）》,《台湾史研究》第 20 卷第 2 期（2013.6）。

《国家、医学专业与社会互动》,章英华等编《中华民国发展史:社会发展（下）》（台北:联经出版事业有限公司 2011 年）。

《1960 年代台湾进口过期小儿麻痹疫苗之争议研究》,范燕秋主编《多元镶嵌与创造转化:台湾公共卫生百年史》（台北:远流出版社 2011 年）。

《美式护理在台湾:国际援助与大学护理教育的开端》,《近代中国妇女史研究》第 18 期（2010.12）。

《国家与儿童健康:1950—60 年代台湾国民学校的卫生教育》,《国史馆馆刊》第 24 期（2010.6）。

《1950、60 年代台湾的卡介苗预防接种计画》,《科技医疗与社会》第 8 期（2009.6）。

《有用的利器? 卡介苗与 X 光在台湾结核病防治中的医疗技术实践》,成令方主编《医疗与社会共舞》（台北:群学出版社 2008 年）。

《卫生的现代性》,《中央研究院近代史研究所集刊》第 55 期（2007.3）。

《战后台湾的痨保健员》,《近代中国妇女史研究》第 14 期（2006.12）。

《日治时期台湾的结核病防治政策与议论》,《台湾史研究》第 13 卷第 1 期（2006.6）。

《美援医学》,经典杂志编著《台湾医疗四百年》(台北:慈济大爱人文中心 2006 年 5 月)。

《防痨协会与 50、60 年代台湾的肺结核病防治》,《台湾风物》第 55 卷第 1 期(2005.3)。

《防痨体系与监控技术:台湾结核病史研究(1945—70s)》,国立清华大学博士学位论文 2004 年。

《略论孙思邈的养生观——以〈千金方·养性篇〉为例》,《中国中医典籍学报》第 1 期(1998.12)。

《战后台湾地区传染病之防治研究(1945—1971)》,国立中兴大学硕士学位论文 1997 年。

张舒雨(南京师范大学)

《民国南京城市自来水建设工程研究》,南京师范大学硕士学位论文 2017 年。

张帅(山东中医药大学)

《公孙穴古代临床应用研究》,山东中医药大学硕士学位论文 2013 年。

黄宗雄、张永臣～贾红玲:《昆仑穴古代临床应用分析》,《针灸临床杂志》2013 年第 10 期。

～张永臣:《简析〈脉经〉对针灸腧穴学的贡献》,《针灸临床杂志》2013 年第 1 期。

张永臣～:《〈内经〉"天人相应"观下的针灸学术思想简析》,《针灸临床杂志》2012 年第 11 期。

～张永臣:《〈腹证奇览(全)〉腹诊法中的针灸学术思想》,《江西中医药》2012 年第 7 期。

张爽(山东大学)

《丁福保与近代"西医东渐"》,《江苏教育学院学报(社会科学版)》2013 年第 4 期。

章斯纯(华东师范大学)

《疯癫的书写:〈达洛维夫人〉中的困境与救赎》,华东师范大学硕士学位论文 2018 年。

张斯靓(湘潭大学)

《建国后的中医存废之争及其反思》,湘潭大学硕士学位论文 2018 年。

章斯睿(复旦大学)

《近代上海乳业市场管理研究》,复旦大学博士学位论文 2013 年。

张思玮(河北大学)

《〈中国青年报〉医患关系报道的框架分析》,河北大学硕士学位论文 2009 年。

张素玲(洛阳师专)

～王中茂:《从祝由看古代巫术的医疗作用》,《洛阳师专学报》1997 年第 6 期。

张孙彪(福建中医药大学)

～王尊旺:《近代中国医界与人体解剖的社会推广》,《医学与哲学(A)》2018 年第 2 期。

～郑洪:《民国时期中医图书馆事业述论》,《国家图书馆学刊》2017 年第 6 期。

《〈国医旬刊〉及其中西医汇通理念》,《中华医史杂志》2016 年第 5 期。

《明代养生著作〈厚生训纂〉考略》,《江西中医药大学学报》2016 年第 2 期。

《近代医家吴瑞甫医事言论探析》,《中华医史杂志》2016 年第 2 期。

林珊～:《近代中国医院社会工作的历史启示》,《医学与哲学(A)》2015 年第 3 期。

～林姗等:《民国时期中医药讼案医疗鉴定探析》,《中华医史杂志》2015 年第 3 期。

～林楠:《1909 年郑豪参加国际消除麻风病会议考析》,《中华医史杂志》2015 年第 1 期。

～林楠:《近代厦门国医专门学校》,《中华医史杂志》2013 年第 4 期。

～王苹:《医学视野下的"林则徐禁烟"》,《中华医史杂志》2013 年第 2 期。

林楠～曾毅凌:《海外交通视野下的近代闽南区域疫病研究》,《中华医史杂志》2012 年第 5 期。

林楠～曾毅凌:《清代福建南部瘟疫流行的社会影响》,《福建中医药大学学报》2012 年第 5 期。

陈玉鹏～:《近代福建两部鼠疫专著》,《中医文献杂志》2012 年第 4 期/《江西中医学院学报》2012

年第 1 期。

　　～林楠:《近代中国医院社会工作的缩影——〈医院社会工作〉》,《中华医史杂志》2012 年第 4 期。

　　～林楠:《中国近代中医药讼案鉴定考述》,《医学与哲学》2012 年第 3 期。

　　～陈玉鹏等:《近代福建"三山医学传习所"考略》,《中华医史杂志》2011 年第 6 期。

　　～林楠:《中国近代政府医药广告管理探析》,《中华医史杂志》2011 年第 2 期。

　　～林楠等:《中国古代医患关系中的信任问题——以"就医方"为考察对象》,《医学与哲学(人文社会医学版)》2010 年第 6 期。

　　～林楠:《"果报观"与中国传统医学伦理道德》,《医学与哲学(人文社会医学版)》2009 年第 9 期。

　　～林楠:《〈点石斋画报〉中的两幅尸体解剖图》,《中华医史杂志》2009 年第 2 期。

张太教(中国社会科学院)

　　《巫术与巫医》,《常熟理工学院学报》2007 年第 5 期。

张泰山(武汉大学/湖北师范学院)

　　《民国时期的传染病与社会——以传染病防治与公共卫生建设为考察中心》,武汉大学博士学位论文 2006 年。

　　《民国时期国人对公共卫生建设的认识》,《安徽史学》2008 年第 5 期。

　　《民国时期传染病防治的国际交流与合作》,《中华医史杂志》2008 年第 3 期。

　　《民国时期法定传染病病种考析》,《中华医史杂志》2007 年第 4 期。

章太炎

　　《张仲景事状考》,《中医新生命》1935 年第 10 期。

　　《王叔和考》,《中医新生命》1934 年第 3 期。

　　《孙中山先生译赤十字会救伤第一法序》,《神州国医学报》1932 年第 3 期。

　　《古方权量考》,《上海国医学院院刊》1929 年第 1 期。

张堂会(复旦大学)

　　《民国时期瘟疫与现代文学书写》,《北方论丛》2012 年第 2 期。

张涛(北京交通大学)

　　《美国医疗保障运行机制及其对中国医疗体制改革的借鉴研究》,北京交通大学博士学位论文 2013 年。

　　～袁伦渠:《"管理式医疗"机制:美国经验与我国借鉴》,《河南社会科学》2013 年第 6 期。

　　～袁伦渠:《美国医保管理模式——健康管理》,《中国劳动》2012 年第 11 期。

张涛(北京中医药大学)

　　《〈伤寒论〉六经的诠释学研究》,北京中医药大学博士学位论文 2011 年。

张涛(广州中医药大学)

　　赖文～:《清代四川两次霍乱严重流行》,《中华医史杂志》2006 年第 1 期。

　　赖文、李永宸～庞宏广:《近 50 年的中国古代疫情研究》,《中华医史杂志》2002 年第 2 期。

　　《四川古代疫情研究》,广州中医药大学硕士学位论文 2002 年。

张涛(华中师范大学)

　　《明代疫灾时空分布及环境机理研究》,华中师范大学博士学位论文 2015 年。

　　龚胜生、王晓伟～:《明代江南地区的疫灾地理》,《地理研究》2014 年第 8 期。

　　龚胜生～:《中国"癌症村"时空分布变迁研究》,《中国人口·资源与环境》2013 年第 9 期。

龚胜生、刘杨～:《先秦两汉时期疫灾地理研究》,《中国历史地理论丛》2010 年第 3 期。

张涛(南京中医药大学附属常州市中医医院)

～张琪:《孟河医派马培之的征君之路》,《中华医史杂志》2019 年第 4 期。

张涛(南通医学院附属医院)

《病人的知情同意与医生的特殊干涉》,《中国医学伦理学》2001 年第 2 期。

张天婵(黑龙江中医药大学)

《看〈傅青主女科〉如何以五行立法治疗妇科病》,《辽宁中医药大学学报》2012 年第 4 期。

张田芳(兰州大学)

《粟特僧伽大师医术及其灵异》,《中医药文化》2018 年第 3 期。

杨富学～:《回鹘文〈针灸图〉及其与敦煌针灸文献之关联》,《中医药文化》2018 年第 2 期。

张天民(湖北中医药大学)

～杜艳军:《针刀医学发展简史》,《中国医药导报》2016 年第 27 期。

张田生(曲阜师范大学/渭南师范学院/南开大学/兰州大学)

《观念史视野下清代医家的行为与身份认同》,《中医药文化》2019 年第 3 期。

《清代医家对治疗决定权的争夺》,《中国社会历史评论》2015 年 00 期。

《清代的医病矛盾与医家应对》,《福建师范大学学报(哲学社会科学版)》2015 年第 6 期。

《治疗决定权之争折射清代医病关系》,《中国社会科学报》2015 年 3 月 25 日 A06 版。

《女性病者与男性医家——清代礼教文化中的女性隐疾应对》,《自然科学史研究》2014 年第 2 期。

《西方梅毒史研究综述》,《中国社会历史评论》2013 年 00 期。

《天花与清人日常生活——以医家形象为视角》,《紫禁城》2013 年第 7 期。

《寒温统一论与社会变迁》,《历史教学(下半月刊)》2012 年第 11 期。

《医疗与政治——清代御医刘声芳政治沉浮考论》,《福建师范大学学报(哲学社会科学版)》2012 年第 5 期。

《职官演化与孙思邈生年考》,《兰州学刊》2008 年第 12 期。

《明移民与清初医学的发展》,《甘肃中医学院学报》2005 年第 1 期。

《生态与长寿——孙思邈生年 541 说的前提论证》,《甘肃行政学院学报》2004 年第 4 期。

张天舒(东南大学)

《公立与民营医院的医患信任——以江苏省 G 地两医院为例》,东南大学硕士学位论文 2017 年。

张天锁(西藏民族学院)

《著名女藏医央坚拉姆传略》,《西藏民族学院学报(社会科学版)》1997 年第 4 期。

《历代著名藏医学家业绩简介》,《西藏民族学院学报(社会科学版)》1996 年第 3、4 期;1997 年第 1 期。

《藏医学发展史述略》,《中国民族医药杂志》1996 年第 1 期。

张天佐(北京中医药大学)

《中医"先天"理论的文献研究》,北京中医药大学博士学位论文 2010 年。

～张其成:《试析〈黄帝内经〉和谐思想》,《吉林中医药》2009 年第 11 期。

～张其成:《〈黄帝内经〉人本思想探析》,《山西中医》2009 年第 8 期。

《古代中医医德文献(言论篇)整理研究》,北京中医药大学学位论文 2007 年。

张铁楠(铁岭清河发电厂职工医院)

《从金元四大家对〈内经〉理论的继承和发展看中医理论创新》,《辽宁中医学院学报》2003 年第 2 期。

《从〈内经〉看五脏六腑》,《辽宁中医杂志》2003 年第 4 期。

张铁山(蚌埠医学院附属医院)

《论古希腊医学的传统》,《医学与哲学》1985 年第 8 期。

《漫长的血液循环发现史》,《医学与哲学》1984 年第 7 期。

张亭立(上海中医药大学)

任宏丽……孙文杰～:《略论传统医学文献对构建现代和谐医患关系的启示》,《浙江中医杂志》2017 年第 11 期。

～刘庆宇:《〈黄帝内经〉"必齐"论析》,《中国中医基础医学杂志》2017 年第 6 期。

～刘庆宇:《癥在汉代医籍和史籍中的不同含义》,《中华医史杂志》2017 年第 2 期。

～袁开惠:《说"火齐"——读〈史记〉劄记一则》,《晋阳学刊》2015 年第 1 期。

～袁开惠等:《〈素问·生气通天论〉与〈太素〉异文例析》,《南京中医药大学学报(社会科学版)》2010 年第 2 期。

张婷婷(上海中医药大学)

《新中国成立以来〈人民日报〉关于中医药事业报道论述》,《中医药文化》2019 年第 6 期。

～吴京:《共存与互补:近代上海医疗慈善事业格局与资源互动》,《医学与哲学》2018 年第 23 期。

《近代医疗慈善救助资源来源与管理初探》,《南京中医药大学学报(社会科学版)》2018 年第 1 期。

《超越道德教化:传统医疗慈善的近代转型》,《中华医史杂志》2017 年第 5 期。

《"医政"背景下近代中医教育变革及其困境》,《中医药文化》2016 年第 3 期。

～李久辉:《从医护伦理看近代中国医院与家庭的多重变奏》,《中国医学伦理学》2014 年第 5 期。

《近代民族主义话语下的中医存废论争》,《南京中医药大学学报(社会科学版)》2014 年第 3 期。

《近代社会变迁视野下的西医传播与近代中医》,《南京中医药大学学报(社会科学版)》2011 年第 2 期。

徐梅～谭丽等:《浅析〈女科证治准绳〉治闭经》,《江苏中医药》2010 年第 3 期。

谭丽、宋欣阳～:《〈傅青主女科〉论治不孕症浅析》,《上海中医药杂志》2009 年第 2 期。

《近代社会思潮对中医的影响》,《苏州科技学院学报(社会科学版)》2009 年第 1 期。

张同君(人民卫生出版社/中国中医研究院)

《古代官修本草的编辑与出版历史经验》,《中医文献杂志》2002 年第 2 期。

《许叔微〈仲景三十六种脉法图〉考》,《中华医史杂志》1995 年第 3 期。

《〈崔真人脉诀〉辨伪》,《中医杂志》1990 年第 10 期。

《试析〈本草纲目〉对明清药学的影响》,《中国药学杂志》1988 年第 11 期。

《刘企向与〈痘科药性诗余〉》,《陕西中医》1988 年第 10 期。

张同远(南京中医药大学附属第二医院/南京中医药大学)

《基于"舞弊三角理论"的医疗回扣治理研究》,《医学与哲学》2019 年第 8 期。

～杨进:《从王孟英生平看"卓越中医师"成长之路》,《中医药导报》2018 年第 3 期。

《特鲁多铭言中文翻译探讨》,《医学与哲学(A)》2018 年第 1 期。

～王红云等:《清代名医王孟英和谐医患关系建设启示》,《中医教育》2017 年第 3 期。

《"舍时从证"理论及王孟英相关医案研究》,南京中医药大学博士学位论文 2016 年。

～杨进:《"舍时从证"新析》,《江苏中医药》2016 年第 5 期。

～杨进:《反治法理论及王孟英反治医案研究》,《南京中医药大学学报》2016 年第 3 期。

《浅析〈内经〉论饮食》,《长春中医学院学报》2002 年第 4 期。

《影响中医学现代化的因素浅析》,《南京中医药大学学报(社会科学版)》2002 年第 4 期。

《〈内经〉变文浅析》,《时珍国医国药》2000 年第 1 期。

～谭一松:《〈内经〉时气医学初探》,《南京中医药大学学报》1999 年第 6 期。

《"因时制宜"新解》,《长春中医学院学报》1999 年第 4 期。

张婉(苏州大学)

《1918 年京汉铁路局应对肺鼠疫问题考察》,《河南科技学院学报》2016 年第 3 期。

张万杰

《阿拉伯医学—伊斯兰文化与维吾尔医学的关系》,《新疆中医药》1985 年第 3、4 期。

～阿尔甫:《维吾尔医学对中风的认识》,《新疆中医药》1985 年第 2 期。

《阿拉伯医学—伊斯兰文化与维吾尔医学的关系》,《中医杂志》1980 年第 4 期。

张旺清(广东药学院)

《略论华侨对祖国抗战的医药支援》,《江西社会科学》2010 年第 9 期。

张维(江西师范大学)

《美国奥巴马政府的医疗改革研究》,江西师范大学硕士学位论文 2011 年。

张薇(南京师范大学)

《英汉疾病概念隐喻对比研究》,南京师范大学硕士学位论文 2008 年。

张玮(山西师范大学)

《南京政府初期安徽禁烟政策与禁政机构——以〈大公报〉、〈申报〉资料为中心的讨论》,《民国研究》2011 年第 1 期。

～汪首龙:《南京国民政府初期安徽禁烟禁毒述论》,《安徽史学》2010 年第 3 期。

～杨林:《南京政府"二年禁毒六年禁烟"运动之考察——以天津〈大公报〉报道为视角》,《社会科学评论》2008 年第 4 期。

张炜(上海师范大学)

《艾滋病人法律保护问题的研究》,上海师范大学硕士学位论文 2014 年。

张卫(中国中医科学院)

赵佳琛……张悦～彭华胜等:《经典名方中芍药类药材的本草考证》,《中国中药杂志》2019 年第 24 期。

赵佳琛……张悦～彭华胜等:《经典名方中术类药材的本草考证》,《中国中药杂志》2019 年第 23 期。

翁倩倩……张悦～彭华胜等:《经典名方中石菖蒲药材的考证》,《中国中药杂志》2019 年第 23 期。

～王嘉伦等:《经典名方中蔓荆子本草考证》,《中国中药杂志》2019 年第 24 期。

～王嘉伦等:《经典名方药用百合本草考证》,《中国中药杂志》2019 年第 22 期。

程铭恩、詹志来～杨洪军等:《经典名方中黄柏的本草考》,《中国中药杂志》2019 年第 21 期。

～王嘉伦:《经典名方的中药基原考证方法与示例》,《中国中药杂志》2018 年第 24 期。

王嘉伦……杨洪军～苏瑞强:《基于古代文献分析经典名方四逆汤的主治疾病》,《中国实验方剂学杂志》2018 年第 18 期。

～李哲等:《余瀛鳌学术思想探讨——基于余瀛鳌著述、成果的分析》,《中医文献杂志》2016 年第 1 期。

梁飞～李健等:《清代医家赵学敏的医药素材采集源头考》,《中医药文化》2016 年第 1 期。

～张瑞贤等:《中药药味理论的传承与创新及中药药味的标定原则与方法研究——〈本草纲目〉药味及药味理论考》,《中国中药杂志》2015 年第 24 期。

梁飞～李健等:《清代医药学家赵学敏足迹探寻》,《西部中医药》2015 年第 9 期。

李健～梁飞等:《赵学敏亲族考》,《中药与临床》2015 年第 2 期。

～黄璐琦等:《金银花品种的本草考证》,《中国中药杂志》2014 年第 12 期。

张桌～:《宋金元时期中药药味标定及演变规律考证》,《中国中药杂志》2014 年第 3 期。

～张瑞贤:《煮散剂的剂量与兴衰》,《中国医学创新》2014 年第 3 期。

李超霞……李健～张瑞贤:《李中梓的佛教因缘》,《中国中医基础医学杂志》2014 年第 2 期。

梁飞、李健～张瑞贤:《道地药材产地变迁原因的探讨》,《中国中药杂志》2013 年第 10 期。

梁飞、李健～张瑞贤:《"道地药材"浅述》,《中国中药杂志》2013 年第 9 期。

～张瑞贤等:《中药气味薄厚升降浮沉理论体系构建及嬗变》,《中医杂志》2013 年第 7 期。

梁飞……李健～蒋力生:《谈"服食"养生术对中医学的影响》,《中国中医基础医学杂志》2013 年第 4 期。

梁飞、李健～张瑞贤:《谈"道地药材"的形成原因》,《中国中药杂志》2013 年第 3 期。

梁飞……李健～张瑞贤:《〈千金翼方〉"味"篇与〈新修本草〉对勘》,《中国中药杂志》2012 年第 20 期。

～张瑞贤等:《〈黄帝内经〉"五脏苦欲补泻"及五味功效浅议》,《中医杂志》2012 年第 11 期。

～张瑞贤:《马王堆汉墓中的中医药文物》,《中国中医药报》2011 年 11 月 4 日 008 版。

张瑞贤……蒋力生～梁飞:《"文革"中的中草药的继承与发展》,《江西中医学院学报》2011 年第 1 期。

～张瑞贤:《从〈证类本草〉看道教对中药学的影响》,《中国中药杂志》2010 年第 20 期。

～张瑞贤:《〈雷公炮炙论〉药物炮制辅料考》,《中国中药杂志》2010 年第 18 期。

张瑞贤～:《先秦时期非医学文献对"味"的认识》,《中国中药杂志》2010 年第 4 期。

～张瑞贤:《〈证类本草〉的学术思想及来源分析》,《国际中医中药杂志》2010 年第 3 期。

～张瑞贤:《〈本草原始〉版本考察》,《中医文献杂志》2010 年第 1 期。

张瑞贤～:《"文革"期间开门办科研与中草药运动》,《江西中医学院学报》2010 年第 1 期。

～张瑞贤等:《金元时期影响药物剂量因素分析》,《中国中药杂志》2009 年第 9 期。

张瑞贤、芦琴～张慕群:《宋代药物非衡量计量单位的考察》,《中国中药杂志》2008 年第 21 期。

张瑞贤、芦琴～张慕群:《宋代药物衡量单位的考察》,《中国中药杂志》2008 年第 19 期。

张瑞贤、芦琴～张慕群:《隋唐时期药物非衡量单位的考察》,《中国中药杂志》2018 年第 18 期。

张瑞贤、芦琴～张慕群:《隋唐时期药物衡量单位的考察》,《中国中药杂志》2008 年第 17 期。

张瑞贤、芦琴～张慕群:《魏晋南北朝时期药物计量单位的争议问题》,《中国中药杂志》2008 年第 16 期。

张瑞贤、芦琴～张慕群:《魏晋南北朝时期药物计量单位的考察》,《中国中药杂志》2008 年第 15 期。

张瑞贤、王婧～张慕群：《汉代药材产地概貌》，《中国中药杂志》2008年第14期。

张瑞贤、杨华～易红：《古代汤剂的文献学研究》，《中国中医基础医学杂志》2008年第10期。

～张瑞贤、韩垚：《秦汉间影响药物剂量大小医学因素分析》，《中国中药杂志》2008年第6期。

张瑞贤、王婧～张慕群：《宋代药材产地概貌》，《江西中医学院学报》2008年第1、2、3、4、5期。

～张瑞贤：《〈植物名实图考〉引书考析》，《中医文献杂志》2007年第4期。

～张瑞贤、韩垚：《魏晋南北朝时期影响药物剂量相关医学因素分析》，《国际中医中药杂志》2007年第4期。

《明清道教医学研究》，中国中医科学院硕士学位论文2006年。

张维波（中国中医科学院/中国中医研究院）

～李宏彦等：《〈黄帝内经〉三阴三阳概念的空间解析》，《中医杂志》2019年第6期。

～王燕平等：《〈黄帝内经〉经脉脏腑相关解析》，《针刺研究》2018年第7期。

～高也陶等：《〈黄帝内经〉成书年代解析》，《中华医史杂志》2017年第3期。

《〈黄帝内经〉气血经络概念解析》，《中国针灸》2013年第8期。

《中医理论发展史的一件大事——杨学鹏教授〈解构传统医学〉读后》，《中国中医基础医学杂志》2008年第11期。

徐一慧～黄涛等：《汉末思想嬗变对〈伤寒杂病论〉的影响》，《医学与哲学（人文社会医学版）》2008年第6期。

～郭义等：《经络研究近50年回顾与今后研究方向》，《世界科学技术》2005年第5期。

《古代经络概念与现代经络研究》，《中国中医基础医学杂志》2003年第12期。

《中医外治法的鼻祖——砭石疗法》，《中国针灸》2003年第5期。

张慰丰（南京医科大学/南京医学院）

《南京医科大学最早儿科班史事回顾》，《传承》（南京医科大学儿科系成立六十周年纪念文集），第50—56页。

《名师业绩风范录》，陈琪等主编《南京医科大学校史（1934—2014）》（南京：南京大学出版社2014年）。

《南京医科大学变迁史之回顾》，《南京医科大学学报（社会科学版）》2014年第3期。

《我国医史士林60载回顾》，《中华医史杂志》2012年第3期。

陶乃煌～刘虹：《三十年回顾——医学人文学科的复兴》，《医学与哲学（人文社会医学版）》2009年第11期。

《书海观潮一部不该遗忘的巨著——王吉民、伍连德合著英文〈中国医史〉再版影印本评介》，《健康报》2009年7月16日06版。

《学贯中西 融汇古今——喜读〈医药文化随笔〉》，《江苏中医药》2007年第9期。

《关于人类基因组解读计划的某些思考》，《医学与哲学》2002年第11期。

范萍～：《乳腺癌遗传基因的医学伦理学思考》，《南京医科大学学报（社会科学版）》2001年第3期。

沈历宗、吴文溪～：《人类肿瘤基因治疗的伦理问题》，《南京医科大学学报（社会科学版）》2001年第2期。

《喜读〈江苏省志·卫生志〉有感》，《江苏地方志》2001年第2期。

《优生学发展述评》，《南京医科大学学报（社会科学版）》2001年第1期。

《医药的起源》,《中华医史杂志》2000 年第 1 期。

范刚启、吴旭～:《实现中医思维模式的转变》,《山东中医药大学学报》1999 年第 4 期。

唐文……卢建华～:《我国医学人文社会学科发展现状与探讨》,《医学与哲学》1998 年第 6 期。

《辨证新论》,《江苏中医》1998 年第 3 期。

《杜马克与磺胺药》,《祝您健康》1997 年第 8 期。

《开展医学文化史的研究》,《中华医史杂志》1997 年第 4 期。

《发现青霉素》,《祝您健康》1997 年第 1 期。

《欧立希——"化疗"的开创者》,《祝您健康》1996 年第 11 期。

《麻醉的历程》,《祝您健康》1996 年第 10 期。

《医学向何处去?》,《医学与哲学》1996 年第 10 期。

王晓燕～:《中国古代哲学与医学的结合——阴阳生命观》,《南京医学院学报》1994 年第 3 期。

《黄宽传略》,《中华医史杂志》1992 年第 4 期。

《中国医学史研究的开拓者——陈邦贤——陈邦贤先生三部〈中国医学史〉述评》,《中华医史杂志》1990 年第 1 期。

《人脑自我认识的沿革》,《医学与哲学》1989 年第 6 期。

黄煌～:《中西医结合局面开创的历史回顾》,《南京中医学院学报》1989 年第 3 期。

《"6·26 指示"出台的前前后后》,《健康报》1989 年 3 月 25 日 001 版。

《东西方医学方法论辨析》,《医学与哲学》1985 年第 11 期。

《显微镜发明史略》,《中华医史杂志》1985 年第 2 期。

《从麦斯麦术到催眠术》,《医学与哲学》1984 年第 8 期。

《未来人口质量及其对策——计划生育、优生学、伦理学》,《南京医学院学报》1982 年第 3 期。

《早期西洋医学传入史略》,《中华医史杂志》1981 年第 1 期。

《再探扁鹊之活动年代与事迹》,《江苏中医杂志》1981 年第 1 期。

贾静涛～:《云梦秦简与医学、法医学》,《中华医史杂志》1980 年第 1 期。

《开展医史研究工作的刍议》,《上海中医药杂志》1979 年第 3 期。

《鉴真与中日医药交流》,《江苏医药(中医分册)》1979 年第 3 期。

《试论中西医结合临床科研工作中的某些问题》,《江苏医药》1978 年第 4 期。

～徐上池:《省革委会召开中西医结合和针麻研究工作会议》,《江苏医药》1975 年第 1 期。

～马堪温:《人体解剖学革新者维萨留斯的生平和业绩——几年维萨留斯诞生 450 周年和逝世 400 周年》,《科学史集刊》1965 年第 8 期。

《微生物学的先驱者——雷文虎克》,《健康报》1964 年 1 月 8 日。

张苇航(上海中医药大学)

胡祥翔～:《清代名医秦之桢〈女科切要〉研究述要》,《江苏中医药》2019 年第 7 期。

《明代小说的医学叙事与多元解读——以〈金瓶梅〉中李瓶儿病案为例》,《中医药文化》2019 年第 1 期。

于业礼～:《俄藏敦煌 Дх. 09319 残片研究》,《中华医史杂志》2018 年第 6 期。

《居延新简"出矢鏃方"考》,《中医药文化》2018 年第 2 期。

孙璐～:《〈伤寒论〉方剂用水考》,《江苏中医药》2018 年第 2 期。

于业礼～张如青:《黑水城出土汉文"胎产方书残卷"考释》,《中医药文化》2017 年第 6 期。

张如青、于业礼～:《出土医学文献的误读与过度诠释——以〈五十二病方〉为例》,《中医药文化》2017 年第 5 期。

《"手心主脉"考——兼论早期经脉学说的演变》,《医疗社会史研究》2016 年第 2 期。

《灸法术语"壮"起源探讨》,《上海针灸杂志》2014 年第 9 期。

《医药擅能绘红妆——中国传统化妆与医药关系琐谈》,《中医药文化》2013 年第 5、6 期。

《"浴兰汤兮沐芳"——中国传统清洁用品与医药文化溯源》,《中医药文化》2013 年第 2 期。

兰凤利、梁国庆～:《中医学中"脉"与"经络"概念的源流与翻译》,《中国科技术语》2011 年第 1 期。

兰凤利、梁国庆～:《中医学中"脏腑"的源流与翻译》,《中国科技术语》2010 年第 5 期。

《现存〈永乐大典〉中的美容医方》,《中医药文化》2008 年第 4 期。

～何新慧:《景岳"和法"探析》,《上海中医药杂志》2007 年第 3 期。

～何新慧:《试论〈伤寒论〉对〈神农本草经〉药物学的继承和发展》,《时珍国医国药》2006 年第 7 期。

～何新慧:《哲学之"和"与中医之"和"》,《医古文知识》2005 年第 4 期。

《仲景方治疗情志病症浅探》,《国医论坛》2003 年第 5 期。

《〈闲情偶寄〉与养生》,《医古文知识》2003 年第 2 期。

何新慧、朱娇玉～:《浅析〈伤寒论〉中之"和"》,《中医文献杂志》2002 年第 1 期。

张伟娜（中国中医科学院）

齐国田、李鸿涛～佟林等:《〈清寤斋心赏编〉养生特色浅析》,《国际中医中药杂志》2018 年第 9 期。

～李兵等:《古代瘟疫预防方法探析》,《陕西中医》2018 年第 6 期。

李鸿涛～佟琳等:《〈婺源余先生医案〉燥湿辨治思维浅析》,《中医杂志》2016 年第 19 期。

樊雅梦、毛宇红～:《〈神效集〉对于疔疮的诊疗特色分析》,《国际中医中药杂志》2016 年第 11 期。

～程英等:《孤本〈眼科六要〉学术特色浅析》,《陕西中医》2015 年第 5 期。

谢敬～:《李时珍与明荆楚藩王》,《中医文献杂志》2015 年第 5 期。

赵怀舟、王小芸～闫方园:《北匡主人手录本〈难经〉介绍》,《中华医史杂志》2015 年第 2 期。

～李鸿涛等:《地方志中医学资料的辑录与整理研究》,《国际中医中药杂志》2013 年第 11 期。

牛亚华～:《中国中医科学院馆藏清内府精写本〈御纂医宗金鉴〉》,《中医文献杂志》2012 年第 2 期。

李明、孙海舒～牛亚华:《从汉唐止痛方剂看古代对疼痛的认识》,《国际中医中药杂志》2012 年第 2 期。

《〈慈幼筏〉成书年代考》,《中华医史杂志》2010 年第 6 期。

牛亚华、程英～:《许勉焕〈续名医类案〉及其文献价值》,《中华医史杂志》2007 年第 4 期。

张伟男（黑龙江大学）

《东三省防疫处旧址和防疫泰斗伍连德博士》,《北方文物》2000 年第 4 期。

张卫霞（陕西师范大学）

《论中古时期的医患关系》,陕西师范大学硕士学位论文 2012 年。

张雯（北京中医药大学）

《近代针灸医案及学术思想的初步研究》,北京中医药大学硕士学位论文 2019 年。

～李瑞:《浅谈针灸的道与术——以近代针灸名家为例》,《安徽中医药大学学报》2018 年第 1 期。

张文（西安医科大学）

　　～问永宁等：《中国医学哲学发展 60 年》，《中华医史杂志》1996 年第 4 期。

　　梁兴邦～：《从计划经济向市场经济转轨阶段医德行为失衡的原因分析及对策》，《中国医学伦理学》1994 年第 5 期。

　　高建民～：《人口流动与性病流行》，《中国社会医学》1991 年第 5 期。

　　《张景岳心身关系理论的面面观》，《陕西中医学院学报》1991 年第 3 期。

　　～张思真等：《卫生观 生命观 医德观》，《中国医学伦理学》1991 年第 1 期。

　　～梁兴邦：《社会医学前瞻》，《中国社会医学》1990 年第 5 期。

　　赵树仲～：《医学模式与医学行为》，《中国社会医学》1990 年第 3 期。

　　～忽新泰：《论卫生发展理论》，《中国社会医学》1990 年第 1 期。

　　赵树仲～：《整体论认识的新突破——从"非内分泌器官"的内分泌现象说起》，《医学与哲学》1990 年第 1 期。

　　段凤仙～秦越：《医德的主体和受体》，《医学与哲学》1989 年第 2 期。

　　梁兴邦～：《由临床误诊引起的一些断想》，《医学与哲学》1988 年第 7 期。

　　《从指导思想看古代中西医学的发展特点》，《山东医科大学学报（社会科学版）》1988 年第 3 期。

　　韩中平～：《试论古代中药标准化的发展》，《中国社会医学》1987 年第 3 期。

　　韩中平～：《从〈温病条辨〉看吴鞠通的学术思想特点》，《西安交通大学学报（医学版）》1987 年第 1 期。

　　～韩中平：《试评恽铁樵中西汇通思想中的方法论》，《中西医结合杂志》1986 年第 8 期。

　　贺惠芳～韩中平：《从〈医门法律〉中的律看喻嘉言的诊断治疗思想》，《西安交通大学学报（医学版）》1986 年第 3 期。

　　赵树仲～：《医学模式与医生的知识结构》，《中国社会医学》1986 年第 2 期。

　　～韩中平等：《试论〈济阴纲目〉的诊断治疗思想》，《西安交通大学学报（医学版）》1986 年第 1 期。

张文（西南大学）

　　～卢渝宁：《宋代官办医疗救济》，《经济—社会史评论》2011 年 00 期。

张文（西南师范大学）

　　《地域偏见和族群歧视：中国古代瘴气与瘴病的文化学解读》，《民族研究》2005 年第 3 期。

　　《中国古代的流行病及其防范》，《光明日报》2003 年 5 月 13 日。

张文安（陕西师范大学／郑州大学）

　　《古代两河流域医疗巫术的文化考察》，《医学与哲学（A）》2018 年第 6 期。

　　《古代两河流域宗教中的生死信仰》，《古代文明》2009 年第 1 期。

　　《从神仙信仰的发展看汉代养生文化的兴衰》，《河南师范大学学报（哲学社会科学版）》2007 年第 4 期。

章文春（江西中医药大学／南京中医药大学／江西中医学院）

　　刘争强～：《〈福寿丹书〉形气神三位一体生命观的养生要点探析》，《中华中医药杂志》2019 年第 4 期。

　　赵吉超～：《基于形气神三位一体生命观的〈伤寒论〉气学说研究》，《中华中医药杂志》2019 年第 1 期。

赵吉超~:《形气神三位一体的生命观与〈难经〉》,《中华中医药杂志》2018 年第 12 期。

曾雅婷……刘建城~:《〈福寿丹书〉头面病证气功导引法探析》,《江西中医药》2018 年第 11 期。

黄志军……曹青青~:《〈福寿丹书〉调气治头面诸病法探析》,《江西中医药》2018 年第 8 期。

张舟南……李姝池~:《〈福寿丹书〉心胸病症气功导引法探析》,《江西中医药》2018 年第 7 期。

杜菁……刘争强~:《〈福寿丹书〉腰背部疼痛病症气功导引法探析》,《江西中医药》2018 年第 6 期。

夏林炜、林松~:《〈诸病源候论〉气滞血瘀型痔病导引法探析》,《江西中医药》2018 年第 5 期。

刘争强、刘建城~:《〈福寿丹书〉遗精病症气功导引法探析》,《江西中医药》2018 年第 5 期。

夏林炜、刘争强~:《〈福寿丹书〉腹痛气功导引法探析》,《江西中医药》2018 年第 4 期。

刘建城~:《张锡纯黄芪用量规律探析》,《江西中医药》2017 年第 12 期。

刘建城、邢欢~:《〈福寿丹书〉发汗愈病气功导引法探析》,《江西中医药》2017 年第 10 期。

邱烈泽~:《〈黄帝内经〉形气神三位一体生命观之神探析》,《江西中医药》2017 年第 9 期。

邱烈泽~:《〈黄帝内经〉形气神三位一体生命观之气的探析》,《江西中医药》2017 年第 8 期。

邱烈泽~:《〈黄帝内经〉形气神三位一体生命观之形的探析》,《江西中医药》2017 年第 7 期。

吴选辉~:《〈诸病源候论〉卒被损瘀血候养生方导引法探析》,《江西中医药》2017 年第 7 期。

邹雪芳~:《〈诸病源候论〉脚气缓弱候导引法探析》,《江西中医药》2017 年第 6 期。

邱烈泽~:《〈黄帝内经〉形气神三位一体生命观之生理探析》,《江西中医药》2017 年第 5 期。

邢欢、林松~:《〈福寿丹书〉腿脚疼痛导引法探析》,《江西中医药》2017 年第 5 期。

付俊、林松~:《〈诸病源候论〉病冷候导引法探析》,《江西中医药大学学报》2017 年第 5 期。

林松、付俊~:《〈诸病源候论〉腹痛候导引法探析》,《江西中医药大学学报》2017 年第 4 期。

邱烈泽~:《〈黄帝内经〉形气神三位一体生命观之病理探析》,《江西中医药》2017 年第 4 期。

刘建城~:《基于形气神三位一体生命观论万氏〈养生四要〉》,《江西中医药》2017 年第 1 期。

赵怀洋~任建坤:《〈伤寒论〉桂枝甘草汤方证探析》,《中国民间疗法》2016 年第 8 期。

赵怀洋~赵吉超:《〈黄帝内经〉形气神三位一体生命观的养生思想》,《江西中医药》2016 年第 8 期。

任建坤~:《基于形气神三位一体生命观论〈修龄要旨〉导引法》,《江西中医药大学学报》2016 年第 4 期。

许铮、王丽君~:《简析〈黄帝内经〉托名之因》,《江西中医药》2014 年第 2 期。

钟伟……李瑞旻~:《〈诸病源候论〉腹胀候导引法探析》,《江西中医药》2013 年第 7 期。

李瑞旻……钟伟~:《〈诸病源候论〉心腹痛病诸候导引法探析》,《江西中医药》2013 年第 3 期。

张敬文~:《论中医整体观之形成渊源和科学内涵》,《中华中医药学刊》2012 年第 5 期。

荀军锋……钟伟~:《〈诸病源候论〉大便病诸候导引法探析》,《江西中医药》2011 年第 12 期。

任建坤~:《〈诸病源候论〉风偏枯候导引法探析》,《江西中医学院学报》2011 年第 3 期。

鲍晓雷、任建坤~:《〈诸病源候论〉积聚候导引法探析》,《江西中医学院学报》2010 年第 5 期。

任建坤……赖俊宇~:《〈诸病源候论〉腰痛病候导引法探析》,《江西中医学院学报》2010 年第 4 期。

~王斌等:《史学典籍中养生内容探析》,《成都中医药大学学报》2010 年第 1 期。

《〈诸病原候论〉宿食不消病候导引法探析》,《江西中医药》2010 年第 2 期。

《〈诸病源候论〉去虚劳导引法探析》,《江西中医药》2004 年第 11 期。

张文光(河北大学)

～张洪芳:《上海医界春秋社的成立及主要活动》,《唐山师范学院学报》2011 年第 1 期。

《上海医界春秋社研究(1926—1937)》,河北大学硕士学位论文 2011 年。

张文华(陕西中医学院)

～张景明:《"大长安医派"各时期医家及其学术思想研究》,《中医杂志》2014 年第 17 期。

～张景明:《浅析"大长安医派"代表医家养生学术思想》,《湖南中医杂志》2014 年第 10 期。

张文娇(北京工业大学)

《从医生的角色冲突看中国"看病贵"问题》,北京工业大学硕士学位论文 2013 年。

张文彭(中国中医科学院)

杨宇洋～朱建平等:《俄罗斯及前苏联针灸发展历史与现状》,《中国针灸》2012 年第 10 期。

～Е.В.Владимирский 等:《藏医药学在俄罗斯的传播与巴德玛耶夫家族的贡献》,《国际中医中药杂志》2012 年第 5 期。

《俄罗斯医学学位教育特点》,《亚太传统医药》2009 年第 2 期。

～Е.В.Владимирский 等:《俄罗斯传统医药学概况》,《亚太传统医药》2008 年第 6 期。

张文涛(重庆三峡医药高等专科学校)

《〈霍乱实验论〉中霍乱辨治特色分析》,《中国中医急症》2014 年第 11 期。

《浅析民国上海中医学会讨论会纪事》,《湖北中医药大学学报》2014 年第 5 期。

张文义(中山大学)

《社会与生物的连接点:医学人类学国际研究动态》,《医学与哲学(A)》2017 年第 10 期。

涂炯～凯博文等:《人类学、医学与中国社会的发展:访凯博文教授》,《思想战线》2016 年第 5 期。

张文智(山东大学)

《〈黄帝内经〉中的易学象数学——兼论医、〈易〉思维理路之异同》,《周易研究》2004 年第 1 期。

张雯执(天津中医药大学)

～刘兆娟:《近 30 年国内剖宫产率变化趋势及影响因素》,《浙江中西医集合杂志》2010 年第 10 期。

张武韬(华中师范大学)

《清代河南省疫灾地理规律与环境机理研究》,华中师范大学硕士学位论文 2014 年。

张晳(吉林大学)

《东北解放区鼠疫流行与防治述论(1945—1949)》,吉林大学硕士学位论文 2016 年。

张锡钧(中国协和医学院)

《回忆中国生理学先驱林可胜教授》,《生理科学进展》1986 年第 2 期。

～周吕:《回忆客座教授坎农在北京的日子》,《生理科学进展》1981 年第 2 期。

林巧稚～陈德昌等:《我国医药卫生事业成就不容抹煞——批判安东尼奥尼拍摄的题为〈中国〉的反华影片》,《中国科学》1974 年第 3 期。

《现代生物学和医学中的一件大事》,《中医杂志》1964 年第 1 期。

～沈霁春:《关于参加苏联吉尔吉斯加盟共和国高山地方病与灌溉职业病会议的报告》,《人民军医》1959 年第 8 期。

《第二十届国际生理学大会中有关药理学方面一些新资料》,《生理科学进展》1957 年第 4 期。

《德意志民主共和国 1954 年巴甫洛夫学说讨论会》,《科学通报》1954 年第 6 期。

张锡君

　　《铜人腧穴像在东京》,《光华医药杂志》1936年第10—12期。

　　《元滑伯仁先生传》,《国医公报》1936年第7期。

　　失数有道撰,～译:《日本医学史略谱》,《中医世界》1936年第5期。

　　《中国针灸术在日本》,《光华医药杂志》1935年第5—6、8期。

　　失数有道撰,～译:《中国医学史略谱》,《光华医药杂志》1935年第4—5期。

张希昆（云南省卫生厅）

　　《云南疟疾地理分布特征的分析》,《云南医药》1990年第5期。

　　《云南抗疟前的疟疾流行病学形势》,《云南医药》1989年S1期。

张西平（北京外国语大学）

　　《卜弥格与中医的西传》,《北京行政学院学报》2012年第4期。

张锡元（扬州市苏北人民医院）

　　《谈钱乙用药特点》,《山东中医杂志》1992年第5期。

张霞（北京协和医学院）

　　王勇～:《1924年北京协和医学院毕业典礼》,《中华医史杂志》2011年第2期。

　　《1921年北京协和医学院开幕典礼》,《中华医史杂志》2011年第1期。

　　蒋育红～:《1917年协和医学院奠基及开工典礼》,《中华医史杂志》2010年第6期。

章霞（甘肃中医药大学）

　　《宋以前煮散运用规律研究》,甘肃中医药大学硕士学位论文2017年。

　　～朱向东:《〈备急千金要方〉煮散之初探》,《中医药临床杂志》2017年第1期。

　　～朱向东:《陈延之〈小品方〉煮散方之初探》,《中国民族民间医药》2016年第24期。

张弦（北京中医药大学）

　　《朝鲜〈医方类聚〉研究》,北京中医药大学博士学位论文2013年。

　　～梁永宣:《朝鲜〈医方类聚〉成书背景研究》,《吉林中医药》2013年第2期。

　　～梁永宣:《朝鲜〈医方类聚〉参编人员研究》,《世界中西医结合杂志》2012年第7期。

张弦（贵阳中医学院图书馆）

　　《民国时期贵州中医传承方式与特点研究》,《世界最新医学信息文摘》2017年第3期。

　　～杨竹颖等:《民国时期贵州知名中医人物资料研究》,《中国中医药图书情报杂志》2017年第4期。

　　～杨竹颖等:《地方志中中医药文献信息的价值及利用研究》,《中国中医药图书情报杂志》2015年第4期。

张显成（西南大学/西南师范大学/四川大学）

　　杜锋～:《考古发现与〈针灸避忌太一之图〉考源》,《中华中医药杂志》2018年第12期。

　　杜锋～:《张家山汉简〈脉书〉"气勤则忧"之"气勤"考》,《中国针灸》2018年第6期。

　　程文文～:《先秦两汉医籍否定副词"毋""勿"研究》,《古汉语研究》2018年第1期。

　　杜锋～:《张家山汉简〈脉书〉"气勤则忧"之"忧"试考》,《古籍整理研究学刊》2017年第5期。

　　孔德超～:《马王堆汉墓帛书〈五十二病方〉"燦燦然"释义商榷》,《管子学刊》2016年第4期。

　　～程文文:《从副词发展史角度考马王堆医书成书时代》,《文献》2016年第2期。

　　李烨、田佳鹭～:《简帛医籍字词释义要则》,《求索》2016年第2期。

李海峰、张如青～:《出土文献与〈内经〉的经脉异名分析》,《上海针灸杂志》2015 年第 11 期。

王奇贤～:《出土散见涉医简牍研究综述》,《古籍整理研究学刊》2015 年第 6 期。

程文文～:《简帛医籍时间系统探究》,《毕节学院学报》2014 年第 10 期。

杨艳辉～:《简帛医书文献用字考据与古籍文献整理研究》,《东南学术》2014 年第 2 期。

周祖亮～:《简帛医籍药物学研究概述》,《中药材》2012 年第 4 期。

《中医古籍研究的创新力作——〈中医古籍用字研究〉评介》,《中医药文化》2008 年第 6 期。

《马王堆医书药名试考》,《湖南中医学院学报》1996 年第 4 期。

《马王堆医书药名"汾"试考》,《中华医史杂志》1996 年第 4 期。

《马王堆医书疑难药名考释二则》,《甘肃中医学院学报》1996 年第 4 期。

《从中医文献看传统训释——兼谈中医文献的语言研究》,《古汉语研究》1996 年第 3 期。

《释马王堆医书中的"澡"、"杲"》,《中华医史杂志》1995 年第 2 期。

《"橐吾"即"鬼臼"——简帛医书短札》,《成都中医学院学报》1995 年第 1 期。

《简帛医书药名释读续貂》,《甘肃中医学院学报》1994 年第 4 期。

《简帛医书中的中药异名》,《医古文知识》1994 年第 2 期;1997 年第 2 期。

《释简帛医书中的"戒"》,《甘肃中医学院学报》1994 年第 1 期。

张先清(厦门大学)

《疾病的隐喻:清前期天主教传播中的医疗文化》,《中山大学学报(社会科学版)》2008 年第 4 期。

张向华(华中师范大学)

《民国时期晋陕甘宁地区疫灾流行与公共卫生意识的变迁研究》,华中师范大学硕士学位论文 2015 年。

张晓(福建师范大学)

《我国药品安全监管模式研究》,福建师范大学硕士学位论文 2013 年。

张笑川(苏州科技学院)

《〈慎宜轩日记〉所见清末民初士人的心性修养与健康维护》,《历史教学(下半月刊)》2012 年第 11 期。

张晓春(吉首大学)

～罗康隆:《医学人类学对过程哲学的阐释》,《吉首大学学报(社会科学版)》2005 年第 4 期。

张晓东(山西大学)

《清末留日学生与近代中国医学体制建设》,山西大学硕士学位论文 2008 年。

张孝芳(苏州大学附属第二医院)

《吴门医派的渊源及拓展》,《江苏中医药》2003 年第 4 期。

～江一平:《浅议叶天士与薛生白的事迹》,《南京中医药大学学报》1999 年第 4 期。

张晓飞(吉林大学)

《东三省防疫事务总处述略》,吉林大学硕士学位论文 2017 年。

张晓风(辽宁省档案馆)

《民国时期的传染病防治》,《中国档案》2003 年第 9 期。

张晓红(广州中医药大学)

～靳士英等:《关注药业史研究方向　促进药史学科发展》,《中国现代中药》2019 年第 12 期。

《我的疟疾防治之路——李国桥访谈》,《中华医史杂志》2019 年第 1 期。

《民国岭南医家何弘景及其著作》,《中医文献杂志》2018 年第 3 期。

《巴蜀医籍孤本〈粉榆小草〉》,《中国中医药图书情报杂志》2018 年第 2 期。

《稀见中医眼科古籍〈飞鸿集〉与相关文献学术渊源考略》,《中医文献杂志》2018 年第 1 期。

～朱世哲:《〈中国中医古籍总目〉岭南医籍补遗五则》,《中国中医药图书情报杂志》2017 年第 6 期。

《口述历史——中医药院校图书馆资源建设的新领域》,《中华医学图书情报杂志》2014 年第 4 期。

《刘赤选教授〈温病知要〉手稿述略》,《中国中医药图书情报杂志》2014 年第 3 期。

《鼠疫外治专著〈时疫核标蛇症治法〉》,《中华医史杂志》2010 年第 2 期。

张晓丽（安徽医科大学）

～陈东林:《1966—1967 年全国性"流脑"的暴发与防治》,《中共历史与理论研究》2017 年第 2 期。

杨姗姗～:《近代安徽教会医院对西医传播的作用分析——以芜湖弋矶山医院为例》,《辽宁医学院学报（社会科学版）》2016 年第 1 期。

胡莲翠～:《〈泰西人身说概〉与合信〈全体新论〉对西医解剖学在华传播研究》,《辽宁医学院学报（社会科学版）》2015 年第 4 期。

许玉～:《我国突发传染病事件中的科研合作与对策浅探》,《辽宁医学院学报（社会科学版）》2015 年第 2 期。

《论毛泽东与新中国血吸虫病防治事业的发展》,《党史文苑》2014 年第 8 期。

《我国公共卫生事件档案的管理与利用浅议》,《兰台世界》2014 年第 5 期。

尹跃进～:《我国职业卫生事件健康教育的现状及对策浅探——以尘肺病事件为例》,《辽宁医学院学报（社会科学版）》2014 年第 4 期。

～蔡婕:《我国血吸虫病防治科学政策的演变及作用》,《卫生软科学》2013 年第 12 期。

尹跃进～:《建国初期我国对于突发公共卫生事件的应对机制——以 1950 年江苏高邮县血吸虫病爆发事件为例》,《南京医科大学学报（社会科学版）》2013 年第 4 期。

《论近代来华传教士对卫生学的传播及其影响》,《科教文汇（上旬刊）》2012 年第 5 期。

《论丁福保〈历代医学书目提要〉的文献价值》,《中医文献杂志》2011 年第 4 期。

《论〈四库全书总目·医家类〉提要的文献价值》,《南京中医药大学学报（社会科学版）》2011 年第 1 期。

《明清医学专科目录研究》,安徽大学博士学位论文《2010《年。

《论晚清西学书目与近代科技传播》,《安徽大学学报（哲学社会科学版）》2010 年第 2 期。

《20 世纪 50 年代安徽水灾中医疗救助活动述论——以 1954 年淮河水灾为例》,《安徽史学》2010 年第 2 期。

《殷仲春〈医藏书目〉的目录文献学价值初探》,《南京中医药大学学报（社会科学版）》《2010《年第 1 期。

《明清私家目录医籍著录分类及特点初探》,《淮北煤炭师范学院学报（哲学社会科学版）》2010 年第 1 期。

《凌奂〈医学薪传〉的医学目录文献价值浅说》,《江苏中医药》2009 年第 11 期。

《论曹禾〈医学读书志〉的目录文献价值》,《辽宁中医药大学学报》2009 年第 10 期。

《论孙中山的医学思想活动及其影响》,《医学教育探索》2008 年第 4 期。

《伍连德与民国时期全国海港检疫处的防疫工作》,《中华医史杂志》2007 年第 5 期。

《毛泽东人民卫生思想及其实践》,《安徽工业大学学报》(社会科学版)2003 年第 6 期。

《抗战时期苏皖根据地的禁毒法规措施及其影响》,《中共党史研究》2003 年第 3 期。

《〈梦溪笔谈〉中的医学思想与中药学知识》,《中华医史杂志》2003 年第 2 期。

《20 世纪 30 年代苏区卫生防疫运动述论》,《安徽史学》2004 年第 4 期。

张晓利(北京中医药大学)

《陆士谔医学思想研究》,北京中医药大学博士学位论文 2009 年。

《从陆士谔的医界小说中看其医学思想》,《北京中医药》2008 年第 2 期。

张小龙(中国科学技术大学)

王申、陈婷~:《西医东渐侧面观:合信的西医编译策略》,《医学与哲学(A)》2015 年第 4 期。

《医学统计在中国的起步与发展(1840—1937)》,中国科学技术大学博士学位论文 2014 年。

《晚清的医学统计》,《中华医史杂志》2013 年第 1 期。

张晓楼

《检眼镜百年小史》,《中华眼科杂志》1951 年第 1 期。

张晓彭(西北大学)

《李濂涉医文学略论》,《中医药文化》2017 年第 6 期。

张晓琴(塔里木大学)

《维吾尔医药文化价值研究》,塔里木大学硕士学位论文 2017 年。

张笑天(珠海市社会保险管理局)

《美国医疗保险制度现状》,《国际医药卫生导报》2003 年第 1 期。

《美国医疗保险制度现状与借鉴》,《外国医学(卫生经济分册)》2002 年第 3 期。

张晓霞(河北师范大学)

《华北人民政府时期医疗卫生事业研究》,河北师范大学硕士学位论文 2014 年。

张效霞(山东中医药大学)

《陈修园"借人出名"与"被人托名"》,《中国中医药报》2018 年 3 月 16 日 008 版。

《南京国医传习所——近代第一所公立中医学校》,《中国中医药报》2015 年 9 月 18 日 008 版。

《苏州国医研究院旅行见习团——近代中医学校第一次异地见习》,《中国中医药报》2015 年 9 月 16 日 008 版。

《江苏省立医政学院外科中医训练班——近代第一个外科中医进修西医班》,《中国中医药报》2015 年 9 月 11 日 008 版。

《大众卫生合作社——陕甘宁边区第一个中西医联合诊疗所》,《中国中医药报》2015 年 9 月 3 日 008 版。

《陕甘宁边区第一个医药合作社:保健药社》,《中国中医药报》2015 年 8 月 26 日 008 版。

《陕甘宁边区第一个中医团体:国医研究会》,《中国中医药报》2015 年 8 月 19 日 008 版。

《内外城官医院中医部——近代第一个官办免费综合医院中医科》,《中国中医药报》2015 年 7 月 8 日 008 版。

《西湖中医虚损疗养院——近代第一所中医疗养院》,《中国中医药报》2015 年 7 月 2 日 008 版。

《中国医药教育社——近代第一个中医教育研究团体》,《中国中医药报》2015 年 6 月 19 日 008 版。

《中国医史文献展览会——第一次医史展览会》,《中国中医药报》2015 年 6 月 11 日 008 版。

《再谈"辨证论治"的由来》,《中国中医药报》2015 年 6 月 5 日 004 版。

《"医圣"考源》,《中国中医药报》2015年5月7日004版。

《辨证论治的由来》,《中国中医药报》2015年4月2日004版。

《提倡"辨证论治"的历史背景》,《中国中医药报》2015年3月20日004版。

李兰～:《〈针灸甲乙经〉为中国现存最早类书初探》,《中国中医药图书情报杂志》2015年第3期。

《〈黄帝内经〉问世时间之争成因》,《中国中医药报》2014年9月26日004版。

《金银花药用部位及名称历史沿革》,《中国中医药报》2014年8月27日003版。

《扁鹊与秦越人并非同一人》,《中国中医药报》2014年7月16日003版。

《说中医不是"科学"未尝不可》,《中国中医药报》2014年6月26日003版。

《厘清"古方新病不相能"的本义》,《中国中医药报》2014年6月12日004版。

《〈白氏内经〉原为〈百氏内经〉》,《中国中医药报》2014年4月24日008版。

王鹏……宋咏梅～:《当代中医学术流派研究与传承发展》,《中医杂志》2013年第10期。

王振国、杜鹃～:《齐派医学与脉学流派》,《中华中医药杂志》2011年第8期。

～王丽英:《今本〈脉经〉的〈伤寒杂病论〉内容非王叔和原本所固有》,《世界中西医结合杂志》2010年第10期。

～王振国:《从〈本草纲目〉对阴阳五行的运用谈药性理论的实质》,《上海中医药杂志》2009年第5期。

～王振国:《古今中药性味不统一的原因探讨》,《中华医史杂志》2009年第3期。

《汉代医官考析》,《中医药管理杂志》2009年第2期。

《秦代医官考析》,《中医药管理杂志》2008年第11期。

《周代医官考析》,《中医药管理杂志》2008年第7、9期。

～王振国:《五脏配五行原理溯源》,《江西中医学院学报》2008年第3期。

～王振国:《从尿液的生成论膀胱与胞的关系》,《江西中医学院学报》2008年第2期。

《中医理论不仅从实践而来》,《中医药文化》2008年第2期。

《中医药"申遗"的理性反思》,《中医药文化》2007年第6期。

《中药药性理论之由来》,《中华实用中西医杂志》2007年第6期。

《论中医首先是文化》,《中医药文化》2007年第5期。

《脏腑功能辨析》,山东中医药大学博士学位论文2006年。

～王振国:《关于"执主神明"的争鸣与反思》,《天津中医药》2006年第5期。

《论中医文化研究与中医理论发展的辩证关系》,《山东中医药大学学报》2006年第5期。

～王振国:《如何重新认识中医基础理论现有体系》,《医学与哲学》2006年第3期。

《西化——影响和制约中医理论发展的根本原因》,《山东中医药大学学报》2006年第2期。

～王振国:《〈伤寒论〉"辨某某病脉证"辨出来的到底是什么》,《国医论坛》2006年第2期。

～王振国:《通调水道考析》,《中医药学刊》2005年第9期。

～王振国:《中西医结合与中西医汇通并无质的区别》,《中医研究》2005年第6期。

谷振省、陈延香～:《藏象学探究》,《现代中医药》2005年第4期。

～王振国:《"心主血脉"是解剖学发现吗?》,《江西中医学院学报》2005年第2期。

～王振国:《从中医进修到西医学习中医》,《中医研究》2005年第1期。

王振国～:《近代科学思想对中医研究方法和思路的影响及反思》,《江西中医学院学报》2004年第

6 期。

～王振国:《西医教育模式对中医基础学科体系形成的影响及反思》,《中医教育》2004 年第 6 期。

《关于中医学胆汁来源、功能认识的校正》,《山东中医药大学学报》2003 年第 4 期。

～张鹏:《五行配时空的演变过程及其原理溯源》,《中医文献杂志》2003 年第 4 期。

～程军:《腐熟考辨》,《中医药学报》2003 年第 4 期。

《略论建立中医理论现代规范的途径和方法》,《中医研究》2003 年第 1 期。

～杨庆臣:《奇恒之腑考辨》,《北京中医药大学学报》2003 年第 1 期。

～邵书远:《脏腑与藏象考辨》,《山东中医药大学学报》2003 年第 1 期。

《脏腑阴阳属性及其发生学原理索解》,《山东中医药大学学报》2002 年第 6 期。

《中医脏腑学说的文献研究》,山东中医药大学硕士学位论文 2002 年。

张晓霞（山西中医学院）

《民国时期霍乱的防治研究——以〈医学杂志〉为例》,山西中医学院硕士学位论文 2016 年。

张晓艳（山西大学）

《民国时期晋西北地区妇女的生育与健康——以保德县为例》,山西大学硕士学位论文 2006 年。

张小燕（漳州市芗中医院）

《日本汉方医学与中国中医学之不同》,《福建中医药》1997 年第 5 期。

张歆（北方民族大学）

《当代少数民族文学疯癫母题的叙事研究》,北方民族大学硕士学位论文 2017 年。

张欣（广州中医药大学）

《近代中西医汇通医学思想研究》,广州中医药大学硕士学位论文 2009 年。

刘春兰、刘霁堂～:《浅述精神异常与相关的社会文化》,《中国中医药现代远程教育》2008 年第 11 期。

～冯慧卿等:《巫文化对传统医学发展的影响》,《中国中医药现代远程教育》2008 年第 4 期。

张昕（合肥师范学院）

～杨芳:《农民健康权、政府责任与新型农村合作医疗初论》,《中国卫生法制》2008 年第 2 期。

张鑫（山西中医学院）

窦志芳……张俊龙～:《金元明时期中风证治规律研究》,《中华中医药杂志》2008 年第 2 期。

《〈黄帝内经〉中的人文思想》,《山西中医学院学报》2005 年第 2 期。

张鑫（泰山医学院）

～王叶菲:《美国医疗保障制度改革与发展的政治维度》,《红旗文稿》2015 年第 6 期。

～陈士福等:《美国医疗保障制度与自由主义的人文观》,《医学与哲学（人文社会医学版）》2010 年第 11 期。

张鑫（延安大学）

《陕甘宁边区卫生模范村建设研究》,延安大学硕士学位论文 2017 年。

张新军（湖北医药学院）

《叙事医学的审美进路》,《医学争鸣》2016 年第 4 期。

周翎～:《〈红楼梦〉的中医人文哲学思想及其渊源》,《明清小说研究》2015 年第 2 期。

《叙事医学——医学人文新视角》,《医学与哲学（人文社会医学版）》2011 年第 9 期。

张新凯(上海市精神卫生中心)

~翁魏骏等:《电抽搐治疗精神疾病的发现与发展简史》,《中华医史杂志》2001年第4期。

张欣蕊(哈尔滨师范大学)

《十四世纪西欧瘟疫历史研究综述》,《黑龙江史志》2015年第1期。

张新瑞(浙江省人民政府经济体制改革办公室)

~傅志敏:《"以药养医"现象的实证分析和改革取向》,《中国卫生经济》2001年第6期。

张新义(河南省平舆县人民医院)

~傅文录:《〈内经〉中的暗示疗法浅探》,《上海中医药杂志》2004年第8期。

张新宇(四川大学)

《漏泽园砖铭所见北宋末年的居养院和安济坊》,《考古》2009年第4期。

张欣悦(辽宁省档案局)

~马丽娟等:《1918—1932年辽宁、热河疫情防疫史料选》,《民国档案》2004年第3期。

张馨月(山东大学)

《山东地区古代居民牙齿情况的初步分析》,山东大学硕士学位论文2016年。

张心悦(浙江大学医学院附属儿童医院/北京中医药大学)

王舢泽、刘泽宇~:《〈吴鞠通医案〉血证辨治规律探究》,《四川中医》2018年第6期。

《从〈程氏家传儿科秘要〉浅谈程康圃学术思想》,《浙江中西医结合杂志》2018年第4期。

刘轶凡……李祥~张小勇:《黄元御治疗妇科病组方用药规律探析》,《山东中医药大学学报》2017年第3期。

《试论〈寿亲养老新书〉老年人养生特色》,《中华医史杂志》2012年第4期。

张星(北京外国语大学)

《〈印度时报〉狂犬病报道研究》,北京外国语大学硕士学位论文2019年。

张星(广州中医药大学)

《明清时期岭南笔记医学史料的发掘收集整理研究》,广州中医药大学博士学位论文2011年。

孔祥华……裴芳利~:《明清时期广东中药业历史初探》,《中医文献杂志》2010年第6期。

~刘小斌:《浅析〈广东新语〉所载中医药学史料》,《广州中医药大学学报》2010年第5期。

《屈大均〈广东新语〉中医药内容探析》,《中医文献杂志》2010年第3期。

《医学"外史"概念的兴起与消退》,《中医药文化》2009年第3期。

张星(陕西中医学院)

《〈沈芊绿医案〉学术思想探析》,《中国中医基础医学杂志》2013年第7期。

~李亚军:《〈沈芊绿医案〉校注劄记》,《辽宁中医药大学学报》2012年第11期。

《明清笔记中瘴病概念及病因病机》,《中国中医基础医学杂志》2012年第8期。

《明清时期南方麻风病的隔离与治疗》,《辽宁中医药大学学报》2012年第4期。

张星平(新疆医科大学)

辛小红~安艳丽等:《〈素问·阴阳应象大论〉"阳胜则身热"而"汗不出"探微》,《中华中医药杂志》2015年第12期。

辛小红~巴哈尔等:《由桂枝芍药知母汤管窥张仲景对〈素问·痹论〉之发展》,《中华中医药杂志》2015年第8期。

徐争光~陈俊逾等:《陈士铎不寐论治刍议》,《中华中医药杂志》2015年第4期。

孙洁、赵瑞占～:《李杲与叶桂脾胃观刍议》,《上海中医药大学学报》2014 年第 3 期。

安艳丽……王忠娟～:《〈外科正宗〉肛痈治疗刍议》,《中华中医药杂志》2012 年第 11 期。

安艳丽、陈强～:《程门雪〈金匮篇解〉之学术特色》,《中医药学报》2010 年第 1 期。

安艳丽、陈强～:《程门雪"经络间病"探析》,《中华中医药杂志》2009 年第 10 期。

赵瑞占～孙洁:《明代医家缪希雍"时地议"思想探析》,《新疆中医药》2009 年第 2 期。

孙洁、赵瑞占～:《李东垣治疗阴火病证用药组方规律浅析》,《中医药学报》2009 年第 2 期。

～肖莹:《方有执〈上海论条辨〉对伤寒学的贡献》,《上海中医药杂志》2005 年第 7 期。

张兴荣(江西医学院)

～杨亮明等:《值得重视的历史经验——中央苏区预防医学教育史略》,《江西医药》1988 年第 3 期。

张秀(辽宁中医药大学)

～王彩霞:《"脾胃为后天之本"之涵义刍析》,《辽宁中医杂志》2015 年第 9 期。

～王彩霞:《宋金元时期三家脾胃理论探讨》,《内蒙古中医药》2015 年第 4 期。

张秀传(河南中医学院)

《汉代女医考》,《兰台世界》2012 年第 9 期。

《医务礼仪探源》,《中医药管理杂志》2006 年第 12 期。

《〈说文解字〉"疾"解存疑》,《中医研究》2006 年第 10 期。

《从"澳洲洋中医"的崛起看中医药教育国际化的方向》,《医药世界》2006 年第 9 期。

《张仲景"仁学"思想初探》,《中医药管理杂志》2006 年第 9 期。

《宋代的医学教育》,《史学月刊》2006 年第 9 期。

《从〈养生论〉看魏晋人的养生观念》,《亚太传统医药》2006 年第 8 期。

刘景超～:《日本汉方医学的发展与现状》,《世界中西医结合杂志》2006 年第 1 期。

《从"尽数"看先秦人的养生观念》,《亚太传统医药》2006 年第 6 期。

贾成祥、周利～:《节欲养生的乐理求证——与〈秦医缓和〉注释商榷》,《河南中医学院学报》2004 年第 5 期。

张修爵

《尿科学小史》,《医药学报》1908 年第 11 期。

《法国精神病学家皮奈尔传》,《医药学报》1908 年第 7、9 期。

张秀军(安徽医科大学)

张栋栋……孙良～杨林胜等:《艾滋病病毒感染者/患者家属自杀意念及其影响因素研究》,《中华疾病控制杂志》2011 年第 5 期。

于玉领～沈琼等:《皖北农村地区 AIDS 病人抗病毒治疗依从性及相关因素研究》,《现代预防医学》2009 年第 2 期。

吴红燕、孙业桓～张泽坤等:《艾滋病病人自杀意念的心理、社会影响因素研究》,《疾病控制杂志》2007 年第 4 期。

吴红燕、孙业桓～张泽坤等:《AIDS 病人/HIV 感染者孤独现状与相关因素分析》,《中国公共卫生》2007 年第 2 期。

张泽坤……周建波～:《某血源性艾滋病流行乡 PLWHAS 的家庭功能状况分析》,《安徽医科大学学报》2007 年第 1 期。

吴红燕……吴荣涛~张泽坤等:《安徽省某血源性艾滋病高发乡艾滋病人/感染者社会支持现况研究》,《现代预防医学》2006 年第 12 期。

~吴红燕等:《安徽农村地区某项目乡 AIDS 病人/HIV 感染者社会支持状况评价》,《中国艾滋病性病》2006 年第 6 期。

周建波~孙业桓:《中国流动人口性病/艾滋病的流行现状及预防控制》,《国际流行病学传染病学杂志》2006 年第 6 期。

周建波……吴荣涛~张泽坤等:《安徽省阜阳市血源性艾滋病流行区 HIV/AIDS 社会支持现状的定性研究》,《安徽医科大学学报》2006 年第 3 期。

张秀民

《越南的医学名著〈懒翁心领〉》,《图书馆》1963 年第 1 期。

张修燕(安康正大制药公司)

~黄裕民:《孙思邈医德思想与医疗职业人格与医学专业精神》,《中国医学伦理学》2007 年第 5 期。

张旭辉(陇南师范高等专科学校)

《抗战时期陕甘宁边区医疗卫生事业发展状况研究》,《社科纵横》2013 年第 10 期。

张绪山(清华大学)

《〈国王神迹〉与年鉴学派的史学研究》,《世界历史》2014 年第 3 期。

《14 世纪欧洲的黑死病及其对社会的影响》,《东北师大学报》1992 年第 2 期。

张暄(北京市社会科学院)

《全民皆保险:日本医疗保障制度探析》,《劳动保障世界》2017 年第 26 期。

张璇(第四军医大学口腔医院)

《陕西地区出土 6000 年来人牙弓形态演化的研究》,第四军医大学博士学位论文 2014 年。

~邵金陵、:《半坡博物馆馆藏六千年前人类牙弓形态研究》,《临床口腔医学杂志》2014 年第 2 期。

李洁……漆昱君~:《新石器时期人髁突形态与下颌角相关性研究》,《临床口腔医学杂志》2013 年第 12 期。

~邵金陵等:《新石器时代人牙齿的龋病状况分析》,《实用口腔医学杂志》2006 年第 2 期。

《六千年前半坡人口腔流行病学研究》,第四军医大学硕士学位论文 2006 年。

~邵金陵:《半坡博物馆馆藏六千年前人牙槽骨水平状况分析》,《牙体牙髓牙周病学杂志》2005 年第 11 期。

~邵金陵:《半坡博物馆馆藏六千年前人颌骨牙齿的磨耗状况分析》,《临床口腔医学杂志》2005 年第 10 期。

~邵金陵:《半坡博物馆馆藏六千年前人牙槽骨水平状况分析》,《牙体牙髓牙周病学杂志》2005 年第 1 期。

~韩迎星等:《古代人类口腔疾病流行概况》,《牙体牙髓牙周病学杂志》2005 年第 8 期。

张萱(湖北大学)

《危机事件中的媒介议题建构与社会效能关系——以"圣元奶粉"事件为研究对象》,《当代传播》2011 年第 6 期。

张轩辞(同济大学/中国人民大学/北京大学)

《医道与政教:〈黄帝内经·著至教论〉读解》,《同济大学学报(社会科学版)》2017 年第 1 期。

《"我们必须实践哲学":古希腊医学的哲学品格》,《中国社会科学报》2015 年 3 月 30 日 A06 版。

《本原与气化——古希腊医学四元素说与中医五行思想》,《同济大学学报(社会科学版)》2013 年第 1 期。

《古典文教传统中的希腊罗马医学——盖伦〈论身体各部分的功能〉3.2.6—3.2.13 解读》,《现代哲学》2012 年第 5 期。

《盖伦对亚里士多德"前提"思想的继承与发展》,《云南大学学报(社会科学版)》2010 年第 2 期。

《身体的医术与灵魂的医术——论古希腊医学与哲学的相互影响》,《现代哲学》2009 年第 5 期。

张雪丹(上海中医药大学)

姚晓兵……郑林赟～:《论人文视角下的阿育吠陀与中医》,《中华中医药杂志》2018 年第 11 期。

《清代武英殿露房及其所贮异域药物考》,《中医药文化》2017 年第 6 期。

～张如青:《马王堆〈五十二病方〉类方试析》,《医疗社会史研究》2016 年第 2 期。

～王其倩等:《罗知悌生平及〈罗太无口授三法〉考》,《中医文献杂志》2016 年第 1 期。

～张如青等:《宋代陈晔及〈家藏经验方〉考》,《中华医史杂志》2014 年第 1 期。

～张如青:《现存〈永乐大典〉医药文化内容初探》,《中医药文化》2013 年第 6 期。

～张如青:《日本江户时期医家珍稀抄本三种概述》,《中医药文化》2013 年第 2 期。

～张如青:《现存〈永乐大典〉所载妇科临证方药研究》,《中华中医药学刊》2011 年第 1 期。

～张如青:《现存〈永乐大典〉妇科文献考证举隅》,《中华医史杂志》2010 年第 4 期。

～张如青:《已佚古医书〈大方〉内容初探》,《中医文献杂志》2010 年第 3 期。

～张如青:《读余云岫〈古代疾病名候疏义〉有感》,《南京中医药大学学报(社会科学版)》2010 年第 2 期。

张如青～:《现存〈永乐大典〉儿科文献研究》,《中医文献杂志》2008 年第 2 期。

～张如青:《现存〈永乐大典〉儿科方药治法述评》,《上海中医药大学学报》2008 年第 1 期。

《〈神农本草经〉中所载古病名考》,《中医药文化》2007 年第 5 期。

张雪迪(河北师范大学)

《冷谦及其〈修龄要旨〉养生思想研究》,河北师范大学硕士学位论文 2019 年。

张薛光(南京中医药大学)

张玲玲～:《朱氏伤寒派应用桂枝救逆汤的腹诊经验》,《中华中医药杂志》2016 年第 1 期。

李刚～陈广东等:《〈汤液经法〉图略解》,《中国中医基础医学杂志》2015 年第 9 期。

《论近代经方派的形成及其原因分析》,南京中医药大学博士学位论文 2015 年。

～张玲玲:《〈医心方〉肉桂药证研究》,《时珍国医国药》2011 年第 2 期。

～张玲玲:《经方各家学说概论》,《中国中医基础医学杂志》2010 年第 8 期。

《近代苏南朱氏伤寒派介绍》,《中医文献杂志》2008 年第 5 期。

吕永赟～:《〈金匮要略〉泻心汤方证研究》,《河南中医》2008 年第 5 期。

《谈谈对〈金匮要略〉泻心汤出处、方名的理解》,《中医文献杂志》2007 年第 3 期。

《叶橘泉先生学术思想简介》,《南京中医药大学学报(社会科学版)》2005 年第 4 期。

张雪华(南京中医学院)

刘辉～:《著名针灸学家承淡安著述钩稽》,《江苏中医》1991 年第 12 期。

《"灸"与"久"——兼谈灸法起源的较早书证》,《中国针灸》1990 年第 3 期。

《承淡安与针灸函授教育》,《中医函授通讯》1989 年第 5 期。

~刘辉:《振兴中国针灸的先驱——承淡安》,《国医论坛》1989 年第 4 期。

《试论〈内经〉中数词的两种表示法——兼谈〈内经〉的成书年代》,《贵阳中医学院学报》1988 年第 3 期。

张雪亮（中国中医科学院/中国中医研究院）

李钰~张敏等:《"肝无补法"争议考辨》,《上海中医药杂志》2019 年第 10 期。

李钰、王庆国~:《略论"先卧心,后卧眼"的睡眠养生法》,《世界中医药》2019 年第 8 期。

李钰~王庆国:《浅论"气血流通即是补"》,《中医学报》2019 年第 7 期。

李家晗~:《八段锦名实源流探究》,《中华医史杂志》2019 年第 1 期。

齐佳~:《"重可去怯"探讨》,《中华中医药杂志》2018 年第 10 期。

《〈伤寒论〉不仅是方书之祖》,《中国健康养生》2017 年第 12 期。

武翠~朱俊楠:《中医慎动养生思想初探》,《中国中医基础医学杂志》2017 年第 9 期。

成莉、国华~:《湖北麻城"药王"王叔和初探》,《中国中医基础医学杂志》2017 年第 7 期。

朱俊楠~国华:《中药代茶饮历史回顾》,《中华医史杂志》2017 年第 1 期。

朱俊楠~:《〈寿亲养老新书〉老年情趣养生法述要》,《中华中医药杂志》2016 年第 10 期。

许春蕾、国华~:《张锡纯的哲学观与静坐养生法》,《中医文献杂志》2016 年第 1 期。

田博、国华~:《孔伯华"卫气营血"同治法浅论》,《中国中医基础医学杂志》2015 年第 11 期。

~成准模:《湿阻三焦,治重上焦论——〈温病条辨〉"气化则湿化"探讨》,《中国中医基础杂志》2010 年第 12 期。

~马艾菲:《论医圣张仲景的养生观》,《中国中医基础医学杂志》2009 年第 3 期。

国华~:《试论〈金匮要略〉对〈内经〉"治未病"思想的发展》,《中国中医基础医学杂志》2008 年第 3 期。

~李维贤:《中医脑髓理论初探》,《浙江中医学院学报》1991 年。

《试论张锡纯对〈伤寒论〉的研究》,《国医论坛》1991 年第 3 期。

《祖国医学对烟草的认识》,《中国健康教育》1991 年第 2 期。

《〈血证论〉中运用白虎汤类方的探讨》,《江苏中医》1990 年第 2 期。

张雪梅（安徽中医药大学/安徽中医学院）

《古代医籍词汇书证与大型语文词典的编纂——以〈肘后备急方〉为例》,《合肥工业大学学报（社会科学版）》2019 年第 5 期。

《〈伤寒论本旨〉版本考》,《中华医史杂志》2019 年第 1 期。

~金海蒂:《〈诸病源候论〉释词札记》,《安徽广播电视大学学报》2017 年第 3 期。

《〈汉语大词典〉书证迟后举隅——以〈内经〉为例》,《安徽刚播电视大学学报》2011 年第 3 期。

《从〈素问〉、〈灵枢〉看〈汉语大词典〉的书证溯源问题》,《中医药文化》2007 年第 3 期。

《从〈素问〉、〈灵枢〉看〈汉语大词典〉中存在的问题》,《淮北煤炭师范学院学报（哲学社会科学版）》2007 年第 3 期。

《"脚"有"足"义始于西汉中期》,《古汉语研究》2007 年第 2 期。

《从〈素问〉看〈汉语大词典〉书证迟后问题》,《南京中医药大学学报（社会科学版）》2007 年第 1 期。

张雪梅（延安大学）

~盛开放:《抗战时期陕甘宁边区干部保健工作述略》,《牡丹江师范学院学报（哲学社会科学版）》

2018 年第 3 期。

张学谦

《丹溪补阴丸——明代的身体、药方与性别》,《汉学研究》第 34 卷第 3 期(2016.9)。

《从朱震亨到丹溪学派——元明儒医和医学学派的社会史考察》,《中央研究院历史语言研究所集刊》第 86 本第 4 分(2015.12)。

《书评,Speaking of Epidemics in Chinese Medicine: Disease and the Geographic Imagination in Late Imperial China》,《汉学研究》第 31 卷第 2 期(2013.6)。

张雪洋(北京外国语大学)

《二十世纪初的德国中医研究——以许宝德(Franz Hübotter,1881—1967)〈中华医学〉为例》,北京外国语大学硕士学位论文 2016 年。

张学毅(重庆市奉节县中医院)

~马红星:《脾胃学说历史沿革》,《实用中医内科杂志》2014 年第 6 期。

张珣

《疾病与文化:李亦园先生对台湾医学人类学发展的贡献》,《台湾人类学刊》第 16 卷第 2 期(2018)。

《"医病也医命":民俗宗教的医疗行为及其概念》,《台湾文献》第 62 卷第 1 期(2011)。

《日常生活中"虚"的身体经验》,《考古人类学刊》第 74 期(2011)。

《改框或改信?民俗宗教医疗的疗效机制》,《台湾宗教研究》第 8 卷第 2 期(2009)。

《民间寺庙的医疗仪式与象征资源——以台北市保安宫为例》,《新世纪宗教研究》第 6 卷第 1 期(2007)。

《文化建构与性别、身体与食物:以当归为例》,《考古人类学刊》第 67 期(2007)。

《台湾汉人的医疗体系与医疗行为:一个台湾北部农村的医学人类学研究》《台湾民俗医疗研究》《民俗医生:童乩》《文化相对性与异常行为》《疾病与文化:台湾民间医疗人类学研究论集》(台北:稻香出版社 2000 年)。

Arthur Kleinman ~:《文化建构病痛经验与行为:中国文化内的情感与症状》,《思与言》第 37 卷第 1 期(1999)。

《评介有关"台湾民间疾病观念"的几个研究》,《汉学研究通讯》第 7 卷第 3 期(1989)。

《中国传统饮食观念的社会文化分析:以(元)贾铭〈饮食须知〉为例》,《思与言》第 22 卷第 5 期(1985)。

《台湾汉人的医疗体系与医疗行为——一个台湾北部农村的医学人类学研究》,《中央研究院民族学研究所集刊》第 56 期(1984.12)。

《两种医学人类学的研究方法:象征的与语意的》,《人类与文化》第 15 期(1981)。

《传统医术的理性观》,《思与言》第 18 卷第 3 期(1980)。

《医学人类学的一个新尝试:介绍 A.Kleinman 的研究架构》,《人类与文化》第 12 期(1979)。

张亚斌(重庆第三军医大学)

~路绪锋:《改革开放以来中医药对外交流合作的内容及影响》,《医学与社会》2015 年第 4 期。

~路绪锋:《西医东渐与国人对其认同过程的再思考》,《中华医史杂志》2013 年第 5 期。

~史如松:《基督教与中国近代西医教育的产生》,《医学与社会》2011 年第 4 期。

张亚杰(河北省民政厅地名区划档案资料馆)

《〈草木春秋药会图〉剧本考述》,《蒲松龄研究》2004年第1期。

张娅静(浙江师范大学)

《论明清通俗小说疾患叙述的文学特征及文化内涵》,浙江师范大学硕士学位论文2012年。

张亚琼(海南师范大学)

《先锋小说的疯癫叙事研究》,海南师范大学硕士学位论文2018年。

张焱(长春中医药大学/长春中医学院)

方妍~:《从"肝喜调达"浅析〈内经〉论肝的特点》,《吉林中医药》2019年第4期。

王梦潇~:《浅谈中医脾的主时理论》,《吉林中医药》2018年第12期。

沈明月~:《试析〈黄帝内经〉"五谷为养"的膳食原则》,《现代中医药》2015年第4期。

张晓敏~:《中医从"湿毒"论治疾病的研究》,《长春中医药大学学报》2015年第2期。

张岩~:《论〈黄帝内经〉中"五畜为益"的食养原则》,《中国中医基础医学杂志》2014年第8期。

《试论〈黄帝内经〉中的食养之道》,《中国中医基础医学杂志》2012年第4期。

《"太极之理"对朱丹溪学术思想的影响》,《吉林中医药》2011年第3期。

《从〈周易〉对〈黄帝内经〉的影响浅论医易同源》,《时珍国医国药》2010年第12期。

《社会人文因素对〈黄帝内经〉养生学思想的影响》,《南京中医药大学学报(社会科学版)》2010年第4期。

~胡亚男:《试论〈黄帝内经〉中的养生学思想》,《中国中医基础医学杂志》2010年第10期。

《从孙思邈的"大医习业"看中医人才的知识结构》,《长春中医药大学学报》2008年第2期。

《刘完素对〈内经〉理论的研究运用与发展》,《中国中医基础医学杂志》2008年第2期。

周丽雅~:《浅谈庞安时论治温疫的学术成就》,《中国中医基础医学杂志》2006年第10期。

《孙思邈在药物学上的贡献》,《陕西中医》2005年第7期。

《谈张元素对药物的研究贡献》,《长春中医学院学报》2003年第1期。

张燕(福建师范大学)

《美国1906年〈纯净食品和药品法〉出台的推动因素研究》,福建师范大学硕士学位论文2015年。

张雁(河海大学)

《中医究竟是什么科学——从灯下寻物说开去》,《南京中医药大学学报(社会科学版)》2009年第2期。

~严恺:《美国公共卫生应急系统及其对中国的启示》,《世界科技研究与发展》2003年第6期。

张焱(西安理工大学)

张丽~:《"新鸦片战争"下的中医文化海外传播策略探讨》,《中国医药导报》2019年第18期。

谭小菊~:《生态翻译学视角下〈淮南子〉养生术语英译比较研究》,《海外英语》2019年第8期。

~李佳:《认知翻译学视角下中医典籍英译中的识解研究——以〈伤寒论〉英译本为例》,《长春理工大学学报(社会科学版)》2019年第5期。

~李佳:《〈伤寒论〉英译本之"三维"转换》,《华北理工大学学报(社会科学版)》2019年第4期。

张丽~:《海外中医教育视角下的中医文化传播策略》,《西部中医药》2019年第4期。

~王巧宁等:《中国文化从"走出去"到"走进去"——海外汉学家文树德〈黄帝内经〉英译研究》,《中华文化研究》2019年第3期。

~李应存等:《中医典籍文献历史文化探源及其在海外的传播与译介》,《中医药文化》2019年第

2 期。

张丽～:《国际合作困境下的中医文化传播》,《西部中医药》2018 年第 8 期。

张丽～:《从海外中医教育现状看中医文化翻译与传播》,《中医药导报》2018 年第 7 期。

张丽～:《中华文化走出去之中医药文化旅游产业开发——以陕西为例》,《中医药导报》2018 年第 5 期。

～陈雅楠:《概念隐喻视角下〈难经〉英译研究》,《英语广场》2018 年第 5 期。

张丽～:《一带一路下中医文化的翻译与传播》,《湖北中医药大学学报》2017 年第 2 期。

～张丽等:《〈黄帝内经〉"五神"概念的英译研究》,《中国文化研究》2016 年第 4 期。

～张丽等:《从认知隐喻角度分析〈黄帝内经·素问〉中的比喻修辞及其英译》,《语文学刊(外语教育教学)》2015 年第 9 期。

～黄雯琴等:《〈黄帝内经·素问〉比喻修辞认知机理及英译研究》,《开封教育学院学报》2015 年第 8 期。

～张丽等:《〈黄帝内经〉脏腑认知隐喻翻译研究》,《语文学刊(外语教育教学)》2015 年第 7、8 期。

张燕(西北大学)

《陕西省黄陵县寨头河战国戎人墓地人骨古病理研究》,西北大学硕士学位论文 2013 年。

张艳娥

《妇产科学之父》,《中华医史杂志》2005 年第 3 期。

张延昌(甘肃省中医院/甘肃中医学院)

郑访江、孙其斌～王玉珠:《治未病思想在佛教医疗实践中的应用》,《中华中医药杂志》2018 年第 3 期。

戴恩来、金华～朱向东等:《汉代医简 辨证先声——武威汉代医简及其价值》,《中国现代中药》2013 年第 4 期。

～张宏武:《〈武威汉代医简〉痹证方药临床运用》,《风湿病与关节炎》2012 年第 5 期。

～孙其斌等:《〈武威汉代医简〉与〈伤寒杂病论〉方药渊源》,《中华医史杂志》2006 年第 2 期。

～田雪梅等:《武威汉代医简中的针灸、推拿学成就》,《甘肃中医》2005 年第 12 期。

～田雪梅等:《武威汉代医简中的外、妇、五官科方药及应用》,《甘肃中医》2005 年第 11 期。

～田雪梅等:《武威汉代医简原简牍成书的历史背景探析》,《甘肃中医》2005 年第 10 期。

～杨扶德等:《武威汉代医简的中药学成就》,《甘肃中医》2005 年第 8、9 期。

～田雪梅等:《〈武威汉代医简〉的内科学成就》,《甘肃中医》2005 年第 5、6、7 期。

～杨扶德等:《〈武威汉代医简〉方药注解》,《甘肃中医》2004 年第 11、12 期;2005 年第 1、2、3、4 期。

～吴祗骧等:《〈武威汉代医简〉方药注解》,《甘肃中医》2004 年第 6、7、8、9、10 期。

～张宏武:《武威汉代医简出土 30 年来发表的著作论文题录》,《中医文献杂志》2003 年第 4 期。

《武威汉代医简出土文物对药学贡献考证》,《中医药学刊》2003 年第 7 期。

～李林等:《浅谈〈武威汉代医简〉对痛证的论述》,《甘肃中医学院学报》1994 年第 4 期。

《简述武威汉代医简的出土经过及文献整理》,《时珍国医国药》2002 年第 12 期。

《〈武威汉代医简〉与〈五十二病方〉中的调护方法比较》,《湖南中医药导报》2002 年第 11 期。

《武威汉代医简出土后的研究现状》,《甘肃科技》2002 年第 9 期。

《武威汉代医简中的民间外治法》,《中国民间疗法》2002 年第 9 期。

《30年来武威汉代医简研究进展》,《中华医史杂志》2002年第3期。

《武威汉代医简出土后的研究现状》,《甘肃科学学报》1995年第2期。

《浅谈〈武威汉代医简〉中的活血化淤》,《甘肃中医》1994年第3期。

《从〈武威汉代医简〉治久咳方谈肺肾关系》,《甘肃中医学院学报》1992年第4期。

《〈武威汉代医简〉痹证方药考》,《甘肃中医》1991年第4期。

《〈武威汉代医简〉中的外治疗法》,《甘肃中医》1991年第2期。

～吕玉兰等:《〈五十二病方〉中的护理思想》,《甘肃中医》1991年第1期。

～席书贤:《甘肃历代部分医籍书名著者录》,《甘肃中医》1989年第2期。

张彦飞(安徽大学)

《从〈申报〉报道看上海十年禁毒(1927—1937)》,安徽大学硕士学位论文2011年。

张艳红(河北医科大学)

《肠澼(溃疡性结肠炎)的古代文献研究》,河北医科大学硕士学位论文2004年。

张燕洁(中国中医科学院)

《清代中医丛书研究》,中国中医科学院硕士学位论文2009年。

万芳～:《清代中医文献特点与医学发展》,《中华中医药杂志》2009年第4期。

《丁其誉〈寿世秘典〉的养生观点》,《中华医史杂志》2009年第4期。

张艳丽(北京市社会科学院)

《试析疾疫对近代北京地区的多重影响(1840—1919)》,《哈尔滨工业大学学报(社会科学版)》2013年第5期。

《清代北京地区瘟疫流行的社会影响及政府应对》,《防灾科技学院学报》2011年第2期。

张艳丽(湖北大学)

《近代基督教医学院校办学特色探析》,湖北大学硕士学位论文2013年。

张艳玲(河北大学)

《民国天津公共卫生宣传教育研究(1928—1949)》,河北大学硕士学位论文2018年。

张彦灵(陕西师范大学)

《唐宋时期医学人物神化现象研究》,陕西师范大学硕士论文2016年。

于赓哲～:《唐代医学人物神化考论》,《华中师范大学学报(人文社会科学版)》2013年第6期。

《论唐代孙思邈的神化》,《忻州师范学院学报》2009年第2期。

～王淑荣:《孙思邈唐代神化考》,《黑龙江史志》2009年第21期。

张艳梅(吉林大学)

《"一带一路"背景下FTA药品专利规则的中国选择》,《社会科学战线》2018年第8期。

《医疗资源分配成本效益分析的伦理学基础》,《长春工程学院学报(社会科学版)》2014年第2期。

《论德沃金的医疗资源分配思想》,《医学与哲学(人文社会医学版)》2011年第8期。

《私权扩张的限制与公共利益的重构——兼评药品知识产权困境及其出路》,《求索》2011年第7期。

《论政府在纠正医疗市场缺陷中的作用》,《中国卫生经济》2010年第4期。

《医疗决策的程序公正》,《医学与哲学(临床决策论坛版)》2009年第9期。

《浅论医疗保健的社会学性质》,《医学与社会》2009年第4期。

《医疗保健领域的功利主义理论》,《医学与社会(人文社会医学版)》2008年第9期。

《药品专利实质要件之考察》,《法制与经济(下半月)》2007 年第 12 期。

《论丹尼尔斯医疗保健公正理论》,《医学与哲学(人文社会医学版)》2007 年第 4 期。

《医疗保健公正研究》,吉林大学博士学位论文 2007 年。

～郭乡村:《西方国家医疗公正基本理论论析》,《医学与哲学》2005 年第 11 期。

《我国的入世承诺与药品专利保护》,吉林大学硕士学位论文 2005 年。

～魏锦京等:《传统伦理思想对高新技术在医学领域应用的影响》,《辽宁中医学院学报》2005 年第 1 期。

张彦敏(首都师范大学)

曾金花～:《1918—1919 年大流感传播的原因及其影响》,《首都师范大学学报(社会科学版)》2012 年第 1 期。

《全球史视野中的 1918—1919 年大流感》,首都师范大学硕士学位论文 2011 年。

张燕妮(河南省商业高等专科学校/郑州大学)

《浅析近代怀商的怀药贸易》,《云南社会主义学院学报》2013 年第 2 期。

《晚清中药材市场浅析》,《黑龙江史志》2009 年第 10 期。

《部分方志晚清药市记载简析》,《中华医史杂志》2009 年第 4 期。

《论清代中药业的经营与贸易》,郑州大学硕士学位论文 2006 年。

《试谈清代中药业的发展》,《成都教育学院学报》2006 年第 2 期。

张艳萍(南京中医药大学)

钱敏娟～张宗明:《中医文化进社区助力中医海外传播——澳大利亚皇家墨尔本理工大学中医孔子学院个案分析》,《中医药文化》2018 年第 5 期。

张文明～:《中医生命观与茶道共通之处》,《福建茶叶》2018 年第 7 期。

张文明～:《孔子学院视角下的中医文化海外传播研究概况》,《中国民族民间医药》2017 年第 24 期。

～孔卓瑶:《全球视野下的医学现代化进程——第 5 届中韩国际医学史会议综述》,《中国科技史杂志》2015 年第 2 期。

孙越异……杜甜甜～:《我们应该向谁学习:中医学与精神医学的对比》,《医学与哲学(A)》2013 年第 5 期。

张洪雷～:《中医孔子学院与中医药文化软实力建设研究》,《中医学报》2011 年第 11 期。

～杜文东:《伤寒论中的情志问题探析》,《时珍国医国药》2010 年第 11 期。

《现代医学模式视角下的中西医学》,《中国卫生事业管理》2010 年第 10 期。

～张宗明:《从中西医思维差异谈中医院校大学生思维能力的培养》,《辽宁中医药大学学报》2010 年第 8 期。

～张宗明:《论中医教育中的思维问题》,《中国卫生事业管理》2010 年第 6 期。

《中国传统文化对中医心理思想的影响研究》,南京中医药大学博士学位论文 2010 年。

～杜文东:《心身医学的哲学思考》,《南京中医药大学学报(社会科学版)》2008 年第 4 期。

～张宗明:《医学科学精神与医学人文精神交融——实现现代医学模式的转换》,《南京中医药大学学报(社会科学版)》2007 年第 3 期。

张艳荣(哈尔滨医科大学)

《集体无意识:文化心理学视角对日本 731 部队暴行的解读》,张大庆等主编《全球视野下的医学文化史》(北京:中国协和医科大学出版社2019年)。

辛凤迪~:《老年痴呆:从古典时期的疯狂到阿尔茨海默病》,《医学与哲学(B)》2018年第8期。

~杨微等:《攫取与交易:美军对日本731部队的调查》,《医学与哲学(A)》2017年第6期。

刘洪超~:《对美国斯坦福大学医学院影响重大的几位科学家》,《中华医史杂志》2016年第5期。

~李志平:《远离历史视野的谢和平(R.H.P.Sia)》,《医学与哲学(A)》2016年第2期。

~杨雪静等:《洛克菲勒大学的开拓者:西蒙·弗莱克斯纳》,《医学与哲学(A)》2014年第5期。

刘蕾~:《洛克菲勒大学的重要奠基者:赫伯特·斯宾塞·伽塞尔》,《医学与哲学(A)》2014年第5期。

杨雪静~:《洛克菲勒大学的领航者:德特莱夫·瓦尔夫·布朗克》,《医学与哲学(A)》2014年第5期。

《约克大道的奇才:细菌学家埃弗里》,《自然辩证法通讯》2014年第2期。

《〈希波克拉底誓言〉英译者埃德尔斯坦》,《中华医史杂志》2014年第1期。

郑辉~:《18世纪以来化学麻醉药物及麻醉相关技术的发展》,《中华医史杂志》2012年第6期。

杨雪静~:《内战时期的美国护理》,《中华医史杂志》2012年第5期。

《1918年大流感流行情况研究文献分析》,《中华医史杂志》2012年第3期。

东梅~李志平:《洛克菲勒基金会与医学教育》,《医学与哲学(人文社会医学版)》2009年第8期。

~李志平:《理念先导的革命:美国Flexner医学教育改革分析》,《中华医史杂志》2009年第5期。

~李志平:《北美第一所医学院费城医学院的创建》,《中华医史杂志》2007年第4期。

《20世纪后半叶美国高等医学教育改革历程》,《中华医史杂志》2006年第1期。

《第二次世界大战对美国高等医学教育的影响》,《中华医史杂志》2005年第1期。

~商刚:《一门新兴的临床医学——循证医学》,《航空航天医药》2003年第1期。

《20世纪初美国高等医学教育改革历程回顾与分析》,《中华医史杂志》2002年第1期。

张彦收(河北医科大学第四医院)

~刘运江:《乳腺癌手术治疗回顾和进展》,《现代肿瘤医学》2015年第5期。

~刘运江:《乳腺癌内分泌治疗简史》,《中华医史杂志》2015年第1期。

张燕源(武汉科技大学)

《中美医疗保障制度架构及其比较研究》,武汉科技大学硕士学位论文2010年。

张衍箴(中医研究院)

《青蒿的药用历史及品种调查》,《中国药学杂志》1981年第4期。

张阳(广西民族大学)

《道教医学中的中医学科技——以〈图经衍义本草〉序例卷校雠为基础》,广西民族大学硕士学位论文2012年。

张养志(兰州商学院)

《俄罗斯社会保障体制改革评析——以医疗保障制度为视角》,《东欧中亚市场研究》2002年第6期。

张遥(中央财经大学)

~张淑玲:《英国商业健康保险经验借鉴》,《保险研究》2010年第2期。

张耀德(大荔县医院)

《国民政府时期中国医药卫生概况》,《中华医史杂志》1992年第3期。

～张建刚:《健康道德理论体系的建立和它的现实意义》,《中国医学伦理学》1990 年第 1 期。

张业亮（清华大学）

《美国的全球卫生安全政策——以大湄公河次区域为例的国际政治分析》,《美国研究》2014 年第 3 期。

《美国围绕胚胎干细胞研究的道德和政治争议》,《美国研究》2013 年第 3 期。

付玉帅～:《奥巴马医改法及其实施前景》,《世界经济与政治论坛》2012 年第 6 期。

张业敏（曲阜师范大学）

《明清山东瘟疫与社会》,曲阜师范大学硕士学位论文 2012 年。

张艺（南京理工大学）

《后经典叙事学的疾病叙事学转向——以苏珊·桑塔格疾病叙事研究为例》,《天津外国语大学学报》2017 年第 4 期。

张颐昌

《祖国法医学发展简史》,《华东政法学报》1956 年第 3 期。

《有关他杀的法医学问题》,《华东政法学报》1956 年第 2 期。

张一弛（湖南大学）

《报纸癌症报道新闻框架研究》,湖南大学硕士学位论文 2014 年。

《祖国法医学发展简史》,《华东政法学报》1956 年第 3 期。

张一聪（河北师范大学）

《〈饮膳正要〉及其养生思想研究》,河北师范大学硕士学位论文 2019 年。

张一帆（云南中医学院）

《〈古今医案按〉心身疾病医案整理研究》,云南中医学院硕士学位论文 2017 年。

张依华（上海师范大学）

《中国援助非洲抗击埃博拉疫情研究》,上海师范大学硕士学位论文 2018 年。

张宜镠（华中师范大学）

《明代福建省疫灾地理规律与环境机理研究》,华中师范大学硕士学位论文 2014 年。

张义龙（哈尔滨医科大学）

《西方心身医学发展的溯源》,《中华医史杂志》1998 年第 4 期。

张一鸣（中国中医科学院）

《人痘接种术的文献研究》,中国中医科学院硕士学位论文 2016 年。

张一群（上海市教育委员会/上海中医药大学/上海中医学院）

《金元医学家刘河间诗赞——读〈金史·刘完素传〉》,《中医药文化》2017 年第 5 期。

《秦昌遇生卒年考》,《中华医史杂志》2010 年第 1 期。

《孙一奎生卒年考》,《中华医史杂志》2009 年第 6 期。

《〈中医大辞典〉（第 2 版）明代医史人物辞目生卒补证》,《中医药文化》2009 年第 3 期。

《明代吴医沈宗常生平考略》,《中医药文化》2008 年第 1 期。

《明代医著〈摄生众妙方〉作者张时彻生卒年限考》,《浙江中医杂志》2006 年第 6 期。

《明代〈医史〉作者李濂生平著述考略》,《中华医史杂志》2003 年第 2 期。

《中医人名辞典——生卒考证 5 例》,《医古文知识》1995 年第 2 期。

《姑苏名医王敏师承考》,《浙江中医杂志》1994 年第 7 期。

《刘草窗小考》，《医古文知识》1994 年第 1 期。

《元·葛应雷生卒补缺》，《上海中医药杂志》1990 年第 6 期。

《江苏医史人物张来生卒小考》，《江苏中医》1990 年第 1 期。

《关于赵简王之生年考》，《安徽中医学院学报》1989 年第 4 期。

《〈江苏历代医人志〉人物生卒补证一则》，《江苏中医》1988 年第 5 期。

《常熟明医陈禩宇生卒考》，《南京中医学院学报》1988 年第 2 期。

《陕西医史人物于志宁生卒考》，《陕西中医》1987 年第 2 期。

《〈中医大辞典〉若干医史人物考辨》，《上海中医药杂志》1985 年第 10 期。

章以同

《日本汉医源流概要》，《中医世界》1934 年第 3 期。

张毅之（广州中医药大学）

《民国时期广州中医慈善医疗组织研究》，广州中医药大学硕士学位论文 2007 年。

张殷铭（北京大学）

《1876 年到 1885 年间中英〈烟台条约读增专条〉洋药税厘并征谈判研究》，北京大学硕士学位论文 2005 年。

张莹（华中科技大学）

《中国媒体的无偿献血议题建构——对〈人民日报〉等三家报纸健康传播功能的考察》，华中科技大学硕士学位论文 2005 年。

张英（陕西师范大学）

《中古"另类药物"的文化解读——以〈本草拾遗〉为中心》，陕西师范大学硕士论文 2013 年。

《从〈宋清传〉看唐人的药材经营》，《文学界（理论版）》2011 年第 6 期。

张颖（天津中医药大学）

～陈星园：《〈马可波罗行纪〉中的中医药文化》，《中国中西医结合杂志》2017 年第 11 期。

陈龙梅～：《论〈儒林外史〉中的医药思想》，《西部中医药》2017 年第 6 期。

～罗金丽等：《〈银海精微〉肝气虚型眼病初探》，《浙江中医药大学学报》2015 年第 8 期。

陈龙梅～：《明清目录书中医籍著录初探》，《中医文献杂志》2015 年第 3 期。

《文化崛企——浅论步长制药的企业文化建设与传播》，《东方企业文化》2014 年第 6 期。

《放翁亦药翁——南宋通医文士陆游与中药》，《时珍国医国药》2012 年第 10 期。

《小议陆游诗中的养生之道》，《文学界（理论版）》2012 年第 7 期。

《唐代通医文士的道教情缘与医药养生》，《山西中医》2012 年第 6 期。

～宋思霖：《亘古男儿亦药翁——南宋诗人陆游与中药》，《湖南中医杂志》2012 年第 4 期。

《唐代通医文士杜甫涉药诗探析》，《江苏中医药》2012 年第 1 期。

《杜甫诗中的药味人生——杜甫涉药诗探析》，《山西中医》2011 年第 9 期。

《唐代文士刘禹锡通医研究》，《天津中医药大学学报》2011 年第 4 期。

陈红梅～叶卿：《浅谈中医文献研究中目录学知识的利用——以魏晋以前脉学文献研究为例》，《中医文献杂志》2011 年第 2 期。

张颖超（华东政法大学）

《美国医疗保险制度改革对我国的启示》，华东政法大学硕士学位论文 2014 年。

张颖禾(上海市防痨协会/上海市结核病防治中心)

《陈湘泉传略》,《结核病健康教育》1997 年第 1 期。

《刁友道传略》,《结核病健康教育》1997 年第 2 期。

陈恒~:《上海虹桥疗养院简史》,《结核病健康教育》1997 年第 2 期。

陈恒~郑定竹:《正义秉然的防痨专家》,《结核病健康教育》1997 年第 2 期。

《中国防痨协会上海分会一、二、三届理事会》,《结核病健康教育》1996 年第 2 期。

~江风等:《回顾中国防痨协会》,《中国防痨杂志》1994 年第 4 期。

张英涛(哈尔滨医科大学)

《影响医疗卫生事业可持续发展能力的主观原因及因素分析》,《中国卫生经济》2008 年第 8 期。

孙福川~吴雪松:《当代中国医患关系的合理重构——论我国社会转型期医患利益的调节与平衡》,《医学与哲学》2005 年第 2 期。

~孙福川:《论知情同意的中国本土化——中国文化视野中的知情同意走向》,《医学与哲学》2004 年第 9 期。

《医德他律与自律》,《中国医学伦理学》2001 年第 6 期。

张瀛颖(江西中医学院)

~陈宝国:《浅谈客忤及其临床意义》,《江西中医药》2013 年第 5 期。

张雍

《祖国药物的起源与发展》,《大众医学》1957 年第 99 期。

张勇(河北大学)

《论建安二十二年瘟疫对魏初文学的影响》,《时代文学(下半月)》2011 年第 2 期。

张勇(六盘水师范高等专科学校)

《南京国民政府对天花的预防》,《六盘水师范高等专科学校学报》2004 年第 1 期。

《偏激与折衷——试析近代国人对待中医的态度》,《六盘水师范高等专科学校学报》2003 年第 2 期。

张勇(陕西中医学院)

~张英:《〈外台秘要方〉对儿科学发展的贡献》,《山西中医学院学报》2006 年第 3 期。

《子午流注针法发生学研究》,陕西中医学院硕士学位论文 2005 年。

张勇(天津医科大学总医院)

~陈津生:《浅议〈医学启源〉中防风应用经验》,《浙江中医杂志》2007 年第 3 期。

张勇安(上海大学)

~王磊:《美国里根政府艾滋病政策外交档案选编》,《医疗社会史研究》2019 年第 1、2 期。

《"大英帝国癌症运动"与英国大众防癌教育的兴起(1923—1953)》,《求是学刊》2017 年第 5 期。

《西方医疗社会史研究的新趋向》,《光明日报》2017 年 7 月 31 日第 14 版。

《全球毒情新变化与毒品治理的新转向》,《中国禁毒报》2017 年 2 月 28 日第 004 版。

《寻求制度霸权:美国与"联合国毒品滥用管制基金"的创立》,《医疗社会史研究》2016 年第 1 期。

《尼克松政府毒品战的"新机制":北约现代社会挑战委员会与国际禁毒合作》,《求是学刊》2016 年第 1 期。

~黄运:《食盐与健康的政治学:英国低盐饮食政策形成史论》,《史学月刊》2016 年第 6 期。

~苏洋:《"国际卫生组织:历史上的人、政治和实践"国际学术研讨会综述》,《学术月刊》2016 年第

6期。

～王贻胜:《"国际卫生组织与医疗卫生史"国际学术研讨会综述》,《世界历史》2014年第3期。

～乔晶花:《"国际卫生组织与医疗卫生史"国际学术研讨会综述》,《学术月刊》2013年第12期。

《中美禁毒合作:过程、限度及战略选择》,《现代国际关系》2013年第12期。

《哈维·威利:把"骗子"逐出食药领域》,《解放日报》2013年2月27日第12版。

《冷战背景下美国对土耳其的毒品外交(1965—1975)》,《中国社会科学》2012年第5期。

《冷战中的合作:美国与联合国〈1961年麻醉品单一公约〉的修正(1969—1975)》,《求是学刊》2012年第1期。

《海牙鸦片会议与国际禁毒合作的"条约化"》,《中国社会科学报》2011年6月23日第008版。

《冷战、毒品与美国对新中国的想象》,《中国社会科学报》2010年1月28日第007版。

《美国医学会药品广告政策的制度化(1883—1915)》,《史学月刊》2010年第12期。

《万国改良会与国际禁毒合作的缘起——以1909年上海"万国禁烟会"的召开为中心》,《学术月刊》2009年第8期。

《美国医学界与1848年〈药品进口法〉的颁行》,《世界历史》2009年第3期。

《国家与社会的互动:美国大麻管制政策的源起》,《社会科学》2009年第2期。

《业界利益与公共福利双赢:美国医学会与药品管理的联邦化》,《历史研究》2009年第1期。

《美国妇女、妇女组织与洁净化政治——读〈洁净食品、饮品和药品的改革斗士,1879—1914〉》,《美国研究》2008年第1期。

《荷兰禁毒政策的源起与流变——以"咖啡馆体制"为中心》,《欧洲研究》2006年第2期。

《美国大麻史政策研究:文献的整理与批评》,《历史研究》2006年第1期。

《美国与墨西哥禁毒合作的不对称性:以"百草枯喷洒项目"为中心(1971—1981)》,《南京大学学报》2006年第4期。

《多边体系的重建与单边利益的诉求:以美国批准联合国1961年麻醉品单一公约为中心》,《欧美研究》(台北)2006年第2期。

《美国州和大麻管制的联邦化》,《史学月刊》2005年第4期。

～何奇松:《美国的社区反毒联合体与进度——兼论中国特色的社区反毒联合体创建的可行性》,《社会》2004年第4期。

《〈美国毒品和毒品政策文献史〉述评》,《世界历史》2004年第3期。

《试析布什政府的毒品管制战略》,《美国研究》2004年第2期。

《美国毒品管制战略的调整及启示》,《中国药物滥用防治杂志》2004年第3期。

《美国吸毒群体的历史嬗变:1970—2000年》,《中国药物滥用防治杂志》2004年第4期。

《20世纪美国毒品政策史的多视角解读:读〈美国的痼疾:麻醉品管制的源起〉》,《美国研究》2004年第4期。

《政治与理性之间:毒品合法化之争》,《中国学术》第15辑(2013)。

《美国大麻政策研究》,复旦大学博士学位论文2005年。

《美国吸毒群体的历史嬗变和成因分析(1970—2000)》,东北师范大学硕士学位论文2002年。

张勇超(安徽师范大学)

《〈晨报〉男性医药广告研究》,《安徽文学(下半月)》2016年第5期。

张永刚（河北大学）

～吴建征：《近代安国药市研究》，《河北大学成人教育学院学报》2010 年第 2 期。

～杨红星：《近代视野下的定县卫生实验区》，《历史教学（高校版）》2008 年第 3 期。

张永刚（闽南师范大学）

《陀思妥耶夫斯基小说中"癫狂人物"的文化阐释》，闽南师范大学硕士学位论文 2017 年。

张永良（辽宁省锦西县卫生局）

《论医患的思想交流》，《医学与哲学》1983 年第 2 期。

张咏梅（中国中医科学院）

～范为宇等：《美国国家卫生研究院（NIH）国家补充与替代医学中心（NCCAM）发展战略计划（2005—2009）》，《亚太传统医药》2006 年第 5 期。

张子隽～徐俊等：《印度传统医学的发展现状》，《世界中医药》2014 年第 5 期。

《匈牙利中医药的发展与现状》，《世界中医药》2013 年第 11 期。

张永树（泉州市中医院）

郑美……孟宪军～：《澄江针灸学派传人留章杰学术思想简析》，《中国针灸》2012 年第 10 期。

《澄江针灸学派传人苏天佑海外医教史迹》，《中国针灸》2005 年第 6 期。

张永平（华中科技大学同济医学院）

～殷正坤：《哈维〈心血运动论〉的产生及对近代生理学的影响》，《医学与哲学》2002 年第 4 期。

张永文（中国人民解放军南京军区南京总医院）

～沈思钰等：《敦煌遗书〈辅行诀脏腑用药法要〉与陶弘景关系考》，《河北中医》2010 年第 3 期。

～蔡辉等：《张仲景生平事迹及〈伤寒杂病论〉方源考》，《河北中医》2010 年第 2 期。

～沈思钰等：《以敦煌遗书〈辅行诀脏腑用药法要〉考已佚古书〈汤液经法〉》，《河北中医》2009 年第 6 期。

～沈思钰等：《以敦煌遗书〈辅行诀脏腑用药法要〉校〈内经〉条文》，《中国中医药科技》2009 年第 1 期。

～沈思钰等：《以敦煌遗书〈辅行诀脏腑用药法要〉考二旦、六神汤》，《安徽中医学院学报》2008 年第 5 期。

～沈思钰等：《敦煌遗书〈辅行诀脏腑用药法要〉急症治疗方剂浅析》，《中国中医急症》2007 年第 5 期。

～沈思钰等：《〈慎五堂治验录〉急症诊治特色探讨》，《中国中医急症》2007 年第 2 期。

～沈思钰等：《〈考证病源〉学术思想探讨》，《中国中医急症》2007 年第 1 期。

～沈思钰等：《〈王应震要诀〉学术思想初探》，《中国中医急症》2006 年第 12 期。

～郭郡浩等：《敦煌遗书〈辅行诀脏腑用药法要〉探究》，《安徽中医学院学报》2003 年第 3 期。

张有春（中国人民大学／中国疾病预防控制中心）

～和文臻：《艾滋病歧视的根源与反歧视策略研究》，《社会建设》2017 年第 3 期。

《艾滋病宣传教育中的恐吓策略及其危害》，《思想战线》2017 年第 3 期。

《基于场所差异的健康实践与求医行为——以广西 L 市女性性工作者为例》，《北方民族大学学报（哲学社会科学版）》2016 年第 4 期。

和文臻～：《不同类型场所女性性工作者的健康观念和自我保健分析》，《中国性科学》2016 年第

3 期。

《福柯的权力观对医学人类学的启发》,《中央民族大学学报(哲学社会科学版)》2013 年第 5 期。

~和柳等:《艾滋病健康教育材料的文化适宜性——以柳州市的评估为例》,《广西民族大学学报(哲学社会科学版)》2013 年第 2 期。

《一个乡村治病过程的人类学解读》,《广西民族大学学报(哲学社会科学版)》2011 年第 4 期。

《人类学视野中的民族医学疗效评价》,《中央民族大学学报(哲学社会科学版)》2011 年第 3 期。

《污名与艾滋病话语在中国》,《社会科学》2011 年第 4 期。

西佩·休斯……黄剑波~:《心性的身体:医学人类学未来的研究引论》,《思想战线》2010 年第 6 期。

《医学人类学的生物文化视角》,《中央民族大学学报(哲学社会科学版)》2009 年第 2 期。

《医学人类学的社会文化视角》,《民族研究》2009 年第 2 期。

富晓星~:《人类学视野中的临终关怀》,《社会科学》2007 年第 9 期。

《社区参与及其在艾滋病防治中的实践》,《中国预防医学杂志》2005 年第 4 期。

~李晓林:《艾滋病宣传报道中歧视现象的研究》,《中国健康教育》2005 年第 6 期。

~余冬保等:《中国艾滋病相关政策决策过程的分析》,《中国艾滋病性别》2005 年第 2 期。

王若涛~:《艾滋病引起的社会学问题》,《中国党政干部论坛》2003 年第 3 期。

张有和

《中医和西医是两个互相独立的医学体系——论中医现代化和中西医结合必须注意的问题》,《广州中医药大学学报》2000 年第 3 期。

张又良

《女科医籍考》,《苏州国医杂志》1934 年第 5—6 期。

张友尚(中国科学院上海生命科学研究院)

《谈胰岛素的人工合成》,《生命科学》2015 年第 6 期。

《第一个在体外合成的蛋白质——结晶胰岛素全合成的个人追忆》,《中国科学:生命科学》2010 年第 1 期。

《中国生物化学与分子生物学的发展》,《生命化学》2009 年第 5 期。

《胰岛素生产的回顾与展望》,《食品与药品》2008 年第 1 期。

《负笈英伦剑桥分子生物学实验室》,《生命科学》2007 年第 2 期。

《生化与生物技术药物——21 世纪人类健康事业的生力军》,《中国天然药物》2006 年第 4 期。

《1979 年中国生物化学会成立记事》,《生命的化学》2003 年第 4 期。

张瑜(广东医学院/河南大学)

~沈玉洁等:《宋代多元化医学教育模式研究》,《中国科教创新导刊》2012 年第 2 期。

《宋代多元化医学教育体制研究》,河南大学硕士学位论文 2009 年。

《宋代"三次兴学"对医学教育改革的影响分析》,《商丘师范学院学报》2008 年第 8 期。

~沈玉洁等:《宋代医学教育改革及其对当今医学教育的启示》,《广东医学院学报》2008 年第 3 期。

《试论希波克拉底的医德思想》,《科学咨询(决策管理)》2007 年第 12 期。

《上医医国:医家致知的最高追求》,《当代医学》2007 年第 12 期。

张钰(河北大学)

《中国近代教会大学医学教育研究(1866—1936)》,河北大学硕士学位论文 2014 年。

张宇（黑龙江中医药大学）

《中国医政史研究》，黑龙江中医药大学博士学位论文 2014 年。

张瑜（湖南师范大学）

《〈潇湘晨报〉健康报道研究》，湖南师范大学硕士学位论文 2011 年。

张雨（南开大学）

《关于中国古代人口年寿问题的几点商榷》，《科学·经济·社会》2019 年第 1 期。

～齐原：《从碑刻、契约再论"守拙堂"本〈青囊秘诀〉的传抄》，《中华医史杂志》2018 年第 6 期。

张宇（山西中医学院）

《经方治疗不孕症的文献及证治规律研究》，山西中医学院硕士学位论文 2016 年。

张煜（上海市浦东新区卫生监督所）

《英国医疗卫生考察体会及启发》，《中国卫生资源》2007 年第 5 期。

张瑜（西安市中心医院）

～吴勋仓：《〈黄帝内经〉刺络放血疗法探析》，《陕西中医》2005 年第 7 期。

张羽（厦门大学/中国社会科学院）

《日本殖民时期台湾医生作家的疾病叙事研究》，《文学评论》2012 年第 1 期。

《日据时期台湾医师的疾病医疗书写研究》，《台湾研究集刊》2010 年第 2 期。

张玉才（安徽中医药大学/安徽中医学院）

杨春荣～万四妹：《〈石山医案〉杂病诊疗特色浅探》，《中医药临床杂志》2017 年第 4 期。

万四妹、魏超宇～张国梁：《基于文献分析的新安医学关于手足口病的辨治特色》，《甘肃中医学院学报》2013 年第 4 期。

万四妹～：《浅析〈孙文垣医案〉"有发明"案例》，《中医文献杂志》2008 年第 3 期。

许霞～：《试述徽州宗族在新安医学普及与传播中的作用》，《中医药导报》2007 年第 7 期。

～万四妹：《新安医学的历史地位及影响》，《中医文献杂志》2004 年第 4 期。

～赵军：《汪机〈伤寒选录〉初探》，《中医文献杂志》2004 年第 2 期。

～李净：《新安医家继承发展金元四大家学说概要》，《中国中医基础医学杂志》2002 年第 8 期。

肖培胜～：《吴澄学术观点初探》，《安徽中医临床杂志》2001 年第 6 期。

《明清时期徽人在扬州的医事活动及影响》，《中国中医基础医学杂志》2000 年第 9 期。

《吴楚温补学术经验初探》，《中国中医基础医学杂志》2000 年第 4 期。

刘惠玲……袁静～易玮等：《新安温补培元医家及其学术特点》，《安徽中医学院学报》1999 年第 6 期。

《程从周与〈程茂先医案〉》，《安徽中医临床杂志》1999 年第 1 期。

～徐谦德：《新安医学的儒学传统》，《上海中医药杂志》1998 年第 7 期。

～汪幼一：《新安医学著作对中医学的贡献》，《中国中医基础医学杂志》1998 年第 5 期。

～徐谦德：《丁甘仁辨治外感病的特点》，《安徽中医临床杂志》1998 年第 3 期。

～王怀美：《施今墨对八纲辨证的发挥》，《安徽中医临床杂志》1997 年第 6 期。

王怀美～计美容等：《汪墨斋治疗妇女不孕症的经验》，《安徽中医学院学报》1988 年第 3 期。

《"新安医学"纵横谈》，《安徽中医学院学报》1987 年第 2 期。

《孙一奎生平、著作及学术思想初探》，《安徽中医学院学报》1986 年第 2 期。

~王乐陶:《孙一奎"生命在于气之恒动"医学思想初探》,《安徽中医学院学报》1983年第2期。

张昱辰(复旦大学)

《公共理性缘何缺失:反思医患纠纷中的媒介实践——以"八毛门"风波为例》,《新闻传播》2011年第11期。

张钰晨(陕西师范大学)

《现代哲学与心理治疗》,陕西师范大学硕士学位论文2016年。

张宇航(云南大学)

《西双版纳傣族仪式治疗的人类学研究》,云南大学硕士学位论文2016年。

张玉辉(中国中医科学院)

赵凯维、申力~刘寨华等:《古代小儿养护原则与方法探究》,《亚太传统医药》2019年第12期。

赵凯维~金香兰等:《试论道士群体在"援道入医"过程中的作用——兼论医籍中道教神秘主义现象》,《医学与哲学(A)》2018年第8期。

赵凯维~徐雯洁等:《龚廷贤养生思想探析》,《中国医药导报》2018年第1期。

~于峥等:《张锡纯"肝理论"内涵探析》,《中国中医基础医学杂志》2016年第12期。

~于峥等:《〈泰定养生主论〉养生学术思想探析》,《中国中医基础医学杂志》2016年第7期。

杜松~杨威等:《〈望诊遵经〉色诊理论探析》,《中国中医基础医学杂志》2016年第6期。

~于峥等:《张锡纯"冲脉理论"探析》,《中国中医基础医学杂志》2015年第11期。

~杜松等:《陶弘景养生学术思想探析》,《中国中医基础医学杂志》2015年第1期。

杜松~于峥:《石寿棠诊法学术思想浅析》,《中医杂志》2014年第21期。

~杜松等:《张锡纯"大气下陷"理论探析》,《中国中医基础医学杂志》2013年第11期。

杜松、卢红蓉~李江:《钱乙儿科望诊理论探析》,《中国中医基础医学杂志》2013年第10期。

~杜松:《宋金元时期中医养生学发展特点分析》,《中国中医基础医学杂志》2013年第8期。

杜松~:《〈诸病源候论〉面部官窍望诊理论探讨》,《中国中医基础医学杂志》2013年第5期。

~杜松等:《万全养生学术思想探析》,《中国中医基础医学杂志》2012年第11期。

杜松~:《〈黄帝内经〉目诊理论探讨》,《中国中医基础医学杂志》2012年第8期。

杜松~:《丹溪学派形成及其影响》,《云南中医学院学报》2011年第6期。

~杜松:《朱丹溪养生学术思想研究》,《四川中医》2011年第12期。

~金香兰等:《李鹏飞之"三元"养生学术思想研究》,《中国中医基础医学杂志》2011年第8期。

杜松~:《〈厚生训纂〉学术思想略述》,《中国中医基础医学杂志》2011年第7期。

~杜松等:《陈直老年养生思想探析》,《中国中医基础医学杂志》2011年第1期。

~陈延滨等:《〈黄帝内经〉养生思想研究》,《中医药学报》2010年第6期。

田伟……刘理想~:《王珪痰证学术思想研究》,《江西中医药》2010年第6期。

~曹洪欣等:《民国时期温病医案证候要素分析》,《中国中医基础医学杂志》2010年第2期。

刘理想……王左原~:《〈遵生八笺〉中怡情养生实践方式初探》,《江西中医学院学报》2010年第1期。

王左原……刘理想~:《论晋代葛洪的防病养生思想》,《中国中医基础医学杂志》2009年第7期。

~金香兰:《孙思邈养生方法浅析》,《中国中医基础医学杂志》2009年第6期。

《民国时期温病医案证候要素与应证组合规律研究》,中国中医科学院博士学位论文2008年。

～杜松:《叶天士学术思想探析》,《中华中医药学刊》2007 年第 12 期。

张妤婕(西南政法大学)

《医疗救助法律制度研究》,西南政法大学博士学位论文 2016 年。

张玉金(华南师范大学)

《说卜辞中的"骨凡有疾"》,《考古与文物》1999 年第 2 期。

张宇静(宁波市北仑区中医院)

～崔云:《〈褚氏遗书〉男子求嗣养生观浅识》,《浙江中医杂志》2014 年第 11 期。

《张景岳辨治阳痿经验探析》,《浙江中医杂志》2009 年第 8 期。

《张景岳从气论治癃闭学术思想探微》,《广州中医药大学学报》2009 年第 5 期。

张玉莲(广西师范大学)

《论近代广西疫病流行与边疆开发的关系》,广西师范大学硕士学位论文 2007 年。

《传教士与 19 世纪中国医疗事业现代化启蒙》,《沧桑》2007 年第 1 期。

张宇羚(山西大学)

《冯婉琳的身体与家国——基于日记与诗集互证的微观医疗社会史研究》,山西大学硕士学位论文 2017 年。

《医学史研究新视点——身体史取向探讨》,《科技创新与生产力》2016 年第 7 期。

张玉龙(滨州医学院/山东大学)

～王景艳:《疾病的本质:本体多样性的呈现》,《医学与哲学(A)》2013 年第 2 期。

《疾病的价值研究》,山东大学博士学位论文 2012 年。

～陈晓阳:《论医院组织文化对组织公民行为的裁择》,《中国医学伦理学》2011 年第 5 期。

～陈晓阳:《医患沟通中疾病认知模式的伦理审视》,《中国卫生事业管理》2011 年第 2 期。

～陈晓阳:《疾病的道德化解读及其文化意义》,《科学技术哲学研究》2010 年第 5 期。

～陈晓阳:《疾病的伦理判读及其意义》,《道德与文明》2010 年第 3 期。

～王景艳:《疾病的文化意义》,《医学与哲学(人文社会医学版)》2007 年第 8 期。

张玉龙(山西大学)

《集体化时期农村合作医疗制度研究述评》,《沧桑》2009 年第 1 期。

张玉敏(天津中医学院第一附属医院)

《喉痹源流》,《中国中医基础医学杂志》2003 年第 3 期。

～李志敏:《历代医家对针刺治疗急性咽喉病的论述》,《中华医史杂志》1999 年第 3 期。

张宇宁(广西大学)

《疫苗监管法治研究》,广西大学硕士学位论文 2017 年。

张宇鹏(中国中医科学院)

～尹玉芳:《中医"辨证"概念诠释》,《中国中医基础医学杂志》2018 年第 10 期。

郑齐、于峥～:《薛雪治湿法度述要》,《中国中医基础医学杂志》2018 年第 4 期。

～郑齐等:《〈孙氏医案〉学术思想与价值探析》,《中国中医药图书情报杂志》2017 年第 6 期。

《从诠释学方法看中医理论研究的路径》,《中国中医基础医学杂志》2017 年第 6 期。

杜松～于峥等:《论石寿棠治疗温病学术思想》,《中国中医药图书情报杂志》2017 年第 5 期。

《〈伤寒论〉六经辨证与方证辨证关系初探》,《中国中医基础医学杂志》2016 年第 9 期。

李高申～:《孙一奎病证鉴别思想探究》,《中国中医基础医学杂志》2016 年第 7 期。

杜松……于峥～:《〈望诊遵经〉色诊理论探析》,《中国中医基础医学杂志》2016年第6期。

《从范式的不可通约性看中西医学关系》,《中国中医基础医学杂志》2016年第3期。

～杜松等:《〈对山医话〉学术思想探析》,《中国中医药图书情报杂志》2016年第2期。

～于峥:《孙一奎诊治中风学术思想初探》,《安徽中医药大学学报》2016年第2期。

～杜松等:《孙一奎学术思想渊源探析》,《中国中医基础医学杂志》2015年第5期。

《论象思维在构建中医理论体系中的作用》,《中国中医基础医学杂志》2015年第2期。

《藏象学与中医健康观念》,《中国中医基础医学杂志》2014年第9期。

刘寨华、于峥～张华敏:《吴正伦〈脉症治方〉学术思想探析》,《中华中医基础医学杂志》2013年第9期。

《简述孙一奎临证施治思想》,《中国中医基础医学杂志》2013年第11期。

肖俐～于峥:《孙一奎论治痰证经验简析》,《中医杂志》2012年第23期。

杨威……刘寨华～:《中医基础理论研究的要素与实践》,《中国中医基础医学杂志》2012年第11期。

《"象"的观念与藏象学》,《中国中医基础医学杂志》2012年第9期。

张若维……李清～:《徐文弼养生学术思想评述》,《中国中医基础医学杂志》2012年第8期。

《简述"肝左肺右"理论的历史发展》,《陕西中医学院学报》2012年第2期。

《略论明代命门三家学说》,《现代中医药》2011年第1期。

《孙一奎三焦相火学说探析》,《河北中医药学报》2011年第1期。

《论易学对中医藏象学发展的影响》,《现代中医药》2010年第4期。

《西方医学对藏象学研究的影响》,《中国中医基础医学杂志》2009年第12期。

～张宇鹏等:《癥瘕与藏象理论》,《中医杂志》2009年第6期。

《金元时期藏象学新思想的出现及其理论范式的转型》,《中国中医基础医学杂志》2008年第11期。

杨威～孙明杰等:《〈素问〉运气七篇的概念体系特征分析》,《中国中医基础医学杂志》2008年第2期。

～张宇鹏等:《〈素问〉运气七篇的概念体系特征分析》,《中国中医基础医学杂志》2008年第2期。

周国琪～:《〈内经〉嗜睡证之辨析》,《中国中医基础医学杂志》2008年第2期。

《〈黄帝内经〉藏象学理论体系的主要内容与结构简析》,《中国中医基础医学杂志》2008年第1期。

周国琪～:《〈内经〉失眠病证的证治探讨》,《中国中医基础医学杂志》2007年第11期。

于峥、陈春娥～杨威:《〈伤寒论〉六经病欲解时考释》,《陕西中医》2007年第11期。

刘寨华～杨威:《论〈内经〉中"精"字源流及其涵义》,《中国中医基础医学杂志》2007年第10期。

《中医五藏理论起源探讨》,《世界科学技术·中医药现代化》2007年第6期。

杨威……于峥～:《五运六气理论概念体系与当代研究概述》,《世界科学技术·中医药现代化》2007年第6期。

杨威……于峥～:《基于〈素问〉运气七篇概念体系的运气理论范畴研究》,《世界科学技术·中医药现代化》2007年第6期。

张宇鹏～于峥:《浅论中医学的健康观》,《中医杂志》2007年第2期。

杨威～孙明杰等:《中医理论是传统医药文化的精髓——关于中医药申报世界非物质文化遗产保护的思考》,《中国中医基础医学杂志》2006年第7期。

杨威～于峥等:《杜文燮〈药鉴〉的学术思想探析》,《中国中医基础医学杂志》2006 年第 3 期。

张羽平

《扬州疾病方言考》,《中华医史杂志》1954 年第 2、3 期。

《扬州医药语料》,《新中医药》1954 年第 1 期。

张玉平(上海师范大学)

《中国古代小说中的疾病描写——以"三言""二拍"为考察中心》,上海师范大学硕士学位论文 2011 年。

张玉萍(上海中医药大学)

熊俊～:《恽铁樵儿科治疗经验探析》,《中国中医药信息杂志》2011 年第 11 期。

胡菲～:《民国期刊中有关麻疹病的治疗概况》,《中医文献杂志》2011 年第 3 期。

熊俊～:《恽铁樵函授中医学校沿革》,《中华中医药学刊》2011 年第 4 期。

熊俊～:《恽铁樵中医教育思想初探》,《中国中医药信息杂志》2010 年第 7 期。

熊俊～:《浅析恽铁樵函授中医学校的特色》,《中医文献杂志》2010 年第 1 期。

柳璇～:《陆渊雷〈伤寒论概要·急性热病药法之原理〉启示》,《中医文献杂志》2008 年第 5 期。

鲍健欣～袁久林:《〈太平圣惠方〉妇科同证异病的组方特色》,《山东中医杂志》2007 年第 7 期。

鲍健欣～:《对〈内经〉中"足生大丁"的注释及研究概况》,《中医文献杂志》2006 年第 4 期。

鲍健欣～:《辨"丁"》,《中医药文化》2006 年第 4 期。

晏飞～:《〈太平圣惠方〉"病疮"考释》,《中医文献杂志》2006 年第 2 期。

肖梅华～张洋:《历节、白虎病辨》,《中医文献杂志》2006 年第 2 期。

～肖梅华:《宋元以前"历节"文献考》,《山西中医学院学报》2005 年第 1 期。

～肖梅华:《丹溪四书"痛风"考》,《中医文献杂志》2004 年第 4 期。

～肖梅华:《宋元以前"痛风"及其相关中西病症比较》,《中华医史杂志》2004 年第 4 期。

顾植山～:《从 SARS 看〈素问遗篇〉对疫病发生规律的认识》,《中医文献杂志》2004 年第 1 期。

《〈格致余论〉等文献对痛风的认识》,《中医文献杂志》2002 年第 4 期。

张玉琴(中华医学会)

《中华医学会的公共卫生工作》,《中华医史杂志》1986 年第 3 期。

《为中华医学会增砖添瓦的人——纪念牛惠生夫妇》,《中国科技史料》1984 年第 3 期。

严良瑜～:《中华医学会简史》,《中国科技史料》1984 年第 1 期。

张玉清(黑龙江中医药大学)

王红～杨金长:《元气本体论——中医学整体观念的思想源头》,《中医药学报》2006 年第 4 期。

～杨金长等:《中西医的不可通约性与可统一性》,《中医药学报》2006 年第 3 期。

《明清医学再认识——本草·温病·解剖·相关事件、人物探索性研究》,黑龙江中医药大学博士学位论文 2006 年。

～常存库:《从东西方科学的融合看中西医结合》,《医学与哲学》2004 年第 7 期。

常存库～宋诚挚:《再论中西医思维的直观与抽象及其他——答张挥、董万金的商榷》,《医学与哲学》1997 年第 1 期。

张玉绒(云南大学)

《看守所艾滋病在押人员权利保障问题研究》,云南大学硕士学位论文 2016 年。

张玉祥(绵阳市卫生执法监督所)

~罗玉明:《〈学校卫生工作条例〉实施过程中的问题与建议》,《中国学校卫生》2004 年第 2 期。

张雨新(西安医学院)

刘亚娜~:《陕甘宁边区外国援华医疗人员与延安精神》,《兰台世界》2019 年第 8 期。

《抗战时期援华医生的群众医疗观及其影响——以陕甘宁边区为中心的考察》,《唐都学刊》2018 年第 4 期。

~付建成:《抗战时期陕甘宁边区农村的生育变迁——以米脂县为中心的考察》,《河北学刊》2018 年第 4 期。

王进~:《抗日战争时期陕甘宁边区的妇女卫生冬学》,《兰台世界》2016 年第 12 期。

《跨学科方法在中国近现代史研究中的运用——以医疗社会史为切入点的考察》,《唐都学刊》2015 年第 10 期。

张玉雪(侵华日军第七三一部队罪证陈列馆)

《关于满洲第一〇〇部队的几个问题》,《北华大学学报(社会科学版)》2017 年第 6 期。

张圆(北京师范大学)

《浅论瘴疠对乾隆三次征缅战役的影响》,《中国边疆民族研究》2008 年 00 期。

章原(上海中医药大学)

《服食、医疗与魏晋士人身体观——以〈世说新语〉为中心的探究》,《文化研究》2018 年第 4 期。

《毒药与良方:寒食散的两面》,《天中学刊》2018 年第 5 期。

胡惠滨~:《从〈大唐西域记〉看唐代西域的医药文化》,《中医药文化》2018 年第 4 期。

魏怀宇~:《〈山家清供〉与宋代食疗文化》,《中医药文化》2018 年第 1 期。

《民国时期阎锡山扶持中医的措施、动机及影响》,《中华医史杂志》2017 年第 6 期。

《葛洪与本草服食——以〈抱朴子内篇〉为中心的探究》,《中国道教》2017 年第 6 期。

《章楠医易思想研究》,《南京中医药大学学报(社会科学版)》2017 年第 3 期。

《性别与服食:汉唐之间的女性身影》,《医疗社会史研究》2016 年第 2 期。

《从〈山家清供〉管窥宋代士人的饮食文化》,《楚雄师范学院学报》2016 年第 8 期。

《〈申报〉副刊〈国医与食养〉研究》,《中医药文化》2016 年第 5 期。

《从〈申报〉论说文看晚清中西医之争》,《浙江师范大学学报(社会科学版)》2016 年第 5 期。

《从〈山家清供〉管窥宋代士人的饮食文化》,《楚雄师范学院学报》2016 年第 8 期。

《民国女医的性别焦虑与身份认同——以民国女医刊物为中心的分析》,《南京中医药大学学报(社会科学版)》2016 年第 1 期。

《书道医道惟一理——品〈王庆其临池碎墨〉有感》,《中医药文化》2015 年第 5 期。

《丘处机〈摄生消息论〉中的养生理念》,《中国道教》2015 年第 1 期。

《清代学者叶志诜及〈汉阳叶氏医学丛刻〉绍述》,《中医文献杂志》2014 年第 4 期。

《〈诗经〉中的养生文化》,《南京中医药大学学报(社会科学版)》2014 年第 1 期。

《国医大师裘沛然诗作思想与艺术特色浅析》,《浙江中医药大学学报》2013 年第 10 期。

《"史语所"与"生命医疗史"研究》,《中医药文化》2012 年第 5 期。

《〈东坡养生集〉的编纂及其养生学价值》,《南京中医药大学学报(社会科学版)》2012 年第 2 期。

《春秋战国时期三晋医学文化刍论》,《山西师大学报(社会科学版)》2011 年第 3 期。

邹纯朴、梁尚华~:《高山仰止景行行止——深切缅怀裘沛然先生》,《中医药文化》2011 年第 3 期。

《曹操养生观探微》，《南京中医药大学学报（社会科学版）》2011 年第 2 期。

～王庆其：《〈尚书〉的生命意识与"五福""六极"思想刍议》，《上海中医药大学学报》2011 年第 2 期。

～王庆其：《荀子养生思想概论》，《中医药文化》2011 年第 1 期。

梁尚华、孙鸿杰～：《儒家思想对医学生医德养成的教育价值》，《上海中医药大学学报》2011 年第 1 期。

《董仲舒养生思想概论》，《南京中医药大学学报（社会科学版）》2010 年第 3 期。

《文化视野下的中西医角色转换》，《太原师范学院学报（社会科学版）》2010 年第 5 期。

《老欲躬耕力弗强，但应卖药似韩康——长寿诗翁陆游卖药漫谈》，《现代养生 B》2010 年第 3 期。

王庆其……邹纯朴～裘端常等：《读书苦乐有乘除——国医大师裘沛然先生的治学之路》，《中医药文化》2009 年第 5 期。

张圆圆（兰州大学）

《唐宋应病故事研究》，兰州大学硕士学位论文 2011 年。

张园园（南开大学）

《宋代道教医疗与日常生活——以〈夷坚志〉为中心》，《科学经济社会》2016 年第 3 期。

《致病与治病：古医书中的"茶"文化书写》，《农业考古》2016 年第 2 期。

《宋代道教与医学知识的建构——以医方为中心》，《科学经济社会》2015 年第 3 期。

张圆圆（宁夏大学）

《专业与日常：医学知识形成的一个侧面——以应声虫病的书写为例》，《史学月刊》2016 年第 9 期。

章媛媛（武汉纺织大学）

《中西方传统内衣文化对比研究》，武汉纺织大学硕士学位论文 2016 年。

张渊钊（陕西中医学院）

《李杲"阴火说"刍议》，《陕西中医》1985 年第 2 期。

张月（北京中医药大学）

《朱砂毒性的中蒙医药文献对比研究》，北京中医药大学硕士学位论文 2016 年。

张悦（四川大学）

《宋代道教驱邪模式与世俗政治关系初探》，《史林》2016 年第 6 期。

《阈限理论视角下的道教驱邪活动研究》，《宗教学研究》2014 年第 3 期。

《宋代民间生活中的道教驱邪活动——以〈夷坚志〉"安氏冤"为例》，《史林》2013 年第 3 期。

《魅与治魅：道教文献中的精魅思想》，《云南社会科学》2013 年第 3 期。

张岳（中国中医科学院）

《养生史视角下的中国明代茶文化研究》，中国中医科学院硕士学位论文 2012 年。

张越公

《论符禁咒治病》，《三三医报》1923 年第 10 期。

张云（南京中医药大学）

李文林～杨丽丽：《民国中医药期刊栏目内容整理与学术价值分析——以江苏地区馆藏为例》，《中医文献杂志》2019 年第 6 期。

～李文林等：《民国江浙沪中医药期刊药学文献价值研究》，《医学与哲学》2019 年第 17 期。

～李文林等：《民国中医期刊〈现代国医〉的价值研究》，《中国中医基础医学杂志》2016 年第 11 期。

《民国医药期刊研究现状与研究热点分析》,《医学与哲学(A)》2015 年第 11 期。

《民国医药文献研究现状》,《中国中医基础医学杂志》2015 年第 7 期。

～曾莉等:《民国时期医学期刊〈医潮〉的内容分析及史料价值》,《中国中医基础医学杂志》2014 年第 2 期。

杨斓……李文林～张稚鲲等:《浅谈吴门温病学派对江苏地区其他医派的学术影响》,《中国中医药现代远程教育》2013 年第 23 期。

张云（山东大学）

《公共卫生问题的全球治理》,山东大学硕士学位论文 2006 年。

张云（武汉大学）

《1840—1937 年间两湖地区瘟疫初探》,武汉大学硕士学位论文 2005 年。

张云荣（新疆财经大学）

《改革开放以来〈健康报〉医改报道的话语变迁研究》,新疆财经大学硕士学位论文 2019 年。

张云瑞（中南民族大学）

《突发性公共卫生事件英文报道的文体分析》,中南民族大学硕士学位论文 2010 年。

张云筝（北京信息科技大学/北京工业机械学院）

《全球化时代传染病与人类零距离》,《广州城市职业学院学报》2007 年第 1 期。

《健康问题、传染病与全球化》,《太平洋学报》2006 年第 3 期。

《论公共健康问题的国际合作》,《北京机械工业学院学报》2006 年第 2 期。

张载福（金华市第二医院）

～陈兴时:《精神疾病与自杀行为》,《神经病学与神经康复学杂志》2010 年第 2 期。

《住院初发精神疾病患者的城乡比较》,《中国民政医学杂志》1998 年第 1 期。

张再良（上海中医药大学）

杨文喆～:《绍兴伤寒学派与〈通俗伤寒论〉》,《上海中医药报》2019 年 8 月 9 日 011 版。

《伤寒、六经与方证》,《上海中医药杂志》2019 年第 5 期。

《论"杂病"之源与流》,《上海中医药报》2019 年 3 月 22 日 011 版。

杨文喆～:《气与细菌的相遇——读〈气与细菌的近代中国医疗史〉》,《上海中医药杂志》2019 年第 2 期。

《早期古籍与〈伤寒论〉研究》,《上海中医药报》2018 年 11 月 23 日 012 版。

《宋前宋后看伤寒》,《上海中医药杂志》2018 年第 10 期。

《〈伤寒论〉:从经典转向通俗》,《上海中医药杂志》2018 年第 7 期。

～杨文喆:《伤寒这本书》,《上海中医药报》2018 年 5 月 11 日 011 版。

～杨文喆:《追源欲求真伤寒——评〈宋以前伤寒论考〉》,《上海中医药杂志》2018 年第 4 期。

杨文喆～:《思考杂病的历史沿革》,《上海中医药报》2018 年 3 月 2 日 011 版。

《思考吴又可的温疫证治》,《上海中医药杂志》2018 年第 3 期。

杨文喆～:《思考〈金匮〉的历史沿革》,《上海中医药报》2018 年 2 月 2 日 011 版。

杨文喆～:《"伤寒"概念演变考》,《上海中医药杂志》2018 年第 2 期。

小高修司、杨文喆～:《从苏轼看宋代的医学与养生——从古代的气候史、疫病史思考〈伤寒论〉的校订》,《中医文献杂志》2018 年第 2 期。

杨文喆～:《仲景腹诊方治探析》,《中医药学报》2018 年第 2 期。

《杂病原本出伤寒》,《上海中医药杂志》2017 年第 12 期。

杨文喆～:《试从〈脉经〉推论〈伤寒杂病〉》,《中华中医药杂志》2017 年第 12 期。

～杨文喆:《〈宋以前伤寒论考〉译后感》,《上海中医药报》2017 年 12 月 29 日 012 版。

杨文喆～:《思考〈金匮要略〉中杂病的历史沿革》,《上海中医药杂志》2017 年第 9 期。

杨文喆～:《〈千金方〉伤寒学术思想探骊》,《中国中医基础医学杂志》2017 年第 8 期。

杨文喆～鲍健欣:《〈备急千金要方〉中的〈金匮要略〉》,《中华中医药杂志》2017 年第 8 期。

孟令一、李欣～:《〈伤寒杂病论〉中关于小便不利证治探析》,《辽宁中医药大学学报》2016 年第 11 期。

杨文喆～:《〈金匮要略〉与〈伤寒论〉相关性研究思路的述评与展望》,《中华中医药杂志》2016 年第 9 期。

《终将伤寒统热病——重温〈感症宝筏〉对热病诊疗的把握》,《上海中医药杂志》2016 年第 3 期。

杨文喆～苏中昊:《从〈诸病源候论〉的相关记载思考"伤寒"》,《上海中医药杂志》2015 年第 10 期。

《对〈伤寒论〉与〈温疫论〉的再思考》,《上海中医药杂志》2015 年第 7 期。

杨文喆～:《思考〈千金要方〉中的伤寒》,《上海中医药杂志》2014 年第 10 期。

《从寒温角度思考病名》,《上海中医药大学学报》2014 年第 5 期。

《从历史传统中理解传统中医药》,《上海中医药报》2014 年 2 月 7 日 009 版。

《认识伤寒病的意义》,《上海中医药大学学报》2014 年第 1 期。

～杨文喆:《〈伤寒经注〉学术思想探微》,《上海中医药杂志》2013 年第 9 期。

《思考〈伤寒论〉成书的疾病背景》,《上海中医药杂志》2012 年第 10 期。

小高修司、杨文喆～:《隋唐以前的用药法》,《河南中医》2011 年第 8 期。

《思考〈伤寒论〉和〈金匮要略方论〉——读〈解读伊尹汤液经〉有感》,《上海中医药大学学报》2011 年第 3 期。

牧角和宏、杨文喆～:《关于赵开美本〈伤寒论〉》,《中医文献杂志》2011 年第 2 期。

《存在于经方中的诊疗体系》,《上海中医药杂志》2010 年第 8 期。

杨桃～:《试论"精神内守　病安从来"养生观》,《辽宁中医药大学学报》2009 年第 6 期。

牧角和宏、杨文喆～:《〈宋版伤寒论〉的特殊性——关于三阴三阳篇和可不可篇的条文比较研究》,《国医论坛》2009 年第 1 期。

～杨文喆:《从疾病的寒热虚实看六经》,《河南中医》2009 年第 1 期。

～杨文喆:《追源溯流话厥阴》,《四川中医》2008 年第 10 期。

《伤寒六经病与祝氏五段说》,《中医文献杂志》2008 年第 6 期。

小高修司……杨文喆～:《关于〈伤寒论〉的古与今——围绕〈太平圣惠方〉与〈宋版伤寒论〉展开的话题》,《国医论坛》2008 年第 5、6 期。

金芷君～:《〈千金要方〉内科脏腑病证辨治特点》,《上海中医药大学学报》2008 年第 4 期。

杨文喆～:《触摸医学发展的脉搏——读尤怡〈金匮翼〉》,《上海中医药杂志》2007 年第 5 期。

《改错医林唯求真——从王清任的〈医林改错〉说起》,《辽宁中医药大学学报》2007 年第 3 期。

位燕～:《试论〈内经〉中的"德全不危"》,《四川中医》2007 年第 3 期。

杨奕望～吴鸿洲:《〈金匮要略〉利水法举要》,《上海中医药大学学报》2006 年第 4 期。

赵孟春～程磐基:《浅析〈千金要方〉外感热病学术特色》,《中医文献杂志》2007 年第 2 期。

～程磐基:《定六经为百病之总诀——重温俞根初的六经证治》,《中医药学刊》2006年第7期。

～程磐基:《试析〈金匮要略〉中的脏腑经络观——关于辨证中对疾病的层次和阶段的把握》,《上海中医药杂志》2005年第12期。

杨文喆～:《〈金匮要略〉转胞析》,《上海中医药杂志》2004年第5期。

《经方与时方原来不相悖——重读吴瑭〈温病条辨〉》,《中医药学刊》2005年第3期。

李广浩～:《吴又可温疫治法刍议》,《中医文献杂志》2004年第2期。

～李广浩:《〈温疫论〉对温病学贡献的再认识》,《中医药学刊》2003年第6期。

《日本医家对麻黄汤和桂枝汤类方的研究——读江布洋一郎的〈经方医学〉》,《上海中医药大学学报》2003年第2期。

周国琪～陈晓:《〈内经〉七篇大论对疾病的认识》,《上海中医药大学学报》2003年第1期。

程磐基～刘俊:《〈诸病源候论〉外感热病析》,《中医文献杂志》2002年第4期。

～程磐基:《谈仲景的辨病与辨证》,《上海中医药大学学报》2002年第3期。

《经方理论研究的新说——读江布洋一郎的〈经方医学〉》,《上海中医药大学学报》2001年第3、4期。

曲丽芳～:《〈金匮〉狐惑病证治源流探讨》,《上海中医药大学学报》2001年第1期。

《设就〈金匮〉论〈金匮〉,难免不为〈金匮〉拘——〈金匮〉痉病源流析》,《上海中医药大学上海中医药研究院学报》1998年第1期。

叶进～顾瑞生:《〈金匮〉利尿类方研究》,《上海中医药杂志》1997年第4期。

张再林(西安交通大学)

～冯合国:《身体美学的治疗隐喻》,《西北大学学报(哲学社会科学版)》2016年第4期。

《中医"身体符号"系统的特征及其意义》,《学术月刊》2010年第10期。

张在新

《名医黄春甫先生事略》,《中西医学报》1912年第5期。

张赞臣(上海中医学院/上海市中医文献馆/上海市公费医疗第五门诊部)

～王慧芳:《上海医界春秋社创办的概况》,《中华医史杂志》1986年第4期。

～孙式庵等:《谢立恒先生的医学经验简介》,《上海中医药杂志》1964年第10期。

《关于中医学说中"五行学"的存废问题》,《中医杂志》1957年第8期。

《祖国医学对血吸虫病的认识》,《中医杂志》1956年第8期。

《祖国药物学的成就》,《上海中医药杂志》1955年第12期。

《中医的咽喉科》,《中医杂志》1955年第8期。

《本草学的沿革》,《上海中医药杂志》1955年第6期。

～叶显纯:《中医外科的发展》,《中华医史杂志》1955年第3期。

《古代外科学家——华佗》,《新闻日报》1955年3月15日。

《中国药物发展概况》,《新中医药》1955年第1期。

《我国历代本草的编辑》,《中华医史杂志》1955年第1期。

《上海神州医药总会十四周大会纪》,《三三医报》1926年第18期。

张泽(中国科学技术协会)

《在中国防痨协会成立65周年纪念大会上的讲话》,《中国防痨杂志》1998年第3期。

张增国（安徽工业大学）

《重建中国农民的基本医疗保障体系——对中国农村合作医疗制度的回顾与展望》,《中国经济经济》2010 年第 15 期。

《新型农村合作医疗:历史变迁及其运作》,《新西部》2008 年第 2 期。

《传统农村合作医疗制度因何衰落》,《中国乡村发现》2007 年第 5 期。

张增国（山东中医药大学）

～张成博:《中医学教育模式进展》,《齐鲁护理杂志》2011 年第 9 期。

～张成博:《近代中医学校教育的主要特点研究》,《世界中西医结合杂志》2011 年第 5 期。

《近代中医学校教育史的研究》,山东中医药大学博士学位论文 2011 年。

章增加（广西中医学院）

文乐敏～王光彩等:《〈黄帝内经〉"未病"内涵探析》,《中华中医药学刊》2011 年第 8 期。

《关于"阴阳格拒"病机的探讨》,《中国中医基础医学杂志》2010 年第 10 期。

《论"医者,意也"——关于中医思维模式的探讨》,《中国中医基础医学杂志》2010 年第 5 期。

《试论"阴阳两盛"病机》,《中医杂志》2009 年第 10 期。

文乐敏～:《从"生病起于过用"谈〈内经〉非平衡稳态思想》,《江苏中医药》2009 年第 7 期。

《关于中医藏象理论研究若干问题的思考》,《中医杂志》2009 年第 5 期。

《关于弘扬中医药文化的思考》,《中医药文化》2009 年第 2 期。

《论〈告别中医中药〉一文对历史文化的若干误解》,《中国中医基础医学杂志》2009 年第 2 期。

《试论精室理论的源流、实质及其意义——兼与精室睾丸论商榷》,《中国中医基础医学杂志》2008 年第 11 期。

钟燕春～:《肝阳理论再认识》,《辽宁中医药大学学报》2008 年第 11 期。

钟燕春～:《〈周易〉对中医藏象学说的影响》,《中医药通报》2008 年第 5 期。

《试论"脾统四脏"的学术渊源——兼与韩天雄等先生商榷》,《中医药通报》2007 年第 1 期。

《论〈周易〉对藏象经络模型构建的影响——兼与张效霞老师商榷》,《中医药通报》2006 年第 4 期。

～胡依平:《试论晚清以来中医理论发展缓慢的原因》,《广西中医药》1996 年第 1 期。

～胡依平:《"乙癸同源,肝肾同治"源流考略》,《江西中医药》1995 年第 1 期。

～胡依平:《钱乙"肾主虚,无实也"辨析》,《中医杂志》1994 年第 1 期。

《肾阴肾阳源流考略》,《广西中医药》1991 年第 5 期。

～班秀文等:《试论肾主纳气——兼与〈肾主纳气辨析〉商榷》,《广西中医药》1991 年第 1 期。

～李旭蕃等:《〈内经〉与耗散结构论》,《山东中医学院学报》1991 年第 1 期。

《孙一奎〈医旨绪余〉评述》,《广西中医药》1990 年第 2 期。

～李旭蕃等:《〈内经〉非平衡思想初探》,《广西中医药》1989 年第 6 期。

张增敏（山东中医药大学）

张灿玾～:《隋唐五代医学文献发展概述》,《天津中医药大学学报》2006 年第 3 期。

～张灿玾:《〈黄帝内经〉腧穴考析》,《中医药通报》2004 年第 5 期。

张灿玾～:《〈伤寒〉〈金匮〉医方考》,《上海中医药杂志》2004 年第 2 期。

张灿玾～:《〈伤寒论〉、〈金匮要略〉方组合解析》,《中国医药学报》2004 年第 2 期。

乔海法、乔永法～:《王冰次注〈素问〉条例简析》,《山东中医药大学学报》2002 年第 6 期。

张灿玾~:《〈素问〉腧穴总数考析》,《中国医药学报》2002年第1期。

张灿玾~:《张仲景医方与〈汤液经法〉考》,《上海中医药杂志》2002年第7期。

张灿玾~:《扁鹊著作文献研究刍议》,《中国医药学报》2002年第1期。

~吕霞霞:《古〈明堂经〉考析》,《山东中医药大学学报》2002年第1期。

张战卫(苏州大学附属第一医院)

《博习医院建筑文化的读悟》,《档案与建设》2003年第6期。

张照(暨南大学)

《清末民初循道公会在华南地区的发展》,暨南大学硕士学位论文2005年。

张朝觐(贵州师范大学)

《长沙〈大公报〉视野中的禁烟禁毒问题宣传研究(1917—1924)》,贵州师范大学硕士学位论文2017年。

张照青(保定学院/保定师范专科学校)

~赵颖:《论定县农村卫生实验及其历史地位》,《保定师范专科学校学报》2007年第3期。

《1917—1918年鼠疫流行与民国政府的反应》,《历史教学》2004年第1期。

张朝卿

《祖国医学对麻疹的认识和治疗》,《中华医学杂志》1956年第10期。

张兆云(中国中医研究院)

张朝和、石学文~张萍:《一代大师任应秋》,《河南中医学院学报》2004年第4、6期。

~傅卓:《毛泽东对中医药发展的丰功伟绩》,《中医药管理杂志》1996年第6期。

《张仲景优生学书思想浅析》,《国医论坛》1989年第3期。

张哲嘉(台湾中央研究院)

《高晞,〈德贞传:一个英国传教士与晚清医学近代化〉》,《中研究院近代史研究所集刊》第76期(2012.6)。

《清末百科全书中的医学论述》,《台湾文学研究集刊》第2期(2006.11)。

《日用类书"医学门"与传统社会庶民医学教育》,梅家玲编《世变中的启蒙:文化重建与教育转型(1895—1949)》(台北:麦田出版社2006年)。

《"大黄迷思"——清代制裁西洋禁运大黄的策略思维与文化意涵》,《中研究院近代史研究所集刊》第47期(2005.3)。

《〈妇女杂志〉中的"医事卫生顾问"》,《中研究院近代中国妇女史研究》第12期(2004.12)。

《"中国传统法医学"的知识性格与操作脉络》,《中研究院近代史研究所集刊》第44期(2004.6)。

《清宫医药档案的价值与限制》,《新史学》第10卷第2期(1999.6)。

张振(马鞍山市疾病预防控制中心)

~蔡华英等:《1949—2018年马鞍山市麻风病流行病学分析》,《世界最新医学信息文摘》2019年第56期。

张振标(中国科学院)

《中国古代人类强直性脊椎炎的骨骼例证》,《人类学学报》1995年第2期。

《中国古代人类麻风病和梅毒病的骨骼例证》,《人类学学报》1994年第4期。

《中国古代人类遗骸的骨折病例》,《人类学学报》1993年第4期。

《长阳青铜时代与大同北魏朝代人类牙齿的形态变异》,《人类学学报》1993年第2期。

《古代的凿齿民——中国新石器时代居民的拔牙风俗》,《江汉考古》1981 年 S1 期。

张振辉(中国社会科学院)

《卜弥格与明清之际中学的西传》,《中国史研究》2011 年第 3 期。

张振平(济南医药集团公司/济南市药材采购供应站)

《阿胶产生年代考》,《山东中医药大学学报》1997 年第 2 期。

《一个应当重新认识的问题——巫、巫医及其与医药起源、发展关系探析》,《山东中医学院学报》1986 年第 2 期。

《〈周礼〉中的"祝药劀杀之齐"与"祝当为注"》,《山东中医药学院学报》1983 年第 4 期。

《〈五十二病方〉中的药物炮制法》,《中国药学杂志》1981 年第 6 期。

《谈马王堆古医书中的膏剂》,《山东中医学院学报》1981 年第 1 期。

《从帛书〈五十二病方〉看先秦药学的发展》,《山东中医学院学报》1979 年第 1 期。

张振伟(云南大学)

《身体与信仰:西双版纳傣族仪式治疗中的二元宗教互动》,《思想战线》2013 年第 2 期。

张珍玉(山东中医药大学)

《王道与医理——浅谈儒学思想对中医学之影响》,《中医药学报》2003 年第 4 期。

张震宇(阜阳市鼓楼医院)

《浅谈中医眼科三因学说》,《江苏中医》1998 年第 2 期。

张正(哈尔滨师范大学)

《石井四郎与侵华日军细菌战》,《东北史地》2006 年第 4 期。

《日军 731 细菌部队对哈尔滨城市和当地人民的影响》,《佳木斯大学社会科学学报》2005 年第 4 期。

《日军七三一细菌部队的劳工政策》,《学习与探索》2005 年第 4 期。

张证乔(黑龙江大学)

《里根政府时期美国禁毒政策研究》,黑龙江大学硕士学位论文 2019 年。

张正霞(重庆红岩历史博物馆/西南师范大学)

《帛书〈五十二病方〉偏正式复音词论析》,《内江师范学院学报》2010 年第 9 期。

《帛书〈五十二病方〉的汉语史价值——从为〈汉语大词典〉补充语料出发》,《重庆文理学院学报(社会科学版)》2010 年第 5 期。

～辛波:《帛书〈五十二病方〉成书年代考证》,《文物春秋》2007 年第 6 期。

《〈武威汉代医简〉构词法研究》,《宁夏大学学报(人文社科学版)》2004 年第 1 期。

《〈五十二病方〉构词法研究》,西南师范大学硕士学位论文 2003 年。

张志斌(中国中医科学院/中国中医研究院/广州中医学院)

～郑金生:《关于〈本草纲目〉金陵本缺笔讳字的研究》,《中华医史杂志》2019 年第 3 期。

郑金生～ 汪惟刚等:《〈本草纲目〉引文溯源的研究》,《中医杂志》2018 年第 11 期。

～郑金生:《国内新现〈本草纲目〉两种金陵版考察》,《中国中医基础医学杂志》2018 年第 8 期。

～郑金生:《〈本草纲目〉金陵本的常见讹误及订误方法研究》,《北京中医药大学学报》2017 年第 12 期。

～郑金生:《〈本草纲目〉整理研究的再思考》,《中医杂志》2016 年第 22 期。

～郑金生等:《〈本草纲目〉引用书名核准之研究报告》,《北京中医药大学学报》2016 年第 10 期。

～郑金生等:《关于〈本草纲目〉异体字取舍的研究》,《中国中医基础医学杂志》2016 年第 7 期。

郑文杰～:《〈本草纲目〉丸剂辅料研究》,《吉林中医药》2016 年第 1 期。

《〈易筋经〉序跋源流演变的研究》,《北京中医药大学学报》2015 年第 10 期。

《古本〈易筋经〉图考》,《中华医史杂志》2015 年第 5 期。

郑文杰～:《〈本草纲目〉矿物药炮制的文献出处》,《中华医史杂志》2015 年第 4 期。

《从舌诊发展看"胎"与"苔"术语变化的意义》,《中医杂志》2015 年第 1 期。

于大猛、王永炎:《试论李东垣阴火的本质》,《中国中医基础医学杂志》2014 年第 11 期。

申晓伟、马明越～:《〈千金要方〉脏腑相关病证分类特点》,《吉林中医药》2014 年第 7 期。

范逸品、王永炎～:《"原象"在中医学的应用初探》,《上海中医药大学学报》2014 年第 5 期。

～郑金生:《〈三丰张真人神速万应方〉考》,《中医文献杂志》2014 年第 4 期。

范逸品、王永炎～:《心象与中国文化及中医学关系的初步思考》,《上海中医药杂志》2014 年第 4 期。

申晓伟……马明越～:《〈备急千金要方〉病证分类方法》,《中华医史杂志》2014 年第 2 期。

～于大猛:《中华医学会医史学分会第十三届三次全国医史学术大会纪要》,《中华医史杂志》2014 年第 1 期。

《〈易筋经〉最早传本——日本藏"沈校本"考订》,《中医杂志》2013 年第 20 期。

《经眼〈易筋经〉传本的避讳与抄刻年考》,《中华医史杂志》2013 年第 6 期。

纪征瀚……王忠～:《中医神志学说的构建》,《北京中医药大学学报》2013 年第 1 期。

《明〈食物本草〉作者及成书考》,《中医杂志》2012 年第 18 期。

《〈医学指南捷径六书〉述评》,《北京中医药大学学报》2012 年第 10 期。

《〈本草纲目〉病证名的研究》,《中华医史杂志》2012 年第 6 期。

《南宋养生名著〈养生类纂〉文献学考察》,《中医文献杂志》2012 年第 2 期。

～吴文清:《〈东坡养生集〉文献学考察》,《中华医史杂志》2010 年第 6 期。

《〈医学指南捷径六书〉文献学考察》,《安徽中医学院学报》2010 年第 5 期。

～程英:《敬慎山房〈导引图〉考辨》,《中医文献杂志》2010 年第 5 期。

赵静、曹洪欣～张华敏:《金元医家对温病病因病机的认识》,《中国中医基础医学杂志》2010 年第 1 期。

《两宋时期的温病理论创新研究》,《中国中医基础医学杂志》2009 年第 4 期。

程英～:《〈万育仙书〉与〈万寿仙书〉考》,《中医文献杂志》2009 年第 3 期。

李媛媛～:《谈古论"风"》,《中医药文化》2009 年第 2 期。

梁峻～张大庆等:《医学史与医史学》,《中华医史杂志》2009 年第 2 期。

曹洪欣、赵静～张华敏:《金元时期温病学发展状况研究》,《中华中医基础医学杂志》2009 年第 1 期。

《王士雄〈温热经纬〉的学术理论研究》,《浙江中医杂志》2009 年第 1 期。

郭蕾……王永炎～:《证候概念语言和字义演变过程研究》,《中国医药指南》2008 年第 23 期。

赵静、曹洪欣～张华敏:《金元时期温病学发展对温病理论形成的影响》,《中古中医基础医学杂志》2008 年第 12 期。

《晋唐时期的温病理论创新研究》,《北京中医药大学学报》2008 年第 12 期。

《金元时期的温病理论创新研究》,《辽宁中医大学学报》2008 年第 10 期。

《蒋示吉〈伤寒翼〉温病理论研究》,《中医文献杂志》2008 年第 6 期。

曹洪欣、赵静~张华敏:《金元医家对温病理论的创新》,《中国中医基础医学杂志》2008 年第 5 期。

《王士雄〈温热经纬〉的文献学研究》,《浙江中医杂志》2008 年第 5 期。

《〈温疫论〉之前明代温病理论的创新》,《中华医史杂志》2008 年第 4 期。

《秦汉时期之伤寒热病理论溯源》,《上海中医药大学学报》2008 年第 4 期。

郑金生~:《古代朝鲜医学对保存中国古医籍的贡献》,《浙江中医杂志》2008 年第 3 期。

《吴瑭及其〈温病条辨〉的学术思想研究》,《浙江中医杂志》2008 年第 1 期。

~王永炎:《试论中医"治未病"之概念及其科学内容》,《北京中医药大学学报》2007 年第 7 期。

《医史学在中医学学科建设中的作用》,《中国科技史杂志》2007 年第 4 期。

《〈温热论〉传本及相关问题研究》,《中华医史杂志》2007 年第 4 期。

郭蕾、王永炎~张俊龙:《从辩证逻辑角度探寻证候概念的形成轨迹》,《中医杂志》2007 年第 2 期。

《王孟英所论〈湿热病篇〉辨疑》,《浙江中医杂志》2006 年第 11 期。

《〈湿热论〉存世疑问的文献学研究》,《山东中医药大学学报》2006 年第 6 期。

《〈温疫论〉传本学术传承关系的研究》,《天津中医药》2006 年第 5 期。

~农汉才:《纪念中华医学会医史学分会成立 70 周年座谈会纪要》,《中华医史杂志》2006 年第 4 期。

郭蕾、王永炎~张俊龙:《证候概念发展轨迹探源》,《中西医结合杂志》2006 年第 4 期。

《〈温疫论〉现存版本的考证研究》,《中医文献杂志》2006 年第 3 期。

《中华医学会医史学分会 2005 年学术年会纪要》,《中华医史杂志》2006 年第 1 期。

王永炎~:《关于中医学学科建设的医史学思考》,《天津中医药》2005 年第 5 期。

姜丕政~:《〈肘后备急方〉中的传染病认识》,《中华医史杂志》2005 年第 4 期。

~袁越:《试论北京的中医学术特色》,《中医杂志》2005 年第 4 期。

~余永燕:《20 世纪下半叶北京中医医疗机构发展史略》,《中华医史杂志》2005 年第 1 期。

~杨金生:《近现代执业中医师资格认定制度的对比研究》,《中医教育》2004 年第 6 期。

刘保延~:《古代辨证方法的研究思路探讨》,《中国中医基础医学杂志》2004 年第 5 期。

《应该重视医学史研究的基本功练习》,《中华医史杂志》2004 年第 3 期。

~李经纬:《由 SARS 引起关于疫病预防与治疗的思考》,《中华医史杂志》2003 年第 4 期。

~李经纬:《以史为鉴,直面 SARS》,《中华医史杂志》2003 年第 3 期。

《疫病含义与范围考》,《中华医史杂志》2003 年第 3 期。

郭蕾、王永炎~:《关于证候概念的诠释》,《北京中医药大学学报》2003 年第 2 期。

《40 年代的中医师检核委员会概况》,《中华医史杂志》2002 年第 2 期。

《隋唐时期医学思想特点的分析研究》,《中华医史杂志》2001 年第 1 期。

李经纬~:《开拓中医学思想史研究领域》,《中华医史杂志》2001 年第 1 期。

《古代妇产科疾病史研究给予今天的启示》,《中国中医基础医学杂志》2000 年第 7 期。

《关于〈中藏经〉中的乳癖》,《中华医史杂志》2000 年第 3 期。

姜丕政~:《〈千金要方〉中望药后所下之物的妇产科诊断方法》,《中华医史杂志》2000 年第 1 期。

~肖友艺:《关于〈陈素庵妇科补解〉成书于宋代的质疑》,《浙江中医杂志》1999 年第 7 期。

《〈脉经〉中的居经概念》,《中华医史杂志》1999 年第 4 期。

《明代助产手法的进步及其评价》,《中华医史杂志》1999 年第 2 期。

《带下名实考》,《山东中医药大学学报》1998 年第 3 期。

《对古代中医妇产科疾病史研究的思考》,《中华医史杂志》1998 年第 2 期。

李经纬~:《中国医学史研究 60 年》,《中华医史杂志》1996 年第 3 期。

《古代疫病流行的诸种因素初探》,《中华医史杂志》1990 年第 1 期。

《何梦瑶〈医碥〉的岭南特色》,《广西中医药》1989 年第 5 期。

张之沧(南京师范大学)

《对身体历史的反思》,《体育与科学》2017 年第 3 期。

《对身体的整体思考》,《湖南社会科学》2008 年第 5 期。

《走出疯癫话语——论福柯的"疯癫与文明"》,《湖南社会科学》2004 年第 6 期。

《论中国传统医学的仁道教育》,《中国医学伦理学》1999 年第 2 期。

张志枫(上海中医药大学)

《朴学方法与脉学研究》,《中医药文化》2016 年第 3 期。

林寓淞~:《〈名医类案〉〈续名医类案〉脉诊特色研究》,《辽宁中医药大学学报》2011 年第 4 期。

吴焕淦~何星海等:《陆氏针灸流派的形成与传承研究》,《上海针灸杂志》2010 年第 1 期。

高惠勇、张如青~:《宋金元代以前医家不寐辨证特色的探讨》,《中国现代医生》2009 年第 10 期。

~张如青等:《"扁鹊"考辨》,《中医药文化》2009 年第 6 期。

高惠勇、张如青~:《明清著名医家不寐辨证特色探讨》,《中医文献杂志》2009 年第 5 期。

~王兴伊:《"独取寸口"与古代女子缠足习俗无关》,《中医药文化》2007 年第 2 期。

~王兴伊等:《中国传统医德思想及其教育实施之思考》,《中医药文化》2006 年第 3 期。

《清代经学对中医学的学术影响》,《医古文知识》2004 年第 1 期。

《中医"如脉"学说的形成与发展初探》,《上海中医药杂志》2003 年第 8 期。

~颜新:《疑"经"辨"伪""托古"开新——廖平"脉学"学术思想探析》,《江苏中医》2001 年第 10 期。

《中医脉学"源"与"流"》,《中国中医基础医学杂志》2001 年第 9 期。

严世芸~:《清代学术思潮对中医脉学的影响》,《上海中医药大学学报》2000 年第 2 期。

~严世芸:《清代"脉学"概述及研究进展》,《医古文知识》2000 年第 1 期。

张志光

~译:《近 40 年来苏联的输血事业》,《俄文译丛(医学文献)》1958 年第 5 期。

张知寒(山东大学)

《医儒关系略论》,《中华医史杂志》1993 年第 2 期。

《从古文化史和民俗学谈扁鹊(秦越人)名籍问题》,《管子学刊》1988 年第 4 期。

张智宏(黑龙江大学)

~申民:《"他者"视域下的美国艾滋文学研究述略》,《学术交流》2010 年第 6 期。

张志将(武汉大学)

刘晓雪~宇传华:《中国居民 1987—2015 年鼻咽癌死亡趋势》,《中南大学学报(医学版)》2018 年第 7 期。

周薇~毕勇毅等:《中国女性 1987—2014 年乳腺癌死亡趋势的 Joinpoint 回归分析》,《中南大学学报(医学版)》2018 年第 2 期。

周薇～王丽君等:《中国子宫颈癌 1987—2014 年死亡趋势的 Joinpoint 回归分析》,《中国癌症杂志》2017 年第 8 期。

王丽君、宇传华～燕虹:《中国居民 1987—2014 年肺癌死亡趋势分析》,《中国公共卫生》2017 年第 1 期。

～雷正龙等:《全球消灭脊髓灰质炎行动 25 周年的回顾与展望:消灭最后的千分之一》,《中国全科医学》2014 年第 27 期。

～林松柏等:《上海市 1971—2000 年糖尿病引起的疾病负担趋势分析》,《中华预防医学杂志》2004 年第 5 期。

张之杰(台北世新大学)

《〈点石斋画报・医疫奇效〉释解》,《中国科技史杂志》2008 年第 1 期。

《中国生理学之父——林可胜》,《科学月刊》第 367 期(2000)。

张志民

～徐柏英:《张仲景用蜀漆(附常山)之研究》,《福建中医药杂志》1957 年第 4 期。

～徐柏英:《张仲景用桃仁的研究》,《浙江中医杂志》1957 年第 6 期。

～徐柏英:《张仲景用石膏的研究》,《浙江中医杂志》1957 年第 3—4 期。

张志荣(上饶师范学院)

《试析赣东北苏区对疫病的防治》,《学术交流》2007 年第 10 期。

张志永(河北师范大学)

《1950 年代节制生育工作之殇——以河北省为对象的区域研究》,《河北师范大学学报(哲学社会科学版)》2014 年第 4 期。

张志勇(中共电白县委党校)

《浅析瘟疫对古代战争的影响》,《南方论刊》2013 年第 6 期。

张志元(吉林大学)

《农民工医疗保障制度的路径选择探析》,《当代经济管理》2010 年第 1 期。

～郑吉友:《日本医疗保险制度及其借鉴》,《当代经济管理》2009 年第 10 期。

李华～:《建立农民工医疗保障制度的对策思考》,《学术交流》2009 年第 1 期。

李华～郭威:《完善我国农村医疗救助制度的思考》,《人口学刊》2009 年第 1 期。

张志远(山东中医学院)

《析〈周易〉与辨证论治》,《辽宁中医杂志》1993 年第 8 期。

《论医〈易〉相通》,《辽宁中医杂志》1993 年第 5 期。

《论李时珍的治学特色》,《山西中医》1993 年第 1 期。

《皇甫谧生平小考》,《医古文知识》1992 年第 3 期。

《论陈修园医学思想》,《中医临床与保健》1991 年第 3 期。

《傅青主生平史略》,《天津中医学院学报》1991 年第 1 期。

《薛雪生平小考》,《浙江中医学院学报》1991 年第 1 期。

《研〈易〉言医——魏、黄二家治学特色》,《中医药学报》1990 年第 6 期。

《滑寿生平小考》,《中医函授通讯》1990 年第 5 期。

《谈医〈易〉偕行》,《中医药学报》1990 年第 4 期。

《〈内经〉与〈系辞传〉同一学源小议》，《重庆中医药杂志》1990 年第 3 期。

《徐大椿生平史略》，《浙江中医学院学报》1990 年第 1 期。

～刘桂荣：《〈闽台医林人物志〉读后感》，《福建中医药》1989 年第 6 期。

《试论薛雪之〈易〉与医》，《中医药学报》1989 年第 2 期。

《葛乾孙生平史略》，《天津中医学院学报》1989 年第 1 期。

张奇文～裴凤玉：《黄元御年谱初编》，《山东中医学院学报》1989 年第 1 期。

《论张景岳"辨丹溪"二说》，《辽宁中医杂志》1988 年第 9 期。

～赵含森：《喻昌〈寓意草〉浅评》，《广西中医药》1988 年第 5 期。

王振国～：《叶桂薛雪学术思想相同点例析》，《山西中医》1988 年第 4 期。

《略述赵氏"命门"说》，《浙江中医学院学报》1988 年第 4 期。

《注释〈伤寒论〉第一家成无已》，《内蒙古中医药》1988 年第 1 期。

《以意为之 巧发奇中——丹溪相火论评析》，《上海中医药杂志》1987 年第 9 期。

《关于扁鹊问题小议》，《中医药学报》1987 年第 5 期。

《明代名医缪希雍传》，《南京中医学院学报》1987 年第 4 期。

《再论葛洪》，《云南中医学院学报》1987 年第 3 期。

《戴思恭家世补考》，《重庆中医药杂志》1987 年第 3 期。

～王振国：《精于道而神于教——读翟良〈医学启蒙汇编〉》，《山东中医学院学报》1986 年第 3 期。

《明代益气三家传》，《山东中医学院学报》1985 年第 1、2 期。

《唐代集方二家传》，《山东中医学院学报》1984 年第 1、2 期。

《易水学派四家传》，《山东中医学院学报》1983 年第 1、2 期。

《明代温补三家传》，《山东中医学院学报》1982 年第 4 期。

《温病学派四家传》，《山东中医学院学报》1981 年第 1、2 期。

《金元四家传》，《山东中医学院学报》1980 年第 3 期。

张志云（青海师范大学）

《唐代悲田养病坊初探》，《青海社会科学》2005 年第 2 期。

张忠（四川大学）

～张忠：《从地方志看四川应对疫灾的机制》，《中国地方志》2007 年第 4 期。

张仲葛（北京农业大学/华北农业大学）

《中国近代畜牧兽医教育发展简史》，《古今农业》1992 年第 3 期。

《猪病小史》，《养猪》1988 年第 2 期。

《关于历代兽医科学技术资料》，《中兽医科技资料》1977 年第 1 期。

张中和

《日寇炮火中的陕西通远坊教会医院》，《中国天主教》2005 年第 4 期。

张中华

《〈申报〉载 1894 年香港疫情及应对措施摘要》，《北京档案史料》2003 年第 3 期。

张忠礼（上海浦江教育出版社）

《民国时期中医书籍史料研究及整理出版》，《出版广角》2012 年第 3 期。

张仲樑

《悼念伟大的中医先进——彭泽民老先生》，《新中医药》1956 年第 11 期。

张仲民（复旦大学）

《近代上海医药广告借名造假现象探析》，《江淮文史》2019 年第 1 期。

刘士永～柴彬等：《医疗社会史研究：新议题、新路径和新方法》，《医疗社会史研究》2018 年第 1 期。

《当糖精变为燕窝——孙镜湖与近代上海的医药广告文化》，《社会科学研究》2017 年第 1 期。

《晚清民国的名流们这样做医药广告》，《廉政瞭望（上半月）》2016 年第 10 期。

《近代上海医药广告中的借名造假现象初探》，《上海档案史料研究》2015 年第 12 期。

《近代上海的名人医药广告——以文人谀药为中心》，《学术月刊》2015 年第 7 期。

《近代中国"东亚病夫"形象的商业建构与再现政治——以医药广告为中心》，《史林》2015 年第 4 期。

《晚清上海药商的广告造假现象探析》，《中央研究院近代史研究所集刊》第 85 期（2014.9）

《"卫生"的商业建构——以晚清卫生商品的广告为中心》，《历史教学问题》2013 年第 5 期。

《补脑的政治学："艾罗补脑汁"与晚清消费文化的建构》，《学术月刊》2011 年第 9 期。

《出版与文化政治：清末出版的生殖医学书籍及其读者》，《学术月刊》2009 年第 1 期。

《晚清出版的生理卫生书籍及其读者》，《史林》2008 年第 4 期。

～潘光哲：《卫生、种族与晚清的消费文化——以报刊广告为中心的讨论》，《学术月刊》2008 年第 4 期。

《阅读、表达与集体心态——以清末出版的"卫生"书籍为中心》，复旦大学博士论文 2007 年。

张忠文（武汉市中西医结合医院/成都中医药大学）

魏东生、邵卫～刘兵舰：《〈金匮要略〉情志病治法》，《河南中医》2018 年第 4 期。

《对针灸调整德国人心身状态的初步观察》，成都中医药大学博士学位论文 2002 年。

张忠祥（上海师范大学）

《20 世纪 70 年代以来非洲史学的新发展——以医疗史研究为个案》，《史学集刊》2015 年第 4 期。

张中俞（贵州省黎平会议纪念馆）

《中央红军在贵州的卫生医疗工作》，《怀化学院学报》2014 年第 8 期。

张仲源（青岛市儿童医院）

～郭雪申：《生物制剂、生物疗法起源于中医药》，《中国药业》1997 年第 5 期。

《透皮药物起源于中国》，《中医外治杂志》1997 年第 2 期。

张忠智（湖南第一师范）

喻亮～：《治病之理寓治国之道——以刘禹锡〈鉴药〉为例》，《长沙大学学报》2006 年第 4 期。

～庄桂英：《刘禹锡〈鉴药〉所寓含的政治思想》，《远东学报》第 21 卷第 2 期（2004.4）。

张卓娅（暨南大学）

《隋唐五代痹症问题研究》，暨南大学硕士学位论文 2008 年。

张子川（江西师范大学）

《苏轼涉病诗研究》，江西师范大学硕士学位论文 2014 年。

张子高

《赵学敏〈本草纲目拾遗〉著书年代兼论我国首次用强水刻铜版事》，《科学史集刊》1962 年第 4 期。

张自宽（中华人民共和国卫生部）

《悼念陈海峰同志》，《中国农村卫生事业管理》2013 年第 8 期。

《坚持把握好正确的舆论导向——祝贺〈中国农村卫生事业管理〉创刊 30 周年》，《中国农村卫生事业管理》2011 年第 12 期。

《认真贯彻〈指导意见〉,进一步加强乡村医生队伍建设》,《中国农村卫生事业管理》2011 年第 9 期。

《"六·二六指示"相关历史情况的回顾与评价》,《中国农村卫生事业管理》2006 年第 9 期。

《〈论医改导向:不能走全面推向市场之路〉前言》,《中国农村卫生事业管理》2006 年第 9 期。

《关于如何评价"六·二六指示"及相关历史情况的回顾》,《健康报》2006 年 6 月 26 日。

~赵亮等:《中国农村合作医疗 50 年之变迁》,《中国农村卫生事业管理》2006 年第 2 期。

《农村基层卫生人员的前进方向——纪念邓小平同志关于赤脚医生谈话 30 周年》,《中国农村卫生事业管理》2005 年第 7 期。

《以科学发展观分析和解决农村卫生发展滞后问题》,《中国农村卫生事业管理》2004 年第 6 期。

《对医疗纠纷"举证责任倒置"对几点看法》,《中国医院》2003 年第 3 期。

《中国农村卫生发展道路的回顾与展望——为纪念建国 50 周年而作》,《中国农村卫生事业管理》1999 年第 9 期。

~朱子会:《论卫生与经济发展的关系——对跨世纪卫生发展战略的探讨》,《中国卫生经济》1996 年第 12 期。

~朱子会等:《关于我国农村合作医疗保健制度的回顾性研究》,《中国农村卫生事业管理》1994 年第 6 期。

《坚持卫生改革的正确指针——学习〈邓小平文选〉第三卷后的思考》,《中国医院管理》1994 年第 5、6 期。

《学习毛泽东同志的大卫生观》,《中国初级卫生保健》1994 年第 1 期。

《中国的初级卫生保健要走自己的路》,《中国农村卫生事业管理》1993 年第 5 期。

《农村卫生工作面临的问题及对策》,《中国初级卫生保健》1992 年第 8 期。

《对合作医疗早期历史情况的回顾》,《中国卫生经济》1992 年第 6 期。

《加强对农村医疗保险制度的研究》,《中国农村卫生事业管理》1992 年第 6 期。

《在合作医疗问题上应该澄清思想统一认识》,《中国农村卫生事业管理》1992 年第 6 期。

《医疗卫生改革不能以市场为导向》,《中国医院管理》1991 年第 3 期。

~孙爱明等:《民主德国医疗卫生工作概况》,《中国医院管理》1990 年第 5 期。

~孙爱明等:《保加利亚的卫生事业概况》,《中国医院管理》1990 年第 5 期。

~窦民泽:《我国康复医学事业概述》,《中国康复》1989 年第 12 期;1990 年第 4 期。

《中国农村卫生服务研究(摘要)》,《中国初级卫生保健》1988 年第 12 期。

~张红:《美国的家庭医学与初级卫生保健》,《中国初级卫生保健》1988 年第 3 期。

《中国农村初级卫生保健工作的发展》,《中国农村卫生事业管理》1988 年第 1 期。

~张红:《美国医院协会简介》,《中国医院管理》1988 年第 1 期。

~张红:《美国医院认证联合委员会简介》,《中国医院管理》1987 年第 12 期。

《佐久总会病院和日本的农村医疗——日本农村医疗见闻》,《中国农村卫生事业管理》1986 年第 9、Z1 期。

《关于改革农村医疗保健制度等几点看法》,《中国医院管理》1986 年第 7 期。

《关于在新形势下如何办好村级卫生组织的探讨》,《中国医院管理》1986 年第 6 期。

《从一封卫生院长的来信谈农村卫生院的改革问题》,《中国医院管理》1985 年第 3 期。

《介绍嘉山县的农村医疗预防承包责任制》,《卫生经济》1983 年第 5 期。

《关于农村公社卫生院的改革问题》,《农村卫生事业管理研究》1983 年第 1 期。

《农村合作医疗应该肯定 应该提倡 应该发展——东北三省农村医疗卫生建设调查之四》,《农村卫生事业管理研究》1982 年第 2 期。

《关于加强农村卫生队伍的管理和技术培训问题——东北三省农村医疗卫生建设调查之三》,《农村卫生事业管理研究》1982 年第 2 期。

《要采取多种措施解决农村卫生技术骨干大量外流问题——东北三省农村医疗卫生建设调查之二》,《农村卫生事业管理研究》1982 年第 2 期。

《"三分之一县卫生事业整顿建设"的形势和问题——东北三省农村医疗卫生建设调查之一》,《农村卫生事业管理研究》1982 年第 2 期。

张梓立(天津中医药大学)

～金军:《朝鲜对〈东医宝鉴〉的认识和研究近况》,《中华医史杂志》2018 年第 4 期。

张自力(中央电视台)

《现代医患关系中的信息博弈分析》,《中共杭州市委党校学报》2011 年第 3 期。

《论我国古代的健康传播》,《新闻与传播研究》2011 年第 2 期。

《突发公共卫生事件报道中的媒体策略》,《中国记者》2005 年第 10 期。

《针对性·主动性·专业性——谈谈媒体对突发公共卫生事件的报道策略》,《新闻三昧》2005 年第 9 期。

《突发公共卫生事件中的传媒报道与民意诉求——以"苏丹红事件"为例》,《新闻大学》2005 年第 4 期。

《健康传播研究什么——论健康传播研究的 9 个方向》,《新闻与传播研究》2005 年第 3 期。

《媒体艾滋病报道内容分析:一个健康传播学的视角》,《新闻大学》2004 年第 2 期。

《"健康的传播学"与"健康中的传播学"——试论健康传播学研究的两大分支领域》,《现代传播》2003 年第 1 期。

《论健康传播兼及对中国健康传播的展望》,《新闻大学》2001 年第 3 期。

张子龙(北京中医药大学)

～马长华等:《中药学专业教育教学发展 60 年回顾与思考》,《中国中医药现代远程教育》2019 年第 8 期。

～吴茂力等:《全域旅游视域下文山传统药市的保护与发展研究》,《资源开发与市场》2019 年第 7 期。

冉贝贝～:《我国传统药市的形成与发展探究》,《中医药导报》2019 年第 6 期。

王清……钟宛凌～:《西南边疆民族地区传统药市现状及特点——以云南文山州为例》,《中国现代中药》2019 年第 6 期。

～闫敏敏:《云南文山传统药市起源考略》,《中医文献杂志》2019 年第 4 期。

张紫薇(上海中医药大学)

～陈慧娟等:《升麻方药考略》,《中华中医药杂志》2019 年第 2 期。

～陈慧娟等:《〈千金方〉妇人卷学术特点浅析》,《上海中医药杂志》2018 年第 2 期。

～梁尚华:《"泽兰"药用史略考》,《中国中医基础医学杂志》2018 年第 1 期。

张子游（泸州医学院）

～李瑞荃：《唐容川的活血化瘀学术思想体系》，《泸州医学院学报》1984 年第 3 期。

张总（中国中医科学院）

《"五味"理论溯源及明以前重要"五味"理论系统之研究》，中国中医科学院博士学位论文 2012 年。

张宗栋（新疆呼图壁县人民医院）

～张薛：《〈鸡峰普济方〉作者考辨》，《中华医史杂志》2004 年第 3 期。

《〈鸡峯普济方〉作者考》，《文献》1997 年第 3 期。

《孙氏父子考》，《云南中医学院学报》1996 年第 4 期。

～张薛：《夏子益与〈奇疾方〉》，《云南中医学院学报》1996 年第 2 期。

～张薛：《〈内经运气要旨论〉之谜》，《云南中医学院学报》1995 年第 2 期。

《〈内经运气要旨论〉小考》，《中华医史杂志》1995 年第 1 期。

《石蜜考辨》，《云南中医学院学报》1993 年第 4 期。

《尤怡生平事迹补遗》，《云南中医学院学报》1992 年第 3 期。

《"驻泊郎"考》，《浙江中医学院学报》1991 年第 5 期。

《陈士庆生平及医疗活动简介》，《国医论坛》1990 年第 6 期。

张宗明（南京中医药大学）

钱玺～：《中医药参与全球卫生治理的路径探究》，《中国医药导报》2019 年第 36 期。

王思特～：《中医音乐治疗的艺术思维与科学思维》，《中医杂志》2019 年第 19 期。

任宴华、钱敏娟～：《澳大利亚华文媒体对中医药报道的实证研究》，《世界中医药》2019 年第 12 期。

陆跃～：《以西域医学为引论中西医结合》，《中医杂志》2019 年第 15 期。

李振～：《语义的拨云见日：〈黄帝内经素问〉译介之训诂学路径考辨》，《中华中医药杂志》2019 年第 9 期。

李琳～：《基于 CNKI 的中医药文化文献计量分析》，《医学与社会》2019 年第 7 期。

李振～：《中医汉英词典的批评语言学研究范式与路径》，《中国中医基础医学杂志》2019 年第 5 期。

梁秋语～张其成：《西医东渐的历史经验及其对中医药"走出去"的启示》，《中华中医药杂志》2019 年第 5 期。

沈歆～：《晚明文人清课的意义探究——以孙克弘〈销闲清课图〉为中心》，《文艺研究》2019 年第 3 期。

任宴华、张洪雷～：《江苏省中医药文化软实力研究——以南通市为例》，《现代医院管理》2019 年第 2 期。

钱敏娟～：《澳大利亚主流电视媒体中医药报道现状与反思》，《南京中医药大学学报（社会科学版）》2019 年第 1 期。

张洪雷～：《文化强国视域下中医药文化软实力提升路径研究》，《中国中医药现代远程教育》2018 年第 21 期。

陶嘉磊、袁斌～汪受传等：《从辩证唯物主义论中西医结合》，《中医杂志》2018 年第 15 期。

李苹～：《〈黄帝内经〉核心文化术语"邪"的语境差异化英译研究》，《中国中医基础医学杂志》2018 年第 11 期。

张洪雷～：《健康中国视域下整合医学的哲学思考》，《医学争鸣》2018 年第 6 期。

孔卓瑶～:《机遇与挑战:从网络争议看中医药网络舆论引导》,《医学与哲学(A)》2018年第6期。

钱敏娟、张艳萍～:《中医文化进社区助力中医海外传播——澳大利亚皇家墨尔本理工大学中医孔子学院个案分析》,《中医药文化》2018年第5期。

李苹～:《〈黄帝内经〉核心文化术语"神"的词性分类与语境差异化英译研究》,《中国中医基础医学杂志》2018年第3期。

《论中医药文化自信》,《南京中医药大学学报(社会科学版)》2018年第1期。

王思特～张宗明:《中医音乐治疗的现代医学价值与文化内涵》,《中医杂志》2018年第1期。

司振阳……唐为红:《略论中医儿科学现代化的思考》,《中华中医药杂志》2017年第8期。

刘丹青～:《公众理解中医:中医药新媒体传播伦理失范之研究》,《医学与哲学(A)》2017年第5期。

钱敏娟～:《基于"他者"的叙事策略探求中医对外传播有效路径》,《中华中医药杂志》2016年第8期。

乔宁宁～:《中医文化身份的建构及其在跨文化传播中的价值适应》,《中医杂志》2016年第7期。

王思特～:《中医文化视域下的中国音乐养生思想探微》,《中华中医药杂志》2016年第5期。

林合华～:《康德养生观与中医养生学思想比较研究》,《南京中医药大学学报(社会科学版)》2016年第4期。

张洪雷～:《中医学对未来医学发展的启示——读〈医学走向何处〉》,《中医杂志》2016年第2期。

《论中医文化基因的结构与功能》,《自然辩证法研究》2015年第12期。

王思特～耿元卿:《论中医乐疗与中国音乐的文化基因》,《医学与哲学(A)》2015年第10期。

张洪雷～:《论中西医文化基因的差异及优化重组》,《中医杂志》2015年第8期。

陶嘉磊～汪受传:《从辨证的视角看中医科学性问题争论》,《医学与哲学(A)》2015年第8期。

林合华～:《传统儒学与中医学中"仁"的观念之比较》,《医学与哲学(A)》2015年第6期。

陶林～:《论中医文化传播的困境与突围》,《理论月刊》2015年第3期。

《中医文化学科建设的问题与思考》,《中医杂志》2015年第2期。

孔卓瑶～:《中国古代医药文献对外传播及其影响》,《医学与哲学(A)》2015年第1期。

张洪雷～:《医学技术化与人:医学哲学的反思》,《医学与哲学(A)》2014年第11期。

张洪雷～:《〈哈萨克医典〉医学伦理思想研究》,《医学与哲学(A)》2013年第10期。

王进～:《关怀哲学视阈下的自杀防控探究》,《医学与哲学(A)》2013年第7期。

张洪雷～:《纳西族东巴医学伦理思想研究》,《中国医学伦理学》2013年第6期。

邹苏～:《中医文化伦理观念对医学生职业价值观的影响》,《医学与社会》2013年第5期。

林合华～:《冯友兰中医药文化观述评》,《医学与哲学(A)》2013年第4期。

王小丁～:《近代中西医论战的文化反思》,《南京中医药大学学报(社会科学版)》2013年第2期。

《中医文化研究必须区分科学文化与人文文化——访全国著名中医医史文化专家常存库教授》,《南京中医药大学学报(社会科学版)》2012年第4期。

《走进古代名医的精神世界——访南京中医药大学中医文化专家薛公忱教授》,《南京中医药大学学报(社会科学版)》2012年第2期。

《中医学是象科学的代表——访全国著名中医哲学研究专家刘长林研究员》,《南京中医药大学学报(社会科学版)》2012年第1期。

张洪雷～:《中医孔子学院与中医药文化传播研究》,《中国卫生事业管理》2011 年第 9 期。

马家忠～:《从两种技术的差异看中医技术主体化的困境》,《医学与哲学（人文社会医学版）》2011 年第 8 期。

《中国传统文化是中医学的根——访南京中医药大学中医文化教育专家吉文辉教授》,《南京中医药大学学报（社会科学版）》2011 年第 4 期。

张洪雷～:《中医孔子学院视角下的中医药文化传播研究》,《南京中医药大学学报（社会科学版）》2011 年第 3 期。

张艳萍～:《从中西医思维差异谈中医院校大学生思维能力的培养》,《辽宁中医药大学学报》2010 年第 8 期。

张艳萍～:《论中医教育中的思维问题》,《中国卫生事业管理》2010 年第 6 期。

张洪雷～:《多元、平等、重疗效——费耶阿本德医学观初探》,《医学与哲学（医学与哲学（人文社会医学版）》2010 年第 6 期。

《以辩证的思维看中医》,《江苏中医药》2009 年第 9 期。

张继～:《中国古代女医兴衰之医政文化制度探析》,《医学与哲学（人文社会医学版）》2009 年第 5 期。

谈文琼～:《儒家思想对中医发展的影响研究》,《中国科技信息》2008 年第 20 期。

邹涛～:《"重道轻器"的价值观对于中医学的影响及启示》,《南京中医药大学学报（社会科学版）》2008 年第 2 期。

向罗珺～:《从后现代医学中寻求中医学的突破》,《医学与哲学（人文社会医学版）》2007 年第 8 期。

张艳萍～:《医学科学精神与医学人文精神交融——实现现代医学模式的转换》,《南京中医药大学学报（社会科学版）》2007 年第 3 期。

曾祥丽、丁安伟～:《简论佛学对中医药文化的影响》,《南京中医药大学学报（社会科学版）》2007 年第 2 期。

丰广魁～:《中医现代化的冷思考》,《南京中医药大学学报（社会科学版）》2005 年第 3 期。

任青玲～:《传统中医研究方法与中医妇科生殖节律理论》,《南京中医药大学学报（社会科学版）》2004 年第 4 期。

《中国古代哲学与中医学研究纲领》,《南京中医药大学学报（社会科学版）》2004 年第 3 期。

《论阴阳五行学说对中医理论发展的影响》,《科学技术与辩证法》2004 年第 1 期。

《寻求中医药思想的源头活水——〈儒道佛与中医药学〉评介》,《南京中医药大学学报（社会科学版）》2004 年第 1 期。

朱虹～:《从循证医学到发展谈中医药人才的培养》,《中医教育》2004 年第 1 期。

《中西医结合的方法论思考》,《南京中医药大学学报（社会科学版）》2003 年第 3 期。

《近代中医发展缓慢的方法论原因分析》,《自然辩证法研究》2003 年第 3 期。

《探寻传统文化与中医药学的契合点——访南京中医药大学中医文化研究中心薛公忱教授》,《南京中医药大学学报（社会科学版）》2002 年第 2 期。

杜新～:《中医药学将走向何方》,《医学与哲学》2001 年第 11 期。

钱小奇～张敏:《古代中医未走实验医学发展道路的原因分析》,《医学与哲学》2001 年第 3 期。

姜燕～:《赵府居敬堂本〈补注释文黄帝内经素问〉萧延平校注辑录》,《山西中医》2012 年第 6、7 期。

《李翰卿研究〈伤寒论〉学术特点初探》,《山西中医》2012 年第 5 期。

卫云英、王小芸～:《傅山医德内涵漫谈》,《山西职工医学院学报》2012 年第 4 期。

～梁永宣:《重审〈金匮要略·杂疗方〉的篇章结构》,《中华医史杂志》2012 年第 3 期。

钱超尘、姜燕～:《傅山手批〈内经〉启秘》,《山西中医》2012 年第 1、2、3 期。

《〈四诊承启〉书评》,《中医药文化》2011 年第 1 期。

钱超尘、王小芸～:《浅析傅山先生的养生观》,《中国道教》2010 年第 3 期。

～王小芸等:《〈中国分省医籍考〉著录"傅青主医书"辨误》,《中医文献杂志》2010 年第 1 期。

钱超尘～:《〈辅行诀〉抄本寻踪》,《湖南中医》2009 年第 9 期。

王小芸～钱超尘:《傅山手钞〈玄机口诀〉顾炎武跋之内容质疑》,《中医药文化》2009 年第 5 期。

贾颖～张俊卿等:《张子琳学术思想探讨》,《山西中医》2009 年第 4 期。

王小芸～:《傅山批注〈黄帝内经〉的发现及其意义》,《山西中医》2008 年第 10 期。

钱超尘～:《〈辅行诀〉抄本寻踪》,《中医药文化》2008 年第 6 期。

陶国水、倪向根～任何:《尚志钧教授本草文献研究述要》,《上海中医药大学学报》2008 年第 2 期。

钱超尘～:《读顾炎武〈大小诸证方论·序〉》,《文物世界》2007 年第 6 期。

史志萍……王小芸～:《陈士铎遇仙传书案新证》,《山西中医》2007 年第 5 期。

贾颖～:《对〈本草秘录〉中"木通"一药的讨论》,《甘肃中医》2007 年第 5 期。

沈华～王小芸等:《对太邑友文堂版〈傅青主女科〉刊刻年代的质疑》,《中华医史杂志》2007 年第 4 期。

贾颖……佟德民～:《王淑田抄本〈本草秘录〉初考》,《世界中西医结合杂志》2007 年第 2 期。

沈华、王象礼～:《傅山医著源流考》,《山西中医》2007 年第 2 期。

贾颖……王小芸～:《关于中医书籍中体例误判致讹的初步探讨》,《山西中医》2006 年 S1 期。

《李时珍和仲景小续命汤》,《亚太传统医药》2006 年第 9 期。

贾颖～沈华:《〈本草新编〉与〈本草蒙筌〉渊源关系探讨》,《山西中医》2006 年第 6 期。

王小芸、王象礼～:《〈青囊秘诀〉与〈洞天奥旨〉关系的文献考察》,《山西中医》2005 年第 6 期。

～贾颖等:《中药七情合和理论的发展沿革》,《中国中药杂志》2005 年第 24 期。

陈德荣～:《李时珍和仲景小续命汤》,《山西中医》2004 年第 6 期。

李若钧、李培毅～:《关于经络运动的假说——从人类生命发生和演化的历史探索经络的本质》,《江西中医学院学报》2003 年第 4 期。

吴晋蒲～王红梅等:《〈食物本草〉的特殊刊传系统简介》,《时珍国医国药》2003 年第 6 期。

～赵建新等:《傅山研读〈本草纲目〉、〈证类本草〉初考》,《江西中医学院学报》2003 年第 3 期。

～吴晋蒲等:《宋本〈伤寒论·子目〉及其源流初考》,《中医文献杂志》2003 年第 1 期。

贾颖～吴晋蒲等:《宋本〈伤寒论〉方例初考》,《山西中医学院学报》2002 年第 3 期。

～贾颖等:《〈普济残卷高本伤寒论〉简介》,《中医文献杂志》2002 年第 1 期。

《怀念恩师李茂如先生》,《山西中医》2001 年第 5 期。

～王红梅等:《李翰卿先生的病证方药医学体系》,《山西中医》2001 年第 4 期。

～贾颖等:《从"痓"字看陈世杰对〈金匮玉函经〉的补亡灭误》,《北京中医药大学学报》1999 年第

5 期。

～李学君等:《李时珍所看到的〈古本伤寒论〉》,《时珍国医国药》1999 年第 4 期。

～贾颖等:《略论刘衡如点校本〈本草纲目〉的体例》,《中医文献杂志》1999 年第 1 期。

～贾颖等:《仲景佚方"人参汤"初考》,《山西中医》1998 年第 5 期。

安玉兰～赵尚华:《熨法初探》,《中医外治杂志》1998 年第 5 期。

～贾颖:《张仲景外科外治方二首补辑》,《中医文献杂志》1997 年第 4 期。

附:李红梅、王小芸:《浅析傅山的养生哲学》,《光明中医》2008 年第 7 期。

王小芸:《〈青囊秘诀〉与〈洞天奥旨〉关系的统计分析》,《山西中医》2006 年第 2 期。

赵环(华东理工大学)

《从"关闭病院"到"社区康复"——美国精神卫生领域"去机构化运动"反思及启示》,《社会福利》2009 年第 7 期。

赵会华(吉林大学)

《医易养生心理学思想研究》,吉林大学博士学位论文 2006 年。

赵慧君(北京中医药大学)

《近十年十家英国全国性报纸中医药报道状况分析》,北京中医药大学硕士学位论文 2015 年。

赵辉贤(浙江中医学院)

《浅谈中医药与文学》,《医古文知识》2000 年第 1 期。

～邓云鹰:《〈周易〉与中医阴阳、五行学说》,《浙江中医学院学报》1997 年第 1 期。

《亦谈阴阳平衡论——与柳少逸、蔡锡英二同志商榷》,《周易研究》1996 年第 4 期。

《通易为医 出神入化——论〈周易〉与中医之继承关系》,《医古文知识》1996 年第 3 期。

《〈易·坎〉"樽酒簋贰用缶纳约自牖终无咎"释疑》,《医古文知识》1992 年第 2 期。

鲍晓东～:《〈黄帝内经太素〉释音考》,《浙江中医学院学报》1990 年第 4 期。

鲍晓东～:《根据〈太素〉反切推论杨上善为南人》,《医古文知识》1990 年第 3 期。

《柯琴与〈伤寒来苏集〉》,《天津中医学院学报》1983 年 Z1 期。

《〈素问〉若干字义解惑》,《上海中医药杂志》1983 年第 7 期/1984 年第 11 期/1985 年第 5 期。

～王旭:《当前医籍注释工作中存在的问题》,《贵阳中医学院学报》1981 年第 4 期。

《〈黄帝内经〉太素遗文考辨》,《贵阳中医学院学报》1980 年第 4 期。

《〈理瀹骈文〉述略》,《中医药学报》1980 年 Z1 期。

《吴师机和他的〈理瀹骈文〉》,《浙江中医学院学报》1980 年第 1 期。

《关于杨上善〈皇帝内经太素〉的年代》,《浙江中医学院学报》1979 年第 4 期。

《〈太素〉遗篇考》,《浙江中医学院学报》1978 年第 3 期。

赵际劢(艾诺美康国际医疗服务有限公司/中国中医科学院)

～樊蕾:《波士顿市售中成药举隅》,《家庭中医药》2017 年第 8 期。

《中国近代中药药理学简史》,中国中医科学院硕士学位论文 2012 年。

樊蕾、殷海波～王海南:《近代痛风文献 18 篇述要》,《中国中以基础医学杂志》2012 年第 5 期。

《近代中药药理研究与传统中医药学》,《中华医史杂志》2012 年第 2 期。

《岐伯研究简述》,《中华医史杂志》2011 年第 3 期。

赵家新

《〈黄帝内经〉比喻的文化内涵》,《毕节师专学报》1997 年第 3 期。

赵家业（南昌铁路中心医院）

《一位重视医学史的英国企业家——维尔康》,《中华医史杂志》1997 年第 4 期。

赵剑波（山西中医学院）

《〈素问灵枢类纂约注〉文献研究》,山西中医学院硕士学位论文 2014 年。

～穆俊霞:《〈素问灵枢类纂约注〉研究述评》,《山西中医学院学报》2014 年第 1 期。

赵建军（包头师范学院）

《建安二十二年的瘟疫对文学的影响》,《阴山学刊(社会科学版)》2007 年第 1 期。

赵健民（西藏大学/西藏民族学院）

《从〈四部医典〉中看藏医对疾病病因和发病机制的认识》,《西藏大学学报(社会科学版)》2008 年第 2 期。

《〈四部经典〉中的"病因"学说初探》,《西藏研究》1997 年第 3 期。

《〈四部医典〉中的病因学说初探》,《中国民族医药杂志》1997 年 S 期。

赵健雄（甘肃中医学院）

～苏彦玲:《敦煌遗书医学卷考析》,《敦煌研究》1991 年第 4 期。

～苏彦玲:《敦煌遗书藏医文献初析》,《甘肃中医》1991 年第 4 期。

～苏彦玲:《敦煌壁画医学内容考察》,《甘肃中医》1991 年第 2 期。

《中医脏象学说的唯物辩证观》,《甘肃中医》1991 年第 1 期。

《"心主神"辨》,《上海中医药杂志》1990 年第 10 期。

～苏彦玲:《我国古代对牙病防治的贡献》,《兰州医学院学报》1990 年第 2 期。

《敦煌遗书地志残卷中土贡药物浅析》,《甘肃中医》1990 年第 1 期。

《敦煌写本〈伤寒论·辨脉法〉考析》,《甘肃中医》1989 年第 1 期。

《敦煌遗书"残医书"卷考析》,《中国医药学报》1989 年第 1 期。

《〈新修本草〉及其敦煌残卷考析》,《山西中医》1988 年第 1 期。

《试论敦煌遗书中医药文献的价值》,《兰州医学院学报》1987 年第 1 期。

《敦煌写本〈新集备急灸经〉初探》,《中国针灸》1986 年第 1 期。

～徐鸿达等:《敦煌石窟医学史料辑要》,《敦煌学辑刊》1985 年第 2 期。

～徐鸿达等:《敦煌壁画中的医学内容》,《中医药信息》1985 年第 2 期/《甘肃中医学院学报》1985 年第 1 期。

赵杰（福建师范大学）

《美国《瓦格纳—墨莱—丁格尔法案》研究》,福建师范大学硕士学位论文 2017 年。

赵金龙（天津中医药大学）

～康铁君:《中医祝由的发展与现实意义》,《天津中医药大学学报》2009 年第 1 期。

赵璟（南京中医药大学）

张树剑～:《承淡安教育实践历程及其意义评述》,《南京中医药大学学报(社会科学版)》2019 年第 3 期。

～张树剑:《民国时期针灸教育形式的转型与其特征分析》,《医疗社会史研究》2017 年第 1 期。

《民国时期针灸教育研究》,南京中医药大学硕士学位论文 2017 年。

～张树剑:《民国时期针灸教材体例及内容特点》,《中国针灸》2017 年第 9 期。

～张树剑:《民国时期针灸学校述要》,《中国针灸》2017 年第 4 期。

赵晶（山西医科大学）

《西方血液循环理论形成和发展的历史研究》，山西医科大学硕士学位论文2018年。

赵婧（上海社会科学院/复旦大学）

《医学、职业与性别——近代女子习医论再探》，《妇女研究论丛》2018年第6期。

《抗战动员与性别实践——以战时国统区妇女医疗救护为中心》，《妇女研究论丛》2015年第4期。

《近代上海的分娩卫生与医疗化》，《中国社会历史评论》2013年00期。

《西医产科学与南京国民政府时期的产婆训练》，《史林》2013年第4期。

《民国上海的产科医疗纠纷》，《史林》2012年第4期。

《母性话语与分娩医疗化——以20世纪三、四十年代的上海为中心》，《妇女研究论丛》2010年第4期。

《助产士与近代中国的分娩卫生》，《医学与哲学（人文社会科学版）》2010年第3期。

《近代上海的分娩卫生研究（1927—1949）》，复旦大学博士学位论文2009年。

《1927—1936年上海的妇幼卫生事业——以卫生行政为中心的讨论》，《史林》2008年第2期。

赵婧（天津中医药大学）

～邢永革：《清代温病类医书序跋内容探析》，《长春中医药大学学报》2018年第1期。

赵静（中国中医科学院）

～曹洪欣等：《金元医家对温病病因病机的认识》，《中国中医基础医学杂志》2010年第1期。

曹洪欣～张志斌等：《金元时期温病学发展状况研究》，《中国中医基础医学杂志》2009年第1期。

～曹洪欣等：《金元时期温病学发展对温病理论形成的影响》，《中国中医基础医学杂志》2008年第12期。

曹洪欣～张志斌等：《金元医家对温病理论的创新》，《中国中医基础医学杂志》2008年第5期。

《金元明时期温病理论演变与发展研究》，中国中医科学院博士学位论文2007年。

赵静波（山西大学）

《宏观调控视野下医疗卫生事业法律问题研究》，山西大学硕士学位论文2009年。

赵敬华（湖北民族学院/恩施医学高等专科学校）

奚胜艳、高学敏～张建军等：《土家族药学特色理论及与中药学的差异》，《中华中医药杂志》2008年第6期。

邵兴～：《浅析自然地理环境与土家族医药学的关系》，《中国民族民间医药》2008年第1期。

《试述土家族医学中的妇科保健特点》，《中国民族医药杂志》2007年第2期。

～赵晖：《恩施土家族、苗族医药学的形成及现状》，《中国民族民间医药杂志》2003年第1期。

～许沛虎等：《恩施土家族、苗族医药初探》，《中国民族民间医药杂志》1996年第4期。

赵锦辉

《"关东州"和"满铁附属地"1907至1938年人口死亡和死亡原因的分析》，《中国人口科学》1990年第6期。

赵京生（中国中医科学院/南京中医药大学/南京中医学院）

《腧穴命名的演变：基于天回医简分析》，《中国针灸》2019年第9期。

姜姗、张树剑～：《针灸器具沿革及其动因分析与思考》，《科技导报》2019年第15期。

《"穴会"——针灸施治处理论的延伸》，《中国针灸》2019年第8期。

王丽～：《试析〈黄帝内经〉"陷下则灸之"》，《中国针灸》2019年第6期。

《针灸视域下的身体表达》，《中国针灸》2019 年第 3 期。

姜姗～:《针灸顺势思想与"气"》，《中医杂志》2018 年第 24 期。

姜姗～:《"针道自然"与顺势思想及流变》，《中医杂志》20218 年第 22 期。

《上下内外:经脉脏腑相关探赜》，《针刺研究》2018 年第 7 期。

姜姗、张立剑～:《针灸医院发展特点与启示例说》，《中国针灸》2018 年第 7 期。

李素云～:《传统补泻刺法蕴含的思想观念探讨》，《中国针灸》2017 年第 11 期。

李素云～:《〈内经〉针刺补泻两种候气进出针方法探讨》，《中国针灸》2017 年第 4 期。

姜姗、李素云～:《〈灵枢〉"十二邪"思想探微》，《中国中医基础医学杂志》2017 年第 3 期。

《针刺"叩钟"论》，《针刺研究》2017 年第 2 期。

《腧穴概念析》，《中国针灸》2017 年第 2 期。

姜姗～:《气贯针脉:〈黄帝内经〉针刺诊治"气"思想钩沉》，《针刺研究》2017 年第 1 期。

姜姗～:《语言学视域下的阿是穴释义》，《中国针灸》2017 年第 1 期。

《简帛脉学文献对经脉认识的意义》，《医疗社会史研究》2016 年第 2 期。

李素云～:《民国针灸学讲义"重术"特点与原因探讨》，《中国针灸》2016 年第 11 期。

姜姗～:《国外两部中医专著"气"论对比与启示》，《中国中医基础医学杂志》2016 年第 6 期。

姜姗～:《从"针解"以"气"释文到古人"气"观》，《中国针灸》2016 年第 4 期。

姜姗～:《从〈灵枢·行针〉谈观念之气与现象之气》，《中国中医基础医学杂志》2016 年第 2 期。

姜姗～:《从模型理论视角看针灸之气》，《南京中医药大学学报(社会科学版)》2016 年第 1 期。

李青青～:《〈诸病源候论〉现代研究概况》，《中国中医基础医学杂志》2015 年第 11 期。

《针灸理论体系构建的早期过程与方法分析》，《中国中医基础医学杂志》2014 年第 6 期。

李素云～:《西方"nerve"的译入及其对经络研究的影响探源》，《中国针灸》2011 年第 5 期。

《"以痛为输"与"阿是穴":概念术语考辨》，《针刺研究》2010 年第 5 期。

张树剑～:《古代"神"的观念与〈内经〉"神"相关概念的关系探讨》，《中国中医基础医学杂志》2010 年第 3 期。

张树剑～:《论镵针之由来与早期经脉思想》，《医学与哲学(人文社会医学版)》2010 年第 2 期。

刘兵～高树中:《试论当代针灸的文化迷失与回归》，《中国针灸》2009 年第 8 期。

张建斌～:《论明末清初经络研究的轨迹和学术走向》，《中国针灸》2009 年第 7 期。

李素云～:《唐宗海之经脉气化观浅析》，《中国针灸》2009 年第 5 期。

李素云～:《〈医学原始〉王宏翰经脉观之西学渗透现象》，《中国中医基础医学杂志》2009 年第 4 期。

李素云～:《从经脉的循行变化探讨其概念内涵的演变——由"十一脉"至"十二经脉"循行变化引发的思考》，《针刺研究》2009 年第 2 期。

杨峰～:《"蹶"的探析——一个早期医学名词的考察》，《中国中医基础医学杂志》2009 年第 2 期。

《〈甲乙经〉的组织结构与针灸学术意义》，《中医文献杂志》2009 年第 1 期。

张树剑～:《早期经脉认识方法与形态评述》，《中国中医基础医学杂志》2009 年第 1 期。

杨峰～:《仓公"精气"思想解读——从〈史记·扁鹊仓公列传〉齐文王病案说起》，《江苏中医药》2008 年第 8 期。

张树剑～:《督脉名考释》，《中医研究》2008 年第 4 期。

张建斌～：《从〈太素〉记载探索督脉经的起源》，《中国针灸》2008年第3期。

杨峰～：《马王堆养生文献对早期针灸理论的影响》，《中华医史杂志》2008年第2期。

杨峰～：《从简帛医书看〈内经〉足六脉病候》，《中国针灸》2007年第11期。

杨峰～：《出土文献中经脉病候"热中"的由来与演变——从〈史记·扁鹊仓公列传〉"中热"的相关记载说起》，《中国针灸》2007年第8期。

杨峰～：《中医经典文献研究的诠释学向度》，《医学与哲学（人文社会医学版）》2007年第7期。

贾杰～：《〈内经〉中经脉病候表述形式探讨》，《中国针灸》2007年第1期。

史江峰～：《癃闭选经取穴的历代文献分析》，《江西中医学院学报》2005年第6期。

杨峰～：《从〈素问·热论〉看〈内经〉中不同模式的经脉理论》，《南京中医药大学学报》2003年第5期。

张胜春～：《〈针灸甲乙经〉中处方用穴特点》，《中国针灸》2002年第7期。

张胜春～：《〈针灸甲乙经〉配穴特点分析》，《针灸临床杂志》2002年第3期。

张胜春～：《〈针灸甲乙经〉中针灸处方的概念》，《针灸临床杂志》2001年第12期。

史欣德～：《王清任活血逐瘀类方探析》，《中国中医基础医学杂志》2001年第11期。

《经脉与脉诊的早期关系》，《南京中医药大学学报（自然科学版）》2000年第3期。

张民庆、王启才～：《经络学说与中医望诊》，《南京中医药大学学报》1999年第4期。

《经脉分支的形成过程与意义》，《上海中医药大学学报》1999年第2期。

《足厥阴肝经主小便病候的由来与演变》，《上海针灸杂志》1999年第2期。

～史欣德：《针道自然——论针灸方法的总体特征》，《针灸临床杂志》1998年第10期。

《经脉病候的演变》，《江苏中医》1998年第10期。

《论〈内经〉补泻针法的立意及其演变》，《南京中医学院学报》1994年第6期。

《从〈阴阳十一脉灸经〉论"是动、所生"的实质》，《中医杂志》1992年第12期。

～史欣德：《〈灵枢·经脉〉针灸治则治法探析》，《中医杂志》1990年第9期。

《〈灵枢·经脉〉治则、病候探源》，《中医药学报》1990年第5期。

～史欣德：《针灸与脉诊之关系初探》，《江苏中医》1990年第6期。

《〈内经〉中的一种特殊针法》，《南京中医学院学报》1989年第4期。

《试论〈内经〉中针灸的体质观》，《中医杂志》1988年第2期。

《〈灵枢·周痹〉解惑》，《南京中医学院学报》1987年第4期。

赵俊（南京医科大学第一附属医院／南京大学）

《居民医学伦理观念分化研究——基于苏南京的实证分析》，南京大学博士学位论文2013年。

《阶层地位、医患信任与试验性医疗参与意愿——城市居民的医学伦理观念调查》，《南京社会科学》2013年第9期。

《阶层地位、健康素养与居民医学伦理观念——以器官再移植和异种器官移植的公众态度为例》，《学海》2013年第6期。

《器官移植供体来源的公众态度及其影响因素研究——基于南京市617个样本的分析》，《江苏社会科学》2013年第4期。

刘武～：《新医改背景下城市大型公立医院面临的问题及对策》，《海南医学》2012年第9期。

李志光……张馥敏～：《医学伦理委员会的发展历程、特点及思考》，《江苏省卫生事业管理》2011

年第 4 期。

李天萍、吴建国～:《浅析公共关系与医院发展》,《解放军医院管理杂志》2007 年第 7 期。

冷明祥～唐晓东等:《试论"看病贵、就医难"的主要影响因素》,《南京医科大学学报(社会科学版)》2007 年第 2 期。

梁宁霞～朱滨海等:《浅析医院知识产权保护问题》,《南京医科大学学报(社会科学版)》2006 年第 4 期。

赵军礼(广州中医药大学)

《从〈伤寒来苏集〉编次方法浅析柯琴辨证论治思想》,《中医研究》2001 年第 1 期。

赵凯(安徽中医药大学)

《新安医家内科疫病学术思想及临床经验研究》,安徽中医药大学硕士学位论文 2016 年。

赵黎(安徽中医学院)

《〈本草求真〉临床本草学术思想浅析》,《山东中医药大学学报》2011 年第 6 期。

《章楠〈伤寒论本旨〉学术思想浅析》,《安徽中医学院学报》2011 年第 2 期。

《〈怡堂散记〉学术特点浅析》,《江西中医学院学报》2010 年第 1 期。

《〈医门法律〉痹证用药刍议》,《甘肃中医》2010 年第 1 期。

《从四物汤评析〈医方集解〉的学术特点》,《中医药导报》2008 年第 3 期。

《〈医学未然金鉴〉方剂学术思想初探》,《中医研究》2007 年第 5 期。

赵莉(贵州省人民医院)

《希波克拉底简论》,《贵州工业大学学报(社会科学版)》2006 年第 5 期。

赵俐(湖南师范大学)

《清末民初中国女西医研究(1879—1919)》,湖南师范大学硕士学位论文 2013 年。

《近代基督教会在华女子医学教育》,内蒙古农业大学学报(社会科学版)2012 年第 5 期。

赵力(暨南大学文学院)

《中医药影视剧中的中西医文化冲突聚焦——以〈黄连厚朴〉和〈刮痧〉为例》,《电影评介》2011 年第 9 期。

《从〈神医喜来乐〉看中医药影视剧中的神医与庸医》,《电影评介》2011 年第 8 期。

《中医药影视剧家国叙事研究》,《电影评介》2011 年第 7 期。

《从韩国电视剧〈大长今〉看中医药影视剧》,《电影评介》2011 年第 6 期。

赵丽(香港中文大学)

～孙外主等:《中医学术流派的形成与运气大司天理论》,《华西医学》2012 年第 2 期。

赵力俭(郑州大学)

《我国农民大病难保问题研究》,郑州大学硕士学位论文 2015 年。

赵利娜(四川师范大学)

《建国初期妇女生育保健事业研究(1949—1959)》,四川师范大学硕士学位论文 2012 年。

赵莉如(中国科学院)

《曹日昌先生在中国心理学事业上的重大贡献——纪念曹日昌先生诞辰 90 周年》,《心理科学》2001 年第 3 期。

《心理学在中国的发展及其现状》,《心理学动态》1996 年第 1、4 期。

《中国心理学会七十年发展史略》,《心理学报》1992 年第 2 期。

《中日心理学史上的早期联系与交流》,《心理学报》1991年第2期。

《最早在我国传播西方心理学思想的书——评〈灵言蠡勺〉、〈性学觕述〉和〈西国记法〉》,《中国科技史料》1988年第1期。

《中国心理学会的历史和现况》,《心理学报》1980年第4期。

赵丽婷(山东大学)

《山东省参与艾滋病防治社会组织现况研究》,山东大学硕士学位论文2017年。

赵立新(河北师范大学)

《德国的护理保险法》,《中国人大》2017年第13期。

《简论日本医疗保障制度》,《学理论》2010年第8期。

～周秀芹:《日本的传染病预防法规》,《国外医学(社会医学分册)》2004年第2期。

～周秀芹:《日本的老年保健制度》,《国外医学(社会医学分册)》2002年第4期。

～周秀芹:《日本护理保险法析议》,《丝线战线》2002年第2期。

周秀芹～:《日本的医疗事故纠纷与处理办法》,《国外医学(社会医学分册)》2002年第1期。

赵立行(复旦大学)

《1348年黑死病与理性意识的觉醒》,《江西师范大学学报(哲学社会科学版)》2007年第1期。

《西方学者视野中的黑死病》,《历史研究》2005年第6期。

赵立岩(北京中医药大学/北京针灸骨伤学院)

～刘晖祯:《西医东传与中医骨度藏象学的发展》,《中国中医基础医学杂志》2001年第9期。

～刘晖祯:《论近代寒温融合流派的产生与发展》,《中医杂志》1997年第2期。

赵连珍(山东大学)

《信仰与医疗:试论欧洲中世纪基督教会医疗理论与实践》,山东大学硕士学位论文2014年。

赵林冰(中国中医科学院)

《〈(御纂)医宗金鉴〉辩证论治学术特色及其传承研究》,中国中医科学院硕士学位论文2011年。

～万芳:《〈御纂医宗金鉴〉药引运用探析》,《中华中医药杂志》2011年第4期。

赵翎(华中师范大学)

～刘力欣:《近代教会医院对武汉民众西医观演变的影响》,《法制与社会》2006年第16期。

赵羚妤(成都中医药大学)

《四川中医养生流派研究》,成都中医药大学博士学位论文2016年。

赵伦和(黑龙江中医学院)

～冯涛:《略论张景岳对仲景诈病的发挥》,《中医药学报》1994年第4期。

赵曼(中南财经政法大学)

～潘常刚:《医疗保障制度改革30年的评估与展望》,《财政研究》2009年第2期。

赵梅(中国社会科学院)

《"选择权"与"生命权"——美国有关堕胎问题的论争》,《美国研究》1997年第4期。

赵美娟(解放军总医院/解放军军医进修学院)

《我们谈论健康时意味着什么》,《中国医学人文》2018年第5期。

《从哲学视角看:整合医学之"整合"意味着什么》,《中国医学伦理学》2017年第6期。

～邵建祥等:《追问生命尊严——"生前预嘱"圆桌论坛》,《中国医学人文》2016年第11期。

～王发强:《研究型医院哲学文化思考——"健康医学"视角下医院人文建设理论探讨》,《中国研究型医院》2016 年第 6 期。

《健康医学:深层人文关怀时代的到来——试析当下医学面临思路转向》,《中国研究型医院》2016 年第 5 期。

《医学,从哪里来到哪里去？——关于医学的本质与特点再认识》,《中国研究型医院》2016 年第 4 期。

《人文:首先的和最终的》,《中国医学人文》2016 年第 4 期。

《医学什么要讲人文》,《中国研究型医院》2016 年第 2 期。

《"人文"的意味》,《中国研究型医院》2016 年第 2 期。

～陈守龙:《从哲学视野解读研究型医院之"研究"意味》,《医学与哲学(A)》2012 年第 10 期。

《当代医学现象与本质的分离》,《医学与哲学(人文社会医学版)》2010 年第 7 期。

《看与思的方式:在意会与言传之间——医学人文困境与反思》,《医学与哲学(人文社会医学版)》2008 年第 7 期。

《现代医学在人文困境中自我蜕变》,《医学与哲学(人文社会医学版)》2007 年第 2 期。

《医学:游离在形而上与形而下之间——医学模式演进的人文元点的哲学反思》,《中华医学美学美容杂志》2006 年第 6 期。

《从灾难医学的发展看生命的生态文化性——关于医学的"人学"本质的追问》,《医学与哲学(人文社会医学版)》2006 年第 2 期。

《医学人文关怀应关怀什么和怎样关怀——美学视角下的人文关怀建设》,《医学与哲学》2005 年第 4 期。

《生命哲学的现代人文反思——医学美涵义的现代转换之我见》,《自然辩证法研究》2005 年第 3 期。

赵炜～:《从灾难医学的发展看医学的本质》,《中国危重病急救医学》2005 年第 3 期。

《现代医学人文回归的学术性与现实性》,《医学与哲学》2004 年第 8 期。

《法国高等医学教育体系特点》,《中国高等教育》2001 年 Z2 期。

赵梦娇(郑州大学)

《基于政府视角的大病医保体系构建研究》,郑州大学硕士学位论文 2017 年。

赵敏(湖北中医药大学/湖北中医学院)

姜锴明～:《论医师治疗权之权利义务统一性》,《中国卫生事业管理》2019 年第 7 期。

王佩……何颖琪～:《论医师特殊干预权的行使及完善》,《医学与法学》2019 年第 4 期。

史淑叶……王秀娟～:《1998 年—2018 年我国医师权利研究综述》,《医学与法学》2019 年第 1 期。

姜锴明～:《国外暴力伤医现象及防控对策研究》,《医学与哲学(A)》2018 年第 11 期。

朱婧睿……王明艳～:《知情同意权实现难的原因及对策研究综述》,《医学与法学》2018 年第 6 期。

姜锴明～:《我国医患权利冲突问题的研究综述》,《医学与法学》2018 年第 6 期。

朱婧睿……王明艳～:《1996—2018 年患者权利研究综述》,《医学与法学》2018 年第 4 期。

乔越……申如锦～:《我国港台地区暴力伤医防控的经验及启示》,《医学与法学》2018 年第 4 期。

梁韵～:《我国近 22 年医患法律关系研究综述》,《医学与法学》2018 年第 3 期。

曾予～:《美国临床试验中受试者权利保护制度的借鉴意义》,《医学与法学》2018 年第 2 期。

胡灿～:《我国医疗事故罪案件的实证研究》,《证据科学》2018 年第 1 期。

岳远雷～司婷:《中医药文化传播现状研究——兼评〈中医药法〉相关条款》,《学校党建与思想教育》2017 年第 20 期。

司婷～：《远程医疗监管法律制度初探》，《医学与法学》2017 年第 5 期。

司婷～：《我国远程医疗规制研究概述》，《医学与法学》2017 年第 3 期。

～姜错明等：《暴力伤医事件大数据研究——基于 2000 年—2015 年媒体报道》，《医学与哲学》2017 年第 1 期。

梁韵～：《暴力伤医事件大数据研究——基于 2000 年—2015 年媒体报道》，《医学与法学》2016 年第 6 期。

司婷～：《国外传统医药立法对我国中医药法制的启示》，《医学与法学》2016 年第 6 期。

梁韵～：《基于利益相关者理论的暴力伤医问题研究》，《医学与法学》2016 年第 6 期。

陈冰～：《论构建我国中医药专门法律体系之构想》，《医学与法学》2016 年第 4 期。

～张剑雪：《近代以来我国中医药立法的历史变迁及启示》，《医学与法学》2016 年第 4 期。

司婷～：《我国中医药法制建设研究现状概述》，《医学与法学》2016 年第 3 期。

梁韵……屈万勇～：《我国近五年暴力伤医事件之原因及对策研究综述》，《医学与法学》2016 年第 2 期。

～章程：《期待权损害研究——借鉴日本延命利益之损害赔偿案的分析》，《医学与法学》2015 年第 6 期。

江依帆～：《超药品说明书用药的相关法律问题》，《医学与法学》2015 年第 5 期。

《疫苗损害责任的类型化研究》，《医学与法学》2014 年第 5 期。

岳远雷～张子龙：《关于二类疫苗医疗损害责任类型化的思考》，《医学与哲学（A）》2014 年第 9 期。

～岳远雷：《公民健康权益视野下计划疫苗损害责任之探析》，《医学与哲学（A）》2014 年第 9 期。

～徐珊：《我国乡村医疗纠纷及其解决对策》，《医学与法学》2012 年第 4 期。

陈冰、张子龙～冯玉等：《完善我国中医药法律体系之构想》，《亚太传统医药》2011 年第 12 期。

《论患者决定权与医疗干涉权冲突的法律选择》，《医学与哲学（人文社会医学版）》2011 年第 9 期。

陈冰、张子龙～冯玉等：《我国中医药立法制约因素浅析》，《医学与社会》2011 年第 7 期。

《日本医生赔偿责任保险述评》，《中国医院管理》2010 年第 4 期。

《日本医疗纠纷现状及法律处理评介》，《医院院长论坛》2010 年第 1 期。

～张子龙：《日本食品责任与制造物责任法及其对我国的启示》，《医学与社会》2010 年第 1 期。

《死后人工生殖的生命法学思考》，《山东科技大学学报（社会科学版）》2009 年第 6 期。

～何莉：《日本食品药品公害的国家责任论析》，《中国卫生法制》2009 年第 5 期。

～张子龙：《从汶川大地震看我国卫生法》，《医学与社会》2008 年第 7 期。

～曾予：《论医疗事故三大责任主体的界定》，《医院院长论坛》2008 年第 4 期。

～曾予：《探究医患法律关系的法律属性》，《湖北中医学院学报》2008 年第 2 期。

～曾予：《论医疗合同的相关法律问题》，《医院院长论坛》2008 年第 2 期。

～杨丽等：《从国外医疗保障制度看健康责任的分担》，《国外医学（社会医学分册）》2005 年第 3 期。

～赵伟华：《手术同意书的相关法律问题》，《医学与哲学》2005 年第 4 期。

～刘昌慧等：《非典隔离制度的相关法律问题》，《中国卫生法制》2004 年第 4 期。

《医疗保障制度改革的伦理原则探析》，《中国医学伦理学》2003 年第 2 期。

《医疗侵权举证倒置的相关法律问题》,《中国卫生法制》2003 年第 2 期。

《社会医疗保险制度的伦理分析》,《卫生经济研究》2003 年第 1 期。

《医疗保障制度改革中政府、集体、个人间的伦理关系探究》,《医学与社会》2002 年第 6 期。

～龚斌:《医疗事故民事责任的有限赔偿说》,《医学与社会》2000 年第 1 期。

赵敏(山东大学)

《魏晋至唐宋道教饮食养生思想探析》,山东大学硕士学位论文 2006 年。

赵敏生(北京针灸骨伤学院)

《对〈灵枢经〉中解剖名词的浅析》,《中国中医基础医学杂志》1998 年第 9 期。

赵敏学(安徽医学院)

～刘文德:《检查一具明代古尸的初步报告》,《安医学报》1958 年第 1 期。

赵明(辽宁中医学院)

《〈仙授理伤续断秘方〉骨伤诊断思想初探》,《辽宁中医杂志》1999 年第 5 期。

赵明山(辽宁中医药大学/辽宁中医学院)

朱鹏举、傅海燕～:《清末民初医家徐延祚其人其书考》,《浙江中医杂志》2016 年第 3 期。

朱鹏举、傅海燕～:《〈医粹精言〉文献学初考》,《中国中医基础医学杂志》2016 年第 2 期。

刘光华、吴振起～:《〈黄帝内经〉中风名实考辨》,《吉林中医药》2008 年第 2 期。

《中医病因学文化观》,《中医药文化》2008 年第 1 期。

孙宏伟～:《中国古代人体寄生虫病学要览》,《中华中医药学刊》2007 年第 12 期。

刘光华、吴振起～:《〈黄帝内经〉痿病源流及名实》,《中医研究》2007 年第 3 期。

刘光华～:《〈黄帝内经〉养生思想探源》,《中医研究》2005 年第 4 期。

《〈黄帝内经〉治疗思想文化观解析》,《中医药学刊》2004 年第 12 期。

战佳阳、陈珩～:《〈黄帝四经〉对〈黄帝内经〉在"道论"方面的影响》,《江西中医学院学报》2004 年第 2 期。

战佳阳……陈珩～:《论〈黄帝四经〉中顺道思想对〈黄帝内经〉的影响》,《辽宁中医杂志》2003 年第 8 期。

《〈内经〉治病 以人为本》,《中医药学刊》2002 年第 4 期。

《九针与〈黄帝内经〉》,《中医药学刊》2001 年第 1 期。

鞠宝兆～:《〈内经〉理论体系的易理基础》,《辽宁中医学院学报》2000 年第 4 期。

《〈黄帝内经〉社会医学思想探析》,《辽宁中医学院学报》1999 年第 2、3 期。

～赵爱秋:《〈黄帝内经〉的社会医学思想浅论》,《中国中医基础医学杂志》1997 年第 5 期。

《论〈内经〉中的风邪与风病》,《辽宁中医杂志》1988 年第 5、6 期。

《〈内经〉中的神经精神病症初探》,《辽宁中医杂志》1982 年第 11、12 期。

《论〈内经〉的厥逆发病说》,《辽宁中医杂志》1981 年第 12 期。

赵明哲(内蒙古师范大学)

《宋代科技对中医教育影响的研究》,内蒙古师范大学硕士学位论文 2008 年。

赵娜(北京中医药大学)

《哲学视野下中西医学对生命起源及其本质认识的比较研究》,北京中医药大学硕士学位论文 2011 年。

赵苹（广州电池厂卫生所）

《浅谈〈幼幼集成〉的胎养思想》，《广州中医药大学学报》1998年第2期。

赵平平（北京中医药大学）

《建国以来"经络的实质"研究概况》，《中国医药学报》2001年第3期。

～洪俪凤：《试论〈脉书〉与〈经脉〉之异同》，《国医论坛》1998年第6期。

赵普（云南民族大学）

《药王崇拜与安国药都的形成和发展——对一种商业神崇拜现象的宗教社会学分析》，《昆明大学学报》2006年第1期。

赵璞珊（中国中医研究院）

～邢纪成：《吴崑的医学成就》，《中医杂志》1992年第3期。

《马王堆三号汉墓出土竹简〈十问〉著作时代初议》，《上海中医药杂志》1991第11期。

《合信〈西医五种〉及在华影响》，《近代史研究》1991年第2期。

《赵元益和他的笔译医书》，《中国科技史料》1991年第1期。

《对中国医学形成的一些看法》，《中韩医史杂志》1991年第1期。

《王叔和与〈脉经〉》，《文史知识》1990年第6期。

《丁福保和他早期编著翻译的医书》，《中西医结合杂志》1990年第4期。

《读〈晶珠本草〉》，《甘肃中医学院学报》1990年第1期。

《〈太平圣惠方〉〈圣济总录〉〈太平惠民和剂局方〉介绍》，《中医杂志》1984年第12期。

《侍诊杂忆——记先父赵心波儿科治疗经验》，《中医杂志》1984年第6期。

《陈垣先生和近代医学》，《北京师范大学学报》1983年6期。

《西医东渐小记》，《百科知识》1982年第3期。

《祖国医学吸收外来医学的优良传统》，《中西医结合杂志》1982年第1期。

《西洋医学在中国的传播》，《历史研究》1980年第3期。

蔡景峰～：《藏医彩色挂图的初步介绍》，《江苏中医杂志》1980年第3期。

～蔡景峰：《藏族医学的源流与特点》，《新医药学杂志》1978年第7期。

《儿科学家钱乙》，《健康报》1964年1月18日。

《关于张景岳的生卒年代》，《上海中医药杂志》1963年第5期。

赵倩（广西大学）

《〈五十二病方〉一词多形现象整理分析》，《现代语文（语言研究版）》2017年第12期。

赵骞（湖北科技学院）

《历史的镜像——赤脚医生显性特征与消失原因及思考》，《社会科学论坛》2017年第7期。

《媒体如何走进医学——对魏则西事件的思考》，《医学与哲学（A）》2016年第12期。

《新闻报道应引导患者尊重医生的社会价值平议》，《新闻知识》2016年第3期。

～佘斯勇：《医学期刊的技术主义与人本主义思考》，《医学与哲学（A）》2016年第2期。

赵倩（西南大学）

《农村留守妇女健康教育保障机制研究》，西南大学硕士学位论文2016年。

赵骞（咸宁学院）

～王会峰：《医学与社会的互动——对〈当代医圣裘法祖〉的人文解读》，《医学与社会》2011年第2期。

～王会峰：《略论裘法祖院士对中医的态度》，《中医药导报》2010 年第 2 期。

～王会峰：《人文医学的视角：裘法祖误诊误治思想初探——兼论医学伦理道德》，《医学与哲学（临床决策论坛版）》2010 年第 12 期。

～王会峰：《裘法祖论医学创新及启示》，《医学教育探索》2010 年第 5 期。

《裘法祖先生医务思想与当代医院管理》，《西部医学》2010 年第 3 期。

～王会峰：《略论裘法祖的医德观表现成因及启示》，《中国医学伦理学》2009 年第 3 期。

赵巧艳（广西师范大学）

《侗族灵魂信仰与收惊疗法：一项关于 B 村的医学人类学考察》，《思想战线》2014 年第 4 期。

赵仁钦措（西北民族大学）

《人类学视角下史诗〈格萨尔〉中的藏医药事象探究》，西北民族大学硕士学位论文 2016 年。

赵容俊（中国人民大学/韩国成均馆大学）

～金炫抒：《先秦巫者的祝诅放蛊活动》，《邯郸学院学报》2017 年第 4 期。

《秦汉中国医学基础理论确立的考察》，《医疗社会史研究》2016 年第 2 期。

《甲骨卜辞所见之巫者的医疗活动》，《史学集刊》2004 年第 3 期。

《先秦中国医学基础理论形成的考察》，《历史文献研究》2014 年第 1 期。

赵荣琇

《祖国医学遗产医疗体育之一的"太极拳"》，《新中医药》1958 年第 2 期。

赵润生

《追究日军细菌战的中华第一女子》，《文史月刊》2003 年第 6 期。

赵珊（北京中医药大学）

《水肿的古代文献研究与学术源流探讨》，北京中医药大学博士学位论文 2016 年。

～严季澜：《水肿分类古文献述要》，《世界中西医结合杂志》2016 年第 6 期。

～严季澜：《水肿相关病名考》，《世界中西医结合杂志》2016 年第 3 期。

～严季澜：《〈肘后方〉治疗水肿特色浅析》，《中医文献杂志》2016 年第 2 期。

赵绍琴（北京中医学院）

《清代御医赵文魁医案选》，《北京中医》1988 年第 2 期。

《京都名医汪逢春医案》，《北京中医》1984 年第 2 期。

《清代御医赵文魁医案选》，《北京中医》1983 年第 7 期。

《谈谈清代"太医院"的医事制度》，《中医杂志》1963 年第 7 期。

赵少钦（云南中医学院）

～周青等：《越南传统医学发展现状及对策研究》，《亚太传统医药》2017 年第 11 期。

～吴非等：《对湄公河流域国家留学生中医药教育现状分析——以云南中医学院为例》，《云南中医学院学报》2012 年第 3 期。

李铭……吴非～杨明：《纳西族东巴医药疾病观初探》，《中国民族医药杂志》2007 年第 7 期。

赵士第（东北师范大学）

～马金生：《医、儒、士之间：明清时期徽州医者社交网络及其影响》，《地方文化研究》2019 年第 6 期。

～吕梓菱：《曲艺中的城市记忆：从传统相声文本看近代北京地区的庸医及医疗纠纷》，《北京史学》2019 年第 2 期。

～罗冬阳：《清代民间僧医的医疗活动、社交与地方社会——以释心禅〈一得集〉为中心的考察》，《原生态民族文化学刊》2019年第1期。

～罗冬阳：《清代歙县医家的社交与地方疾病治验——以医家程文囿为个案研究》，《徽学》2019年第1期。

《清代东北天花的预防及其嬗变》，《平顶山学院学报》2018年第4期。

《俞樾"废医论"新解——从〈春在堂杂文〉一篇佚文谈起》，《图书馆研究与工作》2018年第8期。

赵士见（伪满皇宫博物院/吉林大学）

《日方档案中侵华日军第100部队的历史透视》，《浙江档案》2019年第5期。

《侵华日军第100部队细菌战准备过程探析》，《日本侵华南京大屠杀研究》2019年第2期。

《近十年东北庚子鼠疫研究之扫描》，《黑龙江史志》2015年第5期。

赵石麟（陕西省中医药研究院）

《医学专科史研究60年》，《中华医史杂志》1996年第3期。

《明代梅毒学家陈司成及其学术贡献》，《中国科技史料》1991年第2期。

《春秋战国时期秦医学的历史地位》，《陕西中医》1989年第2期。

《试论中国医学史研究之革新》，《中国社会医学》1987年第2期。

《西周卫生保健职官与卫生习俗初探》，《陕西中医》1987年第2期。

王怡～：《蔺道人学术思想浅析》，《陕西中医》1986年第9期。

张文～：《恽铁樵的中西汇通思想探讨》，《陕西中医》1985年第9期。

《麻风病专书〈解围元薮〉〈疠疡机要〉〈疯门全书〉的学术成就》，《陕西中医》1984年第11期。

《黄竹斋医史著作述评举要》，《陕西中医》1984年第4期。

赵士秋

《伊斯兰对于世界医药的贡献》，《中华医史杂志》1954年第3期。

赵寿毛（中央民族大学医院）

《医学当溯本，针灸贵传真——记近代名医赵缉庵对针灸事业的贡献》，《中国针灸》2007年第12期。

赵曙（贵阳中医学院）

～陈瑶：《唐代疾病防控和公共卫生若干问题探析》，《贵阳中医学院学报》2010年第6期。

赵书刚（广州中医药大学）

《吴有性〈温疫论〉对传染病学的创新性贡献浅释》，《中医药学刊》2005年第1期。

《〈尚论篇〉〈尚论后篇〉对温病学的贡献与后世影响探微》，《中医药学刊》2004年第6期。

赵淑敏（黄河中心医院）

《宋代香药考》，《中医研究》1999年第6期。

赵树屏（北京市中医学会）

《北京中医学会成立大会纪事》，《中医杂志》1951年第1期。

《中国医学史纲要》，《北平医药月刊》1935年第1—2期。

赵思兢（广州中医学院）

《我国进口南药发展史及其分析》，《广州中医学院学报》1986年Z1期。

张俊荣～：《石菖蒲与九节菖蒲考》，《新中医》1985年第4期。

《中药炮制溯源》，《广东中医》1963年第1期。

赵耸婷（福建师范大学/温州医学院）

《日本近代医学教育对中国医学教育的影响》，《医学与社会》2013 年第 2 期。

《我国医学教育发轫期的社会语境分析》，《医学与社会》2012 年第 11 期。

《西医东渐的社会语境及其影响》，《内蒙古师范大学学报（教育科学版）》2012 年第 8 期。

～韩大全：《清末民初女子西医教育及女医职业化研究》，《内蒙古师范大学学报（教育科学版）》2012 年第 6 期。

赵苏

～高贵生：《阴阳五行学说是祖国医学理论的心脏》，《山西医学杂志》1961 年第 2 期。

赵素贞

～段威：《中国家畜生理研究的领路人——记现代家畜生理学家韩正康教授》，《中国科技财富》2011 年第 19 期。

赵天恩（山东省皮肤病性病防治研究所）

《读永垂青史之作：〈中国皮肤科学史〉》，《中国麻风皮肤病杂志》2015 年第 8 期。

马振友、张建中～：《齐鲁西医及皮肤性病学传播者聂会东》，《中国麻风皮肤病杂志》2014 年第 6 期。

马聂聂～张建中等：《中国典籍中"麻风"病名之嬗变》，《中国麻风皮肤病杂志》2013 年第 7 期。

马聂聂～张建中等：《中国典籍中"麻风"一词的演变与典故》，《中国科技术语》2013 年第 5 期。

《中国古代麻风史概述》，《中国麻风皮肤病杂志》2011 年第 1 期。

《怀念著名皮肤性病专家郭子英教授》，《中国麻风皮肤病杂志》2004 年第 2 期。

《沉痛悼念何达埙教授》，《中国麻风皮肤病杂志》2000 年第 3 期。

《怀念著名皮肤性病学专家尤家骏教授》，《中国麻风皮肤病杂志》1999 年第 4 期。

赵天英（甘肃省博物馆）

《甘肃新见瓜州县博物馆藏西夏藏文药方考》，《中国藏学》2016 年第 2 期。

赵廷全（山东师范大学）

《论进步运动时期美国食品安全法的制定》，山东师范大学硕士学位论文 2014 年。

赵同刚（中国卫生监督协会/中国卫生部）

～何昌龄等：《卫生行政执法机关建立健全防控渎职侵权工作机制的思考》，《中国卫生法制》2012 年第 4 期。

～何昌龄等：《卫生系统渎职侵权案件发生情况分析》，《中国卫生法制》2012 年第 3 期。

～房军等：《我国化妆品法制化监管的思考与建议》，《中国卫生法制》2012 年第 1 期。

～房军等：《我国化妆品法制化监管的回顾》，《中国卫生法制》2011 年第 6 期。

《对新西兰乳制品监管现状的法律思考》，《中国卫生法制》2011 年第 5 期。

～李家慧等：《关于第十八届世界医学法学大会的考察报告》，《中国卫生法制》2011 年第 1 期。

《〈乳品安全国家标准〉解读》，《中国乳业》2010 年第 6 期。

李章国……何翔～郝模：《三年建设前后我国卫生监督人员学历教育和培训情况比较分析》，《中国卫生监督杂志》2009 年第 1 期。

《卫生法治的回顾与思考》，《中国卫生法制》2009 年第 1 期。

～陈永祥等：《澳大利亚食品卫生考察报告》，《中国卫生监督杂志》2005 年第 2 期。

～陈锐等：《日本、澳大利亚食品、化妆品管理情况简介与体会》，《中国卫生法制》2000 年第 6 期。

赵欣(西安外国语大学)

《从福柯疯癫理论角度解读〈藻海无边〉中女主人公的疯癫》,西安外国语大学硕士学位论文 2017 年。

《〈藻海无边〉中女主人公疯癫的福柯式解读》,《青年文学家》2017 年第 26 期。

赵心华(上海中医药大学)

徐勤磊……国琪～鲍计章:《探析〈内经〉之"卫气内伐"》,《上海中医药杂志》2018 年第 10 期。

徐勤磊……丁勇～焦颖等:《再论〈黄帝内经〉"阳气者,精则养神,柔则养筋"》,《中国中医基础医学杂志》2018 年第 7 期。

赵永康～:《〈黄帝内经〉中山水文化隐喻探究》,《复旦国际关系评论》2018 年第 2 期。

徐勤磊……周国琪～鲍计章:《探析〈内经〉之"卫气内伐"》,《上海中医药杂志》2018 年第 1 期。

～鲍计章:《民国时期对〈黄帝内经〉研究成就概览》,《中医文献杂志》2017 年第 6 期。

张永康～:《近代中医药期刊中有关天癸的研究述评》,《中医药文化》2017 年第 5 期。

焦文～:《近代中医药期刊中有关妊娠脉的研究钩玄》,《中医药文化》2017 年第 1 期。

～李海峰等:《〈黄帝内经〉与〈希波克拉底文集〉哲学思想比对研究》,《中国中医基础医学杂志》2016 年第 10 期。

～鲍计章等《:从〈黄帝内经〉探析李东垣"阴火"理论》,《中医杂志》2016 年第 11 期。

李海峰、陈正～:《国家、社会与文化对医学理论形成的影响》,《中国中医基础医学杂志》2014 年第 3 期。

薛辉～胡玉萍:《〈黄帝内经〉运气七篇发病观探微》,《中华中医药学刊》2014 年第 1 期。

李海峰、陈正～:《〈内经〉多维度多层面立体化体质论的建构分析》,《江苏中医药》2013 年第 12 期。

李海峰、陈正～:《〈内经〉多层次的体质辨别系统》,《中国中医基础医学杂志》2013 年第 7 期。

周国琪、李海峰～马凤岐:《浅析陆懋修对〈内经〉运气病证研究的贡献》,《中国中医基础医学杂志》2012 年第 6 期。

～鲍计章等《:〈内经〉中的古历法学探微》,《中医药文化》2012 年第 2 期。

～王庆其等:《河洛理数与〈黄帝内经〉》,《南京中医药大学学报(社会科学版)》2011 年第 4 期。

～鲍计章等:《回顾十年来对秦汉时期辨证方法的研究》,《中医文献杂志》2009 年第 1 期。

周国琪……王丽慧～:《凌耀星对〈内经〉〈难经〉研究的贡献》,《上海中医药大学学报》2008 年第 5 期。

赵鑫珊(上海社会科学院)

《文学与精神病学》,《文艺评论》1986 年第 2 期。

《处在"强迫状态"中的科学家、艺术家和哲学家——精神病学与创造心理学》,《医学与哲学》1984 年第 10 期。

赵星星(扬州大学)

《〈医学衷中参西录〉食疗思想研究》,扬州大学硕士学位论文 2013 年。

～陈忠明:《再议"食无定味,适口者珍"》,《四川烹饪高等专科学校学报》2013 年第 3 期。

赵新宇(南开大学)

《希波克拉底"体液"论哲学观念及其对古典幽默概念的影响》,《天津大学学报(社会科学版)》

2011 年第 4 期。

赵秀荣(中国人民大学)

《19 世纪英国泰斯赫斯特私立疯人院》,《中华读书报》2019 年 1 月 2 日 019 版。

《近代早期英国人对疾病及健康的理解》,《中华读书报》2018 年 1 月 17 日 019 版。

《英国社会对"自杀"对认知》,《经济社会史评论》2017 年第 3 期。

《近代欧洲医疗道德思想的来源》,《经济社会史评论》2015 年第 3 期。

《英国约克静修所的道德疗法初探》,《史学理论研究》2015 年第 2 期。

《17—19 世纪英国关于疯人院立法的探究》,《世界历史》2013 年第 5 期。

《19 世纪英国私立疯人院繁荣原因初探》,《首都师范大学学报(社会科学版)》2012 年第 4 期。

《约翰·亨特对英国外科医学发展的贡献》,《中华医史杂志》2011 年第 5 期。

《近代英国医院兴起的社会影响初探》,《首都师范大学学报(社会科学版)》2010 年第 3 期。

《近代英国医疗行业中利益追求与人道追求的并存》,《学海》2009 年第 4 期。

《论近代英国自愿捐助医院兴起的原因》,《史学集刊》2009 年第 4 期。

《近现代英国政府的医疗立法及其影响》,《世界历史》2008 年第 6 期。

《英美医疗史研究综述》,《史学月刊》2007 年第 6 期。

《近代英国医疗行业中利益追求与人道主义的冲突》,《中国社会科学院院报》2006 年 11 月 7 日 003 版。

赵旭东(中国人民大学)

～付来友:《"象征之桥":独龙族宗教信仰及其在现代医学影响下的转变》,《北方民族大学学报(哲学社会科学版)》2014 年第 1 期。

赵璇(华中师范大学)

《赤脚医生:历史与制度主义的视角》,华中师范大学硕士学位论文 2011 年。

赵璇(兰州大学)

王建新～:《交流空间多元化对医患互动促进作用探析》,《青海师范大学学报(哲学社会科学版)》2017 年第 3 期。

《医患间两种叙事模式互动与调适机制研究——基于银川 X 医院的田野调查》,《北方民族大学学报(哲学社会科学版)》2017 年第 2 期。

王建新～:《疾痛叙事中的话语策略与人格维护——基于病患主位的医学人类学研究》,《西北师大学报(社会科学版)》2016 年第 4 期。

《医学人类学视域下的医患关系研究》,兰州大学硕士学位论文 2016 年。

赵勋皋

《从内经来看祖国医学的预防思想》,《江苏中医》1958 年第 9 期。

赵雅度(北京市神经外科研究所)

《我国神经外科发展简史》,《中华外科杂志》2015 年第 1 期。

《忆尊师——赵以成教授》,《中华神经外科杂志》2008 年第 2 期。

《20 世纪 50、60 年代津京两地神经外科创业概况》,《中国现代神经疾病杂志》2008 年第 2 期。

赵艳(北京中医药大学/山东中医药大学)

许遵贤～:《〈幼科心法要诀〉中"凉膈散"治疗儿科病刍议》,《中医药导报》2019 年第 17 期。

李柳骥～:《中医古籍中干燥综合征相类病症探析》,《中医药导报》2019 年第 16 期。

李柳骥~:《阳痿病古代医案用药分析》,《中医学报》2019 年第 9 期。

李柳骥~:《遗精病古代医案用药研究》,《贵阳中医学院学报》2019 年第 5 期。

寿松亭~:《隋唐时期中医儿科学术发展概况》,《中医药导报》2018 年第 17 期。

寿松亭~:《魏晋南北朝时期中医儿科学术发展概况》,《中医儿科杂志》2018 年第 3 期。

寿松亭~:《宋以前中医小儿外治法发展概述》,《中医文献杂志》2018 年第 2 期。

郑越~:《张子和针灸应用浅析》,《中医文献杂志》2017 年第 1 期。

《新中国成立后 30 年(1949—1977)中医儿科学发展概述》,《中医儿科杂志》2016 年第 5 期。

《新中国成立后(1949—1977)中医儿科临床医学发展概述》,《中医儿科杂志》2016 年第 3 期。

宋佳、孙晓光~汤巧玲等:《"玄府气液论"在刘完素学术思想教学中的重要性》,《中医药管理杂志》2016 年第 8 期。

《1977 年以来中医儿科学学科发展概述》,《中医儿科杂志》2016 年第 2 期。

《近 35 年中医儿科临床医学研究进展》,《中医儿科杂志》2016 年第 1 期。

《近三十五年中医儿科基础理论研究进展》,《中国中医基础医学杂志》2015 年第 10 期。

《国医大师方和谦生平及治学特点简述》,《北京中医药》2015 年第 10 期。

《民国时期中医儿科学发展概况》,《西部中医药》2015 年第 10 期。

《一代大师,冠冕当代——纪念任应秋先生百年诞辰》,《西部中医药》2015 年第 8 期。

《民国时期中医儿科学发展探讨》,《中国中医基础医学杂志》2015 年第 7 期。

《解颅证治源流探析》,《安徽中医药大学学报》2015 年第 6 期。

《1977 年以来中医儿科学学术发展概述》,《广州中医药大学学报》2015 年第 2 期。

《儿科大师王伯岳传略》,《长春中医药大学学报》2014 年第 6 期。

《隋唐时期重要针灸文献述评》,《中医文献杂志》2014 年第 5 期。

~朱建平等:《基于考古发掘报告的中医药起源相关文献研究》,《中医杂志》2014 年第 16 期。

《明代方剂组方原则的发展》,《中华中医药杂志》2014 年第 7 期。

宋佳~:《明代医学教育纵横谈》,《中医研究》2014 年第 6 期。

《论明代方剂的煎服法》,《陕西中医学院学报》2014 年第 4 期。

《明代方剂配伍中的君臣佐使原则》,《中医文献杂志》2014 年第 3 期。

《明代方剂配伍中的药性原则》,《中医文献杂志》2014 年第 1 期。

《明代方剂用量用法与剂型研究》,《安徽中医药大学学报》2014 年第 1 期。

《明代的方剂分类》,《中医杂志》2013 年第 17 期。

《明代方剂剂型及制备工艺发展探析》,《江苏中医药》2013 年第 11 期。

《明代内服膏剂与酒剂探究》,《北京中医药》2013 年第 10 期。

《明代方剂组方配伍理论的新发展》,《世界中西医结合杂志》2013 年第 6 期。

《明代方剂配伍中的综合原则》,《中医文献杂志》2013 年第 5 期。

宋佳~傅延龄:《明代中医学发展的社会文化背景概述》,《安徽中医学院学报》2013 年第 5 期。

《清代名医费伯雄家系及生平事略考》,《中国中医基础医学杂志》2012 年第 8 期。

~庄虔东:《孙思邈的针灸学说及其学术贡献》,《世界中西医结合杂志》2012 年第 6 期。

~庄乾竹:《医术高明的清代尚书余文仪》,《中医药文化》2012 年第 5 期。

孙晓光~彭越:《叶氏卫气营血理论与对仲景学说的继承和发展》,《世界中西医结合杂志》2012 年第 5 期。

《民国时期北平中药讲习所教材述评》,《中医文献杂志》2012 年第 4 期。

～朱建平:《孟河名医费伯雄传略》,《南京中医药大学学报(社会科学版)》2012 年第 2 期。

《浅议中医疾病文献研究——以痄腮病文献研究为例》,《中医文献杂志》2012 年第 2 期。

《费伯雄生平考》,《西部中医药》2012 年第 2 期。

吴云海～李柳骥:《古医籍对痄腮病原学的认识》,《贵阳中医学院学报》2012 年第 1 期。

～朱建平:《浅谈费伯雄的医德与治学态度》,《中医杂志》2011 年第 13 期。

～于华芸:《吴有性治疫方探析》,《辽宁中医药大学学报》2011 年第 8 期。

～李柳骥:《基于古今文献的痄腮病方药规律分析》,《陕西中医药大学学报》2011 年第 4 期。

～朱建平:《费伯雄临证及治方特色》,《世界中西医结合杂志》2011 年第 4 期。

谷建军～:《试论金元医学的文化多样性》,《江苏中医药》2011 年第 4 期。

谷建军～:《〈卫生宝鉴〉误治案评析》,《陕西中医学院学报》2011 年第 3 期。

～庄乾竹等:《明代方剂命名规律初探》,《世界中西医结合杂志》2011 年第 3 期。

《费伯雄先生年谱》,《中医文献杂志》2011 年第 2 期。

《薛己论治痄腮特色浅析》,《陕西中医学院学报》2011 年第 2 期。

～庄乾竹:《明代阴阳五行组方原则探讨》,《世界中西医结合杂志》2011 年第 1 期。

～朱建平:《明代中药归经与方剂归经》,《中医杂志》2010 年第 6 期。

～朱建平:《明代方剂学的新发展》,《中华中医药杂志》2010 年第 6 期。

～庄乾竹:《流行性腮腺炎史》,《世界中西医结合杂志》2010 年第 3 期。

《社会环境对明代方剂学发展的影响》,《世界中西医结合杂志》2009 年第 10 期。

庄乾竹～库宇:《古代消渴病学术史研究》,《世界中西医结合杂志》2009 年第 9 期。

于华芸、季旭明～:《白薇临床应用历史沿革探源》,《中华中医药学刊》2009 年第 9 期。

《痄腮病源流考析》,《中华医史杂志》2004 年第 4 期。

《痄腮病的文献研究》,山东中医药大学硕士学位论文 2003 年。

王春燕～:《试论阴阳自和的中医稳态理论》,《山东中医药大学学报》2003 年第 2 期。

～王春艳:《永嘉医派的学术思想探析》,《实用中医内科杂志》2002 年第 4 期。

～郭君双:《南宋医家陈文中儿科特色》,《中医文献杂志》2001 年第 4 期。

赵燕(山西省人民医院)

～于学仁:《〈神农本草经〉养生观探讨》,《山西职工医学院学报》2006 年第 3 期。

赵彦(同济大学)

《"北支派遣(甲)第一八五五部队"编成新考》,《抗日战争》2019 年第 1 期。

赵砚洪

《"赤脚医生"的兴衰》,《武汉文史资料》2013 年第 9 期。

赵延坤(山东中医学院)

～张成博:《明代儿科的发展及成就》,《山东中医学院学报》1996 年第 4 期。

《明代医家万全对温病学的贡献》,《山东中医学院学报》1992 年第 2 期。

赵延垒(防化指挥工程学院)

～沈庭云:《1943 年秋日军发动鲁西细菌战述评》,《军事历史》2009 年第 6 期。

赵彦龙(宁夏大学)

～杨绮:《西夏医药档案整理与研究》,《宁夏师范学院学报》2013 年第 4 期。

赵延庆(山东社会科学院)

《日军在山东的细菌战和毒气战》,《军事历史》1995 年第 6 期。

赵艳平(长春中医药大学)

《伪满时期中医学术发展状况研究——基于〈医林〉杂志的分析》,长春中医药大学硕士学位论文 2014 年。

李磊～:《伪满时期中医的生存状况与抗争》,《中华医史杂志》2013 年第 6 期。

赵岩泉

《中医外科在历史上进步之沿革考》,《山西医学杂志》1953 年第 84 期。

赵言山(伊犁师范大学)

《跨学科视域下的金庸小说中的疯狂形象研究》,伊犁师范大学硕士学位论文 2019 年。

赵阳(中国中医科学院/中国中医研究院广安门医院)

《方剂分类的历史研究》,中国中医科学院硕士学位论文 2009 年。

～伍昱等:《略论寒疫源流》,《中国中医基础医学杂志》2003 年第 12 期。

赵毅(上海中医药大学)

王聪～安光辉等:《推拿功法少林内功之考述》,《中医药文化》2018 年第 3 期。

郑娟娟～:《推拿著作〈福幼手法仙诀〉考略》,《中医文献杂志》2018 年第 1 期。

《推拿名家丁季峰与法的创立——纪念丁季峰先生诞辰一百周年》,《中医药文化》2014 年第 6 期。

王晓宇～:《〈外科症治全生〉版本体系研究》,《中医文献杂志》2012 年第 5 期。

《按摩科"隆庆之变"的历史教训及反思》,《上海中医药大学学报》2007 年第 5 期。

李强～:《日本现存中日按摩古籍网络调查的初步结果》,《中医文献杂志》2006 年第 1 期。

《〈引书〉推拿手法评述》,《按摩与导引》2002 年第 3 期。

严振～金卫东:《论〈一指定禅〉对推拿治痧的探索》,《按摩与导引》2002 年第 1 期。

邓玉海～:《女推拿学家马君淑》,《按摩与导引》2000 年第 6 期。

赵以成(天津医学院)

《中国神经外科发展的简单经过》,《中华神经外科杂志》2013 年第 3 期。

赵奕钧(武汉大学)

《中国特色的全民医疗保障体系研究——基于公民健康权的视角》,武汉大学博士学位论文 2014 年。

邓大松～:《我国全民医保的构建逻辑与发展路径》,《求索》2013 年第 12 期。

邓大松～:《全民医保的路径选择》,《理论学习》2013 年第 4 期。

邓大松～:《美国医疗保险模式对我国医疗保险制度的启示》,《上海经济》2013 年 Z1 期。

邓大松～ :《全民医保的实现途径》,《光明日报》2013 年 12 月 4 日 012 版。

《中国特色社会医疗保险立法的路径选择》,《学习月刊》2012 年第 12 期。

《博弈论视角下的农民工医疗保险问题研究》,《求索》2012 年第 7 期。

邓大松～:《全民医保与公共卫生服务体系》,《湖南社会科学》2012 年第 6 期。

赵意空

～杨伯城:《解剖病理史载之考据》,《山西医学杂志》1923 年第 15 期。

赵益业(山东中医学院)

《文化观念和思维模式对中医学术的影响》,《医学与哲学》1995 年第 9 期。

赵义造（福建中医学院）

《美国针灸浅探》,《针灸临床杂志》2005 年第 6 期。

赵颖（山东中医药大学）

《中医皮肤科学术流派研究》,山东中医药大学硕士学位论文 2009 年。

～黎立等:《朱仁康学术思想初探》,《辽宁中医药大学学报》2009 年第 11 期。

～王振国:《古代文化意识形态对中医学术流派形成的影响》,《河南中医》2009 年第 6 期。

赵莹（中国人民大学）

～郭林:《荷德法三国医疗保障筹资改革》,《中国社会保障》2014 年第 10 期。

～仇雨临:《英俄印三国"全民免费医疗"比较》,《中国社会保障》2014 年第 5 期。

赵瑛璞（吉林大学）

《试析〈东方杂志〉关于医学卫生的报道与评论(1904—1937)》,吉林大学硕士学位论文 2013 年。

赵英日（广州中医药大学）

《儒学思想对朝鲜半岛医学的影响研究》,广州中医药大学博士学位论文 2009 年。

赵莹莹（北京中医药大学）

《我国中成药与美国植物药、日本汉方药在非处方药管理方面的比较研究》,北京中医药大学硕士学位论文 2017 年。

赵永龄（云南省流行病防治研究所）

～杨晓东:《云南鼠疫自然疫源地分布的探讨》,《云南医药》1983 年第 2 期。

赵永生（南阳市张仲景医院）

《〈伤寒例〉当为〈伤寒论〉概论析》,《河南中医》2000 年第 5 期。

赵永生（山东大学）

～曾雯等:《磨沟墓地古代居民头骨的形态学分析》,《人类学学报》2016 年第 2 期。

曾雯、潘其风～朱泓:《纱帽山滇文化墓地颅骨的人类学特征》,《人类学学报》2014 年第 2 期。

～曾雯等:《甘肃临潭磨沟墓地人骨的牙齿健康状况》,《人类学学报》2014 年第 4 期。

曾雯～:《山东地区古代居民体质特征演变初探》,《东南文化》2013 年第 4 期。

赵永耀

《劳动人民创作中医学》,《南昌日报》1974 年 12 月 14 日。

赵永智

《抗日战争中的陆军军医学校》,《文史天地》2010 年第 7 期。

赵有臣（辽宁省中医研究院/辽宁中医学院）

《王好古生卒年及生平略考》,《医古文知识》1993 年第 4 期。

《〈徐之范墓志铭〉之出土带来对"徐王"的新见识》,《医古文知识》1993 年第 2 期。

《古医籍"篡"字考释》,《医古文知识》1992 年第 4 期。

《朝鲜王朝名医许浚及其撰书〈东医宝鉴〉考述》,《辽宁中医杂志》1992 年第 4 期。

《清末名医费伯雄生卒年考》,《上海中医药杂志》1985 年第 7 期。

《明代名医吴琨的生平事迹汇考》,《中医函授通讯》1984 年第 4 期。

《〈五十二病方〉中"隋"字的考释》,《文物》1981 年第 3 期。

《论历代以来对脑的认识及其与五脏论的关系》,《辽宁中医》1979 年第 5 期。

《介绍张仲景的"五脏论"》,《江苏中医》1963 年第 5 期。

《〈伤寒论〉与〈金匮要略〉之版本及其内容沿革探讨》，《辽宁医学杂志》1960 年第 9 期。

赵友琴（上海中医药大学）

《释"井"》，《中医药文化》2006 年第 4 期。

《大疫困曹兼论防疫药物》，《医古文知识》2004 年第 4 期。

《诸葛亮的过劳和曹操的养生》，《医古文知识》1996 年第 1 期。

《中国宫中卫生保健监督网》，《医古文知识》1995 年第 3 期。

《中国宫廷的饮食卫生》，《医古文知识》1994 年第 3 期。

《雷允上墓志铭及其它》，《中成药》1992 年第 5 期。

傅维康～：《纪念上海中医学院医史博物馆成立五十周年（1938—1988）》，《上海中医药杂志》1989 年第 4 期。

《魏晋南北朝时期的中外医学交流》，《山东中医学院学报》1988 年第 4 期。

《宋代药铺》，《中成药研究》1987 年第 7 期。

《流沙坠简中敦煌医方简初探》，《上海中医药杂志》1986 年第 11 期。

高忠樑、贾福华～：《惊风病名考》，《上海中医药杂志》1986 年第 3 期。

《〈华佗神医秘传〉质疑》，《山东中医学院学报》1984 年第 4 期。

《对"阳常有余、阴常不足"论的一种解释》，《山东中医学院学报》1980 年第 3 期。

赵羽（滨州学院）

～李宗鲁：《"杜诗疗病"论》，《赤峰学院学报（汉文哲学社会科学版）》2012 年第 9 期。

李宗鲁～：《"杜诗疗疟"考》，《重庆科技学院学报（社会科学版）》2012 年第 4 期。

赵瑜

《祖国医籍中有关神经病学的记载》，《中华神经精神科杂志》1958 年第 2 期。

赵燏黄

《唐慎微及其著作"证类本草"》，《中药通报》1958 年第 2 期。

《清代医药家卢之颐及其著作》，《上海中医药杂志》1957 年第 7 期。

《神农本草经三品异同考》，《新中医药》1957 年第 5 期。

叶橘泉～：《有关避孕药"薰草零陵香"的考征》，《江苏中医》1957 年第 3 期。

《雷公炮炙论的提要和雷敩传略》，《上海中医药杂志》1957 年第 1 期。

《中国历代本草简介》，《上海中医药杂志》1956 年第 7 期。

《本草纲目的版本》，《药学通报》1955 年第 8 期。

～米景森：《回顾历代本草沿革概况与研究国产生药的意见》，《医药学》1951 年第 6 期。

《历代本草沿革史论》，《社会医报》1933 年第 184 期。

赵宇明（内蒙古蒙医学院附属医院/内蒙古哲里木盟科左中旗糖厂职工医院/内蒙古中蒙医研究所）

《〈四部医典〉在蒙古地区的流传》，《中国民族民间医药杂志》2003 年第 6 期。

～列斯日右冷：《蒙医学的概要》，《中国民族民间医药杂志》1996 年第 2 期。

～刘海波等：《〈居延汉简甲乙编〉中医药史料》，《中华医史杂志》1994 年第 3 期。

～刘玉书：《从一枚元代医学教授印谈起》，《内蒙古中医药》1992 年第 4 期。

赵玉青

《祖国晋代伟大的针灸学家——皇甫谧》，《中医杂志》1955 年第 3 期。

～孔淑贞：《祖国的医学大师——扁鹊》，《健康报》1954 年 8 月 27 日。

～孔淑贞：《中古的医圣扁鹊——秦越人》，《中华医史杂志》1954 年第 3 期。

赵雨婷（北京大学）

《一位女传教士医生的中国医院纪事——读〈医史集成〉》，《医疗社会史研究》2017 年第 1 期。

赵元（防灾科技学院）

～马立智：《清末东北鼠疫与习俗改良初探》，《农业考古》2015 年第 1 期。

～田艳天：《清末东北三省鼠疫与民间应对述论》，《农业考古》2014 年第 4 期。

赵越（山西大学）

《中医药谱效关系的研究》，山西大学硕士学位论文 2014 年。

赵月芳（凯里学院）

《明清以来清水江流域苗族巫医文化研究》，《凯里学院学报》2016 年第 4 期。

赵云芳（河南中医学院）

～臧海洋：《〈金匮要略〉虚劳病篇脉象探析》，《四川中医》2009 年第 1 期。

臧海洋～：《〈伤寒论〉黄连汤中桂枝配伍探析》，《陕西中医学院学报》2008 年第 1 期。

张立赞～：《由"病痰饮者，当以温药和之"论仲景治痰饮》，《甘肃中医》2007 年第 9 期。

臧海洋～牛保生：《浅谈〈伤寒论〉之"防微杜渐"思想》，《云南中医中药杂志》2007 年第 8 期。

臧海洋～：《〈伤寒论〉第 64 条辨析》，《吉林中医药》2007 年第 7 期。

臧海洋～：《〈金匮要略〉首篇探析》，《贵阳中医学院学报》2007 年第 6 期。

～耿宏伟：《浅析〈金匮要略〉论治中风病》，《四川中医》2007 年第 5 期。

～耿宏伟：《张仲景辨治口渴述要》，《四川中医》2005 年第 9 期。

～刘景超：《张仲景治疗糖尿病学术思想初探》，《四川中医》2003 年第 2 期。

耿宏伟～：《〈金匮要略〉辨治咳喘十一法简析》，《中医药学刊》2001 年第 4 期。

刘景超～：《刘完素"六气化火"析》，《河南中医药学刊》2001 年第 4 期。

《〈金匮要略〉论治腹痛述要》，《中医药学刊》2001 年第 2 期。

《〈金匮〉食疗与疾病之初探》，《河南中医》1997 年第 6 期。

《〈金匮要略〉养生思想初探》，《河南中医药学刊》1997 年第 2 期。

《〈金匮要略〉论治呕吐述要》，《中医函授通讯》1997 年第 1 期。

～耿宏伟等：《谈〈金匮〉天人相应观》，《河南中医药学刊》1994 年第 2 期。

赵云燕（广州市中医院）

陈俊良～：《金元四大家论治痞满特点浅析》，《湖北中医》2018 年第 5 期。

～郭信：《浅谈张锡纯脾胃学术思想及遣方用药特色》，《湖北中医杂志》2008 年第 8 期。

赵增凯

《英国公共卫生事业发展中的新现象》，《国外医学（卫生经济分册）》1992 年第 1 期。

赵振国（长春中医学院）

《易之于医 宁有二哉——简论〈周易〉对〈黄帝内经〉的影响》，《医古文知识》1993 年第 3 期。

《李时珍亦工于训诂兼议〈本草纲目·释名〉》，《医古文知识》1990 年第 4 期。

《略谈所以在〈内经〉中的应用》，《中医杂志》1982 年第 9 期。

赵振军（广东医学院附属石龙博爱医院）

～江祖德等：《药食同源与传统中药食品化探究》，《食品安全导刊》2015 年第 6 期。

赵争（上海大学）

《从出土文献看早期经脉学说》，《医疗社会史研究》2016 年第 2 期。

李雯～：《从成都老官山汉墓医简看早期经脉理论》，《中国针灸》2016 年第 12 期。

《古书成书与古书年代学问题探研——以出土古脉书〈足臂十一脉灸经〉和〈阴阳十一脉灸经〉为中心》，《中国典籍与文化》2016 年第 1 期。

李雯～：《张家山汉简古医书研究综述》，《中医文献杂志》2015 年第 4 期。

《马王堆汉墓古脉书研究综述》，《中医文献杂志》2014 年第 4 期。

赵正山（福建省中医药研究所／福建省中医研究所）

《〈本草纲目拾遗〉纪年初考》，《福建中医药》1986 年第 6 期。

《谈"疬"——地域病名考证》，《福建中医药》1984 年第 4 期。

《鳖血制柴胡考》，《中药材科技》1983 年第 1 期。

《"白花蛇舌草"简考》，《福建中医药》1982 年第 1 期。

《宋慈和他的〈洗冤集录〉》，《福建中医药》1981 年第 1 期。

《陈修园二事考证》，《福建医药杂志》1980 年第 6 期。

赵正韬（四川师范大学）

《宋代医疗与社会——以〈夷坚志〉为中心的考察》，四川师范大学硕士学位论文 2014 年。

赵正孝（湖南中医药大学／湖南中医学院）

～彭坚等：《从外风论治中风病的历史考察及其思考》，《医学与哲学（人文社会医学版）》2009 年第 9 期。

《〈金匮要略〉中风病从内风治疗思想浅探》，《湖南中医学院学报》2003 年第 2 期。

《中医中风病的诊治思想及源流研究》，湖南中医学院硕士学位论文 2003 年。

赵志国（河北医科大学）

～王俊月等：《腰椎间盘突出症的最早中医记载之我见》，《中国民间疗法》2006 年第 8 期。

招知生

《挑痧括痧来历之考据》，《神州医药学报》1924 年第 2 期。

赵忠敏

《中医药书籍中所载预防传染病方法》，《健康报》1953 年 1 月 15 日。

赵中亭（甘肃中医药大学／甘肃中医学院）

邢家铭、严兴科～刘安国等：《敦煌遗书中灸法研究与应用》，《中国中医药信息杂志》2016 年第 8 期。

赵耀东……刘强～李侠：《〈针灸甲乙经〉论治肾风理论研究》，《甘肃中医药大学学报》2016 年第 5 期。

赵耀东、韩豆瑛～：《〈针灸甲乙经〉论治消瘅的文献研究》，《上海针灸杂志》2014 年第 8 期。

王峰～：《〈针灸甲乙经〉在针灸史上的重要地位》，《山东中医药大学学报》2010 年第 5 期。

《论"热证忌灸"与"热证可灸"的文献研究》，《河南中医学院学报》2009 年第 4 期。

赵中振（香港浸会大学／中国中医科学院／中国中医研究院）

《东瀛访书记》，《中华医史杂志》2019 年第 4 期。

魏辉……赵软金～马寿椿等：《中药在海外发展方向》，《中医药导报》2019 年第 1、2 期。

～葛伟韬等：《功在千秋当一歌——纪念李时珍诞辰五百周年》，《中国中医药报》2018 年 6 月 1 日

005 版。

《沧海遗珠——被遗忘的中医药博物馆》,《中华医史杂志》2018 年第 1 期。

《一个人,一本书,一把艾草,一座桥梁——纪念李时珍 500 周年诞辰》,《中医杂志》2018 年第 11 期。

《香江中药后来人——香港中药高等教育的回顾与展望》,《中国中西医结合杂志》2017 年第 6 期。

～梅全喜等:《李时珍的生卒时间存疑再考——写于纪念李时珍诞辰 500 周年之前》,《时珍国医国药》2017 年第 1 期。

吴孟华～曹晖:《唐宋外来药物的输入与中药化》,《中国中药杂志》2016 年第 21 期。

《本草文化根深茂 天佑中华有岐黄——写于李时珍诞辰 498 周年之际》,《中国中医药报》2016 年 7 月 22 日 008 版。

～赵凯存等:《伦敦自然历史博物馆珍藏古代中药考》,《中国中药杂志》2015 年第 24 期。

邬家林～:《谈地方本草与地方志中药的研究与开发利用》,《中药材》2013 年第 3 期。

～姜志宏:《香港中医药的发展及桥梁作用》,《现代中药研究与实践》2004 年第 6 期。

《〈本草纲目〉中所引本草著作简介》,《中药材》1986 年第 1 期。

赵卓然(山东师范大学)

《〈和平的保卫者〉中的医学与有机体论》,《文化研究》2017 年第 4 期。

赵子琴

《论王清任医林改错》,《杏林医学》1935 年。

赵梓行(湘潭大学)

《均等化视角下印度医疗服务体系管理研究》,湘潭大学硕士学位论文 2018 年。

赵子云

《神医张栋梁》,《江苏地方志》2002 年第 2 期。

赵宗诚

《阿维森纳著作中的营养问题》,《医学史与保健组织》1957 年第 2 期。

赵宗辽(陕西中医药大学/陕西中医学院)

《阴阳平衡是中医把握疾病的思维核心》,《中医药导报》2015 年第 12 期。

《中医药教育改革的思考》,《陕西中医学院学报》2015 年第 3 期。

《论中国传统文化与中医药文化》,《中医药导报》2014 年第 2 期。

《"三素一汤"就医模式对中医基础地位的影响》,《中医药导报》2013 年第 2 期。

《浅议中医人对疾病防治的思维》,《中医药管理杂志》2008 年第 10 期。

赵宗普(江苏省中医学会医史研究会/南通市中医院)

《芝兰之交 山高水远——国医大师朱良春先生与医史学家傅维康教授的君子情谊》,《中医药文化》2011 年第 5 期。

《南通近代医学史上值得一提的几位域外扁鹊》,《中国社会医学》1991 年第 6 期。

～苏侗志等:《张謇与南通早期医学教育》,《山东医科大学学报(社会科学版)》1989 年第 4 期。

赵宗群(北京医科大学)

～赵宗慈:《我国水灾发生对传染病发病率及死亡率的影响及对策》,《中国减灾》1997 年第 4 期。

赵宗阳(上海大学)

～张倩:《古代巴比伦的医学社会史研究——评马卡姆·盖勒著〈古代巴比伦医学:理论与实践〉》,

《医疗社会史研究》2018年第2期。

浙江省档案馆

《民国浙江省政府卫生处开放档案介绍》,《浙江档案》1989年第5期。

甄橙（北京大学/北京医科大学）

《经典永恒：纪念卡氏巨著〈医学史〉中文译者程之范教授》,《生物学通报》2019年第12期。

胡云天～:《医道与博爱——韩国全州耶稣医院博物馆参观记》,《中国医学人文》2019年第11期。

高迪思～:《百年前的奥斯勒始终在与我们对话》,《健康报》2019年10月25日005版。

谷晓阳～李乃适:《真假糖尿病：从胡适的糖尿病说起》,《中国糖尿病杂志》2019年第5期。

李晏锋～纪立农:《重组人胰岛素的奠基人：赫伯特·伯耶》,《中国糖尿病杂志》2019年第5期。

王茜雅、李晏锋～:《拥有良好睡眠享受健康生活》,《中国卫生人才》2019年第5期。

郭海涛～:《医学人看〈我不是药神〉》,《中国医学人文》2019年第4期。

陈帅锋～:《守护健康之躯 防范毒品之害》,《中国卫生人才》2019年第4期。

胡云天～:《举手之劳健康常伴——全球洗手日》,《中国卫生人才》2019年第2期。

胡云天～:《爱护眼睛享有看见的权利》,《中国卫生人才》2018年第12期。

胡云天～:《世界预防自杀日：预防自杀 拯救生命》,《中国卫生人才》2018年第11期。

王茜雅～:《全民健身日：健身同行健康常伴》,《中国卫生人才》2018年第10期。

李晏锋～:《基因泰克重组人胰岛素技术开发历程及启示》,《医学与哲学（B）》2018年第9期。

王茜雅～:《守护健康：写在世界家庭医生日》,《中国卫生人才》2018年第6期。

王鑫～:《美国Hatch-Waxman法案的缺陷与完善研究》,《中国新药杂志》2018年第6期。

《著名医史学家、〈中华医史杂志〉前总编辑程之范教授逝世》,《中华医史杂志》2018年第5期。

《程之范医学年谱》,《中华医史杂志》2018年第5期。

《献身医史学者之范——怀念中国著名医史学家程之范教授》,《中国科技史杂志》2018年第4期。

薛晓～:《胰岛素昏迷疗法在中国的应用（1930年代—1960年代）》,《医学与哲学（B）》2018年第4期。

王鑫、刘晓中～:《美国医药产业百年发展历程》,《生物学通报》2018年第3期。

李志芳～:《西医语境下的脑卒中——从医学科学到大众生活》,《自然辩证法通讯》2018年第3期。

《三访美国纽约洛克菲勒档案中心》,《中国医学人文》2018年第2期。

《齐心协力创造没有麻风的世界》,《中国卫生人才》2018年第2期。

～丹溪:《保护听力留住美妙声音》,《中国卫生人才》2017年第12期。

～丹溪:《保护眼睛守住光明》,《中国卫生人才》2017年第11期。

李晓农～:《人工辅助生殖技术简史回顾》,《生物学通报》2017年第10期。

刘赫铮～:《从谈癌色变到从容面对》,《中国卫生人才》2017年第10期。

王鑫～:《回忆美国Hatch-Waxman法案制定过程中的博弈》,《中国卫生人才》2017年第9期。

张齐～:《神技妙理——器官移植的实现》,《中国卫生人才》2017年第7期。

张齐～:《阴霾中的曙光——与癌症争夺生命》,《中国卫生人才》2017年第6期。

李志芳～:《中西医学对中风病名的探讨》,《医学争鸣》2017年第5期。

薛晓～:《胰岛素传奇的风波》,《中国卫生人才》2017年第5期。

张齐～:《攻克斑疹伤寒和黄热病》,《中国卫生人才》2017年第4期。

方可～:《战俘营里的医学巨匠》,《中国医学人才》2017 年第 3 期。

张齐～:《对抗疟疾——四次诺奖的荣耀》,《中国卫生人才》2017 年第 2 期。

张齐～:《天然武器——奇妙的免疫力》,《中国卫生人才》2017 年第 1 期。

谷晓阳～:《是化合物还是药物——结晶胰岛素与胰岛素历史渊源初探》,《自然辩证法通讯》2017 年第 1 期。

王鑫～:《美国 Hatch-Waxman 法案研究》,《东岳论丛》2017 年第 1 期。

张齐～:《神奇疗法:光线治疗和饮食治疗》,《中国卫生人才》2016 年第 12 期。

李志芳～:《托马斯·威利斯及其神经解剖学研究》,《中国卫生人才》2016 年第 11 期。

张齐～:《亲疏有道——揭秘血型》,《中国卫生人才》2016 年第 10 期。

张齐～:《巾帼不让须眉记放射免疫分析法发明者雅洛》,《中国卫生人才》2016 年第 9 期。

李志芳～:《维普夫与维普夫奖》,《中国卫生人才》2016 年第 8 期。

王鑫～:《美国药品监管法规百年历程及对中国的启示》,《中国新药杂志》2016 年第 8 期。

张齐～:《艾滋病病毒的发现》,《中国卫生人才》2016 年第 7 期。

张齐～:《众病之王的真相——癌症的迷与惑》,《中国卫生人才》2016 年第 6 期。

杨亚瑞～:《民国时期学校卫生工作研究》,《医学与哲学(A)》2016 年第 6 期。

张齐～:《神奇的导弹疗法:单克隆抗体》,《中国卫生人才》2016 年第 5 期。

张齐～:《白喉血清的发现者贝林》,《中国卫生人才》2016 年第 3 期。

谷晓阳～纪立农:《走出孤岛:医患共同对抗糖尿病社会成见》,《中国糖尿病杂志》2016 年第 3 期。

张齐～:《探索微观世界的大师》,《中国卫生人才》2016 年第 2 期。

谷晓阳～:《不要美颜要射线》,《中国卫生人才》2016 年第 1 期。

《健康中国的历史进程》,《中国医学人文评论》2016 年 00 期。

谷晓阳～:《从多尿到糖尿:糖尿病命名的历史》,《生物学通报》2015 年第 12 期。

方可～:《孤岛破解脚气病——维生素 B_1 的发现》,《中国卫生人才》2015 年第 12 期。

～胡俊:《纪念中国整形外科专家张涤生院士》,《生物学通报》2015 年第 11 期。

方可～:《战俘营里的医学巨匠》,《中国卫生人才》2015 年第 11 期。

《西方医学之父——希波克拉底》,《中国医学人文》2015 年第 10 期。

方可～:《用几何光学揭示视觉规律——"提灯先生"的传奇》,《中国卫生人才》2015 年第 10 期。

方可～:《由音符到乐章——神经系统整合作用的研究》,《中国卫生人才》2015 年第 9 期。

方可～:《当物理学遇上生物学——视觉研究与三原色理论》,《中国卫生人才》2015 年第 8 期。

方可～:《"简单"与"复杂"之争——神经元学说的创立》,《中国卫生人才》2015 年第 6 期。

《提灯女神》,《中国医学人文》2015 年第 5 期。

杨亚瑞～:《穿越火线,只为照顾你》,《中国卫生人才》2015 年第 5 期。

谷晓阳～:《甜蜜与苦涩——写给关注糖尿病的人》,《中国卫生人才》2015 年第 4 期。

杨亚瑞～:《细菌猎手——定靶病原体》,《中国卫生人才》2015 年第 3 期。

谷晓阳～:《医学名词音与意的社会文化阐释——以 Insulin 译名演变为例》,《中国科技翻译》2015 年第 3 期。

谷晓阳～:《产科医生塞麦尔维斯的故事》,《中国卫生人才》2015 年第 2 期。

杨亚瑞～:《从理发外科到科学外科——记外科学的崛起》,《中国卫生人才》2015 年第 1 期。

谷晓阳~:《协和医院医务社会工作的当代启示》,《中国医院管理》2014 年第 12 期。

谷晓阳~:《凝视生命之爱——叩诊与听诊》,《中国卫生人才》2014 年第 12 期。

杨亚瑞~:《精细测量的实验医学》,《中国卫生人才》2014 年第 11 期。

谷晓阳~:《神奇的 1543》,《中国卫生人才》2014 年第 10 期。

杨亚瑞~:《中世纪的"希波克拉底之国"——萨勒诺医学校》,《中国卫生人才》2014 年第 9 期。

谷晓阳~:《芝麻开门:阿拉伯医学》,《中国卫生人才》2014 年第 8 期。

杨亚瑞~:《古罗马的医学权威——盖伦》,《中国卫生人才》2014 年第 7 期。

Ida Pruitt、谷晓阳~刘继同:《北平协和医院社会服务部 1927—1929 年度报告》,《社会福利(理论版)》2014 年第 5 期。

谷晓阳~:《寻找希波克拉底》,《中国卫生人才》2014 年第 5 期。

杨亚瑞~:《医学回溯四千年》,《中国卫生人才》2014 年第 3 期。

刘赫铮~:《霍奇斯和中国早期放射学》,《中国科技史杂志》2014 年第 2 期。

谷晓阳~:《〈北平协和医院社会服务部年度报告:1927—1929〉解读》,《中华医史杂志》2014 年第 2 期。

谷晓阳~:《蛇杖传奇》,《中国卫生人才》2014 年第 1 期。

《让沉睡的档案重新复活访访美国洛克菲勒档案中心》,《中国卫生人》2013 年第 11 期。

张骞~:《反光镜下的中国医学史——卡氏〈医学史〉第 7 章"远东的医学"翻译心得》,《中华医史杂志》2013 年第 4 期。

张骞~:《医师行业组织医德规范比较研究——以〈医师条诫〉和〈医德守则〉为例》,《医学与哲学(A)》2013 年第 1 期。

《让麻风病人远离歧视》,《医药与保健》2013 年第 2 期。

张骞~:《中华医学会视角:民国时期医师职业精神追溯》,《健康报》2012 年 12 月 21 日 006 版。

张齐~:《从"王贝事件"看医学学会组织的职能》,《医学与哲学(A)》2012 年第 8 期。

《程之范教授与北京医科大学医史教研室》,《中华医史杂志》2011 年第 6 期。

胡俊~李东:《韦伯斯特与中国整形外科的蕴育》,《中华整形外科杂志》2011 年第 3 期。

胡俊~:《"大跃进"期间抢救钢铁工人邱财康——张涤生访谈》,《中国科技史杂志》2011 年第 2 期。

《世界医学博物馆巡览(五)青霉素发现者的实验室——弗莱明博物馆》,《中华医学信息导报》2010 年第 11 期。

《世界医学博物馆巡览(四)牛痘发明者的乡间小屋——记真纳博物馆》,《中华医学信息导报》2010 年第 9 期。

李丹溪~:《强化免疫国际行动》,《大众健康》2010 年第 9 期。

李丹溪~:《麻疹:从肆虐到驯服》,《大众健康》2010 年第 9 期。

李丹溪~:《牛痘发明者贞纳的多彩人生》,《中华医史杂志》2010 年第 3 期。

唐文娟~:《协和护校公共卫生护士与北平市第一卫生事务所》,《中国科技史杂志》2010 年第 1 期。

唐文娟~:《北平第一卫生区事务所的公共卫生护士》,《健康报》2010 年 1 月 8 日 006 版。

《浓缩医学的记忆——新中国医学发展足迹》,《中华医学信息导报》2009 年第 19、20 期。

魏祎玲~:《宗教改革前基督教与护理发展的关系探讨》,《医学与哲学(人文社会医学版)》2009 年第 2 期。

《回顾历史认识流感》,《基础医学与临床》2009 年第 1 期。

～魏祎玲:《从〈中华医史杂志〉看中国的西方医学史研究》,《中华医史杂志》2008 年第 1 期。

《微生物学的辉煌年代——19 世纪的细菌学》,《生物学通报》2007 年第 9 期。

陈雪洁～:《19 世纪西方医学对精神疾病诊治的影响》,《医学与哲学(人文社会医学版)》2007 年第 2 期。

朱晋炜～张大庆:《中国古代对出生缺陷的认知及态度》,《医学与哲学(人文社会医学版)》2006 年第 5 期。

《美国传教士与中国早期的西医护理学(1880—1930 年)》,《自然科学史研究》2006 年第 4 期。

《英国医学博物馆考察记》,《中华医史杂志》2006 年第 2 期。

《第 11 届国际东亚科学、技术与医学史会议纪要》,《自然科学史研究》2006 年第 1 期。

《器官病理学的产生及哲学思考》,《医学与哲学(人文社会医学版)》2005 年第 21 期。

朱晋炜～张大庆:《中国近代出生缺陷史料研究》,《中国生育健康杂志》2005 年第 6 期。

《18 世纪西医学对疾病的认识》,《中华医史杂志》2005 年第 4 期。

～何丽华:《纪念职业病学家拉马齐尼逝世 290 周年》,《工业卫生与职业病》2004 年第 6 期。

《从 SARS 流行谈人类对肺炎的认识史》,《北京大学学报(医学版)》2003 年 Z1 期。

《疫苗:传染病流行的狙击手》,《中华医学信息导报》2003 年第 10 期。

《肺炎大纪事》,《中华医学信息导报》2003 年第 9 期。

～程之范:《由 SARS 流行回顾 20 世纪 50 年代北京传染病防治》,《中华医史杂志》2003 年第 3 期。

《18 世纪中西医学比较研究的重要性》,《中医药学刊》2003 年第 1 期。

《人体试验在中国》,《中国中医基础医学杂志》2002 年第 2 期。

《十八世纪中西医学比较研究》,北京大学博士学位论文 2001 年。

～张大庆等:《程之范教授的学术思想与治学为人》,《中华医史杂志》2001 年第 4 期。

《18 世纪西医的临床医学》,《中华医史杂志》2001 年第 3 期。

张前进～:《肾炎的历史》,《中华医史杂志》2001 年第 1 期。

《20 世纪早期对甲状腺的认识》,《中华医史杂志》2001 年第 1 期。

《1949 年张家口地区鼠疫防治工作》,《中华医史杂志》2000 年第 1 期。

《颅相学及其发明者》,《中华医史杂志》2000 年第 3 期。

《最初有关脑垂体的一些认识》,《中华医史杂志》2000 年第 2 期。

～程之范:《与新中国一起诞生的医学杂志——〈新医学报〉》,《中华医史杂志》2000 年第 1 期。

《记 80 年前流感大流行》,《中华医史杂志》1998 年第 4 期。

《公共卫生学家什坦帕尔与中国的农村卫生》,《中华医史杂志》1997 年第 2 期。

《谁是使用乙醚麻醉的第一人》,《中华医史杂志》1997 年第 1 期。

《胆石症的历史》,《中华医史杂志》1995 年第 3 期。

《膀胱阴道瘘治疗小史》,《中华医史杂志》1994 年第 4 期。

《子宫脱垂治疗小史》,《中华医史杂志》1994 年第 3 期。

《剖腹产术小史》,《中华医史杂志》1994 年第 2 期。

振嘉

《医学史在苏联》,《医学史与保健组织》1958 年第 2 期。

《我国妇产科简史》,《中医杂志》1956 年第 4 期。

甄尽忠(郑州航空工业管理学院)

《近 30 年来中国古代疫病流行及社会应对机制研究综述》,《商丘师范学院学报》2010 年第 8 期。

甄蕾(南京师范大学)

《夏娃另类的女儿们——西方文学中"疯女人"形象群体之研究》,南京师范大学硕士学位论文 2007 年。

《显性的相合 隐性的迥异——中西文学中"疯女人"形象之比较研究》,《广西大学学报(哲学社会科学版)》2006 年第 4 期。

真柳诚(茨城大学/黑龙江中医药大学)

~撰,梁永宣译:《追慕任应秋先生》,《中华医史杂志》2015 年第 4 期。

~梁永宣等:《〈金匮要略〉的成书与现存版本问题》,《中华医史杂志》2009 年第 6 期。

~郭秀梅:《中日韩越古医籍数据的比较研究》,《中国科技史杂志》2010 年第 3 期。

《中医典籍的日本化》,《环球中医药》2008 年第 1 期。

《〈产经〉妊娠图研究》,王淑民、罗维前主编《形象中医——中医历史图像研究》(北京:人民卫生出版社 2007 年)。

~金世玉:《汉字文化圈接纳中医学的史学倾向(摘要)》,《中华医史杂志》2006 年第 2 期。

~郭秀梅:《日本汉医学权威矢数道明》,《中华医史杂志》2003 年第 2 期。

~梁永宣:《日本江户时期传入的中国医书及其和刻》,《中国科技史料》2002 年第 3 期。

郭秀梅……酒井静~:《清代医事旅日史钩沉》,《中华医史杂志》1999 年第 2 期。

~王铁策:《日本内阁文库收藏的中国散佚古医籍》,《中华医史杂志》1998 年第 2 期。

甄崴(华中师范大学)

《合作医疗:集体经济下的医疗实践》,华中师范大学硕士学位论文 2013 年。

甄雪燕(北京中医药大学/华中科技大学)

《"法证先锋"宋慈》,《中国卫生人才》2019 年第 8 期。

《医药中的歌赋韵律》,《中国卫生人才》2019 年第 6 期。

《治疫先锋——吴有性》,《中国卫生人才》2019 年第 4 期。

《中药药名趣谈》,《中国卫生人才》2019 年第 2 期。

《蒲松龄〈日用俗字·疾病章〉医学知识说解》,《中医药文化》2019 年第 1 期。

《古代的医疗器具》,《中国卫生人才》2018 年第 12 期。

《古代卫生谈》,《中国卫生人才》2018 年第 10 期。

《儿科圣手——万全》,《中国卫生人才》2018 年第 8 期。

~赵歆:《从〈中医教育讨论集〉看民国中医教育合法化的艰难历程》,《医学与哲学》2018 年第 7 期。

《金元四大家——刘完素》,《中国卫生人才》2018 年第 6 期。

刘英华~农汉才:《瓜州博物馆藏西夏遗址所出藏文医书残片新正》,《中华医史杂志》2018 年第 5 期。

《医界革新者——王清任》,《中国卫生人才》2018 年第 4 期。

~赵歆:《清初医界国手——张璐》,《中国卫生人才》2018 年第 2 期。

~赵歆:《明代外科大医——陈实功》,《中国卫生人才》2017 年第 12 期。

《香药传奇》,《中国卫生人才》2017 年第 10 期。

～邹慧琴:《魏晋服石之风》,《中国卫生人才》2017 年第 8 期。

～邹慧琴:《国礼——"针灸铜人"》,《中国卫生人才》2017 年第 6 期。

～邹慧琴:《御制"中医教材"——〈医宗金鉴〉》,《中国卫生人才》2017 年第 4 期。

～梁永宣:《一代"药仙"李时珍》,《中国卫生人才》2017 年第 2 期。

《民国〈中医教育讨论集〉探析》,《中医教育》2017 年第 1 期。

～梁永宣:《明代医学宗师——王肯堂》,《中国卫生人才》2016 年第 12 期。

～梁永宣:《新安医学"温补派"创始人——汪机》,《中国卫生人才》2016 年第 10 期。

～梁永宣:《流失海外的宫廷彩绘药图》,《中国卫生人才》2016 年第 8 期。

～梁永宣:《日本的国宝级中医古籍》,《中国卫生人才》2016 年第 6 期。

～梁永宣:《儒、道、佛与中医学》,《中国卫生人才》2016 年第 4 期。

～梁永宣:《中国古代的"医院"》,《中国卫生人才》2016 年第 2 期。

～梁永宣:《最早的病因学专著——〈诸病源候论〉》,《中国卫生人才》2015 年第 12 期。

～梁永宣:《世界上最早的医书出版社——校正医书局》,《中国卫生人才》2015 年第 10 期。

～梁永宣:《中医文献整理大师——王焘》,《中国卫生人才》2015 年第 8 期。

～梁永宣:《人工免疫的先驱——人痘接种术》,《中国卫生人才》2015 年第 6 期。

～梁永宣:《世界上最早的官方药局——熟药所》,《中国卫生人才》2015 年第 4 期。

～梁永宣:《"悬吊复位法"的创立》,《中国卫生人才》2015 年第 2 期。

陈媞颖……邹欣馨～:《〈大清一统志〉所载"割股疗亲"现象的医学根源探析》,《中国中医药现代远程教育》2014 年第 24 期。

～梁永宣:《妇科的"大全良方"》,《中国卫生人才》2014 年第 12 期。

～梁永宣:《外科"鬼遗方"》,《中国卫生人才》2014 年第 10 期。

～王利敏等:《钱乙与〈小儿药证直诀〉》,《中国卫生人才》2014 年第 8 期。

～王利敏等:《皇甫谧与〈针灸甲乙经〉》,《中国卫生人才》2014 年第 6 期。

～王利敏等:《"山中宰相"陶弘景》,《中国卫生人才》2014 年第 4 期。

《明末"以人补人"用药风气兴衰的研究》,《中华医史杂志》2004 年第 1 期。

～梁永宣的:《古代医生的习医之路》,《中国卫生人才》2013 年第 12 期。

～王利敏等:《衣袖里的秘密——〈肘后救卒方〉》,《中国卫生人才》2013 年第 10 期。

～王利敏等:《舌诊开山之作〈敖氏伤寒金镜录〉》,《中国卫生人才》2013 年第 9 期。

～王利敏:《〈岭南丛述〉所载医学资料探析》,《光明中医》2013 年第 9 期。

～王利敏等:《华佗与麻沸散》,《中国卫生人才》2013 年第 8 期。

～王利敏等:《"医圣"张仲景》,《中国卫生人才》2013 年第 7 期。

～王利敏等:《古代医药行业的招牌——阴阳鱼、葫芦与串铃》,《中国卫生人才》2013 年第 5 期。

《〈光绪顺天府志〉医学资料探微》,《北京中医药》2013 年第 5 期。

～王利敏等:《淳于意与最早的医案——"诊籍"》,《中国卫生人才》2013 年第 4 期。

～王利敏等:《伊尹创汤液》,《中国卫生人才》2013 年第 3 期。

～王利敏等:《中医诊断学的鼻祖——扁鹊》,《中国卫生人才》2013 年第 1 期。

～梁永宣:《马王堆汉墓中的医学资料》,《中国卫生人才》2012 年第 12 期。

～梁永宣：《最早的医学文字档案——甲骨文》，《中国卫生人才》2012 年第 10 期。

～梁永宣：《黄帝构建中医理论的始祖》，《中国卫生人才》2012 年第 9 期。

～梁永宣：《神农探索中药宝藏的先驱》，《中国卫生人才》2012 年第 8 期。

～梁永宣：《伏羲制九针》，《中国卫生人才》2012 年第 7 期。

～耿敏：《古代中西方护理学发展史比较》，《中华现代护理杂志》2011 年第 35 期。

～耿敏：《古代中西方护理学发展史比较》，《中华现代护理杂志》2011 年第 17 期。

～卢祖洵：《民国时期传染病流行的社会因素分析》，《医学与社会》2011 年第 12 期。

《近百年中国传染病流行的主要社会因素研究》，华中科技大学博士学位论文 2011 年。

《简述民国时期社会团体在防疫工作中的作用》，《光明中医》2011 年第 5 期。

《医学史教学方法探析》，《甘肃中医》2011 年第 1 期。

《〈续名医类案〉导读》，《世界中西医结合杂志》2010 年第 12 期。

《〈续名医类案〉述要》，《北京中医药》2010 年第 12 期。

《谈中西医学史对比教学中的几个关键问题》，《中国高等医学教育》2010 年第 7 期。

《浅谈中国医学史教学体会》，《中国中医药现代远程教育》2009 年第 9 期。

《明末"以人补人"用药风气兴衰的研究》，《中华医史杂志》2004 年第 1 期。

《历代秋石来源小考》，《中药材》2003 年 Z1 期。

～郑金生：《吸毒石及其传入考》，《中国药学杂志》2003 年第 7 期。

～郑金生：《石振铎〈本草补〉研究》，《中华医史杂志》2002 年第 4 期。

《保心石小考》，《中华医史杂志》2002 年第 3 期。

甄艳（中国中医科学院/中国中医研究院）

成莉～：《论古代医家对"药"与"食"概念的认知》，《中国中医基础医学杂志》2019 年第 7 期。

～蔡景峰：《珠联璧合 光辉巨著：纪念〈中国医史〉作者、近代著名医史学家伍连德 140 周年、王吉民 130 周年诞辰》，《中华医史杂志》2019 年第 6 期。

～蔡景峰：《伍连德与嘉里逊》，《中华医史杂志》2019 年第 6 期。

刘英华……范习加～：《7 世纪入蕃汉医名实考》，《西藏研究》2019 年第 5 期。

刘英华～银巴：《敦煌古藏文医算卷"人神"喇（bla）禁忌研究》，《西北民族大学学报（哲学社会科学版）》2019 年第 5 期。

～蔡景峰：《关于藏医学挂图（曼唐）第 80 幅出处问题的探讨》，《中国中西医结合杂志》2018 年第 7 期。

闫慧茜～：《蒙医教育发展史略（1947—1977）》，《中华医史杂志》2017 年第 2 期。

刘英华～：《敦煌藏医写卷译释（下）——方书内容研究》，《中华医史杂志》2016 年第 4 期。

～刘英华：《敦煌藏医写卷译释（上）——脉诊内容研究》，《中华医史杂志》2016 年第 3 期。

成莉～詹志来等：《两面针药用部位的古代文献研究》，《中医文献杂志》2015 年第 6 期。

《蔡景峰先生与中国民族医学史研究》，《中华医史杂志》2014 年第 6 期。

～胡颖翀：《对民族医药古籍目录编纂的探讨》，《中华医史杂志》2013 年第 4 期。

《对藏医古籍文献目录编制的几点思考》，《青藏高原论坛》2013 年第 2 期。

～胡颖翀：《现代民族医药大事记》，《中华医史杂志》2012 年第 4 期。

～蔡景峰：《再论藏医"冲甘恰"为脉诊的部位名称》，《中国藏学》2006 年第 2 期。

～蔡景峰：《藏医脉诊"冲、甘、恰"实质的探讨》，《西藏研究》2006 年第 1 期。

《中藏医脉学关系刍议》，《中华医史杂志》2005 年第 1 期。

～蔡景峰：《藏医药概论》，《西藏研究》2002 年第 2 期。

《藏医起源浅析》，《中国民族医药杂志》2001 年第 2 期。

《论中医与藏医脉诊的异同》，《中华医史杂志》2000 年第 4 期。

甄志亚（北京中医药大学/北京中医学院）

《60 年来中国近代医史研究》，《中华医史杂志》1996 年第 4 期。

《中国近代早期中、西医学比较研究》，《北京中医药大学学报》1995 年第 6 期。

《试论中国近代医学的文化背景、特点与趋势》，《中华医史杂志》1995 年第 1 期。

《关于我国医史学研究目的和任务的回顾与探索》，《中华医史杂志》1991 年第 2 期。

～盛亦如等：《"辩证论治"体系形成过程中的方法论问题浅析》，《医学与哲学》1987 年第 10 期。

甄仲（天津中医学院）

～秦玉龙：《〈医方集解〉对祖国医学的贡献》，《吉林中医药》2003 年第 7 期。

～秦玉龙：《〈本草备要〉对中医药学的贡献》，《湖北中医杂志》2003 年第 7 期。

～秦玉龙：《汪昂对〈黄帝内经〉研究的贡献》，《江西中医学院学报》2003 年第 2 期。

《博观约取 经世致用——汪昂学术思想研究》，天津中医学院硕士学位论文 2003 年。

郑邦柱

《建国十年来卡介苗接种工作的成就》，《中国防痨》1959 年第 5 期。

张侃……穆魁津～辛育龄等：《十年来我国结核病防治工作的成就》，《中国防痨》1959 年第 4 期。

郑保章（大连理工大学）

～赵毅：《"王林事件"披露过程中微博作用分析》，《西部学刊》2014 年第 2 期。

～周文杰：《网络时代的全球化传播与我国应对突发公共卫生事件的策略》，《社会科学家》2003 年第 6 期。

～程佳琳：《突发事件中政府与传媒的作用探析——由 SARS 危机看政府与传媒的互动》，《现代传播》2003 年第 6 期。

《突发公共卫生事件的报道》，《当代传播》2003 年第 5 期。

郑炳林（兰州大学）

《唐五代敦煌医学酿酒建筑业中的粟特人》，《西北第二民族学院学报（哲学社会科学版）》1999 年第 4 期。

～高伟：《从敦煌文书看唐五代敦煌地区的医事状况》，《西北民族学院学报（哲学社会科学版·汉文）》1997 年第 1 期。

《唐五代敦煌的医事研究》，载郑炳林主编《敦煌归义军史专题研究》（兰州：兰州大学出版社 1997 年）。

～党新玲：《唐代敦煌僧医考》，《敦煌学》第 20 辑（1995）。

郑炳生（浙江中医学院）

《英国的社区卫生服务与全科医生》，《浙江中医学院学报》2001 年第 2 期。

郑博文（河南大学）

《马尔萨斯视角下黑死病对欧洲经济的影响——以英国为例》，河南大学硕士学位论文 2006 年。

《科学发展观下的中医现代化》，《中华中医药学刊》2009年第7期。

《论〈圣济总录〉脑者物有所受命》，《浙江中医药大学学报》2008年第4期。

～胡臻：《两次中医存废之争的比较研究》，《中华中医药学刊》2008年第2期。

～王艳等：《玄府理论的建立与发展》，《中华医史杂志》2005年第4期。

～洪在炅：《张子和学术思想研究考略》，《中医药学刊》2002年第2期。

郑洪（浙江中医药大学/广州中医药大学）

朱德明～吴小明等：《中医教育近现代化先驱——利济医学堂》，《中国中医药现代远程教育》2019年第21期。

吴小明～朱德明：《如何在中国医学史教学中体现浙派中医特色》，《中国中医药现代远程教育》2019年第9期。

王妍允～朱德明等：《三大药堂药目所见清代杭州成药业经营特色》，《中华医史杂志》2019年第5期。

黄风景……柴瑞义～：《卢之颐〈本草乘雅半偈〉释药思维探析》，《中华医史杂志》2019年第3期。

金丽～：《吴瑞甫〈卫生学讲义〉科学与人文健康理念评析》，《江西中医药大学学报》2019年第5期。

《"浙八味"小考》，《中药材》2019年第3期。

《"作为方法"的民国中医史——对〈百年中医史〉民国卷编撰的思考》，《中医药文化》2019年第2期。

《医乡药库，川派流芳——评〈川派中医药源流与发展〉》，《中医文献杂志》2019年第1期。

《不同的向度——中医史研究的内与外》，《齐鲁学刊》2018年第5期。

《晚清民国西医"御医"屈永秋生平考略》，《中华医史杂志》2018年第3期。

梁万山～：《〈蠢子医〉病因学说与养生启示初探》，《中国中医基础医学杂志》2018年第2期。

梁万山～：《浅述岭南医家苏世屏〈伤寒论原文真义〉学术思想》，《环球中医药》2017年第11期。

《小者小异，大者大异——论地域中医流派的分化与拓展》，《中医杂志》2017年第9期。

张孙彪～：《民国时期中医图书馆事业论述》，《国家图书馆学刊》2017年第6期。

《刺血成书副墨庄——重校〈医碥〉有感兼论何梦瑶之性、情、才》，《中医药文化》2017年第6期。

《"瘴气"观念的变迁及其对古代岭南生活意识的影响》，《广西社会科学》2017年第6期。

《出土汉代三国导引俑研究简述》，《中医药文化》2017年第4期。

金丽～：《陆子贤"斑为阳明热毒，疹为太阴风热"评析》，《中国中医基础医学杂志》2017年第4期。

《五行五脏身体观的建构、应用及其文化诠释》，《文化研究》2017年第4期。

舒海涛～：《岭南医家苏世屏〈金匮要略原文真义〉学术特点初探》，《中医文献杂志》2017年第2期。

《新中国成立初期广东中医药专科学校的变迁》，《中华医史杂志》2017年第2期。

《道教〈修真图〉版本系统及流传情况》，《宗教学研究》2017年第2期。

陈李～：《元大德〈南海志〉残本的中医药文化元素考察》，《南京中医药大学学报（社会科学版）》2017年第1期。

《地域环境对中医学术流派发展的影响》，《中医药文化》2017年第1期。

罗惠馨～：《岭南医家黄霄鹏〈贻令堂医学三书〉学术思想研究》，《中医文献杂志》2017年第1期。

陈李、梁万山～：《岭南伤寒名家苏世屏的中医教育事略》，《中华医史杂志》2016年第5期。

《近代香港东华医院中医事业的变迁》,《中华医史杂志》2016 年第 3 期。

邹荣～:《明代瘴病内虚病机理论及其对岭南医学的影响》,《广州中医药大学学报》2016 年第 2 期。

范登脉～曾亮等:《〈灵枢·通天〉体质貌词疏补》,《北京中医药大学学报》2015 年第 7 期。

《抗战时期的中央国医馆》,《中医药文化》2015 年第 6 期。

《岭南医药与岭南文化》,《中医药文化》2015 年第 5 期。

金丽～:《中医地域医学视野下的岭南与闽南医学》,《广州总医药大学学报》2015 年第 3 期。

《危机与生机:民国时期中医发展新评》,《中华医史杂志》2015 年第 3 期。

～陆金国:《中医文献遇劫难》,《中国中医药报》2015 年 10 月 28 日 008 版。

～陆金国:《李约瑟与战时中医药科研》,《中国中医药报》2015 年 10 月 16 日 008 版。

～陆金国:《抗战药业有兴衰》,《中国中医药报》2015 年 9 月 30 日 008 版。

～陆金国:《中医药人地下抗战》,《中国中医药报》2015 年 9 月 25 日 008 版。

～陆金国:《境外中医助抗战》,《中国中医药报》2015 年 9 月 24 日 008 版。

～陆金国:《边区军民发扬中医药防病治病好传统》,《中国中医药报》2015 年 9 月 18 日 008 版。

～陆金国:《中医抗击细菌战》,《中国中医药报》2015 年 8 月 31 日 008 版。

《五代南汉的宫廷医药文化》,《中医药文化》2015 年第 2 期。

范登脉、邓欣祺～曾亮等:《〈黄帝内经〉从十二原辨识健康状态理论述要》,《中华中医药杂志》2015 年第 2 期。

罗倩～:《彭泽民医学手札探析》,《中华医史杂志》2015 年第 1 期。

李涵～修宗昌:《易说岭南》,《中国中医药现代远程教育》2014 年第 14 期。

～罗启盛:《岭南医学的瘴气病因和瘴湿病机理论》,《中医杂志》2014 年第 12 期。

孟永亮～:《中华医学会医史学分会第十四届一次学术年会纪要》,《中华医史杂志》2014 年第 5 期。

～邹荣:《香港回归以前的中医药刊物考察》,《中医文献杂志》2014 年第 4 期。

卢银兰～:《郑全望与〈瘴疟指南〉》,《河南中医》2014 年第 3 期。

《民国时期的广东中医院》,《南京中医药大学学报(社会科学版)》2014 年第 1 期。

张书河、蓝韶清～郑来香:《浅析中医药博物馆的教育功能》,《河南中医》2014 年第 1 期。

《略论古代瘴病文献对岭南医学理论研究的价值》,《广州中医药大学学报》2013 年第 5 期。

～罗倩:《20 世纪香港中医药发展特点》,《中华医史杂志》2013 年第 5 期。

《名分攸关:近代政制中的中西医称谓之争》,《中国社会历史评论》2012 年 00 期。

《民国时期针灸医生执业管理的实施及其影响》,《中国针灸》2012 年第 8 期。

～廖春红:《〈增补食物本草备考〉版本及作者考》,《中华医史杂志》2012 年第 6 期。

廖春红～:《何克谏〈增补食物本草备考〉的岭南食疗特色》,《广州中医药大学学报》2012 年第 4 期。

《北宋后期科举殿试中的〈黄帝内经〉试题》,《中医文献杂志》2012 年第 3 期。

李珂～蓝韶清等:《广州中医药大学博物馆医史馆基本陈列释义》,《广州中医药大学学报》2012 年第 3 期。

李珂～刘子志:《殷商甲骨卦辞记载疾病治法考述》,《上海中医药杂志》2011 年第 8 期。

～李华明:《民国广州中医执业考试的实施及其影响》,《中华医史杂志》2011 年第 5 期。

李珂、李华明～:《王羲之书法名帖〈治头眩方〉与晋唐时期中医药》,《广州中医药大学学报》2011

《李东垣对〈内经〉"肠澼下血"的理论阐发及其临床应用》,《中医药导报》2017年第24期。

～张君:《浙江医经学派对〈黄帝内经〉学术传承的贡献》,《中国中医药报》2017年12月6日004版。

《〈内经〉虚实病机述要》,《中国中医药报》2017年9月15日004版。

《〈黄帝内经〉虚实病机述要》,《中华中医药杂志》2017年第9期。

《〈黄帝内经〉呕吐哕病证探讨》,《中华中医药杂志》2015年第7期。

～水楠楠:《〈内经〉胀病理论探讨》,《浙江中医药大学学报》2014年第12期。

钟海平、裘伟国～:《刘纯与〈医经小学〉》,《浙江中医杂志》2012年第8期。

《试论〈内经〉体质发病观》,《浙江中医药大学学报》2012年第8期。

《〈内经〉脾主四时理论探讨》,《浙江中医药大学学报》2009年第1期。

《日本汉方医学的盛衰消长及其对中医理论发展的启示》,《中医教育》2005年第2期。

《中医形神观源流与内涵》,《浙江中医学院学报》2004年第1期。

～陈咸:《中医学对日本汉方医学形成与发展的影响》,《浙江中医学院学报》2003年第2期。

～陈咸:《日本汉方医学的几个主要学术特点》,《中医杂志》2003年第1期。

《李东垣阴火解析》,《河南中医药学刊》2001年第3期。

《心肾相交的理论渊源》,《中医函授通讯》1999年第1期。

～张光霁:《中医病因古今演变的研究》,《浙江中医学院学报》1998年第1、5期;1999年第1、6期。

《略述〈望诊遵经〉对内经理论的继承发挥》,《浙江中医学院学报》1987年第3期。

《〈素问·脉要精微论〉的诊断学意义》,《浙江中医学院学报》1986年第1期。

郑红娥(中国农业大学)

～武晋等:《风险社会背景下农村突发性事件的风险叙事:暗喻、隐患与应对——以禽流感事件为例》,《南京农业大学学报(社会科学版)》2016年第1期。

～李小云等:《禽流感疫情管理中的问题与挑战:一项基于家禽风险管理的实证研究》,《中国农业大学学报(社会科学版)》2015年第3期。

陈倩雯～:《国内外医患关系研究述评》,《医学与哲学(A)》2014年第3期。

～王伟:《中国乡村基督徒疾病观与就医行为:以山东某村庄为例》,《世界宗教文化》2014年第1期。

～李小云等:《对乡村社会风险管理体系及存在问题的反思——以禽流感的风险应对为例》,《南京农业大学学报(社会科学版)》2010年第4期。

郑红飞(兰州大学)

《清代军队医疗保障制度初探》,《许昌学院学报》2009年第1期。

《清代军队医疗保障制度研究》,兰州大学硕士学位论文2009年。

郑红红(潍坊市文物店)

《北宋官刻雕版医书》,《潍坊学院学报》2003年第5期。

《如何看待文仕通医现象》,《潍坊学院学报》2002年第5期。

郑虎(安徽省皮肤病防治所)

～钮娟娟等:《安徽省1949—2013年儿童新发麻风病病例特征分析》,《安徽预防医学杂志》2014年第3期。

～王强等:《安徽省2000—2009年207例麻风病新发病例流行病学特征分析》,《中华疾病控制杂志》2013 年第 2 期。

郑怀林（陕西省中医药研究院/陕西省中医药研究院）

～郑观州等：《有关新密市的岐黄文化的考察报告》，《中国中医药现代远程教育》2011 年第 23 期。

《医药卫生人类学视野语境中的"岐黄"文化》，《中华医史杂志》2011 年第 3 期。

郑琪、南克俊～：《希波克拉底对肿瘤的认识》，《中华医史杂志》2010 年第 4 期。

《秦统一前后的医事制度》，《中华医史杂志》2009 年第 1 期。

《陕西远古医史探源及发生学研究》，《陕西中医》2008 年第 5 期。

～郑琪：《从〈七发〉看西汉时期生活方式病的文学治疗思想》，《陕西中医学院学报》2008 年第 1 期。

～郑琪：《汉唐医药及其文化的影响》，《现代中医药》2007 年第 6 期。

～洪文旭：《朱建平〈中国医学史研究〉评介》，《中华医史杂志》2005 年第 2 期。

～任娟莉等：《秦王府医事述略》，《现代中医药》2003 年第 5 期。

～辛永洁等：《太白山草药医学述略》，《陕西中医》2001 年第 6 期。

《武之望人体发生学思想初探》，《陕西中医》1997 年第 1 期。

《秦汉时期风俗习尚与医药文化》，《中华医史杂志》1994 年第 2 期。

李经纬～：《中国与东南亚医药交流史略》，《中医杂志》1991 年第 4 期。

刘学锋～：《蒙汉合璧的营养学专著——〈饮膳正要〉》，《陕西中医》1990 年第 8 期。

《陕西中药学的发端》，《西北大学学报（自然科学版）》1989 年第 4 期。

《〈吕氏春秋〉医学篇简述》，《陕西中医函授》1988 年第 5 期。

《孙思邈对国外医方的兼收与应用》，《陕西中医》1987 年第 3 期。

《蒲松龄及其〈伤寒药性赋〉》，《陕西中医》1985 年第 11 期。

《两千年前的一例陕西人病案》，《陕西中医函授》1985 年第 1 期。

苏礼～：《武之望〈疹科类编〉述要》，《陕西中医》1984 年第 7 期。

《秦医史话》，《陕西中医》1980 年第 6 期。

郑惠（安徽大学）

《网络空间医疗纠纷报道的话语权分析——以新浪新闻网为例》，安徽大学硕士学位论文 2016 年。

～张文雅：《医患关系研究综述——从媒体报道的视角》，《新闻研究导刊》2015 年第 15 期。

郑杰文

《中国古代养生观说略》，《文史哲》1992 年第 2 期。

郑进（云南中医药大学/云南中医学院）

王肖飞、杨妮娜～：《傣医对体质的认识、分类和判定标准研究》，《中国民族医药杂志》2019 年第 12 期。

段忠玉、陈普～：《西双版纳跨境民族医疗资源现状调查与思考——以磨憨口岸为例》，《中国民族民间医药》2019 年第 12 期。

段忠玉……蔡忠波～：《傣医文化变迁研究——以云南省孟连县为例》，《亚太传统医药》2019 年第 8 期。

陈蓉……陈清华～：《试论云南民族医药之特性及价值》，《中华中医药杂志》2019 年第 4 期。

周红黎……李媛～：《傣医"风致百病"之风病理论探讨》，《中华中医药杂志》2018 年第 7 期。

李琼超……周红黎～:《再析傣医解食物毒方药规律》,《云南中医中药杂志》2017 年第 8 期。

李琼超～程颖等:《试论傣医特色雅解理论解食物毒内涵》,《云南中医中药杂志》2017 年第 7 期。

段忠玉～:《傣族传统医药研究的回顾和反思》,《医学与社会》2016 年第 8 期。

段忠玉～:《傣族口功摩雅与医患关系的医学人类学分析》,《医学与哲学(A)》2016 年第 8 期。

罗艳秋、徐士奎～:《毕摩在彝族传统医药知识传承中的地位和作用》,《云南中医中药杂志》2015 年第 7 期。

罗艳秋～徐士奎等:《彝族医药历史源流探讨》,《云南中医中药杂志(哲学社会科学版)》2015 年第 1 期。

段忠玉～:《傣医传统口功吹气疗法的医学人类学解读》,《云南民族大学学报(哲学社会科学版)》2015 年第 1 期。

罗艳秋、徐士奎～:《少数民族医药古籍文献分类体系构建研究——对民族医药古籍文献概念及其传统分类方法的解析》,《中医学报》2014 年第 11、12 期。

施剑平、陈清华～:《关于"中医药文化"概念的几点思考》,《光明中医》2013 年第 8 期。

施剑平、王寅～:《中、彝医文化传承的初步比较研究》,《云南中医学院学报》2013 年第 2 期。

施剑平……熊金富～:《〈傣医方剂学〉方歌编～撰及典型实例浅析》,《云南中医学院学报》2013 年第 1 期。

左媛媛、陈普～:《云南怒江傈僳族宗教信仰对其传统医药的影响》,《医学与哲学(A)》2013 年第 1 期。

熊金富～:《中医五神学说与傣医五蕴学说的初步比较》,《中国民族医药杂志》2012 年第 11 期。

唐琭璐、周红黎～:《中医"治未病"理论与傣医"雅解"学说的初步比较研究》,《中华中医药杂志》2012 年第 5 期。

张婷……周红黎～张超:《傣医"神药两解"浅析》,《云南中医学院学报》2011 年第 3 期。

唐琭璐、周红黎～:《傣医"雅解"学说与亚健康防治的探讨》,《中国民族医药杂志》2010 年第 10 期。

牛菲、张闿～周红黎:《傣医与中医"火"概念的比较》,《中国中医基础医学杂志》2010 年第 10 期。

彭干成～:《〈明代彝医书〉治疗外科疾病特点浅析》,《云南中医学院学报》2010 年第 4 期。

庞益富……王志红～:《佤族医药单验方收集和整理研究思路》,《云南中医学院学报》2010 年第 1 期。

牛菲、张闿～:《论四塔五蕴学说与傣医疾病观》,《云南中医学院学报》2009 年第 6 期。

牛菲～胥筱云等:《傣医"心"身理论的初步探讨》,《中国民族医药杂志》2009 年第 10 期。

牛菲、张闿～杨梅等:《探讨傣医四塔五蕴学说中的平衡观》,《医学与哲学(人文社会医学版)》2009 年第 10 期。

赵永刚……牛菲～:《哈尼族医药特点浅析》,《云南中医学院学报》2009 年第 3 期。

周红黎、陈普～:《傣医学对人体生命的认识浅析》,《贵阳中医学院学报》2009 年第 2 期。

周红黎、陈普～肖湘滇:《〈内经〉与〈嘎牙山哈雅〉对于生命本原认识的比较》,《云南中医学院学报》2009 年第 1 期。

～罗艳秋:《云南藏医药的形成及其特色》,《云南中医学院学报》2008 年第 6 期。

周红黎、陈普～:《对傣医学中"心"的认识》,《中国民族医药杂志》2008 年第 10 期。

牛菲、陈普～:《傣医学理论与原始思维的考究》,《中国民族医药杂志》2008 年第 10 期。

周红黎……马军～:《傣医生命观时空特性浅谈》,《云南中医学院学报》2008 年第 2 期。

鲁法庭～杨梅等:《中医与傣医时间医学之比较》,《云南中医学院学报》2008 年第 1 期。

罗艳秋～徐士奎:《对云南民族医药区域研究的战略思考》,《云南中医中药杂志》2007 年第 11 期。

罗艳秋～:《藏医学与印度医学源远流长的关系》,《云南中医学院学报》2007 年第 5 期。

《试论云南中医药与民族医药之关系》,《云南中医学院学报》2007 年第 5 期。

罗艳秋～:《论迪庆藏医学的特点》,《云南中医学院学报》2007 年第 4 期。

李玉娟……杨梅:《宗教文化对藏药的影响》,《云南中医学院学报》2007 年第 3 期。

梁文能～王寅:《纳西先民对药物起源的认识》,《云南中医学院学报》2007 年第 1 期。

《云南民族医药发展概述》,《云南中医学院学报》2006 年 S1 期。

罗艳秋～李玉娟:《在中华民族发展整体性下的云南民族医药》,《云南中医学院学报》2006 年 S1 期。

杨梅～胥筱云等:《中医与傣医之脉诊比较》,《陕西中医学院学报》2006 年第 2 期。

王雪梅、龚谨～:《中傣医学对体质认识异同初探》,《云南中医学院学报》2005 年第 4 期。

龚谨、王雪梅～杨梅:《中傣医文化背景比较》,《云南中医学院学报》2005 年第 3 期。

《对白种人与黄种人中医诊疗差异的认识》,《云南中医学院学报》2001 年第 3 期。

郑金林(莆田学院医学院)

《基督教的生死智慧与临终关怀》,《医学与哲学(人文社会医学版)》2011 年第 2 期。

《医学生人文教育对促进医患关系和谐的内在价值》,《赤峰学院学报(汉文哲学社会科学版)》2010 年第 11 期。

郑金生(中国中医科学院/中国中医研究院)

《马继兴先生的 4 项标志性成果——谨以此文纪念恩师马继兴先生》,《中医文献杂志》2019 年第 6 期。

张志斌～:《关于〈本草纲目〉金陵本缺笔讹字的研究》,《中华医史杂志》2019 年第 3 期。

～张志斌等:《〈本草纲目〉引文溯源的研究》,《中医杂志》2018 年第 11 期。

张志斌～:《国内新现〈本草纲目〉两种金陵版考察》,《中国中医基础医学杂志》2018 年第 8 期。

《评〈敦煌吐鲁番医药文献新辑校〉》,《中华医史杂志》2018 年第 1 期。

张志斌～:《〈本草纲目〉金陵本的常见讹误及订误方法研究》,《北京中医药大学学报》2017 年第 12 期。

梁鹂～赵中振:《何首乌考辨》,《中国中药杂志》2016 年第 23 期。

张志斌～:《〈本草纲目〉整理研究的再思考》,《中医杂志》2016 年第 22 期。

张志斌～于大猛等:《〈本草纲目〉引用书名核准之研究报告》,《北京中医药大学学报》2016 年第 10 期。

张志斌～于大猛等:《关于〈本草纲目〉异体字取舍的研究》,《中国中医基础医学杂志》2016 年第 7 期。

张志斌～:《〈三丰张真人神速万应方〉考》,《中医文献杂志》2012 年第 4 期。

《〈本草纲目〉金陵版重修本——制锦堂本初考》,《中华医史杂志》2014 年第 2 期。

《文树德教授的中国医学研究之路》,《中国科技史杂志》2013 年第 1 期。

～文树德：《谈民间旧抄本医书中的"打胎"》，《中国社会历史评论》2013年00期。

刘悦～：《中药"四气"概念的起源与嬗变》，《世界中西医结合杂志》2011年第4期。

刘悦～：《〈绍兴本草〉对药性的校订》，《中华医史杂志》2011年第1期。

梁永宣～梁嵘：《考古史上首次发现的宋代医学壁画》，《中华医史杂志》2011年第1期。

王宗欣……李鸿涛～：《〈唇舌症候图〉考证》，《国际中医中药杂志》2009年第2期。

苏诺～：《宋代"茶汤"兴衰考辨》，《中医药文化》2009年第1期。

纪征瀚～：《试论中国古代的"痧"》，《上海中医药大学学报》2008年第6期。

～张志斌：《古代朝鲜医学对保存中国古医籍的贡献》，《浙江中医杂志》2008年第3期。

裘俭～：《〈补遗雷公炮制便览〉一书的坎坷经历》，《中医文献杂志》2007年第3期。

马伯英、邝丽诗～：《阿尔卑斯山五千三百年前的冰人身上有针灸起源的证据吗？（英文）》，《亚太传统医药》2006年第2期。

《中药疗效和炮制的外史研究》，《中华医史杂志》2006年第4期。

马继兴～：《国内失传中医善本古籍的抢救回归与发掘研究》，《医学研究通讯》2005年第5期。

～肖永芝：《杏雨书屋〈精绘本草图〉的考察》，《现代中药研究与实践》2005年Z1期。

～杨梅香、白华：《陶弘景对道家、医家用药的区分》，《现代中药研究与实践》2005年Z1期。

马继兴～肖永芝等：《国内失传中医善本古籍的抢救回归与发掘研究》，《中国医药学报》2004年Z1期。

～裘俭：《新浮现〈补遗雷公炮制便览〉研究初报》，《中国药学杂志》2004年第5期。

《〈古代中医妇产科疾病史〉评介》，《中华医史杂志》2004年第1期。

《明代画家本草插图研究》，《新史学》第14卷第4期（2003.12）。

甄雪燕～：《吸毒石及其传入考》，《中国药学杂志》2003年第7期。

《吴仲广及其脉学著作考》，《中华医史杂志》2003年第1期。

白华～：《〈补遗雷公炮制便览〉文字作者考》，《中药材》2003年Z1期。

《银耳（白木耳）小考》，《中药材》2003年Z1期。

甄雪燕～：《石振铎〈本草补〉研究》，《中华医史杂志》2002年第4期。

《蔡西山〈脉经〉考》，《中华医史杂志》2002年第2期。

卢穗万～：《紫草茸名实功效考辨》，《中国中药杂志》2001年第8期。

《王文洁〈太乙仙制本草药性大全〉内容及写作特点浅析》，《时珍国医国药》2001年第2期。

《海外所藏及国内〈联目〉未载之本草古籍述略》，《中华医史杂志》2001年第1期。

《明代女医谈允贤及其医案〈女医杂言〉》，《中华医史杂志》1999年第3期。

《走方医伪药初探》，《中药材》1996年第11期。

《医药文献学家马继兴研究员》，《中国药学杂志》1996年第2期。

《〈天宝单方药园〉考略》，《中华医史杂志》1993年第3期。

"道地药材"的形成与发展》，《中药材》1990年第6、7期。

《中国古代彩绘药图小史》，《浙江中医杂志》1989年第9期。

《宋金元时期南北分裂对医学发展的影响》，《医学与哲学》1989年第2期。

《中药研究应注意了解药物兴衰史》，《中医杂志》1989年第1期。

《宋代政府对医药发展所起的作用》，《中华医史杂志》1988年第4期。

《从唐代底野迦到宋代人工牛黄》，《中成药研究》1982 年第 2 期。

～李建民：《现代中国医学史研究的源流》，《大陆杂志》第 95 卷第 6 期。

《宋代本草史》，《中华医史杂志》1982 年第 4 期。

～马继兴：《神谷本〈绍兴本草〉的初步研究》，《中医杂志》1981 年第 2 期。

《〈唐本草〉以前的本草图》，《中华医史杂志》1980 年第 2 期。

郑俊一（山西医科大学）

《唐与吐蕃医学交流中的汉族僧医》，《医学与哲学（A）》2017 年第 7 期。

《斯科菲尔德与西医在山西省的首次传播》，《中华医史杂志》2017 年第 3 期。

郑兰英（福建中医学院）

《近代中医学校教育述评》，《医学教育》1992 年第 3 期。

郑乐明（南京市医药管理局）

《李时珍与〈本草纲目〉金陵首刻版》，《中国药业》2001 年第 2 期。

《焦易堂与我国第一家现代中成药厂——中国制药厂纪实》，《中成药》1992 年第 1 期。

郑蕾（西北农林科技大学）

～郑少锋：《中国农村合作医疗的演进与反思》，《西北大学学报（自然科学版）》2010 年第 2 期。

～郑少锋：《西部新农合可持续发展费用控制问题研究——以西部 A 市为例》，《西安电子科技大学学报（社会科学版）》2010 年第 2 期。

《西部新型农村合作医疗可持续发展研究》，西北农林科技大学博士学位论文 2010 年。

郑利群（暨南大学）

《民国时期广州基督教青年会的公共卫生服务》，《前沿》2011 年第 2 期。

郑立柱（北京师范大学/河北大学）

张巧霞～：《朱熹的太极之理在中医学中的体现》，《医学与哲学（A）》2013 年第 6 期。

张巧霞～：《宋代理学思想对后世医学的影响》，《河北学刊》2013 年第 3 期。

《抗战时期晋察冀边区的妇幼健康状况及其应对》，《保定学院学报》2012 年第 2 期。

《毛泽东与血吸虫病防治》，《湘潮》2007 年第 6 期。

邓红～：《抗战时期晋察冀边区的疫病及其防治》，《河北大学学报（哲学社会科学版）》2004 年第 4 期。

《解放初期北京市抗击疫病史话》，《北京党史》2003 年第 5 期。

郑龙飞（北京中医药大学）

～贺娟：《〈黄帝内经〉重阳思想及其影响下的疾病观》，《北京中医药大学学报》2017 年第 1 期。

郑鹏（安徽大学文学院）

《疯狂史研究对福柯的意义》，《安徽大学学报（哲学社会科学版）》2015 年第 4 期。

郑齐（山东中医药大学）

《郑钦安〈伤寒论〉学术思想研究》，山东中医药大学硕士学位论文 2007 年。

郑琪（西安交通大学医学院第一医院）

《岐伯轶事述略》，《中国中医药现代远程教育》2011 年第 23 期。

《岐伯及其轶事述略》，《中华医史杂志》2011 年第 3 期。

～南克俊等：《希波克拉底对肿瘤的认识》，《中华医史杂志》2010 年第 4 期。

郑怀林～：《汉唐医药及其文化的影响》，《现代中医药》2007 年第 6 期。

郑怀林、辛永洁～:《太白山草药医学述略》,《陕西中医》2001 年第 6 期。

郑倩仪（广州中医药大学）

《〈内经〉养生思想及应用》,广州中医药大学博士学位论文 2009 年。

郑庆海（黑龙江中医药大学）

《中医儿科历史文献研究》,黑龙江中医药大学博士学位论文 2008 年。

郑秋实（中央民族大学）

《唐代疫灾防治研究》,中央民族大学硕士学位论文 2012 年。

郑全英（上海市第八人民医院）

《〈千金要方〉"万病丸散"探微》,《上海中医药杂志》2002 年第 12 期。

郑日新（安徽中医学院第一附属医院）

《〈周氏喉科家珍〉评介》,《安徽中医学院学报》2009 年第 6 期。

周宿迪～朱玲:《徐春甫治疗眩晕效方探析》,《安徽中医学院学报》2009 年第 2 期。

《新安郑氏喉科医学述略》,《安徽中医学院学报》2003 年第 5 期。

郑蓉（中国中医科学院/中医古籍出版社）

～曹瑛等:《俞弁生平事迹考》,《国医论坛》2013 年第 5 期。

《北京中医药出版事业发展史略》,《北京中医》2007 年第 7 期。

《新中国 50 年北京地区中医药期刊出版概述》,《中华医史杂志》2007 年第 3 期。

《中医政策的历史回顾》,《中国中医药信息杂志》2006 年第 8 期。

郑瑞侠（辽宁大学）

《中国古代早期文学的医师形象》,《东疆学刊》2004 年第 2 期。

郑身宏（广州中医药大学）

《伤寒学术流派及其在当代中医伤寒学科的传承研究》,广州中医药大学博士学位论文 2010 年。

金小洣～李赛美:《当代岭南中医传承模式浅析》,《中医药通讯》2010 年第 3 期。

～龚慧涵等:《中医学术流派刍谈》,《江苏中医药》2010 年第 6 期。

李赛美～金小洣:《试论伤寒学术流派的形成及发展》,《北京中医药大学学报》2010 年第 5 期。

郑师渠

《本草学的起源及神农本草经》,《科学月刊》1930 年第 7、8 期。

郑世英（浙江传媒学院）

《主流媒体和自媒体微信公众号抑郁症议题研究》,浙江传媒学院硕士学位论文 2019 年。

郑术（中国科学院）

《内丹经典与〈全体新论〉》,《中国科技史杂志》2014 年第 3 期。

～蒋希萍:《吴宪——中国生物化学及营养学的奠基者》,《生物物理学报》2012 年第 11 期。

《内丹人体图风格探源——在〈性命法诀明指〉中西对话的视野中》,《科学文化评论》2011 年第 3 期。

《从"性命"角度试析李约瑟的内丹观——读〈中国科学技术史·内丹分册〉》,《科学文化评论》2008 年第 1 期。

郑素侠

《招牌高挂二百年——余天成堂国药号纪实》,《商业文化》1998 年第 5 期。

郑铁

《德国医学院校的医史学科古今谈》，《中华医史杂志》1995 年第 3 期。

郑宛钧（台湾中医药大学）

～杨仕哲：《〈黄帝蝦蟇经〉版本比较研究——以"随月生毁人形图"为考察中心》，《故宫学术季刊》第 36 卷第 3 期（2019.9）。

～杨仕哲：《子午流注中医预测模型的建构》，《科技、医疗与社会》第 28 期（2019）。

《汉唐时期之医疗术数研究——以行年、人神为中心》，台湾辅仁大学宗教学系台湾民间宗教学术中心主编《中华传统术数文化》第一集（新北：辅仁大学宗教学系台湾民间宗教学术中心 2012 年）。

郑炜（嘉兴市中医院）

《髓学说初探》，《上海中医药杂志》1992 年第 12 期。

～郑焜：《论胃镜发展史》，《医学与哲学》1990 年第 5 期。

《试论医药在宋代士大夫中的普及》，《中国医药学报》1988 年第 3 期。

《再论沈括与〈良方〉——兼与陈玉琢"〈苏沈良方〉考"商榷》，《中医药学报》1987 年第 6 期。

《沈括的医药学贡献初探》，《浙江中医学院学报》1986 年第 3 期。

郑伟达

《谈陈修园治疗妇科病的特点》，《福建中医药》1988 年第 1 期。

郑炜华（西北师范大学）

～杨玲：《论〈红楼梦〉医者形象的文学价值》，《名作欣赏》2014 年第 5 期。

郑维江（广州医科大学）

《广州柔济医院对近代中国妇产科的贡献（1899—1950）》，广州医科大学硕士学位论文 2017 年。

～刘远明：《嘉约翰与早期博医会》，《中华医史杂志》2016 年第 5 期。

郑伟如

《霍乱史话》，《申报》1946 年 7 月 26 日。

郑文

《北宋仁宗、英宗医疗案件始末》，《中华医史杂志》1992 年第 4 期。

郑贤月（大连大学护理学院）

《韩国对联邦德国的护士派遣》，《中华医史杂志》2016 年第 3 期。

郑孝昌（成都中医学院）

《简帛医籍研究的力作——评张显成〈简帛药名研究〉》，《中华医史杂志》1998 年第 4 期。

《〈黄帝内经太素〉的校注方法和原则》，《成都中医学院学报》1995 年第 1 期。

郑晓红（南京中医药大学）

《〈黄帝内经〉五运六气气化理论与天人合一》，《中医杂志》2019 年第 12 期。

董国庆～：《老子"无为"摄生思想新义发微》，《中国中医基础医学杂志》2019 年第 11 期。

高静～孙志广：《基于中医药海外中心建设的现状论中医药国际传播与文化认同》，《中医杂志》2019 年第 1 期。

董国庆～：《〈老子〉"柔弱"养生思想探析》，《中国中医基础医学杂志》2019 年第 1 期。

董国庆～：《象思维视野下〈老子〉与〈黄帝内经〉钩沉》，《中华中医药杂志》2018 年第 11 期。

宋铮～：《气与中医自然观》，《中医杂志》2018 年第 6 期。

张青龙～马伯英：《〈黄帝内经〉自然观浅议》，《中医药导报》2016 年第 9 期。

张青龙~马伯英:《"量子"视野下的中医自然观》,《中医杂志》2016 年第 8 期。

周晶、李刚~:《五运六气原理对环境与健康相关研究的价值》,《时珍国医国药》2016 年第 5 期。

张青龙、王银泉~:《互文性理论视野下〈黄帝内经〉的意义观》,《西部中医药》2016 年第 3 期。

张青龙、王银泉~王旭东:《〈黄帝内经〉五运六气英译探讨——以李氏译本为例》,《中医药导报》2016 年第 3 期。

张青龙~王银泉等《中医基础理论的科学内涵》,《医学与哲学(A)》2016 年第 1 期。

《回归民间走向世界——中医文化发展传播的当代使命》,《中医杂志》2016 年第 1 期。

~王旭东:《中医文化的核心价值体系与核心价值观》,《中医杂志》2012 年第 4 期。

《试论中医文化的核心价值体系及其普世价值》,《中国中医基础医学杂志》2012 年第 1 期。

《中医文化研究的时代思考》,《中国中医基础医学杂志》2011 年第 10 期。

《浅谈"肾苦燥,急食辛以润之"》,《国医论坛》1999 年第 3 期。

《〈内经〉火郁发之探析》,《辽宁中医杂志》1999 年第 2 期。

《道家对中医养生康复思想的影响》,《南京中医药大学学报》1999 年第 1 期。

《〈内经〉"肾苦燥,急食辛以润之"之我见》,《浙江中医杂志》1999 年第 1 期。

郑晓江(江西师范大学)

《生死哲学与人文医学——关于医患关系紧张的一种解释与解决途径》,《赣南医学院学报》2009 年第 5 期。

《论生死学与生死哲学》,《江西师范大学学报(哲学社会科学版)》2008 年第 1 期。

《老庄生死观探微》,《江西师范大学学报》2006 年第 2 期。

郑晓坤(东北师范大学)

《中国特殊教育师资培养研究(1978—2016)》,东北师范大学博士学位论文 2017 年。

~曲铁华:《西学东渐与中国近代特殊教育》,《黑龙江高教研究》2016 年第 1 期。

郑晓曼(广州医学院)

~王小丽:《英国国民医疗保健体制(NHS)探析》,《中国卫生事业管理》2011 年第 12 期。

~王小丽:《公立医院回归公益性的伦理探析》,《医学与哲学(人文社会科学版)》2011 年第 5 期。

《我国公立医院改革及其回归公益性探析》,广州医学院硕士学位论文 2012 年。

郑欣(北京中医药大学)

《美国当代主要针灸流派的诊疗特点及现状的研究》,北京中医药大学学位论文 2012 年。

郑旭(湖南师范大学)

《明末清初拟话本小说中的疾病书写研究》,湖南师范大学硕士学位论文 2019 年。

郑宣伦(济源市中医院)

《〈红炉点雪〉中养生法应用三则》,《山西中医》1992 年第 2 期。

郑学富(枣庄市中华文化促进会)

《"法医学鼻祖"的法医检验之道》,《人民法院报》2018 年 11 月 30 日。

《她最早将白求恩事迹传播到海外》,《党史纵横》2018 年第 5 期。

《白求恩的事迹是如何传播到海外的》,《党史博览(纪实)》2018 年第 5 期。

《第一个在海外报道白求恩事迹的记者》,《钟山风雨》2018 年第 5 期。

《提刑官宋慈及其〈洗冤集录〉》,《中华读书报》2018 年 10 月 10 日 015 版。

《从一篇判词看宋代的药品经营管理》,《人民法院报》2018 年 8 月 10 日 007 版。

《从熟药所到太平惠民局》,《北京日报》2018 年 8 月 6 日 015 版。

《白求恩的事迹是如何首次传播到世界上的》,《党史纵横》2018 年第 3 期。

郑雪君(上海市中医文献馆)

～顾问等:《上海市中医文献馆馆员志》,《中医文献杂志》2008 年第 2、3 期。

杨杏林、招萼华～:《一代名医祝味菊生平述要》,《中华医史杂志》2008 年第 1 期。

《张汝伟学术经验探要》,《中医文献杂志》2007 年第 4 期。

《张汝伟遗著〈中医心理疗治实验录〉整理选载》,《中医文献杂志》2006 年第 4 期。

《独具卓识　大家风范——祝味菊医案三则评析》,《中医文献杂志》2005 年第 4 期。

杨雨田～杨悦娅:《〈谦斋医学讲稿〉学术思想探讨》,《中医文献杂志》2001 年第 2 期。

《范文甫外传》,《中医文献杂志》1996 年第 1 期。

《〈内经〉"营"之探析》,《中医文献杂志》1995 年第 2 期。

郑亚楠(南开大学)

《近代日本的女子医护队伍》,《外国问题研究》2013 年第 4 期。

～李卓:《近代日本医护队伍的发展》,《日本问题研究》2013 年第 4 期。

郑雅文

《唐代的食疗文化——以孙思邈〈千金·食治〉与孟诜〈食疗本草〉为讨论中心》,《穿梭传统与现代——中部地区历史学研究所学术研讨暨讲习会论文集》1 期(2006.12)。

郑艳(安徽师范大学)

～崔远东:《牡丹药文化源流探讨及当代社会意义》,《中医药文化》2015 年第 1 期。

李媛媛～:《药妆与中草药的源流探讨》,《日用化学品科学》2011 年第 1 期。

郑言(山西大学/山东大学)

《中医学体制的近代转型研究》,山西大学博士学位论文 2018 年。

《新教传教士与近代中国西医教育体制化》,《民主与科学》2018 年第 2 期。

～张培富:《〈吴医汇讲〉统计分析——兼论清中期苏州中医学的发展》,《福建师范大学学报(哲学社会科学版)》2017 年第 1 期。

《张锡纯中西医汇通思想研究——兼论中西医结合的方向和途径》,山东大学硕士学位论文 2012 年。

郑言午(郑州大学)

《近 20 年隋唐疾病问题研究综述》,《中国历史研究动态》2019 年第 3 期。

王星光～:《也论金末汴京大疫的诱因与性质》,《历史研究》2019 年第 1 期。

《弹性空间:社会性别视野下的唐代生育文化管窥》,《社会科学家》2018 年第 3 期。

王星光～:《〈四时纂要〉所见唐代乡村的疾病防治》,《青海民族研究》2018 年第 2 期。

郑耀媛(乌兰察布市凉城县妇幼保健所)

《浅论〈医林改错〉之活血八法》,《内蒙古中医药》2007 年第 6 期。

郑怡(西南大学)

《鲁迅与海明威小说中的疾病诗学研究》,《鲁迅研究月刊》2015 年第 8 期。

郑益民(中国武夷佛教医药研究所)

《佛教医药学——祖国医药学之瑰》,《河南中医药学刊》1994 年第 2 期。

郑银佳(广州医科大学附属第五医院)

～黄国展等:《精神疾病公众污名的研究进展》,《精神医学杂志》2017 年第 4 期。

郑因芷

《高雄三凤宫药签信仰研究》,《问学》第 18 期(2014.6)。

郑永昌(台北故宫博物院)

《晚清天津民间医士的防疫与宣传活动——以"铁如意轩"及"敬慎医室"为例》,《故宫学术季刊》第 36 卷第 3 期(2019.9)。

郑宇(吉林大学)

《金代医学研究》,吉林大学硕士学位论文 2009 年。

郑宇(江南大学)

《东北防疫处与民国前期东三省的防疫卫生事业(1912—1931)》,《甘肃社会科学》2017 年第 5 期。

郑昱(上海中医药大学)

万迁迁～:《李东垣〈兰室秘藏〉学术思想》,《长春中医药大学学报》2018 年第 3 期。

《叶天士胃阴学说探析》,《上海中医药杂志》2002 年第 12 期。

郑毓瑜

《连类、讽诵与嗜欲体验的传译——从〈七发〉的疗疾效能谈起》,《清华学报》第 36 卷第 2 期(2006.12)。

郑远长(民政部社会福利和慈善事业促进司)

《对建立儿童大病救助制度的思考和探索》,《社会福利》2009 年第 6 期。

《东华三院的社会福利和慈善实践及其启示》,《社会福利》2009 年第 2 期。

郑媛元

《〈金瓶梅〉中的"崩漏"之疾与女性身体》,《近代中国妇女史研究》第 25 期(2015.6)。

郑鋆(复旦大学)

～李慧:《论医学人文与医患关系——读钟南山痛批"医学人文沦落"有感》,《医学与哲学(A)》2012 年第 8 期。

郑运刚(北京外国语大学)

《欧盟参与埃博拉危机救援的政治合法性分析》,北京外国语大学硕士学位论文 2016 年。

郑云艳

《中西碰撞:20 世纪上半叶中国"图书传疫"观念》,《医疗社会史研究》2019 年第 2 期。

郑泽青(上海市档案局)

《昨天的抗争——近代上海防疫掠影》,《上海档案》2003 年第 4 期。

郑震(南京大学)

《身体:当代西方社会理论的新视角》,《社会学研究》2009 年第 6 期。

郑振坤

《我国古代的医疗保健体操》,《辽宁师院学报(哲社)》1978 年第 1 期。

郑振声

《学习儒法斗争,联系西医发展史中两条路线斗争的体会》,《新医学》1974 年第 12 期。

郑志锋(福建中医药大学/福建中医学院)

《土地革命时期医疗卫生领域的群众动员》,《湖南工业大学学报(社会科学版)》2017 年第 2 期。

《中央苏区的妇幼保健立法》,《福建论坛(人文社会科学版)》2015 年第 6 期。

《革命根据地时期的卫生制度研究》,福建师范大学博士学位论文 2015 年。

《土地革命战争时期闽西根据地对健康权的保护》,《湖南工业大学学报(社会科学版)》2014 年第 4 期。

《马来西亚华人文化与中医药文化传承》,《福建中医学院学报》2007 年第 3 期。

郑志杰(北京中医药大学)

《古脉诊法的演变及与针灸的关系》,北京中医药大学博士学位论文 2008 年。

～李志刚:《〈伤寒论〉脉诊探讨》,《吉林中医药》2008 年第 4 期。

～李志刚:《脉经脉诊法浅谈》,《山西中医》2008 年第 1 期。

郑志敏

《殖民样板或台人英雄？试论杜聪明与日治时期台湾的医学教育》,《台湾图书馆管理季刊》第 1 卷第 1 期(2005)。

《杜聪明与台大医学院——战后初期台湾医政关系的一个个案观察》,《台湾医学人文学刊》第 5 卷第 1&2 期(2004.3)。

《略论民国以来台湾与大陆隋唐五代医学史的研究》,《新史学》第 9 卷第 1 期(1998.3)。

郑重

～李金妹:《枯木逢春发新枝——苏州河畔一个医院(公济医院)的百年历史横断面》,《文汇报》1963 年 10 月 24 日。

郑钟璇(司法部司法鉴定科学技术研究所)

《忆我国著名法医学家孔禄卿教授》,《法医学杂志》2009 年第 2 期。

《林几教授和他的〈洗冤录驳议〉》,《法医学杂志》1991 年第 4 期。

郑珠玲(上海师范大学)

《疾病、政治与医疗——孙中山癌症诊疗过程研究》,上海师范大学硕士学位论文 2018 年。

姚霏～:《疾病、政治与医疗——疾病视野下的孙中山临终研究》,《史学月刊》2018 年第 2 期。

志高

《从神权医学到人民医学》,《现代医学》1945 年第 1 期。

支军(北京大学)

《〈内经〉历史医学地理思想初探》,《南京中医药大学学报(社会科学版)》2004 年第 2 期。

支艳春(湖南师范大学)

《社会工作介入妇科癌症患者的个案研究》,湖南师范大学硕士学位论文 2019 年。

职延广(天津市中医药研究院)

～侯美玉:《陈士铎〈洞垣全书〉初考》,《中华医史杂志》1996 年第 4 期。

支钰明(首都师范大学)

《〈五十二病方〉中的鬼神》,首都师范大学硕士学位论文 2013 年。

钟冰(湖南中医药大学)

《建国初期(1949—1956)党的领导集体医疗卫生思想研究》,湖南中医药大学硕士学位论文 2015 年。

仲崇山

《医患纠纷报道应立足构建和谐社会》,《传媒观察》2011 年第 1 期。

衷尔钜(中国社会科学院)

《陈元赟的事迹及其著作在日本的流传》,《文献》1988 年第 1 期。

钟放(东北师范大学)

《伪满时期东北的中医》,《外国问题研究》2013 年第 3 期。

《试论医学在兰学中的核心地位及其原因》,《日本研究论集》1999 年第 2 期。

钟赣生(北京中医药大学/北京中医学院)

高洁……吕艳敏~:《从〈本草纲目〉看 16 世纪前后的中外医药交流》,《中国现代中药》2018 年第 11 期。

吴立坤~:《近代时期西方药学传入后对中药学发展的影响》,《中药与临床》2018 年第 4 期。

欧丽娜~柳海艳等:《中药"十九畏"的历史源流、宜忌争论与思考建议》,《科技导报》2016 年第 11 期。

欧丽娜~柳海艳等:《中药"十八反"的历史沿革、宜忌争论与思考建议》,《科技导报》2015 年第 16 期。

万芳、侯酉娟~:《民国时期中医文献特点探究》,《中华中医药杂志》2015 年第 6 期。

万芳~黄齐霞:《西风东渐影响下的中药变革》,《北京中医药大学学报》2012 年第 7 期。

王鼎、谢菁~:《民国时期本草著作出版及馆藏情况概述》,《北京中医药大学学报》2011 年第 6 期。

王鼎、谢菁~:《民国时期本草著作的特征初探》,《中医药学报》2011 年第 2 期。

万芳~:《南宋〈全婴方论〉溯源考》,《北京中医药大学学报》2010 年第 5 期。

奚胜艳……张建军~:《土家族药学特色理论及与中药学的差异》,《中华中医药杂志》2008 年第 6 期。

~李少华:《〈神农本草经〉的药物成就》,《中华中医药杂志》2006 年第 7 期。

万芳~:《国内失传中医善本古籍〈山居便宜方〉重出新解》,《北京中医药大学学报》2003 年第 5 期。

万芳~:《天一阁藏明代地方志本草资料阐析》,《中医文献杂志》2003 年第 1 期。

~万芳:《盖伦以前的早期药学发展概论》,《中华医史杂志》1999 年第 3 期。

万芳~:《方志与药学史研究之刍议》,《中国药学杂志》1998 年第 3 期。

《〈洗冤集录〉考辨》,《北京中医药大学学报》1997 年第 1 期。

万芳~:《万全小儿脾胃观论说》,《中国医药学报》1995 年第 5 期。

万芳~:《论〈千金要方〉、〈千金翼方〉食治特色》,《中国医药学报》1993 年第 4 期。

万芳~:《〈万物〉与〈五十二病方〉有关药物内容的比较》,《中国医药学报》1990 年第 2 期。

~颜正华:《略谈阿拉伯香药的输入及其对我国药学的影响》,《上海中医药杂志》1988 年第 3 期。

仲光亮(山东大学)

~李成杰:《近世日本对中国中医药的受容》,《安徽史学》2018 年第 3 期。

中国第二历史档案馆

《国民政府赈济 1942 年青海牛瘟档案史料》,《民国档案》1996 年第 2 期。

中国第一历史档案馆

《清末直隶警务处拟定客店戏场及预防传染病章程》,《历史档案》1998 年第 4 期。

中国防痨协会

《建国十年来中国防痨协会的工作成就》,《中国防痨》1959 年第 5 期。

《中国卫生法制》杂志社

《中国卫生法制建设三十年回顾》,《中国卫生法制》2008 年第 6 期;2009 年第 9 期。

中国卫生教育社

《中国卫生教育社成立宣言》,《医事公论》1935 年第 19 期。

《中国卫生教育社第一次理事会记事》,《广西卫生旬刊》1935 年第 5 期。

《补记中国卫生教育社之年会》,《新医药》1936 年第 8 期。

中国畜牧兽医近代史编委会

《中国军事兽医教育沿革》,《中国兽医杂志》1987 年第 1 期。

中国药学会

《中国药学会第一次全国代表大会总结》,《药学通报》1953 年第 1 期。

《中华医史杂志》编辑部

《医学史研究与〈中华医史杂志〉》,《中华医史杂志》2008 年第 1 期。

中华医学会

《中华医学会七十年大事记——(1915—1984)》,《中国科技史料》1987 年第 3 期。

《新中国疟疾调查研究的综述》,《人民保健》1959 年第 4 期。

《新中国黑热病调查研究综述》,《人民保健》1959 年第 4 期。

《新中国丝虫病调查研究的综述》,《人民保健》1959 年第 1 期。

《新中国钩虫病调查研究的综述》,《人民保健》1959 年第 1 期。

《新中国血吸虫病调查研究的综述》,《人民保健》1959 年第 1 期。

《中华医学会医史学会二年来工作总结》,《医史杂志》1952 年第 4 期。

《中华医学会医史学会章程》,《医史杂志》1951 年第 2 期。

《中华医学会历届大会年表》,《医史杂志》1952 年第 1 期。

《中华医史学会修正章程》,《医史杂志》1947 年第 2 期。

中华医学会耳鼻咽喉科学会

《祖国耳鼻咽喉科学者的贡献》,《中华耳鼻咽喉科杂志》1956 年第 2、4 期。

中华医学会上海分会理论学习小组

《坚持革新破巫术 扁鹊行医造诣深》,《解放日报》1974 年 8 月 23 日。

中华医学会医史学会上海分会

《中国历代名医及其著述简表》,《新中医药》1955 年第 6 期。

仲撝

《江苏公立医学专门学校两年来开创小史》,《江苏公立医学专门学校》1915 年第 1 期。

钟继润(赣南医学院)

李霞、钟志宏～:《红军长征医疗卫生工作的特点及启示》,《赣南医学院学报》2017 年第 5 期。

刘善玖～:《"一切为了伤病员"——论中央苏区医疗卫生服务的宗旨》,《赣南医学院学报》2016 年第 5 期。

李霞～:《红军长征前夕医疗卫生准备工作探析》,《赣南医学院学报》2016 年第 5 期。

李霞、曾新华～:《论红军长征中伤病员的救治与安置工作》,《赣南医学院学报》2015 年第 5 期。

张莉芳、李媛～:《浅析中央苏区卫生法制建设的特点》,《赣南医学院学报》2015 年第 5 期。

李霞～刘善玖:《中央苏区卫生宣传队伍建设探析》,《赣南医学院学报》2014 年第 5 期。

~杨吉雯等:《浅论中央苏区医疗卫生系统廉政建设》,《赣南医学院学报》2014年第5期。

~陈安:《执政视野下的中央苏区医疗卫生工作》,《赣南医学院学报》2013年第5期。

刘禄山~:《论中央苏区的红色卫生文化》,《赣南医学院学报》2012年第5期。

刘善玖~:《浅论苏区红军伤病员的思想政治工作》,《赣南医学院学报》2010年第5期。

~曾新华整理:《苏区医疗卫生研究中的若干问题——苏区卫生史专家高恩显将军访谈录》,《赣南医学院学报》2010年第5期。

~刘善玖:《中央苏区医学科普工作初探》,《赣南医学院学报》2009年第5期。

钟克勋(南充师范学院)

《"巫医"小考》,《南充师院学报(哲学社会科学版)》1982年第4期。

钟丽(山东大学)

《民国时期山东疫病传播与卫生防疫》,山东大学硕士学位论文2007年。

钟力安(上海中医药大学)

《〈孙真人备急千金要方〉中针灸内容的整理研究》,上海中医药大学硕士学位论文2008年。

钟里满(中央电视台)

《察存耆〈光绪之死〉一文的考释》,《清史研究》2009年第3期。

《清光绪帝砒霜中毒类型及日期考》,《清史研究》2008年第4期。

~耿左车等:《国家清史纂修工程重大学术问题研究专项课题成果:清光绪帝死因研究工作报告》,《清史研究》2008年第4期。

仲明

《结核菌之发明史》,《九福医药刊》1940年第5期。

钟鸣旦(比利时鲁汶大学)

~撰,邓亮译:《昂布鲁瓦兹·帕雷〈解剖学〉之中译本》,《自然科学史研究》2002年第3期。

中山善史(台湾淡江大学)

《日治初期台湾地方卫生行政——以卫生组合为中心探讨》,台湾淡江大学硕士学位论文2007年。

钟少华(北京市社会科学院)

《略论中国近代卫生观念与卫生事业的起源》,《自然辩证法通讯》2007年第2期。

钟锬(德清县第三人民医院)

~姚丽群等:《〈种痘小引〉对人痘接种术的记述》,《中华医史杂志》2009年第3期。

仲许(无锡市中级人民法院)

陈胜泉~:《孙逵方法医学术思想浅探》,《法医学杂志》1993年第2期。

《我国法医学名著——宋元检验三录考》,《中医杂志》1958年第7期。

《我国最早的一步法医学——洗冤录》,《法学》1958年第2期。

《有关我国法医学史方面二事》,《医学史与保健组织》1957年第4期。

《中国法医学史》,《中医杂志》1956年第8、9期。

钟雪生(中共中央党校)

《中国农村传统合作医疗制度研究》,中共中央党校博士学位论文2008年。

钟岩

《法家路线促进了祖国医药学的发展》,《人民日报》1975年7月13日。

《清代儒法斗争对我国医药学发展的影响及历史经验》,《新医学杂志》1974年第12期。

《法家路线对祖国医药学发展的促进作用》,《新医药杂志》1974 年第 10 期。

中央国医馆

《国联关于组织中国古医研究会提案概要》,《中医周刊》1934 年第 7—9 期。

《中央国医馆宣言》,《医界春秋》1931 年第 57 期。

钟义(上海中医药大学)

《存废之争今又起 前车之鉴应牢记——七十多年前捍卫中医的一场抗争》,《中医药文化》2007 年第 2 期。

钟以林(广西中医学院)

黄冬玲~:《广西自然地理与壮族医药》,《广西中医药》1988 年第 5 期。

《宋代广西志书所载民族医药举要》,《广西中医药》1991 年第 1 期。

~班秀文等:《九针从南方来的实物例证——广西武鸣出土青铜针灸针初探》,《广西中医药》1987 年第 3 期。

钟益生

《中国医学演变的梗概及其发展方向》,《中医杂志》1955 年第 1 期。

钟益研

~凌襄:《我国现已发现的最古医方——帛书〈五十二病方〉》,《文物》1975 年第 9 期。

钟依研

《西汉刘胜墓出土的医疗器具》,《考古》1972 年第 3 期。

中医研究院医史文献研究室

《武威汉代医药简牍在医学史上的重要意义》,《文化》1973 年第 12 期。

钟英战(湛江教育学院)

《孟子养气说:古代养生学与价值观的引入》,《河南教育学院学报(哲学社会科学版)》2009 年第 4 期。

钟裕民(南京师范大学)

~曹国平:《论农村医疗卫生服务的合作供给》,《老区建设》2017 年第 8 期。

黄健荣~:《中国政府决策能力评价及其优化研究——以医疗卫生体制改革决策为例》,《中共福建省委党校学报》2014 年第 1 期。

刘伟~:《医改决策:困境、成因与消解——基于 1949 年以来中国医改决策过程的检视》,《中共福建省委党校学报》2011 年第 9 期。

《1949 年以来中国医改决策的基本历程及其评价》,《天府新论》2011 年第 4 期。

钟远(南京中医药大学)

《孟河医派学术思想探讨》,南京中医药大学硕士学位论文 2013 年。

~申春悌:《孟河医派主要学术思想探析》,《辽宁中医药大学学报》2013 年第 2 期。

钟肇鹏(中国社会科学院)

《道教与医药及养生的关系》,《世界宗教研究》1987 年第 1 期。

周霭祥(中国中医研究院西苑医院)

《我对西学中的回顾与前瞻》,《中国中西医结合杂志》2002 年第 7 期。

~郑金福:《朱颜生平及学术思想简介》,《国医论坛》1989 年第 1 期。

周桉(云南中医药大学)

《宋代理学对朱丹溪中医学术思想影响的研究》,云南中医药大学硕士学位论文2019年。

周本加(青海省海南藏族自治州疾病预防控制中心)

《青海省海南藏族自治州鼠疫防治50年回顾》,《地方病通报》2006年第3期。

周彬(华中科技大学同济医学院)

~曹颖光等:《牙种植体——骨组织界面理论的演变史》,《中华医史杂志》2004年第3期。

周波(复旦大学)

《马王堆汉墓简帛医书及相关文字补说》,《复旦学报(社会科学版)》2019年第4期。

《马王堆帛书与传世古籍对读札记二则》,《中国语文》2015年第5期。

《〈马王堆汉墓帛书(肆)〉整理札记(二)》,《出土文献与古文字研究》2015年00期。

《〈马王堆汉墓帛书(肆)〉整理札记(一)》,《古文字研究》2014年00期。

周波(广西合浦县中医院/山东省淄博中医院)

~兰吉瑞等:《论〈黄帝内经〉的"形与神俱"、调神及治未病——兼探讨藏象象数模型与脏的实质》,《辽宁中医药大学学报》2014年第6期。

~吴新明等:《〈黄帝内经〉若干藏象学说初探》,《辽宁中医药大学学报》2014年第1期。

~欧武:《〈内经〉的"膏"是指以脂肪为主要结构成分的一类实体》,《辽宁中医药大学学报》2012年第8期。

~陈奕等:《〈内经〉心血管、神经系统同一体认识的研究——兼对比中、西医学在器官结构认识上的差异并探讨络的实体》,《辽宁中医药大学学报》2011年第11期,2012年第10期。

《〈内经〉六合与五行共同影响中医系统解剖认识数千年——对六分人体系统解剖认识的总结》,《辽宁中医药大学学报》2011年第10期。

《〈内经〉的"肓"主要是指脏器的保护膜实体》,《辽宁中医药大学学报》2011年第6期。

《考证〈黄帝内经〉肾开窍于耳、二阴的原意》,《光明中医》2011年第2期。

《〈内经〉形脏神脏"器"的概念相互关系及解剖结构》,《辽宁中医药大学学报》2010年第12期。

~曾启全等:《〈内经〉脏腑经脉条文与现代系统解剖学实体关系的探讨》,《辽宁中医药大学学报》2010年第5期。

王洪武~王轶:《浅谈〈内经〉论飧泄》,《国医论坛》2020年第1期。

周波(宁夏医科大学)

~梁爽:《浅谈中医药文化》,《内蒙古中医药》2013年第1期。

徐建虎、师常喜~:《〈金匮要略〉"实脾"刍议》,《内蒙古中医药》2012年第6期。

《浅论"五脏病皆令人遗"》,《中医杂志》2011年第14期。

邴守兰……沈伟东~:《近代中医期刊特点及研究意义》,《中华中医药杂志》2011年第5期。

~梁爽:《民国时期上海中医药期刊特点评介》,《江西中医学院学报》2009年第5期。

周步高(江西中医药大学/江西中医学院)

付芳……王立~:《旴江医家肝病诊治特色探析》,《中医研究》2016年第11期。

刘静……李芳~:《略论李梴针灸学术思想及其价值》,《中医临床研究》2013年第24期。

~喻松仁等:《旴江医学著名医家针灸学术思想和成就述要》,《江西中医学院学报》2012年第6期。

~喻松仁:《喻嘉言"秋燥"论治及治燥名方探析》,《新中医》2012年第4期。

喻松仁~刘春燕:《朱丹溪痰病证治及基础方探析》,《中医杂志》2010年第1期。

周彩霞（陕西师范大学）

《贾平凹小说中的"畸人"形象研究》，陕西师范大学硕士学位论文 2015 年。

周程（北京大学）

《北京大学医学人文学院更名经纬》，《中国医学伦理学》2019 年第 7 期。

田妍~：《生命科学技术将步向何方？——林真理〈被操作的生命：科学话语的政治学〉评介》，《科学与社会》2019 年第 2 期。

~段丽萍等：《医学人文教育思辨》，《中国医学伦理学》2018 年第 4 期。

《〈科学通报〉刊发青蒿素结构论文的经纬——纪念〈一种新型的倍半萜内酯——青蒿素〉发表 40 周年》，《科学通报》2017 年第 6 期。

《大隅良典发现细胞自噬分子机理之路》，《科普研究》2016 年第 6 期。

胡万亨~：《中国第一位诺贝尔科学奖提名人与被提名人》，《科学与管理》2016 年第 5 期。

《诺贝尔奖级科学成就究竟是怎样取得的？——绿色荧光蛋白的发现、表达与开发》，《安徽大学学报（哲学社会科学版）》2016 年第 4 期。

《屠呦呦与国家科技奖励工作办公室的一段纠葛——2003 年度玛希隆医学奖引发的认识冲突》，《工程研究·跨学科视野中的工程》2016 年第 3 期。

《屠呦呦与青蒿高抗疟功效的发现》，《自然辩证法通讯》2016 年第 1 期。

《19 世纪前后西方微生物学的发展——纪念恩格斯《自然辩证法》发表 90 周年》，《科学与管理》2015 年第 6 期。

《青蒿抗疟研究信息的早期传播》，《科普研究》2015 年第 5 期。

周诚浒

《中华眼科学会之回顾与前瞻》，《中华医学杂志》1942 年第 4 期。

周春雷（河北大学）

《论"防疫先驱"伍连德对东北鼠疫的控制践行》，《兰台世界》2014 年第 13 期。

周春燕（台湾东吴大学/台湾国立政治大学）

《妇女与抗战时期的战地救护》，《近代中国妇女史研究》第 24 期（2014.12）

《女体与强国：强国强种与近代中国的妇女卫生（1895—1949）》，国立政治大学硕士学位论文 2010 年。

《胸哺与瓶哺——近代中国哺乳观念的变迁（1900—1949）》，《近代中国妇女史研究》第 18 期（2010.12）

《〈上海工部局医官造卫生清册〉：一份研究近代上海公共卫生的重要史料》，《政大史粹》第 11 期（2006.12）。

周聪和（湖南中医学院附属一院）

《浅述〈诸病源候论〉男科学术成就》，《安徽中医学院学报》1990 年第 4 期。

周丛笑（福建中医药大学）

~黄颖：《天花传统预防措施之探讨》，《福建中医药》2017 年第 2 期。

~林慧光：《浅析陈修园论治儿科特色》，《江西中医药大学学报》2017 年第 1 期。

周大成（北京市口腔医院）

乔守正~：《〈万国药方〉中口腔医学的论述》，《空腔医学纵横》1993 年第 3 期。

《唐代的"金护嘴"饰件》，《空腔医学纵横》1989 年第 1 期。

周国琪(上海中医药大学)

徐勤磊、丁勇~赵心华等:《探析〈内经〉之"卫气内伐"》,《上海中医药杂志》2018 年第 10 期。

徐勤磊~包巨太等:《再论〈黄帝内经〉"阳气者,精则养神,柔则养筋"》,《中国中医基础医学杂志》2018 年第 7 期。

李海峰、陈正~:《成无己对〈内经〉肾脏辨证的发展》,《中国中医基础医学杂志》2012 年第 10 期。

~李海峰等:《浅析陆懋修对〈内经〉运气病证研究的贡献》,《中国中医基础医学杂志》2012 年第 6 期。

《近百年〈内经〉学术体系研究之历程》,《中国中医基础医学杂志》2012 年第 2 期。

李海峰、陈正~:《朱丹溪吐法探要》,《中国中医基础医学杂志》2011 年第 8 期。

焦颖~王丽慧:《〈内经〉腹部剧痛证初探》,《中国中医基础医学杂志》2011 年第 6 期。

《试从〈内经〉探析足阳明脉与精神疾病的关系》,《中国中医基础医学杂志》2010 年第 11 期。

张学垠、王丽慧~:《〈儒门事亲〉急症诊治特色》,《吉林中医药》2010 年第 10 期。

李海峰、陈正~:《从痹病辨证看宋金元时期辨证学说的发展》,《上海中医药大学学报》2010 年第 6 期。

李海峰、陈正~:《论〈格致余论〉的辨治特色》,《中医文献杂志》2010 年第 2 期。

~李海峰:《试论〈素问玄机原病式〉的辨证特点及贡献》,《中国中医基础医学杂志》2009 年第 11 期。

赵心华、鲍计章~:《回顾十年来对秦汉时期辨证方法的研究》,《中医文献杂志》2009 年第 1 期。

李海峰~:《从五脏痹看宋代辨证方法的继承与发展》,《中国中医基础医学杂志》2009 年第 1 期。

赵心华、鲍计章~:《浅析〈内经〉中痹证的辨证方法》,《中国中医基础医学杂志》2008 年第 11 期。

~邹纯朴:《〈内经〉对瘟疫与运气关系的认识》,《中医文献杂志》2008 年第 2 期。

~张宇鹏:《〈内经〉嗜睡证之辨析》,《中国中医基础医学杂志》2008 年第 2 期。

《〈灵枢〉辨证方法之探析》,《中国中医基础医学杂志》2007 年第 12 期。

~张宇鹏:《〈内经〉失眠病证的证治探讨》,《中国中医基础医学杂志》2007 年第 11 期。

刘国萍~:《〈内经〉疾病辨证方法探讨》,《中医文献杂志》2007 年第 1 期。

赵心华~:《古今"左肝右肺"观探析》,《中国中医基础医学杂志》2007 年第 1 期。

《试析〈素问〉疾病分证方法与特点》,《中国中医基础医学杂志》2007 年第 1 期。

周满玉~:《〈内经〉伤骨科疾病汇通》,《中国中医基础医学杂志》2005 年第 11 期。

~王丽慧:《〈灵枢·痈疽〉病证名与现代病证名的比较》,《中国中医基础医学杂志》2005 年第 3 期。

《〈内经〉中五脏病证名称与现代中医病证名称的比较》,《吉林中医药》2005 年第 3 期。

王丽慧~:《〈内经〉痿证与现代痿证之比较》,《吉林中医药》2005 年第 1 期。

~陈晓等:《〈内经〉厥证名与现代病证名的比较》,《中国中医基础医学杂志》2003 年第 11 期。

~张再良等:《〈内经〉七篇大论对疾病的认识》,《上海中医药大学学报》2003 年第 1 期。

~魏品康:《〈内经〉痿证理论临床运用举隅 5 例》,《上海中医药杂志》2002 年第 1 期。

《浅析〈内经〉刺热之特色》,《上海针灸杂志》2001 年第 3 期。

~陈农等:《张景岳对〈内经〉肝肾精血理论的发挥》,《上海中医药杂志》1997 年第 7 期。

~陈农等:《张景岳治疗老年病特色探析》,《吉林中医药》1997 年第 2 期。

周海金（浙江师范大学/南京大学）

《中国对非洲医疗援助的特点》,《中国社会科学报》2019 年 4 月 1 日 007 版。

《中国对喀麦隆的医疗援助:内容与成效调研》,《国际论坛》2014 年第 1 期。

《道家与中医》,《南京中医药大学学报(社会科学版)》2007 年第 1 期。

周瀚光（华东师范大学）

史光～:《藏传佛教对藏族医药学发展的作用与影响》,《中医药文化》2014 年第 5 期。

《亦师亦友三十年——记与傅维康教授交往的点滴往事》,《中医药文化》2014 年第 4 期。

《论中医学的逻辑思维方法》,《中医药文化》2007 年第 1 期。

《〈伤寒论〉治疗方法的逻辑基础》,《医古文知识》1996 年第 2 期。

周航（外交学院）

《适应与互动:全球卫生外交与中国角色的分析》,外交学院硕士学位论文 2015 年。

周浩礼（华中科技大学同济医学院/同济医科大学）

李佩玲、张晓碧～:《乳房的文化象征意义——读书札记》,《医学与社会》2004 年第 6 期。

～吴植恩:《马王堆房中书的性养生理论及其文化内涵》,《中国性科学》2002 年第 1 期。

《中国传统文化对性本质的认识及其现代影响》,《医学与社会》2000 年第 2 期。

～蔡孝恒:《中国文化中性观念的发展》,《中国医学伦理学》1998 年第 1 期。

周衡（湖南中医院）

《张仲景的疾病观》,《湖南中医学院学报》1985 年第 2 期。

《〈金匮〉治疗思想的基本特点》,《吉林中医药》1984 年第 5 期。

《试论和法及其在〈金匮〉的运用》,《黑龙江中医药》1984 年第 4 期。

《〈金匮〉诊断的辩证思想》,《医学与哲学》1984 年第 1 期。

周鸿（沈阳药科大学）

《我国中成药工业国际化发展战略的研究》,沈阳药科大学硕士学位论文 2002 年。

周鸿承（浙江大学）

《中食西传:十六至十八世纪西方人眼中的中国饮食》,浙江大学博士学位论文 2014 年。

周红黎（云南中医学院）

陈蓉……何婧琳～陈清华:《试论云南民族医药之特性及价值》,《中华中医药杂志》2019 年第 4 期。

《云南开展传统医药科普宣传的一些思考》,《中国民族民间医药》2018 年第 9 期。

～陈清华等:《傣医"风致百病"之风病理论探讨》,《中华中医药杂志》2018 年第 7 期。

《傣医古籍整理与保护研究》,《中国民族民间医药》2018 年第 3 期。

～陈清华等:《傣医经筋学说初探》,《中国民族民间医药》2017 年第 14 期。

～陈清华等:《中、傣医学对脏腑认识的比较研究》,《中国中医基础医学杂志》2016 年第 11 期。

～戴翥等:《〈四部医典〉与〈嘎牙山哈雅〉对人体胚胎的认识比较》,《中国民族民间医药》2015 年第 1 期。

戴翥～岳崇俊:《云南少数民族医药口述文献研究探讨》,《云南中医学院学报》2012 年第 5 期。

唐琭璐～郑进:《中医"治未病"理论与傣医"雅解"学说的初步比较研究》,《中华中医药杂志》2012 年第 5 期。

～陈普等:《傣医学的自然观探讨》,《中国民族民间医药杂志》2010 年第 10 期。

戴翥……张雪冰～:《傣族文化滋养下的傣医医德》,《中国民族民间医药杂志》2010 年第 10 期。

《傣族历史文化与傣医药的历史渊源》,《中国民族医药杂志》2009年第10期。

牛菲……杨梅～:《探讨傣医四塔五蕴学说中的平衡观》,《医学与哲学(人文社会医学版)》2009年第10期。

～陈普等:《傣医学对人体生命的认识浅析》,《贵阳中医学院学报》2009年第2期。

～陈普等:《〈内经〉与〈嘎牙山哈雅〉对于生命本原认识的比较》,《云南中医学院学报》2009年第1期。

～陈普等:《对傣医学中"心"的认识》,《中国民族医药杂志》2008年第10期。

～陈普等:《傣医学因果联系观初探》,《医学与哲学(人文社会医学版)》2008年第2期。

～陈普等:《傣医生命观时空特性浅谈》,《云南中医学院学报》2008年第2期。

陈普……张闯～:《傣医〈嘎牙山哈雅〉中"路"(骨)的初步研究》,《云南中医学院学报》2008年第1期。

周鸿艳(哈尔滨医科大学/黑龙江中医药大学)

～李志平等:《近代学制变迁对中医药高等教育的影响》,《黑龙江高教研究》2010年第7期。

～李志平等:《近代中医教育的反废止努力——以课程教材建设为例》,《中医药信息》2010年第4期。

～程伟:《先秦时期中医学教育与传承方式浅析》,《中医药学报》2009年第6期。

～宋诚挚:《寒温之辨对中医学术流派的影响》,《中医药信息》2008年第3期。

《中国古代医学教育简史》,黑龙江中医药大学博士学位论文2007年。

《柴胡研究简史》,黑龙江中医药大学硕士学位论文2003年。

宋诚挚、常存库～:《中医学学术流派与中医学学术范式》,《医学与哲学》2001年第6期。

周侯于

《晋代士大夫之神经病》,《文艺的医学》1933年第5期。

周华

《南派藏医药的发祥地》,《四川党的建设(城市版)》2006年第10期。

周会会(浙江省图书馆)

《陈无咎与中医教育》,《中医文献杂志》2016年第5期。

《一代名医陈无咎》,《中华医史杂志》2015年第3期。

《民国才子陈无咎》,《浙江档案》2014年第5期。

《民国医家陈无咎传略及年谱简编》,《中医文献杂志》2014年第1期。

《陈无咎简谱》,《中华医史杂志》2013年第5期。

周济

《我国传来印度眼科术之史的考察》,《中华医学杂志》1936年第11期。

《素问的年代考详》,《中西医药》1935年第4期。

《研究中外医药关系史的日本文献目录抄》,《中西医药》1935年第3—4期。

《新医东渐史的研究》,《中西医药》1936年第4期。

《〈邓煜华先生的素问真伪年代考〉评》,《明日医药》1935年第1期。

周计春(河北医科大学/河北中医学院)

张弘～:《李杲对〈难经〉"子能令母实"的应用浅析》,《教育教学论坛》2019年第46期。

范忠星、董尚朴～:《张元素"自为家法"思想探析》,《中华中医药杂志》2019年第10期。

张弘～董尚朴:《李杲对眼病病因病机的认识》,《中国中医药现代远程教育》2019 年第 4 期。

范忠星、张弘～:《张元素学术思想辨析》,《中医药文献杂志》2018 年第 4 期。

～田建雄:《古代医家名、字、号中的"玉文化"》,《中医药文化》2017 年第 5 期。

赵敏菡、孙钢～:《张元素诃子应用经验》,《中国中医药现代远程教育》2015 年第 23 期。

张暖、冯伟～:《苏东坡的医缘人生》,《中医学报》2015 年第 2 期。

张暖～冯伟:《河北省中医药文化特色初探》,《河北中医》2014 年第 6 期。

王永恒、冯伟:～《宋徽宗对中医学的贡献》,《中医学报》2013 年第 2 期。

《一生志完素,终至通玄处——刘完素故里寻踪》,《中医药文化》2012 年第 5 期。

周计春～张弘等:《从历史角度谈中医"扶阳学派"的复兴》,《医学与哲学》2009 年第 7 期。

～张暖等:《古代医生的从医之路》,《中医药文化》2006 年第 6 期。

～赵润生:《〈外台秘要·序〉"则"字注释质疑》,《国医论坛》2006 年第 4 期。

李庆升、徐树楠～李进龙:《〈伤寒论〉太阳病从肺论治探微》,《山东中医杂志》2002 年第 10 期。

周佳泉(北京基督教青年会)

《基督教青年会与中国近现代体育》,《体育文史》1998 年第 1 期。

周佳荣

《二十世纪中国医学史研究的回顾》,《当代史学》(香港)第 4 卷第 2 期(2001.6)。

《中国医学史研究述评》,《历史与文化》1998 年第 1 期。

周加艳(上海工程技术大学)

～沈勤:《日本长期护理保险的挑战、改革及其发展趋势》,《老龄科学研究》2017 年第 10 期。

～沈勤:《日本长期护理保险 2005—2017 年改革述评与启示》,《社会保障研究》2017 年第 4 期。

《日本社会护理保险制度及对我国的启示》,上海工程技术大学硕士学位论文 2016 年。

周坚(暨南大学)

《医养结合养老服务"供需错配"问题研究》,《卫生经济研究》2019 年第 10 期。

～何敏:《基本医疗保险制度的可持续性:人口老龄化、雾霾污染与政策冲击》,《上海金融》2019 年第 7 期。

～周志凯等:《基本医疗保险减轻了农村老年人口贫困吗——从新农合到城乡居民医保》,《社会保障研究》2019 年第 3 期。

《基本医疗保险:劫富济贫还是劫贫济富》,《金融经济学研究》2019 年第 2 期。

～韦一晨等:《老年长期护理制度模式的国际比较及其启示》,《社会保障研究》2018 年第 3 期。

侯小娟～:《社会医疗保险城乡统筹:社会经济发展水平与政策选择——基于修正"贝瑞政策创新扩散模型"的实证研究》,《华南师范大学学报(社会科学版)》2014 年第 3 期。

周剑(暨南大学)

《元代医人社会地位研究》,暨南大学硕士学位论文 2015 年。

《元代医士交游现象初探》,《黑龙江史志》2014 年第 23 期。

周健娜

《法国的医疗保险制度》,《学习月刊》2009 年第 11 期。

周建再(江苏大学)

～代宝珍等:《丹麦医疗保障制度的慢性病管理探索实践》,《上海交通大学学报(医学版)》2016 年第 12 期。

~代宝珍：《德国慢性病管理现状》，《中国社会保障》2016 年第 12 期。

~代宝珍：《我国农村医疗卫生资源效率——基于省际面板数据的研究》，《华东经济管理》2014 年第 9 期。

代宝珍、周绿林~詹长春：《城镇化进程中农民工与失地农民的基本医疗保险问题探究》，《中国卫生经济》2009 年第 11 期。

代宝珍~周绿林：《论结核病防治纳入医疗保险的可行性》，《医学与哲学(人文社会医学版)》2009 年第 1 期。

周杰(北京联大中医药学院)

~李广钧等：《"内经"神病病名、病症名初探》，《北京中医》1993 年第 3 期。

周杰(湖南省血吸虫病防治所)

~任光辉等：《湖南省鏖战血吸虫病的历史记忆与防控经验》，《热带病与寄生虫学》2019 年第 4 期。

周捷(湘潭大学)

《论艾滋病人人权保护的国家义务》，湘潭大学硕士学位论文 2008 年。

周杰明(福建省立医院)

~任林等：《〈金匮要略〉大黄䗪虫丸治虚劳干血发微》，《福建中医药》1996 年第 6 期。

周劼人(新华通讯社)

赵金~朱煦等：《从湘潭产妇事件看媒体转型》，《青年记者》2014 年第 25 期。

《缓医患矛盾，媒体应当"中间人"》，《新华每日电讯》2013 年 11 月 2 日 004 版。

《医学是一种"人学"》，《中国青年报》2011 年 10 月 11 日 009 版。

周劲松(广州中医药大学)

《从〈生草药性备要〉看岭南药用植物资源与特色》，《中药材》2016 年第 2 期。

~刘东明等：《香港药用古树资源调查研究》，《时珍国医国药》2011 年第 7 期。

《广州民间草药露花之原植物考证》，《广州中医药大学学报》2011 年第 2 期。

~陈红锋：《岭南重要药用民族植物学研究资料——〈岭南采药录〉》，《中国民族民间医药》2010 年第 23 期。

周金泰(复旦大学)

《人参考——本草与中古宗教、政治的互动》，《文史》2019 年第 1 期。

周静(湖北大学)

《"疯女人"：女性创作与文本的阴性隐喻》，湖北大学硕士学位论文 2013 年。

周娟(苏州大学)

《日本老人医疗保障制度的历史探析》，苏州大学硕士学位论文 2015 年。

周军(浙江医药高等专科学校)

《"一带一路"倡议下面向社区的中华养生体育活动健康传播策略研究》，《文化与传播》2018 年第 5 期。

《健康传播：建构社会健康议题的公共领域》，《医学与社会》2018 年第 8 期。

《复制与融合：近代浙江中医药报刊的知识建构和传播》，《中医药文化》2015 年第 6 期。

《〈卫生白话报〉：近代健康传播的滥觞》，《浙江传媒学院学报》2015 年第 5 期。

《医药企业信誉失范的原因及对策》，《上海医药》2012 年第 13 期。

《除了黑心企业,还有谁应该为毒胶囊事件买单?》,《上海医药》2012 年第 11 期。

《医药企业信誉危机成因探析及对策》,《中国医药指南》2012 年第 12 期。

《"儿童退烧药事件"的危机公关与企业社会责任意识》,《公关世界》2011 年第 9 期。

周俊兵(南京中医药大学)

王为群~王银泉:《明清之际中医海外传播概述》,《中国中医基础医学杂志》2014 年第 7 期。

夏有兵、张建斌~葛善为:《承淡安游学日本经过》,《中国针灸》2012 年第 1 期。

夏有兵~:《著名针灸学家承淡安无锡办学概貌》,《南京中医药大学学报(社会科学版)》2007 年第 4 期。

《我国明清时期的饮食护理》,《南京中医药大学学报(社会科学版)》2006 年第 4 期。

《金代政治因素对中医药发展之影响》,《南京中医药大学学报(社会科学版)》2004 年第 3 期。

《元代医学教育的主要成就》,《辽宁中医杂志》2003 年第 6 期。

《试述吴鞠通应用海洋药物之经验》,《河北中医》2003 年第 5 期。

~夏有兵:《张锡纯学术思想及临床经验探讨》,《长春中医学院学报》2003 年第 4 期。

《金代医学教育的主要成就》,《河南中医》2003 年第 2 期。

《试述辽代之医学教育》,《南京中医药大学学报(社会科学版)》2003 年第 1 期。

《战国至三国时期我国外科学成就》,《中华医史杂志》2002 年第 3 期。

《海洋药物妇科应用的文献整理》,《南京中医药大学学报(社会科学版)》2002 年第 2 期。

《明至清代鸦片战争前中医外科学的重大成就》,《南京中医药大学学报(自然科学版)》2001 年第 4 期。

《宋元时期我国外科学的重大成就》,《南京中医药大学学报》1999 年第 5 期。

《魏晋至五代时期我国外科学的重大成就》,《南京中医药大学学报》1998 年第 6 期。

周俊利(云南师范大学)

《1912 年—1945 年云南地区卫生事业管理研究》,云南师范大学硕士学位论文 2006 年。

周俊强(安徽师范大学)

《与公共健康危机有关的知识产权国际保护》,《中国法学》2005 年第 1 期。

周浪(华中科技大学)

~孙秋云:《因病信教农民的宗教心理及其演变——试论把握"信念"概念对理解中国农村宗教实践的启示》,《社会》2017 年第 4 期。

《村基督徒因病入教的神鬼隐喻及社会工作干预——以苏北 Z 村韩某为个案》,华中科技大学硕士学位论文 2015 年。

~萧洪恩:《乡村基督徒生病讳医及社会工作干预:以苏北 Z 村 H 个案为例》,《社会工作》2014 年第 4 期。

周莉(成都市妇女儿童中心医院)

《浅述李东垣运用升阳风药的经验》,《陕西中医药大学学报》2017 年第 4 期。

周利(河南中医学院)

《中国古代五大毒药考》,《兰台世界》2011 年第 7 期。

《论古代养生诗中的养生术》,《兰台世界》2010 年第 19 期。

《"四大"学说对中医学的影响》,《中医研究》2010 年第 12 期。

《略谈医学典籍中的古代文化知识》,《中医学报》2010 年第 6 期。

《"疾"、"病"辨析》,《中国中医现代远程教育》2009年第4期。

《浅论儒家思想在中医学发展中的负面影响》,《河南中医学院学报》2006年第6期。

贾成祥～张秀传:《节欲养生的乐理求证——与〈秦医缓和〉注释商榷》,《河南中医学院学报》2004年第5期。

周丽姐（华中师范大学）

《生育观念在近代以来的嬗变——以节制生育运动为基点展开论述》,华中师范大学硕士学位论文2006年。

周立民（浙江警官职业学院）

《毒品亚文化话语的医学批判——兼谈话语批判视角下禁毒教育案例教学设计》,《公安海警学院学报》2019年第2期。

《青少年毒品预防教育:从知识的灌输到态度、技能的培养》,《公安学刊（浙江警察学院学报）》2018年第2期。

《试论中国毒品史教学的几个基本问题》,《中国药物滥用防治杂志》2018年第2期。

《毒品、吸毒工具和吸毒人员识别——从预防教育视角出发》,《辽宁警察学院学报》2018年第2期。

《是否向囚犯提供安全套:美国的实践及对我国的启示》,《湖北警官学院学报》2018年第1期。

《高校毒品预防教育的必要性和可行性分析——基于169名高职学生问卷调查的分析》,《中国药物滥用防治杂志》2017年第6期。

《具体初始吸毒原因分析——以助性、解酒、减肥、治病为例》,《河南司法警官职业学院学报》2017年第3期。

《美国刑事司法人群药物滥用治疗指导原则及常见问题与回答》,《犯罪与改造研究》2017年第3期。

《微信在大学生毒品预防教育中的探索——以监狱管理专业大学生为例》,《理论观察》2017年第1期。

《从游走在毒品的边缘到主动学习吸毒——一例冰毒吸食者吸毒经历调查》,《犯罪与改造研究》2016年第9期。

《一例冰毒吸食者吸毒经历调查》,《犯罪与改造研究》2016年第5期。

《好奇心与青少年吸毒及预防好奇心吸毒的对策》,《中国药物滥用防治杂志》2016年第5期。

《预防青少年减肥吸毒对策研究》,《预防青少年犯罪研究》2016年第3期。

《监狱管理专业设置毒品课程的必要性及实施构想》,《河南四方警官职业学院学报》2016年第2期。

《我国大麻滥用的历史和现状》,《中国药物依赖性杂志》2015年第5期。

～陈加养等:《"治未瘾"理念视野下的毒品预防工作》,《犯罪与改造研究》2015年第5期。

《日本毒品滥用的历史和现状》,《中国药物依赖性杂志》2015年第3期。

～郑雪花:《韩国毒品滥用现状》,《中国药物依赖性杂志》2015年第3期。

～陶蓉蓉等:《美国甲基苯丙胺滥用的历史和现状》,《中国药物依赖性杂志》2015年第1期。

～陈加养等:《中亚独联体国家毒品滥用现状》,《中国药物滥用防治杂志》2015年第1期。

周利霞（广州中医药大学）

《宋金元时期情志病证证治规律的初步研究》,广州中医药大学硕士学位论文2006年。

周立新

《埃及的保健状况》,《医学史与保健组织》1958 年第 2 期。

周丽艳(黑龙江省社会科学院)

《二战后美日掩盖和庇护日本细菌战罪行之剖析》,黑龙江省社会科学院硕士学位论文 2008 年。

周丽昀(上海大学)

《从生命伦理学到身体伦理学》,《中国社会科学报》2016 年 1 月 19 日 005 版。

《身体伦理学:生命伦理学的后现代视域》,《学术月刊》2009 年第 6 期。

《安乐死的原本意义与现代意义之争》,《华中科技大学学报(社会科学版)》2008 年第 1 期。

周礼智

《张元素——河北历代名医之三》,《河北日报》1962 年 4 月 11 日。

周亮(西北师范大学)

～白永平等:《全球甲型 H1N1 流感前期时空分布特征研究》,《商丘师范学院学报》2010 年第 3 期。

周梁羊子(浙江师范大学)

张根福～:《1927—1937 年上海华界地区卫生改良活动探析——以上海市卫生局为中心》,《浙江社会科学》2018 年第 3 期。

《民国时期上海华界地区卫生资源整合研究(1927—1937)》,浙江师范大学硕士学位论文 2017 年。

周凌敏(南方医科大学)

《这儿只有这种故事——论〈这儿只有这种人:儿科肿瘤病区咿呀学语的儿童〉的反医学殖民叙事》,《外国语文》2014 年第 3 期。

周柳亭

《读黄竹斋宁波访求仲景遗书记书后》,《杏林医学月报》1935 年第 74 期。

周路红(山西中医药大学/山西中医学院)

王珊珊……周文静～:《日本汉方腹诊初探》,《世界中西医结合杂志》2019 年第 7 期。

王蓓、李俊～:《论〈礼记〉中的饮食养生观》,《中国中医基础医学杂志》2019 年第 4 期。

～李俊:《试论古代医生的职业形象》,《医学与哲学》2019 年第 1 期。

～王蓓:《〈本草纲目〉"酱"释名及食疗作用辨疑》,《中国中医基础医学杂志》2018 年第 9 期。

王蓓～明易:《近代山西民间社团对中医发展的贡献》,《中国中医药现代远程教育》2018 年第 1 期。

～宋志萍:《清代山西医家王堉治痰经验研究》,《光明中医》2016 年第 12 期。

～宋志萍:《李时珍对"谨和五味"饮食养生方法的贡献》,《时珍国医国药》2015 年第 1 期。

《解读饮茶诗的养生意蕴》,《光明中医》2014 年第 5 期。

《袁枚顺应自然的养生之道》,《中国中医基础医学杂志》2014 年第 4 期。

《论徐灵胎的医学成就》,《光明中医》2014 年第 4 期。

～宋志萍:《徐灵胎治学特点研究》,《医学与哲学(A)》2014 年第 4 期。

《从〈本草纲目〉的视角探寻咏茶诗的医学意义》,《时珍国医国药》2014 年第 2 期。

～宋志萍:《清代医家王堉和他的〈醉花窗医案〉》,《光明中医》2014 年第 2 期。

《中华传统文化视域下古代名医的学术懿行》,《中国中医基础医学杂志》2013 年第 11 期。

《基于〈本草纲目〉比较酒和醋的差异及文化内涵》,《时珍国医国药》2012 年第 3 期。

《李时珍〈本草纲目〉引用〈诗经〉的意义》,《时珍国医国药》2010 年第 2 期。

《探寻儒家思想与古代医家社会责任的渊源》,《光明中医》2010 年第 6 期。

《试析〈本草纲目〉引据〈诗经〉的草类植物》，《中国中医药现代远程教育》2008 年第 11 期。

《古代医家科学精神的启示》，《中医药管理杂志》2008 年第 8 期。

～刘润兰：《古医籍书名与古代医学家的人文精神考》，《世界中西医结合杂志》2007 年第 2 期。

《浅谈中国的酒文化》，《山西高等学校社会科学学报》2005 年第 9 期。

～穆俊霞：《中医古籍书名的演变》，《山西中医学院学报》2005 年第 1 期。

《小议〈本草纲目〉中引用的〈说文解字〉》，《山西中医学院学报》2002 年第 1 期。

《〈本草纲目〉释名探析》，《山西中医学院学报》2001 年第 1 期。

周路南（华中师范大学）

《医务社会工作对农村妇科病患者焦虑情绪的介入研究》，华中师范大学硕士学位论文 2018 年。

周洛（西藏藏医学院）

～多杰当周：《藏医〈四部医典〉中人体胚胎学的概论》，《中国民族医药杂志》2015 年第 6 期。

周茂生（皖南医学院弋矶山医院）

《一所服侍众人的教会医院——记安徽淮南市教会广济医院》，《天风》2005 年第 2 期。

周梦白

《医师与药师之道的》，《新药月报》1936 年第 6 期。

《药德》，《诊疗医报》1933 年第 9 期。

周梦林（东北师范大学）

《福柯的规范思想研究——福柯〈古典时代疯狂史〉研究》，东北师范大学硕士学位论文 2017 年。

周梦圣

《从中国医学史来看古人对食物营养的认识》，《人民保健》1960 年第 2 期。

周媚（广州中医药大学）

《从古文献探讨月经前后诸证发病的体质因素》，《内蒙古中医药》2012 年第 8 期。

《带下病历代文献及方药证治规律研究》，广州中医药大学博士学位论文 2012 年。

周冕（北京市结核病胸部肿瘤研究所）

～刘守艺：《人类与肺结核（连载之七至续完）》，《结核病健康教育》2000 年第 2 期；2001 年第 1、2 期。

《人类与结核病（连载）》，《结核病健康教育》1996 年第 2 期；1997 年第 1 期；1998 年第 1、2 期；1999 年第 1 期。

周敏（上海中医药大学）

《日本江户时代主要本草学派对〈本草纲目〉的受容研究》，《时珍国医国药》2019 年第 5 期。

周敏（中国科学院大学/中国中医科学院）

～叶进：《汉唐时期中医肾虚概念的历史演变》，《中华中医药杂志》2018 年第 5 期。

～叶进：《日本综合食物本草学专著〈庖厨备用倭名本草〉》，《中华医史杂志》2017 年第 6 期。

～方晓阳：《左归丸及右归丸创方思想的历史考察》，《中医杂志》2015 年第 11 期。

《肾虚问题的历史研究》，中国科学院大学博士学位论文 2015 年。

～方晓阳：《〈黄帝内经〉中"肾虚"概念及相关条文之探究》，《辽宁中医药大学学报》2014 年第 5 期。

～胡颖翀：《小野蘭山〈本草纲目启蒙〉简介与评价》，《中华医史杂志》2014 年第 5 期。

肖永芝～：《日本传播〈本草纲目〉的重要人物》，《中医文献杂志》2014 年第 2 期。

《〈本草纲目〉在日本江户时期的传承及影响研究》,中国中医科学院硕士学位论文 2009 年。

《日本食物本草学专著〈本朝食鉴〉》,《中华医史杂志》2009 年第 1 期。

周敏锐(苏州科技学院)

《战后日本小学供餐史研究》,苏州科技学院硕士学位论文 2015 年。

周明道(萧山县所前卫生院)

《萧山竹林寺妇科世系补考》,《浙江中医学院学报》1981 年第 6 期。

周明忻(上海市金山区中心医院)

《我国近代中西医汇通史》,《中医文献杂志》2001 年第 4 期;2002 年第 1 期。

《追忆宋师大仁先生》,《医古文知识》2001 年第 2 期。

《王吉民医史论文目录》,《中华医史杂志》2000 年第 2 期。

《宋大仁年谱》,《中华医史杂志》1999 年第 4 期。

《医史学家宋大仁其人其事》,《中医文献杂志》1999 年第 3 期。

《医史学家王吉民先生其人其事》,《中医文献杂志》1997 年第 4 期。

周铭心(新疆医科大学)

王苗～:《古今医家治疗乳癖常用药方剂计量学分析》,《时珍国医国药》2018 年第 10 期。

～王苗:《张景岳新方八阵方药方剂计量学分析》,《新疆中医药》2018 年第 6 期。

王苗～:《〈针灸大成〉针刺处方用穴归经及方剂计量学分析》,《中华针灸电子杂志》2018 年第 4 期。

岳明明～沙塔娜提·穆罕默德:《近代医家陆渊雷临证用药方剂计量学研究》,《中医药导报》2017 年第 24 期。

王苗～:《〈伤寒论〉方剂药对之方剂计量学甄选与解析》,《时珍国医国药》2016 年第 4 期。

宋亚巍……史艳馨～:《清代医家治疗痛经临证处方止痛药方剂计量学分析》,《中华中医药杂志》2015 年第 2 期。

沙塔娜提·穆罕默德、刘佩珍～:《近代中西医汇通派医家张锡纯与恽铁樵临证用药方剂计量学研究》,《中华中医药学刊》2014 年第 8 期。

宋亚巍～:《〈妇人大全良方〉中治疗痛经所用止痛药方剂计量学分析》,《四川中医》2014 年第 2 期。

沙塔娜提·穆罕默德、毕肯·阿不得克里木～:《近代中西医汇通派 4 位医家临证用药方剂计量学研究》,《世界科学技术·中医药现代化》2014 年第 1 期。

王苗～:《〈伤寒论〉汤剂君药分析》,《吉林中医药》2013 年第 12 期。

毕肯·阿不得克里木、沙塔娜提·穆罕默德～:《清代医家唐容川临证用药方剂计量学研究》,《新疆中医药》2013 年第 4 期。

陈阳、吕光耀～:《〈成方切用〉佐药使用特点探讨》,《新疆中医药》2012 年第 6 期。

赵建华……袁海燕～:《〈叶天士医学全书〉治疗消渴病用药规律分析》,《新疆中医药》2011 年第 3 期。

姜德、韩雷晨～:《朱丹溪临证方药特点的方剂计量学研究》,《新疆医科学学报》2010 年第 12 期。

李杰……吕光耀～:《叶天士脾胃分治用药特色方剂计量学分析》,《中华中医药杂志》2010 年第 12 期。

何佳～付玲:《用方剂计量学方法分析清代早期医家临证用药特征》,《中国中医基础医学杂志》

2010年第8期。

何佳～尚玉红：《从清代早期医家郑重光临证用药分析新安医学地域性特征——从方剂计量学方法谈起》，《中华中医药杂志》2010年第7期。

李杰、王燕～：《叶天士临证用药规律方剂计量学分析》，《四川中医》2010年第5期。

王燕～：《刘完素治疗情志病用药特色方剂计量学分析》，《浙江中医药大学学报》2010年第1期。

姜德～：《朱丹溪与张景岳临证处方方剂计量学研究》，《浙江中医药大学学报》2010年第1期。

王燕、李杰～：《从〈宣明论方〉方剂计量学分析刘完素寒温用药特点》，《中华中医药杂志》2009年第11期。

王燕、马燕～：《刘完素治疗中风病方药特色方剂计量学分析》，《中医杂志》2009年第10期。

王燕、马燕～：《刘完素学术思想传承轨迹方剂计量学分析》，《江苏中医药》2009年第9期。

姜德、徐暾海～：《朱丹溪学术思想脉络传承的方剂计量学研究》，《中国中医基础医学杂志》2009年第5期。

辜琨、刘欢～：《〈医宗金鉴〉不同科属临证处方用药特点分析》，《新疆中医药》2009年第2期。

李杰、吕光耀～：《喻昌论燥——西北燥证治法相关文献研究》，《南京中医药大学学报（社会科学版）》2009年第1期。

吕光耀～：《李东垣脾胃病用药组方规律分析》，《时珍国医国药》2007年第2期。

胡浩～吕光耀：《吴鞠通〈温病条辨〉湿邪治法特点管窥》，《中共中医基础医学杂志》2006年第12期。

许红峰～吕光耀：《〈新方八阵〉补真阴与补真阳用药关联性研究》，《浙江中医杂志》2006年第9期。

王燕～：《吴鞠通治燥特色探讨——西北燥证治法相关文献研究》，《新疆中医药》2006年第4期。

沙塔娜提、孙红友～：《环境地理因素与亚健康状态的关系初探——西北燥证背景研究》，《新疆中医药》2006年第4期。

吕光耀～：《李东垣用药组方规律研究综述》，《新疆中医药》2003年第6期。

《用计量化方法探讨〈傅青主女科〉方药特点及作者真伪》，《中国中医基础医学杂志》1996年第6期。

《〈傅青主女科〉方药特色浅探及作者考识——方药计量化研究尝试》，《新疆中医药》1991年第4期。

～陈智明：《〈内经〉"南北政"问题解析》，《中国中医基础医学杂志》2000年第5期。

《对〈内经〉"南北政"问题的探讨》，《新疆医学院学报》1982年Z1期。

周沫（黑龙江中医药大学）

《朱砂研究简史》，黑龙江中医药大学硕士学位论文2011年。

～程伟：《不该被历史遗忘的医界斗士——伍连德》，《河南中医》2011年第7期。

周楠（北京林业大学）

《转基因食品安全监管体系的中国模式》，北京林业大学硕士学位论文2010年。

～周建华：《转基因食品安全监管体系研究》，《广东农业科学》2010年第7期。

周楠本（北京鲁迅博物馆）

《仙台医专鲁迅〈入学志愿书〉》，《鲁迅研究月刊》2010年第1期。

周年

《阿拉伯医学在中国》,《阿拉伯世界》1985 年第 3 期。

周宁（河北医科大学）

《〈黄帝内经〉脉学思想及诊脉技术的研究》,河北医科大学硕士学位论文 2008 年。

周珮琪（台湾中国医药大学）

～林昭庚:《日治时期台湾中医师专业证照考试及医事制度之建立》,《台湾中医医学杂志》第 10 卷第 2 期(2011.6)。

～林昭庚:《台湾保险制度中关于中医医疗给付的》,《中华医史杂志》2010 年第 4 期。

《日治时期台湾中医研究》,台湾中国医药大学博士学位论文 2010 年。

～林昭庚:《台湾中医大学教育及考试制度现状》,《中华医史杂志》2009 年第 5 期。

陈光伟～林昭庚:《20 世纪 60 年代前台湾中医发展简史》,《中华医史杂志》2007 年第 2 期。

周鹏飞（东北师范大学）

《西医传入与中西医冲突下的上海社会(1872—1905)》,东北师范大学硕士学位论文 2012 年。

周萍（湖南师范大学）

朱建国～:《〈内经〉心理健康教育思想研究》,《新中医》2013 年第 11 期。

～董彦皓:《关于〈内经〉五态人格研究的思考》,《湖南师范大学教育科学学报》2007 年第 1 期。

～董彦皓:《析中国传统心理治疗之特色》,《湖南师范大学教育科学学报》2003 年第 3 期。

周萍（山东中医药大学）

《民国史上的中医存废之争》,《山东档案》2014 年第 1 期。

《〈大宅门〉里的宏济堂》,《山东档案》2011 年第 5 期。

周琦（北京中医药大学）

《民国时期中医救亡斗争与日本明治时期汉方医学救亡斗争的比较研究》,北京中医药大学硕士学位论文 2007 年。

周启明（华中师范大学）

《论转型中的武汉公共卫生建设(1927—1937)》,华中师范大学硕士论文 2006 年。

周启荣（美国伊利诺伊大学）

《医治公众:清代士商社会的公共文化与慈善医疗服务》,余新忠主编《新史学》第九卷:医疗史的新探索(2017)。

周岐隐

《浙江历代医名录》,《浙江中医杂志》1957 年第 1—8、10—11 期。

周强（中日友好医院）

～李兰群等:《论中国古代性事宜忌观》,《中国性科学》2006 年第 10 期。

～袁冰等:《〈黄帝内经〉五行配脏探源》,《中医文献杂志》2002 年第 1 期。

周勤

《德国医疗保险与卫生改革》,《国外医学(医院管理分册)》1994 年第 3 期。

周清（福建省龙岩卫生学校）

《试析明代武之望〈济阴纲目〉对优生学的贡献》,《福建中医学院学报》2007 年第 4 期。

周晴（上海市中医文献馆）

～徐燎宇等:《记章次公先生为医精神》,《中医药文化》2015 年第 1 期。

张进～张云鹏：《探先师次公先生学术成就一二》，《浙江中医药大学学报》2014年第7期。

～杨悦娅等：《论章次公先生"发皇古义，融会新知"的治学思想》，《世界中西医结合杂志》2013年第11期。

周庆焕（辽宁医学院）

《"他者"视角下护士职业精神的现状及培育路径研究》，辽宁医学院硕士学位论文2015年。

周琼（云南大学／中国人民大学／西南古籍研究所）

《云南HIV病毒的流行病史初探（1989—2017）》，《文山学院学报》2019年第1期。

《环境史多学科研究法探微——以瘴气研究为例》，《思想战线》2012年第2期。

～袁英等：《西南边疆民族地区新型毒品泛滥后果研究》，《文山学院学报》2011年第2期。

～李梅：《清代云南生态环境与瘴气区域变迁初探》，《史学集刊》2008年第3期。

《清代云南澜沧江、元江、南盘江流域瘴气分布区初探》，《中国边疆史地研究》2008年第2期。

《藏区"冷瘴"新辨》，《中国藏学》2008年第1期。

《清代云南瘴气环境初论》，《西南大学学报（社会科学版）》2007年第3期。

《清代云南潞江流域瘴气分布区域初探》，《清史研究》2007年第2期。

《瘴：疫病史与病理学的透视——一种方法论的践行》，《中国图书评论》2007年第2期。

《三至十七世纪云南瘴气分布区域初探》，《历史地理》2007年00期。

《瘴气研究综述》，《中国史研究动态》2006年第5期。

周秋光（湖南师范大学）

蒋勇军～：《论胡文虎与民国慈善公益事业》，《贵州社会科学》2014年第10期。

杨智芳～：《论中国红十字会的起源》，《湖南师范大学社会科学学报》2006年第4期。

《民国北京政府时期中国红十字会的慈善救护与赈济活动》，《近代史研究》2000年第6期。

《民国北京政府时期中国红十字会的会内宣传与经费筹措》，《湖南师范大学社会科学学报》2004年第4期。

周全德（河南省社会科学院）

《略论中华生育习俗的历史渊源和文化特征》，《文化学刊》2008年第5期。

周冉（浙江大学）

《非传统安全威胁识别、评估与应对研究——以中国的"外源性"威胁为例》，浙江大学博士学位论文2016年。

周荣（德阳市人民医院）

《试论地域因素与中医流派研究》，《中华中医药杂志》2017年第12期。

～江澄：《清代四川中医群体的组成》，《西北中医药》2017年第10期。

～张敏：《地域视角下四川中医发展史初探》，《环球中医药》2016年第1期。

～张敏：《〈华佗神医秘传·鼻科秘传〉探析》，《四川中医》2012年第5期。

～张敏：《〈诸病源候论·妇人杂病诸候〉中"无子候"探析》，《四川中医》2011年第12期。

周蓉（山西中医学院）

～冯丽梅：《传统文化视域下人文医学思想研究——基于经典医籍之序言》，《山西高等学校社会科学学报》2015年第11期。

薛芳芸、杨继红～冯丽梅：《〈东坡养生集〉中食疗与药疗法》，《中国中医基础医学杂志》2014年第2期。

～薛芳芸等:《时间周期对人生理病理的重要影响》,《中国中医药现代远程教育》2013 年第 8 期。

～薛芳芸等:《宋代文士尚医风气盛行的内外因素探析》,《时珍国医国药》2013 年第 5 期。

～薛芳芸等:《略论傅山的才学及从医缘由》,《山西中医》2013 年第 5 期。

～杨继红等:《试论傅山医学论著中的道家思想》,《山西中医》2013 年第 4 期。

～薛芳芸等:《宋代前后巫与医社会地位对比探究》,《时珍国医国药》2013 年第 3 期。

～薛芳芸等:《宋代医学教育兴盛的社会因素探析》,《时珍国医国药》2013 年第 2 期。

薛芳芸～冯丽梅等:《〈黄帝内经〉情志致病原因探析》,《时珍国医国药》2012 年第 11 期。

薛芳芸、冯丽梅～李俊莲等:《宋代文士编撰方书之风盛行现象探析》,《医学与哲学(A)》2012 年第
11 期。

～郭文娟:《关于〈难经〉独取寸口的学术意义探析》,《中国中医基础医学杂志》2012 年第 10 期。

～杨继红等:《医古文中病愈意义词语探析》,《山西中医》2012 年第 9 期。

《宋代文人通医现象及缘由探析》,《时珍国医国药》2012 年第 5 期。

《傅山的治学方法研究对当代社会的启示》,《光明中医》2012 年第 1 期。

《略论傅山的医学业绩与重要贡献》,《山西中医》2011 年第 9 期。

冯丽梅、薛芳芸～:《简论明清江南地域医学兴盛的专业条件》,《光明中医》2011 年第 5 期。

《论傅山的医德》,《光明中医》2011 年第 3 期。

薛芳芸、冯丽梅～:《宋代文人养生之盛况及缘由探究》,《光明中医》2010 年第 8 期。

～薛芳芸等:《从陆游的长寿与李贺的早夭看传统精神养生法及对当代社会的启示》,《山西高等学
校社会科学学报》2010 年第 3 期。

薛芳芸～:《医古文中表示"死亡"和"病愈"义词语的辨析》,《山西中医学院学报》2006 年第 4 期。

～张文平:《〈四气调神大论〉"天人合一"季节养生法浅析》,《中医药临床杂志》2005 年第 6 期。

～张文平:《阴阳自和与阴平阳秘理论浅析》,《山西中医学院学报》2005 年第 4 期。

周镕清

A.Swain 撰,～译:《中国医学》,《中医世界》1930 年第 5—6 期。

周睿(广州中医药大学)

《岭南灸法古籍〈采艾编〉与〈采艾编翼〉整理及相关研究》,广州中医药大学硕士学位论文 2010 年。

周睿(华中师范大学)

《双重传播与媒介控制——传染性疾病病原与信息的传播特性及控制研究》,华中师范大学硕士学
位论文 2009 年。

周莎

《历代研究伤寒文献的统计》,《中西医药》1935 年第 1 期。

周少波(杭州市第一人民医院)

～丁国民:《〈永类钤方〉在骨伤科方面的重要成就》,《浙江中医学院学报》1996 年第 4 期。

周慎(湖南省中医药研究院)

蒋军林、李倩～:《论王清任中风气虚血瘀论的理论渊源及其对后世影响》,《湖南中医杂志》2007
年第 3 期。

刘祖贻～:《孙思邈之温病观探讨》,《湖南中医杂志》1993 年第 6 期。

《张仲景组方方法初探》,《国医论坛》1993 年第 6 期。

～刘祖贻:《扁鹊〈难经〉对仲景学说形成的影响》,《河南中医》1993 年第 4 期。

周圣堃（西南大学）

《战国楚简所见疾病的预防与治疗研究》,西南大学硕士学位论文 2012 年。

周世观（江苏省医学情报研究所）

～刘晓强:《美国人获得医疗服务的现状与改革》,《国外医学（卫生经济分册）》1995 年第 3 期。

周时厚（黄山市中医院）

～黄辉:《〈本草备要〉浅谈》,《四川中医》1990 年第 5 期。

周世明（邻水县人民医院）

《中医药起源新解》,《亚太传统医药》2011 年第 11 期。

周士琦

《"龙涎"考》,《文史》第 43 辑（1997）。

周世荣（湖南省博物馆）

《谈马王堆导引图和〈诸病源候论〉中的导引术式》,《湖南中医学院学报》1985 年第 2 期。

周施廷（中国人民大学）

《马丁·路德与宗教改革时期的瘟疫救治》,《贵州社会科学》2016 年第 4 期。

《论 16 世纪纽伦堡慈善和社会救济制度改革》,《世界历史》2013 年第 6 期。

周寿祺（中国卫生部）

《评中国医疗保障制度的公平性》,《中国药物经济学》2008 年第 2 期。

《少些口号 多些实际——从"抓大放小"还是"抓小放大"说起》,《国际医药卫生导报》2005 年第 21 期。

《瞻前顾后 统筹发展——医保边际问题述评》,《国际医药卫生导报》2005 年第 7 期。

《人人享有医疗保障应纳入全面建设小康社会指标体系》,《卫生经济研究》2004 年第 3 期。

《试论农村新型合作医疗制度》,《国际医药卫生导报》2004 年第 7 期。

《关于构建小康社会医疗保障体系的政策建议》,《卫生经济研究》2004 年第 3 期。

《探寻农民健康保障制度的发展轨迹》,《国际医药卫生导报》2002 年第 6 期。

《步履艰难的医疗保险——评几个值得研究的问题》,《卫生软科学》2002 年 2 期。

《法国医疗保险近况——访法考察报告》,《国际医药卫生导报》1999 年第 6 期。

《中国农村健康保障制度综述》,《中国医药管理》1990 年第 5 期。

周舒娟（浙江师范大学）

《安徽省无为县熊家村鬼奶奶治疗"趟着鬼"巫医习俗研究》,浙江师范大学硕士学位论文 2013 年。

周松青（上海政法学院）

《西方疾病社会学研究综述》,《人文杂志》2013 年第 10 期。

洲塔

《拉卜楞寺医药学院》,《中国藏学》1997 年第 4 期。

周婷（湖北大学）

《从奥巴马医疗改革看美国医疗卫生政策的制定》,湖北大学硕士学位论文 2014 年。

周婷玉（新华通讯社）

《中国药学会成立百年已有 8 万会员》,《人民日报》2007 年 9 月 2 日 002 版。

周伟（湖北中医学院）

《我国古代传统医学教育的几点思考》,《湖北中医学院学报》2006 年第 2 期。

《古代有关医德论述浅议》,《湖北中医学院学报》2001 年第 1 期。

周玮（辽宁大学）

《美国医学会与 1930 年代—1960 年代联邦政府医疗改革》,辽宁大学硕士学位论文 2014 年。

周伟伟（福建中医药大学）

《陈修园医学流派研究》,福建中医药大学硕士学位论文 2014 年。

～杜建:《徐春甫食疗养生特色》,《福建中医药》2014 年第 5 期。

～林慧光:《陈修园流派》,《福建中医药大学学报》2013 年第 5 期。

周文俊（中山大学）

《北魏道武帝晚年行事别解——对其癯疾与服散的分析》,《社会科学研究》2017 年第 3 期。

周霞（广西中医学院）

朱彤～:《高药价时代与医学多元性》,《科学对社会对影响》2010 年第 4 期。

～朱彤:《浅析高药价下传统医学的发展》,《医学与社会》2010 年第 12 期。

董明娇～钟振国:《试论瑶族宗教仪式中的瑶医药文化——以广西恭城势江源瑶"还盘王愿"仪式为例》,《中国民族医药杂志》2009 年第 8 期。

～董明娇:《密洛陀信仰的医学文化分析》,《广西中医药》2009 年第 5 期。

周霞（山东中医药大学）

《健忘证防治方药的中医文献研》,山东中医药大学硕士学位论文 2002 年。

～韩福祥:《浅析孙思邈对髓的认识》,《山东中医药大学学报》2001 年第 4 期。

周向明（吉林大学）

《医疗保障权研究》,吉林大学博士学位论文 2006 年。

王静～:《医疗保障制度经济功能论》,《吉林省教育学院学报》2006 年第 3 期。

～王静:《矛盾中的启示——医疗保障制度比较研究》,《吉林省教育学院学报》2006 年第 1 期。

周晓杰（山东大学）

《教会医疗事业与近代山东社会（1860—1937）》,山东大学硕士学位论文 2016 年。

周小军（湖南中医学院）

～田道法:《鼻咽癌古文献研究》,《中华医史杂志》2001 年第 2 期。

周筱齐

《中国医药源流和沿革及研究之途径》,《国医公报》1935 年第 4、7—8 期。

周潇湘（湖南中医药大学）

《江氏正骨术和小儿骨折治疗经验的研究》,湖南中医药大学硕士学位论文 2017 年。

～易法银:《江氏正骨治疗颈椎病验案举隅》,《湖南中医杂志》2017 年第 10 期。

～丁颖等:《论寒食散的缘起及其利弊》,《湖南中医药大学学报》2015 年第 11 期。

周欣（湖南大学）

《中小型医疗建筑空间探讨》,湖南大学硕士学位论文 2008 年。

周鑫（武汉大学）

《种族卫生学与纳粹时期的德国医学界》,武汉大学博士学位论文 2012 年。

《纳粹德国〈绝育法〉新探——从纳粹〈绝育法〉看纳粹政权的邪恶性》,《社会科学论坛》2012 年第

3 期。

周新顺(山东大学威海分校)

《晚清政论中的"病国"隐喻与中医思维——以〈东方杂志〉政论为例》,《山东大学学报(哲学社会科学版)》2012 年第 4 期。

周欣怡

《评介李贞德着〈女人的中国医疗史——汉唐之间的健康照顾与性别〉》,《洄澜春秋》第 7 期(2010.7)。

周行

G.斯拉姆撰,~译:《中国古代本草中治疗乳癌及胃癌的药物》,《江西中医药》1957 年第 9 期。

周兴兰(成都中医药大学)

张乙小~曾芳等:《老官山汉墓出土经穴髹漆人像手阳明经脉循行演变研究》,《中医杂志》2019 年第 23 期。

张迪~曾芳等:《成都老官山汉墓出土髹漆经穴人像手太阳小肠经循行研究》,《中医杂志》2019 年第 8 期。

邱科……梁繁荣~:《成都老官山汉墓经穴髹漆人像手三阴经循行考证》,《中华中医药杂志》2018 年第 4 期。

葛敬生~赵怀舟:《〈六十病方〉婴儿口嚼汤剂与〈大隅国风土记〉村民嚼米酿酒比较研究》,《中医药文化》2018 年第 1 期。

印帅、曾芳~程施瑞等:《成都老官山汉墓髹漆人像足太阳经脉循行浅析》,《辽宁中医杂志》2017 年第 6 期。

黄柳杨、曾芳~梁繁荣:《从西汉出土经穴髹漆人像看足少阳经脉的循行演变》,《成都中医药大学学报》2017 年第 1 期。

印帅……谢涛~江章华等:《从成都老官山汉墓髹漆人像看足阳明经脉循行演变》,《辽宁中医杂志》2017 年第 1 期。

邱科……黄柳杨~曾芳:《试论古代经脉循行方向发展和演变》,《世界最新医学信息文摘》2016 年第 40 期。

邱科~孙睿睿等:《从西汉出土经穴髹漆人像看手厥阴经脉的循行演变》,《中国中医基础医学杂志》2016 年第 10 期。

刘兴隆、赵怀舟~和中浚:《成都老官山汉墓出土医简〈六十病方〉方剂剂型考辨》,《中医药文化》2016 年第 1 期。

和中浚……任玉兰~王丽等:《老官山汉墓医简〈六十病方〉排序研究(续完)》,《中医文献杂志》2015 年第 5 期。

赵怀舟……李继明~谢涛:《成都老官山汉墓〈六十病方〉和〈武威汉代医简〉的比较研究》,《中医药文化》2015 年第 5 期。

和中浚……任玉兰~王丽等:《老官山汉墓医简〈六十病方〉排序研究》,《中医文献杂志》2015 年第 4 期。

和中浚……任玉兰~王丽等:《老官山汉墓医简〈六十病方〉体例初探》,《中医文献杂志》2015 年第 3 期。

梁繁荣、曾芳~谢涛等:《成都老官山出土经穴髹漆人像初探》,《中国针灸》2015 年第 1 期。

《中医外科痈疽之探究》,《大家健康(学术版)》2013 年第 5 期。

~和中浚:《隋以前痈疽病证发展的研究概述》,《广西中医药大学学报》2013 年第 2 期。

~和中浚:《〈诸病源候论〉中医外科病症特点研究》,《四川中医》2012 年第 5 期。

和中浚~:《〈外科证治全生集〉与〈洞天奥旨〉学术思想的比较研究》,《中华中医药学刊》2012 年第
3 期。

和中浚~:《〈千金方〉外科病证的分类及病名研究》,《辽宁中医杂志》2011 年第 3 期。

江玉、和中浚~梁海涛:《薛立斋外科学术成就与特色》,《四川中医》2009 年第 4 期。

和中浚~:《明清医家对中医四诊全面发展的贡献》,《江西中医学院学报》2008 年第 5 期。

周星宇(陕西师范大学)

《1932 年霍乱疫情中的核心城市防疫与边缘乡村失序》,《宁夏大学学报(人文社会科学版)》2019
年第 4 期。

周雪梅(安徽中医药大学/安徽中医学院)

陈瑛……程书涵~:《从〈内经〉"和"理论浅谈〈血证论〉治疗血瘀证》,《世界最新医学信息文摘》
2019 年第 80 期。

《新安医家余国珮以"刚柔"论脉辨燥湿的学术特色》,《安徽中医药大学学报》2019 年第 3 期。

~陆翔等:《中医望诊"相气"理论源流概述》,《中华医史杂志》2018 年第 3 期。

孟艳梅~徐从书:《新安医家脉诊浅析》,《中医药临床杂志》2017 年第 1 期。

~胡建鹏:《中医燥湿认识源流及"燥湿论"首倡者辨》,《中华医史杂志》2016 年第 4 期。

吴传云、管仕伟~:《〈伤寒论〉和〈金匮要略〉对糖尿病肾病的辨治指导》,《中医药临床杂志》2014
年第 6 期。

管仕伟……董昌武~王建青等:《从历史文化背景探讨方证内涵演变》,《中医杂志》2013 年第 8 期。

管仕伟……董昌武~王建青等:《先秦两汉时期对"方"与"证"的认识》,《辽宁中医药大学学报》
2013 年第 4 期。

~陈雪功等:《论方证辨证的形成源流和运用特点》,《北京中医药大学学报》2013 年第 3 期。

~陈雪功:《新安医家余国珮对燥、湿二气的认识》,《北京中医药大学学报》2011 年第 3 期。

《〈望诊遵经〉的学术意义浅探》,《安徽中医学院学报》2008 年第 3 期。

~陈雪功:《〈医门法律〉之咳喘辨治规律初探》,《中国中医急症》2008 年第 3 期。

周亚东(安徽中医药大学/安徽中医学院)

叶霖……白雪~:《"健康素养"培育体系的三维构建:元认知视角》,《医学与哲学》2019 年第
18 期。

周琦~:《论华佗五禽戏调气养生之道》,《中医学报》2019 年第 11 期。

杨硕鹏、卜菲菲~:《论中医药健康养生文化的哲学基础和当代价值》,《陕西中医药大学学报》2019
年第 4 期。

杨硕鹏、卜菲菲~张亚辉:《刍议中医药健康养生文化的理论原则和经验方》,《陕西中医药大学学
报》2019 年第 3 期。

叶青~:《华佗五禽戏养生机理》,《辽宁中医药大学学报》2018 年第 4 期。

刘玉洁~:《中医五色食养的理法及现代价值》,《赤峰学院学报(自然科学版)》2018 年第 3 期。

李卓~:《儒家思想在医学院学生医德教育中的作用探析》,《赤峰学院学报(自然科学版)》2017 年

第16期。

叶青～：《中医顺势养生思想观与方法》，《中医药临床杂志》2017年第9期。

赵娣～李卓：《新形势下中医药文化的国际传播途径》，《中医药临床杂志》2017年第8期。

王硕建～：《华佗医学精神探析》，《陕西中医药大学学报》2017年第4期。

叶青～：《中医顺势思维的文化渊源探析》，《南京中医药大学学报（社会科学版）》2017年第3期。

～赵倩文：《华佗五禽戏动静养生思想》，《安徽中医药大学学报》2017年第3期。

赵倩文～：《华佗五禽戏历史文化渊源》，《亚太传统医药》2016年第20期。

陈书华～王键：《生命之美的构建——〈黄帝内经〉美学思想刍议》，《学术界》2014年第11期。

陈书华～王晓宏：《忧乐圆融——论〈周易〉的生命美学思想》，《淮海工学院学报（人文社会科学版）》2014年第10期。

王键～：《交融渗透 相得益彰——论中医学与中国传统文化的互动关系》，《中医药文化》2014年第3期。

王硕建～：《华佗养生思想近十年研究综述》，《赤子（中旬）》2014年第2期。

王晓宏～：《华佗医学成就形成的主客观因素探析》，《赤峰学院学报（自然科学版）》2012年第19期。

《中国传统文化：和谐医患关系的思想资源》，《医院管理论坛》2010年第4期。

周亚琦（华中科技大学）

～周均清：《历史建筑保护性再利用社会影响评价研究——以武昌仁济医院为例》，《华中建筑》2009年第5期。

周亚威（郑州大学）

～白倩等：《郑州孙庄遗址仰韶文化人群的龋病》，《人类学学报》2019年第2期。

～刘明明等：《河南荥阳官庄遗址东周人骨研究》，《华夏考古》2018年第3期。

～顾万发等：《郑州汪沟遗址仰韶居民的脊柱退行性关节病》，《解剖学杂志》2017年第6期。

～顾万发等：《中国仰韶时期古代人类颌骨骨髓炎1例》，《华西口腔医学杂志》2017年第6期。

～丁丽娜等：《北京地区古代人群的龋病研究》，《天津师范大学学报（自然科学版）》2017年第4期。

～赵东月等：《磨盘山遗址新石器时代人骨研究》，《人类学学报》2017年第2期。

《西安坡底遗址秦人的龋病分布》，《空腔医学研究》2017年第2期。

～刘明明：《试论河南登封南洼遗址古代居民的拔牙现象》，《边疆考古研究》2017年第2期。

刘明明～：《生前拔牙——人类骨骼考古中的奇特痕迹》，《大众考古》2016年第10期。

《试论体质人类学研究解决的若干考古学问题——以性别年龄鉴定、古人种学、古病理学为例》，《江汉考古》2015年第6期。

朱泓～张全超等：《哈民忙哈遗址房址内人骨的古人口学研究——史前灾难成因的法医人类学证据》，《吉林大学社会科学学报》2014年第1期。

周燕（昆明理工大学）

《中缅传统医药合作项目的影响因素分析及对策研究》，昆明理工大学硕士学位论文2018年。

周雁翎

《差异悬殊：中国卫生保健事业面临严峻挑战》，《中国改革》2002年第4期。

周燕萍

～潘玫琳:《近代上海地方防疫档案史料选辑》,《档案与史学》2003 年第 4、5 期。

周燕群(中国记者杂志社)

～朱天博:《曾光眼中的公共卫生报道》,《中国记者》2003 年第 6 期。

周岩厦(浙江大学)

《早期新教传教士以教育、知识传播与医务活动促进传教事业述论——以〈中国丛报〉为中心》,浙江大学博士学位论文 2006 年。

周莺(中国中医科学院)

《试论四大药都形成与发展的影响因素》,中国中医科学院硕士学位论文 2016 年。

《樟树药市发展的相关因素浅析》,《中国现代中药》2016 年第 3 期。

《中医研究院建院初期的国际交流》,《中华医史杂志》2015 年第 6 期。

周瑶(湖南师范大学)

《南京国民政府中小学学校卫生教育政策研究(1927—1937)》,湖南师范大学硕士学位论文 2012 年。

周宜(成都中医药大学)

唐增、桂兵～:《从五神脏论脾胃在情志疾病防治中的作用》,《亚太传统医药》2017 年第 23 期。

桂兵、唐增～:《囊肿的中医格物思维》,《亚太传统医药》2017 年第 22 期。

唐增、熊力群～桂兵:《三阴三阳辨证探源》,《亚太传统医药》2017 年第 1 期。

刘亚雄……唐玉琴～:《从〈黄帝内经〉"气交变"浅淡"阴阳骤变"的发病观》,《成都中医药大学学报》2016 年第 1 期。

黄颖异～:《〈四圣心源〉论治淋证特点探析》,《亚太传统医药》2016 年第 3 期。

田野～:《浅论〈内经〉狂证的治法和用药》,《湖南中医杂志》2015 年第 5 期。

康波～:《〈内经〉中"肾气盛衰"与"治未病"理论的关系分析》,《湖南中医杂志》2015 年第 2 期。

康波～:《"衰其大半而止"发微》,《湖南中医杂志》2015 年第 1 期。

田野、罗刘衡～:《浅论〈内经〉之"五郁"》,《内蒙古中医药》2014 年第 34 期。

张远哲～李征爽:《浅谈"衰其大半而止"》,《华中中医药杂志》2014 年第 8 期。

～陈钢等:《从〈内经〉"有故无殒"思想看中药毒性研究》,《中国中医基础医学杂志》2007 年第 5 期。

～陈钢等:《〈黄帝内经〉中的中药毒性理论》,《四川中医》2009 年第 3 期。

周奕(湖南师范大学)

～李伦:《中国传统医患诚信模式及其当代价值》,《湖南大学学报(社会科学版)》2014 年第 5 期。

《中国传统医疗父爱主义思想研究》,湖南师范大学博士学位论文 2013 年。

～张怀承:《儒家人生观对传统医学伦理的影响》,《湖南大学学报(社会科学版)》2013 年第 2 期。

《制度伦理视域下的食品安全监管》,《伦理学研究》2012 年第 6 期。

《论我国食品安全监管中的政府道德责任》,《中南林业科技大学学报(社会科学版)》2012 年第 3 期。

周怡(新余学院)

《社交媒体时代医患关系报道的审视与反思》,《新余学院学报》2018 年第 2 期。

《新媒体时代食品安全报道的失范与对策》,《青年记者》2016 年第 11 期。

《媒体医患报道失范与新闻专业主义坚守》,《青年记者》2015年第21期。

周毅(浙江大学医学院)

《医疗体制改革比较研究》,浙江大学博士学位论文2015年。

《德国医疗保障体制改革经验及启示》,《学习与探索》2012年第2期。

~谭媛平:《公共卫生服务均等化思想与我国新医改实践》,《求索》2011年第7期。

《"新医改"下的我国医药产业可持续发展的国际竞争力研究》,《国际贸易问题》2011年第7期。

周一辰(上海中医药大学)

~徐世芬等:《针灸和中医药在美国的发展现况》,《环球中医药》2011年第1期。

周益成(国家医药管理局)

《医疗保险制度改革中的医药与卫生改革问题》,《中国医院管理》1997年第12期。

周贻(一)谋(湖南中医药大学/湖南中医学院)

《庆幸与傅维康教授结交数十年——兼评傅维康教授新增订版〈医药文化随笔〉》,《中医药文化》2012年第1期。

《张仲景"官至长沙太守"考》,《中华医史杂志》2007年第2期。

《论帛书所言"寒头暖足"与疾病防治》,《医学与哲学》2006年第9期。

《论古代房中名著〈洞玄子〉》,《中国性科学》2005年第3期。

《论房中经典〈素女经〉与〈玄女经〉》,《中国性科学》2005年第1期。

《历代诸家论醉酒入房的危害性》,《中国性科学》2004年第3期。

《袁黄与〈祈嗣真诠〉》,《中国性科学》2004年第1期。

《论张仲景的医德风范》,《南京中医药大学(社会科学版)》2003年第3期。

《清代李渔的颐养之道》,《南京中医药大学学报(社会科学版)》2002年第3期。

《清代石成金论房事宜忌》,《中国性科学》2002年第3期。

《论贾铭及其〈饮食须知〉》,《南京医科大学学报(社会科学版)》2002年第1期。

《清代李渔对色欲的精辟论述》,《中国性科学》2002年第2期。

《论我国早期的针灸医家》,《针灸临床杂志》2001年第6期。

《论曾世荣及其高尚医德》,《中医药学报》2001年第3期。

《论历代对醉酒入房的告诫》,《中国性科学》2001年第3期。

《略论针灸的起源》,《针灸临床杂志》2001年第1期。

《论武则天晚年广纳面首(男妾)》,《中国性科学》2000年第4期。

~严文广:《迷离扑朔的〈中藏经〉》,《湖南医科大学学报(社会科学版)》2000年第3期。

《唐代一篇珍贵的性学文献——论白行简的〈天地阴阳交欢大乐赋〉》,《性学》1999年第4期。

《论忽思慧及其〈饮膳正要〉》,《湖南中医学院学报》1999年第3期。

《颜之推对家教的论述》,《湖南医科大学学报(社会科学版)》1999年第3期。

《论我国传统医德》,《湖南医科大学学报(社会科学版)》1999年第2期。

《曾世荣在儿科领域的创建》,《湖南中医药导报》1997年第5期。

《论曾世荣的创新精神与高尚医德》,《医学与哲学》1997年第5期。

《〈本草纲目〉论酒醋的药用》,《湖南中医学院学报》1997年第4期。

《论曾世荣的学术成就与高尚医德》,《湖南中医学院学报》1997年第1期。

《略论第四医学——自我保健医学》,《湖南中医药导报》1996年第6期。

《论古代房事理论的成就和局限性》,《湖南中医药导报》1996 年第 3 期。

《略论王焘与〈外台秘要〉》,《湖南中医学院学报》1996 年第 1 期。

《论战国名医文挚》,《医古文知识》1996 年第 1 期。

《略论中国古代的麻醉药》,《中国中医药信息杂志》1995 年第 12 期。

《谈马王堆医书中的食疗食补方》,《食品与健康》1995 年第 5、6 期。

《略论我国传统养生学的进展》,《中国中医药信息杂志》1995 年第 2 期。

《论马王堆帛书对痔瘘病的诊治》,《湖南中医学院学报》1995 年第 2 期。

《〈本草纲目〉中"一伏时"考》,《湖南中医学院学报》1994 年第 4 期。

《帛书〈养生方〉及〈杂疗方〉中的方药》,《福建中医药》1992 年第 6 期。

《简论马王堆医书中的通假字》,《医古文知识》1992 年第 3 期。

王建新～龙月云:《张家山与马王堆同种医书异文对比初探》,《医古文知识》1992 年第 2 期。

《谈谈医家传记中的句读问题》,《医古文知识》1992 年第 1 期。

《藏医经典著作——〈四部医典〉》,《医古文知识》1991 年第 3 期。

陈力～龙月云:《对阜阳汉简〈万物〉所载药物与疾病的整理》,《湖南中医学院学报》1991 年第 2 期。

《略论王执中的〈针灸资生经〉》,《中医研究》1991 年第 1 期。

《唐代的医事制度与医学教育》,《医古文知识》1991 年第 1 期。

《马王堆医书考注散论》,《医学与哲学》1990 年第 4 期。

《苍生大医孙思邈》,《医古文知识》1990 年第 3 期。

聂菁葆～:《张仲景和盖仑的比较研究——兼论中西医学分道扬镳的历史标志》,《中医药学报》1990 年第 2 期。

彭增福～:《试论运气学说对子午流注学说形成的影响》,《湖南中医学院学报》1990 年第 2 期。

《阜阳汉简与古药书〈万物〉》,《医古文知识》1990 年第 1 期。

袁玮～:《中医基本理论的形成是不断实践验证与完善过程》,《陕西中医学院学报》1989 年第 4 期。

《古墓医书 泽绵后世》,《医古文知识》1989 年第 3 期。

袁玮～:《中医基本理论体系形成过程的融合与扬弃》,《医学与哲学》1989 年第 2 期。

袁玮～:《论中医基本理论各学说不同步的发生发展过程》,《贵阳中医学院学报》1988 年第 2 期。

《从〈饮膳正要〉看蒙古医家忽思慧的成就》,《中医药研究》1987 年第 5 期。

《论儒家学说与古代医学》,《医学与哲学》1986 年第 10 期。

《马王堆出土的医书和各种文献》,《图书馆》1986 年第 6 期。

《从马王堆医书看医学源流问题》,《医学与哲学》1986 年第 5 期。

《当代宋清的药店》,《中药材》1986 年第 5 期。

《南宋医家陈自明》,《中国农村医学》1986 年第 4 期。

《李杲与"传道医"》,《中国农村医学》1986 年第 1 期。

《略论马王堆竹木简医书》,《湖南中医杂志》1985 年第 1 期。

《试论明清时期江浙地区名医众多的原因》,《医学与哲学》1984 年第 7 期。

《陶弘景及其在本草学上的贡献》,《中国药学杂志》1984 年第 7 期。

《唐慎微与〈证类本草〉》,《中药材科技》1984 年第 6 期。

《杨继洲与〈针灸大成〉》,《中国农村医学》1984 年第 6 期。

《魏之琇与〈续名医类案〉》,《湖南中医》1984 年第 5 期。

《读张山雷〈医药学校宣言书〉》,《中医教育》1984 年第 2 期。

《德著千秋的苍生大医孙思邈》,《湖南中医学院学报》1984 年第 1 期。

《略论李时珍的科学态度》,《中国药学杂志》1983 年第 10 期。

《东汉医家郭玉》,《中国农村医学》1983 年第 3 期。

《精心医护病人的宋代名医庞安时》,《中国农村医学》1982 年第 6 期。

彭坚～:《论仓公》,《湖南中医学院学报》1982 年第 3 期。

《元代著名医学家朱震亨》,《中国农村医学》1982 年第 3 期。

《谈谈医史教学与医德教育》,《湖南中医学院学报》1982 年第 1 期。

《张从正反对滥用补法》,《中国农村医学》1981 年第 4 期。

《从"搜罗百氏"看李时珍的治学精神》,《赤脚医生杂志》1980 年第 4 期。

《唐代高僧医学家鉴真》,《湖南中医学院学报》1980 年第 2 期。

《清代名医叶天士》,《赤脚医生杂志》1979 年第 6 期。

《一部现存最早的外科专著——略论〈刘涓子鬼遗方〉》,《湖南中医学院学报》1979 年第 1 期。

《中国古代药物学的光辉成就》,《赤脚医生杂志》1979 年第 1 期。

《祖国医药学对人类巨大贡献(科技史话)》,《海南日报》1978 年 4 月 15 日。

周益新(大同市新建康医院/大同市基建职工医院)

《李时珍从易水理论释仲景学说》,《中国中医药报》2018 年 8 月 2 日 004 版。

《〈本草纲目〉对仲景学说的贡献》,《中国中医药报》2018 年 7 月 26 日 004 版。

《〈濒湖医案〉的药物外治法》,《中国中医药报》2018 年 6 月 6 日 004 版。

《李时珍〈濒湖医案〉用药特色》,《中国中医药报》2018 年 5 月 28 日 004 版。

《溯本穷源 剖析疑义——评〈八十一难经吕杨注〉辑校与研究〉》,《中医药文化》2017 年第 5 期。

《晚清应征御医汪守正侍诊慈禧太后疾病轶事考述》,《中医文献杂志》2017 年第 4 期。

《晚清应征御医汪守正生平简介》,《中医文献杂志》2017 年第 2 期。

～张芙蓉:《杜思敬〈济生拔萃〉评议》,《中医药文化》2015 年第 1 期。

～张芙蓉:《〈植物名实图考〉在山西刊刻流传述略》,《中医文献杂志》2014 年第 6 期。

《纪念陈邦贤先生创建〈医史研究会〉百年华诞》,《中医药文化》2014 年第 6 期。

《〈温热论〉学术渊源探析》,《中国中医药报》2011 年 9 月 30 日 004 版。

贺千里～:《〈金匮要略〉附方探讨》,《中医文献杂志》2011 年第 4 期。

《〈医贯·消渴论〉中一处讹误探源》,《中医药文化》2011 年第 2 期。

～贺千里:《平水晦明轩刻本〈重修政和经史证类备用本草〉考》,《中医药文化》2009 年第 2 期。

《〈傅青主女科〉祁刻本批注探讨》,《山西中医》2008 年第 4 期。

《范毓(香奇)与太乙神针法》,《山西中医》2007 年第 5 期。

《〈御药院方〉研究》,《山西中医》2007 年第 1 期。

《关于宋本〈伤寒论〉之研究》,《河南中医》2006 年第 8 期。

张芙蓉～:《〈琼瑶发明神书〉成书年代及作者考》,《中医文献杂志》2006 年第 2 期。

《王翼医事钩沉》,《山西中医》2006 年第 2 期。

《庄绰里籍及〈灸膏肓腧穴法〉考证》,《山西中医》2005 年第 6 期。

张芙蓉～:《对〈大小诸证方论〉顾炎武序的质疑》,《中医文献杂志》2005 年第 4 期。

《张仲景弟子卫泛考》,《山西中医》2005 年第 3 期。

《赵献可〈医贯〉成书年代辨正》,《广明中医》2005 年第 2 期。

《金代医家常仲明生平、家世、著述考略》,《山西中医》2004 年第 4 期。

～郭润利等:《高文庄、高若讷当为一人》,《中医文献杂志》2004 年第 2 期。

《宋代儒医高若讷对中医学的贡献》,《山西中医》2003 年第 5 期。

～张芙蓉:《五石散之治疗作用及毒副作用刍议》,《中华医史杂志》1999 年第 4 期。

～王如:《〈金匮〉"风中于前,寒中于暮"析义》,《浙江中医杂志》1998 年第 1 期。

《生物形象思维在中医学中的运用》,《医古文知识》1997 年第 2 期。

～王如:《"肚腹三里留"辨正》,《浙江中医杂志》1997 年第 3 期。

张芙蓉～:《"服食"小议》,《中医杂志》1997 年第 3 期。

～王如:《〈金匮要略〉血痹病脉现部位辨析》,《浙江中医杂志》1997 年第 1 期。

《〈募刻〈跌损妙方〉启〉注释辨误四则》,《北京中医》1996 年第 2 期。

《王勃从师学医事件之商榷》,《医古文知识》1994 年第 3 期。

《嵇清、嵇胜并非父子》,《中医杂志》1991 年第 4 期。

《"先生"别解》,《医古文知识》1991 年第 3 期。

周英

《广州私立博济医院高级护士职业学校概述》,《中华医史杂志》2007 年第 3 期。

周莹(安徽大学)

《从"八毛门"事件看媒介无意识的产生》,《新闻世界》2012 年第 7 期。

周莺(广州中医药大学)

《古代情志病证医案信息数理分析》,广州中医药大学博士学位论文 2007 年。

周郢(泰山学院)

《古代医籍中所引泰山石刻药方考》,《中华医史杂志》2018 年第 1 期。

周莹(新疆财经大学)

《健康传播视角下〈健康报〉抑郁症议题的报道研究》,新疆财经大学硕士学位论文 2019 年。

周勇(广东金融学院)

《美国精神健康领域社会工作及其对中国的启示》,《四川大学学报(哲学社会科学版)》2010 年第 3 期。

周永生(复旦大学)

《"道地"的消隐——"大跃进"时期中药材的"就地生产"》,《医疗社会史研究》2017 年第 2 期。

周渝

《亲历"跨国受降"的远征军医官——中国远征军中尉医官张同友寻访录》,《贵阳文史》2015 年第 1 期。

周宇平(南京大学)

《德国现代医学知识在中国的传播——以同济大学为考察中心(1907—1949)》,南京大学硕士学位论文 2016 年。

周裕清

《链霉素用法之演进》,《内科学报》1950 年第 9 期。

周玉文

《建国后的防疫工作》,《中国档案报》2003年10月31日T00版。

周禹锡

《黄竹斋针灸图考序》,《光华医药杂志》1935年第7期。

周玉祥(常州市中医院)

~陆新瑜等:《中医外科去腐方法略论》,《中华医史杂志》2013年第1期。

~张琪等:《马文植侍诊慈禧佚事》,《中华医史杂志》2012年第4期。

~曹震等:《1880年清廷御医选拔始末考》,《中华医史杂志》2011年第6期。

~吴兆华:《胡海鳌及其〈医学举隅〉》,《江苏中医》1988年第1期。

周苑(武汉科技大学)

《"医疗保障的英国模式"解读》,《学习月刊》2006年第20期。

周元春(西南大学)

《近代重庆地区医疗卫生事业初步研究(1890—1949)》,西南大学硕士学位论文2014年。

周芸(湖北中医学院)

《〈伤寒杂病论〉腹满证辨治探幽》,《湖北中医学院学报》2001年第4期。

周云(武汉科技大学/武汉大学)

《民国时期的中国医疗保障探研》,《武汉科技大学学报(社会科学版)》2011年第1期。

《中国城市医疗保障制度重构研究》,武汉大学博士学位论文2006年。

《美国小布什总统医疗保障改革方案浅析》,《外国医学(卫生经济分册)》2005年第2期。

《医疗保障制度改革过程中的价值取向问题及其影响》,《医学与哲学》2001年第7期。

周云逸(北京中医药大学/浙江中医药大学/中国人民大学/河北大学)

《梦传验方:宋代神授方的新变及其医药文化价值》,《中华医史杂志》2019年第5期。

《重医与驳医:宋代笔记所见儒、医关系》,《中医文献杂志》2018年第6期。

《〈本草纲目〉补注举隅》,《中医学报》2017年第10期。

《〈证类本草〉初刊考者》,《世界中西医结合杂志》2017年第7期。

《北宋本草学的特点及影响》,《复旦学报(社会科学版)》2017年第5期。

《〈太平圣惠方〉纠误举隅》,《中国中西医基础医学杂志》2017年第4期。

《论宋代笔记的医药学价值》,《世界中西医结合杂志》2016年第6期。

《〈证类本草〉征引北宋邢昺〈尔雅疏〉考》,《世界中西医结合杂志》2015年第4期。

《经史证类备急本草》与宋代学术文化研究》,河北大学博士学位论文2015年。

《邢昺〈尔雅疏〉征引本草文献考》,《浙江学刊》2015年第2期。

《郑樵〈通志·昆虫草木略〉的本草学渊源及价值——以草类为研究中心》,《复旦学报(社会科学版)》2014年第2期。

《目疾与岳飞北伐》,《山西师大学报(社会科学版)》2014年第2期。

《宋代理学与宋代中医学互通新论——以物理之学为研究视角》,《西南民族大学学报(人文社会科学版)》2014年第1期。

周岳君(浙江中医学院)

《论温病病因学的形成与发展》,《中国中医基础医学杂志》2000年第2期。

周月玲

《祖国医学对传染性肝炎的认识和治疗》,《成都中医学院学报》1959 年第 9 期。

周镇

《何廉臣先生事略》,《寿世医报》1936 年第 9 期。

周震(天津中医药大学)

赵宇、李岩~李亚敏等:《〈松峰说疫〉评介》,《中华中医药学刊》2007 年第 4 期。

~李岩:《论〈痧胀玉衡〉的学术思想及其贡献》,《针灸临床杂志》2007 年第 3 期。

周政(海南师范大学)

《中国医德现状与医德教育研究》,海南师范大学硕士学位论文 2015 年。

周正庆(暨南大学)

《清末民初广州城市的环卫制度与环境整治》,《史学月刊》2010 年第 3 期。

周志彬(成都中医药大学)

《关于中医药与非物质文化遗产若干问题的探讨》,成都中医药大学博士学位论文 2008 年。

~石达炜等:《古代音乐的"和"、"节"与中医》,《中医药文化》2008 年第 2 期。

《文学、人学与中医学——读金庸小说杂议》,《中医药文化》2006 年第 6 期。

汤朝晖~严石林等:《论七情致病中"思所伤"的中心地位和作用》,《现代中西医结合杂志》2006 年第 15 期。

《中国私塾教育及其对中医教育的借鉴》,《江西中医学院学报》2005 年第 1 期。

周智勇(烟台山医院)

~赵学琴等:《桡骨头假体置换治疗桡骨头骨折简史》,《中华医史杂志》2009 年第 6 期。

周志远

《鼠疫简史》,《生命世界》2009 年第 6 期。

周中(江苏省中西医结合医院)

《"筋骨并重"理念是骨伤治疗的灵魂——读〈医宗金鉴·正骨心法要旨〉有感》,《中医研究》2011 年第 8 期。

周忠彦

《台湾的癫病与乐山园的建立》,《史汇》(台北)2006 年第 10 期。

周中元(武汉市中医医院)

《读藏医秘籍〈四部医典〉之管见》,《湖北中医学院学报》2000 年第 4 期。

周自强

《阴阳毒考》,《苏州国医杂志》1935 年第 7 期。

《祖国医学中的维生素疗法》,《新中医药》1956 年第 2 期。

周宗岐

《辽代植毛牙刷考》,《中华口腔科杂志》1956 年第 3 期。

《殷墟甲骨文中所见口腔疾患考》,《中华口腔科杂志》1956 年第 3 期。

《祖国医学对下颌关节脱位的记载》,《中华口腔科杂志》1956 年第 1 期。

《植毛牙刷是中国发明的》,《中华口腔科杂志》1956 年第 1 期。

《中国原始人类的口腔》,《中华口腔科杂志》1955 年第 4 期。

《口腔卫生小史》,《中华口腔科杂志》1954 年第 2 期。

周宗琦

《新民主主义医事教育实施方案原则》，《医药学》1950 年第 3 期。

周祖亮（广西中医药大学/广西中医学院/西南大学）

～方懿林：《试论简帛医书相似方药文献的渊源与流传》，《北京中医药大学学报》2019 年第 4 期。

方懿林～：《略论壮族历史文献中的医药词汇概貌与价值》，《广西中医药》2018 年第 6 期。

～方懿林：《试论壮族历史文献的医药价值》，《湖北中医杂志》2018 年第 6 期。

《简帛医书在医古文文选教学中的价值探析》，《广西中医药大学学报》2018 年第 3 期。

～方懿林：《尚德街简牍医方及其方药演变探析》，《中医文献杂志》2018 年第 2 期。

方懿林～：《魏晋南北朝医学词语研究现状与展望》，《湖北纹理学院学报》2017 年第 9 期。

《张家山汉简医书疾病词语考辨三则》，《医疗社会史研究》2016 年第 2 期。

～方懿林：《涉医古壮字的结构与意义探析》，《中国民族民间医药》2016 年第 24 期。

《老官山汉简〈六十病方〉药物学成就探析》，《中药材》2016 年第 12 期。

～黄健钊：《广西石刻医学文献述略》，《大众科技》2016 年第 9 期。

黄雪倪～兰苗青：《壮语方言医学词汇探析》，《广西中医药大学学报》2016 年第 2 期。

《从否定词语看简帛医书的文献特征》，《湖北文理学院学报》2016 年第 1 期。

《马王堆医书药物词语考辨二则》，《中医文献杂志》2015 年第 5 期。

《简帛医书药用酒文化考略》，《农业考古》2015 年第 4 期。

～方懿林：《简帛医书方药研究现状与展望》，《时珍国医国药》2014 年第 12 期。

～方懿林：《壮族麽教经书医药文化透视》，《广西中医药大学学报》2014 年第 4 期。

方成慧～：《简帛医书语言文字研究现状与展望》，《江苏社会科学》2014 年第 5 期。

方懿林～：《壮族麽教经书医药语言探析》，《广西中医药大学学报》2014 年第 1 期。

《简帛医籍动植物类疑难药名例考》，《农业考古》2013 年第 4 期。

《出土医书资料对医古文文字教学的作用探讨》，《广西中医药大学学报》2013 年第 3 期。

《试论帛书〈五十二病方〉的方药渊源与传承》，《时珍国医国药》2013 年第 1 期。

方懿林～：《〈里耶秦简［壹］〉医药资料初探》，《中医文献杂志》2012 年第 6 期。

方成慧～：《从药学词语看简帛医籍的时代特征》，《湖北纹理学院学报》2012 年第 9 期。

～方懿林：《从简帛医籍看药学词语的时代特征》，《长江学术》2012 年第 4 期。

～张显成：《简帛医籍药物学研究概述》，《中药材》2012 年第 4 期。

～方懿林：《简帛医药文献词汇学研究综论》，《时珍国医国药》2012 年第 4 期。

《汉简法医检验文献及其价值研究》，《广西社会科学》2011 年第 7 期。

《汉简兽医资料及其价值考论》，《农业考古》2011 年第 4 期。

《简帛医籍药学词汇概貌与研究》，《古籍整理研究学刊》2011 年第 4 期。

《长沙走马楼三国吴简疾病词语略考》，《广西社会科学》2011 年第 3 期。

方懿林～：《居延新简所记医药信息述略》，《中医文献杂志》2011 年第 2 期。

《古代壮族医药词汇研究概述》，《中国民族医药杂志》2009 年第 6 期。

～梁海涛等：《庞石顽与〈临床日记〉》，《中华医史杂志》2009 年第 2 期。

～戴铭：《民国时期广西兴业县卫生史考察》，《广西中医药》2009 年第 2 期。

周左锋（南通市博物苑/南京师范大学）

《唐代药肆新探》，《唐史论丛》（第十六辑）2013 年第 1 期。

《论唐代药肆和宫廷药材消费》,南京师范大学硕士学位论文 2012 年。

《唐代长安药肆管窥》,《南京中医药大学学报(社会科学版)》2011 年第 4 期。

《〈唐六典〉记载的土贡药材分析》,《江西中医学院学报》2011 年第 4 期/《中医文献杂志》2011 年第 6 期。

《论"药市"之起源》,《中医药文化》2011 年第 5 期/《中医药导报》2011 年第 10 期。

朱敖荣(中国农村卫生事业管理杂志社/安徽医科大学):

《创建健康中国　造福全体国民》,《中国农村卫生事业管理》2017 年第 1 期。

《庆祝中国共产党成立九十五周年　再论创建以新医学为特色的健康中国》,《中国农村卫生事业管理》2016 年第 7 期。

杜金……夏玉宝～:《我国医疗卫生服务城乡分割和上下分割的现状分析及解决思路探究》,《中国农村卫生事业管理》2014 年第 7 期。

《纪念中国卫生管理学科的倡导人陈海峰老师》,《中国农村卫生事业管理》2013 年第 8 期。

《生命最宝贵　健康应第一——纪念〈中国农村卫生事业管理〉创刊 30 周年》,《中国农村卫生事业管理》2011 年第 12 期。

《破解世界难题　创新中华卫生——对"十二五"期间做好我国医改工作的建议》,《中国农村卫生事业管理》2011 年第 2 期。

《发扬 60 周年国庆精神　迎接卫生事业新发展》,《中国农村卫生事业管理》2010 年第 1 期。

《热烈庆祝新中国成立 60 周年——为创建中国特色社会主义卫生事业而奋斗》,《中国农村卫生事业管理》2009 年第 9 期。

《学习贯彻十七大精神　对我国城乡医疗卫生体制改革的再建议》,《中国农村卫生事业管理》2008 年第 1 期。

《学习卫生部陈竺部长讲话　再论中国特色社会主义卫生事业道路——赠给中国共产党十七大有关卫生改革的重要建议》,《中国农村卫生事业管理》2007 年第 9 期。

《论中国特色社会主义卫生事业的科学理论体系——兼论创建全民健康保障制度》,《中国农村卫生事业管理》2007 年第 3 期。

《论开展农村社区卫生服务是首要的农村卫生改革》,《中国农村卫生事业管理》2007 年第 2 期。

《论中国创新型卫生事业的构想》,《中国农村卫生事业管理》2006 年第 9 期。

《论中国创新时期卫生事业的规律》,《中国农村卫生事业管理》2006 年第 2 期。

《论全科医学服务——兼论解决看病难、看病贵的根本对策》,《中国农村卫生事业管理》2005 年第 7 期。

胡志～尹航等:《对我国不同时期卫生经济政策效果及导向的理性思考》,《中国卫生经济》1996 年第 5 期。

《论中国农村卫生的改革和建设》,《中国农村卫生事业管理》1996 年第 1 期。

《论新时期农村健康保障事业的建设》,《中国农村卫生事业管理》1995 年第 1 期。

《试论中国特色的社会主义卫生事业》,《中国农村卫生事业管理》1993 年第 11 期。

《合作医疗保健制度是农村卫生改革和建设的核心问题》,《中国农村卫生事业管理》1993 年第 8 期。

叶宜德～王常生等:《90 年代合作医疗保健制度概念与内涵的研究》,《中国农村卫生事业管理》1992 年第 5 期。

王常生、叶宜德～:《略论应用社会心理学理论和方法研究合作医疗》,《中国农村卫生事业管理》1992年第5期。

王亚东～:《美国健康维持组织》,《国外医学(卫生经济分册)》1992年第2期。

～吴雁鸣等:《重振合作医疗保健制度》,《中国农村卫生事业管理》1991年第12期。

吴雁鸣～胡志等:《〈我国农村实现"HFA/2000"的规划目标〉产生背景及研究制订过程》,《中国农村卫生事业管理》1991年第6期。

《农村卫生体制问题的探讨》,《中国农村卫生事业管理》1990年第10期。

《农村卫生工作与初级卫生保健》,《中国农村卫生事业管理》1990年第8期。

《农村初级卫生保健中"中国特色"问题的探讨》,《中国农村卫生事业管理》1989年第11期。

～吴雁鸣等:《我国现阶段卫生工作方针和政策的研究》,《中国农村卫生事业管理》1989年第3期。

《中国农村合作医疗保健制度研究》,《中国农村卫生事业管理》1988年第10期。

朱北辰(内蒙古师范大学)

《青岛公共卫生教育研究(1898—1949)》,内蒙古师范大学硕士学位论文2012年。

《第二次日占初期青岛卫生防疫宣传的特征研究》,《华章》2011年第15期。

朱壁光(武宁县人民医院)

《〈周易〉阴阳合德是〈伤寒论〉的中心思想》,《江西中医药》1990年第2期。

朱斌(中国人民大学)

《从SARS到H1N1——从"媒介恐慌"到社会责任》,《宜春学院学报》2009年S1期。

朱滨生

贝郭夫撰,～译:《全世界生理学家领袖——巴甫洛夫》,《苏联医学》1949年第6、9期。

N.F.Gamalea撰,～译:《伟大的生物学家——梅区尼郭甫》,《苏联医学》1946年第6、7期。

谢比尔撰,～译:《以利亚·梅区尼郭甫》,《苏联医学》1946年第6、7期。

《若干大科学家关于梅区尼郭甫之记述》,《苏联医学》1946年第6、7期。

朱伯涛

《中国医学之起源》,《国医月报》1934年第2—3期。

朱长刚(安徽中医药大学/中国人民解放军301医院/南京中医药大学/皖南医学院)

杨玉龙、周婷～:《论述中医膏方之源流》,《贵阳中医学院学报》2019年第5期。

王佳慧、巫玉童～:《〈问斋医案〉血证诊疗思路刍议》,《陕西中医药大学学报》2018年第2期。

齐卓操……聂多锐～:《数据挖掘〈王任之医案〉中治疗不寐的用药规律》,《陕西中医药大学学报》2018年第1期。

齐卓操……娄雨晨～:《〈千金方〉治疗不寐之芳香类药物运用特点分析》,《江西中医药大学学报》2017年第5期。

张佳乐～:《〈临证指南医案〉血证诊疗思路探讨》,《甘肃中医药大学学报》2017年第4期。

～牛淑平:《"凡治病必察其下,适其脉"注解》,《中医文献杂志》2017年第3期。

～牛淑平:《〈养性延命录〉六字诀考释》,《中华医史杂志》2016年第5期。

《私淑固本培元派的新安医家》,《中医文献杂志》2015年第2期。

～牛淑平:《"不盛不虚,以经取之"新解》,《中国针灸》2014年第2期。

周辉～尹岭:《御医力钧生平事迹举隅》,《中华医史杂志》2010年第2期。

《古代中医膏摩方的运用特点》,《安徽中医学院学报》2010 年第 2 期。

陆翔~:《民国时期江苏籍中医医家著作时代特征探析》,《江苏中医药》2008 年第 1 期。

陆翔~:《民国时期江苏籍中医医家教育思想探析》,《安徽中医学院学报》2007 年第 6 期。

《谈新安医学文化特征》,《中华医史杂志》2007 年第 1 期。

~牛淑平:《走出"藏象"概念的误区——论"藏"与"象"的辩证关系》,《医学与哲学》2005 年第 8 期。

牛淑平~:《古代急救药摩方特点》,《中华医史杂志》1999 年第 2 期。

牛淑平~:《〈理瀹骈文〉中内服方的外用法》,《中医杂志》1998 年第 12 期。

牛丽萍~:《〈肘后〉备急药摩方》,《浙江中医学院学报》1993 年第 2 期。

~牛淑萍:《中日 1985—1989 年研究《伤寒论》论文统计分析》,《国医论坛》1991 年第 4 期。

李济仁~李彝生:《浅谈古代卫生保健》,《中医临床与保健》1989 年第 2 期。

李济仁~李彝生:《〈内经〉养生学说与心理卫生浅论》,《皖南医学院学报》1989 年第 1 期。

《〈伤寒论〉药后护理法小议》,《中医函授通讯》1988 年第 3 期。

朱长庚(浙江中医药大学)

《中韩传统医药交流史上的〈济众新编〉》,浙江中医药大学硕士学位论文 2015 年。

~朱君华:《康命吉〈济众新编〉学术思想探析》,《浙江中医杂志》2014 年第 8 期。

祝长坦(青岛台东自行车零件二厂/青岛市台西医院)

~祝大中:《对〈伤寒论〉第 100 条之管见——〈伤寒论选读〉读后》,《江西中医药》1984 年第 4 期。

~祝大中:《祖国医学引入阴阳五行学说的时间及其意义的探讨》,《安徽中医学院学报》1984 年第 3 期。

祝大中~:《〈老子〉与〈内经〉》,《医学与哲学》1983 年第 12 期。

~祝大中:《医学起源于动物本能,劳动创造了医学》,《医学与哲学》1983 年第 2 期。

刘镜如:《刘季三医案》,《山东中医学院学报》1980 年第 4 期。

朱潮(中国卫生部)

《陈海峰与〈中国卫生保健史〉》,《中华医史杂志》1995 年第 2 期。

~许文博等:《新中国医学教育的主要成就和发展趋势——庆祝中华人民共和国成立 35 周年》,《医学教育》1984 年第 4 期。

朱晨曦(外交学院)

《论村上春树〈1Q84〉中的疯狂》,外交学院硕士学位论文 2017 年。

朱承刚(南京医科大学)

《精神病学与诺贝尔生理学或医学奖的不解之缘》,《医学与哲学(A)》2014 年第 2 期。

朱承山(济宁市博物馆)

~陈焕孜:《王叔和籍贯考》,《山东中医学院学报》1988 年第 1 期。

朱承宰(中国中医研究院)

《韩国朝鲜时代的内医院和医书编纂》,《中华医史杂志》1998 年第 2 期。

《韩国医学史简介》,《世界科学技术》1997 年第 4 期。

朱崇科(中山大学)

《论鲁迅小说中的医学话语》,《福建论坛(人文社会科学版)》2010 年第 5 期。

《论鲁迅小说中的癫狂话语》,《中山大学学报(社会科学版)》2008年第4期。

朱楚帆

《清初名医喻嘉言》,《广东中医》1957年第1期。

祝春霞(南京大学)

《维多利亚时期英国儿童医院的历史考察——以伦敦大奥蒙德街医院为例》,南京大学硕士学位论文2018年。

朱翠萍(贵阳医学院医院)

《黔东武陵山区的苗族医药特点及治疗方法研究》,《中国民族民间医药杂志》2005年第5期。

朱大渭(中国社会科学院)

《魏晋南北朝的中医外科医术》,《文史哲》1990年第4期。

朱聃

《青霉素发现者佛来明氏小传》,《医药学》1948年第12期。

朱丹烨(广州中医药大学)

《唐代及唐代以前足太阳膀胱经文献研究》,广州中医药大学博士学位论文2011年。

朱德兰

《日治时期台湾的中药材贸易》,黄富三、翁佳音主编《台湾商业传统论文集》(台北:中央研究院台湾史研究所筹备处1999年)。

朱德明(浙江中医药大学/杭州师范大学/浙江医学高等专科学校/浙江医学职业技术学院/浙江卫生学校/浙江省中医学校)

~郑洪等:《中医教育近现代化先驱——利济医学堂》,《中国中医药现代远程教育》2019年第21期。

《浙江省医药卫生文物遗迹存世现状调查》,《中华医史杂志》2018年第4期。

施培武……章平~:《浙江省医学科学院建院时间考》,《浙江档案》2017年第9期。

《浙江省传统医药非物质文化遗产普查及保护》,《中华医史杂志》2017年第4期。

《评〈百年中医史〉》,《中华医史杂志》2017年第3期。

《新四军浙东游击队医疗卫生工作散记》,《中华医史杂志》2016年第1期。

王涛~:《〈医宗宝镜〉版本源流考辨》,《浙江中医药大学学报》2013年第8期。

《1949年之前天目山中药文化》,《中华医史杂志》2013年第6期。

王涛~:《民国时期杭州卫生行政组织考述(1927—1937)》,《青春岁月》2013年第2期。

《浙江医药文物及遗址考察》,《医学与哲学(A)》2012年第11期。

《南宋时期大理国医药考略》,《医学与哲学(A)》2012年第7期。

《自古迄1949年浙江医药发展概论》,《医学与哲学(A)》2012年第4期。

~王涛:《从张望〈古今医诗〉论文人与中医药的关系》,《浙江学刊》2012年第3期。

《近代浙江医药文物及遗迹探微》,《中华医史杂志》2012年第3期。

《古代浙江医药文物及遗迹》,《中华医史杂志》2012年第2期。

~王涛:《张望〈古今医诗〉版本源流考》,《浙江中医杂志》2011年第11期。

《南宋慈善医药探微》,《史林》2011年第4期。

《浙江部分老字号中药店堂回眸》,《中华医史杂志》2010年第6期。

《秦汉时期浙江医药概述》,《浙江中医药大学学报》2010年第6期。

《近代浙江中药材调查》,《浙江中医药大学学报》2010 年第 5 期。

《南宋医药法律》,《医学与哲学(人文社会医学版)》2010 年第 4 期。

《南宋医药行政管理机构研究》,《史林》2010 年第 1 期。

～李欣:《浙江畲族医药民俗探微》,《中国民族医药杂志》2009 年第 4 期。

《元朝至民国时期杭州的中医教育》,《健康研究》2009 年第 2 期。

《近代杭州的西医教育》,《健康研究》2009 年第 1 期/《杭州师范学院学报(医学版)》2009 年第 1 期。

《20 世纪 30 年代上海公共租界中外人士病亡考察》,《中华医史杂志》2009 年第 1 期。

《近代杭州部分地区的中药店堂》,《浙江中医杂志》2008 年第 11 期。

张建荣～廖鸿灵:《近代杭州参燕及制胶行业的盛衰》,《浙江中医杂志》2008 年第 8 期。

《先秦时期浙江医药的起源》,《浙江中医药大学学报》2008 年第 6 期。

《古代杭州的佛道教医药学》,《宗教学研究》2008 年第 1 期。

～李欣等:《古代杭州主要中药材的生产状况》,《浙江中医药大学学报》2008 年第 1 期。

张建荣～廖鸿灵:《近代杭州中医药业行会、药材及其药行考察》,《国医论坛》2008 年第 1 期。

《近代浙江著名中医家与书画》,《中医药文化》2007 年第 6 期。

《杭州民间医药习俗研究》,《医学与社会》2007 年第 2 期。

《古代杭州的食疗》,《医学与社会》2006 年第 9 期。

《杭州慈善医药事业研究》,《医学与哲学(人文社会医学版)》2006 年第 7 期。

《陆游诗词中的医药蕴义》,《医学与社会》2006 年第 4 期。

《近代杭州中药店堂钩沉》,《中华医史杂志》2006 年第 4 期。

《南宋时期建置浙江的中央及该省医药卫生机构》,《浙江中医药大学学报》2006 年第 4 期。

《南宋时期浙江疫疠的流行》,《医学与社会》2006 年第 3 期。

《南宋时期浙江医家学派的嬗递及其成就》,《中医教育》2006 年第 1 期。

《近代杭州中药店堂钩沉》,《中华医史杂志》2006 年第 1 期。

《20 世纪 30 年代上海公共租界非疾病因素导致的死亡考察》,《医学与社会》2006 年第 1 期。

《南宋时期浙江与国外的医药交流》,《医学与哲学(人文社会医学版)》2005 年第 13 期。

《南宋时期浙江慈善医疗机构考述》,《医学与社会》2005 年第 9 期。

《南宋时期浙江公共卫生治理及其卫生习俗》,《医学与社会》2005 年第 5 期。

《南宋时期建置浙江的中央及该省医学教育》,《中医教育》2005 年第 5 期。

～胡滨等:《南宋时期浙江医药发展的成因》,《浙江中医学院学报》2005 年第 3 期。

《南宋浙江药学发展概论》,《中华医史杂志》2005 年第 2 期。

《古代中国与美洲的医药交流》,《浙江医学教育》2004 年第 2 期。

竹剑平……鲍晓东～:《钱塘医派述要》,《中华医史杂志》2004 年第 2 期。

《近代上海公共租界预防传染病考察》,《社会科学报》2003 年 5 月 8 日第 2 版。

～张承烈:《钱塘医家学派沿革的区域时代背景》,《浙江中医学院学报》2003 年第 4 期。

《17—19 世纪中国与北美洲的医药交流》,《中华医史杂志》2003 年第 2 期。

《20 世纪 30 年代上海公共租界医疗救护概况》,《中华医史杂志》2001 年第 2 期。

《20 世纪 30 年代上海公共租界环境卫生治理概况》,《中华医史杂志》2000 年第 4 期。

《古代浙江医政机构考述》,《中华医史杂志》1998 年第 1 期。

《30 年代上海部分学校卫生状况考述》,《中国学校卫生》1997 年第 6 期。

《古代中国和非洲的医药交流》,《中华医史杂志》1997 年第 2 期。

《古代浙江与国外的医药交流》,《杭州大学学报(哲学社会科学版)》1997 年第 2 期。

《古代浙江药业初探》,《中医文献杂志》1997 年第 1 期。

《古代浙江民间的医药卫生习俗》,《医古文知识》1997 年第 1 期。

《近代中医药学传入拉丁美洲小史》,《中华医史杂志》1996 年第 4 期。

《三十年代上海公共租界警政机构的医疗状况》,《华东师范大学学报(哲学社会科学版)》1996 年第 3 期。

《近代上海租界卫生史略》,《中华医史杂志》1996 年第 1 期。

《古代浙江籍医学家与书画》,《数理医药杂志》1995 年 S1 期。

《上海公共租界食品检疫初探》,《历史教学问题》1995 年第 6 期。

《关于太平天国的医学——洪仁玕》,《医学与哲学》1995 年第 2 期。

《古代中国和非洲医药交流述略》,《毕节师专学报》1995 年第 1 期。

《浙江广济医院与省立医药专科学校史略》,《中华医史杂志》1995 年第 1 期。

朱德湘(湖南省中医药研究院)

《中医中药 不容诋毁——驳〈告别中医中药〉谓中医"不仁"等谬论》,《中医药导报》2006 年第 12 期。

《张子和的健康疾病观与现代医学模式的初步比较研究》,《广西中医药》1990 年第 2 期。

朱德新(澳门理工学院)

～朱峰:《港澳"富粒多"农药事件中的政府监管(1950—1960)》,《广东社会科学》2014 年第 2 期。

朱定华(中国中医科学院/中国中医研究院)

苏静、杜晓明～:《简述〈经效产宝〉对妇产医学的贡献》,《中国中医基础医学杂志》2016 年第 1 期。

杜晓明、朱建平～:《清代医家陆以湉传略与年谱简编》,《中医杂志》2011 年第 19 期。

《清代医家吴仪洛传略及其学术成就》,《中国中医基础医学杂志》2011 年第 1 期。

《喻嘉言与〈尚论后篇〉述要》,《中国中医基础医学杂志》2007 年第 9 期。

《楼英〈医学纲目〉学术特点探微》,《中医杂志》2007 年第 8 期。

～杜晓明:《〈女科经纶〉辨证特色述要》,《中医文献杂志》2007 年第 4 期。

《我国医药邮品与医事活动》,《中华医史杂志》1995 年第 3 期。

～袁宝权:《敦煌医学卷子医方类的研究》,《上海中医药杂志》1989 年第 4 期。

～王淑民:《敦煌医学卷子研究概述》,《中医杂志》1986 年第 4 期。

《敦煌残卷医籍张仲景〈五藏论〉辨析》,《上海中医药杂志》1985 年 10 期。

～王咪咪:《我国古代妇产科学的瑰宝——介绍元·勤有书堂刻本〈妇人大全良方〉》,《浙江中医学院学报》1985 年第 2 期。

朱凡(上海交通大学)

《上海市医务社会工作现状研究》,上海交通大学硕士学位论文 2010 年。

诸方受

《中医伤科和骨科的发展简史》,《中医杂志》1959 年第 5 期。

《关于柳枝接骨的文献综述》,《江苏中医》1961 年第 8 期。

《祖国医学对于风湿病关节型之记载及其治疗概述》,《上海中医药杂志》1958 年第 1 期。

朱芳武(广西中医学院)

～苏曲之等:《桂林甑皮岩时代遗址人骨的若干问题》,《解剖学研究》2001 年第 3 期。

《桂林甑皮岩新石器时代遗址居民的龋病》,《人类学学报》1997 年第 4 期。

朱绯(南京农业大学)

《中国近代兽医发展研究(1904—1949)》,南京农业大学博士学位论文 2017 年。

～朱冠楠:《"废止中医案"对中兽医发展的影响与兽医国药治疗研究所的创办》,《中国农业史》2017 年第 2 期。

朱飞(苏州大学)

《框架理论视域下的"艾滋病日"报道研究——以(1988—2017)〈人民日报〉为例》,苏州大学硕士学位论文 2018 年。

朱锋(开封教育学院)

《鲁迅文学创作中的医学情结》,《开封教育学院学报》2008 年第 2 期。

朱凤林(玉林师范学院/中山大学/广西师范大学)

《近代广西卫生行政的仿制及创新》,《学术论坛》2019 年第 3 期。

《民国时期广西"特族"家居环境卫生的被形塑与改革》,《贺州学院学报》2018 年第 3 期。

《抗战时期桂林防治霍乱的对策》,《桂林师范高等专科学校学报》2018 年第 3 期。

《化整为零:广西卫生区的创制与运作》,《学术研究》2014 年第 7 期。

～梁红玉:《传教士与广西近代卫生事业》,《传承》2008 年第 8 期。

《论新桂系时期广西的卫生事业经费》,《边疆经济与文化》2008 年第 8 期。

《试论近代广西教会医院》,《沧桑》2008 年第 4 期。

《周恩来医疗卫生思想》,《淮阴师范学院学报(哲学社会科学版)》2008 年第 3 期。

朱凤祥(商丘师范学院)

《简论清代的疫病预防举措》,《兰台世界》2012 年第 36 期/2014 年第 6 期。

《清代政府行为与疫病灾害的关系》,《北方文物》2011 年第 2 期。

《清代疫病灾害时空分布情态分析——以〈清史稿〉记载为据》,《商丘师范学院学报》2010 年第 8 期。

《从档案角度看〈清史稿·灾异志〉的文献价值》,《兰台世界》2010 年第 10 期。

朱广仁(天津中医学院)

《〈千金方〉麻风病析要》,《中医杂志》1993 年第 12 期。

《〈伤寒论〉〈金匮〉脾病治法探讨》,《国医论坛》1993 年第 3 期。

《〈内经〉舌诊刍议》,《新中医》1990 年第 1 期。

《张锡纯学术思想探讨》,《北京中医》1987 年第 2 期。

朱广荣(北京大学儿童青少年卫生研究所)

～季成叶等:《中国性教育政策回顾研究》,《中国性科学》2005 年第 3 期。

朱光喜(南开大学)

《"嵌入型"富裕地区政策创新:空间限制与行动策略——以神木"免费医疗"政策为例》,《公共管理学报》2013 年第 2 期。

朱国宝

《工伤保险缘何诞生在德国》,《中国社会保险》1997 年第 12 期。

诸国本（中国民族医药学会）

《论中医姓"中"——关于中医的本色和异化问题》，《亚太传统医药》2008 年第 1 期。

《民族医学——中国少数民族的传统医学》，《中国民族医药杂志》2006 年第 3 期。

《〈回回药方〉小议》，《中医杂志》2002 年第 8 期。

《中国传统医学与西方替代医学的选择》，《世界科学技术》2001 年第 5 期。

朱国豪（铜仁地区药监局）

～邹廷生：《论土家族医药的民族特色》，《贵阳中医学院学报》2003 年第 2 期。

朱国祥（贵州民族大学/中央民族大学）

～徐俊飞：《西夏医学文化"多元化"外来因素影响探析》，《中医药文化》2018 年第 5 期。

～徐俊飞：《从贵州彝族医学文献〈启谷署〉看彝族"医药"文化特色》，《四川民族学院学报》2015 年第 6 期。

《贵州世居少数民族水族医药文化"源流"考辩》，《贵州民族大学学报（哲学社会科学版）》2015 年第 3 期。

《谈藏医学文献〈四部医典〉"源流"与保护》，《兰台世界》2013 年第 17 期。

朱汉民（岳麓书院）

～陈谷嘉：《道德与养生——儒道生命伦理片论》，《中国医学伦理学》1994 年第 1 期。

朱杭溢（永康市中医医院/浙江中医药大学）

冯丹丹～傅晓骏：《朱丹溪对〈内经〉三虚理论的继承与发挥》，《浙江中医杂志》2019 年第 1 期。

冯丹丹～吕宇克：《叶天士治疗头痛六法初探》，《中国乡村医药》2018 年第 13 期。

冯丹丹～傅晓骏：《地域因素对丹溪学派学术思想形成影响探析》，《中医药管理杂志》2018 年第 3 期。

～胡滨等：《禁咒术在江南地区的演变——以浙江"婺州医学"为例》，《中医药文化》2017 年第 1 期。

傅晓骏～：《婺州医学与八婺地理人文环境关系》，《中医药管理杂志》2016 年第 19 期。

～傅晓骏：《浙江金华婺州医学的源起与发展浅述》，《浙江中医杂志》2016 年第 7 期。

～冯丹丹等：《从〈妇科宝案〉谈叶天士调肝法在女性杂病中的运用》，《中医药学报》2013 年第 3 期。

冯丹丹～凌红羽：《〈妇科宝案〉叶天士女性郁证治疗初探》，《云南中医中药杂志》2013 年第 3 期。

胡滨、王蕾～：《浙江的中医药博物馆现象》，《中医药文化》2013 年第 1 期。

胡滨～：《以浙江为例论中医药文化遗址保护和利用》，《中医药文化》2011 年第 5 期。

《中医的生存与发展是历史的必然》，《中华中医药学刊》2007 年第 11 期。

朱何佳（安徽财经大学）

《1949—1984 年中国农村合作医疗制度的历程与评析》，《中国农村卫生事业管理（理论研究）》2014 年第 5 期。

朱恒鹏（中国社会科学院/公共政策研究中心）

～彭晓博：《医疗价格形成机制和医疗保险支付方式的历史演变——国际比较及对中国的启示》，《国际经济评论》2018 年第 1 期。

杜创～：《中国城市医疗卫生体制的演变逻辑》，《中国社会科学》2016 年第 8 期。

～孙梦婷:《魏泽西悲剧的背后》,《中国经济报告》2016 年第 6 期。

付明卫～夏雨青:《英国国家卫生保健体系改革及其对中国的启示》,《国际经济评论》2016 年第
1 期。

～顾昕等:《神木模式的可复制性:财政体制与医药费用水平的制约——神木模式系列研究报告之
四》,《中国市场》2011 年第 37 期。

～顾昕等:《"神木模式"的可持续性发展:"全民免费医疗"制度下的医药费用控制——神木模式系
列研究报告之三》,《中国市场》2011 年第 33 期。

～顾昕等:《"神木模式"的三大核心:走向全民医疗保险、医保购买医药服务、医疗服务市场化——
神木模式系列研究报告之二》,《中国市场》2011 年第 29 期。

～顾昕等:《"全民免费医疗"是中国全民医保的发展方向吗? ——神木模式系列研究报告之一》,
《中国市场》2011 年第 24 期。

～姚宇等:《药品零差价基层遇阻》,《中国医院院长》2010 年第 13 期。

～姚宇等:《药品零差价制度应缓行》,《中国社会保障》2010 年第 7 期。

《医疗体制弊端与药品定价扭曲》,《中国社会科学》2007 年第 4 期。

朱虹(上海大学)

～何雪倩:《日本密档中的近代上海公共医疗卫生调查记录》,《医疗社会史研究》2017 年第 1 期。

～胡雪莹:《近代中国留日医学生档案——以日本六所帝国大学为中心》,《医疗社会史研究》2017
年第 1 期。

朱虹(陕西师范大学)

《苏童小说的疾病书写》,陕西师范大学硕士学位论文 2017 年。

朱鸿铭

《论儒法斗争对祖国医学的影响》,《新中医》1974 年第 6 期。

朱红英(湖南中医药大学/江西萍乡高等专科学校)

～朱珊莹等:《习近平与中医药话语权的建构》,《湖南中医药大学学报》2018 年 6 期。

～向陈等:《试论湖湘中医药文化的科学普及》,《中医药导报》2013 年第 12 期。

《传统中医文化的现代价值》,《医学与社会》2009 年第 11 期。

李霞～:《刍议中央苏区卫生宣传工作的形式及特点》,《赣南医学院学报》2011 年第 5 期。

～刘善玖:《论中央苏区红军医院的思想政治工作》,《人民论坛》2010 年第 17 期。

～赖传景:《中央苏区红军医院的管理机制探索》,《赣南医学院学报》2010 年第 5 期。

～刘善玖等:《试论中央苏区的卫生防疫管理》,《农业考古》2010 年第 3 期。

朱鸿召(上海师范大学)

《延安"中西医合作"运动始末》,《档案春秋》2010 年第 5 期。

朱浒(北京师范大学)

《跨地方的地方性实践——江南善会善堂向华北的移植》,《中国社会历史评论》2005 年 00 期。

～杨念群:《现代国家理念与地方性实践交互影响下的医疗行为——中国红十字会起源的双重历
史渊源》,《浙江社会科学》2004 年第 5 期。

《社会史视野下的瘟疫与人》,《中华读书报》2003 年 6 月 4 日。

朱华兴(苏州市吴中区横泾社区卫生服务中心)

《我国农村三级医疗预防保健网的历史沿革和存在问题》,《中国医药指南》2012 年第 15 期。

祝华轶(暨南大学)

《疯癫的隐喻——以中国新时期文学中的疯癫形象为例》,暨南大学硕士学位论文 2015 年。

朱慧(安徽医科大学)

~杨芳:《晚清小说〈医界镜〉对医界不良现象的批判及启示》,《医学与社会》2011 年第 5 期。

《近代上海医业道德与医患纠纷研究》,安徽医科大学硕士学位论文 2011 年。

朱慧(青岛大学医学院附属医院)

~郑德霞:《英国初级保健的现状》,《国外医学.护理学分册》2004 年第 2 期。

朱慧颖(南开大学)

《民国时期小学卫生教育初探——以天津为例》,《浙江社会科学》2008 年第 4 期。

《近代天津公共卫生建设研究(1900—1937)》,南开大学博士学位论文 2008 年。

《民国时期天津环境卫生管理》,《江西财经大学学报》2007 年第 5 期。

朱继光(南京大学)

《抗美援朝运动中的江苏南京志愿医疗团》,《当代中国史研究》2011 年第 3 期。

朱既明

《解放以来流行性感冒研究的成就》,《中华内科杂志》1960 年第 1 期。

朱佳(首都经济贸易大学)

《中国医疗保障制度变迁:路径依赖及超越》,首都经济贸易大学硕士学位论文 2010 年。

朱加叶(张家港出入境检验检疫局)

《海港船舶卫生检疫的历史与发展现状》,《中国国境卫生检疫杂志》2000 年第 5 期。

朱建华(山西中医学院)

《民国山西〈医学杂志〉整理及数字化研究》,山西中医学院硕士学位论文 2015 年。

~李华荣:《由民国山西〈医学杂志〉研究乔尚谦中医之路》,《世界中西医结合杂志》2015 年第 4 期。

罗海瑛、杨继红~郝娟等:《嘉庆十六年刻本〈傅青主先生产科全集〉释疑》,《中医文献杂志》2014 年第 3 期。

周蓉……刘润兰~:《略论傅山的才学及从医缘由》,《山西中医》2013 年第 5 期。

周蓉……薛芳芸~:《医古文中病愈意义词语探析》,《山西中医》2012 年第 9 期。

~杨继红等:《民国时期山西〈医学杂志〉概况》,《世界中西医结合杂志》2010 年第 11 期。

~杨继红:《民国时期山西〈医学杂志〉核心著者生平与著述》,《山西中医学院学报》2010 年第 6 期。

朱建明

《从逐疫文化现象谈良渚文化的衰落》,《南方文物》1999 年第 4 期。

竹剑平(浙江省中医药研究院/浙江省立同德医院/浙江中医杂志社)

严余明~:《〈本草衍义补遗〉小考》,《浙江中医杂志》2017 年第 7 期。

陈银灿~:《〈丹溪手镜〉文献构成考略》,《中华医史杂志》2015 年第 3 期。

金银芝~:《试述〈丹台玉案〉对方剂学发展的贡献》,《浙江中医杂志》2015 年第 2 期。

徐高~:《〈丹台玉案〉版本考略》,《中华医史杂志》2014 年第 2 期。

王巧明~:《〈医垒元戎〉版本流传考略》,《中华医史杂志》2013 年第 3 期。

严余明~:《〈金匮钩玄〉学术思想探讨》,《浙江中医杂志》2013 年第 1 期。

严余明~:《"丹溪学说"在朝鲜和日本的影响》,《中华医史杂志》2011 年第 3 期。

张承烈、胡滨~:《"侣山堂"亭碑——杭州新添中医药文化景观》,《浙江中医杂志》2008 年第
12 期。

~张承烈等:《"钱塘医派"对〈伤寒论〉研究的贡献》,《浙江中医学院学报》2004 年第 4 期。

~张承烈等:《钱塘医派述要》,《中华医史杂志》2004 年第 2 期。

王光利、胡滨~:《浙江中医儿科考述》,《中华医史杂志》2003 年第 3 期。

~林松彪:《浙江畲族民间医药卫生述要》,《中华医史杂志》2002 年第 4 期。

~胡利平:《中国导引发展史略》,《按摩与导引》1987 年第 5 期。

《尤在泾及其〈伤寒贯珠集〉》,《北京中医》1986 年第 5 期。

《评〈妇科证治验录〉特色》,《内蒙古中医药》1986 年第 3 期。

~楼季华:《试论柯琴"伤寒合并病"学术思想》,《中医药学报》1986 年第 3 期。

《〈伤寒论〉制方规律浅析》,《中医药学报》1985 年第 3 期。

《高士宗注释〈内经素问〉学术成就》,《云南中医杂志》1985 年第 1 期。

《试论张志聪注译〈内经〉的特色》,《陕西中医》1984 年第 10 期。

《试论王叔和对温病学说的贡献》,《中医药学报》1984 年第 6 期。

朱建平(中国中医科学院/中国中医研究院)

《新中国中医药发展 70 年》,《中医药文化》2019 年第 6 期。

许霞、吴亚兰~:《中药"软膏剂"名词考证》,《中华医史杂志》2019 年第 4 期。

《新中国成立以来中医外传历史、途径与海外发展》,《中医药文化》2019 年第 3 期。

林明欣……张萌~:《运气学说应对疫病的历史经验及现实思考》,《中华中医药杂志》2018 年第
12 期。

《浙派中医对中医药学术进步的贡献》,《浙江中医杂志》2018 年第 10 期。

贺亚静、蔡永敏~:《补益气血正名考证及相关名称辨析》,《中医杂志》2018 年第 6 期。

方晓阳、吴国居~:《早期文献中所载灵芝之考证》,《生物学通报》2017 年第 9 期。

《"中医"一词前世今生》,《中国中医药报》2017 年 8 月 23 日 005 版。

《中医药名词术语规范化的实践与思考》,《中国科技术语》2017 年第 6 期。

《"中医"名实源流考》,《中华中医药杂志》2017 年第 7 期。

《"中医"一词前世今生考》,《中国中医药报》2017 年 6 月 23 日 003 版。

方晓阳、费鹏飞~袁冰:《萨满宗教活动中所用致幻药物之研究》,《中华医史杂志》2017 年第 4 期。

许霞~:《民国时期中医学校教育人才培养模式及其对现代中医教育的启示》,《安徽中医药大学学
报》2017 年第 2 期。

刘涛~:《"飞腾八法"与"灵龟八法"渊源考》,《天津中医药》2017 年第 2 期。

刘涛~:《"感冒"及相关病名考辨》,《中国科技术语》2017 年第 2 期。

许霞、陆翔~:《传统中药丸剂史述略》,《中华医史杂志》2016 年第 3 期。

刘涛~张琪琛:《"火针"及其疗法考辨》,《中华医史杂志》2016 年第 2 期。

~林明欣:《百年中医药发展史报告会述要》,《中国科技史杂志》2016 年第 1 期。

~林明欣:《屠呦呦获诺奖的启示:中医药在继承基础上的创新》,《自然辩证法通讯》2016 年第
1 期。

刘涛～:《"白疕"及其相关病名考辨》,《中国科技术语》2016 年第 1 期。

林明欣～张萌:《中医治疗疟疾之理论争鸣》,《中华中医药杂志》2015 年第 11 期。

丁曼旎、方晓阳～:《中国古代烟熏避疫方的用药规律研究》,《中华中医药杂志》2015 年第 9 期。

《百年中医发展基本脉络与主要特点》,《中华医史杂志》2015 年第 6 期。

邱玏～:《民国时期针灸学术的融汇新知》,《中华医史杂志》2015 年第 3 期。

王京芳～:《改革开放后中医药对外交流政策的制定》,《中华医史杂志》2015 年第 2 期。

赵艳～袁冰等:《基于考古发掘报告的中医药起源相关文献研究》,《中医杂志》2014 年第 16 期。

代金刚～宋丽娟等:《中医药在非洲》,《国际中医中药杂志》2014 年第 5 期。

高驰～:《"中风"病名源流考》,《中华中医药杂志》2014 年第 5 期。

颜隆～:《蜡丸的历史演变》,《天津中医药》2014 年第 4 期。

颜隆～:《宋代医药兴盛的外部原因初探》,《中华中医药杂志》2014 年第 3 期。

陈玥舟～:《以生物学功能为基础构建中医古籍疾病知识挖掘方法》,《中华中医药杂志》2014 年第 3 期。

叶笑～:《秦伯未〈妇科学讲义〉内容与特点》,《中华医史杂志》2014 年第 1 期。

曹丽娟～袁冰等:《我国早期对灵芝功用的研究》,《亚太传统医药》2013 年第 5 期。

陈玥舟～:《中医问诊的生物心理社会医学模式》,《医学与哲学(A)》2013 年第 5 期。

高驰～:《宋代香方与医学》,《中华中医药杂志》2013 年第 5 期。

杨宇洋、张文彭～雷燕:《俄罗斯及前苏联针灸发展历史与现状》,《中国针灸》2012 年第 10 期。

张文彭……陈玥舟～杨宇等:《藏医药学在俄罗斯的传播与巴德玛耶夫家族的贡献》,《国际中医中药杂志》2012 年第 5 期。

赵艳～:《孟河名医费伯雄传略》,《南京中医药大学学报(社会科学版)》2012 年第 2 期。

杜晓明～朱定华:《清代医家陆以湉传略与年谱简编》,《中医杂志》2011 年第 19 期。

赵艳～:《浅谈费伯雄的医德与治学态度》,《中医杂志》2011 年第 13 期。

《我国古代关于地理环境与人类疾病的探讨》,《中华中医药杂志》2011 年第 12 期。

《医家传记研究的若干思考》,《中国中医基础医学杂志》2011 年第 10 期。

赵艳～:《费伯雄的"和缓醇正"说》,《中医杂志》2011 年第 10 期。

《中国历代医家传记述评》,《中华医史杂志》2011 年第 5 期。

赵艳～:《费伯雄临证及治方特色》,《世界中西医结合杂志》2011 年第 4 期。

李室春……李博鉴～:《"瘑疮"源流考》,《北京中医》2010 年第 10 期。

许霞～:《〈肘后备急方〉方剂剂型统计与分析》,《中医杂志》2010 年第 10 期。

邱玏～:《明代医家聂尚恒实地调查记》,《江西中医学院学报》2010 年第 6 期。

许霞～:《先秦两汉时期医书方剂剂型概况》,《陕西中医学院学报》2010 年第 6 期。

赵艳～:《明代中药归经与方剂归经》,《中医杂志》2010 年第 6 期。

赵艳～:《明代方剂学的新发展》,《中华中医药杂志》2010 年第 6 期。

邱玏～:《儒、道、佛对喻昌医学品格及思想的影响》,《江西中医学院学报》2010 年第 5 期。

《近两年来中医史研究进展》,《中华医史杂志》2010 年第 5 期。

姜赫俊～:《〈东医宝鉴〉与〈万病回春〉方剂内容的初步比较分析》,《中华医史杂志》2009 年第 3 期。

黄鑫……黄华～:《近代中医方剂学科的创建历程》,《天津中医药大学学报》2009 年第 1 期。

《许浚与〈东医宝鉴〉》,《中国中医基础医学杂志》2009 年第 1 期。

《中医方剂学发展的三个问题》,《中华中医药杂志》2009 年第 1 期。

《浅谈近代中医辨治模式的演变》,《中医杂志》2008 年第 8 期。

邱玏～:《道教外丹术对〈雷公炮炙论〉的影响》,《江西中医学院学报》2005 年第 2 期。

《开拓我国医学史研究的新视野》,《中华医史杂志》2005 年第 1 期。

《中国的中医药术语标准化工作概述》,《亚太传统医药》2005 年第 1 期。

～袁冰:《明代方剂配伍理论初探》,《中国医药学报》2004 年第 5 期。

《蔡景峰〈藏医学通史〉评介》,《中华医史杂志》2004 年第 2 期。

《近五年来中国的医学史研究》,《中华医史杂志》2004 年第 1 期。

《历史上的流感流行简史》,《中华医史杂志》2003 年第 4 期。

袁冰～:《方论肇始考略》,《中华医史杂志》2003 年第 3 期。

《天花的世界流行》,《中华医史杂志》2003 年第 3 期。

杨建宇、张国泰～:《刍议弘扬张子和攻邪学派的思路与方法》,《光明中医》2003 年第 3 期。

《读李建民〈死生之域——周秦汉脉学之源流〉》,《中华医史杂志》2003 年第 1 期。

《"岐黄"考释》,《中华医史杂志》2002 年第 4 期。

《通关散方源考》,《中国医药学报》2002 年第 2 期。

《先秦〈内经〉外的方剂学成就》,《中国中医药信息杂志》2001 年第 7 期。

《先秦时期方剂学的萌芽与初步形成》,《中华医史杂志》2001 年第 2 期。

《中医药名词术语规范化的历史》,《科学技术研究》2001 年第 2 期。

《近代卫生学家全绍清生平和早年成就》,《中华医史杂志》2000 年第 4 期。

～刘菊福:《药物化学家章育中先生》,《中华医史杂志》2000 年第 2 期。

《孙思邈〈千金方〉中的佛教影响》,《中华医史杂志》1999 年第 4 期。

《五年来中国医学史研究之概况》,《中华医史杂志》1999 年第 1 期。

《中国古代咽鼓管自行吹张法》,《中华医史杂志》1998 年第 2 期。

《古代中韩医药交流》,《当代韩国》1998 年第 1 期。

《关于我国疾病认识史研究的思考》,《中华医史杂志》1998 年第 1 期。

《中华医学会医史学会 60 年》,《中华医史杂志》1996 年第 3 期。

《中华医学会医史学会 60 年大事记》,《中国科技史料》1995 年第 2 期。

李经纬～:《近五年来中国医学史研究的进展》,《医学与哲学》1994 年第 7 期。

《两宋时期的卫生保健》,《上海中医药杂志》1994 年第 2 期。

《陈立夫先生关于复兴中医药学的谈话》,《中华医史杂志》1994 年第 1 期。

《元好问医事考略》,《山西中医》1993 年第 5 期。

《唐蕃医药交流》,《中华医史杂志》1992 年第 4 期。

朱江(扬州市博物馆)

～蒋华:《鉴真和尚与日本医药》,《江苏中医杂志》1980 年第 2 期。

祝江斌(武汉理工大学)

《基于议题管理的重大突发公共卫生事件政府预警管理能力关键要素研究》,《马克思主义与现实》2016 年第 4 期。

~许鹏飞:《重大传染病疫情应急管理现状与提升策略研究——基于人感染 H7N9 禽流感的个案分析》,《安徽农业科学》2015 年第 10 期。

~杨臻:《党和国家第二代领导集体重大突发公共卫生事件危机管理思想研究》,《云南行政学院学报》2015 年第 4 期。

~王冲等:《重大突发公共卫生事件政府应对准备能力的关键要素分析——基于结构方程模型的实证研究》,《武汉理工大学学报(社会科学版)》2014 年第 6 期。

~熊敏:《重大突发公共卫生事件政府灾后恢复能力关键构成要素研究》,《云南行政学院学报》2014 年第 5 期。

《重大突发公共卫生事件中地方政府灾后恢复能力关键评价指标研究》,《湖北行政学院学报》2014 年第 2 期。

~黄合来:《重大传染病疫情聚集与扩散特征分析》,《中国公共卫生》2010 年第 9 期。

祝江波(湖南科技大学)

《服石:嵇康悲剧与魏晋士人之风尚》,湖南科技大学硕士学位论文 2007 年。

朱娇(天津中医药大学)

~代二庆:《东垣风药研究概况》,《湖南中医杂志》2016 年第 3 期。

朱杰(兴化市中医院)

《经方大家 后世师表——纪念曹颖甫先生遇难八十周年》,《中医药通报》2018 年第 1 期。

《论"粗守形,上守神"》,《中医药通报》2015 年第 4 期。

《清代名医赵海仙逸事》,《世界中医药》2008 年第 4 期。

~陈东枢:《义利之辨 医德之思——审视明代医家万全》,《辽宁中医杂志》2007 年第 12 期。

《〈活幼心书〉学术思想咀华》,《中医药通报》2007 年第 5 期。

~高慧等:《大医昭日月 青囊惠神州——华佗之耻与仁心仁术之痛》,《医学与社会》2007 年第 2 期。

《说"乐"——音乐治疗与中医药》,《辽宁中医杂志》2007 年第 1 期。

《华佗之"耻"与"悔"及其他》,《医学与哲学(人文社会医学版)》2007 年第 1 期。

~朱文等:《乐者,药也——音乐与中医药的不解缘》,《南京中医药大学学报(社会科学版)》2006 年第 3 期。

《〈幼幼集成〉痢疾证治探微》,《南京中医药大学学报(自然科学版)》2000 年第 5 期。

《略论孙思邈对新生儿护理的贡献》,《中医药研究》1999 年第 1 期。

《〈幼幼集成〉泄泻论治浅析》,《中医文献杂志》1998 年第 4 期。

《孙思邈〈千金要方〉对新生儿护理的认识》,《深圳中西医结合杂志》1998 年第 3 期。

《浅谈傅山学术成就及治学之道》,《中医药研究》1998 年第 4 期。

《〈幼幼集成〉咳嗽证治发微》,《中医函授通讯》1998 年第 4 期。

《〈傅青主女科〉学术思想简评》,《江苏中医》1998 年第 6 期。

《陈直〈养老奉亲书〉学术思想初探》,《江苏中医药》1997 年第 7 期。

祝金豹(安徽中医药大学)

~李梦等:《汪机〈针灸问对〉学术思想评析》,《中外医学研究》2019 年第 6 期。

朱金甫

~周文泉:《从清宫医案论光绪帝载湉之死》,《故宫博物院院刊》1982 年第 3 期。

祝蕴梅

《我所看到两种最早的中医期刊》,《上海中医药杂志》1955 年第 6 期。

朱锦善(深圳市儿童医院/江西中医学院)

《恩师百年 恩泽绵长——纪念一代名医王伯岳百年诞辰》,《中医儿科杂志》2012 年第 5 期。

《惊风学说源流与学术争鸣》,《中医儿科杂志》2007 年第 2、3 期。

《儿科寒温两派学术争鸣的源流与影响》,《中华医史杂志》2002 年第 2 期。

《陈文中生卒年与〈小儿病源方论〉的成书年代》,《中华医史杂志》1995 年第 1 期。

《〈傅青主小儿科〉学术思想评介》,《中医杂志》1985 年第 12 期。

～王伯岳:《万密斋小儿脾胃学术思想评介》,《中医杂志》1982 年第 6 期。

《清代儿科名医陈复正的学术思想初探》,《江苏中医杂志》1981 年第 6 期。

朱晶(华东师范大学)

《秋石并非壮阳药——基于秋石药效及使用的医学、社会文化史考察》,《自然辩证法通讯》2014 年第 6 期。

《中国传统医学中的身体与信念:以丹药秋石为例》,《华东师范大学学报(哲学社会科学版)》2014 年第 5 期。

《炼丹术研究的转向:从前化学到社会、文化与认知情境》,《科学技术哲学研究》2013 年第 4 期。

《秋石名称考》,《清华大学学报(哲学社会科学版)》2012 年第 3 期。

《秋石方的早期记载新考》,《中药材》2012 年第 1 期。

《从尿疗看公众对科学方法的理解》,《科技导报》2010 年第 5 期。

《中国金丹术的认知特征与理论基础》,《山西大学学报(哲学社会科学版)》2009 年第 5 期。

《秋石研究的文献计量学分析》,《自然辩证法同学》2008 年第 6 期。

朱静龄(浙江大学)

《论现代作家的“男性疾病”书写》,浙江大学硕士学位论文 2015 年。

朱九田(中央民族大学)

《医患纠纷治理研究——公共治理的视角》,中央民族大学博士学位论文 2015 年。

朱久育(甘肃中医学院)

～朱久珍:《略论武威汉代医简中耳鼻喉科成就》,《甘肃中医学院学报》1991 年第 2 期。

朱俊楠(中国中医科学院)

武翠、张雪亮～:《中医慎动养生思想初探》,《中国中医基础医学杂志》2017 年第 9 期。

～张雪亮:《〈寿亲养老新书〉老年情趣养生法述要》,《中华中医药杂志》2016 年第 10 期。

～张雪亮等:《中药代茶饮历史回顾》,《中华医史杂志》2017 年第 1 期。

～廖果:《论中医文物的文化内涵》,《国际中医中药杂志》2012 年第 11 期。

朱俊生(国务院发展研究中心/首都经济贸易大学)

《促进商业保险参与城乡医保经办》,《中国医疗保险》2018 年第 8 期。

《国家医疗保障局的新使命》,《中国医疗保险》2018 年第 4 期。

《医保支付改革需要竞争性的医疗服务市场》,《中国医疗保险》2017 年第 11 期。

《互联网医疗助推医疗服务改革》,《中国人力资源社会保障》2017 年第 10 期。

《让医保经办机构成为真正的“保险人”》,《中国医疗保险》2017 年第 8 期。

《大病保险可持续发展需要法治保障》,《中国医疗保险》2017 年第 7 期。

《医疗服务价格形成机制:逻辑和制度环境》,《中国人力资源社会保障》2017年第3期。

《促进全民健康关键在于发挥医保基本功能》,《中国医疗保险》2017年第2期。

《破除医保引导医疗资源配置的体制性障碍》,《中国医疗保险》2017年第2期。

《从垄断到竞争:医疗领域的改革方向》,《学术界》2016年第3期。

《管办分开:医保管理改革的核心》,《中国医疗保险》2013年第9期。

《商业健康保险在医疗保障体系中定位的理论阐释》,《人口与经济》2011年第1期。

《商业健康保险在医疗保障体系中的角色探讨》,《保险研究》2010年第5期。

~丁少群:《以家庭为参加单位对于减少合作医疗逆选择的效应分析》,《首都经济贸易大学学报》2010年第3期。

《"扩面"与"整合"并行:统筹城乡医疗保障制度的路径选择》,《中国卫生政策研究》2009年第12期。

《对我国农村合作医疗变迁的制度经济学解释——制度的均衡、非均衡、变革与制度供给》,《人口与经济》2009年第5期。

《城镇居民基本医疗保险的比较制度分析——基于东、中、西部3省9市试点方案的比较》,《人口与发展》2009年第3期。

《财政支持农村健康保障合意水平的分析》,《经济与管理研究》2006年第4期。

《农村健康保障制度中的主体行为研究》,首都经济贸易大学博士学位论文2006年。

~庹国柱:《商业健康保险和农村健康保障》,《市场与人口分析》2004年第4期。

~齐瑞宗、庹国柱:《论建立多层次农村医疗保障体系》,《人口与经济》2002年第2期。

朱孔阳

《历宋元明清二十余代重固名医何氏世系考》,《中华医史杂志》1954年第1期。

朱力(北京中医大学)

《〈备急千金要方〉中〈伤寒杂病论〉文献研究》,北京中医院大学硕士学位论文2015年。

朱立(武汉市皮肤病防治研究所)

《〈圣经〉中的"麻风病"》,《中国麻风皮肤病杂志》2016年第2期。

朱立东(兰州大学)

《藏医学在卫拉特蒙古地区的传播》,兰州大学硕士学位论文2008年。

朱丽娟(陕西师范大学)

《论唐代的药材贸易》,陕西师范大学硕士学位论文2012年。

朱力平(思茅师范高等专科学校)

《云南少数民族地区疟疾流行史概述》,《思想战线》2009年S1期。

《传统宗教与佤族疾病观》,《思茅师范高等专科学校学报》2007年第2期。

朱莉娅·弗雷扎马罗·卡波契(罗马大学)

~撰,胡雪莹译:《国际卫生组织与全球流行病学:拉马其尼学院的发展历程》,《医疗社会史研究》2018年第1期。

朱立智(暨南大学)

《宋代与东南亚的药物交流》,暨南大学硕士学位论文2003年。

朱良春(南通市中医院)

~徐慎庠:《蒋宝素先生学术成就及其生平》,《中医文献杂志》2016年第2期。

《一本〈七姬志〉帖与三大名医》,《中医药文化》2008 年第 5 期。

《陈实功先生的生平及其〈外科正宗〉》,《新中医》1988 年第 1 期。

～何绍奇:《论〈千金方〉的学术成就》,《江苏中医杂志》1983 年第 3 期。

《"鼻药疗法"初探》,《江苏中医》1962 年第 10 期。

《中医对细菌性痢疾的认识与治疗》,《新中医药》1955 年第 8 期。

朱琳佳(天津师范大学)

《论英国小说中的克隆人伦理》,天津师范大学硕士学位论文 2018 年。

朱玲(中国社会科学院)

《农村医改尚缺制度性变革》,《中国医院院长》2012 年第 12 期。

《青、甘、滇藏区农牧妇女健康问题的调查》,《管理世界》2010 年第 10 期。

《逐鹿农村高端医疗市场 构建竞争性县乡医疗供给机制的江苏样本(三)》,《中国医院院长》2010 年 Z1 期。

《构建竞争性县乡医疗攻击体制的江苏样本(二)》,《中国医院院长》2010 年第 2 期。

《县乡竞争性医疗服务供给机制的江苏样本(一)》,《中国医院院长》2010 年第 1 期。

《农村医疗救助项目的效果》,《卫生经济研究》2006 年第 12 期。

《构建竞争性县乡医疗服务供给机制》,《管理世界》2006 年第 6 期。

《农村医疗救助项目的管理成本与效率》,《中国人口科学》2006 年第 4 期。

《对农牧人口医疗补助的公平性问题的调研》,《卫生经济研究》2006 年第 2 期。

《西藏农牧区基层医疗服务供给》,《湖南社会科学》2005 年第 2 期。

《农牧人口的健康风险和健康服务》,《管理世界》2005 年第 2 期。

《西藏农牧区的公共卫生服务》,《财经科学》2005 年第 1 期。

《政府与农村基本医疗保健保障制度选择》,《中国社会科学》2004 年第 4 期。

《加快建立非正规产业医疗保险制度》,《中国经贸导刊》2003 年第 14 期。

《建立传染病社会医疗保险制度》,《医院管理论坛》2003 年第 11 期。

《社会医疗保险:非洲和印度的启示》,《读书》2003 年第 8 期。

《从建立传染病社会医疗保险起步》,《金融研究》2003 年第 7 期。

《非正规产业医疗保险制度的理论和实践》,《经济学动态》2003 年第 7 期。

《健康投资与人力资本理论》,《经济学动态》2002 年第 8 期。

《农村健康教育和疾病预防》,《中国人口科学》2002 年第 5 期。

《我国西部农村卫生资源严重贫乏亟待引起关注》,《瞭望》2000 年第 8 期。

《乡村医疗保险与医疗救助》,《金融研究》2000 年第 5 期。

《西部大开发与农村公共卫生投资》,《中国科技月报》2000 年第 5 期。

《政府与农村基本医疗保健保障制度选择》,《中国社会科学》2000 年第 4 期。

《公办村级卫生室对保障基本医疗保健服务供给的作用》,《中国人口科学》2000 年第 4 期。

《公共资源配置的一个误区——西部大开发与农村公共卫生投资》,《国际经济评论》2000 年 Z3 期。

朱玲(中国中医科学院/南京中医药大学)

～李思迪等:《从中医经典名方命名解析古代方剂命名规律》,《中医杂志》2018 年第 5 期。

～杨峰:《透过历史学的尘埃看中医》,《中国中医药图书情报杂志》2016 年第 2 期。

朱彦、徐俊～崔蒙:《主要发达国家医疗健康大数据政策分析》,《中华医学图书情报杂志》2015 年第 10 期。

霍蕊莉～杨峰：《巴甫洛夫学说与中华人民共和国建国初期针灸科学化：以马继兴为例》，《针刺研究》2015 年第 4 期。

张伟娜……李兵～高博等：《孤本〈眼科六要〉学术特色浅析》，《陕西中医》2015 年第 6 期。

～杨峰：《〈黄帝内经〉针刺"治神"辨析》，《中国中医基础医学杂志》2015 年第 5 期。

杨峰～：《针灸医学史研究的思路与方法——以马继兴老先生为例》，《中国针灸》2014 年第 3 期。

～杨峰：《〈伤寒论〉少阴、厥阴病"以灸治厥"浅析——兼论〈伤寒论〉成书》，《中医文献杂志》2014 年第 2 期。

～李敬华等：《〈内经〉针灸概念术语的文化诠释：以"寸口、脉口、气口"之辨析为中心》，《世界中医药》2014 年第 1 期。

周晓玲～：《〈五十二病方〉与〈雷公炮炙论〉中的水制法比较研究》，《中国医学创新》2013 年第 28 期。

周晓玲、杨峰～：《中医早期经脉理论演变的考察：基于术数观念下的经脉数目变化》，《中国医学创新》2013 年第 25 期。

～崔蒙：《中医药文化传承与中华传统文化复兴》，《中医杂志》2012 年第 17 期。

～崔蒙等：《中医古籍语言系统分类体系的构建》，《中华医学图书情报杂志》2012 年第 6 期。

～崔蒙等：《〈内经〉概念术语的语义关系现代表达》，《中医药学报》2012 年第 4 期。

～杨峰：《"同精"的文化诠释》，《辽宁中医杂志》2010 年第 11 期。

～杨峰：《"四维相代"析义——兼论中医经典概念的理解及再诠释问题》，《中国中医基础医学杂志》2010 年第 9 期。

～崔蒙：《传统针灸知识体系语义网络的构建探讨》，《中国数字医学》2010 年第 5 期。

～尹爱宁等：《中医古籍语言系统构建的关键问题与对策》，《中国中医药信息杂志》2010 年第 4 期。

～崔蒙：《文献·理论·信息——试论中医古籍语言系统构建的三个重要维度》，《世界科学技术·中医药现代化》2009 年第 4 期。

《道家文献对〈内经〉针灸理论构建的影响》，南京中医药大学博士学位论文 2008 年。

《〈五十二病方〉剂型考释》，《中药材》2007 年第 12 期。

《〈万物〉与〈五十二病方〉的药物学比较》，《中医药学报》2007 年第 5 期。

～杨峰：《睡虎地秦简〈日书〉医疗疾病史料浅析》，《中国中医基础医学杂志》2007 年第 5 期。

朱凌飞（云南大学）

～覃明兴等：《对织金氟中毒现象的社会人类学考察》，《西南边疆民族研究》2010 年第 2 期。

朱凌凌（上海中医药大学）

陈慧娟～袁开惠等：《〈黄帝内经〉若干脉名考释》，《时珍国医国药》2019 年第 6 期。

李海英～段逸山：《解读"天癸"——生命周期与术数文化》，《古籍整理研究学刊》2019 年第 5 期。

～段逸山等：《转胞名实考》，《中医杂志》2018 年第 14 期。

～段逸山等：《带下病名源流考》，《中国中医基础医学杂志》2018 年第 11 期。

～段逸山等：《肺痨病名源流考》，《中华中医药杂志》2018 年第 7 期。

～刘庆宇等：《本能 多元 发展：范行准的中国预防医学思想》，《中医文献杂志》2018 年第 2、3 期。

陈慧娟～梁尚华：《〈临证指南医案〉"虚劳篇"辨证论治特色管窥》，《中医杂志》2017 年第 9 期。

～陈慧娟：《龚廷贤临证特色浅析》，《四川中医》2008 年第 12 期。

陈慧娟、张挺～：《张锡纯对"大气"的认识及其对养生与治疗的启示》，《浙江中医杂志》2006 年第 2 期。

～童瑶：《脾统血理论源流及现代研究进展》，《中医药信息》2003 年第 5 期。

～童瑶：《中医脾解剖实体的古代文献研究》，《中医文献杂志》2003 年第 4 期。

朱麓蓉（四川大学）

《川陕苏区医疗卫生初探》，四川大学硕士学位论文 2006 年。

朱梅（南京大学医院）

《20 世纪初中国的性教育》，《南京大学学报（哲学.人文科学.社会科学版）》2001 年第 1 期。

朱梅光（淮北师范大学）

《职业重塑：民国旧式产婆训练班研究》，《四川师范大学学报（社会科学版）》2015 年第 3 期。

《取缔抑或养成：近代国人关于旧式产婆出路之争》，《安徽史学》2013 年第 4 期。

朱敏为（南京中医药大学）

～王繁可等：《明朝对巫医的批判研究》，《湖北中医药大学学报》2013 年第 6 期。

朱明（北京中医药大学）

～高燕：《明清时期中西外科学发展的比较研究》，《北京中医药大学学报》2008 年第 11 期。

《试论中西医学中宇宙生成与演化的学说》，《中华中医药杂志》2008 年第 9 期。

林亭秀～：《中国古代女医及其成才模式初探》，《中华中医药杂志》2007 年第 4 期。

～林亭秀：《西方医学的洗浴疗法》，《中国康复理论与实践》2005 年第 4 期。

～王伟东：《中医西传的历史脉络——阿维森纳〈医典〉之研究》，《北京中医药大学学报》2004 年第 1 期。

～戴琪：《命门动静观——兼论中医关于内分泌学的早期发现》，《北京中医药大学学报》2000 年第 5 期。

～戴琪：《从四行体液学说之衰落试论中西传统医学学派的不同特点》，《北京针灸骨伤学院学报》2000 年第 2 期。

～弗利克斯克莱·弗兰克等：《最早的中医西传波斯文译本〈唐苏克拉玛〉》，《北京中医药大学学报》2000 年第 2 期。

《阴阳五行学说与四行体液学说宏观框架体系的比较研究》，《北京中医药大学学报》2000 年第 1 期。

《阿拉伯医学概述及其杰出的代表医家》，《国外医学（中医中药分册）》1999 年第 2 期。

张才玉～：《中医药学与欧洲顺势疗法之比较》，《中国医药学报》1999 年第 2 期。

《西方传统医学中风病概述》，《北京中医药大学学报》1998 年第 3 期。

朱慕濂

《中国船医之状况》，《民国医学杂志》1924 年第 1 期。

朱慕松

《中国医学所受外来影响》，《真知学报》1943 年第 1 期。

竹内治一（日本医师会）

～李庆国：《凭"活体实验"获得博士学位的医师》，《抗日战争研究》2005 年第 3 期。

朱鹏举（辽宁中医药大学）

《〈素问·脉要精微论〉语词考释四则》，《中国中医基础医学杂志》2018 年第 11 期。

《〈素问·四气调神大论〉语词考释四则》，《中国中医基础医学杂志》2018 年第 3 期。

《浅谈出土古文献材料在研读〈黄帝内经〉中的重要价值》，《中医教育》2018 年第 2 期。

《〈素问·生气通天论篇〉语词考释八则》，《北京中医药大学学报》2017 年第 12 期。

王彩霞～：《"脾之应时"理论溯源》，《辽宁中医杂志》2017 年第 8 期。

～陈士玉等：《古医家论治牙痛理论源流及思路初探》，《环球中医药》2017 年第 4 期。

《〈素问·上古天真论〉"登天"与"天师"解诂》，《中国中医基础医学杂志》2017 年第 1 期。

谷峰～陈士玉等：《〈医书汇参辑成〉版本流传及其学术特色》，《河南中医》2016 年第 11 期。

《〈黄帝内经〉"鼻渊"及其异文考论》，《中国中医基础医学杂志》2016 年第 9 期。

于本性～：《敲道人与〈元汇医镜〉简》，《中国中医基础医学杂志》2016 年第 6 期。

～傅海燕等：《清末民初医家徐延祚其人其书考》，《浙江中医杂志》2016 年第 3 期。

～鞠宝兆：《〈黄帝内经〉三阴三阳关阖枢说新论》，《北京中医药大学学报》2016 年第 3 期。

～傅海燕等：《〈医粹精言〉文献学初考》，《中国中医基础医学杂志》2016 年第 2 期。

谷峰～陈士玉：《清代名医蔡宗玉生平考略》，《中医文献杂志》2015 年第 3 期。

《略论〈管子〉季节五行化思想对〈黄帝内经〉的影响》，《国际中医中药杂志》2013 年第 7 期。

《〈素问·平人气象论〉疑难词句札记 4 则》，《吉林中医药》2013 年第 6 期。

《〈内经〉"㿉（癩、㿗）疝""㿉癃""癃㿉""癩㿗疝"钩沉》，《世界中西医结合杂志》2013 年第 4 期。

《〈黄帝内经〉"关格"名义源流考略》，《环球中医药》2013 年第 4 期。

樊旭……陈士玉～张红梅：《〈黄帝内经〉中的择食之辨》，《中国中医基础医学杂志》2012 年第 7 期。

《〈黄帝内经〉疾病总览及辨疑》，辽宁中医药大学博士学位论文 2012 年。

《〈黄帝内经〉"蛊"、"痔"名义钩沉》，《中华医史杂志》2012 年第 5 期。

《〈内经〉"洞泄"病钩玄》，《北京中医药大学学报》2011 年第 6 期。

～陈士玉：《传世本〈伤寒论〉白虎加人参汤证质疑》，《国际中医中药杂志》2010 年第 1 期。

～陈士玉：《顾本〈黄帝内经·素问〉王冰注语"瘦于玄府中"考误》，《光明中医》2009 年第 10 期。

～王彩霞等：《通行五轮学说理论渊源考辨》，《国际中医中药杂志》2009 年第 3 期。

《〈内经〉治半夏"秫米"名实考》，《国际中医中药杂志》2009 年第 2 期。

《〈金匮要略〉"趺蹶"条文解读》，《河南中医》2007 年第 8 期。

赵永刚、李世征～：《〈金匮要略〉瓜蒌薤白白酒汤证脉象刍议》，《中医研究》2005 年第 9 期。

《〈金匮要略〉"趺蹶"病新悟》，《浙江中医杂志》2005 年第 6 期。

朱萍（美国新泽西州 Rutgers 大学）

《中西古典文学中的疯癫形象》，《中国比较文学》2005 年第 4 期。

朱萍（深圳大学）

《赴韩医疗旅游纠纷解决机制研究》，深圳大学硕士学位论文 2017 年。

祝平一（台湾中央研究院）

《方寸之间——天主教与清代的心、脑之争》，《汉学研究》第 34 卷第 3 期（2016.9）

《清代的痧症——一个疾病范畴的诞生》，《汉学研究》第 31 卷第 3 期（2013.9）

《药医不死病，佛度有缘人：明、清的医疗市场、医学知识与医病关系》，《中央研究院近代史所集刊》

第 68 本（2010.6）。

《日常生活的崩解：毒奶、风险与信任》，《科技医疗与社会》第 7 期（2008.10）。

《天学与历史意识的变迁——王宏翰的〈古今医史〉》，《中央研究院历史语言研究所集刊》第 77 本第 4 分（2006.12）。

《宋、明之际的医史与"儒医"》，《中央研究院历史语言研究所集刊》第 77 本第 3 分（2006.9）。

《评栗山茂久（Shigehisa Kuriyama），The Expressiveness of the Body and the Divergence of Greek and Chinese Medicine 读后》，《新史学》第 10 卷第 4 期（1999.12）。

《通贯天学、医学与儒学：王宏翰与明清之际中西医学的交会》，《中央研究院历史语言研究所集刊》第 70 本第 1 分（1999.3）。

《身体、灵魂与天主：明末清初西学中人体生理知识》，《新史学》第 7 卷第 2 期（1996.6）。

《雕给我一个身体：塑身美容广告中的女性/主体》，《妇女与两性研究通讯》第 38&39 期（1996.6）。

《Morris J. Vogel, The Invention of the Modern Hospital, Boston 1870—1903》，《新史学》第 6 卷第 2 期（1995.6）。

朱清禄（同安县马巷卫生院）

《吴瑞甫先生医案浅析》，《福建中医药》1985 年第 5 期。

《记福建名医吴瑞甫先生》，《中华医史杂志》1982 年第 4 期。

～林庆祥：《记吴瑞甫先生》，《福建中医药》1982 年第 2 期。

朱清如（湖南文理学院）

《侵华日军常德细菌战造成的经济危害探析——以常德细菌战为例》，《浙江省中共党史学会会议论文集》（浙江杭州 2017 年 7 月 7 日）。

《1941—1942 年常德细菌战防疫工作检讨》，《湖南社会科学》2016 年第 1 期。

《"经济效果"：侵华日军细菌战之重要目标——以常德细菌战为例》，《湘潭大学学报（哲学社会科学版）》2016 年第 5 期。

吴娟～：《侵华日军常德细菌战受害情况调查研究》，《传承》2016 年第 8 期。

《侵华日军衢州、宁波细菌战致死居民人数考》，《军事历史研究》2015 年第 1 期。

《60 年来美国实施的朝鲜细菌战研究述评》，《武陵学刊》2013 年第 1 期。

《"荣"1644 部队历任部队长及支部问题辨析》，《武陵学刊》2011 年第 6 期。

《"荣"1644 部队与常德细菌战》，《武陵学刊》2010 年第 5 期。

《"荣"1644 部队研究述评》，《武陵学刊》2010 年第 2 期。

《日本细菌战罪行研究与口述史料》，《湖南文理学院学报（社会科学版）》2008 年第 1 期。

《试论日军在常德会战中使用化学武器的问题》，《湖南文理学院学报（社会科学版）》2005 年第 4 期。

《关于侵华日军细菌战史料的几个问题》，《常德师范学院学报（社会科学版）》2002 年第 6 期。

朱道欣

《脚气病的三国演义》，《台湾医界》第 53 卷第 10 期（2010）。

朱仁康

《内经上的"生理""病理"学说》，《上海中医药杂志》1955 年第 11 期。

朱任之

《沙眼治疗史》，《诊疗医报》1935 年第 7 期。

朱若林(南京中医药大学)

《英藏敦煌中医药文献疑难字词考证》,南京中医药大学硕士学位论文2014年。

朱绍祖(南开大学)

《明清时期医学"四大家"的建构历程及其演变》,《安徽史学》2019年第1期。

《明清怀庆地黄的种植与贸易》,《古今农业》2018年第11期。

朱晟

《中药里的有机化学制品及其来源考》,《中药通报》1957年第4—5期。

《汤药剂型的历史》,《医学史与保健组织》1957年第3期。

《医学上丹剂和炼丹术的历史》,《中华医学杂志》1956年第6期。

朱胜君(河北医科大学/河北省中医药研究院)

《中医诊治传染病模式转变的研究》,河北医科大学硕士学位论文2008年。

曹东义……王丽~杜省乾等:《〈素问〉〈灵枢〉热病成就分析》,《湖北民族学院学报(医学版)》2008年第4期。

曹东义……王丽~杜省乾等:《〈素问〉之前热病探源》,《湖北民族学院学报(医学版)》2008年第2期。

朱生全(陕西省中医医院/陕西省中医药研究院附属医院)

张升~:《〈伤寒论〉养阴法浅探》,《陕西中医》2008年第6期。

~泰爱玲等:《孙思邈对儿科学的成就及贡献》,《陕西中医》1995年第8期。

《〈千金〉儿科方药应用特点》,《陕西中医》1987年第3期。

朱师晦(华南医学院)

《我国古代岭南的恙虫病》,《中华医史杂志》1955年第4期。

朱诗卉(上海师范大学)

《个案管理模式在老年脑卒中患者康复的行动研究》,上海师范大学硕士学位论文2017年。

朱师墨

《祖国医学在产科学上的贡献》,《大众医学》1956年第8期。

祝世讷(山东中医药大学/山东中医学院/山东医学院)

《开创中西医结合研究的新阶段——纪念毛泽东主席提出"中西医结合"60周年》,《山东中医药大学学报》2016年第4期。

《中医是第一门复杂性科学》,《山东中医药大学学报》2016年第2期。

《中医是中国第一大科学发现和发明》,《山东中医药大学学报》2015年第6期。

《中国传统文化与中医》,《人文天下》2015年第3期。

《钱学森与中医系统论研究》,《山东中医药大学学报》2010年第1期。

《再论中医是中国古代第5大发明——纪念毛主席"10·11"批示50周年》,《山东中医药大学学报》2008年第5期。

《开创中西医结合研究的新阶段——纪念毛泽东主席提出"中西医结合"50周年》,《山东中医药大学学报》2006年第4期。

《从中西医比较看中医的文化特质》,《山东中医药大学学报》2006年第4期。

《正本清源释伤寒——〈伤寒论通释〉的方法论启示》,《山东中医杂志》2004年第4期。

《中西医学早期差异的历史考察》,《医学与哲学》2000年第8期。

《人不是机器——纪念拉美特利〈人是机器〉发表 250 周年》,《医学与哲学》1997 年第 11 期。

《把中西医结合研究推向新水平——纪念毛主席诞辰 100 周年》,《山东中医学院学报》1993 年第 6 期。

《〈周易〉的思想孕育了中医的特色》,《山东医科大学学报(社会科学版)》1990 年第 3 期。

《道家思想对中医学的影响》,《山东中医学院学报》1990 年第 1 期。

《周易的自然观对中医学的影响》,《山东中医学院学报》1982 年第 2 期/《陕西中医》1989 年第 10 期。

祝寿康(南京农业大学)

《〈畜牧与兽医〉追忆溯源——中央大学畜牧兽医系的编辑出版工作纪要》,《畜牧与兽医》2008 年第 1 期。

《〈畜牧与兽医〉创刊和发展纪要》,《畜牧与兽医》2015 年第 1 期。

《本刊的创办和发展——祝南农大校庆 80 周年》,《畜牧与兽医》1994 年第 5 期。

朱寿民

《食疗本草及其作者》,《新中医药》1957 年第 5 期。

朱寿朋

《介绍高憩云外科全书》,《新中医药》1958 年第 7 期。

《浙江麻疹文献介绍》,《浙江中医杂志》1958 年第 1 期。

朱素颖(中山大学)

《许天禄:我国医学美学教育的先行者》,《自然辩证法通讯》2019 年第 8 期。

《1949—1959 年间广州"除四害"运动:以〈南方日报〉和〈广州日报〉报道为中心》,《中华医史杂志》2019 年第 2 期。

《中国肝胆外科奠基人王成恩》,《中华医史杂志》2018 年第 6 期。

《孙中山就读博济医院教学机构名称辨析》,《中华医史杂志》2018 年第 3 期。

《近代西医院在海上丝绸之路上的独特角色——以广州眼科医局(1835—1855)为例》,《岭南文史》2018 年第 3 期。

《重剑无锋　厚德载物——记我国神经精神病学奠基人程玉麐教授》,《中国医学人文》2017 年第 11 期。

《一半是诗人一半是匠人——许天禄》,《中国医学人文》2017 年第 9 期。

《中国著名病理学家、医学教育家秦光煜》,《中华医史杂志》2017 年第 5 期。

～刘东红:《中山大学与孙逸仙纪念医院》,《岭南现代临床外科》2015 年第 11 期。

朱堂(四川农业大学)

《民国时期四川的畜牧兽医教育概述》,《中国农史》1989 年第 3 期。

朱提斯·阿尔索普(英国德莫福特大学)

～彭华民等:《英国医疗卫生体系问题与医疗卫生政策改革研究》,《社会工作》2007 年第 3 期。

朱田密(湖北省中医院药事部)

《试论〈医林改错〉中的实物观》,《医学与哲学(A)》2014 年第 5 期。

朱伟常(上海中医药大学/上海中医学院)

《绝唱与拯救——吴梅村〈病中有感〉和沈时誉的议病书》,《中医药文化》2006 年第 1 期。

《铁崖乐府中的医药诗》,《医古文知识》2000 年第 3 期。

《〈老子〉哲学思想——中医养生学的精髓》,《医古文知识》2000 年第 1 期。

《孙思邈与龙宫方——〈千金方〉中的佛教医学》,《上海中医药大学学报》1999 年第 1 期。

《法天则地 道无鬼神——试论〈老子〉与中医学的关系》,《上海中医药大学上海市中医药研究院学报》。

《晋唐佛教医学之东渐》,《上海中医药杂志》1993 年第 11 期。

《揉合儒道 兼综医术——〈抱朴子〉养生思想研究》,《上海中医药杂志》1992 年第 7 期。

《论杨上善对命门的研究》,《上海中医药杂志》1991 年第 4 期。

《论〈吕氏春秋〉之医学思想》,《上海中医药杂志》1986 年第 9 期。

《针砭时弊 启悟后人——论吴鞠通〈医医病书〉的学术思想》,《辽宁中医杂志》1985 年第 12 期。

《出新意于法度之中——晋唐医家虚劳方钩玄》,《上海中医药杂志》1983 年第 10 期。

《景岳治形的医学思想》,《上海中医药杂志》1982 年第 5 期。

朱薇君(苏州碑刻博物馆)

《清代苏州"药业碑"浅析》,《苏州大学学报》1997 年第 2 期。

朱洧仪(北京中医药大学东直门医院)

～徐荣谦:《夜惊与客忤相关初探》,《北京中医药大学学报(中医临床版)》2012 年第 2 期。

祝维章

《盘尼西林的故事》,《中西医报》1946 年第 3—4 期。

朱维铮(复旦大学)

《历史观念史:国病与身病——司马迁与扁鹊传奇》,《复旦学报(社会科学版)》2005 年第 2 期。

朱文奇(中国人民大学)

《从国际法上驳日本在其遗弃在华化学武器问题上的立场和观点》,《中国地质大学学报(社会科学版)》2004 年第 1 期。

朱文旭(中央民族大学)

～白居舟:《哈尼族叫魂习俗》,《民俗研究》2000 年第 3 期。

《彝族的招魂习俗》,《民俗研究》1990 年第 4 期。

朱希涛

《我国首先应用汞合金充填牙齿的光荣史》,《中华口腔医学杂志》1955 年第 1 期。

朱现平(江汉大学/武汉市职工医学院)

《〈黄帝内经〉与中国哲学范畴》,《武汉市职工医学院学报》2001 年第 4 期。

《〈医方汇编〉(中译本)与中西医汇通》,《中华医史杂志》1997 年第 3 期。

徐精诚……田齐武～祁友松:《〈内经〉研究与整理——〈内经类集〉》,《武汉市职工医学院学报》1995 年第 3 期。

《从隋唐〈经籍志〉看晋唐医家的多元文化思想》,《中医药学报》1995 年第 3 期。

《三才思维模式与〈内经〉理论体系》,《中医研究》1992 年第 1 期。

《"足少阴之分间"释》,《吉林中医药》1992 年第 1 期。

《〈内经〉病因"三部分类"及其思维框架》,《中医药学报》1990 年第 5 期。

《〈新校正〉"素问"注浅析》,《中医函授通讯》1988 年第 6 期。

《杨上善〈黄帝内经太素〉易学思想初探》,《国医论坛》1988 年第 2 期。

朱宪彝

《疟疾小史》,《医学周刊集》第 4 卷(1931.2)。

《天花与冉纳氏》,《医学周刊集》第 3 卷(1930)。

蒲斯撰～译:《梅毒病的历史》,《医学周刊集》第 2 卷(1929.1)。

朱向东(甘肃中医药大学/甘肃中医学院)

方惠娴～:《傅青主治疗女子不孕思想浅析》,《中医临床研究》2018 年第 10 期。

汪晓蓉～:《〈太平圣惠方〉煮散方初探》,《亚太传统医药》2017 年第 24 期。

翟艳会～:《中医药文化的核心价值观探讨》,《中医研究》2017 年第 3 期。

章霞～:《〈备急千金要方〉煮散之初探》,《中医药临床杂志》2017 年第 1 期。

章霞～:《陈延之〈小品方〉煮散方之初探》,《中国民族民间医药》2016 年第 24 期。

汪晓蓉～:《〈苏沈良方〉中制散方与煮散方临床应用研究》,《北京中医药》2016 年第 6 期。

吴尚华～:《〈伤寒杂病论〉方相反相成的配伍理论探讨》,《西部中医药》2015 年第 8 期。

郭婷婷～:《从〈外台秘要〉谈唐代温病学的成就》,《中医研究》2015 年第 3 期。

戴恩来……雒成林～李金田:《皇甫宏著　承先启后——晋朝高秀皇甫谧及其〈针灸甲乙经〉》,《中国现代中药》2013 年第 5 期。

戴恩来……张延昌～李金田:《汉代医简　辨证先声——武威汉代医简及其价值》,《中国现代中药》2013 年第 4 期。

李金田……戴恩来～:《岐黄问答　千载流芳——岐伯与岐黄文化的历史功绩》,《中国现代中药》2013 年第 3 期。

李金田～李应存等:《敦煌医学　宝藏奇葩——敦煌医学的学术和研究价值探析》,《中国现代中药》2013 年第 2 期。

～刘稼:《〈黄帝内经〉中的治则探讨》,《中医药信息》2006 年第 5 期。

～天文景等:《"心主神明"与"脑主神明"的再认识》,《中国中医基础医学杂志》2003 年第 6 期。

程畅和～:《相火理论源流考辨》,《甘肃中医学院学报》2003 年第 3 期。

朱向珺(中国药科大学)

～邵蓉:《美国 Hatch-Waxman 法案及其对我国药品注册制的启示》,《中国药业》2006 年第 7 期。

朱祥麟(鄂州市中医医院)

～朱寒阳:《漫议李时珍的体质与人格特征》,《中医药文化》2014 年第 1 期。

～朱寒阳:《李时珍三焦理论发微》,《中医药文化》2011 年第 4 期。

《叶贤恩〈庞安时传〉述评》,《中医药文化》2010 年第 12 期。

《河图象数是〈内经〉藏象学说构建之重要参证》,《中医药文化》2010 年第 5 期。

《药名入诗　文苑奇葩——药名诗的源流及其新作》,《中医药文化》2007 年第 4 期。

～朱寒阳:《论李时珍的肾间命门及鼻为命门之窍说》,《中国中医基础医学杂志》2005 年第 8 期。

～朱寒阳:《清末名医朱庆甲》,《湖北中医杂志》2004 年第 5 期。

《柯逢时与武昌医馆》,《中华医史杂志》2002 年第 1 期。

《〈内经〉六淫化风病理学说》,《中国中医基础医学杂志》2001 年第 2 期。

《〈内经〉中风病理钩玄》,《中国中医基础医学杂志》1999 年第 1 期。

《李时珍脑病用药发微》,《中国中医基础医学杂志》1995 年第 3 期。

《〈扁鹊故乡鄚州考〉一文引证之商榷》，《医古文知识》1993 年第 2 期。

《从〈河图〉数理探〈伤寒论〉"发于阳七日愈，发于阴六日愈"之蕴义》，《国医论坛》1993 年第 1 期。

《从药名入诗看商周时期的药物知识》，《医古文知识》1992 年第 4 期。

《李东垣运用柴胡的探讨》，《新中医》1989 年第 11 期。

《张仲景运用细辛及其剂量之探讨》，《四川中医》1987 年第 6 期。

《论李东垣风药运用心法》，《四川中医》1986 年第 8 期。

朱孝慈

《杜亚泉的生平及其医学学说》，《新中医药》1956 年第 9 期。

朱晓光（第一军医大学）

~朱玲玲：《嵇含及其〈南方草木状〉》，《中医文献杂志》1998 年第 3 期。

《国民党中央内部围绕"中医条例"的中医废存之争》，《南京中医药大学学报》1995 年第 6 期。

祝晓静（华中科技大学）

《当代利益集团对美国医疗保险制度改革的影响》，华中科技大学硕士学位论文 2009 年。

朱小南

《朱南山先生的医学成就》，《上海中医药杂志》1962 年第 8 期。

诸晓英（浙江省中医药研究院附属医院）

《试论绍兴地区历代名医辈出的原因》，《中华医史杂志》1998 年第 4 期。

朱新光（上海师范大学）

~王晓成等：《建构主义与东盟公共卫生合作》，《云南社会科学》2006 年第 6 期。

~苏萍等：《东亚公共卫生合作机制谈略》，《东北亚论坛》2006 年第 6 期。

齐峰~：《论中国—东盟自由贸易区公共卫生安全合作机制的构建》，《中共桂林市委党校学报》2006 年第 2 期。

齐峰~：《构建中国—东盟自由贸易区公共卫生安全合作机制障碍及路径分析》，《中共南宁市委党校学报》2006 年第 2 期。

齐峰~：《论中国—东盟自由贸易区公共卫生安全合作机制的构建战略》，《太平洋学报》2006 年第 3 期。

朱新豪（安徽省宿县地区中医院）

《张锡纯食疗思想初探》，《安徽中医学院学报》1996 年第 2 期。

朱兴仁（黑龙江中医学院）

《"髃骭骨"和"髃骺骨"略考》，《中医杂志》1963 年第 9 期。

朱秀（北京大学）

~陆虹等：《我国助产学教材的发展历程》，《中华护理教育》2015 年第 4 期。

~陆虹等：《中国近现代助产专业政策发展历程回顾》，《中国护理管理》2015 年第 1 期。

朱秀锋（西北师范大学）

《中国现代小说中的肺病意象探析》，西北师范大学硕士学位论文 2008 年。

朱亚杰（首都医科大学）

张艳清、张旭平~：《"医乃仁术"的理论结构与当代启示》，《医学与哲学（A）》2014 年第 5 期。

~张艳清：《论儒医医德思想的构建》，《医学与社会》2014 年第 3 期。

~张艳清：《中国传统医德现代转化路径分析》，《医学与社会》2014 年第 1 期。

朱亚萍（甘肃省中医院）

《血瘀学说之源流》,《安徽中医学院学报》2001 年第 6 期。

祝亚平（中国科技大学/安徽中医学院）

《中国最早的人体解剖图——烟萝子〈内境图〉》,《中国科技史料》1992 年第 2 期。

《安徽——道家炼丹术的发源地》,《学术界》1994 年第 5 期。

《对中医思维模式的认识》,《安徽中医学院学报》1986 年第 3 期。

朱颜

《纪念唐代王冰注〈素问〉一千二百周年》,《中医杂志》1962 年第 8 期。

～高辉远等:《关于中医文献整理及理论研究的讨论》,《中医杂志》1962 年第 4 期。

～冉小峰:《谈我国历史上第一部药典——为唐新修本草颁行一千三百周年而作》,《人民日报》1959 年 5 月 25 日。

《中国古代关于提醒学说和气质学说的史料》,《人民保健》1959 年第 4 期。

《关于神曲的一些资料》,《中药通报》1958 年第 8 期。

《祖国医学文献中关于药物避孕法的资料》,《医学史与保健组织》1958 年第 2 期。

《祖国医学关于风湿病的史料》,《医学史与保健组织》1957 年第 3 期。

《祖国医学关于结核性脑膜炎的对症处理》,《中华结核病科杂志》1956 年第 4 期。

《祖国医学对肺结核病咳嗽的处理》,《中华结核病科杂志》1956 年第 2 期。

《祖国古代在妇产科学方面的成就》,《中华妇产科杂志》1956 年第 2 期。

《祖国医学关于咳血的药物治疗》,《中华结核病科杂志》1956 年第 1 期。

《祖国医学和护理工作》,《护理杂志》1956 年第 1 期。

《祖国医学关于几种口腔疾病的认识和处理》,《中华口腔科杂志》1956 年第 1 期。

《李时珍的"本草纲目"》,《读书月报》1956 年第 1 期。

《介绍几种中医的经典著作》,《光明日报》1955 年 11 月 22 日。

《祖国医学在传染病的认识和防治方面的成就》,《中医杂志》1955 年第 8 期。

《祖国医学关于疗养肺结核的知识》,《中华医学杂志》1955 年第 8 期。

《学习祖国古代医学家救死扶伤的人道主义精神》,《中医杂志》1955 年第 4 期。

《元滑寿诊家枢要考异》,《中华医史杂志》1955 年第 2 期。

《祖国医学在儿科学上的贡献》,《中华儿科杂志》1955 年第 1 期。

《祖国医学的伟大成就》,《新观察》1954 年第 20 期。

《中国古代在医学上的伟大贡献》,《中国医大》1954 年第 18 期。

《中国古典医学症治疗的一般性规律》,《中华医学杂志》1954 年第 9 期。

《中国古代医学中关于消化性溃疡的认识问题》,《中华医学杂志》1954 年第 7 期。

《中医对糖尿病的认识和治疗》,《中华医学杂志》1953 年第 10 期。

《中医对高血压症的认识和治疗》,《中华医学杂志》1953 年第 8 期。

祝燕（南昌大学）

《媒体健康传播研究——"甲型 H1N1 流感"的国家与个人视角》,南昌大学硕士学位论文 2011 年。

朱艳（商丘师范学院）

《均衡的打破和恢复——以一个豫东艾滋病村庄的变化为例》,《商丘师范学院学报》2013 年第 1 期。

《经济发展对家庭生命周期的影响——从生育率和死亡率的变化来看》,《商丘职业技术学院学报》
2009 年第 4 期。

朱彦柔(台湾高雄医学大学)

《家庭计画下已婚女性的避孕经验,1960s—1990s》,高雄医学大学硕士学位论文 2008 年。

朱烨

《中国古籍中对肺结核之记载》,《中华医学杂志》1945 年第 5、6 期。

朱怡华(上海市教育科学研究所)

《上海盲童学校历史调查简记》,《华东师范大学学报(教育科学版)》1994 年第 2 期。

诸毅晖(成都中医药大学)

周萍萍~李娜等:《〈幼科铁镜〉人参安神汤探微》,《中国中医基础医学杂志》2018 年第 8 期。

邹婷婷~陈星宇等:《探析〈黄帝内经〉"守经隧"理论对针灸临证的指导》,《中医研究》2016 年第
10 期。

成词松~蒲昭和等:《川派名医蒲湘澄针灸学术思想探微》,《中医研究》2016 年第 3 期。

张元庆~刘萍等:《川派名医蒲湘澄伤寒病诊治思想探析》,《成都中医药大学学报》2014 年第 1 期。

~成词松等:《清代名医陈复正儿科灸法理论述略》,《成都中医药大学学报》2011 年第 4 期。

成词松~赵莺:《〈温热论〉舌诊探要》,《四川中医》2006 年第 8 期。

成词松~:《〈诸病源候论〉经络病机窥略》,《成都中医药大学学报》2005 年第 2 期。

朱音(上海中医药大学)

《〈四库全书〉本〈颅囟经〉与清代藏书家》,《中医药文化》2017 年第 5 期。

《汪莲石治案浅探》,《中医文献杂志》2015 年第 3 期。

~黄瑛等:《〈澄心斋医案辑录〉初探》,《中医药文化》2015 年第 1 期。

《汪莲石与〈伤寒论汇注精华〉考述》,《中医文献杂志》2014 年第 3 期。

~谭春雨等:《汪莲石生平考辨》,《中华医史杂志》2014 年第 3 期。

荆丽娟……苏姗~:《从膏方医案中看清代至民国时期膏方发展的特点》,《中医文献杂志》2014 年
第 1 期。

《中医学术流派研究中几个问题的探讨》,《中医药文化》2012 年第 1 期。

谭春雨、梁慧风~黄瑛等:《朱丹溪肝病相关病症医论验案思想探微》,《中华中医药学刊》2011 年
第 10 期。

~李洁:《近代稿本〈汇集分类临症方案〉》,《中华医史杂志》2011 年第 5 期。

谭春雨、梁慧风~黄瑛等:《基于现代肝病范畴的张仲景临证医学思想研究》,《中华中医药学刊》
2011 年第 4 期。

~李洁:《古代中医医案整理与研究概述》,《医学信息(上旬刊)》2011 年第 1 期。

《近代上海中医名家医案分析研究》,上海中医药大学硕士学位论文 2008 年。

朱胤慈(台湾清华大学)

《疾病、劳动与生病的身体:农民工的伤与病》,《当代中国研究通讯》第 16 期(2011.8)

《失语的伤痛:中国东莞农民工的健康与医疗》,台湾清华大学硕士学位论文 2010 年。

朱英(华中师范大学)

~尹倩:《民国时期的医师登记及其纷争——以上海地区为考察中心》,《华中师范大学学报(人文
社会科学版)》2009 年第 5 期。

《近代中国自由职业者群体研究的几个问题——侧重于律师、医师、会计师的论述》,《华中师范大学学报(人文社会科学版)》2007 年第 4 期。

祝勇

《疾病在革命中的命运》,《书屋》2006 年第 6 期。

朱勇(福建省尤溪县林业局)

～田晓凤等:《〈本草纲目〉中的竹类药物研究》,《世界竹藤通讯》2013 年第 4 期。

朱佑武(湖南省中医药研究所)

《论党的中医政策》,《湖南中医杂志》1988 年第 3 期。

朱玉(广州中医药大学)

《〈黄帝虾蟆经〉的针刺禁忌研究》,《中医临床研究》2014 年第 11 期。

朱宇航

～张森奉:《一场鼠疫与三个王朝》,《文史博览》2008 年第 4 期。

朱钰玲(中国疾病预防控制中心)

《德国职业卫生标准管理体制与体系研究》,中国疾病预防控制中心硕士学位论文 2016 年。

祝玉隆

《中药度量衡的演进》,《上海中医药杂志》1958 年第 5 期。

《祖国医药在贫血方面的运用》,《上海中医药杂志》1958 年第 2 期。

朱媛媛(陕西中医药大学)

《隋唐"三志"著录医籍初步研究与思考》,陕西中医药大学硕士学位论文 2016 年。

～焦振廉:《浅议理学对中医命门说的影响》,《中国民族民间医药》2016 年第 1 期。

朱越利(四川大学/中国道教文化研究所)

《宋元南宗阴阳双修的代表人物和经诀》,《宗教学研究》2010 年第 2 期。

《论葛洪的阴丹术》,《西南民族大学学报(人文社科版)》2007 年第 7 期。

《〈太平经〉的兴国广嗣术与合阴阳法》,《西南民族大学学报(人文社科版)》2006 年第 9 期。

《〈周易参同契〉的黄老养性术》,《宗教学研究》2004 年第 4 期。

《汉代玄素之道的源流和内容》,《世界宗教研究》2004 年第 3 期。

《马王堆帛书房中术的理论依据》,《宗教学研究》2003(2、3)

《隐书以外的上清房中经》,《中华文化论坛》2003 年第 1 期。

《房中女神的沉寂》,《中国文化》2002 年 Z1 期。

《王屋真人的阴丹术》,《江西社会科学》2002 年第 11 期。

《论六朝贵族道教新房中术的产生》,《世界宗教研究》2001 年第 3 期。

《民间道教新房中术的产生》,《云南民族学院学报(哲学社会科学版)》2001 年第 3 期。

《马王堆帛简书房中术产生的背景》,《中华医史杂志》1998 年第 1 期。

《〈养性延命录〉考》,《世界宗教研究》1986 年第 1 期。

朱月琴

～张舒雨:《民国时期南京市城市自来水工程建设》,《民国研究》2019 年第 2 期。

朱韵

《中国古代在医学上的伟大贡献》,《新华月报》1954 年 11 月。

朱云翔(湖南师范大学)

《抗战时期湖南医疗卫生政策研究》,湖南师范大学硕士学位论文 2009 年。

朱赞美(辽宁师范大学)

《陕甘宁边区公共卫生事业研究》,辽宁师范大学硕士学位论文 2012 年。

朱桢

《殷商时代医学水平概论》,《山东医科大学学报(社会科学版)》《1995 年第 2 期。

祝振纲

《中医外科典籍志略》,《上海中医药杂志》1957 年第 5 期。

《在古代书籍中我所见到的关于人体解剖的记载》,《上海中医药杂志》1955 年第 10 期。

朱振欢(清华大学)

《80 年前〈大公报〉上一场中西医之争》,《科学对社会的影响》2006 年第 2 期。

祝枕江

《中国四胎儿考》,《现代医学》1939 年第 6 期。

祝真旭(清华大学)

～王蒲生:《浅议生物医学研究中不同主题的利益冲突》,《医学与哲学(人文社会医学版)》2006 年第 7 期。

朱真一

《留学欧美并来台湾过的日籍医界人士:留德文豪森鸥外的生涯及台湾关联》,《台湾医界》第 50 卷合订本(2007)。

朱智刚(南京医科大学)

～周亚夫:《〈大医精诚〉的传统文化溯源》,《南京医科大学学报(社会科学版)》2012 年第 3 期。

朱中德

《胡医考》,《国医导报》1941 年第 6 期。

《中国医学演进史》,《新中医刊》1940 年第 2 期。

《中国食疗底史的观》,《新中医刊》1940 年第 1 期。

《中国古代所受西方医学的暗流》,《新中医刊》1939 年第 6 期。

《中国兽医学史》,《新中医刊》1939 年第 4 期。

《中国历代心理疗法》,《新中医刊》1939 年第 5 期。

《中国美容史话》,《新中医刊》1939 年第 3 期。

《中国医药所受印度的影响》,《新中医刊》1939 年第 2 期。

《本草史话》,《新中医刊》1939 年第 1 期。

朱中翰

《敦煌石室古本草之考察》,《浙江图书馆馆刊》1935 年第 5 期。

朱中书(山东中医药大学)

《〈内经〉疼痛的文献研究》,山东中医药大学硕士学位论文 2015 年。

朱仲玉

《世界上最早的医学院》,《人民日报》1960 年 1 月 5 日。

朱子会(中国农村卫生协会/中国卫生部/山西省闻喜县人民代表大会常务委员会)

《中国农村医学发展道路的回顾与展望》,《中国医院管理》1996 年第 3 期。

张自宽～王书城等:《关于我国农村合作医疗保健制度的回顾性研究》,《中国农村卫生事业管理》1994 年第 6 期。

《论合作医疗》,《中国农村卫生事业管理》1988 年第 7 期。

《对医院"福利性"的质疑——兼与徐杰同志商榷》,《中国医院管理》1988 年第 5 期。

《对合作医疗的历史评价及前途的展望》,《中国医院管理》1986 年第 8 期。

朱自满(中国人民解放军总医院第一附属医院)

～许勇等:《腹腔镜肝切除术发展历程》,《中华医史杂志》2011 年第 3 期。

朱子青

《略述素问辨症的科学性与历史价值》,《中医杂志》1956 年第 4 期。

朱子清

《中国痘疮考源》,《华西医药杂志》1947 年第 6—7 期。

颛慧玲(山西省社会科学院)

李小伟～:《山西省城乡医疗保障制度统筹衔接机制探析》,《经济师》2014 年第 10 期。

～丁润萍等:《统筹城乡医疗保障制度的政策构想——以山西为例》,《经济问题》2014 年第 6 期。

～侯志刚:《人口老龄化对医疗保险制度的影响——以山西为例》,《经济问题》2012 年第 6 期。

《医疗卫生体制改革的回顾与新思考——以山西为例》,《经济问题》2009 年第 12 期。

庄爱文(浙江省中医药研究院/浙江省立同德医院/浙江省中医院)

余凯、钱俊华～:《浙派妇科刍议》,《浙江中医药大学学报》2019 年第 7 期。

王英～高晶晶:《朱丹溪的情志调摄思想探析》,《四川中医》2019 年第 4 期。

～盛增秀:《浙东名医阮怀清郁证医案赏析》,《浙江中医药大学学报》2017 年第 10 期。

安欢～:《古代郁证医案用药规律和特色分析》,《浙江中医杂志》2017 年第 9 期。

盛增秀～:《古代名家辨体辨证结合治疗中风医案说解》,《浙江中医杂志》2017 年第 8 期。

～李晓寅等:《〈张氏医通〉郁证探析》,《浙江中医药大学学报》2017 年第 1 期。

盛增秀～:《浙东名医阮怀清传略及其医案赏析》,《浙江中医杂志》2015 年第 12 期。

～李晓寅等:《朱丹溪治未病学术特色》,《浙江中医药大学学报》2015 年第 12 期。

～李荣群等:《李东垣〈脾胃论〉甘温除热五方剖析》,《新中医》2015 年第 12 期。

李晓寅～王英:《丹溪医学在日本的发展》,《浙江中医药大学学报》2015 年第 9 期。

～李荣群等:《李东垣甘温除热本质探究》,《浙江中西医结合杂志》2015 年第 5 期。

～王英等:《〈丹溪心法〉气血痰郁四伤学说在杂病治疗中的运用特色》,《浙江中医药大学学报》2015 年第 4 期。

～李荣群等:《〈本草纲目〉妇产科活血止血用药成就》,《中华中医药学刊》2009 年第 4 期。

《〈本草纲目〉对妇产科辨证论治的贡献》,《中医药学报》2008 年第 1 期。

庄长仲

《林黛玉之病》,《新医药刊》1941 年第 100 期。

庄诚(成都中医学院)

～凌一揆:《历代外来药考》,《成都中医学院学报》1980 年第 6 期。

庄春贤(中共信丰县委党史办)

～刘薇:《简论南方三年游击战争时期的医疗卫生管理工作》,《赣南医学院学报》2011 年第 5 期。

～刘薇:《试论南方三年游击战争医疗卫生工作的特点及成效》,《赣南医学院学报》2010 年第 5 期。

庄辉(复旦大学)

《从排斥到救济——基督教信仰与中华麻风救济会的创建》,《基督教学术》2017 年第 1 期。

《中华麻风救济会的历史(1926—1952)》,复旦大学博士学位论文 2016 年。

《美国何以影响中国? ——以 20 世纪 20 年代中华麻风救济会创建与前期活动为例的讨论》,《宗教与美国社会》2016 年第 1 期。

庄孔韶(中国人民大学)

～赵世玲:《性服务者流动的跨国比较研究与防病干预实践》,《中国农业大学学报(社会科学版)》2009 年第 1 期。

《现代医院临终关怀实践过程的文化检视——专题导言》,《社会科学》2007 年第 9 期。

《临终关怀:一个医学与文化的双重命题》,《社会观察》2007 年第 9 期。

《中国性病艾滋病防治新态势和人类学理论原则之运用》,《广西民族大学学报(哲学社会科学版)》2007 年第 1 期。

庄乾竹(中华中医药学会/中国中医科学院)

谷建军～:《宋代经学学风对宋金元时期伤寒学术研究的影响》,《世界中西医结合杂志》2012 年第 10 期。

赵艳～:《医术高明的清代尚书余文仪》,《中医药文化》2012 年第 5 期。

辛燕～:《试论〈伤寒论〉方剂煎法》,《世界中西医结合杂志》2011 年第 9 期。

赵艳～王贵生:《明代方剂命名规律初探》,《世界中西医结合杂志》2011 年第 3 期。

赵艳～:《明代阴阳五行组方原则探讨》,《世界中西医结合杂志》2011 年第 1 期。

梁峻～孔令青:《论"三生万物"思想的哲学意义》,《世界中西医结合杂志》2010 年第 4 期。

赵艳～:《流行性腮腺炎史》,《中国中医基础医学杂志》2009 年第 11 期。

～梁峻:《民族医药与民俗医药之辨析》,《中国中医基础医学杂志》2009 年第 11 期。

～赵艳等:《古代消渴病学术史研究》,《世界中西医结合杂志》2009 年第 9 期。

《古代消渴病学术史研究》,中国中医科学院博士学位论文 2006 年。

庄秋菊(江西财经大学)

《20 世纪 30 年代河北定县的卫生教育》,《民国研究》2013 年第 2 期。

庄胜全

《从"为中医辩护"到"被西医凌驾"——介绍三本讨论中、西医交会的新作》,《新史学》第 19 卷第 2 期(2008.9)。

庄时俊

《本草史略》,《铁樵医学月刊》1934 年第 1 期。

庄文元(北京中医药大学)

《光绪时期宫廷医药档案的医史学研究》,北京中医药大学硕士学位论文 2018 年。

～杨东方:《光绪六年(1880 年)慈禧太后用药档案错乱考》,《北京中医药大学学报》2018 年第 1 期。

付鹏、杨东方～:《陆懋修重订戴天章〈广瘟疫论〉探微》,《世界中医药》2017 年第 10 期。

庄小霞(中国社会科学院)

《走马楼吴简所见"肿足""肿病"再考》,《鲁东大学学报(哲学社会科学版)》2017 年第 3 期。

庄亚雄(四川大学)

《浅析黑死病与近代欧洲社会转型》,《天府新论》2006 年 S2 期。

庄永志(中央电视台)

《〈焦点访谈〉和〈新闻调查〉有关艾滋病报道的发展变化》,《中国编辑》2008 年第 1 期。

庄园(厦门大学)

《药物知识的建构、传播与实践——以两种"紫河车"为例》,厦门大学硕士学位论文 2018 年。

庄兆群

《吸食鸦片之起源》,《通俗医刊》1933 年第 21 期。

卓彩琴(华南农业大学/华东理工大学)

~冯智珺:《优势视角下促进自闭症人士社会交往的社会工作干预》,《社会工作与管理》2019 年第 2 期。

刘应响~:《残障社会工作服务中的资源动员策略模型建构——基于 M 机构的经验研究》,《广西社会科学》2016 年第 7 期。

《麻风隔离群体增权的社会工作行动过程与策略——以 H 机构的服务为例》,《社会工作》2015 年第 2 期。

~黄晓欣:《智障人士"社区家庭"的康复机制探讨——基于"F 家庭"的个案研究》,《社会福利(理论版)》2014 年第 12 期。

《麻风歧视文化的生产与再生产机制》,《浙江社会科学》2014 年第 5 期。

《重建生活世界:一种社会工作行动——基于 X 麻风村从隔离到融合的变迁研究》,《江海学刊》2014 年第 4 期。

张倩昕……钟颖鸿~:《社会排斥视角下残障儿童随班就读的困境与出路》,《社会福利(理论版)》2014 年第 3 期。

《隔离社群的社会排斥原因与社会融合策略——以麻风隔离社群为例》,《浙江社会科学》2013 年第 4 期。

~范斌:《生态系统视域下隔离社群问题分析》,《广东社会科学》2013 年第 1 期。

~张慧:《社会排斥视角下隔离式康复模式反思——以 T 麻风康复村为例》,《河南社会科学》2011 年第 4 期。

《建构主义视角:残疾人问题的建构机制及解决策略》,《福建论坛(人文社会科学版)》2011 年第 2 期。

李雪玲……陈小宝~程舒:《麻风康复社区长者综合服务模式及介入策略——来自三个麻风康复社区的行动研究》,《社会工作下半月(理论)》2010 年第 1 期。

~李颖奕:《农村残疾人就业排斥及对策探讨——以广州市农村残疾人为例》,《改革与战略》2009 年第 5 期。

张兴杰、王静~:《农村残疾人经济状况实证调查分析——以广州市农村残疾人为例》,《江汉论坛》2008 年第 7 期。

~招锦华:《青少年网络成瘾的家庭治疗策略分析——基于三个典型家庭治疗案例的质性研究》,《河南社会科学》2008 年第 1 期。

《来自"广州市利康家属资源中心"的经验》,《中国残疾人》2006 年第 6 期。

钟莹~李映芬:《残疾人无障碍环境建设的社会因素分析——以广州市为例》,《绥化学院学报》

2006 年第 4 期。

~谭佩玲:《充分发挥家属的重要作用,推动精神康复工作的发展——来自"广州市利康家属资源中心"的经验》,《长沙民政职业技术学院学报》2006 年第 3 期。

卓春萍(北京中医药大学)

《明代针灸医案的研究》,北京中医药大学硕士学位论文 2008 年。

~邓伟等:《〈针灸大成〉中针灸医案特点分析》,《中国针灸》2008 年第 10 期。

邓伟~郑海智等:《试论仓公辑案特点及其针灸诊治思路》,《中国针灸》2008 年第 8 期。

卓大宏

《中国古代保健按摩的几个问题》,《广东医学(祖国医学版)》1964 年第 5 期。

《中国古代养生思想浅探》,《广东中医学(祖国医学版)》1963 年第 1 期。

灼华

《"东方的神仙"——中医出国治疗史话》,《羊城晚报》1963 年 4 月 16 日。

卓廉士(重庆医科大学)

《分析经验的方法决定着医学发展的道路——从思维方式看古希腊医学和中医学的演变》,《中国中医基础医学杂志》2005 年第 4 期。

《中医"急症"考》,《中国中医急症》2005 年第 3 期。

~周力等:《〈艾灸通说〉的灸疗观点》,《中国针灸》2005 年第 1 期。

~周力等:《从〈艾灸通说〉看后藤的灸疗特色》,《四川中医》2004 年第 9 期。

《孙思邈"五脏极证"浅析》,《实用中医药杂志》2003 年第 12 期。

~杨国汉:《孙思邈对急症的认识和处治》,《中国中医急症》2003 年第 5 期。

《从〈帛书〉考经络之起源》,《四川中医》2003 年第 10 期。

卓鹏伟(上海市中医文献馆)

《宋元时期对癥瘕病证的认识》,《中医文献杂志》2017 年第 5 期。

《近代上海中医期刊的办刊特点》,《中医文献杂志》2016 年第 5 期。

季伟苹~陈沛沛:《上海市中医文献馆六十年文献研究回眸》,《中医文献杂志》2016 年第 4 期。

~吴鸿洲:《浅析叶天士癥瘕证治》,《中国中医急症》2010 年第 7 期。

卓群

《方有执与〈伤寒论条辨〉》,《天津中医学院学报》1984 年第 2 期。

卓吾

《解放战争时期胶东军区出版的一本杂志——〈药物杂志〉》,《中国药学杂志》1989 年第 9 期。

《最早的药品广告》,《中国药学杂志》1984 年第 11 期。

子君

~译:《输血的历史》,《中华医史杂志》1954 年第 4 期。

子莲鹰(大理学院)

~李军等:《从中医学角度分析民间"捉蛊"真相——以大理白族为例》,《临床合理用药杂志》2013 年第 1 期。

宗汾

《我国最早的病历》,《健康报》1957 年 4 月 30 日。

《扁鹊与难经》,《健康报》1957 年 3 月 12 日。

《中国第一部医书》，《健康报》1957 年 2 月 22 日。

《金元四大家》，《健康报》1957 年 1 月 8 日。

总后勤部卫生部

《深切怀念我军卫生工作的创始人贺诚同志》，《解放军医学杂志》1993 年第 1 期/《人民军医》1993 年第 2 期。

宗喀·漾正冈布（兰州大学/中国科学院/青海师范大学）

～方艺文：《10 世纪前在吐蕃的 26 个医学学派》，《中华医史杂志》2019 年第 5 期。

～王陈妍：《马"角"与"嘭嘭"——P.T.1060 古藏文写卷部分相马医马术语新解》，《青海社会科学》2019 年第 3 期。

～端智：《拉卜楞地区的传统医药》，《西北民族大学学报（哲学社会科学版）》2011 年第 3 期。

《藏蒙医学文化专题研究点评》，《西北民族大学学报（哲学社会科学版）》2011 年第 3 期。

～刘铁程：《浩门水、湟水音名考——兼论藏、汉药学中的 ShoMang 类药用植物》，《烟台大学学报（哲学社会科学版）》2010 年第 3 期。

《仁钦桑波与"后弘期"的吐蕃医学》，《西北民族大学学报（哲学社会科学版）》2006 年第 6 期。

《吐蕃野牦牛角疗法与蒙古牛（驼）腹急救术》，《中国民族医药杂志》1998 年第 4 期。

《公元前 6 世纪至公元 10 世纪点西藏医药学纪年》，《中国藏学》1997 年第 4 期。

《吐蕃诸邦部时代的藏医学（公元前 7、8 世纪—公元 6 世纪）》，《西藏研究》1996 年第 4 期。

《史前藏医史发展线索研究》，《西藏研究》1995 年第 2 期。

宗瑞麟

《伤寒论中的针灸疗法及其应用》，《江西中医药》1954 年第 13 期。

宗政（苏州大学）

《跨文化视角下的中医英译——以〈中国红：中医〉节选为例》，苏州大学硕士学位论文 2015 年。

邹彬（第二军医大学长海医院）

～刘龙：《喻嘉言秋燥论浅析》，《四川中医》2014 年第 8 期。

邹长青（中国医科大学/南京大学）

朱俊奇……李晨晨～：《我国医疗卫生政策回顾与展望——基于 CSSCI 来源期刊（2003—2018）的可视化分析》，《中国公共卫生》2019 年第 12 期。

～田月等：《中国医疗保障制度发展的历史演进（1949 年—1978 年）——兼论医疗保障政策史》，《医学与哲学（A）》2018 年第 6 期。

～孙海涛等：《医疗改革中政府与市场关系的重构》，《医学与哲学（A）》2017 年第 6 期。

李晓蕊～：《改革开放以来城市社会医疗保障体系演进》，《人民论坛》2016 年第 8 期。

李晓蕊～：《卫生资源配置中的公平正义——罗尔斯正义论的启示》，《医学与哲学（A）》2016 年第 6 期。

～蔡源益：《我国健康管理业发展策略研究》，《中国市场》2015 年第 46 期。

～蔡源益：《辽宁省医疗机构多发和重大疾病诊疗能力建设研究》，《中国市场》2015 年第 11 期。

～赵群等：《高等医学教育理念的历史演进》，《医学与哲学（A）》2015 年第 8 期。

～蔡源益：《辽宁省县域医疗资源供给现状和合理配置研究》，《学理论》2015 年第 8 期。

蔡源益～李胜军等：《东部某省社会资本办医疗机构发展现状研究》，《中国卫生事业管理》2014 年第 11 期。

朱俊奇～:《我国第三方食品安全监管探析》,《学习探索》2013 年第 9 期。

～赵群等:《医学教育之人文思考——从"工具理性主义"到医学人文的融合》,《中国卫生事业管理》2013 年第 3 期。

～孙海涛等:《法国大区卫生局行政体制改革研究》,《医学与哲学（A）》2012 年第 10 期。

～蔡志刚等:《法国大区卫生行政体制改革原因分析》,《中国卫生经济》2012 年第 5 期。

林丽～:《美国新医改推进医疗信息化对我国的启示:基于〈美国复兴与再投资法案〉的分析》,《中国卫生事业管理》2012 年第 1 期。

～林丽等:《广东省公立医院改革初探——基于深圳、高州、清新的调研》,《中国医院管理》2012 年第 1 期。

邹成效（江苏工业学院/湖北荆州师范专科学院）

《简论病德观》,《枣庄师范专科学校学报》2003 年第 5 期。

《死亡权利的伦理分析》,《医学与哲学》1998 年第 9 期。

《论疾病与道德的关系》,《中国医学伦理学》1998 年第 4 期。

邓华和～:《健康的道德透视》,《道德与文明》1998 年第 3 期。

《论病德》,《医学与哲学》1997 年第 12 期。

《医学伦理生死观的困窘与重建》,《荆州师专学报》1997 年第 4 期。

～邓华和:《现代医学伦理生死观的价值取向》,《医学与社会》1997 年第 3 期。

～万正英:《医学究竟是什么》,《医学与哲学》1996 年第 8 期。

邹大海（中国科学院）

《从出土文献看上古医事制度与正负数概念》,《中国历史文物》2010 年第 5 期。

邹丹丹（复旦大学）

《一位女性身体、自我的叙述——疾患的另类意义》,《理论界》2011 年第 9 期。

邹贺龄

《晋代医家葛洪对祖国医学的贡献》,《中医杂志》1959 年第 9 期。

邹火英（南昌大学）

《农村合作医疗制度的变迁——以 Y 县为例》,南昌大学硕士学位论文 2010 年。

邹交平（安徽省祁门县中医院）

《新安医学学术贡献概述》,《中医药临床杂志》2009 年第 3 期。

邹介正（南京农业大学/中国农业科学院）

《注释求索〈司牧安骥集〉一得》,《中国农史》2000 年第 1 期;2001 年第 1 期。

《庆贺〈中兽医学杂志〉创刊 40 周年》,《中兽医学杂志》1997 年第 2 期。

《振兴中兽医学术的先行者——追记杨宏道高级兽医师二三事》,《农业考古》1996 年第 1 期。

《喜读〈医牛宝书〉》,《中兽医学杂志》1994 年第 1 期。

《〈司牧安骥集〉的学术成就和影响》,《中国农史》1992 年第 3 期。

《〈相牛心镜要览〉著作考》,《农业考古》1991 年第 3 期。

《忆卓越的中兽医战士——杨君宏道》,《中兽医学杂志》1986 年第 4 期。

《明代兽医学术的发展》,《中国农史》1986 年第 3 期。

《中兽医起源于何时?》,《农业考古》1986 年第 1 期。

《兽医针灸源流》,《农业考古》1985 年第 1 期。

《兽用本草的发展》,《中国农史》1984 年第 4 期。

～冯洪钱等:《〈元亨疗马集〉疑难土草药考注》,《兽医科技杂志》1982 年第 2 期。

～冯洪钱:《〈司牧安骥集〉疑难药考注》,《中国农史》1982 年第 2 期。

《唐代兽医学的成就》,《中国农史》1981 年 00 期。

《〈医牛金鉴〉简介》,《中国兽医杂志》1979 年第 5 期。

邹珺(中国卫生部/中国社会科学院)

石光～田晓晓等:《发展中国家儿童营养政策的经验和教训》,《中国卫生政策研究》2010 年第 2 期。

石光～田晓晓等:《德国等九个发达国家区域卫生规划的经验与启示》,《卫生经济研究》2009 年第 9 期。

石光～田晓晓:《政府购买卫生服务的国内外改革经验评析》,《中国卫生政策研究》2008 年第 2 期。

石光～田晓晓:《直接举办还是购买卫生服务:相关理论与政策问题探讨》,《中国卫生政策研究》2008 年第 1 期。

田晓晓、石光～:《从民办教育政策看医疗机构分类管理政策》,《中国卫生经济》2007 年第 12 期。

石光～田晓晓等:《我国医疗机构分类管理政策实施进展评估》,《卫生经济研究》2007 年第 4 期。

《"乡村一体化"条件下合作医疗的博弈分析》,《中国卫生资源》2005 年第 5 期。

～周海沙等:《农村"大病户"医疗服务利用及保障状况分析》,《中国初级卫生保健》2005 年第 9 期。

《彻底解决农民大病医疗保障问题的途径——从大病产生和治疗的过程思考新型农村合作医疗》,《中国初级卫生保健》2005 年第 7 期。

～游茂:《对新型农村合作医疗设立家庭账户的保险经济学分析》,《中国卫生经济》2005 年第 6 期。

《加强对乡村医生的管理是合作医疗制度建设的关键》,《卫生经济研究》2005 年第 3 期。

《合作医疗的制度分析——90 年代以来中国江苏农村居民医疗保障机制的研究》,中国社会科学院研究生院博士学位论文 2003 年。

邹来勇(江西中医药高等专科学校)

涂国卿～周一未等:《盱江医家养生思想及方法探析》,《中国中医药现代远程教育》2019 年第 24 期。

涂国卿～周一未等:《盱江医家妇儿养生方法探骊》,《中国中医药现代远程教育》2019 年第 15 期。

～涂国卿等:《盱江医家"治风先治血"思想探骊》,《中国中医基础医学杂志》2019 年第 5 期。

～涂国卿等:《盱江医学中医伤科学术思想及特色传承研究》,《卫生职业教育》2019 年第 2 期。

～曾鑫等:《盱江医家传统医德特色及对现代医学教育的启示》,《中医教育》2019 年第 1 期。

～涂国卿:《浅析盱江医家医德的价值》,《中医教育》2014 年第 5 期。

～何忠锅:《浅析盱江医家危亦林之〈世医得效方〉敷药特色》,《中医文献杂志》2012 年第 4 期。

陈建章～:《盱江医学形成因素探析》,《时珍国医国药》2011 年第 10 期。

陈建章～:《浅谈盱江医家黄宫绣的学术思想及价值》,《中国中医基础医学杂志》2011 年第 4 期。

～陈建章等:《盱江医家黄宫绣学术形成及其思想价值探讨》,《时珍国医国药》2011 年第 3 期。

喻国华、陈建章～:《盱江医家陈自明〈外科精要〉的学术特点探析》,《中医文献杂志》2010 年第 9 期。

～涂国卿等:《〈世医得效方〉伤科证治特色》,《上海中医药杂志》2010 年第 3 期。

邹强（上海外国语大学）

《欧盟卫生外交探究》，上海外国语大学硕士学位论文 2017 年。

邹荣（广州中医药大学）

《明代瘴病证治特色及对岭南医学的影响研究》，广州中医药大学硕士学位论文 2016 年。

～郑洪：《明代瘴病内虚病机理论及其对岭南医学的影响》，《广州中医药大学学报》2016 年第 2 期。

郑洪～：《香港回归以前的中医药刊物考察》，《中医文献杂志》2014 年第 4 期。

邹荣炉（江苏省兴化市皮肤病性病防治所）

～孙爱义等：《兴化市 1950—2010 年麻风流行病学分析》，《中国麻风皮肤病杂志》2012 年第 9 期。

邹若思（云南中医学院）

《日本古方派吉益家族外感内伤病辨证方法及学术思想研究》，云南中医学院硕士学位论文 2015 年。

～陈文慧：《〈类聚方广义〉妇科临证经验探析》，《云南中医中药杂志》2015 年第 6 期。

～陈文慧：《〈类聚方广义〉头面五官疾病临证经验探析》，《云南中医中药杂志》2015 年第 5 期。

～方涛等：《"天人相应"思想在〈黄帝内经〉中的体现》，《中医学报》2014 年第 8 期。

～杨银花等：《〈青囊秘诀〉对中医外科学的贡献》，《安徽中医学院学报》2013 年第 6 期。

～王佳宇等：《郑寿全〈伤寒论〉学术思想探析》，《云南中医学院学报》2013 年第 5 期。

邹善祥（安徽中医药大学）

《中医古代伤科诊断文献挖掘与研究》，安徽中医药大学硕士学位论文 2015 年。

～陆翔：《近 40 年中医伤科诊法研究进展》，《中医药临床杂志》2015 年第 3 期。

邹身城

《苏颂和他的〈本草图经〉》，《杭州师范学院学报（社会科学版）》1990 年第 2 期。

～成琦：《本草纲目图谱沿革》，《浙江中医杂志》1957 年第 6 期。

邹世洁（中国中医科学院）

～邹外一：《〈普济方〉舌象特点探讨》，《河南中医》2010 年第 2 期。

～邹外一等：《〈太平圣惠方〉舌象特点探讨》，《北京中医药》2008 年第 12 期。

～邹外一：《〈诸病源候论〉、〈千金方〉舌象特点探讨和比较》，《中国中医基础医学杂志》2008 年第 7 期。

邹寿长（湖南师范大学）

李霁～：《诚信、尊重与平等：团体心理治疗的伦理底线》，《医学与哲学》2003 年第 0 期。

《优雅的生——人类辅助生殖技术的伦理思考》，湖南师范大学博士学位论文 2003 年。

《人类基因组计划及基因革命对伦理的挑战》，《伦理学研究》2003 年第 4 期。

邹万成（韶关学院附属医院/湖南中医学院）

杨锦华、曹惠英～：《〈仙授理伤续断秘方〉外用药特点》，《亚太传统医药》2018 年第 9 期/《光明中医》2018 年第 10 期。

杨锦华、曹惠英～：《〈仙授理伤续断秘方〉外用药特点》，《亚太传统医药》2018 年第 9 期/《光明中医》2018 年第 10 期。

《对俞根初"三化"学说实质的探讨》，《湖南中医药导报》2004 年第 1 期。

《俞根初学术思想之研究》，湖南中医学院硕士学位论文 2003 年。

《俞根初论治伤寒实火证学术经验探讨》，《浙江中医杂志》2003 年第 1 期。

邹薇（四川大学）

《拜占庭对古典医学的继承和发展》，《世界历史》2017 年第 3 期。

邹武捷（北京大学药学院）

满春霞～杨淑苹等：《麻醉药品和精神药品管制研究（Ⅳ：我国麻醉药品和精神药品的管制历程与现状；Ⅴ：国内外麻醉药品和精神药品的管制制度比较研究）》，《中国药房》2017 年第 1 期。

～满春霞等：《麻醉药品和精神药品管制研究（Ⅰ：麻醉药品和精神药品国际管制的历程与现状；Ⅱ：美国管制物质的管制历程与现状；Ⅲ：英国管制药品的管制历程与现状）》，《中国药房》2017 年第 1 期。

邹翔（曲阜师范大学）

《如何书写"疯癫"的历史？——20 世纪 60 年代以来西方精神医学史研究》，《历史教学》2018 年第 8 期。

《欧美史家对福柯〈疯狂史〉的评价与反思》，《齐鲁学刊》2018 年第 5 期。

马克·哈里森撰，～译：《疾病的漩涡：19 世纪的霍乱与全球一体化》，《西南民族大学学报（人文社科版）》2018 年第 1 期。

《18 世纪伦敦疯人展始末》，《中国社会科学报》2017 年 9 月 25 日 005 版。

《走近艾萨克·牛顿的疯癫：人文与科学的多重阐释与构建》，《世界历史》2017 年第 2 期。

《斯蒂芬·波拉德之死——英国现代临床医学的诞生与医疗救助之间关系的另类真相》，《史学月刊》2014 年第 8 期。

《他们说我疯了——近代英国的精神医疗发展史》，《光明日报》2013 年 1 月 31 日第 11 版。

《近代早期伦敦鼠疫的社会危害》，《鲁东大学学报（哲学社会科学版）》2011 年第 6 期。

《维多利亚时代的〈接触传染病法〉与中下层妇女的废法运动》，《世界近现代史研究》2011 年辑

《从〈疯狂简史〉看罗伊·波特的精神医学史研究》，《史学月刊》2011 年第 2 期。

《近代早期伦敦医疗界对鼠疫的应对》，《史学月刊》2010 年第 6 期。

《中世纪晚期与近代早期英国医院的世俗化转型》，《史学集刊》2010 年第 6 期。

《近代早期伦敦的疫病隔离与宗教界的反应》，《齐鲁学刊》2010 年第 3 期。

《鼠疫与伦敦城市公共卫生》，武汉大学博士学位论文 2008 年。

《16—17 世纪英国的瘟疫及其应对》，《中华医史杂志》2008 年第 2 期。

《近代早期英国政府医疗救助问题探析》，《齐鲁学刊》2007 年第 6 期。

邹小凤（四川师范大学）

《近代日本汉洋医学之争探析——兼论日本岛国文化的特点》，四川师范大学硕士学位论文 2012 年。

邹学喜

《三焦的原始记载及其演变》，《中医杂志》1958 年第 3 期。

邹勇（青岛大学医学院附属烟台毓璜顶医院）

《〈黄帝内经〉五运六气理论的易学背景》，《中国中医药大学远程教育》2017 年第 6 期。

《〈素问遗篇〉考》，《浙江中医药大学学报》2017 年第 5 期。

～周勇：《三因司天方探源》，《山东中医药大学学报》2017 年第 5 期。

《〈黄帝内经〉五运六气理论的时空背景》，《浙江中医药大学学报》2017 年第 3 期。

《〈黄帝内经〉天地之气运动规律探析》，《浙江中医药大学学报》2017 年第 1 期。

《〈内经〉不应脉探微》，《中国中医药现代远程教育》2017 年第 1 期。

《天地人病时系统辨证理论体系》，《中国中医药现代远程教育》2016 年第 23 期。

《〈伤寒明理方论〉解读》，《中国中医药现代远程教育》2016 年第 14 期。

《论张仲景妇科学术思想》，《中国中医药现代远程教育》2016 年第 13 期。

《黄元御学术思想探骊》，《中国中医药现代远程教育》2016 年第 12 期。

《五运六气的历法背景》，《浙江中医药大学学报》2016 年第 12 期。

《陈无择五运六气学术思想》，《中国中医药现代远程教育》2016 年第 11 期。

《五运六气的音律背景》，《浙江中医药大学学报》2016 年第 11 期。

《论仲景脉学》，《光明中医》2015 年第 5 期。

《回归〈伤寒论〉本原》，《光明中医》2015 年第 4 期。

《〈伤寒论〉三阴三阳》，《光明中医》2015 年第 2 期。

邹云翔

《鲍鱼入药的考证》，《江苏中医》1956 年第 1 期。

《国药之历史演变》，《光华医药杂志》1936 年第 2 期。

《药学之乡外发展》，《光华医药杂志》1936 年第 2 期。

邹蕴章

《杜甫的卖药生涯》，《湖南师范学院学报（哲学社会科学版）》1983 年第 2 期。

邹赜韬（宁波大学）

《〈脏腑证治图说人镜经〉钱雷〈附录〉及其医学思想》，《中医药文化》2019 年第 1 期。

～吴学清：《20 世纪浙南山区土医口述史访谈工作初探——基于庆元县 30 例田野采访的思考》，《丽水学院学报》2018 年第 6 期。

《植壤、技术与生存策略：晚清民国的宁波土医——以 1870 至 1936 年的报纸材料为中心》，《地方文化研究》2017 年第 1 期。

～顾学林：《〈秋瘟证治要略〉探讨》，《南京中医药大学学报（社会科学版）》2016 年第 4 期。

邹振环（复旦大学）

《孙中山唯一的一部译作：〈红十字会救伤第一法〉的初版与再版》，《中国出版史研究》2015 年第 1 期。

《〈英吉利国新出种痘奇书〉与牛痘接种法在中国的传播》，《编辑学刊》1994 年第 5 期。

《泰西人身说概：最早传入的西洋人体解剖学著作》，《编辑学刊》1994 年第 3 期。

《合信及其编译的〈博物新编〉》，《上海科技翻译》1989 年第 1 期。

《西医译著与近代中医界的反省》，《华东师范大学学报（哲学社会科学版）》1986 年第 1 期。

邹忠民（江西师范大学）

《疾病与文学》，《江西社会科学》2004 年第 12 期。

祖金林（安徽中医学院）

《从甲骨文看夏商时期的医学成就》，《安徽中医学院学报》1982 年第 4 期。

祖述宪（安徽医科大学/安徽医学院）

《以史为鉴思考医患关系——〈民国时期医事纠纷研究——和谐医患关系之思索〉一书读后感》，《理论界》2013 年第 9 期。

《〈中国医学源流论〉真正的著者是谁？——史学家吕思勉的〈医籍知津〉显露真相》，《中华读书报》2013 年 3 月 20 日 013 版。

《丁文江与中医——对张起钧与伊广谦关于丁文江之死两文的批评》，《医学与哲学（人文社会医学版）》2007 年第 12 期。

《动物入药的起源与批判》，《大自然》2007 年第 1 期。

《关于传统动物药及其疗效问题》，《安徽医药》2002 年第 3 期。

～温亮:《上个千年医学的伟大成就》，《医学与哲学》2001 年第 9 期。

《"爆发"与"暴发"在医学术语中的用法》，《热带病与寄生虫学》2001 年第 2 期。

《胡适对中医究竟持什么态度》，《中国科技史料》2001 年第 1 期。

～唐燕等:《上个千年推动医学发展的十巨人》，《医学与哲学》2000 年第 8 期。

温亮、唐燕～:《有关替代医疗的若干问题》，《国外医学（社会医学分册）》2000 年第 3 期。

《关于"丁文江之死"》，《安徽史学》1998 年第 1 期。

《不合理用药的社会因素》，《安徽医学》1997 年第 4 期。

《医学是最年轻的科学—推荐〈最年轻的科学—观察医学的札记〉》，《医学与哲学》1997 年第 1 期。

《病因学——人群之间的比较》，《国外医学·流行病学传染病学分册》1979 年第 3 期。

左汉宾（武汉大学/湖北医科大学）

《西方社会医学职业社会化管理实践对我国卫生事业发展的启示》，《医学与社会》2013 年第 12 期。

《吞噬细胞理论的形成及其意义》，《医学与哲学（人文社会医学版）》2010 年第 6 期。

《近代以来世界医学科学中心转移现象探析》，《中华医史杂志》2010 年第 2 期。

～张笑天:《西欧健康保障体制基本模式简介》，《中华医院管理杂志》1995 年第 2 期。

～张笑天:《西欧健康保险体制的基本模式概览》，《国外医学（医院管理分册）》1995 年第 1 期。

左家文（天津师范大学）

《近代天津西医群体研究》，天津师范大学硕士学位论文 2017 年。

《〈医学周刊集〉与民国现代医学的发展》，《湖北函授大学学报》2016 年第 8 期。

左黎黎（北京中医药大学）

《胡希恕经方医学痹证证治规律探讨》，北京中医药大学硕士学位论文 2017 年。

～张家玮:《胡希恕与冯世纶六经方证辨证治疗痹证探颐》，《中华中医药杂志》2017 年第 6 期。

左连村（广东外语外贸大学）

《加拿大医疗保险制度的发展及对中国的启示》，《战略决策研究》2013 年第 5 期。

左鹏（上海财经大学）

《"瘴气"之名与实商榷》，《南开学报（哲学社会科学版）》2011 年第 5 期。

《药草诚多喻:论唐诗的药意象》，《南开学报（哲学社会科学版）》2008 年第 2 期。

《〈岭南卫生方〉作者考》，《中华医史杂志》2006 年第 3 期。

《宋元时期的瘴疾与文化变迁》，《中国社会科学》2004 年第 1 期。

《汉唐时期的瘴与瘴意象》，《唐研究》第 8 卷（2002）。

左学金（上海社会科学院）

～王耀忠:《建立和完善农村医疗保障制度的几点思考》，《社会科学》2003 年第 12 期。

～胡苏云:《城镇医疗保险制度改革:政府与市场的作用》，《中国社会科学》2001 年第 5 期。

～胡苏云:《城市医疗保险改革的深化需要组织创新》，《中国卫生经济》1998 年第 2 期。

左银凤（南京大学/安徽大学）

《江苏农村子宫脱垂症的流行与治疗——基于观察 1960 年前后农村社会的一个视角》，《江苏大学学报（社会科学版）》2018 年第 5 期。

《农村赤脚医生研究（1968—1983）——以安徽省枞阳县为个案》，安徽大学硕士学位论文 2013 年。

《农村赤脚医生研究综述》，《高校社科动态》2012 年第 4 期。

左玉河（中国社会科学院）

《百年中医变迁的历史反思》，《中国社会科学报》2018 年 5 月 8 日 008 版。

《生死攸关：中医存废大争论》，《时代教育（先锋国家历史）》2009 年第 2 期。

《学理讨论，还是生存抗争——1929 年中医存废之争评析》，《南京大学学报（哲学·人文科学·社会科学）》2004 年第 5 期。

左媛媛（云南中医药大学/云南中医学院）

魏宁颐～：《"一带一路"背景下中医药文化在缅甸的传播途径研究》，《新闻传播》2019 年第 22 期。

魏宁颐、周青～熊磊：《"一带一路"倡议下中国—缅甸中医中心建立的思考》，《亚太传统医药》2019 年第 6 期。

赵少钦……吴非～：《越南传统医学发展现状及对策研究》，《亚太传统医药》2017 年第 11 期。

～张超等：《"一带一路"战略背景下云南与大湄公河次区域国家传统医药合作交流的经验及展望》，《中国医药导报》2015 年第 27 期。

～陈普等：《云南怒江傈僳族宗教信仰对其传统医药的影响》，《医学与哲学（A）》2013 年第 1 期。

《中国传统"致中和"思想对中医理论的影响》，《中医研究》2012 年第 10 期。

～王寅：《从中医模糊语言的研究入手，阐释中医理论内核的模糊性》，《云南中医学院学报》2010 年第 3 期。

～迟越：《从"针"的字型演变看中医针具的起源和发展》，《云南中医学院学报》2007 年第 6 期。

左耘（中国健康教育中心/国家卫生和计划生育委员会）

《新媒体时代健康传播如何更具影响力》，《传媒》2017 年第 8 期。

《手机网络在健康促进工作中的应用》，《医学信息学杂志》2014 年第 10 期。

《中国援外医疗队的贡献及面临的挑战》，《国际经济合作》2013 年第 11 期。

《关于加强中国对非洲医疗援助工作的思考》，《中华现代护理杂志》2012 年第 17 期。

第二部分

著作/译著索引

著者/译者姓名首字母表

A	1836	J	1879	R	1923
B	1839	K	1883	S	1925
C	1843	L	1886	T	1935
D	1853	M	1908	V	1938
E	1859	N	1914	W	1938
F	1859	O	1915	X	1952
G	1863	P	1915	Y	1959
H	1870	Q	1919	Z	1970
I	1879				

A

阿宝（宁方刚）著：《八卦医学史（不生病历史也会不一样）》，厦门：鹭江出版社2015年。
《八卦医学史2》，厦门：鹭江出版社2017年。

［美］阿贝托·维洛多著：《印加能量疗法——一位心理学家的萨满学习之旅》，许桂绵译，台北：生命潜能文化事业有限公司2002年。

［美］阿德里安娜·佩特里纳等著：《全球药物：伦理、市场与实践》，许烨芳译，上海：上海译文出版社2009年。

［美］安德鲁·斯特拉森等著：《人类学的四个讲座：谣言·想像·身体·历史》，梁永佳等译，北京：中国人民大学出版社2005年。第二讲 医学人类学的体液观。

［美］阿尔弗雷德·C.金赛著：《金赛性学报告》，潘绥铭译，北京：中国青年出版社2013年。

［瑞士］阿尔伯特·霍夫曼著：《LSD：我那惹是生非的孩子——对致幻药物和神秘主义的科学反思》，沈逾等译，北京：北京师范大学出版社2006年。

［美］阿尔弗雷德·克罗斯比著：《生态帝国主义：欧洲的生物扩张，900—1900》，张谡过译，北京：商务印书馆2017年。

［德］阿克塞尔·凯恩等著：《西医的故事》，闫素伟译，北京：商务印书馆2015年。

［法］阿兰·科尔班主编：《身体的历史·卷二：从法国大革命到第一次世界大战》，杨剑译，上海：华东师范大学出版社2013年。

［加拿大］艾伏里西诺著：《打败禽流感》，何湾岚译，北京：新星出版社2006年。

Alexander S. Preker等编：《明智的支出——为穷人购买医疗卫生服务》，郑联盛等译，北京：中国财经出版社2006年。

阿里·可汗著：《对决病毒最前线——从流感、炭疽病、SARS到伊波拉，资深防疫专家对抗致命传染病的全球大冒险》，庄安祺译，台湾：时报出版社2017年。

阿伦·贝克等著：《抑郁症》（原书第2版），杨芳等译，北京：轻工业出版社2014年。

［美］A. M.艾伦著：《美军在越南战争中发生的皮肤病（1965—1972）》，王赞功等译，北京：解放军出版社1985年。

［俄］Andrei P. Kozlov著：《肿瘤：进化之光——肿瘤在新型细胞、组织和器官起源中的作用》，高山等主译，北京：科学出版社2019年。

［德］阿诺德·盖伦著：《技术时代的人类心灵——工业社会的社会心理问题》，何兆武等译，上海：上海科技教育出版社2008年。

阿蓉著：《886，几内亚——援非的日子》（中国医疗队援助非洲几内亚），长春：吉林人民出版社2009年。

［美］阿瑟·科恩伯格著：《酶的情人——一位生物化学家的奥德赛》，崔学军译，上海：上海科技出版社2006年。

［美］阿瑟·克莱曼著：《道德的重量——在无常和危机前》，方筱丽译，上海：上海译文出版社2007年。
《疾痛的故事——苦难、治愈与人的境况》，方筱丽译，上海：上海译文出版社2010年。

［美］阿图·葛文德著：《阿图医生·第1季》，欧冶译，北京：华文出版社2010年。
《阿图医生·第2季》，李璐译，北京：华文出版社2010年。

《最好的告别:关于衰老与死亡,你必须知道的常识》,彭小华译,杭州:浙江人民出版社2015年。

《医生的修炼:在不完美中探索行医的真相》,欧冶译,杭州:浙江人民出版社2015年。

阿子阿越编著:《彝族医药》,北京:中国医药科技出版社1993年。

[德]克劳迪娅·艾伯哈特-麦兹格等著:《瘟疫的力量——人类与微生物的殊死斗争》,梅雨译,贵阳:贵州科技出版社2004年。

[美]爱德华·吉利克著:《伯驾与中国的开放》,董少新译,桂林:广西师范大学出版社2008年。

[波]爱德华·卡伊丹斯基著:《中国的使臣:卜弥格》,张振辉译,郑州:大象出版社2001年。第二十章"中医"、第二十一章"中医处方大全"。

[美]爱德华·肖特著:《精神病学史——从收容院到百忧解》,韩健平等译,上海:上海科技教育出版社2008年。

[南非]埃德温·卡梅伦著:《艾滋病证人》,祈安全等译,北京:中国对外翻译出版公司2009年。

[美]艾尔弗雷德·杰伊·布里特著:《瘟疫与苦难:人类历史对流行性疾病的影响》(原著第2版),周娜等译,北京:化学工业出版社2008年。

[美]艾尔弗雷德·W.克罗斯比著:《哥伦布大交换:1492年以后的生物影响和文化冲击》,郑明萱译,台北:猫头鹰出版社2008年/(第二版)2013年;北京:中信出版社2017年。

[英]艾华著:《中国的女性与性相:1949年以来的性别话语》,施施译,南京:江苏人民出版社2008年。

[德]埃拉德·约姆-托夫著:《医疗大数据:大数据如何改变医疗》,潘苏悦译,北京:机械工业出版社2016年。

[美]艾里克·施洛瑟著:《大麻的疯狂——美国黑市中的性、毒品以及廉价劳工》,王青山译,北京:社会科学文献出版社2006年。

[美]艾里克斯·宾恩著:《雅致的精神病院——美国一流精神病院里的死与生》,陈芙扬译,上海:上海人民出版社2007年。

[美]埃里克·托普著:《颠覆医疗——大数据时代的个人健康革命》,张南等译,北京:电子工业出版社2013年。

《未来医疗:智能时代的个体医疗革命》郑杰译,杭州:浙江人民出版社2016年。

[英]霭理士著:《性心理学》,潘光旦译,北京:商务印书馆1999年。

艾莉丝·迪艾波著:《月经不平等——一段女性身体的觉醒之路》,刘允华译,台湾:木马文化事业股份有限公司2018年。

[英]埃利亚斯·莫西洛斯、葛延风等著:《中国药品政策:改革的挑战和机遇》,北京:中国发展出版社2017年。

[美]艾琳·R.萨克斯著:《我穿越疯狂的旅程:一个精神分裂症患者的故事》,李慧君等译,北京:中国轻工业出版社2013年。

[美]艾伦·霍维兹等著:《我的悲伤不是病——精神医学怎么把悲伤变成一种病》,刘思瑜等译,台湾:左岸文化出版有限公司2017年。

[美]艾伦伯格著:《发现无意识I:新动力精神医学的源流》,刘絮恺等译;《发现无意识II:理性主义动力医学——热内与阿德勒》,吴佳璇等译;《发现无意识III:浪漫主义动力精神医学——佛洛伊德与容格》,廖定烈等译;《发现无意识IV:新动力精神医学发展史》,邓惠文等译,台北:远流出版事业股份有限公司2003年。

[美]艾伦·法兰西斯著:《救救正常人——失控的精神医学》,黄思瑜译,台湾:左岸出版公司2015年。

[美]艾伦·汉密尔顿著,《别忽视上帝的提醒:一个外科医生的黄金总结》,谢瑶玲译,北京:中信出版社 2012年。

[美]艾伦·翰弥顿著:《手术刀与灵魂——外科医师与超自然经历的邂逅,以及疗愈的希望》,谢瑶玲译,台湾:橡树林文化出版公司 2009年。

[美]埃尔·兰格著:《生命的另一种可能:关于健康、疾病和衰老,你必须知道的真相》,丁丹译,北京:人民邮电出版社 2016年。

[美]艾伦·罗丝曼著:《白袍——一位哈佛医学生的历练》,朱珊慧译,台湾:天下文化出版公司 2004年。

[美]艾伦·罗思曼著:《白袍——哈佛医学生的历练》,浦溶译,北京:印刷工业出版社 2011年。
《哈佛医学生的历练》,浦溶译,杭州:浙江人民出版社 2016年。

[美]艾伦·M. 霍恩布鲁姆等著:《违童之愿:冷战时期美国儿童医学实验秘史》,丁立松译,北京:生活·读书·新知三联书店 2015年。

[美]艾伦·翰弥顿著:《手术刀与灵魂:外科医师与超自然经历的邂逅,以及疗愈的希望》,谢瑶玲译,台湾:橡树林文化 2009年。

艾儒棣编著:《中医外科学》,成都:四川科学技术出版社 1991;2007年。

~主编:《川派中医药名家系列丛书:文琢之》,北京:中国中医药出版社 2018年。

[英]艾维瓦·罗恩等编:《医疗保障政策创新》,王金龙译,北京:中国劳动社会保障出版社 2004年。

[日]安部司著:《食品真相大揭秘》,李波译,天津:天津教育出版社 2007年。

[英]安德烈·连恩著:《疯狂与存在——反精神医学的传奇名医 R. D. Laing》,连蕊译,台湾:心灵工坊 2012年。

[美]安德鲁·阿伯特著:《职业系统——论专业技能的劳动分工》,李荣山译,北京:商务印书馆 2016年。"第10章 个人问题管辖权的建构"论及美国精神病学革命和精神治疗的兴起。

安德鲁·所罗门著:《背离亲缘——那些与众不同的孩子,他们的父母,以及他们寻找身份认同的故事》(上),谢忍翾译;(下)简萱靓译,台湾:大家出版社 2015、2016年。

Andrew F. Cooper 等主编:《全球健康管理——挑战、应对和创新》,邓洪等主译,成都:四川大学出版社 2009年。

[英]Andrew Gregory 著:《哈维的心脏——血液循环的发现》,范定洪译,重庆:重庆大学出版社 2002年。

[英]安格斯·莱恩等著:《医疗卫生服务管理导论》,李鲁译,北京:中国人民大学出版社 2012年。

[加]安格斯·麦克拉伦著:《二十世纪性史》,黄韬等译,上海:上海人民出版社 2007年。

安冠英等编:《中华百年老药铺》,北京:中国文史出版社 1993年。

安徽省陈鹤琴教育思想研究会特殊教育分会编:《陈鹤琴特殊教育文选及研究》,北京:华夏出版社 2005年。

安徽省疾病防控中心编著:《2016安徽省肿瘤登记年报》,合肥:合肥工业大学出版社 2017年。

[美]安娜·普鲁伊特等著:《美国母女中国情:一个传教士家族的山东记忆》,程麻等译,北京:中国文史出版社 2011年。
《往日琐事:一位美国女传教士的中国记忆》,程麻译,济南:山东画报出版社 2010年。

安妮·E. 普拉特:"人类面临传染性疾病的挑战",世界观察研究所编译:《世界环境报告1996年》,杨广俊等译,济南:山东人民出版社 1999年。

[荷兰]安玛莉·摩尔著:《照护的逻辑——比病患选择更重要的事》,乌嘉苓译,台北:左岸文化

2018 年。

［美］安妮·科利尔著:《卑微的套套:安全套进化史》,姜玢译,上海:上海文艺出版社 2013 年。

［英］安妮·鲁尼著:《大人的医学课:从放血、针灸,到疫苗、X 光、器官移植,一条血泪交织的人体探索
之路》,台北:联经出版事业股份有限公司 2017 年。

［美］安妮·马克苏拉克著:《微观世界的博弈:细菌、文化与人类》,王洁译,北京:电子工业出版社
2015 年。

［英］安妮·马修森著:《佛罗伦萨·南丁格尔传》,叶旭军译,杭州:浙江文艺出版社 2012 年。

澳大利亚与新西兰农业资源管理委员会等编著:《疫病控制策略:澳大利亚兽医应急预案》,中华人民共
和国农业部兽医局译,北京:中国农业科学技术出版社 2008 年。

［美］奥利弗·萨克斯著:《错把妻子当帽子》(24 个神经失序患者神奇的遭遇和经历),黄文涛译,北京:
中信出版社 2010 年。

　　《火星上的人类学家》(7 名脑神经病患者的真实故事,叙述他们因患病而遭受的巨大生活变故),
赵海波译,北京:中信出版社 2010 年。

　　《钨舅舅:少年萨克斯的化学爱恋》,王彩虹译,北京:中信出版社 2010 年。

　　《睡人》(20 个"睡人"身上的真实故事),宋伟译,北京:中信出版社 2011 年。

　　《脑袋里装了 2000 出歌剧的人》,王彩虹译,北京:中信出版社 2011 年。

　　《幻觉:谁在捉弄我们的大脑?》,高环宇译,北京:中信出版社 2014 年。

　　《说故事的人:萨克斯医生自传》,朱邦芊译,北京:中信出版社 2017 年。

B

［美］芭芭拉·纳特森-霍洛威茨等著:《共病时代:动物疾病与人类健康的惊人联系》,陈筱宛译,北京:
生活·读书·新知三联书店 2017 年。

《八宝山》编辑部:《八宝山抗击 SARS 特刊:SARS 危机给殡葬业的启示》,2003 年第 6 期。

巴·吉格木德著:《蒙古医学简史》,曹都译,呼和浩特:内蒙古教育出版社 1997 年。

巴金著:《第四病室》,良友图书公司 1946 年;杭州:浙江文艺出版社 2003 年。

［美］巴里·沃思著:《十亿美元分子:探寻完美药物》,钱鹏展译,上海:上海科技教育出版社 2018 年。

巴·那顺乌日图著:《崛起中的中国蒙医》,呼和浩特:远方出版社 2016 年。

巴音木仁著:《蒙古族兽医研究》,沈阳:辽宁民族出版社 2006 年。

白东鲁等编:《新药研发案例研究——明星药物如何从实验室走向市场》,北京:化学工业出版社
2014 年。

白剑峰著:《中国式医患关系》,北京:红旗出版社 2011 年。

柏林海主编:《山西省汾阳医院志》,太原:山西人民出版社 2008 年。

［美］拜伦·古德著:《医学、理性与经验——一个人类学的视角》,吕文江等译,北京:北京大学出版社
2010 年。

柏乃庆编著:《近代输血:血液成分·衍生物·输注治疗》,北京:科学出版社 1989 年。

白求恩精神研究会编:《这就是白求恩》,北京:中国文史出版社 2012 年。

白求恩军医学院院史编委会编:《白求恩的足迹在这里延伸——白求恩军医学院发展史》,北京:解放军

文艺出版社 1999 年。

白笳主编:《非常历程:万众一心共抗非典》,北京:中国协和医科大学出版社 2003 年。

白笳等主编:《医疗队在国外》,北京:世界知识出版社 2003 年。

白云峰著:《中医图画通说》,桂林:广西师范大学出版社 2007 年。

[美]班凯乐著:《十九世纪中国的鼠疫》,朱慧颖译,北京:中国人民大学出版社 2015 年。

《中国烟草史》,皇甫秋实译,北京:北京大学出版社 2018 年。

班兆贤著:《〈黄帝内经〉修辞研究》,北京:中医古籍出版社 2008 年。

包哈申主编:《传统医学概论》,北京:中国医药科技出版社 2018 年。

鲍海春主编:《侵华日军细菌战资料选编》(第一辑),呼和浩特:内蒙古文化出版社 2010 年。

包红梅著:《蒙古族公众的蒙医文化》,北京:金城出版社 2015 年。

鲍鉴清著:《我国新医之解剖学史》,自然科学季刊编辑部 1931 年。

宝龙著:《蒙医学与中医学的比较研究》,呼和浩特:内蒙古人民出版社 2008 年。

[美]保罗·班德、杨腓力著:《神的杰作:身体奥秘的发现之旅》,吴文秋译,北京:新世界出版社
    2009 年。

[美]保罗·布兰德等著:《疼痛:无人想要的礼物》,肖立辉译,北京:东方出版社 1998 年。

[美]保罗·J.费尔德斯坦著:《卫生保健经济学》,费朝辉等译,北京:经济学科学出版社 1998 年。

[美]保罗·卡拉尼什著:《当呼吸化为空气》(身患第四期肺癌的作者,以医生和患者的双重身份,记录
    自己的余生,反思医疗与人性),何雨珈译,杭州:猫头鹰文化·浙江文艺出版社 2018 年。

[加]保罗·萨加德著:《病因何在:科学家如何解释疾病》,刘学礼译,上海:上海科技教育出版社
    2007 年。

[美]保罗·斯皮格尔曼等著:《患者第二——改善医患关系之根本》,林贤聪译,北京:电子工业出版社
    2017 年。

保罗罗宏·亚舜著:《佛洛伊德与女性》,杨明敏译,台北:远流出版公司 2002 年。

包文辉等主编:《齐鲁非物质文化遗产丛书:传统医药》,济南:山东友谊出版社 2008 年。

鲍雨著:《治理残障的身体:转型时期截瘫者的日常生活》,南京:江苏人民出版社 2013 年。

鲍宗豪主编:《2015 年健康中国研究报告》,北京:中国社会科学出版社 2016 年。

[美]Barry A. Farbar 等主编:《罗杰斯心理治疗——经典个案及专家点评》,郑钢等译,北京:中国轻工业
    出版社 2015 年。

[德]贝阿塔·拉考塔等著:《生命的肖像——当死神渐渐走近》,王威译,沈阳:辽宁教育出版社
    2005 年。

北京大陆桥文化传媒编:《考古探险·医病史中的生死轮回》,上海:上海科学技术文献出版社 2006 年。

北京大陆桥文化传媒、杨红林编译:《历史上的大瘟疫》,北京:中国发展出版社 2007 年。

北京大学全球卫生研究中心编:《全球卫生时代中非卫生合作与国家形象》,北京:世界知识出版社
    2012 年。

北京东城区政协学习和文史委员会组织编写:《皇城医事》,北京:文物出版社 2011 年。

北京东方生命文化研究所编:《呼唤阳光:你不了解的艾滋病群落》,北京:中医古籍出版社 2007 年。

北京军区后勤部党史资料征集办公室编:《晋察冀军区抗战时期后勤工作史料选编》,北京:军事学院出
    版社 1985 年。

《北京抗击非典丛书》编委会编:《心路》《决战》《风采》《现场》,北京:北京出版社 2003 年。

《发布》《壮歌》《新闻》，北京：同心出版社 2003 年。

北京裴医堂中医药研究院：《裴医堂百年史记》，北京：北京裴医堂中医药研究院，出版时间不详。

北京市朝阳区卫生局编：《捍卫生命：2003 北京市朝阳区抗击非典掠影》，北京：作家出版社 2003 年。

北京市防治重大动物疫病指挥部办公室等编：《北京市突发重大动物疫情应急实施方案》，北京：中国农业出版社 2008 年。

北京市卫生局编：《北京市赤脚医生、合作医疗先进事迹选》，北京：北京人民出版社 1975 年。

北京市哲学社会科学规划办公室编：《直面 SARS 的思考》，北京：同心出版社 2003 年。

北京首都医院世界卫生组织疾病分类合作中心译：《国际疾病分类》，北京：人民卫生出版社 1984 年。

北京同仁堂编：《北京同仁堂药史》，北京：人民日报出版社 1993 年。

北京图书馆编：《民国时期总书目 医药卫生册》，北京：书目文献出版社 1995 年。

北京协和医院编：《皮肤科医生：李洪迥》，北京：中国协和医科大学出版社 2008 年。

　　《刘士豪画传》，北京：中国协和医科大学出版社 2010 年。

　　《周华康教授画册》，北京：中国协和医科大学出版社 2010 年。

～变态反应科编：《叶世泰与中国变态反应学》，北京：中国协和医科大学出版社 2014 年。

～等编著：《张孝骞画传》，北京：中国协和医科大学出版社 2007 年。

～《张孝骞》编辑组编：《张孝骞》，北京：中央文献出版社 1988 年。

～等编：《林巧稚纪念文集》，内部资料 2001 年。

　　《人民医学奖——林巧稚》，内部印发 2002 年。

北京协和医院世界卫生组织国际分类家族合作中心编译：《疾病和有关健康问题的国际统计分类（第十次修订本）》（第二版）（第二卷：指导手册），董景五主译，北京：人民卫生出版社 1997 年；（第三卷），董景五主译，北京：人民卫生出版社 2010 年。

北京中医学院一九五七班编：《中药简史》，北京：科技出版社 1960 年。

北京中医学院主编：《中国医学史》，上海：上海科学技术出版社 1978 年。

北京中医药大学编：《中国医学史讲义》，上海：上海科学技术出版社 2013 年。

［美］贝内迪克特·克莱门茨编：《医保改革的经济学分析》，王宇等译，北京：商务印书馆 2017 年。

贝特曼著：《世界医学史话》，李师郑编译，台北：民生报社 1980 年。

Benjamin A. Rifkin 等著：《人体解剖学：从文艺复兴到数码时代人体解剖学历史发展再现》，周长满译，北京：科学技术文献出版社 2012 年。

［美］本杰明·艾尔曼著：《科学在中国（1550—1900）》，原祖杰译，北京：中国人民大学出版社 2016 年。

　　《中国近代科学的文化史》，王红霞等译，上海：上海古籍出版社 2009 年。

本书编委会编：《白衣战士的光辉篇章：回忆延安中央医院（1939.4—1950.8）》，西安：陕西人民出版社 1995 年。

　　《国图藏稀见古代医籍抄稿本丛编》（全 40 册），北京：全国图书馆文献微缩复制中心 2006 年。

［美］彼得·班克特著：《谈话疗法——东西方心理治疗的历史》，李宏昀等译，上海：上海社会科学院出版社 2006 年。

［美］彼得·博尔西著：《原来吃素最健康》，叶红婷译，武汉：武汉出版社 2008 年。

［澳］彼得·布林布尔科姆著：《大雾霾：中世纪以来的伦敦空气污染史》，启蒙编译所译，上海：上海社会科学出版社 2016 年。

［美］彼得·盖伊著：《弗洛伊德传》（上、下），龚卓军等译，厦门：鹭江出版社 2006 年。

[英]彼得·格雷著:《爱尔兰大饥荒》,邵明等译,上海:上海人民出版社2005年。

[美]彼得·格鲁克曼等著:《为什么我们的身体不再适应当今的世界》,李静等译,上海:上海科学技术文献出版社2009年。

[美]彼得·莱文著:《心理创伤疗愈之道:倾听你身体的信号》,庄晓丹等译,北京:机械工业出版社2017年。

[苏]彼得罗夫等编著:《医学史》,任育南译,北京:人民卫生出版社1957年。

[英]彼得·梅达沃著:《一只会思想的萝卜:梅达沃自传》,袁开文等译,上海:上海科技教育出版社2001年。

[英]彼得·摩尔著:《你一定要知道的50种致命传染病:登革热、流感、伊波拉……夺命病菌,就在你身边!》,洪世民译,台北:联经出版事业股份有限公司2016年。

[德]彼得·欧伯恩德等著:《卫生经济学与卫生政策》,钟诚译,太原:山西经济出版社2007年。

[美]彼得·索尔谢姆著:《发明污染:工业革命以来的煤、烟与文化》,启蒙编译所译,上海:上海社会科学院出版社2016年。

[英]彼德·威廉斯等著:《七三一部队——第二次世界大战中的日本细菌战》,吴天威译,台湾:国史馆1992年。

[美]彼得·于贝尔著:《生命的关键决定:从医生做主到患者赋权》,张琼懿译,北京:生活·读书·新知三联书店2017年。

[美]比尔·海斯著:《血液的故事》,郎可华译,北京:生活·读书·新知三联书店2016年。

毕华德著:《我国西医眼科之起源及现状》,上海:中华医学杂志社1931年。

毕焕洲著:《中国性医学史》,北京:中央编译出版社2007年。

毕淑敏著:《预约死亡》,昆明:云南人民出版社1996年。

《拯救乳房》,北京:人民文学出版社2003年。

[英]比·威尔逊著:《美味欺诈:食品造假与打假的历史》,周继岚译,北京:生活·读书·新知三联书店2016年。

卞凤奎著:《日治时期台湾留学日本医师之探讨》,台北:博扬文化2011年。

边振英主编:《岿然东城:北京市东城区人民抗击非典斗争纪实》,北京:中国人口出版社2003年。

别荣海著:《农村分级诊疗运行效果实证研究》,北京:中国社会科学出版社2016年。

[日]滨田笃郎著:《疾病的世界地图》,曾维贞译,北京:生活·读书·新知三联书店2006年。

[德]伯恩特·卡尔格-德克尔著:《医药文化史》,姚燕等译,北京:生活·读书·新知三联书店2004年;修订版,2019年。

《图像医药文化史》,台湾:边城出版公司2004年。

[德]博尔温·班德洛著:《隐疾:名人与人格障碍》,麦湛雄译,北京:生活·读书·新知三联书店2017年。

[美]伯纳德·阿斯贝尔著:《避孕药片:一个改变世界的药物传奇》,何雪等译,北京:东方出版社2000年。

薄三郎著:《健康流言终结者》,杭州:浙江大学出版社2011年。

薄世宁著:《薄世宁医学通识讲义:一生需要上一次医学院》,北京:中信出版社集团2019年。

薄智云主编:《中医的哲学困境:由腹针经络研究引发的几个哲学话题》,北京:中国中医药出版社2016年。

［德］B.S.坎普斯等编著：《了解非典:SARS 资讯》,吴观陵译,南京:南京出版社 2003 年。

卜佳青著：《爱的逢生:艾滋病病毒感染者的故事》,上海:华东理工大学出版社 2018 年。

卜开初著：《中国历代名医轶事》,北京:中医古籍出版社 2008 年。

［英］布莱恩·D.史密斯著：《制药业的新机遇与挑战》,季纯静译,北京:电子工业出版社 2017 年。

［美］布赖恩·克莱门特著：《营养品的真相——他们不想让你知道的有关维生素和矿物质的秘密》,肖雄译,北京:现代出版社 2010 年。

［英］布莱恩·特纳著：《身体与社会》,马海良等译,沈阳:春风文艺出版社 2000 年。

［美］布莱恩·韦斯著：《穿越时空的心理治疗》,黄汉耀译,海口:海南出版社 2011 年。

［英］布赖恩·英尼斯著：《身体罪证——走进法医学》,黄婷译,上海:上海科学技术文献出版社 2007 年。

［美］布鲁斯·菲佛著：《椰子的疗效:发现椰子的治愈力量》,张怡新等译,上海:上海科学普及出版社 2014 年。

［波兰］卜弥格著：《卜弥格文集——中西文化交流与中医西传》,张振辉等译,上海:华东师范大学出版社 2013 年。

步平著：《毒气战》,北京:中华书局 2005 年。

《日本在华化学战及遗弃化学武器伤害问题研究》,北京:中共党史出版社 2010 年。

～高晓燕著：《阳光下的罪恶》,哈尔滨:黑龙江人民出版社 1999 年。

～等编著：《日本侵华战争时期的化学战》,北京:社会科学文献出版社 2004 年。

步玉如等整理：《孔伯华医集》,北京:北京出版社 1988 年。

C

蔡笃坚编：《台湾外科医疗发展史》,台湾:唐山出版社 2002 年。

《人文、医学与疾病叙事》,台北:记忆工程股份有限公司 2007 年。

蔡笃坚等主笔：《一个医师的时代见证:施纯仁回忆录》,台北:记忆工程股份有限公司 2009 年。

蔡高强著：《艾滋病与人权保护》,北京:中国法制出版社 2008 年。

《非洲艾滋病问题研究》,杭州:浙江人民出版社 2014 年。

蔡禾等著：《关注弱势:城市残疾人群体研究》,北京:社会科学文献出版社 2008 年。

蔡鸿新主编：《闽台中医药文献选编:政协文史资料篇》,厦门:厦门大学出版社 2014 年。

蔡晖等编著：《李恩中西医结合学术思想研究》,北京:北京科学技术出版社 2009 年。

蔡江南主编：《医疗卫生体制改革的国际经验:世界二十国(地区)医疗卫生体制改革概览》,上海:上海科学技术出版社 2016 年。

《寻路医改:中国卫生政策的创新与实践》,上海:上海科学技术出版社 2016 年。

《2015—2016 中国健康产业创新平台奇璞蓝皮书:政策产业创新互动》,上海:上海科学技术出版社 2016 年。

《2016—2017 中国健康产业创新平台奇璞蓝皮书:创新提升价值》,上海:上海科学技术出版社 2017 年。

蔡捷恩著：《中医药之路》(中医药在国外),蔡颖毅等整理,北京:科学技术文献出版社 2018 年。

蔡景峰编：《中国医学史上的世界纪录》，长沙：湖南科学技术出版社1983年。

～译：《西藏医学》，拉萨：西藏人民出版社1986年。

～主编：《西藏传统医学概述》，北京：中国藏学出版社1992年。

～主编：《中国藏医学》，北京：科学出版社1996年。

～等编著：《医药 告别野蛮的洗礼》，北京：中国民族摄影艺术出版社1999年。

～等编著：《中国古代名医点评》，北京：中国医药科技出版社1999年。

～洪武娌著：《〈四部医典〉考源》，郑州：大象出版社1999年。

～等主编：《中国医学通史·现代卷》，北京：人民卫生出版社2000年。

～著：《藏医学通史》，西宁：青海人民出版社2002年。

～著：《岐黄之道——中医药与传统文化》，北京：学苑出版社2013年。

财经杂志编辑部编：《SARS调查》，北京：中国社会科学出版社2003年。

蔡仁华主编：《中国医疗保障制度改革实用全书》，北京：中国人事出版社1998年。

～等编著：《发达国家医疗保险制度》，北京：时事出版社2001年。

蔡无忌等编著：《中国现代畜牧兽医史料》，上海：上海科学技术出版社1956年。

蔡孝恒著：《中国特色卫生思想研究》，武汉：湖北科学技术出版社2009年。

蔡幼龙等主编：《社会医学》，上海：复旦大学出版社2009年。

蔡友月等主编：《不正常的人？台湾精神医学与现代性的治理》，台湾：联经出版公司2018年。

蔡忠军等主编：《透视SARS击溃"非典"》，北京：中国人口出版社2003年。

残雪著：《赤脚医生》（小说），长沙：湖南文艺出版社2019年。

苍宁主编：《中国医药五十年》，北京：新华出版社1999年。

曹炳章编：《中国医学大成》，北京：上海科学技术出版社1990年。

曹东义编著：《神医扁鹊之谜》，北京：中国医药出版社1996年。

～编著：《中医外感热病学史》，北京：中医古籍出版社2004年。

～主编：《中医群英战SARS》，北京：中医古籍出版社2006年。

～著：《捍卫中医》，北京：中国中医药出版社2007年。

～编著：《中医近现代史话》，北京：中国中医药出版社2010年。

［清］曹禾著，杨健校注：《中国古医籍整理丛书·医史（01）：医学读书志 医学读书附志》，北京：中国中医药出版社2015年。

曹洪欣等编：《中国中医研究院五十年历程：中国中医研究院院史（1955—2005）》，北京：中医古籍出版社2005年。

～主编：《海外回归中医古籍善本集粹》，北京：中医古籍出版社2005年。

～主编：《SARS瘟疫研究》，北京：中医古籍出版社2005年。

曹晖等主编：《"一带一路"中医药文物图谱集》，广州：暨南大学出版社2016年。

《中国药学文物图集》，广州：暨南大学出版社2017年。

曹纪民主编：《伟大的国际主义战士：唐县白求恩、柯棣华纪念馆》，北京：中国大百科全书出版社1998年。

曹立亚等主编：《美国药品安全监管历程与监测体系》，北京：中国医药科技出版社2006年。

曹普著：《新中国农村合作医疗史》，福州：福建人民出版社2014年。

曹琦著：《医疗保障服务包研究：基于制度比较的视角》，北京：经济科学出版社2018年。

曹树基等著:《鼠疫:战争与和平——中国的环境与社会变迁(1230—1960)》,济南:山东画报出版社
　　2006年。

～主编:《田祖有神——明清以来的自然灾害及其社会应对机制》,上海:上海交通大学出版社2007年。

曹希亮编著:《中国养生学》(上、下),西安:陕西科学技术出版社2005年。

曹现强著:《当代英国公共服务改革研究》,济南:山东人民出版社2009年。

曹永福著:《中国医药卫生体制改革:价值取向及其实现机制》,南京:东南大学出版社2011年。

草原著:《日寇细菌战暴行》,上海:通联书店1951年。

曹增友著:《传教士与中国科学》,北京:宗教文化出版社1999年。

[英]查尔斯·麦克莫兰·威尔森著:《丘吉尔私人医生回忆录》,袁履庄等译,上海:上海人民出版社
　　2008年。

[美]查尔斯·曼等著:《阿司匹林大战:金钱·药品与百年竞争》,卢珮文等译,北京:新华出版社
　　1996年。

　　《1493:物种大交换开创的世界史》,朱菲译,北京:中信出版集团2016年。

[英]查尔斯·亚历山大·戈登著:《一个英国军医的中国观察实录》,孙庆祥等译,上海:学林出版社
　　2018年。

常白等著:《非典型历史:人类与瘟疫抗争的故事》,北京:经济管理出版社2004年。

常存库主编:《中国医学史》,北京:中国中医药出版社2003年。

～著:《揭开生命与疾病奥秘的钥匙——医学科学方法学》,北京:协和医科大学出版社2006年。

常青著:《协和医事(协和百年纪念版)》,北京:北京联合出版公司2017年。

常小荣主编:《针灸医籍选读》,北京:中国中医药出版社2016年。

常永春等主编:《医患之争——医患纠纷典型案例评析》,北京:法律出版社2006年。

常宇等编著:《中医是本故事书》,北京:化学工业出版社2009年。

　　《中医故事百科》,台北:方舟创意整合有限公司2014年。

～等主编:《文化中医 揭示一个你所不了解的中医世界》,北京:科学技术文献出版社2006年。

Charles E. Rosenberg著:《当代医学的困境》,张大庆主译,北京:北京大学医学出版社2016年。

[美]Charlie Kenney著:《医改传奇:从经典到精益》(讲述美国弗吉尼亚梅森医院追求完美患者体验的
　　精彩故事),李建军等译,北京:人民军医出版社2014年。

车离编著:《中国医学史》,哈尔滨:黑龙江出版社1979年。

～主编:《中国医学史》,长沙:湖南科学技术出版社1985、1988年。

　　《探寻思想轨迹——中医学史的文化哲学研究》,北京:中国人民大学出版社1992年。

陈邦贤著:《中国医学史》,上海:商务印书馆1937、1954年;北京:商务印书馆1969、1992年;上海:上海
　　书店1984年;台湾:台湾商务印书馆1992年;北京:团结出版社2006、2011年;郑州:河南人民出版社
　　2017年。

　　《自勉斋随笔》,上海:世界书局1947年。

～等合编:《中国医学人名志》,北京:人民卫生出版社1955年。

～辑录:《二十六史医学史料汇编》,北京:中医研究院中国医史文献研究所1982年。

陈邦贤纪念文集工作组编:《"医史研究会"百年纪念文集》,中华医学会2014年。

[美]陈葆琳著:《最后的期末考:女外科医师的九堂生死课》,林义馨译,北京:中信出版社2010年。

陈长平等编:《中国少数民族生育文化》,北京:中央民族大学出版社2006年。

陈昌曙著:《医学·哲学杂谈》,沈阳:东北大学出版社2008年。

陈冲主编:《中药现代化研究》,北京:化学工业出版社2006年。

陈重仁著:《文学、帝国与医学想象》,台湾:书林出版有限公司2013年。

陈聪富著:《医疗责任的形成与展开》(修订版):台北:国立台湾大学出版社中心2019年。

陈存仁著:《抗战时代生活史》,桂林:广西师范大学出版社2001年。

　　《津津有味谭·食疗卷》,桂林:广西师范大学出版社2006年。

　　《银元时代生活史》,桂林:广西师范大学出版社2007年。

　　《我的医务生涯》,桂林:广西师范大学出版社2007年。

　　《被阉割的文明——闲话中国古代缠足与宫刑》,桂林:广西师范大学出版社2008年。

　　《被忽视的发明——中国早期医药史话》,桂林:广西师范大学出版社2008年。

～等著:《红楼梦人物医事考》,桂林:广西师范大学出版社2006年。

陈大舜主编:《中医各家学说》,长沙:湖南科学技术出版社1986年。

陈大雅著:《辛巳劫难——1941年常德细菌战纪实》,北京:中共中央党校出版社1995年。

陈代杰等著:《细菌简史:与人类的永恒博弈》,北京:化学工业出版社2015年。

陈道瑾等编:《江苏历代医人志》,南京:江苏科学技术出版社1985年。

～主编:《中国医学史》,上海:上海科学技术出版社1988年。

陈德之等著:《食堂卫生常识》,北京:工人出版社1956年。

陈鼎三著:《医学探源》,江尔逊点校,北京:学苑出版社2011年。

陈尔齐等主编:《简明中外医学史》,苏州:苏州大学出版社2008年。

陈蕃主编:《从教授到将军——纪念殷希彭同志诞辰105周年》,北京:人民军医出版社2005年。

陈方之著:《卫生学与卫生行政》,上海:商务印书馆1934年。

陈罡著:《因为是医生》,北京:化学工业出版社2014年。

陈高傭等编:《中国历代天灾人祸表》,上海:上海书店出版社1986年。

陈根著:《互联网+医疗融合》,北京:机械工业出版社2015年。

陈共等著:《论财政与公共卫生》,北京:中国人民大学出版社2007年。

陈桂凌等编:《抗"非典"短信息精粹》,广州:花城出版社2003年。

陈桂权著:《身体的气味:隐疾的文化史》,成都:四川大学出版社2019年。

陈果夫著:《卫生之道》,南京:正中书局1937年。

　　《医政漫谈》,南京:正中书局1949年。

陈国新等编著:《陈恩中医世家经验辑要》,西安:陕西科学技术出版社2004年。

陈海峰主编:《中国卫生保健》,北京:人民卫生出版社1985年。

～编著:《中国卫生保健史》,上海:上海科学技术出版社1993年。

　　《中国医药卫生科技史》,北京:中国科学技术出版社1999年。

陈海玉著:《傣族医药古籍整理与研究》,昆明:云南大学出版社2016年。

　　《西南少数民族医药古籍文献的发掘利用研究》,北京:民族出版社2011年。

陈航著:《医疗供给侧改革——分级医疗的合作模式选择研究》,北京:化学工业出版社2017年。

陈昊著:《身分叙事与知识表述之间的医者之意——6—8世纪中国的书籍秩序、为医之体与医学身分的浮现》,上海:上海古籍出版社2019年。

陈祜鑫编著:《血吸虫病的研究和预防》,长沙:湖南人民出版社1964年。

陈华编著:《医学人类学导论》,广州:中山大学出版社 1998 年。

～等著:《新型农村合作医疗的可持续发展研究》,北京:经济科学出版社 2014 年。

陈惠珍主编:《中国传统医学文化散论》,长沙:岳麓书社 2013 年。

陈家琨等主编:《上海市麻风学学科史》,上海:复旦大学出版社 2017 年。

陈佳贵等主编:《中国社会保障发展报告(2007)NO.3:转型中的卫生服务与医疗保障》,北京:社会科学文献出版社 2007 年。

陈锦康等主编:《在微尘中打拼:香港肺尘病工人口述历史》,香港:工业伤亡权益会、dirty press2010 年。

陈金雄等著:《迈向智能医疗:重构数字化医院理论体系》,北京:电子工业出版社 2014 年。

～主编:《互联网+医疗健康:迈向5P医学时代》,北京:电子工业出版社 2015 年。

陈娟等主编:《特困人群医疗救助资料汇编》,北京:北京大学医学出版社 2008 年。

陈俊峰主编:《新时期卫生发展与改革创新》,北京:人民卫生出版社 2014 年。

陈君恺著:《日治时期台湾医生社会地位之研究》,台北:国立台湾师范大学历史研究所 1992 年。

陈可冀主编:《清代宫廷医话》,北京:人民卫生出版社 1987 年。

《中国传统康复医学》,北京:人民卫生出版社 1988 年。

《清宫药引精华》,北京:人民卫生出版社 1992 年。

《清宫外治医方精华》,北京:人民卫生出版社 1996 年。

《中国传统医学发展的理性思考》,北京:人民卫生出版社 1997 年。

《清宫医案研究》,北京:中医古籍出版社 2003 年。

《清宫医案集成》(上、下),北京:科学出版社 2009 年。

《清宫医案精选》,北京:中国中医药出版社 2012 年。

《中华文化与中医学丛书》,北京:中国中医药出版社 2017 年。

～等主编:《中国传统老年医学文献精华》,北京:科学技术文献出版社 1987 年。

～等编:《岳美中医学文集》,北京:中国中医药出版社 2000 年。

～等主编:《国学举要·医卷》,武汉:湖北教育出版社 2002 年。

～等主编:《中国宫廷医学》(上、下),北京:中国青年出版社 2003、2009 年。

～著:《陈可冀医学选集 七十初度》,北京:北京大学医学出版社 2002 年。

～编著:《陈可冀学术思想与医疗经验选集》,北京:北京科学技术出版社 2018 年。

陈坤著:《公共卫生安全》,杭州:浙江大学出版社 2007 年。

陈乐平著:《出入"命门"——中国医学文化学导论》,上海:上海三联文化传播有限公司 1991 年。

《医俗史》,上海:上海文艺出版社 1997 年。

陈礼正等主编:《新亚的历程——上海新亚制药厂的过去,现在和将来》,上海:上海科学院出版社 1990 年。

陈立夫等著:《中华医药专辑 第1集》,台北:中华日报社出版部 1982 年。

《中华医药专辑 第2集》,台北:中华日报社出版部 1984 年。

《中华医药专辑 第3集》,台北:中华日报社出版部 1987 年。

～编:《中国医药学院三十周年院庆 同仁著作目录(1958—1988)》,台北:中国医药学院 1989 年。

陈丽云编著:《医学史话》,上海:上海科学技术出版社 2019 年。

陈梦赍编著:《中国历代名医传》,北京:科学普及出版社 1987 年。

[清]陈梦雷等编:《古今图书集成医部全录》,北京:人民卫生出版社 1962 年。

陈孟勤编：《中国生理学史》（第 2 版），北京：北京大学医学出版社 2001 年。

陈敏章等主编：《中国当代医学家荟萃》，长春：吉林科学技术出版社 1988 年。

陈明著：《敦煌出土胡语医典〈耆婆书〉研究》，台湾：新文丰出版社 1994 年。

  《印度梵文医典〈医理精华〉研究》，北京：中华书局 2002 年/修订版：商务印书馆 2014 年。

  《殊方异药——出土文书与西域医学》，北京：北京大学出版社 2005 年。

  《敦煌出土胡语医典〈耆婆书〉研究》，台北：新文丰出版公司 2005 年。

  《中古医疗与外来文化》，北京：北京大学出版社 2013 年。

  《丝路医明》，广州：广东教育出版社 2017 年。

  《敦煌的医疗与社会》，北京：中国大百科全书出版社 2018 年。

陈明光主编：《中国卫生法规史料选编（1912—1949.9）》，上海：上海医科大学出版社 1996 年。

陈沫金编著：《中医的故事》，天津：百花文艺出版社 2011 年。

  《针灸的故事》，太原：山西科学技术出版社 2014 年。

陈琦著：《边缘与回归——艾滋病患者的社会排斥研究》，北京：社会科学文献出版社 2009 年。

陈其广等著：《战略的中医药：国情分析和国策建议》（全 2 册），北京：社会科学文献出版社 2018 年。

陈倩等主编：《千古中医千古事：细说中医源流典故》，武汉：武汉出版社 2009 年。

陈庆元等著：《古典文学与中医学》，福州：福建科学技术出版社 1996 年。

陈仁寿主编：《江苏中医历史与流派传承》，上海：上海科学技术出版社 2014 年。

  《台北故宫珍藏中医手抄孤本丛书》（8 卷），上海：上海科学技术出版社 2014 年。

  《青囊》，北京：中国医药科技出版社 2016 年。

  《江苏中医当代名家学术思想与临床经验》（上、下），上海：上海科学技术出版社 2016 年。

  《话说国医：江苏卷》，郑州：河南科技大学出版社 2017 年。

  《青囊·辛夷花开》，北京：中国医药科技出版社 2017 年。

  《青囊·菊天下》，北京：中国医药科技出版社 2017 年。

  《青囊·卷耳药香·浅尝》，北京：中国医药科技出版社 2019 年。

  《江苏中医药志》，南京：江苏凤凰科学技术出版社 2019 年。

陈蓉著：《民营医疗机构市场准入法律制度研究》，西安：西安交通大学出版社 2016 年。

陈荣等主编：《中国中医药学术语集成 中医文献》（上、下），北京：中医古籍出版社 2007 年。

陈荣华主编：《新余市卫生志》，南昌：江西科学技术出版社 1989 年。

陈蓉霞等文：《人类抗疫全纪录》，上海：华东师范大学出版社 2003 年。

陈若雷主编：《川派中医药名家系列丛书·陈怀炯》，北京：中国中医药出版社 2015 年。

陈三井访问：《我做蒋介石"御医"40 年》，北京：团结出版社 2006 年。

陈少怀著：《医学上的问题》，上海：商务印书馆 1936 年。

陈绍辉著：《精神障碍患者人身自由权的限制——以强制医疗为视角》，北京：中国政法大学出版社 2016 年。

陈胜昆著：《近代医学在中国》，台北：当代医学杂志社 1978 年。

  《中国传统医学史》，台北：时报文化出版事业有限公司 1979 年。

  《中国疾病史》，台北：台湾自然科学文化事业公司出版部 1981 年；台北：橘井文化事业股份有限公司 1992 年。

  《医学·心理与民俗》，台北：健康世界杂志社 1982 年。

《科技中国》,台北:锦绣出版社 1982 年。"中国传统医药学"。

《赤壁之战与传染病:论中国历史上的疾病》,台湾:明文书局 1983 年。

《中国传统医学史》,台北:橘井文化事业股份有限公司 1992 年。

《近代医学在中国》,台北:橘井文化事业股份有限公司 1992 年。

《医学·心理·民俗》,天津:百花文艺出版社,2004 年。

陈士奎等主编:《中国传统医药概览》,北京:中国中医药出版社 1997 年。

~主编:《中西医结合医学导论》,北京:中国中医药出版社 2005 年。

陈士林等主编:《中国药材图鉴:中药材及混伪品鉴别》(共 4 册),北京:中医古籍出版社 2013 年。

陈淑芬著:《战后之疫:台湾的公共卫生问题与建制(1945—1954)》,台北:稻乡出版社 2000 年。

陈书秀编:《中医趣话》,黑龙江:哈尔滨出版社 2007 年。

陈韬著:《近五十年来几位不平凡军医先进简述》,台北:自刊本 1981 年。

陈万成著:《中外文化交流探绎:星学·医学·其他》,北京:中华书局 2010 年。

陈维养主编:《陈可冀院士 中西医结合医学家》,北京:北京大学医学出版社 2009 年。

陈文博等主编:《"非典"北京:文化切入的思考》,北京:北京师范大学出版社 2003 年。

陈文玲著:《透视中国:中国医药卫生体制改革报告》(上、下),北京:中国经济出版社 2015 年。

陈文玲等著:《药品现代流通研究报告:中国药品现代市场体系研究与设计》,北京:中国经济出版社 2010 年。

陈我隆编著:《霍乱的防治》,北京:人民卫生出版社 1984 年。

陈先赋等编著:《四川医林人物》,成都:四川人民出版社 1981 年。

陈小卡等编:《粤海西风入杏林》,广州:中山大学出版社 2014 年。

~王斌编著:《中山大学医科史鉴录》,广州:中山大学出版社 2016 年。

《中国近代西医缘起与中山大学医科起源》,广州:中山大学出版社 2016 年。

~王斌等著:《大医宗师:中山医八大教授》,广州:中山大学出版社 2016 年。

~著:《近代西方医学传入中国史略》,广州:中山大学出版社 2017 年。

~编著:《百川汇南粤:海上丝绸之路对岭南文化的影响(医学篇)》,广州:中山大学出版社 2017 年。

~著:《西方医学经粤传华史》,广州:中山大学出版社 2018 年。

陈晓红等主编:《医学人文演讲录》,北京:商务印书馆 2006 年。

陈小申著:《中国健康传播研究:基于政府卫生部门的考察与分析》,北京:中国传媒大学出版社 2009 年。

陈晓阳等主编:《医学法学》,北京:人民卫生出版社 2006 年。

《人文医学》,北京:人民卫生出版社 2009 年。

陈欣钢著:《医疗改革的媒介镜像——中国"新医改"新闻话语生产研究》,北京:中国广播影响出版社 2015 年。

陈新谦等编著:《中国近代药学史》,北京:人民卫生出版社 1992 年。

~编著:《中华药史纪年》,北京:中国医药科技出版社 1994 年。

陈兴炎主编:《画说中医》,北京:中国中医药出版社 2015 年。

陈醒哲著:《盛京医事》,沈阳:辽宁大学出版社 2012 年。

陈秀芬著:《养生与修身:晚明文人的身体书写与摄生技术》,台湾:稻乡出版社 2009 年。

陈旭著:《明代瘟疫与明代社会》,成都:西南财经大学出版社 2016 年;台湾:台湾崧燁文化 2018 年。

陈雪楼主编:《中国历代名医图传》,南京:江苏科学技术出版社 1987 年。

陈学敏主编:《环境卫生学》,北京:人民卫生出版社 2001 年。

陈雪薇著:《伍连德研究:经验、认同、书写》,新加坡国立大学中文系、世界科技出版公司 2014 年。

陈熠主编:《世界传统医学大系:世界传统医学肿瘤学》,北京:科学出版社 1999 年。

陈亦仁主编:《伤寒论译释》,上海:上海科学技术出版社 1992 年。

陈逸园编著:《彻底打败美帝国主义的细菌战》,北京:人民出版社 1952 年。

陈永生编著:《中国近代节制生育史要》,苏州:苏州大学出版社 2013 年。

～著:《台湾医疗发展史》,台北:月旦出版社 1997 年。

陈永兴著:《医者情怀——台湾医师的人文书写与社会关怀》,台北:INK 印刻 2009 年。

陈钰主编:《进食障碍》,北京:人民卫生出版社 2013 年。

陈玉玲主编:《医疗纠纷预防与处理的理论与实务研究》,南京:东南大学出版社 2017 年。

陈玉女著:《明代的佛教与社会》,北京:北京大学出版社 2011 年。包含:明代堕胎、产亡、溺婴的社因应; 明代佛教医学与僧尼疾病;明代妇的疾病治疗与佛教依赖。

陈于柱著:《敦煌吐鲁番出土发病书整理研究》,北京:科学出版社 2016 年。

陈垣撰:《陈垣早年文集》,台北:中研院中国文哲研究所筹备处 1992 年。

陈元方等著:《生物医学研究伦理学》,北京:中国协和医科大学出版社 2003 年。

陈元朋著:《两宋的"尚医人士"与"儒医"——兼论其在金元的流变》,台湾:国立台湾大学出版委员会 1997 年。

《粥的历史》,台北:三民书局 2005 年。

陈云东主编:《毒品、艾滋病问题的法律与政策研究》,昆明:云南大学出版社 2010 年。

陈增岳编著:《敦煌古医籍校证》,广州:广东科技出版社 2008 年。

陈志潜著:《中国农村的医学——我的回忆》,成都:四川人民出版社 1998 年。

陈志强整理:《干祖望中医外科》,北京:人民卫生出版社 2006 年。

陈志勇等主编:《现代高等医学教育》,北京:学苑出版社 2004 年。

陈致远著:《日本侵华细菌战》,北京:中国社会科学出版社 2014 年。

《纪实:侵华日军常德细菌战》,北京:中国社会科学出版社 2015 年。

《侵华日军在中国实施的鼠疫细菌战研究》,北京:中国社会科学出版社 2018 年。

陈竺主编:《全国第三次死因回顾抽样调查报告》,北京:中国协和医科大学出版社 2008 年。

～等主编:《中国新型农村合作医疗发展报告:2002—2012 年》,北京:人民卫生出版社 2013 年。

沉着著:《医路:告诉你一个真实的医院》,海口:海南出版社 2009 年。

成昌慧著:《新型农村合作医疗制度需方公平性研究》,北京:经济科学出版社 2009 年。

承淡安编著:《中国针灸学》,北京:人民卫生出版社 1955 年。

～著:《承淡安针灸选集》,上海:上海科学技术出版社 1986 年。

《针灸薪传集》,福州:福建科学技术出版社 2008 年。

《承淡安针灸师承录》,北京:人民军医出版社 2008 年。

《伤寒针方浅解》,福州:福建科学技术出版社 2010 年。

程瀚章著:《西医浅说》,上海:商务印书馆 1934 年。

程晋烽著:《中国公共卫生支出的绩效管理研究》,北京:中国市场出版社 2008 年。

程锦锥等主编:《中国药品市场报告(2012)》,北京:中国社会科学出版社 2012 年。

程景民等编:《医学发展的回眸与展望》,北京:军事医学科学出版社 2012 年。

成令方主编:《医疗与社会共舞》,台北:群学出版有限公司 2008 年。

程绍恩等主编:《世界传统医学大系:世界传统医学和理想学》,北京:科学出版社 1998 年。

程晓明著:《西藏基本医疗与公共卫生服务能力研究》,北京:社会科学文献出版社 2017 年。

程雅君著:《中医哲学史(第三卷:明清时期)》,成都:巴蜀书社 2015 年。

　　《中医哲学史(第二卷:魏晋至金元时期)》,成都:巴蜀书社 2010 年。

　　《中医哲学史(第一卷先秦两汉时期)》,成都:巴蜀书社 2009 年。

　　《金元四大医家与道家道教》,成都:巴蜀书社 2006 年。

～等主编:《医道还元注疏》,成都:巴蜀书社 2008 年。

程毅著:《城市化进程与农村合作医疗制度可持续发展》,上海:华东理工大学出版社 2011 年。

　　《非均衡发展条件下新型农村合作医疗制度建构研究》,上海:华东理工大学出版社 2012 年。

程颖著:《新农合下农民医疗保险决策及对医疗支出的影响研究》,北京:经济科学出版社 2015 年。

程昭寰编著:《衷中参西的张锡纯》,北京:燕山出版社 1986 年。

～主编:《伤寒心悟》,北京:学苑出版社 1989 年。

　　《医学心鉴——程昭寰教授从医五十周年医学论文集(1959 — 2009)》,北京:中医古籍出版社 2010 年。

程之范主编:《医学史讲义》,内部印刷 1980 年。

　　《中外医学史》,北京:北京医科大学、中国协和医科大学联合出版社 1997 年。

～编著:《世界医学史纲要》,哈尔滨:黑龙江科技出版社 1984 年。

～等编著:《简明医学史》,北京:北京医科大学、中国协和医科大学联合出版社 1990 年。

～原著,甄橙选编:《程之范医史文选》,北京:北京大学医学出版社 2004 年。

程子衿主编:《明清医事》,北京:故宫出版社 2016 年。

迟福林主编:《警钟:中国:SARS 危机与制度变革:中国(海南)改革发展研究院 2003 年转轨研究报告》,北京:民主与建设出版社 2003 年。

郗万富著:《病痛河南:近代河南的医生、医疗与百姓(1912 — 1949)》,北京:中国社会科学出版社 2017 年。

池子华著:《红十字与近代中国》,合肥:安徽人民出版社 2004 年。

　　《中国红十字运动史散论》,合肥:安徽人民出版社 2009 年。

　　《红十字运动:历史与发展研究》,合肥:合肥工业大学出版社 2013 年。

　　《红十字 近代战争灾难中的人道主义》,合肥:合肥工业大学出版社 2013 年。

　　《红十字运动:历史回顾与现实关怀》,合肥:合肥工业大学出版社 2015 年。

　　《红十字运动:历史审视与现实思考》,合肥:合肥工业大学出版社 2016 年。

　　《红十字运动:历史传承与当代发展》,合肥:合肥工业大学出版社 2018 年。

　　《红十字运动研究评论集》,合肥:合肥工业大学出版社 2018 年。

～等编:《〈大公报〉上的红十字》,合肥:合肥工业大学出版社 2012 年。

～等编译:《日本红十字运动史(1877—1916)》,合肥:合肥工业大学出版社 2015 年。

～主编:《红十字运动研究(2017 年卷)》,合肥:合肥工业大学出版社 2017 年。

　　《红十字运动研究(2018 年卷)》,合肥:合肥工业大学出版社 2018 年。

～等主编:《中国红十字历史编年(1904—2004)》,合肥:安徽人民出版社 2005 年。

《近代江苏红十字运动(1904—1949)》,合肥:安徽人民出版社 2007 年。

《红十字运动与慈善文化》,桂林:广西师范大学出版社 2010 年。

《中国红十字会百年往事》,合肥:安徽工业大学版社 2011 年。

《〈申报〉上的红十字 (1897—1949)》(1—4 卷),合肥:安徽人民出版社 2011 年。

《中国红十字运动的区域研究》,合肥:合肥工业大学出版社 2012 年。

《红十字运动研究 2014 年卷》,合肥:合肥工业大学出版社 2014 年。

《〈新闻报〉上的红十字》,合肥:合肥工业大学出版社 2014 年。

《中国红十字运动史料选编 第 1 辑》,合肥:合肥工业大学出版社 2014 年。

《中国红十字运动史料选编 第 2 辑》,合肥:合肥工业大学出版社 2015 年。

《红十字运动研究》(2016 年卷),合肥:合肥工业大学出版社 2016 年。

《中国红十字运动史料选编》(第 3—6 辑),合肥:合肥工业大学出版社 2016 年。

《中国红十字运动史料选编》(第 7—8 辑),合肥:合肥工业大学出版社 2017 年。

重庆市医务工作者协会出版部编:《第一届全国卫生会议重要文献》,重庆:重庆市医务工作者协会出版部 1950 年。

仇雨临主编:《医疗保障案例》,北京:中国劳动社会保障出版社 2009 年。

～等著:《城乡医疗保险制度统筹发展研究》,北京:中国经济出版社 2011 年。

～著:《基本医疗保险关系转移接续路径研究:基于典型地区试点运行的实证调查》,北京:中国经济出版社 2017 年。

畜禽重大疫病免疫防制基础研究项目专家委员会编:《畜禽重大疫病免疫防制研究》,北京:中国农业科技出版社 1997 年。

储亚萍著:《政府购买社区公共卫生服务的合肥模式研究》,合肥:安徽大学出版社 2014 年。

[英]Chris Shilling 著:《转变中的身体:习惯、危机与创造性》,廖珮如等译,台湾:韦伯文化国际出版有限公司 2013 年。

[加]Christopher A. Cavacuiti 主编:《成瘾医学精要》,郝伟等主译,北京:人民卫生出版社 2014 年。

传奇翰墨编委会编:《毁灭启示录:瘟疫正在蔓延》,北京:北京理工大学出版社 2011 年。

[日]川田洋一著:《佛法与医学》,许洋主译,台北:东大图书公司 2002 年。

[日]茨木保著:《漫画医学五千年》,赵秉东译,北京:求真出版社 中国盲文出版社 2013 年。

Colin Konschak 等著:《移动医疗:医疗实践的变革和机遇》,时占祥等主译,北京:科学出版社 2014 年。

丛春雨编著:《敦煌中医药精粹发微》,北京:中医古籍出版社 2000 年。

～主编:《敦煌中医药全书》,北京:中医古籍出版社 1994 年。

丛林等编写:《中国历代名医百家传》,北京:人民卫生出版社 1988 年。

丛显斌等主编:《中国鼠疫及其防治(2001—2010)》,长春:吉林科学技术出版社 2014 年。

《中国人间鼠疫》,北京:人民卫生出版社 2018 年。

《2013—2014 年度中国医患关系蓝皮书》,北京:北京大学医学出版社 2015 年。

崔海英主编:《中国朝医学 医学史卷》,延边:延边大学出版社 2015 年。

崔箭等编:《中国少数民族传统医学概论》,北京:中医民族大学出版社 2007、2016 年。

崔龙健著:《抗战时期中国红十字会上海国际委员会研究》,合肥:合肥工业大学出版社 2017 年。

崔述强主编:《SARS 影响下的北京经济》,北京:中国统计出版社 2003 年。

崔维志等编:《鲁西细菌战大揭秘》,北京:人民日报出版社 2002 年。

～等主编:《鲁西细菌战大大屠杀揭秘》(修订版),北京:人民日报出版社 2003 年。

崔锡章著:《中医要籍重言研究——阅读中医古籍必懂的词汇》,北京:学苑出版社 2008 年。

　　《中华文明探微·自然之道:中国医药》,北京:北京出版社 2013 年。

崔仙任著:《〈东医宝鉴〉道教医学思想研究》,成都:巴蜀书社 2014 年。

崔秀汉编著:《中国医史医籍述要》,延吉市:延边人民出版社 1983 年。

　　《朝鲜医籍通考》,北京:中国中医药出版社 1996 年。

崔寅主编:《中国记者观察—— 外国医疗保障制度》,北京:中共中央党校出版社 2008 年。

崔月犁等主编:《中国当代医学家荟萃》,长春:吉林科学技术出版社 1987 年。

～主编:《中医沉思录》,北京:中医古籍出版社 1997 年。

崔仲平等编著:《吉林名医谱》,长春:吉林科学技术出版社 2016 年。

D

达美君主编:《简明中医语词辞典》,上海:上海科学技术出版社 2004 年。

[美]大卫·阿古斯著:《无病时代:走出健康误区,终结盲目医疗》,陈婷君译,北京:中信出版社 2014 年。

[美]大卫·比罗著:《一个医生的患病手记》,韩红军译,北京:中信出版社 2003 年。

[澳]大卫·登伯勒著:《集体叙事实践:以叙事的方式回应创伤》,冰舒译,北京:机械工业出版社 2015 年。

[美]大卫·奎曼著:《致命接触——全球大型传染病探秘之旅》,刘颖译,北京:中信出版社 2014 年。

[美]大卫·逵曼著:《下一场人类大瘟疫——跨物种传染病侵袭人类的致命接触》,蔡承志译,台湾:漫游者文化公司 2016 年。

[法]大卫·勒布雷东著:《人类身体史和现代性》,王圆圆译,上海:上海译文出版社 2010 年。

[美]大卫·M. 卡特勒著:《要钱还是要命——给美国医疗体制的一剂强药》,刘国恩等译,上海:上海人民出版社 2012 年。

[美]大卫·欧文著:《疾病与权力:诊断百年来各国领袖的疾病、抑郁与狂妄》,区立远译,台北:左岸文化出版社 2011 年。

[法]大卫·塞尔旺-施莱伯著:《自愈的本能——抑郁、焦虑和情绪压力的七大自然疗法》,曾琦译,北京:人民邮电出版社 2017 年。

戴斌武著:《中国红十字会救护总队与抗战救护研究》,合肥:合肥工业大学出版社 2012 年。

　　《抗战时期中国红十字会救护总队研究》,天津:天津古籍出版社 2012 年。

代宝珍著:《老年痴呆症社区早期预防与人群管理研究》,北京:科学出版社 2016 年。

　　《基于医疗保障制度的农村居民慢性病管理模式研究》,北京:科学出版社 2018 年。

戴戴撰稿:《遇见·肿瘤名医:挖掘有温度的医疗事故 传递最人文的医学情怀》(第一辑),上海:上海科学技术出版社 2017 年。

戴鸿铭著:《病毒的意志》,广州:广东教育出版社 2004 年。

　　《从本草纲目读李时珍》,武汉:湖北科学技术出版社 2018 年。

[美]戴吉礼主编:《傅兰雅档案》(3 卷本),弘侠译,桂林:广西师范大学出版社 2009 年。

戴铭编:《班秀文医论医话集》,北京:科学出版社 2015 年。

《班秀文医学著作集》,北京:科学出版社 2015 年。

～主编:《壮族医学史》,北京:中国中医药出版社 2006 年;2017 年。

[英]戴斯蒙德·莫里斯著:《裸男》,施棣译,北京:新星出版社 2011 年。

《裸女:女性身体的美丽与哀愁》,李家真译,北京:新星出版社 2006 年。

[美]David A.Kindig 著:《为人群购买健康:按健康结果付费》,石光译,北京:人民卫生出版社 2001 年。

戴卫:《病有所医 不再遥远——建设覆盖城乡居民的医疗卫生服务体系》,北京:人民出版社 2008 年。

[美]戴维·德兰诺夫著:《你的生命价值多少》,李国芳译,北京:人民大学出版社 2004 年。

《美国医疗保健的经济演变——从马库斯·维尔比医疗到管理式医疗》,黄丞等译,上海:上海三联书店 2015 年。

[美]戴维·F.马斯托著:《美国禁毒史》,周云译,北京:北京大学出版社 1999 年。

[美]戴维·考特莱特著:《上瘾五百年——烟、酒、咖啡和鸦片的历史》,薛绚译,北京:中信出版社 2014 年。

《上瘾五百年——瘾品与现代世界的形成》,薛绚译,上海:上海人民出版社 2005 年。

[美]戴维·林德伯格著:《西方科学的起源》,张卜天译,长沙:湖南科学技术出版社 2016 年。第六章 希腊和罗马医学;第十三章 中世纪的医学和博物学。

《西方科学的起源》,王珺等译,北京:中国对外翻译出版公司 2001 年。

[美]戴维·M. 奥辛斯基著:《他们应当行走——美国往事之小儿麻痹症》,阳曦译,北京:清华大学出版社 2015 年。

[美]戴维·M·弗里德曼著:《男根文化史:我行我素》,刘凡群等译,北京:华龄出版社 2003 年。

[英]戴维·泰勒著:《谈话治疗:Tavistock 临床中心的理念和实践方法》,黄淑清等译,北京:中国轻工业出版社 2017 年。

戴献章著:《台湾中医之厄:制度与偏见挤压下的传统》,桂林:广西师范大学出版社 2009 年。

戴昭宇等主编:《日本传统医药学现状与趋势》,北京:华夏出版社 1998 年。

戴志澄等主编:《中国防痨史》,北京:人民卫生出版社 2013 年。

代志明著:《新型农村合作医疗中的利益转移问题研究》,北京:中国社会科学出版社 2011 年。

戴志强等著:《神乎其经——池志强传》,北京:中国科学技术出版社 2017 年。

[日]丹波元简著:《脉学辑要》,北京:人民卫生出版社 1955 年。

[日]丹波元胤编:《中国医籍考》,北京:人民卫生出版社 1956 年;第 2 版,1983 年。

～著:《医籍考》,郭秀梅、[日]冈田研吉校译,北京:学苑出版社 2007 年。

[美]丹尼尔·巴伦布莱著:《人性的瘟疫:日本细菌战秘史》,林玮等译,北京:金城出版社 2016 年。

[英]丹尼尔·笛福著:《伦敦大瘟疫亲历记》,谢萍译,呼和浩特:内蒙古人民出版社 2003 年。

[英]丹尼尔·笛福著:《瘟疫年纪事》,徐志强译,上海:上海译文出版社 2013 年。

[美]丹尼尔·李伯曼著:《从丛林到文明,人类身体的演化和疾病的产生》,郭胜杰译,台北:商周出版社 2014 年。

[美]丹尼尔·利伯曼著:《人体的故事:进化、健康与疾病》,蔡晓峰译,杭州:浙江人民出版社 2017 年。

[瑞士]Daniel Low-Beer 著:《创新卫生伙伴关系:多元化的外交》,郭岩主译,北京:北京大学医学出版社 2014 年。

[美]丹·R.鲍威尔著:《现代健康自助完全手册》,宋戈译,天津:天津教育出版社 2007 年。

《当代中国》丛书编辑部编：《当代中国的卫生事业》（上、下），北京：中国社会科学出版社 1986 年。

　　《当代中国的医药事业》，北京：中国社会科学出版社 1988 年。

　　《当代中国卫生事业大事记(1949—1990)》，北京：人民卫生出版社 1993 年。

《当代中国的医药事业·中药篇》编写组：《中国中药大事记(1949—1983)》，北京：国家医药管理局 1984 年。

［荷］德里尔著：《男根：私处的秘密》，林珈琳译，广州：花城出版社 2012 年。

［美］D·P.莱尔著：《法医·尸体·解剖室：犯罪搜查 216 问——专业医师解开神秘病态又稀奇古怪多医学与鉴识问题》，台北：麦田出版公司 2013 年。

［美］道格拉斯·莱尔著：《法医·尸体·解剖室 2：谋杀诊断书》，毛佩琦译，台北：麦田出版公司 2014 年。

　　《法医，警察与罪案现场：稀奇古怪的 216 个问题》，蔡承志等译，北京：民主与建设出版社 2014 年。

　　《法医科学研究室：鉴识搜查最前线，解剖八百万种死法》，祁怡玮等译，台北：麦田出版公司 2017 年。

［日］岛崎谦治著：《日本的医疗：制度与政策》，何慈毅等译，南京：南京大学出版社 2016 年。

［美］德博拉·G.菲尔德著：《女人的一个世纪：从选举权到避孕药》，姚燕瑾等译，北京：新星出版社 2006 年。

［美］德博拉·海登著：《天才、狂人的梅毒之谜》，李振昌译，上海：上海人民出版社 2005 年。

［美］Deborah Lupton 著：《医学的文化研究：疾病与身体》（第 3 版），苏静静主译，北京：北京大学医学出版社 2016 年。

［英］德劳因·伯奇著：《药物简史——鸦片、奎宁、阿司匹林与我们的抗病故事》，梁余音译，北京：中信出版集团 2019 年。

［英］德吕恩·布奇著：《医药的真相——别让药品害了你》，孙红等译，北京：新世界出版社 2010 年。

［美］德沃金等著：《安乐死和医生协助自杀：赞成和反对的论证》，晓梅等译，沈阳：辽宁教育出版社 2004 年。

邓丙戌编著：《皮肤病中医外治学》，北京：科学技术文献出版社 2005 年。

邓大松等著：《改革开放 30 年中国社会保障制度改革回顾、评估与展望》，北京：中国社会科学出版社 2009 年。

邓公平主编：《医药卫生法学》，上海：上海科学技术出版社 1989 年。

邓海华等主编：《互联网+健康医疗优秀案例精选》，北京：北京大学医学出版社 2016 年。

邓寒梅著：《中国现当代文学中的疾病叙事研究》，南昌：江西人民出版社 2012 年。

邓加荣著：《100 位新中国成立以来感动中国人物：林巧稚》，长春：吉林文史出版社 2012 年。

邓杰著：《医疗与布道：中华基督教会在川康边地的医疗服务研究》，北京：中国社会科学出版社 2011 年。

邓开叔主编：《协和名医》（第二版），北京：中国协和医科大学出版社 2002 年。

邓立著：《吴阶平传》，杭州：浙江人民出版社 1999 年。

邓启耀著：《中国巫蛊考察》，上海：上海文艺出版社 1999 年。

邓铁涛著：《邓铁涛医话集》，广州：广东高等教育出版社 1991 年。

　　《邓铁涛医集》，北京：人民卫生出版社 1995 年。

　　《邓铁涛医话集》，北京：中国医药科技出版社 2014 年。

《邓铁涛医案与研究》,北京:人民卫生出版社2004年。

～等编:《中医近代史论文集》,北京:中医研究院学术委员会2000年。

～编著:《邓铁涛医学文集》,北京:人民卫生出版社2001年。

《国医大师卷:邓铁涛》(第二版),北京:中国中医药出版社2011年。

～主编:《中医近代史》,广州:广东高等教育出版社1999年。

《中国防疫史》,南宁:广西科学技术出版社2006年。

～等主编:《中国医学通史·近代卷》,北京:人民卫生出版社2000年。

《中医大辞典》,北京:人民卫生出版社2000年。

《中医五脏相关学说研究:从五行到五脏相关》,广州:广东科技出版社2010年。

邓晓蕾等著:《求索军事医学之路——程天民传》,北京:中国科学技术出版社2015年。

邓小明等编:《上海市医学会麻醉科专科分会编年史》,北京:人民卫生出版社2017年。

邓彦主编:《岭南中医药名家》,广州:广东科技出版社2010年。

[法]蒂埃里·苏卡著:《牛奶谎言与内幕——关于钙质需求的真相》,王怡静译,苏州:苏州大学出版社
　　2008年。

[法]迪迪埃·努里松著:《烟火撩人:香烟的历史》,陈睿译,北京:生活·读书·新知三联书店2013年。

[英]迪尔米德·杰弗里斯著:《阿司匹林传奇》,暴永宁等译,北京:生活·读书·新知三联书店
　　2010年。

[明]第司·桑杰嘉措著:《〈四部医典〉八十幅曼唐及其解说》,才让当智等译,拉萨:西藏人民出版社
　　2010年。

《点亮生命之光:护士的故事》组委会编:《点亮生命之光:护士的故事》,北京:人民卫生出版社
　　2012年。

刁连东等主编:《麻疹、风疹、流行性腮腺炎文献荟萃》,上海:上海科学技术出版社2007年。

《甲型病毒性肝炎免疫预防文献荟萃》,上海:上海科学技术出版社2011年。

刁天喜等主编:《世界军事医学(1991—2010)》,北京:军事医学科学出版社2014年。

刁玉华等主编:《擎起校园的蓝天——2003河南省教育系统抗击非典纪实(新闻摄影画册)》,郑州:河
　　南省教育厅2003年。

丁安伟主编:《中药文献学》,北京:科学出版社2003年。

丁纯著:《世界主要医疗保障制度模式绩效比较》(第二版),上海:复旦大学出版社2009年。

丁大地著:《与病魔同行:我在美国治病与生活的经历》,上海:东方出版中心2018年。

丁福保著:《西洋医学史》,上海:上海书店1914;北京:东方出版社2007年。

《中药浅说》,上海:商务印书馆1947年。

～编:《结婚与优生学》,上海:医学书局1940年。

《现代医学》,上海:上海医学书局1933年。

《近世妇人科全书》,上海:上海医学书局民国十一年。

～译述:《历代名医列传》,上海:上海文明书局宣统元年/民国二年。

丁甘仁著:《孟河丁甘仁医案》,福州:福建科学技术出版社2002年。

丁格尔编:《抗击"非典"的日日夜夜》,成都:四川文艺出版社2003年。

丁光迪著:《东垣学说论文集》,北京:人民卫生出版社2010年。

～编著:《金元医学评析》,北京:人民卫生出版社1999年。

《中医各家学说》,南京:江苏科学技术出版社 1987 年。

~点校:《吴医汇讲》,上海:上海科学技术出版社 1983 年。

~等编著:《金匮要略学习参考资料》,北京:人民卫生出版社 1965 年。

丁国允等编著:《国门疫病危机与应对》,广州:华南理工大学出版社 2018 年。

丁继华主编:《现代中医骨伤科流派菁华》,北京:中国医药科技出版社 1990 年。

丁继华等编:《中医骨伤历代医萃》,北京:人民卫生出版社 1991 年。

丁建定著:《从济贫到社会保险——英国现代社会保障制度的建立(1870—1914)》,北京:中国社会科学出版社 2000 年。

《瑞典社会保障制度的发展》,北京:中国劳动社会保障出版社 2004 年。

《西方国家社会保障制度史》,北京:高等教育出版社 2010 年。

~等著:《英国社会保障制度的发展》,北京:中国劳动社会保障出版社 2004 年。

丁名宝等主编:《毛泽东卫生思想研究》,武汉:湖北科学技术出版社 1993 年。

丁少群等著:《我国新型农村合作医疗制度及其可持续发展研究》,厦门:厦门大学出版社 2007 年。

丁绍云主编:《乡村医生血吸虫病防治手册》,长沙:湖南人民出版社 2004 年。

丁天兵主编:《病毒战:从禽流感谈病毒》,西安:第四军医大学出版社 2013 年。

丁万斌著:《科学巨匠:林巧稚》,石家庄:河北教育出版社 2001 年。

丁晓强等著:《关于浙赣地区日军细菌战的调查研究》,北京:社会科学文献出版社 2012 年。

丁新豹编著:《善与人同:与香港同步成长的东华三院(1870—1997)》,香港:三联书店有限公司 2010 年。

丁言昭著:《国际友人——白求恩》,北京:中国中福会出版社 2015 年。

定宜庄等著:《个人叙述中的同仁堂历史》,北京:北京出版社 2014 年。

丁有和等著:《20 世纪瘟疫:艾滋病》,成都:四川人民出版社 1993 年。

丁宇等编著:《阴阳五行汇中医》,北京:人民军医出版社 2012 年。

董柏青主编:《广西霍乱百年史》,南宁:广西科学技术出版社 2001 年。

董炳琨主编:《协和育才之路》,北京:中国协和医科大学出版社 2001 年。

~等著:《老协和》,保定:河北大学出版社 2004 年。

东莞市虎门镇人民政府编:《王吉民中华医史研究》,广州:广东人民出版社 2010 年。

董建华等编著:《实用中医心理学》,郑州:河南科学技术出版社 1987 年。

董竞成主编:《中国传统医学比较研究》,上海:上海科学技术出版社 2019 年。

董黎等编著:《医疗建筑》,武汉:武汉工业大学出版社 1999 年。

董黎明著:《我国城乡基本医疗保险一体化研究》,北京:经济科学出版社 2011 年。

董少新著:《形神之间——早期西洋医学入华史稿》,上海:上海古籍出版社 2008、2012 年。

董湘玉等主编:《中医心理学基础》,北京:北京科学技术出版社 2003 年。

东阳市档案局(馆)编:《毒菌之殇:日军细菌战东阳受害实录》,杭州:浙江人民出版社 2017 年。

董宜秋著:《帝国与便所——日治时期台湾便所兴建及污物处理》,台湾:台湾书房出版有限公司 2005 年。

窦国祥主编:《中华食物疗法大全》,南京:江苏科学技术出版社 1990 年。

杜聪明著:《中西医学史略》,台北:中华大典编印会 1965 年。

《回忆录之台湾首位医学博士——杜聪明》(上、下),台湾:龙文出版社股份有限公司 2001 年。

杜菲著:《从体液论到医学科学——美国医学的演进历程》,张大庆等译,青岛:青岛出版社 2000 年。

[英]杜格尔德·克里斯蒂著:《奉天三十年——杜格尔德·克里斯蒂的经历与回忆》,张士尊等译,武汉:湖北人民出版社 2007 年。

堵光磊等主编:《面对来自远古的杀手——禽流感》,北京:机械工业出版社 2004 年。

杜建生著:《台湾中医药概览》,北京:中国医药科技出版社 1990 年。

杜江等编著:《苗族医药发展史》,北京:中医古籍出版社 2007 年。

杜克琳等主编:《贫困人群医疗救助——理论、案例及其操作指南》,北京:人民卫生出版社 2002 年。

杜乐勋等主编:《黔南卫生服务研究》,哈尔滨:黑龙江科学技术出版社 1991 年。

《中国医院产权制度研究》,哈尔滨:哈尔滨出版社 2001 年。

《中国医疗卫生产业发展报告 No.1》,北京:社会科学文献出版社 2004 年。

《中国医疗卫生发展报告 No.2》,北京:社会科学文献出版社 2006 年。

《中国医疗卫生发展报告 No.3》,北京:社会科学文献出版社 2007 年。

《中国医疗卫生发展报告 No.4》,北京:社会科学文献出版社 2008 年。

《中国医疗卫生发展报告 No.5》,北京:社会科学文献出版社 2009 年。

杜丽红著:《制度与日常生活——近代北京的公共卫生》,北京:中国社会科学出版社 2015 年。

杜立平著:《广西壮族地区的医药文化及药材贸易》,北京:民族出版社 2008 年。

[荷兰]杜威·德拉埃斯马著:《心灵之扰:精神疾病小史》,张真译,上海:中国出版集团东方出版中心 2012 年。

杜远见编:《云南省新型农村合作医疗纪实》,昆明:云南科技出版社 2019 年。

杜正胜著:《从眉寿到长生——医疗文化与中国古代生命观》,台湾:三民书局 2005 年。

杜治政著:《医学伦理学纲要》,南昌:江西人民出版社 1985 年。

《医学伦理学探新》,郑州:河南医科大学出版社 2000 年。

～等主编:《医学伦理学辞典》,郑州:郑州大学出版社 2003 年。

～主编:《守住医学的疆界》,北京:中国协和医科大学出版社 2009 年。

～著:《医学在走向何处》,南京:江苏科学技术出版社 2014 年。

段成功等主编:《中国古代房中术养生秘笈》,北京:中医古籍出版社 2000 年。

段家喜著:《市场、政府与全民医疗保障》,北京:中国财经经济出版社 2009 年。

段明月主编:《中国西部地区传染性非典型肺炎与传染病防治能力建设项目总结与回顾》,北京:北京大学医学出版社 2006 年。

《艾滋病性病防治工作的探索与实践:世界银行贷款卫生九项目艾滋病性病部分实践经验回顾》,北京:北京大学医学出版社 2008 年。

《社会团体和非政府组织参与艾滋病性病防治的做法与实践》,北京:北京大学医学出版社 2009 年。

～等主编:《卫生九项目总结与评估.艾滋病性病防治部分》,北京:北京大学医学出版社 2009 年。

《卫生九项目总结与评估.妇幼卫生部分》,北京:北京大学医学出版社 2009 年。

段逸山编著:《古医籍词义辨别法》,上海:上海科学技术出版社 1990 年。

～著:《〈素问〉全元起本研究与辑复》,上海:上海科学技术出版社 2001 年。

～主编:《中国近代中医药期刊汇编》(第一辑:5 种全 47 册),上海:上海辞书出版社 2011 年。

《中国近代中医药期刊汇编》(第二辑:4 种全 41 册),上海:上海辞书出版社 2011 年。

《中国近代中医药期刊汇编》(第三辑:8 种全 41 册),上海:上海辞书出版社 2011 年。

《中国近代中医药期刊汇编》(第四辑:8 种 40 册),上海:上海辞书出版社 2012 年。

《中国近代中医药期刊汇编》(第五辑:20 种 36 册),上海:上海辞书出版社 2012 年。

《中国近代中医药期刊汇编总目提要》,上海:上海辞书出版社 2012 年。

《中国近代中医药期刊汇编索引》(全 5 册),上海:上海辞书出版社 2015 年。

《上海地区馆藏未刊中医钞本提要》,上海:上海科学技术文献出版社 2017 年。

～等主编:《中医名言通解》,长沙:湖南科技出版社 2018 年。

段振离著:《医说红楼》,北京:新世界出版社 2004 年。

段志光主编:《医学创新的轨迹》,北京:中国协和医科大学出版社 2009 年。

E

[美]E.A.罗斯著:《病痛时代:19—20 世纪之交的中国》,张彩虹译,北京:中央编译出版社 2005 年。

[英]E. E. 埃文思—普里查德著:《阿赞德人的巫术、神谕和魔法》,覃俐俐译,北京:商务印书馆
2014 年。

[美]Eli Ginzberg 著:《明天的医院》,上海:第二军医大学出版社 2000 年。

[美]Ellen Rosskam 等著:《全球卫生谈判与导航:全球卫生外交案例研究》,郭岩主译,北京:北京大学医
学出版社 2014 年。

[英]厄内斯特·琼斯著:《佛洛伊德传》,张洪亮译,北京:中医编译出版社 2018 年。

[美]E.O.泰斯伯格等编写:《医疗保健业》,王旭东等译,北京:中国人民大学出版社 2003 年。

[美]厄文·高夫曼著:《精神病院——论精神病患与其他被收容者的社会处境》,群学翻译工作室译,台
湾:台湾群学出版有限公司 2012 年。

[德]恩斯特·博伊姆勒著:《药物简史——近代以来延续人类生命的伟大发现》,张荣昌译,桂林:广西
师范大学出版社 2005 年。

21 世纪经济报道著:《天佑华夏:中国 SARS 特别报告》,兰州:兰州大学出版社 2003 年。

F

[美]法兰克·佛杜锡克著:《神经外科的黑色喜剧》,吴程远译,长沙:湖南科学技术出版社 2006 年。

法律出版社编:《中华人民共和国中医药法(附草案说明)》,北京:法律出版社 2017 年。

[日]饭岛涉著:《鼠疫与近代中国——卫生的制度化和社会变迁》,朴彦等译,北京:社会科学文献出版
社 2019 年。

范家伟著:《六朝隋唐医学之传承与整合》,香港:香港中文大学出版社 2004 年。

《大医精诚——唐代国家、信仰与医学》,台北:东大图书公司 2007 年。

《中古时期的医者与病者》,上海:复旦大学出版社 2010 年。

《北宋校正医书局新探:以国家与医学为中心》,香港:中华书局(香港)有限公司 2014 年。

范秋实编:《近代中国农村问题研究资料汇编》(全 50 册),第 13 册"……中国乡村卫生问题/中国乡村

卫生行政"、第 14 册"乡村卫生"，上海：上海科学技术文献出版社 2018 年。

范铁权著：《近代科学社团与中国的公共卫生事业》，北京：人民出版社 2013 年。

范晓青主编：《毒品的危害与戒毒治疗》，北京：人民军医出版社 2006 年。

范小青著：《赤脚医生万泉和》，北京：人民文学出版社 2007 年。

范新俊著：《如病锝医——敦煌医海拾零》，兰州：甘肃人民出版社 2010 年。

范行准编：《中文医学书目录》，中华医学会中华医史学会 1949 年。

～著：《中国预防医学思想史》，华东医务生活社 1953 年。

    《中国病史新义》，北京：中医古籍出版社 1989 年。

    《明季西洋传入之医学》，上海：上海人民出版社 2012 年。

    《中国病史新义》，北京：中医古籍出版社 1989 年。

    《中国医学史略》，北京：中医古籍出版社 1986 年/北京出版社 2016 年。

范延妮著：《近代传教士中医译介活动及影响研究》，苏州：苏州大学出版社 2017 年。

范燕秋著：《宜兰县医疗卫生史》，台湾宜兰：宜兰县政府 2004 年。

    《疫病、医学与殖民现代性：日治台湾医学史》，台北：稻乡出版社 2005；第二版，2010 年。

    《多元镶嵌与创造转化：台湾公共卫生百年史》，台北：远流出版社 2012 年。

范英等主编：《改革中的新型企业》（白云山制药厂改革史经验综述），北京：人民出版社 1988 年。

樊友平等主编：《中医男科学史》，北京：中医古籍出版社 2013 年。

范玉强著：《中国中医药文化遗存》，天津：天津社会科学院出版社 2015 年。

范佐勋编：《台湾药学史》，台北：财团法人郑氏药学文教基金会 2001 年。

方春阳编著：《中国历代名医碑传集》，北京：人民卫生出版社 2009 年。

方刚著：《艾滋病逼近中国》，长春：吉林人民出版社 1995 年。

方格子著：《一百年的暗与光——中国麻风防治浙江记录》，杭州：浙江文艺出版社 2016 年。

方鸿辉著：《肝胆相照——吴孟超传》，上海：上海交通大学出版社、中国科学技术出版社 2013 年。

房莉杰著：《新型农村合作医疗制度信任的形成过程》，北京：社会科学文献出版社 2014 年。

方林编文，谢舒弋等画：《柯棣华》，长春：辽宁美术出版社 1992 年。

房宁等主编：《突发事件中的公共管理："非典"之后的反思》，北京：中国社会科学出版社 2005 年。

方鹏骞著：《中国公立医院法人治理及其路径研究》，北京：科学出版社 2010 年。

    《中国公立医院内部治理机制研究》，武汉：华中科技大学出版社 2014 年。

    《中国城市社区卫生服务机构开发及制度设计研究》，北京：科学出版社 2015 年。

    《我国县域医疗服务体系管理体制及运行机制研究》，北京：科学出版社 2016 年。

    《湖北省基本医疗保险制度研究》，武汉：武汉大学出版社 2017 年。

    《中国特色现代医院管理制度研究》，北京：科学出版社 2018 年。

    《中国全民医疗保险体系构建和制度安排研究》，北京：人民出版社 2019 年。

～等著：《中国转型期医疗纠纷诉讼解决机制研究》，北京：科学出版社 2011 年。

    《中国基本医疗保险制度：评价与展望》，武汉：华中科技大学出版社 2015 年。

～主编：《中国医疗卫生事业发展报告 2014》，北京：人民出版社 2015 年。

    《中国医疗卫生事业发展报告（2015）——中国公立医院改革与发展专题》，北京：人民出版社 2016 年。

    《中国医疗卫生事业发展报告（2016）——中国医疗保险制度改革与发展专题》，北京：人民出版社

2017 年。

《中国医疗卫生事业发展报告（2017）——中国药物政策与管理专题》，北京：中国社会科学出版社 2018 年。

《中国医疗卫生事业发展报告（2018）——公共卫生与预防保健专题》，北京：中国社会科学出版社 2019 年。

《新时代健康湖北发展与展望——湖北健康政策与管理学术论文集》，武汉：华中科技大学出版社 2019 年。

方如康等编著：《中国医学地理学》，上海：华东师范大学出版社 1993 年。

方铁主编：《传统文化与生育健康》，北京：中国社会科学出版社 1997 年。

方文辉编：《中医古籍典故》，广州：广东科技出版社 1990 年。

方文贤编著：《中医入门必读歌诀》，北京：中国中医药出版社 1996 年。

方喜业等编：《鼠疫》，北京：人民卫生出版社 1988 年。

方喜业主编：《中国鼠疫自然疫源地》，北京：人民卫生出版社 1990 年。

方娅等主编：《江西红十字运动百年回眸》，合肥：合肥工业大学出版社 2013 年。

方燕著：《巫文化视域下的宋代女性——立足于女性生育、疾病的考察》，北京：中华书局 2008 年。

《医疗市场、医疗组织与激励动机研究》，北京：经济管理出版社 2018 年。

方友义主编：《吴真人药签和中草药研究》，厦门：厦门大学出版社 1993 年。

方煜东编著：《慈溪：明清及近现代国药业之发端》，上海：上海交通大学出版社 2014 年。

方舟子著：《批评中医》，北京：中国协和医科大学出版社 2007 年。

［美］F.D.沃林斯基著：《健康社会学》，孙牧虹等译，北京：社会科学文献出版社 1999 年。

［葡］费尔南多·纳莫拉著：《行医琐记》，李宝钧等译，北京：中国文联出版公司 1992 年。

［美］菲利普·朗曼著：《最好的医疗模式——公立医院改革的美国版解决方案》，李玲等译，北京：北京大学出版社 2011 年。

［美］菲利普·R.赖利著：《林肯的 DNA 以及遗传学上的其他冒险》，钟扬等译，上海：上海科技教育出版社 2005 年。

［美］菲利普·希尔茨著：《保护公众健康：美国食品药品百年监管历程》，姚明威译，北京：中国水利水电出版社 2006 年。

［法］菲力普·亚当等著：《疾病与医学社会学》，王吉会译，天津：天津人民出版社 2005 年。

［匈］费伦齐等著：《精神分析的发展》，吴阿瑾等译，台北：远流出版公司 2005 年。

［美］费侠莉著：《繁盛之阴——中国医学史中的性（960—1665）》，甄橙等译，南京：江苏人民出版社 2006 年。

费振钟著：《悬壶外谈——医学与身体的历史表达》，上海：上海书店出版社 1999 年；2008 年。

《中国人的身体与疾病——医学的修辞及叙事》，上海：上海书店出版社 2009 年。

《读通中医》，南京：江苏凤凰文艺出版社 2015 年。

冯伯贤编：《上海名医医案选粹》，北京：人民卫生出版社 2008 年。

冯彩章著：《贺诚传》，北京：解放军出版社 1984 年。

冯德强主编：《傣族医药研究》，北京：民族出版社 2001 年。

冯国超著：《中国古代性学报告》，北京：华夏出版社 2014 年。

冯汉镛编：《古代秘方遗书集》，成都：四川科学技术出版社 1992 年。

~集：《唐宋文献散见医方证治集》，北京：人民卫生出版社1994年。

冯惠玲主编：《公共危机启示录：对SARS的多维审视》，北京：中国人民大学出版社2003年。

冯建军著：《解码屈臣氏——解密李嘉诚的零售帝国》，北京：经济管理出版社2012年。

丰洁明主编：《食物是最好的医药》，呼和浩特：远方出版社2010年。

封进著：《健康需求与医疗保障制度建设：对中国农村的研究》，北京：格致出版社2009年。

冯立军著：《古代中国与东南亚中医药交流研究》，昆明：云南美术出版社2010年。

冯绍霆著：《李平书传》，上海：上海书店出版社2014年。

冯淑梅主编：《甘肃少数民族地区麻风病简史》，兰州：甘肃文化出版社2017年。

丰台区卫生局编：《2003献给为抗击非典做出贡献的勇士们——难忘的经历 永恒的回忆》，内部印发2003年。

冯显威主编：《医学科学技术哲学》，北京：人民卫生出版社2002年。

冯英等编著：《外国的医疗保障》，北京：中国社会出版社2008年。

冯友兰著：《中国哲学史论文二集》，上海：上海人民出版社1962年。"先秦道家思想与医学的关系"。

风月俜狂山野汉著：《病人虐我千百遍，我待病人如初恋——一个120随车医师的随笔》，豆瓣电子书，2013年。

冯筠著：《从二维到三维：医学影像分析及器官三维重建》，北京：科学出版社2016年。

冯泽永主编：《中西医学比较》，北京：科学出版社2001年。

［英］佛罗伦斯·南丁格尔著：《护理札记》，庞洵译，北京：中国人民大学出版社2004年。

　　《每个女人都是护士》，李红兴译，北京：中国妇女出版社2005年。

佛罗伦丝·威廉斯著：《乳房：一段自然与非自然的历史》，庄安祺译，台湾：卫城出版公司2014年/上海：华东大学出版社2017年。

傅大为著：《亚细亚的新身体：性别、医疗、与近代台湾》，台北：群学出版有限公司2005年。

复旦大学历史地理研究中心主编：《自然灾害与中国社会历史结构》，上海：复旦大学出版社2001年。

复旦大学历史系等编：《药品、疾病与社会》，上海：上海古籍出版社2018年。

傅芳等编著：《中国佛医人物小传》，厦门：鹭江出版社1996年。

傅惠祥编著：《黑色性瘟疫——艾滋病》，广州：广东高等教育出版社1996年。

傅健主编：《川派中医药名家系列丛书：傅灿冰》，北京：中国中医药出版社2015年。

傅建成著：《百年瘟疫：烟毒问题与中国社会》，西安：陕西人民教育出版社2000年。

福建省立医院编：《回忆·传承：我们的福建省立医院》，福州：海峡文艺出版社2017年。

福建省医学会医史学分会编：《福建省第十三次医史学学术交流会论文集》，内部印发2006年。

傅杰青编著：《生理学或医学诺贝尔奖八十年》，北京：人民卫生出版社1987年。

傅景华主编：《中国医学科学院图书馆馆藏善本医书》，北京：中医古籍出版社1991年。

　　《中医古籍珍本提要》，北京：中医古籍出版社1992年。

［美］弗莱明等主编：《生物安全：原理与准则》（第4版），中国动物疫病预防控制中心译，北京：中国轻工业出版社2010年。

［美］弗兰·霍桑著：《制药世家默克：全面揭示全球制药巨头经营真相》，方海萍译，北京：高等教育出版社2004年。

［美］弗兰西斯·柯林斯著：《生命的语言——DNA和个体化医学革命》，杨焕明等译，长沙：湖南科学技术出版社2010年。

[法]弗朗索瓦·布斯塔尼著，《血液循环：东西方之间的一段发现史》，吴文艺译，北京：中国社会科学出版社 2018 年。

[英]弗朗西斯·艾丹·加斯凯著：《黑死病：大灾难、大死亡与大萧条(1348—1349)》，郑中求译，北京：华文出版社有限公司 2019 年。

[英]弗朗西斯·克里克著：《惊人的假说》(诺贝尔奖获得者克里克探索人类意识的奥秘)，汪云九译，长沙：湖南科学技术出版社 2013 年。

[英]弗雷德里克·F.卡特赖特等著：《疾病改变历史》，陈仲丹等译，济南：山东画报出版社 2004 年；北京：华夏出版社 2018 年。

[美]弗雷德里克·M.阿尔伯特等著：《全球医药政策：药品的可持续发展》，翟宏丽等主译，北京：中国政法大学出版社 2016 年。

[瑞士]弗里茨·格拉夫著：《古代世界的巫术》，王伟译，上海：华东师范大学出版社 2013 年。

[美]弗洛伦斯·威廉姆斯著：《乳房——一段自然与非自然的历史》，庄安祺译，上海：华东师范大学出版社 2017 年。

[日]夫马进著：《中国善会善堂史研究》，伍跃、杨文信、张学锋译，北京：商务印书馆 2005 年。

[美]福梅龄著：《美国中华医学基金会和北京协和医学院》，闫海英等译，北京：中国协和医科大学出版社 2014 年。

傅沛藩等主编：《万密斋医学全书》，北京：中国中医药出版社 1999 年。

傅容塑著：《电影里的中医：来自医案的中医故事》，广州：花城出版社 2017 年。

富维骏编著：《心脏学简史(开拓者与里程碑事件)》，上海：第二军医大学出版社 2015 年。

傅维康编著：《针灸史漫画》，上海：上海人民出版社 1976 年。

～著：《杏林述珍：中医药史概要》，上海：上海古籍出版社 1991 年。

《医药文化随笔》，上海：上海古籍出版社 2001 年。

《傅维康医学史生涯记略》，上海：上海文化出版社 2018 年。

～等著：《黄帝内经导读》，北京：中国国际广播出版社 2008 年。

～等编：《医药史话》，上海：上海科学技术出版社 1982 年。

～主编：《针灸推拿学史》，上海：上海古籍出版社 1991 年。

《中药学史》，成都：巴蜀书社 1993 年。

《中国医学通史·文物图谱卷》，北京：人民卫生出版社 2000 年。

傅延龄主编：《张仲景医学源流》，北京：中国医药科技出版社 2006 年；第二版，2012 年。

G

[美]G.德沃金等著：《安乐死与医生协助自杀：赞成和反对的论证》，翟晓梅等译，沈阳：辽宁教育出版社 2004 年。

盖建民著：《道教医学》，北京：宗教文化出版社 2001 年。

～等著：《道教医学精义》，北京：宗教文化出版社 2014 年。

赣南医学院苏区卫生研究中心编：《中央苏区卫生工作史料汇编》，北京：解放军出版社 2012 年。

《中央苏区卫生工作回忆史料》，北京：解放军出版社 2014 年。

甘肃省博物馆等编：《武威汉代医简》，北京：文物出版社 1975 年。

《武威汉简》，北京：中华书局 2005 年。

甘肃省畜牧厅主编：《甘肃省畜禽疫病志》，兰州：甘肃民族出版社 1992 年。

甘肃医学院图书馆主编：《甘肃地区医药卫生图书联合目录 中文部分》（上、下），内部印发 1964 年。

干祖望著：《孙思邈评传》，南京：南京大学出版社 1995 年。

[日]冈西为人编：《宋以前医籍考》（上、下），郭秀梅译，北京：人民卫生出版社 1958 年；学苑出版社 2010 年。

高潮主编：《医学发展史》，北京：北京出版社 1993 年。

高春媛等著：《文物考古与中医学》，福州：福建科学技术出版社 1993 年。

～等主编：《中医当代妇科八大家》，北京：中医古籍出版社 2001 年。

高大伦撰：《张家山汉简〈脉书〉校释》，成都：成都出版社 1992 年。

～著：《张家山汉简〈引书〉研究》，成都：巴蜀书社 1995 年。

高丹枫等编著：《古今性病论治》，北京：学苑出版社 1993 年。

高恩显等编：《新中国预防医学历史资料选编（一）：第二次国内革命战争时期：1927 年 8 月～1937 年 6 月》，北京：人民军医出版社 1986 年。

～编著：《中国工农红军卫生工作历史简编》，北京：人民军医出版社 1987 年。

～主编：《中国人民解放军第四野战军卫生工作史（1945.8—1950.5）》，北京：人民军医出版社 2000 年。

《中国人民解放军第四野战军卫生工作史资料选编（1945.8—1950.5）》，北京：人民军医出版社 2000 年。

《中国人民解放军卫生报刊资料辑录（1931—2001）》，北京：人民军医出版社 2004 年。

～著：《解放军卫生史文选》，北京：人民军医出版社 2005 年。

《中国工农红军卫生工作史》，北京：人民军医出版社 2011 年。

高尔生等主编：《医学人口学》，上海：复旦大学出版社 2004 年。

高方英著：《美国经济透视与医疗改革探析》，苏州：苏州大学出版社 2014 年。

高福等著：《流感病毒：躲也躲不过的敌人》，北京：科学普及出版社 2018 年。

高国藩著：《中国巫术史》，上海：上海三联书店 1999 年。

高和荣著：《风险社会下农村合作医疗制度的建构》，北京：社会科学文献出版社 2008 年。

高鹤亭主编：《中国医用气功学》，北京：人民卫生出版社 1989 年。

高辉远整理：《中医对几种急性传染病的辨证论治》，北京：人民卫生出版社 1960 年。

～等整理：《蒲辅周医案》，北京：人民卫生出版社 2005 年。

[美]高家龙著：《中华药商——中国和东南亚的消费文化》，上海：上海辞书出版社 2013 年。

高洁著：《我国西部农村地区社会医疗保险的供给研究》，北京：人民出版社 2007 年。

高镜朗著：《古代儿科疾病新论》，上海：上海卫生出版社 1956 年；（第 2 版），上海：上海科学技术出版社 1983 年。

高金生著：《愿善良成为医学的灵魂》，北京：中国协和医科大学出版社 2014 年。

高梁著：《恒河黄河情丝：献给爱德华、柯棣华、巴苏华的花环》，沈阳：辽宁人民出版社 1994 年。

《柯棣华 爱德华 巴苏华的故事》，石家庄：花山文艺出版社 1996 年。

《柯棣华的故事》，石家庄：河北少年儿童出版社 1996 年。

高敏等主编：《中华民族的脊梁：记战斗在抗击"非典"第一线的人们》，苏州：苏州大学出版社 2003 年。

高铭著:《天才在左 疯子在右:国内第一本精神病人访谈手记》,武汉:武汉大学出版社 2010 年。

　　《疯子的世界》,香港:亮光文化有限公司 2014 年。

　　《天才在左 疯子在右(最新增补版)》,香港:香港中和出版有限公司 2016 年。

高鹏程著:《近代红十字会与红卍字会比较研究》,合肥:合肥工业大学出版社 2015 年。

高秋明著:《社会医疗保险改革问题研究:结构调整、参数调整与经办机制转变》,北京:中国经济出版社 2019 年。

高日阳等主编:《岭南医籍考》,广州:广东科技出版社 2011 年。

高山等著:《公立医院:道德风险与声誉治理研究》,南京:东南大学出版社 2014 年。

高伟著:《金元医学人物》,兰州:兰州大学出版社 1994 年。

　　《金元医史类存》,兰州:兰州大学出版社 1999 年。

高晞著:《德贞传:一个英国传教士与晚清医学近代化》,上海:复旦大学出版社 2009 年。

高希言主编:《针灸医籍选》(第 3 版),上海:上海科学技术出版社 2018 年。

　　《针灸流派概论》(第 2 版),北京:人民出版社 2016 年。

高小贤等主编:《从 SARS 事件看中国民间组织与公共卫生》,西安:西北大学出版社 2006 年。

高晓燕等编:《日本侵华图志(15):化学战与细菌战》,济南:山东画报出版社 2015 年。

高雄市医师公会编印:《高雄医疗史》,1996 年。

高宣亮编著:《药物的发现》,北京:人民卫生出版社 1986 年。

　　《药物史话》,北京:化学工业出版社 2009 年。

高艳主编:《经霜的红叶:国际援华医疗队的故事》,北京:五洲传播出版社 2007 年。

高彦彬主编:《古今糖尿病医论医案选》,北京:人民军医出版社 2005 年。

高燕宁主编:《艾滋病的"社会免疫"》,上海:复旦大学出版社 2005 年。

高耀洁等主编:《放荡的苦果——性传播疾病的蔓延与防治》,郑州:河南人民出版社 1993 年。

～编著:《一万封信——我所见闻的艾滋病、性病患者生存现状》,北京:中国社会科学出版社 2004 年。

　　《中国爱滋病祸:高耀洁医生的最新证言与揭露》,香港:天地图书有限公司 2008 年。

～著:《中国艾滋病调查》,桂林:广西师范大学出版社 2005 年。

　　《血灾》,香港:开放出版社 2009 年。

　　《我的防艾路》,广州:广东人民出版社 2011 年。

高也陶著:《看中医还是看西医》,北京:中医古籍出版社 2007 年。

　　《黄帝内经人体解剖学》,北京:中医古籍出版社 2009 年。

高一飞著:《人口流动与艾滋病传播——污名的交互与再生》,昆明:云南人民出版社 2017 年。

高艺航著:《彩色国学馆:中国医学》,北京:时代文艺出版社 2009 年。

高宜扬编著:《佛洛伊德传》,北京:作家出版社 1986 年。

高岳生主编:《乡村助产士教材》,北京:人民卫生出版社 1987 年。

高志其主编:《毒品、艾滋病和公共卫生:"中国禁毒肃毒科普研讨会暨健康文明公共卫生教育论坛"论文集》,北京:中国医药科技出版社 2005 年。

[美]G·德沃金等著:《安乐死和医生协助自杀:赞成和反对的论证》,翟晓梅等译,沈阳:辽宁教育出版社 2004 年。

[奥]格奥尔格·马库斯著:《佛洛伊德传》,顾牧译,北京:人民文学出版社 2011 年。

戈德等主编:《中国当代医药界名人录》,北京:中国国际广播出版社 1997 年。

［德］格劳迪娅·埃贝尔哈德—麦茨格著，［德］阿勒桑德罗·巴勒丹茨绘：《德国少年儿童百科知识全书：医学奇迹》，高建中译，武汉：湖北教育出版社 2010 年。

［英］格雷著：《聪明的病人》，秦颖等译，北京：北京大学医学出版社 2006 年。

［澳］格雷姆·考恩著：《我战胜了抑郁症：九个抑郁症患者真实感人的自愈故事》，凌春秀译，北京：人民邮电出版社 2015 年。

［英］格林等著：《艾滋病：一种疾病的故事》，徐钢等译，北京：知识出版社 1990 年。

葛文德著，《一位外科医师的修炼》，台湾：天下文化 2003 年。

鬲向前主编：《99 医疗大改革——医疗保险政策 200 问》，北京：改革出版社 1999 年。

葛延风等著：《中国医改：问题·根源·出路》，北京：中国发展出版社 2007 年。

葛忠明著：《他者的身份：农民和残疾人的社会建构》，济南：山东人民出版社 2015 年。

耿刘同等编著：《佛学文化与中医学》，北京：中国中医药出版社 2017 年。

龚纯编著：《中国历代卫生组织及医学教育》，北京：世界图书出版公司 1998 年。

公盾等编：《简明中外医史手册》，太原：山西科学教育出版社 1986 年。

龚克主编：《西部白衣天使》，乌鲁木齐：新疆人民卫生出版社 2005 年。

共青团上海市委员会编：《感动春天：上海青年抗击非典的 71 个故事》，上海：上海教育出版社 2003 年。

龚赛红著：《医疗损害赔偿立法研究》，北京：法律出版社 2001 年。

贡森等主编：《中国公立医院医生薪酬制度改革研究》，北京：社会科学文献出版社 2016 年。

龚胜生编著：《中国三千年疫灾史料汇编》（先秦至明代卷、清代卷、民国卷上下、畜疫卷），济南：齐鲁书社 2019 年。

宫温虹编著：《温州中医药文化志》，北京：中国中医药出版社 2016 年。

龚文君著：《药品谈判》，北京：社会科学文献出版社 2019 年。

龚向前著：《传染病控制国际法律问题研究》，北京：法律出版社 2011 年。

龚秀全著：《竞合性医疗服务体系研究》，北京：中国文史出版社 2013 年。

龚幼龙主编：《社会医学》，北京：人民卫生出版社 2000 年。

《卫生服务研究》，北京：复旦大学出版社 2002 年。

《构建与完善现代医疗保障体系》编委会编：《构建与完善现代医疗保障体系》，南京：东南大学出版社 2008 年。

顾长声著：《从马礼逊到司徒雷登》，上海：上海人民出版社 1985 年。

《传教士与近代中国》，上海：上海人民出版社 1995 年。

顾定倩等主编：《中国特殊教育史资料选》（上、中、下），北京：北京师范大学出版社 2010 年。

顾海等著：《中国城镇化进程中统筹城乡医疗保障制度研究：模式选择与效应评估》，北京：中国劳动社会保障出版社 2013 年。

～著：《中国药品价格形成机制研究》，南京：南京大学出版社 2015 年。

顾加栋著：《佛教医学思想研究》，北京：科学出版社 2014 年。

顾晋著：《无影灯下的故事》，北京：化学工业出版社 2016 年。

古津贤等主编：《多学科视角下的医患关系研究》，天津：天津人民出版社 2009 年。

顾金祥主编：《纪念上海卫生检疫 120 周年论文选编》，上海：百家出版社 1993 年。

～等主编：《黄热病》，上海：上海科技教育出版社 1997 年。

顾丽华等主编：《弥足珍贵的红十字文化遗产〈中国红十字会常熟分会民国 21 年纪念册〉整理与研

究》,合肥:合肥工业大学出版社 2016 年。

顾昕等著:《诊断与处方:直面中国医疗体制改革》,北京:社会科学出版社 2006 年。

～著:《走向全民医保:中国新医改的战略与战术》,北京:中国劳动社会保障出版社 2008 年。

《全民医保的新探索》,北京:社会科学文献出版社 2010 年。

顾杏元等主编:《社会医学》,上海:上海医科大学出版社 1990 年。

顾学箕等主编:《为人类健康的四十年:1948—1988》,上海:上海医科大学出版社 1989 年。

顾亚明等著:《医改红利的制度创新和社会治理:日本经验的启示》,杭州:浙江大学出版社 2015 年。

谷义著:《我国新型农村合作医疗制度中的政府行为研究》,北京:中国经济出版社 2009 年。

顾英奇主编:《白衣使者的颂歌》,福州:福建人民出版社 1992 年。

顾宇彤著:《我在摩洛哥当医生》,北京:文汇出版社 2011 年。

郭振宗著:《完善新型农村合作医疗制度问题研究:以山东省为例》,北京:中国农业出版社 2008 年。

顾植山著:《疫病钩沉——从运气学说论疫病的发生规律》,北京:中国医药科技出版社 2003 年。

管成学等著:《世界五千年科技故事丛书——鼠疫斗士》,长春:吉林科学技术出版社 2012 年。

关祥祖主编:《彝族医药学》,昆明:云南民族出版社 1993 年。

《中国民族医药外治大全》,昆明:云南民族出版社 1994 年。

关小云等著:《鄂伦春族萨满教调查》,沈阳:辽宁人民出版社 1998 年。

关雪玲著:《清代宫廷医学与医学文物》,北京:紫禁城出版社 2008 年。

广东省畜牧局等编:《广东省畜禽疫病:1949—1989》,广州:广东科技出版社 1995 年。

广东省医疗保障制度改革研究项目办公室等编著:《广东省医疗保障制度改革研究》,广州:广东人民出版社 1999 年。

广东省医药卫生研究所中医研究室编:《广州近代老中医医案医话选编》,广州:广东科技出版社 1979 年。

广东中医学院主编:《中医喉科学》,上海:上海人民出版社 1971 年。

广东省作家协会编:《天使之歌:诗铭广东抗击"非典"历程》,广州:花城出版社 2003 年。

《守护生命:来自广东抗击"非典"第一线的报告》,广州:高等教育出版社,花城出版社 2003 年。

光明中医函授大学主编:《中国医学发展史概要》,北京:光明日报出版社 1987 年。

广西非典型肺炎防治工作领导小组办公室编:《众志成城——2003 年广西抗击非典斗争纪实》,内部印发 2004 年。

广西壮族自治区皮肤病防治研究所著:《广西麻风病防治简史》,南宁:广西科学技术出版社 2018 年。

广西壮族自治区卫生厅编:《广西卫生 50 年》,南宁:广西人民出版社 2008 年。

广州日报社编:《抗击非典:2003 广州 抗非史诗》(画册),广州:广州日报 2003 年。

广州市科学技术协会编:《南天之光:纪念著名公共卫生、法医专家陈安良》,广州:广州出版社 2004 年。

广州中医药大学等编:《邓铁涛学术思想研究》,北京:华夏出版社 2004 年。

桂克全著:《解密华西:深邃洞悉廿年医改进程 专业解析华西医管创新》,北京:光明日报出版社 2014 年。

贵阳中医学院等编:《布依族医药》,贵阳:贵州民族出版社 2003 年。

贵州省民委文教处等编:《水族医药》,贵阳:贵州民族出版社 1997 年。

贵州省中医药研究院等编:《仡佬族医药》,贵阳:贵州民族出版社 2003 年。

郭霭春编:《中国医史年表》,哈尔滨:黑龙江人民出版社 1978、1984 年。

～主编：《中国分省医籍考》，天津：天津科学技术出版社 1984 年。

郭成圩主编：《医学史教程》，成都：四川科学技术出版社 1987 年。

过定和译：《佛罗伦斯·南丁格尔传 护士及护理的故事》，徐氏基金会出版 1972 年。

［台湾］国防医学院院史编纂委员会编：《国防医学院院士》，台北：国防医学院 1984、1995 年。

郭冠英主编：《郭谦亨中医世家经验辑要》，西安：陕西科学技术出版社 2002 年。

《榆林百年医粹》，北京：中国中医药出版社 2014 年。

郭洪涛等编著：《武术与中医学》，北京：中国中医药出版社 2017 年。

郭华著：《城乡居民基本医疗保险的公平性研究：以成都市为例》，成都：西南财经大学出版社 2014 年。

［清］郭怀西注释：《新刻注释马牛驼经大全集》，北京：农业出版社 1988 年。

国际会议编辑委员会编辑：《奉天国际鼠疫会议报告（1911）》，张士尊译，北京：中央编译出版社 2010 年。

国际科学委员会：《调查在朝鲜和中国细菌战事实：国际科学委员会报告书及附件》，北京 1952 年。

郭积勇主编：《北京卫生防疫史料》，北京：北京出版社 1999 年。

《国际援华医疗队在贵阳》编委会编：《国际援华医疗队在贵阳》，北京：五洲传播出版社 2015 年。

国家教委体育司主编：《学校体育卫生工作文件选编》，沈阳：辽宁大学出版社 1988 年。

国家履行《禁止化学武器公约》工作领导小组编：《禁止化学武器公约与中国》，北京：原子能出版社 2005 年。

国家人口和计划生育委员会编：《中国人口和计划生育史》，北京：中国人口出版社 2007 年。

国家体改委社会保障司编：《职工医疗保障制度改革》，北京：改革出版社 1996 年。

国家卫计委宣传司编：《健康中国 2030 热点问题专家谈》，北京：中国人口出版社 2016 年。

国家卫生和计划生育委员会编：《2013 年国家卫生和计划生育统计调查制度》，北京：中国协和医科大学出版社 2013 年。

《2013 年国家卫生和计划生育统计年鉴》，北京：中国协和医科大学出版社 2014 年。

《2014 年国家卫生和计划生育统计提要》，北京：中国协和医科大学出版社 2014 年。

《2016 年国家卫生和计划生育统计调查制度》，北京：中国协和医科大学出版社 2016 年。

《2017 年国家卫生和计划生育统计提要》，北京：中国协和医科大学出版社 2017 年。

《〈"健康中国 2030"规划纲要〉辅导读本》，北京：人民卫生出版社 2017 年。

国家卫生健康委员会编：《2018 中国卫生健康统计年鉴》，北京：中国协和医科大学出版社 2018 年。

《2019 中国卫生健康统计年鉴》，北京：中国协和医科大学出版社 2019 年。

国家卫生健康委员会宣传司编：《修医德 行仁术：2017 年"中国好医生、中国好护士"月度人物风采》，北京：中国人口出版社 2019 年。

《修医德 行仁术：2018 年"中国好医生、中国好护士"月度人物风采》，北京：中国人口出版社 2019 年。

国家药典委员会编：《中华人民共和国药典》，北京：化学工业出版社 2000 年。

国家药品监督管理局医疗器械技术审评中心编译：《国外食品药品法律法规编译丛书：美国医疗器械管理法规》（一：《美国联邦法规汇编》第 21 卷部分；二：《美国联邦法规汇编》第 21 卷部分；三：《美国联邦法规汇编》第 21 卷部分），北京：中国医药科技出版社 2018 年。

国家医药管理局《当代中国的医药事业》编辑部：《中华人民共和国医药大事记（1949—1983）》，北京：国家医药管理局医药技术情报所 1985 年。

国家中医药管理局编:《建国 40 年中医药科技成就(1949—1989)》,北京:中医古籍出版社 1989 年。
“医史文献”。

国家中医药管理局政策法规司编:《中华人民共和国现行中医药法规汇编(1949—1991)》,北京:中国中医药出版社 1992 年。

郭建尧著:《生命天使:人民医学家林巧稚的故事》,合肥:安徽少年儿童出版社 1990 年。

郭教礼主编:《孟维礼中医世家经验辑要》,西安:陕西科学技术出版社 2004 年。

郭君双主编:《中医儿科名著集成》,北京:华夏出版社 1997 年。

郭立诚著:《中国生育礼俗考》,北京:文史哲出版社 2008 年。

郭凌云等著:《中国少数民族医药文献研究》,广州:世界图书广东出版公司 2014 年。

郭鹏举等编著:《青海药史》,西安:陕西科学技术出版社 1999 年。

郭清主编:《初级卫生保健》,广州:广东科技出版社 1989 年。

《城市初级卫生保健管理》,广州:中山大学出版社 1996 年。

《公共卫生事件防制概论》,杭州:浙江大学出版社 2006 年。

《中国健康服务业发展报告(2013)》,北京:人民卫生出版社 2014 年。

《中国健康服务业发展报告(2015)》,人民卫生出版社 2017 年。

《中国健康服务业发展报告(2016—2017)》,北京:人民卫生出版社 2018 年。

《中国健康服务业发展报告(2019)》,北京:人民卫生出版社 2019 年。

～著:《健康和谐之路:中国下岗职工社区健康保障研究》,杭州:浙江大学出版社 2006 年。

《社区健康和谐之路:重大疾病社区预防与控制适宜技术评价研究》,北京:科学出版社 2009 年。

～编:《中国医疗保险政策解读》,北京:人民卫生出版社 2015 年。

郭庆兰口述,徐宝钧整理:《我与柯棣华》,北京:解放军文艺出版社 2005 年。

郭山著:《傣族生育文化研究》,昆明:云南大学出版社 2012 年。

郭绍荣等编著:《中国佤族医药》,昆明:云南民族出版社 1991 年。

郭世余编著:《中国针灸史》,天津:天津科学技术出版社 1989 年。

郭树芹著:《唐代涉医文学与医药文化》,北京:人民出版社 2012 年。

郭同旭著:《生命因灾难而美丽:中国抗击“非典”记实》,南京:江苏文艺出版社 2003 年。

郭卫东著:《中国近代特殊教育史研究》,北京:高等教育出版社 2012 年。

国务院发展研究中心社会部课题组:《药品政策:中国问题与国际经验》,北京:中国发展出版社 2016 年。

《推进分级诊疗:经验·问题·建议》,北京:中国发展出版社 2017 年。

国务院研究室课题组编著:《警惕艾滋病:为了中华民族的生存》,北京:新华出版社 1993 年。

《农村合作医疗保障制度研究》,北京:北京医科大学、中国协和医科大学联合出版社 1994 年。

郭秀梅等编集:《日本医家伤寒论注解辑要》,北京:人民出版社 1996 年。

～编:《日本医家金匮要略注解辑要》,北京:学苑出版社 1999 年。

《本草集注序录》,北京:学苑出版社 2013 年。

～主编:《本草经集注》,北京:学苑出版社 2013 年。

郭旭东著:《郭旭东中医文化随笔》,太原:山西出版集团书海出版社 2008 年。

郭毅著:《毒殇:中国吸毒艾滋病调查》,北京:中国文联出版社 2010 年。

郭源生编著:《智慧医疗在养老产业中的创新应用》,北京:电子工业出版社 2016 年。

郭永松著:《医患纠纷调解之路——医疗社会工作对医患冲突介入性调解机制研究》,北京:人民卫生出版社2013年。

郭朝阳著:《扁鹊医道:中国中医查体医疗》,北京:中医古籍出版社2009年。

郭之文主编:《抗疫史话》,上海:上海科学技术文献出版社2003年。

郭自力著:《生物医学的法律和伦理问题》,北京:北京大学出版社2002年。

H

[美]哈尔·海尔曼著:《医学领域的名家之争——有史以来最激烈的10场争论》,马晶等译,上海:上海科学技术文献出版社2011年。

[英]哈里·柯林斯等著:《勾勒姆医生——作为科学的医学与作为救助手段的医学》,雷瑞鹏译,上海:上海世纪出版集团 上海科技教育出版社2009年。

[美]哈利·夏毕洛著:《等待药头——流行音乐与药物的历史》,李佳纯译,台湾:台湾商周出版公司2008年。

[英]罗伯特·哈里斯等著:《杀人魔法:毒气战和细菌战秘史》,路明军译,北京:群众出版社1988年。

[美]哈罗德·D.拉斯韦尔著:《精神病理学与政治》,魏万磊译,北京:中央编译出版社2015年。

[美]哈罗德·G.科尼格著:《治愈中的精神性:原因、方法、时机与内涵》,赵秀福译,北京:北京大学出版社2014年。

[日]海棠尊著:《巴提斯塔的荣光》,刘子倩译,上海:上海人民出版社2009年。

《口红将军的凯旋》,陈菲菲译,哈尔滨:哈尔滨出版社2010年。

《南丁格尔的沉默》,张海燕译,哈尔滨:哈尔滨出版社2010年。

《人体地图》,高君译,沈阳:辽宁科学技术出版社2011年。

海天等著:《中医劫——百年中医存废之争》,北京:中国友谊出版社公司2008年。

韩丹著:《吸毒人群调查》,南京:江苏人民出版社2007年。

《吸毒与艾滋病问题的社会学研究》,北京:中国社会科学出版社2011年。

《吸毒人群成瘾问题的社会学研究——以江苏为例》,上海:上海社会科学院出版社2017年。

~等著:《城市毒瘾:吸毒行为的社会学研究》,南京:东南大学出版社2008年。

韩德民编:《中国耳鼻喉头颈外科学史(北京)》,北京:人民卫生出版社2007年。

[美]韩德森著:《天花之花:根除全球杀手的内幕》,林基兴译,台北:台湾商务印书馆2011年。

韩德五主编:《山西医学院院史》,太原:山西教育出版社1992年。

韩凤主编:《它山之石——世界各国医疗保障制度考察报告》,北京:中国劳动社会保障出版社2007年。

韩海山编:《白求恩在唐山》,石家庄:河北人民出版社1990年。

《柯棣华在唐山》,石家庄:河北人民出版社1992年。

韩红著:《忆五年——韩红爱心百人医疗援助系列公益行动五年回顾(2011—2015)》,出版机构和时间不详。

韩吉绍著:《道教炼丹术与中外文化交流》,北京:中华书局2015年。

韩建康等编:《湖州市疟疾防治史》,上海:复旦大学出版社2017年。

何建明著:《非典十年祭:北京保卫战》,北京:新世界出版社2013年。

《死亡征战:中国援非抗击埃博拉纪实》,北京:天地出版社 2018 年。

韩健平著:《马王堆古脉书研究》,北京:中国社会科学出版社 1999 年。

赫捷等主编:《2011 中国肿瘤登记年报》,北京:军事医学出版社 2012 年。

《2012 中国肿瘤登记年报》,北京:军事医学科学出版社 2012 年。

《2013 中国肿瘤登记年报》,北京:清华大学出版社 2014 年。

《2014 中国肿瘤登记年报》,北京:清华大学出版社 2015 年。

《2015 中国肿瘤登记年报》,北京:清华大学出版社 2016 年。

《2016 中国肿瘤登记年报》,北京:清华大学出版社 2017 年。

《2017 中国肿瘤登记年报》,北京:人民卫生出版社 2018 年。

～主编:《2018 中国肿瘤登记年报》,北京:人民卫生出版社 2019 年。

韩俊等著:《中国农村卫生调查》,上海:上海远东出版社 2007 年。

韩康信等著:《中国远古开颅术》,上海:复旦大学出版社 2007 年。

韩瑞著:《假想的"满大人"——同情、现代性与中国疼痛》,袁剑译,南京:江苏人民出版社 2013 年。

韩淑芬著:《老协和(民国趣读)》,北京:中国文史出版社 2017 年。

[德]汉斯·班克尔著:《世界历史名人的真实死因:一位病理解剖学家的新报告》,孙常敏译,上海:上海
社会科学院出版社 2002 年。

[美]汉斯·辛瑟尔著:《老鼠、虱子和历史:一部全新的人类命运史》,谢桥等译,重庆:重庆出版社
2019 年。

[德]汉斯·约纳斯著:《技术、医学与伦理学——责任原理的实践》,张荣译,上海:上海译文出版社
2008 年。

韩维良主编:《周口地区卫生志》,郑州:河南人民出版社 1987 年。

韩晓等编著:《日军七三一部队罪行见证》(第 1 部、第 2 部),哈尔滨:黑龙江人民出版社 1995 年。

韩星著:《挑战权威——从"盖仑说的还能错吗"到哈维的血液循环理论》,长沙:湖南少年儿童出版社
1999 年。

韩雪编:《当代青少年科普文库新编·世界医学历程:走出死神魔咒》,合肥:安徽美术出版社 2013 年。

韩毅著:《政府治理与医学发展:宋代医事诏令研究》,北京:中国科学技术出版社 2014 年。

《宋代瘟疫的流行与防治》,北京:商务印书馆 2015 年。

《瘟疫来了:宋朝如何应对流行病》,郑州:中州古籍出版社 2017 年。

《宋代医学方书的形成与传播应用研究》,广州:广东人民出版社 2019 年。

韩优莉等著:《公立医院管理体制改革的理论与实证研究:以北京市改革实践为例》,北京:中国经济出
版社 2017 年。

韩跃红著:《生命伦理学维度:艾滋病防控难题与对策》,北京:人民出版社 2011 年。

韩子荣著:《中国城乡卫生服务公平性研究》,北京:中国社会科学出版社 2009 年。

杭州市委宣传部编:《感动杭州——聚焦抗击非典第一线》,内部印发 2003 年。

郝模主编:《医药卫生改革相关政策问题研究》,北京:科学出版社 2009 年。

郝如一等主编:《红十字运动研究 2007 年卷》,合肥:安徽人民出版社 2007 年。

《苏州红十字会志》,合肥:安徽人民出版社 2008 年。

《红十字运动研究 2009 年卷》,合肥:安徽人民出版社 2009 年。

《红十字运动研究 2010 年卷》,合肥:安徽人民出版社 2010 年。

《红十字运动研究 2011 年卷》,合肥:安徽人民出版社 2011 年。

郝伟等主编:《成瘾医学:理论与实践》,北京:人民卫生出版社 2016 年。

郝先中著:《近代中国西医本土化与职业化研究》,北京:人民出版社 2019 年。

郝晓宁等主编:《食源性疾病应急管理:德国应对 O104 大肠杆菌疫情启示》,北京:人民卫生出版社
    2014 年。

郝阳主编:《防治艾滋作示范:全国艾滋病综合防治示范区经验案例选》,北京:人民卫生出版社
    2009 年。

[英]H.贝利等著:《世界名医列传》,郝恩恩编译,北京:中国中医药出版社 1994 年。

H-德克森.L. 鲍曼等著:《抱残守缺:21 世纪残障研究读本》,林家瑄等译,新北:蜃楼股份有限公司
    2014 年。

何爱华著:《扁鹊·华佗·服石及其他》,北京:中国协和医科大学出版社 2013 年。

何保仪等编著:《国宝重辉——重铸宋代天圣针灸铜人》,北京:中国医学科学技术出版社 1991 年。

河北省定县中兽医学校编:《中兽医古籍选读》,北京:农业出版社 1962 年。

贺彪著:《贺彪回忆录》,北京:解放军出版社 2001 年。

[澳]赫伯特·雷布汉著:《巫医、动物与我》,林小绿译,桂林:广西师范大学出版社 2019 年。

贺慈航著:《寂静的麻风村》,北京:群众出版社 1988 年。

贺达仁编著:《医学科技哲学导论》,北京:高等教育出版社 2005 年。

赫怀斌著:《医学史新论》,宝鸡:宝鸡市邮政印刷厂印刷 2005 年。

何敬波等著:《过度医疗分析及防范》,武汉:湖北人民出版社 2010 年。

何建明著:《警世录——何建明灾难三部集:〈天津爆炸现场〉〈征战埃博拉〉〈北京保卫战〉》,北京:作家
    出版社 2017 年。

    《非典十年祭:北京保卫战》,北京:中国对外翻译出版公司 2017 年。

    《死亡征战——中国援非考级埃博拉纪实》,北京:天地出版社 2018 年。

何江丽著:《民国北京的公共卫生》,北京:北京师范大学出版社 2016 年。

何力编著:《SARS:考核中国》,北京:人民出版社 2003 年。

[美]贺琳·安德森著:《合作取向治疗:对话·语言·可能性》,周和君译,太原:希望出版社 2010 年。

贺林波等著:《公共服务视野下的动物防疫法治》,北京:人民出版社 2014 年。

何伶俐著:《疾病概念的文化建构——以神经衰弱和抑郁症为例》,天津:南开大学出版社 2017 年。

[新加坡]何乃强著:《皇家有病知多少》,北京:九州出版社 2014 年。

河南省畜牧局编:《河南省畜禽疫病志》,郑州:河南科学技术出版社 1993 年。

河南省革命委员会卫生局编:《进一步办好合作医疗》,郑州:河南人民出版社 1974 年。

河南省委宣传部编:《中原抗击非典先锋队——河南省卫生防疫站 2003 抗击非典纪实》,内部印发
    2003 年。

《河南省预防医学历史经验》编辑委员会编:《河南省预防医学历史经验》,南京:江苏科学技术出版社
    1990 年。

何佩然编著:《源与流:东华医院的创立与演进》,香港:三联书店有限公司 2009 年。

    《施与受:从济急到定期服务》,香港:三联书店有限公司 2009 年。

    《破与立:东华三院制度的演变》,香港:三联书店有限公司 2010 年。

何清湖等主编:《话说国医:湖南卷》,郑州:河南科学技术出版社 2017 年。

　　《中医药膳学》,北京:中国中医药出版社1997年。

～著:《湖湘中医文化》,中国中医药出版社2011年。

　　《马王堆古汉养生大讲堂》,北京:中国中医药出版社2009年。

贺清云著:《洞庭湖区血吸虫疫水人水相互作用机理及调控研究》,长沙:湖南师范大学出版社2017年。

何屈志淑:《默然捍卫:香港细菌学检验所百年史略》,香港:香港医学博物馆学会2006年。

何少初著:《神奇三学易、道、医》,北京:大众文艺出版社1997年。

何时希编校:《珍本女科医书辑佚八种》,上海:学林出版社1984年。

～编著:《何氏八百年医学》,上海:学林出版社1987年。

～著:《中国历代医家传录》,北京:人民卫生出版社1991年。

　　《历代无名医家验案》,上海:上海中医学院出版社1996年。

　　《近代医林轶事》,上海:上海中医药大学出版社1997年。

[匈牙利]赫塔拉·麦斯可著:《颠覆性医疗革命:未来恶疾与医疗的无缝对接》,大数据文摘翻译组译,
　　北京:中国人民大学出版社2016年。

何维等著:《免疫与内分泌——健康卫士》,上海:上海科技教育出版社2002年。

何霜梅著:《中国药物学史纲》,上海:上海中医书局(民国十九年)1930年。

[美]贺萧著:《危险的愉悦——20世纪上海的娼妓问题与现代性》,韩敏中等译,南京:江苏人民出版社
　　2003年。

何小莲著:《西医东渐与文化调适》,上海:上海古籍出版社2006年。

　　《近代上海医生生活》,上海:上海辞书出版社2017年。

何玉林等著:《国际友人在中国革命中》(记录了艾黎、斯诺、马海德、柯棣华、白求恩、李莎等国际友人帮
　　助中国革命的战斗历程),上海:上海人民出版社1985年。

何裕民主编:《中医学导论》,上海:上海中医学院出版社1987年。

　　《差异·困惑与选择 中西医学比较研究》,沈阳:沈阳出版社1990年。

　　《中医学导论》,北京:中国协和医科大学出版社2008年。

　　《医学的哲学审视》,北京:中国协和医科大学出版社2009年。

～等主编:《心身医学概论》,上海:上海中医学院出版社1990年。

　　《传统医药的涅槃》,北京:中国协和医科大学出版社2009年。

～等著:《走出巫术丛林的中医》,上海:文汇出版社1994年。

　　《中医药揭秘》,北京:北京医科大学 中国协和医科大学联合出版社1997年。

～著:《中国传统精神病理学》,上海:上海科学普及出版社1995年。

　　《发现中医》,北京:中国协和医科大学出版社2007年。

　　《爱上中医:从排斥到执着》,北京:中国协和医科大学出版社2007年。

　　《我为什么热爱中医》,北京:中国协和医科大学出版社2007年。

　　《我们怎样认识中医》,北京:中国协和医科大学出版社2007年。

　　《好身体,从改变德性开始》,长春:吉林科学技术出版社2013年。

　　《大病之后才明白——何裕民透过癌症悟人生》,武汉:湖北科学技术出版社2015年。

何兆雄主编:《中国医德史》,上海:上海医科大学出版社1988年。

～编著:《自杀病学》,北京:中国中医药出版社1997年。

何振中著:《内丹医学思想研究》,成都:巴蜀书社2014年。

何正清主编:《刘邓大军卫生史料选编》,成都:成都科技大学出版社 1991 年。

何中浚等主编:《中华医学文物图集》,成都:四川人民出版社 2001 年。

～主编:《图说中医学史》,南宁:广西科学技术出版社 2010 年。

何忠伟等著:《新型农村合作医疗制度建设(卫生保健篇)》,北京:中国农业出版社 2008 年。

　　《北京新型农村合作医疗保险制度研究》,北京:中国农业出版社 2009 年。

何仲生等编著:《弗洛伊德:文明的代价》,沈阳:辽海出版社 1999 年。

[英]黑兹尔·理查森著:《致命疾病》,周继岚译,北京:生活·读书·新知三联书店 2003 年。

黑龙江省卫生局编:《合作医疗根深叶茂》,哈尔滨:黑龙江人民出版社 1975 年。

[瑞士]亨利·E.西格里斯特著:《西医文化史——人与医学:医学知识入门》,朱晓译注,海口:海南出版社 2012 年。

　　《人与医学:西医文化史》,朱晓译,北京:中国友谊出版公司 2019 年。

　　《伟大的医生——一部传记式西方医学史》,柏成鹏译,北京:商务印书馆 2014 年。

　　《最伟大的医生——传记西方医学史》,李虎等译,北京:北京大学出版社 2014 年。

[美]亨利·弗莱德兰德著:《从"安乐死"到最终解决》,赵永前译,北京:北京出版社 2000 年。

[英]亨利·马什著:《医生的抉择》,龚振林等译,长沙:湖南科学技术出版社 2017 年。

　　《一个医生的自白:走在生命与死亡的十字路口》,成都:四川人民出版社 2018 年。

[美]亨利·欧内斯特·西格里斯特著:《疾病的文化史》,秦传安译,北京:中央编译出版社 2009 年。

　　《疾病与人类文明》,秦传安译,北京:中央编译出版社 2016 年。

衡水市桃城区抗击非典分指挥部编:《2003·衡水市桃城区抗击非典斗争大事记》,内部印发 2003 年。

[瑞士]Henry E. Sigerist 著:《苏联的医学和保健》(第三版),宫乃泉译,上海:华东医务生活社 1951 年。

[德]亨斯·斯多倍著:《遗传学史——从史前期到孟德尔定律的重新发现》,赵寿元译,上海:上海科学技术出版社 1981 年。

[英]H. G.韦尔斯等著:《生命之科学:健康与疾病》(一部人类与病毒的悲壮斗争史),郭沫若译,武汉:湖北少儿出版社 2010 年。

[美]H·吉尔伯特·韦尔奇等著:《过度诊断:追求健康却使人致病》,黄雅莎译,重庆:重庆大学出版社 2015 年。

洪卜仁主编:《厦门医疗卫生资料选编(1909—1949)》,厦门:厦门大学出版社 2017 年。

洪国靖主编:《中国当代中医名人志》,北京:学苑出版社 1991;1997 年。

洪丕谟:《中国古代养生术》,上海:上海人民出版社 1990 年。

洪涛等著:《战胜瘟疫——传染病与病毒》,上海:上海科技教育出版社 2002 年。

洪有锡等著:《先生妈、产婆与妇产科医师》,台北:前卫出版社 2002 年。

侯继波等编:《江苏省农业科学院畜牧兽医研究所所志(1931—2015 年)》,北京:中国农业科学技术出版社 2017 年。

侯家玉主编:《中国医学书目大全(四十年医学书目)1950—1989》,成都:成都出版社 1994 年。

侯健主编:《养生之道——历代名医诗词选》,北京:中国对外翻译出版社 1994 年。

侯建林著:《公立医院薪酬制度的国际比较》,北京:北京大学医学出版社 2016 年。

侯克济主编:《山东省预防医学历史经验》,济南:山东科学技术出版社 1987 年。

侯荣廷著:《艾滋病人群情感调适的社会学研究》,武汉:华中科技大学出版社 2018 年。

[泰国]侯文咏著:《大医院小医师》,北京:北京十月文艺出版社 2008 年;新星出版社 2014 年。

侯远高等编:《发展的代价:西部少数民族地区毒品伤害与艾滋病问题调研文集》,北京:中央民族大学出版社 2009 年。

[美]H·P.恰范特著:《医学社会学》,蔡勇美译,上海:上海人民出版社 1987 年。

[美]H·T.恩格尔哈特著:《生命伦理学基础》,范瑞平译,北京:北京大学出版社 2006 年。

胡爱平等编著:《管理式医疗:美国的医疗服务与医疗保险》,北京:高等教育出版社 2010 年。

胡鞍钢主编:《透视 SARS:健康与发展》,北京:清华大学出版社 2003 年。

湖北省防治非典型肺炎指挥部编:《2003 湖北抗击非典斗争纪实》,武汉:湖北人民出版社 2003 年。

湖北省革命委员会卫生局编:《在斗争中巩固和发展合作医疗》,武汉:湖北人民出版社 1975 年。

湖北中医学院等编:《湖北医学史稿》,武汉:湖北科学技术出版社 1993 年。

胡兵著:《先秦至隋唐时期中医名家的医德思想》,北京:知识产权出版社 2014 年。

胡成著:《医疗、卫生与世界之中国(1820—1937)——跨国和跨文化视野之下的历史研究》,北京:科学出版社 2013 年。

胡定安著:《民族与卫生》,上海:商务印书馆 1947 年。

　　《胡定安医事言论集》,南京:中国医事改进社 1935 年。

　　《中国卫生行政设施计划》,上海:商务印书馆 1928 年。

胡孚琛著:《道教仙术入门》,北京:社会科学文献出版社 2009 年 。

胡国华等主编:《全国中医妇科流派研究》,北京:人民卫生出版社 2012 年。

　　《海派中医妇科流派研究》,北京:中国中医药出版社 2012 年。

胡国清等编写:《卫生改革专题调查研究》,北京:中国协和医科大学出版社 2004 年。

胡鸿基著:《公共卫生概论》,上海:商务印书馆 1929 年。

胡宏伟著:《城镇居民基本医疗保险与国民健康:政策评估与机制分析》,北京:人民出版社 2016 年。

胡厚宣撰:《殷人疾病考》,《甲骨学商史论丛初集》第三册,成都齐鲁大学国学研究所专刊 1944 年。

胡继春主编:《医学社会学》,武汉:华中科技大学出版社 2005 年。

互联网医疗中国会编著:《互联网+医疗:重构医疗生态》,北京:中信出版社 2016 年。

[美]胡美著:《道一风同——一位美国医生在华 30 年》,杜丽红译,北京:中华书局 2011 年。

胡明东著:《生物医药大时代》,北京:社会科学文献出版社 2019 年。

湖南少数民族古籍办公室等主编:《湘西苗药汇编》,长沙:岳麓书社 1990 年。

湖南省爱国卫生运动委员会等编:《爱国卫生运动工作手册》,长沙:湖南人民出版社 1986 年。

湖南省常德县畜牧水产局《太武经》校注小组校注:《太武经校注(牛经大全)》,北京:农业出版社 1984 年。

湖南省畜牧兽医总站等编:《湖南省畜禽疫病志》,长沙:湖南科学技术出版社 1991 年。

湖南省人民政府血防领导小组办公室等编:《湖南省血吸虫病地图资料集》,长沙:湖南地图出版社 1990 年。

湖南文理学院细菌战罪行研究所编:《揭开黑幕——2002·中国·常德·细菌战罪行国际学术研讨会论文集》,北京:中国文史出版社 2003 年。

湖南中医学院编:《中国医学发展简史》,长沙:湖南科学出版社 1979 年。

胡培禹等著:《春天,把心举给太阳:来自解放军 306 医院抗击非典一线的报告》,北京:解放军文艺出版社 2003 年。

胡庆沣等主编:《基因伦理学》,上海:上海科学技术出版社 2009 年。

胡善联主编:《卫生经济学》,上海:复旦大学出版社2003年。

胡世林主编:《中国道地药材》,哈尔滨:黑龙江科学技术出版社1989年。

胡斯力等著:《蒙医志略》,呼和浩特:远方出版社2007年。

胡田成编撰:《怎样改造旧产婆与训练接生员》,上海:华东医务生活社1952年。

胡天佑等著:《中医健康传播学》,南京:东南大学出版社2017年。

[清]胡廷光编:《伤科汇纂》,北京:人民卫生出版社2006年。

胡梧挺著:《信仰·疾病·场所:汉唐时期疾病与环境观念探微》,哈尔滨:黑龙江人民出版社2017年。

胡献国等编著:《看红楼说中医》,济南:山东画报出版社2006年。

胡晓峰主编:《中医外科伤科名著集成》,北京:华夏出版社1997年。

胡新生著:《中国古代巫术》,北京:人民出版社2010年。

胡兴山等主编:《中医骨伤科发展史》,北京:人民卫生出版社1991年。

胡兴立主编:《中国骨伤方药全书》,哈尔滨:黑龙江科学技术出版社1995年。

胡兴山等主编:《中医骨伤科发展史》,北京:人民卫生出版社1998年。

胡宣明著:《中国公共卫生之建设》,上海:亚东图书馆1928年。

胡宜著:《送医下乡:现代中国的疾病政治》,北京:社会科学文献出版社2011年。

胡银环著:《中国公立医院患者体验研究:平衡医疗的视角》,北京:科学出版社2017年。

胡永华主编:《流行病学史话》,北京:北京大学医学出版社2017年。

胡幼慧著:《新医疗社会学:批判与另类的视角》,台北:心理出版社2001年。

胡智锋等主编:《中国电视健康传播报告2016》,北京:中国传媒大学出版社2017年。

华东军政委员会卫生部保健处编印:《华东劳工卫生参考资料汇编 第1辑》,内部印发1951年。

华东军政委员会卫生部编:《华东工矿卫生调查报告资料汇编 第1辑 劳工卫生丛书第二种》,内部印发
    1951年。

华牧著:《别让医生害了你》,哈尔滨:哈尔滨出版社2006年。

[美]华纳·V.斯赖克著:《赛博医学——计算机如何帮助医生和病人提高医疗质量》,勤笃烈译,南昌:
    江西教育出版社1999年。

华琪著:《非典警示录:SARS过后的沉思》,北京:华文出版社2003年。

华润玲著:《吴门医派》,苏州:苏州大学出版社2003年。

黄德荣编:《抗击"非典"英雄赞歌》,北京:金盾出版社2003年。

黄丁全著:《医事法新论》,北京:法律出版社2013年。

黄东兰主编:《身体·心性·权力》,杭州:浙江人民出版社2005年。

黄福开主编:《民族医药名老专家成才之路》,北京:中国中医药出版社2014年。

黄根柱编:《百岁"真人"孙思邈养生歌》,北京:人民军医出版社2005年。

黄光成等主编:《蓦然回首:云南生育健康研究会历程(1994—2006)》,北京:中国人口出版社2007年。

黄国清编:《钩虫病中医防治法》,北京:人民卫生出版社1959年。

黄国胜著:《佛教与心理治疗》,北京:宗教文化出版社2002年。

黄海著:《中医今译:从生物医学与科学哲学角度看中医》,北京:中国盲文出版社2016年。

黄海波主编:《中国传统文化与中医》,北京:人民卫生出版社2007年。

    《话说国医·广西卷》,郑州:河南科学技术出版社2017年。

黄汉纲著:《孙中山与香港西医书院》,北京:中国文史出版社2001年。

黄汉儒等编著:《壮族医学史》,南宁:广西科学技术出版社 1998 年。

～主编:《中国壮医学》,南宁:广西民族出版社 2001 年。

黄虹著:《抗战时期重庆公共卫生研究》,昆明:云南人民出版社 2011 年。

黄华平著:《近代中国铁路卫生史研究(1876—1949)》,合肥:合肥工业大学出版社 2016 年。

黄家驷主编:《中国现代医学家传》,郑州:河南科学技术出版社 1985 年。

黄健等编著:《揭开传染病神秘面纱的人:巴斯德的故事》,长春:吉林开心技术出版社 2012 年。

黄建平著:《祖国医学方法论》,长沙:湖南人民出版社 1985 年。

～等著:《中西医比较研究》,长沙:湖南科学技术出版社 1993 年。

黄金麟著:《历史、身体、国家:近代中国的身体形成,1895—1937》,台北:联经出版事业公司 2001 年。

　《战争·身体·现代性——近代台湾的军事治理与身体(1895—2005)》,台北:联经出版事业公司 2009 年。

黄静涛著:《世界法医与法科学史》,北京:科学出版社 2000 年。

黄开斌主编:《健康中国——国民健康研究》,北京:红旗出版社 2016 年。

～著:《健康中国:大医改 新思路》,北京:红旗出版社 2017 年。

黄开泰著:《中医之和:辨证论治的生命哲学》,桂林:广西师范大学出版社 2011 年。

黄可泰等主编:《惨绝人寰的细菌战》,南京:东南大学出版社 1994 年。

　《宁波鼠疫史实——侵华日军细菌战罪证》,北京:中国文联出版公司 1999 年。

　《惨绝人寰的细菌战——1940 年宁波鼠疫史实》,南京:东南大学出版社 1994 年。

黄克武主编:《性别与医疗——第三届国际汉学会议论文集》,台北:中央研究院近代史研究所 2002 年。

～著:《言不亵不笑:近代中国男性世界中的谐谑、情欲与身体》,台北:联经出版事业股份有限公司 2016 年。

黄龙祥主编:《针灸名著集成》,北京:华夏出版社 1996 年。

　《中国针灸史图鉴》(上下),青岛:青岛出版社 2005 年。

～等主编:《王雪苔与中医针灸——八十华诞祝寿文集》,中国针灸学会内部印行 2005 年。

～著:《中国针灸学术史大纲》,北京:华夏出版社 2001 年。

　《黄龙祥看针灸》,北京:人民卫生出版社 2008 年。

　《针灸典籍考》,北京:北京科学技术出版社 2017 年。

～等著:《图说中医:针灸》,北京:人民卫生出版社 2011 年。

～等编著:《针灸腧穴通考》,北京:人民卫生出版社 2011 年。

黄璐琦等主编:《道地药材理论与文献研究》,上海:上海科学技术出版社 2016 年。

黄仑等著:《医史与文明》,北京:中国中医药出版社 1993 年。

黄姝著:《医学与人文精神》,长春:吉林人民出版社 2005 年。

黄明著:《解读中医》,北京:中国医药科技出版社 2009 年。

黄明安等编著:《医疗保障法律制度研究》,武汉:湖北科学技术出版社 2008 年。

黄培森著:《中国特殊教育史略》,西安:西南交通大学出版社 2015 年。

黄萍著:《江河湖海之医道——中医的悖论》,昆明:云南人民出版社 2011 年。

黄清泰著:《行在崎岖路上:兴建马偕医院台东分院轶事》,台湾:前卫出版社 2014 年。

黄荣贵等著:《当代中国医生心态研究》,上海:上海社会科学院出版社 2014 年。

黄瑞亭著:《法医青天》,北京:世界图书出版公司北京公司 1995 年。

《中国近现代法医发展史》,福州:福建教育出版社1997年。

~等主编:《中国法医学史》,武汉:华中科技大学出版社2015年。

黄珊琦编撰:《湘雅老故事——一部值得铭记的现代医学启蒙史》,海口:海南出版社2015年。

黄树则主编:《中国现代名医传(一)》,北京:科学普及出版社1985年。

《中国现代名医传(二)》,北京:科学普及出版社1987年。

~等主编:《当代中国的卫生事业》(上、下),北京:中国社会科学出版社1986年。

黄泰康著:《天然药物地理学》,北京:中国医药科技出版社1993年。

黄万物主编:《中国高等医(药)学院校学报发展史》,北京:北京医科大学出版社2000年。

黄薇主编:《中华人民共和国中医药法解读》,北京:中国法制出版社2017年。

黄文雄著:《中国瘟疫史:兼论SARS祸》,台湾:台湾前卫出版社2005年。

黄小玲著:《广东省新型农村合作医疗制度建设研究》,广州:广东人民出版社2008年。

黄小平著:《构建中国农村医疗保障体系研究》,北京:中国财经经济出版社2010年。

黄盈盈著:《身体·性·性感——对中国城市年轻女性的日常生活研究》,北京:社会科学文献出版社2008年。

《性/别、身体与故事社会学》,北京:社会科学文献出版社2018年。

《艾滋病与生活逻辑》,武汉:华中科技大学出版社2019年。

黄永昌主编:《中国卫生国情》,上海:上海医科大学出版社1994年。

黄永锋著:《道教服食技术研究》,上海:东方出版社2008年。

黄有霖主编:《福建省政协文史资料选编:医家类》,厦门:厦门大学出版社2015年。

《闽台中医药文化丛论》,厦门:厦门大学出版社2016年。

黄正建主编:《〈天圣令〉与唐宋制度研究》(第四编"医疗与休假"),北京:中国社会科学出版社2011年。

黄志杰等主编:《黄帝内经、神农本草经、中藏经、脉经、难经精译》,北京:科学技术文献出版社1999年。

[清]黄仲贤撰:《鼠疫非疫六经条辨》,广州:广东科技出版社2011年。

黄竹斋著:《孙思邈传》,西安:中华全国中医学会陕西分会1981年。

[澳]霍恩著:《健康革命:西方健康新观念读本》,姜学清译,北京:中国书籍出版社2007年。

《健康革命:21世纪征服疾病的革命》,北京:中国书籍出版社2007年。

[美]霍华德·马凯尔著:《瘟疫的故事——一部瘟疫改变人类命运和历史进程的悲惨史话》,罗尘译,上海:上海社会科学院出版社2003年。

[美]霍华德·琼斯著:《何以为人:试管婴儿技术的起源与发展》,于亮译,北京:化学工业出版社2015年。

[美]霍勒斯·贾德森著:《创世纪的第八天——20世纪分子生物学革命》,李晓丹译,上海:上海科学技术出版社2005年。

[美]霍莉·塔克著:《输血的故事——科学革命中的医学与谋杀》,李珊珊等译,北京:科学出版社2016年。

[美]霍·W.哈葛德著:《从巫到医》,张炜改编,上海:上海书店出版社2002年。

I

[英]I.M.刘易斯著:《中心与边缘:萨满教的社会人类学研究》,郑文译,北京:社会科学文献出版社
2019年。

J

[美]J.D.沃森著:《双螺旋:发现DNA结构的故事》,刘望夷译,北京:科学出版社2006年。

[德]Jens-Uwe Niehoff,张亮等主编:《卫生保健管理:国际视野》,北京:科学出版社2018年。

[日]吉川武彦主编:《彻底图解抑郁症》,张丹译,郑州:河南科学技术出版社2013年。

[日]及川胤昭等著:《氢的革命——从氢的本质到医学验证看负氢离子的神奇疗效》,丛峰松译,北京:
科学普及出版社2012年。

计国平著:《艾滋病的流行、影响及其干预》,合肥:安徽科学技术出版社2012年。

冀国钧等编:《诺尔曼·白求恩在中国》,北京:中国协和医科大学出版社2007年。

吉林省卫生局编:《办好农村合作医疗:吉林省大办合作医疗经验选》,长春:吉林人民出版社1975年。

[美]吉娜·科拉塔著:《又见死神——与流感共舞》,开明兽工作室译,上海:上海科技出版社2000年。

《记实》编写组编:《解放战争时期北京大学医学院学生运动纪实》,北京:北京大学医学出版社1999年。

纪树立著:《鼠疫》,北京:人民卫生出版社1988年。

[英]基思·托马斯著:《16和17世纪英格兰大众信仰研究》,芮传明等译,南京:译林出版社2019年。

[法]基思·辛普逊著:《法医学》,王永年译,北京:法律出版社1987年。

季伟苹主编:《上海中医药发展史略》,上海:上海科学技术出版社2017年。

吉文桥主编:《淮医列传》(上、下),南京:江苏人民出版社2010年。

　　　《淮医交响》(第3卷),南京:江苏人民出版社2012年。

　　　《淮医在华夏》,北京:人民军医出版社2012年。

纪学仁主编:《侵华日军毒气战事例集》,北京:社会科学文献出版社2008年。

[日]吉元昭治著:《道教与不老长寿医学》,杨宇译,成都:成都出版社1992年。

冀中等编著:《医学模式》,北京:北京医科大学、中国协和医科大学出版社1991年。

贾博著:《新型农村合作医疗中的主体角色及其关系研究》,郑州:河南人民出版社2012年。

贾成祥等主编:《话说国医:河南卷》,郑州:河南科学技术出版社2017年。

贾得道著:《中国医学史略》,太原:山西人民出版社1979年。

　　　《中医研究论文集》,太原:山西科学技术出版社2003年。

～等著:《中医的科学研究》,太原:山西科学技术出版社2003年。

贾鸽著:《新中国成立初期天津的疫病及其防治(1949—1966)》,天津:天津人民出版社2014年。

贾洪波著:《中国基本医疗保险制度改革关键问题研究》,北京:北京大学出版社2013年。

贾怀勤主编:《为了绿色惠园 远离SARS》(本书以纪实文学的形式记述了对外经济贸易大学抗击非典的
情况,阐述了校领导班子的决策,校园保卫战中的各条战线,师生抗非典记实等),北京:对外经济贸

易大学出版社 2003 年。

[美]嘉惠霖等著:《博济医院百年(一八三五——一九三五)》,沈正邦译,广州:广东人民出版社 2009 年。

贾静涛著:《中国古代法医学史》,北京:群众出版社 1984 年。

《世界法医与法科学史》,北京:科学出版社 2000 年。

~主编:《法医学概论》,北京:人民卫生出版社 1988 年。

[美]加兰·E.艾伦著:《20世纪的生命科学史》,田洛译,上海:复旦大学出版社 2000 年。

[美]贾雷德·戴蒙德著:《枪炮、病菌与钢铁——人类社会的命运》,谢延光译,上海:上海译文出版社 2014 年;(修订版),上海:上海译文出版社 2016 年。

[美]加利·兰德雷斯著:《游戏治疗》,雷秀雅译,重庆:重庆大学出版社 2011 年。

贾敏如主编:《中国民族药辞典》,北京:中国医药科技出版社 2016 年。

[美]加斯特著:《逼近的瘟疫》,杨岐鸣等译,北京:生活·读书·新知三联书店 2017 年。

贾维诚编著:《三百种医籍录》,哈尔滨:黑龙江科学技术出版社 1982 年。

[英]加文·弗朗西斯著:《认识身体:探索人体微宇宙》,马向涛译,北京:中信出版社 2018 年。

《认识身体 2:永不停歇的变化》,唐源游译,北京:中信出版社 2019 年。

贾跃胜等著:《山西中医史话》,太原:山西人民出版社 2003 年。

[哥伦比亚]加西亚·马尔克斯著:《霍乱时期的爱情》,杨玲译,海口:海南出版公司 2012 年。

[美]简·邦德森著:《异形人:西方医学中的奇闻异事录》,连洪涛等译,海口:海南出版社、光明日报出版社 2001 年。

简海燕等主编:《红十字会救伤第一法——孙中山唯一译著的整理与研究》,合肥:合肥工业大学出版社 2014 年。

[美]简·亨特著:《优雅的福音:20世纪初在华美国女传教士》,李娟译,北京:生活·读书·新知三联书店 2014 年。

健康报编辑部编:《消灭血吸虫病》,北京:人民卫生出版社 1958 年。

《介绍民办合作医疗的经验》,北京:人民卫生出版社 1958 年。

《十年来卫生事业的辉煌成就》,北京:人民卫生出版社 1960 年。

简秀昭等编著:《日治时期台湾卫生史料特展专辑:从瘴疬之乡到清静家园》,台北:国史馆台湾文献馆 2009 年。

姜春华著:《历代中医学家评析》,上海:上海科学技术出版社 1989 年。

江东亮著:《医疗保健政策——台湾经验》,台北:巨流图书出版公司 2007 年。

《医疗穷人不再有——全民健康保险论文集》,台北:国立台湾大学出版中心 2008 年。

蒋功成著:《淑种之求:优生学在中国近代的传播及其影响》,上海:上海交通大学出版社 2014 年。

姜海珊著:《新农合制度下医疗服务利用研究》,北京:知识出版社 2013 年。

江花主编:《川派中医药名家系列丛书 叶心清》,北京:中国中医药出版社 2018 年。

江华等著:《大南药:风云舒卷 5000 年中医药史》,广州:南方日报出版社 2012 年。

蒋健敏等编:《倾斜的世界:大学生艾滋病感染案例分析》,杭州:浙江科学技术出版社 2017 年。

姜姗等著:《针与气:经典中的针灸气论发微》,北京:人民卫生出版社 2018 年。

姜守诚著:《〈太平经〉研究——以生命为中心的综合考察》,北京:社会科学文献出版社 2007 年。

《中国近世道教送瘟仪式研究》,北京:人民出版社 2016 年。

江苏省卫生厅编:《民国时期健康教育文集》,南京:江苏人民出版社 2008 年。

蒋天平著:《20 世纪美国文学中的帝国医学想象》,北京:中国社会科学出版社 2019 年。

江宛柳撰文,江志顺摄影:《目击小汤山:北京非典定点医院随军记者现场实录》,北京:长征出版社 2003 年。

江文君著:《都市社会的兴起:近代上海的中产阶层与职业团体》,上海:上海辞书出版社 2017 年。第二章 医者父母心:医师与上海医师公会。

《江西麻风病防治(1949—2015 年)》编委会编:《江西麻风病防治(1949—2015 年)》,南昌:江西科学技术出版社 2018 年。

[德]蒋熙德著:《孟河医学源流论》,丁一谔译,北京:中国中医药出版社 2016 年。

江西省卫生局编:《合作医疗经验汇编》,南昌:江西人民出版社 1973 年。

江西省中医实验院等著:《中医治疗血吸虫病资料选集》,北京:人民卫生出版社 1957 年。

《[六经]分类治疗晚期血吸虫病经验选辑》,南昌:江西人民出版社 1960 年。

江晓源等著:《准谈风月》(从历史的角度,探讨中国古代的房中术、春宫图、春药、避孕与堕胎史、性文学史),上海:上海书店出版社 2012 年。

姜学林著:《医疗语言学初论》,北京:中国医药科技出版社 1998 年。

～等主编:《医患沟通艺术》,上海:第二军医大学出版社 2002 年。

《患者学》,上海:第二军医大学出版社 2007 年。

姜燕著:《〈甲乙经〉中医学用语研究》,北京:中华书局 2008 年。

蒋岩等主编:《中国艾滋病实验室网络发展 20 年》,北京:北京科学技术出版社 2009 年。

江泳主编:《中医行为医学》,北京:中国中医药出版社 2008 年。

蒋涌著:《医疗保障筹资模式的效率研究——基于道德风险的视角》,北京:人民出版社 2015 年。

江幼李原撰、宋天彬新订:《道家文化与中医学》,北京:中国中医药出版社 2017 年。

蒋育红等主编:《协和百年纪念文集》,北京:中国协和医科大学出版社 2017 年。

姜月平等主编:《天津近代护理发展史研究》,天津:天津科技翻译出版有限公司 2016 年。

蒋泽先著:《中国农民生死报告》,南昌:江西人民出版社 2005 年。

蒋竹山著:《人参帝国:清代人参的生产、消费与医疗》,杭州:浙江大学出版社 2015 年。

《裸体抗炮——你所不知道的暗黑明清史读本》,台湾:蔚蓝文化 2016 年。

～主编:《史汇》第 22 期(报刊中的性别、医疗与身体专号),台湾:国立中央大学历史研究所 2019 年。

焦润明等编著:《晚清生活掠影》,沈阳:沈阳出版社 2003 年。"晚清的西医"。

《中国东北近代灾荒及救助研究》,北京:北京师范大学出版社 2011 年。

～著:《清末东北三省鼠疫灾难及防疫措施研究》,北京:北京师范大学出版社 2011 年。

[苏]杰尔本尼娃·乌霍娃著,《家蝇的生态及其在传染病学上的意义》,上海:科学出版社 1957 年。

[美]杰尔姆·格罗普曼等著:《最好的抉择——关于看病就医你要知道的常识》,鞠玮婕等译,杭州:浙江人民出版社 2016 年。

解放军卫生部编:《中国人民解放军卫生工作》,北京:长城出版社 1987 年。

[美]杰弗里·科特勒著:《十个天才的精神病史》,邱文平等译,上海:上海社会科学院出版社 2011 年。

[英]J. G. 弗雷泽著:《金枝——巫术与宗教之研究》,汪培基等译,北京:商务印书馆 2012 年。

[澳]杰克·特纳著:《香料传奇——一部由诱惑产生的历史》,周子平译,北京:生活.读书.新知三联书店 2007 年。

[美]杰米·里迪著:《软磨硬泡——一名伟哥推销员的成长史》,龙威译,北京:法律出版社 2011 年。

[美]杰瑞米·N.史密斯著:《破解生死大数据:一个医生与 70 亿人的健康真相》,雷南译,北京:青华大学出版社 2018 年。

[美]杰瑞姆·古柏曼著:《生命的尺度——对人类患病心理和精神归属的探索》,戎建荣译,太原:山西科学技术出版社 2013 年。

[美]杰西卡·斯奈德·萨克斯著:《致命伴侣:在细菌的世界里求生》,刘学礼译,北京:上海科技教育出版社 2014 年。

金宝善著:《三十年来中国公共卫生之回顾与前瞻》,上海:中华医学杂志社 1946 年。

金昌洙等编:《中国朝鲜族文化大系 10:医疗保健史》(朝鲜文),北京:民族出版社 2005 年。

金成民等编:《跨国取证"七三一"》,哈尔滨:黑龙江人民出版社 2002 年。

《日本军细菌战原队员证言集》,哈尔滨:黑龙江人民出版社 2009 年。

~著:《日本军细菌战》,哈尔滨:黑龙江人民出版社 2008 年。

~主编:《日本军细菌战图文集》,呼和浩特:内蒙古文化出版社 2010 年。

《侵华日军第七三一部队罪行实录》(60 册),北京:中国和平出版社 2015 年。

《侵华日军第七三一部队罪行实录 日本细菌战史料集:预防免疫类(二)》,北京:中国和平出版社 2015 年。

金春田著:《健康、卫生与文化》,北京:中国大百科全书出版社 2003 年。

金东辰编著:《中国医史三字经》,济南:山东科学技术出版社 1991 年。

金宏柱著:《中医走天下》,南京:江苏文艺出版社 2007 年。

晋继勇著:《全球公共卫生治理中的国际机制分析》,上海:上海人民出版社 2019 年。

金晶著:《中国农村医疗保险制度研究:基于构建农村社会医疗保险取向》,杭州:浙江工商大学出版社 2011 年。

金静芬主编:《护理之道 百年传承(1869—2017)》,杭州:西泠印社出版社 2017 年。

金玲等编著:《外科名医王维德与高秉钧》,北京:中国科学技术出版社 1989 年。

晋橹著:《主治医师》,北京:人民卫生出版社 2010 年。

[韩]金昇浩著:《机会不等人——保宁集团金昇浩会长回忆录:金昇浩制药之路 43 年》,金信后译,北京:民族出版社 2005 年。

金仕起著:《中国古代的医学、医史与政治——以医史文本为中心的一个分析》,台北:政大出版社 2010 年。

荆士英著:《岭南医药启示录》,广州:广东科技出版社 2011 年。

近藤龙雄著:《北支那之物资药物研究》,大连:大连铁路卫生学校 1985 年。

金霞编著:《中国传统文化与养生》,北京:大众文艺出版社 2004 年。

金星著:《亲历延安岁月:延安中央医院的往事》,北京:中国人民大学出版社 2015 年。

金铮主编:《二十世纪中国医学首创者大辞典》,哈尔滨:黑龙江人民出版社 1994 年。

金芷君等编著:《中医文化掬翠》,上海:上海中医药大学出版社 2010 年。

~主编:《中医古籍与藏书文化》,北京:中国中医药出版社 2016 年。

靳之林著:《赤脚医生往事》,北京:中国对外翻译出版公司 2016 年。

金重治著:《中国兽医史话》,北京:科学普及出版社 1980 年。

金子直:《民族卫生》,上海:商务印书馆 1930 年。

经典杂志编著:《台湾医疗四百年》,台北:经典杂志 2006 年;(增订版),2011 年。

京虎子著:《寻找魔球(现代制药传奇)》,北京:清华大学出版社 2015 年。

景怀斌编:《公共危机心理:SARS 个案》,北京:社会科学文献出版社 2006 年。

景军著:《公民健康与社会理论》,北京:社会科学文献出版社 2019 年。

景世民等著:《山西农村公共卫生发展研究》,北京:中国社会出版社 2007 年。

敬香涛选注:《历代名医传选注》,昆明:云南人民出版社 1983 年。

井永法著:《公立医院公益性回归及评价研究:基于新医改强调回归公益性背景》,北京:中国社会科学
　　出版社 2014 年。

[英]John B. Taylor 等编:《新药研发案例》,程卯生导读,北京:科学出版社 2007 年。

[英]John M .Winslade 等著:《学校里的叙事治疗》,曾立芳译,北京:中国轻工业出版社 2014 年 。

[美]John R.Watt(华璋)著:《悬壶济乱世:医疗改革者如何于战乱与疫情中建立起中国现代医疗卫生体
　　系(1928 – 1945)》,上海:复旦大学出版社 2015 年。

John S. Mockenzie 等主编:《同一健康与新传染病》,陆家海等主译,北京:人民卫生出版社 2019 年。

[美]J. R. 迈克尔尼著:《阳光下的新事物:20 世纪世界环境史》,韩莉等译,北京:商务印书馆 2013 年。

鞠宝兆等主编:《清代医林人物史料辑纂》,沈阳:辽宁科学技术出版社 2013 年。

鞠明库著:《灾害与明代政治》,北京:中国社会科学出版社 2011 年。

[日]郡司笃晃著:《医疗改革研究》,张福利等译,哈尔滨:哈尔滨出版社 2000 年。

K

[俄]卡巴诺夫著:《人体的故事》,水夫译,天下图书公司 1950 年。

[奥地利]卡尔·杰拉西著:《避孕药的是是非非:杰拉西自传》,姚宁译,上海:上海科技教育出版社
　　2005 年。

[美]卡尔·L.怀特著:《弥合裂痕:流行病学、医学和公众的卫生》,张孔来等译,北京:科学出版社
　　1995 年。

[美]卡尔·齐默著:《小生命——大肠杆菌解开生命奥秘》,潘震泽译,台湾:时报文化出版企业股份公
　　司 2009 年。

[美]卡尔·齐默著:《病毒星球》,刘旸译,桂林:广西师范大学出版社 2019 年。

[美]卡梅伦·韦斯特著:《24 重人格》,李永平译,上海:上海译文出版社 2008 年。

[瑞士]喀什等主编:《国际健康研究伦理问题案例汇编》,翟晓梅等主译,北京:人民卫生出版社
　　2016 年。

[意]卡斯蒂格略尼著:《世界医学史》,北京医科大学医史教研室译,北京:商务印书馆 1986 年。

[意]卡斯蒂廖尼著:《医学史》(3 卷),程之范主译,桂林:广西师范大学出版社 2003 年。

[美]凯博文著:《谈病说痛:人类的受苦经验与痊愈之道》,陈新绿译,台北:桂冠图书股份有限公司 1995
　　年;广州:广州出版社 1998 年。

　　《苦痛和疾病的社会根源:现代中国的抑郁、神经衰弱和病痛》,郭金华译,上海:上海三联书店
　　2008 年。

　　《疾痛的故事:苦难、治愈与人的境况》,方筱丽译,上海:上海译文出版社 2010 年;2018 年。

[美]凯尔·哈珀著:《罗马的命运:气候、疾病与帝国的终结》,李一帆译,北京:后浪/北京联合出版公司

2019 年。

[美]凯·雷德菲尔德·贾米森著：《疯狂天才——躁狂抑郁症与艺术气质》，刘建周等译，上海：上海三
联书店 2007 年。

[美]凯·雷德菲尔德·杰米森著：《我与躁郁症共处的 30 年——一位患躁郁症的女精神科医生的回忆
录》，聂晶译，北京：中国人民大学出版社 2009 年。

《躁郁之心：我与躁郁症共处的 30 年》（上、下），聂晶译，杭州：浙江人民出版社 2013 年。

《天才向左，疯子向右——躁郁症与伟大的艺术巨匠》，聂晶译，杭州：浙江人民出版社 2013 年。

[英]凯罗尔·巴拉德著：《从牛痘到抗生素：探索疫苗和药物》，迟文成等译，上海：上海科学技术文献出
版社 2010 年。

[法]凯瑟琳·艾尔薇著：《食物瘾君子：经历并战胜贪食症》，黄雪译，上海：华东师范大学出版社
2018 年。

[美]凯瑟琳·库伦著：《探究生命玄机：10 位生物学领域的科学家》，史艺荃译，上海：上海科学技术文
献出版社 2014 年。

[美]凯特·凯利著：《医学史话：早期文明（史前—公元 500 年）》，蔡和兵译；《医学史话：中世纪（500—
1450 年）》，徐雯菲译；《医学史话：科学革命和医学（1450—1700 年）》，王中立译；《医学史话：旧世界
与新世界（1700—1840 年）》，蔡林翰译；《医学史话：医学成为一门科学（1840—1999 年）》，陶冉等
译；《医学史话：2000 年至今》，林东涛译，上海：上海科学技术文献出版社 2012 年。

[美]凯特·米勒特著：《精神病院之旅》，张军学译，北京：中国社会科学出版社 2000 年。

[美]Kathryn Montgomery 著：《医生该如何思考：临床决策与医学实践》，郑明华译，北京：人民卫生出版
社 2010 年。

[美]凯西·马奇欧迪著：《以画疗心——用艺术创作开启疗愈之旅》（第 2 版），黄钰苹等译，北京：中国
人民大学出版社 2019 年。

阚飙主编：《新发现传染病》，北京：化学工业出版社 2004 年。

《抗击非典 2003·中国》编委会编：《抗击非典 2003·中国：大型纪实摄影画册》，北京：学习出版社晨光
出版社 2003 年。

康丽升等主编：《中国传统性医学》，北京：中国医药科技出版社 1994 年。

[美]康妮·玛丽亚诺著：《我的病人是总统：白宫医生大揭秘》，刘海青译，北京：中国长安出版社
2011 年。

康兴军等主编：《陕西中医药史话》，西安：西安交通大学出版社 2016 年。

《柯棣华大夫》编写组，盛贤功执笔：《柯棣华大夫》，北京：人民出版社 1979 年。

[英]克尔·瓦丁顿著：《欧洲医疗五百年》（卷一：医疗与常民；二：医学与文化；卷三：医疗与国家），李尚
仁译，台北：左岸文化出版 2014 年。

[美]克莱顿·克里斯坦森等著：《创新者的处方——颠覆式创新如何改变医疗》，朱恒鹏等译，北京：中
国人民大学出版社 2015 年。

[英]克莱尔·汉森著：《怀孕文化史：怀孕、医学和文化（1750—2000）》，章梅芳译，北京：北京大学出版
社，2010 年。

[英]克莱尔·威克斯著：《精神焦虑症的自救——英国著名焦虑症专家演讲及访谈录》（演讲访谈卷、病
例分析卷），王鹏等译，乌鲁木齐：新疆青少年出版社 2006 年；2013 年。

[德]克劳迪亚·米勒-埃贝林等著：《伊索尔德的魔汤：春药的文化史》，王泰智等译，北京：生活·读

书·新知三联书店 2013 年。

克里斯德瓦著，《黑太阳：抑郁症与忧郁》，台北：远流出版事业股份有限公司 2008 年。

[美]克莉丝蒂·威尔科克斯著：《有毒：从致命武器到救命解药，看地球致命毒物如何成长为生化大师》，阳曦译，北京：北京联合出版公司 2019 年。

[比利时]克里斯蒂安·德迪夫著：《生机勃勃的尘埃：地球生命的起源与进化》，王玉山译，上海：上海科技教育出版社 1999 年。

[法]克里斯托夫·德费耶著：《君主与承包商：伦敦、纽约、巴黎的供水变迁史》，唐俊译，北京：社会科学文献出版社 2019 年。

[美]克里斯托弗·E.福思等编著：《脂肪：文化与物质性》，李黎等译，北京：生活·读书·新知三联书店 2017 年。

[美]克里斯托弗·万杰克著：《鲨鱼真的不会得癌症吗：本书谬误的医学常识》，刘学礼译，上海：上海科技教育出版社 2011 年。

[美]科林·埃文斯著：《法医学之父——伯纳德·斯皮尔斯伯里爵士具有开创性的案例以及现代犯罪现场调查的开始》，毕小青译，济南：山东人民出版社 2009 年。

[美]科林·埃文斯著：《证据：历史上最具争议的法医学案例》，毕小青译，北京：生活·读书·新知三联书店 2016 年。

[英]克里斯·希林著：《身体与社会理论》（第 2 版），李康译，北京：北京大学出版社 2010 年。

[美]克瑞莎·泰勒著：《医疗革命：大数据与分析如何改变医疗模式》，刘雁译，北京：机械工业出版社 2016 年。

柯小菁著：《塑造新母亲——近代中国育儿知识的建构及实践》，太原：山西教育出版社 2011 年。

《科学传奇：探索人体的奥秘》编委会编著：《神奇的催眠术》，重庆：西南交通大学出版社 2015 年。

　　《探秘死亡的真相》，重庆：西南交通大学出版社 2015 年。

科学技术部专题研究组编：《国外禽流感防控综合报告》，北京：科技文献出版社 2006 年。

柯杨等主编：《医学哲学》，北京：人民卫生出版社 2014 年。

柯云路著：《发现黄帝内经》，北京：作家出版社 1998 年。

　　《焦虑症患者》，重庆：重庆出版社 2007 年。

[澳]肯·赫尔曼著：《长远看来，我们都已死去！》（国际重症监护首席专家 ICU 护守笔记，生命终点的温暖关怀），李婵译，南京：江苏凤凰文艺出版社 2016 年。

[美]肯尼思·F.基普尔主编：《剑桥世界人类疾病史》，张大庆主译，上海：上海科技教育出版社 2007 年。

[英]肯尼斯·卡尔曼编著：《卡尔曼医学教育史：昨日、今日和明日》，管远志等译，北京：中国协和医科大学出版社 2014 年。

[美]肯尼斯·W.古德曼等著：《公共健康伦理学案例研究》，肖巍译，北京：人民出版社 2008 年。

孔健民著：《中国医学史纲》，北京：人民卫生出版社 1988 年。

孔静霞著：《医疗体制改革与健康保险产业链的构建》，杭州：浙江工商大学出版社 2014 年。

孔令芝著：《从〈玲珑〉杂志看 1930 年代上海现代女性形象的塑造》，台湾：稻乡出版社 2011 年。

孔祥智等著：《集体林权制度改革背景下的农村医疗、教育事业发展》，北京：中国人民大学出版社 2008 年。

孔志学主编：《医疗纠纷与法律处理》（第 2 版），北京：科学出版社 2018 年。

寇建斌等编著:《安国药王庙》,香港:香港银河出版社 2002 年。

[德]库尔特·拜尔茨著:《基因伦理学——人的繁殖技术化带来的问题》,马怀琪译,北京:华夏出版社 2000 年。

旷燕飞,李俊华编著:《湖南省麻风村简史》,长沙:湖南科学技术出版社 2019 年。

匡思圣等著:《人权影像:从电影文本认识医疗社会》,台湾:巨流图书公司 2010 年。

昆山历代医家录编纂委员会编:《昆山历代医家录》,北京:中医古籍出版社 1997 年。

昆明医学院健康研究所编:《从赤脚医生到乡村医生》,昆明:云南人民出版社 2002 年。

[英]K.辛普逊著:《法医生涯四十年》,伍新尧等译,上海:上海科学技术出版社 1983 年。

L

[加拿大]拉瑞·汉纳特编:《一位富有激情的政治活动家:国际主义战士白求恩作品集》,李巍译,济南:齐鲁书社 2005 年。

赖国毅等著:《新型城镇化下老年人的医疗健康状况研究》,成都:西南财经大学出版社 2016 年。

赖红梅著:《直击医患纠纷——以医疗损害刑民两法衔接为视角》,上海:上海人民出版社 2019 年。

赖进祥编著:《医疗关系之危险责任》,台湾:渤海唐文化公司 2004 年。

赖其万著:《医人——关于医患关系的那些事》,北京:中国人民大学出版社 2008 年。

赖尚和著:《中国癞病史》,台北:东方印刷公司 1952 年。

[英]莱维特著:《南丁格尔和施魏策尔小传》,姜金花译,北京:外语教学与研究出版社 1982 年。

赖文等著:《岭南瘟疫史》,广州:广东人民出版社 2004 年。

[美]兰德尔·菲茨杰拉德著:《百年谎言:食品和药品如何恶化损害你的健康》,但汉松等译,北京:北京师范大学出版社 2011 年。

[美]兰迪·E.麦凯布等著:《暴食症康复指南》,谭浩译,重庆:重庆出版社 2013 年。

[美]兰迪·希尔茨著:《世纪的哭泣:艾滋病的故事》,傅洁莹译,上海:上海译文出版社 2019 年。

兰林友著:《本土的解说:宗族、族群与公共卫生的人类学研究》,北京:中国社会科学出版社 2012 年。

郎景和著:《一个医生的哲学》,北京:中国文联出版社 2002 年。

《外科解剖刀就是剑》,北京:中国文联出版社 2009 年。

《医道》,北京:中国协和医科大学出版社 2012 年。

《一个医生的序言》,北京:中国协和医科大学出版社 2014 年。

《一个医生的故事:150 个有温度的行医故事,还原有笑有泪、真实无比的医院生活》,北京:北京联合出版公司 2015 年。

《一个医生的人文》,武汉:湖北科学技术出版社 2015 年。

《郎景和院士集》,北京:人民军医出版社 2015 年。

《一个医生的悟语》,北京:生活.读书.新知三联书店 2017 年。

郎樱著:《福乐智慧与东西方文化》,乌鲁木齐:新疆人民出版社 1992 年。

郎颖著:《新医改背景下公立医院改革评价研究:以宁夏为例》,银川:宁夏人民出版社 2018 年。

劳动部保险福利司编:《企业职工医疗保险制度改革指南》,北京:中国劳动出版社 1993 年。

劳动和社会保障部等编:《德国医疗保险概况》,北京:中国劳动出版社 2000 年。

劳动与社会保障部医疗保险司编：《中国医疗保险制度改革政策与管理》，北京：中国劳动保障出版社1999年。

［美］劳拉·B.麦德森著：《大数据医疗——医院与健康产业的颠覆性变革》，康宁等译，北京：人民邮电出版社2018年。

［美］劳里·加勒特著：《逼近的瘟疫》，杨宁译，北京：生活·读书·新知三联书店2008年。

［美］劳伦斯·赖特著：《清洁与高雅——浴室和水厕趣史》，董爱国等译，北京：商务印书馆2007年。

［美］劳伦斯·O.戈斯廷著：《全球卫生法》，翟宏丽等主译，北京：中国政法大学出版社2016年。

《老协和》编辑组：《老协和》，北京：中国文史出版社2017年。

乐民成著：《国药世家三百年》，北京：中国中医药出版社2012年。

［法］勒内·弗里德曼等著：《最美的生育史》，彭玉姣译，上海：上海书店出版社2016年。

乐章著：《制度、组织与组织化制度：长阳合作医疗个案研究》，北京：中国社会科学出版社2010年。

雷二庆等主编：《野战输血史研究》，北京：军事医学科学出版社2014年。

［美］雷克斯福特·E.桑特勒等著：《卫生经济学：理论案例和产业研究》（第3版），程晓明等译，北京：北京大学医学出版社2006年。

［澳］雷·莫尼汉等著：《药祸》，尚庆译，合肥：安徽人民出版社2007年。

［美］雷·斯丹著：《致命药方：别让医生开的药害了你》，杨霞等译，北京：中国青年出版社2009年。

雷雨田主编：《近代来粤传教士评传》，上海：百家出版社2004年。

冷东等著：《十三行与岭南社会变迁》，广州：广州出版社2014年。第三章 十三行与岭南城市变迁　二、十三行与医学。

冷方南编著：《近代著名中医误诊挽治百案析》，贵阳：贵州人民出版社1987年。

　　～等编著：《倡导养阴的朱丹溪》，北京：中国科学技术出版社1988年。

冷南著：《潘多拉的盒子打开之后：艾滋病全解读》，西安：第四军医大学出版社2004年。

［法］利昂内尔·伊纳尔著：《巫术植物》，张之简译，北京：读书·生活·新知三联书店2019年。

李敖著：《孙逸仙与中国西化医学》，台湾：文星书店1965年。

［美］利奥纳多·L.贝瑞等著：《向世界最好的医院学管理》，张国萍译，北京：机械工业出版社2009年。

李葆明著：《心智家园——神经与脑科学》，上海：上海科技教育出版社2002年。

［美］丽贝卡·思科鲁特著：《永生的海拉：改变人类医学史的海拉细胞及其主人的生命故事》，刘旸译，桂林：广西师范大学出版社2018年。

李斌著：《福利型新农合医疗政策研究》，北京：经济日报出版社2016年。

李冰等编著：《吴健雄 林巧稚》，北京：未来出版社1996年。

李本富等著：《医学伦理学十五讲》，北京：北京大学出版社2007年。

李伯聪著：《扁鹊和扁鹊学派研究》，西安：陕西科学技术出版社1990年。

李灿东主编：《中医医政史略》，北京：中国中医医药出版社2015年。

［美］理查德·A.盖布里埃尔等著：《军事医学史》，王松俊译，北京：军事医学科学出版社2011年。

［英］理查德·巴奈特著：《手术剧场：十九世纪外科学图志》，黎湛平译，广州·上海·西安·北京：世界图书出版公司2019年。

　　《病玫瑰：疾病与医学插画的艺术》，郭滕杰译，广州·上海·西安·北京：世界图书出版公司2019年。

［美］理查德·贝尔著：《我遗失了时间》，栖子译，上海：上海译文出版社2009年。

［英］理查德·本托尔著：《医治心病——精神病治疗为什么失败？》，李晓等译，上海：华东师范大学出版社 2014 年。

［英］理查德·达文波特-海因斯著：《搜寻忘却的记忆——全球毒品 500 年》，蒋平等译，南京：译林出版社 2008 年。

［英］理查德·道金斯著：《自私的基因》，卢允中译，长春：吉林人民出版社 1998 年。

［美］理查德·L.科布斯等著：《医疗建筑》，魏飞译，北京：中国建筑工业出版社 2005 年。

［英］理查德·罗吉利编著：《梦幻之巅：迷幻文学集萃》，彭贵菊等译，南京：南京大学出版社 2019 年。

［美］理查德·普雷斯顿著：《血疫——埃博拉的故事》，姚向辉译，上海：上海译文出版社 2016 年。

理查·伊文斯·舒尔兹等著：《众神的植物——神圣、具疗效和致幻力量的植物》，金恒镳译，台湾：商周出版社 2010 年。

李常宝著：《抗战时期正面战场荣誉军人研究》，北京：人民日报出版社 2014 年。

李长兵著：《医疗技术革命对刑法的挑战及其应对》，北京：知识产权出版社 2012 年。

李长友等主编：《农业血防五十年——纪念毛泽东同志〈送瘟神·二首〉发表 50 周年》，北京：中国农业科学技术出版社 2008 年。

李长福等编著：《孙思邈养生全书》，北京：社会科学文献出版社 2003 年。

李成文主编：《中医发展史》，北京：人民军医出版社 2004 年。

　　《中医史》（第 2 版），北京：人民军医出版社 2009 年。

～等主编：《现代版中医古籍目录（1949—2012）》，北京：中国中医药出版社 2014 年。

李锄著：《骨度研究》，上海：上海科学技术出版社 1984 年。

～等编著：《针灸经论选》，北京：人民卫生出版社 1993 年。

李楚源主编：《走进国粹：白云山和黄中药公关传播全记录》，广州：暨南大学出版社 2009 年。

　　《白云生处，古药新香：广州白云山和记黄埔中药有限公司发展史》，广州：广东科技出版社 2010 年。

李传斌著：《条约特权制度下的医疗事业——基督教在华医疗事业研究（1835—1937）》，长沙：湖南人民出版社 2010 年。

李聪甫著：《金元四大医家学术思想之研究》，北京：人民卫生出版社 1983 年。

李大琦主编：《中医方剂学》，成都：四川科学技术出版社 2007 年。

李德成著：《创造与重构：集体化时期农村合作医疗制度和赤脚医生现象研究》，北京：中国书籍出版社 2015 年。

李澄之编译：《诺贝尔医学奖金获得者传略》，北京：科学普及出版社 1981 年。

李迪主编：《中国少数民族科学技术史丛书·医学卷》，南宁：广西科学技术出版社 1996 年。

［美］莉迪亚·康内特·彼得森著：《荒诞医学史》，王秀莉等译，南昌：江西科学技术出版社 2018 年。

李东海编撰：《香港东华三院一百二十五年史略》，北京：中国文史出版社 1998 年。

李冬梅主编：《伍连德及东三省防疫资料辑》（全三册），北京：国家图书馆出版社 2019 年。

李楯著：《艾滋病在中国：法律评估与事实分析》，北京：社会科学文献出版社 2004 年。

　　《面对艾滋病》，北京：中国社会科学文献出版社 2005 年。

　　《艾滋病与人权：感染者和医生等的生命权、健康权及立法建议和法律评估》，北京：法律出版社 2013 年。

李飞遍：《北京协和医学院建校 100 周年 筑梦协和：百年协和百名师生的世纪祝愿》，北京：中国协和医科大学出版社 2017 年。

～等主编:《中华人民共和国传染病防治法释义》,北京:法律出版社 2004 年。

李峰著:《中国乡村医生历史回顾与现状研究》,北京:人民卫生出版社 2008 年。

李干生主编:《中国药科大学六十年(1936—1996)》,北京:中国医药科技出版社 1996 年。

李刚等编著:《中国口腔医学史(年表)》,天津:天津科学技术出版社 1990 年。

～编著:《口腔医学史》,西安:第四军医大学出版社 2014 年。

李耕冬等著:《彝族医药史》,成都:四川民族出版社 1990 年。

李海军等编译:《侵华日军细菌战重要外文资料译介》,北京:中国社会科学出版社 2018 年。

李海红著:《"赤脚医生"与中国乡土社会研究——以河南省为例》,北京:社会科学文献出版社 2015 年。

李瀚洋编著:《恐怖年代——人类历史上的传染病灾难》,北京:中国长安出版社 2003 年。

黎浩著:《医、巫与气功》,北京:人民体育出版社 1990 年。

李和森著:《中国农村医疗保障制度研究》,北京:经济科学出版社 2005 年。

李洪河著:《新中国的疫病流行与社会应对(1949—1959)》,北京:中共党史出版社 2007 年。

《往者可鉴:中国共产党领导卫生防疫事业的历史经验研究》,北京:人民出版社 2016 年。

李鸿敏著:《新型农村合作医疗改革与发展研究:基于统筹城乡视角》,北京:中国社会科学出版社 2012 年。

李鸿涛等主编:《孤本医籍叙录集》,北京:中医古籍出版社 2016 年。

李华著:《中国农村合作医疗制度研究》,北京:经济科学出版社 2007 年。

李华等主编:《大爱无疆:复旦大学附属眼耳鼻喉科医院医疗援助纪实》,上海:复旦大学出版社 2017 年。

李华瑞著:《宋代救荒史稿》(下),天津:天津古籍出版社 2014 年。第二十三章　宋代政府对疾疫的防治。

李坏笑著:《医药代表》,北京:金城出版社 2012 年。

李惠薪著:《黑与白——一个女药品推销员的故事》,合肥:安徽文艺出版社 2003 年。

李计留著:《我给总统当御医:一位中国援非医疗队员的亲历传奇》,石家庄:河北教育出版社 2013 年。

李济仁主编:《新安名医及学术源流考》,北京:中国医药科技出版社 2014 年。

李继唐等编著:《艾滋病的历程与防治新进展》,北京:人民军医出版社 2005 年。

李济禹等主编:《中国朝医学》,延吉市:延边人民出版社 2005 年。

李佳著:《中国新农合政策实施效果评价及改进研究》,北京:经济科学出版社 2017 年。

李家庚等主编:《中国传染病学》,北京:中国医药科技出版社 1997 年。

李建会著:《生命科学哲学》,北京:北京师范大学出版社 2006 年。

李建力等著:《中医五千年演义》,北京:长虹出版公司 2002 年。

李建民著:《方术·医学·历史》,台北:南天书局 2000 年。

《死生之域——周秦汉脉学之源流》,台北:中央研究院历史语言研究所专刊 2000 年。

《发现古脉——中国古典医学与数术身体观》,北京:社会科学文献出版社 2007 年。

《生命史学——从医疗看中国历史》,台湾:台湾三民书局 2005 年;上海:复旦大学出版社 2008 年。

《旅行者的史学——中国医学史的旅行》,台北:允晨文化实业股份有限公司 2009 年。

《华佗隐藏的手术:外科的中国医学史》,台湾:东大图书公司 2011 年。

《从中医看中国文化》,北京:商务印书馆 2016 年。

《近世中医外科史:"反常"手术之谜》,台北:台湾三民书局 2018 年。

～主编:《生命与医疗——台湾学者中国史研究论丛》,北京:中国大百科全书出版社 2005 年。

《从医疗看中国史》,台湾:联经出版事业股份有限公司 2008 年;北京:中华书局 2012 年。

～等主编:《山东省骨科志》,济南:山东大学出版社 2014 年。

李建涛著:《大型公立医院多元共治之道探究》,北京:中国社会科学出版社 2019 年。

李建中编著:《世纪大疫情》,上海:学林出版社 2004 年。

李洁编著:《文化与精神医学》,北京:华夏出版社 2011 年。

～主编:《广东省公共卫生舆情与健康传播 2015》,广州:暨南大学出版社 2016 年。

～著:《列席者的声音——农村医疗卫生政策参与主体行为分析》,北京:知识产权出版社 2017 年。

[美]Jie Jack Li 著:《药物考——发明之道》,邓卫平等译,上海:华东理工大学出版社 2007 年。

《"重磅炸弹"药物:医药工业兴衰录》,张庆文译,上海:华东理工大学出版社 2016 年。

～等著:《创新药物发现——实践、过程和展望》,邓卫平等译,上海:华东理工大学出版社 2016 年。

李金良主编:《医药大胜局:医药企业管理案例与评析》,北京:人民卫生出版社 2009 年。

李金田等主编:《甘肃中医药文化》,兰州:甘肃科学技术出版社 2013 年。

《敦煌文化与中医学》,北京:中国中医药出版社 2017 年。

李今庸主编:《湖北医学史稿》,武汉:湖北科学技术出版社 1993 年。

～著:《古医书研究》,北京:中国中医药出版社 2003 年。

《读古医书随笔》,北京:人民卫生出版社 2006 年。

《李今勇读古医书札记》,北京:科学出版社 2015 年。

《古代医事编注》,武汉:湖北科学技术出版社 2016 年。

《古籍录语》,武汉:湖北科学技术出版社 2016 年;北京:学苑出版社 2018 年。

《湖北中医学史稿》,武汉:湖北科学技术出版社 2016 年;北京:学苑出版社 2018 年。

李经纬主编:《中国医学百科全书·医史卷》,上海:上海科学技术出版社 1984 年。

《中国古代医史图录》,北京:人民卫生出版社 1992 年。

《中外医学交流史》,长沙:湖南教育出版社 1998 年。

《简明中医辞典》(修订版),北京:中国中医药出版社 2001 年。

～等主编:《中国医学百科全书·医学史》,上海:上海科学技术出版社 1987 年。

《中医人物词典》,上海:上海辞书出版社 1988 年。

《中国医学通史·古代卷》,北京:人民卫生出版社 2000 年。

《中医学思想史》,长沙:湖南教育出版社 2006 年。

～著:《中国医学之辉煌——李经纬文集》,北京:中国中医药出版社 1998 年。

《中医史》,海口:海南出版社 2007 年;(修订版),海口:海南出版社 2015 年。

～等著:《中国古代医学史略》,石家庄:河北科学技术出版社 1990 年。

《图书中医:宫廷医疗》,北京:人民卫生出版社 2011 年。

～等编著:《中国古代文化与医学》,武汉:湖北科学技术出版社 1990 年。

《西学东渐与中国近代医学思潮》,武汉:湖北科学技术出版社 1990 年。

李京文主编:《艾滋病对中国经济和社会的影响》,北京:社会科学文献出版社 2012 年。

李景雄编著:《中国古代的环境卫生》,杭州:浙江古籍出版社 1994 年。

李军考斯等著:《第三路径:见证门头沟区医院改革》,北京:中央广播电视大学出版社 2012 年。

李浚川主编:《情志医学》,北京:中医古籍出版社 1994 年。

李俊德主编:《名老中医谈养生之道》,北京:华夏出版社 1996 年。

李可宝等著:《慢病毒疫苗的开拓者——沈荣显传》,北京:中国科学技术出版社 2017 年。

[美]李克柔等编:《光与盐:探索近代中国改革的十位历史名人》,单传航译,北京:中国档案出版社 2009 年。第三章 石美玉:中国医学界最早留学美国的女医生;第七章 林巧稚:用双手托起千万人的希望。

李克琛等编注:《中兽医古籍选释》,重庆:四川畜牧兽医学院 1982 年。

李磊著:《中医文化史话》,上海:上海科学技术出版社 2015 年。

李立明主编:《国际共产主义战士傅莱》,北京:中国协和医科大学出版社 2009 年。

～等主编:《中国公共卫生概述》,北京:人民卫生出版社 2018 年。

～编:《中国慢性病防治工作系统研究结题报告》,北京:中国协和医科大学出版社 2011 年。

《蒋汉澄医学摄影集》(蒋汉澄,中国医学绘图家,中国医学摄影的创始人),北京:中国协和医科大学出版社 2014 年。

～等编:《中国公共卫生理论与实践》,北京:人民卫生出版社 2015 年。

李立清著:《新型农村合作医疗制度》,北京:人民出版社 2009 年。

[明]李濂辑:《李濂医史》,厦门:厦门大学出版社 1992 年。

李良松著:《甲骨文化与中医学》,福州:福建科学技术出版社 1994 年。

～等著:《出入命门:中医文化探津》,北京:中国人民大学出版社 2007 年。

《甲骨文化与中医学》,北京:中国中医药出版社 2017 年。

～编著:《佛医知识问答》,北京:学苑出版社 2014 年。

～编:《房山石经医药养生文献集成:隋唐至辽代》,北京:北京大学医学出版社 2017 年。

～等编著:《中国传统文化与医学》,厦门:厦门大学出版社 1990 年。

《陈立夫与中医药学》,厦门:厦门大学出版社 1993 年。

～等编释:《佛医观止》,北京:学苑出版社 2014 年。

～主编:《佛医纵横:首届全国佛教医药学术研讨会论文汇编》,厦门:鹭江出版社 1995 年。

《中国佛教医籍总目提要》,厦门:鹭江出版社 1997 年。

～等主编:《中华医药文化论丛》,厦门:鹭江出版社 1996 年。

《我怎样活到一百岁——陈立夫论医集》,广州:亚洲医药出版社 1999 年。

《香药本草》(上、下),北京:中国医药科技出版社 2000 年。

《针灸英杰——林昭庚博士》(第 2 版),北京:北京大学医学出版社 2012 年。

李麟主编:《中医文化常识》,太原:北岳文艺出版社 2010 年。

李林等编:《内蒙古医科大学所藏中医古籍提要》,北京:中医古籍出版社 2016 年。

李玲等著:《中国公立医院改革:问题、对策和出路》,北京:社会科学文献出版社 2012 年。

李零著:《中国方术考》,北京:中华书局 2001 年。

《中国方术正考》,北京:中华书局 2006 年。

《中国方术续考》,北京:中华书局 2006 年。

李珑主编:《医学伦理学》,北京:法律出版社 1991 年。

栗龙池主编:《医士之光:柯棣华来中国》,北京:中国文史出版社 2008 年。

礼露著:《发现伍连德——诺贝尔奖候选人华人第一人》,北京:中国科学技术出版社 2010 年。

李茂如著:《医籍叙录集》,北京:中医古籍出版社 2009 年。

《历代史志书目著录医籍汇考》，北京：人民卫生出版社 1994 年。

李明等著：《叙事心理治疗导论》，北京：山东人民出版社 2005 年。

～著：《叙事心理治疗》，北京：商务印书馆 2016 年。

李默主编：《图说历史丰碑：神农医药》，广州：广东旅游出版社 2013 年。

李楠著：《北美印第安人萨满文化研究》，北京：社会科学文献出版社 2019 年。

李宁著：《中国农村医疗卫生保障制度研究》，北京：知识产权出版社 2007 年。

李平书著，方尔同标点：《李平书七十自叙》，上海：上海古籍出版社 1989 年。

［日］李启充著：《美国医疗的光明与黑暗》，徐蒙译，北京：求真出版社 2012 年。

李其忠主编：《三国两晋南北朝医学总集》，北京：人民卫生出版社 2008 年。

～著：《中医和中药》，上海：复旦大学出版社 2012 年。

丽晴著：《中国式抗癌纪实》，北京：中国中医药出版社 2014 年。

李清晨著：《心外传奇》，北京：清华大学出版社 2012 年。

李清泉主编：《农民健康之光——合作医疗》，北京：新华出版社 1991 年。

李庆升主编：《中医养生学》，北京：科学出版社 1993 年。

《生命科学与中医药学》，北京：中国中医药出版社 2003 年。

李琼著：《中国全民医疗保障实现路径研究》，北京：人民出版社 2009 年。

李琼林主编：《神农在安仁》，长沙：湖南人民出版社 2015 年。

李仁等主编：《爱国卫生运动标准化管理手册》，沈阳：辽宁科学技术出版社 1992 年。

李仁利著：《病魔克星：药物化学漫谈》，长沙：湖南教育出版社 2013 年。

李蓉编：《中国近现代身体研究读本》，北京：北京大学出版社 2014 年。

李儒科著：《医圣张仲景》，武汉：湖北人民出版社 1998 年。

李瑞锋等著：《中西部地区农村居民基本医疗保险制度研究》，北京：经济管理出版社 2016 年。

丽睿客著：《移动互联网时代的健康医疗模式转型与创新：掘金千亿医疗产业链》，北京：人民邮电出版
社 2017 年。

黎润红等著：《仁术宏愿：盛志勇传》，北京：中国科学技术出版社 2015 年。

［美］丽莎·扬特著：《法医学：从纤维到指纹》，顾琳译，上海：上海科学技术文献出版社 2008 年。

［日］栗山茂久著：《身体的语言——从中西文化看身体之谜》，陈信宏译，台北：究竟出版社 2001 年。

《身体的语言——古希腊医学和中医之比较》，陈信宏译，上海：上海书店出版社 2009 年。

李尚仁主编：《帝国与现代医学》，台北：台湾联经出版公司 2008 年；北京：中华书局 2012 年。

～著：《帝国的医师：万巴德与英国热带医学的创建》，台北：允晨文化实业股份有限公司 2012 年。

李少白主编：《内蒙古当代医学人物志》，北京：中国医药科技出版社 1990 年。

李盛华等主编：《武威汉代医简研究集成》，合肥：安徽科学技术出版社 2014 年。

李胜先著：《暗访巫医——巫医骗术揭秘》，北京：中国社会出版社 2000 年。

李时昌著：《非常中医 历经数千年检验的人体生命医学》，成都：四川科学技术出版社 2011 年。

李世绰主编：《国外卫生考察报告专集》，北京：人民卫生出版社 1997 年。

李矢禾等编：《历代名医传略》，哈尔滨：黑龙江科学技术出版社 1985 年。

李士群主编：《春天的希望：北方交通大学抗击非典纪实》，北京：北方交通大学出版社 2003 年。

李士生著：《儒释道论养生》，北京：宗教文化出版社 2002 年。

李寿生主编：《广西鼠疫历史纪事》，南宁：广西民族出版社 2009 年。

李姝淳等主编：《话说国医：广东卷》，郑州：河南科学技术出版社 2017 年。

李书田编著：《古代医家列传释译》，沈阳：辽宁大学出版社 2003 年。

李树猷著：《濂园医集》，台北：启业书局 1968 年。

李爽著：《村社力量与农村基层卫生服务治理模式研究》，北京：人民出版社 2014 年。

李顺保主编：《伤寒论版本大全》，北京：学苑出版社 2001 年。

　　　《黄帝内经针灸学之研究》，北京：学苑出版社 2013 年。

　　　《中医正常人体解剖学》，北京：学苑出版社 2016 年。

　　　《伤寒论类著作书目总览（291 年—2014 年）》，北京：学苑出版社 2016 年。

　　　《中医妇科学古代医书合集》（上、中、下册），北京：学苑出版社 2017 年。

　　　《金匮要略版本大全》，北京：学苑出版社 2018 年。

　　　《中医妇科学古代医书合集》，北京：学苑出版社 2018 年。

～校注：《宋太医局诸科程文格注释：宋代国家医学考试试题集》，北京：学苑出版社 2007 年。

～等校注：《中医脉学十大名著校注》，北京：学苑出版社 2015 年。

～编著：《清太医院代茶饮和五官科医方精选》，北京：科学技术文献出版社 2018 年。

～等编：《中医中药难字字典》，北京：学苑出版社 2019 年。

李素云著：《西医东传与针灸理论认识之演变》，北京：学苑出版社 2012 年。

[美]丽塔·E.纽默奥夫等著：《医疗再造：基于价值的医疗商业模式变革》，张纯辉译，北京：机械工业出版社 2017 年。

李涛主编：《医学史纲》，中华医学会编译部 1941 年。

李滔主编：《中国卫生发展绿皮书：医改专题研究（2015 年）》，北京：人民卫生出版社 2015 年。

～等著：《武汉市公立医院改革理论与实践》，武汉：武汉大学出版社 2015 年。

～主译：《欧洲二十五国药政管理体系》，北京：中国医药科技出版社 2016 年。

李廷安著：《中外医学史概论》，上海：上海书店 1947 年。

李挺生主编：《同安医药卫生志》，厦门：厦门大学出版社 1995 年。

李伟主编：《广西麻风病防治成就与展望》，南宁：广西科学技术出版社 2016 年。

李蔚东等编著：《卫生与发展建设全民健康社会》，北京：清华大学出版社 2004 年。

李巍岷著：《制服杀人恶魔：禁止化学武器谈判纪实》，北京：法律出版社 1997 年。

李卫平编著：《中国农村健康保障的选择》，北京：中国财政经济出版社 2002 年。

李文波编著：《中国传染病史料》，北京：化学工业出版社 2004 年；（修订版），中国疾病预防控制中心传染病预防控制所 2012 年内部印行。

李卫国著：《仁者医心——陈灏珠传》，北京：中国科学技术出版社 2017 年。

李文海等主编：《天有凶年：清代灾荒与中国社会》，北京：生活.读书.新知三联书店 2007 年。

～主编：《民国时期社会调查丛编 社会保障卷》（本书收录了民国时期的《昆明市救济事业调查》、《成都市慈善机关调查》、《上海育婴事业统计》、《北平的公共卫生》等 13 篇调查报告），福州：福建教育出版社 2014 年。

　　　《民国时期社会调查丛编 二编 医疗卫生与社会保障卷（上、下）》（本书收编了民国时期各医学卫生刊物上的调研文章，内容涉及环境卫生、疾病与传染、医疗与公共卫生事业、营养与膳食、体格与健康，以及儿童福利事业等方面的调查成果），福州：福建教育出版社 2014 年。

李希光等主编：《艾滋病媒体读本》，北京：清华大学出版社 2005 年。

《走出媒体污名:中国艾滋病新闻作品选》,北京:清华大学出版社2008年。

李夏亭主编:《孟河医派三百年:孟河医派研究荟萃》,北京:学苑出版社2010年。

李向军著:《明代荒政研究》,北京:中国农业出版社1995年。

李向明编:《中国现代医学家传略》,北京:科学技术文献出版社1984年。

李晓方编著:《泣血控诉——侵华日军细菌战炭疽、鼻疽受害幸存者实录》(画册),北京:中央文献出版社
    2005年。

～著:《侵华日军细菌战鼠疫、霍乱受害幸存者实录》,杭州:浙江人民出版社2017年。

李孝刚主编,上海中医药杂志社编:《杏林五十秋》,上海:上海中医药大学出版社2005年。

李小红著:《宋代社会中的巫觋研究》,北京:光明日报出版社2009年。

李晓军著:《牙医史话:中国口腔卫生文史概览》,杭州:浙江大学出版社2014年。

李晓林著:《雪域愿望树——追溯藏医藏药的心灵之旅》,北京:中国藏学出版社2003年。

李晓婷编著:《万婴之母林巧稚》,长春:吉林人民出版社2011年。

～著:《迎接新生命的天使:卓越的妇产科专家林巧稚》,长春:吉林人民出版社2011年。

李欣伦著:《战后台湾疾病书写研究》,台湾:大安出版社2004年。

李新平著:《医疗保障制度的效率分析》,天津:南开大学出版社2015年。

李欣栩著:《民国时期中国红十字会制度建设》,合肥:合肥工业大学出版社2017年。

李秀华等主编:《中国护理学会百年史话(1909—2009)》,北京:人民卫生出版社2009年。

    《砥砺前行 谱写华章·中华护理学会(2008—2017)》,北京:人民卫生出版社2017年。

李徐生主编:《医疗纠纷案例分析及常用政策法则》,兰州:兰州大学出版社2014年。

李旭霞著:《国外海军医学研究进展》,北京:科学出版社2018年。

李亚青著:《中国基本医疗保险财政补贴机制研究:城乡一体化发展的视角》,北京:中国财政经济出版
    社2019年。

李燕著:《医疗权利研究》,北京:中国人民公安大学出版社2009年。

[加拿大]李彦著:《尺素天涯:白求恩最后的情书及其他》,北京:商务印书馆国际有限公司2015年。

李燕捷著:《唐人年寿研究》,台北:文津出版社1994年。

李延伦著:《名中医黄衍强的悬壶人生》,北京:人民军医出版社2016年。

李洋等著:《罗杰斯心理健康思想解析》,杭州:浙江教育出版社2013年。

李阳波著:《开启中医之门——运气学导论》,北京:中国中医药出版社2004年。

李耀松主编:《万众一心:宁夏抗击非典纪实》,西宁:宁夏人民出版社2004年。

李应存主编:《敦煌佛书与传统医学》,北京:中医古籍出版社2013年。

～等著:《敦煌佛儒道相关医书释要》,北京:民族出版社2006年。

    《俄罗斯藏敦煌医药文献释要》,兰州:甘肃科学技术出版社2008年。

李永宸著:《李廷安年谱长编》,北京:科学出版社2019年。

李永明编著:《美国针灸热传奇》,北京:人民卫生出版社2011年。

李玉峰等主编:《淮医交响》,南京:江苏人民出版社2013年。

李原等编著:《20世纪灾祸志》,福州:福建教育出版社1999年。

李约瑟著:《李约瑟中国科学技术史(第六卷)·生物学及相关技术(第六分册):医学》,刘魏译,北京:科
    学出版社2015年。

李云主编:《中医人名词典》,北京:国际文化出版公司1988年。

《中医人名大辞典》,北京:中国中医药出版社 2006 年。

李芸著:《中国西部农村小学生的健康与教育研究》,北京:中国农业出版社 2009 年。

李朝斌等主编:《傣族医药学》,昆明:云南民族出版社 1996 年。

李兆申等主编:《镜缘镜心镜路镜承(中国消化内镜 30 年求索之路)》,上海:第二军医大学出版社 2015 年。

李贞德主编:《性别、身体与医疗》,台北:联经出版事业有限公司 2008 年;北京:中华书局 2011 年。

～等主编:《妇女与社会》(前近代中国的女性医疗从业者),北京:中国大百科全书出版社 2005 年。

～著:《女人的中国医疗史——汉唐之间的健康照顾与性别》,台湾:三民书局 2008 年。

李振良著:《医患之间:从医疗纠纷到公众理解医学》,北京:中国经济出版社 2016 年。

李振清编著:《药王史话》,北京:中国民间文艺出版社 1995 年。

李志诚主编:《甘肃省麻风防治史略》,兰州:甘肃科学技术出版社 2015 年。

李志平等主编:《医学史》,哈尔滨:黑龙江人民出版社 1994 年。

　　《中西医学史》,北京:人民卫生出版社 1999 年。

李志庸编:《中国气功史》,郑州:河南科学技术出版社 1988 年。

～主编:《中西比较医学史》,北京:中国医药科技出版社 2012 年。

　　《钱乙、刘昉医学全书》,北京:中国中医药出版社 2015 年。

　　《张景岳医学全书》,北京:中国中医药出版社 2015 年。

～等主编:《本草纲目大辞典》,济南:山东科学技术出版社 2007 年。

李致重著:《医医——告别中医西化》,太原:山西科学技术出版社 2012 年。

[明]李中梓著:《医宗必读》,上海:上海科学技术出版社 1987 年。

李自芬著:《现代性体验与身体认同——中国现代小说的身体叙事研究》,成都:巴蜀书社 2009 年。

李作仁编著:《王清任与医林改错》,北京:学苑出版社 2011 年。

联合国粮食及农业组织编著:《动物疫病的经济学分析》,葛林等译,北京:中国农业出版社 2018 年。

梁秉中等编:《搏击 SARS 风暴:来自中国香港和新加坡第一线的分析》,上海:上海科技教育出版社 2003 年。

[韩]梁大成著:《希波克拉底给我们讲人体故事》,刘志峰译,长春:长春出版社 2006 年。

梁繁荣等主编:《揭秘敝昔遗书与漆人——老官山汉墓医学文物文献初识》,成都:四川科学技术出版社 2016 年。

梁凤霞等主编:《针灸医籍选读》,北京:科学出版社 2020 年。

梁贵柏著:《新药研发的故事》,上海:上海三联书店 2014 年。

　　《新药的故事》,南京:译林出版社 2019 年。

梁国标主编:《众志成城:广东人民抗击"非典"实录》,广州:羊城晚报出版社 2003 年。

梁海伦著:《以患者为中心的医疗服务与管理》,北京:化学工业出版社 2018 年。

梁浩材主编:《国外健康保险制度》,北京医科大学、中国协和医科大学联合出版社 1992 年。

　　《社会医学》,长沙:湖南科学技术出版社 1999 年。

梁峻著:《中国古代医政史略》,呼和浩特:内蒙古人民出版社 1995 年。

～编著:《中国中医考试史论》,北京:中医古籍出版社 2004 年。

～等主编:《古今中外大疫启示录》,北京:人民出版社 2003 年。

　　《中华医药文明史集论》,北京:中医古籍出版社 2003 年。

《范行准辑佚中医古文献丛书》,北京:中医古籍出版社2007年。

梁君林著:《人口健康与中国健康保障制度研究》,北京:群言出版社2006年。

梁璆尹著:《台湾日日新:老药品的故事》,台北:台湾书房出版有限公司2009年。

梁龙华著:《伤寒论研究》,北京:科学出版社2005年。

《伤寒论钩沉与正误》,北京:中国中医药出版社2016年。

梁苹等编著:《艾滋病咨询员访谈录:我想对你说/我在听你说》,昆明:云南教育出版社2008年。

梁启超著:《饮冰室合集(第13册):阴阳五行说之来历》,上海:上海中华书局1941年。

梁其姿著:《面对疾病:传统中国社会的医疗观念与组织》,北京:中国人民大学出版社2012年。

《麻风:一种疾病的医疗社会史》,朱慧颖译,北京:商务印书馆2013年。

《施善与教化:明清时期的慈善组织》,北京:北京师范大学出版社2013年。

《变中谋稳:明清至近代的启蒙教育与施善济贫》(明清中国的医学入门与普及化;近代中国医院的诞生),上海:上海人民出版社2017年。

梁庆寅主编:《非典:反思与对策》,广州:中山大学出版社2003年。

梁圣译主编:《中国兽医生物制品发展简史》,北京:中国农业出版社2001年。

梁实秋主编:《名人伟人传记90:南丁格尔》,香港:世界名人出版社1982年。

凉松涛著:《黑水城出土西夏文医药文献整理与研究》,北京:社会科学文献出版社2015年。

梁晓峰主编:《中国儿童伤害报告》,北京:人民卫生出版社2017年。

《Immunization Program in China(中国公共卫生:免疫规划)》(英文版),北京:人民卫生出版社2018年。

～等编:《2011年中国慢性病预防控制能力调查报告》,北京:中国协和医科大学出版社2016年。

《中国慢性病预防控制能力调查——第四次调查报告》,北京:科学技术文献出版社2019年。

梁学平著:《医疗卫生服务的政府供给效率评价与投入机制创新研究》,天津:南开大学出版社2014年。

梁学勇主编:《动物传染病》,重庆:重庆大学出版社2007年。

梁远、李伟主编:《广西麻风病防治简史》,南宁:广西科学技术出版社2017年。

梁永宣等著:《中国文化·医药》,北京:五洲传播出版社2014年。

～等编著:《中医药学简史》,北京:中国中医药出版社2005年。

～主编:《中国医学史》,北京:人民卫生出版社2016年。

《中国本草全书.历代所见本草书目》,北京:华夏出版社1999年。

～等主编:《带您走进〈金匮要略〉》,北京:人民军医出版社2008年。

梁永钰等著:《血液:生命体内的河流》,上海:上海科学技术出版社2002年。

梁玉杰等主编:《中医药文化概论》,兰州:甘肃科学技术出版社2010年。

梁远等主编:《广西麻风病防治简史》,南宁:广西科学技术出版社2017年。

梁正海著:《传统知识的传承与权力》(作者对湘西苏竹人的医药知识调研成果),北京:中国书籍出版社2013年。

梁志平著:《水乡之渴:江南水质环境变迁与饮水改良(1840—1980)》,上海:上海交通大学出版社2014年。

《救国与救民:民国时期工业废水污染及社会应对——基于嘉兴禾(民)丰造纸厂"废水风潮"的研究》,合肥:合肥工业大学出版社2017年。

廖峥艳著:《细菌战最后的证人——衢州"烂脚病"人纪实》,北京:光明日报出版社2015年。

廖果著:《自养之道:中国古代个体差异养生学说》,北京:华艺出版社 1993 年。

~编著:《疫影擒魔——科赫的故事》,广州:广东教育出版社 2004 年;长春:吉林科学技术出版社
　　2012 年。

~等编:《佛医古方书八种》,北京:学苑出版社 2014 年。

~等主编:《东西方医学的反思与前瞻》,北京:中医古籍出版社 2002 年。

廖慧卿著:《国家、市场与残疾人工作权》,北京:中国社会科学出版社 2014 年。

辽宁省档案馆:《罪恶的"七三一""一〇〇"——侵华日军细菌部队档案史料选编》,沈阳:辽宁民族
　　出版社 1995 年。

廖芮茵著:《唐代服食养生研究》,台湾:台湾学生书局 2004 年。

廖新波编著:《医改,何去何从》,广州:花城出版社 2008 年。

~著:《医改正在进行时》(修订版),广州:广东人民出版社 2011 年。

廖育群著:《岐黄医道》,沈阳:辽宁教育出版社 1991 年。

　　《阿输吠陀:印度的传统医学》,沈阳:辽宁教育出版社 2002 年。

　　《认识印度传统医学》,台北:东大图书股份有限公司 2003 年。

　　《医者意也:认识中医》,桂林:广西师范大学出版社 2006 年。

　　《远眺皇汉医学——认识日本传统医学》,台北:东大图书股份有限公司 2007 年。

　　《吉益东洞:日本古方派的"岱宗"与"魔鬼"》,上海:上海交通大学出版社 2009 年。

　　《中国传统医药》(第二版),北京:五洲传播出版社 2010 年。

　　《繁露下的岐黄春秋:宫廷医学与生生之政》,上海:上海交通大学出版社 2012 年。

　　《重构秦汉医学图像》,上海:上海交通大学出版社 2012 年。

　　《扶桑汉方的春晖秋色——日本传统医学与文化》,上海:上海交通大学出版社 2013 年。

　　《行走边缘的医工师徒:周潜川与廖厚泽》,郑州:大象出版社 2013 年。

　　《传统医学纵横谈—— 漫步在科学与人文之间》,上海:上海交通大学出版社 2014 年。

　　《廖育群讲医学(科学文化大讲堂)》,上海:上海交通大学出版社 2015 年。

~等著:《医学》,广州:广东人民出版社 2000 年。

　　《中国科学技术史:医学卷》,北京:科学出版社 2015 年。

林伯欣著:《痛史——古典中医的生命论述》,台北:东大图书股份有限公司 2012 年。

[美]Linda T.Kohn 等著:《孰能无错:创建更加安全的医疗卫生保健系统》,王晓波等译,中国医药科技出
　　版社 2005 年。

[美]林恩·马古利斯等著:《小宇宙:细菌主演的地球生命史》,王文祥译,桂林:漓江出版社 2017 年。

林富士著:《汉代的巫者》,台北:稻乡出版社 1999 年。

　　《疾病终结者——中国早期的道教医学》,台北:三民书局 2001 年。

　　《中国中古时期的宗教与医疗》,台北:联经出版事业股份有限公司 2008 年;北京:中华书局
　　2012 年。

　　《中国中古时期的宗教与医疗》,北京:中华书局 2012 年。

　　《巫者的世界》,广州:广东人民出版社 2016 年。

~主编:《疾病的历史》,台北:联经出版事业股份有限公司 2011 年。

　　《宗教与医疗》,台北:联经出版社事业股份有限公司 2011 年。

林吉崇编:《台大医学院百年院史 日治时期(一八九七——一九四五)》(上),台北:台大医学院 1997 年。

《台大医学院百年院史 系科所史》(下),台北:台大医学院1999年。

林家虎主编:《医学生读经史子集》,北京:中国中医药出版社2016年。

林佳静等点校:《张仲景及其著作考证》,北京:学苑出版社2008年。

林路明撰稿,解海龙摄影:《众志成城颂:中国人民抗击非典纪实》,北京:学习出版社2003年。

[美]林内·麦克塔格特著:《医生对你隐瞒了什么》,杨青云译,北京:新华出版社2002年。

《医生没有告诉你的》,杨青云等译,北京:新华出版社2009年。

林品石等著:《中华医药学史》,桂林:广西师范大学出版社2007年。

林乾良编著:《养生寿老集》,上海:上海科学技术出版社1982年。

林强著:《生命的力量:一个麻风病人的纪实》,成都:四川文艺出版社2017年。

林庆龙主编:《尘封史册 你的足迹依然清晰》(中华医学会史),南京:东南大学出版社2015年。

林石选编:《疾病的隐喻》,广州:花城出版社2003年。

林淑周著:《新型农村医疗保障制度研究:以沿海地区为视角》,北京:知识产权出版社2011年。

林天蔚著:《宋代香药贸易史稿》,香港:中国学社1960年。

《宋代香药贸易史》,台北:中国文化大学出版部1986年。

林万枝著:《守望健康:一个媒体人在健康传播中的体悟》,北京:中国人口出版社2015年。

林文学著:《医疗纠纷解决机制研究》,北京:法律出版社2008年。

林文月编:《世界伟人传记丛书:白衣天使南丁格尔》,长春:北方妇女儿童出版社2001年。

《世界伟人传记:南丁格尔》,西安:陕西人民出版社2014年。

林相森著:《我国医疗服务领域的效率与公平研究》,北京:经济科学出版社2016年。

林延君等著:《医药行业大洗牌与药企创新——变革下医药企业的新出路》,北京:中华工商联合出版社
    2018年。

林瑶棋著:《庶民医疗史——台湾医坛演义》,台北:大康出版社2012年。

林宜蓉著:《舟舫、疗疾与救国:明清易代文人徐枋之身分认同与遗民论述》,台北:万卷楼图书股份有限
    公司2014年。

林殷著:《儒家文化与中医学》,福州:福建科学技术出版社1993年。

~等著:《儒家文化与中医学》,北京:中国中医药出版社2017年。

林源著:《新型农村合作医疗保险欺诈风险管理研究》,重庆:西南交通大学出版社2015年。

林昭庚等著:《针灸医学史》,北京:中国中医药出版社1995年。

《日治时期(西元1885—1945)の台湾中医》,台北:国立中国医药研究所2012年。

~主编:《台湾中医发展史:中华民国中医师公会全国联合会沿革暨台湾中医发展沿革》,台北:中华民
    国中医师公会全国联合会2004年。

林志彬著:《灵芝:从神奇到科学》(第2版),北京:北京大学医学出版社2013年;(第3版),北京:北京
    大学医学出版社2018年。

林志明著:《苦难不在人间》(由麻风病康复者撰写的自传体纪实小说,其中描写的事件,均为作者亲身
    经),广州:花城出版社1999年。

林志强著:《健康权研究》,北京:中国法制出版社2010年。

林宗义著:《精神医学之路——横跨东西文化》,台北:稻乡出版社1990年。

凌莉等主编:《中国流动人口公共卫生现状报告》,广州:中山大学出版社2011年。

凌志军著:《重生手记——一个癌症患者的康复之路》,长沙:湖南人民出版社2012年。

刘爱梅主编:《陕西卫生五十年》,西安:陕西科学技术出版社 1999 年。

刘保延等著:《临床试验溯源》,北京:科学出版社 2016 年。

刘冰等著:《产事》,上海:上海社会科学院出版社 2015 年。

刘炳凡等总主编:《湖湘名医典籍精华》,长沙:湖南科学技术出版社 2000 年。

刘炳华编著:《情系百姓:记在 2003 年抗击非典中立下殊勋的人们》,上海:上海科学普及出版社 2004 年。

刘丙钧等编:《大爱初心:麻风病专家李恒英访谈记》,北京:北京联合出版公司 2017 年。

刘波著:《中国新型农村合作医疗公平性与效率性研究:以辽宁为例》,北京:中国社会科学出版社 2011 年。

刘长安主编,广州市文学艺术界联合会编:《2003:广州"非典"阻击战》,广州:广州出版社 2003 年。

刘长安等编:《福岛核灾公共卫生启示录》,北京:军事医学科学出版社 2013 年。

刘畅著:《基于多元福利视角的新型农村合作医疗效益研究》,杭州:浙江大学出版社 2015 年。

刘长林著:《内经的哲学和中医学的方法》,北京:科学出版社 1982 年。

　　《中国象科学观:易、道与医、兵》(上、下),北京:社会科学文献出版社 2007 年;(增订版),北京:学苑出版社 2016 年。

刘长喜等著:《从"一边倒"到"渐思考"——2014 医疗卫生行业网络舆情研究报告》,北京:华夏出版社 2015 年。

　　《从"渐发声"到"敢行动":医疗卫生行业网络舆情研究报告 2015》,上海:上海三联书店 2017 年。

　　《从"逢医必反"到"逢医必护":医疗卫生行业网络舆情研究报告 2016》,上海:东方出版中心 2017 年。

～等编:《正能量与后真相:医疗卫生行业网络舆情研究报告(2017)》,上海:东方出版中心 2019 年。

刘翠溶等:《兰大弼医生口述历史》,台北:中央研究院台湾史研究所 2007 年。

刘翠霄编著:《各国残疾人权益保障比较研究》,北京:中国社会科学出版社 1994 年。

刘存安主编:《坚城:北京航空航天大学抗击非典纪实:2003》,北京:北京航空航天大学出版社 2003 年。

刘德培主编:《中国医学科学院 中国协和医科大学年鉴》,北京:中国协和医科大学出版社 2006 年。

　　《20 世纪中国知名科学家学术成就概览 医学卷 中医学与中西医结合分册》,北京:科学出版社 2013 年。

　　《20 世纪中国知名科学家学术成就概览 医学卷 药学分册》,北京:科学出版社 2014 年。

　　《20 世纪中国知名科学家学术成就概览 医学卷 基础医学与预防医学分册》,北京:科学出版社 2015 年。

　　《20 世纪中国知名科学家学术成就概览 医学卷 临床医学与护理学分册》,北京:科学出版社 2015 年。

　　～等主编:《恩施中医药诗歌集》,武汉:湖北人民出版社 2010 年。

刘德培等主编,中国医学科学院中国协和医科大学编:《外科医生黄家驷》,北京:中国协和医科大学出版社 2006 年。

刘德荣主编:《福建医学史略》,福州:福建科学技术出版社 2011 年。

～编:《福建历代名医学术精华》,北京:中国中医药出版社 2012 年。

《刘邓大军二野卫生部直属第二医院征战纪实》编写小组编:《刘邓大军二野卫生部直属第二医院征战纪实(1939—1962)》,北京:解放军出版社 2004 年。

刘滴川著:《大瘟疫:病毒、毁灭和帝国的抗争》,北京:天地出版社2019年。

刘渡舟等著:《伤寒论临证指要与文献通考》,北京:学苑出版社1998年。

刘枫主编:《站在巨人肩上:从琴纳谈病毒传染病》,银川:阳光出版社2016年。

　　《站在巨人肩上:从哈维谈动植物生理》,银川:阳光出版社2016年。

　　《站在巨人肩上:从摩尔根谈遗传基因》,银川:阳光出版社2016年。

　　《站在巨人肩上:从巴斯德谈微生物学》,银川:阳光出版社2016年。

　　《站在巨人肩上:从沃森谈分子生物学》,银川:阳光出版社2016年。

　　《站在巨人肩上:从列文虎克谈细胞学》,银川:阳光出版社2016年。

刘凤禄等主编:《白求恩大夫》,成都:四川大学出版社2017年。

刘富春等编著:《图说中国文化:中医中药卷》,长春:吉林人民出版社2010年。

刘更生主编:《医案医话医论名著集成》,北京:华夏出版社1997年。

刘广太编著:《加拿大医疗保险制度的缘起和演变》,北京:世界知识出版社2011年。

刘国柱主编:《中国医学史话》,北京:北京科学技术出版社1994年。

刘衡如等著:《〈本草纲目〉研究》(全两册),北京:华夏出版社2009年。

刘鸿泽著:《第三次高潮——新中国中医药对外交流纪实》,北京:人民文学出版社1997年。

刘虹著:《医学与生命》,南京:东南大学出版社2011年。

　　《诺贝尔医学奖传奇》,南京:东南大学出版社2012年。

　　《病毒与人类世界的时空风暴》,北京:科学出版社2016年。

　　《剑与盾之歌:人类对抗病毒的精彩瞬间》,北京:科学出版社2019年。

～等主编:《新编医学哲学》,南京:东南大学出版社2010年。

刘惠军主编:《医学人文素质与医患沟通技能教材》,北京:北京大学医学出版社2011年。

　　《医学人文素质与医患沟通技能》,北京:北京大学医学出版社2013年。

刘慧君等著:《艾滋病的跨区域扩散与统筹治理》,北京:社会科学文献出版社2014年。

刘惠琴等编译:《近代化进程中的微澜:传教士与开埠烟台》,济南:山东人民出版社2017年。包含:爆发于烟台的霍乱和瘟疫对传教工作的影响。

刘惠生著:《医学创新路:从〈伤寒论〉〈三部六病〉到〈系统医学〉》,北京:中国中医药出版社2017年。

刘继同主编:《医务社会工作导论》,北京:高等教育出版社2008年。

刘纪有等主编:《内蒙古鼠疫》,呼和浩特:内蒙古人民出版社1997年。

刘嘉馨主编:《输血服务蓝皮书:中国输血行业发展报告(2017)》,北京:社会科学文献出版社2017年。

刘建等主编:《川派中医药名家系列丛书:蒲辅周》,北京:中国中医药出版社2018年。

柳建伟著:《SARS危机》,北京:作家出版社2003年。

刘杰等著:《中国八卦医学》,青岛:青岛出版社2002年。

刘金生等主编:《中医药在世界》,北京:北京科学技术出版社2009年。

刘金伟:《当代中国农村卫生公平问题研究》,北京:社会科学文献出版社2009年。

刘金柱等著:《佛家自然健康法》,开封:河南大学出版社2002年。

刘敬鲁著:《中国传统医学》,台湾:文津出版2014年。

柳经纬等著:《医患关系法论》,北京:中信出版社2002年。

刘景文编著:《灭绝人性的细菌战——侵华日军罪行录》,出版社不详,2009年。

刘静贞著:《不举子——宋人的生育问题:杀子、溺女、堕胎》,台北:稻香出版社1998年。

刘娟著:《疫病防治与健康传播——重庆的天花灭绝实践(1891—1952)》,北京:中国传媒大学出版社2016年。

刘隽湘著:《医学科学家汤飞凡》,北京:人民卫生出版社1999年。

刘岚著:《医疗保障:制度模式与改革方面》,北京:中国社会出版社2007年。

刘力红著:《思考中医——对自然与生命的时间解读(增订本)》(第三版),桂林:广西师范大学出版社2006年。

刘黎明著:《宋代民间巫术研究》,成都:巴蜀书社2004年。

刘里鹏主编:《漫谈医学史》,武汉:华中科技大学出版社2011年。

刘理想著:《中医存废之争》,北京:中国中医药出版社2007年。

六六著:《心术》(潜伏于多家医院,以一位医生的视角,写出了这部小说,意在表达医生的内心世界),上海:上海人民出版社2010年。

刘民安等主编:《中国医科大学校史》,沈阳:辽宁科学技术出版社1991年。

刘民权等主编:《健康的价值与健康不平等》,北京:中国人民大学出版社2010年。

刘敏如等主编:《世界传统医学大系:世界传统医学妇科学》,北京:科学出版社1999年。

刘明录著:《品特戏剧中的疾病叙述研究》,重庆:重庆大学出版社2013年。

刘明森主编:《武汉医药商业行业志》,北京:中国医药科技出版社1991年。

刘培生等主编:《中国中医科学院图书馆古籍普查登记目录》,北京:国家图书馆出版社2014年。

刘鹏著:《转型中的监管型国家建设——基于对中国药品管理体制变迁》,北京:中国社会科学出版社2011年。

　　《中医学身体观解读:肾与命门理论的建构与演变》,南京:东南大学出版社2013年。

　　《渐晓中医:中医是什么》,南京:东南大学出版社2014年。

　　《医义溯源——中医典籍与文化新探》,北京:中国医药科技出版社2017年。

刘朋庆等主编:《万众一心:北京市东城区抗击"非典"斗争纪实(2003.3.16~6.30)》,北京:民族出版社2003年。

刘朴兵著:《唐宋饮食文化比较研究》,北京:中国社会科学出版社2010年。

刘奇编著:《2004亚洲"危鸡":禽流感报告》,合肥:安徽人民出版社2004年。

刘启安著:《叫魂:侵华日军常德细菌战首次独家揭秘》,南昌:二十一世纪出版社2005年。

刘谦著:《面对艾滋风险的自律与文化:对低交易价格商业性行为的人类学研究》,北京:中国社会出版社2010年。

刘青瑜著:《塞外苦耕——近代以来天主教传教士在内蒙古的社会活动及其影响》,呼和浩特:内蒙古大学2011年。

林琼著:《新型医疗保障制度下的城市社区卫生服务体系》,北京:中国财政经济出版社2007年。

刘仁远主编:《扁鹊汇考》,北京:军事医学科学出版社2001年。

刘荣伦等编著:《中国卫生行政史略》,广州:广东科技出版社2007年。

刘榕榕著:《古代晚期地中海地区自然灾害研究》,北京:中国社会科学出版社2018年。

刘瑞明著:《中国医改进程中的医生角色》,北京:中国社会科学出版社2018年。

刘绍华著:《我的凉山兄弟——毒品、艾滋与流动青年》,北京:中央编译出版社2015年。

　　《麻风医生与巨变中国:后帝国实验下的疾病隐喻与防疫历史》,台湾:卫城出版社2018年。

刘世杰等主编:《中华人民共和国职业病防治法与职业病防治管理全书》(上、下),北京:中国工人出版社 2001 年。

刘时觉著:《温州医学史》,北京:人民出版社 2016 年。

～编著:《四库及续修四库医书总目》,北京:中国中医药出版社 2005 年。

《中国医籍续考》,北京:人民卫生出版社 2011 年。

～编:《宋元明清医籍年表》,北京:人民卫生出版社 2005 年。

～主编:《温州近代医书集成》,上海:上海社会科学院出版社 2005 年。

刘士永著:《荣药济世:行政院退辅会荣民制药厂印记四》,台北:档案管理局 2009 年。

《武士刀与柳叶刀:日本西洋医学之接纳与开展》,台北:国立台湾大学出版社 2012 年。

《武士刀与柳叶刀:日本西洋医学之接纳与开展》(增订版),北京:中西书局 2018 年。

～等著:《海上影像,百年辉煌·上海市放射学发展史》,北京:人民卫生出版社 2017 年。

～主编:《陈何女士助产学笔记(日文校勘暨中文解读合刊版)》,台北:中央研究院台湾史研究所、财团法人大众教育基金会 2017 年。

～等主编:《卫生史新视野:华人社会的身体、疾病与历史论述》,台湾:华艺数位 2016 年。

《东亚医疗史——殖民、性别与现代性》,台北:联经图书出版有限公司 2017 年。

刘淑云等主编:《中国满族医药》,北京:中国中医药出版社 2015 年。

刘似锦编:《刘瑞恒博士与中国医药及卫生事业》,台北:台湾商务印书馆 1989 年。

刘松来著:《养生与中国文化》,南昌:江西高校出版社 1994 年。

刘太祥著:《张仲景中医药文化研究》,开封:河南大学出版社 2009 年。

刘天路著:《身体·灵魂·自然:中国基督教与医疗、社会事业研究》,上海:上海人民出版社 2010 年。

刘天君主编:《中医气功学》,北京:中国中药出版社 2005 年。

刘薇编著:《非常战士:抗"非典"医护人员访谈录》,福州:福建科学技术出版社 2003 年。

刘卫著:《我的看病记:中外医疗体制比较》,北京:中信出版社 2019 年。

刘维德编著:《上海及其附近地区的蚊类》,上海:上海科学技术出版社 1958 年。

陈伟雄主编:《抗击"非典"铸警魂:广东司法行政系统抗非纪实》,广州:广东人民出版社 2003 年。

刘文楠著:《近代中国的不吸纸烟运动研究》,北京:社会科学文献出版社 2015 年。

刘文英等主编:《走近皇甫谧》,西宁:宁夏人民出版社 2007 年。

刘喜松著:《中国首家麻风医院:北海普仁医院医史再发现》,南宁:广西人民出版社 2014 年。

《提灯女神的笑靥——北海普仁医院百年护理史略》,南宁:广西人民出版社 2015 年。

刘响著:《林巧稚(1901—1983)》,南京:江苏文艺出版社 1999 年。

刘小斌等主编:《岭南医学史》(上、中、下),广州:广东科技出版社 2010、2012、2014 年。

《国医大师邓铁涛》,北京:中国医药科技出版社 2011 年。

《岭南医学史(图谱册)》,广州:广东科技出版社 2015 年。

刘笑春等主编:《湘雅春秋八十年》,长沙:中南工业大学出版社 1994 年。

《湘雅医院(1906—1996)》,长沙:湖南出版社 1996 年。

刘小鲁著:《中国的医疗市场:结构、规制与绩效》,北京:经济日报出版社 2016 年。

刘小幸著:《彝族医疗保健:一个观察巫术与科学的窗口》,昆明:云南人民出版社 2007 年。

刘鑫著:《医疗利益纠纷:现状、案例与对策》,北京:中国人民公安大学出版社 2012 年。

《医疗损害技术鉴定研究》,北京:中国政法大学出版社 2014 年。

～主编:《最新医疗侵权诉讼规则理解与案例实操》,北京:中国法制出版社 2018 年。

~等主编：《医药法律与伦理评论》(第一卷)，北京：知识产权出版社2016年。

《医药法律与伦理评论》(第二卷)，北京：知识产权出版社2018年。

《医疗质量安全核心制度理论与实践》，北京：中华医学电子音像出版社2018年。

刘新军等主编：《病案学》，北京：中国劳动社会保障出版社2002年。

刘新明主编：《中国医院建筑选编》，北京：中国建筑工业出版社1999年。

刘欣怡著：《兰屿达悟族老人照护关系：护理人类学民族志》，台北：稻香出版社2007年。

刘炫麟著：《农村医疗卫生法治问题研究》，北京：中国政法大学出版社2016年。

刘学礼著：《蛇杖生辉——临床医学与药物》，上海：上海科技教育出版社2001年。

《生命之砖》，上海：上海科技教育出版社2001年。

刘雅静著：《新型农村合作医疗制度可持续发展研究》，济南：山东大学出版社2010年。

刘雅玲等著：《细菌战受害大诉讼》，长沙：湖南人民出版社2004年。

刘亚平著：《走向监管国家：以食品安全为例》，北京：中央编译出版社2011年。

刘洋著：《近代山西医学史——中医体制化历程》，太原：山西人民出版社2018年。

刘懿等编著：《古典艺术与中医学》，北京：中国中医药出版社2017年。

刘怡等著：《中国佛教医药通论》，广州：亚洲医药出版社1998年。

刘一欧著：《城乡基本医疗卫生服务均等化研究》，北京：中国社会科学出版社2016年。

[美]刘易斯·M.科恩著：《死亡的视线——医学、谋杀指控与临终抉择争议》，孙伟译，北京：北京时代华文书局2018年。

[美]刘易斯·托马斯著：《最年轻的科学——观察医学的札记》，李绍明译，长沙：湖南科学技术出版社2011年。

《细胞生命的礼赞》，李绍明译，长沙：湖南科学技术出版社2011年。

[美]刘易斯·沃尔珀特著：《激情澎湃——科学家的内心世界》，柯欣瑞译，上海：上海科技教育出版社2000年。

刘瑛著：《互联网健康传播：理论建构与实证研究》，武汉：华中科技大学出版社2013年。

刘永惠主编：《刘茂甫中医世家经验辑要》，西安：陕西科学技术出版社2002年。

刘友梁编著：《矿物药与丹药》，上海：上海科学技术出版社1962年。

刘玉成等主编：《百年金陵中医(1912—2012)》，南京：南京出版社2012年。

刘育志等著：《玩命手术刀——外科史上的黑色幽默》，上海：上海文艺出版社2015年。

刘远主编：《危害公共卫生罪》，北京：中国人民公安大学出版社1998;2003年。

刘远明著：《西医东渐与中国近代医疗体制化》，北京：中国医药科技出版社2009年。

刘云幣等主编：《中国历代中医格言大观》，上海：文汇出版社1992年。

刘运国等主编：《加强中国农村贫困地区基本卫生服务项目完工总结报告》，北京：中国财政经济出版社2007年。

刘云鹏主编：《中华人民共和国鼠疫与环境图集》，北京：科学出版社2000年。

刘珍著：《百年守望·颜德馨：一个人的中医史》，北京：中国中医药出版社2014年。

刘振华主编：《医患纠纷预防处理学》，北京：人民法院出版社2005年。

刘振民等主编：《实践与探索：中国高等中医药教育四十年》，北京：中国中医药出版社1998年。

刘正刚等编：《岭南旧志瘟疫史料与研究》，广州：广东人民出版社2004年。

~等编著：《广东旧志疫情史料辑录与研究》，广州：广东人民出版社2005年。

刘正湘等主编:《足音:同济医院1990—2000年新闻报道精选》,北京:中央文献出版社2000年。

刘忠德等主编:《中医外科学》,北京:中国中医药出版社2009年。

刘仲冬著:《女性医疗社会学》,台北:女书文化事业有限出版社1998年。

刘钟毅著:《从赤脚医生到美国大夫——一个美国医学专家的半生自述》,上海:上海人民出版社1994年。

刘祖贻等主编:《中国历代名医名术》,北京:中医古籍出版社2002年。

[英]L. J. Harris著:《维生素的理论与实用》,张鸿钧等译,上海:上海科学技术出版社1959年。

龙伯坚著:《黄帝内经概论》,上海:上海科学技术出版社1980年。

龙敏著:《风险社会下医疗安全的刑法保护》,上海:上海人民出版社2014年。

龙秋霞主编:《红丝带的思索》,广州:广东科技出版社2003年。

～编著:《社会性别与艾滋病防控》,广州:广东人民出版社2006年。

～等编著:《妇女与艾滋病》,北京:中国广播电视出版社2004年。

《社会性别与艾滋病防控案例》,广州:广东人民出版社2016年。

龙伟著:《民国医事纠纷研究(1927—1949)》,北京:人民出版社2011年。

龙月云编著:《古代名医的学风与建树》,长沙:湖南科学技术出版社1988年。

龙运光等主编:《中国侗族医药》(上、下),北京:中国古籍出版社2014年。

娄绍昆著:《中医人生——一个老中医的经方奇缘》,北京:中国中医药出版社2012年。

楼绍来等编写:《杏苑鹤鸣——上海新中国医学院院史》,上海:上海中医药大学出版社2000年。

路彩霞著:《清末京津公共卫生机制演进研究(1900—1911)》,武汉:湖北人民出版社2010年。

[美]鲁道夫·谭兹等著:《失窃的灵魂:中老年痴呆症的致病基因解码》,庄雅婷等译,汕头:汕头大学出版社2004年。

[德]鲁道夫·申达著:《人体的100个故事——人类身体的文化史》,陈敏等译,海口:海南出版社2004年。

陆德阳等著:《中国残疾人史》,上海:学林出版社1996年。

路峰等编著:《杭州老字号系列丛书:医药篇》,杭州:浙江大学出版社2008年。

[美]卢公明著:《中国人的社会生活:一个美国传教士的晚清福州见闻录》,陈泽平译,福州:福建人民出版社2009年。第六章 疾病习俗;第三十二章鸦片。

卢广:《64天非典摄影日记:卢广近距离聚焦》,北京:中国工人出版社2003年。

路辉著:《中医难——现代中医学术史现状调查》,西安:世界图书出版西安有限公司2017年。

陆建邦等主编:《河南人口死亡调查研究(1949—1999年)》,北京:军事医学科学出版社2005年。

卢健民等主编:《古今中外话麻风》,武汉:湖北科学技术出版社1991年。

陆江等主编:《中国健康教育史略》,北京:人民军医出版社2009年。

卢捷湘等主编:《湘雅春秋:1994—2004》,长沙:中南大学出版社2004年。

陆军第三十九集团军编:《新四军第三师卫生史》,沈阳:白山出版社1996年。

[意]卢卡·诺维利著/绘:《希波克拉底和西方医学》,天津:新蕾出版社2010年。

陆科闵著:《苗族药物集》,贵阳:贵州人民出版社1988年。

《侗族医学》,贵阳:贵州科技出版社1992年。

～等编著:《中国少数民族医药大系(侗族医学篇)》,呼和浩特:内蒙古出版社2000年。

《苗族医学》,贵阳:贵州科技出版社2006年。

陆林编著:《白求恩》,北京:中国和平出版社 1996 年。

陆绵绵主编:《世界传统医学大系:世界传统医学眼科学》,北京:科学出版社 1999 年。

逯铭昕著:《宋代伤寒学术与文献考论》,北京:科学出版社 2017 年。

陆森年等译:《工部局董事会会议记录》,上海:上海古籍出版社 2001 年。

[日]陆上自卫队卫生学校编:《大东亚战争陆军卫生史》(全 9 册),内部印发 1969 年。

卢淑樱著:《母乳与牛奶——近代中国母亲角色的重塑(1895—1937)》,香港:中华书局(香港)有限公
　　司 2018 年。

卢希谦等主编:《陕甘宁边区医药卫生史稿》,西安:陕西人民出版社 1994 年。

陆翔主编:《名人名医与中医》,北京:中国中医药出版社 2016 年。

鲁新著:《中非卫生合作》,北京:人民卫生出版社 2015 年。

鲁新等著:《全球健康治理》,北京:人民卫生出版社 2016 年。

[英]路易丝·福克斯克罗夫特著:《卡路里与束身衣:跨越两千年的节食史》,王以勤译,北京:生活·读
　　书·新知三联书店 2015 年。

卢有学编著:《医疗事故罪专题整理》,北京:中国人民大学出版社 2007 年。

鲁兆麟等主编:《中国古今医案类编》,北京:中国建材工业出版社 2001 年。

～编:《中医各家学说专论》,北京:人民卫生出版社 2009 年。

卢朝霞主编:《健康医疗大数据:理论与实践》,北京:电子工业出版社 2017 年。

陆拯主编:《近代中医珍本集》,杭州:浙江科学技术出版社 2003 年。

陆志刚等编著:《医学导论》,北京:人民卫生出版社 1999 年。

卢祖洵等主编:《国外社区卫生服务》,北京:人民卫生出版社 2001 年。

[美]伦纳德·霍洛威茨著:《突发病毒:艾滋病与埃博拉病》,曹爱菊等译,北京:国际文化出版公司
　　2000 年。

罗秉芬主编:《敦煌本吐蕃医学文献精要》(译注及研究文集),北京:民族出版社 2002 年。

罗伯·唐恩著:《我们的身体,想念野蛮的自然——人体的原始记忆与演化》,杨仕音等译,台北:商周出
　　版公司 2012 年。

[美]罗伯特·达恩顿著:《催眠术与法国启蒙运动的终结》,周小进译,上海:华东师范大学出版社
　　2010 年。

　　《华盛顿的假牙——非典型的十八世纪指南》,杨孝敏译,北京:商务印书馆 2014 年。

[美]罗伯特·H.弗莱彻等著:《医学的证据:大众临床流行病学》,周惠民译,青岛:青岛出版社 2000 年。

[美]罗伯特·汉著:《疾病与治疗——人类学怎么看》,禾木译,上海:东方出版中心 2010 年。

[美]罗伯特·惠特克著:《精神病大流行:历史、统计数字、用药与患者》,王湘玮等译,台北:台湾左岸出
　　版公司 2016 年。

[美]罗伯特·加洛著:《艾滋病追踪》,付正轩译,北京:宗教文化出版社 1997 年。

[美]罗伯特·杰伊·利夫顿著:《纳粹医生——医学屠杀与种族灭绝心理学》,王毅等译,南京:江苏凤
　　凰文艺出版社 2016 年。

[英]罗伯特·马格塔著:《医学的历史》,李城译,太原:希望出版社 2003 年。

[美]罗伯特·瓦赫特著:《数字医疗:信息化时代医疗改革的机遇与挑战》,郑杰译,中国人民大学出版
　　社 2018 年。

[美]罗伯特·温伯格著:《细胞叛逆者——癌症的起源》,郭起浩译,上海:上海科学技术出版社

2012 年。

［德］罗伯特·优特著:《避孕——性自由和孕自主的千年挣扎》,关自翔译,广州:南方日报出版社
2012 年。

［英］罗布·巴戈特著:《解析医疗卫生政策》,赵万里等译,上海:格致出版社 2012 年。

［美］罗布·邓恩著:《勇敢的心——心脏科学与外科手术的传奇故事》,林静怡等译,北京:人民邮电出
版社 2016 年。

罗大伦著:《这才是中医》,长春:吉林出版集团有限责任公司 2009 年。

《古代的中医——七大名医传奇》(第三版),北京:中国中医药出版社 2017 年。

［加拿大］罗德里克·斯图尔特等著:《白求恩在西班牙》,詹玲译,北京:人民出版社 2013 年。

罗迪亚·米勒著:《发现——迷药》,柏华编译,长春:吉林摄影出版社 1999 年。

［美］罗芙芸著:《卫生的现代性:中国通商口岸卫生与疾病的含义》,向磊译,南京:江苏人民出版社
2007 年。

罗桂环著:《近代西方识华生物史》,济南:山东教育出版社 2005 年。

［英］罗杰·戈斯登著:《欺骗时间——科学、性与衰老》,刘学礼译,上海:上海科技教育出版社 1999 年。

［英］罗杰·库特著:《大众科学的文化意义——19 世纪英国颅相学及其认同组织》,张卫良等译,北京:
商务印书馆 2011 年。

罗娟等著:《医疗资源向何处去——上海市医疗资源配置及利用研究》,上海:上海交通大学出版社
2015 年。

［德］罗梅君著:《北京的生育婚姻和丧葬:19 世纪至当代的民间文化和上层文化》,王燕生等译,北京:
中华书局 2001 年。

罗奇斌等主编:《互联网+基因空间:迈向精准医疗时代》,北京:中国工信出版社集团 2017 年。

［清］罗汝兰撰:《鼠疫汇编》,广州:广东科技出版社 2008 年。

［法］罗塞林·雷伊著:《疼痛的历史》,孙畅译,北京:中信出版社 2005 年。

罗时铭著:《古代养生长寿史话》,合肥:黄山书社 1987 年。

［澳］罗斯·霍恩著:《现代医疗批判:21 世纪的健康与生活》,姜学清译,上海:上海三联文化传播有限
公司 2005 年。

《健康革命——西方健康新观念读本》,姜学清译,北京:中国书籍出版社 2007 年。

［英］罗斯·乔治著:《厕所决定健康:粪便、公共卫生与人类世界》,吴文忠等译,北京:中信出版社
2009 年。

［英］罗斯玛丽·阿什顿著:《大恶臭:1858 伦敦酷夏》,乔修峰译,北京:东方出版社 2019 年。

罗颂平主编:《中医妇科学》,北京:高等教育出版社 2007 年。

～著:《罗元恺妇科学讲稿》,北京:人民卫生出版社 2011 年。

罗婉娴著:《香港西医发展史(1842—1990)》,香港:中华书局(香港)有限公司 2018 年。

罗希贤绘:《中医史画》,北京:中国轻工业出版社 2018 年。

罗先明著:《大医精诚 孙思邈传》,北京:作家出版社 2015 年。

罗香林著:《国父之大学时代》,上海:商务印书馆 1954 年。

罗学宏著:《珍爱生命——湘雅医院知名急诊专家手记》,长沙:湖南科技出版社 2018 年。

骆雄才等主编:《广东省疟疾流行与控制》,广州:中山大学出版社 2007 年。

［英］罗伊·波特著:《疯狂简史》,张钰等译,长沙:湖南科学技术出版社 2014 年。

《极简医学史》，王道还译，北京：清华大学出版社 2016 年。

～编著：《剑桥医学史》，张大庆译，长春：吉林人民出版社，2000 年。

《剑桥插图医学史》，张大庆译，济南：山东画报出版社，2007 年。

～等主编：《历史上的药物与毒品》，鲁虎等译，北京：商务印书馆 2004 年。

[美]罗伊·瓦格洛斯著：《医药、科学与默克公司》，金慧颖译，北京：机械工业出版社 2006 年。

[美]洛伊斯·A. 考尔斯著：《医疗社会工作：保健的视角》（第 2 版），刘梦等译，北京：中国人民大学出版社 2011 年。

[美]罗伊斯顿著：《百大医学发现》，任正刚等译，上海：上海科技教育出版社 1999 年。

[美]罗伊斯·N.玛格纳著：《生命科学史》，李难等译，天津：百花文艺出版社 2002 年。

《生命科学史》，刘学礼译，上海：上海人民出版社 2014 年。

《医学史》（第 2 版），刘学礼译，上海：上海人民出版社 2018 年。

[美]洛伊斯·N.玛格纳著：《传染病的文化史》，刘学礼译，上海：上海人民出版社 2019 年。

罗永江等编：《中兽医古籍选释荟萃》，北京：中国农业出版社 2017 年。

罗运湖编著：《现代医院建筑设计》，北京：中国建筑工业出版社 2002 年。

罗治雄等著：《贵州红十字运动研究（1916—2013）》，合肥：合肥工业大学出版社 2015 年。

罗卓夫等主编：《北京医科大学的八十年》，北京：北京大学医学出版社 2012 年。

[美]罗兹玛丽·吉布森等著：《医疗凶猛：令人震惊的美国医疗内幕》，张永梅等译，北京：外文出版社 2013 年。

罗宗志著：《信仰治疗：广西盘瑶巫医研究》，北京：中国社会科学出版社 2012 年。

《信仰之手：广西盘瑶巫师群体权力研究》，北京：中国社会科学出版社 2016 年。

[加]吕贝卡·库克等著：《生殖健康与人权：从医学 伦理学和法学的视角综合探讨》，高明静等译，北京：中国人口出版社 2005 年。

吕桂泉著：《癌症不可怕——30 年肿瘤诊治手记》，杭州：浙江大学出版社 2009 年。

吕桂霞著：《牧场工行动——美国在越战中的落叶剂使用研究（1961—1971）》，北京：中国社会科学出版社 2011 年。

吕红平编：《马克思、恩格斯、列宁、斯大林、毛泽东论生育文化》，北京：中国人口出版社 2004 年。

吕嘉戈编著：《挽救中医：中医遭遇的制度陷阱和资本阴谋》，桂林：广西师范大学出版社 2006 年。

吕建林主编：《外科的人文情怀》，苏州：苏州大学出版社 2014 年。

吕建林编著：《世界内科发展史略》，苏州：苏州大学出版社 2015 年。

[法]吕克·布里松著：《古希腊罗马时期不确定的性别——假两性畸形人与两性畸形人》，侯雪梅译，桂林：广西师范大学出版社 2005 年。

吕楠著：《被人遗忘的人：中国精神病人生存状况》，北京：中国图书出版社 2008 年。

吕思勉著：《医籍知津》。收录于吕思勉著：《中国文化思想史九种》，上海：上海古籍出版社 2009 年。

吕铁力著：《生育人生》（田野调查笔记——生育文化·少数民族妇女口述史），北京：华夏出版社 2002 年。

吕锡琛等：《道学健心智慧》，北京：中国社会科学版 2008 年。

吕学静等著：《典型国家残疾人社会福利制度比较研究》，北京：首都经济贸易大学出版社 2012 年。

吕章申主编：《四部医典曼唐 娘本》，合肥：安徽美术出版社 2017 年。

吕兆丰等主编：《历练：2003 首都医科大学抗击 SARS 纪实》，北京：北京大学医学出版社 2003 年。

《碧流琼沙：赤脚医生时期口述史》，北京：北京燕山出版社 2010 年。

《吾土吾民：北京市怀柔区村卫生室实地研究》，北京：北京燕山出版社 2011 年。

～等编：《雨润圆荷：医改背景下农村卫生实地观察手记》，北京：人民卫生出版社 2012 年。

M

马伯英著：《中国医学文化史》，上海：上海人民出版社 1994 年；2010 年。

～等著：《中外医学文化交流史——中外医学跨文化传通》，上海：文汇出版社 1993 年。

马大正著：《中国妇产科发展史》，太原：山西科学教育出版社 1991 年。

马丹著：《宋代儒医》，长春：吉林出版集团有限责任公司 2011 年。

马道宗编著：《中国佛教养生秘诀》，北京：宗教文化出版社 2002 年。

［美］马丁·布莱泽著，傅贺译：《消失的微生物——滥用抗生素引发的健康危机》，长沙：湖南科学技术
    出版社 2016 年。

［美］马丁·布思著：《鸦片史》，任华梨译，海口：海南出版社 1999 年。

［英］马丁·霍华德著：《威灵顿的军医》，陈祖洲等译，济南：山东人民出版社 2015 年。

［法］马尔克·拉格朗日著：《葡萄酒与保健》，吕珊珊译，北京：东方出版社 2014 年。

［美］马尔科姆·波茨等著：《自亚当和夏娃以来：人类性行为的进化》，张敦福译，北京：商务印书馆
    2006 年。

麻福昌著：《易经与传统医学》，贵阳：贵州人民出版社 1990 年。

马福荣等主编：《中国历代医药学家荟萃》，北京：中国环境科学出版社 1989 年。

马国庆著：《白求恩援华抗战的 674 个日夜》，北京：人民文学出版社 2015 年。

马光复著：《流泪的呼唤：艾滋病致孤儿童的故事》，北京：中国和平出版社 2004 年。

马贵平著：《疯牛病防控策略与措施》，北京：中国质检出版社　中国标准出版社 2018 年。

马辉著：《基本医疗背景下医疗损害责任研究》，北京：中国人民大学出版社 2017 年。

马冀著：《北京农村传统合作医疗制度研究》，北京：知识产权出版社 2015 年。

《集体化时期农村合作医疗制度研究》，北京：知识产权出版社 2017 年。

马继兴著：《经典医籍版本考》，北京：中医古籍出版社 1987 年。

《中医文献学》，上海：上海科学技术出版社 1990 年。

《马王堆古医书考释》，长沙：湖南科学技术出版社 1992 年。

《针灸铜人与铜人穴法》，北京：中国中医药出版社 1993 年。

《出土亡佚古医籍研究》，北京：中医古籍出版社 2005 年。

《马继兴医学文集》，北京：中医古籍出版社 2009 年。

《中医药膳学》，北京：中医古籍出版社 2009 年。

《神农药学文化研究》，北京：人民卫生出版社 2012 年。

～编：《神农本草经辑注》，北京：人民卫生出版社 1995 年。

～等辑校：《敦煌医药文献辑校》，南京：江苏古籍出版社 1998 年；南京：凤凰出版社 2007 年。

～等选辑：《日本现存中国稀觏古医籍丛书》，北京：人民卫生出版社 1999 年。

～主编：《敦煌古医籍考释》，南昌：江西科学技术出版社 1988 年。

《针灸学通史》,长沙:湖南科学技术出版社 2011 年。

《中国出土古医书考释与研究》(上、中、下),上海:上海科学技术出版社 2015 年。

马建强著:《中国特殊教育史》,北京:新华出版社 2014 年。

马进主编:《国际卫生保健》,北京:人民卫生出版社 2013 年。

马金生著:《发现医病纠纷:民国医讼凸显的社会文化史研究》,北京:社会科学文献出版社 2016 年。

[法]马克·布洛赫著:《国王的神迹:英法王权所谓超自然性研究》,张绪山译,北京:商务印书馆 2018 年。

[美]马克·格雷班著:《精益医院:世界最佳医院管理实践》(原书第二版),张国萍等译,北京:机械工业出版社 2014 年;(原书第三版),北京:机械工业出版社 2018 年。

[英]马克·杰克森著:《医学,为什么是现在这个样子? 从宗教、都市传染病到战地手术,探索人类社会的医病演变史》,王惟芬译,台湾:脸谱出版 2016 年。

[加拿大]马克·刘易斯著:《疯狂成瘾者:TED 脑科学家的戒瘾成功之路》,石湖清译,北京:北京联合传播公司 2017 年。

[英]马克·罗格等著:《国王的演讲》(英国国王乔治六世和他的语言治疗师莱纳尔·罗格的故事),莎伦荻等译,天津:天津社会科学院出版社 2011 年。

[英]马克·马佐尔著:《黑暗大陆:20 世纪的欧洲》,赵博文译,北京:中信出版集团 2016 年。第三章健康的身体,生病的躯体。

[英]马克·普里斯特利著:《残障:一个生命历程的进路》,王霞绯等译,北京:人民出版社 2015 年。

[英]马克·施陶赫著:《英国与德国的医疗过失法比较研究》,唐超译,北京:法律出版社 2012 年。

[加拿大]马克·扎克等著:《因病相连:卫生治理与全球政治》,晋继勇译,杭州:浙江大学出版社 2011 年。

[美]马库斯·杜威尔著:《生命伦理学:方法、理论和领域》,李建军等译,北京:社会科学文献出版社 2017 年。

[美]玛丽·布朗·布洛克著:《洛克菲勒基金会与协和模式》,张力军等译,北京:中国协和医科大学出版社 2014 年。

《油王:洛克菲勒在中国》,韩邦凯等译,北京:商务印书馆 2014 年。

[英]玛丽·道布森著:《疾病图文史——影响世界历史的 7000 年》,苏静静译,北京:金城出版社 2016 年。

《医学图文史——改变人类历史的 7000 年》,苏静静译,北京:金城出版社 2016 年。

[英]玛丽·道格拉斯著:《洁净与危险》,黄剑波等译,北京:民族出版社 2008 年。

《洁净与危险:对污染和禁忌观念的分析》,黄剑波等译,北京:商务印书馆 2018 年。

[美]玛丽恩·内斯特尔著:《食品政治:影响我们健康的食品行业》,刘文俊译,北京:社会科学文献出版社 2004 年。

[美]玛莉莲·蔡丝著:《旧金山大瘟疫》,孟晖译,哈尔滨:哈尔滨出版社 2007 年。

[美]玛莉莲·亚隆著:《乳房的历史》,何颖怡译,台北:先觉出版社 2000 年;海口:海南出版社 2001 年;北京:华龄出版社 2001 年;台北:麦田出版公司 2019 年。

[英]马礼逊夫人编:《马礼逊回忆录》,顾长生译,桂林:广西师范大学出版社 2004 年。

马培生等著:《农村特困人口医疗救助制度研究》,北京:中国社会出版社 2007 年。

马强等主编:《红十字在上海资料长编(1904—1949)》,上海:东方出版中心 2015 年。

马秋莎著:《改变中国:洛克菲勒基金会在华百年》,桂林:广西师范大学出版社2013年。

[英]Mark Britnell著:《寻找完美医疗卫生体系》,胡琳琳译,北京:中国协和医科大学出版社2017年。

[英]Martin Payne著:《叙事疗法》,曾立芳译,北京:中国轻工业出版社2012年。

[法]马赛尔·德吕勒著:《健康与社会——健康问题的社会塑造》,王鲲译,南京:译林出版社2009年。

马淑然等编著:《〈黄帝内经〉饮食养生宝典》,北京:人民军医出版社2006年。

[英]马特·里德利著:《基因组:人类自传》,李南哲译,北京:机械工业出版社2015年。

[美]Matthew Collin(马修·柯林)等著:《迷幻异域——快乐丸与青年文化的故事》,罗悦全等译,台湾:商周出版公司1997年。

马王堆汉墓帛书整理小组编:《马王堆汉墓帛书》,北京:文物出版社1977年。

　　《五十二病方》,北京:文物出版社1979年。

马巍著:《血吸虫病传播的水文影响机制与风险评价方法》,北京:中国水利水电出版社2011年。

马文元等主编:《广州毒品问题研究》,北京:警官教育出版社1999年。

[美]玛西亚·安吉尔著:《制药业的真相》,续芹译,北京:北京师范大学出版社2006年。

[英]马修·史密斯著:《食物的心机:过敏的历史》,伊玉岩译,北京:生活·读书·新知三联书店2018年。

[美]马修·约翰斯顿著:《我的那条叫做"抑郁症"的黑狗/与抑郁症相伴的日子》,韩焱译,北京:中国人民大学出版社2009年。

[美]玛雅·郝芭琪著:《我的躁郁人生》,一熙译,重庆:重庆大学出版社2012年。

马一平主编:《昆山历代医家录》,北京:中医古籍出版社1997年。

马雨农等著:《林巧稚传》,北京:光明日报出版社1985年。

马允清著:《中国卫生制度变迁史》,天津:天津益世报馆1934年。

马振友等主编:《中国皮肤科学史》,北京:北京科学技术出版社2015年。

麻仲学主编:《中国医学疗法大全》,济南:山东科学技术出版社1990年。

～总主编,程绍恩等主编:《世界传统医学护理学》,北京:科学出版社1998年。

～总主编,张跃亭主编:《世界传统医学儿科学》,北京:科学出版社1998年。

～等主编:《世界传统医学医学杰出人物》,北京:世界科学出版社2004年。

[英]麦尔·格里夫斯著:《癌症:进化的遗产》,闻朝君译,上海:上海科学技术出版社2010年。

麦汉永等撰:《两广新军军医学堂及广东公立医药专科学校》(《广州文史资料存稿选编(七)》),北京:中国文史出版社2002年。

[美]迈克尔·巴登等著:《法医探案》,冯速等译,海口:海南出版社2008年。

[美]迈克尔·C. 杰拉尔德等著:《生物学之书——从生命的起源到实验胚胎,生物学史上的250个里程碑》,傅临春译,重庆:重庆大学出版社2016年。

[美]迈克尔·法夸尔著:《疯子、傻子、色情狂——欧洲王室的另类历史》,康怡译,北京:中信出版社2003年。

[澳]迈克尔·怀特著:《叙事疗法实践地图》,李明等译,重庆:重庆大学出版社2011年。

[美]迈克尔· 柯林斯著:《梅奥住院医生成长手记》,裴云译,杭州:浙江人民出版社2016年。

　　《住院医生夜未眠》,裴云译,北京:华文出版社2010年。

[美]迈克尔·伍兹等著:《古代医疗技术:从中草药到解剖刀》,朱蒙译,上海:上海科学技术出版社2015年。

[英]迈克尔·马尔莫著:《健康鸿沟——来自不平等世界的挑战》,俞敏译,北京:人民日报出版社 2019 年。

麦克法登著:《疾病与治疗》,张昌绍译,北京:商务印书馆 1950 年。

[美]迈可·柯林斯著:《住院医师夜未眠——梅约医学中心魔鬼训练全记录》,杨慧莉译,台北:天下文化 2006 年。

[美]迈克·米勒著:《迷药》,离尘翻译社编译,上海:东方出版社 2007 年。

[美]迈克尔·格林博格著:《心里住着狮子的女孩》,张思婷译,上海:上海译文出版社 2010 年。该书全程记录作者女儿罹患躁郁症住院的一个月内所发生的点点滴滴。

[美]迈克尔·柯林斯著:《住院医生夜未眠》,裴云译,北京:华文出版社 2010 年。

毛翠英著:《新型农村合作医疗研究:基于财政的视角》,北京:中国物资出版社 2011 年。

满庭花雨著:《医生》(国内第一部直面医生状态的原创作品),北京:世界知识出版社 2007 年。

毛德华著:《万全生平著述考》,上海:华东师范大学出版社 1997 年。

毛红主编:《川派中医药名家系列丛书:徐廷翰》,北京:中国中医药出版社 2015 年。

毛继祖主编:《藏医诊疗秘诀》,兰州:甘肃民族出版社 2000 年。

毛嘉陵编著:《第三只眼看中医——破解中医药生死密码》,北京:北京科学技术出版社 2007 年。

～主编:《中医文化蓝皮书:北京中医药文化传播发展报告(2015)》,北京:社会科学文献出版社 2015 年。

　《中医文化蓝皮书:中国中医药文化传播发展报告(2016)》,北京:社会科学文献出版社 2016 年。

　《中国中医药文化文献集(2000—2016)》,北京:社会科学文献出版社 2017 年。

　《中医文化蓝皮书:中国中医药文化与产业发展报告(2017—2018)》,北京:中国社会科学文献出版社 2019 年。

　《中医文化蓝皮书:中国中医药发展报告(2019)》,北京:社会科学文献出版社 2019 年。

毛利霞著:《从隔离病人到治理环境:19 世纪英国霍乱防治研究》,北京:中国人民大学出版社 2018 年。

毛群安编著:《美国医疗保险制度剖析》,北京:中国医药科技出版社 1994 年。

毛守白等著:《消灭钉螺的研究》,上海:上海科学技术出版社 1961 年。

～等编写:《血吸虫病学》,北京:人民卫生出版社 1963 年。

毛亚斌著:《危机的病理:托马斯·曼早期作品中的疾病话语》,北京:北京师范大学出版社 2019 年。

毛以智著:《政府购买动物防疫辅助服务的理论与遵义实务》,北京:中国农业出版社 2018 年。

Mare J. Roberts 等著:《通向正确的卫生改革之路——提高卫生改革绩效和公平性的指南》,任明辉主译,北京:北京大学医学出版社 2010 年。

Mei Bartley 著:《健康不均:理论、概念与方法》,李妙洁等译,台北:五南图书出版有限公司 2009 年。

[美]梅尔·费德曼等著:《怪才、偶然与医学大发现》,赵三贤译,台北:商周出版,城邦文化发行 2004 年。

美国疾病控制中心公共卫生防范和应对办公室的州和地方准备部编,:《公共卫生防范能力:美国州和地方计划标准》,周祖木等译,北京:北京大学医学出版社 2012 年。

[美]美国科学院研究理事会编:《基因组科学的甲子"羽化"之路:从人类基因组测序到精确医学》,于军等译,北京:科学出版社 2016 年。

[美]美国医疗机构评审国际联合委员会编:《美国医疗机构评审国际联合委员会医院评审标准》(第 6 版),郦忠等主译,北京:中国协和医科大学出版社 2017 年。

[美]美国医疗卫生保健质量委员会等编:《跨越医疗质量的裂痕——21 世纪新的医疗保健系统》,王晓波等主译,北京:中国医药科技出版社 2005 年。

梅人朗主编:《中外医学教育比较》,上海:上海医科大学出版社 1993 年。

梅运彬著:《老年残疾人及其社会支持研究》,武汉:武汉理工大学出版社 2010 年。

孟传金等主编:《满洲里国境卫生检疫志》,呼和浩特:内蒙古文化出版社 1996 年。

孟翠莲著:《我国新型农业合作医疗制度可持续发展研究》,北京:中国财经经济出版社 2008 年。

孟凡红等主编:《恽铁樵医学史讲义》,北京:中国医药科技出版社 2017 年。

孟国栋等主编:《孟维礼中医世家经验辑要》,西安:陕西科学技术出版社 2004 年。

孟宏斌著:《运行困境与机制优化——西部新农合持续发展研究》,北京:中国社会科学出版社 2016 年。

孟晖著:《唇间的美色》,济南:山东画报出版社 2012 年;(修订版),南京:南京大学出版社 2018 年。

孟慧英等著:《人类学视野中的萨满医疗研究》,北京:社会科学文献出版社 2015 年。

孟建著:《医院形象战略与危机公关》,上海:复旦大学出版社 2007 年。

孟金梅著:《艾滋病与法律》,北京:中国政法大学出版社 2005 年。

孟久成著:《伍连德在哈尔滨》,哈尔滨:哈尔滨出版社 2018 年。

孟君等著:《大众医学史》,济南:山东科学技术出版社 2015 年。

孟庆跃等著:《中国城市卫生服务公平与效率评价研究》,济南:山东大学出版社 2005 年。

～等主编:《中国城市医疗救助理论和实践》,北京:中国劳动社会保障出版社 2007 年。

孟庆云主编:《中国中医药发展 50 年》,郑州:河南医科大学出版社 1999 年。

～著:《中医百话》,北京:人民卫生出版社 2008 年。

～编著:《周易文化与中医学》,北京:中国中医药出版社 2017 年。

孟阳春主编:《蜱螨与人类疾病》,合肥:中国科学技术大学出版 1995 年。

蒙绍荣等著:《历史上的炼丹术》,上海:上海科技教育出版社 1995 年。

孟盛彬著:《达斡尔族萨满教研究》,北京:社会科学文献出版社 2019 年。

孟澍学主编:《温病学》,北京:人民卫生出版社 1997 年。

孟冼著:《食疗本草》,北京:人民卫生出版社 1984 年。

米伯让等:《孙思邈医德纪念碑文集》,西安:陕西人民出版社 1989 年。

Michael Oliver 等著:《失能·障碍·残章:身心障碍者社会工作的省思》,叶琇珊等译,台湾:心理出版社股份有限公司 2004 年。

[澳]Michael White 等著:《故事、知识、权力:叙事治疗的力量》,廖世德译,上海:华东理工大学出版社 2013 年。

[英]米尔德丽德·布拉克斯特著:《健康是什么?》,王一方等译,北京:当代中国出版社 2012 年。

[法]米克尔·博尔奇-雅各布森著:《大制药时代:十二位国际专家揭露制药产业人性化外衣下的疯狂行径》,朱沁等译,太原:山西经济出版社 2016 年。

[美]米尔恰·伊利亚德著:《萨满教——古老的入迷术》,段满福译,北京:社会科学文献出版社 2018 年。

米烈汉著:《从铁匠到医学——中医学家黄竹斋》,西安:陕西教育出版社 1992 年。

[美]咪咪·贝尔德等著:《自由的囚徒:哈佛医学天才的躁郁世界》(美国精神医学史上重要作品,说尽大众对精神病的误解与偏见),诸葛文译,武汉:湖北科学技术出版社 2019 年。

[美]米切尔·布莱克著:《佛洛伊德及其后继者——现代精神分析思想史》,陈祉妍等译,北京:商务印

书馆 2007 年。

[法]米歇尔·福著:《规训与惩罚——监狱的诞生》,刘北成等译,北京:生活·读书·新知三联书店
　　1999 年;2003 年;2007 年;2012 年。

　　《不正常的人》,钱翰译,上海:上海人民出版社 2003 年。

　　《临床医学的诞生》(新编版),刘北成译,南京:译林出版社 2011 年。

　　《疯癫与文明》(修订译本),刘北成等译,北京:生活·读书·新知三联书店 2012 年。

　　《古典时代疯狂史》,林志明译,北京:生活·读书·新知三联书店 2016 年。

　　《精神疾病与心理学》,王杨译,上海:上海译文出版社 2016 年。

[美]米歇尔·H. 默森著:《国际公共卫生:疾病、计划、系统与决策》,郭新彪译,北京:化学工业出版社
　　2009 年。

[美]米歇尔·赫夫纳等著:《厌食症康复指南》,黄斌琳主译,重庆:重庆大学出版社 2013 年。

[法]米歇尔·沃维尔著:《死亡文化史——用插图诠释 1300 年以来死亡文化的历史》,高凌瀚等译,北
　　京:中国人民大学出版社 2004 年。

苗炜著:《寡人有疾》(包含《诗人与医院》《蒙古兵和瘟疫》《父与子》),长沙:湖南文艺出版社 2012 年。

闵范忠等主编:《新编中医心理学》,南宁:广西民族出版社 1991 年。

闵凡祥著:《国家与社会:社会福利观念的变迁与英国撒切尔政府社会福利改革研究》,重庆:重庆出版
　　社 2009 年。

闵行区防治非典型肺炎指挥部编:《铸就新时代的闵行精神:抗非斗争中的闵行区》,北京:学林出版社
　　2003 年。

名简等著:《卫生模范太阳村》,北京:科学普及出版社 1958 年。

～著:《稷山县的农村卫生保健网》,北京:科学普及出版社 1958 年。

明文书局印行:《中国医药史话》,台北:明文书局 1983 年。

缪宜琴著:《钟惠澜传》,北京:北京出版社 1990 年。

缪正来等编著:《中国药茶谱》,北京:科学技术文献出版社 1995 年。

[德]M. 贾尼特编著:《新一代基因组测序——通往个性化医疗》,薛庆中等译,北京:科学出版社
　　2015 年。

[美]默顿·迈耶斯著:《现代医学的偶然发现》(第 2 版),周子平译,北京:生活·读书·新知三联书店
　　2016 年。

莫尔思著:《紫色云雾中的华西》(华西医学院首任院长莫尔思讲述现代医学扎根华西的故事),骆西等
　　译,成都:天地出版社 2018 年。

莫纪宏编:《"非典"时期的非常法治——中国灾害法与紧急状态法一瞥》,北京:法律出版社 2003 年。

[美]默里奥·古茨纳著:《8 亿美元一个药片——美国新药成本的幕后真相》,武光军译,北京:中国商
　　务出版社 2005 年。

[法]莫里斯·杜比亚纳著:《癌症》,杨元良译,北京:商务印书馆 1998 年。

[英]莫西洛斯等著:《医疗保障筹资:欧洲的选择》,张晓等译,北京:中国劳动社会保障出版社 2009 年。

[美]莫伊塞斯·贝拉斯克斯-曼诺夫著:《过敏大流行——微生物的消失与免疫系统的永恒之战》,李黎
　　等译,北京:生活·读书·新知三联书店 2019 年。

[印度]M.S.柯棣尼斯著:《永恒的桥梁——柯棣华大夫传记》,石家庄:河北人民出版社 1985 年。

牟鸣真等编著:《江湖医术辨析》,南宁:广西科学技术出版社 1997 年。

穆静著：《傅连暲传略》，北京：科学普及出版社1980年。

慕景强著：《西医往事：民国西医教育的本土化之路》，北京：中国协和医科大学出版社2010年。

　　《民国西医高等教育（1912—1949）》，杭州：浙江工商大学出版社2012年。

　　《新中国医学档案》，杭州：浙江工商大学出版社2012年。

　　《那把柳叶刀——剥下医学的外衣》，杭州：浙江大学出版社2013年。

木碗著：《走出抑郁的泥潭——抑郁症的治疗、自救与社会支持》，北京：经济管理出版社2009年。

穆秀颖主编：《难忘非常时刻：北京市广渠门中学抗击非典纪实》，北京：红旗出版社2003年。

牟钟鉴著：《〈吕氏春秋〉与〈淮南子〉思想研究》，济南：齐鲁书社1987年。

N

那力等编著：《WTO与公共健康》，北京：清华大学出版社2005年。

那琦著：《本草学》，台北：国立中国医药研究所1974年。

那彦群等主编：《中国泌尿外科学史》上海：上海第二军医大学出版社2007年；（第2版），上海：第二军
　　医大学出版社2011年。

南昌市防治非典型肺炎指挥部等编：《2003南昌抗击非典专纪》（画册），内部印发2003年。

［英］南丁格尔著：《护理札记》，丁荣立译，上海：上海科学普及出版社2014年。

南怀瑾著：《小言黄帝内经与生命科学》，北京：东方出版社2008年。

南京市爱国卫生运动委员会办公室编：《南京爱国卫生运动志：1949年4月—1989年12月》，北京：中国
　　医药科技出版社1991年。

［美］南希·迈克威廉斯著：《精神案例分析》，钟慧等译，北京：中国轻工业出版社2015年。

内蒙古自治区流行病防治研究所编：《鼠疫防治光辉的五十年》，呼和浩特：内蒙古大学出版社1997年。

［美］内森·沃尔夫著：《病毒来袭——如何应对下一场流行病的暴发》，沈捷译，杭州：浙江人民出版社
　　2014年。

［英］内莎·凯里著：《遗传的革命：表观遗传学将改变我们对生命的理解》，贾乙等译，重庆：重庆出版社
　　2015年。

　　《垃圾DNA：探索人类基因组暗物质之旅》，贾乙等译，重庆：重庆出版社2017年。

内务部农村福利司编：《建国以来灾情和救灾工作史料》，北京：法律出版社1958年。

［美］尼古拉斯·拉鲁索等著：《向世界最好的医院学创新》，张秋洋等译，北京：机械工业出版社
　　2016年。

［英］尼古拉斯·罗斯著：《生命本身的政治：21世纪的生物医学、权力和主体性》，尹晶译，北京：北京大
　　学出版社2014年。

聂丽著：《农村医疗废弃物回收处理系统的构建与优化》，郑州：郑州大学出版社2016年。

　　《产业共生的医疗废弃物回收网络稳定性研究》，北京：中国经济出版社2018年。

聂莉莉著：《伤痕：中国常德民众的细菌战记忆》，刘云等译，北京：中国社会科学出版社2015年。

聂世茂编著：《黄帝内经心理学概要》，重庆：科学技术文献出版社重庆分社1986年。

聂岁峰等主编：《药物的发现与发明史》，上海：第二军医大学出版社2013年。

宁波市第二医院编著：《世纪华美 厚德鼎新：宁波市第二医院建院170周年纪念（1843—2013）》，杭州：

浙江人民出版社 2014 年。

宁满秀著:《新型农村合作医疗制度效果评价与可持续发展研究》,北京:中国经济出版社 2015 年。

《宁夏回族自治区畜禽疫病志》编写组编著:《宁夏回族自治区畜禽疫病志》,银川:宁夏人民出版社 1993 年。

牛兵占主编:《中医妇科名著集成》,北京:华夏出版社 1997 年。

牛小咚著:《妇产科实习医生》,广州:花城出版社 2008 年。

牛亚华等校注:《中西汇通医书二种(王宏翰著〈医学原始〉朱沛汶著〈华洋脏象约纂〉)》,合肥:中国科学技术大学出版社 2014 年。

牛亚华著:《精业济群——彭司勋传》,上海:上海交通大学出版社,中国科学技术出版社 2013 年。

农业部畜牧兽医司编:《中国动物疫病志》,北京:科学出版社 1993 年。

　　《动物防疫法律法规汇编》,北京:中国农业出版社 2003 年。

　　《中国消灭牛瘟的经历与成就》,北京:中国农业科学技术出版社 2003 年。

农业部兽医局编:《汶川特大地震:抗震救灾动物防疫纪实》,北京:中国农业出版社 2010 年。

　　《兽医法规汇编》(第 2 版),北京:中国农业出版社 2016 年。

~等编:《人畜共患传染病释义》,北京:中国农业出版社 2009 年。

　　《中国消灭马鼻疽 60 年》,北京:中国农业科学技术出版社 2015 年。

诺贝尔奖讲演全集编译委员会编:《诺贝尔奖讲演全集(生理学或医学卷 III)》,福州:福建人民出版社 2003 年。

[德]诺曼·奥勒著:《亢奋战——纳粹嗑药史》,张朝晖译,北京:社会科学文献出版社 2018 年。

O

讴歌著:《医事——关于医的隐情与智慧》,北京:北京出版社 2006 年。

　　《协和医事》,北京:生活.读书.新知三联书店 2007 年。

区结成著:《当中医遇上西医:历史与省思》,北京:生活.读书.新知三联书店 2005 年。

欧文著:《佛洛伊德传:心灵的自白》,北京:华龄出版社 1997 年。

[美]欧文·亚隆著:《诊疗椅上的谎言》,鲁宓译,成都:四川大学出版社 2006 年。

　　《存在主义心理治疗》,黄峥等译,北京:商务印书馆 2015 年。

[美]欧文·亚龙著:《浮生一日——心理治疗故事集》,宫学萍译,太原:希望出版社 2016 年。

欧阳钦著:《近代温州中医之研究》,上海:上海交通大学出版社 2013 年。

P

[英]帕梅拉·奥德菲尔德著:《大瘟疫:伦敦女孩爱丽丝的日记》,北京:人民文学出版社 2017 年。

[英]帕姆·布朗著:《南丁格尔传》,陈弘等译,北京:世界图书出版公司 1997 年。

[法]帕斯卡尔·迪雷等著:《身体及社会学》,马锐译,天津:天津人民出版社 2017 年。

[英]帕特里克·沃尔著:《疼痛:为痛苦而生的科学》,周晓林译,北京:生活·读书·新知三联出版社

2004 年。

［美］帕特丽夏·盖斯特-马丁等著：《健康传播——个人、文化与政治的综合视角》，龚文庠等译，北京：北京大学出版社 2006 年。

［英］派特·巴克著：《重生三部曲：重生 门中眼 幽灵路》（战争创伤、心理诊疗），宋瑛堂著，上海：上海人民出版社 2019 年。

潘光旦著：《民族特性与民族卫生》，北京：北京大学出版社 2010 年。

潘桂娟等编著：《日本汉方医学》，北京：中国中医药出版社 1994 年。

潘桂娟主编，崔为编著：《中医历代名家学术研究丛书 陈修园》，北京：中国中医药出版社 2017 年。

　　董正华等著：《中医历代名家学术研究丛书 汪昂》，北京：中国中医药出版社 2017 年。

　　杜松编著：《中医历代名家学术研究丛书 朱丹溪》，北京：中国中医药出版社 2017 年。

　　葛晓舒编著：《中医历代名家学术研究丛书 危亦林》，北京：中国中医药出版社 2017 年。

　　呼兴华编著：《中医历代名家学术研究丛书 王叔和》，北京：中国中医药出版社 2017 年。

　　黄辉编著：《中医历代名家学术研究丛书 徐春甫》，北京：中国中医药出版社 2017 年。

　　黄玉燕编著：《中医历代名家学术研究丛书 赵学敏》，北京：中国中医药出版社 2017 年。

　　江涛编著：《中医历代名家学术研究丛书 吴师机》，北京：中国中医药出版社 2017 年。

　　冷伟等著：《中医历代名家学术研究丛书 武之望》，北京：中国中医药出版社 2017 年。

　　蔺焕萍等编著：《中医历代名家学术研究丛书 沈金鳌》，北京：中国中医药出版社 2017 年。

　　李翠娟编著：《中医历代名家学术研究丛书 许叔微》，北京：中国中医药出版社 2017 年。

　　李董男编著：《中医历代名家学术研究丛书 雷丰》，北京：中国中医药出版社 2017 年。

　　李海玉编著：《中医历代名家学术研究丛书 刘完素》，北京：中国中医药出版社 2017 年。

　　李倩编著：《中医历代名家学术研究丛书 陈伯坛》，北京：中国中医药出版社 2017 年。

　　李文华等编著：《中医历代名家学术研究丛书 缪希雍》，北京：中国中医药出版社 2017 年。

　　林晓峰编著：《中医历代名家学术研究丛书 黄元御》，北京：中国中医药出版社 2017 年。

　　林燕编著：《中医历代名家学术研究丛书 陈实功》，北京：中国中医药出版社 2017 年。

　　刘桂荣编著：《中医历代名家学术研究丛书 薛己》，北京：中国中医药出版社 2017 年。

　　刘理想编著：《中医历代名家学术研究丛书 龚廷贤》，北京：中国中医药出版社 2017 年。

　　柳亚平编著：《中医历代名家学术研究丛书 喻昌》，北京：中国中医药出版社 2017 年。

　　刘寨华编著：《中医历代名家学术研究丛书 吴鞠通》，北京：中国中医药出版社 2017 年。

　　卢红蓉编著：《中医历代名家学术研究丛书 钱乙》，北京：中国中医药出版社 2017 年。

　　陆翔等编著：《中医历代名家学术研究丛书 吴昆》，北京：中国中医药出版社 2017 年。

　　陆翔等著：《中医历代名家学术研究丛书 汪机》，北京：中国中医药出版社 2017 年。

　　禄颖编著：《中医历代名家学术研究丛书 陈无择》，北京：中国中医药出版社 2017 年。

　　马淑然编著：《中医历代名家学术研究丛书 丁甘仁》，北京：中国中医药出版社 2017 年。

　　苗苗编著：《中医历代名家学术研究丛书 马培之》，北京：中国中医药出版社 2017 年。

　　钱会南等编著：《中医历代名家学术研究丛书 杨上善》，北京：中国中医药出版社 2017 年。

　　乔文彪等编著：《中医历代名家学术研究丛书 王好古》，北京：中国中医药出版社 2017 年。

　　石琳编著：《中医历代名家学术研究丛书 傅山》，北京：中国中医药出版社 2017 年。

　　孙理军等编著：《中医历代名家学术研究丛书 杨士瀛》，北京：中国中医药出版社 2017 年。

　　孙晓光编著：《中医历代名家学术研究丛书 叶天士》，北京：中国中医药出版社 2017 年。

汤尔群编著:《中医历代名家学术研究丛书 何廉臣》,北京:中国中医药出版社 2017 年。

田丙坤编著:《中医历代名家学术研究丛书 皇甫谧》,北京:中国中医药出版社 2017 年。

王蓓蓓编著:《中医历代名家学术研究丛书 李中梓》,北京:中国中医药出版社 2017 年。

王国为等编著:《中医历代名家学术研究丛书 何梦瑶》,北京:中国中医药出版社 2017 年。

汪剑编著:《中医历代名家学术研究丛书 郑钦安》,北京:中国中医药出版社 2017 年。

王静波编著:《中医历代名家学术研究丛书 马莳》,北京:中国中医药出版社 2017 年。

王姝琛编著:《中医历代名家学术研究丛书 楼英》,北京:中国中医药出版社 2017 年。

文颖娟等编著:《中医历代名家学术研究丛书 万密斋》,北京:中国中医药出版社 2017 年。

吴小明编著:《中医历代名家学术研究丛书 王旭高》,北京:中国中医药出版社 2017 年。

夏丽娜编著:《中医历代名家学术研究丛书 张山雷》,北京:中国中医药出版社 2017 年。

邢玉瑞等编著:《中医历代名家学术研究丛书 王珪》,北京:中国中医药出版社 2017 年。

徐世杰等编著:《中医历代名家学术研究丛书 虞抟》,北京:中国中医药出版社 2017 年。

杨景锋等编著:《中医历代名家学术研究丛书 罗天益》,北京:中国中医药出版社 2017 年。

杨卫彬等编著:《中医历代名家学术研究丛书 尤在泾》,北京:中国中医药出版社 2017 年。

杨卫东编著:《中医历代名家学术研究丛书 刘纯》,北京:中国中医药出版社 2017 年。

张蕾编著:《中医历代名家学术研究丛书 王孟英》,北京:中国中医药出版社 2017 年。

张立平编著:《中医历代名家学术研究丛书 陆懋修》,北京:中国中医药出版社 2017 年。

张宇鹏等编著:《中医历代名家学术研究丛书 孙一奎》,北京:中国中医药出版社 2017 年。

张胜编著:《中医历代名家学术研究丛书 恽铁樵》,北京:中国中医药出版社 2017 年。

张卓文编著:《中医历代名家学术研究丛书 高士宗》,北京:中国中医药出版社 2017 年。

赵红霞编著:《中医历代名家学术研究丛书 张子和》,北京:中国中医药出版社 2017 年。

甄雪燕编著:《中医历代名家学术研究丛书 吴有性》,北京:中国中医药出版社 2017 年。

郑洪新等编著:《中医历代名家学术研究丛书 周学海》,北京:中国中医药出版社 2017 年。

郑洪新等编著:《中医历代名家学术研究丛书 张元素》,北京:中国中医药出版社 2017 年。

郑齐编著:《中医历代名家学术研究丛书 薛雪》,北京:中国中医药出版社 2017 年。

郑日新等编著:《中医历代名家学术研究丛书 郑梅涧》,北京:中国中医药出版社 2017 年。

郑旭锐等编著:《中医历代名家学术研究丛书 李梴》,北京:中国中医药出版社 2017 年。

朱乔青编著:《中医历代名家学术研究丛书 张璐》,北京:中国中医药出版社 2017 年。

～编:《中医历代名家学术研究丛书 陈自明》,北京:中国中医药出版社 2017 年。

～编:《中医历代名家学术研究集成》,北京:北京科学技术出版社 2017 年。

潘贵玉主编:《中华生育文化导论》(上下册),北京:中国人口出版社 2001 年。

盘和林主编:《誓言无声:广东省抗击非典最前线医务人员实录》,成都:华南理工大学出版社 2003 年。

潘杰著:《政府、市场与医疗》,北京:社会科学文献出版社 2014 年。

潘丽琼编著:《东华情深系香港》,香港:东华三院、快乐书房有限公司 2013 年。

潘炉台等编著:《布依族医药》,贵阳:贵州民族出版社 2003 年。

潘秋平等主编:《话说国医:北京卷》,郑州:河南科学技术出版社 2017 年。

潘绥铭编:《艾滋病时代的性生活》,广州:南方日报出版社 2004 年。

～等著:《性之变:21 世纪中国人的性生活》,北京:中国人民大学出版社 2013 年。

～著:《艾滋病问题的社会建构》,武汉:华中科技大学出版社 2019 年。

潘天舒主编:《日常生活与医学人类学》,上海:华东师范大学出版社。

潘文等主编:《话说国医:甘肃卷》,郑州:河南科学技术出版社 2017 年。

潘文龙:《医药苏州》,沈阳:辽宁人民出版社 2005 年。

潘夏蓁著:《临床护士日记》,北京:人民卫生出版社 2010 年。

潘小蒲著:《兽医广禅侯》,太原:山西科学技术出版社 1993 年。

潘学峰著:《每个人的医学》,北京:化学工业出版社 2007 年。

潘洵主编:《抗战时期西南后方社会变迁研究》(第八章:战时后方的医疗救护),重庆:重庆出版社 2011 年。

庞杰等主编:《中国传统饮食文化与养生》,北京:化学工业出版社 2008 年。

庞京周著:《抗战与救护工作》(抗战小丛书),上海:商务印书馆 1938 年。

《上海市近十年来医药鸟瞰》,中国科学公司 1933 年。

庞士让主编:《聚焦神木:全民免费医疗探索之路》,北京:人民出版社 2012 年。

庞宪清著:《庞宪清医海琐碎录》,北京:中医古籍出版社 2013 年。

《中医药故事趣闻》,北京:中医古籍出版社 2013 年。

斐槛等著:《中国药用植物志》,北京:科学出版社 1956 年。

裴丽昆等著:《全民医疗保障制度的挑战:澳大利亚卫生体制的启示》,北京:人民卫生出版社 2009 年。

彭国良主编:《病之趣》,珠海:珠海出版社 2003 年。

彭怀仁主编:《中医方剂大辞典》(第 2 版),北京:人民卫生出版社 2016 年。

彭坚著:《我是铁杆中医》,北京:人民卫生出版社 2007 年。

彭剑锋等著:《辉瑞:为世界健康护航》,北京:机械工业出版社 2013 年。

彭建中主编:《泊庐医案释评》,北京:化学工业出版社 2010 年。

彭静山编:《华佗先生内照图浅解》,沈阳:辽宁科学技术出版社 1985 年。

彭雷编著:《极简新药发现史》,北京:清华大学出版社 2018 年。

彭铭泉编著:《中国药膳大全》,成都:四川科学技术出版社 1987 年。

彭佩云主编:《中国计划生育全书》,北京:中国人口出版社 1997 年。

～著:《为了人民的健康——彭佩云论卫生工作》,北京:人民卫生出版社 2009 年。

彭榕华著:《中医文化地理论》,厦门:厦门大学出版社 2016 年。

彭瑞聪等主编:《中国卫生事业管理学》,长春:吉林科学技术出版社 1988 年。

彭瑞骢等主编:《中国改革全书·医疗卫生体制改革卷(1978—1991)》,大连:大连出版社 1992 年。

《医学科技与社会》,北京:北京医科大学、中国协和医科大学联合出版社 1998 年。

～等编:《彭瑞骢访谈录》,长沙:湖南教育出版社 2010 年。

彭善民著:《公共卫生与上海都市文明(1898—1949)》,上海:上海人民出版社 2007 年。

彭文伟主编:《现代感染性疾病与传染病学》,北京:科学出版社 2000 年。

彭总平等编著:《台湾的明天:医疗健康与社会变迁的思考》,台北:远流出版事业股份有限公司 2018 年。

[英]Peter Washer(皮特·沃舍)著:《临床医患沟通艺术》,王岳主译,北京:北京大学医学出版社 2016 年。

[法]皮埃尔·阿考斯等著:《病夫治国》,郭宏安译,北京:新华出版社 1989 年;南京:江苏人民出版社 2005 年;上海:华东师范大学出版社 2013 年。

《非常病人:病夫治国续集》,梅辛等译,南京:江苏人民出版社 2005 年。

[法]皮埃尔·玛里著,黄茝等译:《对面的疯子:解读平常的疯狂》,上海:华东师范大学出版社 2007 年。

Pichard B. Saltman 等编:《社会医疗保险体制国际比较》,张晓译,北京:中国劳动社会保障出版社 2009 年。

Pieter Cullis 原著:《个体化医疗革命》,王磊等译,北京:中国科技出版传媒集团 2019 年。

皮国立著:《医通中西:唐宗海与近代中医危机》,台湾:东大图书有限公司 2006 年。

　　《近代中医的身体观与思想转型——唐宗海与中西医汇通时代》,北京:生活·读书·新知三联书店 2008 年。

　　《台湾日日新:当中药碰上西药》,台湾:书房出版有限公司 2009 年。

　　《"气"与"细菌"的近代中国医疗史:外感热病的知识转型与日常生活》,台湾:国立中医药研究所 2012 年。

　　《国族、国医与疾病:近代中国的医疗与身体》,台湾:五南图书出版有限公司 2016 年。

　　《虚弱史——近代华人中西医学的情欲诠释与药品文化》,台湾:商务印书馆 2019 年。

　　《中医抗菌史:近代中西医的博弈》,北京:中华书局 2019 年。

[美]皮特·布鲁克史密斯著:《未来的灾难——瘟疫复活与人类生存之战》,马永波译,海口:海南出版社 1999 年。

[美]皮特·兰普蒂等著:《迎接全球性艾滋病的挑战》,郭维明译,北京:中国人口出版社 2003 年。

[澳]皮特·肖伍德著:《医源》,王乃平译,北京:中国中医药出版社 2010 年。

[英]普拉提克·查克拉巴提著:《医疗与帝国:从全球史看现代医学的诞生》,李尚仁译,台北:左岸文化;北京:社会科学文献出版社 2019 年。

蒲慕州等著:《图像中的历史世界》,香港:三联书店(香港有限公司)2012 年。

Q

齐宝山著:《辽宁省蒙医药志》,北京:中国国际广播出版社 2008 年。

漆浩等编著:《儒·道·佛三家论养生保健》,北京:北京体育学院出版社 1991 年。

奇玲等主编:《中国少数民族传统医药大系》,呼和浩特:内蒙古科学技术出版社 2000 年。

奇迈克著:《成为黄种人——来自人类学、医学和文化下的研究,一部东亚人由百变黄的历史》,吴纬疆译,台湾:八旗文化公司 2015 年。

齐谋甲等主编:《医药工作十年大事记(1978—1988)》,北京:中国医药科技出版社 1989 年。

亓曙冬主编:《西医东渐史话》,北京:中国中医药出版社 2016 年。

[美]祁斯特拉姆·恩格尔哈特著:《基督教生命伦理学基础》,孙慕义译,北京:中国社会科学出版社 2014 年。

七五普法图书中心著:《医疗纠纷案例读本》,北京:中国法制出版社 2016 年。

齐晓安著:《东西方生育文化比较研究》,北京:中国人口出版社 2006 年。

齐小秋主编:《中国艾滋病防治政策与策略发展史要:1984—2009》,北京:中国协和医科大学出版社 2014 年。

齐小心著:《口述历史分析:中国近代史上的美国传教士》,北京:北京大学出版社 2003 年。第六章 乡镇

行医 。

钱超尘著:《中医古籍训诂研究》,贵阳:贵州人民出版社 1988 年。

《内经语言研究》,北京:人民卫生出版社 1990 年。

《伤寒论文献通考》,北京:学苑出版社 1993 年。

《黄帝内经太素研究》,北京:人民卫生出版社 1998 年。

《金匮要略文献考略》,北京:学苑出版社 2001 年。

《伤寒论文献通考》,北京:学苑出版社 2003 年。

《伤寒论文献新考》,北京:北京科学技术出版社 2018 年。

《俞曲园章太炎论中医》,北京:人民出版社 2018 年。

《宋本〈伤寒论〉文献史论》,北京:学苑出版社 2015 年。

《中国医史人物考》,上海:上海科学技术出版社 2016 年。

《清儒〈黄帝内经〉古韵研究简史》,北京:北京科学技术出版社 2017 年。

~编著:《伤寒论文献通考》,北京:学苑出版社 2007 年。

~等著:《四库全书伤寒类医著集成》(全 5 册),南京:江苏科学技术出版社 2009 年。

《金刻本〈黄帝内经素问〉校注考证》,北京:学苑出版社 2017 年。

~等编:《华佗研究集成》,北京:中医古籍出版社 2007 年。

~主编:《傅山医书考辨》,桂林:广西师范大学出版社 2015 年。

~等主编:《中医药文献研究论丛》,北京:中医古籍出版社 1996 年。

《王清任研究集成》,北京:中医古籍出版社 2003 年。

《李时珍研究集成》,北京:中医古籍出版社 2003 年。

《张仲景研究集成》(上、下),北京:中医古籍出版社 2004 年。

《孙思邈研究集成》,北京:中医古籍出版社 2006 年。

《张子和研究集成》,北京:中医古籍出版社 2006 年。

《王清任研究集成》(增订版),北京:中医古籍出版社 2006 年。

《皇甫谧研究集成》,北京:中医古籍出版社 2011 年。

《黄帝内经研究集成》,(全 4 卷),北京:中医古籍出版社 2013 年。

《张仲景研究集成(上、中、下)》(增订版),北京:中医古籍出版社 2015 年。

《〈伤寒杂病论〉版本通鉴》,北京:北京科学技术出版社 2017 年。

钱钢等主编:《二十世纪中国重灾百录》,上海:上海人民出版社 1999 年。

钱国玲著:《艾滋病人群的健康权保护研究》,杭州:浙江大学出版社 2016 年。

前后不见著:《医药代表》,长沙:湖南文艺出版社 2006 年。

[日]浅井邦彦著:《精神医学和精神医疗:从临床到社区》,王祖承主译,上海:复旦大学出版社 2011 年。

钱伟主编:《生育文化探微》,郑州:中州古籍出版社 2002 年。

钱信忠著:《中国传统医药学的发展与现状》,杨玲玲译,台北:青春出版社 1995 年。

《中国卫生事业发展与决策》,北京:中国医药科技出版社 1992 年。

~主编:《中华人民共和国血吸虫病地图集》(上、下),北京:中华地图学社 1987 年。

钱亚芳著:《大数据时代个人健康数据法律规制》,北京:中国社会科学出版社 2018 年。

钱益民等著:《颜福庆传》,上海:复旦大学出版社 2007 年。

钱远大等主编:《中国预防保健工作大事略要(1949—1994)》,北京:中国医药科技出版社 1997 年。

强巴赤列著:《中国的藏医》,北京:中国藏学出版社 1996 年。

　　《历代藏医名医略传》,朗杰等译,北京:民族出版社 2016 年。

强·克斯铁特尔著:《抢救与杀戮:军医的战争回忆录》,黄开译,台湾:时报出版 2018 年。

乔安娜·埃本斯坦著:《解剖维纳斯:腐坏与美丽,150 具凝视十九世纪死亡迷恋以及遐想的永恒女神》,
　　台北:麦田出版社 2017 年。

乔木编:《后非典时期中国经济走向》,北京:中国盲文出版社 2003 年。

[美]乔纳森·埃德罗著:《死亡晚餐派对——真实医学探案故事集》,江孟蓉译,北京:生活·读书·新
　　知三联书店 2014 年。

[美]乔纳森·艾格著:《魔丸的诞生》(避孕药),语冰译,桂林:广西师范大学出版社 2018 年。

[意]乔瓦尼·莱维著:《承袭的权力——一个驱魔师的故事》,谢宏维译,北京:北京大学出版社
　　2019 年。

[意]乔治·博尔丁等著:《艺术中的医学》,邵迪译,北京:中国协和医科大学出版社 2019 年。

[美]乔治·福斯特等著:《医学人类学》,陈华等译,台北:桂冠图书股份有限公司 1998 年。

[法]乔治·康吉莱姆著:《正常与病态》,李春译,西安:西北大学出版社 2015 年。

[法]乔治·维加埃罗主编:《身体的历史·卷一:从文艺复兴到启蒙运动》,张竝等译,上海:华东师范大
　　学出版社 2013 年。

[法]乔治·维伽雷罗著:《洗浴的历史》,许宁舒译,桂林:广西师范大学出版社 2005 年。

秦伯未著:《谦斋医学讲稿》,上海:上海科学技术出版社 1964 年。

　　《中医入门》,北京:人民卫生出版社 2010 年。

～编:《清代名医医话精华》,北京:人民卫生出版社 2007 年。

秦立建著:《城市化扩张中新型农村合作医疗发展和完善对策研究》,北京:经济科学出版社 2011 年。

　　《健康、农村劳动力转移与农民工收入——基于国家级城乡综合配套改革试验区的研究》,北京:经
　　济科学出版社 2015 年。

　　《农民工医疗服务需求与基本医疗保险可携带性研究》,北京:经济科学出版社 2016 年。

～等著:《新型农村合作医疗制度建设实证研究》,北京:经济科学出版社 2012 年。

　　《新型农村合作医疗与城镇居民基本医疗保险两制衔接研究》,北京:经济科学出版社 2014 年。

　　《健康、流动与收入——基于大型微观调查数据的实证分析》,北京:经济科学出版社 2015 年。

　　《新医改背景下城乡医保一体化意愿与公共财政支持》,北京:经济科学出版社 2015 年。

秦美婷著:《台湾健康传播之研究》,台湾:唐山出版社 2007 年。

秦倩主编:《医学与国际关系》(复旦国际关系评论 第二十三辑),上海:上海人民出版社 2018 年。

秦雪征著:《新型医疗保障体系中的农民工参保效果研究》,北京:北京大学出版社 2017 年。

覃迅云等主编:《中国瑶医学》,北京:民族出版社 2001 年。

秦银河等主编:《医学人文讲坛》,北京:清华大学出版社 2008 年。

秦志海等著:《叩开免疫之门》,北京:外语教学与研究出版社 2016 年。

青海省革命委员会卫生局编:《合作医疗好》,西宁:青海人民出版社 1974 年。

[日]青木富贵子著《731——石井四郎及细菌战部队揭秘》,凌凌译,哈尔滨:哈尔滨出版社 2018 年 。

清太医院编:《太医院秘藏膏丹丸散方剂》,北京:中国中医药出版社 1992 年。

[美]琼·藤村著:《创立科学:癌症遗传学社会史》,夏侯炳等译,南昌:江西教育出版社 2001 年。

[加拿大]琼·尤恩著:《白求恩随行护士自述(1932—1939)》,北京:北京出版社 2015 年。

邱德文主编:《中医经典著作思路与方法研究》,贵阳:贵州科技出版社 1992 年。

～等主编:《中国名老中医药专家学术经验集》,贵阳:贵州科技出版社 1999 年。

裘法祖著:《写我自己》(著名外科医生裘法祖自传),北京:人民卫生出版社 2009 年。

邱国珍编著:《樟树药俗》,南昌:江西高校出版社 1996 年。

～主编:《中国民俗通志·医药志》,济南:山东教育出版社 2005 年。

邱鸿钟著:《医学与人类文化》,广州:广东高等教育出版社 2004 年。

　《医学与语言》,广州:广东高等教育出版社 2010 年。

邱继臣主编:《没有硝烟的战争:抗击非典新闻作品选》,北京:长征出版社 2003 年。

裘俭等主编:《新中国六十年中医图书总目(1949—2008)》(上、下),北京:人民卫生出版社 2010 年。

邱丽娟著:《清乾嘉道時期民间秘密宗教医疗传教活动之研究》,台湾:新文丰出版社 2011 年。

邱明轩编著:《罪证—侵华日军衢州细菌战》,北京:中国三峡出版社 1999 年。

邱明印著:《医圣张仲景》,北京:中国言实出版社 2007 年。

邱模炎等主编:《禽流感与鸡瘟:传统医药理论与实践》,北京:人民军医出版社 2006 年。

裘沛然主编:《中医历代各家学说》,上海:上海科学技术出版社 1984 年。

　《中国医籍大辞典》(上、下),上海:上海科学技术出版社 2002 年。

邱仁宗编译:《医学的思维和方法——国外医学哲学论文选》,北京:人民卫生出版社 1985 年。

～等著:《病人的权利》,北京:北京医科大学、中国协和医科大学联合出版社 1996 年。

～著:《艾滋病性和伦理学——新世纪·新视角》,北京:首都师范大学出版社 1999 年。

　《她们在黑暗中:中国大陆若干城市艾滋病与卖淫初步调查》,北京:中国社会科学出版社 2001 年。

　《生命伦理学——女性主义视角》,北京:中国社会科学出版社 2006 年。

　《生命伦理学》,北京:中国人民大学出版社 2010 年。

～编:《生殖健康与伦理学》(第 1 卷),北京:中国协和医科大学出版社 2006 年。

　《生殖健康与伦理学》(第 3 卷),北京:中国协和医科大学出版社 2012 年。

[日]秋山浩著:《七三一细菌部队》,北京:群众出版社 1961 年。

裘诗庭编著:《裘吉生医文集》,北京:人民卫生出版社 2006 年。

邱志明编:《孽债难忘——侵华日军衢州细菌战死难者调查与名录》,浙江省新四军研究会 2005 年。

瞿汉云主编:《瑞安市卫生志》,上海:华东师范大学出版社 1999 年。

屈建等著:《中国医院药学学科发展史》,北京:中国科学技术出版社 2016 年。

曲黎敏著:《中医与传统文化》,北京:人民卫生出版社 2005 年。

屈莲编著:《南丁格尔典范与护理精神》,台湾:华杏出版股份有限公司 2017 年。

渠时光著:《中国药学史》,沈阳:辽宁大学出版社 1989 年。

屈维英著:《皇家医事:清朝宫廷医案揭密》,北京:国际文化出版公司于 2007 年。

屈英和著:《"关系就医"取向下医患互动关系研究》,长春:吉林大学出版社 2011 年。

全国血吸虫病研究委员会血吸虫病研究委员会编辑小组编辑:《血吸虫病研究资料汇编》,上海:上海卫生出版社 1957 年。

全国医药卫生技术革命展览会编:《消灭流行性乙型脑炎》,北京:人民卫生出版社 1958 年。

全国医院名录编辑组编:《全国县以上医院名录(卫生系统)》,北京:人民卫生出版社 1985 年。

全国肿瘤防治研究办公室等著:《中国肿瘤登记年报 2004》,北京:中国协和医科大学出版社 2008 年。

阙再忠等主编:《中医骨伤科古医籍选》,北京:人民卫生出版社 1998 年。

R

[比]让·丹尼斯等著:《自慰:一种巨大恐惧的历史》,巫静译,长沙:湖南文艺出版社 2009 年。

让·史坦杰尔等著:《自慰:恐惧的历史》,陈姿颖译,台湾:边城出版公司 2006 年。

[美]R·保罗·罗尔森等著:《四国精神卫生服务体系比较:英国、挪威、加拿大和美国》,石光等主译,北京:人民卫生出版社 2008 年。

冉炜君著:《魔鬼的战车:内蒙古侵华日军细菌战受害者调查》,北京:昆仑出版社 2005 年。

[法]让-弗朗索瓦·萨吕佐著:《疫苗的史诗:从天花之猖到疫苗之殇》,宋碧珺译,北京:中国社会科学出版社 2019 年。

[法]让-雅克·库尔第纳主编:《身体的历史·卷三:目光的转变:20 世纪》,孙圣英等译,上海:华东师范大学出版社 2013 年。

[法]让-伊夫·勒纳乌尔等著:《不存在的孩子——19—20 世纪堕胎史》,高煜译,北京:中国人民大学出版社 2012 年。

饶克勤主编:《中国西部地区卫生服务调查研究》,北京:中国协和医科大学出版社 2004 年。

～等主编:《国际医疗卫生体制改革与中国》,北京:中国协和医科大学出版社 2007 年。

饶毅等著:《呦呦有蒿——屠呦呦与青蒿素》,北京:中国科学技术出版社 2015 年。

～等编著:《心酸与荣耀——中国科学的诺奖之路》,北京:北京大学出版社 2016 年。

热·旺钦扎布等主编:《蒙古族传统医学史纲》(蒙古文版),沈阳:辽宁民族出版社 2013 年。

热依汗·卡德尔著:《〈福乐智慧〉与维吾尔文化》,呼和浩特:内蒙古人民出版社 2003 年。

轫安编著:《中国古代医学家》,上海:上海书局有限公司 1978 年。

任殿雷等主编:《中医文化研究 第 1 卷 中医文化溯源》,南京:南京出版社 1993 年。

任宏丽等主编:《字缘中医》,北京:中国中医药出版社 2016 年。

人民出版社辑:《制止美国侵略者进行细菌战的滔天罪行》,北京:人民出版社 1952 年。

《彻底揭露美帝国主的细菌战计划(被俘美国高级军官许威布尔和布莱的供词)》,北京:人民出版社 1953 年。

人民军医出版社编:《创业维艰(回忆红军时期的卫生工作)》,北京:中国人民解放军战士出版社 1983 年。

人民卫生出版社编:《深受贫下中农欢迎的合作医疗制度:有关农村合作医疗制度的文章选》,北京:人民卫生出版社 1970 年。

《把群众性的医疗卫生工作办好》,北京:人民卫生出版社 1971 年。

《爱国卫生运动经验汇编》(1—2),北京:人民卫生出版社 1974 年。

《赤脚医生先进事迹汇编》,北京:人民卫生出版社 1974 年。

《怎样办好合作医疗》第一辑,北京:人民卫生出版社 1974 年。

《怎样办好合作医疗》第二辑,北京:人民卫生出版社 1974 年。

《怎样办好合作医疗》第三辑:合作医疗遍地开花,北京:人民卫生出版社 1975 年。

《赤脚医生先进事迹汇报:赤脚医生茁壮成长》第 3 辑,北京:人民卫生出版社 1975 年。

《深受贫下中农欢迎的合作医疗制度》,北京:人民卫生出版社 1970 年。

《怎样办好合作医疗》,北京:人民卫生出版社 1978 年。

任鸣皋著:《柯棣华》,北京:社会科学文献出版 2008 年。

任苒等著:《中国医疗保障制度发展框架与策略》,北京:经济科学出版社 2009 年。

任日宏著:《医学哲学概论》,济南:山东人民出版社 1987 年。

任廷革主编:《川派中医药名家系列丛书:任应秋》,北京:中国中医药出版社 2015 年。

任修瑾主编:《佛教养生之道》,兰州:甘肃文化出版社 2006 年。

任旭编著:《御医纪事与传世妙方》,北京:人民军医出版社 2010 年。

任应秋著:《通俗中国医学史话》,重庆:重庆人民出版社 1957 年。

《任应秋论医集》,北京:人民卫生出版社 1984 年。

《任应秋中医各家学说讲稿》,北京:人民卫生出版社 2008 年。

～主编:《中医各家学说》,上海:上海科学技术出版社 1986 年。

～等编:《〈内经〉研究论丛》,武汉:湖北人民出版社 1982 年。

任之堂主人著:《一个传统中医的成长历程——祖孙两代人的中医传承情怀》,北京:人民军医出版社 2010 年。

[日]日本厚生省药务局监修:《现代日本汉方处方手册》,顾旭平译,上海:上海中医学院出版社 1989 年。

日本化学战罪行研究课题组等编:《日军在中国进行细菌战研究论文集》,北京:中共中央党校出版社 2008 年。

日本日经医药编辑:《日本医疗纠纷诉讼案例 53 讲》,黄浥昕译,武汉:华中科技大学出版社 2019 年。

[美]Richard O' Connor 著:《走出抑郁——让药物和心理治疗更有效》,张荣华译,北京:中国轻工业出版社 2014 年。

[美]Rita Charon 著:《叙事医学:尊重疾病的故事》,郭莉萍主译,北京:北京大学医学出版社 2015 年。

[美]R.M.尼斯等著:《我们为什么生病——达尔文医学的新科学》,易凡等译,长沙:湖南科学技术出版社 1998 年。

[美]Robert B. Wallace 著:《公共卫生与预防医学》(第 15 版),尹力等译,北京:人民卫生出版社 2012 年。

荣新江著:《郭煌学十八讲》,北京:北京大学出版社 2001 年。

[法]荣振华著:《16—20 世纪入华天主教传教士列传》,耿昇译,桂林:广西师范大学出版社 2010 年。

蟲之编著:《协和医脉(1861—1951)》,北京:中国协和医科大学出版社 2014 年。

[美]R. Reid Wilson 著:《远离焦虑》,陈晓莉译,重庆:重庆大学出版社 2007 年。

[美]茹丝·V. 海门薇著:《海门薇医生在中国(1924—1941)》,张天润译,北京:社会科学文献出版社 2013 年。

阮芳斌编著:《性激素的发现》,北京:科学出版社 1979 年。

[美]阮志贞等编:《卫生慈善事业在中国》,魏柯玲译,北京:商务印书馆 2016 年。

阮宗兴编:《北门屿足有情——乌脚病历史影像写真》,台湾:人光出版社 2004 年。

[美]芮贝卡·史克鲁特著:《改变人类医疗史的海拉》,赖盈满译,台湾:卫城—木马文化出版 2018 年。

[美]瑞玛·爱波著:《健康的骗局:维生素的另类历史》,王明娟译,北京:中国友谊出版公司 2009 年。

《健康的骗局:一部以健康、财富、权力写成的维他命史》,杨智明等译,台湾:时报文化 2002 年。

芮晓武等主编:《互联网医疗蓝皮书:中国互联网健康医疗发展报告(2017)》,北京:社会科学文献出版社 2017 年。

～主编:《中国互联网健康医疗发展报告(2018)》,北京:社会科学文献出版社 2018 年。

若伊·波特著:《医学简史》,王道还译,台北:商周出版社 2005 年。

S

[美]萨尔瓦多·米纽庆著:《家庭与家庭治疗》,谢晓健译,北京:商务印书馆 2009 年。

[美]萨尔瓦多·米纽秦等著:《回家》,刘琼瑛等译,太原:希望出版社 2010 年。

[美]萨莉·摩根等著:《从显微镜到干细胞研究:探索再生医学》,上海:上海科学技术文献出版社 2010 年。

[美]萨莉·史密斯·休斯著:《基因泰克:生物技术王国的匠心传奇》,孙焕君译,北京:中国人民大学出版社 2017 年。

[美]塞拉斯·韦尔·米切尔著:《一个江湖医生的自白》,河西译,北京:新星出版社 2010 年。

[古罗马]塞涅卡著:《哲学的治疗》,吴欲波译,北京:中国社会科学出版社 2007 年。

[英]塞西尔·伍德翰姆-史密斯著:《南丁格尔传》,熊中贵等译,北京:人民卫生出版社 2000 年。

三联书店编辑部编:《寄自抗击"非典"一线的 56 封家书》,北京:生活·读书·新知三联书店 2003 年。

三〇二医院政治部编:《激战 106 个日夜:三〇二医院抗击非典纪实》,北京:解放军文艺出版社 2003 年。

[美]桑德·L.吉尔曼著:《健康与疾病——不同的图像》,庄欣译,济南:山东画报出版社 2008 年。

桑林等著:《瘟疫:文明的代价》,广州:广东经济出版社 2003 年。

[美]Scott Carney 著:《人体交易——探寻全球器官掮客、骨头小偷、血液农夫和儿童贩子的踪迹》,姚怡平译,台北:台湾麦田出版公司 2012 年。

[日]森村诚一著:《魔窟:日本细菌部队的可怕真相》,郑民钦译,北京:群众出版社 2004 年。

《恶魔的饱食——日本 731 细菌战部队揭秘》,骆为龙等译,北京:学苑出版社 2003 年。

《食人魔窟:第三部》,北京:群众出版社 1985 年。

《恶魔的饱食·第三集》,成宰等译,,长春:吉林人民出版社 1985 年。

《魔鬼的乐园》(三),关成和等译,,哈尔滨:黑龙江人民出版社 1985 年。

《魔鬼的乐园——关东军细菌战部队恐怖的真相》(续集),关成和等译,哈尔滨:黑龙江人民出版社 1984 年。

《魔鬼的乐园——关东军细菌战部队恐怖的真相》,关成和等译,哈尔滨:黑龙江人民出版社 1984 年。

《恶魔的暴行:关东军细菌战部队恐怖全貌》,刘宗和译,长沙:湖南人民出版社 1983 年。

《食人魔窟:第二部,日本关东军细菌战部队的战后秘史》,唐亚明等译,北京:群众出版社 1983 年。

《恶魔的饱食·续集》,正路译,长春:吉林人民出版社 1983 年。

《食人魔窟:日本关东军细菌战部队的恐怖内幕》,北京:群众出版社 1982 年。

沙博理等著:《马海德传——第一个到达延安的美国医生》,北京:中国青年出版社 1997 年。

沙东迅著:《揭开"8604"之谜——侵华日军在粤秘密进行细菌战大曝光》,北京:中国文史出版社 2005 年。

《侵华日军在粤细菌战和毒气战揭秘》,广州:广东高等教育出版社 2015 年。

［加拿大］莎朗·斯图尔特著：《不死鸟：诺尔曼·白求恩的一生》，柳青译，北京：中国青年出版社
　　2013 年。

沙莉等著：《艾滋病高危人群宽容策略实证调查》，昆明：云南大学出版社 2014 年。

［美］沙龙·莫勒姆等著：《病者生存：疾病如何延续人类寿命》，程纪莲译，北京：中信出版社 2018 年。

　　《病者生存》，邵毓敏译，南宁：广西科学技术出版社 2007 年。

山东省人民政府卫生厅编：《新法接生图解》，济南：新华书店山东总分店 1950 年。

山东省革命委员会卫生局编：《合作医疗好：介绍合作医疗、"赤脚医生"典型》，济南：山东人民出版社
　　1971 年。

陕黎明著：《中国农村卫生问题研究》，珠海：珠海出版社 2007 年。

［日］山崎丰子著：《白色巨塔》，娄美莲等译，南京：江苏人民出版社 2009 年。

　　《白色巨塔》，侯为译，青岛：青岛出版社 2014 年。

［日］山崎章郎著：《最后的尊严》，林真美译，上海：上海文化出版社 2001 年。

单书健等编著：《古今名医临证金鉴》，北京：中国中医药出版社 1999 年。

［日］山田庆儿著：《中国古代医学的形成》，廖育群等编译，台北：东大图书有限公司 1992/2003 年。

《古代东亚哲学与科技文化——山田庆儿论文集》，沈阳：辽宁教育出版社 1996 年。《黄帝内经》的成
　　立；中医学的历史与理论；中国古代的计量解剖学；名医的归宿。

［日］山田业广著：《素问次注集疏》（上、下），郭秀梅等注解，北京：学苑出版社 2004 年。

　　《金匮要略集注》，郭秀梅等点校，北京：学苑出版社 2009 年。

山西省革命委员会卫生局编：《合作医疗好》，太原：山西人民出版社 1975 年。

陕西省革命委员会卫生局编：《合作医疗根深叶茂》，西安：陕西人民出版社 1974 年。

山西省卫生厅编，王悦摄影：《众志成城送瘟神：2003 山西省抗击非典纪实》（摄影集），太原：山西人民
　　出版社 2003 年。

陕西卫生志编纂委员会办公室编：《药王孙思邈》，西安：陕西科学技术出版社 1990 年。

　　《陕甘宁边区医家传略》（第一辑：包含丁世芳、马海德、王斌、王光清、尤恩、史书翰等），西安：陕西
　　科学技术出版社 1990 年。

陕西省中医研究所文献医史研究室编：《伤寒金匮期刊文献研究索引（1950 — 1980）》，内部印发
　　1981 年。

单于德主编：《回族医药学简史》，西宁：宁夏人民出版社 2004 年。

上官悟尘著：《霍乱及痢疾》，北京：商务印书馆 1950 年。

上海出入境检验检疫局编著：《上海卫生检疫发展史》，上海：上海古籍出版社 2012 年。

　　《上海动植物检疫发展史》，上海：上海古籍出版社 2012 年。

　　《上海商品检验检疫发展史》，上海：上海古籍出版社 2012 年。

　　《中国卫生检疫发展史》，上海：上海古籍出版社 2013 年。

上海大学《SARS 与中国社会》课题组编：《SARS 与中国社会》，上海：上海大学出版社 2004 年。

上海第二医学院医疗系妇产科编：《农村妇女卫生讲演资料》，北京：科技卫生出版社 1959 年。

上海寄生虫病研究所著：《血吸虫病的防治》，上海：上海人民出版社 1975 年。

上海科学技术出版社编：《上海卫生先进单位的经验》，北京：科学技术出版社 1959 年。

上海人民出版社辑：《大力开展以除四害为中心的爱国卫生运动》，上海：上海人民出版社 1958 年。

～编：《合作医疗好：社会主义新声事物赞》，上海：上海人民出版社 1974 年。

《章太炎全集:医论集》,潘文奎校,上海:上海人民出版社2014年。

上海社会科学院经济研究所编:《龙腾虎跃八十年——上海中华制药厂厂史》,上海:上海社会科学院出版社1991年。

上海市残疾人联合会等主编:《智障人士社会融合的理论与实践》,上海:华东师范大学出版社2007年。

上海市嘉定区红十字会编:《嘉定红十字历史编年实录(1918—2013)》(上、下),合肥:合肥工业大学出版社2014年。

上海市浦东新区政协学习和文史委员会等编印:《浦东新区政协文史丛书之二十二:李书平档案资料选编》,内部发行2014年。

上海市青浦区赵巷镇文体中心等编:《何承志口述何氏世医1000年》,上海:上海人民出版社2018年。

上海市人民政府卫生局编:《妇幼卫生常识》,上海:华东医务生活社1953年。

上海市卫生局党委宣传部编:《一代医魂白求恩》,上海:上海交通大学出版社1990年。

上海市医务工会编:《白衣天使的奉献——2003年医务人员抗击非典纪实》,内部印发2003年。

上海市医药公司等编著:《上海近代西药行业史》,上海:上海社会科学院出版社1988年。

上海通志馆编:《上海防疫史鉴》,上海:上海科学普及出版社2003年。

《上海卫生工作丛书》编委会编:《上海卫生(1949—1983)》,上海:上海科学技术出版社1986年。

《上海医科大学纪事》编纂委员会编:《上海医科大学纪事(1927—2000)》,上海:复旦大学出版社2005年。

《上海医药志》编纂委员会编:《上海医药志》,上海:上海社会科学院出版社1997年。

上海中医学院编:《近代中医流派经验选集》,上海:上海科学技术出版社1962年。

上海中医学院历史博物馆编:《五十年来针灸文献(中文)索引(1908—1958)》,上海:上海科学技术出版社1960年。

《针灸文献索引(1959—1965)》,内部印发1972年。

《中文医史文献索引(1792—1980)》,内部印行1986年。

上海中医学院中医文献研究所主编:《历代中医珍本集成》,上海:上海三联书店1990年。

上海中医药博物馆编:《上海中医药博物馆馆藏珍品》,上海:上海科学技术出版社2013年。

上海中医药大学主编:《近代中医流派经验选集》(第三版),上海:上海科学技术出版社2011年。

尚汉冀等著:《老年人群疾病与医疗保障》,上海:复旦大学出版社2009年。

尚启东撰辑:《华佗考》,合肥:安徽科学技术出版社2005年。

尚儒彪编著:《武当道教医药》,北京:中国地图出版社2006年。

尚泽冀等编:《中国健康保险与医疗保障体系改革:统计分析研究》,上海:复旦大学出版社2008年。

尚智丛著:《传教士与西学东渐》,太原:山西教育出版社2008年。

尚志钧等著:《历代中药文献精华》,北京:科学技术文献出版社1989年。

～撰,尚元胜、尚元藕整理:《中国本草要籍考》,合肥:安徽科学技术出版社2009年。

～著:《本草人生》,北京:中国中医药出版社2010年。

邵丹著:《人类的恐慌》,北京:中国电影出版社2004年。

邵汉明著:《中国哲学与养生》,长春:吉林人民出版社2001年。

邵金远著:《近代豫北医学传教史研究》,北京:科学出版社2015年。

邵康蔚著:《医海夜话》,中华医学会福建分会1999年。

《诗海医话》,中华医学会福建分会2003年。

邵全海著：《万里奔波为正义——王选为细菌战受害者呐喊 20 年》，杭州：浙江摄影出版社 2015 年。

邵学杰著：《医疗革命——医学数据挖掘的理论与实践》，北京：电子工业出版社 2016 年。

佘靖编著：《20 世纪中国传统医药》，北京：中医古籍出版社 2002 年。

［美］舍曼·富兰德等著：《卫生经济学》（第六版），北京：中国人民大学出版社 2011 年。

［美］舍温·B. 纽兰德著：《医生曾经"惹"瘟疫：细菌，产褥热和伊戈奈克·赛麦尔威斯的奇异故事》，侯明君译，长沙：湖南科学技术出版社 2006 年。

［美］舍温·B. 努兰著：《死亡的脸：耶鲁大学努兰医生的 12 堂死亡课》，杨慕华译，北京：中信出版社 2019 年。

《生命之书：外科医生的生命手记》，林文斌等译，北京：中信出版社 2019 年。

《死亡之书：外科医生的死亡手记》，杨慕华译，北京：中信出版社 2019 年。

《蛇杖的传人：西方名医列传》，杨逸鸿等译，杭州：浙江大学出版社 2017 年。

佘志超编著：《人类历史上的十大瘟疫》，北京：金盾出版社 2003 年。

申宝忠等主编：《医疗卫生绿皮书：中国医疗卫生发展报告 No.6（2013—2014）》，北京：社会科学文献出版社 2014 年。

沈博文主编：《历史不会忘记：中国医学科学院阜外心血管病医院 2003 抗击非典战役纪实）》，北京：西苑出版社 2003 年。

申凤鸣总纂：《邯郸市抗击非典志：2003》，石家庄：河北人民出版社 2004 年。

沈干一著：《中医浅说》，上海：商务印书馆 1935 年。

沈海梅主编：《医学人类学视野下的毒品、艾滋病与边疆社会》，昆明：云南大学出版社 2010 年。

沈洪瑞等主编：《中国历代名医医话大观》，太原：山西科学技术出版社 1996 年。

沈慧君等著：《微观探幽：X 射线与显微术》，上海：上海科技教育出版社 2000 年。

沈迦著：《寻找·苏慧廉：传教士和近代中国》，北京：新星出版社 2013 年。包含：神医苏慧廉；城西小诊所；定理医院；温州撞了瘟神；温州医事；外国包医生等。

《一条开往中国的船：赴华传教士的家国回忆》（《寻找·苏慧廉》续篇），北京：新星出版社 2016 年。

申金仓著：《悬壶人生——姜素椿传》，北京：解放军文艺出版社 2005 年。

沈勤著：《我国社会医疗保险基金的偿付与费用控制研究》，上海：上海交通大学出版社 2016 年。

沈庆法著：《红楼医事》，上海：上海书店出版社 1998 年。

沈荣煊主编：《广东鼠疫》，广州：广东科技出版社 2005 年。

沈睿文著：《安禄山服散考》，上海：上海古籍出版社 2015 年。

沈绍功等主编：《中医心病治法大全》，北京：中国中医药出版社 2005 年。

沈世勇著：《社会医疗保险基金收支的可持续性透析：从量的提升到质的思考》，上海：上海交通大学出版社 2014 年。

沈寿著：《导引养生图说》，北京：人民体育出版社 1992 年。

沈寿文著：《政策与法制：农村合作医疗制度演进浅论》，北京：中国社会科学出版社 2007 年。

《以制度治病：法学视野中的云南农村合作医疗》，昆明：云南大学出版社 2008 年。

沈澍农著：《中医古籍用字研究》，北京：学苑出版社 2007 年。

～等著：《中医经典古籍导读：难经导读》，北京：人民军医出版社 2008 年。

～主编：《敦煌吐鲁番医药文献新辑校》，北京：高等教育出版社 2017 年。

［日］深町英夫著：《教养身体的政治：中国国民党的新生活运动》，北京：生活·读书·新知三联书店

2017 年。

申维辰等主编:《民族魂:抗非典之歌》,太原:山西人民出版社 2003 年。

沈伟东著:《医界春秋:1926—1937——民国中医变局中的人和事》,桂林:广西师范大学出版社 2011 年。

《中医往事:1910—1949,民国中医期刊研究》,北京:商务印书馆 2012 年。

申文江主编:《21 世纪医学》,北京:北京科学技术出版社 2000 年。

沈阳市人民政府地方志办公室编著:《沈阳抗击非典日志:癸未春夏》,沈阳:沈阳出版社 2004 年。

沈阳医学院校史编纂委员会编:《红色医生的摇篮》,沈阳:辽宁人民出版社 1961 年。

沈英森主编:《岭南中医》(含清末民国的女医生),广州:广东人民出版社 2000 年。

沈雨梧著:《清代女科学家》,杭州:浙江教育出版社 2011 年。

深圳市史办公室编:《欲火重生:深圳市 2003 春夏抗击非典全记录》,内部印发 2003 年。

生命医疗史研究室主编:《中国史新论:医疗史分册》,台湾:联经出版公司 2015 年。

盛昕等著:《流动人口医疗保障的社会学研究》,北京:中国社会科学出版社 2015 年。

盛亦如等主编:《中医教育思想史》,北京:中国中医药出版社 2005 年。

盛增秀等编写:《中西医汇通研究精华》,上海:上海中医学院出版社 1993 年。

～等主编:《中医治疫名论名方名案》,北京:人民卫生出版社 2006 年。

石川光照著:《医学史话》,沐绍良译,上海:商务印书馆 1937 年。

施德芬著:《医护界开道伟人略传》,刘干卿编译,上海:广协书局 1941 年。

《护病历史大纲》(第 5 版),刘干卿译,上海:广协书局 1947 年。

[美]史蒂夫·德·沙泽尔等著:《超越奇迹——焦点解决短期治疗》,雷秀雅等译,重庆:重庆大学出版社 2015 年。

[英]史蒂芬·约翰逊著:《死亡地图:伦敦瘟疫如何重塑今天的城市和世界》,熊亭玉译,北京:电子工业出版社 2017 年。

[英]史蒂夫·帕克著:《DK 医学史——从巫术、针灸到基因编辑》,李虎译,北京:中信出版集团 2019 年。

石光著:《中国卫生资源配置的制度经济学研究》,北京:中国社会出版社 2007 年。

时光校注:《伊利汗中国科技珍宝书校注》,北京:北京大学出版社 2016 年。

石光树等主编:《岁月如歌 史如峰》(文史卷[记录农工党 70 年发展史]),北京:中国医药科技出版社 2007 年。

石国壁等编著:《中医在美国——石国壁、张秀娟在美国行医验案择录》,北京:人民卫生出版社 2009 年。

史红帅著:《近代西方人在西安的活动及其影响研究(1840—1949)》,北京:科学出版社 2018 年。第一章第三节"二、近代西方人为西安民众诊疾治病";第五章"近代西方人在西安的医疗活动及其影响"。

[日]石户谷勉撰:《中国北部之药草》,上海:商务印书馆 1950 年。

史纪著:《我是医生不是人:副主任医师口述实录》(长篇纪实小说),北京:中国检查出版社 2010 年。

《妇产科医生》(全面揭开中国民营医疗机构妇产科层层黑幕),武汉:武汉出版社 2011 年。

史及伟主编:《SARS 后的反思》,北京:中央文献出版社 2003 年。

施建祥著:《中国医疗保险发展模式论》,北京:中国物价出版社 2003 年。

史杰主编:《北京市基本医疗保险药品目录及法规汇编(2003 年版)》,北京:化学工业出版社 2003 年。

世界卫生组织编:《传统医学和卫生保健工作》,方廷钰等译,北京:人民卫生出版社 1985 年。

《社会健康保险计划指导手册》,查尔斯·诺曼德著,王书城等译,北京:经济科学出版社 1996 年。

《1997 年世界卫生报告:征服疾病,造福人类》,北京:人民卫生出版社 1998 年。

《2000 年世界卫生报告》,王汝宽等译,北京:人民卫生出版社 2000 年。

《卫生系统:改进业绩》,北京:人民卫生出版社 2000 年。

《卫生系统筹资:实现全民覆盖的道路》,北京:人民卫生出版社 2010 年。

《感染、毒品和吸烟:公共卫生案例实录》,平浩主译,北京:人民卫生出版社 2014 年。

世界银行著:《1993 年世界发展报告:投资于健康》,北京:中国财政经济出版社 1993 年。

《中国:卫生模式转变中的长远问题与对策》,李燕生等译,北京:中国财政经济出版社 1994 年。

《卫生保健筹资:中国的问题与选择》,北京:中国财政经济出版社 1998 年。

世界银行中蒙局环境等编:《中国:卫生模式转变中的长远问题与对策》,李燕生等译,北京:中国财政经济出版社 1994 年。

世界知识出版社编:《中国在行动——援非抗击埃博拉疫情纪实》,北京:世界知识出版社 2015 年。

[日]室井一辰著:《100 种过度医疗大公开》,初相娟等译,上海:上海交通大学出版社 2015 年。

史考尔著:《疯癫文明史——从疯人院到精神医学,一部 2000 年人类精神生活全史》,梅苃芒译,台湾:台湾猫头鹰出版公司 2018 年。

[美]施康妮著:《康成与石美玉在中国的行医生涯:论性别、种族与民族的跨文化边界》,程文等译,北京:科学出版社 2017 年。

史兰华等编:《中国传统医学史》,北京:科学技术出版社 1992 年。

～等主编:《扁鹊仓公王叔和志》,济南:山东人民城市 2009 年。

史立臣著:《医药企业转型升级战略》,北京:中华工商联合出版社 2016 年。

史丽萍等著:《新型农村合作医疗读本》,西安:陕西科学技术出版社 2007 年。

石历闻等编写:《中医医史文献学科基本术语》,上海:上海中医药大学出版社 2005 年。

史泠歌著:《宋代皇帝的疾病、医疗与政治》,保定:河北大学出版社 2013 年。

施路华主编:《云南中等医学教育史》,昆明:云南科技出版社 1997 年。

史录文等主编:《中国儿童用药立法研究》,北京:中国协和医科大学出版社 2017 年。

～主编:《药品价格形成机制研究》,北京:中国协和医科大学出版社 2017 年。

《国家基本药物制度研究与探索》,北京:中国协和医科大学出版社 2017 年。

施侣元主编:《旅行病学词典》,北京:科学出版社 2001 年。

施培武主编:《浙江麻风防治 60 年(1951—2011)》,杭州:浙江科学技术出版社 2011 年。

施杞主编:《上海历代名医方技集成》,上海:学林出版社 1994 年。

《中医骨伤科学》,北京:中国中医药出版社 2005 年。

施若霖著:《中国古代的医学家》,北京:科技卫生出版社 1958 年。

史世勤著:《中医传日史略》,武汉:华中师范大学出版社 1991 年。

[美]史提夫·希伯曼著:《自闭群体——从我们如何治疗异数,走到多元接纳》(上、下),朱怡康译,台湾:台湾行路出版公司 2016 年。

石学敏主编:《中国针灸奇术》,天津:天津科技翻译出版公司 1992 年。

～编著:《中医纲目》(上、下),北京:人民日报出版社 1993 年。

～等主编:《国际针灸教育》,北京:中国中医药出版社 2006 年。

《中医内科学》,北京:中国中医药出版社 2009 年。

施亚利著:《江苏省血吸虫病防治运动研究(1949—1966)》,合肥:合肥工业大学出版社 2015 年。

释永信等主编:《中国佛教医药全书》,北京:中国书店 2011 年。

史宇广主编:《中国中医机构志》,北京:中医古籍出版社 1989 年。

《中国中医人名辞典》,北京:中医古籍出版社 1991 年。

史云政等主编:《大医大爱祭汶川》(昆明总医院抗震救灾纪实),北京:军事医学科学出版社 2008 年。

史展等主编:《拯救人类的医学发现》,北京:军事医学科学出版社 2013 年。

史志诚著:《毒物简史》,北京:北京出版社 2012 年。

史仲序主编:《中国医学史》,台北:正中书局 1984 年。

舒忠民主编:《鄂州中医志》,武汉:湖北科学技术出版社 2006 年。

睡虎地秦墓竹简整理小组编:《睡虎地秦墓竹简》,北京:文物出版社 1990 年。

水银著:《宁波鼠疫纪实》,宁波:宁波出版社 2015 年。

四川好医生药业集团编:《5·12 汶川——大爱无疆全国医院系统抗震救灾实录珍藏册》,内部印发 2008 年。

四川省非典型肺炎防治工作领导小组办公室编:《人民的胜利——四川省抗击"非典"工作纪实》(画册),内部印发 2003 年。

四川省卫生和计划生育委员会编:《四川卫生健康统计年鉴 2017》,成都:西南交通大学出版社 2018 年。

四川省寄生虫病防治研究所编:《防治血吸虫病》,成都:四川人民出版社 1972 年。

四川省卫生局编:《让合作医疗遍地开花》,成都:四川人民出版社 1975 年。

四川省卫生厅等编:《解放战争时期第二野战军预防医学的实践经验》,成都:四川省科学技术情报研究所印刷厂 1986 年。

[加]斯蒂芬·J. 海涅著:《基因与命运:什么在影响我们的信念、行为和生活》,高见等译,北京:中信出版社 2019 年。

[美]斯蒂芬·吉利根著:《艾瑞克森催眠治疗理论》,王峻等译,北京:世界图书出版公司 2007 年。

[美]斯蒂芬·M.肖著:《卫生管理学》(第 4 版),王健译,北京:北京医科大学出版社 2005 年。

[英]斯蒂芬·奈德尔主编:《抗肿瘤药物设计与发现》(原著第二版),盛春泉等译,北京:化学工业出版社 2017 年。

[美]斯蒂芬·申弗编著:《医疗大趋势——明日医学》,杨进刚译,北京:科学出版社 2009 年。

[英]斯蒂芬·韦斯塔比著:《打开一颗心:一位心外科医生手术台前的生死故事》,高天羽译,桂林:广西师范大学出版社 2018 年。

司法部司法鉴定科学技术研究等编著:《医疗纠纷的鉴定与防范》,北京:科学出版社 2017 年。

[美]斯科特·伯里斯等主编:《中国卫生法前沿问题研究》,北京:北京大学出版社 2005 年。

[美]斯科特·卡尼著:《人体交易》,姚怡平译,北京:中国致公出版社 2013 年。

司马干著:《器官猎人:遗失在非洲的心脏》,昆明:云南人民出版社 2012 年。

[意]斯特凡诺·祖菲著:《图解欧洲艺术史:16 世纪(文艺复兴、威尼斯、拉斐尔与解剖学)》,姜奕晖译,北京:北京联合出版公司 2017 年。

[英]斯特里特·费尔德著:《可卡因传奇》,余静译,北京:中信出版社 2005 年。

[英]斯蒂芬·韦斯塔比著:《打开一颗心——一位心外科医生手术台前的生死故事》,高天羽译,桂林:广西师范大学出版社 2018 年。

司徒惠康总纂，叶永文等撰修：《国防医学院院史正编》，台湾：五南图书出版公司 2014 年。

姒元翼主编：《中国医学史》，北京：人民卫生出版社 1984 年。

［美］S.K.图姆斯著：《病患的意义——医生和病人不同观点的现象学讨论》，邱鸿钟等译，青岛：青岛出版社 2000 年。

［日］松本草平等著：《诺门罕，日本第一次战败：一个原日本关东军军医的战争回忆录》，李兆晖译，济南：山东人民出版社 2005 年。

宋超主编：《上海人民难忘：抗击非典的日日夜夜》，上海：上海人民出版社 2003 年。

宋春生等主编：《古代中医药名家的学术思想与认识论》，北京：科学出版社 2011 年。

宋慈撰：《洗冤集录译注》，随捷等译注，上海：上海古籍出版社 2010 年。

宋光锐著：《李时珍和蕲州》，武汉：武汉出版社 2001 年。

宋广舜等主编：《环境医学》，天津：天津科学技术出版社 1987 年。

宋家珩主编：《加拿大传教士在中国》，北京：东方出版社 1995 年。包含：惠民医院与西医在卫辉一带的传播；广生医院与安阳的医疗事业；长老会著名医疗传教士罗光普等。

宋立新等著：《突破 SARS 重围：危机的应对与处理》，北京：科学技术文献出版社 2004 年。

《诺贝尔生理学或医学奖与人类文化》，北京：中国科学技术出版社 2016 年。

宋连仲等主编：《国外医疗保险制度比较研究》，北京：北京医科大学中国协和医科大学联合出版社 1994 年。

宋乃光主编：《传统运动疗法》，北京：中国中医药出版社 2001 年。

《刘完素医学全书》，北京：中国中医药出版社 2006 年。

～等主编：《中医疫病学》，北京：人民卫生出版社 2004 年。

宋瑞霖主编：《突发公共卫生事件应急条例传染性非典型肺炎防治管理办法问答》，北京：中国法制出版社 2003 年。

宋世斌著：《我国医疗保障体系的债务风险及可持续性评估》，北京：经济管理出版社 2009 年。

宋书功编著：《中国古代房室养生集要》，北京：中国医药科技出版社 1991 年。

宋顺鹏主编：《辽宁麻风史》，沈阳：辽宁科学技术出版社 2016 年。

宋文质主编：《卫生法学》，北京：北京大学医学出版社 2005 年。

宋岘著：《回回药方考释》，北京：中华书局 2000 年。

《古代波斯医学与中国》，北京：经济日报出版社 2001 年。

宋兆麟著：《巫觋——人与鬼神之间》，北京：学苑出版社 2001 年。

宋珍民著：《历史真实之孙思邈——孙思邈新证》，西安：第四军医大学出版社 2017 年。

宋正海等主编：《中国古代自然灾异动态分析》，合肥：安徽教育出版社 2002 年。

《中国古代自然灾异相关性年表总汇》，合肥：安徽教育出版社 2002 年。

《中国古代自然灾异群发期》，合肥：安徽教育出版社 2002 年。

宋志超等著：《爱国卫生运动》，北京：人民卫生出版社 1953 年。

［加拿大］Sonya Grypma（盖艾帕玛）著：《行医河南：华北使团加拿大护士在 1888—1947》，张新中等译，郑州：河南人民出版社 2015 年。

［英］Steve Parker 著：《人体：人体结构、功能和疾病》，左焕琛译，上海：上海科学技术出版社 2010 年。

Stuart O.Schweitzer 著：《药物经济与政策》（第 2 版），曾渝等译，人民卫生出版社 2014 年。

苏菲著：《我的丈夫马海德》，北京：作家出版社 2015 年。

苏菲亚·布朗等著,《细胞记忆——揭开前世今生超连接、业障病、细胞灵魂记忆的惊人秘密》,台湾:人本自然文化专业优先公司 2004 年。

苏继新编:《山西省中药材学校介绍》(中国药学年鉴 1987 年卷),北京:人民卫生出版社 1988 年。

苏佳灿等主编:《医学不能承受之重:身体与疾病、死亡与生命、患者与医生,我们无法回避的话题》,上海:上海科学技术出版社 2017 年。

苏精著:《西医来华十记》,台湾:元华文创股份有限公司 2019 年。

《仁济济人:仁济医院早期故事》,上海:上海交通大学出版社 2019 年。

苏克福等主编:《苏颂与《本草图经》研究》,长春:长春出版社 1991 年。

苏利编著:《人类与传染病的较量》,南京:江苏人民出版社 2003 年。

苏丽娜:《丁济万医案》,上海:上海科学技术出版社 2010 年。

[苏联]联保健部中央卫生教育研究所编:《苏联卫生教育》,邵循道等译,内部发行 1957 年。

[苏联]外国文书籍出版局印行:《前日本陆军军人因准备和使用细菌武器被控案审判材料》,莫斯科:外国文书籍出版局 1950 年。

苏诺著:《菩提树下的藏医学和蒙古医学》,北京:民族出版社 2001 年。

苏平著:《马海德的故事——中国人民的朋友》,石家庄:河北少年儿童出版社 1996 年。

～等著:《马海德》,沈阳:辽宁人民出版社 1990 年。

[英]苏珊·奥尔德里奇著:《21 世纪科学前沿:艾滋病》,张婷婷译,北京:华夏出版社 2013 年。

《话说医学》,曹菁译,北京:北京大学出版社 2010 年。

《神奇的分子——药物是如何起作用的》,黄曜等译,上海:复旦大学出版社 2001 年。

[美]苏珊·麦克丹尼尔等著:《爱的功课——病人、家属和治疗师的故事》,杨淑智等译,太原:希望出版社 2010 年。

[美]苏珊·桑塔格著:《疾病的隐喻》,程巍译,上海:上海译文出版社 2014 年。

苏上豪著:《开膛史》,北京:中信出版社 2014 年。

《疯狂的医学:从野蛮到文明的另类医学进化史》,北京:现代出版社 2015 年。

《黑暗医疗史——从野蛮到文明的另类医学进化史》,北京:现代出版社 2016 年。

肃慎著:《给帝王把脉:行走在宫廷的御医们》,南京:凤凰出版社 2010 年。

苏拾莹著:《穷鬼翻身:五洲制药董事长吴先旺的发迹传奇》,台北:商周出版社 2006 年。

苏颖著:《〈本草图经〉研究》,北京:人民卫生出版社 2011 年。

～等编著:《明清医家论温疫》,北京:中国中医药出版社 2013 年。

苏玉菊:《"新公共卫生"法律规制模式研究:基于治理的视角》,北京:法律出版社 2015 年。

苏祖斐编著:《儿童时期的血吸虫病》,北京:科技卫生出版社 1958 年。

隋国庆编著:《从本草到生物导弹:人类医药的创新》,长沙:湖南科学技术出版社 2010 年。

孙柏秋主编:《百年红十字》,合肥:安徽人民出版社 2003 年。

孙炳耀主编:《当代英国瑞典社会保障制度》,北京:法律出版社 2000 年。

孙长青著:《城乡基本医疗保障服务均等化与福利分配效应研究》,北京:中国经济出版社有限公司 2018 年。

Dianjun Sun 等编:《Epidemic Diseases in China(中国公共卫生:地方病防治实践)》(英文版),北京:人民卫生出版社 2017 年。

孙广仁主编:《中国古代哲学与中医学》,北京:人民卫生出版社 2009 年。

孙红等主编：《医学人文案例精粹》，北京：人民卫生出版社 2011 年。

孙红家编校：《伯力城审判：沉默半个世纪的证言》（对日军细菌战的审判），北京：九州出版社 2005 年。

孙怀骐等编著：《晚期血吸虫病中医疗法》，北京：人民卫生出版社 1959 年。

孙辉编：《威海市新型合作医疗与公众健康》，济南：山东大学出版社 2007 年。

孙济平主编：《毛南族医药》，贵阳：贵州民族出版社 2006 年。

孙静洋主编：《西方医学史：医学英语学习辅助教材》，杭州：浙江大学出版社 2012 年。

孙俊主编：《输血服务蓝皮书：中国输血行业发展报告（2018）》，北京：社会科学文献出版社 2018 年。

孙可兴著：《〈黄帝内经〉之辩：中医思维方法探原》，郑州：郑州大学出版社 2017 年。

孙立群等著：《千古中医故事》，重庆：重庆出版社 2008 年。

孙翎著：《中国社会医疗保险基金运行——基于地区差异的研究》，北京：经济管理出版社 2015 年。

孙灵芝著：《明清香药史研究》，北京：中国书籍出版社 2018 年。

孙隆椿主编：《毛泽东卫生思想研究论丛》（上、下），北京：人民卫生出版社 1998 年。

孙梅著：《危机管理：突发公共卫生事件应急处置问题与策略》，上海：复旦大学出版社 2013 年。

孙明德主编，中国人民解放军总后勤部编：《中国人民解放军护理发展简史》，北京：人民军医出版社 1995 年。

孙沐寒著：《中国计划生育史稿》，长春：北方妇女儿童出版社 1987 年。

孙慕义著：《后现代卫生经济伦理学》，北京：人民出版社 1999 年。

孙慕义等编著：《医院伦理学》，哈尔滨：黑龙江教育出版社 1996 年。

孙茹编著：《血液循环的发现者：哈维的故事》，广州：广东教育出版社 2004 年。

孙绍裘等主编：《中医骨伤科发展简史》，北京：人民军医出版社 2015 年。

孙淑云著：《乡镇卫生院改革的政策法律研究》，北京：中国法制出版社 2007 年。

孙淑云等著：《新型农村合作医疗制度的规范化与立法研究》，北京：法律出版社 2009 年。

孙松生等主编，孙梅生等编著：《孙朝宗中医世家经验辑要》，西安：陕西科学技术出版社 2004 年。

孙贤理等著：《北京市卫生防疫继往开来十五年（1998—2012）》，北京：人民卫生出版社 2014 年。

孙晓明著：《发达国家和地区医疗体制与保险制度》，上海：上海科学技术出版社 2005 年；（第 2 版），上海：上海科学技术出版社 2012 年。

孙肖平著：《红缎带：艾滋病百态录》，合肥：安徽人民出版社 1996 年。

孙晓云著：《国际人权法视域下的健康权保护研究》，北京：光明日报出版社 2011 年。

孙逊等主编：《中国健康城市发展报告 2016》，北京：中国社会科学出版社 2017 年。

孙轶飞著：《照进角落的光：行走在远古到中世纪的医学》，北京：人民卫生出版社 2018 年。

孙颖浩主编：《中国人民解放军泌尿外科史画册》，北京：人民军医出版社 2013 年。

孙渝主编：《法眼看"非典"》，拉萨：西藏人民出版社 2003 年。

孙增坤：《召回医学之魂——何裕民教授医学人文杂谈》，上海：上海科学技术出版社 2014 年。

孙志宏撰：《简明医彀》，北京：人民卫生出版社 1984 年。

孙中堂等著：《悬壶济世：医学与养生》，南京：江苏人民出版社 2017 年。

孙周著：《废墟上的蓝马甲：廖新波和广东医疗队的汶川传奇》，广州：南方日报出版社 2008 年。

索代等编著：《拉卜楞藏医概述》，兰州：甘肃民族出版社 2004 年。

锁凌燕著：《转型期中国医疗保险体系中的政府与市场》，北京：北京大学出版社 2010 年。

［丹］索伦·克尔凯郭尔著：《致死的疾病——为了使人受教益和得醒悟而做的基督教心理学解说》，张

祥龙等译,北京:中国工人出版社 1997 年。

索延昌主编:《京城国医谱》,北京:中国医药科技出版社 2000 年。

T

[美]塔拉·L.舒恩门等著:《艾滋病病毒与艾滋病》,程亦赤译,贵阳:贵州人民出版社 2005 年 。

[美]塔马斯·巴特菲等著:《药物发现:从病床到华尔街》,王明伟译,北京:科学出版社 2010 年。

[美]泰·博林杰著:《癌症的真相》,胡尧译,北京:天地出版社 2018 年。

[加拿大]泰德·阿兰著:《手术刀就是武器——白求恩传》,巫宁坤译,上海:上海文艺出版社 2005 年。

[宋]太平惠民和剂局,刘景源整理:《太平惠民和剂局方》,北京:人民卫生出版社 2007 年。

台湾医药卫生总览编辑委员会编:《台湾医药卫生总览》,台北:医药新闻社 1972 年。

台中市关怀协会编:《乳癌纪实——活着真好》,台北:台湾商务印书馆 2007 年。

[美]Tamas Bartfai 等著:《药物发现的未来:谁来决定治疗哪些疾病?》,王明伟译,北京:科学出版社 2014 年。

谭波主编:《国医启蒙系列 中医史上的那些人与事儿》,北京:中国医药科技出版社 2018 年。

谭春雨著:《中医发生学探微》,北京:中国中医药出版社 2013 年。

谭光辉著:《症状的症状:疾病隐喻与中国现代小说》,北京:中国社会科学出版社 2007 年。

谭后锋编著:《病有所医的回望——贵州民族医药卫生事业发展历程》,成都:电子科技大学出版社 2011 年。

谈家桢等主编:《中国遗传学史》,上海:上海科技教育出版社 2002 年。

谭健锹著:《病榻上的龙——现代医学破解千年历史疑案,从晋景公到清嘉庆 25 位帝王病历首度揭秘》,北京:中华书局 2014 年。

《疫警时空:那些纠缠名人的传染病》,北京:读书·生活·新知三联书店 2016 年。

谭克俭等编:《新型农村合作医疗理论与实践研究》,北京:中国社会出版社 2007 年。

谭树林著:《马礼逊与中西文化交流》,北京:中国美术出版社 2004 年。

《美国传教士伯驾在华活动研究》,北京:群言出版社 2010 年。

《英国东印度公司与澳门》,广州:广东人民出版社 2010 年。第五章 英国东印度公司一生在澳的医疗活动与西医东渐。

《传教士与中西文化交流》,北京:生活·读书·新知三联书店 2013 年。

谭先杰著:《见证:一个协和医生的温情记录》,北京:中华医学电子音像出版社 2018 年。

谭晓东等著:《长江江滩汉口段血吸虫病工程防治研究》,武汉:华中科技大学出版社有限责任公司 2017 年。

谭晓婷著:《新型农村合作医疗制度的收入分配效应研究》,北京:经济管理出版社 2012 年。

潭新华等主编:《中医外科学》,北京:中国中医药出版社 2000 年。

覃迅云等主编:《中国瑶医学》,北京:民族出版社 2001 年。

谭元亨编著:《日军细菌战:黑色"波字 8604"——来自东方奥斯威辛的追诉》,广州:南方日报出版社 2005 年。

谭志云等编著:《南京卫生小史》,南京:东南大学出版社 2012 年。

[日]汤本求真著:《皇汉医学》,周子叙译,北京:中国中医药出版社 2012 年。

汤耿民主编:《秘传伤科方书》,北京:中国中医药出版社 1997 年。

汤耿民编:《秘传伤科方书八种》,北京:中国医药出版社 2012 年。

唐健元主编:《美国药品监管启示》,中国医药科技出版社 2018 年。

汤林华主编:《全球基金疟疾项目中国高传播区疟疾控制资料汇编》,北京:九州出版社 2009 年。

《输入性疟疾的诊治与管理》,上海:上海科学技术出版社 2010 年。

~等主编:《中国疟疾的控制与消除》,上海:上海科学技术出版社 2013 年。

唐略著:《思考中药——纯中医思维下的方药入门》,北京:学苑出版社 2017 年。

唐明著:《解读人体——生理现象及机制》,上海:上海科技教育出版社 2001 年。

唐明邦著:《李时珍评传》,南京:南京大学出版社 1991 年。

[英]汤姆·布莱克特等著:《品牌药品——品牌管理在制药行业中的作用》,赵鲁勇等译,上海:复旦大学出版社 2003 年。

[美]唐纳德·邦迪等著:《重新思考学校供餐计划》,北京:人民出版社 2010 年。

[美]唐纳德·霍普金斯著:《天国之花——瘟疫的文化史》,沈跃明等译,上海:上海人民出版社 2006 年。

[美]唐娜·玛维等著:《移动医疗:智能化医疗时代的来临》,王振湘等译,北京:机械工业出版社 2016 年。

唐韧著:《中医跨文化传播:中医术语翻译的修辞和语言挑战》,北京:科学出版社 2015 年。

唐廷猷著:《中国药业史》北京:中国医药科技出版社 2001 年;(第 2 版)北京:中国医药科技出版社 2007 年;(第 3 版),北京:中国医药科技出版社 2013 年。

唐渭源著:《海普之光:上海海普药厂厂史》,上海:上海社会科学院出版社 1991 年。

唐鑫著:《北京抗击非典纪实》,北京:中共中央党校出版社 2003 年。

唐旭辉著:《农村医疗保障制度研究》,成都:西南财经大学出版社 2006 年。

唐云著:《走近中医——对生命和疾病的全新探索》,桂林:广西师范大学出版社 2004 年。

唐芸霞著:《商业健康保险发展研究——基于医疗保障制度背景》,北京:世界图书出版公司 2011 年。

汤钊猷著:《西学中,创中国新医学——西医院士的中西医结合观》,上海:上海科学技术出版社 2018 年。

唐中君著:《病人参与医疗的理论与实证研究》,北京:经济管理出版社 2014 年。

唐祖宣编著:《我为中医五十年》,北京:中医古籍出版社 2009 年。

陶广正等著:《文物考古与中医学》,北京:中国中医药出版社 2017 年。

陶汉华等主编:《中医病因病机学》,北京:中国医药科技出版社 2002 年。

陶晓华等编著:《佛医人物传略》,北京:学苑出版社 2014 年。

陶意传等主编:《初级卫生保健管理》,上海:上海科学技术出版社 1992 年。

陶义训等编译:《针灸疗法国外文献集锦》,上海:上海卫生出版社 1956 年。

陶御风等著:《历代笔记医事别录》,天津:天津科学技术出版社 1988 年。

~主编:《笔记杂著医事别录》,北京:人民卫生出版社 2006 年。

~等著:《中国传统医学漫话》,上海:上海教育出版社 2008 年。

[美]T. Colin Campbell 等著:《中古健康调查报告——营养学有史以来最全面的调查》,张宇晖译,长春:吉林文史出版社 2006 年。

[英]Theresa Marteau 等主编:《麻烦的双螺旋:新人类遗传学的社会和心理含义》,邱仁宗等译,长沙:湖南科学技术出版社 2003 年。

[美]Thomas N. Seyfried 著:《癌症是一种代谢病——论癌症的起源、治疗与预防》,成长等译,北京:科学出版社 2018 年。

[美]Thomas H. Lee(托马斯·H·李)著:《从医生到医学泰斗:尤金·布劳恩瓦尔德与现代医学的兴起》,李文良译,上海:上海科学技术出版社 2019 年。

惕尔尼著:《外科的历史:手术、西方医学教育、以及医疗照护制度的演进》,潘震泽等译,台北:天下文化出版 2016 年。

田刚等著:《20 世纪 30 年代苏区卫生防疫研究》,北京:中国财富出版社 2016 年。

田华咏等编著:《湖南民族医学史》,北京:中医古籍出版社 2009 年。

《中国苗医史》,北京:中医古籍出版社 2008 年。

《土家族医药学》,北京:中医古籍出版社 1994 年。

～主编:《土家族医学史》,北京:中医古籍出版社 2005 年。

田吉顺著:《医生是怎么看病的》,青岛:青岛出版社 2015 年。

《产科男医生手记:一场关于现代医疗和医患关系的内心告白》,杭州:浙江大学出版社 2019 年。

天津市爱国卫生运动委员会编:《把除四害讲卫生运动推向新的高峰》,天津:天津人民出版社 1958 年。

田敬国主编:《云南医药卫生简史》,昆明:云南科技出版社 1987 年。

[美]T.柯林·坎贝尔等著:《救命饮食:中国健康调查报告》,吕奕欣等译,北京:中信出版社 2011 年。

田柳主编:《江阴历史文化丛书 江阴杏林春秋》,上海:上海古籍出版社 2011 年。

田森著:《马海德》,北京:生活.读书.新知三联书店 1982 年。

田思胜等主编:《朱丹溪医学全书》,北京:中国中医药出版社 2006 年。

田希陶编:《通俗卫生故事 消灭血吸虫病》,上海:上海文化出版社 1956 年。

田兴秀等主编:《苗族医药学》,昆明:云南民族出版社 1995 年。

田雪原著:《生育文化研究》,北京:中国财政经济出版社 2006 年。

田永衍著:《敦煌医学文献与传世汉唐医学文献的比较研究》,兰州:甘肃文化出版社 2018 年。

[美]Timothy Stoltzfus Jost 编:《医疗保障支付范围决策——国际比较研究》,汤晓莉等译,北京:中国劳动社会保障出版社 2011 年。

[英]Tony Hope 著:《医学伦理》,吴俊华等译,南京:译林出版社 2010 年。

佟冬等主编:《日本帝国主义侵华档案资料选编 5:细菌战与毒气战》,北京:中华书局 1989 年。

佟仁城著:《危机管理研究:SARS 启示录》,长沙:湖南大学出版社 2007 年。

童文莹著:《中国突发公共卫生事件管理模式研究:基于对 SARS 和 A(H1N1)事件分析》,北京:社会科学文献出版社 2012 年。

佟振宇著:《日本侵华与细菌战罪行录》,哈尔滨:哈尔滨出版社 1998 年。

涂丰恩著:《救命——明清中国的医生与病人》,北京:商务印书馆 2017 年;(第二版)台北:三民书局 2019 年。

[美]涂尚德等著:《精益医疗:挽救生命、提高质量、降低成本、尊重员工》,余锋等译,北京:机械工业出版社 2012 年。

涂小琼著:《暗权力:可怕的催眠术及控制世界的神秘力量》,北京:东方出版社 2010 年。

《灵魂控制:催眠术的前世今生》,北京:东方出版社 2012 年。

图娅著:《言天验人——中医学概念史要论》,呼和浩特:内蒙古人民出版社 1997 年。

屠呦呦等口述,黎润红访问整理:《"523"任务与青蒿素研发访谈录》,长沙:湖南教育出版社 2015 年。

涂志辉著:《中国麻风病康复村——新沙印象》,北京:中华传媒出版社 2016 年。

[美]托比·科斯格罗夫著:《向世界最好的医院学经营——克利夫兰诊所的经营之道》,科特勒咨询集团(中国)译,北京:机械工业出版社 2015 年。

[德]托·德特勒夫森等著:《疾病的希望》,贾维德等译,沈阳:春风文艺出版社 1999 年。

[英]托马斯·德·昆西著:《瘾君子自白》,黄丹译,上海:上海文艺出版社 2007 年。

[美]托马斯·海格著:《显微镜下的恶魔:第一种抗生素的发现》,肖才德译,长沙:湖南科学技术出版社 2011 年。

[美]托马斯·J.穆尔著:《致命的药物》,但汉松译,北京:中国水利水电出版社 2006 年。

[德]托马斯·基斯特讷著:《莱蒂西亚的死尸:亚马孙河畔的人体器官交易、毒品走私、人口贩卖》,任飞飞译,哈尔滨:哈尔滨出版社 2008 年。

[美]托马斯·拉科尔著:《孤独的性:手淫文化史》,杨俊峰等译,上海:上海人民出版社 2007 年。

[美]托马斯·马伦著:《地球上的最后一座小镇》(以 1918 年大流感为背景的小说),孔保尔译,南京:译林出版社 2009 年。

[瑞典]托米·本特森等著:《压力下的生活——1700—1900 年欧洲与亚洲的死亡率和生活水平》,李霞等译,北京:社会科学文献出版社 2007 年。

[法]托尼·阿纳特勒拉著:《被遗忘的性》,许钧译,桂林:广西师范大学出版社 2003 年。

[美]托尼·艾莱里等著:《药品生命周期管理:品牌价值的最大化利用》,赵鲁勇译,上海:上海交通大学 2017 年。

[英]托尼·霍普著:《医学伦理》,吴俊华等的译,南京:译林出版社 2010 年。

[英]托尼·蒙克著:《医院建筑》,张汀等译,大连:大连理工大学出版社 2005 年。

托瓦尔特·德特雷福仁等著:《疾病的希望:身心整合的疗愈力量》,易之新译,台湾:心灵工坊 2002 年。

涂晓艳著:《传染病与国家安全》,北京:社会科学文献出版社 2016 年。

V

Venzmer, G.著:《世界医学五千年史》,马伯英等译,北京:人民卫生出版社 1985 年。

[英]Vernon Coleman 著:《别让医生杀了你》,朱毅译,西安:陕西师范大学出版社 2003 年。

W

万芳主编:《百年中医传承录》,北京:北京科学技术出版社 2016 年。

万国生编:《公共卫生安全的排头兵:白银市疾病预防控制中心成立十周年侧记》,兰州:甘肃科学技术出版社 2012 年。

万晴川著:《中国古代小说与方术文化》,北京:中国社会科学出版社 2005 年。

万绍平等编:《艾滋病病毒感染者和病人的真实故事》,成都:四川科学技术出版社 2014 年。

万希润编：《SARS10 年："非典"亲历者的回忆》，北京：文化艺术出版社 2013 年。

万学红等译：《欧洲医学教育学会教育指南》，北京：人民卫生出版社 2002 年。

万学红主编：《从授业到树人——华西医学教育与人才培养》，北京：人民卫生出版社 2012 年。

万英主编：《川派中医药名家系列丛书：杨莹洁》，北京：中国中医药出版社 2015 年。

万振凡等著：《血吸虫病与鄱阳湖区生态环境变迁：1900—2010》，北京：中国社会科学出版社 2015 年。

王保林等主编：《〈内经〉导读》，兰州：兰州大学出版社 1996 年。

王保真主编：《医疗保障》，北京：人民卫生出版社 2005 年。

王碧华著：《新型农村合作医疗制度研究》，广州：广东人民出版社 2008 年。

王炳华主编：《新疆古尸》，乌鲁木齐：新疆人民出版社 1999 年。

王丙毅著：《政府医疗管制模式重构研究》，北京：人民出版社 2008 年。

王卜雄等著：《中国气功学术发展史》，长沙：湖南科学技术出版社 1989 年。

王成增等主编：《2013 河南省肿瘤登记年报》，北京：军事医学科学出版社 2013 年。

　　《2014 河南省肿瘤登记年报》，北京：军事医学科学出版社 2014 年。

　　《2015 河南省肿瘤登记年报》，北京：军事医学科学出版社 2015 年。

王传超等著：《妙手握奇珠——张丽珠传》，北京：中国科学技术出版社 2017 年。

王春霞著：《民国时期医院社会工作研究》，北京：人民出版社 2018 年。

王春晓著：《三明医改：政策试验与卫生治理》，北京：社会科学文献出版社 2018 年。

王道瑞等编：《中共医籍提要》（上、下），长春：吉林科学技术出版社 1988 年。

王德群等著：《任之堂学药记：当民间中医遇到神农传人》，北京：中国中医药出版社 2017 年。

王德深编著：《中国针灸文献提要》，北京：人民卫生出版社 1996 年。

王冬等著：《非营利性医院的企业式经营：向长庚医院学管理》，北京：化学工业出版社 2014 年。

王东进著：《回顾与前瞻：中国医疗保险制度改革》，北京：中国社会科学出版社 2008 年。

　　《目标：让人人享有基本医疗保障》，北京：中国劳动社会保障出版社 2008 年。

　　《中国医疗保障制度建设历史跨越》，北京：化学工业出版社 2011 年。

王尔敏著：《近代上海科技先驱之仁济医院与格致书院》，香港：财团法人基督教宇宙光全人关怀机构
　　2006 年；桂林：广西师范大学出版社 2011 年。

王飞跃著：《基本医疗保险制度的改革与反贫困研究》，北京：中国社会科学出版社 2014 年。

汪凤炎著：《中国传统心理养生之道》，南京：南京师范大学出版社 2001 年。

王富春等著：《图说中国文化：中医中药卷》，长春：吉林人民出版社 2007 年。

王根贤著：《公共财政视角下的中国医疗卫生保障制度研究》，成都：西南财经大学出版社 2008 年。

王谷岩著：《叩开生命之门——20 世纪生命科学进展》，上海：上海科技教育出版社 2001 年。

王冠良等主编：《中国人民解放军医学教育史》，北京：军事医学科学出版社 2001 年。

王广坤著：《全科医生：英国维多利亚时代医生的职业变迁》，北京：社会科学文献出版社 2018 年。

王光清编著：《中国膏药学》，西安：陕西科学技术出版社 1981 年。

王桂生等主编：《医学教育学》，乌鲁木齐：新疆人民出版社 1987 年。

王国栋译：《日本细菌战战犯伯力审判实录》，长沙：湖南人民出版社 2005 年。

王国强等著：《国之瑰宝——中国国医大师录》，北京：中国中医药出版社 2011 年。

王国柱等主编，江海身等编著：《时振声中医世家经验辑要》，西安：陕西科学技术出版社 2004 年。

王海编著：《诗击非典》，北京：光明日报出版社 2004 年。

王海容等主编:《医疗暴力防控的法治方略研究》,杭州:浙江工商大学出版社 2019 年。

王浩主编:《医药电商:传统模式终结者》,北京:电子工业出版社 2016 年。

王和鸣主编:《中医伤科学》,北京:中国中医药出版社 2002 年。

王宏才总主编,白兴华分卷主编:《中国针灸交流通鉴(历史卷)》(上、下),西安:西安交通大学出版社 2012 年。

　　杜元灏分卷主编:《中国针灸交流通鉴(临床卷)》(上、下),西安:西安交通大学出版社 2012 年。

　　郭义分卷主编:《中国针灸交流通鉴(教育卷)》,西安:西安交通大学出版社 2012 年。

　　荣培晶分卷主编:《中国针灸交流通鉴(科研卷)》,西安:西安交通大学出版社 2012 年。

　　谭源生等分卷主编:《中国针灸交流通鉴(行业卷)》,西安:西安交通大学出版社 2012 年。

　　王富春分卷主编:《中国针灸交流通鉴(针法卷)》,西安:西安交通大学出版社 2012 年。

　　杨金生分卷主编:《中国针灸交流通鉴(文化卷)》,西安:西安交通大学出版社 2012 年。

[清]王宏翰著:《医学原始》,上海:上海科学技术出版社 1989 年。

　　《古今医史》,上海:上海古籍出版社 1996 年。

王宏甲著:《非典启示录》,福州:海峡出版社 2013 年。

王红漫著:《大国卫生之难——中国农村医疗卫生现状与制度改革探讨》,北京:北京大学出版社 2004 年。

　　《大国卫生之论》,北京:北京大学出版社 2006 年。

　　《医学社会学读本:全球健康国际卫生攻略》,北京:北京大学医学出版社 2010 年。

王洪图总主编:《黄帝内经研究大成》(上、中、下),北京:北京出版社 1997 年。

王弘振主编:《安多藏蒙医药学史研究》,兰州:甘肃民族出版社 1994 年。

汪沪双著:《新安医籍文献学研究》,合肥:安徽科学技术出版社 2007 年。

王焕华著:《中药趣话》,广州:百花文艺出版社 2006 年。

王吉民著:《中华医史学会五年来之回顾》,上海:中华医学杂志社 1941 年。

～等著:《中国医史》,上海:上海辞书出版社 2009 年。

王季午主编:《中国医学百科全书》,上海:上海科学技术出版社 1985 年。

王家葵等著:《〈神农本草经〉研究》,北京:北京科学技术出版社 2001 年。

　　《本草纲目图考》(全二卷),北京:龙门书局 2018 年。

～著:《陶弘景丛考》,济南:齐鲁书社 2003 年。

～等主编:《中药材品种沿革及道地性》,北京:中国医药科技出版社 2007 年。

王剑主编:《李时珍学术研究》,北京:中医古籍出版社 1996 年。

～编著:《李时珍大传》,北京:中国中医药出版社 2011 年。

王建安等编:《百年名院,百年品质——从广济医院到浙医二院》,北京:中国美术学院出版社 2009 年。

王建平主编:《变态心理学》,北京:高等教育出版社 2005 年。

汪建荣等主编:《用法律保护公众健康:美国公共卫生法律解读》,北京:中国科学技术出版社 2008 年。

王建英编著:《美国药品申报与法规管理》,北京:中国医药科技出版社 2005 年。

王锦秋等著:《大国担当:中国人民解放军援塞医疗队抗击埃博拉疫情纪实》,长春:时代文艺出版社 2016 年。

王晶著:《100 位为新中国成立作出突出贡献的英雄模范人物:诺尔曼·白求恩》,长春:吉林文史出版社 2011 年。

王静著：《农村贫困居民疾病经济风险及医疗保障效果研究》，北京：科学出版社 2014 年。

王靖元著：《新型农村合作医疗滚动筹资理论与实践》，北京：北京大学医学出版社 2006 年。

王军著：《病与医》，北京：人民出版社 2008 年。

王俊著：《公共卫生政府的角色与选择》，北京：中国社会科学出版社 2007 年。

～编著：《中国古代医学》，北京：九州出版社 2015 年。

王君主编：《中国医道》，北京：中国医药科技出版社 2002 年。

～等主编：《中国传统医学与文化》，西安：陕西科学技术出版社 1993 年。

王俊华著：《当代卫生事务研究》，北京：科学出版社 2005 年。

王君炜著：《我国刑事强制医疗程序研究》，北京：社会科学文献出版社 2018 年。

王俊秀等主编：《台湾兽医发展史》，台北：台湾"农委会"动植物防疫检疫局 2002 年。

王康久主编：《北京卫生大事记》（第一卷：远古—1948；第二卷：1948—1990），北京：科学技术出版社
　　1996 年。

　　《北京卫生志》，北京：北京科学技术出版社 2001 年。

王乐匋主编：《新安医籍考》，合肥：安徽科学技术出版社 1999 年。

王磊著：《中医病因学史论》，哈尔滨：黑龙江科学技术出版社 2010 年。

王莉主编：《中国科技期刊中医药文献索引（1949—1986）第 1 分册 综合类分册》，北京：光明日报出版
　　社 1992 年。五、医学史。

王立编著：《中国传统性医学》，北京：中医古籍出版社 1998 年。

王立铭著：《吃货的生物学修养：脂肪、糖和代谢病的科学传奇》，北京：清华大学出版社 2016 年。

　　《上帝的手术刀——基因编辑简史》，杭州：浙江人民出版社 2017 年。

王礼贤编著：《杏林夜话：中医文化趣谈》，上海：上海画报出版社 2003 年。

王立忠等主编：《中国红十字百年》，北京：新华出版社 2004 年。

王联熙等主编：《云南省城乡居民基本医疗保险支付方式改革研究》，昆明：云南大学出版社 2019 年。

王良钢主编：《医疗纠纷典型案例选编》，北京：北京大学出版社 2012 年。

王林生编著：《尚志钧与本草文献 本草权论》，北京：中医古籍出版社 2008 年。

王陇德等主编：《中华人民共和国献血法释义》，北京：法律出版社 1998 年。

～主编：《回眸中国与世界银行卫生合作 20 年》，北京：中国财政经济出版社 2004 年。

　　《中国血吸虫病防治历程与展望：纪念血吸虫病在中国发现一百周年文选》，北京：人民卫生出版社
　　2006 年。

　　《中国血吸虫病流行状况 2004 年全国抽样调查》，上海：上海科学技术文献出版社 2006 年。

　　《突发公共卫生事件应急管理——理论与实践》，北京：人民卫生出版社 2008 年。

　　《〈全国结核病防治规划（2001 — 2010 年）〉中期评估报告》，北京：中国协和医科大学出版社
　　2008 年。

　　《艾滋病与法律》（2009 年修订版），北京：北京大学医学出版社 2010 年。

～等编：《艾滋病防治条例释义》，北京：中国法制出版社 2006 年。

王龙兴主编：《卫生经济学的理论和实践》，上海：上海交通大学出版社 1998 年。

王咪咪编：《范行准医学论文集》，北京：学苑出版社 2011 年。

　　《时逸人医学论文集》，北京：学苑出版社 2011 年。

　　《曹炳章医学论文集》，北京：学苑出版社 2011 年。

《陆渊雷医学论文集》，北京：学苑出版社 2011 年。

《沈仲圭医学论文集》，北京：学苑出版社 2011 年。

《张锡纯医学论文集》，北京：学苑出版社 2011 年。

《秦伯未医学论文集》，北京：学苑出版社 2011 年。

《名医医案》，北京：学苑出版社 2012 年。

～编著：《1900—1949 中医期刊医案类文论类编：医案医话医论随笔 1》，北京：学苑出版社 2012 年。

《1900—1949 中医期刊医案类文论类编：医案医话医论随笔 2》，北京：学苑出版社 2012 年。

《1900—1949 中医期刊医案类文论类编：医案医话医论随笔 3》，北京：学苑出版社 2012 年。

《1900—1949 中医期刊医案类文论类编：古医案评述》，北京：学苑出版社 2012 年。

《1900—1949 中医期刊医案类文论类编：名医治验汇编》，北京：学苑出版社 2012 年。

《1900—1949 中医期刊医案类文论类编：专栏医案 1》，北京：学苑出版社 2012 年。

《1900—1949 中医期刊医案类文论类编：专栏医案 2》，北京：学苑出版社 2012 年。

《1900—1949 中医期刊医案类文论类编：名医医案》，北京：学苑出版社 2012 年。

王米渠编著：《中医心理治疗》，重庆：重庆出版社 1986 年。

《佛教精神医学》，厦门：鹭江出版社 1998 年；北京：学苑出版社 2014 年。

～著：《中医心理学纲要》，成都：四川科学技术出版社 1988 年。

《中国古代医学心理学》，贵阳：贵州人民出版社 1988 年。

～等著：《中医心理学计量与比较研究》，上海：上海中医学院出版社 1993 年。

～等主编：《图解中医心理学》，广州：暨南大学出版社 2007 年。

汪民安主编：《身体的文化政治学》，开封：河南大学出版社 2004 年。

王明强等著：《中国中医文化传播史》，北京：中国中医药出版社 2015 年。

～主编：《中国古代医学教育思想史》，北京：中国中医药出版社 2018 年。

王宁著：《文学与精神分析学》，北京：人民文学出版社 2002 年。

王沛等主编：《中医外科治疗大成》，石家庄：河北科学技术出版社 1997 年。

王琦主编：《黄帝内经专题研究》，济南：山东科学技术出版社 1995 年。

～著：《王琦医书十八种：中医医史文献研究》，李良松整理，北京：中国中医药出版社 2012 年。

《"健康中国"的深圳样本：新公共管理视阈下的医疗体制改革》，北京：中国社会科学出版社 2018 年。

汪企张著：《二十年来中国医事刍议（上、下）》，上海：诊疗医报社 1935 年。

王强等编著：《化学武器与战争》，北京：国防工业出版社 1997 年。

～编著：《20 世纪十大化学战》，北京：解放军出版社 2001 年。

王翘楚主编：《医林春秋：上海中医中西医结合发展史》，上海：文汇出版社 1998 年。

王琴等编著：《当代名老中医风采——国家确认第一批师带徒专家画册》，北京：中医古籍出版社 1999 年。

王庆其著：《黄帝内经心悟》，贵阳：贵州科技出版社 1998 年。

～主编：《中国传统文化的璀璨明珠——黄帝内经》，上海：上海中医药大学出版社 1999 年。

《黄帝内经鉴赏辞典》，上海：上海辞书出版社 2011 年。

《〈黄帝内经〉文化专题研究》，上海：复旦大学出版社 2014 年。

～等主编：《〈黄帝内经〉百年研究大成》，上海：上海科学技术出版社 2018 年。

王荣光编著:《古今名人与耳鼻咽喉疾病》,太原:三晋出版社 2010 年。

～主编:《耳鼻咽喉科学史话》,北京:人民军医出版社 2012 年。

王荣辉著:《贵州彝族民间传统医药》,成都:四川民族出版社 1993 年。

王荣金主编:《协和名义》(上、下),北京:华文出版社 1993 年。

王汝霖主编:《华药三十年》,石家庄:河北人民出版社 1988 年。

王瑞祥编:《中国古医籍书目提要》(上、下),北京:中医古籍出版社 2009 年。

王善庆著:《民间医俗》,济南:山东教育出版社 1999 年。

王善青等主编:《海南省疟疾防治与研究(2000—2011)》,海口:海南出版社 2012 年。

王胜著:《河北农村医疗卫生与合作医疗制度研究(1949—1984)》,北京:社会科学文献出版社 2018 年。

王士良等主编:《朱恒璧传》,上海:上海科学技术出版社 2000 年。

～编著:《朱恒璧传》,上海:复旦大学出版社 2005 年。

王曙光等著:《社会参与、农村合作医疗与反贫困》,北京:人民出版社 2008 年。

王书城主编:《中国卫生事业发展》,北京:中医古籍出版社 2006 年。

王曙光著:《艾滋病的社会学发现:亚文化易感与适宜干预策略》,成都:四川科学技术出版社 2005 年。

《社会参与、农村合作医疗与反贫因》,北京:人民出版社 2008 年。

王淑民编:《敦煌石窟秘藏医方——曾经散失海外的中医古方》,北京:北京医科大学、中国协和医科大学联合出版社 1999 年。

《英藏敦煌医学文献图影与注疏》,北京:人民卫生出版社 2012 年。

～等主编:《形象中医——中医历史图像研究》,北京:人民卫生出版社 2007 年。

王淑琼等主编:《从银蛇奖到沪上名医》,北京:科学出版社 2018 年。

王树岐等著:《古老的中国医学》,台湾:维扬文化事业有限公司 1990 年。

王水潮等主编:《矿物药的沿革与演变》,西宁:青海人民出版社 1996 年。

王水香等著:《古典文学与中医学》,北京:中国中医药出版社 2017 年。

王松坡著:《国医大师张镜人》,北京:中国医药科技出版社 2011 年。

王台编著:《盖仑:西医现代化的创始人》,天津:天津科技翻译出版公司 2009 年。

《中医需要接受现代科学洗礼(比较医学史论文集杂文集)》,北京:中国协和医科大学出版社 2016 年。

王涛著:《霍乱年代》(国内首部以日军鲁西细菌屠杀为题材的长篇小说),北京:中国社会出版社 2016 年。

王琬编著:《佛治百病》,西安:陕西师范大学出版社 2006 年。

王威著:《图解:医学的故事:从巫术到现代医学的有趣历程》,北京:中国商业出版社 2008 年。

王维嘉主编:《新编医疗纠纷处理法律依据与案例分析》(第 2 版),北京:法律出版社 2013 年。

王维英主编,陆秀芳等编著:《姚树锦中医世家经验辑要》,西安:陕西科学技术出版社 2002 年。

王文芳主编:《医院心理文化》,天津:天津社会科学院出版社 1996 年。

王文基等著:《精神科学与近代东亚》,台北:联经文化出版 2018 年。

王文娟著:《医改新出路——重新定义医疗服务市场》,北京:北京大学出版社 2017 年。

汪文仁等著:《云南疟疾防治与研究》,昆明:云南科技出版社 2014 年。

王文仲编著:《怎样反细菌战》,沈阳:东北医学图书出版社 1952 年。

王五一等编著:《全球环境变化与健康》,北京:气象出版社 2009 年。

王希孟等主编：《上海消灭血吸虫病的回顾》，上海：上海科学技术出版社1988年。

王向东主编：《战争与疾病》，北京：人民军医出版社1993年。

王香人主编：《抗击非典时期的白衣天使》，北京：中国文联出版社2003年。

王晓波著：《患者权利论》，北京：社会科学文献出版社2017年。

王晓春等主编：《简明中外医学史》，苏州：苏州大学出版社2008年。

王晓鹤主编：《中国医学史》，北京：科学出版社2000年。

《医学发展简史》，石家庄：河北人民出版社2007年。

王晓慧著：《论安乐死》，长春：吉林人民出版社2004年。

王晓洁著：《中国公共卫生支出理论与实证分析》，北京：中国社会科学出版社2011年。

王小军著：《疾病、社会与国家——20世纪长江中游地区的吸血虫病灾害与应对》，南昌：江西人民出版社2011年。

王晓丽著：《中国民间的生育信仰》，北京：社会科学文献出版社1999年。

王晓龙等编著：《历代针灸经典歌赋详注》，北京：学苑出版社2005年。

王校明著：《认识中医》，北京：北京科学技术出版社2007年。

王小平著：《中国艾滋病感染者去污名化研究》，武汉：华中科技大学出版社2018年。

王小枪著：《疯狂医生》，北京：中国友谊出版公司2005年。

《疯狂医院》，北京：北京航空航天大学出版社2008年。

王孝涛主编：《历代中药炮制法汇典》，南昌：江西科学技术出版社1998年。

王小万等主编：《卫生保健经济学》，北京：国防科技大学出版社1998年。

王孝先著：《丝绸之路医药学交流研究》，乌鲁木齐：新疆人民出版社1994年。

王昕著：《女性艾滋病风险人群的疾病建构》，武汉：华中科技大学出版社2019年。

王新华主编：《直面SARS的思考》，北京：同心出版社2003年。

王新陆主编：《中医文化论丛》，济南：齐鲁书社2005年。

王新伦等主编：《镜头里的故事：聚焦中国艾滋病》，南宁：广西人民出版社2006年。

王兴伊等编著：《新疆出土涉医文书辑校》，上海：上海科技出版社2016年。

王秀莲主编：《古今瘟疫与中医防治》，北京：中国中医药出版社2010年。

王琇瑛编著：《护理发展简史》，上海：上海科技出版社1987年。

王旭东主编：《中医养生康复学》，北京：中国中医药出版社2004年。

《中医文化导读》，北京：高等教育出版社2007年。

～等著：《世界瘟疫史》，北京：中国社会科学出版社2005年。

王选主编：《大贱年：1943年卫河流域战争灾难口述史》（全十二册），北京：中国文史出版社2017年。该书是目前国内第一部大规模的细菌战专题田野调查报告和区域性战争灾难亲历者口述历史记录。

王学成等著：《互联网医疗：前沿、实践与案例（2016）》，上海：东方出版中心2018年。

王学礼等主编：《世界传统医学大系：世界传统医学养生保健学》，北京：科学出版社1998年。

王雪苔撰：《针灸史提纲》，中医学院针灸研究所1981年。

～主编：《针灸史图录（汉英对照）》，北京：中国医药科技出版社1987年。

王亚锋著：《医学人文学导论》，郑州：郑州大学出版社2008年。

王燕编著：《中国古代的医学教育》，长春：吉林出版集团有限责任公司2010年。

王燕等主编，傅拥军摄影：《非典时期的爱与痛》，宁波：宁波出版社2003年。

王雁等编著:《纪念白求恩》,北京:解放军出版社 2005 年。

王雁冰主编:《中国人民解放军预防医学实践经验(1949～1984)》,北京:人民军医出版社 1989 年。

王延光著:《艾滋病预防政策与伦理》,北京:社会科学文献出版社 2006 年。

王延中著:《中国中低收入群体医疗服务与医疗保障研究》,北京:中国财政经济出版社 2010 年。

王杨宗著:《傅兰雅与近代中国的科学启蒙》,北京:科学出版社 2000 年。

王耀忠著:《药品价格管制的经济分析——中国医药市场的成长之谜》,上海:立信会计出版社 2010 年。

王易编著:《话说细菌》,北京:中国中医药出版社 2010 年。

　　　《话说免疫:生命科学读本》,北京:中国中医药出版社 2010 年。

王一方著:《敬畏生命:生命、医学与人文关怀的对话》,南京:江苏人民出版社 2000 年。

　　　《医学人文十五讲》,北京:北京大学出版社 2006 年。

　　　《人的医学》,南京:江苏教育出版社 2008 年。

　　　《医学是科学吗?——医学人文对话录》,桂林:广西师范大学出版社 2008 年。

　　　《医学是什么?》,北京:北京大学出版社 2010 年。

　　　《白色巨塔:电影中的生死、疾苦与救疗》,北京:北京大学出版社 2012 年。

　　　《中国人的病与医——来自北大医学部的沉思》,北京:当代中国出版社 2013 年。

　　　《该死,拉锁卡住了》,北京:生活·读书·新知三联书店 2016 年。

～等著:《医学的人文呼唤》,北京:中国协和医科大学出版社 2009 年。

王一飞主编:《上海第二医科大学志》,上海:华东理工大学出版社 1997 年。

王溢嘉著:《实习医师手记》,北京:九州出版社 2004 年。

王益锵主编:《中国护理发展史》,北京:中国医药科技出版社 1999 年。

王一汀编著:《白衣恶魔》,北京:中国大百科全书出版社 1998 年。

王瑛编著:《护理发展简史》,上海:上海科学技术出版社 1987 年。

王英著:《儒医理论与心身疾病治疗》,长春:吉林大学出版社 2007 年。

王颖著:《我国血吸虫病预防控制规范化管理研究》,北京:世界图书出版公司 2009 年。

王迎龙著:《刑事强制医疗制度研究》,北京:中国政法大学出版社 2016 年。

王永炎编:《中国传统医药与人类健康》,北京:中医古籍出版社 2004 年。

王有琪编著:《现代中国解剖学的发展》,上海:科学技术出版社 1956 年。

王宇著:《走出抑郁症:一个抑郁症患者的成功自救》,北京:机械工业出版社 2015 年。

～等编:《中国公共卫生(实践卷)》,北京:中共协和医科大学出版社 2013 年。

　　　《中国公共卫生(理论卷)》,北京:中共协和医科大学出版社 2013 年。

　　　《中国公共卫生(方法卷)》,北京:中共协和医科大学出版社 2013 年。

王玉川主编:《中医养生学》,上海:上海科学技术出版社 1992 年。

王育林著:《中医古籍考据例要》,北京:学苑出版社 2006 年。

～主编:《四库全书总目子部医家类汇考》,北京:学苑出版社 2013 年。

王玉梅著:《中国医药产业成长障碍》,上海:上海人民出版社 2007 年。

王玉芹著:《日本对中国东北医疗卫生殖民统制研究》,北京:社会科学文献出版社 2017 年。

王渝生主编:《医学史话》,上海:上海科学技术文献出版社 2019 年。

王育学主编:《诸子养生说》,桂林:漓江出版社 1992 年。

王岳等主编:《外国医事法研究》,北京:法律出版社 2011 年。

《2015—2016 年中国医患关系蓝皮书》，北京：北京大学医学出版社 2017 年。

王云贵著：《高等医学课程模式研究》，重庆：西南师范大学出版社 2004 年。

王云凯主编：《中国名医名著名方》，石家庄：河北科学技术出版社 1993 年。

～等重校：《医学衷中参西录》，石家庄：河北科学技术出版社 2002 年。

王泽宇著：《互联网+医疗/教育：商业模式、竞争与监管》，北京：中国社会出版社 2018 年。

王展威著：《图解医学的故事：从巫术到现代医学的有趣历程》，北京：中国商业出版社 2008 年。

王占玺主编：《张仲景药法研究》，北京：科学技术文献出版社 1984 年。

王章伟著：《在国家与社会之间——宋代巫觋信仰研究》，北京：中华书局 2005 年。

王肇奇著：《医疗资源合理化配置研究——基于利益相关者视角》，北京：中国医药科技出版社 2016 年。

王哲著：《国士无双伍连德》，福州：福建教育出版社 2007 年；（第二版），福州：福建教育出版社 2011 年。

　　《上帝的跳蚤——改变人类历史的瘟疫》，昆明：云南人民出版社 2008 年。

　　《微战争 1：对决细菌、病毒》，西安：陕西人民出版社 2013 年。

　　《微战争 2：对决鼠疫、天花、黄热病》，西安：陕西人民出版社 2013 年。

　　《微战争 3：对决疟疾、艾滋病、流感》，西安：陕西人民出版社 2013 年。

　　《从前哪 后来啊——漫话医史》，北京：人民卫生出版社 2016 年。

王振国主编：《中国古代医学教育与考试制度研究》，济南：齐鲁书社 2006 年。

　　《齐鲁未刊医籍拾珍》，北京：人民军医出版社 2014 年。

～等主编：《中外医学史》（新世纪第三版），北京：中国中医药出版社 2016 年。

王振瑞著：《中国中西医结合史论》，石家庄：河北教育出版社 2002 年。

王朝彬编著：《没有硝烟的战争：中华民族抗击"非典"纪略》，北京：京华出版社 2003 年。

王正山等著：《中医阴阳新论》，北京：中国中医药出版社 2016 年。

王正仪编著：《钩虫病》，北京：人民卫生出版社 1956 年。

汪智主笔：《20 世纪的中国 体育卫生卷》，兰州：甘肃人民出版社 2000 年。

汪治等主编：《中国侗医药史》，北京：中医古籍出版社 2014 年。

王致谱主编：《民国名医著作精华——增订伪药条辩》，福州：福建科学技术出版社 2015 年。

～等主编：《中国生理学史》，北京：北京医科大学、中国协和医科大学联合出版社 1993 年。

　　《中国中医药 50 年（1949—1999）》，福州：福建科学技术出版社 1999 年。

～等著：《民俗文化与中医学》，北京：中国中医药出版社 2017 年。

王智森编：《基础藏医学史》，北京：中国中医药出版社 2013 年。

王志艳主编：《中国魅力：中国医药 ——救死扶伤 感受生命》，北京：北京燕山出版社 2006 年。

王中礼主编：《王庆林中医世家经验辑要》，西安：陕西科学技术出版社 2002 年。

王仲亮编著：《禅与养生》，北京：中国文联出版社 2003 年。

王忠仁等主编：《中国结核病学科发展史》，北京：当代中国出版社 1997 年。

王子今著：《秦汉儿童的世界》，北京：中华书局 2018 年。"二 婴幼儿健康与基本生存条件"。

王宗凡著：《门诊保障：从个人账户到门诊统筹》，北京：中国劳动社会保障出版社 2012 年。

　　《完善医疗保障制度与管理》，北京：中国言实出版社 2016 年。

王祖承主编：《贾宗华百年诞辰纪念集》，上海：上海科学技术出版社 2005 年。

王尊旺等著：《医疗、慈善与明清福建社会》，天津：天津古籍出版社 2010 年。

～等编著：《福建医籍考》，厦门：厦门大学出版社 2016 年。

［德］魏伯乐等著:《私有化的局限》,王小卫等译,上海:上海人民出版社 2006 年。11 医疗卫生。

魏大名著:《日本医疗及社会保障制度》,上海:上海远东出版社 1997 年。

魏东海著:《勇敢战士:钟南山传奇》,北京:经济日报出版社 2003 年。

　　《钟南山——永远的青春之歌:华夏科学抗击"非典"第一人》,广州:中山大学出版社 2003 年。

［英］维多利亚·希斯洛普著,《岛》(关于麻风病题材的小说),陈新宇译,北京:南海出版公司 2009 年。

魏方艾编著:《坚决打败美国强盗的细菌战》,北京:青年出版社 1952 年。

魏际刚著:《中国医药体制改革与发展》,北京:商务印书馆 2009 年。

［美］维吉尼亚·萨提亚著:《萨提亚生命能量之书:〈沉思冥想〉〈心的面貌〉〈与人联结〉〈尊重自己〉》,于彬译,北京:世界图书出版公司 2014 年。

　　《萨提亚治疗系列(全三册):新家庭如何塑造人　萨提亚治疗实录　萨提亚家庭治疗模式》,易春丽等译,北京:世界图书出版公司 2015 年。

～等著:《萨提亚家庭治疗模式》(新版),聂晶译,北京:世界图书出版公司 2015 年。

　　《萨提亚治疗实录》,章晓云等译,北京:世界图书出版公司 2015 年。

魏稼等主编:《针灸流派概论》,北京:人民卫生出版社 2010 年。

魏嘉弘著:《日治时期台湾"亚洲型霍乱"研究(1895—1945)》,台北:台湾政大出版社 2017 年。

魏健编著:《改变人类社会的二十种瘟疫》,北京:经济日报出版社 2003 年。

［美］维克托·R.福克斯著:《谁将生存? 健康、经济学和社会选择》,罗汉译,上海:上海人民出版社 2000 年;(增补版),上海:上海人民出版社 2012 年。

［英］威廉·奥斯勒著:《生活之道》(现代临床医学之父奥斯勒医师的二十篇演讲集),刘伯宸译,桂林:广西师范大学出版社 2007 年。

［英］威廉·拜纳姆等著:《传奇医学——改变人类命运的医学成就》,本书翻译组译,北京:中国工信出版集团 人民邮电出版社 2015 年。

［英］威廉·F.拜纳姆著:《19 世纪医学科学史》,曹珍芬译,上海:复旦大学出版社 2000 年。

［美］威廉·H.麦克尼尔著:《瘟疫与人:传染病对人类历史的冲击》,杨玉玲译,台湾:天下远见出版股份有限公司 1998 年。

　　《瘟疫与人》,余新忠等译,北京:中国环境科学出版社 2010 年;北京:中信出版集团 2018 年。

［英］威廉·哈维著:《心血运动论》,田洺译,北京:北京大学出版社 2007 年。

［美］威廉·哈兹尔廷著:《价廉质优:新加坡医疗的故事》,王丹译,北京:化学工业出版社 2016 年。

［美］威廉·考克汉姆著:《医学社会学》,高永平等译,北京:中国人民大学出版社 2011 年;(第 11 版)高永平等译,北京:华夏出版社 2012 年。

　　《医疗与社会——我们时代的病与痛》,高永平等译,北京:中国人民大学出版社 2014 年。

　　《医学社会学》,杨辉等译,上海:华夏出版社 2000 年。

［美］威廉·科尔曼著:《19 世纪的生物学和人学》,严晴燕译,上海:复旦大学出版社 2000 年。

［美］威廉·克洛斯著:《埃博拉》,于而彦等译,呼和浩特:内蒙古人民出版社 1998 年。

［美］威廉姆·R.美普斯等著:《死者在说话——一个法医人类学家经历的奇妙案件》,尚晓蕾译,北京:法律出版社 2010 年。

［美］威廉·韦恩·法里斯著:《日本早期的人口、疾病与土地(645—900)》,刘俊池译,南京:江苏人民出版社 2019 年。

［英］伟烈亚力著:《1867 年以前来华基督教传教士列传及著作目录》,倪文君译,桂林:广西师范大学出

版社 2011 年。

[日]尾内康彦著:《医患纠纷解决术》,刘波译,北京:东方出版社 2014 年。

[苏联]维诺格拉道夫撰,《苏联的公共卫生事业》,上海:上海出版公司 1953 年。

魏启鹏等撰:《马王堆汉墓医书校释》(壹.贰),成都:成都出版社 1992 年。

威其平主编:《环境卫生五十年》,北京:人民卫生出版社 2004 年。

卫强主编:《药学文化概论》,合肥:安徽大学出版社 2014 年。

卫生部基层卫生与妇幼保健司编:《农村卫生文件汇编(1951—2000)》,卫生部基层卫生与妇幼保健司 2001 年。

卫生部统计信息中心编:《中国卫生服务调查研究》,北京:中国协和医科大学出版社 2004 年。

《卫生改革专题调查研究:第三次国家卫生服务调查社会学评估报告》,北京:中国协和医科大学出版社 2004 年。

《中国新型农村合作医疗进展及其效果研究》,北京:中国协和医科大学出版社 2007 年。

《中国医患关系调查研究:第四次国家卫生服务调查专题研究报告(一)》,北京:中国协和医科大学出版社 2009 年。

《中国医患关系调查研究:第四次国家卫生服务调查专题研究报告(二)》,北京:中国协和医科大学出版社 2010 年。

《2008 中国西部地区卫生服务调查研究:第四次国家卫生服务调查专题研究报告(三)》,北京:中国协和医科大学出版社 2010 年。

卫生部办公厅编:《中华人民共和国卫生法规汇编(1978—1980)》,北京:法律出版社 1982 年。

《中华人民共和国卫生法规汇编(1981—1983)》,北京:法律出版社 1985 年。

卫生部卫生政策法规司编:《中华人民共和国卫生法规汇编》,北京:法律出版社 2004 年。

卫生部新闻办公室编:《飘扬的红丝带——中国艾滋病预防宣传教育回顾》,北京:中国协和医科大学出版社 2008 年。

《白衣战士 感动中国:医疗卫生抗震救灾纪实》,北京:中国协和医科大学出版社 2008 年。

卫生部血吸虫病防治局编:《血吸虫病治疗会议资料汇编》,北京:科技卫生出版社 1958 年。

《全国防治五大寄生虫病经验交流会议资料选集》,北京:人民卫生出版社 1959 年。

卫生部医疗预防司等编:《农村人民公社社员集体保健医疗制度经验选编》,北京:人民卫生出版社 1960 年。

卫生部药品生物制品检定所编著:《中国民族药志》,北京:人民卫生出版社 1984 年。

卫生部医学科学研究委员会血吸虫病研究委员会编辑小组编:《血吸虫病研究文摘》,上海:上海科学技术出版社 1959 年。

卫生部政策法规司编:《中华人民共和国法规汇编(1986—1988)》,北京:法律出版社 1990 年。

[瑞士]魏思乐等著:《神奇的抗癌药丸——一颗橘色小药丸如何改写医药史》,禹谷译,北京:中信出版社 2005 年。

魏小安等主编:《中国旅游业:"非典"影响与全面振兴》,北京:社会科学文献出版社 2003 年。

魏秀春著:《英国食品安全立法与监管史研究(1860—2000)》,北京:中国社会科学出版社 2013 年。

韦以宗编著:《中国骨科技术史》,上海:上海科技文献出版社 1983 年。

《中国骨科技术史》(第二版),北京:科学技术文献出版社 2009 年。

魏治平等主编:《医林翰墨》,上海:上海科学技术出版社 2016 年。

魏子孝等著:《中国古代医药卫生》,北京:商务印书馆 1996 年。

温长路等编著:《张仲景研究文献索引》,北京:中医古籍出版社 2005 年。

～等主编:《〈皇帝内经〉研究文献索引》,北京:中医古籍出版社 2010 年。

《汶川特大地震抗震救灾志》编纂委员会编 著:《汶川特大地震抗震救灾志 卷 7 灾区医疗防疫志》,北京:方志出版社 2015 年。

温翠芳著:《唐代外来香药研究》,重庆:重庆出版社 2007 年。

文丹枫等著:《互联网+医疗:移动互联网时代的医疗健康革命》,北京:中国经济出版社 2015 年。

文华著:《看上去很美:整形美容手术在中国》,刘月译,上海:华东师范大学出版社 2019 年。

温庆云编:《抗击非典:北京社区保卫战》,北京:中国社会出版社 2003 年。

温日锦等主编:《医学伦理学与文生法学》,北京:科学出版社 2017 年。

文瑞良等编著:《中国名贵动植物药材图鉴》,长沙:湖南科学技术出版社 1996 年。

文绍敦等主编:《藏医放血疗法》,西宁:青海人民出版社 1996 年。

温武兵等编著:《带您走进〈医林改错〉》,北京:人民军医出版社 2007 年。

文庠编著:《移植与超越——民国中医医政》,北京:中国中医药出版社 2007 年。

文学国等主编:《中国医药卫生体制改革报告(2015—2016)》,北京:社会科学文献出版社 2016 年。

[韩]文镛盛著:《中国古代社会的巫觋》,北京:华文出版社 1999 年。

文昭明编著:《协和从医札记——关爱病人 学会分析》,北京:中国协和医科大学出版社 2015 年。

温州市档案馆译编:《近代温州疾病及医疗概括——英文文献中的温州资料汇编(1876—1949 年)》,北京:社科文献出版社 2018 年。

翁广安编:《癌症与我》,北京:中国友谊出版公司 1984 年。

翁玲玲著:《麻油鸡之外——妇女作月子的种种情事》,中国台北:稻乡出版社 1994 年。

翁其银著:《上海中药材东洋庄研究》,上海:上海社会科学院出版社 2001 年。

翁新愚著:《美国人看不起病?》,北京:机械工业出版社 2011 年。

[英]沃尔特·博德默尔等著:《人之书——人类基因组计划透视》,顾鸣敏译,上海:上海科技教育出版社 2002 年。

"我们的文明"主题活动组委会编:《我们同行:网上抗击非典留言选》,北京:中国青年出版社 2003 年。

武斌著:《美丽的战争:关于身体美学的历史与文化》,长春:时代文艺出版社 2002 年。

《人类瘟疫的历史与文化》,长春:吉林人民出版社 2003 年。

《中医与中国文化》,长春:辽海出版社 2015 年。

伍冰枝著:《诺尔曼·白求恩——一个非凡的加拿大人》,任明辉主译,北京:人民卫生出版社 2012 年。

吴昌续主编:《长沙名医录》,长沙市中医学会编印 1986 年。

吴崇其等著:《林巧稚》,北京:中国青年出版社 1985 年。

～著:《生命的护神——妇产科专家林巧稚》,北京:科学普及出版社 1989 年。

～主编:《中医人物荟萃》,北京:中国科学技术出版社 1991 年。

吴传俭著:《公平与卓越:英国卡梅伦政府医改之路》,北京:科学出版社 2013 年。

《进城务工人员就业集中地区医疗保险研究》,上海:上海三联书店 2014 年。

《社会医疗保险承受力问题研究》,北京:经济科学出版社 2014 年。

《社会医疗保险可持续发展机制研究》,北京:经济科学出版社 2014 年。

《健康保险行为异象与合约激励机制研究》,北京:经济科学出版社 2016 年。

吴春福主编:《沈阳药科大学发展概览》,沈阳:辽宁教育出版社 2007 年。

吴敦序编著:《中医基础理论》,上海:上海科学技术出版社 1995 年。

吴飞著:《浮生取义——对华北某县自杀现象的文化解读》,北京:中国人民大学出版社 2009 年。

　《自杀作为中国问题》,北京:生活·读书·新知三联书店 2007 年。

　《自杀与美好生活》,上海:上海三联书店 2007 年。

伍凤兰著:《农村合作医疗的制度变迁研究》,杭州:浙江大学出版社 2009 年。

吴富东主编:《针灸医籍选读》,北京:中国中医药出版社 2003 年。

～等主编:《针灸医籍选读》,北京:中国中医药出版社 2012 年。

吴刚等主编:《中国优生科学》,北京:科学技术文献出版社 2000 年。

　～主编:《中国中医医疗机构全书》(上、下),北京:中医古籍出版社 2007 年。

无国界医生志愿工作者合著:《无国界医生手记》,长沙:湖南科学技术出版社 2012 年。

武汉大学发展研究院 SARS 研究课题组编:《SARS 挑战中国:SARS 时疫对中国改革与发展的影响》,武汉:武汉大学出版社 2003 年。

吴昊著:《中国妇女服饰与身体革命(1911—1935)》,上海:上海东方出版中心 2008 年。

吴鸿洲等编写:《中国医学史》,上海:上海中医学院出版社 1990 年。

～编著:《疫海擒魔:直面 SARS》,上海:上海中医药大学出版社 2004 年。

～主编:《中医方药学史》,上海:上海中医药大学出版社 2007 年。

　《中国医学史》,上海:上海科学技术出版社 2010 年。

～等主编:《海派中医学术流派精粹》,上海:上海交通大学出版社 2008 年。

吴桦等著:《齿生无悔——王翰章传》,北京:中国科学技术出版社 2017 年。

吴建军等主编:《突发公共卫生事件及其应急处理》,长春:东北师范大学出版社 2011 年。

吴阶平主编:《中国现代医学家传》(第二卷),长沙:湖南科学技术出版社 1989 年。

武进县医学会编:《丁甘仁医案》,南京:江苏科学技术出版社 1988 年。

武俊庆编:《失乐园的呐喊:中国艾滋病感染者与病人的需求现况调查》,北京:社会科学文献出版社 2004 年。

吴康丽等主编:《陆树藩——中国红十字运动的先驱》,合肥:合肥工业大学出版社 2017 年。

乌兰察布盟卫生局编:《合作医疗好》,呼和浩特:内蒙古人民出版社 1976 年。

伍连德著:《鼠疫概论》,卫生署海港检疫处 1937 年。

伍连德著:《鼠疫斗士——伍连德自述》(上、下),程光胜等译,长沙:湖南教育出版社 2011、2012 年。

吴榴楠等编:《中国名医 400 家》,北京:光明日报出版社 1991 年。

武留信主编:《中国健康管理与健康产业发展报告 No.1 (2018):新学科 新业态》,北京:社会科学文献出版社 2018 年。

吴孟超著:《肝脏外科研究五十年》,高也陶整理,石家庄:河北教育出版社 2003 年。

～等主编:《黄家驷外科学》(上、中、下), 北京:人民卫生出版社 2008 年。

　《百年医学同济人》,上海:同济大学出版社 2009 年。

～主编:《吴孟超院士集》,北京:人民军医出版社 2014 年。

吴南京著:《医道求真》(一):临床心得笔记;(二):用药心得笔记;(三):中医学习笔记;(四):临床医案笔记》,北京:中国科学技术出版社 2017 年。

吴佩华著:《中国红十字外交,1949—2009》,合肥:合肥工业大学出版社 2012 年。

吴蓬等:《四川大学华西药学院史稿(1918—2010)》,成都:四川大学出版社 2010 年。

吴清功等主编:《医药商道:中国医药企业实战案例与观察》,北京:机械工业出版社 2014 年。

吴秋儒著:《台湾古早药包》,台北:博扬文化事业有限公司 2012 年。

吴群红著:《突发公共卫生事件应对:现代启示录》,北京:人民卫生出版社 2009 年。

～等主编:《医疗保障制度:理论、变革与发展》,北京:人民卫生出版社 2018 年。

　　《与危机共舞:突发公共卫生事件管理方略》,北京:科学出版社 2010 年。

乌仁其其格著:《蒙古族萨满医疗的医学人类学阐释》,呼和浩特:内蒙古人民出版社 2009 年。

乌日图主编:《医疗、工伤、生育保险》,北京:中国劳动社会保障出版社 2001 年。

　　《医疗保险信息管理》,北京:中国劳动社会保障出版社 2002 年。

～著:《医疗保障制度国际比较》,北京:化学工业出版社 2003 年。

吴少桢编著:《中国儿科医学史》(第 2 版),北京:中国医药科技出版社 2015 年。

吴束等编:《一场没有硝烟的战争:中国抗击"非典"纪实录(一)》,北京:中国国际广播出版社 2003 年。

邬威尧编:《古今印证 佛药冯了性——佛山冯了性药业有限公司发展史》,广州:广东科技出版社 2012 年。

吴雯雯等著:《欠发达地区新型农村合作医疗制度:困境、诱因与机制设计》,北京:经济科学出版社 2015 年。

吴熙玥著:《熙玥叙语——一个咨询师的成长历程》,北京:中国轻工业出版社 2013 年。

吴先金等主编:《鄂西南药用森林植物志》,武汉:湖北科学技术出版社 2005 年。

吴襄等著:《现代国内生理学者之贡献与现代中国营养学史料》,北京:中国科学图书仪器公司 1954 年。

吴晓明主编:《中国药学教育史》,北京:中国医药科技出版社 2016 年。

吴晓煜编著:《瘟疫纵横谈》,北京:中国科学技术出版社 2004 年。

吴新华等编著:《中医药学大师叶橘泉传》,北京:中国医药科技出版社 1992 年。

吴兴等主编:《医学科学技术概论》,北京:民族出版社 1997 年。

吴兴海等著:《互联网+大健康 重构医疗健康全产业链》,北京:人民邮电出版社 2016 年。

吴秀山编著:《日本医学史资料目录》,1925 年。

吴义雄著:《在宗教与世俗之间:基督教新教传教士在华南沿海的早期活动研究》,广州:广东教育出版社 2000 年。第四章 传教事业与新教传教士的医务、教育活动。

　　《开端与进展:华南近代基督教史论集》,广西师范大学出版社 2011 年。医务传道方法与"中国医务传道会"的早期活动。

吴英恺著:《医务生活六十年》,上海:上海科学技术出版社 1990 年。

吴永明著:《太阳旗下的罪恶:侵华日军上饶细菌战揭秘》,南昌:江西人民出版社 2005 年。

吴玉林主编:《盐都红十字事业》,合肥:合肥工业大学出版社 2016 年。

吴郁琴著:《公共卫生视野下的国家政治与社会变迁:以民国时期江西及苏区为中心》,北京:中国社会科学出版社 2015 年。

吴裕万撰:《回忆中法大学药学专修科》(《上海文史资料选辑》第 44 辑),上海:上海人民出版社 1983 年。

吴媛媛著:《明清徽州灾害与社会应对》,合肥:安徽大学出版社 2014 年。

[美]吴章等著:《中国医疗卫生事业在二十世纪多变迁》,蒋育红译,北京:商务印书馆 2016 年。

邬正洪编著:《上海人民支援新四军和华中抗日根据地》,上海:上海人民出版社 2015 年。

吴志超著:《导引养生史论稿》,北京:北京体育大学出版社 1996 年。

吴志军著:《蚊虫王国的探索者——医学昆虫学家陆宝麟传》,北京:解放军文艺出版社 2002 年。

吴尊友主编:《艾滋病流行与控制》,北京:科学出版社 1999 年。

～编:《中国公共卫生:艾滋病防治实践》,北京:人民卫生出版社 2016 年;(英文版)北京:人民卫生出版社 2017 年。

X

[古希腊]希波克拉底著:《希波克拉底誓言:警诫人类的古希腊职业道德圣典》,綦彦臣编译,北京:世界图书公司 2004 年。

[古希腊]希波克拉底著:《希波克拉底文集》,赵洪钧等译,合肥:安徽科学技术出版社 1990 年;北京:中国中医药出版社 2007 年;北京:学苑出版社 2019 年。

[古希腊]希波克拉底著:《医学原本:西方医学与医德的奠基之作》,李粱译,南京:江苏人民出版社 2011 年。

席春生主编:《中国传统道家养生文化经典》,北京:宗教文化出版社 2004 年。

奚从清著:《残疾人社会学》,北京:华夏出版社 1993 年。

[美]悉达多·穆克吉著:《众病之王——癌症传》,李虎译,北京:中信出版社 2013 年。

《医学的真相——医生如何在不确定信息下做出正确决策》,潘娴分译,北京:中信出版社 2016 年。

《基因传——众生之源》,马向涛译,北京:中信出版社 2018 年。

[奥]西格蒙德·弗洛伊德著:《精神分析引论》,高觉敷译,北京:商务印书馆 1984 年。

《佛洛伊德自传》,张霁明等译,沈阳:辽宁人民出版社 1986 年。

《精神分析导论讲演》,高觉敷译,北京:商务印书馆 1987 年。

《佛洛伊德自传》,顾闻译,上海:上海人民出版社 1987 年;北京:国际文化出版公司 2013 年。

《精神分析导论讲演》,周泉译,北京:国际文化出版公司 2000 年。

《精神分析导论讲演新篇》,程小平等译,北京:国际文化出版公司 2000 年。

《性欲三论》,赵蕾等译,北京:国际文化出版公司 2000 年。

《日常生活的精神病理学》,彭丽新等译,北京:国际文化出版公司 2000 年。

《佛洛伊德自传》,廖运范译,北京:人民出版社 2005 年。

习红主编:《陕西麻风病防治》,西安:陕西科学技术出版社 2013 年。

席焕久主编:《医学人类学》,沈阳:辽宁大学出版社 1994 年;北京:人民卫生出版社 2004 年。

《生物医学人类学》,北京:科学出版社 2018 年。

[美]席瑞塔·史蒂文斯等著:《毒物研究室:250 种具有致命效果的经典毒物、植物、药物和毒品》,叶品岑译,台北:麦田出版公司 2018 年。

[美]希瑟·纽博尔德编著:《生命的故事》,甄宏等译,北京:中国人民大学出版社 北京大学出版社 2004 年。

[日]西山胜夫著:《侵华日军第七三一部队罪行实录:战争与医学》,王琪译,北京:中国和平出版社 2015 年。

西西著:《哀悼乳房》,桂林:广西师范大学出版社 2010 年。

[日]西野德之著:《良医有道:成为好医生的 100 个指路牌》,余湘萍译,北京:东方出版社 2017 年。

西耶哥著:《汉斯·柯赫与自体心理学》,叶宇记译,中国台北:远流出版事业股份有限公司 2005 年。

西藏自治区卫生健康委员会编:《新时代援藏创举——医疗人才组团式援藏(2015—2018)》,北京:中国人口出版社 2019 年。

西藏自治区卫生厅编:《西藏卫生四十年》,成都:四川科学技术出版社 1991 年。

[法]夏尔·波德莱尔著:《人造天堂》(《酒与印度大麻》(1851)和《人造天堂》(1860)的合集),郭宏安译,北京:生活·读书·新知三联书店 2008 年。

夏凡著:《爱在 SARS 蔓延时》(第一部以非典时期人们生活为素材的长篇小说),北京:中国青年出版社 2003 年。

夏国美著:《中国艾滋病问题报告》,南京:江苏人民出版社 2002 年。

～主编:《艾滋病立法——专家建议及其形成过程》,北京:法律出版社 2006 年。

　　《中国健康大趋势》,上海:上海社会科学院出版社 2008 年。

[英]夏洛特·罗伯茨等著:《疾病考古学》(第 3 版),张桦译,济南:山东画报出版社 2010 年。

夏冕著:《利益集团博弈与中国医疗卫生制度变迁》,北京:科学出版社 2013 年。

夏明方著:《民国时期自然灾害与乡村社会》,北京:中华书局 2000 年。

～等主编:《20 世纪中国灾变图史》,福州:福建教育出版社 2001 年。

夏有兵著:《承淡安研究》,南京:江苏科学技术出版社 2011 年。

夏媛媛著:《医学的 10 大重要进程》,南京:东南大学出版社 2012 年。

　　《民国初年西医教育的建构研究(1912—1937)》,北京:科学出版社 2014 年。

夏芸著:《医疗事故赔偿法——来自日本法的启示》,北京:法律出版社 2007 年。

夏宗芗著:《生命的化学基础:生物分子结构》,上海:上海科技教育出版社 2001 年。

冼维逊著:《鼠疫流行史》,广州:广东省卫生防疫站 1988 年。

冼玉仪等主编:《益善行道:东华医院 135 年周年纪念专题文集》,香港:三联书店有限公司 2006 年。

向德平等著:《困境与出路:艾滋病患者的社会处境研究》,北京:社会科学文献出版社 2009 年。

向近敏撰:《怎样防疫》,交通书局 1951 年。

项莉著:《中国重大疾病医疗保障理论与实践》,北京:科学出版社 2016 年。

项平等主编:《承淡安针灸经验集》,上海:上海科学技术出版社 2004 年。

[美]小爱德华·布里斯著:《邵武四十年——美国传教士医生福益华在华之旅(1892～1932)》,安雯译,北京:中央编译出版和 2015 年。

[美]小艾尔弗雷德·钱德勒著:《塑造工业时代——现代化学工业和制药工业的非凡历程》,罗仲伟译,北京:华夏出版社 2006 年。

肖爱树著:《农村医疗卫生事业的发展》,南京:江苏大学出版社 2010 年。

肖成纹著:《侗族医药探秘》,长沙:岳麓书社 2004 年。

肖东楼等主编:《三峡地区人群健康调查和研究》,北京:中国协和医科大学出版社 2007 年。

～编:《全国结核病防治规划(2001—2010)终期评估报告》,北京:军事医学科学出版社 2011 年。

肖恩·卡罗尔著,《造就适者——DNA 和进化的有力证据》,杨佳蓉译,上海:上海科技教育出版社 2012 年。

肖恩·斯威尼等编:《剑桥年度主题兼顾走:身体》,贾俐译,北京:华夏出版社 2006 年。

肖飞主编:《医生的一天》(中国第一本医生博客文集),上海:上海百家出版社 2007 年。

肖枫编著:《食物是最好的医药大全集》,北京:华文出版社 2010 年。

萧国钢著:《儒门事亲研究》,北京:中医古籍出版社 1998 年。

萧国清编:《钩虫病中医防治法》,北京:人民卫生出版社 1959 年。

萧汉明著:《易学与中国传统医学》,北京:中国书店出版社 2003 年。

萧宏慈著:《医行天下》,广州:广东人民出版社 2009 年。

萧景华编:《灾疫降临:"非典"时刻与 SARS 蔓延》,北京:中国商业出版社 2003 年。

肖力玮著:《收入差距与医疗保障制度分割对医疗效率的影响》,汕头:汕头大学出版社 2019 年。

肖林榕等编著:《温病学家治疫病经验:探讨中医对"非典"治疗的可行性》,北京:中国医药科技出版社 2003 年。

～主编:《闽台历代中医医家志》,北京:中国医药科技出版社 2007 年。

　　《中西医结合发展史研究》,北京:北京科学技术出版社 2011 年。

肖柳珍著:《中国医疗损害责任制度改革研究》,北京:中国政法大学出版社 2014 年。

肖明著:《传播学视角下的艾滋病议题——议程设置过程的实证研究》,北京:中国传媒大学出版社 2007 年。

肖培根主编:《新编中药志》,北京:化学工业出版社 2002 年。

肖平等著:《中国现代医院史话:中南大学湘雅医院》,北京:人民卫生出版社 2019 年。

肖少卿主编:《中国针灸学史》,西宁:宁夏人民出版社 1997 年。

萧轼之著:《七十年五记》,《萍乡市文史资料》编辑部 1988 年。

肖水源等主编:《瘟疫的历史》,长沙:湖南科学技术出版社 2004 年。

[日]小田俊朗著:《台湾医学五十年》,洪有锡译,台北:前卫出版社 1974 年。

肖湘雄著:《贫困山区新型农村合作医疗长效筹资模式研究》,湘潭:湘潭大学出版社 2010 年。

肖学周著:《中国人的身体观念:最系统的身体观念手册》,兰州:敦煌文艺出版社 2008 年。

[日]小野泽精一等编:《气的思想——中国自然观与人的观念的发展》,李庆译,上海:上海人民出版社 2007 年;2014 年。

萧易忻著:《抑郁症在中国产生的社会学分析》,上海:华东理工大学出版社 2016 年。

肖永芝主编:《海外汉文古医籍丛书》,北京:北京科学技术出版社 2017 年。

肖远骑等主编:《我眼中的人大附中.第二集:在抗击"非典"的日子里》,北京:中国大百科全书出版社 2003 年。

[日]小曾户洋著:《日本汉方典籍辞典》,郭秀梅译,北京:学苑出版社 2008 年。

萧诏玮等主编:《榕峤医谭——福州历代中医特色》,福建:福建科学技术出版社 2009 年。

[美]谢尔登·沃茨著:《世界历史上的疾病与医学》,张炜译,北京:商务印书馆 2015 年。

[美]谢尔顿·H.哈里斯著:《死亡工厂:美国掩盖的日本细菌战犯罪》,王选等译,上海:上海人民出版社 2000 年。

谢丰舟著:《上医医国:白色斜塔续集——给医学生的 60 封信》,台北:大树林 2007 年。

谢谷阳主编:《百年北京中医》,北京:化学工业出版社 2007 年。

谢观等主编:《中国医学大辞典》,北京:中国中医药出版社 1994 年;天津:天津科学技术出版社 1998 年。

谢观(利恒)著:《中国医学源流论》,余永燕点校,台北:新文丰出本公司 1997 年;福州:福建科学技术出版社 2003 年。

～主编:《中医大辞典》,北京:商务印书馆国际有限公司 2004 年。

谢桂华等编:《居延汉简释文合校》,北京:文物出版社 1987 年。

谢海洲著:《中医药丛谈》,北京:人民卫生出版社 1998 年。

协和八:《医生 你好·协和八的温暖医学故事》,北京:人民卫生出版社 2017 年。

协和医学堂编,蒋育红译:《协和医学堂》(协和医学堂自 1906 年至 1916 年间的年度总终汇编),北京:中国协和医科大学出版社 2018 年。

谢红莉著:《城市化进程中的中国民族医疗保障》,北京:人民出版社 2010 年。

~等主编:《中国最早的中医学校利济医学堂》,北京:高等教育出版社 2012 年。

~主编:《浙江医学史》,北京:人民卫生出版社 2016 年。

谢华编著:《中国人民解放军卫生勤务发展史》,北京:人民军医出版社 1997 年。

谢惠民等主编:《中国药学史参考》,北京:人民卫生出版社 2014 年。

谢佳闻著:《家庭中的残障儿童:从社会模式理论看残障》,上海:上海社会科学院出版社 2012 年。

谢理洲编著:《粉碎美国侵略者的细菌战》,广州:华南人民出版社 1952 年。

谢松龄著:《阴阳五行与中医学》,北京:新华出版社 1992 年;中央编译出版社 2008 年。

谢锡金主编:《非典情:粤·港·台抗击非典型肺炎报告文学》,广州:广东高等教育出版社 2004 年。

谢遐龄等主编:《SARS、全球化与中国》,上海:上海人民出版社 2004 年。

谢新才等主编:《国医大师贺普仁》,北京:中国医药科技出版社 2011 年。

解学诗等著:《战争与恶疫——日军对华细菌战》,北京:人民出版社 2014 年。

谢阳谷主编:《百年北京中医》,北京:化学工业出版社 2007 年。

谢英彪等主编:《金陵医派研究》,南京:东南大学出版社 2017 年。

谢永光著:《香港中医药史话》,香港:三联书店有限公司 1998 年。

谢云编著:《中国古代医学传承中的教育技术分析》,北京:科学出版社 2017 年。

谢忠厚等总主编,中央档案馆等编:《日本侵略华北罪行档案 6:毒气战》,石家庄:河北人民出版社 2005 年。

~编:《日本侵华细菌战研究报告》,北京:中共党史出版社 2016 年。

~编著:《日军在华北进行的细菌战——日军 1855 部队华北细菌战受害情况调研报告》,北京:中共党史出版社 2017 年。

[日]新村拓著:《日本医疗史》,吉川弘文馆 2006 年。

新华时事丛刊社编:《正义的审讯:苏联审讯日本细菌战犯案经过》,新华书店 1950 年。

新加坡同济医院编:《同济医院一百二十周年历史专集》,新加坡:同济医院 1989 年。

《新加坡同济医院 135 周年纪念特刊:1867—2002》,新加坡:同济医院 2002 年。

《同济医院一百四十五周年暨同济医药研究院十周年纪念特刊:百年善业融入社区》,新加坡:同济医院 2002 年。

新加坡同济医院百年特刊出版委员会编:《新加坡同济医院一百周年纪念特刊》,新加坡:同济医院百年特刊出版委员会 1967 年。

[新加坡]新加坡中医学会主编,《新加坡中医学院 40 周年纪念刊(1953 — 1993)》,新加坡中医学院 1993 年。

新疆社会科学院民族文学研究所编:《福乐智慧研究论文选》,乌鲁木齐: 新疆人民出版社 1993 年。

[美]辛西娅·库恩等著:《致命药瘾——让人沉迷的食品和药物》,林慧珍等译,北京:生活·读书·新知三联书店 2016 年。

新型农村合作医疗试点工作评估组编著:《发展中的中国新型农村合作医疗:新型农村合作医疗试点工作评估报告》,北京:人民卫生出版社2006年。

辛衍涛著:《艾滋病起源之谜》,北京:中国环境科学出版社2005年。

辛永宁主编:《住院医生日记》,北京:人民卫生出版社2007年。

《住院医生日记2》,北京:人民卫生出版社2008年。

欣正人编著:《瘟疫与文明》,太原:山西人民出版社,2004年。

新疆生产建设兵团畜牧局编:《新疆生产建设兵团动物疫病志》,乌鲁木齐:新疆人民出版社1998年。

辛昱辰等著:《思索.改革——财政补偿与医疗卫生服务》,上海:上海社会科学院出版社2018年。

《新中国预防医学历史经验》编委会编:《新中国预防医学历史经验》(第一、二、三、四卷),北京:人民卫生出版社1991、1990、1988、1990年。

《性典 中国性学报告》编委会主编:《性典 中国性学报告》(上、下),西宁:青海人民出版社1998年。

邢纪成编著:《中西比较医学史稿》,哈尔滨:黑龙江科学技术出版社1995年。

邢玉瑞主编:《中国古代天人关系理论与中医学研究》,北京:中国中医药出版社2017年。

~编著:《中医思维方法》,北京:人民卫生出版社2009年。

~著:《〈黄帝内经〉理论与方法论》,西安:陕西科学技术出版社2004年。

[台湾]行政院卫生署编:《台湾地区公共卫生发展史照片选集(1945—1995)》,中国台北:台北市卫生署1997年。

熊秉真等著:《台湾与近代医疗——魏火曜先生访问纪录》,中国台北:中央研究院近代史研究所1990年。

~著:《幼幼:传统中国的襁褓之道》,中国台北:联经出版事业公司1995年。

《安恙:近世中国儿童的疾病与健康》,中国台北:联经出版事业公司1999年。

《幼医与幼蒙——近世中国社会的绵延之道》,中国台北:联经出版事业公司2018年。

熊传海主编:《鄂东四大名医》,北京:中医古籍出版社1998年。

熊春锦著:《道医学》,北京:团结出版社2009年。

熊吉峰著:《农民工医保关系转移接续问题研究》,武汉:湖北人民出版社2010年。

熊侃霞著:《湖北省基本公共卫生服务均等化问题研究》,北京:中国社会科学出版社2016年。

熊月之:《圣约翰大学史》,上海:上海人民出版社2006年。

熊志国等著:《中国商业健康保险发展模式探索:兼论医疗保障体系发展的价值与取向》,北京:北京大学出版社2012年。

秀梅等主编:《医院简史》,北京:中国医药科技出版社2018年。

徐邦武等主编:《100年诺贝尔生理学及医学奖 获奖者成就大全》,北京:军事医学科学科技部政策研究室编2001年。

徐悲鸿、邝富灼、伍连德著:《民国文存56:成功之路:现代名人自述》,北京:知识产权出版社2014年。

徐百万主编,农业部血吸虫病防治办公室等编:《中国动物血吸虫病防治研究:1990—2000》,北京:中国农业科学技术出版社2005年。

胥彬等主编:《张为申纪念文集》,北京:中国科学技术出版社2018年。

许崇清撰:《私立岭南大学孙逸仙博士医学院一览》,广州:私立岭南大学出版1938年。

徐春甫撰:《古今医统大全》(上、下),北京:人民卫生出版社1991年;1998年;2008年。

[美]许尔文·努兰著《蛇杖的传人——西方名医列传》,杨逸鸿等译,上海:上海人民出版社1999年。

《死亡的脸》,杨慕华译,台湾:时报文化1995年;汉口:海南出版社2002年。

《生命的脸——外科医生手记》,林文斌等译,海口:海南出版社2002年。

徐国桓主编:《北京卫生史料》,北京:北京科学技术出版社1996年。

徐国普著:《江苏红十字运动研究(1904—2004):辉煌十五年(1950—1965)》,合肥:安徽人民出版社2009年。

《新中国成立初期中国红十字会研究(1949—1956)》,北京:人民出版社2013年。

徐衡之等主编:《宋元明清名医类案》,天津:天津市古籍书店1988年。

徐厚平主编:《川派中医药名家系列丛书 汪新象》,北京:中国中医药出版社2018年。

徐慧丹等著:《新时代农村医疗保险、医疗服务与老年人健康研究》,成都:西南财经大学出版社2019年。

徐建云著:《民国医史研究——以金陵医派研究为中心》,南京:东南大学出版社2017年。

徐江雁等主编:《长子和医学全书》,北京:中国中医药出版社2006年。

～主编:《中国医学史》(第二版),上海:上海科学技术出版社2017年。

徐景藩主编:《徐灵胎研究文集》,上海:上海科学技术出版社2001年。

许敬生主编:《罗天益医学全书》,北京:中国中医药出版社2006年。

～编著:《医林掌故》,北京:人民卫生出版社2011年。

徐莉著:《非政府组织与社会支持体系的构建——以艾滋病防治领域为例》,北京:中国社会科学出版社2012年。

许利群著:《移动健康和智慧医疗——互联网+下的健康医疗产业革命》,北京:人民邮电出版社2016年。

[清]徐灵胎著,刘洋校注:《医学源流论》,北京:中国中医药出版社2008年。

许烺光著:《驱逐捣蛋者:魔法、科学与文化》,王芃等译,台北:南天书局1997年。

许龙善等主编:《福建疟疾的控制与消除》,福州:福建科学技术出版社2018年。

徐曼等著:《大数据医疗:认知科学时代的医疗智能》,北京:机械工业出版社2017年。

徐美苓著:《艾滋病与媒体》,上海:上海译文出版社2008年。

徐明天著:《三九陷落:中国企业20年危机的"关"与"坎"》,北京:企业管理出版社2006年。

徐平主编:《针灸医籍选读》,北京:人民卫生出版社2012年。

徐蓉等著:《药物的发现:品读药物背后的人和事》,上海:上海交通大学出版社2017年。

徐荣庆等主编:《历代名医医术荟萃》,南京:东南大学出版社2005年。

徐如祥主编:《地震灾害医学》,北京:人民军医出版社2009年。

徐珊主编:《中医病案学》,上海:上海科学技术文献出版社1997年。

徐珊等编著:《蒋文照医学传承》,上海:上海浦江教育出版社2013年。

徐天民等著:《中西方医学伦理学比较研究》,北京:北京医科大学、中国协和医科大学联合出版社1998年。

徐伟著:《我国城镇基本医疗保险体系完善研究——基于筹资与补偿的角度》,北京:科学出版社2015年。

徐伟平主编:《崇明故事——县级公立医疗机构创新发展的"登三"之路》,北京:协和医科大学出版社2015年。

徐文兵著:《字里藏医》,合肥:安徽教育出版社2007年。

许文博等主编:《中国解放区医学教育史》,北京:人民军医出版社1994年。

许锡庆编译:《台湾总督府公文类纂卫生史料汇编》,中国南投:台湾省文献会2000年。

徐晓军著:《断裂、重构与新生——鄂东艾滋病人的村庄社会关系研究》,北京:中国社会科学出版社2010年。

徐小群著:《民国时期的国家与社会:自由职业团体在上海的兴起,1912—1937》,北京:新星出版社2007年。

徐晓新著:《社会政策过程——新农合中的央地互动》,北京:中国社会科学出版社2018年。

徐燕主编:《力量:北京建筑业抗击SARS影像档案》,北京:中国人事出版社2004年。

徐焰著:《徐焰讲军史:战争与瘟疫》,北京:人民出版社2014年。

许燕春等著:《人文中医》,广州:羊城晚报出版社2006年。

徐一峰等编著:《文化与健康——医学人类学实践》,上海:上海人民出版社2005年。

徐宜厚等编著:《皮肤病中医诊疗学》,北京:人民卫生出版社1997年。

徐仪明著:《性理与岐黄》,北京:中国社会科学出版社1997年。

徐义强著:《哈尼族疾病认知与治疗实践的医学人类学研究》,北京:中国社会科学出版社2016年。

徐一峰主编:《社会精神医学》,上海:上海科技教育出版社2010年。

徐以骅等著:《海上梵王渡——圣约翰大学》,石家庄:河北教育出版社2003年。

~主编:《上海圣约翰大学(1879—1952)》,上海:上海人民出版社2009年。

徐永庆等主编:《中国古尸》,上海:上海科技教育出版社1996年。

徐宇甦等著:《武汉近代公寓·娱乐·医疗建筑》(第2版),武汉:武汉理工大学出版社2018年。

徐源等著:《从医开始:协和八的奇妙临床笔记》,北京:人民卫生出版社2015年。

许渊明编著:《南丁格尔》,沈阳:辽海出版社1998年。

徐媛琦等编:《"非典"时期最可爱的人》,上海:上海教育出版社2003年。

徐泽等编著:《中国传统养生术》,北京:中国医药科技出版社1992年。

徐忠等主编:《苏德隆教授诞辰一百周年纪念文集》,上海:第二军医大学出版社2006年。

徐祖荣著:《社会转型期城市医疗救助理论和经验》,北京:中国经济出版社2010年。

宣扬等编著:《医者仁心:中华传统医德读本》,合肥:安徽大学出版社2018年。

宣宜主编:《云南新型农村合作医疗实践与发展》,北京:中国书籍出版社2009年。

薛宝恭编:《医学与迷信》,北京:人民卫生出版社1986年。

薛春德等编著:《将帅战伤传奇》,北京:中国档案出版社1997年。

薛达元主编:《民族地区医药传统知识传承与惠益分享》,北京:中国环境科学出版社2009年。

[美]雪儿·海蒂著:《海蒂性学报告》(全三册:男人篇(林瑞庭、谭智华译)、女人篇(林淑贞译)、情爱篇(李金梅译)),海口:海南出版社2017年。

薛芳芸著:《宋代文士通医现象研究》,太原:山西人民出版社2012年。

薛凤奎等编:《中医学术思想史》,沈阳:辽宁中医学院1981年。

薛公忱主编:《论医中儒道佛》,北京:中医古籍出版社1999年。

~著:《儒道佛与中医药学》,北京:中国书店2002年。

《中国古代名医成功的奥秘》,北京:人民卫生出版社2007年。

《中医文化溯源》,南京:南京出版社2013年。

《历代良医礼赞》,南京:江苏人民出版社2014年。

薛建吾著:《乡村卫生》,南京:正中书局 1936 年。

薛清录主编,中国中医研究院图书馆编:《全国中医图书联合目录》,北京:中医古籍出版社 1991 年。

　　《中国中医古籍总目》,上海:上海辞书出版社 2007 年。

薛松等主编:《话说国医:福建卷》,郑州:河南科学技术出版社 2017 年。

薛文忠编著:《中国医学之最》,北京:中国旅游出版社 1991 年。

薛晓林主编:《中国民营医院发展报告(2017)》,北京:社会科学文献出版社 2018 年。

薛晓芃著:《国际公害物品的管理:以 SARS 和印度洋海啸为例的分析》,北京:世界知识出版社 2009 年。

薛新东著:《公立医院绩效评估研究》,武汉:武汉大学出版社 2016 年。

薛义编:《我国卫生体制与医疗保障概述》,北京:中国社会出版社 2006 年。

薛愚主编:《中国药学史料》,北京:人民卫生出版社 1984 年。

～编写:《中国药学会史略（1907—1986）》,北京:中国医药科技出版社 1987 年。

Y

[英]亚当·凯著:《绝对笑喷之弃业医生日志》,胡逍扬译,北京:北京时代华文书局 2019 年。

[英]亚当·卢瑟福著:《我们人类的基因:全人类的历史与未来》,严匡正等译,北京:中信出版社 2017 年。

[法]雅克·安德烈著:《古罗马的医生》,杨洁等译,桂林:广西师范大学出版社 2006 年。

[匈]亚诺什·科尔奈等著:《转轨中的福利、选择和一致性:东欧国家卫生部门改革》,罗淑锦等译,北京:中信出版社 2003 年。

延边朝鲜自治州民族医药研究所编纂:《中国朝鲜民族医学史》,延吉市:延边人民出版社 1999 年。

严冰主编:《吴鞠通研究集成》,北京:中医古籍出版社 2012 年。

颜德馨主编:《中国历代中医抗衰老秘要》,上海:文汇出版社 1993 年。

～著:《颜德馨》,北京:中国医药出版社 2011 年。

燕国材著:《汉魏六朝心理思想研究》,长沙:湖南人民出版社 1984 年。

鄢洪涛著:《发展型社会政策视域下的中国医疗卫生事业管理创新研究》,湘潭:湘潭大学出版社 2014 年。

严季澜主编:《中医文献检索》,北京:学苑出版社 1995 年。

～等主编:《中医文献学》,北京:中国中医药出版社 2002 年。

烟建华:《〈内经〉学术精粹析要》,北京:人民军医出版社 2006 年。

严健民著:《中国医学起源新论》,北京:北京科学技术出版社 1994 年。

　　《远古中国医学史》,北京:中医古籍出版社 2006 年。

　　《经脉学说起源:演绎三千五百年探讨》,北京:中医古籍出版社 2010 年。

～编著:《五十二病方注补译》,北京:中医古籍出版社 2005 年。

燕京大学校友校史编写委员会编:《燕京大学史稿:1919—1952》,北京:人民中国出版社 1999 年。

闫萍著:《中国老年人医疗费用负担问题研究》,北京:首都师范大学出版社 2013 年。

颜乾麟著:《国医大师颜德馨》,北京:中国医药科技出版社 2011 年。

严青等著:《中医文化》,北京:中国经济出版社 2010 年。

严仁英等主编：《杨崇瑞博士——诞辰百年纪念》，北京：北京医科大学、中国协和医科大学联合出版社 1990 年。

闫蕊等著：《重大疾病医疗保障制度研究》，北京：中国劳动社会保障出版社 2017 年。

严世芸主编：《中医学术史》，上海：上海中医学院出版社 1989 年。

《中国医籍通考 第 1 卷》，上海：上海中医学院出版社 1990 年。

《中国医籍通考 第 2 卷》，上海：上海中医学院出版社 1991 年。

《中国医籍通考 第 3 卷》，上海：上海中医学院出版社 1992 年。

《中国医籍通考 第 4 卷》，上海：上海中医学院出版社 1993 年。

《宋代医家学术思想研究》，上海：上海中医学院出版社 1993 年。

《中国医籍通考 索引》，上海：上海中医学院出版社 1994 年。

《高等中医药教育的改革与发展——庆祝上海中医药大学建校四十周年》，上海：上海中医药大学出版社 1997 年。

《中医各家学说》，北京：中国中医药出版社 2003 年。

《中医学术发展史》，上海：上海中医药大学出版社 2004 年。

《中医医家学说及学术思想史》，北京：中国中医药出版社 2005 年；2011 年。

燕爽著：《SARS 与社会的现代化》，上海：上海人民出版社 2004 年。

鄢卫东等主编：《甘肃古代医学》，北京：学苑出版社 2010 年。

严晓凤等主编：《红十字运动研究 2013 年卷》，合肥：合肥工业大学出版社 2013 年。

颜小华著：《相遇、对话与调试：美北长老会在华南的活动研究（1837—1899）》，兰州：兰州大学出版社 2009 年。

闫晓军著：《出土文献与古代司法检验史研究》，北京：文物出版社 2005 年。

严志标主编：《敬业以精，修明唯诚：广州敬修堂（药业）股份有限公司发展史》，广州：广东科技出版社 2010 年。

严忠浩等编：《三国演义医学趣谈》，太原：山西科学教育出版社 1986 年。

杨柏灿主编：《药缘文化·中药与文化的交融》，北京：中国中医药出版社 2014 年。

杨仓良主编：《毒药本草》（上、中、下三卷），北京：中国中医药出版社 1993 年。

《毒药本草》《三卷》（修订版），北京：中国中医药出版社 2004 年。

杨大路编著：《震惊后世的骇人天灾·恐怖大瘟疫》，南昌：江西教育出版社 2016 年。

杨德森主编：《中国精神疾病案例集》，长沙：湖南科学技术出版社 1999 年。

杨殿兴等编著：《梦境新探 中医辨梦测病与治疗》，成都：四川科学技术出版社 1996 年。

～编：《中医四部经典解读》，北京：化学工业出版社 2008 年。

～主编：《中华医药史话（诗情·画意·墨韵）》，北京：中国中医药出版社 2016 年。

～等主编：《川派中医药源流与发展》，北京：中国中医药出版社 2016 年。

杨定文等编：《江苏省美容医学史志（1995—2014）》，南京：东南大学出版社 2015 年。

杨东方等著：《典籍文化与中医学》，北京：中国中医药出版社 2017 年。

杨光编著：《林巧稚》，北京：中国和平出版社 1996 年。

杨放等编著：《医学伦理学》，上海：第二军医大学出版社 2001 年。

杨辅仓著：《中医趣谈》，桂林：广西师范大学出版社 2004 年。

杨福泉等编：《云南省少小边穷地区新型农村合作医疗机制研究》，北京：中国书籍出版社 2009 年。

杨福生等编著:《诺贝尔医学奖获奖启示录》,北京:人民军医出版社 1997 年。

杨国安著:《佛教与健康》,哈尔滨:黑龙江科学技术出版社 1995 年。

杨国才主编:《多学科视野下的艾滋应对》,北京:中国社会科学出版社 2007 年。

杨国静主译:《血吸虫病及血吸虫病防治的社会学——导读与文献评析》,北京:人民卫生出版社
　　2010 年。

杨红燕著:《中国农村合作医疗制度可持续发展研究》,北京:中国社会科学出版社 2009 年。

杨华生著:《美国医疗》,北京:中国科学技术大学出版社 2002 年。

杨辉著:《公平视角的我国城镇社会医疗保险制度研究》,浙江工商大学出版社 2010 年。

杨慧霞等主编:《健康与疾病的发育起源——DOHoD 在中国》,北京:人民卫生出版社 2013 年。

杨建宇主编:《医学史》,北京:中医古籍出版社 2006 年。

杨金萍著:《汉画像石与中医文化》,北京:人民卫生出版社 2010 年。

杨晶鑫著:《近世日本汉方医学变迁研究》,长春:吉林大学出版社 2010 年。

杨静毅著:《医疗侵权的经济分析》,北京:法律出版社 2013 年。

杨久云著:《哈尼族传统医疗技术考述》,北京:中国科学技术出版社 2015 年。

　　《哈尼族传统药物探究》,北京:中国科学技术出版社 2015 年。

杨军等著:《回报——军医王长武传》,济南:山东文艺出版社 1996 年。

杨开忠等编著:《国外公共卫生突发事件管理要览》,北京:中国城市出版社 2003 年。

杨魁孚等编写:《中国人口与计划生育大事要揽》,北京:中国人口出版社 2001 年。

杨力著:《周易和中医学》,北京:北京科学技术出版社 1998 年。

　　《中医疾病预测学》,北京:北京科学技术出版社 2002 年。

杨莉等编著:《疾病或被改变中的生命史:诺贝尔生理学或医学奖获得者 100 年图说》,重庆:重庆出版
　　社 2006 年。

杨俐等著:《川派中医药名家系列丛书:陆干甫》,北京:中国中医药出版社 2015 年。

杨黎光著:《瘟疫,人类的影子:"非典"溯源》,北京:人民文学出版社 2003 年;广州:广东高等教育出版
　　社 2004 年。

杨立雄著:《残者有助:农村贫困残疾人群帮扶政策评估及建议》,北京:社会科学文献出版社 2015 年。

杨连生等主编:《中医饮食疗法》,长春:吉林人民出版社 1991 年。

杨翎著:《台湾民俗医疗:汉人信仰篇》,台北:国立自然科学博物馆 2002 年。

杨灵林主编:《中国医药企业大全》,北京:煤炭工业出版社 2001 年。

杨柳著:《美国残疾人教育研究》,北京:人民出版社 2014 年。

　　《专断性医疗行为刑法处遇问题研究》,南京:东南大学出版社 2015 年。

杨旎著:《中国医疗卫生 务历史沿革中的"钟摆式"公平》,北京:中国社会科学出版社 2017 年。

杨念群著:《再造"病人"——中西医冲突下的空间政治(1832—1985)》第一版,北京:中国人民大学出
　　版社 2006 年;第二版,北京:中国人民大学出版社 2013 年。

杨鹏程等著:《再换与赈济——历史上灾荒时期的湖南农民、农村与农业问题》,北京:中国文史出版社
　　2007 年。第六章:灾荒与公医制度——国民政府时期公医制度。

杨全玉著:《医患关系的密码:"医疗+法律"思维解决医疗纠纷之道》,北京:中国法制出版社 2017 年。

杨儒宾主编:《中国古代思想中的气论与身体观》,台北:巨流图书公司 1997 年。

杨瑞馥等编:《现代瘟疫:埃博拉病毒病》,北京:科学出版社 2015 年。

杨瑞松著:《病夫、黄祸与睡狮——"西方"视野中的中国形象与近代中国国族论述想象》,台北:政治大学出版社2010年。

杨善发著:《中国农村合作医疗制度变迁研究》,南京:南京大学出版社2012年。

杨善尧著:《抗战时期的中国军医》,台湾:国史馆2015年。

杨胜文:《初级卫生保健》,贵阳:贵州科技出版社1996年。

杨世林等主编:《基诺族医药》,昆明:云南科技出版社2001年。

杨士孝注:《二十六史医家传记新注》,沈阳:辽宁大学出版社1986年。

杨世兴等主编:《东周伟大医学科学家——秦越人扁鹊》,西安:陕西科学技术出版社1991年。

杨叔禹编著:《清太医院医家研究》,北京:人民卫生出版社2015年。

杨顺益主编:《近四十年来中国针灸研究精要》,海口:海南出版社1993年。

杨松著:《"艾"情紧急:来自艾滋病高发区的调查报告》,北京:东方出版社2005年。

杨添围著:《以疯狂之名:英美精神异常抗辩史》,北京:群言出版社2017年。

杨同卫著:《以家庭为本位的医疗决策模式研究》,北京:经济管理出版社2016年。

杨威等主编:《古代中医时病医案》,北京:中国中医药出版社2010年。

杨维中:《中国卫生应急十年(2003—2013)》,北京:人民卫生出版社2014年。

～主编:《Infectious Disease in China(中国公共卫生:重大疾病防治实践)》(英文版),北京:人民卫生出版社2017年。

《"一带一路"国家传染病风险评估与对策建议》,北京:人民卫生出版社2019年。

杨文儒等编著:《中国历代名医评介》,西安:陕西科学技术出版社1980年。

杨文镒主编:《AIDS·全球危机:艾滋病社会学透视》,成都:四川科学技术出版社1990年。

杨祥银著:《殖民权力与医疗空间——香港东华三院中西医服务变迁(1894—1941)》,北京:社会科学文献出版社2018年。

杨肖光等主编:《全球卫生治理视角下的中国经验与策略》,上海:复旦大学出版社2017年。

杨晓林主编:《人文与叙事——文学中的医学》,广州:暨南大学出版社2018年。

杨兴海编著:《全新古今医学史话》,北京:中医古籍出版社2009年。

杨杏林等编著:《上海中国医学院院史》,上海:上海科技文献出版社1991年。

杨新建主编:《河北中医五千年》,北京:中国中医药出版社2010年。

杨雄辉主编:《德在药中·药为大众:佛山德众药业有限公司发展史》,广州:广东科技出版社2011年。

杨雪琴主编,中国人民解放军医学科学技术委员会皮肤科专业委员会编:《中国人民解放军皮肤病学科发展简史》,北京:人民军医出版社2005年。

杨学鹏著:《解构传统医学》,北京:军事医学科学出版社2008年。

杨彦君著:《七三一部队细菌战贻害研究——以哈尔滨鼠疫流行为例》,哈尔滨:黑龙江人民出版社2009年。

《关东军第七三一部队实录》,北京:外文出版社2016年。

～主编:《日本细菌战档案选编》(上、下册),北京:中国和平出版社2015年。

《日本细菌战部队命令·文件集》(上、下册),北京:中国和平出版社2015年。

《七三一问题国际研究中心文集》(上、下),北京:中国和平出版社2015年。

《美军调查日本细菌战总结报告书》,北京:中国和平出版社2015年。

《七三一部队旧址调查与研究》,北京:中国和平出版社2015年。

杨燕绥等主编:《健康保险与医疗体制改革》,北京:中国财政经济出版社 2018 年。

杨义堂著:《抗战救护队》,北京:作家出版社 2015 年。

杨医亚编撰:《近世针灸医学全书》,上海:千顷堂书局 1954 年。

～主编:《中国医学史》,石家庄:河北科学技术出版社 1996 年。

杨玉林等著:《日本关东宪兵队"特别输送"追踪:日军细菌战人体实验罪证调查》,北京:社会科学文献出版社 2004 年。

～等主编:《细菌战》,哈尔滨:黑龙江人民出版社 2002 年。

杨玉玲著:《一代医人杜聪明》,台北:天下文化出版公司 2002 年。

～等著:《台湾毒蛇传奇:台湾科学史上辉煌的一页》,台北:天下文化出版公司 1996 年。

杨枝青:《陆渊雷医案》,上海:上海科学技术出版社 2010 年。

杨织云编:《农村妇女卫生》,北京:科技卫生出版社 1959 年。

杨忠著:《丁甘仁传》,上海:上海中医药大学出版社 2008 年。

杨筑慧著:《中国西南民族生育文化研究》,北京:中央民族大学出版社 2006 年。

杨卓寅编:《江西杏林人物》,南昌:江西省卫生厅中医处、中华全国中医学会江西分会 1988 年。

姚春鹏著:《黄帝内经——气观念下的天人医学》,北京:中华书局 2008 年。

姚翠友等著:《特大城市突发公共事件微博舆情演化的建模与仿真》,北京:中国社会科学出版社 2018 年。

姚霏主编:《爱来癌去——他们口中的疾病与新生》,上海:上海教育出版社 2019 年。

姚家祥主编:《国外预防医学历史经验资料选编》(新中国预防医学历史经验附卷),北京:人民卫生出版社 1991 年。

姚力著:《当代中国医疗保障制度史论》,北京:中国社会科学出版社 2012 年。

《新中国的农村合作医疗》,北京:北京人民出版社 2019 年。

姚泰主编:《上海医科大学七十年》,上海:上海医科大学出版社 1997 年。

姚曦著:《保健品广告的奥秘》,广州:广东经济出版社 2004 年。

姚毅著:《近代中国の出産と国家・社会——医師・助産士・接生婆》,研文出版社 2011 年。

姚勇编:《我们一起走过:记北京协和医院垂体 MDT 成立四十周年》,长沙:中南大学出版社 2018 年。

姚泽麟著:《在利益与道德之间:当代中国城市医生职业自主性的社会学研究》,北京:中国社会科学出版社 2017 年。

姚志彬主编:《广东卫生年鉴 2006》,广州:广东人民出版社 2009 年。

《2008 广东卫生年鉴》,广州:广东人民出版社 2010 年。

《广东卫生年鉴 2009》,广州:广东人民出版社 2012 年。

《春暖杏林 医德医风名言录》,广州:广东教育出版社 2012 年。

～著:《让人文照亮医学》,广州:花城出版社 2017 年。

叶川等:《金元四大医学家名著集成》,北京:中国中医药出版社 1995 年。

叶冬青主编:《公共卫生发展简史》,北京:人民卫生出版社 2016 年。

[荷]耶尔多・德伦特著:《世界的渊源:女人性器官的真相与神话》,施辉业译,广州:花城出版社 2006 年。

[德]耶尔格・布勒希著:《疾病发明者》,张志成译,海口:南海出版公司 2006 年。

《药品真相大揭秘》,张志成译,海口:南海出版公司 2009 年。

叶发正著:《伤寒学术史》,上海:华中师范大学出版社 1995 年。

叶汉明编著:《东华义庄与寰球慈善网络:档案文献资料的印证与启示》,香港:三联书店有限公司 2009 年。

叶金编著:《人类瘟疫报告——非常时期的人类生存之战》,福州:海峡文艺出版社 2003 年。

叶锦成著:《中国精神卫生服务》,北京:社会科学文献出版社 2012 年。

《精神医疗社会工作:信念、理论和实践》,上海:华东理工大学出版社 2017 年。

《中国取向复元模式实践:精神健康社会工作案例研究》,上海:华东理工大学出版社 2017 年。

叶金川等著:《光阴回廊:台湾百年公卫纪实》,台北:五南图书出版有限公司 2013 年。

叶金国著:《我国的新型农村合作医疗制度研究》,北京:中国社会科学出版社 2011 年。

叶锦先等主编:《情志疾病学》,南昌:江西科学技术出版社 1988 年。

叶舒宪主编:《文学与治疗》,北京:社会科学文献出版社 1999 年。

叶维之著:《一个医生的非医学词典》,北京:北京联合出版公司 2013 年。

叶小兰等著:《统筹城乡背景下实现全民基本医疗保障的模式与路径研究》,北京:中国劳动社会保障出版社 2017 年。

叶依著:《钟南山传》,北京:作家出版社 2010 年。

叶永文著:《台湾医疗发展史:医政关系》,台北:五南图书出版股份有限公司 2013 年。

《医疗与文化》,台北:洪叶文化事业有限公司 2009 年。

《中华民国军医教育发展史》,台北:五南图书出版股份有限公司 2017 年。

野玉丫头著:《女医药代表》,南京:江苏文艺出版社 2009 年。

叶志弘主编:《触摸四季》(浙江大学医学院附属邵逸夫医院护士亲自书写到身边护理故事),杭州:浙江大学出版社 2008 年。

Yichan Lu 等主编,王旸等译:《亚洲艾滋病》,北京:高等教育出版社 2007 年。

宜春县文化站编:《合作医疗越办越旺》,南昌:江西人民出版社 1975 年。

易丹辉著:《北京市居民医疗消费行为及意愿研究》,北京:中国人民大学出版社 2004 年。

[英]伊恩·道格拉瑟著:《城市环境史》,孙民乐译,南京:江苏凤凰教育出版社 2016 年。

[英]伊恩·盖特莱著:《尼古丁女郎——烟草的文化史》,沙淘金等译,上海:上海人民出版社 2004 年。

[英]伊恩·帕克著:《解构疯癫:精神疾病的制造与解放》,魏瑄慧译,北京:北京师范大学出版社 2016 年。

[英]伊恩·珍妮佛·格雷恩著:《天花的历史》,徐珊等译,北京:浙江人民出版社 2006 年。

[日]一番ヶ瀬康子著:《护理福利学探究》,沈洁等译,北京:中国社会出版社 2009 年。

伊广谦等主编:《明清十八家名医医案》,北京:中国中医药出版社 1996 年。

～主编:《中医方剂名著集成》,北京:华夏出版社 1998 年。

伊光瑞编:《内蒙古医学史略》,北京:中医古籍出版社 1993 年。

一合等著:《路灯下的 SARS》(以开阔的视角、生动的语言,真实而形象地记述了河北人民抗击非典的斗争),石家庄:河北人民出版社 2004 年。

[美]伊丽莎白·库伯勒-罗斯著:《生命之轮——生与死的回忆录》,范颖译,重庆:重庆出版社 2013 年。

[美]伊丽莎白·斯瓦多著:《我的抑郁症》,王安忆译,北京:金星出版社 2007 年;海口:南海出版公司 2017 年。

[美]伊丽莎白·W.伊瑟莉姬著:《健康的哨兵:美国疾病预防控制中心的历史》,李立明译,北京:中国

协和医科大学出版社 2005 年。

[法]伊曼纽埃尔·勒鲁瓦·拉迪里著:《历史学家的思想和方法》,杨豫等译,上海:上海人民出版社 2002 年。第二章 一种概念:疾病带来的全球一体化(14—17 世纪);第三章 扎绳:魔法阉割。

[英]伊莫金·埃文斯等著,《治疗的真相:如何利用"循证思维"改善医学治疗?》,北京:东方出版社 2016 年。

意娜编著:《曼唐》,西宁:青海人民出版社 2014 年。

[美]伊齐基尔·伊曼纽尔著:《未来的处方 高效医疗组织的 12 项转型实践》,朱恒鹏等译,北京:中信出版社 2019 年。

衣若兰著:《三姑六婆:明代妇女与社会的探索》,上海:中西书局 2019 年。

[美]伊森·沃特斯著:《像我们一样疯狂:美式心理疾病的全球化》,黄晓楠译,北京:北京师范大学出版社 2016 年。

易沙克江·马合穆德[卷]主编:《中国医学百科全书·维吾尔医学分卷》,上海:上海科学技术出版社 2005 年。

[捷]伊万·莱斯尼等著:《医学家》,刘飞编译,济南:明天出版社 2004 年。

义乌市档案馆等编:《侵华日军义乌细菌战调查研究》,杭州:浙江人民出版社 2015 年。

~编:《侵华日军义乌细菌战民国档案汇编》,北京:中国文史出版社 2016 年。

[英]伊泽·英格利斯著:《东北西医的传播者——杜格尔德·克里斯蒂》,张士尊译,沈阳:辽海出版社 2005 年。

尹赤林主编:《抗击非典零距离:内蒙古自治区卫生战线防治 SARS 工作回顾(2003.3—2003.7)》,呼和浩特:内蒙古科学技术出版社 2003 年。

[美]尹集钧编著:《细菌战大屠杀》,范薇薇等译,旧金山:北极光出版公司 2001 年。

尹力等著:《医疗保障体制改革——一场涉及生老病死的变革》,广州:广东经济出版社 1999 年。

尹明浩等著:《朝医学概要》,延吉:延边大学出版社 2007 年。

尹倩著:《民国时期的医师群体研究(1912—1937)》,北京:中国社会科学出版社 2013 年。

尹绍文著:《泣血的十字架》(一位医院院长写作的医疗主题长篇小说),杭州:浙江文艺出版社 2016 年。

尹裕君等访问:《林菊英先生访问记录》,台湾:"中华民国"护理学会 2000 年。

应诗达等主编:《山东麻醉学科发展史绩:1952—2008》,济南:山东科学技术出版社 2008 年。

[加拿大]尤恩著,黄诚等译:《在中国当护士的年月》,北京:时事出版社 1984 年。

游监明等访谈:《台北荣民总医院半世纪:口述历史回顾》(上篇:历任院长、副院长;下篇:各部、科、中心主任及教授),台北:中央研究院近代史研究所 2011 年。

游鑑明等访问,林东璟等记录:《振兴医院五十周年口述历史回顾(上篇:历任院长、副院长)》,台北:中央研究院近代史研究所 2018 年。

《振兴医院五十周年口述历史回顾(下篇:各部科主任、医师、技术人员)》,台北:中央研究院近代史研究所 2018 年。

[美]尤金·N.安德森著:《中国食物》,马孆等译,南京:江苏人民出版社 2003 年。

[德]尤格·布雷希著:《无效的医疗——手术刀下的谎言和药瓶里的欺骗》,穆易译,北京:北京师范大学出版社 2006 年。

尤江云著:《后医疗管理:医患沟通、利用、管制之道》,北京:中国经济出版社 2009 年。

[美]尤拉·比斯著:《免疫》,彭茂宇译,桂林:广西师范大学出版社 2016 年。

尤娜等著：《象征与叙事：现象学心理治疗》，济南：山东人民出版社 2006 年。

余安邦主编：《本土心理与文化疗愈——伦理化的可能探问》，台北：中央研究院 2008 年。

［明］喻本元等撰，中国农业科学院中兽医研究所主编：《元亨疗马集选释》，北京：农业出版社 1984 年。

［日］俞炳匡著：《医疗改革的经济学》，赵银华译，北京：中信出版社 2008 年。

于保荣等编著：《主要国家和地区非营利性医疗机构法律规定研究》，北京：对外经济贸易大学出版社 2015 年。

于布为等主编：《上海麻醉医学发展史》，上海：世界图书出版上海有限公司 2011 年。

～主编：《心路医路：生命在沉睡中苏醒》，上海：复旦大学出版社 2013 年。

～著：《老鱼头的麻醉随笔》，上海：上海交通大学出版社 2017 年。

于长水著：《新型农村合作医疗制度实施效果与问题实证研究》，武汉：湖北人民出版社 2015 年。

于船等编著：《中兽医学史简要》，太原：山西科学技术出版社 1993 年。

～主编：《畜牧兽医古今人物志（第一卷）》，北京：北京农业大学出版社 1995 年。

《畜牧兽医古今人物志（第二卷）》，北京：北京农业大学出版社 1998 年。

于德志等主编：《中国卫生发展绿皮书：新型农村合作医疗制度》，北京：人民卫生出版社 2013 年。

于冬主编：《中国医院建筑选编》，北京：清华大学出版社 2004 年。

《世界医院建筑选编》，北京：北京科学技术出版社 2003 年。

于恩庶等编著：《中国恙虫病研究》，广州：亚洲医药出版社 2000 年。

俞方著：《美国医学课程改革历程探索》，北京：人民卫生出版社 2010 年。

于枫等主编：《抗美援朝前线兵站医院纪实》，北京：中央民族大学出版社 2000 年。

余凤宾等著：《卫生要义》（万有书库），上海：商务印书馆 1930 年。

～著：《呻吟中的探索》，济南：山东画报出版社 1999 年。

《解剖刀下的风景：人体探索的背景文化》，济南：山东画报出版社 2000 年。

《病魔退却的历程：寻求治疗的背景文化》，济南：山东画报出版社 2001 年。

《天才就是疯子》，长沙：湖南人民出版社 2002 年。

《流行病：从猖獗到颓败》，济南：山东画报出版社 2003 年。

《飘零的秋叶：肺结核文化史》，济南：山东画报出版社 2004 年。

《瘟疫的文化史》，北京：新星出版社 2005 年。

《精神病文化史》，长沙：湖南文艺出版社 2006 年。

《天才还是疯子》，上海：复旦大学出版社 2007 年。

《疾病阅读史》，上海：复旦大学出版社 2010 年。

《鲁迅杂文中的医学文化》，桂林：漓江出版社 2014 年。

于赓哲著：《唐代疾病、医疗史初探》，北京：中国社会科学出版社 2011 年。

《隋唐人的日常生活》，西安：陕西人民教育出版社 2017 年。

余光莹等编著：《〈易〉与生命奥秘——医易相关探秘》，北京：中国医药科技出版社 1995 年。

于广军等主编：《医疗大数据》，北京：上海科学技术出版社 2015 年。

喻国明主编：《健康传播：中国人的接触、认知与认同——基于 HINTS 模型的实证研究与分析》，北京：人民日报出版社 2018 年。

于国伟著：《云南疟疾疫情与蚊媒评价体系及地理信息系统研究》，北京：民族出版社 2010 年。

于海生编著：《谁把护士变成了天使》，长春：吉林摄影出版社 2003 年。

于海涛著:《100 位新中国成立以来感动中国人物:马海德》,长春:吉林文史出版社 2012 年。

喻华锋著:《我国医疗保障制度引入市场机制改革研究》,北京:经济日报出版社 2019 年。

于娟著:《此生未完成——一个母亲、妻子、女儿的生命日记》,长沙:湖南科技出版社 2011 年。

于开金等主编:《2003 首府南宁抗击非典纪实文件资料汇编》,内部印发。

玉昆子著:《阴阳五行里的奥秘》,北京:华夏出版社 2012 年。

余明永主编:《医疗损害责任纠纷》,北京:法律出版社 2015 年。

余裴民著:《中国古代著名医学家》,上海:上海人民出版社 1987 年。

于奇智著:《凝视之爱——福柯医学历史哲学论稿》,北京:中央编译出版社 2002 年。

于庆生主编:《新安医学外科、骨伤科精华》,北京:中国中医药出版社 2009 年。

余前春主编:《西方医学史》,北京:人民卫生出版社 2009 年。

俞强著:《近代沪港双城记:早期伦敦会来华传教士在沪港活动初探》,北京:宗教文化出版社 2008 年。
　　包含:医疗传教士与近代西方医学的传入。

余青等著:《大医大爱祭汶川》(昆明总医院抗震救灾纪实),成都:四川人民出版社 2008 年。

喻蓉蓉访录:《台湾免疫学拓荒者——韩韶华先生访谈录》,台湾:南天书局有限公司 2018 年。

余少祥著:《弱者的救助——中国农民医疗保障调查报告》,北京:社会科学文献出版社 2015 年。

俞慎初著:《中国药学史纲》,福州:中华全国中医学会福建分会 1981 年;昆明:云南科学技术出版社
　　1987 年。

　　《中国医学简史》,福州:福建科学技术出版社 1983 年。

～主编:《福建史志资料丛刊——闽台医林人物志》,福州:福建科学技术出版社 1988 年。

余舜德主编:《体物入微:物与身体感的研究》,台北:国立清华大学出版社 2008 年。

俞顺章主编:《灾难:突发公共卫生事件回顾》,上海:上海辞书出版社 2005 年。

　　《上医治未病 上医人送瘟神、降疫魔、讲卫生的历程》,上海:复旦大学出版社 2017 年。

～著:《顺理成章:一个流行病学工作者从医 60 年的记录》,上海:复旦大学出版社 2011 年。

于思强著:《金陵医派之根脉》,南京:南京出版社 2016 年;(修订版),南京:南京出版社 2018 年。

俞卫等编:《国际社会保障动态:全民医疗保障体系建设》,上海:上海人民出版社 2013 年。

喻喜春编著:《中医脉络放血》,北京:中医古籍出版社 2003 年。

余欣著:《中古异相——写本时代的学术、信仰与社会》,上海:上海古籍出版社 2011 年。

余新忠著:《清代江南的瘟疫与社会——一项医疗社会史的研究》,北京:中国人民大学出版社,2003 年;
　　(修订版),北京:北京师范大学出版社 2014 年。

　　《清代卫生防疫机制及其近代演变》,北京:北京师范大学出版社 2016 年。

～等著:《瘟疫下的社会拯救:中国近世重大疫情及社会应对研究》,北京:中国书店 2004 年。

～主编:《清以来的疾病、医疗和卫生——以社会文化史为视角的探索》,北京:生活·读书·新知三联
　　书店 2009 年。

　　《新史学(第 9 卷:医疗史的新探索)》,北京:中华书局 2017 年。

～等主编:《医疗、社会与文化读本》,北京:北京大学出版社 2013 年。

～选编:《中国近代医疗卫生资料汇编》(全三十册),北京:国家图书馆出版社 2018 年。

于莺等著:《急诊科那些事儿》,北京:新世界出版社 2013 年。

余瀛鳌等主编:《中医古籍珍本提要》,北京:中医古籍出版社 1992 年。

～主编:《宋以前医方选》,北京:中医古籍出版社 2007 年。

~著:《未病斋医述》,北京:中医古籍出版社 2012 年。

余英时著:《东汉生死观》,侯旭东等译,上海:上海古籍出版社 2005 年;台北:联经出版事业股份有限公司 2008 年。

余玉眉等主编:《台湾医疗道德之演变——若干历程及个案探讨》,台北:国家卫生研究院 2003 年。

余云岫编著:《古代疾病名候疏义》,北京:人民出版社 1953 年;台北:自由出版社 1972 年。

《古代疾病名候疏义》,张苇航等点校,北京:学苑出版社 2012 年。

~主编:《卫生丛书》,上海:商务印书馆 1920 年。

~撰:《医学革命论文集》,上海:社会医报馆 1928 年。

~著:《余云岫中医研究与批判》,祖述宪编注,合肥:安徽大学出版社 2006 年。

《〈灵素商兑〉与〈群经见智录〉》,北京:学苑出版社 2007 年。

余展飞著:《心身医学与心身疾病》,北京:华夏出版社 1990 年。

余振球主编:《中国高血压防治历史》,北京:科学出版社 2010 年。

~著:《中国高血压诊疗纪实》,北京:科学出版社 2011 年。

于智华编著:《走向世界的中国文明丛书:中医》,重庆:西南师范大学出版社 2014 年。

余志华编撰:《学校卫生》,上海:新医书局 1952 年。

俞中元主编:《承淡安》,北京:中国中医药出版社 2003 年。

袁灿兴著:《国际人道法在华传播与实践研究(1874—1949)》,合肥:合肥工业大学出版社 2015 年。

袁慧新等著:《医学史上的谎言和谬误》,上海:上海中医药大学出版社 2007 年。

袁蕙芸等主编:《器官移植与伦理,护航生命延续》,上海:上海交通大学出版社 2019 年。

袁家玑等主编:《医林拔萃:贵州名老中医学术思想及医疗经验选编》,贵阳:贵州人民出版社 1985 年。

袁理著:《堤垸与疫病:荆江流域水利的生态人类学研究》,北京:中国社会科学出版社 2014 年。

袁林著:《美国药品审评制度研究》,北京:中国医药科技出版社 2017 年。

原琦等编著:《"非典"全记录》,北京:学林出版社 2003 年。

袁仁智等主编:《敦煌医药文献真迹释录》,北京:中医古籍出版社 2015 年。

袁树珊著:《润德堂丛书全编①:述卜筮星相学》(包括清代易学家袁树珊中国古代哲学思想、传统哲学、医学、史学等方面著作),北京:华龄出版社 2018 年。

原所贤等编著:《文苑杏林话中医》,北京:科学技术文献出版社 2007 年。

~等著:《中医文化论稿:历代养生诗解读》,北京:科学技术文献出版社 2012 年。

袁小明等编:《科学哲学与科学技术史论文索引(1951—1981)》,上海:上海师范学院数学系印行 1982 年。五、医学史。

袁永林编:《诺尔曼·白求恩》,王雨佳等译,北京:人民美术出版社 2015 年。

袁媛著:《近代生理学在中国(1851—1926)》,上海:上海人民出版社 2010 年。

袁越著:《生命八卦》,北京:生活·读书·新知三联书店 2010 年。

袁祖亮主编:《中国灾难通史》(8 卷),郑州:郑州大学出版社 2009 年。

岳春瑞编著:《医学的历史》,长春:吉林大学出版社 2010 年。

[美]约翰·埃姆斯利著:《致命元素:毒药的历史》,毕小青译,北京:生活·读书·新知三联书店 2012 年。

[美]约翰.奥尼尔著:《身体形态:现代社会的五种身体》,张旭春译,沈阳:春风文艺出版社 1999 年。

《身体五态:重塑关系形貌》,李康译,北京:北京大学出版社 2009 年。第五章:医疗态身体。

［美］约翰·伯纳姆著:《什么是医学史》,颜宜葳译,北京:北京大学出版社 2010 年。

［美］约翰·C.伯纳姆著:《科学是怎样败给迷信的——美国的科学与卫生普及》,钮卫星译,上海:上海科技教育出版社 2006 年。

［美］约翰·法比安·维特著:《事故共和国:残疾的工人、贫穷的寡妇与美国法的重构》,田雷译,上海:上海三联出版社 2013 年。

［英］约翰·法恩登等著:《怪诞医学史》(全 4 册:《可怕的瘟疫》《奇葩治疗术》《良药还是毒药?》《致命的病菌》),罗来鸥等译,北京:外语教研(外研)出版社 2019 年。

［英］约翰·范顿著:《从笑气到面部移植:探索外科移植手术》,迟文成等译,上海:上海科学技术文献出版社 2010 年。

［美］约翰·M.巴里著:《大流感——最致命瘟疫的史诗》,钟扬等译,上海:上海科技教育出版社 2008 年;2013 年;2018 年。

［美］约翰·麦克米兰著:《市场演进的故事》,余江译,北京:中信出版社 2006 年。第三章“付不起钱的人就得死”。

［美］约翰·齐默尔曼·鲍尔斯著:《中国宫殿里的西方医学》,蒋育红等译,北京:中国协和医科大学出版社 2014 年。

［英］约翰·廷布瑞著:《毒物魅影——了解日常生活中的有毒物质》,庄胜雄译,桂林:广西师范大学出版社 2006 年。

［英］约翰·廷格等著:《患者安全、法律政策和实务》,张鲁平等译,北京:中国政法大学出版社 2016 年。

［美］约翰·U.培根著:《连锁药店之王——沃尔格林的百年赢利传奇》,魏青江译,北京:高等教育出版社 2005 年。

［英］约翰·V.皮克斯痛著:《认识方式:一种新的科学、技术和医学史》,陈朝勇译,上海:上海科技教育出版社 2008 年;2017 年。

［美］约翰·沃利等著:《发展中国家改善公共卫生指南》,解亚红等译,北京:北京大学出版社 2009 年。

约瑟·杰贝利著:《当大脑开始崩坏:科学 X 人性 X 历史,人类对阿兹海默症的奋战》,徐瑞珠译,台湾:八旗文化出版社 2018 年。

［美］约瑟夫·麦克科密克等著:《第四级病毒:一对病毒学家与人类致命病毒的战争》,汪培基等译,长春:长春出版社 1997 年。

［美］约瑟夫·麦科明克等著:《第四级病毒:一对病毒学家与致命病毒的战争》(最新修订版),何颖怡译,汕头:汕头大学出版社 2004 年。

［美］约瑟夫·P.伯恩著:《黑死病》,王晨译,上海:上海社会科学院出版社 2013 年。

［美］约瑟夫.史瓦兹著:《卡桑德拉的女儿——欧美精神分析发展史》,陈系贞译,台湾:究竟出版社 2001 年;上海:上海译文出版社 2014 年。

［美］约斯特编:《医疗保障支付范围决策:国际比较研究》,汤晓莉等译,北京:中国劳动社会保障出版社 2011 年。

恽丽梅著:《清宫医药与医事研究(彩色图文版)》,北京:文物出版社 2010 年。

云南省民政厅社会福利与社会事务处主编:《艾滋病致孤儿童救助安置“云南模式”课题研究报告》,北京:中国社会出版社 2009 年。

云南省兽医防疫总站编:《云南动物疫病志》,昆明:云南科技出版社 2005 年。

云南生育健康研究会编:《多学科视野中的健康科学》,北京:中国社会科学出版社 2000 年。

恽铁樵撰:《恽铁樵医学史讲义》,北京:中国医药科技出版社 2017 年。

Z

臧冬斌著:《医疗犯罪比较研究》,北京:中国人民公安大学出版社 2005 年。

早早著:《非典时期之短信风云》,北京:农村读物出版社 2003 年。

[美]泽维尔·阿玛多著:《他不知道他病了》,魏嘉莹译,成都:四川大学出版社 2008 年。

曾光主编:《中国公共卫生与健康新思维》,北京:人民出版社 2006 年。

曾文星主编:《华人的心理与治疗》,北京:北京医科大学、中国协和医科大学联合出版社 1997 年。

曾宪章编著:《卫生法规》,上海:大东书局 1947 年。

曾煜编著:《医疗保险制度的改革与发展》,北京:中国社会出版社 2011 年。

曾育麟等主编:《中国民族药志》,成都:四川民族出版社 2000 年。

曾昭耆著:《漫漫从医路——知名专家从医 60 年经验感悟与思考》,北京:人民卫生出版社 2008 年。

查学安等编:《新医改背景下公立医院改革与文化建设》,广州:广东人民出版社 2014 年。

翟丽艳编:《风俗、信仰和健康》,北京:中国社会出版社 2006 年。

翟晓梅等编著:《公共卫生伦理学》,北京:中国社会科学出版社 2016 年。

翟运开著:《远程医疗服务的价值创造机理与发展策略研究》,重庆:重庆大学出版社 2016 年。

詹国彬著:《公立医院民营化改革:模式、成效与风险》,北京:法律出版社 2014 年。

詹辉全著:《仁心——献给 2003 年抗击非典的勇士们》(长篇小说),北京:中国文联出版社 2015 年。

詹健等主编:《十年护理成就与展望(1987—1997)》,北京:中国科学技术出版社 1997 年。

[英]詹姆斯·A. 斯洛斯特著:《流行病与文化》,刘新建等译,济南:山东画报出版社 2007 年。

[英]詹姆斯·赫略特著:《芸芸众生:一个农村兽医的自述》,王文学等译,北京:农业出版社 1984 年。

[美]詹姆斯·郝盛格主编:《当代美国公共卫生:原理、实践与政策》,赵莉等译,北京:社会科学文献出版社 2015 年。

[美]詹姆斯·亨德森著:《健康经济学》(第 2 版),向运华等译,北京:人民邮电出版社 2008 年。

[美]詹姆斯·兰迪著:《信仰治疗——揭开巫医神功的面纱》,喻佑斌等译,海口:海南出版社 2001 年。

[美]詹姆斯·钱皮等著:《再造医疗:向最好的医院学管理(实践篇)》,张丹等译,北京:机械工业出版社 2012 年。

[美]詹姆斯·温布兰特著:《牙医学的痛苦历史:巴比伦时代至矫正器时代的牙科轶事》,吴凡译,广州:暨南大学出版社 2017 年。

[美]詹姆斯·沃森等著:《DNA:生命的秘密》,陈雅云译,上海:上海世纪出版集团 2010 年。

[英]詹尼弗·米克等著:《免疫大革命——不生病的科学》,李颖妮译,海口:南海出版社 2008 年。

詹石窗主编:《百年道学精华集成》(全 8 册),成都:巴蜀书社 2014 年。

詹文涛主编:《中医医疗事故纠纷的防范与处理》,北京:人民卫生出版社 1990 年。

詹正嵩主编:《21 世纪的医药卫生》,合肥:安徽科学技术出版社 2002 年。

张斌主编:《非典时期 非常英雄:抗典前线新儿女英雄传》,北京:海洋出版社 2003 年。

张本等主编:《忆老哈医大——纪念建校 70 周年》,哈尔滨:哈尔滨医科大学北京校友会 1996 年。

张兵等著:《新型农村合作医疗制度的可持续性研究:以江苏省为例》,北京:中国农业出版社 2012 年。

张勃著:《我国社会医疗保险制度对居民医疗服务影响的研究》,北京:中国农业出版社 2018 年。

张伯华主编:《医学心理学》,北京:人民卫生出版社 2005 年。

张伯礼等主编:《天津中医药史略与学术思想》,天津:天津科学技术出版社 2008 年。

张博学主编:《中国牙病防治十年》,北京:北京大学医学出版社 1999 年。

　　《中国牙病防治二十年:全国牙病防治指导组的历史印迹(1988—2008)》,北京:北京大学医学出版社 2010 年。

～等主编:《风雨牙防》,北京:北京大学医学出版社 2005 年。

张灿玾编著:《中医古籍文献学》,北京:人民卫生出版社 1998 年;(修订版),北京:科学出版社 2013 年。

～著:《琴石书屋医馀吟草》,上海:上海中医药大学 2006 年。

　　《张灿玾医论医案纂要》,北京:科学出版社 2009 年。

　　《国医大师临床经验实录:国医大师张灿玾》,北京:中国医药科技出版社 2011 年。

　　《张灿玾医论医话集》,张增敏、张鹤鸣编纂,北京:科学出版社 2013 年。

～主编:《黄帝内经文献研究》,上海:上海中医药大学出版社 2005 年;(修订版),北京:科学出版社 2017 年。

张成博等编:《中国医学史》,北京:中国中医药出版社 2016 年。

张重华主编:《喉科启承》,上海:上海医科大学出版社 1999 年。

张春美著:《DNA 的伦理地位》,上海:上海书店出版社 2006 年。

张纯元等编:《生育文化学》,北京:中国人口出版社 2004 年。

[金]张从正撰:《〈儒门事亲〉校注》,郑州:河南科学技术出版社 1984 年。

张存悌等编著:《品读名医》,北京:人民卫生出版社 2006 年。

～著:《中医火神派探讨》,北京:人民卫生出版社 2007 年。

　　《欣赏中医》,天津:百花文艺出版社 2008 年。

～等主编:《中医往事》,北京:中国中医药出版社 2012 年。

张大明著:《小说中医——一部表述中医药文化的小说》,北京:中国中医药出版社 2006 年。

张大萍等编:《中外医学史纲要》,北京:中国协和医科大学出版社 2007 年;(第二版),2013 年。

～等著:《人类医学大发现》,济南:山东画报出版社 2010 年。

张大庆主编:《医学史》,北京:北京大学医学出版社 2003 年;(第 2 版),北京:北京大学医学出版社 2013 年。

　　《科学技术与 20 世纪的医学》,太原:山西教育出版社 2008 年。

～等主编:《中外医学史》,北京:中国中医药出版社 2005 年。

～著:《中国近代疾病社会史(1912—1937)》,济南:山东教育出版社 2006 年。

　　《医学史十五讲》,北京:北京大学出版社 2007 年。

　　《追寻医学的人文价值》,武汉:湖北科学技术出版社 2019 年。

～等著:《当代中国医学家谱系》,上海:上海交通大学出版社 2016 年。

　　《继承与创新:五二三任务与青蒿素研发》,北京:中国科学技术出版社 2017 年。

　　《血液:生命体内的河流》,武汉:湖北科学技术出版社 2017 年。

　　《近代西医技术的引入与传播》,广州:广东人民出版社 2019 年。

　　《医学人文学导论》,北京:科学出版社 2013 年。

～编:《中国医学人文评论》(第 1 卷),北京:北京大学医学出版社 2007 年。

《中国医学人文评论》(2012),北京:北京大学医学出版社 2012 年。

《中国医学人文评论》(2013),北京:北京大学医学出版社 2013 年。

《中国医学人文评论》(2014),北京:北京大学医学出版社 2014 年。

《2013—2014 年度中国医患关系蓝皮书》,北京:北京大学医学出版社 2015 年。

《中国医学人文评论》(2015),北京:北京大学医学出版社 2016 年。

《中国医学人文评论》(2016),北京:北京大学医学出版社 2017 年。

~等编:《中国医学人文教育——历史、现状与前景》,北京:北京大学医学出版社 2006 年。

《全球视野下的医学文化史》,北京:中国协和医科大学出版社 2019 年。

张大钊编著:《中医文化对谈录》,桂林:广西师范大学出版社 2004 年。

张德安著:《身体教育的历史(1368—1919):关于近世中国教育的身体社会史研究》,北京:中国社会科学出版社 2016 年。

张德明编:《麻风病院的世界:台湾报导文学精选》,北京:人民日报出版社 1988 年。

张德强著:《小强海外行医记——一个中国医学生的赴美旅程》,武汉:华中科技大学出版社 2009 年。

张登本著:《中医学理论》,北京:中国中医药出版社 2003 年。

《〈黄帝内经〉二十论》,北京:中国中医药出版社 2017 年。

~等主编:《王冰医学全书》,北京:中国中医药出版社 2006 年。

张殿余等主编:《前进中的首都卫生防疫事业》,北京:北京出版社 1991 年。

张福娟等主编:《特殊教育史》,上海:华东师范大学出版社 2000 年。

张纲著:《中医百病名源考》,北京:人民卫生出版社 1997 年。

张广科著:《农户疾病风险分布与新农合政策分担效果跟踪研究》,武汉:湖北人民出版社 2014 年。

张国龙选编:《非典让我们相爱》(本书是编者从各大网站、BBS 和媒体上,搜集、整理出的发生在"非典时期"的爱情、亲情和友情故事),天津:天津社会科学院出版社 2003 年。

张华著:《罪证:侵华日军常德细菌战史料集成》,北京:中国社会科学出版社 2015 年。

《侵华日军第 9420 部队及云南细菌战研究》,北京:中国社会科学院出版社 2018 年。

张怀琼主编:《海派中医流派传略图录》,上海:上海科学技术出版社 2018 年。

章红梅等主编:《话说国医:四川卷》,长沙:河南科学技术出版社 2017 年。

张宏伟等主编,王亚丽等编著:《张学文中医世家经验辑要》,西安:陕西科学技术出版社 2004 年。

章红英等编著:《中医与中国文化》,北京:原子能出版社 2009 年。

张鸿铸等主编:《中外医德规范通览》,天津:天津古籍出版社 2000 年。

张厚墉等主编:《陕西历代医家事略》,西安:陕西中医学院学报编辑室 1985 年。

张湖德主编:《中医养生康复名著选读》,上海:上海中医学院出版社 1990 年。

~等主编:《中华养生秘诀》,北京:中医古籍出版社 2005 年。

张吉主编:《各家针灸医籍选》,北京:中国中医药出版社 1994 年。

张积慧著:《护士长日记——写在抗非典的日子里》,广州:广东教育出版社 2003 年。

张嘉凤著:《历史、医疗与社会》,台北:国立台湾大学出版社 2004 年。

张家麟主编:《当代中国铁路卫生事业管理》,北京:中国铁道出版社 1997 年。

张家山二四七号汉墓竹简整理小组编:《张家山汉墓竹简(二四七号墓)》,北京:文物出版社 2001 年。

《张家山汉墓竹简(二四七号墓)》(释文修订本),北京:文物出版社 2006 年。

张建编:《"国防医学院"院史》,台北:"国防医学院"1984 年。

张健编著:《医学的 100 个故事》,北京:新华出版社 2010 年。

张建斌著:《经络千古裂变:理论演变与临床应用的断代研究》,北京:人民卫生出版 2017 年。

张剑方主编:《迟到的报告——五二三项目与青蒿素研发纪实》,广州:羊城晚报出版社 2006 年。

张建功等主编:《2017 河南省肿瘤登记年报》,郑州:河南科学技术出版社 2018 年。

张剑光著:《三千年疫情》,南昌:江西高校出版社 1998 年。

～等著:《人类抗疫全记录》,上海:华东师范大学出版社 2003 年。

　　《流行病史話》,台北:远流出版事业股份有限公司 2005 年。

张建民等著:《灾害历史学》,长沙:湖南人民出版社 1998 年。

张建平著:《中国农村合作医疗制度研究》,北京:中国农业出版社 2006 年。

张建俅著:《中国红十字会初期发展之研究》,北京:中华书局 2007 年。

张建中等主编:《中医与文化漫谈》,上海:上海中医药大学出版社 2001 年。

　　《著名中医学家程门雪黄文东百年诞辰纪念文集》,上海:上海中医药大学出版社 2002 年。

　　《中医文化撷芳》,上海:上海中医药大学出版社 2005 年。

张建忠等主编:《中药研究的历史进程及其再评价》,哈尔滨:东北林业大学出版社 2007 年。

张江主编:《医林奇观》,北京:蓝天出版社 1999 年。

张介眉主编:《兵学与中医学》,北京:中国中医药出版社 2017 年。

张进著:《渡过:抑郁症治愈笔记》,北京:工人出版社 2015 年。

张晋等编:《卫生政治学》,北京:科学出版社 2014 年。

张进仓著:《非典记忆——非典卡点面面观》,郑州:海燕出版社 2013 年。

张金鹏著:《边疆民族社会艾滋病流行现状、发展趋势与社会控制研究》,北京:中国社会科学出版社 2012 年。

张京春编:《陈可冀学术思想及医案实录》,北京:北京大学医学出版社 2007 年。

张镜源主编:《中国中医昆仑 张锡纯卷》,北京:中国中医药出版社 2011 年。

　　《中国中医昆仑 丁甘仁卷》,北京:中国中医药出版社 2011 年。

　　《中国中医昆仑 萧龙友卷》,北京:中国中医药出版社 2011 年。

　　《中国中医昆仑 王朴诚卷》,北京:中国中医药出版社 2011 年。

　　《中国中医昆仑 恽铁樵卷》,北京:中国中医药出版社 2011 年。

　　《中国中医昆仑 曹炳章卷》,北京:中国中医药出版社 2011 年。

　　《中国中医昆仑 冉雪峰卷》,北京:中国中医药出版社 2011 年。

　　《中国中医昆仑 谢观卷》,北京:中国中医药出版社 2011 年。

　　《中国中医昆仑 施今墨卷》,北京:中国中医药出版社 2011 年。

　　《中国中医昆仑 汪逢春卷》,北京:中国中医药出版社 2011 年。

　　《中国中医昆仑 孔伯华卷》,北京:中国中医药出版社 2011 年。

　　《中国中医昆仑 黄竹斋卷》,北京:中国中医药出版社 2011 年。

　　《中国中医昆仑 吴佩衡卷》,北京:中国中医药出版社 2011 年。

　　《中国中医昆仑 蒲辅周卷》,北京:中国中医药出版社 2011 年。

　　《中国中医昆仑 陈邦贤卷》,北京:中国中医药出版社 2011 年。

　　《中国中医昆仑 李翰卿卷》,北京:中国中医药出版社 2011 年。

　　《中国中医昆仑 李斯炽卷》,北京:中国中医药出版社 2011 年。

《中国中医昆仑 姚国美卷》,北京:中国中医药出版社 2011 年。

《中国中医昆仑 陈渊雷卷》,北京:中国中医药出版社 2011 年。

《中国中医昆仑 张泽生卷》,北京:中国中医药出版社 2011 年。

《中国中医昆仑 时逸人卷》,北京:中国中医药出版社 2011 年。

《中国中医昆仑 张梦侬卷》,北京:中国中医药出版社 2011 年。

《中国中医昆仑 叶橘泉卷》,北京:中国中医药出版社 2011 年。

《中国中医昆仑 王聘贤卷》,北京:中国中医药出版社 2011 年。

《中国中医昆仑 陈慎吾卷》,北京:中国中医药出版社 2011 年。

《中国中医昆仑 邹云翔卷》,北京:中国中医药出版社 2011 年。

《中国中医昆仑 赵炳南卷》,北京:中国中医药出版社 2011 年。

《中国中医昆仑 承淡安卷》,北京:中国中医药出版社 2011 年。

《中国中医昆仑 余无言卷》,北京:中国中医药出版社 2011 年。

《中国中医昆仑 刘惠民卷》,北京:中国中医药出版社 2011 年。

《中国中医昆仑 岳美中卷》,北京:中国中医药出版社 2011 年。

《中国中医昆仑 沈仲圭卷》,北京:中国中医药出版社 2011 年。

《中国中医昆仑 秦伯未卷》,北京:中国中医药出版社 2011 年。

《中国中医昆仑 赵锡武卷》,北京:中国中医药出版社 2011 年。

《中国中医昆仑 韦文贵卷》,北京:中国中医药出版社 2011 年。

《中国中医昆仑 程门雪卷》,北京:中国中医药出版社 2011 年。

《中国中医昆仑 黄文东卷》,北京:中国中医药出版社 2011 年。

《中国中医昆仑 赵心波卷》,北京:中国中医药出版社 2011 年。

《中国中医昆仑 董廷瑶卷》,北京:中国中医药出版社 2011 年。

《中国中医昆仑 吴考槃卷》,北京:中国中医药出版社 2011 年。

《中国中医昆仑 章次公卷》,北京:中国中医药出版社 2011 年。

《中国中医昆仑 石筱山卷》,北京:中国中医药出版社 2011 年。

《中国中医昆仑 陆南山卷》,北京:中国中医药出版社 2011 年。

《中国中医昆仑 张赞臣卷》,北京:中国中医药出版社 2011 年。

《中国中医昆仑 李聪福卷》,北京:中国中医药出版社 2011 年。

《中国中医昆仑 刘绍武卷》,北京:中国中医药出版社 2011 年。

《中国中医昆仑 陈存仁卷》,北京:中国中医药出版社 2011 年。

《中国中医昆仑 朱仁康卷》,北京:中国中医药出版社 2011 年。

《中国中医昆仑 陆瘦燕卷》,北京:中国中医药出版社 2011 年。

《中国中医昆仑 江春华卷》,北京:中国中医药出版社 2011 年。

《中国中医昆仑 韩百灵卷》,北京:中国中医药出版社 2011 年。

《中国中医昆仑 高仲山卷》,北京:中国中医药出版社 2011 年。

《中国中医昆仑 李克绍卷》,北京:中国中医药出版社 2011 年。

《中国中医昆仑 王鹏飞卷》,北京:中国中医药出版社 2011 年。

《中国中医昆仑 刘春圃卷》,北京:中国中医药出版社 2011 年。

《中国中医昆仑 金寿山卷》,北京:中国中医药出版社 2011 年。

《中国中医昆仑 哈荔田卷》，北京：中国中医药出版社 2011 年。

《中国中医昆仑 何世英卷》，北京：中国中医药出版社 2011 年。

《中国中医昆仑 周凤梧卷》，北京：中国中医药出版社 2011 年。

《中国中医昆仑 干祖望卷》，北京：中国中医药出版社 2011 年。

《中国中医昆仑 关幼波卷》，北京：中国中医药出版社 2011 年。

《中国中医昆仑 王为兰卷》，北京：中国中医药出版社 2011 年。

《中国中医昆仑 任应秋卷》，北京：中国中医药出版社 2011 年。

《中国中医昆仑 罗元恺卷》，北京：中国中医药出版社 2011 年。

《中国中医昆仑 祝谌予卷》，北京：中国中医药出版社 2011 年。

《中国中医昆仑 杨医亚卷》，北京：中国中医药出版社 2011 年。

《中国中医昆仑 郭士魁卷》，北京：中国中医药出版社 2011 年。

《中国中医昆仑 和时希卷》，北京：中国中医药出版社 2011 年。

《中国中医昆仑 耿鉴庭卷》，北京：中国中医药出版社 2011 年。

《中国中医昆仑 俞慎初卷》，北京：中国中医药出版社 2011 年。

《中国中医昆仑 裘沛然卷》，北京：中国中医药出版社 2011 年。

《中国中医昆仑 顾伯华卷》，北京：中国中医药出版社 2011 年。

《中国中医昆仑 江育仁卷》，北京：中国中医药出版社 2011 年。

《中国中医昆仑 邓铁涛卷》，北京：中国中医药出版社 2011 年。

《中国中医昆仑 门纯德卷》，北京：中国中医药出版社 2011 年。

《中国中医昆仑 刘渡舟卷》，北京：中国中医药出版社 2011 年。

《中国中医昆仑 尚天裕卷》，北京：中国中医药出版社 2011 年。

《中国中医昆仑 朱良春卷》，北京：中国中医药出版社 2011 年。

《中国中医昆仑 李玉奇卷》，北京：中国中医药出版社 2011 年。

《中国中医昆仑 程士德卷》，北京：中国中医药出版社 2011 年。

《中国中医昆仑 尚志钧卷》，北京：中国中医药出版社 2011 年。

《中国中医昆仑 赵绍琴卷》，北京：中国中医药出版社 2011 年。

《中国中医昆仑 董建华卷》，北京：中国中医药出版社 2011 年。

《中国中医昆仑 米伯让卷》，北京：中国中医药出版社 2011 年。

《中国中医昆仑 李辅仁卷》，北京：中国中医药出版社 2011 年。

《中国中医昆仑 张珍玉卷》，北京：中国中医药出版社 2011 年。

《中国中医昆仑 班秀文卷》，北京：中国中医药出版社 2011 年。

《中国中医昆仑 顾正华卷》，北京：中国中医药出版社 2011 年。

《中国中医昆仑 于己百卷》，北京：中国中医药出版社 2011 年。

《中国中医昆仑 颜德馨卷》，北京：中国中医药出版社 2011 年。

《中国中医昆仑 路志正卷》，北京：中国中医药出版社 2011 年。

《中国中医昆仑 方药中卷》，北京：中国中医药出版社 2011 年。

《中国中医昆仑 王乐匋卷》，北京：中国中医药出版社 2011 年。

《中国中医昆仑 黄星垣卷》，北京：中国中医药出版社 2011 年。

《中国中医昆仑 谢海洲卷》，北京：中国中医药出版社 2011 年。

《中国中医昆仑 余桂清卷》，北京：中国中医药出版社 2011 年。

《中国中医昆仑 何任卷》，北京：中国中医药出版社 2011 年。

《中国中医昆仑 王子瑜卷》，北京：中国中医药出版社 2011 年。

《中国中医昆仑 程莘农卷》，北京：中国中医药出版社 2011 年。

《中国中医昆仑 陈彤云卷》，北京：中国中医药出版社 2011 年。

《中国中医昆仑 焦树德卷》，北京：中国中医药出版社 2011 年。

《中国中医昆仑 张作舟卷》，北京：中国中医药出版社 2011 年。

《中国中医昆仑 张琪卷》，北京：中国中医药出版社 2011 年。

《中国中医昆仑 李寿山卷》，北京：中国中医药出版社 2011 年。

《中国中医昆仑 张镜人卷》，北京：中国中医药出版社 2011 年。

《中国中医昆仑 王绵之卷》，北京：中国中医药出版社 2011 年。

《中国中医昆仑 方和谦卷》，北京：中国中医药出版社 2011 年。

《中国中医昆仑 印会河卷》，北京：中国中医药出版社 2011 年。

《中国中医昆仑 王玉川卷》，北京：中国中医药出版社 2011 年。

《中国中医昆仑 蔡小荪卷》，北京：中国中医药出版社 2011 年。

《中国中医昆仑 李振华卷》，北京：中国中医药出版社 2011 年。

《中国中医昆仑 马继兴卷》，北京：中国中医药出版社 2011 年。

《中国中医昆仑 王喜麟卷》，北京：中国中医药出版社 2011 年。

《中国中医昆仑 宋祚民卷》，北京：中国中医药出版社 2011 年。

《中国中医昆仑 刘弼臣卷》，北京：中国中医药出版社 2011 年。

《中国中医昆仑 王雪苔卷》，北京：中国中医药出版社 2011 年。

《中国中医昆仑 刘志明卷》，北京：中国中医药出版社 2011 年。

《中国中医昆仑 吴成中卷》，北京：中国中医药出版社 2011 年。

《中国中医昆仑 李今庸卷》，北京：中国中医药出版社 2011 年。

《中国中医昆仑 任继学卷》，北京：中国中医药出版社 2011 年。

《中国中医昆仑 裴学义卷》，北京：中国中医药出版社 2011 年。

《中国中医昆仑 王宝恩卷》，北京：中国中医药出版社 2011 年。

《中国中医昆仑 周霭祥卷》，北京：中国中医药出版社 2011 年。

《中国中医昆仑 贺普仁卷》，北京：中国中医药出版社 2011 年。

《中国中医昆仑 唐由之卷》，北京：中国中医药出版社 2011 年。

《中国中医昆仑 赵冠英卷》，北京：中国中医药出版社 2011 年。

《中国中医昆仑 徐润三卷》，北京：中国中医药出版社 2011 年。

《中国中医昆仑 金世元卷》，北京：中国中医药出版社 2011 年。

《中国中医昆仑 陆广莘卷》，北京：中国中医药出版社 2011 年。

《中国中医昆仑 刘柏灵卷》，北京：中国中医药出版社 2011 年。

《中国中医昆仑 郭维淮卷》，北京：中国中医药出版社 2011 年。

《中国中医昆仑 柴松岩卷》，北京：中国中医药出版社 2011 年。

《中国中医昆仑 苏荣扎布卷》，北京：中国中医药出版社 2011 年。

《中国中医昆仑 陈可冀卷》，北京：中国中医药出版社 2011 年。

《中国中医昆仑 李济仁卷》,北京:中国中医药出版社 2011 年。

《中国中医昆仑 夏桂成卷》,北京:中国中医药出版社 2011 年。

《中国中医昆仑 郭子光卷》,北京:中国中医药出版社 2011 年。

《中国中医昆仑 巴黑·玉素甫卷》,北京:中国中医药出版社 2011 年。

《中国中医昆仑 张学文卷》,北京:中国中医药出版社 2011 年。

《中国中医昆仑 陈介甫卷》,北京:中国中医药出版社 2011 年。

《中国中医昆仑 徐景藩卷》,北京:中国中医药出版社 2011 年。

《中国中医昆仑 吉良辰卷》,北京:中国中医药出版社 2011 年。

《中国中医昆仑 吴定寰卷》,北京:中国中医药出版社 2011 年。

《中国中医昆仑 沈自尹卷》,北京:中国中医药出版社 2011 年。

《中国中医昆仑 王孝涛卷》,北京:中国中医药出版社 2011 年。

《中国中医昆仑 张灿玾卷》,北京:中国中医药出版社 2011 年。

《中国中医昆仑 周仲瑛卷》,北京:中国中医药出版社 2011 年。

《中国中医昆仑 强巴赤列卷》,北京:中国中医药出版社 2011 年。

《中国中医昆仑 张代钊卷》,北京:中国中医药出版社 2011 年。

《中国中医昆仑 李经纬卷》,北京:中国中医药出版社 2011 年。

《中国中医昆仑》(第 1—15 集),北京:中国中医药出版社 2012 年。

《张锡纯学术评传》,北京:中国盲文出版社 2015 年。

《丁甘仁学术评传》,北京:中国盲文出版社 2015 年。

《萧龙友学术评传》,北京:中国盲文出版社 2015 年。

《王朴诚学术评传》,北京:中国盲文出版社 2015 年。

《恽铁樵学术评传》,北京:中国盲文出版社 2015 年。

《曹炳章学术评传》,北京:中国盲文出版社 2015 年。

《冉雪峰学术评传》,北京:中国盲文出版社 2015 年。

《谢观学术评传》,北京:中国盲文出版社 2015 年。

《施今墨学术评传》,北京:中国盲文出版社 2015 年。

《汪逢春学术评传》,北京:中国盲文出版社 2015 年。

《孔伯华学术评传》,北京:中国盲文出版社 2015 年。

《黄竹斋学术评传》,北京:中国盲文出版社 2015 年。

《吴佩衡学术评传》,北京:中国盲文出版社 2015 年。

《蒲辅周学术评传》,北京:中国盲文出版社 2015 年。

《陈邦贤学术评传》,北京:中国盲文出版社 2015 年。

《李翰卿学术评传》,北京:中国盲文出版社 2015 年。

《李斯炽学术评传》,北京:中国盲文出版社 2015 年。

《姚国美学术评传》,北京:中国盲文出版社 2015 年。

《陈渊雷学术评传》,北京:中国盲文出版社 2015 年。

《张泽生学术评传》,北京:中国盲文出版社 2015 年。

《时逸人学术评传》,北京:中国盲文出版社 2015 年。

《张梦侬学术评传》,北京:中国盲文出版社 2015 年。

《叶橘泉学术评传》,北京:中国盲文出版社2015年。

《王聘贤学术评传》,北京:中国盲文出版社2015年。

《陈慎吾学术评传》,北京:中国盲文出版社2015年。

《邹云翔学术评传》,北京:中国盲文出版社2015年。

《赵炳南学术评传》,北京:中国盲文出版社2015年。

《承淡安学术评传》,北京:中国盲文出版社2015年。

《余无言学术评传》,北京:中国盲文出版社2015年。

《刘惠民学术评传》,北京:中国盲文出版社2015年。

《岳美中学术评传》,北京:中国盲文出版社2015年。

《沈仲圭学术评传》,北京:中国盲文出版社2015年。

《秦伯未学术评传》,北京:中国盲文出版社2015年。

《赵锡武学术评传》,北京:中国盲文出版社2015年。

《韦文贵学术评传》,北京:中国盲文出版社2015年。

《程门雪学术评传》,北京:中国盲文出版社2015年。

《黄文东学术评传》,北京:中国盲文出版社2015年。

《赵心波学术评传》,北京:中国盲文出版社2015年。

《董廷瑶学术评传》,北京:中国盲文出版社2015年。

《吴考槃学术评传》,北京:中国盲文出版社2015年。

《章次公学术评传》,北京:中国盲文出版社2015年。

《石筱山学术评传》,北京:中国盲文出版社2015年。

《陆南山学术评传》,北京:中国盲文出版社2015年。

《张赞臣学术评传》,北京:中国盲文出版社2015年。

《李聪福学术评传》,北京:中国盲文出版社2015年。

《刘绍武学术评传》,北京:中国盲文出版社2015年。

《陈存仁学术评传》,北京:中国盲文出版社2015年。

《朱仁康学术评传》,北京:中国盲文出版社2015年。

《陆瘦燕学术评传》,北京:中国盲文出版社2015年。

《江春华学术评传》,北京:中国盲文出版社2015年。

《韩百灵学术评传》,北京:中国盲文出版社2015年。

《高仲山学术评传》,北京:中国盲文出版社2015年。

《李克绍学术评传》,北京:中国盲文出版社2015年。

《王鹏飞学术评传》,北京:中国盲文出版社2015年。

《刘春圃学术评传》,北京:中国盲文出版社2015年。

《金寿山学术评传》,北京:中国盲文出版社2015年。

《哈荔田学术评传》,北京:中国盲文出版社2015年。

《何世英学术评传》,北京:中国盲文出版社2015年。

《周凤梧学术评传》,北京:中国盲文出版社2015年。

《干祖望学术评传》,北京:中国盲文出版社2015年。

《关幼波学术评传》,北京:中国盲文出版社2015年。

《王为兰学术评传》,北京:中国盲文出版社 2015 年。

《任应秋学术评传》,北京:中国盲文出版社 2015 年。

《罗元恺学术评传》,北京:中国盲文出版社 2015 年。

《祝谌予学术评传》,北京:中国盲文出版社 2015 年。

《杨医亚学术评传》,北京:中国盲文出版社 2015 年。

《郭士魁学术评传》,北京:中国盲文出版社 2015 年。

《和时希学术评传》,北京:中国盲文出版社 2015 年。

《耿鉴庭学术评传》,北京:中国盲文出版社 2015 年。

《俞慎初学术评传》,北京:中国盲文出版社 2015 年。

《裘沛然学术评传》,北京:中国盲文出版社 2015 年。

《顾伯华学术评传》,北京:中国盲文出版社 2015 年。

《江育仁学术评传》,北京:中国盲文出版社 2015 年。

《邓铁涛学术评传》,北京:中国盲文出版社 2015 年。

《门纯德学术评传》,北京:中国盲文出版社 2015 年。

《刘渡舟学术评传》,北京:中国盲文出版社 2015 年。

《尚天裕学术评传》,北京:中国盲文出版社 2015 年。

《朱良春学术评传》,北京:中国盲文出版社 2015 年。

《李玉奇学术评传》,北京:中国盲文出版社 2015 年。

《程士德学术评传》,北京:中国盲文出版社 2015 年。

《尚志钧学术评传》,北京:中国盲文出版社 2015 年。

《赵绍琴学术评传》,北京:中国盲文出版社 2015 年。

《董建华学术评传》,北京:中国盲文出版社 2015 年。

《米伯让学术评传》,北京:中国盲文出版社 2015 年。

《李辅仁学术评传》,北京:中国盲文出版社 2015 年。

《张珍玉学术评传》,北京:中国盲文出版社 2015 年。

《班秀文学术评传》,北京:中国盲文出版社 2015 年。

《顾正华学术评传》,北京:中国盲文出版社 2015 年。

《于己百学术评传》,北京:中国盲文出版社 2015 年。

《古德馨学术评传》,北京:中国盲文出版社 2015 年。

《路志正学术评传》,北京:中国盲文出版社 2015 年。

《方药中学术评传》,北京:中国盲文出版社 2015 年。

《王乐匋学术评传》,北京:中国盲文出版社 2015 年。

《黄星垣学术评传》,北京:中国盲文出版社 2015 年。

《谢海洲学术评传》,北京:中国盲文出版社 2015 年。

《余桂清学术评传》,北京:中国盲文出版社 2015 年。

《何任学术评传》,北京:中国盲文出版社 2015 年。

《王子瑜学术评传》,北京:中国盲文出版社 2015 年。

《程莘农学术评传》,北京:中国盲文出版社 2015 年。

《陈彤云学术评传》,北京:中国盲文出版社 2015 年。

《焦树德学术评传》，北京：中国盲文出版社 2015 年。

《张作舟学术评传》，北京：中国盲文出版社 2015 年。

《张琪学术评传》，北京：中国盲文出版社 2015 年。

《李寿山学术评传》，北京：中国盲文出版社 2015 年。

《张镜人学术评传》，北京：中国盲文出版社 2015 年。

《王绵之学术评传》，北京：中国盲文出版社 2015 年。

《方和谦学术评传》，北京：中国盲文出版社 2015 年。

《印会河学术评传》，北京：中国盲文出版社 2015 年。

《王玉川学术评传》，北京：中国盲文出版社 2015 年。

《蔡小荪学术评传》，北京：中国盲文出版社 2015 年。

《李振华学术评传》，北京：中国盲文出版社 2015 年。

《马继兴学术评传》，北京：中国盲文出版社 2015 年。

《王喜麟学术评传》，北京：中国盲文出版社 2015 年。

《宋祚民学术评传》，北京：中国盲文出版社 2015 年。

《刘弼臣学术评传》，北京：中国盲文出版社 2015 年。

《王雪苔学术评传》，北京：中国盲文出版社 2015 年。

《刘志明学术评传》，北京：中国盲文出版社 2015 年。

《吴成中学术评传》，北京：中国盲文出版社 2015 年。

《李今庸学术评传》，北京：中国盲文出版社 2015 年。

《任继学学术评传》，北京：中国盲文出版社 2015 年。

《裴学义学术评传》，北京：中国盲文出版社 2015 年。

《王宝恩学术评传》，北京：中国盲文出版社 2015 年。

《周霭祥学术评传》，北京：中国盲文出版社 2015 年。

《贺普仁学术评传》，北京：中国盲文出版社 2015 年。

《唐由之学术评传》，北京：中国盲文出版社 2015 年。

《赵冠英学术评传》，北京：中国盲文出版社 2015 年。

《徐润三学术评传》，北京：中国盲文出版社 2015 年。

《金世元学术评传》，北京：中国盲文出版社 2015 年。

《陆广莘学术评传》，北京：中国盲文出版社 2015 年。

《刘柏灵学术评传》，北京：中国盲文出版社 2015 年。

《郭维淮学术评传》，北京：中国盲文出版社 2015 年。

《柴松岩学术评传》，北京：中国盲文出版社 2015 年。

《苏荣扎布学术评传》，北京：中国盲文出版社 2015 年。

《陈可冀学术评传》，北京：中国盲文出版社 2015 年。

《李济仁学术评传》，北京：中国盲文出版社 2015 年。

《夏桂成学术评传》，北京：中国盲文出版社 2015 年。

《郭子光学术评传》，北京：中国盲文出版社 2015 年。

《巴黑·玉素甫学术评传》，北京：中国盲文出版社 2015 年。

《张学文学术评传》，北京：中国盲文出版社 2015 年。

《陈介甫学术评传》,北京:中国盲文出版社 2015 年。

《徐景藩学术评传》,北京:中国盲文出版社 2015 年。

《吉良辰学术评传》,北京:中国盲文出版社 2015 年。

《吴定寰学术评传》,北京:中国盲文出版社 2015 年。

《沈自尹学术评传》,北京:中国盲文出版社 2015 年。

《王孝涛学术评传》,北京:中国盲文出版社 2015 年。

《张灿玾学术评传》,北京:中国盲文出版社 2015 年。

《周仲瑛学术评传》,北京:中国盲文出版社 2015 年。

《强巴赤列学术评传》,北京:中国盲文出版社 2015 年。

《张代钊学术评传》,北京:中国盲文出版社 2015 年。

《李经纬学术评传》,北京:中国盲文出版社 2015 年。

张举国著:《城乡医疗保障制度统筹发展研究》,北京:中国社会科学出版社 2016 年。

张居适等主编:《越医薪传》(上、下),北京:中国中医药出版社 2013 年。

张觉人著:《中国炼丹术与丹药》,成都:四川科学技术出版社 1996 年。

张俊庭总主编:《共和国名医专家大典》,北京:中医古籍出版社 2000 年。

张开宁等主编:《从赤脚医生到乡村医生》,昆明:云南人民出版社 2002 年。

《降低社会歧视:扩大干预覆盖:艾滋病应对中的健康社会科学视角》,昆明:云南大学出版社 2013 年。

张克镇著:《医疗的背后:那些关于生命、健康和医疗的真相》,北京:社会科学文献出版社 2016 年。

张岚等编:《新型农村合作医疗知识读本》,成都:西南财经大学出版社 2009 年。

张雷编著:《秦汉简牍医方集注》,北京:中华书局 2018 年。

张丽安著:《张建与军医学校——兼述抗战时期军医教育》,台湾:天地图书 2000 年。

～张立剑主编:《针灸史话(中英文对照)》,刘峻岭译,北京:人民卫生出版社 2010 年。

著:《朱琏与针灸》,北京:人民卫生出版社 2015 年;第 2 版,北京:人民卫生出版社 2019 年。

张丽萍编著:《相思华西坝——华西协合大学》,石家庄:河北教育出版社 2003 年。

张笠云著:《医疗与社会:医疗社会学的探索》,台北:巨流图书出版公司 1998 年。

张玲著:《战争、社会与医疗:抗战时期四川公共卫生建设研究》,北京:中国社会科学出版社 2015 年。

张岭泉编:《北平协和医院社会工作档案选编(1921 — 1950)》(上、下),石家庄:河北教育出版社 2014 年。

张鹭鹭等主编:《中国医药卫生体制改革循证决策研究》,北京:科学出版社 2011 年。

张蒙著:《众志成城——2003 年的中国》,成都:四川人民出版社 2018 年。

张盟著:《东北非物质文化遗产丛书(民间体育技能与传统医药卷)》,沈阳:东北大学出版社 2018 年。

张鸣皋主编:《药学发展简史》,北京:中国医药科技出版社 1993 年。

张年顺等主编:《李东垣医学全书》,北京:人民卫生出版社 2006 年。

张宁著:《参与与行动:西北多民族聚居大城市社会组织防治艾滋病的田野调查》,昆明:云南大学出版社 2012 年。

张侬著:《敦煌石窟秘方与灸经图》,兰州:甘肃文化出版社 1995 年。

张朋园访问,罗久蓉纪录:《周美玉先生访问纪录》,台北:中央研究院近代史研究所 1993 年。

张平主编:《浙江中医药文化博览》(上、下),北京:中国中医药出版社 2009 年。

张琪著：《中国医疗保障理论、制度与运行》，北京：人民出版社2005年。

《医患关系的经济学研究》，北京：中国劳动社会保障出版社2011年。

张其成著：《易图探秘》，北京：中国书店出版社1999年。

《北京养生文化》，北京：求真出版社2010年。

《中医生命哲学》，北京：中国中医药出版社2016年。

《中医文化精神》，北京：中国中医药出版社2016年。

《中医象数思维》，北京：中国中医药出版社2016年。

《中医五行新探》，北京：中国中医药出版社2016年。

《近代医易学派》，北京：中国中医药出版社2016年。

《〈道藏〉医方研究》，北京：中国中医药出版社2016年。

《大医国风——张其成访谈录》，北京：中国中医药出版社2017年。

《丹波父子医籍训诂》，北京：中国中医药出版社2017年。

～等著：《中华养生智慧》，北京：华夏出版社2005年。

～等编著：《国医双馨——国医大师李济仁、国际级"非遗"传人张舜华夫妇》，北京：北京科学技术出版社2011年。

～编：《博医载道》，北京：北京科学技术出版社2010年。

～主编：《东方生命花园：易学与中医》，南宁：广西科学技术出版社2007年。

《太医院医事春秋》，北京：中国中医药出版社2016年。

《中医文化学》，北京：人民卫生出版社2017年。

张奇林著：《美国医疗保障制度研究》，北京：人民出版社2005年。

～等著：《中国医疗保障制度改革研究——以美国为借鉴》，武汉：武汉大学出版社2007年。

～主编：《山东中医药志》，济南：山东科学技术出版社1991年。

张清平著：《林巧稚》，天津：百花文艺出版社2005年。

《林巧稚传》，天津：百花文艺出版社2012年；北京：团结出版社2017年。

张庆柱等主编：《书写世界现代医学史的巨人们：历届诺贝尔生理学或医学奖获得者的传奇业绩和人生》，北京：中国协和医科大学出版社2006年。

张全德等主编：《鄂豫皖革命根据地医药卫生史简编》，内部资料1986年。

张仁著：《中国针刺麻醉发展史》，上海：上海科学技术文献出版社1989年。

～等著：《中国民间奇特灸法》，上海：上海科学技术出版社2004年。

张荣华著：《中国古代民间方术》，合肥：安徽人民出版社1991年。

张如安著：《宁波中医药文化史》，北京：中国中医药出版社2012年。

张汝光等编著：《中国工农红军卫生工作史略》，北京：解放军出版社1989年。

张如青等主编：《近代国医名家珍藏传薪讲稿：医史类(卢朋著：〈医学史讲义〉；戴达夫编写：〈医学史讲义〉；张永祚编写：〈医学史〉)》，上海：上海科学技术出版社2013年。

张瑞贤著：《本草名著集成》，北京：华夏出版社1998年。

～主编：《龙门药方释疑》，郑州：河南医科大学出版社1999年。

《走进本草纲目：中药的发现》，北京：华夏出版社2006年。

～等主编：《中国佛药论集：中国佛医文化丛书》，北京：学苑出版社2014年。

《神农本草经译释》，上海：上海科学技术出版社2018年。

张山雷著:《古今医案评议》,太原:山西科学技术出版社 2013 年。

张绍廉著:《没有硝烟的战争——河北省抗击非典斗争大事记（2003 4.5—2003 7.9)》,石家庄:河北人民出版社 2004 年。

张绍民著:《村庄疾病史》,北京:新世界出版社 2010 年。

张胜康著:《不同文化人群艾滋病问题的社会学研究》,成都:四川大学出版社 2008 年。

张实著:《云南藏医历史与文化》,昆明:云南大学出版社 2007 年。

《医学人类学:理论与实践》,北京:知识产权出版社 2013 年。

张石松等主编:《清代八名医医案》,西安:陕西科学技术出版社 2009 年。

张世欣编著:《浙江崇山村侵华日军细菌战罪行史实——受害索赔,崇山人的正当权利》,杭州:浙江教育出版社 1999 年。

张世英著:《药王孙思邈》,西安:三秦出版社 2006 年。

张舒等主编:《航空航天医学史》,重庆:第四军医大学出版社 2013 年。

张树剑主编:《民国针灸学术史研究要论》,北京:社会科学文献出版社 2019 年。

张树军等主编:《伯力审判档案:日军细菌战罪行披露》,北京:中共党史出版社 2016 年。

张蜀梅著:《在 SARS 的流行前线:一名广东记者的采访全记录》,广州:花城出版社 2003 年。

张淑卿等著:《护理与社会:跨界的对话与创新》,台北:群学出版有限公司 2012 年。

～等访谈与撰修:《国防医学院护理学系资深系友口述历史纪录》(第一册:奠基护理篇),台北:国防医学院护理系校友会 2019 年。

张孙彪著:《中国近代医学社会史探微》,厦门:厦门大学出版社 2016 年。

张泰山著:《民国时期的传染病与社会:以传染病防治与公共卫生建设为中心》,北京:社会科学文献出版社 2008 年。

章太炎著:《章太炎医论》,北京:人民卫生出版社 2006 年。

《章太炎先生论伤寒》,北京:学苑出版社 2009 年。

张体伟编:《云南蓝皮书·2013—2014 云南农村发展报告:完善新型农村合作医疗制度 提高农村医疗保障水平》,昆明:云南大学出版社 2014 年。

张天华主编:《吉林省名老中医传略》,长春:长春出版社 1995 年。

张田勘等著:《疫病简史:小角色的大杀伤力》,北京:中国青年出版社 2003 年。

张天钧编:《人与医学》,台北:国立台湾大学出版中心 2003 年。

张铁忠著:《饮食文化与中医学》,福州:福建科学技术出版社 1993 年。

～等编著:《饮食文化与中医学》,北京:中国中医药出版社 2017 年。

张彤著:《世界魔难:美国艾滋病采访纪实》,天津:天津社会科学院出版社 1995 年。

《中国公共卫生:妇幼卫生(英文版)》,北京:人民卫生出版社 2019 年。

张炜著:《商代医学文化史略》,上海:上海科学技术出版社 2005 年。

张慰丰等著:《鉴真东渡》,北京:中华书局 1980 年。

～主编:《中西医文化的撞击》,南京:南京出版社 2012 年。

张维燕等编著:《记忆非典》(记述了四十多殉职人士的事迹,并收录了非典时期的特殊新闻,以及应对非典的措施和政策等),北京:华艺出版社 2003 年。

张文等著:《中国卫生事业可持续发展研究》,北京:军事医学科学出版社 2000 年。

张文康主编:《美国药品管理与中医药》,北京:中国中医药出版社 1997 年。

《共和国辉煌五十年：卫生事业卷》，北京：中国经济出版社 1999 年。

《中国卫生事业五十年：1949—1999》，北京：中国人口出版社 1999 年。

《中国百年百名中医临床家丛书(全 112 册)》，北京：中国中医药出版社 2002 年。

～编：《中国抗"艾"之路·亲历者说》(一)，北京：人民卫生出版社 2015 年。

张文亮著：《我是旷野的小花：南丁格尔的生命历程》，北京：中国轻工业出版社 2005 年。

《一把剪刀，帮助千百人——蔡巧与台湾初期护理》，台湾：校园书房出版社 2005 年。

张文顺等主编：《中国海军医学史》，北京：海潮出版社 1998 年。

张文勇等主编：《上海中医药文化史》，上海：上海科学技术出版社 2014 年。

张锡纯撰：《医学衷中参西录》，王云凯等校点，石家庄：河北科学技术出版社 1985 年。

张显成著：《简帛药名研究》，重庆：西南师范大学出版社 1997 年。

《先秦两汉医学用语研究》，成都：巴蜀书社 2000 年。

《先秦两汉医学用语汇释》，成都：巴蜀书社 2002 年。

张显清主编：《云南省血吸虫病防治史志》，昆明：云南科技出版社 1992 年。

～等主编：《云南省血吸虫病防治史志》，昆明：云南科技出版社 2000 年。

张宪文主编，高晓燕等编著：《日本侵华图志(第 15 卷)化学战与细菌战》，济南：山东画报出版社
    2015 年。

张贤哲编著：《碍容疾病类中医典籍研究》，台北：行政院卫生署中医药委员会 2011 年。

《美容之中医药典籍文献分析研究》，台北：行政院卫生署中医药委员会 2011 年。

《中风中医典籍汇编》(上、下)，台北：行政院卫生署中医药委员会 2011 年。

《中药材炮制规范典籍文献研究》，台北：行政院卫生署中医药委员会 2011 年。

张祥稳著：《清代乾隆时期自然灾害与荒政研究》，北京：中国三峡出版社 2010 年。含瘟疫。

张晓等主编：《医疗保险国际比较》，北京：科学出版社 2015 年。

《社会医疗保险概论》，北京：中国劳动社会保障出版社 2004 年。

张晓虎著：《艾滋病问题的双向建构》，北京：知识产权出版社 2013 年。

张效廉主编：《SARS 风暴中的中国经济》，北京：中国经济出版社 2003 年。

张晓丽著：《爱国卫生的发展与挑战》，合肥：安徽大学出版社 2006 年。

《明清医学专科目录研究》，合肥：黄山书社 2011 年。

～编著：《近代西医传播与社会变迁》，南京：东南大学出版社 2015 年。

张笑平主编：《现代中医各家学说》，北京：中国中医药出版社 1991 年。

～等主编：《医疗保险学原理与方法》，北京：中国人口出版社 1996 年。

张效霞：《回归中医：对中医基础理论的重新认识》，青岛：青岛出版社 2006 年。

《无知与偏见：中医存废百年之争》，济南：山东科技出版社 2007 年。

《脏腑真原——揭开阴阳五行的神秘面纱，还中医脏腑理论之本来》，北京：华夏出版社 2010 年。

《医海探骊：中国医学史研究新视野》，北京：中医古籍出版社 2012 年。

《名人与中医》，济南：山东科学技术出版社 2017 年。

～等著：《效法与嬗变——近代中医创新掠影》，济南：山东科学技术出版社 2017 年。

张霄艳著：《农村地区医疗保险基金风险测量与管理策略研究》，武汉：华中科技大学出版社 2018 年。

张馨编：《中医四部经典》，北京：中国文史出版社 2003 年。

张欣亮等著：《北京市与养老相关的医疗卫生机构状况分析》，北京：华龄出版社 2018 年。

张新庆著:《基因治疗之伦理审视》,北京:中国社会科学出版社 2014 年。

张新樟著:《诺斯、政治与治疗——诺斯替主义的当代诠释》,杭州:浙江大学出版社 2008 年。

张兴荣等主编:《江西医学教育史》,上海:上海医科大学出版社 1990 年。

张秀蓉著:《台大医院利比亚医疗服务队:1964 年 1 月至 1968 年 6 月》,台北:国立台湾大学出版中心 2009 年。

　　《日治台湾医疗公卫五十年》,台湾:国立台湾大学出版中心 2012 年。

～等编著:《台大医学院 1945—1950》,台北:国立台湾大学出版中心 2013 年。

张轩辞著:《灵魂与身体:盖伦的医学与哲学》,上海:同济大学出版社 2016 年。

张学文编撰:《新中国的卫生事业》,上海:生活·读书·新知三联书店 1953 年。

张学梓等主编:《中医养生学》,北京:中国医药科技出版社 2002 年。

张珣著:《疾病与文化:台湾民间医疗人类学研究论集》,台北:稻香出版社 1994 年。

张焱著:《皇帝内经史话》,北京:中医古籍出版社 2013 年。

张延昌等主编:《武威汉代医简研究》,北京:原子能出版社 1996 年。

～主编:《武威汉代医简注解》,北京:中医古籍出版社 2006 年。

张雁灵等主编:《白求恩》,北京:军事科学出版社 2003 年。

[美]张耀德著:《医药研究五十年:麻风新药和一些往事》,台北:文津出版社 1995 年。

张义芳等主编:《中国地方病防治四十年》,北京:中国环境科学出版社 1990 年。

张怡民主编:《中国卫生五十年历程(1949—1999)》,北京:中医古籍出版社 1999 年。

张一鸣主编:《社会医学与医学社会学》,北京:中国医药科学技术出版社 1991 年。

张义尚著:《中医薪传》(修订版),北京:社会科学文献出版社 2017 年。

张英著:《医生的影响力》,广州:广东人民出版社 2010 年。

张英洁著:《新型农村合作医疗统筹补偿方案研究》,北京:经济科学出版社 2009 年。

张勇著:《健康中国战略下医疗保险门诊保障政策的改革效果分析》,北京:中国财政经济出版社 2019 年。

张勇安著:《变动社会中的政策选择:美国大麻政策研究》,上海:东方出版中心 2009 年。

　　《中国都市卫生风险与社会治理》,桂林:广西师范大学出版社 2012 年。

　　《科学与政治之间——美国医学会与毒品管制的源起(1847—1973)》,上海:上海人民出版社 2016 年。

～主编:《医疗社会史研究·第一辑:国际组织与医疗卫生史》(特约主编:周奇、James Mills),北京:中国社会科学出版社 2016 年。

　　《医疗社会史研究·第二辑:中国传统医学社会史研究》(特约主编:赵争、张树剑),北京:中国社会科学出版社 2016 年。

　　《医疗社会史研究·第三辑:医疗与东亚的近代化》(特约主编:朱虹),北京:中国社会科学出版社 2017 年。

　　《医疗社会史研究·第四辑:新中国医疗卫生史》(特约主编:吴浩、徐有威),北京:中国社会科学出版社 2017 年。

　　《医疗社会史研究·第五辑:医疗卫生与现代世界》(特约主编:刘招静),北京:中国社会科学出版社 2018 年。

　　《医疗社会史研究·第六辑:古代世界的医学与健康》(特约主编:埃胡德·本兹维、黄薇),北京:中国社会科学出版社2018年。

《医疗社会史研究·第七辑:煤矿工人的身体与健康》(特约主编:亚瑟·麦基弗),北京:社会科学文献出版社2019年。

《医疗社会史研究·第八辑:医疗传教士研究》(特约主编:施康妮、高晞),北京:社会科学文献出版社2019年。

张永辉著:《中国农村合作医疗制度研究》,北京:中国金融出版社2014年。

张有春编著:《医学人类学》,北京:中国人民大学出版社2011年。

张友元编著:《简明中外医学史》(第二版),广州:广东高等教育出版社2009年。

张羽著:《只有医生知道!——@协和张羽 发给天下女人的私信》,南京:江苏人民出版社2013年。

《只有医生知道!2》,南京:江苏人民出版社2013年。

《只有医生知道!(精华本)》,南京:江苏人民出版社2013年。

《只有医生知道!3》,南京:江苏人民出版社2015年。

《信息不对称视角下中国社会医疗保险控费机制研究》,北京:经济日报出版社2019年。

张宇等主编:《医疗建筑》,哈尔滨:黑龙江科学技术出版社2014年。

张玉才著:《新安医学》,合肥:安徽人民出版社2005年。

张玉龙著:《疾病的价值》,桂林:广西师范大学出版社2014年。

张玉萍主编:《陆渊雷医书二种》,福州:福建科学技术出版社2008年。

《民国江南医家著作选粹》,福州:福建科学技术出版社2008年。

章育正主编:《祖国医学与免疫》,上海:上海中医学院1983年。

张在同等编:《民国医药卫生法规选编(1912—1948)》,济南:山东大学出版社1990年。

～等主编:《齐鲁诸子名家志·扁鹊 仓公 王叔和志》,济南:山东人民出版社2009年。

张赞臣编著:《中国历代医学史略(附:药物学史略)》,上海:千顷堂书局1933年第一版;1955年修订第一版。

张朝阳主编:《医保支付方式改革案例集》,北京:中国协和医科大学出版社2016年。

张知寒著:《古代医药史精华录》,济南:山东教育出版社1989年。

张之南著:《治学与从业——一名协和老医生的体会》,北京:中国协和医科大学出版社2007年。

张志斌编著:《古代中医妇产科疾病史》,北京:中医古籍出版社2000年。

～著:《中国古代疫病流行年表》,福州:福建科学技术出版社2007年。

～等著:《图说中医:中医的历史》,北京:人民卫生出版社2011年。

《图说中医:养生》,北京:人民卫生出版社2011年。

张志远主编:《中国历代名医百家传》,北京:人民卫生出版社1988年。

～编著:《中医源流与著名人物考》,北京:中国医药科技出版社2015年。

张仲芳编著:《中国农村健康保障的筹资问题研究》,北京:经济科学出版社2009年。

～著:《全民医疗保障与医疗卫生公共投入研究》,北京:经济科学出版社2013年。

张仲景医史文献馆编:《张仲景研究文献索引》(第二集),内部印发1984年。

《张仲景研究文献索引》(第三集),内部印发1985年。

张仲民著:《出版与文化政治:晚清的"卫生"书籍研究》,上海:上海人民出版社2009年。

《种瓜得豆——清末民初的阅读文化与接受政治》,北京:社会科学文献出版社2016年。

张中南著:《唤醒医疗:人本位医疗:从根本上改善疗效、安全、效益和医患关系》,长春:吉林科学技术出版社 2011 年。

张自宽著:《论合作医疗》,太原:山西人民出版社 1993 年。

　　《论农村卫生及初级卫生保健》,太原:山西人民出版社 1993 年。

　　《卫生改革与发展探究》,哈尔滨:黑龙江人民出版社 1999 年。

　　《论医改导向:不能走全面推向市场之路》,北京:中国协和医科大学出版社 2006 年。

　　《亲历农村卫生六十年——张自宽农村卫生文选》,北京:中国协和医科大学出版社 2011 年。

张自力著:《健康传播与社会:百年中国疫病防治话语的变迁》,北京:北京大学医学出版社 2008 年。

　　《健康传播学——身与心的交融》,北京:北京大学出版社 2009 年。

～编:《健康传播资源与策略》,北京:中国协和医科大学出版社 2014 年。

张自强等主编:《医学史》,湖南医科大学 1998 年。

张宗明著:《奇迹、问题与反思:中医方法论研究》,上海:上海中医药大学出版社 2004 年。

　　《传承中医文化基因——中医文化专家访谈录》,北京:中国医药科技出版社 2015 年。

赵斌著:《基于国际经验的社会医疗保障制度购买医疗服务机制研究》,北京:中国言实出版社 2014 年。

赵秉志著:《突发公共卫生事件相关犯罪刑法适用——以"非典"事件为中心》,北京:法律出版社
　　2003 年。

赵春晨等主编:《广州十三行与清代中外关系》,广州:世界图书出版广东有限公司 2012 年。陈瑞林:
　　"十三行、啉呱、医学图画与近代中国写实绘画的兴起"。

赵春玲著:《刑事强制医疗程序研究》,北京:中国人民公安大学出版社 2014 年。

赵存义著:《中医古方方名考》,北京:中国中医药出版社 1994 年。

赵德余主编:《医疗卫生政策的理论思考与实施经验》,上海:上海人民出版社 2017 年。

赵棣编著:《医疗保险与社会保障:中国公立医院改革之路》,北京:科学出版社 2016 年。

招萼华主编:《曹颖甫医案经验集》,上海:上海科学技术出版社 2009 年。

赵恩俭主编:《津门医萃》,天津:天津科学技术出版社 1989 年。

赵法新等主编:《中医文献学辞典》,北京:中医古籍出版社 2000 年。

赵凤林主编,赵凤祥等编著:《赵怀德中医世家经验辑要》,西安:陕西科学技术出版社 2002 年。

赵福莲著:《义乌细菌战受害者口述史》,上海:上海人民出版社 2015 年。

赵刚编:《白求恩大夫》,北京:中国民主法制出版社 2013 年。

赵国华著:《生殖崇拜文化论》,北京:中国社会科学出版社 1996 年。

赵衡等著:《互联网医疗大变局》,北京:机械工业出版社 2015 年。

　　《创新陷阱:医疗投资的挑战》,北京:北京日报出版社 2018 年。

赵洪联著:《中国方技史》,上海:上海人民出版社 2013 年。

赵洪钧著:《中西医比较热病学史》,石家庄:河北中医学院医学史教研室 1987 年;北京:学苑出版社
　　2019 年。

　　《近代中西医论争史》,内部印刷 1983 年;合肥:安徽科技出版社 1989;北京:学苑出版 2012、
　　2019 年。

　　《回眸与反思:中西医结合二十讲》,合肥:安徽科技出版社 2007 年。

　　《内经时代》,内部印刷 1985 年;北京:学苑出版社 2012/2019 年。

　　《正说内经——〈《内经》时代〉补注》,金栋补注,北京:中医古籍出版社 2019 年。

赵鸿君编著:《话说国医:辽宁卷》,郑州:河南科学技术出版社 2017 年。

赵鸿军等主编:《话说国医·辽宁卷》,郑州:河南科学技术出版社 2016 年。

赵辉贤编著:《周易与中医学》,北京:北京科学技术出版社 2005 年。

赵健雄编著:《敦煌医粹——敦煌遗书医药文选校释》,贵阳:贵州人民出版社 1988 年。

赵杰等著:《基于远程医疗平台的突发公共卫生事件急救一体化系统构建与应用》,北京:科学出版社 2016 年。

赵俊华等著:《佬族医药》,贵阳:贵州民族出版社 2003 年。

赵婧著:《近代上海的分娩卫生研究(1927—1949)》,上海:上海辞书出版社 2015 年。

赵晶等主编:《社会药学》,昆明:云南科学技术出版社 2001 年。

赵京生著:《针灸经典理论阐释》,上海:上海中医药大学出版社 2000 年。

《针灸经典理论阐释》,上海:上海中医药大学出版社 2003 年。

《针灸关键术语考论》,北京:人民卫生出版社 2012 年。

《针灸学基本概念属于通典》,北京:人民卫生出版社 2014 年。

《针意》,北京:人民卫生出版社 2019 年。

~主编:《针灸理论解读:基点与视角》,北京:中国中医药出版社 2013 年。

赵匡华著:《中国炼丹术》,香港:中华书局 1989 年。

赵鲲鹏等主编:《张仲景养生学》,北京:中国医药科技出版社 2005 年。

赵立勋主编:《四川中医药史话》,成都:电子科技大学出版社 1993 年。

~等编纂:《古今图书集成医部续录》,北京:中国医药科技出版社 2002 年。

赵林等主编:《日本如何应对超高龄社会——医疗保健.社会保障对策》,北京:知识产权出版社 2014 年。

赵曼等著:《社会医疗保险中的道德风险》,北京:中国劳动社会保障出版社 2007 年。

《新型农村合作医疗保障能力研究》,北京:中国劳动社会保障出版社 2009 年。

赵平等主编:《2008 中国肿瘤登记年报:中国肿瘤登记地区 2005 年》,北京:军事医学出版社 2009 年。

《2009 中国肿瘤登记年报》,北京:军事医学出版社 2010 年。

《2010 中国肿瘤登记年报》,北京:军事医学出版社 2011 年。

赵璞珊著:《中国古代医学》,北京:中华书局 1983 年;1997 年。

赵强著:《揭秘美国医疗制度及其相关行业》,南京:东南大学出版社 2010 年。

赵然著:《危险与拯救:高危妇女艾滋病危险行为现状及干预研究》,北京:大众文艺出版社 2007 年。

赵荣甡等主编:《通辽市政协文史资料 第十四辑 内蒙古鼠疫 细菌战稿钞》,呼和浩特:内蒙古人民出版社 2009 年。

赵石麟等主编:《陕西医学史志文集》(第一辑),西安:天则出版社 1989 年。

~著:《医学史志探论》,北京:九州出版社 2002 年。

赵速书著:《一个既好又省的农村保健室——记紫金山人民公社的一个保健室》,南京:江苏人民出版社 1958 年。

张体伟主编:《云南蓝皮书·2013—2014 云南农村发展报告:完善新型农村合作医疗制度 提高农村医疗保障水平》,昆明:云南大学出版社 2014 年。

赵铁编著:《无偿献血在海外》,大连:大连出版社 1992 年。

赵伟著:《中医文化复兴之形而上学辩护》,北京:中国社会科学出版社 2016 年。

赵卫华著:《地位与健康:农民的健康风险、医疗保障及医疗服务可及性》,北京:社会科学文献出版社 2012 年。

赵为民主编:《非凡:北京大学抗击SARS纪实》,北京:北京大学出版社、北京大学医学出版社2003年。

赵文著:《宗教与中医学发微》,北京:宗教文化出版社2008年;(新版),北京:宗教文化出版社2013年。

赵锡银等主编:《非典医院 非常战士》(本书记述了北京市中西医结合医院2003年从4月16日接到上级通知到6月18日送走最后一名痊愈患者走过的56个日日夜夜的奋斗历程),北京:华夏出版社2003年。

赵秀荣著:《近代早期英国社会史研究》,北京:中国社会科学出版社2017年。第七章 瘟疫与饥荒;第十三章 疾病与健康;第十四章 医疗行业的发展;第十五章 疯癫与疯人院;第十六章 自杀现象认知。

[清]赵学敏编著:《串雅兽医方》,于船等校注,北京:农业出版社1982年。

赵学敏主编:《中国大陆野生鸟类迁徙动态与禽流感》,北京:中国林业出版社2006年。

赵燕等著:《基本医疗保险制度创新研究》,北京:中国国际广播出版社2017年。

赵阳著:《明清两朝御医》,北京:故宫出版社2012年。

赵玉明著:《西伯利亚的罪与罚——苏联地区日本战俘问题研究(1945—1956)》,北京:中国社会科学出版社2018年。第二章 日本战俘的日常管理:第三节 战俘的医疗卫生与死亡和埋葬问题。

赵粤著:《香港西药业的故事——从跨国鸦片中转站到屈臣氏大药房全球化》,北京:商务印书馆2017年。

赵忠著:《健康、医疗服务与传染病的经济学分析》,北京:北京大学出版社2007年。

浙江省丽水市莲都区政协文史资料委员会编:《侵华日军在丽水实施细菌战罪行纪实》,内部印发2005年。

《浙江省血吸虫病防治史》编委会编,庄炳璋主编:《浙江省血吸虫病防治史》,上海:上海科学技术出版社1992年。

[英]哲玛森(R. A. Jamieson)主编:《海关医报》(Medical Reports)十册,北京:国家图书馆出版社2016年。

甄橙主编:《走进神奇医学》,北京:北京大学医学出版社2005年。

　　《医学与护理学发展史》,北京:北京大学医学出版社2008年。

~著:《病与证的对峙——反思18世纪的医学》,北京:北京大学出版社2007年。

~等著:《妙手生花·张涤生传》,北京:中国科学技术出版社2015年。

[美]珍妮·吉耶曼:《生物武器——从国家赞助的研制计划到当代生物恐怖活动》(第1版),周子平译,北京:生活·读书·新知三联书店2009年;(第2版),北京:生活·读书·新知三联书店2016年。

甄艳等著:《中国少数民族医学》,北京:中国中医药出版社2005年。

甄志亚主编:《中国医学史》,南昌:江西科技出版社1987年;北京:人民卫生出版社1991年;(修订版),上海:上海科学技术出版社1998年。

甄志亚编写:《中国医学史》,北京:中医古籍出版社1987年。

郑步勇著:《天使心路(于井子护理小组八心服务实例评析)》,上海:第二军医大学出版社2009年。

郑功成主编:《中国社会保障改革与发展战略(医疗保障卷)》,北京:人民出版社2011年。

[清]郑观应编撰:《中外卫生要旨》,广州:广东科技出版社2014年。

郑悖方编:《台湾现代医学史展(1895—1994)》(活动手册),台北:阳明医学院阳明人报1994年。

郑洪等著:《医史传奇》,广州:羊城晚报出版社2016年。

　　《国医之殇——百年中医沉浮录》,广州:广东科技出版社2010年。

~编著:《岭南医学与文化》,广州:广东科技出版社2009年。

~著:《中西医道——中西医比较面面观》,北京:科技文献出版社2012年。

《岭南摄生录》,广州:南方日报出版社2014年。

~等主编:《南天医薮——广东中医药专门学校校史》,上海:上海科学技术出版社2017年。

《民国广东中医药专门学校中医讲义系列·医史类(〈医学史讲义〉〈中国医学源流略述〉〈医学通论〉〈国文讲义〉)》,上海:上海科学技术出版社2016年。

《佛山中医药文化》,广州:广东人民出版社2016年。

郑鸿翔编著:《医学的荣光和阴影:从邮票看医学史》,北京:中国医药科技出版社2000年。

郑怀林等著:《生命的圣火:宗教与医学纵横谈》,北京:中医古籍出版社2008年。

郑建明著:《张仲景评传》,南京:南京大学出版社1998年。

郑进等主编:《云南藏医药》,昆明:云南科技出版社2008年。

郑金生著:《中国古代的养生》,北京:商务印书馆国际有限公司1997年。

《药林外史》,台北:东大图书公司2005年;桂林:广西师范大学出版社2007年。

~编:《南宋珍稀本草三种》,北京:人民卫生出版社2007年。

~主编:《海外回归中医善本古籍丛书》,北京:人民卫生出版社2003年。

《海外中医珍善本古籍丛刊》(全403册),北京:中华书局2016年。

郑兰英著:《文化、医学与教育》,北京:中国中医药出版社2005年。

郑力主编:《SARS与突发公共卫生事件应对策略》,北京:科学出版社2003年。

郑麟蕃等主编:《中国口腔医学发展史》,北京:北京医科大学、中国协和医科大学联合出版社1998年。

郑蓉等主编:《中国医药文化遗产考论》,北京:中医古籍出版社2005年。

郑荣波主编:《清凉好世界 活力王老吉:广州王老吉药业股份有限公司发展史》,广州:广东科技出版社2010年。

郑尚维等主编:《四川大学华西医院暨临床医学院·华西医院史稿(1892—2006)》,成都:四川辞书出版社2007年。

郑陶著:《中医以时为本——还传统中医文化的本来面目》,北京:北京艺术与科学电子出版社2006年。

郑文鑫著:《医疗纠纷法律风险防范与处理》,北京:中国民主法制出版社2017年。

郑晓红主编:《运气与疫病:首部全面整理中国古代文献中有关"五运六气与瘟疫病"的学术专著》,长沙:湖南科学技术出版社2016年。

郑晓江主编:《中国死亡文化大观》,上海:百花洲文艺出版社1995年。

《中国生育文化大观》,上海:百花洲文艺出版社1999年。

~等主编:《解读生死》,北京:社会科学文献出版社2005年。

~著:《穿透人生》,上海:生活.读书.新知三联书店上海分店1999年。

《善死与善终:中国人的死亡观》,昆明:云南人民出版社1999年。

《生命与死亡:中国生死智慧》,北京:北京大学出版社2011年。

~编:《生育的禁忌与文化》,北京:中央编译出版社2014年。

政协北京市委员会文史资料研究委员会编:《话说老协和》,北京:中国文史出版社1987年。

政协广东省委员会办公厅编:《岭南中医药名家》,广州:广东科技出版社2010年。

政协贵阳市委员会编:《健康之路:贵阳医疗卫生事业发展历程》,北京:中国文史出版社2017年。

政协南京市白下区文史委编:《白下文史》第16辑:……日军731远征队暴行,日军细菌战揭秘,日军毒化南京秘史,2005年。

郑欣主编:《谁说服了我们的口腔:食品、药品、保健品广告效果研究》,北京:中国传媒大学出版社
　　2011 年。

郑也夫著:《阅读生物学札记》,北京:中国青年出版社 2004 年。

　　《被动吸烟者说》,北京:中国青年出版社 2004 年。

　　《神似祖先》,北京:中国青年出版社 2009 年。

郑志敏著:《杜聪明与台湾医疗史之研究》,台北:国立中国医药研究所 2005 年。

～辑录:《"日治"时期〈台湾民报〉医药卫生史料辑录》,台北:"中国医药研究所"2004 年。

郑志明著:《宗教与民俗医疗》,台湾:大元书局 2004 年。

　　《宗教的医疗观与生命教育》,台湾:大元书局 2004 年。

　　《台湾的灵乩宗教形态:宗教与民俗医疗学报创刊号》,台湾:大元书局 2005 年。

　　《佛教生死学》,北京:中央编译出版社 2008 年。

　　《道教生死学》,北京:中央编译出版社 2008 年。

　　《民俗生死学》,台北:文津出版社 2008 年。

[日]植木哲著:《医疗法律学》,冷罗生等译,北京:法律出版社 2006 年。

中共北京市海淀医院委员会编:《党旗下的光辉:海淀医院在抗击非典的日子里》,北京:国际文化出版
　　公司 2003 年。

中共北京市委教育工作委员会等编:《赤诚:2003 首都教育战线抗击非典纪实》,北京:首都师范大学出
　　版社 2003 年。

中共广东省委教育工作委员会编:《非典时期锤炼党性:广东高教战线基层党组织、共产党员在抗击"非
　　典"的战场上》,广州:广东高等教育出版社 2003 年。

中共河北省委研究室编辑组编:《特殊的战斗:河北省抗击非典的决策与实践》,石家庄:河北人民出版
　　社 2004 年。

中共稷山县委会等编:《稷山县农村卫生保健工作》,北京:人民卫生出版社 1960 年。

中共江西省委防治血吸虫病五人小组办公室编写:《余江县是怎样根治血吸虫病的》,南昌:江西人民出
　　版社 1958 年。

中共金华市委党史研究室编:《日军在金华细菌战专题研究》,内部印发 2015 年。

中共南京市委宣传部编,王文燕主编:《南京抗击非典实录》,南京:南京出版社 2003 年。

中共上海市委党史资料征集委员会学生运动史料征集 组编:《不朽的白衣战士:计苏华纪念集》,上海:
　　上海人民出版社 2002 年。

中共石景山区委宣传部编:《2003 春天的记录—石景山抗击"非典"通讯摄影集》,内部印发 2003 年。

中共浙江省委党史研究室编:《日军侵浙细菌战档案资料汇编》(第一、二册),杭州:浙江人民出版社
　　2015 年。

　　《日军侵浙细菌战档案资料汇编》(第三、四、五、六册),杭州:浙江人民出版社 2017 年。

　　《日军侵浙细菌战档案资料汇编》(第七、八册),杭州:浙江人民出版社 2019 年。

　　《日军在浙江细菌战专题研究》,杭州:浙江人民出版社 2015 年。

　　《日军在浙细菌战受害者口述资料》,杭州:浙江人民出版社 2017 年。

　　《侵华日军细菌战炭疽、鼻疽受害幸存者实录》李晓方著,杭州:浙江人民出版社 2017 年。

　　《侵华日军细菌战鼠疫、霍乱受害幸存者实录》李晓方著,杭州:浙江人民出版社 2017 年。

　　《侵华日军细菌战罪行学术研讨会论文集》,北京:中共党史出版社 2018 年。

中共中央地方病防治领导小组办公室编:《中国鼠疫及其防治(1950—1980)》,内部印发 1981 年。

中共中央防治血吸虫病九人小组办公室编:《送瘟神》,上海:上海文艺出版社 1961 年。

中共中央国务院:《"健康中国 2030"规划纲要》,北京:人民出版社 2016 年。

中共中央组织部组织局编:《在抗击非典战场上鲜红的党旗高高飘扬》,北京:党建读物出版社 2003 年。

中共中央宣传部宣传教育局编:《依靠科学 战胜非典:谨以此书献给在抗击非典中建立功勋的英雄和他们的亲人!》,北京:中国科学技术出版社 2003 年。

《抗击非典斗争英雄模范事迹报告》,北京:学习出版社 2003 年。

《人民的好军医华益慰》,北京:学习出版社 2007 年。

中共珠海市委宣传部编:《生命礼赞:珠海市抗"非典"纪实》,珠海:珠海出版社 2003 年。

中国癌症研究基金会等编:《中国肿瘤史料研究 第 1 卷》,北京:军事医学科学出版社 2000 年。

《中国肿瘤史料研究 第 2 卷》,北京:军事医学科学出版社 2004 年。

中国保卫世界和平委员会编:《美国政府细菌战罪行展览画册》,内部印发 1982 年。

中国北京同仁堂集团公司的编:《北京同仁堂史》,北京:人民日报出版社 1993 年。

中国博览丛书编辑部编:《走向世界的中华医药事业:华夏大地杏林举要第一集》,北京:人民军医出版社 1993 年。

中国博医会编:《博医会报》,北京:国家图书馆出版社 2013 年。

中国大百科全书编辑委员会编:《中国大百科全书·中国传统医学卷》,北京:中国大百科全书出版社 1992 年。

《中国地方病防治四十年》编委会编:《中国地方病防治四十年》,北京:中国环境科学出版社 1990 年。

中国动物疫病预防控制中心译:《国外动物福利管理与应用》,北京:中国农业出版社 2009 年。

《动物卫生监督行政执法典型案卷汇编》,北京:中国农业出版社 2016 年。

《国外动物福利法律法规汇编》,北京:中国农业出版社 2016 年。

《美国家畜屠宰与肉类检验法规》,北京:中国农业出版社 2018 年。

中国发展研究基金会著:《增进健康福祉助力协调发展:中国城镇化进程中的医疗服务研究》,北京:中国发展出版社 2018 年。

中国福利会编:《保卫中国同盟驻延安代表的报告:中国福利基金会与马海德等往来书信选编》(汇集马海德与谭宁邦、王安娜等人于 1945 年 12 月至 1947 年 3 月的书信来往,描述了边区医疗卫生条件、伤员状况以及边区的援助物资等),朱玖琳译,北京:中国中福会出版社 2016 年。

中国红十字会等编:《南丁格尔在中国》,北京:中国画报出版社 2000 年。

中国航天工业总公司(国家航天局)航天中心医院简史编委会编:《航天中心医院简史(1958—1993)》,1993 年。

中国疾病预防控制中心公共卫生政策研究办公室编:《中国公共卫生的改革与思考:公共卫生政策研究报告》,北京:中国协和医科大学出版社 2003 年。

中国建设杂志编辑部编:《马海德》,北京:中国建设出版社 1989 年。

中国科协学会学术部编:《新药发现:寻求维护人类健康的武器》,北京:中国科学技术出版社 2009 年。

中国科学技术馆编:《征服瘟疫之路:人类与传染病斗争科学历程》,石家庄:河北科学技术出版社 2003 年。

中国科学技术协会编:《中国科学技术专家传略 医学编 预防医学卷 1》,北京:中国科学技术出版社 1993 年。

《中国中医药学学科史》,北京:中国科学技术出版社 2014 年。

～等编:《马海德博士诞辰一百周年纪念文集》,北京:中国科学技术出版社 2010 年。

中国科学技术协会调研宣传部编:《科学与疫病的较量:2003 年突发公共卫生事件非典型肺炎大事记》,北京:中国科学技术出版社 2003 年。

《科学与疫病的较量:2003 年突发公共卫生事件非典型肺炎大事记》,北京:中国科学技术出版社 2003 年。

中国科学院自然科学史研究所编:《科学技术史研究六十年——中国科学院自然科学史研究所论文选(第二卷:地学史/生物学史/医学史/农学史)》,北京:中国科学技术出版社 2018 年。

中国老年学和老年医学学会编:《健康老龄化:医疗模式和生活方式的转型》(上、下册),北京:中国社会出版社 2016 年。

中国麻风防治协会编著:《中国麻风病学学科史研究》,中国麻风防治协会 2015 年;兰州:甘肃文化出版社 2017 年。

《中国麻风学学科史》,北京:中国科学技术出版社 2018 年。

《中国疟疾的防治与研究》编委会编著:《中国疟疾的防治与研究》,北京:人民卫生出版社 1991 年。

中国农村医疗保健制度研究课题组:《中国农村医疗保健制度研究》,上海:上海科学技术出版社 1991 年。

中国青年编辑部等编辑:《中国青年(2003 增刊:抗击非典中的中国共青团)》,中国青年杂志社 2003 年。

中国人类学学会编:《医学人类学论文集》,重庆:重庆出版社 1986 年。

中国人民保卫世界和平反对美国侵略委员会辑:《制止美国侵略者的细菌战》,北京:世界知识出版社 1952 年。

中国人民保卫世界和平委员会资料室编:《有关禁止细菌战的国际资料》,中国人民保卫世界和平委员会 1952 年。

中国人民对外友好协会等编:《中印友谊史上的丰碑——纪念印度援华医疗队》,北京:世界知识出版社 1988 年;2008 年。

中国人口宣传教育中心编:《健康中国:1949—2019》,北京:五洲传播出版社 2019 年。

中国人类学学会编:《医学人类学论文集》,重庆:重庆出版社 1986 年。

中国人民解放军二军医大学编:《继承发扬祖国医学——中医政策文件汇编》,内部印发 1959 年。

中国人民解放军空军沈阳医院编:《把医疗卫生工作的重点放到农村去》,北京:人民卫生出版社 1969 年。

中国人民解放军总后勤部卫生部编:《中国人民解放军护理发展简史》,北京:人民军医出版社 1995 年。

中国人民解放军总后勤部政治部宣传部编:《革命卫生工作回忆录》,北京:人民卫生出版社 1979 年。

中国人民解放军历史资料丛书编审委员会编:《后勤工作·回忆史料》(1),北京:解放军出版社 1994 年 该书收录有贺诚、张汝光、饶正锡、朱镇中等人的相关回忆资料。

中国人民抗日战争纪念馆等编:《侵华日军细菌战纪实:历史上被隐瞒的篇章》,北京:北京燕山出版社 1997 年。

中国人民政治协商会议贵州省贵阳市委员会文史资料研究委员会编:《贵阳文史资料选辑》第 22 辑(在红会救护总队的回忆),1987 年。

中国人民政治协商会议上海市委员会等编:《海上医林》,上海:上海人民出版社 1991 年。

中国人民政治协商会议吉林省通化市委员会文史资料研究会编:《中国吉林人参源流》,内部发行

1988 年。

中国日报社摄影部编:《百名摄影记者聚焦 SARS》,北京:中国文联出版社 2003 年。

中国日本史学会日本侵华史专业委员会编:《日本侵华史研究 23:南京大屠杀期间国际安全区难民的医疗卫生状况……》,南京:南京出版社 2014 年。

中国社会科学院近代史研究所近代史资料编译室主编:《近代史资料专刊:侵华日军 731 部队细菌战资料选编》,王希亮等编译,北京:社会科学文献出版社 2015 年。

中国社会科学院考古研究所编:《居延汉简》,北京:中华书局 1980 年。

中国生理学会编辑小组编:《中国近代生理学六十年(1926—1986)》,长沙:湖南教育出版社 1986 年。

中国生物技术发展中心组织编写:《中国现代医学科技创新能力国际比较》(1、2、3),北京:中国医药科技出版社 2009、2010 年。

中国卫生画报社编:《中国卫生画报(山东省抗击非典专刊)》2003 年 9 月。

中国文化研究会主编:《中国本草全书》(410 卷),北京:华夏出版社 1999 年。

中国西南世界银行扶贫项目贵州办公室编:《贫困地区合作医疗的持续性发展》,贵阳:贵州人民出版社 2001 年。

中国性学会编:《中国新世纪性与健康展望》,北京:中国人口出版社 2001 年。

中国畜牧兽医学会编:《中国近代畜牧兽医史料集》,北京:农业出版社 1992 年。

~等主编:《中兽医学史略》(附中兽医名人录),北京:农业出版社 1992 年。

中国畜牧兽医学会畜牧兽医师专业筹委会、中国农业历史学会畜牧兽医史专业筹委会编:《兽医畜牧史》2004 年合刊。

中国演讲文化艺术交流中心编:《SARS 警示录》,北京:人民文学出版社 2003 年。

中国药材公司编著:《中国中药区划》,北京:科学出版社 1995 年。

中国药学会编:《中国药学会史》,上海:上海交通大学出版社 2008 年。

《中国药学会百年史》,北京:中国人口出版社 2008 年。

~等编著:《生物医药与人类健康:2049 年中国科技与社会愿景》,北京:中国科学技术出版社 2016 年。

中国药学会药事管理专业委员会编:《中国医药卫生改革与发展相关文件汇编》,北京:中国医药科技出版社 2001 年。

《中国医药卫生改革与发展相关文件汇编》,北京:中国医药科技出版社 2002 年。

《中国医药卫生改革与发展相关文件汇编 2001—2002 年度》,北京:中国医药科技出版社 2003 年。

《中国医药卫生改革与发展相关文件汇编 2002—2003 年度》,北京:中国医药科技出版社 2004 年。

《中国医药卫生改革与发展相关文件汇编 2004 年度》,北京:中国医药科技出版社 2005 年。

《中国医药卫生改革与发展相关文件汇编 2005 年度》,北京:中国医药科技出版社 2006 年。

《中国医药卫生改革与发展相关文件汇编 2007—2008 年度》,北京:中国医药科技出版社 2008 年。

《中国医药卫生改革与发展相关文件汇编 2008—2009 年度》,北京:中国医药科技出版社 2009 年。

《中国医药卫生改革与发展相关文件汇编 2009—2010 年度》,北京:中国医药科技出版社 2010 年。

《中国医药卫生改革与发展相关文件汇编 2010—2011 年度》,北京:中国医药科技出版社 2011 年。

《中国医药卫生改革与发展相关文件汇编 2011—2012 年度》,北京:中国医药科技出版社 2012 年。

《中国医药卫生改革与发展相关文件汇编 2012—2013 年度》,北京:中国医药科技出版社 2013 年。

《中国医药卫生改革与发展相关文件汇编 2013—2014 年度》,北京:中国医药科技出版社 2014 年。

《中国医药卫生改革与发展相关文件汇编 2014—2015 年度》,北京:中国医药科技出版社 2015 年。

《中国医药卫生改革与发展相关文件汇编 2015—2016 年度》,北京:中国医药科技出版社 2016 年。

《中国医药卫生改革与发展相关文件汇编 2016—2017 年度》,北京:中国医药科技出版社 2017 年。

《中国医药卫生改革与发展相关文件汇编 2017—2018 年度》,北京:中国医药科技出版社 2018 年。

《中国药用动物志》协作组:《中国药用动物志》,天津:天津科学技术出版社 1979 年。

中国医疗保险研究会编:《中国医疗保险理论研究与实践创新》,北京:化学工业出版社 2008 年。

《中国医疗保险理论研究与实践创新》,北京:中国劳动保障出版社 2009 年。

《中国医疗保险理论研究与实践创新(2010 年卷)》,北京:化学工业出版社 2011 年。

《中国医疗保险理论研究与实践创新》,北京:化学工业出版社 2012 年。

～著:《中国医疗保险发展宏观分析报告》,北京:中国劳动社会保障出版社 2016 年。

～等编:《部分国家(地区)最新医疗保障改革研究(2013 年报告)》,北京:经济科学出版社 2013 年。

《世界主要国家和地区近十年医疗保障改革研究》,北京:经济科学出版社 2013 年。

中国医学百科全书编辑委员会等主编:《中国医学百科全书 医学史卷》,上海:上海科学技术出版社 1991 年。

中国医学科学院流行病学微生物学研究所:《中国鼠疫流行史》,北京:人民卫生出版社 1981 年。

中国医学科学院药物研究所等编著:《中药志》,北京:人民卫生出版社 1959 年。

～等著:《中国仿制药蓝皮书(2016 版)》,中国协和医科大学出版社 2017 年。

中国医学科学院医学信息研究所著:《新型农村合作医疗发展 15 年》,北京:中国协和医科大学出版社 2018 年。

中国医学科学院《中国医改发展报告》编写委员会著:《中国医改发展报告(2016)》,北京:中国协和医科大学出版社 2017 年。

中国医学论坛报社编:《死亡如此多情——百位临床医生口述的临终事件》,北京:中信出版社 2013 年。

中国医药公司编:《中国医药商业史稿》,上海:上海社会科学院出版社 1990 年。

中国医药企业管理协会编:《中国医药产业发展报告(1949—2009)》,北京:化学工业出版社 2009 年。

《中国医药产业发展报告(2010—2015)》,北京:化学工业出版社 2015 年。

中国医院大全中华人民共和国卫生部医政司主编:《中国医院大全 北京、天津、上海分册》,北京:光明日报出版社 1989 年。

中国中外传记文学研究会编:《世界巨人传记丛书:英雄探险家卷:南丁格尔》,深圳:海天出版社 1998 年。

中国中西医结合学会编:《中国中西医结合专家传——中国中西医结合事业因你而精彩》,北京:中国协和医科大学出版社 2007 年。

中国中医研究所等编:《医学史论文资料索引 1903—1978》,中国中医研究所 1980 年。

《医学史论文资料索引(第二辑:1903—1978)》,北京:中国书店 1989 年。

中国中医研究院编:《中国中医研究院三十年论文选(1955—1985)》,北京:中医古籍出版社 1986 年。

《中国中医研究院建院四十周年论文选编》,北京:中国科学技术出版社 1995 年。"医史文献研究"。

《中国中医研究院人物志 第 1 辑》,北京:中医古籍出版社 1995 年。

《中医药防治非典型肺炎 SARS 研究(一)中国疫病史鉴》,梁峻等执笔,北京:中医古籍出版社 2003 年。

《中医药防治非典型肺炎 SARS 研究(二)》,北京:中医古籍出版社 2003 年。

中国中医研究院中国医史文献研究所主编：《中医人物词典》，上海：上海辞书出版社1988年。

中国中医研究院中国医史文献研究室编：《医学史论文资料索引（1903—1978）》，北京：中国书店1989年。

中国作家协会编：《同心曲：献给战斗在抗击"非典"一线的人们》，北京：作家出版社2003年。

《中华大典》编委会主编：《中华大典·医药卫生典·医学分典》，成都：巴蜀书社2008年。

《中华大典·医药卫生典·医学分典》，成都：巴蜀书社2013年。

中华全国新闻工作者协会编：《2003：中国抗击非典优秀新闻作品选》，北京：新华出版社2004年。

中华全国总工会预防控制艾滋病领导小组办公室编：《身边的"艾"情故事》，北京：中国工人出版社2009年。

《预防控制艾滋病法律法规文件汇编》，北京：中国工人出版社2009年。

中华人民共和国国务院新闻办公室：《中国的中医药》，北京：人民出版社2016年。

中华人民共和国铁道部教育卫生司编：《中国铁路医院大全》，北京：中国铁道出版社1996年。

中华人民共和国卫生部编：《中国公共卫生的典范：中国消除淋巴丝虫病纪实》（彩色画册），北京：军事医学科学出版社2008年。

中华人民共和国卫生部办公厅主编：《全国农村卫生工作山西稷山现场会议资料汇编》，北京：人民卫生出版社1960年。

中华人民共和国卫生部疾病预防控制局编：《血吸虫病研究资料汇编（2001—2005年）》，上海：上海科学技术文献出版社2008年。

中华人民共和国卫生部医政司编：《中国农村合作医疗实施办法概论》，合肥：安徽科技学术出版社1997年。

《初级卫生保健在中国》，上海：上海科学技术出版社1991年。

～主编：《中国医院大全 北京分册》，北京：光明日报出版社1989年。

《中国医院大全 天津分册》，北京：光明日报出版社1989年。

《中国医院大全 宁夏分册》，北京：光明日报出版社1989年。

《中国医院大全 青海分册》，北京：光明日报出版社1989年。

《中国医院大全 广西分册》，北京：光明日报出版社1989年。

《中国医院大全 云南分册》，北京：光明日报出版社1989年。

《中国医院大全 安徽分册》，北京：光明日报出版社1989年。

《中国医院大全 湖北分册》，北京：光明日报出版社1989年。

《中国医院大全 广东分册》，北京：光明日报出版社1989年。

《中国医院大全 辽宁分册》，北京：光明日报出版社1989年。

《中国医院大全 湖南分册》，北京：光明日报出版社1989年。

《中国医院大全 山东分册》，北京：光明日报出版社1988年。

《中国医院大全 贵州分册》，北京：光明日报出版社1989年。

《中国医院大全 甘肃分册》，北京：光明日报出版社1989年。

《中国医院大全 湖南分册》，北京：光明日报出版社1988年。

《中国医院大全 20 甘肃宁夏青海新疆分册》，北京：光明日报出版社1989年。

《中国医院大全 19 陕西分册》，北京：光明日报出版社1989年。

《中国医院大全 18 云南、贵州、西藏分册》，北京：光明日报出版社1989年。

《中国医院大全 17 四川分册》,北京:光明日报出版社 1989 年。

《中国医院大全 12 江西分册》,北京:光明日报出版社 1988 年。

《中国医院大全 11 福建、广东、广西分册》,北京:光明日报出版社 1989 年。

《中国医院大全 9 浙江分册》,北京:光明日报出版社 1989 年。

《中国医院大全 8 江苏分册》,北京:光明日报出版社 1989 年。

《中国医院大全 7 黑龙江分册》,北京:光明日报出版社 1989 年。

《中国医院大全 6 吉林分册》,北京:光明日报出版社 1989 年。

《中国医院大全 4 内蒙古分册》,北京:光明日报出版社 1989 年。

《中国医院大全 3 山西分册》,北京:光明日报出版社 1989 年。

《中国医院大全 2 河北分册》,北京:光明日报出版社 1989 年。

《中华文明史》编委会编:《中华文明史》(全 10 卷),石家庄:河北教育出版社 1989—1992 年。包含:各历史时段中国医药学知识的发展。

中华人民共和国卫生部中医司编:《中医工作文件汇编(1949—1983)》,内部发行 1985 年。

中华医学会编:《新中国血吸虫病调查研究的综述》,北京:科技卫生出版社 1958 年。

中华医学会医史分会等编:《纪念陈邦贤先生诞辰一百周年(1889—1989)》,中华医学会医史分会内部印发 1989 年。

中华医学会等编著:《中国中西医结合学科史》,北京:中国科学技术出版社 2010 年。

中华医学会总会编:《中华医学会团结中西医的概况》,内部印发 1955 年。

中华医学会编著:《中华医学会儿科学分会会史》,北京:人民卫生出版社 2017 年。

中华医学会放射学分会:《中华医学会放射学分会史料》(第一辑),内部印发 2006 年;(第二辑),内部印发 2007 年;(第三辑:中国放射百年史话),内部印发 2008 年。

中华医学会呼吸病学分会编:《SARS 十年回响:中国呼吸界的情感与思考》,北京:人民卫生出版社 2013 年。

中华中医药学会编著:《中华中医药学会史》,上海:上海交通大学出版社 2008 年。

《中国中医药学科史》,北京:中国科学技术出版社 2014 年。

中华中医药学会儿科分会编:《中华中医药学会儿科分会史》,北京:中国中医药出版社 2013 年。

钟健夫著:《一个精神病医生的手记》,海口:海南出版社 1992 年。

钟开斌著:《政府危机决策:SARS 事件研究》,北京:国家行政学院出版社 2009 年。

中伦研究院编:《大健康产业:政策、趋势与法律创新》,北京:法律出版社 2018 年。

钟明华等主编:《医学与人文》,广州:广东人民出版社 2006 年。

中南大学文化建设办公室编:《中南大学口腔医学学科发展史(1986—2013)》,长沙:中南大学出版社 2014 年。

钟南山主编:《南天之光:纪念著名公共卫生、法医专家陈安良》,广州:广州出版社 2004 年。

～等主编:《心路医路:呼吸医学大事记及临床试验》,北京:中国协和医科大学出版社 2011 年。

～等著:《人文新走向:广东抗非实践中人文精神的构建》,广州:花城出版社 2007 年。

钟球等主编:《新中国防痨纪实》,广州:广东人民出版社 2013 年。

《广东防痨史志》,广州:广东人民出版社 2001 年。

[日]中山健夫著,刘波译:《大数据时代的医疗革命》,北京:东方出版社 2016 年。

钟尚志著:《刀下留人:志在行医的日子》(1、2),北京:生活·读书·新知三联书店 2012、2017 年。

钟文典主编，方霖辑图：《抗战防疫进行时：国联防疫分团在广西（1938—1940）》，桂林：广西师范大学出版社 2014 年。

中西药厂和上海社会科学院经济研究所编：《中西药厂百年史》，上海：上海社会科学院出版社 1990 年。

中央爱国卫生运动委员会办公室编：《全国城市爱国卫生运动广东佛山现场会议资料选编》，北京：人民卫生出版社 1960 年。

中央档案馆等编：《细菌战与毒气战》，北京：中华书局 1989 年。

中央党史研究室第一研究部编：《抗日战争时期八路军人员伤亡和损失档案选编》，北京：中央党史出版社 2014 年。

中央电视台《大家》栏目编：《大医精诚》（上、下），北京：商务印书馆 2005 年。

中央电视台《东方之子》栏目编：《真心英雄：抗击"非典"人物系列报道》，北京：中国对外翻译出版公司 2003 年。

中央电视台《面对面》栏目组编：《CCTV 面对面真情访谈："非典"时期的中国人》，上海：上海文艺出版社 2003 年。

中央电视台新闻中心编：《抗击非典：央视新闻频道特别报道》，北京：中国文联出版社 2003 年。

中央人民广播电台新闻评论部 编著：《反思——非典下的中国》，海口：南海出版公司 2003 年。

钟毅著：《李时珍与〈本草纲目〉》，上海：上海人民出版社 1973 年。

中医学术流派研究课题组编：《争鸣与创新——中医学术流派研究》，北京：华夏出版社 2011 年。

钟玉玲著：《疾病王国中的身体生活》，香港：三联书店（香港）有限公司 2015 年。

钟兆云等著：《毛泽东信任的医生傅连暲》，北京：中国青年出版社 2006 年。

周安方编著：《湖北中医学院名师名医志》，北京：中国医药科技出版社 2007 年。

周标主编：《江西省卫生志》，合肥：黄山书社出版社 1997 年。

周策纵著：《古巫医与"六诗"考：中国浪漫文学探源》，上海：上海古籍出版社 2009 年。

周春燕著：《女体与国族——强国强种与近代中国的妇女卫生（1895—1949）》，台湾：丽文文化事业股份有限公司 2010 年。

周大成著：《中国口腔医学发展简史》，北京：北京口腔医院 1982 年。

《中国口腔医学史考》，北京：人民卫生出版社 1991 年。

周东华等著：《中国农村基本公共卫生服务公私合作模式研究》，武汉：华中科技大学出版社 2017 年。

周而复著：《白求恩大夫》，北京：人民文学出版社 1980 年；商务印书馆 1999 年；文化艺术出版社 2004 年。

《火柴棒医生手记》，合肥：合肥工业大学出版社 2006 年。

周凤梧编著：《中国医学源流概要》，太原：山西科学技术出版社 1995 年。

～等主编：《名老中医之路》，济南：山东科学技术出版社 2005 年。

周广双著：《正义绞索：挫败美帝细菌战阴谋》，长春：蓝天出版社 2014 年。

周国平著：《妞妞——一个父亲的札记》，桂林：广西师范大学出版社 2003 年；武汉：长江文艺出版社 2006 年；北京：人民文学出版社 2009 年。

周海春著：《中国医德》，成都：四川人民出版社 2002 年。

周浩礼等主编：《医学社会学》，武汉：湖北科学技术出版社 1993 年。

周华友著：《输血：从蒙昧到科学》，北京：人民卫生出版社 2011 年。

周会会等编：《义乌近代医书集成》，上海：上海人民出版社 2014 年。

周克振编:《祖国医学之最》,上海:上海中医药学院出版社 1988 年。

周蕾等著:《抗战时期中国妇女运动研究(1931—1945)》,北京:首都经济贸易大学出版社 2016 年。第
　　十三章 第四节"战时的妇女健康"。

周林刚主编:《他们:九位残障者的故事》,广州:南方日报出版社 2018 年。

周路红著:《走进中医——古代名医学术懿行研究》,天津:天津科技翻译出版有限公司 2013 年。

周绿林等主编:《医疗保险学》,北京:科学出版社 2011 年。

周路山主编:《中药世家采芝林:广州采芝林药业有限公司发展史》,广州:广东科技出版社 2011 年。

周美玉等译:《中国军护教育发展史》,台北:台湾国防医学院护理系 1985 年。

周其仁著:《病有所医当问谁》,北京:北京大学出版社 2008 年。

周琼著:《清代云南瘴气与生态变迁研究》,北京:中国社会科学出版社 2007 年。

周如南著:《折翅的山鹰:西南凉山彝区艾滋病研究》,北京:中国社会科学出版社 2015 年。

周世荣编著:《马王堆导引术》,长沙:岳麓书社 2005 年。

周水根等编:《世界外科发展史略》(上、下),苏州:苏州大学出版社 2018 年。

周同宇等编著:《危机启示录——影响人类是的传染病》,北京:中国宇航出版社 2003 年。

周显光主编:《医学史》,北京:中国医药科技出版社 2006 年。

周祥新主编:《赤脚医生》,长沙:湖南人民出版社 2010 年。

周晓菲等编著:《民俗文化与中国医学》,北京:中国中医药出版社 2017 年。

周晓农主编:《Tropical Diseases in China:Schistosomiasis》(中国公共卫生:热带病防治实践.血吸虫病),
　　北京:人民卫生出版社 2018 年。

周晓媛编:《四川省新型农村合作医疗综合发展报告(2010—2011)》,成都:四川大学出版社 2013 年。

周学东主编:《中国现代高等口腔医学教育发展史》,北京:高等教育出版社 2011 年。

　　《品读中西医文化》,北京:中国中医药出版社 2016 年。

～等主编:《口腔医学史》,北京:人民卫生出版社 2014 年。

～等编:《中国口腔医学教育史》,北京:高等教育出版社 2015 年。

～等编著:《华西口腔百年史话》,北京:人民卫生出版社 2016 年。

周业勤著:《初级卫生保健:我国社区卫生服务治理化改革研究》,北京:科学出版社 2014 年。

周毅等著:《国医大师邓铁涛》,广州:广东科技出版社 2004 年。

周益新等主编:《话说国医:山西卷》,郑州:河南科学技术出版社 2017 年。

周一兴编:《当代北京大事记:1949—2003》,北京:当代中国出版社 2003 年。

周一谋编写:《伟大的医药学家李时珍》,长沙:湖南人民出版社 1980 年。

～编著:《历代名医论医德》,长沙:湖南科学技术出版社 1983 年。

～著:《中国古代房事养生学》,北京:中外文化出版公司 1989 年。

　　《寿星孙思邈摄生精要》,福州:福建科学技术出版社 1994 年。

～译注:《马王堆汉墓出土房中养生著作释译》,北京:今日中国出版社 1990 年。

周贻谋著:《马王堆简帛与古代房事养生》,长沙:岳麓书社 2006 年。

～编著:《清代养生家名著摘锦:历代养生家颐养精要》,北京:人民卫生出版社 2011 年。

～等主编:《马王堆医书考注》,天津:天津科学技术出版社 2008 年。

周颖著:《厅级郎中张奇文》,北京:中国中医药出版社 2013 年。

周元平等主编:《热带病学》(第 2 版),北京:人民卫生出版社 2013 年。

周院生等主编:《医疗纠纷》,北京:中国检查出版社 2009 年。

周跃庭主编:《世界传统医学大系:世界传统医学儿科学》,北京:科学出版社 1998 年。

周云逸著:《〈证类本草〉与宋代学术文化研究》,北京:社会科学文献出版社 2017 年。

周增桓等编:《医学人文读本》,北京:人民出版社 2006 年。

周振鹤主编:《明清之际西方传教士汉籍丛刊》(第 1 辑共 6 册),南京:凤凰出版社 2013 年。

　　《明清之际西方传教士汉籍丛刊》(第 2 辑共 8 册),南京:凤凰出版社 2017 年。

周致元著:《明代荒政文献研究》,合肥:安徽大学出版社 2007 年。

周仲瑛著:《国医大师周仲瑛》,北京:中国医药科技出版社 2011 年。

　　～等主编:《中医古籍珍本集成(续)(综合卷):医学源流、古今医史》,长沙:湖南科学技术出版社 2014 年。

周祖亮等著:《简帛医药文献校释》,北京:学苑出版社 2014 年。

朱炳林著:《困学斋中医随笔》,北京:中国中医药出版社 1997 年。

朱潮等编著:《新中国医学教育史》,北京:北京医科大学、中国协和医科大学联合出版社 1990 年。

～等主编:《中国高等医学教育管理》,北京:中医古籍出版社 1988 年。

～等编:《中外医学教育史》,上海:上海医科大学出版社 1988 年。

朱德明著:《浙江医药史》,北京:人民军医出版社 1999 年。

　　《南宋时期浙江医药的发展》,北京:中医古籍出版社 2005 年。

　　《元明清时期浙江医药的变迁》,北京:中医古籍出版社 2007 年。

　　《杭州医药史》,北京:中医古籍出版社 2007 年。

　　《杭州医药文化》,杭州:浙江人民出版社 2007 年;2011 年。

　　《民国时期浙江医药史》,北京:中国社会科学出版社 2009 年。

　　《杭州全书钱塘江丛书 钱塘江医药文化》,杭州:杭州出版社 2013 年。

　　《自古迄北宋时期浙江医药史》,北京:中医古籍出版社 2013 年。

　　《浙江医药通史》,杭州:浙江人民出版社 2013 年。

　　《南宋医药发展研究》,北京:人民出版社 2016 年。

～编著:《浙江医药曲折历程(1840—1949)》,北京:中国社会科学出版社 2012 年。

～等编著:《西溪医药文化》,杭州:杭州出版社 2012 年。

～编:《杭州医药文化图谱》,杭州:浙江古籍出版社 2013 年。

[美]朱迪思·米勒等著:《细菌战:生化武器的黑暗世界》,赵干城译,上海:上海译文出版社 2004 年。

[美]朱迪·沃思等著:《精益医疗实践:用价值流创建患者期待的服务体验》,郿宏等译,北京:机械工业出版社 2014 年。

朱鼎成等著:《海派中医》,上海:文汇出版社 2010 年。

祝东颖编:《希波克拉底誓言——抗 SARS 医生讲述自己的故事》,北京:中国国际广播出版社 2003 年。

朱光主编:《新中国预防医学历史经验》,北京:人民卫生出版社 1990 年。

诸国本著:《中国民族医药散论》,北京:中国医药科技出版社 2006 年。

朱国豪等编著:《土家族医药》,北京:中医古籍出版社 2006 年。

朱海林著:《艾滋病防控面临的道德冲突及协调》,北京:中国社会科学出版社 2013 年。

朱恒鹏等著:《中国城乡居民基本医疗保险制度融合研究》,北京:中国社会科学出版社 2017 年。

朱慧颖著:《天津公共卫生建设研究(1900—1937)》,天津:天津古籍出版社 2015 年。

朱家雄著:《教育卫生学》,北京:人民教育出版社 1998 年。

朱建平等著:《妙药即在体内》,北京:华艺出版社 1993 年。

　　《医学史话》,北京:中国大百科全书出版社 2000 年;北京:社会科学文献出版社 2012 年。

～编著:《鼠疫斗士:伍连德的故事》,长春:吉林科学技术出版社 2012 年。

～著:《中国医学史研究》,北京:中医古籍出版社 2003 年。

～主编:《中医方剂学发展史》,北京:学苑出版社 2009 年。

　　《近代中医界重大创新之研究》,北京:中医古籍出版社 2009 年。

　　《百年中医史(1912—2015)》(上、下),上海:上海科学技术出版社 2015 年。

朱建童等主编:《毛泽东卫生思想研究》,哈尔滨:东北林业大学出版社 2002 年。

朱江著:《麦文果——南通的"魏特琳"》,苏州:苏州大学出版社 2013 年。

朱锦善主编:《儿科心鉴》,北京:中国中医药出版社 2007 年。

朱京海等主编:《红医故事:腾飞在沈阳》(中国医科大学校史丛书),沈阳:辽宁人民出版社 2018 年。

朱俊利著:《公立医院过度投资问题研究——来自 B 地区公立医院的经验证据》,北京:北京联合出版公司 2019 年。

朱抗美主编:《上海浦东名医集萃》,上海:上海科学技术出版社 2010 年。

朱克文等主编:《中国军事医学史》,北京:人民军医出版社 1996 年。

[美]朱立安·李布等著:《躁狂抑郁多才俊》,郭永茂译,上海:上海三联书店 2007 年。

[英]朱利安·图德·哈特著:《医疗服务的政治济学:英国国家医疗服务系统从哪里来,到哪里去》(第二版),林相森等译,上海:格致出版社 上海人民出版社 2014 年。

朱良春主编:《章次公医术经验集》,长沙:湖南科学技术出版社 1999 年。

朱敏彦主编:《上海抗击非典实录》,上海:上海教育出版社 2003 年。

朱明主编:《中西比较医药学概论》,北京:高等教育出版社 2006 年。

朱明德编:《SARS 面前的北京——哲学社会科学工作者的思考》,北京:中国文史出版社 2003 年。

[澳]朱明若等主编:《生态大众健康:公共卫生从理想到实践》,李立明等主译,北京:北京医科大学、中国协和医科大学联合出版社 1997 年。

祝平一编:《健康与社会:华人卫生新史》,台北:联经出版社事业股份公司 2013 年。

～主编:《卫生与医疗:第四届国际汉学会议论文集》,台北:台湾中央研究院历史语言研究所 2014 年。

朱庆葆等著:《黑色的瘟疫:中国毒品史(插图本)》,济南:山东画报出版社 2012 年。

朱清如著:《控诉:侵华日军常德细菌战受害调查》,北京:中国社会科学出版社 2015 年。

朱庆生等主编:《中国健康教育五十年》,北京:北京大学医学出版社 2003 年。

朱晟等著:《中药简史》,桂林:广西师范大学出版社 2007 年。

朱胜进著:《中国医疗保障制度创新研究》,杭州:浙江工商大学出版社 2009 年。

祝世讷等著:《中医系统论》,重庆:重庆出版社 1990 年。

～著:《中西医学差异与交融》,北京:人民卫生出版社 2000 年。

　　《中国智慧的奇葩——中医方剂》,深圳:海天出版社 2013 年。

～主编:《中医文化的复兴》,南京:南京出版社 2013 年。

朱世增编著:《山野遗方——民间医学考察笔记》,上海:上海中医药大学出版社 2007 年。

～主编:《近代名老中医经验集:胡建华论神经科》,上海:上海中医药大学出版社 2009 年。

　　《近代名老中医经验集:庞泮池论妇科》,上海:上海中医药大学出版社 2009 年。

《近代名老中医经验集：邹云翔论肾病》，上海：上海中医药大学出版社 2009 年。

《近代名老中医经验集：魏长春论内科》，上海：上海中医药大学出版社 2009 年。

《近代名老中医经验集：秦伯未论金匮》，上海：上海中医药大学出版社 2009 年。

《近代名老中医经验集：顾伯华论外科》，上海：上海中医药大学出版社 2009 年。

《近代名老中医经验集：徐荣斋论妇科》，上海：上海中医药大学出版社 2009 年。

《近代名老中医经验集：朱小南论妇科》，上海：上海中医药大学出版社 2009 年。

《近代名老中医经验集：谢海洲论神经科》，上海：上海中医药大学出版社 2009 年。

《近代名老中医经验集：胡建华论神经科》，上海：上海中医药大学出版社 2009 年。

《近代名老中医经验集：叶橘泉论医药》，上海：上海中医药大学出版社 2009 年。

《近代名老中医经验集：王玉润论医药》，上海：上海中医药大学出版社 2009 年。

《近代名老中医经验集：朱颜论医药》，上海：上海中医药大学出版社 2009 年。

《近代名老中医经验集：张赞臣论五官科》，上海：上海中医药大学出版社 2009 年。

《近代名老中医经验集：刘树农论内科》，上海：上海中医药大学出版社 2009 年。

《近代名老中医经验集：施今墨论临证》，上海：上海中医药大学出版社 2009 年。

《近代名老中医经验集：石筱山论骨伤科》，上海：上海中医药大学出版社 2009 年。

《近代名老中医经验集：方药中论杂病》，上海：上海中医药大学出版社 2009 年。

《近代名老中医经验集：岳美中论内科》，上海：上海中医药大学出版社 2009 年。

《近代名老中医经验集：时振声论肾病》，上海：上海中医药大学出版社 2009 年。

《近代名老中医经验集：刘渡舟论伤寒》，上海：上海中医药大学出版社 2009 年。

《近代名老中医经验集：蒲辅周论温病》，上海：上海中医药大学出版社 2009 年。

《近代名老中医经验集：陆瘦燕论针灸》，上海：上海中医药大学出版社 2009 年。

祝守明主编：《道医讲义》，北京：中医古籍出版社 2009 年。

《道医概说》，北京：中医古籍出版社 2009 年。

朱橚原著：《救荒本草校释与研究》，王家葵等校注，北京：中医古籍出版社 2007 年。

朱素颖著：《学问精处是苍生——岭南医学院与它的大师们》，广州：南方日报出版社 2019 年。

朱同宇等编著：《危机启示录：影响人类历史的传染病》，北京：中国宇航出版社 2003 年。

朱伟常著：《中医病理学史》，上海：上海科学普及出版社 1994 年。

～编著：《医林吟韵——历代医家诗词赏析》，北京：人民卫生出版社 2012 年。

朱文锋等编著：《中医心理学原旨》，郑州：河南科学技术出版社 1987 年。

朱文轶著：《在神木，做个幸福的中国人》，南京：凤凰出版社 2011 年。

朱晓光主编：《岭南本草古籍三种》，北京：中国医药科技出版社 1999 年。

朱晓军著：《一个医生的救赎》（长篇纪实报告，针砭医疗内幕），北京：人民文学出版社 2009 年。

朱雄华等编纂：《孟河四医家文集》，南京：东南大学出版社 2006 年。

朱幼棣著：《大国医改》，北京：世界图书出版公司·后浪出版公司 2011 年。

周学东主编：《口腔医学史》，北京：人民卫生出版社 2014 年。

朱英等主编：《近代中国自由职业者群体与社会变迁》，北京：北京大学出版社 2009 年。

朱永明主编：《输血服务蓝皮书：中国输血行业发展报告（2016）》，北京：社会科学文献出版社 2016 年。

朱振球主编：《苏州市阻断镇湖血吸虫病流行防治史》，苏州：苏州大学出版社 2015 年。

朱真一著：《台湾热带医学人物——开拓国际交流的医界先驱》，台北：台湾国立大学出版中心 2011 年。

朱宗顺主编:《特殊教育史》,北京:北京大学出版社 2009 年。

庄添全等主编:《苏颂研究文集》,厦门:鹭江出版社 1993 年。

庄一强主编:《中国医院竞争力报告·分级诊疗:路难行势在必行(2017—2018)》,北京:社会科学文献
　　出版社 2018 年。

　　《医院蓝皮书(2018)中国医院评价报告》,北京:社会科学文献出版社 2018 年。

　　《中国医院竞争力报告(2018—2019):国家医疗地理俯瞰》,北京:社会科学文献出版社 2019 年。

庄永明著:《台湾医疗史——以台大医院为主轴》,台北:远流出版事业股份有限公司 2006 年。

《紫禁城》杂志编辑部编:《皇宫医疗那些事儿》,北京:故宫出版社 2014 年。

宗淑杰主编:《世界医药卫生 100 年》,北京:航空工业出版社 2006 年。

宗颖生等编著:《新型农村合作医疗政策与服务》,北京:中国社会出版社 2010 年。

邹成效等著:《论医学模式的演进》,杭州:浙江科学技术出版社 1998 年。

邹华义著:《跨越死亡地带》(江苏江西余江县抗治血吸虫病等历程),上海:百花洲文艺出版社 1993 年。

邹积隆主编:《古今药方纵横》,北京:人民卫生出版社 1994 年。

邹介正评注:《牛衣金鉴》,北京:农业出版社 1981 年。

～等编:《中国古代畜牧兽医史》,北京:中国农业科技出版社 1994 年。

～编著:《中国古代畜牧兽医史》,北京:中国农业科技出版社 1994 年。

邹乃俐等编:《难忘的四十年》,北京:中医古籍出版社 1995 年。

邹伟俊编著:《张简斋医案》,南京:江苏科学技术出版社 2012 年。

邹文开著:《农村新型医疗保障政策研究》,长沙:湖南人民出版社 2008 年。

邹翔著:《鼠疫和伦敦城市公共卫生(1518—1667)》,北京:人民出版社 2015 年。

邹学熹等著:《中国医易学》,成都:四川科学技术出版社 1989 年。

～著:《中医五脏病学》,成都:四川科学技术出版社 1991 年。

～编著:《象数与中医学》,北京:中国中医药出版社 2017 年。

祖述宪著:《余云岫中医研究与批判》,合肥:安徽大学出版社 2006 年。

　　《思想的果实:医疗文化反思录》,青岛:青岛出版社 2009 年。

～编著:《哲人评中医——中古近现代学者论中医》,台北:三民书局股份有限公司 2012 年。

左刚强编:《世界名人传记:南丁格尔》,武汉:中国地质大学出版社 2004 年。

左根永著:《我国农村地区基本药物供应保障体系研究》,北京:经济科学出版社 2012 年。

左奇等主编:《杨崇瑞博士:中国妇幼卫生事业的开拓者》,北京:北京医科大学出版社 2002 年。

[日]佐藤绫子著:《医师接诊艺术》,毕玺译,北京:东方出版社 2015 年。

左伟著:《公立医院社会评价路径与治理策略研究》,杭州:浙江大学出版社 2017 年。

第三部分

医药卫生志书索引

目　录

一、全国综合医疗卫生史志

二、军队医疗卫生史志

三、各省（区、市）医疗卫生史志

一、全国综合医疗卫生史志

[畜禽疫病与兽医史志]

农业部畜牧兽医司编:《中国动物疫病志》,北京:科学出版社 1993 年。

中国畜牧兽医学会编:《中国畜牧兽医学会成立八十周年纪念册(1936—2016)》,2016 年。

沈杰、黄兵主编:《中国家畜禽寄生虫名录》,北京:中国农业出版社 2004 年;第二版,北京:中国农业出
　版社 2014 年。

[疾病防控与防疫史志]

中国医学科学院流行病学微生物学研究所编:《中国鼠疫流行史》(上、下),1981 年。

中华人民共和国卫生部防疫司变:《中国国境口岸检疫传染病疫史》,1985 年。

毛守白主编:《中国人体寄生虫病文献提要(1949—1986)》,北京:人民卫生出版社 1990 年。

中华人民共和国卫生部地方疾病治司编:《中国血吸虫病流行状况——1989 年全国抽样调查》,成都:成
　都科学技术大学出版社 1993 年。

卫生部全国地方病防治办公室等编:《中国血吸虫病流行状况——1995 年全国抽样调查》,南京:南京大
　学出版社 1998 年。

卫生部疾病预防控制局编:《中国血吸虫病流行状况——2004 年全国抽样调查》,上海:上海科学技术出
　版社 2006 年。

中共中央血吸虫病防治领导小组办公室编:《防治血吸虫病三十年》,上海:上海科学技术出版社
　1986 年。

联防协作组等编:《联防三十年——血吸虫病防治》,北京:今日出版社 2000 年。

中共中央血吸虫病防治领导小组办公室编:《送瘟神——防治血吸虫病三十年(12 开画册)》,上海:上
　海科学技术出版社 1986 年。

中华人民共和国卫生部地方病防治司编:《世界银行贷款中国血吸虫病控制项目实施指南》,1992 年。

　《世界银行贷款中国血吸虫病控制项目文件资料选编》,1992 年。

　《世界银行贷款中国血吸虫病控制项目终期评估报告(1992—2001)》,2002 年。

钱信忠主编:《中华人民共和国血吸虫病地图集》(上、中、下),北京:中华地图学社 1987 年。

中华人民共和国卫生部卫生防疫司编:《血吸虫病研究资料汇编》,北京:人民卫生出版社 1955 年。

中华人民共和国卫生部卫生防疫司编:《血吸虫病防治资料汇编》,1955 年。

卫生部医学科学研究委员会血吸虫病研究委员会编辑小组编:《血吸虫病研究文摘(1950—1958)》,上
　海:上海科学技术出版社 1959 年。

卫生部医学科学研究委员会血吸虫病研究委员会编:《血吸虫病研究资料汇编(1956) 》,上海:上海卫
　生出版社 1957 年。

　《血吸虫病研究资料汇编(1957)》,上海:上海卫生出版社 1958 年。

　《血吸虫病研究资料汇编(1958)》,上海:上海科学技术出版社 1961 年。

　《寄生虫病研究资料汇编(1959) 》,上海:上海科学技术出版社 1961 年。

　《寄生虫病研究资料汇编(1960) 》,上海:上海科学技术出版社 1962 年。

　《血吸虫病研究资料汇编(1961—1979)》,北京:科学技术出版社 1979 年。

卫生部医学科学研究委员会血吸虫病专题委员会编:《血吸虫病研究资料汇编(1980—1985)》,南京:南京大学出版社 1987 年。

中华人民共和国卫生部地方病防治司编:《血吸虫病研究资料汇编(1986—1990)》,上海:上海科学技术出版社 1992 年。

中华人民共和国卫生部 地方病防治办公室编:《血吸虫病研究资料汇编(1991—1995)》,南京:南京大学出版社 1998 年。

中华人民共和国卫生部疾病控制司主编:《血吸虫病研究资料汇编 1996— 2000)》,上海:上海科学技术出版社 2001 年。

中华人民共和国卫生部疾病预防控制局编:《血吸虫病研究资料汇编(2001—2005 年)》,上海:上海科学技术出版社 2008 年。

卫生部血吸虫病专家咨询委员会 WHO 湖区血吸虫病防治研究合作中心编:《全国湖区血吸虫病防治策略研讨会资料汇编》,1996 年。

全国医药卫生技术革命展览会编:《消灭血吸虫病(全国医药卫生技术革命展览会资料汇编)》,1959 年。

中华人民共和国卫生部地方病防治司编:《血吸虫病专业出国人员汇报资料汇编(1980 - 1993)》,1993 年。

卫生部血吸虫病研究委员会编辑小组编:《防治家畜血吸虫病资料汇编》,上海:上海科学技术出版社 1959 年。

卫生部血吸虫病研究委员会编辑小组编:《治疗晚期血吸虫病资料汇编》,上海:上海科学技术出版社 1959 年。

卫生部血吸虫病防治局编:《血吸虫病治疗会议资料汇编》,北京:科技卫生出版社 1958 年。

全国地方病防治办公室主编:《一九九四年全国血吸虫病防治工作会议资料汇编》,1994 年。

人民卫生出版社编:《防治血吸虫病经验汇编》,北京:人民卫生出版社编 1974 年。

《防治血吸虫病经验汇编》(第二集),北京:人民卫生出版社编 1974 年。

《防治血吸虫病经验汇编》(第三集),北京:人民卫生出版社编 1978 年。

中国医学科学院编:《日本血吸虫病科学研究资料汇编(1950 - 1956)》,1956 年。

世界卫生组织编:《血吸虫病研究进展》,北京:人民卫生出版社 1992 年。

农业部血吸虫病防治办公室等编:《中国动物血吸虫病防治研究 1990—2000》,北京:中国农业科学技术出版社 2005 年。

林娇娇编著:《家畜血吸虫病》(中国农业血防发展历程),北京:中国农业出版社 2010 年。

中华医学会编:《新中国血吸虫病调查研究的综述》,北京:科学卫生出版社 1958 年。

周晓农主编:《全国血吸虫病 防治疫情资料回顾性调查报告汇编》,上海:上海科学技术出版社 2016 年。

王颖著:《我国血吸虫病预防控制规范化管理研究》,北京:世界图书出版公司 2009 年。

钟波等主编:《山丘型血吸虫病监测回顾》,北京:人民卫生出版社 2020 年。

佚名:《纪念血吸虫病在中国发现 100 周年学术会议 材料汇编》(湖南长沙),2005 年。

中共中央防治血吸虫病九人小组办公室编印:《爱国卫生运动资料汇编》,1964 年。

中华人民共和国卫生部地方病防治司编:《世界银行贷款中国血吸虫病控制项目文件资料选编》,1992 年。

中国科学院上海家畜血吸虫病研究所编:《(中国科学院上海家畜血吸虫病研究所)科研论文报告汇编(1964—1980)》,1982 年。

周晓农等著:《全球气候变暖对中国血吸虫病传播影响的研究论文集》(国家自然科学基金资助项目(No:300070684)结项成果),江苏省血吸虫病研究所(无锡)2004年。

周晓农编:《全球血吸虫病防治研究进展与展望:世界卫生组织血吸虫病科学工作组报告》,北京:人民卫生出版社2008年。

中国科学技术协会学会工作部编:《血吸虫病 防治研究——全国吸血虫病防治学术研讨会论文集》,1993年。

卫生部医学科学研究委员会 血吸虫病研究委员会编辑小组编:《血吸虫病防治研究文集(全国血吸虫病研究委员会常务员扩大会议汇刊)》,1960年。

中华人民共和国卫生部血吸虫病防治局编:《全国防治五大寄生虫病经验交流会议资料选集》(一)综合资料;(三)疟疾;(四)丝虫病;(五)钩虫病、黑热病,北京:人民卫生出版社1959年。

国家质量监督检验检疫总局编,项玉章主编:《中国出入境检验检疫志》(10卷),北京:中央文献出版社2006年。

[医药、卫生、医疗机构、专科医学史志]

贾维诚、贾一江编著:《中国医籍志》,中国医院管理杂志社1988年。

贾敏如、李星炜主编:《中国民族药志要》,北京:中国医药科技出版社2005年。

吴正中等主编:《中国医药机构志(—1992)》,北京:中国医药科技出版社1992年。

吴正中主编:《中国医药名人志(—1990)》,北京:中国医药科技出版社1994年。

洪国靖主编:《中国当代中医名人志》,北京:学苑出版社1997年。

齐涛、叶涛、邱国珍主编:《中国民族通志 医药志》,济南:山东教育出版社2005年。

《中国民族通志 养生志》,济南:山东教育出版社2005年。

《中国药学年鉴》编辑委员会编:《中国药学年鉴》(1980—1982;1983—1984;1983—1985;1985;1986;1987;1988—1989;1990;1991;1992;1993;1994;1995;1996;1997;1998;1999;2000;2001),北京:人民卫生出版社1985—2002年。

彭司勋主编:《中国药学年鉴》(2002—2003;2004;2005;2006;2007;2008;2009;2010;2011;2012;2013;2014;2015;2016;2017),上海:第二军医大学出版社2003—2018年。

《中国卫生年鉴》编辑委员会编:《中国卫生年鉴》(1983;1984;1985;1986;1987;1988;1989;1990;1991;1992;1993;1994;1995;1996;1997;1998;1999;2000;2001;2002;2003;2004;2005;2006;2007;2008;2009;2010;2011;2012;2013),北京:人民卫生出版社1984—2014年。

国家卫生与计划生育委员会编:《中国卫生和计划生育统计年鉴》(2013;2014;2015;2016),北京:中国协和医科大学出版社2013—2016年。

中华人民共和国卫生部编:《中国卫生统计年鉴2003》(2003;2004;2005;2006;2007;2008;2009;2010;2011;2012;2013),北京:中国协和医科大学出版社2003—2013年。

国家卫生和计划生育委员会编:《中国卫生和计划生育统计年鉴(原中国卫生统计年鉴)》(2013;2014;2015;2016;2017),北京:中国协和医科大学出版社2013—2017年。

国家卫生健康委员会编:《中国卫生健康统计年鉴》(2018、2019),北京:中国协和医科大学出版社2018、2019年。

国家卫生健康委员会编:《中国卫生健康统计提要》(2018、2019),北京:中国协和医科大学出版社2018、2019年。

国家卫生与计划生育委员会编:《中国卫生和计划生育统计年鉴 2018》,北京:中国协和医科大学出版社
　　2018 年。

《中国口腔医学年鉴》编辑委员会编:《中国口腔医学年鉴》(1984、1985、1986、1988、1990 年),北京:人民
　　卫生出版社 1986、1986、1987、1989、1992 年。

《中国口腔医学年鉴》编辑委员会编:《中国口腔医学年鉴 1992 年》,北京:北京医科大学 中国协和医科
　　大学联合出版社 1994 年。

《中国口腔医学年鉴》编辑委员会编:《中国口腔医学年鉴》第 6 卷;第 7 卷(1994.4—1996.3);第 8 卷
　　(1996.4—1998.3);第 9 卷(1998.4—2000.3);第 10 卷(2000.4—2001.12);第 11 卷(2002.1—12),
　　成都:四川科学技术出版社 1995、1997、1999、2001、2003、2004 年。

周学东主编:《中国口腔医学年鉴》(2003、2004、2005、2006、2007、2008、2009、2010、2011、2012、2013、
　　2014、2015、2016、2017),成都:四川科学技术出版社 2004—2018 年。

中华人民共和国劳动部职业安全卫生监督局编:《中国职业安全卫生年鉴》(1988、1989、1990、1991),
　　1989 年;1990 年;上海:中国大百科全书出版社上海分社 1991 年;北京:民族出版社 1992 年。

中国人民共和国卫生部医政司《中国医院概览》编纂委员会编:《中国医院概览》(3 册),北京:科学技术
　　文献出版社 1999 年。

史宇广主编:《中国中医机构志》,北京:中医古籍出版社 1989 年。

吴刚主编:《中国中医医疗机构全书》(上、下),北京:中医古籍出版社 2007 年。

二、军队医疗卫生史志

[综合史料、卫生医药志]

中国人民解放军总后勤部卫生部编:《中国人民解放军医学研究生教育工作十年(1978 — 1987)》,
　　1989 年。

　　《中国人民解放军护理发展简史》,北京:人民军医出版社 1995 年。

中央军委后勤保障部卫生局编:《中国人民解放军护理发展史》,北京:人民军医出版社 2017 年。

张雁灵主编:《中国人民解放军汶川特大地震医学救援志》,北京:人民军医出版社 2012 年。

《历史档案》编辑部编:《历史档案》(第 73 辑:清末军医何守仁考察欧美军医史料⋯⋯)

政协北京市委员会编:《北京文史》(第 21 辑:⋯⋯北京陆军军医学校⋯⋯),1984 年。

空军后勤部直属供应部卫生处编:《卫生资料选编》,1987 年。

沈阳军区后方勤务部卫生部编:《中国人民解放军沈阳军区建国十年来医药卫生科学技术成就(选编)
　　1949 — 1959》,1959 年。

陆军第三十九集团军编:《新四军第三师卫生史》,沈阳:白山出版社 1996 年。

陆军第二十军后勤部编:《中国人民解放军陆军第二十军卫生志》第一册(1945 年 11 月— 1952 年 12
　　月),1985 年。

　　《陆军第二十军卫生志》,1985 年。

郑州史志编纂办公室编:《武警河南省总队医院志》,2013 年。

沈阳军区联勤部卫生部编,刘佳丽主编:《沈阳军区大卫生 1946—2000 年沈阳军区卫生工作建设发展
　　掠影》,2001 年。

兰州军区空军后勤卫生处编印:《卫生资料选编》,1973 年 12 月。

《卫生资料选编》,1974年12月。

[医学教育与科研院所志]

贺福初、高福锁著:《中国人民解放军军事医学科学院院史(1951—2011)》,北京:军事医学科学院出版社2011年。

解放军军事医学科学院编:《防疫铁军守护汶川——军事医学科学院5.12抗震救灾纪实画卷》,2008年。

栗龙池主编:《五十年足迹——北京军区卫生学校校史》,石家庄:河北人民出版社1989年。

陆增祺、卢乃禾主编:《第二军医大学志》,1994年。

卞文明等编:《第二军医大学人物志》,上海:第二军医大学出版社2006年。

第四军医大学校史编委会编:《第四军医大学校史》,1994年。

第四军医大学校史编写办公室编:《校史回忆录》(上、下),1994年。

陈祥才、孙长新主编:《第四军医大学校史(1994—2004)》,西安:第四军医大学出版社2004年。

第四军医大学编:《第四军医大学校史》第一卷(1954.10—1994.10);第二卷(1994.10—2004.10);第三卷(2004.10—2009.10),西安:第四军医大学出版社2009年。

戴旭光、赵铱民主编:《第四军医大学简明校史(1941—2013)》,第四军医大学出版社2014年。

陈祥才、孙长新主编:《中国人民解放军第四军医大学合校五十周年纪念(1954—2004)》,2004年。

王光文、蔡红星等编著:《新四军华中卫生学校简史》,南京:江苏人民出版社2011年。

中国人民解放军济南医学高等专科学校编:《中国人民解放军济南医学高等专科学校校史(1938.12—1998.12)》,济南:黄河出版社1998年。

沈阳卫生学校校志编纂委员会编:《沈阳军区卫生学校志(1957—1988)》,北京:军事科学出版社1991年。

沈阳军区卫生学校校志编撰委员会编:《沈阳军区卫生学校校志》,北京:军事科学出版社1991年。

《东北军医大学校史资料》编辑组:《东北军医大学校史资料》,1990年。

政协隆尧县文史委编:《隆尧文史》(第3辑:国军兽医学校起义始末……),1997年。

[医院史志]

广州军区广州总医院编:《中国人民解放军广州军区广州总医院院志(1949.10—2000.12)》,2001年。

张雁灵等编:《中国人民解放军小汤山医院志》,2003年。

李明富、李长生主编:《中国人民解放军广州军区民医院志(1946—1994)》,1995年。

广西革命历史编辑委员会编:《广西革命斗争回忆录》(第1辑:……武篆野战医院……),南宁:广西人民出版社1981年。

李炳之编写:《解放战争时期陕甘宁晋绥联防军卫生部第一后方医院纪事》,1982年

政协南丰县文史委编:《南风文史资料》(第3辑:……第二十陆军医院在南丰……),1989年。

中国军事博物馆编写:《人民解放军第三野战军第十兵团卫生部第廿四医院简史》,2003年。

《人民解放军第三野战军第十兵团卫生部第廿四医院简史(续编)》,2005年。

中国军事博物馆编写:《人民解放军第三野战军第十兵团卫生部第廿四医院简史(第四集 白衣战士忆当年)》,2007年。

中国人民解放军总医院编:《解放军总医院大事记(1953—2014)》,2014年。

《岁月如歌——解放军总医院50年药学历程》，2004年。

中国人民解放军总后勤部第一职工医院编：《中国人民解放军总后勤部第一职工医院院志》，1986年。

海军总医院政治部编著，殷明、杨明建主编：《中国人民解放军海军总医院院史（1954—2014）》，2014年。

中国人民解放军白求恩国际和平医院编：《中国人民解放军白求恩国际和平医院药械科史料选编 第一集》，1993年。

《中国人民解放军白求恩国际和平医院史（1937—2007）》，华北国防医药杂志社2007年。

白求恩军医学院院史编委会编：《白求恩的足迹在这里延伸——白求恩军医学院发展史》，北京：解放军文艺出版社1999年。

唐文俊主编：《中国人民解放军沈阳军区总医院志（1948—1990）》，1991年。

中国人民解放军空军长春医院院史编写组编：《中国人民解放军空军长春医院发展史（1950—1990）》，1990年。

政协佳木斯文史委编：《佳木斯文史》（7：……忆解放战争中的合江军区医院……），1987年。

中国人民解放军南京军区机关医院编：《中国人民解放军南京军区机关医院建院50周年（1951—2001）》，2001年。

南京军区南京总医院编：《南京军区南京总医院院志（1929—1994）》，1995年。

《南京军区南京总医院人物史料选编》，2009年。

蒲圻政协文史资料委员会编：《羊楼洞的白衣战士（原中国人民解放军第67预备医院文史专辑）》，1992年。

政协遂平县委员会学习文史委员会编：《遂平文史资料》（第八辑：……战火中的红石崖新四军医院……），2016年。

《武警贵州省总队志·医院志》编委会编，卢建明主编：《武警贵州省总队志.医院志》，贵阳：贵州人民出版社2002年。

成都军区昆明总医院编：《解放军成都军区昆明总医院院史》（1949—1989），1989年；（续编：1989—1999）》，1999年；（1949.3—2009.3）》，2009年。

西南医院编写组编：《第三军医大学西南医院简史（1929—2007）》，2008年。

第四军医大学西京医院院史办编印：《西京医院科室发展简史》，2010年。

《白衣飘飘》编委会编：《白衣飘飘——解放军昆明总医院建院六十周年文集（1949—2009）》，北京：军事医学科学出版社2009年。

武警甘肃省总队医院编史办公室编：《甘肃武警志.医院志第一卷（1972—1998）》，2000年。

《激情岁月——原三野后勤部第十五野战医院文集》编委会编：《激情岁月——原三野后勤部第十五野战医院文集》，2004年。

《第三野战军第十兵团卫生部第二十四医院简史》编写组编：《第三野战军第十兵团卫生部第二十四医院简史》+《第三野战军第十兵团卫生部第二十四医院简史续编》，2003年。

解放军第五医院《院志》编写小组编：《中国人民解放军第五医院院志（1946—1989）》，1990年。

中国人民解放军四十四医院编：《中国人民解放军四十四医院院史简编（1950.8.1—2000.8.1）》，2008年。

中国人民解放军第五十七中心医院院史编纂领导小组编：《中国人民解放军第五十七中心医院院史（1970.10—1997.7）》，1998年。

中国人民解放军第六十二医院编:《中国人民解放军第六十二医院院史》,2003年。

中国人民解放军第六十三医院编:《中国人民解放军第六十三医院院史(1952—1986)》,北京:人民卫生
　　出版社1986年。

蒋强主编:《永久的纪念——第六九五野战医院建院五十周年纪念》,2012年。

中国人民解放军第八一医院编:《中国人民解放军第八一医院志(1947.1—1989.12)》,1989年。

　　《八一辉煌——中国人民解放军第八一医院建院50周年(1947—1997)纪念画册》,1997年。

中国人民解放军第八六医院编:《难忘的八六岁月——纪念建院57周年暨驻当涂50周年》,2003年。

第八十八医院史志编委会编:《中国人民解放军第八十八医院史志(1938—2013)》,2014年。

杨树主编:《中国人民解放军第八十九医院院史(1937—2002)》,2003年。

中国人民解放军第九十四医院编:《建院卅周年纪念刊(1954—1984)》,1984年。

　　《中国人民解放军第九十四医院建院三十周年纪念刊(1954—1984)》,1984年。

中国人民解放军第107医院编:《光辉的历程——中国人民解放军第107医院成立四十周年纪念
　　(1964—2004)》,2004年。

《皖南情 战友情》编委会编:《皖南情 站欧青——在解放军第一二七医院的往事》,北京:海潮出版社
　　2006年。

刘海军著:《中国人民解放军一四八医院史(1950—2003)》,北京:解放军出版社2003年。

中国人民解放军第一五三中心医院院志编纂委员会编:《中国人民解放军第一五三中心医院院志
　　(1947—2004)》,郑州:河南人民出版社2004年。

中国人民解放军第一五五医院编:《中国人民解放军第一五五医院院史(1948—1998)》,1998年。

广州军区广州总医院编:《中国人民解放军第一五七医院院史(1933.10—2013.7)》,2013年。

中国人民解放军第一六零医院编:《中国人民解放军第一六零医院院史(1970—2001)》,2001年。

第一六一中心医院志编纂委员会编:《中国人民解放军第一六一中心医院志》(1944—1994),1994年;
　　(1944—2004),2004年;(1944—2014),2014年。

第一六一医院政治处编,欧阳学东主编:《春华秋实——献给解放军第一六一医院建院六十周年》,
　　2004年。

中国人民解放军第一八〇医院编:《中国人民解放军第一八〇医院史》,1988年。

中国人民解放军第一八一医院编:《中国人民解放军第一八一医院院史(1946.3—2000.12)》,2001年。

中国人民解放军第一八一医院编:《中国人民解放军第一八一医院纪念建院50周年(1946—1996)》,
　　1996年。

一八一医院大事记编审委员会编:《中国人民解放军第一八一医院六十年大事记(1946—2006)》,
　　2006年。

《中国人民解放军第一八七中心医院志》编纂委员会编,李深庚主编:《中国人民解放军第一八七中心医
　　院志(1951—2001)》,2001年。

中国人民解放军第二〇一医院编:《中国人民解放军第二〇一医院志(1946—1988)》,1992年。

中国人民解放军第二〇二医院编:《中国人民解放军第二〇二医院志(1942.4—1992.4)》,1993年。

戴万津等主编:《第二〇二医院院史图志(1931—2011)》,沈阳:辽宁人民出版社2011年。

《第二〇三医院简史》编写办公室编:《中国人民解放军沈阳军区后勤部第二三五医院简史(1971—
　　1994)》,1997年。

　　《中国人民解放军沈阳军区后勤部第二〇三医院简史(1957—1996)》,1997年。

中国人民解放军第二零四医院编:《中国人民解放军第二零四医院简史(1947.03—1998.02)》,1998 年。

中国人民解放军第二〇五医院编:《第二〇五医院志(1945—1985)》,1987 年。

解放军沈阳军区第二〇六医院人物志编委会编:《功照医院——解放军第二〇六医院人物志(1950—2000)》,2001 年。

中国人民解放军第二〇八医院志编委会编:《中国人民解放军第二〇八医院志(1946.7—1987.12)》,长春:吉林人民出版社 1997 年;《中国人民解放军第二〇八医院简史(续:1988—1995)》,1997 年。

中国人民解放军第二一 0 医院编:《中国人民解放军第二一〇医院志》(1945—1988),沈阳:辽宁教育出版社 1992 年;(1999—2010),2011 年。

中国人民解放军第 230 医院编:《中国人民解放军第二三〇医院简史(1947—1997)》,1997 年。

《风雨 60 年—— 中国人民解放军 230 医院建院六十周年纪念》,2007 年。

沈阳二四二医院编:《院志(1951—1985)》,1985 年。

中国人民解放军第 251 医院编:《奋进的五十年——中国人民解放军第 251 医院建院 50 周年纪念册》,1996 年。

《跨世纪辉煌——中国人民解放军第二五一医院建院六十周年纪念 (1946.11 — 2006.11)》,2006 年。

中国人民解放军二五三医院编:《红色印记——中国人民解放军二五三医院成长足迹》,2009 年。

中国人民解放军第二七三医院编:《中国人民解放军第二七三医院院史(1945—1995)》,1995 年。

本书编委会编:《甲子三〇一——中国人民解放军总医院(1953—2013)》,2013 年。

中国人民解放军第三〇二医院院史办公室编:《中国人民解放军第三〇二医院院史(1954—2014)》,2014 年。

《中国人民解放军第三〇二医院抢险救灾史》,2014 年。

中国人民解放军第三〇三医院编:《战斗的历程 辉煌的业绩——建院五十周年(1945 — 1995)》,1995 年。

罗卫东著:《走向辉煌——中国人民解放军三〇七医院建院五十周年纪念文集》,2007 年。

高小燕、刘希华主编:《中国人民解放军三〇九院(部)史》,北京:军事科学出版社 2008 年。

中国人民解放军第三〇九医院院志编纂委员会编:《中国人民解放军第三〇九医院院志(1958.11 月—1998.12 月)》,北京:长征出版社 2000 年。

解放军第三二二医院院史编辑部编:《辉煌的里程——解放军第三二二医院院史纪念册(1963.4—2009.8)》,2009 年。

中国人民解放军第三七一医院院志编纂组编:《中国人民解放军第三七一医院志》,1983 年。

《中国人民解放军第三七一医院志(1946—2001)》(上、下),2003 年。

第四零四医院志编纂委员会编:《中国人民解放军第四零四医院志(1952—2012)》,2012 年。

中国人民解放军第四四二医院院史简编编写小组编:《中国人民解放军第四四二医院简史(1979—1989)》,1988 年。

中国人民解放军第四六三医院编:《继往开来 再铸辉煌——中国人民解放军第四六三医院成立 50 周年(1951—2001)》,2001 年。

《大爱汶川——463 医院抗震救灾纪实》,2008 年。

《三十年历程回眸——解放军第 463 医院耳鼻喉科研究中心成立 30 周年回顾》,2009 年。

中国人民解放军第四六六医院编:《中国人民解放军第四六六医院五十周年(1951—2001)纪念册》,

2001年。

中国人民解放军第五一四医院编:《中国人民解放军第五一四医院建院廿周年纪念(1971—1991)》, 1991年。

佚名:《难忘的历史——中国人民解放军原六九五野战医院部分战友联谊纪念》,无锡2002年。

《战友文集》编辑委员会编:《战友文集——第七二二野战医院战友回忆录》,2009年。

三、各省(区、市)医疗卫生史志

北京市

[医学教育与科研院所史志]

北京市政协编:《文史资料选编》(第30辑:傅惠:"国立第一助产学校与杨崇瑞校长"),北京:北京出版社1986年。

政协北京市东城区文史委编:《北京市东城区文史资料选编》(第3辑:……国立第一助产学校与杨崇瑞校长,忆北京市第一护士学校……),1992年。

邹乃俐、华钟甫、梁峻等编著:《中国中医研究院建院四十周年纪念》(全三册:中国中医研究院人物志、难忘的四十年、中国中医研究院院史(1955—1995)),北京:中医古籍出版社1995年。

刘建勋、王书臣主编:《科技发展与成就:中国中医研究院西苑医院五十年历程(1955—2005)》(上、中、下),北京:中医古籍出版社2005年。

华钟甫、梁峻编著:《中国中医研究院院史(1955—1995)》,北京:中医古籍出版社1995年。

曹洪欣、李怀荣等编:《中国中医研究院五十年历程:中国中医研究院院史(1955—2005)》,北京:中医古籍出版社2005年。

中国中医科学院编:《风雨兼程铸辉煌——纪念中国中医科学院针灸研究所成立60周年(1951—2011)》,2011年。

《庆祝中国中医科学院建院60周年(1955—2015)》,2015年。

王志勇、张伯礼、王炼主编:《中国中医科学院院史丛书(1955—2015)》(光盘),北京:科学出版社2015年。

中国协和医科大学编:《中国协和医科大学校史(1917—1987)》,北京:北京科学技术出版社1987年。

王志勇、张伯礼、王炼主编:《中国中医科学院院史(1955—2015)》,北京:科学出版社2015年。

中国协和医学院史研究室编:《世纪协和:北京协和医院建校一百年图史》(上、下),北京:中国协和医科大学出版社2017年。

李飞遍:《北京协和医学院建校100周年 筑梦协和:百年协和百名师生的世纪祝愿》,北京:中国协和医科大学出版社2017年。

中国医学科学院学报编辑部编:《中国医学科学院中国协和医科大学年鉴》(1985—1986、1986、1987、1988、1989、1990、1991、1992、1993、1994、1995、1996、1997、2000、2001、2002、2003、2004、2005、2006、2007),1986、1988、1989、1990、1992、1993、1994、1995、1997、1998、2001、2002、2003、2004年;北京:中国协和医科大学出版社2004、2006、2007、2007年。

北京中医药大学校志编委会编:《北京中医药大学校志(1956年—1992年)》,北京:学苑出版社2002年。

北京中医药大学校庆联络组编:《北京中医药大学校友录(1956—2006)》,2006年。

北京医科大学编,徐天民、韩启德主编:《北京医科大学人物志(1912—1997)》,北京:北京医科大学 中国协和医科大学联合出版社1997年。

罗卓夫、孙敏尧主编:《北京医科大学的八十年(1912—1992)》,北京:北京大学医学出版社2002年。

校史编委会编:《走向新世纪的北医(1993—2002)》(北京医科大学校史),北京:北京大学医学出版社 2002年。

　　《合校后的北医二十年(1993—2002)》(北京医科大学校史),北京:北京大学医学出版社2002年。

吕兆丰、杜金香主编:《历练:2003首都医科大学抗击SARS纪实》,北京:北京大学医学出版社2003年。

[畜禽疫病与兽医史志]

郑友民、邓萌樟主编:《中国农业科学院 北京畜牧兽医研究所所志(1957—2007)》,2007年。

北京市畜牧兽医工作站编:《北京市畜禽疫病志(1949—1989)》,1990年。

北京市动物疫病志编纂委员会编,祝俊杰主编:《北京市动物疫病志(1990—2003)》,2005年。

北京市畜牧局编,项大实主编:《北京市郊区家畜家禽疫病志》,1988年。

延庆县畜牧局编:《延庆县畜禽疫病志(1949—1989)》,1990年。

昌平县畜牧兽医工作站编,张兆才主编:《昌平县畜禽疫病志》,1991年。

海淀区畜牧兽医站编:《海淀区畜禽疫病志》(油印本),1990年。

[医院史志]

中国医科学院皮肤病研究所编:《中国医学科学院 中国协和医科大学 皮肤病研究所 皮肤病医院所(院)志(1954—1993)》,北京:中国医药科技出版社1994年。

北大医院编:《北大医院院史汇编》(第一版),2013年。

北京大学第一医院院史编委会编:《北京大学第一医院院史汇编(1915—2015)》,2015年。

北京大学第一医院编:《北京大学第一医院百年图(1915—2015)》,2015年。

北京医院编,张家增主编:《北京医院院史资料汇编》,1995年。

侯宽永、贾建文主编:《北京医科大学第三医院名医录》,北京:北京医科大学 中国协和医科大学联合出版社1998年。

　　《北京医科大学第三医院的四十年》,北京:北京医科大学 中国协和医科大学联合出版社1998年。

北京市宣武区中医医院编:《北京市宣武区中医医院院志(1968—1996)》,1997年。

北京市第二医院编纂:《北京市第二医院院志(1945—)》,2007年。

《北京世纪坛医院志》编委会编纂:《北京市世纪坛医院志(1915—2009)》,北京:中国铁道出版社 2010年。

北京妇产医院编,周保利主编:《携手五十载——北京妇产医院建院五十周年》,2009年。

首都医科大学附属北京儿童医院编,李仲智主编:《功德无量:为儿童健康事业做贡献的人——首都医科大学附属北京儿童医院院史(1942—2006)》,2006年。

首都医科大学附属北京口腔医院编:《首都医科大学附属北京口腔医院(1945—2010)》(画册),2010年。

首都医科大学附属北京同仁医院编:《光明同仁——首都医科大学附属北京同仁医院115年纪念册》,2001年。

《铭忆同仁——首都医科大学附属北京同仁医院建院 120 周年(1886—2006)》,2006 年。

首都医科大学编:《首都医科大学宣武医院 50 年简史(1958 — 2008)》,2008 年。

《首都医科大学宣武医院 50 年华诞感言录》,2008 年。

《首都医科大学宣武医院》,2008 年。

西苑医院 60 年院史编写委员会编:《辉煌 60 年:中国中医科学院西苑医院院史(1955 — 2015)》,2015 年。

王阶主编:《中国中医科学院广安门医院大事记(1955—2015)》,北京:中国医药科技出版社 2016 年。

《广安 广博 至精 至诚——广安门医院院史》,北京:中国医药科技出版社 2017 年。

北京燕山石油化工公司职工医院编纂,黄良智主编:《燕化医院志(1971—1990)》,1993 年。

北京市丰盛中医骨伤专科医院院志(1960 — 2010)编委会编:《北京市丰盛中医骨伤专科医院院志(1960—2010)》,2010 年。

北京肿瘤医院、北京大学临床肿瘤学院、北京市肿瘤防治研究所编:《北京肿瘤医院科室志(1976 — 2010)》,北京:同心出版社 2010 年。

中国医学科学院中国协和医科大学皮肤病医院(研究所)院所志编委会编:《中国医学科学院中国协和医科大学皮肤病医院(研究所)院所志(1994—2003)》,长春:吉林文史出版社 2004 年。

[妇幼卫生与保健史志]

王丽瑛主编:《北京卫生史料:妇幼卫生篇(1949—1990)》,北京:北京科学技术出版社 1993 年。

首都医科大学附属北京妇产医院、北京妇幼保健院编:《生命淀放 孕育辉煌 ——北京妇产医院建院五十周年(1959—2009)》,2009 年。

《首都医科大学附属北京妇产医院北京妇幼保健院志》编委会编:《首都医科大学附属北京妇产医院北京妇幼保健院志(1959—2009)》,2009 年。

首都医科大学附属北京妇产医院 北京妇幼保健院编:《携手五十五载 与你同行的日子——首都医科大学附属北京妇产医院 北京妇幼保健院建院 55 周年》,2014 年。

北京市卫生防疫站编:《北京市城区街巷所属医疗地段保健科索引志》,1964 年。

[疾病控制与防疫史志]

张殿余主编:《北京卫生史料:卫生防疫篇(1949—1990)》,北京:北京科学技术出版社 1993 年。

北京市环境卫生志编纂委员会编,张卫华主编:《北京志 53·市政卷·环境卫生志(—1990)》,北京:北京出版社 2002 年

孙贤理、赵涛著:《北京市卫生防疫继往开来十五年(1998—2012 年)》,北京:人民卫生出版社 2014 年。

北京市朝阳区卫生局编:《捍卫生命——2003 北京市朝阳区抗击非典掠影》,北京:作家出版社 2003 年。

北京市宣武区环境卫生管理局编:《北京市宣武环卫志》(第一册:—1990),1993 年。

北京市西城区环境卫生管理局编:《北京市西城区环卫史志》(第一集),1987 年。

北京市朝阳区环境卫生局编:《朝阳环卫志》,北京:华夏出版社 1994 年。

海淀环卫志编纂委员会编:《海淀环卫志》,1993 年。

[医药、卫生史志]

北京·工业卷·医药工业志与印刷工业志编纂委员会编:《北京志 71·工业卷·医药工业志·印刷工

业志(1938—1998)》,北京:北京出版社 2011 年。

北京医学院医史学教研组、保健组织学教研组:《北京医药卫生史料》,北京:北京出版社 1964 年。

《北京文史资料精华》编委会编:《北京文史资料精华·杏坛忆旧》,北京:北京出版社 1999 年。

北京市地方志编纂委员会编:《北京志 卫生卷 卫生志》,北京:北京出版社 2003 年。

北京卫生志编纂委员会编:《北京卫生大事记:第一卷(远古—1948)》,北京:北京科学技术出版社 1994 年。

　　《北京卫生志(—1990)》,北京:北京科学技术出版社 2001 年。

王康久主编:《北京卫生大事记第一卷(远古—1948):补遗》,北京:北京科学技术出版社 1996 年。

　　《北京卫生大事记:第二卷(1949—1990)》,北京:北京科学技术出版社 1992 年。

《北京卫生大事记(1991—2010)》编辑部编著,朱小皖主编:《北京卫生大事记(1991—2010)》,北京:北京科学技术出版社 2016 年。

王甲午主编:《北京卫生史料:医学技术篇(1949—1990)》,北京:北京科学技术出版社 1997 年。

徐国桓主编:《北京卫生史料:医学科研篇(1949—1990)》,北京:北京科学技术出版社 1996 年。

海淀区卫生志编委会编:《海淀区卫生志(—1995)》,2000 年。

北京市丰台区卫生局编:《北京市丰台区卫生志》,2007 年。

北京市房山区卫生志编纂委员会编,梅力主编:《北京市房山区卫生志》,北京:中国博雅出版社 2007 年。

北京市东城区环境卫生志编纂委员会编:《北京市东城区环境卫生志》,1999 年。

《北京市东城区卫生志》编纂委员会编:《北京东城区卫生志》,2006 年。

北京市门头沟区卫生志办公室编,李金山主修:《门头沟区卫生志(1949—1990)》,1995 年。

延庆县卫生志编辑委员会编:《延庆县卫生志》,2005 年。

顺义县卫生局编:《顺义卫生志》,1993 年。

通县卫生局编:《通县卫生志》,北京:中国农业出版社 1992 年。

北京市海淀区卫生局监督所编:《海淀卫生监督人物志》,2009 年。

天津市

[医学教育与科研院所史志]

Margaret May Prentice(普仁德)著:《Unwelcome at the Northeast Gate》(在天津传教的美以美会医学传教士,天津医学高等专科学校前身,美以美会天津妇婴医院珍贵史料,内有妇婴医院及老天津珍贵图片),Inter-Colleage Press 1966。

天津医专校史编写组编:《从学堂到医专——庆祝天津医学高等专科学校百年华诞(1908—2008)》,天津人民出版社 2008 年。

天津医学院院史编纂委员会编,王正伦主编:《天津医学院院史(1951—1991)》,1991 年。

国家医药管理局天津药物研究院编:《国家医药管理局天津药物研究院志(1955—1990)》,1992 年。

国家医药管理局天津药物研究院编:《国家医药管理局天津药物研究院院志(第二卷:1991—1995)》,1995 年。

[医院史志]

天津市政协文史委编:《天津文史资料选辑》第 38 辑,天津:天津人民出版社 1987 年。含:天津水阁医院;田大文与天津防盲医院;天津德美医院;马大夫纪念医院简史;天津结核病医院的创建经过。

天津市文史研究馆编:《天津文史丛刊》(第 4 辑:……天津市医院史料记要……),1985 年。

天津市南开区政协文史文化委员会编:《南开春秋,南开区政协文史资料汇编》第 1 辑(创刊号),天津:天津大学出版社 2015 年。含:北洋女医院。

天津医科大学总医院院志编修委员会编:《天津医科大学总医院院志(1946—2006)》,2006 年。

张建宁、颜华主编:《天津医科大学总医院医院发展史(1946—2016)》,天津:天津大学出版社 2016 年。

天津中医学院第一附属医院编:《流金岁月——天津中医学院第一附属医院院史(1954—2004)》,2004 年。

《天津中医学院第一附属医院三十周年》,1985 年。

《天津中医学院第一附属医院建院四十五周年·纪念志(1954—1999)》,1999 年。

天津市口腔医院志编修委员会编:《天津市口腔医院志(1947—2007)》(天津卫生史料专辑 13),2007 年。

天津市儿童医院志编撰委员会编,靳开彬主编:《天津市儿童医院志(1873—1992)》,1995 年。

天津市第一医院志编纂委员会编:《天津卫生史料专辑 4:第一医院志(1930—1990)》,天津市卫生志编修委员会 1990 年。

《天津市第一中心医院院志(1949—1994)》,1996 年。

刘兵、李建国主编:《非常历程——天津市第一中心医院抗击非典纪实》,天津:天津人民出版社 2003 年。

《院志》编纂委员会编:《天津市第四中心医院 天津铁路中心医院院志》,2000 年。

天津市胸科医院志编纂委员会编:《天津市胸科医院志(1947—1993)》,1995 年。

天津市肿瘤医院志编修委员会编:《天津市肿瘤医院志(1861—2003)》,2004 年。

武清区中医院院志编委会编著:《武清中医院志(1988—2005)》,2006 年。

大港石油管理局职工总医院志编辑委员会编:《大港石油管理局职工总医院志(1964—1993)》,1994 年。

天津市塘沽区妇幼保健院编:《天津市塘沽区妇幼保健院院志》,2004 年。

天津市宁河县医院院志编委会编:《宁静致远·医者仁心——宁医足迹—甲子(1950—2010)》,北京:中国协和医科大学出版社 2010 年。

[畜禽疫病与兽医史志]

天津动植物检疫志编修委员会编,杨维长主编:《天津动植物检疫志(—1998)》,天津:天津社会科学院出版社 1999 年。

天津市畜牧局编:《天津市畜禽疫病志》,北京:海洋出版社 1992 年。

[医药、卫生、防疫史志]

天津市卫生史志编修委员会编:《天津市卫生行业高级专业人物志略》,1997 年。

天津市医药管理局修志办公室编:《天津医药志(1850—1990)》,1997 年。

天津市医药公司编:《天津市医药公司医药志(1950—1990)》,1993 年。

乔懋彬等主编,李述莲等编著:《天津卫生志·药事管理专辑》,北京:学苑出版社1989年。

天津市卫生史志编修委员会编:《天津卫生史料》(包括《天津卫生史料》1—10期和专辑1—6号),1985—1993年。其中:专辑1:《古今中外医德集成》;专辑2:《天津卫生事业四十年》;专辑3:《天津卫生事业四十年(续)》;专辑4:《第一医院院志》;专辑5:《天津卫生大事记》;专辑6:《中心妇产科医院史》。

《天津通志·卫生志》编修委员编,张宏铸主编:《天津通志·卫生志(1404—1990)》,天津:天津社会科学院出版社1999年。

天津市卫生史志编修委员会编:《天津卫生事业四十年(1949—1989)》,1989年。

迟连庄主编:《天津卫生五十年(1949—1999)》,天津杨柳青画社1999年。

天津市卫生史编修委员会编:《天津市卫生机构志略》,2008年。

天津市地方志编修委员会办公室、天津市市容和园林管理委员会编著:《天津市志 爱国卫生运动志》,北京:方志出版社2017年。

天津市河西区卫生局编:《天津市河西区卫生志(1949—1996)》,1998年。

天津市津南区卫生局编:《天津南区卫生志(1948—1990)》,1993年。

天津市和平区卫生局编:《天津市和平区卫生志》,2012年。

河北省

［医学教育与科研院所史志］

《河北医学院院志》编纂委员会编,赵荣伦主编:《河北医学院院志(1915—1991)》,石家庄:河北科学技术出版社1995年。

河北医科大学校史编纂委员会编:《河北医科大学志(1894—2007)》,2009年。

华北煤炭医学院编,王福生主编:《华北煤炭医学院院志》,1988年。

《华北煤炭医学院志》编写组编:《华北煤炭医学院志(1926—2006)》,2006年。

衡水卫生学校志编委会编:《衡水卫生学校志(1966—2011)》,2011年。

河北农业大学中兽医学院院志编委会编,王建永、钟秀会主编:《河北农业大学中兽医学院院志(1956—2006)》,2006年。

《河北中兽医学校校志》编纂委员会编,王振生主编:《河北中兽医学校校志(1956—1996)》,1996年。

［医院史志］

河北省人民医院编:《河北省人民医院院志(1959—1993)》,1994年。

河北省第六人民医院 河北省精神卫生中心编:《河北省第六人民医院 河北省精神卫生中心医院院志2007》,2008年。

河北医科大学第二医院编:《河北医科大学第二医院志(1918—2004)》,2007年。

河北医科大学第四医院编:《河北医科大学第四医院志(1955—2008)》,2009年。

《邢台市第一医院志》编纂委员会编,张书才主编:《邢台市第一医院志》,石家庄:河北人民出版社1990年。

中国石油天然气总公司中心医院院志编纂委员会编:《中国石油天然气总公司中心医院院志(1974—1995)》,1995年。

峰峰矿务局总医院志编审委员会编:《峰峰矿务局总医院志(1945—1996)》,1998年。

开滦矿务局医院院志编审委员会编:《开滦矿务局医院院志(1892—1990)》,1992年。

政协唐山市路南区文史委编:《文史资料》第4辑,1987年。含:邓亚新与华英医院。

《唐山工人医院志》编委会编:《唐山工人医院志》,1993年。

唐山市第二医院志编纂委员会编:《唐山市第二医院志(1957—2007年)》,2008年。

平乡县人民医院志编纂委员会编:《平乡县人民医院志》,北京:中国文史出版社2018年。

《保定市第二中心医院志》编纂委员会编:《保定市第二中心医院志(1953—2012)》,北京:北京理工大
　学出版社2013年。

保定市第二医院编纂:《保定市第二医院院志(1920—1986)》,1989年。

保定市第三肿瘤医院编纂:《保定市第三肿瘤医院志》(油印本),1990年。

衡水市第二人民医院编:《衡水市第二人民医院建院60周年(1946—2006)》,2006年。

衡水市第四人民医院编:《衡水市第四人民医院院史》,2009年。

枣强县人民医院编:《白衣赤胆写春秋——纪念枣强县人民医院建院六十周年(包括院志医学论文
　等)》,2005年。

秦皇岛市第二医院编纂:《秦皇岛市第二医院院志》,1987年。
　　《秦皇岛市第二医院纪念建院110周年》,2015年。

沧州地区人民医院院志编写组编:《沧州地区人民医院院志(1898—1985) 一、大事记 二、人物志》。

沧州市人民医院编:《庆祝沧州市人民医院建院50周年纪念册》。

南皮县人民医院编:《南皮县人民医院志(1945—2005)》,2006年。

涿鹿县医院志编纂委员会编:《涿鹿县医院志(—2001)》,2001年。

[畜禽疫病与兽医史志]

河北省畜禽疫病志编写组编:《河北省畜禽疫病志(1949—1990)》,1991年。

黄国翘、李英主编:《河北省畜牧兽医研究所志》,北京:新华出版社1992年。

[疾病防控与防疫史志]

《河北卫生计生年鉴》编纂委员会编:《河北卫生计生年鉴2014》,石家庄:河北科学技术出版社2015年。

河北省疾病预防控制中心编:《众志成城 救灾防疫——河北省赴川抗震救灾卫生防疫工作纪实》,
　2008年。

石家庄市疾病预防控制中心编:《石家庄疾病预防控制志》,石家庄:河北科学技术出版社2014年。

沧州地区卫生防疫站编:《沧州地区卫生防疫站志》,1985年。

河北省卫生防疫站编:《1959年卫生防疫参考资料第十五号(寄生虫病专号)》,1959年。

[医药、卫生史志]

《河北卫生年鉴》编辑委员会编:《河北卫生年鉴》(1986),石家庄:河北科学技术出版社1988年;
　(1989—1999),1999年;(2001),2001年;(2002),北京:方志出版社2002年;(2003、2004、2005、2006、
　2007、2008、2009),石家庄:河北人民出版社2004、2004、2005、2006、2007、2008、2009年;(2020、2011、
　2012、2013、2014),石家庄:河北科学技术出版社2011、2011、2012、2014、2014年。

河北省医药公司编:《河北省医药商业志》,1996年。

《保定医药志》编纂委员会编,崔兴无主编:《保定医药志(公元前112年—公元1988年)》,北京:中国文

史出版社 1992 年。

付正良主编:《涉县中药志》,北京:学苑出版社 2014 年。

邢台市政协文史资料委员会编刊:《历史的足迹(邢台文史资料医药卫生专辑)1992 年第 1—4 合刊 第 8 辑》,1992 年。

《秦皇岛市医药志》编纂委员会编纂:《秦皇岛市地方志 医药志(1368—1990)》,1993 年。

河北省衡水地区医药志编纂委员会编:《衡水地区医药志(1949—1989)》,1989 年。

河北省地方志编纂委员会编:《河北省志·第 86 卷·卫生志》,北京:中华书局 1995 年。

《石家庄地区卫生志》编纂委员会编:《石家庄地区卫生志(1180—1987)》,石家庄:河北人民出版社 1993 年。

《石家庄市卫生志(1180—1985)》,石家庄:河北科学技术出版社 1993 年。

保定市卫生局编纂委员会:《保定市卫生志》,北京:新华出版社 1992 年。

《保定市志 工业卷 第十一篇 医药工业(公元前 112 年至公元 1988 年)》(油印本),1990 年。

保定市卫生志编纂委员会编:《保定市卫生志》,北京:新华出版社 1992 年。

《保定市卫生志》,北京:方志出版社 1995 年。

《秦皇岛市卫生志》编纂委员会编纂:《秦皇岛市地方志 卫生志(1368—1985)》,石家庄:河北人民出版社 1990 年。

《高邑县卫生志》编纂委员会编,任爱旗主编:《高邑县卫生志(1618—2011)》,保定:河北大学出版社 2014 年。

阳原县卫生局编:《阳原县卫生志(477—1987)》,1988 年。

蔚县卫生志编纂委员会编,安庆义主编:《蔚县卫生志(—2002)》,2003 年。

丰宁满族自治县卫生志编纂委员会:《丰宁满族自治县卫生志(1840—1990)》,1992 年。

滦县卫生志编纂委员会编,王绍田主编:《滦县卫生志(1370—1997)》,天津:天津人民出版社 1999 年。

任丘市卫生局编:《任丘卫生志》,2005 年。

大名县卫生局编:《大名县卫生志》,1999 年。

清河县卫生局编,沈世远主编:《清河县卫生志》,北京:中国档案出版社 2005 年。

马振芳等主编:《沧州市卫生志(1820—1990)》,北京:中医古籍出版社 1997 年。

沧州地区卫生志编纂委员会编,张保忠、周耀庭主编:《沧州地区卫生志(1867—1988)》,1991 年。

丰宁满族自治县卫生局:《丰宁满族自治县卫生志(1840—1990)》,1992 年。

付正良主编:《涉县卫生志(—2013.12)》,北京:学苑出版社 2015 年。

李殿光主编:《康保县卫生志(1949—2009)》,北京:中国文史出版社 2011 年。

井陉县卫生志编纂委员会编:《井陉县卫生志》,北京:中国文史出版社 2013 年。

涿鹿县卫生志编纂委员会编:《涿鹿乡卫生志(1636—1992)》,1994 年。

山西省

[医学教育与科研院所史志]

山西医学院院史编委会编,韩德五主编:《山西医学院院史(1919—1984)》,太原:山西教育出版社 1992 年。

山西医科大学校史委编,郭政主编:《山西医科大学校史(1919—1999)》,1999 年。

山西医科大学编:《传承创新——山西医科大学公共卫生学科创建 60 周年和公共卫生学院成立 15 周年纪念册》(画册),2011 年。

山西医科大学校史编辑办公室编:《山西医科大学教育改革发展 30 年(1978—2008)》,2011 年。

王茂林、段志光主编:《山西医科大学校友回忆录》(第一辑),太原:山西人民出版社 2012 年。

李凤岐、段志光主编:《山西医科大学校友回忆录》(第二辑),太原:山西人民出版社 2014 年。

大同医学高等专科学校校史编审委员会编辑部编,郭日望主编:《大同医学高等专科学校校史》,北京:中国科学技术出版社 1998 年。

山西省盲人中级卫生学校编:《山西省盲人中级卫生学校庆祝建校十周年专辑(1980—1990)》,1990 年。

太原市卫生学校校史办公室编:《太原市卫生学校校史(1958—2008)》,2008 年。

吕梁市卫生学校编:《吕梁市卫生学校建校 36 周年庆典 .校友联谊册(1972—2008)》,2008 年。
《吕梁市卫生学校建校校志(1972—2008)》,2008 年。

阳泉市卫生学校志编纂委员会编:《阳泉市卫生学校志(1958—2007)》,2008 年。

阳泉市卫生学校编:《阳泉市卫生学校建校五十周年纪念册(1958—2008)》,2008 年。

运城地区卫生学校编:《见效廿周年纪念册(1970—1990)》,1990 年。

运城市卫生学校编:《运城市卫校校友风采录(1970—2010)》,2010 年。

长治卫生学校编,蔡晋、杜永康主编:《长治卫生学校校志(2000—2010)》,2010 年。

长治医学院《难忘岁月》编辑部编:《难忘岁月(1950—1965)——回忆山西省长治医科专门学校,经山西省长治卫生学校,到晋东南医学专科学校的历程》,2007 年。

黎城县卫生局编:《黎城县卫生学校志(1958—2001)》,2001 年。

[疾病防控与防疫史志]

沁源疾控志编纂委员会编:《沁源疾控志(—2012)》,郑州:中州古籍出版社 2013 年。

[医院史志]

山西医科大学第一医院编:《山西医科大学第一医院 第一附属医院院史回眸》,2017 年。

山西医科大学第二医院院志编纂委员会编:《山西医科大学第二医院志(1919—1998)》,1999 年。

山西省商业供销职工医院院志编委会编:《山西省商业供销职工医院院志(1952—2006)》,2008 年。

山西省人民医院编:《山西省人民医院庆祝建院三十周年年刊》,1985 年。

山西省人民医院志编委会编:《山西省人民医院志(1955—2005)》,2005 年。

山西省晋中市红军荣军疗养院编:《山西省晋中市红军荣军疗养院院志》,2015 年。

山西省肿瘤医院志编纂委员会编:《山西省肿瘤医院院志(1952—2012)》,2013 年。

山西省肿瘤医院编:《山西省肿瘤医院建院六十周年纪念》,2012 年。

山西省中西医结合医院志编委会编著,贾文魁主编:《山西省中西医结合医院 山西中医学院中西医结合医院 太原铁路中心医院 院志》,2010 年。

政协太原市委员会编:《太原文史》(2:……太原慈惠医院始末……),1984 年。

山西省中医药研究院、山西省中医院编,贾念民主编:《山西省中医药研究院山西省中医院院志(1957—1997)》,1997 年。

山西省中医药研究院、山西省中医院院志编委会:《山西省中医药研究院 山西省中医院院志(1957—

2007)》,2007年。

《山西省儿童医院 山西省妇幼保健院志》编委会编:《山西省儿童医院 山西省妇幼保健院志(1947—2005)》,2006年。

西山煤电集团有限责任公司职工总医院志编委会编:《西山煤电集团有限责任公司职工总医院志(1956—2006)》,2006年。

西山煤电(集团)有限责任公司古交矿区总医院志编纂委员会编:《古交矿区总医院志(1991—2011)》,2011年。

山西省晋中地区第一人民医院编:《晋中地区第一人民医院志(1949—1999)》,1999年。

晋中市第一人民医院志编纂委员会编:《晋中市第一人民医院志(1949—2009)》,2009年。

山西省汾阳医院志编纂委员会编:《山西省汾阳医院志(1916—2006)》,太原:山西人民出版社2008年。

《昔阳县人民医院志》编纂委员会编:《昔阳县人民医院志(1942—2010)》,2011年。

王富珍、郭任维主编:《医魂璀璨:汾阳医院史话编(1914—2014)》,太原:山西经济出版社2015年。

    《医魂璀璨:汾阳医院故事选(1914—2014)》,太原:山西经济出版社2015年。

山西省汾阳医院编:《医魂——汾阳医院老照片》,2006年。

汾阳医院编:《汾阳医院百年老照片》(画册)。

孝义市人民医院、孝义市地方志办公室编,赵文俊主编:《孝义市人民医院志(1950—2006)》,太原:山西春秋电子音像出版社2007年。

翼城县史志办公室编:《翼城县人民医院志(1958—2007)》,太原:山西人民出版社2007年。

翼城县中医医院志编纂委员会编:《翼城县中医医院志(1984—2014)》,2014年。

垣曲县人民医院:《垣曲县人民医院志(1945—2014)》,北京:中国文史出版社2016年。

贾小强主编:《石楼县人民医院院志(1950—2015)》,2015年。

忻州地区人民医院院志办编:《忻州地区人民医院院志 第一卷(1949—1999)》,2000年。

忻州市人民医院院志编委会编:《忻州市人民医院院志》(第一卷:1949—1999;第二卷:1999—2009),2011年。

河曲县人民医院编:《河医院志 1950—2000》,2000年。

临汾市第四人民医院志编纂委员会编:《临汾市第四人民医院(原临铁医院)志(1950—2008)》,2008年。

隰县政协文史资料委员会编:《隰县文史资料 隰县人民医院专辑》,2006年。

郭道镇中心卫生院志编纂委员会编:《郭道镇中心卫生院志(1980—2015)》,2015年。

《陵川县人民医院志》编委会编:《陵川县人民医院志》,2013年。

《院史》编纂委员会编:《曲沃县人民医院院史》,2001年。

曲沃县人民医院、曲沃县志办公室编:《曲沃县人民医院志》,2009年。

柳林县人民医院编纂办公室编:《山西省柳林县人民医院志(1971—2013)》,2013年。

程四新主编:《榆次县人民医院(1958—2004)》,2004年。

垣曲县人民医院编:《垣曲县人民医院志》,北京:中国文史出版社2016年。

黎城县人民医院志编委会编,刘书友主编:《黎城县人民医院志》,北京:中国文联出版社2003年。

平定县人民医院编,刘瑛等主编:《平定县人民医院志》,1989年。

平定县人民医院志编委会编:《平定县人民医院志(1946—2006)》,2006年。

米山中心卫生院志编纂委员会编:《(高平市)米山中心卫生院志(1955—2005)》,2005年。

高平市人民医院志编纂委员会编:《高平市人民医院志(1949.10.1—1999.4.30)》,1999年。

戎有平、闫莉主编:《大同市第三人民医院院志(1958—2008)》,北京:中国文史出版社2010年。

稷山县人民医院志编委会编,李建民主编:《稷山县人民医院志(1949—2009)》,2009年。

沁源县人民医院志编纂委员会:《沁源县人民医院志(1949—2009)》,郑州:中州古籍出版社2009年。

山西省汾西县人民医院志编委员会编,马海生主编:《山西省汾西县人民医院志(1950—2010)》,2010年。

《山西省吕梁市人民医院志》编委会编:《山西省吕梁市人民医院志(1971—2007)》,太原:山西教育出版社2008年。

山西省吕梁市人民医院年鉴编委会:《山西省吕梁市人民医院年鉴(2008—2009)》,2009年。《山西省吕梁市人民医院年鉴(2011—2012)》,2012年。

吕梁地方志编纂委员会编:《〈吕梁市志〉分卷志稿之十三:政法志、公安志、残联志、吕梁市人民医院志》》,2013年。

平遥县中医院志编纂委员会编:《平遥县中医院志(1985—2010)》,2010年。

阳泉市第一人民医院志编纂委员会编:《阳泉市第一人民医院院志(1948—1995)》,1998年。《阳泉市第一人民医院院志(1948—2008)》,2008年。

《阳煤集团总医院院志》编委会编:《阳煤集团总医院院志(2000—2010)》,2010年。

武安市医院志编辑委员会编:《武安市医院志(1945.9—2009.12)》,北京:方志出版社2010年。

襄汾县人民医院志编委会编:《襄汾县人民医院志(1954—2013)》,2014年。

政协运城委员会文史资料研究会编:《运城文史资料》第4辑。含:福商医院始末。

《运城市盐湖区人民医院院志》编纂委员会编,郭建朝主编:《运城市盐湖区人民医院院志(1974—2013)》,2013年。

国营燎原机械厂编:《国营燎原机械厂职工医院院志(1957—1984)》,1985年。

临猗县人民医院编纂:《临猗县人民医院志(1950—2012)》,2013年。

临猗县第二人民医院编,武巷安主编:《临猗县第二人民医院史》。

阳城县人民医院志编委会编:《阳城县人民医院志(1947—1997)》,1998年。

长治市第二人民医院志编纂委员会编:《长治市第二人民医院志(1978—2008)》,2008年。

长治医学院附属和平医院志编委会编:《长治医学院附属和平医院志(1946—2006)》,2006年。

长治市中医研究所、长治市中医研究所附属医院编:《梅绽杏苑三十春——长治市中医研究所附属医院发展简史(1978—2008)》,2008年。

[畜禽疫病与兽医史志]

政协山西省委员会文史资料研究委员会编:《山西文史》(第24辑:……山西近代畜牧兽医史料……),1982年。

山西省农业科学院畜牧兽医研究所编:《山西省农业科学院畜牧兽医研究所志(1958—2008)》,2008年。

山西省农牧厅兽医防疫站编:《山西中兽医志(第一辑)》,1986年。

山西省畜牧兽医学校编:《山西省畜牧兽医学校校友名录》,1993年。

山西牧校史编审组编,赵佩章主编:《山西省畜牧兽医学校史(1952—1991)》,1992年。

山西牧校校史编写组编,李黄生主编:《光辉的历程:山西省畜牧兽医学校建校50周年(1952—2002)》,

2002 年。

山西省畜牧兽医学校编:《山西省畜牧兽医学校校友录》,1993 年。

政协山西文史资料研究委员会编:《山西文史》(24:……山西近代畜牧兽医史料……),1982 年。

山西省阳城县畜牧兽医局编,毕家闹、原崇德主编:《阳城畜牧兽医志》,晋城:晋城市新闻出版社 2008 年。

《沁县畜牧兽医局志》编纂委员会编:《沁县畜牧兽医志》,太原:山西经济出版社 2018 年。

[疾病防控与防疫史志]

铁道部第三工程局中心卫生防疫站编:《铁三局中心卫生防疫站站志(1955—1994)》,1994 年。

太原铁路中心卫生防疫站编,领华等主编,《太原铁路中心卫生防疫站站志(1951—2001)》,2002 年。

太原市小店区卫生防疫站志编委会编:《太原市小店区卫生防疫站站志(1976—2006)》,2006 年。

大同市卫生防疫站站志编纂委员会编,谷瑞峰主编:《大同市卫生防疫站站志(1953—1991)》,1991 年。

《大同市第一卫生防疫站站志》编辑委员会编,张绥国主编:《大同市(第一)卫生防疫站站志(二)1992—1998》,1998 年。

临汾地区卫生防疫站编:《临汾地区卫生防疫站站志(1950—1989)》(上、中、下),1990 年。

高平市卫生防疫站编,文战胜主编:《高平市卫生防疫志(1956—2006)》,太原:山西人民出版社 2009 年。

吕梁地方志编纂委员会编:《吕梁市志分卷志稿之五(疾控中心志,卫生监督志)》,2013 年。

邯郸卫生防疫志编纂委员会编:《邯郸卫生防疫志》,2005 年。

政协山西省右玉县文史委编:《右玉文史资料》(创刊号;含:民国七年右玉鼠疫流行情况),1986 年。

[医药、卫生史志]

山西省卫生厅编:《山西中药志》,1959 年。

李茂盛总主编:《山西省志·医药志》,北京:中华书局 2012 年。

山西省史志研究院编,梁志强、侯文正总纂:《山西通志·卫生医药志·卫生篇》,北京:中华书局 1997 年。

侯马医药志编纂组编:《侯马医药志》,1993 年。

《山西卫生志》编纂办公室编:《〈山西卫生志〉历史资料》,1985 年。

太原市卫生局编写:《太原市志 卫生卷》,1998 年。

太原市卫生志编纂委员会编:《太原卫生志(1840—1998)》,2001 年。

太原市北郊区卫生局编:《太原市北郊区卫生志》,1989 年。

张翠萍、郭毅、张剑扬主编:《大同卫生志》,太原:山西人民出版社 2013 年。

大同煤矿集团公司医疗中心编印,潘晓萍、黄湘达主编:《大同煤矿卫生志》,2013 年。

翼城县史志办公室编:《翼城卫生志(—2010)》,2011 年。

广灵县卫生局编:《广灵县卫生志(—2012)》,2013 年。

宁武县卫生局编:《宁武县卫生志》,1983 年。

宁武县卫生志编纂委员会编,吴永胜主编:《宁武县卫生志》,太原:山西人民出版社 2017 年。

灵石县卫生志编印,安一治主编:《灵石县卫生志》,1987 年。

长子县卫生志编纂办公室编:《长子县卫生志(1840—1997)》,1998 年。

忻州市史志办公室编:《忻县志 第十四编 体育卫生志(征求意见稿)》,1988 年。

张巨伟主编:《偏关县卫生志》,1985 年。

岢岚县卫生局卫生志编写组编,王选德主编:《岢岚县卫生志》,1985 年。

离石卫生志编委会编:《离石卫生志(1851—2011)》,2011 年。

黎城县卫生志编纂组编,王有森主编:《黎城县卫生志(1877—1985)》,1989 年。

中阳卫生志编委会编:《中阳卫生志(1990—2005)》,2006 年。

五寨县卫生局、五寨县志编纂办公室编:《五寨县卫生志》,1984 年。

繁峙卫生志编纂委员会编,赵冬来主编:《繁峙卫生志》,呼和浩特:远方出版社 2005 年。

王洪廷编著:《碛口志》(卷八:教育卫生之第二章:卫生),太原:山西经济出版社 2005 年。

《稷山县卫生志》编辑委员会编:《稷山县卫生志(晚清至 1995 年)》,1999 年。

山西省临县卫生志编纂委员会编,张崇林等编写:《临县卫生志(—1990)》,1993 年。

河津市计生局《卫生志》编委会编:《河津卫生志(—2005)》,2005 年。

梁广恒、赵俊田主编:《吕梁地区卫生志(1840—1995)》,太原:山西科学技术出版社 1999 年。

交口县卫生局编:《交口县卫生志》,1989 年。

王佐丞、张中伟、张新荣主编:《平遥县卫生志》,太原:北岳文艺出版社 2008 年。

阳泉市卫生志编纂委员会编:《阳泉市卫生志(—2010)》,太原:三晋出版社 2015 年。

《邯郸市卫生志》编辑委员会编:《邯郸市卫生志(1814—1985)》,1987 年。

孟县卫生局《卫生志》编辑室编:《孟县卫生志》,1985 年。

孟县医药公司药志编纂室编:《孟县医业志》,1984 年。

马良编:《〈应县志〉(初稿)第 16 卷 体育卫生志》。

盖建胜主编,壶关县卫生志编纂委员会编:《壶关县卫生志》,太原:三晋出版社 2014 年。

襄汾县卫生志编纂委员会编:《襄汾县卫生志(—2012)》,北京:中国文史出版社 2015 年。

运城市卫生志编委会编:《运城市卫生志》,1986 年。

运城市卫生局编:《运城市卫生志(1840—2004)》,2008 年。

浑源县卫生局编:《浑源县卫生志(1979—1989)》,1990 年。

寿阳县卫生志编委会编:《寿阳县(—2012)卫生志》,太原:山西人民出版社 2015 年。

晋城市卫生志编委会编:《晋城市卫生志(1949—2009)》,2011 年。

长治市卫生志办公室编:《长治市卫生大事记(1945—1985)》,1986 年。

长治市卫生志编委会编,赵凤翔、焦长斌主编:《长治市卫生志(1840—1985)》,1989 年。

绛县卫生局编,曹树江主编:《绛县卫生志》,2006 年。

芮城县卫生局编:《芮城卫生志》,2007 年。

政协运城市文史资料研究委员会编:《运城文史资料 中医临床经验专辑(1991 年第 1 辑)》,1991 年。

内蒙古自治区

[**医学教育与科研院所史志**]

张立东、姜玉霞主编:《内蒙古医科大学志 第四卷(1956—2016)》,呼和浩特:内蒙古人民出版社 2016 年。

张立东主编:《内蒙古医科大学志(1956—2013)》(全三卷),呼和浩特:内蒙古人民出版社 2014 年。

内蒙古医学院编:《内蒙古医学院 40 年志(1956—1996)》,1996 年。

内蒙古医学院校史编纂委员会编:《内蒙古医学院五十年(1956—2006)》,2006 年。

《内蒙古医科大学志》编写组编:《内蒙古医科大学 60 年大事记(1955—2015)》,2015 年。

巴彦淖尔盟卫生学校建校四十周年校庆专辑编委会编:《巴彦淖尔盟卫生学校建校四十周年校庆专辑（1960—2000)》,呼和浩特:内蒙古人民出版社 2000 年。

成慧琳、云惠明主编:《内蒙古自治区医院附属卫生学校志(1959—2009)》,呼和浩特:远方出版社 2009 年。

[医院史志]

内蒙古医科大学第二附属医院编:《内蒙古医科大学第二附属医院志(1985—2015)》,2015 年。

赵玉英主修:《内蒙古自治区医院志(1947—1997)》,呼和浩特:远方出版社 1997 年。

《内蒙古电力中心医院志》编纂委员会编:《内蒙古电力中心医院志(1951—2000)》,呼和浩特:远方出版社 2001 年。

内蒙古医学院附属医院编:《内蒙古医学院附属医院志(1958—1998)》,1998 年。

内蒙古一机医院志编纂委员会编:《内蒙古一机医院志(1958—2008)》,呼和浩特:内蒙古人民出版社 2008 年。

内蒙古精神卫生中心编:《内蒙古精神卫生中心志(1958—1996)》,1996 年。

莫力达瓦达斡尔族自治旗人民医院编,富杰主编:《莫力达瓦达斡尔族自治旗人民医院院志(1958—2008)》,2008 年。

政协满洲里委员会文史资料研究会编:《满洲里文史资料》第 2 辑,1986 年。含:满洲里铁路医院简史。

通辽市传染病医院编,单忠元主编:《光辉的历程——通辽市传染病医院建院 35 年(1974—2008)》,2008 年。

包头医学院第一附属医院院史编纂委员会编:《包头医学院第一附属医院院史》,2007 年。

包头医学院第一附属医院编:《悬壶济世 60 载——包头医学院第一附属医院院史(1957—2017)》,2017 年。

阿鲁科尔沁旗医院志编纂委员会编:《阿鲁科尔沁旗医院志(—2006.12)》,2007 年。

[畜禽疫病与兽医史志]

内蒙古自治区兽医工作站编:《内蒙古自治区畜禽疫病史(1947—1985)》,1987 年。

《内蒙古自治区畜禽疫病志(1947—1989)》,1990 年。

孟和主编:《新巴尔虎左旗畜牧兽医简志(1952—2012)》,呼和浩特:内蒙古文化出版社 2015 年。

内蒙古畜牧兽医科学研究所编:《内蒙古自治区家畜寄生虫概志》,1961 年。

[疾病防控与防疫史志]

内蒙古自治区地方病防治领导小组办公室、内蒙古自治区流行病防治研究所编:《内蒙古自治区鼠疫流行史(1966—1980)》,1981 年。

《内蒙古自治区鼠疫流行史(1981~1990)》,1991 年。

内蒙古自治区流行病防治研究所编:《内蒙古鼠疫监测资料选编(1981—1983)》,1984 年。

《1985 内蒙古鼠疫监测资料汇编》,1986 年。

内蒙古呼伦贝尔盟流行病防治研究所编:《呼伦贝尔盟鼠疫、布病防治资料汇编》,1985 年。

政协喀喇沁旗文史委编:《喀喇沁旗文史资料》(第 2 辑:喀喇沁旗鼠疫的流行与防治,喀喇沁旗克山病的危害与防治……),1985 年。

政协五原县文史委编:《五原文史》(第 4 辑:抗战时期绥西卫生工作,忆抗战时期河套地区西医西药概况,抗战时期河套地区鼠疫流行情况……)。

土默特右旗志编委会编:《土默特右旗史料》第 4 辑(含:萨拉齐地区鼠疫流行史,土默特右旗肠道传染病流行史),1984 年。

《通辽鼠疫》编委会编,于昌沛、乔子良、周汉主编:《通辽鼠疫》,2007 年。

政协通辽市文史学习委员会、通辽市卫生局、政协科左中旗文史委员会主办:《达尔罕文史》2003 年第 2 期(鼠疫与细菌战专辑)

朱世平主编,化德县文化演技促进会、化德县政协文史委编印:《化德鼠防志》,内部 2016 年。

政协元宝山文史委编:《元宝山文史》第 1 辑(创刊号;含:元宝山区人间鼠疫流行史),1987 年。

政协固阳县为市委编:《固阳文史资料》第 5 辑(含:固阳县人群布氏杆菌病流行特点及流行规律的调查分析,固阳县地方性氟中毒及其防治,固阳县鼠疫流行史,固阳县地方性甲状腺肿.克汀病及其防治,蒙医药的兴起与发展),1989 年。

政协开鲁县文史委编:《开鲁县文史资料》第 1 辑(创刊号;含:1947 年开鲁县城防治鼠疫的回忆,开鲁县鼠疫的流行与防治,布鲁氏菌病的流行与控制),1986 年。

政协哲里木盟文史资料委员会编:《哲里木盟文史资料》第 3 辑(含:哲里木盟蒙医史料,忆通辽地区鼠疫防治工作,1947 年通辽地区鼠疫的流行及防治,忆五道井子鼠疫之害,我在开鲁开设"杨氏医院"的经过,行医六十年),1987 年。

内蒙古出入境检验疫局编:《内蒙古自治区志·出入境检验检疫志》,呼和浩特:内蒙古人民出版社 2009 年。

呼和浩特市卫生防疫站编辑委员会编:《呼和浩特市卫生防疫站志(1953—1993)》,1993 年。

呼和浩特市卫生防疫站编:《呼和浩特市卫生防疫站五十周年站志(1953—2003)》,2003 年。

包头市卫生防疫站编:《包头市卫生防疫志》,1986 年。

巴盟卫生防疫站志编写委员会编:《巴盟卫生防疫站志》,1996 年。

科左后旗卫生防疫站编:《科尔沁左翼后旗卫生防疫志(初稿)》,1983 年。

牙克石市卫生防疫站编:《牙克石市卫生防疫站志(1959—1998)》,1999 年。

［医药、卫生史志］

李少白主编:《内蒙古当代医学人物志》,北京:中国医药科技出版社 1990 年。

《内蒙古卫生事业四十年》编辑委员会编:《内蒙古卫生事业四十年:1947—1987(上、下)》,呼和浩特:内蒙古人民出版社 1987 年。

内蒙古卫生厅编:《内蒙古卫生事业六十年:1947—2007》,2007 年。

《呼和浩特医药志》编纂委员会编:《呼和浩特医药志》,1989 年。

陈振祥主编:《呼伦贝尔盟医药志(—1989)》,呼和浩特:内蒙古文化出版社 1993 年。

《内蒙古自治区志·卫生志》编纂委员会编:《内蒙古自治区志 卫生志》,赤峰:内蒙古科学技术出版社 2007 年。

包头市卫生局编,张文元等主编:《包头市卫生志》,1988 年。

包头市卫生局编著:《包头市卫生志》,北京:方志出版社 2001 年。

包头钢铁稀土公司档案馆编:《包钢志 文教卫生志(1953—1990)》,1994 年。

内蒙古通辽市卫生志编纂委员会编,白力军主编:《通辽市卫生志(1644—2004)》,2005 年。

锡林郭勒盟卫生志编纂委员会编:《锡林郭勒盟卫生志》,呼和浩特:内蒙古文化出版社 2005 年。

通辽市科尔沁区卫生局编:《科尔沁区卫生志(1998—2008)》,2009 年。

内蒙古自治区赤峰市卫生局编:《赤峰市卫生事业四十年》,1987 年。

敖汉旗卫生志编纂委员会编:《敖汉旗卫生志(1892—1985)》,1991 年。

杭锦后旗卫生局编:《杭锦后旗卫生志(1927—1985)》,1986 年。

牙克石市卫生局编,武云江主编:《牙克石市卫生志(1946—1988)》,1989 年。

土默特左旗本书编纂委员会编:《土默特志 下 第二十二章 医疗卫生志》,呼和浩特:内蒙古人民出版社
　　1987 年。

奈曼旗卫生志编委会编:《奈曼旗卫生志》,1989 年。

内蒙古临河市卫生局、内蒙古临河市地方志编修办公室编:《临河市卫生志(1911—1990)》,1992 年。

中华医学会昭乌达盟分会编:《医药卫生资料选编》,1979 年。

辽宁省

[医学教育与科研院所史志]

刘民安、钟振环主编:《中国医科大学校史(1931—1991)》,沈阳:辽宁科学出版社 1991 年。

李干生主编:《中国医科大学六十年(1936—1996)》,北京:中国医药科技出版社 1996 年。

中国医科大学校史资料征集办公室编印:《中国医科大学校史资料选编》(全 3 辑),1985 年。

中国医科大学编:《中国医科大学校史》(一),1979 年。

中国医科大学校史编委会编:《中国医科大学校史(1931—1981)》,沈阳:中国医科大学出版社 1981 年。

戴万津等主编:《中国医科大学校史图志》,沈阳:辽宁人民出版社 2011 年。

刘民安、钟振寰主编:《中国医科大学校史(1931—1991)》,沈阳:辽宁科学技术出版社 1991 年。

中国医科大学:《红衣摇篮:中国医科大学 80 周年巡礼》,沈阳:中国医科大学 2011 年。

王林松、郭秀芝主编:《中国医科大学校友风采录(一)1931—2011》,沈阳:辽宁人民出版社 2011 年。

朱京海等主编:《红医故事:腾飞在沈阳》(中国医科大学校史丛书),沈阳:辽宁人民出版社 2018 年。

　　《中国医科大学:进驻沈阳 70 周年》(中国医科大学校史丛书),沈阳:辽宁人民出版社 2018 年。

季惠斌、郭秀芝主编:《使命与荣耀 — 中国医科大学纪念长征胜利八十周年主题征文集》,沈阳:辽宁人
　　民出版社 2018 年。

王松林、郭秀芝主编:《岁月:中国医科大学 80 年巡礼·中国医科大学岁月(1931—2011)》,沈阳:辽宁
　　人民出版社 2011 年。

沈阳医学院院史编纂委员会编:《沈阳医学院院史(1949—1988)》,1989 年。

　　《沈阳医学院院史续编(1989—1999)》,1999 年。

沈阳卫生学校校志编撰委员会编:《沈阳卫生学校志(1950.6—1990.12)》,北京:军事科学出版社
　　1991 年。

吴春福主编:《沈阳药科大学发展概览》,沈阳:辽宁教育出版社 2007 年。

辽宁中医学院院志编写组编:《辽宁中医学院院情(1958—1983)》,1986 年。

《辽宁中医学院(1958—1988)》,1988 年。

大连铁路卫生学校:《大连铁路卫生学校建校五十周年纪念册(1950—2000)》,2000 年。

朝阳市卫生学校校志编辑委员会编:《朝阳市卫生学校校志(1991—2007)》(朝阳市卫生学校五十周年纪念),2008 年。

鞍山卫生学校校志编委会编:《鞍山卫生学校志(1949—1999)》,1999 年。

锦州医科大学编:《锦州医科大学校史(1946—2016)》,2016 年。

《大连医学院院志》编纂委员会编,金永熙主编:《大连医学院院志(1947—1985)》,1981 年。

大连医科大学宣传统战部编:《媒体眼中的大连医科大学(2007—2012)》,北京:线装书局 2013 年。

锦州市卫生科学研究所编:《锦州市卫生科学教育所志》,1985 年。

锦州医学院科学技术志编纂委员会编:《锦州医学院科技志(1958—1988)》,沈阳:东北工业学院出版社 1989 年。

[医院史志]

辽宁中医药大学附属医院编:《光辉的岁月——辽宁中医药大学附属医院辉煌 60 年(1956—2016)》,2016 年。

辽宁中医药大学附属医院院志编写组编:《辽宁中医药大学附属医院院志(1956—2006)》,2006 年。

郭启勇、王大南主编:《一百三十载沧桑与奋进——中国医科大学附属盛京医院院史》,沈阳:沈阳出版社 2013 年。

中国医大二院《院志》编纂委员会编:《中国医科大学附属第二医院院志(1990—1999)》,2000 年。

阜新矿业集团总医院编:《阜新矿业集团总医院志》(1938—2008),沈阳:辽宁民族出版社 2008 年。

政协大东区文史委编:《大东文史》(第 8 辑:盛京施医院史话……积盛和药房……),1994 年。

辽宁省肿瘤医院院志编写委员会编:《辽宁省肿瘤医院院志(1996—2014)》,2015 年。

辽宁医学院附属第一医院编:《性命相托的记忆——辽宁医学院附属第一医院志(1946—2008)》,2009 年。

《30 年教学回顾(1984—2014)辽宁医学院附属第一医院耳鼻咽喉头颈外科》,沈阳:沈阳出版社 2015 年。

王者生主编:《辽宁省人民医院院志(1979—1997)》,沈阳:辽宁人民出版社 1999 年。

辽宁省彰武第二人民医院编:《光辉的历程——彰武第二人民医院》(画册),2014 年。

二四五医院(航空航天工业部沈阳黎明发动机制造公司职工医院)志编纂办公室编:《二四五区院志(1948.11—1988.12)》,1989 年。

盖县第一人民医院志编纂委员会编:《盖县第一人民医院志(1949—1985)》,1987 年。

沈阳市传染病院院志编纂委员会编:《沈阳市传染病院院志(1935—2005)》,2004 年。

桓仁满族自治县人民医院编,李诚主编:《桓仁满族自治县人民医院志》,北京:文史出版社 2011 年。

汤岗子医院史志办公室编:《汤岗子医院志(1950—2010)》,2010 年。

沈阳铁路局中心医院院志编委会编:《沈阳铁路局中心医院院志(1950—1992)》,1997 年。

沈阳铁路局大连疗养院编:《沈阳铁路局大连疗养院院志(1959—1993)》,1993 年。

《本钢职工总医院志》编纂委员会编,高乔主编:《本钢职工总医院志》,1986 年。

沈阳矿务局本溪总医院志编纂委员会编:《沈阳矿务局本溪总医院志》,1986 年。

沈阳市红十字会医院院志编纂办公室编:《沈阳市红十字会医院院志(1885—1995)》,1995 年。

沈阳市第四人民医院编,葛范苏等编著:《沈阳市第四人民医院医院志(1954—1982)》,1984 年。

沈阳市儿童医院编:《沈阳市儿童医院志(1988—1998)》,1998 年。

沈阳市骨科医院编:《沈阳市骨科医院志》,1988 年。

大连市儿童医院编:《大连市儿童医院院志》,2002 年。

大连医学院附属第一医院编,丁福源主编:《大连医学院附属第一医院院志》,1990 年。

大连大学附属中山医院编:《院志:纪念大连大学附属中山医院建院百年(1907—2007)》,2007 年。

辽河油田总医院史志编纂委员会编:《辽河油田中心医院志(1970—2010)》,北京:新华出版社 2013 年。

锦州市中医院编,周世光主编:《锦州市中医院院志(1979—1985)》,1986 年。

锦州市中心医院院志编纂委员会编:《锦州市中心医院院志(1948—1985)》,1989 年。

　　《锦州市中心医院院志(1986—1990)》,1991 年。

锦州市妇婴医院院志编纂领导小组编:《锦州市妇婴医院志续集(1951—1985)》,1984 年。

锦州市妇婴医院院志编纂委员会编:《锦州市妇婴医院志续集(1986—2001)》,2004 年。

锦州市妇婴医院编:《锦州市妇婴医院建院六十周年纪念册》,2011 年。

锦州市第二医院志编纂委员会编:《锦州市第二医院志 续卷(1986—2001)》,2004 年。

锦州医学院附属医院志编纂领导小组编:《锦州医学院附属医院志(1948—1985)》,1986 年。

本溪市康宁医院院志编纂委员会编:《本溪市康宁医院志(1959.9.28—1994.9.28)》,1994 年。

　　《本溪市康宁医院志(1959—2009)》,2009 年。

本溪市中心医院院志编纂办公室编:《本溪市中心医院院志(1954—1993)》,1994 年。

　　《本溪市中心医院志(1954—2004)》,2004 年。

本溪市康宁医院编纂委员会编:《本溪市康宁医院志(1959—2009)》,2009 年。

本溪市中心医院编:《辉煌的里程——纪念建院 50 周年(1954—2004)》,2004 年。

本钢胸科医院院志编纂委员会编:《本钢胸科医院院志(1954—1994)》,1995 年。

　　《本钢胸科医院院志(1954—2014)》,2015 年。

《本钢总医院院志》编纂委员会编:《本钢总医院院志(1916—1996)》,1996 年。

本钢总医院编:《本钢总医院(1916—1996)》(画册),1996 年。

本钢职工总医院志编纂委员会编:《本钢职工总医院志(1916—1985)》,1986 年。

抚顺矿务局总医院编纂:《抚顺矿务局总医院志(1907—1985)》,1997 年。

　　《百年抚顺矿务局总医院(1907—2007)》,2008 年。

抚顺市第二医院编:《抚顺市第二医院(1956—1985)》,1986 年。

抚顺市第三医院编:《抚顺市第三医院(1957—1985)》,1987 年。

抚顺市中心医院志编委会编:《抚顺市中心医院志(1969.8—1999.6)》,1999 年。

本书编委员会编:《台安县恩良医院志(1949—1996)》,沈阳:辽宁民族出版社 1997 年。

辽阳市政协文史资料研究委员会编:《辽史文史》第 15 辑。含:辽阳基督教会施医院简史。

辽阳市第二人民医院编,翁兴彦主编:《辽阳二院志(1950—2008)》,2010 年。

辽阳市第三人民医院志编辑委员会编,秦国东主编:《辽阳市第三人民医院志(1982—2009)》,2009 年。

兴城工人温泉疗养院志编写组编:《兴城工人温泉疗养院志(1949—1985)》,1986 年。

锦州市兴城疗养院院志编纂委员会编:《锦州市兴城疗养院志(1954—1985)》,1986 年。

《兴城疗养院(康复医院)组织史资料》编审委员会编:《兴城疗养院(康复医院)组织史资料(1976—
　　2013)》,北京:石油工业出版社 2014 年。

锦州市康宁医院编,祁凯主编:《康宁医院院志(1986—2001)》,2003年。

王希周主编:《沈阳铁路局锦州中心医院院志(1922—1985)》,1986年。

大连医科大学附属第一医院院志编辑委员会编:《大连医科大学附属第一医院院志(1988—2009年)》,2009年。

瓦房店市中心医院编:《瓦房店市中心医院志(1949—2009)》,2009年。

鞍钢立山医院编:《鞍钢立山医院三十年简史(1958—1988)》,1988年。

[畜禽疫病与兽医史志]

大连市畜禽疫病普查办公室编:《大连市畜禽疫病志(1949—1990)》,1993年。

铁岭市兽医卫生站编:《铁岭市畜禽疫病志》(后附12张各类疫病流行地区图),1990年。

朝阳县畜牧兽医局编:《朝阳县畜牧志(1991—2010)》,2010年。

凌源市畜牧兽医局志编纂委员会编:《凌源市畜牧兽医局志(1949—2014)》,2014年。

沈阳市兽医卫生站编:《沈阳市畜禽疫病志》(全三册),1990年。

绥中县动物疫病史编写小组编:《绥中县动物疫病史(1949—1990)》,1990年。

黑山县畜牧兽医局编,焦国岐主编:《黑山县畜禽疫病志(1949—1989)》,1989年。

黑山县委办公室编,王志民、李明主编:《黑山围歼战——黑山县扑灭高致病性禽流感疫情纪实》,2006年。

营口市畜禽疫病志编纂委员会编:《营口市畜禽疫病志(1949—1989)》,1990年。

辽阳县兽医卫生站编:《辽阳县畜禽疫病志(1949—1989)》,1989年。

盘山县畜禽疫病普查办公室编:《辽宁省盘山县畜禽疫病志(1949—1988)》,1989年。

本溪市农业生产委员会畜牧处、本溪市畜牧兽医技术服务中心编:《本溪市畜禽疫病志》,1990年。

大洼县畜牧兽医站编:《大洼县畜禽疫病志(1949—1989)》,1989年。

盖县畜牧兽医局编:《盖县畜禽疫病志(1949—1989)》,1989年。

锦县畜牧兽医站编:《锦县动物疫病志(1949—1990)》,1989年。

灯塔县兽医卫生站编:《灯塔县畜禽疫病志(1949—1989)》,1990年。

鞍山市畜禽疫病志编纂委员会编:《鞍山市畜禽疫病志》,1990年。

兴城市动物疫病志编委会编:《《兴城市动物疫病志》(1949—1988)》,1989年。

[制药企业史志]

东北制药总厂厂志编纂委员会编,金日华主编:《东药厂志》,1987年。

《沈阳第一制药厂志》编纂委员会编,吴挺宝主编:《沈阳第一制药厂志》,1990年。

锦州制药二厂编志办公室编:《锦州制药二厂厂志》,1986年。

辽阳制药机械厂编,郭文瑞主编:《辽阳制药机械厂简志》,1988年。

锦州中药厂志办公室编:《锦州中药厂志(1951—1985)》,1986年。

[疾病防控与防疫史志]

东北沦陷史研究编纂委员会编:《东北沦陷史研究》第7期(含:东北光复后鼠疫猖獗流行的历史背景),东北沦陷史研究杂志社1998年。

辽宁省卫生防疫站、中国医学科学院流行病学微生物学研究所编:《辽宁省鼠疫流行史》,1965年稿,

1973 年修印。

政协康平县文史委编:《康平文史》(第 7 辑:含……在反细菌战的日子里……鼠疫在康平流行的情况……),1993 年。

辽宁省卫生防疫站志编纂委员会编,陈书兴主编:《辽宁省卫生防疫站志(1954—1988)》,1991 年。

沈阳铁路局中心卫生防疫站:《沈阳铁路局中心卫生防疫站站志(1949—1992)》,1992 年。

大连市卫生防疫站编:《大连市卫生防疫站志(1952—1985)》,1986 年。

《大连市卫生防疫站志(1986—1993)》,1994 年。

《大连市安国卫生运动志》编委会编,李学文、徐元辰主编:《大连市爱国卫生运动志(1945.11—1987.12)》,大连:大连海运学院出版社 1988 年。

《大连市安国卫生运动志》编委会编:《大连市爱国卫生运动志(1988—1998)》,2001 年。

大连经济技术开发区卫生防疫站编:《大连经济技术开发区卫生防疫站站志(1989—2003)》,2005 年。

大连市卫生防疫站编:《大连地区医学昆虫动物初志》,1983 年。

大连史志办公室编,单文俊主编:《大连市志·口岸查验志》,北京:中央文献出版社 2001 年。

锦州市卫生防疫站编:《锦州市卫生防疫站站志(1952—1985)》,1986 年。

《锦州市卫生防疫站站志(1986—2000)》,2001 年。

锦州市地方病防治所编:《锦州市地方病防治所卫生志续卷(1986—2001)》,2002 年。

锦州市结核病防治所编:《锦州市结核病防治所卫生志续卷(1986—2001)》,2002 年。

盖县卫生防疫站志编纂委员会办公室编:《盖县卫生防疫站志(1956—1985)》,1987 年。

中国人民共和国丹东卫生检疫局编:《丹东卫生检疫五十年(1949—1999)》,1999 年。

本溪市疾病预防控制中心志编纂委员会编:《本溪市疾病预防控制中心志(2001—2010)》,2010 年。

政协铁岭市文史委编:《铁岭文史资料》(22:……关于松山背麻风病院的研究报告……辽北近代两次大瘟疫),2009 年。

[医药、卫生史志]

辽宁省地方志编纂委员会办公室主编:《辽宁省志·医药志》,沈阳:辽宁民族出版社 2003 年。

海龙宝主编:《辽宁省蒙医药志》,北京:中国国际广播出版社 2008 年。

《沈阳市药材公司志》编纂委员会编,刘义志主编:《沈阳市药材公司志》,1990 年。

慕绥新主编:《沈阳市志 第四卷(化学工业、医药工业……)》,沈阳:沈阳出版社 1999 年。

《沈阳医药志》编辑部编:《沈阳医药志(1948—1988)》,1992 年。

大连市史志办公室编:《大连市志 电子工业志 医药志 冶金工业志 盐业志(1840—1990)》,沈阳:辽宁民族出版社 2004 年。

本溪市社会科学界联合会策划:《本溪医药历史文化》,沈阳:沈阳出版社 2016 年。

黑山县医药志编纂领导小组:《黑山县医药志(1854—1985)》,1986 年。

辽宁省地方志编纂委员会办公室主编:《辽宁省志·卫生志》,沈阳:辽宁人民出版社 1999 年。

辽宁省卫生志编纂委员会编:《辽宁省卫生志(—1985)》,沈阳:辽宁古籍出版社 1997 年。

辽宁省健康教育所编:《辽宁省健康教育所志》,2007 年。

辽宁省劳动卫生研究所志编辑委员会编:《辽宁省劳动卫生研究所志(1972—1992)》,1992 年。

《辽宁卫生年鉴》编辑委员会编:《辽宁卫生年鉴》(1985、1986、1987、1988、1989、1990、1991、1992、1993、1994、1995、1996、1997、1998、1999、2000、2001、2002、2003、2004、2005、2006),1986、1987、1988、

1989、1989、1991、1992、1993、1994、1995、1996、1997、1998、1999、2000、2001、2002、2003、2003、2004 年；沈阳：辽宁人民出版社 2005 年；2006 年。

辽宁省卫生厅编：《辽宁卫生统计年鉴》(1990、1992、1993、1994、2000、2001、2004、2006、2007)，1991、1993、1994、1995、2000、2001、2004、2006、2007 年。

辽宁省卫生信息中心编：《辽宁卫生计生统计年鉴 2013》，2013 年。

于永敏编著：《辽宁医学人物志》，沈阳：辽沈出版社 1990 年。

沈阳市人民政府地方志编纂办公室编：《沈阳市志 第十三卷(文化、新闻出版、卫生、体育、文物)》，沈阳：沈阳出版社 1990 年。

沈阳市和平区卫生局卫生志编纂组：《沈阳市和平区卫生志(1881—1985)》，1986 年。

沈阳市环境卫生管理处编：《沈阳市环境卫生大事记(1905—1986)》，1987 年。

《沈阳市环境卫生法规 1915—1987(汇编)》，1987 年。

沈阳市沈河区卫生局编：《沈河卫生志》，2006 年。

沈阳市和平区卫生局编：《沈阳市和平区卫生志》，1986 年。

政协沈阳市皇姑区文史委员会编：《皇姑文史资料》(第九辑：卫生专辑)，1997 年。

沈阳铁路局志编纂委员会编：《沈阳铁路局志稿——卫生篇》，1994 年。

凌海市卫生局编：《凌海市卫生志(1986—2001)》，2003 年。

杨德敏、张斌主编：《松山区卫生志(1911—1998)》，沈阳：辽宁教育出版社 1997 年。

《大连市卫生志》编纂委员会编，李学文主编：《大连市卫生志(1840—1985)》，大连：大连出版社 1991 年。

大连市地方志编纂委员会办公室编：《大连市志 卫生志(1840—1990)》，大连：大连出版社 1993 年。

辽宁省鞍山市卫生志编纂委员会编辑，袁承运主编：《鞍山市卫生志(1911—1985)》，1990 年。

鞍山市地方志办公室编，陈国山主编：《鞍山市志·文化卫生体育卷》，沈阳：沈阳出版社 1992 年。

抚顺市卫生志编辑部编：《抚顺市卫生大事记》，1987 年。

抚顺市卫生志编纂委员会编：《抚顺市卫生志(1905—1985)》，1989 年。

抚顺市卫生年鉴编委会编：《抚顺卫生年鉴》(1986、1987、1988、1989、1990、1991)，1986、1988、1989、1990、1991 年。

抚顺市露天区卫生志编纂办公室编：《抚顺市露天区卫生志(1908—1985)》，1988 年。

辽阳市卫生志编纂委员会：《辽阳市卫生志 1862—2001》，2002 年。

兴城县卫生志编委员编：《兴城县卫生志》，1981 年。

兴城市医药公司编志办公室编：《兴城医药公司志(1940—1985 年)》，1988 年。

北镇县卫生志编委会编：《北镇县卫生志(1885—1985)》，1986 年。

王维夫等编，锦州市卫生志编纂委员会编，《锦州市卫生志(1736—1985)》，沈阳：沈阳出版社 1991 年。

锦州市卫生志编纂委员会编：《锦州市卫生志 大事记》，1986 年。

锦州市太和区卫生志编纂委员会编：《锦州市太和区卫生志(1930—1985)》，1987 年。

锦州市古塔区卫生志编纂委员会编：《锦州市古塔区卫生志(1852—1985)》，1988 年。

本溪卫生年鉴(1986)编辑委员会编：《本溪卫生年鉴(1986)》，1987 年。

王则敏、韩子奇主编：《本溪卫生年鉴(1987)》，1988 年。

本溪市卫生局编：《1990—1991 年本溪市卫生统计年鉴》，1992 年。

《本溪市卫生统计年鉴》(1992、1993)，1993、1994 年。

本溪市卫生局、爱卫会编:《本溪卫生志(1826—1985);续篇(1986—1989)》,1990 年。

建平县卫生志编纂委员会编:《建平县卫生志(1918—1985)》,1988 年。

朝阳县卫生志编纂委员会编:《朝阳县卫生志(摘要)》,1990 年。

锦西市卫生志编纂委员会编:《锦西市卫生志(1906—1985)》,1987 年。

锦县卫生志编纂委员会编:《锦县卫生志(1852—1985)》,1987 年。

宽甸满族自治县卫生志编纂委员会编:《宽甸卫生志》,2000 年。

丹东市地方志办公室编:《丹东市志(9)教育、科学、文化、出版、广播电视、卫生体育》,沈阳:辽宁科学技术出版社 1991 年。

黑山县卫生志编纂委员会编:《黑山县卫生志(1854—1985)》,1987 年。

营口市卫生志编纂委员会编:《营口市卫生志(1840—1985)》,1987 年。

营口卫生年鉴编辑委员会编:《营口卫生年鉴》(1986、1987、1988、1994),1988、1988、1989、1995 年。

本钢史志办公室编:《本钢志 第 1 卷 下(1905—1985)第十篇 医疗卫生志》,沈阳:辽宁人民出版社 1992 年。

吉林省

[七三一部队罪行史料]

全国文史资料委员会编:《文史资料》(第 91 辑:满洲第七三一部队史,……日军在东北用细菌杀人的罪行……),北京:中国文史出版社 1979 年。

[医学教育与科研院所史志]

《长春中医学院院史》编辑委员会编:《长春中医学院院史(1958—1985)》,长春:东北师范大学出版社 1988 年。

陈广路、王广尧主编:《长春中医学院院史(1986—1997)》,长春:长春出版社 1998 年。

曲晓波主编:《长春中医药大学校史(1958—2008)》,长春:长春出版社 2008 年。

孙星主编:《长春中医药大学校史(1958—2018)》,长春:东北师范大学出版社 2018 年。

长春中医药大学编:《长春中医药大学校友录》(上、下),2013 年。

刘俊道主编:《白城医学高等专科学校史(2002—2018)》,长春:吉林出版集团有限公司 2018 年。

李玉林主编:《原白求恩医科大学(吉大·医学)大事记(1989—2009)》,长春:吉林大学出版社 2009 年。

白求恩医科大学校史编辑委员会编:《白求恩医科大学校史(1939—1989)》,成都:四川人民出版社 1989 年。

白求恩医科大学校史编辑室编:《白求恩医科大学学生名录(1939—1989)》,1989 年。

白求恩医科大学预防医学院编:《白求恩医科大学预防医学院院史(1958—1988)》,1989 年。

李殿富、卢维主编:《白求恩医科大学名人志(1939—1999)》,长春:吉林人民出版社 1999 年。

时常义主编:《白求恩医科大学第二临床学院院志(1948—1998)》,1998 年。

中国人民解放军农牧大学编:《中国人民解放军农牧大学军事兽医研究所所志(1949.2—1993.12)》,1994 年。

延边卫生学校志编纂委员会编:《延边卫生学校志》,1991 年。

《四平市卫生学校志》编纂委员会编:《四平市卫生学校志(1959—2000)》,2001 年。

《四平市卫生学校志(1958—2008)》,2009 年。

[医院史志]

吉林冶金机电设备制造厂职工医院编:《吉林冶金机电设备制造厂职工医院院志(1986 — 2002)》,
　　2002 年。

吉林江北机械厂职工医院编:《吉林江北机械厂职工医院院志(1986—2002)》,2002 年。

吉林热电厂职工医院院志编纂组编:《吉林热电厂职工医院院志(1986—2002)》,2002 年。

吉林省电子建设总公司职工医院编:《吉林省电力建设总公司职工医院院志(1986—2002)》,2002 年。

吉林省第二荣复军人医院组编:《辉煌五十年——吉林省第二荣复军人医院建院 50 周年巡礼(1962 —
　　2012)》,2012 年。

吉林大学第二医院编:《吉林大学第二医院院志》(1948 —1998),1998 年;(续:1999 — 2008),2008 年。

高忠礼主编:《吉林大学中日联谊医院志(1949 —2009)》,长春:吉林大学出版社 2009 年。

《风雨征程》编委会编:《风雨征程——吉林省神经精神病医院(1949 —2006)》,2006 年。

《吉林省电业医院志》编辑部编,曹世栋主编:《吉林省电业医院志》,1988 年。

长春市妇产医院编:《长春市妇产医院(1896 —2007)——庆祝长春市妇产医院一百一十周年华诞》,
　　2007 年。

《卫生志》编纂委员会编:《第一汽车制造厂医疗卫生志(1953 —1985)》,1988 年。

伊通县满足自治县人民院编:《伊通满族自治县人民医院志》,1992 年。

周建民、张柱曲主编:《吉林省人民医院院志(1946 —2014)》,沈阳:辽海出版社 2014 年。

《辽源市中医院志》编辑部编:《辽源市中医院志(1984. 2 —2003. 12)》,2004 年。

辽源市中心医院志编纂委员会编:《辽源市中心医院志(1947 —1999)》,1999 年。

延边结核病防治所所志编纂委员会编:《延边结核病防治所所志(1979 —2009)》,2009 年。

《延边第二人民医院院志》编纂委员会编:《延边第二人民医院院志(1964 —2004)》,2004 年;(2004 —
　　2014),2014 年。

延边肿瘤(胸科)医院院志编纂委员会编:《延边肿瘤胸科医院院志(1956 —2006)》,2006 年。

延边医学院附属医院院志编纂委员会编:《延边医学院附属医院　延边医院院志(1946 — 1992)》,
　　1992 年。

延边中西医结合医院编:《延边中西医结合医院院志》(1985 —2005),2006 年;(2005 —2015),2016 年。

延边眼耳鼻喉科医院院志编写委员会编:《延边眼耳鼻喉科医院院志(1987 —2007)》,2007 年。

延吉市中医医院延边中医医院院志编写组编:《延吉市中医医院　延边中医医院院志》,1998 年。

中国第一汽车制造厂卫生处职工医院编:《医疗卫生志(1953 —1985)》,1988 年。

尹孟河主编:《汪清县中医院院志》,1998 年。

敦化市中医医院编:《敦化市中医医院院志(1958 —2004)》,2003 年。

敦化市医院院志编纂委员会编:《敦化市医院院志(1947 —2002)》,2003 年。

珲春市医院编:《珲春市医院业务发展简史(1945. 9 —1995. 8)》,1995 年。

珲春市妇幼保健所编:《珲春市妇幼保健所志(1950 —1989)》,1990 年。

四平市中心人民医院编,唐立峰主编:《四平市中心人民医院志》(1978 — 1995),1995 年;(1995 —
　　2007),2008 年。

梨树县第一人民医院院志编纂委员会编:《梨树县第一人民医院院志(1948 —1998)》,1998 年。

杨立军主编:《山城医苑——历史的回眸：通化市人民医院建院 60 年大事年记(1949.3.7—
　　2009.3.7)》,2009 年。

龙潭区妇幼保健院编:《龙潭区妇幼保健院院志(1986—2002)》,2003 年。

龙潭区大口钦满族镇卫生院编:《龙潭区大口钦满族镇卫生院院志(1986—2002)》,2003 年。

龙潭区杨木乡卫生院编:《龙潭区杨木乡卫生院院志(1986—2002)》,2003 年。

龙潭区缸窑镇中心卫生院编:《龙潭区缸窑镇中心卫生院院志(1986—2002)》,2003 年。

龙潭区金珠卫生院编:《龙潭区金珠卫生院院志(1986—2002)》,2003 年。

龙潭区乌拉街中心卫生院编:《龙潭区乌拉街中心卫生院院志(1986—2002)》,2003 年。

吉林市龙潭人民医院编,张莲华主编:《吉林市龙潭人民医院院志(1986—2002)》,2002 年。

吉林市龙潭区卫生队编:《吉林市龙潭区卫生队队志》,1987 年。

张喜杰主编:《龙潭区江北医院院志(1986—2002)》,2002 年。

吕宝河主编:《龙潭区口腔医院院志(1986—2002)》,2002 年。

龙潭中医院编:《龙潭中医院院志(1986—2002)》,2002 年。

龙潭区铁东医院编,李书华主编:《龙潭区铁东医院院志(1986—2002)》,2002 年。

龙潭街道卫生所编:《龙潭街道卫生所所志(1986—2002)》,2003 年。

龙潭区结核病防治所编:《龙潭区结核病防治所所志(1986—2002)》,2003 年。

吉林市康润医院院志编纂组编:《吉林市康润医院院志(1986—2002)》,2002 年。

北华大学北校区医院编:《北华大学北校区医院院志(1986—2002)》,2002 年。

珲春县医院志编写小组编:《珲春县医院志》,1988 年。

延边妇幼保健院院志编纂委员会编:《延边妇幼保健院院志(1982—2002)》,2002 年。

政协洮南市文史资料编委会编:《洮南文史资料》第 4 辑,1993 年。含:洮南三九后方医院。

[畜禽疫病与兽医史志]

吉林省畜禽疫病普查办公室编,赵中三主编:《吉林省畜禽疫病志》,1991 年。

长春市畜禽疫病普查办编:《长春市畜禽疫病志》,长春:吉林科学技术出版社,1990 年。

镇赉县畜禽疫病普查办公室编:《镇赉县家畜家禽疫病志》,1990 年。

[制药企业史志]

《通化白山制药二厂厂志》编写小组编,梁夏主编:《通化白山制药二厂厂志》,1988 年。

《吉林省梅河口制药厂厂志》编写小组,蒋兴久等主编:《吉林省梅河口制药厂厂志》,1988 年。

《梅河口市第一制药厂厂志》编写领导小组编,周明普、邓铭之主编:《梅河口市第一制药厂厂志》,
　　1988 年。

《集安制药厂厂志》编辑小组编,王文彬主编:《集安制药厂厂志》,1988 年。

《长岭县制药厂厂志》编写组,陶树学等主编:《长岭县制药厂厂志》,1988 年。

延边安图制药厂编,刘文植主编:《安图制药厂志》(第一卷),1989 年。

延边医学院制药厂志增刊编辑委员会编:《延边医学院制药厂厂志(1948—1950；1958—1963；1972—
　　1985)》,1985 年。

吉林省浑江市药志编委会编,王政先主编:《浑江药志(1644—1985)》,1989 年。

［疾病防控与防疫史志］

吉林省药品检验所编,苗青、赵子明主编:《吉林省药品检验所志(1958—1987)》,1989年。

吉林省卫生防疫站站志编委会编:《吉林省卫生防疫站站志(1952—1995)》,1995年。

长春史志编辑部编:《长春史志》1986年第3/4期合刊(含:长春鼠疫流行史)

政协德惠县文史委编:《德惠文史资料》第5辑(含:德惠两次鼠疫流行惨状),1988年。

珲春市卫生防疫站编:《珲春市卫生防疫站志》,1989年。

珲春市结核病防治所编:《珲春市结核病防治所志(1956—1992)》,1993年。

吉林市环境卫生管理处编:《吉林市环境卫生志》,1990年。

梨树县卫生防疫站编,李时令主编:《梨树县卫生防疫站站志(1956—1996)》,1996年。

蛟河市卫生防疫站编:《蛟河市卫生防疫站站志(1954—1994)》,1994年。

白城市政协文史资料委员会编:《白城文史资料》(第1辑:含:伪满镇东县戒烟所及康生院),1999年。

中国人民政治协商会议吉林省白城市委员会文史资料委员会编:《白城文史资料》(第2辑:含:白城市建国前鼠疫流行始末),北京:中国文史出版社2000年。

政协洮安县文史委编:《洮安文史资料》第2辑(含:解放前洮南鼠疫流行灾祸史),1985年。

［医药、卫生史志］

吉林省地方志编纂委员会编,孙国忠主编:《吉林省志·医药志》,长春:吉林人民出版社1994年。

长春市地方志编纂委员会编:《长春市志 石油化学和医药工业志(—1988)》,2004年。

吉林省和龙县医药公司编志办编,李凤虎主编:《和龙县医药志(1909—1989)》,1989年。

陈福增主编:《抚松县人参志(1567—1987)》,长春:吉林人民出版社1989年。

吉林省地方志编纂委员会编纂:《吉林省卫生志(1893—1985)》,长春:吉林人民出版社1992年。

长春市地方志编纂委员会编,孙明主编:《长春市志 卫生志(—1988)》,长春:吉林文史出版社1993年。

长春市南关区卫生局编:《长春市南关区卫生局组织机构沿革史》,1985年。

伊通县卫生局编:《伊通县卫生志(1882—1985)》,1987年。

通榆县卫生局编,李永胜主编:《通榆县卫生志(1986—2002)》,2003年。

桦甸县卫生局编印:《桦甸县卫生志》,1986年。

汪清县卫生志编写组编:《汪清县卫生志(1890—1985)》,1988年。

吉林省辉南县卫生志编辑组编:《辉南县卫生志(1909—1983)》,1985年。

和龙县卫生志编辑委员会编:《和龙县卫生志》,1987年。

《延吉市卫生志》编纂委员会编,金明学主编:《延吉市卫生志》,1987年。

怀德县卫生局编:《怀德县卫生志》,1984年。

安图县卫生志编辑组编:《安图县卫生志(1909—1985)》,1985年。

珲春县卫生志编辑委员会编:《珲春县卫生志》,1986年。

吉林市地方志编纂委员会编:《吉林市志 卫生志(1882—1985)》,长春:吉林人民出版社2008年。

通化县卫生局编著:《通化县卫生志(—1983)》(上、下),1984年。

薛志刚主编:《通化市卫生志(1877—1985)》,1989年。

延边朝鲜自治州卫生局编:《延边朝鲜族自治州医疗保健史资料汇编》,1983年。

黑龙江省

[医学教育与科研院所史志]

黑龙江省中医研究院院志编委会编:《黑龙江省中医研究院院志(1957—1987)》,1987 年。

黑龙江中医药大学编:《黑龙江中医药大学校史(1989—1998)》,哈尔滨:黑龙江人民出版社 1999 年。

杨天仁主编:《黑龙江中医药大学校史》(上:1954—1998;下:1999—2014),北京:中国医药出版社 2014 年。

安治勋主编:《黑龙江中医药大学 40 年》,1999 年。

黑龙江中医药大学药学院编:《黑龙江中医药大学药学院 40 周年院庆(1972—2012)[科学研究]》,1999 年。

《黑龙江中医药大学附属第一医院即黑龙江中医药大学临床医学院院史》编写组编:《黑龙江中医药大学附属第一医院即黑龙江中医药大学临床医学院院史(1963—2002)》,2003 年。

黑龙江中医学院院史编写组编:《黑龙江中医学院院史》(1959—1984),哈尔滨:东北林业大学出版社 1985 年;(续集:1984—1988)》,哈尔滨:东北林业大学出版社 1988 年。

《黑龙江中医学院大事记》(1959—1984),1985 年;(1985—1988),1988 年。

中国人民政治协商会议黑龙江省委员会文史资料委员会编:《黑龙江文史资料 第 34 辑 老哈尔滨医科大学》,哈尔滨:黑龙江人民出版社 1993 年。

哈尔滨医科大学编:《哈尔滨医科大学大庆校区校志(2004—2010)》,2014 年。

张本、王文浩主编:《忆老哈医大——纪念建校 70 周年》,哈尔滨医科大学北京校友会 1996 年。

杨奔主编:《哈尔滨医科大学校史(1931—1985)》,哈尔滨:黑龙江人民出版社 1988 年。

王绍伯主编:《齐齐哈尔医学院史(1946—1986)》,哈尔滨:黑龙江人民出版社 1987 年。

齐齐哈尔医学院编:《齐齐哈尔医学院院志(1986—2010)》,2011 年。

《黑龙江省林业卫生学校志》编审委员会编,石文章主编:《黑龙江省林业卫生学校志》,哈尔滨:哈尔滨出版社 2000 年。

大兴安岭卫生学校编:《大兴安岭卫生学校校史》,1985 年。

佳木斯医学院史编写组编:《佳木斯医学院史(1947—1984)》,哈尔滨:黑龙江人民出版社 1987 年。

周再兴主编:《鸡西煤炭卫生学校校志(1958—1985)》,1986 年。

牡丹江医学院院史办公室编:《牡丹江医学院院史》,2008 年。

齐齐哈尔卫生干部进修学校编:《齐齐哈尔卫生干部进修学校校志》

[医院史志]

《黑龙江省医院志》编纂委员会编:《黑龙江省医院志(1954—2004)》,2004 年;(2004—2013),2014 年。

黑龙江省电力医院编:《黑龙江省电力医院院史》(第一卷),2002 年。

沈启林主编:《五常中医院院志》,哈尔滨:黑龙江人民出版社 2015 年。

哈尔滨市朝鲜民族医院编:《哈尔滨市朝鲜民族医院院志(1956—1985)》,1985 年。

哈尔滨医科大学附属第一医院编:《哈尔滨医科大学附属第一医院志(1949—1985)》,1985 年。

哈尔滨第一医院院志编辑委员会编,金洪久主编:《哈尔滨第一医院志(1913—2000)》,2001 年。

哈尔滨市儿童医院院志编辑委员会编:《哈尔滨市儿童医院志(1986—1999)》,2000 年。

牡丹江市妇产儿童医院 牡丹江市妇幼保健院编:《牡丹江市妇产儿童医院 牡丹江市妇幼保健院 院志（1953—2003）》,2004 年。

牡丹江市第二人民医院院史办编:《牡丹江市第二人民医院志(1977—2007)》(流金岁月:建院 30 周年纪念),2006 年。

哈尔滨铁路局扎兰屯结核病防治疗养院编:《哈尔滨铁路局扎兰屯结核病防治疗养院院志(1949—1994)》,1994 年。

哈尔滨市传染病院志办公室编:《哈尔滨市传染病院志(1946—1985)》,1987 年。

哈尔滨市红十字儿童医院编:《哈尔滨市红十字儿童医院院志(1955—1985)》,1986 年。

哈尔滨铁路局齐齐哈尔中心医院院志编委会:《哈尔滨铁路局齐齐哈尔中心医院院志(1928—1998)》,1998 年。

齐齐哈尔中心医院编:《齐齐哈尔中心医院志(1928—2000)》,北京:中国铁道出版社 2003 年。

齐齐哈尔中医院编:《齐齐哈尔中心医院综合志》,2004 年。

　　《齐齐哈尔中心医院管理志》,2004 年。

　　《齐齐哈尔中心医院人物志》,2004 年。

　　《齐齐哈尔中心医院医疗志》,2004 年。

陈宏主编:《齐齐哈尔市中医医院志(1952—2102)》,2012 年。

齐齐哈尔市第一医院编:《齐齐哈尔市第一医院志(1911—1985)》,1987 年。

齐齐哈尔铁路分局基层单位志编审委员会会编:《加格达奇医院志(1968—2000)》,北京:中国铁道出版社 2002 年。

　　《让湖路医院志(1896—2000)》,北京:中国铁道出版社 2003 年。

齐齐哈尔医学院第二附属医院志编纂小组编:《齐齐哈尔医学院第二附属医院志(1972—2004)》,2004 年。

齐齐哈尔医学院第二附属医院编:《齐齐哈尔医学院第二附属医院大型纪念画册——发展历程(1972—2010)》,2010 年。

哈尔滨铁路局齐齐哈尔中心医院编:《哈尔滨铁路局齐齐哈尔中心医院院志(1928—1998)》,1998 年。

国营华安机械厂职工医院院志编纂组编:《华安厂医院志(1951—1983)》,1984 年。

《海伦市人民医院志》编写组编:《海伦市人民医院志(1945—2014)》,黑龙江人民出版社 2015 年。

李联海主编:《富锦口腔医院志》,2000 年。

　　《齐齐哈尔传染病院院志》。

　　《煤炭工业部鸡西煤矿机械厂医院院志》。

　　《华安厂医院志》。

　　《鸡西市人民医院院志》。

黑龙江省鸡西矿务局总医院志编纂委员会编,常柏林主编:《鸡西矿务局总医院志(1945—1985)》,1985 年。

齐齐哈尔铁路分局基层单位志编审委员会编,李庆军主编:《塔河医院志(1970—2000)》,北京:中国铁道出版社 2002 年。

塔河县人民医院志编纂委员会编:《塔河县人民医院志》,2009 年。

佳木斯大学附属第一医院编:《佳木斯大学附属第一医院院史(1935—2010)》,哈尔滨:黑龙江人民出版社 2012 年。

黑龙江省哈尔滨市香坊木材厂医院编,田绿野编著:《香木厂医院志》(上卷:1952—1986),1987 年。

齐齐哈尔市中医医院志编纂委员会编:《齐齐哈尔市中医院院志(1952—2012)》,2012 年。

齐齐哈尔铁路分局基层单位志编审委员会、昂昂溪医院志编审委员会编:《昂昂溪医院志(1896—2000)》,北京:中国铁道出版社 2003 年。

大庆市龙凤区人民医院院志编撰组编:《大庆市龙凤区人民医院院志》,1985 年。

大庆市第二医院院志编审委员会编纂:《大庆市第二医院院志(1960—1984)》,1985 年。

大庆市第三医院院志编审委员会编纂:《大庆市第三医院院志》(上、下),1985 年。

大庆市大庆石油管理局第一医院院志编审委员会编:《大庆市大庆石油管理局第一医院院志(1960—1984)》(上、下),1986 年。

张奕立主编:《绥化市第一医院院志》第一卷(1939—1999),1999 年。

[疾病防控与防疫史志]

黑龙江省卫生防疫站编:《黑龙江省卫生防疫站志(1954—1985)》,1989 年。

黑龙江卫生厅史志办公室编:《黑龙江省地方病防治(卫生史志资料)》,1987 年。

哈尔滨市市容环境卫生管理处编:《哈尔滨市环境卫生志》(1898—1985),1987 年;(1898—1993),1994 年。

哈尔滨市南岗区环境卫生管理局编:《哈尔滨南岗区环境卫生志(1909—1990)》,1991 年。

哈尔滨卫生防疫站革命委员会编:《预防为主(爱国卫生运动资料选编)》,1970 年。

哈尔滨市卫生防疫站编:《哈尔滨市卫生防疫站志》(1952—1985),1987 年;(1986—2003),2005 年。

《哈尔滨市爱国卫生运动史志》编纂领导小组编:《哈尔滨爱国卫生运动志(1952.3—1990.12)》,1991 年。

齐齐哈尔中心防疫站编:《齐齐哈尔中心防疫站志(1949—2000)》,北京:中国铁道出版社 2003 年。

齐齐哈尔铁路分局基层单位志编委会编,《加格达奇防疫站志(1958—2000)》,北京:中国铁道出版社 2003 年。

绥芬河卫生检疫局编:《绥芬河卫生检疫局志(1959—1999)》,北京:新华出版社 1999 年。

满洲里卫生检疫局编,孟传金、李兆熊主编:《满洲里国境卫生检疫志》,呼和浩特:内蒙古文化出版社 1996 年。

讷河市卫生防疫站编:《黑龙江省讷河市卫生防疫站四十年(1956—1996)》,1996 年。

齐齐哈尔市卫生防疫站编:《齐齐哈尔市卫生防疫站志(1953—1983)》,1984 年。

于洛雅主编:《南岗区环境卫生志(1909—1990)》,1991 年。

政协鹤岗市文史委编:《鹤岗文史资料》第 3 辑(含:消灭东北鼠疫大流行的卫生公务),1987 年。

[医药、卫生及其他史志]

黑龙江地方志编纂委员会编:《黑龙江省志 第 48 卷 医药志》,哈尔滨:黑龙江人民出版社 1999 年。

哈尔滨市地方志编纂委员会编,岳玉泉主编:《哈尔滨市志·纺织工业·医药》,哈尔滨:黑龙江人民出版社 1996 年。

齐齐哈尔市医药公司编:《齐齐哈尔市医药商业志(1616—1985)》,1989 年。

《佳木斯市中药志》编纂委员会编,范淑芝主编:《佳木斯市中药志》,1989 年。

佳木斯医药采购展编,谢雨森主编:《佳木斯医药站志》第一卷(1959—1985),1988 年。

《佳木斯市医药志》编纂委员会编著,品秀芬主编:《佳木斯市医药商业志(清末民初至1985年)》,1989年。

依兰县医药管理局编:《依兰县医药志(—1985)》,1989年。

《牡丹江市医药志》编辑委员会编,郑玉令主编:《牡丹江市医药志(—1985)》,1989年。

黑龙江省桦川县医药管理局编:《桦川县医药志)》,1987年。

黑龙江省嫩江县医药药材公司编:《嫩江县医药志(1686—1985)》,1988年。

虎林县医药志编纂委员会编:《虎林县医药志(1909—1985)》,1988年。

黑龙江省龙江县医药管理局编:《龙江县医药志 》,1988年。

黑龙江省勃利县医药管理局编:《勃利县医药志(1911—1985)》,1987年。

黑龙江省集贤县医药管理局编:《集贤县医药志(1890—1985)》,1988年。

黑龙江省依安县医药药材公司编:《依安县医药志》,1988年。

黑龙江省泰来县医药药材公司编:《泰来县医药志(1896—1985)》,1989年。

黑龙江省医疗器械工业公司编:《黑龙江省医疗器械工业志》,1988年。

《黑龙江省医疗器械工业志(大事记·人物·企业名录)》,1988年。

黑龙江省地方志编纂委员会编:《黑龙江省志 第47卷 卫生志》,哈尔滨:黑龙江人民出版社1996年。

哈尔滨市地方志编纂委员会编:《哈尔滨市志 卷27:卫生·体育》,哈尔滨:黑龙江人民出版社1996年。

哈尔滨市卫生史志编纂办公室编:《哈尔滨市卫生史志资料》(第1辑),1984年。

(哈尔滨)动力区卫生志编纂领导小组编:《动力区卫生志(1950—1988)》,1988年。

《尚志市卫生志》编纂委员会编:《尚志市卫生志(1878—1995)》,1996年。

黑龙江省龙江县卫生局编:《龙江县卫生志》,1986年。

嫩江县卫生局编:《嫩江县卫生志》,1983年。

漠河县志办公室编:《漠河县志 卫生体育卷》,1992年。

《拜泉县卫生志》编辑组编,王国清主编:《拜泉县卫生志》,1986年。

齐齐哈尔市地方志办公室编,梁可铮主编:《齐齐哈尔市卫生志(1742—1985)》,1990年。

昂昂溪区卫生志办公室编:《昂昂溪区卫生志》,1985年。

(齐齐哈尔)铁锋区卫生志编写办公室编:《铁锋区卫生志》,1984年。

黑龙江省讷河县卫生志编纂领导小组编:《讷河县卫生志》,1985年。

呼兰县卫生局编纂组:《呼兰县卫生志》,1985年。

黑龙江省呼兰县县志编纂委员会办公室编:《呼兰县志 第二十八编 卫生》,1991年。

雷志平主编:《呼兰县卫生志 续志》,哈尔滨:黑龙江科学技术出版社2004年。

黑龙江省绥化地区行政公署卫生局编:《绥化地区卫生志》,1985年。

黑龙江省木兰县卫生志编纂小组编,孙军主编:《木兰县卫生志(1905—1987)》,1984年。

大庆市萨尔图区卫生编纂小组编:《大庆市萨尔图区卫生志(1644—1985.12)》,1986年。

黑龙江省望奎县卫生志编纂委员会编,李林春主编:《望奎县卫生志(1897—1984)》,1985年。

克东县卫生局编:《克东卫生志》,1986年。

望奎县卫生局编:《望奎县卫生志》,1985年。

鸡西市卫生局编:《鸡西市卫生志(1925—1985)》,1987年。

鸡东县卫生局编:《鸡东县卫生志》,1988年。

鸡西市卫生志编纂委员会编著:《鸡西市卫生志(1986—2004)》,2005年。

齐齐哈尔市卫生志编委会编:《齐齐哈尔市卫生志(1742—1985)》,1990年。

阿城县卫生局编:《阿城县卫生志(1909—1985)》,1986年。

常如意主编:《阿城市卫生志》(1986—2000),2001年;(2001—2005),2006年。

《黑龙江省医疗器械工业志》编纂委员会编,高成德等主编:《黑龙江省医疗器械工业志》,1988年。

哈尔滨卫生防疫站等编:《食品卫生参考资料汇编》,1958年。

上海市

[医学教育与科研院所史志]

姚泰主编:《上海医科大学七十年》,上海:上海医科大学出版社1997年。

孔本瞿主编:《上海医科大学七十年:校友回忆录》,上海:上海医科大学出版社1997年。

《上海第二医科大学志》编纂委员会编,王一飞主编:《上海第二医科大学志(1952—1990)》,上海:华东理工大学出版社1997年。

杨杏林、唐晓红编著:《上海中国医学院院史》,上海:上海科学技术文献出版社1991年。

本书编写组编著:《风雨弦歌复兴园——从德文医学堂到国立高机》,上海:上海理工大学出版社2006年。

上海市奉贤区党史研究室编:《奉贤文史》(第20辑:……上海医学高等专科学校十五年……),2015年。

上海铁道医学院院志编纂委员会编,朱广杰主编:《上海铁道医学院志(1953—1994)》,北京:中国铁道出版社1995年。

上海铁道医学院编,吴钟主编:《上海铁道医学院院史资料选编》(1、2、3),1997年。

上海铁路局中心医院、上海铁道医学院附属铁路医院编:《上海铁路局中心医院、上海铁道医学院附属铁路医院院志(1910—1990)》,1990年。

上海中医药大学校志编纂委员会编:《上海中医药大学志》(1956—1996),上海:上海中医药大学出版社1997年;(1997—2006),上海:上海中医药大学出版社2011年。

《同济大学百年志》编纂委员会编:《同济大学百年志(1907—2007)》(上),上海:同济大学出版社2007年。

《上海医科大学志》编纂委员会编:《上海医科大学志(1927—2000)》,上海:复旦大学出版社2005年。

彭裕文主编:《上海医科大学图志(1927—2000)》,上海:复旦大学出版社2005年。

王一飞主编:《上海第二医科大学志》,上海:华东理工大学出版社1997年。

《上海医疗器械高等专科学校志》编纂委员会编:《上海医疗器械高等专科学校志(1960—2006)》,上海:上海理工大学出版社2006年。

上海第二医科大学校友会编:《60年毕业校友名录:上海交通大学医学院》,2012年。

上海医科大学编纂委员会:《上海医科大学纪事(1927—2000)》,上海:复旦大学出版社2005年。

普陀区卫生学校编志领导小组编写,秦美云主笔:《普陀区卫生学校志(1973.10—1988)》,1989年。

[医院史志]

上海第二医科大学附属仁济医院编:《仁济医院院史》,1999年;(第二期:1999—2004),2005年。

费苟、张雷主编:《上海市肺科医院八十周年院志(1933—2013)》,上海:同济大学出版社2013年。

上海市普陀区中心医院编:《上海市普陀区中心医院》(画册),2002年。

普陀区中心医院院志编纂领导小组编纂:《普陀区中心医院志(1957—1989)》,1990年。

铁道部戚墅堰机车车辆工厂医院编:《铁道部戚墅堰机车车辆工厂医院院志(1936—1985)》,1986年。

上海市虹口区妇幼保健院志编写办公室编:《上海市虹口区妇幼保健院志(1929—1990)》,1991年。

《上海市卢湾区中心医院志》编委会编:《上海市卢湾区中心医院志(1918—1993)》,1994年。

《上海市青浦区中心医院志》编纂委员会编:《上海市青浦区中心医院志》,北京:今日出版社2003年。

上海市青浦区中医院编:《上海市青浦区中医院院志》,2011年。

杨浦区长白新村街道医院院志编写小组编写,徐杰开主编:《杨浦区长白新村街道医院院志(1954.4—1990)》,1993年。

上海市杨浦区中心医院编写领导小组编纂,黄莹主编:《上海市杨浦区中心医院院志(1947—1990)》,1993年。

杨浦区五角场医院院志编写小组编写,徐素文主编:《杨浦区五角场医院院志(1950.7—1990)》,1992年。

杨浦区昆明街道医院院志编写小组编写,李广生主编:《杨浦区昆明街道医院院志(1960.5—1991)》,1993年。

周华等主编:《上海市宝山区中西医结合医院志(1937—2017)》,上海:上海科学技术出版社2018年。

《东海中医医院院志》编写组编纂,洪建华主编:《东海中医医院院志(1980—1990)》,1993年。

辽源街道医院修志小组编写,刘聿萃主编:《杨浦区辽源街道医院院志(1985.3—1991.12)》,1991年。

宁国街道医院院志编委会编写,刘明胜主编:《杨浦区宁国街道医院院志(1960.6—1991)》,1992年。

延吉街道医院院志编写小组编写:《杨浦区延吉街道医院院志(1988.12—1990)》,1991年。

上海市控江红十字医院院志编纂小组编写,涂德葆主编:《上海市控江红十字医院(上海市杨浦区控江医院)院志》,1991年。

市东医院《院志》编委会编:《上海市杨浦区市东医院院志(1946—2006)》,2007年。

《红房子130年》编委会编:《红房子130年(1884—2014)[复旦大学附属妇产科医院]》,上海:上海人民出版社2014年。

复旦大学附属儿科医院编纂委员会编:《儿科医院志(1952—2011)》,上海:复旦大学出版社2012年。

上海电业职工医院编纂,钟敏华主编:《上海电业职工医院志(1951—1989)》,1991年。

定海街道医院院志编写小组编写,刘家群主编:《杨浦区定海街道医院院志(1953—1990)》,1992年。

江浦街道医院院志编写领导小组编写,王良钧主编:《杨浦区江浦街道医院院志(1960.1—1990)》,1992年。

上海市第一人民医院编:《上海市第一人民医院院史(1864—2014)》,2014年。

《上海第一人民医院分院(上海市第四人民医院)志(1991—2010)》,2012年。

胡重庆等:"百年院史话今昔(上海市第一人民医院)",《健康报》1963年8月31日。

上海市第六人民医院:《上海市第六人民医院纪事(1904—2013)》,上海:上海科学技术出版社2014年。

上海市第十人民医院编:《上海市第十人民医院百年院志(1910—2010)》,2010年。

上海市杨浦区妇幼保健院院志编写组编纂,倪莲英主编:《上海市杨浦区妇幼保健院院志(1949.10—1990)》,1992年。

殷行街道医院院志编写组编写,李鸿声主编:《杨浦区殷行街道医院院志(1986.4—1990)》,1992年。

龙江街道医院编志组编写,吴永宽主编:《上海市杨浦区龙江街道医院院志(1960.6—1990)》,1992年。

上海市杨浦区平凉街道医院院志编纂小组编写,《上海市杨浦区平凉街道医院院志(1953—1990)》,

1992年。

《上海市杨浦区工人医院院志》编写组编纂,张德仁主编:《上海市杨浦区工人医院院志(1951—1990)》,1993年。

上海市杨浦区传染病医院院志编委会编纂,《上海市杨浦区传染病医院院志(1981—1990)》,1992年。

上海市杨浦区四平街道医院院志编纂小组编写,施尚志主编:《上海市杨浦区四平街道医院院志(1952—1990)》,1992年。

杨浦区凤城街道医院院志编纂小组编写,涂德葆主编:《上海市杨浦区凤城街道医院院志(1960.6—1990)》,1992年。

赵巷镇卫生院志编纂委员会编:《赵巷镇卫生院志》,北京:今日出版社2003年。

上海市纺织工业局第一医院院志编纂领导小组编写:《纺一医院志(1933—1989.12)》,1989年。

利群医院院志编纂领导小组编纂:《利群医院院志(1952—1989)》,1990年。

《上海中医医院院志》编纂委员会编:《上海中医医院院志》。

上海中医药东西附属龙华医院院史编纂委员会编:《龙华医院四十年1960—2000》,上海:上海中医药大学出版社2000年。

《龙华医院五十年院史续编(2000—2010)》,上海:上海中医药大学出版社2010年。

上海中医药大学附属曙光医院编:《上海中医药大学附属曙光医院志(1922—1994)》,1996年。

《中山医院志》编纂委员会编:《跨世纪的辉煌——中山医院志(1937—2007)》,上海:复旦大学出版社2007年。

华山医院院史编写组编:《光辉的历程华山医院院史(1907—1997)》,1998年。

新华医院崇明分院编:《上海交通大学医学院附属新华医院崇明分院(上海市崇明县中心医院)院史(1915—2015)》,2015年。

《民航上海医院志》编纂委员会编:《民航上海医院志(1972—2013)》,上海:上海文化出版社2014年。

上海市地方志编纂委员会编:《瑞金医院志》,上海:上海科学技术出版社2017年。

《上海市胸科医院、上海交通大学附属胸科医院院志》编纂委员会编:《上海市胸科医院、上海交通大学附属胸科医院院志(1957—2007)》,上海:上海交通大学出版社2007年。

上海市胸科医院编:《上海市胸科医院上海交通大学附属胸科医院60年志(1957—2017)》,上海:上海交通大学出版社2017年。

《上海市青浦区中心医院》编慕委员会编:《上海市清浦区中心医院志》,北京:今日出版社2003年。

《上海长海医院志》编辑室:《上海长海医院志(1949—1994)》,1995年。

政协嘉定文史资料委员会编:《嘉定文史资料选辑》第1辑(创刊号),1987年。含:从普济医院到县中心医院;嘉定李氏针灸专家概况。

上海市长宁区中心医院编:《上海市长宁区中心医院院志(1952—1990)》,1998年。

长宁政协文史资料办公室编:《长宁文史资料》(第3辑:……抗战中一场细菌战回忆……同仁医院的变迁……),1987年。

《长宁文史资料》(第5辑:……五洲药厂八十年来话沧桑,上海中华制药厂七十七年的创业史……),1989年。

《长宁文史资料》(第7辑:上海市纺织工业局第三医院简史;长宁区培养中药中级人才的回顾;缅怀疡科名医顾筱岩诞生一百周年),1991年。

周华、丁任主编:《上海宝山区中西医结合医院志(1937—2017)》,上海:上海科学技术出版社2017年。

上海长征医院编：《上海长征医院简史（1955—2005）》，2005 年。

畜禽疫病与兽医志上海市农场管理局畜禽疫病普查领导小组等编：《上海农垦畜禽疫病志》，1990 年。

[疾病防控与防疫史志]

《上海环境卫生志》编纂委员会编，施振国主编：《上海环境卫生志（1850—1994）》，上海：上海社会科学
　　院出版社 1996 年。

上海市疾病预防控制中心编：《上海市丝虫病防治资料汇编（1958—2000）》，2004 年。

上海市普陀区卫生防疫站编：《上海市普陀区卫生防疫站志（1950—1989）》，1990 年。

上海市杨浦区卫生防疫站站志编写组编纂，姚盖之主编：《上海市杨浦区卫生防疫站站志（1913—
　　1990）》，1993 年。

上海市杨浦区卫生防疫站编：《上海市杨浦区卫生防疫志（1950—1990）》，1993 年。

上海市杨浦区结核病防治所所志编写组编纂，龚世俊主编：《上海市杨浦区结核病防治所所志
　　（1958.1—1990）》，1992 年。

上海市杨浦区牙病防治所所志编纂小组编纂，刘协生主编：《上海市杨浦区牙病防治所所志（1954—
　　1990）》，1995 年。

上海市杨浦区肿瘤防治院院志编写组编写，韩振环主编：《上海市杨浦区肿瘤防治院院志（1978.12—
　　1990.12）》，1995 年。

上海市杨浦区精神病防治医院编志组编纂，赵懿龙主编：《上海市杨浦区精神病防治医院院志（1964—
　　1990）》，1992 年。

川沙县卫生防疫站编，顾炎权、马昭玮主编：《川沙县卫生防疫站志》，1991 年。

上海市杨浦区卫生防疫站编：《上海市杨浦区卫生防疫站志》，1993 年。

上海市嘉定县卫生局：《上海市嘉定县血吸虫病流行及防治资料汇编（1950—1979）》，1981 年。

上海市血吸虫研究所编：《上海市消灭血吸虫病资料图表集》，1985 年。

王希孟等主编：《上海消灭血吸虫病的回顾》，上海：上海科学技术出版社 1988 年。

普陀区卫生防疫站志编写组编写：《普陀区卫生防疫站志（1946—1989）》，1990 年。

上海市出版革命组编辑：《医疗卫生资料》1970 年第 3 期（防治血吸虫病资料选辑）。

上海市嘉定县卫生防疫站编：《回顾四十年（1951—1990）》，1991 年。

上海县卫生防疫站编：《上海县卫生防疫资料汇编（1980—1982）》，1985 年。

青浦县防治血吸虫病三十五年编辑委员会编：《青浦县防治血吸虫病三十五年》（上下），上海：上海科学
　　技术出版社服务部 1988 年。

政协青浦县文史委编：《青浦文史》（第 3 辑：陈云同志回故乡调查血吸虫病的防治情况），1989 年。

《金山县卫生防疫站志》编纂委员会编纂：《金山县卫生防疫站志（1951—1990）》，1991 年。

金山县卫生防疫站编，何福良、倪信诚主编：《金山区卫生防疫站志 续（1991—1999）》，2000 年。

上海市寄生虫病防治研究所编：《上海市血吸虫病防治研究所 建所三十周年论文摘要选编 1956—
　　1985》，1986 年。

青浦县防治血吸虫病卅五年编辑委员会编：《青浦县防治血吸虫病资料汇编》（6 册），上海：上海科学技
　　术出版社服务部 1988 年。

上海市血吸虫病防治研究所编：《上海市血吸虫病流行病学研究》，1985 年。

上海寄生虫病研究所编：《血吸虫病的防治》，上海：上海人民出版社 1975 年。

上海市出版革命组编辑:《医疗卫生资料》1970年第3号。含:防治血吸虫病资料选辑。

吴江市血防志编纂委员会编:《吴江市血防志》,北京:今日出版社2001年。

[制药企业、医药学/协会史志]

陈礼正、袁恩祯编:《上海新亚药业有限公司志(1926—1996)》,上海:上海新亚药业有限公司、上海社会
科学院出版社1996年。

《新亚的历程——上海新亚制药厂的过去、现在和将来》,上海:上海社会科学院出版社1990年。

《闸北区医学会志》编纂委员会编,王德林主编:《闸北区医学会志(1959—1999)》,2000年。

上海市杨浦区卫生工作者协会会志修志小组编纂,刘国才主编:《上海市杨浦区卫生工作者协会会志
(1952—1990)》,1992年。

上海市第一医药商店有限公司编:《上海市第一医药商店店志(—1999)》,上海:百家出版社2000年。

[医药、卫生史志]

《上海医药志》编纂委员会编,俞斯庆主编:《上海医药志(—1993)》,上海:上海社会科学院出版社
1997年。

《上海市闸北区医药志》编纂委员会编,范舜华主编:《上海市闸北区医药志(清光绪初年—1993年)》,
1994年。

《闸北区中药行业志》编纂委员会编,潘文喜主编:《闸北区中药行业志(1884—1995)》,1999年。

卢湾区卫生局编:《卢湾区卫生志》1997年。

《闸北卫生志》编纂委员会编,范舜华主编:《闸北卫生志(清光绪初年—1993年)》,1998年。

杨浦区卫生志编纂委员会编,陆兆珊主编:《杨浦卫生志(—1990)》,1997年。

川沙县卫生志编辑组编:《川沙县卫生志》,1984年。

《嘉定卫生志》编纂委员会编,姚旭参主编:《嘉定卫生志(—2000/2009)》,上海:学林出版社2011年。

嘉定县卫生局编志组编:《嘉定县志 卷二十六 卫生志(卫生局志稿)》,1986年。

松江县卫生志编志组编,张玉端主编:《松江县卫生志》,1989年。

奉贤县卫生局《卫生志》编写组编纂,周镇兰主编:《奉贤县卫生志》,1985年。

奉贤县卫生志编纂委员会编纂:《奉贤县卫生志(1985—2001)》,2008年。

《上海市南汇县卫生志》编写组编:《上海市南汇县卫生志》,1987年。

上海市静安区卫生局编,殷祖泽主编:《上海市静安区卫生志(—1998)》,北京:商务印书馆2000年。

金山县卫生志编纂室编:《金山县卫生志》,上海:上海少儿出版服务社1994年。

《嘉定卫生志》编纂委员会编,姚旭参主编:《嘉定卫生志》,上海:学林出版社2011年。

《上海县卫生志》编写领导小组主编,陆学通主编:《上海县卫生志》,1990年。

《上海卫生志》编纂委员会编,张明岛、邵浩奇主编:《上海卫生志(—1990)》,上海:上海社会科学院出版
社1998年。

宝山县卫生局编纂:《宝山县卫生志(1946—1985)》,1986年。

《青浦县卫生志》编纂委员会编,徐福洲主编:《青浦卫生志(1911—1985)》,上海:上海科学技术出版社
1989年;(续:1985—2000),北京:今日出版社2004年。

南汇卫生志编纂委员会编:《南汇卫生志》,北京:方志出版社2012年。

中国人民政治协商会议上海市委员会文史资料委员会编:《上海文史资料选辑 第六十七辑(中医专辑)

海上医林》,上海:上海人民出版社1991年。

上海市嘉定县医学会编委会编:《医药卫生资料选编(总第二期)》,1982年。

江苏省

[医学教育与科研院所史志]

李干生主编:《中国药科大学六十年(1936—1996)》,北京:中国医药科技出版社1996年。

《中国药科大学制药厂志》编纂组编,彭锡祺主编:《中国药科大学制药厂志》,1992年。

项平主编:《南京中医药大学校友录》,1994年。

《南京中医药大学中医学家专集》,北京:人民卫生出版社1999年。

南京中医药大学编:《南京中医药大学五十年校庆(1954—2004)》(画册),2004年。

殷瑞康、夏友兵主编:《南京中医药大学五十年大事记》,2004年。

南京中医药大学编:《山高水长——南京中医药大学五十年华诞纪念文集》,2004年。

《南京中医药大学》(画册),北京:中国中医药出版社2014年。

《辉煌历程——南京中医药大学大事记(1954—2014)》,北京:中国中医药出版社2014年。

陈国钧、陈琪主编:《迎雪报春 铸就辉煌:南京医科大学七十周年校庆专辑》,北京:科学出版社2004年。

陈琪、沈洪兵主编:《南京医科大学校史(1934—2014)》,南京:南京大学出版社2014年。

南京医科大学基础医学院编,《南京医科大学基础医学院院史(1934—2014)》,2014年。

中国医科大学编:《中国医科大学基础医学院》,2009年。

南京铁道医学院校史编辑委员会编:《南京铁道医学院史志(1954—1985)》,1985年。

南京铁道医学院办公室、综合档案室编:《南京铁道医学院年鉴(1991—1995)》,1996年。

南京铁道医学院校庆办公室编:《南京铁道医学院校友录》,1998年。

南京卫生学校志编纂委员会编:《南京卫生学校校志(1918—1998)》,1999年。

江苏牧院校史编委会编:《江苏畜牧兽医职业技术学院五十年史(1958—2008)》,2008年。

《常州卫生学校志》编写组编,黄菊屯主编:《常州卫生学校志》(第一卷:1919—1986),1987年;(第二卷:1987—2006),2007年。

南通体臣卫生学校志编纂委员会编:《南通体臣卫生学校志(1951—2010)》,2011年。

南通卫生学校编:《南通卫生学校四十周年纪念(1951.9—1991.9)》,1991年。

南通医学院志编纂委员会编:《南通医学院志(1912—1992)》,南京:江苏人民出版社1993年。

《南通医学院志》,南京:江苏人民出版社2002年。

王学喜主编:《盐城卫生学校校志(1958—1998)》,1998年。

《盐城卫生职业技术学院校志》编委会编:《盐城卫生职业技术学院校志(1941—2011)》,南京:江苏人民出版社2011年。

顾钢、王馨荣著:《苏州大学校史丛书 苏州医学院简史》,苏州:苏州大学出版社2010年。

苏州医学院编:《苏州医学院院史(1912—2000)》,2001年。

扬州卫生学校志编纂委员会编:《扬州卫生学校志(1950—1995)》,上海:同济大学出版社2000年。

徐州医学院史编辑委员会编:《徐州医学院史》,1988年。

徐州医学院史编委会编:《徐州医学院大事记(1858—1987)》,1988年。

徐州医科大学编:《徐州医科大学校史(2008—2018)》,2018年。

徐州卫生学校校志编写组:《徐州卫生学校、徐州市卫生职工中等专业学校五十年志》,1997 年。

刘秋珍、刘丽萍主编:《苏州卫生学校校志(1911—1985)》,1986 年。

镇江医学院院志编撰委员会编:《镇江医学院院志(1951—2000)》,2001 年。

[医院史志]

江苏省医院协会编:《江苏省医院协会会志》,北京:科学技术文献出版社 2016 年。

江苏省中医院编:《江苏省中医院院志(1954—1985)》,1986 年;(续:1986—2004),2004 年;(续:1954. 10—2004. 10),2004 年。

江苏省中医院编:《江苏省中医院院志续(1954. 10—2004. 10)》,2004 年。

方祝元主编:《立院 兴院 强院——江苏省中医院光辉历程》,南京:南京出版社 2014 年。

江苏省人民医院编:《江苏省人民医院(南京医学院第一附属医院)院志(1936—1985)》,1988 年。

江苏省人民医院等编:《南京医科大学第一附属医院江苏省人民医院江苏省红十字医院 70 周年纪念简史+纪念画册+科技成果汇编(1978—2005)》,2006 年。

南京市鼓楼医院院志编辑室编:《南京市鼓楼医院院志(1892—1985)》(上下),1986 年。

《南京市鼓楼医院院志(1892—1990)》,1993 年。

《南京市鼓楼医院院志(1892—1998)》(1992 年编撰,2006 年修订),2006 年。

南京神经精神病防治院院志编写工作组编:《南京神经精神病防治院院志(1947—1985)》,1985 年。

南京市口腔医院编:《南京市口腔医院志(1947—2007)》,2007 年。

南京市儿童医院院志办公室编:《南京市儿童医院院志(1936—1985)》,1987 年。

南京市脑科医院编:《南京脑科医院院志(1986—1996)》,1997 年。

南京市江宁医院志编委会编纂:《南京市江宁医院志》,北京:方志出版社 2017 年。

《南京中医药大学第二临床医学院大事记》编委会编,唐春霞、顾一煌主编:《南京中医药大学第二临床医学院大事记(1982—2012)》,2012 年。

南京市胸科医院院志编纂委员会编纂:《南京市胸科医院 院志》(1950—1985),1990 年;(续集:1986—1999),2000 年。

南京江北人民医院编:《南京江北人民医院(南化医院)志(1986—2003)》,2003 年。

南京市妇幼保健院编:《南京市妇幼保健院院志(1936—1997)》,1998 年。

南京市第二医院院志编纂委员会编纂:《南京市第二医院 江苏省传染病医院 东南大学附属第二医院 院志》,2016 年。

南京市第二医院编纂:《万众一心 众志成城——南京市第二医院抗非纪实》,2003 年。

南京市中医院院志编纂委员会办公室编:《南京市中医院院志(1934—1985)》,1989 年。

院志编纂委员会办公室编纂:《南京市中医院院志(1986—2000)》,2001 年。

南京市传染病医院院志编写办公室编:《南京市传染病医院志(1933—1985)》,1985 年。

六合区人民医院志编纂委员会编:《六合区人民医院志(1949—2009)》,2009 年。

溧水县人民医院志编纂委员会编:《溧水县人民医院志(1924—2010. 12. 31)》,2011 年。

江浦县人民医院编,邹伟俊主编:《江浦县人民医院志》,1986 年。

铁道部戚墅堰机车车辆工厂医院编:《戚厂医院院志(1936—1985)》,1986 年。

常州市中医医院编:《常州市中医医院建院三十周年纪念——院庆特刊(1956—1986)》,1986 年。

《常州市中医医院建院四十周年纪念——院庆特刊(1956—1996)》,1996 年。

《常州市中医医院志(1956—2007)》,2010 年。

《常州市武进中医医院院志》编辑委员会编:《常州市武进中医医院院志(1952—2008)》,北京:中央文献出版社 2009 年。

常熟市第一人民医院编志办公室编,章涛主编:《常州市第一人民医院志(1918—1983)》,1984 年。

常州市第二人民医院编志办公室,《常州市第二人民医院志》,1985 年。

常州市第四人民(红十字)医院编志办公室编:《常州市第四人民(红十字)医院院志》,1984 年。

常熟市第六人民·红十字医院志编纂委员会编:《常熟市第六人民·红十字医院志(1959—1998)》,1999 年。

《戚墅堰医院院志》编写组编,蒋朝云主编:《铁道部戚墅堰医院院志》,1987 年。

《常州市商业职工医院院志》编写组,李静华主编:《常州市商业职工医院院志》,1987 年。

常州市精神病医院编志办公室编,许瑞群、黄浩主编:《常州市精神病医院志(1959—1983)》,1984 年。

《常州东风医院院志》编纂组编,戚永明主编:《常州东风医院院志》,1984 年。

常州市妇产医院编志组编:《常州市妇产医院院志》,1984 年。

政协常州市文史委编:《常州地方史料选》(5:……记长年医局和寿安医局,解放前常州施诊机构简况,解放前医界情况散忆,常州中药业略述,老丰裕参药号,常州口腔科十年史略,常州市疟疾病的防治,民国武进医院),1983 年。

金坛市中医院志编写组编:《金坛市中医院志(1958—2005)》,2006 年。

赣榆县人民医院院志编委会编:《赣榆县人民医院院志 (1949—2004)》,2003 年。

赣榆县人民医院编:《赣榆县人民医院——建院 55 周年纪念画册》,2004 年。

《常州市武进中医医院志》编纂委员会编.:《常州市武进中医医院志》,北京:中央文献出版社 2009 年。

《武进县人民医院志》编委会编:《武进人民医院志(1949—2008)》,北京:中央文献出版社 2009 年。

政协清江文史委编:《清江文史资料》第 3 辑,1982 年。含:对仁慈医院的片断回忆;淮阴的中医;谈谈淮阴的牙科专业的情况。

淮阴市第一人民医院编,龚一鸣主编:《淮阴市第一人民医院院志(1950—1990)》,1997 年。

淮阴市第二人民医院院志编委会编:《淮阴市第二人民医院院志(1950—1990)》,1998 年。

淮阴市传染病防治院院志编写办公室编:《淮阴市传染病防治院院志》,1994 年。

淮阴市妇产儿童医院院志办公室编:《淮阴市妇产儿童医院院志》,1995 年。

淮安市第三人民医院编:《淮安市第三人民医院纪念画册(1970—2010)》,2010 年。

溧阳市人民医院编:《溧阳市人民医院院志(1946—2005)》,2006 年。

溧阳市中医院志编委会编,潘荣华主编:《溧阳市中医院志》,2010 年。

施正凯主编:《泗洪县人民医院志》,北京:中国文史出版社 2013 年。

　《泗洪县中医院志》,北京:中国文史出版社 2014 年。

江苏省苏北人民医院编:《江苏省苏北人民医院志(1900—2003)》,北京:方志出版社 2004 年。

《东台县人民医院志》编纂领导小组编,徐敬之主编:《东台县人民医院志(1950—1983)》,1986 年。

《东台市人民医院院志》编纂委员会编:《东台市人民医院院志(1984—2010)》,2011 年。

昆山市第一人民医院院志编辑委员会编:《昆山市第一人民医院院志(1925—2007)》,上海:上海科学技术文献出版社 2009 年。

昆山市第三人民医院院史办编,王柏棠主编:《昆山市第三人民医院院志(1960—2005)》,2006 年。

江苏省苏北人民医院编:《江苏省苏北人民医院志》,北京:方志出版社 2004 年。

南通市文史资料编辑部编:《南通文史资料》(9:王正:南通基督医院;……苏侗志:中医专家朱良春),1989年。

南通市妇产科医院编,王兴汉主编:《南通市妇产科医院院志(1979—1985)》,1986年。

《南通市第一人民医院志》编纂委员会编,汪东来等主编:《南通市第一人民医院志》,1987年。

南通市第一人民医院志编纂委员会编:《南通市第一人民医院志》(—2006),北京:方志出版社2007年;(2006—2015),南京:江苏人民出版社2015年。

南通市肿瘤医院编,缪培主编:《南通市肿瘤医院院志(1974—1984)》,1984年。

南通市肿瘤医院院志编委会编:《南通市肿瘤医院院志(1972—2001)》,北京:方志出版社2004年。

《南通市肿瘤医院志(1972—2013)》,北京:方志出版社2015年。

南通市结核病防治院编,印国祥等主编:《南通市结核病防治院院志》,1988年。

南通医学院附属医院看,朱沛主编:《南通医学院附属医院院志》,1990年。

江苏省通州市人民医院编:《通州市人民医院史略》,2000年。

《南通市中医院志》编纂委员会编:《南通市中医院志》,南京:江苏凤凰教育出版社2014年。

《南通大学附属医院志》编纂委员会编:《南通大学附属医院志(1911—2011)》,2011年。

海安县人民医院院志编纂委员会编:《海安县人民医院志》,北京:中国文史出版社2007年。

南通市妇产科医院编,徐遂、薛志方编写:《南通市妇产科医院(1979—1985)》,1985年。

海安县人民医院编:《海安县人民医院年鉴(2004—2008)》,2010年。

宜兴文史资料编:《宜兴文史资料》(第8辑:徐滋:宜兴县立医院创办简况;虞镐南:宜兴县人民医院简史……),1985年。

崔国兴等编写:《宜兴市人民医院院志(1946—2004)》,2006年。

《盱眙县人民医院志》编纂委员会编:《盱眙县人民医院志(—2012)》,北京:方志出版社2013年。

《盐城市城区人民医院院志》编纂委员会编:《盐城市城区人民医院院志(1958—1998)》,1998年。

盐城市第一人民医院院志编纂委员会编:《盐城市第一人民医院院志(1948—1996)》,1998年。

《盐城市第一人民医院院志》编纂委员会编:《盐城市第一人民医院院志(续:1997—2008)》,2009年。

盐城市第三人民医院编:《辉煌60年:盐城市第三人民医院》,2006年。

《盐城市第三人民医院志(1946—1996)》,1996年。

盐城县人民中医院编:《盐城县人民中医院发展史》,1982年。

盐城市中医院编:《盐城市中医院院志(1955—1995)》,1995年。

《阜宁县县人民医院志》编纂领导小组编:《阜宁县人民医院志(1946—1996)》,1997年。

滨海县人民医院志编纂委员会编:《滨海县人民医院志(1946—1996)》,1997年。

建湖县人民医院编:《建湖县人民医院志(1948—1998)》,1998年。

《建湖县中医院志》编辑委员会编,耿曙光主编:《建湖县中医院院志(1978—2008)》,2008年。

扬州市第一人民医院编,莫良钧主编:《扬州市第一人民医院志(1960—1990)》,1995年。

《新沂市人民医院志》编纂委员会编:《新沂市人民医院志(1949—2009)》,北京:方志出版社2009年。

《仪征市人民医院志》编纂委员会编:《仪征市人民医院志(1914—2000)》,北京:方志出版社2009年。

仪征市中医院志编纂委员会编:《仪征市中医院志1986—2007》,北京:方志出版社2009年。

镇江市第一人民医院编:《镇江市第一人民医院院志(1922—2011)》,2011年。

镇江市第四人民医院编:《镇江市第四人民医院院志(1950—1987)》,1987年。

镇江市中医院编:《镇江市中医医院建院50周年纪念画册(1958—2008)》,2008年。

汝载阳等编著:《江苏省镇江市中医医院院庆特刊(1958—1998)》,1998年。

王锁荣、徐金良主编:《丹阳市人民医院志(1949—2006)》,北京:方志出版社2006年。

丹阳市司徒卫生院编:《丹阳市司徒卫生院志(—2000)》,2001年。

无锡县人民医院编:《无锡县人民医院院志》,1994年。

无锡北塘区人民医院编:《无锡北塘区人民医院院志》,1984年。

无锡市第一人民医院编:《无锡市第一人民医院院志》,2002年。

江苏省无锡市第二人民医院编:《江苏省无锡市第二人民医院建院100周年(1908—2008)》,2008年。

江苏省无锡市第二人民医院编:《江苏省无锡市第二人民医院建院100周年邮册》,2008年。

无锡市第二人民医院编:《无锡市第二人民医院院志(续:1987—1997)》,1997年。

《无锡市第二人民医院院志(1998—2008)》,2008年。

无锡市第三人民医院院志编撰委员会编:《无锡市第三人民医院院志(1999—2009)》,2009年。

无锡市第五人民医院院志编委会编:《无锡市第五人民医院院志》,2007年。

无锡市传染病医院院志编写组;《无锡市传染病医院院志(1951—1991)》,1991年。

政协无锡市委员会文史资料研究委员会编:《无锡文史资料》第6辑,1983年。含:无锡圣公会普仁医院简史。

政协宜兴市文史资料研究委员会编:《宜兴文史资料》第8辑,1985年。含:宜兴县立医院创办简况;宜兴县人民医院简史。

江阴政协文史资料委员会编:《江阴文史资料》第14辑,1993年。含:长泾红十字医院;华士中心卫生院今昔;卫康医院简史。

江阴政协文史资料委员会编:《江阴文史资料》第5辑,1984年。含:名医柳宝贻与柳致和堂药号;江阴福音医院简史。

如东县第三人民医院编:《如东县第三人民医院志(1956—1995)》,1996年。

如东县中医院编:《院庆特刊(1958—1988)如东县中医院建院三十周年》,1988年。

《如东县中医院建院三十周年院庆特刊(1958—1988)》,1988年。

如东县中医院志编纂委员会编:《如东县中医院志(1958.8—2008.8)》,2008年。

如东县丰利医院编:《如东县丰利医院志(1956—2006)》,2006年。

大丰市人民医院志编纂委员会编,朱月清主编:《大丰市人民医院志》,北京:方志出版社2010年。

如皋市人民医院院庆筹建组编:《如皋市人民医院建院八十周年纪念册》,2001年。

吴江市第一人民医院志编纂委员会编纂:《吴江市第一人民医院志(1936—2005)》,2005年。

《苏州医学院附属第一医院 苏州市第一人民医院院志》编写组编:《苏州医学院附属第一医院苏州市第一人民医院院志(1883—1983)》(上、下),1986年。

苏州医学院附属第一医院编:《苏州医学院附属第一医院建院110周年纪念刊》,1994年。

《苏州大学附属第二医院志(1988—2008)》编纂委员会编:《苏州大学附属第二医院志(1988—2008)》,苏州:苏州大学出版社2010年。

《苏州医学院附属儿童医院、苏州市儿童医院院志》编委会编:《苏州医学院附属儿童医院、苏州市儿童医院院志(1959—1985)》,南京:江苏人民出版社2011年。

苏州市横塘医院编:《苏州市横塘医院院史》,1984年。

苏州市中医医院编:《春风杏枝——苏州市中医医院简介(画册)》。

铁道部连云港第二疗养院编:《铁道部连云港第二疗养院院志》,2004年。

连云港市第一人民医院编:《连云港市第一人民医院院志(1951—1988)》,1990 年。

《连云港市第一人民医院院志(1951—2000)》,长春:吉林人民出版社 2001 年。

杨庆松主编:《连云港市第一人民医院院志(1951—2011)》,南京:江苏人民出版社 2011 年。

葛其善主编:《连云港市第二人民医院院志(1908—2000)》,徐州:中国矿业大学出版社 2004 年。

连云港市中医院院志编纂委员会编杜鹃主编:《连云港市中医院院志(1984—2008)》,2009 年。

《连云港市中医院院志》编纂委员会编,李秀莲、李建军主编:《连云港市中医院院志(2009—2013)》, 2014 年。

连云港市卫生局编:《连云港市乡卫生院、村卫生室概括》,1992 年。

连云港市妇幼保健所编:《连云港市妇幼保健所所志(1956—1988)》,1991 年。

徐州医学院附属医院院志编纂委员会编:《徐州医学院附属医院院志(1897—1997)》,1998 年。

中国统配煤矿总公司大屯煤电公司职工中心医院史志编纂办公室编:《大屯煤电公司职工中心医院志 (1972—1987)》,上海:上海人民出版社 1992 年。

徐州矿务局职工第二医院志编纂委员会编:《徐州矿务局职工第二医院志(1918—1986)》,1987 年。

徐州市立第一医院编,吴凤德主编:《徐州市立第一医院志》,1987 年。

徐州市口腔医院志编纂委员会编:《徐州市空腔医院志(1958—2008)》,2008 年。

徐州市妇幼保健院志编纂办公室编:《徐州市妇幼保健院志(1957—2007)》,2007 年。

徐州市第一人民医院志编撰领导小组编:《徐州市第一人民医院院志(1936—1986)》,1987 年。

徐州市第三人民医院志编撰领导小组编:《徐州市第三人民医院志(1964—2004)》,2004 年。

徐州市中医院院志编纂委员会编:《徐州市中医院院志(1956—1996)》,1997 年。

徐州市中医院编:《辉煌 50 年——徐州市中医院建院五十周年纪念画册》,2006 年。

徐州市中心医院志编委会编:《徐州市中心医院志(1953—2012)》,南京:江苏人民出版社 2013 年。

江苏省徐州精神病院志编纂委员会编:《江苏省徐州精神病院志 1963.9—1993.9》,1995 年。

《新沂市人民医院志》编委会编:《新沂市人民医院志(1949—2009)》,北京:方志出版社 2009 年。

江阴市人民医院志编修委员会编:《江阴市人民医院志(1897—2007)》,2007 年。

曹德箴等编著:《苏州市第四人民医院 苏州市红十字医院院志(1974—1985)》,1986 年。

孙颐主编:《苏州市第五人民医院建院五十周年(1959—2009)》,2009 年。

杜长明主编:《沐医纪事——纪念沭阳县人民医院建院 80 周年》,北京:中国言实出版社 2016 年。

[畜禽疫病与兽医史志]

侯继波、何孔旺编:《江苏省农业科学院畜牧兽医研究所所志(1931—2015 年)》,北京:中国农业科学技 术出版社 2017 年。

《江苏省畜禽疫病志》编委会、江苏省农林厅畜牧局编,曹霄主编:《江苏省畜禽疫病志》,1990 年。

侯继波、何孔旺编:《江苏省农业科学院畜牧兽医研究所所志(1931—2015)》,北京:中国农业科学技术 出版社 2017 年。

泰兴县畜牧兽医技术服务中心编:《泰兴县畜禽疫病志》,1989 年。

淮阴县畜牧兽医站编:《淮阴县畜牧兽医志》,1989 年。

昆山市畜牧兽医学会编:《昆山市畜禽疫病志》,1989 年。

盐城市多种经营管理局、盐城市畜牧兽医学会编:《盐城市畜禽疫病志(1949—1988)》,1990 年。

盐城市效区畜牧兽医学会等编:《盐城市效区畜禽疫病志》,1989 年。

兴化市畜牧兽医站编:《兴化市畜禽疫病志》,1990年。

建湖县畜牧兽医学会编:《建湖县畜禽疫病志》,1989年。

《如皋县畜禽疫病志》编辑组编:《如皋县畜禽疫病志》,1989年。

连云港市畜禽志编委会编:《连云港市畜禽疫病志》,1990年。

东海县畜禽疫病志编辑小组编:《东海县畜禽疫病志》,1989年。

邳县畜禽疫病志编写组编:《邳县畜禽疫病志》,1989年。

丰县多种经营管理局编:《丰县畜牧兽医史》,1984年。

江苏省农垦农工商联合总公司编:《畜禽疫病志》(上、下),1989年。

[疾病防控与防疫史志]

盛立等主编:《江苏省预防医学历史经验》,南京:江苏科技出版社1989年。

江苏省疾病预防控制中心编:《卫生防病史志(1953.8—2010.10)》,2010年。

南京市爱国卫生运动委员会办公室编:《南京爱国卫生运动志(1949.4—1989.12)》,北京:中国医药科
技大学出版社1991年。

政协南京市白下区文史委编:《白下文史》第16辑:……日军731远征队暴行,日军细菌战揭秘,日军毒
化南京秘史,2005年。

政协溧水县文史委编:《溧水古今》(13:……六十年代溧水流脑的流行与防治,溧水团山麻风病医院什
始末,七十年代溧水肺结核病的防治工作,赤脚医生的摇篮——溧水县半农半医学校……),1994年。

《南京血防志(1993—2013年)》编纂委员会编:《南京血防志(1993—2013年)》,南京:江苏凤凰科学技
术出版社2016年。

《常州环卫志》编写组编,何如青主编:《常州环卫志》,1984年。

常州卫生防疫志编志办公室编,唐占坤主编:《常州卫生防疫志(1953—1983)》,1985年。

武进血防志编纂委员会编:《武进血防志》,北京:中央文献出版社1999年。

金坛市卫生防疫站编:《金坛市卫生防疫站站志(1956—1996)》,1997年。

政协金坛县文史委编:《金坛文史资料》(7:……昔日无奈小虫如今制服瘟神,由恐惧到控制的麻风
病……),1989年。

盐城市卫生防疫站编,王锦华主编:《盐城市卫生防疫站四十年(1956—1996)》,1996年。

建湖县卫生防疫站编,闵广成、季步主编:《建湖县卫生防疫站四十年史志(1956—1996)》,1996年。

《扬州市卫生防疫志》编辑委员会编:《扬州市卫生防疫志(1840—1990)》,南京:南京大学出版社
1993年。

《扬州市卫生防疫续志》编纂委员会编,吴宗福主编:《扬州市卫生防疫续志(1991—2002)》,扬州:广陵
书社2008年。

《宝应县血吸虫病防治志》编纂委员会编:《宝应县血吸虫病防治志》,2006年。

中共省高邮县委血防领导小组办公室编:《高邮县血防史志(1950—1982)》,1984年。

政协高邮文史委编:《高邮文史资料》(15:程广德 顾昌林 王才年:建国以来高邮市的麻风病防治),
1997年。

《江都血防志》编纂委员会编:《江都血防志》,南京:江苏科学技术出版社2011年。

镇江市疾病预防控制中心编:《镇江市卫生防疫志(1953—2009)》,2010年。

睢宁县卫生防疫站志编委会编:《睢宁县卫生防疫站志(1913/1956—1996)》,1997年。

徐州市卫生防疫站志编纂委员会:《徐州市卫生防疫站志(1399/1954—1992)》,1994年。

江阴市卫生防疫志编撰领导小组编:《江阴市卫生防疫志》,1999年。

江苏省寄生虫病防治研究所编:《江苏省血吸、寄生虫病防治研究所建所五十周年所志(1950—2000)》,2000年。

中共江苏省委血防领导小组办公室、江苏省血吸虫病防治研究所编印:《江苏省血吸虫病防治资料图表集(1952—1980)》,1983年。

江苏省血吸虫病防治研究所编:《江苏省血吸虫病流行情况初步报告》,1957年。

中共江苏省委血吸虫病地方病防治领导小组办公室编:《江苏省血吸虫病防治工作资料汇编(1949—1983)》,1983年。

江苏省人民政府血吸虫、地方病领导小组办公室编:《江苏血防纪事》,1993年。

中共江苏省委血吸虫病地方病防治领导小组办公室编:《江苏省血吸虫病防治工作资料汇编(1949—1983)》,1983年。

中共江苏省泰兴县委血防领导小组办公室编:《血吸虫病流行情况和防治工作资料汇编》,1979年。

江苏省防治血吸虫病科学研究委员会编印:《江苏省1956年防治血吸虫病科学研究工作资料汇编》,1957年。

江苏省防治血吸虫病科学研究委员会编印:《江苏省1957年防治血吸虫病科学研究工作资料汇编》,1958年。

中共昆山县委血防领导小组办公室 江苏省昆山县血吸虫病防治站编印:《防治血吸虫病业务资料汇编1956—1982》,1983年。

中共江苏省泰兴县委血防领导小组办公室编:《1979年血吸虫病流行情况和防治工作资料汇编》,1979年。

中共如皋县委血防领导小组办公室 如皋县卫生防疫站编:《卫生防疫资料汇编(血吸虫病防治专辑1957—1980)》,1981年。

江苏省血吸虫病防治研究所 江苏省寄生虫病防治研究所编:《庆祝建所四十周年资料(1950—1990)》(血吸虫病资料),无锡:1991年。

江苏省寄生、血吸虫病防治研究所建所编:《江苏省血吸寄生虫防治研究所建所五十周年纪念画册(1950—2000)》,2000年。

江苏省血吸虫病防治研究所编:《江苏省水网地区血吸虫病纵向观察试点论文资料集》,1984年。

江苏省血吸虫病防治研究所编:《江苏省血吸虫病防治研究所 血吸虫病室论文汇编1984—2008》,2009年。

江苏省血吸虫病防治研究所编:《粪便管理工作资料汇编》,1973年。

江苏省常熟县血吸虫病防治站编:《1981年度资料汇编》,1981年。

江苏省人民政府血吸虫病地方病防治领导小组办公室编:《江苏省预防控制血吸虫病中长期规划纲要(2004—2015年)资料汇编》(1—4),2015年。

江苏省血吸虫病防治研究所编:《江苏省三种类型地区血吸虫防治,监测试点资料选编(1986—1990)》,1991年。

《防治血吸虫病联防资料选编》小组编:《防治血吸虫病联防资料选编(1981—1989)》(沪、浙、苏毗邻八县:嘉定、青浦、嘉善、平湖、金山、太仓、吴江、昆山县1981—1989年联防业务交流会议简况),1990年。

江苏省政协编:《江苏文史资料》第97辑,1997年。含:扬州地区消灭血吸虫病的经过等。

昆山县委员会文史征集委员会编:《昆山文史》第3辑,1984年。含:忆苏南昆山血吸虫病防治站成立前后;昆山县解放前血吸虫病流行资料等。

政协高邮县委员会文史资料研究会编:《高邮文史资料》第6辑,1987年。含:高邮县血吸虫病防治史话等。

江宁县卫生防疫站编:《江宁县血吸虫病流行情况和防治工作资料汇编(1956—1980)》,1981年。

中共江苏省泰兴县委血防领导小组办公室编:《血吸虫病流行情况和防治工作资料汇编》,1979年。

中共南京市委血吸虫病防治领导小组办公室编:《南京市血防志(1950—1980)》,1983年。

中共无锡县委血吸虫、地方病防治领导小组办公室编:《无锡县血防志(1949—1985)》,1986年。

中共盐城市委血吸虫病防治领导小组办公室编:《盐城市血防志(1954—1986)》,1986年。

昆山市血防志编纂委员会编:《昆山市血防志》,上海:上海科学技术出版社1995年。

中共仪征县委员会血防小组领导办公室、江苏省一睁县卫生防疫站编:《江苏省仪征县血吸虫病流行情况和防治工作资料汇编(1952—1979)》,1981年。

中共无锡县委血吸虫病、地方病防治领导小组办公室编:《无锡县血防志》,1989年。

常熟市血防志编纂委员会编:《常熟市血防志》,上海:百家出版社1996年。

常州市卫生防病志编纂机构编:《常州市卫生防病志》(1953—1983),1983年;(1984—2005),2006年。

如东县防疫站编:《如东县血防史》,1987年。

政协邗江县文史资料办公室编:《邗江文史资料》(第五辑:含西山名医孙复初……回忆我县麻风病防治工作等),北京:中国文史出版社1992年。

政协宜兴市文史委编:《宜兴文史资料》(20:……王合兴熏灸店……宜兴疟疾的流行与防治,宜兴麻风病的防治工作,宜兴近代中医概况,百年药店颐寿堂,存仁堂国药号),1992年。

政协徐州市铜山区文史委编:《铜山文史资料》(22:……我从事麻风病防治三十年的经历……),2013年。

[**医药、卫生、制药企业史志**]

江苏省地方志编撰委员会编:《江苏省志·医药志》,南京:江苏科学技术出版社1998年。

南京市地方志编纂委员会编,廖敦宇主编:《南京医药志(—1989)》,深圳:海天出版社1994年。

南京医药商业志编纂委员会编:《南京医药商业志(—1991)》,1994年。

《南京医药南通健桥有限公司志》编纂委员会编:《南京医药南通健桥有限公司志(1991—2005)》,2006年。

六合县医药公司编,仇远山主编:《六合县医药志》,1992年。

高淳县医药公司编,倪三泉主编:《高淳县医药公司志》,1989年。

高淳县医药志编纂小组编:《高淳县医药商业志(—1990)》,1990年。

江宁县医药志编纂组编:《江宁县医药志(商代至1990年)》,1992年。

滨海科委、科协、卫生局印,孙秉华主编:《滨海中药志》,1984年。

苏州市地方志编纂办公室编,陈诗燊主编:《苏州中药堂号志》,1985年。

《仪征市医药公司志》编纂办公室编,马超远主编:《仪征市医药公司志》,1991年。

江都医药志编纂委员会编:《江都医药志(—2008)》,北京:方志出版社2011年。

《靖江县医药公司志》编纂领导小组编:《靖江县医药公司志》,1993年。

江苏省地方志编纂委员会编:《江苏省志·卫生志》(上、下),南京:江苏古籍出版社1999年。

《江苏卫生年鉴》编辑委员会编:《江苏卫生年鉴》(1990、1991、1992、1993、1995、1997、1998、1999、2000、2001、2002、2003、2005、2006、2007、2008、2009、2010、2011、2012),南京:南京大学出版社1990、1991、1992、1993、1995年;南京:南京师范大学出版社1997、1998、1999、2000年;北京:科学技术文献出版社2001、2002、2003、2005、2006、2007、2008、2009、2010、2011、2012年。

《江苏卫生计生年鉴》编辑委员会编:《江苏卫生计生年鉴》(2013、2015、2016、2017),北京:科学技术文献出版社2016、2016、2016、2017年。

谭志云等主编:《南京卫生小史》,南京:东南大学出版社2012年。

南京市地方志编纂委员会,南京市卫生志编纂委员会:《南京卫生志(一1993)》(上、下),北京:方志出版社1996年。

南京市卫生局卫生志编纂办公室编:《南京卫生志 资料选编》(一),1986年。

南京卫生人物志编纂委员会编,王绮纹、刘洪基:《南京卫生人物志(一1998)》,北京:方志出版社1999年。

南京市地方志编纂委员会编:《南京卫生年鉴1987》,1987年。

《南京卫生年鉴》编辑委员会编:《南京卫生年鉴》(1988、1989),南京:河海大学出版社1988、1989年;(1990、1991、1992、1993、1994、1995、1996、1997、1998),北京:北京科学技术出版社1990、1991、1992、1993、1994、1995、1996、1997、1998年。

南京年鉴编纂委员会编:《南京年鉴增刊 南京卫生年鉴》(1999、2000、2001、2002、2004、2005、2006、2007),1999、2000、2001、2002、2004、2006、2006、2007年。

《南京卫生年鉴》编辑委员会编:《南京卫生年鉴2003》,长春:吉林文史出版社2008年。

《南京卫生年鉴2008》(2008、2009),北京:中国文史出版社2008、2009年;(2010、2011、2012、2013、2014),扬州:广陵书社2010、2011、2012、2013、2014年。

《南京卫生计生年鉴》编辑委员会编:《南京卫生计生年鉴》(2015、2016、2017),扬州:广陵书社2015、2016、2017年。

南京市卫生局、《南京卫生年鉴》编辑委员会编:《南京医学界人名录》,南京:河海大学出版社1989年。

南京市秦淮区卫生局编:《秦淮区卫生志(1934—1987)》,1988年。

六合县卫生志编撰委员会编:《六合县卫生志》,1990年。

《江浦县卫生志》编写办公室编,邲立仁主编:《江浦县卫生志(一1985)》,1990年。

《江浦县城东乡卫生志》编写组,王忠祥主编《江浦县城东乡卫生志》,1986年。

沛县卫生局《卫生志》编纂领导小组编:《沛县卫生志》,1985年。

孙善夫主编:《建湖县卫生志》,南京:江苏人民出版社1994年。

沛县卫生局、张庄镇卫生院编:《张庄镇卫生志》,1992年。

海门县卫生局编,贝叶主编:《海门县卫生志》,1987年。

《溧水县卫生志》编纂组编,潘启宇主编:《溧水县卫生志》,1989年。

沙州县卫生局编:《沙州县卫生志(1949—1980)》,1982年。

常州市武进区卫生志编纂委员会编:《武进县卫生志(1879—1983)》,1985年。

《武进卫生志》,北京:中央文献出版社2012年。

《扬州卫生志丛书》编纂委员会办公室编著:《高邮市卫生志》,北京:中国工商出版社2006年。

江都县卫生志编纂委员会编:《江都县卫生志(1912—1987)》,北京:江苏科学技术出版社1992年。

淮阴市卫生志编纂委员会编:《淮阴市卫生志》,徐州:中国矿业大学出版社1997年。

淮阴市清河区卫生志编纂委员会:《淮阴市清河区卫生志》,1995年。

淮阴市清浦区卫生志编纂委员会编:《淮阴市清浦区卫生志》,1994年。

淮安市卫生志编纂委员会编:《淮安市卫生志》,徐州:中国矿业大学出版社1993年。

溧阳县卫生志编纂领导小组编:《溧阳县卫生志》,1989年。

溧阳市卫生志编委会编:《溧阳市卫生志(1986—2007)》,2011年。

沙州县卫生事业志编纂领导小组编:《沙州县卫生事业志》,1982年。

宜兴县卫生局编,许怀彬主编:《宜兴县卫生志(1912—1987)》,1988年。

泰县卫生局编:《泰县卫生志》,1994年。

常州市卫生志编纂委员会编:《常州市卫生志(—1985)》,1989年。

南通县卫生局编志办公室编:《南通医苑人物志(1500—1987)》,1987年。

　　《南通县卫生志》,北京:农业出版社1992年。

　　《南通市卫生志》,1992年。

《南通卫生志》编纂委员会编:《南通卫生志(上、下)》,南京:江苏科学技术出版社2012年。

江苏省宝应县卫生局《宝应县卫生志》编纂领导小组编著:《宝应县卫生志(1912—1985)》,1986年。

《宝应县卫生志》编纂委员会编:《宝应县卫生志》,中国工商出版社2006年。

《靖江卫生志》编纂委员会编:《靖江卫生志(—1990)》,南京:江苏人民出版社1995年。

邳州市卫生志编纂委员会编,于久权主编:《邳州市卫生志(1912—1992)》,北京:北京科学技术出版社
　　1995年。

盐城县卫生志编写组编:《盐城县卫生志》,1983年。

江苏省盐城市卫生局编志办公室编:《盐城史志 卫生志》,1992年。

滨海县卫生局编:《滨海县卫生志》,1994年。

涟水县卫生志编纂办公室编,钱承贵等主编:《涟水县卫生志(清—1992)》,南京:江苏科学技术出版社
　　1995年。

孙善夫主编:《建湖县卫生志》,南京:江苏人民出版社1994年。

徐家训主编,《丹徒县卫生志》编纂委员会编著:《丹徒县卫生志(—2000)》,南京:江苏古籍出版社
　　2001年。

《扬州市卫生志丛书》编纂委员会办公室编著:《宝应县卫生志》,北京:中国工商出版社2005年。

　　《广陵区卫生志》,北京:中国工商出版社2005年。

　　《维扬区卫生志》,北京:中国工商出版社2005年。

　　《仪征市卫生志》,北京:中国工商出版社2005年。

《仪征市卫生志》编纂委员会编:《仪征卫生志》,1988年;1996年。

句容市卫生志编委会编,纪先荣主编:《句容市卫生志》,南京:江苏人民出版社2009年。

丹阳市卫生局编,肖腊锁、张昌龄主编:《丹阳市卫生志(—2000)》,南京:南京出版社2004年。

丹阳市卫生局编:《丹阳卫生志》,南京:南京出版社2004年。

《镇江市卫生志》编审委员会编,刘希美编:《镇江市卫生志(—2005)》,镇江:江苏大学出版社2012年。

京口区卫生志编纂委员会编:《京口区卫生志》,1989年。

无锡县堰桥镇卫生志编写:《无锡县堰桥卫生志》,1992年。

无锡县卫生志编纂委员会编,唐尧根主编:《无锡县卫生志(—1990)》,南京:江苏人民出版社2001年。

《江阴市卫生志》编纂领导小组办公室编:《江阴市卫生志》,1996年。

《扬州市卫生志丛书》编纂委员会办公室编著:《邗江县卫生志》,北京:中国工商出版社2005年。

《扬州市卫生志丛书》编纂委员会办公室编著:《扬州市卫生志》,北京:中国工商出版社2005年。

灌云县卫生志编纂委员会编,吴继敏主编:《灌云县卫生志(1912—1985)》,南京:江苏科学技术出版社1990年。

《灌云县医院志》编纂组编:《灌云县医药志(1368—1989)》,1990年。

江宁县卫生志编纂组编,郁南等主编:《江宁县卫生志(1933—1987)》,南京:南京出版社1989年。

常熟市卫生局编,程海容、褚玄仁主编:《常熟市卫生志(1912—1985)》,1990年。

《常熟卫生志》编纂委员会编,《常熟卫生志(1986—2010)》,上海:上海科学技术文献出版社2016年。

《江都市卫生志》编纂委员会编,顾传安主编:《江都市卫生志(1988—2000)》,北京:中国工商出版社2005年。

江都县卫生志编纂组编:《江都县卫生志》,南京:江苏科学技术出版社1992年。

《如东县卫生志》编纂委员会编:《如东县卫生志(—2010)》(上、下),北京:方志出版社2012年。

《大丰市卫生志》编纂委员会编:《大丰市卫生志(—2013)》,北京:方志出版社2013年。

奚俊:"大丰县农村合作医疗史料",《大丰市文史资料》第13辑(科教文卫专辑)。

如皋县卫生局编:《如皋县卫生志(—1995)》,1996年。

《如皋市卫生志》编纂委员会编:《如皋市卫生志》,北京:方志出版社1980年。

《如皋市卫生志(1991—2010)》,北京:方志出版社2013年。

《高邮市卫生志》编纂委员会编:《高邮市卫生志》,北京:中国工商出版社2006年。

《无锡市卫生志》编纂委员会编:《无锡市卫生志(1881—1985)》,1993年。

锡山市第二人民医院编:《洛社卫生志(1864—1992)》,1995年。

锡山市华庄红十字医院编:《华庄卫生志》,1997年。

吴县《卫生志》编纂委员会编,章展唐主编:《吴县卫生志》,上海:上海社会科学院出版社1992年。

《吴江卫生志》编纂委员会编,陈强主编:《吴江卫生志(—2007)》,苏州:苏州大学出版社2009年。

太仓县卫生局《卫生志》编写组编,周圣一、顾正其主编:《太仓县卫生志》,1992年。

太仓市卫生局编:《太仓市卫生志(—1995)》,1998年。

连云港市卫生志编纂委员会编:《连云港市卫生志(1384—1991)》,北京:方志出版社1998年。

《扬州卫生志》编纂委员会编:《扬州卫生志》(上、下册),北京:中国工商出版社2006年。

《徐州市卫生志》编纂委员会编,刘福元主编:《徐州卫生志》((1911—1985)),1991年;(1985—2005),徐州:中国矿业大学出版社2015年。

铜山县卫生局编,陈玉柱主编:《铜山县卫生志》,1989年。

赵华杰主编,泰兴卫生志编纂委员会编:《泰兴卫生志(937—2002)》,北京:方志出版社2005年。

射阳县卫生局编史修志办公室编:《射阳县卫生志(1947.4—1983.12)》,1986年。

苏州市卫生局编:《苏州卫生志》,南京:江苏科学技术出版社1995年。

王金伦等:《沭阳县卫生志》,徐州:中国矿业大学出版社1996年。

南京江浦制药厂编,钮君华主编:《南京江浦制药厂志》,1989年。

《南京老山制药厂志》编纂委员会编,丁林主编:《南京老山制药厂志》,1992年。

《常州制药厂志》编纂组编,高维正等执笔:《常州制药厂志》,1986年。

泰县医药公司编志办公室编:《泰县医药公司志》。

浙江省

[医学教育与科研院所史志]

浙江医科大学校史编写组编:《浙江医科大学校史(1912—1982)》,1982年。

浙江医科大学编:《浙江医科大学校友录(1912—1992)》,1992年。

浙江医科大学编:《纪念建校八十周年——浙江医科大学校史》,1992年。

浙江中医学院编:《浙江中医学院三十年》,1989年。

浙江中医药大学校史编纂委员会编:《浙江中医药大学校史(1959—2009)》,2009年。

浙江医学高等专科学校编:《浙江医学高等专科学校校志(1925年—2005年)》,2005年。

浙江省舟山卫生学校编:《浙江省舟山卫生学校建校30周年《校庆专刊》》,1988年。

　　《浙江省舟山卫生学校校友录(1958—1995)》,1988年。

浙江省金华卫生学校编:《浙江省金华卫生学校创建80周年》,1996年。

浙江省《台州卫生学校校志》编纂委员会编,朱汝略主编:《台州卫生学校校志》,1990年。

台州卫生学校校志编委会编:《台州卫生学校校志》,2001年。

绍兴文理学院医学院院史编委会编:《绍兴文理学院医学院院史(1918—2009)》,2009年。

《浙江省绍兴卫生学校建校七十五周年纪念册》编审组:《浙江省绍兴卫生学校建校七十五周年纪念
　　册》,1993年。

浙江省绍兴卫生学校80校庆筹委会编:《浙江省绍兴卫生学校(1917—1997)》,1997年。

浙江省绍兴卫生学校校史编写组编:《浙江省绍兴卫生学校校友录(1917—1997)》,1997年。

浙江省绍兴卫生学校编:《浙江省绍兴卫生学校建校三十五周年纪念(绍兴卫生学校校史[1952—
　　1987])》,1987年。

浙江省宁波卫生学校编:《浙江省宁波卫生学校(1952—1992)》,1992年。

温州医学院校史编辑委员编:《温州医学院校史》,杭州:浙江教育出版社2009年。

温州医科大学校史编辑委员会编:《温州医科大学校史》,南京:江苏凤凰科学技术出版社2018年。

温州医科大学护理学院编:《廿年芳华:护理学1998—2018》,2018年。

温州卫生学校编:《风雨沧桑七十载 继往开来创辉煌——温州卫生学校校史》,1999年。

[医院史志]

《浙江省新华医院浙江中医药大学附属第二医院院志》编纂委员会编:《浙江省新华医院 浙江中医药大
　　学附属第二医院院志(1960—2010)》,2010年。

浙江省肿瘤医院院志编辑委员会编:《浙江省肿瘤医院志(1963—2008)》,2008年。

浙江省肿瘤医院院 浙江省癌症中心编,毛伟敏、袁瑞玉主编:《浙江省肿瘤医院志(1963—2013)》,
　　2013年。

浙江省肿瘤医院编:《浙江省肿瘤医院年鉴(2014)》,2014年。

郑树森著:《田家园记忆:浙江大学医学院附属第一医院》,杭州:西冷印社出版社2009年。

浙江大学医医院附属第一医院编,郑树森主编:《浙江大学医医院附属第一医院 浙江省第一医院院史志
　　(1947—2007)》,2007年。

浙江大学医学院附属妇产科医院,浙江省妇女保健院主编:《惠育春秋——浙江大学医学院附属妇产科

医院 60 年足迹》,北京:中国美术学院出版社 2011 年。

浙江大学医学院附属儿童医院编:《浙江大学医学院附属儿童医院院史(1951—2001)》,2002 年。

浙江医科大学附属妇产科医院院史编纂委员会编:《浙江医科大学附属妇产科医院院史(1951—1996)》,1996 年。

浙江医科大学附属第一医院编:《浙江医科大学附属第一医院院史志(1947—1997)》,1997 年。

浙江省皮肤病防治研究所院史编撰领导小组:《浙江武康疗养院(院)史(1887—2011)》,2011 年。

温州市中心医院编:《百年定理——温州市中心医院 120 周年纪念(1897—2017)》,2017 年

瞿佳主编:《温州医科大学眼视光发展史(2008—2018)》,北京:人民卫生出版社 2018 年。

政协浙江省温州市鹿城区文史委编:《鹿城文史资料》第 11 辑,1997 年。含:温州市第二人民医院百年简史。

龙游县人民医院院志编纂办公室编:《龙游县人民医院院志(1940—2004)》,2004 年。

龙游县人民医院编:《龙游县人民医院年鉴(2004—2009)》,2010 年。

浦江县人民医院编:《浦江县人民医院院史(1949—1999)》,1999 年。

浦江县人民医院编:《浦江县人民医院院志(1939—2009)》,2009 年。

浦江县人民医院编:《浙江省浦江县人民医院整体搬迁纪念册》,2015 年。

浦江县中医院编:《浦江县中医院志(1954—2014)》,2014 年。

磐安县人民医院编:《磐安县人民医院院史(1941—1991)》,1991 年。

武义县第一人民医院编:《武义县第一人民医院院志》(1939—1999),1999 年;(1999—2008),2008 年。

　　《武义县第一人民医院建院 60 周年纪念册》,1999 年。

武义县第二人民医院编:《武义县第二人民医院院志(1940—2010)》,2010 年。

武义县中医院编:《武义县中医院院志(1955—2000)》,2001 年。

兰溪市人民医院编:《兰溪市人民医院志》,1988 年。

　　《兰溪市人民医院院志(1931—2001)》,2001 年。

余杭县中医院编:《余杭县中医院志》,1986 年。

陈邦余:"我的医疗生涯从赤脚医生开始",义务政协文化与文史资料委员会编:《义乌文史资料》第 15 辑《义乌医卫史话》。

义乌市人民医院编:《义乌市人民医院院志(1941—991)》,1991 年。

义乌市妇幼保健院编:《义乌市妇幼保健院志(1952—2012)》,2012 年。

义乌市中医医院编:《义乌市中医医院志(1952—2012)》,2012 年。

《义乌市中心医院院志》编委会编:《义乌市中心医院院志(1941—2011)》,2011 年。

义乌市中心医院工会编:《文桐雅集——庆祝义乌市中心医院建院七十五周年》,2016 年。

义乌市中心医院、温州医学院附属义乌医院编:《新闻报道集——庆祝义乌市中心医院成立 70 周年》,2011 年。

温岭市第一人民医院编:《温岭市第一人民医院院史(1940—2000)》,2000 年。

温岭市第一人医院院志编纂办公室编纂:《温岭市第一人民医院院志(1941—2011)》,2012 年。

《温岭市妇幼保健院志》编纂委员会编:《温岭市妇幼保健院志(1953—2013)》,北京:中国文史出版社 2014 年。

舟山市人民医院编:《舟山市人民医院院志(1954—2004)》,北京:新华出版社 2004 年。

黄岩第一人民医院院志编纂办公室编:《黄岩第一人民医院院志(1940—2000)》,2000 年。

丽水市人民医院编:《浙江省丽水市人民医院院志(1937—1997)》,1997 年。

《丽水市人民医院 温州医科大学附属第六医院 丽水学院附属第一医院院志(2007—2017)》,2018 年。

天台县人民医院编纂委员会编:《天台县人民医院志(1949—2004)》,2005 年。

浙江省临海市第二人民医院编:《浙江省临海市第二人民医院》。

院志编纂办公室编:《衢州市人民医院 衢州中心医院院志(1948—2007)》,2008 年。

杭州市第二人民医院编,黄裕光等主编:《杭州市第二人民医院院志(1954—1989)》,1989 年。

杭州市第三人民医院编:《杭州市第三人民医院院志(1950—1990)》,1990 年。

杭州市第七人民医院志编纂委员会编:《杭州市第七人民医院志(1954—2004)》,杭州:杭州出版社
    2004 年。

《淳安县第一人民医院志》编纂委员会编:《淳安县第一人民医院院志(1931—2001)》,2001 年。

《淳安县第二人民医院志》编辑室编:《淳安县第二人民医院志》,2008 年。

金华市中心医院编:《金华市中心医院院史(1910—1998)》,1998 年。

平湖县第一人民医院编:《平湖县第一人民医院院史(1949—1989)》,1991 年。

德清县第一人民医院院史编研委员会编:《德清县第一人民医院院史(1938—1998)》,1998 年。

萧山市第一人民医院志编纂领导小组编:《萧山市第一人民医院志(1935—2000)》,杭州:浙江大学出版
    社 2001 年。

萧山区第五人民医院编:《萧山第五人民医院志(1958—2002)》,2003 年。

萧山市妇幼保健院编:《萧山市妇幼保健院志》,1999 年。

路桥区第一人民医院编:《路桥区第一人民医院院志(1942—2003)》,2003 年。

台州市中医院院志编委会编:《台州市中医院院志(1958—2005)》,2005 年。

《台州市博爱医院院志》编纂委员会:《台州市博爱医院院志(1996—2006)》,2007 年。

《绍兴市人民医院志》编纂委员会编:《绍兴市人民医院志(1942—1990)》,1990 年。

《绍兴市人民医院志》,杭州:浙江科学技术出版社 2012 年。

浙江绍兴第二医院编:《绍兴第二医院九十周年院庆(1910—2000)》,2000 年。

《绍兴第二医院志》编委会编:《绍兴第二医院志(1910—2010)》,2010 年。

绍兴市第七人民医院编:《绍兴市第七人民医院志(1956—1996)》,1996 年。

《仙居县人民医院志》编委会编:《仙居县人民医院志》,2008 年。

《绍兴市中医院志》编纂委员会编:《绍兴市中医院志》,2011 年。

新昌县中医院志编纂委员会编:《新昌县中医院志 (1982—2013)》,2014 年。

嘉兴市第二医院院志编委会编,姚佐朝主编:《嘉兴市第二医院百年志(1895—1995)》,香港:香港美达
    柯式印刷有限公司 1995 年。

嘉兴市第二医院编:《嘉兴市第二医院院志(续篇:1994—1998)》,1999 年。

《嘉兴市第二医院院志续集》编委会:《嘉兴市第二医院院志(续集:1999—2004)》,2005 年。

嘉兴市卫生防疫站编:《嘉兴市卫生防疫站站志(1984—1994)》,1994 年。

嘉兴市妇幼保健院编:《嘉兴市妇幼保健院 70 周年院志(1932—2002)》,2002 年。

    《嘉兴市妇幼保健院建院 70 周年纪念画册》,2002 年。

永康市第一人民医院编纂办公室编:《永康市第一人民医院院志(1939—2000)》,2000 年。

冯天元编:《一路有你:余杭区第一人民医院院史》,杭州:西泠印社出版社 2014 年。

浙江省嘉善第一人民医院院志编纂委员会编:《嘉善第一人民医院院志》,2000 年。

诸暨市人民医院院史编委会编:《浣水仁风——诸暨市人民医院发展简史(1946—2012)》,2013年。

嵊州市中医院编:《嵊州市中医院建院20周年特刊(1981—2001)》,2001年。

嵊县政协文史资料研究会编:《嵊县文史资料》第4辑,1986年。含:记著名中医丁伯荪;记外科专家沈克非;中西医结合的探索者郭若定;近代浙江中医学家王邈达;百年老店鹤年堂;芷湘医院。

桐乡市第一人民医院编:《桐乡市第一人民医院》,南昌:江西科学技术出版社2009年。

桐乡市第二人民医院院志编纂委员会编:《桐乡市第二人民医院(1935—2005》,2005年。

桐乡市中医医院志编纂委员会编:《桐乡市中医医院志(1995—2014)》,北京:方志出版社2015年。

瑞安市中医院编,叶序亮主编:《瑞安市中医院建院30周年纪念》,2012年。

《瑞安市中医院十周年特刊(1982—1992)》,1992年。

瑞安市人民医院编:《瑞安市人民医院纪念册:瑞安市人民医院建院七十周年(1937—2007)》,2007年。

永嘉县人民医院志编纂委员会编:《永嘉县人民医院志(1931—2001)》,2002年。

《乐清县人民医院志》编纂委员会编,施贻杰主编:《乐清县人民医院志(1927—1990)》,北京:中国国际广播出版社1992年。

洞头县人民医院编:《洞头县人民医院志(1953—2006)》,2006年。

宁波市政协文史委员会编:《甬商办医:宁波帮与近代宁波慈善医院史料集》,宁波:宁波出版社2014年。

政协镇海县委员会编:《镇海文史》(第1辑:……大衎同安医院简史,镇海公善医院史略……),1985年。

慈溪市妇幼保健院院志编委会编:《慈溪市妇幼保健院院志(1951—2000)》,2000年。

鄞州人民医院编:《鄞州人民医院院史(1949—2009)》,2009年。

温州市第三人民医院院史编写组编:《温州市第三人民医院院史(1913—2003)》,2003年。

温州市人民医院百年院志编纂委员会编:《温州市人民医院 温州市妇幼保健院百年院志(1913—2013)》,2013年。

黄建平主编:《温州市中医院院志 建院九十周年(1923—2013)》,2013年。

温州市中医院编:《温州市中医院建院九十周年(1923—2013)》,2013年。

温州医学院附属第一医院编:《温州医学院附属第一医院院史(1919—1999)》,1999年。

政协温州市鹿城区文史委编:《鹿城文史资料9》,1995年。"从董若望医院至市第三人民医院"。

青田县人民医院编,贺侠主编:《青田县人民医院志(1929—1999)》,2000年。

龙井市医院编辑委员会编:《龙井市医院志》,1991年。

临安市中医院院志编纂委员会编:《临安市中医院院志(1986—2006)》,2006年。

[疾病防控与防疫史志]

浙江省卫生防疫站编:《浙江卫生防疫年鉴》(1993、1994、1995、1996),1994、1995、1996、1997年。

陈桥驿著:《浙江简志之六·浙江灾异志》,杭州:浙江人民出版社1999年。

《浙江检验检疫志》编纂委员会编:《浙江检验检疫志(—2002)》,杭州:浙江人民出版社2005年。

施培武主编:《浙江麻风防治60年(1951—2011)》,杭州:浙江科学技术出版社2011年。

方格子著:《一百年的暗与光——中国麻风防治浙江记录》,杭州:浙江文艺出版社2016年。

浙江省卫生防疫站编:《浙江地方志载疫情史料辑录》,1983年。

浙江省卫生防疫站站志编委会编:《浙江省卫生防疫站站志(1953—1993)》,1993年。

余杭县卫生防疫站编,胡樾主编:《余杭县卫生防疫志》,1990年。

浙江省血吸虫病防治史编委会编:《浙江省血吸虫病防治史》,上海:上海科学技术出版社 1992 年。

中共海宁县委除害灭病领导小组血防办公室编:《浙江省海宁县血吸虫病流行情况和防治工作资料汇编(1949—1979)》,1981 年。

政协衢州委员会文史资料组编:《衢州文史》第 9 辑,1991 年。含:衢州鼠疫流行和防治工作;1946 年金瞿地区疟疾情况调查;衢州血吸虫病与血防工作。

政协丽水县文史委编:《丽水文史资料》第 2 辑,1985 年。含:丽水城鼠疫病流行的回忆。

政协浙江省兰溪市文史委编:《兰溪文史资料》第 6 辑,1988 年。含:我所知道的天一堂药店;解放前兰溪城关鼠疫流行情况。

中共余杭县地方病防治办公室委员会编,傅健主编:《余杭县地方病防治志》,1988 年。

《义乌县卫生防疫站志》编写小组,叶祥金等编写:《义乌县卫生防疫站志》,1986 年。

曹根生主编:《松阳县畜禽疫病志》,1990 年。

杭州市卫生防疫站编:《杭州市卫生防疫站志》,1988 年。

杭州市拱墅区卫生防疫站编:《杭州市拱墅区卫生防疫五十五年志(1950—2004)》,杭州:浙江大学出版社 2011 年。

浙江人民卫生实验院寄生虫病研究所等编《血吸虫病 钩虫病 丝虫病 钩端螺旋体病和疟疾的防治》,杭州:浙江人民出版社 1978 年。

政协浙江省衢州市委员会文史资料研究委员会编:《衢州文史资料》第 9 辑,1991 年。含:衢州鼠疫流行和防治工作;1946 年金衢地区疟疾情况调查;衢州血吸虫病与血防工作等。

嘉兴市政协文史资料委员会编:《嘉兴市文史资料通讯》第 10 辑,1989 年。含:回忆五十年代血吸虫病治疗一二事;三十年来嘉兴血防科研成就的回顾;血防战士忆血防(摘录)等。

浙江省舟山市卫生防疫站编:《舟山市卫生防疫志》,2000 年。

舟山市卫生防疫站编:《舟山市丝虫病防治史》,2000 年。

《舟山市卫生防疫年鉴》(1996、1997、1998、1999、2000),1996、1997、1998、1999、2000 年。

舟山市卫生局编:《舟山市疟疾防治与研究(1950—1990)》,1990 年。

裘忆慈主编:《衢州血防志》,1997 年。

萧山市卫生防疫站编:《萧山市卫生防疫志(—1994)》,1996 年。

嘉兴市政协文史资料委员会编:《嘉兴市文史资料 第 4 辑 送瘟神——嘉兴地区血防工作纪实》,北京:中国科学技术出版社 1995 年。

中共浙江嘉善县地方病防治领导小组办公室编:《浙江省嘉善县血吸虫病流行情况和防治工作资料汇编(1949—1985)》,1986 年。

中共浙江吉安县委血防领导小组办公室编:《浙江省吉安县血吸虫病流行情况和防治工作资料汇编(1949—1985)》,1986 年。

平阳卫生防疫站编:《平阳卫生防疫志》,2001 年。

富阳县卫生局编:《富阳县卫生防疫志》,1987 年。

中共上虞县地方疾病防治领导小组办公室编印:《上虞县血吸虫病流行情况和防治工作资料汇编(1952—1985)》,1986 年。

《温州市疟疾防治与研究》编委会编:《温州市疟疾防治与研究(1950—1991)》,1992 年。

温州市鹿城区卫生防疫站编:《温州市鹿城区卫生防疫志》,1991 年。

《宁波出入境检验检疫志》编纂委员会编:《宁波出入境检验检疫志(—2002)》,北京:中华书局出版社

2005 年。

[畜禽疫病与兽医史志]

浙江省农业厅畜牧兽医处编:《浙江中兽医处方》,杭州:浙江人民出版社 1958 年。

浙江省农业厅畜牧管理局:《浙江省畜禽疫病志》,杭州:浙江大学出版社 1993 年。

　《浙江省家畜家禽寄生蠕虫志》,1986 年。

浙江省临海市农业局编:《浙江省临海市畜禽疫病志》,1993 年。

温州畜牧兽医站编:《温州市畜禽疫病志》,1992 年。

浙江省苍南县农业局、《苍南县畜禽疫病志》编写组编:《苍南县畜禽疫病志》,1989 年。

杭州市农业局编:《杭州市畜禽疫病志》,1990 年。

杭州市西湖区农业局编,徐平隆等编著:《杭州市西湖区畜禽疫病志》,1990 年。

舟山市农林局编:《舟山市畜禽疫病志》,1990 年。

翁继华主编:《龙泉县畜禽疫病志》,1990 年。

温岭县畜牧兽医站编印:《温岭县畜禽疫病志》,1990 年。

东阳市畜牧兽医站编,戚小伟主编:《东阳市畜禽疫病志》,1990 年。

绍兴市畜牧兽医站编:《绍兴市畜禽疫病志》,1990 年。

嘉兴市农林局编,范汉雄主编:《嘉兴市畜禽疫病志》,1992 年。

建德县农业局编:《建德县畜禽疫病志》,1990 年。

丽江地区畜牧兽医站编:《丽江地区畜禽疫病志》,1995 年。

三门县畜禽疫病志编写小组编:《三门县畜禽疫病志》,1990 年。

仙居县畜禽疫病志编写小组编:《仙居县畜禽疫病志》,1990 年。

天台县家畜家禽防疫检疫站编:《天台县畜禽疫病志》,1990 年。

磐安县畜牧兽医站编:《磐安县畜禽疫病志》,1991 年。

椒江市畜禽疫病志编写组:《椒江市畜禽疫病志》,1990 年。

龙游县畜牧兽医站编:《龙游县畜禽疫病志》,1990 年。

诸暨市畜牧兽医工作站编,赵隶华主编:《诸暨市畜禽疫病志》,1990 年。

泰顺县农业局编,胡元轼、严华主编:《泰顺县畜禽疫病志》,1990 年。

永嘉县农业局《畜禽疫病志》编写组编:《浙江省永嘉县畜禽疫病志》,1989 年。

浙江省乐清县畜牧兽医站编:《乐清县畜禽疫病志》,1990 年。

嵊州市环境卫生管理处:《嵊州市环境卫生志》,1999 年。

黄岩市家畜家禽防疫检疫站编:《浙江省黄岩市畜禽疫病志》,1990 年。

[医药、卫生、制药企业史志]

杭州市政协文史委编:《杭州文史丛编》第 6 辑,杭州:杭州出版社 2003 年。含:民国杭州中西药业;民国
　杭州医疗业;1929 年反对废止中医中药的斗争;仁爱医院;一代名医施今墨。

浙江当代中医名人志编委会编,于诗俊主编:《浙江当代中医名人志》,1989 年。

浙江省医药志编委会:《浙江省医药志(—2000)》,北京:方志出版社 2003 年。

温州市工业志编纂委员会办公室编,钟普明主编:《温州市工业志》(含医药工业企业部分),天津:南开
　大学出版社 1997 年。

常山中药资源普查办公室编:《常山县药物志》。

缙云县医药局,郑子宽主编:《缙云县医药志》,1990年。

浙江省卫生志编纂委员会编:《浙江省卫生志》,杭州:浙江人民出版社2019年。

玉环县医药卫生志编纂办公室:《玉环县医药卫生志》,1991年。

叶佛民主编:《松阳医药商业志》,1993年。

杭州医药站编,卢连芳主编:《杭州医药商业志(—1987)》,北京:中国青年出版社1990年。

平湖县医药公司编,江贵祥主编:《平湖县医药志》,1989年。

德清县医药商业志编写组编:《德清县医药商业志》,1988年。

东阳市医药公司编,徐鸿生主编:《东阳市医药志》,1989年。

吕才苗主编,浙江省新昌县中药资源普查领导小组办公室编:《新昌县中药资源普查资料汇集》,
　　1988年。

浙江省建德县卫生局、医药局编史修志小组编,严有祥主编:《建德县医药卫生志》,1985年。

嵊县商业医药志编写小组编,裘迪良主编,《嵊县商业医药志》,1987年。

温州市医药志编委会编,叶治平主编:《温州市医药志》,天津:天津大学出版社1996年。

温州镇志编纂委员会编,汤一钧主编:《温州医药商业志(—2000)》,2002年。

《兰溪医药志》编纂委员会编:《兰溪医药志(—1990)》,杭州:浙江人民出版社1993年。

宁波中医院编,龚烈沸主编:《宁波中医药文化志(—2010)》,北京:中国中医药出版社2012年。

泰顺县医药公司编,谢永玉主编:《泰顺县医药志》,1989年。

浙江省卫生厅编:《浙江省卫生事业五十年巡礼》,1999年。

龙游县卫生局编,吕建民主编:《龙游县卫生志(1959—1989)》,上海:上海社会科学院出版社1992年。

浙江省常山县卫生局《常山县卫生志》编纂组编:《常山县卫生志》,北京:人民卫生出版社1992年。

龙井县卫生志编审领导小组编:《龙井县卫生志》,1986年。

武义县卫生局编:《武义县卫生志(—1990)》,1992年。

海宁县卫生局编:《海宁县医疗卫生工作资料汇编(1949—1983)》,1986年。

缙云县卫生局编:《缙云县卫生志》,1984年。

余杭县卫生局《卫生志》编纂组编,胡樾主编:《余杭县卫生志》,1987年。

余杭县政协文史资料委员会 浙江省余杭县卫生局编:《余杭文史资料 第9辑 余杭近代医林人物集萃》,
　　1994年。

义乌县卫生局修志小组编,何关湖、王明才主编:《义乌县卫生志》,1987年。

松阳县卫生局编,华公仆主编:《松阳县卫生志》,1993年。

温岭市卫生局编:《温岭市卫生志》,北京:中医古籍出版社2009年。

遂昌县卫生志编纂委员会编:《遂昌县卫生志(—1990)》,杭州:浙江古籍出版社1997年。

庆元县卫生志编纂委员会编:《庆元县卫生志(明—1990)》,1993年。

景宁畲族自治县卫生局编:《景宁畲族自治县卫生志》,1994年。

舟山市卫生志编纂委员会编:《舟山市卫生志(—1999)》,北京:中华书局2002年。

舟山市卫生局编:《舟山市卫生年鉴(1989—1994)》,1995年。

舟山市普陀区卫生志编纂委员会编:《普陀卫生志(—2008)》,北京:方志出版社2012年。

《黄岩县卫生志》编纂办公室编,林希欧主编:《黄岩县卫生志(—1987)》,上海:上海人民出版社
　　1990年。

丽水市卫生志编纂委员会编,周村农主编:《丽水市卫生志》,1992年。

程文亮主编:《浙江丽水药物志》,北京:中国农业科学技术出版社2014年。

天台县卫生志编写组编,张樟浦主编:《天台县卫生志》,1994年。

临海市卫生局《卫生志》办公室编,王蔚青主编:《临海市卫生志(240—1985)》,1989年。

浙江省衢州市卫生局编,邱明轩主编:《衢州市卫生志(—1991)》,上海:上海交通大学出版社1997年。

浙江省淳安县卫生局卫生志编辑办公室编:《淳安卫生志(—1995)》,1998年。

金华市卫生局《市志卫篇》编写组:《金华市志·卫生篇》,1989年。

《金华县卫生志》编纂领导小组编,俞成喜主编:《金华县卫生志(—1990)》,杭州:浙江人民出版社
    1995年。

政协金华市文史委编:《抗日战争时期的金华》(金华文史资料16:侵华日军细菌战金华地区初查受害
    死亡人数,侵华日军细菌战在义乌……),2005年。

平湖县卫生局编:《平湖县卫生志》,1990年。

平湖市卫生志编纂委员会编,沈羽主编:《平湖市卫生志(1990—2007)》,北京:中国文史出版社
    2011年。

《萧山县卫生志》编写组编,胡文光主编:《萧山县卫生志》,杭州:浙江大学出版社1988年。

浙江省台州地区卫生局编:《台州卫生四十年:1949—1989》,北京:中国医药科技出版社1991年。

台州市卫生局编:《台州卫生五十年画册(1949—1999)》,1999年。

台州市路桥区卫生和计划生育局编纂:《台州市路桥区卫生志》,北京:中国文史出版社2015年。

浙江省东阳市卫生局编纂,吕国祥主编:《东阳市卫生志(—1988)》,1992年。

东阳市卫生局编:《东阳卫生五十年》,1999年。

政协浙江省东阳县文史委 编:《东阳文史资料选辑5:……灭绝人性的日寇细菌战……》,1987年。

绍兴市上虞区卫生和计划生育局编:《上虞卫生志》,北京:方志出版社2018年。

浙江省绍兴市卫生志编纂委员会编,王宗标主编:《绍兴市卫生志(—1990)》,上海:上海科学技术出版
    社1994年。

绍兴县卫生志编纂委员会:《绍兴县卫生志(—1993)》,杭州:浙江古籍出版社1997年。

《嵊县卫生志》编纂组编:《嵊县卫生志(三国至1985年)》,1987年。

新昌县卫生局《卫生志》编纂办公室编,杨力行主编:《新昌县卫生志(—1986)》,上海:同济大学出版社
    1992年。

浙江省临安县卫生局编:《临安县卫生志》,1994年。

《海盐县卫生志》编纂组编:《海盐县卫生简志》,1988年。

陈桥驿编:《浙江灾异简志》,杭州:浙江人民出版社1991年。

浙江省永康县卫生局编,许振友主编:《永康县卫生志》,1987年。

建德文史资料委员会编:《建德文史》(第15辑:邹世洪专辑[民国军医]),2002年。

建德县委党史资料征集小组建德县志编纂领导小组办公室编:《建德党史县志资料第七期(建德县卫生
    大事记,牛痘考初稿,浙江省立严州医院初稿)》,1982年。

《湖州市卫生志》编纂委员会编:《湖州市卫生志(—1989)》(上、中、下),香港:香港大时代出版社
    1993年。

诸暨市卫生局《卫生志》办公室编,田渭法主编:《诸暨卫生志》,1992年。

嵊县卫生志编纂组,陈香村主编:《嵊县卫生志》,1987年。

《慈溪卫生志》编纂小组编:《慈溪卫生志》,宁波:宁波出版社 1994 年。

乐清市卫生志编纂委员会编,周友程主编:《乐清市卫生志(1991—2011)》,北京:中国文史出版社 2014 年。

桐乡市卫生局编:《桐乡卫生志》,海口:海南出版社 1996 年。

　　《桐乡市卫生志(1991—2010)》,北京:方志出版社 2014 年。

《泰顺县卫生志》编纂委员会编:《泰顺县卫生志(一2012)》,北京:方志出版社 2014 年。

富阳县卫生志编纂组,徐元根主编:《富阳县卫生志(一1990)》,北京:中国医药科技出版社 1991 年。

瑞安市卫生局编,瞿汉云主编:《瑞安市卫生志(一1995)》,上海:华东师范大学出版社 1999 年。

《上虞县卫生志》编纂委员会主编,徐煜主编:《上虞县卫生志》,1989 年。

海宁市卫生志编纂委员会编:《海宁市卫生志 1991—2005》,北京:中国文史出版社 2009 年。

永嘉县卫生局编:《永嘉县卫生志(275—1990)》,1998 年。

永嘉县卫生局编:《永嘉县卫生志(1991—2010)》,北京:方志出版社 2011 年。

浦江县黄宅镇文化历史研究会编:《黄宅镇志》第四卷(医疗卫生卷),北京:中国文史出版社 2017 年。

长兴县卫生局《长兴县卫生志》编纂组编:《长兴县卫生志》,1995 年。

章近坚主编,乐清县卫生局编:《乐清县卫生志(一1990)》,北京:当代中国出版社 1995 年。

《宁波市北仑区卫生志》编纂委员会编:《宁波市北仑区卫生志》,上海:上海辞书出版社 2007 年。

宁波市卫生局编:《宁波市卫生志(内附宁波历代中医简介)》,1989 年。

　　《宁波市卫生志(1991—2010)》,2011 年。

王卫东主编,浙江省慈溪市卫生志编纂小组编:《慈溪卫生志》,宁波:宁波出版社 1994 年。

《温州市卫生志》编纂委员会编:《温州市卫生志(一1990)》,上海:华东师范大学出版社 1998 年。

陈夏英主编:《浙江处州制药厂志》,1992 年。

萧山市卫生局编:《萧山卫生志(1911—1984)》,杭州:浙江大学出版社 1989 年。

安徽省

[医学教育与科研院所史志]

安徽医科大学校史编纂委员会编:《安徽医科大学校史(1926—2006)》,2007 年。

安徽医科大学编:《安徽医科大学校史资料》(珍藏版,系民国时期的资料影印),2006 年。

　　《安徽医科大学校史(1926—2016)》,合肥:安徽人民出版社 2016 年。

安徽中医学院编:《安徽中医学院院志(1959—1999)》,1999 年。

《安徽中医学院校志》编纂委员会编:《安徽中医学院校志(1999—2009)》,2009 年。

《铜陵市卫生学校志》编纂小组编:《铜陵市卫生学校志》,1986 年。

安徽省安庆卫生学校编:《安徽省安庆市卫生学校志(1943—2003)》,2003 年。

　　《安徽省安庆卫生学校校友录(1943—2003)》,2003 年。

安庆卫生学校校志编写组:《安徽省安庆卫生学校五十年志(1943—1993)》,1993 年。

曹艳平主编:《安徽省安庆卫生学校建校 60 周年(1943—2003)》,2003 年。

蚌埠医学院院志编委会编:《蚌埠医学院院志(1958—1998)》,1998 年。

[医院史志]

《十七治医院志》编纂委员会编:《十七治医院志》,1986年。

合肥市政协文史资料委员会、合肥市卫生局编:《合肥文史资料》第15辑:卫生专辑,1997年。含:刘军:奏生命之曲 谱健康篇章——合肥市卫生事业健康48周年巡礼;纪律:更文明 更清洁 更健康——合肥市爱国卫生事业发展概况;赵胜利:播洒爱心尽天职 扶危济困显身手——合肥市红十字会;全庆慈等:肩负重托 情真意切——合肥市卫生下乡巡礼;朱红:探索现代化医院管理的新路子——合肥市第一人民医院;张良明:开拓奋进为人民——合肥市第二人民医院;许永廷:崛起的新军——合肥市第三人民医院;孙志功:精神卫生的摇篮——合肥市精神病医院;束宝莲:全省最大的爱婴医院——合肥市妇婴保健院。

合肥市第一人民医院院志编纂委员会编:《合肥市第一人民医院院志(1954—2004)》,2004年。

合肥市第二人民医院院志编纂委员会编:《合肥市第二人民医院院志(1958—2007)》,2008年。

合肥市第八人民医院院志编委会编:《合肥市第八人民医院院志(1994—2014)》,2015年。

合肥市妇幼保健院编:《合肥市妇幼保健院志》,2001年。

安徽医科大学一附院编:《创业创新 仁医仁术——安徽医科大学第一附属医院八十周年发展简史》,2007年。

安徽医科大学附属巢湖医院院志编纂委员会编:《安徽医科大学附属巢湖医院(1951—2014)》,2015年。

界首市人民医院院志编委会编:《界首市人民医院院志(1950—2000)》,2000年。

安徽省阜阳市人民医院编:《安徽省阜阳市人民医院50周年纪念(1949—1999)》,1999年。
　《六秩辉煌:阜阳市人民医院建院六十周年(1949—2009)》,2009年。

阜阳市第五人民医院院志编委会编:《阜阳市第五人民医院院志(1953—2003)》,2003年。

五河县医院编:《五河县医院志》,1987年。

铜陵县人民医院院志编纂委员会编:《铜陵县人民医院院志(1937—2002)》,2002年。

铜陵市中医医院编著:《铜陵市中医医院院志(1955—2005)》,2005年。

第二职工医院(职业病防治研究所)志编委会编:《铜陵有色金属(集团)公司第二职工医院志(1973—1996)》,1998年。

池州市第二人民医院编:《峥嵘岁月一甲子,团结奋进二院人——池州市第二人民医院建院60周年(1950—2010)》,2011年。

滁州第一人民/红十字医院编:《滁州市第一人民医院院志》,2000年。

六安地区人民医院院志编纂委员会编纂:《六安地区人民医院院志(1949—1999)》,1999年。

六安市人民医院院志编纂委员会编纂:《六安市人民医院院志(1999—2009)》,2009年。

六安市第二人民医院院志办公室编纂:《六安市第二人民医院院志(1985—2015)》,2015年。

六安市第四人民医院院志编纂委员会编:《六安市第四人民医院(金安医院)志(1979—2009)》,2009年。

六安市中医院院志编委会编:《六安市中医院院志(1978—2003)》,2003年。

宣城地区人民医院院志编委会编:《宣城地区人民医院 皖南医学院第二附属医院院志(1949—1999)》,1999年。

蚌埠医学院附属医院编:《蚌埠医学院附属医院 安徽省肿瘤医院院志》,1986年。

蚌埠医学院附属医院院志编纂委员会编:《蚌埠医学院附属医院院志(1952—2002)》,2002年。

《皖南医学院弋矶山医院院志》编纂委员会编:《皖南医学院弋矶山医院院志(1888—2008)》,2008年。

芜湖市第一人民医院院志编委会编:《芜湖市第一人民医院院志(1939—2009)》,2009年。

芜湖市第二人民医院院志编委会编:《芜湖市第二人民医院院志》(1953—2003)),2003年;(2003—2013),2013年。

芜湖市第四人民医院院志办公室编:《芜湖市第四人民医院院志(1969—2009)》,2009年。

安徽省皖南康复医院编:《安徽省皖南康复医院 芜湖市第五人民医院院志》,2016年。

繁昌县人民医院志编写办公室编:《繁昌县人民医院志(1949.9—1999.9)》,1999年。

《宿松县人民医院志》编纂委员会编:《宿松县人民医院志(1950—2011)》,合肥:黄山书社2011年。

桐城市人民医院编纂,郑业仁主编:《桐城市人民医院志》,合肥:黄山书社2001年。

弋矶山医院编撰:《弋矶山医院志》,1985年。

安徽省安庆市岳西县医院编:《岳西县医院志(1949—1986)》,1987年。

《安庆地区医院志》编辑组编,刘俊逸主编:《安庆地区医院志》,1991年。

谢继真主编:《淮北矿工总医院志》,北京:新华出版社1991年。

绩溪县人民医院院志编委会编:《绩溪县人民医院院志(1949—1999)》,1999年。

[疾病防控与防疫史志]

安徽省人民政府地方病防治领导小组办公室编:《安徽省江洲湖滩地区血吸虫病流行图表集》,1989年。

合肥卫生防疫志编纂委员会编:《合肥卫生防疫志(1949—1999)》,2000年。

《安徽省卫生志》编纂委员会编,张秀主编:《安徽血吸虫病防治志》,合肥:黄山书社1990年。

安徽省血吸虫病防治研究所等编:《安徽省血吸虫病防治研究所 安徽省寄生虫病防治研究所——论文资料选编(1984—1991),芜湖:1992年。

安徽省血吸虫病研究委员会编:《安徽省血吸虫病研究资料 晚期血吸虫病》,1958年。

安徽省卫生厅 编:《安徽中西医综合治疗晚期血吸虫病的经验汇编》,合法:安徽省人民出版社1959年。

安徽省农林局耕牛血吸虫病防治队编:《耕牛血吸虫病防治科研资料汇编》,1973年。

安徽省芜湖血吸虫病防治所编:《芜湖专区中医中药治疗血吸虫病方案》,1956年。

含山县委血防领导小组办公室、含山县血吸虫病防治站编:《血吸虫病防治工作资料汇编(1956—1979)》,1979年。

安徽含山县血吸虫病防治站编:《向建国十周年献礼:血吸虫病防治工作资料汇编(1956—1959)》,1959年。

安徽医学研究所情报研究室编:《1960—1966年室藏内部资料目录(血吸虫病部分)》,1966年。

政协铜陵委员会文史资料办公室编:《铜陵文史资料》第5辑,1992年。含:铜陵市血吸虫病防治史。

芜湖市志卫生志编纂领导小组编:《芜湖市卫生志 血吸虫病防治》,1986年。

中共芜湖地委血防领导小组办公室编:《芜湖专区血吸虫病防治资料汇编》,1958年。

泾县人民政府地方病防治领导小组办公室、泾县地方病防治站编:《泾县血吸虫病防治志(纪念泾县血防专业机构成立五十周年)》,2006年。

淮南市卫生防疫站编:《淮南市卫生防疫志(1953.5—2003.5)》,2003年。

《安庆市卫生防疫志》编纂领导小组编:《安庆市卫生防疫志文稿(1497—1985)》,1989年。

宁国县地方病防治领导小组办公室、宁国县血吸虫病防治站编:《宁国县血防志》,1988年。

中共安庆市委血防领导小组、安庆市地方志编纂委员会办公室、安庆市血吸虫病防治站,林桂南主编:

《安庆市志.血防志》，1984年。

含山县委血防领导小组办公室、含山县血吸虫病防治站编：《血吸虫病防治工作资料汇编（1956—1978）》，1979年。

安徽省安庆市岳西县卫生防疫站编：《岳西县卫生防疫专志（1949—1985）》，1986年。

阜阳县卫生防疫志编写组编：《阜阳县卫生防疫志》，1985年。

［畜禽疫病与兽医史志］

周维翰主编：《安徽畜禽疫病录》，北京：中国农业出版社1997年。

安徽省农牧渔业厅畜牧局编：《安徽省畜禽寄生虫名录》，1986年。

安徽省农业厅畜牧兽医处编：《安徽中兽医药方汇编》，合肥：安徽人民出版社1958年。

黄山市畜牧兽医站编：《黄山市畜牧兽医志（—2006）》，2008年。

［医药、卫生、妇幼保健史志］

合肥利民制药厂编：《合肥利民制药厂厂志》（1969—1985），1986年；（1986—1992），1993年。

安徽省地方志编纂委员会编：《安徽省志·医药志》，北京：方志出版社1997年。

安徽省科学技术委员会编著：《安徽中药志》，合肥：安徽科学技术出版社1997年。

安徽省卫生志编纂委员会编纂：《安徽卫生志（—1985）》，合肥：黄山书社1993年。

安徽省地方志编纂委员会编：《安徽省志·卫生志》，合肥：安徽人民出版社1996年。

安徽省医药管理局编，李映焕主编：《安徽省医药志》，合肥：黄山书社1994年。

《宿州市医药卫生志》编写组：《宿州市医药卫生志》，1986年。

储德隆主编，安徽省安庆市医药管理局编：《安庆市医药工业志》，1989年。

安徽省安庆市医药公司编：《安庆市医药商业志》，1989年。

安徽省安庆市岳西县药材总公司编：《岳西县药物志》，1986年。

安徽省安庆市潜山县医药公司编：《潜山县医药志（1949—1988）》，1989年。

《庐江县药志》编辑室编：《庐江县药志》，合肥：安徽人民出版社1986年。

安徽省卫生志编纂委员会编纂：《安徽卫生志》，合肥：黄山书社1993年。

安徽省地方志编纂委员会编：《安徽省志 第61卷 卫生志》，合肥：安徽人民出版社1996年。

安徽省地方志编纂委员会办公室编：《安徽省志 卫生志（1986—2005）》，北京：方志出版社2015年。

《合肥卫生志》编委会编：《合肥卫生志（—1998）》，合肥：黄山书社2001年。

合肥市政协文史资料委员会 合肥市卫生局编：《合肥文史资料 卫生专辑》，1997年。

安徽省界首县卫生局、《界首县卫生志》编写组编：《界首县卫生志》，1985年。

安徽省来安县卫生局编印：《来安县卫生志》，1986年。

涂县地区行署卫生局编，尚昌骏、丁锡德主编：《涂县地区卫生志》，1989年。

临泉县卫生志编辑室：《临泉县卫生志（1852—1985）》，1988年。

政协铜陵县文史委员会编：《铜陵文史资料选编第12辑：铜陵卫生史料》，2008年。含：铜陵卫生发展综述，铜陵县骨髓炎医院略记，铜陵县血吸虫病防治工作纪实，顺安河灭螺大会战，铜陵县医药发展史话，铜陵地产中药材史料，铜陵凤丹，民国时期的铜陵县公办医疗机构，解放前铜陵县药铺及诊所，旧时大通药业史略，大通市中西医学会，查广和药号，城关中药铺的变迁，铜陵县医疗卫生单位中药纪事。

铜陵市卫生局编:《铜陵卫生志(1950—2000)》,2001 年。

池州地区卫生志编委会编:《池州地区卫生志(—1993)》,合肥:黄山书社 1997 年。

《六安市地方志》编纂委员会编:《六安市卫生志》,合肥:黄山书社 2012 年。

淮南市卫生志编纂委员会编:《淮南市卫生志》,1995 年。

蚌埠市卫生志编纂委员会编:《蚌埠市志 卫生志》,1985 年。

宿州行署卫生局编志领导组,方震亚主编:《宿州卫生志》,1988 年。

《芜湖市·卫生志》编纂领导小组:《芜湖市卫生志资料选编 第 10 辑》,1986 年。

《芜湖市卫生志 资料选编 第 12 辑:芜湖市护理志专辑》,1986 年。

旌德县卫生志编纂委员会编:《旌德卫生志(—2000)》,合肥:黄山书社 2002 年。

《安庆市卫生志》编辑委员会编:《安庆市卫生志(1988—2010)》,2013 年。

怀宁县卫生局编:《怀宁县卫生志(1912—1985)》,1985 年。

《庐江县卫生志》编纂办公室编,赵林西等主笔:《庐江县卫生志(1939—1984)》,1985 年。

滁县地区行署卫生局编:《滁县地区卫生志》,1989 年。

徽州行署卫生局《卫生志》编纂领导组,方震亚主编:《徽州卫生志》,1988 年。

绩溪县卫生局《卫生志》编纂领导小组编纂,胡河旺主编:《绩溪县卫生志(晚清至 1987 年)》,1987 年。

绩溪县卫生局编,陈丽云主编:《绩溪县卫生志(续:1979—2007)》,2007 年。

《马鞍山市卫生志》编辑办公室编,吴志清主编:《马鞍山市卫生志》,1985 年。

黟县地方志编纂委员会编:《黟县志 医疗卫生志》,北京:光明日报出版社 1989 年。

黟县卫生局《卫生志》编纂组编:《黟县卫生志(—2006)》,2007 年。

合肥市妇幼保健所编:《合肥市妇幼保健所所志(1995—2004)》,2005 年。

泾县妇幼卫生志编委会编:《泾县妇幼卫生志(1953—2008)》,2009 年。

福建省

[医学教育与科研院所史志]

福建医科大学编:《福建医科大学(1937—2012)》,2012 年。

《福医记忆——纪念福建医科大学建校 80 周年》,2017 年。

《福建医科大学公共卫生学院 50 周年纪念册(1959—2009)》,2009 年。

福建卫生学校编:《三十周年校庆专刊(1954—1984)》,1984 年。

福建省妇幼卫生学校七十五周年校庆筹委会编:《福建妇幼卫生学校(原圣路加高级护士助产职校莆田卫校医专)七十五周年校庆(1912—1987)纪念册》,1987 年。

肖林榕主编:《福建中医学院简史(1953.7—1997.12)》,呼和浩特:远方出版社 1998 年。

福建中医学院校史编辑委员会编:《福建中医学院校史(1958—2008)》,福州:福建科学技术出版社 2008 年。

福建中医药大学编,黄小龙主编:《福建中医药大学校史(2008—2018)》,北京:学苑出版社 2018 年。

王道亨主编:《福建省闽东卫生学校校史(1958—1988)》,福州:海峡文艺出版社 1998 年。

黄书定等编:《泉州卫生学校校友录(1934—2004)》,2004 年。

[医院史志]

杨立勇主编:《福建医科大学附属第一医院院史(1937—2017)》,福州:福建科学技术出版社 2017 年。

林玲主编:《福建医科大学附二医院:我的医学生涯(第一辑)》,福州:福建科学技术出版社 2007 年。

杨卫忠主编:《十年创业——福建医科大学附属协和医院神经外科创建十周年纪念文集)(全 2 册),北京:中国文联出版社 1999 年。

杨卫忠主编:《历程——福建医科大学附属协和医院神经外科建科二十周年纪念文集》,2009 年。

福建医科大学附属协和医院编:《百年协和》(上:协和往事(1860—1984);下:今日协和(1984—2010),2010 年。

政协福州市委员会编:《福州文史资料》(第 7 辑:……基督教在福州布道、办学和开设医院纪略……),1987 年。

《福建省福州儿童医院二十五年院史》编委会编:《砥砺耕耘 追求卓越——福建省福州儿童医院二十五年院史》,2011 年。

光明中医函授大学附属福建中医院、福州市台江区中医医院、福州市台江区中医研究所编:《台江中医建院三周年纪念(1987. 5—1990. 5)》,1990 年。

庄绍兵、黄静兰编辑:《福建省泉州市第一医院志》,2004 年。

福建省泉州市第一医院编:《福建省泉州市第一医院志(1936—2016)》,2016 年。

政协三明市文史资料研究会编:《三明文史资料》第 5 辑,1987 年。含:三明市中医院院史。

福建省三明市第一医院编:《福建省三明市第一医院院史(1960—2000)》,2000 年。

厦门市卫生会:《厦门中山医院计划书》,厦门:厦门市卫生会 1929 年。

厦门中山医院筹备委员会编:《厦门中山医院筹备委员会工作报告》,厦门:厦门中山医院凑备委员会 1930 年。

厦门中山医院编:《厦门中山医院征信录》,厦门:厦门中山医院 1936 年。

福建省永定县医院编:《福建省永定县医院志(1938—1998)》,1998 年。

莆田市第一医院志编委会编:《莆田市第一医院志(1959—2009)》,北京:中国古籍出版社 2009 年。

《涵江医院志》编委会编:《涵江医院志(1905—2004)》,北京:方志出版社 2005 年。

宁德地区第一医院院志编委会编:《宁德地区第一医院院志(1937—1997)》,1997 年。

漳州市中医院编:《漳州市中医院简史(1956—2005)》,2005 年。

[疾病防控与防疫史志]

政协福建省文史委编:《岁月留痕,福建文史资料汇编》(含:鼠疫防治工作纪略,福建省防治碘缺乏病的简要回顾,福建疟疾的流行与控制),福州:福建人民出版社 1999 年。

福建省卫生防疫站、中国医学科学院流行病学微生物学研究所编:《福建省鼠疫流行史》,1965 年稿,1973 年修印。

福建省防痨协会编:《福建省防痨志》,2007 年。

福建出入境检验检疫志编纂委员会编:《福建出入境检验检疫志(—2003)》,北京:方志出版社 2005 年。

福建省卫生厅编:《福建省消灭血吸虫病史志》,1987 年。

福州市环境卫生志编撰委员会编:《福州市环境卫生志》,1999 年。

福州市卫生防疫站志编委会编:《福州市卫生防疫站站志》,2007 年。

福建省晋江县皮肤病防治院、福建省晋江县医学科学研究所编:《麻风防治资料汇编》,1974 年。

晋江县医学研究所编辑:《晋江县心血管疾病资料汇编》,1981年。

厦门动植物检疫局编著:《厦门动植物检疫局志》,厦门:鹭江出版社1999年。

冯兰洲著:《厦门之疟疾及其传染之研究》,北平:中华医学杂志社1932年。

惠安卫生局编:《惠安卫生防疫》,1981年。

漳州市卫生防疫站编,陈生枝主编:《漳州市卫生防疫站志》,2003年。

惠安县卫生防疫志编纂小组编:《惠安县卫生防疫志》,1987年。

中国人民政治协商会议永定县委员会文史资料委员会编:《永定文史资料》第24辑,2005年。含:永定县鼠疫流行史及疫情监控。

政治协商会议福建省委员会编:《福建文史资料》第36辑,1996年。含:福建省血吸虫病的消灭,我所了解的福建丝虫病防治研究工作,福州回春中药店等。

政协(福建)华安县委员会文史资料办公室编:《华安文史资料》第4辑,1983年。含:华安县消灭了血吸虫病;苏堤柳医师传略。

长乐县委员会文史资料工作组编:《长乐文史资料》第6辑,1995年。含:长乐消灭血吸虫病始末;记白求恩式的军医程恒等。

[畜禽疫病与兽医史志]

福建省农业厅畜牧局编:《福建省畜禽疫病志》,福州:福建科学技术出版社1994年。

兴化市畜牧兽医站编:《兴化市畜禽疫病志》,1990年。

[医药、卫生、妇幼保健史志]

福建省医药研究所编:《福建药物志》第一册,1979年;第二册,1983年;第三册,1992年。

福建省中医药研究院编:《福建药物志》修订版(2卷),福州:福建科学技术出版社1994年。

福建省地方志统纂委员会编:《福建省志·医药志》,北京:方志出版社1997年。

福州市医药志编纂委员会编:《福州医药志》,1998年。

福建省福州中药材采购供应站编,林继铭主编:《福州中药商业志》,1989年。

厦门市医药站《厦门医药志》编研办公室编:《厦门市医药志》,1992年。

漳浦县医药卫生志编纂委员会编:《漳浦县医药卫生志》,1987年。

宁德市卫生局编,林品轩主编:《宁德地区医药卫生志》,福州:福建人民出版社2005年。

惠安县医药公司编,林震宇主编:《惠安县医药志(1530—1989)》,1991年。

林俊文主编,漳州市医药志编纂委员会编:《漳州市医药志》,1997年。

漳州市芗城区卫生局编:《漳州市芗城区志 医药卫生志》,1996年。

李挺生主编,林玉歆、张大金编撰:《同安医药卫生志(1840—1992)》,厦门:厦门大学出版社1995年。

《福建省卫生志》编纂委员会编:《福建省卫生志》,福州:福建人民出版社1989年。

福建省地方志编纂委员会编:《福建省志 卫生志》,北京:中华书局1995年。

《福建省卫生年鉴》编辑委员会编:《福建卫生年鉴》(2003、2004、2005、2006、2007),2004、2005、2006、2007、2008年;(2008),福州:福建科学技术出版社2009年;(2009),福州:海风出版社2010年;(2011、2012、2013),2013、2013、2014年。

福建省卫生计生年鉴编委会编:《福建卫生计生年鉴》(2014、2015、2016、2017),2015、2016、2017、2018年。

福州市卫生志编纂委员会编:《福州市卫生志》,1999 年。

《厦门市卫生志》编纂委员会编:《厦门市卫生志》,厦门:厦门大学出版社 1997 年。

泉州市卫生志编纂委员会编,范金阶主编:《泉州市卫生志(—1996)》,福州:福建人民出版社 2000 年。

南靖县卫生志编纂委员会编:《南靖县卫生志》,1986 年。

平和卫生志编纂组编:《平和卫生志(781—1985)》,1987 年。

崇安县卫生局编:《崇安县卫生志(1949—1985)》,1987 年。

福建省连江县卫生局编:《连江县卫生志(1465—1985)》,1989 年。

福建省闽侯县卫生局编:《闽侯县卫生志》,1995 年。

将乐县卫生局编:《将乐县卫生志》,1990 年。

福安市卫生局编:《福安市卫生志(—1989)》,1990 年。

仙游县卫生志编纂委员会编:《仙游县卫生志》,1990 年。

晋江县卫生志编纂领导组编:《晋江县卫生志(1033—1988)》,1993 年。

龙岩市卫生局《卫生志》编纂委员会编,陈金曾主编:《龙岩市卫生志》,1989 年。

霞浦县卫生局《卫生志》编写组,孔庆洛主编:《霞浦县卫生志》,1989 年。

霞浦县卫生局编:《霞浦县卫生志》,福州:福建科学技术出版社 2015 年。

同安县卫生局编:《同安医药卫生志》,厦门:厦门大学出版社 1995 年。

福鼎市卫生局编纂,林守无主编:《福鼎县卫生志》,福州:海风出版社 2003 年。

《兴化卫生志》编审委员会编:《兴化卫生志》,北京:方志出版社 2006 年。

兴化卫生局修志办编:《91 年兴化抗灾志 卫生篇》,1991 年。

厦门市卫生局编:《厦门妇幼保健志》,1990 年。

江西省

[医学教育与科研院所史志]

江西中医学院档案室编:《江西中医学院大事记(1959—1993)》,1994 年。

江西中医学院编:《江西中医学院 30 年》,南昌:江西科学技术出版社 1989 年。

江西医学院院史编委会编:《江西医学院院史》(1921—1991),1991 年;(1921—2001),2001 年。

江西医学院抚州分院院史编委会编,张贵平主编:《江西医学院抚州分院院史(1958—2003)》,2003 年。

南昌大学医学院院史编审委员会编,辛洪波、易敬林主编:《南昌大学医学院院史(1921—2011)》,
2011 年。

赣南医学院校史编写组编:《赣南医学院校史(1941—2010)》,北京:人民卫生出版社 2011 年。

赣南医学专科学校校史编委会编:《赣南医专校史(1941—1984)》,1986 年。

赣州卫生学校校史编纂委员会编:《赣州卫生学校校史(1975—2010)》,2010 年。

《梦萦母校——赣州卫生学校 35 周年校庆校友回忆录》,2010 年。

[医院史志]

《江西知名医院志》编委会编,张伊主编:《江西知名医院志》,北京:中央党校出版社 1993 年。

江西医学院第一附属医院编:《江西医学院第一附属医院院志(1946—1992)》,1992 年。

江西省儿童医院编:《江西省儿童医院院史(1955—2005)》,2005 年。

江西省人民医院编:《江西省人民医院志(1897—1997)》,1997 年。

江西省人民医院志编纂委员会编,李秋根主编:《江西省人民医院志(2007—2017)》,2017 年。

南昌铁路分局南昌中心医院院志编辑办公室编:《南昌铁路分局南昌中心医院院志(1946—1991)》,1991 年。

南昌大学第二附属医院编:《南昌大学第二附属医院志(1927—2010)》,2011 年。

《南昌县人民医院志》编撰委员会编:《南昌县人民医院志(1949—2009)》,2010 年。

政协景德镇市文史委编:《景德镇文史资料》第十六辑(杏林春暖),2000 年。含:第一医院的创建与发展,中医院的曲折历程,皮肤病医院成立及其发展,我所认识的唐云卿先生,市立医院早期院长时懋芬,市中医院首任院长吴匊方,名中医汪渭忠,名中医张了然,瓷城最早的医院和西医,赣北红军医院院长胡谱全。

瑞金市人民医院志编纂委员会编:《瑞金市人民医院志(1936—2010)》,2011 年。

崇义县人民医院编:《崇义县人民医院志(1930.1—2010.12)》,2012 年。

萧校洪主编:《泰和县人民医院志(1933—2012)》,南昌:江西人民出版社 2013 年。

兴国县人民医院院志编纂委员会编:《兴国县人民医院志(1930—2010)》,2010 年。

《新建县人民医院志》编委会编:《新建县人民医院志(1934—1994)》,1997 年。

康黎主编:《鄱阳县人民医院志(1933—2008)》,南昌:江西人民出版社 2009 年。

上栗县人民医院编:《上栗县人民医院志》,2004 年。

萍乡市人民医院志编审委员会编:《萍乡市人民医院志(1928—2008)》,2009 年。

萍乡市妇幼保健院编:《萍乡市妇幼保健院志(1953—2015)》,2016 年。

江西省宜春市人民医院编:《春华秋实——江西省宜春市人民医院院志(1937—2007)》,2007 年。

上高县人民医院志编委会编:《上高县人民医院志(1931—2005)》,2006 年。

赣州市第一人民医院编:《赣州市第一人民医院志(1924.6—1999.6)》,1999 年。

《赣州市第三人民医院志》编纂委员会编:《赣州市第三人民医院志(1964—2012)》,2012 年。

赣州市人民医院编:《郁孤台下杏林春——赣州市人民医院发展简史(1939—2019)》,2019 年。

于都县志办编:《于都县人民医院志》,2001 年。

丰城县人民医院史志编审委员会编:《丰城市人民医院志(1931—1998)》,1998 年。

[疾病防控与防疫史志]

江西省委党史资料征集委员会、江西省人民政府血吸虫病地方病防治领导小组编:《江西血吸虫病防治》,中央文献出版社 1996 年。

中共南昌县委血防领导小组编:《江西省南昌县血吸虫病流行情况和防治工作资料汇编(1956—1980)》,1981 年。

南昌县国家血防试点领导小组编:《南昌县国家血吸虫病综合防治试点资料汇编》,1998 年。

江西省血吸虫病防治委员会编:《江西省防治血吸虫病工作资料汇编(1956 年)》,1957 年。
《防治血吸虫病中医专辑》,1958 年。

江西省血吸虫病研究委员会编:《江西省血吸虫病研究(1956—1985)》,1986 年。

南昌市卫生防疫站志编委会编,左一文编:《南昌市卫生防疫站志(1953—1997)》,1998 年。

新建县委血防领导小组 办公室编:《江西省新建县血吸虫病流行情况和防治工作资料汇编(1956—1980)》,1981 年。

中共波阳县委血吸虫病防治领导小组办公室编:《隆重纪念毛主席送瘟神光辉诗篇发表二十周年——江西省波阳县防治血吸虫病资料汇编(1966—1978)》,1978 年。

中共宜春地委血防领导小组办公室编:《江西省宜春地区防止血吸虫病资料汇编》,1979 年。

中共江西省宜春地委血防领导小组编:《防治血吸虫病资料汇编》,1984 年。

中共江西省委除七害灭六病总指挥部办公室编:《江西省防治血吸虫病资料汇编 1952—1958 年》,1959 年。

中共波阳县委防治血吸虫病领导小组办公室　波阳县血吸虫病防治站编印:《江西省波阳县防治血吸虫病工作资料汇编 1956—1965》,1965 年。

中共南昌县委血防领导小组办公室编:《江西省南昌县血吸虫病流行情况和防治工作资料汇编》,1981 年。

中共奉新县委血防领导小组办公室编:《江西省奉新县血吸虫病流行情况和防治工作资料汇编(1956—1980)》,1983 年。

中共江西省委党史资料征集委员会 等编:《江西血吸虫病防治》,北京:中央文献出版社 1996 年。

江西省中医实验院等著:《中医治疗血吸虫病资料选集》,北京:人民卫生出版社 1957 年。

江西省中医药研究所编:《"六经"分类治疗晚期血吸虫病经验选辑》,南昌:江西人民出版社 1960 年。

江西省血吸虫病研究委员会等编:《寄生虫病防治研究资料汇编》,1982 年。

江西省政协文史资料研究会等合编:《江西文史资料》第 43 辑(送瘟神纪实),1992 年。含:江西省血吸虫病及防治大事记等。

政协湖口县文史资料委员会编:《湖口文史资料》第 15 辑,2005 年。含:湖口卫生事业发展基本情况;湖口县卫生行政管理机构的变迁;2003 年湖口县人民医院抗击非典纪实;湖口县血吸虫病防治工作历程等。

政协婺源县委员会文史资料委员会编:《婺源县文史资料》第 2 辑,1987 年。含:婺源县消灭血吸虫病的史实等。

赣州市疾病预防控制中心编:《赣州市卫生防疫志》,2003 年。

《赣州地区卫生防疫志》编写领导小组、赣州地区卫生防疫站编,赵玉泉主编:《赣州地区卫生防疫志》,1988 年。

江西省麻风病防治编委会编:《江西麻风病防治(1949—2015)》,南昌:江西科学技术出版社 2018 年。

江西省余江县委血防领导小组办公室编:《江西省余江县血防志》,1984 年。

邹华义著:《跨越死亡地带》(讲述江西余江县抗治血吸虫病的历程),南昌:百花洲文艺出版社 1993 年。

中共奉新县委血防领导小组办公室编:《江西省奉新县血吸虫病流行情况和防治工作资料汇编(1956—1980)》,1983 年。

江西省卫生防疫站、中国医学科学院流行病学微生物学研究所编:《江西省鼠疫流行史》,1965 年稿,1973 年修印。

江西省卫生志编纂委员会编:《江西省卫生志资料选编》1991 年第 1 期。包含:江西省鼠疫流行史、江西省历代古大名医:崔嘉彦、陈自明、严用和、危亦林、龚廷贤。

[畜禽疫病与兽医史志]

江西省畜牧兽医局、江西省家畜防疫检疫站编:《江西省畜禽疫病志(1949—1989)》,1990 年。

江西省畜牧兽医局编:《江西省畜牧业志(1993—2010)》,2010 年。

九江市农业畜牧局编:《九江市畜禽疫病志(1949—1989)》,1990 年。

都昌县农业畜牧局畜牧兽医站编:《都昌县畜禽疫病志(1949—1989)》,1989 年。

瑞昌县畜牧水产局畜牧兽医站编:《瑞昌县畜禽疫病志(1949—1989)》,1989 年。

宜春地区行署农牧渔业局编:《宜春地区畜禽疫病志(1949—1989)》,1990 年。

[医药、卫生史志]

江西省地方志编纂委员会编:《江西省志 92・医药志》,北京:方志出版社 1999 年。

江西医药总公司编,李叔埔主编:《江西医药志》,1985 年。

江西省新干县医药卫生志编纂委员会编,窦大僚主编:《新干县医药卫生志(1195—1990)》,北京:中国
　　世界语出版社 1993 年。

政协江西省余干县委员会文史资料研究委员会:《余干县文史资料 第 11 辑(医药卫生专辑)》,1994 年。

赣州市卫生局编:《赣州市医药卫生志(从宋朝到 1995 年)》,1997 年。

泉州市医药志编纂委员会编:《泉州市医药志(690—1990)》,1993 年。

江西省医药公司上饶分公司编:《江西省上饶地区医药志(—1987)》,1990 年。

江西省地方志编纂委员会编,《江西省志 91・卫生志》,南昌:江西人民出版社 1997 年。

江西省地方志编纂委员会编,周标主编:《江西省卫生志》,合肥:黄山书社 1997 年。

九江县卫生局编:《九江县卫生志》,1991 年。

德安县志编纂委员会编:《德安县志 卷十 卫生志》,上海:上海古籍出版社 1990 年。

都昌县卫生志编纂领导小组编:《都昌县卫生志》,1990 年。

景德镇市卫生局编:《景德镇市卫生志》,1987 年。

义县卫生局编:《义县卫生志(1736—1985)》,1986 年。

义县卫生局编:《义县卫生志(1986—2001)》,2004 年。

崇义县卫生局编:《崇义县卫生志》,2002 年。

江西省石城县卫生志编写小组编:《石城县卫生志(—1996)》,1997 年。

政协萍乡市文史资料研究委员会、萍乡市卫生局编:《萍乡文史资料》第 15 辑(萍乡卫生发展史料),
　　1994 年。

萍乡市卫生志编纂委员会编:《萍乡市卫生志》,2004 年。

安远县卫生局编:《安远县卫生志(1937—1985)》,1986 年。

中共南昌县委宣传部编,朱钟彦主编:《南昌县卫生志(1926—1988)》,1988 年。

江西省宜春地区卫生志编纂委员会编:《宜春地区卫生志(—1990)》,北京:新华出版社 1993 年。

浮梁县卫生局编,冯云龙主编:《浮梁县卫生志(—2013)》,南昌:江西科学技术出版社 2014 年。

庐山区卫生局编:《庐山区卫生志(—1992)》,1993 年。

《新余市卫生志》编纂办公室,陈荣华主编:《新余市卫生志(1873—1985)》,南昌:江西科学技术出版社
　　1989 年。

江西省上饶地区卫生志编纂委员会编纂,徐茂良主编:《上饶地区卫生志(1881—1986)》,合肥:黄山书
　　社 1994 年。

赣州地区卫生局编:《赣州地区志 第十七篇 文化 第七章 医疗卫生》,1989 年。

分宜县卫生志编纂办公室编,吴建武主编:《分宜卫生志》,1986 年。

于都县卫生局、于都县地方志办公室编,刘求森、钟荣涵主编:《于都县卫生志》,2000 年。

于都县地方志办公室编:《江西省于都县卫生志(1999—2009)》,2012 年。

铜鼓县卫生志编纂委员会编:《铜鼓县卫生志(—1991)》,1993 年。

丰城县卫生志编纂组编:《丰城县卫生志(1488—1988)》,上海:上海人民出版社 1991 年。

丰城矿务局编:《丰城矿务局救护大队志(1960—2009)》,2007 年。

《江西地方志通讯》编辑部编辑:《江西地方志通讯 县志医药卫生志稿评议会专辑增刊》,1986 年。

政协江西省瑞金市委员会文史资料研究委员会编:《瑞金文史资料 第 6 辑 绵江医林专辑》,1996 年。

政协湖口县文史委编:《湖口文史资料》第 15 辑,2005 年。含:湖口卫生事业发展基本情况,湖口县卫生行政管理机构的变迁,湖口县人民医院 98 抗洪救灾纪实,2003 年湖口县人民医院抗击非典纪实,湖口县血吸虫病防治工作历程。

山东省

[医学教育与科研院所史志]

《山东省中医药研究院院志》编审委员会编,陈少宗主编:《山东省中医药研究院院志(1958—2008)》,2008 年。

山东医科大学史志编委会编,周申主编:《山东医科大学史志》,桂林:广西师范大学出版社 1991 年。

《山东大学药学院院志》编委会:《山东大学药学院院志(1920—2011)》,济南:山东大学出版社 2011 年。

山东中医学院院志编纂委员会编:《山东中医学院院志(1958—1988)》,1988 年。

山东中医药大学编,于福华、欧阳兵主编:《山东中医药大学志(1958—2010)》(上、下),济南:济南出版社 2016 年。

山东省济南卫生学校校史编委会编:《山东省济南卫生学校校史(第一卷:1953—1985;第二卷:1986—2003)》,2008 年。

山东卫生学校编:《山东省卫生校五十年校庆纪念画刊(1954—2004)》,2004 年。

山东省立医院护士学校《校史》编审委员会编,毛玉秀等主编:《山东省立医院护士学校史(1949—1999)》,1999 年。

泰山医学院志编审委员会编:《泰山医学院志(1974—2004)》,2004 年。

山东省烟台市护士学校编:《八十春秋——山东省烟台护士学校校史(1917.10.30—1994.10.30)》,1994 年。

政协烟台市委员会编:《烟台文史资料》第 8 辑,1987 年。含:曲拯民:烟台毓璜顶医院与护士学校;于庆喜:记旅美中医于碧川……。

枣庄煤炭卫生学校志编写组编,戚成喜主编:《枣庄煤炭卫生学校志(1978—1988)》,1989 年。

政协阳谷县文史委编:《阳谷文史资料选编》,1989 年。含:冀鲁豫边区卫生学校简介。

山东中医药高等专科学校编:《那些年那些人那些事(原莱阳专区中医学校史料)》,烟台:黄海数字出版社 2018 年。

济宁卫生学校校志编纂委员会编:《山东省济宁卫生学校志 山东省济宁卫生技工学校志(1978—2008)》,2008 年。

济南铁路局职工中等卫生学校编:《铁道部济南铁路局职工中等卫生学校校志》,1987 年。

青岛医学院史志办公室编:《青岛医学院院志(1946—1995)》,1996 年。

临沂卫生文史编纂委员会编:《山东省临沂卫生学校志(1958—2008)》,2008 年。

山东省益都卫生学校校志编纂委员会编:《山东省益都卫生学校志(1885—2005):建校一百二十周年》,济南:山东大学出版社2005年。

《山东省益都卫生学校志(1885—2010):建校一百二十五周年》,济南:山东大学出版社2010年。

山东省益都卫生学校编:《百年兴叹 嘉木成林——山东省益都卫生学校校友风采录》(第一辑),济南:山东大学出版社2007年。

《山东医科大学史志》编委会:《山东医科大学史志》,桂林:广西师范大学出版社1991年。

济宁市新闻出版局编:《济宁医学院院志(1952—1991)》,1992年。

王学春、姜继玉主编:《济宁医学院50年》,济南:齐鲁书社2002年。

邹城市卫生职工中等专业学校校志编写领导小组编:《邹城市卫生职工中等专业学校校志(1978—1998)》,1998年。

潍坊医学院编:《潍坊医学院院志(1951—1985)》,1985年。

山东省德州卫校《校志》编写组编:《德州卫校志》,1986年。

[医院史志]

济南铁路分局济南西铁路医院编:《济南铁路局济南西铁路医院简志(1953·1984—1984.7·1990)》,1990年。

柴凤鸣主编:《山东省立医院院史》(1897—1992),济南:山东科学技术出版社1993年;(1993—1997),济南:山东科学技术出版社1997年。

山东省立医院院史编审委员会编:《山东省立医院院史(1998—2016)》(上、下),济南:山东科学技术出版社2017年。

山东省立医院编:《精诚仁和——山东省立医院建院120周年》,济南:山东大学出版社2017年。

秦成勇、王一兵主编:《山东省立医院建院120周年系列丛书:医脉(一) 医脉(二) 印象省医 探寻百二十省医的历史足迹》(全四册),济南:山东科学技术出版社2017年。

《山东省立医院百二十省医》编审委员会编:《百二十省医:山东省立医院画册(1897—2017)》,2017年。

山东省荣军医院编:《山东省荣军医院史志(1946—1996)》,1996年。

山东省泰山荣军医院编:《五十年的光辉历程山东省泰山荣军医院史志(1946—1996)》,1996年。

《山东省交通医院志》编写办公室编:《山东省交通医院志》,1988年。

山东省精神病医院院志编写组编:《山东省精神病医院志》,1987年。

山东中医学院附属医院编:《山东中医学院附属医院院志(1955—1985)》,1985年。

山东中医药大学附属医院山东省中医院院志编纂委员会编:《山东中医药大学附属医院山东省中医院院志》,2015年。

《山东大学第二医院志》编纂委员会编:《山东大学第二医院志(1987—2007)》,济南:山东大学出版社2007年。

山东大学齐鲁儿童医院、济南市儿童医院编印:《济南市儿童医院院志(1957—2007)》,济南:山东大学出版社2007年。

《济南市第四人民医院院志》编纂委员会编:《济南市第四人民医院院志(1946—2006.9)》,2006年。

《山东大学齐鲁医院志》编纂委员会编:《山东大学齐鲁医院志(1890—2000)》,2000年。

山东省千佛山医院志编纂委员会编:《山东省千佛山医院志》(1960—1999),济南:山东科学技术出版社2000年;(2000—2009),济南:山东科学技术出版社2010年。

滕州市妇幼保健院编:《滕州市妇幼保健院院志(1953—2003)》,2003 年;(2004—2013),济南:山东大学出版社 2013 年。

泗水县人民医院志编纂委员会编:《泗水县人民医院志(1948—2000)》,海口:南海出版公司 2002 年。

高唐县人民医院院志编委会编:《高唐县人民医院志(济宁医学院附属高唐县人民医院志)[1947—2010]》,2011 年。

《莘县人民医院志》编纂委员会编:《莘县人民医院志(1949—2009)》,2009 年。

邹县人民医院编:《邹县人民医院简史》,1964 年。

邹城市人民医院编:《邹城市人民医院志(1948—1999)》,2001 年。

李志海等主编:《金乡县人民医院志(1949—1999)》,1999 年。

《邹平县中医院志》编纂委员会编:《邹平县中医院志(1983—2013)》,北京:中医古籍出版社 2015 年。

威海市文登中心医院志编委会编:《威海市文登中心医院志(1941—2000)》,2000 年。

乳山市人民医院志编纂委员会编:《乳山市人民医院志(1945—2015)》,2015 年。

荣成市中医院编:《荣成市中医院志(1982—2014)》,2015 年。

山东省菏泽地区人民医院编:《山东省菏泽地区人民医院建院 50 周年(1946—1996)》,1996 年。

赵立华主编:《菏泽市立医院志(1946—2016)》,北京:中国文史出版社 2016 年。

鄄城县人民医院院志编纂委员会编:《鄄城县人民医院院志(1949—2009)》,2009 年。

徐汝良主编:《成武县人民医院志(1949.10—2009.10)》,2009 年。

莒县人民医院志编纂委员会编:《莒县人民医院志(1943—2012)》,北京:中国文史出版社 2013 年。

莒县中医医院志编纂委员会编:《莒县中医医院志(1984—2004)》,2005 年。

《枣庄市峄城区人民医院志》编辑委员会编:《枣庄市峄城区人民医院志(1950—2003)》,2005 年。

枣庄市立医院编:《枣庄市立医院院志(1958—2008)》,2008 年。

枣庄市立第二医院院志编纂委员会编:《枣庄市立第二医院院志(1960—2010)》,2010 年。

丁世剑主编:《枣庄市立第二医院 枣庄市精神卫生中心成立五十周年纪念画册(1960—2010)》,2010 年。

枣庄市妇幼保健院志编委会编:《枣庄市妇幼保健院院志(1953—2013)》,北京:中国科学技术出版社 2013 年。

广饶县人民医院志编纂委员会编:《广饶县人民医院志(1944—2000)》,2003 年。

《高密市人民医院志》编纂委员会编:《高密市人民医院志(1946—1998)》,2000 年。

高密市人民医院编:《高密市人民医院志(1999—2010)》,2011 年。

高密市妇幼保健院志编委会编:《高密市妇幼保健志(1956—2016)》,北京:线装书局 2016 年。

临清市人民医院编:《临清市人民医院志》,北京:华文出版社 2006 年。
    《临清市人民医院志》,2012 年。

新泰市人民医院志编纂委员会编:《新泰市人民医院志(1945—2004)》,2006 年。

招远市人民医院编:《招远市人民医院志(1949—2006)》,北京:方志出版社 2012 年。

《胜利石油管理局中心医院志》编审委员会,崔鸿宾主编:《胜利石油管理局中心医院志》,1989 年。

胜利油田中心医院编:《光辉的历程——庆祝胜利油田中心医院建院四十周年》,2004 年。

胜利油田中心医院志编审委员会编:《胜利油田中心医院志(1963—1988)》,1990 年。

胜利油田中心医院编:《胜利油田中心医院——献给胜利油田中心医院建院四十周年》,2004 年。

烟台疗养院志编纂委员会编:《胜利石油管理局烟台疗养院志(1983—2002)》,2003 年。

栖霞市人民医院志编委会编：《栖霞市人民医院志(1945—1999)》,2000年。

烟台市中医医院志编纂委员会编：《烟台市中医医院院志(1958—1998)》,1998年。

烟台市心理康复医院志编纂委员会编：《烟台市心理康复医院志(1958—2008)》,2008年。

烟台市莱阳中心医院志编写办公室编：《烟台市莱阳中心医院志(1950—2000)》,2000年。

烟台市职业病医院肿瘤医院院志编纂委员会编：《烟台市职业病医院 肿瘤医院院志(1972、1987—2006)》,2007年。

烟台毓璜顶医院志编委会编：《烟台毓璜顶医院志(1914—1994)》,1994年。

烟台市口腔医院志编委会编：《烟台市口腔医院院志(1952—2012)》,2012年。

烟台市口腔医院编：《继往开来谱新篇——烟台市口腔医院建院六十周年纪念画册(1952—2012)》,2012年。

烟台桃村中心医院编：《烟台桃村中心医院志(1942—2002)》,2002年。

烟台海港医院志编写组编：《烟台海港医院志》,大连：大连海事大学出版社1994年。

日照市人民医院志编纂委员会编：《日照市人民医院志》,1984年。

《日照市人民医院志(1949—1999)》,1999年。

福山区人民医院志编写组编：《福山区人民医院志(1946—1996)》,1996年。

兖州矿务局钢山医院编：《兖州矿务局钢山医院志》,1989年。

兖州矿务局总医院院志编委会编：《兖州矿务局总医院院志(1972—1987)》,1992年。

《平度市人民医院志》编纂委员会编：《平度市人民医院志(1944—2002)》,2004年。

《平度市第三人民医院志》编纂委员会编：《平度市第三人民医院志(1958—2007)》,2008年。

《平度市中医医院文集图志》编辑部编：《平度市中医医院志 图集(1984—2014)》,济南：山东人民出版社2014年。

《平度市中医医院志》编纂委员会编：《平度市中医医院志 文集(1958—2014)》,济南：山东人民出版社2015年。

政协蓬莱市文史委编：《蓬莱文史 23(医疗卫生专辑：解放军第405医院发展史……)》,2008年。

《蓬莱市人民医院志》编纂委员会编：《蓬莱市人民医院志(1946—2008)》,2009年。

蓬莱市中医医院志编纂委员会编：《蓬莱市中医医院志(1988—2013)》,2014年。

《莱州市人民医院志》编纂委员会编：《莱州市人民医院志(1947—2007)》,2007年。

《莱州市第三人民医院院志》编纂委员会编：《莱州市第三人民医院院志(1958—2008)》,2008年。

博兴县人民医院志编纂委员会编：《博兴县人民医院志(1941—2014)》,北京：线装书局2015年。

滨州地区人民医院志编纂委员会编：《滨州地区人民医院志(1950—1999)》,济南：齐鲁书社2000年。

《德州地区人民医院志》史志办公室编,翟金才主编：《德州地区人民医院志》,1988年。

诸城市人民医院志编委会编：《诸城市人民医院志(1950—2010)》,2010年。

海阳市中医医院院志编委会编：《海阳市中医医院志》,济南：人民卫生出版社2013年。

袁兆光编：《海阳市第三人民医院院志(1943—2009)》,济南：人民卫生出版社2009年。

济宁市第一人民医院编：《济宁市第一人民医院志(1896—1987)》,1989年。

济宁市第一人民医院编,董凤增主编：《济宁市第一人民医院百年(1896—1996)》,1996年。

济宁市第一人民医院志编纂委员会编：《济宁市第一人民医院志(1896—2006)》,2006年;(2006—2016),北京：中国文史出版社2016年。

济宁市精神病防治院志编纂委员会编：《济宁市精神病防治院志(1952—1992)》,1992年。

中国人民政治协商会议济南市历城区委员会文史资料研究委员会编:《历城文史资料》(第 13 辑),2011 年。含:孙文登:"历城区人民医院的变迁"。

《淄川区中医院志》编纂委员会编:《淄川区中医院志(1983—2002)》,香港:香港新时代出版社 2003 年。

《章丘市妇幼保健院志》编写组编:《章丘市妇幼保健院志(1953—2014)》,北京:中国文史出版社 2016 年。

《青岛大学医学院附属医院志》编委会编:《百年沧桑——青岛大学医学院附属医院志(1898—1998)》,青岛:青岛出版社 1998 年。

《跨越百年——青岛大学医学院附属医院志(1898—2008)》,青岛:中国海洋大学出版社 2008 年。

《青岛市市立医院院志》编纂委员会编:《青岛市市立医院院志(1916—2016)》,青岛:青岛出版社 2016 年。

青岛市中医院史志办公室编:《青岛市中医院志(1955—1985)》,1988 年。

胶南市人民医院编:《胶南市人民医院志(1950—2010)》,2010 年。

莱西县院志编写组编:《莱西县人民医院志》,1985 年。

苍山县人民医院医院编:《苍山县人民医院院志(1943—2005)》,2005 年。

蒙阴县人民医院志编纂委员会办公室编:《蒙阴县人民医院志(1948—2012)》,青岛:青岛出版社 2014 年。

《费县人民医院志》编纂委员会编:《费县人民医院志(1948—2007)》,济南:齐鲁书社 2008 年。

《平邑县中医院志》编纂委员会编:《平邑县中医院志(1987—2006)》,济南:山东省地图出版社 2007 年。

临沂市沂水中心医院院志编委会编:《临沂市沂水中心医院院志(临沂市第二人民医院)1945—2005》,2005 年。

《沂南县人民医院志》编纂委员会编:《沂南县人民医院志(1947.10—2007.10)》,2007 年。

郯城县第一人民医院编:《郯城县第一人民医院志(1946—2005)》,北京:中国文史出版社 2017 年。

《图说郯医:郯城县第一人民医院发展简史(图鉴类)》,中国邮政集团公司山东省郯城县分公司 2016 年。

《郯城县第一人民医院志》编纂委员会编:《郯城县第一人民医院志(1946—2015)》(上下),北京:中国文史出版社 2016 年。

临沭县人民医院志编纂小组编:《临沭县人民医院志》,1999 年。

《临沭县人民医院志》编纂委员会编:《临沭县人民医院志(续修本[1949—2009])》,2009 年。

中国煤矿工人泰山疗养院志编委会编:《中国煤矿工人泰山疗养院志》,北京:煤炭工业出版社 1994 年。

淄博矿务局中心医院,奚鸣岐、郝希森主编:《淄博矿务局中心医院志》,1991 年。

淄博市妇幼保健院志编纂委员会编:《淄博市妇幼保健院志(1962—2012)》,2012 年。

淄博矿务局昆仑医院,张发礼主编:《淄博矿务局昆仑医院志》,1991 年。

淄博矿务局职业病防治所,李祖荫主编:《淄博矿务局职业病防治所简志》,1991 年。

《淄博市中心医院志》编纂委员会编:《淄博市中心医院志(1950—2010)》,北京:方志出版社 2010 年。

淄博市第四人民医院编:《淄博市第四人民医院志(1978—2010)》,2012 年。

淄博市第五人民医院编:《淄博市第五人民医院院志(1966—2006)》,2006 年。

淄博市中医院志编委会编:《淄博市中医院志(1952—2001)》(上、下),2002 年。

山东省肥城市中医院院志编委会编:《肥城市中医院院志》,2002 年。

肥城矿业集团公司中心医院志编纂委员会编:《肥城矿业集团公司中心医院志(1991—2000)》,

2000 年。

肥城矿务局第二医院编:《肥城矿务局第二医院志(1981—1990)》,1990 年。

临邑县人民医院院志编纂委员会编:《临邑县人民医院院志(1949.—1999)》,1999 年。

临邑县中医院院志编写组编:《临邑县中医院院志(1958—1988)》,1988 年。

临邑县中医院院庆筹备组编:《临邑县中医院建院 30 周年纪念册(1958—1988)》,1988 年。

莱芜市人民医院志编纂委员会编:《莱芜市人民医院志(1950—2000)》,2002 年。

莱芜市妇幼保健院院志编纂委员会编:《莱芜市妇幼保健院(莱芜市第二人民医院)院志(1953—2003)》,2003 年。

《莱钢医院志》编纂办公室编:《莱钢志 莱钢医院志(1986—1995)》,北京:中华书局 1996 年。

《莱钢医院志》编纂委员会编:《莱钢志 医院志(1996—2000)》,北京:五洲出版社 2003 年。

《莱钢志 莱钢医院志(2001—2005)》,济南:山东省地图出版社 2008 年。

莱芜市莱城区人民医院志编纂委员会编:《莱芜市莱城区人民医院志(1956 年—2005 年)》,2005 年。

潍坊市人民医院志编委会编:《潍坊市人民医院志(建院 110 周年[1881—1991])》,1991 年。

《潍坊市人民医院志》编纂委员会编:《潍坊市人民医院志(1991—2010)》,济南:齐鲁书社 2011 年。

潍坊市人民医院编:《岁月如歌——我们的 130 年(潍坊市人民医院建院 130 周年庆典(1881—2011))》,2011 年。

《潍坊市肿瘤医院志》编纂委员会编:《潍坊市肿瘤医院志(1992—2012)》,2012 年。

潍坊市中医院志编纂委员会编:《潍坊市中医院志(1955—2005)》,2005 年。

山东潍坊市益都中心医院志编纂委员会编:《山东潍坊市益都中心医院志(1892—1992)》,1992 年。

《潍坊市益都中心医院志》编委会编,马胜主编:《潍坊市益都中心医院志(1882—2012)》,济南:山东人民出版社 2012 年。

五莲县人民医院编:《五莲县人民医院志(1950—2010)》,北京:中国文史出版社 2010 年。

山东省五莲县中医医院编:《五莲县中医医院志(1989—2010)》,北京:中国文史出版社 2011 年。

临朐县辛寨中心卫生院志编纂委员会编:《临朐县辛寨中心卫生院志(1948—2008)》,2008 年。

昌乐县人民医院志编审委员会编:《昌乐县人民医院志(1951—2011)》,济南:山东省地图出版社 2012 年。

《山东省寿光人民医院志》编撰委员会编:《寿光市人民医院志》,北京:中国人口出版社 2010 年。

莒南县人民医院志编纂委员会编:《莒南县人民医院志(1948—2011)》,北京:方志出版社 2013 年。

莒南县人民医院图片集编审组编:《莒南县人民医院图片集(1948—2012)》,2012 年。

《山东医科大学附属医院志》编纂委员会编:《山东医科大学附属医院志(1890—1990)》,1994 年。

《聊城市复退军人医院聊城国际和平医院院志》编纂委员会编:《聊城市复退军人医院聊城国际和平医院院志(1986—2010)》,济南:齐鲁书社 2010 年。

王继宪主编:《聊城市人民医院志(1949—1999)》,济南:齐鲁书社 1999 年。

赵宪奇主编:《奋进的轨迹:聊城市人民医院改革实录》,济南:山东大学出版社 2001 年。

聊城市第二人民医院院志编纂委员会编:《聊城市第二人民医院志(1886—1998)》,济南:齐鲁书社 2002 年。

聊城市第三人民医院、市妇幼保健院院志编委会编:《聊城市第三人民医院、市妇幼保健院院志(1963—2003)》,2003 年。

聊城市第四人民医院编:《聊城市第四人民医院院志(1956—2006)》,2006 年。

济宁医学院附属医院志编纂委员会编:《济宁医学院附属医院志(1951—1996)》,1998 年。

即墨市人民医院编:《即墨市人民医院志》,2012 年。

即墨市中医医院志编纂委员会编:《即墨市中医医院志(1988—2013)》,北京:方志出版社 2013 年。

邹城市妇幼保健院志编委会编:《邹城市妇幼保健院志(1953—2013)》,长春:吉林科技出版社 2014 年。

《齐鲁石化医院集团志》编委会编:《齐鲁石化医院集团志(1996—2006)》,北京:中国文史出版社 2007 年。

《山东省文登整骨医院志》编纂委员会编:《山东省文登整骨医院志(1958—2003)》,2004 年。

新汶矿务局中心医院志编纂委员会编:《新汶矿务局中心医院志(1948—1989)》,1991 年。

[疾病防控与防疫史志]

侯克济等主编:《山东省预防医学历史经验》,济南:山东科学技术出版社 1987 年。

王利华主编:《《山东省预防医学历史经验 妇幼分册》,济南:山东科学技术出版社 1989 年。

《山东省卫生防疫站、山东省环境卫生监测站站志》编委会编:《山东省卫生防疫站、山东省环境卫生监测站志(1953—1991)》,济南:山东科学技术出版社 1995 年;(1992—2002),济南:山东人民出版社 2015 年。

山东省皮肤病防治研究所编:《山东省皮肤病防治研究所所志(1955—1998)》,1998 年。

金乡县卫生防疫站志编委会编:《金乡县卫生防疫站志》,2010 年。

东营市卫生局编:《东营市卫生防疫站志》,2004 年。

高密市卫生防疫志编纂委员会编:《高密市卫生防疫志(1956—2006)》,2007 年。

胜利油田卫生防疫站编,王显华主编:《胜利油田卫生防疫站志(1964—1986)》,济南:山东人民出版社 1991 年。

烟台市卫生防疫站志编纂委员会编:《烟台市卫生防疫站志(1956—2005)》,2005 年。

烟台市芝罘区卫生防疫站站志编纂委员会编:《烟台市芝罘区卫生防疫站志(1953—2003)》,2003 年。

芝罘区疾病预防控制中心、芝罘区卫生局卫生监督所编:《为了人民健康—芝罘卫生防疫 60 年印记》,2013 年。

龙口市卫生防疫站志编撰委员会编:《龙口市卫生防疫站志(1957—2007)》,2007 年。

烟台市爱国卫生运动委员会办公室、烟台市卫生防疫站编:《爱国卫生资料选编》,1975 年。

烟台地区卫生防疫站编:《爱国卫生运动资料汇编》,1977 年。

诸城市卫生防疫站编,玄洪忠主编:《诸城卫生防疫志(1956—2006)》,2006 年。

诸城市皮肤病防治站编:《山东省诸城市皮肤病防治站志(1955—1999)》,1999 年。

海阳市卫生防疫站志编纂委员会:《海阳市卫生防疫站志(1956—2010)》,2013 年。

济宁市市中区卫生防疫站站志编纂委员会编:《济宁市市中区卫生防疫站志(1840—1989)》,济南:山东科学技术出版社 1994 年。

济宁市市中区卫生防疫站站志编纂委员会编:《济宁市市中区卫生防疫站志(1953—2005)》,2005 年。

淄川区卫生防疫志编纂委员会编,许永兴主编:《淄川区卫生防疫志(1956—1999)》,济南:山东省地图出版社 2000 年。

济宁市卫生防疫站站志编纂委员会编:《济宁市卫生防疫站站志》,1992 年。

青岛市卫生防疫站志编纂委员会编:《青岛市卫生防疫站站志(1954—19999)》,2003 年。

潍坊市奎文区卫生防疫站编:《潍坊市奎文区卫生防疫站站志(1994—2009)》,2009 年。

山东省寿光市卫生防疫站编,刘君主编:《寿光卫生防疫志(1957—2007)》,2007年。

济南军区后勤部卫生部《新中国预防医学历史经验》编写组编:《抗日战争时期一一五师暨山东部队卫生防病概况》,北京:人民军医出版社1989年。

山东省卫生防疫站志编委会编纂:《山东省卫生防疫站、山东省环境卫生监测站站志》,济南:山东科学技术出版社1995年。

　　《山东省卫生防疫站、山东省环境卫生监测站站志(1992—2002)》,济南:山东人民出版社2015年。

《山东卫生防疫站简史》编委会编纂:《山东省卫生防疫站简史1996—2007》,2008年。

高士成主编:《防病于未然:山东省邹城市卫生防疫站简史(1956—1996)》,1996年。

德州市环境卫生管理处编:《德州市环卫志》,1987年。

威海市环境卫生管理处、威海市环翠区环境卫生管理局、《威海市城区环境卫生管理志》编纂委员会编:《威海市城区环境卫生管理志(1958—2001)》,济南:方志出版社2002年。

滕州市卫生防疫站志编纂委员会编:《滕州市卫生防疫站志(1956—2009)》,2010年。

政协齐河县文史委编:《齐河文史》第5辑,1997年。含:齐河县麻风病防治情况概述。

[畜禽疫病与兽医史志]

山东省畜牧兽医学校校志办编:《山东省畜牧兽医学校校志(1955—1997)》,1998年。

山东省滨州畜牧兽医研究院院志编委会编:《山东省滨州畜牧兽医研究院院志(1963—2013)》,2013年。

山东畜牧兽医职业学院编,刘常泰等主编:《山东畜牧兽医职业学院校志(1955—2005)》,2005年。

山东省畜禽疫病普查领导小组编:《山东省畜禽疫病志》,1990年。

山东省畜牧兽医总站编:《山东兽医志(1949—1989)》,1990年。

平原县畜牧兽医工作站编:《平原县畜禽疫病志(1949—1990.5)》,1990年。

山东省菏泽地区畜牧兽医工作站编:《菏泽地区畜禽疫病志(1949—1989)》,1990年。

荷泽市畜牧渔业局兽医站编:《荷泽市畜禽疫病志(1949—1989)》,1990年。

成武县农业局畜牧兽医站编:《成武县畜禽疫病志(1949—1989)》,1990年。

莒县畜牧兽医局编:《莒县畜牧志》,济南:山东省地图出版社2009年。

费县畜牧局编:《费县畜禽疫病志(1949—1989)》,1990年。

定陶县畜牧兽医工作站编:《定陶县畜禽疫病志(1949—1989)》,1990年。

枣庄市畜牧兽医局编:《枣庄市畜禽疫病志》,1991年。

潍坊市畜禽疫病防治站编:《潍坊市畜禽疫病志》,1990年。

诸城市畜牧局编:《诸城市畜禽疫病志》,1990年。

青州市畜牧兽医技术服务中心编:《青州市畜禽疫病志》,1990年。

栖霞县畜牧工作站编:《栖霞县畜禽疫病志》,1990年。

平度市畜禽疫病普查领导小组编,童雪苓主编:《平度市畜禽疫病志》,1990年。

即墨市畜牧兽医志编委会编:《即墨市畜牧兽医志》,北京:中国和平出版社2009年。

昌邑县兽医工作站编:《昌邑县畜禽疫病志》,1990年。

临邑县畜牧兽医工作站编:《临邑县畜禽疫病志》,1990年。

[医药、卫生史志]

济宁抗生素厂编:《济抗厂志:1966—1987)》,1991 年。

山东鲁抗医药企业集团公司编:《鲁抗志(第二卷:1987—1994)》,济南:山东画报出版社 1996 年。

山东鲁抗医药集团有限公司编:《鲁抗志(第三卷:1995—2000)》,济宁:济宁市新闻出版局 2001 年。

《鲁抗志(第四卷:2001—2005)》,青岛:青岛出版社 2006 年。

《鲁抗志》编委会编:《鲁抗志(第五卷:2006—2010)》,济南:山东画报出版社 2012 年。

《鲁抗志(第六卷:2011—2015)——献给鲁抗建业 50 周年》,济南:山东画报出版社 2016 年。

山东新华制药厂编:《新华厂志 第一卷(1943—1990)》,1993 年。

山东新华医药集团有限责任公司编:《新华志 第二卷(1991—2002)》,香港:香港新时代出版社 2003 年。

《山东中医药志》编写工作委员会编:《山东中医药志(—1949)》,济南:山东科学技术出版社 1991 年。

山东省地方史志编纂委员会编,杨锦文主编:《山东省志 第 35 卷·医药志》,济南:山东人民出版社 1995 年。

济南市志编辑室编:《济南市志资料》第 7 辑,1987 年。含:解放前济南的中药业,济南医疗之最,济南红十字会的创办和沿革。

济南市卫生局、济南中医学会编:《济南中医药志》,1985 年。

济南市槐荫区志编纂委员会编:《济阳医药卫生志(1840—1982)》,济南:济南出版社 1994 年。

吕学泰、吕树芸点校:《泰山药物志点校》(《泰山药物志》是一部专门研究泰山及附近出产的中药材著作,系山东省泰安县高宗岳医家所著,1939 年由大陆出版社出版),青岛:青岛海洋大学出版社 1993 年。

山东省寒亭区药材公司编:《寒亭区医药志(1840—1985)》,1986 年。

梁为志主编:《枣庄市薛城区医药志》,1989 年。

山东省莱芜市药材公司编:《莱芜医药志(1547—1985)》,1987 年。

《莱州医药志》编委会编:《莱州医药志(1978—2003)》,济南:齐鲁书社 2005 年。

泰安市医药公司史志办公室编,牛健主编:《泰安医药志(1840—1985)》,1988 年。

成武县药材公司编,单世忍主编:《成武县医药志(1840—1985)》,1987 年。

山东省昌邑县药材公司编:《昌邑县医药志(1840—1985)》,1986 年。

山东省昌乐县药材公司编:《昌乐县医药志(1755—1985)》,1986 年。

山东省青州市药材公司编:《益都县医药志(1840—1985)》,1986 年。

孟昭功、徐玉昌主编:《阳谷县医药志(1840—1990)》,济南:齐鲁书社 1993 年。

时霄霄主编:《邹平中药志》,北京:中医古籍出版社 2015 年。

山东章丘药材公司编,李象辰主编:《章丘县医药志》,1988 年。

山东省高密县药材公司编:《高密县医药志(1840—1985)》,1986 年。

长清县药材公司《药志》编纂组编,李文吉主编:《长清县药志》,1987 年。

长清县卫生局《卫生志》办公室编,张传荣主编:《长清县中医药志》,1983 年。

烟台医药志编委会编:《烟台医药志》,1987 年。

莱阳医药公司,郝官坤主编:《莱阳县医药志》,1988 年。

山东省《掖县医药志》编委会编:《掖县医药志》,1986 年。

德州医药公司编:《德州医药志》,1988 年。

德州市医药卫生志编写委员会编:《德州市医药卫生志(1840—1985)》,1989 年。

乐陵县医药公司编纂小组,张世芳主编:《乐陵县医药志》,1986 年。

禹城县药材公司编,窦其柱主编:《禹城县医药志》,1986 年。

禹城县医药公司编:《禹城县医药志续编(1986—1990)》,1990 年。

诸城县医药公司编,王玉华主编:《诸城县医药志(1840—1985)》,1987 年。

海阳县医药卫生志编纂委员会编:《海阳县医药卫生志》,1987 年。

济阳县政协文史资料委员会:《济阳文史资料》第 7 辑(医药卫生专辑),1993 年。

山东济阳县卫生局编,刘恩修主编:《济阳县医药卫生志》,1984 年。

郓城县药材公司编,王悦全主编:《郓城县医药志》,1988 年。

菏泽地区医药公司编:《菏泽地区医药志(1368—1985)》,1988 年。

鄄城县药材公司编:《鄄城县医药志》,1987 年。

程享钧、姚素华主编:《嘉祥县医药志(1595—1985)》,1987 年。

聊城地区医药公司史志编纂委员会编:《聊城地区医药志(1840—1990)》,济南:齐鲁书社 1993 年。

青岛市史志办公室:《青岛市志·医药志(1891—1987)》,北京:中国大百科全书出版社 1996 年。

蓬莱县医药公司编:《蓬莱县医药志》,1986 年。

山东省胶州市药材公司编:《胶州市医药志(1829—1987)》,1988 年。

山东省济阳县卫生局卫生志编写组编:《济阳医药卫生志(1840—1982)》,1982 年。

山东省临沂地区卫生局、中华全国中医学会山东临沂分会编,刘兰田主编:《临沂地区中医药志》,
　　1982 年。

五莲县药材公司编:《五莲县医药志(1840—1985)》,1987 年。

《平邑县医药志》编纂委员会编,时成华主编:《平邑县医药志》,1987 年。

蒙阴县医药卫生局编,孙殿浩主编:《蒙阴县医药卫生志》,1984 年。

郯城县医药志》编纂小组编:《郯城县医药志(1840—1985)》,1987 年。

政协郯城县文史委编:《郯城文史资料》第 17 辑(卫生专辑),2004 年。含:郯城卫生发展概况,郯城卫生
　　行政机构设置与沿革,建国前部分医疗机构概况,从郯城东海医院到东进支队后方医院,五十年代基
　　层医疗机构,建国前民间医生,郯城县医药群团组织,建国前疫病流行概况,白喉病防治,黑热病防治
　　概况,郯城县霍乱病防治,结核病防治所与结核病防治,麻风病和皮肤病防治,丝虫病防治,疟疾病防
　　治,郯城县防治非典型性肺炎工作纪实,名家医案,民间验方,田耀三先生验方。

临邑县药材公司,王学平等主编:《临邑县药材志》,1987 年。

潍坊市医药公司编,刘炳旭主编:《潍坊市医药志》,1989 年。

鱼台县医药管理局编:《鱼台县医药志(1597—1989)》,1990 年。

东阿县政治协商文史资料委员会编:《东阿文史资料》第 7 辑(东阿阿胶专辑),1991 年。

山东平阴阿胶厂、山东省药材公司平阴公司,赵兴江主编:《平阴县药志》,1986 年。

寿光县药材公司编,尹永光主编:《寿光县医药志》,1986 年。

山东省临朐县药材公司编:《临朐县医药志(1840—1985)》,1986 年。

山东省淄博市医药公司编:《淄博市医药志》,1989 年。

山东省日照市药材公司编:《日照医药志(1930—1985.12)》,1986 年。

汶上县医药公司编:《汶上县医药志》,1988 年。

乳山药材公司、《乳山县医药志》编纂组:《乳山县医药志(1795—1985)》,1987 年。

《山东高级医药卫生人物志》编辑委员会编,孙即昆主编:《山东高级医药卫生人物志》,北京:中国农业

科技出版社 1990 年。

齐鲁石化公司卫生志编纂委员会编:《齐鲁石化公司卫生志(1966—1995)》,北京:方志出版社 1997 年。

山东省卫生史志编纂委员会编,长青林、张奇文主编:《山东省卫生志(1840—1985)》,济南:山东人民出版社 1992 年。

王天瑞、包文辉主编:《山东省卫生志(1986—2005)》,济南:山东人民出版社 2010 年。

山东省卫生史志办公室编:《山东省卫生志资料》第 1 辑,1985 年。

山东省地方史志编纂委员会编,张青林主编:《山东省志 卷 67 卫生志》,济南:山东人民出版社 1995 年。

山东省卫生史志办公室编:《山东卫生历史报刊资料选编》(第一辑 1—4)(第二辑:济南市专辑)(第三辑:济南市专辑),1986 年。

《山东卫生档案资料选编》(第一辑)(第二辑:济南市专辑),1986 年。

《山东省骨科志》编委会编,李建民、周东生主编:《山东省骨科志》,济南:山东大学出版社 2014 年。

山东省卫生史志办公室编:《山东卫生档案资料选编 1》,1986 年。

济南市卫生局编:《济南市卫生志》(上:1840—1988;下:1989—2008),济南:济南出版社 2009 年。

《济南市志 卫生篇》,1988 年。

济南市卫生志编纂委员会编:《济南市卫生资料(1840—1983)》,1985 年。

《济南市卫生志资料(1882—1986)》,1987 年。

《济南市卫生志资料 第 1 辑:1840—1983》,1984 年。

《济南市卫生志资料第 2 辑》,1984 年。

《济南市卫生志资料第 3 辑(1840—1983)》,1985 年。

《济南市卫生志资料第 4 辑》,1985 年。

《济南市卫生志资料第 5 辑》,1985 年。

《济南市卫生志资料 第 6 辑:1840—1983》,1986 年。

《济南市卫生志资料 第 7 辑:1840—1983》,1986 年。

《济南市卫生志资料 第 8 辑:1840—1983》,1987 年。

《济南市卫生志资料 第 9 辑:1882—1986》,1987 年。

《济南市卫生志资料》(第 10 辑),1989 年。

莱芜卫生志编纂委员会编:《莱芜卫生志》,2004 年。

齐河县卫生志编纂委员会编:《齐河县卫生志(—2012)》,北京:中国国际文化出版社有限公司 2014 年。

平原县卫生局编,曹湘岚主编:《平原县卫生志》,1987 年。

聊城地区卫生局编,刘代庚主编:《聊城地区卫生志(1840—1990)》,济南:山东科学技术出版社 1993 年。

聊城市卫生局编,蒋长辅主编:《聊城市卫生志》,聊城:山东出版总社聊城分社 1991 年。

聊城卫生局编:《聊城卫生志(1991—2014)》,北京:现代出版社 2017 年。

山东省荏平县卫生志办公室编:《荏平县卫生志》,1990 年。

周长校、方纯光主编:《济宁市市中区卫生志》,济南:山东科学技术出版社 1994 年。

滕州市卫生局编:《滕县卫生志(1840—1987)》(有外国基督教会在滕县建华北医院及北坛麻风病院等资料)),1990 年。

《滕州市卫生志(续一:1988—1999)》,2000 年。

滕州市卫生志编纂委员会编,黄启伟、袁汝平主编:《滕州市卫生志(1985—2005)》,2006 年。

滕州市卫生局编:《卫生年鉴(1991—1995)》,1996年。

　　《滕州市卫生年鉴(2006—2014)》,北京:中国文史出版社2016年。

邹县卫生局史志办公室编,李昭范、陈锡山主编:《邹县卫生志》,1989年。

邹平县卫生局史志办公室编:《邹平县卫生志》,1988年。

曲阜地方史志办公室编:《曲阜县志资料·卫生志》,1987年。

曲阜市卫生和计划生育志编纂委员会编:《曲阜市卫生和计划生育志》,北京:煤炭工业出版社2017年。

《微山县卫生志》办公室编,刘允洁主编:《微山县卫生志(1840—1986)》,1988年。

菏泽市志地方史志编纂委员会编:《菏泽市志 卫生志》,1987年。

成武县卫生局编,李存立、毛玉林主编:《成武县卫生志》,1990年。

曹县卫生局《曹县医药卫生志》编写领导小组办公室编:《曹县医药卫生志》,1987年。

东明县卫生史志编纂委员会编:《东明卫生志》,2010年。

王贵森主编:《文成县卫生志(1644—2000)》,济南:黄河出版社2001年。

定陶县卫生局编:《定陶县卫生志(1840—1990)》,1992年。

枣庄市卫生局、《枣庄市卫生志》编纂委员会编,吕宜亮主编:《枣庄市卫生志》,1988年。

阳谷县卫生志编委会编:《阳谷县卫生志》,北京:方志出版社2017年。

高密卫生局卫生志编委办公室编:《高密县卫生志(1919—1992)》,1993年。

长清县卫生局《卫生志》办公室编,田忠民主编:《长清县卫生志》,1986年。

烟台卫生志编委会:《烟台卫生志(612—1985)》,1987年。

日照市东港区卫生志编纂工作委员会编纂:《东港区卫生志》,中国文化出版社2017年。

兖州县卫生局编,张显勋主编:《兖州县卫生志》,1991年。

兖州矿务局军事化矿山救护大队编:《兖州矿务局矿山救护队志(1973—1991)》,1991年。

平度县卫生局编,郭恒盛主编:《平度县卫生志》,1984年。

李昶亮主编:《德州地区卫生志(1840—1985)》,天津:天津科学技术出版社1991年。

胶州市卫生局编:《胶州市卫生志(1830—1987)》,1989年。

钟兆湘主编:《诸城市卫生志(1840—2009)》,郑州:中州古籍出版社2010年。

海阳市医药卫生志编纂委员会编:《海洋医药卫生志》,1985年。

海阳市卫生志编纂委员会编:《海阳市卫生志(1985—2005)》,2005年。

鱼台县卫生局卫生志办公室编:《鱼台县卫生局卫生志(1911—1990)》,1996年。

鱼台县卫生志编纂委员会:《鱼台县卫生志(1991—2008)》,北京:国际文化出版公司2011年。

郓城县卫生志委员会编:《郓城县卫生志》,北京:中国出版社2006年。

临淄区卫生局编,许永兴主编:《淄川区卫生志》,济南:山东人民出版社2009年。

章丘卫生志编纂委员会编:《章丘卫生志(一2005)》,济南:山东省地图出版社2007年。

张清源、刘振广、张一杰主编:《济宁市卫生志(1840—1989)》,济南:山东科学技术出版社1992年。

青岛市卫生志编委会编:《青岛市卫生志(1891—1990)》,青岛:青岛海洋大学出版社1993年。

青岛市史志办公室编:《青岛市志·卫生志(1891—1986)》,北京:新华出版社1994年。

莱西市卫生局编:《莱西市卫生志(1943—2002)》,2005年。

文登市卫生志编纂委员会编:《文登市卫生志》,2009年。

临沂地区卫生局史志办公室编,肖志增主编:《临沂地区卫生志(1840—1987)》,临沂:山东出版社临沂
　　分社1989年。

《平邑县卫生志》编纂委员会编,陈宪民主编:《平邑县卫生志(1840—1988)》,1991 年。

沂水县卫生局卫生志编辑组编:《沂水县卫生志》,1989 年。

莒县卫生志编纂委员会编:《莒县卫生志(—2012)》,北京:中国教育出版社 2013 年。

《莒南县卫生志》编纂委员会编:《莒南县卫生志(1840—1999)》,深圳:深圳特区出版社 2001 年。

艾宪淮主编:《泰安市卫生事业志(2003—2009)》,2010 年。

泰安市卫生局编:《泰安市卫生史鉴》,2006 年。

《泰安卫生志》编纂委员会编,赵之兴主编:《泰安卫生志》,济南:山东科学技术出版社 1991 年。

山东省泰安地区卫生局、中华全国中医学会山东泰安分会编:《泰安地区中医志》,1983 年。

肥城县志编纂委员会编:《肥城县志 卷 37 卫生志》,1986 年。

淄博市卫生局编:《淄博市卫生志(1840—1985)》,1997 年。

《淄博卫生年鉴资料》(1987 年卷),1987 年;(1988 年卷),1988 年。

山东省淄博市临淄区卫生志编纂委员会编:《临淄区卫生志(1840—1994)》,济南:山东人民出版社 1997 年。

淄博市张店区卫生局编:《张店区卫生志(1840—1985)》,1987 年。

高青县卫生志编纂委员会编:《高青县卫生志》,2009 年。

东平县卫生局《东平县卫生志》编辑组编,孟繁熙等主编:《东平县卫生志》,1983 年。

《东平县卫生志》编纂委员会编:《东平县卫生志》,北京:中国图书出版社 2012 年。

《垦利县卫生志》编纂委员会主编:《垦利县卫生志(1943—2008)》,济南:黄河出版社 2012 年。

惠民地区卫生史志编纂委员会编,张秉志主编:《惠民地区卫生志》,天津:天津科学技术出版社 1992 年。

临邑卫生局编:《临邑县卫生志(1840—2004)》,2005 年。

《博山区卫生志》编纂委员会编,张云春主编:《博山区卫生志(—2002)》,北京:中国出版社 2005 年。

昌邑县卫生志编纂办公室编:《昌邑县卫生志(1840—1985)》,1986 年。

汶上县卫生局编:《汶上县卫生志(1904—1991)》,2000 年。

安丘县卫生局编,李深祥主编:《安丘县卫生志(1851—1984)》,1985 年。

山东省安邱县药材公司编:《安邱县医业志(1851—1985)》,1986 年。

潍坊市卫生局史志办公室编:《卫生系统史志资料》,1986 年。

《潍坊市卫生志(1840—1986)》,1989 年。

潍坊市卫生志编纂委员会编:《潍坊市卫生志(1987—2010)》,北京:方志出版社 2013 年。

昌乐县卫生局编,王忠成主编:《昌乐卫生志》,1988 年。

沂源县卫生局编纂:《沂源县卫生志(1921—1990)》,1990 年。

平阴县卫生志编纂办公室编:《平阴县卫生志》,2012 年。

即墨县卫生局《卫生志》编纂小组编:《即墨县卫生志(1840—1985)》,1986 年。

即墨市卫生志编纂委员会编:《即墨市卫生志(1986—2002)》,兰州:兰州大学出版社 2003 年。

嘉祥县卫生局史志办公室编,秦新生主编:《嘉祥县卫生志(1840—1988)》,1990 年。

河南省

[医学教育与科研院所史志]

《河南医科大学校史》编写组编，张桂枝主编：《河南医科大学校史（1928—1998）》，郑州：河南医科大学出版社 1998 年。

河南医科大学附属卫生学校校志办公室编：《河南医科大学附属卫生学校校志》，1987 年。

赵文哲主编：《河南中医学院校史——献给河南中医学院建院四十周年（1958—1998）》，1999 年。

开封医学高等专科学校编：《开封医学高等专科学校校友通讯录》，1999 年。

开封医专二附院编：《开封医学专科学校第二附属医院志（1955—1985）》，1986 年。

河南中医学院院志编委办公室编：《河南中医学院院志 群团部分（1958—1984）》，1985 年。

河南省信阳卫生校编：《信阳卫生学校校志（河南省信阳卫生学校建校 50 周年纪念）：1950—1999》，2000 年。

《信阳卫校风采（河南省信阳卫生学校建校 50 周年纪念）》，2000 年。

《信阳卫校同学录（河南省信阳卫生学校建校 50 周年纪念）：1950—2000》，2000 年。

项城县卫生学校校志编：《项城县卫生学校校志》（油印本），1985 年。

周口市卫生学校校志编辑组：《周口市卫校志》，1984 年。

南阳卫生学校编：《辉煌五十年（1951—2001）》（画册），2001 年。

南阳中医药学校志编纂委员会编：《南阳中医药学校志（1978—1998）》，1998 年。

淮滨县卫生学校、药检所编：《淮滨县卫生学校校志、药检所单位史》，1986 年。

新乡医学院院史编委会编：《新乡医学院院史》，2000 年。

商丘市卫生学校校史编纂委员会编：《商丘市卫生学校校史（1958—1985）》，1986 年。

郑州市卫生学校编：《郑州市卫生学校校志》，1985 年。

《郑州市卫生学校建校五十年（1951—2001）》，2001 年。

《郑州市卫生学校校友录（1951—2011）》，2011 年。

郑州市郊区志编写组编：《郑州市郊区卫生学校志》，1985 年。

河南省汤阴县卫生学校编：《汤阴县卫生学校校史》，1986 年。

河南省驻马店市卫生学校编：《驻马店市卫校风采：河南省驻马店市卫生学校建校三十周年纪念（1971—2001）[画册]》，2001 年。

河南省平顶山市卫生学校编：《河南省平顶山市卫生学校校志》，1987 年。

河南省卫生志编辑室编：《河南省卫生志参考资料 三十五 荥阳县卫生学校校志 河南省卫生人员革命烈士英明录补遗》，1985 年。

临汝县卫生学校编：《临汝县卫生学校志》（手稿印刷本），1985 年。

河南省三门峡市卫生学校编：《河南省三门峡市卫生学校校史（1974—1982）》，1983 年。

扶沟县卫生学校校史编辑室编：《扶沟县卫生学校校史（1959—1983）》，1986 年。

荥阳县卫生学校编：《荥阳县卫生学校校志（1974—1983）》，1984 年。

河南省焦作卫生学校志编辑室编：《河南省焦作卫生学校志》，1986 年。

舞钢区卫生学校编：《平顶山市卫校史》，1986 年。

沁阳县卫生学校编：《沁阳县卫校志（1958—1985）》，1986 年。

[医院史志]

河南省第一荣康医院编:《河南省第一荣康医院院史荣誉馆纪念册(1951—2011)》,2011 年。

河南省肿瘤医院志编委会编:《河南省肿瘤医院志(1986—2012)》,2014 年。

河南省肿瘤研究所、肿瘤医院编纂:《河南省肿瘤研究所、肿瘤医院史(1977—1985)》,1986 年。

河南省经社病医院编:《河南省精神病医院志(1951—1981)》,1983 年。

河南第二纺织器材厂医务所编:《河南第二纺织器材厂医务所史》,1983 年。

河南中医学院附属医院编:《河南中医学院附属医院院志》,1986 年。

河南中医学院第一附属医院编:《河南中医学院第一附属医院院志(1953—1998)》,1998 年。

　《河南中医学院第一附属医院画册》。

河南大学第一附属医院编:《河南大学第一附属医院院志(1984—2009)》,2010 年。

河南大学淮河医院编:《河南大学淮河医院志(续修:1985—2004)》,2005 年。

河南省人民医院编:《河南省人民医院史(1901—1984)》,1987 年。

《风雨世纪情》编写组编:《风雨世纪情:河南省人民医院百年史略》,郑州:河南人民出版社 2004 年。

开封医专附属医院编:《河南省开封医学专科学校附属医院院志(1949—1983)》,1985 年。

开封市回族医院编:《开封市回族医院院志》,1998 年。

开封市第一人民医院编:《开封市第一人民医院院志(续修:1983—1993)》,1993 年。

开封市第二人民医院编:《开封市第二人民医院志》((1951—1982)),1984 年;(1983—2001)》,2001年;(续修:2002—2011),2011 年。

开封市第三人民医院编:《开封市第三人民医院院志(1970—1982)》,1985 年。

开封市中医院院志编写领导小组编:《开封市中医院志(1959—1982)》,1986 年。

开封市中医院志编纂委员会编:《开封市中医院志(1959—2016)》,2017 年。

开封卷烟厂卫生所编:《开封卷烟厂卫生所志(1953—1984)》,1985 年。

郑州大学第一附属医院党委办公室编印:《本色河医·简史卷》,2013 年。

陈清江主编:《河医故事·心忆》,郑州:河南人民出版社 2016 年。

陈清江主编:《河医故事·心印》,郑州:河南人民出版社 2016 年。

郑州市金海皮肤病专科医院编:《郑州市金海皮肤病专科医院院志(1983—1999)》,1999 年。

黄河中心医院志编辑室编:《黄河中心医院志(1952—1992)》,1993 年。

郑州市第一人民医院编:《郑州市第一人民医院院志》,1986 年。

　《成就健康力量——郑州市第一人民医院院史》,2013 年。

郑州市第二人民医院院志编写组编:《郑州市第二人民医院志》,1985 年。

郑州市第三人民医院院志编写组编:《郑州市第三人民医院志》,1985 年。

郑州市第三人民医院编:《追梦:郑州市第三人民医院 110 周年华诞纪念册(1905—2015)》,2016 年。

郑州市第四人民医院院志编纂委员会编:《郑州市第四人民医院志(1954—1985)》,1986 年。

郑州市第五人民医院编:《郑州市第五人民医院院志》,1996 年。

郑州市第六人民医院编:《郑州市第六人民医院院志(1986—2012)》,2013 年。

《郑州市中医院院志》编纂领导小组编:《郑州市中医院院志》。

郑州市中医院编:《郑州市中医院建院 50 周年(1958—2008)》,2008 年。

郑州市骨科医院编:《郑州市骨科医院志》,1985 年。

郑州市骨科医院编:《郑州市骨科医院简志(1952—2012)》,2012 年。

郑州铁路局郑州中心医院编:《郑州铁路局郑州中心医院院志(1915—1982)》,1983年。

郑州铁路局中心医院编:《《郑州铁路局中心医院院志》(1915—2000)》,2001年。

郑州市二七中医院志编辑组编:《郑州市二七中医院志(1955—1985)》,1985年。

郑州市二七人民医院卫生志编辑组编:《二七人民医院卫生志(1955—1985)》,1986年。

郑州市儿童医院编:《郑州市儿童医院院志(1960—1985)》,1986年。

郑州市向阳中心医院编:《郑州市向阳中心医院史(1972—1985)》,1986年。

郑州市二七区中医院编:《二七区中医院志》(油印),1985年。

郑州市金水区人民医院编:《金水医院院史》,1986年。

河南科技大学第一附属医院志编纂委员会编:《河南科技大学第一附属医院志(1956—2010)》,郑州:中
　　州古籍出版社2016年。

洛阳地区人民医院编:《河南省洛阳地区人民医院院志(1949—1982)》,1985年。

洛阳市中心医院志编委会编:《洛阳市中心医院志(1984—2005)》,郑州:中州古籍出版社2009年。

洛阳地区精神病医院编:《洛阳地区精神病医院志》,1984年。

洛阳市第一人民医院志编纂委员会编纂:《洛阳市第一人民医院院志(1910—1983)》,1984年。

洛阳市第二人民医院编:《洛阳市第二人民医院志》,1987年。

洛阳市中医院编:《洛阳市中医院院志》,1986年。

洛阳市第二中医院编:《医林春晓——洛阳市第二中医院志(1978—1986)》,1986年。

河南省平顶山市第一人民医院编:《河南省平顶山市第一人民医院志(1956—1982)》,1987年。

《平顶山市第二人民医院志》编写组编:《平顶山市第二人民医院志》,1985年。

平顶山市卫生志编辑室编:《平顶山市口腔医院史、第二门诊部简史》,1987年。

平顶山市中医院编:《平顶山市中医院志(1974—1985)》,1986年。

周口地区人民医院编:《河南省周口地区人民医院院志(1969—1982)》,1985年。

《周口市中医院志》编辑室编:《周口市中医院志(1978—2005)》,2007年。

南乐县人民医院志编写小组:《南乐县人民医院志》,1985年。

禹州市人民医院编:《禹州市人民医院志(1951—2000)》,2001年。

河南省新密市中医院编:《新密市中医院院志(1988—2002)》,2002年。

新密市眼科医院志编纂委员会编:《新密市眼科医院志(1986年—2009)》,2009年。

巩义市人民医院编:《巩义市人民医院院志(1951—2011)》,2011年。

通许县人民医院、卫生防疫站、卫生学校、妇幼保健院编:《通许县直卫生单位志史》(内含通许县人民医
　　院史、县卫生防疫站志、卫生学校史、妇幼保健所志),1982/1985年。

范县人民医院志编纂委员会编:《范县人民医院志(2006—2015)》,2016年。

襄城县卫生学校校志编写组:《襄城县卫生学校校(1969.10—1985.12)、妇幼保健所、人民医院志》,
　　1987年。

襄城县卫生局编:《襄城县卫生学校、妇幼保健所、人民医院志》,1987年。

临颍县人民医院院志编写小组编:《临颍县人民医院院志(第一集:1951.3—1984.12)》,1984年。

民权县人民医院编:《民权县人民医院志(1952—1984)》,1986年。

河南省项城第二人民医院志编纂组编:《河南省项城县第二人民医院志》,1985年。

确山县人民医院编:《确山县人民医院院志》,1986年。

全允长主编:《唐河县人民医院发展简史暨人物·科室简介(1995—2001)》,2001年。

新野县人民医院《院志》编纂委员会编,张建华、孙向红主编:《新野县人民医院志(1933—1986)》,
　　1987年。

南阳县人民医院编:《南阳县人民医院院志(1951—1984)》,1985年。

南阳地区人民医院编:《南阳地区人民医院院史(1949—1984)》,1985年。

河南省濮阳市人民医院院史编写组:《河南省濮阳市人民医院院史(1949—1984)》,1985年。

濮阳市人民医院院史编辑室编:《河南省濮阳市安阳地区人民医院院史(1985—1993)》,1997年。

河南省濮阳市安阳地区医院院志编辑室编:《河南省濮阳市安阳地区医院院志(1985.1—1995.12)》,
　　1997年。

安阳市脉管炎医院史编纂委员会编:《安阳市脉管炎医院院史》,2012年。

息县人民医院编,李东林主编:《息县人民医院志(1949—1985)》,1987年。

淮滨县人民医院编,冯振中主编:《淮滨县人民医院院志(1952—1983)》,1985年。

信阳县人民医院编:《信阳县人民医院志(1952—1982)》,1986年。

漯河市第一人民医院编:《漯河市第一人民医院院志(1914—1984)》,1985年。

新乡市第一人民医院编:《新乡市第一人民医院院志(1936—1985)》,1986年。

新乡市第二人民医院编:《新乡市第二人民医院院志(1952—1983)》,1984年。

新乡地区人民医院编:《河南省新乡地区人民医院志》(1949—1983)(续志:1984—1985),1986年。

新乡市红旗区人民医院编:《新乡市红旗区人民医院院志(1952—1983)》,1985年。

新乡市传染病医院院志编纂组编:《新乡市传染病医院志(1965—1983)》,1984年。

长垣县人民医院编:《我与医院共成长:春花秋实(1949—2009)》,2009年。

义马矿务局总医院编:《义马矿务局总医院(院志)》,1997年。

沁阳县人民医院编:《沁阳县人民医院志》,1986年。

通许县人民医院、卫生防疫站、卫生学校、妇幼保健院编:《通许县直卫生单位志史》(内含通许县人民医
　　院史、县卫生防疫站志、卫生学校史、妇幼保健所志),1985年。

柘城县人民医院编:《柘城县人民医院院史》,1985年。

　　《柘城县人民医院辉煌60年(画册)》,2012年。

柘城县人民医院志编纂委员会:《柘城县人民医院志(1985—2011)》,郑州:河南人民出版社2011年。

尉氏县人民医院编:《河南省尉氏县人民医院志》,1982年。

《叶县人民医院志》编写组:《叶县人民医院志》,1986年。

叶县卫生局编:《叶县卫生学校、中医院、妇幼保健所、药品检验所史志》,1986年。

商丘市人民医院编:《商丘市人民医院院志(1951—1985)》,1985年。

商丘市第一人民医院志编纂委员会编:《商丘市第一人民医院院志(1912—1999)》,2000年。

商丘市第三人民医院编:《商丘市第三人民医院志(1986—2000)》,2001年。

兰考县人民医院编:《兰考县人民医院志(1949—1982)》,1984年。

政协南召市文史委编:《南召文史资料》第10辑,1995年。含:常兴明:抗战时期第二十五后方医院
　　见闻。

河南省商丘地区人民医院编:《河南省商丘地区人民医院志》,1984年;(续篇1983—1985),1986年。

商丘市人民医院编《商丘市人民医院院志(1951—1985)》,1986年。

博爱县人民医院院史编委会编撰室:《博爱县人民医院院史(1949.2—1999.2)》,1999年。

汤阴县人民医院院史领导小组编:《汤阴县人民医院院史(1947—1985)》,1986年。

原阳县人民医院编:《原阳县人民医院志(1928—2009)》,2009 年。

浚县人民医院编辑室编:《浚县人民医院志》,1985 年。

《驻马店市中医院院志》编纂小组编:《驻马店市中医院院志(1956.1—1984.12)》,1985 年。

河南省驻马店市老街卫生院编写:《驻马店市老街卫生院志》,1985 年。

驻马店地区人民医院院志编纂小组编:《河南省驻马店地区人民医院院志(1950—1983)》,1983 年。

驻马店市第二人民医院编:《驻马店市第二人民医院志(1974.4—1982.12)》,1985 年。

驻马店市中医院编:《驻马店市中医院院志(1956.1—1984.12)》,1985 年。

修武县人民医院院史编纂组编:《修武县人民医院院史》,1984 年。

河南省南召县人民医院史编委会编:《南召县人民医院史(1931—1984)》,1986 年。

新蔡县人民医院编:《河南省新蔡县人民医院院史》,1982 年。

《上蔡县人民医院院志》编写组,李新跃主编:《上蔡县人民医院院志》,1985 年。

河南省密县第一人民医院编:《密县人民医院志》。

娄海滨主编:《许昌市第二人民医院院志(1951—1985)》,1985 年。

商水县人民医院编:《商水县人民医院志(1950—1985)》,1986 年。

延津县人民医院院志编纂组编:《延津县人民医院志(1949—1982)》,1983 年。

黄河三门峡医院志编写领导小组编:《黄河医院志(1956—1996)》,1996 年。

黄河中医院志编辑室编:《黄河中医院志(1852—1992)》,1993 年。

河南省卫生志编辑室编:《河南省卫生志参考资料(十八):三门峡市人民医院史(1956—1982)》,
    1983 年。

国营会兴棉纺织厂职工医院志编纂组编:《国营会兴棉纺织厂职工医院志》,1983 年。

张国圣主编:《温县人民医院志(1986—1998)》,1999 年。

辉县人民医院志编委会编:《辉县市人民医院志(1949—2009)》,郑州:中州古籍出版社 2012 年。

辉县市中医院院志编写组编:《辉县市中医院 10 年院志(1990.12—2000.12)》,2001 年。

扶沟县人民院志编写组:《扶沟县人民医院志》,1986 年。

舞钢区人民医院编:《平顶山市舞钢区人民医院史》,1986 年。

舞钢区机关门诊部编:《平顶山市舞钢区区直机关门诊部史》,1986 年。

舞钢区尹集乡卫生院编:《平顶山市舞钢区尹集乡卫生院史》,1986 年。

中国人民政治协商会议河南省安阳北关区委员会文史资料委员会编:《北关文史资料》第 1 辑,1990
    年。含:高书训整理:"安阳市人民医院的前身——广生医院。

安阳市人民医院院志编纂委员会编:《安阳市人民医院院志(1887—2000)》,2003 年。

安阳市中医院志编写组编纂:《安阳市中医院志(1959—1984)》,1984 年。
    《安阳市中医院志(1985—2000)》,2002 年。

安阳市口腔医院编:《安阳市口腔医院志(1959—1983)》,1986 年。

焦作市人民医院编:《焦作市人民医院志(1946—1985)》,1988 年。

焦作市人民医院志第二届远之编写组编:《焦作市人民医院志(续 1986—2000)》,2000 年。

院志编辑室编:《焦作市第二人民医院志(1965—1985)》,1986 年。

焦作市第二人民医院续志编纂委员会编:《焦作市第二人民医院续志(1986—2000)》,2001 年。

焦作矿务局中央医院志编纂委员会编:《焦作矿务局中央医院志(1986—2000)》,2001 年。

焦作矿务局医院史志编辑室编:《焦作矿务局医院志(1948—1985)》,2003 年。

登州市人民医院院志编委会编:《登封市人民医院院志(1951—2001)》,2001 年。

[疾病防控与防疫史志]

河南省疾病预防控制中心志编委会编:《河南省疾病预防控制中心志(2003—2012)》,2014 年。

河南省卫生防疫站编:《环境卫生资料选编》,1980 年。

苏寿派、马云祥、汪泽主编:《河南疟疾防治与研究》(上、下),郑州:中原农民出版社 1995 年。

河南省疟疾预防控制中心寄防所编:《河南疟疾防治与研究:苏鲁豫皖鄂五省疟疾联防经验交流会资料
　　汇编》,2008 年。

郑州市爱工会办公室编:《.郑州市爱国卫生运动志(1952—1985)》,1985 年。

通许县卫生局、通许县卫生防疫站编,王伟民主编:《通许县丝虫病防治志(1972—2004)》,2004 年。

开封卫生防疫站志编委会编:《开封市卫生防疫站志》,1983 年。

　　《开封市卫生防疫站志(1952—2002)》,2002 年。

《开封市结核病防治所志》编写组编:《开封市结核病防治所志》,1984 年。

开封市卫生局、开封市卫生防疫站编:《开封市丝虫病防治志》,2004 年。

郑州市结核病防治所编:《郑州市结核病防治所所史(1955—1985)》,1985 年。

郑州市卫生防疫站志编:《郑州市卫生防疫站志(1952—1985)》,1986 年。

郑州市结核病防治所编:《郑州市结核病防治所历史(1955—1985)》,1985 年。

郑州市职业病防治所编:《郑州市职业病防止所志(1949—1985)》,1985 年。

郑州市传染病医院编:《郑州市传染病医院院志(1953—1985)》,1986 年。

郑州市中原区爱国卫生运动委员会编:《郑州市中原区爱国卫生志(1952—1990)》,郑州:河南人民出版
　　社 1991 年。

洛阳市结核病防治所所志编委会编:《洛阳市结防所志(1980—1985)》,1986 年。

洛阳市卫生防疫站志编委会编:《洛阳市卫生防疫站志(1953—1983)》,1985 年。

洛阳市卫生防疫站编:《洛阳卫生防疫年鉴 1995》,1995 年。

平顶山市职业病防治所编:《平顶山市职业病防治所发展史》,1986 年。

濮阳市卫生防疫站志编写组编:《濮阳市卫生防疫站志》,1986 年。

濮阳市郊区卫生防疫站站志编纂组编:《濮阳市郊区卫生防疫站站志》,1986 年。

周口地区卫生防疫站编,闻波主编:《周口地区卫生防疫站志(1965—1994)》(2 册),1995 年。

河南省汝阳县卫生防疫站编:《汝阳县卫生防疫志》,1985 年。

开封县卫生防疫站编:《开封县卫生防疫站志(1951—1983)》,1983 年。

杞县卫生防疫站编:《杞县卫生防疫站站志》,1986 年。

沈丘县卫生防疫站史编纂小组编:《河南省沈丘县卫生防疫站志(1956—1982)》,1985 年。

郑州卫生防疫站站志编纂委员会编:《郑州卫生防疫站站志(1952—1982)》,1984 年。

襄城县卫生防疫站编:《襄城县卫生防疫站志》,1987 年。

郾城县卫生防疫站编,朱新顺主编:《郾城县卫生防疫站志(—1984)》,1987 年。

周口市卫生防疫站编,梁照升主编:《周口市卫生防疫站志(1965.7—2002.12)》,2003 年。

汝南县卫生防疫站编:《汝南县卫生防疫志(1953—1982)》,1985 年。

　　《遂平县卫生防疫站志》编写小组编:《遂平县卫生防疫站志》,1985 年。

商城县卫生防疫站志编辑小组编:《商城县卫生防疫站志(1950—1986)》,1986 年。

息县卫生防疫站编,万东山主编:《息县卫生防疫站志(1912—1986)》,1987年。

淮滨县卫生防疫站编:《淮滨县卫生防疫站志(1951—1983)》,1985年。

信阳县防疫站编,董庆秀主编:《信阳县卫生防疫站志(—1984)》,1985年。

郑州市中原区爱国卫生运动委员会编,朱永忠主编:《郑州市中原区爱国卫生志(1952—1990.12)》,1991年。

沁阳县卫生防疫站志:《沁阳县卫生防疫站志(1919—1985)》,1987年。

叶县卫生防疫站编:《叶县卫生防疫站志(1588—1985)》,1986年。

禹县卫生防疫站编:《禹县卫生防疫站志》,1985年。

河南省卫生防疫站志编委会编:《河南省卫生防疫站志(1953—1993)》,1993年。

    《河南省卫生防疫站志(1953—2003)》,2003年。

河南省疾病预防与控制中心编印:《河南省卫生防疫与疾病预防控制60年历程》,2014年。

商丘市卫生防疫站编:《商丘市卫生防疫站志》,1986年。

郑州市金水区卫生防疫站编:《金水卫生防疫志》,1987年。

平舆县卫生防疫站志编纂小组编:《平舆县卫生防疫站志》,1986年。

汤阴县卫生防疫站编:《汤阴县卫生防疫志（1949—1986）》,1987年。

平顶山市卫生防疫站编:《平顶山市卫生防疫站志(1957—1985)》,1986年。

平顶山市卫生防疫志编委会编:《平顶山市卫生防疫站志(1986—2005)》,2006年。

平顶山市爱国卫生运动委员会编:《平顶山市爱国卫生志》,1985年。

新蔡县卫生防疫站志编纂小组编:《河南省新蔡县卫生防疫站志》,1985年。

《上蔡县卫生防疫站志》编辑领导小组编:《上蔡县卫生防疫站志》,1985年。

许昌地区卫生防疫站编,李立辉主编:《许昌地区卫生防疫站志》,1984年。

郑州市二七区卫生防疫站编:《郑州市二七区卫生防疫站志》,1986年。

开封市结核病防治所编:《开封市结核病防治所志(1979—1984)》,1984年。

辉县卫生防疫站编:《辉县卫生防疫站志》,1985年。

平顶山市舞钢区卫生局编:《平顶山市舞钢区卫生防疫站史》,1986年。

荥阳县卫生防疫站站志编纂领导小组编:《荥阳县卫生防疫站站志》,1985年。

安阳市卫生防疫站志编纂委员会编:《安阳市卫生防疫站志(1953—2002)》,2003年。

西平县卫生防疫志编纂委员会编,康健民主编:《西平县卫生防疫志(1956—1985)》,2012年。

康健民主编:《西平县卫生防疫志(1956—1985)》,郑州:中州古籍出版社2012年。

虞城县卫生防疫站编,李德福主编:《虞城县卫生防疫站志》(油印本),1985年。

焦作市卫生防疫站志编委会编:《焦作市卫生防疫站志》,1986年。

洛阳地区结核病防治所编:《洛阳地区结核病防治所卫生志》,1986年。

张营业主编:《许昌市卫生防疫站志》,1986年。

《商丘地区卫生防疫站志》编辑室编:《河南省商丘地区卫生防疫站志》,1985年。

姜周庆主编:《伊川县卫生防疫站史(1950—1984)》,郑州:河南人民出版社1984年。

靳鸿建主编:《新密防痨三十年:1979—2008》,北京:中国协和医科大学出版社2009年。

[畜禽疫病与兽医史志]

河南省畜牧局编:《河南省畜禽疫病志》,郑州:河南科学技术出版社1993年。

新乡市农牧局编:《河南省新乡市畜禽疫病志》,1991 年。

河南省农业厅畜牧兽医处编:《中兽医临床药方汇集》,郑州:河南人民出版社 1954 年。

河南农业大学畜牧兽医工程学院编:《风雨九十年 牧医篇》,2004 年。

新野县农业畜牧局编:《河南省新野县畜禽疫病志》,1990 年。

范县农牧局畜禽疫病志编写组编:《范县畜禽疫病志》,1990 年。

开封市畜禽疫病普查组编:《开封市畜禽疫病普查资料》,1983 年。

郑州市畜禽疫病编志工作组编:《郑州市畜禽疫病志(1949—1989)》,1990 年。

洛阳地区畜禽疫病调查组编:《河南省洛阳地区畜禽疫病普查资料专辑》,1983 年。

平顶山市畜牧兽医工作站编:《平顶山市畜禽疫病志》,1990 年。

河南省周口地区畜禽疫病志编写组编:《河南省周口地区畜禽疫病志(1949—1989)》,1990 年。

西华县畜牧兽医站编:《河南省西华县畜禽疫病志》,1989 年。

南乐县畜禽疫病志编写:《南乐县畜禽疫病志》(油印本),1990 年。

南阳地区《畜禽疫病志》编写组编:《河南省南阳地区畜禽疫病志》(上、下),1990 年。

河南省沈丘县畜牧局编:《河南省沈丘县畜禽疫病志》,1989 年。

临邑县畜牧局编:《临颍县畜禽疫病志》,1990 年。

河南省获嘉县畜牧兽医工作站编:《畜牧兽医志》,1985 年。

《漯河市源汇区畜禽疫病志》编写组编:《漯河市源汇区畜禽疫病志》。

商丘地区畜牧局编:《商丘地区畜禽疫病志(1949—1989)》,1989 年。

河南省三门峡市农林局编:《三门峡市畜禽疫病普查资料》,1982 年。

河南省三门峡市湖滨区畜牧兽医工作站编:《三门峡市湖滨区畜禽疫病志》,1990 年。

渑池县畜牧兽医工作站编:《渑池县畜禽疫病志》,1990 年。

焦作畜牧局编:《焦作市畜禽疫病志(1949—1989)》,1990 年。

驻马店地区畜牧总站编:《河南省驻马店地区畜禽疫病志(1949—1989)》,1990 年。

巩县《畜禽疫病志》编写组编:《巩县畜禽疫病志》,1989 年。

[妇幼保健与专科医疗史志]

郑州市妇幼卫生专业志编委会编:《郑州市妇幼卫生专业志》,1985 年。

周口市妇幼保健院编:《周口市妇幼保健志》,1984 年。

汝南县妇幼保健所编:《汝南县妇幼保健志》,1984 年。

郑州市金水区妇幼保健所编:《郑州市金水区妇幼保健所志(1960—1986)》,1986 年。

郑州市二七区妇幼保健所《卫生志》编辑小组编:《二七区妇幼保健所志(1950—1985)》,1986 年。

郑州市妇幼保健院志编纂委员会编:《郑州市妇幼保健院志(1953—2013)》,郑州:中州古籍出版社 2013 年。

陕县妇幼保健院志编纂委员会编:《陕县妇幼保健院志(1965—2015)》,郑州:中州古籍出版社 2017 年。

太康县妇幼保健院编辑:《太康县妇幼保健院志》,1985 年。

沁阳县妇幼保健所编纂:《沁阳县妇幼保健所志》,1986 年。

嵩县妇幼保健站编:《嵩县妇幼保健志》,1985 年。

周世杰主编:《禹县妇幼保健所志》,1986 年。

许昌市妇幼保健院编:《许昌市妇幼保健院院志》,1985 年。

温县妇幼保健志编委会编：《温县妇幼保健院志（1964—2014）》，郑州：中州古籍出版社 2016 年。

郑州市二七区计划生育志编志小组编：《二七区计划生育志》（1963—1985），1986 年；（1986—2002），2004 年。

舞钢区妇幼保健站编：《平顶山市舞钢区妇幼保健站史》，1986 年。

三门峡市精神病管理所编：《精神病管理所史（1960—1969…1980—1983）》，1984 年。

河南省洛阳正骨医院、河南省洛阳正骨研究所编：《洛阳正骨志》，郑州：中州古籍出版社 2005 年。

杜维夏编著：《洛阳正骨传奇》，北京：人民卫生出版社 2008 年。

[医药、卫生、医药卫生协/学会史志]

河南省卫生厅卫生志编辑室编：《河南省近代医林人物志》，1987 年。

郑州市医药局编，程慎斋主编：《郑州市医药志（1905—1985）》，1987 年。

常康生等主编：《栾川县医药志（1921—1984）》，1985 年。

河南省洛阳地区医药管理局编纂：《洛阳地区医药志》（第一卷）（第二卷：包括卢氏县医药志.栾川县医药志.灵宝县医药志.嵩县医药志）（第三卷：包括陕县医药志.渑池县医药志.洛宁县医药志.汝阳县医药志.宜阳县医药志）（第四卷：包括临汝县医药志.伊川县医药志.三门峡医药志.义马市医药志），1985 年。

通许县医药管理局编：《通许县医药志》，1984 年。

信阳县医药管理局编：《信阳县医药志（1850—1985）》，1985 年。

汝阳县医药公司编，《汝阳县医药志（1838—1982）》，1985 年。

洛宁县医药公司编，雷应科主编：《洛宁县医药志（1954—1984）》，1985 年。

开封县医药局编：《开封县医药志（—1983）》，1983 年。

南阳地区医药管理局编，骆吉地主编：《南阳地区医药志（1840—1985）》，1989 年。

漯河市医药公司编，刘国胜主编：《漯河市医药志（1907—1983）》，1986 年。

中国人民政治协商会议沁阳市委员会文史资料研究会编：《沁阳文史资料 第 4 辑：怀药专辑》，1991 年。

洛阳市医药管理局编：《洛阳市医药商业志（1911—1985）》，1987 年。

郑州市郊区志编写组编：《郑州市郊区医药志》，1986 年。

开封市医药志编辑室编：《开封市医药志（960—1983）》，1985 年。

商丘市食品药品监督管理局编：《商丘市医药志（—2012）》，郑州：中州古籍出版社 2014 年。

辉县史志编纂委员会总编辑：《百泉药材会志》，1985 年。

刘景志、王瑞先主编：《通许县卫生志（1877—1982）》，1983 年。

平顶山矿务局卫生处编：《平顶山矿务局卫生志（1955—1985）》，1987 年。

河南省卫生志编辑室编：《河南省卫生志资料汇编 1988 第 1 集 总第 14 集》，1988 年。

《河南省卫生志资料汇编 1986 第 2 集 总第 13 集》，1986 年。

《河南省卫生志资料汇编 1986 第 1 集 总第 12 集》，1986 年。

《河南省卫生志资料汇编 1985 第 3 集 总第 10 集》，1985 年。

《河南省卫生志资料汇编 1985 第 2 集 总第 9 集》，1985 年。

《河南省卫生志资料汇编 1985 第 1 集 总第 8 集》，1985 年。

《河南省卫生志资料汇编 1984 第 3 集 总第 7 集》，1984 年。

《河南省卫生志资料汇编 1984 第 2 集 总第 6 集》，1984 年。

《河南省卫生志资料汇编 1984 第 1 集 总第 5 集》,1984 年。

《河南省卫生志资料汇编 1983 第 3 集 总第 4 集》,1983 年。

《河南省卫生志资料汇编 1983 第 2 集 总第 3 集》,1983 年。

《河南省卫生志资料汇编 1983 第 1 集 总第 2 集》,1983 年。

《河南省卫生志资料汇编 1982》,1982 年。

河南省医药卫生学会编:《河南省医药卫生学会志》,1985 年。

河南省地方史志编纂委员编,邵文杰主编:《河南省志第 58 卷·卫生志·医药志》,郑州:河南人民出版社 1993 年。

河南省卫生厅志编辑室编:《河南省卫生志简讯汇编(1982—1986)》,1987 年。

河南省卫生志编辑室编:《河南省卫生志参考资料》(1—44),1982—1985 年。

《河南省卫生志参考资料 增刊》,1985 年。

河南省地方史志编纂委员会编纂:《河南省志 第 58 卷 卫生志、医药志》,郑州:河南人民出版社 1993 年。

河南省卫生厅卫生志编辑室编:《河南省卫生志·中医志》,郑州:河南人民出版社 1993 年。

《卫生战线编史修志工作》,1984 年。

河南省卫生厅编:《新法接生图解》,郑州:河南人民出版社 1956 年。

《河南省卫生统计资料 1979》,1980 年。

《城镇医药卫生体制改革文件汇编》,2000 年。

河南省人民政府发展研究中心、河南省卫生厅编:《丰碑——河南省抗击非典群英谱》,北京:学习出版社 2004 年。

河南省卫生厅编:《河南卫生统计年鉴 1987》,1988 年。

河南卫生年鉴编辑委员会编著:《河南卫生年鉴 2010》,2010 年。

河南卫生计生年鉴编辑委员会编:《河南卫生计生年鉴》(2015、2016),郑州:中州古籍出版社 2017 年。

渑池县医药公司编,董忠信、郭振华主编:《渑池县医药志(1912—1984)》,1985 年。

开封地方市志办公室编:《开封市志·卫生医药卷》,北京:方志出版社 2008 年。

开封市卫生局编:《开封卫生年鉴》(1984),1985 年;(1984—1985),1986 年;(1990),郑州:河南人民出版社 1990 年。

《开封卫生年鉴》编辑委员会编:《开封卫生年鉴》(1993、1994、1995、1996、1997、1998、1999),1993、1994、1995、1996、1997、1998、1999 年。

开封市卫生局《卫生志》编辑室,中华医学会开封分会编:《开封市医药卫生学术团体简史》,1987 年。

登封县卫生局卫生志编辑室编:《登封县卫生志(公元前 110 年—公元 1982 年)》,1986 年。

姚村镇卫生志编纂委员编:《姚村镇卫生志(—2012)》,2012 年。

《开封市卫生志》编辑室编,缪诚主编:《开封市卫生志(960—1985)》,郑州:河南人民出版社 1990 年。

开封市顺河回族区卫生局编:《开封市顺河回族区卫生志》,1990 年。

新郑市卫生和计划生育委员会编,杨学忠主编:《新郑卫生志》,郑州:河南人民出版社 2017 年。

河南密县卫生局编:《密县卫生志》,1986 年。

《濮阳市郊区卫生志》编纂办公室编:《濮阳市郊区卫生志》,1986 年。

濮阳市卫生志编纂委员会编:《濮阳市卫生志(—1995)》,北京:方志出版社 1998 年。

濮阳县卫生志编纂委员会:《濮阳县卫生志(1985—2005)》,2005 年。

《登封市卫生志》编纂委员会编,阎保寅、吴庆和主编:《登封市卫生志(—2003)》,2003 年。

陕县卫生局编:《陕县卫生志(1936—1984)》,1985 年;(1985—2000),2002 年。

新密矿务局卫生处编:《卫生志》,1984 年。

韩城市卫生志编纂委员会编:《韩城市卫生志(截止 2014 年底)》,2014 年。

《周口地区卫生志》编纂室编写,韩维良主编:《周口地区卫生志(1948—1985)》,郑州:河南人民出版社 1987 年。

信阳地区卫生局、信阳地区地方史志编纂委员会编,侯元德、邢爱茹、丰深义撰:《信阳地区卫生志 (1110—1985)》,1986 年。

密县卫生志编辑室编纂,朱玉、梁长喜主笔:《密县卫生志(远古至 1984 年)》,1986 年。

《中牟县卫生志》编辑室编写:《中牟县卫生志(1840—1982)》,1985 年。

河南省管城回族区卫生局编:《管城回族区卫生志(1911—1985)》,1986 年。

河南省汝阳县卫生局编,刘学倩主编:《汝阳县卫生志(—1982)》,1985 年。

洛宁县卫生局:《洛宁县卫生志(明清至 1984 年)》,1986 年。

伊川县卫生志编委会编,赵文盟主编:《伊川县卫生志(1932—1984)》,1986 年。

开封县卫生志编纂领导小组编,郭五生主编:《开封县卫生志(1949—1982)》,1985 年。

杞县卫生局编,宋殿试、孙文科主编,马宪武、李成功主修:《杞县卫生志(1368—1985)》,1986 年。

河南省郏县卫生局编纂:《郏县卫生志(1949—1985)》,1987 年;《郏县卫生志(1986—2006),2010 年。

《内黄县卫生志》编纂办公室编,王明立主编:《内黄县卫生志(1840—1982)》,1985 年。

内黄县卫生局编:《内黄县卫生志》,2007 年。

安阳县卫生志编纂领导小组编,刘树林、耿继东主编:《安阳县卫生志(清末至 1984 年)》,1986 年。

株州市卫生志编纂委员会编,郭希舜主编:《株州市卫生志(—1999)》,香港:天马图书有限公司 2000 年。

张庆华等编写:《南乐县卫生志(1840—1985)》,1985 年。

清丰县卫生志编辑委员会编:《清丰县卫生志(1851—1985)》,1985 年。

郑州市卫生局编,林则田主编:《郑州卫生志(1986—2000)》,郑州:中州古籍出版社 2004 年。

襄城县卫生局编,米松峰主编:《襄城县卫生志(1949—1984)》,1986 年。

临颖县卫生局编,吴中祥主编:《临颖县卫生志(元/建国初期至 1985)》,1986 年。

郾城县卫生局编、马相林主编:《郾城县卫生志(民国至 1985 年)》,1986 年。

民权县卫生志编纂小组编写,于西峰主编:《民权县卫生志(晋至 1984 年)》(上、下册),1985 年。

河南省宁陵县卫生志编辑室编,牛显学主编:《宁陵县卫生志(—1984)》,1986 年。

淮阳县卫生局卫生志编纂委员会编,李学义主编:《淮阳县卫生志》,1985 年。

郑现军总编,李庆友主编:《淮阳县卫生志(1983—2002)》,2003 年。

鹿邑县卫生志编纂委员会编,栾国显主编:《鹿邑县卫生志(—1984)》,1985 年。

太康县卫生局组纂,王昌言主编:《太康县卫生志(1922—1982)》,1985 年。

西华县卫生志编纂组编,王云东主编:《西华县卫生志(1949—1982)》,1985 年。

项城县卫生局编,胡先瑞、史宪营主编:《项城县卫生志(清道光十七年至 1985 年)》,1986 年。

周口市卫生局编:《周口市卫生志(明清至 1984 年)》,1985 年;(1984—1997),1997 年。

确山县卫生局编:《确山县卫生志(1840—1982)》,1985 年。

汝南县卫生局编:《汝南县卫生志(公元前 103 年—公元 1982 年)》,1986 年。

遂平县卫生志编辑室编:《遂平县卫生志》,1986 年。

唐河县卫生志编纂领导小组编,杨乃昆主编:《唐河县卫生志(清代至 1984 年)》,1985 年。

新野县卫生局编,吴忠汉主编:《新野县卫生志 1840—1985》,1986 年。

内乡县卫生局卫生志编纂办公室编:《内乡县卫生志(1483—1984)》,1985 年。

内乡县卫生局编:《内乡县卫生志(1984—2004)》,2009 年。

《镇平县卫生志》编纂委员会,李金玉主编:《镇平县卫生志(一1985)》,1986 年。

方城县卫生局编,张延寿主编:《河南省方城县卫生志(1391—1984)》,1985 年。

南阳县卫生局编,王书建主编:《南阳县卫生志(公元前 160 年—公元 1985 年)》,1986 年。

南阳市卫生局编,赵儒贤主编:《南阳市卫生志 1843—1984.12》,1985 年。

南阳市卫生局编印:《南阳市卫生志(1986—2004)》,2010 年。

南阳市卫生局编,杨小欣主编:《南阳地区卫生志》,1984 年。

南阳市农村卫生协会编:《南阳市农村卫生协会志》,2000 年。

新县卫生局编,方正良主编:《新县卫生志(一1985)》,1988 年。

固始县卫生局编,李三民主编:《固始县卫生志(明清至 1982 年)》,1985 年。

商城县卫生局卫生志编纂领导小组编:《商城县卫生志(清末民初至 1983 年/1985 年)》,1985 年。

息县卫生局编,王廷森主编:《息县卫生志(公元前 130 年—公元 1982 年)》,1985 年。

淮滨县卫生局编印,崔景玉主编:《淮滨县卫生志(1951—1982)》,1986 年。

光山县地方史志编纂委员会、光山县卫生局编:《光山县卫生志(1878—1985)》,1986 年。

信阳县卫生局编,冯其青主编:《信阳县卫生志(1840 或 1262—1985)》,1986 年。

郑州市中原区卫生局编,丁天锡等主编:《中原区卫生志(1948.10—1994.12)》,1995 年。

新乡市卫生局编:《新乡市卫生志(1368—1985)》,1986 年。

新乡市新华区卫生志编纂委员会编:《新乡市新华区卫生志》,1985 年。

新乡市志编纂委员会编:《新乡市志资料选编 第 4 辑 卫生志专辑》,1984 年。

新乡市郊区卫生志编纂领导小组编:《新乡市郊区卫生志》,1984 年。

新乡市北站区卫生志编写小组编,赵振亚主编:《北站区卫生志》,1986 年。

新乡市药品检验所编:《新乡市药品检验所所志(1963 年—1983 年)》,1983 年。

长垣县卫生局编:《基层卫生志》,1984 年。

义马市卫生局编:《义马市卫生志(一1982)》,1985 年。

获嘉县卫生局编:《获嘉县卫生志》,2008 年。

洛阳市卫生局编:《洛阳市卫生志》,1986 年。

洛阳市瀍河回族区卫生科:《瀍河卫生志》,1985 年。

灵宝县卫生局编:《灵宝县卫生志(一1982)》,灵宝县卫生局 1986 年。

汪振华主编:《舞纲区卫生志》,舞纲区卫生局 1986 年。

《濮阳市郊区卫生志》编纂办公室编:《濮阳市郊区卫生志》,1986 年。

临颍县卫生局编,吴中祥主编:《临颍县卫生志》,1986 年。

薛宝全主编,河南沁阳卫生局编纂:《沁阳市卫生志 1986—2000》,2003 年。

沁阳县卫生局编:《沁阳县卫生志》,1986 年。

偃师县卫生局编:《偃师县卫生志》,1985 年。

柘城县卫生志编辑室编:《柘城县卫生志(1840—1984)》,1986 年。

尉氏县卫生局编:《尉氏县卫生志》,1985 年。

叶县卫生局编：《叶县卫生志》，1986 年。

封邱县卫生局编：《封邱县卫生志》，1987 年。

睢县卫生局《睢县卫生志》编辑室编：《睢县卫生志》，1986 年。

禹县卫生局《卫生志》编辑室编：《禹县卫生志》，1986 年。

河南省商丘市卫生局编：《商丘市卫生志（1949—1985）》，1986 年。

台前县地方史志编纂委员会编：《台前县卫生志》，1985 年。

河南省罗山县卫生局编：《罗山县卫生志》，1986 年。

河南省武陟县卫生局编：《武陟县卫生志（—1986）》，1987 年。

兰考县卫生局编：《兰考县卫生志》，1984 年。

郑州市金水区卫生志编辑组编：《金水卫生志》，1986 年。

河南省西陕县卫生局编：《西峡县卫生志》，1986 年。

新乡县卫生局编：《新乡县卫生志（1368—1985）》，1985 年。

河南省郑州市卫生局编纂，郭作范主编：《郑州市卫生志（—1985）》，郑州：河南人民出版社 1990 年。

郑州市郊区卫生志编辑室编：《郑州市郊区卫生志（1911—1985）》，1986 年。

郑州市金水区卫生志编纂委员会编：《金水卫生志》，1986 年。

南召县卫生局编：《南召县卫生志》，1985 年。

　　《松城县卫生志》。

商丘地区卫生局编：《商丘地区卫生志》，1988 年。

夏邑县卫生局编：《夏邑县卫生志》，1985 年。

栾川县卫生志编辑组编：《栾川县卫生志》，1985 年。

嵩县卫生局编：《嵩县卫生志（1964—1982）》，1985 年。

平顶山市郊区卫生局编：《平顶山市郊区卫生志》，1985 年。

河南省郑州市上街区《上街卫生志》编辑组编：《上街卫生志（1958—1985）》，1986 年。

卫东区卫生志编写小组编：《平顶山市卫东区卫生志》，1985 年。

《濮阳市效区卫生志》编纂办公室编：《濮阳市效区卫生志》，1986 年。

博爱县卫生局卫生志办公室编：《博爱县卫生志》，1985 年。

河南省平舆县卫生志编纂委员会编：《河南省平舆县卫生志》，1985 年。

河南省汤阴县卫生局编，杨耀峰主编：《汤阴县卫生志》，1984 年。

洛阳市地方史志编纂委员会编：《洛阳市志 第 13 卷：文化艺术志、新闻志、卫生志、体育志》，郑州：中州
　　古籍出版社 1998 年。

原阳县卫生局编：《原阳县卫生志（—1983）》，1985 年。

鲁山县卫生局卫生志编辑组编：《鲁山县卫生志》，1985 年。

浚县卫生局卫生志编纂领导小组办公室编：《浚县卫生志（1801—1983）》，1984 年。

浚县卫生局编：《浚县卫生志（1983—2014）》，2014 年。

《驻马店市卫生志》编写组编：《驻马店市卫生志（1840—1985）》，1986 年。

商丘县卫生局编：《河南省商丘县卫生志》，1984 年。

河南省永城县卫生局编：《永城县卫生志（1840—1985）》，1986 年。

河南省永城市卫生局编：《永城市卫生志（1986—2003）》，2004 年。

平顶山市卫生志编辑室编：《平顶山市卫生志（1957—1985）》，1986 年。

平顶山市新华区卫生局编:《平顶山市新华区卫生志(1957—1985)》,1986 年。

《鹤壁市卫生志》编纂办公室编:《鹤壁市卫生志(1957—1982)》,1982 年。

泌阳县卫生志编辑办公室编:《泌阳县卫生志》,1984 年。

李振法主编,河南省南召县卫生局卫生志编写领导小组编:《南召县卫生志(1840—1983)》,1985 年。

平顶山卫东区卫生局编,刘宪法主编:《平顶山卫东区卫生志》,1986 年。

河南省修武县卫生志编辑组编:《河南省修武县卫生志》,1982 年;《河南省修武县卫生志 续篇》,1994 年。

邓县卫生局编:《河南省邓县卫生志(1950—1984)》,1985 年。

河南省卫生厅志编辑室:《河南省卫生志简讯汇编(1982—1986)》,1987 年。

新蔡县卫生局编:《河南省新蔡县卫生志》,1985 年。

河南省卫生志编辑室编:《河南省卫生志资料汇编》(第 1—11 集),1983—1985 年。

河南省上蔡县卫生局《上蔡县卫生志》编辑室:《上蔡县卫生志》,1986 年。

孟津县卫生局编:《孟津县卫生志》,1985 年。

许昌市卫生志编纂委员会编,李丰年主编:《许昌市卫生志(1949—1985)》,1985 年。

鄢陵县卫生局编:《河南省鄢陵县卫生志》,1985 年。

卢氏县《卫生志》编辑室编:《河南省卢氏县卫生志》,1985 年。

郑州市二七区卫生志编纂委员会编,武乐亭主编:《郑州市二七区卫生志(1912—2003)》,2005 年。

刘连军编辑:《上街卫生志》,郑州市上街卫生志编辑组 1986 年。

丁天锡、朱永忠主编,郑州市中原区卫生局编:《中原区卫生志》,1995 年。

舞钢区卫生局编,汪振华主编:《舞钢区卫生志》,1987 年。

《商水县卫生志》编辑组编:《商水县卫生志(1949—1985)》,1985 年。

正阳县卫生局编:《正阳县卫生志》,1985 年。

舞阳县卫生局编,关汉卿主编:《舞阳县卫生志(1303—1985)》,1987 年。

《济源县卫生志》编辑室编:《济源县卫生志》,1987 年。

新郑县卫生局编纂:《新郑县卫生志》,1986 年。

潢川县卫生志编辑室编:《潢川县卫生志》,1981 年。

延津县卫生局编:《延津县卫生志(—1982)》,1986 年。

临汝县卫生局编:《临汝县卫生志》,1986 年。

三门峡市卫生局编:《三门峡市卫生志》,1983 年。

温县卫生局编:《温县卫生志(—1985)》,1986 年。

辉县卫生局编,孙金富主编:《辉县卫生志》,1984 年。

辉县市卫生志编纂委员会编:《辉县市卫生志》,2013 年。

扶沟县卫生局编,刘宝顺主编:《河南省扶沟县卫生志(隋唐、明清至 1983 年)》,1986 年。

《荥阳县卫生志》编辑组编:《荥阳县卫生志》,1986 年。

巩县卫生志编纂室编:《巩县卫生志(1644—1982)》,1985 年。

信阳市卫生局编:《信阳市卫生志》,1986 年。

新安县卫生局编:《新安县卫生志(1932—1984)》,1985

清丰县卫生局编纂领导小组编,张体会主编:《清丰县卫生志(1851—1985)》,1985 年。

社旗县社旗县卫生志编纂办公室编:《社旗县卫生志 1782—1985》,1986 年。

社旗县卫生志编纂委员会编:《社旗县卫生志》,香港:天马图书有限公司 2005 年。

郸城县卫生局编:《河南省郸城县卫生志》,1985 年。

郸城县药检所编:《郸城县药品检验所志》,1983 年。

伊川县卫生局编:《伊川县卫生志(1932—1984)》,1986 年。

灵宝市卫生志编辑委员会编,马宽荣主编:《灵宝市卫生志(1983—2000)》,2001 年。

郏县卫生志编纂委员会编,宋合主编:《郏县卫生志(1986—2006)》,北京:中国新时代出版社 2010 年。

郭不舜主编:《林州市卫生志(—1999.12)》,香港:天马图书有限公司 2000 年。

安阳市铁西区卫生志编撰委员会:《安阳市铁西区卫生志》,1985 年。

西平县卫生志编辑组编,《驻马店地区地方志资料汇编》,1984 年第 6 期。"西平县卫生志概述"。

西平县卫生局《卫生志》编辑组编纂,谢守纪主编:《西平县卫生志》,1985 年。

《林县卫生志》编辑室编:《林县卫生志》,1986 年。

西峡县卫生志编辑委员会编,张苏旺编:《西峡县城关镇卫生志》,1984

渑池县卫生局编,李星歧主编:《渑池县卫生志》,1985 年。

商邱市卫生局编,王海龙主编:《商邱市卫生志(1949—1985)》,1986 年。

商邱地区卫生局编:《商邱地区卫生志》,1988 年。

虞城县卫生局编,马心孝主编:《虞城县卫生志》,1986 年。

焦作市郊区卫生局编:《焦作市郊区卫生志》,1986 年。

焦作市地方史志总编室,耿学诚主编:《焦作市卫生志(1904—1985)》,1987 年。

封丘县卫生局编,张连申主编:《封丘县卫生志》,1987 年。

信阳市卫生局编,张彦青主编:《信阳市卫生志》,1985 年。

国营河南第二印染厂卫生志编纂组编:《国营河南第二印染厂卫生志》,1984 年。

郑州市卫生材料厂志办公室编:《郑州市卫生材料厂厂志》,1983 年。

南阳市农村卫生协会编:《南阳市农村卫生协会》。

舞钢区药检所编:《平顶山市舞钢区药检所史》,1986 年。

舞钢区乡卫生局编:《舞钢区卫生局二级单位史》,1986 年。

长垣县卫生局编:《长垣县卫生志》,1987 年。

湖北省

[医学教育与科研院所史志]

《公共卫生学院志》编纂组编:《(华中科技大学同济医学院)公共卫生学院志(1953—2003)》,2003 年。

《同济医院志》编审委员会编:《华中科技大学同济医学院志(1907—2002)》,2002 年。

《同济医学院人物志》编审委员会编:《华中科技大学同济医学院人物志(1907—2002)》,2002 年。

湖北中医学院编志办公室编:《湖北中医学院院史(1959—1986)》,武汉:武汉出版社 1989 年。

阮力艰、吕文良主编:《湖北中医药大学校史(1958—2018)》,北京:中国中医药出版社 2018 年。

武汉医学院编:《武汉医学院历届毕业生校友名录》,1983 年。

湖北省黄冈卫生学校编:《湖北省黄冈卫生学校校友联谊录》,2002 年。

十堰市医药卫生学校校志编纂委员会编:《十堰市医药卫生学校志(1958—2008)》,2008 年。

十堰市医药卫生学校编:《50 年丰华(1958—2008)——十堰市医药卫生学校建校五十周年即新校区奠

基》,2008年。

湖北省郧阳医学院编纂委员会编:《郧阳医学院志(1965—2005)》,2005年。

荆州地区卫生学校编:《荆州地区卫生学校建校四十周年(1953—1993)》,1993年。

湖北黄石卫生学校编:《湖北省黄石卫生学校校史(1927—1987)》,1987年。

[医院史志]

胡杏华主编:《湖北省梨园医院志(1981—1991)》,1991年。

湖北省政协文史和学习委员会编:《湖北文史集萃》(第4辑:……我和湖北省立医院,我所知道的湖北医学院,武汉普爱医院,私立夷陵护士学校述略……),武汉:湖北人民出版社1999年。

湖北省肿瘤医院志编委会编:《湖北省肿瘤医院志(1973—1998)》,1999年。

武警湖北总队医院院志编辑委员会编:《湖北总队医院志(2001—2010)》,2011年。

湖北中医学院附属医院编,艾利民主编:《湖北中医附院院志(1924—1989)》,1989年。

湖北医学院附属第一医院 湖北省人民医院编,郭方正主编:《湖北医学院附属第一医院 湖北省人民医院志(1929—1989)》,1989年。

湖北医学院口腔医院编:《湖北医学院口腔医院志(1960—1990)》,1990年。

铁道部大桥工程局汉阳铁路中心医院《院志》编纂委员会、医院史志办公室编:《铁道部大桥工程局汉阳铁路中心医院院志(1953—1998)》,2000年。

武汉市中心医院志编辑委员会编:《武汉市中心医院志2010 - 2015》,2016年。

《武汉市儿童医院志》编辑委员会编:《武汉市儿童医院志(1954—1994)》,1994年。

武汉市第一医院 武汉市中西医结合医院院志编委会编:《武汉市第一医院 武汉市中西医结合医院院志(1927—1995)》,1996年。

武汉市第七医院志编辑委员会编:《武汉市第七医院志(1955—2005)》,2005年。

武汉市普爱医院编:《普爱医院院志(1864—2002)》,2002年。

空军汉口医院编:《空军汉口医院院志(1951—1981)》,1981年。

汉口铁路医院编:《汉口铁路医院志(1897—1997)》,1997年。

湖北省麻城市人民医院编:《如歌岁月——麻城市人民医院建院60周年(1950—2010)》,2010年。

湖北省妇幼保健院志编委会编:《湖北省妇幼保健院志(1977—2004)》,2005年。

马先松、赵小抗主编:《同济医院志》(1900—2000),武汉:武汉出版社2000年;增补本:2000—2009),武汉:武汉出版社2010年。

王耀先主编:《孝感市中心医院百年院史》,孝感日报社2009年。

湖北省随州市第一人民医院院志编辑委员会编:《随州市第一人民医院院志(1950—2000)》,2000年。

随州市第一人民医院《人物志》编辑委员会编:《随州市第一人民医院人物志(1950—2000)》,2000年。

天门市第一人民医院编:《天门市第一人民医院院志(1950.6—2004.6)》,2004年。

湖北江陵第一人民医院编:《奋进四十年(1952—1992)》,1992年。

云梦县人民医院编,严新华、江勇主编:《云梦县人民医院院志(1940.10—2003.12)》,2005年。

京山县人民医院志编委会编:《京山县人民医院志(1990—2000)》,2000年。

应城市人民医院编:《应城市人民医院志(1934—2012)》,2013年。

十堰市郧县人民医院编:《郧县人民医院院志(1951.12—2012.12)》,2013年。

太和医院编:《太和医院志(1965—2005)》,2005年。

十堰市人民医院志办公室编:《十堰市人民医院志(1952.6—1999.6)》,1999年。

《杏林雅风》编委会编:《杏林雅风——十堰市人民医院纪念建院30年》,2012年。

湖北医药学院附属人民医院编:《十堰市人民医院院志(1982—2012)》第二版,2012年。

十堰市妇幼保健院院志编委会编:《十堰市妇幼保健院 十堰市妇女儿童医院院志(1979—2009)》,2009年。

十堰市太和医院、、郧阳医学院附属医院编:《太和医院院志(1965.11—2000.11)》,2001年。

华中科技大学同济医科大学附属协和医院编:《协和医院志(2011—2015)》,2016年;2001—2005),2006年;(1996—2000),2001年;(1991—1955),1996年;(1986—1990),1991年;(1866—1985:上篇:1866—1949;下篇:1949—1985),1986年。

蕲春县人民医院志编纂委员会编:《蕲春县人民医院志(1949—2009)》,2010年。

《沔阳县人民医院志》编修领导小组编,匡桂清主编:《沔阳县人民医院志(1950—1998)》,1989年。

仙桃市第一人民医院编:《仙桃市第一人民医院志(1950—2000)》,1999年。

鄂州市中心医院志编辑委员会编:《鄂州市中心医院志(1946—2006)》,2006年。

荆门市第一人民医院编,吴仲森等主编:《荆门市第一人民医院志》,1987年。

荆门市第一人民医院编:《荆门市第一人民医院志(1950—2010)》,2010年。

荆门市第二人民医院志编纂委员会主编:《荆门市第二人民医院志》,武汉:湖北人民出版社2011年。

荆门石化医院院志编纂委员会编:《荆门石化医院院志(1951—2006)》,2006年。

湖北省荆州地区人民医院编,陈英主编:《荆州医院志》,1990年。

荆州市中心医院编:《荆州市中心医院志》(1990—1999),2000年;(2000—2010)》,2010年。

荆州市妇幼保健院编:《荆州市妇幼保健院 荆州市妇女儿童医院院志》,2005年。

荆州市中心血站志编纂委员会编:《荆州市中心血站志(1980—2008)》,2009年。

政协湖北省荆州史文史委编:《荆州文史资料》(第3辑:中国人民解放军广州军区第三十一预备医院集体转业人民大院农场记……),2000年。

钟祥县中医院院史编写组编:《钟祥县中医院院史(1952—1984)》,1985年。

荆州第三人民医院院志办公室、荆州市血吸虫病专科医院编:《荆州三医志(1928—2008)》,2008年。

竹溪县人民医院志编纂委员会编:《竹溪县人民医院志(1950—2008)》,2010年。

湖北竹溪县文史委:《竹溪文史资料(县医院史料专集)》,1998年。

黄石市第三人民医院院志编纂委员会编:《黄石市第三人民医院志(1956—1993)》,1994年。

襄樊市襄阳卫生志编纂委员会编:《襄樊市襄阳卫生志妇幼保健院分志(1980—2005)》,2007年。

宜城县中医医院编:《宜城县中医医院院志(1979—1990)》,1990年。

襄樊市中心医院院志办公室编:《襄樊市中心医院志》,1988年;(2:1986—1998),1999年;(3:1999—2008)》,2009年。

襄樊市中心医院院志室编:《襄樊市中心医院人物志(1949—1999)》,1999年。

《宜昌县卫生志》编纂领导小组编,吴克冰主编:《宜昌县卫生志(1860—1985)》,1988年。

宜昌市中心人民医院志编纂委员会编:《宜昌市中心人民医院志(1949—1995)》,1996年。

宜昌市第一人民医院志编纂委员会编:《宜昌市第一人民医院院志(1949—2009)》,2009年。

宜昌市第二人民医院志编纂委员会编:《宜昌市第二人民医院志(1954—2011)》,2012年。

《宜昌市优抚医院志》编纂委员会编:《宜昌市优抚医院志(1973—2013)》,2013年。

三峡大学仁医院志编辑委员会编:《三峡大学仁和医院志(1967—2007)》,2007年。

《沙洋人民医院院志》编纂委员会编:《沙洋人民医院院志(1951—2000)》,2001年。

《宜都市第一人民医院志》编委会编:《宜都市第一人民医院志(1940—2000)》,2000年;(2000—2010)》,2010年。

沙市市传染病医院院志编委会编:《沙市市传染病医院院志(1974—1989)》,1990年。

《枝江市人民医院志》编委会编:《枝江市人民医院志(1963—2003)》,2003年。

丹江口市第一医院志编纂委员会编:《丹江口市第一医院院志(1951—2011)》,2011年。

[疾病防控与防疫史志]

湖北省卫生防疫站编:《湖北卫生防疫年鉴》(1993、1994、1995、1996、1998),1993、1994、1995、1996、1997、1998年。

周陵生主编:《湖北血防》(湖北省第一部血吸虫防治专志),武汉:湖北科学技术出版社1990年。

湖北省血吸虫病研究委员会编:《湖北省三十年来血吸虫病科学研究工作总结》,1985年。

中共湖北省委血防领导小组办公室编:《湖北血防画册(血防工作三十周年[1955—1985]纪念)》,1986年。

黄石市城市噶行政执法局、黄石市爱国卫生运动委员会办公室编:《黄石爱国卫生五十年(1952.12—2002.12)》,2003年。

中共南漳县委血防领导小组办公室编:《湖北省南漳县血吸虫病流行情况和防治工作资料汇编(1953—1979)》,1981年。

杨有旺、焦红主编:《长江作证:湖北省血吸虫病防治纪实》,武汉:长江文艺出版社2011年。

湖北省农业厅畜牧局编:《湖北省家畜血吸虫病防治工作记要(1956—1985)》,1986年。

湖北省卫生厅编:《湖北省血吸虫病流行特点及其防治措施》,1964年。

中共湖北省委血防领导小组办公室编印:《湖北省防治血吸虫病技术经验交流会资料汇编》,1974年。

湖北省医学科学院寄生虫病防治研究所编:《防治血吸虫病》,武汉:湖北人民出版社1979年。

湖北省血吸虫病研究委员会编印:《湖北省血吸虫病研究工作资料汇编》,湖北省血吸虫病研究委员会编印1983年10月。

湖北省血吸虫病研究委员会编印:《寄生虫病防治研究资料选编(1965—1982)》,1984年。

　　《湖北省血吸虫病研究工作资料汇编(1984—1985年)》,1986年10月。

　　《湖北省血吸虫研究工作资料汇编(1986——1988年)》,1990年2月。

　　《湖北省血吸虫病研究工作资料汇编(1993—1994)》,1995年4月。

湖北省血吸虫病专家咨询委员会编印:《湖北省血吸虫病研究工作资料汇编(1995—1996)》,1998年1月。

湖北省血吸虫病研究委员会编印:《湖北省血吸虫病研究工作资料汇编1989——1990》,1991年2月。

湖北省血吸虫病专家咨询委员会编印:《湖北省血吸虫病研究工作资料汇编(1995－1996)》,1998年。

湖北省血吸虫病防治研究所编:《湖北省血吸虫病抽样调查案例》,1990年。

湖北血吸虫病研究会等编:《治疗血吸虫新药硝硫氰胺(7505)科研资料汇编》,1978年。

武汉市血吸虫病研究委员会编:《血吸虫病防治资料选编(1983)》,1983年。

武汉市血吸虫病研究委员会编:《血吸虫病防治资料选编(1992)》,1992年。

湖北省荆州地区血吸虫病研究委员会编:《血吸虫病防治资料选编(1982)》,1982年。

湖北省荆州地区血吸虫病研究委员会编:《血吸虫病防治资料选编(1987—1988)》,1988年。

湖北省血防办公室编:《湖区五省血吸虫病联防联控工作资料汇编》,2005年。

谭晓东、张晶 著:《长江江滩汉口段血吸虫病工程防治研究》,武汉:华中科技大学出版社 2017年。

政协浠水县文史资料委员会编:《浠水文史》第17辑,2013年。含:我县防治血吸虫病记事。

谷城县文史资料研究委员会编:《谷城文史资料》第3辑,1989年。含:消灭血吸虫病纪实等。

政协湖北省宜昌县文史委编:《宜昌县文史资料》第10辑。含:消灭血吸虫病始末等。

政协荆州文史资料委员会编:《荆州文史》第1辑(创刊号),1997年。含:送瘟神的日日夜夜(血吸虫病)等。

政协武汉市委员会编:《武汉文史》(49—50:……武汉麻风病院见闻录,同济医科大学及其附属医院),1992年。

湖北省黄冈专署地方病防治所编:《湖北省黄冈专区血吸虫病资料汇编》(上下),1964年。

黄冈地区血防领导小组办公室编:《湖北省黄冈地区血吸虫病防治工作经验选编》,1972年。

中共黄冈县委血防领导小组办公室编:《湖北省黄冈县血吸虫病流行情况和防治工作资料汇编1955—1979(提纲)》,1980年。

中共黄冈县委血防领导小组办公室编:《湖北省黄冈县血吸虫病流行情况和防治工作资料汇编(1955—1979)》,1980年。

十堰卫生防疫站编:《十堰卫生防疫年鉴》(1995、1996、1997、1998),1995、1996、1997、1998年。《卫生防疫资料汇编(1995—1997)》,1998年。

恩施地区爱国卫生运动领导小组办公室编:《爱国卫生运动资料汇编》,1970年。

咸丰县卫生防疫站编:《咸丰县卫生防疫志》,1988年。

京山县卫生防疫志编:《京山县卫生防疫志》,2007年。

兴山县政协文史资料委员会、兴山县麻防院编:《兴山文史资料 第8辑 明月岩——兴山麻防史料专辑》,1994年。

沙市市卫生局编:《湖北卫生资料选编 第5期:沙市市卫生防疫工作概况》,1984年。

中共汉阳县委血防领导小组办公室、汉阳县血吸虫病防治站编:《湖北省汉阳县血吸虫病流行情况和防治工作资料汇编(1953—1979)》,1983年。

襄阳县(区)卫生防疫志编纂委员会编:《襄阳县(区)卫生防疫志(1980—2005)》,2007年。

宜昌地区卫生防疫站站志编辑委员会编:《宜昌地区卫生防疫站站志(1950—1988)》,1989年。

宜昌市卫生防疫站编:《宜昌市卫生防疫站站志》,1988年。

宜昌市卫生防疫站站志编辑委员会编:《宜昌市卫生防疫站站志(1952—2002)》,2002年。

襄樊市政协文史资料委员会、襄樊市卫生局合编:《杏林史话》第2辑:卫生史料专辑,2000年。含:卫生防疫机构建设和重大疾病防治工作回顾,襄樊市急性传染病防治的山歌阶段,难忘的卫生防疫下乡活动,预防接种的风波,襄樊市血吸虫病工作的概略回顾,南漳县消灭血吸虫病授奖,下放市地方性克汀病的防治工作概略,南漳县地甲病的流行与防治,保康县碘缺乏病的防治,襄樊市梅毒防治工作回顾,南漳县防治梅毒的历史回顾,从麻风病的全面调查到全面消灭,谷城县麻烦病流行与控制,襄樊市黑热病的流行与防治等。

政协襄樊市文史委编:《襄樊文史资料第十七辑:杏林史话:卫生史料专辑之二》,2000年。含:卫生防疫机构建设和重大疾病防治工作回顾,襄樊市急性传染病防治的山歌阶段,难忘的卫生防疫下乡活动,预防接种的风波,襄樊市血吸虫病工作的概略回顾,南漳县消灭血吸虫病授奖,下放市地方性克汀病的防治工作概略,南漳县地甲病的流行与防治,保康县碘缺乏病的防治,襄樊市梅毒防治工作回顾,南漳县防治梅毒的历史回顾,从麻风病的全面调查到全面消灭,谷城县麻烦病流行与控制,襄樊市黑热病的流行与防治。

锦州市荆州区文史委编:《荆州(区)文史》第4辑,2009年。含:八岭山"麻风村"小记。

政协大悟县文史委编:《大悟文史资料》第9辑,1998年。含:大悟县基本消灭麻风病纪略。

政协湖北孝感文史委编:《孝感市文史资料》第2辑,1985年。含:孝感麻风病院今昔概况,解放前东山头一带的血吸虫病……孝感红十字会。

[畜禽疫病与兽医史志]

湖北省农牧业厅畜牧局编著:《湖北省畜禽疫病志》,香港:香港中华科技出版社1992年。

孝感市畜牧局、孝感市兽医院编:《孝感市畜禽疫病志(1949—1989)》,1990年。

大悟县畜牧局等编:《大悟县畜禽疫病志》(1949—1989),1989年。

安陆市畜牧编:《安陆市畜禽疫病志(1949—1989)》,1990年。

湖北省洪湖市畜禽疫病普查领导小组编:《洪湖市畜禽疫病志(1949—1989)》,1989年。

武昌县畜牧局,韩昌全主编:《武昌县畜禽疫病志》,1989年。

黄冈地区农牧局畜牧兽医站编:《湖北省黄冈地区家畜家禽疫病志》,1990年。

竹山县畜牧兽医局编:《竹山县畜牧兽医(1865—2014)》,2014年。

湖北省郧县农牧特产局编:《郧县畜禽疫病志(1949—1989)》,1991年。

十堰市畜牧兽医志编纂委员会编:《十堰市畜牧兽医志(1866—2008)》,武汉:长江出版社2009年。

十堰市畜牧兽医站编:《十堰市畜禽疫病志》,1990年。

大冶市畜牧兽医志编纂委员会编,王志宏、石俊华主编:《大冶市畜牧兽医志(1952—2003)》,北京:中国农业出版社2006年。

鄂州市畜牧兽医局编:《鄂州市畜牧兽医志(1949—2009)》,2010年。

《荆门市畜牧兽医志》编纂委员会编:《荆门市畜牧兽医志》,2013年。

荆门市畜禽疫病志编纂委员会编:《荆门市畜禽疫病志》,1990年。

《松滋畜牧兽医志》编纂委员会编:《松滋畜牧兽医志》,武汉:湖北人民出版社2013年。

武汉市畜牧兽医志编纂委员会编:《武汉市畜牧兽医志(1949—2009)》,武汉:湖北人民出版社2012年。

武汉市畜禽疫病志普查办公室编:《武汉市畜禽疫病志》,1990年。

黄陂畜牧兽医志编纂委员会编:《黄陂畜牧兽医志(1949—2014)》,长江出版社2017年。

《沙洋县畜牧兽医志》编纂委员会编:《沙洋县畜牧兽医志(1949—2012)》,2012年。

《监利县畜牧兽医志》编纂委员会编:《监利县畜牧兽医志(1979—2008)》,2010年。

鹤峰县畜牧局编,米选高主编:《鹤峰县畜禽疫病志》,1990年。

神木县畜牧兽医局编:《神木县畜牧兽医志》,2007年。

新洲县畜牧局编:《新洲县畜禽疫病志》,1989年。

[医药、卫生、妇幼保健史志]

梅全喜、王剑主编:《蕲州药志》,北京:中国古籍出版社1993年。

湖北省革命委员会卫生局编:《湖北中草药志(一)》,武汉:湖北人民出版社1978年。

湖北省卫生局编:《湖北中草药志二》,武汉:湖北人民出版社1982年。

湖北省志编纂委员会编:《湖北省志·卫生》(上、下),湖北出版社2000年。

湖北卫生志编辑室编辑：《医药卫生志资料选编》（第 1—12 辑），1982—1986 年。

湖北医药卫生志编辑室编：《医药卫生志 资料汇编（1—4）》，1982—1983 年。

湖北卫生志编辑室编：《四十年代湖北医事录（1941—1949）》，1984 年。

湖北医药志资料选编：《湖北省医药总公司》，1984 年。

《湖北卫生年鉴》编辑委员会编：《湖北卫生年鉴 2009》，武汉：湖北人民出版社 2009 年。

湖北卫生厅编：《湖北卫生年鉴》（ 2010、2011、2012、2013），武汉：湖北人民出版社 2011、2011、2012、
　　2013 年。

湖北省卫生和计划生育委员会编：《湖北卫生计生年鉴》（2014），武汉：湖北日报出版社 2014 年；
　　（2015），北京：中国和平出版社 2016 年。

中华医学会武汉分会会志编纂委员会编：《中华医学会武汉分会会志（1925—2005）》，2005 年。

武汉市市容环境卫生志管理局编：《武汉市容环境卫生志（1900—1995）》，1997 年。

武汉地方志编纂委员会主编，黎智总纂：《武汉市志 卫生志（1840—1985）》，武汉：武汉大学出版社
　　1993 年。

武汉市地方志编纂委员会编：《武汉市志 卫生志》，武汉：武汉大学出版社 2007 年。

武汉卫生年鉴编纂委员会主编：《武汉卫生年鉴》（1986—1995、1996—1997、1998—2000、2001、2002、
　　2004、2005、2006、2007、2008、2009、2010、2011、2012），武汉：武汉出版社 1997、1998、2001、2002、2003、
　　2005、2006、2008、2008、2009、2011、2012、2013 年。

武汉卫生年鉴编辑部编：《武汉卫生计生年鉴》（2016），武汉：武汉出版社 2017 年。

武汉市医药公司编：《武汉中药行业志》，1985 年。

武汉市医药公司修志办公室编，刘明森主编：《武汉医药商业行业志》，北京：中国医药科技出版社
　　1991 年。

武汉市化学医药工业局编：《武汉化工志稿》，1983 年。

武汉市洪山区卫生志编纂办公室编：《武汉市洪山区卫生志》，1984 年。

杨志主编：《武昌卫生志（1840—2000）》，2005 年。

武昌区卫生局编，杨志主编：《武昌卫生志（1840—2000）》，2005 年。

《天门卫生志》编辑室编，万金树主编：《天门卫生志》，1984 年。

武昌县卫生志编辑室编：《武昌县卫生志（1869—1982）》，1985 年。

咸丰县卫生局编，江旭翔主编：《咸丰县卫生志》，1985 年。

竹山县卫生志编纂委员会编：《竹山县卫生志（1991—2008）》，2009 年。

天门市卫生志办公室编纂，陈幼发主编：《天门市卫生志（1984—2003）》，2005 年。

沙市市卫生局卫生志办公室编：《沙市市卫生志》，1988 年。

黄冈卫生年鉴编纂委员会编：《黄冈卫生年鉴 1999》，2000 年。

罗田县卫生志编纂委员会编：《罗田县卫生志（1913—1989）》，1998 年。

红安县卫生局编：《红安县卫生志（1852—1989）》，1991 年。

张昕主编：《安陆近现代卫生》，2000 年。

政协应城市委员会文史资料委员、应城市卫生局：《应城文史资料 第 13 辑（卫生史料专辑）》，1994 年。

湖北省石首市卫生局编纂领导小组：《石首卫生志（1862—1990）》，1990 年。

兴山县地方志办公室编，吴炳臣主编：《兴山县卫生志》，1988 年。

中国人民政治协商会议神木县委员会文史资料研究委员会编：《神木文史资料 专辑 中医临床效集》，

1987 年。

湖北省阳新县卫生志编纂办公室编:《阳新县卫生志(1851—1985)》,2011 年。

湖北省嘉鱼县卫生志编纂领导小组、县卫生志编辑室编,张闻元主编:《嘉鱼县卫生志(1866—1985)》,
　　1990 年。

湖北省新洲县卫生志编辑室编:《新洲县卫生志(1882—1985)》,1989 年。

巴东县卫生志编纂领导小组编:《巴东县卫生志(1866—1989)》,1990 年。

鄂州市卫生志编纂委员会编,舒忠民主编:《鄂州市卫生志(1983—2007)》,武汉:湖北科学技术出版社
　　2011 年。

荆门市卫生局《卫生志》办公室编,叶振清等主编:《荆门卫生志(1728—1986)》,北京:中国文史出版社
　　1990 年。

湖北省荆州地区行政公署卫生局编:《荆州卫生志(1949—1990)》,1991 年。

荆州市卫生志编纂委员会编,李明炎主编:《荆州市卫生志(1985—2005)》,2010 年。

荆州市荆州区卫生局著:《荆州区卫生志(1949—2009)》,2011 年。

潜江县地方志办公室编:《潜江县志 第二十六章 卫生》,1986 年。

湖北省沙市市卫生志编辑办公室编:《沙市卫生志资料选编》,1984 年。

湖北省沙州市卫生志办公室编:《沙市市地方志 卫生志》,1987 年。

枝江县卫生局编:《枝江卫生志》,1992 年。

仙桃市卫生局编:《沔阳卫生志(1840—1986)》,1986 年。

中国人民政治协商会议湖北省崇阳县委员会文史资料研究委员会编:《崇阳文史资料 第 6 辑:医药卫生
　　专辑》,1989 年。

湖北省老河口市卫生局卫生志编纂委员会编:《老河口市卫生志》,1994 年。

湖北省老河口市卫生局编纂:《老河口市卫生志(明洪武十七年至 1991 年)》,1994 年。

当阳市卫生局《当阳县卫生志》编纂办公室编,冯志成主编:《当阳县卫生志》,1988 年。

湖北省竹溪县卫生局《竹溪县卫生志》编修领导小组编纂,黄龙元主编:《竹溪县卫生志(1867—
　　1985)》,1991 年。

《松滋县卫生志》编纂领导小组编,苏以翔主笔:《松滋县卫生志(1911—1985)》,1985 年。

松滋县街河市卫生院编:《松滋县街河市卫生简史》,1984 年。

黄石市卫生局编,吴艮隆主编:《黄石市卫生志(1880—1985)》,1990 年。

秭归县卫生志编纂委员会:《秭归县卫生志(1949—2005)》,2007 年。

《汉阳县卫生志》编纂委员会编,陈永坚主编:《汉阳县卫生志》,1987 年。

丰南县卫生局编志组:《丰南县卫生志》,1988 年。

丹江口市卫生志办公室编:《丹江口市卫生志》,1989 年。

长阳土家族自治县卫生局《长阳卫生志》编纂领导小组编,董新华主编:《长阳卫生志(1840—1985)》,
　　1991 年。

《汉川县卫生志》编纂委员会编,王燮主编:《汉川县卫生志(1727—1985)》,1990 年。

汉川市卫生志编纂委员会编:《汉川市卫生志(1986—2009)》,2011 年。

襄州区卫生局编纂:《襄阳县卫生志(1949—1979)》,2013 年。

襄阳市卫生局编纂:《襄樊市卫生志(1886—2005)》,2013 年。

沙洋卫生志编纂委员会编,叶峰主编:《沙洋卫生志(1949—2006)》,2009 年。

《新洲县卫生志》编辑室编,游传应主编:《新洲县卫生志》,1989 年。

天门县卫生志编辑室编:《天门县卫生志(1821—1983)》,1984 年。

《宜都县卫生志》编纂领导小组编:《宜都县卫生志(—1983)》,1984 年。

湖南省

[医学教育与科研院所史志]

中国人民政治协商会议贵州省委员会文史资料研究委员会编:《贵州文史》第 26 辑(含:抗战时期国立
　中正医学院,国立湘雅医学院,湘雅医学院抗战迁贵阳回忆,抗战时期的国立中正医学院,等),贵阳:
　贵州人民出版社 1987 年。

政协文史资料办公室编:《文史资料选辑》第 101 辑(含:旧中国的西医派别与卫生事业的演变;张孝骞
　与湘雅医学院),北京:文史资料出版社 1985 年。

政协贵阳市委员会文史资料委员会、贵阳市卫生局:《贵阳文史资料选辑 第 39 辑 卫生专辑(上)》(含:
　毛启玛、曾思聪:湘雅医学院在贵阳),1993 年。

刘笑春、白毅主编,陈丹金摄影:《春华秋实 名冠华夏:湘雅医学院 90 华诞纪念画册(1914—2004)》,长
　沙:湖南人民出版社 2004 年。

中南大学基础医学院撰稿:《中南大学湘雅基础医学学科发展史 : 1914—2014》,长沙:中南大学出版社
　2014 年。

中南大学湘雅医学院学生工作办公室编:《老湘雅人的故事》,长沙:中南大学出版社 2019 年。

湖南省常德卫生学校校友名录编辑部编:《湖南省常德卫生学校校友名录(1951—1995)》,1995 年。

湖南中医学院院史编写组编:《湖南中医学院院史(1960—2000)》,2000 年。

周光伏主编:《湖南中医学院三十年》,长沙:湖南科学技术出版社 1990 年。

湖南医学高等专科学校校史编委会编:《湖南医学高等专科学校史稿(1911—1996)》,1996 年。

　《湖南医学高等专科学校校友录(1911—1996)》,1996 年。

张多来、张新华主编:《风雨兼程四十年:衡阳医学院院史》,长沙:湖南师范大学出版社 1998 年。

怀化医学高等专科学校校史编委会编:《怀化医学高等专科学校 80 周年校史(1924—2004)》,2004 年。

怀化地区卫生学校编:《怀化地区卫生学校校友录(1924—1993)》,1993 年。

[医院史志]

中国人民政治协商会议湖南省委员会编:《湖南文史资料选辑》(第二十三辑:凌敏猷:从湘雅到湖南医
　学院张孝骞:国立湘雅医学院迁贵阳的情况彭勇炎 杨传治:抗战中的湘雅医院沅陵分院和湘雅护
　校……),长沙:湖南人民出版社 1986 年。

刘笑春、李俊杰主编:《湘雅春秋八十年》,长沙:中南工业大学出版社 1994 年。

　《湘雅医院(1906—1996)》,长沙:湖南出版社 1996 年。

段沛奇主编:《湘雅医院(画册)》,1996 年。

《湘雅人物》编委会编:《湘雅人物》,长沙:湖南教育出版社 1996 年。

段沛奇、欧石生主编:《湘雅医院(1906—2001)》(95 周年院庆画册),2001 年。

湘雅医院编:《湘雅医院骨科五十年(1952—2002)》,2002 年。

　《湘雅百年(1906—2006)》,长沙:湖南美术出版社 2006 年。

齐琳主编:《百年湘雅 泌外史传》,长沙:湖南科学技术出版社2010年。

中南大学湘雅医院麻醉与重症医学教研室编:《惊回首——徐启明教授回忆录》,2018年。

中南大学湘雅医院骨科编:《湘雅骨科风华65周年(1952—2017)》,2017年。

中南大学湘雅二医院编:《峥嵘岁月稠(1958—2018)——中南大学湘雅二医院六十周年院史画册》,2018年。

中南大学湘雅三医院院史编辑委员会编,吴希林主编:《风华正茂——中南大学湘雅三医院院史(1989—2009)》,2009年。

中南大学湘雅医院呼吸内科编:《中南大学湘雅医院呼吸内科史(1906—2017)》,2017年。

王银华等主编:《湘雅科教(1906—1996)》,长沙:湖南出版社、湖南科学技术出版社1996年。

政协长沙市雨花区文史委编:《雨花文史》第1辑(创刊号),1999年。含:湖南黄兴医院史略,九芝堂历史沿革。

湖南省人民医院编:《湖南省人民医院院志(1912—1998)》,1998年。

湖南省人民医院、湖南师范大学第一附属医院编,龙开超、黄利华主编:《湖南省人民医院志(1912—2012)》,2012年。

湖南医学院院史征集组编:《湖南医学院院史资料》(第一集:湘雅春秋),1984年。

湖南医科大学附属第二医院院史编,廖二元主编:《湖南医科大学附属第二医院院史(1958—1998)》,1998年。

湖南省第二人民医院等编:《湖南省第二人民医院/湖南省脑科医院志(1950—2004)》,2005年。

《湖南省肿瘤医院志》编纂委员会编:《辉煌岁月——湖南省肿瘤医院志(1972—2012)》,2012年。

湖南省马王堆疗养院编:《湖南省马王堆疗养院志(1963—2013)》,2013年。

长沙生殖医学医院编:《长沙生殖医学医院院志(1995—2015)》,2015年。

长沙市第一医院院志编纂委员会编:《长沙市第一医院院志》(1920—1985),1987年;(1986—2009),2010年。

长沙市第三医院院志编纂委员会编:《长沙市第三医院院志》(1951—1985;1986—2012),2013年。

长沙市第四医院院志编纂委员会编:《长沙市第四医院院志(1956—2016)》,2016年。

长沙市中医院院志编辑办公室编:《长沙市中医院志(1958—1985)》,1987年。

长沙市中医院编:《长沙市中心医院院志(2000.6—2006.6)》,2007年。

长沙市妇幼保健院志编纂委员会编:《长沙市妇幼保健院院志(1962—2011)》,2011年。

湘潭市中心医院编:《湘潭市中心医院志(1900—2000)》,2001年。

《乌石中心医院志》编纂委员会编:《乌石中心医院志(1995—2006)》,2008年。

《百年永医》编纂委员会编:《百年永医——永州市中心医院志(1904—2011)》,2012年。

宁乡县人民医院编:《宁乡县人民医院院志》(一:1939—1987),1988年;(二:1988—2008),2009年。

宁乡县中医医院志编:《湖南省宁乡县中医院院志(1956—2003)》,2006年。

株洲市口腔医院院志编纂委员会编:《株洲市口腔医院院志(1985—1990)》,1990年。

新晃县人民医院编,杨文钦主编:《新晃县人民医院志》,1990年。

湘西土家族苗族自治州人民医院志编纂委员会编:《湖南省湘西自治州人民医院志(1952—2002)》,2003年。

湘西土家族苗族自治州人民医院编:《湘西土家族苗族自治州人民医院(吉首大学第一附属医院)志(2003—2012)》,2012年。

湘西土家族苗族自治州精神病医院院志编委会编：《湘西土家族苗族自治州精神病医院院志（1959—2009）》，2009 年。

湘乡市人民医院、湘乡市地方志办公室编：《湘乡人民医院志》，1997 年。

湘乡市中医院编：《湘乡市中医院志（1955—2004.12）》，2005 年。

武陵县大虹桥乡卫生院编：《武陵县大虹桥乡卫生院史》，1984 年。

武陵县二铺营乡卫生院编：《武陵县二铺营乡卫生院史》。

武陵县阳城乡卫生院编：《武陵县阳城乡卫生院史》。

武陵县三阳乡卫生院编：《武陵县三阳乡卫生院史》，1985 年。

武陵县谢旗营乡卫生院编：《武陵县谢旗营乡卫生院史》。

武陵县大封乡卫生院编：《武陵县大封乡卫生院史》，1985 年。

政协湖南省祁阳县文史委编：《祁阳文史资料》（第 3 辑：……关于祁阳普爱医院的情况……），1986 年。

岳阳市第一人民医院编，唐敏、曾强主编：《岳阳市一人民医院院志（1964—2014）》，2014 年。

《岳阳市二人民医院院志》编纂委员会编：《岳阳市二人民医院院志（1902—1992）》，1992 年。

《岳阳市第二人民医院院志（1902—2005）》，2005 年。

《岳阳市二人民医院院志（1902—2012）》，2012 年。

常德市第一人民医院编：《常德市第一人民医院志》（1898—1998），1999 年；（1999—2008），2009 年。

常德市第一人民医院志编纂委员会编：《常德市第一人民医院志（人物续编）》，2008 年。

《常德市第一中医医院志（1953—2012）》，2003 年。

常德市老年病医院编：《常德市老年病医院志（1951—2004）》，2005 年。

湖南省衡阳市二医院编：《衡阳市第二医院志（1902—1989）》（其前身是湖南史上首家教会医院：仁济医院），1993 年。

浏阳市人民医院编：《浏阳市人民医院院志（1952—2001）》，2002 年。

湖南省浏阳市妇幼保健院编：《浏阳市妇幼保健院院志（1952—2012）》，2012 年。

邵阳市中心医院编：《邵阳市中心医院志（1946—1995）》，1995 年。

［疾病防控与防疫史志］

湖南省劳动卫生职业病防治研究所编：《湖南省劳动卫生职业病防治研究所志（1961.11—2001.11）》，2001 年。

长沙市卫生防疫站编：《长沙市卫生防疫站志（1832/1840—1986）》，1988 年。

湘潭市环境卫生管理处编：《湘潭环卫志（1903—1993）》，1995 年。

株洲市卫生防疫站编：《株洲市卫生防疫站志》（上、下），1992 年。

湖南省炎陵皮肤病防治所编：《株洲市麻风病防治志（1954 年至 2003 年）》，2005 年。

新晃县麻风防治站编：《新晃县麻风防治志》，1991 年。

南县血防办公室编，李业执主编：《南县血防志》，1980 年。

醴陵爱国卫生运动委员会办公室编：《醴陵爱国卫生志（—1986）》，1991 年。

祁阳县卫生防疫站编：《祁阳县卫生防疫志》，2006 年。

桂阳县环卫所编：《桂阳县城市环卫专志（1903—1993）》，1993 年。

《桑植县麻风病防治志》编纂小组编，戴潜雄编纂：《桑植县麻风病防治志》，2009 年。

益阳市大福皮肤病防治所编：《益阳市麻风病防治志（1970—2014）》，2014 年。

宁乡县卫生防疫站编：《宁乡县麻风病防治资料汇编》，1997年。

政协邵阳市委员会编：《邵阳文史》第19辑，1993年。含：城步县麻风病防治站38年。

　　《邵阳文史》第28辑，2000年。含：洞口县建立麻风村始末。

方金城、吴昭武主编：《湖南省防治血吸虫病研究》，长沙：湖南人民出版社2000年。

湖南省防治血吸虫病研究所编：《防治血吸虫病研究资料汇编（1966—1971）》，1971年。

湖南省防治血吸虫病研究所编：《防治血吸虫病研究资料汇编（1972—1973）》，1974年。

湖南省防治血吸虫病研究所编：《防治血吸虫病研究资料汇编（1984—1985）》，1985年。

湖南省防治血吸虫病研究所编：《防治血吸虫病研究资料汇编（1993—1994）》，1995年。

湖南省防治血吸虫病研究所编：《防治血吸虫病研究资料汇编（1998—1999）》，1999年。

湖南地图出版社编：《湖南血吸虫病地图资料集》，长沙：湖南地图出版社1990年。

湖南益阳地区血吸虫病研究所编：《血吸虫病研究资料汇编（1973年年报）》，1973年。

湖南省防治血吸虫病研究所编：《南方十三省市区血吸虫病钩虫病防治科研座谈会资料选编》，1975年。

湖南省血吸虫病防治所编：《湖南省血吸虫病防治所WHO湖区血吸虫病防治研究合作中心（1950.6—2010.6）》（大型画册），2010年。

岳阳市地方志编纂委员会编：《岳阳市志（10）》（含教育卷 科学技术卷 卫生卷 血吸虫病防治卷），北京：中央文献出版社2003年。

沅江市卫生局编：《沅江市血防志（1952—2004）》，2006年。

［畜禽疫病与兽医史志］

湖南省农业厅畜牧局等编：《湖南中兽医药物集》，长沙：湖南科学技术出版社1962年。

湖南省畜牧兽医总站、湖南省畜牧局编著：《湖南省畜禽疫病志》，长沙：湖南科学技术出版社1991年。

慈利县畜牧兽医水产志编纂委员会编：《慈利县畜牧兽医水产志》，2013年。

［医药、卫生、妇幼保健史志］

株洲千金药业股份有限公司《千金药业志》编纂委员会编：《千金药业志（1966—2003）》，2000年。

湖南省鄂西土家族苗族自治州民委、卫生局编：《鄂西民族药志·第一册》，1985年。

沅陵县医药管理局编：《沅陵县医药志（—1988）》，1995年。

湖南省炎陵县医药管理局编：《炎陵县药志（1756—1999）》，2000年。

湖南省地方志编纂委员会编，方克家主编：《湖南省志 第21卷：医药卫生志》，长沙：湖南人民出版社1988年。

湖南中医学会编：《湖南中医名人志》，1990年。

湖南卫生年鉴编辑委员会编：《湖南卫生年鉴》（1991、1992、1993、1994、1995），长沙：湖南出版社1991、1992、1993、1994、1995年；（1996），1996年；（1997），长沙：湖南出版社1997年；（1998），1999年；（1999—2000、2001），长沙：湖南出版社2001年；（2002、2003），2002、2003年。

《湖南卫生·卫生统计年鉴》编辑委员会编：《湖南卫生·卫生统计年鉴》（2004、2005、2006、2007、2009、2010、2011），2004、2005、2006、2007、2009、2010、2011年。

湖南中医药研究所编：《湖南药物志》第一辑，长沙：湖南人民出版社1962年。

蔡光先主编：《湖南药物志》（全7卷），长沙：湖南人民出版社2004年。

长沙市卫生志编纂委员会编：《长沙市志 卫生志（上、下）》，1990年。

长沙市卫生局编:《长沙市卫生志(1988—2012)》,2013 年。

长沙市环境卫生管理处修志办编:《长沙市志 ·环境卫生志(资料长编)》,1988 年。

　　《长沙市志 环境卫生志(1864—1987)》,1988 年。

长沙县志编纂委员会编:《长沙县志 医药卫生篇》(油印本),1989 年。

湖南省零陵地区医药管理局志编纂委员会编:《零陵地区志·医药志(1736—1991)》,长沙:湖南出版社
　　1995 年。

零陵地区卫生局编:《零陵地区志·卫生志(1828—1991)》,1994 年。

《慈利县卫生志》编纂领导小组编:《慈利县卫生志(1912—1987)》,1989 年。

汨罗市药材公司编,欧阳昆主编:《汨罗市药材志》,1991 年。

新宁县卫生局编:《湖南新宁县卫生志(1738—1988)》,1995 年。

《浏阳县医药志》编纂委员会编:《浏阳县医药志》,1988 年。

益阳市医药公司编:《益阳市医药经营(1735—1986)》,1989 年。

湖南省攸县卫生局编:《攸县卫生志》,1990 年。

汉寿县卫生志编纂委员会编,罗世奎主编:《汉寿县卫生志(1376—1984)》,1988 年。

大庸县卫生局编,徐国辉等主编:《大庸县卫生志》,1989 年。

大庸县卫生局编:《湖南大庸市卫生局志》,1984 年。

新邵县志办公室编:《新邵县志 第三十篇 医药卫生》,1993 年。

湖南省益阳县卫生局编:《益阳县卫生志(1368—1986)》,1989 年。

益阳市卫生局编:《益阳市卫生志(1758—1988)》,1989 年。

益阳地区爱国卫生运动委员会编:《益阳地区爱国卫生志》,1987 年。

益阳市环境卫生管理处编:《益阳市环卫志(1936—1995)》,1996 年。

沅江市卫生局编:《沅江市卫生志(1986—2004)》,2006 年。

临湘市卫生志编纂委员会编:《临湘市卫生志(1629—1999)》,2000 年。

湖南省隆回县卫生局编:《隆回县卫生志(1896—1987)》,1990 年。

冷金台主编,湖南省株洲市卫生志编纂委员会编纂:《株洲市卫生志(—1990)》,长沙:湖南出版社
　　1993 年。

《炎陵县卫生志》编纂委员会编:《炎陵县卫生志(1756—1997)》,1999 年。

湖南省会同县卫生局编纂,张德正主编:《会同县卫生志(1840—1988》,1993 年。

会同县药材公司编,张秀程主编:《会同县医药志》,1991 年。

湖南省沅陵县卫生局编,钟清杨主编:《沅陵县卫生志(—1987)》,1989 年。

黔阳县卫生局编,何淮正主编:《黔阳县医药卫生志(1871—1985)》,1987 年。

黔阳县药材公司编,周再明主编:《黔阳县医药志(1890—1989)》,1991 年。

新晃侗族自治县卫生局编,唐昭平主编:《新晃侗族自治县卫生志》,1989 年。

安化县卫生局编,刘新生主编:《安化县卫生志》,1989 年。

保靖县卫生局编,石光志主编:《保靖县医药卫生志》,1983 年。

湖南省道县卫生志编纂委员会编纂:《道县卫生志(1840—1989)》,合肥:黄山书社 1992 年;(1990—
　　2010),海口:海南出版社 2014 年。

怀化市卫生志编委会编:《怀化市卫生志(1911—1990)》,1993 年。

醴陵市卫生局编:《醴陵卫生志(—1986)》,1991 年。

湖南省湘西土家族苗族自治州卫生志编写组编写：《湘西土家族苗族自治州志·卫生志（—1988）》，合肥：黄山书社 1993 年。

湖南省郴州地区卫生志编纂办公室编：《郴州地区卫生志（1840—1988）》，1992 年。

湘潭县卫生局卫生志编纂小组编写，汤博文主编：《湘潭县卫生志（1840—1988）》，1992 年。

平江县卫生局编，皮质初主编：《平江县卫生志（1840—1989）》，1990 年。

湘乡市地方志办公室、湘乡市卫生局编：《湘乡卫生志》，1991 年。

《武隆区卫生志》编纂委员会：《武陵区卫生志》，长沙：湖南科学技术出版社 2016

宜阳县卫生局编：《宜阳县卫生志（—1982）》，1986 年。

祁阳县卫生局编，黄常汉主编：《祁阳县卫生志》，长沙：湖南出版社 1990 年。

政协祁阳委员会、学习文史宣传教卫体委员会、祁阳县卫生局编，申浴兰主编：《祁阳县卫生志（—2008）》，2008 年。

蓝山县药材公司编志领导小组编，罗俊杰主编：《蓝山县药材志》，1989 年。

蓝山县卫生局编：《蓝山县卫生志（1911—1989）》，1989 年。

郴州市医药卫生志编纂办公室编：《郴州市医药卫生志（1840—1989）》，合肥：黄山书社 1993 年。

桂阳县《卫生志》编纂办公室编：《桂阳县卫生志（1840—1988）》，1992 年。

株洲市卫生志编纂委员会编：《株洲市卫生志（—1990）》，长沙：湖南出版社 1993 年。

常德县卫生志编纂办公室编，赵玉鹏主编：《常德县卫生志》，北京：中国文史出版社 1994 年。

常德市卫生志编纂领导小组编：《常德市卫生志（1897—1988.6）》，1989 年。

常德市环境卫生管理处编：《常德市环卫志》，2000 年。

常德市卫生局编：《常德市卫生志（1988—2012）》，北京：方志出版社 2017 年。

《澧县卫生志》编纂委员会编：《澧县卫生志（1840—1989）》，1993 年。

黄自敏主编：《宜阳县卫生志》，1985 年。

石门县卫生局编：《石门县卫生志》，合肥：黄山书社 1993 年。

石门县卫生志编纂委员会编：《石门县卫生志（1988—2012）》，长沙：湖南科技出版社 2018 年。

邵阳市卫生志编辑委员会编，范柏青主编：《邵阳市卫生志（1940—1990）》，1998 年。

邵阳市医药工业厂志汇编小组编：《湖南省邵阳市医药工业厂志汇编》（包含中南制药厂、湘中制药厂、邵阳市制药厂和武冈制药厂厂志），1989 年。

衡阳市卫生志编纂委员会编：《衡阳市卫生志（—1989）》，1995 年。

衡阳市环境卫生管理处编：《衡阳市环卫志》，1999 年。

湘阴县卫生局《卫生志》办公室编：《湘阴县卫生志》，1988 年。

《宁乡县卫生志》编纂办公室编：《宁乡县卫生志》，1991 年。

广东省

[鼠疫史料]

沈荣煊主编：《广东鼠疫》（该书记录总结了广东 1950—2000 年鼠疫防治研究 51 年的工作），广州：广东科技出版社 2005 年。

广东省卫生厅疾病控制中心、广东省湛江鼠疫防治研究所编：《广东省鼠疫防治研究资料汇编》，1996 年。

罗汝兰著:《鼠疫汇编》,广州:广东科技出版社 2008 年。

政协大理州文史委编:《大理州文史》第 2 辑(含:大理州鼠疫防治纪要,大理地区血吸虫病流行概况与防治),1983 年。

政协大理白族自治州文史委编:《大理州文史资料》第 4 辑,1987 年。含:云南省霍乱流行史略,大理州鼠疫防治纪实,解放前滇西疟疾为虐一瞥。

政协大理白族自治州文史委编:《大理州文史资料》第 8 辑,1994 年。含:大理地区解放前疫病流行概况,剑川野鼠鼠疫自然疫源地的发现史实。

广东省卫生防疫站编,冼维逊编著:《鼠疫流行史》,1988 年。

[**医学教育与科研院所史志**]

政协广东省文史委编:《广东文史资料 第 77 辑:医林群英专辑》(中山医科大学校史简介,红医教育家柯麟,我国著名医学教育家、病理学家梁伯强教授,谢志光教授传略,我国著名寄生虫学家陈心陶教授,寄生虫学家徐秉锟教授生平),广州:广东人民出版社 1996 年。

广东中医药博物馆编:《南天医数——广东中医药专门学校校史》,2009 年。

郑洪、刘小斌主编:《民国广东中医药专门学校中医讲义系列. 附编南天医数——广东中医药专门学校校史》,上海:上海科学技术出版社 2016 年。

《广州医科大学校史》编写组编:《广州医科大学校史(2009—2018)》,广州:暨南大学出版社 2018 年。

马定科主编:《广州中医药大学校史资料汇编》,北京:中国中医药大学出版社 2001 年。

广州中医药大学编,杜同仿主编:《广州中医药大学校史资料汇编(2000—2006)》,广州:广州中医药大学出版社 2006 年。

林辉责任主编:《广州中医药大学校史资料汇编(2006 2010)》,2011 年。

广州中医药大学编:《广州中医药大学校史资料汇编(2011—2016)》,2016 年。

南方医科大学南方医院编:《南方医科大学南方医院院史(1941—2011)》,2011 年。

熊君慧著:《筑梦南方:南方医科大学南方医院转制十年改革发展录》,北京:中国文史出版社 2015 年。

南方医科大学编:《南方医科大学南方医院科史(1941—2011)》,2011 年。

南方医科大学党政办公室编:《南方医科大学年鉴》(2016、2017、2018),2016、2017、2018 年。

政协广东省委员会文史资料研究委员会编:《广东文史资料》第 86 辑,2010 年。含:中山医科大学创始人科麟,……广东医学院与暨南大学医学院的创立和发展。

麦汉永、苏金宝:"两广新军军医学堂及广东公立医药专门学校",《广州文史资料存稿选编(七)》,北京:中国文史出版社 2002 年。

曾卓群、李烈主编:《广州医学院史》,广州:广东高等教育出版社 1998 年。

广州医学院校史编写组编:《广州医学院校史》,广州:广东人民出版社 2008 年。

[**医院史志**]

广东省政协文化和文史资料委员会编:《广东文史传略精编》(下编第 4 卷),北京:中国文史出版社 2008 年。含:广州精神病医院简史;解放前肇庆市区的慈善事业与医疗卫生机构概况。

政协广州委员会文史委编:《广州文史资料》(第 26 辑:……私立广东光华医学院史略,邝磐石与邝磐石医院……),广州:广东人民出版社 1982 年。

广东省中医院编:《广东省中医院七十周年院史》,2003 年。

《大道之行——纪念广东省中医院建院 75 周年》，广州：南方日报出版社 2008 年。

暨南大学医学院编，揭德炳主编：《暨医院史（1978—2003）》，2003 年。

《暨南大学医学院第一附属医院广州华侨医院院志》编写委员会编：《暨南大学医学院第一附属医院广州华侨医院院志（1981—2001）》，2001 年。

广州益寿医院院史编写小组编，梁伟权主编：《广州益寿医院院史》，1985 年。

广州医学院第一附属医院院志编纂委员会编：《广州医学院第一附属医院院志（1903—2003）》，2003 年。

广州医学院第二附属医院院志编纂委员会编：《广州医学院第二附属医院院史（1982—2002）》，2002 年。

广州中医药大学第一附属医院编：《广州中医药大学第一附属医院院史资料汇编（1964—2004）》，2004 年。

《广州中医药大学第一附属医院院志（1964—2004）》，2006 年。

吴一龙、黄思明主编：《中山医科大学附属第三医院院志（1971—2001）》，2001 年。

朱昌国主编：《中山医科大学孙逸仙纪念医院院志（1835—2000）》，2001 年。

《中山大学附属第一医院院史》编委会编著：《中山大学附属第一医院院史（1910—2010）》，天津：天津古籍出版社 2010 年。

广州市第一人民医院编，谢宏新主编：《广州市第一人民医院院志（1899—1999）》，1999 年。

广州市第二人民医院编，崔其亮主编：《广州市第二人民医院院志（1899—1999）》，1999 年。

广州市传染病医院编，雷永乐主编：《广州市传染病医院院志（1951—1988）》，1989 年。

广州市精神病医院编：《广州市精神病医院院志（1898—1998）》，1998 年。

《广州市精神病医院建院九十周年纪念院刊（1898—1998）》，1998 年。

广州市红十字会医院编：《广州市红十字会医院（暨南大学医学院第四附属医院）院志（1904—2004）》，2004 年。

广州新海医院编：《广州新海医院院志（1981—2006）》，2007 年。

广州医学院第三附属医院编：《广州医学院第三附属医院院志（1899—2009）》，2009 年。

柔济医院编：《柔济医院史略》（第 43 卷），广州档案馆 1947 年。

深圳市人民医院编：《深圳市人民医院志（1946—2006）》，2006 年。

深圳市中医院《院志》编辑委员会编：《深圳市中医院志》，深圳：深圳报业集团出版社 2015 年。

《汕头大学医学院志》编纂小组办公室编，赖支良主编：《汕头大学医学院志（1924—1987）》，1990 年。

《汕头市中心医院院史》编委会：《汕头市中心医院院史（1922—2012）》，广州：广东人民出版社 2012 年。

《汕头市第二人民医院院志》编委会编：《汕头市第二人民医院院志（1863—2013）》，2013 年。

汕头市龙湖区珠池医院编：《珠池医院志（1976—2001）》，2012 年。

梅州黄塘医院志编纂领导小组编，黄林康主编：《梅州黄塘医院志》，1993 年。

惠州市中心人民医院编志委员会编：《惠州市中心人民医院志（1950—1995）》，1995 年。

惠州市惠阳区第一人民医院编：《惠阳区第一人民医院志》，2004 年。

东莞市厚街医院编：《东莞市厚街医院（方树泉医院）院志（1957—2007）》，2008 年。

东莞市人民医院志编委会编：《东莞市人民医院志》，郑州：中州古籍出版社 2018 年。

《开平县第一人民医院志》编写组编，余捷强主编：《开平县第一人民医院志（1950—1985）》，1988 年。

佛山市第一人民医院编：《百载医航——佛山市第一人民医院志》，广州：广东人民出版社 2001 年。

《佛山市第一人民医院内科百年史志》,2004 年。

《百年名院 大爱无疆:佛山市第一人民医院建院 130 周年纪念画册》,2011 年。

佛山市地方志办公室编:《佛山市中医院志(1956—1994)》,广州:广东教育出版社 1994 年。

顺德区第一人民医院编:《顺德第一人民医院院志(1927—2008)》,2008 年。

顺德妇幼保健院编:《顺德妇幼保健院院志(1958—2011)》,2011 年。

《高要县人民医院志》编纂委员会编:《高要县人民医院志》(上、下),1987 年。

云浮市人民医院骗纂委员会编:《云浮市人民医院志(1935—2011)》,广州:广东人民出版社 2011 年。

新兴县人民医院编:《新兴县人民医院(1931—2006)纪念画册邮册》,广州:广东省集邮总公司 2006 年。

潮州市潮州医院编,王永俊、黄忠强主编:《潮州医院志(1952—1985)》,1987 年。

郁南县第二人民医院院志编纂委员会:《郁南县第二人民医院院志》,2010 年。

揭阳县人民医院编,许尚光主编:《揭阳县人民医院志(1890—1985)》,1989 年。

揭阳市人民医院志编纂委员会编:《揭阳市人民医院志(1890—2010)》,广州:广东人民出版社 2011 年。

揭阳市东山区第一人民医院编,丘友云主编:《揭阳市东山区第一人民医院院史馆 图文史册》,广州:广东省科技出版社 2007 年。

《磐东医院院志》编委会编:《磐东医院院志》,2001 年。

政协大浦县委员会文史资料委员会编:《大埔文史》第 10 辑,1991 年。含:大埔县人民医院发展简史。

[兽医史志]

华南农业大学科技志编写组编:《广东省科学技术志.畜牧、兽医学》,1994 年。

陆良县兽医防疫检疫站编印:《陆良县畜禽疫病志》,1990 年。

乐昌县畜牧水产局编,肖瑞豪主编:《乐昌畜牧兽医志》,1990 年。

[医学、卫生、医药、防疫史志]

《广东卫生年鉴》编辑委员会编:《广东卫生年鉴》(2006、2007、2008、2009、2010、2011、2012),广州:广东人民出版社 2009、2008、2010、2010、2011、2011、2013 年。

广东省卫生厅编:《广东省卫生统计年鉴》,广州:花城出版社 2004 年。

《广东省卫生统计年鉴》(2004、2005、2006、2009、2010),广州:花城出版社 2006、2006、2007、2010、2011 年。

广东省卫生和计划生育委员会编:《广东省卫生统计年鉴》(2012、2013、2014),广州:花城出版社 2013、2014、2015 年。

广东卫生和计划生育年鉴编纂委员会编:《广东卫生和计划生育年鉴》(2015、2016、2017、2018),广州:广东人民出版社 2015、2016、2017、2018 年。

中山医科大学基础学院科技志编写组编,郭辉王等主笔:《广东省科学技术志.基础医学》,1994 年。

广东省生物医学工程学会科技志编写组编,张贵元主笔:《广东省科学技术志.基础医学》,1993 年。

广东省制药工业公司、广东医药工业志编辑委员会编,谢海主编:《广东医药工业志(1949—1985)》,1986 年。

广州市医药公司《司志》编纂委员会编:《广州市医药公司司志(1951—2001)》,2002 年。

广东省地方史志编纂委员会编,张训诚主编:《广东省志.医药志》,广州:广东人民出版社 1995 年。

广东省志.卫生、医药志编委会编:《广东省志 医药卫生卷(1979—2000)》,2000 年。

广东省地方史志编委会编:《广东省志 医药卫生卷(1979—2000)》,北京:方志出版社2014年。

广东省地方史志编纂委员会编:《广东省志 卫生志》,广州:广东人民出版社2003年。

张训诚主编:《广东省 医药志》,广州:广东人民出版社1993年。

《广东中药志》编辑委员会编著:《广东中药志》(第一卷),广州:广东科技出版社1994年;(第二卷),广州:广东科技出版社1996年。

《广东卫生》编委会编,冯鎏祥主编:《广东卫生(1949—1994)》(画册),1994年。

广州医药志编委会编:《广州医药志》,1995年。

广州市地方志编纂委员会编:《广州市志. 卷十五:体育志、卫生志》,广州:广州出版社1997年。

广州市东山区卫生局编:《广州市东山区卫生志 1950—1988》,1990年。

广州药志编委会编,车明纲主编:《广州医药志》,1995年。

广州市医药卫生研究所编,李日雄主编:《广州市医药卫生研究所所志(1968—1989)》,1990年。

广州市越秀区政协学习文史委员会:《越秀文史 第4辑:当代越秀区的卫生事业》,1993年。

越秀区卫生局编,陈汝深主编:《越秀区地方志卫生编》,1994年。

广州市越秀区市容环境卫生管理局编,陈永培主编:《越秀区环卫志》,1992年。

广州市海珠区卫生局编,梁谨等主编:《海珠区卫生志》,1988年。

荔湾区卫生志编纂办公室编纂:《荔湾卫生志》(1805—1990),1995年;(1991—2005),2009年。

阮永泰主编,番禺百年卫生编纂委员会编:《番禺百年卫生志(1990—2005)》,北京:方志出版社2007年。

广州市中医药学会编:《广州市中医药学会成立六十周年(1954—2014):羊城杏林春秋.广州市中医药学会六十周年记事》,2014年。

广州市东山区环境卫生管理局编,王守廉主编:《东山环卫志(1909—1990)》,1994年。

张远标主编:《广州空港卫生检疫简史:1946—1996》,广州:岭南美术出版社1996年。

广州市残疾人联合会编:《广州市民政志.第十二章:广州市残疾人团体(资料长编)》(晚清与民国时期),1993年。

清远市地方志编纂办公室编:《清远县志/卷二十六 卫生(1911—1987)》,1993年。

政协广东省从化县委员会文史资料研究委员会编:《从化文史资料 第12辑 抗灾灭病史料专辑》,1992年。

珠海市卫生局编:《珠海市卫生志(—1986)》,1989年。

汕头市医药联合总公司编志办公室编,郑铁男主编:《汕头医药志》,1989年。

汕头市卫生防疫站志编写小组编,林道青执笔:《汕头市卫生防疫站志(1951—1987)》,1988年。

《汕头市卫生志》编纂领导小组办公室编:《汕头市卫生志》(上、下),1989年。

汕头市卫生局编,宇光主编:《汕头卫生志(1150—1987)》,1990年。

汕头市卫生志编纂领导小组办公室编:《古今汕头卫生大事记》,1988年。

《汕头卫生大事记(南宋至公元1987年)》,1988年。

汕头市环境卫生管理局编志组编,陈志南主编:《汕头市市区环境卫生志(1921—1987)》,1989年。

潮阳县卫生志编纂领导小组编,姚树洪主编:《潮阳县卫生志(—1986)》,1987年。

《韶关市医药志》编纂委员会编,范伟荣主编:《韶关市医药志》,1991年。

乐昌县医药联合公司编,邹红岗主编:《乐昌县医药志》,1988年。

南雄医药公司编,阙向东主编:《南雄药志》,1988年。

南雄县卫生局编,刘攸嵩主编:《南雄卫生志》,1989 年。

始兴县卫生局编,徐孝亮主笔:《始兴县卫生志》,1988 年。

翁源县医药总公司编,谢芳仁主编:《翁源县医药志》,1989 年。

曲江县卫生局《曲江县卫生志》编纂小组编,郭廷鸾等编纂:《曲江县卫生志(1616—1987)》,1989 年。

新丰县卫生局编,邹有金主编:《新丰县卫生志(清末至 1985 年)》,1987 年。

河源县志办公室编:《河源县卫生志(—1995)》,1995 年。

政协龙川县委员会文史资料研究委员会、龙川县卫生局:《龙川文史》第 12 辑(卫生专辑),1992 年。

梅州市卫生局编,陈万群主编:《梅州卫生志(1735—1989)》,1989 年。

梅州市医药总公司编志办公室编,李耀基主编:《梅州医药志》,1990 年。

兴宁县卫生志编志领导小组编,刘桂英等编辑:《兴宁县卫生志(1900—1985)》(修正稿),1987 年。

兴宁县医药联合公司编,陈益星主编:《兴宁县医药志》,1986 年。

《梅县市卫生志》编写办公室编,黎煌强主编:《梅县市卫生志》,1987 年。

广东省梅县地区卫生防疫站编:《梅县地区卫生防疫志》,1987 年。

蕉岭县卫生局《卫生志》编写组编:《蕉岭县卫生志(1887—1985)》,1987 年。

蕉岭县人民医院编印:《蕉岭县人民医院志(1931—2004)》,2004 年。

丰顺县卫生志编写组编,卓炎主编:《丰顺县卫生志(1899—1987)》,1989 年。

《五华县卫生志》编纂领导小组编,谢乃枢主编:《五华县卫生志》,1987 年。

五华区地方志编纂委员会编:《五华史志资料》(第 1 辑[创刊号]:……五华区卫生大事史料,五华区西医技术发展概要,五华区爱国卫生运动资料(1950—1962)……),1990 年。

平远县《卫生志》编纂小组编,林耀云主编:《平远卫生志(1890—1985)》,1987 年。

惠州市惠城区卫生局编,闻桥明主编:《惠州市卫生志(1840—1987)》,1996 年。

惠州市惠城区环卫局编,邓火灿主编:《惠州市环境卫生管理志(1945—1987)》,1991 年。

惠东县卫生局编,温雨龙主编:《惠东县卫生志(1895—1987)》,1989 年。

博罗县卫生局编:《博罗县卫生志》,1998 年。

《东莞市卫生志》编写组编,黎锦团、黄托安主编:《东莞市卫生志》,1989 年。

《东莞市卫生志》编写组编:《东莞市卫生志》,广州:广东人民出版社 2006 年。

《江门市卫生志》编纂委员会编,史鹏达、潘赞英主编:《江门市卫生志(1810—1987)》,1989 年。

台山县卫生志编写组编李文光、朱拾义主编:《台山县卫生志》,1988 年。

《台山卫生志》编纂委员会编:《台山卫生志(1882—2000)》,2001 年。

新会市卫生局编:《新会市卫生志》,1999 年。

《开平县卫生志》编写组编,黄柏添主编:《开平县卫生志(1885—1985)》,1988 年。

佛山市卫生局编,吴世良主编:《佛山市卫生志(1881—1985)》,1989 年。

中国人民政治协商会议广东省佛山市委员会文教体卫工作委员会编:《佛山文史资料 第 10 辑 名医名药史料专辑》,1990 年。

佛山市高明区史志办公室编:《高明市卫生志(1475—2002)》,2005 年。

佛山市医药总公司编,吴振浩主编,谭飞腾主笔:《佛山市药业志(明万历年间至 1990 年)》,1992 年。

三水县地方志编纂委员会办公室、三水县卫生局修志办公室编:《三水县卫生志(1819—1986)》,1989 年。

廉江市卫生局编:《廉江市卫生志(1596—1998)》,北京:中国社会出版社 2000 年。

遂溪县卫生局编,范素峰主编:《遂溪县卫生志(1873—1988)》,1990 年。

《高州县卫生志》编写组编,王期藏主编:《高州县卫生志(1712—1987)》,1988 年。

电白县医药管理局百年,杨青荫主编:《电白县医药志》,1991 年。

肇庆市卫生局、肇庆市卫生防疫站编印:《肇庆市丝虫病防治史》,2001 年。

广东省肇庆地区卫生局编:《医药卫生资料选编 1》,1978 年。

高要县卫生局编,盘洪辉主编:《高要县卫生志(1796—1986)》,1987 年。

高要县志编纂办公室编,梁国荣主编:《高要县志 第廿七编:医药卫生》,1990 年。

广宁县卫生局编,童耀华主编:《广宁县卫生志(1785—1991)》,1994 年。

广宁县慢性病防治站编,郑爱群主编:《广宁县慢性病防治志(1935—1994)》,1994 年。

怀集县政协文史资料委员会怀集县卫生局编:《怀集文史》第十四辑(医疗卫生专辑),1998 年。

云浮市地方志编纂委员会编:《云浮市卫生志(1911—2000)》,2008 年。

《罗定市卫生志》编纂委员会编:《罗定市卫生志》,广州:广东人民出版社 2017 年。

新兴县卫生局《卫生志》编写组编,叶文富、陈镜波主编:《新兴县卫生志(1900—1988)》,1988 年。

新兴县卫生局《新兴县卫生志》编写组编:《新兴县卫生志(1979—2000)》,2006 年。

《英德县卫生志》编纂组编,陈治烈等主编:《英德县卫生志(1877—1993)》,1995 年。

阳山县卫生局编,韦衍杰主编:《阳山县卫生志(1914—1991)》,1992 年。

潮州市医药工业公司编,陈秋葵主编:《潮州市医药工业志》,1988 年。

潮州市卫生志编纂领导小组编,陈妙娟主笔:《潮州市卫生志(清末至 1985 年)》,1989 年。

饶平县卫生局卫生志编写组编,吴玉田主编:《饶平县卫生志(1901—1986)》,1987 年。

揭阳县卫生局、揭阳县卫生志编纂领导小组编,丘支云主编:《揭阳县卫生志(1385—1985)》,广州:广东
　　人民出版社 1992 年。

普宁县卫生局编,刘丰平主编:《普宁县卫生志(清末至 1987 年)》,1990 年。

《惠来县卫生志》编写组:《惠来县卫生志》,1989 年。

广州市爱国卫生运动委员会:《广州市爱国卫生运动志(1952—1990)》,1991 年。

深圳卫生检疫志编纂委员会编:《深圳卫生检疫志(1951—1998)》,2006 年。

深圳出入境检验检疫志编委会编:《深圳出入境检验检疫志》,2007 年。

珠海市结核病防治所编,刘芳君主编:《珠海防痨史志(1900—2000)》,2001 年。

钟珠、唐大让主编:《广东防痨史志(1921—1999)》,广州:广东人民出版社 2001 年。

广东省海康县政协文史组:《海康文史》第 2 期(含:鼠疫流行),1984 年。

政协广东省委员会文史资料研究委员会编:《广东文史资料》(57:……记石龙郭屋洲麻风病院……),广
　　州:广东人民出版社 1988 年。

政协湛江市委员会编:《湛江文史》(21:……湛江防治麻风病概况……),2002 年。

政协广宁文史资料委员会编:《广宁文史》(8:……活埋麻风病人……),1990 年。

政协广州文史委编:《广州文史》(3:……余汉谋等屠杀广东麻风病人……),1961 年。

政协龙川县文史委编:《龙川文史》(9:……龙川县麻风病防治情况……),1991 年。

政协潮州市文史委编:《潮州文史资料》(25:……马海德与潮州麻风病防治……),2005 年。

东源县政协文史资料委员会编:《东源文史》第 16 辑(卫生专集),2008 年。含:东源县卫生事业发展概
　　况;东源县疾病预防控制机构的建设和发展;传染病防治;慢性病防治;东源县人民医院发展史;东源
　　县中医中药事业的发展;东源县新港精神病医院简史;农村合作医疗工作;乡镇卫生建设;东源县农村

初级卫生保健工作;东源县卫生职业技术学术发展简史。

广东省血吸虫病防治研究所编:《广东省血吸虫病防治资料汇编(1950—1985)》,1986 年。

广东省寄生虫病防治研究所编:《广东省血吸虫病防治研究资料选编(1978—1979 年)》,1981 年。

四会县人民政府除害灭病办公室 四会县血吸虫病防治站编:《广东省四会县血吸虫病防治工作资料汇编》,1980 年。

广东省南海卫生防疫站编:《南海县血吸虫病流行情况及防治工作资料汇编(1956—1979)》,1980 年。

政协肇庆委员会文史资料办公室编:《肇庆文史》第 15 辑:卫生专辑:含肇庆农村赤脚医生回顾、四会血吸虫病的防治、肇庆卫生机构沿革等。

广东省中山县卫生防疫站编:《广东省中山县卫生防疫资料汇编》,1975 年。

广西壮族自治区

[医学教育与科研院所史志]

黄瑾明主编:《奋进的三十五年:广西中医学院发展简史》,南宁:广西民族出版社 1991 年。

广西医科大学校志办公室编:《广西医科大学志(1934—1990)》,南宁:广西人民出版社 1994 年。

《广西医科大学志(1934—2003)》,南宁:广西人民出版社 2004 年。

《广西医科大学志(1934—2014)》(上、下),南宁:广西人民出版社 2014 年。

广西医科大学公共卫生学院编:《广西医科大学公共卫生学院志(1976—2006)》,2006 年。

广西医科大学编:《杏湖霓虹:广西医科大学建校 70 周年英才谱》,南宁:广西人民出版社 2004 年。

南宁市卫生学校编:《南宁市卫生学校校庆三十周年纪念册(1972—2002)》,2002 年。

桂林医学专科学校编:《桂林医学专科学校校史(1935—1984)》,1986 年。

柳州卫生学校:《广西柳州卫生学校校友通讯录》,2001 年。

广西柳州卫生学校编:《广西柳州卫生学校.光辉五十年(1951—2001)》,2001 年。

广西柳州畜牧兽医学校校庆办编:《广西柳州畜牧兽医学校校友名录(1940—2010)》,2010 年。

广西柳州畜牧兽医学校编:《广西柳州畜牧兽医学校校友风采录(1940—2010)》,2010 年。

南宁梦工厂文化传媒有限公司 摄制:《牧歌飞扬——献给广西柳州畜牧兽医学校建校 70 华诞》(光碟版)。

广西柳州畜牧兽医学校编:《七秩牧歌走向八桂 广西柳州畜牧兽医学校建校 70 周年》,2010 年。

河池地区卫生学校编:《河池地区卫生学校建校四十周年纪念册(1958—1998)》,1998 年。

《右江民族医学院校志》编纂领导小组编:《右江民族医学院校志(1958—2008)》,2008 年。

[医院史志]

广西壮族自治区南溪山医院编:《回望:中国桂林南溪山医院那段特殊岁月(1968—1976)》,2013 年。

广西医科大学口腔医学院编:《广西医科大学口腔医学院 广西医科大学附属口腔医院志(1978—2008)》,2008 年。

龙学明主编:《中西医结合之路:广西中医学院第二附属医院 广西中西医结合医院院志(1951—2001)》,2002 年。

南宁市第一人民医院编:《妙手续春秋:南宁市第一人民医院建院九十周年志庆(1914—2004)》,2004 年。

南宁市第四人民医院志编委会编:《南宁市第四人民医院志(1961—2005)》,2010 年。

南宁市第六人民医院编:《南宁市第六人民医院志(1951—2014)》,2015 年。

政协南宁市文史委编:《南宁医林》(《南宁文史资料》第 19 辑:广西医学院之创建与变迁,广西中医学院
发展简况,广西民族医药研究所,南宁市红十字会医院史略,303 医院院史忆述,武鸣公立医院史略,
五洲药店,旧南宁医药业一览,南宁市善堂的中医站),1996 年。

《广西医学院附属医院志》编纂组编:《广西医学院附属医院院志(1934—1990)》,1994 年。

铁道部桂林疗养院编:《院志——建院五十周年纪念(1952.11—2002.11)》,2002 年。

桂林市结核病防治所志编纂委员会编:《桂林市结核病防治所志(1954—1988)》,1990 年。

桂林市人民医院志编纂办公室编:《桂林市人民医院志(1946—1993)》,桂林:漓江出版社 1994 年。

桂林市第二人民医院编:《桂林市第二人民医院院志 大事记(1916—1988)》,1988 年。

　《桂林市第二人民医院志(1916—2016)》,2016 年。

桂林市中医医院编:《桂林市中医医院志(1958—2007)》,2008 年。

刘喜松著:《中国首家麻风医院：北海普仁医院医史再发现》,南宁:广西人民出版社 2014 年。

　《提灯女神的笑靥——北海普仁医院百年护理史略》,南宁:广西人民出版社 2015 年。

《柳州市人民医院志》编纂委员会编,谢后禹主编:《柳州市人民医院志 (1926—1988)》,1988 年。

柳州市中医院编:《柳州市中医院三十周年院庆特刊(1956—1986)》,1986 年。

富川瑶族自治县人民医院:《富川瑶族自治县人民医院建院 50 周年纪念邮册》。

广西北海市人民医院编:《北海市人民医院志(1886—2005)》,2006 年。

大新县人民医院志编纂领导小组编:《大新县人民医院志》,1996 年。

广西贵港市人民医院志办公室编:《贵港市人民医院志(1938—2008 年)》,2008 年。

梧州市工人医院编:《梧州市工人医院志(1903—2002)》,2004 年。

政协梧州市文史委编:《梧州文史资料选集》(第 19 集:……梧州思达公医院史略,梧州西医院旧事述
略,韦氏中医世家),1999 年。

贵县人民医院编:《贵县人民医院建院五十周年纪念(1938—1988)》,1988 年。

《广西来宾县人民医院志》编委会编:《来宾县人民医院志(1951—1998)》,1998 年。

滑县人民医院编,袁凤喜主编:《滑县人民医院院志(1952.5—2002.5)》,2002 年。

百色地区人民医院编,陆永祥主编:《百色地区人民医院志》,1990 年。

政协蒙山县委员会文史资料办公室编:《蒙山文史》第 4 辑,1999 年。含:蒙山县人民医院简史。

[畜禽疫病与兽医史志]

广西壮族自治区兽医防疫检疫站:《广西 1987 — 1990 年畜禽疫病普查资料汇编(附广西畜禽疫病
志)》,1990 年。

平乐县畜牧水产养殖局编:《广西平乐县畜禽疫病志(1949—1989)》,1990 年。

灌阳县畜牧水产局编:《灌阳县畜禽疫病志(1949—1990)》,1991 年。

临桂县畜牧兽医站编,陈晓明等主编:《临桂县畜禽疫病普查资料汇编(附畜禽疫病志)》,1990 年。

柳州市卫生防疫站志编委会编:《广西柳州市卫生防疫站志》,1990 年。

河池市兽医防疫检疫站编:《河池市畜禽疫病志(1949—1989)》,1992 年。

[鼠疫、血防史料与防疫志]

李寿生主编:《广西鼠疫历史纪事》,南宁:广西民族出版社 2009 年。

中共环江县委血防领导小组办公室编:《广西环江县血吸虫病流行情况和放治工作资料汇编(1954—1981)》,1984 年。

中共平果县血防领导小组办公室编印:《广西壮族自治区平果县血吸虫病流行情况和防治工作资料汇编(1956—1982)》,1985 年。

中共靖西县血防领导小组办公室编印:《广西壮族自治区靖西县血吸虫病流行情况和防治工作资料汇编(1957—1985)》,1985 年。

中共平果县血防领导小组办公室编印:《广西壮族自治区平果县血吸虫病流行情况和防治工作资料汇编(1956—1982)》,1985 年。

中共环江县委血防领导小组办公室编:《广西环江县血吸虫病流行情况和防治工作资料汇编(1954—1981)》,1984 年。

河池市疾病预防控制中心编:《广西河池市血吸虫病防制资料汇编(1950-2012)》,2014 年。

广西百色地区卫生防疫站编:《广西百色地区卫生防疫站站志(1952—2002)》,2002 年。

广西壮族自治区皮肤病防治研究所著:《广西麻风病防治简史》,南宁:广西科学技术出版社 2018 年。

广西壮族自治区卫生厅编:《广西卫生 50 年》,南宁:广西人民出版社 2008 年。

广西壮族自治区卫生防疫站编:《广西壮族自治区卫生防疫站志(1954—1988)》,1989 年。

董国富主编:《广西国境卫生检疫志( )1917—1997》,南宁:广西科学技术出版社 1998 年。

南宁市卫生防疫站编:《南宁市卫生防疫站志(建站 35 周年)》,南宁:广西人民出版社 1988 年。
　　《南宁市卫生防疫站站志(1987—2001)》,2002 年。

桂林地区卫生防疫站编:《桂林地区卫生防疫站站志(1956—1998)》,1998 年。

桂林市卫生防疫站站志编纂委员会编:《桂林市卫生防疫站站志(1953—2002)》,2003 年。

北海市爱国卫生运动志编撰委员会编:《北海市爱国卫生运动志》,1998 年。

柳州市卫生防疫站编:《柳州市卫生防疫站志(1952—1988)》,1990 年。

柳州铁路局中心卫生防疫站编:《柳州铁路局中心卫生防疫站站志》,1996 年。

梧州市卫生防疫站志编纂委员会编:《梧州市卫生防疫站志》,2002 年。

宾阳县卫生防疫站编:《宾阳县卫生防疫站志》,2006 年。

政协邕宁文史资料委员会编:《邕宁文史》(9:……邕宁县丝虫病的防治,邕宁县麻风病的防治概况),2002 年。

[卫生、医药志]

广西壮族自治区地方志编纂委员会编:《广西通志 医疗卫生志》,南宁:广西人民出版社 1999 年。
　　《广西通志 医药志》,南宁:广西人民出版社 2010 年。

广西僮族自治区卫生厅编:《广西中药志(第一辑)》,1959 年。

南宁市卫生局编,齐良恭主编:《南宁市卫生志(1870—1990)》,1996 年。

夏业堂主编:《桂林市志 卫生志》,1995 年。

桂林市医药工业志编纂办公室编:《桂林市志 医药工业志》,1994 年。

桂林市卫生局编:《食品卫生资料选编》,2002 年。

北海市卫生志编委会编:《北海市卫生志(1867—1993)》,1998 年。

柳州市卫生志编纂委员会编纂,宋显民主编:《柳州市卫生志(1619—1988)》,南宁:广西人民出版社 1995 年。

黄家猷,韦绪主编,柳州地区志编纂委员会编:《柳州地区志 医疗卫生志》,南宁:广西人民出版社 2000 年。

柳城县卫生局编委会编:《柳城县卫生志(1911—1988)》,1995 年。

《梧州市卫生志》编纂委员会:《梧州市卫生志(1862—1989)》,1991 年。

广西梧州中药厂志编纂委员会编:《梧州市中药厂志(1958.12—1987.12)》,1988 年。

柳江县卫生志办公室编:《柳江县卫生志》,1986 年。

南丹县卫生局编纂小组编:《南丹县卫生志(1932—1990.12)》,1991 年。

恭城瑶族自治县卫生局编:《恭城卫生志》,2002 年。

恭城瑶族自治县卫生局、恭城瑶族自治县地方志办公室编:《恭城瑶族自治县卫生志(—2000)》, 2000 年。

岑溪县卫生局编印:《岑溪县卫生志》,1990 年。

《宾阳医药志》编纂委员会编,磨传政主编:《宾阳医药志》,1988 年。

广西容县医药志编委会编:《容县医药志(1755—1987)》,1990 年。

灵山县药材公司编:《灵山县医药志》,1988 年。

广西田东县卫生局编纂:《田东县卫生志》,2000 年。

临桂县卫生局编:《临桂县卫生志》(油印本),1990 年。

灵川县卫生局编纂:《灵川县卫生志(1935—1985)》,1986 年。

滑县卫生局编:《滑县卫生志(1840—1985)》,1986 年。

陆川县卫生志编纂小组编:《陆川县卫生志(—1994)》,1995 年。

浦北县卫生局编:《浦北县卫生志(—1997)》,1998 年。

海南省

[医学教育与科研院所史志]

海南医学院校志编辑组编:《海南医学院校志(1947—1997)》,1997 年。

[医院史志]

李灼日、岑松主编:《海南省人民医院院史(1881—2013)》,海口:南海出版社 2015 年。

李灼日主编:《海南省人民医院史册》,2012 年。

海南省中医院院志编委会编:《海南省中医院院志(1954—1994)》,1994 年。

林天东主编:《纪念海南省中医院成立 50 周年(1954—2004)《流金岁月》—海南省中医院新闻报道作品选集》,2004 年。

乐东黎族自治县人民医院编:《海南省乐东黎族自治县人民医院建院六十周年记念志(1952—2012)》, 2012 年。

[疾病防控与防疫史志]

海南农垦卫生防疫站编:《海南农垦环境卫生资料汇编》,1965 年。

　　《卫生防疫资料汇编 1》,1963 年。

　　《卫生防疫资料汇编 2:1964—1965》,1965 年。

海南岛热带病防治研究所、广东省海南卫生防疫站合编:《海南岛热带疾病和卫生防疫:资料汇编(1)》,
　　1962 年。

海南地区革命委员会除害灭病领导小组、海南地区卫生防疫站合编:《卫生防疫资料选编》,1972 年。

海南省地方志办公室编,朱炳石主编:《海南省志 第九卷:出入境检验检疫志》,海口:南海出版公司
　　2005 年。

三亚市疾病预防控制中心编:《三亚市卫生防病志(1953—2007)》,2008 年。

广东省预防医学联合调查队编:《西沙群岛预防医学考察报告文集:1980》,1981 年。

政协海口市委员会编:《海口文史》第 4 辑,1987 年。含:海南岛北部地区鼠疫发生流行史料。

　　《海口文史》第 13 辑,1997 年。含:琼崖麻风病院史略。

[**医药、卫生史志**]

《海南行政区药材场志》编写组,云冠超主编:《海南行政区药材场志》,1986 年。

林诗泉、杨才绩主编:《海南岛医学史略》,海口:海南省卫生厅 1988 年。本书收载《海南岛医学史略》
　　《海南岛流行病史略》《海南岛卫生简志》《海南现代医学教育发展概述》等有关海南医药卫生史志文
　　章 12 篇。

林诗泉编著:《海南医学史研究》,海口:海南出版社 1993 年。

海南省卫生厅、海南省经济广播电视台编著:《前进中的海南卫生事业》,1994 年。

海南省史志办公室编,林诗泉主编:《海南省志 第十一卷 卫生志》,北京:方志出版社 2001 年。

韦少成、林诗泉、杨才绩:《海南省卫生事业发展五十年史(1950—2000)》,海口:南方出版社 2007 年。

海口市医学科学研究所编:《海口市医学经验总结汇编:向伟大国庆十周年献礼》,1959 年。

海口市卫生局编:《海口市卫生志(1736—1990)》,1992 年。

万宁县卫生局编:《万宁县医药资料:1980 年汇编》,1980 年。

海南省万宁县卫生局、《万宁卫生志》编委会合编,陈星仲主编:《万宁卫生志(1828—1990)》,北京:南海
　　出版公司 1993 年。

海南省文昌县卫生局《卫生志》编写组编写,冯昌业主编:《文昌县卫生志》,1990 年。

琼海市卫生志编纂办公室编,符和海、曾宪淑主编:《琼海卫生志(—1990)》,海口:南海出版公司
　　1996 年。

保亭县卫生局编,曾繁泰主编:《保亭县卫生志》,1989 年。

重　庆

[**医学教育与科研院所史志**]

中国人民解放军二野三兵团/川东军区川卫生学校编:《中国人民解放军二野三兵团/川东军区川卫生
　　学校校友录(1949—1952)》,1989 年。

第三军医大学、第三附属医院、野战外科研究所机关科室史编纂委员会编:《第三军医大学第三附属医
　　院野战外科研究所 机关科室史(1951—2003)》,2004 年。

第三军医大学、第三附属医院、野战外科研究所院所史办公室编:《第三军医大学、第三附属医院、野战

外科研究所院所史(1951—2003)》,2004年。

《第三军医大学志》编委会编:《第三军医大学志(1954—2008)》,2010年。

李象明主编:《重庆医科大学校史(1956—1996)》,重庆:西南师范大学出版社1996年。

重庆医科大学校史编写组编写:《重庆医科大学校史(2006—2016)》,北京:人民卫生出版社2016年。

重庆医科大学校长办公室编:《重庆医科大学年鉴》(1991—1992、1993、1994、1995、1996、1997、1998、1999、2000、2001、2002、2003、2004、2005、2006、2007、2008、2009、2010、2011、2012),1992、1994、1995、1996、1997、1998、1999、2000、2001、2002、2003、2004、2005、2006、2007、2008、2009、2010、2011、2012年。

重庆中医学校校志编写组编,陈静波主编:《重庆中医学校校志》,1991年。

《涪陵卫生学校志》编写组编,余明风主编:《涪陵卫生学校志(1958—1984)》,1986年。

[医院史志]

陈征友、李景波主编:《第三军医大学西南医院简史(1929—2007)》,重庆:重庆出版社2007年。

第三军医大学西南医院编:《第三军医大学西南医院志(1929—2010)》,2010年。

第三军医大学西南医院编:《第三军医大学西南医院年鉴》(2004、2005、2006、2007、2008、2009、2010、2011、2012、2013、2014、2015),2004、2005、2006、2007、2008、2009、2010、2011、2012、2013、2014、2015年。

第三军医大学第二附属医院政治部编,姚家文主编:《新桥医院》(第一卷:院史(1944.3—2003.12);第二卷:部(科)史(1944.3—2003.12)),2004年。

杨思进主编:《医院文化建设与管理——西南医科大学附属中医医院文化建设纪实》,北京:科学出版社2017年。

重庆市中医院编:《重庆市中医院三十周年院庆特刊(1955—1985)》,1985年。

重庆市忠工会杨家坪疗养院志编:《重庆市忠工会杨家坪疗养院志(1938—2006)》,2006年。

重庆市第二精神病医院修志办公室编,尹承德主编:《重庆市第二精神病医院志(1958—1985年)》,1988年。

重庆市长寿区志 区人民医院志编纂领导小组编:《重庆市长寿区志 区人民医院志(1940—2006)》,2010年。

重庆市市中区人民医院编:《重庆市市中区人民医院院志(1945—1990)》,1996年。

《院志》编写组编纂:《重庆医科大学附属第一医院院志(1957—2007)》,重庆:重庆出版社2007年。

重庆市第二人民医院院志编辑室编:《重庆市第二人民医院院志(1939—1999)》,1999年。

重庆医科大学附属永川医院院志编撰委员会编:《重庆医科大学附属永川医院 重庆市第二人民医院院志(1939—2009.6)》,2009年。

重庆医科大学附属第一医院志编写组编:《重庆医科大学附属第一医院志(1957—2007)》,重庆:重庆出版社2007年。

《重庆医科大学附属第一医院志(1957—2017)》,重庆:重庆出版社2017年。

重庆医科大学附属第二医院志编纂委员会编:《重庆医科大学附属第二医院志(1892—1992)》,1992年。

重庆医科大学附属第二医院(宽仁医院)志编纂委员会编:《重庆医科大学附属第二医院(宽仁医院)志》,重庆:重庆大学出版社2012年。

重庆市第三人民医院编:《重庆市第三人民医院院志(1945—2011)》,重庆:重庆出版社2013年。

重庆市第九人民医院编,王国遇主编:《重庆市第九人民医院志(1927—1985)》,1987 年。

重庆市第九人民医院志编写组编:《重庆市第九人民医院院志(2003—2010)》,2011 年。

重庆市巴南区人民医院编:《重庆市巴南区人民医院志(1940—2006)》,2008 年。

重庆市九龙坡区第五人民医院院志编辑组编:《重庆市九龙坡区第五人民医院院志(1952.5—2011.4)》,2011 年。

綦江区人民医院编:《重庆市綦江区人民医院院志》,2012 年。

奉节县人民医院院志编纂委员会编:《重庆市奉节县人民医院院志(1940—2010)》,2010 年。

重庆市大足县人民医院院志编纂委员会编:《重庆市大足县人民医院院志》,2011 年。

江津县人民医院编,旷明亮:《江津县人民医院志》,1990 年。

政协江津市文史委编:《江津文史资料选辑》(第 15 辑:……原国民党第十六后方医院……旧时江津影响较大的几家中药店……),1994 年。

石柱县南宾区卫生院,朱守一主编:《石柱县南宾区卫生院志》,1985 年。

石柱县下路区卫生院编,秦光明主编:《石柱县下路区卫生院志》,1985 年。

石柱县中医院编,黎克平主编:《石柱县中医院志》,1985 年。

石柱县临溪区卫生院编,谭正宜主编:《石柱县临溪区卫生院志》,1985 年。

石柱县沙子区卫生院编,胡先华主编:《石柱县沙子区卫生院志》,1985 年。

石柱县西沱区卫生院编,刘志远主编:《石柱县西沱区卫生院志》,1985 年。

石柱县马武区卫生院编,陈永培主编:《石柱县马武区卫生院志》,1985 年。

石柱县黄水区卫生院编,谭祥兴主编:《石柱县黄水区卫生院志》,1985 年。

石柱县悦来区卫生院编,谭贵宜主编:《石柱县悦来区卫生院志》,1985 年。

石柱县保健所编,崔吉金主编:《石柱县保健所志》,1985 年。

[疾病防控与防疫史志]

《汶川特大地震救灾志·重庆医疗防疫志》编纂委员会编:《汶川特大地震救灾志·重庆医疗防疫志》,2009 年。

重庆市市中区卫生防疫站编:《重庆市市中区卫生防疫志(1927—1987)》,1989 年。

重庆市卫生防疫站编:《重庆市卫生防疫站志(1953—1990)》,1993 年。

武隆县卫生防疫站编,余和汉主编:《武隆县卫生防疫志》,1986 年。

江津县卫生防疫站编:《江津县卫生防疫志》,1986 年。

涪陵地区卫生防疫站编,李优良主编:《涪陵地区卫生防疫站志(1959—1985)》,1987 年。

《涪陵市卫生防疫站志》编纂小组编,周德剑主编:《涪陵市卫生防疫站志》,1988 年。

[畜禽疫病与兽医史志]

重庆市九龙坡区畜牧兽医站编:《重庆市九龙坡区畜禽疫病志》,1991 年。

石柱县畜牧局编,谭志忠主编:《石柱县畜牧局志》,1988 年。

[医药、卫生、医药卫生学/协会史志]

重庆市志编纂委员会编:《重庆市志 第 4 卷(下)……医药工业志》,2005 年。

武隆县医药局编:《武隆县医药局志》,1986 年。

潼南县医药联合公司编,曹国华主编:《潼南县医药志》,1987 年。

璧山县医药公司编,尹远发等主编:《璧山县医药志》,1989 年。

江津县医药局编,傅荣主编:《江津县医药志》,1983 年。

大足县医药管理局编:《大足县医药志》,1990 年。

四川省万县地区医药管理局编:《万县地区医药志(1911—1985)》,1992 年。

石柱县医药局编,贺建军主编:《石柱县医药局志》,1988 年。

重庆假肢厂编,赖旭恒主编:《重庆假肢厂志》,1989 年。

重庆市中医药学会编:《重庆市中医药学会五十周年(1952—2002)》,2002 年。

重庆市地方志编纂委员会编,余楚修(卷)主编,包叙定主修:《重庆市志 第 11 卷 科学技术志 社会科学
　　志 卫生志 体育志》,重庆:重庆出版社 1999 年。

重庆市卫生志编辑委员会编:《重庆市卫生志(1840—1985)》,内部刊行 1994 年。

重庆市卫生和计划生育委员会编纂:《重庆市志 卫生志(1986—2005)》,重庆:西南师范大学出版社
　　2015 年。

重庆市九龙坡区卫生志办公室编:《重庆市九龙坡区卫生志(1933—1988)》,1995 年。

重庆市南岸区卫生志编纂委员会编:《重庆市南岸区卫生志(1840—1989)》,1993 年。

重庆市沙坪坝区卫生志编辑委员会编:《重庆市沙坪坝区卫生志》,2013 年。

重庆市市中区卫生志编纂办公室编:《重庆市市中区卫生志(1927—1987)》,1989 年。

长寿县卫生志编修办公室编:《长寿县卫生志(1986—2001)》,2005 年。

四川省长寿县卫生局编,李君仁主编:《长寿县卫生志》,1993 年。

垫江县桂溪镇卫生院编:《卫生志》,手稿 1985 年。

巴县卫生局编,曹光华主编:《巴县卫生志》,1988 年。

荣昌县志编纂委员会编:《荣昌县志:医药卫生》。

《武隆县卫生志》编纂委员会编:《武隆县卫生志(1908—1985)》,1986 年。

垫江县卫生局编:《垫江县卫生志》,1985 年。

铜梁县卫生局编,王延庆主编:《铜梁县卫生志》,1986 年。

铜梁县卫生志编纂委员会编,舒正伦主编:《铜梁县卫生志(1986—2005)》,2006 年。

合川县卫生局编,戴永龄主编:《合川县卫生志》,1988 年。

武隆县卫生局编,宋耀宗主编:《武隆县卫生局志》,1986 年。

潼南县卫生局编,周南山主编:《潼南县卫生志》,1988 年。

潼南县卫生局编:《潼南县卫生志(1986—2005)》,2007 年。

云阳县卫生局编:《云阳县卫生志(1911—1990)》,1992 年。

永川下卫生局编,蒋厚本等主编:《永川县卫生志》,1991 年。

重庆永川市卫生志编纂委员会编:《重庆永川市卫生志(1986—2006)》,2006 年。

重庆市北碚区卫生局编:《重庆市北碚区卫生志》,2004 年。

重庆市江津区地方志编纂委员会编:《江津卫生志(1982.1—2007.6)》,2009 年。

江津县卫生局编,王锡玉主编:《江津县卫生志》,1984 年。

南川市卫生局编:《南川市卫生志(1985—2003)》,2003 年。

大足县卫生局编,袁天应主编:《大足县卫生志》,1988 年。

丰都县卫生志编纂领导小组:《丰都县卫生志》,1986 年。

丰都县志编纂委员会编：《丰都县志 卫生篇》,1989年。

丰都县卫生志编纂领导小组：《丰都县卫生志(1985—2005)》,2006年。

南川县卫生局编：《南川县卫生志》,1985年。

南川市卫生局编：《南川市卫生志(1985—2003)》,2004年。

重庆市渝北区卫生局编：《江北县卫生志》,2000年。

石柱县卫生局编,向太槐著：《石柱县卫生志》,1985年。

石柱县卫生局编,陶昔安主编：《石柱县卫生局志》,1986年。

涪陵地区卫生局编：《涪陵地区卫生志》,1991年。

涪陵县卫生局编：《涪陵县卫生志》,1984年。

酉阳县卫生局编：《酉阳县卫生志》。

四川省酉阳土家族苗族自治县卫生志编纂办公室编：《酉阳土家族苗族自治县卫生志(1911—1984)》,1986年。

四川省綦江县卫生局编印,陈正好主编：《綦江县卫生志(1986—2011)》,2013年。

四川省綦江县卫生局编印：《綦江县卫生志》,1991年。

彭水县卫生志编：《彭水县卫生志》,1987年。

四川省[①]

［综合志］

四川省医药卫生志编辑室编印：《四川省卫生界史志耕耘录》,1997年。

［医学教育与科研院所史志］

政协成都市新都区文史委编：《新都文史》第12辑,1996年。含：忆抗战时期军医学校的学习生活。

郑尚维、石应康主编：《四川大学华西医院暨临床医学院史稿》,成都：四川辞书出版社2007年。

梁繁荣主编：《成都中医药大学校史(1956—2016)》,成都：四川科学技术出版社2016年。

成都中医药大学附属医院院史编写组编：《成都中医药大学附属医院发展简史(1957—2007)》,2007年。

《四川省中药学校志》编写组：《四川省中药学校校志(1958—1988)》,1988年。

四川省中医药学校编：《四川省中医药学校校友通讯录(1958—1998)》,1998年。

四川省中医药科学院(所)史编委会编：《四川省中医药科学院·四川省中药研究院简史(1930—2015)》,成都：四川科学技术出版社2015年。

华西医科大学校史编委会编：《华西医科大学今昔(1910—1985)》,1985年。

华西医科大学校史编委会编：《华西医科大学校史(1910—1985)》,成都：四川教育出版社1990年。

吕重九、张肇达主编：《世纪华西：纪念华西医科大学建校九十周年》,成都：四川人民出版社2000年。

　《华西医科大学简史(1910—2000)》,2000年。

---

① 该部分除收录编著者、出版机构与时间等出版信息齐全的相关志书之外,还收录了秦安禄主编之《四川省地方志目录》(北京：方志出版社2004年)中所列举的相关志书名录。这些志书只有书名,而无相关出版信息。虽经诸多努力,我们目前尚难为之补充齐全相关出版信息,但我们仍坚持收录,目的在于为相关研究者提供一定资料线索,便利其资料搜集。

《成都市儿童医院院志》。

《成都市中医院院志》。

《成都牙科医院院志》。

《成都精神病防治院院史》。

《成都市干部疗养院院志》。

《成都市第二干部疗养院入志资料》。

《成都针灸按摩医院院志》。

《成都市第一骨科医院院志》。

李荣华、王福荣主编:《成都市西城区红十字医院院志(1956—1985)》,1986 年。

《成都市西城区中医院院志》。

《成都市西城区中心医院院志》。

《成都市西城区火车北站医院院志》。

《成都城北医院院志》。

《西城区妇产科医院院志》。

《西城区西安路卫生院院志》。

《成都儿童医院院志》。

《西城区玉泉医院院志》。

《成都少城医院院志》。

《成都痔瘘医院院志》。

《西城区妇幼保健所所志》。

《成都中医肿瘤医院院志》。

泸州医学院附属中医医院编纂:《泸州医学院附属中医医院院志(1983—2013)》,北京:中国文联出版社 2013 年。

新都县医院编,史焕清主编:《新都县医院志》,1984 年。

大邑县妇幼保健站编:《大邑县妇幼保健站志》,1982 年。

大邑县王泗公社编,许合年主编:《王泗公社医院志》。

新津县中医院编,周汉君主编:《新津县中医院志》,1982 年。

新津县中医院编:《新津县中医院志(1982—2008)》,2008 年。

新津县人民医院编,马仲鸣主编:《新津县人民医院志》,1983 年。

新津县人民医院编:《新津县人民医院志(1942—2011)》,2012 年。

《彭县妇幼保健站志》。

四川省崇州市人民医院编纂:《崇州市人民医院志》,2003 年。

《崇庆县四川省荣复退伍精神病元通疗养所志》。

自贡市大安区妇幼保健所《所志》编写小组编:《自贡市大安区妇幼保健所志(1951—1985 年)》,1986 年。

富顺县人民医院志编纂办公室编,熊厚生主编:《富顺县人民医院志(1941—1985)》,1987 年;(1986—2005),2009 年。

富顺县中医院志编纂办公室编:《富顺县中医院志》。

德阳市人民医院编:《德阳市人民医院建院 70 周年》,2012 年。

《德阳县康复医院志》。

《德阳县中医院志》。

《德阳县第一人民医院志》。

《德阳县第二人民医院志》。

《德阳县孝泉区卫生院志》。

《德阳县孝泉乡卫生院志》。

《德阳县扬嘉乡卫生院志》。

《德阳县景福乡卫生院志》。

《德阳县鄢家乡卫生院志》。

《德阳县德安乡卫生院志》。

《德阳县新盛乡卫生院志》。

《德阳县黄许乡卫生院志》。

《德阳县黄许区卫生院志》。

《德阳县袁家乡卫生院志》。

《德阳县东奉乡卫生院志》。

《德阳县孟家乡卫生院志》。

《德阳县德新乡卫生院志》。

《德阳县大井乡卫生院志》。

《德阳县天元乡卫生院志》。

《德阳县城区乡卫生院志》。

《德阳县东河乡卫生院志》。

《德阳县八角井乡卫生院志》。

《德阳县孝感乡卫生院志》。

《德阳县罗江区卫生院志》。

《德阳县文星乡卫生院志》。

《德阳县御营乡卫生院志》。

《德阳县罗江乡卫生院志》。

《德阳县和新乡卫生院志》。

《德阳县双东乡卫生院志》。

《德阳县新中乡卫生院志》。

《德阳县通江乡卫生院志》。

《德阳县略坪区卫生院志》。

《德阳县略坪乡卫生院志》。

《德阳县白马关乡卫生院志》。

《德阳县金山区卫生院志》。

《德阳县金山乡卫生院志》。

《广汉县雒城医院志》。

《广汉县人民医院志》。

《广汉县妇幼保健站志》。

《什邡县人民医院志》。

《什邡县中医院志》。

《什邡县皮肤病防治院志》。

《中江县人民医院院志》。

绵阳市中心医院护理部编:《5·12 我们践守——南丁格尔誓言(七十年的光辉历程 我们和医院同成长)》,2003 年。

四川省绵阳市第三人民医院院志编纂委员会编,唐克新等主编:《四川省绵阳市第三人民医院院志》,北京:大众文艺出版社 2007 年。

《绵竹县中医院志》。

《阆中县中医院志》。

《南部县人民医院志》编纂领导小组编,陈静主编:《南部县人民医院志》,1985 年。

蓬安县人民医院编,沈光枢主编:《蓬安县人民医院志(1942—1988)》,1989 年。

仪陇县中医院编,于名盛主编:《仪陇县中医院志》,1984 年。

仪陇县人民医院编,高国和主编:《仪陇县人民医院志》,1985 年。

仪陇县康复医院编,严杰主编:《仪陇县康复医院志》,1985 年。

安县人民医院志编写组编:《安县人民医院志(初稿)》,1989 年。

安县妇幼保健所志编写委员会编:《安县妇幼保健所志》,1989 年。

《梓潼县人民医院志》编纂领导小组编纂:《梓潼县人民医院志(1940—2002)》,成都:四川人民出版社 2003 年。

三台县人民医院志编写组编:《三台县人民医院志(1902—1984)》,1985 年。

四川省三台县人民医院编:《百年沧桑铸辉煌——四川省三台县人民医院建院九十五周年纪念(1902—1997)》,1997 年。

三台县人民医院志编纂领导小组编,向遵恕主编:《三台县人民医院志》,2002 年。

三台县人民医院编:《百年风雨铸辉煌——四川省三台县人民医院建院 100 周年纪念(1902—2002)》,2002 年。

三台县中医院志编写组编,李益生主编:《三台县中医院志》,1986 年。

三台县中医院志编写组编:《三台县中医院志(1952—2002)》,2002 年。

青川县人民医院、青川县地方志编纂委员会办公室编:《青川县志县人民医院志(1948—2004)》,2005 年。

剑阁县人民医院编:《剑阁县人民医院志》,2010 年。

《遂宁市人民医院志》编纂委员会编:《遂宁市人民医院志(1914—1994)》,1997 年;(1993—2007),北京:方志出版社 2001 年。

遂宁市船山区妇幼保健院:《遂宁市船山区妇幼保健院志(1951—2012)》,2013 年。

内江市中医院院志编纂领导小组编:《内江市中医院志(1952—2006)》,2006 年。

内江市中医院院年鉴编纂领导小组编:《内江市中医院年鉴(2007—2013)》,2014 年。

威远县人民医院编纂:《威远县人民医院院志(1941—2008)》,2009 年。

乐山市人民医院编:《乐山市人民医院志 (1894—2010)》,2012 年。

武警乐山医院编史办公室编:《武警乐山医院志》,成都:巴蜀书社 2001 年。

四川石油局峨眉疗养院志编辑室编:《峨眉疗养院志》,1995 年。

犍为县人民医院编,罗世祥主编:《犍为县人民医院志》,1986 年。

四川省犍为县人民医院编:《犍为县人民医院志(1985—2000)》,2001 年。

四川省犍为县中医院编:《犍为县中医院志(1949—1999)》,1999 年。

犍为县清溪中心卫生院编:《犍为县清溪中心卫生院志(1986—1999)》,2000 年。

犍为县孝姑中心卫生院编:《犍为县孝姑中心卫生院志(1908—1999))》,2000 年。

四川省犍为县罗城中心卫生院编:《罗城中心卫生院志(1985—2002)》,2003 年。

犍为县定文中心卫生院编:《定文中心卫生院志(1951—2003)》,2004 年。

　　《井研县人民医院志》。

万县市中心人民医院志编纂委员会编:《万县市中心人民医院志(1928—1998)》,1998 年。

四川省南充区人民医院志编辑领导小组编:《南充地区人民医院志》,1987 年。

四川省南充精病院志编纂组编:《四川省南充精病院志(1955—1985)》,1985 年。

四川省南充市中心医院志编辑领导小组编:《南充市中心医院志(建院六十周年记)》,1996 年。

南充市中心医院《院志》编写组:《南充市中心医院志(1937—2006)》,2007 年。

彭海涛主编:《大院高度——南充市中心医院媒体新闻选集》,香港:香港诚诺文化出版社 2017 年。

川北医学院附属医院编,方学胜主编:《川北医学院附属医院院史(1974—2004)》,2004 年。

南充市第五人民医院院志编委会编:《南充市第五人民医院院志》,2007 年。

南充地区人民医院志编辑领导小组编:《南充地区人民医院志(1937—1986)》,1987 年。

政协南充市顺庆区文史委编:《顺庆文史资料》第 1 辑（创刊号）,1994 年。含:南充省立医院始末,南充
　　驻军 51 医院的发展概况。

赵文宝主编:《西充县人民医院志(1945—1999)》,成都:四川科学技术出版社 1999 年。

宜宾市第二人民医院编:《宜宾市第二人民医院志(1986—2009)》,2012 年。

南溪县人民医院编,刘震主编:《南溪县人民医院志》,1987 年。

　　《邻水县人民医院志》。

大竹县医院编:《大竹县医院志》,1986 年。

渠县人民医院编:《渠县人民医院志(1940—2013)》,2014 年。

南江县医院编,李庭辉主编:《南江县医院志》,1985 年。

　　《南江县县医院志》。

　　《汉源县医院志》。

石棉县中医医院院志编纂委员会编:《石棉县中医医院院志(1954—2014)》,2014 年。

仁寿县中医院志编纂领导小组编:《仁寿县中医院志》,2004 年。

仁寿县人民医院编,苟仲甫主编:《仁寿县人民医院志》,1984 年。

彭山县人民医院院志编纂领导小组编:《彭山县人民医院志》,2002 年。

　　《丹棱县人民医院史》。

乐至县人民医院编,杨志军主编:《乐至县人民医院工会志》,1989 年。

凉山彝族自治州第二人民医院编:《凉山彝族自治州第二人民医院院志(1952—1996)》,1997 年。

盐源县人民医院编,张惠德等主编:《盐源县人民医院志》,1988 年。

　　《盐源县中医院志》。

　　《巴塘县人民医院志》。

　　《会理县人民医院志》。

《普格县医院志》。

《布拖县县医院志》。

《金阳县医院志》。

雷波县医院编，潘贯之主编：《雷波县医院志》，1988 年。

《沐川县人民医院志》。

《江油市人民医院志》编纂领导小组编纂：《江油市人民医院志》，2007 年。

《金川公司医院志》编辑委员会编：《金川公司医院志（1961.9—2001.9）》，2001 年。

［畜禽疫病与畜牧兽医、学会、科研院所史志］

《四川畜牧兽医学院校友录》编辑委员会编：《四川畜牧兽医学院校友录》，2001 年。

四川省畜牧兽医学会编：《四川省畜牧兽医学会三十年（1960—1990）》，1992 年。

王正构、伍登琼主编：《四川省畜牧兽医研究所志（1936—1989）》，成都：成都科技大学出版社 1992 年。

四川省畜牧局编：《四川省畜禽疫病志（1949—1989）》，1992 年。

四川省农业科学院编：《四川省农业改进所志略（畜牧兽医）1938—1949》，1986 年。

四川畜牧兽医学会主编：《四川畜牧兽医发展简史》，成都：四川科学技术出版社 1989 年。

四川畜牧兽医史料学组编，陈绍迥主编：《四川畜牧兽医史料》，1985 年。

四川省畜牧局编：《四川畜牧兽医资料集（1840—1949）》，1990 年。

叙永县畜牧局编，刘国强主编：《叙永县畜牧兽医志》，1991 年。

四川省沐川县畜牧食品局编：《沐川县畜牧兽医志（1932—2006）》，2007 年。

《金堂县畜牧志》。

广汉县畜牧编：《广汉县畜牧兽医志》，1983 年。

绵阳市畜牧兽医局编，贾慧海主编：《绵阳市畜牧兽医志》，1992 年。

江油市畜牧局编：《江油市畜禽疫病志》，四川人民出版社 1991 年。

三台县畜牧兽医工作站编：《三台县兽医常用草药》，三台报社 1959 年。

平武县畜牧局编，胡良瑜主编：《平武县畜牧兽医志》，1998 年。

《旺苍县畜牧兽医志》。

射洪县商牧局编，张廷金主编：《射洪县畜牧兽医志》，1986 年。

《雅安地区畜牧兽医志》编辑委员会编，蒲朝龙主编：《雅安地区畜牧兽医志》，成都：成都科技大学出版社 1999 年。

达县畜禽疫病志编写组编：《达县畜禽疫病志》，1989 年。

《名山县畜牧兽医志》。

《荥经县畜牧兽医志》。

《石棉县畜牧兽医志》。

《眉山县畜牧兽医志》。

《仁寿县畜牧兽医志》。

《会理县畜牧兽医志》。

《冕宁县畜牧兽医志》。

《乐山市畜牧兽医志》。

《资阳县畜牧兽医志》

[**疾病防控与防疫史志**]

四川省卫生防疫站编:《四川省卫生防疫站四十年(1953—1993)》,1993年。

四川省卫生厅疾病控制与卫生监督处(地方病办公室)、四川省寄生虫病防治研究所编:《四川省血吸虫病流行状况抽样调查资料汇编(2001年)》,2002年。

中共四川省委防治办印:《四川省消灭四大寄生虫方案(血吸虫病 钩虫病 疟疾丝虫病)》,1959年。

四川省卫生厅疾病控制与卫生监督处、四川省寄生虫病防治研究所编:《四川省血吸虫病流行状况抽样调查资料汇编(2001年)》,2002年。

中共成都市西城区委地方病防治领导小组、成都市西城区卫生局、成都市西城区卫生防疫站编:《成都市西城区血吸虫病防治资料(1958—1988)》,1988年。

中共成都市东城区委地方病防治领导小组、成都市东城区卫生局、成都市东城区卫生防疫站编:《成都市东城区血吸虫病流行情况和防治工作资料汇编》,1987年。

成都市第二卫生防疫站编:《成都市温江片血吸虫病防治资料汇编》,1987年。

政协成都市新都区文史委编:《新都文史第25辑:新都、新繁两县重大史事回顾(1949.12—1956.9)》,2012年。"记新都县人民与血吸虫病斗争的历程"。

四川省新都县卫生局、中共新都县委地方病防治领导小组办公室、四川省新都县血吸虫病防治站编:《四川省新都县血吸虫病防治资料(1956—1986)》,1987年。

中共乐至县委地方病防治领导小组办公室编:《四川省乐至县防治血吸虫病资料汇编(血防史志)(1957—1982)》,1985年。

四川省卫生防疫站编:《防治血吸虫病资料汇编》,1957年。

中共广汉县血防领导小组办公室编:《四川省广汉县血吸虫病流行情况和防治工作资料汇编(1956—1980)》,1981年。

安县血吸虫病防治站编:《安县血防资料汇编(1956—1987)》,1987年。

政协四川省绵阳市委员会编:《绵阳文史资料选刊》第8辑,1981年。含:绵阳市市中区防治血吸虫病前前后后;绵阳县建立麻风病院及防治情况;解放前绵阳县中药业经营概况;马百平与《儿科一得》;国医的学习和临床实践回忆;民国绵阳县的医疗事业绵阳高氏三代国医等。

邛崃县政协文史资料研究委员会编:《邛崃文史资料》第11辑。含:邛崃县防治和消灭血吸虫病概况等。

成都市防疫站编:《成都市卫生防疫站站史》,2004年。

中共新津县委地方病防治领导小组编:《新津县血吸虫病防治资料》,1985年。

《新津县血防站资料汇编》。

中共盐边县委地方病防治领导小组办公室、盐边县血吸虫病防治站编:《四川省盐边县血吸虫病流行情况和防治工作资料汇编(1958—1984)》,1984年。

中共米易县委地方病防治领导小组办公室、米易县血吸虫病防治站编:《四川省米易县血吸虫病流行情况和防治工作资料汇编(1958—1983)》,1983年。

《广汉县血防站志》。

中共绵竹县委地方病防治领导小组办公室、绵竹县血吸虫病防治所编:《四川省绵竹县血吸虫病流行情况和防治工作资料汇编(1956—1984)》,1985年。

《汶川特大地震抗震救灾志》编纂委员会编:《汶川特大地震抗震救灾志 卷七 灾区医疗防疫志》,北京:中国方志出版社2015年。

　　《什邡县血防工作志》。

　　《乐至县血防史》。

　　《成都市卫生防疫站站志》。

　　《成都市第二防疫站站志》。

成都市地方志编纂委员会编纂,戴继声主编:《成都市志·环境卫生志》,成都:四川人民出版社
　　1994 年。

四川省温江地区卫生防疫站编:《四川省温江地区卫生防疫站站志》,1989 年。

双流县卫生防疫站编:《双流县卫生防疫志》,1984 年。

新津县卫生防疫站编纂:《新津县卫生防疫志》,1983 年。

　　《新津县防疫站志》。

　　《蒲江县卫生防疫志(1911—1982)》。

金堂县卫生防疫志编写组:《金堂县卫生防疫站志》,1986 年。

彭县卫生防疫站编:《彭县卫生防疫站站志》,1982 年。

自贡市卫生防疫站编:《自贡市卫生防疫站建站三十五周年纪念(1952—1987)》,1987 年。

　　《德阳县血防志》。

　　《德阳县卫生防疫志》。

犍为县卫生防疫站编,陈光孝主编:《犍为县卫生防疫志》,1986 年。

　　《沐川县防疫站志》。

万县卫生防疫站编,李克玉主编:《万县市卫生防疫站志》,1988 年。

　　《宜宾县卫生防疫志》。

　　《岳池县卫生防疫志》。

　　《岳池县卫生防疫站志》。

四川省达县地区卫生防疫站编:《四川省达县地区卫生防疫站志(1911—1985)》,1992 年。

南江县卫生防疫站编,张意深主编:《南江县卫生防疫站志》,1984 年。

政协凉山文史委编:《凉山文史资料》(16:……金阳麻风村 40 年史……),1997 年。

政协越西县文史委编:《越西文史资料选辑》(3:……越西麻风病人今昔……)。

政协绵竹县文史委编:《绵竹文史》(16:……兽医何健安朱桂芳……绵竹县麻风村小史……),1997 年。

政协四川省绵阳市委员会编:《绵阳文史资料选辑》(8:绵阳市市中区防治血吸虫病前前后后,绵阳县建
　　立麻风病院及防治情况,解放前绵阳县中药业经营概况,马百平与《儿科一得》,国医的学习和临床实
　　践回忆,民国绵阳县的医疗事业绵阳高氏三代国医),1981 年。

政协道府县文史委编:《前进在社会主义大道上的道孚,文史资料专辑》(……道孚县麻风病防治工作概
　　况……),1994 年。

政协四川省文史委编:《四川文史资料精粹》(6:……解放前四川疫情……日机轰炸泸州文幼章率医疗
　　队前来抢救),成都:四川人民出版社 1996 年。

　　《南江县防疫站志》。

　　《简阳县卫生防疫志》。

　　《安岳县疟疾防治资料汇编》。

　　《阿坝县卫生防疫志》

［妇幼保健史志］

《乐至县妇幼保健志》。

《雷波县妇幼保健志》

［医药、卫生、制药企业史志］

四川省医药管理局、四川省物价局、四川省中药材公司编：《四川省中药价格志》，1991 年。

《四川中药志》协作编写组编：《四川中药志》（第一卷 图集），成都：四川人民出版社 1978 年。

　　《四川中药志》（第一卷），成都：四川人民出版社 1980 年。

　　《四川中药志》（第二卷），成都：四川人民出版社 1982 年。

《四川省医药卫生志》编纂委员会编，欧阳彬主编：《四川省医药卫生志（1840—1985）》，成都：四川科学
　　技术出版社 1991 年。

四川省地方志编纂委员会编，欧阳彬主编：《四川省志·医药卫生志》，成都：四川辞书出版社 1996 年。

成都市地方志编纂委员会编，卿成让主编：《成都市志·医药志》，成都：四川辞书出版社 2000 年。

政协四川省成都市金牛文史委编：《金牛文史资料》第 9 辑，1992 年。含：成都骨伤医院；金牛区卫生防
　　疫站；金牛区妇幼保健所；金牛乡卫生院发展简记；洞子口卫生事业琐记；保和乡卫生事业的回顾；五
　　块石村卫生所；成都市名老中医朱元仲；自学成才的骨科高手刘育才等。

农业部成都药械厂编：《农业部成都药械厂志（1936—1988）》，1988 年。

新津县医药局编，苏怀古主编：《新津县医药志》，1982 年。

郫县医药局编：《郫县医药志》。

灌县医药管理局编，陈中立主编：《灌县药志》，1985 年。

　　《彭县医药志》。

　　《崇庆县医药志》。

　　《邛崃县医药志》。

自贡市医药管理局，王炳生主编：《自贡市医药志（—1990）》，成都：四川人民出版社 1993 年。

荣县医药局编：《荣县医药局志》。

富顺县医药管理局编，李希质主编：《富顺县医药志》，1987 年。

四川省米易县医药管理局编：《米易县医药志（1950—1990）》，1994 年。

　　《米易县医药志》。

米易县卫生局编：《米易县卫生志（1949—1990）》，1996 年。

　　《泸州市医药志》。

　　《泸州市合江县医药志》。

　　《古蔺县医药志》。

　　《叙永县医药志》。

　　《德阳县医药志》。

成都市药品检验所所志编写组编：《成都市药品检验所所志（1960—1985）》，1985 年。

　　《成都市第二药品检验所所志》。

　　《广汉县中药材公司志》。

　　《什邡县医药局志》。

中江县医药局编，蒋海福主编：《中江县医药志》，1986 年。

《广汉县医药管理局小志》。

安县医药公司编,郑觉民主编:《安县医药志》,1986 年。

《梓潼县医药志》。

三台县医药局编,黄茂华主编:《三台县医药志》,1987 年。

《盐亭县医药志》。

《平武县医药志》。

绵阳市医药管理局编:《绵阳市医药志》。

四川省安县地方志编纂委员会百年:《安县志 第二十三篇:医药卫生》,1990 年。

盐亭县县志编纂委员会编:《四川省盐亭县志——医药卫生篇》,1985 年。

广元县医药管理局编,吕康主编:《广元县医药志》,1988 年。

北川县卫生医药志编写领导小组编,张道发主编:《北川县志.卫生医药志(1911—1985)》,1988 年。

《北川县卫生医药志》。

《江油县医药志》。

梁平县医药局,李正主编:《梁平县医药志》,1989 年。

《南充地区医药志》。

南充市医药卫生志编纂委员会编:《四川省南充市医药卫生志(—1985)》,1987 年。

《阆中县医药志》。

《南部县医药志》。

《营山县医药志》。

《蓬安县医药志》。

《西充县医药志》。

《宜宾市医药卫生志》。

《宜宾市中药材志》。

《宜宾县医药志》。

《南溪县医药志》。

《江安县医药简志》。

《高县医药志》。

《珙县医药志》。

《兴文县医药志》。

《屏山县医药志》。

《广安县医药志》。

《华蓥市医药卫生志》。

《岳池县医药志》。

《武胜县医药志》。

《邻水县医药志》。

《达县市医药卫生志》。

《达县医药志》。

《大竹县医药志》。

《渠县医药志》。

《巴中县医药志》编纂委员会编：《巴中县医药志(1911—1984)》,1986 年。

通江县医药局编,马志录主编：《通江县医药志(1912—1985)》,1989 年。

　　《平昌县医药局志》。

　　《名山县医药志》。

《荥经县医药志》编纂小组编,唐哲主编：《荥经县医药志》,1986 年。

　　《汉源县医药志》。

　　《石棉县医药志》。

　　《芦山县医药志》。

仁寿县医药局,黄大清主编：《仁寿县医药志》,1986 年。

仁寿县志医药卫生志编纂委员会编：《四川省仁寿县志 医药卫生志》,1986 年。

　　《洪雅县医药局志》。

　　《彭山县医药志》。

　　《青神县医药志》。

　　《资阳县医药志》(上、下)。

简阳县医药志编纂领导小组编,邓春固主编：《简阳县医药志(1912—1985)》,1991 年。

　　《安岳县医药志》。

　　《乐至县医药志》。

　　《汶川县医药公司志》。

　　《理县医药公司志》。

　　《南坪县医药志》。

　　《《金川县医药公司志》。

　　《壤塘县医药志》。

　　《阿坝县医药公司志》。

甘孜藏族自治州医药卫生局主编：《甘孜藏族自治州医药卫生志》,1990 年。

　　《甘孜藏族自治州医药卫生志》,2000 年。

　　《道孚县医药卫生志》。

凉山彝族自治州医药管理局编：《四川省凉山彝族自治州医药志》,1994 年。

西昌市医药卫生志编纂领导小组编,张大鸣主编：《西昌市医药卫生志》,1992 年。

　　《德昌县医药志》。

　　《会理县医药志》。

　　《会东县医药志》。

　　《美姑县医药工作资料汇编》。

　　《普格县医药志》。

　　《布拖县医药志》。

　　《昭觉县医药公司志》。

　　《喜德县医药志》。

　　《木里县医药志》。

　　《眉山县医药管理局志》。

　　《青川县医药志》。

《旺苍县医药志》。

苍溪县医药局编,王树谋主编:《苍溪县医药志》,1991 年。

《剑阁县医药志》。

《绥宁县医药志》。

射洪县医药局编,李辅国主编:《射洪县医药志》,1988 年。

《内江地区医药志》。

《资中县医药局志》。

犍为县医药管理局编,张培根主编:《犍为县医药志》,1986 年。

《井研县医药志》。

《夹江县医药志》。

中国人民政治协商会议四川省万县市委员会文史资料工作委员会编:《万县中药材行业简史》,1986 年。

《珙县医药卫生志》。

《四川卫生史料》杂志社编:《四川卫生史料》(1—12 辑),1984—87 年。

《当代四川》丛书编辑部编:《当代四川卫生事业》,北京:当代中国出版社 1994 年。

成都市地方志编纂委员会编纂,钱为政主编:《成都市志·卫生志》,北京:方志出版社 1997 年。

成都市西城区卫生局编:《成都市西城区卫生志(1950—1985)》,1990 年。

《成都卫生四十年》。

《成都市金牛区卫生志》。

《成都龙泉驿区卫生志》。

成都市西城区卫生局编,胡运光主编:《成都市西城区卫生志》,1990 年。

温江县卫生志编纂委员会编:《温江县卫生志(1911—1997)》,1998 年。

新都县卫生局编,史焕清主编:《新都县卫生志》,1983 年。

《成都市卫生志》编纂委员会编:《成都市卫生志(1990—2005)》,2010 年。

双流县卫生局《卫生志》编纂委员会编,赖凯旋主编:《双流县卫生志(双流县志丛书之三十八)》,
    1985 年。

双流县卫生局编:《双流县卫生志》(1986—1989),1990 年;(1990—1996),1996 年;(1997—2000),
    2000 年。

双流县卫生局编纂:《双流县地方志丛书之八十二:双流县卫生志(2005 年本)》,2005 年。

《新津县卫生志》。

新都县卫生局编:《新都卫生志(1911—1981)》,1981 年。

郫县卫生局《卫生志》编写小组:《郫县卫生志(1911—1981)》,1982 年。

大邑县卫生局编:《大邑县卫生志(1950—1985)》,1990 年;(续编:1986—1989),1991 年。

大邑县王泗乡政府编,许合年主编:《王泗乡卫生志》,1982 年。

蒲江县卫生局编:《四川省蒲江县卫生志》,1982 年。

金堂县卫生局编:《金堂县卫生志》。

《灌县卫生体育志》。

彭县卫生局编:《彭县卫生志(1908—1981)》,1983 年。

《崇庆县卫生局志》。

《邛崃县卫生志》。

自贡市卫生局编:《自贡市卫生志(—1985)》,成都:四川辞书出版社1992年。

　　《1986—1990年自贡市卫生志(资料)》,1992年。

　　《健康护航:自贡卫生60年》,成都:四川人民出版社2011年。

自贡市大安区卫生局《卫生志》编纂委员会编:《自贡市大安区卫生志》。

荣县卫生局编:《荣县卫生局志》。

富顺县卫生局编,赖纯效主编:《富川县卫生志(1911—1985)》,1989年。

攀枝花市卫生志编纂委员会编:《攀枝花市卫生志(1964—2000)》,北京:民族出版社2004年。

董善浦主编,《泸州市卫生志》编纂委员会编纂:《泸州市卫生志(1911—2003)》,北京:方志出版社
　　2005年。

　　《泸州市纳溪区卫生志》。

　　《泸州市合江县卫生志》。

　　《泸州市古蔺县卫生志》。

　　《叙永县卫生志》。

　　《叙永县卫生志(续)》。

　　《泸县卫生志》。

德阳县卫生志编纂领导小组编:《德阳县卫生志》,1985年。

德阳卫生局编:《德阳卫生50年》,1999年。

《德阳卫生志》编纂委员会编:《德阳卫生志(1983—2008)》,成都:天地出版社2012年。

　　《德阳县卫生局志》。

　　《广汉县卫生志》。

什邡县县志编辑委员会编:《什邡县志 卫生志》,成都:四川大学出版社1988年。

什邡县卫生志编纂委员会编:《什邡县卫生志》,1983年。

　　《什邡县卫生局志》。

　　《中江县卫生局志》。

中国卫生事业管理杂志社编:《中国卫生事业管理》(增刊:绵阳卫生事业50年成就展),1999年第10期

绵阳市卫生局编,马安智主编:《绵阳市卫生志》,1987年。

绵阳市.游仙区:《绵阳市(县级)卫生志》。

绵阳市.涪城区:《绵阳市卫生志》。

　　《江油县卫生志》。

江油市卫生局编:《江油市卫生志》,1997年。

　　《安县卫生志》。

　　《梓潼县卫生志》。

　　《平武县卫生志》。

北川县卫生局编:《北川县卫生志》。

三台县卫生局编,萧坤镛、张志远主编:《三台县卫生志》,1987年。

　　《广元县卫生志》。

青川县卫生局编,光耀主编:《青川县卫生志》(1948—1985),1988年;(1986—2002),2006年。

旺苍县卫生局编:《旺苍县卫生志(1986—2000)》,2001年。

苍溪县卫生局编,王鹏辉主编:《苍溪县卫生志(1911—1985)》,1988年。

《剑阁县卫生志》。

《遂宁市计生委志》。

蓬溪县卫生志编委会编:《蓬溪县卫生志》(1911—1985),1989 年;(1986—2005),2005 年。

四川省大英县卫生局编:《大英卫生志》,2004 年。

《射洪县卫生志》。

《内江县凌家场卫生小志》。

《内江县郭北区卫生小志》。

《内江县顺河区卫生小志》。

《内江县史家区卫生小志》。

《内江县百合区卫生小志》。

内江市卫生志编纂委员会编:《内江市卫生志(1820—1983)》,北京:方志出版社 1985 年。

内江市卫生局编,罗正德主编:《内江地区卫生志(1911—1985)》,成都:四川辞书出版社 1995 年。

《资中县卫生志》。

《威远县卫生志》。

《乐山市卫生志》。

《乐山市.五通桥区卫生志》。

乐山市卫生志编纂委员会编:《乐山市卫生志(2002)》,2004 年。

四川省峨眉山市卫生局编印:《峨眉县卫生志(1912—1985)》,1991 年。

犍为县卫生局编,宋宗烈主编:《犍为县卫生志》,1987 年。

犍为县卫生局编:《犍为县卫生志(1985—1999)》,2001 年。

犍为县马庙区卫生院编,李华容主编:《犍为县马庙区卫生志》,1986 年。

犍为县龙窝区卫生院编,王顺喜主编:《犍为县龙窝区卫生志》,1986 年。

犍为县龙窝区卫生院编,王顺喜主编:《犍为县清溪区卫生志》,1986 年。

犍为县龙窝区卫生院编,王顺喜主编:《犍为县龙孔区卫生志》,1986 年。

《夹江县卫生志》。

沐川县卫生局编:《沐川县卫生志(1942—2006)》,2008 年。

万县地区卫生志编纂委员会编:《万县地区卫生志》,成都:四川民族出版社 1996 年。

南充市地方志办公室编,王正忠主编:《南充地区卫生志》,成都:四川科学出版社 1996 年。

《南充县卫生志》。

《阆中县卫生志》。

《阆中县文成区卫生志》。

《阆中县河溪区卫生志》。

《阆中县千佛乡卫生志》。

南部县卫生志编辑小组编:《南部县卫生志》,1986 年。

《营山县卫生志》。

蓬安县卫生局编,张德培主编:《蓬安县卫生志》,1988 年。

仪陇县卫生局编,高国和主编:《仪陇县卫生志》,1986 年。

西充县卫生志编纂领导小组编:《西充县卫生志》,1987 年。

西充县卫生志编纂委员会编:《西充县卫生志(1986—2005)》,2015 年。

黔江土家族苗族自治县卫生志编纂领导小组编:《黔江土家族苗族自治县卫生志》,1986 年。

黔江县卫生局编,肖声智主编:《黔江县卫生志》,1986 年。

《宜宾县卫生志》。

《南溪县卫生志》。

《南溪县卫生局志》。

《江安县卫生志》。

《长宁县卫生志》。

《高县卫生志》编写领导小组编,田银昌主编:《高县卫生志》,1987 年。

《高县卫生体育志》。

《兴文县卫生志》。

《屏山县卫生志》。

广安市卫生志编纂办公室编:《广安市卫生志(1993—2005)》,2011 年。

《广安县卫生志》。

华蓥市卫生志编纂委员会编:《华蓥市卫生志(1978—2010)》,2011 年。

四川省岳池县卫生局编印,杨伯洲主编:《岳池县卫生志(1912—1985)》,1987 年。

武胜县卫生局编,郑方隆主编:《武胜县卫生志》,1986 年。

武胜县卫生局编:《武胜县卫生志(1986—2005)》,2011 年。

青川县卫生局编:《青川县卫生志(1986—2002)》,2006 年。

四川省武胜县志编纂委员编,段学新主编:《武胜县志 卫生志》,重庆:重庆出版社 1994 年。

《邻水县卫生志》编纂委员会编:《邻水县卫生志(1981—2008)》,成都:四川师范大学电子出版社
2010 年。

达县卫生局编,何光明主编:《达县卫生志(1911—1985)》,1986 年。

达县市卫生志编纂领导小组编:《达县市卫生志(—1985)》,1987 年。

达县地区卫生志编辑室:《达县地区卫生志(1911—1985)》,成都:四川文艺出版社 1990 年。

《大竹县卫生志》。

《渠县卫生志》。

巴中县卫生局编,谢育生主编:《巴中县卫生志(1911—1985)》,1989 年。

通江县卫生局编,王思相主编:《通江卫生志(1912—1985)》,1987 年。

中共通江县卫生局委员会、通江县卫生局编:《通江县卫生志(1986—2005)》,2007 年。

南江县卫生志编纂委员会编:《南江县卫生志》,1984 年。

南江县卫生局编纂:《南江县卫生志(1983—2013)》,2014 年。

平昌县卫生局编:《平昌县卫生志(1933—1985)》,1986 年。

《雅安市卫生体育志》。

四川省名山县卫生局编写组编:《名山县卫生志》,1986 年。

《荥经县卫生志》。

《汉源县卫生志》。

石棉县卫生局主编:《石棉县卫生志(1985—2000)》,2001 年。

《天全县卫生志》。

《芦山县卫生志》。

《眉山县卫生局志》。

《仁寿县卫生志》编辑组编,张宣儒主编:《仁寿县卫生志(1840—1984)》,1985 年。

《洪雅县卫生局志》。

青神县卫生志编写组:《青神县卫生志》,1988 年。

四川省丹棱县卫生志编辑组编印:《丹棱县卫生志(1912—1981)》,1987 年。

资阳市卫生局编纂:《资阳市卫生志(1998—2005)》,2007 年。

《资阳卫生志》。

简阳县卫生局编,裳光普主编:《简阳县卫生志》,1985 年。

安岳县卫生志编纂委员会编:《安岳县卫生志(644—1985)》,2003 年。

乐至县卫生局编:《乐至县卫生志》(油印本),1989 年。

阿坝藏族羌族自治州卫生局编,陈朝烈主编:《阿坝州卫生志(—1990)》,北京:民族出版社 1995 年。

《马尔康县卫生志》编纂领导小组编:《马尔康县卫生志》,1990 年。

汶川县卫生志编纂领导小组编:《汶川县卫生志(1911—1985)》,1993 年。

汶川县卫生局编:《汶川县卫生志续编(1986—2000)》,2003 年。

理县卫生志编写领导小组编,黄道衡、张家平主编:《四川省理县卫生志(—1985)》,1991 年。

茂县卫生志编写组编:《茂县卫生志(1821—1990)》,1990 年。

《南坪县卫生志》。

《金川县卫生局志》。

《壤塘县卫生志》。

《阿坝县卫生志》。

《红原县卫生局志》。

《若尔盖县卫生局志》。

《巴塘县卫生志》。

《巴塘县民族卫生志》。

《凉山彝族自治州卫生志》。

《盐源县卫生志》。

四川省凉山彝族自治州德昌县卫生局编,邓天柱主编:《德昌县卫生志(—1985)》,1989 年。

《会理县卫生志》。

会东县卫生局编:《会东县卫生志》,1992 年。

《冕宁县卫生志》。

美姑县卫生局编:《美姑县卫生志(—1990)》,1992 年。

四川省宁南县卫生志编纂委员会编修:《宁南县卫生志(1930—1985)》,1986 年。

《宁南县卫生志》续编小组编纂:《宁南县卫生志(续编)(1986—1990)》,1991 年。

《普格县卫生志》。

四川省布拖县卫生志编纂委员会编,蒋长亨主编:《布拖县卫生志(1952—1985)》,成都:四川大学出版社 1989 年。

《金阳县卫生局志》。

《昭觉县卫生志》。

喜德县卫生局编,施邦定主编:《喜德县卫生志》,1986 年。

《雷波县卫生志》。

《越西县卫生志》。

自贡市卫生局编:《采风集》第十一辑(采方运动中,由自贡市政委员会收集内科、小儿科、妇产科、外科、正骨科、五官科、皮肤科、痔漏科等科民间献方),1959年。

《开江禁烟史话》。

《四川省中药厂志》。

贵州省

[医学教育与科研院所史志]

政协都匀市文史委编:《都匀文史》(第6辑:教育专辑:……黔南民族卫生学校……),1987年。

政协惠水县委员会文史委编:《惠水文史资料选辑》(第9辑:……吴家福:艰苦创业的惠水县卫生学校……),1992年。

政协贵阳市委员会文史资料委员会、贵阳市卫生局:《贵阳文史资料选辑 第39辑 卫生专辑(上)》(王爱月:国立中央高级护士学校在贵阳毛启玛 曾思聪:湘雅医学院在贵阳杜松竹:记名医袁家玑罗克聪 周正明:王聘贤的医学成就谢琦:记邓文波和邓岩濑),1993年。

贵州省中医研究所所志编纂委员会编:《贵州省中医研究所所志(1957—1987)》,1987年。

贵州医科大学校史编辑委员会编:《贵州医科大学校史(1938—2018)》,2018年。

贵阳医学院院史编委会编:《贵阳医学院院史(1938—1984)》,1987年。

《贵阳医学院》(画册),1988年。

《贵阳医学院毕业生名录(1938—1988)》,1988年。

《贵阳医学院院史(1938—2003)》,2003年。

遵义卫生学校编:《遵义卫生学校校庆卅五周年校刊特辑》,1991年。

贵州省铜仁地区卫生学校编:《贵州省铜仁地区卫生学校建校40周年纪念册(1958—1998)》,1998年。

[医院史志]

贵阳市政协文史和学习委员会编:《贵阳文史选萃》(中),贵阳:贵州人民出版社2006年。含:我与国立贵阳医院;忆贵阳陆军医所。

政协贵阳市委员会编:《贵阳文史资料》(第41辑:参加抗美援朝医疗队回忆,50年剿匪期间医疗卫生工作,西南卫生部志愿军疗养院,忆贵阳市爱国卫生运动),1994年。

政协贵阳市南明区文史委编:《南明文史》(第8辑:……贵州省立医院史话……),1990年。

云岩政协文史资料办公室编:《云岩文史资料选辑》(第15辑:……云岩区人民医院史略),北京:中国文史出版社1994年。

王崇锐主编:《贵阳医学院附属医院简史(1941—2011)》,2001年。

贵阳医学院第二附属医院院史编纂委员会编:《贵阳医学院第二附属医院院史》,2010年。

贵阳医学院第二附属医院院史编辑指导委员会编:《贵阳医学院第二附属医院(原四一八医院)院史续集(2010—2014)》,2014年。

贵阳中医学院第一附属医院编:《贵阳中医学院第一附属医院院志》,1988年。

《传承跨越——贵阳中医学院第一附属医院50年的历程画册(1956—2006)》,2006年。

兴仁县人民医院：《兴仁县人民医院志（1937—2013）》，北京：中国文史出版社 2015 年。

都匀市人民医院编：《都匀市人民医院院志》，2002 年。

《桐梓县人民医院编志》编委会：《桐梓县人民医院志（1936—2006.8）》，2006 年。

遵义医学院附属医院编：《让爱与你同在——遵义医学院附属医院抗震救灾纪实（5.12 汶川大地震）》，2008 年。

遵义地区医院志编写办公室编：《遵义地区医院志（1938—1985）》，1986 年。

息烽县人民医院编：《息烽县人民医院院志（1939—2008）》，2009 年。

《德江县人民医院志》编纂委员会编：《德江县人民医院志（1939—2008）》，2010 年。

望谟县人民医院志编纂委员会编：《望谟县人民医院志（1940—2009）》，贵阳：贵州人民出版社 2011 年。

铜仁地区人民医院院志编委会：《铜仁地区人民医院院志》。

金沙县人民医院志编纂领导小组编：《金沙县人民医院志》，2014 年。

金沙县中医院志编纂委员会编：《金沙县中医院志（1984—2014）》，2016 年。

天等县人民医院志编纂领导小组编：《天等县人民医院志（1951—2001）》，2001 年。

［疾病防控与防疫史志］

册亨县皮肤病防治站编，罗宝光主编：《册亨县麻风志》，1987 年。

政协福泉县委员会编：《福泉文史》（6：……福泉县麻风病防治……），1991 年。

政协黎平县委员会编：《黎平文史资料选辑》（5：……民国时期的黎平县卫生院；银朝麻风村；黎平消灭天花纪实……），1989 年。

政协遵义县委员会编：《遵义县文史资料》（2：……遵义县麻风病院……疟区史话……廖氏化风丹……），1985 年。

［畜禽疫病与兽医史志］

贵州省政协文史与学习委员会编：《贵州文史选粹》（教科文卫：兽医学校在安顺……），贵阳：贵州人民出版社 2010 年。

政协安顺市委员会编：《安顺文史资料》（第 5 辑：抗战专辑（上）：国民党军政部陆军军医学校历史钩沉，忆陆军军医学校，抗战中在安顺的陆军军医学校，陆军兽医学校在安顺，马政与兽医学校……），2005 年。

政协安顺市委员会编：《安顺文史资料》（第 8 辑：原国民党军政部陆军军医学校概况，驻安顺原国民党陆军兽医学校情况，忆陆军兽医学校，马政与兽医学校，我在陆军兽医学校见闻……），1987 年。

贵州省农业厅畜牧局编：《贵州省畜禽疫病志》，贵阳：贵州科技出版社 1992 年。

［医药、卫生史志］

贵州省医药公司编，吴乃生主编：《贵州省医药公司医药商业志（1952—1990）》，1992 年。

台江地方志编委会编：《台江县志第十三篇：医药卫生》，1992 年。

黔南布依族苗族自治州史志编纂委员会编：《黔南布依族苗族自治州志 第二十一卷 医药志（—1995）》，贵阳：贵州人民出版社 1999 年。

贵州省地方志编纂委员会编：《贵州省志 卫生志》（上、下），贵阳：贵州人民出版社 2014 年。

政协开阳县科教文卫史委员会、开阳县卫生与计划生育局编：《开阳卫生》，北京：团结出版社 2017 年。

贵阳市志编纂委员会编:《贵阳市志·卫生志》,贵阳:贵州人民出版社 1997 年。

黔东南苗族侗族自治州史志编纂委员会编:《黔东南州志·卫生志》,贵阳:贵州民族出版社 1993 年。

黔东南苗族侗族自治州地方志编撰委员会编:《黔东南苗族侗族自治州志·卫生志》,贵阳:贵州人民出版社 1993 年。

三都县卫生局编:《三都水族自治县卫生志》,2009 年。

黔南布依族苗族自治州地方志编撰委员会编,刘天纲主编:《黔南布依族苗族自治州志 第七卷:卫生志(1368—1990)》,贵阳:贵州人民出版社 1994 年。

黔西南布依族苗族自治州史志编纂委员会编,赵玉玺主编:《黔西南布依族苗族自治州志 卫生志(1421—1989)》,昆明:云南科技出版社 2009 年。

册亨县卫生局编,罗宝光主编:《册亨县卫生志》,1988 年。

贵州省黄平县地方志编委会编:《黄平县志第九编第二十二卷:医药卫生》,1992 年。

贵州省水城县卫生局编:《水城县卫生志》,1988 年。

兴义市卫生志编纂委员会编:《兴义市卫生志(1800—2015)》,昆明:云南科技出版社 2017 年。

遵义地区卫生志编纂委员会编:《遵义地区卫生志》,1999 年。

贵州省遵义市地方志编纂委员会编:《遵义地区志 卫生志》,贵阳:贵州人民出版社 2002 年。

《福泉县卫生志》编写组编,左隆恢主编:《福泉县卫生志(明成化年间至 1988 年)》,1991 年。

《德江县医药卫生志》编委会编:《德江县医药卫生志(―2007)》,贵阳:贵州人民出版社 2007 年。

黔南布依族苗族自治州史志编纂委员会编:《黔南布依族苗族自治州志 第 7 卷 卫生志》,贵阳:贵州人民出版社 1994 年。

望谟县卫生局编:《望谟县卫生局志》,2009 年。

遵义市卫生局编:《遵义卫生 50 年(1949—1999)》,1999 年。

贵阳市志编纂委员会编,曾兴重主编:《贵阳市志 卫生志》,贵阳:贵州人民出版社 1997 年。

黔东南苗族侗族自治州地方志编纂委员会编:《黔东南苗族侗族自治州志 卫生志》,贵阳:贵州人民出版社 1993 年。

黔东南州卫生局编:《续编黔东南苗族侗族自治州志卫生志》,2006 年。

中国人民政治协商会议遵义市委员会文史资料委员会编:《遵义文史资料 第 25 辑:遵义医卫专辑》(清末民国时期遵义中医药界、曾氏生精散、曾氏长寿长乐补酒),1994 年。

黔东南苗族侗族自治州地方志编纂委员会:《黔东南苗族侗族自治州志 卫生志》,贵阳:贵州人民出版社 1993 年。

《铜仁地区志·卫生志》编委会编:《铜仁地区志 卫生志(―2000)》,贵阳:贵州人民出版社 2004 年。

毕节市地方志编委会办公室:《毕节地区志·卫生志(―2003)》,北京:方志出版社 2015 年。

凯里市卫生局编,潘文江主编:《凯里市卫生志 1994—2000》,2002 年。

大方县卫生志编纂委员会编:《大方县卫生志》,2002 年。

《三穗县卫生志》编辑委员会编,陈再鑫主编:《三穗县卫生志》,1989 年。

三穗县卫生志编辑委员会编:《三穗县卫生志(1988—2005)》,2007 年。

大方县卫生志编纂委员会编,杨成毅主编:《大方县卫生志(1910—2000)》,2002 年。

贵州省黎平县卫生志编纂委员会编:《黎平县卫生志》,1987 年。

贵州省正安县卫生志编纂委员会编:《正安县卫生志(―2000)》,2003 年。

《晴隆县卫生志》编纂委员会编:《晴隆县卫生志》,北京:中国言实出版社 2014 年。

云南省

[综合志]

杜克琳、徐和平主编:《云南省医学专家名录》(上:省属、昆明市医疗单位;下:州市医疗单位),昆明:云南大学出版社2008年。

[医学教育与科研院所史志]

张德厚主编:《云南中医学院院史(1960—1988)》,昆明:云南科技出版社1989年。

陈恩科、张德厚主编:《云南中医学院院史(1960—1999)》,昆明:云南科技出版社2000年。

云南省疟疾防治研究所志编纂委员会编:《云南省疟疾防治研究所志》,1998年。

迪庆藏族自治州卫生学校编:《迪庆藏族自治州卫生学校志(1974—2003)》,2005年。

德宏州卫生学校校史编委会编:《德宏州卫生学校校史(1960—1995)》,1995年。

红河州卫生学校校史编纂委员会编:《红河州卫生学校校史(1958—2008)》,2008年。

红河州卫生学校编:《厚德至善 春华秋实——红河州卫生学校建校五十周年纪念册(1958—2008)》,2008年。

大理医学院编:《大理医学院院史(1982—1992)》,1992年。

大理医学院校史编纂委员会编,刘永祥主编:《大理医学院校史》,昆明:云南大学出版社2003年。

云南省大理卫生学校校史编纂委员会编:《大理卫生学校校史(1953—1988)》,1988年;(1989—2003),2003年。

昭通卫生学校志编纂委员会编:《昭通卫生学校志》,2007年。
《昭通卫生学校志》,2017年。

昭通卫生学校编:《半世纪风雨砥砺,60载职教辉煌——1957—2017云南省昭通卫生学校建校六十周年暨昭通卫生职业学校办学剪影》,2017年。

[医院史志]

云南省农垦总局第二职工医院志编纂委员会编:《云南省农垦总局第二职工医院志(1972—2010)》,昆明:云南人民出版社2012年。

云南省精神病医院编:《云南省精神病医院志(1955—2005)》,2005年。

云南省第一人民医院编著:《云南省第一人民医院院志》(1932—1998),1999年;(第二卷:1999—2009),2009年。

秦国政主编:《云南省中医医院志(1947—2006)》,昆明:云南大学出版社2010年。

云南省工人疗养院志编纂委员会编:《云南省工人疗养院志》,昆明:云南民族出版社2010年。

昆明市延安区院志编纂委员会编:《昆明市延安医院志(1969—1999)》,昆明:云南大学出版社2001年。

云南省肿瘤医院、昆明医科大学第三附属医院志编纂委员会编:《云南省肿瘤医院、昆明医科大学第三附属医院志(1984—2014)》,昆明:云南人民出版社2015年。

昆明医学院第一附属医院编:《昆明医学院第一附属医院院志(1941—1991)》,1991年。

昆明医学院第二附属医院院志办公室编:《昆明医学院第二附属医院院志》(1952—1992),1998年;(1993—2009),昆明:云南民族出版社2012年。

昆明市第二人民医院编:《昆明市第二人民医院院志(1952—2016)》,2017年。

昆明市第三人民医院编:《昆明市第三人民医院院志(1960—2005)》,2005年。

盘龙区人民医院志编纂委员会编:《盘龙区人民医院志(1958—2008)》,2010年。

路南彝族自治县医院编:《路南彝族自治县医院志(1939—1995)》,1996年。

个旧市妇幼保健院编:《个旧市妇幼保健院院志》,2012年。

东川市中医院编:《东川市中医院建院十周年(1981—1991)专刊》,1991年。

临沧地区人民医院编:《临沧地区人民医院志》,2004年。

云南省临沧市妇幼保健院编:《云南省临沧市妇幼保健院志(1964—2009)》,2011年。

祥云县人民医院编:《祥云县人民医院志》,昆明:云南人民出版社2017年。

罗平县人民医院志编纂委员会编:《罗平县人民医院志》,北京:中国文史出版社2012年。

巍山彝族回族自治县人民医院编:《巍山彝族回族自治县人民医院志》,北京:国际文化出版社2008年。

景谷傣族彝族自治县人民医院志编纂办公室编:《景谷傣族彝族自治县人民医院志(1937—2000)》,2002年。

文山壮族苗族自治州人民医院编:《文山壮族苗族自治州人民医院志(1950—2008)》,2006年。

鲁甸县人民医院编:《鲁甸县人民医院志(1942—2001)》,北京:北京燕山出版社2002年。

《鲁甸县人民医院图志(2002—2012)》,芒市:德宏民族出版社2012年。

弥勒县人民医院编,毕自荣主编:《弥勒县人民医院志(1950—2000)》,昆明:云南民族出版社2001年。

腾冲县人民医院志编纂委员会编纂:《腾冲县人民医院志(1940—2009)》,昆明:云南人民出版社2013年。

《宾川县人民医院志》编写组:《宾川县人民医院志》,昆明:云南人民出版社2011年。

怒江州人民医院编纂,高星主编:《云南省怒江傈僳族自治州人民医院院志》(1950—1994),1996年;(1995—2006),2007年。

高星主编:《医之韵:怒江州人民医院建院55周年巡礼》,昆明:云南美术出版社2007年。

陆良县中医院院志编纂委员会编:《陆良县中医院院志(1982—2002)》,昆明:云南科技出版社2012年。

广南县人民医院编:《广南县人民医院志(1941—2012)》,2013年。

普洱市人民医院院志编委会编:《普洱市人民医院院志(1995—2009)》,2011年。

思茅地区精神病医院编:《思茅地区精神病医院院志(1979—1999)》,1999年。

云南省曲靖地区第一人民医院院志编纂委员会编:《云南省曲靖地区第一人民医院院志(1938—1989)》,昆明:云南大学出版社1993年。

曲靖市第一人民医院编,张小德主编:《曲靖市第一人民医院志(1990—2003)》,2012年。

曲靖市第一人民医院编:《曲靖市第一人民医院志(1938—2012)》(上下),2012年。

曲靖市妇幼医院志编纂委员会编:《曲靖市妇幼医院志(1893—2013)》,2013年。

曲靖市麒麟区茨营乡卫生院编:《麒麟区茨营乡卫生院志(1953—2011)》,昆明:云南民族出版社2012年。

云南省楚雄州人民医院编:《楚雄彝族自治州人民医院志》(1938—1990),昆明:云南民族出版社1993年;(1991—2010),昆明:云南科技出版社2013年。

楚雄州广通医院编:《楚雄彝族自治州广通医院院志》,2009年。

楚雄州中医院志编写组编:《楚雄彝族自治州中医院志》,1988年。

楚雄彝族自治州妇幼保健院编:《楚雄彝族自治州妇幼保健志(1972—2011)》,2014年。

红河州妇幼保健院编:《红河州妇幼保健院志》,昆明:云南科技出版社 2015 年。

云南省西双版纳傣族自治州人民医院志编委会:《云南省西双版纳傣族自治州人民医院志(1952—2000)》,2002 年。

西双版纳傣族自治州民族医药研究所编:《西双版纳傣族自治州民族医药研究所/西双版纳傣族自治州傣医医院志》,昆明:云南民族出版社 2012 年。

大理白族自治州人民医院院志编纂委员会编:《辉煌十年——大理白族自治州人民医院志(1992—2001)》,2001 年。

大理白族自治州人民医院院史编写小组编:《大理白族自治州人民医院院史(1941—1990)》,1991 年。

大理市第一人民医院编:《大理市第一人民医院院史》,1991 年。

大理白族自治州畜牧兽医站编:《大理白族自治州畜禽疫病志》,2001 年。

鹤庆县人民医院编:《鹤庆县人民医院院史》,1998 年。

昭通地区人民医院志编纂委员会编:《昭通地区人民医院志》,昆明:云南人民出版社 2002 年。

昭通地区中医院编:《昭通地区中医院院志》(1981—1991),1991 年;(1991—2001),2001 年。

玉溪市人民医院编:《玉溪市人民医院志(1950—2001)》,2003 年。

弥渡县人民医院编:《弥渡县人民医院志(1951—2006)》,2006 年。

段杏花主编:《保山市第二人民医院院志(1950—2008)》,2009 年。

[疾病防控与防疫史志]

云南省流行病防治研究所、中国医学科学院流行病学微生物学研究所编;《云南省鼠疫流行史》,1965 年稿,1973 年修印。

赵永龄:《云南鼠疫流行史一些问题的讨论》,鼠疫丛刊第二号抽印本 1957 年。

云南省流行病防治研究所编:《云南省鼠疫防治研究资料汇编(1983)》,1983 年。

　　《云南省流行病防治研究所资料选编(鼠疫部分)》。

　　《云南省流行病防治研究所资料选编(钩端螺旋体病部分)》。

　　《云南省流行病防治研究所资料汇编 1973》,1974 年。

　　《云南省流行病防治研究所资料汇编 1974—1975》,1976 年。

　　《云南省流行病防治研究所成立三十年年资料汇编》,1986 年。

　　《云南省地方病资料汇编》(第 3 期:鼠疫专辑),1992 年 9 月。

　　《云南省流行病防治研究所所志(1951.7—2001.7)》,2001 年。

汪文仁等著:《云南疟疾防治与研究》,昆明:云南科技出版社 2013 年。

云南省疟疾防治所编:《云南省疟疾防治研究 资料汇编》(2),1976 年 10 月。

张显清主编:《云南省血吸虫病防治史志》,昆明:云南科技出版社 1992 年。

张显清、王秀芬主编:《云南省血吸虫病防治史志续集》,昆明:云南科技出版社 2000 年。

剑川县血防领导小组办公室编,张笑主编:《云南省剑川县血吸虫防治工作史志》,1983 年。

宾川县卫生局、宾川县血吸虫病防治所编:《云南省宾川县血吸虫病防治工作史志(1954—1979)》,1984 年。

个旧市卫生局、卫生防疫站编,翟晞明等主编:《云南省个旧市血防史志》,1984 年。

《华容县血防志》编纂组编:《华容县血防志》,上海:华东师范大学出版社 1990 年。

漾濞县卫生防疫站编:《漾濞县血吸虫病防治工作史志(1964—1984)》,1984 年。

大理县血防领导小组办公室编:《大理县血吸虫病防治工作史志》,1980 年。

下关市(今大理市)卫生局血吸虫病防治站编:《下关市血吸虫病防治工作史志(1953 — 1979)》,1983 年。

下关市卫生局血吸虫防治站编印:《下关市血防史志(1953—1979)》,1983 年。

云南省大理州血吸虫病防治研究所编:《大理州血吸虫病防治研究所建所三十五周年论文摘汇(1953—1988)》,1988 年。

大理州政协文史资料委员会编:《大理州文史资料》第 2 辑,1983 年。含:大理地区血吸虫病流行概况及防治进展;旋毛虫病在大理州流行概况等。

剑川县血吸虫病防治站编:《剑川县血吸虫病防治史志》,芒市:德宏民族出版社 2013 年。

鹤庆县县委血防领导小组、鹤庆县卫生局编:《鹤庆县防治血吸虫病工作史志(1954—1970)》,1979 年。

《云南省卫生防疫站志》编纂委员会编:《云南省卫生防疫站志》,昆明:云南科技出版社 1999 年。

《云南省卫生防疫站志(1993—2001)》,昆明:云南人民出版社 2005 年。

云南省漾濞县卫生防疫站编:《漾濞县卫生防疫志(1964—1984)》,1984 年。

保山市卫生防疫站编,张光远主编:《保山市卫生防疫志》,芒市:德宏民族出版社 1992 年。

昆明市爱国卫生运动委员会办公室编纂:《昆明市爱国卫生运动志(1950—1992)》,1993 年。

昆明市盘龙区环境卫生管理志编纂委员会编:《昆明市盘龙区环境卫生管理志(1911 — 1991)》,1993 年。

云南省蒙自县爱国卫生运动委员办公室编:《蒙自县爱国卫生运动志》,2008 年。

中华人民共和国瑞丽动植物检疫局编:《瑞丽口岸动植物检疫简志(1982—1992)》,1993 年。

鹤庆县县委血防领导小组、鹤庆县卫生局、鹤庆县血吸虫病防治站编:《鹤江县防治血吸虫病工作史志(1954—1979)》,1983 年。

曲靖市麒麟区疾病预防控制中心编:《曲靖市麒麟区疾病预防控制中心志(1950—2013)》,昆明:云南美术出版社 2015 年。

丽江市疾病预防控制中心编:《丽江市疾病预防控制中心志(1953—2009 年)》,2010 年。

剑川县血防领导小组办公室编:《云南省剑川县血吸虫病防治工作史志》,1983 年。

政协保山教科文卫体委员会编:《溅血岁月:保山市文史资料之滇西抗战专辑》(含:龙陵霍乱鼠疫大流行,日军制造的滇西细菌战使昌宁深受劫难……),昆明:云南民族出版社 2004 年。

政协云南省广南县文史委编:《广南县卫生资料选辑》第 6 辑(含:广南鼠疫流行史),1993 年。

《广南县文史资料选辑》(5:……广南县麻风病防治概述……),1991 年。

政协峨山文史委编:《峨山文史》(5:……峨山麻风病防治……),1992 年。

政协峨山彝族自治县文史委编:《峨山彝族自治县文史资料选辑》(14:……2003 年峨山非典防治工作纪实,化念镇的医疗卫生,峨山县中医学会,2001 年麻疹在大西一代的爆发……回忆我在盈江行医的岁月,麻风病防治主治医师李永寿,周传性和他的不忍医馆),2004 年。

政协安宁文史委编:《安宁文史资料》(3:……高山麻风病院的变化……安宁温泉一天下第一汤,温泉摩崖石刻录,浅析安宁温泉水的疗养康复医疗价值,安宁温泉水质分析和临床治疗作用,解放前对安宁温泉水质的研究……),1987 年。

《安宁文史资料》(12:忆原卫生部顾问马海德调研安宁麻防工作,……一个麻风病治愈者的讲述……),2011 年。

政协昆明西山区文史委编:《西山区文史》(8:大跃进三年经济困难时期水肿病防治情况,消灭麻风病……),2001年。

政协新平彝族傣族自治县文史委编:《新平彝族傣族自治县文史资料选辑》(10:……贾琳:新平的麻风病流行及防治……),1990年。

政协维西县文史委编:《维西文史》(2:……维西县麻风病防治概况……)。

政协云南省会泽县文史委编:《会泽文史资料》(8:……会泽县基本消灭麻风病概述……),1997年。

[畜禽疾病与兽医史志]

云南省畜牧局编:《云南省畜禽疫病志》(第一册:概况;第二册:猪病、禽病),1990年。

云南省兽医防疫总站编:《云南动物疫病志》,昆明:云南科技出版社2005年。

肖智伟等主编:《西双版纳畜禽疫病志》,西双版纳畜牧兽医站1990年。

文山州畜牧兽医工作站编:《云南省文山州畜禽疫病志》,1990年。

巍山县畜牧局、兽医防治站编印:《巍山彝族回族自治县畜禽疫病》(上、下),1995年。

鲁甸县畜牧兽医站编:《鲁甸县畜牧志》,1994年。

永仁县畜牧兽医局、《永仁县畜牧兽医志》编纂委员会编,李文山等主编:《永仁县畜牧兽医志(1924—2014)》,昆明:云南民族出版社2017年。

云南省曲靖地行署畜牧局编:《云南省曲靖地区畜禽疫病志》,昆明:云南省新闻出版局1990年。

曲靖市兽医防疫站编:《云南省曲靖市畜禽疫病志》,1990年。

师宗县畜牧兽医站编:《师宗县畜禽疫病志》,1989年。

楚雄彝族自治州农牧局编:《楚雄彝族自治州畜禽疫病志》,1990年。

双柏县畜牧局、双柏县兽医站编:《双柏县畜禽疫病志》,1990年。

武定县畜牧兽医局编:《武定县畜牧兽医志》,昆明:云南人民出版社2017年。

云南省丽江地区畜牧兽医站编:《丽江地区畜禽疫病志》,1990年。

昆明市畜牧兽医站编:《昆明市畜禽疫病志》,1990年。

昆明市官渡区农业局编:《官渡区畜牧兽医志》,1999年。

禄劝彝族苗族自治县畜牧兽医站编:《禄劝彝族苗族自治县畜禽疫病志》,1989年。

云南省昭通地区行政公署农牧局编:《云南省昭通地区畜禽疫病志》,1992年。

德宏州畜牧兽医站编:《德宏州畜禽疫病志》,1990年。

兰坪县畜牧局编:《兰坪县畜禽疫病志》,1992年。

[妇幼保健史志]

景东彝族自治县妇幼保健院编:《景东妇幼保健志》,昆明:云南人民出版社2016年。

祥云县妇幼保健志编纂委员会编:《祥云县妇幼保健志》,2015年。

西双版纳傣族自治州妇幼保健院编:《西双版纳傣族自治州妇幼卫生志》,昆明:云南民族出版社2014年。

新平彝族傣族自治县妇幼保健院编:《新平彝族傣族自治县妇幼卫生志(1951—2006)》,2008年。

西双版纳傣族自治州妇幼保健院编:《西双版纳傣族自治州妇幼卫生志(1956—2012)》,昆明:云南民族出版社2015年。

[医药、卫生史志]

云南省志医药志编委会编：《云南省志·医药志》，昆明：云南人民出版社 1995 年。

政协昆明文史委编：《昆明文史》(22：医卫史料专辑：我所知道的昆明结核病防治院，昆明传染病院回
　　顾，昆明麻风史话，昆明制药厂四十年，民国昆明医药卫生防疫纪事，对国民政府废止中医案的抗争，
　　昆明红十字会创始人刘锦堂)，昆明：云南人民出版社 1993 年。

云南省楚雄彝族自治州卫生局药检所编：《彝药志》，成都：四川民族出版社 1983 年。

巍山彝族回族自治县医药志编辑组编：《巍山彝族回族自治县医药志》，1988 年。

文山壮族苗族自治州医药管理局编：《云南省文山壮族苗族自治州医药志》，1998 年。

西双版纳州民族医药调理研究办公室编：《傣医传统方药志》，昆明：云南民族出版社 1985 年。

西双版纳州民医民族药调查研究办公室编：《西双版纳傣药志》第一集，1979 年；第二集，1980 年；第三集，
　　1980 年。

云南省卫生局编：《医药卫生资料选编》，1974 年。

云南省嵩明县医药公司编：《嵩明县医药志》，1988 年。

保山地区医药局：《保山地区医药志》，1988 年。

田美全主编：《西畴县医药志(1956—2000)》，2001 年。

德宏州卫生局药品检验所编：《德宏民族医药志》，1983 年。

云南省卫生厅编：《云南卫生通志(—1990)》，昆明：云南科技出版社 1999 年。

云南省地方志编纂委员会总纂，《云南省志·卫生志》编纂委员会编撰：《云南省志 卷 69 卫生志》，昆
　　明：云南人民出版社 2002 年。

昆明卫生志编纂委员会编纂：《昆明卫生志(—1990)》，昆明：云南人民出版社 1998 年。

昆明市卫生局编：《昆明卫生志(1978—2008)》，昆明：云南民族出版社 2011 年。

昆明市官渡区地方志丛书编委会编：《官渡区卫生志(1911—1988)》，1990 年。

昆明市盘龙区卫生局编：《盘龙区卫生志》，1995 年。

云南省普宁县卫生局编：《普宁县卫生志》，1992 年。

盘龙区卫生局编：《盘龙区卫生志(1978—2008)》，2011 年。

景东彝族自治县卫生志编纂委员会编：《景东彝族自治县卫生志》，芒市：德宏民族出版社 2015 年。

马关县卫生局编：《马关县卫生志》，1991 年。

兰坪白族普米族自治县卫生局编：《卫生志》，1993 年。
　　《兰坪县卫生志(续.1991—2000)》，2002 年。

兰坪县卫生局编：《兰坪文史资料(第四辑：医疗卫生专辑)》，2002 年。

云南省勐海县卫生局编：《勐海县卫生志》，2000 年。

祥云县卫生志编委会编：《祥云县卫生志》，2009 年。

云南省砚山县卫生局编：《砚山卫生志(1906—2005)》，2008 年。

鲁甸县卫生局编：《鲁甸县卫生志(1875—1988)》，乌鲁木齐：新疆科技卫生出版社 1996 年。

隆阳区卫生局编：《隆阳区卫生志(1978—2011)》，2013 年。

《弥勒县卫生志》编修办公室编，李炯雯主编：《弥勒县卫生志》，1988 年。

云南省碧江县卫生局编：《碧江县卫生志》，1988 年。

福贡县卫生志编纂小组编：《福贡县卫生志》，1990 年。

《腾冲县卫生志》领导小组编，张有兴主编：《腾冲县卫生志(1911—1985)》，1987 年。

元谋县卫生局编,阿嘉兴主编:《元谋县卫生志(1901—1991)》,1994 年。

弥渡县卫生局编:《弥渡县卫生志(—2005)》,昆明:云南民族出版社 2007 年。

怒江傈僳族自治州卫生志编纂委员会编,木振荣主编:《怒江傈僳族自治州卫生志(1912—1992)》,昆明:云南民族出版社 1997 年。

宾川县卫生局编:《宾川县卫生志》,2011 年。

《华容县卫生志》编纂领导小组编,李绍恺主编:《华容县卫生志》,昆明:云南大学出版社 1989 年。

巍山彝族回族自治县卫生局编:《巍山彝族回族自治县卫生志》,北京:中国国际文化出版社 2007 年。

富源县卫生局编:《富源县卫生志(1908—2012)》,2015 年。

云南省《嵩明县卫生志》编纂领导小组编:《嵩明县卫生志》,1985 年。

嵩明县卫生局编纂:《嵩明县卫生志(1950—2010)》,2011 年。

丽江市卫生局编,毛志良主编:《丽江市卫生志(—2008.12)》,昆明:云南美术出版社 2009 年。

陆良县卫生志编纂委员会编,徐柱启、马国生主编:《陆良县卫生志》,昆明:云南人民出版社 2015 年。

云南省陆良县志编纂委员会编:《陆良县志/第二十五编 医药卫生(—1985)》,上海:上海科学普及出版社 1991 年。

景谷傣族彝族自治县卫生医药志领导小组编:《景谷傣族彝族自治县卫生医药志》,昆明:云南大学出版社 1996 年。

普洱哈尼族彝族自治县卫生局编:《普洱哈尼族彝族自治县卫生志(1912—1996)》,1997 年。

普洱市卫生志编纂委员会编:《普洱市卫生志(1949—2009)》,2009 年。

墨江哈尼族自治县卫生局编:《墨江哈尼族自治县卫生志》,2001 年。

云南省文山县壮族苗族自治州广南县卫生局编:《广南县卫生志(明万历末年至 1987 年)》,昆明:云南民族出版社 1993 年。

景洪市卫生局编,蔡屏江主编:《景洪市卫生志》,2006 年。

云南省元阳县卫生志编纂委员会编:《元阳县卫生志(1817—1993)》,昆明:云南民族出版社 1994 年。

瑞丽市卫生局编:《瑞丽市卫生志》,2017 年。

师宗县卫生局卫生监督局编:《师宗卫生监督志(2002—2012)》,2012 年。

泸西县编纂委员会编:《泸西县卫生志》,2003 年。

宁蒗彝族自治县卫生局、宁蒗彝族自治县史志办编:《宁蒗彝族自治县卫生志(—1995)》,昆明:云南民族出版社 2000 年。

曹式煌主编,耿马傣族佤族自治县卫生局编:《耿马傣族佤族自治县卫生志》,芒市:德宏民族出版社 1995 年。

《德宏州卫生志》编纂委员会编:《德宏州卫生志》,1996 年。

曲靖市卫生志编纂委员会编:《曲靖市卫生志(1912—1985)》,昆明:云南科学技术出版社 1990 年。

钟继红主编:《楚雄彝族自治州卫生志》,昆明:云南民族出版社 2012 年。

楚雄市卫生局编:《楚雄市卫生志(—2012)》,2013 年。

杨华文主编,会泽卫生志编纂委员会编:《会泽卫生志(1644—2005)》,昆明:云南民族出版社 2006 年。

澄江县卫生局编:《澄江县卫生志》,1987 年。

红河州卫生志编纂委员会:《红河哈尼族彝族自治州卫生志》,昆明:云南民族出版社 1993 年。

红河州卫生局卫生监督局编:《红河州卫生局卫生监督所志(2001—2009)》,2011 年。

云南省通海县卫生局编:《通海县卫生志(1911—1988)》,1991 年。

保山市卫生志编纂委员会编纂:《保山市卫生志》,昆明:云南大学出版社 1993 年。

　　《保山市卫生志(前 109 年至公元 2010 年)》,昆明:云南民族出版社 2015 年。

凤庆县卫生局、凤庆县地方志办公室编,李成忠主编:《凤庆县卫生志》,1991 年。

威信县卫生局编纂:《威信县卫生志》,1990 年。

玉溪市地方志办公室编:《玉溪市卫生志(1384—1987)》,1989 年。

玉溪市卫生局编:《玉溪市卫生志(1989—2005)》,昆明:云南民族出版社 2011 年。

云南省玉溪地区地方志编纂委员会编:《玉溪地区志 第 5 卷 卫生志》,北京:中华书局 1994 年。

玉溪地区卫生志编纂委员会,王正坤主编:《玉溪地区卫生志(1840—1988)》,昆明:云南科学技术出版
　　社 1995 年。

华宁县卫生局编:《华宁县卫生志(1951—1988)》,1991 年。

云南省易门县人民政府卫生局编:《易门县卫生志(1905—2000)》,2001 年。

澂江县卫生局编:《澂江县卫生志(1931—1987)》,1988 年。

德钦县卫生志编纂委员会编,李根和主编:《德钦县卫生志(—1992)》,昆明:云南科学技术出版社
　　1994 年。

大理市卫生志编纂委员会编,杨可大主编:《大理市卫生志(—1988)》,昆明:云南民族出版社 1992 年。

大理白族自治州地方志编纂委员会编,李仲铨主编:《大理白族自治州志 第 8 卷 科技志、教育志、卫生
　　志》,昆明:云南人民出版社 1992 年。

李文泰主编:《大理卫生四十年》,昆明:云南民族出版社 1990 年。

大理州卫生志编纂委员会编:《大理白族自治州卫生志(—1993)》,昆明:云南民族出版社 1996 年。

尧挥彬卷主编、云南省地方志编纂委员会总纂,《云南省志·卫生志》编纂委员会编撰:《云南省志 卷69
　　卫生志》,昆明:云南人民出版社 2002 年。

禄劝彝族苗族自治县卫生局编纂,吴明泽主编:《禄劝彝族苗族自治县卫生志(1991—2000)》,芒市:德
　　宏民族出版社 2002 年。

昭通卫生志编纂委员会:《昭通卫生志》,北京:教育科学出版社 2006 年。

峨山彝族自治县卫生局编:《峨山彝族自治县卫生志(—1988)》,1993 年。

盈江县卫生局编,李锦章主编:《盈江县卫生志》,芒市:德宏民族出版社 1993 年。

西畴县卫生局编:《西畴县卫生志(1854—1995)》,1999 年。

西藏自治区

[医学教育与科研院所史志]

《西藏自治区卫生学校建校二十周年大事记》编委会编:《西藏自治区卫生学校建校二十周年大事记》,
　　1992 年。

[医院史志]

中国人民武装警察部队西藏自治区总队医院编《中国人民武装警察部队西藏自治区总队医院志
　　(1963.12—2006.12)》,2006 年。

西藏山南地区人民医院编:《足迹——纪念西藏山南地区人民医院建院四十周年(1956—1996)》,
　　1996 年。

[畜禽疫病与兽医史志]

西藏自治区畜牧兽医队编：《西藏自治区畜牧兽医队：畜牧兽医科技资料汇编（1974—1986）》第一辑（上、下），1987 年。

[医药、卫生、检验检疫史志]

中国科学院西北高原生物研究所编：《藏药志》（修订版），西宁：青海人民出版社 1996 年。

西藏自治区地方志编纂委员会编：《西藏自治区志·卫生志》，北京：中国藏学出版社 2011 年。

西藏自治区检验检疫志编委会编纂：《西藏自治区志·检验检疫志》，北京：中国藏学出版社 2008 年。

周平安主编：《西藏阿里中药志（1975—1977）》，北京：中医古籍出版社 2014 年。

西藏自治区江曲医院编：《西藏麻风防治三十年》（附彩图），1995 年。

陕西省

[医学教育与科研院所史志]

沈明主编：《抗日战争时期解放区科学技术发展史资料》（一：……饶正锡：军委卫生部在陕北；张录增：记抗战时期晋察冀白求恩卫生学校；陈仲武、郁彬：延安中央医院），北京：中国学术出版社 1983 年。

政协西安市碑林区文史委编：《碑林文史》（第 4 辑：……陕西省立医学专科学校史话……），1989 年。

陕西省卫生学校编：《陕西省卫生学校校志（1951—1991）》，1991 年。

延安卫校五十周年校庆庆典活动领导小组，李升荣主编：《陕西省延安市卫生学校 50 周年校庆纪念册》，2001 年。

西安医科大学校史编委会编：《西安医科大学庆祝建校五十周年（1937—1987）》，1987 年。

杨龙编著：《北京开医道 西北续弦歌 ——西安交通大学医学部发展篇章》，西安：西安交通大学出版社 2017 年。

宝鸡市卫生学校校志编纂小组编：《宝鸡市卫生学校校志（1934—1985）》，1987 年。

[医院史志]

政协西安市委员会《西安文史资料》委员会编：《西安文史资料》第 10 辑。含：于明江与明江医院；西安华西制药厂始末。

郑文甫主编：《驰骋在西北战场上的第三野战医院》，西安：陕西人民出版社 1991 年。

陕西省博爱医院院史编写委员会编：《陕西省博爱医院院史 》，2008 年。

陕西省人民医院编纂委员会编：《陕西省人民医院院志图册（1931—2017）》，2017 年。

两院院史研讨会筹备组编：《延安中央医院 第一后方医院纪事》，1992 年。

兰州军区后勤部党史资料征集办公室编：《延安白求恩国际和平医院》，北京：解放军出版社 1986 年。

赵正、金堤、栗洪武主编：《学校变成医院 院史资料选编》（西北野战军第四后方医院），2002 年。

第四军医大学西京医院编，熊利泽、董新平编：《西京医院发展简史（1939—2008）》，2012 年。

《陕西省中医药研究院陕西省中医医院志》编纂委员会编：《 陕西省中医药研究院陕西省中医医院志（1956—2006）》，2006 年。

陕西省公路局职工医院院史编写组编：《医院院史资料汇编（1953—1985）》（上、下），1986 年。

西安卫校（医院）史志编审委员会编：《西安铁路成人中等卫生学校（中国铁道建筑总公司西安医院）志

（1984—1995）》,2000 年。

西安市红十字会医院志编纂委员会编:《西安市红十字会医院志(1911—2011)》,2011 年。

《西安交通大学第一附属医院院史》编纂委员会编,施秉银、耿剑平主编:《西安交通大学第一附属医院院史(1956—2016)》,西安:陕西人民出版社 2017 年。

西安交通大学第一附属医院编,施秉银,耿剑平主编:《西安交通大学第一附属医院风云六十年(1956—2016)》,2016 年。

施秉银等主编:《大医担当——西安交通大学第一附属医院甲子发展纪实》,西安:陕西人民出版社 2017 年。

高玛丽、刘浩编著:《西安交通大学医院史略》,西安:西安交通大学出版社 2017 年。

西安交通大学医学院第一附属医院编:《西安交通大学医学院第一附属医院院史(1956—2006)》,2007 年。

纪念西安交通大学医学院创建 70 周年院庆筹备委员会编:《厚德尚医 为生命之光——西安交通大学医学院(原西安医科大学)辉煌 70 年》,西安:西安交通大学出版社 2007 年。

西安交通大学第二附属医院编:《西安交通大学第二附属医院院志(1937—2012)》,西安:西安交通大学出版社 2014 年。

延安市人民医院编张永智总编:《延安市人民医院志(1999.10—2004.10)》,2004 年。

横山县人民医院院志编委会编:《横山县人民医院志》,2013 年。

《铜川市人民医院志》编纂委员会编:《铜川市人民医院志》,2013 年。

户县中医医院志编委会编:《户县中医医院志(1981—2011)》,2011 年。

赵崇绪主编:《辉煌六十年:扶风县人民医院简史(1940—2000)》,2000 年。

扶风县中医医院志编纂委员会编:《扶风县中医医院志(—2009)》,2009 年。

《丹凤县医院志》编纂委员会编:《丹凤县医院志》,西安:陕西旅游出版社 2000 年。

丹凤县中医医院志编纂委员会编:《丹凤县中医医院志》,西安:陕西人民出版社 2002 年。

宝鸡市第二人民医院院志编纂委员会编:《宝鸡市第二人民医院院志(1986—2008)》,2010 年。

《宝鸡市中医医院志》办公室编:《宝鸡市中医医院志(1939—1987)》,西安:陕西人民出版社 1989 年;(1988—2010),2011 年。

宝鸡铁路医院编:《宝鸡医院志(1937—1985)》,1986 年。

《商洛市中心医院志》编纂委员会编:《商洛市中心医院志》,2003 年。

代启练主编:《辉煌的历程:杨凌示范区医院发展简史》,2008 年。

[疾病防控与防疫史志]

陕西省卫生厅、陕西省卫生防疫站、陕西省卫生志编纂委员会编,卢希谦等著:《陕西省预防医学简史》,西安:陕西人民出版社 1992 年。

陕西麻风病防治委员会编:《陕西麻风病防治:1949—2010》,西安:陕西科学技术出版社 2013 年。

安康市卫生防疫志编纂委员会百年:《安康市卫生防疫志(1911—2002)》,2006 年。

眉县卫生防疫站编:《眉县卫生防疫志》,1988 年。

宝鸡市卫生防疫站志编纂委员会编:《宝鸡市卫生防疫站志》。

省畜牧兽医总站、西北大学等编写:《陕西省寄生蠕虫志(吸虫纲 绦虫纲)》,西安:天则出版社 1990 年。

西安市档案馆编:《往者可鉴——民国陕西霍乱疫情与防治》,2003 年。

[畜禽疫病与兽医史志]

陕西省畜牧兽医总站编：《陕西省畜牧兽医总站站史辑要》，1987年。

《牧野春秋——陕西省畜牧兽医总站成立四十周年纪念》，2003年。

陕西农牧志.畜牧卷编纂办公室编，杨遵德等编撰：《陕西畜牧兽医纪事》，1991年。

陕西省农业厅编：《陕西省畜禽疫病志（1949—1991）》，西安：陕西科学技术出版社1995年。

陕西省农业厅畜牧局编：《兽医中药处方汇编》，西安：陕西人民出版社1956年。

贺兰县畜牧兽医工作站编：《贺兰县畜禽疫病志》，1990年。

[医药、卫生、著名医家史志]

陕西省药材公司编志办公室编：《陕西医药志 中药篇资料汇编》（第1辑），1987年。

陕西省卫生志编纂委员会编，卢希谦、李忠全等主编：《陕甘宁边区医药卫生史稿》，西安：陕西人民出版社1994年。

铜川市药材公司《医药志》办公室编，田昕山主编：《铜川市医药志（1956—1985）》，1989年。

政协陕西省铜川市文史委编：《铜川文史》（4：孙思邈医德学术讨论会专辑：孙思邈传，太医精诚，关于孙思邈的来信，"太医精诚"语释，孙思邈和祖国传统医德，试论孙思邈的医德观，孙思邈的医德刍言，孙思邈的医德名言举要，从孙思邈治麻风病看其医德，孙思邈医德一场浅析，孙思邈故里孙家原记），1985年。

《陇县医药志》编纂委员会编，蒲敏达主编：《陇县医药志（1876—1985）》，1986年。

宝鸡市医药商业志编委会编，袁国明主编：《宝鸡市医药商业志（1949—1987）》，1988年。

汉中地区药材公司编，李世全主编：《秦岭巴山天然药物志》，西安：陕西科学技术出版社1987年。

陕西省蓝田县药材公司编：《蓝田县医药志（1063—1987）》，1985年。

陕西省华阴市卫生局编，张玺玉主编：《华山药物志》，西安：陕西科技出版社1985年。

陕西卫生志编纂委员会办公室编：《陕西卫生志》丛刊1985年第1期。

余正东等著，薛天云总校注：《宜川县志 十八 卫生志》，西安：西安地图出版社2007年。

［民国］余正东主修兼总纂，黎锦熙校订：《陕西省宜川县志 卫生志》（影印本），台北：成文出版社有限公司1976年。

［民国］黎锦熙撰著：《中部县志 十六 卫生志》。此志后经何炳武等校注，以《民国三十三黄陵县志校注》由陕西人民出版社2009年出版。

［民国］余正东主修兼总纂，黎锦熙校订：《洛川县志 卫生志》，台北：成为出版社有限公司1976年。

赵石麟、辛智科等主编：《陕西医学史志文集》（第1辑），西安：天则出版社1989年。

陕西省地方志编纂委员会编，王建良等主编：《陕西省志 第72卷 卫生志》，西安：陕西人民出版社1996年。

西安市卫生志编纂委员会编：《西安市志 卫生分志》，1992年。

《西安市卫生志（—1989）》，西安：西安出版社1994年。

《西安市卫生志续篇（1990—2000）》，西安：西安出版社2004年。

西安市精神卫生中心志编纂委员会编：《西安市精神卫生中心志（1957—2007）》，2007年。

咸阳市卫生史志编写办公室、咸阳市地方志办公室编：《咸阳市地方志丛书 咸阳市卫生志（公元前581—1990）》，1998年。

蒲城县卫生局卫生志编纂领导小组编：《蒲城县卫生志》，1986年。

高亚利主编:《榆林市卫生志》,北京:中国文史出版社2018年。

延安市卫生局编:《延安卫生志 第四编 1950—2013》,2014年。

南郑县卫生局:《南郑县卫生志(—1985)》,1987年。

汉中市卫生局编,魏金海主编:《汶川特大地震汉中卫生抗震救灾志》,2011年。

白河县卫生志编纂委员会编:《白河县卫生志》,2006年。

陕西省陇县卫生志编纂领导小组编,王正春等主笔:《陇县卫生志(1940—1985)》,1986年。

清涧县卫生志编纂委员会编:《清涧县卫生志》,1990年。

　　《清涧县卫生志(1632—2014)》,西安:陕西人民出版社2016年。

紫阳县志编委会编:《紫阳县志 卷十七 卫生志》,1985年。

西安市灞桥区志编纂委员会办公室编:《灞桥区志 24 卫生》,1996年。

扶风县卫生局编:《扶风县卫生志》,2009年。

西安市未央区卫生局编:《未央区卫生志》,2002年。

汉阴县卫生志编纂委员会:《汉阴县卫生志(1372—2015)》,2016年。

宝鸡市卫生志编纂委员会编:《宝鸡市卫生志(公元前1122—1990)》,1995年。

太白县卫生局编,《太白县卫生志》,2010年。

靖边县卫生志编纂委员会编:《靖边县卫生志》,西安:三秦出版社2017年。

洛南县卫生志编纂委员会编,冯盈洲主编:《洛南县卫生志(1935—1988)》,1989年。

《商洛地区卫生志》编纂委员会编:《商洛地区卫生志》,西安:陕西人民出版社1999年。

蓝田县卫生局卫生志编写组编:《蓝田县卫生志(—1987)》,1990年。

陕西省延川县卫生局编,冯瑞荣主编:《延川卫生志(1941—1989)》,1989年。

陕西省《洛南县卫生志》编纂委员会编:《洛南县卫生志(1935—1988)》,1990年。

洛南县卫生志编纂委员会编:《洛南县卫生志》,2012年。

商洛市卫生志编纂委员会编《商洛市卫生志》,西安:西安交通大学出版社2014年。

武功县卫生局编:《武功县卫生志》,1994年。

　　《武功县卫生志(1990.1—2010.12)》,2013年。

卢希谦、赵石麟主编,陕西省卫生志编纂委员会办公室编:《陕甘宁边区医家传略》(第1辑),西安:陕西
　　科学技术出版社1991年。

陕西卫生志编纂委员会办公室编:《陕西高级医药卫生专家人名志》(第一辑),西安:陕西科学技术出版
　　社1995年;(第二辑),西安:陕西科学技术出版社2000年。

陕西省卫生志编纂委员会办公室编,赵石麟、孙忠年、辛智科编:《黎锦熙卫生志著述》,西安:天则出版
　　社1989年。

甘肃省

[医学教育与科研院所史志]

甘肃省卫生学校简志编写小组编:《甘肃省卫生学校简志(1956.1—1991.5)》,1991年。

兰州医学院院史编委会编,王镜、周正荣、郑林科主编:《兰州医学院院史(1932—1954—1994)》,
　　1994年。

平凉医学高等专科学校校史编委会编,朱建国主编:《辉煌50年——平凉医学高等专科学校校史

（1958—2008）》,2008 年。

张掖医学高等专科学校编:《张掖医学高等专科学校校史》,2003 年。

陇南市卫生学校编:《陇南市卫生学校校史(1905—2014)》,2015 年。

[医院史志]

甘肃省中医院编:《甘肃省中医院院志(1953—1999)》,2001 年;(2000—2010),兰州:兰州大学出版社
    2013 年。

甘肃省妇幼保健院志编委会编:《甘肃省妇幼保健院志(1942—2002)》,2002 年。

甘肃省康复中心医院志编委会编:《甘肃省康复中心医院 1991—2008》,2008 年。

兰州医学院第一附属医院院志编辑委员会编,《兰州医学院第一附属医院院志(1948—2004)》,
    2004 年。

兰州医学院第二附属医院院志编辑委员会编,《兰州医学院第二附属医院院志(1959—1999)》,
    1999 年。

兰州化学工业公司职工医院编,李顺保主编:《兰化医院志(1959—1998)》,1999 年。

酒泉地区人民医院志编委会编:《酒泉地区人民医院志(1951—2001)》,2001 年。

平凉市第二人民医院志编纂委员会编,薛玉栋主编:《平凉市第二人民医院志》,兰州:兰州大学出版社
    2011 年。

永昌县人民医院编:《永昌县人民医院志(1943—2011)》,2012 年。

泾川县人民医院志编纂委员会编:《泾川县人民医院志》,2012 年。

会宁县人民医院历史纪年表编委会编:《会宁县人民医院历史纪年表(1946—2016)》,兰州:甘肃文化出
    版社 2016 年。

嘉峪关市人民医院编:《嘉峪关市人民医院志(1970—2000)》,2000 年。

康鸣歧:"榆中县第一人民医院的发展变化",中国人民政治协商会议榆中县委员会学习宣传文史资料
    委员会编:《榆中文史资料选辑 第一辑:榆中纪事》,1990 年。

天水市第二人民医院编:《天水市第二人民医院志》,北京:文史出版社 2009 年。

天水市精神病医院编:《天水市精神病医院五十年发展史》,2003 年。

赵忠忠主编:《白衣天使的足迹——武山县人民医院 80 年发展历程（上、下卷）》,兰州:甘肃科学技术出
    版社 2016 年。

《宕昌县人民医院志》编纂委员会编:《宕昌县人民医院志(1954—2009)》,香港:天马出版有限公司
    2010 年。

白银市第一人民医院编:《白银市第一人民医院发展简史(2006—2016 年)》,2016 年。

六盘水市人民医院院志编委会编:《六盘水市医疗集团 六盘水市人民医院院志(1985.7—2005.5)》,
    2005 年。

成县人民医院院志编委会编:《成县人民医院志》,2001 年。

民勤县人民医院编,张有鹏主编:《民勤县人民医院志》,2003 年。

《庆阳地区人民医院院志》编委会编:《庆阳地区人民医院院志(1949—1998)》,1999 年。

庆阳市人民医院院志编写委员会编:《庆阳市人民医院院志续编(1999—2009)》,2010 年。

张掖地区人民医院志编辑部:《张掖地区人民医院志(1956—1996)》,1996 年。

《张掖市人民医院志》编委会编:《张掖市人民医院志(1996.5—2006.5)》,2006 年。

河西学院附属张掖人民医院志编委会编:《河西学院附属张掖人民医院志(2006.6—2016.5)》,兰州:甘肃科学技术出版社 2016 年。

武威地区人民医院志编辑部:《武威地区人民医院志(1952—2000)》,2001 年。

高建荣主编:《庄浪县人民医院志(1947—2002)》,2003 年。

定西地区医院志编辑室编:《定西地区医院志(1950.10—2000.12)》,2002 年。

[畜禽疫病、兽医、森林病虫害、防疫史志]

田光孚等主编:《甘肃省畜禽寄生虫名录》,兰州:甘肃科学技术出版社 2008 年。

甘肃省畜牧厅《甘肃省畜禽疫病志》编辑委员会编,魏万琏主编:《甘肃省畜禽疫病志》,兰州:甘肃民族出版社 1992 年。

甘肃省畜牧厅编:《甘肃省畜禽疫病普查资料》,1985 年。

甘肃省森林病虫害防治检疫站编:《甘肃省第二次森林病虫普查名录》,1999 年。

白银市农委畜牧处编:《白银市畜禽疫病志》,1990 年。

白银市农委畜牧处编:《白银市畜禽疫病普查资料(1981—1989)》,1990 年。

白银区畜牧兽医工作站编:《白银市白银区畜禽疫病志(1981—1989)》,1990 年。

张家川回族自治县畜牧兽医工作站编:《甘肃省张家川回族自治县畜禽疫病志》,1991 年。

定西市安定区畜牧兽医局编:《定西市安定区畜牧兽医志》,2010 年。

定西地区种草养畜服务中心兽医站编:《定西地区畜禽疫病志》,1992 年。

酒泉地区兽医工作站编:《甘肃省酒泉地区畜禽疫病志(1949—1989)》,1992 年。

永昌县畜兽医工作站编:《永昌县畜禽疫病志》。

《天水市畜牧兽医志》编纂委员会编,田富忠主编:《天水市畜牧兽医志》,兰州:甘肃文化出版社 2013 年。

庆阳地区兽医工作站编,张崇信主编:《甘肃省庆阳地区畜禽疫病普查(1981—1989)》,1990 年。

张掖兽医工作站编:《甘肃省张掖畜禽疫病志》,1991 年。

政协甘肃文史委编:《甘肃文史》(37:……我国著名针灸学家郑魁山针灸春秋,甘肃省和政疗养院后收治麻风病人情况纪实……),1993 年。

[医药、卫生史志]

甘肃省志 文化志编辑部编:《甘肃省医药卫生志》,兰州:甘肃人民出版社 1991 年。

甘肃省卫生厅、《甘肃省医药卫生志》编辑室编:《甘肃省医药卫生简志(216—1985)》(上、下),1987 年。

甘肃省地方史志编纂委员会,甘肃省志·医药卫生志·卫生编纂委员会编纂:《甘肃省志 第 67 卷 医药卫生志 卫生》,兰州:甘肃文化出版社 1999 年。

兰州市地方志编纂委员会,兰州市卫生志编纂委员会编纂:《兰州市志 第 61 卷:卫生志(—1990)》,兰州:兰州大学出版社 1999 年。

《临夏市卫生志》编纂小组:《临夏市卫生志(1522—1985)》,1990 年。

华亭县卫生局编:《华亭县卫生志(1949—1999)》,2000 年。

嘉峪关卫生局编:《嘉峪关卫生志》,1985 年。

榆中县卫生志编纂组编,杨文魁主编:《榆中县卫生志》,1991 年。

敬燕生主编:《天水市医药卫生志(—1989)》,兰州:甘肃教育出版社 1994 年。

夏河县卫生局编:《夏河县医药卫生志》,1990 年。

天水市北道区卫生局编,文金仓主编:《天水市北道区卫生志(一1990)》,兰州:甘肃科学技术出版社 1994 年。

酒泉市医药卫生志编纂领导小组编:《酒泉市医药卫生志(1874—1987)》,1987 年。

宕昌县卫生志编纂委员会编:《宕昌县卫生志》,2003 年。

榆中县卫生志编纂组编:《榆中县卫生志》,兰州:甘肃人民出版社 1991 年。

榆中县妇幼卫生志编纂领导小组成员编,冯汉杰主编:《榆中县妇幼卫生志》,1990 年。

《庆城县卫生志》编委会编:《庆城县卫生志(1949—2014)》,兰州:甘肃文化出版社 2015 年。

《六盘水市地方志》编纂委员会编:《六盘水市志:卫生医药志(一1988)》,北京:方志出版社 1997 年。

民勤县卫生局编:《民勤县卫生志(初修续修合辑)》,2010 年。

庆阳地区卫生处编,张步洲主编:《庆阳地区卫生志(一1988)》,1998 年。

甘南藏族自治州卫生局《藏医志》编纂委员会编:《甘南藏族自治州藏医志》,兰州:甘肃民族出版社 1993 年。

甘南藏族自治州卫生局卫生志编写组:《甘南藏族自治州卫生志(一1989)》,1990 年。

政协甘南藏族自治州文史资料研究委员会编:《甘南文史资料》第 4 辑(刘牧之:解放前甘南藏族自治州麻风病流行的历史概况;司俊:解放前甘南卫生事业发展概况;席怀琏:解放前后甘南藏区家畜疫病概况……甘南麻风病史),1985 年。

静宁卫生志编纂委员会编:《静宁卫生志(一2002)》,兰州:甘肃文化出版社 2005 年。

孔德双主编:《永靖县卫生志》,兰州:甘肃人民出版社 2006 年。

甘肃省张掖市卫生局,石守信主编:《张掖市卫生志(25—1990)》,1993 年。

甘肃省秦安县医疗卫生志编纂领导小组编,成之涛主编:《秦安县卫生志(清末民初—1989)》,1990 年。

武威市凉州区卫生局编纂,张喜年主编:《武威市卫生志》,兰州:兰州大学出版社 2005

武威市卫生局编,殷伯开主编:《武威卫生志》,2006 年。

庄浪县卫生志编纂委员会编:《庄浪县卫生志》,北京:中国文史出版社 2014 年。

青海省

[医学教育与研究院所史志]

《青海医学院简史》编写委员会编:《青海医学院简史(1958—2004)》,西宁:青海人民出版社 2007 年。

青海畜牧兽医职业技术学院编:《青海畜牧兽医职业技术学院校史》,北京:中国农业出版社 2010 年。

[医院史志]

西宁市卫生局卫生志办公室编:《西宁卫生志资料汇编第三期:青海人民医院》,1988 年。

青海省人民医院编:《青海省人民医院志》,西宁:青海人民出版社 1997 年。

褚以德主编:《青海省人民医院史简编:80 年历程:1927—2007》,西宁:青海人民出版社 2007 年。

《青海省人民医院院史 90 年历程》编纂委员会编:《青海省人民医院院史 90 年历程(1927—2017)》,西宁:青海人民出版社 2017 年。

《青海医学院附属医院院史》编写组:《青海医学院附属医院院史(1959—1999)》,西宁:青海人民出版社 1999 年。

《青海医学院附属医院建院四十周年纪念画册》编委会编:《青海医学院附属医院建院四十周年纪念画册(1959—1999)》,1999 年。

青海省中医院编:《青海省中医院院史(1958—2018)》,西宁:青海人民出版社 2018 年。

《互助土族自治县人民医院志》编纂组编,李永春主编:《互助土族自治县人民医院志(1950—2006)》,西宁:青海人民出版社 2007 年。

政协互助县文史委编:《互助文史资料》(第 2 辑:……王新春:五十年代的互助县人民医院),1994 年。

[畜禽疫病与兽医史志]

青海省畜牧厅主编:《青海省畜禽疫病志》,兰州:甘肃民族出版社 1993 年。

[疾病防控与防疫史志]

青海省地方病防治研究所编:《青海省地方病防治工作三十年资料汇编》(鼠疫自然源地调查卷;布鲁氏菌病卷;动物鼠疫流行病学卷),1985 年。

青海省卫生防疫站编:《青海省卫生防疫站志(1954—2000)》,2000 年。

青海省爱国卫生运动委员会办公室编:《爱国卫生运动资料汇编》,1958 年。

[医药、卫生史志]

中国科学院西北高原生物研究所编,杨永昌主编:《藏药志》,西宁:青海人民出版社 1991 年。

《青海医药卫生志》编辑室编,张彦博主编:《青海医药卫生编年纪事(641—1987)》,1988 年。

青海省地方志编纂委员会:《青海省志 六十七 医药卫生志》,北京:中华书局 1999 年。

《青海医药卫生志》编委会编,张彦博、庞世同主编:《青海省医药卫生志》(上、下),1990 年。

青海省爱国卫生运动委员会办公室编:《爱国卫生运动资料汇编》,1958 年。

互助土族自治县医药卫生志编委员会编:《互助土族自治县医药卫生志(1949—2012)》,2016 年。

吴忠市医药管理局编,赵建伟主编:《吴忠市医药志(1873—1985)》,1990 年。

《吴忠市食品药品监督管理志》编委会编:《吴忠市食品药品监督管理志(2001—2011)》,银川:宁夏人民出版社 2012 年。

青海省民和县卫生志编纂委员会编,刘启明主编:《民和卫生志(1736—1986)》,1988 年。

《吴忠市卫生志》编纂领导小组编,陈卫川、马孝忠主编:《吴忠市卫生志(1873—1990)》,1993 年。

《民和卫生志》编纂委员会编:《民和卫生志(1736—1986)》,1988 年。

大通回族土族自治县卫生志编纂委员会编:《大通卫生志(—1989)》,西安:陕西人民出版社 1993 年。

宁夏回族自治区

[医学教育与科研院所史志]

《宁夏医学院史》编纂委员会编:《宁夏医学院史(1958—2008)》,银川:宁夏人民出版社 2008 年。

马林、孙涛编:《宁夏医科大学史(2008—2018)》,银川:宁夏人民出版社 2018 年。

田淑卿主编:《媒体眼中崛起的宁夏医科大学》,银川:宁夏人民出版社 2013 年。

金群华主编:《80 年风雨一路歌接力奋进续华章:献给宁夏医科大学总医院建院 80 周年》,银川:宁夏人民出版社 2016 年。

马成义主编:《宁夏医学院校志(1958—1988)》,1988 年。

宁夏卫生卫生学校编:《宁夏卫生学校校庆纪念册(1935—1985)》,1985 年。

[畜禽疫病与兽医史志]

宁夏回族自治区畜禽疫病志编写组:《宁夏回族自治区畜禽疫病志(1949—1989)》,银川:宁夏人民出版
　　社 1993 年。

银川市农业局编:《宁夏回族自治区银川市畜禽疫病志》,1990 年。

宁夏动物寄生虫病志编纂委员会编,王进香主编:《宁夏动物寄生虫病志(—2000)》,银川:宁夏人民出
　　版社 2003 年。

宁夏回族自治区平罗县《畜禽疫病志》编辑小组编:《宁夏回族自治区平罗县畜禽疫病志》,1990 年。

泾源县畜牧局编:《泾源县畜禽疫病志(1949—1989)》,1990 年。

贺兰县畜牧兽医工作站编:《宁夏回族自治区贺兰县畜禽疫病志(1949—1989)》,1990 年。

周生俊等编著:《西吉县传统动物医药志(—1992)》,银川:宁夏人民出版社 1994 年。

[医院史志]

杨银学编:《崛起中的宁夏医科大学总医院》,银川:宁夏人民出版社 2015 年。

银川市第一人民医院编:《宁夏医学院第二附属医院 银川市第一人民医院院志(1957—2007)》,
　　2008 年。

银川市妇幼保健院志编纂委员会编:《银川市妇幼保健院志(1986—2006)》,2006 年。

海原县中医院编制,李德银主编:《海原县中医医院志(1986—2010)》,2010 年。

石嘴山市第一人民医院编:《石嘴山市第一人民医院志(1959—2009)》,2009 年。

[疾病防控与防疫史志]

宁夏出入境检验检疫志编纂委员会编,徐忠孝主编:《宁夏出入境检验检疫志(1959—2000)》,银川:宁
　　夏人民出版社 2003 年。

西宁市卫生局卫生志办公室编:《西宁卫生志资料汇编第二期:青海卫生防疫站》,1987 年。

[医药、卫生史志]

宁夏药监局、宁夏要学会、《宁夏药事志》编纂委员会编:《宁夏药事志(1032—2000)》,银川:宁夏人民
　　出版社 2009 年。

西宁市卫生局卫生志办公室编:《西宁卫生志资料汇编第一期:解放前西宁的医药卫生概况》,1987 年。

　　《西宁卫生志资料汇编第四期:医疗卫生改革》,1988 年。

宁夏通志编纂委员会编:《宁夏通志 二十 卫生体育卷》,北京:方志出版社 2007 年。

《宁夏卫生志》编纂委员会,马成义主编:《宁夏卫生志(280—1995)》,银川:宁夏人民出版社 1998 年。

邢世瑞主编:《宁夏中药志(2 册)》,银川:宁夏人民出版社 1991 年。

《青铜峡市卫生志》编纂委员会编:《青铜峡市卫生志》,1987 年。

　　《青铜峡市卫生志(1929—1999)》,2001 年。

中宁县卫生局编:《中宁县卫生志(1986—2003)》,2004 年。

苏忠深编著:《中宁枸杞志》,银川:宁夏人民出版社 1994 年。

西吉县卫生局编,海生云、李炬主编:《西吉县卫生志》,银川:宁夏人民出版社1990年。

中卫县卫生局编纂,王忠和主编:《中卫县卫生志(1869—1993)》,1996年。

新疆维吾尔自治区

[医学教育与科研院所史志]

新疆医学院院士资料编辑组编:《新疆医学院院史资料》(第一集),1986年。

新疆医学院编:《新疆医学院大事记(1956—1996)》,1996年。

政协沙依巴克区文史委编:《沙依巴克区文史资料》(第3辑:……新疆卫生学校……),1997年。

乌鲁木齐市卫生学校编:《庆祝乌鲁木齐市卫生学校建校廿周年校史资料(1975—1995)》,1995年。

[医院史志]

新疆维吾尔自治区人民医院志编纂委员会编,张光明主编:《新疆维吾尔自治区人民医院志(1934—2003)》,乌鲁木齐:新疆人民出版社2004年。

乌鲁木齐市精神病防治院编,《乌鲁木齐市精神病防治院院志(1938—1985)》,1985年。

乌鲁木齐市精神病福利医院院志编纂领导小组编:《乌鲁木齐市精神病福利医院院志》,2000年。

毛美英等编写:《乌鲁木齐市友谊医院院志(1948—1985)》,1986年。

新疆精神卫生中心乌鲁木齐市第四人民医院编:《新疆精神卫生中心乌鲁木齐市第四人民医院院志》,2008年。

杨承彦、王多让主编:《新疆乌鲁木齐市中医院、南门中医院院志》,1988年。

新疆医科大学第二附属医院院志编纂委员会编:《新疆医科大学第二附属医院院志(1954—2004)》,2004年。

新疆阿克苏第一人民医院院志编纂委员会编:《新疆阿克苏第一人民医院院志(1935—2010)》,2012年。

新疆昌吉州人民医院院志编撰委员会编:《新疆昌吉回族自治州人民医院院志(1995—2005)》,2005年。

新疆焉耆回族自治县人民医院编:《新疆焉耆回族自治县人民医院50华诞(1953—2003)》,2003年。

新疆生产建设兵团史志办编:《红星医院志(1945—2005)》,2005年。

农一师医院史志编纂委员会编,詹辉全主编:《农一师医院志》,乌鲁木齐:新疆人民出版社1997年。

焉耆志编纂委员会编:《农二师焉耆医院志》,2009年。

农四师医院志编纂委员会编,赵伯新主编:《农四师医院志》,北京:方志出版社2003年。

农六师芳草湖医院史志编纂委员会编:《芳草湖医院志(1961.7—2010.12)》,2011年。

农九师医院志编纂委员会编:《农九师医院志》,乌鲁木齐:新疆人民出版社1999年。

米吉提主编:《吐鲁番地区人民医院25年史(1978—2003)》,2003年。

杨承彦、王多让主编:《新疆乌鲁木齐市南门中医院·中医院志》,1988年。

新疆精神卫生中心、乌鲁木齐市第四人民医院编《新疆精神卫生中心 乌鲁木齐市第四人民医院院志(1985—2008)》,2008年。

石河子人民医院志编纂委员会编:《石河子人民医院志(1965—2003)》,乌鲁木齐:新疆科技出版社2005年。

刘远钰主编：《哈密矿务局医院志》，1992年。

邹小广主编：《喀什地区第一人民医院院志》，2014年。

芳草湖医院史志编纂委员会编：《芳草湖医院志》，2011年。

《伊犁萨克自治州友谊医院志》编纂委员会编：《伊犁萨克自治州友谊医院志（1936—2009.12）》，2010年。

[畜禽疫病与兽医史志]

新疆昌吉州兽医站编：《新疆昌吉州畜牧疫病志》，1983年。

新疆阿尔泰畜牧兽医职业学校校志编委会编：《新疆阿尔泰畜牧兽医职业学校校志（1960—2010）》，2010年。

石河子市兽医卫生检疫所编：《石河子市兽医卫生检疫所所志（1983—2003）》，2003年。

[疾病防控与防疫史志]

张鸿猷主编：《新疆鼠疫》，地方病通报编辑部1994年。

新疆维吾尔自治区卫生防疫志编委会编：《新疆维吾尔自治区卫生防疫站志》，乌鲁木齐：新疆人民卫生出版社2004年。

乌鲁木齐市卫生防疫站志编委会编：《乌鲁木齐市卫生防疫站志（1952—2001）》，2002年。

新疆地方病杂志编辑部编：《新疆地方病1996年增刊（贺莎车县卫生防疫站建站40周年）》，新疆地方病防治研究所1996年。

农十师卫生防疫站编：《农十师卫生防疫站志》，2002年。

[医药、卫生史志]

新疆通志·卫生志编纂委员会编，李惠民、亚森·吐尔逊主编：《新疆通志82·卫生志（—1985）》，乌鲁木齐：新疆人民出版社1996年。

新疆维吾尔自治区卫生厅编：《医药卫生资料选编》，1962年。

新疆生产建设兵团史志编纂委员会、《新疆生产建设兵团卫生志》编纂委员会编，李僚仪主编：《新疆生产建设兵团卫生志》，乌鲁木齐：新疆人民出版社2007年。

博尔塔拉蒙古自治州卫生局编，刘井心主编：《博尔塔拉卫生志》，1990年。

政协岳普湖县文史委编：《岳普湖文史资料5：岳普湖县卫生医疗史》，2002年。

中国台湾、香港、澳门

李胜岳主编：《台湾省通志 政事志 卫生》，台湾："行政院卫生署"1995年。

吴辉雄编纂：《重修苗栗县志 卷24 卫生志》，台湾：苗栗县政府2006年。

许献平著：《南瀛文化研究丛书（82）南瀛医疗志》，台湾：台南县政府文化局2010年。

Yip Ka-che, Wong Man-kong & Leung Yuen-sang（eds.），*A Documentary History of Public Health in Hong Kong*（叶嘉炽、黄文江、梁元生合编：《香港公共卫生的文献历史》），香港：香港中文大学出版社2018年。

东华医院编辑：《东华医院六十周年纪念记征文》，香港：东雅公司1931年。

东华三院编辑:《东华三院八十周年纪念特刊》,香港:东华三院 1951 年。

东华三院庚子年董事局编纂:《香港东华三院发展史:创院九十周年纪念》,香港:东华三院 1960 年。

东华三院教育史略编纂委员会编辑:《东华三院教育史略》,香港:东华三院 1963 年。

东华三院百年史略编纂委员会编:《东华三院百年史略》,香港:东华三院 1970 年。

东华三院编纂:《东华三院一百三十年》,香港:东华三院 2000 年。

东华三院制作:《东华故事》(录像资料),香港:东华三院医务科 2003 年。

东华三院编辑:《回归十年心系百载:东华三院的祖国梦》,香港:东华三院 2008 年。

亚洲电视新闻部制作:《广济华胞:广华医院》(DVD),香港:广华医院 2011 年。

广华医院 95 周年纪念特刊编辑委员会编辑:《广华医院 95 周年纪念特刊》,香港:广华医院 2007 年。

广华医院编辑:《广华百载情》,香港:广华医院 2012 年。

赞育医院:《赞育医院七十五周年纪念》,香港:香港医院管理局 1997 年。

柯征、姚丰编辑:《澳门镜湖医院慈善会会史》,澳门:澳门镜湖医院慈善会 2001 年。

《澳门中医药学会成立十周年特刊》编委会编:《澳门中医药学会成立十周年特刊》,2004 年。

澳门镜湖医院慈善会编:《镜湖医院一百十五周年纪念特刊》,澳门:澳门镜湖医院慈善会 1961 年。

　　《镜湖医院慈善会创办一百三周年纪念特刊》,澳门:澳门镜湖医院慈善会 2001 年。

　　《孙中山先生诞辰 140 周年:镜湖医院慈善会创办 135 周年纪念特刊》,澳门:澳门镜湖医院慈善会 2006 年。

第四部分

国家社科基金项目、教育部人文社会科学研究项目、部分省（市）社科基金项目索引

目　　录

国家社科基金项目

一、冷门"绝学"和国别史等研究专项

2019 年

刘阳:《黄帝内经》古音研究(中国中医科学院中国医史文献研究所)。

熊益亮:基于先秦两汉涉医简帛的早期中医药文化溯源研究(北京中医药大学)。

王兴伊:多元文化视域下吐鲁番出土医学文书交流互鉴研究(上海中医药大学)。

南木加:藏医药文化与天文历算学的关系研究(西藏藏医药大学)。

张继刚:出土简牍所见体育健身资料整理与研究(西北师范大学)。

吕传柱:中医特色急诊急救技术的保护和传承式研究(海南医学院)。

王俊娜:亚述帝国都城尼尼微出土医药文献整理与研究(山西师范大学)。

2018 年

高晞:十九世纪前欧洲科学家和汉学家视野下的中医西传研究(复旦大学)。

二、历年重大项目

张如青:出土先秦两汉医药文献与文物综合研究(19ZDA195/上海中医药大学)。

严世芸:中医药基本名词术语挖掘、整理及翻译标准化研究(19ZDA301/上海中医药大学)。

傅卫:"健康中国 2030"综合评价指标体系建立与动态监测研究(19ZDA108/国家卫健委卫生发展研究中心)。

孙燕荣:前沿生物技术重大风险防范与化解研究(19ZDA109/中国生物技术发展中心)。

陈佩杰:健康中国与体育强国建设的体医融合协同创新研究(19ZDA352/上海体育学院)。

仇军:健康中国与体育强国建设的体医融合协同创新研究(19ZDA353/清华大学)。

刘军强:大数据背景下医患关系的分析与政策研究(18ZDA087/中山大学)。

韩景倜:大数据背景下医患关系的分析与政策研究(18ZDA088/上海财经大学)。

卢祖洵:共享经济下构建我国分级医疗体系研究(18ZDA085/华中科技大学)。

张润彤:共享经济下构建我国分级医疗体系研究(18ZDA086/北京交通大学)。

余新忠:宋元以来中医知识的演变与现代"中医"的形成研究(18ZDA175/南开大学)。

李希光:中医药文化国际传播认同体系研究(18ZDA321/清华大学)。

张宗明:中医药文化国际传播认同体系研究(18ZDA322/南京中医药大学)。

吕军:超特大城市脆弱人群健康管理社会支持体系研究(17ZDA078/复旦大学)。

毛瑛:预防为主的大健康格局与健康中国建设研究(17ZDA079/西安交通大学)。

申曙光:预防为主的大健康格局与健康中国建设研究(17ZDA080/中山大学)。

罗能生:交通污染排放的社会外部性及其对公共健康的影响(17ZDA081/湖南大学)。

乔晓春:健康预期寿命与人口群体健康水平测量(17ZDA124/北京大学)。

王沛:和谐医患关系的心理机制及促进技术研究(17ZDA327/上海师范大学)。

周成林:戒断药物依赖人群的健康教育模式及体育运动干预(17ZDA330/上海体育学院)。

王琦:中医原创思维的方法论研究(17ZDA331/北京中医药大学)。

沈澍农:敦煌西域出土汉文医药文献综合研究(17ZDA332/南京中医药大学)。

陈红:我国职业安全与健康问题的合作治理研究(16ZDA056/中国矿业大学)。

王建平:基于全国调研数据的中国失独人群心理健康援助体(16ZDA233/北京师范大学)。

江光荣:国民心理卫生素养及其提升机制与对策(16ZDA232/华中师范大学)。

张其成:中医药文化助推中华优秀传统文化复兴研究(16ZDA234/北京中医药大学)。

马治国:中医药传统知识保护专门制度研究(16ZDA235/西安交通大学)。

宋晓亭:中医药传统知识保护专门制度研究(16ZDA236/同济大学)。

姜庆五:长江流域血吸虫病流行史(16ZDA237/复旦大学)。

张艺:西南少数民族医药文献数据库建设及相关专题研究(16ZDA238/成都中医药大学)。

梁松涛:出土西夏文涉医文献整理与研究(16ZDA239/河北大学)。

宗喀·漾正冈布:藏蒙医学历史与现状调查研究(15ZDB116/兰州大学)。

土登彭措:藏蒙医学历史与现状调查研究(15ZDB117/西南民族大学)。

顾海:远程医疗服务体系建设研究(15ZDB166/南京大学)。

桑国卫:我国创新药物政策环境研究(15ZDB167/中国药科大学)。

谢康:食品药品安全社会共治的制度安排:需求、设计、实现与对策研究(14ZDA074/中山大学)。

俞乔:医保费用分配及监控的大数据研究(14ZDB149/清华大学)。

刘翔平:儿童阅读障碍的认知机制及其干预研究(14ZDB157/北京师范大学)。

田海平:生命伦理的道德形态学研究(13&ZD066/东南大学)。

徐云:自闭症儿童早期发现、干预、教育的跨学科研究(12&ZD229/浙江工业大学)。

王旭东:中医文化核心价值体系及其现代转型研究(12&ZD114/南京中医药大学)。

张显成:简帛医书综合研究(12&ZD115/西南大学)。

龚胜生:《中国疫灾历史地图集》研究与编制(12&ZD145/华中师范大学)。

王志刚:供应链视角下食品药品安全监管制度创新研究(11&ZD052/中国人民大学)。

李燕凌:突发性动物疫情公共危机演化机理及应急公共政策研究(11&ZD171/湖南农业大学)。

曹树基:传染病对中国历史的影响与冲击综合研究(11&ZD184/复旦大学)。

韩在柱:脑神经系统疾病及语言障碍的语言学研究(11&ZD186/北京师范大学)。

田勇全:现代医疗技术中的生命伦理及其法律问题研究(11&ZD177/中南大学)。

陈文:中国医疗支付制度系统性改革规范化研究(11&ZD176/复旦大学)。

刘钊:马王堆汉墓简帛字词全编(10ZD&120/复旦大学)。

梁鸿:"新医改"背景下中国医疗保障体系研究(09&ZD059/复旦大学)。

郑功成:我国残疾人事业发展的理论与政策研究(09&ZD060/中国人民大学)。

程凯、郑晓瑛:中国残疾预防对策研究(09&ZD072/中国残疾人联合会 北京大学)。

王红漫:我国农村人口卫生保障制度研究(05&ZD016/北京大学)。

三、重点项目、一般项目、青年项目、西部项目、后期资助项目等

党史·党建

曾雪兰：改革开放以来农村医疗卫生制度的变迁与对策研究(1979—2019)(19BDJ060/一般项目/河北科技大学)。

华碧春：闽西苏区医药卫生史料的发掘整理与时代价值研究(19BDJ081/一般项目/福建中医药大学)。

曾新华：中央苏区医学教育研究(19XDJ016/西部项目/赣南医学院)。

胡安徽：长征时期民间对红军医疗救护资料辑录与研究(18BDJ055/一般项目/贵州师范大学)。

钟继润：红军长征中的医疗卫生工作研究(15XDJ016/西部项目/赣南医学院)。

罗凯：抗日根据地医疗卫生史研究(13XDJ002/西部项目/陇东学院)。

刘善玖：中央苏区医疗卫生工作研究(13XDJ009/西部项目/赣南医学院)。

万振凡：建国以来中国共产党领导血吸虫防治工作的历史经(12BDJ011/一般项目/江西师范大学)。

张晓丽：建国以来党处理重大公共卫生事件的历史考察与经验研究(11BDJ018/一般项目/安徽医科大学)。

温金童：陕甘宁边区卫生史研究(1937—1945)(11XDJ001/西部项目/陇东学院)。

李洪河：中国共产党领导卫生防疫事业的历史经验研究(10BDJ012/一般项目/河南师范大学)。

吴海红：选人用人中的"带病提拔"现象透析及解决机制研究(10BDJ010/青年项目/闽江学院)。

曹普：1955—2003：中国共产党领导农村合作医疗的历史考察及经验研究(09BDJ011/一般项目/中共中央党校)。

齐霁：中国共产党领导禁毒斗争的历史考察和经验研究(05BDJ012/一般项目/天津商学院)。

马列·社科

刘群英：新时代尊医重卫社会风气的价值引领及其培育机制研究(19BKS169/一般项目/安徽医科大学)。

刘东梅：民国时期医德建设的得失及其对当代医德建设的启(18XKS017/西部项目/成都中医药大学)。

农乐根：传统文化融入医学高等院校人才培养的机制研究(12XKS029/西部项目/右江民族医学院)。

哲学

王晓敏：大数据医疗及其伦理问题研究(2019后期资助一般项目/中南大学)。

陈默：疾病伦理认知与实践(2019后期资助一般项目/广西师范大学)。

刘婵娟：医学伦理委员会及其伦理审查能力建设研究(19AZX014/重点项目/温州医科大学)。

李刚：先秦道家气学史(19BZX054/一般项目/遵义医科大学)。

李聪：三教合一的生死学基础研究(19BZX072/一般项目/吉林大学)。

罗中华：中医哲学中的"道""术"关系与医学人文精神重构研究(19BZX082/一般项目/甘肃中医药大学)。

李兰兰：泰州学派生命哲学思想研究(19CZX023/青年项目/中南大学)。

李卯：《中庸》的古典生命哲学思想及其创造性转化研究(19CZX033/青年项目/安徽师范大学)。

丁立维：基于本草学认知方法的中国传统格致方法研究(19CZX034/青年项目/浙江省中医药研究院)。

谢瑜：儒家情感主义视阈下新型医患关系的伦理建构研究（18BZX105/一般项目/西南交通大学）。

赵存喜：当代中国医师职业精神困境及其建设路径研究（18BZX117/一般项目/安徽医科大学）。

李恩昌：人体器官捐献伦理体系构建研究（18BZX120/一般项目/温州医科大学）。

黄小茹：生命科学前瞻性伦理问题及中国语境下的原则与规（18BZX121/一般项目/中国科学院）。

刘喜珍：老龄健康公平问题研究（18BZX123/一般项目/北方工业大学）。

肖妤：人类生殖细胞/胚胎基因编辑的伦理风险及社会规则（18XZX005/西部项目/四川省社会科学院）。

白延辉：黄老道家生命哲学的思想内涵与渊源流变（18XZX007/西部项目/内蒙古大学）。

程雅君：近现代中医哲学史（18XZX013/西部项目/四川大学）。

李红文：道家生命伦理的传统视域与现代转型（17FZX011/后期资助项目/湖南中医药大学）。

姚春鹏：宋明理学与中医理论嬗变（17FZX025/后期资助项目/曲阜师范大学）。

杨莎：中西本草学比较研究（17CZX018/青年项目/西北大学）。

朱清华：文明互鉴下的原始儒家与早期基督教生命伦理比较（17BZX100/一般项目/江西财经大学）。

张舜清：宋代儒家生命伦理思想研究（17BZX099/一般项目/中南财经政法大学）。

徐献军：现象学与精神病理学的相互澄明关系研究（17BZX084/一般项目/杭州电子科技大学）。

刘运超：儒家生命哲学思想研究（17BZX066/一般项目/山东社会科学院）。

朱海林：公共健康伦理的基本理论研究（17BZX020/一般项目/昆明理工大学）。

郭刚：中医哲学体用论研究（17BZX010/一般项目/南京信息工程大学）。

何仁富：唐君毅生死哲学思想及其当代价值研究（17BZX009/一般项目/温州医科大学）。

张燕：中医药产业中动物利用的伦理困境与对策研究（17BZX101/一般项目/南京师范大学）。

刘俊荣：医疗决策中基于权益位阶的利益冲突化解机制之研（16BZX108/一般项目/广州医科大学）。

刘婵娟：医学科学研究中的伦理审查制度问题研究（16BZX109/一般项目/温州医科大学）。

唐文佩："医学化"理论及其对中国当代医学困境的哲学阐释（16CZX021/青年项目/北京大学）。

张迪：人类生殖系统基因编辑的伦理学研究（16CZX063/青年项目/北京协和医学院）。

马永慧：人体微生态研究中的伦理困境与对策研究（16CZX064/青年项目/厦门大学）。

尹洁：基于医疗公正视角的健康资源配置伦理评估研究（16CZX065/青年项目/东南大学）。

李秀美：基于"同构思维"系统研究的中医学同构规律的探索与实践（16XZX004/西部项目/宁夏医科大学）。

侯洪澜：中医非物质文化遗产话语体系研究（15XZX022/西部项目/甘肃中医学院）。

熊韦锐：中国传统心性学说中心理治疗思想的溯源与重构（15FZX026/后期资助项目/重庆师范大学）。

张其成：基于先秦两汉涉医简帛文献的早期医家身体观研究（15AZX008/重点项目/北京中医药大学）。

陈海舟：个体化医学的伦理与社会问题研究（15BZX035/一般项目/中国农业大学）。

赵斌：生命科学中的非决定论问题研究（15CZX018/青年项目/山西大学）。

陈慧珍：欧洲生命伦理原则及其对我国的启示研究（15CZX020/青年项目/苏州科技学院）。

刘胜利：现象学视角下的中西医身体观比较研究（15XZX004/西部项目/四川省社会科学院）。

罗光强：精神医学领域中的代理失范现象研究（15XZX018/西部项目/桂林医学院）。

赵中国：宋元明清易学史视野下的先天学研究（14FZX032/后期资助项目/北京中医药大学）。

王全年：中医理论发生的哲学与中国古典哲学系统发生同构律研究（14XZX027/西部项目/宁夏医科大学）。

常运立：军事精神医学伦理研究（14CZX061/青年项目/第二军医大学）。

李振纲:儒道汇融大生命视域下的《周易》哲学研究(14BZX056/一般项目/河北大学)。

王伟:当代中国食品安全的道德治理研究(14CZX051/青年项目/南昌工程学院)。

李丕洋:心学巨擘王龙溪哲学思想研究(14FZX008/后期资助项目/江西师范大学)。

朱伟:医患信任关系的社会和道德基础研究(13BZX089/一般项目/复旦大学)。

边林:中国医疗卫生体制改革进程及前景的生命伦理学思(13BZX090/一般项目/河北医科大学)。

谷建军:宋元明清时期哲学对医学思想影响研究(13BZX035/一般项目/辽宁中医药大学)。

郑淑媛:先秦儒道养心观两种进路比较研究(13BZX041/一般项目/渤海大学)。

刘玮玮:老龄化社会与老年健康伦理研究(13BZX088/一般项目/天津医科大学)。

何裕民:中医文化核心价值体系及其现代转型研究(12AZD094/重点项目/上海中医药大学)。

邢玉瑞:中国古代天人关系理论与中医学研究(12XZX005/西部项目/陕西中医药大学)。

严世芸:中华优秀传统文化传承体系研究——中医优秀文化思想的传承研究(12AZD015/重点项目/上海中医药大学)。

张宗明:中医文化基因及其传承研究(12BZX099/一般项目/南京中医药大学)。

朱晶:从药物秋石看中国传统医学的认知特征研究(12CZX024/青年项目/华东师范大学)。

包红梅:蒙古族公众蒙医文化研究(12CZX025/青年项目/内蒙古大学)。

刘俊香:我国基本医疗服务改革的伦理学研究(12CZX067/青年项目/北京协和医学院)。

徐仪明:中国少数民族医学哲学史研究(11BZX038/一般项目/湖南师范大学)。

张艳梅:正义和善:平等主义医疗资源分配理论研究(11BZX077/一般项目/吉林大学)。

王银泉:中国传统中医文化海外传播及其影响研究(10BZX029/一般项目/南京中医药大学)。

张艳萍:中国传统文化与中医心理思想研究(10CZX019/青年项目/南京中医药大学)。

程雅君:魏晋至金元之中医哲学史(09BZX036/一般项目/四川大学)。

刘月树:追寻医学的美德——西方医学伦理思想发展史研究(09CZX045/青年项目/天津中医药大学)。

严金海:中国传统医学理论体系的科学性研究(08BZX032/一般项目/南方医科大学)。

刘成纪:两汉身体观对魏晋美学的开启(06BZX068/一般项目/北京师范大学)。

吕锡琛:道家哲学与西方心理辅导及心理治疗学的互动研究(03BZX022/一般项目/中南大学)。

解道华:生命科学中的伦理问题研究(02BZX026/一般项目/中共安徽省委党校)。

李殿富:哲学对医学的导向作用—医学的求真、求善、求美(01EZX003/一般项目/吉林大学)。

薛公忱:中医药学中的儒道佛思想研究(96AZX012/重点项目/南京中医药大学)。

张金钟:中国医疗卫生体制转换中的道德建设(96AZX023/重点项目/天津医科大学)。

文援朝:"医错哲学"及其应用研究(92BZX011/一般项目/中南工业大学)。

政治学

李丹阳:国家监管治理视角下中国抗癌药供给保障与安全防控机制研究(19BZZ098/一般项目/暨南大学)。

王前强:十八大以来医药领域反腐败政策降低制度性交易成本的效应研究(18XZZ013/西部项目/广西医科大学)。

马颖颖:公私合作视角下社会医疗保险科学控费的机制创新(18CZZ031/青年项目/华南农业大学)。

刘乐明:推进我国尘肺病治理的机制与路径研究(17CZZ047/青年项目/华东政法大学)。

范围:政事分开视域下的公立医院治理模式与路径研究(17CZZ024/青年项目/天津财经大学)。

王强芬:医疗大数据共享进程中个人数据保护机制研究(17XZZ004/西部项目/桂林医学院)。

吴素雄:社区公共卫生服务集团化供给的关系结构与治理研究(17AZZ011/重点项目/温州医科大学)。

陈永法:食品药品安全协同治理的国际比较研究(15BZZ052/一般项目/中国药科大学)。

王冠中:新中国重大疫病防控中的政府协同及实现机制研究(14BZZ088/一般项目/首都师范大学)。

鄢洪涛:基于绩效评估的农村医疗卫生制度改革研究(14CZZ031/青年项目/湘潭大学)。

刘智勇:我国食品安全监管的实证分析研究(12BZZ041/一般项目/首都经济贸易大学)。

董晓建:国内大型医院卫生人力资源成本精细化核算多重变量回归模型的建立和应用研究
(09XZZ013/西部项目/第四军医大学)。

吴君槐:城乡统筹医疗保障体系构建研究——以长江三角洲地区为(09CZZ033/青年项目/上海师范大学)。

高红霞:均等化目标下农村公共卫生服务多元化供给模型及其路径研究(08CZZ015/青年项目/华中科技大学)。

王颖:推进新型农村合作医疗制度建设研究(08CZZ022/青年项目/复旦大学)。

李玫:我国政策网络实证研究——基于云南省艾滋病项目执行情况的分析(08CZZ027/青年项目/云南大学)。

李彬:社会主义新农村建设中村卫生室的社会角色模型及其实现路径研究(07BZZ012/一般项目/华中科技大学)。

方菁:新型农村合作医疗的问责制研究(06BZZ036/一般项目/昆明医学院)。

方鹏骞:我国公立医院法人治理及其路径研究(06BZZ041/一般项目/华中科技大学)。

王晓燕:医患关系对构建和谐公平社会的影响及对策研究(06BZZ042/一般项目/首都医科大学)。

杨燕绥:中国式管理型医疗问题研究(04BZZ036/一般项目/清华大学)。

法学

艾尔肯:中国医疗纠纷第三方调解立法研究(2019 年后期资助项目/辽宁师范大学)。

梁志文:药品可及性视阈下 TRIPs—Plus 规则研究(2019 年后期资助项目/南京师范大学)。

石旭雯:基因治疗风险的法律治理与救济研究(19BFX129/一般项目/天津医科大学)。

汪志刚:我国安宁疗护法律制度体系的构建研究(19BFX138/一般项目/江西财经大学)。

孟凡壮:宪法学视域下的克隆人及其立法研究(19CFX019/青年项目/华东师范大学)。

李欣:医疗预先指示制度研究(19CFX051/青年项目/江南大学)。

钱宇丹:环境健康风险预防的法律规制研究(19CFX074/青年项目/东北师范大学)。

孙健:"一带一路"背景下中医药产业国际化发展法制保障研究(19XFX011/西部项目/甘肃政法学院)。

李刚:命运共同体理念下跨国工伤保险丝路万民法研究(19XFX015/西部项目/陕西师范大学)。

翟宏丽:美国药品法研究(18FFX041/后期资助项目/中国政府大学)。

董邦俊:尖端医疗科技领域的刑事立法研究(18BFX089/一般项目/中南财经政法大学)。

胡雪梅:放弃治疗之法律规制研究(18BFX114/一般项目/华东师范大学)。

刘炫麟:远程医疗的民法问题研究(18BFX152/一般项目/首都医科大学)。

何华:"健康中国"背景下的药品专利期限补偿制度研究(18BFX164/一般项目/中南财经政法大学)。

范晓宇:行政与司法协同视角下的药品专利制度改革研究(18BFX167/一般项目/中国计量大学)。

胡潇潇:专利到期药物仿制上市法律保障机制研究(18BFX168/一般项目/中南林业科技大学)。

宋沂鹏:大数据背景下医疗数据共享问题研究(18CFX059/青年项目/华东政法大学)。

李颖峰:多元规制视角下刑法介入医疗领域的边界研究(18CFX060/青年项目/武汉大学)。

张恩典:行政法视野下食品安全风险交流制度研究(18CFX061/青年项目/南昌大学)。

蒋莉:伦理困境下基因编辑法律问题研究(18CFX066/青年项目/苏州大学)。

陈庆:中医药传统知识医药信息专用权研究(17FFX027/后期资助项目/南京中医药大学)。

于佳佳:尖端医疗技术给刑法带来的挑战及对策研究(17CFX021/青年项目/上海交通大学)。

苏玉菊:公私合作(PPP)视域下的"新公共卫生"法律规制机(17XFX004/西部项目/海南医学院)。

满洪杰:民法典编纂与医疗体制改革双重背景下医疗损害责任问题研究(17BFX082/一般项目/山东大学)。

刘畅:风险社会视域下我国药品法律责任制度研究(17BFX204/一般项目/吉林大学)。

刘建利:尖端医疗技术给刑法带来的挑战及对策研究(17BFX074/一般项目/东南大学)。

李筱永:我国精神病人强制医疗的实证研究(17BFX060/一般项目/首都医科大学)。

陈绍辉:强制医疗的程序规制研究(16BFX076/一般项目/江西师范大学)。

赵晓佩:药品安全视角下的网上药房政府规制问题研究(16BFX084/一般项目/首都医科大学)。

叶欣:风险社会视野下我国成年病患知情同意权的私法保(16BFX157/一般项目/武汉大学)。

陈璐:我国人用疫苗致害的社会分担法律机制研究(16BFX158/一般项目/湖南大学)。

何佳馨:"健康中国"战略下分级诊疗制度建设的法律问题研究(16BFX161/一般项目/上海财经大学)。

徐正东:农村医生执业行为法律保护与规制研究(16BFX162/一般项目/西南医科大学)。

陈晓静:黔桂民族口述医药文献发掘整理与惠益分享机制研究(16XFX016/西部项目/贵州省社会科学院)。

张万洪:当代残障权利研究:以《残疾人权利公约》为视角(15FFX050/后期资助项目/武汉大学)。

戴剑波:中国卫生法基础理论研究(15BFX173/一般项目/浙江工业大学)。

陈默:中医药传统知识防御性保护问题研究(15CFX052/青年项目/郑州大学)。

张剑源:公共卫生治理法治化问题研究(15CFX064/青年项目/云南大学)。

王明旭:中医药传统知识保护专门制度研究(15CFX019/青年项目/西安交通大学)。

杨甫德:《中华人民共和国精神卫生法》实施中的强制措施与权益保障研究(14AZD119/重点项目/中国政法大学)。

刘益灯:药品消费者保护中的国际私法问题研究(14BFX132/一般项目/中南大学)。

朱晋峰:强制医疗制度的诉讼化建构研究(14CFX070/青年项目/司法部)。

孙煜华:强制免疫接种行为的赔偿和补偿问题研究(14CFX031/青年项目/复旦大学)。

杨垠红:有毒物质侵权的救济机制研究(14BFX163/一般项目/福建师范大学)。

焦艳玲:药品侵权问题研究(14CFX032/青年项目/天津医科大学)。

徐明:医学生命科技的法律规制创新研究(14CFX036/青年项目/武汉长江工商学院)。

贺栩栩:药品不良反应致害事故强制责任保险研究(14CFX040/青年项目/华东政法大学)。

姜柏生:医学受试者权利保护研究(14BFX161/一般项目/南京医科大学)。

汪岚:视残疾鉴定标准体系研究(14BFX069/一般项目/青岛大学)。

蔡伟雄:毒品所致精神障碍者刑事责任能力研究(13BFX054/一般项目/司法部司法鉴定科学技术研究所)。

刘长秋:基本医疗服务保障立法研究(13AFX026/重点项目/上海社会科学院)。

娄宇:职工基本医疗保险制度规范化与立法研究(13CFX107/青年项目/对外经济贸易大学)。

孙淑云:整合城乡基本医疗保险的法律制度研究(13AFX027/重点项目/山西大学)。

田野:人体基因检测的法律规制研究(13CFX063/青年项目/天津大学)。

鞠成伟:《基本医疗保障法》立法若干问题研究(13CFX105/青年项目/中南大学)。

刘耀辉:基本医疗服务国家给付义务研究(13CFX106/青年项目/中南大学)。

熊永明:器官移植的刑法问题研究(12BFX053/一般项目/南昌大学)。

杨芳:人类辅助生殖法律制度比较研究(12BFX113/一般项目/安徽医科大学)。

王晓燕:医疗损害鉴定与判决实证研究(12CFX061/青年项目/南通大学)。

郭明龙:人体组织提供者对基因科技成果之利益分享机制研究(12CFX083/青年项目/天津师范大学法学院)。

郭自力、丛亚:现代医疗技术中的生命伦理及法律问题研究(11AZD111/重点项目/北京大学)。

戴庆康:人权视野下的中国精神卫生立法问题研究(11BFX010/一般项目/东南大学)。

孙淑云:新型农村合作医疗管理条例的制定研究(11BFX073/一般项目/山西大学)。

邵蓉:药品质量规制视角下的药品监管法实施效果研究(11BFX098/一般项目/中国药科大学)。

姚颉婧:基于药品可及性的专利法律机制创新研究(11CFX025/青年项目/上海政法学院)。

杨曙光:工伤行政确认研究(11CFX044/青年项目/烟台大学)。

张锋:我国食品安全多元规制模式研究(11CFX047/青年项目/中共上海市金山区委党校)。

陈立成:法律精神医学与司法精神病学鉴定(10FFX005/后期资助项目/中央司法警官学院)。

董文勇:我国医药卫生体制改革法律问题研究(10BFX078/一般项目/中国社会科学院法学研究所)。

陈玉玲:医疗损害风险社会化分担机制的法律问题研究(10BFX080/一般项目/东南大学)。

金博:中国西部农村残疾人保障现状调查及立法完善研究(10BFX081/一般项目/西安工业大学)。

韩利琳:环境与公共健康安全法律问题研究(10BFX083/一般项目/西北政法大学)。

杨丹:尖端医疗领域的刑法理论及立法对策研究(10CFX025/青年项目/暨南大学)。

董春华:缺陷医疗器械侵权责任实证研究(10CFX050/青年项目/华东政法大学)。

丁锦希:创新药物研发科技投入与激励法律制度研究(10CFX055/青年项目/中国药科大学)。

杜仕林:城乡一体化视域下的农村医疗保障制度创新研究(10CFX060/青年项目/南方医科大学)。

李雅琴:精神卫生体制改革中的精神病人权利保护研究(10CFX061/青年项目/天津医科大学)。

于欣华:农民工意外工伤保险法律制度研究(10CFX063/青年项目/西北大学)。

马英娟:行政法学视野下的中国食品安全监管体制改革研究(09BFX023/一般项目/上海师范大学)。

张冬:传统中药安全战略的专利法研究(09BFX032/一般项目/哈尔滨工程大学)。

周燕:我国人类胚胎干细胞研究中的伦理危机及其法律对策(09BFX035/一般项目/西南政法大学)。

强美英:医疗损害赔偿责任及医疗风险分担研究(09BFX041/一般项目/天津医科大学)。

莫洪宪:医事刑法问题研究(09BFX068/一般项目/武汉大学)。

蔡昱:器官移植立法研究(09CFX035/青年项目/天津医科大学)。

蔡云蔚:医疗情报公开制度研究(09CFX038/青年项目/复旦大学法学院)。

涂永前:潜伏性毒物致害侵权问题研究(09CFX050/青年项目/西北政法大学)。

熊琼芬:新型农村合作医疗立法研究——以民族贫困地区为例(08XFX015/西部项目/中共昆明市委党校)。

丁凤楚:医疗事故责任强制保险制度研究——来自交强险制度的启示(08CFX023/青年项目/上海财经

大学)。

宋晓亭:中医药传统知识的法律保护研究(07BFX050/一般项目/上海中医药大学)。

赖长鸿:完善城镇职工基本医疗保险制度研究(07BFX054/一般项目/重庆工商大学)。

欧阳仁根:我国新型农村合作医疗制度建设研究(07BFX055/一般项目/安徽财经大学)。

王明旭:中医药知识产权的法律保护研究(06BFX041/一般项目/西安交通大学)。

孙淑云:新型农村合作医疗制度的规范化与立法研究(05BFX027/一般项目/山西大学)。

马敏艾:构建中国特色禁毒立法执法的基本模式和保障体系(04XFX014/西部项目/云南警官学院)。

陈朝晖:国际中医药专利现状研究及我国中医药专利国际保护问题研究(04CFX014/青年项目/广州中
　　医药大学)。

冯洁菡:公共健康与知识产权国际保护问题研究(04CFX026/青年项目/武汉大学)。

姜柏生:医学进步带来的民法学新问题研究——以高新生命技术为例分析(03BFX038/一般项目/南京
　　医科大学)。

刘明祥:医学进步带来的刑法学新问题(02BFX021/一般项目/武汉大学)。

龚赛红:医疗过失责任立法研究(01CFX007/青年项目/北京化工大学)。

张赞宁:医事法学研究及典型案例评析(98BFX005/一般项目/南京铁道医学院)。

国际问题研究

黄奕然:我国在世界卫生组织和国际标准化组织内开展中医药国际标准化工作的协调机制研究
　　(19CGJ037/青年项目/上海中医药大学)。

宋欣阳:"中医外交"研究(17CGJ030/青年项目/上海中医药大学)。

张超中:我国中医药全球发展的战略格局与路径研究(17BGJ003/一般项目/中国科学技术信息研究)。

徐宝良:重大疫情跨境传播对社会经济影响研究(17AGJ002/重点项目/中国检验检疫科学研究)。

晋继勇:美国公共卫生全球治理战略研究(16BGJ039/一般项目/上海外国语大学)。

程勇:中医药走向世界战略研究(15AGJ003/重点项目/上海市中医文献馆)。

贺霆:中医在法国的传播研究(12BGJ036/一般项目/云南中医学院)。

张炳立:中医学专业国际认证体系研究(11BGJ011/一般项目/天津中医药大学)。

丁纯:世界四类医疗保障体制比较研究(02BGJ007/一般项目/复旦大学)。

社会学

陈子晨:"躯体化"的中西方差异与精神疾病分类学的文化困境(2019年后期资助项目/南开大学)。

李强:健康平等视角下中国人心理健康素养优化研究(19ASH012/重点项目/南开大学)。

杨洪林:凉山彝族对精神障碍患者的仪式治疗研究(19ASH013/重点项目/云南师范大学)。

刘柳:网络毒品交易行为及毒品问题治理创新研究(19BSH029/一般项目/南京大学)。

肖扬:社区凝聚力对流动人口心理健康的影响机制与对策研究(19BSH035/一般项目/同济大学)。

蔡福满:农民工健康不平等生成机制及协同治理研究(19BSH043/一般项目/温州医科大学)。

彭远春:公众环境健康风险感知与应对研究(19BSH076/一般项目/中南大学)。

赵俊峰:社会支持影响艾滋孤儿社会心态发展之十五年追踪研究(19BSH111/一般项目/河南大学)。

钱玉燕:社区心理健康服务的可及性及公平性研究(19BSH121/一般项目/西安交通大学)。

董妍:我国民众的信任水平与其心理健康的动态关系及其干预研究(19BSH130/一般项目/中国人民大

学)。

李敏:青少年心理健康促进的积极情绪训练方案研究(19BSH132/一般项目/中国人民解放军陆军军医大学)。

程瑜:"健康中国"背景下照护人类学理论和应用体系研究(19BSH133/一般项目/中山大学)。

刘炳琴:失独人群创伤后应激障碍及其救援机制研究(19BSH147/一般项目/信阳师范学院)。

朱丽敏:新业态职业伤害风险特点及保障路径研究(19BSH148/一般项目/济南大学)。

唐咏:城市失智老人整合照顾研究(19BSH161/一般项目/深圳大学)。

张奎力:积极社会政策视域下健康扶贫的治理逻辑与机制构建研究(19BSH162/一般项目/华中师范大学)。

许家成:智力—发展性障碍者支持模式的中国实践与创新研究(19BSH163/一般项目/重庆师范大学)。

黄佳豪:失能老人"四维一体"长期照护体系建构的基础与框架研究(19BSH165/一般项目/安徽建筑大学)。

李滨:城市社区精神障碍患者居家康复的医务社工服务实践与创新研究(19BSH172/一般项目/重庆工商大学)。

高万红:精神残障社会工作的本土实践与模式创新研究(19BSH174/一般项目/云南大学)。

苏春艳:互联网医疗平台上的医患关系研究(19BSH178/一般项目/中国社会科学院)。

王振军:"健康中国"战略视域下农村居家医养结合养老服务研究(19BSH179/一般项目/兰州财经大学)。

许琳:家庭政策视角下智障者及其监护人养老面临的困境及对策研究(19BSH185/一般项目/西北大学)。

王云岭:"健康中国"战略背景下中国特色安宁疗护服务体系构建研究(19BSH187/一般项目/山东大学)。

杨帆:中非命运共同体视域下来穗非洲人健康融入问题及对策研究(19CSH018/青年项目/南方医科大学)。

邱济芳:"健康中国"背景下高龄产妇的生育风险与社会支持研究(19CSH033/青年项目/南京医科大学)。

黄婷:医疗服务领域的社会信用制度研究(19CSH044/青年项目/上海工程技术大学)。

郭戈:疫苗公共卫生事件中的信任困境与信任重建研究(19CSH061/青年项目/清华大学)。

柏雪:健康中国战略下全民基本医疗保险制度实施路径研究(19CSH065/青年项目/常熟理工学院)。

陈甜:老龄化背景下日本安乐死信仰与临终关怀研究(19CSH066/青年项目/南京信息工程大学)。

李晓芳:城市老年慢性病群体健康管理的社会工作干预机制研究(19CSH067/青年项目/郑州大学)。

李丹:服刑人员未成年子女心理创伤产生机制及社会工作干预研究(19CSH068/青年项目/河南师范大学)。

梁露尹:基于循证实践的社会工作介入残疾人社区康复研究(19CSH069/青年项目/广东工业大学)。

王菲菲:基于大数据的大学生心理健康风险预警与干预研究(19XSH018/西部项目/中国人民解放军陆军军医大学)。

刘伟:中国长期照护保险与医养结合衔接机制研究(19XSH028/西部项目/广西警察学院)。

邓睿:反脆弱视角下西南深度贫困地区健康扶贫实证研究(19XSH009/西部项目/昆明医科大学)。

蒋建勇:中医药国际传播文化软实力体系建构研究(19XSH012/西部项目/贵州中医药大学)。

兰林友:毒品社会性成瘾的民族志研究(18ASH013/重点项目/中央民族大学)。

张楠:昆明—曼谷公路沿线节点城镇艾滋病流行风险的社会学研究(18BSH071/一般项目/重庆大学)。

尚云:西南边境少数民族村寨女性艾滋病患者的社会适应(18BSH072/一般项目/云南师范大学)。

周华珍:在健康社会决定因素框架下构建我国儿童健康行为测量指标体系(18BSH073/一般项目/中国社会科学院大学)。

姚泽麟:当代中国医生的职业伦理研究(18BSH082/一般项目/华东师范大学)。

于斌:孤独感对城市老年人身心健康的影响及干预研究(18BSH118/一般项目/天津医科大学)。

蒋柯:健康中国背景下社区心理学的智慧模式研究(18BSH120/一般项目/温州医科大学)。

汤万杰:健康中国战略背景下地震灾区民众心理康复机制研究(18BSH121/一般项目/四川大学)。

耿桂玲:老年慢性病人延续护理社会支持网络研究(18BSH159/一般项目/南通大学)。

张再云:整合照料视觉下医养结合的整合模式比较研究(18BSH162/一般项目/武汉大学)。

郑吉友:健康中国战略下农村医养结合型养老服务体系构建(18BSH165/一般项目/沈阳师范大学)。

蒲新微:破解贫病交加老年人口的养老困境研究(18BSH167/一般项目/吉林大学)。

阿拉坦:建国以来内蒙古农村医疗组织变迁研究(18CSH001/青年项目/中央民族大学)。

池上新:医患信任的社会影响因素及其干预研究(18CSH040/青年项目/深圳大学)。

赵芮:产后抑郁症的人类学研究(18CSH055/青年项目/厦门大学)。

陈海萍:健康老龄化战略背景下整合型老年健康服务模式探索(18CSH059/青年项目/北京大学)。

赵斌:社会医疗保险"新卑斯麦"改革模式的国际比较研究(18CSH060/青年项目/中国劳动保障科学研究)。

梁金刚:医疗卫生制度与改革的国际比较研究(18CSH062/青年项目/中国社会科学院大学)。

章敏敏:农村贫困残疾人结构化脱贫机制研究(17CSH059/青年项目/中共天津市委党校)。

王立菲:西部地区留守儿童抑郁风险特征的追踪与干预机制研究(17CSH045/青年项目/第三军医大学)。

涂炯:临终医护制度和实践的社会学研究(17CSH021/青年项目/中山大学)。

王儒芳:环境行为学视角下未成年人吸毒的群体参照演化机理与干预策略研究(17XSH010/西部项目/成都中医药大学)。

陈代斌:长江三峡地区中医药学术流派传承研究(17XSH009/西部项目/重庆三峡医药高等专科学校)。

贺雯:医患关系的影响机制和干预策略研究(17BSH093/一般项目/上海师范大学)。

张旭东:高校青年学生中男同性恋人群的艾滋病预防干预服务适宜性研究(17BSH063/一般项目/昆明理工大学)。

高一飞:医者患病经历研究(17BSH060/一般项目/南方医科大学)。

刘飞跃:我国城市社区精神卫生服务质量评价研究(17BSH059/一般项目/长沙学院)。

张碧云:科学与艺术相结合解决抑郁症社会问题的研究(17BSH057/一般项目/浙江工业大学)。

蔡雨阳:基于卫生热线大数据视角的医患关系研究(17BSH056/一般项目/上海交通大学)。

杨盛波:癌症患者的健康关怀及医疗照护体系建构研究(17BSH055/一般项目/中南大学)。

曹枫林:"全面两孩"政策下女性围产期心理健康状况的发展轨迹、预测模型及干预研究(17BSH054/一般项目/山东大学)。

屈智勇:基于公共服务视角的农村社区老年抑郁干预研究(16BSH052/一般项目/北京师范大学)。

张俊娥:老龄化背景下癌症患者病耻感形成机制与社会影响研究(16BSH053/一般项目/中山大学)。

徐勇:老年痴呆早期预防路径的社会学研究(16BSH054/一般项目/苏州大学)。

揭彬:诊断告知/隐瞒对早中期肝癌病人影响研究(16BSH096/一般项目/第三军医大学)。

陈靓影:人机交互干预中孤独症儿童心理状态研究(16BSH107/一般项目/华中师范大学)。

张文义:儿童健康与农村消费的人类学研究(16BSH114/一般项目/中山大学)。

汪连新:社区养老服务"医养护"一体化路径研究(16BSH126/一般项目/中华女子学院)。

纪文晓:我国重大疾病儿童福利服务体系的构建及发展路径研究(16BSH138/一般项目/河南师范大学)。

魏寿洪:社交媒体时代残疾人社会交往支持模式研究(16XSH006/西部项目/重庆师范大学)。

王彦斌:欠发达地区农村医养结合养老服务体系构建研究(16XSH016/西部项目/云南大学)。

鞠梅:"医养结合"型养老机构服务质量评价指标体系构建(16XSH017/西部项目/西南医科大学)。

刘凯:医疗费用增长与社会医疗保险可持续性研究(16CSH032/青年项目/中国人民大学)。

杨清红:"医养融合"视阈下社会多元养老服务体系创新研究(16CSH069/青年项目/山东政法学院)。

荣超:基于社会支持理论的失独老人医养结合型养老模式(16CSH071/青年项目/浙江中医药大学)。

姚泽麟:当代中国城市医生的职业自主性研究(15FSH007/后期资助/华东师范大学)。

孙长青:城乡基本医疗保障服务均等化与福利分配效应研究(15BSH043/一般项目/郑州大学)。

庄渝霞:非正规就业女性生育保险问题研究(15BSH044/一般项目/上海社会科学院)。

张会平:城镇低收入阶层居民的身心健康及其影响机制研究(15BSH051/一般项目/中国人民大学)。

刘斌志:风险社会视域下青少年艾滋病易感机制及其防治的社会工作研究(15BSH052/一般项目/重庆师范大学)。

萧易忻:精神医疗中的医患关系:基于上海与台湾的比较研究(15BSH053/一般项目/华东理工大学)。

周业勤:城市"医养结合"养老服务协同治理研究(15BSH121/一般项目/南京医科大学)。

朱海龙:老年慢性病智慧居家服务模式研究(15BSH123/一般项目/湖南师范大学)。

郭瑜洁:社会心理学视角下城市社区老年慢性病患者自护模式构建研究(15BSH124/一般项目/南通大学)。

韩君玲:中国残疾人福利立法研究(15BSH133/一般项目/北京理工大学)。

余成普:乡村慢性病人患病经历的人类学研究(15CSH031/青年项目/中山大学)。

谢文照:基于社会网络的公民自愿捐献器官的文化因素及影响机制研究(15CSH036/青年项目/中南大学)。

李现红:中国同妻生活质量现状及艾滋病易感性研究(15CSH037/青年项目/中南大学)。

王迎春:生态系统发展观视角下受艾滋病影响儿童心理健康问题研究(15XSH020/西部项目/云南警官学院)。

白宽犁:我国残疾人事业治理体系创新研究(15XSH027/西部项目/陕西省社会科学院)。

乔庆梅:社会权利视角下我国残疾人就业问题研究(14BSH106/一般项目/中国人民大学)。

周颖:城市流动儿童心理健康状况及其发展促进研究(14CSH039/青年项目/中国浦东干部学院)。

王丽英:我国孤独症谱系障碍筛查及融合教育研究(14BSH088/一般项目/北华大学教育科学学院)。

方黎明:老年人的健康风险的社会决定因素、风险链及其管理研究(14BSH141/一般项目/对外经济贸易大学)。

周永红:城市流浪儿童心理救助模式研究(14XSH012/一般项目/广西大学)。

杨晶:社会工作视野下西部农村残疾人婚姻家庭研究(14CSH058/青年项目/贵州大学)。

曾卫红:政策性移民搬迁背景下农村老年人健康及福利保障机制研究(14BSH103/一般项目/西安交通大学)。

胡荣:城乡居民健康不平等的社会学研究(14ASH007/重点项目/厦门大学)。

惠秋平:手机媒体对青少年心理健康的影响及引导机制研究(14CSH040/青年项目/信阳师范学院)。

刘晓婷:老年人群基本医疗保险待遇差距研究(14CSH056/青年项目/浙江大学公共管理学院)。

孙奕:医疗职业风险认知对医生过度医疗行为的影响研究(14BSH138/一般项目/华中科技大学)。

花菊香:社会工作视角下城市社区精神卫生服务体系建设研究(14BSH119/一般项目/南京师范大学)。

王锦帆:医药卫生体制改革中多方主体沟通平台的建构研究(14BSH114/一般项目/南京医科大学)。

徐萍风:回族地区医患纠纷与医德医风建设研究(13BSH040/一般项目/宁夏医科大学)。

江光荣:国民心理卫生素养与心理求助行为研究(13BSH063/一般项目/华中师范大学)。

高峰:重症群体治疗中的医学伦理学研究(13BSH069/一般项目/解放军305医院)。

马卉:残疾人托养保障机制研究(13BSH079/一般项目/武汉理工大学)。

王继伟:不同心理社会干预模式对癌症生存者生命质量改善(13CSH076/青年项目/复旦大学)。

齐亚强:转型期社会分层对国民健康的影响及其后果研究(13BSH016/一般项目/中国人民大学)。

胡晓毅:我国残疾儿童家庭支持体系构建与发展策略研究(13CSH106/青年项目/北京师范大学)。

王晴锋:同性恋者生存现状研究(13CSH082/青年项目/中央民族大学)。

卢宁:大学生人格障碍的病理心理研究(13BSH060/一般项目/深圳大学)。

裴谕新:艾滋高危人群性风险认知的社会工作干预研究(13BSH087/一般项目/中山大学)。

杜金沛:全面建成小康社会进程中的农村残疾人贫困问题研究(13BSH092/一般项目/华南农业大学)。

张蕾:城市弱势群体精神健康的风险评估与危机干预研究(13CSH077/青年项目/暨南大学)。

孙春伟:基于民生的食品安全风险指数与风险预防研究(13BSH014/一般项目/哈尔滨工程大学)。

张琳琳:新医改背景下医护人员工作投入生成模式及提升策略研究(13CSH079/青年项目/哈尔滨工程大学)。

王晓霞:县域视角下农村基本公共卫生服务均等化研究(13BSH085/一般项目/中共天津市委党校)。

刘玮:重大动物疫情公共危机中社会群体行为决策模式研究(13CSH012/青年项目/湖南农业大学)。

刘剑:维吾尔医学文化对新疆现代医学文化发展影响研究(12XSH010/西部项目/新疆医科大学)。

王小平:中国艾滋病污名化问题及形成机制研究(12BSH004/一般项目/山西师范大学)。

张辉:农民工职业病及其社会问题研究(12BSH031/一般项目/贵州财经学院)。

潘柳燕:劳教场所的心理健康服务模式研究(12BSH058/一般项目/广西大学)。

张林:残疾人的社会疏离问题及其发生机制研究(12BSH055/一般项目/宁波大学)。

李滨:我国青少年生殖健康社会工作服务模式研究(12BSH077/一般项目/重庆工商大学)。

冯文:医务社工的角色定位与功能整合研究(12BSH078/一般项目/北京大学)。

卓彩琴:生态系统视域下隔离社群的社会工作服务研究(12BSH076/一般项目/华南农业大学)。

侯晶晶:我国残疾人文化权利保障的现状、影响因素与对策研究(12CSH060/青年项目/南京师范大学)。

庾泳:城市男同性恋人群性别角色与精神健康研究(12CSH063/青年项目/中山大学)。

张宁:穆斯林聚居地区清真寺参与禁毒防艾治理的民族志研究(12CSH070/青年项目/海南医学院)。

高方英:20世纪以来美国公共医保制度的演进(11BSH001/一般项目/苏州大学)。

邵德兴:中国农村村级卫生服务模式转型研究(11BSH071/一般项目/中共杭州市委党校)。

耿柳娜:吸毒人群艾滋病污名问题研究(11CSH045/青年项目/南京大学)。

何欣:中国残疾人自助组织发展策略研究(11CSH074/青年项目/中国人民大学)。

郇建立:农村慢性病人的社会适应与生存策略研究(11CSH072/青年项目/北京科技大学)。

潘孝富:西部城市社区老年人心理健康服务体系建构研究(11XSH019/西部项目/西南大学)。

盛昕:全民医保条件下流动人口医疗保障问题的社会学研究(10BSH054/一般项目/黑龙江省社会科学院)。

刘继同:中国特色医务社会工作实务模式研究(10BSH060/一般项目/黑龙江省社会科学院)。

余成普:中国器官移植的困境及出路的社会学研究(10CSH032/青年项目/中山大学)。

申曙光:中国医疗保障体系的制度整合与可持续发展研究(09AZD039/重点项目/中山大学)。

李文涛:城市社区灾难医疗救援应对机制的研究(09BSH022/一般项目/吉林大学)。

王红漫:巩固和发展新型农村合作医疗制度研究(09BSH054/一般项目/北京大学)。

高万红:社会工作促进精神健康的理论与实践研究——以精神疾病患者康复服务为例(09BSH056/一般项目/云南大学)。

周临刚:以激发权能为导向的残疾人公共参与研究:以社区参与为例(09CSH017/青年项目/深圳大学)。

周彩姣:制度困境与机会缺失——当前残疾人公共参与问题研究(09CSH018/青年项目/湖南师范大学)。

杨锃:社会工作促进精神健康及社会和谐的作用研究—经济危机之下的社会工作模式新探索(09CSH037/青年项目/上海大学)。

向友余:和谐社会建构中残疾人生活质量与社会支持系统研究(08XSH003/西部项目/重庆师范大学)。

胡荣:农民工精神健康问题的社会学研究(08BSH022/一般项目/厦门大学)。

肖汉仕:新时期居民精神健康问题的社会学研究(08BSH048/一般项目/湖南师范大学)。

王清:流动人口艾滋病社区干预研究(08CSH021/青年项目/云南警官学院)。

沙莉:高危群体艾滋病预防干预的宽容策略研究(07XSH005/西部项目/云南警官学院)。

王玲玲:青少年防范艾滋病中家庭干预问题研究(07XSH006/西部项目/云南财经大学)。

杨团:农民健康保障与农村卫生服务体系研究(07ASH004/重点项目/中国社会科学院)。

郭永松:医疗社会工作对医患冲突的介入性调解机制研究(07BSH021/一般项目/浙江大学医学院)。

张金鹏:边疆民族社会艾滋病的防治与社会控制—以云南省德宏州为例(07BSH022/一般项目/云南民族大学)。

谢红莉:少数民族农村贫困地区医疗保障现状及对策研究(07BSH035/一般项目/温州医学院)。

高和荣:经济发达城市农村合作医疗制度建设研究(07BSH066/一般项目/集美大学)。

林闽钢:中国农村合作医疗制度建设研究(07BSH068/一般项目/南京大学)。

邓猛:融合与共享:中国残疾青少年社区参与及其支持保障体系研究(06BSH054/一般项目/华中师范大学)。

寸洪斌:改善城市农民工生殖健康服务的可及性模式研究(06CSH016/青年项目/云南大学)。

孟宏斌:新农村建设进程中 西部农村医疗保障的长效运行机制研究(06CSH017/青年项目/陕西省社会科学院)。

刘倩:社会学视角下的河南艾滋病疫情高发村、艾滋病人群及相关政策研究(05BSH046/一般项目/河南省社会科学院)。

刘继同:社会转型期社会政策框架与卫生政策战略地位(05BSH040/一般项目/北京大学)。

邓波:农村新型合作医疗制度研究(05BSH051/一般项目/华东交通大学)。

汪新建:西方家庭治疗理论的新进展研究(03BSH003/一般项目/南开大学)。

杨廷忠:艾滋病性危险行为扩散的社会学研究(03BSH010/一般项目/浙江大学)。

郭清:下岗职工家庭健康状况及社区卫生服务健康保障模式研究(02CSH011/青年项目/杭州师范学院)。

丛晓峰:残疾人社会支持网和社区康复模式研究(02CSH012/青年项目/济南大学)。

潘绥铭:性病传播危险程度及警报标准的社会、心理、行为多元分析(93BSH009/一般项目/中国人民大学)。

吴伯威:乡镇企业职工业伤害保险研究(92BSH014/一般项目/冶金部安全环保研究院)。

体育学

白晋湘:苗疆传统体育文献采辑与整理研究(19ATY001/重点项目/吉首大学)。

李冬梅:健康中国背景下我国大众健身公共体育空间构建研究(19BTY022/一般项目/大连大学)。

杜建军:政府、社会、学校、家庭对中学生体质健康影响测量指标筛选与数学模型构建研究(19BTY034/一般项目/贵州师范大学)。

李宗涛:我国老年人体质健康研究(19BTY045/一般项目/曲阜师范大学)。

欧阳柳青:城市社区亚健康人群的社会学特征及智能化运动指导研究(19BTY046/一般项目/武汉体育学院)。

杨雪:改革开放40年女性体育身体观的图像史证(19BTY047/一般项目/暨南大学)。

汤长发:新时代我国青少年体质健康教育体系研究(19BTY068/一般项目/湖南师范大学)。

刘斌:健康中国战略下西南地区健康促进学校创建的效果评价与推进机制研究(19BTY073/一般项目/西南大学)。

张玉敏:"健康中国"理念下的幼儿体能课程科学化研究(19BTY076/一般项目/福建师范大学)。

刘阳:体育活动对幼儿基本动作技能及体质健康促进的实证研究(19BTY077/一般项目/上海体育学院)。

蔡赓:国家战略背景下的体育锻炼促进儿童青少年视力健康研究(19BTY078/一般项目/苏州大学)。

任保国:全民健身与全民健康深度融合保障机制构建研究(19BTY082/一般项目/滨州学院)。

郑贺:健康老龄化与城市社区体育转型升级耦合研究(19BTY086/一般项目/淮北师范大学)。

崔运坤:基于共生理论的全民健身和全民健康融合发展研究(19BTY090/一般项目/泰山学院)。

孙高峰:健康中国视域下全民健身与智能媒介融合发展研究(19BTY091/一般项目/安徽大学)。

项建民:我国中部地区全民健身公共服务体系建设与整体性治理的研究(19BTY092/一般项目/上饶师范学院)。

周结友:新时代乡村振兴战略背景下乡村全民健身公共服务体系优化研究(19BTY098/一般项目/广州体育学院)。

芦金峰:殷墟甲骨文体育刻辞整理与研究(19BTY105/一般项目/郑州大学)。

曾小松:"海上丝绸之路"古代体育文化研究(19BTY108/一般项目/深圳大学)。

邢金善:汉画像石(砖)体育图像研究及当代启示研究(19BTY109/一般项目/郑州航空工业管理学院)。

蔡艺:中国传统体育文化在朝鲜半岛的传播与嬗变研究(19BTY110/一般项目/湖南工业大学)。

张茂林:传统体育养生创造性转化的实践机制研究(19BTY114/一般项目/山东体育学院)。

何玉秀:终身发展视角下肥胖学龄儿童动作能力发展及身体活动促进策略研究(19BTY128/一般项

目/河北师范大学)。

王国祥:基于ICF促进重度残疾人居家康复体育锻炼手段与方法的研究(19BTY125/一般项目/苏州大学)。

董晓晖:基于社会生态模型促进智力障碍儿童青少年体力活动及其身心健康效应的研究(19BTY126/一般项目/广州体育学院)。

董静梅:我国青少年脊柱健康问题的日常行为模式管理及其运动干预研究(19BTY127/一般项目/同济大学)。

刘电芝:自闭症儿童分阶综合运动训练模式探索及效果评估研究(19BTY129/一般项目/苏州大学)。

刁玉翠:体育核心素养视域下中国儿童基本运动能力发展与健康促进研究(19CTY011/青年项目/山东师范大学)。

常振亚:运动作息行为对3—6岁儿童体质健康影响的剂量效应研究(19CTY018/青年项目/长沙师范学院)。

汪宏莉:基于体医融合的中国儿童青少年心血管病危险因素筛选及干预策略研究(19XTY011/西部项目/广西师范大学)。

刘红建:推进全民健身与全民健康深度融合的政策体系研究(18BTY027/一般项目/南京体育学院)。

张崇林:新公共服务背景下我国国民体质监测的需求、供给与绩效评估研究(18BTY037/一般项目/井冈山大学)。

唐刚:集体行动机制下全民健身公共服务治理研究(18BTY038/一般项目/西华师范大学)。

唐文捷:全民健身公共体育资源配置的有效性研究(18BTY042/一般项目/温州医科大学)。

郇昌店:我国青少年体质健康的社会决定因素及政策应对研究(18BTY053/一般项目/江苏师范大学)。

李江:全民健身和全民健康融合的法制保障研究(18BTY073/一般项目/南京体育学院)。

周志雄:基于社会生态理论的学前儿童体质健康促进模式研究(18BTY074/一般项目/首都体育学院)。

强巴班旦:实现"健康中国2030"目标的西藏小学体育改革研究(18BTY085/一般项目/拉萨师范高等专科学校)。

孟令刚:国家运动健康城市创建与推进研究(18BTY088/一般项目/常州大学)。

宋铁男:全民健身公共服务供给有效性的空间评价与空间机制研究(18BTY089/一般项目/沈阳体育学院)。

王进:全民健身和全民健康深度融合的国民意识研究(18BTY090/一般项目/浙江大学)。

王飞:全民健身活动智慧化发展路径研究(18BTY091/一般项目/山东大学)。

郭亚亚:适应体育对智力障碍儿童认知功能的干预研究(18BTY094/一般项目/西南大学)。

庄洁:体育健身环境对儿童青少年体质及身体活动水平影响的队列研究(18BTY095/一般项目/上海体育学院)。

边宇:"健康中国"背景下我国强制隔离戒毒人员体质健康管理体系研究(18BTY096/一般项目/华南理工大学)。

王会儒:健康中国战略下的传统体育养生现代化创新研究(18BTY097/一般项目/上海交通大学)。

高亮:太极拳健康思想及其对老年人健康效应研究(18BTY098/一般项目/南京师范大学)。

吴江萍:我国南方特色小镇体育健康精准服务研究(18BTY099/一般项目/湖南大学)。

黄晖明:线上线下共建精准运动健康管理模式研究(18BTY100/一般项目/宁波大学)。

陈捷:健康红利视角下体育参与促进农村留守儿童社会适应的实证研究(18BTY102/一般项目/长沙师

范学院)。

张新定:农村留守儿童体质健康管理与体育促进实践研究(18BTY104/一般项目/海南师范大学)。

朱荣:农村人口体育健康促进的PPM实证研究(18BTY105/一般项目/温州医科大学)。

蔡建光:"健康中国战略"引领下老年人健康促进的体医深度融合路径研究(18BTY110/一般项目/湖南科技大学)。

刘海平:健康中国背景下体医深度融合体系构建及路径研究(18BTY111/一般项目/温州医科大学)。

聂应军:健康中国战略视阈下体医融合的长效机制研究(18BTY112/一般项目/武汉体育学院)。

黄贵:我国近代幼儿体育发展历程反思及当代价值研究(18BTY123/一般项目/南通大学)。

张志勇:基于体育促进的积极健康社会生态系统建设研究(18ATY002/重点项目/山东体育学院)。

吴雪萍:新时代我国残疾人体育需求与体育公共服务体系研究(18ATY004/重点项目/上海体育学院)。

王健:体育健康教育体系研究(18ATY009/重点项目/华中师范大学)。

戴敬东:我国"全民健身战略"实施的体制性保障研究(18XTY007/西部项目/海南热带海洋学院)。

陈玉兰:西南少数民族聚居区健康风险族群体育干预及社会支持体系研究(18XTY008/西部项目/吉首大学)。

李小惠:简牍中的体育史料研究(18XTY009/西部项目/兰州理工大学)。

王振洲:"健康中国"视域下西北地区民族传统体育与健康促进研究(18XTY015/西部项目/宁夏大学)。

刘隽:面向"健康中国"战略的体育与大健康产业融合发展研究(18CTY009/青年项目/上海立信会计金融学院)。

范铜钢:"健康中国"背景下传统体育养生功法复原与编创研究(17CTY024/青年项目/上海体育学院)。

于森:雾霾环境下老年人身体活动的健康风险研究(17CTY020/青年项目/中国人民大学)。

褚昕宇:老龄化背景下社区老年体育健康管理模式研究(17CTY019/青年项目/上海工程技术大学)。

李洋:健康中国战略背景下我国体育公共服务供给侧结构(17CTY017/青年项目/渤海大学)。

张红兵:健康中国背景下青少年儿童动商发展与健康促进的循证实践研究(17CTY016/青年项目/南京工程学院)。

韩磊磊:健康中国背景下体医融合的体制机制研究(17CTY003/青年项目/宜春学院)。

邬建卫:"一带一路"战略下我国传统运动养生文化传播研究(17XTY005/西部项目/成都中医药大学)。

韦丽春:民族地区传统体育养生文化与健康促进路径的研究(17XTY001/西部项目/河池学院)。

尹海立:武术社团参与社区健康促进的行动机制研究(17BTY108/一般项目/鲁东大学)。

湛冰:全球视域下体育促进老年健康发展模式研究(17BTY089/一般项目/首都体育学院)。

舒为平:健康中国视域下全民健身组织网络建设与路径优化(17BTY085/一般项目/成都体育学院)。

董如豹:社会生态学模型视域下健康中国与青少年身体活动(17BTY081/一般项目/贵州师范大学)。

齐静:基于国际功能、残疾和健康分类模型的我国西部地区残疾青少年体力活动模式研究(17BTY080/一般项目/北方民族大学)。

李世明:对智障青少年认知障碍的"体医"融合干预研究(17BTY079/一般项目/中国海洋大学)。

孙成林:"健康中国"战略引领下我国学校体育场馆发展模式研究(17BTY071/一般项目/黄冈师范学院)。

陈荣华:体医融合的政策协同创新研究(17BTY069/一般项目/运城学院)。

熊欢:我国育龄妇女健康的体育干预研究(17BTY048/一般项目/华南师范大学)。

胡科:生育政策调整对全民健身战略实施的影响及其政策应对研究(17BTY046/一般项目/湖南城市学

院)。

赵溢洋:社交媒体"人际网络"与青少年体育健康促进研究(17BTY045/一般项目/曲阜师范大学)。

张世杰:价值观视域下运动员使用兴奋剂态度与行为的实证研究(17BTY044/一般项目/大连工业大学)。

李梦龙:基于PENDER模式的农村留守儿童心理健康体育促进研究(17BTY043/一般项目/湖南第一师范学院)。

李宏伟:"健康中国2030"背景下体医结合的慢性病智能化运动处方干预与监控研究(17BTY042/一般项目/赣南师范大学)。

王旭光:健康中国建设中我国全民健身体系创新发展研究(17BTY036/一般项目/天津体育学院)。

林丽楠:基于传统养生文化理念下的民族传统体育与健康促进的研究(17BTY031/一般项目/西南科技大学)。

游俊:"大健康"视域下我国体育社会组织发展模式与治理机制创新研究(17BTY020/一般项目/成都体育学院)。

李玉周:我国学生体质健康促进的政策学研究(17BTY017/一般项目/河南师范大学)。

侍崇艳:我国中学生健康素养和体质健康的治理研究(17BTY015/一般项目/南京体育学院)。

戴俊:健康中国战略视域下我国健身休闲产业供给侧结构优化研究(17BTY012/一般项目/盐城师范学院)。

张勇:基于社会生态学模型的城市居民运动健身行为约束机制及干预路径研究(17BTY008/一般项目/浙江师范大学)。

郭树理:反对与防治兴奋剂的法律机制研究(17BTY007/一般项目/苏州大学)。

黄谦:社会资本对于体育健身观念和行为影响的机理和途径研究(16ATY002/重点项目/西安体育学院)。

王占坤:城市体育健身与养老服务融合发展研究(16BTY024/一般项目/温州医科大学)。

杨斌:"健康中国"背景下幼儿体质健康促进的社会支持体系研究(16BTY062/一般项目/长沙师范学院)。

张惠红:跨文化视阈下青少年运动行为与健康促进的实证研究(16BTY064/一般项目/东南大学)。

马新东:我国青少年健康干预研究(16BTY065/一般项目/清华大学)。

岳建军:网络治理下中美全民健身计划协同路径比较研究(16BTY074/一般项目/安徽师范大学)。

杨光:健康老龄化战略下我国虚弱老年人诊断标准与运动康复处方设计的实证研究(16BTY076/一般项目/东北师范大学)。

田学建:《太极拳谱》人学思想研究(16BTY097/一般项目/山东师范大学)。

赵洪波:青少年体育健康促进联动机制研究(16CTY005/一般项目/辽宁师范大学)。

李宝国:新疆少数民族青少年健康促进、生命意义感与社会责任联动机制研究(16CTY006/一般项目/石河子大学)。

王晖:大学生久坐行为对健康体质的影响及干预方法研究(15BTY055/一般项目/华东理工大学)。

常生:青少年体育锻炼与健康促进的综合干预实证研究(15BTY057/一般项目/南通大学)。

孙洪涛:生命视域下我国学生体质健康促进的长效机制研究(15BTY058/一般项目/湖南师范大学)。

邱建国:我国青少年体质健康促进的长效保障体系构建研究(15BTY059/一般项目/鲁东大学)。

谌晓安:格林模式干预武陵山片区青少年体质健康的实证研究(15BTY088/一般项目/吉首大学)。

潘红玲:体育游戏促进孤独症儿童社会交往能力发展研究(14BTY053/一般项目/长沙理工大学)。

黄亚茹:"体医结合"的全民健身模式与实证研究(12BTY034/一般项目/中国农业大学)。

陈书睿:中外反兴奋剂法律规制研究(12CTY022/青年项目/上海体育学院)。

吴翊馨:我国心脑血管疾病老年患者康复促进服务模式研究(12CTY028/青年项目/沈阳体育学院)。

邹玉玲:青少年体质健康促进研究:理论、实证与对策(11BTY044/一般项目/南京师范大学)。

汪华:当前全民健身事业发展问题研究(11BTY046/一般项目/湖北中医药大学)。

刘志敏:促进体育强国与全民健身运动协调发展战略研究(10BTY030/一般项目/鞍山师范学院)。

杨霞:云南省15个特有少数民族体质健康状况及发展规律(10BTY039/一般项目/云南大学)。

甄志平:我国青少年体质健康状况的地域特征及发展规律研究(10CTY015/青年项目/北京师范大学)。

王旭光:我国青少年儿童体质健康的干预体系及实施策略研究(10CTY016/青年项目/天津体育学院)。

王晓红:中国特色的全民健身事业突破性跨越式发展战略研究(10CTY017/青年项目/辽宁师范大学)。

李鸿斌:青海藏区生态移民点全民健身公共服务体系研究(09XTY003/西部项目/青海大学)。

常波:我国城市学龄儿童防治肥胖综合干预模型的构建与实践研究(09BTY026/一般项目/沈阳体育学院)。

许良:我国学生体质发展趋势与健康促进综合干预研究(09BTY027/一般项目/重庆师范大学)。

肖林鹏:我国青少年体质健康服务体系的构建与运行机制研究(09CTY005/青年项目/天津体育学院)。

舒巨伟:阿昌、德昂、景颇族6—18岁学生体质现状调查与测量评价标准建立(08XTY004/西部项目/云南师范大学)。

邹亮畴:构建和谐社会视野下的全民健身公平问题研究(08BTY018/一般项目/广州体育学院)。

冯永丽:高校健康体育对大学生心理健康干预模式及其评价体系的研究(06BTY016/一般项目/南开大学)。

陈小蓉:珠江三角洲外来农村籍产业工人身体健康与体育行为调查研究(06BTY023/一般项目/深圳大学)。

张力为:中国全民健身运动的心理建设功效(05BTY017/一般项目/北京体育大学)。

苗大培:"第三部门"与全民健身服务体系—国家与社会共建的理论研究(02BTY013/一般项目/深圳大学)。

陈宁:全民健身计划的理论与实践研究(01BTY015/一般项目/成都体育学院)。

季浏:全民健身运动对国民心理素质影响的研究(00BTY011/一般项目/华东师范大学)。

杨文轩:全民健身运行机制及其社会监控的研究(98BTY010/一般项目/华南师范大学)。

陈青:西北民族地区全民健身模式比较研究(97CTY005/青年项目/西北师范大学)。

人口学

曾益:老龄化背景下职工医疗保险基金可持续性研究(2019年后期资助项目/中南财经政法大学)。

王俊华:我国城乡老年人健康养老需求与养老服务供给研究(19ARK003/重点项目/苏州大学)。

陈岱云:新中国70年来人口死亡性别差异研究(19ARK006/重点项目/济南大学)。

彭现美:基于人口老龄化与疾病谱变化的临终关怀服务需求研究(19BRK006/一般项目/安徽财经大学)。

密忠祥:残疾人口康复服务模式与精细化管理研究(19BRK007/一般项目/中国康复研究中心)。

舒星宇:"健康老龄化"视角下老年人保健消费行为研究(19BRK008/一般项目/南京邮电大学)。

邹兵：城市流动老人健康状况评估及公共服务供给研究（19BRK009／一般项目／郑州轻工业大学）。

王欢：家庭代际团结对流动老年人口健康的影响研究（19BRK011／一般项目／河海大学）。

李丹："健康老龄化"背景下失能老人心理资本建设研究（19BRK012／一般项目／四川大学）。

焦开山：老年人口的健康状况转变与未来健康需求研究（19BRK013／一般项目／中央民族大学）。

蔡菊敏：宁夏老年晚期癌症患者居家临终关怀模式构建研究（19BRK014／一般项目／宁夏医科大学）。

武俊青：生殖健康咨询培训师能力建设研究（19BRK015／一般项目／上海市计划生育科学研究所）。

王友华：城市老人社会资本对健康相关行为的影响及政策干预研究（19BRK017／一般项目／西南大学）。

于海森：人口生命周期视角下矿工职业健康损失的测算及治理对策研究（19BRK018／一般项目／中国矿业大学）。

李志鹏：精准扶贫背景下我国因病致贫的治理效果与对策研究（19CRK003／青年项目／常州大学）。

张韵：不同遗传风险背景下生活方式对老龄认知健康的影响及干预研究（19CRK005／青年项目／中山大学）。

黄娟：基于互联网技术的住所改造指导在社区失能老人康复中的应用研究（19CRK006／青年项目／广西幼儿师范高等专科学校）。

李月：老年人口健康状况变动趋势与未来健康照料需求研究（19CRK007 青年项目／中国人口与发展研究中心）。

叶玲珑：我国老年人口异质化健康状况动态变化过程及其医疗服务利用研究（19CRK008／青年项目／厦门大学）。

高嘉敏：听力障碍对老年人口社会功能的影响及社区康复干预的效果评价研究（19CRK009／青年项目／北京大学）。

罗羽：社区丧偶老人同龄社交水平与健康结局的相互关系及影响机制研究（19XRK001／西部项目／中国人民解放军陆军军医大学）。

韩挺：基于叙事医学的老年人照护临床模式构建及体验设计研究（18BRK009／一般项目／上海交通大学）。

李晓敏：丧偶老人的社会适应与健康问题研究（18BRK012／一般项目／西安工程大学）。

姚俊：代际关系对流动老年人心理健康影响机制的追踪研究（18BRK026／一般项目／南京医科大学）。

沈可：人口老龄化背景下教育、医疗与养老财政支出的受益公平性研究（17CRK023／青年项目／复旦大学）。

胡雯：城市居家养老背景下"医养结合"模式的创新研究（17CRK007／青年项目／南开大学）。

吴一超：中国农村留守儿童营养健康现状与影响干预机制研究（17CRK005／青年项目／东南大学）。

杨帅：我国流动人口健康行为、影响机制及政策干预研究（17CRK003／青年项目／常州大学）。

樊敏杰：农民工流动与健康的双向影响机制研究（17CRK002／青年项目／河南财经政法大学）。

何颖：宁夏留守儿童行为习惯对健康水平的影响及干预研究（17XRK007／西部项目／宁夏医科大学）。

程科：藏区青少年心理健康及危机干预机制研究（17XRK004／西部项目／西南民族大学）。

褚清华：民族地区流动人口健康管理机制优化研究（17XRK002／西部项目／桂林理工大学）。

娜仁图雅：构建西北民族地区"医养结合"养老服务模式研究（17XRK001／西部项目／内蒙古财经大学）。

杨昕：动态视角下的人口老龄化、医疗费用和经济增长关系研究（17BRK014／一般项目／上海社会科学院）。

刘毅：以社区为平台的医养结合养老服务模式创新与对策研究（17BRK009／一般项目／四川大学）。

邵德兴:健康养老视域下农村乡镇卫生院医养结合模式创新研究(17BRK007/一般项目/上海对外经贸大学)。

冯杰:城市空巢老人医养结合的社区养老服务模式构建研究(17BRK006/一般项目/福州大学)。

陆卫群:性别失衡下贫困农村大龄未婚男性生殖健康促进战略研究(17BRK005/一般项目/贵州大学)。

邢海燕:社会决定因素对农民工子女健康的影响及作用机制研究(17BRK004/一般项目/绍兴文理学院)。

纪江明:大数据背景下城市社区"医养结合"养老模式创新研究(16BRK012/一般项目/中共上海市委党校)。

封婷:老年人健康状况动态演变研究(16CRK013/青年项目/中国社会科学院)。

李成波:西部老年人口健康素养状况及促进机制研究(16CRK014/青年项目/重庆大学)。

邓汉慧:医养融合的社区居家养老模式研究(15BRK022/一般项目/中南财经政法大学)。

李宁:城市老年人精神健康状况研究(15CRK012/青年项目/北京大学)。

许琪:居住安排对老年人健康的影响研究(15CRK013/青年项目/南京大学)。

杨素雯:老年人社区健康服务需求及实现路径研究(15CRK014/青年项目/山东社会科学院)。

陈娜:面向失能老人的我国医养结合养老耦合模式研究(15CRK015/青年项目/南京中医药大学)。

薛新东:社会资本视角下农村老年人口健康促进机制研究(14BRK013/一般项目/中南财经政法大学)。

焦开山:老年人口的健康不平等问题及解决机制研究(14BRK012/一般项目/中央民族大学)。

李祚山:残疾人心理健康及其心理服务体系的建设研究(14BRK011/一般项目/重庆师范大学)。

申旭波:男性堵塞性输精管结扎术远期安全性的调查及评估研究(14BRK033/一般项目/遵义医学院)。

范西莹:社会经济地位对老年期健康状况影响的动态整合研究(14CRK008/青年项目/陕西师范大学)。

任天波:回族地区青少年心理健康及心理危机干预机制研究(13BRK008/青年项目/宁夏医科大学)。

苏晓馨:返乡农民工健康状况调查研究(13CRK013/一般项目/湖北工业大学)。

悦中山:农民工的社会融合与心理健康研究(13CRK015/一般项目/西安交通大学)。

张群林:性别失衡背景下农村大龄未婚男性的性健康与公共政策促进研究(13CRK017/青年项目/西安工程大学)。

龙翠芳:校外青少年艾滋病高危行为易感特点与社会文化关怀研究(13XRK003/西部项目/遵义师范学院)。

徐浙宁:基于家庭的青少年流动人口心理健康发展及干预对策研究(13BRK009/一般项目/上海社会科学院)。

和红:新生代流动人口健康状况及健康风险意识调查研究(13BRK011/青年项目/中国人民大学)。

郭琳:流动劳动力医疗卫生服务可及性研究(13CRK014/青年项目/中国医学科学院)。

周建芳:家庭结构变迁视角下农村老年人口健康及服务需求研究(13BRK004/一般项目/南京人口管理干部学院)。

王滔:残疾儿童心理健康及其与亲职压力关系的研究(13XRK002/西部项目/重庆师范大学)。

俞林伟:农民工家庭城市融入中健康风险评估与社会干预研究(13CRK016/青年项目/温州医学院)。

王丽娜:内蒙地区城乡空巢老人心理卫生自助体系研究(13CRK009/青年项目/赤峰学院)。

罗阳:女性流动人口生育健康公共服务均等化研究(13BRK010/一般项目/中南大学)。

支愧云:青少年流动人口心理健康的干预机制研究(12BRK001/一般项目/重庆大学)。

周皓:青少年流动人口心理健康与发展研究(12BRK002/一般项目/北京大学)。

陈长香:应对老年人常见健康问题的家庭及社区支持系统研究(12BRK017/一般项目/河北联合大学)。

黄成礼:建立适应人口老龄化形势的社区医疗卫生服务模式研究(12BRK016/一般项目/北京大学)。

胡静:老年人口的健康、医疗保障与贫困问题研究(12CRK002/一般项目/湖北经济学院)。

梅运彬:我国残疾人社会支持问题研究(12CRK020/青年项目/武汉理工大学)。

刘智勇:城市社区流动人口生殖健康公共服务绩效评价体系研究(10CRK009/青年项目/华中科技大学)。

王存同:中国避孕行为的定量与定性研究(1960—2008)(10CRK012/青年项目/中央财经大学)。

李孜:基于业务流程优化的流动人口生殖健康服务多部门合作机制研究(09BRK008/一般项目/重庆工商大学)。

荆涛:运用长期护理保险解决我国人口老龄化医疗卫生服务和长期照料问题的研究(08BRK003/一般项目/对外经济贸易大学)。

梁君林:人口健康与城乡医疗保障改革研究(07BRK008/一般项目/苏州大学)。

刘慧君:中国农村生殖健康的影响因素与促进战略问题研究(06CRK004/青年项目/西安交通大学)。

胡苏云:农村人口健康与医疗卫生制度可持续性要素分析(04BRK011/一般项目/上海社会科学院)。

莫国芳:艾滋病的人口学研究——以云南省为例(03BRK006/一般项目/云南师范大学)。

王红漫:我国农民卫生保障制度政策研究(02CRK001/青年项目/北京大学)。

郑晓瑛:健康人口学的理论和方法及其应用研究(02BRK007/一般项目/北京大学)。

周丽萍:中国老年人口健康质量综合评价及问题研究(00BRK007/一般项目/浙江大学)。

民族问题研究(包含民族学)

惠宏:出土西夏文药方语言文字专题研究(19BMZ030/一般项目/宁夏医科大学)。

王张:古印度梵文医典《八心集》汉译及其对藏蒙汉医的影响研究(19BMZ101/一般项目/成都中医药大学)。

戴铭:改革开放以来壮医药挖掘传承发展路径与创新性发展对策研究(19BMZ124/一般项目/广西中医药大学)。

张可佳:本土心理学视阈下凉山彝族对艾滋病的认知与应对研究(19BMZ131/一般项目/四川省民族研究所)。

张源洁:中缅边境地区跨境流动人口健康风险及其防控的人类学研究(19CMZ047/青年项目/云南省社会科学院)。

汤洪敏:非遗保护视域下贵州民族(民间)医药文化多维循证研究(18XMZ049/西部项目/贵州大学)。

王立阳:"保生大帝信俗"的民族志研究(18FMZ004/后期资助项目/华东师范大学)。

陈瑶:"苗医药文化价值体系及现代转型研究"(17XMZ040/西部项目/贵阳中医学院)。

汤杏林:藏汉医药交流史考(17FMZ006/后期资助项目/中国青年政治学院)。

李长远:少数民族地区医养结合养老服务体系构建研究(17CMZ030/青年项目/甘肃政法学院)。

黄瑞芹:健康扶贫导向的民族地区医疗保障体系优化策略研究(17BMZ080/一般项目/中南民族大学)。

董媛媛:维吾尔医药特色诊疗方法保护研究(17BMZ056/一般项目/新疆医科大学)。

贺晓慧:回医药汤瓶八诊疗法论治体系的整理研究(17BMZ051/一般项目/宁夏医科大学)。

财吉拉胡:建国以来内蒙古的蒙医发展史与蒙医现状调查研究(16BMZ065/一般项目/中国中医科学院)。

陈丹镝:川滇彝族地区艾滋病防控社会经济效果测度及量化评价研究(16BMZ112/一般项目/四川大学)。

覃双凌:精准脱贫背景下民族地区农村医疗保障的制度创新研究(16BMZ125/一般项目/广西财经学院)。

谢和均:西南少数民族农村社区医养服务构建及干预运行研究(16BMZ126/一般项目/云南大学)。

杨东宇:10—14世纪丝绸之路中段个民族医药文化交流研究,(16BMZ019/一般项目/陕西师范大学)。

马楠:滇桂黔石漠化中药材特色产业精准脱贫研究(16CMZ023/青年项目/吉首大学)。

任延明:中藏医放血疗法古籍文献挖掘与创新研究(16XMZ023/西部项目/青海大学)。

增太加:基于《藏药三大本草》的藏药本草学研究(16XMZ024/西部项目/青海大学)。

付江:新疆维吾尔医药文化保护研究(16XMZ053/西部项目/新疆医科大学)。

邵维庆:大湄公河次区域传统医药传承保护的区域合作研究(16XMZ069/西部项目/昆明医科大学)。

罗雪梅:全面二孩政策下武陵山区妇女生殖健康维护研究(16XMZ088/西部项目/吉首大学)。

泽翁拥忠:大数据视野下藏羌彝走廊民族医药传承与创新的共享模式研究(16XMZ065/西部项目/成都中医药大学)。

华欠桑多:藏医药学理论体系与其他传统医学发展史比较研究(15XMZ026/西部项目/青海大学)。

罗艳秋:彝族医药史研究(15CMZ005/青年项目/云南中医学院)。

切羊让忠:藏医药学矿物质用药的历史及现状研究(15CMZ012/青年项目/青海大学)。

彭馨:西南少数民族汉文医药古籍的搜集、整理和研究(15XMZ055/西部项目/遵义医学院)。

张英民:健全西部民族地区农村三级医疗卫生服务网络研究(14CMZ032/青年项目/贵阳医学院)。

宋雷鸣:人类学与流行病学跨学科合作研究(14CMZ013/青年项目/厦门大学)。

段忠玉:医学人类学视野下傣族传统医药的传承与保护研究(14BMZ059/一般项目/云南中医学院)。

包哈申:蒙医药物态文化研究(14XMZ039/西部项目/内蒙古医科大学)。

罗彦慧:元代回回医药文化研究(13CMZ015/青年项目/宁夏医科大学)。

杨敬宇:西部少数民族山区(牧区)医疗卫生服务网络调查研究(13XMZ031/西部项目/甘肃中医学院)。

郑海生:基于回医药四部经典医籍的回医文化的理论梳理研究(13XMZ051/西部项目/宁夏医科大学)。

吕跃军:白族医药史研究(12XMZ007/西部项目/大理学院)。

史正刚:汉唐间多民族医药文化在敦煌医学文献中的融合性研究(12XMZ008/西部项目/甘肃中医学院)。

何可群:白族民间传统医药文化调查(12XMZ033/西部项目/贵州民族大学)。

张丹:"藏彝走廊"民族医药文化的保护与传承模式研究(12XMZ074/西部项目/成都中医药大学)。

徐士奎:彝族医药文化遗产保护传承研究(12XMZ077/西部项目/云南中医学院)。

梁正海:少数民族传统医药知识的传承与保护研究(11BMZ032/一般项目/铜仁学院)。

吴世彩:回医药学的学科价值及民族区域特色研究(11XMZ051/西部项目/宁夏医科大学)。

徐义强:哈尼族疾病信仰与治疗实践的医学人类学研究(10XMZ022/西部项目/红河学院)。

孙金菊:穆斯林妇女疾病与健康的人类学研究(09XMZ064/西部项目/兰州大学)。

石武祥:云南不明原因猝死病区人群生命质量、心理健康状况及影响因素的研究(09XMZ065/西部项目/大理学院)。

王志红:佤族、怒族的传统医药文化研究(09XMZ031/西部项目/云南中医学院)。

乌仁其其格:蒙古族萨满医疗的医学人类学阐释(07XMZ016/西部项目/内蒙古师范大学)。

宗喀·漾正冈:藏蒙医学史研究(07BMZ014/一般项目/兰州大学)。

张实:云南迪庆藏区农村新型合作医疗运作模式研究(07BMZ040/一般项目/云南大学)。

秦和平:西南民族地区的毒品危害及其对策(02BMZ021/一般项目/西南民族学院)。

鲁刚:云南沿边境民族地区毒品问题及其对策研究(92BMZ012/一般项目/云南省民族研究所)。

宗教学

容志毅:外丹黄白术史研究(19BZJ044/一般项目/广新民族大学)。

王大伟:汉传佛教医疗社会史(19CZJ005/青年项目/四川大学)。

刘珊:《道藏》所涉道教医药思想文献的系统整理与诠释(19CZJ023/青年项目/浙江中医药大学)。

曾楚华:道教对土家族医药的影响研究(19XZJ016/西部项目/湖北民族大学)。

程志立:道教药签文献整理研究(17BZJ034/一般项目/中国中医科学院)。

何振中:明代道教医学服食文献整理及其治未病思想研究(15BZJ033/一般项目/中国中医科学院)。

高长江:宗教精神病学:经验、理性与建构(14FZJ004/后期资助项目/浙江理工大学)。

姜守诚:中国近世道教送瘟仪式研究(14FZJ003/后期资助项目/中国社会科学院)。

李兆健:汉文《大藏经》中涉医文献的辑录与研究(11BZJ010/一般项目/上海中医药大学)。

王月清:佛教医学思想研究(10BZJ007/一般项目/南京大学)。

金芷君:《道藏》医籍研究与校注(08BZJ010/一般项目/上海中医药大学)。

朱和双:阿昌族巫蛊信仰的现代变迁研究(07XZJ010/西部项目/楚雄师范学院)。

李应存:敦煌遗书中之佛书与传统医学研究,(05XZJ005/西部项目/甘肃中医学院)。

罗宗志:信仰治疗——广西盘瑶巫医研究(04XZJ006/西部项目/广西民族学院)。

张钦:明清道教养生文化研究(02CZJ004/青年项目/四川大学)。

中国历史

罗振宇:近代上海公共租界公共卫生行政管理研究(1854—1937)(2019年后期资助项目/重庆工商大学)。

杜丽红:东北大鼠疫与清政府内外博弈(2019年后期资助项目/中山大学)。

杜锋:出土涉医文献与古医书经典化研究(19BZS012/一般项目/西南大学)。

贾海燕:楚卜筮祭祷简所见疾病、医疗及风俗民情研究(19BZS054/一般项目/湖北省社会科学院)。

管书合:传染病流行与近代东北社会变迁研究(1861—1931)(19BZS063/一般项目/吉林大学)。

王公:抗战时期中国军民营养与卫生保障问题的史料整理与研究(19BZS093/一般项目/中国科学院)。

范铁权:民国时期的饮食卫生问题与社会应对研究(19BZS094/一般项目/河北大学)。

张慧卿:日伪统治下苏皖沿江地区教会医院档案整理与研究(19BZS096/一般项目/江苏省社会科学院)。

吕晶:医学伦理视角下的日军侵华细菌战研究(19BZS097/一般项目/南京大学)。

闫书昌:晚清西学东渐背景下心理学知识转型研究(19BZS114/一般项目/河北师范大学)。

杨卫华:17—19世纪中国本草图像在日本的传播研究(19BZS144/一般项目/常州大学)。

马捷:以"中医药文告"传播为中心的清末民初时期中医医疗史研究(19BZS159/一般项目/北京中医药大学)。

刘茹:伯力审判及其揭露的日本细菌战罪行研究(19CZS040/青年项目/侵华日军第七三一部队罪证陈

列馆)。

陈红梅:帛书《五十二病方》文献问题研究(18FZS018/后期资助项目/天津中医药大学)。

李恒俊:近代中国肺结核病的知识转型与社会生活(18FZS025/后期资助项目/南京理工大学)。

顾漫:四川成都天回镇汉墓出土医简与《黄帝内经》比较研究(18AZS004/重点项目/中国中医科学院)。

张玲:近代中国公共卫生意识变迁研究(18BZS153/一般项目/川北医学院)。

卜风贤:历史灾害书写及其文献体系研究(18BZS154/一般项目/陕西师范大学)。

王育林:中国"医学六经"传承史(18BZS174/一般项目/北京中医药大学)。

童德琴:新代日本在华医学调查的研究(1900—1945)(18CZS041/青年项目/山东社会科学院)。

李传斌:医疗卫生与近代中国外交研究(1835—1949)(18BZS086/一般项目/湖南师范大学)。

焦存超:多重视角下的晚清至民国中国城市粪秽处理变迁研究(18BZS104/一般项目/长江师范学院)。

苏静静:新中国参与全球健康治理的历史经验研究(18CZS042/青年项目/北京大学)。

万心:"中国血吸虫病防治红旗县"社会变迁研究(1949—2016)(18CZS065/青年项目/江西师范大学)。

赵士见:侵华日军第513部队与日本细菌战档案资料和证言的调查与整理研究(18KZD001/抗日战争研究专项工程项目/伪满皇宫博物院学术研究部)。

鲁萍:争议中的传统:变动世界里的中医(1840—1949)(17FZS023/后期资助项目/苏州大学)。

崔军锋:中国博医会与中国现代医学的发展(1886—1932)(17FZS031/后期资助项目/河北大学)。

谢亮:近代西北瘟疫防治的"本土经验"演化研究(1850—1949)(17BZS087/一般项目/兰州交通大学)。

付春:晚清民国时期西南瘴疠调查与防治的资料整理与研究(17BZS092/一般项目/中共云南省委党校)。

柳雨春:身体史视野下的宋代生育问题研究(17CZS014/青年项目/武汉科技大学)。

张园园:"儒学化"转向与金元医学知识的建构研究(17CZS01/青年项目/武汉科技大学)。

杨勇:出土简牍与战国秦汉医疗研究(17CZS055/青年项目/湖南大学)。

朱凤林:抗战时期西南大后方省会城市环境卫生治理研究(17XZS012/西部项目/玉林师范学院)。

金成民:侵华日军细菌战罪行史料整理及专题数据库建设"(16KZD014/抗日战争研究专项工程项目/哈尔滨市社会科学院)。

池子华:晚清时期中国红十字运动研究(16FZS028/后期资助项目/苏州大学)。

杨祥银:近代香港的西方医学与公共卫生(1841—1941)(16FZS035/后期资助项目/温州大学)。

方勇:汉代简帛医学文献的综合整理与研究(16BZS012/一般项目/吉林师范大学)。

冯玉荣:明清江南儒医研究(16BZS052/一般项目/华中师范大学)。

薛毅:日本侵华时期中国煤矿工人伤亡研究(16BZS090/一般项目/中国矿业大学)。

高鹏程:民国红卍字会与战时民间社会救助研究(16BZS097/一般项目/南通大学)。

曹春婷:民国上海中药业研究(16CZS056/青年项目/山西师范大学)。

任轶:比较视野下的上海法租界医疗卫生研究(1849—1943)(16CZS062/青年项目/上海交通大学)。

丁丽:民国时期华北产业工人生存状况研究(1912—1937)(16CZS061/青年项目/天津科技大学)。

金成民:侵华日军细菌战罪行史料整理及专题数据库建设(16KZD014/抗日战争研究专项工程项目/侵华日军第七三一部队罪证陈列馆)。

于赓哲:唐代疾病、医疗史再探(15FZS035/后期资助项目/陕西师范大学)。

周东华:英藏基督教与近代中国麻风病救治档案整理与研究(15BZS098/一般项目/杭州师范大学)。

王小军:抗战时期疫病流行与应对研究(15BZS114/一般项目/华东交通大学)。

杨彦君:中日民间保存的"细菌战"文献文物搜集、整理与研究(14CZS047/青年项目/哈尔滨市社会科学院)。

朱亚华:中日接受西方解剖学之比较研究(14FZS045/后期资助项目/中国中医科学院)。

韩毅:宋代的药品生产与政府管理研究(14BZS105/一般项目/中国科学院)。

路彩霞:医疗卫生视野下的汉口社会变迁研究(1840—1949)(14BZS096/一般项目/湖北省社会科学院)。

张田生:清代瘟病知识的建构与江南社会研究(14BZS120/一般项目/渭南师范学院)。

安尼瓦尔·托乎提:维吾尔医药历史研究(14XZS008/西部项目/新疆医科大学)。

杨锦銮:华洋关系视野下的近代民族保险业发展研究(1875—1937)(14BZS037/一般项目/华南师范大学)。

王兴伊:新疆出土医药文献整理研究(14BZS009/一般项目/上海中医药大学)。

刘兴楠:近代中国的不吸纸烟运动研究(14FZS012/后期资助项目/中国社会科学院)。

陈致远:中国南方地区侵华日军细菌战研究(湖南及周边地区)(14@ZH025/特别委托重大项目/湖南文理学院)。

马金生:民国医讼凸显的社会文化史研究(14FZS013/后期资助项目/民政部101研究所)。

李继明:成都老官山汉墓出土医简整理研究(14BZS005/一般项目/成都中医药大学)。

杜丽红:制度建构与日常生活:现代公共卫生在北京的诞生(13FZS034/后期资助项目/中国社会科学院)。

金成民:中美日俄四国保存的"731"档案调查研究及综合利用(13AZD036/重点项目/侵华日军"731"部队罪证陈列馆)。

张仲民:卫生与近代中国的物质文化研究(13BZS079/一般项目/复旦大学)。

郝先中:近代以来西医在中国本土化与职业化研究(一般项目/13BZS092/皖西学院)。

杜鹃:20世纪中国性病控制社会史研究(13CZS049/青年项目/中共北京市委党校)。

肖荣:医药文本与东晋南朝史研究(13CZS013/青年项目/深圳大学)。

程国斌:明清江南地区医疗生活史研究(13CZS064/青年项目/东南大学)。

温翠芳:外来香药对中国中古社会影响研究(13CZS069/青年项目/西南大学)。

李德成:社会变迁中的农村赤脚医生群体研究(12BZS060/一般项目/江西师范大学)。

胡勇:政治与文化视野下的中国结核病问题研究(1933—1978)(12BZS061/一般项目/西北大学)。

叶宗宝:民国华北环境变动与疫病防控(12BZS063/一般项目/信阳师范学院)。

王胜:医疗社会史视域下的国家与乡村社会研究(1949—1979)(12BZS076/一般项目/河北省社科院)。

黄华平:近代中国铁路卫生史研究(1876—1949)(12CZS044/青年项目/皖南医学院)。

包红梅:蒙古族公众的蒙医文化研究(12CZX025/青年项目/内蒙古大学)。

金成民:美国解密日本细菌战档案调查研究(11AZS005/重点项目/侵华日军第七三一部队罪证陈列馆)。

龚胜生:中国古代传染病流行的地理规律与历史影响的综合(11AZD117/重点项目/华中师范大学)。

胡成:民族主义、帝国主义与世界主义——洛克菲勒基金会在中国(1914—1941)(11BZS082/一般项目/南京大学)。

董国强:新中国60年江浙地区麻风病防控与社会保障机制研究(11BZS064/一般项目/南京大学)。

李传斌:南京国民政府时期乡村卫生建设研究(11CZS035/青年项目/湖南师范大学)。

杨兴梅:身体、国家与社会:近代中国反缠足的历程(10FZS010/后期资助项目/四川大学)。

龙伟:民国医患关系的演进与医疗行政体制的转型——以医事纠纷为中心的讨论(09FZS009/后期资助/西南科技大学)。

张生:抗战时期中国受害者PTSD研究——以南京大屠杀受害者为中心(09BZS021/一般项目/南京大学)。

张泰山:民国时期公共卫生建设研究(09BZS030/一般项目/湖北师范学院)。

龚胜生:民国时期疫灾流行与公共卫生意识的变迁(09BZS031/一般项目/华中师范大学)。

于赓哲:唐代疾病、医疗史初探(09FZS008/后期资助项目/陕西师范大学)。

余新忠:晚清瘟疫与卫生防疫机制的演进(08BZS030/一般项目/南开大学)。

杨果:宋代妇女史研究——以女性身体为视角(07BZS016/一般项目/武汉大学)。

杨鹏程:20世纪洞庭湖区血吸虫病等疫灾流行史及减灾防疫(07BZS035/一般项目/湖南科技大学)。

宝音图:中国古代北方游牧民族医药文化研究(07BZS045/一般项目/内蒙古民族大学)。

韩毅:宋代重大疫情与社会反应研究(07CZS007/青年项目/中国科学院)。

余欣:唐宋时期的传染病及应对机制的历史考察(06CZS004/青年项目/复旦大学)。

陈明:隋唐时期的医疗与外来文明(05BZS027/一般项目/北京大学)。

胡成:近代瘟疫、经济转型与文化变迁——上海、东北半殖民口岸都市的鼠疫、霍乱和花柳病(03BZS029/一般项目/南京大学)。

龚胜生:中国古代疫灾流行规律及其社会经济危害研究(97CZS001/青年项目/华中师范大学)。

马继兴:出土发掘亡佚古医药典籍与中国传统文化的研究(93BZS011/一般项目/中国中医研究院)。

世界历史

兰教材:英国食品和药品安全立法进程研究(1850—1899)(2019年后期资助项目/岭南师范学院)。

孙建党:疟疾控制与冷战期间美国对东南亚的卫生外交研究(19BSS031/一般项目/福建师范大学)。

王磊:中非传统医药合作交流史研究(19BSS060/一般项目/上海中医药大学)。

肖永芝:以《海上医宗》为核心的中越医学交流史研究(18BSS011/一般项目/中国中医科学院)。

邹翔:17—19世纪英国精神疾病与精神卫生问题研究(18BSS039/一般项目/曲阜师范大学)。

何星亮:中日古代拔牙风俗比较研究(17FSS008/后期资助项目/中国社会科学院)。

王晨辉:英国工业化时期的酗酒问题及其治理研究(1830—1900)(17CSS024/青年项目/陕西师范大学)。

卢玲玲:墨西哥毒品问题的历史考察(1940—2012)(17CSS020/青年项目/西北大学)。

闵凡祥:欧美医疗社会文化史研究(17BSS043/一般项目/南京大学)。

胡美:非洲疾病演进与防控史研究(17BSS012/一般项目/浙江师范大学)。

施雱:20世纪50年代以来欧美对抗生素监管的历史与启示研究,(16XSS006/西部项目/云南大学)。

张大庆:中美医学交流史(16FSS004/后期资助项目/北京大学)。

毛利霞:从隔离病人到治理环境:19世纪英国霍乱防治研究(16FSS007/后期资助项目/河南科技大学)。

高建红:中世纪西欧的医生(16FSS001/后期资助项目/陕西师范大学)。

魏秀春:公共健康视阈下英国儿童福利制度研究(1862—1948)(16BSS044/一般项目/临沂大学)。

邹薇:拜占廷医学的成就与贡献研究(15CSS005/青年项目/四川大学)。

李化成:中世纪西欧健康问题研究(15ASS002/重点项目/陕西师范大学)。

郭家宏：近代英国公共医疗服务体制变迁研究（15BSS029/一般项目/北京师范大学）。

刘成：英国医院国有化改革研究（14ASS005/重点项目/南京大学）。

王广坤：英国公共卫生管理制度变迁研究（1848—1914）（14CSS010/青年项目/厦门大学）。

丁见民：传染性疾病与美国早期社会研究（14BSS016/一般项目/南开大学）。

马瑞映：20 世纪英国煤工尘肺病的认知、社会动员和政府治理研究（12BSS024/一般项目/陕西师范大学）。

邹翔：鼠疫与伦敦城市公共卫生（1518—1667）（09CSS002/青年项目/曲阜师范大学）。

魏秀春：英国食品安全立法与监管政策的历史演变（1860—2000）及其对我国的启示（08CSS006/青年项目/临沂大学）。

李化成：中世纪晚期英国的瘟疫和社会（1348—1530 年）（08CSS003/青年项目/陕西师范大学）。

陈致远：日本侵华细菌战史研究（07BSS007/一般项目/湖南文理学院）。

刘永贵：侵华日军细菌战罪行考（07BSS006/一般项目/防化指挥工程学院 ）。

张勇安：美国与全球禁毒体系的建立（1945—1990）（07CSS003/青年项目/上海大学）。

王旭东：环境、瘟疫与人类社会历史发展研究（04BSS009/一般项目/中国社会科学院）。

考古学

朱泓：金代齐国王墓出土人骨的综合研究（19AKG007/重点项目/吉林大学）。

原海兵：高山古城宝墩文化人类骨骼考古研究（19BKG038/一般项目/四川大学）。

李海军：新疆扎滚鲁克墓地先民遗骸的整理、数据库建设及儿童头骨体质特征研究（19BKG039/一般项目/中央民族大学）。

谷雨：临淄粉庄战国时期居民口腔疾病及齿根管形态研究（19BKG048/一般项目/山东大学）。

曾雯：即墨北阡遗址大汶口文化时期古代居民的 DNA 研究（15CKG013/青年项目/山东大学）。

周兴兰：成都老官山汉墓漆人经脉腧穴特点及价值研究（14CKG008/青年项目/成都中医药大学）。

陈靓：青铜—早期铁器时代西北地区居民牙齿骨骼病理研究（13BKG009/一般项目/西北大学）。

教育学

赵安：基于血吸虫病易感地带研究的健康教育效果评估研究（2008 年一般项目/江西师范大学）。

刘秀丽：重大灾害后儿童的心理创伤及对策研究（2008 年青年项目/东北师范大学）。

王冬：大学生自测健康状况与健康危害行为、健康促进生活方式相关研究（2007 年青年项目/南方医科大学）。

谢敏豪：运动及营养干预降低肥胖少年肥胖相关疾病发生和改善身体素质作用的机制研究与应用（2006 年一般项目/北京体育大学）。

崔箭：少数民族医药高等教育模式与少数民族医药事业继承和发展研究（2006 年一般项目/中央民族大学）。

图书馆、情报与文献学

成全：多源在线医疗健康信息的语义融合及精准推荐服务研究（19BTQ072/一般项目/福州大学）。

刘时觉：安徽医籍考（19BTQ048/一般项目/温州医科大学）。

刘喜文：基于语义网的医疗健康信息组织与服务模式研究（19BTQ076/一般项目/新乡医学院）。

曹锦丹：健康风险认知下的用户信息搜寻行为及其交互特性研究(19BTQ079/一般项目/吉林大学)。

王晋：健康扶贫背景下独龙族健康信息行为及素养提升研究(19BTQ080/一般项目/云南大学)。

程文文：基于语料库的越南中医古籍辑注及相关问题研究(19CTQ010/青年项目/重庆师范大学)。

黄刚："一带一路"中国—东盟传统医药文献资源战略保障体系研究(18XTQ002/西部项目/广西中医药大学)。

郑钦方：湘黔桂边区侗医药古籍文献收集、整理及数字化研究(17CTQ017/青年项目/湖南医药学院)。

张本瑞：出土中兽医学文献综合研究(17CTQ014/青年项目/上海中医药大学)。

谢靖：古代中国医学文献的知识标注与知识挖掘研究(17BTQ060/一般项目/南京中医药大学)。

石艳霞：大众健康信息服务体系中公共图书馆参与研究(16BTQ016/一般项目/山西大学)。

陈艳伟：公共图书馆残疾人服务标准研究(16BTQ018/一般项目/深圳图书馆)。

周云逸：宋代笔记医药文献整理与研究(16BTQ039/一般项目/河北大学)。

王亚丽：敦煌写本医籍与日本汉文医籍比较研究(16BTQ043/一般项目/贵州民族大学)。

季拥政：青海地区藏医药古籍文献收集、整理与数字化研究(16BTQ051/一般项目/青海大学)。

逯铭昕：宋金元伤寒著述版本研究与辑佚(16CTQ011/青年项目/山东师范大学)。

杨东方：清代整理中医药文献研究(14BTQ063/一般项目/北京中医药大学)。

华尔江：藏医药经典藏文古籍珍善本的抢救性搜集、整理及数字化研究(14XTQ002/西部项目/成都中医药大学)。

苏春梅：《儒门事亲》新校释(14FTQ001/后期资助项目/黑龙江大学)。

丁媛：出土《日书》类文献中涉医资料研究(14CTQ011/青年项目/上海中医药大学)。

张雪丹：现存《永乐大典》涉医文献研究(13CTQ021/青年项目/上海中医药大学)。

邓都：四川南派藏医药古籍文献的抢救性挖掘整理及数据库研究(13XTQ012/西部项目/成都中医药大学)。

宫梅玲：大学生抑郁症阅读疗法中医学配伍书方研究(13BTQ020/一般项目/泰山医学院)。

王亚丽：以敦煌为中心西北出土汉至宋涉医文献研究(12CTQ021/青年项目/兰州大学)。

窦红莉："大拱北医术"文献整理及医药文化研究(11BTQ016/一般项目/宁夏医科大学)。

陈海玉：云南傣族医药古籍文献整理及其基础数据库建设研究(11CTQ041/青年项目/云南大学)。

戴翥：云南少数民族医药文献联合目录编纂与研究(11XTQ012/西部项目/云南中医学院)。

王艳红：西夏医药文书整理研究(10XTQ016/西部项目/宁夏医科大学)。

刘时觉：中国医学古籍文献的挖掘整理与考证研究(10BTQ029/一般项目/温州医学院)。

罗艳秋：云南傣族、彝族医药古籍文献总目提要编纂及其价值研究(10CTQ014/青年项目/云南中医学院)。

梁松涛：黑水城出土西夏文医药文献整理与研究(08XTQ007/西部项目/兰州大学)。

张如青：新出土简牍涉医文献整理与研究(08BTQ019/一般项目/上海中医药大学)。

新闻与传播学

罗坤瑾：重大公共卫生事件群体性恐慌度量模型与调适机制研究(19BXW111/一般项目/广东外语外贸大学)。

杨柳：技术赋能与残障人群体的社会融入研究(19CXW037/青年项目/重庆大学)。

陈骥：中医药非物质文化遗产在澳大利亚的跨文化传播研究(19XXW005/西部项目/成都中医药大学)。

张潇潇：中国青少年的艾滋病风险感知与媒介干预机制研究（18BXW089/一般项目/暨南大学）。

赵艳：民国时期中医古籍出版与文化传承研究（18BXW096/一般项目/北京中医药大学）。

吕强：近代西北地方媒介传播西医防疫思想研究（18CXW016/青年项目/西北政法大学）。

曹博林：线上医患交流平台的健康传播效果和风险评估研究（18CXW017/青年项目/深圳大学）。

蔡盈洲：新媒体环境下医患冲突事件传播的话语博弈与互动研究（17BXW059/一般项目/江西财经大学）。

陈刚：新媒体环境下雾霾污染的公众认知困境及引导策略研究（17BXW054/一般项目/扬州大学）。

吴凯：中医药文化在欧美传播的话语体系研究（16BXW055/一般项目/云南中医学院）。

赵高辉：社交媒体传播与"健康中国"构建研究（16BXW090/一般项目/东华大学）。

庞慧敏："早期肺癌筛查计划"传播策略与政策实践研究（15BXW033/一般项目/山西大学）。

高丽华：新传播环境下医患有效沟通的新模式及其实现路径研究（15BXW035/一般项目/北京工商大学）。

李东平：我国藏区的健康传播与青少年发展研究（15BXW044/一般项目/西南民族大学）。

刘红：新媒体背景下的新疆健康传播与少数民族青少年健康行为优化研究（15BXW046/一般项目/新疆财经大学）。

黄月琴：健康传播与自闭症儿童的社会发展研究（15BXW050/一般项目/湖北大学）。

吴永贵：中医药文化在英国传播与影响研究（13XXW010/西部项目/云南中医学院）。

管理学

周绿林：生育保险与职工基本医疗保险合并实施问题研究（2019 年后期资助项目/江苏大学）。

胡浩：非洲猪瘟疫情冲击下生猪产业链优化与支持政策研究（19AGL020/重点项目/南京农业大学）。

陈颖：基于临床路径按病种付费的医疗服务定价研究（19AGL031/重点项目/北京大学）。

詹长春：协同治理视角下社会医疗保险欺诈行为监测与反欺诈机制研究（19BGL200/一般项目/江苏大学）。

李向宇：医保整合背景下的漏保行为研究（19BGL201/一般项目/贵州师范学院）。

周新发：贫困脆弱性视角下我国农村医疗保障"精准防贫"研究（19BGL203/一般项目/北京大学）。

申俊龙：基于互联网＋国家"名医工作室"的中医药知识社会共享路径与政策促进机制研究（19BGL205/一般项目/南京中医药大学）。

杨玲：以人为本的医疗服务控费机制研究（19BGL227/一般项目/武汉大学）。

曾晓青：毒品成瘾青年复吸预防的治理机制研究（19BGL230/一般项目/江西师范大学）。

杨之涛：大数据精准引导下大型医院急诊医疗服务管理方法研究（19BGL245/一般项目/上海交通大学）。

董恩宏：基于 SA 理论超大城市外来人口医患关系分隔同化性及其影响路径研究（19BGL246/一般项目/上海交通大学）。

杜汮：紧急医学救援队人力资源拼凑对救援能力成熟度的影响及其提升对策研究（19BGL247/一般项目/天津医科大学）。

卿放：面向 DRGS 支付的我国公立医院成本控制优化模式及路径研究（19BGL248/一般项目/四川大学）。

钱辉：医疗机构公益性的民众感知机制及获得感提升策略研究（19BGL249/一般项目/浙江大学）。

张萌:分级诊疗背景下县域医共体协同度及提升策略研究(19BGL250/一般项目/杭州师范大学)。

苗春霞:基于分级诊疗制度的居民就医行为形成机制及引导路径研究(19BGL251/一般项目/徐州医科大学)。

葛锐:制药企业研发风险的资本对冲机制与知识资产积累研究(19BGL252/一般项目/山东财经大学)。

刘琳:我国网络药品安全风险防控对策研究(19CGL057/青年项目/中共重庆市委党校)。

叶俊:"全民健康覆盖"进程中家庭医生制度供需错配及其纠偏机制研究(19CGL061/青年项目/温州医科大学)。

严静:公众网络健康信息传播对健康行为的影响机制研究(19CGL062/青年项目/安徽省社会科学院)。

彭翔:"医联体"内健康服务协同供给机制及其医保激励策略研究(19CGL063/青年项目/南京中医药大学)。

许世华:市场决定医疗资源配置和更好发挥政府作用的实现机制研究(19XGL020/西部项目/右江民族医学院)。

游静:"互联网+医疗健康"服务模式创新研究(19XGL003/西部项目/重庆科技学院)。

禄晓龙:健康中国战略中的基本医疗保险筹资机制优化研究(19XGL005/西部项目/贵州医科大学)。

方菁:乡村振兴背景下的健康乡村概念和评价指标体系研究(19XGL022/西部项目/昆明医科大学)。

周慧文:我国职业伤害风险水平探索性研究(18BGL198/一般项目/浙江财经大学)。

朱铭来:职工基本医疗保险个人账户改革研究(18BGL199/一般项目/南开大学)。

黄奕祥:以健康为中心的区域医疗整合转型策略和优化路径研究(18BGL218/一般项目/中山大学)。

龚巧莉:R&D 投入对新疆维吾尔医药产业发展的影响及政策创新研究(18BGL239/一般项目/新疆财经大学)。

杨帆:复杂社会网络下突发传染病演化机理与协同防控对策研究(18BGL229/一般项目/湖北第二师范学院)。

李华:城乡居民大病保险精准治理健康贫困的效果研究(18BGL240/一般项目/上海财经大学)。

王韬:基于 HCP 理论的卫生资源配置区域差异化影响路径实证研究(18BGL242/一般项目/上海交通大学)。

王中华:健康中国视阈下失能老人长期照护体系协同治理研究(18BGL243/一般项目/南京医科大学)。

曹高芳:健康中国战略背景下个人健康医疗信息保护与利用研究(18BGL244/一般项目/滨州医学院)。

董丽云:过度医疗生成的话语机理与治理研究(18BGL245/一般项目/集美大学)。

曾国华:基于助推理论的欠发达地区慢性病患者分流机制及实验研究(18BGL246/一般项目/江西理工大学)。

余园园:健康中国视阈下医师多点执业的资源配置成效研究(18BGL247/一般项目/温州医科大学)。

蒋文慧:老年慢性病患者智慧健康管理模式的构建与应用研究(18BGL248/一般项目/西安交通大学)。

刘译阁:认知差异对医患共同决策的影响研究(18BGL249/一般项目/汕头大学)。

何剑琴:医疗不良事件中减少或避免第二受害的医院支持体系建构研究(18BGL250/一般项目/浙江大学)。

晏英:医院内医疗纠纷促进式调解程序构建研究(18BGL251/一般项目/山西大学)。

代志明:组织生态学视角下民营医院的成长机制与政策引导研究(18BGL252/一般项目/郑州轻工业学院)。

彭钢:大数据背景下"紧密型"医养联合体培育路径研究(18XGL017/西部项目/西南医科大学)。

李娟:西南民族地区群众卫生运动的历史经验研究(18XGL018/西部项目/昆明理工大学)。

冯变玲:健康中国战略背景下上市后药品安全监测质量评价(18XGL019/西部项目/西安交通大学)。

放培元:卫生医疗军民融合发展战略研究(18XGL025/西部项目/陆军勤务学院)。

袁廿一:新时代"健康优先"的逻辑与治理研究(18CGL001/青年项目/海南医学院)。

周钦:中国城乡居民医保整合下的不公平测度及影响机制研究(17CGL051/青年项目/对外经济贸易大学)。

周蔚:精神卫生防治体系反应性评估研究(17CGL050/青年项目/中南大学)。

高秋明:基于医保赔付数据的不合理医疗支出构成及约束机制研究(17CGL035/青年项目/中国政法大学)。

张文学:基于大数据思维的药品安全治理研究(17XGL016/西部项目/宁夏医科大学)。

冯毅:"两票制"对药品流通行业的供应链结构及效率的影响研究(17XGL011/西部项目/电子科技大学)。

王辅之:新媒体环境下农村中年居民健康信息获取障碍研究(17BGL262/一般项目/蚌埠医学院)。

胡汝为:以社区健康管理为核心的医联体政府管制研究(17BGL190/一般项目/中山大学)。

张敏:网络化治理视野中的慢性病分级管理体系研究(17BGL189/一般项目/成都医学院)。

魏来:健全上下联动、衔接互补的医疗服务体系研究(17BGL188/一般项目/遵义医学院)。

姚华:健康文化视角下新疆少数民族地区健康促进策略研究(17BGL187/一般项目/新疆医科大学)。

李亚斌:基于多目标群体利益的公立医院技术服务及医事服务费定价决策及对策研究(17BGL186/一般项目/华北电力大学)。

张录法:分级诊疗导向的纵向整合医疗服务体系研究(17BGL185/一般项目/上海交通大学)。

胡红濮:大数据环境下分级诊疗服务模式研究(17BGL184/一般项目/中国医学科学院)。

杨金侠:"将健康融入所有政策"的实现路径研究(17BGL183/一般项目/安徽医科大学)。

付明卫:我国医院行业市场机制有效性的实证研究(17BGL170/一般项目/中国社会科学院)。

李佳洁:社会共治视角下农村儿童食品安全治理体系研究(17BGL168/一般项目/中国人民大学)。

李惠娟:基于公众健康的长三角雾霾协同治理动力机制与责任成本分配研究(17BGL141/一般项目/徐州工程学院)。

耿松涛:全域旅游视域下海南医疗旅游产业发展动力机制及创新模式研究(17BGL117/一般项目/海南大学)。

吴晓丹:基层共享医疗运营模式研究(17BGL087/一般项目/河北工业大学)。

侯胜田:推进中医药服务贸易发展路径与策略研究(16BGL009/一般项目/北京中医药大学)。

游静:"区域医疗协同平台"协同效益提升机制研究(16BGL029/一般项目/重庆科技学院)。

薛俭:基于公众健康视角下的区域大气污染联动治理路径及对策研究(16BGL146/一般项目/石家庄邮电职业技术学院)。

冯桂平:"互联网+"背景下基于医养结合协同发展的健康养老模式及路径研究(16BGL147/一般项目/大连理工大学)。

孙菊:基于SD的城乡居民医疗保险基金风险动态评估与管控机制仿真研究(16BGL150/一般项目/武汉大学)。

于勇:M—HEALTH导向下农村公共卫生服务供给侧创新研究(16BGL179/一般项目/湖南农业大学)。

张池军:大数据背景下基于复杂网络的城市应急药品分发研究(16BGL180/一般项目/吉林财经大学)。

袁锋:大数据环境下中医医案数据规范与特色保护协同机制研究(16BGL181/一般项目/山东管理学院)。

张泽洪:基于双边关系的医患信任违背与修复机制研究(16BGL182/一般项目/温州医科大学)。

吕军:探索药物基因组学检测项目临床准入模式的研究(16BGL183/一般项目/西安交通大学)。

孙刚:基于REPAST仿真平台的医疗检查控制机制及路径研究(16BGL184/一般项目/南方医科大学)。

孟颖颖:医疗保险制度对农民工流动的影响研究(16BGL146/一般项目/石家庄邮电职业技术学院)。

张惠:中国城市社区疫病灾害弹性构建研究(16CGL061/青年项目/华南师范大学)。

邓勇:公立医院和社会资本合作模式运行中面临的问题与对策研究(16CGL063/青年项目/福州大学)。

马骋宇:在线医疗服务对医疗服务体系的影响效应及引导机制研究(16CGL066/青年项目/首都医科大学)。

袁莎莎:纵向整合模式下基层卫生机构服务功能实现程度研究(16CGL067/青年项目/北京协和医学院)。

张强:社会力量参与社区老龄人口健康服务的机制研究(16CGL068/青年项目/上海工程技术大学)。

侯文华:政府规制下制药企业创新激励与定价机制研究(15BGL074/一般项目/南开大学)。

汤榕:城乡基本医疗保障一体化制度构架下不同人群的健康公平性研究(15BGL188/一般项目/宁夏医科大学)。

高红霞:村级卫生人力的系统诊断与整体性治理模式研究(15BGL189/一般项目/华中科技大学)。

肖锦铖:公立医院公益性评价的分层动态研究(15BGL190/一般项目/安徽医科大学)。

罗亚玲:面向健康数据的认知图谱研究(15BGL191/一般项目/重庆医科大学)。

吴明:我国公立医院改革对医保基金的影响研究(15BGL192/一般项目/北京大学)。

刘桂林:医生诱导需求的识别及其治理研究(15BGL193/一般项目/温州医科大学)。

刘兰秋:中国医疗纠纷数据库建设与基于数据库应用的医疗纠纷防控机制研究(15BGL194/一般项目/首都医科大学)。

张颖:我国大病医疗保险统筹优化机制及其风险监控研究(15CGL045/青年项目/东南大学)。

韩俊强:医疗保险制度对农民工消费的影响研究(15CGL046/青年项目/中南民族大学)。

王超群:中国灾难性卫生支出风险管理机制研究(15CGL047/青年项目/华中师范大学)。

林晨蕾:基于健康差异的农村老年人医疗服务利用研究(15CGL069/青年项目/福建农林大学)。

段桂敏:新媒体下医患矛盾热点事件公众情绪演化机理与疏导策略研究(15CGL070/青年项目/成都中医药大学)。

李颖:分级诊疗新政下社区平台慢性病管理模式创新研究(15CGL071/青年项目/首都医科大学)。

宁艳花:基于回族文化关怀的慢性病"社区—临床—宗教组织"管理模式研究(15CGL072/青年项目/宁夏医科大学)。

范艳存:民族地区城乡医疗保险一体化适宜模式及其推进路径研究(15XGL019/西部项目/内蒙古医科大学)。

褚福灵:医保费用科学分配及有效监控的技术方法研究(14AZD117/重点项目/中央财经大学)。

雷海潮:二、三级综合医院适宜规模研究(14BGL140/一般项目/中国医学科学院)。

李礼:我国医疗保险基金可持续发展模式与风险防范机制研究(14CGL034/青年项目/中南财经政法大学)。

许苹:医院医疗风险预警预控及关键技术研究(14AGL020/重点项目/第二军医大学)。

刘丽娟:基于单病种的家庭医生重点慢性病管理绩效支付模型研究(14BGL142/一般项目/第二军医大学)。

张培林:供需方视角下政府对公立医院投入的对比研究(14BGL112/一般醒目/重庆市第九人民医院)。

朱恒鹏:医保付费机制创新与公立医院改革研究(14BGL145/一般项目/中国社会科学院)。

何成森:公立医院医患关系风险预警机制及危机应对体系研究(14BGL141/一般项目/安徽医科大学)。

谭宗梅:中央苏区卫生管理研究(14XGL006/西部项目/赣南医学院)。

胡健:青年男男性行为者艾滋病危险性行为与社会文化研究(14BGL213/一般项目/贵州财经大学)。

佘敬怀:深化公立医院改革情景下我国远程医疗管理模式研究(14BGL214/一般项目/首都经济贸易大学)。

李义庭:我国生命临终关怀模式的管理研究(14BGL215/一般项目/首都医科大学)。

苏天照:医务人员工作场所暴力行为的评估与治理研究(14BGL146/一般项目/山西医科大学)。

郝模:健康国家建设和健康领域重大社会问题预测与治理研究(13AZD081/重点项目/复旦大学)。

徐伟:我国城镇基本医疗保险体系完善研究(13FGL003/后期资助项目/中国药科大学)。

冯变玲:药品安全体系中药品不良反应警戒制度构建研究(13BGL132/一般项目/西安交通大学)。

王晓燕:新医改背景下医疗服务供应链协调机制研究(13BGL142/一般项目/空军勤务学院)。

陈龙:医疗服务公私伙伴关系研究(13CGL140/青年项目/昆明医科大学)。

李新辉:新疆牧业地区农村基层医疗卫生服务体系可持续发展研究(13XGL017/西部项目/石河子大学)。

李文贵:新型农村合作医疗支付方式评价体系研究(13XGL018/西部项目/遵义医学院)。

黄林邦:赣南苏区基层医疗卫生服务体系构建研究(13XGL019/西部项目/赣南医学院)。

张瑞宏:西南边境地区贫困人群卫生服务公平性改善策略研究(13XGL021/西部项目/昆明医科大学)。

沈世勇:基于水平适度标准的社会医疗保险基金收支平衡性研究(13CGL101/青年项目/上海工程技术大学)。

赵大海:城市社区卫生服务机构的财政投入机制与政策研究(13CGL135/青年项目/上海交通大学)。

龚秀全:老龄化高龄化背景下老年医疗服务保障网络优化研究(13CGL139/青年项目/华东理工大学)。

张琪:"新医改"目标下我国医疗卫生体制改革进程评价研究(13BGL138/一般项目/首都经济贸易大学)。

王红漫:城乡医疗统筹背景下我国医疗保障体系问题研究(13AGL010/重点项目/北京大学)。

江滨:我国药品监管模式优化研究(13BGL141/一般项目/北京大学)。

曹琪:公立医院改革追踪评估研究(13CGL137/青年项目/中国人民大学)。

岳经纶:中国社会医疗保险制度整合的效果评价(13AGL011/重点项目/中山大学)。

蔡文智:医疗工作场所暴力风险识别与调控的研究(13BGL143/一般项目/南方医科大学)。

王晓玲:基于医院行为分析的中国医疗管制困境与对策研究(13CGL138/青年项目/深圳大学)。

詹长春:城镇化背景下农民重特大疾病保障和救助机制研究(13BGL139/一般项目/江苏大学)。

秦立建:农民工基本医疗保险的异地转接研究(13CGL102/青年项目/安徽财经大学)。

丰佳栋:公立医院服务补救机制的建立与完善(13XGL020/西部项目/内蒙古财经大学)。

林源:新型农村合作医疗保险风险管理研究(12BGL091/一般项目/怀化学院)。

周绿林:"参合"农民重大疾病保障水平、适宜度及支付制度研究(12BGL110/一般项目/江苏大学)。

胡红濮:基于信息技术的社区卫生服务绩效管理模式与实证研究(12BGL111/一般项目/华中科技

大学)。

刘军安:基于制度嵌入的村卫生室基本药物制度实施模式与绩效评估研究(12BGL113/一般项目/华中科技大学)。

张大庆:青蒿素研发中的管理模式与科研评价研究(12BGL114/一般项目/北京大学)。

黄顺康:医患关系治理的机制设计研究(12BGL115/一般项目/西南政法大学)。

刘世勇:成都城乡居民基本医疗保险政策分析评估研究(12CGL103/青年项目/西南财经大学)。

李星明:基于健康管理理念的社区慢性病防控合作模式研究(12CGL104/青年项目/首都医科大学)。

代志明:我国公立医院的改革成本及其分担机制优化研究(12CGL105/青年项目/郑州轻工业学院)。

金建强:乡村医生身份认定及其相关保障研究(12CGL106/青年项目/华中科技大学)。

陶建平:突发性动物疫情公共危机演化机理及应急公共政策(11AZD106/重点项目/华中农业大学)。

张振忠、李斌:中国医疗支付制度系统性改革规范化研究(11AZD110/重点项目/卫生部)。

申俊龙:基于隐性知识管理的中医传承机制和策略研究(11BGL090/一般项目/南京中医药大学)。

王雪化:基于最小代价的突发性传染病扩散路径阻断策略研究(11BGL091/一般项目/大连理工大学)。

翟绍果:基于国民均等受益的健康保障路径研究(11CGL070/青年项目/西北大学)。

胡宏伟:医疗保险体系隐性负债、基金负债与财政压力评估(11CGL072/青年项目/华北电力大学)。

纪颖:在校流动儿童健康需求及对策研究(11CGL080/青年项目/北京大学)。

张录法:社区卫生服务机构与医院协同改革模式研究(11CGL095/青年项目/上海交通大学)。

葛锐:制药产业资本诉求与国家药物政策研究(11CGL096/青年项目/山东经济学院)。

徐敢:我国公立医院补偿机制系统建模与仿真研究(11CGL097/青年项目/国家药监局执业药师资格认证中心)。

蒋远胜:"新医改"背景下新型农村合作医疗制度研究(10XGL014/西部项目/四川农业大学)。

陈晓阳:新医改方案与构建和谐医患关系若干问题研究(10AGL012/重点项目/山东大学)。

王俊华:推进新型农村合作医疗制度改革研究(10AGL013/重点项目/苏州大学)。

王虎峰:我国公立医院改革试点目标任务及配套政策跟踪调查研究(10AGL014/重点项目/中国人民大学)。

唐晓纯:食品药品安全质量监管问题研究(10BGL089/一般项目/中国人民大学)。

刘丽杭:我国城市社区卫生服务购买模式及效果研究(10BGL091/一般项目/中南大学)。

王芳:地方经济发展与基本公共卫生服务均等化研究(10BGL092/一般项目/华中科技大学)。

高其法:我国居民生活方式与慢性病预防控制研究(10CGL073/青年项目/南方医科大学)。

张广科:新农合视角下的农户疾病风险制度与分担问题跟踪研究(10CGL074/青年项目/中南财经政法大学)。

王芳:地方经济发展与基本公共卫生服务均等化研究(10BGL092/一般项目/华中科技大学)。

朱昌蕙:西部医药资源开发及其产业化研究(应用经济/一般项目/01BJY042/四川大学)。

理论与应用经济学

濮润:新时代我国生物医药产业分工与高质量发展研究(19CJY003/青年项目/中国生物技术发展中心)。

申梦晗:社会经济因素对母婴健康的影响及健康保障对策研究(19CJY004/青年项目/中山大学)。

李亚青:医疗保障制度对健康平等的精准化改进研究(18BJY215/一般项目/广东财经大学)。

翟俊生:区域转型背景下健康服务业融合发展机理及供给侧引导政策研究(17BJL057/一般项目/东南大学)。

王震:长期照护服务的供给研究(17BJY216/一般项目/中国社会科学院)。

孙涵:城市群雾霾污染对公共健康影响的空间效应和治理策略研究(17BJY063/一般项目/中国地质大学)。

郝涛:PPP 模式下中国农村"医养结合"养老服务有效供给研究(17BJY106/一般项目/山东财经大学)。

邹文杰:基本医疗卫生服务均等化:减贫效应及实现路径研究(16BJL106/一般项目/福建师范大学)。

汪泓:建设健康中国问题研究(16BJY001/一般项目/上海工程技术大学)。

李殷实:中国居民"健康差距—收入差距"循环效应的代际传递研究(16CJY016/青年项目/内蒙古财经大学)。

史新河:新型农村合作医疗筹资机制研究(15FJL014/后期资助/金陵科技学院)。

杨兴洪:新常态下人口老龄化对我国社会医疗保险体系可持续性的影响研究(15AJY022/一般项目/贵州大学)。

郑继承:欠发达地区城镇化推进中医疗资源配置失衡与机制重构研究(15CJY028/青年项目/云南省社会科学院)。

王新军:中国老年人长期护理与医疗保障体系改革研究(15BJY183/一般项目/山东大学)。

王根贤:基于医疗服务特异性的公立医院治理结构与财政投入研究(14BJY155/一般项目/广东财经大学)。

蓝相洁:城乡一体化视阈下公共卫生财政资源均衡配置机制(14BJY042/一般项目/广西财经学院)。

周婷:我国医疗保障体制瓶颈与整合路径研究(13CJL050/青年项目/上海社会科学院)。

宋劲松:大规模传染病应急产品生产能力储备研究(13AJY003/重点项目/国家行政学院)。

代英姿:中国医疗保障制度改革对医疗资源配置影响的实证分析(12BJL032/一般项目/东北财经大学)。

李家伟:西部地区农村居民医疗消费现状及政策研究(12BJY092/一般项目/成都中医药大学)。

闫菊娥:农村妇女"乳腺癌、宫颈癌"检查卫生经济学评价及政策研究(12BJY143/一般项目/西安交通大学)。

李立清:新型农村合作医疗可持续发展研究(11BJL038/一般项目/湖南农业大学)。

肖海翔:基本医疗卫生服务共享目标下政府卫生投入研究(11CJL029/青年项目/湖南大学)。

高连水:教育、医疗公共品供给均等化与城乡收入差距缩小的关系研究(11CJL030/青年项目/北京大学)。

董黎明:新医改背景下完善农村三级医疗卫生服务体系研究(11CJY053/青年项目/安徽财经大学)。

刘海英:我国城乡公共卫生经济系统投入产出绩效对比研究(10CJL021/青年项目/吉林大学)。

乔勇:贫困地区农户应对疾病风险的公共投入支持体系建设研究(10XJY025/西部项目/湖北民族学院)。

李习平:现代医院法人治理制度经济分析研究(10CJY008/青年项目/湖北中医学院)。

张仲芳:全民医疗保障目标下医疗卫生公共投入研究(10CJY070/青年项目/江西财经大学)。

孙翎:城乡社会医疗保险接续中的个人医保权益接续与统筹基金平衡问题研究(10CJY078/青年项目/中山大学)。

黄小平:中国医疗资源配置区域差异与经济协调发展研究(09CJL037/青年项目/湖南师范大学)。

李琼:西部贫困地区新型农村合作医疗筹资机制创新研究(09XJY018/西部项目/吉首大学)。

仇雨临:统筹城乡基本医疗保障体系研究(08BJY039/一般项目/中国人民大学)。

秦庆武:提高新型农村合作医疗筹资水平与补偿比例研究(08BJY103/一般项目/山东社会科学院)。

张文兵:推进新型农村合作医疗制度建设研究:地方财政压力的视角(08BJY104/一般项目/皖西学院)。

宋士云:新中国社会保障制度发展史(1949—2009)(07BJL039/一般项目/聊城大学)。

张兵:推进农村新型合作医疗制度研究(07BJY097/一般项目/南京农业大学)。

张德元:推进农村新型合作医疗制度研究:农民参与的视角(07BJY098/一般项目/安徽大学)。

汪德华:关于新型农村合作医疗补偿方案的经验研究(07CJY038/青年项目/中国社会科学院)。

廖卫东:食品公共安全规制与食品贸易:制度与政策研究(07CJY047/青年项目/江西财经大学)。

王俊华:新型农村合作医疗制度进展情况、存在问题和对策(05BJY061/一般项目/苏州大学)。

王耀忠:农村新型合作医疗制度进展情况、存在问题和对策(05CJY024/青年项目/上海社会科学院)。

李新文:西部农村公共卫生体制建设和相关政策研究(04BJY048/一般项目/甘肃农业大学)。

张立承:创新农村合作医疗制度的基层财政行为研究(04CJY015/青年项目/财政部财政科学研究所)。

柳鹏程:转基因食品安全管理研究(04CJY018/青年项目/华中农业大学)。

陈利国:我国中医药产业战略策略研究(03BJY010/一般项目/暨南大学)。

宋林:中国转基因食品安全管理模式研究(02BJY092/一般项目/中国人民大学)。

叶子成:中国医疗保障体系研究(01BJY036/一般项目/劳动和社会保障部)。

朱昌蕙:西部医药资源开发及其产业化研究(01BJY042/一般项目/四川大学)。

胡苏云:医疗保险制度和改革的卫生经济学理论分析(00BJL056/一般项目/上海社会科学院)。

李政伦:医疗收费价格政策的发展趋势研究(96AJB028/重点项目/南京铁道医学院)。

统计学

谢小良:基于贝叶斯网络的疫苗安全监测与预警系统研究(19BTJ011/一般项目/湖南商学院)。

金剑:多源异构中医大数据分析的混合方法与模型研究(19BTJ029/一般项目/河北大学)。

陶春海:中国地方政府公共医疗卫生服务供给的统计测度研究(16BTJ004/一般项目/江西财经大学)。

刘岭:疾病时空流行 SRM 方法及其在手足口病中的应用研究(14BTJ019/一般项目/第三军医大学)。

何静:中国卫生卫星账户体系研究(14BTJ008/一般项目/北京中医药大学)。

艾伟强:中国卫生卫星账户体系的构建与创新研究(14CTJ003/青年项目/大连民族学院)。

蒋萍:卫生行业:发展水平、决定因素及其对经济增长的贡献—基于经济普查数据的深度开发(07ATJ001/一般项目/东北财经大学)。

语言学

沈雪勇:助力中华文化走出去的针灸国际话语体系重构与传播研究(19BYY077/一般项目/上海中医药大学)。

黄立鹤:基于多模态语料库的阿尔茨海默症老年人语用能力蚀失研究(19CYY018/青年项目/同济大学)。

王勇丽:基于运动想象的脑瘫儿童运动性言语障碍测量与康复训练策略研究(19CYY019/青年项目/华东师范大学)。

李晓燕:高功能自闭症儿童会话障碍的家长执行式干预研究(18BYY084/一般项目/温州大学)。

程树华:梵汉医学辞典(17FYY017/后期资助项目/四川师范大学)。

石勇:中医隐喻思维与隐喻话语研究(17CYY014/青年项目/重庆师范大学)。

李孝英:中医古籍中情感隐喻的认知研究(17BYY190/一般项目/西南医科大学)。

涂海强:金元医籍语言研究(17BYY134/一般项目/温州医科大学)。

梁海英:基于语料库的医生话语策略与和谐医患关系建构研究(17BYY086/一般项目/西北师范大学)。

范崇峰:敦煌医卷整理及词汇研究(16FYY001/后期资助/南京中医药大学)。

巴克力·阿卜:柏林藏回鹘文医术《医理精华》校勘研究(16XYY033/西部项目/新疆师范大学)。

李崇超:语言符号学视域的中医语言体系研究(15BYY008/一般项目/南京中医药大学)。

贡却坚赞:藏医《四部医典》的词汇研究(15XYY019/西部项目/青海大学)。

刘敬林:近二十年海外回归之宋元明清医籍俗字研究(14BYY103/一般项目/安庆师范学院)。

张炎:敦煌古籍医经医理类文献英译及研究(14BYY017/一般项目/西安理工大学)。

刘建民:秦汉简帛涉医文献疑难字词研究及数据库建设(14CYY029/青年项目/山西大学文学院)。

章红梅:隋唐五代石刻传抄古文字研究及字谱编纂(14CYY023/青年项目/成都中医药大学)。

陈增岳:汉语中医词汇史研究(12BYY072/一般项目/肇庆学院)。

王育林:汉语医学名物词研究(11BYY068/一般项目/北京中医药大学)。

周祖宪:秦汉简帛医学词汇研究(11XYY026/西部项目/广西中医学院)。

阿布里克木·亚森:回鹘医学文书研究(09XYY020/西部项目/新疆大学)。

兰凤利:基于语料库的中医典籍英译研究(09CYY008/青年项目/上海中医药大学)。

于国栋:医患交际的会话分析研究:医患交际的过程、实质及医患关系的改善(07BYY023/一般项目/山西大学)。

罗希文:中医典籍研究与英译工程(05&ZD003/重大项目/中国社会科学院)。

外国文学

郭全照:文艺复兴时期英国文学中的忧郁书写研究(19BWW056/一般项目/山东大学)。

刘胡敏:新世纪英国战争小说创伤叙事和伦理反思研究(19BWW076/一般项目/广东外语外贸大学)。

张军:当代美国少数族裔文学中的创伤书写与引路人的疗伤机制研究(19BWW087/一般项目/南京信息工程大学)。

张帆:德国女性文学创伤叙事模式与修复机制研究(19BWW062/一般项目/上海外国语大学)。

师彦玲:当代"病志"文学批评研究(17BWW082/一般项目/兰州大学)。

张艺:苏珊·桑塔格疾病叙事研究(16CWW003/青年项目/南京理工大学)。

孙杰娜:美国当代作家——医生界别研究(14CWW009/青年项目/武汉大学)。

蒋天平:20 世纪美国文学中的医学想象与帝国政治(13BWW044/一般项目/南华大学)。

中国文学

邓利:中国当代作家的身体残疾与文学创作之关系研究(2019 年后期资助项目/四处师范大学)。

付用现:当代中国小说残疾书写的叙事伦理研究(17BZW162/一般项目/常州大学)。

张堂会:中国当代文学艾滋叙事研究(17BZW035/一般项目/扬州大学)。

王政:中国古代祷疾史(15FZW030/后期资助项目/淮北师范大学)。

教育部人文社会科学研究项目

一、重大攻关项目

罗力:医药卫生体制改革的顶层设计和制度衔接问题研究(2015年度重大课题攻关项目/复旦大学)。

汪新建:医患信任关系建设的社会心理机制研究(2015年度重大课题攻关项目/南开大学)。

陈云良:基本医疗服务保障法制化研究(2014年度重大课题攻关项目/中南大学)。

方鹏骞:我国公立医院治理与监管问题研究(2010年度重大课题攻关项目/华中科技大学)。

孟庆跃:深化医药卫生体制改革研究(09JZD031/山东大学)。

高建民:"病有所医"与中国健康保障系统研究(08JZD0022/西安交通大学)。

刘俊荣:伦理困境下的医疗行为选择及其社会认同与评价(08JD720001/广州医学院)。

李幼穗:精神卫生问题对社会的影响及解决对策(2001年度重大项目/天津师范大学)。

二、重点研究基地重大(重点)项目/博士点基金项目

王建新:西北少数民族医疗文化对医患关系影响的综合调查研究(14JJD850007/兰州大学)。

吴琦:近世致死后群体的专业化与社会变迁——以史家、儒医、讼师为中心的考察(12JJD770018/华中师范大学)。

熊跃根:中国的城乡一体化与健康不平等研究:证据、挑战与社会政策方向(13JJD840001/北京大学)。

申继亮:促进心脑血管疾病老年患者康复的心理因素研究(08JJDXLX268/北京师范大学)。

朱英:民国时期自由职业者群体研究——以医师、律师、会计师为中心的考察(2004年/华中师范大学)。

林毓铭、邓大松:新型农村合作医疗制度研究(2004年/武汉大学)。

胡炳志:健全与完善工伤保险制度研究(2004年/武汉大学)。

张海洋:凉山彝族腹心地区毒品和艾滋病社会控制行动(03JB850002/中央民族大学)。

马卫华:社会突发性公共卫生事件法律对策研究(03JD820011/山西大学)。

陈功:新传染病对老龄健康的影响机制及干预对策研究(03JB840005/北京大学)。

张玉才:新安医学文献整理与研究(02JAZJD870001/安徽中医学院)。

王保真:医疗保障体系改革中的重难点(02JAZJD630006/武汉大学)。

曹树基:16世纪以来的鼠疫流行与中国社会变迁(01JB770009/复旦大学)。

李文海:中国近代义赈:1872—1912(01JB770008/中国人民大学)。

彭希哲:城市空气污染影响健康的经济分析及其干预机制研究(01JB840001/复旦大学)。

楚军红:制度转型期中国农民生育意愿与生育行为研究(01JB840006/北京大学)。

杜昌维:医院权益及医患维权研究(01JD820113/四川大学)。

三、专项任务项目(中国特色社会主义理论体系研究)。

蔡孝恒:习近平总书记关于健康中国的重要论述研究(19JD710045/华中科技大学)。

李笃武:新时代健康中国思想研究(18JD710082/潍坊医学院)。

四、规划项目、青年项目、西部项目及边疆地区项目

哲学

柳琴:疫苗接种的伦理研究(规划项目/19YJA720011/南京信息工程大学)。

陶应时:精准医学的伦理困境及其规制研究(青年项目/19YJC720026/南华大学)。

潘大为:"网瘾"作为疾病:赛博格视角下的医学哲学研究(青年项目/19YJC720023/中山大学)。

丛亚丽:精准医学公平问题研究(规划项目/18YJA720001/北京大学)。

左伟:末期病人自然安息模式研究(青年项目/18YJC720034/广东医科大学)。

郑红:社会资本视域下我国农村居民健康公平问题研究(青年项目/15YJC720035/安徽医科大学)。

王夏强:陈实功《五戒十要》对于当代医德规范体系建构的启示(青年项目/15YJC720026/南通大学)。

邓蕊:全球化与本土化:医学科研伦理审查的哲学反思和制度重构(规划项目/12YJA720003/山西医科大学)。

吕建高:临终病人死亡权的确立及其实现(青年项目/12YJC720017/南京工业大学)。

席修明:危重病人生命终末期的医学伦理问题(规划项目/11YJA720029/首都医科大学)。

庄晓平:基于患者自主权的医患关系研究(青年项目/11YJC720065/华南师范大学)。

程国斌:人类基因干预技术的伦理问题研究(青年项目/10YJC720005/东南大学)。

史军:权利与善:公共健康的伦理研究(青年项目/09YJC720025/南京信息工程大学)。

朱海林:在公共健康与公民权利之间——艾滋病防控面临的伦理冲突及其协调(西部与边疆地区.青年项目/09XJC720001/昆明理工大学)。

刘俊荣:伦理困境下的医疗行为选择及其社会认同与评价(青年项目/08JD720001/广州医学院)。

潘新丽:儒家伦理与传统医德(青年项目/08JC720011/天津医科大学)。

肖巍:公共健康伦理学研究(规划项目/05JA720016/清华大学)。

宗教学

肖红艳:早期道教典籍成书过程研究——以《葛仙翁肘后备急方》为例,(青年项目/12YJC730010/北京中医药大学)。

刘永明:道教炼养学的医学理论探索——从身神系统到心脑学说(规划项目/07JA730003/兰州大学)。

政治学

代佳欣:农民工基本医疗卫生服务可及性的影响因素与改进机制研究(青年项目/19YJC810002/西南交通大学)。

金今花:政府医药规制体制优化研究(青年项目/10YJC810019/北京中医院东西)。

肖湘雄:贫困山区新型农村合作医疗长效筹资模式研究(青年项目/09YJC810034/湘潭大学)。

王冠中:新中国疫病防控中以执政党为核心的政治资源整合研究(青年项目/09YJC810028/首都师范大学)。

语言学

邹德芳:广西壮瑶医药文化的整理与英译研究(规划项目/19YJA740089/广西中医药大学)。

袁开惠:三部西汉墓出土简帛医书病证名比较研究(青年项目/19YJC740112/上海中医药大学)。

魏建刚:中国医学翻译史(译入)研究(规划项目/18YJA740053/河北医科大学)。

刘娅:明清时期中医西译对中医国际传播的影响研究(规划项目/18YJA740031/湖北中医药大学)。

石雨:晋唐文献涉医资料词汇研究(青年项目/16YJC740060/北京中医药大学)。

殷丽:中医药文化"走出去"语境下的《黄帝内经》英语国家译介效果研究(青年项目/16YJC740081/中国药科大学)。

程树华:印研度究传统医学阿育吠陀词汇的梵—拉—英—汉对照数据库构建与研究(规划项目/16YJA740003/四川师范大学)。

方懿林:魏晋南北朝医学词语整理与研究(青年项目/15YJC740013/广西中医药大学)。

方成慧:简帛医药词语汇释及词典编纂(规划项目/13YJA740014/湖北文理学院)。

项成东:身体隐喻:文化与认知(规划项目/13YJA740061/天津外国语大学)。

王亚丽:敦煌写本医籍语言研究(青年项目/12YJC740105/兰州大学)。

范崇峰:中医常用词系统研究(青年基金项目/11YJC740023/南京中医药大学)。

沈澍农:敦煌吐鲁番医药文献研究(后期资助一般项目/10JHQ044/南京中医药大学)。

王丽皓:残疾人共文化群体和主流非残疾人文化群体的跨文化交际研究(规划项目/08JA740017/哈尔滨工程大学)。

孙文钟:十一部中医古籍词语研究(规划项目/08JA740032/上海中医药大学)。

中国文学

邓寒梅:中国现当代文学中的疾病叙事研究(规划项目/12YJA751010/衡阳师范学院)。

姜彩燕:疾病与20世纪中国文学(青年项目/11YJC751034/西北大学)。

外国文学

杨依柳:美国现代小说(1918—1945)疯癫书写研究(青年项目/19YJC752038/东北师范大学)。

师彦玲:美国当代"病志"文学研究(规划项目/15YJA752010/兰州大学)。

陈豪:乔伊斯小说的医学主题研究(青年项目/15YJC752001/上海对外经贸大学)。

王旭峰:欧洲文学中的疾病叙述研究(青年项目/13YJC752025/南开大学)。

时光:波斯语手抄本《中国医学宝书》校注与研究(青年项目/11YJC752017/北京大学)。

艺术学

王炜:聚焦失能人群的社区医疗服务设计研究:以广州为例(青年项目/19YJC760109/广东工业大学)。

刘承凯:基于"医养结合"养老模式的空间设计研究(青年项目/18YJC760048/广东财经大学)。

王勇:音乐治疗对缓解疼痛的临床干预研究——以在三甲医院住院治疗期间的肿瘤患者为例(规划项目/17YJA760054/上海大学)。

王维斌:基于戏剧疗法对孤独症儿童的干预研究(规划项目/17YJA760052/深圳大学)。

历史学

李彦昌:中国抗生素药物社会史研究(1941—1978)(青年项目/19YJC770022/北京大学)。

郭强:19世纪以降来华西人对中医学的研究(1807—1949)(青年项目/19YJC770011/广州中医药

大学)。

张思:城市治理视阈下英国城市环境与卫生问题研究(14—18 世纪)(青年项目/19YJC770064/聊城大学)。

兰教材:英国食品药品安全体制建构历程研究(1850—1938)(青年项目/19YJC770017/岭南师范学院)。

刘旭:殖民时期印度城乡公共卫生史研究(西部项目.青年项目/19XJC770005/重庆邮电大学)。

仁青多杰:以西藏和西域为轴心的中古西北民族医药文化交流史研究(西部项目.青年项目/19XJC770007/青海大学)。

管书合:东三省防疫事务总处与近代东北社会变迁研究 (1911—1932)(规划项目/18YJA770002/吉林大学)。

杨明明:简帛医书与《黄帝内经》互校互证研究(青年项目/18YJC770039/北京中医药大学)。

冯闻文:出土简帛与秦汉残障人口研究(青年项目/18YJC770006/河海大学)。

霍斌:唐宋时期的毒药问题研究(青年项目/18YJC770011/陕西师范大学)。

何凯文:明清以降中医生成整体史研究(规划项目/17YJA770008/肇庆学院)。

尹倩:近代中国医事团体专业化研究(历史学/青年项目/17YJC770040/华中科技大学)。

朱虹:理念、技术、体系:留日生与中国医学之近代转型研究(青年项目/17YJC770048/上海大学)。

王勇:北京协和医学院民国时期教育史料整理与研究(规划项目/15YJA770021/北京协和医学院)。

杨银权:16、17 世纪中英防疫体制比较研究(青年项目/15YJC770040/宝鸡文理学院)。

毛利霞:19 世纪英国传染病防治研究(青年项目/15YJC770021/河南科技大学)。

周施廷:宗教改革与德国近代医学起源研究(青年项目/14YJC770046/中国人民大学)。

何玲:疾病与国家:结核病社会史研究(1945—1967)(青年项目/13YJC770015/华东师范大学)。

方勇:秦简牍医学文献的整理与研究(青年项目/13YJC770011/吉林师范大学)。

董科:日本传染病史研究(700—1500)(青年项目/13YJC770009/浙江工商大学)。

刘雪怡:"制度移植"与"渐进改良":从民国成都的公共卫生管理看现代转型的路径(西部与边境地区项目.青年项目/13XJC770001/云南师范大学)。

丁见民:疾病入侵、土著民族与殖民主义——论生态殖民主义在美国早期历史上的影响(规划项目/12YJA770010/南开大学)。

张玲:抗战时期公共卫生建设及其意识变迁研究(青年项目/12YJC770071/川北医学院)。

管书合:鼠疫流行与近代东北社会变迁(1899—1931)(青年项目/12YJC770018/吉林大学)。

梁志平:开埠以来江南城市水质环境变迁与饮水改良(1840—1980)(青年项目/12YJC770035/上海工程技术大学)。

陈黎黎:20 世纪尘肺病在美国的发现、认知及治理历程考察(西部和边疆地区青年项目/12XJC770008)/四川外语学院)。

勾利军:唐代佛教医学研究(规划项目/11YJA770010/暨南大学)。

李德成:集体化时期农村合作医疗制度和赤脚医生现象研究(规划项目/11YJA770021/江西师范大学)。

吕桂霞:美国在越战中的生化武器使用研究(1961—1973)(规划项目/11YJA770037/聊城大学)。

胡勇:民国时期公共卫生思想与制度研究(规划项目/11YJA770017/南京大学)。

陈德阳:中国残疾人事业发展史(上古—1949 年)(规划项目/11YJA770036/上海交通大学)。

张仲民:"卫生"的生意——卫生与晚清的消费文化(青年项目/11YJC770089/复旦大学)。

温翠芳:唐宋香药进口贸易比较研究(青年项目/11YJC770066/西南大学)。

万振凡:血吸虫病与鄱阳湖区生态环境变迁(1900—2010)(规划项目/10YJA770046/江西师范大学)。

焦润明:20世纪初东北灾疫应对与新生活方式之建构(规划项目/10YJA770020/辽宁大学)。

陈雁:民国时期北京西医群体研究(1912—1949)(青年项目/10YJC770009/北京理工大学)。

周东华:麻风病救治与近代中国公共卫生意识的成长(青年项目/10YJC770126/杭州师范大学)。

孔旭红:一个庙会与一个产业——药都安国药王庙会与中药产业之变迁(青年项目/10YJC770041/河北大学)。

尹倩:民国时期的医师群体研究(1912—1937)——以上海为考察中心(青年项目/10YJC770112/华中科技大学)。

德力格玛:13—16世纪蒙医药发展史研究(青年项目/10YJC770016/内蒙古医学院)。

叶宗宝:黄淮流域环境变动与疾病防控(1912—1949)(青年项目/10YJC770110/信阳师范学院)。

徐国普:国家与社会的互动:新中国成立初期中国红十字会研究(青年项目/10YJC770103/浙江科技学院)。

徐畅:战争·灾荒·瘟疫——抗战时期鲁西、冀南地区历史研究(规划项目/09YJA770036/山东大学)。

范铁权:近代科学社团与中国的公共卫生事业(1886—1937)(规划项目/09YJA770010/河北大学)。

冯丽梅:明清江南医学学派之比较研究——以吴中、新安和钱塘医派为中心(青年项目/09YJC770048/山西中医学院)。

尚季芳:近代西北民族地区毒品危害及禁毒研究(青年项目/08JC770020/西北师范大学)。

龚胜生:中国古代瘟疫与战争的时空耦合及其社会生态研究(规划项目/08JA770013/华中师范大学)。

郝先中:近代以来中西医论争及其学术地位演变(规划项目/07JA770024/皖西学院)。

李玉尚:传染病对咸同年间战局的影响(青年项目/05JC770033/中国海洋大学)。

马克主义理论/思想政治教育

田刚:20世纪30年代苏区卫生防疫研究(规划项目/10YJA710057/首都医科大学)。

韩小茜:构建临床实践中医德医风教育评价指标体系的探索与实践(规划项目/09YJA710055/首都医科大学)。

经济学

陈东:老年健康不平等的早期根源追溯研究:基于生命周期的动态视角(规划项目/18YJA790010/山东大学)。

松弘:低碳城市建设对环境污染与公共健康的影响研究(青年项目/18YJC790139/复旦大学)。

王婵:医疗补偿机制研究:竞争、博弈、设计(青年项目/18YJC790156/广东财经大学)。

林友宏:我国疟疾流行与防治对收入长期影响的机制研究(青年项目/18YJC790096/广东外语外贸大学)。

窦晨彬:健康冲击视角下医疗保险对家庭资产配置的影响(青年项目/17YJC790025/合肥工业大学)。

刘婵:中国专利药价格谈判机制与政策研究(青年项目/17YJC790091/天津财经大学)。

祝伟:社会基本医疗保险与商业补充医疗保险的不对称信息检验、福利后果与政策评估(规划项目/16YJA790072/对外经济贸易大学)。

刘颖:空气污染与心肺健康:基于转型期中国的经验研究(青年项目/14YJC790084/山东大学)。

李晓燕:发达地区城乡卫生资源配置均等化问题研究——以广东省为实证(规划项目/13YJA790054/广

东商学院)。

刘小鲁:管制、过度医疗与新医改背景下的付费机制改革(规划项目/13YJA790072/中国人民大学)。

陈在余:农村居民医疗保障与农民灾难性医疗支出问题研究(规划项目/13YJA790006/中国药科大学)。

孙梦洁:中国农村居民的健康需求与寻医行为研究(青年项目/13YJC790125/北京大学)。

秦立建:新型农村合作医疗与城镇居民医疗保险两制衔接研究——基于医疗服务需方的视角(青年项目/12YJC790152/安徽财经大学)。

徐彪:中国罕用药产业政策研究(规划项目/11YJA790172/安徽大学)。

陈东:农村医疗卫生的政府供给效率:测度、评价与分析(规划项目/11YJA790008 /山东大学)。

卓嘎:西藏冬虫夏草资源对农牧民消费的影响研究(规划项目/11YJA790230/西藏大学)。

徐伟:我国基本药物可及性研究(规划项目/11YJA790173/中国药科大学)。

臧文斌:我国农村留守儿童的健康与教育研究(青年项目/11YJC790257/西南财经大学)。

李立清:完善农村基本医疗保障体系研究(规划项目/10YJA790093/湖南农业大学)。

梁学平:医疗卫生服务的政府供给效率评价与投入机制创新研究(青年项目/10YJC790160/天津商业大学)。

李瑞锋:中西部地区新型农村合作医疗制度的可持续发展研究(青年项目/09YJC790020/北京中医药大学)。

李晓燕:中国农村卫生资源配置公平性与效率研究(青年项目/09YJC790038/佛山科学技术学院)。

林相森:我国医疗服务的利用公平和可及性公平研究(青年项目/09YJC790103/华中科技大学)。

孟庆平:实现我国基本医疗服务均等化的公共政策研究(青年项目/09YJC790170/山东财经学院)。

孙翎:我国医保基金运行风险的地区差异分析与政策研究(青年项目/09YJC790265/中山大学)。

刘宏:医疗保障、信息认知与居民卫生医疗需求:理论模型与实证研究(青年项目/09YJC790274/中央财经大学)。

薛秦香:城镇居民基本医疗保险与城镇贫困人群医疗救助制度衔接研究(规划项目/08JA790099/西安交通大学)。

李丽:我国食品药品流通体系建设和安全规制研究(青年项目/08JC790003/安徽工业大学)。

张仲芳:中国农村健康保障筹资问题研究(青年项目/08JC790051/江西财经大学)。

宋有涛:东亚地区五国疯牛病防制现状比较研究及风险评估(青年项目/08JC790053/辽宁大学)。

陈在余:新型农村合作医疗与农民的医疗保障问题研究——从农户角度(青年项目/08JC790099/中国药科大学)。

何平平:人口老龄化背景下我国城镇职工基本医疗保险动态费率研究(规划项目/08JA790036/河南大学)。

高其法:居民的行为心理与慢性病的防治(青年项目/06JC790021/南方医科大学)。

张兵:新型农村合作医疗制度的政策效果研究——以江苏省为例(规划项目/06JA790054/南京农业大学)。

王俊:公共卫生支出有效性问题研究(青年项目/06JC790044/中央财经大学)。

陈文:小康社会城镇儿童医疗保险的理论与政策研究(规划项目/05JA790021/复旦大学)。

张俭:农村税费改革与政府卫生投入研究(规划项目/05JA630040/武汉大学)。

管理学

李文敏:我国医联体分级诊疗的利益协调机制研究(规划项目/19YJA630041/湖北大学)。

陈华:城乡居民基本医保制度并轨的福利效应及政策优化研究(规划项目/19YJA630008/中央财经大学)。

李诗杨:公益性导向下医疗服务定价与药品供应链协调契约研究(青年项目/19YJC630084/重庆邮电大学)。

卢素兰:城乡医保统筹制度对流动老人医疗保障水平的影响研究(青年项目/19YJC630111/福建农林大学)。

廖藏宜:DRGs付费对三甲医院医疗服务行为的影响机制及效果研究(青年项目/19YJC630095/广州大学)。

吕鹏辉:医疗健康科学大数据环境下Meta分析的数据萃取与综合评价研究(青年项目/19YJC630116/合肥工业大学)。

李修琳:数据驱动下的冷链药品多仓联动机制与调度策略研究(青年项目/19YJC630086/浙江工商大学)。

黄翯:农村订单定向全科医学生的培养模式与基层医疗卫生服务适配性研究(西部项目.青年项目/18XJC630001/右江民族医学院)。

陶群山:基于健康需求视角的医疗卫生服务分级诊疗体系建设研究(规划项目/18YJA630103/安徽中医药大学)。

戴伟辉:大数据驱动的医疗临床路径决策模式研究(规划项目/18YJA630019/复旦大学)。

高广颖:基于利益医联体的病种限治分级诊疗体系实施路径研究(规划项目/18YJA630024/首都医科大学)。

晏梦灵:移动问诊中医患交互模式对患者感知医疗服务质量的影响机制研究(青年项目/18YJC630221/北京邮电大学)。

朱张祥:面向糖尿病患的移动健康干预文本内容特征对干预效果的影响:基于心理距离的实验研究(青年项目/18YJC630275/湖南师范大学)。

李嘉:在线医生评价的内容挖掘研究:主题结构、有用性与医生质量诊断(青年项目/18YJC630068/华东理工大学)。

周大鹏:"全面二孩"政策下妇产医疗效率评价及其资源调配研究(青年项目/18YJC630267/暨南大学)。

李静:考虑病虫害特征的稻麦轮作农户施药行为研究(青年项目/18YJC630070/南京农业大学)。

吴恒亮:大数据环境下医保欺诈审计模式及实施路径研究(青年项目/18YJC630196/山东工商学院)。

冷志伟:中医医疗机构患者安全文化测量模型建构及实证研究(青年项目/18YJC630064/浙江中医药大学)。

刘莉云:基于智慧医疗平台的医患沟通治理研究:来自杭州市的调研(青年项目/18YJC630100/浙江中医药大学)。

李跃宇:基于患者就医导引认知行为的医疗导医服务体系研究(规划项目/17YJA630048/四川大学)。

张欲晓:基于药品监测大数据的我国贫困地区基本药物供应保障策略优化研究(青年项目/17YJC630220/武汉大学)。

郑斌:基于疫情风险感知的医疗资源配置动态优化研究(青年项目/17YJC630229/西南交通大学)。

徐义海:城乡居民基本医疗保障制度受益水平与受益归属比较研究(青年项目/17YJC630186/右江民族

医学院)。

陈婉莹:应对大型突发疾病爆发的应急医疗物流研究(青年项目/17YJC630013/浙江工商大学)。

李军:日间病房规范化建立及医保支付方式改善的可行性(规划项目/16YJA630024/天津医科大学)。

邓剑伟:医疗服务供给侧的质量改进研究:主体、工具和评价(青年项目/16YJC630017/北京理工大学)。

张若勇:医生职业身份威胁对医患信任的影响机制:基于资源保存理论的视角(青年项目/16YJC630168/兰州大学)。

周杰:带随机需求的先预约后服务医疗资源预先排程研究(青年项目/16YJC630180/四川师范大学)。

李湘君:医药制造业创新技术溢出、吸收能力及其对产出效率的影响研究(规划项目/15YJA630031/南京中医药大学)。

赵纹纹:医养结合视角下老年医疗卫生服务社区供给模式研究(青年项目/15YJC630188/安徽工业大学)。

陈丽:医院内部激励对医生开展按病种付费行为的影响研究——基于计划行为理论(青年项目/15YJC630009/北京协和医学院)。

程颖:农村社会医疗保障基金的收支平衡机理及政策研究(青年项目/15YJC630014/杭州电子科技大学)。

郑文贵:基本药物制度背景下乡村医生队伍稳定性及发展策略研究(规划项目/14YJA630098/潍坊医学院)。

石忠国:生物医药产业创新载体体系建设与示范研究(青年项目/14YJC630110/电子科技大学)。

韩丽媛:全民医保评价指标体系构建及实证研究——以浙江省为例(青年项目/14YJC630046/宁波大学)。

马骋宇:新型农村合作医疗基金运行风险量化管理实证研究(青年基金将项目/14YJC630095/首都医科大学)。

刘庆顺:启发式就医行为决策研究:基于患者感知的视角(规划项目/13YJA630056/山东青年政治学院)。

韩颖:社会医疗保险背景下的社区"健康驱动型"服务功能转型机制研究(规划项目/13YJA630027/山西医科大学)。

曹雁:我国医疗卫生体系绩效评估及其影响因素研究(青年项目/13YJC630004/北京中医药大学)。

沈建美:我国社会医疗保险欺诈风险管理研究(青年项目/13YJC630128/湖南大学)。

王珩:医疗服务连续性对分级医疗的影响研究(规划项目/12YJA630121/安徽医科大学)。

宁德斌:医疗服务竞争性供给研究(规划项目/12YJA630093/湖南中医药大学)。

吴妮娜:新农合住院补偿方案对农民服务利用的影响及政策改善策略研究(青年项目/12YJC630233/首都医科大学)。

沈勤:我国社会医疗保险基金的偿付与费用控制研究(规划项目/11YJA630094/上海工程技术大学)。

何宁:区域卫生资源公平配置机制的研究(规划项目/11YJA630027/天津中医药大学)。

汪胜:医药卫生体制改革评价研究——以浙江省为例(青年项目/11YJC630196/杭州师范大学)。

刘畅:基于多元福利视角的新型农村合作医疗效益研究(青年项目/11YJC630126/杭州师范大学)。

山丽杰:公众对食品安全风险感知研究:食品添加剂的案例(青年项目/11YJC630172 /江南大学)。

刘石柱:参合农民医疗保障水平适宜度、影响因素及对策研究(青年项目/11YJC630140/江苏大学)。

林振平:区域性采供血管理保障机制研究(青年项目/11YJC630120/南京医科大学)。

李湘君:补偿机制改革对公立医院效率的影响机制研究(青年项目/11YJC630106/南京中医药大学)。

江晓东:有关健康声称的信息冲突对消费者的影响研究(青年项目/11YJC630077/上海财经大学)。

郭蕊:新医改后公益性视角下的公立医院法人治理结构研究(青年项目/11YJC630052/首都医科大学)。

杨练:四川省乡村医生收入现状及其报酬结构策略研究(西部和边疆地区规划项目/11XJA630003/成都中医药大学)。

马志强:社区卫生服务系统服务价值评价研究(规划项目/10YJA630114/江苏大学)。

蔡文智:医务人员职业伤害危险度评价的模型研究(规划项目/10YJA630004/南方医科大学)。

高广颖:新型农村合作医疗基金监管措施研究(规划项目/10YJA630034/首都医科大学)。

纪颖:公共卫生领域NGO与政府关系的研究(青年项目/10YJC630094/北京大学)。

杨莉:基于新农合的基本药物制度实施效果评价研究(青年项目/10YJC630332/北京大学)。

王淑翠:基于患者视角的公立医院医疗服务质量评价和管理研究(青年项目/10YJC630248/杭州师范大学)。

唐芸霞:商业健康保险发展中的政府行为研究(青年项目/10YJC630219/华中师范大学)。

钱东福:城市医疗服务体系整合的协作服务效果研究:以江苏镇江市的试点为例(青年项目/10YJC630191/南京医科大学)。

苏涛永:基于病人价值的医院供应链成本优化研究(青年项目/10YJC630211/同济大学)。

孙菊:儿童医疗服务需求与医疗保障模式创新研究(青年项目/10YJC630215/武汉大学)。

代志明:我国公立医院改革的最优模式选择研究(青年项目/10YJC630036/郑州轻工业学院)。

薛新东:公立医院绩效评估研究——基于湖北省的实证分析(青年项目/10YJC630316/中南财经政法大学)。

蔡孝恒:医药卫生体制改革中政府责任及实现路径研究——以新型农村合作医疗中政府职责定位为例(规划项目/09YJA630041/华中科技大学)。

尹文强:公立医院医生职业枯竭评价与应对策略研究(规划项目/09YJA630114/潍坊医学院)。

李晓晖:中国公立医院"医药分开"运行机制的研究(青年项目/09YJC630013/北京物资学院)。

程景民:我国食品安全监管体制运行现状和对策研究(规划项目/08JA630046/山西医科大学)。

冯泽永:城乡统筹条件下基层医疗卫生机构首诊制与双向转诊制机制研究(规划项目/08JA630097/重庆医科大学)。

徐勇:农村突发公共卫生事件危机管理脆弱性及应对机制研究(规划项目/07JA630088/苏州大学)。

杜纲:转型期社区卫生组织模式及绩效管理研究(规划项目/07JA630059/天津大学)。

曹乾:社会医疗保险的共付制度研究(规划项目/06JA630011/东南大学)。

张录法:基于社区卫生发展的城市公立医院改革模式及演化路径研究(青年项目/06JC630019/上海交通大学)。

刘宝:公共财政框架下的公共卫生系统绩效评价体系及其应用研究(青年项目/05JC630069/复旦大学)。

史学瀛:公共健康危机与发展中国家的知识产权战略(规划项目/05JA820015/南开大学)。

统计学

高文龙:基于贝叶斯理论的婴幼儿腹泻求医行为分析方法研究(西部和边疆地区项目.青年项目/15XJC910001/兰州大学)。

张桂香:新型农村合作医疗筹资标准的预测研究(青年项目/09YJC910007/首都医科大学)。

宋世斌:社会医疗保险的隐性债务问题研究(规划项目/08JA910005/中山大学)。

国际问题研究

邝婷婷:藏医学—印度阿育吠陀医学知识的数据挖掘和对比研究(青年项目/14YJCGJW006/成都中医药大学)。

丁纯:世界四大医疗保险体制类别绩效比较及对中国医改的借鉴(规划项目/01JA790017/复旦大学)。

法学

冯磊:契约治理视角下家庭医生签约服务的合同责任与规制机制研究(规划项目/19YJA820009/重庆医科大学)。

孙淑云:中国多层次医疗保障法律的衔接研究(规划项目/19YJA820037/山西大学)。

唐超:医疗合同写入民法典的路径及规则设计研究(规划项目/19YJA820039/汕头大学)。

焦海洋:我国药品专利链接制度构建的法律问题研究(青年项目/19YJC820022/重庆工商大学)。

曾见:基于医学伦理视角的患者知情同意权问题研究(青年项目/19YJC820002/江苏大学)。

马勇:公共卫生服务"瑕疵给付"中的权利救济问题研究(青年项目/19YJC820043/潍坊医学院)。

王旭:科学标准在医疗损害赔偿鉴定中的应用研究(规划项目/18YJA820018/中国政法大学)。

周银铃:"一带一路"倡议下中医药对外援助的国际法保障研究(青年项目/18YJC820096/武汉大学)。

王迎龙:精神病人强制医疗解除程序的中国模式及其完善(青年项目/17YJC820048/北京工商大学)。

汪丽青:人类体外早期胚胎的法律规制研究(青年项目/17YJC820046/滨州医学)。

杨华:基本医疗保险欺诈法律规制研究(规划项目/15YJA820036/长春工业大学)。

李一丁:传统中医药知识专门权利立法问题研究(青年项目/15YJC820031/贵州大学)。

于佳佳:医疗过失的定罪处罚标准问题研究(青年项目/15YJC820072/上海交通大学)。

李国庆:医疗保障城乡一体化法律问题研究(青年项目/15YJC820026/郑州行口工业管理学院)。

陈邦达:精神疾病司法鉴定争议化解机制实证研究:以 S 省为例(青年项目/14YJC820003/华东政法大学)。

谭金可:基本医疗保险制度与基本药物制度的衔接研究(青年项目/14YJC820044/华东政法大学)。

王艳翚:中医药技术秘密保护制度研究(青年项目/14YJC820053/南京中医药大学)。

王夏玮:中国监狱服刑人员医疗保障制度研究(西部与边疆项目.青年项目/14XJC820001/宜宾学院)。

张凤芹:医疗过错与损害后果间因果关系中的原因力研究(规划项目/13YJA820064/中国政法大学)。

冯博:食品药品领域惩罚性赔偿制度研究(青年项目/13YJC820016/天津财经大学)。

熊永明:人体器官移植的刑法规制(规划项目/12YJA820086/南昌大学)。

马爱萍:医疗纠纷的证明责任分配研究(规划项目/12YJA820046/山西大学)。

王康:基因医疗技术的法律问题研究——以权利冲突和损害救济为中心(青年项目/11YJC820119/阜阳师范学院)。

吕群蓉:医疗责任保险制度的法理基础分析和制度构建(青年项目/11YJC820076/南方医科大学)。

邓海娟:健康权的国家义务研究(青年项目/11YJC820014/三峡大学)。

石旭雯:医疗损害责任认定的裁判规则及类型化研究(青年项目/11YJC820102/天津医科大学)。

宋民宪:药品侵权责任研究(西部和边疆地区规划项目/11XJA820002/泸州医学院)。

刘超捷:我国煤矿安全卫生政府监管法律问题研究(规划项目/10YJA820061/中国矿业大学)。

周成泓:医疗损害赔偿诉讼中的证明责任研究(青年项目/10YJC820175 广东商学院)。

杨凌雁:健康权及其保障机制研究(青年项目/10YJC820134/江西理工大学)。

雷娟:强制医疗法律关系研究(青年项目/10YJC820054/南方医科大学)。

范围:职业安全卫生的权利基础研究——从工作环境权的视角(青年项目/10YJC820026/首都经济贸易大学)。

周翠:医疗诉讼中的证明责任研究(青年项目/10YJC820176/浙江大学)。

吴志刚:我国古代法医学文献整理研究(后期资助重点项目/10JHQ005/贵阳中医学院)。

王萍:医疗损害鉴定制度研究(后期资助一般项目/10JHQ017/哈尔滨医科大学)。

孙淑云:基本医疗保险立法研究——基于城乡经济社会一体化发展的视角(规划项目/09YJA820048/山西大学)。

宋晓亭:我国道地药材的知识产权问题研究(规划项目/09YJA820051/上海中医药大学)。

周平:生殖自由与公共利益的博弈——生殖医疗技术应用的法律规制(青年项目/09YJC820122/中南民族大学)。

杨彪:医事法原理研究(青年项目/09YJC820123/中山大学)。

李娜玲:非亲属间活体器官移植的法律伦理分析(青年项目/08JC820024/南方医科大学)。

李晓龙:医疗责任保险法律问题研究(青年项目/08JC820035/天津财经大学)。

杜仕林:医疗资源公平配置的法律研究(青年项目/07JC820016/南方医科大学)。

王元昆:新型农村合作医疗想干法律制度研究(规划项目/06JA820021/昆明医学院)。

刘鑫:医疗执业不当利益法律规制研究(规划项目/06JA820044/中国政法大学)。

何恬:司法精神病学与法学的交叉和互动研究(规划项目/05JAZH019/西南政法大学)。

李大平:探索性医疗技术临床准入的法律规制(青年项目/05JC820042/广东医学院)。

杨平:医疗纠纷案件中证据问题研究(规划项目/01JA820026/山东大学)。

社会学

周建芳:艾滋病知行分离成因分析及网络干预策略研究——以有关群体为例(规划项目/19YJA840026/南京邮电大学)。

于大川:农村医疗保障制度的健康扶贫效应及提升策略研究(青年项目/19YJC840055/广东金融学院)。

汤素素:断裂与重构:精神障碍患者边缘化及其社区康复研究(青年项目/19YJC840037/湖北工程学院)。

玉笛:西部地区0—3岁残障高危儿童早期干预状况、家庭支持需求与服务(青年项目/19YJC840057/桂林理工大学)。

沈洁:计划生育实践中的身体生成:基于农村女性生育行为变迁的研究(青年项目/19YJC840034/湖南师范大学)。

汤素素:断裂与重构:精神障碍患者边缘化及其社区康复研究(青年项目/19YJC840037/湖北工程学院)。

吕小康:医患共同体建设的社会协同机制研究(青年项目/19YJC840030/南开大学)。

岳鹏:基于临终病人与家属互动体验和需求的家庭关怀方案的构建与可行性研究(青年项目/19YJC840059/首都医科大学)。

刘小青:基于城乡一体化过程的医疗保险风险调整机制研究(青年项目/19YJC840027/天津财经大学)。

梁樱:被看重感对城市空巢老人心理健康的影响及干预策略研究(青年项目/19YJC840021/武汉大学)。

李伟:社会工作中个人治疗与社会变革的争议及整合研究(青年项目/19YJC840018/扬州大学)。

谢明明:基于精准化解灾难性卫生支出的医疗保障补偿机制优化研究(青年项目/19YJC840048/郑州大学)。

杨磊:生命历程视角下早期不幸生活经历影响居民健康不平等的中介机制及干预研究(青年项目/19YJC840053/中央民族大学)。

李大平:藏羌彝走廊西藏度亡经临终关怀实践的医学人类学研究(规划项目/18YJA840005/广东医科大学)。

王蒲生:多维视角下中国器官捐献的技术社会学研究(规划项目/18YJA840011/清华大学)。

张广科:农村医疗保险制度的健康扶贫效应研究(规划项目/18YJA840020/中南财经政法大学)。

张美芬:社会资本视角下时间银行与老年慢性病患者家庭互助照料模式研究(青年项目/18YJA840022/中山大学)。

陈璐:生命历程视角下老年人健康素养影响因素及作用模式研究(青年项目/18YJA840022/广州大学)。

金淑婷:转型期混合、分级诊疗制度下等中国医疗卫生服务空间公平性研究(青年项目/18YJC840021/河北经贸大学)。

石任昊:城市公立医院医患纠纷的发生机制与治理优化研究(青年项目/18YJC840031/华东政法大学)。

易艳阳:协同治理视域下"社区化医养结合"城市养老服务模式研究(青年项目/18YJC840050/南京林业大学)。

陆方:医疗机构与养老机构之间合作利益协调机制研究(青年项目/18YJC840025/南京医科大学)。

龚霓:疾病污名视野下癌症健康筛查的社会文化认知研究(青年项目/18YJC840013/中山大学)。

蔡瑞颖:社会分层视角下我国老年人健康不平等的影响因素及解决机制研究(青年项目/18YJC840001/南通大学)。

张莹:我国医养结合体系构建与路径设计研究(规划项目/17YJA840019/大连医科大学)。

李红芳:社区为本的城市医养融合路径研究(青年项目/17YJC840022/常州大学)。

魏宁:我国老年人居住安排变化对其医疗服务利用影响的实证研究(青年项目/17YJC840041/江苏大学)。

崔诣晨:医患信任危机视阈下群际信任关系建设的实证研究(青年项目/17YJC840007/南京林业大学)。

辛怡:流动人口的卫生服务可及性与健康管理研究(青年项目/17YJC840046/天津中医药大学)。

谢波:城市建成环境对老年人慢性疾病的影响与作用机制研究(青年项目/17YJC840045/武汉大学)。

鞠牛:医疗负担均等化下的健康不平等加剧研究(青年项目/17YJC840018/中山大学)。

李敏:农村老年人医疗费用及护理照料分担方式研究:基于支持系统的视角(青年项目/16YJC840010/北京农学院)。

卫平民:社会网络模型在高校 MSM 学生艾滋病防控中的实证性(规划项目/16YJA840014/东南大学)。

王静:农村老年人健康贫困多维风险识别及治理策略研究(规划项目/16YJA840013/华中科技大学)。

李敏:农村老年人医疗费用及护理照料分担方式研究:基于支持系统的视角(青年项目/16YJC840010/北京农学院)。

同雪莉:长期患病者家庭抗逆力提升研究(规划项目/15YJA840016/西北大学)。

华红琴:残障儿童家庭抗逆力生成研究(规划项目/15YJA840005/上海大学)。

洪岩璧:教育影响城镇居民健康的中介机制研究(青年项目/15YJC840009/东南大学)。

黄剑:医学化社会背景下的身体叙事研究(青年项目/15YJC840012/岭南师范学院)。

荣超:失独老人的医养护一体化社区卫生服务平台构建研究(青年项目/15YJC840024/浙江中医药大学)。

石方军:医学社会学视角下的"癌症村"现象研究——基于中原地区沙颖河和卫河流域的调查(青年节项目/14YJC840025/河南师范大学)。

姚泽麟:新医改背景下城市居民就医行为逻辑研究(青年项目/14YJC840040/华东师范大学)。

张朝林:社区照顾宁养患者援助机制建构研究(规划项目/13YJA840033/长春工业大学)。

初可佳:城镇职工基本医疗保险个人账户公平与效率评估——基于保险精算的研究(青年项目/13YJC840005/广东金融学院)。

胡安宁:当代中国教育成就对健康状况的影响(青年项目/13YJC840014/复旦大学)。

纪文晓:风险与保护:罕见病儿童家庭抗逆力研究(青年项目/13YJC840016/湖南师范大学)。

任强:人口转变条件下公共卫生需求及其对策研究(规划项目/12YJA840019/北京大学)。

张有春:艾滋病歧视与反歧视策略研究(规划项目/12YJA840035/中国人民大学)。

胡莹:去权与增权:精神病患者的社会融入研究(青年项目/12YJC840013/郑州轻工业学院)。

夏云:基于过程的医疗纠纷控制研究(规划项目/11YJA840023/广东药学院)。

谢英慧:大学生基本医疗保险制度运行现况与调查研究(规划项目/11YJA840024/山东大学)。

张云武:社会资本与精神健康的社会学研究(规划项目/11YJA840033/浙江工商大学)。

行红芳:艾滋病污名与污名控制策略研究(青年项目/11YJC840055/郑州轻工业学院)。

胡宜:送瘟神:血吸虫病治理中的社区参与研究(规划项目/10YJA840012/江西师范大学)。

王茜:基于医患会话分析的我国现阶段医生角色特点研究(规划项目/10YJA840040/郧阳医学院)。

王宏:同伴教育在改善库区留守儿童亚健康危险行为因素方面的应用研究(规划项目/10YJA840039/重庆医科大学)。

安民兵:第三方力量:社会工作促进医患双方利益协调的理论与实践 研究(青年项目/10YJC840002/安庆师范学院)。

王曦影:中国艾滋妇女的抗逆力培育:生育健康与权力增长(青年项目/10YJC840071/北京师范大学)。

张奎力:农村医疗卫生公共投入的效率保障机制研究(青年项目/10YJC840088/河南农业大学)。

程玲:艾滋病人群的贫困状况及反贫困政策研究(青年项目/10YJC840012/华中师范大学)。

张蕾:社会关照与危机干预——城市弱势群体的精神健康研究(青年项目/10YJC840089/暨南大学)。

李小菊:反贫困视角的新疆农村贫困医疗救助制度优化研究(青年项目/10YJC840040/石河子大学)。

杨黎华:西南边疆青少年滥用依赖性处方药的调查研究——以云南为例(青年项目/10YJC840081/云南警官学院)。

王春霞:民国医院社会工作研究(青年项目/10YJC840067/浙江大学)。

陈定湾:不同社会阶层的卫生公平性研究(青年项目/10YJC840007/浙江医学高等专科学校)。

富晓星:人类学、社会学理论和方法在艾滋病防治领域的"有效"应用模式探究(青年项目/10YJC840023/中国人民大学)。

徐莉:社会工作在艾滋病反歧视中的作用研究(青年项目/10YJC840080/中南民族大学)。

徐晓军:艾滋病事件中的乡村非正式制度研究(规划项目/09YJA840009/华中师范大学)。

周绿林:我国医疗保险费用控制研究(规划项目/09YJA840013/江苏大学)。

殷东风:社会转型期医患关系及其变迁的社会学研究(规划项目/09YJA840018/辽宁中医药大学)。

王萍:中国农村家庭代际支持对老年人健康状况影响机制研究(规划项目/09YJA840032/西藏藏医学院)。

贾洪波:城镇居民基本医疗保险适度筹资水平研究(青年项目/09YJC840004/北京航空航天大学)。

初可佳:我国新型农村合作医疗制度评估——基于保险精算的研究(青年项目/09YJC840007/广东金融学院)。

晏月平:我国西南边境地区艾滋孤儿生存现状及对策研究(青年项目/09YJC840039/云南大学)。

余翠娥:新医改背景下边疆地区的艾滋问题治理(青年项目/09YJC840040/云南大学)。

周尚成:基于疾病监测的 DALY 国家疾病负担测算体系构建的理论与实证研究(青年项目/09YJC840042/郧阳医学院)。

宋月萍:中国农村人口流动与留守老人健康福利关系研究(青年项目/09YJC840052/中国人民大学)。

徐晓阳:西部地区留守青少年艾滋病防治/性健康教育现况调查及同伴教育干预研究(青年项目/09YJC840057/重庆医科大学)。

彭现美:我国人口老龄化对医疗卫生服务和长期照料需求研究(规划项目/08JA840001/安徽财经大学)。

郭秀花:提高社区医生转诊能力的辅助诊断系统研究(规划项目/08JA840023/首都医科大学)。

马敬东:农村贫困地区慢性病风险家庭应对模式及社会风险管理策略研究(青年项目/08JC840005/华中科技大学)。

黄晓燕:三位一体的小病进社区制度设计——医保制度杠杆、双向转诊、知己健康管理(青年项目/08JC840010/南开大学)。

张勇:中国女性乳腺癌患者选择替代医学的影响因素及干预研究(青年项目/08JC840014/西安交通大学)。

刘斌志:艾滋病防治的社会工作介入研究:以重庆市为例(青年项目/08JC840020/重庆师范大学)。

赵勇:饥荒年(1959—1961 年)与非饥荒年出生人群营养健康与生活质量现况研究(青年项目/08JC840021/重庆医科大学)。

顾海:农户需求视角下的新型农村合作医疗制度研究(规划项目/08JA840016/南京大学)。

刘宏岩:公众中医药素养研究(规划项目/07JA840018/长春中医药大学)。

赵德余:基本医疗卫生服务供给中医患关系重构及其患者分流效应:来自上海试点的经验(青年项目/07JC840004/复旦大学)。

翁小丹:以基础风险为依据,建立科学合理的全民基本医疗保障制度研究(规划项目/07JA840010/上海对外贸易学院)。

张广科:农户疾病风险识别与新型农村合作医疗制度支撑能力研究(青年项目/07JC840007/中南财经政法大学)。

申曙光:新型农村合作医疗可持续发展研究(规划项目/07JA840008/中山大学)。

李连友:产权视角下我国农村合作医疗制度的变迁与重建(规划项目/06JA840005/湖南大学)。

徐晓军:艾滋病村长的内外部关系研究(青年项目/06JC840004/华中师范大学)。

汪新建:心理咨询与治疗的叙事转向及其意义(规划项目/06JA840011/南开大学)。

曲玉波:社会工作方法与医患危机干预机制研究(规划项目/06JA840015/上海政府学院)。

樊欢欢:家庭策略与重大疾病:关于患癌家庭的经验和理论探讨(青年项目/06JC840005/中央财经大学)。

郭有德:健康保障公平性问题与对策研究(规划项目/05JA840005/复旦大学)。

孙树菡:中国工伤保险体系建设研究(规划项目/01JA630022/中国人民大学)。

民族学与文化学

林源:武陵山片区农村大病保险调查研究(规划项目/19YJA850011/怀化学院)。

薛继亮:蒙古族妇女产前筛查及产前诊断的认知及现有服务效果评价研究(规划项目/18YJA850010/内蒙古大学)。

鲍布日额:科尔沁蒙古族医药文化研究(规划项目/18YJA850001/内蒙古民族大学)。

朱凌凌:近代中医药期刊视角下的民国女性身体观念嬗变研究(青年项目/18YJC850025/上海中医药大学)。

买托合提·居来提:医者与患者:绿洲文化视域下的维吾尔医患关系研究(规划项目/17YJA850006/和田师范专科学校)。

邝守兰:近代期刊视角的中医药文化传承研究(青年项目/17YJC850001/上海中医药大学)。

杨晋涛:少数民族医疗体系研究:以医疗求助模式为重点(规划项目/15YJA850008/厦门大学)。

王张:基于三果方流传变异的中印传统医药文化交流研究(青年项目/15YJC850015/成都中医药大学)。

郁辉:现代医疗环境中"医患"文化冲突问题及对策研究(青年项目/14YJC850014/泰山医学院)。

王建新:西部地区医患矛盾与疾病认知的多学科综合研究(规划项目:13YJA850016/兰州大学)。

刘永青:云南永宁摩梭人儿童健康和医疗保障体系的人类学研究(青年项目/13YJC850011/云南大学)。

唐钱华:藏彝走廊彝族疾病观与治疗实践的医学人类学研究:以所地彝族阿都族群的田野调查为例(青年项目/13YJC850016/西南大学)。

彭榕华:中医药文化地域性分布的社会生态环境研究(规划项目/12YJA850019/福建中医药大学)。

杨梅:哈尼族医药文化研究(规划项目/11YJA850026/云南中医学院)。

程玲俐:羌族传统医药文化的震后生存环境与传承模式研究(规划项目/10YJA850008/成都中医药大学)。

吕跃军:白族医药历史与文化研究(规划项目/10YJA850032/大理学院)。

陈灿平:四川民族地区毒品问题的经济人类学研究:1949年以来(规划项目/10YJA850006/西南民族大学)。

侯宾:独龙族医药文化研究(青年项目/10YJC850005/云南中医学院)。

聂爱文:定居、疾病与健康——以北疆哈萨克族为例(规划项目/09YJA850001/昌吉学院)。

新闻学与传播学

佟延秋:基于舆论传播模型的医患关系生成机制与演化规律研究(规划项目/19YJA860022/重庆交通大学)。

李耘耕:社交媒介语境下精神疾病污名化话语的网络传播与干预机制研究(规划项目/19YJC860023/上海财经大学)。

刘燕:新媒体使用与大学生情绪健康研究(青年项目/19YJC860029/上海大学)。

毛志强:中医药文化海外传播力提升研究(青年项目/19YJC860032/云南中医学院)。

龚婉祺:社交媒体中医患关系的框架构建及沟通机制研究(青年项目/18YJC860007/广东外语外贸大学)。

张灵敏:珠三角工厂女工社交媒体中的疾痛叙事与传播赋权研究(青年项目/18YJC860049/广州大学)。

王晓虹:健康传播视域下的医患纠纷报道的新闻生产研究(青年项目/18YJC860035/同济大学)。

胡雨濛:新媒体环境下艾滋病人亲社会行为培养机理研究(青年项目/18YJC860012/浙江理工大学)。

张晨:社交媒体中抑郁症社群的互动行为及影响研究(青年项目/16YJC860025/中国海洋大学)。

刘瑛:虚拟社区中艾滋病患者的自我表露与社会支持研究(规划项目/13YJA860017/华中科技大学)。

庞慧敏:中美媒体医患新闻报道比较研究:实务、效果与评价(青年项目/12YJC860033/上海大学)。

李静:传媒与现代国家认同建构:《人民日报》医疗队报道研究(青年项目/12YJC860019/上海师范大学)。

陈静静:医疗广告的社会影响及其规制的实证研究(青年项目/12YJC860003/云南大学)。

蒋宁平:艾滋患者媒介框架与社会距离感的实证研究(青年项目/11YJC860017/西南交通大学)。

阙岳:西部地区健康教育传播与卫生公平研究(青年项目/10YJC860036/兰州大学)。

刘瑛:互联网使用对医患互动的影响研究——基于结构方程模型的实证分析(青年项目/09YJC860013/华中科技大学)。

图书馆、情报与文献学

陈松景:基于深度学习的多源医学数据融合模式研究(青年项目/19YJC870002/北京协和医学院)。

陈婷:民国时期中医医案书目汇考与文献研究(规划项目/18YJA870003/首都医科大学)。

程文文:越南古代汉文医学文献整理研究(青年项目/18YJC870005/重庆师范大学)。

安璐:突发公共卫生事件情境下社交媒体信息影响力模型与预测研究(青年项目/16YJC870001/武汉大学)。

王蕾:基于 R 语言数据挖掘技术下中医医案类古籍文献的研究(青年项目/16YJC870016/天津中医药大学)。

刘时觉:苏沪医籍考(规划项目/14YJA870007/温州医科大学)。

杨东方:《四库全书总目.医家类》研究(青年项目/11YJC870031/北京中医药大学)。

秦玉龙:中国古代名医医案研究(规划项目/10YJA870017/天津中医药大学)。

王旭东:《中医古籍珍本集成》编撰(后期资助.重点项目/09JHQ012/南京中医药大学)。

和中浚:基于古籍文献的中医外科发明创造研究(规划项目/09YJA870004/成都中医药大学)。

心理学

程婕婷:医患间多元认同叠合的社会心理机制研究(青年项目/19YJC190003/山东大学)。

肖惠敏:晚期癌症患者生存痛苦的心理机制与干预对策研究(规划项目/18YJA190017/福建医科大学)。

路红:从损伤到恢复:强制隔离戒毒人员决策障碍的心理机制与改善研究(规划项目/18YJA190012/广州大学)。

张妍:内部语句心理治疗——基于精神分析疗法的新探索研究(规划项目/18YJA190019/哈尔滨工程大学)。

朱蕾:机癌制症患者支持性心理需求为焦点的心理干预方案 的开发与评价(青年项目/16YJC190033/陕西师范大学)。

贾艳滨:工作记忆和认知行为模式的共同作用对抑郁情绪的影响机制(规划项目/13YJA190008/暨南大学)。

王惠萍:童年创伤、人格特征在青少年抑郁症发病机制中的作用及干预(规划项目/13YJA190013/鲁东大学)。

王军辉:中医情志疗法对大学生阈下抑郁的干预研究(青年项目/12YJA190010/北京中医药大学)。

王旭:儿科医务人员心理健康状况和生活质量现状调查及影响因素分析(规划项目/11YJA190019/首都医科大学)。

刘惠军:"癌症生存者"的创伤后成长(规划项目/11YJA190010/天津医科大学)。

孙宏伟:学龄期哮喘儿童的心理行为问题及综合性心理干预的研究(规划项目/11YJA190013/潍坊医学院)。

耿耀国:青少年抑郁障碍与品行障碍共病的实证及多维病因学模型研究(规划项目/11YJA190005/郑州大学)。

胡蓉芳:重症监护后创伤后应激障碍的发生机制与干预对策研究(规划项目/11YJC190008/福建医科大学)。

张妍:地震亲历者创伤心理的特点及其干预(青年项目/11YJC190036/绵阳师范学院)。

于丽玲:心理契约视角下医务人员主观幸福感的实证性研究(青年项目/11YJC190032/首都医科大学)。

杨双:注意缺陷多动障碍儿童的干预研究(青年项目/11YJC190030/苏州大学)。

张阔:青少年抑郁的心理社会机制研究(青年项目/10YJCXLX058/南开大学)。

李涛:自传记忆概化的心理机制及其对心理健康的影响研究(青年项目/10YJCXLX023/中南民族大学)。

张曼华:受艾滋病影响儿童心理需求及心理发展干预研究(规划项目/09YJAXLX019/首都医科大学)。

吴薇莉:512 地震灾区民众心理康复特质研究(规划项目/09YJAXLX023/西华大学)。

闫书昌:中国近代心理学(1900—1949)思想史研究(青年项目/09YJCXLX006/河北师范大学)。

刘力:中国社会的艾滋病污名与歧视研究(规划项目/05JAXLX004/北京师范大学)。

教育学

赵梅菊:差序格局视角下的自闭症儿童家长抗逆力研究(青年项目/18YJC880140/中华女子学院)。

张福兰:武陵山区土家族、苗族儿童忽视状况与健康危险行为研究(青年项目/14YJC880108/吉首大学)。

郭方玲:中国特殊教育的百年发展研究(1912—2012)(青年项目/13YJC880022/山东体育学院)。

何坪:西部农村全科医师培养模式与课程体系的研究(规划项目/12YJA880042/重庆医药高等专科学校)。

范文燕:农村定向免费医学生培养模式研究(青年项目/12YJC880018/九江学院)。

谢建平:全科医生专业知识构成与培养模式探讨(规划项目/11YJA880121/川北医学院)。

翟华强:新医改背景下"医药兼通"的中药学复合型创新人才培养模式与方法研究(青年项目/11YJC880156/北京中医药大学)。

宋耀新:近现代中西医教育的比较研究(青年项目/11YJC880092/齐齐哈尔医学院)。

金阿宁:中医师承制和牛津导师制人才培养比较研究(青年项目/09YJC880088/长春中医药大学)。

谢宗豹:服务西部农村医学远程与实践教育模式的研究(规划项目/06JA880046/上海交通大学)。

蔡泳:初中学生预防艾滋病同伴教育模式规划项目及培训策略研究(青年项目/06JA880010/上海交通大学)。

体育科学

郑伟:青少年体质健康促进的社会支持运行机制研究(规划项目/19YJA890041/大连大学)。

季谋芳:"健康中国"背景下产后抑郁锻炼干预模式与实践研究(青年项目/19YJC890021/湖南工业大学)。

庞艳丽:基于 CPRT 指导策略的自闭症儿童体育干预研究(青年项目/19YJC890032/华中师范大学)。

余锋:健康中国背景下"体医融合"促进健康老龄化的路径研究(青年项目/19YJC890056/淮阴师范学院)。

阎朝兵:"家、校、社三位一体"的学前儿童体质健康促进模式构建研究(青年项目/19YJC890052/九江学院)。

牛健壮:西北地区基层医疗大数据平台下老年慢性病的体育健康干预研究(西部项目.规划项目/18XJA890003/西安电子科技大学)。

张燕中:基于全方位全周期健康服务的"体养医"结合模式与保障机制研究(规划项目/18YJA890039/安徽农业大学)。

张锐:健康教育:形态、模型与路径分析研究(规划项目/18YJA890037/北京大学)。

韩甲:健康中国视阈下帕金森人群跌倒预防的中西结合运动处方研究(规划项目/18YJA890006/上海体育学院)。

衣雪洁:家庭、学校对超重/肥胖儿童能量平衡相关行为 影响的研究(规划项目/18YJA890029/沈阳体育学院)。

张美珍:健康中国战略背景下高校大学生心肺耐力影响因素探析及运动干预实证研究(规划项目/18YJA890034/太原理工大学)。

高刚:健康中国视域下青少年体质健康评价标准预警机制构建研究(规划项目/18YJA890003/新疆师范大学)。

马申:新时代社会协同管理下的青少年健康促进理论体系研究(规划项目/18YJA890017/浙江水利水电学院)。

陈金鳌:健康中国战略下老年慢病人群身体活动评价、运动干预及活动指南研制研究(青年项目/18YJC890001/常州大学)。

王世强:"健康中国"战略下体医融合的慢性病干预模式构建及实证研究(青年项目/18YJC890041/湖南工业大学)。

赵广高:幼儿体质健康关键性影响因素的队列研究(青年项目/18YJC890060/南昌大学)。

刘洋:健康中国视域下我国智障儿童青少年体力活动与健康促进研究(青年项目/18YJC890026/山东中医药大学)。

孟俊鸟:健康中国背景下"体医融合"人才培养模式研究(青年项目/18YJC890027/郑州升达经贸管理学院)。

李继军:推进"健康中国"建设国家战略背景下体育与医疗卫生协作机制研究(规划项目/17YJA890012/川北医学院)。

王刚军:"健康中国"引领下社区体医结合的老年健康促进研究(规划项目/17YJA890024/佛山科学技术学院)。

黄越:健康中国视域下医学院校"体医结合"复合型人才培养模式构建——以湖北省为例(青年项目/17YJC890009/湖北医药学院)。

王红雨:"全民健身"国家战略背景下老年人体质健康综合评价及运动干预研究(青年项目/16YJC890022/蚌埠医学院)。

交叉学科/综合研究

孔杨:健康中国战略下分级诊疗多元利益整合机制研究(青年项目/19YJCZH072/滨州医学院)。

廖晨歌:冻融胚胎的伦理、法律与社会意蕴(ELSI)研究(青年项目/19YJCZH100/滨州医学院)。

张延吉:城市建成环境对慢性疾病的影响机制研究:以福州市为例(青年项目/19YJCZH258/福州大学)。

孙梅:健康中国战略下我国临床执业医师供需预测与响应策略研究(青年项目/19YJCZH143/复旦大学)。

杨肖光:基于文本挖掘方法的医改政策创新扩散案例研究(青年项目/19YJCZH217/复旦大学)。

张丹:"一带一路"背景下的国际医疗旅游开发的准入与评价体系研究(青年项目/19YJCZH276/清华大学)。

谷晓阳:20世纪中国糖尿病史研究(青年项目/19YJCZH040/首都医科大学)。

陈永霖:丝绸之路视野下的《鲍威尔写本》医学文书研究(青年项目/19YJCZH014/温州医科大学)。

王爱琴:药品激励对基层医疗服务质量的影响研究——基于实验经济学的视角(青年项目/19YJCZH151/西安交通大学)。

张梅:基于门诊特殊慢病政策背景下的高血压和糖尿病共病患者疾病经济负担研究(西藏项目.青年项目/19XJJCZH001/石河子大学)。

王晓燕:医疗纠纷判决数据库的建立及其风险管理应用(规划项目/18YJAZH094/南通大学)。

马韶青:我国社会共治型药品监管模式的实现路径研究(青年项目/18YJCZH128/北京中医药大学)。

刘伟:基于中药创新主体保护需求的重要专利审查标准研究(青年项目/18YJCZH106/北京中医药大学)。

马捷:清代丝绸之路中医药文化交融研究——以中医文告解析为例(青年项目/18YJCZH125/北京中医药大学)。

孔令玲:社会融合视角下残疾污名问题研究(青年项目/18YJCZH070/滨州医学院)。

熊彦:中国居民健康不平等的水平、结合与改善对策研究(青年项目/18YJCZH206/佛山科学技术学院)。

杨小聪:老龄化新常态下家庭代际互助对老年人健康的影响研究(青年项目/18YJCZH221/广州大学)。

张皓:家庭医生签约的服务动力队激励和促进策略研究(青年项目/18YJCZH232/杭州师范大学)。

杨枫:大数据背景下基于中医"治未病"思想的健康中国战略应用研究(青年项目/18YJCZH216/河南中医药大学)。

王鑫:供需匹配视角下农村医养结合养老服务模式的协同创新研究(青年项目/18YJCZH181/山东工商学院)。

黄哲:考虑溢出效应的新药研发政府补贴策略研究(青年项目/18YJCZH060/沈阳药科大学)。

田利:城市肿瘤患者智慧居家护理服务平台构建研究(青年项目/18YJCZH164/苏州大学)。

李菊芳:早期脑卒中后抑郁症状管理模式的构建研究(青年项目/18YJCZH078/温州医科大学)。

郑恒:中国器官捐献激励机制研究:基于实验室试验和田野实验方法(青年项目/18YJCZH265/浙江财经大学)。

杨建辉:食品安全监管中地方政府的角色冲突与解决路径研究(青年项目/18YJCZH218/浙江财经大学)。

谢东杰:早发性精神分裂症患者情绪—动机分离的认知神经机制研究(青年项目/18YJCZH199/浙江师范大学)。

周敏:本草东渐:《本草纲目》传日综合研究(青年项目/18YJCZH269/上海中医药大学)。

蒋忠华:中国传统本草学的生物多样性智慧研究(青年项目/18YJCZH069/中国药科大学)。

吕启圆:老年轻度认知功能障碍患者预后差异成因的追踪研究(青年项目/18YJCZH122/中山大学)。

毛璐:新疆城乡居民基本医疗保险整合背景下居民卫生服务利用公平性分析研究(新疆项目.青年项目/18XJJCZH001/石河子大学)。

沈永青:中国文化背景下的 ICU 终末期患者预立医疗照护计划的研究(规划项目/18YJAZH074/河北中医学院)。

李晓珊:面向我国偏远地区的移动医疗服务设计研究(规划项目/17YJAZH045/北京工商大学)。

肖俊辉:基于分级诊疗视角的县级医院与基层医疗机构互动 模式比较研究——以珠三角为例(规划项目/17YJAZH094/广东医科大学)。

李早:基于适老化需求的医疗设施配置优化策略研究(规划项目/17YJAZH047/合肥工业大学)。

程颜:传播学视阈下中医典籍翻译研究(规划项目/17YJAZH012/黑龙江中医药大学)。

夏欧东:我国儿科医学人才短缺原因分析及对策研究(规划项目/17YJAZH093/南方医科大学)。

李海峰:简帛医书与早期传世医书对比研究(规划项目/17YJAZH039/上海中医药大学)。

张晓丹:我国大中城市老年人体质健康促进模型的构建及实 证研究:基于体医结合的视角(规划项目/17YJAZH121/天津体育学院)。

李长平:新医改背景下我国再入院影响因素及预测系统研究(规划项目/17YJAZH048/天津医科大学)。

高玲玲:"全面两孩"下应对高龄孕妇健康的社会支持系统研究(规划项目/17YJAZH023/中山大学)。

杨子:"医—患—陪"三方交际中陪同介入的会话分析研究(青年项目/17YJCZH224/北京科技大学)。

王雪蝶:增长与控制:健康中国背景下医疗费用制衡体系构建 研究(青年项目/17YJCZH180/滨州医学院)。

李艳霞:我国艾滋病防治中典型权利冲突的化解机制研究(青年项目/17YJCZH196/滨州医学院)。

陈良勇:中医气血文化对无偿献血行为的影响机制研究(青年项目/17YJCZH021/华侨大学)。

双凡:纳西族民族医药传承现状及创新发展问题研究(青年项目/17YJCZH147/昆明理工大学)。

钱旦敏:新市民公共卫生信息精准化服务模式研究(青年项目/17YJCZH140/南通大学)。

蒋辰雪:中医药文化走出去的"深度翻译"策略研究(青年项目/17YJCZH073/南京中医药大学)。

牟怡:健康传播框架下的大学生艾滋病风险行为干预机制研究(青年项目/17YJCZH131/上海交通大学)。

严娜:《海关医报》研究——以上海为中心(青年项目/17YJCZH208/上海中医药大学)。

谭旭:基于深度学习的医疗纠纷突发事件网络舆情预警与干预(青年项目/17YJCZH157/深圳信息职业技术学院)。

梁丽军:基于患者个体差异的医患共同参与治疗方案评估模型研究(青年项目/17YJCZH101/天津中医药大学)。

杨柳:基于医养联合体的老年临终关怀模式的研究(青年项目/17YJCZH215/皖南医学院)。

刘志梅:简帛医方文献研究(16YJAZH039/规划项目/安徽医学高等专科学校)。

牛淑平:基于朴学方法的《灵枢经》校诂研究(规划项目/16YJAZH048/安徽中医药大学)。

王茜:基于医患会话语料分析的我国医生身份建构研究(规划项目/16YJAZH056/湖北医药学院)。

张柠:分级诊疗制度实施路径优化研究(规划项目/16YJAZH076/首都医科大学)。

张金钟:中医药研究伦理审查的特点、原则、实际操作(规划项目/16YJAZH075/天津中医药大学)。

叶明全:健康大数据下药品不良反应风险评价与预警研究(规划项目/16YJAZH071/皖南医学院)。

陈晓莉:癌症生存者导航服务模式的构建及对生活质量的影响———以大肠癌为例(规划项目/16YJAZH004/武汉大学)。

周华珍:我国学龄儿童健康公平的社会决定因素指标体系及可行能力建设(规划项目/16YJAZH079/中国青年政治学院)。

杨秀岩:针对特定人群的抑郁症早期识别系统研究(青年项目/16YJCZH134/北京中医药大学)。

孙宏亮:中美医师人文素养培育比较研究(青年项目/16YJCZH087/大连医科大学)。

刘跃华:"医养结合"社区卫生服务包设计与支付—基于湖北省中重度失能老人的实证研究(青年项目/16YJCZH064/清华大学)。

段丁强:财政补助促进县级公立医院回归公益性的效果研究(青年项目/16YJCZH015/武汉纺织大学)。

夏冕:利益集团博弈视角下的我国医疗卫生体制改革中的利益协调机制研究(青年项目/16YJCZH120/武汉大学)。

姚强:健康冲击视角下我国农村居民重大疾病测量模型及保障效应研究(青年项目/16YJCZH137/武汉大学)。

刘志梅:简帛医方文献研究(规划项目/16YJAZH039/安徽医学高等专科学校)。

牛淑平:基于朴学方法的《灵枢经》校诂研究(规划项目/16YJAZH048/安徽中医药大学)。

刘欢:基于《内经》五行音乐论的歌唱疗法研究(规划项目/16YJAZH038/北京联合大学)。

王茜:基于医患会话语料分析的我国医生身份建构研究(规划项目/16YJAZH056/湖北医药学院)。

张金钟:中医药研究伦理审查的特点、原则、实际操作(规划项目/16YJAZH075/天津中医药大学)。

叶明全:健康大数据下药品不良反应风险评价与预警研究(规划项目/16YJAZH071/皖南医学院)。

陈晓莉:癌症生存者导航服务模式的构建及对生活质量的影响——以大肠癌为例(规划项目/16YJAZH004/武汉大学)。

翟运开:基于大数据技术的远程医疗服务质量评价研究(规划项目/16YJAZH074/郑州大学)。

周华珍:我国学龄儿童健康公平的社会决定因素指标体系及可行能力建设(规划项目/16YJAZH079/中国青年政治学院)。

杨秀岩:针对特定人群的抑郁症早期识别系统研究(青年项目/16YJCZH134/北京中医院大学)。

孙宏亮:中美医师人文素养培育比较研究(青年项目/16YJCZH087/大连医科大学)。

熊巍:基因与环境的交互效应对复杂疾病的影响及稳健地识别分析与应用(青年项目/16YJCZH122/对外经济贸易大学)。

王明慧:理性选择视野下政府购买医疗保险服务效果测量与可持续性研究(青年项目/16YJCZH099/华北理工大学)。

程铁军:大数据时代我国食品安全风险预警与治理研究(青年项目/16YJCZH010/南京邮电大学)。

刘跃华:"医养结合"社区卫生服务包设计与支付—基于湖北省中重度失能老人的实证研究(青年项目/16YJCZH064/清华大学)。

夏冕:利益集团博弈视角下的我国医疗卫生体制改革中的利益协调机制研究(青年项目/16YJCZH120/武汉大学)。

姚强:健康冲击视角下我国农村居民重大疾病测量模型及保障效应研究(青年项目/16YJCZH137/武汉

大学)。

段丁强:财政补助促进县级公立医院回归公益性的效果研究(青年项目/16YJCZH015/武汉纺织大学)。

张海柱:话语建构视角下的农村合作医疗政策变迁研究(青年项目/16YJC810017/中国海洋大学)。

谢虹:社区糖尿病患者膳食行为健康促进模型的构建及实证研究(规划项目/15YJAZH085/蚌埠医学院)。

赵慧玲:中医药文化在中美关系发展中促进作用的研究(规划项目/15YJAZH117/北京中医药大学)。

李大平:预立临终医疗指示制度研究(规划项目/15YJAZH030/广东医学院)。

胡桂香:中国的计划生育政策与农村妇女研究(1950—1980年代)(规划项目/15YJAZH023/湖南女子学院)。

许军:基于药品价值的定价机制研究(规划项目/15YJAZH092/南方医科大学)。

王高玲:基于健康素养提升的我国慢性病患者的医疗依从性及健康生活行为研究(规划项目/15YJAZH070/南京中医药大学)。

张爱华:延续照护模式对冠心病介入人群自我管理能力和健康结局的影响(规划项目/15YJAZH105/泰山医学院)。

张清:慢性病家庭—社区—医院三维优化管理路径构建研究——以COPD为例(规划项目/15YJAZH109/天津医科大学)。

杨自根:社会本位视角下的医疗风险分担机制构建研究(青年项目/15YJCZH206/滨州医学院)。

徐喜荣:医疗责任强制保险制度研究(青年项目/15YJCZH193/广州医科大学)。

盛鹏飞:与环境污染相关的我国居民健康不平等研究(青年项目/15YJCZH139/河南大学)。

王晓伟:宋元时期疫灾流行规律与环境机理耦合研究(青年项目/15YJCZH175/华中师范大学)。

刘勤明:基于不确定事件的医院医疗服务应急响应与调度优化方法研究(青年项目/15YJCZH096/上海理工大学)。

汪苗:新医改背景下城市慢病患者健康管理模式研究(青年项目/15YJCZH159/皖南医学院)。

胡金伟:基本药物制度背景下我国居民用药行为形成机制及预控策略研究(青年项目/15YJCZH065/潍坊医学院)。

李望晨:系统方法论适配视角下疾控机构卫生应急能力综合评价建模体系设计及实证研究(青年项目/15YJCZH087/潍坊医学院)。

叶永:地震救援药品多阶段协同适配模式与优化研究(青年项目/15YJCZH211/温州医科大学)。

杨文军:哈萨克医药文献收集整理及数字化研究(青年项目/15YJCZH202/新疆医科大学)。

孙玉凤:城乡基本医疗保障一体化背景下的卫生保健公平性及其分解研究(西部和边疆地区项目.青年项目/15XJCZH007/宁夏医科大学)。

徐国成:药物经济学视阈下我国公立医院药品费用控制路径研究(规划项目/14YJAZH090/北华大学)。

黄作阵:清代中医古籍训诂研究(规划项目/14YJAZH036/北京中医院东西)。

胡西厚:中国城镇化进程中医疗保险转移接续问题研究(规划项目/14YJAZH032/滨州医学院)。

徐望红:模式化健康素养干预对改善糖尿病患者自我管理能力的研究(规划项目/14YJAZH092/复旦大学)。

陈桂芝:基于计划行为理论的医疗不良事件报告行为模型构建及制度优化研究(规划项目/14YJAZH004/河北联合大学)。

耿桂灵:医养结合理念下慢性病老人延续护理模式构建与实证研究(规划项目/14YJAZH022/南通大

学)。

苏永刚:"语境疗法"与脆弱人群健康关怀机制研究(规划项目/14YJAZH068/山东大学)。

杨金萍:古代涉医画像石及壁画研究(规划项目/14YJAZH094/山东中医药大学)。

张成博:山东当代名老中医口述史研究(规划项目/14YJAZH104/山东中医药大学)。

袁敏:基于医患双重视角的中国特色医务社会工作专业化构建及推进策略研究(规划项目/
　　14YJAZH103/上海中医药大学)。

邢海燕:农民工子女健康与社会决定因素研究(规划项目/14YJAZH088/绍兴文理学院)。

赵伟英:老年群体就医行为影响因素与社会支持状况的研究(规划项目/14YJAZH111/绍兴文理学院)。

王悦华:医学专家决策智慧资源的管理、转化、传播与传承模式的应用研究(规划项目/14YJAZH083/首
　　都医科大学)。

于贞杰:基于受益归属分析的基本公共卫生服务均等化研究(规划项目/14YJAZH101/潍坊医学院)。

崔军锋:来华医学传教士与近代中国的妇产科学(青年项目/14YJCZH016/河北大学)。

焦娜:健康资本,医疗政策和经济增长模型:基于中国的理论和实证研究(青年项目/14YJCZH066/湖南
　　农业大学)。

董丽云:疾病话语下的健康焦虑与过度医疗研究(青年项目/14YJCZH021/集美大学)。

张泽洪:医患关系中信任受损的关键影响因素与修复机制研究(青年项目/14YJCZH217/温州医科大
　　学)。

贾巍:大型医院综合 ICU 医院感染相关因素调查及经济损失的评价研究(青年项目/14YJCZH063/新疆
　　医科大学)。

许世华:医疗保险配置医药卫生资源的机制研究(青年项目/14YJCZH175/右江民族医学院)。

裘知:"医养"导向下的城市养老模式与发展策略研究(青年项目/14YJCZH120/浙江大学)。

王岳:《精神卫生法》实施中强制医疗问题的调查与研究(规划项目/13YJAZH093/北京大学)。

李丹阳:基于政策网络的中国孤儿药供给保障机制研究(青年项目/13YJCZH075/北京航空航天大学)。

吴欣:基于城市社区视角的中医参与纵向医疗服务体系研究(青年项目/13YJCZH199/北京中医药大
　　学)。

吴颖敏:基于手机医疗应用的个体健康管理行为研究(青年项目/13YJCZH202/成都中医药大学)。

张歆:政府医疗补助的受益公平性研究(青年项目/13YJCZH259/哈尔滨医科大学)。

张树剑:中国针灸思想史研究(青年项目/13YJCZH255/南京中医药大学)。

赵晓佩:村卫生室药品安全的政府规制问题研究(青年项目/13YJCZH269/首都医科大学)。

王媛:基于多视角的艾滋病反歧视综合干预中、远期效果研究(青年项目/13YJCZH188/天津医科大学)。

赵云:公立医院体制机制与医疗保险付费方式的适配性研究(青年项目/13YJCZH271/右江民族医学
　　院)。

曲宁:音乐治疗在临终关怀中的调查与应用研究(自筹经费项目/13YJEZH001/江西中医药大学)。

申正付:农村全科医生胜任力模型的理论构建与实证研究——以中部地区为例(规划项目/
　　12YJAZH111/蚌埠医学院)。

侯胜田:中国医药企业社会责任评价体系研究(规划项目/12YJAZH031/北京中医药大学)。

张其成:清末民国医易汇通学派文献整理与研究(规划项目/12YJAZH195/北京中医药大学)。

郑洪:古代"瘴气"的医学文化史研究(规划项目/12YJAZH207/广州中医药大学)。

许二平:河南历代名医及学术思想研究(规划项目/12YJAZH171/河南中医学院)。

肖巍:精神健康问题的伦理学研究(规划项目/12YJAZH163/清华大学)。

施毅:民国中医药期刊、报刊文献数据库建设(规划项目/12YJAZH113/上海中医药大学)。

张淑霞:动物疫情风险下养殖户防控行为响应及经济损失评价研究 ——以禽流感为例(规划项目/12YJAZH199/西北农林科技大学)。

周庆华:艾滋病患者的心理健康及影响因素的质性和量性研究(规划项目/12YJAZH214/扬州环境资源职业技术学院)。

张雷:简帛经方类医学文献资料的整理与研究(青年项目/12YJCZH278/安徽中医学院)。

刘文华:快感缺失对抑郁症状影响的追踪研究(青年项目/12YJCZH134/广州医学院)。

郭斌:我国城市常见慢性非传染性疾病患者现金卫生支出对家庭 贫困影响的研究(青年项目/12YJCZH060/哈尔滨医科大学)。

高一飞:疾病污名与社会身份污名的交互关系研究——以农民工"艾滋病高危人群"污名为例(青年项目/12YJCZH056/南方医科大学)。

赵大海:社区卫生机构补偿机制改革的县级财政投入水平与上级转移支付政策研究(青年项目/12YJCZH301/上海交通大学)。

郭田友:青春期抑郁障碍干预的最优化方案研究(青年项目/12YJCZH063/深圳大学)。

李颖:国家基本药物生产、流通和使用监测指标体系研究(青年项目/12YJCZH116/首都医科大学)。

马丽娜:正性情绪对老年高血压患者血压和生命质量的影响(青年项目/12YJCZH146/首都医科大学)。

冯黎:贫困地区大病风险冲击下的农户生计重建:基于可持续生 计框架的分析(青年项目/12YJCZH046/襄樊学院)。

黄颖:清代天花史研究(青年项目/12YJCZH077/福建中医药大学)。

刘雯华:中医专业人才自主选拔评价体系研究(规划项目/11YJAZH062/北京中医药大学)。

王梅红:医疗纠纷人民调解处理机制研究(规划项目/11YJAZH092/北京中医药大学)。

薛芳芸:宋代文士通医现象研究(规划项目/11YJAZH107/山西中医学院)。

李华:疾病风险全保障的筹与政府财政能力研究(规划项目/11YJAZH045/上海财经大学)。

李义庭:新医改背景下生命临终关怀机构建设标准的研究(规划项目/11YJAZH052/首都医科大学)。

余桂林:应对突发公共卫生事件的灾害护理教育及救援网络构建的研究(规划项目/11YJAZH114/武汉科技大学)。

郑伟峰:循证医学视域下推拿学科发展的挑战和对策研究(青年项目/11YJCZH253/长春中医药大学)。

武锋:基于企业边界理论的医药分开研究(青年项目/11YJCZH192/北京中医药大学)。

陈艳:中国精神卫生资源配置的空间经济学研究(青年项目/11YJCZH016/长沙学院)。

张晶:助产士专业身份认同及对策研究:以浙江省为例(青年项目/11YJCZH230/杭州师范大学)。

吴传俭:基于医疗保险承受能力视角的农民工分类分层医疗保险方案研究(青年项目/11YJCZH186/南京审计学院)。

王高玲:突发公共卫生事件频发背景下我国居民健康素养的调 查和干预措施研究(青年项目/11YJCZH163/南京中医药大学)。

王明强:中国中医文化传播史研究(青年项目/11YJCZH167 /南京中医药大学)。

王云岭:现代医学情境下的尊严死亡研究(青年项目/11YJCZH178/山东大学)。

张亭立:《黄帝内经》四大传本异文研究(青年项目/11YJCZH234/上海中医药大学)。

綦朝晖:时空视野下人类流感疫情的全球性起源、传播与迁移 (1918 — 2010) (青年项目/

11YJCZH132/石家庄铁道大学)。

李哲:新型农村合作医疗制度对贫困地区农户大病风险管理 机制影响的研究(青年项目/11YJCZH092/浙江工商大学)。

牛淑平:皖派朴学家《黄帝内经素问》校诂研究(规划项目/10YJAZH057/安徽中医学院)。

汪鑫:鄱阳湖生态经济区血吸虫病防控策略研究(规划项目/10YJAZH075/九江学院)。

赵鸿君:"十三经"中医药学名词演变的研究(规划项目/10YJAZH133/辽宁中医药大学)。

于丽君:内蒙古少数民族地区社区卫生服务站(中心)卫生资源配 置的公平性研究(规划项目/10YJAZH107/内蒙古民族大学)。

白旭华:内蒙古少数民族地区新型农村牧区合作医疗制度可持续发展研究(规划项目/10YJAZH001/内蒙古民族大学)。

徐凌忠:我国基层卫生服务机构实行国家基本药物制度现状及相关 策略研究(规划项目/10YJAZH099/山东大学)。

张荣林:多维视角下的我国新型农村合作医疗制度可持续发展研究(规划项目/10YJAZH122/山东大学)。

吕兆丰:新医改背景下农村卫生人才队伍现状与对策研究(规划项目/10YJAZH055/首都医科大学)。

谢铮:基于互构视角的医院信息系统扩散研究(青年项目/10YJCZH184/北京大学)。

刘俊香:新医改方案对医患危机影响的跟踪调查及对策研究(青年项目/10YJCZH091/北京协和医学院)。

刘伟:中成药专利网保护模式及其法律实践意义研究(青年项目/10YJCZH095/北京中医药大学)。

王小军:20世纪长江中游地区的血吸虫病灾害及其社会应对(青年项目/10YJCZH162/华东交通大学)。

熊巨洋:高血压社区管理与医疗保险有效衔接机制研究(青年项目/10YJCZH189/华中科技大学)。

唐莹:西部民族地区农村卫生人才培养网络现状研究——以湘鄂 渝黔边区为例(青年项目/10YJCZH139/吉首大学)。

马伟:农村外来妇女艾滋病相关行为特征研究(青年项目/10YJCZH109/山东大学)。

唐景霞:卫生政策变化对新疆卫生筹资公平性的影响研究(青年项目/10YJCZH138/石河子大学)。

刘兰秋:医疗纠纷第三方调处机制研究(青年项目/10YJCZH092/首都医科大学)。

李博:医疗纠纷调解制度之实证研究(青年项目/10YJCZH066/天津医科大学)。

王英:儒医理论视角下的饮食管理研究(青年项目/10YJCZH167/天津医科大学)。

李晓敏:疾病风险冲击下农村弱势群体医疗保障问题研究(青年项目/10YJCZH078/中南林业科技大学)。

王冰:音乐治疗对灾后儿童心理危机干预研究(青年项目/10YJCZH146/中央民族大学)。

孔繁荣:民间借贷缓解农户"因贫致病"和"因病返贫"的实证研 究——以湖北为例(自筹经费项目/10YJEZH001/湖北第二师范学院)。

鞠宝兆:《黄帝内经》常用医学术语的人文要素研究(规划项目/09YJAZH039/辽宁中医药大学)。

赵文海:内蒙古少数民族地区基层卫生院卫生资源配置公平性研究(规划项目/09YJAZH046/内蒙古民族大学)。

曹永福:中国(大陆)医药卫生体制改革的价值取向研究(规划项目/09YJAZH050/山东大学)。

王德文:社区中独居或空巢老年人健康照料的发展对策研究(规划项目/09YJAZH049/厦门大学)。

简海燕:医患危机与媒体关系研究(规划项目/09YJAZH058/首都医科大学)。

毛瑛：老龄化背景下西北地区城镇职工基本医疗保险基金收支趋势与隐性债务研究（规划项目/09YJAZH071/西安交通大学）。

乔健：个人及社会因素对艾滋病传播影响的仿真研究（规划项目/09YJAZH072/西北工业大学）。

冯星淋：中国儿童健康公平性的社会决定因素研究（规划项目/09YJCZH004/北京大学）。

黄洁萍：城镇劳动力健康状况及其影响机制研究：基于社会分层的视角（规划项目/09YJCZH007/北京理工大学）。

郑红：医疗保障精算的期权定价理论及其应用（规划项目/09YJCZH012/东北大学）。

彭浩晟：医疗损害赔偿法律适用冲突研究（规划项目/09YJCZH022/广东医学院）。

熊国星：残疾人工作疲劳度及职业康复干预比较研究（规划项目/09YJCZH085/首都医科大学）。

焦艳玲：我国药品不良反应损害之法律救济研究（规划项目/09YJCZH094/天津医科大学）。

于贞杰：我国孕产妇保健服务利用公平性研究（规划项目/09YJCZH096/潍坊医学院）。

张大庆：我国医学人文学科的现状、问题及发展战略研究（规划项目/05JAZH001/北京大学）。

罗学港：马王堆古尸保护技术研究（规划项目/05JAZH024/中南大学）。

郑洪：中国防疫史（规划项目/05JAZH005/广州中医药大学）。

部分省（市）社科基金项目

蒋天平：英语文学中的殖民医学研究（湖南省社会科学课题/17YBA343/南华大学）。

张灵敏：新媒体背景下广东流动女工的疾痛叙事与健康促进研究（广东省哲学社会科学"十三五"规划学科共建项目/GD16XXW07/广州大学）。

郭文深：近代辽宁地区基督教医疗活动研究（1861 — 1919）（辽宁省社科基金项目/L15DZS001/渤海大学）。

张瑞静：防与治：抗日战争时期晋察冀边区医疗卫生工作研究（河北省社会科学基金项目/HB12LS007/河北省社会科学院）。

崔军锋：近代来华医学传教士的妇产科学著述研究（河北省高等学校科学研究计划青年项目/SQ141125/河北大学）。

崔军锋：来华传教士与近代中国妇产科问题的历史书写（河北省社会科学基金项目/HB14LS021/河北大学）。

范铁权：20 世纪以来河北省医疗卫生体系变迁与当前发展路径研究（河北省教育厅人文社会科学研究重大课题攻关项目/ZD201817/河北大学）。

刘丽、初从娟：叙事理论视角下的中医医患会话的调查与分析（黑龙江省社会科学研究规划专项项目/13D082/齐齐哈尔医学院）。

邵德兴："赤脚医生"与杭州农村合作医疗制度变迁（杭州市哲学社会科学规划重点课题/A09SH03/中共杭州市委党校）。

王春霞：民国医疗救助专业化进程研究（浙江省社科规划重点青年项目/10CGLS01ZQ）/浙江大学）。

王春霞：民国医务社会工作研究——以《医院社会工作》等为中心（浙江省社科联一般项目/2010N26/浙江大学）。

王胜：民命关天：集体化时代农村医疗制度研究（河北省社科基金项目/HB10GJ031/河北省社会科学院）。

夏媛媛:民国时期医学教育体系的形成及影响研究(江苏省高校哲学社会科学研究基金项目/
2013SJB880063/南京医科大学)。

徐新民:近代云南的生态变迁:以传染病为中心(2008年云南省哲学社会科学项目/云南师范大学)。

段忠玉:"一带一路"背景下跨境傣泰民族医药文化交流问题研究(云南省哲学社会科学规划重点项
目/ZD201807/云南中医药大学)。

刘俊荣:医患关系问题的社会学研究(广东省社科研究项目/04GH84003/广州医学院)。

刘俊荣:医患冲突的社会学研究(广东省社科研究项目/04GF01/广州医学院)。

刘正刚:岭南地区旧志瘟疫史料汇编与研究(2004年高校古籍整理研究项目/0355/暨南大学)。

李传斌:教会医疗事业与近代中国社会(1835—1937)(2004年湖南省教委人文社会科学研究规划项
目/04C389/湖南师范大学)。

张正:关于侵华日军731部队及细菌战若干问题(2004年黑龙江省教委人文社会科学研究基金项目/
10542060/哈尔滨师范大学)。

张志荣:赣东北苏区疫病防治举措(江西省教委人文社会科学研究规划项目/[2004]62/上饶师范学
院)。

和中浚:中医眼科学术源流研究(四川省教委人文社会科学研究规划重点项目/成都中医药大学)。

刘晓林:明清小说与中医文化(2001年湖南省市自治区社科研究项目/衡阳师范学院)。

王际莘:从中医学和汉方医学思想文化背景比较探索(2001年山东省社科研究项目/山东中医药大学)。

刘德荣:福建古代医家学术经验和临证特色研究(1998年福建省教委人文社会科学研究规划项目/
JB98104/福建中医学院)。

刘德荣:福建民国以前名医著作珍本整理(2006年福建省社科研究项目/福建中医学院)。

傅朗:清代中医在琉球的传播(2000年福建省教委人文社会科学研究基金项目/JA00015S/福建师范大
学)。

段逸山:上海地区馆藏中医药抄本的整理研究(上海市哲学社会学规划项目/2016/BT1003/上海中医药
大学)。

梁志平:饮用水管理与上海城市政治空间的生产(1840—1949)(上海市哲学社会科学"十二五"规划一
般课题/2014BLS003/上海工程技术大学)。

杨奕望:"海内外《钦定格体全录》藏本流传脉络研究"(上海市哲学社会科学规划课题/2015BLS003/上
海中医药大学)。

参考文献和使用的数据库

1. "论文索引"主要参阅了以下医史文献索引

上海市中医药学术研究委员会医史研究组编:《中文医史论文索引》(第一集:1906—1954),1957 年;《中文医史论文索引》(第二集:1955—1956),1957 年;《中文医史论文索引》(第三集:1957),1958 年;《中文医史论文索引》(补遗:1906—1957),1958 年。

上海中医学院医史博物馆编:《中文医史论文索引》(第四集:1958),1959 年;《中文医史论文索引》(第五集:1959),1960 年;《中文医史论文索引》(第六集:1960),1961 年;《中文医史论文索引》(第七集:1961),1962 年;《中文医史论文索引》(第八集:1962),1963 年;《中文医史论文索引》(第九集:1963),1964 年;《中文医史论文索引》(第十集:1964),1965 年;《中文医史论文索引》(补遗第二辑:1906—1959),1960 年。

上海中医学院历史博物馆编:《中文医史文献索引 (1792—1980)》,1986 年。

中国中医研究院中国医史文献研究所编:《医学史论文资料索引(第一辑:1903—1978)》,中国书店 1989 年版。

中国中医研究院中国医史文献研究所编:《医学史文献论文资料索引(第二辑:1979—1986)》,中国书店 1989 年版。

《1900~1949 年间医学史文献论文索引》,内部印发 2008 年。

此外,还参阅了相关研究成果(文章和著作)的注释与参考文献,从中获得大量信息,因此类文献数量巨大,不一一列举,在此致谢。

对上述资料并非照抄,而是根据本书编纂标准进行了取舍和增补。同时尽可能将所录文献信息与相关原始报刊进行核对,或多方印证,以保证其信息准确。

使用的电子数据库主要有:中国知网数据库、万方数据库、读秀、台湾学术文献数据库、台湾人文及社会科学引文索引资料库。

2. "著作/译著索引"主要使用了以下数据库和网站

读秀、中国国家图书馆·中国国家数字图书馆(http://www.nlc.cn)、中国图书网(http://www.books-china.com)、孔夫子旧书网(https://www.kongfz.com)、豆瓣(https://www.douban.com)、台湾南天书局网(http://www.smcbook.com.tw/smc/index.php?route=common/home)等。

3. "医药卫生志书索引"主要参阅了以下参考文献(按出版时间先后排列)

全国方志资料工作协作组编:《中国新方志目录(1949~1992)》,书目文献出版社 1993 年版。

四川省图书馆编,钟昌式主编:《四川省图书馆馆藏新编地方志目录(1949~1996)》,内部印发,1996 年。

梅森、刘辰主编:《中国专业志要览》,安徽科学技术出版社 1997 年版。

浙江省地方志编纂委员会办公室编,周祝伟编辑:《浙江新编地方志目录》,方志出版社 1999 年版。

金章钦、腾元明编:《福建省新编地方志成果目录 (1984~1999)》,内部印发,1999 年。

山东省地方史志办公室编:《山东省新编地方志目录》(二),山东省地图出版社 2002 年版。

广东省立中山图书馆编,张耀年主编:《广东省立中山图书馆馆藏广东新编方志书目提要》,广东省立中山图书馆 2002 年版。

四川省地方志编纂委员会编,秦安禄主编:《四川省地方志目录》,方志出版社 2004 年版。

上海市地方志办公室编,姚金祥主编:《上海方志提要》,上海社会科学院出版社 2005 年版。

河南省地方史志协会、河南省地方史志办公室编:《河南省新编地方志提要》,2005 年。

宁夏地方志编审委员会办公室编:《宁夏方志二十年(1985~2005)》,方志出版社 2006 年版。

邹大海主编:《中国近现代科学技术史论著目录(上)》,山东教育出版社 2006 年版。

何卜吉主编:《海南地方文献目录提要》,三环出版社、河南出版社 2008 年版。

林华东、吴绮云、吴力群主编:《闽南与台湾地区地方文献目录(下册)》,厦门大学出版社 2012 年版。

方煜东编著:《慈溪:明清及近现代国药业之发端》,上海交通大学出版社 2014 年版。

朱敏颜主编:《中国新方志 10000 种书目提要》,上海辞书出版社 2016 年版。

此外,还充分利用了读秀数据库、万方数据库(http://fz.wanfangdata.com.cn/index.do)、中国地方志数据库(http://lcd.ccnu.edu.cn/#/index)以及中国统计信息网、统计年鉴分享平台和孔夫子旧书网等所提供的相关志书信息。

4."国家社科基金项目、教育部人文社会科学研究项目,部分省(市)社科基金项目索引"主要使用了两大数据库

国家社科基金项目数据库(http://fz.people.com.cn/skygb/sk/index.php/Index/seach)和中国高校人文社会科学信息网"历年资料"数据库(https://www.sinoss.net/guanli/xmgl/lnzl/5.html)。

一人,三年,一索引(代后记)

一

医疗社会—文化史研究,是中国史学研究领域的一名"新丁"。我个人对它的最早接触是在2001年。该年10月中旬,应南京大学历史系沈汉教授邀请,时任英国东盎格利亚大学历史系教授和该校惠康医疗史研究中心(Wellcome Unit for the History of Medicine)主任的罗杰·库特博士(Dr. Roger Cooter)对南京大学进行了一次为期10天的学术访问,其间作了系列学术讲座。讲座的主题是流行于19世纪英国社会的颅相学。当时我刚刚读博士生一年级,虽全程聆听了所有讲座,但对这样一个崭新的领域以及其中诸多名词术语听得是云里雾里,除知道现代欧美史学中有一个以前从未听闻的医疗社会史研究分支外,最终并未留下太多的记忆。2003年春天SARS疫情爆发后,我的导师杨豫教授在其《欧美社会经济史》课堂上,为我们系统介绍了法国年鉴史学家埃马纽埃尔·勒华拉杜里有关"疾病带来的全球一体化"命题的研究及该研究的主要内容,这不仅对我认知当时正在经历的SARS疫情有着很好的帮助,也让我了解到全球化的疫病维度。这篇文章收录在2002年杨豫教授领衔翻译出版的勒华拉杜里(当时译为伊曼纽埃尔·勒鲁瓦·拉迪里)的《历史学家的思想和方法》(上海人民出版社)一书中。此外,该书的第三章(扎绳:魔法阉割)和第五章(巴尔扎克的《乡村医生》:简单的技术与乡间传说)也涉及相关疾病与医疗话题。2004年,南京大学历史系陈仲丹教授翻译出版的弗雷德里克·F.卡特赖特和迈克尔·比迪斯合著的《疾病改变历史》(Diseases & History)由山东画报出版社出版。该书对中国世界医疗社会史研究具有重要影响和积极的推动作用,是我完整阅读的第一部医疗社会史著作。从勒华拉杜里的著作和《疾病改变历史》中,我获得了许多有关疾病的历史知识。但这些事件都没有让我萌生以该领域为自己学术领域的想法。除了当时忙于完成博士学位论文外,沈汉教授对罗杰·库特讲学内容的评论对我当时对医疗社会史的认知也是有影响的。沈老师当时评论的大意是,医疗社会史过于专业,了解一下即可,不能作为自己的专业领域来做(沈老师一直坚持这一认识。后来,在得知我已转向医疗社会史研究时,他至少曾有两次善意地对我重复了上述认识,体现了老一辈学者怕年轻人"走弯路"的担心与关怀)。虽如此,我的博士学位论文(2005年1月完成答辩)中还是包含了一章有关英国国民健康服务体系(NHS)的内容。但坦诚地讲,在这一章内容的研究与写作过程中,我并没有医疗社会史的范式认同和理论自觉。

我真正同医疗社会史研究结缘是在2007年。那年4—7月,我受中国—欧盟研究中心项目资助,到英国布里斯托尔大学政治系访学3个月,跟随著名欧盟政治问题研究专家Michelle Cini教授做欧盟研究。当时,除为课题收集相关研究资料和学习有关课程外,我还参加了很多历史系的学术活动。6月上旬的一天,当时和我同在布大做访问研究的舒小昀博士告诉我说历史系有一场学术讲座,主题是"英国女性医疗工作参与的历史",演讲者是伯明翰大学的Jonathan Reinarz博士,相约一起去听。遗憾的是,我现在已记不清讲座的准确日期,只记得是在一个下午。讲座的规模很小,连同主持人和演讲人,包括我和舒小昀博士,一共8人。讲座很精彩,让我突然有了是否可以以之作为以后研究领域的想法。因我从未学习过医学,于是在提问环节我提问了一个现在很多年轻人经常问我的问题:"我没有学过医学,不具有医学基础,能研究医疗社会史吗?"Jonathan 说,这是完全可以的,大多数医疗社会史学者都不是医学科班出身,他们接受的都是历史学的学术训练。他自己也没有系统学习过医学,他的博士论文是有关啤酒酿造史的。听此,我感觉释然,决定此后以医疗社会史作为自己的研究领域。因此,Jonathan 的这次讲座对我的学术研究转向医疗社会—文化史具有重要的里程碑意义,它使我寻找到了新的学术田野。

讲座结束后,Jonathan 邀请我们一起去酒馆喝一杯。那晚,我们边喝边聊,非常投机。Jonathan 向我详细介绍了医疗社会史研究在欧美学界的发展状况,鼓励我可以尝试涉足该领域,并说如有需要,他可以给予我尽可能的帮助。在分别之时,Jonathan 又主动邀请我在有空时到他家吃晚饭,说有一些有关医疗社会史研究的图书资料可以送给我。我在布大的访问结束时间是 7 月 4 日,于是我在 6 月的最后一个周末前往 Jonathan 家拜访他。他的妻子 Marsha Henry 此时是布里斯托尔大学政治系的讲师,所以他们租住在布里斯托尔的一座公寓中。晚餐的主食是意大利面。餐后,Jonathan 邀请我到他的书房,让我随便浏览他的书架,并说凡是我看中的图书都可以送我。考虑到回国行李可能超重的问题,我仔细地从书架上选了 8 本我认为重要但又不怎么重的医疗社会史著作。在看过我选的书后,Jonathan 又为我补充了几本。在我回国后,Jonathan 又通过邮寄和来访携带的方式,陆续向我赠送一批图书资料。这些图书成为我学习和研究医疗社会史的入门图书和基本资料。

在谢过 Jonathan 和他妻子的盛情招待准备告辞时,Jonathan 告诉我他第二天(周一)将要自驾去伯明翰大学工作一天,一大早去,傍晚返回,问我是否有兴趣去参观伯明翰大学和访问他所任职的医史研究中心。我欣然同意,第二天随 Jonathan 访问了伯明翰大学和伯明翰。就是这次"一日游",使我和伯明翰大学在医疗社会史研究领域结下了不解之缘。伯明翰大学成为我医疗社会史研究的重要合作大学之一。每次去英国访问,我都要去访问伯明翰大学。2015 年,在江苏省教育厅资助下,我到伯明翰大学与 Jonathan 同用一间办公室,进行了为期一年的访问研究。在这一年中,我几乎浏览了伯明翰大学大学图书馆和医学院图书馆的所有医史图书。2019 年 10 月,南京大学、伯明翰大学、江苏凤凰出版传媒集团联合成立南京大学—伯明翰大学—凤凰出版传媒集团医疗社会史研究与出版中心,这使我们的合作研究进入一个新的阶段。

二

2017 年之前,我的医疗社会史研究主要是围绕英国国民健康服务体系相关问题展开。但在研究和阅读过程中,我发现尽管医疗社会史研究的发展已有 100 余年的历史,却少有对其发展的历史进行历史研究的著作。受业师杨豫教授治学理念(他一直强调对史学史和史学理论与方法的学习与关注,是一切史学研究活动的重要基础;关注整体的史学发展史和与专题研究相关的史学前沿、理论与方法问题,对专题研究具有重要的指导意义)的影响,加之从硕士到博士研究生阶段接受了持续的史学史与史学理论训练,和工作后一直从事《外国史学史》(本科课程)和《史学理论与方法》(硕士研究生课程)课程教学的经历,使我不仅一直关注西方史学的整体发展,而且也注意从史学史与史学理论和方法的视角探讨自己学术领域的学术发展史和国际学界动态。这使我一直想从历史编纂学的层面写一本《医疗社会史研究发展史》,系统梳理医疗社会史的百年发展历程,总结其在研究对象与历史书写范式等方面的变化,并着手准备申请国家社科基金对这一课题的立项资助。

在完成有关英国友谊会运动的国家社科基金项目的结项工作后,2017 年年初,我开始准备申报国家社科基金项目"欧美医疗社会史研究"。为撰写项目申报书中的"国内外相关研究的学术史梳理及研究动态"部分,我开始系统了解国内医疗社会史研究的既有研究成果。起初,我的了解范围仅限于国内学者有关欧美国家和地区相关主题的论文和著作,以及国家社科基金和教育部人文社会科学基金每年立项资助的课题,并对它们以作者为基本检索信息进行编辑整理。待课题申报完成后,我已较为全面地搜集和整理出与欧美医疗社会史研究相关的中文论文(含期刊、文集论文和博、硕士研究生学位论文)和著作(含译著)目录。此时,一个想法闪现心头。"独行快,众行远",学术信息要分享。我何不在为这些既有研究成果逐项撰写提要性介绍后,编辑成书,分享给同行和对医疗社会史研究感兴趣的朋友,以便大家便捷地检索和了解相关基础研究信息呢? 医疗社会史研究是 20 世纪以来,史学研究领域出现的"新丁"。但相比欧美学界(医疗社会史在欧美初兴于 20 世纪初,至 60 年代时已成长为一个独立的史学分支领域),中国的医疗社会史研究起步较晚,进入 21 世纪特别是其第二个 10 年后,虽有较快的发展,但多是个案研究,少有从学科建设的角度出发,做些基础性文献整理与研究工作。

但是,上面的想法很快为遇到的新问题所修正。即如若为每一条文献撰写提要,工作量巨大,最终成书的体量也会达到 250—300 万字的规模,短时间内无法完成。且这还仅是有关欧美医疗社会史的研究成果信息,索引所覆盖的范围有限,所能服务的读者也有限。如果能将索引的检索范围覆盖中国医史研究的所有成果,不仅可使自己借此机会对国内医史研究的整体状况有一个较为全面的了解,更好地规划自己未来的研究,而且还能将索引的读者群扩大到国内所有对医史研究感兴趣的学者,同时,也可以向国外同行和对中国医史研究感兴趣者提供较为全面的研究检索信息,让他们更好地了解中国的医史研究,为可能的国际合作提供帮助。这一设想成为此后本索引编纂工作的基本导向。

季节交替,寒往暑来。从 2017 年年初开始工作,到今天最终完成,本索引的编纂用时 3 年有余,1200 多个日夜。在这 3 年多的时间中,对医史文献的检索与整理编纂成为我个人学术活动的核心内容。它几乎占用了我除教学之外的所有工作时间。节假日,寒暑假,差旅途中,我都在"寻寻觅觅""上下求索",想使索引的检索内容更全面些。

在很多人看来,这项工作是没什么学术含量且非常枯燥的,我应将更多的时间和精力用在写作和发表有助于评职称的学术论文上,而且现在已是数字化时代,各种数据库可以为学者提供非常便捷的检索服务,已没有必要再编辑和出版纸本文献索引了。但我个人的经验却告诉我,现在的各种数据库在定向资料检索和获得方面确实便利,但它只能为使用者提供定点靶向服务。换句话说,它们只能根据使用者设定的检索词提供检索结果,所呈现的信息是有限的。它们可以帮助数据库检索者便捷地完成某项专题研究,但却无法为研究者提供更多相邻和背景资料。而且,数据库的收录也有其局限性,如知网所提供的博、硕士学位论文信息即仅限于作者已授权发布的论文。对那些因作者设置保密期限等原因而未获发布授权的学位论文,检索者则无法从知网检索服务中获得相关信息和使用该项研究成果。数据库的检索服务只能在使用者所能设定的检索关键词范围内有效。每一个检索关键词,就是一个筛选器。由其产生的检索结果,实际上屏蔽了大量其他被认为"无关"的信息。而且,检索词的设定,还与数据库使用者对其要检索领域的熟悉程度、自身知识储备和认知水平等因素紧密相关。如果将医史研究比作一片森林的话,电子数据库检索服务所满足的可能仅是使用者对其中某一特定物种的信息需求,它无法呈现与该特定物种共生互联的其他众多物种的相关信息。结果,使用者最终是"只见树木,不见森林"。他所研究的特定物种,也非是这一"特定物种"的全部与真实。

中国医史研究者,素有重视编纂医史文献索引的传统,王吉民先生早在 20 世纪 30 年代即在对医史文献资料进行广泛收集的基础上,编成《中国医史文献索引》并发表于《中华医学杂志》1936 年第 12 期。后又先后主持编辑出版了《中文医史论文索引》(第一集:1906—1954)、《中文医史论文索引》(第二集:1955—1956)、《中文医史论文索引》(第三集:1957)、《中文医史论文索引》(第四集:1958)、《中文医史论文索引》(第五集:1959)、《中文医史论文索引》(第六集:1960)、《中文医史论文索引》(第七集:

1961)、《中文医史论文索引》(第八集：1962)、《中文医史论文索引》(第九集：1963)、《中文医史论文索引》(第十集：1964)、《中文医史论文索引》(补遗：1906—1957)、《中文医史论文索引》(补遗第二辑：1906—1959)等。这一传统在1966年中断，直至1981年相关工作才再次恢复。医史学界又先后编辑出版了《中文医史文献索引（1792—1980）》、《医学史论文资料索引（第一辑：1903—1978）》、《医学史文献论文资料索引（第二辑：1979—1986）》和《1900~1949年间医学史文献论文索引》等。这些索引对推动中国学界的医史研究起到了非常重要的积极作用。但我们也不难发现，这些索引具有明显的时代局限性：(1)检索内容的时间下限止于1986年，其后即再无相关文献索引被编辑出版。(2)均由医史"内史"学者编纂而成，所检索内容主要关注医学的"内史"研究成果，对"内史"之外的相关研究成果关注和收录不够。

自1990年代中叶起，中国医史研究自港台学者始出现社会史转向，并很快影响大陆学界。越来越多的历史学家参与到医史研究中，使医疗社会—文化史在不到30年的时间中快速发展为史学研究的一个重要分支领域，并至今增长势头良好。每年国家社科基金和教育部人文社会科学基金立项课题中由历史学家主持的医史研究课题的不断增加，即是这一趋势的明显例证。每年发表的医疗社会—文化史论文和出版的学术著作，以喜人的速度增加。由历史学院博、硕士研究生每年新完成的学位论文保守估算也有上百篇。同时，医疗社会—文化史研究的理论和方法，也引起"内史"研究者的关注和兴趣，开始有意识地将之应用到他们的学术研究与历史书写之中。"内史"学者和"外史"学者的学术交流与合作也日益增多。可以说，中国的医史研究正在步入"医疗社会—文化史"时代。

随着社会—文化史的转向，医史研究越来越多学科化和跨学科化，其史料范围也远远超出传统医学的经典文本和伟大医生的传记。随着社会的医学化程度不断加深，政治学、经济学、社会学、法学、文学、人类学、艺术学、传播学、民族学、民俗学、心理学、伦理学乃至体育学等学科也开始给予疾病、健康、医学等问题深度关注与探讨，诸多相关研究成果不断发表和出版。它们的研究视角、理论、方法、发现、结论乃至具体的术语，都可给医史（无论"内史"与"外史"）研究带来灵感刺激、研究理论与方法的丰富、研究的全面与深入。这些新的研究成果，都是在既有医史文献索引中所难以见到的，也是多数学者在自己研究中或无意、或无暇、或无法了解到的。

未来的医史研究，必将是以历史学为核心学科，汇集与借鉴人类学、社会学、经济学、政治学、法学、文学、艺术学、传播学、民族学、民俗学、心理学、伦理学等多学科研究理论、方法和成果的综合性学术研究，研究者应放眼所有人文社会科学各学科对历史上与现实中的疾病、健康与医学问题的研究，相互学习，相互借鉴，推动医史研究不断深入与创新。

本索引力求全面收录人文社会科学各学科的疾病、健康与医疗问题研究成果，成为相关研究者（不单是医史研究者，也包括其他人文社会科学相关研究者）学术研究工作的案头助手，既可定向查阅解决明确的问题，也可漫游浏览获得意外收获。

三

本索引的编纂和出版，得到了诸多人的关心与帮助。香港大学梁其姿教授、北京大学张大庆教授、南开大学余新忠教授、上海交通大学刘士永教授、南京大学历史学院院长张生教授、曲阜师范大学杨春梅教授、山东中医药大学张树剑教授、中国人民大学赵秀荣教授、温州大学杨祥银教授、台湾中原大学皮国立教授等一直关心这项工作的进展，鼓励编者把这项枯燥的工作坚持完成。南京大学历史学院刘兴林教授向我慷慨赠送了其收藏的《医学史论文资料索引（第一辑：1903—1978）》。上海中医药大学副教授李铁华博士为我从其大学图书馆中复印了《中文医史论文索引》（第一至十集）。陕西师范大学医疗社会史研究中心学术秘书刘献鹏女士为我提供了陕师大相关博、硕士学位论文信息。北京师范大学在读博士生徐佳星同学为我提供了北师大历史学院相关博、硕士学位论文信息。我的研究生季珊珊、刘莎莎、刘佳欣、高书顺、翟芸、华梦凯、王雯、张寅、张之等帮我对"论文索引"部分的内容按作者姓氏第一个字母做了排序，并在全书的二校和三校中分别承担了部分校对工作。南京大学文学院的魏宜辉副教授在生僻字的录入方面为我提供了巨大帮助。人民出版社杨美艳老师为本索引的顺利出版费心费力，付出颇多。在此一并感谢！没有他们的关心、鼓励、帮助，就不会有这本索引的最终完成和出版。

闵凡祥

2020 年 2 月 29 日